〔宋〕王欽若等編

第四册

# 宋本册府元龜

中華書局影印

冊府元龜卷第八百三十一

總録部八十一

規諷

書曰官師相規所以更箴其闕也傳曰士有爭友所以成人之美也是知相勸以義相勉以正時惟君子之道聞善則告有過則規斯乃朋友之職故其至言而無隱同心而多益蓋由乎切切偲偲忠告善道使其善聞其過莫逆於心不離於令名罔陷於非義者矣故臧孫有惡石之喻荀伯有盡心之說仲尼之論友貴乎直諒董華之申戒鄙乎面從皆是物也亦有位一而踰忠交疎而竭過盡拳拳之志成諤諤之美斯蓋聞善必告竭誠無隱俾夫心善其說深納其戒釋回而增美繼闕而窒非亦異夫未見顏色而言之也若乃遺其罪直然終固拒後以致敗卒如所規良可太息者已

晏子齊大夫也齊欒施高彊奔魯陳鮑分其室晏子謂桓子必致諸公讓德之主也讓之謂懿德凡有血氣皆有爭心故利不可强思義爲愈義利之本也蘊利生孽姑使無蘊乎可以滋長桓子盡致諸公而請老于莒



晉韓起聘于鄭鄭伯享之子產戒曰有位於朝無有不共恪孔張後至立於客間執政禦之適客後又禦之適縣間客從而笑之事畢富子諫曰夫大國之人不可不愼也幾爲之笑而不陵我我皆有禮夫猶鄙我國而無禮何以求榮孔張失位吾子之恥也子產怒曰發命之不衷出令之不信刑之頗類獄之放紛會朝之不敬使命之不聽取陵於大國罷民而無功罪及而弗知僑之恥也孔張君之昆孫子孔之後也執政之嗣也爲嗣大夫承命以使周於諸侯國人所尊諸侯所知立於朝而祀於家有祿於國有賦於軍喪祭有職受脤歸脤其祭在廟已有著位在位數世世守其業而忘其所僑焉得恥之辟邪之人而皆及執政是先王無刑罰也子寧以他規我

閔子馬魯大夫也時季武子無適子公鉏長而愛悼子乃立之以公鉏爲馬正慍而不出閔子馬見之曰子無然禍福無門唯人所召爲人子者患不孝不患無所敬共父命何常之有若能孝敬富倍季氏可也姦回不軌禍倍下民可也公鉏然之敬共朝夕恪居官次季孫喜使飲己酒而以具往盡舍旃

孔子魯人也爲魯司寇季康子問政於孔子孔子對曰政者正也子帥以正孰敢不正季康子患盜問於孔子孔子對曰苟子之不欲雖賞之不竊季康子又問政於孔子曰如殺無道以就有道何如孔子對曰子爲政焉用殺子欲善而民善矣君子之德風小人之德草草上之風必偃又葉公語孔子曰吾黨有直躬者其父攘羊而子證之孔子曰吾黨之直者異於是父爲子隱子爲父隱直在其中矣孔子又侍坐於季孫季孫之宰通曰君使人假馬其與之乎孔子曰吾聞君取於臣謂之取不曰假季孫悟告宰通曰自今以來君有取謂之取無曰假



楚狂接輿歌而過孔子曰鳳兮鳳兮何德之衰往者不可諫兮來者猶可追也已而已而今之從政者殆矣孔子下欲與之言趨而去弗得與之言

曾子名參孔子弟子也曾子有疾孟敬子問之曾子言曰鳥之將死其鳴也哀人之將死其言也善君子所貴乎道者三動容貌斯遠暴慢矣正顏色斯近信矣出辭氣斯遠鄙倍矣籩豆之事則有司存[illegible]

南蒯爲季氏費邑宰季平子立而不禮於南蒯南蒯謂子仲（子仲公子慭）吾出季氏而歸其室於公（室季氏家財）子更其位（更代）我以費爲公臣子仲許之南蒯懼不克以費叛蒯之將叛也其鄉人或知之過之而歎（鄉人過而歎）且言曰恤恤乎湫乎攸乎（恤恤憂患湫然愁攸懸危之貌）深思而淺謀邇身而遠志家臣而君圖（家臣而爲君圖言思深而謀淺身近而志遠人臣之事而）有人矣哉（言今有若此之人必敗之）

靖郭君田嬰齊威王少子爲宣王相將城薛客多以諫靖郭君謂謁者無爲客通齊人有請者曰臣請三言而已矣益一言臣請烹靖郭君因見之客趨而進曰海大魚因反走君曰客有於此客曰鄙臣不敢以死爲戲君曰亡更言之對曰君不聞大魚乎網不能止鉤不能牽蕩而失水則螻蟻得意焉今夫齊亦君之水也君長有齊奚以薛爲失齊雖隆薛之城到於天猶之無益也君曰善乃輟城薛



周舍趙簡子臣也舍好直諫立於門下三日三夜簡子使問之曰子欲見寡人何對曰願爲諤諤之臣墨筆操牘從君之過而日有記月有成歲有效也

虎會趙簡子臣也簡子上羊腸之坂群臣皆偏袒推車而虎會獨擔戟行歌不推車簡子曰寡人上坂群臣皆推車會獨擔戟行歌不推車是會爲人臣侮其主爲人臣侮其主其罪何若虎會對曰爲人臣而侮其主者死而又死簡子曰何謂死而又死虎會曰身死妻子又死若是謂死而又死君既已聞爲人臣而侮其主者之罪矣君亦聞爲人君而侮其臣者乎簡子曰爲人君而侮其臣者何若虎會對曰爲人君而侮其臣者智者不爲謀辯者不爲使勇者不爲鬥智者不爲謀則社稷危辯者不爲使則使不通勇者不爲鬥則邊境侵簡子曰善乃罷群臣不推車爲士大夫置酒與群臣飲以虎會爲上客

優莫趙襄子優者也襄子飲酒五日五夜不廢酒謂侍者曰我誠邦士也夫飲酒五日五夜矣而不病優莫曰君勉之不及紂二日耳紂七日七夜今君五日襄子懼謂優莫曰然則吾亡乎優莫對曰不亡襄子曰不及紂二日不亡何待優莫曰桀紂之亡也遇湯武今天下盡桀也而君紂也桀紂並世安能相亡然殆矣

李同趙邯鄲傳舍吏子秦急圍邯鄲邯鄲急且降平原君甚患之同説平原君曰君不憂趙亡邪平原君曰趙亡則勝爲虜何爲不憂乎李同曰邯鄲之民炊骨易子而食可謂急矣而君之後宮以百數婢妾被綺縠餘粱肉而民褐衣不完糟糠不厭民困兵盡或剡木爲矛矢而君器物鐘磬自若使秦破趙君安得有此使趙得全君何患無有今君誠能令夫人以下編於士卒之間分功而作家之所有盡散以饗士士方其危苦之時易德耳於是平原君從之

趙良以商君相秦十年宗室貴戚多怨望者良見商君商君曰鞅之得見也從孟蘭皋今鞅請得交可乎趙良曰僕弗敢願也昔孔丘有言曰推賢而戴者進聚不肖而王者退僕不肖故不



敢受命僕聞之曰非其位而居之曰貪位非其名而有之曰貪名僕聽君之義則恐僕貪位貪名也故不敢聞命商君曰子不説吾治秦與趙良曰反聽之謂聰內視之謂明自勝之謂彊虞舜有言曰自卑也尚矣君不若道虞舜之道無爲問僕矣商君曰始秦戎翟之教父子無別同室而居今我更制其教而爲其男女之別大築冀闕營如魯衛矣子觀我治秦也孰與五羖大夫賢趙良曰千羊之皮不如一狐之掖千人之諾諾不如一士之諤諤武王諤諤以昌殷紂墨墨以亡君若不非武王乎則僕請終日正言而無誅可乎商君曰語有之矣貌言華也至言實也苦言藥也甘言疾也夫子果肯終日正言鞅之藥也鞅將事子子又何辭焉趙良曰夫五羖大夫荊之鄙人也聞秦繆公之賢而願望見行而無資自粥於秦客被褐食牛期年繆公知之舉之牛口之下而加之百姓之上秦國莫敢望焉相秦六七年而東伐鄭三置晉國之君一救荊國之禍發教封內而巴人致貢施

德諸侯而八戎來服由余聞之款關請見款扣也五羖大夫之相秦也勞不坐乘暑不張蓋行於國中不從車乘不操干戈功名藏於府庫德行施於後世五羖大夫死秦國男女流涕童子不歌謡舂者不相杵相謂送杵聲以音自勸也此五羖大夫之德也今君之見秦王也因嬖人景監以為主非所以為名也相秦不以百姓為事而大築冀闕非所以為功也刑黥太子之師傅殘傷民以峻刑是積怨畜禍也教之化民也深於命民之效上也捷於令今君又左建外易非所以為教也君又南面而稱寡人日繩秦之貴公子詩曰相鼠有體人而無禮人而無禮何不遄死以詩觀之非所以為壽也公子虔杜門不出已八年矣君又殺祝懽而黥公孫賈詩曰得人者興失人者崩此數事者非所以得人也君之出也後車十數從車載甲多力而騈脅者為驂乘持矛而操闟闟所及反戟者一作奔蠆之勁干將之推戟旁車而趨此一物不具君固不出書曰恃德者昌恃力者亡君之危若朝露尚將欲延年益壽乎則何不歸十五都灌園於鄙勸秦王顯巖穴之士養老存孤敬父兄序有功尊有德可以少安君尚將貪商於之富寵秦國之教畜百姓之怨秦王一旦捐賓客而不立朝秦國之所以收君者豈其微哉亡可翹足而待商君弗從

漢召平者故秦東陵侯秦破居長安城東時陳豨反高祖自將至邯鄲而韓信謀反關中呂后用蕭何計誅信高祖已聞信誅便拜何相國益封五千户令卒五百人一都尉為相國衛諸君皆賀平獨弔謂何曰禍自此始矣上暴露於外而君守内非被矢石之難而益君封置衛者以今者淮陰新反於中有疑君心夫置衛衛君非以寵君也恐其為變擬衛之願君讓封勿受悉以家私財佐軍何從其計帝說

東郭先生齊人以方士待詔公車武帝時大將軍衛青衛后兄也衛青傳曰子夫之弟也封為長平侯從軍擊匈奴至余吾水上而還斬首捕虜有功來歸詔賜金千斤將軍出宮門東郭先生當道



遮衛將軍車拜謁曰願白事將軍止車前東郭先生旁車言曰王夫人新得幸於上家貧今將軍得金千斤誠以其半賜王夫人之親人主聞之必喜此所謂奇策便計也衛將軍謝之曰先生幸告之以便謹計奉教於是衛將軍乃以五百金為王夫人之親壽王夫人以聞武帝帝曰大將軍不知為此問之安所受之待詔者東郭先生詔召東郭先生拜以為郡都尉

雋不疑勃海人暴勝之為直指使者至勃海請與不疑相見登堂坐定不疑據地曰竊伏海瀕聞暴公子威名舊矣瀕涯也公子勝之字也舊久也瀕音頻今乃承顔接辭凡為吏太剛則折太柔則廢威行施之以恩然後樹功揚名永終天祿勝之知不疑非庸人敬納其戒深接以禮位至京兆尹

丙吉為光祿大夫與魏相善時相遷揚州刺史考按郡國守相多所貶退吉予相書曰朝廷已深知弱翁治行弱翁相字方且大用矣願少慎事自重藏器于身易下繫辭君子藏器於身待時而動相心善其言為霽威嚴

後漢桓譚字君山哀帝時董賢為大司馬聞譚名欲與之交譚先奏書於賢說以輔國保身之術賢不能用遂不與通卒為六安郡丞

班彪扶風安陵人性沈重好古年二十餘更始敗三輔大亂時隗囂擁衆天水彪乃避難從之囂問彪曰往者周亡戰國並爭天下分裂數世然后定意者從横之事復起於今乎將承運迭興在於一人也願生試論之對曰周之廢興與漢殊異昔周爵五等諸侯從政本根既微枝葉彊大故其末流有縱横之事執數然也漢承秦制改立郡縣主有專己之威臣無百年之柄至於成帝假借外家哀平短祚國嗣三絶故王氏擅朝因竊號位危自上起傷不及下是以即真之后天下莫不引領而歎十餘年間中外騷擾遠近俱發假號雲合咸稱劉氏不謀同辭方今雄桀帶州域者皆無七國世業之資而百姓謳吟思仰漢德已可知矣囂曰生言周漢之勢可也至於但見愚人習識劉氏姓號之故而謂漢家復興疏矣昔秦失其鹿劉季逐而掎之

時人復知漢乎彪既疾囂言又傷時方艱乃著王命論以為漢德承堯有靈命之符王者興祚非詐力所致欲以感之而囂終不寤彪終于望都長

李淑豫章人為軍師將軍更始至長安所授官爵皆羣小賈竪淑上書諫曰方今賊寇始誅王化未行百官有司宜慎其任夫三公上應台宿九卿下括河海故天工人其代之陛下定業雖因下江平林之勢斯蓋臨時濟用不可施之既安宜釐改制度更延英俊因才授爵以佐王國今公卿大位莫非戎陳尚書顯官皆出庸伍資亭長賊捕之用而當輔佐綱維之任唯名與器聖人所重今以所重加非其人望其毗益萬分興化致理譬猶緣木求魚升山探珠海內望此有以闚度漢祚臣非有憎疾以求進也但為陛下惜此舉僭敗材傷錦所宜至慮惟割既往謬妄之失思隆周文濟濟之美更始怒繫淑詔獄自是關中離心四方怨叛諸將出征各自專置牧守州郡交錯不知所從



王閎王莽叔父平阿侯譚之子也更始遣閎為琅邪太守張步拒之不得進後步以閎掌郡事時梁王劉永死步等欲立永子紆為天子自為定漢公置百官閎諫曰梁王以奉本朝之故是以山東頗能歸之今尊立其子將疑衆心且齊人多詐宜且詳之步乃止

寇榮與寇恂同門生光武以恂為河內太守行大將軍事榮說恂曰上新即位四方未定而君以此時據大郡此讒人所側目怨禍之府也宜思功遂身退之計恂然其言因病不視事

崔駰字亭伯為竇憲車騎將軍掾竇太后臨朝憲以重戚出內王命駰獻書誡之曰駰聞交淺而言深者愚也在賤而望貴者惑也未信而納忠者謗也三者皆所不宜而或蹈之者思効其區區憤盈而不能已也竊見足下體淳淑之姿秉高明之量意美志厲有上賢之風駰幸得充下館序後陳是以竭其拳拳敢進一言傳曰生而富者驕生而貴者傲生富貴而能下驕傲者未之有也今寵祿初隆百寮觀行當堯舜之盛三四光華之顯豈可不庶幾夙夜以永衆譽引申伯之美致周邵之事乎語曰不患无位患所以立昔馮野王以外戚居位稱為賢臣近陰衛尉克已復禮終受多福郯氏之宗非不尊也陽侯之族非不盛也重侯累將建天樞執斗柄其所以獲譏於時垂愆於後者何也蓋在滿而不挹位有餘而仁不足也漢興以後迄于哀平外家二十保族全身四人而已書曰鑒于有殷可不慎哉竇氏之興肇自孝文二君以淳淑守道成名先日安豐以佐命著德顯自中興內以忠誠自固外以法度自守卒享祚國垂祉於今夫謙德之光周易所美滿溢之位道家所戒故君子福大而愈懼爵隆而益恭遠察近覽俯仰有則銘諸几杖刻諸盤盂矜矜業業无忘无荒如此則百福是荷慶流无窮矣

傅燮為漢陽太守時刺史耿鄙委任治中程球球為通姦利士人怨之靈帝中平四年鄙率郡兵討金城賊王國韓遂燮知鄙失衆必敗諫曰使君統政日淺人未知教孔子曰不教人戰是謂棄之今率不習之人越大隴之阻將十舉十危而賊聞大軍將至必萬人一心邊兵多勇其鋒難當而新合之衆上下未和万一內變雖悔无及不若息軍養德明賞必罰賊得寬挺必謂我怯羣惡爭勢其離可必然後率已教之人討成離之賊其功可坐而待也今不為万全之福而就必危之禍竊為使君不取鄙不從行至狄道果有反者先殺球次害鄙



邴原北海朱虛人魯國孔融在郡教選計當任公卿之才乃以鄭玄為計掾彭璆為計吏原為計佐融有所愛一人常盛嗟歎之後恚望欲殺之朝吏皆請時其人亦在坐叩頭流血而融意不解原獨不為請融謂原曰衆皆請而君何獨不原對曰明府於某本不薄也常言歲終當舉之此所謂吾一子也如是朝吏恩未有在其前者矣而今乃欲殺之明府愛之則引而方之於子憎則推之欲危其身原愚不知明府以何愛之以何惡之融

曰其生於微門吾成就其兄弟拔擢而用之其今孤負恩施夫善則進之惡則誅之固君道也往者應仲遠爲泰山太守舉一孝廉旬月之間而殺之夫君人者厚薄何常之有原對曰仲遠舉孝廉殺之其義焉在夫孝廉国之俊選也舉之若是則殺之非也若殺之是則舉之非也詩云彼巳之子不遂其媾蓋譏之也語云愛之欲其生惡之欲其死既欲其生又欲其死是惑也仲遠之惑甚矣明府奚取焉融乃大笑曰吾但戲耳原又曰君子於其言出乎身加乎民言行君子之樞機也安有欲殺人而可以爲戲者哉融無以荅官至五官將長史

高順爲吕布督將時太山臧霸等攻破莒城許吕布財幣以相結而未及送布乃自往求之順諫止曰將軍威名宣播遠近所畏何求不得而自往求賂万一不剋豈不損邪布不從既至莒霸等不測往意固守拒之死獲而還布性決易所爲無常順每諫曰將軍舉動不肯詳思忽有失得動輒言誤誤事豈可數乎布



知其忠而不能從

魏諸葛原字景春爲新興太守管輅餞之原與輅別戒以二事言卿性樂酒量雖溫克然不可保寧當節之卿有水鏡之才所見者妙仰觀雖神禍如膏火不可不慎持卿叡才游於雲漢之間不憂不富貴也輅言酒不可極才不可盡吾欲持酒以礼持才以愚何患之有也

蔣班焦彝皆諸葛誕爪牙計事者時誕據淮南反大軍圍誕於壽春吳將朱異帥以大衆來迎班彝等言於誕曰朱異等以大衆來而不能進孫綝殺異而歸江東外以發兵爲名而内實坐須成敗其歸可見矣今宜及衆心尚固士卒思用并力決死攻其一面雖不能盡克猶可有全者文欽曰江東乘戰勝之威久矣未有難北方者也況公今舉十餘万之衆内附而欽與全端等皆同居死地父兄子弟尽在江表就孫綝不欲主上及其親戚豈肯聽乎且中国无歳無事軍民並疲今守我一年勢力已

(下闕)

困異国生心變故將起以往準今可計日而望也班彝固勸之欽怒而誕欲殺班彝二人懼且知誕之必敗也十一月乃相攜而降

張邈爲陳留太守初事袁術時術議稱尊號邈謂術曰漢據火德絕而復揚德澤豐流誕生明公居軸處中入則享于上席出則爲衆目之所屬華霍不能增其高淵泉不能同其量可謂巍巍蕩蕩無與爲二何爲捨此而欲稱制恐福不盈皆禍將溢世莊周之稱郊祭犧牛養飼經年衣以文繡宰執鸞刀以入廟門當此之時求爲孤犢不可得也

蜀黄權字公衡巴西人少爲郡吏州牧劉璋召爲主簿時別駕張松建議宜迎先主使伐張魯權諫曰左將軍有驍名今請到欲以部曲遇之則不滿其心欲以賓客礼待則一国不容二君若客有泰山之安則主有累卵之危可但閉境以待河清璋不聽竟遣使迎先主出權爲廣陵長

原闕



不納散敗而歸太祖聞而善之以補江夏王義恭征北參軍北高平太守鄧有野老帶苦而耕時衡陽王義季冑大蒐於鄧命左右斥之老人擁耒對曰昔楚子盤遊受譏令尹今陽和扇氣播厥之始一日不作人失其時大王馳騁為樂驅斥老夫非勸農之意義季止馬曰此賢者也命賜之食老曰吁願大王均其賜也苟不奪人時則一時皆享王賜老人不偏其私矣斯飯也弗敢當問其名不言而退

南齊荀丕潁川人豫章王嶷為荊州時丕獻書令減損奢麗王優教酬荅尚書令王儉當世丕又與儉書曰足下建高世之名而不顯高世之迹將何以書於齊史哉

梁謝郁會稽人也何敬容為尚書令參掌機密以罪免職尋起為金紫光祿大夫未拜又加侍中敬容舊時賓客門生諠譁如昔冀其復用郁致書戒之曰草萊之人聞諸道路君侯已得瞻望步士出入禁門醉尉將不敢呵然不無其漸甚休甚休敢賀

（第一葉原闕）



忝前又將爭世背淡言義作公且東奔樂善始家子孟不入夫重賢被赦過以自斥未有要時疊而求親者也且豫繩之鱗不念杯杓之水雲霄之翼豈顧籠樊之糧何者所託已盛也昔君侯紆言加首鶡王在要迴豐貂以步文昌從高蟬而去武帳可謂盛矣不以此時薦才拔士少報聖主之恩今乃加愛私之說受責見過方復欲更窺朝廷覬望萬分竊不為左右取也昔竇嬰楊惲亦得罪明時不能謝絕賓客猶交黨援卒無后福終益前禍僕之所弔實在於斯人所以顒顒猶有冀君侯之明者未必皆藏惡懷仁有灌夫任安之義乃戒霍公之如此斯君侯之復用也夫在思過之日而挾復用之意未可為智者說矣君侯宜杜門念失無有所通築茅茨於鍾阜聊優游以卒歲見可憐之意著待終之情復仲尼能改之言惟古身更也之譬必冣言於衆口識自救於竹帛所謂失之東隅收之桑榆如此令明王聞知常有異也僕東臯鄙人入穴幸無銜罄之恥天下之士不

原闕

原闕



武皇肇基草昧初濟艱難于時天下沸騰民無定主豺狼當道
鯨鯢橫擊海内業業未知所從將軍運洞微之鑒折縱衡之辯
策名委質自託宗盟此將軍妙算遠圖發於衷誠者也及主上
繼業欽明睿聖選賢與能羣臣輯睦結將軍以維城之重崇將
軍以列土之封豈非宏謨妙略推赤心於物也屢申明詔款篤殷
勤君臣之分定矣骨内之恩深矣不意將軍惑於邪說遽生異
計寄所以疾首痛心泣盡繼之以血万全之策竊爲將軍惜之
寄雖疾侵耄及言無足採千慮一得請陳愚算願將軍少戢雷
霆賒其晷刻使得盡狂瞽之說披肝膽之誠則雖死之日由生
之年也自天厭梁德多難荐臻寰宇分離英雄互起不可勝紀
人人自以爲得之然夷凶翦亂拯溺扶危四海樂推三靈眷命
揖讓而居南面者陳氏也豈非歷數有在唯天所授　當璧
應運其事甚明一也主上承基明德遠被天綱再張地維重紐
夫以王琳之強侯瑱之力進足以



偪起江外雄張偏隅然或命一旅之師或資一士之説琳則瓦解
冰泮投身異域瑱則厥角稽顙委命闕庭斯又天假之威而除
其患其事甚明二也今將軍以藩戚之重東南之衆盡忠奉上
戮力勤王豈不勳高竇融寵過吳芮析珪判野南面稱孤其事
甚明三也且聖朝弃瑕忘過寬厚得人改過自新咸加敘擢至
於余孝頃潘純陁李孝欽歐陽頠等悉委以心腹任以爪牙胸中
豁然曾無纖芥況將軍釁非張繡罪異畢諶當何慮於危亡何
失於富貴此又其事甚明四也方今周齊鄰睦境外無虞并兵
一向匪朝伊夕非劉項競逐之機楚趙連從之勢何得雍容高
拱坐論西伯其事甚明五也且留將軍狼顧一隅亟經摧衄聲
實虧喪膽氣衰沮高瓖向文政留瑜黄子玉此數人將軍所知
首鼠兩端唯利是視其餘將帥亦可見矣孰能被堅執鋭長驅
深入繫馬埋輪奮不顧命以先士卒者乎此又其事甚明六也
且將軍之強孰如侯景將軍之衆孰如王琳武皇滅侯景於前
今上摧王琳於後此乃天時非復人力且兵革之後民皆厭亂
其孰能弃墳墓捐妻子出萬死不顧之計從將軍於白刃之間
乎此又其事甚明七也歷觀前古鑒之往事子陽季孟傾覆相
尋餘善右渠危亡繼及天命可畏山川難恃況將軍欲以數郡
之地當天下之兵以諸侯之資拒天子之命強弱逆順可得侔
乎此又其事甚明八也且非我族類其心必異不愛其親豈能
及物留將軍身縻國爵子尚王姬猶且弃天屬而弗顧背明帝
而孤立危急之日豈能同憂共患不背將軍者乎至於師老力
屈懼誅利賞必有韓智晉陽之謀張陳井陘之勢此又其事甚
明九也且北軍萬里遠鬭鋒不可當將軍自戰其地人多顧後
衆寡不敵將帥不侔師以無名而出事以無機而動以此稱兵
未知其利以漢朝吳楚晉室穎顒連城數十長戟百萬拔本塞
源自圖家國其有成功者乎此又其事甚明十也爲將軍計者
莫若不遠而復絶親留氏泰郎快郎隨遣入質釋甲偃兵一遵

旨且朝廷許以鐵券之要申以白馬之盟朕不食言誓之宗社寄聞明者鑒未形智者不再計此成敗之效將軍勿疑吉凶之幾間不容髮方今藩維尚少皇子幼沖凡預宗枝皆蒙寵樹況以將軍之地將軍之才將軍之名將軍之勢而剋修藩服北面稱臣寄命同年而語哉功業哉豈不身與山河等安名與金石相弊願加三思慮之無忽寄氣力綿微餘陰無幾感恩懷德不覺狂言鈇鉞之誅甘之如薺寶應覽書大怒或謂寶應曰虞公病勢漸篤言多錯謬寶應意乃小釋亦為寄有民望且優容之及寶應敗走夜至蒲田顧其子扞秦曰早從虞公計不至今日扞秦但泣而已寶應既擒凡諸賓客微有交涉者皆伏誅唯寄以先識免禍

後魏李平為相州刺史前來臺使頗好侵取平乃書履虎尾踐薄冰於客館注頌其下以示誡焉

高湖字大淵初為慕容垂散騎常侍垂遣其太子寶伐魏湖言於垂曰魏燕之與國彼有內難此遣赴之此有所求彼無違者和好多年行人相繼往求馬不遂留其弟觚在於此非彼之失既當數修舊好又寧國家而使太子寶率衆伐遠且魏王雄略兵馬精強險阻艱難備宜之矣太子富於春秋意果心銳輕敵好勝雖可獨行兵凶戰危以願深慮言頗切厲垂怒免湖官既而寶果敗於參合

張普惠為步兵校尉時驃騎將軍刁整家有舊訓將營儉葬普惠以為矯時太甚與書論之

高允為太傅時太武皇帝之子翰為東平王允以翰年少作諸侯箴以遺之

後周庾季才太祖時為車騎大將軍府後大冢宰宇文護執政謂季才曰比日天道有何徵祥季才曰荷恩深厚若不盡言便同木石頃上台有變不利宰輔公宜歸政天子請老私門此則自享期頤而受旦奭之美子孫藩屏終保維城之固不然者非復所知護沉吟久之謂季才曰吾本意如此但辭未獲免爾



隋房彥謙為鄴州司馬黃門郎張衡與彥謙相善于時帝營東都窮極侈麗天下失望又漢王諒構逆羅罪者多彥謙見衡當途而不能匡救以書諭之曰竊聞賞者所以勸善刑者所以懲惡故疏賤之人有善必賞尊貴之戚犯惡必刑未有罰則避親賞則遺賤者今諸州刺史受委宰牧善惡之間上達本朝懼憲章不敢怠慢國家祗承靈命作民父母刑賞曲直升聞於天寅畏照臨亦宜謹肅故文王云我其夙夜畏天之威以此而論雖州國有殊高下懸邈然憂民慎法其理一也至如并州畔逆須有甄明若楊諒實以詔命不通慮宗社危逼徵兵聚衆非為干紀則當原其本情議其刑罰上副聖主友于之意下曉愚民疑惑之心若審知內外無虞嗣君纂統而好亂樂禍妄有覬覦則管蔡之誅當在於諒同惡相濟無所逃罪梟懸孥戮國有常刑其間乃有情非協同力不自固或被擁逼淪陷凶威遂使籍沒流移恐為冤濫恢恢天網豈其然乎罪疑從輕斯義安在昔叔向寘鬻獄之死晉國所嘉釋之斷犯蹕之刑漢文稱善羊舌寧不愛弟廷尉非苟違君但以執法無私不容輕重且聖人大寶是曰神器苟非天命不可妄得故蚩尤項籍之驍勇伊尹霍光之權勢李老孔丘之才智呂望孫武之兵術吳楚連磐石之據產祿承母后之基不應歷運之兆終無帝王之位況乎蕞爾一隅蜂扇蟻聚楊諒之愚鄙群小之凶慝而欲憑陵畿甸覬幸非望者哉開闢以降書契云及皇帝之跡可得而詳自非積德累仁豐功厚利孰能道洽幽顯義感靈祇是以古之哲王昧旦丕顯履冰在念御朽競懷逮叔世驕荒曾無戒懼肆於民上聘嗜奔欲不可具載請略陳之暴者齊陳二國並居大位自謂天地合德日月齊明罔念憂虞不恤刑政近臣懷寵稱善而隱惡史官曲筆掩瑕而錄美是以民庶呼嗟終閉塞於視聽公卿虛譽日敷陳於左右法網嚴密刑辟日多徭役煩興老幼疲苦昔鄭

有子產齊有晏嬰楚有叔敖晉有士會凡此小國尚足名臣齊
陳之強豈無賢佐但以執政壅蔽懷私殉軀志匡家外同內
忌設有正直之士不容於時亦已矣宜即加擯壓黨遇諂佞之
輩行多穢慝於我有益嫉惡嬉戲以此求賢何從而至夫賢
材者非尚膂力豈繫文華惟須正身有識確乎不動譬棟之
處屋如骨之在身所謂棟梁骨鯁之材也齊陳不任骨鯁信近
讒邪天高聽卑監其淫僻故總收神器歸我大隋同使二國祇
敬上玄東恤鰥寡委任方直存遠浮華卑非為心惻隱是務河
朔富強江湖險隔各保其業民不思亂泰山之固弗可動也然
而寢臥積薪宴安鴆毒遂使禾黍生廟霧露沾衣事影無心何
嗟及矣故詩云殷之未喪克配上帝宜鑒于殷駿命不易萬機
之事何者不須熟慮哉伏惟皇帝望雲就日仁孝夙彰錫社分
珪大成規矩及總統淮海盛德日新當璧之符遐邇僉屬儲貳
遍稱寬仁已布率土蒼生翹足而喜并州之亂變起倉卒職由



楊諒詭惑詿誤吏民非有構怨本朝弃德從賊者也而有司將
帥稱其願反非止誣陷良善亦恐大玷皇猷足下宿當重寄早
預心膂粤自藩邸柱石見知方當書名竹帛傳芳萬古稷契伊
呂彼獨何人既屬明時須存謇諤立當世之大誠作將來之憲
範豈容曲順人主以愛憎刑又使脅從橫罹罪譴不殊秋荼春遇颯
風微誠野人愚贅不知忌諱衛得書歎息而止不敢奏聞
陳孝意大業初為魯郡司法書佐郡內號為廉平太守蘇威嘗
欲殺一囚孝意固諫至於再三威不許孝意解衣請先受死良
久威意乃解謝而遣之
高孝基為吏部侍郎時高士廉屏居終南山琴書自娛孝基清
鑒士也謂士廉曰吾聞不仕謂之無義揚名所以顯親孝窮[illegible]
說致令乃銷聲隱跡自託清高此乃招譏一世之謗士廉歎
服方有官情
唐凌敬為竇建德國子祭酒初建德嘗攻趙州執刺史張志昂

邢州刺史陳君賓大使張道源等以侵軼其境建德將戮之敬
諫曰夫犬各吠非其主今鄰人堅守力屈就擒此乃忠確士也
若加酷害何以勸大王之臣乎建德盛怒曰我至城下猶迷不
降勞我師旅罪何可赦敬又曰今大王使大將軍高士興於易
水抗御羅藝兵纔至士興即降大王之意復為何如建德乃
悟即命釋之
陳振鷺睿宗時崔湜門下韋庶人臨朝湜為中書侍郎同中書門下
三品睿宗即位出為華州刺史俄為太平公主所引復遷中書
侍郎同中書門下三品先天元年拜中書令與劉幽求爭權不
協陷幽求徙于嶺表湜既私附太平公主時人咸為之懼振鷺
獻海鷗賦以諷之湜雖稱善而心實不悅也
契苾何力為左驍衛大將軍時司稼少卿梁孝仁監造新宮於
諸庭院列樹何力入中宮孝仁指白楊曰此木易長不過
三二年宮中可得陰映何力不答但誦古詩曰白楊多悲風蕭



蕭愁殺人意謂此是冢墓間木也孝仁遂令拔去更植梧桐
李楚客陳郡人也魏元忠則天時稱為清正中宗神龍初重為
宰相天下莫不傾屬元忠乃親附權豪抑弃寒俊竟不能賞善
罰惡勉脩德政議者以此少之楚客嘗致書規正元忠曰今皇
帝新服厥德任官惟賢才左右惟其人君為元首臣作股肱諒
可布大化以利朝廷存古道以正天下去邪佞使小人之道消進
忠良使君子之道長豈得安其榮寵守其循默者哉若以此為
常非所以愛人治國矣傳曰苟利社稷專之可也君侯念之哉
昔漢成帝時王氏擅權劉向諫曰臣聞公族者國之枝葉枝葉
落本根無所庇廕方今同姓疏遠母黨專政排擯宗枝孤弱公
族非所以保守社稷安固國嗣也其言甚切多所稱引成帝雖
悲傷歎息而不能用此非帝不知之而下贊者臣之罪也其後
王氏竟假周公之事而起田常之亂此乃大臣循默之失也惟
君侯識之哉夫利萬物者道也惟君子能行之害萬物者邪也

惟小人固爲之以道心濟物則上天祐之雖危而必安矣以邪心害物則明神殛之雖居安而必危矣何則勢使之然也故濟物者其心廣矣害物者其心褊矣心廣者所務不專於身心褊者所利不及於物哲人知其若此必守道以實其心既已以利其物行道於身而必全其身行道於國而必全其國帝王失道正之朝廷必以道化之昔伊尹有言曰予弗克俾厥后惟堯舜其心愧恥若撻于市獲覽伊尹之說非堯舜之君但以道佐之亦可致之於堯舜也旣食人主之祿而憂人主之事先賛其美規救其惡建功於當年可謂無負於天下惟君侯志之哉夫欲安天下者先正其本本正則天下必固不正其本天下必危國之興亡實在茲矣師丹曰太子者天下之本也譬之大樹無本則枝葉零悴國無太子則朝野不安先王必立之者以儲君有次立之勢故令師保教以君人之道用縕崇其德所以重宗社而安天下也今皇子既長而未定嫡嗣是天下無本也天下無



本可謂危矣猶大樹無枝葉何以存乎願君侯以清宴之間而盡言於上擇其賢者而立之此乃安天下之道也書曰一人元良萬邦以貞斯之謂也而使春宮久曠豈謂宜乎此則朝廷之一失君侯不正誰正之哉又聞古之封子弟建侯伯者將以藩屏王室安固邦基垂永代之業爲磐石之宗也又聞女有內則男有外傅男女有別剛柔分矣內外斯隔陰陽著矣豈可濫哉然而幕府者丈夫之職非婦人之事今諸公主並開建府寮悉貴官秩若以女處男職所謂長陰抑陽也而望陰陽不愆風雨無爽其可得乎竊謂非致遠之計乖久安之策書曰事不師古以克永代匪說攸聞此之謂也此則朝廷之二失君侯不正誰正之哉又聞人之生也有禍有福有貴有賤此並稟之於前業當受之於此身然崇佛教者特以資彼來生鮮有益於見報若求之理國恐不在此矣然三教俱設各有所務而行之者不可過也行釋教者脩身之本行儒教者理國之源脩身是求生之資理國乃即代之務然則即代至近來生至遠捨近求遠不亦乖乎存彼棄此不亦謬乎今度人既多緇衣滿路率無戒行寧有經業空薦重貿專附權門取錢奏名皆有定價昔之賣官也錢入公府今之賣度也錢入私家以茲入道實非履正詭情不變徒爲遊食使法俗有失而流俗生厭名曰度之其實頹矣今主上雖希心聖教專想泯空奈社稷何奈蒼生何君侯不以中庸之義悟大聖之旨但能致一代於仁壽之域斯則至尊之道也此則朝廷之三失君侯不正誰正之哉又聞古人有言曰唯名與器不可以假人書曰天工人其代之故知代天工非材不可若有所濫必失天意而無患禍者未之有也今不專精於無該而留心於奇伎至於倡優之輩因其耳目之好遂昇之以位授之以官豈非輕朝廷而亂正法邪然人君無私賞此上天之化人私察者恐害物私賞者恐費財古人比之尤嫉豈得私人以官乎若以此爲政何以答皇天之命也此則朝廷之四失君侯不正



誰正之哉又聞賢者邦家之光也任之可以致理棄之足能生亂三仁去殷百里入秦霸有國家者固須擇也昔戰國之代得士者昌失士者亡莫不以求賢爲急務仗之以命諸侯況巍乎盛國明天子苟存斯道則三皇五帝可綴步而越也近者有制搜揚廣求賢俊戔戔束帛賁于丘園翹翹車乘訪及山谷此我皇勤勤之至也雖有好賢之名竟無得賢之實非皇情之不眷訪有司之過也何則聖主求賢訪諸草澤及有司選士多是親黨若非用賄必以勢求上失天心下違人望既非爲官擇吏所謂爲人擇官蠹政之源敗國之甚書曰治亂在庶官孔安國曰得人則理失人則乱葛洪曰舉秀才不知書察孝廉濁如泥高第賢良怯如黽古人規職勤誦經今人圖家勉營生此之謂也此則朝廷之五失君侯不正誰正之哉又聞閹豎者給宮掖之事供掃除之役上古皆備此職且以奴隸畜之豈及於宮次中古已來大道乖喪不重賢哲唯親近習或委之以事或授之以權

遂使豎刁亂齊伊戾敗宋君側之人衆所畏懼葛洪所謂屢頭之蠅廟垣之鼠無拳無勇職為亂階者也洎乎後漢用事尤甚時君既不知其失大臣又畏罪不言所以害及生靈毒流天下至於晚節宦亂中朝各相黨與屠害良善此時也忠臣義士視斯慷慨不得不權行殺戮至以無遺而橫死者不可勝言豈非結禍之深自危之速易曰小人用壯斯之謂也自大君受命中興戎務殷有闒豎坐昇班秩既無正闕多授員外舉其全數向滿千人苟綰青紫虛食府藏既非致理之道實為長亂之階書曰人無水鑒當於人鑒觀往古之成敗亦可見今之得喪故曰前事之驗後事之師此則朝廷之六失君侯不正誰正之哉又聞自古聖帝卑宮菲食茅茨不翦採椽不斲將以儉約遺子孫亦所以愛惜人力也書曰酣酒嗜音峻宇彫牆有一於此未或不亡況於臣下安得以肆奢為務乎若有僭濫必生患禍患禍之來可翹足而待也今之公主凡有所賞與以傾庫府所造私宅



皆是官供觀其疎鑿池亭崇峻廊宇山無木石必他山以致之木非因近必窮遠以採之珍館出雲畫堂蕭日造之竟歲功用不絕自開泰以來未之有也而行者見之僉曰非國不得如此非尊貴不得若斯僕每聞此言將以有識於君矣何者為君所以養人非所以害人今外戚不恤養人反害於人豈有益於吾君乎然堂上遠於百里君門隔於九重人主既不知之君侯又不言之豈使人主虛受謗於天下也此則朝廷之七失君侯不正誰正之哉又聞官者將以理人將以安人非以亂人非以害人故先王欲人理必選材以理之欲人安必省事以安之欲人於亂必撥亂以整之不欲人有害必去害以全之若此誠與天下同憂矣人有樂君共之君有樂人慶之可謂同樂矣如此則上下無間君臣合德同於一體也若下有懷憂之人上無同憂之主欲求人理不可得也今天下困窮海內衰耗復以州牧縣宰濫授多不得人自餘僚佐鮮有得才不務公謹專於刻

人不聊生安肯懼死既不懼死是能生變下有其變而上不知也比之馬也必除其害牧之羊也必去其亂斯此道尚有所闕而反更員外置官所謂助桀為虐足以速禍也夫人之情皆知員外恐人不畏必峻法以懼之恐財之不積必枉道以奪之以有限之物供無厭之用欲其不亂豈可得哉古人有言十羊九牧羊既不得食人亦不得息唐虞之代建官惟百夏商官倍亦克用乂書曰官不必備惟其人孔子譏管仲曰官事不攝焉得儉據此雖正員之官猶不欲其備況正員之外更置員外乎此則朝廷之八失君侯不正誰正之哉又聞英主開基以定天下者將以傳之於萬代也鑒明之帝豈得隳之哉有所驕縱則政出多門政出多門大亂之漸也近封數夫人者皆先朝之宮女賞其勤勞加之邑號若備內職則不當知外不備內職自可居外安得出入內外往來宮掖者哉若不創革內言必出外言必入內外言至禁衛何施必弄君之法欲而不禁非所以重宗廟固



國家也孔子曰彼婦人之口可以出走彼婦人之謁可以死敗戒之哉戒之哉此則朝廷之九失君侯不正誰正之哉又聞以正道事君者將以安天下也以非道事君者所以危天下也若有危天下之臣不可不逐之若有安天下之臣不可不任之正道者行仁義以補君之過非道者行妖媚以成君之惡補過者國之幹也成惡者國之賊也今代或有不修定正以事君引鬼神而惑主然則鬼神之事冥寞難知故左道之人因此自致其詐售其賂遺必獲非材之位必食非德之祿此國賊也書曰官不及私昵惟其能爵罔及惡德惟其賢又曰與理同道罔不興與亂同事罔不亡傳曰國之將興聽於人將亡聽於神豈近是乎此則朝廷之十失君侯不正誰正之哉此十失者誠國之巨蠹粗而言之以有言於君侯冀以扶危去蠹救蒼生之命願君侯稍垂意微有所採此亦君侯自安之道也庶幾益忽元忠覽畢大慙頗引咎自責

卓乾度兼鹽鐵江陵院時裴均為節度使欲請劉闢為判官符載為從事乾度辭均去之言其狂狡不宜寘之幕府均乃止

册府元龜卷第八百三十二

# 冊府元龜卷第八百三十三

## 總録部八十三

### 詞辯

夫辭不可已言必有中先民之所稱也而中代之後遂有枝葉流宕忘返至于列國僎人以口給排難以舌端七雄之世變詐相尚於是有離堅合異之辯矯尾厲角之談當是之時詭言奧辭之士蓋泥於進取矣漢氏而下亦曷嘗無其人哉原夫縱橫之發榮辱之主美言可市伯陽之所稱利口惟賢周書之所戒自非商搉得失彈射臧否發揮治道宣暢德義華實之兼茂枝柱之靡窮使聽之者忘倦聞之者信服又焉足以稱哉

端木賜字子貢衛之人利口巧辭孔子常黜其辯

宰予字子我魯人利口辯辭

鄒衍齊人其術迂大而閎辯齊使鄒衍過趙平原君見公孫龍及其徒綦毋子之屬論白馬非馬之辯以問鄒子鄒子曰不可彼天下之辯有五勝三至而辭正爲下辭者別殊類使不相害序異端使不相亂杼意通指明其所謂使人與知焉不務相迷也故勝者不失其所守不勝者得其所求若是故辯可爲也及至煩文以相假飾辭以相惇巧譬以相移引人聲使不得及其意如此害大道夫繳紛爭言而競後息不能無害君子坐皆稱善初平原君厚待公孫龍以其善爲堅白之辯及鄒衍過趙言至道乃絀公孫龍

淳于髡齊人長不滿七尺滑稽（音骨滑稽者同也）多辯數使諸侯未嘗屈辱威王八年楚大發兵加齊齊王使淳于髡之趙以救兵齎金百斤馬十駟淳于髡仰天大笑冠纓索絶王曰先生少之乎髡曰何敢王曰先生笑豈有說乎髡曰今者臣從東來見道旁有禳田者操一豚蹄酒一盂而祝曰甌窶滿篝（甌窶高地也篝籠也言豐年收蔬可滿篝籠也）汙邪滿車（汙邪下地田也則下地田之中有薪菜可滿車也）五穀蕃熟穰穰滿家臣見所持者狹而所欲者奢故笑於是齊王乃益齎黃金千鎰白璧十雙車馬百駟髡辭而行至趙趙王與之精兵十萬革車千乘楚聞之夜引兵而去威王大說是時騶衍之術迂大而閎辯奭也文具難施淳于髡久與處時有得善言故齊人頌曰談天衍雕龍奭炙轂過髡（劉向別錄曰騶衍之所言五德終始天地廣大書言天事故曰談天騶奭修衍之文飾若雕鏤龍文故曰雕龍別錄曰過字作輠輠者車之盛膏器也炙之雖盡猶有餘流者言淳于髡智不盡如炙輠也）

楚丘先生被蓑帶索往見孟嘗君孟嘗君曰先生老矣春秋高矣多遺忘矣何以教文楚丘先生曰惡將使我老哉將使我投石超距乎追車赴馬乎逐麋鹿搏豹虎乎吾則死矣何暇老哉將使我深計遠謀乎設精神而決嫌疑乎出正辭而尚諸侯乎吾乃始壯耳何老之有孟嘗君勃然汗出至踵曰文過矣文過矣

孫卿趙人也秦昭王問卿曰儒無益於人之國卿曰儒者法先王隆禮義謹乎臣子而能致貴其上者也人主用之則進在本朝置而不用則退編百姓而慤必爲順下矣雖窮困凍餧必不以邪道爲貪無置錐之地而明於持社稷之大義叫呼而莫之能應然而通乎裁萬物養百姓之經紀勢在人上則王公之才也在人下則社稷之臣國君之寶也雖隱於窮閻漏屋人莫不貴之道誠存也仲尼將爲魯司寇沈猶氏不敢朝飲其羊公慎氏出其妻慎潰氏踰境而徙魯之鬻牛馬不豫賈布正以待之也居於闕黨闕黨之子弟罔罟分有親者取多孝悌以化之也儒者在本朝則美政在下位則美俗儒之爲人下如是矣王曰然則其爲人上何如孫卿對曰其爲人上也廣大矣志意定乎內禮節脩乎朝法則度量正乎官忠信愛利形乎下行一不義殺一無罪而得天下不爲也若義信乎人矣通於四海則天下之外應之而讙是何也則貴名白而天下治也故近者謌謳而樂之遠者竭蹶而趨之四海之內若一家通達之屬莫不從服夫是之謂人師詩曰自東自西自南自北無思不服此之謂也夫其爲人下也如彼其爲人上也如此何謂其無益人之國乎昭王曰善

陳軫者游說之士與張儀俱事秦惠王皆貴重爭寵張儀惡陳軫於秦王曰軫重幣輕使秦楚之間將爲國交也今楚不加善於秦而善軫者軫自爲厚而爲王薄也且軫欲去秦而之楚王胡不聽乎王謂陳軫曰吾聞子欲去秦之楚有之乎軫曰然王曰儀之言果信矣軫曰非獨儀知之也行道之士盡知之矣昔子胥忠於其君而天下爭以爲臣曾參孝於其親而天下願以爲子故賣僕妾不出閭巷而售者良僕妾也出婦嫁於鄉曲者良婦也今軫不忠其君楚亦何以軫爲忠乎忠且見棄軫不之楚何歸乎王以其言爲然遂善待之居秦期年秦惠王終相張儀而陳軫奔楚楚使軫於秦秦王曰子去寡人之楚亦思寡人不陳軫對曰王聞夫越人莊舄乎王曰不聞曰越人莊舄仕楚執珪有頃而病楚王曰舄故越之鄙細人也今仕楚執珪貴富矣亦思越不中謝對曰凡人之思故在其病也彼思越則越聲不思越則楚聲使人往聽之猶尚越聲也今臣雖棄逐之楚豈



能無秦聲哉惠王曰善

漢司馬季主者楚人也卜於長安東市宋忠爲中大夫賈誼爲博士同日俱出洗沐相從論議誦易先王聖人之道術究徧人情相視而歎賈誼曰吾聞古之聖人不居朝廷必在卜醫之中今吾已見三公九卿朝士大夫皆可知矣試之卜數中以觀采二人即同輿而之市游於卜肆中天新雨道少人司馬季主閒坐弟子三四人侍方辯天地之道日月之運陰陽吉凶之本二大夫再拜謁司馬季主視其狀貌如類有知者即禮之使弟子延坐坐定司馬季主復復前語分別天地之終始日月星辰之紀差次仁義之際列吉凶之符語數千言莫不順理宋忠賈誼瞿然而悟獵纓正襟危坐曰吾望先生之狀聽先生之辭小子竊觀於世未嘗見也今何居之卑何行之汙司馬季主捧腹大笑曰觀大夫類有道術者今何言之陋也何辭之野也今夫子所賢者何也所高者誰也今何以卑汙長者誼曰尊官厚祿世之所高也賢才處之今所處非其地故謂之卑言不信行不驗取不當故謂之汙夫卜筮者世俗之所賤簡也世皆言曰夫卜筮者多言誇嚴以得人情虛高人祿命以說人志擅言禍災以傷人心矯言鬼神以盡人財厚求拜謝以私於己此吾之所恥故謂之卑汙也司馬季主曰公且安坐公見夫被髮童子乎日月照之則行不照則止問之日月疵瑕吉凶則不能理由是觀之能知別賢與不肖者寡矣賢之行也直道以正諫三諫不聽則退其譽人也不望其報惡人也不顧其怨以便國家利衆爲務故官非其任不處也祿非其功不受也見人不正雖貴不敬也見人有汙雖尊不下也得不爲喜去不爲恨非其罪也雖累辱而不愧也今公所謂賢者皆可爲羞矣卑疵而前孅趨而言相引以勢相導以利比周賓正[illegible]以求尊譽以受公奉事私利枉主法獵農民以官爲威以法爲機求利逆暴譬無異於操白刃劫人者也初試官時倍力爲巧詐飾虛功執空文



以諷主上用居上爲右試官不讓賢陳功見僞增實以無爲有以少爲多以求便勢尊位食飲驅馳從姬歌兒不顧於親犯法害民虛公家此夫爲盜不操矛弧者也攻而不用弦刃者也欺父母未有罪而殺君未伐者也何以爲高賢才乎盜賊發不能禁夷貊不服不能攝姦邪起不能塞官耗亂不能治四時不和不能調歲穀不熟不能適才賢不爲是不忠也才不賢而託官位利上奉妨賢者處是竊位也有人者進有財者禮是僞也子獨不見鴟梟之與鳳皇翔乎蘭芷芎藭棄於廣野蒿蕭成林使君子退而不顯衆公等是也述而不作君子義也今夫卜者必法天地象四時順於仁義分策定卦旋式正棊然後言天地之利害事之成敗昔先王之定國家必先龜策日月而後乃敢代正時日乃後入家產子必先占吉凶後乃有之自伏羲作八卦周文演三百八十四爻而天下治越王句踐放文王八卦以破敵國霸天下由是言之卜筮有何負哉且夫卜筮者掃除設坐

正其冠帶然後乃言事此有禮也言而鬼神或以饗忠臣以事其上孝子以養其親慈父以畜其子此有德者而以義置數十百錢病者或以愈且死或以生患或以免事或以成嫁子娶婦或以養生此之爲德豈直數十百錢哉此夫老子所謂上德不德是以有德今夫卜筮者利大而謝少老子之云豈異於是乎莊子曰君子内無飢寒之患外無刼奪之憂居上而敬居下不爲害君子之道也今夫卜筮者之爲業也積之無委聚藏不用府庫徙之不用輜車負裝之不重止而用之無盡索之時持不盡索之物游於無窮之世雖莊氏之行未能增於是也子何故而云不可卜哉天不足西北星辰西北移地不足東南以海爲池日中必移月滿必虧先王之道乍存乍亡公責卜者言必信不亦惑乎公見夫談士辯人乎慮事定計必是人也然不能以一言說人主意故言必稱先王語必道上古慮事定計飾先王之成功語其敗害以恐喜人主之志以求其欲多言誇嚴（一作[illegible]）莫大於此矣然欲疆國成功盡忠於上非此不立今夫卜者導惑教愚也夫愚惑之人豈能以一言而知之哉言不厭多騏驥不能與罷驢爲駟而鳳皇不與燕雀爲群而賢者亦不與不肖者同列故君子處卑隱以辟衆自匿以辟倫微見德順以除群害以明天性助上養下多其功利不求尊譽公之等喁喁者也何知長者之道乎宋忠賈誼忽而自失芒乎無色悵然噤口不能言於是攝衣而起再拜而辭行洋洋也出市門僅能自上車伏軾低頭卒不能出氣居三日宋忠見賈誼於殿門外乃相引屏語相謂自歎曰道高益危居赫赫之勢失身且有日矣夫卜而有不審不見奪精（[illegible]精米所以享神也）爲人主計而不審身無所處此相去遠矣猶天冠地屨也此老子之所謂無名者萬物之始也天地曠曠物之熙熙或安或危莫知居之我與若何足預彼久而愈安雖曾氏之義（曾一作莊）未有以異也久之宋忠使匈奴不至而還抵罪而賈誼爲梁懷王傅王墮馬薨誼不食毒恨而死此務華絶根者也

曹丘生辯士也持季布爲河東守曹丘生數招權顧金錢（[illegible]）（人有權勢因以請託故得他人金錢）事貴人趙同等（宦者趙談也）與竇長君善（竇皇后兄）布聞寄書諫長君曰吾聞曹丘生非長者勿與通及曹丘生歸欲得書請布（[illegible]）竇長君曰季將軍不說足下（[illegible]）足下無往固請書遂行使人先發書（使人先致書於布）布果大怒待曹丘曹丘至則揖布曰楚人諺曰得黄金百不如得季布諾（[illegible]）足下何以得此聲梁楚之間哉且僕與足下俱楚人使僕游揚足下名於天下顧不美乎（[illegible]）何足下距僕深也布乃大說（[illegible]）引入留數月爲上客厚送之布名所以益聞者曹丘揚之也

爰盎文帝時爲中郎將淮南厲王謀反有司請誅之帝弗聽遷之蜀盎諫曰淮南王爲人剛有如行道死陛下有殺弟名奈何王至雍死帝輟食哭甚哀盎入帝曰以不用公言至此盎曰帝自寬此往事豈可悔哉且陛下有高世行三不足以毁名帝曰吾高世三者何事盎曰陛下居代時太后嘗病三年陛下不交睫解衣（睫目旁毛也交睫謂寢也）湯藥非陛下口所嘗弗進夫曾參以布衣猶難之今陛下親以王者脩之過曾參遠矣諸呂用事大臣顓制（顓與專同）然陛下從代乘六乘傳馳不測淵（大臣顓制不可測故曰不測之淵）雖賁育之勇不及陛下（孟賁夏育古勇士也）陛下至代邸西鄉讓天子者三南鄉讓天子者再（[illegible]）夫許由一讓（許由古高士也堯讓天下於許由）陛下五以天下讓過許由四矣且陛下遷淮南王欲以苦其志使改有司衛不謹故病死於是帝迺解盎繇此名重朝廷（繇讀與由同）

吾丘壽王爲光禄大夫侍中武帝時汾陰得寶鼎帝嘉之薦見宗廟藏於甘泉宫群臣皆上壽賀曰陛下得周鼎壽王獨曰非周鼎上聞之召而問之曰今朕得周鼎群臣皆以爲然壽王獨以爲非何也有說則可無說則死壽王對曰臣安敢無說臣聞周德始乎后稷長於公劉大於天王（[illegible]）（[illegible]）成於文武顯於周公德澤上昭天下漏泉（[illegible]）

之淵無所不通上天報應鼎爲周出故名曰周鼎今漢自高祖繼周亦昭德顯行布恩施惠六合和同至於陛下恢廓祖業功德愈盛天瑞並至珍祥畢見昔秦始皇親出鼎於彭城而不能得天祚有德而寶鼎自出此天之所以與漢廼漢寶非周寶也帝曰善群臣皆稱萬歲是日賜壽王黄金十斤

後漢馬援爲虎賁中郎將閑於進對尤善述前世行事每言及三輔長者下至閭里少年皆可觀聽自皇太子諸王侍聞者莫不屬耳忘倦

荀恁光武時以病不至明帝永平初東平王蒼爲驃騎將軍開東閣延賢俊辟而應焉及後朝會顯宗戲之曰先帝徵君不至驃騎辟君而來何也對曰先帝秉德以惠下故臣可得不來驃騎執法以檢下故臣不敢不至

班超有口辯而涉獵書傳後至西域都護射聲校尉

朱穆南陽宛人也少有英才年二十爲郡督郵迎新太守見穆



曰君年少爲督郵因族勢爲有令德穆答曰郡中瞻望明府謂如仲尼非顏回不敢以迎孔子更問風俗人物太守甚奇之曰僕非仲尼督郵可謂顏回也遂歷職股肱舉孝廉至尚書

郭宏爲潁川郡上計吏正月朝覲宏進殿上謝祖宗受恩言辭辯麗專對移時天子曰潁川乃有此辯士耶子貢晏嬰何以加之群公屬目卿士歎伏又朝廷問宏潁川風俗所尚土地所出先賢將相儒林文學之士宏援經以對陳事荅問出言如浮引義如流

符融遊太學師事少府李膺膺風性高簡每見融輒絶它賓客聽其言論融幅巾奮褎談辭如雲膺每捧手歎息公府連辟不應

鄭玄字康成初袁紹總兵冀州遣使要玄大會賓客玄最後至乃延升上坐紹客多豪俊並有才説見玄儒者未以通人許之競設異端百家互起玄依方辯對咸出問表皆得所未聞莫不嗟服時汝南應劭亦歸於紹因自贊曰故太山太守應仲遠北面稱弟子何如玄笑曰仲尼之門考以四科回賜之徒不稱官閥劭有慙色後徵大司農

鄭炎言論給捷多服其能理州郡辟命不就董扶字茂安廣漢緜竹人發辭抗論益部少雙故號曰至止言人莫能當所至而談止也後至侍中

鄭泰字公業爲侍御史董卓作亂公業與侍中伍瓊卓長史何顒共説卓以袁紹爲渤海太守以發山東之謀及義兵起卓乃會公卿議大發卒討之群僚莫敢忤旨公業恐其衆多益横凶彊難制獨曰夫政在德不在衆也卓不悦曰如卿此言兵爲無用邪公業懼乃詭詞更對曰非謂無用以爲山東不足加大兵耳如有不信試爲明公略陳其要今山東合謀州郡連結人庶相動非不彊盛然光武以來中國無警百姓優逸忘戰日久仲尼有言不教人戰是謂棄之其衆雖多不能爲害一也明公出自西州少爲國將閑習軍事數踐戰場名振當世人懷懾服二也袁紹本初公卿子弟生處京師張孟卓東



平長者坐不闚堂孔公緒清談高論噓枯吹生並無軍旅之才執鋭之幹臨鋒決敵非公之儔三也山東之士素乏精悍未有孟賁之勇慶忌之捷聊城之守良平之謀可任以偏師責以成功四也就有其人而尊卑無序王爵不加若恃衆怙力將各基峙以觀成敗不肯同心共膽與齊進退五也關西諸郡頗習兵事自頃以來數與羌戰婦女猶戴戟操矛挾弓負矢況其壯勇之士以當妄戰之人乎其勝可必六也且天下彊勇百姓所畏者有并涼之人及匈奴屠各湟中義從西羌八種而明公擁之以爲爪牙譬驅虎兕以赴犬羊七也又明公將帥皆中表腹心周旋日久恩信淳著忠誠可任智謀可恃以膠固之衆當解合之勢猶以勁風埽彼枯葉八也夫戰有三亡以亂攻理者亡以邪攻正者亡以逆攻順者亡今明公秉國平正討滅宦豎忠義克立以此三德待彼三亡奉辭伐罪誰敢禦之九也東州鄭玄學該古今北海邴原清高直亮皆儒生所仰群士楷式彼諸將

者務於計畫足知彊弱且燕趙齊梁非不盛也終滅於秦吳楚七國非不衆也卒敗榮陽況今德政赫赫股肱惟良彼豈讀成其謀造乱長寇哉其不然十也若其所陳少有可採無事徵兵以驚天下使患役之民相聚為非棄得恃衆自衛或重卓乃悅以公業為將軍使統諸軍討擊關東

戴宏年二十二為郡督郵曽以職事見詰府君欲撻之宏曰今鄮郡遭明府咸以為仲尼之君鄙小人少以宏為顏回豈聞仲尼有撻顏回之義府君異其對即日教署主簿

魏郭淮為鎮西長史行征羌護軍黄初元年春使賀文帝踐阼而道路得疾故計遠近為稽留及群臣歡會帝正色責之曰昔禹會諸侯於塗山防風後至便行大戮今溥天同慶而卿最留遲何也淮對曰臣聞五帝先教導民以德夏后政衰始用刑辟今臣遭唐虞之世是以自知免於防風之誅也帝悅之擢領雍州刺史封射陽亭侯



韓宣字景然為人短小建安中丞相召署軍謀掾在鄴當於東掖門内與臨菑侯植相遇時天新雨地有泥潦宣欲避之閡潦不得去乃以扇自障住於道邊植嫌宣既不去又不為禮乃駐車使其常從問宣何官宣云丞相軍謀掾也植又問曰應得唐突列侯否宣曰春秋之義王人雖微例于諸侯之上未聞宰士而為下土諸侯禮也植又曰即如所言為人父吏見其子應有禮否宣又曰於禮臣子一例也而宣年又長植知其枝柱難窮乃釋去具為太子言以為辯

管輅字公明平原人館陶令諸葛原遷新興太守管輅往祖餞之賓客並會原字景春亦學士好卜筮數與輅共射覆不能窮之景春與輅有榮辱之分因輅餞之大有高譚之客知人多聞其善卜仰觀不知其有大異之才於是先與輅共論聖人著作之源又叙五常三王受命之符輅解景春微旨遂開張戰地示以不固藏匿孤虛以待來攻景春奔北軍師摧衄自言吾覩卿旌旗城池已壞也其欲戰之士於此鳴鼓角舉雲梯弓弩大起牙旗雨集然後登城曜威開門受敵上論五帝如江如漢下論三王如驫如翰其英者若春華之俱發其攻者若秋風之落葉聽者眩惑不達其義言者收聲莫不心服雖白起之坑趙卒項羽之塞濉水無以尚之于時客皆欲面縛銜璧求束手於軍門之下輅猶總干山立未便許之至明日離别之際然後有腹心始終一時海内俊士八九人矣蔡元才在朋友中最有滑才在衆人中言本剽卿作狗何意為龍潞言潛陽未變非卿所知焉有狗耳得聞龍聲乎景春言今當遠別後會何期且復共一射覆輅占既皆中景春大笑卿為我論此卦意紓我心懷輅為開爻散理分賦形象言徵辭合妙不可過景春及衆客莫不言聽後論之美勝於射覆之樂又鄴典農石苞與輅相見問曰聞君鄉里翟文耀能隱形其事可信乎輅言此但陰陽蔽匿之數苟得其數則四岳可藏河海可逃況以七尺之游變化之内散雲霧



以幽身布金水以滅迹術足數成不足為難苞曰欲聞其妙君且善論其數也輅言夫物不精不為數不妙不為術故精者神之所合妙者智之所遇合之幾微可以性通難以言論是故魯班不能説其手離朱不能説其目非言之難孔子曰書不盡言言之細也言不盡意意之微也斯皆神妙之謂也請舉其大體以驗之夫白日登天運景萬里無物不照及其入地一炎之光不可得見三五盈月清耀燭夜可以遠望及其在晝明不如鏡今逃日月者必陰陽之數陰陽之數通於萬類鳥獸猶化況於人乎夫得數者妙得神者靈非徒生者有驗死亦有徵是以杜伯乘火氣以流精彭生託水變以立形是故生者能出亦能入死者能顯亦能幽此物之精氣化之游魂人鬼相感數使之然也苞曰目見陰陽之理不過於君君何以不隱輅曰夫陵虛之鳥愛其清高不願江漢之魚淵沼之魚樂其濡濕不易騰風之鳥由性異而分不同也僕自欲正身以明道直已以親義見數

不以爲異知術不以爲奇夙夜研機孳孳溫故而索隱行怪未[illegible]
斯務也輅爲少府丞〔一〕蜀秦宓綿竹人也郡辟命輒稱疾不往
或謂宓曰足下欲自比於巢許四皓何故揚文藻見瓌頴乎宓
荅曰僕文不能盡言言不能盡意何文藻之有揚乎昔孔子三
見哀公言成七卷事事蓋有不可嘿嘿也孔子三見哀公作三朝記七篇今在大戴禮中經部有孔子三朝八卷一卷目錄餘者所謂七篇接輿行且歌論家以光篇漁父詠滄
浪賢者以耀章此二人者非有欲於時者也夫虎生而文炳鳳
生而五色豈以五采自飾畫哉天性自然也蓋河洛由文興六
經由文起君子懿文德采藻其何傷以僕之愚猶恥華子成之
誤況賢於己者乎論語棘子成曰君子質而已矣何以文爲先主既定益州廣漢
太守夏侯纂請宓爲師友祭酒領五官掾稱曰仲父宓稱疾臥
在第舍纂將功曹古朴主簿王普廚膳即宓第宴談宓臥如故
纂問朴曰至於貴州養生之具實絕餘州矣不知士人何如餘
州也朴對曰乃自先漢已來其爵位者或不如餘州耳至於著

府八百三十三　十一

作爲世師式不負於餘州也嚴君子見黃老作指歸楊雄見易
作太玄見論語作法言司馬相如爲武帝制封禪之文于今天
下所共聞也纂曰仲父何如宓以簿擊頰曰願明府勿以仲父
之言假於小草民請爲明府陳其本紀蜀有汶阜之山江出其
腹帝以會昌神以建福故能沃野千里淮濟四瀆江爲其首此
其一也禹生石紐今之汶山郡是也昔堯遭洪水鯀所不治禹
疏江決河東注于海爲民除害生民已來功莫先者此其二也
天帝布治房心決政參伐參伐則益州分野三皇乘祗車出谷
口今之斜谷是也此便鄙州之阡陌明府以雅意論之何若於
天下乎於是纂逡巡無以復荅宓後爲長水校尉吳遣使張溫
來聘百官皆往餞焉衆人皆集而宓未往丞相亮累遣使促之
溫曰彼何人也亮曰益州學士也及至溫問曰君學乎宓曰五
尺童子皆學何況小人溫復問曰天有頭乎宓曰有之溫曰
在何方也宓曰在西方詩曰乃眷西顧以此推之

頭在西方溫曰天有耳乎宓曰有天處高而聽卑詩云鶴鳴九
皐聲聞于天若其無耳何以聽之溫曰天有足乎宓曰有詩云
天步艱難之子不猶若其無足何以步之溫曰天有姓乎宓曰
有溫曰何姓宓曰姓劉溫曰何以知之荅曰天子姓劉故以此
知之溫曰日生於東乎宓曰雖生於東而沒於西荅問如響應
聲而出於是溫大敬服宓之文辯皆此類也
吳諸葛恪瑾之子也爲左輔都尉叔父亮爲蜀丞相大帝問恪
曰卿父與叔父孰賢對曰父知所事叔父不知以是爲優帝又
大噱命恪行酒至張昭前昭先有酒色不肯飲曰此非養老之
禮也帝曰卿其能令公辭盡乃當飲之耳恪難昭曰師尚父九
十秉旄仗鉞猶未告老也今軍旅之事將
軍在先何謂不養老也昭卒無辭遂爲盡爵後至太傅
朱育山陰人仕郡門下書佐太守濮陽興正旦宴見掾史言次
問太守昔聞朱頴川問士於鄭召公韓吳郡問士於劉聖博王

府八百三十三　十二

景興問士於虞仲翔嘗見鄭劉二荅而未覩仲翔對也欽聞國
賢思覩盛美有日矣書佐寧識之乎育對曰往過習之昔初平
末年王府君　以淵妣之才超遷臨郡思賢嘉善樂采名俊問
功曹虞翻曰聞玉出崑山珠生南海遠方異域各生珍寶且曾
聞士人歎美貴邦舊多英俊徒以遠於京畿含香未越耳功曹
雅好博古寧識其人邪翻對曰夫會稽上應牽牛之宿下當少
陽之位東漸巨海西通五湖南暢無垠北渚浙江南山攸居實
爲州鎮昔禹會群臣因以命之山有金木鳥獸之殷水有魚鹽
珠蚌之饒海嶽精液善生俊異是以忠臣係踵孝子連閭下及
賢女靡不育焉王府君笑曰地勢然矣士女之名可悉聞乎翻
對曰不敢及遠略言其近者耳往者孝子句章董黯盡心色養
喪致其哀單身林野鳥獸歸懷怨親之辱白日報讎海內聞名
昭然光著太中大夫山陰陳囂漁則化盜居則讓鄰感侵退藩
遂成義里攝養車遍行足厲俗自楊子雲等上書薦之粲然傳

北太尉山陰鄭公清亮質直不畏疆禦會相山陰鍾離意禀殊
特之姿孝家忠朝宰縣相國所在遺惠故取養有君子之謨魯
國有丹書之信及陳宫費齊皆上契天心功德治狀記在漢籍
有道山陰趙曄徵士上虞王充各洪才淵懿學究道源著書垂
藻駱驛百篇釋經傳之宿疑解當世之槃結或上窮陰陽之奥
秘下攄人情之歸極交阯刺史上虞綦毋俊拔濟一郡讓爵土
之封决曹掾上虞孟英三世死義主簿句章鄭雲皆敦終始之
義引罪免居門下督盜賊餘姚伍隆鄭（莫侯切）主簿任光章安小
吏黄他身當白刃濟君於難楊州從事句章王脩委身授命垂
聲來世河内太守上虞魏少英遭世屯蹇忘家憂國列在八俊
爲世英彦尚書烏傷楊喬桓帝妻以公主辭疾不納近故太尉
上虞朱公天姿聰亮欽明神武策無失謨征無遺慮是以天下義
兵思以爲首上虞女子曹娥父溺江流投水而死立石碑紀炳
然著顯王府君曰是既然矣潁川有巢許之逸軌矣吳有太伯之



三讓貴郡雖士人紛紜於此足矣翻對曰故先言其近者耳若
乃引上世之事及抗節之士亦有其人昔越王翳讓位逃於巫
山之穴越人薰而出之斯非太伯之儔邪且太伯外來之君非
其地人也若以外來言之則大禹亦巡於此而葬之矣鄞大里
黄公絜已暴秦之世高祖即阼不能一致惠帝恭讓出則濟難
徵士餘姚嚴遵王莽數聘抗節不行光武中興然後俯就矯手
不拜志陵雲日皆著於得籍較然彰明豈如巢許流俗遺譚不
見經傳者哉王府君笑曰善哉話言也賢矣非君不著太守未
之前聞也濮陽府君曰御史所云既聞其人亞斯已下書佐寧
識之乎育曰瞻仰景行敢不識之近者太守上虞陳業絜身清
行志懷霜雪貞亮之信同操柳下遭漢中微委官棄禄遁迹黙
歘以求其志高邈妙蹤天下所聞故桓文遺之尺牘之書比竟
三高其聰明大略忠直謇諤則侍御史餘姚虞翻偏將軍烏傷
略統其淵懿純德則太子少傅山陰闞澤學通行茂作帝師儒

其雄姿武毅立功當世則後將軍賀齊勳成績著其探極祕道
言合神明則太史令上虞吳範其文章之士立言粲盛則御史
中丞句章任奕鄱陽太守章安虞翔各馳文檄曄若春榮處士
鄮盧叙弟犯公憲自殺乞代吳寧斯敦山陰祁庚上虞樊正咸
代父死罪其女則松陽柳朱永寧瞿素或一醮守節喪身不顧
或遭寇劫賊死不虧行皆近世之事尚在耳目府君曰皆海内
之英也吾聞秦始皇二十五年以吳越地爲會稽郡治吳漢封
諸侯王以何年復爲郡而分治於此育對曰劉賈爲英布所殺
又以劉濞爲吳王景帝四年濞反誅乃復爲郡治於吳元鼎五
年除東越因以其地爲治并屬於此而立東部都尉後徙章安
陽朔元年又徙治鄞或有寇害復徙句章到永建四年劉府君
上書浙江之北以爲吳郡會稽還治山陰自永建四年歲在己
巳以至今年積百二十九歲府君稱善是歲吳之太平三年歲
在丁丑育後爲東觀令遥拜清河太守加位侍中



沈友字子正善屬文有口辯每所至衆人皆默因號曰謚衆咸
言其筆之妙刀之妙舌之妙皆絶於人

冊府元龜卷第八百三十三

冊府元龜卷第八百三十四

總録部八十四

詞辯第二

晉陳頵陳国苦人也辟豫州部從事刺史解結問僚佐曰河北白壤膏粱何故少人士每以三品為中正頵荅曰詩稱維嶽降神生甫及申夫英偉大賢多出於山澤河北土平氣均蓬蒿裁高三尺不足成林故也結曰張彥真以為汝潁巧辯恐不及青徐儒雅也頵曰彥真與元礼不恊故設過言老子莊周生陳梁伏羲傅說師曠大項出陽夏漢魏二祖起於沛譙準之衆州莫之與比結甚異之曰豫州人士常半天下此言非虛

李仁初仕吳為侍中吳平侍中庾峻問仁曰聞吳主披人面刖人足有諸乎仁曰以告者過也君子惡居下流天下之惡皆歸焉蓋此事也若信有之亦不足怪昔唐虞五刑三代七辟肉刑之制未為酷虐皓為一国之主秉殺生之柄罪人陷法加之以



憲何足多罪夫受堯誅者不能無怨受桀賞者不能無慕此人情也又問曰云歸命侯乃惡人橫睛逆視皆鑿其眼有諸乎仁曰亦無此事傳之者謬耳曲礼曰視天子由袷以下視諸侯由頤以下視大夫由衡視士則平面得游目五步之内視上於衡則傲下於帶則憂旁則邪以礼視瞻高下不可不慎況人君乎哉視人君相迕是乃礼所謂傲慢傲慢則無礼無礼則不臣不臣則犯罪犯罪則陷不測矣正使有之將有何失裴楷為中書郎武帝初登阼探策以卜世數多少既而得一帝不悅群臣失色莫有言者楷正容儀和其聲氣從容而進曰臣聞天得一以清地得一以寧王侯得一以為天下貞武帝大悅群臣皆稱萬歲

胡毋輔之字彥国王澄嘗與人書曰彥国吐佳言如鋸木屑霏霏不絶誠為後進領袖也後為揚武將軍湘州刺史

華譚廣陵人爽慧有口辯為隣里所重舉秀才博士王濟於衆中嘲之曰五府初開群公辟命採英奇於仄陋拔賢儁於岩穴君吳楚之人亡国之餘有何秀異而應斯舉譚荅曰秀異固産於外方不出於中域也是以明珠文貝生於江鬱之濵夜光之璞出乎荊藍之下故以人求之文王生於東夷大禹生於西羌子弗聞乎昔武王剋商遷頑民于洛邑諸君得非其苗裔乎濟又曰夫危而不持顛而不扶至於君臣失位国亡無主凡在冠帶將何所取哉荅曰吁存亡有運興衰有期天之所廢人能支徐偃脩仁義而失国仲[illegible]名諒否泰有時曷人力之所能哉濟甚礼之又或問曰諺言人之相去如九牛毛寧有此理乎譚對曰昔許由讓天子之貴市道小人爭半錢之利此之相去何啻九牛毛也聞者稱善後為散騎常侍免

袁甫字公胄淮南人好學與華譚齊名以詞辯稱嘗詣中領軍何勗自言能為劇縣勗曰唯欲宰縣不為臺閣職何也甫曰人各有能有不能譬繒中之好莫過錦〻不可以為帢穀中之美莫過



稻〻不可以為齏是以聖王使人必先以器苟非周材何能悉長黃霸馳名於州郡而息譽於京邑廷尉之材不為三公自昔然也勗善之又呂所問曰卿名能辯知壽陽已東何以常水甫曰壽陽已東皆是吳人夫亡国之音哀以思鼎足彊邦一朝失職憤歎甚積〻憂成雨久成水故其域常澇也後為淮南国大農郎中令卒於家

李密犍為人也以洗馬徵至洛司空張華問之曰安樂公何如密曰可次齊桓華問其故對曰齊桓得管仲而霸用豎刁而蟲流安樂公得諸葛亮而抗魏任黃皓而喪国是知成敗一也次問孔明言教何碎密曰昔舜禹皋陶相與語故得簡文語與凡人言宜碎孔明與言者無己敵言教是以碎耳華善之

王澄衍弟也衍為司徒惠帝末衍白東海王越以澄為荊州刺史持節都督領南蠻校尉王敦為青州衍因問以方略敦曰當臨事制變不可豫論澄辭義鋒出筭略无方一坐嗟服

祖納為光祿大夫嘗問梅陶君鄉里立月旦評何如陶曰善褒惡貶則佳法也納曰未益時王隱在坐因曰尚書稱三載考績三考黜陟幽明何得一月便行褒貶陶曰此官法也月旦私法也隱曰易稱積善之家必有餘慶積不善之家必有餘殃稱家者豈不是官必須積久善惡乃著公私何異古人有言貞良而亡先人之殃酷烈而存先人之勳累世乃著豈但一月若必月旦則顏回食埃不免貪污盜蹠引少則為清廉朝種暮穫善惡未定矣時陶及鍾雅數說餘事納輒困之因曰君汝潁之士利如錐我幽冀之士鈍如槌持我鈍槌捶君利錐皆當摧矣陶雅並稱有神錐不可得槌納曰假有神錐必有神槌雅無以對

劉惔字真長尚明帝女廬陵公主以惔雅善言理簡文帝初作相與王濛並為談客俱蒙上賓禮時孫盛作易象妙於見形論帝使殷浩難之不能屈帝曰使真長來故應有以制之乃命迎惔盛素敬服惔及至便與抗答辭甚簡至盛理遂屈一坐撫掌大笑咸稱美之後為丹陽尹

劉劭為侍中時庾懌以白羽扇獻成帝帝嫌其非新反之劭曰柏梁雲構大匠先居其下管弦繁奏夔牙先聆其音懌之上扇以好不以新後懌聞之曰此人宜在帝之左右

范宣召徵太學博士散騎郎並不就家于豫章庾爰之問宣曰君博學通綜何以太儒宣曰漢興貴經術至於石渠之論實以儒為弊正始以來世尚老莊逮晉之初競以裸裎為高僕誠太儒然丘不與易

顧愷之為荊州刺史殷仲堪參軍荊州人問以會稽山川之狀愷之云千巖競秀萬壑爭流草木蒙籠若雲興霞蔚桓玄時與愷之同在仲堪坐共作了語愷之先曰火燒平原無遺燎玄曰白布纏根樹旒旐仲堪曰投魚入泉放飛鳥復以危語玄曰矛頭淅米劍頭炊仲堪曰百歲老翁攀枯枝有一參軍云盲人騎瞎馬臨深池仲堪眇目驚曰此太逼人

孫盛博學善言名理于時殷浩擅名一時與抗論者惟盛而已盛嘗詣浩談論對食奮擲麈尾毛悉落飯中食冷而復煖者數四至暮忘食理竟不定盛又著醫卜及易象妙於見形論浩等竟無以難之由是遂知名後至秘書監加給事中



高崧為侍中謝万為豫州都督疲於親賓相送方臥在室崧徑造之謂曰卿今疆理西蕃何以為政万粗陳其意崧便為叙刑政之要數百言万遂起坐呼崧小字曰阿酃故有才具邪

後秦尹緯為姚興尚書左僕射緯友人隴西牛壽率漢中流人歸興謂緯曰足下平生自謂時明也才足以立功立事道消也則追二疎朱雲發其狂直不能如胡廣之徒洿隆隨俗今遇其時矣正是垂名竹素之日可不勉歟緯曰吾之所庶幾如是但未能委宰衡於夷吾識韓信於羈旅以斯為愧耳立功立事竊謂未負昔言興聞而謂緯曰君之與壽言也何其誕哉立功立事自謂何如古人緯曰臣實未愧古人何則遇時來之運則輔翼太祖建八百之基及陛下龍飛之始翦滅苻登盪清秦雍生擒端右死饗廟庭古之君子正當爾耳興大悅

宋王鎮惡為振武將軍時討司馬休之鎮惡既斬休之將朱襄因便東掠諸蠻不時反及至江陵休之已平高祖怒不時見之鎮惡笑曰但令我一見公無憂矣高祖尋登城喚鎮惡鎮惡為人強辯有口機隨宜酬應高祖乃釋

凝之年少時與北地傅僧祐俱以通家子始為太祖所引見時帝與何尚之論鑄錢事凝之便干其語帝因迴與論之僧祐引凝之衣凝之大言謂僧祐曰明主難再遇便應正盡所懷帝與往復十餘反凝之詞韻銓序辭有理證帝甚賞焉後為尚書左丞卒

王惠字令明恬靜不交游陳郡謝瞻才辯有風氣嘗與兄弟群從造惠談論鋒起文史間發惠時相酬應言清理遠瞻等慙而止後為吏部尚書至

僧達太保弘少子太祖聞僧達早惠妻以臨川王義慶女僧達性好鷹犬與閭里少年相馳逐又躬自屠牛義慶聞如此令周旋沙門慧觀造而觀之僧達陳書滿席與

論文義甚歡酬荅不暇深相稱美後爲中書令坐誅
張暢字少微吳郡人世祖鎮彭城以暢爲安北長史魏太武南
侵太尉江夏王義恭統諸軍出鎮彭泗太武親率大衆至彭城
始至仍登城南亞父冢於戲馬臺立氈屋遣使送駞馬貂裘雜
飲既至南門先閉請鑰未出暢於城上視之魏使問是張長
史耶暢曰君何得見識魏使荅曰君聲名遠聞足使我知暢因
問魏使姓荅云我是鮮卑無姓且道亦不可暢又問君居何位
荅云鮮卑官位不同不可輒道然亦足與君相敵耳魏使復問
何爲怱怱杜門絶橋暢荅曰二王以魏主營壘未立將士疲勞
此精甲十萬人思致命恐輕相凌踐故且閉城待休息士馬然
後共治戰場克日交戲魏使曰君當以法令裁物何用發橋復
何足以十萬誇人我亦有良馬逸足若雲騎四集亦可以相拒
暢曰侯王設險何但法令而已耶我若誇君當言百萬所以言
十萬者正二王左右素所畜養者耳此城内有數州士庶工徒



猶所未論我本鬬智不鬬馬足且冀之北土馬之所生君復何
以逸足見誇邪魏使曰不尒城守君之所長野戰我之所長我
之恃馬猶如君之恃城耳城内有且思者覘音嘗在北國義恭
遣視之思識是魏尚書李孝伯思因問李尚書君行途有勞孝
伯曰此事應相與共知思荅緣共知所以有勞孝伯曰感君至
意既開門暢屏却人仗出對孝伯并進餉物魏使云貂裘與太
尉駱駞騾與安北蒲萄酒雜飲叔姪共嘗魏主又乞酒并甘橘
暢宣於世祖而致意於魏云受命本朝過蒙藩任人臣無境外
之交恨不暫悉曰城守備防邊鎮之常但以使之故勞而無
怨耳太尉鎮軍得所送物魏主意知復須甘橘今並付如別太
尉以北土寒鄉皮毛褥稽脫是所須今致魏主螺杯雜粽南土
所珍鎮軍今以相致此信未去魏主復遣使令孝伯傳語曰魏
主有詔語太尉安北近以騎至車兩在後今端坐無爲有博具
可見借暢曰博具當爲申啓但向語二王已非遜辭且有詔之

言豈可施於彼國何得稱之於此孝伯曰詔之與語朕之與我
並有何異暢曰若辭以通可如來談既言有所施則貴賤有等
向所稱詔非所敢聞孝伯又曰太尉安北是人臣與非暢曰是
也孝伯曰隣國之君何爲不稱詔於隣國之臣暢曰君之此稱
尚不可聞其於中華況在諸王之貴而猶曰隣國之君耶孝伯
曰魏主言太尉鎮軍並皆年少分闊南信殊當憂邑若欲遣信
者當爲護送脫須騎者亦當以馬送之暢曰此方間路甚多使
命日夕往來不復以此勞魏主孝伯曰亦知有水路似爲白賊
所斷暢曰君著白衣故稱白賊耶孝伯大笑曰今之白賊亦不
異黃巾赤眉暢曰黃巾赤眉似不在江南孝伯曰雖不在江南
亦不在青徐也暢曰今者青徐實爲白賊賊但非白賊耳魏使
云向借博具何故不出暢曰二王貴遠啓聞難徹孝伯曰周公
握髮吐哺二王何獨貴遠暢曰握髮吐飡本施中國耳孝伯曰
賓有禮主則擇之暢曰昨見衆賓至門未爲有禮俄送博具



出因以與之魏主又遣人云魏主致意太尉安北何不遣人來
至我間彼此之情雖不可盡要須見我小大知我老少觀我爲
人若諸佐不可遣亦可使僮幹來暢又宣旨荅曰魏主形狀才
力久爲來往所具李尚書親自銜命不患彼此不盡故不復遣
使孝伯又曰君南土膏粱何爲著屩君而著此使將士云何暢
曰膏粱之言誠爲多愧但以不武受命統軍戎陣之間不容緩
服孝伯又曰長史我是中州人久處北國自隔華風相去步武
不得致盡邊皆是北人聽我語者長史當深得我孝伯又曰永
昌王魏主從弟鎮長安今領精騎八萬直造淮南壽春久閉門
自固不敢相禦向送劉康祖頭彼之所見王玄謨甚是所悉亦
是常才耳南國何意作如此任使以致奔敗自入此境七百餘
里主人竟不能一相拒逆鄒山之險君家所憑前鋒始得接手
崔耶利便藏入穴我間諸將倒曳脚而出之魏主賜其生命今
從在此復何以輕脫遣馬文恭至蕭縣使望風退撓耶君家民

人其相忽怨怨云清平之時賦我租帛至有急難不能相拯救暢曰知永昌已過淮南康祖爲所破此有信使無此消息王玄謨南上偏將不謂爲才但以人爲前驅引道耳大軍未至而河冰向合玄謨量宜反旆未爲失機但因夜迴師戎馬小亂耳我家玄謨斗城陳憲小將魏主傾國累旬不克胡盛之偏裨小帥衆無一旅始濟融水魏國君臣奔迸僅得免脫滑臺之師無所多愧鄒山小戍雖有微險河畔之民多是新附始慕王化姦盜未息示使崔耶利撫之而已今沒虜手何損於國魏主自以十萬師而制一崔耶利方復足言耶聞蕭縣百姓並依山險聊遣馬文恭以十隊示之耳文恭前以三隊出還走後大營嵇玄敬以百騎至留城魏軍奔敗輕敵至此亦非所卹王境人民列居河畔二國交兵當互加撫養而魏師入境肆行殘虐事生意外因彼無道官不負民民何怨人知入境七百無復相拒此自由太尉神算次在鎮軍勝略經國之要雖不預聞然用兵有機間亦不容相



許孝伯曰魏主當不圍此城自率衆軍直造瓜步南事若辦彭城不待圍若不捷彭城亦非所須也我今當南飲江湖以療渴耳暢曰去留之事自適彼懷若虜馬遂得飲江便爲無復天道各應返命遲復更悉暢便迴還孝伯追曰長史深自愛敬相去步武恨不執手暢因復謂曰將異蕩定有期相見無遠君若得還宋朝今爲相識之始孝伯曰待此來期孝伯言辭辯贍亦北土之美也暢隨宜應答甚爲儁如流音韻詳雅風儀華潤孝伯及左右人並相視歎息

蕭惠開爲輔國將軍督益寧二州惠開素有大意至蜀欲廣樹經略善於述事對賓僚及士人說收牂牁越巂以爲內地綏討蠻濮闢地徵租聞其言者以爲大功可立

南齊周顒字彥倫音辭辯麗出言不窮宮商朱紫發口成句後爲中書郎兼著作郎張融字思光爲中書郎嘗侍高帝出大極殿西室融入問訊彌時方登階及就席帝曰何乃遲爲對曰自地界天理不得速時魏主至淮而退帝問何意忽來忽去未有答者融下坐抗聲曰以無道而來見有道而去公卿咸以爲捷後至司徒左長史

劉繪南康相元素之孫有口辯司徒褚彥回甚重之謂曰諸劉自荊州已來無出卿繪斂容答曰郝族衰悴誠不如昔若此百爲虜故不足降此百爲實強不可聞

王融爲中書郎武帝以其才辯使兼主客接魏使房景高宋弁弁見融年少問主客年幾融曰五十之年又踰其半因問在本朝聞主客作曲水詩序景高又云在北聞主客此製勝於是年實願一見融乃示之後日宋弁於瑤池堂謂融曰昔觀相如封禪以知漢武之德今覽王生詩序用見齊王之盛融曰皇家盛明豈直比蹤漢武更慙鄙製無以遠匹相如武帝以魏所送馬不稱使融問之融曰秦西冀北實多駿驥而魏主所獻良馬及駑駘之不若求名檢事殆爲未孚將旦信誓有時而爽駉牧



之政不能復嗣宋弁曰不容虛爲之名當是不習土地融曰周穆馬跡遍於天下若騏驥之性因地而遷則造父之策有時而躓弁曰王主客何爲勤勤於千里融曰卿國既異其優劣聊復相訪若千里日至聖上當駕鼓車弁曰向意既須必不能駕鼓車也融曰買死馬之骨亦以郭隗之故弁不能答

梁謝幾卿超宗之子補國子生齊文惠太子自臨策試謂祭酒王儉曰幾卿本長玄理今可以經義訪之儉承旨發問幾卿隨事辯對辭無滯者文惠大稱賞爲儉謂人曰謝超宗爲不死矣

羅研字深識少有才辯鄧元起平蜀辟爲主簿後爲信安令齊苟兒之役臨汝侯蕭猷嘲之曰卿蜀人樂禍貪亂一至於此對曰蜀中積弊實非一朝百家爲村不過數家有食窮迫之人十有八九束縛之役旬有二三貪亂樂禍無足多怪若令家畜五母之雞一母之豕牀上有百錢布被甑中有數斗麥飯雖蘇張巧說於前韓白按劍於後不能使一夫爲盜況貪亂乎

朱异少有詞辯晉通初魏始連和使劉善明來聘召异爲中書舍人勑使接之預識者皆歸化北人善明負其才氣酒酣謂异曰南國辯學如中書者幾人异對曰异所以得接賔客者乃分職是司二國通和所敦親好若以才辯相尚則不容使見善明乃曰王錫張纘北間所聞去何可見异具啓勑即使於南苑設宴錫與張纘朱异四人而已善明造席遍論經史兼以嘲謔纘隨方酬對無所稽疑不嘗訣彼一事善明甚相歎揖他日謂异曰一日見二賢實副所期不有君子安能爲國

庾承先字子通潁川人喜愠不形於色人莫能窺鄱陽忠烈王在州欽其風味要與遊處又令講老子遠近名僧咸來赴集論難鋒起異端競至承先徐相酬答皆得所未聞忠烈王尤加欽重徵州主簿湘東王聞之亦板爲法曹參軍並不赴

陳戚袞初仕梁爲大學博士時簡文在東宮召袞講論又嘗置宴集玄儒之士先命道學互相質難次令中庶子徐摛馳騁大



義間以劇談摛辭辯縱橫難以答抗諸人懾氣皆失次序袞時騁學義摛與往復袞精采自若對答如流簡文深加歎賞

後魏李先初爲慕容永秘書監皇始初先於井陘歸順道武問先曰卿何國人先曰臣本趙郡平棘人帝曰朕聞中山土廣民殷信尒以不先曰臣少官長安仍事長子後乃還鄉觀望民土實自殷廣又問先曰朕聞長子中有李先者卿其是乎先曰小臣是也帝曰卿識此不先曰陛下聖德膺符要荒[illegible]頼挺特臣安敢不[illegible]帝又問曰卿祖父及身[illegible]官歷何[illegible]臣大父重晉平陽太守大將軍右司馬父樊石虎樂安太守左中郎將臣自符丕尚書右主客郎慕容永秘書監高密侯帝曰卿既宿士屢歷名官經學所通何典爲長先對曰臣才識愚闇少習經史年荒廢忘十猶通六又問兵法風角卿悉通不先曰亦曾習讀不能明解帝曰慕容永時卿用兵不先曰臣時蒙顯任實參其事帝後以先爲丞相衛王府左長史

奚斤爲驃騎大將軍太武以斤元老賜訪朝政斤聰辯強識善於談論遠說先朝故事雖未皆是時有所得聽者歎美之

劉文曄平原人父休賓初爲宋明帝兖州刺史鎮梁鄒以城降獻文遷之於代郡文曄有志尚孝文奉方山文曄大言於路側曰求見聖顏申宣久屈帝遣尚書李沖宣詔問曰卿欲何言聽卿面自申盡於是引見文曄對曰臣之陋族出自平原往因喪亂流離河表居齊已來八十九歲載貞君十一年世祖太武皇帝巡江之日時年二歲隨外祖魯郡太守崔邦利走鄒山歸國邦利蒙賜四品除齊[illegible]守以臣年小不及齒録至天安之初皇威遠被臣亡父休賓持節兖州刺史戍梁鄒時慕容白曜以臣父居全齊之要水陸道衝青冀二城往來要路三城岳時並拒王師白曜知臣母子先在代京表請臣母子慰勞臣即被先帝詔遣[illegible]使賷文賜亡父官爵白曜遣右司馬盧河内等送臣母子至鄒臣既見亡父備申皇澤云吾家本朝龍遇



[illegible]藩屏尊卑百口並在二城吾若先降百口必被誅滅既不[illegible]款於本朝又令尊卑塗[illegible]以臣以奉大駕[illegible]汝且申吾意白僕射降意已判候平歷城即率一衆送款軍首既克歷城白曜遣赤虎送臣并崔道固子景業等向梁鄒亡父既見白虎之信仰感聖朝遠遣妻子又知天命有歸擁衆一萬以城降款乘驛赴臺蒙爲客例臣私覺深重亡父以延興二年孤背明世血誠微心未獲申展如臣等比並蒙榮爵爲在事所抑以變勳帝曰卿訴父賞而卿父無勳歷城齊之西關歸命請順梁鄒小戍豈能獨全何足爲功也文曄對曰誠如聖旨愚臣所見獨有未盡何者昔樂毅破齊七十餘城唯有即墨獨在此豈非根亡而條立且夫降順驗之古今未有不由危逼者故黃權無路歸款列地封侯伯薛安都畢衆危急投命並受茅土之爵論古則如彼語今則如此明明之世不及此流竊惟梁鄒嚴固地據中齊粟支十載控弦數千比之二城不可同日而語二城猶能

抗兵累旬傷殺甚衆若臣之父固守孤城則非一朝可剋帝曰歷城既陷梁鄒便是掌中何煩兵力對曰若如聖旨自應便歸窮兵極意取勝俯仰何爲以假白虎之信下銜知變之民帝曰卿父此勲今自至少以卿才地豈劣對曰臣庸愚猥蒙文武無施繼晷絶九皐聞天無日遭逢聖運萬死猶生但臣竊見徐兗是賊藩要徐兗既降諸戍皆應國有而東徐州刺史張讜所戍團城領二郡而已徐兗降後猶閉門拒命授以方岳始乃歸降父子二人並蒙侯爵論功比勲不先臣父帝曰卿引張讜讜事小異對曰臣未識異狀帝曰張讜始來英叛終不乖信卿父進非先覺退又拒守何得不異對曰張讜父子始有歸順之名後有閉門之罪以功補過免罪爲幸臣又見崔僧祐母弟隨其叔父道固在歷城僧祐遥聞王威遠及恐母弟淪亡故率鄉閭來欲救援既至鄆州歷城已没束手歸誠救母弟之命聖朝嘉其附化賞以三品之父之誠豈後僧祐帝曰僧祐身居東海去留任



遠來則國有去則他人是故賞之卿父被圍孤城已是我物所以不賞對曰亡父據城歸國至公也僧祐懸計而來爲私也爲私投賞至公不酬臣未見其可帝笑而不言比部尚書陸叡叱文曄曰假令先朝謬賞僧祐豈可謬相賞也文曄曰先帝中代聖主與日月等曜比於堯舜時卒則十亂五臣今言謬賞豈不仰誣先朝乎尚書高閭曰卿謂母弟與妻子何者爲重文曄曰母弟爲重閭曰卿知母弟重朝廷賞僧祐是卿父爲妻子而來非可相返對曰僧祐若無母弟來歸以不閭曰不來文曄曰若僧祐赴母弟之難此是私而亡父本爲丈夫立身處世豈可顧妻子而虧高節也昔樂羊食子有顧以歸亡父本心實不辨顧所以歸化者自知商周不敵天命有所帝謂文曄曰卿之所訴頗亦有途賞從重罰從輕乎勿酬叙文曄泣曰臣愚頑理冊見無期陛下既垂慈澤願物有司豫理帝曰王者無戲何待懃懃既而賜文曄爵都昌子深見待遇

高閭爲大常御卒宮閭強果敢直諫其在私室言裁聞耳及於朝廷啓衆之中則談論鋒起人莫能敵孝文以其文雅之美每優禮之○固爲度支尚書高祖幸長安詔以咸陽山河險固秦漢舊都古稱陸海勸高祖去洛陽而都之後高祖引見固笑而謂之曰卿一昨有啓欲遷朕都此昔婁敬一説漢祖即日西駕尚昔今以西京説朕理殊所以今古相反耳固對曰昔漢祖起於布衣欲藉嶮以自固婁敬之言合於本旨今陛下百世重光德洽四海事同隆周均其職貢是以愚臣獻説不能上動高祖大悦

北齊陸法和平常言若不出口時有所論則雄辯無敵然猶帶蠻音文宣以爲太尉公西南大都督

裴讓之弟諏之奔關右兄五人皆拘繫神武問云諏之何在答曰昔吳蜀二國諸葛兄弟各得盡心况讓之老母在君臣分定失忠與孝愚夫不爲伏願明公以誠信待物若以不信處物物亦安能自信以此定霸猶却行而求道耳神武善其言兄弟俱



釋後爲清河太守被誅

唐薛收爲秦府記室房玄齡薦之於太宗即日召見問以經略收辯對縱橫皆合旨要

鄭惟忠天授中應舉召見則天臨軒問諸舉人何者爲忠諸人對不稱旨惟忠對曰忠者外揚君之美内匡君之惡則天曰善授水部員外郎則天幸長安惟忠侍御史謂曰朕識卿卿以前奏事言外揚君之美内匡君之惡至今不忘

冊府元龜卷第八百三十四

# 冊府元龜卷第八百三十五

總録部八十五

性質　質樸　訥　醜陋

## 性質

天之所命不易者性氣之所稟不動者質是故率而在道或爲撲在直則有全德蓋賢愚智長短自殊厥趣斯所以敷恩各顯諸所亦由是歷難續陽水不治是以聖人隨氣而任之則小大無不適矣

裨諶鄭大夫能謀謀於野則獲謀於邑則否

端木賜字子貢善揚人之美不能匿人之過漢張湯爲廷尉趙禹爲少府兩人交驩而兄事禹禹志在奉公孤立而湯舞知以御



人陳遵與張竦爲友俱至二千石免官歸長安竦居貧無賓客時好事者從之質疑問事論道經書而已而遵晝夜呼號車騎滿門酒肉相屬遵嘗謂竦曰足下諷誦經書苦身自約不敢差跌而我放意自恣浮沈俗間官爵功名不減於子而差獨樂顧不優邪竦曰人各有性長短自裁子欲爲我亦不能吾而效子亦敗矣雖然學我者易持效子者難將吾常道也

後漢第五倫爲司空性質慤少文采在位以貞白稱時人方之前朝貢禹然以蘊藉不修威儀亦以此見輕

魏樂進字文謙容貌短小以膽烈從太祖爲帳下吏

杜恕推誠以質不治飾少與馮翊李豐俱爲父任總角相善及各成人豐砥礪名行以要世譽而恕誕節直意與豐殊趣豐竟馳名一時京師之士多爲之游說而當路者或以豐名過其實而恕被褐懷玉也由此爲豐所不善恕亦任其自然不力行以合時豐以顯仕朝廷恕猶居家　及明帝以恕大臣子擢拜散騎侍郎數月轉補黃門侍郎

袁渙字曜卿爲梁相其爲政崇教訓恕思而後行外溫柔而內能斷文帝問渙從弟敏渙勇怯何如敏對曰渙貌似和柔然其臨大節處危難雖賁育不過也

蜀楊戲出爲梓潼太守入爲射聲校尉所在不煩性雖簡惰未嘗以甘言加人過情接物

吴孫奐以揚武中郎將領江夏太守奐訥於造次而敏於當官軍民稱之

晉李含爲人貌質素頽然若不足者而智度沉邃言必有則初仕州計掾

王承字安期湛子也清虛寡欲無所脩尚言理辯物但明其旨要而不飾文辭有識者服其約而能通永寧初爲驃騎參軍

虞潭爲衛將軍貌雖和弱而內堅明有膽決雖屢經危險而執有傾取

梁殷芸字灌蔬陳郡長平人性倜儻不拘細行然不妄交游門



無雜客後至通直散騎常侍

後魏梁祚篤志好學有儒者風無當世之才官至秘書令

隋薛道衡爲內史侍郎加上儀同三司道衡每至構文必隱空齋蹋壁而臥聞戶外有人便怒其沈思如此

唐魏徵狀貌不逾中人而素有膽智位至太子太師

郭弘道性寬厚如愚然而內敏爲饒州刺史

杜佑字君卿位至司徒外示寬和而持身有術爲政弘易不尚皦察掌計治民物便而濟馭戎應變卽非所長

許存誠性至和易於人無所不容及當官遇事卽確然不拔以是人皆稱重官至御史中丞

韋處厚處家循易如不克任至於廷諍敢言及馭轄胥吏勁確凝然不可迴奪位至相輔

## 質樸

先聖之言曰夫達也者質直而好義又曰剛毅木訥近仁言其

任質樸之懷絕苟且之行發言慷慨遇巳簡易恐所奉以盡誠臨大節而不奪可以集其事可以近於仁也雖威儀斯定風采無取焉則爲鄉黨所輕出則爲左右所笑苟能適其用也庸何傷哉

漢周勃高祖時爲太尉勃爲人木強敦厚(木謂質樸)不好文學每召諸生說士東鄉坐責之(以勃自東向責諸生說士不以賓主之禮待之也)趣爲我語(鄉讀曰嚮趣讀曰促謂今語也)其椎少文如此(椎謂樸鈍椎音直追反)

申培公者魯人也(培申公名音扶杯反)武帝徵至見帝帝問治亂之事申公已八十餘老對曰爲治者不至多言顧力行何如耳(顧念也力行謂勉力爲行也)是時帝方好文辭見申公對默然然已招致即以爲太中大夫舍魯邸(舍息也)

夏侯勝宣帝時爲諫議大夫給事中勝爲人質樸守正簡易亡威儀見時謂帝爲君(見謂見天子時)誤相字於前(前天子之前也臣名不當相呼字)上亦以是親信之



龔遂爲勃海太守數年宣帝遣使者徵遂議曹王生願從功曹以爲王生素耆酒亡節度不可使(耆讀曰嗜)遂不忍逆從至京師王生日飲酒不視太守(湎酒也)會遂引入宮王生醉從後呼(呼火故反)曰明府且止願有所白遂還問其故(還回也)王生曰天子即問君何以治勃海君不可有所陳對宜曰皆聖主德非小臣之力也遂受其言既至前帝果問以治狀遂對如王生言天子說其有讓笑曰君何得長者之言而稱之遂因前曰臣非知此乃臣議曹教戒臣也帝以遂年老不任公卿拜爲水衡都尉議曹王生爲水衡丞以褒顯之

後漢吳漢光武時爲大司馬漢爲人質厚少文造次不能以辭自達

臧宮爲左中郎將以謹信質樸故常見任用

第五倫建武中舉孝廉補淮陽國醫工長從王朝京師光武召見與語至夕帝戲謂倫曰聞卿爲吏篣婦公不過從兄飯寧有之邪倫對曰臣三娶妻皆無父少遭飢亂實不敢妄過人食帝復曰聞卿爲市掾人有遺母一笥餅者卿從外來見母笥探口中餅信乎倫對曰實無此衆人皆以臣愚蔽故爲出是語也帝大笑

劉昆初爲江陵令時縣連年火災昆輒向火叩頭多能降雨止風徵拜議郎稍遷侍中弘農太守先是崤黽驛道多虎災行旅不通昆爲政三年仁化大行虎皆負子北渡河帝聞而異之徵代杜林爲光祿勳詔問昆曰前在江陵反風滅火後守弘農虎北渡河行何德政而致是事昆對曰偶然耳左右皆笑其質訥光武歎曰此乃長者之言也命書諸策

桓榮建武中爲博士入會庭中詔賜奇果受者皆懷之榮獨舉手捧以拜帝笑指之曰此真儒生也以是愈見敬厚

李郃少游太學外朴人莫之識安帝時爲司空

蜀譙周字允南體貌素朴丞相諸葛亮領益州牧命爲勸學從事周初見亮左右皆笑既出有司請推笑者亮曰孤尚不能忍況左右乎



晉魏舒飲酒石餘而遲鈍質朴不爲鄉親所重武帝時位至司徒

劉寔惠帝時爲太尉位望通顯每崇儉素不尚華麗嘗詣石崇家如廁見有絳紋帳裀褥甚麗兩婢持香囊寔便退笑謂崇曰誤入卿內崇曰是廁耳寔曰貧士未嘗得此乃更如他廁

葛洪性寡欲無所愛翫不知棊局幾道摴蒱齒名元帝爲丞相辟爲掾以平賊功賜爵關內侯

王彬字世儒爲豫章太守爲人樸素方直乏風味之好

宋張仲子竟陵人子興世爲冠軍將軍雍州刺史過竟陵欲拜墓仲子謂曰汝𡚁從太多先人必當驚怖興世減撤而後行興世致位給事中

王華文帝時爲護軍侍中與南陽劉湛不爲飾讓得官即拜以此爲常

南齊焦度爲後軍將軍東宮直閤將軍爲人戇性溫和敦行質樸澁欲太祖求州比及見意色甚變竟不得一語太祖以其不

闕民事竟不用

王智深琅邪臨沂人也拙澀乏風儀初辟建平王景素書佐

王謹爲黄門郎少貧常自紡績及通貴後每爲人說之世稱其志達

張敬兒爲開府儀同三司將拜謂其妓妾曰我拜後應開黄閤因口自爲鼓聲敬兒始不識書晚既爲方伯乃習學讀孝經論語於新林慈姥廟爲妾乞兒呪神自稱三公然而意知滿足初得鼓吹羞便奏之

張恭兒者敬兒弟也兒爲征西將軍而恭兒不肯出官常居上保村中與居民不易敬兒呼納之甚厚恭兒月一出視敬兒輒復去

梁崔靈恩武帝時爲國子博士性拙樸無風采及解經析理甚有精致

後魏酈約字善禮起家奉朝請再遷冠軍將軍司徒諮議參軍樸質遲鈍而內愛琴書

孫紹孝明時爲中書侍郎性抗直每上封事帝至懇切不憚犯悟但天性疎脫言乍高下時人輕之不見採納

北齊王昕爲祕書監雅好清言詞無淺俗在東萊獲殺其同行侶者詰之款服昕謂之曰彼物故不歸御無恙而反何以自明邢卲後見文宣說此言以爲笑樂昕聞之故詣卲曰御不識造化還謂人曰子才應死我罵之極深（卲字子才）

隋馬光武安人尤明三禮爲儒者所宗文帝開皇初徵山東義學之士光與張仲讓孔籠竇士榮張黑奴劉祖仁等俱至並授太學博士時人號爲六儒然皆鄙野無儀範朝廷不之貴也

牛弘煬帝時爲右光禄大夫帝嘗令宣勑引至階下不能言退還拜謝云並忘之帝曰傳語小辯故非宰相任也逾稱其質直

唐高崇文獻宗時爲劍南西川節度使不通文字厭大府案牘諮稟之繁且以優富之地無所陳力乞居塞上以扞邊戎懇疏累上三年冬制加同中書門下平章事邠州刺史邠寧二州節度觀察等使仍號京西都統以不習朝儀憚於入覲優詔令便道之鎮

李晟德宗時爲義成軍節度裦封隴西郡公進武威郡王每上疏連稱二封頗爲時人哂之

訥

傳稱剛毅木訥近仁又云君子欲訥於言而敏於行斯乃聖人之奧行百代之宗師欲人行先於言名浮其實然而性有質重思惟深沉口不能劇談心存乎博辯造次屈於辭逹臨事失於機敏雖大才碩德無由免焉

趙文子晉大夫其言吶吶若不出諸其口（吶吶舒小貌）

韓非韓之諸公子也爲人口吃不能道說而善著書

漢周昌爲御史大夫高帝欲廢太子而立戚姬子如意爲太子昌廷爭之強帝問其說昌爲人吃（吃言之難也）又盛怒曰臣口不能言然臣期期知其不可陛下欲廢太子臣期期不奉詔（以口吃每語故重言期期）帝欣然而笑即罷

李廣爲前將軍吶口少言

司馬相如爲孝文園令口吃而善著書

揚雄爲郎給事黄門口吃不能劇談（劇甚也）默而好深湛之思（湛讀曰沈）

後漢嚴翰善春秋鍾繇常數與翰辯論短長繇爲人機捷翰訥口臨時屈無以應

劉儒字叔林官至議郎郭林宗謂儒口訥心辯有圭璋之質（珪玉也半珪曰璋林宗歎儒有珪璋之質然乏辭令之士也）

高彪家本單寒至彪爲諸生游太學有雅才而訥於言後至內黄令

何休爲人質朴訥口而雅有心思官至諫議大夫

魏鄧艾字士載少爲都尉學士以口吃不得作幹佐爲稻田守叢草吏

崔琰字季珪以樸訥後至中尉

晉左思字太冲爲殿中侍御史貌寢口訥而辭藻壯麗

朱伺字仲文安陸人少爲吳牙門將陶侃給使吳平內徙江夏伺有武勇而吶口不知書爲郡將督見鄉里士大夫揖稱名而已及爲將遂以謙恭稱

郭璞爲王敦記室參軍好經術博學有高才而訥言論詞賦爲中興之冠

孫惠口訥好學有才識州辟不就寓居蕭沛之間後至廣武將軍安豐內史

慕容納沈靜深遠外訥內敏

南齊謝朓爲尚書殿中郎隆昌初勑朓接北使朓自以口訥啓讓不當不見許

焦度爲後將軍啓求竟陵郡不知所以置辭親人授之辭百余言度習誦數日皆得上口會高帝履行石頭城度於大衆中欲自陳臨時卒忘所教乃大言曰度啓公度啓公度無食帝笑曰卿何憂無食即賜米百斛

梁張率爲揚州別駕率雖歷居職務曾留心簿領及爲別駕奏事高祖覽牒問之並無對但奉答云事在牒中高祖不悅

後周王雅字度容少而沉毅木訥寡言有膽勇善騎射累有戰功除都督賜爵居庸縣子

樊深爲太學博士雖博贍訥於辯故不爲當時所稱

盧柔性聰敏好學未弱冠解屬文但口吃不能持論後至開府儀同三司

隋盧楚范陽人少有才學鯁急口吃言語澁難大業中爲尚書右司郎

祖君彦容貌短小言辭訥澁有才學官至東平郡書佐

牛弘訥於言而敏於行煬帝嘗令其宣勅至陛下不能言退還拜謝云並忘之帝曰傳語小辯故非宰臣任也愈稱其質直後至右光祿大夫



## 醜陋

夫民之生也肖天地之貌最萬物之靈所受不同其形斯異乃有姿質蕞陋形制惡醜或魁怪可駭或鄙瑣不臧迴殊於倫類見嗤於流俗者焉蓋洪範之六極其一曰惡傳曰耗土之人醜載籍所記咸得而徵然而善惡存乎中非著乎外賢愚本於性靡繫於形故仲尼述以貌之言叔向形不颺之論真先賢之永戒哉

叔魚晉大夫初生其母視之曰是虎目而豕喙鳶肩而牛腹鳶肩井

豎牛叔孫穆子之家臣黑而上僂上僂肩傴深目而豭喙豭口象豬必以賄死

華元宋大夫睅其目睅出目皤其腹

賈辛晉人出爲祁大夫將適其縣見於魏獻子魏子曰辛來昔叔向適鄭鬷蔑惡鬷蔑貌醜欲觀叔向從使之收器者而往立於堂下一言而善叔向將飲酒聞之曰必鬷明也下執其手以上曰昔賈大夫惡賈國之大夫惡醜也娶妻而美三年不言不笑御以如皋爲妻御之皋澤射雉獲之其妻始笑而言賈大夫曰才之不可以已我不能射女遂不言不笑夫今子少不颺顏貌不揚子若不言吾幾失子矣

敦洽讎麋陳之惡人椎顙色如漆

公孫呂衛靈公之臣長七尺面長三尺廣三寸鼻目具而名振天下

澹臺滅明字子羽武城人狀甚惡欲事孔子孔子以爲材薄既而受業退而脩行行不由徑非公事不見卿大夫南遊至江弟子三百人從之設取予去就名施乎諸侯孔子聞之曰吾以言取人失之宰予以貌取人失之子羽

高柴字子羔爲費郈宰衛人長不盈五尺狀貌甚惡

陳貌齊大夫也長而上傴傴僂望視望視昂望

蔡澤燕人曷鼻巨肩曷一作偈魋顏蹙齃膝攣後爲秦相

漢田蚡孝景皇后同母弟爲人貌寢（寢短小也）位至太尉

蔡義爲丞相短小無鬚眉貌似老嫗行步俛僂常兩吏扶乃行

王莽爲人侈口蹷顄露眼赤精大聲而嘶反膺高視瞰臨左右

後常翳雲母屏面（翳障之類也）非親近莫得見也

後漢丞宮爲左中郎名播匈奴時單于遣使求欲得見宮詔勅宮整飾宮對曰夷狄以名非誠實也臣狀醜不可以示遠宜選長大威容者明帝乃以大鴻臚魏應代之

梁冀字伯卓爲大將軍冀爲人鳶肩豺目（鳶鴟也鳶肩上竦也豺目目豎也）洞精矘眄（洞通也矘目精直視也）口吟舌言（謂語吃不能明了）

梁胤冀之子也胤一名胡狗與冀諷衆人共薦胤爲河南尹時年十六容貌甚陋不勝冠帶道路見者莫不蚩笑焉

周舉爲光祿大夫姿貌短陋而博學洽聞爲儒者所宗

周燮汝南安城人生而欽頤折頞醜狀駭人其母欲弃之其父不聽曰吾聞賢聖多有異貌興我家者乃此於是寶之安帝以玄纁羔幣徵不起

魏管輅字公明平原人也容貌醜無威儀言語不擇非類後爲少府丞而卒

王粲字仲宣年十七荆州依劉表表以粲貌寢而體通侻不甚重也

吳諸葛恪少顯眉折頞廣額位至太傅録尚書

晉劉伶字伯倫沛國人爲建威參軍身長六尺容貌甚陋

山淳字子玄第允字叔真皆濤之子也並少尫病形甚短小而聰敏過人武帝聞而欲見之濤不敢受詔淳不出允爲奉車都尉

張載字孟陽貌甚醜每行小兒以瓦石擲之委頓而反官至中書侍郎頗著作

孫會秀子也年二十爲射聲校尉尚惠帝女河東公主公主母喪未朞便納聘禮會形貌短陋奴僕之下者初與富室兒於城西販馬百姓忽聞其尚主莫不駭愕



左思字太沖貌醜而口訥爲幽州部從事

戴洋爲南中郎將桓宣參軍洋爲人知陋無風望然好道術妙解占候卜數

王嘉字子年輕舉止醜形貌外若不足而聰睿内明

劉毅爲衛將軍開府荆州刺史嘗於東府聚樗蒱余人並黑犢以毅次擲得雉及宋高祖四子俱黑一子轉躍高祖厲聲喝之成盧毅意殊不快然素黑其面如鐵色焉

趙孟字長舒入補尚書都令史其面有瘢黯諸事不決皆言當問瘢面也

宋垣護之形狀短陋而氣幹強果累以功至輔國將軍務州刺史

臧質身長六尺七寸出面露口禿頂拳髮年未二十高祖召爲世子中軍行參軍

范曄爲左衛將軍太子詹事長不滿七尺肥黑禿眉鬚

劉胡本名坳胡以其顏面坳黑似胡故以爲名

江蒙貌醜其兄謐爲于湖令明帝爲南豫州常召見蒙而狎侮之

何尚之爲中書令少與太常顏延之相好狎二人並短小尚之嘗謂延之爲猿延之目尚之爲猴同遊太子西池延之問路人云吾二人誰似猴路人指尚之爲似延之喜笑路人曰彼似猴耳君乃真猴

南齊張融爲司徒左長史形貌短醜精神清徹

焦度爲游擊將軍容貌壯醜皮膚若漆質直木訥口不能言

蕭坦之爲尚書右僕射丹陽尹肥黑無鬚語聲嘶時人號爲蕭瘂剛佷專執群小畏而憎之

梁褚蘿爲水[illegible]都督面甚尖危有從理入口（[illegible]）

王筠狀貌寢小長不滿六尺而性寬厚不以藝能高人官至太子詹事

後梁宋如周爲黃門散騎面狹而長宣帝以法華經云聞經隨喜面不狹長常戲之曰卿何以謗經如周踧踖自陳不謗帝又

謂之如初如周懼出告蔡大寶大寶知其旨笑謂之曰君當不
謗余經止應不信法華耳如周乃悟
後魏廣陵侯衍子融字叔融貌甚短陋衍弟欽字思若位尚書
右僕射欽色尤黒故衆人号爲黒面僕射
甄琛形貌短陋卧風儀官至特進侍中
北齊荀士遜爲中書舍人狀貌甚醜以文辭見用曾有書須奏
值武成在後庭因左右傳通者不得士遜姓名乃云醜舍人武
成曰必士遜也看封題果是内人莫不忻笑
宋孝王形貌矬陋而好臧否人物時論甚疾之
唐蘇世長容貌醜陋頗有學識性滑稽言辭諧謔隋大業中爲
都水使者煬帝嘗謂之曰卿面可類駆驢世長再拜叫呼因以
手據地戲類敗面爲駆驢之狀群臣掩口而笑煬帝大悦賜帛
百疋
歐陽詢爲率更令貌甚寢陋而聰悟絶倫貞觀十年文德皇后



喪百官縗經詢既醜異衆或指之許敬宗見而大笑[illegible]大夫
李[illegible]身小貌陋頗知書[illegible]中書舍人得陳王
盧杞貌醜而藍色人皆以鬼視之爲御史中丞時尚父[illegible]儀病
百官造問皆不屏姬侍及聞杞至子儀悉令屏去[illegible]
之杞去家人問其故子儀曰杞形陋而心險左右見[illegible]
此人得權即吾族無類矣
王伾順宗在東宮時以侍書幸寢陋而吳語帝所褻狎[illegible]即
位爲左散騎常侍翰林待詔
[illegible]羅隱唐末爲宰相鄭畋所知隱貌寢文[illegible]畋女
幼有文性嘗覽隱詩卷諷誦不已畋疑其女有[illegible]之意一日
隱至鄭女垂簾而窺之自是絶不詠其詩[illegible]
馮行襲面有青志常瞬目爲[illegible]位至許州節度[illegible]
[illegible]彥超爲兗州節度使[illegible]即漢高祖[illegible]
[illegible]閻[illegible]體黒胡面故謂之閻崑崙

冊府元龜卷第八百三十六

總録部八十六

養生

養生

鞠䏋

文子曰太上養神其次養形夫人之生也稟天地之中鍾五行之秀炁長之以恬淡則生理固溉之以醲醇則德寳耗老耼之導引以為壽者於彭莊之說吐吸以練藏傳夫王吉之論養生之術義盛矣其有食其外而不養其內者或被其苦養其內而不養其外者亦嬰乎害此偏枯之人不足尚也若乃內外相養形神交泰六疾不生世患罔及斯達人之善養哉故潛山隱谷服氣之餌木靜居導引熊經鳥伸以養形也絕聖棄智黜聰去欲以全其寡欲澹虛自守以養神也乃有益壯不衰長齡加倍與夫太勞而弊不節而喪者異焉

周老子百有六十餘歲或言二百餘歲以其脩道而養壽也



漢張良以高祖五年封留侯良從入關性多疾即道引不食穀服辟穀藥而靜居行氣閉門不出後行太子少傅事願棄人間事欲從赤松子游赤松子王人號也神農時為雨師服水玉教神農能入火自燒乃學道欲輕舉道謂仙道

後漢矯慎隱遯山谷因穴為室仰慕松喬導引之術

王充會稽上虞人刺史董勤辟為從事轉治中自免還家年漸七十志力衰耗乃造養性書十六篇裁節嗜欲頤神自守

蘇順京兆霸陵人也以才學見稱好養生術隱處求道晚乃仕拜郎中卒於官

華佗字元化沛國譙人一名旉曉養性之術年且百歲而猶有壯容時人以為仙廣陵吳普彭城樊阿皆從佗學普依準佗治療多所全濟佗語普曰人體欲得勞動但不當使極爾動搖則穀氣得消血脈流通病不得生譬猶戶樞不朽也是以古之仙者為導引之事熊經鴟顧熊經若熊之攀枝自懸鴟顧身不動而回顧也引挽腰體動諸關節以求難老吾有一術名五禽之戲一曰虎二曰鹿三曰熊四曰猨五曰鳥亦以除疾兼利蹄足以當導引體中不快起作一禽之戲沾濡汗出因上著粉身體輕便而欲食普施行之年九十餘耳目聰明齒牙完堅阿從佗求方可服食益於人者佗授以漆葉青黏散青黏一名地節一名黃芝主五藏益精氣本出於迷入山者見仙人服以告佗佗以為佳語阿阿又秘之漆葉屑一升青黏十四兩以是為率言久服去三蟲利五藏輕體使人頭不白阿從其言壽百餘歲

冷壽光與華佗同時年可百五六十歲常屈頸鷮息鷮雉也鬚髮盡白而色如三四十時

魯女生長樂人初餌胡麻及朮絕穀八十餘年日少壯色如桃花日能行三百里走及麞鹿女生與華佗同時而說明帝時事甚明了議者疑其時人也董卓亂後莫知所在

封君達隴西人初服黃連五十餘年入鳥舉山服水銀百餘年還鄉里如二十　年聞魯女生得五岳圖連年請求女生未見授

王真上黨人年且百歲視之面有光澤似未五十者自云周流



登五嶽名山悉能行胎息胎食之方漱舌下泉咽之不絕房室一云真人口訣習閉氣而吞之名曰胎息嗽舌下泉而咽之名曰胎食真斷穀百余年肉色光美力並數人

孟節上黨人能含棗核不食可至五年十年又能結氣不息身不動搖狀若死人可至百日半年亦有室家

晉嵇康字叔夜常脩養性服食之事彈琴詠詩自足於懷以為神仙稟之自然非積學所得至於導養得理則安期彭祖之倫可及乃著養生論官至中散大夫

張忠字巨和中山人永嘉之亂隱于太山恬靖寡欲清虛服氣餐芝餌石脩導養之法

郭瑀隱于臨松薤谷鑿石窟而居服實以輕身

陶淡字處靜幼孤好導養之術謂仙道可祈年十五六便服食絕穀不婚娶家累千金僮客百數淡終日端拱曾不營問於長沙臨湘山中結廬居之州舉秀才淡聞遂轉逃羅縣埤山中莫知所終

宋劉凝之字志安隱居衡山之陽登高山嶺絶人跡爲小屋居之採藥服之

南齊顧歡吴郡監官人好學於天台山開館衆徒晚節服食不與人通

梁陶弘景丹陽秣陵人幼有異操年十歲得葛洪神仙傳晝夜研尋便有養生之志謂人曰仰青雲覩白日不覺爲遠矣天監四年移居積金澗弘辟穀導引之法年逾八十而有壯容深慕張良之爲人云古賢莫比

劉虬字靈預爲當陽令罷官歸家靜處斷穀餌朮及胡麻

後魏崔浩爲左光禄大夫以公歸第因欲脩服食養性之術而寇謙之有神中録圖新經浩因師之

徐謇字成伯善醫術謇常有藥餌及吞服道符年垂八十而鬢髮不白力未多衰

北齊由吾道榮琅邪人隱於琅邪山辟穀餌松朮伏苓求長生之秘



隋徐則幼沉靜寡嗜欲後辭入天台山因絶粒養性所資惟松朮而已

唐王希夷孤貧好道隱於嵩山師道士黄頤向四十年盡傳其閉氣導養之術常餌松栢葉及雜花散傳通子史尤明莊老及易景龍中年已七十餘氣力益壯〔孫思邈隱居太白山自言九十三歲鄉里咸云數百歲高宗顯慶中被徵至時盧照鄰有惡疾固問思邈名醫愈疾之道又問人事如何思邈曰膽欲大而心欲小智欲圓而行欲方照鄰曰何謂也思邈曰心爲五藏之君君以恭慎爲主故心欲小膽爲五藏之將將以果決爲務故膽欲大智者動象天故欲圓仁者靜象地故欲方詩曰如臨深淵如履薄冰謂小心也赳赳武夫公侯干成爲大膽也傳曰不爲利回不爲義疚仁之方也易曰見機而作不俟終日智之圓也照鄰又嘗問曰養性之道其要何也思邈曰天道有盈缺人事多屯厄苟不自慎而能濟於屯厄者未之有也故養性之士先須自慎慎者常以憂畏爲本經曰人不畏威則大威至矣憂畏者生死之門存亡之由禍福之本吉凶之元也故士無憂畏則仁義不立農無憂畏則稼穡不滋工無憂畏則規矩不設商無憂畏則貨殖不成子無憂畏則孝敬不篤父無憂畏則慈愛不著臣無憂畏則勲庸不立君無憂畏則社稷不安故養性者失其憂畏則心亂而不理形躁而不寧神散而氣越志蕩而意昏應生者死應存者亡應吉者凶故憂畏者猶水火不可暫忘也人無憂畏子弟爲劫敵妻妾爲仇讎是故太上畏道其次畏物其次畏人其次畏身憂於身者不拘於人畏於己者不制於彼慎於小者不懼於大戒於近者不悔於遠能知此者水行蛟龍不能害陸行虎兕不能傷五六不能染讒賊謗誹毒螫不能加害知此則人事畢矣

仲長子隱士也服食養性



潘師正清靜寡欲居於嵩山之逍遥谷積二十余年但服松葉飲水而已

司馬承禎師事潘師正傳其符録及辟穀導引服餌之道

孟詵爲同州刺史中宗神龍初致仕歸伊陽之山第年雖晚暮志力如壯嘗謂所親曰若能保身養性者常須善言莫離口良藥莫離手

趙昌年七十二精健如少年德宗甚奇之憲宗元和三年除華州刺史辭於麟德殿時年八十趨拜輕捷占對詳明帝退而歎異詔宰臣密訪頤養之道以奏焉

柳公度善攝生年八十余步履輕便或祈其術曰吾初無術但未嘗以元氣佐喜怒氣海常溫耳

後唐許寂不知何許人少有道術甚之絶粒寓居江陵節度使趙凝昆季禮遇之延之中堂師授保養之道唐末除諫官不起漢帝謂之徵君梁攻襄陽趙凝兄弟棄鎮奔蜀與寂偕行歲余

蜀人知之蜀主王建待以師禮後位至蜀相同光末平蜀與王衍俱從于東卜居于洛宋以高年精彩猶健中樂寡言時獨語云可怪可怪人莫知其際人言有還丹黄金之術不知信否卒時年八十餘

晉盧損為秘書監兼草辭位乃授戶部尚書致仕退居潁川時李鑄年將八十善服氣導引損以鑄之遐壽有道術酷慕之仍以潁川逼城市乃卜居陽翟立隱舍誅茅種藥山衣野服逍遙於隱几之間出則柴居鶴氅自稱具茨山人晚年與同遊五六人於大隗山中古宮觀址疏泉鑿坏為隱所誓不復出山氣多寒被病而卒時年八十余齒髮不衰而有壯容損於嶠攝似有所得

## 韜晦

夫用晦而明藏易之旨深藏若虛老氏之訓與其錚錚而罹患孰若恂恂而俟命其有奇才盛德遠度壯心可以樹功名可以經邦國而乃雅此多艱不能自奮或辱在泥塗或委於擔荘屈



高翔之羽同夫唯伏藏兼濟之用以之同塵韜光而内懷寶而自匿不形于色克保其貞亦既安之然後顯發信君子之大受達人之盛德者哉

甯武子衛大夫也夫子云甯武子邦無道則愚其愚不可及也

荆軻衛人也游於邯鄲魯句踐與荆軻博爭道魯句踐怒而叱之荆軻默而逃去遂不復會至燕與高漸離飲於燕氏酒酣高漸離擊筑荆軻和而歌於市中相樂也已而相泣旁若無人

毛公薛公皆趙之處士也毛公藏於博徒薛公藏於賣漿

漢欒布梁人也彭越為家人時嘗與布游（家人[illegible]也）窮困賣庸於齊為酒家保（庸謂庸作受雇也保謂保可任使）數歲別去而布為人所略賣為奴於燕為其家報仇燕將臧荼舉以為都尉

樊噲沛人以屠狗為事（時人食狗亦與羊豕同故噲專屠以賣）後與高祖俱隱於芒碭山澤間陳勝起蕭何曹參使噲求迎高祖立為沛公位至相國封舞陽侯

酈食其好讀書家貧落魄無衣食業（魄音[illegible]失業[illegible]也）為里監門然吏縣中賢豪不敢役（吏及賢者豪皆不敢使役食其）皆謂之狂生後歸漢號廣野君

東方朔武帝時為郎數召至前談語時賜之食於前飯已盡懷其餘肉持去衣盡污數賜縑帛擔揭而去徒用所賜錢帛取少婦於長安中好女率取婦一歲所者即棄去更取婦所賜錢財盡索之於女子人主左右諸郎半呼之狂人人主聞之曰令朔在事無為是行者若等安能及之哉朔任其子為郎又為侍謁者常持節出使朔行殿中郎謂之曰人皆以先生為狂朔曰如朔等所謂避世於朝廷間者也古之人乃避世於深山中時坐席中酒酣據地歌曰陸沈於俗避世金馬門宮殿中可以避世全身何必深山之中蒿廬之下金馬門者宦署門也門傍有銅馬故謂之曰金馬門

東郭先生齊人也以方士久待詔公車貧困飢寒衣敝履不完



行雪中履有上無下足盡踐地道人中笑之東郭先生應之曰誰能履雪中令人視之其上履也其履下處乃似人足者乎及其拜為二千石佩青綸（綸音[illegible]一音[illegible]青綬）出宮門行謝主人故所以同官待詔者等比祖道於都門外榮華道路立名當世此所謂衣褐懷寶者也

任安少孤貧為人將車之長安求為小吏於是安與田仁俱為衛將軍舍人居門下同心相愛此二人家貧無錢用以事將軍家監家監使養惡齧馬兩人同牀臥仁竊言曰不知人哉家監也安曰將軍尚不知人何乃家監也

後漢王君公遭亂儈牛自隱（儈謂平會兩家賣買之價）時人謂之論曰避世牆東王君公（君公明易為郎數言事不用乃自污與官婢通免歸詐狂儈牛口無二價也）向栩朝歌人少時為書生性卓詭不倫常讀老子狀如學道又似狂生好被髮著絳綃頭（綃生絲也當作[illegible]音[illegible]消切）常於竈北坐板牀上如是積久板乃有膝踝足指之處不好語言而喜長嘯賓客從就輒伏而不視有

弟子名爲顔淵子貢季路我有之董或騎驢入市乞丐於人或悉要諸乞兒俱歸止宿爲設酒食時人莫能測之（[illegible]）

孔嵩南陽人初游大學後家貧親老乃變姓名傭爲部野阿里街卒友人荆州刺史范式行部縣過嵩爲導騶迎式式見而識之勅縣代嵩嵩以先傭未竟不肯去嵩官至南海太守

第五倫字伯魚京兆長陵人爲鄉嗇夫平徭賦理怨結得人歡心自以爲久官不達遂將家屬客河東變名姓自稱王伯齊載鹽往來太原上黨所過輒爲糞除而去陌上號爲道士親友故人莫知其處後京兆尹閻興召爲主簿

公沙穆少游太學無資糧乃變服客傭爲吳祐賃舂後爲遼東屬國都尉

仇覽少爲書生淳默鄉里無知者年四十縣召補吏後爲蒲亭長

荀悅性沉靜美姿容尤好著述靈帝時閹官用權士多退身窮處悅乃託疾隱居時人莫之識從弟彧特稱敬焉後辟鎮東將軍曹公府



仲長統山陽高平人性倜儻敢直言不矜小節每列郡命召輒稱疾不就默語無常時人或謂之狂

魏郭嘉爲司空軍祭酒嘉少有遠量漢末天下將亂自弱冠匿名迹密交結英儁不與俗接故時人多莫知惟識達者奇之

嚴幹義者馮翊東縣人質性重厚有器實會三輔亂人多流宕而幹義不去與諸知故相浮沉採樵自活

王烈字彥考名聞在鄉原管寧之右辟公孫度長史以商賈自穢太祖命爲丞相掾未至卒

蜀杜微字國輔梓潼涪人少受學於廣漢任安劉璋辟爲從事以疾去官及先主定蜀微常稱聾閉門不出

諸葛亮依從父玄玄依袁術後往荆州依劉表玄卒亮躬耕隴畝好爲梁父吟家于南陽之鄧縣在襄陽城西二十里號曰隆中亮在荆州時建安初與潁川石廣元徐元直汝南孟公威等俱游學三人務於精熟而亮獨觀其大略每晨夜從容常抱膝長嘯而謂三人曰卿諸人仕進可至郡守刺史也三人問其所至亮但笑而不言後公威思鄉里欲北歸亮謂之曰中國饒士大夫遨游何必故鄉邪亮位至丞相

晉阮籍字嗣宗本有濟世志屬魏晉之際天下多故名士少有全者籍由是不與世事遂酣飲爲常雖不拘禮教然發言玄遠口不臧否人物（又云嗣宗阮籍有才而[illegible]露頭散髮裸袒箕踞作二千石不治事日與群下共飲酒歌呼時人或以籍生在魏晉之交欲佯狂避時不知籍本性自然也）

山濤字巨源早孤居貧少有器量介然不群性好莊老每隱身自晦後爲侍中領吏部

魏舒字陽元不脩常人之節不爲皎厲之事累遷後軍將軍鍾毓長史毓每與參佐射舒常爲畫籌而已後遇朋人不足以舒滿數毓初不知其善射舒容範閑雅發無不中舉坐愕然莫有敵者毓歎而謝曰吾之不足以盡卿才有如此射矣位至司徒

王衍字夷甫武帝泰始八年詔舉奇才可以安邊者衍初好論



從横之術故尚書盧欽舉爲遼東太守不就於是口不論世事唯雅詠玄虛而已

王長文廣漢人州辟別駕乃微服竊出舉州莫知所之後於成都市中蹲踞齧胡餅刺史知其不屈禮遣之

王湛少言語初有隱德人莫能知兄弟宗族皆以爲癡其父昶獨異焉湛兄子濟嘗詣湛見牀頭有周易問曰叔父何用此爲湛曰體中不佳時脫復看耳濟請言之湛因剖析玄理微妙有奇趣皆濟所未聞也濟才氣抗邁於湛略無子姪之敬既聞其言不覺慄然心形俱肅遂留連彌日累夜自視缺然乃歎曰家有名士三十年而不知濟之罪也既而辭去湛送至門濟有從馬絕難乘濟問湛曰叔頗好騎不湛曰亦好之因騎此馬姿容既妙迴策如縈善騎者無以過之還白其父曰濟始得一叔乃濟以上人也武帝亦以湛爲癡每見濟輒調之曰卿家癡叔死未濟常無以答及是帝又問如初濟曰臣叔殊不癡因稱其美

帝曰諶比濤曰山濤以下魏舒以上時人謂諶上方山濤不足下比魏舒有餘諶聞曰欲處我於季孟之間乎卒爲汲郡內史

嵇康善鍛以向秀為之佐相對欣然傍若無人又共呂安灌園於山陽康後仕至中散大夫

王舒字處明丞相導之從弟父會侍御史舒少爲從兄敦所知以天下多故不營當時名常處私門潛心學植年四十餘州禮命太傅辟皆不就

王述性沈靜每坐客馳辯異端並起而述處之恬如也少襲父爵年三十尚未知名人或謂之癡司徒王導以門地辟爲中兵屬既見無他言惟問以在東米價述但張目不答導曰王掾不癡人何言癡也官至衞將軍尚書令

顧榮懷帝永嘉初爲尚書郎太子中舍人廷尉正常縱酒酣暢謂友人張翰曰惟酒可以忘憂但無如作病何耳齊王冏召爲大司馬主簿冏擅權驕恣榮懼及禍終日昏酣不綜府事以情



告友人長樂馮熊熊謂冏長史葛旟曰以顧榮爲主簿所以甄拔才望委以事機不復計南北親疏欲平海內之心今府大事殷非酒客之政旟曰榮江南望士且居職日淺不宜輕代易之熊曰可轉爲中書侍郎榮不失清顯而府更收實才旟然之白冏以爲中書侍郎在職不復飲酒人或問之曰何前醉而後醒邪榮懼罪乃復更飲

謝鯤不循公名無砥礪行居身於可否之間雖自處若穢而動不累高王敦有不臣之迹顯於朝野鯤知不可以道規正乃優游寄通不省政事從容諷議卒歲而已爲王敦大將軍長史

謝安少有重名不就徵辟時弟萬爲西中郎將總藩任之重安妻劉惔妹也既見家門富貴而安獨靜退乃謂曰丈夫不如此也安掩鼻曰恐不免耳及萬黜廢安始有仕進志時年已四十有餘矣後辟大司馬桓溫府官至太保

辛謐豫章建昌人性少言與小人群居見侵辱而無慍色邑里號之癡龍其父母兄弟亦以爲癡也常守稻群牛食之謐見而不驅待其去乃往理其殘亂者其父母見而怒之謐曰夫萬物生天地之間各欲得食牛方食奈何驅之其父愈怒曰即如汝言復用理壞者何爲謐曰此稻又欲得終其性牛自犯之謐可以不女乎

宋鮑昭世祖時爲中書舍人帝好爲文章自謂物莫能及昭悟其旨爲文多鄙言累句當時咸謂照才盡實不然也

徐羨之爲司空録尚書令頗工弈棋觀戲常若未解當世以此推之傅亮蔡廓常言徐公曉萬事安異同

南齊王僧虔弱冠善隸書宋孝武欲擅書名僧虔不敢顯跡大明世常用拙筆書以此見容位至侍中特進左光祿大夫

謝瀹朏之弟朏爲吳興太守瀹於征虜渚送別朏指瀹口曰此中惟宜飲酒瀹建武之朝爲吏部尚書專以長酣爲事與劉瑱沈昭略交飲各至數斗



沈昭略爲臨海太守御史中丞昭略明帝建武世常酣酒嘗撫

後魏任城王澄宣武時爲太子太保於時高肇當朝猜忌賢戚澄爲肇間構常恐不全乃終日昏飲以示荒放所作詭越時謂爲狂

崔巨倫爲殷州長史在州陷賊葛榮聞其才名欲用爲黃門侍郎巨倫心惡之至五月五日會集官寮令巨倫賦詩巨倫乃曰五月五日時天氣已大熱狗便呀欲死牛復吐出舌以此自晦獲免

邢遠字季雲爲儀同開府參軍事放情琴酒之間每出行反家或問有何消息答云無所聞縱聞亦不解

北齊邢劭爲著作佐郎文章典麗既贍且速常爲先達所嫉屢尚書令元羅出鎮青州啓爲府司馬遂在青土終日酣賞盡山水之致

隋王世積爲上柱國甚見隆重世積見文帝性忌刻功臣多獲罪由是縱酒不與執政言及時事帝以爲有酒疾舍之

宮內令醫者療之世績詭稱疾愈始得就第

李士謙趙郡平棘人隋有天下畢志不仕平生時爲詠懷詩輒毀棄其本不以示人

唐裴漼絳州聞喜人志氣深厚機鑒敏達自幼強學博涉載籍謹身晦迹不干當世之務位至黃門侍郎平章事

楊綰尤工文詞藻思清贍含光晦用不欲名彰每屬文恥於自白非知已不可得而見也後位至中書侍郎平章事

冊府元龜卷第八百三十六

府八百三十六　十二

冊府元龜卷第八百三十七

總録部八十七

## 文章

易曰觀乎人文以化成天下仲尼曰言之不文行之不遠蓋斯文之作其來尚矣經藝之設本於儒術辭賦之起原乎六義騷人之後風流彌劭漢氏中葉稍革古制藻繢交錯歧派逾廣英才間出衆體互興分鑣並驅因枝振葉故子雲有輦悅之說蕭統興推輪之歎而沿襲或異意制攢作胥尚殊軌氣韻相高沈約有云自漢至魏四百載間文體三變自是而下豈勝道哉由靈均以來迄于五代屬辭之士連衡接武咸用詮次以備夫廣記云

屈原名平楚之同姓也為懷王左徒王甚任之上官大夫害其能讒之王怒而疏平故平憂愁幽思作離騷離騷者猶離憂也又有賦二十五篇

唐勒楚大夫有賦四篇



宋玉楚大夫有賦十六篇（宋玉唐勒景差之徒屈原後皆好辭而以賦見稱然皆祖屈原之從容辭令）

孫卿賦十篇（荀卿趙人齊襄王時荀卿最為老師三為祭酒後適楚為蘭陵令避漢宣帝名改為孫卿）

漢臣賈楚人為太中大夫有賦三篇

朱建楚人高祖賜號平原君有賦一篇

莊夫子名忌吳人有賦二十四篇

賈生名誼為中大夫天子議以任公卿之位絳灌東陽侯馮敬之屬盡害之乃以賈生為長沙王太傅賈生既辭往意不自得及渡湘水為賦以弔屈原後三年有鵩飛入賈生舍止於坐隅楚人命鵩曰服賈生既以適居長沙長沙卑濕自以為壽不得長傷悼之乃為賦自廣（一云有賦六篇）

韋孟家本彭城為楚元王傅傅子夷王及孫王戊（官為楚王傅而歷相三王）也不遵道孟作詩風諫後遂去位徙家於鄒又作（在鄒）詩

孔臧為太常有賦二十篇

吾丘壽王字子贛趙人為光祿大夫有賦十五篇

宋曰賦一篇（缺）

倪寬九千乘人為御史大夫有賦二篇

張子僑為光祿大夫有賦三篇

莊忽奇為常侍郎有賦十一篇（七略云忽奇者或言莊夫子子或言族家子莊助昆弟也）

朱買臣字翁子吳人為丞相長史有賦三篇

司馬遷字子長為太史公有賦八篇

蘇季為遼東太守有賦二篇

蕭望之字長倩東海人為前將軍輔政有賦一篇

徐明字長君為河內太守有賦三篇

李息為給事黃門侍郎有賦九篇

馮商有賦九篇

杜參為長社尉有賦二篇

張豐字僑子也為車郎有賦三篇

朱宇為驃騎將軍有賦三篇（一云朱宇為驃騎將軍史）



李恩有孝景皇帝頌十五篇

李忠為衛士令有賦二篇

賈侵賦二篇　賈充賦四篇

張仁賦六篇

秦充賦二篇

李步昌賦二篇

謝多為侍郎有賦十篇

周長孺為平陽公主舍人有賦二篇

華鑄賦九篇

眭孔賦一篇（即眭孟也以明經為議郎）

別栩陽賦五篇

王商為黃門書者假史有賦十三篇

徐博為侍中有賦四篇

王廣令為黃門書者作呂嘉賦五篇

奎諡爲漢中都尉丞有賦二篇
莊葱奇爲左馮翊史有賦八篇
東方朔字曼倩平原厭次人爲常侍郎久之朔上書陳農戰彊
國之計因自訟獨不得大官欲求試用數萬言終不見用朔因
著論設客己用位卑以自慰諭又設非有先生論此二篇最善
其餘有封泰山責和氏璧及皇太子生禖祝屏風殿上柏柱平
樂觀賦獵八言七言上下（八言七言詩各有上下篇）從公孫弘借車凡劉向
所録朔書具是矣（劉向別録所載）
枚乘字叔淮陰人景帝時召拜弘農郡都尉以病去官復游梁
梁客皆善屬辭賦乘尤高孝王薨乘歸淮陰有賦九首
枚皋字少孺乘之子也上書北闕自陳枚乘之子武帝得之大
喜召入見待詔使賦平樂館善之拜爲郎武帝春秋二十九乃
得皇子群臣喜故皋與東方朔作皇子生賦初衛皇后立皋奏
賦以戒終皋爲賦善於朔也從行至甘泉雍河東東巡狩封泰

府八百三十七　三

山塞決河宣房游觀三輔離宮館[illegible]山澤弋獵射馭狗馬蹴鞠
刻鏤上有所感輒使賦[illegible]成皋自言爲賦不如相如又
言爲賦乃能見視如倡自悔類倡也故其賦有詆娸其文骫骳
曲隨其事皆得其意頗詼笑不甚閑靡凡可讀者百二十篇其
尤嫚戲不可讀者尚數十篇
司馬相如字長卿蜀郡成都人爲武騎常侍景帝不好辭賦是時
梁孝王來朝從游說之士齊人鄒陽淮陰枚乘吳嚴忌夫子之
徒（嚴忌本姓莊當時尊尚號曰夫子史家避漢明帝諱故改爲嚴耳）相如見而說之因病免客
游梁得與諸侯游士居數歲乃著子虛之賦以子虛言也爲楚
稱（稱說楚之美也）烏有先生者烏有此事也爲齊難亡是公者亡是人
也（亡讀曰無）欲明天子之義故虛藉此三人爲辭（藉假借也）以推天子諸
侯之苑囿其卒章歸之於節儉因以風諫上林賦亡是公言上
林廣大山谷水泉萬物及子虛言雲夢所有甚衆侈靡多過其
實且非義理所止故刪取其要歸正道而論之（言不尚其侈靡之辭但取終篇之歸

正道言指奏其辭也）武帝既美子虛之事相如見武帝好僊因曰上林
之事未足美也尚有靡者臣嘗爲大人賦未就請具而奏之相
如以爲列僊之儒居山澤間（儒柔也術士之稱也凡有道術皆爲儒）形容甚臞（臞瘠也）
（鉅句如又音衢）此非帝王之僊意也乃遂奏大人賦既奏武帝大說飄
飄有陵雲氣游天地間之意武帝過宜春宮相如又奏賦以哀
二世行失相如後孝文園令病免家居茂陵天子曰司馬相如
病甚可往從悉取其書若後之矣（若汝也言今去已在他人後也）所忠往（所忠使者
姓名也）而相如已死家無遺書問妻對曰長卿未嘗有書也時時
著書人又取去長卿未死時爲一卷書曰有使來求書奏之其
遺札書言封禪事所忠奏焉天子異之相如它所著遺平陵侯
書與五公子相難中木書
王褒字子淵蜀人也有才俊益州刺史王襄欲宣風化於衆庶
聞諸與褒相見使褒作中和樂職宣布詩又作其傳因奏褒有
軼材宣帝徵褒詔褒爲聖主得賢臣頌帝令褒與張子僑等並

府八百三十七　四

待詔所幸宮館輒爲歌頌頃之擢褒爲諫大夫元帝爲太子喜
褒所爲甘泉及洞簫頌令後宮誦讀之
韋玄成字少翁丞相賢子襲封扶陽侯以列侯侍祀孝惠廟當
晨入廟天雨淖不駕駟馬車而騎至廟下有司劾奏等輩數人
皆削爵爲關內侯玄成自傷貶黜父爵歎曰吾何面目以奉祭
祀作詩自劾責元帝末光中代于定國爲丞相貶黜十年之間
遂繼父相位封侯故國榮當世焉玄成復作詩自著復玷缺之
艱難因以戒示子孫
揚雄字子雲蜀郡成都人雄好辭賦先時蜀有司馬相如賦甚
弘麗溫雅雄每作賦常擬之以爲式又作書摭離騷文而反之自岷
山投諸江流以弔屈原名曰反離騷又作廣騷明年秋孝成帝
時有薦雄文似相如者召雄待詔承明之庭從上甘泉還奏甘
泉賦帝祭后土又奏河東賦嘗從羽獵又奏羽獵賦拜爲郎明
年又奏長楊賦雄方草太玄或嘲雄以玄尚白而雄解之曰解

謝雄實好古而樂道其意欲求文章成名於後世以為箴莫善於虞箴作州箴（九州之箴也）賦莫深於離騷反而廣之辭莫麗於相如作四賦皆斟酌其本相與放依而馳騁云其後雄以為賦者將以風之必推類而言極麗靡之辭閎侈鉅衍競於使人不能加也既迺歸之於正然覽者已過矣往時武帝好神仙相如上大人賦欲以諷帝反縹縹有陵雲之志繇是言之賦勸而不止明矣又頗以類俳優淳于髡優孟之徒非法度所在賢人君子賦詩之正也於是輟不復為

犇方字子容齊人昔為郡掾祭酒王莽時居家以經教授善屬文著詩賦數十篇

後漢班彪扶風人更始敗隗囂擁衆天水彪從之彪傷方難乃著王命論以為漢德承堯有靈命之符王者興祚非詐力所致冀囂終不寤遂避地河西大將軍竇融以為從事及融徵還京師光武問曰所上章奏誰與參之對曰皆從事班彪所為後為望都長建武三十年卒著賦論書記奏事合九篇

桓譚字君山沛國人博學多通能文章為議郎給事中出為六安郡丞道病卒所著賦誄書奏凡二十六篇

王邑字伯玉馮翊人有大節少學藝能善屬文為漁陽太守

王隆字文山馮翊人建武中為新汲令能文章所著詩賦銘書凡二十六篇

杜篤字季雅京兆人少博學居美陽與美陽令相恨令收篤送京師會大司馬吳漢薨光武詔諸儒誄之篤於獄中為誄辭最高帝美之賜帛免刑篤以關中表裏山河先帝舊京不宜改營洛邑乃上奏論都賦所著賦誄弔書讚七言女誡及雜文凡十八篇又著明世論十五篇後車騎將軍馬防擊西羌請篤為從事中郎戰歿

史岑字子孝沛國人王莽末以文章顯莽以為謁者著頌誄復神說疾凡四篇（[illegible]）

府八百三十七　五

崔篆涿郡人王莽以為新建大尹稱疾去建武初客居滎陽臨終作賦以自悼名曰慰志

梁竦字叔敬松弟也明帝永平中坐松事徙九真竦既歷江湖濟沅湘感悼子胥屈原以非辜沈身乃作悼騷賦繫玄石而沈之後辟命交至並無所就

賈逵字景伯扶風平陵人永平中有神雀集宮殿官府冠羽有五采色帝異之以問臨邑侯劉復復不能對薦逵博物多識帝乃召見逵問之對曰昔武王終父之業鸑鷟在岐宣帝威懷戎狄神雀乃集此胡降之徵也帝敕蘭臺給筆札使作神雀頌拜為郎後為魯相所作詩頌誄書連珠酒令凡九篇

班固字孟堅彪子也弱冠而孤作幽通賦以致命遂志[illegible]為郎典校秘書時京師脩起宮室濬繕城隍而關中耆老猶望朝廷西顧固感前世相如壽王東方之徒造構文辭終以諷勸乃上兩都賦盛稱洛邑制度之美以折西賓淫侈之論固所著典引賓戲應譏詩賦銘誄頌書文記論議六言在者凡四十一篇

傅毅字武仲扶風人明帝永平中於平陵習章句因作迪志詩毅以帝求賢不篤士多隱處故作七激以為諷建初中章帝博召文學之士以毅為蘭臺令史拜郎中與班固賈逵共校書毅追美孝明皇帝功德最盛而廟頌未立乃依清廟作顯宗頌十篇奏之毅早卒著詩賦誄頌祝文七激連珠凡二十八篇

馮衍字敬通京兆杜陵人幼有奇才為曲陽令得罪西歸故郡衍不得志退而作賦自厲命其篇曰顯志顯志者言光明風化之情昭章玄妙之思也居貧年老卒於家所著賦誄銘問交德誥慎情（衍集有問交一篇慎情一篇）書記說自序官録策五十篇章帝甚重其文

王景字仲通樂浪人章帝建初七年為徐州刺史先是杜陵杜篤奏上論都賦欲令車駕遷還長安耆老聞者皆動懷土之心莫不眷然佇立西望景以宮廟已立恐人情疑惑會時有神雀

府八百三十七　六

請瑞乃作金人論頌洛邑之美

崔駰字亭伯涿郡孫也善屬文常以典籍爲業未遑仕進之事時人或譏其太玄靜將以後名失實駰擬楊雄解嘲作達旨以荅焉華嶠書曰駰譏揚雄以爲范蔡鄒衍之徒乘興相傾詭詐曜語者也而玄彼我異門且鄒賁卓氏劉氏細君黃士之實斯而玄不能與此類公者斯以爲失類而改之也元和中章帝北修古禮巡狩方岳駰上四巡頌以稱漢德辭甚典美爲竇憲主簿出爲長岑長以遠去不之官而歸和帝永元中卒所著詩賦銘頌書記表七依婚禮結言達旨酒警合二十一篇

崔瑗字子玉駰子也爲濟北相卒瑗高於文詞尤善爲書記箴銘所著賦碑銘箴頌七蘇枚乘七發之流南陽文學官志歎辭移社文悔祈草書埶七言凡五十七篇其南陽文學官志稱於後世諸能爲文者皆自以弗及

崔烈有文才所著詩書教頌等凡四篇位至太尉

崔寔字子真一名台字元始爲尚書病卒所著碑論箴銘荅七言祠文表記書凡十五篇

李尤字伯仁廣漢人少以文章顯和帝時侍中賈逵薦尤有相如揚雄之風召詣東觀受詔作賦拜蘭臺令史累遷樂安相卒所著詩賦銘誄頌七歎哀典凡二十八篇

李勝廣漢人有文才爲東觀郎著賦誄頌論數十篇

桓驎郁孫也爲許令卒著碑誄讚說書凡二十篇摯虞文章志文在者十八篇有碑九首誄七首勒一首一首讚相郡府君書一首

桓彬字彥林驎子也爲尚書郎卒於家所著七說及書凡三篇

朱穆字公叔南陽人常感時澆薄慕尚敦篤乃作崇厚論又著絕交論亦矯時之作後爲尚書卒所著論策奏教書詩記嘲凡二十篇穆論甚美蔡邕自至其家自聊之

張衡字平子南陽人少善屬文和帝永元中天下承平日久自王侯以下莫不踰侈衡乃擬班固兩都作二京賦因以諷諫精思傅會十年乃成順帝初再爲太史令衡不慕當世所居之官輒積年不徙自去史職五載復還乃設客問作應閒以見其志遷侍中宦官共讒之衡常思圖身之事以爲吉凶倚伏幽微難明乃作思玄賦以宣寄情志後爲尚書卒所著詩賦銘七言靈憲應閒七辯巡誥懸圖凡三十二篇衡集作玄圖玄與懸通



葛龔字元甫梁國寧陵人也和帝時以善文記知名著文賦碑誄書記凡二十篇終臨汾令

胡廣字伯始南郡華容人爲太尉錄尚書事初楊雄依虞箴作十州二十五官箴其九箴亡闕後涿郡崔駰及子瑗及臨邑侯劉騊駼增補十六篇廣復繼作四篇文甚典美乃悉撰次首目爲之解釋名曰百官箴凡四十八篇其餘所著詩賦銘頌箴弔及諸解詁凡二十二篇

夏恭字敬公梁國蒙人爲太山都尉卒官恭善爲文著賦頌詩勵學凡二十篇

恭子牙少習家業著賦頌讚誄凡四十篇舉孝廉早卒

黃香字文彊江夏人能文章爲魏郡太守卒官著賦箋奏書令凡五篇

蘇順字孝山京兆人和安間以才學見稱爲郎中卒官所著賦論誄哀辭雜文凡十六篇時三輔多士扶風曹衆伯師亦有才學著誄書論四篇又有曹朔不知何許人作漢頌四篇

劉珍一名寶南陽人安帝延光五年爲衛尉卒官著誄頌連珠凡七篇

馬融字季長有俊才安帝永初四年爲校書郎中是時鄧太后臨朝鄧騭兄弟輔政以爲文德可興武功宜廢遂寢蒐狩之禮初元二年乃上廣成頌以諷出爲河間王廏長史時車駕東巡岱宗融上東巡頌帝奇其文召拜郎中桓帝延熹九年卒年八十八所著賦頌碑誄書記表奏七言琴歌對策遺令凡二十一篇

崔琦字子瑋涿郡人少遊學京師以文章博通稱舉孝廉爲郎梁冀聞其清與交琦作外戚箴以戒之琦以言不從失意復作

白鵠賦以爲風後爲冀殺之所著賦頌銘誄箴弔論九咨七言凡十五篇

王逸字叔師順帝時爲侍中著賦誄書論及雜文凡二十一篇又作漢詩凡百二十三篇

王延壽字文考逸之子也有儁才少遊魯國作靈光殿賦後蔡邕亦造此賦未成及見延壽所爲甚奇之遂輟翰而已曾有異夢意惡之乃作夢賦以自厲後溺水死

邊讓字文禮陳留人少辯博能屬文作章華賦雖多淫麗之辭而終之以正亦如相如之諷也位至九江太守

邊韶字孝先陳留人以文學知名爲陳相卒官著詩頌碑銘書策凡十五篇

趙壹恃才倨傲屢抵罪幾致死友人救得免壹乃貽書謝恩及爲窮鳥賦又作刺世疾邪賦著賦頌箴誄書及雜文十六篇壹十辟公府並不就終於家



張升字彥真尉氏人爲外黄令著賦誄頌碑書凡六十篇

侯瑾字子瑜敦煌人州郡累召公車有道徵並稱疾不到作矯世論以譏切當時而徙入山中覃思著述以莫知於世故作應賓難以自寄餘所作雜文數十篇多亡失西河人敬其才而不敢名之皆稱爲侯君

劉梁字曼山一名岑東平人少孤貧常疾世多利交以邪曲相黨乃著破群論時之覽者以爲仲尼作春秋亂臣知懼今此論之作俗士豈不愧心又著辯和同之論爲尚書郎累遷野王令未行病卒

蔡邕字伯喈陳留圉人少博學好辭章閑居翫古不交當世感東方客難及楊雄班固崔駰之徒設疑以自通乃斟酌群言韙其是而矯其非作釋誨以戒厲後爲左中郎將邕著詩賦碑誄銘讃連珠箴弔論議獨斷勸學釋誨敘樂女訓篆埶祝文章表書記凡百四篇傳於世

仲長統字公理山陽人博涉書記贍於文辭後參丞相曹操軍事卒統友人東海繆襲常稱統才章足西京董賈劉揚

楊脩字德祖有俊才爲丞相曹公主簿所著賦頌碑讃詩哀辭表記書凡十五篇

禰衡字正平平原人少有才辯曹公送與劉表表及荆州士大夫先服其才名甚賓禮之文章言議非衡不定表嘗與諸文人共草章奏並據其才思時衡出還見之開省未周因毁以抵地表憮然爲駭衡乃從求筆札須臾立成辭義可觀表大悦益重之後復侮慢於表表恥不能容以江夏太守黄祖性急故送衡與之祖亦善待焉衡爲作書記輕重疎密各得體宜祖持其手曰處士此正得祖意如祖腹中之所欲言也祖長子射爲章陵太守嘗大會賓客人有獻鸚鵡者黄祖舉卮於衡曰願先生賦之以娱嘉賓衡覽筆而作文無加點辭采甚麗後爲祖所殺

張超字子並河間人留侯良之後有文才靈帝時從車騎將軍



朱儁征黄巾爲别部司馬著賦頌碑文薦檄牋書謁文嘲凡十九篇

高彪字義方吴郡人除郎中校書東觀數奏賦頌奇文因事諷諫靈帝異之時京兆第五永爲督軍御史使督幽州百官大會祖餞於長樂觀議郎蔡邕等皆賦詩彪乃獨作箴邕等甚美其文以爲莫尚也出爲内黄令卒於官文章多亡

張奂字然明酒泉人後爲弘農人爲太常以黨罪歸田里卒所著銘書教誡述志對策章表二十四篇

李固字子堅漢中人爲太尉所著章表奏議教令對策記銘凡十一篇

延篤字叔堅南陽人爲京兆尹以病免歸卒于家所著詩論銘書應訐表教令凡二十篇

應奉字世叔汝南人爲司隷校尉及黨事起奉乃慨然以疾自退追愍屈原因以自傷著感騷三十篇數萬言

盧植字子幹涿郡人為北中郎將免官隱於上谷卒所著碑誄
表記凡六篇
陶丘洪字子休平原人清達博辯文冠當代辟太尉府卒
皇甫規字威明安定朝郡人為護羌校尉以疾卒所著賦銘碑
讚禱文弔章表教令書檄牋記凡二十七篇
魏孔融字文舉魯國人為少府所著詩頌碑文論議六言策文
表檄教令書記凡二十五篇
王粲字仲宣山陽高平人為太祖軍謀祭酒魏國建為侍中粲
善屬文舉筆便成無所改定時人常以為宿構然正復精意覃
思亦不能加也粲才既高辯論應機鍾繇王朗等雖各為魏卿相至於朝廷奏議皆閣筆不能措手著詩
賦論議垂六十篇
徐幹字偉長北海人陳琳字孔璋廣陵人阮瑀字元瑜陳留人
應瑒字德璉汝南人劉楨字公幹東平人幹為司空軍謀祭酒
掾屬五官將文學琳瑀為司空軍謀祭酒管記室軍國書檄多
琳瑀所作也琳徙門下督瑀為倉曹掾屬瑒楨並為太祖丞相
掾屬著文賦數十篇魏文帝典論曰魏世文人魯國孔融廣陵陳琳山陽王粲北海徐幹陳留阮瑀汝南應瑒東平劉楨斯七子者於學無所遺於辭無所假粲長於辭賦幹時有齊氣然非粲匹也如粲之初征登樓槐賦征思幹之玄猿漏卮圓扇橘賦雖張蔡不過也然於他文未能稱是琳瑀之章表書記今之雋也應瑒和而不壯劉楨壯而不密孔融體氣高妙有過人者然不能持論理不勝辭至于雜以嘲戲及其所善揚班之儔也自潁川邯鄲淳繁欽陳留路粹沛國丁儀丁廙弘農楊脩河內荀緯等亦有文采而不在此七人之例瑀子籍為步兵校尉以文章顯
邯鄲淳一名竺字子叔潁川人博學有才章黃初中為博士給
事中作投壺千餘言奏之文帝以為工賜帛千匹
繁欽字休伯以文才機辯少得名於汝潁欽既長於書記又善
為詩賦其所與太子書記喉囀意率皆巧麗為丞相主簿卒
夏侯惠字稚權幼以才學見稱善屬奏議終樂安太守與陳郡
太守任城孫該郎中令河東杜摯等並著文賦頗傳於世
韋誕字仲將太僕端之子終光祿大夫有文才善屬辭章
劉劭字孔才廣平人為散騎常侍嘗作趙都賦明帝美之詔劭



作許都洛都賦時外興軍旅內營宮室劭作二賦皆諷諫焉
衛覬字伯儒河東人少夙成以才學稱為尚書凡所選述數十
篇黃初中潘勗王象與覬並以文章顯
潘勗字元茂為尚書左丞魏公九錫策命勗所作也
王象字羲伯黃初時為散騎常侍初建安中與同郡荀緯等俱
為魏太子所禮待及王粲陳琳阮瑀路粹等亡後新出之中惟
象才最高
文質字季重濟陰人為北中郎將以文才為文帝所善
應璩字休璉博學好屬文善為書記曹爽秉政多違法度璩為
詩以諷焉其言雖頗諧合多切時要世共傳之終於侍中
周不疑年十七著文選論四首
嚴苞黃初中以高才入為秘書丞數奏文賦文帝異之
夏侯玄字太初為太常玄嘗著樂毅張良及本無肉刑論辭旨
通遠咸傳於世
何晏字平叔為尚書晏少以才秀知名作道德論及諸文賦著
述凡數十篇
袁亮貞固有學行疾何晏鄧颺等著論以譏切之位至尚書
劉廙有文藻又善言名理諸所論著並傳於世
鍾會字士季為中書侍郎時司馬景王命中書令虞松作表再
呈不可意命松更定以經時松思竭不能改心存之形於顏色
會察其有憂問松松以實答會取視為定五字松悅服
以呈景王王曰不當爾邪誰所定也松曰鍾會向亦欲啓之會
公見問不敢饕其能王曰如此可大用可令來
蜀諸葛亮字孔明為丞相亮言教書奏多可觀別為一集
楊戲字文然犍為人為射聲校尉以後主延熙四年著季漢輔
臣贊其所頌述今多載於蜀書
呂雅為謁者清厲有文才著格論十五篇
郤正字令先河南人弱冠能屬文入為秘書郎性澹於榮利而尤

耽意文章自司馬王揚班傅張蔡之儔遺文篇賦及當世美書善論益部有者則鑽鑿推求略皆寓目自在內職三十年官不過六百石依則先儒假文以見意號曰釋譏其文繼於崔駰達旨景耀六年後主後譙周之計遣使請降於鄧艾其書正所造也凡所著述詩論賦之屬垂百篇

秦宓字子勑廣漢人少有才學爲大司農卒宓見帝系之文五帝皆同一族宓辯其不然之本又論皇帝王霸養龍之說甚有通理譙允南少時數往諮訪記錄其言於春秋然否論

譙周字允南巴西人爲中散大夫太子家令于時軍旅數出百姓彫瘁周與尚書令陳祗論其利害退而書之謂之仇國論

陳術字申伯漢中人博學多聞著釋問七篇歷三郡太守

吳張紘字子綱廣陵人爲大帝長史見柟榴枕愛其文爲作賦陳琳在北見之以示人曰此吾鄉里張子綱所作也後紘見陳琳作武庫賦應機論與琳書深歎美之琳荅曰自僕在河北與



天下隔此間率少於文章易爲雄伯故使僕受此過差之譚非其實也今景興（王朗字景興）在此子布（吳張昭字子布）在彼所謂小巫見大巫神氣盡矣紘著詩賦銘誄十餘篇

胡綜字偉則汝南固始人也爲建武中郎將黃武八年夏黃龍見樊口於是大帝稱尊號因瑞改元又作黃龍大牙常在中軍諸軍進退視其所向命綜作賦後爲偏將軍凡自大帝統事諸文誥策命鄰國書符略皆綜之所造也

薛綜字敬宗沛郡人少善屬文有秀才爲太子少傅領選曹尚書赤烏六年卒凡所著詩賦難論數万言名曰私載子瑩建衡中爲選部尚書領太子少傅後主追歎綜遺文且命瑩繼作瑩遂獻詩

張昭字子布彭城人少好學時汝南主簿應劭議宜爲舊君諱論者互有異同昭著論州里才士陳琳等皆稱善之

嚴畯字曼才彭城人少耽學爲尚書令卒畯著孝經傳潮水論又與裴玄張承論管仲季路皆傳於世

孫丞好學有文章作螢火賦行於世

范慎字孝敬廣陵人爲太子登賓客著論二十篇名曰矯非後爲太尉終

韋曜字弘嗣吳郡人少好學能屬文爲太子中庶子時蔡穎亦在東宮性好博奕太子和以爲無益命曜論

冊府元龜卷第八百三十七

冊府元龜卷第八百三十八

總録部八十八

文章第二

晉阮籍字嗣宗陳留尉氏人仕魏為步兵校尉會文帝讓九錫公卿將勸進使籍為其辭籍沈醉忘作臨詣府使取之見籍方據案醉眠使者告籍便書按使寫之無所改竄辭甚清壯為時所重籍嘗登廣武觀楚漢戰處歎曰時無英雄使豎子成名登武牢山望京邑而歎於是賦豪傑詩陳留王景元四年卒嗣宗能屬文初不留思作詠懷詩八十餘篇為世所重著達莊論敘無為之貴籍嘗於蘇門山遇孫登遂著大人先生傳

嵇康字叔夜譙人為中散大夫著養生論君子無私論康能屬文撰上古以來高士為之傳贊欲友其人於千載也又作大師箴亦足以明帝王之道焉復作聲無哀樂論甚有條理康所著諸文論六七萬言皆為世所玩



何劭字敬祖為僕射遷司徒劭博學善屬文撰荀粲王弼傳及諸奏議文章並行於世

張華字茂先范陽人學業優博辭藻溫麗初未知名著鷦鷯賦以自寄陳留阮籍見之歎曰王佐之才也後為尚書當時詔誥皆所草定惠帝時為侍中中書監華懼后族之盛作女史箴以為諷華所著文章並行於世

傅玄字休奕北地人善屬文為司隸校尉卒文集百餘卷行於世

傅咸字長虞玄子也為司隸校尉好屬文論雖綺麗不足而言成規鑒潁川庾純常歎曰長虞之文近乎詩人之作矣

傅祗字子莊咸從父弟也後為司徒著文章駁論十餘萬言

傅暢祗子也為秘書丞作晉諸公敘讚二十二卷又為公卿故事九卷

樂廣字彦輔南陽人為太子中庶子遷侍中河南尹廣善清言而不長於筆將讓尹請潘岳為表岳曰當得君意廣乃作二百句語述己之志岳因取次比便成名筆時人咸云若廣不假岳之筆岳不取廣之旨無以成斯美也

索靖字幼安敦煌人為游擊將軍領雍秦涼義兵與賊戰被傷卒撰晉詩二十卷

華譚字令思廣陵人為鄄城令過濮水作莊子贊以示功曹而廷掾張延為之答教其文甚美

向秀字子期與嵇康為竹林之游又共呂安灌園於山陽康既被誅秀應本郡計入洛秀自此行作思舊賦後為散騎常侍卒

阮脩字宣子性簡任不修人事所著述甚寡嘗作大鵬贊後為太子洗馬

應貞字吉甫少以才聞魏正始中夏侯玄盛有名勢貞在玄坐作五言詩玄嘉玩之武帝踐祚為給事中帝於華林園宴射貞賦詩最美後遷散騎常侍卒文集行於世

庾敳字子嵩為陳留相敳見王室多難終知嬰禍乃著意賦以



豁情猶賈誼之服鳥也

劉寔字子真為吏部郎參文帝相國軍事以多進趣廉遜道缺乃著崇讓論以矯之

潘岳字安仁滎陽中牟人夙以才穎見稱辟太尉府舉秀才泰始中武帝躬耕籍田岳作賦以美其事後為長安令作西征賦述所經人物山水文清旨詣累遷黃門侍郎既仕宦不達乃作閑居賦以歌事遂情焉岳辭藻絕麗尤善為哀誄之文

皇甫謐字士安安定人沈靜寡欲以著述為務自號玄晏先生著禮樂聖真之論其後鄉人勸令應辟命謐為釋勸論以通志焉武帝咸寧初詔以為太子中庶子又徵為議郎召補著作郎並不起太康三年卒所著詩賦誄頌論難甚多並重於世

摯虞字仲治京兆長安人少事皇甫謐才學通博著述不倦郡檄主簿虞嘗以死生有命富貴在天天之所祐者義也人之所助者信也履信思順所以延福違此而行所以速禍然道長世

無[illegible][illegible][illegible]錯以旦之徒不知所守蕩而貢憤或迷或放故借之以身假之以事先陳處世不遇之難遂棄彝倫輕舉遠游以極常人罔惑之情而後引之以正反之以義推神明之應於視聽之表崇否泰之運於智力之外以明天任命之不可違故作思游賦舉賢良為太子舍人除聞喜令時天子留心政道又呉寇新平天下乂安虞上太康頌以美晉德後為太常卿性愛士人有表薦者常為其辭

王蔚河東猗氏人世脩儒史之學于魏中領軍曹羲作至公論蔚善之而著至機論辭義甚美官至夏陽侯相

王接字祖游蔚子也為臨汾公相国尚書令王堪統行臺上請接補尚書殿中郎未至卒所著雜論議詩賦碑頌駁難十余万言喪乱尽失

東晳字廣微陽平人性沉退不慕榮利作玄居釋以擬客難後為尚書郎卒所著補亡詩文集數十篇行於世云



盧欽字子若范陽人為尚書僕射領吏部卒所著詩賦論難數十篇名曰小道子

華嶠字叔駿才學深博為秘書監散騎常侍所著論議難駁詩賦之屬數十万言華暢嶠少子也有才思所著文章數万言遭寇乱避難荆州為賊所害

孫盛字安国太原人為秘書監給事中造詩賦論難數十篇

孫楚字子荆太原中都人才藻卓絶爽邁不群少所推服惟雅敬同郡王濟初楚除婦服作詩以示濟濟曰未知文生於情情生於文覧之悽然增伉儷之重位至馮翊太守

孫綽字興公楚子也博學善屬文少居于會稽游放山水十有余年乃作遂初賦以致其意綽絶重張衡左思之賦每云三都二京五經之鼓吹也嘗作天台山賦辭致甚工初成以示友人范榮期云卿試擲地當作金石聲也榮期曰恐子之金石非中宮商然每至佳句輒云應是我輩語綽遷廷尉卿領著作綽少以文才垂稱於時文士綽為其冠溫主郗庾諸公之薨必須綽為碑文然後刊石焉

陸機字士衡呉郡人大司馬抗之少子士衡有異才文章冠世伏膺儒術非礼不動抗卒領父兵為牙門將年二十而呉滅退居舊里閉門勤學積有十年以孫氏在呉而祖父世為將相有大勳於江表深慨後主舉而棄之乃論大帝所以得後主所以亡又欲述其祖父功業遂作辨亡二篇入洛累遷中書郎齊王冏既矜功自伐受爵不讓機惡之作豪士賦以剌焉又以聖王經國義在封建因採其遠指著五等論後成都王穎表為平原内史機天才秀逸辭藻宏麗張華嘗謂之曰人之為文常恨才少而子更患其多弟雲嘗與書曰君苗見兄文輒欲燒其筆硯後葛洪著書稱機文猶玄圃之積玉无非夜光焉五河之吐流泉源如一焉其弘麗妍贍英鋭漂逸亦一代之絶乎其為人所推服如此所著文章凡三百余篇並行於世



陸雲字士龍士衡弟也清正有才理入洛累遷中書侍郎成都王穎表為清河内史與衡同遇害所著文章三百四十九篇又撰新書十篇並行於世

陸喜字恭仲士衡從父兄仕呉為吏部尚書學有才思嘗為自叙曰余讀幽通思玄四愁而作娛賓九思又作西州清論傳於世

文立字廣休巴郡人為衛尉卒所著章奏詩賦數十篇行於世

成公綏字子安少有俊才詞賦甚麗閑默自守不求聞達時有孝烏每集其廬舍綏謂有反哺之德以為祥禽乃作賦美之又以賦者貴能分賦物理敷演無方天地之盛可以致思矣歷觀古人未之有賦豈獨以至麗無文難以辭賛不然何其闕哉遂為天地賦又雅好音律嘗當暑承風而嘯泠然成曲因為嘯賦張華雅重綏每見其文歎伏以為絶倫薦之太常徵為博士歷遷中書郎每與華受詔並為詩賦年四十三卒所著賦雜筆十余卷行於世

左思字太沖齊國人辭藻壯麗造齊都賦一年乃成復欲賦三都會妹芬入宮移家京師乃詣著作郎張載訪岷邛之事遂構思十年門庭藩溷皆著紙筆遇得一句即便疏之自以所見不博求爲祕書郎及賦成時人未之重思自以其作不謝班張恐以人廢言安定皇甫謐有高譽思造而示之謐稱善爲其賦序張載爲注魏都劉逵注吴蜀而序之陳留衛瓘又爲思賦作略解自是之後盛重於時司空張華見而歎曰班張之流也使讀之者盡而有餘久而更新於是豪貴之家競相傳寫洛陽爲之紙貴初陸機入洛欲爲此賦聞思作之撫掌而笑與弟雲書曰此間有傖父欲作三都賦須其成當以覆酒甕耳思賦出機絶歎伏以爲不能加也遂輟筆焉

鄒湛字潤甫南陽人爲少府卒所著論事議二十五首爲時所重

棗據字道彥潁川人善文辭爲太子中庶子卒所著詩賦論四十五首遇亂多亡失子腆字玄方爲襄城太守亦以文章顯腆弟嵩字臺產學藝尤美爲散騎常侍



張載字孟陽安平人父收蜀郡太守載性閑雅博學有文章太康初至蜀省父道經劍閣載以蜀人恃險好亂因著銘以作誡益州刺史張敏見而奇之乃表上其文武帝遣使鐫之於劍閣山又爲榷論濛汜賦司隸校尉傅玄見而嗟歎以車迎之言談盡日爲之延譽遂知名起家著作佐郎

張協字景陽載弟也少有儁才爲河間内史棄絶人事屏居草澤守道不競以屬詠擬諸文士作七命世以爲工永嘉初徵爲黄門侍郎不就終於家

王沉字彥伯少有俊才出於寒素不能隨俗沉浮爲時豪所抑仕郡文學掾鬱鬱不得志乃作釋時論是時王政陵遲官才失實君子多退而窮處遂終于里閭惠帝元康初松滋令吴郡蔡洪字叔開有才名作孤奮論與釋時意同讀之者莫不歎息焉

潘尼字正叔岳之從子少有清才與岳俱以文章見知性靜退不競唯以勤學著述爲事著安身論以明所守元康初爲太子舍人上釋奠頌後爲著作郎爲乘輿箴

夏侯湛字孝若譙国人幼有盛才文章宏富善構新詞爲郎中累年不調乃作抵疑以自廣又作昆弟誥後爲散騎常侍卒著論三十餘篇別爲一家之言初湛作周詩成以示潘岳岳曰此文非徒温雅乃別見孝悌之性因此遂作家風詩

劉琨字越石中山人年二十六爲司隸從事時征虜將軍石崇河南金谷澗中有別廬冠絶時輩引致賓客日以賦詩琨預其間文詠頗爲當時所許後爲司空都督并幽冀三州諸軍事

歐陽建字堅石爲馮翊太守爲孫秀所害時人莫不悼惜之臨命作詩文甚哀楚

江統字應元陳留人爲山陰令時關隴屢爲氐羌所擾孟觀西討日擒齊萬年統深惟四夷亂華宜杜其萌乃作徙戎論後爲



愍懷太子洗馬及太子之薨改葬統作誄敘哀爲世所重後爲散騎常侍領国子博士卒凡所造賦頌表奏皆傳於後

江逌字道載陳留人爲太常病卒著阮籍序贊逸士箴及詩賦奏議數十篇行於世

李賜字宗石撻爲人少能屬文嘗爲玄鳥賦詞甚美州辟別駕舉秀才未行而終

李興字儁石賜弟也亦有文才爲鎮南將軍劉弘參軍弘立諸葛孔明羊叔子碣使興爲之文甚有辭理

范堅字子常博學善屬文懷帝永嘉中避亂江東拜著作佐郎堅子啓終於黄門侍郎父子並有文筆傳於世

郭象字子玄少有才理常閑居以文論自娱後爲太傅主簿永嘉末病卒著碑論十二篇

張翰字季鷹吳郡人有清才善屬文爲齊王大司馬東曹掾翰因見秋風起乃思吴中菰菜蓴羹鱸魚膾遂命駕而歸著首丘

賦後平其文筆數十篇行於世

郭璞字景純河東人好經術博學有高才而訥於言論詞賦為中興之冠著江賦其辭甚偉為世所稱後復作南郊賦元帝見而嘉之以為著作佐郎璞既好卜筮搢紳多笑之又自以高才位卑乃著客傲後為王敦記室參軍為敦所害所作詩誄頌賦亦數萬言

王鑒字茂宣高堂邑人也少以文筆著稱中興為永興令大將軍王敦請為記室參軍未就而卒時年四十一文集傳於世鑒弟濤及弟子戢並有才筆

葛洪字稚川丹陽人少好學凡所著撰皆精覈是非而才章富贍初為王導諮議參軍選為散騎常侍領大著作不就求為句漏令至廣州止羅浮山在山積年優游閑養著述不輟所著碑誄詩賦百卷移檄章表三十卷洪傳聞深洽江左絕倫著述篇章富於班馬又晉陵內史張闓立曲阿新豐塘溉田每歲豐稔洪為其頌



庾闡字仲初潁川人為散騎常侍領大著作出補零陵太守入湘川以弔賈誼徵為給事中吳國內史虞潭為太伯立廟闡樂其文又作楊都賦為世所重著詩賦銘頌十卷行於世

曹毗字輔佐譙國人少好文籍善屬詞賦郡察孝廉除郎中蔡謨舉為著作佐郎後為太學博士時桂陽張碩為神女杜蘭香所降毗因以二篇詩嘲之并續蘭香歌詩十篇甚有文彩又著楊都賦亞於庾闡累遷尚書郎鎮軍大將軍從事中郎下邳太守以名位不至著對儒以自釋累遷至光祿勳卒凡所著文筆十五卷傳於世

李充字弘度江夏人為丞相王導記室參軍充幼好刑名之學深抑虛浮之士嘗著學箴為中書侍郎為釋莊論上下二篇詩賦表頌等雜文二百四十首行於世

顧愷之字長康晉陵人博學有才氣嘗為箏賦成謂人曰吾賦之比嵇康琴不賞者必以後出相遺深識者亦當以高奇見貴為散騎常侍卒官所著文集及啓蒙記行於世

虞預字叔寧徵士喜之弟也少好學有文章為散騎常侍領著作卒于家所著詩賦碑誄論數十篇

虞溥字允源高平人為鄱陽內史著文章詩賦數十篇卒於洛

謝沉字行思山陰人為著作郎卒所著述及詩賦文論皆行於世沈才學在虞預之右

紀瞻字思遠丹陽人元帝時為驃騎將軍散騎常侍瞻才兼文武好讀書凡所著述詩賦牋表數十篇

孫含字君道綽之子也好學能屬文為郎中時引丹王薨以貴公子尚主館宇甚盛圖莊周於室廣集勤士使含為之讚含援筆為弔文文不加點

袁喬字彥叔陳郡人為江夏相龍驤將軍喬博學有文才詩文筆皆行於世



楊方字公回少好學有異才初為郡鈐下威儀鄮邑未之知內史諸葛恢見而奇之恢宜還方為文薦郡功曹主簿虞預稱美之送以示賀循循報書曰此子開拔有志意只言異於凡猥耳不圖偉才如此其文甚有奇分若出其胷臆乃是一國所推豈但稱譽中逸郡邪後為司徒參軍事出為高梁太守著文筆皆行於世

王廙字世將丞相導從弟廙少能屬文元帝鎮江左為寧遠將軍荊州刺史及帝即位奏中興頌

張亢字季陽協弟也中興初拜騎常侍領佐著作述歷贊一篇

謝萬字萬石安弟也工言論善屬文敘漁父屈原季主賈誼楚老龔勝孫登嵇康四隱四顯為八賢論

蔡謨字道明陳留人為司徒卒所著文筆論議有集行於世

王坦之字文度湛曾孫也為侍中領左衛將軍坦之有風格尤非時俗放蕩不敦儒教頗尚刑名學著廢莊論坦之又嘗與沙

庾子書論公謙之義庾子及袁宏並有疑難坦之標章摘句一一申而釋之莫不厭服

孔嚴著通葛論王坦之與書贊美之位至吳興太守

韓伯字康伯潁川人爲侍中王坦之嘗著公謙論袁宏作論以難之伯覽而美其辭旨以爲是非既辯誰與正之遂作辯謙以折中

何琦字萬倫司空充之從兄也常以述作爲事著三國評論凡所撰録百許篇皆行於世歷宣城涇縣令

王羲之字逸少司徒導之從子爲右軍會稽内史嘗與同志宴集於會稽山陰之蘭亭羲之自爲之序以申其志或以潘岳金谷詩序方其文羲之比於石崇羲之聞而甚喜

王珣字元琳導孫也爲左僕射領太子詹事珣夢人以大筆如椽與之既覺語人云此當有大手筆事俄而孝武帝崩哀册謚議皆珣所草



桓祕字穆子温弟也爲中領軍免官後起爲散騎常侍不應朝命與謝安書贊及詩十首辭理可觀其文多引簡文帝之所遇

謝安字安石爲吏部尚書中護軍作簡文帝謚議桓温嘗以示坐賓曰此謝安石碎金也

袁宏字彦伯侍中猷之孫也父勗臨汝令宏有逸才文章絶美曾爲詠史詩是其風情所寄少孤貧以運租自業謝尚時鎮牛渚秋夜乘月率爾與左右微服泛江會宏在舫中諷詠聲既清會辭又藻拔遂駐聽久之遣問焉答云是袁臨汝郎誦詩即其詠史之作也累遷大司馬桓温府記室温重其文筆專綜書記後爲東征賦賦末列稱過江諸名德而獨不載桓彝時伏滔先在温府又與宏善苦諫之宏笑而不答温知之甚忿而憚宏一時文宗不欲令人顯問後游青山飲歸命宏同載衆爲之懼行數里問宏云聞君作東征賦多稱先賢何故不及家君宏曰尊公稱謂非下官敢專既未遑啓不敢顯之耳温疑不實乃曰君欲爲何辭宏即答云風鑒散朗或搜或引身雖可亡道不可隕宣城之節信義爲允温泫然而止宏賦又不及陶侃侃子胡奴嘗於曲室抽刃問宏曰家公勳蹟如此君賦云何相忽宏窘急答曰我已盛述尊公何乃言無因曰精金百汰在割能斷功以濟時職思靜亂長沙之勳爲史所贊胡奴乃止後爲三國名臣頌又從桓温北征作北征賦皆其文之高者嘗與王珣伏滔同在桓温坐令滔讀之至聞所傳於相傳云獲麟於此野誕靈物以瑞德奚授體於虞者疚尼父之洞泣似實慟而非假豈一世之足傷乃致傷於天下其本至此便改韻珣云此賦方傳千載無容率爾今於天下之後移韻徙事然寫送之致似爲未盡滔云得益寫韻一句或爲小勝温曰卿思益之宏應聲答曰感不絶於余心遡流風而獨寫珣誦味久之謂滔曰當今文章之美故當共推此生後白吏部郎出爲東陽郡宏見漢時傅毅作顯宗頌辭甚典雅乃作頌九章頌簡文之德上之於孝武卒於東陽有詩賦誄表等雜文凡三百首傳於世



伏滔字玄度平昌人爲大司馬桓温參軍從温伐袁真至壽陽以淮南屢叛著論二篇名曰正淮

殷仲文少有才藻爲東陽太守仲文善屬文爲世所重謝靈運嘗云若殷仲文讀書半袁豹則文才不減班固言其文多而見書少也

宋陶潛字淵明或云淵明字元亮尋陽人少有高趣嘗著五柳先生傳後爲彭澤令解印綬賦歸去來與子書以言其志並爲訓誡又爲命子詩

王誕字茂世琅邪人少有才藻從叔尚書令珣爲晉孝武哀策文久而未就謂誕曰猶少序節物一句因出本示誕攬筆便益之接其秋冬代變後云霜繁廣除風迴高殿珣嗟嘆清拔因而用之後終吳國内史

王曇首琅邪人太保弘少弟也爲琅邪王大司馬屬從高祖至彭城大會戲馬臺豫坐者皆賦詩曇首文先成高祖覽讀因問

孔曰鄉弟何如卿孔答曰若恒如下官門户何寄高祖大笑

沈林子字敬士為高祖西中郎中兵參軍輔國將軍卒林子所作賦讃三言箴祭文樂府表牋書記論老子一百二十一首太祖後讀林子集歎息曰此人作公應繼王太保（太保王弘也）

謝瞻字通遠陳郡人善於文章辭采之美與族叔混族弟靈運相抗位至司空長史黄門郎

范泰字伯倫順陽人為侍中左光禄大夫國子祭酒博覽篇籍好為文章有文集傳於世

謝靈運陳郡人少好學博覽群書文章之美江左莫逮從叔混特加愛之為世子中軍諮議黄門侍郎奉使慰勞高祖於彭城作撰征賦後為永嘉太守所至輒為詩詠以致其意焉在郡一周稱疾去職營別業于會稽每有一首詩至都邑貴賤莫不競寫宿昔之間士庶皆遍遠近欽慕名動京師作山居賦并自注以言其事又為臨川内史以叛逸徙廣州棄市所著文章傳於



世靈運詩書皆兼獨絶每文竟手自寫之文帝稱為二寶既自以名輩應參時政至是唯以文義見接每侍帝宴談賞而已

顔延之字延年琅邪人少孤貧居負郭室巷甚陋好讀書無所不覽文章之美冠絶當時為豫章公世子中軍行參軍晉安帝義熙中宋祖北伐遂有宋公之授府遣一使慶殊命參起居延之與同府王參軍俱奉使至洛陽道中作二首文辭藻麗為謝晦傅亮所賞後為始安太守延之郡道經汨潭為湘州刺史張紀祭屈原文以致其意後入為太子中庶子領步兵校尉後出為永嘉太守乃作五君詠劉湛以其辭旨不遜大怒以光禄勳車仲遠代之延之屏居里巷不豫人間者七年閑居無事作庭誥之文後為光禄大夫卒延之與陳郡謝靈運俱以詞彩齊名而遲速懸絶文帝嘗各勑擬樂府北上篇延之受詔便成靈運久之乃就延之嘗問鮑照已與靈運優劣照曰謝五言如發芙蓉自然可愛君詩若鋪錦列繡亦彫繢滿眼延之每薄湯惠休詩謂人曰惠休制作委巷中歌謡耳方當誤後生耳是時議者以延之靈運自潘岳陸機之後文士莫及江右稱潘陸江左稱顔謝焉

何承天東海郯人儒史百家莫不該覽為御史中丞時元魏侵邊文帝訪群臣威戎御遠之略承天撰安邊論遷廷尉未拜坐事免官卒所著文論並行於世

何尚之字彦德廬江人為尚書令領太子詹事元嘉二十九年致仕於方山著退居賦以明所守

王韶之字休泰琅邪人好史籍博涉多聞為黄門侍郎領著作郎領西省事凡諸詔奏皆其辭也後為祠部尚書領給事中宋七廟歌辭韶之制也文集行於世

江邃字玄遠濟陽人頗有文義官至司徒記室參軍撰文釋傳於世

袁淑字陽源陳郡人博涉多通好屬文辭彩遒豔為太子左衛



率為元凶所害文集傳於世

顧愿字子恭覬之弟子也好學有文辭覬之常以秉命有定分非智力所移唯應恭己守道信天任運而闇者不達妄求僥倖徒虧雅道無關得喪乃以其意命愿著定命論愿終於太子舍人

謝惠連陳郡人為彭城王義康法曹參軍是時義康治東府城城塹中得古冢為之改葬使惠連為祭文留信待成其文甚美又為雪賦亦以高麗見奇文章並傳於世早卒

鮑照字明遠東海人文辭贍逸嘗為古樂府文甚遒麗元嘉中河濟俱清當時以為美瑞照為河清頌其序甚工照嘗謁臨川王義慶未見知上詩言志義慶奇之後為中書舍人又為臨海王子頊前軍參軍掌書記之任

王素字休業琅邪人愛好文義不以人俗累懷累被徵辟不就聲譽甚高因山中蚿蟲聲清長聽之使人不厭而其形甚醜素乃為蚿賦以自況

齊劉繪字士章彭城人永明末都下文士皆湊竟陵西邸繪為後進領袖豫章王嶷令作表須臾即成嶷曰祢衡何以過此後魏使來繪以辭辯敕接魏使事畢當撰語辭繪謂人曰無論潤色未易但得我語亦難矣

王融字元長琅邪人少而神明警惠博涉有文才為中書郎永明九年武帝幸芳林園禊宴使融為曲水詩序文藻富麗當世稱之豫章王嶷薨帝哀痛特至減食積旬太官朝送祭奠勑融為銘云半岳摧峰中河墜月帝流涕曰此正吾所欲言也融文辭辯捷尤善緣飾有所造作援筆可待為東昏所誅文集行於世

冊府元龜卷第八百三十八

冊府元龜卷第八百三十九

總録部八十九

文章第三

梁謝朏莊第二子初仕齊爲吳興太守世祖嘗問王儉當今誰能爲五言詩儉對曰謝朏得父膏腴

江淹有所著文章並行於世位至金紫光禄大夫

謝瀹朏弟也爲侍中世祖起禪靈寺勑瀹撰碑文

柳惔好學雅製文初預齊武烽火樓宴帝善其詩謂豫章王嶷曰惔非徒風韻清爽亦屬文遒麗惔著仁政傳及諸詩賦粗有辭義位至尚書左僕射

沈約博通墳籍能屬文謝玄暉善爲詩任彦昇工於筆約兼而有之然不能過也立宅東田矚望郊阜嘗爲郊居賦以見意著文章志三十卷文集一百卷以爲在昔詞人累千載而不悟而獨得胸衿窮其妙旨自謂入神之作高祖雅不好焉位至左光



禄大夫侍中

任昉雅善屬文尤長爲筆才思無窮當世公王表奏莫不請焉昉起草即成不加點竄沈約一代詞宗深所推挹梁臺建禪讓文誥多昉所具世所著文章三十三卷數十萬言盛行於世位至寧朔將軍新安太守

范雲善屬文位至尚書右僕射有集三十卷庾肩吾八歲能賦詩特爲兄於陵所友愛文集行於世位至度支尚書

周興嗣高祖革命興嗣奏休平賦其文甚美高祖嘉之爲散騎侍郎集直文德待詔省是時高祖以三橋舊宅爲光宅寺勑興嗣與陸倕各製寺碑及成俱奏高祖用興嗣所製者自是銅表銘柵塘碣北伐檄次韻王羲之書千字並使興嗣爲文每奏高祖輒稱善加賜金帛

吳均字叔庠吳興故鄣人家世寒賤至均好學有俊才沈約嘗見均文頗賞嘆之均文體清拔有古氣好事者或效之謂爲吳體建安王偉領揚州引爲記室

袁峻天監初爲鄱陽王參軍高祖雅好辭賦時獻文於南闕者相望其藻麗可觀或見賞擢峻乃擬揚雄官箴奏之高祖嘉焉賜束帛除員外散騎侍郎直文德學士省又奉勑與陸倕各製新闕銘

高爽於齊永明中贈衛軍王儉詩爲儉所賞及領丹陽尹舉爽郡孝廉天監中爲晉陵令坐事繫冶作鑊魚賦以自況其文甚工後遇赦獲免頃之卒先是濟陽江洪會稽虞騫並工屬文洪爲建陽令坐事死騫官至王國侍郎並有文集

柳惲天監初爲相國長史兼侍中以貴公子早有令名少工篇什始爲詩曰亭皐木葉下隴首秋雲飛琅邪王元長見而嗟賞因書齋壁高祖嘗宴必被召賦詩嘗奉和高祖登景陽樓中篇云太液滄波起長楊高樹秋翠華承漢遠雕輦逐風遊深爲高祖所美



陸倕少勤學善屬文文集二十卷行於世官至太常卿

到洽天監中爲國子博士奉勑撰太學碑

張纘爲湘州刺史述職經途乃作南征賦四千餘言著鴻寶一百卷文集二十卷

傅昳泛涉記傳有文才以篇什自命少時與劉繪蕭琛友善繪之爲南康相昳時爲府丞文教多令具草

王筠爲殿中郎爲文能壓强韻每公宴並作詞必妍美尚書令沈約深所推獎常啓高祖曰晚來名家唯見王筠獨步約於郊居宅造閣齋筠爲草木十詠書之於壁皆直寫文詞不加篇題約謂人云此詩指物呈形無假題署約製郊居賦構思積時猶未都畢乃要筠示其草筠讀至雌霓五激反連蜷約撫掌欣抃曰僕常恐人呼爲霓五雞反次至墜石磓星及冰懸埳而帶坻筠皆擊節稱贊約曰知音者希眞賞殆絶所以相要正在此數句耳筠又嘗爲詩呈約約即報書云覽所示詩實爲麗則聲和被紙六

□□義發乎擬鄉顔有餘乳翠羣翔豈不多愧古情拙目每
佇新奇爛然總至權輿已盡會昌昭發蘭揮玉振克諧之義寧
比笙簧思力所該一至乎此歎服吟研周流忘念昔時幼壯頗
好斯文含咀之間倏焉疲暮不及後進誠非一人擅美推能實
歸吾子遲比閑日清觀乃申筠爲中書郎奉敕製開善寺寶誌大
師碑文詞甚麗逸又敕撰中書表奏三十卷及所上賦頌都爲
一集昭明太子薨敕爲哀策文復見嗟賞尋爲光禄大夫司徒
左長史筠自撰其文章以一官爲一集自洗馬中書中庶吏部
左佐臨海太府各十卷尚書三十卷凡一百卷行於世
劉孺以博學大才初仕後軍臨川王録事兼中書舍人遷步
兵校尉上玉盤銘武帝製詔讚之背好韻語及拜步兵而謝箋
曰作舍人不免貧得五校實大尉例皆如此有集二十卷
王僧孺少篤志精力於書無所不覩其文麗逸多用新事人所
未見者世重其富爲御史中丞高祖製春景明志詩五百字敕



在朝之人沈約以下同作高祖以僧孺詩爲工遷少府卿
張率少好屬文而七略及藝文志所載詩賦今亡其文者並補
作之所著文衡十五卷文集三十卷虞訥見而詆之率乃一
旦焚毀更爲詩示焉託云沈約訥便句句嗟稱無字不善率曰
此吾作也訥慚而退□□□□□□□作待詔賦奏之甚
見稱賞手敕答率曰省賦殊佳相如工而不敏枚皋速而不
工卿可謂兼二子於金馬矣又侍宴賦詩高祖乃別賜率詩曰
東南有才子故能服官政余雖慙古昔得人今爲盛率奏詔往
返數首
劉覽天監初爲中書侍郎掌吏部事頃之即真覽爲人美風神
善辭令高祖深器之嘗侍坐受敕與侍中王暕爲詩答贈其文
甚工高祖善之乃使重作彼合旨乃賜詩云雙文既後進二少
亦名家豈伊止棟隆信乃俱國楨江革舉秀才累遷度支尚書
有文集二十卷行於世子行敏好學有才俊官至通直郎早卒

江革子從簡少有文情年十七作採荷調以刺何敬容爲
當時所賞官至司徒從事中郎
劉孝綽爲秘書監辭藻爲後進所宗世重其文每作一篇朝成
暮遍好事者咸誦傳寫流聞絶域文集數十萬言行於世孝威
孝儀皆其弟也孝威爲太子中舍人庶子率更令掌管記大通
九年白雀集東宮孝威上頌其辭甚美孝儀幼孤與兄弟相勵
勤學並工屬文兄孝綽常曰三筆六詩三即孝儀六即孝威孝
儀爲尚書殿中郎敕令製雍州平等金像碑文甚宏麗有文集
二十卷行於世
王規爲太子洗馬天監十二年改構太極殿功畢規獻新殿賦
其辭甚工
張纘少有器識博涉經史兼善屬文位至都官尚書
蕭洽字宏稱幼敏寤及長好學博涉亦善屬文高祖令製同泰
大愛敬二寺剎下銘其文甚美又敕撰當塗堰碑辭亦贍麗集



二十卷行於世官至司徒左長史
蕭幾字德玄齊曲江公遥欣之子也湘州刺史楊公則曲江之
故吏也每見幾謂人曰康公此子謂桓靈寶復出（桓玄小字靈寶）及公
則卒幾爲之誄時年十五沈約見而奇之謂其舅蔡撙曰昨見
賢甥楊平南誄文不減希逸之作始驗康公積善之慶終新安
太守
幾子一爲中書侍郎卒有文筆數十篇行於世
何遜弱冠州舉秀才南鄉范雲見其對策大相稱賞因結忘年
交好自是一文一詠雲輒嗟賞謂所親曰頃觀文人質則過儒
麗則傷俗其能含清濁中今古見之何生矣沈約亦愛其文嘗
謂遜曰吾每讀卿詩一日三復猶不能已其爲名流所稱如此
後爲廬陵王記室復隨江州未幾卒東海王僧孺集其文
爲八卷初遜文章與劉孝綽並見重於世世謂之何劉世祖著
論論之云詩多而能者沈約少而能者謝朓時有會稽虞騫工

爲五言詩名與遜相埒官至王国侍郎其後又有會稽孔翁歸濟陽江避並爲南平王大司馬府記室翁歸亦工爲詩避博學有思理二人並有文集

褚脩善尺牘頗解文章初爲湘東王國侍郎謝蘭累遷外兵記室參軍時甘露降士林館蘭獻頌高祖嘉之因有詔使製北兖州刺史蕭楷德政碑又奉令製宣成王述中庸頌所製詩賦碑頌數十篇

謝幾卿好學博涉有文彩起家預章王国常侍

陸雲公好學有才思先製太伯廟碑吳興太守張纘罷郡經途讀其文歎曰今之蔡伯喈也纘至都掌選言之於高祖召兼尚書儀曹郎

王籍好學博涉有才氣樂安任昉見而稱之嘗於沈約坐賦得詠燭甚爲約賞後爲湘東王諮議參軍隨府會稽郡境有雲門天柱山籍嘗游之或累月不反至若邪溪賦詩有云蟬噪林逾



靜鳥鳴山更幽當時以爲文外獨絶爲詩慕謝靈運至其合也殆无愧色時人咸謂康樂之有王籍如仲尼之有丘明老聃之有嚴周

何思澄爲安成王參軍兼記室隨府江州游廬山詩沈約見之大相稱賞自以爲弗逮遊居郊宅新構閣齋因命工書人題此詩於壁傅昭嘗請思澄製釋奠辭辭人典麗思澄子助嘗爲敗家賦擬莊周馬棰其文甚工世人語曰人中爽爽何子朗終国山令

劉杳工屬文沈約郊居宅新構閣齋杳爲贊二首并以所撰文章主約即命工書人題其贊于壁仍報杳書曰平生愛嗜不在人中林壑之懽多與事奪日暮塗殫此心往矣猶復少存閑遠徵懷清曠結宇東郊匪云止息正復頗寄夙心時得休偃仲長游居之地休璉所述之美望慕空深何敢髣髴君愛素情多惠以二贊辭采妍富事義畢舉句韻之間光影相照便以此地自然十倍故知麗辭之益其事弘多輒當置之閣上坐卧嗟覽別卷上篇並爲名製又山寺既爲警策諸賢從特進高奇解頤愈疾兼乎此遐此叙會更共申析其爲約所賞如此著林庭賦王僧孺見之嘆曰郊居以後無復此作普通中遷尚書吏部郎署儀曹僕射徐勉以臺閣文議專委焉

劉顯以五官掾兼吏部嘗爲上朝詩沈約美之約郊居宅新成因工書人題於壁

謝微爲臨汝侯淵猷製放生文見賞於世大同二年卒友人琅邪王籍集其文爲二十卷終尚書左丞

劉孝儀初爲安成王侍郎轉常侍從叔爲江夏郡攜嚴之官於塗作屯游賦任昉見而稱之又作七箕辭亦富麗

伏挺有才思好屬文爲五言詩善効謝康樂體父友樂安任昉相歎異常曰此子日下無雙著邇說十卷文集二十卷

丘遲八歲便能屬文高祖平京邑引爲驃騎主簿勸進梁王及



殊禮皆遲文也遷中書侍郎高祖等遠琰詔羣臣繼作者數十人遲文最美所著詩賦行於世遲辭采麗逸時有鍾嶸著詩評云范雲婉轉清便如流風迴雪遲點綴映媚似花落依草其見稱如此

到溉爲建安太守任昉以詩譖之求二段云鐵錢兩當一百易八名定爲惠當及時先待涼秋日溉答云余衣太百結闔中徒入蠶假令金如粟詎使廉夫貪

劉昭勤學善屬文外兄江淹早稱賞起家奉朝請

諸葛璩舉秀才不就所著文章二十卷門人劉曒集而録之

岱之遊文茂才爲太學博士中丞樂藹卽之遊舅憲臺奏彈皆之遊草焉

朱异爲六學博士有文集百餘篇

司馬褧爲晉安王長史卒王命記室庾肩吾集其文爲十卷

蕭子顯好學屬文嘗著鴻序賦尚書令沈約見而稱曰可謂得

明道之高致蓋幽㒵之流也有文集二十卷終仁威將軍吳興太守

蕭子暉為員外散騎侍郎嘗預重雲殿聽制講三慧經退為講賦奏之甚見稱賞

到藎左民尚書溉之孫早慧歷尚書殿中郎嘗從高祖幸京口登北顧樓賦詩藎受詔便就帝覽以示溉曰藎是才子翻恐卿從來文章假手於藎因賜溉連珠曰研磨墨以騰文筆飛毫以書信如飛蛾之赴火豈焚身之可吝必耄年其已及可假之於少藎

王訓為侍中美容儀善進止文章之美為後進領袖

傳准有文才善辭賦官至度支尚書所著文集二十卷

劉苞字孝甞少好學能屬文為太子洗馬掌書記侍講壽光殿自高祖即位引後進文學之士苞及從兄孝綽從弟孺同郡到溉溉弟洽從弟沆吳郡陸倕張率並以文藻見知多預讌坐



庾於陵清警博學有才思為荆州大中正卒有文集十卷

鍾嶸字仲偉衡陽王元簡出守會稽引嶸為寧朔記室專掌文翰時居士何胤築室若邪山山發洪水漂拔樹石室獨存元簡命嶸作瑞室頌以旌表之辭甚典麗嶸嘗品古今五言詩論其優劣名為詩評

劉峻字孝標安成王秀好峻學秀遷荆州引為戶曹參軍後以疾去因遊東陽紫巖山築室居焉為山棲志其文甚美高祖招文學之士有高才多被引進退以不次峻率性而動不能隨衆沈浮高祖頗嫌之故不任用乃著知命論以寄其懷

劉勰字彥和撰文心雕龍五十篇論古今文也勰自重其文欲取定於沈約約取讀大重之謂為深得文理勰為文長於佛理京師寺塔及名師碑誌必請勰制文終步兵校尉

庾仲容精專篤學為黟縣令卒有文集二十卷行於世

任孝恭為司文侍郎勅撰建陵寺刹下銘又自撰高祖集序文並富麗自是專掌公家筆翰

為世祖荆州記室時顧協亦在藩邸才學相亞有文集一十卷

後梁蔡大寶自宣帝為岳陽王特署記室及即位以為侍中尚書令大寶文辭贍速帝之章表書記敕令詔冊並大寶專掌之所著文集十卷行於世○范迪順陽人少機穎善屬文歷中書黃門侍郎尚書右丞散騎常侍有文集十卷

劉君游吳興人博學有辭采位至散騎常侍天保十二年卒有文集十卷

蕭子範為秘書監有文集三十卷二子滂確並少有文章簡文在東宮時嘗與郡王數諸蕃文士滂確亦預焉大寶初葬簡皇后使與張纘俱製哀策文簡文覽讀之曰今葬禮雖闕此文猶不減於舊

陳沈衆起家梁鎮衛南平王法曹參軍太子舍人武帝制千字



詩衆為之注解與陳暄謝景同時召見於文德殿帝令衆為竹賦成奏帝善之尋除鎮南湘東王參軍

何修之為尚書左丞卒所著文章禮義百許篇

虞寄少聰敏及長好學善屬文性沖靜有棲遁之志弱冠舉秀才對策高第起家梁宣城王國左常侍大同中嘗驟雨殿前往往有雜色寶珠武帝觀之甚有喜色寄因上瑞雨頌帝謂寄兄荔曰此頌典裁清拔卿之士龍也將如何擢用寄聞之歎曰美盛德之形容以申擊壤之情耳吾豈買名求仕者乎乃閉門稱疾唯以書籍自娛

杜之偉幼精敏有逸才為太學限內博士皇太子釋奠於國學時樂府無孔子顏子登哥詞尚書衆議令之偉製其文令人傳習以為故事劉陟等鈔撰群書各為題目所撰富民被致二篇皆之偉序

虞荔美風儀博覽墳籍善屬文釋褐梁西中郎行參軍尋署法
曹外兵參軍兼丹陽詔獄正梁武帝於城西置士林館荔乃製
碑奏上帝命勒之于館仍用荔為士林學士沈初明為吳令侯
景將宋子仙據吳興使召初明委以書記之任初明固辭子仙
怒命斬之或救獲免子仙愛其才終逼之令掌書記及子仙為
王僧辯所敗僧辯素聞其名於軍中購得之酬所獲者鐵錢十
萬自是羽檄軍事皆出於初明及簡文遇害四方岳牧皆上表
於江陵勸進僧辯令初明製表甚工當時莫有逮者高祖南下
與僧辯會于白茅灣登壇設盟初明為其文
徐陵八歲能屬文既長博涉史籍縱橫有辯梁簡文在東宮撰
長春殿義記使陵為序元帝遣使北齊累求復命終
留不遣乃致書於齊僕射楊遵彥遵彥不報齊送貞陽侯為梁
嗣乃遣陵隨還太尉王僧辯初拒境不納往復致書皆陵辭也
入陳為侍中太子少傅自有陳創業文檄軍書及授禪詔策皆



陵所製而九錫尤美為一代文宗亦不以此矜物未嘗詆訶作
者於其後進文徒接引無倦世高宗之世國家有大手筆皆陵
草之其文頗變舊體緝裁巧密多有新意每一文出手好事者
已傳寫成誦遂被之華夷家藏其本後逢喪亂多散失存者三
十卷
徐儉陵之子勤學有志操侯景亂陵使魏未反儉時年二十一
攜老幼避于江陵梁元帝聞而召為尚書金部郎中嘗侍宴賦
詩元帝歎賞曰徐氏之子復有文焉
蔡景歷為度支尚書景歷屬文不尚雕靡而長於叙事應機敏
速為當世所稱
姚察武帝永定初為始興王府記室參軍吏部尚書徐陵領著
作復引為史佐致仕等表並請察製焉陵見歎曰吾弗逮也察
每有製述多用新奇事志者書白若不從徐陵名高一代每見
察述尤所推重嘗謂子儉曰姚學士德學無前汝可師之也尚

書令江總與察尤篤厚善每有製作必先以簡察然後施用總
為詹事嘗製登宮城五百字詩當時副君及徐陵已下諸名
賢並同此作徐公後謂江曰我所和第五十韻當入第集內及
江編次文章無復察所和本江述此意謂察曰高才碩學庶光
拙文今須公所和五百字用偶徐僕射也察謙遜未付江曰若
不得此製僕詩亦須棄本復乖徐公所寄豈得見令兩失察不
獲已乃寫本付之為通人推挹例皆如此
顧晃少孤貧好學有詞采初為文帝記室參軍高祖永定二年
高祖幸大莊嚴寺其夜甘露降晃獻甘露頌詞義該典高祖大
奇之
陸琰字溫玉累遷始興王外兵參軍直嘉德殿學士文帝聽政
餘暇頗留心史籍以琰博學善占誦引置左右嘗使製刀銘琰
援筆即成無所點竄世祖嗟賞久之賜衣一襲
傅縡在湘州王琳聞其名引為府記室琳敗隨孫瑒還都時文帝



使顧晃賜瑒雜物瑒託縡啓謝詞理優洽文無加點晃還言之
文帝尋召為撰史學士除司空府記室參軍
陰鏗幼聰惠五歲能誦數千言及長博涉史傳尤善五言詩為
當時所重為始興王府中錄事參軍文帝嘗宴羣臣賦詩徐陵
言之於帝即日召鏗預宴使賦新成安樂宮鏗援筆便就帝甚
歎賞之
褚玠早有令譽先達多以才器許之及長美風儀善占對博學
能屬文詞義典實不好艷靡所製章奏雜文二百餘篇皆切
事理由是見重於時位終御史中丞
陸琛少警俊文帝為會稽太守琛年十八上善政頌甚有詞采
由此知名舉秀才赴京衡陽王主簿兼東宮管記
徐伯陽為侯安都司空參軍宣帝太建初與中記室李爽記室
張正見尚書郎賀徹學士阮卓黃門郎蕭詮三公郎王由禮處
士馬樞記室祖孫登比部賀循長史劉刪等為文會之友後有

猿疑劉助陳暄孔範亦預焉皆一時之輩也遊宴賦詩勒成卷軸伯陽爲其後序盛傳於世伯陽爲新安王記室時鄱陽王爲江州刺史伯陽嘗奉使造焉王率府僚與伯陽登匡廬置宴酒酣命筆賦劇韻二十伯陽與祖孫登前成王賜以奴婢雜物皇太子幸太學詔新安王於辟雍發論講題仍命伯陽爲辟雍頌甚見嗟賞

陸瑜以篤學美詞藻爲東宮學士宣帝太建二年太子釋奠于太學宮臣並賦詩命瑜爲序文甚贍麗　謝貞爲南平王友加招遠將軍掌記室事府長史河南周確新除都官尚書請貞爲讓表後主覽而奇之嘗因宴席問確曰卿表自製耶確對曰臣表謝貞所作後主因敕舍人施文慶曰謝貞在王處未有祿秩可賜米百石　江總好學能屬文於五言七言尤善然傷於浮艷故爲後主所愛幸多有側篇好事者相傳諷翫于今不絶至隋爲上開府卒於江都有文集三十卷行於世　陸從典爲太子舍人後主賜僕射江總并其子溥詩總命從典爲謝啓俄頃便就文華理暢總甚異焉　蕭允爲鄱陽王長史王出鎮會稽允行經延陵季子廟設蘋藻之薦託爲異代之交爲詩以叙意辭理清典後主嘗問蔡徵曰卿世與蕭允相知此公志操何如徵曰其清虛玄遠殆不可測至於文章可得而言因誦允詩以對後主嗟賞久之其年拜光祿大夫

沈不害爲通直散騎兼尚書左丞不害治經術善屬文雖博綜墳典而家無卷軸每製文操筆立成曾無尋檢僕射汝南周弘正常稱之曰沈生可謂意聖人乎著文集十四卷初不害爲衡陽王記室參軍兼嘉德殿學士表改定樂章文帝詔使製三朝樂歌八首合二十八曲行之樂府

張正見幼好學有才思通直散騎侍郎有集十四卷其五言詩尤善大行於世

江德藻好學善屬文位終新渝令所著文筆十五卷

庾持篤志好學尤善書記每屬辭好爲奇字有集十卷位終步兵校尉

後魏張袞好學有文才道武爲代王署袞爲左長史從太子破賀納遂命羣官登勿居山遊宴終日從官及諸部大人請聚石爲峯以記功德命袞爲文

鄧穎爲中書侍郎從駕漢南高車莫弗庫若干率騎數萬餘驅鹿百餘萬詣行所詔穎爲文銘于漢南以紀功德



袁躍字景騰博學有雋才爲員外散騎常侍將立明堂躍乃上議當時稱其博洽蠕蠕主阿那瓌之破來奔朝廷矜之送復其國既而每使朝貢辭旨頗不盡禮躍爲朝臣書與瓌陳以禍福言辭甚美後遷太傅清河王懌文學懌之文表多出於躍

崔玄伯少有雋才因苻堅亂欲避地江南於泰山爲張願所獲本圖不遂乃作詩以自傷而不行於時蓋懼罪也及浩誅中書侍郎高允受敕收浩家始見此詩允知其意玄伯位至天部大人玄伯自非朝廷文誥四方書檄初不染翰故世無遺文

封軌爲廷尉少卿以務德慎言脩身之本姦回讒佞世之巨害乃爲務德慎言遠佞防姦四戒

陸暐擬急就篇爲悟蒙章及七誘十酹章表數十篇位至伏波將軍

高允作塞上公詩有混欣戚遺得喪之致爲太常卿上代都賦因以規諷亦二京之流也初允太武神䴥中與盧玄等俱被徵拜中書博士再遷中書令獻文初以昔同徵零落將盡感逝懷人作徵士頌蓋止於應命者其有命而不至則闕焉羣賢行舉其梗槩

高和仁爲殿中侍御史少清簡有文才爲五言詩贈太尉屬盧仲宣仲宣深所歎重

李籍之性謹正粗涉文史爲太中大夫著忠誥一篇文多不載

胡叟少聰惠好屬文既善爲典雅之詞又工爲鄙俗之句初入長安京兆韋祖思召而見之待叟不足叟拂衣而出至主人家賦韋杜二族一宿而成年十有八矣且述前載無違舊美敘中世有協時事而末及鄙瀆人皆奇其才畏其筆世猶傳誦之以爲笑狎歸後爲武威將軍家於密雲被徵至謝恩并獻詩一篇文成時召叟及金城宗舒並使作檄劉駿蠕蠕之文舒文劣於叟舒尋歸家

游雅爲秘書監文成詔爲太華殿賦

高閭爲中書侍郎奉詔造鹿野苑頌北伐碑獻文善之位至光
禄大夫好爲文章軍國書檄詔令碑頌銘贊百有餘篇集爲二
二卷其文亦高允之流後稱二高爲當時所服
趙逸好學夙成爲中書侍郎凡所著述詩賦銘頌五十篇
盧道將秘書監淵子頗有文才爲一家後來之冠司徒司馬辛
所爲文筆數十篇
劉懋字仲華崿綜經史位至太尉司馬所著詩誄賦頌及諸文
筆見稱於時
游肇以文雅見任爲詩賦表啓凡七十五篇皆傳於世位至驃
騎大將軍
崔纂字叔則博學有文才爲散騎侍郎旣不爲時知乃著無談
子論
李彪爲御史中尉所著詩頌賦誄章奏雜筆百餘篇别有集
李諧博學有文辯當時才俊咸相欽賞所著文集别有集録行



於世位至秘書監
邢産字覽好學善屬文少時作孤蓬賦爲時所稱舉秀才除著
作佐郎
崔光本名孝伯字長仁遷中書侍郎給事黄門侍郎甚爲孝文
所知待常曰孝伯之才浩浩如黄河東注固今日之文宗也太
和中依宫商角徵羽本音而爲五韻詩以贈李彪彪爲十二次
詩以報光光又爲三百郡國詩以答之凡所爲詩賦銘贊表記
啓數百篇五十餘卷
甄密字叔雍侍中琛從父弟也太和中爲奉朝請密疾世俗貪
競死没榮寵曾作風賦以見意
甄琛爲侍中所著家誨二十篇篤學文一卷又著破四聲姓族
廢興會通緇素三論頗行於世
袁翻少以才學擅美一時自廷尉少卿出爲平陽太守頗有不
平之論及之郡不自得遂作思歸賦累遷度支尚書所著文筆

百餘篇行於世
常景少聰敏長有才思爲大常博士宣武季舅護軍將軍高顯
卒其兄右僕射肇私託景及尚書邢巒幷州刺史高聰通直郎
徐紇各作碑銘竝以呈御宣武悉付侍中崔光以景所造爲最
乃奏曰常景名位乃處諸人之下文出諸人之上遂以景文刊
石正光中除景龍驤將軍孝明於國子寺行釋奠之禮帝詔百
官作釋奠詩時以景作爲美初平齊之後光禄大夫高聰徙於
北京中書高允爲之聘妻給其資宅聰後爲允立碑每云吾此
文報德足矣豫州刺史常綽以未盡其美景尚允才器先爲遺
德頌司徒崔光聞而觀之尋味良久乃云高光禄平日每矜其
文自許報允之德今見常生此頌高氏不得獨擅其美也尋進
號冠軍將軍時尚書令李崇等追討蠕蠕不及詔景出塞經山
臨瀚海宣勅勒衆而返景經歷山水悵然懷古乃擬劉琨扶風
歌十二首景性和厚恭慎每讀書見韋弦之事深薄之危乃圖



古昔可以鑒戒指事爲象讚而述之所著述數百篇行於世
邢臧字子良博學有藻思爲太學博士孝明正光中議立明堂
臧爲裴頠一室之議當時稱其理博有文筆凡百餘篇
裴景融雖才不稱學而緝綴無倦文詞汎濫理會處寡所作文
章别有集録又造鄴都晉都賦云孝莊時爲諫議大夫兼著作
郎云裴曾著大夫論備陳裴叔業背逆歸順契闊危難之百又
著喪服約而易尋官至司徒諮議參軍
陽固爲治書侍御史劾王顯奏固剩請米麥免官旣無[illegible]
闔門自守著演賾賦以明幽微通塞之事
張烈爲家誡千餘言幷自叙志行及所歷之官位至瀛州刺史
高謙之有學藝所著文章百餘篇别有集録官至御史
馮元興通禮傳有文才爲中書舍人有文集百餘篇
封肅字元邕早有文思博涉經史修起居注兼廷尉監[illegible]園
賦其辭甚美孝明正光中京兆王西征引爲大行臺郎[illegible]以

書記撰古來文章并敘作者氏族號曰文譜未就病卒時賢
惜之其文筆凡百餘篇
邢臧為光祿少卿明經有文思所作碑頌雜筆三十餘篇
梁祚為中書博士作代都賦頗行於世
夏侯道遷為豫州刺史雖學不周洽而歷覽書史閑習尺牘札
翰往還甚有意理
裴敬憲學博才清為太學博士五言之作獨擅於時名聲甚重後
進咸共宗慕之中山鎮部朝賢送於河梁賦詩言別皆以敬憲
為最其文不能贍逸而有清麗之美
溫子昇博覽百家文章清婉為廣陽王深賤客在馬坊教諸奴
子書作侯山祠堂碑文給事中常景見而善之故詣深謝之景
曰頃見溫生深怪問之景曰溫生是大才士深由是稍知之累
遷中書舍人散騎常侍領本州大中正梁武使張皐寫子昇文
筆傳於江外梁武稱之曰曹植陸機復生於北土恨我辭人數



窮百六陽夏守傅標使吐谷渾見其國主牀頭有書數卷乃是
子昇文也濟陰王暉業嘗云江左文人宋有顏延之謝靈運梁
有沈約任昉我子昇足以陵顏轢謝含任吐沈楊遵彥作文德
論以為古今辭人皆負才遺行澆薄險忌唯邢子良王元景溫
子昇彬彬有德素
梁祐為太中大夫從容風雅好為詩詠
李仲尚儀貌甚美少以文學知名二十著前漢功臣序讚及季
父司空沖誄時兼侍中高聰尚書邢巒見而歎曰後生可畏非
虛言也起家京兆王參軍
祖瑩歷散騎黃門侍郎以文學見重常語人云文章須自出機
杼成一家風骨何能共人同生活也蓋譏世人好竊他文以為
已用而瑩之筆札亦無乏天才但不能均調玉石兼有竊盜之
體不減於老焉
裴伯茂學涉羣書文藻富贍為中軍大將軍伯茂好飲酒頗涉
踈傲久不從官曾為豁情賦東魏天平初遷鄴又為遷都賦
邢昕好學早有才情為平東將軍光祿大夫持言冒竊官級為
中尉所劾免官乃為述躬賦
北齊邢劭字子才臧之弟也十歲能屬文文章典麗既贍且速
年未二十名動衣冠後為著作佐郎深為領軍元义所礼义新
除尚書令尚書李神儁與陳郡袁翻在席义令劭作謝表須臾
便以示諸賓神儁曰邢劭此表足使袁公變色魏孝昌初與黃
門侍郎李琰之對典朝儀自孝明之後文雅大盛劭彫蟲之美
獨步當時每有一文初出京師為之紙貴讀誦俄遍遠近
荀士遜好學有思理為文清典為中書侍郎撰典言行於世
祖珽字孝徵神情機悟詞藻遒逸嘗為冀州刺史万俟受洛製
清德頌其文典麗由是神武聞之時文宣為州刺史署珽開府
倉曹參軍神武送魏蘭陵公主出塞嫁蠕蠕魏收賦出塞及公
主遠嫁詩二首珽皆和之大為時人傳詠珽後為秘書監領舍



人事文襄為令史等作晉州啓請粟三千石代功曹趙彥深宣
神武教給城局參軍過典籤事高景略疑其不實密以問彥深
彥深答都無此事遂被推檢珽即引伏神武大怒決鞭二百配
甲坊加鉗其穀倍徵未及科會并州定國寺成神武謂陳元康
溫子昇曰昔作芒山寺碑文時稱妙絕今定國寺碑當使誰作辭
也元康因薦珽才學并解鮮卑語乃給筆札就禁所具二日內
成其文甚麗神武以其工而且速特恕不問然猶免官散參相府
祖鴻勳涿郡范陽人神武曾徵至并州作晉祠記好事者翫其
文位至高陽太守
顏之推博覽羣書辭情典麗有文三十卷並行於世曾撰觀我
生賦文致清遠入隋為太子學士
鄭元禮字文規少好學愛文藻名望文襄引為館客歷太子舍
人崔昂後妻即元禮之姊也魏收又昂之妹夫嘗持元礼數篇
詩示盧思道乃謂思道云看元礼此來詩詠亦當不減魏收否

云未覺元禮賢於魏收但知妹夫踈於婦弟終始州別駕
楊愔字遵彥風度深敏所著詩賦表奏書論甚多及誅後散失
門生總集所得者萬餘言位至驃騎大將軍開封王
北齊裴訥之字士正少有儒學楊愔闔門葬託訥之頃作十餘
墓誌文皆可觀入周爲文帝大行臺倉曹郎中卒
陸卬字雲駒少機悟善屬文所著文章十四卷行於世齊之郊
廟諸歌多卬所制位終吏部郎中
王昕字元景少篤學雅好清言有文集二十卷位至銀青光祿
大夫判祠部尚書
王晞字叔朗好學不倦文宣天保初行太原郡事常詣晉祠賦
詩曰日落應歸去魚鳥見留連
劉逖字子長留心文藻頗工詩詠所制詩賦及雜文筆二十卷
位至散騎常侍
賢士詩同作者而深歎美



荀仲舉爲義寧太守偕與趙郡李槩交欵槩死仲舉因至其
宅爲五言詩十六韻以傷之辭甚悲切世稱其美
蕭慤工於詩詠慤曾秋夜賦詩其兩句云芙蓉露下落楊柳月
中疏爲知音所賞官爲田曹參軍
李廣博涉羣書有才思文義之美少與趙郡李騫齊名爲邢魏
之亞兼侍御史南臺文奏多其辭也曾薦畢義雲於崔暹廣卒
後義雲集其文筆十卷託魏收爲之敘其族人子道亦有文章
樊遜寓居鄴中爲臨漳小史縣令裴鑒莅官清苦致白雀等瑞
上清德頌十首鑒大加賞重擢爲主簿

冊府元龜卷第八百三十九

# 冊府元龜卷第八百四十

總録部 九十

## 文章第四

後周薛憕字景猷初仕西魏文帝爲中書侍郎大統四年宣光
清徽殿初成憕爲之頌又文帝作二欹器憕各爲頌
王褒博覽史傳能屬文初仕梁元帝爲僕射江陵未陷前褒作
燕歌行妙盡關塞寒苦之狀元帝及諸文士並和之而競爲悽
切之詞至此方驗焉
唐瑾爲司中大夫兼内史所著賦碑誄二十餘萬言
薛寘幼覽墳籍好屬文所著文章二十餘卷行於世位至驃騎
大將軍開府儀同三司
柳虬字仲盤博涉子史雅好屬文書爲中書侍郎修起居注對
人論文體者有今古之異虬又以爲時有今古非文有今古乃
爲文質論虬有文章數十篇行於世



盧柔爲開府儀同三司卒於位所作詩頌碑銘檄表啓行於世
者數十篇
宗懔少聰惠博有才藻位至車騎大將軍儀同三司有集二十
卷行於世
劉璠字寶義篤志好學兼善文筆終爲黄門侍郎儀同三司嘗
臥疾居家對雪感興乃作雪賦以遂志有集二十卷行於世
呂思禮好學有文才長於論難所爲碑誄表頌並傳於世位至
都官尚書
庾信幼而俊邁聰敏絶倫初在梁事昭明太子爲抄撰學士既
有盛才文並綺豔故世號爲徐庾體焉當時後進競相模範每
有一文京都莫不傳誦自梁入周位望通顯常有鄉關之思乃
作哀江南賦以致其意後爲司宗中大夫明帝雅好文學信特
蒙恩禮羣公碑誌多相託焉唯王褒頗與信埒自餘文人莫有
及者

頍之儀博涉羣書好爲詞賦嘗獻神州頌辭致雅贍梁元帝手
勑報曰枚乘二葉俱得遊梁應貞兩世並稱文學我求才子鯨
慰良深江陵平之儀隨例遷長安後爲集州刺史有文集十卷
行於世
柳慶字更興博涉羣書初仕魏孝武爲尚書都兵郎中時北雍
州獻白鹿羣臣欲草表陳賀尚書蘇綽謂慶曰近代已來文章
華靡逮于江左彌復輕薄洛陽後進祖述不已相公柄民軌物
君職典文房宜製此表以革前弊慶操筆立成辭兼文質綽讀
而笑曰枳橘猶自移况才子也
柳機博涉羣書辭彩雅贍有文集行於世位至御下大夫
蘇亮字景順少通敏博學好屬文所著文筆數十篇頗行於世
位至侍中
薛慎能屬文善草書爲蕃部大夫有文集頗爲世所傳
李昶解屬文武帝時爲大將軍開府儀同三司昶自太祖世已



當樞要兵馬處分專以委之詔册文筆皆昶所作也昶嘗曰文
章之事不足流於後世經邦治務庶及古人故所作文筆了無
稾草
韋敻志尚不仕時武帝以佛道儒三教不同詔敻辯其優劣敻
以三教雖殊同歸於善其通似有深淺其致理加無等級乃著三
教序奏之帝覽而稱善敻少愛文史留情著述手自抄録數十
萬言晚節虚静唯以體道會真爲務舊所製述咸削其藁故文
筆多並不存
檀翥字鳳翔好讀書善屬文爲殿中侍御史臺中表奏皆翥爲之
隋虞世基初仕陳爲尚書左丞陳主嘗於莫府山校獵令世基
作講武賦於座奏之陳主嘉之賜馬一匹陳滅歸國爲通直郎
直内史省嘗爲五言詩以見意情理悽切世以爲工作者莫不
吟詠
盧愷魏中書監柔之子也爲禮部大夫李嘗攻救[illegible]酒集一

鎭命堂作露布帝讀之大悅曰盧愷文章大進荀景倩故是令君之子許善心幼聰明有思理解屬文高祖時爲禮部侍郎開皇十六年有神雀降於含章闥高祖召百官賜宴告以此瑞善心於座請紙筆製神雀頌頌成奏之高祖甚悅曰我見神雀共皇后觀之今旦召公入適述此事善心於座始知即能成頌文不加點筆不停毫常聞此言今見其事因賜物二百段

孫萬壽博陵人史善屬文隋滕穆王瓚引爲文學坐衣冠不整配防江南行軍總管宇文述召典軍書萬壽鬱鬱不得志爲五言詩贈京邑知友盛爲當時之所吟誦天下好事者書壁而翫之

王貞少聰敏善屬文詞開皇中舉秀才授縣尉非其道也於是謝病于家齊王暕鎭江都以書召之又索文集貞啓謝上集三十三卷復上江都賦

李德林善屬文辭覈而理暢魏收嘗對高隆之謂其父曰賢子文筆終當繼溫子昇隆之大笑曰魏常侍殊已嫉賢何不近比老彭乃遠求溫子後比齊任城王諧薦德林於尚書令楊遵彥遵彥即令德林製讓尚書令表援筆立成不加治點因大相賞異以示吏部郎中陸卬云已見其文筆浩浩如黃河東注比來所見徃生制作涓澮之流耳卬仍命其子乂與德林周旋戒曰汝每事宜師此人以爲模楷齊平爲高祖丞相府從事內中郎禪代之際其相國總百揆九錫殊禮詔策牋表璽書皆德林之辭也高祖登位爲內史令卒既以有才名重以貴顯凡製文章動行於世或有不知者謂古人焉初撰奉思賦一篇世稱其麗又德林以梁士彥及元諧之徒頻有逆意大江之南抗衡上國乃著天命論上之所撰文集勒成八十卷遭亂亡失見五十卷行於世

潘徽性聰敏善屬文爲秦孝王俊學士從俊朝京師在途令徽於馬上爲賦行一驛而成名曰述恩賦俊覽而善之又爲撰江都集禮序

府八百四十 三

杜正玄自八世祖曼至正玄世以文學相授僕射楊素負才傲物正玄抗詞酬對無所屈撓素不悅久之會林邑獻白鸚鵡素促召正玄使者相望及至即令作賦正玄倉卒之際援筆成章素見文不加點始異之因令更擬諸雜文筆十有餘條又皆立成而辭理華贍素乃歎曰此真秀才吾不及也

祖君彥言辭訥澁有才學大業末爲李密所得署爲記室參軍軍書羽檄皆成於其手

楊素爲尚書令嘗以五言詩七百字贈番州刺史薛道衡詞氣宏拔風韻秀上亦爲一時盛作未幾而卒道衡歎曰人之將死其言也善豈若是乎有集十卷

牛弘在周起家爲納言上士常專文翰甚有善稱以大業六年卒加右光祿大夫贈儀同三司有文集十二卷行於世

何妥爲龍州刺史歲勸于州門外有文集十卷並行於世

王頍字景文解綴文善談論有集十卷官至國子博士

辛儒清貞孤介不交流俗涉歷經史有才思雖不爲大文所有詩詠詞至清遠爲襄城郡掾卒官

諸葛潁能屬文煬帝時爲著作郎甚見親倖有集二十卷

常得志博學善屬文官至秦王記室及王薨過故宮爲五言詩辭理悲壯甚爲時人所重復爲兄弟論義所稱

王胄字承基爲著作佐郎以文詞爲煬帝所重帝自東都還京師賜天下大酺因爲五言詩詔胄和之帝覽而善之因謂侍臣曰氣高致遠歸之於胄詞清體潤其在世基意密理新推庾自直過此者未可以言詩也帝所有篇什令繼和庾自直少好學大業初爲著作佐郎自直解屬文於五言詩尤善性恭慎不妄交遊特爲煬帝所愛帝有篇章必先示自直令其詆訶自直所難帝輒改之或至於再三俟其稱善然後方出其見親禮如此

薛道衡爲尚書左外兵郎陳使傅縡聘齊以道衡兼主客郎接對之縡贈詩五十韻道衡和之南北稱美魏收曰傅縡所謂以

府八百四十 四

將授魯王道衡位至司隸大夫有集七十卷
顏師古爲安城尉時薛道衡爲襄州總管與其祖有舊又悅其才有所綴文常使其指摘利病甚親昵之
宇文瓌辯博學多通爲禮部尚書所著辭賦二十餘萬言
虞綽字士裕博學有俊才尤工草隸陳左衛將軍傅縡有盛名於世見綽詞賦歎謂人曰虞郎之文無以尚也爲著作佐郎從煬帝征遼東帝舍臨海頓見大鳥異之詔綽爲銘帝覽而善之命有司勒於海上
柳䛒以聰敏解屬文爲晉王諮議參軍王好朝京作歸藩賦命䛒爲序詞甚典麗初王屬文數庾信體及見䛒已後文體遂變䛒位至祕書監有集十卷
高構字孝基有名於時河東薛道衡才高當世每稱構有清鑒所爲文筆必先以草呈構有所詆訶道衡未嘗不嗟伏位至吏部侍郎



潘徽字伯彥爲書好學善屬文弱冠舉秀才授揚州行參軍歷下邑正藏著碑誄銘頌詩賦百餘篇又著文章體式大爲後進所寶時人號爲文軌乃至海外高麗百濟亦共傳習稱爲老家新書
高士廉風調溫雅屬詞清潤隋司隸大夫薛道衡起居舍人崔祖濬並一時名士與士廉爲忘年之好每因暇讌多賦篇章由是公卿籍甚位至尚書右僕射同中書門下平章事
褚亮初在陳年十八詣僕射徐陵與商推文章辭見異後主聞之召見時江總及諸詞人咸在坐詔亮賦詩咸生推善國初爲引文館學士亮本以文翰知名每□□□言好事者傳寫信宿徧於京邑
虞世南善屬文嘗祖述徐陵亦言世南得己之意世南爲祕書少監上聖德論詞多不載康國獻師子詔世南爲之賦命編之東觀
袁朗勤學好屬文初在陳爲祕書郎嘗製千字詩當時以爲盛作後主聞而召入禁中使爲月賦朗染翰立成後主曰此賦謝希逸不能獨美於前矣又使爲芝草嘉蓮二頌深見優賞歸朝爲給事中卒有文集十卷
庾抱初在隋爲延州參軍事後參歲調吏部尚書牛弘知其有學術給筆札令自序援翰便成引其奇之後補元德太子學士會黃孫載誕太子宴賓客抱於坐獻嫡皇孫頌深被嗟賞
謝偃爲魏王府功曹偃嘗爲塵影二賦其詞甚工太宗聞而召見自製賦序言區宇又安功德茂盛令其爲賦偃奉詔撰成名曰述聖賦賜綵數十匹偃又獻惟皇誡德賦以申諷諫時李百藥工爲五言詩而偃善作賦時人稱爲李詩謝賦焉
張蘊古博涉書傳善綴文自幽州總管府記室直中書省太宗初即位上大寶箴以諷
李百藥七歲能屬文隋大業中授桂州司馬所經名川美境必制篇章莫不藻麗清新爲當時所諷誦貞觀十一年以宗正卿致仕太宗常製帝京篇命百藥並作帝歎其工手詔曰卿何身



之老而才之壯齒之宿而意之新乎百藥蕃思沉鬱尤長於五言詩雖樵童牧豎亦皆吟諷有集三十卷
蕭瑀字時文梁明帝之子也姊爲隋晉王妃從入長安聚學屬文帝觀劉孝標辯命論惡其傷先王之教迷性命之理乃作非辯命論以釋之大旨以爲人稟天地氣生孰云非命然吉凶禍福亦因人而有若一之於命其弊已甚時晉府學士柳顧言諸葛潁稱之曰自孝標後數十年間言性命之理者莫能詆詰今蕭君此論足療劉子膏肓瑀太宗時位至太子太保同中書門下平章事
岑文本爲秘書郎直秘書省太宗行籍田之禮文本上藉田頌及元日臨軒宴百寮文本復上三元頌其詞甚美
劉子翼以文學知名貞觀中爲著作郎引文館學士有集二十卷
杜正倫善屬文貞觀初直文學館尚書左丞魏徵表薦正倫以爲古今難匹遂擢授兵部員外累遷中書令有集十卷行於代

張昌齡弱冠以文詞知名貞觀二十一年翠微宫成詣闕獻頌太宗召見試作息兵詔草俄頃而就太宗甚悦令於通事舍人裏供奉後卒於襄州司户有文集三十卷行於代

元萬頃善屬文起家拜通事舍人從李勣征高麗爲遼東道管記時別帥馮本以水軍援稗將郭待封船破失期待封欲作書與勣恐爲賊所知其救兵不至乘危迫之乃令萬頃作離合詩贈勣

李義府瀛州饒陽人初應進士舉劉洎馬周薦之太宗令詠烏援筆爲詩曰何借御林樹不借一枝棲太宗喜曰當借卿全樹何一枝也尋除監察御史

張文琮爲亳州刺史高宗永徽初表獻太宗文皇帝頌優制褒美賜絹百匹

富嘉謨舉進士爲晉陽尉與新安吴少微友善同官先是文士撰碑頌皆以徐庾爲宗氣調漸劣嘉謨與少微屬詞皆經典爲本時人欽慕之文體一變稱爲吴富體嘉謨作雙龍泉頌千蠋谷頌少微撰崇福寺鍾銘詞最高雅作者推重嘉謨既卒少微哭而賦詩尋亦卒



李安期百藥之子七歲解屬文龍朔中爲司列少常伯受詔爲東封朝覲壇碑文

崔行功爲司文郎中當時朝廷大手筆多是行功及蘭臺侍郎李懷儼之詞有集六十卷

裴導慶初登省并省著王政記述今古理體識者見之知有公輔之量位至尚書右僕射

上官儀涉獵經史善屬文龍朔中爲弘文館學士工於五言詩好以綺錯婉媚爲本當時多有効其體者時人爲上官體

崔液湜之弟也尤工五言之作湜常嗟賞之曰海子我家之龜也海子即液小名官至殿中侍御史坐兄配流逃匿於郢州人胡履虛之家作幽征賦以見意詞甚典麗遇赦還道病卒友人裴耀卿纂其遺文爲集十卷

王勃字子安六歲善屬文未弱冠應幽素舉及第乾封初詣闕上宸遊東岳頌時東都初造乾元殿勃又上乾元殿頌沛王賢聞其名召爲沛府修撰甚愛重之諸王鬬雞互有勝負勃戲爲檄英王雞文勃後以罪除名從交阯省父道出江中爲採蓮賦以見意其辭甚美勃每有制作時人咸諷詠之著文集三十卷

楊迥華州華陰人博學善屬文爲盈川令如意元年十月望日宫中出盂蘭盆分送佛寺則天御洛城南門與百寮觀之迥獻盂蘭盆賦詞甚雅麗迥少與絳州王勃范陽盧照鄰東野駱賓王皆以文詞知名海内稱爲王楊盧駱亦號爲四傑迥聞之謂人曰吾愧在盧前恥居王後當時議者亦以爲然崔融李嶠張説皆爲一時宗匠崔李嘗曰王勃文章宏逸有絶塵之迹固非常流所及其與照鄰則可企而致盈川之言爲不信矣張説謂人曰楊盈川之文如懸河注水酌之不竭既優於盧亦不減王恥居王後則然愧在盧前爲謬矣



盧照鄰博學善屬文爲新都尉以疾居陽翟之具茨山著釋疾文五悲等詞頗有騷人之風甚爲文士所重有文集二十卷

駱賓王善屬文於五言詩尤妙爲長安主簿坐贓左遷郗雲卿集其文爲十卷

魏兆祖爲司膳卿頗以詩詠流譽有集二十卷

劉知幾爲懷州獲嘉縣主簿則天朝官爵易得而法網傷嚴人皆爲趨進而多陷刑戮知幾又著思慎賦以刺時且以見志鳳閣侍郎蘇味道李嶠見之相顧而歎曰陸機豪士所不及也當今防身要道盡在此矣

員半千爲右衛長史顯福門待制則天封中岳半千撰封禪四壇碑十二首

張鷟爲學文成自長安尉遷鴻臚丞凡四叅選判策爲銓府之最員外郎員半千謂人曰張子之文如青銅錢萬選萬中夫聞

狩時流重之目爲青錢學士後爲司門員外郎鷟下筆敏速著
述尤多言頗詼諧是時天下知名無賢不肖皆記誦其文天后朝
中使馬仙童陷默啜默啜謂仙童曰張文成在否曰近自御史貶官
默啜曰國有此人而不用漢無能爲也新羅日本東夷諸蕃尤重
其文每遣使入朝必重出金貝以購其文其才名遠播如此
孔紹安少以文詞知名爲秘書監因侍宴應詔詠石榴詩曰只
爲時來晩花開不及春時人稱之
蘇味道初爲裴行儉征突厥管記孝敬皇帝妃父裴居道再登
左金吾將軍訪當時才子爲謝表託於味道援筆而成詞理清
密咸傳於代
朱敬則爲右補闕嘗採魏晉已來君臣成敗之事著十代興亡
論十卷爲當代所重有集十卷傳於代
崔融爲國子司業兼脩國史爲文典麗當時罕有其比文集六
十卷傳於代



杜審言雅善五言詩爲洛陽丞坐事貶授吉州司户參軍又與
州寮不叶司馬周季重與員外司户郭若訥共構審言罪狀繫
獄將因事殺之既而季重等於府中酣讌審言子并年十二懷
刃以擊之季重中傷而死并亦爲左右所殺季重臨死曰吾不
知杜審言有孝子郭若訥誤我至此審言因此免官還東都自
爲文祭并後則天召見審言將加擢用問曰卿歡喜否審言
蹈舞謝恩因令作歡喜詩甚見嘉賞終脩文館直學士有文集
十卷
劉允濟爲左史兼直弘文館垂拱四年明堂初成允濟上明堂
賦天后甚嘉歎之手製褒美拜著作郎
宋之問弱冠知名尤善於五言詩當時無出於右爲尚方監丞
左奉宸内供奉則天幸洛南龍門令從官賦詩左史東方虬詩
先成則天以錦袍賜之及之問詩成則天稱其詞愈高奪虬袍
以賞之

閻朝隱文章雖無風雅之體而構甚奇爲時人所賞累遷給事
陳子昂苦節讀書尤善屬文初爲感遇詩三十首京兆司功王
適見而驚曰此子必爲天下文宗後爲武攸宜管記文翰皆委
之有文集十卷友人黄門侍郎盧藏用爲之序
韋承慶爲鳳閣侍郎同鳳閣鸞臺平章事兼脩國史中宗神龍
初坐附推張易之弟昌宗失實配流嶺表時易之等既伏誅承
慶去巾解帶而待罪時欲草赦書衆議以爲無如承慶者乃召
承慶爲之承慶神色不撓援筆而成詞甚典美當時咸歎服之
承慶常以用心多擾躁罕詣沖和之境遂著靈臺賦以
廣其志
盧藏用尚書承慶之族有才藝早知名睿宗朝爲尚書左丞有
集二十卷
沈佺期善屬文尤長五言之作與宋之問齊名時人稱爲沈宋
位至太子詹事有集十卷弟全交及子亦以文詞知名



李適爲工部侍郎時天台道士司馬承禎被徵至京師及還適
贈詩叙其高尚之致其詞甚美當時朝廷之士無不屬和凡百
餘人徐彦伯編而叙之謂之白雲記
許景先爲中書舍人以文翰見稱中書令張説嘗稱曰許舍人
之文雖無峻峯激流嶄絶之勢然屬詞豐美得中和之氣亦一
時之秀
李華爲吏部員外郎頗善屬文與蘭陵蕭穎士友善華進士時
著含元殿賦萬餘言穎士見而賞之曰景福之上靈光之下華
文温麗少宏傑之氣穎士詞鋒俊發華自以所業過之疑其
誣詞乃爲祭古戰場文熏汙之如故物置於佛書之閣華與
穎士因閲佛書得之華謂之曰此文何如穎士曰可矣華曰當
代秉筆者誰及於此穎士曰君稍精思便可及此華愕然華著
論言龜卜可廢通人賞其言又爲魯山令元德秀墓碑顔真卿
書李陽冰篆額後人爭摸寫之號爲四絶碑

蕭穎士登進士第有盛名李林甫採其名欲拔用之乃召見穎士穎士寓居廣陵居母喪即縗麻而詣京師徑謁林甫於政事省林甫素不識遽見縗麻大惡之即令去穎士大忿乃爲伐櫻桃賦以刺

王仲舒嗜學工文爲職方郎中知制誥仲舒文思溫雅制誥所出人皆傳寫

徐安貞尤善五言詩爲中書舍人集賢院學士玄宗屬文作手詔多命安貞視草甚承恩顧累遷中書侍郎

王翰爲并州長史張嘉貞奇其才禮接甚厚翰感之撰樂府詞以叙情有文集十卷

李邕早擅才名尤長碑頌雖貶職在外中朝衣冠及天下寺觀多齎金帛往求其文前後所製凡數百篇受納饋遺亦至鉅萬時議以爲自古鬻文獲財未有如邕者邕歷汲郡二太守典職事[illegible]謚有文集七十卷其張韓公行狀洪州放生池碑批韋巨源謚議文士推重之



王維有俊才尤攻五言詩獨步於當時衆翰之後人皆諷誦位至尚書右丞

杜甫天寶末獻三大禮賦玄宗奇之召試文章授京兆府兵曹參軍甫與李白齊名而白自負文格放達而譏甫齷齪有文集六十卷

能延景爲岐王文學有五色鸚鵡能言育於宮中玄宗令左右試牽御衣鳥輒瞋目叱咤延景因獻鸚鵡篇以贊其事帝以鳥及延景詩示百寮尚書左丞相張說上表賀曰伏見天恩以鸚鵡及能延景所述篇出示朝列臣按南海異物志有時樂鳥鳴皆曰太平天下有道則見臣驗其圖丹首紅臆朱冠綠翼而此鸚鵡充異而心聰性辯護主報恩故非常品凡禽寳瑞經所謂時樂鳥也延景雖叙其事未正其名望編國史以彰聖瑞許之

王昌齡爲文緒微而思清爲汜水縣尉貶[illegible]而卒有集五卷

賈至爲中書舍人祿山之亂從上皇幸蜀時肅宗即位於靈武上皇遣至爲傳位冊文上皇覽之歎曰昔先帝遜位於朕冊文則卿之先父所爲今朕以神器大寶付儲君卿又當演誥累朝盛典出卿父子之手可謂繼美矣

冊府元龜卷第八百四十

冊府元龜卷第八百四十一

總録部九十一

文章第五

唐李揆少聰敏好學善屬文開元末舉進士補陳留尉獻書闕下詔中書試文章擢拜右拾遺改右補闕起居郎並知宗正表奏

高適好學以詩知名濩落不事家產僑居梁宋間薄遊州縣求丐取給天寶中海內無事干進者注意文詞適賦詩以氣質自高時得佳句每詩朝出夕遍人口李林甫奏授汴州封丘尉

元德秀為魯山令秩滿居陸渾山琴觴之余閒以文詠率情而書語無雕刻著季子聽樂論蹇士賦為高人所稱

李泌字長源聰敏好學博涉經史善屬文尤於詩肅宗時為銀青光祿大夫掌樞務

于休烈好學善屬文位至工部尚書有集十卷行於代

李端登進士第工詩代宗大歷中與韓翃錢起盧綸等文詠唱和馳名都下號大曆十才子時郭尚父少子曖尚代宗女昇平公主賢明有才思尤喜詩而端等多在曖之門下每宴集賦詩公主坐視簾中詩之美者賞百縑曖因拜官會十子曰詩先成者賞時端先獻警句云薰香荀令偏憐小傅粉何郎不解愁主即以百縑賞之錢起曰李校書誠有才此篇宿構也願賦韻正之請以起姓為韻端即襞牋而獻曰方塘似鏡草芊芊初月如鉤未上弦新開金埒教調馬舊賜銅山許鑄錢曖曰此愈工也端自校書郎授杭州司馬卒

吳通玄為中書舍人翰林學士詞藻婉麗帝才憐之貞元初李紓為昭德皇后諡冊文張延賞柳渾為廟樂章及進皆不稱旨並詔通玄重撰凡中旨撰述非通玄之筆無不慊然重之如此

劉太真宣州人善為文少時師事詞人蕭穎士位至禮部侍郎

李紓字仲舒少有文學善屬文為吏部侍郎奉詔為興元紀功述及郊廟樂章諸所論著甚衆

李益宰相揆之族子登進士第長於歌詩德宗貞元末與宗人李賀齊名每作一篇必為教坊樂人以賂求取唱為供奉歌詞其征人歌早行篇好事者畫為屏障如迴樂峯前沙似雪受降城外月如霜之句天下以為歌詞位至禮部尚書

盧景亮登第中書舍人上西戎利害疏皆指切正要當時服其才有文集十卷

張弘靖為東都留守從事獻賦美二京之制德宗嘉其文擢授監察御史

崔元翰性介直少交遊唯求一操專業於文章其對策及奏記碑誌師法班固蔡邕致思精密貞元中為職方員外郎知制誥

于邵以博通宏詞昇甲科位至中書侍郎有文集四十卷行於時

武元衡工於五言詩好事者傳之往往被於管絃元衡位至宰相

竇叔向常之父也以工詩稱官至拾遺

柳渾好學有文集十卷位至宰輔渾之兄識篤意文章有盛名於開元天寶間與蕭穎士元德秀劉迅相亞其練理拘撫往往詣極當時作者咸伏其簡拔而趣尚非博渾亦善為文然趨時向功非沉思之即及

韓愈幼孤刻苦學儒不俟獎勵大曆貞元之間文士多尚古學効揚雄董仲舒之述作而獨孤及梁肅最稱淵奧儒林推重愈從其徒遊銳意鑽仰欲自振於一代常以為自魏晉已還為文者多拘偶對而經誥之指歸遷雄之氣格不復振起矣故愈所為文務反近體抒意立言自成一家新語後學之士取為師法當時作者甚衆無以過之故世稱韓文焉然時有才肆意亦有盭孔孟之旨若南人妄以柳宗元為羅池神而愈撰碑以實之李賀父名晉不應進士而愈為賀作諱辯令舉進士又為毛穎傳譏戲不近人情此文章之甚紕繆者愈官至吏部侍郎

[illegible]勝河東人存誠之父也工為排偶賦當時稱之

崔咸長於歌詩或風景晴明花朝月夕朗吟意愜必與僚佐

首趣高奇名流羨艷有文集一十卷
權德輿述作特盛六經百氏游泳漸漬其文雅正而引博王侯將相洎當時名士薨歿以銘紀爲請者什八九文士推爲宗匠爲終禮部尚書有文集五十卷行於代
袁滋字德深嘗讀劉惲悲甘陵賦歎其褒善懲惡雖失春秋之柏然其文不可廢因著甘陵賦後序滋位終湖南觀察使
郄高卿少以詞學見推有文集六十卷位至太子詹事致仕
孟簡幼爲五言詩有名於江淮終太子賓客
元稹聰警絶人年少有才名與太原白居易友善工詩善狀詠風態物色當時言詩者稱元白焉自衣冠士子至閭閻下俚悉傳諷之號爲元和體既以俊爽不容於朝流放荆蠻者僅十年俄而白居易亦貶江州司馬稹量移通州司馬雖通江懸邈而二人來往贈答凡所爲詩句有三十五十韻乃至百韻者江南人士傳道諷誦流聞闕下里巷相傳爲之紙貴觀其流離放逐之意靡不悽惋十四年自虢州長史徵還爲膳部員外郎宰相令狐楚一代文宗雅知稹之詞學謂稹曰嘗覽足下製作所恨不多遲之久矣請出其所有以豁予懷稹因獻其文自叙曰稹初不好文徒以仕無他岐彊由科試及有罪譴棄之後自以爲廢滯潦倒不復爲文字有聞於人矣曾不知好事者抉擿芻蕘塵瀆尊重竊承相公特於廊廟間道稹詩句昨又面奉教約令獻舊文戰汗悚踊慙忝無地稹自御史府謫官於今十餘年矣閑誕無事遂專力於詩章日益月滋有詩句千餘首其間感物寓意可備矇瞽之諷者有之詞直氣麄罪尤是懼固不敢陳露於人唯盃酒光景間屢爲小碎篇章以自吟暢然以爲律體卑庳格力不揚苟無姿態則陷流俗常欲得思深語近韻律調新屬對無差而風情宛然而病未能也江湖間多新進小生不知天下文有宗主妄相放效而又從而失之遂至於支離褊淺之詞皆目爲元和詩體稹與同門生白居易友善居易雅能爲詩就中愛驅駕文字窮極聲韻或爲千言或爲五百言律詩以相投寄小生自審不能過之往往戲排舊韻別創新詞名爲次韻相酬蓋欲以難相挑耳江湖間爲詩者復相倣效力或不足則至於顛倒語言重復首尾韻同意等不異前篇亦自爲元和詩體而司文者考變雅之由往往歸咎於稹嘗以爲雕蟲小事不足以自明始聞相公記憶累句已來實虞糞土之牆庇之以大廈便不復破壞永爲板築者之娛輒寫古體歌詩一百首百韻至兩韻律詩一百首合爲五卷奉啓跪陳或冀搆廈之餘一賜觀覽知小生於章句中欂櫨榱桷之材盡曾量度則十餘年之邅迴不爲無用矣楚深稱賞以爲今代之鮑謝也穆宗皇帝在東宮有妃嬪左右嘗誦稹歌詩以爲樂曲者知稹所爲嘗稱其善宮中呼爲元才子荆南監軍崔潭峻甚禮接稹不以掾吏遇之常徵其詩什諷誦之長慶初潭峻歸朝出稹連昌宮辭等百餘篇奏御穆宗大喜問稹安在對曰今爲南宮散郎即日轉祠部郎中知制誥朝廷以書命不由相府甚鄙之然辭誥所出敻然與古爲侔遂盛傳於代由是極承恩顧稹嘗爲長慶宮辭數十百篇京師競相傳唱所著詩賦詔册銘誄論議等雜文一百卷號曰元氏長慶集又著古今刑政書三百卷號類集並行於代
李紳六歲而孤母盧氏教以經義紳形耿小而精悍能爲歌詩鄉賦之年諷頌多在人口位至宰相
馮定字介夫累遷太子詹事定有文學長慶中源寂使新羅國見其國人傳寫諷念定所爲黑水碑畫鶴記韋休符之使西蕃也見其國人寫定商山記以代屛障其文名馳於戎夷如此
李德裕於東都伊闕南置平泉別墅清流翠篠樹石幽奇初未仕時講學其中及從官藩服出將入相三十年不復重遊而題寄歌詩皆銘之於石今有花木記歌詩篇錄二石存焉有文集二十卷記述舊事則有次柳氏舊聞御臣要略伐叛志獻替錄行於世
李商隱能爲古文不喜偶對嘗爲令狐楚從事慕楚章奏始爲

令射章奏博學彊記下筆不能自休尤善為詠莫之詞累為賓
佐有表狀集四十卷
温庭筠苦心硯席尤長於詩賦初舉進士至京師人士翕然推
重然士行塵雜不修邊幅能逐絃吹之音為側艷之詞公卿家
無賴子弟相與蒱飲由是累年不第後為襄陽巡官失意歸江
東庭筠著述頗多而詩賦韻格清拔文士稱之
司空圖僖宗時為中書舍人未幾以疾辭晚年為文尤事曠達
嘗擬白居易醉吟傳為休休亭記有文集三十卷
曹鄴懿歷閬壁州刺史有詩數百篇吏部侍郎薛廷珪為之序
號鹿門先生集
梁杜荀鶴池州人善為詩詞句切理為時所許既擢第後還舊
山時田頵在宣州甚重之頵將起兵乃陰令以箋詞至太祖遇
之頗厚及頵遇禍太祖以其才表之尋授翰林學士主客員外郎
羅隱有詩名於天下尤長於詠史然多所譏諷以故不中第開
平初太祖以右諫議大夫徵不至魏博節度使羅紹威密表薦
薦乃授給事中終於錢塘有文集十卷行於世
後唐李愚初仕梁為右拾遺崇政殿學士許昌龍驤歷許鄧觀
察判官初在內職磁州舉子張礪依焉末帝貞明中礪自河陽
北歸莊宗版授太原府掾出入崇達之門揄揚愚之節槩及愚
所為文仵凡遇朝廷壽表務非餘等篇北人望風推之愚為文
尚氣格效韓柳諸公之立意
李琪字台秀唐昭宗時李谿父子以文學知名於時琪年十八
袖賦一軸謁谿谿覽賦驚異倒屣迎門因出琪所為鍾桂月等
賦指示諸琪曰子當遠近年文士辭賦皆數句之後未見賦題
吾子入句見題偶屬典麗吁可畏也琪由是益知名自琪為諫
官憲職凡時政有所不便必封章論列文章秀麗覽之者忘
倦琪在內署時所為制詔編為十卷目曰金門集大行於世
竇夢徵少苦心為文隨計之秋文價甚高位終翰林學士尤長



於牋啓編為十卷目曰東堂集行於世
薛廷珪為中書舍人所著鳳閣書詞十卷克家志五卷並行於
世初廷珪父逢著鑿混沌貝珠簾等賦大為時人所稱廷珪所
壯亦著賦數十篇同為一集故目曰克家志
晉李象為刑部員外郎高祖天福末象上二舞賦帝覽而嘉之
命編諸史冊
崔棁少好學博涉經史屬詞頗工流輩罕能及之閑居於滑二
十餘年專以著述為事不遊里巷郡人罕識其面梁貞明中登
進士後為翰林學士
符蒙幼聰惠好學父習為常山偏校常遣與文士共處年十二
遊佛寺見壁畫有孟渡道人因題其腹曰都緣心似水故以鉢
為舟人稍推之由是篤意吟詠經亭榭祠廟之間皆削拂灑染
翰題詩而去人愛其速成往往傳誦弱年漁獵子史不便經書為
文浮靡麗纖之言好為宮體艷詩及嘲謔之語位終禮部侍郎
周張沆詠覽文史好繼采纖事公家應用時出一聯以炫奇蓋
位終刑部尚書
王延少學為儒著詞賦欲從科舉會鄉里亂客浮陽屬滄帥戴
思遠棄鎮歸梁延挈族從之以家人貧遊平侯門嘗以所為賦
謁侍郎李琪琪覽而欣然曰此道近難其人王生昇我堂矣由
是人士稱之延為太子少傅致仕
馬裔孫字慶先初仕後唐為宰相以晉祖受命放歸後以賓客
致仕又為太子詹事晉漢公卿以裔孫好為文章皆忻然待之
太祖即位就加檢校禮部尚書
馮道初仕後唐為相百寮上明宗徽號凡三章道自為之其文
渾然非流俗之體舉朝服焉道尤長於篇詠秉筆則成每成篇
舍古道必為遠近傳寫故人漸畏其高深由是班行肅然无浙
醨之態
王仁裕有詩千餘首勒成一百卷目之曰西江集蓋以嘗夢吞

西江文石遂以爲名焉位至太子少保

賈緯有文集三十卷目之爲草堂集終青州行軍司馬

扈載少好學善屬文賦頌碑贊尤其所長廣順初登計於貢部

文價爲一時之最是歲昇高等位至翰林學士

冊府元龜卷第八百四十二

總録部九十三

知人

書曰知人則哲惟帝其難之傳云舉爾所知蓋夫士之抱道秉哲訥言敏行純粹中積而[illegible]耀沉潛不耦而去卑盛德若愚懷寶自若亦有服讒蒐慝深中厚貌順非而澤象恭滔天自非精識邁倫風鑒絕出孰能洞分之哉此其爲歎能哲而惠汝勸堯何憂之言三代而下斯不乏其人矣若夫審器知量以識其遠大察辭觀行以辨其淑慝舉才任職以彰其能否率是三者而濟之以道亦人焉廋哉

顏回魯人孔子弟子也孔子曰回也如愚[illegible]孔子之言默而識之如愚退而省其私亦足以發回也不愚察其退還與二三子說釋道義發明大體知其不愚用之則行捨之則藏唯我與爾有是夫言可行則行可止則止唯我與顏淵同也察舉曰用已而後行不仕[illegible]孔子窮於陳蔡之間藜羹不斟七日不嘗粒晝寢顏回索米得而來爨之幾熟孔子望見顏回攫其甑中而飯之選間食熟謁孔子而進食孔子起曰今者夢見先君食潔欲饋回曰不可嚮者炱煤甑中回以爲棄之不祥因攫而食之孔子嘆曰人所信者目也而目猶不可信所恃者心也而心猶不足恃弟子記之知人不易

宓不齊字子賤魯人爲單父令孔子謂子賤君子哉若人魯無君子者斯焉取斯若人若此人也如魯無君子子賤安得此行而學行之

冉雍字仲弓魯人仲弓父賤人孔子曰犁牛之子騂且角雖欲勿用山川其舍諸犁雜文騂赤也角周正中犧牲雖欲以其所生犁而不用山川寧肯舍之乎言父雖不善不害於子之美

子路孔子弟子爲衛大夫嘗侍於孔子行行如也子曰由也不得其死及聞衛亂曰嗟乎由死矣而果死

管仲字夷吾齊大夫也少時常與鮑叔牙游鮑叔知其賢管仲貧困常欺鮑叔鮑叔終善遇之不以爲言已而鮑叔事公子小白管仲事公子糾及小白立爲桓公而公子糾死管仲囚焉鮑叔遂進管仲於桓公管仲既用任政於齊齊桓公以霸九合諸侯一匡天下管仲之謀也管仲曰吾始困時嘗與鮑叔賈分財利多自與鮑叔不以我爲貪知我貧也吾嘗爲鮑叔謀事而更窮困鮑叔不以我爲愚知時有利不利也吾嘗三仕三見逐於君鮑叔不以我爲不肖知我不遭時也吾嘗三戰三走鮑叔不以我爲怯知我有老母也公子糾敗召忽死之吾幽囚受辱鮑叔不以我爲無恥知我不羞小節而恥功名不顯於天下也生我者父母知我者鮑子也鮑叔既進管仲以身下之子孫世祿於齊有封邑者十餘世常爲名大夫天下不多管仲之賢而多鮑叔能知人也又管仲病桓公問曰羣臣誰可相者管仲曰知臣莫如君公曰易牙何如對曰殺子以適君非人情不可公曰開方何如對曰倍親以適君非人情難近管子曰衛公子開方去其千乘[illegible][illegible]公曰豎刁如何對曰自宮以適君非人情難親管仲死而桓公不用管仲言卒近用三子三子專權管子云管仲有病桓公往問之曰仲父之病病矣若不[illegible][illegible]亦詔寡人管仲對曰微君之命臣也臣故且謁之雖然君猶不能行也公曰仲父令寡人東寡人東令寡人西寡人西仲父之命於寡人寡人敢不從乎管仲攝衣起對曰臣願君之遠易牙豎刁堂巫公子開方夫易牙以調和事公公曰惟蒸嬰兒之未嘗於是蒸其首子而獻之公人之情非不愛其子也於子之不愛將何有於公公喜宮而妒豎刁自刑而爲公治內人之情非不愛其身也於身之不愛將何有於公公子開方事公十五年不歸視其親愛齊衛之間不容數日之行臣聞之務爲不久蓋虛不長其生不長者其死必不終桓公曰善管仲死已葬公憎四子者廢之官逐堂巫而苛病起逐易牙而味不至逐豎刁而宮中亂逐公子開方而朝不治桓公曰嗟聖人固有悖乎乃復四子者處期年四子作難圍公一室不得出有一婦人從竇而入得至公所公曰吾飢而欲食渴而欲飲不可得其故何也婦人對曰易牙豎刁堂巫公子開方四人分齊國塗十日不通矣公子開方以書社七百下衛矣食將不可得矣公曰嗟茲乎聖人之言長乎哉死者無知則已若有知吾何面目以見仲父于地下

公孫固爲宋司馬晉公子重耳文公過宋固善於襄公曰晉公子亡長幼矣而好善不厭父事狐偃師事趙衰長事賈佗狐偃其舅也而惠以有謀趙衰其先君之戎御趙夙之弟也而文以忠貞賈佗公族也而多識以恭敬此三人者實左右之公子居

則下之動則咨焉君其圖之襄公從之贈以馬二十乘

叔向晉大夫欒盈出奔楚范宣子殺箕遺黄淵嘉父司空靖邴豫董叔邴師申書羊舌虎叔羆（十子皆盈之黨羊舌虎叔向弟）囚伯華叔向籍偃人謂叔向曰子離於罪其爲不知乎（譏其受囚而不能去）叔向曰與其死亡若何（言雖囚若於死亡）詩曰優哉游哉聊以卒歲知也（詩小雅言君子優游於衰世所以避害卒其壽是亦以知也）樂王鮒見叔向曰吾爲子請叔向弗應出不拜（樂王鮒晉大夫樂桓子）其人皆咎叔向叔向曰必祁大夫（祁大夫祁奚也食邑於祁因以爲氏今祁縣屬太原）室老聞之曰樂王鮒言於君無不行（其言皆得行）求赦吾子吾子不許（謂不應也）祁大夫所不能也（不能動君）而曰必由之何也叔向曰樂王鮒從君者也何能行祁大夫外舉不棄讎內舉不失親其獨遺我乎詩曰有覺德行四國順之（詩大雅言德行直則天下順之）夫子覺者也（覺較然正直）晉侯問叔向之罪於樂王鮒對曰不棄其親其有焉（言必與叔虎同謀）於是祁奚老矣（老去公族大夫）聞之乘馹而見宣子曰詩曰惠我無疆子孫保之（詩周頌言文武有惠訓之德加於百姓子孫保之）書曰聖有謨勳明徵定保（[illegible]）夫謀而鮮過惠訓不倦者叔向有焉（[illegible]）社稷之固也猶將十世宥之以勸能者今壹不免其身（弟坐）以棄社稷不亦惑乎鯀殛而禹興（言不以父罪廢其子）伊尹放太甲而相之卒無怨色（太甲湯孫也荒淫失度伊尹放之桐宮三年改悔而復之而無恨心言不以一怨妨大德）管蔡爲戮周公右王（言兄弟罪不相及）若之何其以虎也棄社稷子爲善誰敢不勉多殺何爲宣子說與之乘以言諸公而免之（共載入見公）不見叔向而歸（言爲國非私叔向也）叔向亦不告免焉而朝（[illegible]）

又叔向適鄭鬷蔑惡（[illegible]）欲觀叔向從使之收器者（[illegible]俎豆者）而使立於堂下一言而善叔向將飲酒聞之曰必鬷明也（素聞其賢聞其善言而知之）下執其手以上曰昔賈大夫惡（賈國之大夫[illegible]）娶妻而美三年不言不笑御以如皋（爲妻御之皋澤）射雉獲之其妻始笑而言賈大夫曰才之不可以已我不能射女遂不言不笑夫今子少不颺（颺顏貌不揚）子若無言吾幾失子矣



趙文子晉大夫初齊烏餘以廩丘奔晉（烏餘齊大夫廩丘今東郡廩丘縣）襲衛羊角取之（今羊角城廩丘縣所治是）遂襲我高魚（高魚城在廩丘縣東北）有大雨自其竇入（[illegible]）介于其庫（入高魚庫介甲）以登其城克而取之又取邑于宋於是范宣子卒（[illegible]）諸侯弗能治也及趙文子爲政乃卒治之文子言於晉侯曰晉爲盟主諸侯或相侵也則討而使歸其地今烏餘之邑皆討類也（言於此宜見討）而貪之是無以爲盟主也請歸之公曰諾孰可使也對曰胥梁帶能無用師晉侯使往（胥梁帶晉大夫能無用師言有權謀）胥梁帶使諸喪邑者具車徒以受地必周（諸喪邑者魯宋衛也周密也[illegible]）使烏餘具車徒以受封（詐許以地來封之）烏餘以其衆出（出受封也）使諸侯僞效烏餘之封者（效致也使齊魯若致邑封烏餘）而遂執之盡獲之（皆獲其徒衆）皆取其邑而歸諸侯是以睦於晉

韓宣子晉大夫也聘魯遂如齊納幣（爲平公聘少姜）見子雅子雅召子旗（子雅之子）使見宣子宣子曰非保家之主也不臣（志氣[illegible]）見子尾子尾見彊（彊子尾之子）宣子謂之如子旗（亦不臣）大夫多笑之唯晏子信之曰夫子君子也（[illegible]）君子有信其有以知之矣（[illegible]）

孟僖子魯大夫病且死誡其嗣懿子曰孔丘聖人之後（聖人殷湯）滅於宋（孔子六世祖孔父嘉爲宋督所殺其子奔魯也）其祖弗父何始有宋而嗣厲公（弗父何孔父嘉之高祖宋愍公之長子厲公之兄也何適嗣當立以讓厲公）及正考父佐戴武宣公（正考父弗父何之曾孫三君皆宋君）三命茲益恭故其鼎銘云（考父廟之鼎）一命而僂再命而傴三命而俯（俯恭於傴傴恭於僂）循牆而走（言不敢安行）亦莫敢餘侮（其恭如是人亦不敢侮）饘於是鬻於是以餬餘口（於是鼎中爲饘鬻饘鬻言至儉也）其恭如是吾聞聖人之後雖不當世必有達者（[illegible]）今孔丘年少（時年十七）好禮其達者歟吾即沒若必師之及釐子卒懿子與魯人南宮敬往學禮焉

吳公子札聘于魯見叔孫穆子說之謂穆子曰子其不得死乎好善而不能擇人吾聞君子務在擇人吾子爲魯宗卿而任其大政不慎所舉何以堪之禍必及子聘于齊說晏平仲謂之曰子速納邑與政無邑無政乃免於難齊國之政將有所歸未獲

[illegible]歸難未歇也故晏子因陳桓子以納政與邑是以免於欒高之難[illegible]於鄭見子產如舊相識與之縞帶子產獻紵衣焉[illegible]謂子產曰鄭之執政侈難將至矣政必及子子為政慎之以禮不然鄭國將敗[illegible]適衛說蘧瑗[illegible]史狗[illegible]史鰌[illegible]公子荊公叔發[illegible]公子朝曰衛多君子未有患也適晉說趙文子韓宣子魏獻子曰晉國其萃於三族乎[illegible]說叔向將行謂叔向曰吾子勉之君侈而多良大夫皆富政將在家[illegible]吾子好直必思自免於難

子濯孺子鄭大夫也鄭人使子濯孺子侵衛衛使庾公之斯追之子濯孺子曰今日我疾作不可以執弓吾死矣[illegible]問其僕曰追我者誰也其僕曰庾公之斯也曰吾生矣[illegible]其僕曰庾公之斯衛之善射者也夫子曰吾生何謂也曰庾公之斯學射於尹公之他尹公之他學射於我夫尹公之他端人也其取友必端矣[illegible]庾公之斯至曰夫子何為不執弓曰今日我疾作不可以執弓曰小人學射於尹公之他尹公之他學射於夫子我不忍以夫子之道反害於夫子雖然今日之事君事也我不敢廢抽矢叩輪去其金發乘矢而後反

晏嬰字平仲齊大夫之晉見披裘負芻息於塗者以為君子也使人問焉曰曷為而至此對曰齊人累之吾名曰越石甫晏子曰嘻遽解左驂以贖之載而與歸至舍不辭而入越石甫怒而請絕晏子使人應之曰嬰未嘗得交也今免子於患吾於子猶未可邪越石甫曰吾聞君子詘乎不知己而信乎知己者吾是以請絕也晏子乃出見之曰向也見客之容而今見客之意嬰聞察實者不留聲觀行者不譏辭嬰可以辭而無棄乎越石甫曰夫子禮之敢不敬從晏子遂以為上客俗人有功則德德則驕晏子功免人於阨而反詘下之其去俗亦遠矣此全功之道也

府八百四十二　五

趙簡子[illegible]大夫使尹鐸為晉陽請曰以為繭絲乎抑為保鄣乎簡子曰保鄣哉尹鐸損其戶數簡子誡襄子曰晉國有難而無以尹鐸為少無以晉陽為遠必以為歸

孫叔敖為楚相[illegible]優孟[illegible]及病且死屬其子曰我死汝必貧困若往見優孟言我孫叔敖之子也居數年其子窮困負薪逢優孟與言曰我孫叔敖子也父且死時屬我貧困往見優孟曰若無遠有所之即為孫叔敖衣冠抵掌談語[illegible]歲餘像孫叔敖楚王及左右不能別也莊王置酒優孟前為壽莊王大驚以為孫叔敖復生也欲以為相優孟曰請歸與婦計之三日而為相莊王許之三日後優孟復來王曰婦言謂何孟曰婦言慎無為楚相不足為也如孫叔敖之為楚相盡忠為廉以治楚楚王得以霸今死其子無立錐之地貧困負薪以自飲食必如孫叔敖不如自殺因歌曰山居耕田苦難以得食起而為吏身貪鄙者餘財不顧恥辱身死家室富又恐受賕枉法為姦觸大罪身死而家滅貪吏安可為也念為廉吏奉法守職竟死不敢為非廉吏安可為也楚相孫叔敖持廉至死方今妻子窮困負薪而食不足為也於是莊王謝優孟乃召孫叔敖子封之寢丘[illegible]四百戶以奉其祀後十世不絕

漢王陵初從高祖起沛中時張蒼為秦御史有罪亡歸及沛公略地過陽武蒼以客從攻南陽蒼有罪當斬解衣伏質身長大肥白如瓠時陵見而怪其美士乃言沛公赦勿斬後為漢相

滕公初從高祖平關中時韓信歸漢坐法當斬其疇十三人皆已斬至信信乃仰視適見滕公曰上不欲就天下乎而斬壯士滕公奇其言壯其貌釋弗斬與語大說之言於漢王漢王以為治粟都尉

趙禹為少府時詔擇衛將軍舍人以為郎將軍取舍人中富給者令具鞍馬絳衣玉具劍欲入奏之會禹來過衛將軍將軍呼所舉舍人以示禹禹以次問之十餘人無一人習事有智略者

府八百四十二　六

禹曰吾聞之將門之下必有將類傳曰不知其君視其所使不知其子視其所友今有詔舉將軍舍人者欲以觀將軍而能得賢者文武之士也今徒取富人子上之又無智略如木偶人衣之綺繡耳將奈之何於是趙禹悉召衛將軍舍人百餘人以次問之得田仁任安曰獨此兩人可耳餘無可用者衛將軍見此兩人貧意不平趙禹去謂兩人曰各自具鞍馬新絳衣兩人對曰家貧無用具也將軍怒曰今兩君家自爲貧何爲出此言鞅鞅如有移德於我者何也（移猶施也）將軍不得已上籍以聞有詔召見衛將軍舍人此二人前見詔問能略相推第也田仁對曰提桴鼓立軍門使士大夫樂死戰鬬仁不及任安任安對曰夫決嫌疑定是非辯治官使百姓無怨心安不及仁也武帝大笑曰善使任安護北軍使田仁護邊田穀於河上此兩人立名天下

袁盎爲吳相病免雒陽劇孟嘗過盎盎善待之安陵富人有謂盎曰吾聞劇孟博徒（博蕩之徒）將軍何自通之盎曰劇孟雖博徒然母死客送葬車千餘乘此亦有過人者且緩急人所有（凡人在生不能無緩急之事）一旦叩門不以親爲解（凡人之於難有父母爲辭赴難濟厄多以君若今分爾也）不以在亡爲辭（或言在家或云不在而孟不蒙行之辭）天下所望者獨季心劇孟（季心季布弟也）今公陽從數騎（陽分也）一旦有緩急寧足恃乎遂罵富人弗與通諸公聞之皆多盎

于定國爲廷尉時尹翁歸拜東海太守過辭定國定國家在東海欲屬託邑子兩人令坐後堂待見定國與翁歸語終日不敢見其邑子既去定國乃謂邑子曰此賢將汝不任事也不可干以私

張禹經學精習有師法成就弟子尤著者淮陽彭宣至大司空沛郡戴崇至少府宣爲人恭儉有法度而崇愷弟多智二人異行禹心親愛崇敬宣而疏之崇每候禹常責師宜置酒設樂與弟子相娛禹將崇入後堂飲食婦女相對優人筦弦鏗鏘極樂昏夜乃罷而宣之來也禹見之於便坐講論經義日晏賜食不過一肉卮酒相對宣未嘗得至後堂及兩人聞知各自得也禹



位至特進說

焦延壽字贛善易爲小黄令京房事贛贛常曰得我道以亡身者京生也後坐言災異棄市

張勃嗣富平侯爲散騎諫大夫元帝初即位詔列侯舉茂材勃舉太官獻丞陳湯湯有罪勃坐削户二百會薨故賜謚曰繆侯後湯立功西域世以勃爲知人

楊雄字子雲李彊素善雄久之彊爲益州牧喜謂雄曰吾真得嚴君平矣雄曰君備禮以待之彼人可見而不可得詘也彊心以爲不然及至蜀致禮與相見卒不敢言以爲從事乃歎曰楊子雲誠知人雄官至侍郎

嚴尤爲王莽納言將軍光武微時爲舂陵侯家訟逋租於嚴尤尤見而奇之（舂陵侯敞即光武季父也東觀記曰光武爲季父舂陵侯訴大司馬嚴尤地皇元年十二月壬寅前租二萬六千斛芻藁錢若干萬時宛人朱福亦爲舅訟租於尤尤止車獨與光武語不視福光武歸戲福曰嚴公寧視卿耶）及漢兵起嚴尤攻城中出降者言光武不取財物但會兵計策尤笑曰是美須眉者邪何乃如是

後漢安成侯賜初與更始俱到洛陽欲令親近大將徇河北未知所使賜言諸家子獨有文叔可用大司馬朱鮪等以爲不可更始狐疑賜深勸之乃拜光武行大司馬持節過河

李生舞陰人賈復少好學習尚書事李生李生奇之謂門人曰賈君之容貌志氣如此而勤於學將相之器也

虞延爲南陽太守永平初有新野功曹鄧衍以外戚小侯每豫朝會而容姿趨步有出於衆明帝目之顧左右曰朕之儀貌豈若此人特賜輿馬衣服延以衍雖有容儀而無實行未嘗加禮帝既異之乃詔衍令自稱南陽功曹詣闕（謝承書曰帝賜衍輿馬衣服知衍乃鑲二万南陽計吏帶具以延延知衍華不副實行不稱察舉三年不用於是帝乃自勸衍稱南陽功曹詣闕）既到拜郎中遷玄武司馬衍在職不服父喪帝聞之乃歎曰知人則哲惟帝難之信哉斯言衍慙而退由是以延爲明

第五倫爲宕渠令顯拔鄉佐玄賀後爲九江沛二郡守以清絜

（第九葉 第十葉原闕）

陵求辟門徒廣謝不受陵後以阿附宦官致位太尉為節者所羞又舉班詣太學胄與王暢稱其有幹國器胄後為司隸校尉

度尚除上虞長進善愛人坐以待旦擢門下書佐朱儁常嘆述之以為有不凡之操儁後官至車騎將軍遠近咸尚有知人之鑒

吳祐字季英郡舉孝廉將行郡中為祖道祐越壇共小史雍丘黃真歡語移時與結友而別功曹以祐倨請黜之太守曰吳季英有知人之明卿且勿言真後亦舉孝廉除新蔡長世稱其清節祐官至河間相

仲長統山陽高平人年二十餘游學青徐并冀之間與交者多異之并州刺史高幹袁紹甥也素貴有名招致四方游士多歸焉統過幹幹善待遇之訪以世事統謂幹曰君有雄志而無雄才好士而不能擇人所以為君深戒也幹雅自多不納統言統去之無幾而幹敗并冀之士以是識統後尚書令荀彧舉為尚書郎又參丞相曹操軍事



符[illegible]宗始入京師時人莫之識融一見嗟服因以介於李膺由是知名時漢中晉文經梁國黃子艾並恃其才智炫曜上京臥託養疾無所通接洛中士大夫好事者承其聲名坐門問疾猶不得見三公所辟召者輒以詢訪之隨所臧否以為與奪融察其非真乃到太學并見李膺曰二子行業無聞以豪桀自置遂使公卿問疾王臣坐門融恐其小道破義空譽違實特宜察焉膺然之二人自是名論漸衰賓徒稍省旬日之間慚歎逃去後果為輕薄子並以罪廢棄融益以知名優游不仕以至于終

鄭玄門人樂安國淵任嘏年並童幼玄稱淵為國器嘏有道德其餘亦多所鑒拔皆如其言國淵字子尼少師事鄭玄淵始未知名玄稱之曰國子尼美才也吾觀其人必為國器後為大司農

李瓚位至東平相初曹操微時瓚異其才將役謂子宣等曰時將亂矣天下英雄無過曹操張孟卓與吾善袁本初汝外親雖爾勿依必歸曹氏諸子從之並免於亂世

甘公丹陽縣人嘗為蒼梧太守陶謙少孤始以不羈聞於縣中年十四猶綴帛為幡乘竹馬而戲邑中兒童皆隨之甘公出遇之塗見其容貌異而呼之與語甚悅許妻以女夫人怒曰陶家兒遨戲無度何以女許之甘公曰彼有奇表長必大成遂以妻之

許劭字子將汝南平輿人也嘗為郡功曹劭少峻名節好人倫多所賞識若樊子昭和陽士者並顯名於世故天下言拔士者咸稱許郭郭林宗劉曄少有孝行避地揚州劭稱曄有佐世之才後為魏名臣又曹公微時常卑辭厚禮求為己目劭鄙其人而不肯對公乃伺隙脅劭劭不得已曰君清平之姦賊亂世之英雄公大悅而去又云太祖嘗問許子將我何如人子將不答固問之子將曰子治世之能臣亂世之姦雄太祖大笑



蔡邕字伯喈為左中郎將獻帝西遷王粲徙長安邕見而奇之時邕才學顯著貴重朝廷常車騎填巷賓客盈坐聞粲在門倒屣迎之粲至年既幼弱容狀短小一坐盡驚邕曰此王公孫也有異才吾不如也吾家書籍文章盡當與之邕初從胡方遷嘗避怨於吳顧雍從學琴書雍專一清靜敏而易教伯喈貴異之謂曰卿必成致今以吾名與卿故雍與伯喈同名

孔融字文舉為北海相韋康字元將與弟仲將俱見融融與康父端書曰前日元將來淵才亮茂雅度弘毅偉世之器也昨日仲將又來懿性貞實文敏篤誠保家之主也不意雙珠近出老蚌甚珍貴之又召王脩為主簿舉孝廉以天下亂不行頃之郡中有反者脩聞融有難夜往奔融賊初發融謂左右曰能冒難來唯王脩耳言終而脩至復署功曹融嘗謂功曹孔邵廓廟才也邵後從劉繇於江東及吳大帝統事數陳便宜以為應納貢聘大帝即從之拜廬江太守遷車騎長史黃武初為丞相威遠將軍封陽羨侯

橋玄梁國人為太尉初魏太祖少任俠放蕩世人未之奇也唯

玄既葬陽何顒異焉玄謂太祖曰天下將亂非命世之才不能濟也能安之者其在君乎操常感其知己後經玄墓輒悽愴致祭自爲其文又太尉橋玄世名知人睹太祖而異之曰吾見天下名士多矣未有若君者也君善自持吾老矣願以妻子爲託由是聲名益重

何顒南陽襄鄉人辟司空府初見魏太祖歎曰漢家將亡安天下者必此人也顒常稱潁川荀彧王佐之器及彧爲尚書令遣人西迎叔父喪并致顒屍而葬之於彧之冢傍

袁寵爲尚書皇后弟侍中竇憲爲真定令張林爲尚書帝以問寵寵對林雖有才能而素行貪濁憲以此深恨寵林卒被用而以臧汙抵罪

魏荀彧所舉者命世大才邦邑則荀攸鍾繇陳羣及引致當世知名郗慮華歆王朗荀悅杜襲辛毗趙儼之儔終爲卿相以十數人取士不以一揆戲志才郭嘉等有負俗之譏杜畿簡傲少文皆以智策舉之終各顯職[illegible]



彧言攸謀又言策謀士初進志才志才卒又進嘉曹公以爲知人或爲侍中光祿大夫持節參丞相軍事

劉元起涿郡人蜀先主年十五母使行學與元起子德然遼西公孫瓚俱事故九江太守同郡盧植元起常資給先主與德然等元起妻曰各自一家何能常爾邪起曰吾宗中有此兒非常人也元起出蜀志不見官位

張世平中山大商世蜀先主居涿時世平與蘇雙等貲累千金販馬周旋於涿郡見而異之乃多與金財先主由是得合徒衆世平出蜀志不見官位

衛茲陳留人臻之父也茲有大節不應三公之辟太祖之初至陳留茲曰平天下者必此人也太祖亦異之數詣茲議大事從討董卓戰于滎陽而卒太祖每涉郡境輒遣使祠焉衛茲出魏志衛臻傳

王朗漢末爲會稽太守爲孫策所執後太祖徵之既至太祖問曰孫策何以得至此邪朗曰策勇冠一世有儁才大志張子布

民之望也北面而相之周公瑾江淮之傑攘臂而爲其將謀而有成所規不細終爲天下大賊非徒狗盜而已

王儁字子文汝南人少爲范滂許章所識與南陽岑晊善曹公之爲布衣特愛儁儁亦稱曹公有治世之具及袁紹與弟術喪母歸葬汝南儁與曹公會之會者三萬人曹公於外密語儁曰天下將亂爲亂魁者必此二人也欲濟天下爲百姓請命不先誅此二子亂今作矣儁曰如卿之言濟天下者舍卿復誰相對而笑劉表見紹彊陰與紹通儁謂表曰曹公天下之雄也必能興霸道繼桓文之功者也今乃釋近而就遠如有一朝之急遙望漢北之救不亦難乎表不從

賈詡爲太尉初帝見劉表以客禮待之詡謂人曰表平世三公才也不見事變多疑無決無能爲也

劉琬漢末爲使者使孫策加錫命時吳大帝舉孝廉琬語人曰吾觀孫氏兄弟雖各才秀明達然皆祿祚不終惟中弟孝廉形



貌奇偉骨體不恆有大貴之表年又最壽爾試識之

裴潛初爲太祖參軍事太祖問潛曰卿與劉備俱在荊州卿以備才略何如潛曰使居中國能亂人而不能爲治也若乘閒守險足以爲一方主

楊俊字季才有[illegible]鑒仕爲南陽太守漢末晉宣帝年十六七與俊相遇俊曰此非常之人也又司馬朗早有聲名其族兄芝衆未之知惟俊言曰芝雖風不及朗實理但有優耳俊自少及長以人倫自任同郡審固陳留衛恂本皆出自兵伍俊資拔獎致咸作佳士後固歷位郡守恂御史縣令其明鑒行義多此類也

崔林字德儒清河東武城人也有清識於同郡王經於民伍之中卒爲名士以此稱之後爲司空薨

傅巽字公悌文帝時爲侍中巽瓌偉博達有知人鑒巽在荊州目龐統爲半英雄謂裴潛終以清行顯統遂附劉備見待次於諸葛亮潛位至尚書令並有名德及在魏朝魏諷以才智聞巽

謂之必反卒如其言

殷為郡功曹時張既為兒童殷察而異之引既過家既敬諾殷先歸勑家具設賓饌及既至殷妻笑曰君其悖乎張德容童昏小兒何異客哉殷曰卿勿怪乃方伯之器也殷遂與既論霸王之術饗訖以子楚託之既謙不受殷固託之既以殷邦之宿望難違其旨乃許之後楚為蒲阪令太祖定關中時漢興郡缺太祖以問既既稱楚才兼文武遂以為漢興太守後轉隴西

夏侯玄世名知人為中護軍拔用武官參戟牙門無非俊傑多牧州典郡立法垂教于今皆為後式

司馬德操潁川人也劉廙年十歲戲於講堂上德操拊其頭曰孺子孺子黃中通理寧自知不廙文帝即王位為侍中賜爵關內侯

陳羣辟太祖司空西曹掾屬時有薦樂安王模下邳周逵者太祖辟之羣封還教以為模逵穢德終必敗太祖不聽後模逵皆



坐姦宄誅太祖以謝羣羣薦廣陵陳矯丹陽戴乾太祖皆用之後吳人叛乾忠義死難矯遂為名臣世以羣為知人

劉曄為侍中時魏諷有重名自御相已下皆傾心交之其後孟達去劉備歸文帝論者多稱有樂毅之量曄一見諷達而皆云此二人必反卒如其言達有容止才觀文帝甚器愛之使達為新城太守加散騎常侍曄曰達有苟得之心而恃才好術必不能感恩懷義新城與吳蜀接連若有變態為國生患文帝竟不易後達終於叛敗

張既為雍涼二州刺史十餘年其所禮辟扶風龐延天水楊阜安定胡遵酒泉龐淯燉煌張恭周生烈等終皆有名位

荀攸字公達鄭袤高祖衆為漢大司農父泰楊州刺史有高名袤少孤早有識鑒攸見之曰鄭公業為不亡矣公業泰字也攸終於尚書令

傅嘏為黃門侍郎時曹爽秉政何晏為吏部尚書嘏謂爽弟羲曰何平叔外靜而內銛巧好利不念務本吾恐必先惑子兄弟仁人將遠而朝政廢矣晏等遂與嘏不平因微事以免嘏官起家兵滎陽太守不行太傅司馬宣王請為從事中郎曹爽誅為河南尹李豐與嘏同州少有顯名早歷大官內外稱之嘏又不善也謂同志曰豐飾偽而多疑矜小失而昧於權利若處庸庸者可也自任機事遭明者必死豐後為中書令與夏侯玄俱禍卒如嘏言先是何晏以材辯顯於貴戚之間鄧颺好變通合徒黨鬻聲名於閭閻而夏侯玄以貴臣子少有重名為之宗主求交於嘏而不納也嘏友人荀粲有清識遠心然猶怪之謂嘏曰夏侯泰初一時之傑虛心交子合則好成不合則怨至二賢不睦非國之利此藺相如所以下廉頗也嘏答之曰泰初志大其量能合虛聲而無實才何平叔言遠而情近好辯而無誠所謂利口覆邦國之人也鄧玄茂有為而無終外要名利內無關鑰貴同惡異多言而妬前多言多釁妬前無親以吾觀此三人者皆敗德也遠之猶恐禍及況暱之乎故為尚書僕射時司馬文王輔政鍾會為黃門侍郎會嘗有問



矜色嘏戒之曰子志大其量而勳業難為也可不慎哉後果作亂被誅

何禎明帝時為祕書丞時譙人胡康年十五以異才見送又陳損益求試劇縣詔特引見衆論翕然號為神童詔付祕書使博覽典籍帝以問禎康才何如禎答曰康雖有才性質不端必有負敗後果以過見譴

夏侯霸為討蜀護軍右將軍後降蜀姜維問之曰司馬懿既得彼政當復有征伐之志不霸曰彼方營立家門未遑外事有鍾士季鍾會者其人雖少終為吳蜀之憂然非常之人亦不能用也後十五年而會果滅蜀

司馬朗為兗州刺史朗雅好人倫鄉人李覿等盛得名譽朗常顯貶下之後覿等敗時人服焉

崔琰為中尉琰初與司馬朗善晉宣王方壯琰謂朗曰子之弟聰哲明允剛斷英特殆非子之所及也

王脩為奉常脩初識高柔於弱冠異王基於童幼終皆遠至世

稱其知人

郭玄陽翟人被刑在家鄧艾少為襄城典農部民與石苞皆年十二三玄從典農司馬求入御以艾苞與御行十餘里與語悅之謂二人皆當遠至爲佐相艾后為典農功曹奉使詣宣王由此見知遂被拔擢苞亦貴顯稱賢[illegible]出魏志

杜畿為尚書僕射畿初與太僕李恢東安太守郭智有好恢子豐交結英俊以才智顯於天下智子沖有內實而无外觀州里弗稱也一人各修子孫礼見畿既退畿歎曰孝懿无子非徒无子殆將无家君謀為不死也其子足繼其業時人皆以畿為誤恢死后豐為中書令父子兄弟皆誅沖為代郡太守卒繼父業世乃服畿知人魏略曰[illegible]

蜀司馬徽潁川人有知人之鑒龐統少時樸鈍未有識者統弱冠往見徽徽採桑於樹上坐統在樹下共語自晝至夜徽甚異之稱統當為南州士之冠冕由是漸顯[illegible]出蜀志

譙周字允南陳壽為觀閣令史宦人黃皓專弄威權壽獨不為之屈由是屢被譴黜遭父喪有疾使婢丸藥客往見之鄉黨以為貶議蜀平坐是沈廢者累年后為御史治書以母憂去職母遺言令葬洛陽壽遵其志又坐不以母歸葬竟被貶議初周常謂壽曰卿必以才學成名當被損折亦非不幸也宜深慎之壽至再致廢辱皆如周言周入魏時晉文王為相国以周有全国之功封陽城侯

楊戲為射聲校尉戲往譙周未常以甘言加人時人謂譙周亦當世才少歸敬者戲重之常稱曰吾等后世終自不如此長兒也有識以此貴戲

王連為司鹽校尉於是簡取良才以為官屬若呂乂杜祺劉幹等終皆至大官自連所拔也

吳虞翻字仲翔初山陰丁覽太末徐陵或在縣吏之中或眾所未識翻一見之便與友善終成顯名翻嘗為騎都尉



陸遜為太子太傅遜名知人初暨豔造營府之論遜諫戒之以為必禍又謂諸葛恪曰在我前者吾必奉之同升在我下者則扶持之今觀君氣陵其上意蔑乎下非安德之基也及廣陵楊竺少獲聲名而遜謂之終敗勸竺兄穆令與別族後豔恪竺皆坐誅其先見如此

胡綜為侍中時青州人隱蕃歸吳上書曰臣聞紂為无道微子先出高祖寬明陳平先入臣年二十二委棄封城歸命有道賴蒙天靈得自全致臣至止有日而主者同之降人未見精別使臣微言妙旨不得上達於邑三歎曷惟其已謹詣闕拜章乞蒙引見大帝即召入蕃謝答及陳時務甚有辭觀綜時侍坐帝問如何對曰蕃上書大語有似東方朔巧捷詭辯有似禰衡而才皆不及大帝又問可堪何官綜對曰未可以治民且試以都輦小職大帝以蕃盛論刑獄用為廷尉監左將軍朱據廷尉郝普稱蕃有王佐之才普尤與之親善常怨歎其屈后蕃謀叛事覺伏誅普見責自殺據禁止歷時乃解拜綜偏將軍蕃以口辯為豪桀所善潘濬子翥亦與周旋饋餉之濬聞大怒疏責翥曰吾受國厚恩志報以命爾輩在都當念恭順親賢慕善何故與降虜交以糧餉之在遠聞此心震面熱惆悵累旬疏到急就往使受杖一百促責所餉當時人咸怪濬而蕃果圖叛誅夷眾乃歸服

羊衜為中庶子年二十時廷尉監隱蕃交結豪桀自衛將軍全琮等皆傾心敬待惟衜及宣詔郎豫章楊迪拒絕不與通時人咸怪之而蕃后叛逆眾乃服之

李肅南陽人也孟仁少從肅受學讀書夙夜不懈肅奇之曰卿宰相器也后果為丞相

晉溫為荊州大公平大公平今之州都潘祕過辭於溫問曰先君昔因君侯當為州里議主今果如其言不審州里誰當復相代者溫曰无過於君也后祕為尚書僕射代溫為公平甚得州里之譽

虞俊餘姚人也俊見張溫歎曰張惠恕才多智少華而不實怨之所聚有覆家之禍吾見其兆矣諸葛亮聞俊憂溫意未之信及溫放黜亮乃歎俊之有先見亮初聞溫敗未知其故思之數日曰吾已得之矣其人於清濁太明善惡太分陵訛誤志

陸瑁吳郡吳人也為選曹尚書初同郡聞人敏見待國邑優於宗脩惟瑁以為不然后果如其言

孫河為烏程縣長吾粲為小吏河深奇之河後為將軍得自選長吏表粲為曲阿丞遷為長史治有名迹雖起孤微與同郡陸遜卜靜等比肩齊聲矣

虞忠字世方翻第五子為宜都太守貞固幹事好識人物造吳郡陸機於童齔之年稱上虞魏遷於無名之初終皆遠致為著聞之士交同縣王岐於孤宦之族仕進先至宜都太守忠乃代之

闞澤字德潤為太子太傅初丁固在諸掾中澤見而異之曰此兒終當致公輔卒如其言李肅為威遠將軍衛本襄陽李家子漢末入吳為武昌庶民聞羊衜有人物之鑒往干之衜曰多當之世尚書劇曹郎才也

顧邵為豫章太守好樂人倫初錢唐丁諝出於役伍陽羨張秉生於庶民烏程吾粲雲陽殷禮起乎微賤邵皆拔而友之為立聲譽諝至典軍中郎秉雲陽太守禮零陵太守粲太子少傅世以邵為知人

張承為奮威將軍承能甄識人物拔彭城蔡款南陽謝景於孤微童幼並為國士款至衛尉景豫章太守又諸葛恪字元遜年少時衆人奇其英才承言終敗諸葛氏者元遜也勤於長進篤於物類凡在庶幾之流無不造門

冊府元龜卷第八百四十二

總録部九十三

知人第二

晉劉寔初爲宣帝相國參軍時鍾會鄧艾之伐蜀也有客問寔曰二將其平蜀乎寔曰破蜀必矣而皆不還客問其故笑而不答竟如其言寔之先見多此類也懷帝時爲太尉

趙元儒名爲知人爲鄴市長石苞少爲吏被使到鄴事久未決乃販鐵於鄴市元儒見苞異之因與結交歎苞遠量當至公輔由是知名

許允爲吏部郎石苞嘗見允求爲小縣允謂苞曰卿是我輩人當相引在朝廷何欲小縣乎苞還歎息不意允之知己乃如此也

孫登高尚不仕嵇康從之游登謂康曰子才多識寡難乎免於今之世矣康女君性烈而才儁能免乎子無求乎康不能用果遭非命乃作幽憤詩曰昔慙柳下今愧孫登



潘岳爲黃門郎與[illegible]嘗爲石崇蒼頭而性廉直有士風岳見而稱異勸崇免之乃還鄉里

胡毋輔之字彥國爲湘州刺史初光逸爲門亭長迎新令至京師輔之與荀邃共詣令家望見逸輔之請還曰彼似奇才便呼上車與談良久果俊器

阮脩字宣子梁國張偉志趣不常自隱於屠釣脩愛其才美而知其不真偉後爲黃門郎陳留內史果以世事受累脩爲太子洗馬

郭奕字大業爲野王令羊祜字叔子祜常過之奕歎曰羊叔子何必減郭大業少選復往又歎曰羊叔子去人遠矣遂送祜出界數百里坐此免官一太守舉上計吏州四辟從事秀才五府交命皆不就奕見之曰紹之子也奕後爲雍州刺史亭長李含有俊才而門寒爲豪族所排奕用爲別駕含後果有名位時以奕爲知人奕遷尚書重名當世朝臣皆出其下時帝委任楊駿奕表駿小器不可任以社稷帝不聽駿後果誅

鄭袤爲儀同三司初年十七在鄉里時潛陸魏諷爲相國掾名重當世袤同郡任覽與結交袤以諷姦雄終必不爲禍亂勸覽遠之及諷敗論者稱焉

張華爲司空初陶侃至洛陽數詣華華初以遠人不甚接遇侃每往神無忤色華後與語異之除郎中伏波將軍

裴楷字叔則爲開府儀同三司有知人之鑒初在河南樂廣僑居郡界未知名楷見而奇之致之於宰府

裴頠嬿毀字逸民王接性簡率不脩俗操鄉里大族多不能善之唯頠雅知焉頠爲左僕射嵇紹爲汝陰太守頠深器之每日使延祖爲吏部尚書可使天下無復遺才矣頠後爲侍中

李熹薦樂安孫璞亦以道德顯時人稱爲知人熹官至特進

閻德東海人也唐彬初受學於德門徒甚多獨目彬有廊廟才後拜使持節前將軍領西戎校尉雍州刺史及彬官成而德已卒乃爲之立碑



左又太原人也魏舒少質朴性好騎射著韋衣入山澤以漁獵爲事唯又謂舒曰卿終當爲台輔然今未能令妻子免飢寒吾當助卿營之常賑其匱乏舒受而不辭果位同三司禄賜如前几杖不朝賜錢百萬

山濤字巨源爲尚書僕射初王衍總角造濤濤嗟歎良久既去目而送之曰何物老嫗生寧馨兒然誤天下蒼生者未必非此人也

王戎爲司徒衍從兄也初孫秀爲琅邪郡吏求品於鄉議衍將不許戎勸品之及得志朝士有宿怨者皆被誅而戎衍獲濟焉

范晷爲少府鄉人郭舒幼請其母從師歲餘便歸粗識大義晷及舒宗人武陵太守郭景咸稱舒當爲後來之秀終成國器

盧欽范陽涿人也爲尚書僕射初同郡人張華少孤貧自牧欽見而器之鄉人劉放亦奇其才以女妻焉

嵇紹爲侍中初沛國戴晞少有才智與紹從子含相友善時人許以遠致紹以爲必不成器晞後爲司州主簿以無行被斥州

實稱紹有勞人之明又元帝初封琅邪王納有令問及惠皇之際王室多故帝每恭儉退讓以免于禍沉敏有度量不顯灼然之跡故時人未之識焉惟紹異之謂人曰琅邪王毛骨非常殆非人臣之相也

劉公榮濟陰人也有知人之鑒尹喬弱冠受業於樂安蔣國明公榮見喬深相器重喬父沒足不出邑里供養衡門至于白首元康中除樂安令辭疾不拜喬凡一舉孝廉八薦公府再舉清白又舉寒素一無所就又同郡武陔字元夏父周魏衛尉陔沉毅有器量早獲時譽與二弟韶字叔夏茂字季夏並總角知名雖諸父兄弟及鄉閭宿望莫能覺其優劣公榮有知人之鑒常造周周見三子焉公榮曰皆國士也元夏最優有輔佐之才陳力就列可爲亞公叔夏季夏不減常伯納言也

江統有才識東海王越爲兗州牧以統爲別駕委以州事與統書曰昔王子師爲豫州未下車辟荀慈明下車辟孔文舉貴州



人士有堪應此者不統舉高平郗鑒爲賢良陳留阮脩爲直言濟北程收爲方正時以爲知人統累遷至黃門侍郎散騎常侍領國子博士

山簡河内人爲征南將軍鎮襄陽初蔡克未仕時簡嘗與琅邪王衍書曰蔡子尼今之正人衍以書示衆曰山子以一字拔人然未易可稱後衍聞克在選官曰山子正人之言驗於今矣

潘京武陵漢壽人也爲泉陵令初同郡人戴若思除巡水令不就遂徙武陵省父時京爲郡有理鑒名知人其父遣若思就京與語甄而稱若思有公輔之才

顧榮字彥先嘗見吳伏波將軍孫秀之曾孫晏爲兒童未嘗被可憐謂其外祖薛兼曰此兒神用清審志氣貞立非常童也榮位至散騎常侍安東軍司

周浚字開林爲安東將軍有人倫鑒識鄉人史曜素微賤衆所未知浚獨引之爲友遂以妹妻之曜竟有名於世

張公陳留高士也王導少有風鑒識量清遠年十四張公見而奇之謂其從兄敦曰此兒容貌志氣將相之器也

賀循會稽山陰人也爲奉常雅有知人之鑒拔同郡楊方於卑陋卒成名於世

周顗爲僕射初顧和幼爲王導楊州從事月旦當朝未入停車門外顗遇之和方擇蝨夷然不動顗既過顧指和心曰此中何所有和徐應曰此中最是難測地顗入謂導曰卿州吏中有一令僕才導亦以爲然

王澄爲荊州刺史范汪父稚早卒汪少孤貧六歲過江依外家新野庾氏澄見而奇之曰興范族者必是子也

王應王敦兄含子也敦養應爲子敦從弟彬爲江州刺史舒爲荊州刺史敦死含欲投舒應勸含投彬含曰大將軍平素與江州云何[illegible]汝欲歸之應曰此乃所以宜往也江州當人彊盛時能立同異及人危厄必興愍惻荊州守文豈能意外行



事含不從遂共投舒舒果沉含父子于江彬聞應來密具船以待之既不至深以爲恨

王導字茂弘爲丞相初諸葛恢弱冠知名值天下大亂避地江左名亞王導庾亮導嘗謂曰明府當爲黑頭公及導拜司空恢在坐導指冠謂曰君當復著此恢後累遷尚書右僕射尚書令加侍中金紫光祿大夫又劉惔少清遠有標奇與母任氏寓居京口家貧織芒屩以爲養雖蓽門陋巷晏如也人未之識惟導深器之後稍知名論者比之袁羊惔喜還告其母其母聰明婦人也謂之曰此非汝比勿受之又有方之范汪者惔復喜母又不聽及惔年德轉升論者遂比之荀粲

劉惔爲丹陽尹嘗薦吳郡張憑憑卒爲美士衆以此服其知人又桓溫豪爽有風槩姿貌甚偉面有七星少與惔善惔常稱之曰溫眼如紫石稜鬚作蝟毛磔孫仲謀晉宣王之流亞也

謝尚爲洗馬見王敦而目之曰勳仲轍諧自已露但待聲未擬

者不噬人亦當爲人噬東海王越以敦爲揚州刺史滔諫曰
今樹處仲於江外使其肆豪強之心是見賊也越不從元帝以
爲都督江揚荆湘交廣六州諸軍事明帝即位敦遂叛
庾亮領江州孟嘉少知名亮辟部廬陵從事嘉還都亮引問風
俗得失對曰還傳當問吏亮以麈尾掩口而笑謂弟曰孟嘉故
是盛德人轉勸學從事
褚裒爲豫章太守正旦朝庾亮亮以裒有器識大會州府人士
孟嘉坐次甚遠裒問亮江州有孟嘉其人何在亮曰在坐卿
但自覓裒歷觀指嘉謂亮曰此君小異將無是乎亮欣然而笑
喜裒得嘉
謝安字安石爲太傅初[illegible][illegible]少有令稱安甚重之嘗曰若與此
[illegible][illegible]不佳我不復論士矣
萬嗣爲長沙太守時陶侃爲廬江太守張夔召督郵領樅陽令有
能名遷主簿嗣過廬江見侃虛心敬悅曰君終當有大名命其



子與之結友而去侃舉孝廉
楊晫爲豫章國郎中令晫與侃州里也爲鄉論所歸侃詣之晫
曰易稱貞固足以幹事陶士行是也與同乘見中書郎顧榮榮
甚奇之吏部郎溫雅謂晫曰奈何與小人共載晫曰此人非凡
器也
黃慶爲武庫令尚書樂廣欲會荆揚士人慶進侃於廣人或非
之慶曰此子終當遠到復何疑也慶後爲吏部舉侃補武岡令
劉弘爲荆州刺史將之官辟陶侃爲南蠻長史遣先向襄陽討
賊張昌破之弘既至謂侃曰吾昔爲羊公參軍謂吾其後當居
身處今相觀察必繼老夫矣後以[illegible]功封東鄉侯
桓彝字茂倫爲西陽太守性通朗早獲盛名有人倫識鑒拔才
取士或出於無聞或得之孩抱時人方之許郭初見謝安始四
歲彝歎曰此兒風神秀徹後當不減王東海
溫嶠爲驃騎將軍[illegible]初桓溫生未期而嶠見之曰此兒有
奇骨可試使啼及聞其聲曰眞英物也彝以嶠所賞故遂名之
曰溫嶠笑曰果爾後將易吾姓也
王蘊爲會稽內史時王忱來拜墓過子恭往省之素相善遂留
十餘日方還蘊問其故恭曰與阿大語蟬聯不得歸蘊曰恐阿
大非爾之友阿大者小字也後竟乖初好時以爲知人
庾翼字稚恭爲征西將軍少有經綸大略京兆杜乂陳郡殷浩
並才名冠世而翼弗之重也語人曰此輩宜束之高閣俟天下
太平然後議其任耳見桓溫總角之中便期之以遠略因言於
成帝曰桓溫有英雄之才願陛下勿以常人遇之常壻畜之宜
委以方邵之任必有弘濟艱難之勳
王濛爲司徒左長史初謝安弱冠詣濛清言良久既去濛子脩
曰向客何如大人濛曰此客亹亹爲來逼人王導亦深器之由是
少有重名
郗超與謝[illegible]不[illegible]事[illegible]謝安以符堅之侵舉兄子玄爲將超雖



素與玄不善聞而歎之曰安違衆舉親明也玄必不負舉才也
時咸以爲不然超曰吾嘗與玄共在桓公府見其使才雖履屐
間亦得其任所以知之
桓溫字元子王珣弱冠與陳郡謝玄爲溫掾俱爲溫所重嘗謂
之曰謝掾年四十必擁旄杖節王掾當作黑頭公溫後爲丞相
大司馬
王雅爲太子少傅孝武帝時帝以會稽王道子無社稷器幹慮
晏駕之後皇室傾危乃選時望以爲藩屏將擢王恭殷仲堪等
先以訪雅雅以恭等無當世之才不可大任乃從容曰王恭風
神簡貴志氣方嚴既居外戚之重當親賢之寄然其稟性峻隘
無所苞容執自是之操無守節之志仲堪雖謹於細行以文義
著稱亦無弘量且幹略不長若委以連率之重據形勝之地今
四海無事足能守職若道不常隆必爲亂階矣帝以恭等爲當
時秀望謂雅疾其勝己故不從二人皆被升用其後竟敗有識

之士稱其知人

王胡之爲郡太守時南平車武子父育爲郡主簿胡之名知人見武子於童幼之中謂武子父曰此兒當大興卿門可使專學

王謐見劉裕在布衣衆未之識也惟謐獨奇貴之嘗謂裕曰卿當爲一代英雄及裕破桓玄謐以本官加侍中領揚州刺史録尚書事

桓玄字敬道爲大司馬初京兆霸城人王脩南渡見玄玄知之謂曰君平世吏部郎才又謝景仁以不附會司馬元顯年三十方爲著作郎玄誅元顯見景仁甚知之謂四坐曰司馬庶人父子云何不敗遂令謝景仁三十方作著作郎

楊珧駿之弟也魏咸熙中劉元海爲任子在洛陽晉文帝深待之泰始之後王渾又屢言之於武帝帝召與語大悦之謂王濟曰劉元海容儀機鑒雖由余日磾無以加也濟對曰元海儀容機鑒實如聖旨然其文武才幹賢於二子遠矣陛下若任之以



東南之事吳會不足平也帝稱善珧及孔恂進曰臣觀元海之才當今懼無其比陛下若輕其衆不足以成事若假之威權平吳之後恐其不復北渡也非我族類其心必異任之以本部臣竊爲陛下寒心若舉天阻之固以資之無乃不可乎帝默然後秦涼覆没帝疇咨將帥上黨李熹曰陛下誠能發匈奴五部之衆假元海一將軍之號鼓行而西可指期而定恂曰李公之言未盡殄患之理也熹勃然曰以匈奴之勁悍元海之曉兵奉宣聖威何不盡之有恂曰元海若能平涼州斬樹機能恐涼州方有難耳蛟龍得雲雨非復池中物也帝乃止珧官終太僕

董仲道隱者也王彌有才幹博涉書記少游俠京都仲道見而謂之曰君豺聲豹視好亂樂禍若天下騷擾不作士大夫矣彌後事劉元海劉曜爲石勒所殺

張華仕前趙爲安北將軍雅有知人之鑒慕容廆童冠時往謁之華甚歎異謂曰君至長必爲命世之器扶難濟時者也因以所服簪幘遺廆結殷勤而別

張載灌津人也同郡韓常少能屬文師事載載奇之曰王佐才也常從征慕容暐爲楊烈將軍與李產俱傳東宮從太子暐入朝謁暐顧謂左右曰此二傅一代偉人未易繼也其見重如此

苻宏前秦苻堅之太子也堅以士馬强盛有圖西域之志乃授呂光使持節都督西討諸軍事率將軍姜飛彭晃杜進康盛等總兵十萬鐵騎五千以討西域以隴西董方馮翊郭抱武威賈虔弘農楊穎爲四府佐將宏執光手曰君器相非常必有大福宜深保愛

毛興仕前秦鎮上邽時苻登兄同成爲興長史以登爲司馬後姚萇作亂遣其弟碩德率衆伐興相持久之興將死告同成曰與卿累年共舉遂義事終不剋何恨之深可以後事付卿小弟司馬登頗懷著必此人也卿可換攝司馬事

徐統見王猛於鄴奇之召爲功曹遁而不應



王猛字景略爲苻堅丞相呂光沉毅凝重寬簡有大量喜怒不形于色時人莫之識也唯猛異之曰此非常人也

劉化有道術之士也見李特第三子雄化每謂人曰關隴之士皆當南移李氏子中惟仲儁有奇表終爲人主　仲儁雄字

趙廞後蜀人也李庠特第三弟也爲威寇將軍封陽泉亭侯初至蜀廞深器之與論兵法無不稱善每謂所親曰李玄序蓋亦一時之關張也　玄序庠字

王齊北燕人初馮素弗跋之長弟任俠放蕩不脩小節故時人未之奇惟齊異焉曰撥亂才也及爲宰輔謙虛恭慎非禮勿動

成藻爲南宮令馮素弗弱冠自詣慕容熙尚書左丞韓業請婚業怒而距之復求尚書郎高邵女邵亦弗許時藻豪俊有高名素弗造焉藻命門者勿納素弗逕入與藻對坐旁若無人談飲連日藻始奇之曰吾遠求騏驥不知近在東鄰何識子之晚也當世俠士莫不歸之

宋謝景仁爲桓玄黄門侍郎時高祖爲桓脩撫軍中兵參軍嘗詣景仁諮事景仁與語悦之因留高祖共食未辨而景仁爲玄所召玄性促急俄頃之間騎詔續至高祖屢求去景仁不許曰主上見待要應有方我欲與客共食豈當不得待竟安坐飽食然後應召高祖甚感之

江敳爲建武將軍初劉穆之世居京口少好書傳博覽多通爲敳所知及敳爲將軍以敳爲府主簿

謝混字叔元高祖義旗初建以徐羨之爲鎮軍參軍尚書庫部郎領軍司馬與混共事混甚知之歷官終左僕射

蔡湛之見謝安兄弟謂人曰弘微貌類中郎而性似文靖弘微謝密字也

沈慶之爲建威將軍元嘉三十年元凶弑立孝武入討義興太守王僧達歸孝武孝武命爲長史劭發尋陽慶之謂人曰王僧達必來赴義人問其所以慶之曰虜馬飲江王出赴難見其議論開張意向明決以此言之其至必也僧達果來



桓序爲[illegible]劉敬宣父牢之爲鎮北將軍敬宣八歲喪母晝夜號泣中表異之序鎮蕪湖牢之參序軍事四月八日敬宣見衆人灌佛乃下頭上金鏡以爲母灌因悲泣不自勝序歎息謂牢之曰汝此兒既爲家之孝子必爲國之忠臣

劉敬宣以劉毅爲寧朔參軍時人或以雄傑許之敬宣曰人非常之才當別有調度豈得便謂此君爲人豪耶其性外寬而內忌自伐而尚人若一旦遭逢亦當以陵上取禍耳

韓伯爲豫章太守胡藩少孤居喪以毁稱伯見謂藩叔尚書少廣曰卿此姪當以義烈成名

雷次宗字仲倫豫章南昌人元嘉二十五年徵至京師開館[illegible][illegible]除給事中不就而衡陽元王道度太祖長兄也與太祖俱受學於次宗嘗問二兒學業次宗答曰其兒外朗並須[illegible]良璞也

張[illegible]征虜將軍領[illegible]校尉雍州刺史加都督持[illegible]奇

中護軍初華與邵有隙及華參要親密爲之危心邵曰子陵之[illegible]孚方弘至公必不以私讎害正義是往也華實委之

劉柳爲尚書僕射沈演之年十一柳見而知之曰此童終爲令器

王韶之爲吴興太守郡人王道隆兄道迄涉學善書形貌又美韶之謂人曰有子弟如王道迄無所少

荀伯子潁川人卒於東陽太守王惠素不與謝靈運相識嘗得交言靈運辯博辭義鋒起惠時然後言時荀伯子在坐退而告人曰靈運固自蕭散直上王郎有如萬頃陂焉

劉穆之爲丹陽尹謝方明性嚴恪與從兄混俱有重名惟歲節朝宗而已穆之權重當時朝野輻輳不與穆之相識者唯有混方明郗僧施蔡廓四人而已穆之甚以爲恨方明廓後往造之大悦白高祖曰謝方明可謂名家駒直置便自是台鼎人無論復有才用

[illegible]之爲丹陽尹時高帝父丞之必有大志才力過人舉[illegible]及宗人沈[illegible]兗州刺史源之並見知重



張緒爲會稽內史陸慧曉清介正立不雜交游緒見慧曉童幼便嘉異之稱之曰江東裴樂也

張瓌爲吴郡太守郡人顧暠之閑立少年未知名瓌往引爲綱紀後並立名世以爲知人

虞悰會稽餘姚人初見武帝帝始爲從官家尚貧薄悰數相分賚每行必呼帝同載帝甚德之卒於光禄大夫加正員常侍

惠武爲散騎常侍武雖武士頗有知人鑒梁武及崔慧景之在襄陽于時崔方貴盛武性儉嗇無所餉遺獨言梁武曰卿必大貴我當不及見令以弱子相託每密送錢物并好馬時帝在我多之就武換借未嘗不得遂至十七万及帝即位志其惠云盖二年帝忽夢如田塍下行兩邊水深無底夢中甚懼忽見曹武來負武帝得過曰卿大爲天下主乃亦忘我顧託之言耶我兒飢寒無衣昔所換十万可還其市宅帝覺即使主書送錢還之

用帝屯子丹登世宗並蒙抽擢三二年間迭為大郡
諧之為衛尉領中庶子諧之有識計每朝廷官缺及應遷代
必量才所用人皆如言
褚淵為録尚書事從弟炫少清簡為從舅王景文所知淵謂人
曰從弟廣勝獨立乃十倍於我也
張融吳郡吳人與杜栖同郡栖徵士京産之子也融與京産
相友每相造言論栖常在側融指栖曰昔陳太丘之名元方此
之為方今方古　人何貴融後終於司徒左長史融顧為尚書
右丞沈瑀曾詣融融與語及政事甚器之謂曰觀卿才幹當居
吾此職
蕭惠開征西將軍思話之子也丹陽尹康人鄧僧貞少隨思話
及惠開皆被賞遇惠開性苛僧貞以微過見罰既而委任如舊
及惠開罷益州還都不得志而僧貞事之愈謹惠開歎曰
僧貞方當富貴我不見也



沈演之為領軍丘靈鞠吳興烏程人也靈鞠少好學善屬文州
辟從事詣演之演之曰身昔為州職詣領軍謝晦賓主坐處正如
今日卿將來或復此
劉藏為尚書左丞徐孝嗣始適藏第合孝嗣往詣藏藏退語合
曰徐郎是令僕人三十餘可知矣汝宜善自結
陸脩靜與張融同郡融弱冠脩靜以白鷺羽扇麈尾遺融曰此
既異物以奉異人融後為黄門郎太子中庶子
王儉為衛軍武帝起家巴陵王南中郎法曹行參軍遷儉東閣
祭酒儉一見深相器異謂廬江何憲曰此蕭郎三十内當作守
中出此則貴不可言又稱徐勉有宰輔之量
王融為中書郎劉孝綽之舅也孝綽幼聰敏七歲能屬文融深
賞異之常與同載適親友號曰神童融每言曰天下文章若無
我當歸阿士阿士孝綽小字也
劉孝綽父繪齊世掌詔誥孝綽年未志學繪常使代草之父黨
沈約任昉范雲等聞其名並命駕先造焉昉尤相賞好范雲年
長繪十餘歲其子孝才與孝綽年十四五及雲遇孝綽便申伯
季乃命孝才拜之後累遷秘書監紀少瑜早孤幼有志節常慕
王安期之為人年十三能屬文初為京華樂三傳孺見而賞之
曰此子才藻新拔方有高名後為武陵王記室參軍
呂道惠餘杭人范述曾幼好學從道惠受五經略通章句道惠
學徒常有百數獨稱述曾曰此子必為王者師歷文惠太子竟
陵文宣王幼時高帝引述曾為之師友
蔡撙為侍中武帝嘗問曰卿門舊尚有堪事者否撙曰臣門
客沈約范岫久已被外擢此外無人約時為太子少傅岫為右
衛將軍張永顧協之外從祖也協字正禮吳郡吳人幼孤隨母
養於永永嘗攜内外孫姪游虎丘山協年數歲永撫之曰兒何
戲協對曰正欲枕石漱流永歎息曰顧氏興於此子後為散騎
常侍鴻臚卿



[illegible]弁外祖也弁年數歲撫之謂弁祖昭之曰此兒非常
器當成卿門戶後為中領軍驃侍中尚書右僕射
梁仲德張緬外祖也緬字元長車騎將軍弘策子也年數歲外
祖與之言曰此兒非常器為張氏寶也仕至侍中
裴子野河東人為鴻臚卿張纘為太尉諮議參軍尚書吏部郎
為長史兼侍中時人以為早達子野曰張吏部有喉脣之任已
恨其晚矣
阮孝緒謝朏舅也朏晉太傅安八世孫孝緒以其有至性謂之
曾子稍授以經史過目便能諷誦孝緒每曰吾家陽元也朏後
至散騎侍郎
張岱陸倕外祖也倕少勤學為岱所異岱常謂諸子曰此兒吾
家之元陽也終於太常卿
陸閑字遐業有風槩與人交不苟合少為同郡張緒所知仕至
揚州別駕

不拘孫雲之親人也雲字彥龍嘗就琅邪書一夜不息衆嗟其
育曰總精神秀朗而勤於學也相才也雲後爲尚書右僕射
袁粲爲衛將軍謝朏爲粲長史粲性簡峻罕通賓客時人方之
李膺朏謁既退粲曰謝令不死朏莊之子也
韋叡以齊末多故不欲遠鄉里求爲上庸太守加建威將軍俄
而太尉陳顯達護軍將軍崔慧景頻逼京師民心遑駭未有所
定西土人謀之於叡叡曰陳雖舊將非命世才崔頗更事懦而
不武其取赤族也宜哉天下眞人殆興於吾州矣乃遣其二子
自結於高祖
沈約爲左衛將軍張率爲太子舍人與同郡陸倕幼相友狎嘗
同載詣約適值任昉在焉約乃謂昉曰此二子後進才秀皆南
金也卿可與定交由此與昉友善
袁顗爲雍州刺史傅昭幼孤爲外祖所養十歲於朱雀航賣曆
日爲顗客顗嘗來昭所昭讀書自若神色不改顗歎曰此兒神情不凡

府八百四十三　十三

必成佳器昭後爲散騎常侍金紫光祿大夫
謝朓文章盛於一時到洽清警有才行朓見洽深相賞好日引
與談論每謂洽曰君非直名人乃亦兼資文武朓後爲吏部洽
去職朓欲薦之洽覩世亂深相拒絕
任昉樂安人時到洽除晉安王國左常侍不就遂築室巖阿幽
居者積歲昉有知人鑒與洽兄沼溉並善嘗訪洽於田舍見之
歎曰此子日下無雙遂申拜親之禮又伏挺有才思好屬文爲
五言詩善效謝康樂體昉深相歎異常曰此子日下無雙
何點字子晳徵侍中不就杜栖有孝業能清言點見而歎曰卿
風韻如此雖獲嘉譽不求聞達又知丘遲於幼童稱
江淹於寒素悉如其言
徐勉爲中兵郎領軍長史琅邪王元長才名甚盛嘗欲與勉相
識每託人召之勉謂人曰王郎名高望促難可輕敷衣裾俄而
元長及禍時人莫不服其識鑒後勉爲僕射蔡大寶濟陽考

陽人少孤而篤學不倦善屬文初以明經對策第一解褐武陵
王國左常侍嘗以書干勉大爲勉所賞異乃令與其子遊處所
有墳籍盡以給之遂博覽群書學無不綜諸葛璩琅邪人沛國
幼從瓛受五經通章句瓛弟子常有數十百人瓛獨異其器以門
稱此璩異之歎曰此生重器王佐才也璩後爲領軍將軍
明僧紹徵士也劉杳字士深年數歲僧紹見之撫而言曰此兒
實千里之駒杳後遷尚書左丞
趙伯符孫謙親人也謙字長遜東莞莒人也少爲伯符所知眷
年十七伯符爲豫州刺史引爲左軍以幹辦
周顒汝南人何胤綴情誼勤時人未知之也惟劉瓛顒深器異
之後累遷左民尚書領驍騎將軍中書令胤辭職居若耶山高祖
踐祚詔爲特進右光祿大夫不就
蔡大寶有重名於江左柳莊初爲太府卿少有遠量博覽墳籍
兼善辭令大寶時爲岳陽王蕭詧諮議見莊便歎曰襄陽水鏡

府八百四十三　十四

復在於茲矣大寶遂以女妻之
王僧辯爲中隨都督司馬申爲鎮西外兵記室參軍及侯景寇
郢州僧辯據巴陵每進籌策皆見行用僧辯歎曰此生要鞬汗
馬或非所長若使撫衆守城必有奇績
陳孔奐爲中書令虞世基幼沈靜喜慍不形於色博學有高才
兼善草隸奐見而歎曰南金之貴屬在斯人及陵亦知仕陳學
朝政
蕭映爲吳興太守梁大同初嘗目高祖謂僚佐曰此人方將遠大
必顯於國人也孔奐會稽山陰人也奐數歲而孤爲叔父虔孫
所養好學善屬文經史百家莫不通涉沛國劉顯時稱學府每共奐討
論深相歎服乃執奐手曰昔伯喈墳素悉與仲宣吾當希彼蔡
君足下無愧王氏所保書籍尋以相付卒爲散騎常侍金紫光
祿大夫領前軍將軍
蕭勱字遜之曷世綏十歲而孤依二外氏幼聰敏有志性敷名重

當時特所鍾愛嘗大會賓客撫曰可令孫吳袖手矣叙後之知名當出吾右後爲尚書令給鼓吹一部

王筠爲尚書謝貞從舅也貞年七歲母王氏授論語孝經讀訖便誦八歲嘗爲春日閑居五言詩筠奇其有佳致謂所親曰此兒方可大成至如風定花猶落乃追步謝惠連矣由是名輩知之遷南平汝南招遠將軍

張纘爲吏部尚書杜之偉補鄱陽王田曹參軍之偉年甚卑將以強識俊才頗有名當世纘深知之以爲廊廟器也

徐陵爲少傅聞虞世基幼召之世基不往後因公會陵一見而奇之顧謂朝士曰當今潘陸也因以弟女妻焉

後魏劉庫仁初見道武雖幼不群常謂其子曰有闚天下之志興復洪業光揚祖宗者必此主也

劉羅辰代人宣穆皇后之兄也父眷爲北部大人帥部落歸國羅辰有智謀嘗謂眷曰從兄顯忍人也願早圖之眷不以爲意後顯果殺眷而代立



王猛北海人爲苻堅相薛讚字威明幼有大志懷軍國籌略與猛同志友善及桓溫入關中猛以內樞謂之溫曰江東無卿比也秦國定多奇士如生輩尚有幾人吾欲與之俱南猛曰公求可與撥亂濟時者友人薛威明其人也溫曰聞之久矣方致朝命讚聞之自商山來謁與猛皆署當從酒酣論溫有大志而無成功乃勸猛止俄而溫敗以答堅立猛見委任其平陽公融爲尚書將以軍爲聘強猛以爲不可屈乃止

崔光爲司徒元子孝字季業也有令譽年八歲光見而異之曰後生領袖必此人也又博平王彧臨淮王譚之孫也彧孝文若少有才學當時甚美光見而謂人曰黑頭三公當此人也又元顯和少有節操歷司徒記室參軍光每見之曰元參軍風流清秀容止閑雅乃宰相之器又趙彥深年十歲曾候光光謂賓客古人觀眸子以知人此人當必遠至

孚字秀之爲侍中臨淮王昌弟孚少有令譽及幷州刺史高選司徒崔光見孚而咸曰此子當準的人物恨吾徒衰暮不及耳

李孝伯爲尚書宋孝武鎮彭城魏使孝伯至帝遣長史張暢與語而帝改服觀之孝伯目帝不轉及出謂人曰張侯側有人風骨瑰踦非常士也

郝軒太原人世名知人崔玄伯爲著作佐郎官不顯異州爲從東功曹軒稱玄伯有王佐之才近代所未有也

李彪爲御史中尉以李煥有幹用少與酈道元俱爲彪所知

崔浩爲司徒薛拔沉毅有器識年始弱冠浩見而奇之

張讜爲平壽侯李訢爲相州刺史以罪免黜爲厮役讜見與語奇之謂人曰此佳士也終不久屈未幾而復爲太倉尚書攝南部事

崔玄伯清河人卒贈司空初高允少孤夙成有奇度玄伯見而異之歎曰高子黃中內潤文明外照必爲一代偉器但吾不見耳



崔挺爲北海王詳司馬初崔光之在貧賤也挺贍遺衣食常親敬焉又識邢巒宋弁於童稚之中並謂終當遠至世稱其知人後光位至司徒侍中

李沖爲尚書宋弁才學儁贍少有美名高祖初曾至京師見沖因言論移日沖甚然異之退而言曰此人一日千里王佐才也又崔亮年十歲常依李氏幼孫家貧傭書自業時沖當朝任事亮從兄光往依之言亮於沖沖迎爲館客沖謂其兄子彥曰大崔生寬和篤雅汝宜友之小崔生峭整清徹汝宜敬之二人終將大至

李崇爲尚書令宋維字伯緒詣事元乂爲時所忿崇與尚書左僕射郭祚右僕射游肇每云伯緒凶疎終敗宋氏幸得殺身耳論者以爲有徵後除營州刺史仍以本將軍及靈太后反政以乂黨除名遂還鄉里尋追其前誣告清河王事於鄴賜死

清河王懌爲太傅劉懋性沉雅厚重善於交游懌甚賞重之

曰劉生當堂搢紳領袖若天假之年必爲一朝冠冕

任城王澄爲吏部尚書裴夙爲王吏部郎時澄有知人鑒每歎美夙以遠大許之

李苗爲員外散騎常侍太保城陽王徽司徒臨淮王彧重之二王頗或不禮苗謗之及徽寵勢隆一旦猜忌苗謂人曰城陽蜂目先見豺聲今轉彰矣

崔㥄嘗舉李元愷程駿等終爲名器世以是稱之

高允爲中書監祖瑩年十二爲中書學生允好屬文允每曰此子才器非諸生所及終當遠至後爲中書侍郎

李神儁爲吏部尚書崔彥穆幼明悟神采卓然儁有知人之鑒見而歎曰王佐才也後位至侍中

崔亮爲吏部侍郎邢邵字子才少時有避遜門一書年五歲亮見而奇之曰此子後當大成位望通顯

[illegible]內人[illegible]儀同三司車騎將軍蘇亮字景順武功人少通敏博學好屬文善章奏初舉秀才至洛陽遇黃門侍郎深深器之退而謂人曰秦中才學可以抗山東者將此人乎又溫子昇博覽百家文章清婉爲廣陽王深賤客在馬坊教諸奴子書作侯山祠堂碑文常景見而善之故詣深謝之景曰頃見溫生深怪問之景曰溫生是大才士深由是稍知之

北齊段長遼西人神武素家貧及聘武明皇后始有馬得給鎮將長常奇神武貌謂曰君有康濟才終不徒然便以子孫爲託及貴追贈長司空擢其子寧而任之

蔡儁廣寧石門人豪爽有膽略高祖微時深相親附與遼西段長太原龐蒼鷹俱有先知之鑒

甄琛爲定州長史同郡杜弼幼聰敏琛簡試諸生見而[illegible]解問以經應答如響大爲琛所歎異其子寬與弼爲友州牧任城王澄聞而召問深相嗟賞許以王佐之才澄琛還洛稱之於朝廷相高陽王雍多相招命



彭樂以斛律光初爲侯景部下樂謂高歡曰斛律家小兒一不可三度將行後竟以名將至大將軍加太傅

邢劭河間人李繪儀貌端偉神情朗儁劭繪舅也每與繪清言歎其高遠每稱曰若披雲霧如對珠玉宅相之奇良在此子後位至特進太常卿

任城王湝以李德林器量沉深時人未能測唯湝及趙彥深知於陸卬大相欽重延譽之言無所不及後位至內史令

元景安爲吏部郎其年舉州騎兵曹陳元康爲司馬畢義雲爲冀曰基並有才幹景安謂人曰三賢俱有當世才後來皆當遠至皆人唯部騎兵位直過其忌不足門進陳畢後並貴顯而基位止

[illegible]府

邢子良與王晞遊處晞小名沙彌幼而孝謹淹雅有器度好學不倦美容儀有風則隨母兄東適海隅與子良愛其清悟與其[illegible]洛兩兄書曰賢弟沙彌郎意識深遠曠達不羈簡於造次言必詣理吟詠情性必臻絕致足下方難爲兄不假虛其不進也

崔昂謂盧潛及弟士遜云此昆季兄爲後生之俊但恨其俱不讀書耳

劉仁之爲彭城王韶定州長史孟業家本寒微爲州小吏性廉謹韶拜定州除典籤仁之謂業曰我處其外君居其內同心戮力庶有濟乎未幾仁之徵入爲中書令臨路啓歆云殿下左右可信任者唯有孟業願專任之餘人不可信也又與業別執手曰今我出都君便失援恐君在後不自保全唯正直頭君自勉

徐遠明爲國子博士授慶字伯悅美姿儀性聰惠年十六遠明見而異之

楊遵彥爲尚書右僕射見秦朝請薛道衡嘗吏部尚書隴西辛術與語歎曰鄭公業不亡矣河東裴讞見之曰自鼎遷河朔吾謂關西孔子罕值其人今復遇薛君矣

後周王褒嘗遇柳謇之於塗異而與語大奇之[illegible]

丞表入國子以明經擢第隋宗師也二
謝舉爲僕射柳霞爲邵陵王府功曹頗恊抒論舉引霞與語甚
嘉之顧謂人曰江漢英靈見於此矣
李賢幼有志節不妄舉動嘗出遊遇老人鬚眉皓白謂之曰我
年八十觀士多矣未有如卿者必爲台牧其勉之賢後至洮州
總管
裴俠爲郢州刺史梁竟陵守孫暠郢城守張遷並以郡來附俠
見之密謂人曰暠目動言肆輕於去就者也遷神情審定當無
異心乃馳啓其狀文帝曰裴俠有鑒深得之矣遣大都督符貴
鎮竟陵而鄭城竟不遣監統及柳仲禮軍至暠遂以郢叛率如
俠言　于翼爲司會中大夫文帝又以翼有人倫之鑒皇太子及
諸王等相傳以下並委翼選置其所擢用皆民譽也時論僉謂
得人
隋劉臻爲左僕射初楊汪問禮於沈重受漢書於臻二人推許



之曰吾弗如也由是知名汪仕至吏部尚書
牛弘爲吏部尚書所有進用多稱職吏部侍郎高孝基鑒賞機
晤清愼絕倫然爽俊有餘跡似輕薄文帝多以此疑之唯弘深
識其推心任委隋之選舉於斯爲最時論弥服弘識度之遠又
見李靖爲殿内直長重之曰李生王佐才也
顧言河東人博學有才辯所推挹與虞世基相見歎曰海内當
共推此一人非吾儕所及也世基後至金紫光禄大夫
高構字孝基爲吏部侍郎見杜如晦少聰悟美風調精彩絕人
深器重之每謂人曰此子有應變之才棟梁之用又房玄齡年
十八射策甲科授羽騎尉校讎秘書省孝基見玄齡嗟挹不已
謂河東裴矩曰僕閲人多矣未見此賢必成偉器但恨不覩其
從聳壑凌霄耳
劉焯爲太學博士定州義豐人張行成少師事焯勤學不倦焯
謂門人曰張子體局方正廊廟才也

張弼大業末爲賊帥李大亮隴西狄道人也好讀書有文武才
幹爲賊所獲同輩百餘人皆就死弼見而異之獨釋與語遂定
交於幕下
盧思道爲散騎侍郎封倫舅也封倫以時思道每言曰此子智
識過人必能致位卿相
薛道衡爲司隸大夫温彥博之父友也彥博幼聰悟有口辯涉
獵書記初道衡及李綱常見彥博兄弟三人咸歎異曰皆卿相
才也
唐劉曇嗟孔穎達邑人也穎達年八歲日讀一千言未嘗嬉戲曇
輝有知人之鑒深奇之穎達後仕爲國子祭酒
岑文本爲中書侍郎馬周爲中書舍人周有機辯善敷奏文本
謂所親曰吾見馬周論事多矣援引事類揚榷古今舉要删蕪
會文切理奇鋒間出高論横飛聽之靡靡令人忘倦昔之蘇張
終賈正應此語今見其人然鳶肩火色騰上必速恐不能久耳



李勣隋末事李密初得黎陽倉就食者數十萬人魏徵高季輔
杜正倫郭恪皆客遊其所一見於衆人之中即加禮敬引之卧
内談謔忘倦及平武牢獲偽鄭州長史戴胄知其所行能尋即
釋放更加推薦咸至顯達當時稱其有知人之鑒勣後至司空
李文博有知人之鑒張河幼而警悟文博見而奇之與其結交
河後爲相州都督范陽郡公
盧承業爲揚州長史婁師德弱冠進士擢第授江都尉承業奇
其才嘗謂之曰吾子台輔之器當以子孫相託豈可以官屬常
禮待也師德後爲相
朱敬則爲正諫大夫同鳳閣鸞臺平章事雅有知人之鑒凡在
品論者後皆如其言及知政事以用人爲先桂州蠻叛薦裴懷
古鳳閣舍人欽薦魏知古右史欽薦張思敬則天以爲知人
裴行儉爲吏部侍郎時賞拔蘇味道王勮謂曰二公後當相次
掌知鈞衡之任時李敬玄盛稱王勃楊炯盧照鄰駱賓王等

次示行儉行儉曰士之致遠先器識而後文藝也勃等雖有文才而浮躁炫露豈享爵祿者哉楊稍似沉靜應至令長餘並鮮能令終其後皆如其言

李義琰為雍州長史蘇珦為鄠縣尉義琰謂曰鄠縣本多訴公近日遂絕訪聞其由明公為其疏理因顧指廳事曰此即明公座也但恨非遲暮所見耳珦後至吏部尚書

桓彥範為洺州刺史蕭嵩調洺州參軍彥範見之雅重待以殊禮

姚崇為紫微令蕭嵩為中書舍人與崔琳王丘齊幹同列咸未之異而崇許其致遠眷之特深

獨孤信為洛州總管孫思邈弱冠善談莊老及百家之說兼好釋典信見而歎曰此聖童也但恨其器大適小難為用也

吳兢仕至相州長史初張鷟風儀魁岸鄉落有大志涉獵經史好談王霸大略少時師事兢兢甚重之

李華栖筠之族子也栖筠趙郡贊皇人幼孤貧而器度雄遠體貌瓌偉博覽墳籍無所不通屬文勁迅然本於理道教化性嚴重寡言造次不妄交接故當時高名之士皆欽慕之華有知人鑒每稱其王佐才初自負器業恥從賓貢隱居於汲郡共城山下華固勉其應舉一試登進士第



程楚賓為呂諲鄉人也諲蒲州河東人少修整勵志於學早孤家貧不能自贍楚賓家富於財遂取其女楚賓與子震重其才給其所欲至天寶初舉進士調寧陵尉

杜鴻漸為相杜黃裳升進士宏詞科鴻漸深器重之黃裳後亦為相

于邵為禮部侍郎雅知人初山南東道樊澤嘗舉賢良方正至京師一見之謂人曰將相之材也五年澤為節將又比部郎中崔元翰年近五十始舉進士邵異其文學擢首甲科且曰不十年當掌誥命竟如邵言

裴敞為金吾將軍時郎説遷吏部侍郎少才幹好談者或以垂相許之像語諫議大夫柳載曰以鄙夫所度説得禍不久矣且説與度思明父子定君臣之分居劇官掌兵權士驕犯順前後百戰於賊庭掠名家子女以為妾媵者數十人剽盜貲貨不可紀極力屈然後降朝廷者以不死為幸寵貴存曾無厚顏而又過望不滿其欲宰附託貴倖以求大用不知愧懼而有得色其可久乎説竟卒於歸州刺史

梁肅為翰林學士初崔群年十九登進士陸贄知舉訪於梁肅請其登第有才行者肅曰崔群雖少年他日必至公輔果如其言

韋夏卿為吏部侍郎留心辭士號得才彥其後多至公相

高郢為侍御史張仲方之父友也初仲方為兒童時郢見而奇之曰此子非常必為國器及長高第必振發之後郢為御史大夫首請仲方為御史

後唐盧質為張承業曾邀承業廳過道為太原巡官承業重其文學奇行甚見禮遇有周玄豹者善人倫鑒與盧道不洽謂承業曰此生無前程公不可過用曾聞之曰我當見杜黃裳司空寫真圖道之狀貌酷類焉將來必副大用玄豹之言不足信也承業尋薦為霸府從事



趙德鈞明宗鄉人也高行周事明宗嘗與德鈞奉主分率牙兵明宗所征無不拱從德鈞謂明宗曰行周心好謹厚必享貴位

袁紹光驍將也鄭仁誨幼事紹光紹光將勇使酒嘗乘醉抽佩劍將刺刃於仁誨左右無不奔避惟仁誨端立以俟略無懼色紹光因擲劍於地謂仁誨曰汝有此器度必當享人間富貴乃紹光典郡仁誨累為右職

晉盧丘明曆象善知人唐末嘗謂李周曰子奇表方腕隆準骨目疎朗身長七尺乃將相之材也河東李氏將有天下子宜事之以求富貴周辭以母老而歸既而梁將葛從周救邢洺唐武皇屯兵南下築壘於青山口周向背莫決因思丘言乃投青山寨將張污落武皇賞之補萬勝黃頭軍使

司空圖爲兵部侍郎姚顗少養敦厚雅尚大方貌任其自然流輩未之重唯圖深器之以女妻焉

冊府元龜卷第八百四十三

册府元龜卷第八百四十四

總録部九十四

守官　勤業

官守

傳曰守道不如守官又曰見死不更其守蓋夫委質公朝從政王室靖恭爾位聽思其憂故有事東寮節恪居官次弓招虞應李法是從聞變難而不移彊臣以之屈意奉憲令而無撓明主由是欲觀得守器之規絶代有之咎宜乎寵以異數謂之能臣者哉

欒鍼晉中軍帥欒書子也晉侯及楚子鄭伯戰于鄢陵有淖於前淖泥也乃皆左右相違於淖違辟也步毅御晉厲公欒鍼爲右鍼欒書子欒范以其族夾公行二族強故在公左右陷於淖欒書將載晉侯鍼曰書退國有大任焉得專之在君前故子名其父大任謂元帥之職且侵官冒也去將而御失官慢也失官也離局姦也遠其部曲爲離局有三罪焉不可犯也乃掀公以出於淖

府八百四十四　一

謝息魯孟僖子家臣孟孫從昭公如楚晉人來治杞田季孫將以成與之成孟氏邑本杞田謝息爲孟孫守不可曰人有言曰雖有挈瓶之知守不假器禮也挈瓶汲者喻小知爲人守器猶知不以借人夫子從君而守臣喪邑夫子謂季孫雖吾子亦有猜焉言季孫亦將疑我不忠

齊虞人史失其名齊景公田于沛沛澤名招虞人以弓不進公使執之辭曰昔我先君之田也旃以招大夫弓以招士皮冠以招虞人臣不見皮冠故不敢進乃舍之仲尼曰守道不如守官君招當往道之常也非物不進官之職也君子韙之韙是也

孔子嘗爲委吏矣曰會計當而已矣爲乘田矣曰牛羊茁壯長而已矣孔子嘗以貧而祿仕委吏主委積倉庾之吏也不失會計當直其多少而已乘田苑囿之吏也主六畜之芻牧也牛羊茁壯肥好長大而已茁茁長貌也詩云彼茁者葭位卑不得高言豫朝事故但稱職而已

漢胡建字子孟孝武天漢中守軍正丞南北軍各有正又置丞而建未得真官兼守之貧亡車馬常步與走卒起居所以尉薦走卒甚得其心尉者自上安下也薦者藉也時監軍御史爲姦穿北軍壘垣以爲賈區坐賣曰賈爲賈物之區也區者小室之名若今小菴屋之類耳垣壘之壁區壘宿衛宮外士稱爲壘士也建欲誅之迺約其走卒約束也曰我欲與公有所誅吾言取之則取斬之則斬於是當選士馬日監軍御史與護軍諸校列坐堂皇上校者諸部之校也室無四壁曰皇建從走卒趨至堂皇下拜謁因上堂走卒皆上建指監御史曰取彼走卒前曳下堂皇建曰斬之遂斬御史護軍諸校皆愕驚不知所以建亦已有成奏在其懷中遂上奏曰臣聞軍法立武以威衆誅惡以禁邪今監御史公穿軍垣以求賈利公謂顯然爲之私買賣以與士市不立剛毅之心勇猛之節亡以帥先士大夫尤失理不公用文吏議不至重法黃帝李法曰獄官名也天文左角李右角將兵書之法也李者法官之號也總主征伐刑戮之事也故稱其書曰李法壁壘已定穿窬不繇路是謂姦人姦人者殺窬小竇也臣謹案軍法曰正亡屬將軍將軍有罪以聞言軍正不屬將軍將軍有罪得奏之二千石以下行法焉二千石謂軍中校尉都尉之屬丞於用法疑丞史於法有疑執事不諉上諉累也言事若當見法即行之不累於上也臣謹以斬昧死以聞制曰司馬法曰國容不入軍軍

府八百四十四　二

容不入國何文吏也司馬法古兵書之名也解在主父偃傳言在於軍中何用文吏議也三王或誓於軍中欲民先成其慮也或誓於軍門之外欲民先意以待事也謂使意先以待事也或將交刃而誓致民志也欲致民勇志使不奔也建又何疑焉建繇是顯名

符璽郎典符璽之郎昭帝時殿中嘗有怪一夜羣臣相驚霍光召尚符璽郎恐有變故欲收取璽郎不肯授光光欲奪之郎按劍曰臣頭可得璽不可得也光甚誼之明日詔增此郎秩二等衆庶莫不多光

後漢祭遵從光武征河北爲軍市令舍中兒犯法遵格殺之光武怒命收遵時主簿陳副諫曰明公常欲衆軍整齊今遵奉法不避是教令所行也光武乃貰之以爲刺姦將軍謂諸將曰當備祭遵吾舍中兒犯法尚殺之必不私諸卿也

侯霸爲淮平大尹政理有能名及王莽之敗霸保固守卒全一郡

郅惲字君章爲上東城門候光武嘗出獵車駕夜還惲拒關不開帝令從者見面於門間惲曰火明遼遠不受詔帝乃迴從

東中門入（東西宁門也）

何湯爲開陽門候建武十八年夏旱公卿皆暴露請雨洛陽令
著車蓋出門湯將衛士鉤令車收案有詔免令官拜湯虎賁中
郎將光武嘗歎曰赳赳武夫公侯干城何湯之謂帝又微行夜
還湯閉門不納更從中東門入明里召詣太官賜食諸門候皆
奪俸

第五倫爲京兆尹閤與主簿時長安鑄錢多姦巧乃署倫爲督
鑄錢掾領長安市倫平銓衡正斗斛市無阿枉百姓悅服

晉徐裔爲羊祜軍司馬祜在荊州頗以畋漁廢政嘗欲夜出裔
執戟當營門曰將軍都督萬里安可輕脫將軍安危亦國家之
安危也裔今日若死此門是開耳祜改容謝之此後稀出矣

後趙王假爲永昌門門候石勒嘗夜微行檢察營衛齎繒帛金
銀以賂門者求出永昌門假欲收捕之從者至乃止旦召假以
爲振忠都尉爵關內侯



後秦王滿聰爲城門校尉姚興從朝門游于文武苑乃昏而還
將自平朔門入前驅既至滿聰被甲持杖閉門距之曰今已昏
闇姧良不辨有死而已門不可開興乃迴從朝門而入旦而召
滿聰進位二等

宋謝莊爲侍中領前軍將軍武帝出行夜還敕開門莊居守以
棨信或虛報不奉旨須墨詔乃開上後因酒讌從容曰卿欲效
郅君章耶對曰臣聞蒐巡有度郊祀有節盤于遊田著之前誡
陛下今蒙犯塵露晨往宵歸容恐不逞之徒妄生矯詐臣是以
伏須神筆乃敢開門耳

南齊荀伯玉爲太祖冠軍參軍隨太祖還都除奉朝請令伯玉
看宅知家事孝武罷廣興還立別宅遣人於大宅掘樹數株伯
玉不與馳以聞太祖曰卿執之是也

傅寂之年十七爲州西曹兼直主簿刺史王彧行夜還前驅已
至寂之不肯開門曰不奉墨旨或方於車中爲教然後開彧歎
曰不意郅君章近在閣下即轉爲主簿

北齊張耀爲尚書右丞文宣嘗因近出令耀居守常夜還耀不
時開門勒兵嚴備帝駐蹕門外久之催迫甚急耀以夜深眞僞
難辨須火至面識開乃可開於是獨出見帝帝笑曰卿欲學郅君
章也乃使耀前開門然後入深嗟賞之賜與錦采

唐褚遂良爲諫議大夫兼知起居事太宗嘗問曰卿知起居記
錄何事大抵人君得觀之否遂良對曰今之起居古左右史書
人君言事且記善惡以爲檢誡庶幾人主不爲非法不聞帝王
躬自觀史太宗曰朕有不善卿必記之耶遂良曰守道不如守
官臣職當載筆君舉必記太宗以爲然

王播爲侍御史德宗貞元末李實爲京兆尹恩寵莫二播嘗遇
之通逵故事臺府相臨實宜下道避至是實不肯避播如故
播嘗自臺移牒責怒遂奏播爲三原令

## 勤幹



傳曰能兼其官詩云不懈於位蓋夫明幹勵職受任居方有統
理之才資精鍊之用雖復繁於簿領汲於辭讞於官曹政經是勤
吏事攸稱幹蠱之謂茲亦足稱在公之心於焉是取斯所謂思
不出位職思其憂智效一官守不假器敏以爲政行之惟艱者
也故以明濟著聞僶俛從事或終日以斂膝或申旦而不寢采
務具舉彊力斯在茲故爲吏者克勵其所守者矣若乃徼當官
之譽取辦職之稱雖曰無近名蓋亦不信矣

冥爲夏司空勤其官事死於水中殷人郊之孔子爲魯季氏史
料量平嘗爲司職吏而畜蕃息

趙奢者趙之田部吏也收租稅而平原君家不肯出租奢以法
治之殺平原君用事者九人

漢蕭何沛人也以文毋害爲沛主吏掾（害傷也無能爲害之也）秦御史監
郡者與從事辦之（何與共事備辦謂何秦有方略）何迺給泗水卒史事第一
上秦御史欲入言徵何何固請得毋行

尹翁歸爲平陽市吏是大將軍霍光秉政諸霍在平陽奴客持刀兵入市鬬變吏不能禁（變亂也）及翁歸爲市吏莫敢犯者

張安世字子孺少以父任爲郎用善書給事尚書（於尚書中給事供也）精力於職休沐未嘗出

後漢劉虞東海恭王之後也遭世衰亂又與時主疏遠仕縣爲户曹吏以能治身奉職召爲郡吏

虞延陳留東昏人也光武東巡路過小黄高帝母昭靈后園陵在焉時延爲部督郵詔呼引見問園陵之事延進止從容占對可觀其陵樹株蘖皆諳其數俎豆犧牲頗曉其禮帝善之

蕭延初歷郡列掾州從事所在職辦

陳寵辟司徒鮑昱府掾屬專尚交遊以不肯親事爲高寵常非之獨勤以物務

魏[illegible]字孝威太祖定冀州以爲從事東平王國爲左右長史後李[illegible]集並以忠貞練事爲世吏表

高柔爲刺姦令史柔既處法平允又夙夜匪懈至擁膝抱文書而寢太祖常夜微出觀察諸吏見柔哀之徐解裘覆柔而去自是辟焉

李勝爲滎陽太守河南尹勝前後所爲守宰未嘗不稱職

陳太歷四郡守九卿所在據綱領舉大體能使群下自盡有統御之才不親小事不讀法律而得廷尉之稱優於司馬岐等精練文理

蜀李福爲江州督揚威將軍入爲尚書僕射福爲人精識果銳敏於從政

王離字伯元以才幹顯爲督軍從事推法平當代王祇爲犍爲太守

李嚴字方正南陽人也少爲郡職吏以才幹稱荆州牧劉表使歷諸郡縣

吳呂岱出守吳丞時大帝領會稽太守親斷諸縣倉庫及囚繫長丞皆見岱處法應問甚稱帝意召署録事



[illegible]用以[illegible]白日接賓客夜省文書或至[illegible]不寐

晉謝[illegible]爲豫州治中從事義熙八年土斷僑流郡縣使將分判揚豫民户以平允見稱

陸保爲荆州刺史保聰敏勤於吏職兼而近禮愛好人倫終日斂膝危坐閤外多事千緒萬端罔有遺漏

宋顗字正思仕爲郡督郵檢覆隱匿者三千人爲一州九最太守劉[illegible]拔爲主簿

宋沈叔任少有幹質初爲揚州主簿高祖太尉參軍吳山陰令治皆有聲

南齊呂安國廣陵人也宋大明末安國以將領見任歷軍有幹局爲劉勔所稱

梁朱丈仕宋爲郢州治中荷稱名職

劉坦齊建元初爲南郡王國常侍奉朝請[illegible]令遷南中郎録事參軍所居以幹濟稱

徐勉爲侍中時王師北伐候驛填委勉參掌軍書劬勞夙夜動經數旬乃一還宅每還群犬驚吠勉歎曰吾憂國忘家乃至於是若吾亡後亦是傳中一事

後梁沈君公吳興人有幹局美風儀文章典正特爲明帝所重歷中書黄門侍郎御史丞侍從少帝特著有才幹歷山陰吳縣康令並有能名

陳華皎爲吳興都尉掌府文帝爲太守數使皎多以委之皎聰惠勤於簿領

殷不佞少立名節好讀書尤長吏術仕梁起家爲尚書兵郎甚有能稱

後魏崔休爲司徒右長史聰明強濟善斷決數府多事辭訟盈几剖判若流殊無疑滯加之以公平清潔甚得時譽

鄭懿涉歷經史善當世事解雅有治才爲孝文所器遷拜長兼

給事黄門侍郎司徒左長史

曹世表字景昇京兆王徵以爲從事中郎掌中外兵事自當煩劇論者皆稱其能

崔玄伯少有才雋號爲冀州神童苻融牧冀州從事管征東記室出總庶事入爲賓友衆務修理處斷無滯苻堅聞而奇之

□□字安平有文武才度以功臣子召入禁中參中散專典秘藏勤不倦太武深重之

李沖位至尚書僕射機敏有巧思北京明堂圓丘太廟及洛都初基安處郊兆新起堂寢皆資於沖勤志強力孜孜無怠旦理文簿兼營匠制几案盈積剞劂在手終不勞厭也

穆弼爲中書舍人轉司州治中別駕歷任有稱又爲北鎮都將後徵拜殿中尚書出鎮涼州所在著稱

王興之爲瀛冀二州北平府長史所歷有當官之譽

陸恭之字季順有操尚累遷鎮西將軍所歷並有聲績

□常爲著作郎遷秘書丞時高允爲監河間邢祐北平陽尼河東裴定廣平程駿金城趙元順等爲著作佐郎雖才學之有短長然俱爲稱職並号長者允每稱博通經籍無過常也

李璨入爲散騎常侍鎮東將軍河南尹璨前後所歷皆以明察著稱

劉懌歷徐州別駕兗州左軍府長史司空諮議參軍屢爲行臺出使所歷皆有當官之稱懌敬邕性長者有智用自司徒主簿轉尚書都官郎中所在稱職

房景爲步兵校尉領尚書郎齊州中正所歷皆有當官之稱

叔孫讌少聰慧知名稍遷北部尚書有當官之稱

郭祚轉中書侍郎遷尚書左丞長兼給事黄門侍郎清勤在公夙夜匪懈孝文甚知賞之從觀爲左衛將軍綰門下中書出納詔命及訪舊事未嘗有所遺漏孝文奇之

許淨字季良爲鐵城戍主遷於從正位司徒主簿以明斷見知時人號爲鐵主簿

府八百四十四　七

北齊司馬子如爲吏部郎中以清勤平約遷司徒左長史又兼廷尉卿以平直稱及領御史中丞正色舉察爲朝廷所許

李璵字道璠隴西成紀人涼武昭王暠之五世孫父韶並有重名於魏代璵温雅有識量釋褐太尉行參軍累遷司徒右長史及遷都於鄴留璵於後監掌府藏及撤運宮廟材木以明幹見稱尋遷驃騎大將軍東徐州刺史

白建字彦舉太原陽邑人也初入爲大丞相府騎兵曹典執文帳明解書計爲同局所推封諸關驛經史清素自持歷官皆有幹局才具治郡甚著聲績民吏敬而愛之

叱列長文爲涇州長史雖無他伎能在官以清幹著稱

張耀累遷秘書監耀歷事累世奉職恪勤咸見親待未嘗有過

後周寇儁仕後魏爲司空府功曹參軍轉主簿時靈太后臨朝減食祿官十分之一造永寧佛寺令儁典之資費巨萬主吏不能欺隱寺成又極壯麗太后嘉之除左軍將軍

府八百四十四　八

裴相爲工部中大夫俠嘗遇疾沉頓士友憂之忽聞五鼓便即驚起顧左右可向府耶所苦因此而瘳晉公護聞之曰裴俠危篤若此而不廢憂公因聞鼓聲疾病遂愈此豈非天祐其勤耶

裴祥俠之子也性忠謹有理劇才少爲成都令清不及俠斷決過之

薛善爲儀同令善幹用強明一郡稱最太守王羆美之令善兼督六縣事尋爲行臺郎中時欲廣置屯田以供軍費乃除司農少卿領同州夏陽縣二十屯監又於夏陽諸屯置鐵冶復令善爲監每月役八千人營造軍器善自督課兼加慰撫甲兵精利而皆忘其勞苦焉

高賓累遷計部中大夫賓敏於從政果敢能斷決案牘雖繁綽有餘裕

李彦累遷開府儀同三司素多疾而勤於莅職雖沉頓枕席猶理務不輟遂至於卒

申徽初為西魏右僕射賜姓宇文氏徽性勤至凡所居官案牘無大小皆親自省覽以是事無稽滯吏不得為姦後雖歷公卿此志不懈

楊敷為司木中大夫軍器副監敷明習吏事所在以勤察著名每歲奏課居最累獲優賞建德初襲魏孝閔時歷眉復二州刺史果性嚴猛能斷決抑挫豪右理屈滯收數州號為稱職累遷少脩謹有幹能辟從事魏神龜中刺史楊均引為中兵參軍事轉定襄令尋為并州水曹參軍所歷之職咸以勤恪著稱

柳帶韋為開府儀同三司凡居劇職十有餘年處斷無滯官曹清肅

梁昕湜裕有幹能歷官內外咸著聲稱

隋杜臺卿兄蕤學業不如臺卿而幹局過之仕至開州刺史

邊禪河東人也性質直剛毅在周為天官守史以恭謹恪勤擢授夏官府上士稍以明幹見知



李圓通京兆涇陽人也高祖為隋國公擢授參軍事祖高祖少時每讌賓客當令圓通監廚性嚴整左右婢僕咸所敬憚唯世子乳母特寵輕之賓客未供每有干請圓通不許或輒持去圓通大怒叱廚人撾之數十叫呼之聲聞於閤內僚吏左右相顧失色賓去之後高祖具知之召圓通命坐賜食從此觀善之以為堪當大任高祖作相賜封懷昌男

張虔雄少有才器秦孝王俊為秦州總管選為法曹參軍王嘗親按囚徒虔雄不持狀口對百餘人皆盡事情同輩莫不歎服

元文都性鯁直明辯有器幹仕周為右侍上士

劉炫河間人也少以聰敏見稱刺史李繪署禮曹從事以吏幹知名

賀婁子幹字萇壽少驍武知名釋褐司水上士稱為強濟

楊汪為尚書司勳兵部二曹侍郎秦州總管長史名為明幹

周羅睺為豳州刺史俄轉涇州刺史母憂去職未幾復起授豳州刺史並有能名

劉子翊為大理正甚有當時之譽

薛萬為清陽令襄城掾所經並有惠政

唐戴冑魏郡人也性正直有幹局明習律令尤曉文簿隋末為門下錄事納言蘇威黃門侍郎裴矩甚禮之

劉洎字思道南郡江陵人也少好讀書性勁躁有幹略

張光輔太燉煌人也少明經有幹局歷遷司農少卿文昌右丞及為宰相皆有能名

蕭至忠累遷晉州刺史明於吏道甚有能名

崔日用初為芮城尉則天幸長安儲供由陝州[illegible]宗楚客專以頓事委日用將日物役當煩而省楚客深所[illegible]由是擢為新豐尉遷監察御史

顏杲卿以蔭授官性剛直有吏幹開元中為魏州錄事參軍振舉綱目政稱第一



李畬年有吏才工於剖析有當代之稱

裴耀卿為濟州刺史玄宗車駕東巡州當大路道里綿遠而戶口寡弱耀卿躬自條理科配得所時大駕所歷凡十餘州耀卿為知頓之最

蕭沆為監察御史與兄演浴弟清俱以幹局吏事擅能名於時長吏韓朝宗裴迥或以推覆檢勾之任委之處事平允剖斷精當勤為群察楷式

呂諲為哥舒翰支使判官性謹密勤於職務在使幕縱無事塊然獨坐不離案牘翰益親之

李麟為河東太守本道採訪處置使及安祿山反以武臣呂崇賁代之麟還京所歷皆有美稱以謹靖雅正自處

韋倫為內作使判官時宮內土木之功無盡日倫作人吏因緣為姦倫又躬親閱視省費減倍改大理評事

李之幽性剛正有吏才歷安定扶風錄事皆為稱職累遷

長安令

班宏爲尚書侍郎性勤恪每晨入官署至夕方歸下吏不堪其勞故莅職頗以清白勤幹稱

韋元甫少修謹敏於學行初任滑州白馬尉以吏術知名本道採訪使韋陟深器之奏充支使與同幕判官員錫齊名元甫精於簡牘錫詳於訐覆陟推誠任之時人語曰員推韋狎

劉贊少以資蔭補吏累授鄠縣丞宰相杜鴻漸判官楊炎美之

鄭元累遷刑部尚書性嚴毅有威斷更踐劇任等稱其能

盧士玫山東右族以文儒進性端厚與物無競雅有令聞嘗爲吏部員外郎甚稱職轉郎中

後唐張敬詢以事武皇性勤幹時太祖收市甲馬屢濟國難尤留意於兵仗敬詢自[illegible]吏至牙校專掌甲坊十五年尤稱職

孟鵠本魏州牙吏也[illegible]宗初定魏博選幹吏以計兵賦鵠爲之支孔目官掌邢洺錢穀司明宗持爲邢洺節度使軍賦三分之一屬霸府鵠於調算之間不至苛急每事曲意承迎帝心甚德之而支度使孔謙[illegible][illegible]軍賦而於藩鎮徵督苛急帝嘗切齒及帝即位鵠時爲租庸院勾押推爲客省副使樞密院承旨當年爲三司副使

晉周瓌北京晉陽人也少習直善計書自高祖歷數鎮用爲腹心累職至牙門都校凡庸調出納咸以委[illegible]經十餘年未嘗以微累見忤帝甚重之

周邊蔚初仕後唐爲絳州記室莊宗之伐蜀大軍出於華下時華方闕帥詔令蔚權[illegible]州事供億軍須甚有幹濟之稱

冊府元龜卷第八百四十四

# 册府元龜卷第八百四十五

總録部九十三

膂力　矯捷　善武藝　執御

## 膂力

詩云孔武有力又云有力如虎斯蓋萬人之敵百夫之防者也其有血氣方剛筋骨秀出憤技自任伉健無對絶邁乎倫品時負於壯勇誠稟賦之有殊而材力之尤異然則恃之者士稱之者賤聖人不語其唯力乎小民所用在於閫閾自非處之若怯而戒之在鬬進以戡難而樂悔退乃卷懷而若虚亦何以全卷勇之道成率義之美哉其或肆陸梁恃鷙猛誦衆莫予推而務於勝人是乃暴虎之徒不足算已

奡寒浞子多力能陸地行舟

蜚廉秦之先也蜚廉生惡來惡來有力（手裂兕虎）蜚廉善走父子俱以材力事紂



頴考叔鄭大夫鄭伯將伐許授兵於太宮（太宮鄭祖廟也）公孫閼與頴考叔爭車（公孫閼鄭大夫）頴考叔挾輈以走（輈車轅也）子都拔棘以逐之（子都公孫閼也棘戟也）

南宮長萬宋大夫曹師伐宋長萬奔陳以乘車輦其母一日而至（乘車非兵車駕人曰輦宋去陳二百六十里言万之多力）宋人請南宮万于陳以賂陳人使婦人飲之酒而以犀革裹之比及宋手足皆見宋人醢之

叔山冉楚人晉楚戰于鄢陵楚師薄於險（薄迫也）叔山冉搏人以投中車折軾晉師乃止

秦堇父魯孟獻子家臣魯師從晉伐偪陽堇父輦重如役（輓輦車以從御）

叔梁紇魯人為鄹邑大夫從伐偪陽偪陽人啓門諸侯之士門焉（見門開故攻之）縣門發紇抉之以出門者

狄虒彌魯人從晉伐偪陽叔梁紇既抉縣門虒彌建大車之輪而蒙之以甲以為櫓（蒙覆也櫓大楯也）左執之右拔戟以成一隊孟獻子曰詩所謂有力如虎者也

慶舍字子之為齊大夫封之子慶封之亂欒高陳鮑之徒介慶氏之甲（欒子雅高子尾陳無宇鮑國）子尼抽桷擊扉三（桷椽也扉門扉也以桷擊扉為期）盧蒲癸自後刺子之王何以戈擊之解其左肩猶援廟桷動於甍以俎壺投殺人而後死結旗口

子期楚司馬白公勝作亂殺子期于朝子期曰昔者吾以力事君不可以弗終抉豫章以殺人而後死（豫章大木以效其多力）

孟説不知何許人秦武王有力好戲力士任鄙烏獲與孟説皆至大官王與孟説舉鼎絶臏而卒（臏脛）

孟賁生拔牛角

夏育衛人力舉千鈞

吾丘鴆中山之多力人也趙氏攻中山吾丘鴆衣鐵甲操鐵杖以戰而擊無不碎所衝無不陷以車投車以人投人

漢項籍字羽下相人力扛鼎（扛舉也）才氣過人



申屠嘉梁人文帝時為丞相初以材官蹶張（今之弩以手張者曰擘張以足蹋者曰蹶張）從高帝

上官桀隴西上邽人少時為羽林期門郎從武帝上甘泉天大風車不得行解蓋授桀桀蓋雖風常屬車（屬連也）雨下蓋輒御帝奇其材力遷未央廄令

甘延壽字君況少以良家子善騎射為羽林投石拔距絶於等倫（投石以石投人也拔距者有人連坐相把據地距以為堅而能拔取之皆言其有手擊之力超踰亭樓又言其趫捷耳非拔距也今人猶有拔爪之戲蓋拔距之遺法）

後漢蓋延漁陽人彎弓三百斤邊俗尚勇力而延以氣聞官終左馮翊將軍

祭彤字次孫有勇力能貫三百斤弓位太僕

虞延字子大力能扛鼎官終太僕

郭涼身長八尺氣力壯猛

葛龔以善文記知名性慷慨壯烈勇力過人位臨汾令

魏許褚勇力絶人漢末聚少年及宗族數千家共堅壁以禦寇
時汝南葛陂賊万余人攻褚壁褚衆少不敵力戰疲極兵矢盡
乃令壁中男女聚治石如杅斗者置四隅褚飛石擲之所值皆
摧碎賊不敢進糧乏僞與賊和以牛與賊易食賊來取牛牛輙
奔還褚乃出陳前一手逆曳牛尾行百余歩賊衆驚遂不敢取
牛而走由是淮汝陳梁間聞皆畏憚之後從太祖討韓遂馬超
於潼關太祖將北渡臨濟河先渡兵獨與褚及虎士百余人留
南岸斷後超將歩騎万余人來奔太祖軍矢下如雨褚白太祖
賊來多今兵渡以盡宜去乃扶太祖上船賊戰急軍爭濟船重
欲沒褚斬攀船者左手舉馬鞍蔽太祖船工爲流矢所中死褚
右手並泝船僅乃得渡是日微褚幾危其後太祖與遂超等單
馬會語左右皆不得從唯將褚超負其力陰欲前突太祖素聞
褚勇疑從騎是褚乃問太祖曰公有虎侯者安在太祖顧指褚
褚瞋目盼之超不敢動乃各罷後數日會戰大破超等褚身斬



首級遷武衞中郎將武衞之號自此始也軍中以褚力如虎而
癡故號曰癡虎是以超問虎侯至今天下稱焉皆謂其姓名也
典韋陳留己吾人形貌魁梧旅力過人初平中張邈舉義兵韋
爲士屬司馬趙寵牙門旗長大人莫能勝韋一手建之寵異其
才力韋好持大雙戟與長刀等軍中爲之語曰帳下壯士有典
君提一雙戟八十斤
蜀劉封隨先主入蜀自葭萌還攻劉璋時封年二十余有
入將兵俱與諸葛亮張飛等泝流西上所在戰克位
副軍將軍
呉韓當爲孫堅別部司馬嘗從堅征伐周旋數犯危難陷敵擒虜
董襲字元代會稽余姚人長八尺武力過人位偏將軍
朱然字子範呉郡呉人有姿貌膂力又能論難位新都郡丞
晉庾東以勇力聞武帝時有西域健胡趫捷無敵晉人莫敢與
校帝募勇士唯東應選遂撲殺之名振殊俗

蔡裔少有勇力時聲若雷嘗有盜入室裔撫几一呼盜衆皆殞
時人憚之後爲兗州刺史
吾彦字士則呉郡呉人出自寒微有文武才幹身長八尺手格
猛獸膂力絶羣位交州刺史
張昌本義陽蠻少爲平氏縣吏武力過人
後蜀李壽爲中軍騎督弓馬便捷膂力過人時論方之文鴦
宋孟龍符驍果有膽氣幹力絶人位殿中將軍
孟係祖有筋幹異力能檐負數人入隸羽林爲殿中將軍
劉康祖新康縣男虔之子便弓馬膂力絶人從長生出身爲縣
將首府以其膂力召爲府將
張東有勇力手格猛獸位左軍將軍
南齊周山圖家業寒賤年十五六氣力絶衆食噉常兼數人鄉
里儺戲聚常爲主帥指麾處分皆見從位黃門郎
張敬兒南陽冠軍人好射虎南陽新野風俗出騎射而敬兒尤



多膂力求入隊爲曲阿戍驛將
焦度爲青州刺史顔師伯輔國府參軍師伯板度武騎度氣力
弓馬絶人帝召還充左右見度身形黑壯謂師伯曰眞健物也
梁羊侃少而雄勇膂力絶人泗橋有數石人長八尺大十圍侃
執以相擊悉皆破碎位都官尚書
鄧元起字仲居南郡當陽人也少有膽幹膂力過人位益州刺史
陳周鐵虎不知何許人梁世南度語音傖重膂力過人位太子
左衞
程靈洗少以勇力聞歩行日二百余里位安西將軍
杜僧明形貌眇小而膽氣過人有勇力善騎射位平北將軍
任忠字奉誠小名蠻奴膂力過人尤善騎射位開府儀同三司
周迪少居山谷有膂力能挽彊弩以弋獵爲事位平南將軍
乙瓌代人慕化入貢世祖留之瓌便弓馬善騎射手格猛獸膂
力過人位西道都將

徐世譜字興宗居荊州爲主帥征伐蠻蜑世譜尤敢勇有膂力善水戰
後魏于栗磾代人爲冠軍將軍道武政于白登山見熊領數子
帝謂栗磾曰能縛之乎栗磾曰若捷之不勝豈不虛斃
一壯士邪栗磾曰自可能致御前而制之尋擒之
崔延伯博陵人也有氣力以勇壯聞位征西將軍
羈茂字元興父眷龍驤將軍茂年十七膂力絕人尤善騎射明
元嘗親征丁零翟猛茂爲中軍執幢將大風諸軍旌旗皆偃仆茂
於馬上持幢初不傾倒明元異而問之徵茂所屬以狀對明
元謂左右曰記之尋徵詣行在所試以騎射明元深奇之以茂
爲虎賁中郎將
陸真代人少善騎射太武初以真膂力過人拜內郎
劉尼少壯健有膂力勇果善射太武見而善之拜羽林郎中
谷渾字元冲昌黎人父衮膂力兼人彎弓三百斤勇冠一時位
安南將軍



伊馛代人善射多力曳牛却行位太子太保
長孫頹善騎射彎弓三百斤位征西將軍
宇文福少驍果有膂力位征南將軍
鄭思明左光祿大夫連山子思明及弟思和並以武力自效位
直閤將軍
傅永字脩期清河人有氣幹拳勇過人于叔偉九歲爲州主簿
及長膂力過人彎弓三百斤左右馳射見者以爲得永之武而
不得永文也
奚康生性驍勇有武藝弓力十石爲南青州刺史時梁武帝聞
康生能引彊弩力至十余石故特作大弓兩張送與康生康生
得弓便會集文武乃用平射猶有余力其弓長八尺把中圍尺
二寸箭麤殆如今之長笛觀者以爲希世絕倫弓即表送置之
武庫
崔凱少便弓馬壯勇有膂力

北齊侯景懷朔鎮人少驍勇有膂力善騎射以選爲北鎮戍兵綦連
猛魏元象中爲守外府帳內都督梁使來聘云有武藝求訪北
人欲與相角文襄遣猛就館接之雙帶兩鞬左右馳射兼共試
力挽彊弓梁人引弓兩張力皆三石猛遂併取四張疊而挽之過
度梁人嗟服之
後周韓雄字木蘭河東人也少敢勇膂力絕人工騎射有將
帥材略位驃騎大將軍
竇熾字光成善騎射膂力過人位太保
宇文顯和膂力絕人彎弓數百斤能左右馳射
王勇代州武川人本名胡仁少雄健有膽決便弓馬膂力過人
位大將軍
王傑少有志每以功名自許善騎射有膂力位上柱國
崔說本名士約少有氣槩膂力過人尤工騎射位大將軍
楊紹字元度少跳踉好與人羣鬪拳所毆擊無不顛踣位吏部



尚書
韓盛善騎射膂力過人位新平郡守
隋張威少倜儻有大志善騎射膂力過人在周數從征伐位至
上柱國京兆尹
和洪汝南人少有武力勇烈過人周武帝時數從征伐以戰功
累遷車騎大將軍
段文振北海平原人少有膂力膽氣過人位左候衛大將軍
魚俱羅馮翊下邽人膂力絕人聲氣雄壯言聞數百步弱冠爲
親衛累遷大都督
董純字德厚少有膂力便弓馬在周仕爲司御上士
唐張士貴本名忽峍弘農盧氏人也膂力過人彎弓一百五十
斤左右騎射矢不虛發位左領軍大將軍
周範儒安義有膂力仕隋齊王府
秦軌字文度京兆渭南人慷慨有志略身長八尺膂力過人善

擊劍左右馳射而頗涉書傳
梁崇義長安人以外弟給役於市井嘗有膂力能挽二金弓鉤從
為羽林射生
衛伯玉有膂力自幼習藝武藝天寶中杖劍之安西以邊功累
遷至員外諸衛將軍
要藝全為河東偏伍勇力絕人節度使馬燧以其多藝因以藝
全名之
李載義以武力稱為幽州屬郡守載義少孤與鄉曲之不合
者遊有勇力善挽彊角觝
劉濟為幽州節度使見而偉之置於親軍每從征伐
梁王彥章壽張人少好勇多力太祖領四鎮擢為偏校常持一
鐵槍重僅百斤所向無敢當者
後唐朱漢賓亳州人少有膂力兼神壯偉膽氣過人位太子少
保致仕
晉翟璋好勇多力特目為大蟲即嚴虎之稱也位左羽林統軍
張訓年十八善射膂力過人鄉里憚之位夔州刺史
周王繼弘少勇捍後唐明宗作鎮致之麾下善步鬭多力位河
陽節度使

趫捷

夫有力善走雄悍勁疾斯趫捷之謂也若乃稟氣之異伉健殊
尤屬于剛之際捷乳武之力趍躍輕疾絕出流輩則一介之
士亦乃百夫之特也然則壯有所用力世非使伉伉之氣既有
所取赳赳之武亦足可稱或乃特其過人恣于養勇失於謹
之訓過夫舉義之旨斯固輕生而嗇禍者哉
蜚廉秦之先也延走千里手制兕虎以材力事商紂
國人舉魯人國也蟬蟰養馬者能投蓋于稷門蓋覆也稷門魯南門起闢自擲
捷壯公握之稱反覆觀上
慶忌吳人勇為人所聞走及奔馬



漢甘延壽字君況北地郁郅人為羽林投石拔距絕於等倫嘗
超踰羽林亭樓由是遷為郎試弁為期門以材力愛幸為西
域都護與陳湯共誅斬郅支單于封義成侯
後漢董卓隴西人膂力過人雙帶兩鞬左右馳射為羌胡所畏
桓帝末以六郡良家子為羽林郎後位太師
張燕常山真定人剽悍捷速過人故軍中號曰飛燕後為平北
將軍
呂布字奉先五原郡九原人也漢末以驍武給并州便弓馬
膂力過人號曰飛將稍遷至中郎將董卓自以遇人無禮恐人
謀已常以布自衛卓性剛而褊忿不思小失意拔手戟擲布布拳
捷避之而改容顧謝卓意亦解
吳凌操會稽餘姚人為孫策功曹從策討山越策獨騎與越相
得山中得平地勒策乘馬策曰卿無馬奈何荅曰越能步行日
可二三百餘里自征討以來吏卒無及越者明府試躡馬蹤
隨之行及大道得一鼓吏策取角自鳴之部曲識聲小大皆出
遂從周旋平定三郡
晉唐彬字儒宗魯國鄒人少便弓馬好游獵身長八尺走及奔
鹿強力兼人後為前將軍領西戎校尉雍州刺史
王彌東萊人惠帝末入長廣山為群盜彌多權略凡有所掠必
豫圖成敗舉無遺策弓馬迅捷膂力過人青土號為飛豹
郭默河內懷人少微賤以壯勇事太守裴整常身被重甲跳三
丈餘時人莫不憚之後為西中郎將豫州刺史
桓石虔荊州刺史豁之子小字鎮惡有才幹趫捷絕倫從父在
荊州於獵圍中見猛獸被數箭而伏諸督將素知其勇戲令拔
箭石虔因急往拔得一箭猛獸跳石虔亦跳高於猛獸獸伏復
拔一箭以歸終冠軍將軍豫州刺史
陳安字虎侯隴右人驍壯果毅武幹過人多力善射持七尺刀
奔及馳馬

宋傅弘之北地泥陽人也素善騎乘爲建威將軍順陽太守從高祖至長安弘之於姚泓馳道内緩服戲馬或馳或驟往反二十里中甚有姿制羌胡聚觀者數十人並驚惋歎息初上馬以馬鞭柄策挽致兩股内及下馬柄孔

尺天生吳興余杭人天興之弟也天生少爲隊將十人同火屋後有一大坑廣二丈余十人共跳之皆度唯天生墜坑天生及取實中苦竹剡其端使利交横布坑内更呼等類共路並畏懼不敢天生曰我向已不度今者必墜此坑中丈夫跳此不度亦何活乃復跳之往反十余曾無留礙衆並歎服

南齊張敬兒爲雍州刺史部伍泊沔口敬兒乘舴艋過江詣晉熙王燮中江遇風船覆左右丁壯者各泅走余二小吏没艋下叫呼官敬兒兩掖挾之隨船覆仰常得在水上如此翻覆行數十里方得迎接失所持節更給之

王敬則晉陵南沙人也年二十余善拍張跳刀高與白虎幢等

府八百四十五　九

如此五六接無不中補捉轂隊主領細鎧左右

梁羊侃泰山梁甫人也少雄勇膂力絶人於兖州尧廟蹋壁直上至五尋横行得七跡後爲都官尚書

蘭欽字休明幼而果決趫捷過人宋末隨父子雲在洛陽常於市騙橐駝天監中兼文德主帥征南中五郡諸洞反者所至皆平欽有謀略勇決善戰步行日二百里勇武過人善撫馭得人死力以軍功封安懷縣男

陳周文育義興陽羨人也年十一能反覆游水中數里跳高六尺與群兒聚戲衆莫能及後爲鎮南將軍封壽昌公

黄法氍字仲昭巴山新建人少勁捷有膽力步行日三百里距躍三丈頗便書疏閑明簿領出入郡中爲鄉里所憚後爲高州刺史

後魏傅永廣平易陽人也有氣幹拳勇過人能手執鞍橋倒立馳騁後爲平東將軍光祿大夫

傅叔偉永之子也亦能立馬上與人角騁九歲爲州主簿

楊大眼武都氐難當之孫少有膽氣跳走如飛然側出不爲其宗親顧待頗有飢寒之切太和中起家奉朝請時孝文自代將南伐令尚書李冲典選征官大眼往求焉冲弗許大眼曰尚書不見知聽下官出一伎便出長繩三十許尺繫髻而走繩直如矢馬馳不及見者莫不驚歎冲曰自千載以來未有逸材若此者也遂用爲軍主大眼顧謂同寮曰吾之今日所謂蛟龍得水之秋自此一舉終不復與諸君齊列矣未幾迁爲統軍從孝武征宛葉穰鄧九江鍾離之間所經戰陣莫不勇冠六軍

伊馥代人少而勇健走及奔馬善射多力位終太子太保平尚書事

尒朱兆字萬仁榮從子也少驍猛善騎射手格猛獸趫捷過人數從榮遊獵至於窮巖絶澗人所不能升降者兆必先之榮以此特加賞愛任爲爪牙以軍功爲平遠將軍步兵校尉

府八百四十五　十

後周韓果字阿六拔代州武川人驍雄善騎射從賀拔岳西征爲帳内果膂力絶倫被甲荷戈升陟峯嶺猶涉平路雖數十百日不以爲勞以功授宣威將軍後從大軍破稽胡於北山胡地險阻人迹罕至果進兵窮討散其種落稽胡憚果勁健号爲著翅人太祖聞之笑曰著翅之名寧減飛將

達奚震字猛略代人也同州刺史武之子少驍勇便騎射太祖嘗於渭北校獵時兎過太祖前震與諸將競射之馬倒而墜震足不傾躓因步走射之矢發兎顛馬纔起遂迴身騰上太祖喜曰非此父不生此子乃賜震雜綵百段震後累遷上柱國

隋賀若敦仕周文爲都督封安陵縣伯嘗從太祖校獵於甘泉宫時圍人不齊獸多逃逸太祖大怒人皆股戰圍内唯有一鹿俄亦突圍而走敦躍馬馳之鹿上東山敦弃馬步逐至山半便掣之而下太祖大悅諸將因得免責

長孫晟趫捷過人年十八爲後周司衛上士

從弘度年十七周大冢宰宇文護引爲親信尋授都督累轉大都督時護子中山公訓爲蒲州刺史令弘度從焉嘗與訓登樓至上層去地四五丈俯臨之訓曰可畏也弘度曰此何足畏欻然擲下至地無損傷訓以其拳捷大奇之

麥鐵杖始興人驍勇有膂力日行五百里走及奔馬陳宣帝大建中結聚爲盜俘役爲官戶配執御傘每罷朝後行百餘里夜至南徐州踰城而入行光火劫盜旦還及牙時仍又執傘如此者十餘度物主識之州以狀奏朝士見鐵杖每旦常在不之信也後數告變尚書蔡徵曰此可驗耳於仗下時購以百金求人送詔書與南徐州刺史鐵杖出應募齎敕而往明旦及奏事帝曰信然爲盜明矣惜其勇捷誡而釋之陳亡後徙居清流縣遇江東反楊素擊之鐵杖從戰後叙戰勳不及鐵杖遇素馳驛歸于京師鐵杖步追之每夜則同宿素見而特悟奏授儀同三司以不識書放還鄉里成陽公李徹稱其驍武



沈光字總持以驍捷初建禪定寺其中幡竿高十餘丈適遇繩絕非人力所及諸僧患之光見而謂僧曰持繩來當相爲上耳諸僧驚喜因取而與之光乃銜索拍竿而上直至龍頭繫繩畢手足皆放透空而下以掌拒地倒行數十步觀者駭悅莫不嗟異時人號爲肉飛仙後從煬帝攻遼東以衝梯擊城竿長十五丈光昇其端臨城與賊戰短兵接殺十數人賊競擊之而墜未及於地適遇竿有垂絙光接而復上帝望見壯異之即拜朝散大夫

史萬歲少英武善騎射驍捷若飛後以軍功拜上大將軍

宇文忻字仲樂幼而敏惠年十二能左右馳射驍捷若飛位至右領軍大將軍

權武拜開府襲爵齊城郡公武少果勁能重甲上馬嘗倒投於井未及泉躍而出其拳勇如此頻以軍功增邑綿古也衍大將軍

唐高開道家世寒微煮鹽以自給少而驍捷走及奔馬後爲蔚州總管

趙持滿工書善射力搏猛獸捷及奔馬後爲涼州都督府長史而親仁愛士多所交結在涼州嘗逐野馬自後射之無不洞于胷腋邊人深伏之

史敬奉靈武人爲本軍牙將形甚短小若不能勝衣至於野外馳逐能擒奔馬自執鞍勒隨鞍躍上然後羈帶弓矢在手前無強敵

漢史弘肇字化元少游俠無行拳勇健步日行二百里走及奔馬高祖時爲侍衛親軍都指揮使

周王進幽州良鄉人爲人勇悍走及奔馬符彦超爲河朔郡守以略誘置之左右長興初彦超領鎮安州屬王希全搆亂令進通變狀聞於朝廷明宗賞其迅速録寄衛軍中

## 善武藝

弧矢之妙擊刺之能皆古人之所尚俠少之所務也其有忠信爲質拳勇絶人既蘊其壯心又輔之武藝復有負彼英姿自爲飛將稍著折檣之名騎擅驚軍之號而能奉上盡節臨難不免此皆百夫之雄足以垂之不朽儻或心蓄姦誠志在飛揚雖使刀矛俱發左右馳騁所謂勇而無禮徒爲兆亂之本者也



荊軻衛人也衛人謂之慶卿而之燕燕人謂之荊卿荊卿好讀書學擊劍以說衛元君元君不用

漢司馬相如字長卿通南夷拜中郎將少時好讀書學擊劍

魏典韋陳留己吾人仕太祖至校尉好持大戟與長刀軍中爲之語曰帳下壯士有典君提一雙戟八十斤

嚴翰字公仲器性重厚篤好擊劍

晉楊濟字文通歷位鎮南征北將軍武帝重兵官多授貴戚清望濟以武藝號爲稱職

桓玄字靈寶襲爵南郡公在江陵甚豪橫士庶畏之過於刺史商仲堪亦於仲堪廳事前戲馬以稍擬仲堪仲堪中兵參軍劉

適在坐謂玄馬矟有餘精理不足伴堪爲之失色

陳安爲劉曜將後叛曜自稱大將軍雍涼秦梁四州牧涼王曜使其將軍平先丘中伯率勁騎追安安與壯士千餘騎於陝中格戰安左手奮七尺大刀右手執丈八蛇矛近交則刀矛俱發輙害五六遠則雙帶鞬服左右馳射平先亦壯健絶人與安搏戰三交奪其蛇矛及安死隴上歌之曰隴上健兒有陳安軀幹雖小腹中寬愛養將士同心肝驄父馬鐵瑕鞍七尺大刀奮如湍丈八蛇矛左右盤十盪十决無當前

南齊王宜與爲屯騎校尉與黄回同石頭之謀宜與拳捷善舞刀楯回嘗使十餘人以水交灑不能著

周盤龍北蘭陵人爲征虜將軍濟陽太守世祖數講武常令盤龍領軍校尉騁矟

陳天福爲前軍將軍善馬矟至今諸將法之

梁羊侃爲大軍司高祖時車駕幸樂遊苑侃預宴時少府奏新造兩刃矟成長二丈四尺圍一尺三寸帝因賜侃河南國紫騮



馬令試之侃執矟上馬左右擊刺特盡其妙觀者登樹帝曰此樹必爲侍中折矣俄而果折因号此矟爲折樹矟

王神念爲爪牙將軍少善騎射既老不衰嘗於高祖前執二方楯左右交度馳馬往來冠絶群伍有楊華者能作驚軍騎並一時妙捷

後魏來大千爲騎都尉驍果善騎射永興初襲爵遷中散至於朝賀之日大千常着御鎧盤馬殿前朝臣莫不嗟歎

于栗磾代人也爲冠軍將軍左右馳射武藝過人好持黒矟以自標明元時拜黒矟將軍

北齊尉興敬幽州刺史長命之子便弓馬有武藝高祖引爲帳内都督

獨孤楷少謹厚便弄馬矟爲宇文護執刀累轉車騎將軍

田式字顯標爲襄州總管性剛果多武藝拳勇絶人

燕榮字[illegible]華陰人高祖受禪[illegible]大將軍性剛嚴有武藝[illegible]

唐單雄信爲李密將以驍健尤能馬上用槍密軍號爲飛將

羅士信始年十四爲滎陽通守張須陀執衣遇翟讓來寇士信請自效須陀小之士信重著二甲左右雙鞬躍而上馬陀乃壯之士信執長槍立於馬上馳至賊所刺倒數人斬一人首擲於空中用槍承之戴以略陣賊衆愕然莫敢逼者士信乃棄突馳馬爲十上十下而還

秦叔寶爲上柱國封翼國公每從太宗征伐敵中有驍將鋭卒炫燿人馬出入來去太宗輙命叔寶往取叔寶應命躍[illegible]槍而進必刺之萬衆之中

哥舒翰初爲別將吐蕃寇邊翰拒之于苦拔海吐蕃之衆三道從山相續而下翰持半段槍當其鋒迎擊之無不摧靡又擊其次軍復走又擊其後軍皆大破由是知名翰之家臣曰左車年十五每隨翰入陣翰善使槍追賊及之以槍搭其肩而喝之賊驚顧翰從而刺其喉皆剔高三五丈而墜左車輙下馬斬其首



率以爲常

王難得有膽力天寶初吐蕃大寇河源軍難得以騎將爲軍鋒贊普有子曰瑯支都恃其趫悍乘譜真馬寶鈿裝鞍軍前求較鬬者難得横槍突往刺殺之斬其首以其馬歸軍使以聞玄宗召至御殿問之因令馳突作殺瑯支都狀壯之賜以錦袍拜羽林將軍

郭子儀初以武舉補左衛長史累以武藝登科爲諸軍使

李懷光爲朔方節度少從軍爲朔方列將以武藝壯勇稱朔方節度使郭子儀禮之益厚

李觀德宗時爲四鎮北庭節度使少習武藝沉厚寡言有將帥識度

梁王敬蕘潁州汝陰人爲武寧軍節度使敬蕘魁傑沉勇多力善戰所用槍矢皆以純鐵鍛就槍重三十余斤推鋒突陣率以此勝

王彦章少從軍常持鐵槍衝堅陷陣軍中人畏之目之爲王鐵槍

後至正國軍節度使

王景仁廬州合淝人材質魁偉性暴率無威儀善用槊㨗捷驍悍後至檢校太尉同平章事

王重師潁川長社人也唐天祐中爲雍州節度使同平章事材力兼人沉默大度臨事有權變劍矟之妙冠絕於一時中和末秦宗權陷許昌重師脫身而來太祖異其狀貌乃隸于拔山都每於軍前效用頗出儕類

晉萇從簡陳州人天福初爲許州節度使世以屠羊爲業力敵數人善用槊初事莊宗爲小校攻取城邑召人爲梯頭從簡多應募焉

安審暉爲邢州節度使性明謹重少從父戰陣武藝絕人起家長直軍副兵馬使

執御

子曰吾何執執吾執御矣若夫斷斷無失則控御有方軌轍斯正馳險夷可履況乎往事攸遠而徐疾以從宜自邇陟遐故驅馳一時之技競異之無數自朝而前馬若乃善騎稍失用舍不精非徒取侮喪師抑亦失乃墮其志其爲執御可不慎歟

商費昌夏桀之時去夏歸商爲湯御以敗桀於鳴條

孟戲中衍大戊聞而卜之使御吉遂致使御而妻之

周造父以善御幸於繆王得驥溫驪驊騮騄耳之駟西巡狩樂而忘歸

奄父公仲宣王伐戎以爲御

縣賁父魯人魯公及宋人戰于乘丘縣賁父御卜國爲右馬驚敗績公隊佐車授綏公曰末之卜也縣賁父曰他日不敗績而今敗績是無勇也遂死之圉人浴馬有流矢在白肉公曰非其罪也遂誄之



步揚晉人秦繆公侵晉至于韓惠公謂慶鄭曰君深其怨能淺其寇乎卜右慶鄭吉公曰鄭也不遜以家僕徒爲右步揚御戎梁由靡御韓簡虢射爲右以承公晉師潰戎馬還濘而止梁由靡御韓簡輅秦公將止之慶鄭曰釋來救君亦不克救遂止于秦

許伯楚人邲之戰許伯御樂伯攝叔爲右以致晉師許伯曰吾聞致師者御靡旌摩壘而還樂伯曰吾聞致師者左射以菆代御執轡御下兩馬掉鞅而還攝叔曰吾聞致師者右入壘折馘執俘而還皆行其所聞而復

邴夏齊人鞌之戰邴夏御齊侯逢丑父爲右晉解張御郤克鄭丘緩爲右郤克傷於矢流血及屨未絕鼓音曰余病矣張侯曰自始合而矢貫余手及肘余折以御左輪朱殷豈敢言病吾子忍之緩曰自始合苟有險余必下推車子豈識之然子病矣張侯曰師之耳目在吾旗鼓進退從之此車一人殿之可以集事若之何其以病敗君之大事也擐甲執兵固即死也病未及死吾子勉之左并轡右援枹而鼓馬逸不能止師從之齊師敗績韓厥夢子輿謂己曰旦辟左右故中御而從齊侯邴夏曰射其御者君子也公曰謂之君子而射之非禮也射其左越于車下射其右斃于車中

郵無正晉人鐵之戰趙簡子曰鄭人擊我伏弢嘔血鼓音不衰今日之事莫我若也衛莊公爲右曰吾九登九下擊人盡殪今日之事莫我加也郵無正曰吾兩靷將絕吾能止之今日之事我御之上也駕而乘材兩靷皆絕一云趙簡子使王良與嬖奚乘終日而不獲一嬖奚反命曰天下之賤工也或以告王良良曰請復之強而後行一朝

獲十嬖奚反命曰天下之良工也良[illegible]曰吾爲范御終日不獲一爲之詭遇一朝而獲十[illegible]

東野畢魯人以善御聞定公問於顏闔曰東野畢之御善乎對曰善則善矣然其馬將佚定公不説入謂左右曰君子固讒人乎三日而牧來謁之曰東野畢之馬佚兩驂引兩服入廄定公越席而起召顏闔曰子言東野畢其馬將佚不識何以知之對曰臣以政知之昔者舜巧於使民而造父巧於使馬舜不窮其民造父不窮其馬是以舜無佚民造父無佚馬今東野畢之御上車執轡銜體正矣步驟馳騁朝禮畢矣歷險致遠馬力盡矣然而求馬不已是以知之公曰善哉

宛射犬鄭人楚子伐鄭諸侯救鄭晉侯使張骼輔躒致楚師求御于鄭卜宛射犬吉使御廣車而行

尹需學御三年而無得焉常寢想之寢宜思之中夜夢受秋駕於師[illegible]明日往朝望而謂之曰吾非愛道於子也恐子不可予也今日將教子以秋駕尹需反走北面再拜曰臣有天幸今夕因夢受之

漢祕彭祖以卒開沛城門爲太公僕又爲中廄令擊陳豨封戴侯

夏侯嬰爲沛廄司御高祖爲沛公以嬰爲太僕常奉車爲沛公御車也

荀彘太原廣武人以御見侍中以善御謂見侍中

晉王湛宗族皆以爲癡兄子濟詣湛既而辭去湛送至門濟有從馬絕難乘濟問湛曰叔頗好騎不湛曰亦好之因騎此馬姿容既妙回策如縈善騎者無以過之

後至汝南內史

宋劉德願孝武時爲豫州刺史善於御車嘗立兩柱使其中劣通車軸乃於百餘步上振轡長驅未至數尺寬與軸柱從柱間直過其精如此世祖聞其能乃爲之乘畫輪車幸太宰江夏王義恭第德願岸著籠冠短朱衣執轡進止甚有容狀上欣權賞賜甚厚

唐[illegible]玦爲御史中丞從德宗幸梁州駐常執轡嘗御馬遽駭奔跣領其帝懼傷玦令捨轡玦堅執之乃止帝問其故曰馬奔踶不過傷臣苟捨之或犯清塵雖臣萬死何以塞責上嘉獎無已

册府元龜卷第八百四十五

# 冊府元龜卷第八百四十六

總録部　九十六

## 善射

周官保氏之職教國子以六藝其三曰射仲尼亦曰吾何執執射乎蓋弦剡之制聖人所以威天下桑蓬之訓男子所以志四方射之時義遠矣哉中古以還乃有應機命中挽彊徹札善其事而著稱者焉至或歛羽斃獸郤敵紓難戰譽於羌夷身獲於榮爵亦比比有之詩曰舍矢如破又曰捨拔則獲皆善射之謂矣

有窮后羿善射（有窮國名后君也羿其名）

逢蒙學射於羿盡羿之道

賈大夫惡（醜陋）取妻而美三年不言不笑御以如皐射雉獲之其妻始笑而言

欒伯爲楚大夫與晉戰於鄢許伯御樂伯攝叔爲右以致晉師晉人逐之左右角之（張兩角從旁夾攻之）樂伯左射馬而右射人角不能進矢一而已麋興於前射麋麗龜（麗著也龜背之高當心者）晉鮑癸當其後使攝叔奉麋獻焉曰以歲之非時獻禽之未至敢膳諸從者鮑癸止之曰其左善射其右有辭君子也既免（免不逐）



養由基楚大夫善射去楊葉百步而射百發百中楚共王及晉侯鄭伯戰于鄢陵潘尫之黨與養由基蹲甲而射之徹七札焉（黨潘尫之子蹲聚也一發達七札言其能陷堅）以示王曰君有二臣如此何憂於戰王怒曰大辱國（責其不尚知謀）詰朝爾射死藝（言女以射自多必當以藝死也詰朝朝）及戰呂錡射共王中目王召養由基與之兩矢使射呂錡中項伏弢（弢弓衣）以一矢復命後楚師薄於險（薄迫也）叔山冉謂養由基曰雖君有命爲國故子必射（王命無射）乃射再發盡殪（殪死）楚王有白猨王自射之則搏矢而熙（熙戲）使養食其射之（食其即由基也）始調弓矯矢未發猨擁柱號矣

熊渠子夜行見寢石以爲伏虎彎弓射之沒金飲羽下視知其石也因復射之矢摧無迹

楚商陽爲工尹與陳棄疾追吳師及之（工尹楚官名棄疾楚公子棄疾也以魯昭八年帥師滅陳縣之楚人善之因號焉至二十六年尹子嗣於州來使蕩侯潘子司馬督等羿尹午陵尹喜圍徐以懼吳是於將有吳師陵或作陵楚人慣聲）陳棄疾謂工尹商陽曰王事也子手弓而可手弓子射諸（商陽仁不忍傷人以王事勸之）射之斃一人韔弓（不忍）又及謂之（復射也斃仆也韔韜也）又斃二人每斃一人揜其目（諸其目不忍視之）止其御曰朝不坐燕不與殺三人亦足以反命矣（朝燕於寢大夫坐於上士立於下）孔子曰殺人之中又有禮焉（善之）（然則陵與背者皆士也兵車參乘射者在左戈盾在右御在中矣）

公孫丁爲衞獻公御公出奔齊孫氏追之尹公佗學射於庾公差庾公差學射於公孫丁二子追公（二子孫氏黨）公孫丁御公子魚曰射爲背師不射爲戮射爲禮乎（子魚庾公差）射兩軥而還（軥車軛卷者）尹公佗曰子爲師我則遠矣乃反之（公佗不從丁學故不羞俱退而射丁）公孫丁授公轡而射之貫臂（貫佗臂）

洩聲子魯大夫齊師將納昭公使公子鉏率師從公圍成師與齊師戰于炊鼻（季孫師也炊鼻魯地）齊子淵捷從洩聲子射之中楯瓦（楯瓦楯脊）繇朐汰輈匕入者三寸（繇過也朐車軛汰過也輈轅也匕矢鏃也入楯瓦三寸）聲子射其馬斬鞅殪



顏高魯人定公侵齊門于陽州（門攻其門）士皆坐列（坐列陳坐志怠）曰顏高之弓六鈞（三十斤爲鈞六鈞百八十斤古稱重故以爲異）皆取而傳觀之陽州人出顏高奪人弱弓籍丘子鉏擊之與一人俱斃（子鉏齊人斃仆也）偃且射子鉏中頰殪（死子鉏）

顏息魯人定公侵齊門於陽州顏息射人中眉退曰我無勇吾志其目也（以自矜）

公孫林鄭大夫齊輸范氏粟鄭子姚子般送之趙鞅禦之遇於戚鄭師大敗趙孟喜追鄭師姚般公孫林殿而射前列多死趙孟曰國無小（言小國猶有善射者）

更羸魏人與魏王處廡下有鴈從東方來更羸虛發而鴈下

漢李廣隴西人世世受射（受射法）文帝十四年匈奴大入蕭關而廣以良家子從軍擊胡用善射殺首虜多爲郎騎常侍廣爲上郡太守匈奴侵上郡帝使中貴人從廣勒習兵擊匈奴

中貴人者將數十騎從（將數十騎自遊在大擊行而忽遇敵也）見匈奴三人與戰
射傷中貴人殺其騎且盡中貴人走廣（走赴廣也）廣曰是必射鵰者
也廣乃從百騎往馳三人（發騎而逐之）三人亡馬步行行數十里廣
令其騎張左右翼（張左右翼引其騎若鳥之兩翼也）而廣身自射彼三人者殺其二
人生得一人果匈奴射鵰者也廣嘗出獵見草中石以爲虎而
射之中石没矢視之石也他日射之終不能入矣廣所居郡
聞有虎嘗自射之及居右北平射虎虎騰傷廣廣亦射殺之其
射見敵非在數十步之内度不中不發發即應弦而倒用此其
將數困辱及射猛獸亦數爲所傷廣爲人長爰臂（臂長如猿臂通肩也）其
善射亦天性雖子孫他人學者莫能及廣吶口少言與人居則
畫地爲軍陳射闊狹以飲專以射爲戲
張隆景帝時爲輕車武射以善射帝幸近之霍去病武帝時以
皇后姊子年十八爲侍中善騎射
堂邑父胡人善射與張騫使月支留匈奴十三歲窮急射禽獸給食
歸使拜爲奉使君
後漢董卓膂力過人雙帶兩鞬左右馳射爲羌胡所畏位至相國
呂布爲奮威將軍時袁術遣將紀靈等攻劉備於徐州布救之
屯沛城外請靈等與共饗飲布曰備吾弟也爲諸君所困故來
救之布性不喜合鬬但喜解鬬耳乃令軍候植戟於營門布彎
弓顧曰諸君觀布射戟小支中者當各解兵不中可留决鬬布
即一發正中戟支靈等皆驚言將軍天威也
魏成公英金城人從太祖出獵有三鹿走過前太祖命英射之
三發三中皆應弦而倒太祖抵掌謂之曰但韓文約可爲盡節
而孤獨不可乎（成公英本事韓遂文約遂字）後詔英佐涼州平隴右病卒
明山父淩坐楚王事司馬宣王誅之明山走向太原追軍及之
時有飛鳥集桑樹隨枝低卬明山與弓射之即倒追人乃止不
復進
蜀麋竺爲安漢將軍子威官至虎賁中郎將威子照虎騎監自



竺至照皆便弓馬善射御
吳太史慈猿臂善射弦不虚發嘗從孫策討麻保賊賊於屯裏
緣樓上行詈以手持樓棼慈引弓射之矢貫手著棼圍外萬人
莫不稱善其妙如此位至折衝中郎將
朱才字君業爲偏將軍爲人精敏善騎射大帝愛異之常侍從
遊戲
晉魏舒爲後將軍鍾毓長史毓每與參佐射舒常爲畫籌而已
後遇朋人不足以舒滿數毓初不知其善射舒容範閑雅發無
不中舉坐愕然莫有敵者毓歎而謝曰吾之不足以盡卿才有
如此射矣豈一事哉
王濟字武子爲河南尹未拜坐鞭王官吏免官王愷以帝舅奢
豪有牛名八百里駮常瑩其蹄角濟請以錢千萬與牛對射而
賭之愷亦自恃其能令濟先射一發破的因據胡牀叱左右速
探牛心來須臾而至一割便去尋白衣領太僕卒
楊濟字文通歷位鎮南征北將軍嘗從武帝校獵北芒下與侍
中王濟俱著布袴褶騎馬執角弓在輦前猛獸突出帝命王濟
射之應弦而倒須臾復一出濟受詔又射殺之六軍大叫稱快
庾翼爲都督征討諸軍事師次襄陽大會僚佐陳旌甲親授弧
矢曰我之行也若此射矣遂三起三疊徒衆屬目其氣十倍
謝尚爲建武將軍江夏相時安西將軍庾翼鎮武昌尚數詣翼
諮謀軍事嘗與翼共射翼曰卿若破的當以鼓吹相賞尚應聲
中之翼即以其副鼓吹給之
桓石秀善騎射發則命中位至寧遠將軍
陳安爲劉曜所圍突圍而出雙帶兩鞬左右馳射
前燕慕容根善射嘗從慕容皝行獵有一野羊立於懸崖皝命
左右射之莫有中者根自求射一發中之
賈堅字世固彎弓三石餘慕容恪取一牛置百步上召堅使射
堅曰少壯之時能令不中今已年老正可中之恪大笑射再發

一矢拂脊一矢磨腹皆附膚落毛上下如一㑹曰復能中一寸堅
曰所貴以下中爲奇中之何難一發中之堅時年以六十餘矣
觀者咸服其妙巳
慕容翰皝之庶兄皝素忌之皝旣嗣位翰出投宇文歸旣而逃
歸乃遣勁騎百餘追之翰遥謂追者曰吾旣思戀而歸理無反
面吾之弓矢汝曹足知無爲相逼自取死也吾處汝國久顧不
殺汝汝可百步豎刀吾射中者汝便宜反不中者可來前也追
騎解刀豎之翰一發便中刀鐶追騎乃散
慕容盛初逃難東歸遇盜陜中盛曰我六尺之軀入水不溺在
火不焦汝欲當吾鋒乎試豎爾手中箭百步我若中之宜愼爾
命如其不中當束身相授盜乃豎箭盛一發中之盜曰郎貴人
之子故相試耳資而遣之
宋劉榮祖北中郎將懷愼之子少好騎射爲高祖所知及盧循
攻逼懷愼戍在石頭時賊乘小艦入淮拔栅高祖宣令三軍不



得輒射賊榮祖不勝憤怒冒禁射之所中應弦而倒高祖益
奇焉
卜天興父名祖高祖聞其有幹力召補隊主從征伐天興善射
弓力兼倍容貌嚴正笑不解顔太祖以其舊將子使教皇子射
至位廣威將軍
臧熹習騎射志在立功嘗至溧陽縣令阮崇與熹共獵值虎突
圍獵徒並奔散熹直前射之應弦而倒
南齊垣憘伯少負氣豪俠妙解射雉尤爲武帝所重以爲直閤
將軍
柳世隆與瑯琊王瞻博射嫌其支闊乃摘梅帖烏珠之上發必
命中觀者驚駭位至左光祿大夫
張敬兒年少便馬有膽氣好射虎發無不中位至開府儀同
三司
劉瓚爲寧朔將軍雖素家俠常慕武事雅善博射未嘗跨馬

梁曲景宗新野人父欣之仕宋爲徐州刺史景宗善騎射好畋
獵常與少年數十人澤中逐麞鹿每還騎赴鹿鹿馬相亂景宗
於衆中射之人皆懼中馬足鹿應弦輒斃以此爲樂未弱冠欣
之於新野遣出州以匹馬將數人於中路卒逢蠻賊數百圍之
景宗帶百餘箭乃馳騎四射每箭殺一蠻遂散走
陳褚玠剛毅有膽決善騎射嘗從司空侯安都於徐州出獵遇
有猛虎玠引弓射之再發皆中口入腹俄而虎斃位至御史
中丞
樊毅累葉將門少習武善射毅弟猛幼倜儻旣壯便弓馬位至
護軍將軍
後魏長孫頽善騎射彎弓三百斤位至征南大將軍獵方山有兩
狐起於御前詔强射之百步內二狐俱獲
楊播爲右衛將軍時孝文曜威沔水上巳設宴帝與中軍彭城
王勰賭射左衛元遥在勰朋內而播居帝曹遥射侯正中籌限



巳滿帝曰左衛籌足右衛不得不解播對曰仰恃聖恩庶幾必
爭於是彎弓而發其箭正中帝笑曰養由基之妙何復過是遂
舉卮酒以賜播曰古人酒以養病朕今賞卿之能可謂今古之
殊也
奚康生少驍武彎弓十石矢異尋常宣武聞之故作大弓兩張
長八尺把中圍尺有二寸箭麤殆如今之長笛送康生康生便集文
武用之平射猶有餘力觀者以爲絶倫康生爲中堅將軍時蕭
鸞置義陽招誘邊民康生復爲統軍從王肅討之進圍其城鸞
將張伏護自昇城樓言辭不遜肅令康生射之以强弓大箭望
樓射窗扉即入應箭而斃彼民見箭皆云狂弩以殺伏護賞帛
一千匹又頻戰再捷其軍賞三階帛五百匹
尒朱兆榮之從子驍猛善騎射榮曾送臺使見二鹿乃命兆前
止授二箭曰可取此鹿供今食也遂停馬構火以待之俄然兆
獲其一榮欲矜夸使人責兆曰何不盡取杖之五十位至領軍

將軍領左右并州刺史

賀拔岳初爲太學生長以弓馬爲事與父兄赴援懷朔賊王衛可瓌在城西三百餘步岳乘城射之箭中瓌臂賊衆大駭拔岳爲西道都督能左右馳射與介朱天光討万俟醜奴岳留長安万俟醜奴遣大行臺尉遲菩薩向武功南渡渭水攻圍趣柵天光遣岳率騎一千馳往赴救菩薩攻柵已剋還向岐州岳以輕騎八百北渡渭水擒賊令殺掠其民以挑菩薩菩薩果率步騎二萬餘人至渭水北岳以輕騎數十與菩薩隔水交言岳稱揚國威菩薩自言強盛往復數返菩薩乃自驕令省事傳語岳怒曰我與菩薩言卿是何人與我對語省事恃水應荅不遜岳舉弓射之應弦而倒

尉多侯弟子庾賓善騎射有將略高祖時擢禍貟外散騎侍郎稍遷左將太中大夫

北齊斛律金朔州敕勒部人善騎射初爲軍主與懷朔鎮將楊



鈞送茹茹主阿那瓌還北瓌以金射獵深歎其工子光字明月文襄從出見鴈雙飛來文襄從光射之以二矢俱落野焉後爲太傅

暴顯少經軍旅善於騎射魏末從孝莊帝出獵一日之中手獲禽獸七十三

斛律光字明月羨字豐洛皆太師金之子少工騎射其父每日令其出畋還即較所獲禽獸光所獲或少必麗龜羨雖獲多非要害之所光常蒙賞羨或被捶撻人問其故金荅云明月必背上着箭豐洛隨處即下手其數雖多去兄遠矣聞者咸服其言嘗從金西征周文帝長史莫者暉在行間光年十七馳馬射中之因擒於陣神武即擢授都督封永樂子又嘗從文襄出野見鴈雙飛來帝使馳射之二矢俱落又從於洹橋校獵見一大鳥雲表飛颺光引弓射之正中其頸此鳥形如車輪旋轉而下至地乃大鵰也文襄取而觀之深壯異焉承相屬邢子高見而歎曰此射手也當時傳號落鵰都督位至左丞相

皮景和善騎射事神武爲親信副都督武定二年征步落稽文襄疑賊爲有伏兵令景和將五六騎深入一谷中值賊百餘人便共格鬬戰景和射數十人莫不應弦而倒神武嘗令射一野豕一箭而獲之深見嗟賞天統二年爲侍中周通好之後冠蓋往來常令景和對每與使同射百發百中甚見推重

元景安爲車騎大將軍孝昭曾與功臣於西園讌射文武預者二百餘人設埒去堂百四十餘步中的者賜以良馬及金玉錦綵等有一人射中獸頭去鼻寸餘唯景安最後有一矢未發帝令景安解之景安徐整容儀操弓引滿正中獸鼻帝嗟賞稱善特賞馬兩疋玉帛雜物又加常等

後周竇熾仕魏爲武衛將軍孝武即位茹茹等諸蕃並遣使朝貢帝臨軒宴之有鴟飛鳴於殿前帝素知熾善射因欲示遠人乃給熾御箭兩隻命射之鴟乃應弦而落諸蕃人咸歎異焉帝大悅賜帛五十疋太祖田於渭北令熾與晉公護分射走兔熾



一日獲十七頭護十一頭

宇文顯和性矜嚴頗涉經史膂力絶人彎弓數百斤能左右馳射顯和初從魏孝武入關至溱水太祖素聞其善射而未之見也俄而水傍有一小鳥顯和射而中之太祖笑曰我知卿工矣其後引爲帳内大都督

宇文貴魏末從文帝在天遊園以金巵置侯上令公卿射中者即以賜之貴一發而中帝笑曰由基之妙正當示耳位至小司徒

王傑爲驃騎大將軍魏恭帝元年從于謹圍江陵時柵内有人善用長矟戰士將登者多爲所斃謹令傑射之應弦而倒登者乃得入餘衆繼進遂拔之謹喜曰濟我大事者在公此箭也

李遠嘗校獵於莎柵見石於叢薄中以爲伏兔射之而中鏃入寸餘就而視之乃石也太祖聞而異之賜書曰昔李將軍廣嘗有此事公今復爾可謂世載其德雖熊渠之名不能獨擅其美

位至柱國大將軍

尉遲綱迥之弟也率衆伐蜀綱從太祖送之於城西見一走兎太祖命綱射之誓曰若獲此兎必當破蜀俄而綱獲兎而反太祖喜曰事平之日當賞汝佳口及克蜀賜綱侍婢二人嘗從太祖狩雲陽值五鹿俱走綱獲其三每遊宴太祖以珍異之物令諸功臣射而取之綱所獲輒多位至陝州總管

賀拔勝長於喪亂之中尤攻武藝走馬射飛鳥十中其五六後從太祖宴于昆明池時有雙鳧遊於池上太祖乃授弓矢於勝曰不見公射久矣請以為歡勝射之一發俱中位至太師

李景為儀同三司驍勇善射平齊之役頗有力焉

豆盧寧少驍果有志氣身長八尺美容儀善騎射少別將隨介朱天光入關以破万俟醜奴嘗與梁企定遇於平涼川相與肄射乃於百步懸莎草以射之七發五中企定時以為能贈遺甚厚



賀若敦少有氣幹善騎射初從獨孤信於洛陽被圍敦彎弓三石箭不虛發位至中州刺史

史雄大將軍寧之子年十四從寧於牽屯山奉迎太祖仍從校獵弓無虛發太祖歎異之位至大馭中大夫

隋長孫晟善彈工射趫捷過人初周室尚武貴遊子弟咸以相矜每共馳射時皆出其下年十八為司衛上士晟送突厥甞有二鵰飛而爭肉突厥攝圖以兩箭與晟曰請射取之晟乃彎弓馳往遇鵰相攫遂一發而雙貫焉開皇中晟持節護突厥突厥悅附尋以突厥染干為意利珍豆啟民可汗賜射於武安殿選善射者十二人分為兩朋啟民曰臣由長孫大使得見天子今日賜射願入其朋許之給晟箭六隻發皆中的啟民朋竟勝時有鳶群飛高祖謂晟曰公善彈為我取之十發俱中並應丸而落是日百官獲賚晟獨居多位至右驍衛將軍

史萬歲少橋捷尉迥之亂萬歲從梁士彥擊之軍次馮翊見羣鴈飛來萬歲謂士彥曰請射行中第三者既射之應弦而落三軍莫不悅服位至河州刺史

賀若弼為武候大將軍嘗遇突厥入朝高祖賜之射突厥一發中的帝曰非賀若弼無能當此於是命弼弼再拜而祝曰若赤誠奉國者當一發破的如其不然發不中也既射一發而中帝大悅顧謂突厥曰此人天賜我也

蘇夔少聰敏解騎射年十三從父至尚書省與安德王雄馳射賭得雄駿馬而歸位至通議大夫

崔彭為備身將軍高祖嘗宴達頭可汗使者於武德殿有鴿鳴於梁上帝命彭射之既發而中帝大悅賜錢一萬及使者反可汗復遣使於帝曰請得崔將軍一與相見帝曰此必善射聞於虜庭所以來請耳遂遣之及至匈奴中可汗召善射者數十人因擲肉於野以集飛鳶遣其善射者射之多不中復請彭射之彭連發數矢皆應弦而落突厥相顧莫不歎服可汗留彭不



遣百餘日帝賂以繒綵然後得歸

宇文忻年十二能左右馳射驍捷若飛位至右領軍大將軍

虞慶則幼而雄毅身被鎧帶兩鞬左右馳射本州豪俠皆敬憚之位至右武候大將軍

韓洪字叔明擒虎季弟也平陳之役授行軍總管及陳平晉王大獵於蔣山有猛虎在圍中衆皆懼洪馳馬射之應弦而倒陳氏諸[illegible]觀於側莫不歎伏焉王大喜賜縑百疋

唐張士貴本名忽峍膂力絕人彎弓一百五十斤左右馳射矢不虛發

屈突通雍州長安人為工部尚書檢身清正好武略善騎射平王世充功為第一

洪壽討劉[illegible]賊有衆數萬屯據險要不可攻逼盡持弓語左右曰盡吾此箭可知勝負連發七八而中七人盡斃位至上柱國高邢國公

薛仁貴領兵擊九姓突厥於天山將行高宗出甲令仁貴試之上曰古之善射有穿七札者卿且射五重仁貴射而洞之高宗大驚更取堅甲以賜之時九姓有衆十餘萬令驍捷數十人逆來挑戰仁貴發三矢射殺三人自餘一時下馬請降仁貴恐為後患並坑殺之更就磧北討其餘衆擒其偽葉護兄弟三人而還軍中歌曰將軍三箭定天山戰士長歌入漢關位至右領軍衛將軍

李巨為夷陵太守安祿山反玄宗方擇將帥張垍言巨善騎射

李晟少從軍于河西節度使王忠嗣擊吐蕃有驍將乘城拒鬬頗多殺士卒忠嗣募軍中能射者射之晟乃引弓一發而斃三軍大呼忠嗣厚賞之因撫其背曰此萬人之敵也位至太尉中書令

王栖曜貞元初為浙西都知兵馬使從節度使韓滉入覲授左龍武將軍知軍事歲餘為鄜坊節度觀察使久之檢校禮部尚書栖曜性謹厚善騎射始起兵涉浙境太深遇逆騎四合百步內立表俾之環射發必破的虜相顧恐懼徐而解去嘗獵會稽山中有白額獸卒起草中應弦而斃在蘇州嘗與諸文士遊武丘寺平野靄暮日先一箭射空再發貫之江東文士自爭畫已下歌詠焉

伊慎少以善騎射為果毅

李光顏與兄光進以葛旃善騎射弟兄自幼皆師之葛旃獨著光顏之勇健已不能及位至河東節度使

梁盧存從太祖圍濮州有賊外睥據大詬太祖怒甚召存射之矢一發而屍隕其下賞賚甚厚

胡真江陵人也為寧遠軍節度使容州刺史真體貌洪壯長七尺善騎射少為縣吏及在巢寇中推為名將隨巢涉淮浙陷許洛入長安及太祖以衆歸唐真時為元從都將從至梁死表授檢校刑部尚書



後唐李嗣恩子武八騎射推於軍中嘗有時輩臂飢鷹誇於其儕擊武八持鳴鏑一隻蹋其符復墮其翼多之仕至諸軍都指揮使

索自通少能騎射嘗於山墅射獵莊宗鎮太原時遇之於野詳其姓名即補右番廳直軍使後因從獵射中走鹿轉指揮使

張敬達小字生鐵少以騎射著名位至晉州節度使

安元信少有勇力自後唐太祖領太原隸於麾下天祐三年梁人圍李嗣昭於上黨與上將周德威救之一日德威為敵所困梁之驍將有秦武者屢犯我軍元信飛一矢墮而斃之德威軍遂振太祖聞之以所乘馬并器仗賜之表加檢校司空明年莊宗解圍上黨承制授元信遼州刺史加檢校司徒

朱漢賓少時善射嘗因與同輩出獵指一飛鴈隨矢而落其鏃正中其臆臆上貫一金錢字有篆文示其郡之碩學皆無識者人甚異之由是人皆號曰朱落鴈[illegible]位至太子少保致仕

晉陸思鐸初仕梁以善射曰預其戰嘗於箭笴上而自鐫其姓名一日射中莊宗之馬鞍莊宗拔箭視之覩思鐸姓名因而記之及莊宗平梁思鐸以例來降莊宗出其箭以示之思鐸伏地待罪莊宗慰而釋之後為深州刺史尤以挽強見稱明宗舉兵討荆南思鐸與其行時高季興以舟兵拒我思鐸每發矢中敵人則洞胸達腋由是前鋒稍挫不敢輕進諸軍咸壯之

景延廣陝州人也為侍衛親軍都指揮使延廣少習射以挽強見稱

安重榮朔州人為成德軍節度使嘗與北來蕃使並轡而行指飛鳥射之應弦而落觀者萬衆無不快抃蕃使因輟所乘馬以獎之由其名振北狄自謂天下可以一箭而定

漢郭謹字守節太原晉陽人乾祐初為彰德軍節度使謹少從軍能騎射

周李從敏唐明宗之諸子也沉厚寡言甚善騎射多計數初莊宗召見試弓馬用為衙內馬軍指揮使

高行周初在後唐遷嬀州團練使郡境比多鷙獸一日牧豎言有伏虎即跨馬彎弧視之虎見騎集厲吻而起行周矢一發洞胷而斃

李建崇潞州人爲左監門衛上將軍少從軍騎射事太祖爲鐵林都將轉突騎飛騎二軍軍使從莊宗平定魏博諸州

安叔千晉高祖朝爲振武節度使習騎射嘗備邊於塞上亦事太祖莊宗嘗率驍騎爲前鋒

慕容彥超爲節度使起家事唐明宗爲小豎明宗即位補供奉官劝習騎射旣居近職監臨奉使熟於軍旅稍遷軍職漸至列校

和凝十九仕梁登進士第滑帥賀瓌知其名辟寘幕下凝尤善射時瓌與唐莊宗相拒於河上戰於胡柳陂瓌軍敗而北唯凝隨之瓌顧曰無相隨當自努力凝對曰大丈夫受人知有難不報非素志也但恨未有死所旋有一裨將來逐瓌凝叱之不止遂引弓以射應弦而斃瓌獲免旣而謂諸子曰昨非和公無以至此和公文武全才而有志氣後必享重位爾宜謹事之遂以女妻之由此聲望益隆

冊府元龜卷第八百四十六

冊府元龜卷第八百四十七

總録部九十七

勇

夫孔武有力臨難忘死厲氣決鬬摧堅隕敵桓桓焉赳赳焉冠三軍而敵萬夫者可謂勇矣春秋之際以兵戰爲務故以彊有力聞於時者爲多焉漢魏而下壯夫迭作至如英賢蓋世雄名震俗乘危而靡顧遭患而能奮見義必赴所向無前翦勍寇而致果格鷙獸而服猛至乃樹勳烈階榮爵氣激於當時聲震於殊俗者蓋有之矣傳曰君子有勇而無義則爲亂若乃恃匹夫之力昧典經之訓違乃達德啚於致禍斯固暴虎馮河死而無悔之徒歟

郤叔虎晉人也晉獻公伐翟相郤叔虎將乘城其徒曰棄政而役非其任也政卿也役兵役郤叔虎曰既無老謀而又無壯事何以事君壯事力役之事言既不謀又不死功被羽先升遂克之羽鳥羽被於背若今軍將負眊



秦堇父魯人也晉會諸侯伐偪陽主人縣布堇父登之及堞而絕之偪陽人縣布以試外勇者隊則又縣之蘇而復上者三主人辭焉乃退主人嘉其勇故辭謝不復縣布帶其斷以徇於軍三日

太叔段鄭莊公弟也叔多才而好勇故詩曰太叔于田襢裼暴虎獻于公所襢裼肉袒也暴虎空手以搏之獻于公所者進於君也

熊宜僚楚人也初楚平王太子建之子白公勝將作難謂石乞曰王與二卿士皆以五百人當之則可矣乞曰不可得也市南有熊宜僚者若得之可當五百人矣乃從白公而見之與之言說告之故辭承之以劍不動劍指其喉勝曰不爲利諂不爲威惕不洩人言以求媚者去之

曹沬者魯人也以勇力事魯莊公

州綽邢蒯晉大夫皆勇士也奔齊齊莊公朝指殖綽郭最曰是寡人之雄也州綽曰君以爲雄誰敢不雄然臣不敏平陰之役先二子鳴襄十八年晉伐齊及平陰州綽獲殖綽郭最故自以爲功而先二子鳴莊公爲勇爵設爵位以命勇士殖綽郭最欲與焉欲與勇爵州綽曰東門之役臣左驂迫還於門中識其枚數東門齊城門識門扇上枚數其可以與於此乎公曰子爲晉君也對曰臣爲隸新綽言己爲僕隸新事齊然二子者譬於禽獸臣食其肉而寢其皮矣言嘗射獲之

斐豹晉人也欒盈帥曲沃之甲因魏獻子以晝入絳初斐豹隸也著於丹書蓋犯罪沒爲官奴以丹書其罪欒氏之力臣曰督戎國人懼之斐豹謂宣子曰苟焚丹書我殺督戎宣子喜曰而殺之所不請於君焚丹書者有如日言必不負要明如日乃出豹而閉之閉門於外督戎從之踰隱而待之隱短牆也督戎踰入豹自後擊而殺之

敝無存齊人也齊侯伐晉夷儀夷儀晉邑敝無存之父將室之辭以與其弟室之爲取婦曰此役也不死反必娶於高國高氏國氏齊貴族也先登求自門出死於霤下無存欲少有功還取婦相之也入城未出人不能退死於門屋霤下也

涉佗晉人也晉趙鞅圍衛報夷儀也初衛侯伐邯鄲午於寒氏邯鄲午晉邯鄲大夫寒氏五氏也城其西北而守之宵熸[illegible]



及晉圍衛午以徒七十人門於衛西門殺人於門中曰請報寒氏之役衛侯闢門涉佗曰夫子則勇矣然我往必不敢啓門亦以徒七十人旦門焉步左右皆至而立如植至其門下步行門左右然後立植日中不啓門乃退立不動以示整

仲由字子路衛人也性鄙好勇力志伉直冠雄雞佩豭豚冠以雄雞佩以豭豚二物皆勇子路好勇故冠帶之陵暴孔子子路問君子尚勇乎孔子曰義之爲上君子好勇而無義則亂既稱君子不得爲亂階也若君親失道國家昏亂其於赴患致命而不知正則亦陷爲亂而受不義之責也小人好勇而無義則盜子又曰由也好勇過我無所取材好勇過我故云無所取材之用若由也不得其死然

公良孺者孔子弟子孔子去陳過蒲會公叔氏以蒲畔蒲人止孔子公良孺以私車五乘從其爲人長賢有勇力謂曰吾昔從夫子遇難於匡今又遇難於此命也已吾與夫子再罹難寧鬭而死鬭甚疾蒲人懼出孔子

菑丘訢東海之上勇士也以勇聞於天下遇神淵曰飲馬其僕

曰飲馬此者馬必死曰以訢之言飲之其馬果沉菑丘訢去朝服拔劍而入三日三夜殺三蛟一龍而出雷神隨而擊之十日十夜眇其左目要離聞之往見之曰訢在乎曰送有喪者往見訢於墓曰聞雷神擊子十日十夜眇子大目夫天怨不旋日人怨不旋踵子至今弗報何也叱而去墓上振憤者不可勝數要離歸謂門人曰菑丘訢天下之勇士也今日我辱之人中是其必來攻我暮無閉門寢無閉戶菑丘訢果夜來拔劍往要離頭曰子有死罪三辱我以人中死罪一也暮不閉門死罪二也寢不閉戶死罪三也要離曰子待我一言子來不謁不肖一也拔劍不刺不肖二也刃先辭後不肖三也子能殺我者是毒藥之死耳菑丘訢引劍而去曰嘻所不若天下惟此子耳

公孫接田開疆古冶子事齊景公以勇力搏虎聞晏子過而趨三子者不起晏子入見公曰臣聞明君之畜勇力之士也上有君臣之義下有長率之倫內可以禁暴外可以威敵上利其功



下服其勇故尊其位重其祿今君之畜勇力之士也上無君臣之義下無長率之倫內不可以禁暴外不可以威敵此危國之器也不若去之公曰三子者搏之恐不得刺之恐不中也晏子曰此皆力攻勍敵之人也無長幼禮公使人少餽之二桃三子何不計功而食桃公孫接仰天而歎曰晏子智人也夫使公計吾功者不受桃是無勇也士衆而桃寡何計而食桃矣接一搏特猏而再搏乳虎若接之功可以食桃而毋與人同矣援桃而起田開疆曰吾杖兵而卻三軍者再若開疆之功亦可食桃而無與人同矣援桃而起古冶子曰吾嘗從君濟於河黿銜左驂以入砥柱之流當是時也冶少不能游潛行逆流百步順流九里得黿而殺之左操馬尾右挈黿頭鶴躍而出津人皆曰河伯也若冶之視之則大黿之首也若冶之功者亦可以食桃而毋與人同矣二子何不反桃抽劍而起公孫接田開疆曰吾勇不子若功不子逮取桃不讓是貪也然而不死無勇也皆反桃挈領而死古冶子曰二子死之冶獨生之不仁夫恥人以言而夸其聲不義恨乎所行而不死無勇雖然二子同桃而節冶專桃而宜亦反其桃挈領而死待者復曰已死矣歛之以服葬之以士禮焉

成覵謂齊景公曰彼丈夫也我丈夫也吾何畏彼哉成覵勇果者也與景公言曰貴者與我同丈夫耳我亦能爲之我何爲畏之者也

北宮黝之養勇也不膚撓不目逃思以一毫挫於人若撻之於市朝黝有人刺其肌膚不爲撓却刺其目不轉睛逃避

卞莊子欲刺虎館豎子止之曰兩虎方且食牛食甘必爭爭則必鬬鬬則大者傷小者死從傷而刺之一舉必有雙虎之名卞莊子以爲然立須之有頃兩虎果鬬大者傷小者死莊子從傷者而刺之一舉果有雙虎之功卞莊子好勇母存焉時三戰而三北交游非之國君辱之卞莊子受命顏色不變及母死三年魯興師卞莊子請從至見於將軍曰前猶與母處是以戰而北也辱吾身今母歿矣請塞責遂走敵而鬬獲甲首而獻之請以此



塞責將軍止之曰不足止又獲甲首而獻之請以此塞三北將軍止之曰足矣請爲兄弟卞莊子曰夫北以養母也今母歿矣吾責塞矣吾聞之節士不以辱生遂奔敵殺七十人而死

齊之好勇者其一人居東郭其一人居西郭卒然相遇於塗曰姑相飲乎觴數行觴爵也曰姑求肉乎一人曰子肉也我肉也尚胡更求肉而爲更爲也於是具染而已染豉醬也因抽刀而相啗至死而止勇若此不若無酒以成禮弗繼以淫義也相攻無禮之甚故曰不若無

藺相如趙人也趙惠文王十九年秦王使使者告趙王欲與王爲好會於西河外澠池趙王畏秦欲毋行廉頗藺相如計曰王不行示趙弱且怯也趙王遂行相如從廉頗送至境與王訣曰王行度道里會遇之禮畢還不過三十日三十日不還則請立太子爲王以絕秦望王許之遂與秦王會澠池秦王飲酒酣曰寡人竊聞趙王好音請奏瑟趙王鼓瑟秦御史前書曰某年月日秦王與趙王會飲令趙王鼓瑟藺相如前曰趙王竊聞秦王善

爲秦聲請奉盆缻秦王以相娛樂（缻者瓦器所以盛酒漿秦人鼓之以節歌也）秦王怒不許於是相如前進缻因跪請秦王秦王不肯擊缻相如曰五步之内相如請得以頸血濺大王矣左右欲刃相如相如張目叱之左右皆靡於是秦王不懌爲一擊缻相如顧召趙御史書曰某年月日秦王爲趙王擊缻秦之群臣曰請以趙十五城爲秦王壽藺相如亦曰請以秦之咸陽爲趙王壽秦王竟酒終不能加勝於趙趙亦盛設兵以待秦秦不敢動既罷歸國以相如功大拜爲上卿

毛遂者趙之平原君客也平原君喜賓客至者數千人秦之圍邯鄲趙使平原君求救合從於楚約與食客門下有勇力文武備具者二十人偕平原君曰使文能取勝則善矣文不能取勝則歃血於華屋之下必得定從而還士不外索取於食客門下足矣得十九人餘無可取者無以滿二十人門下有毛遂者前自贊於平原君曰遂聞君將合從於楚約與食客門下二十人



偕不外索今少一人願君即以遂備員而行矣平原君曰先生處勝之門下幾年於此矣毛遂曰三年於此矣平原君曰夫賢士之處世也譬若錐之處囊中其末立見今先生處勝之門下三年於此矣左右未有所稱誦勝未有所聞是先生無所有能也毛遂曰臣乃今日請處囊中耳使遂蚤得處囊中乃穎脱而出非特其末見而已平原君竟與毛遂偕十九人相與目笑之而未發也毛遂比至楚與十九人論議十九人皆服平原君與楚合從言其利害日出而言之日中不決十九人謂毛遂曰先生上毛遂按劍歷階而上謂平原君曰從之利害兩言而決耳今日出而言從日中不決何也楚王謂平原君曰客何爲者也平原君曰是勝之舍人也楚王叱之曰胡不下吾乃與而君言汝何爲者也毛遂按劍而前曰王之所以叱遂者以楚國之衆也今十步之内王不得恃楚國之衆也王之命懸於遂手吾君在前叱者何也且遂聞湯以七十里之地王天下文王以百里之壤而臣諸侯豈其士卒衆多哉誠能據其勢而奮其威今楚地方五千里持戟百萬此霸王之資也以楚之彊天下弗能當白起小豎子耳率數萬之衆興師以與楚戰而舉鄢郢再戰而燒夷陵三戰而辱王之先人此百世之怨而趙之所羞而王弗知惡焉合從者爲楚非爲趙也吾君在前叱者何也楚王曰唯唯誠若先生之言謹奉社稷而以從毛遂曰從定乎楚王曰定矣毛遂謂楚王之左右曰取雞狗馬之血來毛遂奉銅盤而跪進之楚王曰王當歃血而定從次者吾君次者遂遂定從於殿上毛遂左手持盤血而右手招十九人曰公相與歃血於堂下公等録録所謂因人成事者也

次非荊人也（一作次飛）得寶劍於干遂（干遂吴邑）還反涉江至於中流有兩蛟夾繞其船次非謂舟人曰汝嘗見兩蛟夾舟而舟中之人有全活者乎舟人曰未之見也次非曰若如是吾同江中之腐肉朽骨耳棄劍而已余何愛焉遂攘臂袪衣拔劍赴江刺蛟



殺之而復上舟中之人皆活荊王聞之仕以執圭（周禮侯執信圭楚以次非爲勇武侯）

秦舞陽燕國勇士也年十三殺人人不敢忤視

漢項籍字羽長八尺二寸力扛鼎（扛音江舉也）才氣過人吴中子弟皆憚籍漢軍與羽軍相守廣武羽令壯士出挑戰漢有善騎射曰樓煩（樓煩胡人也後爲縣屬鴈門此縣人善騎射謂士爲樓煩非必樓煩人也）楚挑戰三合樓煩輒射殺之羽大怒自被甲持戟挑戰樓煩欲射羽瞋目叱之樓煩目不能視手不能發走還入壁不敢復出漢王使間問之廼羽也後至垓下爲漢兵所圍夜直潰圍南出漢軍追之至東城廼有二十八騎追者數千羽自度不得脱謂其騎曰吾起兵至今八歲矣身七十餘戰所當者破所擊者服未嘗敗北遂伯有天下然今卒困於此此天亡我非戰之罪也今日固決死願爲諸君快戰必三勝斬將刈旗廼後死（刈音乂）使諸君知吾非用兵罪天亡我也於是引其騎因四隤山（四下陂陁也）而爲圜

陳外嚮漢騎圍之數重羽謂其騎曰吾爲公取彼一將令四面騎馳下期山東爲三處於是羽大呼馳下漢軍皆披靡遂斬漢一將是時楊喜爲郎騎追羽羽還叱之喜人馬俱驚辟易數里與其騎會爲三處漢軍不知羽所在乃分軍爲三復圍之羽迺馳復斬漢一都尉殺數十百人復聚其騎亡兩騎耳乃謂騎曰何如騎皆服曰如大王言

李必布衆也以勇聞關中後爲中司馬

朱雲字游魯人嘗借客報仇以勇力聞官至槐里令

李禹敢之子也亦有勇嘗與侍中貴人飲侵陵之莫敢應後愬之武帝帝召禹使刺虎縣下圈中未至地有詔引出之禹從落中以劒斫絕累欲刺虎（師古曰累與縲同謂繩也所以繫之下也）帝壯之遂救止焉

後漢銚期潁川郟人也光武略地潁川聞期志義召署賊曹掾從光武徇薊時王郎檄書到薊薊中起兵應郎光武趨駕出百姓聚觀諠呼滿道遮路不得行期騎馬奮戟瞋目大呼左右曰蹕衆皆披靡及至城門門已閉攻之得出位至衛尉卒



蓋延身長八尺彎弓三百斤邊俗尚勇力而延以氣聞後爲虎牙將軍封安平侯復拜左馮翊薨於位

朱暉有氣決年十三王莽敗天下亂與外氏家屬從田閒奔入宛城道遇群賊白刃劫諸婦女略奪衣物昆弟賓客皆惶迫伏地莫敢動暉拔劒前曰財物皆可取耳諸母衣不可得今日朱暉死日也賊見其小壯其志笑曰童子内刀遂捨之而去後位爲尚書令以老病乞身拜騎都尉卒

彭脩年十五時父爲郡吏得休與脩俱歸道爲盜所劫脩困迫乃拔佩刀前持盜帥曰父辱子死卿不顧死邪盜相謂曰此童子義士也不宜逼之遂辭謝而去鄉黨稱其名

楊政字子行京兆人嘗過楊虛侯馬武武稱疾見政政去對机邊牀卧欲令政拜牀下政入戶前排武徑上牀坐武恨語言不懌政把武手責之曰卿蒙國恩備位藩臣不思求賢助國而驕天下英俊今日搦者刀入脅左右大驚以爲見劫操兵滿側顏色

自若會言陽侯至貴數武令爲朋友其異勇敢折皆此類也官至左中郎將

伍孚字德瑜汝南吴房人質性剛毅勇壯好義力能兼人

孫堪以節介氣勇自許王莽末兵革並起宗族老弱在營保閒堪常力戰陷敵無所回避數被創刃宗族賴之鄉中咸服其義勇位至侍中騎都尉

牛邯字孺卿狄道人有勇力才氣雄於邊陲

魏臧霸字宣高太山人父戒爲縣獄掾據法不聽太守所欲殺太守怒收戒詣府送者百餘人霸年十八將客數人於南山中奪之送者莫敢動因與父俱亡命東海由是以勇壯聞後爲執金吾位特進

呂布字奉先五原人也董卓以布爲都尉卓每以布自衛布嘗小失於卓拔戟擲之布趫捷得免布由是陰怨於卓布後應王允於門刺殺卓卓將李傕等因兵布自南陽投袁術自術又投



袁紹紹與布擊張燕燕布常御良馬號赤兔能馳城飛塹遂突張燕軍陣一日或至三四皆斬首而出遂破燕軍

許褚字仲康長大尺大十圍勇力絶人太祖初見曰此樊噲也即日拜都尉

鮑出字文才京兆新豐人也少游俠興平中三輔亂出與老母兄弟五人家居本縣以饑餓留其母守舍相將行採蓬實合得數升使其二兄初稚及其弟成持歸爲母作食獨與小弟在後採蓬初等到家而噉人賊數十人已略其母以繩貫其手掌驅去初等怖恐不敢追逐須臾出從後到知母爲賊所略欲追賊兄弟皆云賊衆當如何出怒曰有母而使賊貫其手將去煮噉之用活何爲乃攘臂結衽獨追之行數里及賊賊望見出乃共布列待之出到回從一頭斫賊殺四五人賊走復相合聚圍出出跳越圍斫之又殺十餘人時賊分布驅出母前去賊連擊出不勝乃走與前輩合出復追擊之還見其母與比舍嫗同貫相

逌出遂復奔自擊賊賊問出曰卿欲何得出責數賊掠其母以示之賊乃耕還出母比舍嫗獨不解遇望出求哀出復斫賊賊謂出曰已還卿母何爲不止出又指求哀嫗此我嫂也賊復解遂二出得母還遂相扶將家南陽

劉曄淮南成德人也漢末揚士多輕俠狡桀有鄭寶張多許乾之屬各擁部曲寶最驍果才力過人一方所憚欲驅略百姓越赴江表以曄高族名人欲彊逼曄使唱導此謀曄時年二十餘心内憂之而未有緣會太祖遣使詣州有所案問曄往見爲論事勢要將與歸駐止數日寶果從數百人齎牛酒來候使者曄令家僮將其衆坐中門外爲設酒飯與寶内宴飲密勒健兒令因行觴而斫寶寶性不甘酒視候甚明觴者不敢發曄因自引取佩刀斫殺寶斬其首以令其軍曰曹公有令敢有動者與寶同罪衆皆驚怖走還營營有督將精兵數千懼其爲亂曄即乘寶馬將家僮數人詣寶營門呼其渠帥喻以禍福皆叩頭開門内曄撫慰安懷咸悉悅服推曄爲主遂以太中大夫



夏侯稱淵之子也年十六淵與之見奔虎稱驅馬逐之禁之不可一箭而倒名聞太祖太祖把其手喜曰我得汝矣

丁原字建陽本出自寒家爲人麤略有武勇善騎射爲南縣吏受使不辭難有警急追寇虜輒在其前

文俶小名鴦揚州刺史欽之子也欽之舉兵大將軍司馬景王致兵討之將戰欽引鴦鴦年尚幼勇力絶人謂欽曰及其未定擊之可破也於是分爲二隊夜夾攻軍俶率壯士先至大呼大將軍軍中震擾欽後期不應會明俶退欽亦引還[illegible]

吳劉繇年十九從父韙爲賊所劫質繇奪取以歸由是顯名

太史慈字子義與揚州刺史劉繇同郡慈自遼東還未與相見暫度江到曲阿見繇未去會孫策至或勸繇可以慈爲大將軍繇曰我若用子義許子將不當笑我邪因使慈偵視輕重時獨與一騎卒遇策策從騎十三皆韓當宋謙黃蓋輩也慈便前鬬[illegible]正與策對策刺慈馬而攬得慈項上手戟慈亦得策兜鍪會兩家兵騎並各來赴於是解散

徐盛字文嚮琅邪莒人遭亂客居吳以勇氣聞孫權統事以爲別部司馬後爲安東將軍封蕪湖侯

晉吾彥初爲小將給吳大司馬陸抗抗奇其勇略將拔用之慮衆情不允乃會諸將密使人陽狂拔刀跳躍而來坐上諸將懼而走唯彥不動舉几禦之衆服其勇乃擢用焉終於大長秋

庾東以勇力聞武帝時有西域健胡趫捷無敵晉人莫敢與校帝募勇士惟東應選遂撲殺之名震殊俗

司馬勳字偉長年十餘歲從帝求長安爲劉曜將令狐泥養爲子及壯便弓馬能左右射咸和六年自關右還自列云是大長秋陶之玄孫冠軍將軍濟南惠王遂之曾孫洛陽太守瓘之子遂拜謁者僕射以勇聞

周訪參元帝鎮東軍謀事時有與訪同姓名者罪當死吏誤收



訪訪奮擊收者數十人皆散走而自歸於帝帝不之罪

段文鴦匹磾弟也在厭次會石虎縱騎抄城左右文鴦登城臨見不勝其勇欲出擊胡匹磾疑有伏不聽出民大爲胡所殺傷文鴦單將壯士數十騎出擊胡所殺甚多胡騎退文鴦追蹋武磾臺步卒繼文鴦文鴦伏騎起匹磾文鴦力戰殺胡數十文鴦還

蔡豹有勇氣聲若雷霆嘗有二盜入室豹擊牀一呼而二盜俱隕故號浩獒以軍鋒焉

杜曾少驍勇絶人能被甲游於水中始爲新野王歆鎮南參軍歷華容令至南蠻司馬凡有戰陣勇冠三軍

桓石虔小字鎮惡有才幹趫捷絶倫從父在荊州於獵圍中見猛獸被數箭而伏諸督將素知其勇戲令拔箭石虔因急往拔得一箭猛獸跳石虔亦跳高於猛獸猛獸伏復拔一箭以歸

劉牢之字道堅曾祖羲以善射事武帝歷北地鴈門太守父建有武幹爲征虜將軍牢之世以壯勇稱謝玄爲冠軍將軍[illegible]

文卒

趙伯舒誘之弟也誘爲王敦參軍距杜曾并朱軌與子龔俱戰死伯舒龔之叔也王敦使周訪擊杜曾伯舒請從行訪畏曾之彊欲先以伯舒挫鋭使其衆疲而後擊之伯舒多梟首級

王機長沙人美姿儀倜儻有度量陳恢之亂機年十七率衆擊破之

楊孜敬爲人剽鋭果於行事昔與從兄佺期勸殷仲堪殺殷覬仲堪不從孜敬拔刃而起欲自出取之仲堪苦禁乃止

殷□字元之通之第四弟少好學便弓馬東羌校尉何楷稱流有膽幹之勇與羌交東羌憚之

宋張東有勇力手格猛獸

胡盛之爲長沙王義欣鎮軍參軍督護討劫譙郡縣西劫有馬步七十逃隱深榛盛之挺身獨進手斬五十八級



蕭恩蘭陵人高祖征孫恩以爲伐馬爲恩常負大木兼倍餘人每擲於地歎曰大丈夫彎弓三石奈何充馬士高祖聞之即給器仗恩大喜自征妖賊常爲先登多斬首級既習戰陣膽力過人終於司馬將軍淮陵太守

丁旿驍勇有氣力高祖之殺諸葛長民使旿拉殺之時人爲之語曰勿跋扈付丁旿

沈慶之以有志力孫恩之亂遣人寇武康慶之未冠隨鄉族擊之由是以勇聞後爲侍中太尉

柳元景少便弓馬數隨父伐蠻以勇稱後位至侍中尚書令驃騎大將軍

宗慤兄必娶妻始入門夜被劫慤年十四挺身拒賊賊十餘人皆披散不得入室位至寧蠻校尉雍州刺史

薛安都少以勇聞身長七尺八寸便弓馬後官至平東徐州刺史

沈攸之爲郢州刺史聞虎輙自圍捕往無不得一日或得兩三若逼暮不獲禽則宿昔守須獲自出

焦度爲青州刺史顏師伯輔國參軍師伯啓孝武稱度氣力弓馬並絶人帝召還充左右見度身形黑壯謂師伯曰真健物也爲晉安王子勛夾轂隊主隨江州子勛起兵以度爲龍驤將軍領三千人爲前鋒屯赭圻每與臺軍戰常自排突所向無不勝事敗逃宮亭湖中爲寇朝廷聞其勇甚憂之使州刺史王景文誘降焉

王宜興吳興人形狀短小而果勁有膽力少年時爲劫不須伴郡縣討逐圍繞數十重終莫能擒

南齊崔恭祖慧景宗人也驍果便弓馬有氣力絶人頻經軍陣

戴僧靜會稽永興人爲劉擬魏軍至僧靜應募出戰單刀直前魏軍奔退又追斬三級時天寒甚乃脱衣口銜三頭拍浮而還位至征虜將軍廬陵王中軍司馬高平太守卒

周奉叔持節軍主盤龍子也建元三年魏人圍角城奉叔單馬率二百餘人結陣爲萬餘騎張左右翼圍繞之一騎走還報奉叔



已没盤龍方食棄筯馳馬奮矟直奔虜陣自稱曰周公來虜素畏盤龍驍名即時披靡時奉叔已大殺虜得出在外盤龍不知乃衝東擊西奔南突北賊衆莫敢當奉叔見其父久不出復躍馬入陣父子兩騎縈擾數萬人虜衆大敗盤龍父子由是名播北國形甚羸訥而臨軍勇果諸將莫逮

桓康北蘭陵承人也勇果驍悍初隨武帝起義爲郡所執衆皆散康裝擔一頭貯穆后一頭貯文惠太子竟陵王子良自負至山中與門客蕭欣祖三十餘人相結破獄出武帝郡兵追急康死戰破之隨武帝起兵摧堅陷陣所經村邑恣行暴害江南人畏之以其名怖小兒畫其形狀於寺中病瘧者寫其形帖其床壁無不立愈後爲驍騎將軍卒

梁羊鴉仁字孝穆太山鉅平人少驍果有膽力率兄弟自歸詣闕位至北司州刺史

曹景宗字子震新野人父欣之爲徐州刺史景宗出州從之

馬將數人於中路卒逢蠻賊數百圍之景宗帶百餘箭乃馳騎四射每箭殺一蠻蠻遂散走因是以膽勇知名

馬道根年十六鄉人從道班為湖陽戍主攻蠻錫城反為蠻困道根救之匹馬轉戰左右奮擊殺傷甚多道班以免由是知名

陳伯之幼有膂力嘗授面峴人船船人斫之獲其左耳後隨鄉人車騎將軍王廣之廣之愛其勇夜夜臥下將征討常自隨終於太中大夫

柳敬禮與兄仲禮皆以勇烈知名官至扶風太守

杜崱幼有志氣居鄉里以膽勇稱後為散騎常侍江州刺史

杜幼安性至孝寬厚雄勇過人位至西荊州刺史

胡僧祐字願果南陽人少勇決有武幹

羊鵾字子鵬都官尚書侃之子侯景敗鵾密圖之乃隨其東走景於松江下海欲向蒙山景寢鵾語海師向京口至胡豆洲景覺鵾拔刀叱海師景透水鵾斬之景入船中以小刀挟船鵾刺



殺之世祖以鵾為青州刺史封昌國侯錢五百萬米五千石

陳周鐵虎事梁河東王蕭譽以勇敢聞譽為湘州令又王僧辯討譽於陣獲鐵虎僧辯將烹之鐵虎呼曰侯景未滅何以殺壯士僧辯奇其言乃宥之後為散騎常侍宣威將軍太子左衛率

程靈洗新安海寧人少以勇力聞步行日三百餘里便騎善射梁末又海寧黟歙等縣及鄱陽宣城郡界多盜賊郡縣苦之靈洗素為鄉里所畏伏前守長常使召募少年逐捕劫盜位至安西將軍

程文季靈洗子也幼習騎射多幹略果決有父風弱冠從靈洗征討必前登陷陣後為安遠將軍譙州刺史

杜僧明字弘照形貌眇小而膽氣過人有勇力善騎射位至通直散騎常侍平北將軍

蕭摩訶字元胤隨父之郡年數歲而父卒其姊夫蔡路養在南康乃收養之稍長果毅有勇力侯景之亂高祖赴援京師路養起兵拒高祖摩訶時年十三單騎出戰軍中莫當者及路養敗摩訶歸于侯安都安都遇之甚厚自此常隸安都征討及任約徐嗣徽引齊兵為寇高祖遣安都北拒齊軍於鍾山龍尾及北郊壇安都謂摩訶曰卿驍勇有名千聞不如一見摩訶對曰今日令公見矣及戰安都墜馬被圍摩訶獨騎大呼直衝齊軍齊軍披靡因稍解去安都乃免後入隋授開府儀同三司

周迪以居山谷有膂力能挽強弩以弋獵為事侯景之亂迪宗人周續起兵於臨川梁始興王蕭毅以郡讓續迪召募鄉人從之每戰必勇冠衆軍官至平西將軍

侯瑱長孫觀以壯勇知名

魯秀小字天念爽弟也頗有意略才力過爽太武以充宿衛甚知待之高梁王阿斗泥為芮芮所圍甚急使秀往救太武自率大衆繼其後未及至秀已擊破之救阿斗泥而反

呂羅漢弱冠以武幹知名父溫之為秦州司馬羅漢隨侍隴右楊難



當起衆數萬寇上邽秦人多應之賊衆轉盛羅漢進計於鎮將元意頭曰今不出戰示敵以弱衆情一攜大事去矣意頭善之即簡千餘騎令羅漢出戰羅漢與諸騎策馬大呼直衝難當衆皆披靡殺難當左右隊騎八人難當大驚乃引還仇池後拜內都大官卒

來大千驍果善騎射遷中散主於朝賀之日大千常著御鎧盤馬殿庭莫不歎異嘗從太宗獵見虎在高巖上大千持矟直前刺之應手而死

崔延伯博陵人也祖壽於彭城陷入江南延伯有氣力少以勇壯聞後為左衛將軍卒

乙瓌代人也便弓馬善騎射手格猛獸膂力過人數從征伐後為侍中征東將軍定州刺史卒

介朱兆字万仁少驍猛善騎射手格猛獸後為都督十州諸軍事并州刺史

李洪之志性慷慨多所堪忍疢疾灸療艾炷將二寸首足十餘處一時俱下而言笑自若捻實不輟後爲安南將軍秦益二州刺史

尉眷太宗時執事左右爲太官令時侍臣受斤亡入蠕蠕詔眷追之遂至虜庭大擒聞其故眷曰受斤負罪天子逃刑在此不時執送是以來取眷遂擒受斤於大擅前左右救之乃免由是以驍烈聞遷司衛監

江文遥以有大度輕財好士士多歸之及侯道遷之圖陽霸珎也文遥爲翻請行遂手斬霸珎

後周侯莫陳崇武川人少驍勇善馳射隨賀拔岳征討以功除建威將軍位至大司徒

耿豪少麄獷有武藝好以氣凌人賀拔岳西征引爲帳内岳被害歸太祖以武勇見知後爲驃騎大將軍開府儀同三司

賀若敦東魏潁州長史統之子從其父歸太祖時群盗蜂起敦據山谷大龜山賊張世顯潛來襲統敦挺身赴戰手斬七八人賊乃退走終於忠州刺史



泉仲遵洛州都督企之次子少謹實有武藝遭世離亂每從父兄征討以勇決聞高敖曹攻洛州企令仲遵率五百人出戰時以衆寡不敵乃退入城後與企力戰拒守矢盡以棒杖捍之遂爲流矢中目不堪復戰及城陷士卒歎曰若二郎不傷豈至於此

隋虞慶則藝武太守祥之子幼雄毅性倜儻身長八尺有膽氣善鮮卑語身被重鎧帶兩鞬左右馳射本州豪俠皆敬憚之後以右武候大將軍出爲桂州道行軍總管

張奫字文懿自云清河人家於淮陰好讀兵書尤便刀楯周世鄉人郭子冀密引陳寇大奫父雙欲率子弟擊之猶豫未決奫贊成其謀竟以破賊由是以勇決知名起家州主簿

史萬歲以坐事除名配燉煌爲戍卒戍主甚驍武每單騎深入突厥中掠取羊馬輒大克獲突厥無衆寡莫之敢當其人深自矜負數罵辱萬歲萬歲患之自言亦有武用戍主試令馳射甚工戍主笑曰小人安可萬歲請弓馬復掠突厥大得六畜而歸戍主始善之每與同行輒入突厥數百里名聾北夷後爲河州刺史行軍總管

麥鐵杖陳亡後徙居清流縣遇江東反楊素遣鐵杖頭戴草束夜浮渡江覘賊中消息具知還報後復更往爲賊所擒逆師李稜遣兵仗三十人衛之縛送高智慧行至庱亭衛者憩食哀其餒解手以給其食鐵杖取賊刀亂斬衛者殺之皆盡悉割其鼻懷之以歸素大奇之後位至右屯衛大將軍

梁顒者梁士彥之子頗驍武絕人士彥每從征伐常與陷陣

唐杜伏威隋末僭稱將軍煬帝遣右禦衛將軍陳稜以精兵八千討之稜不敢戰伏威遺稜婦人以激怒之并致書號爲陳姥稜大怒悉兵而至伏威逆拒自出陣前挑戰稜部將射中其額伏威怒指之曰不殺汝我終不拔箭遂馳之稜部將走奔其陣伏威因入稜陣大呼衝擊所向披靡獲所射者使其拔箭訖然後斬之携其首復入稜軍奮擊殺數十人稜陣大潰僅以身免



丘行恭善騎射勇敢絕倫隋大業末與兄師利聚兵於岐雍間有衆一萬保故郿城百姓多附之群盗不敢入境

李藝性鷙黠剛愎不仁勇於攻戰

薛仁杲舉之長子多力善騎射勇烈過人軍中號爲萬人敵後爲太宗所誅

盧祖尚隋大業末召募壯士逐捕群盗時年甚少而武力過人又御衆嚴整所向有功群盗畏憚不敢入境

錢九隴有膂力趫捷善騎射隋大業中常從高祖以驍勇見稱官至監門大將軍

高開道滄海人少而驍捷隋大業末賊師格謙擁衆於豆子䴚開道歸之禮遇甚薄會謙爲隋師所圍左右分散無救之者開道獨身決戰殺十餘人隋師稍卻謙乃獲免於是始重開道

幽州總管

公孫武達少有膂力常遇賊盡刼其衣物仍逼武達索鞾武達殺是與之賊俯就引鞾武達毆之死於手下以其兵仗擊餘寇獲免由是以壯勇知名官至右武衛大將軍

蘇定方冀州武邑人父邕大業末率鄉閭數千人為本郡討賊定方驍悍多力膽氣絶倫年十五餘隨父討捕先登陷陣父卒郡守又令定方破賊師張金稱于郡南手斬金稱又破楊公卿于郡西追奔二十餘里殺獲甚衆公卿僅以身免由是外盜不敢入界鄉黨賴之官至武衛大將軍

李勣隋大業中說韋城人翟讓劫公私船兵衆大振隋遣齊郡通守張須陁師二萬討之勣與戰斬之須陁於陣後位至司空

薛萬均河東汾陰人善射有武略拳勇絶人後官至屯衛大將軍

薛仁貴絳州龍門人貞觀末太宗親征遼東仁貴謁將軍張士貴應募請從行至安地有郎將劉君昂為賊所圍甚急仁貴往



救之躍馬徑前手斬賊將懸其頭於馬鞍賊皆懾伏仁貴遂知名官至右領軍衛大將軍檢校代州都督

李敬業者司空英國公勣之孫少嘗從祖征討以驍勇聞後左授桃州司馬以叛伏誅

程務挺洺州人右驍衛將軍振之子少嘗隨父征討以勇力聞位至左武衛大將軍單于道安撫大使

高子貢和州歷陽人屬徐敬業搆逆侵逼和州子貢率其鄉曲子弟以禦之由是賊不敢侵

姚令言河中人少勇應募起於卒伍隸涇原節度馬以戰功累授金吾大將軍

李祐本蔡將也驍勇過人每行營當陣敵官軍皆深憚之

後唐符彦饒少驍勇能騎射唐天祐十五年冬莊宗與梁軍大戰於胡柳陂時彦饒與弟彦圖俱從其父血戰有功莊宗壯之因用為騎將

高行珪燕人將家子家世勇悍後為安州節度使

晉翟璋好勇多力時目為大虫即凝虎之稱也位至左羽林統軍

張勍唐昭宗末徐方亂盜賊蜂起勍刼鄉川劫聚少年數百人因護親族降里賴其保全者甚衆終於光祿大夫檢校太傅慶州刺史

張協臨黃縣書生也天福九年協自募召勇敢之士五十餘人詣行宮請為游兵捉生偵邏帝嘉之賜以戎服遣屬直王彥俱往時擒獲寇致於行在

房知溫字伯玉兗州瑕丘人也少有勇力籍本軍為番部都管健梁將葛從周鎮其地為爪牙後為摠校太師兼中書令

漢馬万少從軍善水游唐莊宗與梁軍對壘胡柳之役莊宗自濮州至潘張立河南北寨會莊宗入至太原梁軍水陸齊進攻南寨於寨北河冺聯戰艦以絶援路晝夜攻城者三日寨將氏延賞告急莊宗自太原迴便趨寨喻河望敵無如之何乃召人



能水游破賊者馬万兄弟應募云言可通南寨遂潛行入南寨往來者三又助燒汴軍斫船走解圍自是收為水軍小校位至上將軍

周安懷盛以陁三部落之種也事太祖以驍勇聞

于釗元城人也以強勇稱於河朔間

趙暉代家天水近世徙居于魏故今為郡人焉暉生於貧賤弱冠習武以挽強稱唐莊宗之戰河朔也廣募驍雄以備征伐始隸於莊宗帳前與大梁兵凡經百餘戰摧堅陷陣名出行伍間後為太子太師致仕

李懷忠初事後唐莊宗赴援夾城之役懷忠率先登城轉鬬其衆大敗後以太子太傅致仕卒

史彦超雲州人也性驍獷有膽氣官至華州節度使

白延遇太原人也幼畜於晉高祖之公宮年十三從晉祖伐蜀以驍悍見稱終於同州節度使

孔超顯德中以廂軍從太祖巡按賊壘張彥超設虎落以護城

宣諭諸州廂軍内果敢之士能拔去鹿角者超仗一大斧伐鹿

角而徑登爲賊守陴者傷三指而下太祖壯其勇健賜其甲鎧

衣一襲尋賜以錦袍超謝之携斧又登賊壘芟去懸撞之類

而旋太祖擢之在控鶴官之列問曰思其號果宣閫願陳力之

所超曰父嘗任滄州捉生都頭苟得之平生之願畢矣於是補

是職焉

冊府元龜卷第八百四十七

冊府元龜卷第八百四十八

總録部九十八

任俠

荀悦有言曰立氣作威結私交以立彊於世者謂之游俠自成周之衰諸侯力政至于七國尊任權譎所戰非義所恃惟險固凌弱暴寡飾詐尚變四民之業不專三游之術交騖蠭是徇名之士豪傑之徒發憤以刷國恥結盟以復私怨感槩歸死終然不奪當此之際豈徒嚴憚士衆固亦震變寰縉非夫勇厲剛果精誠貫徹孰能若是乎秦滅漢興餘風未殄乃有聲流梁楚氣蓋關中折節締交輕財重諾觀其趨急濟厄損己不伐而恩不望報名高於世蓋所謂以怨報怨捨生取義者歟魏晉而下訖於五代時或有之莫不挺絶異之姿懷君子之行又豈特扼腕瞋目悲歌慷慨使酒睚眦羅處屠博不護細行者哉



魯曹沫以勇力事莊公莊公好力曹沫爲魯將與齊戰三敗北魯莊公懼乃獻遂邑之地以和猶復以爲將齊桓公許與魯會于柯而盟桓公與莊公既盟於壇上曹沫執匕首刼桓公桓公左右莫敢動而問曰子將何欲曹沫曰齊强魯弱而大國侵魯亦甚矣今魯城壞即壓齊境君其圖之桓公乃許盡歸魯之侵地既已言曹沫投其匕首下壇北面就群臣之位顔色不變辭令如故

聶政者軹深井里人殺仇與母姊如齊以屠爲事久之濮陽嚴仲子事韓哀侯與韓相俠累有郤嚴仲子恐誅亡去游求人可以報俠累者至齊齊人或言聶政勇敢士也避仇隱於屠者之間嚴仲子至門請數反然後具酒自暢（暢一作觴）聶政母前酒酣嚴仲子奉黄金百溢前爲聶政母壽聶政驚恠其厚固謝嚴仲子嚴仲子固進而聶政謝曰臣幸有老母家貧客游以爲狗屠可以旦夕得甘毳（毳此芮切）以養親親供養備不敢當仲子之賜嚴仲子跡人因爲聶政言曰臣有仇而行游諸侯衆矣然至齊竊聞足下義甚高故進百金者將用爲夫人麤糲之費得以交足下之驩豈敢以有求望邪聶政曰臣所以降志辱身居市井屠者徒幸以養老母老母在政身未敢以許人也嚴仲子固讓聶政竟不肯受也然嚴仲子卒備賓主之禮而去久之聶政母死既已葬除服聶政曰嗟乎政乃市井之人鼓刀以屠而嚴仲子乃諸侯之卿相也不遠千里枉車騎而交臣臣之所以待之至淺鮮矣未有大功可以稱者而嚴仲子奉百金爲親壽我雖不受然是者徒深知政也夫賢者以感忿睚眦之意而親信窮僻之人而政獨安得嘿然而已乎且前日要政徒以老母老母今以天年終政將爲知己者用乃遂西至濮陽見嚴仲子曰前日所以不許仲子者徒以親在今不幸而母以天年終仲子所欲報仇者爲誰請得從事焉嚴仲子具告曰臣之仇韓相俠累俠累又韓君之季父也宗族盛多居處兵衛甚設臣欲使人刺之衆終莫能就今足下幸而不棄請益其車騎壯士爲足下輔翼者聶政曰



韓之與衛相去中間不甚遠今殺人之相相又國君之親此其勢不可以多人多人不能無生得失生得失則語泄語泄是韓舉國而與仲子爲讎（讎一作讐）豈不殆哉遂謝車騎人徒聶政乃辭獨行杖劍至韓韓相俠累方坐府上持兵戟而衛侍者甚衆聶政直入上階刺殺俠累（韓列侯三年三月盗殺韓相俠累名傀戰国策曰有東孟之會又云聶政刺韓傀兼中哀侯）左右大亂聶政大呼擊殺者數十人因自皮面決眼自屠出腸遂以死

唐且楚人也初秦王使人謂安陵君曰寡人欲以五百里之地易安陵君田其許寡人安陵君曰大王加惠以大易小甚善雖然受地於先王願終守之弗敢易秦王不説安陵君因使唐且使於秦秦王謂唐且曰寡人以五百里之地易安陵安陵君不聽寡人何也且秦滅韓亡魏而君以五十里之地存者以君爲長者故不錯意也今吾以十倍之地易於君而君逆寡人者輕寡人歟唐且對曰否不若是也安陵君受地於先王而守之雖

千里不敢易也豈直五百里哉秦王怫然怒謂唐且曰公亦嘗聞天子之怒乎唐且對曰臣未嘗聞也秦王曰天子之怒伏屍百萬流血千里唐且曰大王嘗聞布衣之怒乎秦王曰布衣之怒亦免冠徒走且曰士之怒也夫專諸之刺王僚也彗星襲月聶政之刺韓累也白虹貫日要離之刺慶忌也倉鷹擊於殿上此三子者布衣之士也懷怒未發休烈隆於古而與臣而將四矣若士必怒伏尸二人流血五步天下縞素今日是也挺劍而起秦王色撓長跪而謝之曰先生何至於此寡人諭矣夫韓魏滅亡而安陵以五十里之地存者徒以有先生也

侯嬴為夷門監魏公子無忌以為上客侯生謂公子曰屠者朱亥此子賢者世莫能知故隱屠間耳公子往數請之朱亥故不復謝公子怪之時秦昭王已破趙長平軍又進圍邯鄲公子姊為趙平原君夫人數請救於魏魏安釐王使將軍晉鄙將十萬衆救趙秦王使使者告魏王曰吾攻趙旦暮且下而諸侯敢救



者必移兵擊之魏王恐使人止晉鄙留軍壁鄴公子乃盜晉鄙兵符將奪其軍以救趙侯生曰將在外主令有所不受以便國家公子即合符而晉鄙不授公子兵而復請之事必危矣臣客屠者朱亥可與俱此人力士晉鄙聽大善不聽可使擊之於是公子泣侯生曰公子畏死邪何泣也公子曰晉鄙嚄唶宿將往恐不聽必當殺之是臣泣耳豈畏死哉於是公子請朱亥朱亥笑曰臣乃市井鼓刀屠者而公子親數存之所以不報謝者以為小禮無所用今公子有急此乃臣效命之秋也遂與公子俱公子過謝侯生侯生曰臣宜從老不能請數公子行日以至晉鄙軍之日北鄉自剄以送公子公子遂行至鄴矯魏王令代晉鄙晉鄙合符疑之舉手視公子曰今吾擁十萬之衆屯於境上國之重任今單騎來代之何如哉欲無聽朱亥袖四十斤鐵椎椎殺晉鄙公子遂將晉鄙軍勒兵下令軍中曰父子俱在軍中父歸兄弟俱在軍中兄歸獨子無兄弟歸養得選兵八萬人進兵擊秦秦軍解去遂救邯鄲存趙

荊軻衛人也其先乃齊人徙於衛衛人謂之慶卿亦謂之荊卿好讀書擊劍以術說衛元君元君不用嘗游過榆次與蓋聶論劍蓋聶怒而目之荊軻出人或言復召荊卿蓋聶曰曩者吾與論劍有不稱者吾目之試往是宜去不敢留使使往之主人荊卿則已駕而去榆次矣使者還報蓋聶曰固去也吾曩者目攝之荊軻游於邯鄲魯句踐與荊軻博爭道魯句踐怒而叱之荊軻嘿而逃去遂不復會荊軻既至燕愛燕之狗屠及善擊筑者高漸離荊軻嗜酒日與狗屠及高漸離飲於燕市酒酣以往高漸離擊筑荊軻和而歌於市中相樂也已而相泣旁若無人者荊軻雖游於酒人乎（飲酒之人）然其為人沉深好書其所游諸侯盡與其賢豪長者相結其之燕燕之處士田光先生亦善待之知其非庸人也居頃之會燕太子丹質秦亡歸燕燕太子丹者故嘗質於趙而秦王政生於趙其少時與丹驩及政立為秦王而丹質



於秦秦王之遇燕太子丹不善故丹怨而亡歸歸而求為報秦王者國小力不能其後秦日出兵山東以伐齊楚三晉稍蠶食諸侯且至於燕燕君臣皆恐禍之至太子丹患之問其傅鞫武武對曰秦地徧天下威脅韓魏趙氏北有甘泉谷口之固南有涇渭之沃擅巴漢之饒右隴蜀之山左關殽之險民衆而士厲兵革有餘意有所出則長城之南易水以北未有所定也奈何以見陵之怨欲批（白結切）其逆鱗哉丹曰然則何由請入圖之居有閒秦將樊於期得罪於秦王亡之燕太子受而舍之鞫武諫曰不可夫以秦王之暴而積怒於燕足為寒心又況聞樊將軍之所在乎是謂委肉當餓虎之蹊也禍必不振矣雖有管晏不能為之謀也願太子疾遣樊將軍入匈奴以滅口請西約三晉南連齊楚北購於單于其後乃可圖也太子曰太傅之計曠日彌久心惛然恐不能須臾且非獨於此也夫樊將軍窮困於天下歸身於丹丹終不以迫於彊秦而棄所哀憐之交置之匈奴

是固丹命卒之時也願太傅更慮之鞠武曰夫行危而求安造禍而求福計淺而怨深連結一人之後交不顧國家之大害此謂資怨而助禍矣夫以鴻毛燎於爐炭之上必無事矣且以鵰鷙之秦行怨暴之怒豈足道哉燕有田光先生其爲人智深而勇沈可與謀太子曰願因太傅而得交於田先生可乎鞠武曰敬諾出見田先生道太子願圖國事於先生也田光曰敬奉教乃造焉太子逢迎卻行爲導跪而蔽席（一作拔 一作撥）田光坐定左右無人太子避席而請曰燕秦不兩立願先生留意也田光曰臣聞騏驥盛壯之時一日而馳千里至其衰老駑馬先之今太子聞光盛壯之時不知臣精已消亡矣雖然光不敢以圖國事所善荊卿可使也太子曰願因先生得結交於荊卿可乎田先曰敬諾即起趨出太子送至門戒曰丹所報先生所言者國之大事也願先生勿泄也田光俛而笑曰諾僂行見荊卿曰光與子相善燕國莫不知今太子聞光壯盛之時不知吾形已不逮也幸而教之曰燕秦不兩立願先生留意也光竊不自外言足下於太子也願足下過太子於宮荊軻曰謹奉教田光曰吾聞之長者爲行不使人疑之今太子告光曰所言者國之大事也願先生勿泄是太子疑光也夫爲行而使人疑之非節俠也欲自殺以激荊卿曰願足下急過太子言光已死明不言也因遂自刎而死荊軻遂見太子言田光已死致光之言太子再拜而跪膝行流涕有頃而后言曰丹所以誡田先生毋言者欲以成大事之謀也今先生以死明不言豈丹之心哉荊軻坐定太子避席頓首曰田先生不知丹之不肖使得至前敢有所道此天之所以哀燕而不棄其孤也今秦有貪利之心而欲不可足也非盡天下之地臣海內之王者其意不厭今秦已虜韓王盡納其地又舉兵南伐楚北臨趙王翦將數十萬之衆距漳鄴而李信出太原雲中趙不能支秦必入臣入臣則禍至燕燕小弱數困於兵今計舉國不足以當秦諸侯服秦莫敢合從丹之私計



愚以爲誠得天下之勇士使於秦闚以重利秦王貪其勢必得所願矣誠得劫秦王使悉反諸侯侵地若曹沬之與齊桓公則大善矣則不可因而刺殺之彼秦大將擅兵於外而內有亂則君臣相疑以間諸侯得合從其破秦必矣此丹之上願而不知所委命唯荊卿留意焉久之荊軻曰此國之大事也臣駑下恐不足任使太子前頓首固請毋讓然後許諾於是尊荊卿爲上卿舍太子日造門下供太牢具異物間進車騎美女恣荊軻所欲以順適其意久之荊軻未有行意秦將王翦破趙虜趙王盡收入其地進兵北略地至燕南界太子丹恐懼乃請荊軻曰秦兵旦暮渡易水則雖欲長侍足下豈可得哉荊軻曰微太子言臣願謁之今行而毋信則秦未可親也夫樊將軍秦王購之金千斤邑萬家誠得樊將軍首與燕督亢之地圖（方城縣有督亢亭[illegible]之地）奉獻秦王秦王必說見臣臣乃得有以報太子曰樊將軍窮困來歸丹丹不忍以己之私而傷長者之意願足下更慮之荊軻知太子不忍乃遂私見樊於期曰秦之遇將軍可謂深矣父母宗族皆爲戮沒今聞購將軍首金千斤邑萬家將奈何於期仰天太息流涕曰於期每念之常痛於骨髓顧計不知所出耳荊軻曰今有一言可以解燕國之患報將軍之仇者何如於期乃前曰爲之奈何荊軻曰願得將軍之首以獻秦王秦王必喜而見臣臣左手把其袖右手揕其匈（揕張鴆切一作抗）然則將軍之仇報而燕見陵之愧除矣將軍豈有意乎樊於期偏袒搤捥（[illegible]一作[illegible]）而進曰此臣之日夜切齒腐心也乃今得聞教遂自刎太子聞之馳往伏屍而哭極哀既已不可奈何乃遂盛樊於期首函封之於是太子豫求天下之利匕首得趙人徐夫人匕首（[illegible]）取之百金使工以藥焠之以試人血濡縷人無不立死者（謂以匕首試人人血出纔足以沾濡絲縷便立死也）乃裝爲遣荊卿燕國有勇士秦舞陽年十三殺人人不敢忤視乃令秦舞陽爲副荊軻有所待欲與俱其人居遠未來而爲治行頃之未發太子遲之疑其改悔乃復請曰日

已盡矣荊卿豈有意哉丹請得先遣秦舞陽荊軻怒叱太子曰何太子之遣往而不反者豎子也且提一匕首入不測之彊秦僕所以留者待吾客與俱今太子遲之請辭決矣遂發太子及賓客知其事者皆白衣冠以送之至易水之上既祖取道高漸離擊筑荊軻和而歌為變徵之聲士皆垂淚涕泣又前為歌曰風蕭蕭兮易水寒壯士一去兮不復還復為羽聲慷慨士皆瞋目髮盡上指冠於是荊軻就車而去終已不顧遂至秦持千金之資幣物厚遺秦王寵臣中庶子蒙嘉嘉為先言於秦王曰燕王誠振怖大王之威不敢舉兵以逆軍吏願舉國為內臣比諸侯之列給貢職如郡縣而得奉守先王之宗廟恐懼不敢自陳謹斬樊於期頭及獻燕督亢之地圖函封燕王拜送于庭使使以聞大王唯大王命之秦王聞之大喜乃朝服設九賓見燕使者咸陽宮荊軻奉樊於期頭函而秦舞陽奉地圖匣以次進至陛秦舞陽色變振恐群臣怪之荊軻顧笑舞陽前謝曰北蕃

府八百四十八　七

蠻夷之鄙人未嘗見天子故振慴願大王少假借之使得畢使於前秦王謂軻曰取舞陽所持地圖軻既取圖奏之秦王發圖圖窮而匕首見因左手把秦王之袖而右手持匕首揕之未至身秦王驚自引而起袖絕拔劍劍長操其室時惶急劍堅故不可立拔荊軻逐秦王秦王環柱而走群臣皆愕卒起不意盡失其度而秦法群臣侍殿上者不得持尺寸之兵諸郎中執兵皆陳殿下非有詔召不得上方急時不及召下兵以故荊軻乃逐秦王而卒惶急無以擊軻而以手共搏之是時侍醫夏無且以其所奉藥囊提荊軻也秦王方環柱走卒惶急不知所為左右乃曰王負劍負劍遂拔以擊荊軻斷其左股荊軻廢乃引其匕首以擿秦王不中中銅柱秦王復擊軻軻被八創軻自知事不就倚柱而笑箕倨以罵曰事所以不成者以欲生劫之必得約契以報太子也於是左右前殺軻

高漸離與荊軻為友軻死燕滅漸離變名姓為人庸保匿作於宋子（縣名也今屬鉅鹿）久之作苦聞其家堂上客擊筑傍偟不能去每出言曰彼有善有不善從者以告其主曰彼庸乃知音竊言是非其家丈人召使前擊筑一坐稱善賜酒而高漸離念久隱畏約無窮時乃退出其裝匣中筑與其善衣更容貌而前舉坐客皆驚下與抗禮以為上客使擊筑而歌客無不流涕而去者宋子傳客之聞於秦始皇始皇召見人有識者乃曰高漸離也秦皇帝惜其善擊筑重赦之乃矐其目[illegible]使擊筑未嘗不稱善稍益近之高漸離乃以鉛置筑中復進得近舉筑撲秦皇帝不中於是遂誅高漸離終身不復近諸侯之人

項梁者殺人與籍避仇吳中吳中賢士大夫皆出梁下（言皆不及也）每有大繇役及喪梁常主辦[illegible]孫壹之子也壹始皇末墜婁頃為任俠州郡歌之

朱家魯人魯人皆以儒教而朱家用俠聞所藏活豪士以百數其餘庸人不可勝言然終不伐其能歆其德[illegible]諸所嘗施唯恐見之振人不贍先從貧賤始家亡餘財衣不兼采食不重味乘不過軥車（軥軥挽也軥牛小牛也軥重挽也）專趨人之急甚於己私既陰脫季布之阨及布尊貴終身不見自關以東莫不延頸願交

府八百四十八　八

田仲楚人以俠聞父事朱家自以為行弗及[illegible]

張良字子房韓人大父開地父平皆為韓相良少未宦事韓韓破良求刺客為韓報仇秦始皇帝東遊至博狼沙中（地名在陽武南狼音浪）良與客狙擊（狙伺也與覷同音謂狙伺之）誤中副車（謂後乘之車也）求賊急甚良乃更姓名亡匿下邳項伯嘗殺人從良匿後封留侯

季布楚人為任俠有名後至河東守

季心布弟也氣蓋關中遇人恭謹為任俠方數千里士爭為死嘗殺人亡吳從爰絲匿長事爰絲（爰絲爰盎字言以兄之禮事也）弟畜灌夫籍福之屬嘗為中司馬（中尉之司馬）中尉郅都不敢加禮少年多時時竊借其名以行（詐自稱為心之賓客假借其黨也）

欒布為燕相至將軍稱曰窮困不能辱身非人也富貴不能快意非賢也於是嘗有德厚報之有怨必以法滅之

田叔為人廉喜任俠(喜好任俠也)游諸公後至魯相

劇孟洛陽人周人以商賈為資劇孟以俠顯吳楚反時條侯為太尉乘傳東將(乘傳車而東為大將也)至河南得劇孟喜曰吳楚舉大事而不求劇孟吾知其無能為已(已語終辭)天下騷動大將軍得之若一敵國云劇孟行大類朱家而好博多少年之戲然孟母死自遠方送喪蓋千乘及孟死家無十金之財(史無記)

袁盎為楚相免官家居與閭里鬬雞走狗劇孟嘗過盎盎善待之安陵富人有謂盎曰吾聞劇孟博徒將軍何自通之盎曰孟雖博徒然母死客送車千餘乘此亦有過人者

王孟符離人以俠稱江淮之間(符離沛郡之縣也)是時濟南瞯氏陳周膚亦以豪聞景帝聞之使使盡誅此屬其後代諸白梁韓毋辟陽翟薛況陝寒孺紛紛復出焉(代郡白姓非一家也故稱諸焉梁國人姓韓名毋辟陽翟人)



(陝即今陝州陝縣也薛況寒孺皆人姓名也)

灌夫累官至太僕從燕相坐法去官為人剛直使酒(使酒因酒而使氣也)不好面諛貴戚諸勢在己之右欲必陵之士在己左愈貧賤尤益禮敬與鈞(右尊也左卑也鈞等也)稠人廣衆薦寵下輩(稠多也下輩下等之人也每於人衆之中故薦寵之也)士亦以此多之夫不好文學喜任俠已然諾(已必也然諾一言許人必信之也)諸所與交通無非豪傑大猾家累數千萬食客日數十百人陂池田園宗族賓客為權利橫潁川

汲黯為九卿後卒於淮陽相好游俠任氣節行修絜衛人仕者皆嚴憚之出其下

鄭當時孝文時以任俠自喜脫張羽於戹(羽梁孝王將楚人戹吳之難也)聲聞梁楚閒後累遷為大司農

朱安世陽陵大俠詔捕不能得丞相公孫賀子敬聲罪發繫獄賀請捕安世贖罪帝許之安世曰丞相禍及宗矣獄中上書告敬聲祝詛等罪賀遂父子死獄中

郭解以任俠孝武時誅死解為人靜悍(悍勇也)不飲酒少時陰賊感槩不快意所殺甚衆以軀藉友報仇(藉謂借助也)藏命作姦剽攻休乃鑄錢掘冢不可勝數適有天幸窘急常得脫若遇赦及解年長更折節為儉以德報怨厚施而薄望然其自喜為俠益甚既已振人之命不矜其功其陰賊著於心本發於睚眦如故云(心本謂言本心也故云言如舊不改也)而少年慕其行亦輒為報讎不使知也解姊子負解之勢(負恃也)與人飲使之釂非其任彊灌之(盡爵曰釂其人不飲而使盡爵乃彊灌之故怒也)人怒刺殺解姊子去亡解姊怒曰以翁伯時人殺吾子賊不得(翁伯解字也)棄其尸道旁弗葬欲以辱解解使人微知賊處賊窘自歸具以實告解解曰公殺之當吾兒不直遂去其賊罪其姊子收而葬之諸公聞之皆多解之義益附焉解出入人皆避有一人獨箕踞視之解問其姓名客欲殺之解曰居邑屋至不見敬是吾德不脩也彼何罪乃陰請尉史曰是人吾所重至踐更時脫之(踐更之卒免也)每至直更數過吏弗求(直當也當更而吏不求怪之)怪之問其故解使脫之箕踞者迺肉袒謝罪少年聞之愈益慕解之行洛陽人有相仇者邑中賢豪居間以數終不聽(居間謂在中間為和道之也)客迺見解(不見許也)解夜見仇家仇家曲聽(曲聽委曲聽其言)解謂仇家吾聞洛陽諸公在間多不聽今子幸而聽解解奈何從他縣奪人邑賢大夫權乎迺夜去不使人知曰且毋庸待我去令洛陽豪居間迺聽(庸用也且無用休待洛陽豪更言之乃使其詒也)解為人短小恭儉出未嘗有騎不敢乘車入其縣廷之旁郡國為人請求事事可出出之不可者各令厭其意然後乃敢嘗酒食諸公以此嚴重之爭為用邑中少年及旁近縣賢豪夜半過門常十餘車請得解客舍養之(爭欲為解命少年喜事者言解多亡命者多歸解故夜將車來迎取其人居而養之)及徙豪茂陵也解貧不中訾(中充也言訾財不充合徙之數也)吏恐不敢不徙衛將軍為言郭解家貧不中徙帝曰解布衣權至使將軍此其家不貧解徙諸公送者出千餘萬軹人楊季主子為縣掾舉徙解解兄子斷楊掾頭解入關關中賢豪知與不知聞聲爭交驩邑人又殺楊季

主季主家上書人又殺闕下帝聞乃下吏捕解解亡置其母家室夏陽身至臨晉籍少翁素不知解因出關籍少翁已出解轉傳太原所過輒告主人家吏逐迹至籍少翁自殺口絶久之乃得解窮治所犯爲而解所殺皆在赦前軹有儒生侍使者坐客譽郭解生曰解專以姦犯公法何謂賢解客聞之殺此生斷舌吏以責解解實不知殺者殺者亦竟莫知爲誰吏奏解無罪御史大夫公孫弘議曰解布衣爲任俠行權以睚眦殺人解不知此辠甚於解知殺之當大逆無道（[illegible]）遂族解自是之後俠者極衆而無足數者然關中長安樊中子槐里趙王孫長陵高公子西河郭翁中太原魯翁孺臨淮兒長卿東陽陳君孺雖爲俠而恂恂有退讓君子之風至若北道姚氏西道諸杜南道仇景東道他羽公子（京師而言他羽公子姓名也其陳西南北字公子）南陽趙調之徒盜跖而居民間者耳曷足道哉此乃鄉者朱家所羞

王林卿印成太后外家爲侍中通輕俠傾京師坐法免賓客愈盛



歸成爲内史抵罪歸家稱曰仕不至二千石賈不至千萬安可比人乎乃貰貸陂田千餘頃役使數千家數年産至千金爲任俠其後民重於太守

王温舒陽陵人少時椎埋爲姦（椎殺人而埋之）後至中尉

朱雲字游少時通輕俠借客報仇後至槐里令

朱博字子元杜陵人家貧少時給事縣爲亭長好客少年捕搏敢行（捕搏猶搏擊賓客少年捕擊盜賊而行也）稍遷爲功曹伉俠好交（伉健也）隨從士大夫不避風雨是時前將軍望之子蕭育御史大夫萬年子陳咸以公卿子著材知名博皆友之焉郡守九卿賓客滿門欲仕宦者薦舉之欲報仇怨者解劒以帶之其趨事待士如是博以此自立然終用敗後至丞相自殺

眭孟魯國蕃人少時游俠鬬雞走狗長乃變節後至符節令

萬章字子夏長安人長安熾盛街閭各有豪俠章在城西柳市號曰城西萬子夏爲京兆尹門下督從至殿中侍中諸侯貴人爭欲揖章莫與京兆尹言者章逡巡甚懼其後京兆不復從也與中書令石顯相善亦得顯權力門車常接轂至成帝初石顯坐專權擅勢免官歸故郡顯貲巨萬當去留床席器物數百萬直欲以與章章不受賓客或問其故章歎曰吾以布衣見哀於石公石君家破不能有以安也而受其財物此爲石氏之禍邪諸公以是服而稱之河平中王尊爲京兆尹捕擊豪俠殺章及箭張回（作箭者姓張名回）酒市趙君都賈子光（酒市中人也）皆長安名豪報仇怨養刺客者也

樓護爲京兆吏數年甚得名譽是時王氏方盛賓客滿門五侯爭名其客各有所尊不得左右（不得兩相經過也）唯護盡入其門咸得其驩心結士大夫無所不傾其交長者尤見親而敬衆以是服爲人短小辯論議常依名節聽之者皆竦與谷永俱爲五侯上客長安號曰谷子雲筆札樓君卿脣舌言其見信用也母死送葬者致車二三千兩閭里歌之曰五侯治喪樓君卿後至天水太守



原涉字巨先爲谷口令時年二十餘自劾去官少顯名京師郡國諸豪及長安五陵諸爲氣節者皆歸慕之涉傾身與相待人無賢不肖闐門在所閭里盡滿以奴殺傷屬者王爲茂陵令尹公所辱初涉與新豐富人祁太伯爲友太伯同母弟王游公素嫉涉時爲縣門下掾說尹公曰君以守令辱原涉如是一旦真令至君復單車歸爲府史涉刺客如雲殺人皆不知主名可爲寒心涉治家舍奢僭踰制罪惡暴著主上知之今爲君計莫若墮壞涉家舍條奏其舊惡君必得真令如此涉亦不敢怨矣尹公如其計莽果以爲真令涉由此怨王游公選賓客遣長子初從車二十乘劫王游公家母即祁太伯母也諸客見之皆拜傳曰無驚祁夫人遂殺游公父及子斷兩頭去（殺游公父及其子）涉性略似郭解外温仁謙遜而内隱殺好殺睚眦於塵中觸死者甚多

陳遵杜陵人也爲郁夷令以封嘉威侯居長安中列侯近臣貴戚[illegible]不敢去所到衣冠懷之唯恐在後（[illegible]）

之時列侯有與遵同姓字者每至人門曰陳孟公坐中莫不震動既至而非因號其人曰陳驚坐

辛次兄與平帝從舅衛子伯相善（次兄其字也）兩人俱游俠賓客甚盛

孫建爲王莽強弩將軍王莽居攝誅鉏豪俠名捕漕中叔不能得漕中叔素善建莽疑建臧匿之以問建建曰臣名善之誅臣足以塞責莽性果賊無所容忍然重建不竟問遂不得也中叔子少游復以俠聞於世之

戴良曾祖父遵平帝時爲侍御史王莽篡位稱病歸鄉里家富好給施尚俠氣食客常三四百人時人語曰關東大豪戴子高

後漢馬援督亡命北地遇赦因留牧畜賓客多歸附者遂役屬數百家（續漢書曰援過北地任氏畜牧自援祖賓本客天水父仲又爲牧師令是時員爲護苑使者故人賓客皆依援）後至伏波將軍

寇恂上谷人初爲郡功曹太守耿況甚重之王莽敗更始立使使者徇郡國曰先降者復爵位恂從耿況迎使者於界上況上印綬使者納之一宿無還意恂勒兵入見使者就請之使者不與曰天王使者功曹欲脅之邪恂曰非敢脅使君竊傷計之不詳也今天下初定國信未宣使君建節銜命以臨四方郡國莫不延頸傾耳望風歸命今始至上谷而先墮大信沮向化之心生離畔之隙將復何以號令他郡乎且耿府君在上谷久爲吏人所親今易之得賢則造次未安不賢則祇更生亂爲使君計莫若復之以安百姓使者不應恂叱左右以使者命召況況至恂進取印綬帶況使者不得已乃承制詔之況受而歸

竇融王莽居攝中爲強弩將軍司馬（強弩將軍孫建明義侯王邑）東擊翟義還攻槐里（槐里趙明霍鴻等起兵以應翟義王邑合軍擊明鴻滅之融隨其軍也）以軍功封建武男（東觀記漢書云寧武男）女弟爲大司空王邑小妻家長安中出入貴戚連結閭里豪傑以任俠爲名然事母兄養弱弟内修行義

蓋延漁陽人身長八尺彎弓三百斤邊俗尚勇力而延以氣聞後至虎牙將軍左馮翊



祭遵嘗爲部吏所侵結客殺之初縣中以其柔也既而皆憚焉後至征虜將軍

郅惲汝南西平人也其友董子張父及叔父爲鄉里盛氏一時所殘害子張病困將終惲往候子張視惲歔欷不能言惲曰吾知子不悲天命長短而痛二父讎不復也惲即將客遮仇人取其頭以示張張見氣因絕惲見令以狀首令應之遲趨出詣獄令跣追之不及即自入獄謝惲拔刃自嚮以要惲曰子不從我出敢不以死明心乎惲遂出後至長沙太守

楊政京兆人也嘗詣楊虛侯馬武武難見政稱疾不爲起政入戶徑升牀排武把臂責之曰卿蒙國恩備位藩輔不思求賢以報殊寵而驕天下英俊此非養身之道也今日動者刀入脅武諸子及左右皆大驚以爲見劫操兵滿側政顏色自若會陰就至責數武令爲交友其剛果任情皆如此也後至左中郎將

王渙少好俠尚氣力數通剽輕少年晚而改節官至兗州刺史

段紀明少便習弓馬尚游俠輕財賄長乃折節好古學後至太尉

鄭太少有才略靈帝末知天下將亂陰交結豪傑家富於財有田四百頃而食常不足名聞山東時董卓遷都長安天下飢亂士大夫多不得其命而太家有餘資日引賓客高會倡樂所贍救者甚衆後至侍御史

袁術少以俠氣聞數與諸公子飛鷹走狗後頗折節後至後將軍

袁紹壯健好交結大將軍梁冀以下莫不善之後至大將軍冀州刺史

劉梁以俠氣聞（東觀記曰梁字）

董卓性麤猛有謀少嘗遊羌中盡與豪帥相結後歸耕於野諸豪帥有來從之者卓爲殺耕牛與共宴樂豪帥感其意歸相斂得雜畜千餘頭以遺之由是以健俠知名

陳宮字公臺剛直烈壯少與海內知名之士皆相連結後叛曹公從呂布敗誅死

王康字公節泰山人輕財好施以任俠聞後爲河内太守

周暉大司農忠之子也前爲洛陽令去官歸兄弟好賓客雄江淮間出入從車常百餘乘及靈帝初暉聞京師不安來候忠董卓聞而惡之使兵劫殺其兄弟

何顒與袁紹爲奔走之友是時天下士大夫多遇黨難顒常歲再三私入洛陽從紹計議爲諸窮窘之士解釋患禍而袁術亦豪俠與紹爭名顒未常造術術深恨之後辟司空府魏夏侯稱與文帝爲布衣之交每讌會氣陵一坐辯士不能屈世之高名者多從之游年十八卒

張邈字孟卓少以俠聞振窮救急傾家無愛士多歸之後至陳留太守

夏侯惇字元讓年十四就師學人有辱其師者惇殺之由是以烈氣聞後至大將軍

典韋形貌魁梧旅力過人有志節任俠襄邑劉氏與睢陽李永



爲讎韋爲報之永在富春長備衛甚謹韋乘車載雞酒僞爲候者門開懷匕首入殺永并殺其妻徐出取車上刀戟步出永居近市一市盡駭追者數百莫敢近行四五里遇其伴轉戰得脫由是爲豪傑所識後爲校尉

臧霸字宣高父戒爲縣獄掾據法不聽太守欲所私殺太守大怒令收戒詣府時送者百餘人霸年十八將客數十人徑於費西山中要奪之送者莫敢動因與父俱亡命東海由是以勇壯聞後至執金吾特進

楊阿若後名豐字伯陽酒泉人少游俠常以報仇解怨爲事故時人爲之號曰東市相斫楊阿若西市相斫楊阿若至建安年中太守徐揖誅郡中彊族黄氏時黄其臥得脫在外乃以黄昂家粟金數斛募衆得千餘人以攻揖揖城守豐時在外以昂爲不義乃告揖揖妻子走詣張掖求救會張掖又反殺太守而昂亦圍城殺揖二郡合勢昂恚豐不與已同乃重募取豐欲令張掖以麻繫其頭生致之豐遂逃走武威太守張猛假豐爲都尉使齎檄告酒泉聽豐爲揖報仇豐遂單騎入南羌中合衆得千餘騎從樂浪南山中出指趨郡城未到三十里皆令騎下馬曳柴揚塵酒泉郡人望見塵起以爲東大兵到遂破散昂獨走出羌捕得昂豐謂昂曰卿前欲生繫我頸今反爲我所係云何昂謝慙豐遂殺之時黄華在東又還領郡豐畏華復走依燉煌至黄初中河西興復黄華降豐乃還郡郡舉孝廉州表其義勇詔即拜駙馬都尉後二十餘年病亡

嚴幹字公仲李義字孝懿皆馮翊東縣人馮翊東縣舊無冠族故二人並單家其器性皆重厚當中平末同年二十餘幹好擊劒義好辯護喪事馮翊甲族桓田吉郭及故侍中鄭文信等頗以其各有器實共紀識之

蜀徐庶先名福本單家子少好任俠擊劒中平末嘗爲人報仇白堊突面被髮而走爲吏所得問其姓字閉口不言吏乃於車



上立柱維磔之擊鼓以令於市鄽莫敢識者而其黨伍共篡解之得脫後仕魏至右中郎將御史中丞

吳孫堅爲下邳丞鄉里知舊好事少年往來者常數百人堅接撫待養有若子弟焉

魯肅體貌魁奇少有壯節好爲奇計天下將亂乃學擊劒騎射聚少年給其衣食往來南山中射獵陰相部勒講武習兵父老咸曰魯氏世衰乃生此狂兒後至横江將軍

甘寧字興霸少有氣力好游俠招合輕薄少年爲之渠帥羣聚相隨挾持弓弩負毦帶鈴民聞鈴聲即知是寧吳書曰寧輕俠殺人藏舍亡命聞於郡中其出入步則陳車騎水則連輕舟侍從被文繡所如光道路住止常以繒錦維舟去或割棄以示奢也人與相逢及屬城長吏接待隆厚者乃與交歡不尔即放所將奪其資貨後至折衝將軍

呂蒙年十五六竊隨姊夫鄧當擊賊當顧見大驚呵叱不能止時當職吏以蒙年小輕之曰彼豎子何能爲此欲以肉餧虎耳他

曰與蒙會又畫辱之蒙大怒引刀殺吏出走匿邑子鄭長家出
因校尉𥡴雄自首承間為言孫策召見奇之引置左右後至南
郡太守
晉王濟性豪侈和嶠性至儉家有好李帝求之不過數十濟候
其上直率少年詣園共啖畢伐樹而去時王愷以帝舅奢豪有
牛名八百里駮常瑩其蹄角濟請以錢千萬與牛對射而賭之
愷亦自恃其能令濟先射一發破的因據胡牀叱左右速探牛
心來須臾而至一割便去後至侍中
裴秀有俊才性豪侈有氣韻冠得美名後至司空
李乾有雄氣合賓客數千家在秦氏
裴憲二子挹毅並以文才知名毅仕李龍為太子中庶子散騎
常侍挹毅俱豪俠耽酒好臧否人物
王敦字處仲每醉後輒詠魏武帝樂府歌曰老驥伏櫪志在千
里烈士暮年壯心不已以如意打唾壺為節壺邊盡缺敦又昔



荒恣於色體為之弊左右諫之敦曰此甚易耳乃開後閤驅諸
婢妾數十人並放之時人歎異焉後至大將軍
祖逖字士稚范陽人世吏二千石為北州舊姓父武晉王掾上
谷太守逖少孤兄弟六人兄該納等並開爽有才幹逖性豁蕩
不脩儀檢年十四五猶未知書諸兄每憂之然輕財好俠慷慨
有節尚每至田舍輒稱兄意散穀帛以賙貧乏鄉黨親族以是
重之後至豫州刺史
戴若思有風儀性閑爽少好遊俠不拘操行遇陸機赴洛船裝
甚盛遂與其徒掠之若思登岸據胡牀指麾同旅皆得其宜機
察見之知非常人在舫屋上遙謂之曰卿才器如此乃復作劫
邪若思感悟因流涕投劍就之機與言深加賞異遂與定交焉
後至驃騎將軍
周嵩字仲智狷直果俠每以才氣陵物後至御史中丞
袁耽字彥道少有才氣俶儻不羈為士類所稱桓溫少時游于

博徒資產俱盡尚有負進思自振之方莫知所出欲求濟於耽
而耽在艱試以告焉耽略無難色遂變服懷布帽隨溫與債主
戲耽素有藝名債者聞之而不相識謂之曰卿當不辦作袁彥
道也遂就局十萬一擲直上百萬耽投馬絕叫探布帽擲地曰
竟識袁彥道不其通脫若此後至歷陽太守
李庠性任俠好濟人之難州黨爭附之與六郡流人避難梁益
道路有飢病者庠常營護隱恤振施窮乏大收衆心
馮素弗跋之長弟慷慨有大志姿貌魁偉雄傑不群任俠放蕩
不修小節故時人未之奇惟王齊異焉曰撥亂才也惟交結時
豪為務不以產業經懷當時俠士莫不歸之
宋孟龍符驍果有膽氣幹力絕人少好游俠結客於閭里
何邁素豪俠好聚斂每出入行遊從者塞路薛廣金鄉人也河
東汾陰人世為強族同姓有三千家廣為宗豪
宗慤字元幹炳兄之子也炳素高節諸子群從皆好學而慤獨



任氣好武故不為鄉曲所稱
南齊劉懷珍為直閤將軍懷珍北州舊姓門附殷積啓上門生
千人充宿衛孝武大驚召取青冀豪家私附得數千人
梁鄧元起當陽人性任俠好賑施鄉里年少多附之
陳周炅少豪任俠氣有將帥才
周敷字仲遠臨川人為郡豪族形貌眇小如不勝衣而膽力勁
果超出時輩性豪俠輕財重士鄉黨少年任氣者咸歸之
高樹生性通達重節義交結英雄不事生產有識者並宗奇之
後從平陽王顯討蠕蠕有功樹生尚氣俠意在浮沉自適不願
職位辭不受賞識者高之後為北州大都督
李瑞字琚羅涉歷史傳頗有文才氣尚豪爽公強當世
劉僧利輕財通俠甚得鄉情高祖幸徐州引見善之拜徐州別駕
薛安都字休達少驍勇善騎射頗結輕俠諸兄患之安都乃求
以一身分出不取片資兄許之居於別廠遠近交游者爭有送

遺馬牛衣服什物充牣其庭

裴慶孫任俠有氣鄉曲壯士及好事者多相附撫養咸有恩紀

陽固字敬安性倜儻不拘小節少任俠好劒客弗事生產

李業興性豪俠重意氣人有急難委之歸命便能容匿與其好合傾身無悋若有相乖忤便即疵毀乃至聲色加以謗罵

慕容儼少任俠交遊輕薄皆遊京洛間

薛循義字公讓而豪俠輕財重氣招結豪猾時有急難相奔投者多能容匿之

堯雄上黨長子人驍果善騎射輕財重氣為時輩所重

徐度字孝節安陸人也世居京師少倜儻不拘小節及長姿貌瓌偉耆酒好博常使僮僕屠酤為事

熊曇朗豫章南昌人也世為郡著姓曇朗跅弛不羈有膂力容貌甚偉侯景之亂稍聚少年據豐城縣為柵桀黠劫盜多附之

留異東陽長山人也世為郡著姓異善自居處言語醞藉為鄉里雄豪多聚惡少

後魏李元忠以葛榮起逆宗黨作壘以自保坐於大槲樹下前後斬違命者凡三百人賊至元忠輒卻之

李顯甫豪俠知名集諸李數千家於殷州西山開李魚川方五六十里居之顯甫為家宗主

北齊張保洛代人也自云本出南陽西鄂家世好賓客尚氣俠頗為北土所知

宋遊道重交游存然諾之分歷官嚴整而時大納賄分及親故之艱匱者其男女孫姪為娶聚之臨喪必哀躬親為司州綱紀

高昂與兄乾數為劫掠州縣莫能窮治招聚劍客家資傾盡鄉閭畏之無敢違迕父翼常謂人曰此兒不滅我族當大吾門不直為州豪也昂初以豪俠立名為之羽翼者呼延族劉貴珍劉長狄東方老劉士榮成五彪韓願生劉桃棒皆其徒義者李希光劉叔宗劉孟和並任宦顯達



孟和名協浮陽饒安人也孟和少好弓馬率性豪俠幽州刺史劉靈助之起兵也孟和亦聚衆附焉兄弟遂應之及靈助敗昂乃據冀州孟和為其致力

封子繡外貌儒雅而俠氣難忤司空婁定遠子繡兄之壻也為瀛州刺史子繡在渤海定遠過之對妻及諸女讌集言戲微有褻慢子繡大怒嗚咽欲集衆將攻定遠兵至數千馬將千疋定遠免拜謝久乃釋之

高乾性明悟俊偉有智略美音容進止都雅少時輕俠數犯公私長而修改輕財重義當世以意氣相得

李景遺少雄武有膽力好結聚亡命共為劫盜鄉里每患之永安末其兄南鉅鹿太守宣宗為以贓罪為御史糾劾禁於州獄景遺率左右十餘騎詐稱臺使徑入州城劫獄而出之州軍追討莫不能制由是以俠聞

盧宗道性麤率任俠行南營州刺史嘗於晉陽置酒賓遊滿坐中書舍人馬士達目其彈箜篌女妓云手甚纖素宗道即以此婢遺士達士達固辭宗道便命家人將解其指士達不得已而受之

李裔字魔憐形貌魁傑見異於時少有大志年四十猶不仕州郡唯招致姦俠以為徒侶

尉景性溫厚頗有俠氣

敬顯儁字孝英少英俠有節操交結豪傑為羽林監

平鑒燕郡薊人世宗儒業而有豪俠氣孝昌末盜賊蜂起見天下將亂乃之洛陽與慕容騎馬為友鑒性巧夜則胡畫以供衣食謂其宗親曰運有否泰亂極則治并州戎馬之城尒朱王命世之雄杖義建旗奉辭問罪勞忠竭力今也其時遂相率奔尒朱榮於晉陽因陳靜亂安民之策榮大奇之即署參軍前鋒從平鞏密

金祚字神敬性驍雄尚氣俠魏正光中隴右賊起詔雍州刺史元猛討之召募良家以為軍導祚應選有功

後周韋祐字法保少好遊俠而質直少言所與交遊皆輕猾亡命人有急難投之者多保存之雖屢被追捕終不改其操

隋梁士彦字相如少任俠不仕州郡性剛果喜正人之是非好讀兵書頗涉經史

沈光少驍捷善戲馬爲天下之最略綜書記微有詞藻常慕立功名不拘小節家甚貧窶父兄並以傭書爲事光獨跅弛交通輕俠爲京師惡少年之所朋附人多贍遺之以養親每致甘食美服未嘗困匱

周羅睺九江人也年十五善騎射好鷹犬任俠放蕩收聚亡命陰習兵書從祖景彦誡之曰吾世恭謹汝獨放縱難以保家若不喪身必將滅吾族羅睺終不改陳宣帝時以軍功授開遠將軍句容令

李密開皇中襲父爵蒲山公乃散家産周贍親故養客禮賢無所愛悋與楊玄感爲刎頸之交



劉權少有俠氣重然諾藏亡匿死吏不敢過門

陳政倜儻有文武大略時京師大俠劉居士重政才氣數從之遊

乞伏慧少慷慨有大節便弓馬好鷹犬

麥鐵杖性踈誕使酒好交遊重信義每以漁獵爲事不治産業

唐劉弘基少落拓交通輕俠不事家産以父蔭爲右勳侍大業末嘗從煬帝征遼東家貧不能自致行至汾陰度已後期當斬計無所出遂與同旅屠牛潛諷吏捕之繫於縣獄歲餘竟以贖論事解亡命盜馬以供衣食

丘和少便弓馬重氣俠及長始折節與物無忤貴賤皆愛之

盛彦師者頗有學識少任俠交結英豪

盧祖尚少以俠氣聞家富於財周窮濟乏無所愛悋由是爲州里所歸

張瑾善弓馬有膂力少以氣俠聞

唐憲初仕隋爲東宫左勳衛及太子廢免歸鄉里不拘操行好豪俠從博徒遊藏亡匿死交通輕俠

牛進達濮州雷澤人少嘗率衆爲盜所藏亡匿死號爲輕俠隋末代翟讓爲驃騎與秦叔寶程知節吳黑闥相友善

郭元振舉進士授通泉尉任俠使氣不以細務介意前後掠賣所部千餘人以遺賓客百姓苦之則天聞其名召見與語甚奇之

哥舒翰初爲效轂府果毅家富倜儻任俠好然諾縱酒

楊炎少好讀書有文詞豪俠尚氣

李景儉踈財尚義雖不爲名節死之日知名之士咸惜之

後唐錢鏐杭州臨安縣人杭之著姓門無仕宦鏐少權勇有謀性任俠以解仇報怨爲事

晉李周任俠自負屬河朔羣盜充斥南北交兵行旅無援者不敢出郡邑有二人屬其出家於太原携妻子裝囊寓於逆旅進退无所保唯與所親相對涕泗周憫之請援送以歸行經西山中有賊夜於林麓間俟之射盧出中其馬周大呼曰爾爲誰耶賊聞其聲相謂曰李君至此矣即時散走卒全其行裝至於家



周高思繼幽州人昆仲三人俱雄豪有武幹聲馳朔塞

册府元龜卷第八百四十八

冊府元龜卷第八百四十九

總録部 九十七

諫諍　謀畫

## 諫諍

傳曰父有爭子又曰父母有過怡氣柔聲以諫故爲人子者不患失愛於父母而患得罪於鄉黨其有天質篤孝精識淵遂或勞長早夕竭力左右雖罄責善之道處陷不義之名秉聞獻規佳言内替至乃物禁帑聲威事屬嫌疑當艱危之秋陳成敗之說激發純誠繼之涕泣斯于感寤以消禍釁亦有篤猶子之親敦致美之興或見善氏志存亢宗咸啓德言用規過舉斯皆彝哲之代軌良可述焉

田文齊威王之孫父曰靖郭君嬰文承間問其父曰子之子爲何曰爲孫孫之孫爲何曰爲玄孫玄孫之孫爲何曰不能知也文曰君用事相齊至今三王矣齊不加廣而君私家富累萬金門下不見一賢者文聞將門必有將相門必有相今君後宮蹈綺穀而士不得短褐僕妾餘粱肉而士不厭糟糠今君又尚厚積餘藏欲以遺所不知何人而忘公家之事日損文竊怪之於是嬰乃禮文使主家待賓客賓客日進名聲聞於諸侯諸侯皆使人請薛公以文爲太子嬰許之嬰卒謚爲靖郭君而文果代立於薛是爲孟嘗君

漢袁盎爲吳相辭行盎兄子種謂盎曰吳王驕日久國多姦今絲欲劾治彼不上書告君則利劍刺君矣南方卑濕絲能日飲亡何說王毋反而已如此幸得脫盎用種之計吳王厚遇盎

王宇莽之子也平帝時莽擅權拜帝母衛姬爲中山孝王后帝舅衛寶寶弟玄爵關内侯皆留中山不得至京師宇非莽隔絕衛氏恐帝長大後見怨宇即私遣人與寶等通書教令帝母上書求入莽不聽宇與師吳章及婦兄呂寬議其故章以爲莽不可諫而好鬼神可爲變怪以驚懼之章因推類說令歸政於衛氏宇即使寬夜持血灑莽第門吏發覺之莽執宇送獄飲藥死

後漢吳祐字季英陳留人父恢爲南海太守祐年十二隨父到官恢欲殺青簡以寫書祐諫曰今大人踰越五嶺遠在海濱其俗誠陋然舊多珍怪上爲國家所疑下爲權貴所望此書若成則載之兼兩昔馬援以薏苡興謗王陽以衣囊徼名嫌疑之間先賢所慎恢乃止撫其首曰吳氏世不乏季子矣祐後從河間相

鄭均兄爲縣吏頗受禮遺均數諫止不聽即脫身爲傭歲餘得錢帛歸以與兄曰物盡可復得爲吏坐贓終身捐棄兄感其言遂爲廉潔均後以議郎卒于家

魏曹羲兄爽輔政驕奢羲深以爲大憂數諫止之又著書三篇陳驕淫盈溢之致禍敗辭旨甚切不敢斥爽託戒諸弟以示爽爽知其爲已發也甚不悅羲或時以諫諭不納涕泣而起羲爲中領軍

毋丘儉子甸字子邦有名京邑齊王之廢也甸謂儉曰大人居方嶽重任國傾覆而晏然自守將受四海之責儉然之甸爲治書侍御史

王廣父淩督楊州外甥令狐愚又爲兖州刺史時司馬宣王殺曹爽淩愚謀以帝幼制於強臣不堪爲主楚王彪長而才欲迎立之以興曹氏淩使舍人勞精詣洛陽語廣廣曰凡舉大事應本人情今曹爽以驕奢失民何平叔虛而不治丁畢桓鄧雖並有宿望皆專競於世加變易朝典政令數改所存雖高而事不下接民習於舊衆莫之從故雖勢傾四海聲震天下同日斬戮名士減半而百姓安之莫或之哀失民故也今懿（司馬宣王名）情雖難量事未有逆而擢用賢能廣樹勝己修先朝之政令副衆心之所求爽之所以爲惡者彼莫不以改夙夜匪懈以恤民爲先父子兄弟並握兵要未易亡也淩不從

晉楊濟爲太子太傅駿之弟也初駿忌大司馬汝南王亮催使

之藩濟與諸甥李斌數諫止之駿遂疎濟濟謂傅咸曰吾家兄若大司馬入退身避之門戶乃得免耳不爾行當赤族咸曰但徵還共崇至公便立太平無爲避也夫人臣不可有專豈獨外戚今宗室疎因外戚之親以得安外戚危倚宗室之重以爲援所謂唇齒相依計之善者濟之益懼而問石崇曰人心云何崇曰賢兄執政疎外宗室宜與四海共之濟曰見兄可及此崇見駿及爲駿不納後與諸兄俱見害

庾龢字季好亮之子也好學有文章叔父翼將遷襄陽龢年十五以書諫曰承進據襄陽耀威荊楚且田且戍漸臨河洛使向化之萌懷德而附凶愚之徒畏威反善太平之基便在於旦夕昔殷伐鬼方三年而克樂生守齊遂至歷載今皇朝雖隆無有殷之盛而羯雖衰猶醜類有徒有沔漢之水無方舟之固方城雖峻[illegible]一隅之險加以運漕供繼有泝流之艱征夫勤報有勞來之艱若兵爲寇所逼送死一決東西互出首尾俱進則糜粮有妙截之患遠略之率然之勢進退惟思不見其可此明闇所共見賢愚所共同況於臨事者乎願迴師友旆詳擇全勝脩城池立壘壁勤耕農練兵甲若凶運有極天亡此虜則可汎舟北濟方軌齊進水陸騁邁亦不踰旬朔矣願詳思遠算弄其可者翼甚奇之龢官終中領軍

王坦之散騎常侍述之子也述每受職不爲虛讓坦之諫以爲故事應讓述曰汝謂我不堪邪坦之曰非也但克讓美事耳坦之後爲北中郎將徐兗二州刺史

何無忌隨舅劉牢之南征桓玄牢之　無忌屢諫辭旨甚切牢之不從無忌終鎮南將軍

前秦苻融堅之季弟也堅既有意荊　時慕容垂姚萇等常說堅以平吳封禪之事堅謂江東可平寢不暇旦融每諫曰知足不辱知止不殆窮兵極武未有不亡且國家戎族也正朔會不歸人江東雖不絕如綫然天之所相終不可滅堅曰帝王曆數豈有常哉惟德之所授耳汝所以不如吾者正病此不達通大運劉禪可非漢之遺祚然終爲中國之所并吾將任汝以天下之事奈何事事折吾沮壞大謀汝尚如此況於衆乎堅之將入寇也融又切諫曰陛下聽信鮮卑羌虜諂諛之言採納良家少年利口之說臣恐非但無成亦大事去矣垂萇皆我之仇敵思聞風塵之變冀因之以逞其凶德少年等皆富足子弟希關軍旅苟說僥諂之言以會陛下之意不足採也堅弗納及淮南之敗垂萇之叛堅悼恨又太苻堅引羣臣會議伐晉多言不可出後獨留苻融議之堅曰自古大事定策者一兩人而已群言紛紜徒亂人意吾當與汝決之融曰歲鎮在斗牛吳越之福不可以伐一也晉主休明朝臣用命不可以伐二也我數戰兵疲將倦有憚敵之意不可以伐三也諸言不可者策之上也願陛下納之堅作色曰汝復如此天下之事吾當與誰言之今有衆百萬資仗如山吾雖未稱令主亦不爲闇必以累捷之威擊垂亡之寇何不克之有乎吾終不以遺賊子孫爲宗廟社稷之憂也融泣曰吳之不可伐昭然虛勞大舉必無功而反也融爲太子太傅領宗正錄尚書事

苻詵堅之少子堅將伐晉苻融及尚書原紹石越等上書面諫前後數十上堅終不從詵有寵于堅又諫曰臣聞季梁在隨楚人憚之宮奇在虞晉不闚兵國有人焉故也及謀之不用而亡不淹歲前車之覆軌後車之明鑒陽平公國之謀主而陛下違之晉有謝安桓沖而陛下伐之是行也臣竊或焉堅曰國有元龜可以決大謀朝有公卿可以定進否孺子言焉將爲戮也

後秦姚邕興之弟也興拜赫連勃勃驍騎將軍加奉車都尉常參軍因大議寵遇喻於勳舊邕言於興曰勃勃天性不仁難以親近陛下寵遇太甚臣竊惑之興曰勃勃有濟世之才吾方收其藝用與之共平天下有何不可乃以勃勃爲安遠將軍封陽川侯使助沒弈于鎮南平以三城朔方雜夷及衛辰部衆三萬配之使爲伐魏偵候邕固諫以爲不可興曰卿何以知其性氣邕曰勃勃奉上慢御衆殘貪暴無親輕爲去就寵之踰分終爲邊害興乃止

宋謝瞻字宣遠晦次兄也與從弟靈運俱有盛名晦時爲宋臺

右衛權遇已重於是彭城還都迎家輻湊時瞻在家以驚駭謂晦曰吾家以素退爲業汝遂勢傾朝野此豈門戶福邪乃籬隔門庭曰吾不忍見此後因宴集靈運問晦潘陸與賈充優劣晦曰安仁諂於權門士衡邀競無已並不能保身自求多福公閭勳名佐世不得爲並靈運曰安仁士衡才爲一時之冠方之公閭（充字公閭）本自遼絕瞻斂容曰若處貴而能遺權斯則是非不得而生傾危無因而至君子以明哲保身其在此乎常以裁止晦如此瞻後爲豫章太守

范泰字伯倫泰外弟忱爲荊州刺史忱請泰爲天門太守忱嗜酒醉輒累旬及醒則儼然端肅泰謂忱曰酒雖會性亦所以傷生遊處以來常有欲以相戒當卿沉湎舊言莫由及今之遇又無暇陳說忱嗟歎久之曰見規者衆矣未有若此者也泰爲侍中左光祿大夫國子祭酒

王惠兄鑒頗好聚斂廣營田業惠意甚不同謂鑒曰何用田爲鑒怒曰無田何由得食惠又曰亦復何用食爲其標奇如此惠爲吏部尚書

陳蕭密爲黃門郎族父引爲建康令時殿內隊主吳璡及宮官李善度蔡脫兒等多所請屬引一皆不許密諫引曰李蔡之勢在位皆畏憚之亦宜小爲身計引曰吾之立身自有本末亦安能爲李蔡改行就令不平不過解職其吳璡竟作飛書李蔡證之坐免官卒於家

後魏李璞爲左將軍兄訢爲太倉尚書用范標計千里之外戶別轉運大爲困弊璞謂訢曰范標善能降人以色假人以辭未聞德義之言但有勢利之說聽其言也甘察其行也賊所謂諂諛讒慝貪冒姦佞不早絕之後悔無及訢不從彌信之腹心之事皆以告標後竟坐標誅慨然曰吾不用璞言自貽伊戚

劉景安爲司空諮議時崔亮爲吏部尚書時羽林新害張彝之後靈太后令武官得依資入選官員既少應選者多前尚書李韶循常擢人百姓大爲嗟怨亮乃奏爲格制不問士之賢愚專以停解日月爲斷雖復官須此人停日後者終於不得庸才下品年月久者灼然先用沉滯者皆稱其能景安以書規亮曰殷周以鄉塾貢士兩漢由州郡薦才魏晉因循又置中正諦觀在昔莫不審舉雖未盡美足應十收六七而朝廷貢才止求其文不取其理察孝廉唯論章句不及治道立中正不考人才行業空辨氏姓高下至於取士之途不博沙汰之理未精而舅屬當銓衡宜須改張易調如之何反爲停年格以限之天下士子誰復修厲名行哉亮答書曰汝所言乃有深致吾乘時邀幸得爲吏部尚書當其壯也尚不如人況今朽老而居帝難之任常思同盡直以報明主之恩盡忠竭力不爲貽厥之累昨爲此格有由而然今已爲汝所怪千載之後誰知我哉可靜念吾言當爲汝論之吾兼正六爲吏部郎三爲尚書銓衡所宜頗知之矣但古今不同時宜須異何者昔有中正品其才第上之尚書曹擇狀量才授職此乃與天下群賢共爵人也吾謂當爾之時無遺才無濫舉矣而汝猶云十收六七況今日之選專歸尚書以一人之鑒照察天下劉毅所云一吏部兩郎中而欲究鏡人物何異以管闚天而求其博哉今勳人甚多又羽林入選武夫崛起不解書計唯可彈弩前驅指蹤捕噬而已忽令垂組乘軒求其烹鮮之效未曾操刀而使專割又武人至多官員至少不可用停設令十人共一官猶無官可授況一人望一官何由可不怨哉吾近面執不宜使武人入選請賜其爵厚其祿既不見從是以權立此格限以停年耳昔子產鑄刑書以救弊叔向譏之以正法何異汝以古禮難權宜哉仲尼云德我者春秋罪我者亦以春秋吾之此指其由是也但令當來君子知吾意焉後甄琛元脩義城陽王徽相繼爲吏部尚書利其便已踵而行之自是賢愚同貫涇渭無別魏之失才從亮始也

盧玄字子真司徒崔浩之外生浩每與玄言輒歎曰對子真使

敘彼君之情更深浩大欲齊整人倫分明姓族玄勸之曰夫剏制立事各有其時樂為者詎幾人也宜其三思浩當時雖無異言竟不納浩敗頗亦由此玄終寧朔將軍兼散騎常侍

唐于方者頔子也頔為襄陽節度使屢諷其父歸朝因此入覲方終和王傅

史孝章父憲誠為魏博節度使多違朝旨孝章常雪涕諫其父備陳逆順之理故憲誠終不為叛臣滄景拒命憲誠俾孝章以偏師討賊及滄景平孝章遂請赴闕文宗尉勞尤甚憲誠因亦懇求朝覲遂除河中節度時人以憲誠有爭子也孝章終邠寧節度使

蕭廩登進士及第從父倣至番禺省謁多羨穀公暇出俸買賤管遣吏採補家書之闕者廩諫曰大人置書他日歸國處為風雨所損必財於從罰人或見譏何以自雪此亦清而不慎也倣遂止之廩終京兆尹

漢史德珫侍衛親軍馬步軍都指揮使弘肇之子也粗讀書親儒者常不悅父之所為貢院常録一學科於省門叫噪蘇逢吉令送侍衛司請痛笞刺面德珫聞之白父曰書生無禮有府縣御史臺非軍務治也父猶如此蓋欲彰大人之過也弘肇大然之破械放之德珫為忠州刺史

## 謀畫

傳曰咨事為謀又曰好謀而成自大道之隱變詐交勝其或乘世難之方構屬天保之未定鬬智為上得士者昌繇是挾術之客因時而奮揣摩當世之務講求致當之理發於議論成乎策畫用能解紛排患以定乎反側則敢威決勝以樹乎勳庸至於建安邦之永圖述固本之明略陳御衆之要道叙宅中之便勢蓋其幾深之慮宏遠之謀足以開物而致用謀事而鮮過者焉

漢酈食其秦末為陳留高陽里監門高祖初為沛公徇地過陳留至高陽傳舍食其入謁昌言六國從衡時（從音子容衡橫也）沛公喜



賜食其食問曰計安出食其曰足下起瓦合之卒（瓦合謂如破瓦之相合雖曰聚合而不齊同）收散亂之兵不滿萬人欲以徑入彊秦此所謂探虎口者也夫陳留天下之衝四通五達之郊也（四通五達言無險阻也）今其城中又多積粟臣知其令（素與縣令相知）今請使令下足下（下也）即不聽足下舉兵攻之臣為內應於是遣食其沛公引兵隨之遂下陳留號食其為廣野君及高祖為漢王三年秋項羽擊漢拔滎陽漢兵遁保鞏楚人聞韓信破趙彭越數反梁地則分兵救之（救越及梁）韓信方東擊齊漢王數困滎陽成皐計欲捐成皐以東屯鞏雒以距楚食其因曰臣聞之知天之天者王事可成不知天之天者王事不可成王者以民為天而民以食為天夫敖倉天下轉輸久矣臣聞其下乃有藏粟甚多楚人拔滎陽不堅守敖倉迺引而東令適卒分守成皐（適讀曰謫謫卒謂卒之有罪謫者即所謂謫戍）此乃天所以資漢方今楚易取而漢反卻自奪便（不圖進取是為自奪便利也卻謂）臣竊以為過矣且兩雄不俱立楚漢久相持不決百姓騷動海內搖蕩農夫釋耒紅女下機（紅讀曰工）天下之心未有所定也願足下急復進兵收取滎陽據敖庾之粟（敖庾即敖倉）塞成皐之險杜太行之道距飛狐之口（飛狐在代郡西南）守白馬之津以示諸侯形制之勢（以地形而制服也）則天下知所歸矣沛公從其畫復守敖倉

張良字子房為沛公廄將秦二世三年六月沛公引兵過宛西良諫曰沛公雖欲急入關秦兵尚衆距險今不下宛宛從後擊彊秦在前此危道也於是沛公乃夜引軍從他道還偃旗幟遲明圍宛城三匝遂降之秦王子嬰誅滅趙高遣將將兵距嶢關沛公欲擊之良曰秦兵尚彊未可輕願先遣人益張旗幟於山上為疑兵使酈食其陸賈往說秦將啗以利秦將果欲連和沛欲許之良曰此獨其將欲叛恐其士卒不從不如因其怠懈擊之沛公引兵繞嶢關踰蕢山擊秦軍大破之藍田南遂至藍田又戰秦兵大敗及項羽封沛公為漢王良從王之國因說漢王燒絕棧道示天下無還心以固項王意後漢王還定三秦乃遺

項羽書曰漢王失職欲得關中如約即止不敢東又以齊反書遺羽曰齊與趙欲并滅楚項羽以故北擊齊良乃從漢王東擊楚至彭城漢王兵敗還至下邑漢王下馬踞鞍而問曰吾欲捐關以東等棄之誰可與共功者（捐關以東謂不自有其地將以與人令其立功共破楚也）良曰九江王布楚梟將（梟謂最勇健也）與項王有隙彭越與齊王反梁地此兩人可急使而漢王之將獨韓信可屬大事當一面（屬委也音之欲切）即欲捐之捐之此三人楚可破也漢王乃遣隨何說九江王布而使人連彭越及魏王豹反使韓信特將北擊之（特獨也專任之使將也）因舉燕代齊趙然卒破楚者此三人力也漢三年項羽急圍漢王滎陽漢王憂恐與酈食其謀撓楚權酈生曰昔湯伐桀封其後於杞武王伐紂封其後於宋今秦無德棄義侵伐諸侯社稷滅六國之后使無立錐之地陛下誠復立六國後畢已授印此君臣百姓必皆戴陛下德莫不鄉風慕義願臣妾德義已行陛下南鄉稱霸楚必斂衽而朝漢王曰善趣刻印先生因行佩之矣



酈生未行張良從外來謁漢王方食曰子房前客有為我計撓楚權者具以食其言告之曰其於子房意何如良曰誰為陛下畫此計者陛下事去矣漢王曰何哉良對曰臣請借前箸而籌之曰昔者湯伐桀而封其後於杞者斯能制桀之死命也陛下能制項籍之死命乎曰未能也其不可一也武王伐紂而封其後於宋者斯能得紂之頭也今陛下能得項籍之頭乎曰未能也其不可二矣武王入殷表商容之閭軾箕子之門封比干之墓今陛下能封聖人之墓表賢者之閭軾智者之門乎曰未能也其不可三矣發巨橋之粟散鹿臺之錢以賜貧羸今陛下能散府庫以賜貧羸乎曰未能也其不可四矣商事已畢偃革為軒倒載干戈以示天下不復用兵今陛下能偃革倒載干戈乎曰未能也其不可五也休馬於華山之陽以示無所用今陛下能休馬無所用乎曰未能也其不可六矣休牛於桃林以示不復輸糧今陛下能休牛不復輸之乎曰未能也其不可七矣

且夫天下游士捐其親戚棄墳墓去故舊從陛下遊者皆日夜望咫尺之地今謂何乃復立韓魏燕趙齊楚之後其王皆復立游士各歸事其主從其親戚反其故舊墳墓陛下誰與事天下乎其不可八矣且夫楚唯無強六國復撓而從之陛下焉得而臣之誠用客之計陛下事去矣漢王輟食吐哺罵曰豎儒幾敗乃公事命趣銷印五年追擊項王陽夏南止軍與淮陰侯韓信建成侯彭越期會而擊楚軍至固陵不會楚擊漢軍大破之漢王復入壁深塹而守之謂良曰諸侯不從約柰何對曰楚兵且破而未有分地其不至固宜君王能與共天下今可立致也則不能事未可知也君王能自陳以東傅海盡與韓信睢陽以北至穀城以與彭越使各自為戰則楚易敗也漢王乃使告韓信彭越曰并力擊楚楚已破自陳而東傅海與齊王睢陽至穀城與彭相國使者至韓信彭越皆喜報曰請今進兵韓信乃從齊行彭越兵自梁至諸侯兵皆會遂破楚軍於垓下追項王誅之於淮津



高祖已定天下封良為留侯十年欲廢太子立戚夫人子趙王如意大臣多爭未能得堅決者也呂后恐不知所為人或謂呂后曰留侯善畫計策上信用之呂后乃使建成侯呂澤劫留侯曰君常為上計今日欲易太子君安得高枕而臥留侯曰始上數在急困之中幸用臣今天下安定以愛欲易太子骨肉間雖臣等百餘人何益呂澤強要曰為我畫計留侯曰此難以口舌爭也顧上有所不能致者天下有四人東園公綺里季夏黃公甪里先生此四人者年老矣皆以上慢侮士故逃匿山中義不為漢臣然上高此四人公誠能無愛金玉璧帛令太子為書卑辭以安車迎之因使辯士固請宜來來以為客即時從入朝令上見之上見之則必異問之上知此四人則一助也於是呂后令呂澤使人奉太子書卑辭厚禮迎四人四人至舍呂澤所高祖竟不易太子者良本招此四人之力也良從帝擊代出奇計下馬邑及立蕭相國（蕭何時未為相國高祖立之）所與從容言天下事甚

衆從容斫非天下所以存亡故不著書謂書於史

董公爲新城三老二年漢王至洛陽新城董公遮說王曰臣聞順德者昌逆德者亡兵出無名事故不成名者伐有罪故曰明其爲賊敵乃可服爲賊者布告天下言項羽殺義帝爲亂賊以致之乃可服也項羽爲無道放殺其君放殺謂逐義帝而殺之天下之賊也夫仁不以勇義不以力以仁義爲本也有仁天下歸之可不用勇而天下自服有義天下奉之可不用力而天下自定也三軍之衆爲之素服以告之諸侯爲此東伐四海之内莫不仰德此三王之舉也言以德義取天下則可比蹤三王漢王曰善非夫子無所聞於是漢王爲義帝發喪祖而大哭祖謂脱衣之袒也哀臨三日發使告諸侯事見楚之殺義帝者

轅生轅生謂諸生也三年漢王自成皐入關收兵欲復東轅生乃說漢王曰漢與楚相距滎陽數歲漢常困願君出武關項王必引兵南走走亦謂趣向也音奏又音走王深壁令滎陽成皐閒且得休息使韓信等得輯河北趙地輯謂和合也連燕齊君王乃復走滎陽如此則楚所備者多力分漢得休息復與之戰破之必矣漢王從其計出軍宛葉間葉縣名古葉公之國與宛相近也與黥布行收兵羽聞漢王在宛果引兵南漢王堅壁不與戰



婁敬齊人五年高祖平項籍都洛陽敬戍隴西過雒陽脱輓輅見齊人虞將軍曰臣願見上言便宜事虞將軍欲與鮮衣婁敬曰臣衣帛衣帛見衣褐衣褐見不敢易衣虞將軍入言帝帝召見賜食已而問敬對曰陛下都雒陽豈欲與周室比隆哉帝曰然敬曰陛下取天下與周異周之先自后稷堯封之邰積德累善十餘世公劉避桀居豳太王以狄伐故去豳杖馬箠居岐國人爭歸之及文王爲西伯斷虞芮訟始受命呂望伯夷自海濱來歸之武王伐紂不期而會盂津上八百諸侯滅殷成王即位周公之屬傅相乃營成周雒邑以爲天下中諸侯四方納貢職道里均矣有德則易以王無德則易以亡凡居此者欲令務以德致人不欲恃險阻令後世驕奢以虐民及周之衰分爲兩天下莫朝周不能制非德薄也形勢弱也今陛下起豐沛收卒三千人以之徑往卷蜀漢定三秦與項籍大戰七十小戰四十使天下之民肝腦塗地父子暴骨中野不可勝數哭泣之聲未絶傷夷者未起而欲比隆成康之時臣竊以爲不侔矣且夫秦地被山帶河四塞以爲固卒然有急百萬之衆可具因秦之故資甚美膏腴之地此所謂天府陛下入關而都山東雖亂秦故地可全而有也夫與人鬭不搤其亢拊其背未能全勝也今陛下入關都長安秦之故地此亦搤天下亢而拊其背也高皇帝疑問左右大臣皆山東之人多勸帝都雒陽雒陽東有成皐西有殽黽倍河鄉伊雒其固亦足恃且周王數百年秦二世以亡不如都周留侯張子房曰雒陽雖有此固國中小不過數百里田地薄四面受敵此非用武之國夫關中左殽函右隴蜀沃野千里南有巴蜀之饒北有胡苑之利阻三面守一隅東向制諸侯諸侯安定河渭漕輓天下西給京師諸侯有變順流而下足以委輸此所謂金城千里天府之國也婁敬說是也於是高皇帝即日駕西都關中其後雖有彭越陳豨盧綰之謀亡紅燕代之兵及吳楚之難關東之兵雖百萬之師猶不能爲害者由守關中之固也

田肯高祖時人不言何官無官稱姓名高祖六年既都秦中肯謂帝曰夫齊東有琅邪即墨之饒二縣近海所出用之所出南有泰山之固西有濁河之限北有勃海之利地方二千里持戟百萬縣隔千里之外齊得十二焉地方二千里與天下縣隔百二十萬人當諸侯百萬人也此東西秦也非親子弟莫可王齊者帝曰善賜金五百斤立子肥爲齊王

薛公故楚令尹爲汝陰侯滕公客滕公夏侯嬰也高祖十五年淮南王黥布反召諸侯問布反爲之柰何皆曰發兵阬豎子耳何能爲滕公以問薛公薛公曰是固當反滕公曰上裂地而封之疏爵而貴之疏分也南面而立萬乘之主其反何也薛公曰前年殺彭越往年殺韓信往年前年同耳文相避也三人皆同功一體之人也自疑禍及身故反耳滕公言之帝曰臣客故楚令尹薛公其人有籌策可問帝乃見問薛公對曰布反不足怪也使布出於上計山

東非漢之有也出於中計勝負之數未可知也出於下計陛下安枕而卧矣帝曰何謂上計薛公對曰東取吳西取楚并齊取魯傳檄燕趙固守其所山東非漢之有也何謂中計東取吳西取楚并韓取魏據敖倉之粟塞成皋之險勝敗之數未可知也何謂下計東取吳西取下蔡歸重於越身歸長沙[illegible]陛下安枕而卧漢無事矣帝曰是計將安出[illegible]薛公曰出下計帝曰胡為廢上計而出下計薛公曰布故驪山之徒也致萬乘之主此皆為身不顧後為百姓萬世慮者也故出下計帝曰善封薛公千户布畢如薛公所揣

魏田疇字子泰漢末率宗族入徐無山中疇常忿烏丸昔多賊殺其郡冠蓋有欲討之意而力未能建安十二年太祖北征烏丸未至先遣使辟疇又命田豫喻指疇戒其門下趣治嚴門人謂曰昔袁公慕君禮命五至君義不屈今曹公使一來而君若恐弗及者何也疇笑而應之曰此非君所識也遂隨使者到軍



署司空戶曹掾引見諮議明日出令曰田子泰非吾所宜吏者即舉茂才拜蓨令不之官隨軍次無終時方夏水雨而濱海洿下濘滯不通虜亦遮守蹊要軍不得進太祖患之以問疇疇曰此道秋夏每常有水淺不通車馬深不載舟船為難久矣舊北平郡治在平岡道出盧龍達于柳城自建武以來陷壞斷絶垂二百載而尚有微徑可從今虜將以大軍當由無終不得進而退懈弛無備若嘿回軍從盧龍口越白檀之險出空虛之地路近而便掩其不備蹋頓之首可不戰而禽也太祖曰善乃引還而署大木表於水側路傍曰方今暑夏道路不通且俟秋冬乃復進軍虜候騎見之誠以為大軍去也太祖令疇將其衆為鄉導上徐無山出盧龍歷平岡登白狼堆去柳城二百餘里虜乃驚覺單于身自臨陣太祖與交戰遂大斬獲追奔逐北至柳城軍還入塞論功行封封疇亭侯邑五百户疇自以始為居難率衆遁逃志義不立反以為利非本意也固讓太祖知其至心許而

不奪[illegible]

吳羊衜[illegible]漢末公孫淵自立稱紹漢元年聞魏人將討淵稱臣於吳乞兵北伐以自救大帝欲戮其使衜曰不可是肆匹夫之怒而捐霸王之計也不如因而厚之遣奇兵潛往以要其成若魏伐淵不克而我軍遠赴是恩結遐夷義蓋萬里若兵連不解首尾離隔則我虜其傍郡驅略而歸亦足以致天之罰報雪曩事矣大帝曰善乃勒兵大出謂淵使曰請俟後問當從簡書必與弟同休戚共存亡雖隕于中原吾所甘心也

宋孔季恭山陰人初厚結於高祖後高祖討孫恩而桓玄篡形已著欲於山陰建義討之季恭以為山陰去京邑路遠且玄未居極位不如待其篡逆事彰釁成然後徐於京口圖之不憂不克高祖然之

後魏張袞初事道武在代時劉顯地廣兵強跨有朔裔會其兄弟乖亂共相疑阻袞言於道武曰顯志意高奢冀非望乃有參天貳地籠罩宇宙之規吳不并越將為後患今因其內釁宜速



乘之若輕師獨進或恐越逸可遣使告慕容垂共相聲援東西俱舉勢必擒之然後總括英雄撫懷遐邇此千載一時不可失也太祖從之遂破走之

李先為博士道武之討姚興於柴壁也問先曰興屯天渡平據柴壁相為表裏今欲殄之計將安出先對曰臣聞兵以正合戰以奇勝如聞姚興欲屯兵天渡利其糧道及其未到之前遣奇兵先邀天渡柴壁左右嚴設伏兵備其表裏以陛下神策觀時而動興欲進不得退又乏糧夫高者為敵所棲深者為敵所囚兵法所忌而興居之可不戰而取道武從之興果敗歸

宇文顯和襲封安吉縣侯孝武之在藩也顯和早蒙眷遇時屬多難嘗問計於顯和顯和具陳宜杜門晦迹以時而動孝武深納焉

北齊李元忠仕魏為趙郡太守尒朱榮之亂元忠棄官潛圖義舉會神武東出元忠使乘露車載素筝濁酒以奉迎神武聞其

酒客未即見之元忠下車獨坐酣酒擊髀食之謂門者曰本言公招延儁彥今聞國士到門不能吐哺輟洗其人可知還吾刺勿復通也門者以告神武遽見之引入觴再行元忠車上取箏鼓之長歌慷慨歌闋謂神武曰天下形勢可見明公猶欲事爾朱乎神武曰富貴皆由他安敢不盡節元忠曰非英雄也高乾邕兄弟曾來未是時高乾邕已見神武因紿曰從叔輩麤何肯來元忠曰雖麤並解事神武曰趙郡醉使人扶出元忠不肯起孫騰進曰此君天遣來不可違也神武乃復留與言元忠慷慨流涕神武亦悲不自勝元忠進從横之策深見嘉納

盧叔武孝昭初爲太子中庶子問以世事叔武勸討關西畫地陳兵勢曰衆敵者當任智謀智謀均者當任勢力故強者所以制弱富者所以兼貧今大齊之比關西彊弱不同貧富有異而戎馬不息未能吞并此失於不用彊富也輕兵野戰勝負難必是騎將之法非深謀遠筭萬全之術也宜立重鎮於平陽與彼



蒲州相對深溝高壘運糧積甲築城戍以屬之彼若閉門不出則取其黃河以東長安窮蹙自然困死如彼出兵非十萬以上不爲我敵所供糧食皆出關內我兵士相代年別一番穀食豐饒運送不絕彼來求戰我不應之彼若退軍即乘其弊自長安以西所在城戍敵兵來往實有艱難與我相持農作且廢不過三年彼自破矣帝深納之又願自居平陽城成此謀帝令元文遙與叔武參謀撰平西策一卷

後周韓褒仕魏爲太中大夫屬魏室喪亂褒避地於夏州時太祖爲刺史素聞其名待以客禮及賀拔岳爲侯莫陳悅所害諸將遣使迎太祖太祖問以去留之計褒曰方今王室凌遲海内鼎沸使君天資英武恩結士心賀拔公奄及於難物情危駭洛寇自知庸懦委身而託使君若總兵權據有關中之地何可疑乎且侯莫陳悅亂常速禍乃不乘勝進取平涼反自遁逃屯營洛水斯乃井中蛙耳使君往必擒之不世之勲在斯一舉時難得而易失誠願使君圖之太祖納焉

唐任瓌隋末爲河東縣戶曹義師起瓌至龍門謁見高祖謂之曰隋氏失馭天下沸騰吾忝以外戚屬當重寄不可坐觀時變晉陽是用武之地士馬精彊今率驍雄以救國難卿將家子深有智謀觀吾此舉將爲濟否瓌曰後主殘酷無道征役不息天下恟恟思聞拯亂天縱神武親舉義師所下城邑秋毫無犯軍令嚴肅將士用命關中所在蜂起唯待義兵仗大順從衆欲何憂不濟瓌在馮翊積年人情諳練願爲一介之使銜命入關同州已來必當款伏於梁山船濟直指韓城進逼郃陽分取鄠邑且蕭造文吏本無武略仰懼威靈理當自下孫華諸賊未有適從必當相率而至然後鼓行整衆入據永豐雖未得京城關中固已定矣高祖曰是吾心也迺授銀青光祿大夫遣陳演壽史大柰領步騎六千趣梁山渡河使瓌及薛獻爲招慰大使高祖謂演壽曰閫外之事宜與任瓌籌之孫華白玄度等聞兵且至果



競來降幷具舟于河師遂利涉瓌說下韓城縣與諸將進擊飲馬泉破之拜左光祿大夫留守永豐倉

薛大鼎河東人義旗初於龍門謁高祖因說請勿攻河東從龍門直渡永豐倉傳檄遠近則足食足兵既總天府據百二之所斯亦拊背扼喉之計高祖深然之

郭孝恪爲宋州刺史太宗令與徐勣經營武牢以東所得州縣委以選補其後竇建德率衆來援王世充孝恪於青城宮進策於太宗曰世充日踧月迫力盡計窮懸首面縛翹足可待建德遠來助虐糧運阻絕此是天喪之時請固武牢屯軍氾水隨機應變則易爲剋殄太宗然其計及破建德平世充太宗於洛陽置酒高會且謂諸將曰郭孝恪謀擒建德之策皆出諸人之右也

後唐李守圭明宗天成中以布衣詣闕進時務策七道其一請宗諸侯多置兵甲其二廳賦場監務請令月納旬申如稍遲懸早議變分禁其積滯免啟倖門其三請令逐處長吏親問刑獄

限其大小遠近其四以官場處見去人户遥遠不便於民請逐

縣置一場賣之其五請減五科舉人選限其六以勑命頒下州

使不便者多爲匿之請行覺察其七請令州縣均其差役有稱

旨者尋命施行

册府元龜卷第八百四十九

# 冊府元龜卷第八百五十

總録部一百

器量　才敏

## 器量

夫虛明之境蓋動作之微機夷曠之懷實性情之懿範誠標准而無瑕因陶治之所成發於天姿難以學致觀其夷險無變寵辱不驚酌之無倪潰然處順或蒙乎大難遂濟於成功或勗其高風用敦於雅俗處澄撓而如一匪鑽仰之攸及則如大雅之度不亦遠哉嗟夫硜硜之徒何不相遠之甚也

楚大夫令尹子文三仕爲令尹無喜色三已之無慍色

漢張安世爲光禄勳郎有醉小便殿上主事白行法安世曰何以知其不反水漿邪[illegible]如何以小過成罪郎淫官婢婢兄自言安世曰奴以恚怒誣汙衣冠告署適奴[illegible]其隱人過失皆此類也



後漢王丹爲太子少傅客初有薦士於丹者因選舉之而後所舉者陷罪丹坐以免客慙懼自絶而丹終無所言尋後徵爲太子太傅乃呼客曰君之自絶何量丹之薄也不爲設食以罰之相待如舊

宋則字元矩爲鄢陵令有能名則子年十歲與蒼頭共弩射蒼頭弦斷矢激誤中之即死奴叩頭就誅則察而恕之潁川荀爽深以爲美時人亦服焉

劉寬字文饒弘農華陰人也歷典三郡溫仁多恕後爲太尉夫人欲試寬令恚伺當朝會裝嚴已訖使侍婢奉肉羹翻汙朝衣婢遽收之寬神色不異乃徐言曰羹爛汝手其性度如此海内稱爲長者

魏華歆漢末爲豫章太守孫策略有楊州盛兵徇豫章一郡大恐官屬請出郊迎教曰無然策稍進復白發兵又不聽及策至一府皆造閤請出避之乃笑曰今將自來何遽避之有頃門下白曰孫將軍至請見乃前與歆共坐談議良久夜乃別去義士聞之皆歎息而自服世策遂親執子孫之禮禮爲上賓

許攸漢末爲黄門侍郎董卓之亂攸與何顒圖謀殺董卓事垂就而覺爲卓所收繫獄顒憂懼自殺攸言談飲食自若會卓死得免

張旣初爲郡小吏功曹徐英嘗自鞭旣三十英字伯濟馮翊著姓建安初爲蒲阪令英性剛爽自見族氏勝旣於鄉里名行在前加以前辱旣雖知旣貴顯不有求於旣旣雖得志亦不顧計本原猶欲與英和嘗因醉欲親狎英英故抗意不納英由此遂不復進用故時人善旣不挾舊怨而壯英之不撓

杜畿京兆人漢末爲[illegible]天下大亂棄官客荆州畿少有大志在荆州數歲[illegible]以三[illegible]通負其母喪北歸道爲賊所劫略衆人奔走畿獨不去賊射之畿請賊曰卿欲得財耳今我無物用射我何爲邪賊乃止

蜀費禕字文偉與汝南許叔龍南郡董允齊名時許靖喪子允與禕欲共會其葬所允白父和請車和遣開後鹿車給之允有難載之色禕便從前先上及至喪所諸葛亮及諸貴人悉集車乘甚鮮允猶神色未泰而禕晏然自若持車人還和問之知其如此乃謂允曰吾常疑汝於文偉優劣未別也而今而後吾意了矣先主立太子禕與允俱爲舍人後至益州刺史開府



吳顧雍自奉常領尚書令封陽遂鄉侯拜侯還寺而家人不知後聞乃驚

晉嵇康恬靜寡欲含垢匿瑕寬簡有大量王戎自言與康居山陽二十年未嘗見喜慍之色後爲中散大夫

王戎年六七歲於宣武場觀戲猛獸在檻中虓吼震地衆皆奔走戎獨立不動神色自若魏明帝於閣上見而奇之後至司徒

陳騫少以日爲夏侯玄所侮[illegible]玄以此奇之起家尚書郎後至太尉騫少有度量含垢匿瑕所在有績

裴楷性寬厚與物無忤不持儉素每遊榮貴輒取其珍玩縫車

馬器服宿昔之間便以施諸窮乏嘗營別宅其從兄衍見而悅之即以宅與衍梁趙二王國之近屬貴重當時楷歲請二國租錢百萬以散親族人或譏之楷曰損有餘補不足天之道也安於毀譽言其行已任率皆此類也後爲侍中楷子瓚娶楊駿女然楷素輕駿與之不平駿旣執政乃轉爲衛尉遷太子少師優遊無事默如也及駿誅楷以婚親收付廷尉將加法是日事起倉卒誅戮縱橫衆人爲之震恐楷容色不變舉動自若索紙筆與親故書賴侍中傅祗救護得免猶坐去官

劉昶字公榮爲兗州刺史王戎與阮籍飲時公榮在坐籍以酒少酌不及昶昶無恨色戎異之他日問籍曰彼何如人也答曰勝公榮不可不與飲若减公榮則不敢不共飲惟公榮可不與飲

傅暢祗子字世道年五歲父友見而戲之解暢衣取其金環與侍者暢不之惜以此賞之年未弱冠甚有重名後爲秘書丞



庾敳爲東海王越軍諮祭酒時劉輿見任於越人士多爲所構惟敳縱心事外無迹可間後以其性儉家富說越令就換錢千万冀其有吝因此可乘越於衆坐中問敳敳頹然已醉幘墮机上以頭就穿取徐答云下官家故有兩千萬隨公所取矣輿於是乃服越甚悅因曰不可以小人之慮度君子之心[illegible]之嘗官僚事溫嶠奏之敳更器嶠目嶠森森如千丈松雖磊砢多節施之大廈有棟梁之用

郭弈爲雍州刺史鷹揚將軍尋假弈幢曲蓋鼓吹弈有寡姊隨其之官姊下僮僕多有姦犯而爲人所糾弈省按畢曰大丈夫豈當以老姊求名遂遣而不問焉

劉伶嘗醉與俗人相忤其人攘袂奮拳而往伶徐曰雞肋不足以安尊拳其人笑而止後爲建威參軍

王湛沖素簡淡器量隤然有公輔之望兄子濟輕之所食方丈盈前不以及湛湛命取菜蔬對而食之仕至汝南內史

王承字安期湛子也爲東海太守尋去官東渡江是時道路梗澁人懷危懼承每遇艱險處之夷然雖家人近習不見其憂喜之色

裴遐常在平東將軍周馥坐與人圍棋馥司馬行酒遐未即飲司馬醉怒因曳遐墮地遐徐起還坐顔色不變復棋如故其性虛和如此東海王越引爲主簿

劉疇字王喬少有美譽善談名理曾避亂塢壁賈胡百數欲害之疇無懼色援笳而吹之爲出塞入塞之聲以動其游客之思於是群胡皆垂泣而去之

楊軻學業精微居長安中石季龍嗣偽位備玄纁束帛安車徵之軻以疾辭迫之乃發旣見季龍不拜與語不言命舍之于永昌乙第其有司以軻倨傲請[illegible]大不敬論季龍不從下書任軻所尚軻在永昌季龍每有饋[illegible]輒口授弟子使爲表謝其文甚美覽者歎有深致季龍欲觀其真趣乃密令美女夜以動之軻



蕭然不顧又使人將其弟子盡行遣兕壯騎士衣甲持刀臨之以兵幷竊其所賜衣服而去軻視而不言了無懼色常臥土床以布被倮寢其中下無茵褥潁川荀鋪好奇之士也造而談經軻瞑目不答鋪發軻被露其形大笑之軻神體頹然無驚怒之狀于時咸以爲焦先之徒未有能量其深淺也後上疏陳鄉思求還季龍送以安車蒲輪蠲十戶供之自歸秦州仍教授不絕

郭文曠達不仕王導遣人迎之置于西園嘗衆賓共集絲竹並奏試使呼之文瞻眄不轉跨躡華堂如行林野于時坐者咸有鈎深味遠之言文常稱不達來語天機鏗宏莫有窺其門者

庾彬者亮之子年數歲雅量過人溫嶠嘗隱暗怛之彬神色恬如也乃徐跪謂嶠曰君侯何至於此論者謂不減於亮[illegible]

王羲之爲右將軍初太尉郗鑒使門生求女壻於導導令就東廂徧觀子弟門生歸謂鑒曰王氏諸少並佳然聞信至咸自矜持惟一人在東牀坦腹食獨若不聞鑒曰正此佳壻邪訪之乃羲之

也遂以女妻之

劉超爲中書通事郎出爲義興太守未幾徵拜中書侍郎拜受徙還朝廷莫有知者

謝安嘗與孫綽等汎海風起浪湧諸人並懼安吟嘯自若舟人以安爲悅猶去不止風轉急安徐曰如此將何歸邪舟人承言即廻衆咸服其雅量及爲吏部尚書中護軍簡文帝疾篤桓溫上疏薦安宜受顧命帝崩溫入赴山陵止新亭大陳兵衛將移晉室呼安及王坦之欲於坐害之坦之甚懼問計於安神色不變曰晉祚存亡在此一行既見溫坦之流汗沾衣倒執手板安從容就席坐定謂溫曰安聞諸侯有道守在四隣明公何須壁後置人邪溫笑曰正自不能不爾耳遂笑語移日坦之與安初齊名至是方知坦之之劣

謝萬嘗與蔡系送客于征虜亭與系爭言系推萬落牀冠帽傾脫萬徐拂衣就席神意自若坐定謂系曰卿幾壞我面系曰本不爲卿面計然亦不以介意時亦以此稱之弱冠辟司徒掾後至豫州刺史



王獻之嘗與兄徽之共在一室忽然火發徽之遽走不遑取屐獻之神色恬然徐呼左右扶出夜卧齋中而有偷人入其室盜物都盡獻之徐曰偷兒青氊我家舊物可特置之群盜驚走起家州主簿

阮孚字遥集初祖約性好財孚性好屐同是累而未判其得失有詣約正見料財物客至屏當不盡餘兩小簏以著背後傾身障之意未能平或有詣阮正見自蠟屐因自嘆曰未知一生當著幾量屐神色甚閑暢於是勝負始分孚後爲侍中

謝鯤字幼輿惠帝永興中長沙王乂入輔政時有疾鯤者言將出奔又欲鞭之鯤解衣就罰曾無忤容既捨之又無喜色太傅東海王越聞其名辟爲掾任達不拘尋坐家僮取官槀除名于時名士王玄阮脩之徒並以鯤初登宰府便至黜辱爲之嘆恨鯤聞之方清歌鼓琴不以屑意莫不服其遠暢而恬然榮辱

桓石秀爲江州刺史常從叔父沖獵登九井山徒旅甚盛觀者傾坐石秀未嘗屬目止嘯詠而已

前秦王猛瓌姿儁偉博學好兵書謹重嚴毅器度雄遠細事不干其慮自不參其神契略不與交通是以浮華之士咸輕而笑之猛悠然自得不以屑懷　後至丞相司徒

宋羊欣起家輔國參軍府解還家晉隆安中朝廷漸亂欣優游私門不復進仕會稽王世子元顯每使欣書扇辭不奉命元顯怒乃以爲其後軍府舍人此職本用寒人欣意貌恬然不以高卑見色論者稱焉

王惠爲征虜長史幼而夷簡嘗臨曲水風雨暴至坐者皆馳散惠徐起安制不異常日

謝弘微從叔峻無後以弘微爲嗣安帝義熙初襲峻爵建昌縣侯弘微家素貧儉而所係豐泰唯受書數千卷國吏數人而已遺財祿秩一不問[illegible]混聞而驚歎謂國郎中令漆凱之曰建昌國祿本應與北舍共之國侯既不措意今可依常分送弘微重違混言乃少有所受後至侍中



劉秀之年十許歲與諸兒戲於前渚忽有大蛇來勢甚猛莫不顛沛驚呼秀之獨不動衆並異焉後爲安北將軍雍州刺史

南齊褚淵父湛之尚宋文帝女南郡公主湛之卒淵悉推與弟澄兩厨寶物在淵所生郭氏問嫡母吳郡王求之郭欲不與淵曰但令淵在何患無物猶不許淵流涕固請乃從之淵和雅有器度不妄舉動宅嘗失火煙爓甚逼左右驚擾淵神色怡然索輿徐去後至司徒

蕭惠基爲黄門郎善隸書及弈棊太祖與之情好相得早相器遇桂陽之役惠基姊爲休範妃太祖謂之曰卿家桂陽遂復作賊太祖頓新亭壘以惠基爲軍副惠基弟惠朗親爲休範攻戰惠基在城內了不自疑出・爲豫章太守還爲吏部郎侍中秦縣劉

秉起兵令太祖以秉惠基妹夫時直在侍中省遣王敬則斷其指挺見惠基安靜不與秉相知由是益加恩信張緒清簡寡欲及為尚書倉部郎都令史諮郡縣米事緒蕭然直視不以經懷王敬則為吴興太守出行從市過見屠肉枅嘆曰吴興昔無此枅是我少時在此作也

張融為封溪令廣越嶂嶮獠賊執融將殺食之融神色不動方作洛生詠賊異之而不害也

謝瀹為吏部尚書高宗廢鬱林領兵入殿左右驚走報瀹瀹與客圍棊每下子輒云其當有意竟局乃還齋臥竟不問外事也

王騫太尉儉之子為黄門郎司徒右長史性凝簡不狎當世嘗從容謂諸子曰吾家門戶所謂素族自可隨流平進不須苟求也

梁呂僧珍南兗州人為本州刺史姊適于氏住在市西小屋臨路與列肆雜 僧珍常導從鹵簿到其宅不以為恥

羊侃為都官尚書嘗南還至漣口有客張孺才醉於船中失火



燒七十餘艘金帛不可勝數侃不恌意孺才慚懼逃匿侃慰喻如舊

張率仕至新安太守率嗜酒事寬恕於家務尤忘懷在新安遣家僮載米三千石還吴宅既至遂耗太半率問其故荅曰雀鼠耗也率笑而言曰壯哉雀鼠竟不研問

王泰幼敏悟既長通和温雅家人罕見喜愠之色官至吏部尚書劉孺幼聰敏既長美風彩性通和雖家人罕見其喜慍官至吏部尚書

後梁宋如周南陽人有才學容止詳雅以府僚隨宣帝歷黄門散騎常侍有訴事於如周謂為縂作如州官也乃曰其小有屈滯故來訴如州官必為周曰爾何小人敢呼我名其人慙謝曰秪言如周官作如周不知如周官名如周早知如周官名如周不敢喚如周官作如州如周乃笑曰令卿自責見悔反深衆咸服其雅

陳蕭引方正有器局為西昌侯儀同主簿引以侯景之亂奔嶺

尋時始興人歐陽頠為衡州刺史引往依焉頠後遷為廣州病死子紇領其衆引每疑紇有異因事規正由是情禮漸疎及紇舉兵反時京都士人岑之敬公孫挺等並皆惶駭唯引恬然謂之敬等曰管幼安袁曜卿亦但安耳君子正身以明道直已以行義亦復何憂懼乎後至建康令

後魏甄琛為陽平王衛軍府長史時毋極令崔康為衛軍府録事參軍因公事言競之間康以拳擊琛墜於床下琛以本縣長笑而不論高允為尚書散騎常侍中黄門蘇興壽嘗云共允接事三年不常見其怒色

崔挺為光州刺史北海王詳為司徒録尚書事以挺為司馬挺固辭不免世人皆歎其屈而挺處之夷然

崔光為侍中以有大度喜愠不見於色有毁惡之者必善言以報之雖見誣謗然不自申曲直

温子昇為正員郎兼中書舍人莊帝殺尒朱榮也子昇預謀當



時赦詔子昇詞也榮入內遇子昇把詔書問是何文書子昇顏色不變曰勑榮不視之

北齊王晞為太子太傅時百官常賜射晞中的當得綃為不書爵有司下其晞陶陶然曰我今可謂武有餘文不足矣

後周趙善性後魏文帝大統三年轉左僕射兼侍中監著作領太子詹事善性温恭有器局雖位居端右而愈自謙退其職務克舉則曰某官之力若有罪責則曰善性之咎也時人稱其有公輔之量

隋柳機初仕周與族人文成公昂俱歷顯要開皇中並為外職楊素時為納言方用事因文帝賜宴素戲曰二柳俱摧孤楊獨聳坐者歡笑機竟無言官至冀州刺史

李士謙初為魏廣平開府參軍後歷周隋不復仕宦其奴嘗與鄉人董震因醉角力震扼其喉斃於手下震惶懼請罪士謙謂之曰卿本無殺心何為相謝然可遠去無為吏之所拘性寬厚

皆此類也又每以賑施爲務至春出糧種分給貧乏趙郡農民德之撫其子孫曰此乃李參軍遺惠也或謂士謙曰子多陰德士謙曰所謂陰德者何猶耳鳴已獨聞之人無知者今吾所作吾子皆知何陰德之者

唐王珪貞觀中歷侍中禮部尚書性寬裕不尚苛察其於官事務舉綱維禁姦枉去甚泰而已於僕妾亦不見喜怒之容戴至德高宗朝爲僕射與劉仁軌更日受詞訟嘗有老母經省陳詞至德以牒省視老母前曰本謂是解事僕射請却付牒來至德笑而還之議者尤稱其長者焉

蘇良嗣爲洛州長史以妻妹犯贓左遷冀州刺史妻妹事釋詣良嗣初無恨色謂之曰牧守遷轉是常不聞有所累也

裴行儉爲尚書聞喜縣公嘗令醫人合藥請犀角麝香送者誤遺失已而惶懼潛竄又有敕賜馬及新鞍令史輒馳驟馬倒鞍破史亦逃行儉並委所親招到謂曰爾曹豈相輕耶皆錯誤耳待之如故初平都支遮匐大獲瓌寶蕃酋將士願觀之行儉因宴設徧出歷示有瑪瑙盤廣二尺餘文彩殊絶軍吏王休烈捧盤歷階趨進誤躡衣足跌便倒盤亦隨碎休烈驚惶叩頭流血行儉笑而謂曰爾非故也何至於是不形顔色

魏元忠爲洛陽令陷周興獄詣市將刑則天以元忠有討平敬業功特免死配流貴州時承敕者將至市先令傳呼監刑者遽釋元忠令起元忠曰未知敕虚實豈可造次徐待宣敕然始起謝觀者咸歎其臨刑而神色不撓

李勉爲江西觀察使部人有父病以蠱道爲木偶人署勉名位瘞于其壠或發以告曰爲父禳災亦可矜也捨之

王播爲殿中歷侍御史貞元末幸臣李實爲京兆尹恃恩頗横嘗遇播於途不避故事尹避臺官播移文詰之實怒從奏播爲三原令欲挫之播受命趨府謁謝盡府縣之儀

歸登寬博容物嘗使僮飼馬馬蹄之僮怒擊折馬足登知而不責晚年頗好服食有饋金石之藥者且云嘗之矣登服之不疑藥發毒幾死方訴之云未之嘗也他人爲之怒登視之無愠色嘗慕陸象先爲人議者亦以爲近之後卒於工部尚書

劉濟爲范陽節度使少異常童居室焚人皆驚救而濟從容出戶衆甚異之

晉姚顗少蒙懿敦厚寡言容貌任其自然流輩未之重惟中條山司空圖唐季之名士也深器之以女妻焉顗性仁恕多爲僕妾所欺心亦察之而不能面折終身無喜怒不知錢百之爲伯陌黍百之爲銖凡家人市貨百物入增其陪出減其半不詢其由無擔石之儲心不隕穫顗終戶部尚書

桑維翰少時所居常有魑魅家人常畏之維翰往往被竊其衣攝其巾櫛而未常改容官至中書令

翟光鄴有器度慎密敦厚出於天然喜愠不形於色仕至樞密副使

鄭仁誨高祖時爲樞密使仁誨幼事唐驍將陳紹光恃勇使酒嘗乘醉抽佩劍將剚刃於仁誨左右無不奔避唯仁誨端立以俟略無懼色紹光因擲劍於地謂仁誨曰汝有此器度必當享人間富貴及紹光典郡仁誨累爲右職

周薛仁謙初仕後唐爲通事舍人隨莊宗入汴仁謙有舊第在梁朝六宅使李賓所據時賓遠適而仁謙復得其第人且告賓之家爲厚藏金帛在其第內仁謙立命賓親族盡出所藏而後入焉論者美之

## 才敏

昔人有言曰人所以尚千將鏌邪者貴於立斷也所以尚騏驥者爲其立至也若夫五材鍾秀大雅旁達神機內照符采外發在心爲志出言有章故能爲時輩之所推應公家之所用或觸几口占舉筆便就文無加點有同宿構寔可謂敏則有功者矣其於材情藻思競奇角勝刻燭爲限如流不竭以自衒鬻者亦

何代無其人哉

漢陳遵爲河南太守既至官當遣從史西召善書吏十人於前治私書謝京師故人遵馮几口占書吏且省官事（占隱度也口隱其辭以授吏也）書數百封親疏各有意河南大驚（[illegible]善書與人尺牘主皆藏去以爲榮）

後漢禰衡少有才辯至荊州劉表及荊州士大夫甚賓禮之文章言議非衡不定表嘗與諸文人共草章奏並極其才思時衡出還見文開省未周因毀以抵地（抵擲也）表撫然爲駭（撫然驚之也）衡乃求筆札須臾立成辭義可觀表大悅益重之黃祖子射大會賓客人有獻鸚鵡者射舉卮於衡曰願先生賦之以娛嘉賓衡覽筆而作文無加點辭采甚麗

魏王粲善屬文舉筆便成無所改定時人常以爲宿構然正復精意覃思亦不能加也著書賦論議垂六十篇官至侍中

徐幹捴識洽聞操翰成章爲五官將文學

蜀費禕使吳大帝孫權饗之禕停食餅索筆作麥賦諸葛恪亦請筆作磨賦咸稱善焉呈大將軍

晉阮籍爲步兵校尉初文帝讓九錫公卿將勸進使籍爲辭籍沉醉忘作臨詣府使取之見籍方據案醉眠使者以告籍便書按使寫之無所改竄辭甚清壯爲時所重

孫惠爲東海王越記室專掌文疏復補司空從事中郎越討周穆等夜召參軍王廙造表戰懼壞數紙不成時惠不在越歎曰孫中郎在表久就矣越遷太傅以惠爲軍諮祭酒數諮訪得失每造書檄越或驛馬催之應命立成皆有文采

嵇含爲郎中弘農王粹以貴公子尚主館宇甚盛圖莊周於室廣集朝士使含爲之讚含援筆爲弔文文不加點

陶侃爲荊州刺史遠近書疏莫不手答筆翰如流

袁宏爲大司馬桓溫府記室溫重其文筆專綜書記後爲東征賦末列稱過江諸名德而獨不載桓彝時伏滔先在溫府又與宏善苦諫之宏笑而不答溫知之甚忿而憚宏一時文宗不



欲令人顯問後游青山飲歸命宏同載衆爲之懼行數里問宏云聞君作東征賦多稱先賢何故不及家君宏答曰尊公稱謂非下官敢專既未遑啓不敢顯之耳溫疑不實乃曰君欲爲何辭宏即答云風鑒散朗或搜或引身雖可亡道不可隕宣城之節信義爲允溫泫然而止宏賦又不及陶侃侃子胡奴嘗於曲室抽刃問宏曰家公勲跡如此君賦云何相忽宏窘急答曰我已盛述尊公何乃言無因曰精金百汰在割能斷功以濟時職思靜亂長沙之勲爲史所贊胡奴乃止

宋劉穆之初爲高祖太尉主簿穆之與朱齡石並便尺牘常於高祖坐與齡石答書自旦至日中穆之得百函齡石得八十函而穆之應對無廢也

王曇首爲晉琅琊王大司馬屬從高祖北征行至彭城高祖大會戲馬臺豫坐者皆賦詩曇首文先成高祖覽讀因問曇首兄弘曰卿弟何如卿弘曰若但如下官門戶何寄高祖大笑

齊張融爲封溪令浮海至交州於海中作海賦融文辭詭激獨與衆異後還京師以示鎮軍將軍顧凱之凱之曰卿此賦實超玄虛但恨不道鹽耳融即求筆注之曰漉沙構白熬波出素積雪中春飛霜暑路此四句後所足也

謝朓爲隋王子隆文學子隆在荊州朓因事求還除新安王中軍記室朓牋辭子隆曰朓聞潢汙之水思朝宗而每竭駑蹇之乘希沃若而中疲何則皐壤搖落對之惆悵岐路東西或以嗚唈況乃服義徒擁歸志莫從邈若墜雨飄似秋蔕朓實庸流行能無算屬天地休明山川受納褒採一介搜揚小善故得捨耒場圃奉筆兔園東汎三江西浮七澤契闊戎旃從容讌語長裾日曳後乘載脂榮立府庭恩加顏色沐髮晞陽未測涯涘撫臆論報早誓肌骨不悟滄溟未運波臣自蕩渤澥方春旅翮先謝清切藩房寂寥舊蓽輕舟反泝弔影獨留白雲在天龍門不見去德滋永思德滋深唯待青江可望候歸艎於春渚朱邸方開效

逞心於秋實如其簪履或存社稷先改雖復身填溝壑猶望妻子知歸攬涕告辭悲不撰集時荆州信去倚待眺執筆便成文無點竄

蕭文琰蘭陵人丘令楷吳興人江洪濟陽人竟陵王子良嘗夜集學士刻燭為詩四韻者則刻一寸以此為率文琰曰頓燒一寸燭而成四韻詩何難之有乃與令楷江洪等共打銅鉢立韻響滅則詩成皆可觀

梁范雲字彥龍少機警有識具善屬文便尺牘下筆輒成未嘗定藁時人每疑其宿構後至右僕射

劉之遴南陽涅陽人舉茂才為太學博士任昉見而異之張稷新除尚書僕射託昉為讓表昉令之遴代作操筆立成昉曰荆南秀氣果有異才後仕必當過僕

庾肩吾善屬文及宋子仙破會稽購得肩吾欲殺之先謂曰吾聞汝能作詩今可即作若能將貸汝命肩吾操筆便成辭采甚美



後至散騎常侍中書令

陳顧野王吳郡人為梁臨賀王府記室參軍丁憂歸本郡侯景之亂郡將袁君正率兵赴援以機檄皆以委之口占便就未嘗

趙知禮天水人高祖之討元景仲也引為記室知禮為文贍捷每占授下筆便就

沈不害為通直散騎兼尚書左丞二不害治經術善屬文雖博綜墳典而家無卷軸每製文操筆立成曾無尋檢僕射周弘正常稱之曰沈生可謂意合聖人乎

蔡景歷初仕梁為海陽令侯景之亂客遊京口侯景平高祖鎮朱方素聞其名以書要之景歷對使人答書筆不停綴文不重改曰蒙降札書曲垂引逮伏覩循回載深欣暢竊以世求名駿行地能致千里時愛奇寶照車遂有徑寸但雲成斯奏白轂已淪杞梓方雕豈盼楩柟仰惟明將軍使君侯節下英才挺茂雄姿秀故運屬時艱志排多難振衡岳而綏五嶺滌湘漢而澄九派帶甲十万強弩數千誓勤王之師總義夫之力鯨鯢式剪役不踰時氛霧廓清士無血刃雖漢誅祿產舉朝定策綏侯五討約峻中外一資陶牧比事論功彼奚足算加以抗威丞眼冠蓋道於北門整旆徐方詠歌溢於東道能使邊亭卧鼓行旅露宿巷不拾遺市無異價洋洋乎功德政化曠古未儔諒非膚淺所能述是以天下之人向風慕義接踵披衿雜遝而至矣或箕帚賢貴將今望蒼楚秀異荆吳岐嶷武夫則猛氣紛紜雄心四據陸拔山岳水斷虬龍六鈞之弓左右馳射萬人之劍短兵交接攻壘若夫驁艦如黃蓋百戰百勝貔貅為群文人則通儒博識英才偉器雕麗暉煥摛掞絢藻子雲不能抗其筆元瑜無以高其記尺翰馳而聊城下清談奮而嬴軍却復有三河辯容五陵樂於須臾六騎談士變斷反於倏忽治民如子賤踐境有成折獄如仲由片辭從理直言如毛遂能挫主威銜使若相如不辱君命懷忠抱義感恩徇己誠斷黃金精貫白日海內雄賢牽韁



斯備明將軍撤鞍下馬推案止食申爵以榮之築館以安之輕才重氣卑躬厚士盛矣哉盛矣哉抑又聞之戰國將相咸推引賓遊中代岳牧並盛延僚友濟濟多士所以成將軍之貴但量能校實稱才任使直行方止各尽其宜受委責成誰不畢力至如走賤妄庸人耳秋冬讀書終慚專學刀筆為吏竟闕異等衡門衰素無所聞達薄宦輕資焉能遠大自陽九遘屯天步艱阻同彼貴仕溺於巨寇喔隣危殆備踐薄冰今王道中興殷憂啟運獲在微命足為幸甚方欲歌咏畎畝謂歎蘇秦黃金未及宛洛蕪曠四壁固二軍之餘長安死半叔之產遠遊故人聊為借貸屬此樂土洵美忘歸切服高義斯謂門下明將軍降以顏色二三士友假其餘論菅蒯不棄折簡賜留欲以雞鶩廁鴛鴻於沚沼將移瓦礫參金璧之聲價昔抃脇遊秦忽逢盼採櫓匡入趙便弱留連今雖羈於方之非遠丘林之賁何用克堪但眇眇纖蘿憑喬松以自聳蠢蠢輕蚋託驥尾而遠騖切不自涯願備下走且

爲嗤背之毛脫充鳴吠之數增勞改觀爲幸已多悔不聚山不讓高敢布心腹惟將軍覽焉高得書甚加欽賞即日受記室參軍及武帝將討王僧辯獨與侯安都等數人謀之景歷并之知部分既畢召令草檄景歷援筆立成辭義感激事皆稱旨

後魏高閭字閻士漁陽雍奴人早孤少好學博綜經史文才儁偉下筆成章後至散騎常侍吏部尚書

李苗解鼓琴好文詠尺牘之敏當世罕及後至通直散騎常侍

祖瑩爲尚書三公郎尚書令王肅曾於省中詠悲平城詩云悲平城驅馬入雲中陰山常晦雪荒松無罷風彭城王勰甚嗟其美欲使肅更詠乃失語云王公吟詠情性聲律殊佳可更爲誦悲彭城詩肅因戲勰云何意悲平城而悲彭城也勰有慙色瑩在座即云亦有悲彭城王公自未見爾肅云可爲誦之瑩應聲云悲彭城楚歌四面起尸積石梁亭血流睢水裏肅甚嗟賞之勰亦大悅退謂瑩曰卿定是神口今日若不得卿幾爲吴子所屈

府八百五十　十五

邢劭文章典麗既贍且速爲著作佐郎深爲領軍元乂所禮乂新遷尚書令李神儁與表辭在席乂令劭作謝表須臾便就以示乂諸賓神儁曰邢劭此表足使袁公變色

北齊孫搴爲行臺郎以文才著稱時脩騰以宗情薦之未被知也會武帝西討登風陵命中外府司馬李義深相府城局李士略共作檄文二人皆辭請以搴自代帝引搴入帳自爲吹火催促之搴援筆立成其文甚美帝大悅即署相府主簿專典文筆

陸卬爲中書侍郎兼太子洗馬自梁魏通和歲有交聘卬每兼官讌接在席賦詩卬必先成雖未能盡工以敏速見美

後周盧柔初謂文帝從事中郎與蘇綽掌機密時沙苑之役大軍屢捷汝潁之間多舉兵來附書翰往反日百餘牒柔隨機報答皆合事宜

宗懍初仕梁爲元帝荊州記室嘗夕被召宿使製龍川廟碑一夜便就詰朝呈上帝歎美之

隋李德林初在北齊任城王湝薦德林於尚書令楊遵彥即命德林制讓尚書令表援筆立成不加治點因大相賞異後爲高祖丞相府屬未幾而三方亂軍書羽檄朝夕填委一日之中動逾百數或機速競發口授數人文意百端不加治點

杜正玄開皇末舉秀才尚書試方略正玄應對如響下筆成章僕射楊素負才傲物正玄抗詞酬對無所屈撓素甚不悅久之會林邑獻白鸚鵡素促召正玄使者相望及至即令作賦正玄倉卒之際援筆立成素見文不加點始異之因令更擬諸雜文筆十有餘條又皆立成而辭理華贍素乃歎曰此真秀才吾不及也

唐岑文本性沉敏善屬文其父之象隋邯鄲令坐事不得申文本詣司隸稱冤時年十四辭情甚切古辭閑雅人皆異之令作蓮花賦下筆便就合臺咸賞其八竟雪由是知名後爲中書令

賀知章以秘書監歸晚年尤縱無復規檢自號四明狂客又稱秘書外監遨遊里巷醉後屬詞動成卷軸文不加點咸有可觀

孫逖幼而英俊文思敏速始年十五謁雍州長史崔日用日用

府八百五十　十六

小之令爲土火爐賦逖握翰即成辭理典贍日用覽之駭然遂爲忘年之交後至中書舍人

韓皋字仲聞父滉檢校左僕射平章事皋爲考功員外郎丁父憂德宗遣中人就第慰問仍宜令論譔滉之事業皋號泣承命立草數千言德宗嘉之

張濛河中人早以經學爲儒官嘗舉日試萬言故人呼爲張萬言後至散騎常侍

冊府元龜卷第八百五十

冊府元龜卷第八百五十一

總録部一百一

## 友悌

詩曰因心則友傳曰兄良弟悌史佚有致美之論小雅形莫如之歎蓋孝友之德通於神明而爲民極矣中古已降遺文可覩乃有臨難而爭死傭耕以給養割天性之愛全猶子之重緒衛死喪之戚棄仕籍而長往於財讓爵正家睦族遠蹈非寵推致於天倫克己紓禍全度於世難至乃字育孤幼養冶痾瘵恭順兼極勞苦無憚眷令急難之義以之而彰塤篪和樂之美於是乎在孔子曰孝悌也者其爲仁之本與信君子之所務也已

衛公子壽宣公之子太子伋之異母弟而子朔之兄也宣公欲廢太子伋而立子朔乃使太子伋於齊而令盜遮界上殺之與太子白旄而告界盜見持白旄者殺之且行壽知朔之惡太子而君欲殺之乃謂太子曰界盜見太子白旄即殺太子太子可



毋行太子曰逆父命求生不可遂行壽見太子不止乃盜其旄而先馳至界盜見其驗即殺之壽已死而太子伋又至謂曰所當殺乃我也盜并殺太子伋衛人傷而作二子乘舟之

沖由字子路有姊之喪可以除之矣而弗除也孔子曰何弗除世子路曰吾寡兄弟而弗忍也孔子曰先王制禮行道之人皆弗忍也（行道猶行仁義）子路聞之遂除之

趙旃爲晉大夫晉楚戰於邲晉師敗旃以其良馬二濟其兄與叔父以他馬反遇敵不能去棄車而走林

趙盾父衰娶狄女叔隗之所生也文公妻衰生原同屏括樓嬰（原屏樓三子之邑）趙姬以盾爲賢請于公以爲嫡子後盾爲卿請以括爲公族（括趙盾異母弟趙姬之中子屏季也）曰君姬氏之愛子也（趙姬文公女成公姊也）微君姬氏則臣狄人也成公許之（盾狄外孫也姬氏逆之以爲適）趙盾爲旄車之族（旄車公行之官盾本卿適其子當爲公族辟屏季故更掌旄車）使屏季以其故旄爲公族大夫

漢陳伯有田三十畝（[illegible]）居伯常耕田縱平使游學爲人長大美色人或謂平貧何食而肥若是其嫂疾平之不親家生產曰亦食糠覈耳（覈麥糠中不破者師以謂麥屑爲紇頭）有叔如此不如无有伯聞之逐棄其婦伯平之兄也史不載官位

卜式河南人以田畜爲事有少弟弟壯式脫身出（脫身謂引身出也）獨取畜羊百餘田宅財物盡與弟式入山牧十餘年羊致千餘頭買田宅而弟盡破其產式輒復分與弟者數矣後代石慶爲御史大夫

王商涿郡人商父封平昌侯商少爲太子中庶子以肅敬敦厚稱父薨商嗣爲侯推財以分異母諸弟身無所受

金敞成帝時爲衛尉病甚帝使使者問所欲以弟岑爲託帝召岑拜爲使主客（官名屬鴻臚主胡客也）

後漢杜林王莽末客河西弟成物故隗囂聽林持喪東歸既遣而悔追令刺客楊賢於隴坻遮殺之賢見林身推鹿車載致弟喪乃歎曰當今之世誰能行義我雖小人何忍殺義士因亡去



建武中爲光禄勳代朱浮爲大司空

淳于恭王莽末歲饑兵起恭兄崇將爲盜所烹恭請代得俱免後崇卒恭養孤幼教誨學問有不如法輒反用杖自箠以感悟之兒慙而改過遷侍中騎都尉

馬援兄況卒援行服朞年不離墓所敬事寡嫂不冠不入廬位伏波將軍

虞延王莽末天下大乱延從常嬰甲冑擁衛親族扞禦鈔盜賴其全者甚衆延從女弟年在孩乳其母不能活之棄於溝中延聞其號聲哀而收之養至成人以妻同縣人王氏建武初除細陽令

郭昌光武郭后之父讓田宅財產數百萬與異母弟國人義之昌追封陽安侯

趙孝字長平沛國人及天下乱人相食孝弟礼爲餓賊所得孝聞之即自縛詣賊曰礼久餓羸瘦不如孝肥飽賊大驚並放之

（第三葉原闕）

孫恣推財物二千餘萬與孤兄子
樊準宏之族曾孫少勵志行脩儒術以先父產業數百万讓孤兄子爲光禄勳卒于官
陰興子慶封鮦陽侯推田宅財物悉與弟員丹明帝以慶義讓擢爲黃門侍郎
李充字大遜陳留人也家貧兄弟六人同衣共食妻竊謂充曰今貧居如此難以久安妾有私財願思分異充僞酬之曰如欲別居當醖酒具會請呼鄉里内外共議其事婦從充置酒讌客充於坐中前跪白毋曰此婦人無狀而教充離間毋兄罪合遣斥便呵叱其婦逐令出門婦銜涕而去坐中驚肅因遂罷散後遷左中郎將
薛苞四歲而孤養毋弟以孝友稱及壯推先父餘財數百萬與從昆弟鄉里高之後至司空
張堪字君游南陽宛人爲郡族姓堪早孤讓先父餘財數百萬與兄子後至漁陽太守
封觀有志節當舉孝廉以兄名位未顯恥先受之遂稱風疾喑不能言火起觀屋徐出避之忍而不告後數年兄得孝觀乃稱損而仕郡焉
許武會稽陽羨人也太守第五倫舉爲孝廉武以二弟晏普未顯欲令成名乃請之曰礼有分異之義家有別居之道於是共割財産以爲三分武自取肥田廣宅奴婢強者二弟所得並悉劣少鄉人皆稱弟克讓而鄙武貪婪晏等以此並得選舉武乃會宗親泣曰吾爲兄不肖盗聲竊位二弟年長未豫榮禄所以求得分財自取大譏今理產所増三倍於前悉以推二弟一無所留於是郡中翕然遠近稱之位至長樂少府
許荆武孫也少爲郡吏兄子世嘗報讎殺人怨者操兵攻之荆聞乃出門逆怨者跪而言曰世前無狀相犯咎皆在荆不能訓導兄既早没一子爲嗣如何令死者傷其滅絶願殺身代之怨家扶荆起曰許掾郡中稱賢吾何敢相侵因遂委去荆名由此顯署卒諫議大夫
姜肱字伯淮彭城廣戚人也家世名族肱與二弟仲海季江俱以孝行著聞其友愛天至常共卧起及各娶妻兄弟相戀不能別寢以係嗣當立乃遞往就室嘗與弟季江謁郡夜於道遇盜欲殺之肱兄弟更相爭死賊遂兩釋焉謝承書曰肱與季江俱乘車行適野廬爲賊所劫取其衣物欲殺其兄弟肱謂盜曰弟年幼父母所憐又未聘娶願自殺身濟弟季江言兄年德在前家之珍寶國之英俊乞自受戮以代兄命盜戢刃曰二君所謂賢人吾等不良妄相侵犯弃物而走即拜太中大夫竄伏青州
鍾皓潁川人少以篤行稱公府連辟爲二兄未仕避隱密山密縣山也後辟司徒府自劾去
第五訪倫之族孫也少孤貧常傭耕以養兄嫂有閑暇則以學文拜護羌校尉卒於官
崔駰家貧兄弟同居數十年鄉邑化之後至長岑長
孔融魯國人也山陽郡東部督郵張儉以忠正爲中常侍侯覽所忿疾覽爲刊章下州郡捕儉儉與融兄褒有舊亡投褒時褒不在融年十六儉以其少不告也融知儉長者有窘迫色謂曰兄雖在外吾獨不能爲君主邪因留舍藏之後事泄國相以下密就掩捕儉得脫走登時收融及褒送獄融曰保納藏舍者融當坐之褒曰彼來求我罪我之由非弟之過我當坐之兄弟爭死郡縣疑不能決乃上讞詔書令褒坐焉融由是名震遠近後至太中大夫
童恢弟翊字漢文名高於恢宰府先辟之翊陽喑不肯仕及恢被命乃就孝廉
陳重爲細陽令政有異化舉尤異當遷爲會稽太守遭姊憂去官
譙玄遷太常以弟服去職
魏張範子陵及弟承子戩爲山東賊所得範直詣賊請二子賊以陵還範範謝曰諸君相還兒厚矣夫人情雖愛其子然吾憐戩之小請以陵易之賊義其言悉以還範初爲議郎參丞相軍事
韓珩字子佩代郡人清粹有雅量少喪父母奉養兄姊宗族稱

孝悌篤爲衆所譏別駕
吳孫賁字伯陽父羌字聖臺堅同產兄也賁早失二親弟輔嬰
孩賁自贍育友愛甚篤爲郡督郵
舒仲膺兄伯膺親友爲人所殺仲膺爲報怨事覺兄弟爭死皆
得免
晉王覽字玄通與兄祥異生覽母朱氏遇祥無道覽年數歲見
祥被楚撻輒涕泣抱持至于成童每諫其母其母少止凶虐朱
屢以非理使祥覽輒與祥俱又虐使祥妻覽妻亦趨而共之朱
患之乃止祥喪父之後漸有時譽朱深疾之密使酖祥覽知之
徑起取酒祥疑其有毒爭而不與朱遽奪反之自後朱賜祥饌
覽輒先嘗朱懼覽致斃遂止覽孝友恭恪名亞於祥以太中大
夫歸老
高光字宣茂少習家業明練法理武帝時爲廷尉其兄誕放率
不倫而光次列遇之與光異操謂光小節常輕侮之而光事誕愈謹
□□□字改玫撫幼弟以友愛稱累遷侍中
江逌字道載陳留圉人少孤與從弟灌共居甚相友悌由是獲
當時之譽仕至太常
王徽之與獻之俱病篤時有術人云人命應終而有生人樂代
者則死者可生徽之謂曰吾才位不如弟請以餘年代之術者
曰代死者以己年有餘弼今君與弟筭俱盡何代也未幾獻之
卒徽之奔喪不哭直上靈牀坐取獻之琴彈之久而不調歎曰
嗚呼子敬人琴俱亡因頓絶先有背疾遂潰裂月餘亦卒仕至
黄門侍郎
吳隱之轉徵虜參軍事兄坦之爲袁真功曹真敗將及禍隱之
詣桓溫乞代兄命溫矜而釋之遂爲溫所知賞仕至光祿大夫
庾袞字叔褒咸寧中大疫二兄俱亡次兄毗復殆癘氣方熾父
母諸弟皆出次於外袞獨留不去諸父兄强之乃曰袞性不畏
病遂親自扶侍晝夜不眠其間復撫柩哀臨不輟如此十有餘
旬疫勢既歇家人乃反毗病得差袞亦無恙父老咸曰異哉此
子守人所不能行歲寒然後知松栢之後凋始疑疫癘不相染
也州郡交命察孝廉舉秀才清白異行皆不降志世遂號爲異行
孫晷兄眘嘗篤疾經年晷躬自扶侍藥石甘苦必經心因跋涉山
水祈求親愈州府辟並不就
顏含字弘都琅邪莘人汝陰太守默之子少有操行以孝聞兄
畿咸寧中得疾就醫自療遂死於醫家家人迎喪旐每繞樹而
不可解引喪者顛仆稱畿言曰我壽命未死但服藥太多傷我
五藏耳今當復活慎無葬也其父祝之曰若爾有命復生豈非
骨肉所願今但欲還家不爾葬也旐乃解及還其婦夢之曰吾
當復生可急開棺婦頗說之其母及家人又夢之即欲開棺而
父不聽含時尚少乃慨然曰非常之事古則有之今靈異至此
開棺之痛孰與不開相負父母從之乃共發棺果有生驗以手
刮棺指爪盡傷然氣息甚微存亡不分矣飲哺將護累月猶不
能語飲食所須託之以夢闔家營視頓廢生業雖在母妻不能
無倦矣含乃絶棄人事躬親侍養足不出戶者十有三年石崇
重含淳行贈以甘旨含謝而不受或問其故答曰病者綿昧生
理未全既不能進啖又未識人惠若當謬留豈施者之意也畿
竟不起含光祿勳年老遜位
李重字茂曾少好學有文辭早孤與群弟居以友愛著稱
陳嶷爲滎陽太守屬天下亂嶷兄武先爲玄菟太守嶷遂求爲
昌黎太守至郡久之武卒嶷被徵乃將武子開送喪俱南
祖納豫州刺史逖之弟初以孝廉爲成皋令與逖甚相友愛
孔嚴爲吳興太守時武康有兄弟二人妻各有孕弟遠行未反
遇荒歲不能兩全棄其子而活弟子
謝玄以功封康樂縣公乃請以先封東興侯賜兄子玩詔聽之
更封玩豫寧伯
杜烈爲衡陽太守聞兄乾亡因自表兄子幼弱求去官詔轉擬

爲太傅蜀士榮之

鄧攸沒于石勒勒過泗水攸乃斫壞車以牛馬負妻子而逃又遇賊掠其牛馬步走擔其子及其弟子綏度不能兩全乃謂其妻曰吾弟早亡唯有一息理不可絶止應自棄我兒耳幸而得存我後當有子妻泣而從之乃棄之其子朝棄而暮及明日攸繫之於樹而去攸仕至尚書右僕射

周顗少有重名顗性寬裕而友愛過人從弟穆亦有美譽欲陵折顗顗陶然弗與之校又弟嵩嘗因酒瞋目謂顗曰君才不及弟何乃橫得重名以所然蠟燭投之顗神色無忤徐曰阿奴火攻固出下策耳後終尚書左僕射

徐苗性抗烈輕財貴義有知人之鑒弟患口癰膿潰苗爲吮之其兄弟皆早亡撫養孤遺慈愛聞于州里田宅奴婢盡推與之郡察孝廉州辟從事治中別駕舉異行公府五辟博士並不就

謝尚字仁祖豫章太守鯤之子幼有至性七歲喪兄哀慟過禮親戚異之



宋檀道濟少孤居喪備禮奉姊事兄以和謹致稱位司空大將軍

張暢弟牧嘗爲猘犬所傷醫者云食蝦蟆膾可療牧難之暢含笑先嘗牧因此乃食由是遂愈位侍中卒會稽太守

胡藩字道序州府辟召不就須二弟冠婚畢乃參郗恢征虜軍事

謝述景仁之弟也景仁愛其第三弟甝而憎述嘗設饌請高祖命甝豫坐而高祖召述述知景仁夙意又慮高祖命之請急不從高祖馳遣呼述須至乃歡及景仁有疾述盡心營視湯藥飲食必嘗而後進不解帶不盥櫛者累旬景仁深懷感悔元嘉二年徵拜中書侍郎

蔡廓爲祠部尚書奉兄軌如父家事小大皆諮而後行公祿賞賜一皆入軌每有所資須是就典者請焉從高祖在彭城妻郗氏書求夏服廓答書曰知須夏服計給事自應相供無容別寄時軌爲給事中

杜驥爲寧遠將軍青冀二州刺史徵左軍將軍兄坦代爲刺史坦長子琬爲散騎侍郎太祖嘗有函詔勑坦琬輒開視信未發又追取之勑函已發大相推檢承都答云諸郎開視帝遣主書詰責驥答曰開函是臣第四子季文伏待刑坐帝特原不問

蔣恭義興臨津人晉陵蔣崇平爲劫見禽云與恭妻弟吳晞張爲侶晞張先行不在本村遇水晞張妻及息告避水移寄恭家討録晞張不獲收恭及兄協治罪恭協並款住舍晞張家口而不知劫情恭列晞張妻息是婦之親今有罪恭身甘分求遣兄協協列協是戶主延制所由有罪之日關協而已求遣弟恭兄弟二人爭求受罪郡縣不能判依事上詳州議之曰禮讓者以義爲先自厚者以利爲上末世俗薄其非自私伏膺聖教猶或不逮況在野夫未達誥訓而能互發天倫之愛甘受莫測之罪若斯情義實爲殊特蕞爾恭協而能行之茲乃終古之所希盛世之嘉事二子乘舟無以過此豈宜拘執憲文加以罪戮且晞



張封爵遷行佃界爲劫造釁自外藏不還家所寓村伍容或不知而恭不合罪勤縣遣還復民伍除恭義成令協義怡令

謝弘微居身清約器服不華而飲食滋味盡其豐美兄曜卒弘微蔬食積時哀戚過禮服雖除猶不噉魚肉沙門釋慧琳詣弘微弘微與之共食猶獨蔬素慧琳曰檀越素既多疾頃者肌色微損即吉之後未復膳羞以死益傷豈所望於得理弘微答曰衣冠之變禮不可踰在心之哀實未能已遂廢食感咽歔欷不自勝弘微少孤事兄如父兄弟友穆之至舉世莫及也位至吏部尚書

江智淵兄子槩早孤養之如子

王微弟僧謙有才譽爲太子舍人遇疾微躬自處治而僧謙服藥失度遂卒微深自咎恨發病不復自治僧謙卒後四旬而微終

沈雍之與兄攸之異生諸弟中性和謹尤見親愛攸之世從孫子弟不得妄用財物唯雍之所須輒取齋中服飾分與親舊

以此爲常終鎮西將軍荊州刺史
徐湛之年數歲與弟淳之共車行牛奔車壞左右人馳來赴之湛之先令取弟衆咸歎其幼而有識終吏部尚書
庾彥達爲益州刺史攜姊之鎮分祿秩之半以供贍之西土稱焉
劉秀之兄欽之爲朱齡石右軍參軍隨齡石敗沒秀之哀戚不歡宴者十年
關康之弟雙之病卒迎喪因得虛勞病寢頓二十餘年時有閒日輒臥論文義元嘉中詔徵不起
戴顒字仲若譙郡銍人與兄勃遊桐廬名山因留居止勃疾患醫藥不給顒曰隨兄得閑非有心於默語兄今疾篤無可治療顒當干祿以自濟耳乃求海虞令事垂行而勃卒乃止元嘉初累徵不就
張欣泰父興世罷雍州在家還資見錢三十萬蒼梧王自領人劫之一夜垂盡興世憂懼感病卒欣泰兄欣業持任安成郡欣



泰求葬鄉里以侍之
江秉之字玄叔濟陽考城人給事中纂之子少孤弟妹七人並皆幼稚撫育姻娶罄其心力累遷新安臨海太守
王華爲侍中有權寵以門戶羸弱待從弟琨加寵數相稱薦琨尚書儀曹郎
王僧虔兄僧綽爲元凶所害親賓咸勸僧虔逃僧虔涕泣曰吾兄奉國以忠貞撫我以慈愛今日之事若不見及爾若同歸九泉猶羽化也孝武初出爲武陵太守兄子儉於中途得病僧虔爲廢寢食同行客慰喻之僧虔曰昔馬援處兒姪之間一情不異鄧攸於弟子更逾所生吾實懷其心誠未異古亡兄之嗣不宜忽諸若此兒不救便當回舟謝職無復遊宦之心矣
崔懷慎泰始初以父陷沒魏遂入北至桑乾尋父已卒喪畢以弟在南又逃歸而弟亦已亡懷慎孤貧獨立宗黨哀之不載官位
虞愿爲中書郎領東觀祭酒兄季爲上虞令卒愿從省步還家

吳欣之晉陵利城人也宋元嘉末弟周之爲武進縣戍隨王誕起義太祖遣軍主華欽討之吏皆散用之獨留見執將死欣之詣欽乞代弟命辭貌哀切兄弟皆見釋史不載仕官
吳達之義興人也從祖弟敬伯夫妻荒年被略賣江北達之有田十畝貨以贖之與之同財共宅郡命爲主簿固以讓兄又讓兄又讓世業舊田與族弟弟亦不受田遂閑廢史不載仕官
陸澄弟鮮得罪當死澄於路見舍人王道隆叩頭流血以此見原轉光祿大夫加散騎常侍未拜卒
胡諧之爲太子中庶子兄謨之亡上表乞解所職詔不許
劉繪字士章太常悛之弟事悛恭謹與人語呼爲使君隆昌中悛坐罪將見誅繪伏闕請代兄死高宗輔政救解之引爲鎮軍長史及悛之亡朝議贈平北將軍雍州刺史詔旨已出繪請尚書令徐孝嗣改之
劉溓兄渢南陽人事[illegible]母有行卒溓事渢亦謹



王思遠爲建安內史長兄思玄卒思遠友于甚至表乞解不許及祥日又固陳世祖乃許之
謝瀹爲吏部尚書領右軍將軍兄朏在吳興論啓公事稍晚瀹乃代朏爲啓[illegible]朏手迹被問見原
王微字景玄初爲始興王友父憂去職服闋除南平王鑠右軍諮議參軍仍爲中書侍郎時兄遠免官歷年微業曰我兄無事而屏廢義何得而叨忝諭分文帝即以遠爲光祿勳
王瑒字子璵瑒尚書左僕射加侍中參選事瑒居家篤睦每歲時饋賞偏及近親敦友諸弟稟其道訓
南齊張敬兒南陽冠軍人也弟恭兒位正員郎謝病歸本縣常居上村不肯出與居人不異[illegible]兒發反甚驚及聞敬兒敗走入蠻後首出原其罪
劉峻字孝標本名法武梁天監初召入西省與學士賀蹤典校祕閣峻兄孝慶時爲青州刺史峻請假省之

（第十一葉原闕）

劉之亨字嘉會之亨美績嘉聲在朱异之右既不協懼爲所害故美出之以代兄之遴爲安西王繹長史南郡太守上問朱异曰之亨代兄甚不兄弟因循豈直大馮小馮而已

梁傅昭字茂遠北地靈州人也弟映字徽遠三歲而孤昭與兄弟友睦修身厲行非禮不行映育文才褚彦回聞而悦之乃屈與子賁等游處年未弱冠彦回欲令仕映以昭未解褐固辭須昭仕乃就官天監初爲烏程令所受俸禄悉歸于兄後昭守臨海陸倕餞之賓主俱懽曰昆不反映以昭年高不可連夜極樂乃自往迎候同乘而歸兄弟並已班白時人美而服焉及昭卒映喪之如父年踰七十哀戚過禮服制雖除每言輒感慟

韋放性弘厚篤實輕財好施於諸弟尤雍穆每將遠別及行役初還常同一室臥起時号爲三公妻

庾於陵弟肩吾八歲能爲詩特爲兄所友悌於陵湘東王鎮荆州大中正卒肩吾[illegible]尚書



蕭㬚性慈愛撫孤兄子過於己子遷侍中給事中未拜而卒

何點兄求隱居吴郡虎丘山求卒點菜食不飲酒訖于三年腰帶減半徵侍中辭疾不赴何伯璵弟幼璵俱厲節操養孤兄子及長爲婚推家業盡與之而身悴枯偶誨人不倦鄉里呼爲人師郡守下車莫不脩謁史不載仕官

江革濟陽人九歲丁父艱與弟觀同生少孤貧傍無師友兄弟自相訓勗讀書精力不倦後革爲尚書駕部郎中建安王爲雍州刺史表求管記以革爲征北記室參軍带中廬令革與弟觀少長共居不忍離别苦求同行乃以觀爲征北行參軍兼記室

陳慶爲太子中庶子時其第二弟寄寓于閩中依陳寶應慶每言之輒流涕文帝問而謂曰我亦有弟在遠此情甚切他人豈知乃勑寶應求寄寶應終不遣慶因以感疾寄自流寓南土與兄隔絶亦感氣病每得慶書氣輒奔劇危殆者數矣

徐伯陽爲新安王諮議參軍聞妨喪發疾而卒鄱陽王弟沉國臣

茲封工藝養孤幼恩義甚厚士女[illegible]門[illegible]光禄卿

江德操字德深父華早卒又尚書德深性至孝事親謹禮與產與弟居恩惠甚篤辭禄遜弟單[illegible]直散騎常侍[illegible]縣[illegible]新喻令卒官

劉不害字長卿河間鄚長平人也[illegible]居甚貧[illegible]九人皆幼養小弟勤劬無所不至士大夫以爲行稱之終於禄大夫

蔡[illegible]弟延壽人孝順[illegible]以供養以情告諸富人富人不與不勝分遜於人作胡所得物三斛將去是無一錢入己將抵悔死罪兄撫弟弟與弟畢是前母子後母子唯悌於長不能教誨乞伐悌延景又曰於是嫡長後母唯生悌悌若從法母亦不全亦請死母又云悌應死豈以弟罪枉及諸兄悌亦引分全兩兄弟供養事以上議帝以爲孝義特降死後不得爲例

冊府元龜卷第八百五十一

總録部一百二

## 友悌第二

後魏李裕字長禧篤穆友于見稱於世

李產之字孫僑容貌短陋而撫訓諸弟愛友篤至

寇治爲征虜將軍兄弟並孝友敦穆白首同居

陸凱景明初咸陽王禧謀逆凱兄琇陷罪凱亦被收遇赦乃免凱痛兄之死哭無時節目幾失明訴冤不已備盡人事至正始初宣武復琇官爵凱大喜置酒集諸親曰吾所以數年之抱疾忍死者顧門計耳逝者不追今申願畢矣遂以其年卒

房景伯性淳和涉獵經史諸弟宗之如事嚴親及弟妹亡哀食致喪朞不內御憂毁之容有如居重其次弟景先亡其幼弟景遠朞年哭臨亦不內御鄉里爲之語曰有義有禮房家兄弟



景先沈敏方正事兄恭謹出告反面晨昏參省側立移時兄亦危坐相敬如對賓客景伯亦疾景先侍湯藥衣冠不解形容毁瘁親友見者莫不哀之[illegible]

裴修字元寄早孤二弟三妹並在幼弱撫養訓誨甚有道方及弟務早喪修哀傷之感於行路愛育孤姪同於己子及將異居奴婢田宅悉推與之時人以此稱

李沖兄弟六人四母所出頗相忿鬩及沖貴封祿恩賜皆以共之內外輯睦父亡後同居二十餘年至洛乃別第宅更相友愛久無間然皆沖之德也始沖見私寵也兄子韶恒有憂色慮致傾敗後榮名日顯稍乃自安終左僕射

李瑒與弟謐特相友愛謐在[illegible]瑒慟哭絕氣久之而方蘇不食數日朞年之中形骸毁瘠人倫哀歎之仕至鎮遠將軍岐州刺史

楊播家世純厚並敦義讓昆季相事有如父子播剛毅椿津恭謙與人言自稱名字兄弟旦則聚於廳堂終日相對未曾入內有一美味不集不食廳堂間往往幃幔隔障爲寢息之所時就休偃還共談笑椿年老曾他處醉歸津扶持還室仍假寐閤前承候安否椿津年過六十並登台鼎而津嘗旦暮參問子姪列階下椿不命坐津不敢坐椿每近出或日斜不至津不先飯椿還然後共食食則津親授匙箸味皆先嘗椿命食然後食津爲司空於時府主皆引僚佐人就津求官津曰此事須家兄裁之何爲見問初津爲肆州椿在京宅每有四時嘉味輒因使次附之若或未寄不先入口椿每得所寄輒對之下泣

甄琛爲侍中領御史中尉坐朋黨免官與弟僧林誓以同居沒齒

張烈爲瀛州刺史更滿還朝因辭老還鄉里兄弟同居怡怡然爲親類所慕

韓子熙少孤爲叔顯宗所撫養及顯宗卒子伯華又幼子熙友愛等於同生長猶共居車馬資財隨其費用未嘗見於顏色又上書求析與伯華東太原太守及伯華在郡爲刺史元彌所辱子熙乃泣訴朝廷孝明詔遣使按彌遂大見嗟議



李郁字永穆爲通直散騎常侍建義中以兄瑒卒遂撫育孤姪[illegible]於鄉里

邢晏篤於義讓初爲南兗州刺史例得一子解褐乃啓其孤弟子子慎爲奉朝請子慎年甫十二而其子已弱冠矣後爲滄州復啓孤兄子昕爲府主簿而其子並未從官世人以此多之

房亮爲荊州刺史時邊州刺史例得一子出身亮不啓其子而啓弟子超爲奉朝請議者稱之

高恭之字道穆幼孤事兄如父母

孫紹兄世元早卒世元善彈箏紹後聞箏聲便涕泗鳴咽捨之而去世以此尚之卒於左衛將軍右光祿大夫

裴敬憲學博才清諸府辟命先進其弟世人歎美之

吳悉達昆弟同居四十餘載閨門和睦讓逸競勞史不載仕官

劉元明昆弟雍和尊卑諧穆安貧樂道白首同歸史不載[illegible][illegible]

宋出景爲滎陽太守友于之性過絶於人兄道輿死哭之哀切
酸感行路形容毁瘁見者莫不歔欷
北齊魏蘭根以西魏武帝太昌初除儀同三司封鉅鹿縣侯邑
七百戸啓授兄子同達
高隆之以西魏文帝時爲并州刺史封平原郡公邑一千七百
戸隆之請減戸七百并求降已四階讓兄騰並優詔許之
崔㥄以文宣天保初降侍中監起居以禪代之際參掌儀禮別
封新豐縣男邑二百戸迴授第九弟約
封隆之爲侍中封安德郡公邑二千戸隆之表以先爵富城子
及武城子轉授弟子孝琬等朝廷嘉而從之
李庶許魏收爲史不直爲楊愔所譖死於臨漳獄中庶兄岳痛
之終身不歷臨漳縣門
司馬子如爲司空事姊有禮撫諸兄子慈篤當時名士並加欽
愛世以此稱之子如別封須昌縣公迴授兄子膺之



高昂天平初除侍中司空公昂以兄乾薨於此位固辭不拜轉
司徒公
楊愔爲神武行臺右丞愔從兄幼卿爲岐州刺史以直言忤旨
見誅愔聞之悲懼因哀感發疾
陸卬爲中書侍郎遭母喪哀慕毁瘁殆不勝喪至沈篤頓昧伏
枕又感風疾第五弟摶遇疾臨終謂其兄弟曰大兄尫病如此
性至慈摶之死日必不得使大兄知之哭泣聲必不可聞徹致
有感慟家人至於祖載方始告之卬聞而悲痛一慟便絶
陸彦師爲彭城王瀓東閣祭酒兄卬當襲父始平侯以彦師昆
弟中最幼表讓封焉彦師固辭而止時稱友悌孝義擢第一明
後周李穆爲小冢宰別封一子爲縣侯穆請迴封兄賢子孝軌
許之及兄子植謀害宇文護事泄當誅植弟基當從戮穆求以
子惇怡等代死辭理酸切聞者莫不動容護矜之遂特免基死
隋薛濬開皇初爲考功侍郎丁母艱不勝哀病且卒其弟謨時
爲晉王兵曹參軍事在楊州濬遺書與謨曰吾以不造幼丁艱
酷窮游約勤屢絶簞瓢晩生早孤不聞詩禮頼奉先人貽訓之
訓懷東母氏聖善之規負笈裹糧不憚艱遠從師就業欲罷不
能砥行礪心因而彌篤服膺教義至長成自釋耒登朝于茲
二十三年矣雖官非顯達而祿喜逮親庶保期頤得終色養荷
畜精誠無感禍酷奄臻兄弟俱被奪情苦塵匪申哀訴是用扣
心泣血霣氣摧魂者也旣而創巨釁深不勝荼毒啓手啓足幸
及全歸使夫死而有知得從先人於地下矣豈非至願哉但念
爾伶俜孤宦遠在邊服顧此恨恨如何可言適已有書冀得與
汝面試忍死待汝已歷一旬汝既未來便成今古緬然永別爲
恨何言勉之哉勉之哉書成已絶
郎方貴淮南人少有志尚與從父弟雙貴同居開皇中方貴嘗
因出行遇雨淮水汎長於津所寄渡船人怒之撾方貴臂折至
家其弟雙貴驚問所由方貴具言之雙貴恚恨遂向津毆擊船



人致死守津者執送之縣官案問其狀以方貴爲首當死雙貴
從坐當流兄弟二人爭爲首縣司不能斷送詣州兄弟各引
咎州不能定二人爭欲赴水而死州狀以聞帝聞而異之特原其
罪表其門閭賜物百段後爲州主簿
裴子通開皇中爲太中大夫兄弟八人以友悌著名
牛弘爲右光祿大夫有弟曰弼好酒而酗嘗因醉射殺弘駕車
牛弘來還宅其妻迎謂之曰叔射殺牛矣弘聞之無所怪又問
直答云作脯坐定其妻又曰叔忽射殺牛大是異事弘曰已知
之矣顏色自若讀書不輟其和寬如此
韋世康性孝友初以諸弟位並卑賤獨季弟世約官途不達共
推父時田宅盡以與之世多其義官至吏部尚書荆州總管
元褒字孝整少有成人之量年十歲而孤爲諸兄所鞠養性友
悌善事諸兄諸兄欲別居褒泣諫不得家素富多金寶褒無所
受脫身而出爲州里所稱煬帝即位拜齊州刺史

楊素字處道其異母弟約性沈靜内多譎詐好學强記素友愛之凡有所爲必先籌於約而後行之素終司徒封楚公

唐高士廉妹先適隋右驍衛將軍河南長孫晟生子無忌及一女即文德皇后也既而晟卒士廉迎妹及諸生於家情禮甚至後仕隋爲通事舍人坐事謫爲交阯朱鳶縣主簿時行資不給又念妹無所庇賣其大宅買小宅以處之分其餘資輕裝而去其友愛如此

李知本趙州元氏人與弟知隱甚稱雍睦子孫百餘口財物僮僕纖毫無間隋末盜賊過其閭而不入自相誡曰無犯義門知本貞觀中官至夏津令知隱至伊闕丞

魏徵以修定五禮當蔭一子爲縣男請讓孤兄子叔慈太宗愴然曰卿之此心可以勵俗遂許之徵官至左光禄大夫封鄭國公

趙弘智[illegible][illegible]累遷黃門侍郎兼引文館學士以疾出爲萊州刺史弘智事兄弘安同於事父所得禄俸未嘗入於私室及兄卒哀毀過禮事寡嫂甚謹撫孤姪以慈愛稱

虞世南爲起居舍人兄世基爲内史侍郎將被誅世南抱持號泣請以身代宇文化及不納因哀毀骨立時人稱焉

李勣爲司空與弟弼特相友愛

岑文本爲中書令既以樞務當塗任事賞錫繒帛凡有財物出入皆委季弟文昭一無所問文昭時任校書郎多與時人遊款太宗聞而不悦嘗從容謂文本曰卿弟過爾多交結恐累卿朕將出之爲外官如何文本泣曰臣弟少孤老母特所鍾念不欲信宿離于左右若今外出母必憂悴儻無此弟亦無老母也因歔欷嗚咽太宗愍其意而止唯召見文昭嚴加誡約亦卒無愆過又弟子長倩少孤爲文本所鞠養同於已子

顔相時爲禮部侍郎性仁友兄師古卒不勝哀慕而卒

裴守真絳州稷山人早孤事母至孝母終事寡姊及兄甚謹聖門禮則士友所推永淳初爲乾封尉屬關中大饑守真盡以禄俸供姊及諸甥身及妻子饘粥不充而無倦色

程務挺爲左驍衛大將軍則天臨朝累受賞賜將拜其子齊之爲尚乘奉御務挺泣請迴授其弟則天嘉之下制褒美乃拜其弟原州司馬務忠爲太子洗馬

蘇味道則天時再爲鳳閣侍郎同鳳閣鸞臺三品與其弟太子洗馬味玄甚友愛味玄若請託不諧輒面加凌折味道怡然謝之不以爲忤論者稱焉

崔玄暐與弟昪友相友愛至於親族子弟孤貧者亦多躬自撫養教授頗爲當時所稱終中書令博陵郡王

豆盧欽望作相兩朝不能有所規正然於諸弟姪當代稱其友愛

李暠與兄昇弟暈甚相篤睦昇等每月自東都省暠往來微行州人未嘗覺之其清慎如此卒太子太傅

蘇頲爲相所得俸禄盡推與諸弟或散之親族家無餘資終禮部尚書

張嘉貞爲并州長史開元初因奏事至京師玄宗聞其善政數賞慰嘉貞因奏曰臣少孤兄弟相依以至今日臣弟嘉祐今授鄯州別駕與臣各在一方同心離居魂絶萬里乞移就臣側近臣兄弟盡力報國死無所恨帝嘉其友愛特改嘉祐爲忻州刺史

陸南金開元初爲奉禮郎太常少卿盧崇道犯罪流嶺表逃歸來都南金哀而納之崇道俄爲讎人所發侍御史王旭按其事遂捕獲崇道連引南金旭遂繩以重法南金弟趙璧詣旭自言藏崇道請代兄死南金固稱弟實自誣身請當罪兄弟讓死旭怪而問其故趙璧曰兄是長嫡又能幹家事亡母未葬小妹未嫁自惟幼劣生無所益身自請死旭遂列上狀玄宗嘉其友義並特宥之南金由是大知名

王維與弟縉閨門友悌多士推之維爲給事中禄山陷西京維僞授給事中及至德二年冬收東京維付吏議維弟縉時爲工部侍郎太原少尹抗表請以已官爵贖兄之罪特恕減等

李巖爲徐州蘄縣令時東都未平梁宋間羣盗連聚或至二千餘衆攻陷城邑巖守蘄縣力屈爲盗所執將害之巖弟澈頓首請代兄死巖又請殺身留弟兄弟爭死俱爲盗害巖女原武尉盧甫妻也見父被執號泣請代死亦爲盗所害至代宗永泰元年追贈巖并澈等官

第五琦京兆長安人也少孤事兄華敬順過人再入爲太子賓客卒

王遇常州民也弟遐廣德中並爲海賊所擒賊將捨一人兄弟相讓以死賊感義俱釋之

孫成爲長安令兄宿典華州以火災驚致瘖疾成素孝悌養黄請憂急不待命謁之執政奔省於兄代宗聞之歎曰急難之切觀過知仁矣

郭曜尚父子儀長子也性孝友爲太子少保子儀薨曜遵命以四朝所賜名馬寶玩等上獻德宗復賜之曜乃散諸昆季



李承幼孤鞠於兄曄之手既長事兄以孝聞後終湖南觀察使

盧邁少以孝友謹愿稱爲中書侍郎平章事從父弟迟爲劍南西川判官卒於成都及歸葬洛陽路出於長安城東邁素友愛遂奏請至城東哭於其柩許之近代宰臣多自以爲崇重五服之親或不過從弟臨邁獨請臨弟喪士君子是之

韋倫爲太子少師居家孝友撫弟姪以敬愛稱之

陽城孝友不忍與其弟異處皆不娶妻侍終身有寡妹依城以居有甥年三十餘癡不能如人常與其弟負之以遊初城之妹夫客死他處貧不能葬城親與其二弟舁柩以歸葬於其居之側往返千餘里後爲諫議大夫穆宗以祕書監致仕事寡姊以悌聞名

崔衍爲宣歙池等州觀察使衍繼母李氏不慈於衍李氏所生子邰每多取子母錢使其子以契書徵負於衍歲爲償之故衍官至江州刺史而妻子衣食無所餘

李元素爲戶部尚書判度支元素少孤奉長姊友敬加於人及其姊歿沈悲踰歲上疏懇辭職從之

田興爲魏博節度其兄融爲特州刺史興幼孤融鞠友而教道之及興之節制六州請融爲邢郡守朝廷察其初誠不忍離其兄也故特授焉

李遜幼孤寓居江陵與其弟建能安貧苦易衣并食講習不勞遜兄造知二弟賢自爲營丐以成其志業弟兄同致休顯士以子多之

嚴綬爲檢校司徒兼太子少傅卒于家綬材器不逾常品事兄嫂過謹爲人所稱

韋顗字周仁太子太師見素之孫也生一歲而孤事姊稱恭孝終吏部侍郎

杜式方司徒佑之子性孝友弟兄尤睦季弟從郁少多疾病式方每躬自煎調藥膳水飲非經式方之手不入於口及從郁夭



喪終年號泣殆不勝情士友多之官終桂管觀察使

韋夏卿喜愠不形於色撫孤姪恩踰己子卒太子少保

白居易友愛過人兄弟相待如賓客弟行簡子龜兒多自教習以至成名當時友悌無以比焉官終刑部尚書

王起爲尚書左丞居兄播之喪號毁過禮友悌尤至

薛膺散騎常侍致仕華之子弟齊守乘矢墜于城下膺時爲左補闕聞難不及請告馳馬以赴之齊府與弟齊摩盡喪如禮朝之卿大夫暨搢紳者往弔繼路聞其哀號弔者悲不能自持膺云左補闕厍去河南縣尉直弘文館與齊皆屏居外野布巾終喪蹈名教者推之

梁張文蔚爲中書侍郎平章事居家孝且悌弟濟美早得心恙文蔚撫視殆三十年士君子稱之

杜曉以宰相判鹽鐵兄光乂有心疹敬候每作或溢喝縱詬或彈挺追撲曉事之愈恭未嘗一日少怠

李珽性孝友與弟琪有敦睦之愛爲搢紳所稱仕至右散騎常侍

晉張仁愿爲大理卿兄仁穎梁朝仕二主諸衛將軍中風恙十餘年仁愿事之出告反面如嚴父焉士大夫推其孝友兄卒仁愿之泣淚滿目而辭氣頓絶見者傷之

漢李濤仕晉爲中書舍人弟澣爲翰林學士承旨掌綸誥咸以爲榮澣後陷虜濤每見人自虜中來者必對之慟哭有友于之義也

劉鼎善交遊能諧笑居家仁孝與母昆仲凡十人撫之如一乾祐初拜諫議大夫

周王延字世美鄭州人多仁義重然諾撫家雍睦初與弟遠規同過河南要從藩職所置田宅物產皆弟主之一無所詰歷工禮刑三尚書

冊府元龜卷第八百五十二

總録部　三十三

姻好

周禮媒氏掌萬民之判蓋以合二姓之好正三綱之倫上以奉宗祖下以昭嗣續中古三十而娶二十而嫁所以參天地之數也仲春之會三星之期所以順陰陽之序也乃至始冠而成至既笄而言歸亦爲父之端表適人之道三代以降六禮具舉冕迎不以爲重廟見必主於肅御輪亦爲壯儀克恭施衿結褵所戒尤慎故曰婿之父爲婚婦之父爲姻人倫之本莫斯爲大亦有知賢而可妻貴德而忘醜雖取高援自成嘉樹是則摽梅之詠于以及時鳴鳳之占用昌厥後者矣

晉董耳奔狄伐咎如（狄別種）得二女以長女妻重耳生伯儵叔劉以少女妻趙衰生盾

陳懿氏卜妻敬仲（敬仲陳厲公子完也懿氏陳大夫）其妻占之曰（懿氏妻）吉是謂鳳皇于飛和鳴鏘鏘（雄曰鳳雌曰皇雄雌俱飛相和而鳴鏘鏘然猶敬仲夫妻相隨適齊有聲譽）有嬀之後將育于姜（嬀陳姓姜齊姓）五世其昌並于正卿八世之後莫之與京

齊棠公之妻東郭偃之姊也（棠公齊棠邑大夫）東郭偃臣崔武子棠公死偃御武子以弔焉見棠姜而美之（美其色也）使偃取之偃曰男女辨姓（辨別也）今君出自丁（齊丁公）臣出自桓（崔杼齊桓公小白之後）不可（齊姜同姓）武子筮之遇困（坎下兌上困）之大過（巽下兌上大過困六三變）史皆曰吉示陳文子文子曰夫從風（坎爲中男故曰夫變爲巽故曰從風）風隕妻不可娶也（風能隕落物者變而隕落故曰妻不可娶）且其繇曰困于石據于蒺藜入于其宮不見其妻凶（困六三爻辭）困于石往不濟也（坎爲險爲水水之險者石不可以動）據于蒺藜所恃傷也（坎爲險兌爲澤澤之生物而險者蒺藜恃之則傷）入于其宮不見其妻凶無所歸也（易曰非所困而困名必辱非所據而據身必危既辱且危死期將至妻其可得見邪今本其所以可得見而往遇凶則無所歸也）崔子曰嫠也何害先夫當之矣（言棠公已當此凶）遂取之

董叔將娶於范氏叔向曰范氏富盍已乎曰欲爲繫援焉（繫援結援也）他日董祁愬於范獻子（祁董叔之妻范獻子之妹范姓祁名）曰不吾敬也獻子執而紡於庭之槐（紡懸也）叔向過之曰子盍爲我請乎叔向曰求繫既繫矣求援既援矣欲而得之又何請焉

楚昭王之奔鄭鍾建負季芉以從王將嫁季芉辭曰所以爲女子遠丈夫也鍾建負我矣以妻鍾建

周劉氏晉范氏世爲婚姻（劉氏周卿士范氏晉大夫）

晉悼公子慭士在衛使其女僕而田（僕御也）大叔懿子止而飲之酒（大叔儀之孫）遂聘之生悼子（悼子大叔疾）

公冶長齊人字子長孔子曰長可妻也雖在縲紲之中（縲黑索也紲攣也所以拘罪人）非其罪也以其子妻之

南宮括字子容孔子曰君子哉若人尚德哉若人（賤不義而貴有德）國有道不廢（不見廢用）國無道免於刑戮三復白珪之玷（詩云白珪之玷尚可磨也斯言之玷不可爲也南容讀詩至此三反覆之是其心慎於言）以其兄之子妻之

漢張耳（大梁人）嘗亡命遊外黃（外黃縣名）外黃富人女甚美庸奴其夫（言不能勝任其夫若庸奴）亡邸父客（父時故賓客）父客謂曰必欲求賢夫從張耳女聽爲請決嫁之（請決絕前夫而嫁耳）女家厚奉給耳耳以故致千里客宦爲外黃令

陳餘遊趙苦陘富人公乘氏以其女妻之

陳平陽武戶牖人（陽武縣名戶牖鄉名）少時家貧及長可取婦莫人莫與者貧者平亦媿之久之戶牖富人張負有女孫五嫁夫輒死人莫敢取平欲得之邑中有大喪平家貧侍喪以先往後罷爲助張負既見之喪所獨視偉平（視而奇之）平亦以故後去負隨平至其家家迺負郭窮巷（負郭背郭也）以席爲門然門外多長者車轍張負歸謂其子仲曰吾欲以女與陳平仲曰平貧不事事（不事生業之事）一縣中盡笑其所爲獨奈何予之女負曰固有美如陳平長貧者乎卒與女爲平貧迺假貸幣以聘予酒肉之資以內婦負戒其孫曰毋以貧故事人不謹事兄伯如事迺父事嫂如事迺母平既取張氏女資用益饒游道日廣

黥布爲羣盜陳勝之起也布乃見番君其衆數千人番君以女妻之

公孫賀自武帝爲太子時賀爲舍人及武帝卽位遷至太僕賀夫人君孺衛皇后姊也

鮑宣妻者桓氏之女也字少君宣嘗就少君父學父奇其清苦故以女妻之裝送資賄甚厚

鄭崇字子游本高密大族世與王家相嫁娶駿女嫁王家又娶也

張放得幸於成帝放取皇后弟平恩侯許嘉女帝爲放供帳賜甲第充以乘輿服飾時號爲天子娶婦皇后嫁女

翟宣者方進之子襲封高陵侯王莽秉政舂陵侯敞與安衆侯崇並漢之宗室見莽將危漢室謀舉兵及崇事敗敞懼欲結援樹黨乃爲子祉娶宣女爲妻東觀記曰敞爲子祉娶宣女宣使嫂婦子迎送女入門二十餘日義起兵也會宣弟義起兵欲攻莽南陽捕殺宣女祉坐繫獄敞因上書謝罪

後漢京兆摯恂以儒學教授馬融從其游學恂奇融才以女妻之

鍾皓兄子瑾母李膺之姑也膺祖太尉脩常言瑾似我家性邦有道不廢邦無道免於刑戮復以膺妹妻之

公孫瓚遼西人也以母賤遂爲小吏爲人美姿貌大音聲言事辯慧典略曰瓚性辯慧每白事常兼數曹無有忘誤太守奇其才以女妻之[illegible]

陶謙父故餘姚長謙少孤始以不羈聞於縣中年十四猶綴帛爲幡乘竹馬而戲邑中兒童皆隨之故蒼梧太守同縣甘公出遇之塗見其容貌異而呼之與語甚悅許妻以女甘公夫人聞而怒曰妾聞陶家兒遨戲無度如何以女許之甘公曰彼有奇表長必大成遂以女妻之

荀顗妻司馬景王文王之妹也二王皆與親善

張魯降曹公曹公爲子彭祖取魯女

魏荀彧父緄爲濟南相緄畏憚宦官乃爲彧娶中常侍唐衡女典略曰衡欲以女妻汝南傅公明公明不取轉以妻彧或以少有才名故得免於譏議

王粲與族兄凱俱避地荆州劉表欲以女妻粲而嫌其形陋而用率以凱有風貌乃以妻凱也

[illegible]字茂甫敦厚少華有沈深之量撫育孤兄子五人恩義甚篤琅邪相何英嘉其履行以女妻焉

蜀費賓伯名觀江夏鄳人也劉璋母乃觀之族姑璋又以女妻觀

黃承彦者高爽開列爲沔南名士謂諸葛孔明曰聞君擇婦身有醜女黃頭黑色而才堪相配孔明許卽載送之時人以爲笑樂鄉里爲之諺曰莫作孔明擇婦正得阿承醜女

射援有名行太尉皇甫嵩賢其才而以女妻之丞相諸葛亮以援爲祭酒

吳張昭長子承喪妻昭欲爲索諸葛瑾女承以相與有好難之大帝聞而勸焉遂爲婚

周瑜爲中護軍從孫策攻皖拔之時得橋公兩女皆國色也策自納大橋瑜納小橋江表傳曰策從容戲瑜曰橋公二女雖流離得吾二人作壻亦足爲歡

潘翥字文龍拜騎都尉後代領兵早卒翥弟祕大帝以姊陳氏女妻之調湘鄉令

呂範字子衡汝南細陽人少爲縣吏有容觀姿貌邑人劉氏家富女美範求之母嫌欲勿與劉氏曰觀呂子衡寧當久貧者耶遂爲婚

晉羊祜博學能屬文身長七尺三寸美鬚眉善談論郡將夏侯威異之以兄霸之子妻焉

郭淮弟配字仲南有重名位至城陽太守裴秀賈充皆配女壻子展字泰舒有器度幹用歷職著績終於太僕次弟豫字泰寧相國參軍知名早卒女適王衍配弟鎮字季南謁者僕射鎮子奕字泰業山濤啓事稱奕高簡有雅量歷位雍州刺史尚書

鄧攸嘗詣鎮軍賈混混以人訟事示攸使決之攸不視曰孔子稱聽訟吾猶人也必也使無訟乎混奇之以女妻焉

張華少孤貧鄉人劉放奇其才以女妻焉

劉殷新興人也郡命主簿州辟從事皆以供養無主辭不赴命司空齊王攸辟為掾征南將軍羊祜召參軍事皆以疾辭同郡張宣子識達之士也勸殷就徵殷曰當今二公有晉之棟樑世吾方希達如樸椽爾不憑之豈能立乎吾今王母在堂既應他命無容不竭盡臣禮便不得就養子輿所以辭齊大夫良以色養無主故爾宣子曰如子所言豈庸人所識哉而今而後吾子當為吾師矣遂以女妻之張宣子者并州豪族也家富於財其妻怒曰我女年始十四姿識如此何慮不得為公侯妃而遽以妻劉殷乎宣子曰非爾所及也誡其女曰劉殷至孝冥感兼才識超世此人終當遠達為世名公汝其謹事之張氏性亦婉順事王母以孝聞奉殷如君父焉

孫晷以會稽虞喜隱居海嵎有高世之風晷欽其德聘喜弟預女為妻喜戒女弃華尚素與晷同志時人號為梁鴻夫婦



劉遐廣平人性果毅勇壯值天下大亂遐為堨主鄉人冀州刺史邵續深器之以女妻焉

衞玠為太子洗馬懷帝時以天下大亂扶輿母至江夏玠妻先亡征南將軍山簡見之甚相欽重簡曰昔戴叔鸞嫁女唯賢是與不問貴賤況衞氏權貴門戶令望之人乎於是以女妻焉

管彥者王裒同郷人少有才而未知名裒獨以為必當自達拔而友之男女各始生便共許為婚彥後為西夷校尉卒而葬於洛陽裒後更嫁其女彥弟馥問裒裒曰吾薄志畢願山藪昔嫁姊妹皆遠吉凶斷絕每以此自誓今賢兄子葬父於洛陽此則京邑之人也豈吾結好之本意哉馥曰嫂齊人也當還臨淄裒曰安有葬父河南而隨母還齊用意如此何婚之有

王育少勤學同郡許子章嘉之以兄之子妻之為立別宅分之資產育受之無愧色

周浚有人倫鑒識鄉人史曜素微賤衆所未知浚獨引之為友遂以妹妻之曜竟有名於世

王羲之司徒導之從子時太尉郗鑒使門生求女壻於導導令就東廂徧觀子弟門生歸謂鑒曰王氏諸少並佳然聞信至咸自矜持惟一人在東牀坦腹食獨若不聞鑒曰正此佳壻邪訪之乃羲之也遂以女妻之

葛洪尤好神仙導養之法師事南海太守上黨鮑玄玄亦內學逆占將來見洪深重之以女妻洪洪傳玄業兼綜練醫術

戴逵性不樂當世常以琴書自娛師事徵士范宣於豫章宣異之以兄女妻焉

前秦呂罷為丞相王猛所器重以女妻焉

南燕慕容超　子初為符昌收納及德諸子皆誅之獄掾呼延平救護之得逃去其後超母謂超曰吾母子全濟呼延氏之力平今雖死吾欲為洪南其女以荅厚惠於是娶之

宋殷景仁少有大成之量司徒王謐見而以女妻之



蔡興宗妻劉氏早卒一女甚幼外甥袁顗始生子彖而妻劉氏亦亡興宗姊即顗母也一孫一姪躬自撫養年齒相比欲為婚姻每見興宗輒言此意大明初詔興宗女與南平王敬猷婚興宗以姊生平之懷屢經陳啓荅曰卿諸人欲各行己意則國家何由得婚且姊言豈是不可違之處邪舊意既乖彖亦他娶其後彖家好不終顗又禍敗彖等淪廢當時孤微理盡敬猷遇害興宗女無子嫠居名門高胄多欲結姻明帝亦敕適謝氏興宗並不許以女適彖

劉秀之少孤貧有志操東海何承天雅相知器以女妻之

杜驥初隨父南遷時北土舊法問疾必遣子弟驥年十三父使候同郡韋華華子玄有高名見而異之以女妻焉

蕭惠基父思話征西將軍儀同三司惠基幼以外戚見江夏王義恭義恭歎其詳審以女結婚解褐著作佐郎

南齊朱選之字處林有志節著辯相論幼時顧歡見而異之以

女妻焉
謝瀹莊之第五子也僕射褚淵聞瀹年少清正以女結婚厚為資送
梁韋放與吳郡張率皆有側室懷孕因指婚姻其後各產男女未及成長而率卒遺嗣孤弱放常贍恤之及為北徐州時有勢族請姻者放曰吾不失信於故友乃以息岐娶率女又以女適率子時稱放能篤舊
褚球少孤貧好學宋建平王景素元徽中誅滅唯有一女得存其故吏何昌㝢王思遠聞球清立以此女妻之姻為之延譽
陳錢道戢字子韜吳興長城人也父量深漢壽令道戢少以孝行著聞及長頗有幹略高祖微時以從妹妻焉
周弘正年十歲通老子周易叔父捨異之河東裴子野深相賞納請以女妻之
孫瑒有鑒識男女婚姻皆擇素貴



徐陵子儉一名衆幼而修立勤學有志操汝南周弘正重其為人妻之以女
沈君理字仲倫吳興人也父巡素與高祖相善君理美風儀博涉經史有識鑒起家湘東王法曹叅軍高祖鎮南徐州巡遣君理自東陽詣高祖高祖器之命尚會稽長公主辟為府西曹掾稍遷中衛豫章王從事中郎
後魏公孫邃公孫叡為從父兄弟而叡才器小優而封愷之生崔浩之壻邃母鴈門李氏地望懸隔鉅鹿太守祖季真多識北方人物每云士大夫當須好婚親二公孫同堂兄弟吉凶㑹集便有士庶之異
李神儁喪二妻又欲娶鄭嚴祖妹神儁之從甥也盧元明亦將為婚遂至紛競二家鬬於嚴祖之門鄭卒歸元明神儁惆悵不已時人謂神儁風德之衰
陸麗子叡母本恭宮宗人以賜麗生叡襲爵撫軍大將軍平原王叡娶東徐州刺史博陵崔鑒女鑒謂所親云平原王才度不惡但恨其姓名殊為重複時高祖未改其姓
崔浩始弱冠太原郭逸以女妻之浩不矅華采故時人未知逸妻王氏宋鎮北將軍王仲德姊也每奇浩才能自以為得壻俄而女亡王深以傷恨復以少女繼婚逸及親屬以為不可王固執與之逸不能違遂重結好
盧淵為侍中與僕射李沖相友善沖重淵門風而淵仰沖才官故結為婚姻往來親密至於淵荷高祖意遇頗亦由沖
盧魯元為太保録尚書事子統以父任侍東宮世祖以元舅陽平王杜超主南安長公主女所生妻之車駕親自臨送太官設供具賫以千計
劉昞年十四就博士郭瑀時瑀弟子五百餘人瑀有女始笄妙選良偶有心於昞遂別設一座前謂諸弟子曰吾有一女年向



成長欲覓一快女壻誰坐此席者吾當婚焉昞遂奮衣來座神志湛然曰向聞先生欲求快女壻昞其人也瑀遂以女妻之
鄭幼儒好學修謹時望甚優丞相高陽王雍以女妻之
鄭羲有文學弱冠舉秀才尚書李孝伯以女妻之後為中山王叡傅是後歷年不轉資產亦乏因請假歸遂盤桓不返及李沖貴寵與羲姻好乃就家徵為中書令
甄琛為主客郎迎送梁使劉纘纘子㪷為朐山戍主㪷死家屬入洛有女年未二十琛已六十餘矣乃納㪷女為妻婚日詔給厨費琛所好悅世宗時謂之
崔休字惠盛少孤貧矯然自立尚書王嶷欽其人望為長子聘休姊贍以貨財由是少振如晧為驍騎將軍有寵於世宗北海王詳以下咸憚之晧為弟聘安豐王延明妹延明恥非舊流不許詳彊勸之云欲覓官如何不與茹晧婚姻也延明乃從焉
張宗之妻蕭思話弟之女蕭氏兄子超業後名彥幼隨姑入國

娶李洪之女頼其給贍以自濟
尉瑾少而敏悟好學慕善稍遷司直後司馬子如執政瑾娶其
外生皮氏女由此擢爲中書舍人既是子如姻戚數往參詣因
與先達名輩微相款狎
後周長孫澄字士亮魏太師稚之子年十歲司徒李琰之見而
奇之遂以女妻焉
盧柔性聰敏好學頗使酒誕節司徒臨淮王彧見而器之以女
妻焉
韋孝寛行華山郡事屬侍中楊侃爲大都督出鎮潼關引孝寛
爲司馬侃奇其才以女妻之
韋祐少好豪俠父没事母兄以孝敬聞慕李長壽之爲人娶長
壽女因寓居關南
隋蘇威初仕周爲郡功曹大冢宰宇文護見而禮之以其女妻
焉



于顗字元武身長八尺美容儀爲周大冢宰宇文護見而器之
娶以季女
趙元淑性踈誕不治産業家徒壁立後數歲授驃騎將軍將之
家無以自給時長安富人宗連家累千金仕周爲三原令有季
女惠而有色連獨奇之每求賢夫聞元淑如是請與相見連言
風儀美笑元淑亦異之及至其家服翫居處擬於將相酒酣奏
女樂元淑所未見也元淑辭出連曰公子有暇可復來也後數
日復造之宴樂更後如此者再三因謂元淑曰知公子素貧若
夫當相濟因問元淑所須盡買與之臨别元淑再拜致謝連復
拜曰鄙人竊不自量敬慕公子今有一女願爲箕帚妾公子意
何如元淑感愧遂聘爲妻連復送奴婢二十口良馬十餘匹加
以縑帛錦綺及金寶珍玩元淑遂爲富人
蕭琮嫁從父妹於鉗耳氏楊素時爲尚書令因謂琮曰公帝王
之族望高戚美何乃適妹鉗耳乎琮曰前以嫁妹於侯莫陳氏
此復何疑素曰鉗耳羌也侯莫陳虜也何得相比素意以爲優
羌劣琮曰以羌異虜未之前聞素慙而止
柳莊少有遠量博覽墳籍兼善辭令濟陽蔡大寶有重名於江
左時爲岳陽王蕭詧諮議見莊便歎曰襄陽水鏡復在於茲大
寶遂以女妻之
虞世基幼沈静有高才少傳徐陵聞其名召之世基不往後因
公會陵一見而奇之顧謂朝士曰當今潘陸也因以弟女妻焉
唐武士彠武德中檢校右廂宿衛既喪妻高祖謂士彠曰朕自
爲卿更擇嘉偶隋曰有納言遂寧公楊達英才冠絶弈葉親賢
今有女志行賢明可以輔德遂令桂陽公主與楊家作婚主降
勑結親庶事官給
柳亨爲駕部郎中亨容貌魁偉高祖甚愛重之時以殿中監竇誕
之女妻焉即高祖外孫也
呂諲蒲州河東人少修整勵志於學早孤家貧不能自振鄉人



有程寶者家富於財遂以其女妻之寶與子震重其才給其所
欲至天寶初舉進士調寧陵尉
張延賞中書令嘉貞之子也爲左司御率府兵曹參軍博涉經
史達於政事侍中韓國公苗晉卿見而奇之以女妻焉
張孝忠爲飛狐城高陽軍使成德軍節度使
李寶臣以謹直驍勇以其妻妹谷氏妻焉仍令悉統易州諸鎮
前後十年威惠甚著
齊映大曆中爲滑亳節度令狐彰掌書記彰疾甚令映草遺表
因與謀後事映說彰令上表請代令子建歸京師彰然之因妻
以女
李若初太府卿道謙之孫少孤貧初爲轉運使劉晏下散職晏
判官包結察其勤幹以女妻之
楊於陵爲潤州句容主簿時韓滉以節鎮于金陵滉剛毅少所
許與獨於陵常所厚待因以女妻之

後唐鄭玨昭宗朝宰臣鄭綮之姪孫父徽光啓初爲河南尹張全義判官全義子衍婚徽女玨以家世依張氏寄于洛陽

孔循爲滄州節度使初其女與宋王從厚婚姻長興初乃奏今既封王於禮嫌絶乞改就公禮

朱漢賓明宗初爲右衛上將軍時樞密使安重誨方當委重漢賓密令結託得爲婚家乃除潞州節度使移鎮晉州重誨既誅漢賓復召爲上將軍

李象字昭文深州樂壽人也父祖爲農象少學有文性長於左氏春秋天成中以本科調舉不擢明年改應進士登上第宰臣劉昫愛其才以猶女妻之

任圜世爲京兆三原人祖清成都少尹考茂弘乾符末選授奚縣主簿避地太原西河令有子五人曰圖回團圜瓘睦有裕風彩俱異太祖愛之以宗女妻圜因任圖代憲二郡守回交城令

晉錢元瓘兩浙錢鏐第五子也起家爲鹽鐵發運巡官表授尚書金部郎中賜金紫許再思爲亂也宣州田頵要盟錢鏐遍召諸子問之曰誰能爲吾爲田氏之婿者例有難色時元瓘年十六進步而對曰唯大王之命由是就姻於宣州三歲復還

姚顗字伯真京兆萬年人也曾祖希齊湖州司功參軍祖弘慶蘇州刺史父荆國子祭酒顗少長敦厚寡事容貌任其自然深爲末之重惟中條山司空圖嘗求士之名士也深器之以女妻焉

冊府元龜卷第八百五十三

册府元龜卷第八百五十四

總録部一百四

立言

春秋傳曰太上有立德其次有立言蓋德之盛者必形於言言之文者以足於志昔之君子背從事於斯矣及司馬譚論六家之要劉子政分九流之目揚搉是非稽合同異源流洞分指歸攸別然而挾術非一發揮道非一致各榮所善用極其説故先儒引殊塗同歸之言以爲六經之支裔使之逢時效用何啻霸者之佐去聖踰遠猶賢外野之求今特詳求而比次之庶百代之作者開卷而可見也

鬻子二十二篇（名熊爲周師自文王以下問焉周封爲楚祖鬻音弋六反）

管仲字夷吾相齊著牧民山高乘馬輕重九府書（劉向別録九府書民間無有山高一名形勢）

尹佚二篇（周臣在成康時也）

晏嬰相齊作晏子春秋



老子至函關關令尹喜曰子將隱矣強爲我著書於是老子迺著書上下篇言道德之意五千餘言而去莫知其所終

關令尹喜者周大夫也善內學星宿服精華隱德行仁時人莫知老子西游喜先見其氣知真人當過候物色而迹之果老子亦知其奇爲著書與老子俱之流沙之西莫知其所終亦著書九篇名關令子

老萊子楚人也著書十五篇言道家之用

孔伋字子思仲尼孫也嘗困於宋作中庸

曾參孔子弟子著曾子十八篇

漆彫子十三篇（孔子弟子漆彫啓後）

宓子十六篇（名不齊字子賤孔子弟子師古曰宓讀與伏同）

景子三篇（説宓子語似其弟子）

世子二十一篇（名碩陳人也七十子之弟子）

文子九篇（老子弟子與孔子並時而稱周平王問似依託者也）

蜎子十三篇（名淵楚人老子弟子師古曰蜎姓也音一元反）

李克七篇（子夏弟子爲魏文侯相）

公孫尼子二十八篇（七十子之弟子）

墨子七十一篇（名翟爲宋大夫在孔子後）

田俅子三篇（先韓子俅音求）

我子一篇（劉向別録云爲墨子之學）

隨巢子六篇（墨翟弟子）

胡非三篇（墨翟弟子）

芊子十八篇（名嬰齊人七十子之後芊音弭）

甯越一篇（中牟人爲周威王師）

王孫子一篇（一曰巧心也）

公孫固一篇（十八章齊閔王失國問之固因爲陳古今成敗也）

董子一篇（名無心難墨子）

徐子四十二篇（宋外黃人）



魯仲連子十四篇

平原君七篇（朱建也）

虞氏春秋十五篇（虞卿也）

李子三十二篇（名悝相魏文侯富國强兵）

處子九篇（史記云趙有處子）

列子八篇（名圄寇先莊子莊子稱之）

莊周蒙人嘗爲蒙漆園吏與梁惠王齊宣王同時其學無所不窺然其要本歸於老子之言故著書十餘萬言大抵率寓言也作漁父盜跖胠篋以詆訿孔子之徒以明老子之術畏累虛亢桑子之屬皆空語無事實然善屬書離辭指事類情用剽剝儒墨雖當世宿學不能自解免也其言洸洋自恣適已故自王公大人不能器之

東子一篇（名沈與莊子同時）

申不害京人故鄭之賤臣學術以干韓昭侯昭侯用爲[illegible]脩

政教外應諸侯十五年終申子之身國治兵強無侵韓者申子之學本於黄老而主刑名著書二篇號曰申子

荀卿趙人年五十始來遊學於齊嫉濁世之政亡國亂君相屬不遂大道而營於巫祝信禨祥鄙儒小拘如莊周等又滑稽亂俗於是推儒墨道德之行事興壞序列著數萬言為荀卿子而卒因葬蘭陵

孟軻事齊適梁俱不能用當是之時秦用商君富國彊兵楚魏用吳起戰勝弱敵齊威王宣王用孫子田忌之徒而諸侯東面朝齊天下方務於合從連衡以攻伐為賢而孟軻乃述唐虞三代之德是以所如者不合退而與萬章之徒序詩書述仲尼之意作孟子七篇（孟子序又云孟子亦自知遭蒼姬之訖錄值炎劉之未奮進不得佐興唐虞雍熙之和退不能信三代之餘風恥沒世而無聞焉是故垂憲言以詒後人仲尼有云我欲託之空言不如載之行事之深切著明也於是退而論集所與高第弟子公孫丑萬章之徒難疑答問又自撰其法度之言著書七篇二百六十一章三萬四千六百八十五字包羅天地揆敘萬類仁義道德性命禍福粲然靡所不載帝王公侯遵之則可以致隆平頌清廟卿大夫士蹈之則可以尊君父立忠信守志厲操者儀之則可以崇高節抗浮雲有風人之託物二雅之



正言可謂直而不倨曲而不詘命世亞聖之大才者也）

騶衍齊人覩有國者益淫侈不能尚德若大雅整之於身施及黎庶乃深觀陰陽消息而作怪迂之變終始大聖之篇十餘萬言其語閎大不經必先驗小物推而大之至於無垠先序今以上至黄帝學者所共術大並時盛衰因載其禨祥度制推而遠之至天地未生窈冥不可考而原也先列中國名山大川通谷禽獸水土所殖物類所珍因而推之及海外之人所不能睹稱引天地剖判以來五德轉移治各有宜而符應若茲以為儒者所謂中國者於天下乃八十一分居其一分耳中國名曰赤縣神州赤縣神州內自有九州禹之序九州是也不得為州數中國外如赤縣神州者九乃所謂九州也於是有裨海環之人民禽獸莫能相通者如一區中者乃為一州如此者九乃有大瀛海環其外天地之際焉其術皆此類也然要其歸必止乎仁義節儉君臣上下六親之施始也濫耳王公大人初見其術懼然

節化其後不能行之

慎到趙人田駢接子齊人環淵楚人皆學黄老道德之術因發明序其指意故慎到著十二論（今慎子劉向所定有四十一篇）環淵著上下篇而田駢接子皆有所論焉

尸佼晉人秦相衛鞅客也鞅謀事畫計立法理民未嘗不與佼規也鞅被刑佼恐并誅乃亡逃入蜀造書二十篇凡六万餘言卒因葬蜀

虞卿相趙孝成王以魏齊之故不重萬户侯卿相之印與魏齊間行去趙困於梁魏齊已死不得意乃著書上采春秋下觀近世曰節義稱號揣摩政謀凡八篇以刺譏國家得失世傳之曰虞氏春秋（魏齊事具總録部復讎門）

蘇子三十一篇（名秦）

張子十篇（名儀）

鄭長者一篇（六國時先韓子韓子稱之別錄云鄭人不知姓名）



鄒奭子十二篇（齊人號曰雕龍奭奭音式亦反）

閭丘子十三篇（名快魏人在南公前）

將鉅子五篇（六國時先南公南公稱之）

杜文公五篇（六國時劉向別錄云韓人也）

黃帝泰素二十篇（六國時韓諸公子所作劉向別錄云或言韓諸公孫之所作也言陰陽五行以為黃帝之道也故曰泰素）

南公三十一篇（六國時）

公子牟四篇（魏之公子也先莊子莊子稱之）

田子二十五篇（名駢齊人游稷下號天口駢駢音步田反）

黔婁子四篇（齊隱士守道不詘威王下之黔音其炎反婁音力侯反）

宮孫子二篇（宮孫姓也不知名）

鶡冠子一篇（楚人居深山以鶡鳥羽為冠）

鄧析二篇（鄭人與子產並時列子及孫卿並云子產殺鄧析春秋左傳昭公二十年子產卒定公九年駟歂殺鄧析而用其竹刑則非子產所殺人也）

尹文子一篇說齊宣王先公孫龍[illegible]去與宋鈃俱游稷下鈃音刑

公孫龍子十四篇趙人爲堅白之辯者

成公生五篇與黃公等同時姓成公劉向云與李斯子由同時由爲三川守成公生游談不仕

黃公四篇名疵爲秦博士作歌詩在秦時歌詩中疵音才斯反

毛公九篇趙人與公孫龍等並游平原君趙勝家劉向別錄云論堅白同異以爲可以治天下此蓋史記所云藏於博徒者

呂不韋相秦是時諸侯多辯士如荀卿之徒著書布天下呂不韋乃使其客人人著聞集論以爲八覽六論十二紀二十餘萬言以爲備天地萬物古今之事號曰呂氏春秋布咸陽市門懸千金其上延諸侯游士賓客有能增損一字者予千金又云呂不韋相秦莊襄王乃上觀尚書刪拾春秋集六國時事爲呂氏春秋

韓非韓諸公子爲人口吃不能道說而善著書與李斯俱事荀卿斯自以爲不如非非見韓之削弱數以書諫韓王不能用於是韓非疾治國不務修明其法制執契以御其臣下富國強兵而以求人任賢反舉浮淫之蠹而加之於功實之上以爲儒者用文亂法而俠者以武犯禁寬則寵名譽之人急則用介胄之士今者所養非所用所用非所養悲廉直不容於邪枉之臣觀往者得失之變故作孤憤五蠹內外儲說林說難十餘萬言

漢蒯通范陽人論戰國時說士權變亦自序其說凡八十一首號曰雋永雋肥肉也永長也言其所論甘美而義深長也漢志載蒯子五篇

陸賈高帝時爲太中大夫時時前說稱詩書高帝罵之曰乃公居馬上得之安事詩書賈曰馬上得之寧可以馬上治乎且湯武逆取而以順守之武並用長久之術也昔者吳王夫差智伯極武而亡秦任刑法不變卒滅嬴氏鄉使秦以并天下行仁義法先聖陛下安得而有之高帝不懌有慚色謂賈曰試爲我著秦所以失天下吾所以得之者及古成敗之國賈凡著十二篇每奏一篇高帝未嘗不稱善左右呼萬歲稱其書曰新語

公孫渾邪景帝時爲隴西守以將軍擊吳楚有功封平西侯著書十餘篇藝文志陰陽家有公孫渾邪十五篇是也



桓寬鹽鐵六十篇寬字次公汝南人也孝昭帝時丞相御史與諸賢良文學論鹽鐵事寬次之

楊雄王莽時爲大夫草太玄譚思渾天譚深也渾天天象也參摹而四分之三析而四分天之宿變甲乙也極於八十一旁則三摹九据据今擬字也摹猶位也極之七百二十九贊亦自然之道也故觀易者見其卦而名之觀玄者數其畫而定之玄首四重者非卦也數也其用自天元推一晝一夜陰陽數度律歷之紀九九大運與天終始故玄三方九州二十七部八十一家二百四十三表七百二十九贊分爲三卷曰一二三與泰初歷相應亦有顓頊之歷焉揲之以三策三而分之關之以休咎絣之以象類絣雜也播之以人事播布也文之以五行擬之以道德仁義禮智無主知名要合五經苟非其事文不虛生爲之泰曼漶而不可知曼漶不分別貌猶言漫漶也故有首衝錯測攡瑩數文掜圖告十一篇皆以解剝玄體離散其文章句尚不存焉玄中之文辭有章句其言深數尚不能盡存故解剝而離散也劉歆嘗觀之謂雄曰空自苦今學者有祿利然尚不能明易又如玄何言無奈之何吾恐後人用覆醬瓿也瓿小甖也雄笑而不應雄見諸子各以其知舛馳舛相背也大氐詆訾聖人即爲怪迂析辯詭詞以撓世事言諸子之書大皆詆非毀周孔之教爲巧辯異辭以撓亂時政也雖小辯終破大道而惑衆使溺於所聞而不自知其非也及太史公記六國歷楚漢訖麟止不與聖人同是非頗謬於經故人時有問雄者常用法應之譔以爲十三卷象論語號曰法言王莽大司空王邑納言嚴尤聞雄死謂桓譚曰子常稱揚雄書豈能傳於後世乎譚曰必傳顧君與譚不及見也顧見凡人賤近而貴遠親見子雲祿位容貌不能動人故輕其書昔老聃著虛無之言兩篇謂道德經也薄仁義非禮學然後好之者尚以爲過於五經自漢文景之君及司馬遷皆有是言今揚子之書文義至深而論不詭於聖人詭違也聖人謂周公孔子若使遭遇時君更閱賢知爲所稱善則必度越諸子矣

嚴君平蜀郡人博覽亡不通依老子嚴周之指著書十餘萬言嚴周即莊周

後漢桓譚光武時為議郎給事中著書言當世行事二十九篇號曰新論尚書獻之帝善焉新論一曰本造二王霸三求輔四言體五見徵六譴非七啓寤八祛蔽九正經十識通十一離事十二道賦十三辨惑十四述策十五閔友十六琴道本造述策閔友琴道各一篇餘並有上下武續之勸言長大令皆別為上下凡二十九篇琴道一篇未成肅宗使班固續成之琴道未畢但有發首一章

梁竦安定烏氏人閉門自養以經籍為娛辟命交至並無所就著書數篇名曰七序班固見而稱曰孔子著春秋而亂臣賊子懼梁竦作七序而竊位素餐者慙

郅惲為芒長免官著書八篇

韋彪為大鴻臚著書十二篇號曰韋卿子

梁鴻扶風平陵人後至吳潛閉著書十餘篇

王充會稽上虞人仕郡為功曹好論說始若詭異終有理實以為俗儒守文多失其真閉門潛思絕慶弔之禮戶牖牆壁各置刀筆著論衡八十五篇二十餘萬言充所作論衡中土未有傳者蔡邕入吳始得之恒秘玩以為談助其後王朗為會稽太守又得其書及還許下時人稱其才進或曰不見異人當得異書問之果以論衡之益由是遂見傳焉又時人嫌蔡邕得異書搜求其帳中隱處果得論衡抱數卷持去邕丁寧之曰唯我與爾共之勿廣也釋物類同異正時俗嫌疑



王符安定臨涇人少好學不得升進志意蘊憤乃隱居著書三十餘篇以譏當時失得不欲章顯其名故號曰潛夫論其指訐時短討擿物情足以觀見當時風政

仲長統山陽高平人州郡命辟稱疾不就少學博士涉書記贍於文辭每論說古今時俗行事發憤歎息因著論名曰昌言凡三十四篇十餘萬言

桓彬為尚書郎著七說及書三篇

陳紀潁川許人寔之子也遭黨錮發憤著書數萬言號曰陳子後至大鴻臚

劉陶為諫議大夫著書數十萬言又作正老子反韓非復孟軻辨疑等篇

荀悅為秘書監侍中時政移曹氏天子恭已而已悅志在獻替而謀無所用乃作申鑒五篇其所論辨通見政體又著崇德正論及諸論數十篇

周黨太原廣武人後隱居澠池著書上下篇而終

劉珍為衛尉撰釋名三十篇以辨萬之稱號云

魏朗會稽人為尚書會被議免歸家著書數篇號魏子

唐檀舉孝廉為郎中弃官去著書二十八篇名為唐子

崔寔為郎明於治體吏才有餘論當世便事數十條名曰政論指切時要言辨而確當世稱之仲長統曰凡為人主宜寫一通置之坐側

趙岐辟司徒胡廣府會南匈奴烏桓鮮卑反叛公卿舉岐擢拜并州刺史岐欲奏守邊之策未及上會坐黨事免因撰次以為禦寇論

牟融為太尉撰牟子

魏劉廙為太祖丞相倉曹屬著書數十篇及與丁儀共論刑禮皆傳於世



劉劭為散騎侍中著樂論十四篇成未上會明帝崩不施行又撰法論人物志之類百餘篇

王基為安豐太守時曹爽專柄風化陵遲基著時要論以切世事

王昶為兗州刺史加揚烈將軍雖在外任心存朝廷以為魏承秦漢之弊法制苛碎不大釐改國典以準先王之風而望治化復興不可得也乃著治論略依古制而合於時務者二十餘篇

任嘏為河東太守有重名嘗著書三十八篇凡四萬餘言嘏卒後故吏東郡程威趙國劉固河東上官崇等録其事行及所著書奏之詔下秘書以貫群言隋書志載守白論卷任子道論十卷

杜恕為趙相以疾去官還家陳留阮武亦從清河太守徵還俱自薄廷尉謂恕曰相觀才性可以由公道而持之不厲器能可以處大官而求之不順才學可以述古今而志之不一此所為有其才而無用今向閑暇可試潛思成一家言在章武遂著體

論八篇（杜氏新書以爲人倫大綱莫重於君臣立身之基本莫大於言行安上理民莫精於政法勝殘去殺莫善於用兵夫禮也者萬物之體也物皆得其禮無不善故謂之體論）又著興性論一篇蓋興於爲已
桓威爲成安令威出自孤微年十八而著渾輿經依道以見意
徐幹爲太子文學撰中論
王肅爲中領軍散騎常侍撰王子正論十卷
阮武爲清河太守撰阮子正論五卷
蔣濟爲東中郎將撰萬機論文帝善之
蜀諸葛亮爲相作八務七戒六恐五懼皆有條章以訓厲臣子
李密爲漢中太守去官著述理論十篇晉安東將軍胡熊與皇甫士安並善之
譙周字允南爲太子家令于時軍旅數出百姓彫瘁周與尚書令陳祗論其利害退而書之爲仇國論
陳術字申伯博學多聞著釋問七篇
吳顧譚爲太常平尚書事爲大都督全琮父子所譖有司奏譚罔大不敬坐徙交州幽而發憤著新言二十篇其知難篇蓋以自悼傷也
翔其爲無難督以才學知名著通語數十篇
唐滂[illegible]撰唐子十卷
張儼爲大鴻臚撰默記三卷
裴玄爲大鴻臚撰裴氏新言五卷
秦菁[illegible]撰秦子三卷
晉陸喜字恭仲爲吏部尚書少有聲名好學有才思嘗自敘曰劉向省新語而作新序桓譚詠新序而作新論余不自量感子雲之法言而作言道覩賈子之美才而作訪論觀子政洪範而作古今歷覽蔣子通萬機而作審機讀幽通思玄四愁而作娛賓九思真所思慕者也其書近百篇吳平又作西州清論傳於世借稱諸葛孔明以行其書也
陸雲爲清河內史著新書十篇

府八百五十四　九

傅玄爲司隸校尉少時避難於河內專心誦學後雖顯貴而著述不廢撰論經國九流及三史故事評斷得失名爲傅子爲內外中篇凡有四部六録合百四十首數十萬言行於世玄初作內篇成子咸以示司空王沈沈與玄書曰省足下所著書言富理濟經綸政體存重儒教足以塞楊墨之流遁齊孫孟於往代每開卷未嘗不歎息也不見賈生自以爲過之乃今不及信矣
袁準爲給事中著書十餘萬言論治世之務號袁子正書
華譚元帝時爲鎮東軍諮祭酒譚博學多通在府無事乃著書三十卷名曰辨道上牋進之帝親自覽焉
王長文廣漢郪人州府辟命皆不就著書四卷擬易名曰通玄經有文言卦象可用卜筮時人比之楊雄太玄同郡馬秀曰楊雄作太玄惟桓譚以爲必傳後世晚遭陸績玄道遂明長文通玄經未遭陸績君山爾
周處爲御史中丞著默語三十篇
葛洪爲司徒王導諮議參軍凡所著撰精覈是非而才章富贍所著子書言黃白之事名曰內篇其餘駁難通釋名曰外篇大凡內外一百一十六篇自號抱朴子因以名書
韋謏字憲道爲太子太傅著伏林三千餘言遂演爲典林二十餘三篇凡所述作皆深博有才義
杜夷爲國子祭酒著幽求子二十篇行於世兄崧字行高亦有志節惠帝時俗多浮僞著杜子春秋以刺之
徐苗高密淳于人也依道家著玄微論前後所造數萬言皆有義味公府五辟博士不就夏侯湛爲常侍撰新論十卷
楊泉者徵士也撰物理論十卷又太元經十四卷
虞喜以博士徵不就撰志林新書三十卷
干寶爲散騎常侍撰干子十八篇
蔡歆爲江州從事撰門論

府八百五十四　十

顔異為揚州主簿撰顔子十卷
呂竦為儒林祭酒撰要覽十卷
蘇彦為北中郎參軍撰蘇子
宣聘為宣城令撰宣子
張顯為議郎撰析言論二十卷
楊偉為征南軍師撰桑丘先生書三卷又有時務論十二卷
前秦苻郎堅之從兄子著苻子數十篇行於世亦老莊之流也
宋傅亮為散騎常侍見世路屯險著論名曰演慎
賀道養為太學博士撰賀子述言十卷
梁劉勰為東宫通事舍人撰文心雕龍五十篇論古今文體引而次之
後魏崔浩為左光禄大夫天師寇謙之每與浩言聞其論古治亂之迹常自夜達旦竦意斂容無有懈惓既而歎美之曰斯人言也惠皆可底行亦當今之皐繇也但世人貴遠賤近不能深察之耳因謂浩曰吾行道隱居不營世務忽受神中之訣當兼修儒教輔助泰平真君繼千載之絶統而學不稽古臨事闇昧為吾撰列王者治典并論其大要浩乃著書二十餘篇上推太初下盡秦漢變弊之迹大旨先以復五等為本
李公緒為冀州司馬至齊文宣時以侍御史徵不就撰典言十卷
北齊顔之推撰家訓二十篇後入隋為太子學士
隋辛德源為蜀王諮議參軍撰政訓内訓各二十卷
王通仕隋為蜀郡書佐大業末弃官歸絳州著書為業又依孔子家語揚雄法言例為客主對答之説號曰中説皆為儒士所稱
唐崔玄暐中宗時為中書令撰行己要範十卷
盧景亮為中書舍人早有時名前後述作皆根於中正頗有經國理人之志嘗以為國之要足食足兵而又得士方可以為政



於是採黄氏以還訖于本朝著書上下篇名曰三足又作答客難陳禮運飛轂之利焉
晉尹玉司馬為光祿大夫退歸秦中十年之間著書五十卷名曰武庫集

册府元龜卷第八百五十四

總録部一百五

曠達　縱逸

## 曠達

夫爽情得喪忘懷榮辱外儻蕩以無檢中恬漠而自適簡易威儀脫略富貴抗心俗表不屑物議任放肆志率詣不羈窮厄靡動其情哀樂罔嬰其慮斯皆晏然自得不以世務為累者已其有望實既重才位兼著不以名德驕物不以事任經懷體寬裕以安畢同徇譚宴以賞勝會亦有靡修小節不求當世事於文酒之適極乎山泉之致茲乃處閑曠齊物我一端之士也其或不勵風操唯任縱誕禮法之所見誚名教之所不容者蓋亦無取焉

柳下惠為魯士師不羞汙君不卑小官進不隱賢必以其道遺失而不怨阨窮而不憫故曰爾為爾我為我袒裼裸裎於我側爾焉能浼我哉柳下惠魯公族大夫也姓展名禽字季柳下是其號也惠謚不隱己之賢才必欲行其道也謂惠之云言己雖人何能浼我也故由由然與之偕不自失焉援而止之而止援而止之而止者是亦不屑去已



後漢禰衡字正平平原人少有才辯建安初遊許下魏太祖聞衡善擊鼓乃詔為鼓史因大會賓客閱試音節諸史過者皆令脫其故衣更著岑牟單絞之服岑牟鼓角士胄也絞蒼黃之色次至衡衡方為漁陽參撾一云衡擊鼓作漁陽參撾蹋地來前躡馺足腳足相並鑿鼓枹也參撾是擊鼓之法蹀躞而前容態有異聲節悲壯聽者莫不慷慨衡進至太祖前而止吏訶之曰鼓史何不改裝而輕敢進乎衡曰諾於是先解衵衣衵近身衣也次釋餘服裸身而立徐取岑牟單絞而著之畢復參撾而去顏色不怍

晉嵇康字叔夜善鍛向秀為之佐相對欣然旁若無人東常採藥游山澤會其得意忽焉忘反時有樵蘇者遇之咸謂為神仙位至中散大夫

劉伶字伯倫放情肆志常以細宇宙齊萬物為心澹默少言不妄交游與阮籍嵇康相遇欣然神解攜手入林初不以家產有無介意嘗乘鹿車攜一壺酒使人荷鍤而隨之謂曰死便埋我其遺形骸如此位建威參軍

阮籍字嗣宗任性不羈喜怒不形於色或閉戶視書累月不出或登山臨水經日忘歸為文帝從事中郎聞步兵廚營人善醸有貯酒三百斛乃求為步兵校尉遺落世事雖去佐職常遊府內著達莊論及大人先生傳

阮咸字仲容任達不拘與叔父籍為竹林之游當世禮法者譏其所為咸與籍居道南諸阮居道北北阮富而南阮貧七月七日北阮盛曬衣服皆錦綺粲目咸以竿挂大布犢鼻於庭人或怪之答曰未能免俗聊復爾耳咸與從子脩特相善每以得意為歡諸阮皆能飲酒咸至宗人間共集不復用杯觴斟酌以大盆盛酒圓坐相向大酌更飲時有羣豕來飲其酒咸直接去其上便共飲之位至始平太守



阮瞻字千里咸子也為太子舍人善彈琴人聞其能多往求聽不問貴賤長幼皆為彈之神氣沖和而不知向人所在內兄潘岳每令鼓琴終日達夜無忤色由是識者歎其恬澹不可榮辱也

阮脩字宣子性簡任不脩人事絕不喜見俗人遇便舍去意有所思率爾褰裳不避晨夕至或無言但欣然相對常步行以百錢挂杖頭至酒店便獨酣暢雖當世富貴而不肯顧家無擔石之儲晏如也與兄弟同志常自得於林皐之間仕至太子洗馬

張翰字季鷹任心自適不求當世或謂之曰卿乃可縱適一時獨不為身後名邪答曰使我有身後名不如即時一杯酒時人貴其曠達位大司馬東曹掾

王長文為梁王彤丞相從事中郎在洛出行輒著白旃小鄣以載車當時異焉

顧和為司徒王導揚州從事月旦當朝未入停車門外周顗遇之和方擇蝨夷然不動顗既過顧指和心曰此中最是難測地顗入謂導曰卿州吏中有一令僕才導亦以為然

謝尚為司徒王導府掾始到府通謁導以其有勝會謂曰聞君能作鴝鵒舞一坐傾想寧有此理不尚曰佳便著衣幘而舞導令坐者撫掌擊節尚俯仰有中傍若無人其率詣如此

周顗字伯仁性寬裕王導甚重之嘗枕顗膝而指其腹曰卿此中何所有也荅曰此中空洞無物然足容卿輩數百人導亦不以為忤又於導坐傲然嘯詠導云卿欲希嵇阮邪顗曰何敢近捨明公遠希嵇阮位至尚書左僕射

庾亮字元規在武昌諸佐吏殷浩之徒乘秋夜往共登南樓俄而不覺亮至諸人將起避之亮徐曰諸君少住老子於此處興復不淺便據胡牀與浩等談詠音坐其坦率行已多此類也位至司空

桓伊善音樂盡一時之妙為江左第一有蔡邕柯亭笛常自吹之王徽之赴召京師泊舟青溪側素不與徽之相識伊於岸上過船中客稱伊小字曰此桓野王也徽之便令人謂伊曰聞君



善吹笛試為我一奏伊是時已貴顯素聞徽之名便下車踞胡牀為作三調弄畢便上車去客主不交一言位至護軍將軍

桓石秀為江州刺史居尋陽性放曠常弋釣林澤不以榮爵嬰心

孫統字承公幼與弟綽及從弟盛過江誕任不羈而善屬文時人以為有楚風征北將軍褚裒聞其名命為參軍辭不就家于會稽性好山水乃求為鄞令轉在吳寧居職不留心碎務縱意游肆名山勝川靡不窮究

郗超字景興少卓犖不羈有曠世之度交遊士林每存勝拔仕至司徒左長史

王徽之字子猷雅性放誕好聲色嘗與弟獻之共讀高士傳讃獻之賞井丹高潔徽之曰未若長卿慢世也其傲達若此及獻之卒徽之奔喪不哭直上靈牀坐取獻之琴彈之久而不調歎曰嗚呼子敬人琴俱亡徽之嘗為大司馬桓溫參軍蓬首散帶不綜府事又為車騎桓沖騎兵沖問卿署何曹對曰似是馬曹又問管幾馬曰不知馬何由知數又問馬比死多少曰未知生焉知死

謝奕字無奕與桓溫善溫辟為安西司馬猶推布衣好在溫坐岸幘笑詠無異常日溫曰我方外司馬

王猛字景略桓溫入關猛被褐而詣之一面談當世之事捫蝨而言旁若無人後為苻堅相

宋陶潛字淵明閑靜少言不慕榮利性嗜酒而家貧不能常得親舊知其如此或置酒招之造飲輒盡期在必醉既而退曾不悋情去留仕至彭澤令

鄭鮮之字道子性好游行命駕或不知所適隨御者所狎位至尚書右僕射

范泰字伯倫好酒不尚小節通率任心雖在公言不異私室高祖甚賞愛之位至侍中左光祿大夫國子祭酒

王敬弘素高退左右常使二老婢戴五條五辮著青紋袴襦飾



以朱粉女適尚書僕射何尚之弟述之敬弘嘗往何氏看女值尚之不在寄齋中卧俄頃尚之還敬弘使二婢守閤不聽尚之入云正熱不堪相見君可且去尚之於是移於他室位至侍中

沈慶之為司空每朝賀常乘豬鼻無幰車左右從者不過三五人騎馬履行園田正一人視馬而已每農桑劇月或時無人遇之者不知三公也及加三望車謂人曰我每游履田園有時與人馬成三無人則與馬成二今乘此車安所之乎及几杖並固讓

袁粲好飲酒善吟諷獨酌園庭以此自適居負南郭時杖策獨遊為中書令領丹楊尹位望雖重不以事務經懷嘗步屨白楊郊野間道遇一士大夫便呼與酣飲明日此人謂被知顧到門求通粲曰昨飲酒無偶聊相要爾竟不與相見嘗作五言詩云放迹雖中宇循寄乃滄洲蓋其志也

南齊張欣泰為隨王子隆鎮西中兵參軍子隆深相愛重數與談宴武帝怒召還都屏居家巷置宅南岡下面松山欣泰負弩

欣射雖恣情閑放聲伎雜藝頗多開解

梁何點字子晳廬江潛人雖不入城府而遨游人世不簪不帶或駕柴車躡草屩恣心所適致醉而歸

張盾字士宣以謹重稱爲無錫令遇劫何湏劫以刀斫其頰眉咄咄不易辭無所言於是生資皆盡不以介懷爲湘東王記室出爲富陽令廓然獨處無所用心身死之日家無遺財唯有文集并書千餘卷酒米數甕而已

江革爲度支尚書以彊直爲權勢所疾除光祿大夫領步兵校尉南北兖二州大中正優游閑放以文酒自娛

曹景宗新野人也善騎射好畋獵武帝時爲侍中領軍將軍出行常欲褰車帷幔左右輒陳以位望隆重人所具瞻不宜然景宗謂所親曰我昔在鄉里騎快馬如龍與年少輩數十騎拓弓弦作霹靂聲箭如餓鴟叫平澤中逐麞鹿數肋射之渴飲其血饑食其胃甜如甘露漿覺耳後風生鼻頭出火此樂使人忘死



不知老之將至今來揚州作貴人動轉不得路行開車幔小人輒言不可閉置車中如三日新婦遭此邑邑使人無氣

謝幾卿爲軍師長史坐軍敗免官閑居宅在白楊石井朝中交好者載酒從之賓客滿坐時左丞庾仲容亦免歸二人意志相得並肆情誕縱或乘露車歷游郊野既醉則執鐸挽歌不屑物義

後魏劉獻之博陵饒陽人博覽衆藉見名法之言掩卷而笑曰若使楊墨之流不爲此書千載誰知其小也曾謂其所親曰觀屈原離騷之作自是狂人死其宜矣何足惜也吾常謂濯纓洗耳有異人之迹啼槽歠醨有同物之志而孔子曰我則異於是無可無不可誠哉斯言是獲我心

眭夸少有大度不拘小節躭志書傳未曾以世務經心好飲酒浩然物表司徒崔浩奏徵爲中郎辭疾不赴

北齊邢劭字子才初仕後魏爲尚書令元羅青州司馬遂在青土終日酣賞盡山泉之致齊受禪爲太常卿中書監攝國子祭酒雖望實兼重不以才位傲物脫略簡易不脩威儀車服器用充事而已有齋不居坐臥常在一小屋果餌之屬或置之梁上賓至下而共噉天姿質素特安異同士無賢愚皆能顧接對之或解衣覓蝨且與劇譚劭事寡嫂甚謹養孤子恕慈愛特深在兖州有都下信云恕疾便憂之廢寢食顏色貶損及卒人士爲之傷心痛悼雖甚竟不再哭賓客弔慰收淚而已其高情達識開遣滯累所未有也

宋游道仕後魏爲司州治中從事時將家還鄴會霖雨行旅擁於河橋游道於幕下朝夕宴歌行者曰何時節作此聲也游道荅曰何時節不作此聲固大癡

李元忠仕東魏興和末爲侍中雖居要任初不以物務干懷唯以聲酒自娛大率常醉家事大小了不關心園庭之內羅種菓藥親朋尋詣必留連宴賞每挾彈攜壺遨游里閈遇會飲酌蕭然自得時儀同三司孫騰司馬子如嘗詣元忠逢其方坐葛巾



擁被對壺獨酌庭室蕪曠使婢卷兩褥以質酒肉呼妻出衣不曳地二公相視歎息而去大餉米絹受而散之

王晞爲常山王并州司馬性閑淡寡欲雖戎馬塡闇未嘗以世務爲累良辰美景嘯詠遨游登臨山水以談讌爲事人士謂之物外司馬

後周韋夐京兆杜陵人高尚不仕其子瓘行隨州刺史因疾物故弟孝寬子總復於并州戰沒一日之中凶問俱至家人相對悲慟而夐神色自若謂之曰死生命也去來常事亦何足悲援琴撫之如舊

隋李貞爲蔡州刺史吏民安之自此不復留意於文筆問其故慨然歎曰五十之年倏然而過鬢垂秋素筋力已衰宦情文情一時盡矣悲夫然每暇日輒引賓客弦歌對酒終日爲歡

唐李白字太白少有逸才志氣宏放飄然有超世之心天寶待詔翰林白既嗜酒日與酒徒醉於酒肆嘗沉醉殿上引足令高

力士脫靴由是斥去乃浪迹江湖終日沉飲時侍御史崔宗之謫官金陵與白詩酒唱和嘗月夜乘舟自採石達金陵白衣宮錦袍於舟中顧瞻嘯傲傍若無人

杜甫字子美爲嚴武劍南節度參謀檢校尚書工部員外郎於成都浣花里結廬枕江縱酒嘯詠與田畯野老相狎蕩無拘撿武過之有時不冠其傲誕如此

柳渾爲監察御史臺憲執法之地動循儀軌渾性放曠不甚檢束其寮長局吏咸忿其踈縱渾既不樂乞守外職執政惜其才累奏爲左補闕其後爲拍封宜城男及免相數日即與親故尋勝讌賞醉而方歸時李勉盧翰皆以退罷居私第相謂曰吾方柳宜城悉是拘俗之人矣

白居易初對策高第擢入翰林欲奮厲效報兼濟生靈蓄意未果望風爲當路者所擠流徙江湖四五年間幾淪蠻瘴自是宦情衰落無意於出處唯以逍遥吟詠爲事後爲刑部尚書致仕



後唐丁會字道隱壽春人幼放蕩縱橫不治農産嘗隨哀輓者學綍謳尤嗜其聲位至昭義節度使

晉鄭雲叟南燕人家本東郡隱居華山妻兒継巳凋謝每聞凶訃一哭而止

盧詹性剛且議論不避豪貴執政者常惡之天福初拜禮部尚書分司洛下與右僕射盧質散騎常侍盧重俱在西都數相過從三人俱嗜酒好遊山水塔廟林亭花竹之地無不同往酣飲爲樂人無以間厠洛中朝士目爲三盧會常吞顧性命不營財利身死之日家無衣物葬具不給俟其君賜方了葬事

縱逸

夫人禀五常之性首萬物之靈清濁殊分賢愚異致所以貴賤有位動靜有常故不可一槩而量之則有放曠爲懐誕縱成志不護細行罔媿時譏或寓興於山林威儀不整或敖情於朝市禮法罔修是以大禮有環佩之節前哲垂韋弦之戒故不可長其斯之謂歟

漢司馬相如爲文園令初相如客臨邛臨邛富人卓王孫爲具召之并召令相如至酒酣臨邛令前奏琴曰竊聞長卿好之願以自娱（長卿相如字奏進也）相如辭謝爲鼓一再行（行謂曲引也古樂府長歌行短歌行此其義也）是時卓王孫有女文君新寡好音故相如繆與令相重而以琴心挑之（寄心於琴聲以挑動之也挑徒了切）相如時從車騎雍容閒雅（閒讀曰閑）甚都（都閑美之稱也詩鄭風有女同車之篇曰洵美且都又山有扶蘇之篇云不見子都則知都者美也）及飲卓氏弄琴文君竊從戶窺心說而好之（說讀曰悅悅其人而好其音也）恐不得當也（當謂對偶之）既罷相如乃令侍人重賜文君侍者通殷勤文君夜亡奔相如

陳遵爲公府掾公府掾史率皆羸車小馬不上鮮明而遵獨極輿馬衣服之好門外車騎交錯又日出醉歸曹事數廢西曹以故事適之（案舊法令而謫之也適讀曰謫）侍曹輒詣寺舍白遵陳卿今日以某事適遵曰滿百乃相聞故事有百適者斥



後漢桓譚性嗜倡樂簡易不修威儀而喜非毁俗儒由是多見排抵哀平間位不過郎

賈逵爲侍中世稱爲通儒然不修小節當世以此頗譏焉故不至大官

虞延陳留東昏人性敦朴不拘小節又無鄉曲之譽後位至司徒

孔融爲少府與蔡邕素善邕卒後有虎賁士貌類於邕融每酒酣引與同坐曰雖無老成人且有典刑

魏陶謙字恭祖少孤始以不羈聞於縣中年十四猶綴帛爲幡乘竹馬而戲邑中兒僮皆隨之後至徐州刺史

游楚爲隴西太守蜀兵至堅守徵拜駙馬都尉楚不學問而性好游遨音樂乃畜歌者琵琶箏簫每行悉將以自隨所在樗蒱投壺歡欣自娱數歲復出爲北地太守年七十餘卒

管輅字公明平原人容貌粗醜無威儀而嗜酒飲食言戲不擇非類故人多愛之而不敬也

蜀何祇字君肅少寒貧爲人寛厚通濟體甚壯大又能飲食好

聲色不持節儉時人少貴之者仕至犍為太守

吳蕃導字文珪東郡發干人大帝為陽羨長始往隨帝性博涉嗜酒居貧好賒酤債家至門輒言後豪富相還帝奇愛之

胡綜汝南固始人為偏將軍兼左執法性嗜酒酒後歡呼極意或推引杯觴搏擊左右大帝愛其才弗之責也

晉阮籍字嗣宗陳留尉氏人容貌瓌傑志氣宏放傲然獨得任性不羈而喜怒不形於色或閉戶視書累月不出或登臨山水經日忘歸博覽群籍尤好莊老嗜酒能嘯善彈琴當其得意忽忘形骸時人多謂之癡及文帝輔政籍常從容言於帝曰籍平生曾遊東平樂其風土帝大悅即拜東平相籍乘驢到郡壞府舍屏鄣使內外相望法令清簡旬日而還籍雅至孝母終正與人圍棊對者求止籍留與決賭既而飲酒二斗舉聲一號吐血數升及將葬食一蒸肫飲二斗酒然後臨訣直言窮矣舉聲一號因又吐血數升毀瘠骨立殆致滅性裴楷往弔之籍散髮箕踞醉而直視楷弔唁畢便去籍任性不羈嫂嘗歸寧籍相見與別或譏之籍曰禮豈為我設邪鄰家少婦有美色當壚沽酒籍嘗詣婦飲醉便臥其側籍既不自嫌其夫察之亦不疑也兵家女有才色未嫁而死籍不識其父兄徑往哭之盡哀而還其外坦蕩而內淳至皆此類也

王廙字世將為荊州廙性儁人率嘗從南下旦自尋陽迅風飛帆暮至都倚舫樓長嘯神氣自若王導謂庾亮曰世將為時識事亮曰正足舒其逸氣爾

孫楚字子荊年四十餘始參鎮東軍事王濟卒將葬時賢無不畢至楚雅敬濟而後來哭之甚悲賓客莫不垂涕哭畢向靈牀曰卿常好我作驢鳴我為卿作之體似聲真賓客皆笑楚顧曰諸君不死而令王濟死乎

胡母輔之字彥國性嗜酒任縱不拘小節為樂安太守與郡人光逸晝夜酣飲不視郡事成都王穎為太弟召為中庶子遂與



謝鯤王澄阮脩王尼畢卓俱為放達

謝鯤為王敦大將軍長史府與畢卓王尼阮放羊曼桓彝阮孚等縱酒敦以其名高雅相賓禮

光逸字孟祖樂安人初為博昌小吏縣令使逸送客冒寒舉體凍濕還遇令不在逸解衣炙之入令被中臥令還大怒將加嚴罰逸曰家貧衣單沾濕無可代若不暫溫勢必凍死奈何惜一被而殺一人乎君子仁愛必不爾也故寢而不疑令奇而釋之後以世難避亂渡江復依胡毋輔之初至屬輔之與謝鯤阮放畢卓羊曼桓彝阮孚散髮裸袒閉室酣飲已累日逸將排戶入守者不聽逸便於戶外脫衣露頭於狗竇中窺之而大叫輔之驚曰他人決不能爾必我孟祖也遽呼入遂與飲不捨晝夜時人謂之八達

胡毋謙之字子光輔之之子也才學不及父而傲縱過之至酣醉常呼其父字輔之亦不以介意談者以為狂輔之正酣醉謙之闚而厲聲曰彥國年老不得為爾將令我尻背東壁輔之歡笑呼入與共飲其所為如此年未三十而卒

阮孚初辟太傅府遷騎兵屬避亂渡江元帝以為安東參軍蓬髮飲酒不以王務嬰心時帝既用申韓以救世而孚之徒未能棄也雖然不以事任處之轉丞相從事中郎終日酣縱常為有司所按帝每優容之琅邪王裒為車騎將軍鎮廣陵高選綱佐以孚為長史帝謂曰卿既統軍府郊壘多事宜節飲也孚答曰陛下不以臣不才委之以戎旅之重臣僶俛從事不敢有言者竊以今王莅鎮威風赫然皇澤遐被賊寇斂迹氛祲既澄日月自明臣亦何可爝火不息正應端拱嘯詠以樂當年爾遷黃門侍郎散騎常侍以金貂換酒復為所司彈劾帝宥之

王戎為人短小任率不脩威儀官至司徒

王敦謝鯤庾敳阮脩皆為王衍所親善號為四友而亦與王澄狎又有光逸胡輔之等亦豫焉酣讌縱誕窮歡極娛敳為大將軍

張翰字季鷹吳人有清才善屬文而縱任不拘時人號為江東步兵會稽賀循赴命入洛經吳閶門於船中彈琴翰初不相識乃就循言譚便大相欽悅問循知其入洛翰曰吾亦有事北京便同載即去而不告家人後辟齊王掾棄官歸同郡顧榮素好琴及卒家人常置琴於靈牀翰哭之慟既而上牀嘆曰顧彥先復能賞此否因又慟絕不弔喪主而去

王澄為荊州刺史將之鎮送者傾朝澄見樹上鵲巢便脫衣上樹探鷇而弄之神氣蕭然傍若無人劉琨謂澄曰卿形雖散朗而內實動俠以此處世難得其死默然不答

郭璞性輕易不修威儀嗜酒好色時或過度著作郎干寶常誡之曰此非適性之道也璞曰吾所受有本限用之常恐不得盡卿乃憂酒色之為患乎

袁耽字彥道少有才氣俶儻不羈為士類所稱桓溫少時遊于博徒資產俱盡尚有負債思自振之方莫知所出欲求濟於耽而耽在艱試以告焉耽略無難色遂變服懷布帽隨溫與債主戲耽素有藝名債者聞之而不相識謂之曰卿當不辦作袁彥道也遂就局十萬一擲直上百萬耽投馬絕叫探布帽擲地曰識袁彥道不其通脫若此

謝奕與桓溫善辟為安西司馬猶推布衣好在溫坐岸幘笑詠無異常日桓溫曰我方外司馬奕每因酒無復朝廷禮常逼溫飲溫走入南康主門避之主曰君若無狂司馬我何由得相見奕遂攜酒就聽事引溫一兵帥共飲曰失一老兵得一老兵亦何所怪溫不之責

王忱太元中出為荊州刺史都督荊益寧三州軍事建武將軍假節忱自恃才氣放酒誕節慕王澄之為人末年尤嗜酒一飲連月不醒或裸體而游每歎三日不飲便覺形神不相親婦父嘗有慘忱乘醉弔之婦父慟哭忱與賓客十許人連臂被髮裸身而入繞之三匝而出其所行多此類



王徽之卓犖不拘為車騎將軍桓沖騎兵參軍嘗從沖行值暴雨徽之因下馬排入車中曰公豈得獨擅一車時吳中一士大夫家有好竹欲觀之便出坐輿造竹下諷嘯良久主人灑掃請坐徽之不顧將出主人乃閉門徽之便以此賞之盡歡而去又嘗居山陰夜雪初霽月色清朗四望皓然獨酌酒詠左思招隱詩忽憶戴逵逵時在剡便夜乘小船詣之經宿方至造門不前而反人問其故徽之曰本乘興而行興盡而反何必見安道邪

宋顏延之好飲酒不護細行年三十猶未婚又嘗乘羸牛笨車逢子竣鹵簿即屏住道側又好騎馬遨遊里巷遇知舊輒據案索酒得酒必頹然自得位至光祿

范曄為尚書吏部郎時彭城太妃薨將葬祖夕僚故並集東府曄弟廣淵時為司徒祭酒其日在直曄與司徒左西屬王深宿廣淵許夜中酣飲開北牖聽挽歌為樂義康大怒左遷曄宣城太守

沈昭略字茂隆性狂儁不仕公卿使酒仗氣無所推下嘗醉晚日負杖攜家賓子弟至婁湖苑逢王景文子約張目視之曰汝王約乃肥而癡約曰汝沈昭略耶何乃瘦而狂昭略撫掌大笑曰瘦已勝肥狂又勝癡奈何王約奈汝癡何

謝靈運為侍中陳疾退居於會稽因父祖之資生業甚厚奴僮既眾義故門生數百鑿山浚湖功役無已尋山陟嶺必造幽峻巖嶂千重莫不備盡登躡常著木履上山則去前齒下山去其後齒嘗自始寧南山伐木開逕直至臨海從者數百人臨海太守王琇驚駭謂為山賊徐知是靈運乃安又要琇更進琇不肯靈運贈琇詩邦君難地險旅客易山行在會稽亦多徒眾驚動縣邑

王敬弘為天門太守山郡無事恣其游適累日不回

王僧達性好鷹犬與閭里少年相馳逐又躬自屠牛並至中令

齊張欣泰為直閣步兵校尉領羽林監欣泰通涉雜俗交結

多是名素下直輒遊園　以竹冠納衣錫杖挾素琴有以啓
世祖者世祖曰將家兒何敢作此舉止
丘靈鞠宋世聞名甚盛入齊頗減蹇放縱無形儀不治家業
王儉謂人曰丘公仕宦不進才亦退矣位長沙王車騎長史大
中大夫卞彬爲右軍參軍家貧出爲南康郡丞彬頗飲酒擯棄
形骸作蚤蝨賦序曰余居貧布衣十年不製衣一袍之縕有生
所託資其寒暑無與易之爲人多病起居甚疎縈寢敗絮不能
自釋兼攝性懈惰懶事皮膚澡刷不謹澣沐失時四體輭弊加以
臭穢故葦席蓬纓之間蚤蝨猥流淫癢渭濩無時恕肌探揣擭
撮日不替手蝨有噆膚之痛而孫若吾之蝨者無湯沐之慮絕
相弔之憂晏聚乎久襟爛布之裳復不勤於討捕孫孫息息三
十五歲焉其略言皆實錄也爲車騎記室彬性飲酒以瓠壺瓢
勺杬皮爲肴著帛冠十二年不改易以大瓠爲火籠什物多
諸詭異自稱卞田居婦爲傅蚩鄉或謔曰卿都不持操名器何



由得升彬曰擲五木子十擲輒鞬豈復擲子之拙吾好擲正極
此爾
褚賁辭爵讓與弟蓁仍居墓下及王儉薨乃騎水牛出卑以年繁
門外往入哭盡哀而退家人不知也
梁王籍爲大司馬從事中郎遷中散大夫尤不得志遂徒行市
道不擇交遊
庾仲容博學少有盛名頗任氣使酒好危言高論士友以此少
之唯與王籍謝幾卿情好相得二人時亦不調遂相追隨誕縱
酣飲不復持檢操久之復爲諮議參軍出爲黟縣
謝幾卿爲尚書左丞性通脫意行不拘朝憲嘗預樂遊苑宴不
得醉而還因詣道邊酒壚停車褰幔與車前三騶對飲時觀者
如堵幾卿處之自若後以在省署夜著犢鼻褌與門生登閣道
飲酒酣嘑爲有司所奏坐免官
劉緩字含度爲湘東王中錄事性虛遠有氣調風流迭宕名高一

將常去不須名位所須衣食不用身後之譽唯重目前知見
周弘正爲散騎常侍夏月著犢鼻褌朱衣爲有司所彈其任
爲如此
後魏薛裔字豫孫父爲立忠將軍世甚豪爽盛營園宅賓客聲伎
以恣嬉遊
柳遠字季雲性疎誕無拘檢時人或謂之柳顛好彈琴耽酒時
有文詠爲肅宗挽郎
北齊司馬膺之家富於財厚自封殖王元景邢子才之流以其
素重之以其疎簡傲物竟天保世淪滯不齒
裴英起聰慧滑稽好劇譚不拘儀檢
劉逖字子長少而聰敏好弋獵騎射以行樂爲事愛交遊善戲
謔郡辟功曹
顏之推好飲酒多任縱不修邊幅時論以此少之位至黃門侍郎
後周盧柔性聰好學頗使酒誕節爲世所譏位至開府儀同三司



唐李伯藥以蔭補三衛隋太子勇召入東宮補通事舍人伯藥
少時疎放好與綺紈公子相隨遊蕩爲務士子不從官所與
交者亦當時有名之士
李客師特進衞國公靖之弟也少仕隋以騎射常以馳獵爲事
大業末爲汾郡倉曹書佐太守崔弘度甚愛待之每與之爲弋
獵絲竹之賞貞觀初拜右武衛將軍累封丹陽郡公尋以年老
致仕退居昆明之別業然而馳獵不取四時從禽無暫休息京
城并南山西至澧水鳥獸皆識之每出則鳥鵲之類千萬爲群
隨逐噪之時臨昆明池見焉亦皆散走觀者號爲鳥賊卒時年
九十餘贈幽州都督陪葬昭陵
唐敬嗣則天初爲房州刺史好樗蒱飲酒紀孫汪無李衎頗有
祖風開元末爲澤州長安令與楊國忠爲樗蒱徒相得
賀知章爲秘書監晚年尤縱恣無復規檢自號四明狂客又稱
秘書外監遨遊里巷醉後屬詞動成卷軸文不加點咸有可觀

路恕爲懷州刺史累遷賓客常侍第有佳林園自貞元初李紓

包佶輩迄于元和末僅四十年朝之名卿咸從之遊高歌縱酒

不屑外慮未嘗問家事人亦以和易稱之

楊元卿少孤慷慨有才略及冠尚漂蕩江嶺之表縱遊放言時

人謂之狂生元卿官至太子太保

崔咸爲祕書監少有林壑之志性佳潛遊南山經時不返既冠

連中文科尤長於篇詠好飲酒每風月孤靜吟嘯移時多悽愴

流涕至酣醉則已鄭餘慶李夷簡皆辟於幕中如賓師友

後唐馬郁在武皇幕累官至檢校司空祕書監武皇與莊宗禮遇

俱厚歲時給賜優異監軍張承業本朝舊人權貴任事人士脅肩

低首候之郁以滑稽侮狎其往如歸有時直造卧內每賓僚宴

集承業出珍果陳列於前者食之必盡承業私戒主膳者曰他

日馬監至惟以乾藕子置前而已郁至窺之知其不可啖異日

靴出中一鐵撾碎而食之承業大笑曰爲公易饌勿敗余食案



其後率如此

晉盧詹天福初拜禮部尚書分司洛下與右僕射盧質散騎常

侍盧重俱在西都數相過從三人俱嗜酒好遊山水探林亭

花竹之地無不同往酣飲爲樂人無間然洛中朝士目爲三盧

詹常委順任命不營財利閑淡初卒於洛陽詹家無長物喪具

不給少帝聞之賜布帛百段粟麥百斛方能襄其葬事贈太子

少保

楊凝式天福中爲太子賓客尋以禮部尚書致仕居伊洛之間

不以晝夜爲拘恣其狂逸多所干忤自居留已降咸以俊才耆

德莫之責也

冊府元龜卷第八百五十五

冊府元龜卷第八百五十六

總録部一百六

知音

傳曰唯君子爲能知樂是故審聲以知音審音以知樂以知政至哉知音之爲難矣非夫天機敏悟識理玄契窮本知末探賾索隱然於象數之表貫乎神化之運又曷能經物造端制器垂範明治亂於未兆表吉凶於先見洞達節奏深究於義趣紬繹以極其妙演暢以攄其變俾夫成文而協律和聲而盡善播於樂府紀於人聽者焉蓋仲尼有言曰樂云樂云鍾鼓云乎哉乃知夫審音者非特鏗鏘擊拊之謂矣

黄帝使伶倫自大夏之西（大夏西戎之國也）崑崙之陰取竹之解谷（解脱也谷竹谷也）生其竅厚均者（竹孔與肉好厚薄自然均者截以爲筩不復加削）斷兩節間而吹之以爲黄鍾之宮（黄鍾之宮最長也）制十二筩以聽鳳之鳴其雄鳴爲六雌鳴亦六比黄鍾之宮而皆可以生之是爲律本（此黄鍾之宮也可以生之謂上下相生也故謂之律本）至治之世天地之氣合以生風天地之風氣正十二律定（律得風氣而成聲風和乃律調也風氣正則十二月之氣各應其律不失其序）一曰黄帝使伶倫伐竹於昆谿斬而作笛吹之作鳳鳴

伶州鳩周景王時樂官王將鑄無射（無射律中無射鐘名）伶州鳩曰王其以心疾死乎夫樂天子之職也（職所主也）夫音樂之輿也（樂因音而行）而鍾音之器也（音由器以發）天子省風以作樂（省風俗作樂以移之）器以鍾之（鍾聚也）輿以行之（以器聚音樂須音而行）小者不窕（窕細不滿）大者不槬（槬横大不入）則和於物（物和則嘉成也）故和聲入於耳而藏於心心億則樂（億安也）窕則不咸（不充人心）槬則不容（心不堪容）心是以感感實生疾今鍾槬矣王心弗堪其能久乎明年王病心

師曠晉太師也初衛靈公將之晉至於濮水之上夜半聞鼓琴聲問左右皆對曰不聞乃召師涓曰吾聞鼓琴音問左右皆不聞其狀似鬼神爲我聽而寫之師涓曰諾因端坐援琴聽而寫之明日曰臣得之矣然未習也請宿習之靈公曰可因復宿



習之明日報曰習矣即去之晉見晉平公平公置酒於施惠之臺酒酣靈公曰今者來聞新聲請奏之平公曰可即令師涓坐師曠旁援琴鼓之未終師曠撫而止之曰此亡國之聲也不可遂平公曰何道出師曠曰師延所作也與紂爲靡靡之樂武王伐紂師延東走自投濮水之中故聞此聲必於濮水之上先聞此聲者國削平公曰寡人所好者音也願遂聞之師涓鼓而終之平公曰音無此最悲乎師曠曰有平公曰可得聞乎師曠曰君德義薄不可以聽之平公曰寡人所好者音也願聞之師曠不得已援琴而鼓之一奏有玄鶴二八集乎廊門再奏之延頸而鳴舒翼而舞平公大喜起而爲師曠壽反坐問曰音無此最悲乎師曠曰有昔者黄帝以大合鬼神今君德義薄不足以聽之聽之將敗平公曰寡人老矣所好者音也願遂聞之師曠不得已援琴而鼓之一奏之有白雲從西北起再奏之大風至而雨隨之飛廊瓦左右皆奔走平公恐懼伏於廊屋之間晉國大旱赤地三年聽者或吉或凶夫樂不可妄興也又楚師伐鄭晉人聞有楚師師曠曰不害吾驟歌北風又歌南風南風不競（歌者吹律以詠八風南風音微故曰不競也師曠唯歌南北風者聽晉楚之强弱）多死聲楚必無功董叔曰天道多在西北（歲在豕韋月又建亥故曰多在西北）南師不時必無功（不時謂）叔向曰在其君之德也（言天時地利不如人和）

後平公鑄爲大鍾使工聽之皆以爲調矣師曠曰不調請更鑄之公曰吾皆爲調矣師曠曰後世有知音者知鍾不調也臣竊恥之至於師涓而果知鍾之不調也

季札吴公子聘於魯請觀周樂爲歌周南召南曰美哉始基之矣猶未也然勤而不怨歌邶鄘衛曰美哉淵乎憂而不困者也吾聞衛康叔武公之德如是是其衛風乎歌王曰美哉思而不懼其周之東乎歌鄭曰美哉其細已甚民不堪也是其先亡乎歌齊曰美哉泱泱乎大風也哉表東海者其太公乎國未可量也歌豳曰美哉蕩蕩乎樂而不淫其周公之東乎歌秦曰此之謂夏聲夫能夏則大大之至也其周之舊乎歌魏曰美

哉渢渢乎大而婉儉而易行以德輔此則明主也歌唐曰思深哉其有陶唐氏之遺民乎不然何憂之遠也非令德之後誰能若是歌陳曰國無主其能久乎自鄶以下無譏焉歌小雅曰美哉思而不貳怨而不言其周德之衰乎猶有先王之遺民也歌大雅曰廣哉熙熙乎曲而有直體其文王之德乎歌頌曰至矣哉直而不倨曲而不屈邇而不偪遠而不攜遷而不淫復而不厭哀而不愁樂而不荒用而不匱廣而不宣施而不費取而不貪處而不底行而不流五聲和八風平節有度守有序盛德之所同也見舞象箾南籥者曰美哉猶有憾見舞大武者曰美哉周之盛也其若此乎見舞韶護者曰聖人之弘也猶有慚德聖人之難也見舞大夏者曰美哉勤而不德非禹其誰能脩之見舞韶箾者曰德至矣哉大矣如天之無不幬也如地之無不載也雖甚盛德其蔑以加於此矣觀止矣若有他樂吾不敢請已（周用六代之樂堯曰咸池黃帝曰雲門魯受四代下周二等故不舞其二季札知禮故曰有他樂吾不敢請）



鍾子期夜聞擊磬者而悲且召問之曰何哉子之擊磬若此之悲也對曰臣之父殺人而不得臣之母得而為公家隸臣得而為公家擊磬臣不睹臣之母三年於此矣昨日為舍市而睹之意欲贖之無財身又公家之有也是以悲也鍾子期曰悲在心非手也非木非石也悲於心而木石應之以至誠故也

孔子語魯太師樂曰樂其可知也始作翕如也（太師樂官名五音始奏翕如盛）從之純如也（從讀曰縱言五音既發放縱盡其音聲純純和諧也皦如也）繹如也以成（縱之以純如皦如繹如言樂始作翕如而成於三）子謂韶盡美矣又盡善也（韶舜樂名謂以聖德受禪故盡善）謂武盡美矣未盡善也（武武王樂也以征伐取天下故未盡善）子在齊聞韶三月不知肉味（孔子在齊聞習韶樂之盛美故忽於肉味也）曰不圖為樂之至於斯也（為作也不圖作韶樂至於此）孔子擊磬有荷蕢而過門者曰有心哉擊磬乎（蕢草器也有心謂契契然也）硜硜乎莫己知也斯已而已矣（硜硜者鄙也言亦無益也）孔子學鼓琴師襄子十日不進師襄子曰可以益矣孔子曰丘已習其曲矣未得其數也有間曰已習其數可以益矣孔子曰丘未得其志也有間曰已習其志可以益矣孔子曰丘未得其為人也有間曰有所穆然深思焉有所怡然高望而遠志焉曰丘得其為人黯然而黑（黯黑貌）幾然而長（詩云頎而長兮）眼如望羊（望羊遠視也）如王四國非文王其誰能為此也師襄子辟席再拜曰師蓋云文王操也

賓牟賈侍坐於孔子孔子與之言及樂曰夫武之備戒之已久何也對曰病不得其衆也（武謂周舞也備戒擊鼓警衆病猶憂也以不得衆心為憂憂其難也）詠歎之淫液之何也對曰恐不逮事也（詠歎淫液歌遲之也逮及也事伐事也）發揚蹈厲之已蚤何也對曰及時事也（時至武事當施也）武坐致右憲左何也對曰非武坐也（言武之事無坐也致謂膝至地也憲讀為軒聲之誤）聲淫及商何也對曰非武音也（言武歌在正其軍不貪商也時人或說其義為貪商也）子曰若非武音則何音也對曰有司失其傳也若非有司失其傳則武王之志荒矣（有司典樂者也傳猶說也荒老耄也言典樂者失其說也時人妄說也書曰王耄荒）子曰唯丘之聞諸萇弘亦若吾子之言是也（萇弘周大夫）賓牟賈起免席而請曰夫武之備戒之已久則既聞命矣敢問遲之遲而又久何也（遲之遲謂久立於綴）子曰居吾語汝夫樂者象成者也揔干而山立武王之事也（揔干持盾也山立猶正立也象武王持盾正立待諸侯也）發揚蹈厲太公之志也（發揚蹈厲所以象威武時也）武亂皆坐周召之治也（成居謂安坐也亂謂失行列也失行列則皆坐象周公召公以文止武也）且夫武始而北出再成而滅商三成而南四成而南國是疆五成而分周公左召公右六成復綴以崇（成猶奏也每奏武曲一終為一成始奏象觀兵盟津時也再奏象克殷時也三奏象克殷有餘力而反也四奏象南方荊蠻之國侵畔者服也五奏象周公召公分職而治也六奏象兵還振旅也復綴反位止也崇充也凡六奏以充武樂也）天子夾振之而駟伐盛威於中國也（夾振之者王與大將夾舞者振鐸以為節也駟當為四聲之誤也每奏四伐一擊一刺為一伐牧誓曰今日之事不過四伐五伐）分夾而進事蚤濟也（分猶部也事猶為也濟成也舞者各有部曲之列又夾振之者象用兵務於早成也）久立於綴以待諸侯之至也（象武王伐紂待諸侯也）且女獨未聞牧野之語乎（牧野武王伐紂之處也欲語以作武樂之意）武王克殷反商未及下車而封黃帝之後於薊封帝堯之後於祝封帝舜之後於陳下車而封夏后氏之後於杞投殷之後於宋封王子比干之墓釋箕子之囚使之行商容而復

其位庶民弛政庶士倍祿濟河而西馬散之華山之陽而弗復乘牛散之桃林之野而弗復服車甲衅而藏之府庫而弗復用倒載干戈包之以虎皮將帥之士使爲諸侯名之曰建櫜然後天下知武王之不復用兵也反當爲及字之誤也及商至紂都也散軍而郊射左射貍首右射騶虞而貫革之射息也裨冕搢笏而虎賁之士說劒也祀乎明堂而民知孝朝覲然後諸侯知所以臣耕藉然後諸侯知所以敬五者天下之大教也郊射爲射宮於郊也左東學也右西學也貍首騶虞所以歌爲節也貫革射穿甲革也裨冕衣裨衣而冠冕也裨衣衮之屬也搢猶插也賁憤怒也文王之廟爲明堂制耕藉藉田也食三老五更於大學天子袒而割牲執醬而饋執爵而酳冕而總干所以教諸侯之弟也三老五更互言之耳皆老人更知三德五事者也冕而總干親在舞位也周名太學曰東膠若此則周道四達禮樂交通則夫武之遲久不亦宜乎言武遲久爲重禮樂子路鼓瑟有北鄙之聲孔子聞之曰信矣由之不才也冉有侍孔子曰求來爾不謂由夫先王之制音也奏中聲爲中節彼小人則不然執末以論本務剛以爲基故其音



湫厲而微末以象殺伐之氣夫殺者乃亂亡之風也冉有以告子路子路曰由之罪也後果不得其死焉

師摯之始關雎之亂洋洋乎盈耳哉魯太師摯識關雎之聲而首理其亂者洋洋乎盈耳聽而美之

師乙魯樂官也子贛見師乙而問焉曰賜聞聲歌各有宜也如賜者宜何歌也子貢孔子弟子各有宜歌順性也師乙曰乙賤工也何足以問所宜請誦其所聞而吾子自執焉樂人稱工執猶處也愛者宜歌商溫良而能斷者宜歌齊夫歌者直己而陳德也動己而天地應焉四時和焉星辰理焉萬物育焉故商者五帝之遺聲寬而靜柔而正者宜歌頌廣大而靜疏達而信者宜歌大雅恭儉而好禮者宜歌小雅正直而靜廉而謙者宜歌風肆直而慈愛者換簡失其次寬而靜宜在上愛者宜歌商宜承此下行讀云肆直而慈愛者宜歌商商宋詩也爲哀直己而陳德各因其德歌所宜生也育商之遺聲也商人識之故謂之商齊者三代之遺聲也齊人識之故謂之齊古商之遺聲也衍字也又誤上所云故商者五帝之遺聲也當居此衍字衍也明

乎商之音者臨事而屢斷明乎齊之音者見利而讓屢數也數斷事以其肆直也見利而讓以其溫良能斷也斷猶決也臨事而屢斷勇也見利而讓義也有勇有義非歌孰能保此保猶安也知也故歌者上如抗下如隊曲如折止如槀木倨中矩句中鉤纍纍乎端如貫珠言歌聲之著動人心之審如有此事歌之爲言也長言之也說之故言之言之不足故長言之長言之不足故嗟歎之嗟歎之不足故不知手之舞之足之蹈之也長言之引其聲也嗟歎和續之也不知手之舞之足之蹈之歡之至也

鄒忌以鼓琴見齊威王威王悅之舍之右室須臾王自鼓琴鄒忌推戶入曰善哉鼓琴也王勃然不悅去琴按劒曰夫子見之未察何以知其善忌曰大絃濁以溫小絃廉折以清推之深而釋之舒均諧以鳴大小相益回邪而不相害是知其善忌復曰不獨語音夫治國家弭人民皆在其中又何爲絲桐之閒忌曰大絃急以溫者君也小絃廉折以清者相也推之深釋之舒者刑罰審也均諧以鳴者政令一也大小相益回邪而不相害者



上下和鳴吏民相親也夫復而不亂者所以治昌遠而徑者所以存亡故曰琴音調而天下治治國家弭人民無若乎五音者矣王曰善忌見三月而受相印

雍門周以琴見孟嘗君孟嘗君曰先生鼓琴亦能令我悲乎周曰臣獨爲能令足下悲哉所能令悲者先貴而後賤先富而後貧不若身才高妙適遭暴亂不若處之隱絕不及四鄰屈折擯壓無所告訴臣一爲之徽撫援琴則涕零矣今足下千乘之君廣夏邃房下羅帷來清風倡象旄舞鄭妾嬿靡色淫目流聲娛耳水遊則連方舟載羽旗野遊則馳弋獵乎原廣囿入則撞鐘擊鼓乎深宮之中雖有善琴者固未能使足下悲也然臣所爲足下悲者一也千秋萬歲之後宗廟必不血食高臺既已壞曲池既已塹墳墓既已平嬰兒豎子樵採者躑躅其足而歌其上曰未知孟嘗君尊貴乃若是乎於是孟嘗君泣焉垂睫周引琴而鼓之徐動宮徵拂羽角孟嘗君涕泣增哀下而就之曰聞先生

鼓琴文乃破國亡邑之人也

高漸離燕之善擊筑者荆軻刺秦王不中死秦逐太子丹荆軻之客皆亡漸離變名姓爲人庸保匿作於宋子縣名也今屬鉅鹿久之作若聞其家堂上客擊筑傍徨不能去每出言曰彼有善有不善從者以告其主曰彼庸乃知音竊言是非家丈人召使前擊筑一坐稱善賜酒而高漸離念久隱畏約無窮時乃退出其裝匣中筑與其善衣更容貌而前舉坐客皆驚下與抗禮以爲上客使擊筑而歌客無不流涕而去者宋子傳客之以爲客聞於秦始皇秦始皇召見人有識者乃曰高漸離也秦皇帝惜其善擊筑重赦之乃矐其目使擊筑未嘗不稱善稍益近之高漸離乃以鉛置筑中復進得近舉筑朴秦皇帝不中於是遂誅高漸離終身不復近諸侯之人

漢制氏以雅樂聲律世世在大樂官能紀其鏗鎗鼓舞

李延年善歌爲新變聲是時武帝方興天地祠欲造樂令司馬



相如等作詩頌延年輒承意弦歌所造詩爲之新聲曲延年繇是命爲協律都尉

侯調武帝時樂人帝使調作箜篌以祠大一或云侯暉所作其聲坎坎應節謂之坎侯聲訛爲箜篌者因工人姓爾

趙定渤海人宣帝神爵五鳳之間數有　嘉應帝頌作歌詩欲興協律之事丞相魏相奏言知音善鼓雅琴者定與梁國龔德皆召見待詔

京房好鍾律知音聲房本姓李推律自定爲京氏官至魏郡太守

後漢桓譚父成帝時爲大樂令譚以父任爲郎因好音律善鼓琴

劉昆能彈雅琴知清角之操爲騎都尉卒

馬融善鼓琴好吹笛位至議郎

蔡邕爲左中郎將妙操音律坐事亡命在吳謂吳人曰吾昔嘗經會稽高遷亭見屋椽竹東間第十六可以爲笛取用果有異聲吳人有燒桐以爨者邕聞火烈之聲知其良木因請而裁爲琴果有美音而其尾猶焦故時人名曰焦尾琴焉初邕在陳留也其鄰人有以酒食召邕者比往而主以酣焉客有彈琴於屏邕至門試潛聽之曰憘以樂召我而有殺心何也遂反將命者告主人曰蔡君向來至門而去邕素爲邦鄉所宗主人遽自追而問其故邕具以告莫不憮然彈琴者曰我向鼓弦見螳蜋方向鳴蟬蟬將去而未飛螳蜋爲之一前一郤吾心聳然惟恐螳蜋之失也此豈爲殺心而形於聲者乎邕莞然而笑曰此足以當之矣邕性沈審志好琴道以嘉平元年入清溪訪鬼谷先生所居山五曲曲有幽居靈跡每一曲制一弄三年曲曰成出呈馬融王允董卓等異之

魏阮瑀字元瑜太祖雅聞其名辟之不應連見偪促乃逃入山中太祖使人焚山得瑀送至召入太祖時征長安大延賓客怒瑀不與語使就技人列瑀善解音能鼓琴遂撫弦而歌因造歌曲曰奕奕天門開大魏應期運青蓋巡九州西東人怨士爲知



已死女爲悅者玩思義苟敷暢他人焉能亂爲曲既捷音聲殊妙當時冠坐太祖大悅

杜夔河南人以知音爲雅樂郎漢末以世亂奔荆州荆州牧劉表令與孟曜爲漢主合雅樂樂備表欲庭觀之夔諫曰今將軍號不爲天子合樂而庭作之無乃不可乎表納其言而止後表子琮降太祖太祖以夔爲軍謀祭酒參大樂事因令創制樂夔善鍾律聰思過人絲竹八音靡所不能惟歌舞非所長時散郎鄧靜尹齊善詠雅樂歌宗廟郊祀之曲舞師馮肅服養曉知先代諸舞夔總統研精遠考諸經近采故事教習講肄備作樂器紹復先代古樂皆自夔始也黃初中爲大樂令協律都尉鑄鍾工柴玉巧有意思形器之中多所造作亦爲當時貴人見知夔令玉鑄銅鍾其聲均清多不如法數毀改作玉甚厭之謂夔清濁任意頗拒捍夔夔玉更相白於太祖太祖取所鑄鍾雜錯更試知夔爲精而玉之妄也於是罪玉及諸子皆爲養馬士文帝愛

待玉又嘗令夔與左顒等於賓客之中吹笙鼓琴夔有難色由是帝意不悅後因他事繫夔使顒等就學夔自謂所習者雅仕宦有本意猶不滿遂黜免以卒弟子河南邵登張泰桑馥各至太樂丞下邳陳頏司律中郎將自左延年等雖妙於音咸善鄭聲其好古存正莫及夔

荀輯為虎賁中郎將與賈充共定音律

吳周瑜精音樂三爵之後其有闕誤瑜必知之而顧吳人謠曰曲有誤周郎顧位至偏將軍

晉孫氏善弘舊曲宋識善擊節唱和陳左善清歌列和善吹笛郝索善彈箏朱生善琵琶尤發新聲並魏晉之世人也傅玄若欽所聞而忽所見不亦惑乎設此六人生於上世越古今而無儷何但夔牙同契哉以後皆[illegible]朱等之遺則也

荀勗為光祿大夫既掌樂事又修律呂並行於世初勗於路逢趙賈人牛鐸識其聲及掌樂音韻未調乃曰得趙之牛鐸則諧矣遂下郡國悉送牛鐸果得諧者又作新律笛十二枚以調律呂正雅樂正會殿庭作之自謂宮商克諧然論者猶謂勗暗解時阮咸妙達八音論者謂之神解咸常心譏勗新律聲高以為高近哀思不合中和每公會樂作勗意咸謂之不調以為異己乃出咸為始平相後有田父耕於野得周時玉尺勗以校己所治鍾鼓金石絲竹皆短校一米於此伏咸之妙復徵咸歸勗既以新律造二舞次更修正鍾磬會勗薨未竟其業元康三年詔其子藩修定金石以施郊廟尋值喪亂莫有記之者勗子藩字大堅元康中為黃門侍郎受詔成父所治鍾磬藩子邃字道玄亦解音樂位至尚書

阮咸字仲容為始平太守妙解音律善彈琵琶雖處世不交人事惟共親知絃歌宴而已荀勗每與咸論音律自以為遠不及也咸善奏琵琶而項長過於今制列十有三柱武太后時蜀人蒯朗於古墓中得之晉竹林七賢圖阮咸所彈與此類同因謂之阮咸咸朗初得銅者時莫有識之太常少卿元行沖曰此阮咸所造乃令匠人以木為之其聲甚清雅也

嵇康為中散大夫彈琴詠詩自足於懷將刑東市顧



視日影索琴彈之曰昔袁孝尼嘗從吾學廣陵散吾每靳固之廣陵散於今絕矣時年四十海內之士莫不痛之帝尋悟而恨焉

石崇字季倫善彈琵琶位至衛尉

成公綏字子安好音律嘗當暑承風而嘯泠然成曲因為嘯賦位至中書郎

阮瞻字千里善彈琴人聞其能多往求聽不問貴賤長幼皆為彈之神氣沖和而不知向人所在內兄潘岳每令鼓琴終日達夜無忤色由是識者歎其恬澹不可榮辱矣位至太子舍人

謝鯤字幼輿能歌善鼓琴王衍嵇紹並奇之為王敦大將軍長史卒

紀瞻解音律殆盡其妙位至散騎常侍驃騎將軍

桓伊為西中郎將豫州刺史以與謝玄俱破苻堅功封永脩縣侯進號右將軍伊善音樂盡一時之妙為江左第一有蔡邕柯亭笛常自吹之王徽之赴召京師泊舟青溪側素不與徽之相識伊於岸上過船中客稱伊小字曰此桓野王也徽之便令人謂伊曰聞君善吹笛試為我一奏伊是時已貴顯素聞徽之名便下車踞胡牀為作三調弄畢便上車去客主不交一言時謝安女壻王國寶專利無檢安惡其為人每抑制之孝武末年嗜酒好內於是國寶諂諛之計稍行帝好利險詖之徒以安功名盛極而構會之嫌隙遂成帝召伊飲讌安侍坐帝命伊吹笛伊神色無迕即吹為一弄乃放笛云臣於箏分乃不及笛然自足以韻合歌管請以箏歌并請一吹笛人帝善其調達乃敕御妓奏笛伊又云御府人於臣必自不合臣有一奴善相便串帝彌賞其放率乃許召之奴既吹笛伊便撫箏而歌怨詩曰為君既不易為臣良獨難忠信事不顯乃有見疑患周旦佐文武金縢功不刊推心輔王政二叔反流言聲節慷慨俯仰可安泣下沾襟乃越席而就之捋其鬚曰使君於此不凡帝甚愧色位至護軍將軍

戴逵字安道譙國人少有文藝善鼓琴太宰武陵王晞聞其能琴使人召焉逵對使者前破琴曰戴安道不爲王門伶人晞怒乃更引其兄述述聞命欣然携琴而往逵以樂當世以琴爲娛義熙初以散騎侍郎徵不起尋卒

袁山松善音樂舊歌有行路難曲辭頗疎質山松乃文其辭句婉其節制因酣歌之聞者流涕位至吳郡太守

姚邕字子和姚興之弟封濟南公尤善音樂皆能度其聲匠增改曲調世咸傳之號濟南新調

冊府元龜卷第八百五十六

冊府元龜卷第八百五十七

總録部一百七

知音第二

宋宗炳字少文南陽人妙善琴書謂人曰撫琴動操欲令衆山皆響古有金石弄爲諸桓所重桓氏亡其聲遂絶唯炳傳焉文帝遣樂師楊觀就炳受之數徵詔並不應

顔師伯頗解聲樂位至尚書僕射領丹陽尹范曄善彈琵琶能爲新聲文帝欲聞之屢諷以微旨曄僞若不曉終不肯爲帝彈嘗宴飲歡適謂曄曰我欲歌卿可彈曄乃奉旨帝歌既畢曄亦止絃位至左衛將軍太子詹事

謝稚善吹笙官至西陽太守

何承天能彈箏帝賜銀裝箏一面位至御史中丞

蕭思話善彈琴爲侍中領左衛將軍嘗從文帝登鍾山北嶺中道有盤石清泉帝使於石上彈琴因賜以銀鍾酒謂曰相賞有松石間意



張永爲右光禄大夫曉音律孝武問永以太極殿前鍾聲嘶永答鍾有銅滓乃扣鍾求其處鑿而去之聲遂清越

戴顒字仲若父逵善琴書顒並傳之凡諸音律皆能揮手會稽剡縣多名山故世居剡下顒及兄勃並受琴於父父没所傳之聲不忍復奏各造新弄勃五部顒又制長弄一部並傳於世衡陽王義季亟從之遊顒服在野服不改常度爲義季鼓琴並新聲曲其三調遊絃廣陵止息之流皆與世異顒合何嘗白鵠二聲以爲一調號爲清曠中書令王綏嘗攜客造之勃等方進豆粥綏曰聞卿善琴試欲一聽不答綏恨而去顒隱遁有高名一

沈懷遠吳興人大明中懷遠被徙廣州造繞梁其器甚精後相似遠亡其器亦絶

南齊褚淵善彈琵琶武帝在東宮賜淵金鏤柄銀柱琵琶太祖曲江宴羣臣數人各使效伎藝淵彈琵琶王僧虔彈琴沈文季歌張敬兒舞王敬則拍王儉曰臣無所解唯知誦書因跪帝前誦相如封禪書帝笑曰此盛德之事吾何以堪之淵位至司徒領驃騎將軍録尚書事

王僧虔爲尚書令僧虔解音律以朝廷禮樂多違正典民間競造新聲雜曲時太祖輔政僧虔上表宜命有司緝理遺逸采加補綴事見納

蔡仲熊濟陽人也師事劉瓛禮學博聞瓛講月令畢謂學生嚴植曰江左以來陰陽律數之學廢矣吾今講此曾不得其髣髴仲熊謂人曰凡鍾律在南不容復得調平昔五音金石本在中土今既來南土氣偏陂音律乖爽仲熊官至尚書左丞

蕭惠基永明中爲太常加給事中自宋大明以來聲伎所尚多鄭衛淫俗雅樂正聲鮮有好者惠基解音律尤好魏三祖曲及相和歌每奏輒賞悅不能已

梁王沖爲南郡太守曉音律習歌舞



柳惲既善琴嘗以今聲轉棄古法乃著清調論具有條流惲初宋世有嵇元榮羊蓋並善彈琴云傳戴安道之法惲幼從之學特窮其妙竟陵王聞而引之以爲法曹行參軍雅被賞狎王嘗置酒後園有晉謝安鳴琴在側援以授惲惲彈爲雅弄子良曰卿巧越嵇心妙臻羊體良質美手信在今辰豈止當世稱奇足可追蹤古烈累遷太子洗馬惲父世隆善彈琴世稱柳公雙璅爲士流第一惲每奏其父曲常感思復變體備寫古曲嘗賦詩未就以筆插琴坐客過以筯扣之惲驚其哀韻乃製爲雅音後傳擊琴始自於此

卞華字昭丘孤貧好學江左以來鍾律絶學至華乃通焉位至尚書儀曹郎吴令

後魏陳仲儒神龜初自南歸國頗閑樂事請依前漢京房立準以調八音有司問仲儒言前被符問京房準定六十律之後雖有器存曉之者尠焉後漢熹平末張光等猶不能定絃之急緩

聲之清濁，仲儒受何師出何典籍而云能曉？荅曰：仲儒在江左之日頗好易文學者司馬彪所撰續漢書見京房準術成數昭然而張光等不能定仲儒不量庸昧竊有意焉遂竭愚思鑽研甚久雖未能測其微妙至於聲韻頗有所得度量衡暦出自黃鍾雖造管察氣經史備有但氣有盈虛黍有巨細差之毫氂失之千里自非管應時候聲驗吉凶則是非之源諒亦難定此則非仲儒淺識所敢聞之至於准者本以代律取其分數調校樂器則宮商易辯若尺寸小長則六十宮商相與微濁若分數加短則六十徵羽類皆小清語其大本居然微異至於清濁相宣諧會歌管皆得應合雖積黍驗氣取聲之本清濁諧會亦須有方若閑准意則辯五聲清濁之韻若善琴術則知五調調音之體參此二途以均樂器則自然應和不相奪倫如不練此必有乖謬按後漢順帝陽嘉二年冬十月行禮辟雍奏應鍾始復黃鍾作樂器隨月律是為十二之律必須次第為宮而商角徵羽



以類從之尋調聲之體宮商宜濁徵羽用清若依公孫崇止以十二律聲而云還相為宮清濁悉足非唯未練五調調器之法至於五聲次第自是不足何者黃鍾為聲氣之元其管最長故以黃鍾為宮太蔟為商林鍾為徵則一往相順若均之八音猶須錯採眾聲配成其美若以應鍾為宮大呂為商蕤賓為徵則徵濁而宮清雖有其韻不成音曲若以夷則為宮則十二律中唯得取中呂為徵其商角羽並無其韻若以中呂為宮則十二律內全無所取何者中呂為十二之窮變律之首依京房書中呂為宮乃以去滅為商執始為徵然後成韻而崇乃以中呂為宮猶用林鍾為商黃鍾為徵何由可諧仲儒以為調和樂器文飾五聲非准不妙若如嚴嵩父子心賞清濁是則為難若依案見尺作准調絃緩急清濁可以意推爾但音聲精微史傳簡略舊誌唯云准形如瑟十三絃隱間九尺以應黃鍾九寸調中一絃令與黃鍾相得按盡以求其聲遂不辯准須柱以成

高下絃有粗細餘十一絃復應若為致今擿者迭前拱手又[illegible]房准九尺之內若一十七萬七千一百四十七分一尺之內為萬九千六百八十三分又復十之是為於准一寸之內亦有萬九千六百八十三分然則於准一分之內乘為二千分又為小分以辯强弱中間至促雖離朱之明猶不能窮而分之雖然仲儒私曾考驗但前却中柱使入准常尺分之內則相生之韻已自應合然分數既微器宜精妙其准面平直須如停水其中絃一柱高下須與二頭臨岳一等移柱上下之時不使離絃不得舉絃又中絃麤細須與琴宮相類中絃須施軫如琴以軫調聲令與黃鍾一管相合中絃下依數盡出六十律清濁之節其餘十二絃須施柱如箏又凡絃皆須素張使臨時不動即於中絃按盡一周之聲度著十二絃上然後依相生之法以次運行取十二律之商徵商徵既定又依琴五調調聲之法以均樂器其琴調以宮為主清調以商為主平調以角為主五調各以一聲



為主然後錯採眾聲以文飾之方如錦繡自上代來消息調准之方並史文所略出仲儒愚思若事有乖此則音不和平仲儒尋准之分數精微如彼定絃緩急艱難若此而張光等親掌尚不知藏中有准既未識其器又安能施絃也且燧人不師資而習火延壽不束脩以變律故云知之者欲教其無從心達者體知而無師苟有毫釐所得皆關心抱豈必要經師授然後為奇哉但仲儒自省庸淺才非一足正可粗識音韻纔言其理致爾時尚書蕭寶寅又奏金石律呂制度調均自古以來鮮或通曉仲儒雖粗述書文頗有所說而學不師授云出己心又云舊器不任必須更造然後克諧上違用舊之旨輕欲制造臣竊思量不合依許詔曰禮樂之事蓋非常人所明可如所奏

源懷為車騎大將軍雅知音律雖在白首至安居之暇常自操絲竹

高允好音樂每至伶人絃歌鼓舞常擊節稱善位至中書令

柳識善鼓琴以新聲三弄京師士子翕然從學柰者作佐郎
裴諝之字幼重好琴書其幼弟柳諧善鼓琴諝之師諧而微不
及也官至平東將軍汝陽太守
趙泳字賓育好音律以善歌聞於世位至秦州刺史
北齊李搖李德沇少聰敏善音律曾采諸聲別造一器號曰八
絃時人稱其思理位至尚書儀曹郎
鄭述祖能鼓琴自造龍吟十弄去嘗夢人彈琴寤而寫得當時
以爲絕妙位至兗州刺史
介朱文略聰明儁爽多所通習文襄嘗令陰永興於馬上彈胡
琵琶奏十餘曲試使文略寫之遂得其八文襄戲之曰聰明人多
不老壽梁郡以父榮勳封梁郡王其慎之文略對曰命之脩短皆在明
公帝愴然曰此不足慮也
李神威幼有風裁好音樂撰集樂書近於百卷位至尚書左丞
後周斛斯徵爲太常卿解音律樂有錞于者近代絕無此器或
有自蜀得之皆莫之識徵見之曰此錞于也衆弗之信徵遂依
干寶周禮注以芒筒捋之其聲極振衆乃歎服徵乃取以合
樂焉
長孫紹遠爲太常廣召工人創造樂器土木絲竹各得其宜唯
黃鍾不調紹遠每以爲意嘗因退朝經韓使君佛寺前過浮圖
三層之上有鳴鐸焉忽聞其音雅合宮調取而配奏方始克諧
紹遠乃啓明帝行之
隋蘇夔與鄭譯何妥議樂得罪議寢不行著樂志十五篇以見
其志數載拜太子舍人以罪免居數年仁壽十年詔天下舉達
樂源者
晉王時爲雍州牧舉夔與諸州所舉五十餘人謁見帝望夔謂
侍臣曰唯此一人稱吾舉位至光祿大夫
長孫覽尤善鍾律位至涇州刺史
萬寶常父大通從梁將王琳歸于齊後復謀還江南事泄伏誅



由是寶常被配爲樂戶因而妙達鍾律遍工八音造玉磬以獻
於齊又嘗與人方食論及聲調時無樂器寶常因取前食器及
雜物以箸扣之品其高下宮商畢諧於絲竹大爲時人所賞然
歷周洎隋俱不得調開皇初沛國公鄭譯等定樂初爲黃鍾調
寶常雖爲伶人譯等每召與議然言多不用後譯樂成奏之帝
召寶常問其可不寶常曰此亡國之音豈陛下之所宜聞帝不
悅寶常因極言樂聲哀怨淫放非雅正之音請以水尺爲律以調
樂器帝從之寶常奉詔遂造諸樂器其聲率下鄭譯調二律并撰
樂譜六十四卷具論八音旋相爲宮之法改移柱之制爲八十
四卷調一百四十四律變化終於一千八聲時人以周禮有旋
宮之義自漢魏已來知音者皆不能通見寶常特創其事皆哂
之至是試令爲之應手成曲無所疑滯見者莫不嗟異於是損
益樂器不可勝紀其聲音雅淡不爲時人所知太常善聲者多
排毀之寶常聽太常所奏樂泫然而泣人問其故寶常曰樂
聲淫厲而哀天下不久相殺盡時四海全盛聞其言者皆謂爲
不然大業之末其言卒驗後無人贍遺竟餓而死將死也取其
所著書焚之曰何用此爲見者於火中探得數卷見行於世時
論哀之寶常死開皇之世鄭譯何妥盧賁蘇夔蕭吉並討論墳
籍撰著樂書皆爲當時所用至於天然識樂不及寶常遠矣安
馬駒曹妙達王長通郭金樂等能造曲爲一時之妙多習鄭聲
而寶常所爲皆歸於雅此輩雖公議不附寶常然皆心服謂以
爲神
曹妙達安馬駒皆北齊人也開皇中以藝遊王公之家新聲變
曲傾動當世天子不能禁也帝令妙達理郊廟樂成寫傾杯行
天之聲鄭譯知鍾律位上柱國
王令言樂人也妙達音律大業末煬帝將幸江都令言之子當
從於戶外彈胡琵琶作翻調安公子曲令言時臥室中聞之大
驚蹶然而起曰變變急呼其子曰此曲興自早晚其子對曰頃

來有之今言遂歔欷流涕謂其子曰必慎無從行希必不反乎問其故令言曰此曲宮聲往而不反宮者君也吾所以知之

唐張文收善音律嘗覽蕭吉樂譜以爲未甚詳悉乃取歷代沿革截竹爲十二律吹之備盡旋宮之義太宗召文收於太常令與少卿祖孝孫參定雅樂太樂有古鍾十二近代用其七餘有五鍾俗號啞鍾莫能通者文收吹律調之聲皆響徹時人咸服其妙尋授協律郎總章中潤州得玉磬十二以獻文收扣其一曰是晉某歲閏月造者得月數當十三今闕其一於黄鍾東九尺掘得焉下州求之如言而得也

趙師字耶利天水人也善琴貞觀初獨步上京嘗云吳聲清婉若長江廣流綿綿徐逝有國士之風蜀聲躁急若激浪奔雷亦一時之

李嗣真爲始平令皇太子數使樂工於東宮新作寶慶之曲成而上者奏於太常觀闕嗣真謂道士劉槩輔儼曰此樂宮商不和君臣相阻之徵也角徵失次父子不協之兆也殺聲既多哀調又苦國家無事則太子受其咎也居數月而賢廢槩儼奏其事擢嗣真爲太常丞使知五禮儀注嗣真私謂人曰禍猶未已上風緩日侵不親庶務事無巨細決於中宮持權與人收之不易宗室雖衆皆在散位居中制外其勢不敵吾恐諸王藩翰皆爲中宮所蹂踐矣且自隋已來樂府堂堂之曲再言堂者是唐氏再受命也若中宮僭擅復歸子孫則爲再受命矣近日閭巷又有側堂堂撓堂堂之謠側者不正之辭撓者不安之稱吾見患難之作不復久矣唐承周隋離亂之後樂懸散失獨無徵音國姓所闕知者不敢鬭達其事天后末嗣真爲御史大夫常窃求之不得一旦秋爽聞砧聲有應者在今弩營是當時英公宅又數年無由得之其後敬業舉兵敗天后豬其宮嗣真乃求得喪車一鐸入而振之於東南隅果有應者遂掘之得石一段裁爲四具補樂懸之散闕今之宗廟郊天挂簨簴者乃嗣真所得也



裴知古爲太樂令神龍元年正月則天享太廟知古謂萬年令元行沖曰金石諧和當有吉慶之事其在唐室子孫乎其月中宗即位知古路逢乘馬者聞其聲竊云此人當墜馬好事者隨觀之行未半里馬驚墮殆死常觀人迎婦聞珮玉聲曰此婦人不利姑是日姑有疾其知音皆類此也

衞道弼近代言樂爲最天下莫能以聲欺者曹紹夔次之弼夔皆爲太樂令享北郊監享御史有怒於夔欲以樂不和爲之罪雜叩鍾磬使夔闇名之無誤由是反歎伏又洛陽有僧房中磬日夜自鳴僧以爲怪懼而成疾求術士百方禁之終不能已紹夔素與僧善來問疾僧具以告俄擊齋鍾磬復作聲紹夔笑曰明日可設盛饌當相爲除之僧雖不信紹夔言冀其或效乃具饌以待紹夔食訖出懷中錯鑢磬數處而去遂絶僧苦問其所以紹夔云此磬與鍾律合故擊彼此應僧大喜其疾亦愈

姚闍梁國公崇之姪孫妙於絲竹位至城父令

王維博學多藝人有得奏樂圖不知其名維視之曰霓裳第三疊第一拍也好事者集樂工按之一無差咸服其精思官至尚書右丞

宋沇善音律太常久亡徵調沇考鍾律得之

李勉罷相爲太子太師善鼓琴好屬詩妙知音律能自製琴又巧思

衞次公爲渭南尉次公善鼓琴京兆尹李齊運使其子交歡意次公誨之琴次公不許由是終身未嘗操絃位至淮南節度使

杜式方爲太常寺主簿明練鍾律有所考定深爲卿高郢所賞

韓皐生知音律嘗觀彈琴至止息歎曰妙哉嵇生之爲是曲也其當晉魏之際乎其音主商商爲秋聲秋也者天將搖落肅殺其歲之晏乎又晉乘金運商金聲此所以知魏之季而晉將代

也優其商姓與宮同音是臣奪君之義也所以知司馬氏之并纂也司馬懿受魏明帝顧託後嗣反有篡奪之心自誅曹爽逆節彌露王凌都督揚州謀立荆王彪毋丘儉文欽諸葛誕前後相繼爲揚州都督咸有興復魏室之謀皆爲懿父子所殺叔夜以揚州故廣陵之地彼四人者皆魏室文武大臣咸敗於廣陵散言魏氏散亡自廣陵始也止息者晉雖暴興終止息此也其哀憤躁蹙憯痛迫切之音盡在於是矣永嘉之亂其應乎叔夜撰此將貽後代之知者且避晉魏之禍所以託之神鬼也臯之於音亦可謂至矣位至左僕射東都留守

崔令欽爲太常丞文宗欲造雲韶樂曲召令欽對令欽指陳根本兼言聲音之道帝歎異久之遷太僕卿令欽善吹律盡出其營使知籥焉以吹之諧於金石絲竹之音自近代通於聲律者無與令欽爲比

[illegible]以吹笛進文宗爲新聲雅樂朝露能承意變[illegible]帝改爲教坊副使

李可及咸通中伶官善音律尤能轉喉爲新聲音辭曲折聽者忘倦京師屠沽少年效之謂之拍彈時同昌公主除喪懿宗與郭淑妃悼念不已可及爲作歎百年舞曲舞人皆盛飾珠翠仍畫魚龍地衣以列之曲終樂闋珠翠覆地詞語悽惻聞者流涕又常於安國寺作菩薩蠻舞帝益憐之

周王仁裕初生晉爲司封郎中仁裕爲文之外亦曉音律天福五年八月戊申宴羣臣於永福殿樂奏黄鍾仁裕曰音不純肅聲不和展其將有爭者乎或問之奚知其然對曰大樂有天地辰宿有軌數形色有陰陽逆順有離合隱見天數五地數六六五相合十一月而生黄鍾黄鍾者同律之主五音之元宮也子寅卯巳未酉戌謂之羽子寅辰午未酉亥謂之宫子丑卯巳未申戌謂之角子卯辰巳未酉戌謂之商四者靡離或章或晦而且爲鄭衛之音此之謂也雖然有所勿微中有所[illegible]大推曆生律以律合呂九六之偶旋相爲宮三正生天地之美七宗固陰陽之序者於其通人神宜歲功生成軌儀六德紀而長人之聲也情應異矣在乎審治亂察盛衰原性情達比兆則殊途而同歸也三正者一爲天二爲地三爲人七宗者黄鍾爲宮太蔟爲商姑洗爲角林鍾爲徵南呂爲羽應鍾爲變宮蕤賓爲變徵角爲木商爲金宮爲土變徵爲日變宮爲月徵爲火羽爲水龍角亢氐天豕井候主乎角平九河鼓妻裊軒轅君主乎兩天根須女包瓠烏喙主乎宮天馬陰虛雄頭天都主乎變徵大火五封天禽魚穆主乎變宮龍星五室四兵天倡主干戟天津東壁參代轂車主乎羽角之數六十有四商之數七十有二宮之數八十有一變徵之數五十有六變宮之數四十有二徵之數五十有四羽之數四十有八極商之數九十陽之數一百二十有八陰之數一百一十有二五音之數毋矣神無形而有化寓乎聲數之間故聖人以音合之以筭齊以定主爲以求象觸於耳而感於心由是而知之夫何疑哉

王朴爲樞密使多所該綜至於星緯聲律莫不畢殫其妙所撰大周欽天曆及律準並行於世

冊府元龜卷八百五十七

# 冊府元龜卷第八百五十八

總録部一百八

## 醫術

周官有醫師之職掌醫之政令聚毒以供其事稽勞而制其食蓋以十全者爲上矣傳曰醫不三世不服其藥又曰三折肱知爲良醫誠以其継志隷業傳習精練除疾蠲痾功效顯著之謂也自俞扁和緩擅名於前代漢魏而下高手継出其擬術之妙亦幾於神簡策所紀爛然可覩若乃審四府之候究六藏之本調五味五穀五藥之品視五氣五聲五色之狀兩之以九竅之變參之以九藏之動則人之死生繫焉在執藝之工亦云能矣

醫緩秦人也晉景公疾病求醫于秦秦伯使醫緩爲之緩醫名也未至公夢病爲二豎子曰彼良醫也懼傷我焉逃之其一曰居肓之上膏之下若我何肓鬲也心下爲膏醫至曰疾不可爲也在肓之上膏之下攻之不可達之不及藥不至焉不可爲也達針公曰良醫也厚爲之禮而歸之

醫和秦人也晉平公有疾求醫於秦秦伯使醫和視之曰疾不可爲也是謂近女室疾如蠱蠱惑疾非鬼非食惑以喪志惑女色失志良臣將死天命不祐良臣不規救君過故將死而不爲天所祐公曰女不可近乎對曰節之先王之樂所以節百事也故五節五聲之節遲速本末以相及中聲以降五降之後不容彈矣此謂先王之樂得中聲聲成五降而息也降罷是有煩手淫聲慆堙心耳乃忘平和君子弗聽也五降之後不息則雜聲並奏所謂鄭衛之聲物亦如之言百事皆如樂不可失節至於煩乃舍也已無以生疾煩則舍之不舍則生疾君子之近琴瑟以儀節也非以慆心也爲心之不過節而勿慢度之天有六氣謂陰陽風雨晦明也降生五味謂金味辛木味酸水味鹹火味苦土味甘皆由陰陽風雨而生發爲五色辛色白酸色青鹹色黑苦色赤甘色黃發見也徵爲五聲白聲商青聲角黑聲羽赤聲徵黃聲宮淫生六疾淫過也滋味聲色所以養人然過則生害六氣曰陰陽風雨晦明也分爲四時序爲五節六氣之化分而序之則成四時得五行之節過則爲菑陰淫寒疾寒過則爲冷陽淫熱疾熱過則爲渴風淫末疾末四支也風爲緩急雨淫腹疾雨濕之氣爲泄注晦淫惑疾晦夜也爲宴寢過節則心惑亂明淫心疾明晝也思慮煩多心勞生疾女陽物而晦時淫則生內熱惑蠱之疾女常隨男故言陽物家道常在夜故言晦時今君不節不時能無及此乎出告趙孟趙孟曰誰當良臣對曰主是謂矣主相晉國於今八年晉國無亂諸侯無闕可謂良矣和聞之國之大臣榮其寵祿任其大節有菑禍興而無改焉改行必受其咎今君至於淫以生疾將不能圖恤社稷禍孰大焉主不能禦吾是以云也言趙孟不能救正趙孟曰何謂蠱對曰淫溺惑亂之所生也淫溺惑亂則善於蠱於文皿蟲爲蠱文字也皿器也器受蟲害者爲蠱穀之飛亦爲蠱穀久積則變爲飛蟲名曰蠱在周易女惑男風落山謂之蠱巽下艮上蠱巽爲長女爲風艮爲少男爲山少男而說長女非匹故惑山木得風而落皆同物也物猶類也趙孟曰良醫也厚其禮而歸之

文摯宋醫也齊王疾痏齊王湣王也痏疽瘡也使人之宋迎文摯文摯至視王之疾謂太子曰王之疾必可已也已愈也雖然王之疾不可治怒王則摯必死怒讀當作怒之怒也太子頓首強請曰苟已王之疾臣與臣之母以死爭之於王王必幸臣與臣之母幸哀願先生之勿患也文摯曰諾請以死爲王爲治也與太子期而將往不當者三三期不往也齊王固已怒矣文摯至不解屨登牀履王衣問王之疾王怒而不與言故不解屨以怒王王怒甚不與文摯言也文摯因出辭以重怒王王叱起疾乃遂已遂已愈也王大怒不說將生烹文摯太子與王后急爭之而不能得果以鼎生烹文摯爨之三日三夜顏色不變變異也文摯曰誠欲殺我則胡不覆之以絶陰陽之氣王使覆之文摯乃死

趙扁鵲勃海郡鄚人鄚當爲鄚今莫州鄚縣姓秦氏名越人少時爲人舍長舍客長桑君過扁鵲獨奇之常謹遇之長桑君亦知扁鵲非常人也出入十餘年乃呼扁鵲私坐間與語曰我有禁方年老欲傳與公公毋泄扁鵲曰敬諾乃出其懷中藥予扁鵲飲是以上池之水上池水謂水未至地蓋承取露及竹木上水取之以和藥服之三十日當見鬼物三十日當知物矣乃悉取其禁方書盡與扁鵲忽然不見殆非人也扁鵲以其言飲藥三十日視見垣一方人以此視病盡見五藏癥結

結特以診脈爲名爾爲醫或在齊或在趙在趙者名扁鵲當晉昭公時趙簡子爲大夫專國事簡子疾五日不知人大夫皆懼於是召扁鵲扁鵲入視病出董安于問扁鵲扁鵲曰血脈治也而何怪昔秦穆公嘗如此七日而寤寤之日告公孫支與子輿曰我之帝所甚樂吾所以久者適有所學也帝告我晉國且大亂五世不安其後將霸未老而死霸者之子且令而國男女無別〔[illegible]〕公孫支書而藏之秦策於是出矣獻公之亂文公之霸而襄公敗秦師於殽而歸縱淫此子之所聞今主君之病與之同不出三日必間間必有言也居二日半簡子寤語諸大夫曰我之帝所甚樂與百神游於鈞天廣樂九奏萬舞不類三代之樂其聲動心有一熊欲援我帝命我射之中熊熊死又有羆來我又射之中羆羆死帝甚喜賜我二笥皆有副吾見兒在帝側帝屬我一翟犬曰及而子之壯也以賜之帝告我晉國且世衰七世而亡嬴姓將大敗周人於范魁之西而亦不能有也董安于受言書而藏之以扁鵲言告簡子簡子賜扁鵲田四萬畝其後扁鵲過虢虢太子死扁鵲至虢宮門下問中庶子喜方者曰太子何病國中治穰過於衆事中庶子曰太子病血氣不時交錯而不得泄暴發於外則爲中害精神不能止邪氣邪氣畜積而不得泄是以陽緩而陰急故暴蹷而死扁鵲曰其死何如時曰雞鳴至今曰收乎曰未也〔收斂〕其死未能半日也言臣齊勃海秦越人也家在於鄭未嘗得望精光侍謁於前也聞太子不幸而死臣能生之中庶子曰先生得無誕之乎何以言太子可生也臣聞上古之時醫有俞跗治病不以湯液醴灑鑱石撟引按杌毒熨一撥見病之應因五藏之輸乃割皮解肌訣脈結筋搦髓腦揲荒爪幕湔浣腸胃漱滌五藏練精易形先生之方能若是則太子可生也不能若是而欲生之曾不可以告咳嬰之兒終日扁鵲仰天歎曰夫子之爲方也若以管窺天以郄視文越人之爲方也不待切脈望色聽聲寫形言病之所在聞病之陽論



得其陰聞病之陰論得其陽病應見於大表不出千里決者至衆不可曲止也子以吾言爲不誠試入診太子當聞其耳鳴而鼻張循其兩股以至於陰當尚溫也中庶子聞扁鵲言目眩然而不瞚舌撟然而不下乃以扁鵲言入報虢君虢君聞之大驚出見扁鵲於中闕曰竊聞高義之日久矣然未嘗得拜謁於前也先生過小國幸而舉之偏國寡臣幸甚有先生則活無先生則棄捐填溝壑長終而不得反言未卒因噓唏服臆魂精泄橫流涕長潸〔潸流涕言未卒因涕流交啼不能自止也〕忽忽承睫悲不能自止容貌變更扁鵲曰若太子病所謂尸蹷者也夫以陽入陰中動胃繵緣中經維絡〔維一作絡〕別下於三焦膀胱是以陽脈下遂〔[illegible]〕一作陰脈上爭會氣閉而不通陰陽內行下內鼓而不起上外絕而不爲使上有絕陽之絡下有破陰之紐破陰絕陽之色已廢〔一作發〕脈亂故形靜如死狀太子未死也夫以陽入陰支蘭藏者生以陰入陽支蘭藏者死凡此數事皆五藏蹷中之時暴作也良工取之拙者疑殆扁鵲乃使弟子子陽厲鍼砥石以取外三陽五會有閒太子蘇乃使子豹爲五分之熨以八減之齊和煮之以更熨兩脅下太子起坐更適陰陽但服湯二旬而復故故天下盡以扁鵲爲能生死人扁鵲曰越人非能使之起爾〔[illegible]自晉[illegible]公[illegible]至是二十餘年矣蓋[illegible]誤也〕扁鵲過齊齊桓侯客之入朝見曰君有疾在腠理不治將深桓侯曰寡人無疾扁鵲出桓侯謂左右曰醫之好利也欲以不疾者爲功後五日扁鵲復見曰君有疾在血脈不治恐深桓侯曰寡人無疾扁鵲出桓侯不悅後五日扁鵲復見曰君有疾在腸胃閒不治將深桓侯不應扁鵲出桓侯不悅後五日扁鵲復見望見桓侯而退走桓侯使人問其故扁鵲曰疾之居腠理也湯熨之所及也在血脈鍼石之所及也其在腸胃酒醪之所及也其在骨髓雖司命無奈之何今在骨髓臣是以無請也後五日桓侯體病使人召扁鵲扁鵲已逃去桓侯遂死〔是時齊無桓侯[illegible]和[illegible]午[illegible]也〕之扁鵲名聞天下過邯鄲聞貴婦人即爲帶下醫

過雒陽聞周人愛老人即爲耳目痺醫來入咸陽聞秦人愛小
兒即爲小兒醫隨俗爲變秦太醫令李醯自知伎不如扁鵲也
使人刺殺之至今天下言脉者由扁鵲也
漢太倉公者爲齊國太倉長性淳于氏名意少而喜醫方術高
后八年更受師同郡元里公乘陽慶慶年七十餘無子使意盡
去其故方更悉以禁方予之傳黄帝扁鵲之脉書五色診病知
人死生決嫌疑定可治及藥論甚精受之三年爲人治病決死
生多驗然左右行游諸侯不以家爲家或不爲人治病病家多
怨之者文帝詔召問所爲治病死生驗者幾何人主名爲誰詔
對曰自意少時喜醫藥醫藥方試之多不驗者至高后八年得
六二十得見師臨菑元里公乘陽慶慶年七十餘意得見事之謂
意曰盡去而方書非是也慶有古先道遺傳黄帝扁鵲之脉書
五色診病知人生死決嫌疑定可治及藥論書甚精我家給富
心愛公欲盡以我禁方書悉教公臣意即曰幸甚非意之所敢



望也臣意即避席再拜謁受其脉書上下經五色診奇咳術揆
度陰陽外變藥論石神接陰陽禁書受讀解驗之可一年所明
歲即驗之有驗然尚未精也要事之三年所即嘗已爲人治診
病決死生有驗精良今慶已死十年所臣意年盡三年年三十
九歲也齊侍御史成自言病頭痛臣意診其脉告曰君病惡不
可言也即出獨告成弟昌曰此病疽也内發於腸胃之間後五
日當癰腫後八日嘔膿死成之病得之飲酒且内成即如期死
所以知成之病者臣意切其脉得肝氣肝氣濁一作晶而静一作肅
此内關之病也脉法曰脉長而弦不得代四時者其病主在於
肝和即經主病也代則絡脉有過經主病和者其病得之筋髓
裏其代絶而脉貫者病得之酒且内所以知其後五日而癰腫
八日嘔膿死者切其脉時少陽初代代者經病病去過人人則
去絡脉主病當其時少陽初關一分故中熱而膿未發也及五
分則至少陽之界一作分下章曰肝與心相去五分故曰五日盡也及八日則嘔膿死

故上二分而膿發至界而癰腫盡泄而死熱上則熏陽明爛流
絡流絡動則脉結發脉結發則爛解故絡交熱氣已上行至頭
而動故頭痛齊王中子諸嬰兒小子病召臣意診切其脉告曰
氣鬲病病使人煩懣食不下時嘔沫病得之少憂數忔食飲臣
意即爲之作下氣湯以飲之一日氣下二日能食三日即病愈
所以知小子之病者診其脉心氣也濁一作躅又作躁躁而經也此絡
陽病也脉法曰脉來數病去難而不一者病主在心周身熱脉
盛者爲重陽重陽者逷心主逷音湯謂病盪心者猶躁其心故煩懣食不下則
絡脉有過絡脉有過則血上出血上出者死此悲心所生也病
得之憂也齊郎中令循病衆醫皆以爲蹷入中而刺之臣意診
之曰湧疝也令人不得前後溲循曰不得前後溲三日矣臣意
飲以火齊湯一飲得前溲再飲大溲三飲而病愈病得之内所
以知循病者切其脉時右口氣急一作右脉無五藏氣右口脉大
而數者中下熱而湧左爲下右爲上皆無五藏應故曰湧疝中



熱故溺赤也齊中御府長信病臣意入診其脉告曰熱病氣也
然暑汗脉少衰不死曰此病得之當浴流水而寒甚已則熱信
曰唯然往冬時爲王使於楚至莒縣陽周水而莒橋梁頗壞信
則擥車轅未欲渡也馬驚即墮信身入水中幾死吏即來救信
出之水中衣盡濡有間而身寒已熱如火至今不可以見寒臣
意即爲之液湯火齊逐熱一飲汗盡再飲熱去三飲病已即使
服藥出入二十日身無病者所以知信之病者切其脉時并陰
脉法曰熱病陰陽交者死切之不交并陰并陰者脉順清而愈
其熱雖未盡猶活也腎氣有時間濁一作濁在太陰脉口而希是
水氣也腎固主水故以此知之失治一時即轉爲寒熱齊王太
后病召臣意入診脉曰風癉客脬難於大小溲溺赤臣意飲以
火齊湯一飲即前後溲再飲病已溺如故病得之流汗出滫滫
者去衣而汗晞也所以知齊王太后病者臣意診其脉切其太
陰之口濕然風氣也脉法曰沈之而大堅浮之而大緊者病主

有腎切之而相反也脈大而躁躁大者膀胱氣也躁者中有
熱而溺赤齊章武里曹山跗病臣意診其脈曰肺消癉也加以
寒熱即告其人曰死不治適其共養此不當醫治法曰後三日
而當狂妄起行欲走後五日死即如期死山跗病得之盛怒而
以接內所以知山跗之病者臣意切其脈肺氣熱也脈法曰不
平不鼓形弊弊一作斃此五藏高之遠數以經病也故切之時不平
而代不平者血不居其處代者時參擊並至乍躁乍大也此兩
絡脈絕故死不治所以加寒熱者言其人尸奪尸奪者形弊形
弊者不當關灸鑱石及飲毒藥也臣意未往診時齊太醫先診
山跗病灸其足少陽脈口而飲之半夏丸病者即泄注腹中虛
又灸其少陰脈是壞肝剛絕深如是重損病者氣以故加寒熱
所以後三日而當狂者肝一絡連屬結絕乳下陽明故絡絕開
陽明脈傷即當狂走後五日死者肝與心相去五分故曰五日
盡盡即死矣齊中尉潘滿如病少腹痛臣意診其脈曰遺積瘕



也臣意即謂齊太僕臣饒內史臣繇曰中尉不復自止於內則
三十日死後二十餘日溲血死病得之酒且內所以知潘滿如
病者臣意切其脈深小弱其卒然合一云來然合合也是脾氣也右
脈口氣至緊小見瘕氣也以次相乘故三十日死三陰俱搏者
如法不俱搏者決在急期一搏一代者近也故其三陰搏溲血
如前止一作猶筋也一作陽虛侯相趙章病召臣意衆醫皆以爲寒中臣
意診其脈曰迵風言迵徹入四支迵風者飲食下嗌謂喉下而輒出不留
法曰五日死而後十日乃死病得之酒所以知趙章之病者臣
意切其脈脈來滑是內風氣也飲食下嗌而輒出不留者法五
日死皆爲前分界法後十日乃死所以過期者其人嗜粥故中藏實
中藏實故過期師言曰安穀者過期不安穀者不及期濟北王病
召臣意診其脈曰風蹶胸滿即爲藥酒盡三石病已得之汗出
伏地所以知濟北王病者臣意切其脈時風氣也心脈濁一作
病法過入其陽陽氣盡而陰氣入陰氣入張則寒氣上而熱氣下故胸

滿汗出伏地者切其脈氣陰陰氣者病必入中出及瀺水也齊
北宮司空命婦出於病一作出於衆醫皆以爲風入中病主在
肺一作肝刺其足少陽脈臣意診其脈曰病氣疝客於膀胱難於
前後溲而溺赤病見寒氣則遺溺使人腹腫出於病得之欲溺
不得因以接內所以知出於病者切其脈大而實其來難是蹶
陰之動也脈來難者疝氣之客於膀胱也腹之所以腫者言蹶
陰之絡結小腹也蹶陰有過則脈結動動則腹腫臣意即灸其
足蹶陰之脈左右各一所即不遺溺而溲清小腹痛止即更爲
火齊湯以飲之三日而疝氣散即愈故濟北王阿母自言
言足熱而懣臣意告曰熱蹶也則刺其足心各三所案之無出
血病旋已病得之飲酒大醉濟北王召臣意診脈諸女子侍者
至女子豎豎無病臣意告永巷長曰豎傷脾不可勞法當春嘔
血死臣意言王曰才人女子豎何能王曰是好爲方多伎能爲
所是案法新往年市之民所四百七十萬曹偶四人



王曰得毋有病乎臣意對曰豎病重在死法中王
召視之其顏色不變以爲不然不賣諸侯所至春豎奉劍從王
之廁王去豎後王令人召之即仆於廁嘔血死病得之流汗流汗者
同法病內重毛髮而色澤脈不衰此亦關內之病也齊中大夫
病齲齒臣意灸其左太陽明脈即爲苦參湯日漱三升出入六
日病已得之風及臥開口食而不漱菑川王美人懷子而不乳
來召臣意臣意往飲以莨蓎藥一撮以酒飲之旋乳臣意復診
其脈而脈躁躁者有餘病即飲以消石一齊出血血如豆比五
六枚齊丞相舍人奴從朝入宮臣意見之食閨門外望其色有
病氣臣意即告宦者平平好爲脈學臣意所臣意即示之舍人
奴病告之曰此傷脾氣也當至春鬲塞不通不能食飲法至夏
泄血死宦者平即往告相曰君之舍人奴有病病重死期有日相
君曰卿何以知之曰君朝時入宮君之舍人奴盡食閨門外平
與倉公立即示平曰病如是者死相即召舍人奴而謂之曰公奴

有病不舍人曰奴無病身無痛者至春果病至四月泄血死所以知奴病者脾氣周乘五藏傷部而交故傷脾之色也望之殺然黃察之如死青之茲衆醫不知以爲大蟲不知傷脾所以至春死病者胃氣黃黃者土氣也土不勝木故至春死所以至夏死者脉法曰病重而脉順清者曰內關內關之病人不知其所痛心急然無苦若加以一病死中春一愈順及一時其所以四月死者診其人時愈順愈順者人尚肥也奴之病得之流汗數出灸於火而以出見大風也菑川王病召臣意診脉曰蹶上爲重頭痛身熱使人煩懣臣意即以寒水拊其頭刺足陽明脉左右各三所病旋已病得之沐髮未乾而臥診如前所以蹶頭熱至肩齊王黃姬兄黃長卿家有酒召客召臣意諸客坐未上食臣意望見王后弟宋建告曰君有病往四五日君要脅痛不可俛仰要與腰同又不得小溲不亟治病即入濡腎及其未舍五藏急治之病方今客腎濡此所謂腎痺也宋建曰然建故有要脊痛往四五



日天雨黃氏諸倩倩者女壻也東齊之閒壻謂之倩說可假倩也見建家京下方石京倉廩之屬也即弄之建亦欲效之效之不能起即復置之暮要脊痛不得溺至今不愈建病得之好持重所以知建病者臣意見其色太陽色乾腎部上及界要以下者枯四分所故以往四五日知其發也臣意即爲柔湯使服之十八日所而病愈濟北王侍者韓女病要背痛寒熱衆醫皆以爲寒熱也臣意診脉曰內寒月事不下也即竄以藥旋下病已病得之欲男子而不可得也所以知韓女之病者診其脉時切之腎脉也嗇而不屬嗇而不屬者其來難堅固曰月不下肝脉弦出左口故曰欲男子不可得也臨淄氾里女子薄吾病甚衆醫皆以爲寒熱篤當死不治臣意診其脉曰蟯瘕蟯瘕爲病腹大上膚黃麤循之戚戚然臣意飲以芫華一撮即出蟯可數升病已三十日如故病蟯得之於寒溼寒溼氣宛篤不發化爲虫臣意所以知薄吾病者切其脉循其尺其尺索刺麤而毛美奉髮奉一作秦是蟲氣也其色澤

澤者中藏無邪氣及重病齊淳于司馬病臣意切其脉告曰當病迵風迵風之狀飲食下嗌輒後之病得之飽食而疾走淳于司馬曰我之王家食馬肝食飽甚見酒來即走去驅疾至舍即泄數十出臣意告曰爲火齊米汁飲之七八日病已所以知之者診其脉時切之盡如法其病順故不死齊中郎破石病臣意診其脉告曰肺傷不治當後十日丁亥溲血死即後十一日溲血而死破石之病得之墮馬僵石上所以知破石之病者切其脉得肺陰氣其來散數道至而不一也色又乘之所以知其墮馬者切之得番陰脉入虛裏乘肺脉肺脉散固色變也乘之所以不中期死者師言曰病者安穀即過期不安穀則不及期其人嗜黍黍主肝故過期所以溲血者診脉法曰病喜養陰處者順死喜養陽處者逆死其人喜自靜不躁又久安坐伏几而寐故血下泄齊王侍醫遂病自練五石服之臣意往過之遂謂意曰不肖有病幸診遂也臣意即診之告曰公病中熱論曰中



熱不溲者不可服五石石之爲藥精悍公服之不得數溲亟勿服色將發臃遂曰扁鵲曰陰石以治陰病陽石以治陽病藥石者有陰陽水火之齊故中熱即爲陰石柔齊治之中寒即爲陽石剛齊治之臣意曰公所論遠矣扁鵲雖言若是然必審診起度量立規矩稱權衡合色脉表裏有余不足順逆之法參其人動靜與息相應乃可以論論曰陽疾處內陰形應外者不加悍藥及鑱石夫悍藥入中則邪氣辟矣而宛氣愈深診曰二陰應外一陽接內者不可以剛藥剛藥入則動陰陽病益衰陽病益著邪氣流行爲重困於俞忿發爲疽意告之後百餘日果爲疽發乳上入缺盆死此謂論之大體也必有經紀拙工有一不習文理陰陽失矣齊王故爲陽虛侯時病甚齊悼惠王子名將廬以文帝十六年爲王衆醫皆以爲蹷臣意診脉以爲痺根在右脅下大如覆杯令人喘逆氣不能食臣意即以火齊粥且飲六日氣下即令更服丸藥出入六日病已病得之內診之時不能識其經解大

識其病所在臣意嘗診安陽武都里成開方開方自言以爲不病臣意謂之病苦沓風三歲四支不能自用使人瘖（一作[illegible]）瘖即死今聞其四支不能用瘖而未死也病得之數飲酒以見大風氣所以知成開方病者診之其脈法奇咳言曰藏氣相反者死切之得腎反脈（[illegible]）法曰三歲死也安陵阪里公乘項處病臣意診脈曰牡疝牡疝在鬲下上連肺病得之內臣意謂之慎毋爲勞力事爲勞力事則必嘔血死處後蹴踘（一作[illegible]）要蹷寒汗出多即嘔血臣意復診之曰當旦日日夕死即死病得之內所以知項處病者切其脈得番陽番陽入虛裏處旦日死一番一絡者（絡一作結）牡疝也臣意曰他所診期決死生及所治已病衆多久頗忘之不能盡識不敢以對問臣意所診治病病名多同而診異或死或不死何也對曰病名多相類不可知故古聖人爲之脈法以起度量立規矩縣權衡按繩墨調陰陽別人之脈各名之與天地相應參合於人故乃別百病以異之有數者能異之無數者同之然



脈法不可勝驗診病人以度異之乃可別同名命病主在所居今臣意所診者皆有診籍所以別之者臣意所受師方適成師死以故表籍所診期決死生觀所失所得者合脈法以故至今知之問臣意曰所期病決死生或不應期何故對曰此皆飲食喜怒不節或不當飲藥或不當鍼灸以故不中期死也問臣意意方能知病死生論藥用所宜諸侯王大臣有嘗問意者不及文王病時（[illegible]）不求意診治何故對曰趙王膠西王濟南王吳王皆使人來召臣意臣意不敢往文王病時臣意家貧欲爲人治病誠恐吏以除拘臣意也（[illegible]）故移名數左右不脩家生出行游國中問善爲方數者事之久矣見事數師悉受其要事盡其方書意及解論之身居陽虛侯國因事侯侯入朝臣意從之長安以故得診安陵項處等病也問臣意知文王所以得病不起之狀臣意對曰不見文王病然竊聞文王病喘頭痛目不明臣意心論之以爲非病也以爲肥而蓄精身體不得搖

骨肉不相任故喘不當醫治脈法曰年二十脈氣當趨年三十當疾步年四十當安坐年五十當安臥年六十已上氣當大董文王年未滿二十方脈氣之趨也而徐之不應天道四時後聞醫灸之即篤此論病之過也臣意論之以爲神氣爭而邪氣入非年少所能服之也以故死所謂氣者當調飲食擇晏日車步廣志以適筋骨肉血脈以瀉氣故年二十是謂易貿（一作[illegible]）法不當砭灸砭灸至氣逐問臣意師慶安受之聞於齊諸侯不對曰不知慶所師受慶家富善爲醫不肯爲人治病當以此故不聞慶又告意曰慎毋令我子孫知若學我方也問臣意師慶何見於意而愛意欲悉教意方對曰臣意不聞師慶爲方善也意所以知慶者意少時好諸方事臣意試其方皆多驗精良臣意聞菑川唐里公孫光善爲古傳方臣意即往謁之得見事之受方化陰陽及傳語法（一作[illegible]）臣意悉受書之臣意欲盡受他精方公孫光曰吾方盡矣不爲愛公所吾身已衰無所復事之是吾



年少所受妙方也悉與公毋以教人臣意曰得見事侍公前悉得禁方幸甚意死不敢妄傳人居有閒公孫光閒處臣意深論方見言百世爲之精也師光喜曰公必爲國工吾有所善者皆疏同產處臨菑善爲方吾不若其方甚奇非世之所聞也吾年中時嘗欲受其方楊中倩不肯曰若非其人也胥與公往見之須（[illegible]）言當知公喜方也其人亦老矣其家給富時者未往會慶子男殷來獻馬因師光奏馬王所意以故得與殷善光又屬意於殷曰意好數公必謹遇之其人聖儒即爲書以意屬陽慶以故知慶臣意事慶謹以故愛意也問臣意曰吏民嘗有事學意方及畢盡得意方不何縣里人對曰臨菑人宋邑（一作[illegible]）學臣意教以五診歲餘濟北王遣太醫高期王禹（一作[illegible]）學臣意教以經脈高下及奇絡結當論俞所居及氣當上下出入邪逆順以宜鑱石定砭灸處歲餘菑川王時遣太倉馬長馮信正方臣意教以按法逆順論藥法定五味及和齊湯法高永侯家丞杜信

喜脈來學臣意教以上下經脈五診二歲餘臨菑召里唐安來學臣意教以五診上下經脈奇欬四時應陰陽重未成除爲齊王侍醫問臣意診病決死生能全無失乎臣意對曰意治病人必先切其脈乃治之敗逆者不可治其順者乃治之心不精脈所期死生視可治時時失之臣意不能全也

周仁其先任城人以醫見見於天子爲太子舍人積功遷至太中大夫

樓護字君卿齊人父世醫護少隨父爲醫長安出入貴戚家護誦醫經本草方術數十萬言長者咸愛重之後爲廣漢太守王莽前輝光卒

後漢涪翁不知何出常漁釣於涪水因號涪翁乞食人間見有疾者時下針石輒應時效乃著針經診脈法傳於世弟子程高尋求積年翁乃授之高亦隱跡不仕

郭玉少師事程高學方診六微之技陰陽不測之術和帝時爲太醫丞多有效應帝奇之仍試令嬖臣美手腕者與女子雜處帷中使玉各診一手問所疾苦玉曰左陽右陰脈有男女狀若異人臣疑其故帝歎息稱善玉仁愛不矜雖貧賤廝養必盡其心力而醫療貴人時或不愈帝乃令貴人羸服變處一針即差召玉詰問其狀對曰醫之爲言意也腠理至微隨氣用巧針石之間毫芒即乖神存於心手之際可得解而不可言也夫貴者處尊高以臨臣臣懷怖懾以承之其爲療也有四難焉自用意而不任臣一難也將身不謹二難也骨節不能使藥三難也好逸惡勞四難也針有分寸時有破漏重以恐懼之心加以裁慎之志臣意且猶不盡何有於病哉此所爲不愈也帝善其對

黄憲父爲牛醫

阮炳字叔文爲河南尹精意醫術撰藥方一部

魏東平王翕撰解寒食散方與皇甫謐所撰並行於世

華佗字元化沛國譙人一名旉古敷字與專相似寫書者多不能別尋佗字元化其名宜爲旉也游學徐土舉孝廉太尉黄琬辟皆不就曉養性之術時人以爲年且百歲而貌有壯容又精方藥其療疾合湯不過數種心解分劑不復稱量煮熟便飲語其節度舍去輒愈若當灸不過一兩處每處不過七八壯病亦應除若當針亦不過一兩處下針言當引某許若至語人病者言已到應便拔針病亦行差若病結積在內針藥所不能及當須刳割者便飲其麻沸散須臾便如醉死無所知因破取病若在腸中便斷腸湔洗縫腹膏摩四五日差不痛人亦不自寤一月之間即平服矣故甘陵相夫人有娠六月腹痛不安佗視脈曰胎已死矣使人手摸知所在在左則男在右則女人云在左於是爲湯下之果下男形即愈縣吏尹世苦四支煩口中乾不欲聞人聲小便不利佗曰試作熱食汗則愈不汗後三日死即作熱食而不汗出佗曰藏氣已絶於內當啼泣而絶果如佗言府吏兒尋李延共止俱頭痛身熱所苦正同佗曰尋當下之延當發汗或難其異佗曰尋外實延內實故治之宜殊即各與藥明旦並起鹽瀆嚴昕與數人共候佗適至佗謂昕曰君身中佳否昕曰自如常佗曰君有急病見於面莫多飲酒坐畢歸行數里昕卒頭眩墮車人扶將還載歸家中宿死故督郵頓子獻得病已差詣佗視脈曰尚虛未得復勿爲勞事御內即死臨死當吐舌數寸其妻聞其病除從百餘里來省之止宿交接中間三日發病一如佗言督郵徐毅得病佗往省之毅謂佗曰昨使醫曹吏劉租針胃管訖便苦咳嗽欲臥不安佗曰刺不得胃管誤中肝也食當日減五日不救遂如佗言東陽陳叔山小男二歲得疾下利常先啼日以羸困問佗佗曰其母懷軀陽氣內養乳中虛冷兒得母寒故令不得愈佗與四物女宛丸十日即除彭城夫人夜之廁蠆螫其手呻呼無賴佗令溫湯近熱漬手其中卒可得寐但旁人數爲易湯湯令煖之其旦即愈軍吏梅平得病除名還家家居廣陵未至二百里止親人舍有頃佗偶至主人許主人令佗視平佗謂平曰君早見我可不至此今疾已結促去可得與家相見五日卒應時歸

如佗所刻佗行道見一人病咽塞嗜食而不得下家人車載欲往就醫佗聞其呻吟駐車往視語之曰向來道邊有賣餅家蒜齏大酢從取三升飲之病自當去即如佗言立吐虵一枚縣車邊欲造佗佗尚未還小兒戲門前逆見自相謂曰似逢我公車邊病是也疾者前入坐見佗北壁縣此虵輩約以十數又有一郡守病佗以為其人盛怒則差乃多受其貨而不加治無何棄去留書罵之郡守果大怒令人追捉殺佗郡守子知之屬使勿逐守瞋恚既甚吐黑血數升而愈又有一士大夫不快佗云君病深當破腹取然君壽亦不過十年病不能殺君忍病十歲壽俱當盡不足故自刳裂士大夫不耐痛癢必欲除之佗遂下手所患尋差十年竟死廣陵太守陳登得病胷中煩懣面赤不食佗脉之曰府君胃中有蟲數升欲成內疽食腥物所為也即作湯二升先服一升斯須盡服之食頃吐出三升許蟲赤頭皆動半身是生魚膾也所苦便愈佗曰此病後三期當發遇良醫乃可濟救依期果發動時佗不在如言而死太祖聞而召佗佗常在左右太祖苦頭風每發心亂目眩佗鍼鬲隨手而差佗別傳曰有人病兩脚躄不能行轝詣佗佗望見云已飽鍼灸服藥矣不復須看脈便使解衣點背數十處相去或一寸或五寸縱邪不相當言灸此各十壯灸創愈即行後灸處夾脊一寸上下行端直均調如引繩也李將軍妻病甚呼佗視脉曰傷娠而胎不去將軍言聞實傷娠胎已去矣佗曰案脉胎未去也將軍以為不然佗舍去婦稍小差百餘日復動更呼佗佗曰此脉故事有胎前當生兩兒一兒先出血出甚多後兒不及生母不自覺旁人亦不寤不復迎遂不得生胎死血脉不復歸必燥著母脊故使多脊痛今當與湯并鍼一處此死胎必出湯鍼既加婦痛急如欲生者佗曰此死胎久枯不能自出宜使人探之果得一死男手足完具色黑長可尺所佗之絕技凡類此也然本作士人以醫見業意常自悔後太祖親理得病篤重使佗專視佗曰此近難濟常事攻治可延歲月佗久遠家思歸因曰當得家書方欲暫還耳到家辭以妻病數乞期不反太祖累



書呼又勑郡縣發遣佗恃能厭食事猶不上道太祖大怒使人往檢若妻信病賜小豆四十斛寬假限日若其虛詐便收送之於是傳付許獄考驗首服荀彧請曰佗術實工人命所縣宜含宥之太祖曰不憂天下當無此鼠輩邪遂考竟佗佗臨死出一卷書與獄吏曰此可以活人吏畏法不受佗亦不彊索火燒之佗死後太祖頭風未除太祖曰佗能愈此小人養吾病欲以自重然吾不殺此子亦終當不為我斷此根原耳及後愛子倉舒病困太祖歎曰吾悔殺華佗令此兒彊死也初軍吏李成苦欬嗽晝夜不寤時吐膿血以問佗佗言君病腸臃欬之所吐非從肺來也與君兩錢散當吐二升餘膿血訖快自養一月可小起好自將愛一年便健十八歲當一小發服此散亦行復差若不得此藥故當死復與兩錢散成得藥去五六歲親中人有病如成者謂成曰卿今彊健我欲死何忍無急去藥藏去丘呂反以待不祥先持貸我我差為卿從華佗更索成與之已故到譙適值佗見收怱怱不忍從求後十八歲成病竟發無藥可服以至於死人有在青龍中見山陽太守廣陵劉景宗言漢末景宗說中平日數見華佗其治病手脈之候其驗若神琅邪劉勲為河內太守有女年幾二十左脚膝裏上有瘡癢而不痛瘡愈數十日復發如此七八年迎佗使視佗曰是易治之當得稻糠黃色犬一頭好馬二疋以繩繫犬頸使走馬牽犬馬極輒易計馬走三十餘里犬不能行復令步人拖曳向五十里乃以藥飲女女即安臥不知人因取大刀斷犬腹近後脚之前以所斷之處向瘡口令去二三寸停之須臾有若蛇者從瘡中而出便以鐵椎橫貫蛇頭蛇在皮中動搖良久須臾不動乃牽出長三尺所純是蛇但有眼處而無童子又逆鱗耳以膏散著瘡中七日愈又有人苦頭眩頭不得舉目不得視積年佗使悉解衣倒懸令頭去地一二寸濡布拭身體令周匝候視諸脉盡出五色佗令弟子數人以鈹刀決脉五色血盡視赤血乃下以膏摩被覆汗出周

迎歙以辱壓大血散立愈又有婦人長病經年世謂寒熱注病者冬十一月中佗令坐石槽中平旦用寒水汲灌云當滿百始七八灌會戰欲死灌者懼欲止佗令滿數將至八十灌熱氣乃蒸出囂囂高二三尺滿百灌佗乃使然火溫牀厚覆良久汗洽出著粉汗燥便愈又有人病腹中半切痛十餘月中鬚眉墮落佗曰是脾半腐可刳腹養治也使飲藥令臥破腹就視脾果半腐壞以刀斷之刮去惡肉以膏傅瘡飲之以藥百日平復

吳普廣陵人從華佗學普依準佗治多所全濟

樊阿彭城人從華佗學阿善針術凡醫咸言背及胸藏之間不可妄針針之不過四分而阿針背入一二寸巨闕胸藏鍼下五六寸而病輒皆瘳

吳趙泉以善醫爲侍醫赤烏中爲丞相顧雍疾微時孫權令泉視之拜其少子濟爲騎都尉雍聞之悲曰泉善别死生吾必不起故上欲及吾目見濟拜也雍果卒



冊府元龜卷第八百五十八

冊府元龜卷第八百五十九
總録部一百九
醫術第二
晉裴頠通博多聞兼明醫術荀勗之脩律度也檢得古尺短世
所用四分有餘頠上言宜改諸度量若未能悉革可先改太醫
權衡此若差違失神農岐伯之正藥物輕重分兩乖互所可傷
夭爲害尤深古壽考而今短折者未必不由此也卒不能用官
至尚書僕射
單道開燉煌人自言能療目疾就療頗驗後入羅山
魏詠之生而兎缺年十八聞荊州刺史殷仲堪帳下有名醫能
療之貧無行裝謂家人曰殘醜如此用活何爲遂齎數斛米西
上以投仲堪既至造門自通仲堪與語嘉其盛意召醫視之醫
曰可割而補之但須百日進粥不得語笑詠之曰半生不語而
有半亦當療之况百日邪仲堪於是處之別屋令醫善療之詠



之遂閉口不言唯食薄粥其厲志如此及差仲堪厚資遣之詠
之後亦至荊州刺史
南齊徐文伯東海人文伯濮陽太守熙曾孫也熙好黃老隱於
秦望山有道士過求飲留一瓠𤬪與之曰君子孫宜以道術救
世當得二千石熙開之乃扁鵲鏡經一卷因心學之遂名震海
內生子秋夫彌工其術仕至射陽令嘗夜有鬼神吟聲甚悽愴
秋夫問何須答言姓斯家在東陽患腰痛死雖爲鬼痛猶難忍
請療之秋夫曰云何厝法鬼請爲芻人案孔穴針之秋夫如言
爲灸四處又針肩井三處設祭埋之明日見一人謝恩忽然不
見當世伏其通靈秋夫生道度叔嚮皆精其業道度有腳疾不
能行宋文帝令乘小輿入殿爲諸皇子療疾無不絕驗位蘭陵
太守道度生文伯叔嚮生嗣伯文伯亦精其業兼有學行倜儻
不屈意於公卿不以醫自業張融謂文伯嗣伯曰昔王微嵇叔
夜並學而不能殊仲堪之徒故所不論得之者由神明洞徹然

後可至故非吾徒所及且褚侍中澄富貴亦能救人疾卿此更
成不達荅曰唯達者知此可崇不達者以爲深累既鄙之何能
不恥之文伯爲效與嗣伯相埒宋孝路太后病衆醫不識文伯
診之曰此石博小腸爾乃爲水劑消石湯病即愈除鄱陽王常
侍遺以千金旬日恩意隆重宋明帝宮人患腰痛牽心每至輒
氣欲絕衆醫以爲肉癥文伯曰此髮癥以油投之即吐得物如
髮稍引之長三尺頭已成蛇能動挂門上滴盡一髮而已病都
差宋後廢帝出樂游苑門逢一婦人有娠帝亦善診之曰此腹
是女也問文伯曰腹有兩子一男一女左邊青黑形小於女帝
性急便欲使剖文伯惻然曰若刀斧恐其變異請針之立落便
瀉足太陰補手陽明胎便應針而落兩兒相續出如其言子雄
亦傳家業尤工診察位奉朝請能言多爲貴游所善嗣伯位正
員外郎諸府佐深爲臨川王映所重時直閤將軍房伯玉服五
石散十許劑無益更患冷夏日常複衣嗣伯爲診之曰卿體熱



應須以水發之非冬月不可至十一月冰雪大盛令二人夾捉
伯玉解衣坐石取冷水從頭澆之盡三十斛伯玉口噤氣絕家
人啼哭請止嗣伯遣人執杖防閤敢有諫者撾之又盡水百斛
伯玉始能動而見背上彭彭有氣俄而起坐曰熱不可忍乞冷
飲嗣伯以水與之一飲一升病都差自爾常發熱冬月猶單褌
衫體更肥壯常有嫗人患滯冷積年不差嗣伯爲診之曰此尸
注也當死人枕煮服之乃愈於是往古冢中取枕枕已一邊腐
鈌服之即差後秣陵人張景年十五腹脹面黃衆醫不能療以
問嗣伯此石蚘耳極難療當死人枕煮之依語煮枕以湯投之
得大利并蚘虫頭堅如石五升病即差後沈僧翼患眼痛又多
見鬼物以問嗣伯曰邪氣入肝可覓死人枕煮服之竟可埋枕
於故處如其言又愈王晏問之曰三病不同而皆用死人枕而
俱差何也荅曰尸注者鬼氣伏而未起故令人沈滯得死人枕
之魂氣飛越不得復附體故尸注可差石蚘者久蚘也醫療既

僻處中書堂世預藥不能遣所以須鬼物驅之然後可散故令煑死人枕也夫邪氣入肝故使眼痛而見魍魎應須邪物以鉤之故用死人枕也氣因枕去故令埋於冢間也又春月出南籬門戲聞笪屋中有呻吟聲嗣伯曰此病甚重二日不療必死乃往視見一老姥稱體痛而處處有䵟黑無數嗣伯還煑斗餘湯送令服之服訖痛勢愈甚跳投床者無數須臾所䵟處皆拔出釘長寸許以膏塗諸瘡口三日而復云此名釘疽也

薛伯宗善徙疽公孫泰患背伯宗爲氣封之徙置齋前柳樹上明旦癰消樹邊便起一瘤如拳大稍稍長二十餘日瘤大膿潰出黃赤汁斗餘樹爲之痿損

褚淵弟澄拜駙馬都尉歷官清顯善醫術豫章王感疾太祖召澄爲治立愈建元中爲吳郡太守百姓李道念以公事到郡澄見謂汝有重病荅曰舊有冷病至今五年衆醫不差澄爲診謂曰汝病非冷熱當是食白瀹雞子過多所致令取蒜一升煑服



仍吐一物如升涎裹之動開看是雞雛羽翅距具足能行走澄曰此未盡更服所餘藥又吐得如向者雞十三頭而病都差當時稱妙

梁何佟之善醫術與徐嗣伯埒名子聰能世其家業佟之自東昏即位以其兇虐乃謝病終身不涉其流天監中爲尚書左丞卒

後魏周澹爲人多方術尤善醫藥遂爲太醫令明元嘗苦風頭眩澹治得愈由此見寵位至特進賜爵成德侯

陰貞家世爲醫與周澹並受封爵李潭亦以善鍼見知子驢駒襲傳術延興中位至散令

李脩字思祖父亮少學醫術未能精究太武時奔宋於彭城又就沙門僧坦研習衆方畧盡其術鍼灸授藥莫不有効徐兗之間多所救恤四方疹苦不遠千里競往從之亮大爲廳事以舍病人停車轝於下時有死者則就而棺殯親往弔視其仁厚若此脩兄元孫亦遵父業而不及脩以功賜爵義平子拜奉朝請遷給事中太和中常在禁內孝文文明太后時有不豫脩侍鍼藥治之有効賞賜累加車服第宅號爲鮮麗集諸學士工書者百餘人在東宮撰諸藥方百餘卷皆行於世先是咸陽公高允雖年且百歲而氣尚康文明太后時令脩診視之一旦奏允脈竭氣微大命無遠未幾果亡遷洛時爲前軍將軍領太醫令後數年卒子天授襲汶湯令醫術又不逮父

徐謇字成伯家本東莞與兄文伯等皆善醫藥謇因至青州慕容白曜平東陽獲之表送京師獻文欲驗其所能乃置諸病人於幕中使謇隔而脉之深得病形兼知色候遂被寵遇爲中散稍遷內行長文明太后時問治方而不及李脩之見任用也與謇合和藥劑攻殺之驗精妙於脩而性甚祕忌承奉不得其意者雖貴爲王公不爲措療也孝文後知其能及遷洛稍加眷幸體小不平及所寵馮昭儀有疾皆能處治又除中散大夫轉侍御孝文幸懸瓠有疾大漸乃馳驛召謇令水路赴行所一日一



夜行數百里至診省下治果有驗孝文體少瘳內外稱慶及車駕發豫州次于汝濱乃大爲謇設太官珍膳因集百官特坐謇于上席遍陳餚觴于前命左右宣謇救攝危篤振濟之功宜加酬賚乃下詔曰夫神出無方形稟有礙憂喜乖適理必傷生朕幼攬萬機長鍾華運思怔怔而無怠身忽忽以興勞仲秋動痾心容頓竭氣體羸瘠玉几在慮侍御紛紛右軍徐成伯馳輪太宗進療女蕃方窮丹英藥盡砭石誠術兩輸忠妙俱至乃令沉勞勝愈篤瘵克痊論勤語効實宜褒録昔晉武暴疾程和進藥增封賜錢恩獎屢至況疾深於曩日業艱於曩辰得不重加陟賞乎宜順群望錫以山河且其舊經高秩中暫解退比雖詮用猶未準舊量今事合顯進可鴻臚卿金鄉縣開國伯食邑五百戶賜錢一萬貫又詔曰錢府未充須以雜牧絹二千匹雜物一百匹四十匹出御府穀二千斛奴婢十口馬十匹一匹出驛騾牛十頭所賜雜物奴婢牛馬皆經內呈詔親王咸陽王禧等各有

別賚並至千匹從河至鄴孝文猶自發動晉日夕左右明年從詣馬圈孝文疾劣遂甚感感不怡每加切誚又欲加之鞭棰幸而獲免

王顯字安道少與李亮同師俱學醫藥粗究其術而不及亮顯少歷本州從事雖以醫術自通而明有決斷才用初文昭太后之懷宣武也夢爲日所逐化而爲龍而繞后后寤而驚悸遂成心疾文明太后勑召徐謇及顯等爲后診脉謇云是微風入藏宜進湯加針顯言案三部脉非有心疾將是懷孕生男之象果如顯言宣武自幼有微疾久未善愈顯攝療有効因是稍蒙眄識拜廷尉少卿營進御藥出爲相州刺史入除御史中尉宣武詔顯撰藥方三十五卷班布天下以療諸侯

崔景鳳涉學以醫術知名爲尚藥典御

北齊李元忠以母老多患乃專心醫藥研習積年遂善於方伎性仁恕見有疾者不問貴賤皆爲救療後爲驃騎大將軍



李寶爲散騎常侍卒性方直有行檢因母患積年得名醫治療不愈乃精習經方洞曉針藥母疾得除當世皆服其明解由是亦以醫術知名

徐之才父雄事南齊位蘭陵太守以醫術爲江左所稱之才初爲豫章王綜鎮北主簿及綜入魏啓魏帝云之才大善醫術兼有機辯詔徵之之才藥石多効天平中神武徵赴晉陽常在内館出爲西兖州刺史未之官武明皇太后不豫之才療之應手便愈孝昭賜綵帛千段錦四百匹之才既善醫術雖有外授頃即徵還既博識多聞由是於方術尤妙有人患脚跟腫痛諸醫莫能識之才曰蛤精疾也由乘船入海垂脚水中疾也曰實曾如此之才爲割得蛤子二大如榆莢累遷兖州刺史之才醫術最高偏被命召武成酒色過度恍惚不常曾病發自云初見空中有五色物稍近變成一美婦人去地數丈亭亭而立食頃變爲觀世音之才云此色欲多大虛所致即處湯方服一劑便覺稍遠又服還變成五色物數劑湯疾竟愈每發動輒遣騎追之針藥所加應時必効故頻有端執之舉入秋武成小定更不發動和士開欲依次轉進以之才附籍兖州即是本屬遂奏附刺史以胡長仁爲左僕射士開爲右僕射及十月帝又疾動語士開云浪用之才外任使我辛苦其月八日勑驛追之才帝以十日崩之才十一日方到既無所及復還赴州之才弟之範亦醫術見知位太常卿特聽襲之才爵西陽王

崔季舒初爲黄門侍郎坐事徙北邊季舒本好醫術天保中於徙所無事更銳意研精遂爲名手多所全濟雖位望轉高未曾懈怠縱貧賤厮養亦爲之療

馬嗣明少明醫術博綜經方甲乙素問明堂本草莫不咸誦爲人診脉一年前知其生死邢劭子大寶患傷寒嗣明爲其診脉退告楊愔云邢公子傷寒不治自差然脉候不出一年便死覺之晚不可治邢劭並侍讌内殿獻文公子才兒臣欽若等曰劭字子才我欲乞其隨近一郡勿以此子年少未合剖符讌罷奏云馬嗣明稱大寶脉惡一年内恐死若其郡遠醫藥難求遂寢大寶未朞而卒楊令患背腫嗣明以練石塗之便差作練石法以麤黄色石如鵝鴨卵大猛火燒令赤内淳醋中自屑頻燒至石盡取石屑暴乾擣下簁和醋以塗腫上無不愈後爲通直散騎常侍針灸孔穴往往與明堂不同嘗從駕往晉陽山中數處見牓云有人家女病若有能治差者購錢十萬諸名醫多尋牓至問病狀不下手唯嗣明獨治之問其病由云曾以手持一麥稴即見一赤虵長二寸一似蛇入其手指中因驚怖倒地即覺手臂疼重漸又半身俱腫痛不可忍呻吟晝夜不絶嗣明即爲處方服湯比嗣明明年從駕還女已平復



後周姚僧垣父菩提仕梁爲高平令嘗嬰疾歷年乃留心醫藥武帝性又好之每召菩提討論方術言多會意由是頗禮之僧垣年二十四即傳家業武帝召入禁中面加論試僧垣酬對無滯帝

甚奇之大通六年解褐臨川嗣王國左常侍大同五年除驃騎廬陵王府田曹參軍九年追領殿中醫師時武陵王所生葛脩華宿患積時方術莫効帝令僧坦視之僧坦還具說其狀并記增損時候帝歎曰卿用意綿密乃至於此以此候疾何疾可逃朕常以前代名人多好此術是以每常留情頗識治體今聞卿說益開人意十一年轉領太醫正加文德主帥直閤將軍帝嘗因發熱欲服大黃僧坦曰大黃乃是快藥然至尊年高不宜輕用帝弗從遂致危篤簡文在東宮甚禮之四時伏臘每有賞賜元帝嘗有疾乃召諸醫議治療之方咸謂至尊至貴不可輕脫宜用平藥可漸宣通僧坦曰脉洪而實此有宿妨非用大黃必無差理元帝從之進湯訖東下宿食因而疾愈元帝大喜時初鑄錢一當十乃賜錢十萬實百萬也及大軍克荆州中山公護使人求僧坦至其營復爲燕公于謹所召大相禮接太祖又遣使馳驛徵僧坦謹固留不遣謂使人曰吾年時衰暮疹疾嬰沉今得此人望與之偕老太祖以謹功勳隆重乃止焉明年隨謹至長安武成元年授小畿伯下大夫金州刺史伊婁穆以疾還京請僧坦省疾乃云自腰至臍似有三縛兩脚緩縱不復自持僧坦即爲診脉處湯三劑穆初服一劑上縛即解次服一劑中縛即解又服一劑三縛悉除而兩脚疼痺猶自攣弱更爲合散一劑稍得屈伸僧坦曰終待霜降此患當愈及至九月遂能起行大將軍襄樂公賀蘭隆先有氣疾加以水腫喘息奔急坐卧不安或有勸其服決命大散者其家疑未能決乃問僧坦僧坦曰意謂此患不與大散相當若欲自服不須賜問因而委去其子殷勤拜請曰多時仰屈今日始來竟不下治意實未盡僧坦知其可差即爲處方勸使急服便即氣通更服一劑諸患悉愈天和元年加授車騎大將軍儀同三司大將軍樂平公竇集暴感風疾精神瞀亂無所覺知諸醫先視



者皆云已不可救僧坦後至曰困矣終當不死若專以見付相爲治之其家欣然請受方術僧坦爲合湯散所患即瘳大將軍永世公叱伏列椿苦痢積時而不廢朝謁燕公謹嘗問僧坦曰樂平永世俱有痼疾若如僕意永世差輕對曰夫患有深淺時有剋殺樂平雖困終當保全永世雖輕必不免死謹曰君言必死當在何時對曰不出四月果如其言謹歎異之六年遷遂伯中大夫建德三年文宣太后寢疾醫巫雜說各有同異武帝御內殿引僧坦同坐曰太后患勢不輕諸醫並云無慮朕人子之情可以意得君臣之義言在無隱公以爲何如對曰臣無聽聲視色之妙特以經事已多准之常人竊以憂懼帝泣曰公既決之矣知復何言尋而太后崩四年武帝親戎東討至河陰遇疾口不能言瞼垂覆目不得視一足短縮又不得行僧坦以爲諸藏俱病不可並治軍中之要莫先於語乃處方進藥帝遂得言又治目疾便愈末乃治足足疾亦瘳比至華州帝已痊復即除華州刺史仍隨駕入京不令在鎮宣政元年表請致仕優詔許之是歲武帝幸雲陽遂寢疾初召僧坦赴行在所內史柳昂私問曰至尊貶膳日久脉候何如對曰天子上應天心或當非愚所及若凡庶如此萬無一全尋而帝崩大象二年除太醫下大夫宣帝有疾至于大漸僧坦宿直侍疾帝謂隨公曰今日性命唯委此人僧坦知帝診候危殆必不全濟乃對曰臣荷恩既重思在効力但恐庸短不逮敢不盡心帝頷之開皇初卒僧坦醫術高妙爲當世所推前後効驗不可勝紀聲譽既盛遠邊服至於諸蕃外域咸請託之僧坦乃搜採奇異參校徵効者爲集驗方十二卷行於世

姚最僧坦之子爲齊王憲府水曹參軍掌記室事最幼在江左迄于入關未習醫術天和中齊王憲奏武帝遣最習之憲又謂最曰爾博學高才何如王褒庾信庾信王褒名重兩國吾視之蔑如接待資給非爾家比也爾宜深識此意勿不存心且天子

有勑須臾勉勵最於是始受家業十許年中略盡其妙每有人造請効驗甚多

褚該字孝通幼而謹厚有譽鄉曲尤善醫術見稱於時武成元年除醫正上士自許奭死後該稍為時人所重賓客迎候亞於姚僧垣天和初遷縣伯下大夫五年進授車騎大將軍儀同三司該性淹和不自矜但有請之者皆為盡其藝術時論稱其長者為子士則亦傳其家業

隋許智藏高陽人祖道幼嘗以母疾遂覽醫方因而究極世號名醫誡其諸子曰為人子者嘗膳視藥不知方術豈謂孝乎由是世相傳授初仕陳為散騎常侍及陳滅高祖以為員外散騎侍郎使詣揚州會秦孝王俊有疾帝馳召之後夜中夢其妃崔氏泣曰本來相迎知許智藏將至其人若到當必相苦為之奈何明夜俊又夢崔氏曰妾得計矣當入靈府中以避之及智藏至為俊診脉曰疾已入心即當發癇不可救也果如言俊數日



而薨帝奇其妙賚物百段煬帝即位智藏時致仕于家帝每有所苦輒令中使就詢訪或以轝迎入殿扶登御床智藏為方奏之用無不効年八十卒于家

唐許胤宗常州義興人初仕陳為新蔡王外兵參軍時柳太后感風不能言名醫療皆不愈脉益沉而噤胤宗曰口不下藥宜以湯氣熏之令藥入腠理周理可差乃造黃耆防風湯數十斛置於床下氣如煙霧其夜便得語由是超拜義興太守陳亡入隋歷尚藥奉御武德初累授散騎侍郎時關中多骨蒸病得之必死遞相連染諸醫無能療者胤宗每療無不愈或謂曰公醫若神何不著書以貽將來胤宗曰醫乃意也在人思慮又脉候幽微苦其難別意之所解口不能宣且古之名手唯是別脉脉既精別然後識病夫病之於藥有正相當者唯須單用一味直攻彼病藥力既純病即立愈今人不能別脉莫識病源以情臆度多安藥味譬之於獵未知兎所多發人馬空地遮圍或冀一人偶然逢也如此療疾不亦疎乎假令一藥偶然當病復共他味相和君臣相制氣勢不行所以難差諒由於此脉之深趣既不可言虛設經方豈加於舊吾思之久矣故不能著述顧年七十餘卒

甄權許州扶溝人嘗以母病與弟立言專習醫方得其旨趣初仕隋開皇初為秘書省正字後稱疾免魯州刺史庫狄嶔若風患手不能引弓諸醫莫能療權謂曰但將弓箭向垛一鍼可以射矣鍼其肩隅一穴應時即射權之療疾多此類也貞觀十七年權年一百三歲太宗幸其家視其飲食以藥性因授朝散大夫賜几杖衣服是年卒撰脉經鍼方明堂人形圖各一卷立言累遷太常丞御史大夫杜淹患風毒發腫太宗令立言視之既而奏曰從今更十一日午時必死果如其言時有尼明律年六十餘患心腹鼓脹身體羸瘦已經二年立言診其脉曰腹內有蟲當是誤食髮為之爾因令服雄黃須臾吐一蛇如人手小指



無眼燒之猶有髮氣其疾乃愈立言尋卒撰本草音義七卷古今錄驗方五十卷

宋俠洺州清漳人以醫術著名官至朝散大夫藥藏監撰經心錄十卷

孫思邈京兆華原人有推步導引之術隱於太白山年九十餘視聽不衰高宗顯慶四年徵赴闕召見拜諫議大夫固辭不受上元初辭疾請歸特賜良馬及鄱陽公主邑司以居焉當時知名之士宋之問孟詵盧照鄰執師資之禮以事焉思邈嘗從幸九成宮照鄰留在其宅時庭前有病梨樹照鄰為之賦其序曰癸酉之歲余臥疾長安光德坊之官舍父老云是鄱陽公主邑司昔公主未嫁而卒故其邑廢時有處士孫思邈居之思邈道洽古今學殫數術高談正一則古之蒙莊子深入不二則今之維摩詰爾其推步甲乙度量乾坤則洛下閎安期先生之儔也照鄰有惡疾嘗問思邈曰名醫愈疾其道何也思邈曰吾聞善

言天者必質之於人善言人者亦本之於天天有四時五行日
月相推寒暑迭代其運轉也和而爲雨怒而爲風亂而爲霧凝
而爲霜雪張而爲虹蜺此天之常數也人有四支五藏一覺一
寐呼吸吐納精氣往來流而爲榮衛彰而爲氣色發而爲音聲
此人之常數也陽用其精陰用其形天人之所同也及其失也
蒸則生熱否則生寒結而爲瘤贅陷而爲癰疽奔而爲喘息竭
而爲焦枯診發乎面變動乎形推此以及天地則亦如之五緯
盈縮星辰錯行日月薄蝕彗孛飛流此天地之危診也寒暑不
時天地之蒸否也石立土踊此天地之瘤贅也山摧地陷此天
地之癰疽也衝風暴雨此天地之奔氣雨澤不降川瀆涸竭此
天地之焦枯也良醫導之以針石救之以藥劑聖人和之以至
德輔之以人事故人體有可愈之疾天地有可消之災通乎數
也思邈撰千金方三十卷行於世
呂才爲太常丞時右監門長史蘇敬上言陶弘景所撰本草事
多舛謬詔中書令許敬宗與才及李淳風禮部郎中孔志約并
諸名醫增損舊本仍令司空李勣總監定之并圖合成五十四
卷大行於世
秦鳴鶴以善針醫爲侍醫永淳初高宗苦頭重不能視召鳴鶴
診之鳴鶴曰風毒上攻若刺頭出少血即愈矣天后自簾中怒
曰此可斬也天子頭上豈是出血處鳴鶴叩頭請命帝曰醫之
議病理不加罪且吾頭重悶殆不能忍出血未必不佳也即令
鳴鶴刺之刺百會及腦戶出血如其帝曰吾眼似明矣言未畢
簾中出綵百匹以賜鳴鶴焉
陸贄其少習醫方貞元中自宰相再貶忠州別駕避謗不著書集
古今方爲陸氏集驗方五十卷行於世
梁Ⓧ深不知何許人開平中以善醫待詔於翰林時太祖抱疾
久之其洩甚濁僧曉微時藥有徵賜紫衣師號錫賚甚厚賓之
疾發曉微剥服色去師號因召深問曰疾愈復作草藥不足恃



也我左右粃石而効者衆矣服之如何深對曰臣嘗奉詔診切
陛下積憂勤失護脉代乳而心益壅臣以爲宜先治心心和平
而溲變清當進飲劑而不當粃石也臣謹按太倉公傳曰中熱
不溲者不可服石石性精悍有大毒凡餌毒藥如甲兵不得已
而用之非有危殆不可服也太祖善之令進飲劑疾稍愈乃以
幣帛賜之
後唐孟繼瑜長安醫工帝留守時暴疾以醫効乃擢任洎帝起
立鳳翔繼瑜在長安謁見從主洛陽進方藥年內改諸寺少卿
奉使陘州翰林諸醫莫得爲比
陳立京兆人家世爲醫後唐明宗朝爲太原少尹集平生驗方
七十五首并修合藥法百件號曰要術刊石置於太原府衙之
左以示於衆病者賴焉
周張沭顯德初進新集普濟方五卷詔付翰林院考驗尋以沭
爲翰林醫官



劉翰顯德初進經用方書一部三十卷論候一十卷今體治世
集二十卷世宗覽而嘉之乃以爲翰林醫官其書付史館

册府元龜卷八百五十九

# 册府元龜卷第八百六十

總録部一百一十

## 相術

洪範五事著休咎之徵孟子亦云觀人之良莫良於眸子劉歆所紀數術之學有形法焉所以辯骨法之度使察形氣之首尾表其貴賤知其吉凶以極精微之致也簡策所記代有人焉咸著其徵驗以彰其獨異蓋由專門精學積思懸解多言屢中遂幾於神且有隱跡閭巷不顯名氏邂逅胥遇怳若靈化固非常情之能測也若乃善惡之興本乎心術殃慶之報速於影響則形貌之際休戚之數安者確乎而不易歟哉

孔子適鄭與弟子相失孔子獨立郭東門鄭人或謂子貢曰東門有人其顙似堯其項類臯陶其肩類子產然自要以下不及禹三寸纍纍若喪家之狗（喪家之狗主人哀荒不見飲食故纍然而不得意）子貢以實告孔子孔子欣然笑曰形狀末也而似喪家之狗然哉然哉



周王使內史叔服會葬于魯公孫敖聞其能相人也（公孫敖魯大夫慶父之子）見其二子焉叔服曰穀也食子難也收子（穀文伯難惠叔食子奉祭祀供養者也收子葬子之身也）穀也豐下必有後於魯國（豐下蓋方面也）

楚子將以商臣爲太子訪諸令尹子上子上曰是以蜂目而豺聲忍人也不可立（[illegible]）鬬子良爲司馬生子越椒子文曰必殺之（子文子良之兄）是子也熊虎之狀而豺狼之聲不殺必滅若敖氏矣諺曰狼子野心是乃狼也其可畜乎（[illegible]）

姑布子卿見趙簡子（[illegible]）簡子徧召諸子相之子卿曰無爲將軍者簡子曰趙氏其滅乎子卿曰吾嘗見一子於路殆君之子也簡子召子毋卹毋卹至則子卿起曰此真將軍矣簡子曰此其母賤翟婢也奚道貴哉子卿曰天所授雖賤必貴其後竟立毋卹爲嗣

晉司馬寅爲大夫黄池之會吴晉爭先趙鞅呼寅寅對曰請姑視之反曰肉食者無墨（墨氣色下也）今吳王有墨國勝乎（[illegible]）太子死乎乃先晉人（[illegible]）

趙平原君勝謂趙王曰澠池之會臣察武安君之爲人小頭而銳上瞳子白黑分明瞻視不轉小頭而銳上斷敢行也瞳子白黑分明者見事明也瞻視不轉者執志彊也可與持久難與爭鋒

秦蔡澤者燕人也游學干諸侯小大甚衆不遇而從唐舉相曰吾聞先生相李兌曰百日之內持國秉政有之乎曰有之曰若臣者何如唐舉孰視而笑曰先生曷鼻巨肩（[illegible]）魋顏蹙齃膝攣（[illegible]）吾聞聖人不相殆先生乎蔡澤知唐舉戲之乃曰富貴吾所自有吾所不知者壽也願聞之唐舉曰先生之壽從今以往者四十三歲蔡澤笑謝而去謂其御者曰吾持粱刺齒肥（[illegible]）躍馬疾驅懷黃金之印結紫綬於要揖讓人主之前食肉富貴四十三年足矣

秦王見尉繚亢禮衣服食飲與繚同繚曰秦王爲人蜂準長目摯鳥膺豺聲少恩而虎狼心居約易出人下得志亦輕食人我布衣也然見我嘗身自下我誠使秦王得志於天下天下皆爲虜矣不可與久游乃亡去（[illegible]）秦王覺固止之以爲秦國尉



呂公者單父人好相人見漢高祖狀貌因重敬之引入坐上坐蕭何曰劉季固多大言少成事高祖因狎侮諸客遂坐上坐無所詘酒闌呂公因目固留高祖竟酒後呂公曰臣少好相人相人多矣無如季相願季自愛臣有息女願爲箕帚妾酒罷呂媼怒呂公曰公始常欲奇此女與貴人沛令善公求之不與何自妄許與劉季呂公曰此非兒女子所知卒與高祖呂公女即呂后也

漢高祖初爲泗水亭長嘗告歸之田呂后與兩子居田中有一老父過請飲呂后因餔之老父相后曰夫人天下貴人也令相兩子見孝惠帝曰夫人所以貴者乃此男也相魯元公主亦皆貴老父已去高祖適從旁舍來呂后具言客有過相我子母皆大貴高祖問曰未遠乃追及問老父老父曰鄉者夫人兒子皆

以君君相貴不可言高祖乃謝曰誠如父言不敢忘德及高祖貴遂不知老父處

吴王濞初封高祖召濞相之曰若狀有反相因撫其背曰漢後五十年東南有亂者豈汝邪[illegible]

黥布姓英氏少時客相之當刑而王及壯坐法黥布欣然笑曰人相我當刑而王幾是乎（幾近也）人有聞者共戲笑之後爲九江王

鄧通爲上大夫文帝使善相者相通曰當貧餓死帝曰能富通者在我於是賜通蜀嚴道銅山得自鑄錢通後竟死人家

周亞夫爲河内守時許負相之君後三歲而侯侯八歲爲將相持國秉貴重矣於人臣無二後九年而餓死亞夫笑曰臣之兄以代父侯矣有如卒子當代我何説侯乎然既以貴如負言又何説餓死指視我負指其口曰從理入口此餓死法也（從豎理）居三歲兄絳侯勝之有罪文帝擇絳侯子賢者皆推亞夫迺封爲條侯續絳侯後六歲匈奴大入邊亞夫以河内守爲將軍軍細柳孝景三年爲太尉五歲爲丞相景帝中三年以病免相爲人上變入廷尉因不食五日嘔血而死



衛青其父鄭季給事平陽侯家與平陽公主家僮衛媼通生青青冒姓衛氏少時歸其父父使牧羊民母之子皆奴畜之不以爲兄弟數（民母嫡母也正妻本在編戸之閒以諸縣公主家隸也）青嘗從人至甘泉居室（居室甘泉中徒所居之）有一鉗徒相青曰貴人也官至封侯青笑曰人奴之生得無笞罵即足矣安得封侯事乎青後爲大將軍封長平侯

李陵爲騎都尉將五千兵出塞與單于相值武帝欲陵死戰召陵母及婦使相者視之無死喪色後聞陵降帝怒甚

翟方進汝南上蔡人少失父給事太守府爲小史迺從汝南蔡父相問已能所宜（言從何術藝可以自達）蔡父大奇其形貌謂曰小史有封侯骨當以經術進努力爲諸生方進後至丞相

黄霸少爲陽夏游徼（游徼主徼巡盜賊者也）與善相人者共載出見一婦人相者言此婦人當富貴不然相書不可用也霸推問之乃其鄉里巫家女也霸即取爲妻與之終身霸後至丞相

王莽爲人侈口蹷頤（侈大也蹷短也頤頷也）露眼赤精大聲而嘶（嘶聲破也）長七尺五寸好厚履高冠以氂裝衣（毛之強曲者曰氂以裝褚衣中令其張起也）反膺高視瞰臨左右是時有用方技待詔黄門者或問以莽形貌待詔曰莽所謂鴟目虎吻豺狼之聲者也故能食人亦當爲人所食問者告之莽誅滅待詔而封告者

韋賢爲吏至大鴻臚有江工相之至丞相有男四人使相之至其子玄成相工曰此子貴當封侯後爲丞相

後漢光武征河北以朱祐爲護軍祐侍光武讌從容曰長安政亂公有日角之相此天命也世祖曰召刺姦收護軍（[illegible]）祐乃不敢復言

明德馬皇后微時太夫人呼相者使占諸女見后大驚曰我必爲此女稱臣然貴而少子若養他子者得力乃當踰於所生養賈美人子是爲章帝



班超爲校書郎行詣相者曰祭酒布衣諸生耳（[illegible]）而當封侯萬里之外超問其狀相者指曰生燕頷虎頸飛而食肉此萬里侯相也

章德竇皇后勳之曾孫也父勳坐事死家既廢壞數呼相工問息耗見后者皆言當大尊貴非臣妾容貌

蘇大相者也和熹鄧皇后微時大見后驚曰此成湯之法也家人竊喜而不敢宣

茅通相工也順烈梁皇后初與姑俱選入掖庭時年十三通見后驚再拜賀曰此所謂日角偃月相之極貴臣所未嘗見也

袁逢使善相者相趙壹云仕不過郡吏竟如其言

魏高元吕善相人太祖不時立太子太子自疑乃呼元吕問之對曰其貴乃不可言問壽幾何元吕曰其壽至四十當有小苦過是无憂也後无幾而立爲皇太子是爲文帝年果終四十

劉良相者也文帝使相文昭甄皇后及諸子良指后曰此女貴
乃不可言

華陀善醫有一士大夫不使佗太君病深當破腹取然君壽亦
不過十年病不能殺君忍病十歲壽俱當盡不足故自刳裂士
大夫不耐痛癢必欲除之佗遂下手所患尋差十年竟死

朱建平沛國人善相術於閭巷之間效驗非一太祖爲魏公聞
之召爲郎文帝爲五官將坐上會客三十餘人文帝問已年壽
又令徧相衆賓建平曰將軍當壽八十至四十時當小厄願謹
護之謂夏侯威曰君四十九位爲州牧而當有厄厄若得過可
年至七十位致公輔謂應璩曰君六十二位爲常伯而當有厄
先此一年當獨見一白狗而旁人不見也謂曹彪曰君據藩國
至五十七當有厄於兵宜善防之初潁川荀攸鍾繇相與親善
攸先亡子幼繇紀其門戶欲嫁其妾與人書曰吾與公薄曾共
使朱建平相建平曰荀君雖少然當以後事付鍾君吾時啁之



曰惟當嫁卿阿鶩耳何意此子竟早隕沒戲言遂驗乎今欲嫁
阿鶩使得善處追思建平之妙雖唐舉許負何以復加也文帝
黃初七年年四十病困謂左右曰建平所言八十謂晝夜吾其
決矣頃之果終夏侯威爲兗州刺史年四十九十二月上旬得
疾念建平之言自分必死豫作遺令及送喪之備咸使素辦至
下旬轉差垂以平復三十日日昃請紀綱大吏設酒曰吾所苦
漸平明日雞鳴年便五十建平之戒真必過矣威罷客之後合
瞑疾動夜半遂卒璩六十一爲侍中直省內欻見白狗問之衆
人悉無見者於是數聚會并急游觀田里飲宴自娛過期一年
六十二卒曹彪封楚王年五十七坐與王淩通謀賜死凡說此
輩無不如言不能具詳故粗記數事惟相司空王昶征北將軍
程喜中領軍王肅有蹉跌云肅年六十二疾篤衆醫並以爲不
愈肅夫人問以遺言肅云建平相我踰七十位至三公今皆未
也將何慮乎而肅竟卒

管輅族兄孝國居在斥丘輅往從之與二客會去後輅謂孝國
曰此二人天庭及口耳之間同有凶氣異變俱起雙魂無宅云
厚味腊毒天精幽々妙爲宮鮮兇爲喪車流魂于海骨歸于家少許時當並死也後
數十日二人飲酒醉夜共載車牛驚下道入漳河中皆即溺死
也輅舉秀才吏部尚書何晏請之鄧颺在晏許輅言切至遂含
具以語舅舅責輅言太切至輅曰與死人語何所畏邪舅大怒
謂輅狂悖後聞晏颺皆誅舅乃服問輅前見何鄧之日爲已有
凶氣未也輅言與禍人共會然後知神明交錯與吉凶相近又
知聖賢求精之妙夫鄧之行步則筋不束骨脉不制肉起立傾
倚若無手足謂之鬼躁何之視候則魂不守宅血不華色精爽
煙浮容若槁木謂之鬼幽故鬼躁者爲風所收鬼幽者爲火所
燒自然之符不可以蔽也後卒誅死輅至少府丞卒

鍾繇字元常潁川長社人嘗與族父瑜俱至洛陽道遇相者曰
此童有貴相然當厄於水努力慎之行未十里度橋馬驚墮水
幾死瑜以相者言中益貴繇而供給資費使得專學繇後爲太
傅鍾會繇之子幼敏惠時中護軍蔣濟著論謂觀其眸子足以
知人會年五歲繇遣見濟濟甚異之曰非常人也後至鎮西將軍

張緝爲尚書郎以稱職爲明帝所識帝以爲緝之材能多所堪
任試呼相工相之者云不過二千石帝曰何材如是而位止二
千石乎緝後爲光祿大夫

蜀先主穆皇后陳留人兄吳壹少孤壹父素與劉焉有舊是以
舉家隨焉入蜀焉有異志而聞善相者相后當大貴焉子瑁納
后瑁死后寡居先主定益州納后爲夫人遂爲皇后

鄧芝字伯苗義陽新野人漢末入蜀未見知待時益州從事張
裕善相芝往從之裕謂芝曰君年過七十位至大將軍封侯芝
後至車騎將軍封武陽亭侯裕善占候又曉相術每舉鏡視面
自知刑死未嘗不撲之于地也先主銜其不遜誅之

吳大帝漢末舉孝廉時孫策初有江東漢以策遠脩職貢遣使

者劉琰加錫命琰語人曰吾觀孫氏兄弟才秀明達然皆禄祚不終唯中弟孝廉形貌奇偉骨體不常有大貴之表年又最壽爾其識之

孫晧少時西湖民景養相晧當大貴晧陰喜而不敢泄

晉文王初未定嗣而屬舞陽侯攸武帝時爲中撫軍懼不得立問裴秀曰人有相否因以奇表示之秀後言於文帝曰中撫軍人望既茂天表如此固非人臣之相也由是世子乃定

武元楊皇后少聰慧善書姿質美麗閑於女工有善相者嘗相后當極貴文帝聞而爲世子聘焉

簡文帝諸姬絶孕將十年乃令善相者召諸愛妾而示之皆云非其人又悉以諸婢媵示焉時李后爲宮人在織坊中形長而色黑宮人皆謂之崑崙既至相者驚云此其人也帝以大計召之以侍寢后數夢兩龍枕膝日月入懷意以爲吉祥向儕類説之帝聞而異焉遂生孝武帝及會稽文孝王鄱陽長公主



羊祜少時嘗游汶水之濱遇父老謂之曰孺子有好相年六十必建大功於天下既而去莫知所在祜後爲征南大將軍建平吳之策卒年五十八卒後二歲而吳平

張華爲司空又得豐城寶劍嘗曰吾少時有相者言吾年出六十位登三事當得寶劍佩之

吾彥初仕吳爲通江吏時將軍薛珝杖節南征軍容甚盛彥觀之慨然而歎有善相者劉札謂之曰以君之相後當至此不足慕也後至南中都督交州刺史

周訪少時遇善相者廬江陳訓謂訪與陶侃曰二君皆位至方嶽功名略同但陶得上壽周當下壽優劣更由年爾訪小侃一歲太興三年卒於安南將軍梁州刺史時年六十一

陶侃字士行有善相者師圭謂侃曰君左手中指有豎理當爲公若徹於上貴不可言侃以針決之見血灑壁而爲公字以紙羃手公字愈明侃後至太尉年七十六

陳訓善相術甘卓爲歷陽太守訓私謂所親曰甘侯頭低而視仰相法名爲眄刀又目有赤脉自外而入不出十年必以兵死不領兵則可以免卓果爲王敦所害丞相王導多病每自慮以問訓訓曰公耳豎垂肩必壽亦大貴子孫當興於江東咸如其言

戴洋好道術陳敏爲右將軍堂邑令孫混見而羨之洋曰敏當作賊族滅何足願也未幾敏反而誅焉洋至丞相令史

王珍少游俠京都隱者董仲道見而謂之曰君豺聲豹視好亂樂禍若天下騷擾不作士大夫矣後爲石勒左司馬爲勒所殺

魏詠之生而兔缺有善相者謂之曰卿當富貴後爲荊州刺史持節都督六州領南蠻校尉詠之初在布衣不以貧賤爲恥及居顯位亦不以富貴驕人始爲殷仲堪之客未幾竟踐其位論者稱之

前趙劉元海膂力過人姿儀魁偉有屯留崔懿之襄陵公師彧



等皆善相人及見元海驚而相謂曰此人形貌非常吾所未見也於是深相崇敬推分結恩

後趙石勒少時居武鄉北原時父老及相者皆曰此胡狀貌奇異志度非常其終不可量也勸邑人厚遇之時多嗤笑唯鄔人郭敬陽曲甯驅以爲信然並加資贍勒亦感其恩爲之力耕

石季龍年六七歲有善相者曰此兒貌奇有壯骨貴不可言

前秦苻堅始七歲高平徐統遇之於路統謂左右曰此兒有霸王之相左右怪之統曰非爾所及也後又遇之統下車屏人密謂之曰苻郎骨相不常後當大貴但僕不見如何堅曰誠如公言不敢忘德

宋高祖義旗之建以檀憑之爲建武將軍高祖嘗與何無忌魏詠之同會憑之所會善相者晉陵韋叟見憑之大驚曰卿有急兵之厄其候不過三四日爾宜深藏以避之不可輕出及桓玄將皇甫敷之至羅落橋下憑之與高祖各領一隊而戰軍敗爲

數軍所害高祖初與何無忌等共建大謀有善相者相高祖及
無忌等並當大貴其應甚近唯云憑之無相高祖與無忌密相
謂曰吾等既爲同舟理無偏異吾徒咸皆富貴則檀不應獨殊
深不解相者之言至是而憑之戰死高祖知其言必捷
桓循令韋叟相高帝當得州不叟曰當得邊州刺史退而私於
帝曰君相貴不可言帝笑曰君相中當用爲司馬後叟謂帝曰
成王不負桐葉之信公亦應不忘司馬之言今不敢希鎮軍司
馬願得領軍佐於是用焉
柳元景少時貧苦嘗下都値大雪日暮寒甚頗有羇旅之歎岸
側有一老父自稱善相謂元景曰方大富貴位至三公元景曰
豈望富貴老父曰後當相憶及貴求之不知所在後至侍中驃
騎將軍開府儀同三司
徐羨之年少時嘗有一人來謂曰我是汝祖羨之拜此人曰汝
有貴相而有大厄宜以錢二十八文埋宅四角可以免災過此



可位極人臣後隨親之縣任在縣內嘗暑出而賊自後破縣縣
人無免者雖大亦盡唯羨之在外獲全後至司徒
沈攸之賤時與吳郡孫超之全景文共乘小船出京都三人共
上引埭有一人止而相之曰君三人皆當至方伯攸之曰豈有
三人俱有此相相者曰骨法如此若有不驗便是相書誤爾其
後攸之爲郢荊二州超之廣州景文豫州刺史
李安民爲武衛將軍討晉安王子勛有功明帝大會新亭樓勞
諸軍主樗蒱宮賭安民五擲皆盧帝大驚目安民曰卿面方如
田封侯狀也安民少時貧窶有一人從門過相之曰君後當大
富貴與天子交手共戲至是安民尋此人不知所在
蕭齊明帝髀上有誌常祕不言既而江祏勸帝出以示人晉壽
陽太守王洪範罷任還上袒示之曰皆謂此是日月相卿幸無
泄之洪範曰公日月在軀如何可隱輒當言之公卿帝大悅
宣孝陳皇后宣帝從任在外后常留家治事教子孫有相者謂

后曰天人有貴子而不見也后歎曰我三兒誰當應之呼太祖
小字曰正應是汝爾
張欣泰少時有人相其當得三公而年裁三十後屋瓦墮傷額
又問相者云無復公相年壽更增亦可得方伯爾後爲持節督
梁南北秦四州軍事雍州刺史死時年四十六
王僧虔少時群從宗族會客有相之者云僧虔年位最高仕當
至公餘人莫及也僧虔後爲尚書令年六十
梁武帝初爲隋王鎮西諮議參軍行經牛渚逢風入泊龍瀆有
一老人謂帝曰君龍行虎步相不可言天下將亂安之者其在
君乎問其名氏忽然不見
高祖丁貴嬪生于樊城相者云此女當大貴高祖臨州丁氏因
人以聞貴嬪時年十四高祖納焉
宜豐侯脩參軍陳晃善相人脩因法會將晃自隨令相簡文有
天下否晃言簡文九州骨成必踐帝位而地部過弱非但王畿



侵蹙兼恐不得善終
呂僧珍字元瑜東平范人也世居廣陵起自寒賤始童兒時從
師學有相工歷觀諸生指珍謂博士曰此有音聲封侯相也及
爲平北將軍典籤魏軍侵泗比司空陳顯達出討一見異之因
屏人呼上座謂曰卿有貴相後當不見減努力爲之後至鎮軍
將軍固平縣侯
元帝初在尋陽背生黑子巫嫗見曰此大貴兆當不可言從劉
景受相術因訐以年答曰未至五十當有小厄禳之可免帝自
勉曰苟有期會禳之何益及魏師入四十七矣
陳章昭達字伯通吳興武康人昭達性倜儻輕財尚氣少時嘗
遇相者謂昭達曰卿容貌甚善須小虧損則當富貴初仕梁爲
東宮直後因醉墜馬鬢角小傷昭達喜之相者曰未也及侯景
之亂昭達率募鄉人援臺城爲流矢所中眇其一目相者曰卿
相善矣不久當貴京城陷昭達還鄉里與世祖遊因結君臣之分

侯景平世祖爲吳興太守昭達杖策來謁世祖世祖見之大喜
因委以將帥後至司空
宣帝貌若不惠魏將楊忠門客張子歆見而奇之曰此人虎頭
當大貴也
駱牙字旗門吳興臨安人年十二宗人有善相者云此郎容貌
非常必將遠致
後魏寇讚爲南雍州刺史賜爵河南公加安南將軍初讚之未
貴也嘗從相者唐文相之曰君額上黑子入幘位當至方伯封
公及貴也文以民禮拜謁仍曰明公憶民疇昔之言乎近日但
知公當貴然不能自知得爲州民也讚曰往時卿言杜瓊不得
官長人咸謂不然及瓊被選爲盩厔令卿猶言相中不見而瓊
果以暴疾不拜而終昔魏舒見主人兒死自知己必至公吾常
以卿言瓊之驗亦復不息此望也乃賜文衣服良馬
盧淵年十四嘗詣長安將還諸相餞送五十餘人別於渭北有

府八百六十　十一

相者扶風人王伯達曰諸君皆不如此盧郎雖位不副實然德
聲甚盛望踰公輔後三十餘年當制命關右願不相忘後淵果
爲安南將軍督關右諸軍事相者年過八十詣軍門請見言敍
平生未幾拜儀曹尚書
崔衡字元盛母賤爲諸兄所輕父崇曰此子相者言貴吾每觀
察或未可知遂遣入都爲中書學士詔後爲司空侍中
楊播祚少而孤貧姿貌不偉鄉人莫之識也有女巫相祚後當富
貴後至左僕射雍州刺史
北齊綦連選初與尉興慶謝猥纏並善射小心給事神武左右
武使相者視之曰猛大貴尉謝無官及芒山之役興慶救神
武之窘爲周軍所殺神武歎曰富貴定在天也猛竟如相者卒
以榮寵自畢位至大將軍
□長遷西人龐蒼鷹太原人俱有先知之鑒長爲魏儀朝鎮將
□見高祖甚異之謂高祖云君有康世之才終不徒然也請以

子孫爲託與和中啓贈司空公子孝裕府從事中郎天保初秦
州中郎將蒼鷹交遊豪俠厚待賓旅居於州城高祖客其舍初
居處於蝸牛廬中蒼鷹母數見廬上赤氣屬天蒼鷹亦知高祖
有霸王之量每私加敬割其宅半以處高祖由此遂蒙親識
暴顯字思祖幼時見一沙門指之曰此郎子有表大必爲良將
貴極人臣語終失僧莫知所去後果遷特進驃騎大將軍封定
陽王
燕子獻字季則廣漢下洛人少時相者謂之曰使役在胡代富
貴在齊趙其後遇宇文氏稱霸關中用爲典籤將命使於茹茹
子獻欲驗相者之言來歸神武見之大悅尚淮陽公主□□
遷官至侍中右僕射
文襄初有吳士雙盲而妙於聲相文襄歷試之聞劉桃枝之聲
曰有所繫屬然當大富貴王侯將相多死其手譬如鷹犬爲人
所使聞趙道德之聲曰亦繫屬人富貴翕赫不及前人聞太原

府八百六十　十二

公之聲（□文宣帝初封□□公也）曰當爲人主聞文襄之聲不動崔
暹私指之乃謬言亦國主也文襄以爲我群奴猶當極貴況吾
身也
解法選河內人少明相術鑒照人物皆如其言頗爲和士開相
重士開牒爲府參軍
皇甫玉善相人常遊王侯家文宣既即位試玉相術故以帛巾袜
其眼而使歷摸諸人至於文宣曰此是最大達官於任城王曰
當至丞相於常山長廣二王（孝昭武成二帝初封常山長廣王）並亦貴
而各私指之至石動統曰此弄癡人至供膳曰正得好飲食而
已二王嘗爲高歸彥相曰位極人臣但莫反歸彥曰我何爲反二
曰不然公有反骨王謂其妻曰殿上者不過二年妻以告舍人
斛斯慶慶以啓帝帝怒召之王每照鏡自言當兵死及被召謂
其妻曰我今去不廻若得過日午時或當得活既至正中遂
斬之

徐之才幼而雋發號爲神童劉孝綽嘗云徐郎燕頷有班定遠之相後至左僕射

崔冏字法峻幼好學汎覽經史多伎藝尤工相術爲鴻臚卿武平六年從駕在晉陽嘗語中書侍郎李德林云此日看高相王以下文武官人相表俱盡其事口不忍言唯第一人更應富貴當在他國不在朝吾亦不及見也其精妙如此

後周閔帝初九歲封略陽郡公時有善相者史元華見帝退謂所親曰此公子有至貴之相但恨其壽不足以稱之爾

辛昂字進君年數歲便有成人志行有善相人者謂其父仲略曰公家雖出載冠冕然名德富貴莫有及此兒者仲略亦重昂志氣深以爲然後至驃騎將軍開府儀同三司

李賢幼有志節不妄舉動嘗出游逢一老人鬚眉皓白謂曰我八十觀士多矣未有如卿卿必爲台牧努力勉之後至大將軍



隋高祖初仕後周爲右小宮伯明帝嘗遣善相者趙昭視之昭詭對曰不過作柱國爾既而陰謂高祖曰公當爲天下君必大誅殺而後定善記鄙言

來和字弘順京兆長安人好相術所言多驗後周大冢宰宇文護引之左右由是出入公卿之門高祖微時來詣和相和待人去謂高祖曰公當王有四海及爲丞相拜儀同既受禪進爵爲子開皇末和上表自陳曰臣早奉龍顏自周代天和三年已來數蒙陛下顧問當時具言至尊膺圖受命光宅區宇此乃天授非由人事所及臣無勞効坐致五品二十餘年臣是何人敢不慚懼愚臣不任區區之至謹録陛下龍潛之時臣有所言一一得書之祕府死無所恨昔陛下在周嘗與永當公竇榮之語臣曰我聞有行聲即識其人臣當時即言公眼如曙無所不照當王有天下願忍誅殺建德四年五月周武帝在雲陽宮謂臣曰諸公皆汝所識隨公相禄何如臣報武帝曰隨公止是守節人可鎮一方若爲將領陣無不破臣即於東宮南奏聞陛下謂臣此語不戶明年烏丸軌言於武帝曰隨公非人臣帝尋以問臣臣知帝有疑臣詭報曰是節臣更無異相于時王誼梁彦光等知臣此語大象二年五月至尊從永巷東門入臣在永巷門東北面下問臣曰我得無災鄣不臣奏陛下曰骨法氣色相應天命已有付屬未幾遂總百揆上覽之大悅進位開府賜物五百段米三百石地十頃和同郡韓則嘗詣和相謂之曰後四五當大官人初不知所謂洎至開皇十五年五月而終人問其故和曰十五年爲三五加以五月爲四五大官槨也和言多此類著相經四十卷

韋鼎善相術初爲陳太府卿鼎嘗聘周與高祖相遇鼎謂高祖曰觀公容貌故非常人而神鑒深遠亦非群賢所逮也不久必大貴貴則天下一家歲一周天老夫當委質公相不可言願深自愛及陳平帝馳召之授上儀同三司待遇甚厚時蘭陵公主寡帝爲之求夫選親衛柳述及蕭瑒等以示於鼎鼎曰瑒當封



侯而無貴妻之相述亦通顯而守位不終帝曰位由我爾遂以主降述後除名卒年三十九

煬帝爲晉王時高祖密令善相者來和遍視諸子和曰晉王眉上雙骨隆起貴不可言

牛弘初在襁褓有相者見之謂其父曰此兒當貴善愛養之弘後爲僕射

趙綽爲大理少卿守法稱職高祖每謂綽曰朕於卿無所愛惜但卿骨相不當貴爾仁壽中卒官時年六十三帝爲之流涕

宇文述年十一時有相者謂述曰公子善自愛後當位極人臣述後至左衛大將軍參預朝政

李景爲馬軍總管配事漢王高祖奇其壯武使祖而觀之曰卿相表當位極人臣

齊王暕妃早卒遂與妃姊元氏婦通生一女外人皆不得知陰引喬令則於第內宴飲令相工遍視後庭相工指妃姊曰此產子

者當爲皇后貴不可言

唐高祖爲譙隴刺史善相者史良言於高祖曰公骨法非常必爲人主至於命也非所敢知久之良復遇高祖乃大驚曰骨法如舊年壽之相頓異昔時勿忘鄙言願深自愛高祖心益自負

郭引道初仕隋爲尚食奉御時高祖爲殿内少監深善之引道善相因言曰公天中伏犀下接於眉此非人臣之相願深自愛高祖取引道銀盆置之於地引弓射之謂引道曰向言有驗當一發中之既發應絃而中引道曰願令公事驗之曰賜賞金盆高祖大悦

太宗初四歲時忽有書生自言善相詣高祖曰公是貴人有大貴子因目太宗曰龍鳳之姿天日之表也公之貴以此兒後必由之而創功業年將二十必能濟世安民矣高祖聞其言甚懼及書生辭出使人捕欲殺之以滅口也而不知所在

乙弗弘禮貝州高唐人也隋煬帝居藩召令相已弘禮跪而賀



曰大王骨法非常必爲萬乘之主誠願誡之在德煬帝即位召天下道術人置坊以居之仍令弘禮統攝帝見海内漸亂玄象錯謬内懷憂恐嘗謂弘禮曰卿昔相朕其言已驗且占相道術朕頗自知卿更相朕終當何如弘禮逡巡不敢荅帝迫之曰卿言與朕術不同罪當死弘禮曰臣本觀相書凡人之相有類於陛下者不得善終臣聞聖人故知凡聖不同爾自是帝遣使監之不得與人交言初泗州刺史薛大鼎隋時嘗坐事没爲奴貞觀初與數人詣之弘禮次至大鼎曰君奴也欲何所相咸曰何以知之弘禮曰觀其頭目眞是賊人但不知餘處何如耳大鼎有慙色乃解衣視之弘禮曰看面不異前言占君自腰以下當爲方岳之任大鼎後歷五州刺史而卒其占相皆此類也貞觀末卒

馬周爲中書舍人岑文本謂人曰周爲肩火色騰上必速恐不能久爾未幾周卒

袁天綱益州成都人也尤工相術隋大業中爲資官令武德初蜀道使詹俊赤牒授火井令初天綱以大業元年至洛陽時杜淹王珪韋挺就之相天綱謂淹曰公蘭臺成就學堂寬博必得親糾察之官以文藻見知謂王曰公三亭成就天地相臨從今十年已外必得五品要職謂韋曰公面似大虎之面交友極成必得士友攜接初爲武職復語淹等二十年外終恐三賢同被責黜暫去即還淹尋遷侍御史武德中爲天策府兵曹文學館學士王珪爲太子中允韋挺隋末與隱太子友善後太子引以爲率至武德六年俱配流巂州淹等至益州見天綱曰袁公洛邑之言則信矣未知今日之後何如天綱曰公等骨法大勝往時終當俱受榮貴至九年被召入京共造天綱謂杜曰公當即得三品要職年壽非天綱所知王韋兩公在後當得三品官兼有年壽然晚途皆不稱愜韋公尤甚淹至未拜御史大夫檢校吏部尚書王珪尋授侍中出爲同州刺史韋挺歷御史大夫太



常卿貶授象州刺史皆如天綱之言大業末竇軌客遊德陽嘗來問天綱謂曰君額上伏犀貫玉枕輔角又成必於梁益州大樹功業武德初軌爲益州行臺僕射引天綱深禮之天綱又謂軌曰骨法成就不異往時之言然目氣赤脉貫瞳子語則赤氣浮面如爲將軍恐多殺人願深自誡慎武德九年軌坐事被徵將赴京謂天綱曰更得何官曰面上家人坐任未見動輔角右畔光澤更有喜色至京必承恩還來此其年果重授益州都督武士彠之爲利州也勑召天綱詣京師途經利州士彠使視其妻楊氏天綱曰夫人當生貴子乃盡召其子女視之見元慶元爽可至刺史終亦屯否見朝國夫人曰此女大貴不利其夫武后時襁褓衣男子之服乳母抱之而至天綱大驚令舉目瞻視又令提行而觀之曰此郎君龍睛鳳頸貴人之極也若是女後當爲天下主矣貞觀八年太宗聞其名召至九成宮時中書舍人岑文本令視之天綱曰舍人學堂成就眉覆過目文才振於

海內頭又生骨猶未大成若得三品恐是損壽之徵文本家至中書令尋卒其年侍御史張行成馬周同問天綱曰馬侍御伏犀貫頂後有玉枕文背如負物當富貴不可言近古已來君臣道合罕有如公者公面色赤命門色暗耳後骨不起耳無根只恐非壽者周後位至中書令兼吏部尚書年四十八卒謂行成曰公五岳四瀆成就下亭豐滿得官雖晚終居宰輔之地行成後至尚書右僕射天綱相人所中皆此類也中國公高士廉嘗謂曰君更作何官天綱曰自知相命今年四月盡矣果至是月而卒

高智周少時與來濟郝處俊孫處約同遊寓于楊州江都人石仲覽傾產以待文晉引相工兇滿等相工曰四人皆宰相也而石氏不及見焉然來早貴而末途屯躓高晚達而早致爲壽考夫速登者易顛徐進者少患天之道也仲覽貞觀末爲兵部郎中卒後而濟等乃貴皆如相工所言



劉仁軌初爲陳倉尉相工袁天綱謂曰君終當位鄰台輔年將九十後果如其言後至文昌左相同鸞臺鳳閣三品

蕭嵩初娶賀晦女與洛陽縣尉陸象先爲僚婿時嵩尚未入仕宣州夏榮稱有相術謂象先曰陸郎十年內位極人臣然不及蕭郎一門盡貴官位高而有壽時人未之許後果大貴嵩至太子太師象先至太子太保

蔣子慎與鄉人高智周善周詣善相者袒者謂智周曰明公位極人臣而嗣微弱蔣侯官祿至薄而子孫轉盛子慎後累年爲建安尉卒其子繪來謁智周已貴矣曰吾與子父有故子復有平同以女妻之永淳中爲緱氏尉鄭州司兵繪子挺舉進士開元中歷臺省仕至湖廷二州刺史子貴贈楊州大都督挺子冽渙並進士及第刺歷禮部戶部吏部三侍郎尚書左丞渙天寶末給事中永泰初右散騎常侍高氏誅滅已久果符相者之言

後唐周玄豹燕人世爲從事玄豹少爲僧其師有知人之鑒從遊十餘年苦辛無憚師知其可教遂傳其祕旨既長還鄉歸俗盧程寄褐嘗遊于燕與同志二人謁焉玄豹退謂鄉人張殷衮曰適二君子明年花發俱爲故人唯彼道士他年甚貴來歲二子果零落於趙魏間又二十年盧程登庸於鄴下後晉陽張承業信重之言事數中明宗時爲內衙都指揮使承業俾帝易衣列於諸校之下以他人詐之曰此非也玄豹指帝於末綴曰骨法非常此爲內衙太保歟或伏其異或問帝之前程唯云末後爲鎮州帥時懿皇后夏氏方事巾櫛有時悞旨大犯檟楚玄豹偶見之曰此人有藩侯夫人之位當生貴子赫怒因解其言竟驗太原察判司馬揆不同舍屆其居忽謂揆曰公五日之內奉使萬里未見迴期揆數日後酒酣坐爲衣領扼之而卒王都爲定州節度臨戎數年唯以慘毒爲務不敢並語周玄豹見之曰形若鯉魚難免刀机



王[illegible]少善貴得相術於奇士因事見末帝於私邸退謂人曰眞北天王相也位當至天子終則莫我知也

漢趙延壽少時有曰者云此官人豈止於是邪後必有兵甲大權位極列土人或詰云此人妍柔如女子安有大兵權乎俄領盟津許田汴水宋城連帥宣徽使樞密使兼領河陽清泰中復

周趙延乂世爲星官兼通三式而於象許之鑒尤長於氣色清泰末胡杲通爲司天監延乂專待詔內庭嘗與樞密學士呂琦同宿琦從容密問國家運祚延乂曰來年厄會之期俟過別論琦數詰不已延乂曰保邦在刑政保祚在福德於刑政則術士不敢言奈際會諸公罕有卓絕福德有下官實有恤緯之憯尋而晉高祖入洛翟光鄴權知永興軍齎華肥皆善於攝養趙延乂謂人曰翟君外厚而內薄雖貴而無壽竟如其言

冊府元龜卷八百六十

# 冊府元龜卷第八百六十一

## 總録部

### 筆札

自結繩既代迄于夏商蟲篆鳥迹以紀庶物其後篆籀殊蘢草隸間作蹕事变太簡華競逐世之學者研精極慮克臻其妙各自名家乃至馳聲於天臺流譽於絕域傑出於衆為時所珍自非心術之幽通天機之異莫又曷能窮墨妙之深致為藝圃之殊觀哉

漢陳遵為校尉性善書與人尺牘主皆藏去以為榮（去亦藏也）

後漢崔瑗為濟北相瑗子寔為尚書並善草書

張超為車騎將軍別部司馬善於草書妙絕時人世共傳之

張芝太常奐之子字伯英少持高操公車有道徵皆不至號張有道尤好草書學崔杜之法家之衣帛必書而後練臨池學書水為之黑下筆則為楷則號怱怱不暇草書為世所寶寸紙不



遺韋仲將謂之草聖也芝及弟昶字文舒並善草書先是杜伯度崔子玉以工草書稱于前代趙襲與羅暉拙書見蚩於芝芝頗自矜高與朱賜書云上比崔杜不足下方羅趙有餘也

孫敬少時書地學書書日進焉（楚國先賢傳曰孫敬好學常閉戶號為閉戶先生）

魏梁鵠字孟皇漢末師宜官隸書為最甚矜其能每書輒削焚其札鵠乃益為版而飲之酒候其醉而竊其札鵠卒以攻書至選部尚書太祖欲為洛陽令鵠以為北部尉鵠後依劉表及荊州平太祖募求鵠鵠懼自縛詣門署軍假司馬使在秘書以勤書自效公嘗懸帳中及以釘壁玩之謂勝宜官魏宮殿題署皆鵠書也

韋誕為郎中除武都太守以書不之郡轉侍中洛陽鄴許三都宮觀始就命誕銘題以為承制以御筆墨皆不任用因奏曰夫工欲善其事必先利其器用張芝筆左伯紙及臣墨兼此三具也得臣手乃可以逞徑丈之勢方寸千言

衛覬典著作好古文鳥篆隸草無所不善（文章敘録[illegible]）

劉廙為五官將文學文帝器之命廙通草書

胡昭字孔明養志不仕善史書與鍾繇邯鄲淳衛覬韋誕並有名尺牘之迹動見模楷焉

王淩為太尉少子明山最知名善書多技藝人得其書皆以為法

吳張紘為會稽東部都尉既好文學又善楷篆嘗與孔融書自書融遺紘書曰前勞手筆多篆書每舉篇見字欣然獨笑如復覩其人也

張昭字子布為輔吳將軍少善隸書

皇象字休明廣陵江都人幼工書時有張子並陳梁甫能書甫恨逋並恨峻象斟酌其間甚得其妙中國善書者不能及也

晉荀勗為光祿大夫領秘書監始書師鍾胡法（鍾繇胡昭也）

衛瓘為尚書令與尚書郎敦煌索靖俱善草書時人號為一臺二妙漢末張芝亦善草書論者謂瓘得伯英筋靖得伯英肉



瓘子常為黃門郎善草隸書為四體書勢曰昔在黃帝創制造物有沮誦倉頡者始作書契以代結繩蓋覩鳥跡以興思也因而遂滋則謂之字有六義焉一曰指事上下是也二曰象形日月是也三曰形聲江河是也四曰會意武信是也五曰轉注老考是也六曰假借令長是也夫指事者在上為上在下為下象形者日滿月虧效其形也形聲者以類為形配以聲也會意者止戈為武人言為信也轉注者以老壽考也假借者數言同字其聲雖異文意一也自黃帝至三代其文不改及秦用篆書焚燒先典而古文絕矣漢武時魯恭王壞孔子宅得尚書春秋論語孝經時人以不復知有古文謂之科斗書漢世秘藏希得見之魏初傳古文者出於邯鄲淳常祖敬侯（衛覬也）寫淳尚書後以示淳而淳不別至正始中立三字石經轉失淳法因科斗之名遂效其形大康元年汲縣人盜發魏襄王冢得策書十餘萬言案敬侯所書猶有髣髴古書亦有數種其一卷論楚事者最為工妙[illegible]

睹之故竭愚思以贊其美愧不足厠前賢之作冀以存古人之
象焉古無別名謂之字勢云黄帝之史沮誦倉頡眺彼鳥跡始
作書契紀綱萬事垂法立制帝典用宣質文著世爰暨暴秦消
天作虐大道既泯古文亦滅魏文好古世傳丘墳歷代莫發真
僞靡分大晉開元弘道敷訓天垂其象地耀其文乃耀粲矣其
章因聲會意類物有方日處君而盈其度月執臣而虧其旁
雲委蛇而上布星離離以舒光禾苯䔿以垂穎山嶽峨峨而
連岡蟲跂跂其若動鳥似飛而未揚觀其錯筆綴墨用心精專
勢和體均發止無間或守正循檢矩折規旋或方員靡則因事
制權其曲如弓其直如弦矯然特出若龍騰于川森爾下頹若
雨墜于天或引筆奮力若鴻鵠高飛邈邈翩翩或縱肆阿那若
流蘇懸羽靡靡緜緜是故遠而望之若翔風厲水清波漪漣就
而察之有若自然信黄唐之遺跡爲六藝之範先籀篆蓋其子
孫隸草乃其曾玄覩物象以致思非言辭之所宣昔周宣王時



史籀始著大篆十五篇或與古同或與古異世謂之籀書者也
及平王東遷諸侯力政家殊國異而文字乖形秦始皇帝初兼
天下丞相李斯乃奏益之罷不合秦文者斯作倉頡篇中車府
令胡毋敬作博學篇皆取史籀大篆或頗省改所謂小篆者或
曰下土人程邈爲衙獄吏得罪始皇幽繫雲陽十年從獄中作
大篆少者增益多者損減方者使員員者使方奏之始皇始皇
善之出以爲御史定書或曰邈所定乃隸字也自秦壞古文有
八體一曰大篆二曰小篆三曰刻符四曰蟲書五曰摹印六曰
署書七曰殳書八曰隸書王莽時使司空甄豐校文字部改定
古文復有六書一曰古文孔氏壁中書也二曰奇字即古文而
異者也三曰篆書秦篆書也四曰佐書即隸書也五曰繆篆所
以摹印也六曰鳥書所以書幡信也及許慎撰説文用篆書爲
正以爲體例最可得而論也秦時李斯號爲工篆諸山乃銅人
銘皆斯書也漢建初中扶風曹喜少異於斯而亦稱善邯鄲淳

師焉略究其妙韋誕師淳而不及也太和中誕爲武都太守以
能書留補侍中魏氏寶器銘題皆誕書也漢末又有蔡邕采斯
喜之法爲古今雜形然精密閑理不如淳也邕作篆勢曰鳥遺
跡皇頡循聖作則制斯文體有六篆爲真形要妙巧入神或龜
文鍼列櫛比龍鱗紓體放尾長短複身頹若黍稷之垂穎蘊若
蟲蛇之棼縕揚波振撆鷹跱鳥震延頸脅翼勢似凌雲或輕筆
内投微本濃末若絕若連似水露緣絲凝垂下端從者如懸衡
者如編杳杪邪趣不方不員若行若飛跂跂翾翾遠而望之象
鴻鵠羣游駱驛遷延迫而視之端際不可勝原研桑不能數其
詰屈離婁不能覩其隙間般倕揖讓而辭巧籀誦拱手而韜翰
處篇籍之首目粲斌斌其可觀摛華豔於紈素爲學藝之範先
嘉文德之弘懿愠作者之莫刋思字體之頫仰舉大略而論旃
秦既用篆秦事繁多篆字難成即令隸人佐書曰隸字漢因行
之獨府印璽幡作楷法至靈帝好書特多能者而師宜官爲最



大則一字徑丈小則方寸千言甚矜其能或時不持錢詣酒家
飲因書其壁顧觀者以酬酒討錢足而滅之每書輒削而焚其
柎梁鵠乃益爲版而飲之酒候其醉而竊其柎鵠卒以書至選
部尚書宜官後爲袁術將今鉅鹿宋子有耿球碑是術所立其
書甚工云是宜官也梁鵠奔劉表魏武帝破荆州募求鵠鵠之
爲選部也魏武欲爲洛陽令而以爲北部尉故懼而自縛詣門
署軍假司馬在秘書以勤書自效是以今者多有鵠手跡魏武
帝懸著帳中及以釘壁玩之以爲勝宜官今宮殿題署多是鵠
篆鵠宜爲大字邯鄲淳宜爲小字鵠謂淳得次仲法然鵠之用
筆盡其勢矣鵠弟子毛弘教於秘書今八分皆弘法也漢末有
左子邑小與淳鵠不同然亦有名魏初有鍾胡二家爲行書法
俱學之於劉德昇而鍾氏小異然亦各有巧今大行於世云作
隸勢曰鳥跡之變乃惟佐隸蠲彼繁文崇此簡易厥用既弘體
象有度煥若星陳鬱若雲布其大徑尋細不容髮隨事從宜靡

有常制或穹隆恢廓或櫛比鍼列或砥平繩直或蜿蜒膠戾或長邪角趣或規旋矩折脩短相副異體同勢奮筆輕舉離而不絶纖波濃點錯落其間若鍾簴設張庭燎飛煙嶄巖嵯峨高下屬連似崇臺重宇層雲冠山遠而望之若飛龍在天近而察之心亂目眩奇姿譎詭不可勝原研桑所不能計宰賜所不能言何草篆之足算而斯文之未宣豈體大之難覩將秘奧之不傳聊俯仰而詳觀舉大較而論旃漢興而有草書不知作者姓名至章帝時齊相杜度號善作篇後有崔瑗崔寔亦皆稱工杜氏殺字甚安而書體微瘦崔氏甚得筆勢而結字小疏弘農張伯英者因而轉精甚巧凡家之衣帛必書而後練之臨池學書池水盡黑下筆必爲楷則號怱怱不暇草書寸紙不見遺至今世尤寶其書韋仲將謂之草聖伯英弟文舒者次伯英又有姜孟穎梁孔達田彦和及韋仲將之徒皆伯英弟子有名於世然殊不及文舒也羅叔景趙元嗣者與伯英並時見稱於西州而矜巧



自與衆頗惑之故英自稱上比崔杜不足下方羅趙有餘河間張超亦有名然雖與崔氏同州不如伯英之得其法也崔瑗作草書勢曰書契之興始自頡皇寫彼鳥跡以定文章爰暨末葉典籍彌繁時之多僻政之多權官事荒蕪勦其墨翰惟作佐隸舊字是刪草書之法蓋又簡略應時諭指用於卒迫兼功并用愛日省力純儉之變豈必古式觀其法象俯仰有儀方不中矩員不副規抑左揚右望之若崎竦企鳥跱志在飛移狡獸暴駭將奔未馳或黝黭點䵬狀似連珠絶而不離畜怒怫鬱放逸生奇或凌邃惴慄若據槁臨危旁點邪附似蜩螗挶枝絶筆收勢餘綖糾結若杜伯揵毒緣巇騰蛇赴穴頭沒尾垂是故遠而望之摧焉若阻岑崩崖就而察之一畫不可移幾微要妙臨時從宜略舉大較彷彿若斯

索靖爲尚書郎與尚書令衛瓘俱以善草書知名武帝愛之瓘筆勝靖然有楷法遠不能及靖靖作草書狀其辭曰聖皇御世隨時之宜倉頡既生書契是爲科斗鳥篆類物象形叡哲變通意巧滋生損之隸草以崇簡易百官畢脩事業並麗蓋草書之爲狀也婉若銀鉤漂若驚鸞舒翼未發若舉復安蟲蛇虯蟉或往或還類婀娜以羸羸欻奮釁而桓桓及其逸遊盼向乍正乍邪騏驥暴怒逼其轡海水窊隆揚其波芝草蒲萄還相繼棠棣融融載其華玄熊對踞于山岳飛燕相追而差池舉而察之以似乎和風吹林偃草扇樹枝條順氣轉相比附窈嬈廉苫隨體散布紛擾擾以猗靡中持疑而猶豫玄螭狡獸嬉其間騰猿飛鼬相奔趣凌魚奮尾駭龍反據投空自竄張設牙距或若登高望其類或若既往而中顧或若倜儻而不群或若自檢於常度於是多才之英篤藝之彦役心精微耽此文憲守道兼權觸類生變離析八體靡形不判去繁存微大象未亂上理開元下周謹案騁辭放手雨行冰散高音翰厲溢越流漫忽班班而成章信奇妙之煥爛體磊落而壯麗姿光潤以粲粲命杜度運其指使



伯英迴其腕著絶勢於紈素垂百世之殊觀

李充爲丞相掾累遷中書侍郎善楷書妙參鍾索世咸重之

李式充從兄也爲侍中善楷隸

辛謐爲太子舍人兼散騎常侍工草隸書爲時楷法

王羲之爲右軍將軍會稽內史尤善隸書爲古今之冠論者稱其筆勢以爲飄若浮雲矯若驚龍羲之嘗詣門生家見棐几滑淨因書之真草相半後爲其父誤刮去之門生驚懊者累日又嘗在蕺山見一老姥持六角竹扇賣之羲之書其扇各爲五字姥初有愠色因謂姥曰但言是王右軍書以求百錢邪姥如其言人競買之他日姥又持扇來羲之笑而不答其書爲世所重皆此類也每自稱我書比鍾繇當抗行比張芝草猶當鴈行也曾與人書云張芝臨池學書池水盡黑使人耽之若是未必後之也羲之書初不勝庾翼郗愔及其暮年方妙嘗以章草答庾亮而翼深歎伏因與羲之書云吾昔有伯英章草十紙過江顛狽

遂乃去矢嘗歎妙迹永絶忽見足下答家兄書煥若神明頓還舊觀

王凝之羲之子也爲左將軍會稽内史亦工草隸

王獻之羲之弟也爲中書令始七八歲時學書羲之密從後掣其筆不得歎曰此兒後當復有大名嘗書壁爲方丈大字羲之甚以爲能觀者數百人後爲謝安長史安嘗問曰君書何如君家尊答曰故當不同安曰外論不爾答曰人那得知論者以爲羲之草隸江左中朝莫有及者獻之骨力遠不及父而頗有媚趣桓玄雅愛其父子書各爲一秩置左右以玩之

謝安字安石爲太保善行書

宋孔琳之爲祠部尚書以草書擅名

羊欣爲中書郎尤長隸書初欣年十二父不疑爲烏程令時王獻之爲吳興太守甚知愛之獻之嘗夏月入縣欣著新絹裙晝寢獻之書裙數幅而去欣本工書因此彌善

徐希秀爲游擊將軍世有學解亦閑篆隸正書貴[illegible]三寺碑即希秀書也

蕭思話爲中書令丹楊尹工書學於羊欣得草妙

南齊劉繪爲中書郎撰能書人名自云善飛白言論之際頗好矜衒

周顒爲國子博士少從外氏車騎將軍臧質家得衞恒散隸書法學之甚工文惠太子使顒書玄圃茅齋壁國子祭酒何胤以倒薤書求就顒換之顒笑而答曰天下有道丘不與易也

王僧虔爲尚書令善隸書初宋文帝見其書素扇歎曰非唯跡逾子敬（王獻之）方當器雅過之晉泰始中出爲吳興太守吳興秩中二千戶晉世王獻之善書爲吳興郡及僧虔又爲郡論者稱之昇明中爲尚書令嘗爲飛白書題尚書省壁曰圓行方止物之定質修之不已則溢高之不已則穨馳之不已則躓引之不已則迭是故去之宜疾當時稱美書以比座右銘及太祖即位與僧虔賭書畢謂僧虔曰誰爲第一僧虔曰臣書第一陛下亦第一（臣書人臣中第一帝書帝中第一）帝曰卿可謂善自爲謀矣示僧虔古迹十一秩就求能書人名僧虔得民間所有秩中所無者吳大帝吳景帝歸命侯書桓玄書及王丞相導領軍洽中書令珉張芝索靖衞伯儒張翼十二卷奏之又上羊欣所撰能書人名一卷又爲論書曰宋文帝書自云可比王子敬時議者云天然勝羊欣功夫少於欣王平南廙右軍叔過江右軍之前以爲最亡曾祖領軍書右軍去弟書遂不減吾變古制今唯右軍領軍不爾至今猶法鍾張亡從祖中書令書子敬云弟書如騎騾駸駸常欲度驊騮前庾征西翼書少時與右軍齊名右軍後進庾猶不分在荊州與都下人書云小兒輩賤家雞皆學逸少書須吾下當比之張翼王右軍自書表晉穆帝令翼寫題後答右軍當時不別久後方悟云小人幾欲亂真張芝索靖韋誕鍾會二衞並得名前代無以辨其優劣唯見其筆力驚異耳張澄當時亦呼有意郗愔章草亞於右軍郗嘉賓草亞於二王緊媚過其父桓玄自謂右軍之流論者以比孔琳之謝安亦入能書錄亦自重爲子敬書嵇康詩羊欣書見重一時親受子敬行書尤善正乃不稱名孔琳之書天然放縱極有筆力規矩恐在羊欣後丘道護與羊欣俱面受子敬故當在欣後范曄與蕭思話同師羊欣後小叛既失故步爲復小有意耳蕭思話書羊欣之影風流趣好殆當不減筆力恨弱謝綜書其舅云緊生起是得賞也恨少媚好謝靈運乃不倫遇其合時亦得入流賀道力書亞丘道護庾昕學右軍亦欲亂真矣又著書賦傳於世

王慈僧虔子也爲東海太守謝超宗嘗謂之曰卿書何當及虔公慈曰我之不得仰及猶雞之不及鳳也時人以爲名答（超宗靈運之子）

梁蕭[illegible]字德文爲尚書左丞善草隸書

王志初仕齊爲吏部尚書尚善草隸當時以爲楷法齊游擊將軍徐希秀亦號能書常謂志爲書聖

殷鈞字季和尚武帝女永興公主拜駙馬都尉善隸書爲當時
楷法南鄉范雲樂安任昉並稱賞之
劉孝綽爲湘東王記室少博涉羣書工於草隸飛白吳人范懷約
能隸書孝綽學其書殆過之也荆楚碑碣皆孝綽所書時有會稽謝
善勳能爲八體六文方寸千言京兆韋仲善飛白並在湘東王
府府中以孝綽懷約韋仲而減於善勳
蕭子雲爲侍中善草隸書爲世楷法自云善效鍾元常王逸少
而微變字體荅勅云臣昔不能拔賞隨世所貴規摹子敬多歷
年所年二十六著晉史至二王列傳欲作論語草隸法言不盡
意遂不能拍略論飛白一勢而已十許年來始見敕旨論書一
卷商略筆勢洞澈字體又以逸少之不及元常猶子敬之不及
逸少自此研思方悟隸式始變子敬全範元常逮爾以來自覺
功進其書迹雅爲高祖所重嘗論子雲書曰筆力勁駿心手相
應巧踰杜度美過崔寔當與元常並驅爭先其見賞如此百濟



國使人至建業求書逢子雲出爲東陽太守維舟將發使人於
渡次候之望船三十許步拜行前子雲遣問之荅曰侍中尺牘之
美遠流海外今日所求唯在名迹子雲乃爲停船三日書三十
紙與之
蕭特字世達子雲子也爲太子舍人亦善草隸高祖嘗謂子雲曰子敬
之書不及逸少近見特迹遂逼於卿
蕭乾子雲兄子也乾字思惕善隸書得叔父子雲之法仕陳爲
五兵尚書
到沆爲北中郎將諮議參軍勤學工篆隸
劉孝儀爲祕書監善草隸自以書似父乃變爲別體
陳蔡景歷好學善尺牘工草隸解褐諸王府佐
趙知禮爲右衛將軍善隸書
王彬字彥文爲祕書監好文章習篆隸與兄志俱有名時人爲之
語曰三真六草爲天下寶

蕭引爲金部侍郎善隸書爲當時所重宣帝嘗披奏事指引署
名曰此字筆勢翩翩似鳥之欲飛引謝曰此陛下假其毛羽耳
毛喜爲光祿大夫少好學善草隸
謝貞爲招遠將軍掌中宮管記初貞年十三工草隸蟲篆之書
徐僧權爲東宮通事舍人領祕書以善書知名
後魏谷渾字元沖道武時以善隸書爲內侍左右
崔玄伯潛之子也位至天部大人爵爲公尤善草隸行狎之書
爲世摹楷玄伯祖悅與范陽盧諶並以博藝著名諶法鍾繇悅
法衛瓘而俱習索靖之草皆盡其妙諶傳子偃偃傳子邈悅傳
潛潛傳玄伯世不替業故魏初重崔盧之書又玄伯之行押書
特精巧而不見遺跡
崔簡字沖亮玄伯子也一名覽爲中書侍郎參著作事好學少
以善書知名
崔浩玄伯子太興中爲著作郎道武以其工書常置左右浩既



工書人多託寫急就章從少至老初不憚勞所書蓋以百數必
稱馮代彊以示不敢犯國其謹也如此浩書體勢及其先人而
妙巧不如也世寶其迹多裁割綴連以爲模楷
崔衡字伯玉學崔浩書頗亦類焉獻文天安元年擢爲內祕
書中散班下詔命及御所覽書多其迹也
崔挺爲中書侍郎以工書受敕長安書文明太后父燕宣王碑
賜爵泰昌子
崔潛仕慕容暐爲黄門侍郎爲兄渾誄其手筆本草宣武初著
作佐郎王遵業買書於市而遇得之計誄至是將二百載寶其
書迹深藏祕之東魏武定中遵業子松年以遣黄門郎崔季舒
人多摹搨之左光祿大夫姚元標以工書知名於時見潛書爲
過於己也
江式爲殄寇將軍符節令以書文昭太后尊號謚冊特除奉朝
請仍符節令式篆體尤工洛京宮殿諸門板題皆式書也

江順和式兄子也爲征虜將軍亦工篆書先是太和中兗州人沈法會能隸書宣武之在東宮敕法會侍書已後隸迹見知於閭里者甚衆未有如崔浩之妙

盧淵爲秘書監自遠祖志法鍾繇書傳業累世有能名至邈以上兼善草迹淵習家法代京宮殿多所題白馬公崔玄伯亦善其世傳衛瓘體魏初工書者崔盧二門

北溫子昇爲上黨太守善書

李思穆爲營州刺史工草隸爲當時所稱

竇遵爲尚書郎善楷篆北京諸碑及臺殿樓觀宮門題署多遵書也

柳僧習善隸書敏於當世爲裴植征虜府司馬

劉仁之粗涉書史眞草筆迹頗號工便尉元明引爲御史

裴敬憲爲太學博士學博才清工隸草書

高遵爲中書侍郎頗有筆札詔長安刊燕宣王廟碑進爵安昌子



郭祚爲雍州刺史少習崔浩之書尺牘文章見稱於世

劉懋爲太尉司馬善草隸多識奇字

王由爲給事中東萊太守有文才尤善草隸

北齊杜弼爲征虜府墨曹參軍典管記尤長於筆札每爲時輩所推

蕭愨好學攻草隸書爲南士中稱爲長者歷著作佐郎待詔

趙仲將爲散騎常侍學涉羣書善草隸雖與弟書書字楷正云草不可不解若施之於人即似相輕易若當家卑幼又恐其疑所在宜爾是以必須隸筆

源彪字那延爲黃門郎善草隸書

張景仁幼孤家貧以學書爲業遂工草隸書選補內書生與魏郡姚元標潁川韓毅同郡袁買奴滎陽李超等齊名世宗並引爲賓客天保八年敕教太原王紹德書除開府行參軍後主在東宮世祖選善書人性行淳謹者令侍書景仁遂被引擢小心恭慎後主愛之呼爲博士

劉顗好文學工草書爲司空功曹待詔文林館

後周王褒字子淵初在梁爲國子祭酒蕭子雲褒之姑夫也特善草隸褒少以姻戚去來其家遂相模範俄而名亞子雲並見重於世

趙文深字德本爲太祖丞相府法曹參軍少學楷隸雅有鍾王之則筆勢可觀當時碑牓唯文深及冀儁而已平江陵之後王褒入關貴遊等翕然並學褒書文深之書遂被遐棄文深慚恨形於言色後知好尚難反亦改習褒書然竟無所成轉被譏議謂之學步邯鄲焉至於碑牓餘人猶莫之逮王褒亦每推先之宮殿樓閣皆其跡也遷縣伯下大夫加儀同三司世宗令至江陵書景福寺碑漢南人士亦以爲工梁主蕭詧觀而美之賞遺甚厚天和元年露寢等初成文深以題牓之功增邑二百戶除趙郡守文深雖居外任每須題牓輒復追之



隋竇慶頗工草隸官至河東太守

房彥謙爲司隸刺史善草隸人有得其尺牘者皆寶玩之

閻毗爲殿內少監能篆書草隸尤善爲當時之妙

唐楊師道爲中書令少善草隸

虞世南爲秘書監同郡沙門智永善王羲之書世南師焉妙得其體由是聲名籍甚

歐陽詢爲太子率更令初學王羲之書後更漸變其體筆力險勁爲一時之絕時人得其尺牘文字咸以爲楷範焉其八分龍爪古篆世無及之飛白亦妙議者方於蕭子雲高麗甚重其書嘗遣使求之高祖歎曰不意詢之書名遠播夷狄彼觀其跡固謂其形貌魁梧也

褚遂良爲尚書右僕射博學文史尤工隸草父友歐陽詢甚重之太宗嘗謂魏徵曰虞世南死後無人可與論書徵曰褚遂良下筆遒勁甚得王逸少體太宗即日召令侍書太宗嘗出御府

金帛購求王羲之書跡天下爭齎古書詣闕以獻當時莫能辨其真偽遂良備論所出一無舛誤自是漸承恩遇每事顧問之

裴行儉為吏部侍郎工草書高宗以絹素百卷令寫文選一部嘗謂人曰褚遂良非精筆佳墨未嘗輒書不擇筆墨而研捷者唯余及虞世南耳行儉撰草書雜體數萬言並傳於代

王方慶為鸞臺侍郎同鳳閣鸞臺平章事家多書籍則天嘗訪求右軍遺跡方慶奏曰臣十代從伯祖羲之書先有四十餘紙貞觀十二年太宗購求先臣並已進之唯有一卷見在今又進臣十一代祖導十代祖洽九代祖珣八代祖曇首七代祖僧綽六代祖仲寶五代祖騫高祖規曾祖褒并九代三從伯祖晉中書令獻之已下二十八人書共十卷則天御武成殿示羣臣仍令中書舍人崔融為寶章集以敘其事復賜方慶當時甚以為榮

鍾紹京初為司農錄事以工書直鳳閣則天時明堂門額九鼎銘及諸宮殿門牓皆紹京所題



王知敬則天時為麟臺少監以工書知名

盧藏用少有學業頗善籀篆楷隸隱於嵩山

薛稷尤工隸書自貞觀永徽之際虞世南褚遂良書跡後罕繼者稷外祖魏徵家富圖籍多有虞褚舊跡稷銳精模倣筆力遒麗當時無及之者終為太子少保

韋陟為吏部尚書少有文彩與弟斌篤志勤學以筆札知名

賀知章為祕書監善草隸好事者供其牋翰每紙不過數十字共傳寶之時有吳郡張旭亦與知章相善旭尤善草書而好酒每醉後號呼狂走索筆揮灑變化無窮若有神助時人號為顛知章好與旭遊於人間每見人家廳館好牆壁及屏障忽忘機興發落筆數行如蟲篆飛走雖古之張索不如也就旭稍過於知章

張廷珪為太子詹事素與陳州刺史李邕親善邕所撰碑碣必請廷珪八分書之甚為時人所重

顏真卿字清臣琅邪臨沂人五代祖之推北齊黃門侍郎真卿少勤學業有文詞工書官至太子太師

徐浩肅宗時為中書舍人浩屬詞贍給又工楷隸

韓滉字太沖少好學弱冠強學尤工書位至檢校僕射平章事封晉國公

袁滋工篆籀雅有古法元和中為中書侍郎平章事

柳公權初為夏州李聽掌書記穆宗即位入奏事召見謂之曰我於佛寺見卿筆跡思之久矣即日拜右拾遺充翰林侍書學士公權初學王書徧閱近代筆法體勢勁媚自成一家當時公卿大臣家碑板不得公權手筆者人以為不孝外夷入貢皆別署貨貝曰此購柳書上都西明寺金剛經碑備有鍾王歐虞褚陸之體尤為得意文宗夏日與學士聯句公權詩曰薰風自南來殿閣生微涼文宗諷此兩句令公權題於殿壁字方圓五寸帝視之歎曰鍾王復生無以加焉大中初轉少師中謝日宣宗召



外殿御前書三紙軍容使西門季玄捧硯樞密使崔巨源過筆真書十字曰衛夫人傳筆法於王右軍一紙行書十一字曰永禪師真草千字文得家法草書八字曰謂語助者焉哉乎也賜錦綵瓶盤等銀器仍令自書謝狀勿拘真行帝尤奇惜之

裴潾為兵部侍郎少篤學善隸書

盧知猷為太子太師尤工書落簡飛翰人爭模倣

周馬裔孫為太子詹事嗜八分書題尺訓答必札其讀

楊凝式以右僕射致仕凝式善於筆札居壁畫牆之間往往於其題紀

冊府元龜卷第八百六十一

冊府元龜卷第八百六十二

總録部一百一十二

## 起復

喪從宜制緣情之禮斯在恩由義斷移孝之文足徵故晉侯始墨以從戎子騫衰絰而服事奪情順變其來尚矣西漢而下則有居丞弼之任亮釆辛邦家處爪牙之權式遏於寇略以至引籍於扃禁彰纓於文陛奄丁艱疚聿去班列繇是舉茲舊典復其舊貫君乃賜予優渥存問周至斯又示優賢之旨勉徇公之節者已

漢翟方進成帝時為丞相以後母終既葬三十六日除服起視事以為身備漢相不敢踰國家之制（漢制自文帝遺詔之後國家遵以為常大功十五日小功十四日緦麻七日方進自以大臣故云不敢踰制）

後漢趙憙明帝時代虞延行太尉事後遭母憂上疏乞身行喪禮帝不許遣使者為釋服賞賜恩寵甚渥

耿恭永平中為騎都尉恭母先卒追行喪制有詔使五官中郎將齎牛酒釋服

張酺和帝時為太尉父卒既葬詔遣使齎牛酒為釋服

桓榮字叔元順帝時為太傅以母憂自乞聽以大夫行喪踰年詔使者賜牛酒奪服即拜光祿大夫

晉賈充文帝時為侍中以母憂去職詔遣黃門侍郎慰問又以東南有事遣典軍將軍楊囂宣諭使六旬還內

鄭默武帝時為散騎常侍以父喪去官尋起為廷尉

山濤為太常遭母喪歸鄉里武帝詔曰吾所共致化者官人之職是也方今風俗陵遲人心搖動宜崇明好惡鎮以退讓山太常雖居諒闇情在難奪方今務殷何得遂其志邪其以濤為吏部尚書濤辭以喪病章表懇切會元皇后崩遂扶輿還洛逼迫詔命自力就職

張華拜中書令後加散騎常侍遭母憂哀毀過禮中詔勉勵逼令攝事



傅咸北地泥陽人也惠帝時為御史中丞本郡中正遭繼母憂去官頃之起以議郎長兼司隸校尉咸前後固辭不聽勑使者就拜咸復送還印綬公車不通催使攝職咸以身無兄弟喪祭無主重自陳乞乃使於官舍設靈坐咸又上表曰臣既駑弱不勝重任加在哀疚假息日闋陛下過意授非所堪披露丹款歸窮上聞謬詔既往終然無改臣雖不能滅身以全禮義無顏黙然忝隆寵前受嚴詔視事之日私心自誓隕越為報以貲賂流行所宜深絕切勑都官以此為先而經涉日月未有所得斯由陛下有以獎厲憲臣於愚戇將必死繫故自擢擢以遂其鎰耳在職有日既無赫赫之舉又不應弦垂翅人謂復傳故光祿大夫劉毅為司隸糾聲震內外遠近清肅非徒毅有一正臣匪躬之節亦由所奏見從威風得伸也詔曰但當思必應繩中理威風自伸何獨劉毅也

晉閻元帝時為丞相從事中郎以母憂去職喪未葬元帝踰起之闓固辭疾篤優命敦逼遂起視事

桓石虔孝武時為冠軍將軍南頓太守以父憂去職尋而苻堅又寇淮南詔曰石虔文武器幹御戎有方古人絕哭金革無避況在餘哀豈得辭事可冠軍將軍南平太守

司馬元顯會稽王道子之世子道子妃薨去職下詔曰會稽王道子元顯夙令光懋乃心所寄誠孝性蒸蒸至痛難奪然不家事辭王事陽秋之明義不以私限違公制中代之變禮故閔子要絰山王逼屈良以至感由中軌容著外有禮無時賢哲斯順須妃葬畢可居職如故

宋毛循之武帝時為右將軍居父憂時盧循逼京邑循之服未除起為輔國將軍尋加宣城內史戍姑孰

王誕為吳國內史以母憂去職武帝征劉毅起為輔國將軍誕固辭軍旅墨絰從行

劉粹爲江夏相母憂去職俄而武帝討司馬休之起粹爲寧朔
將軍竟陵太守統水軍入沔
徐湛之會稽公主子也湛之還冠軍將軍丹陽尹進號征虜將
軍加散騎常侍以公主憂不拜過葬復授前職湛之表啟固辭
又詣廷尉受罪武帝詔獄官勿得受然後就命固辭常侍許之
殷景仁文帝元嘉中爲侍中丁母憂葬竟起爲領軍將軍固辭
詔使綱紀代拜中書舍人周赳輿載還府
顔竣孝武時代謝莊爲吏部尚書領太子左衛率未拜丁憂起
爲右將軍丹陽尹如故
沈懷明明帝泰始初居父憂起爲建威將軍東征南討有功封
吳興縣子食邑四百户
袁粲後廢帝初爲尚書令元徽元年十一月母憂去職十二月
還攝本任加號衛將軍
褚淵爲中書監護軍將軍元徽四年十一月母憂去職十一月詔



攝本任
南齊崔慧景爲冠軍將軍司州刺史母喪詔起復本任
蕭景先爲侍中兼領軍將軍遭母喪詔起爲領軍將軍
蕭赤斧爲長兼侍中祖母喪去職起爲冠軍將軍寧蠻校尉
張敬兒爲南陽太守遭母喪還家朝廷疑桂陽王休範密爲之
備乃起敬兒爲寧朔將軍越騎校尉
楊公則爲扶風太守武帝永明中母憂去官雍州刺史陳顯達
起爲寧朔將軍復領太守
梁沈約爲侍中遭母憂起爲鎮軍將軍丹陽尹置佐史
丘仲孚初仕齊爲于湖令有能名以父喪去職明帝即位起爲
烈武將軍曲阿令仲孚入梁爲江夏太守行郢州州府事遭母
憂起攝職
鄭紹叔爲衛尉卿以母憂去職紹叔有至性高祖常使人節其
哭頃之起爲冠軍將軍右軍司馬

繇譪爲龍陽相以父憂去職吏民詣州請之葬訖起焉
夏侯夔爲右衛將軍丁所生母憂去職時魏南兗州刺史劉明
以譙城入附詔遣鎮北將軍元樹帥軍應接起夔爲雲麾將軍
韋粲爲步兵校尉入爲東宮領直丁父憂去職尋起爲招遠將
軍復爲領直
謝徵爲鴻臚卿高祖中大通元年以父喪去職續又丁母憂詔
起爲貞威將軍還攝本任服闋除尚書左丞
沈瑀爲尚書駕部郎兼右丞以母憂去職起爲振武將軍餘姚令
陳姚察爲建安王諮議參軍丁憂去職俄起爲戎昭將軍知
撰梁史事固辭不免轉太子僕父凶問自長安到江南察母喪
制始除後主應加毀頓遣使誡諭尋以忠毅將軍起兼東宮通
事舍人察志在終喪頻有陳讓並抑而不許又進表其略曰臣
私門釁禍備罹殃罰偷生晷漏冀申情禮而瘵疾相仍且桑榆
質非復人流將畢苫廬豈期朝恩曲覃被之纓紱宮闈奧遠



奏便繁華可以藝充殿所宜切須伏願至德孝治矜其理奪使
殘魂喘息以遂餘生詔答曰省表具懷卿行業淳深聲譽是顯
理恂情禮未奪刀筆但參務承華良所期寄允茲揀奪不得致
辭也陳亡入隋爲秘書丞丁後母杜氏喪解職仁壽二年詔曰
前祕書丞北絳郡開國公姚察強學待問博極羣典脩身立德
白首不渝雖在哀疚宜奪情禮可員外散騎常侍侯安都遷司
空征北將軍南徐州刺史父文捍爲始興內史卒於官世祖徵
安都還京師爲發喪尋起復本官
徐儉後主立授和戎將軍宣惠晉熙王長史行丹陽郡國事俄
以父憂去職尋起爲和戎將軍
周確爲東宮通事舍人丁母憂去職及歐陽紇平越起爲中書
舍人命於廣州慰勞服闋爲太舟卿歷太子中庶子尚書左丞
太子令以父憂去職尋起爲貞威將軍吳令確固辭不之官
謝貞爲南平王友以母憂去職頃之勑起還府仍加招遠將軍

掌詔室貞素昝固辭勑報曰省啓具懷雖知哀疚在疚而官俟
得才禮有權奪可便力疾還府也貞哀毀羸瘠終不能之官令
後魏陽平王新成長子頤累遷懷朔鎮大將都督三道諸軍事
北討不發遭母憂孝文詔遣傳詔侍臣以金華敦諭既殯而發
趙郡王幹太妃韓氏薨孝文詔曰季代多務情緣理奪幹既居
要任銓衡是荷豈容遂其私志致曠所司可遣黄門郎敦諭令
勉從王事朕尋當與之相見拜使持節都督南豫郢東荊三州
諸軍事征南大將軍開府豫州刺史
元英爲梁州刺史父憂解任孝文討漢陽起英爲左衛將軍
于忠爲左中郎將以父憂去職未幾起復本官遷司空長史
寇臻爲中川太守孝文初母憂未闋以常農大盜張煩等謀害良
善徵爲都尉與荊州刺史公孫初頭等追剪之拜振武將軍
陸叡爲尚書令衛將軍尋以母憂解令孝文將有南伐之事以
本官起之改授征北將軍叡固辭請終情禮詔曰叡猶執私痛
致違從者金革方馳何宜固遂也加領衛尉可重勑有司速令
敦諭
崔遊爲涼州刺史以母憂解任正光中起除右將軍南秦州刺
史固辭不免
張彝爲黄門母憂解任孝文幸冀州遣使弔慰詔以驍騎將軍
起之還復本位
奚康生爲南青州刺史遭母憂蕭衍遣將宋黑率衆寇擾彭城
詔起康生爲別將持節假平南將軍領南青州諸軍擊走黑遷涇州
刺史遭父憂起爲平西將軍西中郎將
辛雄爲尚書三公郎公能之名甚盛以母憂去任卒哭右僕射
元欽奏雄起復爲郎
高恭之字道穆莊帝初爲太尉長史領中書舍人遭母憂去職
帝令中書舍人温子昇就宅弔慰詔攝本任表辭不許
沈溺爲都水使者丁母憂去職值義陽初復起紀除寧遠將軍



郢州龍驤府長史帶義陽太守
泉企爲豐陽令以母憂去職縣中父老表請留之勤詔許之起復
本任加討寇將軍
樊子鵠爲驃騎大將軍遭母憂去職前廢帝聞其在洛無宅凶
費不周賚絹四百匹粟五百石以本官起之
令狐熙爲小駕部河陰之役詔令墨縗從事還授職方下大夫
襲爵彭陽縣公
北齊斛律光太師金之長子爲司徒太將軍天統三年六月父
喪去官其月詔起光及其弟羨並復前任
斛律羨太師金之子爲幽州行臺僕射丁父憂去官與兄光並
被起復任還鎮燕薊
高隆之爲侍中尚書右僕射丁母艱解任尋詔起爲并州刺史
封子繪爲中書舍人丁母憂解職尋復本任兼大行臺吏部郎中
以父喪去職高祖西討起爲大都督領冀州兵赴鄴
趙彦深爲司徒丁母憂尋起爲本官
封孝琰爲祕書郎文宣天保元年爲太子舍人出入東宫甚有
令望丁母憂解任除晉州法曹參軍尋徵還復除太子舍人
崔擔初爲相府司馬天保初兼并省吏部郎中尋丁父憂起爲
司徒屬
崔季舒天保初爲侍中兼左僕射大被恩遇乾明初楊愔以文
宣遺旨停其僕射遭母喪解任起服除光禄勳兼中兵尚書
後周獨孤信拜領軍將軍仍從復弘農破沙苑改封河內郡公
仕魏中有信親屬始得父凶問乃發喪行服尋起爲大都督在
魏右歲父喪求還朝文帝不許或有自東魏來者又告其母凶
問信發喪行服陳哀請終禮制又不許於是追贈信父庫者司
空公追封信母費連氏常山郡
梁彦光爲少馭下大夫母憂去職毀瘁過禮未幾起令視事帝
見其毀甚嗟歎久之頻蒙慰諭

王謙太保雄之子以父功累遷驃騎大將軍開府孝閔踐阼雄
從晉公護東討爲齊人所斃朝議以謙父殞身行陣特加殊寵
乃授謙柱國大將軍以情禮未終固辭不拜高祖手詔奪情襲
爵庸公邑萬戶
崇祐爲大都督原州刺史遭父憂請終喪紀弗許遷車騎大將
軍儀同三司
于翼爲司會中大夫遭父憂過禮爲時輩所稱尋有詔起令視事
泉仲遵爲三荊二廣十三州諸軍事行荊州刺史尋遭母憂請
終喪制不許
李德林爲通直散騎侍郎丁母艱去職勺飲不入口五日朝廷
嘉之縗滿百日奪情起復德林以羸病屬疾請急罷歸
隋韋壽祐仕後周武爲京兆尹以父喪去職高祖受禪起令視事
于宣道爲內史舍人丁父憂水漿不入口者累日獻皇后每令
中使敦諭歲餘起令視事免喪拜車騎將軍



賀婁子幹爲雲州刺史以母憂去職朝廷以榆關作鎮非子幹
不可尋起視事
韋世康爲吏部尚書丁父憂去職未朞起令視事世康固請乞
終私制帝不許
韋沖爲石州刺史以母憂去職俄而起爲南寧州摠管持節撫
慰復遣柱國王長述以兵繼進沖上表固讓詔曰西南夷裔屢
有生梗每相殘賊朕甚愍之已命戎徒清撫邊服以開府器幹
堪濟謀略英遠軍旅事重故以相任知在艱疚日月未多金革
奪情義有通式宜自抑割即膺往旨
杜整之爲左武衛將軍在職數年以母憂去職起令視事
高熲爲左領軍大將軍母憂去職二旬起令視事熲流涕辭讓
優詔不許
柳述冀州刺史機之子爲兵部尚書丁父艱去職未幾起攝給
事黃門侍郎事襲爵建安郡公

蘇威拜尚書左僕射其年以母憂去職柴毀骨立上勅威曰公
德行高人情寄殊重大孝之道蓋同俯就必須抑割爲國惜身
朕之於公爲君爲父宜依朕旨以禮自存未幾起令視事固辭
優詔不許
宇文弼以爲并州刺史俄以父艱去職尋詔起之
張衡爲揚州掾以母憂去職歲餘起授揚州總管司馬賜物三
百段
崔仲方爲司農少卿以父艱去職未朞起爲虢州刺史大業中
爲上郡太守以母憂去職歲餘起爲信都太守
柳或爲尚書虞部侍郎以母憂去職未幾起爲屯田侍郎固讓
弗許
樊子蓋爲嵩州刺史母憂去職未幾起授齊州刺史固讓不許
孟胄詵爲尚書右丞以母憂去職未幾起令視事
陳孝意煬帝大業中爲御史以父憂去職未朞起授雁門郡丞
在郡菜食齋居朝夕哀臨每發聲未嘗不絕倒柴毀骨立見者
哀之



辛公義爲內史侍郎丁母憂未幾起爲司隸大夫
虞世基遷內史侍郎以母憂去職哀毀骨立有詔起令視事拜
見之日殆不能起帝令左右扶之哀其羸瘠詔令進肉世基食
輒悲哽不能下帝使謂之曰方相委任當爲國惜身前後敦勸者
數矣帝重其孝親禮逾厚專典機密
閻毗有巧思爲殿內丞帝深委信之尋以母憂去職未朞起令
視事
郎茂爲民部侍郎數歲以母憂去職未朞起令視事
唐劉德威爲檢校雍州別駕從齊州推齊王祐祐殺長史權萬
紀德威却據濟州遣使以聞詔德威便發河南兵馬經略會遭
母憂哀毀殆不勝喪十八年起爲遂州刺史
薛萬徹爲車騎將軍母憂去職俄起爲右衛將軍

劉師立貞觀中檢校岷州都督丁母憂去職岐州父老上表請留之太宗下優詔不許赴哀令吏聽從起兼岷州都督

房玄齡授太子太傅遭繼母喪去官尋有詔敦勉起復司空太傅知門下省事

武敏之爲左侍極兼蘭臺太史丁母憂奪情授本官

李敬玄爲司列少常伯家艱去官八月奪情爲西臺侍郎仍檢校右中護司列少常伯同爲西臺三品

歐陽通爲吏令詢之子儀鳳中遷中書舍人襲封渤海縣男丁母憂去職尋起復本官每入朝必徒跣至皇城門外及直在省則席地藉藁非公事不言亦未嘗啓齒歸家必衣縗絰號慟無常自武德已來起復而能哀感合禮者無如通比

王勮則天長壽中爲鳳閣舍人兼知弘文館學士丁母憂解官尋起復本職

張說爲工部侍郎說丁母憂起復授黃門侍郎說上表曰臣一心



臣早孤母氏慈訓得紹基構忝列簪纓自縻從官歷年晨昏多闕揣躬□齋雖別又苦顧復無答蓼莪何追心所摧感語不能論甫至冬今禮及祥禫今已春暮贈言幾何是臣事朝廷日長戀凡進日短今寢嚴命許遂私情誓衣析天祈望矜遂手制答曰御操列寒松松横勁草累遷臺閣風播聲歎不屈二兇之威獨全一至之節每念嘉歎與寤寐但青瑣位隆黃樞寄切奚奪盖歷之禮權居審省之曹朝命已行即宜斷表又云所表固辭言甚切至優制方許焉是時人多趨競或以起復爲榮而說能固節懇辭竟終其喪制自是大爲有識者所稱

馬泰客爲左散騎常侍丁母喪解職泰客既常陰通禁掖故居喪纔旬日餘又起復本職

邠王守禮爲前光祿卿丁母憂起復左金吾衛將軍

盧懷慎爲中書侍郎丁母憂起復檢校兵部侍郎

嗣虢王邕爲沂州刺史丁母憂起復爲衛尉卿

皇甫翼爲潞州大都督府長史以家艱去職起復爲揚州大都督府長史充淮南道採訪使

陸象先爲刑部尚書以繼母喪免官起爲同州刺史

韓休爲禮部侍郎兼知制誥出爲虢州刺史歲餘以母艱去職尋起復爲左庶子兼知制誥累表乞終喪制詞甚懇至許之服闋除工部侍郎仍知制誥

王鉷爲御史中丞充京畿關內採訪處置使并戸口色役等使鉷丁家艱起復行御史中丞使並如故

呂諲爲武部侍郎同中書門下平章事以肅宗乾元二年十月丁母憂十二月起復權知門下省事兼判度支事又加充句當度支使

渾瑊爲右武鋒使隸郭子儀會瑊父釋之戰死起復本官爲朔方行營左廂兵馬使

郭英乂爲右羽林軍大將軍加特進以家艱去職時選將帥某討逆賊史思明乃以英乂起復爲陝州刺史充陝西節度潼關防禦使尋加御史大夫兼神策軍節度使



衛伯玉爲荆南節度使江陵尹代宗大曆五年以母憂去職故命殿中監王昂代之王昂既行伯玉諷荆南大將楊休等拒昂昂乞留伯玉優詔許之乃起復本官

令狐彰爲滑亳節度觀察等使大曆三年夏丁母憂起復本官使如故

侯希逸爲檢校尚書右僕射淮揚郡王白孝德爲檢校刑部尚書昌化郡王並以私艱去職大曆十一年九月並復舊官

李涵高平王道立曾孫也有名宗室寶應元年初平河朔選涵左庶子兼中丞河北宣慰使丁母憂起復本官而往每至州縣郵驛公事之外都不發言蔬飯飲水席地而息使還固請罷官終喪制代宗以其毀瘠許之

嚴郢爲鳳州刺史丁母憂起復本官仍充興鳳兩州團練使

吳湊章敬皇后弟為金吾將軍大曆末丁繼母憂罷德宗建中初出為起復為右衛將軍兼通州刺史

李元諒為鎮國軍節度使丁母憂加右金吾上將軍起復本官

樊澤為襄州節度使丁母憂起復舊任

楊朝晟為邠寧節度丁母憂起授左金吾大將軍同正邠州刺史御史大夫

李納為淄青節度使檢校司徒平章事丁家艱貞元三年夏起復左金吾上將軍同正餘如故

駱元光以前華州潼關節度使檢校尚書右僕射元光丁家艱貞元三年夏起復為右金吾上將軍同正餘如故

劉玄佐前宣武軍節度檢校司空平章事遭丁家艱貞元四年起復左金吾上將軍同正

劉濟為幽州節度使丁家艱貞元四年八月起復左衛上將軍餘如故



王武俊為成德軍節度使檢校司徒平章事遭家艱貞元五年四月起復右金吾上將軍餘如故 杜佑為淮南節度使檢校禮部尚書丁母憂貞元六年起復左金吾大將軍同正餘如故

劉廷保為左神策大將軍遭內艱貞元九年十一月起復本官檢校官賜以終喪也 路恕為檢校左庶子兼達州刺史貞元十一年八月起復左衛將軍同正兼洪州刺史兼御史中丞江南西道都團練觀察使 張茂昭孝忠之子貞元中為定州刺史充北平軍使是歲孝忠卒于位詔茂昭起復左衛大將軍同正員充義武軍節度使累遷僕射司空又丁母谷氏憂貞元十二年四月起復左金吾衛大將軍餘如故

張茂宗茂昭之弟貞元中許尚主以主幼待年茂宗母亡遺命請結嘉禮德宗念茂昭之勳詔曰古稱俯就是謂通變恩之所加禮亦有變銀青光祿大夫前行光祿少卿員外置同正員駙馬都尉張茂宗華胄恭仁温良秉茂宜主下嫁之命式寵禮儀之家須屬待年俄聞在疚以其倚門之訓且在遺言絲綸之寄當從權元從俾終秩於環衞以承榮於湯沐可雲麾將軍起復左衞將軍員外置同正員駙馬都尉諫官蔣乂等上疏以為自古未有起復尚主者德宗曰卿所言者禮也今人家皆有借吉成婚嫁者卿何苦諫乂復執奏德宗不納

田季安為魏博節度副使試光祿少卿兼御史大夫貞元十二年八月起復左金吾衞將軍同正兼魏博等節度營田觀察使依前兼御史大夫又丁母憂元和元年九月起復為左金吾衞上將軍餘並如故

李師古為平盧淄青節度等使丁母憂貞元十二年十月起復左金吾衞大將軍同正餘如故

楊朝晟為邠寧慶節度支度營田觀察使邠州刺史丁母憂貞元十三年二月起復左金吾衞大將軍

劉昌為宣武軍節度劉玄佐兵馬使累加檢校工部尚書丁毋



憂加起復左金吾衞大將軍贈其母梁國夫人

張敬則為鳳翔節度使丁憂憲宗元和元年七月起復為左金吾衞員外大將軍依前充節度等使

盧從史為昭義軍節度使元和四年四月起復左金吾衞大將軍同正員餘如故從史丁父憂朝廷未議起復屬鎮州王士真卒子承宗自繼父位從史竊獻誅承宗計以希上意用是起復及詔下討賊陰與承宗通謀流死嶺南

程執恭為横海軍節度使丁母憂元和四年九月起復左金吾衞大將軍同正員餘如故

劉總為幽州盧龍軍節度使丁母憂元和八年起復左金吾衞大將軍員外置餘如故

張克恭弟克從克讓茂昭之子也元和六年十二月並授起復官爵以其先父忠順也

吳少陽丁母憂元和九年七月起復淮西節度使

杜叔良爲朔方節度使丁母憂元和十年九月起復右金吾衛將軍同正員依前充節度等使

韓公武爲鄜坊節度使丁母憂起復右金吾衛大將軍同正員依前充鄜坊節度觀察使

謝必言敬宗寶曆二年以前陵州刺史爲起復雲麾將軍左驍衛將軍同正兼陵州刺史必言本中官劉克明之私屬也克明用事必言附會得領郡符宰相不能過後以母喪去任執政者恐歸京師又肆干撓故以金革之命復前任焉

杜悰文宗大和八年以前鳳翔節度使檢校禮部尚書駙馬都尉起復爲檢校户部尚書充忠武軍節度陳許觀察使

李玭大和九年以前左金吾衛將軍起復爲金吾衛大將軍同正兼黔州刺史充黔中觀察經略等使

王元逵大和九年以鎮州大都督府左司馬權勾當節度事元逵起復授寧遠將軍守左金吾衛大將軍檢校工部尚書充成德軍節度鎮冀深趙等州觀察等使



冊府元龜卷第八百六十二

冊府元龜卷第八百六十三

總録部一百一十三

生日　名諱

生日

禮曰子生三月[illegible]告諸男名書曰
某年某月某日某生而藏之[illegible]藏其籍也故
其父母叫辰或[illegible]於知人遂
識其國器然則[illegible]於上下非人謀之
所能易也[illegible]
魯莊公之同生公子[illegible]卯[illegible]同生公曰是其
三世與吾同物命之[illegible]

孔子以魯襄公二十一年十一月一日庚子生[illegible]

齊田文相齊[illegible]初文父靖郭君嬰有子四十餘人其賤妾
有子名文文以五月五日生嬰告其母曰勿舉也其母竊舉生
及長其母因兄弟而見其子文於嬰嬰怒其母曰吾令若去
此子而敢生之何也文頓首因曰君所以不舉五月子者何故
嬰曰五月子者長與戶齊將不利其父母文曰人生受命於天
乎將受命於戶耶嬰默然文曰必受命於天君何憂焉必受命
於戶則可高其戶耳誰能至者嬰曰子休矣



漢盧綰者豐人也與高祖同里盧綰親與高祖太上皇相愛[illegible]
及生男高祖盧綰同日生里中持羊酒賀兩家及高祖盧綰壯俱
學書又相愛也里中嘉兩家親相愛生子同日壯又相愛復賀
兩家羊酒綰後封燕王

宋王鎮惡北海劇人也祖猛字景略苻堅僭號關中猛為將相
有文武才北土重之父休為河東太守鎮惡以五月五日生家
人以俗忌欲令出繼疏宗猛見奇之曰此非常兒昔孟嘗君惡
月生而相齊是兒亦將興吾門矣故名之為鎮惡後位至安西
司馬征虜將軍

後周宇文孝伯字胡三吏部安化公深之子也其生與高祖同
日太祖甚愛之養於第內及長又與高祖同學仕至大將軍

唐史思明營州寧夷城人也與安禄山同鄉生少禄山一日長忌
明以歲除日生禄山歲日生後俱以謀逆伏誅

喬琳為太子太師陷於朱泚為偽吏部尚書及官軍收復京城
坐斬臨刑歎曰喬琳以七月七日生亦以此日死豈非命也

名諱

生而制名殁而是諱蓋孝子因心之道先王立禮之方然而君
所稱避奉上尊也臨文亦稱存大義也若乃異[illegible]攀之禁廣濟
上之咎史家自變其例連類與之俱理所未安事必改作其
或惡其聲近特以字行發乎習端無所廢事又若初不內出人
肆凌犯形於諧謔深辱士風亦有封執法名矯枉傷正是為過
當殊非中禮至於德愛在民父而彌劭衆為之避不亦聽乎

晉僖侯名司徒廢為中軍



宋武公名司空廢為司城

魯獻公名具武公名敖廢二山[illegible]

孔子母名徵在言徵不稱在言在不稱徵

漢司馬遷父名談遷作史記李談傳以為趙同[illegible]

後漢陳蕃子逸為魯相國人為諱改蕃縣曰皮[illegible]

晉山統為中郎選司以統祖父春為官春令統因上疏曰故事
父祖與官職同名皆得改選之例臣以為父祖改選者蓋為臣
子開地不為父祖之身也而身名所加亦施於臣子佐吏係屬
朝夕從事官位之號發言所稱若指實而語則違經禮諱尊之
義若詭辭避迴則為廢官擅犯憲制今以四海之廣職位之衆
名號繁多士人殷富至使有受寵皇朝出身宰牧而令佐吏不
得表其官稱子孫不得言其位號所以上嚴君父下為臣子體
例不通若易私名以避官職則違春秋不奪人親之義臣以為

身名與官職同者宜與觸父祖名爲比體例既全於義爲弘朝廷從之

羊祜爲都督荆州諸軍事又祜薨荆州人爲祜諱名屋室皆以門爲稱改戶曹爲辭曹焉

毛璩之字憲祖小字武生名犯王肅后諱故行字後又以桓温母名憲乃更稱小字後爲安西將軍庾翼參軍

王述父承祖湛述爲楊州刺史加征虜將軍初至主簿請諱報曰亡祖先君名播海内遠近所知内諱不出門餘無所諱

王舒以父名會舒授撫軍將軍會稽内史秩中二千石舒上疏辭以父名朝議以字同音異於禮無嫌舒復陳音雖異而字同求換他郡於是改會字爲鄶舒不得已而行

孔安國父名愉安國除侍中表以黄門郎王愉名犯私諱不得連署求解有司議云名終諱之有心所同聞名心瞿亦明前誥而禮復有君所無私諱大夫之所有公諱無私諱之文詩書不



諱臨文不諱豈非公義奪私情王制屈家禮哉尚書安衆男臣先表中兵曹郎王祐名犯父諱求解職明詔爰發聽許換曹蓋是恩出制外耳而頃者互相瞻式源流既啓莫知其極夫皇朝禮大伯寮備職編官列署動相經涉若以私諱人遂其心則移官易職遷流莫已既違典法有虧政體請一斷之從之

宋謝弘微從叔峻無後以弘微爲嗣弘微本名密犯所繼内諱故以字行弘微位至侍中

邵陵王友爲江州刺史府州文案及臣吏不諱有無之有（時稱爲賢王友不犯官）

王弘爲太保弘父珣仕晉爲司徒賓客疑所諱弘曰身家諱與蘇子高同

謝超宗靈運之孫鳳之子爲新安王子鸞國常侍王母殷淑儀卒超宗作誄奏之文帝大嗟賞謂謝莊曰超宗殊有鳳毛靈運復出右衛將軍劉道隆在御座出候超宗曰聞君有異物可見乎超宗曰懸磬之室復有異物耶道隆武人無識正觸其父名曰旦侍宴至尊說君有鳳毛超宗徒跣還内道隆謂檢覓毛至闇待不得乃去

范曄父名泰曄作後漢書郭泰字林宗鄭泰字公業皆作太字曄至太子詹事

王珉避諱過甚父名懌毋名恭心並不得犯爲時咸謂矯枉過正珉仕至武陵王師侍中

梁謝朏之父名莊宋明帝嘗勑朏與鳳子超宗從鳳莊門入二人俱至超宗曰君命不可以不往乃趨而入朏曰君處臣以禮進退不入時人兩稱之以此王尊王陽朏位至中書令

王亮父名攸亮既爲晉陵太守時有晉陵令沈巑之性麤疏好犯亮諱亮不堪遂啓代之巑之怏怏乃造坐去下官以犯諱被代未知明府諱若有攸字當作無骹尊傍犬爲犬傍無骹酋若是有心攸無心攸乞告示亮不及答下牀跣而走巑之撫掌大



笑而去

張稷父名永稷爲永寧太守以郡犯私諱改爲長寧

北齊徐之才父名雄李平子諧於廣坐稱其父名曰卿嘗能白生不之才曰平丹又曰卿此言於理平不諧遽出避之道逢其甥高德正德正曰舅顏色何不悅諧告之故德正徑造坐席遽謂家能白之才謂坐者曰箇人諱底衆莫知之才曰生不爲人所知死不爲人所諱此何足問之才位至太子太師

隋劉臻父名顯臻世好啖蜆以音同父諱呼爲扁螺臻位至左僕射

唐唐臨除永州刺史以犯曾祖諱爲辭改爲潮州刺史

蔣儼除太僕卿以父名卿固辭改授太子右衛副率

源乾曜罷侍中遷太子少師以祖名師固辭乃拜太子少傅

賈曾除中書舍人固辭以父忠同音議者以爲中書是曹司名又與曾父音同字別於禮無嫌曾乃就職

崔寧爲劍南西川節度使奏本管兵馬使瀘州刺史韋[illegible]與先代諱同請改名遷許之

李涵爲太子少傅充代宗山陵副使涵判官殿中侍御史呂渭上言涵父名少康今官名犯諱恐乖禮典宰相崔祐甫奏曰君朝廷事有乖舛群心悉歎如此實太平之道除渭司門員外郎尋有人言涵昔爲宗正少卿此時無言今爲少傅渭妄有奏議詔曰呂渭僭陳章奏爲其本使傳訴官名誠以宋有司城之嫌晉有儀曹之諱歎其忠於所事亦謂確以上聞乃加殊恩俾膺厚賞近聞所陳少字往歲已任少卿昔是今非罔我何甚豈得謬當朝獎更廁周行宜佐遐荒用誡澆俗可歙州司馬同正由是改涵檢校工部尚書兼光祿卿

蕭復爲兵部侍郎德宗建中末舒王誼爲諸軍行營兵馬元帥以復爲元帥府統軍長史舊例有行軍長史以復父名衡故特更之



李兼爲鄂州刺史兼御史中丞鄂岳等州都團練觀察使辭以父名史上疏陳讓乃以爲檢校左散騎常侍知鄂州事使如故

裴胄除京兆少尹以父名不拜換國子司業

李賀父名晉肅不應進士韓愈爲賀作諱辯令舉進士

馮宿除華州刺史以父名子華拜章乞罷改左散騎常侍兼集賢殿學士

晉崔居儉仕後唐爲太常卿閔帝應順初明宗山陵合爲禮儀使居儉以祖諱儀辭於執政乃授秘書監居儉辭於人曰名諱有令式在余何罪也

司王昭吉仕晉爲右金吾衛大將軍天福三年昭吉奏臣伏覩漢書昌邑中尉王吉是臣遠祖避名之禮允屬於斯臣請改名[illegible]從之

東觀仕晉爲尚書兵部郎中兼侍御史知雜事開運三年以觀爲右諫議大夫觀以祖諱義乞改官尋授給事中。

張鑄爲給事中顯德三年以鑄爲光祿卿鑄以卿字與祖名同援令式上訴尋改授秘書監判光祿寺事

爲人後

禮曰大宗無後以小宗支子後之食其舊德世祿之榮可尚非我族類承嗣之事蓋亘若乃虞世緒之中衰懼家聲之莫繼擇純謹於宗黨承首構於天性先王之教所以重嗣續君子之心由是展親變統禮經之明訓亦人情之常道也其有國封已廢王業復加選於支屬援以嗣之斯又表明庭繼絕之恩示人臣同體之義焉苟或違厥彝訓亂大倫捨遠取異姓俯徇私暱豈經王制之所禁茲乃神理之不歆

後漢伏恭字叔齊司徒湛之兄子也湛弟黯位至光祿勳無子以兄子恭爲後

魏劉阜廙之弟子也廙爲太祖丞相倉曹屬文帝即王位爲侍中賜爵關內侯黃初二年卒（廙別傳云年四十將）年四十二無子帝以阜嗣（宗劉氏譜）



[illegible]

陳矯爲尚書令本劉氏子出嗣舅氏

徐統諫議大夫奕之族子也奕卒文帝思奕之爲人奕無子詔以統爲郎以奉奕後

蜀諸葛喬字伯松亮兄瑾之第二子也本字仲慎與兄元遜俱有名於時論者以爲喬才不及兄而性業過之初亮未有子求喬爲嗣瑾啓孫權遣喬來西亮以喬爲己適子

衛繼字子業漢嘉嚴道人也兄弟五人繼父爲縣功曹繼爲兒時與兄弟隨父遊戲庭寺中縣長蜀郡張君無子數命功曹呼其子省弄甚憐愛之張因言宴之間語功曹乞繼功曹即許之遂養爲子繼敏達夙成學識通博進仕州郡歷職清顯而其餘兄弟四人各無堪當世者父常言已之將義張明府猶盛也時法禁以異姓爲後故復爲衛氏

吳朱然字義封朱治之姊子也本姓施氏初治未有子然年十

三乃啓孫策乞以爲嗣策命丹陽郡以羊酒召箕到吳策優以禮賓

晉王詡爲陽平太守戎之從弟也戎子萬早卒庶子興戎亦不齒以詡子爲嗣

皇甫謐字士安幼名靜安定朝那人漢太尉嵩之曾孫也出後叔父

賈謐本姓韓太尉充之外孫充薨無嗣充婦郭槐輒以謐爲充子黎民孫充後郎中令韓咸中尉曹軫諫槐曰禮大宗無後以小宗支子後之無異姓爲後之文無令先公懷腆后土良史書過豈不痛心槐不從咸等上書求改立嗣事寢不報槐遂表陳是充遺意帝乃詔曰太宰魯公充崇德立勳勤勞佐命背世殂隕每用悼心又裔子早終世嗣未立古者列國無嗣取始封支庶以紹其統而近代更除其國至於周之公旦漢之蕭何或豫建元子或封爵元妃蓋尊顯勳庸不同常制太宰素取外孫韓



謐爲世子黎民後吾退而斷之外孫骨肉至近推恩計情合於人心其以謐爲魯公世孫以嗣其國自非功如太宰始封無後如太宰所取必以己自出不如太宰皆不得以爲比

羊祜封南城侯無子武帝以祜兄子暨爲嗣暨以父沒不得爲人後帝又令暨弟伊爲祜後又不奉詔帝怒並收免之

宋劉蔚祖輔國將軍東興縣侯劉懷肅弟懷慎之子懷肅卒無子懷慎以蔚祖嗣封官至江夏內史

謝弘微武昌太守弘之子也從叔峻司空琰之第二子無後以弘微爲嗣本名密犯所繼內諱故以字行

劉湛字弘仁南陽平陽人也祖耽父柳並晉光祿大夫開府儀同三司湛出繼伯父淡襲封安衆縣五等男

范曄字蔚宗順陽人車騎將軍泰少子也出繼從伯弘之襲封武興縣五等侯

王延之父昇之都官尚書延之出繼伯父秀才粲之

張沖字思納吳郡吳人父柬通直郎沖出繼從伯侍中景裔

南齊王奐字彥孫琅邪臨沂人也祖僧朗宋左光祿儀同父粹黃門郎奐出繼從祖中書令球故字彥孫

江斆字叔文少有美譽初尚宋孝武女臨汝公主明帝勅斆出繼從叔愻爲從祖淳後於是僕射王儉啓禮無從小宗之文近世緣情皆由父祖之命未有既孤之後出繼宗族也雖復臣子一揆而義非天屬江忠簡裔胄所寄唯斆一人傍無眷屬斆宜還本若不欲江愻絕後可以斆小兒繼愻爲孫尚書參議謂間世立後禮無其文荀顗無子立孫墜禮之始何琦又立此論義無所據於是斆還本家詔使自量立後者

梁張纘父策從父兄弘籍高祖舅也爲齊鎮西參軍卒於官無子縈以第三子纘爲嗣封利亭侯

何遲任侍中點從弟耶之子點卒無子宗人以遲任爲嗣

後魏封叔念懷州刺史磨奴之族子磨奴卒以叔念爲後



于永超尚書左僕射忠弟之子也忠臨薨上表曰先帝録臣父子一介之誠昭臣家世奉公之節故申之以婚姻重之以爵祿至乃位亞三槐秩班九命自大明利見之始百官揔己之初臣復得猥攝禁戎綢繆內外斯誠社稷之靈兆民之福臣何力之有焉但陛下以叡明御寓皇太后以聖善臨朝祗肅不遑簪履弗莫復乃寵爵出內榮遍宮闈外收兩河入參百揆顧眾知妖省躬識爽而臣將值靡乃致茲痾疚自去秋苦痢纏綿迄今藥石備嘗日增無損又今年已來力候轉惡微喘綴息疾復良甚鳴遊未酬伏枕淚咽臣薄福無男遺體莫嗣負及餘生謹陳宿飽臣先養亡第四弟第二子司徒掾永超爲子猶子之念實切於心乞立爲嫡傳此山河靈太后令曰于忠表如子既誠動宜録又無子可矜臨危所祈不容致奪可特聽如請以彰殊効

李容兒侍中神儁從弟延度之第三子神儁無子延度以容兒後之

劉浚大司農懷弟厥之子懌卒無子厥以浚爲後

崔孝演字伯則趙郡太守孝暐之弟也出繼伯父孝演無子弟
孝直又以子士遊爲後

崔龍子定州大中正勉弟宣度之子勉卒無子宣度以龍子後之

畢義暢瀛州刺史祖朽第祖歸之子祖朽卒無子祖歸以義
暢爲後

宋弁字義和廣平列人人也祖愔爲廣平太守封列人子愔卒
弁伯父世顯襲世顯無子養弁爲後

高崇字積善勃海蓨人也父潜獻文初詔以沮渠牧犍女賜潜
爲妻封武威公主崇舅氏坐事誅公主痛本生絕嗣遂以崇繼
牧犍後改姓沮渠崇爲洛陽令卒

高緒滄州東府主簿謹之兄謙之第二子謹之卒無子謹之
弟慎之好學又卒無子以緒繼焉

孫伯禮齊州長史瑜弟拔兵校尉彝之子出繼瑜後官至太守



李[illegible]悉皇后猶子燕州刺史興祖兄要祖之子興祖無子孫
翊爲後襲先封南陽郡王

胡僧洗靈太后父中書監儀同三司安定郡公兄真之子國珍
無男養僧洗爲後國珍後生子祥襲封

北齊袁聿脩字叔德陳郡陽夏人魏中書令翻之子也出後叔
父躍

後周鄭譯字正義從祖文寬尚魏平陽公主主則太祖元后之
妹也主無子太祖令譯後之由是譯少爲其太祖所親常令與
諸子遊集文寬後誕二子譯復歸本生

隋梁操字孟德士茂之子出繼伯父官至長寧王府驃騎

楊玄挺司徒素異母弟淅陽太守約之子徵入朝未幾卒素以
玄挺後之

薛收司隸大夫道衡之子也道衡有子收最知名出繼族父
孺孺與道衡偏相友愛收自幼遂出爲後養於孺宅至于成
長始能識本生

唐鄭元吏部尚書嶠弟之子嶠無子以元嗣

戴至德民部尚書胄兄子也胄無子以至德爲嗣

盧紀宰相邁從弟之子邁爲相再娶無子以紀爲嗣

崔植字公脩故相祐甫從父孫廬江縣令嬰甫之子祐甫無子
既寢疾謂其妻曰吾疾不起當以廬江次子主吾祀及卒護喪
者以上聞德宗悲歎久之遣中人召植于淮南俾爲祐甫嗣時
八歲既終喪用引文生授河南府參軍

白景受刑部尚書致仕居易之姪孫居易卒無子以景受爲嗣

梁王珂河中人祖縱鹽州刺史父重榮河中節度使破黃巢有
大功封琅邪郡王珂本重榮兄重簡之子出繼重榮

後唐霍彥威字子重不知何許人梁將霍存得於村落間年十
四初列於廝養從存征伐愛其爽俊遂養爲己子

王都本姓劉小字雲郎中山陘邑人也初有妖人李應之得
於村落間養爲己子應之以左道[illegible]定州帥王處直不久病間
處直神之待爲羽人處直時未有子應之遺都於處直曰此子
生而有異因爲處直之子



晉孔崇弼者唐僖昭兩朝宰相魯國公緯之子也緯有重名於
時無子崇弼以猶子入繼承蔭授畿尉

冊府元龜卷第八百六十三

冊府元龜卷第八百六十四

總録部一百一十四

仁　信　儉　謹慎　好謙

孔子曰仁者其言也訒訒由難也謂仁之難言之又曰惟聖尚仁則吾豈敢大哉仁者五常之首百行之宗妙入聖域沖乎天道得其稟者無夷夏無貴賤堯舜其心周孔其化人受其賜物被其澤矣

孔子釣而不綱弋不射宿（釣者一竿釣綱者為大綱以橫絶流以繳繫釣羅屬著綱弋繳射也宿宿鳥）

秦西巴（魯人）孟孫獵得麑使西巴持歸其母從之西巴不忍而與其母孟孫怒逐西巴居一年取為子傅曰夫一麑猶不忍況人乎

田子方魏人出見老馬於道喟然有志焉以問於御者曰此何馬也曰故公家畜也罷而不為用故出放也田子方曰少盡其力而老去其身仁者不為也束帛而贖之窮士聞之知所歸心矣

漢張歆為吏未嘗言按人劓以誠長者處官（轉與同）具獄事有可郤郤之不可者不得已為涕泣面而封之（面謂背之也）其愛人如此

杜緩為太常治諸陵縣每冬月封具獄日常去酒食省（獄系已具當論決之）故封官屬稱其有恩



後漢鍾離意為郡督郵會稽大疫死者萬數意獨身自隱親經給醫藥（隱親謂自隱親之經給謂經營濟給之）所部多蒙全濟舉孝廉再遷辟大司徒侯霸府詔部送徒詣河內時冬寒徒病不能行路過弘農意輒移屬縣使作徒衣縣不得已與之而上書言狀意亦具以聞光武得奏以見霸曰君所使掾何乃仁於用心誠良吏也

曹褒為射聲校尉射聲營舍有停棺不葬者百餘所褒親自履行問其意故吏對曰此等多是建武以來絶無後者不得埋掩褒乃愴然為買空地悉葬其無主者設祭以祀之遷城門校尉將作大匠時有疾疫褒巡行病徒為致醫藥經理饘粥多蒙濟活

鄧訓司徒禹之第六子明帝即位初以為郎中訓謙恕下士無貴賤見之如舊朋友子往來門內視之如子有過加鞭扑

太醫皮巡從獵上林還暮宿殿門下寒疝病發時訓直事聞巡聲起往問之巡曰冀得火以熨背訓身至太官門為求火不得乃以口噓其背復呼同廬郎共更噓至朝遂愈也

盛吉字君達為廷尉性多仁恩務在哀矜每至冬月罪當斷衣有刑狀其妻執燭吉手持丹筆夫妻相向垂泣

廖扶汝南平輿人絶志世外專精經典歲荒斂葬遭疫死亡不能自收者甚衆

析像廣漢雒人不仕幼有仁心不殺昆蟲不折萌芽

韓卓家奴臘日竊食祭其先卓義其心即日免之

舒仲應為袁術沛相時江淮間相食殆盡術僭號天旱歲荒士民凍餒術以米十萬斛與為軍糧仲應悉散以給飢民術聞怒陳兵將斬之仲應曰知當必死故為之耳寧可以一人之命救百姓於塗炭術下馬牽之曰仲應足下獨欲享天下重名而不與吾共之耶



晉劉驎之南陽人車騎將軍桓沖請為長史固辭不受去家百餘里有一孤嫗病將死歎息謂人曰誰當埋我唯有劉長史耳何由令知驎之先聞其有患故往候之值其命終乃身為治棺殯送之其仁愛惻隱如此

郭翻武昌人不交世事嘗以車獵去家百餘里道中逢病人以車送之徒步而歸

宋嚴世期會稽山陰人好施慕善出自天然同里張邁三人妻各產子時歲饑儉慮不相存欲棄而不舉世期聞之馳往拯救分食解衣以贍其之三子並得成長同縣俞陽妻莊年九十莊女蘭七十並各老病單孤無所依世期衣飴之二十餘年死並殯葬之宗親嚴弘鄉人潘伯等十五人荒年並餓死露骸不收世期買棺器殯埋存育孩幼

南齊江泌字士清性行仁義衣弊蝨饑乃復取置衣中數日間終身無復蝨有志行食菜不食心以其有生意也應南中郎行

行參軍所給募吏去役得時病莫有舍之者吏扶杖投沙沙還
自隱卹吏死沙爲買棺無僮役兄弟共埋之領国子助教乘孝
車見老翁步行下車載之躬自步去
孔祐山陰人至行通神曾有鹿中箭來投祐祐爲之養瘡愈然
後去太守王僧虔尚張緒書曰孔祐至行康曾孫也行動幽祇德
標松桂引爲主簿遂不可屈此古之遺德也
張融爲儀曹郎攝祠倉二曹尋兼掌正厨融見宰殺迴車逕去
自表解職
梁嚴植之字孝源爲中撫軍參軍率性仁慈好陰德雖在闇室
未嘗怠也少嘗山行見一患者植之問其姓名不能荅載與俱
歸爲營醫藥六日而死植之爲棺殯殮之卒不知何許人也嘗
緣柵塘行見患人卧塘側植之下車問其故云姓黄氏家本荆
州爲人傭賃疾既篤船主將發棄之于岸植之心惻然載還治
之經年而黄氏差請終身充奴僕以報厚恩植之不受遺以資
糧遣之其義行多如此
後魏陸子彰子崇好道術曾嬰重疾藥中須桑螵蛸子彰不忍
害物遂不服焉其仁恕如此
高謙之爲國子博士好於贍恤言諾無虧居家僮隷對其兒不
撻其父母生三子便免其一世無髡黥奴婢常稱俱稟人體如
何殘害
李亮妙於醫術亮大爲廳事以舍病人停車輿於下時有死者
則就而棺殯親往弔視其仁厚若此終前軍將軍領太醫令
崔光爲侍中皇興初有同郡二人並被掠爲奴婢後詣光求哀
光乃以二口贖免高祖聞而嘉之
北齊房謨爲丞相右長史以直甚被賞遇謨悉心盡力知無不
爲前後賜其奴婢率多免放神武後賜其生口多黥面爲房字
付之
後周張元字孝始河北芮城人六歲村陌有狗子爲人所棄者



元見即收而養之其叔父怒曰何用此爲將欲更棄之元對曰
有生之類莫不重其性命若天生天殺自然之理今爲人所棄
而死非其道也若見而不收養無仁心也是以收而養之叔父
感其言遂許焉未幾乃有狗母銜一死兔置元前而去
隋乞伏慧爲潭桂二州揔管曾見人以罾捕魚者出絹買而放
之其仁心如此百姓美之号其處曰西河公罾
唐李大亮爲安州刺史擒輔公祏將張善安以功賜奴婢百人
大亮謂之曰汝輩多衣冠子女吾何忍以汝爲賤隷乎一皆放
遣高祖聞而嗟異復賜越婢二十人
任簡迪爲天德軍使李景略判官性重厚常有軍宴行酒者誤
以醯進簡迪知誤以景略法嚴慮坐主酒者乃勉飲盡之而僞
容其過以酒薄白景略請換之於是軍中皆感悅
劉祥道爲刑部尚書每覆大獄必歔欷歎奏決之日爲之再不食
周馮道晉末爲太尉封魏國公北虜犯闕隨虜北行在常山見
有中国士女爲虜所俘者出橐裝以贖之皆寄於高尼精舍後
相次訪其家以歸之

信

仲尼曰自古皆有死人無信不立則知君子勵不欺之節哲人
懷可復之言自其誠而至於明發其中而形於外所以不言示
於挂劍敎雞應乎千里群兒赴於竹馬一諾重於黄金著行立
誠可謂至矣
延陵季子吴之公子將西聘晉帶寶劍以過徐君徐君觀不言
而色欲之延陵季子爲有上國之使未獻也然其心許之矣致
使於晉顧反則徐君死於是脫劍致之嗣君從者止之曰此吴
國之寶非所以贈也延陵季子曰吾非贈之也先日吾來徐君
觀吾劍不言而其色欲之吾爲有上國之使未獻也雖然吾心
許之矣今死而不進是欺心也愛劍僞心廉者不爲也遂脫劍
之嗣君嗣君曰先君無命孤不敢受劍於是季子以劍帶徐君

墓樹而去徐人嘉而歌之曰延陵季子兮不忘故脫千金之劒兮帶丘墓

仲由字子路衛人無宿諾（宿猶豫也子路篤信恐臨時多故故不豫諾）小邾射以句繹奔魯曰使季路要我吾無盟矣（子路誠信故欲得與相要誓而不須盟）使子路子路辭季康子使冉有謂之曰千乘之國不信其盟而信子之言子何辱焉

吳起魏人示其妻以組曰子爲我織組令如是組妻織組異善起曰非詔也使衣之而歸妻往請之起曰家無虛言

尾生與女子期於梁下女子不來水至不去抱梁柱而死

漢季布楚人以然諾聞楚人爲之諺曰得黄金百斤不如季布一諾

後漢賈復王莽末爲縣掾迎鹽河東會遇盜賊等比十餘人皆放散其鹽復獨完以還縣縣中稱其信

郭伋爲并州牧始至行部到西河美稷有童兒數百各騎竹馬於道路次迎拜伋問兒曹何自遠來對曰聞使君到喜故來奉迎伋辭謝之事訖諸兒復送至郭外問使君何日當還伋謂别駕從事計日當告之行部既還先期一日伋爲違信於諸兒遂止于野亭須期乃入



范式字巨卿一名氾少遊太學爲諸生與汝南張劭爲友劭字元伯二人並告歸鄉里式謂元伯曰後二年當還將過拜尊親見孺子焉乃共剋期日後期方至元伯具以白母請設饌以候之母曰二年之别千里結言爾何相信之審耶對曰巨卿信士必不乖違母曰若然當爲爾醖酒至其日巨卿果到升堂拜飲盡歡而别

吳太史慈字子義東萊黄人也漢末隨揚州刺史劉繇與長沙桓王策於神亭戰敗爲策所執策素聞其名即解縛請見咨問進取之術慈荅曰破軍之將不足與論事策曰昔韓信定計於廣武今策決疑於仁者君何辭焉慈曰州軍新破士卒離心若儻分散難復合聚欲出宣恩安集恐不合尊意策長跪荅曰誠本心所望也明日中望君來還諸將皆疑策曰太史子義青州名士以信義爲先終不欺策明日大請諸將豫設酒食立竿視影日中而慈至策大悦常與參論諸軍事

陳蕭允爲光禄大夫性敦重未甞以榮利干懷及晉安王出鎮湘州又苦攜允允少與蔡景歷善景歷子徵脩父黨之敬聞允將行乃詣允曰公年德並高國之元老從容坐鎮旦夕自爲列曹何爲方復辛苦在外荅曰已許晉安豈可忘信其恬於榮勢如此

唐蕭至忠年少時與友人期於路隅會風雪凍冽諸人皆奔避就宇下至忠曰寧有與人期而求安失信乎獨不去衆咸歎服後爲黄門侍郎同中書門下平章事

王友貞懷州河内人出言未甞負諾時論以爲真君子中宗時以太子舍人徵固以疾辭

## 儉



先賢有言曰禮與其奢也寧儉又曰在約則久是故節儉之行君子攸先若乃歷輔邦君繼登相事妾不衣帛家無私積以至受伐冰之禄列彯纓之位居室不飾田園以蕪處之有常克敦素履如此則豈獨遺清白於子孫亦可以免乎禍患矣

鬬子文楚人三登令尹無一日之積成王聞子文朝不及夕也於是乎每朝設脯一束糗一箱以羞子文成王每出子文之禄子文必逃王止而後復人謂子文曰人生求富子逃之何也對曰從政者以庇人也人多曠者而我取富焉是勤人以自封也死無日矣我逃死非逃富也

趙盾晉大夫也晉靈公使勇士往殺之勇士入俯而闚其戶方食魚飧勇士曰嘻子誠仁人也子爲晉國重卿而食魚飧見子之儉也君使我殺子吾不忍殺子也吾亦不可復見遂刎頸而死

季文子魯大夫名行父相宣成無衣帛之妾無食粟之馬仲孫它諫曰子爲魯上卿相二君矣妾不衣帛馬不食粟人其以子

爲愛其不華國乎文子曰吾亦願然吾觀國人其父兄之食麤而衣惡者猶多矣吾是以不敢人之父兄食麤衣惡而我美妾與馬無乃非相人者乎且吾聞以德榮爲國華不聞以妾與馬文子以告孟獻子（獻子仲孫蔑也）獻子因之七日自是子服之妾衣不過七升之布（子服即它八十縷爲升）馬餼不過稂莠文子聞之曰過而能改者民之上也使爲上大夫（又云文子卒大夫入斂宰庀家器爲葬備无衣帛之妾無食粟之馬無藏金玉無重器備）

晏平仲名嬰者事齊靈公莊公景公節儉力行重於齊既相齊食不重肉妾不衣帛祀其先人豚肩不揜豆澣衣濯冠以朝齊侯欲更晏子之宅晏子辭之及晏子之如晉公更其宅反則成矣既拜（拜謝新宅）乃毀之而里室皆如其舊（本壞里室以大晏子之宅故復之）則使宅人反之（還其宅）且諺曰非宅是卜唯鄰是卜（卜良鄰）二三子先卜鄰矣（二三子謂鄰人）違卜不祥君子不犯非禮（去儉爲奢爲非礼）小人不犯不祥古之制也吾敢違諸乎卒復其舊宅（曽子曰晏子可謂知礼也已恭敬之有焉有若曰晏子一狐裘三十年遣車一乘及墓而反国君七个遣車七乘大夫五个遣車五乘晏子焉知礼）



公孫舍之字子展爲鄭大夫儉而壹（居身儉而用心壹）

公儀休爲魯相奉法循理無所變更百官自正使食祿者不得與下民爭利受大者不得取小食茹而美拔其園葵而棄之見其家織布好而疾出其家婦燔其機云欲令農士工女安所讎其貨乎

後漢祭遵潁陽人家富給而遵恭儉惡衣服後至征虜將軍

桓鸞少立操行縕袍糟食不求盈餘後爲議郎

張禹性篤厚節儉父歆爲汲令卒汲吏人賻送前後數百萬悉無所受後至太尉

王良爲大司徒司直在位恭儉妻子不入官舍布被瓦器

崔瑗居常蔬食菜羹而已家無擔石儲當世清之仕至濟北相

魏常林歷宰守刺史所在儉身節用其家常鐵之糟糠縕褻

晉李裔歷職內外而至貧儉兒病無以市藥上賜錢十萬位至司徒

宋王曇首子木執金玉婦女不得爲飾玩初爲彭城府功曹後至揚州刺史

孔覬爲尋陽安陸二府長史性真素不尚矯飾遇得寶玩服用不疑而他物麁敗終不改易弟吳郡顗之亦尚儉素衣裘器服皆擇其陋者宋世言清約稱此二人

王儉爲衛將軍開府儀同三司不好聲色衣裘服用取給而已

樂頤爲湘州王薄秉官吏部郎庾杲之嘗往候頤爲設食枯魚菜葅而已杲之曰我不能食此毋聞之自出常膳魚羹數種杲之曰卿過於茅季偉我非郭林宗仕至郢州治中卒

梁范岫每所居官常以廉潔著稱爲長城令時有梓材巾箱至數十年經貴遂不改易在晉陵唯作牙管筆一雙猶以爲貴

後魏裴佗河東人爲中軍以老還鄉佗不事家產宅不過三十步又無田園暑不張蓋寒不衣裘其貞儉若此



唐郭曜子儀之長子諸弟爭飾池館盛車服獨以朴儉自處後爲太子少保

韓滉性持節儉志在務公衣裘茵褥十年一易居處陋薄才蔽風雨自居重位愈清儉入仕之初以至卿相凡四十年使相乘五馬皆及斃惟

于休烈自釋褐秘書省正字至工部尚書在朝三十餘年歷清要家無擔石之畜

## 謹慎

克謹於事是謂周防能慎其言終亦寡悔苟在家必達於從政乎何有若乃多知而守約居安而慮危素履是敦庸行斯執引古爲鑑非禮勿動恭事上之節戒不密之失脩身絜矩閑邪杜漸罔欺暗室靡雜塵游跬步之間顛沛於是在少有立雖老彌篤茲乃終君子之道焉

魯孔子入太廟（太廟周公廟孔子仕魯魯祭周公而助祭也）每事問或曰孰謂鄹人

之子知禮乎入太廟每事問(鄹孔子父叔梁紇所治邑時人多言孔子知禮或人以爲知禮者不當復問)子聞之曰是禮也(雖知之當復問慎之至也)

季文子三思而後行孔子聞之曰再斯可矣(季文子魯大夫季孫行父文謚也文子忠而有賢行其舉事寡過不必有三思)

子家懿伯子家羈也昭公將伐季氏告懿伯(懿伯莊公之玄孫)懿伯曰讒人以君徼幸事若不克君受其名(愛惡名)不可爲也舍民數世以求克事不可必也且政在焉其難圖也公退之(退使去)辭曰臣與聞命矣言若洩臣不獲死乃館於公(恐愛洩命之罪故留公宮以自明)

曾參有疾召門弟子曰啓予足啓予手(啓開也曾子以爲受身體於父母不敢毀傷使弟子開衾而視之)詩云戰戰兢兢如臨深淵如履薄氷(言此詩者喻己常戒愼恐有所毀傷)而今而後吾知免夫小子(乃今日後我自知免於患難矣小子弟子也呼之者欲使聽識其言)

南宮括字子容孔子弟子三復白圭(詩云白圭之玷尚可磨也斯言之玷不可爲也南容讀詩至此三反覆之是其心愼言)

漢爰類以愼將從高帝起留入漢(以謹愼爲將也)以都尉守廣武



金日磾輸黃門養馬武帝游宴見馬後宮滿側日磾等數十人牽馬過殿下莫不竊視至日磾不敢及在帝左右目不忤視者數十年(忤逆也)賜出宮女不敢近帝欲納其女後宮不肯其篤愼如此帝尤奇異之後爲侍中

張臨嗣父延壽爵爲平原侯性謙儉每登閣殿常歎曰桑霍爲我戒豈不厚哉(桑弘羊霍光也言以驕奢者致禍也)

後漢杜安字伯夷貴戚慕其名或遺其書安不發悉壁藏之後捕貴戚賓客安開壁出書封印如故竟不離其患後至巴郡太守

皇甫嵩爲太常爲人愛愼盡勤前後上表陳諫有補益者五百餘事皆手書毀草不宣於外

魏華歆平原高唐人高唐爲齊名都衣冠無不游行市里歆爲吏休沐出府則歸家闔門議論持平終不毀傷人位終太尉

吳闞澤字德潤山陰人也性謙恭篤愼人有非短口未嘗及容貌似不足者仕至尚書僕射

晉劉超少有志尚爲縣小吏稍遷琅邪國記室掾以忠謹清愼爲元帝所拔常親侍左右遂從渡江于時天下擾亂伐叛討貳超自以職在近密而書跡與帝手筆相類乃絕不與人交書時出休沐閉門不通賓客由是漸得親密以左右勤勞賜爵原鄉亭侯

蔡謨字道明性尤篤愼每事必爲過防故時人云蔡公過浮航脫帶腰舟仕致左光祿大夫

南齊王琨爲光祿大夫謙恭謹愼老而不渝朝會必早起簡閱衣裳料數冠幘如此數四或爲輕薄所笑

臧榮緒隱居京口南徐州辟西曹舉秀才不就惇愛五經又以飲酒亂德言常爲戒

劉璡字子璥方軏正直文惠太子召入侍東宮每上事輒削草仕至射聲校尉

後魏辛祥爲太傅元丕并州府屬咸陽王禧妃即祥妻妹及禧構逆親知多罹釁謗祥獨蕭然不預



司馬惠安丹陽侯叔璠之孫爲洛州龍驤府司馬未曾自伐性閑淡少所交遊識者云其淳至

王洛兒少善騎射明元在東宮給事帳下天賜末明元出居于外洛兒晨夜侍衛無須臾違離恭勤發於至誠侍從遊獵夙夜無怠性謹厚未嘗有過

陸麗少以忠謹入侍左右太武特親昵之舉動審慎而無愆失賜爵章安子

崔振字延根自中書學生爲秘書中散在內謹敕爲孝文所知

叔孫俊字醜歸少聰敏年十五內侍左右性謹密初無過行仕爲獵郎

趙邕南陽人司空李沖之貴寵也邕以少年謹端出入其家頗給按摩奔走之役沖亦深加接念令與諸子遊處人有東帶謁於沖者時託之以通仕至平北將軍幽州刺史

楊津少端謹以器度見稱年十一除侍御中散于時孝文沖幼文明太后臨朝津曾久侍左右忽而咳逆失聲遂吐數升藏衣袖太后聞聲閲而不見問其故具以實言遂以敬慎見知

常景字永昌累遷右光祿大夫祕書監性和厚恭慎每讀書見韋弦之事深薄之危乃録古昔可以監戒指事爲象讚而述之

庚岳拜相州刺史鄴舊有園池時果初熟丞吏送之岳不受曰果未進御吾何得先食其謹慎如此

北齊楊愔字遵彦性周密畏慎常若不足每聞後命愀然變色仕至尚書右僕射

封隆之性寬和有度量義旗始建首參經略奇謀妙筭密以所聞上書削藁罕聞於外高祖嘉其忠謹每多從之轉齊州刺史卒

權會字正理志尚沉雅動遵禮則知太史局事明風角解玄象至於私室聊不及言學徒有請問者終無所說每云此學可知不可言諸君並貴遊子弟不由此進何煩問也會唯有一子亦不以此術教之其謹密如此

後周申徽少與母居盡力孝養及長好經史性審慎不妄交遊元邃爲東徐州刺史引徽爲主簿

隋于宣道字元明性謹密不交非類仕周釋褐左侍上士

唐皇甫無逸太宗貞觀中爲益州刺史過於審慎所上表奏懼有誤失必讀之數十遍仍令官屬再三披省使者就路又追而更審每遣一使輒連日不得上道

楊恭仁爲洛州都督性沉密以禮度自居謙恭下士未嘗忤物時人方之石慶

高郢性恭愼廉潔罕與人交游守官奉法勤恪遷刑部郎中改中書舍人掌誥累年家無制草或謂曰前輩皆留制集公焚之何也曰王言不可存私家時人委其慎密也



## 好謙

易曰人道惡盈而好謙蓋君子謙尊而光卑以自牧持之則爲德柄行之可以利涉故有處實若虛難進易退先人後已辭大取小貴而能降泰而不驕撝挹發於誠信恭遜見於形色播欲令文會獲乃終吉書稱受益不其然乎

孔子謂弟子曰文莫吾猶人也（莫無也文無者猶俗言文不也文不吾猶人者言凡文皆不勝於人）躬行君子則吾未之有德（身爲君子已未能也）又曰若聖與仁則吾豈敢（孔子謙不敢自名仁聖）抑爲之不厭誨人不倦則可謂云爾已矣公西華曰正唯弟子不能學也（正如所言弟子猶不能學況仁聖乎）又魯太宰問於子貢曰夫子聖者與何其多能也（太宰大夫官名或吳或宋未可分也疑孔子多能於小藝）子貢曰固天縱之將聖又多能也（言天固縱大聖之德又使多能）子聞之曰太宰知我乎吾少也賤故多能鄙事君子多乎哉不多也（我少小貧賤則常自執事固多能爲鄙人之事君子固不能多能也）又達巷黨人曰大哉孔子博學而無所成名（達巷者黨名也五百家爲黨此黨人美孔子博學道藝不成一名而已）子聞之謂門弟子曰吾何執執御乎執射乎吾執御矣（聞人美之承之以謙吾執御者欲名六藝之卑）公子荆衛侯之子孔子曰衛公子荆善居室（荆與蘧瑗史鰌並爲君子）始有曰苟合矣少有曰苟完矣富有曰苟美矣



漢公孫弘菑川薛人武帝時以賢良徵爲博士使匈奴還報不合意帝怒以爲不能乃移病免歸元光五年復徵賢良文學菑川國復推上弘弘謝曰前已嘗西用不能罷願更選國人

于定國爲廷尉爲人謙恭尤重經述士雖卑賤徒步定國皆與鈞禮（鈞禮猶言亢禮）

韋玄成丞相賢之子少好學修父業尤謙遜下士其接人貧賤者益加敬繇是名譽日廣後亦至丞相

孔霸爲元帝師爵關内侯霸爲人謙退不好權勢常稱爵位太過何德以堪之

蜀劉巴零陵人也少知名年十八郡署户曹史主記主簿劉先主欲遣周不疑就巴學巴答曰昔游荆北時涉師門記問之學不足紀名内無楊朱守静之術外無墨翟務時之風猶天之南箕虛而不用賜書乃欲令賢甥摧鸞鳳之艷遊燕雀之宇將何

以啓明之哉愧於有若無實若虛何以堪之
晉羊祜爲車騎將軍開府累年謙讓不辟士夏方初仕吳爲五官中郎將朝會未嘗乘車行必讓路
周顗除楚内史未之官徵拜散騎常侍顗曰古人辞大不辞小乃先之楚
劉殷在前趙劉聰朝爲太保錄尚書事與公卿恂恂然常有後已之色
陸玩爲司空雖登公輔謙讓不辟掾屬成帝聞而勸之玩不得已而從命性通雅不以名位格物誘納後進謙若布衣由是搢紳之徒莫不蔭其德宇
宋劉懷慎爲中領軍雖名位優重而恭恪愈至每所造位任不踰已者皆東帶門外下車其謹退如此
沈曇慶謹實清正所蒞有稱績嘗謂子弟曰吾曩世無才能正圖作大老子耳世以長者稱之仕至徐州刺史



蒯恩以戰功封新寧縣男益自謙損與人語常呼官位自稱鄙人
南齊陸慧曉歷補司徒征虜輔国左軍冠軍五府爲長史治身清肅僚佐以下造詣必起送之或謂慧曉曰長史貴重不宜妄自謙屈答曰我性惡人無礼不容不以礼處人未嘗卿士大夫或問其故慧曉曰貴人不可卿而賤者可卿人生何容立輕重於懷抱終身常呼人位
張岱爲吏部尚書兄子瓌弟恕以誅郡太守劉遐功太祖欲以恕爲晉陵郡岱曰恕未閑從政美錦不宜濫裁太祖曰恕爲人我所悉且又與瓌同勳自應有賞岱曰若以家貧賜禄此所不論語功推事臣門之恥
王倫之字元昌爲安成王記室參軍偃仰召會退居僚末司徒袁粲聞而歎曰格外之官便今日爲重貴游居此位者遂以不掌文記爲高自倫之始也
陳顯達爲侍中鎮軍將軍謙厚有智計自以人微位重每迁官常有愧懼之色
梁王曇生好文義以謙和見稱歷吏部尚書太常卿
王筠性弘厚不以藝能高人仕至太子詹事
後魏游肇謙廉不兢曾撰儒碁以表其志焉位至尚書右僕射
崔挺爲北海王詳司馬挺子孝芬早有才識孝文召見甚嘆賞李彪謂挺曰比見賢子謁帝旨諭殊優今當爲絕群耳挺曰卿自欲善勵人父子之間然斯言吾所不敢聞也
裴景融卑退廉謹無兢於時位至諫議大夫
唐李藩爲徐州張建封從事居幕中謙謙未嘗論細微
晉崔棁爲翰林學士平生所著文章碑誄制詔極多人有借本傳寫者則曰有前賢有來者奚用此爲

冊府元龜卷第八百六十四

冊府元龜卷第八百六十五

總録部一百一十五

報恩

仲尼有言曰以德報德蓋人之生也稟五行之秀首萬物之靈居不違仁動必率道至若受施而不背求舊而不遺金石其心風雨無變乃行之常也安可造次而忘之哉乃有感覔宥之惠則爭其死所蒙拔擢之私則讓彼封爵或施之甚薄而報之甚厚或出於困辱而事於榮達以至尊其親恤其子制之服紀祭乎墳墓以答平生之遇以伸感槩之節詩不云乎無德不報其斯之謂歟

示眯明晉人也大夫趙盾嘗田首山（蒲坂縣有首山）見桑下有餓人即示眯明也盾與之食食其半問其故曰宦三年（官學也）未知母之存不願遺母盾義之益與之飯肉已而為晉宰夫趙盾弗復知也晉靈公飲趙盾酒伏甲將攻盾公宰示眯明知之恐盾醉不能起而進曰君賜臣觴三行可以罷欲以去趙盾令先毋及難盾既去靈公伏士未會先縱齧狗名獒（犬四尺曰獒）明為盾搏殺狗盾曰棄人用狗雖猛何為然不知明之為陰德也已而靈公縱伏士出逐趙盾示眯明反擊靈公之伏士伏士不能進而竟脫盾盾問其故曰我桑下餓人問其名弗告明亦因亡去（宦于田於首山舍于翳桑見靈輒餓問其病曰不食三日矣食之舍其半問之曰宦三年矣未知母之存否今近焉請以遺之使盡之而為之簞食與肉寘諸橐以與之既而與為公介倒戟以禦公徒而免之問何故對曰翳桑之餓人也問其名居不告而退遂自亡也）

秦繆公與晉惠公夷吾合戰於韓地晉君棄其軍與秦爭利還而馬騺繆公與麾下馳追之不能得晉君反為晉軍所圍晉擊繆公繆公傷於是岐下食善馬者三百人馳冒晉軍晉軍解圍遂脫繆公而反生得晉君初繆公亡善馬岐下野人共得而食之者三百餘人吏逐得欲法之繆公曰君子不以畜產害人吾聞食善馬肉不飲酒傷人乃皆賜酒而赦之三百人者聞秦擊晉皆求從從而見繆公窘亦皆推鋒爭死以報食馬之德於是繆公虜晉君以歸



魏顆晉大夫初武子有嬖妾無子武子疾命顆曰必嫁是（武子魏犨顆之父）疾病則曰必以為殉及卒顆嫁之曰疾病則亂吾從其治也及輔氏之役顆見老人結草以亢杜回（亢御也杜回秦力人）杜回躓而顛故獲之夜夢之曰余而所嫁婦人之父也（而女也）爾用先人之治命余是以報

楚莊王賜其群臣酒日暮酒酣左右皆醉殿上燭滅有牽王后衣者王后挽冠纓而絕之言於王曰今燭滅有牽妾衣者妾援挽其纓而絕之願趣上火視絕纓者則其人也王曰止立出令曰與寡人飲不絕纓者不為樂也於是冠纓無完者不知王后所絕冠纓者誰於是王遂與群臣歡飲乃罷居數年吳興師攻楚楚有一士常為應行五合戰五陷陣卻敵遂取大軍之首而獻之王怪問之曰寡人未嘗有異於子子何為於寡人厚也對曰臣先殿上絕纓者也時當以肝膽塗地矣恨未有所効今幸得用於是臣之義尚或可遂莊王破吳而楚國益彊見厚之應也

荀罃晉大夫邲之戰楚人獲之鄭賈人有將寘諸褚中以出既謀之未行而楚人歸之賈人如晉荀罃善視之如實出己賈人曰吾無其功敢有其實乎吾小人不可以厚誣君子遂適齊（荀罃之賢）

趙武晉大夫也初司寇屠岸賈作難攻趙氏於下宮殺趙朔而滅其族朔妻成公姊有遺腹走公宮匿朔客曰公孫杵臼與朔友人程嬰謀立趙氏孤曰武（武即遺腹也）武冠成人程嬰乃辭諸大夫謂趙武曰昔下宮之難皆能死我非不能死我思立趙氏之後今趙武既立為成人復故位我將下報趙宣孟與公孫杵臼趙武啼泣頓首固請曰武願苦筋骨以報子至死而子忍去我死乎程嬰曰不可彼以我為能成事故先我死今我不報是以我事為不成遂自殺趙武服齊衰三年為之祭邑春秋祠之世世勿絕

公孫尨晉范氏臣也晉趙鞅與鄭師戰初周人與范氏田公孫尨稅焉（爲范氏收周人所與田之稅）趙氏得而獻之（得尨獻於趙鞅）吏請殺之趙孟曰爲其主也何罪止而與之田（還其所稅）及鐵之戰以徒五百人宵攻鄭師取蠭旗於子姚之幕下獻曰請報主德

北郭騷者齊人也結罘罔捆蒲葦織萉屨以養其母猶不足（猶尚也）踵門見晏子願乞所以養母晏子之僕謂晏子曰此齊國之賢者也其義不臣乎天子不友乎諸侯於利不苟取於害不苟免（於不義之利不苟且而取當義而死故不苟免）今乞所以養母是說夫子之義也必予之晏子使人分倉粟分府金而遺之辭金受粟有間晏子見疑於齊君（有間無幾間也）出奔過北郭騷之門而辭（辭告別也）北郭騷沐浴而出見晏子曰夫子將焉適（適之也）晏子曰見疑於齊君將出奔（奔走也）北郭子曰夫子勉之矣晏子上車太息而歎曰嬰之亡豈不宜哉亦不知士甚矣晏子行（行去也）北郭子召其友而告之曰說晏子之義而嘗乞所以養母焉吾聞之曰養及親者身伉其難（伉當也）今晏子見疑吾將以身死白之（白明也）著衣冠令其友操劍奉笥而從造君廷求復者曰晏子天下之賢者也去（復白也）齊國必侵矣（侵削也）必見國之侵也不若先死請以頭託以白晏子謂其友曰盛吾頭於笥中奉以託退而自刎也（刎剄也）其友因奉以託其友謂觀者曰北郭子爲國故死吾將爲北郭子之死也又退而自刎齊君聞之大駭乘馹而自追晏子及之國郊（馹傳車也郊竟也）請而反之晏子不得已而反聞北郭騷之以死白己也曰嬰之亡豈不宜哉亦愈不知士之甚矣（晏子自謂施於北郭騷不得其人爲不知士也又不知其騷能爲其殺身以明己故曰嬰之亡豈不宜哉亦愈不知士甚矣自責深矣）

蘇秦既相六國復歸周於是散千金以賜宗族朋友初蘇秦之燕貸百錢爲資及得富貴以百金償之徧報諸所嘗見德者其從者有一人獨未得報乃前自言蘇秦曰我非忘子子之與我至燕再三欲去我易水之上方是時我困故望子深是以後子今亦得矣



范雎既相秦王稽謂范雎曰事有不可知者三有不可奈何者亦三宮車一日晏駕是事之不可知者一也君卒然捐館舍是事之不可知者二也使臣卒然塡溝壑是事之不可知者三也宮車一日晏駕君雖恨於臣無可奈何君卒然捐館舍君雖恨於臣無可奈何使卒然塡溝壑君雖恨於臣亦無可奈何范雎不懌乃入言於王曰非王稽之忠莫能內臣於函谷關非大王之賢聖莫能貴臣今臣至於相爵在列侯王稽之官尚止於謁者非其內臣之意也昭王召王稽拜爲河東守三歲不上計（凡郡守治民進賢勸功決訟檢姦常以春行所主縣勸民農桑振救乏絕秋冬遣無害吏案訊諸囚平其罪法論課殿最歲盡遣吏上計）又任鄭安平昭王以爲將軍范雎於是散家財物盡以報所嘗困戹者一飯之德必償

孟嘗君相齊其舍人魏子爲孟嘗君收邑入三反而不致一入孟嘗君問之對曰有賢者竊假與之以故不致入孟嘗君怒而退魏子居數年人或毀孟嘗君於齊湣王曰孟嘗君將爲亂及甲申劫湣王湣王意疑孟嘗君孟嘗君乃奔（湣王三十四年田甲劫王薛文走）魏子所與粟賢者聞之乃上書言孟嘗君不作亂請以身爲盟遂自剄宮門以盟孟嘗君湣王乃驚而蹤跡驗問孟嘗君果無反謀乃復召孟嘗君

漢陳平陽武戶牖人也初事項羽爲都尉後降漢因魏無知求見漢王漢王使參乘典護諸將及高帝會諸侯於陳還至雒陽與功臣剖符定封封平爲戶牖侯世世勿絕平辭曰此非臣之功也帝曰吾用先生謀計戰勝克敵非功而何平曰非魏無知臣安得進帝曰若子可謂不背本矣迺復賞魏無知

韓信淮陰人也家貧無行又不能治生常從人寄食從下鄉南昌亭長食亭長妻苦之迺晨炊蓐食（未起而牀蓐中食）食時信往不爲具食信亦知其意怒竟絕去至城下釣有一漂母哀之飯信竟漂數十日信謂漂母曰吾必重報母怒曰大丈夫不能自食吾哀王孫而進食豈望報乎信爲楚王都下邳信至國召所從食漂

毋賜千金及下鄉亭長錢百（以恥辱之）曰公小人爲德不竟（言不竟其德也）
張蒼以客從沛公攻南陽蒼當斬解衣伏質（質，椹也）身長大肥白
如瓠時王陵見而怪其美乃言沛公赦勿斬蒼德王陵及貴父
事陵陵死後蒼爲丞相洗沐常先朝陵夫人上食然後敢歸家
袁盎以泰常使吳吳王欲使將不肯欲殺之使一都尉以五百
人圍守盎軍中初盎爲吳相時從史盜私盎侍兒盎知之弗泄
遇之如故人有告從史君知女與侍者通迺亡去盎驅自追之
（驅馳而追）遂以侍者賜之復爲從史及盎使吳見守從史適在
（言適值其時）守盎校爲司馬（校尉之司馬）迺悉以其裝齎買二石醇醪（醇醪，厚酒也）
（裝謂所齎衣物自隨者也醇醪不澆汁滓合之酒也）會天寒士卒飢渴飲醉西南陬
卒卒皆臥（陬，隅也）司馬夜引盎起曰君可以去矣吳王期旦日斬
君盎弗信曰公何爲者司馬曰臣故爲君從史盜侍兒者也盎乃
驚謝曰公幸有親（言汝自有親老）吾不足累公（累，繫也）司馬曰君第去
臣亦且亡辟吾親（藏匿吾親不令知也）君何患迺以刀決帳道從醉
卒直出（從醉卒之處直出也）司馬與分背（一時各去）盎解節旄懷
之（不欲令人見）杖步行七十里（著杖而行）明見梁騎馳去遂歸報
（梁軍之騎遂因得歸報天子）
朱買臣爲會稽太守悉召見故人與飲食諸嘗有恩者皆報復焉
丙吉爲丞相馭吏耆酒數逋蕩（逋蕩謂不謹）嘗從吉出醉
歐丞相車上（歐，吐也）西曹主吏白欲斥之（斥，逐也）吉曰以醉飽之失
去士使此人將復何所容（言無所容身）西曹地忍之（地，但也）
此不過汙丞相車茵耳遂不去也此馭吏邊郡人習知邊塞發
奔命警備事（有命則奔赴之）嘗出適見驛騎至公車刺取（刺謂探候之）
知虜入雲中代郡遽歸府見吉白狀因曰恐虜所入邊郡二千
石長吏有老病不任兵馬者宜可豫視吉善其言召東曹案邊
長吏瑣科條其人（瑣，錄也。科條，謂知其本以文武進也）未已詔召丞
相御史問以虜所入郡吏吉具對御史大夫卒遽不能詳知以得
譴讓（譴，責也）而吉見謂憂邊思職馭吏力也吉乃歎曰士亡不可
容能各有所長鄉使丞相不先聞馭吏言何見勞勉之有掾史
繇是益賢吉
薛宣字贛君嘗爲趙貢所知戒曰贛君至丞相我兩子亦中丞
相史後宣爲丞相除趙貢兩子爲史貢者趙廣漢之兄子也爲
吏亦有能名
翟方進任丞相司直爲丞相薛宣所知後代爲丞相思宣舊恩
宣免後二歲薦宣明習文法練國制度（言其詳熟也）前所坐過薄
可復進用帝徵宣復爵高陽侯加寵特進位次師安昌侯給事
中視尚書事宣復尊重
後漢趙岐亡命孫嵩以爲死友藏複壁中岐奉使荊州時嵩寓
於劉表表不爲禮岐乃稱嵩素行篤烈因共上爲青州刺史
魏賈逵初爲郡吏守絳邑長郭援攻絳絳潰援捕得逵聞著土
窖中以車輪蓋上使人固守方將殺之逵從窖中謂守者曰此
間無健兒邪而當使義士死此中乎時有祝公道者與逵非故
人而適聞其言憐其守正危厄乃夜盜往引出折械遣去不語
其名姓援破後逵乃知前出己者爲祝公道公道河南人也後
坐他事當伏法逵救之力不能解爲之改服焉
鄧艾少爲稻田守叢草吏同郡吏父憐其家貧資給甚厚艾初
不稍謝後爲汝南太守至則尋求昔所厚己吏父父以死遣吏
祭之重遺其母舉其子與計吏
孫禮爲太祖司空軍謀掾初荒亂時禮與母相失同郡馬台求
得禮母禮乃推家財盡以與台台後坐法當死禮私導令踰獄
自首既而曰臣無逃亡之義徑詣刺姦主簿溫恢恢嘉之具白
太祖各減死一等
荀彧字文若年少時南陽何顒常稱彧王佐之器及彧爲尚書
令時顒卒遣人西迎叔父喪并致顒尸而葬之彧之冢傍
吳太史慈東萊人也仕郡奏曹史會郡與州有隙曲直未分以
先聞者爲善時州章已去郡守恐後之求可使者慈年二十一

還行晨夜兼道至洛陽詣公車門以刀斫州章遣郡吏州家聞之更遣吏有章有司以格章之故不復見理州受其短由是知名而爲州家所嫉恐受其禍乃避之遼東北海相孔融聞而奇之數遣人問訊其母并致餉遺時融以黄巾寇暴出屯都昌爲賊所圍慈從遼東還母謂慈曰汝與孔北海未嘗相見至汝行後贍恤殷勤過於故舊今爲賊所圍汝宜赴之慈留三日單步徑至都昌時圍尚未密夜伺間隙得入見融因求兵出斫賊融不聽外救未至者而圍日偪融欲告急於平原相劉備城中人無由得出慈自請行融曰今賊圍甚急卿意雖壯無乃實難乎慈曰昔府君傾意於老母老母感遇遣慈赴府君之急固以慈有可取而來必有益也今衆言不可慈亦言不可豈府君愛顧之義老母遣慈之意邪事已急矣願府君無疑融乃然之慈遂到平原說備備即遣精兵三千人隨慈賊聞兵至解圍散走融既得濟益奇貴慈事畢還啓母母曰我喜汝有以報孔北海也



甘寧依黄祖祖不禮之祖都督蘇飛薦寧祖不用寧歸吳勸大帝取祖帝破祖先作兩函欲以盛祖及蘇飛首飛令人告急於寧寧曰飛若不言吾豈忘之帝爲諸將置酒寧下席叩頭血涕交流爲帝言飛疇昔舊恩寧不值飛固已捐骸於溝壑不得致命於麾下今飛罪當夷戮特從將軍乞其首領帝感其言謂曰今爲君致之若走去何寧曰飛免分裂之禍受更生之恩逐之尚必不走豈當圖亡哉若爾寧頭當代入函帝乃赦

晉潘岳爲河陽令有樊人公孫宏少孤貧客田於河陽善鼓琴頗能屬文岳愛其才藝待之甚厚岳爲楊駿太傅主簿駿誅宏爲楚王瑋長史專殺生之政駿綱紀皆當從坐同署主簿朱振已就戮岳其夕取急在外宏言之瑋謂之假吏故得免

唐彬初受學於東海閻德門徒甚多獨目彬有廊廟才及彬官成而德已卒乃爲之立碑

顧榮有將名爲廷尉正及趙王倫篡位倫子虔爲大將軍以榮爲長史初榮與同僚宴飲見執炙者貌狀不凡有欲炙之色榮割炙啖之坐者問其故榮曰豈有終日執之而不知其味乃倫敗榮被執將誅而執炙者爲督率救之得免

華譚字令思爲廬江内史在郡政嚴而與上司多忤揚州刺史劉陶素與譚不善因法收譚下壽陽獄鎮東將軍周馥與譚素相親善理而出之及甘卓討馥百姓奔散謂譚已去遣人視之而更移近馥馥歎曰吾嘗謂華令思是臧子源之疇今果效矣甘卓嘗爲東海王越所捕下令敢有匿者誅之卓投譚而免及此役也卓遣人求之曰華侯安在吾甘揚威使也譚答不知遺絹二匹以遣之使反告卓卓曰此華侯也復求之譚已亡矣

王談吳興烏程人父爲鄰人竇度所殺談殺度歸罪有司太守孔巖義其孝勇列上宥之巖諸子爲孫恩所害無嗣談乃移居會稽修理巖父子墳墓盡其心力



韋泓喪亂之際親屬遇饑疫並盡客遊洛陽素聞應詹名遂依託之詹與分甘共苦情若弟兄遂隨從積年爲營伉儷置居宅并薦之於元帝泓後位至少府卿既受詹生成之惠詹卒遂制朋友之服哭止宿草追趙氏祀程嬰杵臼之義祭詹終身

陶侃爲荆州刺史都督八州軍事命張夔子隱爲參軍范逵之子珧爲湘東太守辟劉弘曾孫安爲掾屬表論梅陶凡微時所荷一飡咸報

桓溫有胡奴曰王安待之甚厚及在雍丘告之曰石勒是汝種類吾亦不在爾一人乃厚資遣之遂爲勒將桓氏之誅也安多將從人於市觀省潛取逃庚子道重藏之爲以門將年十歲石氏滅後來歸

桓沖彝之子初彝亡後沖兄弟並少家貧母患須羊以解無由得之兄溫乃以沖爲質羊主甚富言不欲爲質幸爲養買德郎買德郎沖小字也及沖爲江州出射羊主於堂邊者沖識之謂曰我買德也遂厚報之

後趙石勒遣子季龍陷廩丘劉演奔文鴦軍獲演弟啓送于襄國
即劉琨之兄子也勒以琨撫存其母德之賜啓田宅令儒官授其經
前秦王猛爲相性剛明清肅於善惡尤分微時一餐之惠睚眥之忿靡不報焉
南燕慕容超字祖明德之兄北海王納子也時慕容垂起兵山東
苻昌收納及德諸子皆誅之納母公孫氏以耄獲免納妻段氏方
娠未決囚之于郡獄獄掾呼延平德之故吏也嘗有死罪德免之
至是將公孫及段氏逃于羌中而生超十歲而公孫氏卒臨終授
超以金刀曰若天下太平汝得東歸可以此刀還汝叔也平又將
超母子奔于呂光及呂隆降于姚興超又隨涼州人徙于長安
宋王鎮惡年十三而苻氏敗亡關中擾亂流寓崤澠之間嘗寄
食澠池人李方家方善遇之鎮惡謂方曰若遇英雄主要取万
户侯當厚相報方荅曰君丞相孫人才如此何患不富貴至時
願見用爲本縣令足矣後鎮惡爲龍驤將軍領前鋒將隨高祖
北伐進次澠池造方家升堂見母厚加酬賚即授方爲澠池令



黄回竟陵郡軍人也後與人相打詐稱江夏王義恭馬客被鞭
二百付右尚方會中書舍人戴明寶被繫黄回爲户伯奉事明
寶竭心盡力明寶尋得原赦委任如初啓免回以領隨身隊統回
後爲都督南兗州刺史既貴祇事明寶躬其謹言必自名未嘗敢
坐躬至帳下及入内料撿有無隨之供送以此爲常
南齊王智深爲竟陵王司徒參軍坐事免初爲司徒袁粲所接
及撰宋紀意常依依粲幼孤祖母名爲愍孫後慕荀粲自改名
會稽賀喬譏之智深於是著論
王晏父普曜爲沈攸之長史常慮攸之舉事不得遂時王奐爲
吏部轉普曜爲内職深德之及奐爲丹陽尹而晏仕世祖府奐
從弟蘊反世祖謂晏曰王奐宋家外戚王蘊親同逆黨既其群
從豈能無異我欲具以啓聞晏叩頭曰王奐脩謹保無異志
晏父母在都請以爲質世祖乃止
張融遷竟陵王子良司徒右長史竟陵張欣時爲諸暨令坐罪
當死先是欣時父興世討南譙王義宣官軍欲殺融父暢興世
以袍覆暢而坐之以此免興世卒葬者高履負土成墳至是融
啓竟陵王子良乞代欣時死子良荅曰此乃是長史美事恐朝
廷有常典不得如長史所懷初宋丞相起事融父暢以不同將
見殺司馬竺超民諫免之暢臨終謂諸子曰昔丞相事難吾無
竺司馬得活爾等必報其子弟後超民孫微冬月遭母喪居貧
融往弔之悉脫衣以爲賻披牛衣而反常以兄事微
梁陳伯之爲江州刺史與豫章人鄧繕永興人戴永忠並有
舊繕經藏伯之息免禍伯之尤德之及在州用繕爲別駕永忠
記室參軍
陳陰鏗仕梁釋褐湘東王法曹參軍天寒鏗嘗與賓友宴飲見
行觴者因迴酒炙以授之衆坐皆笑鏗曰吾儕終日酣飲而執
爵者不知其味非人情也及侯景之亂鏗嘗爲賊所擒或救之
獲免鏗問其故乃前所行觴者



後魏長孫稚出帝初爲太傅録尚書事以定策功更封開国子
稚表請迴授其姨兄廷尉卿元洪超次子曄初稚生而母亡爲
洪超母所撫養是以求讓之又稚少游俠鬭雞走馬力爭殺人
因亡抵龍門將陳興德家會赦乃免因以後妻羅氏妻興德兄
興恩以報之
房景遠好施與頻歲凶儉分贍宗親景遠又於通衢食餓者後
平原劉郁行經兗州之境忽遇劫賊已殺十餘人次至郁郁呼
曰與君鄉近何忽見殺賊曰若言鄉里親親是誰郁曰齊州主
簿房陽我姨兄陽是景遠小字賊曰我食其粥得活何得殺其
親遂還衣服蒙活者二十餘人
盧度世爲中書學生應選東宮後以崔浩事逃於高陽鄭羆家
使者因羆長子遂被拷掠至乃火爇其體因以物故卒無所言
度世後令弟娶羆妹以報其恩
賀拔勝都督荊州爲侯景所敗南奔于梁在江表三年梁武遣

之甚厚求還梁武觀餞於南苑勝自是之後每行執弓矢見鳥獸南向者皆不射之以申懷德之意

後周宇文測爲駙馬都尉在洛陽之日曾被竊盜亡物即其妻陽平主之衣服也州縣擒盜幷物俱獲測恐此盜坐之以死乃不認焉遂遇赦得免盜既感恩因請爲測左右及測從孝武西遷事極狼狽此人亦從測入關竟無異志

隋尒朱敞榮之族子高歡之誅尒朱氏敞隨母在宮中及年十二乃自竇中出奔時追之急遂投一村見長孫媼拜以求哀長孫氏愍而藏於複壁三年乃得歸於周太祖及爲膠州刺史於是迎長孫氏及弟置於家厚資給之

唐李大亮爲左衛大將軍大亮隋末爲賊所獲賊將張弼見而異之獨釋與語後每懷弼之恩而訪之不能得弼時爲將作丞自隱不言大亮嘗遇諸塗而識之持弼而泣恨相得之晚多推家産以遺弼弼讓而不受大亮言於太宗曰臣有今日之榮張弼力也所有官爵請迴授弼太宗遂擢弼爲中郎將俄遷代州都督時人皆賢大亮不背恩而多弼不自伐也



王珪貞觀中歷侍中禮部尚書撫孤姪同於已子少時貧寒人或遺之初不辭謝及貴秩矣皆外給之雖其已亡必厚賑其妻孥

羅士信爲洛水行軍總管士信初爲裴仁基所禮眷感其知己之恩及東都平遂以家財收斂葬於北邙又云我死後當葬此墓側及卒果就仁基左爲詰葬焉

竇希瓘孝諶之子也初諶妻龐氏奴誣告當斬徐有功獨明其無罪減死有功卒中宗踐祚希瓘等請以身之官爵讓有功子倫以報舊恩倫由是自太子司議郎遷恭陵令

韓朝宗爲万年縣主簿張嘉貞爲朝宗擢爲監察御史及嘉貞卒後十數歲朝宗爲京兆尹因奏曰自陛下臨御已來所用宰相皆進退以禮善始令終身雖已沒子孫咸在朝唯張嘉貞幾年一子今獨未登官序帝亦惘然遽令召之賜名延賞特拜左內率府兵曹參軍

王思禮爲河東節度使先是京兆人張光晟起於行閒嘗與宋哥舒翰兵敗潼關思禮爲大將所乘馬中流矢而斃光晟時在騎卒之中因下馬授思禮問其姓名不告而退思禮陰記其形貌常使人密求之至是思禮使其偏將辛雲京爲代州刺史屢爲將校譖毀思禮欲殺雲京雲京惶懼不知所出光晟時隸雲京麾下因間進曰光晟素有德於王司空比不言者恥以舊恩受賞耳今使君憂迫光晟請奉命一見司空則使君之難可解雲京然其計即令之太原及謁思禮未及言舊恩禮識之遽曰爾豈非吾故人乎何相見之晚光晟遂陳潼關之事思禮大喜因執其手感泣曰吾有今日子之力也求子頗久竟此相遇何慰如之即令同榻而坐結爲兄弟光晟遂述雲京之屈思禮曰雲京比涉譖言過亦不細今爲故人特捨之矣即日擢光晟爲兵馬使賓以田宅縑帛甚厚累奏特進試太常少卿委以腹心及雲



京爲河東節度又表光晟爲代州刺史

李晟封西平王嘗有恩者厚報之初譚元澄爲嵐州刺史嘗有德於晟後坐貶官死於岳州比晟後貴上疏理之詔贈元澄寧州刺史元澄三子晟撫待勤至皆成就官學人皆義之

田敦爲衢州刺史大曆中令狐峘自禮部侍郎貶衡州別駕貞元中累改吉州刺史復貶衢州別駕敦即大曆中進士也峘以放及第牓日與敦不相識敦聞峘來喜曰吾今日乃見座主至則迎謁分其俸之半以奉之

後唐郭崇韜爲樞密使初莊宗爲晉王以孟知祥爲中門使甚有佐輔功後數年舉崇韜自代崇韜常得之及莊宗有天下崇韜爲樞密使知祥爲北京副留守知留守事同光三年莊宗命崇韜從魏王繼岌代蜀崇韜將行因奏曰陛下委臣以戎事杖將士之忠孝憑陛下之神武鼓行而西庶幾集事如蜀川平定陛下擇帥以臣料之信厚善謀事君有禮則北京副留守孟知

祥有焉願陛下志之及蜀平莊宗遺命知祥爲劍南節度使自太原馳騎入蜀

晉呂琦天福中爲禮部尚書初琦父兗爲滄州節度判官及劉守光攻陷滄州琦時年十五將就戮有趙王者幽薊之義士也久游於兗之門下見琦臨危乃負琦逃禍琦以王免已於難欲厚報之王遇疾琦親爲扶侍供其醫藥王卒代其家營葬事王之子曰文度既孤而幼琦撫之甚篤及其成人登進士第尋以官路琦之力也

劉昫開運初爲相先是避難河朔匿於北山蘭若有賈亥喻者爲僧輟衾袍以溫煖之及昫官達致亥喻進士及第釋褐監察御史聞者義之

周陳觀爲樞密直學士廣順二年十一月詔故青州節度使霍彥威嫡孫緒爲弘文館校書郎姪承慶爲秘書省正字彥威子承勳叙與郡符先是觀在承訓門下觀以霍氏門戶孤弱言之於



相王峻嘗爲之聞奏故有是授王峻爲樞密使時有趙崇勳者梁故祖庸使巖之姪見在陳州詔本州量給先係官趙巖舊宅以賜之從峻請之也峻父事巖頗得親愛至是嘗於中書言欲臨巖衣賜官及立碑以報宿恩同列謂之曰趙張二族貪權擅利同破梁室至今言者無不切齒若與立碑贈官恐生物議峻乃止但奏請與趙崇勳居宅而已

冊府元龜卷第八百六十五

冊府元龜卷第八百七十六

總録部一百二十六

方術

范曄有言曰陰陽推步之學往往見於墳記至於河洛之文龜龍之圖箕子之術師曠之書緯候之部鈐決之符皆所以探抽冥賾參驗人區又有風角遁甲孤虛之術亦有以效於事也漢武之世頗好方術天下懷藝之士比比出焉東觀之託斯爲博矣鼎國之後何肯乏哉至或假刻鬼神推步災異吉凶先覺禍福可移變化云爲護乎視聽蓋夫怪神之理聖人之罕言所謂民可使由之非泯絕而不取也若乃極慮知變而不詭於俗窮理造微而不違於道斯深於數術者歟

漢李少君故深澤侯人主方（主侯家方藥）以祠竈穀道卻老方見武帝（祠竈可以致福穀道辟穀食之道）帝尊之常自謂七十能使物卻老（物謂鬼物也）其游以方徧諸侯人聞其能使物及不死更饋遺之

少翁齊人以方見武帝帝有所幸李夫人卒帝思念李夫人不已少翁言能致其神迺夜張燈燭設帷帳陳酒肉而命帝居他帳遥望見好女如李夫人之貌還幄坐而步（夫人之神於帳中坐又出而徐步）又不得就視及致竈鬼之貌云迺拜少翁爲文成將軍賞賜甚多以客見之文成言帝即欲與神通宮室被服非象神神物不至迺作畫雲氣車及各以勝日駕車辟惡鬼又作甘泉宮中爲臺室畫天地泰一諸鬼神而置祭具以致天神欒大膠東宮人（王家人）故嘗與文成將軍同師已而爲膠東康王尚方（主方藥也）康王后聞文成死而欲自媚於上乃遣欒大因樂成侯（名登史不書姓）求見言方天子既誅文成後悔其方不盡及見欒大大悅大敢爲大言曰臣之師言黃金可成而河決可塞不死之藥可得僊人可致也於是帝使驗小方鬭棊自相觸擊是時帝方憂河決而黃金不就乃拜大爲五利將軍居月餘得四印

後漢尹敏建武二年上疏陳洪範消災之術時光武方草創天下未遑其事命敏待詔公車拜郎中

郭憲以建武七年代張堪爲光祿勳從駕南郊憲在位忽回向東北含酒三潠（潠音巽噴也）執法奏爲不敬（執法糾劾之官也）詔問其故憲對曰齊國失火故以厭之此後齊果上火災與郊同日

解奴辜張貂不知何郡人也皆能隱淪出入不由門戶奴辜能變易物形以誑幻人

魏聖卿河南人善爲丹書符劾厭殺鬼神而使命之編盲意斟（名[illegible]）亦與鬼物交通

壽光侯者（壽光姓也風俗通曰壽於姚吳大夫）章帝時人能劾百鬼衆魅令自縛見形其鄉人有婦爲魅所病侯爲劾之得大蛇數丈死於門外又有神樹人止者輒死鳥過者必墜侯復劾之樹夏枯落見大蛇長七八丈懸死其間帝聞而徵之乃試問之吾殿下夜半後常有數人絳衣被髮持火相隨豈能劾之乎侯曰此小怪易銷爾帝偽使三人爲之侯劾三人登時仆地無氣帝大驚曰非魅也朕相試爾解之而蘇

劉根者潁川人隱居嵩山中諸好事者自遠而至就根學道太守史祈以根爲妖妄乃收執詣郡數之曰汝有何術而誣惑百姓若果其神可顯一驗事不爾立死矣根曰實無它異頗能令人見鬼矣祈曰促召之使太守自覩爾乃爲明根於是左顧而嘯有頃祈之亡父祖近親數十人皆反縛在前向根叩頭曰小兒無狀分當万坐顧而叱祈曰汝爲子孫不能有益先人而反累辱亡靈可叩頭爲吾陳謝祈驚懼悲哀頓首流血請自甘罪坐根嘿而不應忽然俱去不知在所

景鸞爲廣漢梓潼人學河洛圖緯數上書陳救災變之術

郎宗字仲綏安丘人也善京氏易風角星筭推步吉凶常負笈荷擔賣卜給食齊服間行人莫得知

楊由蜀郡成都人也少習易并七政元氣風雲占候爲郡文學掾時有大雀夜集於庫樓上太守廉范以問由由對曰此占郡

內當有小兵然不爲害後二十餘日廣柔縣蠻夷反殺傷長吏郡發庸兵擊之又有風吹削哺（哺當作柹音孚廢反[illegible]左傳曰削而投之）[illegible]太守以問由由對曰方當有薦木實者其色黃赤頃之五官掾獻橘數包由嘗從人飲勑御者曰酒若三行便宜嚴駕既而趣去後主人舍有鬬相殺者請問何以知之由曰向社中木上有鳩鬬此兵賊之象也其言多驗著書十餘篇終于家

泠壽光可百五六十歲行容成公御婦人法（容成公黃帝時人能善補導之事取精於玄牝[illegible]）常屈頸鷮息（[illegible]）鬚髮盡白而色理如三四十時死於江陵

段翳廣漢新都人也習易經明風角時有就其學者雖未至必豫知其姓名嘗告守津吏曰某日當有諸生二人荷擔問翳舍處者幸爲告之後竟如其言又有一生來學積年自謂略究要術辭歸鄉里翳爲合膏藥并以簡書封於筒中告生曰有急發視之生到葭萌與吏爭渡津吏檛破從者頭生開筒得書言到葭萌與吏鬬頭破者以此膏裹之生用其言創者即愈生歎服乃還卒業遂隱居終于家

上成公者密縣人其初行久而不還後歸語其家云我已得仙因辭家而去家人見其舉步稍高良久乃沒云陳寔韓韶同見其事

王輔學公羊傳援神契常隱居野廬以道自娛辟公府舉有道對策拜郎中陳災異動吉凶有驗拜議郎以病遜安帝公車徵不行卒於家

李歷李郃弟之子好方術爲新城長時天下旱縣界特雨官至奉車都尉

樊英南陽魯陽人也善風角嘗有暴風從西方起英謂學者曰成都市火甚盛因含水西向漱之乃令記其日時客後有從蜀都來云是日大火有黑雲卒從東起須臾大雨火遂得滅於是天下稱其術英既善術朝廷每有災異詔輒下問變復之效所言多驗（[illegible]）安帝初徵爲博士

欒巴字叔元順帝時爲豫章太守郡多山川鬼怪小人常破貲產以祈禱巴素有道術能役鬼神乃悉毀壞房祀剪理姦巫（[illegible]）於是妖異自消百姓始頗爲懼終皆安之（[illegible]）還沛相所在有績徵拜尚書正朝大會巴獨後到又飲酒西南噀之有司奏巴不敬有詔問巴巴頓首謝曰臣本縣成都市失火臣故因酒爲雨以滅火臣不敢不敬詔即以驛書問成都成都荅言正旦大失火食時有雨從東北來火乃息雨皆酒臭後忽一旦大風天霧晦暝對坐皆不相見失巴所在尋問之云其日還成都與親故別

高獲汝南新息人獲善天文曉遁甲能役使鬼神郡境大旱太守鮑昱自往問何以致雨獲曰急罷三部督郵（[illegible]）明府當自北出到三十里亭雨可致也昱從之果得大雨

許峻善卜占之術多有顯驗時人方之前世京房自云少嘗篤病三年不愈乃謁太山請命（太山主人生死）行遇道士張巨君授以方術所著易林至今行於世

張楷蜀郡成都人性好道術能作五里霧時關西人裴優亦能爲三里霧自以不如楷從學之楷避不肯見桓帝即位優遂行霧作賊事覺被考引楷言從學術楷坐繫廷尉詔獄積二年常諷誦經籍作尚書注後以（[illegible]）原還家

趙彥琅邪人少有術學延熹三年琅邪賊勞丙與太山賊叔孫無忌殺都尉攻沒琅邪屬縣殘害吏民朝廷以南陽宗資爲討寇中郎將杖鉞將兵督州郡合討無忌彥爲陳孤虛之法以賊屯在莒莒有五陽之地（[illegible]）宜發五陽郡兵（[illegible]）從孤擊虛以討之資具以上言詔書遣五陽兵到彥推遁甲教以時進兵一戰破賊燔燒屯塢徐兗二

州一拜平夷

樊志張者漢中南鄭人隱身不仕桓帝時嘗遊隴西時破羌將軍段熲出征西羌請見志張其夕熲軍為羌所圍數重因留由三日不得去夜謂熲曰東南角無復羌宜乘虛引出住百里還師攻之可以全勝熲從之果以破賊於是以狀表聞又說其人旣有梓慎焦董之識焦延壽董仲舒宜翼聖朝咨詢奇異於是有詔特徵會病終

費長房汝南人也曾為市掾市中有老翁賣藥懸一壺於肆頭及市罷輒跳入壺中市人莫之見唯長房於樓上覩之異焉因往再拜奉酒脯翁知長房之意其神也謂之曰子明日可更來長房旦日復詣翁翁乃與俱入壺中唯見玉堂嚴麗旨酒甘肴盈衍其中共飲畢而出翁約不聽與人言之後乃就樓上候長房曰我神仙之人以過見責今事畢當去子寧能相隨乎樓下有少酒與卿為別長房使人取之不能勝又令十人扛之猶不



舉兩人對舉為扛扛音江翁聞笑而下樓以一指提之而上視器如一升許而二人飲之終日不盡長房遂欲求道而顧家人為憂顧念也翁乃斷一青竹度與長房身齊使懸之舍後家人見之即長房形也以為縊死大小驚號遂殯葬之長房立其傍而莫之見也於是遂隨從入深山踐荆棘於群虎之中留使獨處長房不恐又卧於空室以朽索懸万斤石於心上衆蛇競來齧索且斷長房亦不移翁還撫之曰子可教也復使食糞糞中有三蟲臭穢特甚長房意惡之翁曰子幾得道恨於此不成如何長房辭歸翁與一竹杖曰騎此任所之則自至矣既至即以杖投葛陂中也又為作一符曰以此主地上鬼神長房乘杖須臾來歸自謂去家適經旬日而已十餘年矣即以杖投陂顧視則龍也家人謂其久死不信之長房曰往日所葬但竹杖耳乃發冢剖棺杖猶存焉遂能醫療衆病鞭笞百鬼及驅使社公或在它坐獨自恚怒人問其故曰吾責鬼魅之犯法者耳汝南歲常有魅偽作太守章服詣府門椎鼓者郡中患之時魅適來而逢長房謁府君惶懼不得退便前解衣冠叩頭乞活長房呵之云便於中庭正汝故形即成老鼈也大如車輪頸長一丈長房復令就太守服付其一札以勑葛陂君魅叩頭流涕持札植於陂邊以頸繞之而死後東海君來見葛陂君因淫其夫人於是長房劾繫之三年而東海大旱長房至海上見其人請雨乃謂之曰東海君有罪吾前繫於葛陂今方出之使作雨也於是雨立注長房曾與人共行見一書生黃巾被裘無鞍騎馬下而叩頭長房曰還它馬赦汝死罪人問其故長房曰此狸也盜社公馬耳又嘗坐客而使至宛市鮓須臾還乃飯或一日之間人見其在千里之外者數處焉後失其符為衆鬼所殺

徐登者閩中人也閩中今泉州地本女子化為丈夫善為巫術

趙炳字公阿東陽人能為越方東陽今婺州也抱朴子曰道士趙炳以氣禁人人不能起禁虎虎伏地低頭閉目便可執縛以大釘釘柱入尺許以氣吹之釘即躍出射去如弩箭之發異苑云趙侯以盆盛水吹氣作禁魚



龍立見越方善禁呪也時遭兵亂疾疫大起二人遇於烏傷溪水之上水經注云吳寧溪出吳寧縣經烏傷縣謂之烏傷溪在今婺州義烏縣也遂結言約共以其術療病各相謂曰今既同志且可各試所能登乃禁溪水水為不流炳復次禁樹樹即生荑荑者楊之秀也二人相視而笑共行其道焉登年長炳師事之貴尚清儉禮神唯以東流水為酌削桑皮為脯但行禁架所療皆除禁架即禁術也後登物故炳東入章安章安縣名今台州百姓未之知也炳乃故升茅屋梧鼎而爨主人見之驚懅懅音遽懼也炳笑不應既而爨孰屋無損異又嘗臨水求度船人不和之和應也炳乃張蓋坐其中長嘯呼風亂流而濟於是百姓神服從者如歸章安令惡其惑衆收殺之人為立祠室於永康至今蚊蚋不能入也

甘始東郭延年漢武内傳曰延年字公游封君達三人者皆方士也率能行容成御婦人術或飲小便或自倒懸愛嗇精氣不極視大言甘始元放延年皆為曹公所錄問其術而行之君達號青牛師封君達隴西人初服黃連五十餘年入鳥舉山服水銀百餘年還鄉里如二十者常乘青牛故號青牛道士聞有病死者識與不識便

（又以壺閒竹管中藥與衆亭下斜應手皆愈不以姓名語人問晉艾生得五岳圖連年請求艾生未見授并告節度二百餘歲亡入玄丘山去）

左慈字元放廬江人少有神道嘗在司空曹操坐操從容顧衆賓曰今日高會珍羞略備所少吳松江鱸魚爾（松江今在蘇州東南首受太湖神仙傳云松江出好鱸魚味異他處）放於下坐應曰此可得也因求銅盤貯水以竹竿餌釣於盤中須臾引一鱸魚出操大拊掌笑會者皆驚操曰一魚不周坐席可更得乎放乃更餌釣沈之須臾復引出皆長三尺餘生鮮可愛操使目前鱠之周浹會者操又謂曰既已得魚恨無蜀中生薑爾放曰亦可得也操恐其近即所取因曰吾前遣人到蜀買錦可過勑使者增市二端語頃即得薑還并獲操使報命後操使蜀反驗問增錦之狀及時日早晚若符契焉後操出近郊士大夫從者百許人慈乃爲齎酒一斗脯一斤手自斟酌百官莫不醉飽操怪之使尋其故行視諸鑪悉亡其酒脯矣（鑪酒肆也）操懷不喜（喜許吏切）因坐上收欲殺之慈乃卻入壁中霍然不知所在或見於市者又捕之而市人皆變形與慈同莫知誰是後人逢慈於陽城山頭因復逐之遂走入羊群操知不可得乃令就羊中告之曰不復相殺本試君術爾忽有一老羝屈前兩膝人立而言曰遽如許（言何遽如許爲事）即競往赴之而群羊數百皆變爲羝並屈前膝人立云遽如許遂莫知所取焉（魏文帝典論論郤儉等事曰潁川郤儉能辟穀餌伏苓甘陵甘始亦善行氣老有少容廬江左慈知補導之術並爲軍吏初儉之至市伏苓價暴貴數倍議郎安平李覃學其辟穀餐伏苓飲寒水中泄利殆至殞命後始來衆人無不鴟視狼顧呼吸吐納軍謀祭酒弘農董芬爲之過差氣閉不通良久乃蘇左慈到又競受其補導之術至寺人嚴峻往從問受奄豎真無事於斯術也人之逐聲乃至於是東阿王作辯道論曰世有方士吾王悉所招致甘陵有甘始廬江有左慈陽城有郤儉始能行氣導引慈曉房中之術儉善辟穀悉號三百歲卒所以集之於魏國者誠恐斯人之徒接姦宄以欺衆行妖慝以惑民豈復欲觀神仙於瀛洲求安期於海島釋金輅而履雲輿棄六驥而羨飛龍哉自家王與太子及余兄弟咸以爲調笑不信之矣然始等知上遇之有常奉不過於員吏賞不加於無功海島難得而游六黻難得而佩終不敢進虛誕之言出非常之語余嘗試郤儉絕穀百日躬與之寢處行步起居自若也夫人不食七日則死而儉乃如是然不必益壽可以療疾而不憚饑饉焉左慈善修房內之術差可終命然自非有志至精莫能行也甘始者老而有少容自諸術士咸共歸之然始辭繁寡實頗有怪言余嘗辟



左右獨與之談問其所行溫顏以誘之美辭以導之始語余吾本師姓韓字世雄嘗與師於南海作金前後數四投數萬斤金於海又言諸梁時西域胡來獻香罽腰帶割玉刀時悔不取也又言車師之西國兒生擘背出脾欲其食少而弩行也又言取鯉魚五寸一雙合其一煮藥俱投沸膏中有藥者奮尾鼓鰓游行沉浮有若處淵其一者已熟而可噉余時問言率可試不言是藥去此踰萬里當出塞始不自行不能得也言不盡於此頗難悉載故粗舉其巨怪者始若遭秦始皇漢武帝則復徐市欒大之徒也）

吳劉惇字子仁平原人遭亂避地客游廬陵事孫輔以明大官達占數顯於南土每有水旱寇賊皆先時處期無不中者輔異焉以爲軍師軍中咸敬事之號曰神明惇於諸術皆善尤明太一皆能推演其事窮盡要妙著書百餘篇名儒刁玄稱以爲奇惇亦寶愛其術不以告人故世莫得而明也

趙達治九宮一筭之術究其微旨達寶惜其術自闞澤殷禮皆名儒善士親屈節就達祕而不告太史丞公孫滕少師事達勤苦累年達許教之者有年數矣臨當喻語而輒復止滕他日齎酒具候顏色拜跪而請達曰吾先人得此術欲圖爲帝王師至仕來三世不過太史郎誠不欲復傳之且此術微妙頭乘尾除一筭之法父子不相語然以子篤好不倦今真以相授矣飲酒數行達起取素書兩卷大如手指達曰當寫讀此則自解也吾久廢不復省之今欲思論一過數日當以相與滕如期往至乃陽求索書驚言失之云女婿昨來必是渠所竊遂從此絕初大帝行師征伐每令達有所推步皆如其言帝問其法達終不語由此見薄祿位不至

介象字元則有諸方術吳主聞之徵象到武昌甚敬貴之稱爲介君爲起宅以御帳給之賜遺前後累千金從象學蔽形之術試還後宮及出殿門莫有見者又使象作變化種瓜菜百果皆立生可食吳主共論鱠魚何者最美象曰鯔魚爲上吳主曰論近道魚耳此出海中安可得耶象曰可得耳乃令人於殿中作方埳汲水滿之并求鈎象起餌之垂綸於埳中須臾果得鯔魚吳主驚喜問象曰可食不象曰故爲陛下取以作生鱠安敢取

不可食之物乃使廚下切之吳主曰聞蜀使來得蜀薑作齏好恨爾時無此象曰蜀薑豈不易得願差所使者并付直吳主指左右一人以錢五十付之象書一符以著青竹杖中使行人閉目騎杖杖止便買薑訖復閉目此人承其言騎杖須臾止已至成都不知是何處問人人言是蜀市中乃買薑于時吳使張溫先在蜀既於市中相識甚驚便作書寄其家此人買薑畢捉書負薑騎杖閉目須臾已還到吳廚下切鱠適了

姚光有火術吳主身臨試之積荻數千束使光坐其上又以數千束荻裹之因猛風而燔之荻了盡謂光當以化為燼而光端坐灰中振衣而起把一卷書吳主取其書視之不能解也

董奉字君異候官人士燮嘗病死已三日奉以一丸藥與服以水含之捧其頭搖捎之食頃即開目動手顏色漸復半日能起坐四日復能語遂復常

晉郭璞字景純河東聞喜人有郭公者客居河東精於卜筮璞從之受業公以青囊中書九卷與之由是遂洞五行天文卜筮之術攘災轉禍通致無方雖京房管輅不能過也欲避地東南抵將軍趙固會固所乘良馬死固惜之不接賓客璞至門吏不為通璞曰吾能活馬吏驚入白固固趨出曰君能活吾馬乎璞曰得健夫二三十人皆持長竿東行三十里有丘林社廟者便以竿打拍當得一物宜急持歸得此馬活矣固如其言果得一物似猴將歸此物見死馬便噓吸其鼻頃之馬起奮迅嘶鳴食如常不復見向物固奇之厚加資給行至廬江太守胡孟康被丞相召為軍諮祭酒時江淮清晏孟康安之無心南渡璞為占曰敗康不之信璞將促裝去之愛主人婢無由而得乃取小豆三斗繞主人宅散之主人晨見赤衣人數千圍其家就視則滅甚惡之請璞為卦璞曰君家不宜畜此婢可於東南二十里賣之慎勿爭價則妖可除也主人從之璞陰令人賤買此婢復為符投於井中數千赤衣人皆反縛一一自投于井主人大悅璞攜婢去後數旬而廬江陷宣城太守殷祐遷石頭督護璞復隨之時有雉飛出延陵璞占之曰此郡東當有妖人欲稱制者尋亦自死矣後當有妖樹生然若瑞而非辛螫之木也儻有此者東南數百里必有作逆者期明年矣無錫縣欻有茱萸四株交枝而生若連理者其年盜殺吳興太守袁琇或以問璞璞曰卯爻發而沴金此木不曲直而成災也王導深重之引參己軍事嘗令作卦璞言公有震厄可命駕西出數十里得一柏樹截斷如身長置常寢處災當可消矣導從其言數日果震柏木粉碎璞素與桓彝友善彝每造之或值璞在婦間便入璞曰卿來他處自可徑前但不可廁上相尋耳必客主有殃彝後因醉詣璞正逢在廁掩而觀之見璞裸身被髮銜刀設醊璞見彝撫心大驚曰吾每屬卿勿來反更如是非但禍吾卿亦不免矣天實為之將以誰咎璞終嬰王敦之禍彝亦死蘇峻之難



戴洋好道術妙解占候卜數吳末為臺吏知吳將亡託病不仕廬江太守華譚問洋曰天下誰當復作賊者洋曰王機尋而機反陳眕問洋曰人言江南當有貴人顧彥先周宣珮當是不洋曰顧不及臘周不見來年八月榮果以十二月十七日卒十九日臘玘以明年七月晦亡王導遇病召洋問之洋曰君侯本命在申金為土使之主而於申上石頭立治火光照天此為金火相爍水火相煎以故受害耳導即移居東府病遂差鎮東從事中郎張闓舉洋為丞相令史時司馬颺為烏程令將赴職洋白君宜深慎下吏颺後果坐吏免官洋又謂曰卿雖免官十一月當作郡加將軍至期為太山太守振武將軍颺賣宅將行洋止之曰君不得至當還不可無宅颺果為徐龕所逼不得之郡元帝增颺衆二千使助祖逖洋勸颺不行颺乃稱病收付廷尉俄而因赦得出劉胤鎮尋陽問洋曰我病當差不洋曰不憂使君不差憂使君今年有大厄使君年四十七行年入庚寅太公陰謀曰六庚為白獸在上為客星在下為害氣年命與并必凶當

忌十二月二十二日庚寅勿見客喬曰我當解職將君還野中治病洋曰使君當作江州不得解職喬曰温公不復還邪洋曰温公雖還使還故作江州俄如其言

卜珝字子玉匈奴後部人少好讀易郭璞見而歎曰吾所不如也奈何不免兵厄珝曰然吾大厄在四十一位爲卿將當受禍爾不爾者亦爲猛獸所害吾亦未見子之令終也璞曰吾禍在江南甚營之未見免兆雖然在南猶可延期住此不過時月珝曰子勿爲公吏可以免諸璞曰吾不能免公吏猶子之不能免卿將也珝曰吾此雖當有帝王予終不復奉二京矣瑯邪可奉卿謹奉之主晉祀者必此人也珝遂隱于龍門山

劉元海僭號徵爲大司農侍中固以疾辭元海曰人各有心卜珝之不欲在吾朝何異高祖四公哉可遂其高志後復徵爲光禄大夫珝謂使者曰非吾死所也及劉聰嗣僞位徵爲太常時劉琨據并州聰問何時可平珝荅曰并州陛下之分今兹克之必矣聰戲曰朕欲勞先生一行可乎珝曰臣所以來不及裝者正爲是行也聰大悦署珝使持節平北將軍將行謂其妹曰此行也死自吾分後慎勿紛紜及攻晉陽爲琨所敗珝卒先奔爲其元帥所殺



陳訓爲都水祭軍淮南周元嘗問訓以官位訓曰君至卯年當剖符近郡酉年當有曲蓋元曰脫如來言當相薦拔訓曰性不好官惟欲得米爾後元果爲義興太守金紫將軍時劉聰王彌寇洛陽歷陽太守武瑕問訓曰國家人事如何訓曰胡賊三逼國家當敗天子野死今尚未也其後懷愍二帝果有平陽之酷焉或問其以明年吉凶者訓曰楊州刺史當死武昌大火上方節將亦當死至時劉陶周訪皆卒武昌大火燒數千家

吳猛年四十邑人丁義始受其神方因還豫章江波甚急猛不假舟楫以白羽扇畫水而渡觀者異之庾亮爲江州刺史嘗遇疾聞猛神異乃迎之問己疾何如猛辭以算盡請具棺服旬日而死形狀如生未及火斂遂失其尸識者以爲亮不祥之徵亮疾果不起

幸靈幼有道術順陽樊長賓爲建昌令發百姓作官船於建城山中吏令人各作箸一雙靈作而未輸或竊之焉俄而竊者心痛欲死靈謂之曰爾得無竊我箸乎竊者不應有頃逾急靈曰若爾不以情告我者今真死矣竊者急遽乃首出之靈於是飲之以水病即立愈行人由此敬畏之船成當下吏以二百人引一艘不能動方請益人靈曰此以過足但部分未至爾靈請自牽之乃手執箸惟用百人而船去如流衆大驚怪咸稱其神於是知名有龔仲儒女病積年氣息財屬靈使以水含之已而強起應時大愈又呂猗母皇氏得痿痹病十有餘年靈療之去皇氏數尺而坐冥目寂然有頃顧謂猗曰扶夫人令起曰老人得病累年奈何可倉卒起邪靈曰但試扶起於是兩人夾扶以立少選靈又令去扶即能自行由此遂愈於是百姓奔趣水陸輻



湊從之如雲皇氏自以病久懼有發動靈乃留水一器令食之每取水輒以新水補處二十餘年水清如新塵垢不能加焉時高悝家有鬼怪言語訶叱投擲内外不見人形或器物自行再三發火巫祝厭劾而不能絶適值靈乃要之靈於陌頭望其屋謂悝曰此君之家邪悝曰是也靈曰知之足矣悝固請之靈不得已至門見符索甚多謂悝曰當以正止邪而以邪救邪惡得已乎並使焚之惟據軒小坐而去其夕鬼怪即絶靈所救愈多此類然不取報謝行不騎乘長不娶妻性至恭見人即先拜言輒自名凡草木之夭傷於山林者必起理之器物之傾覆於塗路者必舉正之周旋江州間謂其士人曰天地之於、物一也或欲不失其情性奈何制服人以爲奴婢乎諸君若欲享多福以保性命可悉免遣之十餘年間賴其術以濟者極多後乃娶妻畜車馬奴婢受貨賂致遺於是其術稍衰所療得失相半焉

南齊顧歡事黄老道解陰陽書爲術數多效驗以太學博士徵

不就

梁沈僧昭爲山陰縣令武陵王紀爲會稽太守宴坐池亭蛙鳴聒耳王曰殊廢絲竹之聽僧昭呪厭十許口便息及日晚又曰欲其復鳴僧昭曰王歡已闌今恣汝鳴即便喧聒

後魏王早渤海南皮人明陰陽明元時喪亂之後多相殺害有人詣早求問勝術早爲設法令各無咎由是州里稱之有東莞鄭氏因爲門孫趙氏所殺其後鄭氏執得讎人趙氏又剋明晨會宗族當就墓所刑之趙氏求救於早早爲占候并授以一符曰君今且還選壯士七人令一人爲主者佩此符於雞鳴時伏在仇家宅東南二里許平旦當有十人相隨向西北行中有二人乘黑牛一黑牛最在前一黑牛應第七但捉取第七者將還事必無他趙氏從之果如其言乃是鄭氏五男父也諸子並爲其族所宗故和解二家趙氏竟免太武圍涼州未拔遣騎召之及至謂問何時當得此城早對曰陛下但移據西北角三日内



必剋太武從之如期而剋時久不雨帝問早早曰今日申時必大雨比至猶未有片雲帝召早詰之早曰願更少時至申時雲四合遂大雨滂沲

孫紹明陰陽術爲右將軍太中大夫數曾與百寮赴朝東掖未開守門候旦紹於衆中引吏部郎中辛雄於衆外竊謂之曰此中諸人尋當死盡唯吾與卿猶享富貴雄甚駭愕不測所以未幾有河陰之難紹善推祿命事驗甚多知者異之

北齊由吾道榮琅邪人少好道法與其同類相求入太山潛隱具聞道術仍遊鄒魯之間習儒業晉陽有人大明法術乃尋之是人爲人家傭力無識之者久乃訪知其人道家符水禁咒陰陽曆數天文藥性無不通解以道榮好尚乃悉授之是人謂道榮云我本常岳僊人有少罪過爲天官所謫今限滿將歸卿宜送吾至汾水及河值水暴長橋壞船渡艱難是人乃臨水禹步以一符投水中流便絶俄頃水積甚高是人徐自沙石上渡唯道榮見如是傍人咸云水如此長此人遂能浮過共驚異之道榮乃歸隱於琅邪山辟穀餌松木伏苓求長生之秘尋爲文宣追往晉陽至遼陽山中有猛獸去馬十步所追人驚怖將走道榮以杖畫地成火坑猛獸遽走俄值國廢道榮遂歸隱初卒

綦毋懷文以道術事神武東魏武定初官軍與周文戰於邙山是時官軍旗幟盡赤西軍旗幟盡黑懷文曰赤火色黑水色水能滅火不宜以赤對黑土勝水宜改爲黃神武遂改爲赭黃所謂河陽幡者也懷文造宿鐵刀其法燒生鐵精以重柔鋌數宿則成剛以柔鐵爲刀脊浴以五牲之溺淬以五牲之脂斬甲過三十札今襄國冶家所鑄宿柔鋌是其遺法作刀猶甚快利但不能頓截三十札也懷文又云廣平郡南幹子城是干將鑄劍處其土可瑩刀每云昔在晉陽爲監館館中有一蠕蠕客同館胡沙門指語懷文云此人別有異算術仍指庭中一棗樹云令其布算即知實數乃試之并辯若干純赤若干赤白相半於



是剝數之唯少一子算者曰必不少但更撼之果落一實懷文位信州刺史

孫正言嘗謂人曰我昔武定中爲廣州士曹聞曹普演有言高王諸兒阿保當爲天子至高德之承之當滅阿保謂天保也德之謂德昌也滅年號承光即承之矣

陸法和不知何許人也隱於江陵百里洲衣食居處一與苦行沙門同耆老自幼見之容色常定人莫能測也或謂出自嵩高遍遊遐邇既入荊州汶陽郡高要縣之紫石山無故捨所居山俄有蠻賊文道期之亂時人以爲預見萌兆及侯景始告降於梁法和謂南郡朱元英曰貧道共檀越擊侯景去元英曰侯景爲國立効師云擊之何也法和曰正自如此及景渡江法和時在青谿山元英往問曰景今圍城其事云何法和曰凡人取果宜待熟時固問之曰亦剋亦不剋景遣將任約擊梁湘東王於江陵法和乃詣湘東乞征約召諸蠻弟子八百人在江津二日

便發湘東遣胡僧祐領千餘人與同行法和登艦大笑曰無量兵馬江陵多神祠人俗常所祈禱自法和軍出無復一驗人以爲神皆行故也至赤沙湖與約相對法和乘輕舩不介冑沿流而下去約軍乃還謂將士曰聊觀彼龍睡不動吾軍之龍甚自踴躍即攻之若得待明日當不損客主一人而破賊然有䜟數遂中火舩而逆風不便法和執白羽麾風風即返約衆皆見梁兵步於水上於是大潰皆投水約之竄不知所之法和曰明日午時當得及期而未得人問之法和曰吾前於此洲水乾時建一刹語檀越等此雖爲刹實是賊標今何不向標下求賊也如其言果於水中見約抱刹仰頭裁出鼻遂禽之約言求就師日前死法和曰檀越有相必不兵死且於王有緣決無他虞王於後當得檀越力爾推東果釋用爲郡守及魏圍江陵約以兵赴救力戰焉法和既平約往進見王僧辯於巴陵謂曰貧道已却侯景一臂其更何能爲檀越宜即逐取乃請還湘東王曰侯景自然平矣無足可慮蜀賊將至法和請守巫峽待之乃總諸軍而往親運石以填江三日水遂不流横之以鐵鏁武陵王紀果遣蜀兵來渡峽口勢蹙進退不可王琳與法和經略一戰而殄之軍次白帝謂人曰諸葛孔明可謂爲名將吾自見之此城旁有其埋弩箭鏃一斛許因插表令掘之如其言又嘗至襄陽城北大樹下畫地方二尺令弟子掘之得一龜長尺半以杖叩之曰汝欲出不能得已數百歳不逢我者豈見天日乎爲授三歸居乃入草初八疊山多惡疾人法和爲采藥療之不過三服皆差即求爲弟子山中多毒虫猛獸法和受其禁戒不復噬螫所泊江湖必於峯側結表云此處放生漁者皆無所得才或少獲輒有大風雷船人懼而放之風雨乃定晩雖將兵猶禁諸軍漁捕有竊違者中夜猛獸必來欲噬之或亡其船纜有小弟子戲截蛇頭來詣法和法和曰汝何意殺因指以示之弟子乃見頭齧袴襠而不落法和使懺悔爲蛇作功德又有人以牛試刀



一下而頭斷來詣法和曰有一斷頭牛就我徵命殊急若不爲作功德一月内報至其人弗信少日果死法和又爲人置宅圖墓以避禍求福嘗謂人曰勿繫馬於碓其人行過鄉曲門側有碓因繫馬於其柱入門中憶法和戒走出將解之馬已斃矣梁元帝以法和爲都督郢州刺史封江乘縣公法和不臣其啓文朱印名上自稱居士元帝謂其僕射王褒曰我未嘗有意用陸爲三公而自稱何也褒曰彼就以道術自命容是先知元帝以法和功業稍重遂就加司徒都督刺史如故部曲數千人通呼爲弟子唯以道術爲化不以法獄加人又列肆之所不立市丞牧佐之法無人領受但以空檻籥在道間上開一孔以受錢貢客店人隨貨多少計其估限自委檻中所掌之司夕方開取條其孔目輸之於庫又法和平常言若不出口時有所論則雄辯無敵然猶帶蠻音善爲攻戰具在江夏大聚兵艦欲襲襄陽而入武關元帝使止之法和曰是求佛之人尚不希釋梵天王坐處豈規王位但於空王佛所與主上有香火因縁見主上應有報至故救援耳今既被疑是業定不可改也於是設供食具大餢薄餅及魏舉兵法和自郢入漢口將赴江陵元帝使人逆之曰自此能破賊但鎮郢州不須動也法和乃還州閉城門着麤白布衫袴布邪巾大繩束腰坐葦席終日乃脱之及聞元帝敗滅復取前凶服着之哭泣受弔梁人入魏果見餢餅焉法和始於百里洲造壽王寺既架佛殿更截梁柱曰後四十許年佛法當遭雷雹此寺幽僻可以免難及魏平荆州宫室焚燼總管欲發取壽王佛殿嫌其材短乃停後周氏滅佛法此寺隔在陳境故不及難文宣天保六年春清河王岳進軍臨江去法和率州入齊文宣以法和爲大都督十州諸軍事太尉公西南大都督五州諸軍事荆州刺史安湘郡公宋莅郢州刺史官爵如故莅弟造爲散騎常侍儀同三司湘州刺史義興縣公梁將侯瑱來逼江夏齊軍棄城而退法和與宋莅兄弟入朝文宣聞其有奇

盡心相見之備三公鹵簿於城南十二里供帳以待之法和遥見鄴城下馬禹步辛術謂曰公既万里歸誠主上虚心相待何作此術法和手持香鑪步從路車至於館明日引見給通幰油絡網車仗身百人詣闕通名不稱官爵不稱臣但云荆山居士文宣宴法和及其徒屬於昭陽殿賜法和錢百万物万段甲第一區田一百頃奴婢二百人生資什物稱是宋涖千段其餘儀同刺史以下各有差法和所得奴婢盡免之曰各隨緣去錢帛散施一日便盡以官所賜宅營佛寺自居一房與凡人無異三年間再爲太尉世猶謂之居士無疾而告弟子死期至時燒香禮拂坐繩牀而終浴訖將斂屍小縮止三尺許文宣令開棺而視之空棺而已法和書其所居壁而塗之及剝落有文曰十年天子爲尚可百日天子急如火周年天子遞代坐又曰一母生三天兩天共五五年說者以爲婁太后生三天子自孝昭即位至武成傳位後主共五年焉



許遵高陽人明曆算雜占兼曉天文風角占相逆刺其驗若神高祖引爲館客自言祿命不富貴不橫死是以任性疎誕多所犯忤高祖常容借之河陰之役遵謂李業興曰彼爲火陣我爲木陣火勝木我必敗果如其言清河王岳以遵爲開府田曹記室岳封王以告遵遵曰錄錄亦作王岳後將救江陵遵曰此行致後凶宜辭疾勿去岳曰勢不免去正當與君同行遵曰好與生人相隨不欲共死人同路遂還岳至京尋薨

荆次德有術數預知尒朱榮成敗又言代魏者齊葛榮聞之故自號齊王待次德以殊禮問其天人之事對曰齊當興東海出天子今王據勃海是齊地又太白與月并宜速用兵遲則不吉榮不從

魏寧以善推祿命徵爲館客武成親試之皆中

張子信河內人也頗涉文學少以醫術知名常隱白鹿山時出遊京邑甚爲魏收崔季舒所重武成太寧中徵爲尚藥典御後主武平初又以太中大夫徵之聽其所志還山又善易筮及風角之術武衛奚永洛與子信坐對有鵲鳴於樹鬬而墮焉子信曰不善向夕當有風從西南來歷此樹拂堂角則有口舌事今夜有喚必不可往雖敕亦以病辭子信去後果有風如其言是夜琅邪王五使切召永洛且云敕喚永欲起其妻苦留之稱墜馬腰折不堪動詰朝而難作

後周衛元嵩蜀郡人好言將來之事蓋江左寶誌之流武帝天和中著詩預論周隋廢興及皇家受命並有徵

隋楊伯醜臨孝恭劉祐俱以陰陽術數知名數載官史並不

唐師市奴方術人也武德七年市奴合金銀並成高祖異之以示侍臣封德彝進曰漢代方士及劉安等皆學術唯苦黃白不成金爲食器可得不死高祖哂之

明崇儼洛州偃師人崇儼年少時隨父任安喜令父之小吏有善役召鬼神者崇儼盡能傳其術乾封初應封岳舉授黃安丞



會刺史有女病篤崇儼致他方殊物以療之其疾乃愈官至正諫大夫

葉法善括蒼人自曾祖三世爲道士皆有攝養占卜之術法善少傳符籙尤能厭劾鬼神高宗聞其名徵詣京師將加爵位固辭不受求爲道士因留在道場供待之甚厚時高宗廣徵諸方道術之士合鍊黃白法善上言金丹難就徒費財物有虧政理請覈其眞僞帝然其言因令法善試之由是逐出九十餘人遂一切罷之法善於東都凌空觀設壇醮祭洛中士庶競往觀之俄頃數十人自投於火中觀者大驚救之而免法善曰此皆魑魅以吾法所攝爾問之果然法善悉爲禁劾其病遂愈法善自高宗則天中宗殆五十年常來名山數詔入禁中盡禮問道然排擠佛法議者或譏其向背以其術高終莫之測也睿宗即位稱法善有冥助之力先天二年拜鴻臚卿封越國公仍依舊爲道士止於京師之景龍觀又贈其父爲歙州刺史當時尊寵

莫與爲比開元八年卒年九十

桑道茂善太一遁甲五行災異之說言事無不中代宗召之待詔禁中德宗建中三年上言請城奉天爲王者之居外象龜形内列六街德宗素神道茂言遂命京兆尹嚴郢發衆數千與六軍之士雜往城之時盛夏而土功大起人莫知其故至四年十月避難于奉天方驗道茂之言

後唐廣微者華州僧也知術數末帝在河中廣微弃密謂房暠曰相公極貴然明年有大厄極危恐得譖出戶事不可言明年果有楊彦温之變

張蒙岐州之瞽者自言知術數不龜不蓍言事太白山神其神祠元魏時崔浩廟埼事否泰人之休咎蒙告於神傳吉凶之言房暠延於事神酷信之末帝在岐陽暠引蒙謁見聞帝語聲駭然曰非人臣也令暠詢其時即傳神語曰三珠并一珠驢馬沒人驅歲月甲庚午中興戊己土暠請解曰神言予不知也長興



四年五月府西諸門無故自動人頗駭異遣暠問蒙蒙見暠來未交言先問暠得署小異勿怪不出三日有恩命其夜報至封潞王及帝被疑除鎮其權冊三質蒙初蒙曰且爲備王保無患及王思同兵將至又召蒙謂之曰爾言善無患今天下兵來萃我城内無兵無食外無援助得無患乎蒙曰王有天下不俗獨力朝廷兵來迎王也王若疑臣臣唯一子未及冠請王致之麾下以質臣心及帝入洛受太后冊曰御明堂宰相讀文維應順元年歲次甲午四月庚午朔帝迴視房曰張蒙神言甲庚事不亦異乎帝令暠共術士解三珠一珠事言三珠三帝也驢馬無人驅失主也帝即位以蒙爲將作少監同正賜金紫

周沙門還堯浙東人也世宗酷好黜化之術遇堯爲帝面致其事及覽其所爲則瑩澤可愛帝大嗟賞之故令攻而爲器以賜近臣焉既而賜還堯紫芳袍號悟真廣濟大師

冊府元龜卷第八百七十六

冊府元龜卷第八百七十七

總録部一百二十七

方正　剛

方正

夫言必先信行必中正非義不苟合臨難不苟免君子之有常矣而後已斯方正之士也三代而下世道交喪在公寡秉彝之臣居鄉之不貳之老故其負特立之操者必出其類而有聞乎時焉自尼父之生於周末歷聘不遇未嘗枉尺以全其道由是之後賢英繼武乃有危言高論罔念媮合直躬守節不屈當塗遇事肆於劇談觸寃持於正色意或小忤投劾而徑歸志之所存瀕死而無變以至神姦屏伏頑消乎氣燄光逆嚴憚爲弭於雄毅斯蓋禀五行之秀爲萬夫之特純一耿介絜白貞固中立不倚確乎其有常德者歟

孔子過衛衛大夫王孫賈問曰與其媚於奧寧媚於竈何謂也奧内也以喻近臣竈以喻執政賈執政者欲使孔子求昵之微以世俗之言感動之子曰不然獲罪於天無所禱也孔子拒之曰如獲罪於天無所禱於衆神

澹臺滅明魯人事孔子既受業退而脩行行不由徑非公事不見卿大夫

柳下惠爲魯士師士師典獄之官三黜人曰子未可以去乎曰直道而事人焉往而不三黜苟直道以事人所至之國俱當復三黜枉道而事人何必去父母之邦

田子方魏文侯之師也文侯之子子擊逢子方於朝歌引車避下謁田子方不爲禮子擊因問曰富貴者驕人乎且貧賤者驕人乎子方曰亦貧賤者驕人爾夫諸侯而驕人則失其國大夫而驕人則失其家貧賤者行不合言不用則去之楚越若脫躧然奈何其同之哉子擊不懌而去

漢轅固齊人也以治詩孝景時爲博士後爲清河太傅免武帝初即位復以賢良徵諸儒多嫉毀曰固老罷歸之時已九十餘矣公孫弘亦徵固側目而事固固曰公孫子務正學以言無曲學以阿世

辛茂爲水衡都尉慶忌之子也其兄通爲護羌校尉遵爲函谷關都尉皆有將帥之風元始中安漢公王莽秉政見慶忌本大將軍鳳所成三子皆能欲親厚之是時莽方立威柄用甄豐甄邯以自助豐邯素貴威震朝廷茂自見名臣子孫兄弟並列不甚詘事兩甄

後漢賈復字君文南陽冠軍人也封膠東侯加位特進復爲人剛毅方直多大節

申屠剛字巨卿扶風人性剛直忠正志節抗厲後爲太中大夫以病去官卒

范滂字孟博汝南征羌人也太守宗資署爲功曹後牢脩誣言鉤黨鉤引也滂坐黃門北寺獄獄吏謂曰凡坐繫皆祭皐陶滂曰皐陶賢者古之直臣知滂無罪將理之於帝帝謂天帝如其有罪祭之何益衆人亦止

太原閔貢字仲叔建武中應司徒侯霸之辟既至霸不及政事徒勞苦而已仲叔恨曰始蒙嘉命且喜且懼今見明公喜懼皆去以仲叔爲不足問邪不當辟也辟而不問是失人也遂辭出投劾而去案罪曰劾自投其劾狀而去也投猶下也今有投辭投牒之言也

蓋勳爲潁川太守徵還京時河南尹朱儁爲董卓陳軍事卓折儁曰我百戰百勝決之於心卿勿妄說且汙我刀勳曰昔武丁之明猶求箴諫況如卿者而欲杜人之口乎卓曰戲之耳勳曰不聞怒言可以爲戲卓乃謝儁

仇覽字季智陳留考城人也初入太學時諸生同郡符融有高名與覽比宇賓客盈室覽常自守不與融言融觀其容止心獨奇之乃謂曰與先生同郡壤鄰房牖今京師英雄四集志士交結之秋雖務經學守之何固覽乃正色曰天子修設太學豈但使人游談其中高揖而去不復與言後徵方正遇疾而卒

□□□字文父北海□東人居遼東田中□林與□室□□宿□侶兩晨風震雷有聲於外呼者二種不與語有頃呼者自止而入音仆其牀稽誦經自若從亦無它妖異時人奇之終卒爲遼東屬郡都尉

趙昱字元達琅邪人清己疾惡潛志好學雖親友希得見之爲人耳不邪聽目不妄視太僕种拂舉爲方正

魏張承河内修武人也與兄範避地揚州袁術備禮招請範稱疾不往術不彊屈也遣承與相見術問曰昔周室陵遲則有桓文之霸秦失其政漢接而用之今孤以土地之廣士民之衆欲徼福齊桓擬迹高祖何如承對曰在德不在彊夫能用德以同天下之欲雖由匹夫之資而興霸王之功不足爲難若苟僭擬于時而動衆之所棄誰能興之術不悅是時太祖將征冀州術復問曰今曹公欲以弊兵數千敵十萬之衆可謂不量力矣子以爲何如承乃曰漢德雖衰天命未改今曹公挾天子以令天



下雖敵百萬之衆可也術作色不懌承去之後魏武定冀州遣使迎範以疾留彭城遣承詣太祖太祖表爲諫議大夫

杜恕畿之子也少與馮翊李豐俱爲父任總角相善及各成人豐砥礪名行以要世譽而恕誕節直意與豐殊趣豐竟馳名一時京師之士多爲之游說而當路者或以豐名過其實而恕被褐懷玉也由此爲豐所不善恕亦任其自然不力行以合時豐以顯仕朝廷恕猶居家明帝以恕大臣子擢拜散騎侍郎數月轉補黄門侍郎

常林爲太常晉宣王以林鄉邑耆德每爲之拜或謂林曰司馬公貴重君宜止之林曰司馬公自欲敦長幼之叙爲後生之法貴非吾之所畏拜非吾之所制也言者踧踖而退（魏略曰林少與司馬京兆善太傅每見林輒欲跪林止之曰公尊貴矣止也及司馬宣王太傅有疾每以林補之）

作琰字孟平廣陵人少履清爽立朝正色

四□□□爲河南尹先是河南官舍多妖怪前尹皆不敢處正寢廣居之不疑嘗外户自閉左右皆驚廣獨自若顧見牆有孔使人掘牆得狸而殺之其怪亦絶

陳壽字承祚巴西安漢人少好學師事同郡譙周仕蜀爲觀閣令史宦人黄皓專弄威權大臣皆曲意附之壽獨不爲之屈由是屢被譴黜

謝鯤字幼輿陳國陽夏人也爲東海王越參軍事謝病去職避地豫章嘗行經空亭中夜宿此亭舊每殺人將曉有黄衣人呼鯤字令開户鯤憺然無懼色便於窗中度手牽之斷臂視之鹿也尋血獲焉爾後此亭無復妖怪

宋臧熹字德仁東莞莒人也初從高祖平京邑桓玄奔走高祖使熹入宮收圖書器物封閉府庫有金飾樂器高祖問熹卿得無欲此乎熹正色曰皇上幽逼播越非所將軍首建大義劬勞王家熹雖復不肖無情於樂高祖笑曰聊以戲卿耳永初三年爲光禄大夫卒



蔡興宗爲征西將軍荊州刺史被徵還都時右軍將軍王道隆任參内政權重一時躡履到前不敢就席良久去竟不呼坐元嘉初中書舍人狄當詣太子詹事王曇首不敢坐其後中書舍人弘興宗爲太祖所愛遇帝謂曰卿欲作士人得就王球坐乃當判爾殷劉（殷景仁劉湛並爲尚書僕射領軍將軍並執重權）雜無所益若往詣球可稱旨就席球舉扇曰不得爾弘還依事啓聞帝曰我便無如此何至是興宗復爾道隆等以興宗彊正不欲使擁兵上流改爲中書監

孔季恭爲吴興太守加冠軍先是吴興頻喪太守云項羽神爲卞山王居郡聽事二千石常避之季恭居聽事竟無害也

齊蔡約爲司徒左長史高宗爲録尚書輔政百僚脩敬到廣約蹤履不改帝謂江祏曰蔡氏故是禮度之門故自可悅祏曰大將軍有揖客復見於今

梁□□□字□□□□□□□□七世孫也少方正有器局

河洸爲東陽太守爲受罰者所謗坐免歸逑性耿介無私田居
人間絶請謁不造詣與貴賤書疏抗禮如一其所會遇未甞以
顔色下人以此多爲俗士所疾惡其清公實爲天下第一吳郡
顧見可欲終不變其心妻子饑寒如丁貧者及去東陽歸家經
年歲口不言榮辱士類益以此多之
傅昭爲安成内史安成自宋以來兵亂郡舍號凶及昭爲郡郡
内人夜夢見兵馬鎧甲甚盛又聞有人云當避善人軍衆騰虛
而逝夢者驚起俄而疾風暴雨倏忽便至數間屋俱倒即夢者
所見軍馬踐蹈之所也自後郡舍遂安咸以昭正直所致
陳徐孝克東海郯人也禎明元年入爲都官尚書自晉以來尚
書官僚皆攜家屬居省省在臺城内下舍門中有閣道東西跨
路通于朝堂其第一即都官之省西抵閣道年代久遠多有鬼
怪每昏夜之際無故有聲光或見人着衣冠從中出須臾復没
或門閣自然開閉居者多死亡尚書周確卒於此省孝克代確



便即居之經涉兩載妖變皆息時人咸以爲貞正所致
張種字士苗吳郡人祖辯宋司空右長史廣州刺史父略梁太
子中庶子臨海太守種少恬靜居處雅正不妄交遊傍無造請
時人爲之語曰宋稱敷演梁則卷充清虛學尚種有其風卒爲
[illegible]光祿
後魏崔光韶博學彊識尤好理論至於人倫名教得失之間権
而論之不以一毫假物
[illegible]循字元化河東聞喜人性剛直不好俗人交遊其投分者必
當時名輩清白任直卒爲中軍將軍
北齊魏蘭根爲定州長流參軍丁母憂居喪有孝稱將葬常山
郡境先有董卓祠祠有柏樹蘭根以卓凶逆無道不應遺祠至
今乃伐柏以爲槨材人或勸之不伐蘭根盡取之了無疑懼
許文經[illegible]學方雅身無擇行口無戲言位殿中侍御史
後周王[illegible]太原人也性質直博悅有遠量臨事正人不敢干
干爲柱國徐州都督
盧光爲京兆郡守先是數有妖怪前後郡將莫敢居者光曰吉
凶由人妖不妄作遂入居之未幾光所乘馬忽升廳事昇床南
首而立又食器無故自破光並不以介懷其精誠守正如此
唐鄭珣瑜字元伯鄭州滎陽人也性介獨嚴重少言未甞以私
託人而人望其風亦不敢干以私所居皆有理績後免相爲吏
部尚書卒
武儒衡字庭碩宰相元衡從父弟也魁偉氣直貌莊言下無
所[illegible]入交友終始不渝相國鄭餘慶不事華潔後進趨其門者
多[illegible]衣敢服以望之知而儒衡謁見未甞輒易所好但與之正
言[illegible]餘慶[illegible]之[illegible]至兵部侍郎
[illegible]蕭[illegible]字國僑洛陽人也少時所居常有鬼魅家人咸畏之
[illegible]然[illegible]被竊其衣揚其巾幘而未甞改容後卒爲中書令
[illegible]字子文博陵安平人初爲王曠開封府從事性恬淡不汲



汲於榮利非公事不造權政之門

剛

仲尼有言曰剛毅木訥近仁又曰吾未見剛者則剛之爲用其
至矣哉中古而下乃有蹈道經德据法守禮激昂其志鄭重[illegible]威
其武健或人不我用則死堅陣以如歸或時無巳知則陷羅刑
而不悔或納忠而陳鯁議或守正而茂身規或凌折於豪右或
擯斥乎姦佞以至對萬乘之至尊亢志無撓蒙一慙之不忍拂
衣逕去臨危難而靡變保氣節而克終斯皆禀絶異之姿懷卓
爾之操者矣若乃任威作勢好氣自恃殆絶於小忿馳騁於末
流者固在夫君子之後爾
林不狃魯士也齊國書帥師伐魯師及齊師戰于郊魯右師奔
齊人從之林不狃之伍曰走乎不狃魯士五人爲伍欲奔也不狃曰誰不如
而欲走曰然則止乎不狃曰惡賢言止戰惡足爲賢皆無戰志徐步而死
[illegible]

陽處父晉大夫聘于衛反過甯甯嬴從之[illegible]
溫而還其妻問之嬴曰以剛商書曰沈漸剛克高明柔克[illegible]
[illegible]夫子壹之其不沒乎
[illegible]天為剛德猶不干時寒暑相順況在人乎且華而不實怨之
所聚也[illegible]犯而聚怨不可以定身[illegible]余懼不獲其利而
離其難是以去之

魏齊魏相也亡之信陵君信陵君初猶豫未肯見因侯嬴之言
駕如野迎之魏齊聞信陵君之初難見之怒而自剄

漢周昌為人彊力敢直言自蕭曹等皆卑下之位至御史大夫

郅都為中尉時丞相條侯至貴居也[illegible]而都揖丞相

汲黯為主爵都尉時太后弟武安侯田蚡為丞相中二千石
[illegible]拜蚡弗為禮黯見未嘗拜常揖之

[illegible]武帝時為前將軍與右將軍趙食其合軍出東道或失道
後大將軍使長史持糒醪遺廣[illegible]因問廣食

其失道狀曰青欲上書報天子失軍曲折[illegible]廣未對大
將軍長史急責廣之莫府對簿[illegible]廣曰諸校尉亡
罪乃我自失道吾今自上簿至莫府謂其麾下曰廣結髮與
匈奴大小七十餘戰今幸從大將軍出接單于兵而大將軍徙
廣部行回遠又迷失道豈非天哉且廣年六十餘終不能復對
刀筆之吏矣遂引刀自剄百姓聞之知與不知老壯皆為垂泣

寗成為濟南都尉而郅都為守始前數都尉步入府因吏謁守
如縣令其畏都如此及成往直陵都出其上都素聞其聲善遇
與結驩

蕭望之字長倩大將軍霍光秉政長史丙吉薦儒生王仲翁與
望之等數人皆召見先是左將軍上官桀與蓋主謀殺光光既
誅桀等後出入自備吏民當見者露索去刀兵兩吏挾持望之獨
不肯聽自引出閤曰不願見吏牽持匈匈光聞之告吏勿持於
是光獨不除用望之而仲翁等皆補大將軍史又元帝曰蕭太
傅素剛望之數毀太子太傅

蕭育字次君為茂陵令會課第六而漆令郭舜殿見責問育為
之請扶風怒曰君課第六裁自脫何暇欲為左右言及罷出傳
召茂陵令詣後曹當以職事對[illegible]育徑
出曹書佐隨牽育育案佩刀曰蕭育杜陵男子何詣曹也遂趨
出欲去官明旦詔召入拜為司隸校尉

後漢祭肜以太僕將萬騎與南單于左賢王信伐北匈奴期至
涿邪山信初有嫌於肜行出高闕塞九百餘里得小山乃妄言
為涿邪山肜到不見虜而還坐逗留畏懦下獄免肜性沈毅內
重自恨見詐無功出獄數日歐血死

高獲與光武有素舊師事司徒歐陽歙歙下獄當斷獲冠鐵冠
帶鈇鑕詣闕請歙帝雖不赦而引見之謂曰敬公朕欲用子為
吏宜改常性獲對曰臣受性於父母不可改之於陛下出便辭去

申屠剛性剛直忠正志節抗厲建武初徵拜侍御史遷尚書令

[illegible]言多直無所屈撓

[illegible]字子恭濟陰人年十八為郡門下吏良儀容偉麗太守諸
[illegible]曹使閤累為書佐者誣良與婢通良剖腹引出腸所示豈

范滂汝南征羌人也[illegible]黨事繫黃門北寺獄獄吏謂曰凡坐繫
皆祭皋陶滂曰皋陶賢者古之直臣知滂無罪將理之於帝如
其有罪祭之何益衆人由此亦止獄吏將加掠考滂以同囚多
嬰病乃請先就格遂與同郡袁忠爭受楚毒桓帝使中常侍王
甫以次辯詰滂等皆三木囊頭暴於階下餘人在前或對或否
滂忠於後越次而[illegible]詰曰君為人臣不惟忠國而共造部
黨自相褒舉評論朝廷虛構無端諸所謀結並欲何為皆以情
對不得隱飾滂對曰臣聞仲尼之言見善如不及見惡如探湯
欲使善善同其清惡惡同其汙謂王政之所願聞不悟更以為
黨甫曰卿更相拔舉迭為脣齒有不合者見則排斥其意如
何滂慨然仰天曰古之循善自求多福今之循善身陷大戮

之日服埋謗於首陽山則上不負皇天下不愧夷齊甫默然
之改容乃得並解桎梏之爲郡功曹
關敬汝南平輿人有吏毁君者會於賊令坐敬拔佩刀斷席曰
必不忍與惡人同席
陶謙性剛直有大節少察孝廉拜尚書郎除舒令郡守張磐同
郡先輩與謙父友意殊親之而謙恥爲之屈與衆還城因以公
事進見坐罷磐常私還入與謙飲宴或拒不爲留常以舞屬謙
不爲起因彊之及舞又不轉磐曰不當轉邪曰不可轉轉則勝
人由是不樂卒以構隙後謙爲揚武都尉將邊章韓遂爲亂司
空張溫銜命征討又請謙爲參軍事接遇甚厚而謙輕其行事
心懷不服及軍罷還百寮高會溫屬謙行酒謙衆辱溫溫從
謙於邊或說溫曰陶恭祖本以材略見重於公一朝以醉飲過
天不蒙容貸遠棄不毛厚德不終四方人士安所歸望不如釋
憾除恨克復初分於以遠聞德美溫然其言乃追還謙謙至或



人說謙曰足下輕辱三公罪自己作今蒙釋宥德莫厚矣宜降
志卑辭以謝之謙曰諾又謂溫曰陶恭祖今深自罪責思在變
革謝天子禮畢必詣公門公宜見之以慰其意時溫於宮門見
謙謙仰曰謙自謝朝廷豈爲公邪溫曰恭祖癡病尚未除邪遂
爲之置酒待之如初
李燮漢中人性剛而有節終於汝南太守
蓋勳爲議郎董卓廢少帝自公卿以下莫不卑下於卓唯勳長
揖爭禮見者皆爲失色卓以爲越騎校尉卓又不欲令典禁兵
復出爲潁川太守未及至郡徵還京師時河南尹朱儁爲卓陳
軍事卓折之曰我百戰百勝決之於心卿勿妄說且汙我刀勳
曰昔武丁之明猶求箴諫況如卿者而欲杜人之口乎卓曰戲
之爾勳曰不聞怒言可以爲戲卓乃謝儁勳雖彊直不屈而內
厭於董卓不得意疽發背卒
朱儁以大司農獻帝詔儁與太守楊彪等十餘人譬郭汜令與
李傕和汜不肯遂留質儁等儁素剛即日發病卒
魏陳宮字公臺東郡人也剛直壯烈少與天下亂始隨太祖
後自疑乃從呂布爲布畫策布每不從其計太祖軍至彭城陳
宮謂布宜逆擊之以逸擊勞無不克也布曰不如待其來攻蹙
著泗水中及太祖軍攻之急布於白門樓上謂軍士曰卿曹無
相困我自首當明公宮曰逆賊曹操何等明公今日降之若卵
投石豈可得全也下邳敗軍士執布及宮太祖皆見之與語平
生故布有求活之言太祖謂宮曰公臺卿平常自爲智計有餘
今竟何如宮顧指布曰但坐此人不從宮言以至於此若其見
從亦未必爲禽也太祖笑曰今日之事當云何宮曰爲臣不忠
爲子不孝死自分也太祖曰卿如是奈卿老母何宮曰宮聞將
以孝治天下者不害人之親老母之存否在明公也太祖曰若
卿妻子何宮曰宮聞將施仁政於天下者不絕人之祀妻子之
存否亦在明公也太祖未復言宮曰請出就戮以明軍法遂趨



出不可止太祖泣而送之宮不還顧宮死後太祖待其家皆厚
於初
審配字正南魏郡人爲袁紹治中別駕紹死袁尚使配守鄴太
祖攻之太祖出行圍配伏弩射之幾中及城陷生獲配太祖謂
曰吾近行圍弩何多也配曰猶恨其少太祖曰卿忠於袁氏亦
自不得不爾也有意欲活之配意氣壯烈終無撓辭遂斬之
何夔初爲太祖司空掾屬太祖性嚴掾屬公事往往加杖夔常畜
毒藥誓死無辱是以終不見及
夏侯玄爲太常被收下廷尉鍾毓弟會年少於玄玄不與交玄
在囹圄會因欲狎而友玄玄正色曰鍾君何相偪如此也
徐英字伯濟馮翊著姓建安初爲郡功曹張既初爲郡小吏英嘗自鞭
既三十建安初英爲蒲阪令英性剛爽自負族氏雖既貴於鄉里
名行在前加以前加辱既雖知既貴顯終不有求於既既雖得
志亦不顧計本原猶欲與英和嘗因醉欲親狎英英故抗意不納

執雷此豈不復禮前故將人善既不挾舊怨而壯英之不撓
文欽爲揚州刺史亡入吳爲都護假節鎮北大將軍欽性剛暴
在他國不能屈節下人自呂據朱異等諸大將皆憎疾之惟孫
峻常左右之
蜀嚴顏爲劉璋將巴郡太守張飛至江州生獲顏謂曰大軍至
何以不降敢逆戰乎顏對曰卿等無狀侵奪我州我州但有斷
頭將軍無降將軍也飛怒曰牽去斫頭顏色不變曰斫頭便斫
頭何爲怒也飛義之引爲賓客
晉王遜爲寧州刺史李雄遣將李驤渡瀘水寇寧州遜使將軍
姚崇爨琛距之戰于堂狼大破驤等崇追至瀘水透水死者千
餘人崇以道遠不[illegible]渡水遜以崇不窮追也怒因囚群帥執崇鞭
之怒甚髮上衝冠冠爲之裂夜中卒
周處仕吳爲東觀左丞孫皓末爲無難督及吳平王渾登建業
宮釃酒既酣謂吳人曰諸君亡國之餘得無戚乎處對曰漢末
分離三國鼎立魏滅於前吳亡於後亡國之感豈惟一人渾有
慙色
王尼字孝孫初入洛詣東海王越不拜越問其故尼曰公無宰
相之能是以不拜因數之言甚切後東瀛公騰辟爲車騎府舍
人不就
何無忌東海郯人也少有大志忠亮任氣人有不稱其心者輒
形於言色位至鎮南將軍
南齊裴顗少有異操宋明帝泰始中於總明觀講不讓劉秉
席秉用爲參軍順帝昇明末爲奉朝請齊臺建世子妃須外
戚譜顗不與遂分籍
卞延之弱冠爲上虞令有剛氣會稽太守孟凱以令長裁之遺
不能容脫幘投地曰我所以屈卿者正爲此幘爾今已投之卿
以一世勳門而傲天下國士拂衣而去
梁任昉少好學早知名初宋丹陽尹劉秉辟爲主簿昉時年十



六以氣忤秉子乃之爲奉朝請
江子一爲戎武將軍南津校尉弟四子歷尚書金部郎大同初
遷右丞兄弟性並剛烈
沈瑀爲尋陽太守仍爲蕭穎達長史太守如故瑀性屈彊每忤
穎達穎達銜之天監八年因入諮事辭又激厲穎達作色曰朝
廷用君作行事邪瑀出謂人曰我死而後已終不能傾側面從
是日於路爲人所殺多以穎達害焉子續累訟之遇穎達亦尋
卒事遂不窮竟
陳孔奐仕梁爲南昌侯相值侯景亂京城陷朝士並被拘縶或
薦奐於賊侯子鑒子鑒命脫桎梏厚遇之令掌書記時景軍士
恣其凶威子鑒景之心腹委任又重朝士見者莫不卑俯屈折
奐獨儼然自若無所下或諫奐曰當今亂世人思苟免獯羯無
知豈可抗之以義奐曰吾性命有在雖未能死豈可取媚凶醜
以求全乎官至金紫光祿大夫領弘範宮衛尉卿
袁憲仕梁爲太子舍人及武帝作相除司徒户曹初謁遂抗禮
長揖中書令王勵謂憲曰卿何矯衆不拜錄公憲曰於理不應
致拜衛尉趙知禮曰袁生舉止詳中故有陳汝之風
傅縡爲中書通事舍人文筆典麗然性本彊不持檢操負才使
氣凌侮人物朝士多銜之會施文慶沈客卿以便佞親幸專制
衡軸而縡益疏文慶等因共譖縡受高驪使金後主收縡下獄
縡素剛因憤恚乃於獄中上書曰夫君人者恭事上帝子愛下
民省嗜慾遠諂佞未明求衣日旰忘食是以澤被區宇慶流子
孫陛下頃來酒色過度不虔郊廟之神專媚淫昏之鬼小人在
側宦豎弄權惡忠直若仇讎視生民如草芥後宮曳綺繡廄馬
餘菽粟百姓流離僵尸蔽野貨賄公行帑藏損耗神怒民怨衆
叛親離恐東南王氣自斯而盡書奏後主大怒頃之意稍解遣
使謂縡曰我欲赦卿卿能改過不縡對曰臣心如面臣面可改
則臣心可改後主於是益怒令宦者李善度窮治其事遂賜死

[illegible]中
少府魏愷少抗直有才辯除青州長史固辭不就楊愔以聞文
宣大怒謂愔曰何物漢子我與官不肯就明日將過我自共語
是時文宣已失德朝廷皆爲之懼而愷情貌坦然文宣切責之
仍云死與長史孰優任卿選一處愷答云能殺臣者是陛下不
受長史者是愚臣伏聽明詔文宣謂愔云何處無人作官職與
此漢何爲不放其還家永不用收採由是積年沉廢
唐李大亮外若不能言而內剛烈不可干以非義或面陳是非
無所屈撓位至兵部尚書
薛萬徹爲寧州刺史坐房遺愛同謀伏罪臨刑大言曰薛萬徹
健兒也留爲國家效死萬徹豈得坐房遺愛而殺之乎遂解衣
謂監刑者疾斫執刀者斬之不殊萬徹叱之因何不加力三刀
乃絶
王思禮爲哥舒翰兵馬使征九曲後期翰欲引斬之續命使釋
之思禮徐言曰斬則斬却喚何物諸將壯之
竇參代宗時爲大理司直按獄江淮次揚州節度使陳少遊驕
蹇不郊迎令軍吏傳問參正詞讓之少遊悔懼促詣參參不俟
濟江還奏合旨
晉王權爲兵部尚書高祖得契丹屈節以事之馳聘兼和道路
交織一日勅權爲使權以前世累爲將相未嘗有稱臣於戎虜
者謂人曰我雖不才年今耄矣豈能稽顙於穹廬之長乎違詔
命者亦所甘心由是停任
周王朴爲樞密使朴性敏銳然傷於太剛每稠人廣坐之中正
色高談少敢觸其鋒者故時人雖伏其機識而無温克之譽

冊府元龜卷第八百七十七

冊府元龜卷第八百七十八

總録部一百二十八

計策

賢者省己爲人謀而貴忠智士行權以計戰而當萬自正故縱
發小辯競長短之要術明利害之兩端機用周隨策不虛出
言乃有喉舌於尋戈之際畫奇於前席之間皆徼縱橫之説貴詐
謀之譬喻以導其委曲感動以逆其志誠使夫易危成安轉禍爲
福大則致國體之彊勝保世嗣之順立次則圖富貴於俗賤全
身名於疑間雖上小言之破道而或大事之允濟者之談議動
爲簡牘者焉

蘇秦洛陽人已説趙與諸侯相約從親然恐秦之攻諸侯敗從
負約念莫可使用於秦者乃使人微感張儀曰子始與蘇秦善今
秦已當路子何不往游以求通子之願張儀於是之趙上謁求
見蘇秦秦乃誡門下人不爲通又使不得去者數日已而見之坐



之堂下賜僕妾之食因而數讓之曰以子之材乃自令困辱至
此吾寧不能言而富貴子子不足收也謝去之張儀之來也自
以爲故人求益反見辱怒念諸侯莫可事獨秦能苦趙乃遂入
秦蘇秦已而告其舍人曰張儀天下賢士吾殆弗如也今吾幸
先用而能用秦者獨張儀可耳然貧無因以進吾恐其樂小利
而不遂故召辱之以激其意子爲我陰奉之乃言趙王發金幣
車馬使人微隨張儀與同宿舍稍稍近就之奉以車馬金錢所
欲用爲取給而弗告張儀遂得以見秦惠王惠王以爲客卿與
謀伐諸侯蘇秦之舍人乃辭去張儀曰賴子得顯方且報德何
故去也舍人曰臣非知君知君乃蘇君蘇君憂秦伐趙敗從約
以爲非君莫能得秦柄故感君使臣陰奉給君資盡蘇君之計
謀今君已用請歸報張儀曰嗟乎此在吾術中而不悟吾不及
蘇君明矣吾又新用安能謀趙乎爲吾謝蘇君蘇君之時儀何
敢言且蘇君在儀寧渠能乎

陳軫爲楚使秦時韓魏相攻朞年不解秦惠王欲救之問於左
右左右或曰救之便或曰勿救便惠王未能爲之決會軫適至
惠王曰今韓魏相攻朞年不解或謂寡人救之便或曰勿救便
寡人不能決願子爲子主計之餘爲寡人計之軫對曰亦嘗有
以夫卞莊子刺虎聞於王者乎莊子欲刺虎館豎子止之曰兩
虎方且食牛食甘必爭爭則必鬭鬭則大者傷小者死從傷而
刺之一舉必有雙虎之名卞莊子以爲然立須之有頃兩虎果
鬭大者傷小者死莊子從傷者而刺之一舉果有雙虎之功今
韓魏相攻朞年不解是必大國傷小國亡從傷而伐之一舉必
有兩實此猶莊子刺虎之類也臣主與王何異也惠王曰善卒
弗救大國果傷小國亡秦興兵而伐大剋之此陳軫之計也

馮煖（許遠反一作驩音歡）爲孟嘗君客孟嘗君時相齊封萬戶於薛使人
出錢於薛歲餘不入貸錢者多不能與其息使馮煖責之煖至
薛召取錢者不能與息者取其券而燒之煖至謂孟嘗君曰煖無用



虛債之券捐不可得之虛計令薛民親君而彰君之善聲也及
孟嘗君就國於薛未至百里民扶老攜幼迎君道中孟嘗君顧
謂馮煖曰先生所爲文市義者乃今日見之馮煖曰狡兔有三
窟僅得免其死耳今君有一窟未得高枕而臥也請爲君復鑿
二窟孟嘗君予車五十乘金五百斤西遊於梁謂惠王曰齊放
其大臣孟嘗君於諸侯先迎之者富而兵彊於是梁王虛上位
以故相爲上將軍遣使者黃金千斤車百乘往聘孟嘗君馮煖
先驅誡孟嘗君曰千金重幣也百乘顯使也齊其聞之矣梁使三
反孟嘗君固辭不往也齊王聞之君臣恐懼遣太傅齎黃金千
斤文車二駟服劍一封書一謝孟嘗君寡人不詳被於宗廟之
祟沉於諂諛之臣開罪於君寡人不足爲也願君顧先王之宗
廟姑反國統萬人乎馮煖誡孟嘗君曰願請先王之祭器立宗
廟於薛廟成還報孟嘗君曰三窟已就君姑高枕爲樂矣孟嘗君
爲相數十年無纖介之禍者馮煖之計也

侯嬴爲大梁夷門監魏安釐王二十年秦昭王已破趙長平軍又進兵圍邯鄲魏公子无忌姊爲趙惠文王弟平原君夫人數遺魏王及公子書請救於魏魏王使將軍晉鄙將十萬衆救趙秦王使使者告魏王曰吾攻趙旦暮且下而諸侯敢救者已拔趙必移兵先擊之魏王恐使人止晉鄙留軍壁鄴名爲救趙實持兩端以觀望平原君使者冠蓋相屬於魏讓魏公子曰勝所以自附爲婚姻者以公子之高義爲能急人之困今邯鄲旦暮降秦而魏救不至安在公子能急人之困也且公子縱輕勝棄之降秦獨不憐公子姊邪公子患之數請魏王及賓客辯士說王萬端魏王畏秦終不聽公子公子自度終不能得之於王計不獨生而令趙亡乃請賓客約車騎百餘乘欲以客往赴秦軍與趙俱死行過夷門見侯生具告所以欲死秦軍狀辭決而行侯生曰公子勉之矣老臣不能從公子行數里心不快曰吾所以待侯生者備矣天下莫不聞今吾且死而侯生曾無一言半辭



送我我豈有所失哉復引車還問侯生侯生笑曰臣固知公子之還也曰公子喜士名聞天下今有難無他端而欲赴秦軍譬若以肉投餒虎何功之有哉尚安事客然公子遇臣厚公子往而臣不送以是知公子恨之復返也公子再拜因問侯生乃屏人間語曰嬴聞晉鄙之兵符常在王臥內而如姬最幸出入王臥內力能竊之嬴聞如姬父爲人所殺如姬資之三年自王以下欲求報其父仇莫能得如姬爲公子泣公子使客斬其仇頭敬進如姬如姬之欲爲公子死無所辭顧未有路耳公子誠一開口請如姬如姬必許諾則得虎符奪晉鄙軍北救趙而西却秦此五霸之伐也公子從其計請如姬如姬果盜晉鄙兵符與公子公子行侯生曰將在外主令有所不受以便國家公子即合符而晉鄙不授公子兵而復請之事必危矣臣客屠者朱亥可與俱此人力士晉鄙聽大善不聽可使擊之於是公子泣侯生曰公子畏死邪何泣也公子曰晉鄙嚄唶[illegible]宿將往恐

[illegible]當殺之是以泣爾豈畏死哉於是公子請朱亥朱亥笑曰臣乃市井鼓刀屠者而公子親數存之所以不報謝者以爲小禮無所用今公子有急此乃臣效命之秋也遂與公子俱公子過謝侯生侯生曰臣宜從老不能請數公子行日以至晉鄙軍之日北鄉自剄以送公子公子遂行至鄴矯魏王令代晉鄙晉鄙合符疑之舉手視公子曰今吾擁十萬之衆屯於境上國之重任今單車來代之何如哉欲無聽朱亥袖四十斤鐵椎椎殺晉鄙公子遂將晉鄙軍勒兵下令軍中曰父子俱在軍中父歸兄弟俱在軍中兄歸獨子無兄弟歸養得選兵八萬人進兵擊秦軍秦軍解去遂救邯鄲存趙。

呂不韋濮陽人賈於邯鄲見秦質子異人歸而謂父曰耕田之利幾倍曰十倍珠玉之贏幾倍曰百倍立國家之主贏幾倍曰無數曰今力田疾作不得煖衣餘食今建國立君澤可以遺世願往事之秦子異人質於趙處於[illegible]城[illegible]故往說之



曰子傒[illegible]有承國之業又有母在中今子無母於中外託於不可知之國[illegible]一日倍約身爲糞土今子聽吾計事求歸可以有秦國吾爲子使秦必來請子乃說秦王后弟陽泉君曰君之罪至死君知之乎君之門下無不居高尊位太子門下無貴者君之府藏珍珠寶玉君之駿馬盈外廄美女充後庭王之春秋高一日太子用事君危於累卵而不壽於朝生[illegible]說有可以一切而使君富貴千萬歲其寧於[illegible]必無危亡之患矣陽泉君避席請聞其說不韋曰王年高矣王后無子子傒有承國之業士倉又輔之一日子傒立士倉用事王后之門必生蓬蒿子異人賢材也棄在於趙無母於內引領西望而願一得歸王后誠請而立之是子異人無國而有國王后無子而有子也陽泉君曰然入說王后王后乃請趙而歸之趙未之遣不韋說趙曰子異人秦之寵子也無母於中王后欲取而子之使秦而欲屠趙不顧一子以

留計無所抱空質也若使子異人歸而得立趙厚送遣之是不敢倍德畔施是自爲德講秦王老矣一日晏駕雖有子異人不足以結秦趙乃遣之異人至不韋使楚服而見王后悅其狀高其知曰吾楚人也而自子之乃變其名曰楚王使子誦子曰少棄捐在外嘗無師傅所教學不習於誦王罷之乃請留止間曰陛下嘗軔車於趙矣趙之豪桀得知名者不少今大王反國皆西面而望大王無一介之使以存之臣恐其皆有怨心使邊境早閉晚開王以爲然奇其計王后勸立之王乃召相令之曰寡人子莫若楚立以爲太子楚立以不韋爲相號曰文信侯食藍田十二縣王后爲華陽太后諸侯皆致秦邑

漢范增居鄛人（居鄛縣名也屬廬江郡鄛音巢）年七十素好奇計往說項梁起江東增說梁曰陳勝敗固當夫秦滅六國楚最無罪自懷王入秦不反楚人憐之至今故楚南公稱曰楚雖三戶亡秦必楚今陳勝首事不立楚後而自立其勢不長今君起江東楚蠭起之將皆爭附君者以君世世楚將爲能復立楚之後也於是梁乃求楚懷王孫心在民間爲人牧羊立以爲楚懷王從民望也



鮑生有識之士蕭何爲漢王丞相漢三年與項羽相距京索上數使使勞苦丞相鮑生謂何曰今王暴衣露蓋數勞苦君者有疑君心爲君計莫若遣君子孫昆弟能勝兵者悉詣軍所上益信君於是何從其計漢王大說

園公綺里季夏黃公角里先生四人已侍太子高帝十一年九江王黥布反帝疾欲使太子往擊之四人相謂曰凡來者將以存太子太子將兵事危矣乃說建成侯呂澤曰太子將兵有功則位不益太子無功則從此受禍矣且太子所與俱諸將皆嘗與上定天下梟將也乃使太子將之此無異使羊將狼也皆不肯爲用其無功必矣臣聞母愛者子抱今戚夫人日夜侍御趙王常抱居前上終不使不肖子居愛子上明乎其代太子位必矣君何不急請呂后承間爲上泣言黥布天下猛將善用兵諸將皆陛下故等夷乃令太子將此屬無異使羊將狼莫肯爲用且使布聞之則鼓行而西耳上雖疾卧護之諸將不敢不盡力雖苦彊爲妻子計載輜車卧而行於是呂澤立夜見呂后呂后承間爲帝泣而言如四人意帝曰吾惟之豎子固不足遣乃公自行耳於是帝自將東

陸賈爲太中大夫病免呂太后時諸呂擅權欲劫少主危劉氏右丞相陳平患之力不能爭恐禍及己平常燕居深念（念思也以國家不安故謀慮思其方策）賈往不請直入坐（言不通名而入）陳平方念不見賈賈曰何念之深也平曰生揣我何念賈曰足下位爲上相食三萬戶侯可謂極富貴無欲矣然有憂念不過患諸呂少主耳陳平曰然爲之奈何賈曰天下安注意相天下危注意將將相和則士豫附（豫素也）士豫附天下雖有變權不分權不分爲社稷計在兩君掌握耳臣常欲謂太尉絳侯絳侯與我戲易吾言君何不交驩太尉深相結爲陳平畫呂氏數事平用其計呂氏謀益壞及誅呂氏立孝文賈頗有力



王先生齊人景帝時梁孝王既殺袁盎事覺使鄒陽齎以千金令求方略解罪於上者陽素知王先生年八十餘多奇計即往見語以其事王先生曰難哉人主有私怨深怒欲施必行之誅誠難解也以太后之尊骨肉之親猶不能止況臣下乎昔秦始皇有伏怒於太后群臣諫而死者以十數得茅焦爲廓大義始皇非能說其言也迺自彊從之耳茅焦亦廑脫死如毛氂耳故事所以難者也今子欲安之乎陽曰鄒魯守經學齊楚多辯知韓魏時有奇節吾將歷問之王先生曰子行矣還過我而西鄒陽行月餘莫能爲謀還過王先生曰臣將西矣爲如何王

先生曰：吾先日欲獻愚計，以為衆不可，蓋蓋猶覆也竊自薄陋不敢道也。若子行，必往見王長君，士無過此者矣。鄒陽發寤於心曰：敬諾。辭去，不過梁，徑至長安，因客見王長君。長君者，王美人兄也，後封為蓋侯。鄒陽留數日，乘間而請曰間謂空隙之時：臣非為長君無使令於前，故來侍也使令謂役使之人也令音力成反，愚戇竊不自料，願有謁也料量也謁告也。長君跪曰：幸甚。陽曰：竊聞長君弟得幸後宮，天下無有言無所比類也，而長君行迹多不循道理者。今爰盎事即窮竟，梁王恐誅，如此則太后怫鬱泣血，無所發怒怫鬱憤積也，切齒側目於貴臣矣。臣恐長君危於累卵累卵言其易墜也，竊為足下憂之。長君懼然曰：將為之柰何懼讀曰瞿瞿然失守之貌？陽曰：長君誠能精為上言之，得毋竟梁事，長君必固自結於太后。太后厚德長君，入於骨髓言其榮寵無極不可奪也，而長君之弟幸於兩宮太后宮及帝宮也，金城之固也。又有存亡繼絕之功，德布天下，名施無窮，願長君深自計之。昔者舜之弟象日以殺舜為事言日日欲殺也，及舜立為天子，封之於有卑地名也音鼻今作鼻亭是也在零陵。夫仁人之於兄弟，無藏怒，無宿怨，厚親愛而已，是以後世稱之。魯公子慶父使僕人殺子般慶父莊公之弟也子般莊公太子也僕人鄧扈樂也父讀曰甫般音班，獄有所歸謂歸罪於鄧扈樂，季友不探其情而誅焉季友慶父之弟不探慶父之情而誅鄧扈樂；慶父親殺閔公，季子緩追免賊慶父出奔季友緩而不追免其賊罪之深也，春秋以為親親之道也公羊之說也。魯哀姜薨于夷，孔子曰：齊桓公法而不譎，以為過也哀姜魯莊公夫人也淫於二叔而殺閔公齊人殺之于夷言桓公守法而行不能用權以免其親。以是說天子，徼幸梁事不奏。長君曰：諾。乘間入而言之。及韓安國亦見長公主，事果得不治。

甯乘，齊人，武帝時以方士待詔公車，號東郭先生。大將軍衛青，衛后兄也，封為長平侯，軍擊匈奴，至余吾水上而還，斬首捕虜有功，來歸，詔賜金千斤。將軍出宮門，先生當道遮衛將軍車，拜謁曰：願白事。將軍止車前，先生旁車言曰：王夫人新得幸於上，家貧。今將軍得金千斤，誠以其半賜王夫人之親，人主聞之必喜。此所謂奇策便計也。衛將軍謝之曰：先生幸告之以便計，請奉教。於是衛將軍乃以五百金為王夫人之親壽。王夫人以聞，帝問曰：大將軍不知為此。問之安所受計策，對曰：受之待詔者東郭先生。詔召東郭先生，拜以為郡都尉。

後漢方望，平陵人。王莽末，隗囂據隴右，以望為軍師。望說囂曰：足下欲承天順民，輔漢而起，今立者乃在南陽，王莽尚據長安，雖欲以漢為名，其實無所受命，將何以見信於衆？宜急立高廟，稱臣奉祠，所謂神道設教，求助民神者也。且禮有損益，質文無常，削地開兆，茅茨土階，以致其肅敬，雖未備物，神明舍諸。囂從其言。

虞詡為懷令。章帝元初中，任尚為中郎將，將羽林緹騎五營子弟三千五百人代班雄屯三輔。尚臨行，詡說尚曰：使君頻奉國命討逐寇賊，三州屯兵二十餘萬人，棄農桑，疲苦徭役，而未有功效，勞費日滋。若此出不克，誠為君危之。尚曰：憂惶久矣，不知所如。詡曰：兵法弱不攻彊，走不逐飛，自然之勢也。今虜皆馬騎，日行數百，來如風雨，去如絕弦，以步追之，勢不相及，所以曠而無功也。為使君計，莫如罷諸郡兵，各令出錢數千，二十人共市一馬，如此可捨甲冑，馳輕兵，以萬騎之衆逐數千之虜，追尾掩截，其道自窮。便人利事，大功立矣。尚大喜，即上言用其計，乃遣輕騎鈔擊杜季貢於丁奚城，斬首四百餘級，獲牛馬羊數千頭。

鮑信，靈帝末為騎都尉。大將軍何進遣信所在募兵，會董卓殺執金吾丁原，并其衆，故京都兵權唯在卓。信謂袁紹曰：卓擁彊兵，有異志，今不早圖，將為所制；及其初至疲勞，襲之可禽也。紹畏卓，不敢發，信遂還鄉里。

張玄，字處虛。獻帝中平二年，司空張溫以車騎將軍出征涼州賊邊章等，將行，玄自田廬被褐帶索要說溫曰：天下寇賊雲起，豈不以黃門常侍無道故乎？聞中貴人公卿已下當出祖道於平樂觀，明公總天下威重，握六師之要，若於中坐酒酣，鳴金營行軍召軍正執有罪者誅之引兵還屯都亭以次翦除中官解天下之倒縣報海内之怨毒然後顯用隱逸中正之士則邊章之徒宛轉股掌之上矣溫聞之大震不能對良久謂玄曰處虛非不悅子之言顧吾不能行如何玄乃歎曰事行則爲福不行則爲賊今與公長辭矣即仰藥欲飲之溫前執其手曰子忠於我我不能用是吾罪也子何爲當然且出口入耳之言誰今知之玄遂去

逢紀爲渤海太守袁紹客時韓馥據冀州紀說紹曰夫舉大事非據一州無以自立今冀部彊實而韓馥庸才可密要公孫瓚將兵南下馥聞必駭懼并遣辯士爲陳禍福馥迫於倉卒必可因據其位紹然之益親紀即以書與瓚瓚遂引兵而至外託董卓而陰謀襲馥馥果以冀州讓紹

蒯良中廬人劉表之初爲荆州也江南宗賊盛（宗黨共爲賊）袁術屯魯陽盡有南陽之衆吳人蘇代領長沙太守貝羽爲華容長各



阻兵作亂表初到單馬入宜城而延蒯良與同縣人蒯越襄陽人蔡瑁與謀表曰宗賊甚盛而衆不附袁術因之禍今至矣吾欲徵兵恐不集其策安出良曰衆不附者仁不足也附而不治者義不足也苟仁義之道行百姓歸之如水之趣下何患所至之不從而問興兵與策乎表顧問越越曰治平者先仁義治亂者先權謀兵不在多在得人也袁術勇而無斷蘇代貝羽皆武人不足慮宗賊帥多貪暴爲下所患越有所素養者使示之以利必以衆來君誅其無道撫而用之一州之人有樂存之心聞君盛德必襁負而至矣兵集衆附南據江陵北守襄陽荆州八郡可傳檄而定術等雖至無能爲也表曰子柔之言雍季之論也異度之計曰犯之謀也遂使越遣人誘宗賊至者五十五人皆斬之襲取其衆或即授部曲唯江夏賊張虎陳生擁衆據襄陽表乃使越與龐季單騎往說降之江南遂悉平

許劭字子將汝南平輿人獻帝時揚州刺史劉繇爲孫策所逐繇將奔會稽劭曰會稽富實策之所貪且窮在海隅不可往也不如豫章北連豫壤西接荆州若收合吏民遣使貢獻與曹兗州相聞雖有袁公路隔在其間其人豺狼不能久也足下受王命孟德景升必相救濟繇從之將奔豫章又使笮融助朱皓討劉表所用太守諸葛玄劭謂繇曰笮融出軍不顧名義者也朱文明（皓）善推誠以信人宜使密防之融到果詐殺皓代領郡事

冊府元龜卷第八百七十八

冊府元龜卷第八百七十九

總錄部一百二十九

計策第二

魏程昱東郡東阿人漢末黄巾起縣丞王度反應之燒倉庫縣令踰城走吏民負老幼東奔渠丘山昱使人偵視度度等得空城不能守出城西五六里止屯昱謂縣中大姓薛房等曰今度等得城郭不能居其勢可知此不過欲虜掠財物非有堅甲利兵攻守之志也今何不相率還城而守之且城高厚多穀米今若還求令共堅守度必不能久攻可破也房等以為然吏民不肯從曰賊在西但有東爾昱謂房等愚民不可計事乃密遣數騎舉幡於東山上令房等望見大呼言賊已至便下山趣城吏民奔走隨之求得縣令遂共城守度等來攻城不能下欲去昱率吏民開城門急擊之度等破走東阿由此得全其後兖州刺史[illegible]岱辟昱昱不應是時岱與袁紹公孫瓚和親紹令妻子居岱[illegible]瓚亦遣從事范方將騎助岱後紹與瓚有隙瓚擊破紹軍乃遣使語岱令遣紹妻子使與紹絶別勑范方若岱不遣紹家將騎還吾定紹將加兵於岱岱議連日不決別駕王彧白岱程昱有謀能斷大事岱乃召見昱問計昱曰若棄紹近援而求瓚遠助此假人於越以救溺子之説也夫公孫瓚非袁紹之敵也今雖壞紹軍然終為紹所禽夫趣一朝之權而不慮遠計將軍終敗岱從之范方將其騎歸未至瓚大為紹所破

田豐字元皓鉅鹿人漢末袁紹起義豐説紹曰曹公破劉備則許下非復空虚且操善用兵變化無方衆雖少未可輕也不如以久持之將軍據山河之固擁四州之衆外結英雄内脩農戰然後簡其精鋭分為奇兵乘虚迭出以擾河南救右則擊其左救左則擊其右使敵疲於奔命民不得安業我未勞而彼已困不及二年可坐克也今釋廟勝之策而決成敗於一戰若不如志悔無及也紹不從

賈詡漢末以故尚書依張繡時大祖拒袁紹於官渡紹遣人招繡并與詡書結援繡欲許之詡顯於繡坐上謂紹使曰歸謝袁本初兄弟不能相容而能容天下國士乎繡驚懼曰何至於此竊謂詡曰若此當何歸詡曰不如從曹公繡曰袁彊曹弱又與曹為讎從之如何詡曰此乃所以宜從也夫曹公奉天子以令天下其宜從一也紹彊盛我以少衆從之必不以我為重曹公衆弱其得我必喜其宜從二也夫有霸王之志者固將釋私怨以明德於四海其宜從三也願將軍無疑繡從之率衆歸太祖太祖見之喜執詡手曰使我信重於天下者子也表詡為執金吾封都亭侯遷冀州牧

成公英漢末隨韓遂為腹心遂在湟中其壻閻行欲殺遂以降夜攻遂不下遂歎息曰丈夫困厄禍起婚姻乎謂英曰今親戚離叛人衆轉少當從羌中西南詣蜀爾英曰興軍數十年今雖敗[illegible]有棄其門而依於人乎遂曰吾年老矣子欲何施英曰曹[illegible]能遠來獨夏侯淵之衆不足以追我又不能久留且息肩於羌中以須其去招呼故人綏會羌胡猶可以有為也遂從其計時隨從者男女尚數千人遂宿有恩於羌羌衛護之及夏侯淵還使閻行留後乃合羌胡數萬將攻行行欲走會遂死英降太祖

吳質為朝歌長時臨淄侯植太子母弟楊脩與丁儀兄弟皆欲以植為嗣太子患之以車載廢簏内與質謀脩以白太祖未及推驗太子懼告質質曰何患明日復以簏受絹車内以惑之脩必復重白重白必推而無驗則彼受罪矣世子從之脩果白其無人太祖由是疑焉

[illegible]齊王正始中吳將朱然入柤中准言於大將軍曹爽曰吳楚之民脆弱寡能英才大賢不出其土比技量力不足與中國相抗然自上世以來常為中國患者蓋以江漢為池舟楫為用利則陸鈔不利則入水攻之道遠中國之長技無[illegible]

之也孫權自數十年以來大畋江北繕治甲兵精其守禦數出盜竊敢遠其水陸次于平土此中國所願聞也夫用兵者貴以飽待饑以逸擊勞師不欲久行不欲遠守少則固力專則彊皆今宜捐淮漢已南退却避之若賊能入居中央來侵邊境則隨其所短中國之長技得用矣若不敢來則邊境得安無鈔盜之憂矣使我國富兵彊政脩民一陵其國不足爲遠矣今襄陽孤在一漢南賊循漢而上則斷而不通一戰而勝則不攻而自服故置之無益於國亡之不足爲辱自江夏以東淮南諸郡三后已來其所亡幾何以近賊疆界易鈔掠之故哉若徙之淮北遠絕其間則民人安樂何鳴吠之驚乎遂不從

蜀諸葛亮初在荆州劉表長子琦亦深器亮表受後妻之言愛少子琮不悅於琦琦每欲與亮謀自安之術亮輒拒塞未與處畫琦乃將亮游觀後園共上高樓飲宴之間令人去梯因謂亮曰今日上不至天下不至地言出子口入於吾耳可以言未亮



荅曰君不見申生在內而危重耳在外而安乎琦意感悟陰規出計會黃祖死得出遂爲江夏太守亮位至丞相

吳太史慈東萊黃人仕郡奏曹史因爲州家所疾恐受其禍乃避之遼東北海相孔融聞而奇之時融以黃巾寇暴出屯都昌爲賊管亥所圍慈將出求救於劉備時重圍嚴密慈乃嚴行蓐食須明便帶鞬攝弓上馬將兩騎自隨各作一的持之開門直出外圍下左右人並驚駭兵馬互出慈引馬至城下塹內植所持的各一出射之畢徑入門明晨復如此圍下人或起或臥慈復植的射之畢復入門明晨復出如此無復起者於是鞭馬直突圍中馳去比賊覺知慈行已過又射殺數人皆應弦而倒故無敢追者遂到平原

晉庾袞不應州郡辟命齊王冏之倡義也張泓等肆掠于陽翟袞乃率其同族及庶姓保于禹山是時百姓安寧未知戰守之事袞曰孔子云不教而戰是謂棄之乃集諸群士而謀曰二三君子相與處於險將以安保親尊全妻孥也古人有言千人聚而不以一人爲主不散則亂矣將若之何衆曰善今日之主非君而誰袞默然有閒乃言曰古人急病讓夷不敢逃難然人之立主貴從其命也乃誓之曰無恃險無怙亂無暴鄰無抽屋無樵採人所植無謀非德無犯非義戮力一心同恤危難衆咸從之於是峻險阨杜蹊徑脩壁塢樹藩障考功庸計丈尺均勞逸通有無繕完器備量力任能物應其宜使邑推其長里推其賢而身率之分數既明號令不二上下有禮少長有儀將順其美拯救其惡及賊至袞乃勒部曲整行伍皆持滿而勿發賊挑戰晏然不動且辭焉賊服其慎而畏其整是以皆退如是者三時人語曰所謂臨事而懼好謀而成者其庾異行乎

劉胤東萊掖人會天下大亂攜母欲避地遼東路經幽州刺史王浚留胤表爲渤海太守浚敗轉依冀州刺史邵續續徒衆寡弱謀降於石勒胤言於續曰夫田單包胥齊楚之小吏爾猶能存



已滅之邦全喪敗之國今將軍杖精銳之衆居全勝之城如何墜將登之功於一簣委忠信之人於豺狼乎且項羽桀縱非不彊也高祖縞冠而人應如響曹公奉帝而諸侯綏穆何者蓋逆順之理殊自然之數懸也況夷戎醜類屯結無賴雖有犬羊之盛終有庖宰之患而欲託根結援無乃殆哉續曰若如君言計將安出胤曰琅邪王以聖德欽明創基江左中興之隆可企踵而待今爲將軍計者莫若抗大順以激義勇之心奉忠正以厲軍人之志夫機事在密時至難違存亡廢興在此舉矣續從之乃殺異議者數人遣使江南朝廷嘉之胤仍求自行續厚遣之既至元帝命爲丞相參軍

楊翰爲前秦符堅高昌太守堅既死符丕新立安西呂光自西域還師至于宜禾堅涼州刺史梁熙謀閉境距之翰言於熙曰呂光新定西國兵彊氣銳其鋒不可當也度其事意必有異圖且今關中擾亂京師存亡未知自河已西迄于流沙地方萬里帶

甲十萬鼎峙之勢實在今日若光出流沙其勢難測高梧谷口水險之要宜先守之而奪其水彼既窮渴自然投戈如其以遠不守伊吾之關亦可距也若度此二要雖有子房之策難爲計矣地有所必爭真此機也熙弗從美水令犍爲張統說熙曰主上傾國南討覆敗而還慕容垂擁兵河北泓沖寇逼京師丁零雜虜跋扈關洛州郡蕪豪所在風扇王綱弛絕人懷利己今呂光迴師將軍何以抗也熙曰誠深憂之未知計之所出統曰光雄果勇毅明略絕人今以蕩西域之威擁歸師之銳鋒若猛火之盛於原弗可敵也將軍世受殊恩忠誠夙著立勳王室宜在於今行唐公洛上之從弟勇冠一時爲將軍計者莫若奉爲盟主以攝衆望推忠義以總率羣豪則光無異心也資其精銳東兼毛興連王統楊璧集四州之衆掃兇逆於諸夏寧帝室於關中此桓文之舉也熙又不從殺洛于西海以子胤爲鷹揚將軍率衆五萬距光于酒泉敦煌太守姚靜晉昌太守李純以郡降光胤及光戰于安彌爲光所敗武威太守彭濟執熙迎光光殺之建威西郡太守索泮奮威督洪池已南諸軍事酒泉太守宋皓等爲光所殺

尹昭爲後秦姚興吏部尚書興使中軍姚弼後軍斂成鎮遠乞伏乾歸等率步騎三萬伐傉檀左僕射齊難等率騎二萬討赫連勃勃昭諫曰傉檀恃遠輕敢違逆宜詔蒙遜及李玄盛使自攻擊待其斃也然後取之此卞莊之舉也興不從弼果敗齊難爲勃勃所擒

後魏宇文福宣武時爲平遠將軍南征統軍進計於都督彭城王勰曰建安是淮南重鎮彼此要衝得之則義陽易圖不獲則壽春難保勰然之及勰爲州遂令福攻建安建安降以勳封襄樂縣開國男邑二百户

賀拔岳孝莊帝時爲介朱榮前將軍万俟醜奴僭稱大號關中騷動朝廷深以爲憂榮將遣岳討之岳私謂其兄勝曰醜奴擁秦隴之兵足爲勍敵若岳往而無功罪責立至假令克定恐讒愬生焉勝曰汝欲何計自安曰請介朱氏一人爲元帥岳副二之則可矣勝以爲然乃請於榮榮大悅乃以天光爲雍州刺史以岳爲衛將軍左都督又以侯莫陳悅爲右都督並爲天光之副

後周李賢隴西高平人魏永安中万俟醜奴據岐涇等諸州反叛魏孝莊遣介朱天光率兵擊破之其黨万俟道洛費連少渾據原州未知醜奴已敗天光遣使造賢令密圖道洛天光率兵續進會賊黨万俟阿寶戰敗逃還私告賢曰醜奴已敗王師行至此阿寶以性命相投願能存濟賢因令阿寶僞爲醜奴使紿道洛等曰今已破臺軍須與公計事令阿寶權守原州公宜速往道洛等信之是日便發既出而天光至遂克原州道洛乃將麾下六千人奔于牽屯山天光見賢曰道洛之出子之力也賢又率鄉人出馬千疋以助軍天光大悅時原州亢旱天光以之水草乃退舍城東五十里牧馬息兵令都督長孫耶利行原州事以賢爲主簿道洛復乘虛忽至時賊黨千餘人在城中密應引道洛入城遂殺耶利賢復率鄉人殊死拒戰道洛乃退走又有拔卹達符顯圍逼州城晝夜攻戰屢被摧衄賢間道赴雍州詣天光請援天光許之賢乃返而賊營壘四合無因入城候日回夕乃僞負薪與賊樵采者俱得至城下城中垂布引之賊衆乃覺乃弓弩亂發射之不中遂得入城告以大軍將至賊聞之便即散走

崔景宣爲外兵郎中率徒採運時東魏兵至道路擁塞因投民家自匿景宣以火藏非計乃僞作太祖書招募得五百餘人保據宜陽聲言大軍續至東魏將段琛等率衆至九曲憚景宣不敢進景宣恐琛審其虛實乃將腹心自隨詐云迎軍同得西適與儀同李延孫相會攻孔城洛陽以南尋亦來附太祖即留景宣守張白塢節度東南義軍

唐李勣曹州離狐人隋末韋城人翟讓聚衆爲盜勣往從之李

密亡命在雍丘浚儀人三百當晝之百萬共勳説翟讓奉密爲主隋令王充討密勳以奇計敗充於洛水之上密封勳爲東海郡公時河南山東大水死者將半隋帝令饑人就食黎陽開倉賑給倉司不時給付死者日數萬人勳言於密曰天下大亂本是爲饑今若得黎陽一倉大事濟矣密乃遣勳領麾下五千人自原武濟河掩襲即日尅之開倉賑給一旬之間得勝兵二十余萬人

徐文遠初仕隋越王侗以爲国子祭酒時洛陽饑饉文遠出城樵采因爲李密所得密即其門人也文遠南向坐率其屬北面拜之文遠謂密曰老夫疇昔之日幸以先聖之道仰授將軍將經隆替倏焉二父今將軍屬風雲之會杖義聚所吞擁兵百萬威加四海猶能屈體弘尊師之義此將軍之德也老夫之幸也荷茲厚礼得不盡言乎但未審將軍意尔欲爲伊霍繼絶扶傾邪雖遲暮猶願盡力若爲莽卓迫險乘危老夫耄矣元能爲也



密頓首曰昨奉朝命之詩上公庶竭庸虛以匡国難不測城内人情所以未敢朝謁方欲先征化及立功贖罪然後凱旋入拜宸極此密之本志惟先生教之文遠曰將軍名臣之子代顯忠績前受誤於玄感遂乃墜家声迷而知反迴車復路終於忠孝以康国家天下之人是所望於將軍也密又頓首曰敬聞命矣請奉以周旋及密擊化及而旋會王充殺元文都密又詢計於文遠答曰王充亦門人素所知之深俊之士也今乘此事機必懷異望將軍前計爲不諧矣非破王充不可朝覲密又喜曰常謂先生儒者不習軍旅之事今籌大計殊有明略

魏徵初以策干李密及王充充攻密於洛口徵説密長史鄭頲曰魏公（李密）雖驟勝而驍將鋭卒死傷多矣又軍无府庫有功不賞戰士心墮此二者難以應敵未若深溝高壘曠日持久不過旬月敵人糧盡可不戰而退追而擊之取勝之道且東都食盡王充計窮意欲死戰可謂窮寇難與爭鋒請勿與戰頲曰此老生之常譚耳徵曰此乃奇謀深策何謂常譚因拂衣而去

李萼天寶末客於清河平原太守顔真卿與從父兄常山太守杲卿破禄山土門開十七郡推真卿爲盟主兵二十万萼年二十餘與郡人來乞師謂真卿曰聞公義烈首唱大順河朔諸郡恃公爲長城今清河實公之西鄰也僕幸寓家得其虚實知可爲長者用今計其蓄積足以三平原之富士卒可以二平原之疆公因而撫之爲腹心輔車之郡其他小城運之如臂指尔唯公所意誰敢不從真卿借兵千人萼將去真卿曰兵出也吾子何以教我萼曰今聞朝廷使程千里統衆十萬自太行東下將出嶂口爲賊所扼兵不得出今若先伐魏郡斬袁知泰太守司馬垂使爲西南主分兵開嶂口出千里之兵使討鄴幽陵平原清河合同志十万之衆徇洛陽分兵而制其衝計王師亦不下十万公當堅壁無与挑戰不數十日賊必潰而相圖矣真卿然之乃移牒清河等郡遣其大將李擇交副將平原縣令范冬馥



裨將和琳徐皓等進兵与清河四千人合勢而博平以千人來三郡之師屯於博平堂邑縣西南十里袁知泰遣其將白嗣深乙舒蒙等以二万人來拒戰賊兵大敗斬万余首

崔寧代宗時嚴武薦爲利州刺史及武爲劍南節度過利州心欲輟寧俾寧自謀寧白節度張獻誠見忌惡且又好利誠能重賄之寧可以從大夫矣武至劍南遣獻誠奇錦珍貝價兼百金獻誠大悦武又有書欲召寧獻誠然之寧即日稱疾棄官之劍南武奏爲漢州刺史

梁馬行襲武當人唐末爲本郡都校中和中僖宗在蜀有賊首孫喜者聚徒數千人欲入武當刺史呂燁惶駭無策略行襲伏勇士於江南乘小舟逆喜謂喜曰郡人得良牧衆心歸矣但緣兵多民懼虜掠若駐軍江北須屬廳以赴之使其前導以慰安吏民可立定也喜然之既渡江軍吏迎謁伏甲齊起行襲擊喜仆地執劍斬之其黨盡殪賊衆在江北者悉奔潰山南節度使

劉巨容以功上言尋授均州刺史州西有長山當襄漢入蜀路群賊屯聚以邀劫貢奉行襲以破之洋州節度使葛佐奏辟為行軍司馬請將兵鎮谷口通秦蜀道由是益知名

晉張希崇唐末以幽州牙將守平州為虜所陷授盧龍軍行軍司馬天祐中平州節度使盧文進歸朝希崇權鎮繼其任甚虜心撫虜騎三百以監之希崇涖事數歲虜中漸至寵信坦然無復疑矣忽一日登郡樓私自計曰昔班仲升西伐不敢擅還以承詔敕出我今入關斷在胸臆何恬恬於不測之虜而自滯耶乃召漢人部曲趙楚等謀曰我陷身此地飲酪披毛生不見其所親死為窮荒之鬼南望山川度日如歲爾輩得無思鄉苦乎部曲[illegible]衣且[illegible]欲全部曲南去善則善矣如虜平何在[illegible]伏明日有[illegible]則先擒之虜無統攝必散州去虜帳千餘里待部至[illegible]合勢同力及此則我等入漢兒孫矣何用以小衆為病衆[illegible]希崇於郡齋[illegible]



以石灰明日首領羣從至希崇飲以醇酎數鍾既醉悉置於灰穽中斃其徒黨翌日北部遣人攻之皆潰圍奔去亦捨而不追希崇遂以管內生口二萬餘南歸明宗嘉之授汝州防禦使

漢王保義本姓劉名去非幽州人唐末平州刺史劉守奇引為帳中親信守奇以兄守光奪父政亡入雲中又自虜奔太原去非皆從之莊宗之伐燕也令守奇從周德威引軍前進師次涿州刺史劉行敢登陴固守去非呼行敢曰河東小劉郎領軍來為父除亂爾何拒守守奇免冑勞之行敢遽拜即開門迎降德威害其功密告莊宗言守奇心不可保翻然作變則無如之何莊宗以書召守奇深懼謀事行次土門去非密說守奇曰公不施寸兵下涿郡周公以得非己力必有媢嫉之間太原不宜往也公家于梁朝素有君臣之分今往依之介福萬全矣乃馬首而南宗以守奇為滄州留後以去非為河陽行軍

冊府元龜卷第八百七十九

# 册府元龜卷第八百八十

總録部一百三十

## 獨行

孔子之所謂狷者有所不爲蓋天趣尚殊性能否異彝莫不得天中庸是亦好名獨任者也耿觀古昔先民繼執其或循大道之訛變慨季運之紕擾因其舊而積怨隳不義而深恥負知巳以激世念必報以勵俗堅持一介之行力慕古人之操乃有棄絶粒食坦視鋒刃憑河蹈火忍苦稱疾或高蹈長往或堀處待盡不交朋類自勤給養至於簡父兄之礼斷妻子之戀敦迫旡屈六行靡悔取其殊槩亦可尚也而不至於亂倫也易曰君子以果行傳曰匹夫不可奪志蓋亦詩人之徒歟

伯夷叔齊孤竹君之二子聞西伯昌善養老盍往歸焉及至西伯卒武王載木主號爲文王東伐紂伯夷叔齊叩馬而諫曰父死不葬爰及干戈可謂孝乎以臣弑君可謂仁乎左右欲兵



之太公曰此義人也扶而去之武王以平殷亂天下宗周而伯夷叔齊耻之義不食周粟隱於首陽山（首陽山在河東蒲坂華山之北河曲之中）采薇而食之及餓且死作歌其辭曰登彼西山兮采其薇矣以暴易暴兮不知其非矣神農虞夏忽焉沒兮我安適歸矣于嗟徂兮命之衰矣遂餓死於首陽山孔子賢二人以爲不降其志不辱其身也（孟子亦云聞伯夷之風者頑夫廉懦夫有立志百世之上百世之下莫不興起非賢人而能若是乎）

宜僚楚人也楚白公勝將亂謂乞石曰王與二卿士（子西子期）[illegible]皆五百人當之則可矣乞曰不可得也（五百人不可得）曰市南有熊宜僚者若得之可以當五百人矣乃從白公而見之與之言說告而故辭（辭不告作亂距之）承之以劍不動（拔劍指其喉）勝曰不爲利諂不爲威惕不洩人言以求媚者去之

鮑焦衣弊膚見挈畚持蔬遇子贛於道子贛曰吾子何以至此也鮑焦曰天下之遺德教者衆矣吾何以不至於此也吾聞之世不已知而行之不已者是爽行也上不已知而干之不止者是毀廉也行爽廉毀然且不舍惑於利者也子贛曰吾聞之非其世者不生其利汙其君者不履其土今吾子汙其君而履其土非其世而持其蔬此詎之有哉鮑焦曰嗚呼吾聞賢者重進而輕退廉者易醜而輕死乃棄其蔬而立槁死於洛水之上君子聞之曰廉夫剛哉夫山銳則不高水狹則不深行特者其德不厚志與天地疑者其爲人不祥鮑子可謂不祥矣其節度淺深適至而止矣

介子推晉人也文公反國酌士大夫酒召咎犯而將之召艾陵而相之授田百萬介子推無爵齒而就位觴三行介子推奉觴而起曰有龍矯矯將失其所有蛇從之周流天下龍既入深淵得其安所蛇脂盡乾獨不得甘雨此何謂也文公曰嘻是寡人之過也吾爲子爵待旦之朝也吾爲子田在河之間介子推曰推聞君子之道謁而得位道士不居也爭而得財廉者不受也文公曰使我得反國者子也吾將以成子之名介子推曰推得



聞君子之道爲人子而不能承其父者則不敢當其後爲人臣而不見察其君者則不敢立其朝然推亦無索於天下矣遂去而之介山之上文公使人求之不得爲之避寢三月號呼朞年文公待之不肯出求之不能得以爲焚其山宜出及焚其山遂不出而焚死

黔敖爲食於路以待饑者而食之有饑者蒙袂輯屨貿貿然來（蒙袂不欲見人也輯屨力憊不能屨也貿貿目不明之貌）黔敖左奉食右執飲曰嗟來食揚其目而視之曰予唯不食嗟來之食以至於斯也（嗟來食雖閔而呼之非敬辭）從而謝焉終不食而死（[illegible]）曾子聞之曰微與其嗟也可去其謝也可食（微猶無也[illegible]）申徒狄非其世將自投於河崔嘉聞而止之曰吾聞聖人仁士之於天地之間民之父母也今爲濡足之故不救溺人可乎申徒狄曰不然昔者桀殺關龍逄紂殺王子比干而亡天下吳殺子胥陳殺洩冶而滅其國故亡國殘家非無聖智也不用故也遂負石沈

於河君子聞之曰廉矣乎如仁與智吾未見也

柱厲叔事莒敖公自以爲不知而去居於海上夏日則食菱芡冬日則食橡栗莒敖公有難柱厲叔辭其友而往死之其友曰子自以爲不知故去今又往死之是知與不知無異別也柱厲叔曰不然自以爲不知故去今死而不去是果知我也吾將死之以醜後世人主之不知其臣者也所以激君人者之行而厲人臣之節也

陳仲子居於陵三日不食耳無聞目無見井上有李螬食實者過半矣匍匐往將食之三咽然後耳有聞目有見（[illegible]夫音扶以[illegible]）（[illegible]螬蟲也李實有蟲食之過半言仲子目不能擇也）食仲子齊之世家也兄戴蓋祿万鍾以兄之祿爲不義之祿而不食也以兄之室爲不義之室而不居也避兄離母處於陵（仲子[illegible]大夫之家也兄名戴爲齊卿食采於蓋祿万鍾也仲子以[illegible]爲非其君行非道以居[illegible]貴敢不義也窮於於陵）他日歸則有饋其兄生鵝者已頻顣曰惡用是鶂鶂者爲哉（[illegible]頻顣不悅曰安用是鶂鶂者爲乎[illegible]）



[illegible]也他日其母殺是鵝也與之食之其兄自外至曰是鶂鶂之肉也出而哇之（哇吐也）

漢王吉居長安東家有大棗樹垂吉庭中吉婦取棗以啖吉（啖食也）吉後知之乃去婦東家聞而欲伐其樹鄰里共止之因固請吉令還婦里中爲之語曰東家有樹王陽婦去東家棗完去婦復還其厲志如此後爲昌邑中尉

閻燕宣帝時爲郡決曹掾太守欲枉殺人燕諫不聽遂殺囚而黜燕燕因家守闕稱冤詔遣覆考燕見太守曰願謹定文書皆著燕名府君但言時病而已出謂掾史曰諸君被問悉當以罪推燕如有一言及於府君燕手劍相刃使乃收燕繫獄屢被掠楚辭無屈據當下蠶室乃歎曰我平王之後正公玄孫豈可以刀鋸之餘下見先君遂不食而死

後漢譙玄王莽時隱遯後公孫述僭號於蜀連聘不詣述乃遣使者備禮徵之若玄不肯起便賜以毒藥太守自齎璽書至玄廬曰君高節已著朝廷垂意誠不宜復辭自招凶禍玄仰天歎曰唐堯大聖許由恥仕周武至德伯夷守餓彼獨何人我亦何人保志全高死亦奚恨遂受毒藥玄子瑛泣血叩頭於太守曰方今國家東有嚴敵兵師四出國用軍資或不常充足願奉家錢千万以贖父死太守爲請述聽許之玄遂隱藏田野終述之世

宋弘王莽末爲共工赤眉入長安遣兵引逼迫不得已行至渭橋自投於水家人救得出因佯死獲免

高獲字敬公少遊學京師與光武有素舊師事司徒歐陽歙歙下獄當斷獲冠鐵冠帶鈇鑕詣闕請歙帝雖不赦而引見之謂曰敬公朕欲用子爲吏宜改常性獲對曰臣受性於父母不可改之於陛下出便辭去

李業梓潼人公孫述僭號於蜀素聞其賢徵之欲以爲博士業固疾不起數年述羞不致之乃使大鴻臚尹融持毒酒奉詔命以劫業若起則受公侯之位不起賜之以藥融譬旨曰方今天



下分崩孰知是非而以區區之身試於不測之淵乎朝廷貪慕名德曠官缺位于今七年四時珍御不以忘君宜上奉知己下爲子孫身名俱全不亦優乎今數年不起猜疑寇心凶禍立加非計之得者也業乃歎曰危國不入亂國不居親於其身爲不善者義所不從君子見危授命何乃誘以高位重餌哉融見業辭志不屈復曰宜呼室家計之業曰丈夫斷之於心久矣何妻子之爲遂飲毒而死述聞業死大驚又恥有殺賢之明乃遣使弔祠賻贈百匹業子翬逃辭不受

任永馮信皆託青盲以避公孫述之難永妻淫於前匿情無言見子入井忍而不救信侍婢亦對信姦通及聞述誅皆盥洗更視曰世適平目即清淫者自殺光武聞而徵之並會病卒

費貽犍爲人不肯仕公孫述乃漆身爲厲陽狂以避之退藏山藪十餘年

李充陳留人家貧兄弟六人同衣遞食妻竊謂充曰今貧居如

此難以久安妾有私財願思分異充偽酬之曰如欲別居當醞酒具會請呼鄉里內外共議其事婦從充置酒讌客充於坐中前跪白母曰此婦人無狀而教充離間母兄罪合遣斥便呵叱其婦逐令出門婦銜涕而去坐中驚肅因遂罷散

楊喬為尚書容儀偉麗數上言政事桓帝愛其才貌詔妻以公主喬固辭不聽遂閉口不食七日而死

袁閎字夏甫彭之孫也少厲操行苦身修節父賀為彭城相閎往省謁變姓名徒行無旅既至府門連日吏不為通會阿母出見閎驚一云乳母從內出見在門側面貌省瘦為其閎身丁寧此閭不知吾歎勿宜說也入白夫人乃密呼見既而辭去賀遣車送之閎稱眼病不肯乘反郡界無知者閎見時方險亂而家門富盛常對兄弟歎曰吾先公福祚後世不能以德守之而競為驕奢與亂世爭權此即晉之三郤矣延熹末黨事將作遂散髮絕世欲投迹深林以母老不宜遠遁乃築土室四周於庭不為戶自牖納飲食而已旦於室中東



向拜母母思閎時往就視母去便自掩閉兄弟妻子莫得見也潛身十八年黃巾賊起攻沒郡縣百姓驚散閎誦經不移賊相約語不入其閭鄉人就閎避難皆得全免年五十七卒於土室

孔嵩字仲山南陽人與山陽范式為友式為荊州刺史嵩家貧親老乃變名姓傭為新野縣阿里街卒式行部到新野而縣選嵩為導騎迎式式見而識之呼嵩把臂謂曰子非孔仲山邪對之歎息語及平生曰昔與子俱曳長裾遊息帝學吾蒙國恩致位牧伯而子懷道隱身處於卒伍不亦惜乎嵩曰侯嬴長守於賤業晨門肆志於抱關子欲居九夷不患其陋貧者士之宜豈為鄙哉式勑縣代嵩嵩以為先傭未竟不肯去

劉翊逢知故困餒於路不忍委去因殺所駕牛以救其乏衆人止之翊曰視沒不救非志士也遂俱餓死

戴就會稽上虞人仕郡倉曹掾揚州刺史歐陽參奏太守成公浮臧罪遣部從事薛安案倉庫簿領收就於錢唐縣獄幽囚考掠五毒參至就慷慨直辭色不變容又燒鋘斧使就挾於肘腋就語獄卒可熟燒斧勿令冷每上彭考因止飯食不肯下肉焦毀墮地者掇而食之主者窮竭酷慘無復餘方乃臥就覆船下以馬通薰之一夜二日皆謂已死發船視之就方張眼大罵曰何不益火而使滅絕又復燒地以大鍼刺指爪中使以把土爪悉墮落主者以狀白安安呼見就謂曰太守罪穢狼藉受命考實君何故以骨肉拒扞也就據地答言太守剖符大臣當以死報國卿雖銜命固宜申斷冤毒柰何誣枉忠良強相掠理令臣謗其君子證其父薛安庸騃忸行無義就考死之日當白之於天與群鬼殺汝於亭中如蒙生全當手刃相裂安深奇其壯節即解械更與美談表其言辭解釋郡事徵浮還京師免歸鄉里

周燮汝南安城人不讀非聖之書不脩賀問之好有先人草廬結于岡畔下有陂田常肆勤以自給非身所耕漁則不食也



鄉黨宗族希得見者舉孝廉賢良方正特徵皆以疾辭

皇甫規字威明為度遼將軍規為人多意筭自以連在大位欲退身避第數上病不見聽會友人上郡太守王旻喪還規縞素越界到下亭迎之因令客密告并州刺史胡芳言規擅遠軍營公違禁憲當急舉奏芳曰威明欲避第言欲歸第避仕宦之逕也仕塗故激發我耳吾當為朝廷愛才何能申此子計邪遂無所問及黨事大起天下名賢多見染逮規雖為名將素譽不高自以西州豪桀耻不得豫乃先自上言臣前薦故大司農張奐是附黨也又臣昔論輸左校時太學生張鳳等上書訟臣是為黨人所附也臣宜坐之朝廷知而不問時人以規為賢

楊后字仲桓廣漢人潛身藪澤耦耕誦經司徒楊震表薦其高操公事特徵不就益州刺史侯參行部致謁后惡其苛暴時耕於大澤即委鉏疾逝參恚之收其妻子録繫欲以致后遂不忘后所在乃出其妻子

魏管寧北海朱虛人年十六喪父中表愍其孤貧咸共贈賵悉辭不受文帝徵爲太中大夫明帝徵爲光禄勳並不起常坐一木榻積五十餘年未嘗箕股其榻上當膝處皆穿

范粲爲太宰中郎齊王芳被廢遷于金墉城粲素服拜送哀慟左右時司馬師輔政召群官會議粲又不到朝廷以其時望優容之粲又稱疾闔門不出於是特詔爲侍中持節使于雍州粲因狂不言寢所乘車足不履地子孫常侍左右至有婚宦大事輒密諮焉合者則色無變不合則眠寢不安妻子以此知其旨不言三十六載終於所寢之車

晉庾袞篤學好問事親以孝聞鄉黨薦之州郡交命察孝廉舉秀才清白異行皆不降志世遂號之爲異行元康末潁川太守召爲功曹袞服造役之衣杖鍤荷斧不從駕而行曰請受下夫之役太守飾車而迎袞逡巡辭退請徒行入郡將命者遂逼扶升車納於功曹舍既而袞自取已車而寢處焉形雖恭而神有不可動之色太守知其不屈乃歎曰非常士也吾何以降之厚爲之禮而遣焉

宋纖年八十篤學不倦前凉張祚遣使者張興備禮徵爲太子友興逼喻甚切纖喟然歎曰德非莊生才非干木何敢稽停明命遂隨興至姑臧祚遣其太子太和以執友禮造之纖稱疾不見贈遺一皆不受尋遷太子太傅頃之上疏曰臣受生方外心慕太古生不喜存死不悲沒素有遺屬屬諸知識在山投山臨水投水處澤露形在人親土聲聞書疏以告我家今當命終乞如素所屬遂不食而卒

華混觀陽伯表之世孫也表子侍中廙以事免官削爵土以混嗣混當受封逃避斷髮陽狂病瘖不能語故得不拜世咸稱之

辛謐永嘉末爲散騎常侍慰撫關中及長安陷沒于劉聰聰拜太中大夫固辭不受又歷石勒季龍之世並不應辟命雖處喪亂之中頽然高邁視榮利蔑如也及冉閔僭號復備禮徵爲太常



謐遺閔書曰昔許由辭堯以天下讓之全其淸高之節伯夷去國子推逃賞皆顯史牒傳之無窮此往而不反者也然賢人君子雖居廟堂之上無異於山林之中斯窮理盡性之妙豈有識之者邪是故不嬰於禍難者非爲避之但冥心至趣而與吉會爾謐聞物極則變冬夏是也致高則危累棊是也君王功以成矣而久處之非所以顧萬全遠危之禍也宜因茲大捷歸身本朝必有許由伯夷之廉享松喬之壽永爲世輔豈不美哉因不食而卒

宋劉凝之字志安小名長年南郡枝江人也父期公衡陽太守兄盛公高尚不仕凝之慕老萊嚴子陵爲人推家財與弟及兄子立屋於野外非其力不食州里重其有德仁

南齊褚伯玉字元璩吳郡錢唐人也少有隱操寡嗜慾年十八父爲婚婦入前門伯玉從後門出遂往剡居瀑布山性耐寒暑時人比之王仲都在山三十餘年隔絕人物

梁何點父鑠坐法死點感家禍欲絕婚宦祖尚之強爲娶瑯邪王氏禮畢將親迎點累涕泣求執本志遂得罷點既老又娶魯國孔嗣女嗣亦隱者也點雖婚亦不與妻相見築別室以處之人莫諭其意也

劉訏早孤長兄絜爲之娉妻尅日成婚訏聞而逃匿事息乃還

阮孝緒年十三遍通五經十五冠而見其父彦之誡曰三加彌尊人倫之始宜思自勗以庇爾躬答曰願迹松子於瀛海追許由於穹谷庶保促生以免塵累自是屏居一室非定省未嘗出戶家人莫見其面親友因呼爲居士

後魏濟陰王小新成長子弼以世嫡應襲先爵爲季父尚書僕射麗因于氏親寵遂奪弼王爵橫授同母兄子誕於是弼絕棄人事託疾還私第宣武徵爲侍中弼上表固辭入嵩山以穴爲室布衣蔬食至卒

隋元褒十歲而孤友悌善事諸兄諸兄議欲別居褒泣諫不得

家素富多金寶竟爲術士所耽身而出爲州里所稱
唐李源憕之子憕即爲逆胡所害源方八歲爲羣賊所虜流汲
南北展轉人家凡六七年東洛陽平父之故吏有識認者以金
帛贖之歸於近親代宗聞之授河南府參軍源遂絶酒肉不婚
娶不後僮使常依洛陽城北之惠林寺即憕之别墅寓於一室
次僧而食人亦未嘗見其欲習至於辭榮辱混是非熙熙而無
不合蓋自有得也先命亦其野以備終制時時職其間穆宗長
慶二年七月御史中丞李德裕表薦之乃徵諫議大夫不起

冊府元龜卷第八百八十

冊府元龜卷第八百八十一

總録部一百三十一

交友

交友之道其來尚矣自天子至于庶人未有不須友以成者也故傳有三益之訓易著斷金之美皆道同術義表於切磋又要不忘情見於生死又豈止遊方之內爲樂然之相成哉中古而下蓋有同德比義神交心照或傾蓋以投分或刎頸而爲歡兼思志操之異遂忘年齒之隔結驩以共仕納禄以偕往與風雨之信志隆華之賤通家而益厚弃世而逾親以至撫孤恤孀拯溺危阨殺身以自誓抱節而不爭斯皆古之不詭不渝相先相死之士歟



管仲字夷吾潁上人也少時常與鮑叔牙游鮑叔知其賢管仲貧困常欺鮑叔鮑叔終善遇之不以爲言已而鮑叔事齊公子小白管仲事公子糾及小白立爲桓公子糾死管仲囚焉鮑叔遂進管仲管仲既任用於齊齊桓公以霸九合諸侯一匡天下管仲之謀也管仲曰吾始困時嘗與鮑叔賈分財利多自與鮑叔不以我爲貪知我貧也吾嘗爲鮑叔謀事而更窮困鮑叔不以我爲愚知時有利不利也吾嘗三仕三見逐於君鮑叔不以我爲不肖知我不遇時也吾嘗三戰三走鮑叔不以我爲怯知我有老母也公子糾敗召忽死之吾幽囚受辱鮑叔不以我爲無恥知我不羞小節而恥功名不顯於天下也生我者父母知我者鮑子也鮑叔既進管仲以身下之子孫世禄於齊有封邑者十餘世常爲名大夫天下不多管仲之賢而多鮑叔能知人也韓[illegible]

晏嬰齊大夫孔子稱晏平仲善與人交久而敬之

季札吳公子也聘於鄭見子產如舊相識

伍參楚大夫與蔡大師子朝友其子伍舉與聲子相善也伍舉娶於王子牟王子牟爲申公而亡楚人曰伍舉實送之伍舉奔鄭將遂奔晉聲子將如晉遇之於鄭郊班荊相與食而言復故[illegible]聲子曰子行也吾必復子

申包胥楚大夫伍員與申包胥友其亡也謂申包胥曰我必復楚國復報也申包胥曰勉之子能復之我必能興之

孟獻子魯大夫有友五人樂正裘牧仲[illegible]

曾子以子張死有母之喪齊衰而往哭之或曰齊衰不以弔曾子曰我弔也與哉言朋友哀痛甚而往哭之非若凡弔

羊角哀左伯桃二人爲死友欲仕於楚道阻遇雨雪不得行饑寒自度不俱生伯桃謂角哀曰俱死之後骸骨莫收內手捫心知不如子生恐無益而棄子之能我樂在樹中角哀聽之伯桃入樹中而死楚平王愛角哀之賢以上卿禮葬伯桃角哀夢伯桃曰蒙子之恩而獲厚葬正苦荊將軍冢相近今月十五日當大戰以決勝負角哀至期日陳兵馬詣其冢作三桐人自殺下而從之此殺身不負然諾之信



青荓豫讓之友也爲趙襄子參乘襄子游於囿中至於梁馬卻不肯進襄子曰進視梁下類有人青荓進視梁下豫讓卻寢佯爲死人叱青荓曰去長者且有事青荓曰少而與子友子且爲大事而我言之是失相與友之道子將賊吾君而我不言是失爲人臣之道如我者唯死爲可乃退而自殺

趙有處士毛公藏於博徒薛公藏於賣漿家公子無忌從此二人結交游

廉頗爲趙將以藺相如爲上卿羞不忍爲之下宣言曰我見必

之藺相如望見廉頗輒引車避匿廉頗聞之肉袒負荊因賓客至藺相
如門謝罪曰鄙賤之人不知將軍寬之至此也卒相與驩為
刎頸之交

張儀始嘗與蘇秦俱事鬼谷先生秦自以不及儀蘇秦已說趙
王而得相約從親然恐秦之攻諸侯敗約後負念莫可使用於
秦者乃使人微感張儀曰子始與蘇秦善今秦已當路子何不
往游以求通子之願張儀於是之趙上謁求見蘇秦蘇秦乃誡
門下人不為通又使不得去者數日已而見之坐之堂下賜僕
妾之食因而數讓之曰以子之材能乃自令困辱至此吾寧不
能言而富貴子子不足收也謝去之張儀之來也自以為故人
求益反見辱怒念諸侯莫可事獨秦能苦趙乃遂入秦蘇秦已
而告其舍人曰張儀天下賢士吾殆弗如也今吾幸先用而能
用秦柄者獨張儀可爾然貧無因以進吾恐其樂小利而不遂故
召辱之以激其意子為我陰奉之乃言趙王發金幣車馬使人



微隨張儀與同宿舍稍稍近就之奉以車馬金錢所欲用為取
給而弗告張儀遂得以見秦惠王惠王以為客卿與謀伐諸侯
蘇秦之舍人乃辭去張儀曰賴子得顯方且報德何故去也舍
人曰臣非知君知君乃蘇君蘇君憂秦伐趙敗從約以為非君莫
能得秦柄故感怒君使臣陰奉給君資盡蘇君之計謀今君已
用請歸報張儀曰嗟乎此在吾術中而不悟吾不及蘇君明矣
吾又新用安能謀趙乎為吾謝蘇君蘇君之時儀何敢言且蘇
君在儀寧渠能乎

宋玉楚人大夫初因其友[illegible]而見於楚襄王襄王待之無以異
宋玉讓其友其友曰夫薑桂因地而生不因地而辛婦人因媒
而嫁不因媒而親子之事王未耐何怨於我宋玉曰不然昔者
齊有良兔曰東郭㕙蓋一旦而走五百里於是齊亦有良狗曰
韓盧亦一旦而走五百里使之遙見而指屬則雖韓盧不及眾
兔之塵若躡迹而縱緤則雖東郭㕙亦不能離今子之屬臣也
夫躡迹而縱緤與遙見而指屬與

陳餘年少父事張耳相與為刎頸交[illegible]
後封代王相趙

龔勝字君賓龔舍字君倩皆楚人相友著名節故時號之楚兩
龔勝位至太中大夫歸老於鄉里舍拜光祿大夫不起

張譚之為廷尉持法平允中尉條侯周亞夫與梁相山都侯王
恬咸結為親友號此天下稱之

汲黯善灌夫鄭當時及宗正劉棄疾黯位至主爵都尉

蕭育為人嚴猛尚威居官數免稀遷少與陳咸朱博為友著聞
當世往者有陽貢公故長安語曰蕭朱結綬王貢彈冠言其相
薦達也蕭育與陳咸俱以公卿子顯名咸最先進年十八為左曹
二十餘為御史中丞時朱博尚為杜陵亭長為咸育所攀援入王
氏後遂並歷刺史郡守相及為九卿而博先至將軍上卿歷位多於
咸育遂與博有隙不能終故世以交為難矣



何武以射策甲科為郎與翟方進交志相友王吉與貢禹為友
世稱王陽在位貢公彈冠（彈冠者且入仕也）言其取舍同也吉位諫議
大夫

傅喜封高武侯與鄭立同門學相友善（同門同師也）

陳遵少與張竦俱為京兆史竦博學通達以廉儉自守而遵放
縱不拘操行雖異然相親友哀帝之末俱著名字為後進冠（冠謂居人之上）

後漢趙孝友善韓仲伯孝等數十人位太傅

茌林字伯山與馬援同郡素相親厚援從南方還林馬適死
援令子持馬一匹遺林曰朋友有車馬之饋可以備乏林受
之居數月林遣子奉書將軍內施九族外有賓客望恩者多
林父子兩人食列卿祿常有盈今送錢五萬援受之謂子曰人
當以此為法是杜伯山所以勝我也林位司空

寇恂從光武破羣賊與鄧禹謀議恂奇之因奉牛酒共交歡

恂位執金吾

皋孔為揚州從事家代為吳郡冠族少有英才與桓榮相善

廉范與洛陽慶鴻為刎頸交時人稱曰前有管鮑後有慶廉范位至蜀郡太守

孔僖曾祖父子建少遊長安與崔篆友善僖與篆孫駰復相友善僖位臨晉令

尹敏與班彪親善每相遇輒日旰忘食夜分不寢自以為鍾期伯牙莊周惠施之相得也敏位長安令

梁鴻友人京兆高恢少好老子隱於華陰山中及鴻東遊思恢作詩曰鳥嚶嚶兮友之期念高子兮僕懷思想念恢兮爰集茲二人遂不復相見恢亦高抗終身不仕

王符安定臨涇人少好學有志操與馬融竇章張衡崔瑗等並友善



馬寔字伯騫勤結英雄所欲友接負笈各指不遠萬里山陽王暢未仕時寔慕高名往存之屆暢門投刺暢欲不肯見使從者拒之云行歷未旋寔留連日日往伺之謂從者曰夫孝子事親行不踰日而至今不歸非孝子也欲待與相見必凶於路往而不返哭之以為死交暢聞其言歎息壯志因執其手攜行與入矣談畢請入見母飲晏定好而見別

陳重少與同郡雷義為友俱學魯詩顏氏春秋太守張雲舉重孝廉重以讓義前後十餘通記雲不聽義明年舉孝廉重與俱在郎署後俱拜尚書郎義坐事黜退重見義去亦以病免叡義舉茂才讓於陳重刺史不聽義遂陽狂被髮走不應命鄉里為之語曰膠漆自謂堅不如雷與陳

范冉冉亦作丹陳留外黃人少為郡小吏與王奐親善奐後為考城令境接外黃屢遣書請冉冉不至及奐遷漢陽太守將行冉乃與弟協步齎麥酒於道側設壇以待之冉見奐車徒駱驛遂不自聞惟與弟共辯論於路奐識其聲即下車與相對奐曰行路倉卒非敘闊之所可共到前亭宿息以敘分死冉曰子前在考城思欲相從以賤質自絕豪友耳今子遠適千里會面無期故輕行相候以展訣別如其相追將有慕貴之譏矣便起告違拂衣而去奐瞻望弗及冉長逝不顧

范式字巨卿山陽金鄉人一名氾少游太學為諸生與汝南張劭為友劭字元伯二人並告歸鄉里式謂元伯曰後二年當還將過拜尊親孺子焉乃共剋期日後期方至元伯具以白母請設饌以候之母曰二年之別千里結言爾何相信之審耶對曰巨卿信士必不違母曰若然當為爾醞酒至其日巨卿果到升堂拜飲盡歡而別式仕為郡功曹後元伯寢疾篤同郡郅君章殷子徵晨夜省視之元伯臨盡歎曰恨不見吾死友子徵曰吾與君章盡心於子是非死友復欲誰求元伯曰若二子者吾生友耳山陽范巨卿所謂死友也尋而卒式忽夢元伯玄冕垂纓屣而呼曰巨卿吾以某日死當以爾時葬永歸黃泉子未我忘豈能相及式怳然覺寤悲歎泣下具告太守請往奔喪太守雖心不信而重



違其情許之式未及到而喪已發引既至壙將窆而柩不肯進其母撫之曰元伯豈有望耶遂停柩移時乃見有素車白馬號哭而來其母望之曰必是范巨卿也巨卿既至叩喪言曰行矣元伯死生路異永從此辭會葬者千人咸為揮涕式因執紼而引柩於是乃前式遂留止冢次為修墳樹然後乃去

崔瑗與扶風馬融南陽張衡特相友好瑗位濟北相

吳祐字季英陳留長垣人郡舉孝廉將行郡中為祖道祐越壇共小史雍丘黃真歡語移時與結友而別功曹以祐倨請黜之太守曰吳季英有知人之明卿且勿言真後亦舉孝廉除新蔡長世稱其清節時公沙穆來游太學無資糧乃變服客傭為祐賃舂祐與語大驚遂共定交於杵臼之間祐以光祿四行遷膠東侯相時濟北戴宏父為縣丞宏年十六從在丞舍祐每行園常聞諷讀之音奇而厚之亦與為友卒成儒宗知名東夏官至酒泉太守

申屠蟠嘗友人陳郡馮雍坐事繫獄豫州牧黃琬欲殺之或勸蟠
不肯行曰黃子琰琬之字也爲吾故耶未必致罪如不用吾言雖往
何益琬聞之遂免雍罪蟠竟不起
荀淑博學有高行與李固李膺同志友善淑位朗陵侯相
張皓字叔明治律春秋游學京師與廣漢鐔粲漢中李郃蜀郡
張霸共結爲交友皓位司空
宋楊女爲章帝貴人被譖自殺楊免歸本郡郡縣因事復捕繫
之楊友人前郎中山陽張峻左馮翊沛國劉均等奔走解釋得
以免罪逢萌北海都昌人與同郡徐房平原李子雲王君公相
友善萌初爲亭長後連徵不起
岑晊南陽棘陽人有高才[illegible]
[illegible]舉三府交辟並不就
李膺性簡亢無所交接唯以同郡荀淑陳寔爲師友位長樂少府
李燮廉方自守所交皆舍短取長好成人之美時潁川荀爽賈
彪雖俱知名而不相能燮並交二子情無適莫世稱其平正位
河南尹趙岐亡命賣餅北海市中孫嵩游市見岐遂以俱歸嵩
先入白母曰出行乃得死友迎入上堂饗之極歡藏岐複壁
中數年位太常韓說舉孝廉與議郎蔡邕友善位江夏太守王
烈太原人以潁川陳太丘爲師二子爲友時潁川荀慈明賈
偉節李元禮韓元長皆就太丘學見烈器業過人歎服所履亦
與相親由是英名著於海內烈察孝廉三府辟並不就
郭泰字林宗游於洛陽始見河南尹李膺膺大奇之遂相友善
於是名震京師後歸鄉里衣冠諸儒送至河上車數千兩林宗
唯與李膺同舟而濟衆賓望之以爲神仙焉泰徵有道不就
王允太原祁人也世仕州郡爲冠蓋同郡郭林宗嘗見允而奇
之曰王生一日千里王佐才也遂與定交位司徒
陳群字長文紀之子也魯國孔融高才倨傲年在紀群之間先
與紀友後與群交更爲紀拜由是顯名仕魏至司空

府八百八十一　七

苑康少受業太學與郭林宗親善位太山太守
何顒與陳蕃李膺善時爲宦者所陷乃變姓名亡匿汝南間所
至皆親其豪傑有聲荊豫之域袁紹慕之私與往來結爲奔走
之友後辟司空府
楊政嘗過馬武武稱疾見政對几據床欲令政拜床下入户前排
武徑上床坐武恨言語不擇政因把武臂責之曰卿蒙恩藉蕃
臣不思求賢報國而驕天下英俊會信陽侯至責數武乃合爲
朋友位左中郎將
許鴻卿汝南人與同郡周伯霆交友伯霆早亡鴻卿養育其子
閔仲叔恬靜養神弗役於物與周黨相友黨每過仲叔共含菽
飲水以節士不就
應順字華仲汝南人少與同郡許敬家貧親老無子爲斷
去妻更娶位將作大匠
袁紹好游俠與張孟卓何伯求吳子卿許子遠伍德瑜等皆爲

府八百八十一　八

奔走之友紹位至冀州牧禰衡平原人建安初游許下孔融深
愛其才衡始弱冠而融年四十遂與爲交友
魏傅嘏字少與冀州刺史裴徽爲散騎常侍荀粲善徽粲早亡
又與鎮北將軍何曾司空陳泰尚書僕射荀顗後將軍鍾毓並
善相友[illegible]朝事俱爲名臣嘏位尚書僕射
鍾繇與荀攸相與親善攸先亡子幼繇經紀其門戶欲嫁其妾與人書曰吾與公達曾共使朱建平相建平曰荀君雖少然當以後事付鍾君吾時啁之曰惟當嫁阿騖耳何意此子竟早隕沒戲言遂驗乎今欲嫁阿騖使得善處追思建平之妙雖唐舉許負何以復加也繇位至太傅
王凌與司馬朗賈逵友善位太守
袁霸陳郡扶樂人渙從事弟子魏初爲大司農與同郡何夔並
知名於時而霸子亮夔子曾與渙子侃復齊聲友善
杜恕爲散騎黄門侍郎時李豐爲常侍黄門郎袁侃見轉爲吏
部郎荀俁出爲東郡太守二人皆恕之同班友善
黄門郎孔乂有性實與東平右丞王惠陽爲至交惠陽遷拜勃海

於之詠下朗既仕至二千石而惠陽亦歷長安令酒泉太守故時人謂惠陽外似麤跡而內堅密能不顧朗之本末事朗母如己母爲通度也

華歆與北海邴原管寧俱游學三人相善時人號三人爲一龍歆爲龍頭原爲龍腹寧爲龍尾歆位太尉

陳矯爲郡功曹使過泰山泰山太守東郡薛悌異之結爲親友戲謂矯曰以郡吏而交二千石鄰國君屈從陪臣游不亦可乎悌後爲魏郡及尚書令皆承代矯

蜀許靖汝南人始兄事潁川陳紀與陳郡袁渙平原華歆東海王朗等親善靖入蜀爲司徒歆朗及紀并靖子群魏初爲公輔大臣咸與靖書申陳舊好情義款至

司馬徽字德操嘗造龐德公值其渡沔上祀先人墓德操徑入其室呼德公妻子使速作黍徐元直向云有客當來就我與龐公譚其妻子皆羅列拜於堂下奔走供設須臾德公還直入相



就不知何者是客也德操年小德公十歲兄事之呼作龐公故世人遂謂龐公是德公名非也諸葛孔明每至龐德公家獨拜牀下德公初不令止

向朗字巨達少師事司馬德操與徐元直韓德高龐士元皆親善位至丞相長史

張裔蜀郡成都人也少與犍爲楊恭友善位輔漢將軍

張飛字益德少與關羽俱事先主羽年長數歲飛兄事之位車騎將軍　張嶷巴西郡人召爲從事郡內士人龔祿姚伷位二千石當世有聲名皆與嶷友善

徐庶字元直先名福與石韜字廣元相親愛初平中中州兵起乃與韜南客荊州到又與諸葛亮特相善及荊州內附孔明與劉備相隨去福韜俱來北至黃初中韜仕歷郡守典農校尉福至右中郎將御史中丞逮太和中諸葛亮出隴右聞元直廣元仕財如此難歎曰魏殊多士邪何彼二人不見用乎

楊戲性雖簡惰未嘗以甘言加人然篤於故舊與巴西韓儼黎韜童幼相親厚後儼痼疾廢頓韜亦污穢廢黜戲經紀振卹恩好如故位射聲校尉

吳張昭字子布與琅邪趙昱東海王朗俱發名友善位輔吳將軍

陸績字公紀時虞翻舊齒名盛龐統荊州令士年亦差長皆與績友善位偏將軍

魯肅臨淮人也家富於財周瑜爲居巢長將數百人故過候肅并求資糧肅家有兩囷米各三千斛肅乃指一囷與周瑜瑜益知其奇也遂相親結定僑札之分肅後使荊州到當陽與劉備會時諸葛亮與相隨肅謂亮曰我子瑜友也即共定交肅卒諸葛亮亦爲發哀位橫江將軍

呂蒙爲偏將軍領尋陽令魯肅代周瑜當之陸口過蒙屯下肅意尚輕蒙蒙謂肅曰與關羽爲鄰將何計略因爲肅畫五策肅拊其背曰呂子明吾不知卿才略所及乃至於此也遂拜蒙母結



友而別

聶友　字文悌豫章人爲郡功曹使至都諸葛恪友之時論謂顧子嘿子直其間無所復容恪欲以友居其間由是知名

顧邵爲豫章太守初錢唐丁諝出於役伍陽羨張秉生於庶民烏程吳粲雲陽殷禮起乎微賤邵皆拔之友之秉遭大喪親爲制服結絰邵當之豫章發在近路值秉疾病時送者百數邵辭賓客曰張仲節秉之字有疾苦不能來別恨不見之暫還與訣諸君少時相待

張溫爲中郎聘蜀與諸葛全結金蘭之好

嚴畯避亂江東與諸葛瑾步騭齊名友善性質直純厚其於人物忠告善道志存補益位尚書令

陳表少知名與諸葛恪顧譚張休等並侍東宮皆共親友尚書暨豔亦與表善位偏將軍吳範爲人剛直頗好自稱然與親故交接有終始素與魏滕同邑相善滕有大罪大帝責怒甚嚴敢

諫者死範謂勝曰與汝偕死勝曰死而無益何用死為範曰汝能慮此坐觀汝邪乃髡頭自縛詣門下使鈴下以聞鈴下不敢曰死不敢白範曰汝有子邪曰有曰使汝為吳範死子以屬我鈴下曰諾乃排閤入言未卒帝大怒欲使投以戟逡巡走出範因突入叩頭流血言與淚並良久帝意釋乃免勝勝見範謝曰父母能生長我不能免我於死丈夫相知如汝足矣何用多為爾位太史令（吳）與張溫顧譚友善

孫皎為征虜將軍善於文結與諸葛瑾至厚位征虜將軍

呂岱親近吳郡徐原慷慨有才志岱知其可成賜巾褠與共言論後遂薦拔官至代御史原性忠莊好直言岱時有得失原輒諫爭又公論之人或以告岱岱歎曰是我所以貴德淵者也及原死岱哭之甚哀曰德淵呂岱之益友今不幸岱復於何聞過譚者美之位大司馬

鄭豐且有文學操行與陸雲善與雲詩相往反友



高岱字孔文受性聰達輕財貴義其友士拔奇取於未顯所友八人無名氏皆世之英偉也

冊府元龜卷第八百八十一

總録部一百三十二

## 交友第二

晉夏侯湛幼有盛才文章宏富善構新詞而美容觀與潘岳友善每行止同輿接茵京都謂之連璧〈以散騎常侍〉

嵇康恬靜寡欲寬簡有大量東平吕安服康高致每一相思輒千里命駕康友而善之康所與神交者陳留阮籍河内山濤豫其流者河内向秀沛國劉伶籍兄子咸琅邪王戎遂爲竹林之游世所謂竹林七賢也康位中散大夫

山濤字巨源與嵇康吕安善後遇阮籍便爲竹林之交著忘言之契康後坐事臨誅謂子紹曰巨源在汝不孤矣濤晚與尚書和逌交又與鍾會裴秀並申款昵以二人居勢爭權濤平心處中各得其所而俱無恨焉位司徒

阮籍素與王渾爲友渾子戎年十五隨渾在郎舍戎少籍二十歲而籍與之交籍每適渾俄頃輒去過視戎良久然後出謂渾曰濬沖〈戎字也〉清賞非卿倫也共卿言不如共阿戎談戎每與籍爲竹林之游戎嘗後至籍曰俗物已復來敗人意戎笑曰卿輩意亦復易敗爾籍位步兵校尉

羊曼任達頹縱好飲酒温嶠庾亮阮放桓彝同志友善並爲中興名士時州里稱陳留阮放爲宏伯高平郗鑒爲方伯太山胡毋輔之爲達伯濟陰卞壼爲裁伯陳留蔡謨爲朗伯陳留阮孚爲誕伯高平劉綏爲秀伯而曼爲黷伯凡八伯蓋擬古之八儁曼位丹陽尹

王接字祖游平陽太守柳澹散騎侍郎裴遐尚書僕射鄒湛皆與接友善位尚書殿中郎山簡爲征南將軍鎮夏口華軼以江州作難或勸簡討之簡曰與彦夏〈軼字〉舊友爲之惆悵簡豈利人之機以爲功伐乎其篤厚如此

戴若思有風儀性閑爽少好游俠不拘操行遇陸機赴洛船裝甚盛遂與其徒掠之若思登岸據胡牀指麾同旅皆得其宜機察見之知非常人在船屋上遥謂之曰卿才器如此乃復作劫邪若思感悟因流涕投劍就之機與言深加賞異遂與定交焉位驃騎將軍

三數謝鯤庾敳阮脩皆爲王衍所親善號爲四友而亦與王澄狎又有光逸胡毋輔之等亦豫焉酣讌縱誕窮歡極娱位大將軍

王尼字孝孫本兵家子寓居洛陽卓犖不羈初爲護軍府軍士胡毋輔之與琅邪王澄北地傅暢中山劉輿潁川荀邃河東裴遐迭屬河南功曹甄述及洛陽令曹攄請解之攄等以制旨所及不敢輔之等齎羊酒詣護軍門門吏疏名呈護軍護軍歎曰諸名士持羊酒來將有以也尼時以給府養馬輔之等入遂坐馬厩下與尼炙羊飲酒醉飽而去竟不見護軍大驚即與尼長假因免爲兵東嬴公騰辟爲車騎舍人不就

劉琨少負志氣有縱横之才善交勝己而頗浮誇與范陽祖逖爲友聞逖被用與親故書曰吾枕戈待旦志梟逆虜常恐祖生先吾著鞭其意氣相期如此琨爲并州牧

裴邵字道期元帝初爲安東將軍以邵爲長史王導爲司馬二人相與爲深交及道期卒王導爲司空既拜歎曰裴道期劉王喬在吾不得獨登此位

王彝與清操過人常有宰相之望與王沈齊名友善

紀瞻少與陸機兄弟親善及機被誅贍卹其家周至及嫁機女資送同於所生位驃騎將軍

王機字令明慕王澄爲人澄亦雅知之以爲己亞遂與友善機位交州刺史

荀崧字景猷與王濟何劭爲拜親之友累補濮陽王允文學又與王敦顧榮陸機等友善

虞𩦎字思行潭之兄子也雖機[illegible]不及於潭然而素行過之與譙國桓彝俱爲吏部郎情好款篤[illegible]遷温嶠[illegible]子谷拜尋

荀羨弱冠與王洽齊名沛國劉惔太原王濛陳郡殷浩並與交

好位兖州刺史

周訪爲縣功曹陶侃爲散吏訪薦侃爲主簿相與結友

許邁丹陽句容人也少恬靜不務仕進有高世之心王羲之每造之未嘗不弥日忘歸相與爲世外之交

習鑿齒爲桓温別駕善尺牘論議温甚器遇之時清淡文章之士韓伯伏滔等並相友善

鄧粲長沙人少以高潔著名與南陽劉驎之南郡劉尚公同志友善並不應州辟命

王濛字仲祖與沛國劉惔齊名友善惔常稱濛性至通而自然有節濛每云劉君知我勝我自知時人以惔方荀奉倩濛比袁曜卿凡稱風流者舉濛惔爲宗焉位司徒左長史

桓温與庾翼友善常相謂以寧濟之事位大司馬

謝安居東土共王羲之孫綽李充許詢道林皆文義冠世共相友昵位太傅



陸機與弟雲造張華華素重其名如舊相識機爲平原内史

宋王孔隱于會稽與魯国孔淳之爲莫逆交何點與陳郡謝瀹吴國張融會稽孔稚珪爲莫逆之交

孔淳之隱居剡山嘗遇桑門法崇於三山披襟領契自以爲得意之交

劉敬宣字萬壽爲散騎常侍寬厚待士多伎藝弓馬音律無事不善時尚書僕射謝混自負于地少所交納與敬宣相遇便盡著歡或問混曰卿未嘗輕交與人而頓盡於萬壽何也混曰人之相知豈可以一塗限孔文舉禮太史子義夫豈有非之者邪

謝述爲彭城王長史尚書僕射殷景仁領軍將軍劉湛並與述爲異常之交美風姿善舉止湛每謂人曰我見謝道兒未嘗足道兒述小字也於吴興太守喪還京師未至數十里景仁湛同乘迎赴望船流涕

臧凝之學涉有當世才具與司空徐湛之爲異常之交

蔡廓與北地傅隆相善廓子興宗脩父友敬向柳有學義才能

太尉袁淑司空徐湛之東揚州刺史顏竣皆與友善

謝靈運爲侍中以疾東還會稽與族弟惠連東海何長瑜潁川荀雍太山羊璿之以文章賞會共爲山澤之游時人謂之四友

蕭惠開爲太子舍人與汝南周朗同官友善以偏奇相尚

顏延之既廢於家中書令王球名公子延之慕焉球亦愛其材情好甚疑

何偃叔悠之與琅邪王微相善悠之卒微與偃書曰吾與義興直長相知之就每惟君子知我若夫嘉我小善矜余不能唯賢叔顧

王僧虔爲太子舍人退默少交接與袁淑謝莊善

孔逷字世遠好典故學與王儉至交

南齊杜京產閉舍授學徵爲員外散騎侍郎不就會稽孔道徵守至業不仕京產與之友善（[illegible]一曰會稽孔覬清尚[illegible]一見而爲款交）



王思遠與顧暠之友善暠之卒後家貧思遠迎其兒子經恤甚至

劭世隆字彥緒當時名士張緒王延之沈琰雅相欽慕以爲君子之交

徐伯珍東陽人精學十年究尋經史遊學者多依之徵士沈儼造膝談論申以素交

檀超爲南徐州西曹書佐與別駕蕭惠開相抗禮惠開自以地位居前稍相凌駕超嘯以地勢推之謂惠開曰我與卿並有何等官俱是國家微時外戚爾何以一爵高人惠開欣然更爲刎頸之交

謝淡任達杖氣不營當世與順陽范泰爲雲霞之交

孔稚珪字德璋會稽人也稚珪風韻清疏好文詠與外兄張融情趣相得又與琅邪王思遠廬江何點點弟胤並款交（又云稚珪卒立）

（名[illegible]當時名士陸惠曉謝瀹張融何戢沈淵[illegible]爲君子之交）

王僧孺初與任昉遇竟陵王西邸以文學友會及僧孺出爲唐

令昉贈詩其略曰子唯見知唯余知子觀行視言要終猶始敬之重之如蘭如芭

梁范雲字彥龍父抗爲郢府參軍雲隨父在郢時吳興沈約新野庾杲之與抗同府見而友之

劉季連與會稽人石文安相善文安字守休隱居鄉里專行禮讓代季連爲尚書左丞出爲江夏內史又代季連入爲御史中丞

劉訏一造阮孝緒即顧以神交訏族兄歊又殷高操三人日夕招攜故都下謂之三隱

蕭勵少交結唯與河東裴子野范陽張纘善卑正與東海王僧孺友善及僧孺爲尚書吏部參掌大選賓友故人莫不傾意正獨澹然及僧孺擯廢之後正復篤素分有踰曩日論者稱焉

張率吳郡人與同郡陸倕幼相友狎常同載詣左衛將軍沈約遇值任昉在焉約乃謂昉曰此二子後進才秀皆南金也卿可與定交由此與昉友善



陸倕與樂安任昉友善爲感知己賦以贈昉昉因此名以報之

裴子野性曠達自云出世不復詣人初未與張纘過便虛相推重因爲忘年友

蕭琛爲外兵參軍兼中兵時潁川庾仲容吳郡張率前輩盛名與琛同府並忘年交好

謝徵與河東裴子野沛国劉顯同官友善子野嘗爲寒夜直宿賦以贈徵徵爲感友賦以酬之

何遜弱冠舉秀才范雲見其對策大相稱賞因結忘年交好

到溉與兄洽弟沼俱知名樂安任昉大相賞好天監初昉出守義興要溉洽之郡爲山澤之游昉還爲御史中丞後進宗之時有彭城劉孝綽到苞劉孺吳郡陸倕張率陳郡殷芸沛国劉顯及溉洽車軌日至號曰蘭臺聚陸倕贈昉詩云和風雜美氣下有真人游壯矣荀文若賢哉陳太丘今則蘭臺聚方今信爲備任君本達識張子復清修既有絕塵到復見黃中劉時謂昉爲任君比漢之三君到則溉兄弟也後溉爲左民尚書不好交游唯與朱异劉之遴張綰同志友密及臥疾於家可避世三君每歲常鳴騶枉道存問置酒敘平生而去

陳徐伯陽爲侯安都司空參軍太建初與中記室李爽記室張正見尚書郎賀徹學士阮卓黃門郎蕭詮三公郎王由禮處士馬樞記室祖孫登比部賀循長史劉刪等爲文會之友後有蔡凝劉助陳暄孔範亦預焉游宴賦詩勒成卷軸伯陽爲其集序盛傳於世

江總篤學有文范陽張纘琅邪王筠南陽劉之遴並高才碩學總時少有名纘等雅相推重爲忘年友



後魏崔挺長者篤厚不營利與崔𩤗相親往來如家

封軌與光祿大夫武邑孫惠蔚同志友善蔚每推軌曰封生之於經義非但章句可奇其標明綱格統括大歸吾所弗如者多矣

辛紹先識悟有識量與廣平游明根范陽盧度世同郡李孝伯並相友善

盧義僖寬和畏慎不忘交款與魏子建情好尤篤言無所隱察

獻初在涼州之日與鄉人隆世隆文學相友世隆至京師被罪徙和龍屬上谷困不前達士人徐能抑掠爲奴五年因行至上谷遇世隆世隆語其由狀對泣而別獻爲訴理得免

畢衆敬自兗州刺史徵還京師年已七十大和中高祖賓禮舊老衆敬與咸陽公高允引至方山雖文武奢儉好尚不同然亦與允甚相愛敬接膝談款有若平生

李彪爲度支尚書與宋弁結管鮑之交弁爲大中正與孝文私議猶以寒地處之殊不欲微相優假彪亦知之不以爲恨及弁卒彪痛之無已爲之哀誄備盡辛酸

李志字鴻道彪之子博學有才幹年十餘歲便能屬文彪甚奇之謂崔鴻曰丁宜與鴻道爲二鴻於洛陽鴻遂與志交款往來敦發性公還有風氣歷覽經史與盧淵李安民等結爲親友往

來閒舊許相造隋爲令安民與彝並爲散令
崔行[illegible]入京城與中書郎宋弁通直郎邢臧雅相知友
曾世表世雅正淡潤辭書與武威賈思伯范陽盧同隴西辛雄
等並相友善
李叔虎好學博聞有識度爲叔閣所稱李如中拜中書博士與
清河崔光伯曾邢臧並相親友
羊深有風尚學涉經史好文章兼長几案少與隴西李神儁同
志友善
邢臧[illegible]學有藻思與[illegible]宗盧觀兄弟等並結交友
[illegible]崔爲尚書左中兵郎中性恭儉不妄交遊唯與崔勵及勵從
兄[illegible]尤相親善
裴[illegible]茂爲黄平王文學文藻富贍好飲酒頗以此廢於家園友
人常[illegible]王元景盧元明魏季景李騫等十餘人以詩賞
酒談以[illegible]哭流涕一[illegible]曰裴中書魂而有靈知吾曹也乃



各賦詩一篇李騫以魏收亦與之友寄以示收時在晉陽乃同
其作論叙伯茂其十字云臨風想玄度對酒思公榮時人以伯
茂性侮傲謂收詩頗得事實
畦李少與崔浩爲莫逆之交結爲司徒奏徵爲中郎辭疾不赴
州郡比遣不得已入京都與浩相見經留數日唯飲酒談叙
平生不及世利浩每欲論屈之竟不能發言其見敬憚如此浩
後遂投詔書於李懷亦不開口李曰桃簡卿已爲司徒何足以
此勞國士也吾便於此將別桃簡浩小名也浩慮李即還時乘
一騾更無兼騎浩乃以李騾内之廐中與相維絷李遂託鄉人
輸租者謬爲御車乃得出關浩知而歎曰畦李獨行士本不應
以小職辱之又使其人杖策復路吾當何辭以謝也時朝法甚
峻李既私還將有私歸之咎浩仍相左右始得無坐經年送李
本騾兼遺以所乘馬爲書謝之李更不受其騾馬亦不復書及
浩之誅爲之素服受鄉人弔唁經一時乃止歎曰崔公既死誰

能更容畦李遂作朋友篇辭義爲時人所稱
于忠宣武時爲領軍將軍性多猜忌不交勝己唯與直閤將軍
初蠻千牛備身楊保元爲斷金之交
胡叟爲武威將見高馬榮華者視之蔑如也一見高允曰吴鄭
之交以紵縞爲美談吾之於子以弦韋爲幽贄以此言之彼可
無愧也
劉懋性沉雅厚重與人交器宇淵曠風流甚美時論高之尚書
李平與之結莫逆之交
邢邵十歲能屬文日誦萬餘言文章瞻速未二十名動衣冠吏
部尚書隴西李神儁文相欽重引爲忘年之交
北齊袁聿脩歷任清華趙彦深爲水部郎中同在一院因成交
友彦深後被沈太傅私門生絶雀聿修猶以故情存問往來
陸昂爲河閒邢劭所賞劭又與其父子璋交遊嘗謂子璋云吾
以卿老蚌復出明珠



裴讞之雖年少不妄交遊唯與隴西辛術趙郡李會頓丘李構清
河崔瞻爲忘年之友
封孝琬性恬靜頗好文詠太子少師邢劭七兵尚書王昕並先
達高才與孝琬年位懸隔晚相逢遇分好遂深及孝琬遭難
言歸二人送於郊外悲哭慟慟有感路人
崔瞻爲黄門侍中與趙郡李騊駼爲莫逆之友騊駼將東還瞻遣之
書曰仗氣使酒我之常弊詆訶指切在卿尤甚足下告歸吾於
何聞過也
裴讓之與楊愔友善相遇則清談竟日愔每云此人風流警拔
裴文季爲不亡矣
盧懷仁有行儉善與人交與琅邪王衍隴西李壽之情好相得
曾語衍云昔太丘道廣許劭知而不顧嵇生性狷鍾會過而跪
言語數季孟之間去甚去泰衍以爲然
河陽魏季景與趙郡李騫交款騫死仲舉因至其宅爲五言詩十六

甄以傷之詞甚悲切
宋游道與頓丘李獎一面便定死交獎曰我年位已高會用弟為世史令弟北面於我足矣游道曰不能既而獎為河南尹辟游道為中正使者相屬以衣帢待之握手歡謔元顥入洛獎受其命出使徐州都督元孚與城人趙紹兵殺之游道為獎訟寃得雪又表為請贈還已考一汎階以益之又與劉廞結交託廞弟粹於徐州殺趙紹後敗梟粹首於鄴市孫騰使客告市司得五百匹後聽收游道時為司州從事令家人作劉粹所親於州陳訴於律判許而奏之勅至市司猶不許游道杖市司勅使速付騰文大怒時李獎二子構訓居貧游道後令其求三富人死事判免之凡得錢百五十万盡以入構訓其所氣黨俠如此
後周韋敻高尚不仕與族人處玄及安定梁曠為放逸之友周弘正造敻談謔盡日恨相遇之晚也後請敻至賓館敻未赴弘正乃贈詩曰德星猶未動真車詎肯來當時所欽如此



薛憕字伯護好學能屬文善草書與同郡裴叔逸裴諏之柳虬范陽盧柔隴西李際並友善
張軌少好學志識開朗初在洛陽家貧與樂安孫樹仁為莫逆之交每易衣而出以此見稱
黎景熙好占玄象頗知術數而落魄不事生業與范陽盧道源為莫逆之交
寇儁為鎮東將軍西安縣男少為司徒崔光所知光命其子勵與儁結友每造光常言移旦小宗伯盧辯以儁業行俱崇待之以常師友之禮每有閑暇輒詣儁談語彌日常謂人曰不見西安君煩憂不遣其為通人所敬重如此
柳弘與弘農楊素為莫逆之交
裴昆性弘雅有器局為通直散騎常侍隴西李際范陽盧誕並有高名於世與昆結志年之交
隋劉焯聰敏沈深弱不好弄少與河間劉炫結盟為友

孔紹安越州山陰人少以文信知名從居京兆鄠縣閉門讀誦文集數十万言有詞人孫万壽與紹安篤志年之好
薛道衡北齊時待詔文林館與范陽盧思道安平李德林齊名友善
房彥謙有令名少與太原王邵北海高構蓨縣李綱河東柳彧薛孺皆一時知名雅澹之士彥謙並與友雖冠蓋成列而門無雜賓體資文雅深達政務有識者咸以遠大許之彥謙為鄀州司馬內史侍郎薛道衡一代文宗位望清顯所與交結皆海內名賢重彥謙為人深加友敬及為襄州總管辭翰往來交錯道路煬帝嗣位道衡轉牧番州路經彥謙所留連數日屑涕而別
裴肅少剛正有局度少與安定梁毗同志友善
崔儦年十六太守請為功曹不就少與范陽盧思道隴西辛德源同志友善
崔廓為趙郡李士謙士為忘言之友每相往來時稱李崔及士



謙死廓哭之慟為之作傳輸之祕書府士謙死妻盧氏寡居每有家事車輒令人諮廓取定
元巖以名節自許少與渤海高熲太原王韶同志友善
王孝籍少好學博覽群言與河間劉炫同志友善
李孝貞與從兄儀曹郎中騭太子舍人季節傅陵崔子武范陽盧詢祖為斷金之契
唐高士廉少有器局頗通文史隋司隸大夫薛道衡起居舍人崔祖濬並稱先達與士廉結志年之好由是公卿籍甚
杜淹聰辯多才藝弱冠有美名於京邑與同郡韋福嗣為莫逆之交
楊纂華陰人與瑯邪顏師古燉煌令狐德棻友善頗涉經史尤明吏事
劉胤之少與當時詞人孫萬壽李百藥並為志年之友

翟孝孫弱冠知名與虞世南蔡君和孔德紹庾自直劉斌登山
臨水結爲交友
朱敬則性敦厚秋博學重節義少與左史江融尚書左僕射魏
元中友善
劉允濟善屬文與絳州王勃早齊名時相友善
陸餘慶少與知名之士陳子昂宋之問盧藏用道士司馬承禎
道人法成等交游雖才學不逮子昂等而風流强辯過之
王琚聰敏有才略與周璟張仲之爲忘年之友
薛稷博涉文史與徐堅劉子玄齊名友善
韋陟中書令安石之子與弟斌文華當代俱有盛名開元中才
名之士王維崔顥盧象等常與陟唱和游處廣平公每見歎
日盛德遺範盡在是矣
蕭昕爲左拾遺與布衣張鎬友善
張九齡素與中書侍郎嚴挺之尚書左丞袁仁敬右庶子梁昇
卿御史中丞盧怡結交友善挺之等皆有才幹而交道終始不
渝甚爲當時之所稱也



郗純少時爲李邕張九齡等知遇尤以詞學見推與顏真卿蕭
穎士李華邵軫同志友善故天寶中語曰殷顏柳陸蕭李邵趙
以其重行義敦交道也
權皐天寶末移家於洪州以著作郎不起京師陷於胡騎士君
子多以家渡江東名如李華柳識兄弟者皆仰皐之德而友善也
于休烈自幼好學善屬文與會稽賀朝万齊融延陵包融爲文
詞之友齊名一時
楊憑少負氣節重交游然諾與穆質許孟容李鄘王仲舒爲友
故時人稱楊穆許李之友王仲舒太原人少貧養母嗜學工文
不就鄉舉交友必一時高名者與楊頊梁肅裴樞爲忘形之契
仲舒爲十遺與楊憑友善及憑得罪仲舒撫議之貶爲硤州刺史
祥造與韓會盧東美張正則爲友皆僑居上元好談經濟之略
常以王佐自許時人號爲四夔
鄭士美少好學善記覽父友顏真卿蕭穎士輩嘗與之討論經
傳應對如流既而相謂曰吾曹異日當交二郄之間矣
李泌流放江南與柳渾顧況爲人外之交吟詠自適
陸贄爲中書舍人翰林學士母在持喪于河南豐樂佛寺日四
方以賻贈爲詞厚致金帛贄以毫無所受唯與劍南節度使韋
皐布衣交善皐以事奏聞每有所致輒稱詔以受之及贄罷相
貶忠州而韋皐屢表請以贄代已竟卒於忠州年五十二
裴佶爲工部尚書致事清儉敏凡所定交時稱爲第一流及之
日故司徒鄭餘慶請告於御史府行朋友之服搢紳美之
韓愈性孔通與人友榮悴不易少時與洛陽人孟郊東郡人張
籍友善二人名位未立愈不避寒暑稱薦於公卿間而籍終成
科第榮於祿仕後雖通貴每退公之隙則相與談讌論文賦詩
如平昔焉



柳公綽性端介寡合與錢徽蔣乂杜元穎薛存誠文雅相知交
情款密爲吏部員外郎及武元衡罷相鎮西蜀與裴度俱爲元
衡判官尤相善公綽先度入爲吏部郎中度以詩餞別有兩人
同日事征西之句
柳宗元與柳禹錫爲執友
元稹與白居易最善爲文友
後唐劉贊明宗朝爲中書舍人翰林學士竇夢徵同年登第[illegible]
居友善夢徵早卒　同年楊凝式總麻爲位而哭其家[illegible]之長
與孤長事郎其婿稚人士稱之
晉劉昫初隱居上谷大寧山與呂夢奇張麟結菴共處以吟誦
自娛

冊府元龜卷第八百八十二

總録部一百三十三

## 形貌

夫人之生也稟天五行肖類天地故形為神之舍貌為情之華發於至靈彰乎道體乃有英姿偉量奇骨異表魁梧磊落端厚都雅傾長俊茂雄毅挺特蓋由夫氣幹中立容止外著出乎其類而然不群乎為殊俗之倫冠時君之欽重有儀可象於斯為貴亦有器質眇小而識度宏達同時異派而形相克肖至于奇刻異狀兆自禨祥止物象而倫擬推美惡以其殊而在方策咸足徵焉

商伊尹倨身為阿衡

中衍栢翳之後鳥身人言一云鳥喙人面太戊聞而卜之使御吉遂致御而妻之

晉文公重耳初為公子及曹曹共公聞其駢脅欲觀其裸浴薄而觀之

宋華元睅其目皤其腹睅出目皤大腹

宋公子鮑美而艷

宋公子痤美而很初宋芮司徒生女子赤而毛弃諸堤下共姬之妾取以入名之曰弃長而美平公入夕共姬納諸御嬖生佐惡而婉元公之生痤美而很

鄭子太叔美秀而文

陳武子子彊也白皙鬒鬚眉甚口甚口多口

子產曰角

晏平仲月角

尾生犀角

柳下惠子魚反角

孔子長九尺有六寸人皆謂之長而異之狀類陽虎鄭尚弱子相失孔子獨立郭東門鄭人或謂子貢曰東門有人其顙似堯其項類皋陶其肩類子產然自要以下不及禹三寸纍纍若喪家之狗三書曰喪家之狗主人哀荒不見飲食故羸露而不得意孔子生於亂世道不得行故纍然不得志之貌也韓詩外傳曰喪家之狗既斂而椁布席而祭顧望無人也子貢以實告孔子孔子欣然笑曰形狀末也而似喪家之狗然哉然哉

魯顓孫師字子張曾參曰堂堂乎張也難與並為仁矣言子張容儀盛而仁道薄也

有若魯人孔子弟子孔子既沒弟子思慕有若狀似孔子弟子相與共立為師師之如夫子時也

淳于髡齊之贅婿長不滿七尺

優孟楚之樂人長八尺

鄒忌修八尺有餘身體昳麗

田文為齊相封孟嘗君文過趙趙平原君客之趙人聞孟嘗君賢出觀之皆笑曰始以薛公為魁然也今視之乃眇小丈夫爾

漢張良字子房狀貌如美婦人後封留侯

陳平長大美色而已或說平於漢王曰平美丈夫如冠玉爾後至右丞相

韓王信長八尺五寸

張蒼為秦御史亡歸沛公略地過武陽蒼當斬解衣伏鑕蒼長大肥白如瓠王陵見美乃言沛公公赦之後至丞相蒼長不八尺餘蒼子復長八尺及孫類長六尺餘

公孫弘對策為第一召入見容貌甚麗拜為博士待詔金馬門

東方朔長九尺三寸目如懸珠齒如編貝後至侍郎

郭解為人短小恭儉

車千秋為高寢郎上急變訟衛太子冤武帝召見千秋長八尺餘體貌甚麗帝見而說之後至丞相

霍光長財七尺三寸疏眉目美須髯白皙疏眉目美須髯後至大將軍

金日磾長八尺二寸容貌甚嚴後至車騎將軍

江充為人魁岸容貌甚壯武帝望見而異之謂左右曰燕趙固多奇士後為繡衣直指使者

龔遂為渤海太守宣帝召見遂形貌短小帝見心内輕焉及對

賜黄金乘傳夫

朱雲字子游長八尺餘貌甚壯以勇力聞後至槐里令

直不疑狀貌甚美後至御史大夫

王商為丞相長八尺身體鴻大容貌甚過絶人河平四年單于來朝引見白虎殿（在未央宮中）丞相商坐未央廷中單于前拜謁商（單于就見天子而[illegible]）商起離席與言單于仰視商貌大畏之遷延却退天子聞而歎曰此真漢相矣

樓護為人短小精辯後至天水太守

嚴延年為人短小精悍後至河南太守

薛宣好威儀容止可觀後至丞相

息夫躬容貌壯麗為衆所異後至左曹光禄大夫

後漢東平王蒼腰帶八圍

李通父守為王莽宗卿師身長九尺容貌絶異



蓋延字巨卿身長八尺後至左馮翊

馬援為人明白鬚髮眉目如畫（東觀記曰援長七尺五寸色理髮膚眉目容貌如畫）後至伏波將軍

銚期長八尺二寸容貌絶異矜嚴有威後至衛尉

祭肜為質厚毅體貌絶衆後至大僕

虞延字子大陳留人長八尺六寸腰帶十圍力能扛鼎後至司徒

班超字仲叔為人大志不脩小節嘗行詣相者相者曰祭酒布衣諸生爾（一坐所尊則先祭酒稱祭酒相尊之詞也）今而當封侯萬里之外超問其狀相者曰生燕頷虎頸飛而肉食此萬里侯相也後為西域都護封定遠侯

吴良為東平王所薦詔曰前見良頭鬚皎然衣冠甚偉亦賢助國宰相之職今以良為議郎

馮勤曾祖父揚兄弟形皆偉壯唯勤祖父偃長不滿七尺常自恥短陋恐子孫之似也乃為子伉生勤長八尺三寸後至司徒

耿秉有偉體腰帶八圍後至光禄勳

鄧衍以外戚小侯每豫朝會容姿趨步有出於衆顯宗目之曰朕之容貌豈若此人時賜輿馬衍雖有容儀而無實行後至玄武司馬

楊喬為尚書容儀偉麗

賈逵身長八尺二寸諸儒為之語曰問事不休賈長頭逵為侍中

李固字子堅司徒郃之子貌狀有奇表鼎角匿犀足履龜文（鼎角者頂有骨如鼎足也匿犀伏犀謂骨當額上入髮際隱起也足履龜文者二千石相也）後至大尉

盧植字子幹身長八尺二寸音聲如鐘後至尚書

鄭玄身長八尺飲酒一斛秀眉目容儀溫偉後徵大司農不赴

臧洪體貌魁梧有異姿後至東郡太守

傅燮身長八尺有威容後至漢陽太守

郭泰身長八尺容貌魁偉聲如鐘後徵有道不起

趙壹體貌魁梧身長九尺美鬚豪眉望之甚偉辟公府不就



高獲字敬公為人尼首方面（尼首首象尼丘中下四方高也）三公爭辟不應

蔡邕為中郎將董卓多佷雖用邕邕恨其言少從謂從弟谷曰董公性剛而遂非終難濟也吾欲東奔兗州若道遠難達且遯逃山東以待之何如谷曰君狀異常人每行觀者盈集以此自匿不亦難乎邕乃止

公孫瓚遼西人為人美姿貌大音聲言事辯慧（典略曰瓚性辯慧每白事常兼數事無有忘誤）太守奇其才以女妻之（魏志云侯太守妻之以女）後至奮武將軍封薊侯

劉表長八尺餘姿貌甚偉後至荊州牧

馬騰長八尺身體洪大面鼻雄異後至衛尉

袁紹幼為郎容貌端正威儀進止動見倣效後至大將軍冀州牧

魏孟達容止可觀文帝甚器愛之以為散騎常侍領新城太守

管寧長八尺美鬚眉累徵不起

何夔曾祖父熙字孟孫身長八尺五寸體貌魁梧善為容儀與孝廉為謁者贊拜殿中音動左右和帝偉之夔長八尺三寸容

貌矜嚴後至太僕
崔琰聲姿高暢眉目疏朗鬚長四尺後遷中尉
司馬朗祖父儁字元異博學好古倜儻有大度長八尺三寸腰帶十圍儀狀魁岸與衆有異鄉黨宗族咸景附焉後至兗州刺史
程昱字仲德長八尺三寸美鬚髯後至衛尉
典韋形貌魁梧膂力過人後爲校尉
滿寵子偉以格度知名偉子長武偉弟子奮元康中至尚書令司隸校尉寵偉長武奮皆長八尺
許褚字仲康長八尺餘腰大十圍容貌雄毅後至武衛將軍
王脩孫褒長八尺四寸容貌絶異終身不應徵聘
樂進字文謙容貌小短膽烈過人從太祖爲帳下吏後至盪寇將軍
何晏字平叔美姿容帝疑其傅粉賜湯餅令晏食之汗出流面拭之轉白後至尚書



蜀諸葛亮少有逸群之才英霸之器身長八尺容貌甚偉時人異焉後至丞相
趙雲字子龍身長八尺姿顔雄偉爲本郡所舉將義從吏兵詣公孫瓚後至鎮軍將軍
彭羕字永年身長八尺容貌甚偉後爲江陽太守
譙周字允南身長八尺體貌素朴後光祿大夫入就封陽亭城侯
馬超字孟起來降關羽書與諸葛亮問超人才可誰比類亮知羽護前乃荅之曰孟起與益得爭先未若髯羽之絶倫羽多鬚髯故亮謂之髯羽超後至驃騎將軍涼州牧
張裕饒鬚爲益州從事
吳諸葛恪長七尺六寸少鬚眉折頞大口高聲爲大將軍
太史慈長七尺七寸美鬚髯猿臂善射
孫韶身長八尺儀貌都雅
周瑜字公瑾長壯有姿貌後至偏將軍

朱據有姿貌膂力後至驃騎將軍
呂範字子衡汝南人有容冠姿貌邑人劉氏家富女美範求之其母嫌欲勿與劉氏曰觀呂子衡寧當久貧賤者耶遂與之婚後至大司馬
陳武字子烈年十八長七尺七寸後至校尉
董襲字元代長八尺武勇過人後至偏將軍
陳化字元耀氣幹剛毅長七尺九寸雅有威容後至太常
晉樂廣字彥輔父方參魏征西將軍夏侯玄軍事廣年八歲玄常見廣在路因呼與語還謂方曰向見廣神姿朗徹當爲名士卿家雖貧可令專學必能興卿門戶也衛瓘嘗曰此人之水鏡見之瑩然若披雲霧而覩青天也後至尚書令
羊祜身長七尺三寸美鬚眉太原郭弈見之曰此今之顔子也後至征南大將軍
石苞字仲容渤海南皮人也雅曠有智局容儀偉麗不循小節



時人爲之語曰石仲容姣無雙後至大司馬
衛玠字叔寶年五歲風神秀異祖父瓘曰此兒有異於衆顧吾年老不見其成長耳總角乘羊車入市見者皆以爲玉人觀之者傾都驃騎將軍王濟玠之舅也儁爽有風姿每見玠輒歎曰珠玉在側覺我形穢又嘗語人曰與玠同遊冏若明珠之在側朗然照人玠妻父樂廣有重名議者以爲婦翁冰清女壻玉潤爲太子洗馬懷帝末至建業京師人士聞其姿容觀者如堵玠勞疾遂甚永嘉六年卒時年二十七時人謂玠被看殺
王衍字夷甫神情明秀風姿詳雅王敦過江常稱之曰夷甫處衆中如珠玉在瓦石間顧愷之作畫贊亦稱衍巖巖清峙壁立千仞其爲人所尚如此衍弟澄嘗謂衍曰兄形似道而神鋒太儁衍曰誠不如卿落落穆穆然也後爲太尉
王戎字濬沖幼穎悟神彩秀徹視日不眩裴楷目之曰戎目爛爛如巖下電戎後爲司徒

戎子萬有美貌少而大肥戎令食糠而肥愈甚
裴楷字叔則風神高邁容儀俊爽時人謂之玉人又稱見裴叔
則如近玉山映照人也爲中書郎出入宮省見者肅然改容後
至光禄大夫開府儀同三司疾篤詔遣黄門郎王衍省疾楷迴
眸矚之曰竟未相識衍深歎其神儁
裴瓚字國寶楷子也爲中書郎風神高邁見者皆敬之
嵇康早孤有奇才遠邁不羣身長七尺八寸美詞氣有風儀而
土木形骸不自藻飾人以爲龍章鳳姿天質自然後至中散大夫
趙至字景真代郡人嵇康每曰卿頭小而銳童子白黑分明有
白起之風矣後至幽州部從事
潘岳字安仁美姿儀辭藻絶麗少時嘗挾彈出洛陽道婦人遇
之者皆連手縈繞投之以果遂滿車而歸後至給事黄門侍郎
夏侯湛字孝若美容觀與潘岳友善每行止同輿接茵京都謂
之連璧後至散騎常侍



阮籍字嗣宗容貌瓌傑志氣宏放後至歩兵校尉
魏舒身長八尺二寸姿望秀偉文帝深器重之每朝會罷目送
之曰魏舒堂堂人之領袖也後至司徒
陸機字士衡身長七尺其聲如鍾後至平原内史
王育身長八尺鬚鬢長三尺容貌絶異音聲動人
王湛字處沖少有識度身長七尺八寸龍顙大鼻少言後至汝南太守
劉外龍須昌人赤色大脣少言語自縣小吏至雍州刺史
王裒少立操尚行已以禮身長八尺四寸容貌絶異音聲清亮
辭氣雅正博學多能三徵七辟皆不就
唐彬身長八尺後至雍州刺史
庾敳長不滿七尺而腰帶十圍雅有遠韻後爲太傅主簿
王導耳垂多疾每自憂陳訓曰耳豎必壽苛亦貴後至丞相
王矩字令式美姿容每游觀者盈路
杜乂字弘理性純和美姿容有盛名於江左王羲之見而目之
曰膚若凝脂眼如點漆此神仙人也桓彝亦曰衛玠神清杜乂
形清後至丹楊丞
王濛善隷書美姿容嘗覽鏡自照稱其父字曰王文開生如此
兒邪居貧帽敗自入市買之嫗悦其貌遺以新帽後至中書郎
王彪之字叔武年二十鬚鬢皓白時人謂之王白鬚後至儀同
三司光禄大夫
郗恢少襲父爵散騎侍郎累遷給事黄門侍郎領太子右衛率
恢身長八尺美鬚髯孝武帝深器之以爲有藩伯之望
張光字景武身長八尺明眉目美音聲後至梁州刺史
王恭美姿儀人或多目之云濯濯如春月柳又嘗被鶴氅涉雪
而行孟昶窺見歎曰神仙中人後至北平將軍兖青二州刺史
桓温生未朞温嶠見之曰此兒有奇骨可試使啼及聞聲曰真
英物也年長豪爽有風槩姿貌甚偉面有七星少與沛國劉惔
善惔常稱之曰温眼如紫石稜鬚作蝟毛磔孫仲謀晉宣王之



流亞也後至大司馬
桓玄形貌瓌奇風神疎朗
盧循諶之曾孫雙眸冏徹瞳子四轉後假廣州刺史
劉牢之字道堅面紫赤色鬚目驚人而沈毅多計畫後至輔國
將軍
前趙劉義孫年十歲身長七尺五寸眉目如畫雖少離亂流
離殊荒而風骨俊茂爽朗卓然及長身長七尺三寸鬚與身齊
多力善射驍捷如風雲曜爲立爲世子
游子遠幼有姿貌聰亮好學劉曜以爲車騎大將軍
後趙張諡善姿貌幼有逸氣
前秦苻融堅之季弟少而岐嶷夙成魁偉美姿度堅以爲車騎
大將軍
王猛瓌姿儁偉博學好兵書苻堅以爲丞相
後秦尹緯身長八尺腰帶十圍魁梧爽氣姚萇以爲尚書僕射

後秦尹緯身長八尺腰帶十圍魁梧爽氣姚萇以爲尚書僕射
前燕慕容恪字玄恭皝之第四子也幼沈深有大度皝未之奇
也年十五身長八尺七寸容貌魁傑雄毅嚴重每所言及輒經綸
世務皝始異焉乃授之以兵及慕容儁嗣位以爲侍中録尚書事
高瞻少而英爽有俊才身長八尺二寸慕容廆署爲將軍
韓常字景山師事同郡張載載奇之常身長八尺一寸慕容儁
以爲揚烈將軍
宋南郡王義宣爲荆州刺史白皙美鬚眉長七尺五寸腰帶十圍
謝晦美風姿善言笑眉目分明鬢髮如墨時謝混風華爲江左
第一嘗與晦俱在武帝前帝見之曰一時頓有兩玉人爾晦至
荆州刺史
謝莊太常弘微之子韶令美容儀文帝見而異之謂尚書僕射
殷景仁領軍將軍劉湛曰藍田出玉豈虚也哉孝武選侍中四
人並以風貌王彧與莊爲一雙阮韜何偃爲一雙常充兼假



薛安都少以勇聞身長七尺八寸便弓馬後至左將軍
王敬弘形狀短小而坐起端方後至左光禄大夫
蕭道風姿貌端雅容止可觀中書郎范述見而奇之曰此荆楚
仙人也
南齊李安人面方明帝大會新亭接勞諸軍主樗蒲喝官采安人
五擲皆盧帝大驚目安人曰卿面方如田封侯狀也後至三兵尚
太守安東將軍
袁彖爲侍中形體充腴有異於衆每從車駕射雉在郊野數人
推扶乃能徙步
劉善明爲征虜將軍身長七尺九寸質素不好聲色
房法乘爲交州刺史性方簡身長八尺三寸行出入常自傾屈
青州刺史明慶符亦長與法乘等朝廷惟此二人
陸慧曉爲吏部郎孝武欲用爲侍中以形短小乃止
沈文季爲侍中風采陵岸善於進止

呂僧珍爲門下書佐身長七尺五寸容貌甚偉在同類中少所
褻狎曹輩皆敬之
褚淵字彥回美儀貌善容止俯仰進退咸有風則每朝會百僚
遠國使莫不延首目送之明帝嘗歎曰褚彥回能遲行緩步便
得宰相矣時人以方何平叔後至司徒
何戢爲吏部尚書美儀容動止與褚淵相慕時人呼爲小褚公
陸澄美姿容鬚眉如畫
梁張緬尚富陽公主年十七身長七尺四寸眉目疎朗神采爽
發後至侍中
王茂字休遠身長八尺美容觀武帝布衣時見之歎曰王茂年
少堂堂如此必爲公輔之器後至驃騎將軍開府儀同三司
褚向爲侍中風儀端麗眉目如點每公庭就列爲衆所瞻望焉
沈約左目重瞳子腰有紫志後至尚書令
何照白皙美容貌從兄求點每稱之曰叔寶神清弘治膚清令



觀此子復見衛杜在目後至治書侍御史
任昉身長七尺五寸後至新安太守
袁君正美風儀善自居處以貴公子得當世名譽後至吳郡太守
何敬容爲侍中身長八尺白皙美鬚眉性矜莊衣冠尤事鮮麗
每公庭就列容止出人
韋放字元直身長七尺七寸腰帶八圍容貌甚偉歷北徐州刺史
范岫身長七尺八寸恭勤儼恪進止以禮後至光禄大夫
韋粲字長蒨身長八尺容貌甚偉後至散騎常侍
陶弘景身長七尺四寸神儀明秀朗目疎眉細形長耳後爲奉
朝請上表辭禄
羊侃字祖忻少而雄偉身長七尺八寸後至侍中軍師將軍
楊華少有勇力容貌雄偉後至左衛率
蕭子顯爲太尉録事偉容貌身長八尺
何點明目秀眉容貌方雅真素通美不以門戶自矜徵侍中不起

祈仲禮身長八尺眉目疎朗後至扶風太守
到溉身長八尺美風儀善容止後至金紫散騎常侍
馬憲年十四爲國學生祭酒到溉目送之愛其神彩
劉訏尚書郎何裔嘗遇之於路曰此人神風頴俊荀奉倩衛
叔寶之流也命駕造而不見族祖孝標與訏書稱訏及族
兄歊曰訏超超越俗如半天朱霞歊矯矯出塵如雲中白鶴皆
儉歲之粱稷寒年之纖纊訏常著穀皮巾被納衣每遊山澤輒
留連忘反神理閑正姿貌甚華在林谷之間意氣彌遠或有遇
之者皆謂神人
王暕年數歲而風神警拔有成人之度父儉作宰賓客盈門見
暕相謂曰公才公望復在此矣後至尚書左僕射
伏曼容素美風采宋明帝以方嵇叔夜後至臨海太守
劉孝威氣調爽逸風儀俊舉
王規形貌極小神明後發



後梁薛憕河東人有材略身長八尺形貌甚偉後至鎮軍將軍
陳韓子高會稽山陰人也家本微賤侯景之亂寓在京都景平
文帝出守吳興子高年十六爲總角容貌美麗狀似婦人後至
右衛將軍
顧越長七尺三寸美鬚眉武帝嘗於重雲殿自講老子僕射徐
勉舉越論義越抗首而請音響若鍾容止可觀帝深贊美之由
是擢爲中軍宣城王記室參軍
謝哲字穎豫美風儀舉止蘊藉襟情豁然爲士君子所重後至
蕭允字叔佐風神凝遠通達有儀表容止蘊藉動合規矩後至
侍中司徒左長史
安德宮少府
王瑒字子璵沈靜有器局美風儀舉止蘊藉馬樞目精洞黃能
視闇中物後至侍中
徐陵目有青睛時人以爲聰惠之相也後至太子少傅

後魏封翼字君贊美容貌腰帶十圍以兄偉伯立節之勳除給事
李同軌體貌魁岸腰帶十圍後至中書侍郎
陸希道字洪度有風貌美鬚髯後至荊州刺史
寇讚少有清名身長八尺姿容嚴嶷非禮不動後至安南將軍
崔浩爲左光祿大夫浩纖妍潔白如美婦人
高允孫綽字僧裕少孤恭敏自立身長八尺腰帶十圍後至并
州刺史
乙乾歸爲侍御中散大夫身長八尺有氣幹
毛法仁爲散騎常侍言聲壯大至於軍旅田狩唱呼處分振於
山谷
宇文延字慶壽體貌魁岸眉目疎朗後至散騎常侍
酈崇雅有器量身長八尺美鬚明目兼有學行後至河東太守
柳援字乾護身長八尺儀望甚偉後至正平太守
李秀之字鳳起爲尚書都官郎秀之弟雲字鳳昇本州治中子雲



弟子翔字鳳除征南法曹子翔弟子岳字鳳跱大司馬祭酒兄
弟並容貌魁偉風度審正
李欒字世顯身長八尺五寸容貌魁偉後至建武將軍
趙超宗身長八尺頗有將略超宗弟令勝亦長八尺踈狂有膂
力後至河東太守
段暉字長祚身長八尺餘師事歐陽湯湯甚器愛之後爲乞伏
熾磐輔國將軍
李沖年裁四十而鬢鬚斑白姿貌豐美未有衰狀後至尚書僕射
鄭懷字叔軌身長八尺眉亦如之
崔陵字顯宗容貌魁偉放邁自高不拘常檢後至樂陵太守
崔孝演字伯則性通率美鬚髯姿貌魁偉後至瀛州安西府外
兵參軍
崔孝直字叔廉身長八尺眉目疎朗早有志尚後除光祿大夫
辭不起

韋正表字公儀長七尺九寸眉目疎朗雅篤藝豐姿而性理矩
劃後至司空徐州刺史
畢祖朽身長八尺要帶十圍後至瀛州刺史
邢巒美鬚髯姿貌甚偉州郡表貢拜中書博士
崔光韶性嚴毅聲韻抗烈與人平談常若震厲至於兄弟議論
外聞謂爲忿怒然孔懷雍睦人少逮之後至廷尉卿
裴禮和爲謁者僕射身長九尺要帶十圍於羣衆之中魁然有異
李元護身長八尺美鬚髯少有武力後至齊州刺史
王世弼爲中山内史身長七尺八寸魁岸有壯氣
路雄字仲略容貌偉異以軍功爲給事中高祖曾封臺臣之路
仲略好尚書郎才僕射李沖去其人宜爲武職遂停
盧同字叔倫身長八尺容貌魁偉善於處世後至開府儀同三司
張普惠字洪賑身長八尺容貌魁偉後至東豫州刺史
劉道斌幼而好學有器幹及長要帶十圍鬚髯甚美後至岐州
刺史



山強美容貌身長八尺五寸爲奏事中散
張吾貴字吳子少聰惠口辯身長八尺容貌奇偉不仕而終
徐遵明身長八尺
董徵身七尺二寸好古學尚雅素後至平東將軍
裴佗容貌魁偉隤然有器望後至中軍將軍
崔贍字彦通聰明有文藻善止神彩嶷然揚倍勻者美贊在晉
爲中書侍郎神情高邁每於禁門出入衣衛者肅然動容
崔生堂堂之貌亦當無愧裴子皇建元年除給事黄門侍郎
慕容比頭爲南頓太守身長一丈要帶九尺
北齊李繪字敬文及長儀貌端偉神情朗儁第五舅河間邢晏
每與言歎其高遠曰若披雲霧如對珠玉宅相之奇良在此甥
歷中書侍郎丞相司馬每霸朝文武總集對揚王庭常令繪先
發言端雅爲羣僚之首音辭辯正風儀都雅聽者悚然文襄益加

前異又掌儀注
慕容儼容貌出群衣冠甚偉　至營州刺史
司馬膺之字仲慶美鬚髯有風貌好學厚自封植神氣甚高歷
中書黄門侍郎
高隆之字延興身長八尺美鬚髯深沉有志氣後至太保録尚
書事
高昂字敖曹功雅時便有壯氣長而俶儻膽力過人龍眉豹頸
姿體雄異後至司徒
崔㥄爲七兵尚書清河邑中正趙郡李渾嘗讌聚名輩詩酒正
讙諠㥄後到一坐無復談話者鄭伯猷歎曰身長八尺面如刻
畫謦欬洪鐘胸中貯千卷書使人那得不畏服
李稚廉方雅正直有大度深湛有局帶八尺弓馬冠時後至定州刺史
魏蘭根身長八尺儀貌奇偉後至開府儀同三司
王琳體貌閑雅立髮垂地喜怒不形於色後至特進侍中



元文遥字德行恭美姿貌有父風兼俊才位中書舍人待詔文林館
劉禕聰敏機悟美姿儀爲其舅北海王昕所愛顧座日可謂珠
玉在傍覺我形穢後至雍州刺史
許惇爲殿中尚書惇美鬚下垂至帶省中號長鬣公文宣嘗因
酒酣握惇鬚稱美以刀截之唯留一握惇懼因不復敢長人又
號齊鬚公
馮偉節身長八尺衣冠甚偉見之者肅然敬憚
郎基字世業身長八尺美鬚髯汎涉墳典後至海西鎮將
房豹體貌魁岸美音儀後至樂陵太守
路去病風神疎朗儀表瓌異官至成安令
李祖昇顯祖李皇后之長兄儀容瓌麗垂手過膝後至齊州刺史
斛律光字明月馬面彪身神爽雄傑少言笑工騎射後至左丞相
叱列平字殺鬼代郡西部人世爲酋帥有容貌鬚髯後至兖州
刺史

後周劉亮少倜儻有從横計略姿貌魁傑見者憚之後至車騎大將軍開府

豆盧寧少驍果有志氣身長八尺美容儀善騎射後至大司寇

楊忠美鬚髯身長七尺八寸狀貌魁偉武藝絶倫有將帥之略後至涇州刺史

叱伏列龜容貌魁偉腰帶十圍進止閑雅兼有武藝後至驃騎大將軍開府儀同三司

長孫澄容貌魁岸風儀温雅後至絳州刺史

竇熾性嚴明有謀略美鬚髯身長八尺二寸後至雍州牧入隋爲太傅

唐瑾性温恭有器量博涉經史雅好屬文長八尺二寸容貌甚偉後至司宗中大夫

庾信身長八尺腰帶十圍容止頹然有過人者後至司宗中大夫

宇文神舉岐嶷安化公深器異之神情倜儻志略英贍眉目疏朗儀貌魁梧有識欽之莫不許以遠大後至并州總管

陳忻字永怡少驍勇有氣俠姿貌魁岸同類咸敬憚之後至雄州刺史



元冑魏昭成帝之六世孫冑少英果多武藝美鬚眉有不可犯之色齊王憲見而壯之引致左右

隋柳帯韋字孝孫深沈有度量少好學身長八尺三寸美風儀善占對周文辟爲參軍事

李渾字金才姿貌瓌偉美鬚髯起家左侍上士

隋李德林美容儀善談吐齊天統中兼中書侍郎於賓館受國書陳使江揔目送之曰即何朔之英靈也

竇榮定沈深有器局容貌瓌偉美鬚髯便弓馬初仕魏爲千牛備身周太祖見而偉之授平東將軍

元暉字叔平鬚如畫進止可觀後至魏州刺史

楊素字處道美鬚髯有英傑之表後至左僕射

柳謇之字公正身長七尺五寸儀容甚偉風神爽亮進止可觀後至黄門侍郎

韋藝爲營州總管藝容貌瓌偉每夷狄參謁必整儀衞盛服以見之獨坐滿一榻番人畏懼莫敢仰視

王世積字闡熙容貌魁岸腰帶十圍風神爽拔有傑人之表後至上柱國

郭榮容貌魁岸外疎内密與其交者多愛之後至右候衞大將軍

李景字道興容貌奇偉膂力過人美鬚髯高祖奇其壯武使袒而觀之曰卿相表當位極人臣後爲右武衞大將軍

劉元進少好任俠爲州里所宗兩手各長尺餘臂垂過膝後以逆誅

樊叔略身長九尺志氣不凡終司農卿

公孫景茂字元蔚容貌魁梧少好學博涉經史後至淄州刺史

于顗字元武身長八尺美鬚眉周大冢宰宇文護見而器之妻以季女後至吳州總管



崔弘度膂力絶人儀貌魁岸鬚面甚偉後至檢校太府卿

劉犀額龜背望高視遠聰敏沈深弱不好弄後至員外將軍

段達身長八尺美鬚髯後以王充黨誅

虞綽字士裕身長八尺姿儀甚偉後至著作佐郎

楊玄感體貌雄偉美鬚髯後以逆誅

唐薛舉容貌瓌偉凶悍善射

裴寂疎眉目偉姿容後至尚書左僕射

劉文靜偉姿儀有器幹後至納言

魏徵爲太子太師狀貌不逾中人而素有膽智

李靖姿貌瓌偉少有文武材略後至開府儀同三司

李緯自司農卿爲民部尚書時房玄齡在京城留守會有自京師來者太宗問曰玄齡聞李緯拜尚書如何對曰玄齡但云李緯好髭鬚更無他語

岑文本性沉敏有姿儀後至中書令
高士廉風調脩雅屬詞清潤姿儀端偉顏面如畫後至開府儀
同三司
李義琰高宗時爲中書侍郎同中書門下三品身長八尺
黒齒常之長七尺餘驍勇有謀後至左武衛大將軍
張知謇儀質環偉眉目踈朗後至左衛將軍
王晙氣貌雄壯時人謂之有熊虎之狀後至兵部尚書同中書
門下三品
蕭嵩美鬚髯儀形偉麗後爲中書令
楊愼矜爲御史中丞及兄愼餘爲少府少監愼名爲洛陽令皆
偉儀形風韻高朗愼名嘗覽鏡見其鬚面神彩有過於人覆鏡
歎惋曰吾兄弟三人盡長六尺餘有如此狀而見容當代以期
全難矣何不借我少體弱也
李嗣業身長七尺壯勇絶倫後至北庭行營節度使

府八百八十三　十七

張鎬風儀魁岸廓落有大志後爲中書侍郎平章事
魯炅身長七尺餘涉獵書史後至山南節度使
李家寵冀州人其形長八尺五寸開元中本州以獻勑曰李家
寵土風所育體幹出羣因其器用之宜俾在人門之次可武衛
長上仍配左監門衛當上
吉頊身長八尺陰毒敢言後至天官侍郎平章事
安禄山晚益肚過膝自秤得三百五十斤每朝見玄宗戲之曰朕
適見卿肚幾垂至地禄山每行以肩膊左右擡挽其身方能移
步玄宗令前作胡旋舞疾如風禄山所乘驛每驛中間築臺換馬
若不然馬輒死驛家簡禄山所乘馬以土袋五石能馱勝致卯
以高價市之餧飼以待之鞍前更連置小鞍以乘其肚
郭子儀長六尺餘體貌秀傑後至太尉尚父
程千里身長七尺骨相瓌岸後至上黨郡長史
崔光遠身六尺餘目睛白黒分明後至劍南節度使

毛若虛眉覆於眼性又殘忍後至御史中丞
張孝忠奚種世猛毅魁渠長六尺餘性寬裕事親孝恭後爲易
定節度使
朱泚幼壯偉豐帶十圍
李忠臣爲汴州節度使嘗因奏對德宗謂之曰卿耳甚大真貴
人也忠臣對曰臣聞驢耳甚大龍耳即小臣耳雖大乃驢耳也
帝悅之
李鄘爲鄭滑節度姿貌魁岸
齊映興元初爲給事中白皙長大言音高朗德宗自興元還京
師常令映侍或馬前至城邑鎮守輒令映宣詔令
史奉尚元和中爲朔方將形甚瘦小若不能勝衣
崔弘禮字從周風貌魁偉自言有大志後至東都留守
楊炎美鬚眉風骨峻峙文藻雄麗後至中書侍郎平章事
鄭絪偉姿容身長七尺方口豐下爲人以莊默自處後至劍南

府八百八十三　十六

節度使
李峴美風儀善奏對後至中書侍郎平章事
李晟年十八從軍身長六尺勇敢絶倫後至太尉中書令
馬燧姿度魁異長六尺二寸沈勇多智略後至司徒侍中
王武俊形體魁偉長六尺餘性寬裕後至成德軍節度使
李元諒長大美鬚驍勇敢多計謀後至同華節度使
李珙長六尺餘氣貌魁岸
裴度爲司徒中書令狀貌不踰中人而風彩俊爽占對雄辯
觀聽者爲之聳然
蕭遘爲中書侍郎平章事形神秀偉志操不群少負大節以經
濟爲己任洎處台司風望尤峻奏對朗拔天子器之
康謙北自善賈資產億計鬚長三尺過臍
梁李思安壯拳勇未弱冠身長七尺超然有乘時自奮之士後
至相州刺史

羅紹威為魏博節度使形貌魁偉有英傑氣
趙犨形神灑落臨事有通變之才後至忠武軍節度使
胡真體貌洪壯長七尺善騎射後至寧遠將軍節度使
寇彥卿身長八尺隆準方面語音如鐘後至鄧州節度使
劉知俊姿貌雄傑倜儻有大志後至同州節度使
後唐李嗣昭形貌眇小而精悍有膽後為澤潞節度使
盧文紀為太常卿形貌魁偉語音高朗占對鏗鏘健於飲啖奉使蜀川路由岐下時清泰帝為岐帥以主禮待之覩其儀形有趣遇之頗厚
孔邈兗州曲阜人文宣王四十一代孫身長七尺餘神氣溫克綽有素風
朱漢賓少有膂力形神壯偉膽氣過人後至太子少保致仕
晉桑維翰身短面廣殆非常人既壯每對鑑自歎曰七尺之身安如一尺之面由是慨然有公輔之望後至中書令



華溫琪初事黃巢為供奉官巢敗奔至滑臺以形貌魁岸懼不自容乃投白馬下流航而浮至淺處又登岸自經枝折不死後果貴焉後至太子少保致仕
張萬進白皙長軀後至彰義軍節度使
皇甫遇少好勇及壯虬髯善騎射後至華州節度使
盧文進身長七尺飲啗過人望之偉如也後至安州節度使
張彥澤少有勇力目睛黃而夜有光色視瞻若鷙獸焉後為相州節度使
漢劉審交形貌魁偉時人號為劉大鼻後至太子太師致仕
周和凝幼而聰敏姿狀秀拔神彩射人後為太子太傅
李懷忠形貌魁壯勇果出人後至左武衛上將軍

冊府元龜卷第八百八十三

# 冊府元龜卷第八百八十四

總録部一百三十四

## 薦舉

傳曰惟善人能舉其類又曰儒有忠信以待舉力行以待取故上之懷才抱道者曷嘗不思立功於當年而垂名於後世蓋薰修之攸尚以衒鬻而爲恥焉乃有包韞匵之價需推轂之舉伸於知己揚於王庭繇兹而被奇遇都顯位樹洪伐騰徽聲者固不乏矣亦有肇自下位奮於編列上書公車稱薦獅輔而當世之主顓用其言自非倫擬之允諧才德之胥協進以成引翼之美退而無朋比之嫌者疇克至是哉

漢陳平因魏無知求見漢王漢王召入以平爲亞將屬韓王信軍廣武絳灌等或讒平曰聞平居家時盜其嫂今大王尊官之令護軍臣聞平使諸將金多者得善處金少者得惡處平反覆亂臣也願王察之漢王疑之以讓無知問曰有之乎無知曰有



漢王曰公言其賢人何也對曰臣之所言者能也陛下所問者行也今有尾生孝已之行而無益於勝敗之數陛下何暇用之乎今楚漢相距臣進奇謀之士顧其計誠足以利國家不盜嫂受金又安足疑乎平位至丞相

爰盎爲中郎將孝文時張釋之與兄仲同居爲騎郎十年不得調釋之曰久宦減仲之產不遂（遂猶達也）欲免歸盎知其賢惜其去乃請徙釋之補謁者

田叔爲漢中守十餘年文帝初立召叔問曰公知天下長者乎對曰臣何足以知之帝曰公長者宜知之叔頓首曰故雲中守孟舒長者也是時孟舒坐虜大入雲中免帝曰先帝置孟舒雲中十餘年矣虜常一入孟舒不能堅守無故士卒戰死者數百人長者固殺人乎叔叩頭曰夫貫高等謀反天子下明詔趙有敢隨張王者罪三族然孟舒自髡鉗隨張王以身死之豈自知爲雲中守哉漢與楚相距士卒罷敝而匈奴冒頓新服北夷來爲邊寇孟舒知士卒罷敝不忍出言士爭臨城死敵如子爲父以故死者數百人孟舒豈故驅之哉（言[illegible]）是乃孟舒所以爲長者於是帝曰賢哉孟舒復召以爲雲中守

鄧公成固人也多奇計建元年中上招賢良公卿言鄧先（[illegible]鄧先生也一曰先者其名也）鄧先時免起家爲九卿

楊得意蜀人爲狗監（主天子田獵犬也）侍武帝帝讀子虛賦而善之曰朕獨不得與此人同時哉得意曰臣邑人司馬相如自言爲此賦帝驚乃召問相如相如曰有是然此乃諸侯之事未足觀請爲天子游獵之賦上令尚書給筆札書奏天子以爲郎

嚴助會稽人也邑人朱買臣隨上計吏爲卒將重車至長安（[illegible]載衣食具曰重車）詣闕上書書久不報待詔公車糧用乏上計吏卒更乞匄之會助貴幸薦買臣召見說春秋言楚詞帝甚說之拜買臣爲中大夫助爲會稽太守與買臣俱侍中



徐福茂陵人霍氏奢侈月甚徐生曰霍氏必亡夫侈則不遜不遜必侮上侮上者逆道也在人之右衆必害之霍氏秉權日久害之者多矣天下害之而又行以逆道不亡何待遂上疏言霍氏泰盛陛下即愛厚之宜以時抑制無使至亡書三上輒報聞其後霍氏誅滅而告霍氏者皆封人爲徐生上書曰臣聞客有過主人者見其竈直突傍有積薪客謂主人更爲曲突遠徙其薪不者且有火患主人嘿然不應俄而家果失火鄰里共救之幸而得息於是殺牛置酒謝其鄰人灼爛者在於上行餘各以功次坐而不録言曲突者人謂主人曰鄉使聽客之言不費牛酒終亡火患今論功而請賓曲突徙薪亡恩澤燋頭爛額爲上客耶主人迺寤而請之今茂陵徐福數上書言霍氏且有變宜防絶之鄉使福説得行則國亡裂土出爵之費臣亡逆亂誅滅之敗往事既已而福獨不蒙其功唯陛下察之貴徙薪曲突之策使居焦髮灼爛之右上迺賜福帛十疋後以爲郎

何武成帝時爲丞相司直時數有災異武上封事曰[illegible]有宮之

奇苗嗽不寐衞青在位淮南寢謀故賢人立朝折衝厭難勝於亡形司馬法曰天下雖安忘戰必危夫將不豫設則亡以應卒士不素厲則難使死敵是以先帝建列將之官近戚主內異姓距外故姦宄不得萌動而破滅誠万世之長冊也光祿勳慶忌辟慶忌也行義修正柔毅敦厚謀慮深遠前在邊郡數破敵獲虜外夷莫不聞迺者大異並見未有其應加以兵革久寢春秋大災未至而豫禦之慶忌宜在爪牙官以備不虞其後慶忌拜為右將軍諸吏散騎給事中武為人仁厚好進士獎稱人之善為楚內史厚兩龔在沛郡厚兩唐兩龔龔勝龔舍也兩唐唐林唐遵也及為公卿薦之朝廷此人顯於世者何侯力也世以此多焉

黃霸守丞相長史坐夏侯勝事下廷尉獄中從勝受尚書既得出勝復為諫大夫令左馮翊宋畸舉霸賢良勝又口薦霸於上上擢霸為楊州刺史

蕭望之為太子太傅甘露中諸儒薦張禹有詔望之問禹對易



及論語大義望之善焉奏禹經學精習有師法可試事奏寢

楊興為長安令元帝初即位樂陽侯史高以外屬為大司馬車騎將軍領尚書事前將軍蕭望之為副望之名儒有師傅舊恩天子任之多所貢薦高充位而已言凡事不由也與望之有隙興說高曰將軍以親戚輔政貴重於天下无二然衆庶論議令問休譽不專在將軍者何也令善問名休美也彼誠有所聞也以其不能進賢也以將軍之幕府海內莫不卬望而所舉不過私門賓客乳母子弟人情忽不自知言高輕忽此事不自知其非然一夫竊議語流天下夫富貴在身而列士不譽是有狐白之裘而反衣之也古人病其若此故卑躬勞心以求賢為務傳曰以賢難得之故因曰事不待賢以食難得之故而曰飽不待食惑之甚者也平原文學匡衡材智有餘經學絶倫但以無階朝廷故隨牒在遠方階謂升次也牒謂隨選補之常牒不被超擢者將軍誠召置幕府學士歙然歸仁歙謂實行之也與參事議觀其所有貢之朝廷必為國器所有謂材藝所長以此顯示衆庶名流於世高然其言辟衡為議曹史薦衡於帝帝以為郎中

翼奉字少君東海下邳人也惇學不仕好律曆陰陽之占元帝初即位諸儒薦之徵待詔宦者署

王商為太子中庶子以肅敬敦厚稱嗣父為侯推財以分異母諸弟身無所受居喪哀慼於是大臣薦商行可以厲群臣義足以厚風俗宜備近臣繇是擢為諸曹侍中中郎將

谷永長安人鴻嘉初御史大夫于永卒永上疏曰帝王之德莫大於知人知人則百僚任職天工不曠故臯陶曰知人則哲能官人御史大夫內承本朝之風化外佐丞相統理天下任重職大非庸人所能堪今當選於群卿以充其缺得其人則万姓欣喜百僚說服不得其人則大職墮斁王功不興虞帝之明在茲壹舉可不致詳竊見少府宣薛宣也材茂行絜達於從政前為御史中丞執憲轂下不吐剛茹柔舉錯時當出守臨淮陳留二郡稱治為左馮翊崇教養善威德並行衆職脩理姦宄絕息辭訟



者歷年不至丞相府赦後餘盜賊什分三輔之一減三輔之賊什九也功効卓爾自左內史初置以來未嘗有也孔子曰如有所譽其有所試宣考績功課簡在兩府不敢過稱以奸欺誣之罪臣聞賢材莫大於治人宣已有效其法律任廷尉有餘經術文雅足以謀王體斷國論身兼數器有退食自公之節宣無私黨游說之助臣恐陛下忽於羔羊之詩舍公實之臣任華虛之譽是用越職陳宣行能唯陛下留神考察帝然之遂以宣為御史大夫永位至大司農

楊雄字子雲蜀郡人善屬文客有薦雄文似相如者成帝方郊祠甘泉泰畤汾陰后土以求繼嗣召雄待詔承明之庭後為大夫

孔光為光祿大夫給事中哀帝詔光舉可尚書令者封上光謝曰臣以朽材前比歷位典大職卒无尺寸之効幸免罪誅全保首領今復拔擢備內朝臣與聞政事臣光智謀淺短犬馬齒載誠恐一旦顛仆无以報稱竊見国家政事尚書以久次轉遷非

有踔絶之能不相踰越(踔勑高切)尚書僕射敞公正勤職通敏於事可尚書令謹封上敞以舉故爲東平太守敞姓成公東海人也師吴章爲王莽所誅敞爲大司徒掾自劾吴章弟子收抱章尸歸葬車騎將軍王舜高其志節表奏以爲掾薦爲中郎諫大夫王莽篡位王舜爲太師復薦敞可輔職(六輔弼之下)以病免唐林言敞可典郡擢爲魯郡大尹更始時徵敞爲御史大夫復病免去卒于家

後漢馮異爲光武主簿異因薦邑子銚期叔壽段建左隆等光武皆以爲掾史

杜林爲大司空司直隗囂將牛邯有勇力才氣雄於邊垂隗死乃降林與太中大夫馬援並薦之以爲護羌校尉林又薦同郡范逡趙秉申屠剛等皆被擢用士多歸之

鮑駿九江人與丁鴻俱事桓榮甚相友善駿上書言鴻經學至行曰臣聞武王克殷封比干之墓表商容之閭二人無功于卑



先封之表善顯仁爲國之砥礪也伏見丁鴻經明行修志節清妙明帝甚賢之永平十年詔徵鴻拜侍中

謝夷吾會稽人同郡友人王充爲州治中自免還家夷吾上書薦充才學章帝特詔公車徵病不行夷吾爲鉅鹿太守左轉下邳令卒

魯恭爲中牟令會詔百官舉賢良方正恭薦中牟名士王方章帝即徵方詣公車禮之與公卿所舉同方致位侍中

杜詩爲南陽太守時大司徒陽都侯伏湛策免徙封不其侯邑就國詩上疏薦湛曰臣聞唐虞以股肱康文王以多士寧是故詩稱濟濟書曰良哉臣詩竊見故大司徒陽都侯伏湛自行束脩訖無毀玷篤信好學守死善道經爲人師行爲儀表前在河內朝歌及居平原吏人畏愛則而象之遭時反覆不離兵凶秉節持重有不可奪之志陛下深知其能顯以宰相之重衆賢百姓仰望德義微過斥退久不復用有識所惜儒士痛心臣竊傷之湛容貌堂堂國之光輝智略謀慮朝之淵藪髫髮厲志白首不夷實足以先後王室名足以光示遠人古者選擢諸侯以爲公卿是故四方回首仰望京師柱石之臣宜居輔弼出入禁門補闕拾遺臣詩愚戇不足以知宰相之才竊懷區區敢不自竭臣前爲侍御史上封事言湛公廉愛下好惡分明累世儒學素持名信經明行脩通達國政尤宜近侍納言左右舊制九州五尚書令一郡二人可以湛代頗爲執事所非但臣詩蒙恩深渥所言誠有益於國雖死無恨故復越職觸冒以聞詩雅好推賢數進知名士清河劉統及魯陽長董崇等

鄭衆爲中郎將時戊巳校尉耿恭屯車師後王城屯置數百人北匈奴圍恭固守章帝發兵迎之歸至玉門唯餘十三人衆上疏曰耿恭以單兵固守孤城當匈奴之衝對數萬之衆連月踰年心力困盡鑿山爲井煑弩爲糧出於萬死無一生之望前後殺傷醜虜數千百計卒全忠勇不爲大漢恥恭之節義古今未有宜蒙顯爵以厲將帥及恭至雒陽鮑昱奏恭節過蘇武宜蒙



爵賞於是拜爲騎都尉以恭司馬石脩爲雒陽市丞張封爲雍營司馬軍吏范羌爲共丞(共今衛州共縣)餘九人皆補羽林貫達爲中郎將永元中薦東萊司馬均陳國汝郁帝即徵之並蒙優禮

田弱(弱一作弼)扶風人同郡法真辟公府舉賢良皆不就弱薦真曰處士法真體兼四業學窮典奧幽居恬泊樂以忘憂將蹈老氏之高蹤不爲玄纁屈也臣願聖朝就加袞職必能唱清廟之歌致來儀之鳳矣會順帝西巡弱又薦之帝虛心欲致前後四徵終不降屈

郎顗北海人順帝陽嘉二年公車徵顗詣闕上書薦黃瓊李固并陳消災之術曰臣前對七事要政急務宜於今者所當施用誠知愚淺不合聖聽人賤言廢當受誅罰征營惶怖靡知厝身臣聞剡舟剡檝將欲濟江海也聘賢選佐將以安天下也昔唐堯在上羣龍爲用文武創德周召作輔是以能建天地之功增

日月之耀也詩云赫赫王命仲山甫將之邦國若否仲山甫明之宣王是賴以致雍熙陛下踐阼以來勤心庶政而三九之位未見其人是以災害屢臻四國未寧臣考之國典驗之聞見莫不以得賢爲功失士爲敗且賢者出處翔而後集爵以德進則其情不苟然後使君子恥貧賤而樂富貴矣若有德不報有言不疇來無所樂進無所趨則皆懷歸藪澤修其故志矣夫求賢者上以承天下以爲人不用之則逆天統違人望逆天統則災眚降違人望則化不行災眚降則下呼嗟化不行則君道虧四始之缺五際之厄其咎由此豈可不剛健篤實矜矜慄慄以守天工盛德大業乎臣伏見光禄大夫江夏黃瓊耽道樂術清亮自然被褐懷寶含味經籍又果於從政明達變復言明於變異識微之術朝廷前加優寵賓于上位瓊入朝日淺謀謨未就因以喪病致命遂忘老子曰大音希聲大器晚成善人爲國三年乃立天下莫不嘉朝廷有此良人而復恠其不時還任陛下宜加隆崇之恩極養賢之礼徵反京師以慰天下又處士漢中李固年四十通游夏之藝履顏閔之仁潔白之節情同皦日忠貞之操好是正直卓冠古人當世莫及元精所生王之佐臣天之生固必爲聖漢宜蒙特徵以示四方夫有出倫之才不應限以官次昔顏子十八天下歸仁子奇稚齒化阿有聲若還瓊徵固任以時政伊尹傅說不足爲比則可垂景光致休祥矣臣顗明不知人伏聽衆言百姓所歸臧否共歎願汎問百僚覈其名行有一不合則臣爲欺國惟留聖神不以人廢言拜郎中辭病不就

馬融爲校書郎時永初四年護羌校尉龐參以失期下獄融上書請之曰伏見西戎反畔寇鈔五州陛下愍百姓之傷痍哀黎元之失業單竭府庫以奉軍師昔周宣獫狁侵鎬及方孝文匈奴亦略上郡而宣王立中興之功文帝建太宗之號非惟兩主有明叡之姿抑亦扞城有虓虎之助是以南仲赫赫列在周詩亞夫赳赳載於漢策竊見前護羌校尉龐參文武昭備智略弘遠既有義勇果毅之節兼以博雅深謀之姿又度遼將軍梁慬前統西域勤苦數年還留三輔功効克立閒在北邊單于降服今皆坐因陷於法網昔荀林父敗績於邲晉侯使復其位孟明視喪師於崤秦伯不替其官故晉景并赤狄之土秦穆遂霸西戎宜遠覽二君使參慬得在寬宥之科誠有益於折衝毗佐於聖化書奏赦參等

皇甫規安定人爲郎中託疾免歸規與張奐友善奐爲匈奴中郎將梁冀被誅奐以吏免官禁錮奐朋被錮凡諸友舊莫敢爲言唯規薦舉前後七上在家四歲復拜武威太守

何休爲議郎史弼坐論輸左校刑竟歸田里稱病閉門不出數爲公卿所薦休又訟弼有幹國之器宜登台相徵拜議郎

高彪遷內黃令薦縣人申徒蟠等

魏蔣濟爲中護軍畢軌爲并州刺史雜虜數爲暴害軌輒出軍擊鮮卑軻比能失利濟表曰畢軌前失既往不咎但恐是後難可以再凡人材有長短不可強成軌文雅智意自爲美器今失并州換置他州若入居顯職不毀其德於國事實善此安危之要唯聖恩察之

蜀徐庶字元直潁川人與諸葛亮友善先主屯新野徐庶見先主先主器之謂先主曰諸葛孔明者臥龍也將軍豈願見之乎先主曰君與俱來庶曰此人可就見不可屈致也將軍宜枉駕顧之由是先主遂詣亮凡三往乃見後爲御史中丞

吳弘咨曲阿人孫權姊壻也漢末諸葛瑾避亂江東咨見而異之薦之於權與魯肅等並見賓待

嚴畯彭城人也河南徵崇隱於會稽所交結如丞相步騭等咸親焉畯薦崇行足以厲俗學足以爲師畯位至尚書令

李衡少時知羊衜有人物之鑒往干之衜謂衡曰多事之世尚書刺曹郎子也是時校事呂壹操弄權柄大臣畏偪莫有敢言衜曰非李衡無能困之者遂共薦爲郎權引見衡口陳壹姦短

數千言權有愧色數月晝被誅而後大見顯擢任至威遠將軍
華覈爲東觀令孫皓怒樓玄送廣州覈上疏曰臣竊以治國之體其猶治家主田野者皆宜良信又宜得一人總其條目爲作維綱衆事乃理論語曰無爲而治者其舜也與恭己正南面而已言所任得其人故優游而自逸也今海內未定天下多事事無大小皆當關聞動經御坐勞損聖慮陛下既垂意博古綜極藝文加勤心好道隨節致氣宜得閑靜以展神思呼翕清淳與天同極臣夙夜思惟諸吏之中任幹之事足委仗者無勝於樓玄玄清忠奉公冠冕當世衆服其操無與爭先夫清者則心平而意直忠者惟正道而履之如玄之性終始可保乞陛下赦玄前愆使得自新擢之宰司責其後効使爲官擇人隨才授任則舜之恭己近亦可得
陸凱子禕爲偏將軍凱亡後入爲太子中庶子右國史華覈表薦禕曰禕體質方剛器幹強固董率之才魯肅不過及被召當



下徑還赴都道由武昌曾不迴顧器械軍資一無所取在戎果毅臨財有節夫夏口賊之衝要宜選名將以鎮戍之臣竊思惟莫善於禕
晉孫尹樂安人爲陳留相時尚書右僕射劉毅年老以光祿大夫歸第後司徒舉毅爲青州大中正尚書以毅懸車致仕不宜勞以碎務尹表曰禮凡卑者執勞尊者居逸是順叙之宜也司徒魏舒司隸校尉嚴詢與毅年齒相近往者同爲散騎常侍後分授外內之職資塗所經出處一致今詢管四十萬戶州兼董司百寮摠攝機要舒所統殺廣執九品銓十六州論議主者不以爲劇毅但以知一州便謂不宜累以碎事於毅太優詢舒太勞若以前聽致仕不宜復與遷授位者故光祿大夫鄭袤爲司空是也夫知人則哲惟帝難之尚可復委以宰輔之任不可諮以人倫之論臣竊所未安昔鄭武公年過八十入爲周司徒雖過懸車之年必有可用毅前爲司隸直法不撓當朝之臣多所按劾談曰受堯之誅不能稱堯直臣無黨古今所悉是以汲黯死於淮陽董仲舒裁爲諸侯之相而毅獨遭聖明不離輦轂當世之士咸以爲榮毅雖身偏有風疾而志氣聰明一州品第不足勞其思慮毅嫉惡之心小過主者必疑其論議傷物故高其優禮令去事實此爲杜閉毅使絕人倫之路也臣州茂德惟毅越毅不用則清談倒錯矣於是青州自二品已上光祿勳石鑒等共奏曰謹按陳留相孫尹表及與臣等書如左臣州履境海岱而參風齊魯故人俗務本而世敦德讓今雖不充於舊而遺訓猶存是以人倫歸行士識所守也前被司徒符當參舉州大中正僉以光祿大夫毅純孝至素著在鄉閭忠允亮直竭於事上仕不爲榮惟期盡節正身率道崇公忘私行高義明出處同揆故能令義士宗其風景州閭歸其清流雖年耆偏疾而神明克壯實臣州人士所思準繫者矣誠以毅之明格不言而信風之所動清濁必偃以稱一州咸同之望故也竊以爲禮賢尚德教之



大典王制奪與動爲開塞而士之所歸人倫爲大臣等虛劣雖廢於前今承尹書敢不列啓按尹所執非惟惜名議於毅之身亦通陳朝宜奪與大準以爲尹言當否應蒙評議由是毅遂爲州都銓正人流清濁區別其所彈貶自親貴者始
華譚廣陵人爲本國中正後母憂服闋爲鄄城令過濮水作莊子贊以示功曹而廷掾張延爲作荅教其文甚美譚異而薦之遂見外擢及譚爲廬江延已爲淮陵太守後爲元帝軍諮祭酒薦干寶范珧
顧榮吳國人元帝鎮江東以榮爲軍司時南土之士未盡才用榮又言陸士光貞正清貴金玉其質甘季思忠款盡誠膽幹殊快殷慶元質略有明規文武可施用榮族兄公讓明亮守節困不易操會稽楊彥明謝行言皆服膺儒教足爲公望賀生沈潛青雲之士陶恭兄弟才幹雖少實事極佳凡此諸人皆南金也書奏皆納之

袁瑰爲元帝鎮東從事中郎時陳頵避難於江西爲丹陽内史朱彥參軍瑰薦頵於元帝遷鎮東行參軍事典法兵二曹

干寶與葛洪深相親友寶薦洪才堪國史選爲散騎常侍領大著作洪固辭不就寶位至散騎常侍

庾翼與桓溫友善常相期以寧濟之事溫尚南康長公主翼常薦溫於明帝曰桓溫少有雄略願陛下勿以常人遇之常壻畜之宜委以方召之任託其弘濟艱難之勳位至征西將軍領南蠻校尉

應詹薦韋泓於元帝曰自遭喪亂人士易操至乃任運固窮耿介守節者尠矣伏見議郎韋泓年三十八字元量執心清冲才識備濟躬耕隴畝不煩人役静默居常不豫政事昔年流移來在啓境經寇喪資一身特立短褐不掩形菜蔬不充朝而抗志彌厲不遊非類顔回稱不改其樂泓有其分明公輔亮皇室悠維宇宙四門開闢英彥鳧萃收春華於京輦採秋實於巖藪而泓抱璞荆山未剖和璧若蒙銓召付以列曹必能協隆鼎味緝熙庶績者也帝即辟之詹位至平南將軍



宋劉穆之初爲高祖太尉司馬謝晦初爲孟昶建威府中兵參軍昶死高祖問劉穆之孟昶參佐誰堪入我府穆之舉晦即命爲太尉參軍穆之此所薦達不進不止常云我雖及荀令君之舉善然不舉不善

王景文郎邪人少與謝莊齊名莊子瀹年七歲景文見而異之言於孝武召見於人衆中瀹舉止閑詳應對合旨帝悅之景文位至中書監領太子太傅

南齊杜京產始平東山開舍授學孔稚珪周顒謝瀹並致書以通殷勤永明十年稚珪及光祿大夫陸澄祠部尚書虞悰太子右率沈約司徒右長史張融表薦京產曰竊見吳郡杜京產絜静爲心謙虚成性通和發於天挺敏達表於自然學遍玄儒博通史子流連文藝沈吟道奥泰初之朝挂冠辭世遁捨家業隱于太平葺宇窮巖採芝幽澗耦耕自足薪歌有餘確爾不群淡然寡欲麻衣藿食二十餘載雖古之志士何以加之謂宜釋巾幽谷結組登朝則巖谷含懽薜蘿起抃矣不報建武初徵爲員外散騎侍郎京產曰莊生持釣豈爲白璧所迴辭疾不就

顧暠之吳郡人爲司徒左西曹掾同郡陸厥少有風槩好屬文五言詩體甚新變永明九年詔百官舉士暠之表薦焉

梁沈績爲中書郎與裴子野未遇聞其行業而善焉會遷國子博士乃上表讓之曰伏見前冠軍府録事參軍裴子野年四十字幾原幼禀至人之行長厲國士之風居喪有禮毀瘠幾滅免憂之外蔬水不進棲遲下位身賤名微而性不憚憚情无汲汲是以有識嗟推州閭歎服且家傳素業世習儒史苞圍經籍游息文藝著宋略二十卷彌綸首尾勒成一代屬辭比事有足觀者且章句洽悉訓故可傳脫置之膠庠以弘獎後進庶一夔之辯可尋蠘介之疑無謬矣伏惟皇家淳耀多士盈庭官人邁乎有媯棫樸超於姬氏苟片善宜録無論厚薄一介可求不由等級臣歷觀古今人君欽賢好善未有聖朝孜孜若是之至也敢緣斯義輙陳愚瞽乞以臣斯忝迴授子野如此則賢否之宜各全其所訐之物議誰曰不允臣與子野雖未嘗銜杯訪之邑里差非虚謬不勝慺慺微見冒昧陳聞伏願陛下哀矜悾款鑒其愚贛干犯之愆乞垂赦宥有司以資歷非次弗爲通

裴儉鴈門人也鄉人吉翂爲相州刺史柳悦主簿飡與丹陽守臧盾楊州中正張文連名薦翂以爲孝行純至明通易老勑付太常旌舉

徐勉爲太子詹事兼監中勉舉晉安王府參軍劉杳及顧協向思澄等入華林撰編略



後魏游雅廣平任人與高允俱知名太延中以前後南使不稱妙簡行人雅薦允弟推應選使宋南人稱其才辯又稱薦同郡游明根於太武太武擢爲中書學生雅位至秘書監

北齊慕容紹宗兄紹樂爲樂平太守時河間人信都芳善天文

算數隱於并州樂平之東山侯學留而召之方不得已而見烏
於是紹宗薦之於齊獻武王以爲中外府田曹參軍紹宗位至
徐州刺

後周唐瑾封臨淄公時柱國府記室參軍樂遜性方直未嘗求
媚於人瑾薦遜爲師氏下士

隋高孝基爲雍州司馬時杜淹與韋福嗣共入太白山中揚言
隱逸文帝聞而惡之謫戍江表後淹還鄉里以經籍爲娛閉門
不出孝基有知人之鑒上表薦之授承奉郎

唐常何貞觀初爲中郎將馬周至京師舍於何之家于時太宗
正開上書之路虛懷於政術周欲陳便宜二十餘事無由自達
遣何奏之事皆合旨太宗怪而問何何答曰此非臣之所發處
乃臣之家客馬周也與臣言未嘗不以忠孝爲意於是召見与
語深奇之直令直門下省及令房玄齡試其經義及時務策擢
第授儒林郎守監察御史奉使稱旨太宗甚悅以常何舉得其
人賜帛百疋



張行成貞觀中爲太子詹事太宗征遼高宗於定州監國即行
成本邑也行成因薦鄉人魏唐卿崔玄機馬龍駒張君劼等皆
以孝行著聞太子召見以其老不任職乃礼而遣之

李栖筠才器絕倫而樂人攻己之短獎善率能常薦父武將史
三百余人登將相踐臺閣顯名於時者僅數十人栖筠位至御
史大夫

李行脩爲殿中侍御史長慶三年六月授進士費冠卿右拾遺冠卿及
第歸而父母卒常恨不及榮養遂絕跡仕進行脩薦之除官

冊府元龜卷第八百八十四

册府元龜卷第八百八十五

總録部一百三十五

以德報怨　　和解

以德報怨

傳曰以德報怨則寛身之仁也故忠善損怨之訓稱於先民說柔以報之美著乎禮俗蓋古之君子誠明敦篤怨已以及物故偃而虛受乃至蔑棄宿憾不形於心術深矯當世載中於[illegible]躬與情之所難化民德以歸厚斯固仁人之所履也又豈只報子之犯而不校衷齊之不念舊惡者哉

祁奚晉大夫為中軍尉祁奚請老（老致仕）晉侯問嗣焉（問嗣謂誰可嗣者）稱解狐其讎也將立之而卒（解狐卒）君子謂祁奚於是能舉善矣稱其讎不為諂

王生為范氏之臣惡張柳朔言諸昭子使為柏人（柏人邑 昭子范吉射）也昭子曰夫非而讎乎對曰私讎不及公（公事也）好不廢過惡不去善義之經也臣敢違之及范氏出（出奔）張柳朔謂其子爾從主勉之我將止死王生授我矣（授我以死）吾不可以僭之遂死於柏人

宋就梁大夫也就嘗為邊縣令與楚鄰界梁之邊亭與楚之邊亭皆種瓜各有數梁之邊亭人劬力數灌其瓜瓜美楚人窳而稀灌其瓜瓜惡令因以梁瓜之美怒其亭瓜之惡也楚亭人惡梁亭之賢己因往夜竊搔梁亭之瓜皆有死焦者矣梁亭覺之因請其尉亦欲竊往報搔楚亭之瓜尉以請就就曰惡是何可構怨禍之道也人惡亦惡何褊之甚也若我教子必每暮令人往竊為楚亭夜善灌其瓜勿令知也於是梁亭乃每暮夜竊灌楚亭之瓜楚亭旦而行瓜則又皆已灌矣瓜日以美楚亭怪而察之則乃梁亭也楚令聞之大悅因具以聞楚王楚王聞之愍然愧以意自閔也告吏曰徵搔瓜得無有他罪乎此梁之陰讓也乃謝以重幣而請交於梁王



漢韓信淮陰人淮陰少年衆辱信令出跨下信為楚王召辱己少年令出跨下者以為中尉告諸將相曰此壯士也方辱我時寧不能死死之無名故忍而就此（就成也）信後封淮陰侯

韓安國初事梁孝王為中大夫坐法抵罪蒙獄吏田甲辱安國安國曰死灰獨不復然乎甲曰然即溺之居無幾梁內史缺（缺無人）漢使使者拜安國為梁內史起徒中為二千石田甲亡安國曰甲不就官我滅而宗（宗族也）甲肉袒謝安國笑曰公等足與治乎（治謂當敵也 言不足治也）卒善遇之

何武為鄠令坐法坐歸武兄弟五人皆為郡吏郡縣敬憚之弟顯家有市籍租常不入縣數負其課（課以顯家不入租每令縣負其課也）市嗇夫求商捕辱顯家（求姓商名也）顯怒欲以吏事中商（中傷之也）武曰以吾家租賦繇役不為衆先奉公吏不亦宜乎武卒白太守召商為卒史州里聞之皆服焉後為楊州刺史九江太守戴聖行治多不法武行部録囚徒有所舉以屬郡（屬委也）聖曰後進生何知迺欲亂人治（[illegible]）皆無所決武使從事廉得其罪（[illegible]）聖懼自免後為博士毀武於朝廷武聞之終不揚其惡而聖子賓客為羣盜得（[illegible]）繫廬江聖自以子必死武平心決之卒得不死自是聖慙服

後漢樂恢京兆長陵人為郡功曹同郡楊政數衆毀恢後舉政子為孝廉由是鄉里歸之橋玄為司徒素與南陽太守陳球有隙及在公位而薦球為廷尉

陳寔潁川人也隱陽城山中時有殺人者同縣楊吏以疑寔縣遂逮繫考掠無實而後得出及為督郵乃密託許令禮召楊吏遠近聞者咸歎服之

趙戩則武功人世為著姓漢末三輔亂饑窮避難北地客安定依富室師亮亮待遇不足則慨然歎曰天下會安當不久爾必還為此郡守折庸輩士也後與馮翊吉茂等隱於郡南太白山中以書籍自娛及為安定太守而師亮等皆欲逃走則聞之豫

使人解語以相謝之
王脩為青州治中從事別駕劉獻數毀短脩後獻以事當死脩
理之得免時人以此多焉孫資太原人初在邦邑名出同類之
右鄉人同郡田豫梁相宗艷皆妬害之而楊豐黨附豫等專
為資構造謗端怨隙甚重資既不以為言而終無恨意豫等慙
服求釋宿憾結為婚姻資謂之曰吾無憾心不知所釋此為鄉
里之鄉自厚之薄乃為長子宏取其女及當顯位而田豫老
疾在家資遇之甚厚又致其子於本郡以為孝廉而楊豐子後
為尚方吏明帝以職事譴怒欲致之法資請活之其不念舊惡
如此資終於侍中
吳呂蒙常以部曲事為江夏太守蔡遺所白蒙無恨意及豫章
太守顧邵卒大帝問所用蒙因薦遺奉職佳吏大帝笑曰君欲
為祁奚耶於是用之蒙終南郡太守
蔣欽為大帝別部司馬屯宣城嘗討豫章賊蕪湖令徐盛收欽



屯吏表斬之大帝以欽在遠不許由是自嫌於欽曹公出濡須
欽與呂蒙持諸軍節度盛常畏欽又事害己而欽每稱其善盛
既服德論者美焉欽又舉盛於大帝大帝曰盛前白卿卿今舉
盛欲慕祁奚耶欽對曰臣聞公舉不挾私怨盛忠而勤彊有膽
略器用好萬人督也今大事未定臣當助國求才豈敢挾私恨
以蔽賢乎權嘉之
晉任讓平原高唐人初鄉人華常為本州大中正讓輕薄無行
為其所黜及蘇峻之亂常為散騎常侍從至石頭讓在峻軍中
任勢多所殺害見常輒恭敬不肆其虐鍾雅劉超之死亦將及
常讓盡心救衛故得免
戴洋為祖約督護元帝永昌元年四月庚辰禺中時有大風起
自東南折木洋謂約曰十月必有賊到譙城東至歷陽南方有
反者主簿王振以洋為妖白約收洋付刺姦而絕其食五十日
言語如故約知其有神術乃赦之而讎振振後有罪被收洋救

之約曰振往日相繫今何以救之洋曰振不識風角非有宿嫌
振往時垂餓死洋養活之振昔尚遺志夫處富貴而不棄貧賤
甚難約義之即原振賜洋米三十石
前燕黃泓為慕容儁太史令帝從左右諮決大事靈臺令許敦
害其寵謟事慕容評設異議以毀之乃以泓為太史靈臺諸署
統加給事中泓待敦彌厚不以毀己易心
北燕馮素弗嘗詣左丞韓業請婚業怒而拒之及素弗為宰輔
謂業曰君前既不顧今將自取何如業拜而陳謝素弗曰既往
之事豈復與君計之然待業彌厚
宋孔季恭從高祖討桓玄頗豫謀畫初虞嘯父為征東將軍會
稽內史季恭求為府司馬不得及定桓玄以季恭代為內史使
齋封板拜授季恭便舟夜還至郡即叩扉告嘯父并令掃拂別齋
即便入郡嘯父本為桓玄所授聞玄敗震懼開門請罪季恭慰
勉使且安所住明旦乃移



王華字子陵與張邵有隙及華為侍中親舊為之危心邵曰子
陵方弘至公必不以私讎害正義也元嘉五年邵轉征虜將軍
領寧蠻校尉雍州刺史加都督華實舉之
蔡興宗為郢州刺史初吳興丘珍孫言論常侵興宗珍孫之子景
先人才甚美興宗與之周旋及景先為鄱陽值晉安王子勛為
逆轉在竟陵為吳喜所殺母老女稚流離夏口興宗至郢州親
自臨哭致其喪柩家累今得東還南齊褚淵字彥回初欲斅之
何洪娶淵姑被遣後淵為衛將軍斅為人先通白意引為長史
曹景宗為游擊將軍從大尉陳顯達北破魏軍克馬圈顯達論
功以景宗為後景宗退無怨言魏主率眾大至顯達宵奔景宗
道入故顯達父獲全
梁沈炎吳興武康人也少時孤貧寄于宗黨得米百斛為宗人
所侮覆之而去及貴不以為憾用為郡部傳約終左光祿大夫
鄧元起南郡當陽人初在荊州刺史隨王板元起為從事別駕

庾肇堅執不可元起恨之及大軍至都肇在城内甚懼城平而
元起先遣迎肇語人曰庾別駕若爲亂兵所殺我無以自明因
厚遣之
後魏李沖李文時爲南部尚書隴西公初兄佐與河南太守來
崇同自涼州入國素有微嫌佐因緣成崇罪餓死獄中後崇子
護又糾佐贓罪佐及沖等悉坐幽繫會赦乃免佐甚銜之沖寵
貴綜攝内外護爲南部郎深慮爲沖所陷常求退避而沖每慰
撫之護後坐贓罪懼必不濟沖乃具奏與護本末嫌隙乞原恕之
遂得不坐
任城王澄與度支尚書李彪不穆及爲雍州悉詔澄爲子志求
其府寮澄釋然爲啓得列曹行參軍當時稱美之
賈思同爲青州別駕時清河崔光韶自恃資地耻居其下
聞思同來遂便去職州里人物爲思同恨之及光韶之亡遺誡
子姪不聽求贈思同遂上表訟光韶操業登時蒙贈議論者歎
尚焉



宋游道爲司州綱紀與州牧樂呂河内二王乖忤及二王薨每
事經恤之
北齊楊愔魏末爲并州刺史津之子也愔隨父之任有邯鄲人
楊寬者求義從出藩愔請津納之及莊帝晏駕愔時適欲還都
行達邯鄲過寬家爲寬所執送至相州後愔得逃歸於神武爲
行臺郎及從中軍南攻鄴寬於馬前叩頭請罪愔謂曰人不識
恩義蓋亦常理我不恨卿無假驚怖
隋趙賢通初仕後周爲御正上大夫與宗伯斛斯徵素不協出
爲齊州刺史坐事下獄自知罪重遂踰獄而走武帝大怒購之
急賢通上密奏曰徵自以負罪深重懼死遁逃若不北竄匈奴
則南投吴越徵雖愚陋久歷清顯奔波敵國無益聖朝今者炎
旱爲災可因兹大赦帝從之徵賴而獲免賢通卒不言
伊婁謙初仕後周爲宣納上士使持節車騎大將軍奉使北齊
覲暨參軍高遵以情輸於齊遂拘留謙不遣武帝既克并州召
謙勞之曰朕之舉兵本俟卿還不圖高遵中爲叛逆乖朕宿心
遵之罪也乃執遵付謙任令報復謙頓首請赦之帝曰卿可聚
衆唾面令知愧也謙跪曰以遵之罪又非唾面之責帝善其言
而止謙竟待遵如初其寬厚仁恕皆此類也
唐劉仁軌高宗時爲給事中受詔按李義府殺畢正義之事仁
軌既不曲推其狀義府銜之由是見排斥遂中出爲青州刺史
俄又以運糧失船監察御史袁異式馳往鞫之異式承義府之
旨逼仁軌令自殺仁軌辭曰仁軌效官不辦國有常刑公若以
法斃之則將欲逃死亦不可得也今若遽自絞縊以快讎者竊
所未甘心焉於是結奏仁軌之罪詔削官爵令於遼東效力後
仁軌爲大司憲異式尚爲侍御史心不自安因酬醉言之仁軌
舉觴曰仁軌若念疇日之事者有如此觴異式尋遷詹事丞時
論紛然仁軌聞之遽薦爲司元大夫時監察御史杜易簡謂人



曰斯所謂矯枉過正矣
趙退翁德宗貞元中爲湖南觀察使時令狐峘爲衡州刺史訴
[illegible]去今退翁每以正道制之峘乃多令人毀退翁於朝及
退翁爲相峘先以貶官爲別駕乃擢爲吉州刺史時人多之
李吉甫爲駕部員外郎時宰臣李泌竇參雅重之及陸贄爲相
出吉甫爲明州長史贄之貶忠州別駕也遷吉甫爲忠州刺史
故人咸爲贄憂而吉甫殊不銜前事以宰相禮事之猶恐其
未信不安遂與之親狎若平生交往者贄初猶懼疑後遂與交好

和解

周官建和難之職老氏著解紛之言考之前聞亦君子之一行
也大道既隱俗競澆薄賊彼而貴我先己而後人愛惡所攻閈
隙旋至故有狷介之士很愎之臣或矢意於毋言或積憾於嚬
笑以至阻兵相抗毀訾交興怨讟寢盈禍難將作而能約之以
大義綏之以甘言辨其所疑釋其所憎消萍芥之忿平睚眦之

嫌下以和民之仇上以濟國之事非夫明哲而不惑中庸而有常者其孰能之哉

陳無宇齊大夫桓子也子尾卒子旗欲治其室（子旗欒施也欲治子尾之家）遂殺梁嬰（梁嬰子尾家宰）逐子成子工子車（三子齊大夫子尾之屬子成頃公之子子工成之弟鑄也子車頃公之孫捷也）皆來奔而立子良氏之宰（子良子尾之子高彊）其臣曰孺子長矣（孺子謂子良）而相吾室欲兼我也（謂子旗）并授甲將攻之陳桓子善於子尾亦授甲將助之或告子旗子旗不信則數人告將往又數人告於道遂如陳氏桓子將出矣聞之而還遊服而逆之（遊服戒備）請命（請命子旗所至）對曰聞彊氏授甲將攻子子聞諸曰弗聞子盍亦授甲無宇請從（無宇桓子）子旗曰子胡然彼孺子也吾誨之猶懼其不濟吾又寵秩之（謂為之宰）其若先人何子盍謂之（謂之無攻我）周書曰惠不惠茂不茂（周書康誥）康叔所以服弘大也（服行也言當施惠於不惠者勉於不勉者）桓子稽顙曰頃靈福子（頃公靈公）吾猶有望（望子旗惠及己）遂和之如初（和欒高二家）



漢籍福……武安侯田蚡使福請魏其侯嬰城南田嬰大望曰老僕雖棄將軍雖貴寧可以勢相奪乎不許灌夫聞之……福惡兩人有隙乃謾好謝蚡（謾猶……）曰魏其老且死易忍且待之

魏賈詡爲尚書郭汜樊稠與李傕互相違戾欲鬬者數矣詡輒以道理責之頗受詡言

宗承南陽人袁術嘗於衆數何顒三罪曰王德彌先覺儁老名德高亮而伯求踈之是一罪也許子遠凶淫之人性行不純而伯求親之是二罪也郭貢夫妻無他資業而伯求肥馬輕裘光曜道路是三罪也陶丘洪曰王德彌大賢而短於濟時許子遠雖不純而赴難不憚濡足伯求舉善則以德彌爲首濟難則以子遠爲宗且伯求嘗爲虞偉高手刃復仇義名奮發其怨家積財巨萬文馬百駟而欲使伯求羸牛疲馬頓伏道路此爲披其胷而假仇敵之刃也術意猶不平後與承會於離下術發怒曰何伯求凶德也吾當殺之承曰何生英俊之士足下善遇之使延令名於天下術乃止

趙儼爲太祖司空掾屬主簿時于禁屯潁陰樂進屯陽翟張遼屯長社諸將任氣多共不協使儼并參三軍每事訓諭遂相親睦

陶謙字恭祖爲揚武都尉時邊章韓遂爲亂司空張溫銜命征討又請謙爲參軍事接遇甚厚而謙輕其行事心懷不服及軍罷還百寮高會溫屬謙行酒謙衆辱溫溫怒徙謙於邊或說溫曰陶恭祖本以材略見重於公一朝以醉飲過失不蒙容貸遠棄不毛厚德不終四方人士安所歸望不如釋憾除恨克復初分於以遠聞德美溫然其言乃追還謙謙至或人謂謙曰足下輕辱三公罪自己作今蒙釋宥德莫厚矣宜降志卑辭以謝之謙曰諾又謂溫曰陶恭祖今深自罪責思於變革謝天子禮畢必詣公門公宜見之以慰其意時溫於宮門見謙謙仰曰謙自謝朝廷豈爲公邪溫曰恭祖癡病尚未除邪遂爲之置酒待之如初



胡昭潁川人信行著於鄉黨後居陸渾山中躬耕樂道以經籍自娛漢建安中百姓聞馬超叛避兵入山者千餘家饑乏漸相劫略昭常遜辭以解之由是寇難消息衆咸宗焉故其所居部落中三百里無相侵暴者

蜀費禕爲丞相諸葛亮司馬值軍師魏延與長史楊儀相憎惡每至並坐爭論延或舉刃擬儀儀泣涕橫集禕常入其坐間諫喻分別終亮之世各盡延儀之用者禕匡救之力也

吴胡綜拜偏將軍兼執法領辭訟遼東之事輔吴將軍張昭以諫大帝言辭切至大帝亦大怒其和協彼此使之無隙綜有力焉

晉王詮何邵鄉人也劭薨其子岐嗣劭初亡尚書袁粲弔岐岐辭以疾粲獨哭而出曰今年決下婢子品王詮謂之曰知死弔死何必見生岐前多罪爾時不下何公斷士便下岐品人謂中正畏彊易弱粲乃止（粲……不）

冊府元龜卷第八百八十六

總録部一百三十六

游說

虞書曰惟口出好興戎春秋傳曰辞之不可以已也三代而下游說興焉蓋夫博辯之士智略權凑臣幾乘便反權應變所以釋紛而紓患濟世而成務者也周室既衰群雄競逐（[illegible]）白同吴犢尾厲角飛鉗捭闔長短縱横之術起焉至乃負笈擔簦以游万乘之国約車馮軾以行諸侯之間或立譚而取封或一見而受賜馳騖於當世樹工於无窮太蒙鞶乎安危用捨成乎治乱者固不乏焉其源出於公孫龍惠施鬼谷蘇張之徒遂派宕而不止漢魏而下雖時有之亦弗能偕戰国之盛也惟韓非著書稱說之難明是非之趣極情偽之辨信乎其知言矣

端木賜字子貢衛人衛侯會吴于鄖魯哀公及衛侯宋皇瑗盟（盟不書吴辭盟）長而卒辞吴盟吴人藩衛侯之舍（藩籬）子服景伯謂子貢曰夫諸侯之會事既畢矣侯伯至礼地主歸餼（侯伯至礼以礼賓也地主所會主人也歸生物）以相辞也（略以相辞讓）今吴不行礼於衛而藩其君舍以難之（[illegible]）子盍見太宰乃請束錦以行（以賂吴）語及衛故（衛故衛事不為[illegible]）太宰嚭曰寡君願事衛君衛君之來也緩寡君懼故將止之（執止）子貢曰衛君之來必謀於其衆其衆或欲或否是以緩來其欲來者子之黨也其不欲來者子之讎也若執衛君是墮黨而崇讎也（墮毀）夫墮子者得其志矣且合諸侯而執衛君誰敢不懼墮黨崇讎而懼諸侯或者難以霸乎太宰嚭說乃舍衛侯又田常欲作乱於齊憚高国鮑晏故移其兵欲以伐魯孔子聞之謂門弟子曰夫魯墳墓所処父母之国国危如此二三子何為莫出子路請出孔子止之子張子石請行孔子弗許子貢請行孔子許之遂行至齊說曰常田君之伐魯過矣夫魯難伐之国其城薄以卑其地狹以泄其君愚而不仁大臣偽而无用其士民又惡甲兵之事此不可与戰君不如伐吴夫吴城高以厚地廣以深甲堅以新士選以飽重器精兵尽在其中又使明大夫守之此易伐也田常忿然作色曰子之所難人之所易子之所易人之所難而以教常何也子貢曰臣聞之憂在内者攻彊憂在外者攻弱今君憂在内吾聞君三封而三不成者大臣有不聽者也今君破魯以廣齊戰勝以驕主破国以尊臣（[illegible]）而君之功不与焉則交日疏於主是君上驕主心下恣群臣求以成大事難矣夫上驕則恣臣驕則爭是君上与主有郤下与大臣交爭也如此則君之立於齊危矣故曰不如伐吴伐吴不勝民人外死大臣内空是君上無彊臣之敵下无民人之過孤主制齊者唯君也田常曰善雖然吾兵業已加魯矣去而之吴大臣疑我奈何子貢曰君按兵無伐臣請往使吴王令之救魯而伐齊君因以兵迎之田常許之使子貢南見吴王說曰臣聞之王者不絶世霸者无彊敵千鈞之重加銖兩而移今以万乘之齊而私千乘之魯与吴争彊竊為王危之且夫救魯顯名也伐齊大利也以撫泗上諸侯誅暴齊以服彊晋利莫大焉名存亡魯實困彊齊智者不疑也吴王曰善雖然吾嘗与越戰棲之會稽越王苦身養士有報我心子待我伐越而聽子子貢曰越之勁不過魯吴之彊不過齊王置齊而伐越則齊已平魯矣且王方以存亡継絶為名夫伐小越而畏彊齊非勇也夫勇者不避難仁者不窮約智者不失時王者不絶世以立其義今存越示諸侯以仁救魯伐齊威加晋国諸侯必相率而朝吴霸業成矣且王必惡越臣請東見越王令出兵以従此實空越名従諸侯以伐也吴王大說乃使子貢之越越王除道郊迎身御至舍而問曰此蛮夷之国大夫何以儼然辱而臨之子貢曰今者吾說吴王以救魯伐齊其志欲之而畏越曰待我伐越乃可如此破越必矣且夫無報人之志而令人疑之拙也有報人之意使人知之殆也事未發而先聞危也三者举事之大患句踐頓首再拜曰孤寡不料力乃与吴戰困於會稽痛入於骨髓日夜焦

辱吾舌徒欲與吳王接踵而死孤之願也遂問子貢子貢曰吳王爲人猛暴群臣不堪国家敝於數戰士卒弗忍百姓怨上大臣内变子胥以諫死太宰嚭用事順君之過以安其私是殘国之治也今王誠發士卒佐之以徼其志徼射其志重寶以說其心卑辭以尊其礼其伐齊必也彼戰不勝王之福也戰勝必以兵臨晉臣請北見晉君令共攻之弱吳必矣其鋭兵尽於齊重甲困於晉而王制其敝此滅吳必矣越王大說許諾送子貢金百鎰劍一良矛二子貢不受遂行報吳王曰臣敬以大王之言告越王越王大恐曰孤不幸少失先人内不自量抵罪於吳軍敗身辱棲于會稽国為虚莽賴大王之賜使得奉俎豆而修祭祀死不敢忘何謀之敢慮后五日越使大夫種頓首言於吳王曰東海役臣孤句踐使者臣種敢修下吏問於左右今竊聞大王將興大義誅彊救弱困暴齊而撫周室請悉起境内士卒三千人孤請自被堅執鋭以先受矢石因越賤臣種奉先人藏器甲二

府八百八十六　三

十領鈇屈盧之矛歩光之劍以賀軍吏吳王大說以告子貢曰越王欲身從寡人伐齊可乎子貢曰不可夫空人之國悉人之衆又從其君不義君受其幣許其師而辭其君吳王許諾乃謝越王於是吳王乃遂發九郡兵伐齊子貢因去之晉謂晉君曰臣聞之慮不先定不可以應卒兵不先辨不可以勝敵今夫齊與吳將戰而不勝越乱之必矣與齊戰而勝必以其兵臨晉晉君大恐曰爲之奈何子貢曰修兵休卒以待之晉君許諾子貢去而之魯吳王果與齊人戰於艾陵大破齊師獲七將軍之兵而不歸果以兵臨晉晉人相遇黄池之上吳晉爭彊晉人擊之大敗吳師越王聞之涉江襲吳去城七里而軍吳王聞之去晉而歸與越戰於五湖三戰不勝城門不守越遂圍王宫殺夫差而戮其相破吳三年東向而霸故子貢一出存魯乱齊破吳人晉而霸越子貢一使使勢相破十年之中五国各有变

公孫鞅衞諸公子聞秦孝公下令国中求賢者將修繆公之業東復侵地迺遂西入秦因孝公寵臣景监以求見孝公孝公既見鞅語事良久孝公時時睡弗聽罷而孝公怒景监曰子之客妄人耳安足用耶景监以讓鞅鞅曰吾說公以帝道其志不開悟矣后五日復求見鞅鞅復見孝公益愈然而未中旨罷而孝公復讓景监景监亦讓鞅鞅曰吾語公以王道而未入也請復見鞅鞅復見孝公孝公善之而未用也罷而去孝公謂景监曰汝[illegible]可為語矣鞅曰吾說公以霸道其意欲用之矣誠復見我我知之矣鞅復見孝公公與語不自知厀之前於席也語數日不厭景监曰子何以中吾君吾君之驩甚也鞅曰吾說君以帝王之道比三代而君曰久遠吾不能待且賢君者各及其身顯名天下安能邑邑待數十百年以成帝王乎故吾以彊国之術說君君大說之爾然亦難以比德於殷周矣孝公乃以鞅為左庶長

蘇秦東周雒陽人西至秦說惠公曰秦四塞之国被山帶渭東

府八百八十六　四

有關河西有漢中南有巴蜀北有代馬此天府也以秦士民之衆兵法之教可以吞天下稱帝而治秦王曰毛羽未成不可以高蜚文理未明不可以并兼方誅商鞅疾辯士弗用乃東之趙趙肅侯令其弟成為相號奉陽君奉陽君弗說之去游燕歲餘而后得見說燕文侯曰燕東有朝鮮遼東北有林胡樓煩西有雲中九原南有呼沱易水正北曰并州其川曰虖沱又曰虖沱出鹵城地方二千餘里帶甲數十万車六百乘騎六千匹粟支數年南有碣石之門之饒北有棗粟之利民雖不佃作而足於棗粟矣此所謂天府者也夫安樂無事不見覆軍殺將無過燕者大王知其所以然乎夫燕之不犯寇被甲兵者以趙之為蔽其南也秦趙五戰秦再勝而趙三勝秦趙相斃而王以全燕制其後此燕之所以不犯寇也且夫秦之攻燕也踰雲中九原過代上谷彌地數千里雖得燕城秦計固不能守也秦之不能害燕亦明矣今趙之攻燕也發號出令不至十日而數十萬之軍軍於東垣矣呼沱

渉易水不至四五日而距国都矣故曰秦之攻燕也戰於千里之外趙之攻燕也戰於百里之内夫不憂百里之患而重千里之外計無過於此者是故願大王与趙從親天下為一則燕国必無患矣文侯曰子言則可然吾國小西迫彊趙南近齊齊々趙彊国也子必欲合從以安燕寡人請以国從於是資蘇秦車馬金帛以至趙而奉陽君已死即因說趙粛侯曰天下卿相人臣及布衣之士皆高賢君之行義皆願奉教陳忠於前之日久矣雖然奉陽君妬君而不任士是以賓客游士莫敢自盡於前者今奉陽君捐館舍君乃復与士民相親也臣故敢進其愚慮竊為君計者莫若安民无事且無庸有事於民也安民之本在於擇交擇交而得則民安擇交而不得則民終身不安請安外患齊秦為兩敵而民不得安倚秦攻齊而民不得安倚齊攻秦而民不得安故夫謀人之主伐人之国常苦出辭斷絶人之交也願君慎勿出於口請別白黑所以異陰陽而已矣君誠能聽臣燕必致旃裘狗馬之地齊必致魚鹽之海楚必致橘柚之園韓魏中山皆可使致湯沐之奉而貴戚父兄皆可以受封侯夫割地包利五伯之所以覆軍禽將而求也封侯貴戚湯武之所以放殺而爭也今君高拱而兩有之此臣之所以為君願也今大王与秦則秦必弱韓魏与齊則齊必弱楚魏魏弱則割河外韓弱則効宜陽宜陽効則上郡絶河外割則道不通楚弱則无援此三策者不可不孰計也夫秦下軹道則南陽危劫韓包周則趙氏自操兵據衛取淇卷則齊必入朝秦秦欲已得乎山東則必舉兵而嚮趙矣秦甲渡河踰漳據番吾（常山有蒲吾縣）則兵必戰於邯鄲之下矣此臣之所為君患矣當今之時山東之建国莫彊於趙趙地方二千余里帶甲數十万車千乘騎万匹粟支數年西有常山南有河漳東有清河北有燕国燕固弱国不足畏也秦之所害於天下者莫如趙然而秦不敢舉兵伐趙者何也畏韓魏之議其後也然則韓魏趙之南蔽也秦之攻韓魏也无有名山



大川之限稍蚕入之傅国都而止韓魏不能支秦必入臣於秦秦无韓魏之規則禍必中於趙矣此臣之所為君患也臣聞堯无三夫之分舜无咫尺之地以有天下禹无百人之聚以王諸侯湯武之士不過三千車不過三百乘卒不過三万立為天子矣成得其道也是故明主外料其敵之彊弱内度其士卒賢不肖不待兩軍相當而勝敗存亡之幾固已形於胷中矣豈揜於衆人之言而以冥冥決事哉臣竊以天下之地圖案之諸侯之地五倍於秦料度諸侯之卒十倍於秦六国為一并力西鄉而攻秦秦必破矣今西面而事之見臣於秦夫破人之与見破於人也臣人之与見臣於人也豈可同日而論哉夫衡人者皆欲割諸侯之地以予秦秦成則高臺榭美宮室聽竽瑟之音前有樓闕軒轅後有長姣美人国被秦患而不与其憂是故夫衡人日夜務以秦權恐愒諸侯以求割地故願大王孰計之也臣聞明主絶疑去讒屏流言之迹塞朋黨之門故尊主廣地彊兵之計臣得陳忠於前矣故竊為大王計莫如韓魏齊楚燕趙以從親以畔秦令天下之將相會於洹水之上（洹水出郡林慮縣）通質刑白馬而盟要約曰秦攻楚齊魏各出鋭師以佐之韓絶其粮道趙涉河漳燕守常山之北秦攻韓魏則楚絶其後齊出鋭師而佐之趙涉河漳燕守雲中秦攻齊則楚絶其後韓守成皋魏塞其道趙涉河博關（齊[illegible]年六年晉伐齊抄博[illegible]東郡有博平縣）燕出鋭師以佐之秦攻燕則趙守常山楚軍武關齊涉勃海韓魏皆出鋭師以佐之秦攻趙則韓軍宜陽楚軍武關魏軍河外齊涉清河燕出鋭師以佐之諸侯有不如約者以五国之兵共伐之六国從親以賓秦則秦甲必不敢出於函谷以害山東矣如此則霸王之業成矣趙王曰寡人年少立国日淺未嘗得聞社稷之長計也今上客有意存天下安諸侯寡人敬以国從乃飾車百乘黃金千鎰白璧百雙錦繡千純（純[illegible]端名）以約諸侯是時周天子致文武之胙於秦惠王使犀首攻魏禽將龍賈取魏之雕陰且欲東兵蘇秦恐

秦兵之至趙也乃激怒張儀秦於是說韓宣惠王曰韓北有鞏成皋之固西有宜陽商阪之塞塞一作陘東有宛穰洧水南有陘山召陵有陘密縣有百餘里帶甲數十萬天下之彊弓勁弩皆從韓出谿子許慎曰南方谿子蠻夷柘弩皆善材少府時力距來者韓有谿子弩又有少府所造二種之弩時力皆言作之得時力倍於常故名臂去也距來者謂弩勢勁利足以距來敵也皆射六百步之外韓卒超足而射百發不暇止遠者蔽括洞胸近者鏑弇心韓卒之劍戟皆出於冥山莊子曰行王郢北面而不見冥山案司馬彪曰冥山在朔州之北棠谿汝南吳房有棠谿亭墨陽淮南子曰墨陽之莫邪也合膊一作伯鄧師宛馮滎陽有馮池龍淵太阿吳越春秋曰楚王召風胡子而告之曰寡人聞吳有干將越有歐冶寡人欲因子請此二人作劍可乎風胡子曰可乃往作劍二一曰龍淵二曰太阿皆陸斷牛馬水截鵠鴈當敵則斬堅甲鐵幕陽城出鐵革抉一作決㕮芮無不畢具以韓卒之勇被堅甲蹠勁弩帶利劍一人當百不足言也夫以韓之勁與大王之賢乃西面事秦交臂而服羞社稷而為天下笑無大於此者矣是故願大王孰計之大王事秦秦必求宜陽成皋今茲效之明年又

府八百八十六　七

復求割地與則無地以給之不與則弃前功而受後禍且大王之地有盡而秦之求無已以有盡之地而給無已之求此所謂市怨結禍者也不戰而地已削矣臣聞鄙諺曰寧為雞口無為牛後今西面交臂而臣事秦何異於牛後乎夫以大王之賢挾彊韓之兵而有牛後之名臣竊為大王羞之於是韓王勃然作色攘臂瞋目按劍仰天太息曰寡人雖不肖必不能事秦今主君詔以趙王之教敬奉社稷以從又說魏襄王曰大王之地南有鴻溝在滎陽陳汝南許鄢在潁川昆陽召陵舞陽新都新郪未詳別石陽舞陽縣屬汝南有新郪南有新都縣東有淮潁煑棗在宛句無胥西有長城之界北有河外卷衍酸棗滎陽卷縣有長垣縣武剛寄衍地名地方千里地名雖小然而田舍廬廡之數曾無所芻牧人民之衆車馬之多日夜行不絕輷輷殷殷若有三軍之衆臣竊量大王之國不下楚然衡人怵王交彊虎狼之秦以侵天下卒有秦患不顧其禍夫挾彊秦之勢以內刼其主罪無過此者魏天下之彊國也王天下

之賢主也今乃有意西面而事秦稱東藩築帝宮受冠帶祠春秋臣竊為大王恥之臣聞越王勾踐戰敝卒三千人禽夫差於干遂武王卒三千人革車三百乘制紂於牧野豈其士卒衆哉誠能奮其威也今竊聞大王之卒武士二十萬漢書刑法志魏氏武卒衣三屬之甲操十二石之弩負矢五十個置戈其上冠冑帶劍贏三日之糧日中而趨百里中試則復其戶利其田宅蒼頭二十萬奮擊二十萬廝徒十萬車六百乘騎五千匹此其過越王勾踐武王遠矣今乃聽於群臣之說而欲臣事秦夫事秦必割地以效實故兵未用而國以虧矣凡群臣之言事秦者皆姦人非忠臣也夫為人臣割其主之地以求外交偷取一時之功而不顧其後破公家而成私門外挾彊秦之勢以內刧其王以求割地願大王孰察之周書曰綿綿不絕蔓蔓奈何毫釐不伐將用斧柯前慮不定後有大患將奈之何大王誠能聽臣六國從親專心并力一意則必無彊秦之患故敝邑趙王使臣效愚奉明約在大王之詔詔之魏王曰寡人不肖未嘗得聞明教今主君

府八百八十六　八

以趙王之詔詔之敬以國從因東說齊宣王曰齊南有泰山東有琅邪西有清河北有敖海此所謂四塞之國也齊地方二千餘里帶甲數十萬粟如丘山三軍之良五家之兵進如鋒矢戰如雷霆解如風雨即有軍役未嘗倍泰山絕清河涉敖海也臨菑之中七萬戶臣竊度之不下戶三男子三七二十一萬不待發於遠縣而臨菑之卒固已二十一萬矣臨菑甚富而實其民無不吹竽鼓瑟彈琴擊筑鬬雞走狗六博蹹鞠者劉向別錄曰蹴鞠者傳言黃帝所作或曰起戰國之時蹹鞠兵勢也所以練武士知有材也皆因嬉戲而講練之臨菑之塗車轂擊人肩摩連衽成帷舉袂成幕揮汗成雨家殷人足志高氣揚夫以大王之賢與齊之彊天下莫能當今乃西面而事秦臣竊為大王羞之且夫韓魏之所以重畏秦者為與秦接境壤界也兵出而相當不出十日而戰勝存亡之機決矣韓魏戰而勝秦則兵革折四境不守戰而不勝則國以危亡隨其後是故韓魏之所以重與秦戰而輕為之臣也今秦之攻齊則不然倍韓魏之

地過衛陽晉之道（魏哀王十六年趙取陽晉封蘇秦）拔徑乎亢父之險車不得方軌騎不得比行百人守險千人不敢過也秦雖欲深入則狼顧恐韓魏之議其後也是故恫疑虛喝驕矜而不敢進則秦之不能害齊亦明矣夫不深料秦之無奈齊何而欲西面而事之是群臣之計過也今無臣事秦之名而有彊国之實臣是故願大王少留意計之齊王曰寡人不敏僻遠守海窮道東境之国也未嘗得聞餘教今足下以趙王詔詔之敬以国從乃西南說楚威王曰楚天下之彊国也王天下之賢主也西有黔中（今之武陵）也巫郡（巫郡者南郡之西界）東有夏州海陽（楚考烈王元年秦取夏州左傳楚莊王伐陳鄉取一人焉以歸謂之夏州而注者不說夏州所在車胤撰桓溫集云夏口城上數里有州名夏州東有夏州謂此也）南有洞庭蒼梧北有陘塞郇陽（春秋曰遂伐楚次于陘楚威王十一年魏敗楚陘山析縣有郇水或者郇陽今之順陽乎一本有郇陘之塞也）北地方五千餘里帶甲百万車千乘騎万匹粟支十年此霸王之資也夫以楚之彊與王之賢天下莫能當也今乃欲西面而事秦則諸侯莫不西面而朝於章臺之下矣秦



之所害莫如楚楚彊則秦弱秦彊則楚弱其勢不兩立故為大王計莫如從親以孤秦大王不從秦必起兩軍一軍出武關一軍下黔中則鄢郢動矣（今南郡亘城）臣聞治之其未亂也為之其未有也患至而后憂之則無及矣故願大王早熟計之大王誠能聽臣臣請令山東之國奉四時之獻以承大王之明詔委社稷奉宗廟練士厲兵在大王之所用之大王誠能用臣之愚計則韓魏齊燕趙衛之妙音美人必充后宮燕代橐駝良馬必實外廄故從合則楚王衡成則秦帝今釋霸王之業而有事人之名臣竊為大王不取也秦虎狼之國也有吞天下之心秦天下之仇讎也衡人皆欲割諸侯之地以事秦此所謂養仇而奉讎者也夫為人臣割其主之地以外交以虎狼之秦以侵天下卒有秦患不顧其禍夫外挾彊秦之威以內劫其主以求割地大逆不忠無過此者故從親則諸侯割地以事楚衡合則楚割地以事秦此兩策者相去遠矣二者大王何居焉故敝邑趙王使臣效愚計奉明約在大王詔之楚王曰寡人之国西与秦接境秦有舉巴蜀并漢中之心秦虎狼之国不可親也而韓魏迫於秦患不可与深謀恐反人以入於秦故謀未發而国已危矣寡人自料以楚當秦不勝也内与群臣謀不足恃也寡人卧不安席食不甘味心搖搖然如縣旌而無所終薄今主君欲一天下收諸侯存危国寡人謹奉社稷以從於是六国從合而并力焉乃投從約書於秦秦兵不敢闚函谷関十五年其后蘇秦之趙而后約皆解燕易王初立齊宣王因燕喪伐燕取十城易王謂蘇秦曰往日先生至燕而先王資先生見趙遂約六国今齊先伐趙次至燕以先生之故為天下笑先生能為燕得侵地乎蘇秦大慙曰請為王取之蘇秦見齊王再拜俯而慶仰而弔齊王曰是何慶弔相隨之速也蘇秦曰聞饑人所以饑而不食烏喙者（本草經曰烏頭一名烏喙）為其愈充腹而与餓死同患也今燕雖弱小即秦王之少壻也（燕易王始即）大王利其十城而長與彊秦為仇



今使弱燕為鴈門而彊秦敝其後以招天下之精兵是烏喙之類也齊王愀然變色曰然則奈何蘇秦曰臣聞古之善制事者轉禍為福因敗為功大王誠能聽臣計即歸燕之十城燕無故而得十城必喜秦王知以己之故而歸燕之十城亦必喜此所謂弃仇讎而得石交者也夫燕秦俱事齊則大王號令天下莫敢不聽是王以虛辭附秦以十城取天下此霸王之業也王曰善於是乃歸燕之十城又趙收天下且以伐齊秦為齊上書說趙王曰臣聞古之賢君德行非施於海内也教順慈愛布於万民也祭祀時享非當於鬼神也甘露降風雨時至農夫登年穀豐盈衆人喜之而賢主惡之今足下功力非數痛加於秦国而怨毒積　非皆深凌於韓也臣竊外聞大臣及下吏之議皆言主前嘗以秦為愛趙而憎韓哉欲以亡韓吞兩周之地故以韓為餌先出聲於天下欲鄰国聞而觀之也恐其事不成故出兵以佯示趙人恐天下之驚覺故微韓以貳之恐天下疑己故

出質以為信声德於與国而實伐空韓臣竊觀其畫之也議以為秦謀計必出於是且夫説士之計皆曰韓亡三川魏滅晉国恃韓未窮而禍及於趙且物固有勢異而患同者又有勢同而患異者昔者楚人久伐而中山亡今燕盡韓之河南距沙丘而至鉅鹿之界三百里距於扞關至於榆中千五百里秦盡韓魏之上黨則地與国都邻屬而壤挈者七百里秦以彊弩坐羊腸之上即城去邯鄲百二十里尓秦以三軍攻王之上黨而包其北則句注之西非王之有也今增句注禁常山而守三百里通於燕之唐曲吾此代馬胡騎不東而崑山之玉不出也此三寶者又非王之有也今從於彊秦之国伐齊臣恐其禍出於是矣昔者五国之王嘗合從連横而謀伐趙三分趙国壤地著之盤盂屬之讎柞五国之兵出有日矣韓乃西師以禁秦国使秦發令素服而聽反温枳高平於魏反三公付濆於趙此王之明知也夫韓事趙宜王爲上交今乃以短罪取伐臣恐其后事王者



不敢自必也今王收韓天下必以王爲得韓危社稷以事王天下必重王然則韓義王以天下就之下至韓慕王以天下收之是一世之命制於王巳臣願大王深與左右群臣卒計而重謀先事成慮而熟圖之也

冊府元龜卷八百八十六

冊府元龜卷第八百八十七

總錄部一百三十七

游説第二

張儀魏人爲秦相惠王十二年免相相魏（魏臣欲若華曰衛魏襄王相也）以爲秦欲令魏先事秦而諸侯效之魏王不肯聽儀秦王怒伐取魏之曲沃平周復陰厚張儀益甚張儀慙無以歸報留魏四歲而魏襄王卒哀王立張儀復説哀王哀王不聽於是張儀陰令秦伐魏魏與秦戰敗明年齊又來敗魏於觀津秦復欲攻魏先敗韓申差軍斬首八萬諸侯震恐而張儀復説魏王曰魏地方不至千里卒不過三十萬地四平諸侯四通輻湊無名山大川之限從鄭至梁二百餘里車馳人走不待力而至梁南與楚境西與韓境北與趙境東與齊境卒戍四方守亭鄣者不下十萬梁之地勢固戰場也梁南與楚而不與齊則齊攻其東東與齊而不與趙則趙攻其北不合於韓則韓攻其西不親於楚則楚攻其南



此所謂四分五裂之道也且夫諸侯之爲從者將以安社稷尊主彊兵顯名也今從者一天下約爲昆弟刑白馬以盟洹水之上以相堅也而親昆弟同父母尚有爭錢財而欲恃詐僞反覆蘇秦之餘謀其不可成亦明矣大王不事秦秦下兵攻河外據卷衍酸棗劫衞取陽晉則趙不南趙不南而梁不北梁不北則從道絶從道絶則大王之國欲毋危不可得也秦折韓而攻梁韓怯於秦秦韓爲一梁之亡可立而須也此臣之所爲大王患也爲大王計莫如事秦事秦則楚韓必不敢動無楚韓之患則大王高枕而卧國必無憂矣且夫秦之所欲弱者莫如楚而能弱楚者莫如梁楚雖有富大之名而實空虛其卒雖多然而輕走易北不能堅戰悉梁之兵南面而伐楚勝之必矣割楚而益梁虧楚而適秦嫁禍安國此善事也大王不聽臣秦下甲士而東伐雖欲事秦不可得矣且夫從人多奮辭而少可信説一諸侯而成封侯是故天下之游談説士莫不日夜搤腕瞋目切齒以言從之便以説人主人主賢其辯而牽其説豈得無眩哉臣聞之積羽沈舟羣輕折軸衆口鑠金積毀銷骨故願大王審定計議且賜骸骨辟魏哀王於是乃倍從約而因儀請成於秦張儀歸復相秦三歲而魏復背秦爲從秦攻魏取曲沃明年魏復事秦張儀後使楚聞蘇秦死乃説楚王曰秦地半天下兵敵四國被險帶河四塞以爲固虎賁之士百餘萬車千乘騎萬匹積粟如丘山法令既明士卒安難樂死主明以嚴將智以武雖無出甲席卷常山之險必折天下之脊天下有後服者先亡且夫爲從者無以異於驅羣羊而攻猛虎虎之與羊不格明矣今王不與猛虎而與羣羊臣竊以爲大王之計過也凡天下彊國非秦而楚非楚而秦兩國交爭其勢不兩立大王不與秦秦下甲據宜陽韓之上地不通下河東取成皐韓必入臣梁則從風而動秦攻楚之西韓梁攻其北社稷安得毋危且夫從者聚羣弱而攻至彊不料敵而輕戰國貧而數舉兵危亡之術也臣聞之



兵不如者勿與挑戰粟不如者勿與持久夫從人飾辯虛辭高主之節言其利不言其害卒有秦禍無及爲已是故願大王之孰計之秦西有巴蜀大船積粟起於汶山浮江以下至楚三千餘里舫船載卒一舫載五十人與三月之食下水而浮一日行三百餘里里數雖多然而不費牛馬之力不至十日而距扞關（巴郡魚復縣有扞關）扞關驚則從境以東盡城守矣黔中巫郡非王之有秦舉甲出武關南面而伐則北地絶秦兵之攻楚也危難在三月之内而楚待諸侯之救在半歲之外此其勢不相及也夫待弱國之救忘彊秦之禍此臣所爲大王患也大王嘗與吳人戰五戰而三勝陣卒盡矣偏守新城存民苦矣臣聞功大者易危而民敝者怨上夫守易危之功而逆彊秦之心臣竊爲大王危之且夫秦之所以不出兵函谷十五年以攻齊趙者陰謀有合（一作吞）天下之心楚嘗與秦構難戰於漢中楚人不勝列侯執珪死者七十餘人遂亡漢中楚王大怒興兵襲秦戰於藍田此

所謂兩虎相搏者也夫秦楚相敝而韓魏以全制其後計無危於此者矣願大王孰計之秦下甲攻衛陽晉必大關天下之匈關一作開大王悉起兵以攻宋不至數月而宋可舉舉宋而東指則泗上十二諸侯盡王之有也凡天下而以信約從親相堅者蘇秦封武安君相燕即陰與燕王謀伐破齊而分其地乃佯有罪出走入齊齊王因受而相之居二年而覺齊王大怒車裂蘇秦於市夫以一詐僞之蘇秦而欲經營天下混壹諸侯其不可成亦明矣今秦與楚接境壤界固形親之國也大王誠能聽臣臣請使秦太子入質於楚楚太子入質於秦請以秦女爲大王箕箒之妾效萬室之都以爲湯沐之邑長爲昆弟之國終身無相攻伐臣以爲計無便於此者於是楚王已得張儀而重出黔中地與秦欲許之屈原曰前大王見欺於張儀張儀至臣以爲大王烹之今縱弗忍殺之又聽其邪說不可懷王曰許儀而得黔中美利也後而倍之不可故卒許張儀與秦親張儀去楚因遂之韓說韓王曰韓地險惡山居五穀所生非菽而麥民之食大抵菽飯藿羹一歲不收民不饜糟糠地不過九百里無二歲之食料大王之卒悉之不過三十萬而廝徒負養在其中矣除守徼亭鄣塞見卒不過二十萬而已矣秦帶甲百餘萬車千乘騎萬匹虎賁之士跿跔跿跔跳躍也又云偏舉一足曰跿跔科頭謂不著兜鍪入敵貫頤奮戟者至不可勝計言勒戟奮怒而入陣也秦馬之良戎兵之衆探前趹後蹄間三尋騰者不可勝數山東之士被甲蒙冑以會戰秦人捐甲徒裼以趨敵左挈人頭右挾生虜夫秦卒之與山東之卒猶孟賁之與怯夫以重力相壓猶烏獲之與嬰兒夫戰孟賁烏獲之士以攻不服之弱國無異垂千鈞之重於鳥卵之上必無幸矣夫羣臣諸侯不料地之寡而聽從人之甘言好辭比周以相飾也皆奮曰聽吾計可以彊霸天下夫不顧社稷之長利而聽須臾之說詿誤人主無過此者大王不事秦秦下甲據宜陽斷韓之上地東取成皋滎陽則鴻臺之宮桑林之苑苑一作㯃非王之有



也夫塞成皋絶上地則王之國分矣先事秦則安不事秦則危夫造禍而求其福報計淺而怨深逆秦而順楚雖欲毋亡不可得也故爲大王計莫如爲秦秦之所欲莫如弱楚而能弱楚者莫如韓非以韓能彊於楚也其地勢然也今王西面而事秦以攻楚秦王必喜夫攻楚以利其地轉禍而說秦計無便於此者韓王聽儀計張儀歸報秦惠王封儀五邑號曰武信君使張儀東說齊湣王曰天下彊國無過齊者大臣父兄殷衆富樂然而爲大王計者皆爲一時之說不顧百世之利從人說大王者必曰齊西有彊趙南有韓與梁齊負海之國也地廣民衆兵彊士勇雖有百秦將無奈齊何大王賢其說而不計其實夫從人朋黨比周莫不以從爲可臣聞之齊與魯三戰而魯三勝國以危亡隨其後雖有戰勝之名而有亡國之實是何也齊大而魯小也今秦之與齊也猶齊之與魯也秦趙戰於河漳之上再戰而再勝秦戰於番吾之下再戰又勝秦四戰之後趙之亡卒數十萬邯鄲僅存雖有戰勝之名而國已破矣是何也秦彊而趙弱今秦楚嫁女娶婦爲昆弟之國韓獻宜陽梁效河外趙入朝澠池割河間以事秦大王不事秦秦驅韓梁攻齊之南地悉趙兵渡清河指博關臨菑即墨非王之有也國一日見攻雖欲事秦不可得也是故願大王孰計之也齊王曰齊僻陋隱居東海之上未嘗聞社稷之長利也乃許張儀張儀去西說趙王曰敝邑秦王使使臣效愚計於大王大王收率天下以賓秦秦兵不敢出函谷關十五年大王之威行於山東敝邑恐懼懾伏繕甲厲兵飾車騎習馳射力田積粟守四封之內愁居懾處不敢動搖唯大王有意督過之也今以大王之力舉巴蜀并漢中包兩周遷九鼎守白馬之津秦雖僻遠然而心忿含怒之日久矣今秦有敝甲凋兵軍於澠池願渡河踰漳據番吾會邯鄲之下願以甲子合戰以正殷紂之事敬使使臣先聞左右凡大王之所信爲從者恃蘇秦蘇秦熒惑諸侯以是爲非以非爲是欲反齊

國而自令車裂於市夫天下之不可一亦明矣今楚與秦爲昆弟之國而韓梁稱爲東藩之臣齊獻魚鹽之地此斷趙之右臂也夫斷右臂而與人鬭失其黨而孤居求欲毋危豈可得乎今秦發三將軍其一軍塞午道告齊使興師渡清河軍於邯鄲之東一軍軍成皋驅韓梁軍於河外一軍軍於澠池約四國爲一以攻趙趙服必四分其地是故不敢匿意隱情先以聞於左右臣竊爲大王計莫如與秦王遇於澠池面相見而口相結請案兵無攻願大王之定計趙王曰先王之時奉陽君專權擅勢蔽欺先王獨擅綰事寡人居屬師傅不與國謀計先王棄群臣寡人年幼奉祭祀之日新心固竊疑焉以爲一從不事秦非國之長利也乃且願變心易慮割地謝前過以事秦方將約車趨行適聞使者之明詔趙王許張儀張儀乃去北之燕說燕昭王曰大王之所親莫如趙昔趙襄子嘗以其姊爲代王妻欲并代約與代王遇於鉤注之塞乃令工人作爲金斗長其尾令可以擊



人與代王飲陰告廚人曰即酒酣樂進熱啜反斗以擊之於是酒酣樂進熱啜廚人進斟因反斗以擊代王殺之王腦塗地其姊聞之因摩笄以自刺故至今有摩笄之山代王之亡天下莫不聞夫趙王之很戾無親大王之所明見且以趙王爲可親乎趙興兵攻燕再圍燕都而劫大王大王割十城以謝今趙王已入朝澠池效河間以事秦今大王不事秦秦下甲雲中九原驅趙而攻燕則易水長城非大王之有也且今時趙之於秦猶郡縣也不敢妄舉師以攻伐今王事秦秦王必喜趙不敢妄動是西有彊秦之援而南無齊趙之患是故願大王孰計之燕王曰寡人蠻夷僻處雖大男子裁如嬰兒言不足以來正計今上客幸教之請西面而事秦獻常山之尾五城燕王聽儀儀歸未至咸陽而秦惠王卒武王立武王自爲太子時不説張儀及即位群臣多讒張儀曰無信左右賣國以取容秦必復用之恐爲天下笑諸侯聞張儀有郤武王皆畔衡復合從秦武王元年羣臣日夜惡張儀未已而齊讓又至張儀懼誅乃因謂秦武王曰儀有愚計願效之王曰奈何對曰爲秦社稷計者東方有大變然後王可以多割得地也今聞齊王甚憎儀儀之所在必興師伐之故儀願乞其不肖之身之梁齊必興師而伐梁梁齊之兵連於城下而不能相去王以其間伐韓入三川出兵函谷而毋伐以臨周祭器必出挾天子案圖籍此王業也秦王以爲然乃具甲車三十乘入儀之梁齊果興師伐之梁哀王恐張儀曰王勿患也請令罷齊兵乃使其舍人馮喜之楚借使之齊謂齊王曰王甚憎張儀雖然亦厚矣王之託儀於秦也齊王曰寡人憎儀儀之所在必興師伐之何以託儀對曰是乃王之託儀也夫儀之出也固與秦王約曰爲王計者東方有大變然後王可以多割得地今齊王甚憎儀儀之所在必興師伐之故儀願乞其不肖之身之梁齊必興師伐之齊梁之兵連於城下而不能相去王以其間伐韓入三川出兵函谷而毋伐以臨周祭器必出挾



天子案圖籍此王業也秦王以爲然故具革車三十乘而入之梁也今儀入梁王果伐之是王内罷國而外伐與國廣鄰敵以内自臨而信儀於秦王也此臣之所謂託儀也齊王曰善乃使解兵張儀相魏一歲卒於魏也

唐且魏人秦魏爲與國齊楚約而欲攻之魏魏使人求救於秦冠蓋相望秦救不出且年九十餘謂魏王曰老臣請西說秦令兵先臣出可乎魏王曰敬諾遂約車而遣之且見秦王秦王曰丈人罔然乃遠至此甚苦矣魏來求救數矣寡人知魏人之急矣唐且荅曰大王已知魏之急而救不至者是大王籌筴之臣失之也且夫魏一萬乘之國稱東藩受冠帶祠春秋者爲秦之彊足以爲與也今齊楚之兵已在魏郊矣大王之救不至魏急則且割地而約楚王雖欲救之豈有及哉是亡一萬乘之魏而彊二敵之齊楚也竊以爲大王籌筴之臣失之矣秦王懼然而悟遽發兵救之馳鶩而往齊楚聞之引兵而去魏氏復故唐且

一說定彊秦之㓗解魏國之患散齊楚之兵一舉而折衝消難辭之功也（孔子曰言語宰我子貢故詩曰辭之輯矣民之洽矣辭之懌矣民之莫矣辭者有辭國賴之故不可以已）犀首者魏之陰晉人（犀首魏官名若今虎牙將軍）名衍姓公孫氏與張儀不善張儀爲秦之魏魏王相張儀犀首弗利故令人謂韓公叔曰張儀已合秦魏矣其言曰魏攻南陽秦攻三川魏王所以貴張子者欲得韓地也且韓之南陽已舉矣子何不少委焉以爲衍功則秦魏之交可錯矣然則魏必圖秦而棄儀收韓而相衍公叔以爲便因委之犀首以爲功果相魏

陳軫者游說之士與張儀俱事秦惠王惠王終相張儀而陳軫奔楚楚未重也而使陳軫使於秦過梁欲見犀首犀首謝弗見軫曰吾爲事來公不見軫軫將行不得待異日犀首見之陳軫曰公何好飲也犀首曰無事也曰吾請令公厭事可乎曰奈何曰田需約諸侯從親楚王疑之未信也公謂於王曰臣與燕趙之王有故數使人來曰無事何不相見願謁行於王王雖許公



公請毋多車以車三十乘可陳之於庭明言之燕趙燕趙客聞之馳車告其王使人迎犀首楚王聞之大怒曰田需與寡人約而犀首之燕趙是欺我也怒而不聽其事齊聞犀首之北使人以事委焉犀首遂行三國相事皆斷於犀首軫遂至秦韓魏相攻朞年不解秦惠王欲救之問於左右左右或曰救之便或曰勿救便惠王未能爲之决陳軫適至秦惠王曰子去寡人之楚亦思寡人不陳軫對曰王聞夫越人莊舄乎王曰不聞曰越人莊舄仕楚執珪有頃而病楚王曰舄故越之鄙細人也今仕楚執珪貴矣亦思曰不中謝對曰凡人之思故在其病也彼思越則越聲不思越則楚聲使人往聽之猶尚越聲也今臣雖棄逐之楚豈能無秦聲哉惠王曰善今韓魏相攻朞年不解或謂寡人救之便或曰勿救便寡人不能决願子不爲子主計之餘爲寡人計之陳軫對曰亦嘗有以夫卞莊子刺虎聞於王者乎莊子欲刺虎館豎子止之曰兩虎方且食牛食甘必爭爭則必鬭鬭則大者傷小者死從傷而刺之一舉必有雙虎之名卞莊子以爲然立之有頃兩虎果鬭大者傷小者死莊子從傷者而刺之一舉果有雙虎之功今韓魏相攻朞年不解是必大國傷小國亡從傷而伐之一舉必有兩實此猶莊子刺虎之類也臣主與王何異也惠王曰善卒弗救大國果傷小國亡秦興兵而伐大尅之此陳軫之計也楚使柱國昭陽將兵而攻魏破之於襄陵得八邑又移兵而攻齊齊王患之（懷王六年昭陽移和而攻齊軍門曰和）陳軫適爲秦使齊齊王曰爲之奈何陳軫曰王勿憂請令罷之即往見昭陽軍中曰願聞楚國之法破軍殺將者何以貴之昭陽曰其官爲上柱國封上爵執珪陳軫曰其有貴於此者乎昭陽曰令尹陳軫曰今君已爲令尹矣此國冠之上臣請得譬之人有遺其舍人一卮酒者舍人相謂曰數人飲此不足以徧請遂畫地爲蛇蛇先成者獨飲之一人曰吾蛇先成舉酒而起曰吾能爲之足及其爲之足而後成人奪之酒而飲之曰蛇固無足今



爲之足是非蛇也今君相楚而攻魏破軍殺將功莫大焉冠之上不可以加矣今又移兵而攻齊攻齊勝之官爵不加於此攻之不勝身死爵奪有毀於楚此爲蛇爲足之說也不若引兵而去以德齊此持滿之術也昭陽曰善引兵而去其後秦伐魏楚令三晉而東謂齊王曰古之王者之伐也欲以正天下而立功名以爲後世也今齊楚燕趙韓梁六國之遞甚也不足以立功名適足以彊秦而自弱也非山東之上計也能危山東者彊秦也不憂彊秦而遞相罷弱而兩歸其國於秦此臣之所以爲山東之患天下爲秦相割秦曾不出力天下爲秦相烹秦曾不出薪何秦之智而山東之愚耶願大王之察也古之五帝三王五伯之伐也伐不道者今秦之伐天下不然必欲反之主必死辱民必死虜今韓梁之目未嘗乾而齊民獨不也非齊親而韓梁疏也齊遠秦而韓梁近今齊將近矣今秦欲攻梁絳安邑秦得絳安邑以東下河必表裏河而東攻齊舉齊屬之海南面而孤

楚韓梁北向而孤燕趙齊無所出其計矣願王熟慮之今三晉已合矣復為兄弟約而出銳師以戍梁絳安邑此万世之計也齊非急以銳師合三晉必有後憂三晉合秦必不敢攻梁必南攻楚楚秦構難三晉怒齊不與已也必東攻齊此臣之所謂齊必有大憂不如急以兵合於三晉齊王敬諾果以兵合於三晉

游騰為楚王客秦武王既立使樗里子以車百乘入周周以卒迎之意甚敬楚王怒讓周以其重秦騰為周說楚王曰智伯之伐仇猶仇猶狄之国遺之廣車廣車橫轅之車因隨之以兵仇猶遂亡何則無備故也齊桓公伐蔡號曰誅楚其實襲蔡今秦虎狼之国使樗里子以車百乘入周周以仇猶蔡觀焉故使長戟居前強弩在後名曰衛疾而實囚之且夫周豈能無愛其社稷哉恐一旦亡国以憂大王楚王乃悅

胡衍不知何許人秦昭王元年樗里子將伐蒲蒲守恐請衍衍為蒲謂樗里子曰公之攻蒲為秦乎為魏乎為魏則善矣為秦



則不為賴矣賴利夫衛之所以為衛者以蒲也今伐蒲入於魏衛必折而從之魏亡西河之外而無以取者兵弱也今并衛於魏魏必強之日西河之外必危矣且秦王將觀公之事害秦而利魏王必罪公樗里子曰奈何胡衍曰公釋蒲勿攻臣試為公入言之以德衛君樗里子曰善胡衍入蒲謂其守曰樗里子知蒲之病矣其言曰必拔蒲衍能令釋蒲勿攻蒲守恐因再拜曰願以請因效金三百斤曰秦兵苟退請必言子於衛君使子為南面故胡衍受金於蒲以自貴於衛於是遂解蒲而去

惠盎宋人以客見宋康王康王蹀足謦欬疾言曰寡人之所說者勇有力也不悅為仁義者客將何以教寡人盎曰臣有道於此此謂勇有力也使人雖勇刺之不入雖力擊之不中大王獨無意邪宋王曰善此寡人之所欲聞也盎曰夫刺之不入擊之不中此猶辱也臣有道於此使人雖有勇不敢刺雖有力不敢擊夫不敢非無其志也臣有道於此使人本無其志也夫無其志也未有愛利之心也臣有道於此使天下丈夫女子莫不驩然皆欲愛利之此其賢於勇有力也四累之上也大王獨無意邪宋王曰此寡人之所欲也盎曰孔墨是已孔丘墨翟無地為君無官為長天下丈夫女子莫不延頸舉踵而願安利之今大王萬乘之主也誠有其志則四境之内皆得其利矣其賢於孔墨也遠矣宋王無以應盎趨而出宋王謂左右曰辯矣客之以說服寡人也

冊府元龜卷第八百八十七

冊府元龜卷第八百八十八

總録部一百三十八

遊説第三

蘇代秦之弟秦死乃求見燕王欲襲故事曰臣東周之鄙人也竊聞大王義甚高鄙人不敏釋鉏耨而干大王至於邯鄲所見者紬於所聞於東周臣竊負其志及至燕廷觀王之羣臣下吏王天下之明王也燕王曰子所謂明王者何如也對曰臣聞明王務聞其過不欲聞其善臣請謁王之過夫齊趙者燕之仇讎也楚魏者燕之援國也今王奉仇讎以伐援國非所以利燕也王自慮之此則計過無以聞者非忠臣也王曰夫齊者固寡人之讎所欲伐也直患國敝力不足也子能以燕伐齊則寡人舉國委子對曰凡天下戰國七燕處弱焉獨戰則不能有所附則無不重南附楚楚重西附秦秦重中附韓魏韓魏重且苟所附之國重此必使王重矣今夫齊長主而自用也南攻楚五年畜聚竭西困秦三年士卒罷敝北與燕人戰覆三軍得二將（齊將三軍覆殺失二將）然而以其餘兵南面舉五千乘之大宋而包十二諸侯此其君欲得其民力竭惡足取乎且臣聞之數戰則民勞久師則兵敝矣燕王曰吾聞齊有清濟濁河可以爲固長城鉅防（濟北盧縣有防門又有長城東至海）足以爲塞誠有之乎對曰天時不與雖有清濟濁河惡足以爲固民力罷敝雖有長城鉅防惡足以爲塞且異日濟西不師所以備趙也河北不師所以備燕也今濟西河北盡已役矣封內敝矣夫驕君必好利而亡國之臣必貪於財王誠能無羞寵子母弟以爲質寶珠玉帛以事左右彼將有德燕而輕亡宋則齊可亡已燕王曰吾終以子受命於天矣燕乃使一子質於齊蘇代爲侍齊湣王十二年攻魏楚圍雍氏（在陽翟縣）韓秦敗屈丐蘇代謂田軫曰臣願有謁於公其爲事甚完使楚利公成爲福不成亦爲福今者臣立於門客有言曰魏王謂韓馮張儀曰（韓馮之公仲侈也）煑棗將拔（在濟陰宛朐）齊兵又進子來救寡人則可矣不救寡人寡人弗能拔此特轉辭也秦韓之兵毋東旬餘則魏氏轉韓從秦秦逐張儀交臂而事齊楚此公之事成也田軫曰奈何使無東對曰韓馮之救魏之辭必不謂韓王曰馮以爲魏必曰馮將以秦韓之兵東卻齊宋馮因摶（摶猶并合制）三國之兵乘屈丐之敝南割於楚故地必盡得之矣張儀救魏之辭必不謂秦王曰儀以爲魏必曰儀且以秦韓之兵東距齊宋儀將摶三國之兵乘屈丐之敝南割於楚名存亡國實伐三川而歸此王業也公令楚王與韓氏地使秦制和謂秦王曰請與韓地而王以施三川韓氏之兵不用而得地於楚韓馮之東兵之辭且謂秦何曰秦兵不用而得三川伐楚韓以窘魏魏氏不敢東是孤齊也張儀之東兵之辭且謂何曰秦韓欲地而兵有案聲威發於魏魏氏之欲不失齊楚者有資矣魏氏轉秦韓爭事齊楚楚王欲而無與地（楚王欲得魏東事已而不欲與韓地也）公令秦韓之兵不用而得地有一大德也秦韓之王劫於韓馮張儀而東兵以徇服魏公常執左券以責於秦韓此其善於公而惡張子多資矣湣王二十六年以孟嘗君爲相任政孟嘗君怨秦將以齊爲韓魏攻楚因與韓魏攻秦（韓魏齊共擊秦軍於函谷）而借兵食於西周蘇代爲西周謂曰君以齊爲韓魏攻楚九年取宛葉以北以彊韓魏今復攻秦以益之韓魏南無楚憂西無秦患則齊危矣韓魏必輕齊畏秦臣爲君危之君不如令敝邑深合於秦而君無攻又無借兵食君臨函谷而無攻令敝邑以君之情謂秦昭王曰薛公必不破秦以彊韓魏其攻秦也欲王之令楚王割東國以與齊而秦出楚懷王以爲和君令敝邑以此惠秦秦得無破而以東國自免也秦必欲之楚王得出必德齊齊得東國益彊而薛世世無患矣秦不大弱而處三晉之西三晉必重齊薛公曰善因令韓魏賀秦使三國無攻而不借兵食於西周矣孟嘗君既謝病歸老於薛其後秦亡將呂禮相齊欲困蘇代代乃謂孟嘗君曰周最於齊至厚也而齊王逐之而聽親弗（趙人姓名）相呂禮

者欲取秦也齊秦合則親弗與呂禮重矣有用齊秦必輕君君不如急北兵趨趙以和秦魏收周冣以厚行且反齊王之信又禁天下之變齊無秦則天下集齊親弗必走則齊王孰與爲其國也於是孟嘗君從其計而呂禮嫉害於孟嘗君孟嘗君懼乃遺秦相穰侯魏冉書曰吾聞秦欲以呂禮收齊齊天下之彊國也子必輕矣齊秦相取以臨三晉呂禮必并相矣是子通齊以重呂禮也若齊免於天下之兵其讎子必深矣子不如勸秦王伐齊齊破吾請以所得封子齊破秦畏晉之強秦必重子以取晉晉國獘於齊而畏秦晉必重子以取秦是子破齊以爲功挾晉以爲重是子破齊定封秦晉交重子若齊不破呂禮復用子必大窮於是穰侯言於秦昭王伐齊而呂禮亡湣王三十八年伐宋秦昭王怒曰吾愛宋與愛新城陽晉同韓聶與吾友也而攻吾所愛何也蘇代爲齊謂秦王曰韓聶之攻宋所以爲王也齊彊輔之以宋楚魏必恐恐必西事秦是王不煩一兵不傷一



士無事而割安邑也此韓聶之所禱於王也秦王曰吾患齊之難知一從一衡其說何也對曰天下國令齊可知乎齊以攻宋其知事秦以萬乘之國自輔不西事秦則宋治不安中國白頭游敖之士皆積智欲離齊秦之後伏式結軼西馳者未有一人言善齊者也伏式東馳者未有一人言善秦者也何則皆不欲齊秦之合也何晉楚之智而齊秦之愚也晉楚合必議齊秦齊秦合必圖晉楚請以此決事秦王曰諾於是齊遂伐宋先是燕相子之與蘇代婚而欲得燕權乃使蘇代侍質子於齊齊使代報燕燕王噲問曰齊王其霸乎曰不能曰何也曰不信其臣於是燕王專任子之已而讓位燕大亂齊伐燕殺王噲子之燕立昭王而蘇代歸齊齊善待之蘇代過魏魏爲燕執代齊使人謂魏王曰齊請以宋地封涇陽君秦必不受秦非不利有齊而得宋地也不信齊王與蘇子也今齊魏不和如此其甚則齊不欺秦秦信齊齊秦合涇陽君有宋地非魏之利也故王不如東蘇子秦必疑齊而不信蘇子矣齊秦不合天下無變伐齊之形成矣於是出蘇代代之宋宋善待之齊伐宋宋急蘇代乃遺燕昭王書曰夫列在萬乘而寄質於齊名卑而權輕奉萬乘助齊伐宋民勞而實費夫破宋殘楚淮北肥大齊讎彊而國害此三者皆國之大敗也然且王行之者將以取信於齊也齊加不信於王而忌燕愈甚是王之計過矣夫以宋加之淮北彊萬乘之國也而齊并之是益一齊也北夷方七百里加之以魯衛彊萬乘之國也而齊并之是益二齊也夫一齊之彊燕猶狼顧而不能支今以三齊臨燕其禍必大矣雖然智者舉事因禍爲福轉敗爲功齊紫敗素也以敗素染以爲紫而賈十倍越王句踐棲於會稽復殘彊吳而霸天下此皆因禍爲福轉敗爲功者也今王若欲因禍爲福轉敗爲功則莫若挑霸齊而尊之使使盟於周室焚秦符曰其大上計破秦其次必長賓之秦挾賓以待破秦王必患之秦五世伐諸侯今爲齊下秦王之志苟得窮齊不憚以國爲



功然則王何不使辯士以此言說秦王曰燕趙破宋肥齊尊之爲之下者燕趙非利之也燕趙不利而勢爲之者以不信秦王也然則王何不使可信者接收燕趙令涇陽君高陵君[illegible]先於燕趙秦有變因以爲質則燕趙信秦秦爲西帝燕爲北帝趙爲中帝立三帝以令於天下韓魏不聽則秦伐之齊不聽則燕趙伐之天下孰敢不聽天下服聽因驅韓魏以伐齊曰必反宋地歸楚淮北反宋地歸楚淮北燕趙之所利也並立三帝燕趙之所願也夫實得所利尊得所願燕趙棄齊如脫屣矣今不收燕趙齊霸必成諸侯贊齊而王不從是國伐也諸侯贊齊而王從之是名卑也今收燕趙國安而名尊不收燕趙國危而名卑夫去尊安而取危卑智者不爲也秦王聞若說必若刺心然則王何不使辯士以此若言說秦秦必取齊必伐矣夫取秦厚交也伐齊正利也尊厚交務正利聖王之事也燕昭王善其書曰先人嘗有德蘇氏子之亂而蘇氏去燕燕欲報仇於齊非蘇

氏莫可乃召蘇代復善待之與謀代齊竟破齊湣王出走久之秦召燕王燕王欲往蘇代約燕王曰楚得枳(枳巴郡枳縣)而國亡([illegible])(王三十三年秦拔楚郢)齊得宋而國亡齊楚不得以有枳宋而事秦者何也則有功者秦之深讎也秦取天下非行義也暴也秦之行暴正告天下告楚曰蜀地之甲乘船浮於汶乘夏水而下江五日而至郢漢中之甲乘船出於巴乘夏水而下漢四日而至五渚(戰國策曰秦與荊人戰大破荊襲郢取洞庭五渚然則五渚在洞庭)寡人積甲宛東下隨智者不及謀勇士不及怒寡人如射隼矣王乃欲待天下之攻函谷不亦遠乎楚王爲是故十七年事秦秦正告韓曰我起乎少曲一日而斷大行我起乎宜陽而觸平陽二日而莫不盡繇我離兩周而觸鄭五日而國舉韓氏以爲然故事秦秦正告魏曰我舉安邑塞女戟韓氏太原卷我下軹道南陽封冀([illegible])包兩周([illegible])乘夏水浮輕舟强弩在前錟戈在後決滎口魏無大梁決白馬之口魏無外黃濟陽決宿胥之口([illegible])魏無虛頓丘(秦始皇五年取魏酸棗燕虛長平)陸攻則擊河内水攻則滅大梁魏氏以爲然故事秦秦欲攻安邑恐齊救之則以宋委於齊曰宋王無道爲木人以寫寡人射其面寡人地絶兵遠不能攻也王苟能破宋有之寡人如自得之已得安邑塞女戟因以破宋爲齊罪秦欲攻韓恐天下救之則以齊委於天下曰齊王四與寡人約四欺寡人必率天下以欺寡人者三有齊無秦有秦無齊必伐之必亡之已得宜陽少曲致藺石因以破齊爲天下罪秦欲攻魏重楚則以南陽委於楚曰寡人固與韓且絶矣殘均陵塞鄳阨(鄳在江夏鄳縣均一作沈)苟利於楚寡人如自有之魏棄與國而合於秦因以塞鄳阨爲楚罪兵困於林中(林中河南苑陵縣東有林鄉)重燕趙以膠東委於燕以濟西委於趙趙得講於魏至公子延因犀首屬行而攻趙兵傷於譙石遇敗於陽馬而重魏則以葉蔡委於魏已得講於趙則劫魏不爲割困則使太后弟穰侯爲和嬴則兼欺舅與母適燕者曰以膠東適趙者曰以濟西適魏者曰以葉蔡適楚者曰以塞鄳阨適齊者曰以宋此必令言如循環用兵如刺蜚母不能制舅不能約龍賈之戰(魏襄王五年秦敗我龍賈軍)岸門之戰(韓宣惠王十九年大破我岸門)封陵之戰(魏哀王十六年秦敗我封陵)高商之戰(此戰事不見)趙莊之戰(趙肅侯二十二年趙莊與秦戰敗秦殺趙莊河西)秦之所殺三晉之民數百萬今其生者皆死秦之孤也西河之外上雒之地三川晉國之禍三晉之半秦禍如此其大也而燕趙之秦者皆以爭事秦說其主此臣之所大患也燕昭王不行蘇代復重於燕燕使約諸侯從親如蘇秦時或從或不而天下由此宗蘇氏之從約韓襄王十二年韓太子嬰死公子咎公子蟣蝨爭爲太子時蟣蝨質於楚蘇代謂韓咎曰蟣蝨亡在楚楚王欲内之甚今楚兵十餘萬在方城之外公何不令楚王築萬室之都雍氏之旁(雍氏在陽翟)韓必起兵以救之公必將矣公因以韓楚之兵奉蟣蝨而内之其聽公必矣必以楚韓封公也韓咎從其計楚圍雍氏韓求救於秦秦未爲發使公孫昧入韓公仲曰子以秦爲且救韓乎對曰秦王之言曰請道南鄭藍田出兵於楚以待公殆不合矣公仲曰子以爲果乎對曰秦王必祖張儀之故智([illegible])楚威王攻梁也張儀謂秦王曰與楚攻魏魏折而入於楚韓固其與國也是秦孤也不如出兵以到之魏楚大戰秦取西河之外以歸今拔宜陽言與韓其實陰善楚公待秦而到必輕與楚戰楚陰得秦之不用也必易與公相支也公戰而勝楚遂與公乘楚施三川而歸公戰不勝楚塞三川守之公不能救也竊爲公患之司馬庚(一作唐)三反於郢甘茂與昭魚遇於商於其言收璽實類有約也公仲恐曰然則奈何曰公必先韓而後秦先身而後張儀公不如亟以國合於齊楚齊楚必委國於公公之所惡者張儀也其實猶不無秦也於是楚解雍氏圍(甘茂傳曰楚懷王以兵圍韓雍氏韓使公仲侈告急於秦秦昭王新立不肯救甘茂爲韓言之乃下師於殽 [illegible])蘇代又謂秦太

后弟芊戎（號新城君）曰公叔伯嬰恐秦楚之内蟣蝨也公何不爲韓求質於楚楚王聽入質子於韓則公叔伯嬰知秦楚之不以蟣蝨爲事必以韓合於秦楚挾韓以窘魏魏氏不敢合於齊是齊孤也公又爲秦求質子於楚楚不聽怨結於韓韓挾齊魏以圍楚楚必重公公挾秦楚之重以積德於韓公叔伯嬰必以國待公於是蟣蝨竟不得歸韓韓立咎爲太子魏田需死楚昭魚謂蘇代曰田需死吾恐張儀薛公犀首之有一人相魏者代曰然則相誰而君便之也昭魚曰吾欲太子之自相也代曰請爲君北必相之昭魚曰奈何代曰君其爲梁王代請說君昭魚曰奈何對曰代也從楚來昭魚甚憂代曰君何憂曰田需死吾恐張儀薛公犀首有一人相魏者代曰勿憂也梁王長主也必不相張儀張儀相魏必右秦而左魏薛公相魏必右齊而左魏犀首相魏必右韓而左魏梁王長主也必不使相也代曰莫如太子之自相太子之自相是三人皆以太子爲非常相也皆將務以



其國事魏而欲丞相之璽以魏之強而三萬乘之國輔之魏必安矣故曰不如太子之自相也遂北見梁王以此語告之太子果自相秦召魏相信安君信安君不欲往蘇代爲說秦王曰臣聞之忠不必當當不必忠今臣願大王陳臣之愚意恐其不忠於下吏自使有要領之罪願大王察之今大王令人執事於魏以完其交臣恐魏交之益疑也將以塞趙也臣又恐趙之益勁也夫魏王之愛習魏信也甚矣其智能而任用之也厚矣其畏惡嚴尊秦也明矣今王之使人入魏而不用王之使人入魏無益也若用魏必舍所愛習而用所惡此魏王之所不安也夫舍萬乘之事而退此魏信之所難行也夫令人君處所不安令人之相行所不能以此爲親則難久臣故恐魏交之益疑也且魏信舍事則趙之謀者必曰舍於秦秦必令其所愛信者用趙是趙存而我亡也趙安而我危也則上有野戰之氣下有堅守之心臣故恐趙之益勁也大王欲見魏之交而使趙小心乎不如

用魏信而尊之以名魏信事王國安而名尊離王國危而權輕然則魏信之事王也上所以爲其主者忠矣下所以自爲者厚矣彼其事王必見矣趙之用事者必曰魏氏之名族不高於我土地之實不厚於我魏信以韓魏事秦秦甚善之國得安而身取尊今我講難於秦兵爲招質國處削危之形非得計也結怨於外主患於中身處死士之地非完事也彼將傷其前事而悔其過行冀其利必多割地以深下王則是大王下垂拱多割地以爲利重堯舜之所求而不能得也臣願大王察之周赧王八年秦攻宜陽楚救之而楚以周爲秦故將伐之蘇代爲周說楚王曰何以周爲秦之禍也言周之爲秦甚於楚者欲令周入秦也故謂周爲秦也周知其不可解必入於秦此爲秦取周之精者也爲王計者周於秦因善之不於秦亦言善之以疏之於秦周絶於秦必入於郢矣赧王謂成君楚圍雍氏（陽翟雍氏韓兵入邑周令成君辯說秦求救當是說此事而脫誤也）韓徵甲與粟於東周東周君恐召蘇代



而告之代曰君何患於是臣能使韓毋徵甲與粟於周又能爲君得高都（今河南新城縣高都城也）周君曰子苟能請以國聽子代見韓相國曰（相國秦官韓亦有相國則諸國其放秦也）楚圍雍氏期三月也今五月不能拔是楚病也今相國乃徵甲與粟於周是告楚病也韓相國曰善使者已行矣代曰何不與周高都韓相國大怒曰吾毋徵甲與粟於周亦已多矣何故與周高都也代曰與周高都是周折而入於韓也秦聞之必大怒忿周即不通周使是以弊高都得完周也曷爲不與相國曰善果與周高都明年秦使樗里子甘茂伐魏皮氏向壽者宣太后外族也而與昭王少相長故任用向壽如楚（如一作知）楚聞秦之貴向壽而厚事向壽向壽爲秦守宜陽將以伐韓韓公仲使蘇代謂向壽曰禽困覆車（譬猶獸[illegible]猶[illegible]頤覆人車）公破韓辱公仲公仲收國復事秦自以爲必可以封今公與楚解口地封小令尹以杜陽秦楚合復攻韓韓必亡韓亡公仲且躬率其私徒以闘於秦願公熟慮之也向壽曰吾合秦楚

非以當韓也子爲壽謁之公仲曰秦韓之交可合也蘇代對曰願有謁於公人曰貴其所以貴者貴王之愛習公也不如公孫奭其智能公也不如甘茂今二人者皆不得親於秦事而公獨與王主斷於國者何彼有以失之也公孫奭黨於韓而甘茂黨於魏故王不信也今秦楚爭彊而公黨於楚是與公孫奭甘茂同道也公何以異之人皆言楚之善變也而公必亡之是自爲責也公不如與王謀其變也善韓以備楚如此則無患矣韓氏必先以國從公孫奭而後委國於甘茂韓公之讎也今公言善韓以備楚是外舉不辟讎也向壽曰然吾甚欲韓合對曰甘茂許公仲以武遂（秦昭王元年予韓武遂）及宜陽之民今公徒收之甚難向壽曰然則奈何武遂終不可得也對曰公奚不以秦爲韓求潁川於楚此韓之寄地也公求而得之是令行於楚而以其地德韓也公求而不得是韓楚之怨不解而交走秦也秦楚爭彊而公徐過楚（過一作[illegible]）以收韓此利於秦向壽曰奈何對曰此善事也



甘茂欲以魏取齊公孫奭欲以韓取齊今公取宜陽以爲功收楚韓以安之而誅齊魏之罪是以公孫奭甘茂無事也甘茂竟言秦昭王以武遂復歸之韓向壽公孫奭爭之不能得向壽公孫奭由此怨讒甘茂茂懼輟伐魏蒲阪亡去（昭王元年擊皮氏未拔太）秦樗里子與魏講罷兵甘茂之亡秦奔齊逢蘇代代爲齊使於秦甘茂曰臣得罪秦懼而遯逃無所容跡臣聞貧人女與富人女會績貧人女曰我無以買燭而子之燭光幸有餘子何分我餘光無損子明而得一斯便焉今臣困而君方使秦而當路矣茂之妻子在焉願君以餘光振之蘇代許諾遂致使於秦已因說秦王曰甘茂非常士也其居於秦累世重矣自殽塞及至鬼谷（在陽城）其地形險易皆明知之彼以齊約韓魏反以圖秦非秦之利也秦王曰然則奈何蘇代曰王不若重其贄厚其祿以迎之使彼來則置之鬼谷終身勿出秦王曰善即賜之上卿以相印迎之於齊甘茂不往蘇代謂齊湣王曰夫甘茂賢人也今秦賜之上卿以相印迎之甘茂德王之賜好爲王臣故辭而不往今王何以禮之齊王曰善即位之上卿而處之秦因復甘茂之家以市於齊

秦使客卿竈以兵伐齊（臣欽若等按史記世家襄王十四年秦擊我剛壽）齊襄王懼使蘇代爲齊陰遺穰侯書曰臣聞往來者言曰秦將益趙甲四萬以伐齊臣竊必之弊邑之王曰秦王明而熟於計穰侯智而習於事必不益趙甲四萬以伐齊是何也夫三晉之相與也秦之深讎也百相背也百相欺也不爲不信不爲無行今破齊以肥趙趙秦之深讎不利於秦此一也秦之謀者必曰破齊弊晉楚而後制晉楚之可勝夫齊罷國也以天下攻齊如以千鈞之弩決潰癰也必死安能弊晉楚此二也秦少出兵則晉楚不信也多出兵則晉楚爲制於秦齊恐不走秦必走晉楚此三也秦割齊以啖晉楚晉楚案之以兵秦反受敵此四也是晉楚以秦謀齊以齊謀秦也何晉楚之智而秦齊之愚此五也故得安邑以善事之亦必無患矣秦有安邑韓氏必無上黨矣取天



下之腸胃與出兵而懼其不反也孰利臣故曰秦王明而熟於計穰侯智而習於事必不益趙甲四萬以伐齊矣於是穰侯不行引兵而歸

秦昭王四十八年十月秦復定上黨郡秦分軍爲二王齕攻皮牢拔之司馬梗定太原韓趙恐使蘇代厚幣說秦相應侯曰武安君擒馬服子乎曰然又曰即圍邯鄲乎曰然曰趙亡則秦王王矣武安君爲三公武安君使所爲秦戰勝攻取者七十餘城南定鄢郢漢中北擒趙括之軍雖周召呂望之功不益於此矣今趙亡秦王王則武安君必爲三公君能爲之下乎雖無欲爲之下固不得已矣秦嘗攻韓圍邢兵至上黨上黨之民皆反爲趙天下不樂爲秦民之日久矣今亡趙北地入燕東地入齊南地入韓魏則君之所得民亡幾何人故不如因而割之無以爲武安君功也於是應侯言於秦王曰秦兵勞請許韓趙之割地以和且休士卒王聽之割韓垣雍趙六城以和正月皆罷兵武

安君聞之與應侯有隙

十六年秦與趙數擊齊齊人患之蘇厲爲齊遺趙王書曰臣聞古之賢君其德行布於海內也教順非洽於民人也祭祀時享非數常於鬼神也甘露降時雨至年穀豐熟民不疾疫衆人善之然則賢主國之今足下之賢行功力非數加於秦也怨毒積怒非素深於齊也秦趙與國以彊徵兵於韓秦誠愛趙乎其實憎齊乎物之甚者賢主察之秦非愛趙而憎齊也欲亡韓而吞二周故以齊餤天下恐事之不合故出兵以劫魏趙恐天下畏已也故出質以信爲恐天下亟反也故徵兵於韓以威之聲以德與國實而伐空韓臣以秦計爲必出於此夫物固有勢異而患同者楚久伐而中山亡今齊久伐而韓必亡破齊王與六國分其利也亡韓秦獨擅之收二周西取祭器秦獨私之賦田計功王之獲利孰與秦多說士之計曰韓亡三川魏亡晉國市朝未變而禍已及矣燕盡齊之北地去沙丘鉅鹿斂三百里韓之上黨去邯鄲



百里燕秦謀王之河山閒三百里而通矣秦之上郡近挺關至於榆中者千五百里秦以三郡攻王之上黨羊腸之西句注之南非王有已踰句注斬常山而守之三百里而通於燕代馬胡犬不東下昆山之玉不出此三寶者亦非王有已王久伐齊從彊秦攻韓其禍必至於此願王孰慮之且齊之所伐者以事王也天下屬行以謀王也燕秦之約成而兵出有日矣五國二分王之地齊倍五國之約而殉士之患西兵以禁彊秦秦廢帝請服反高平根柔於魏紀年云魏哀王四年改陽曰河雍向曰高平根柔一作假柔一作平柔反巠外王公一作先俞於趙顧雍曰西俞雁門是齊之事王宜爲上佼而今乃抵辠臣恐天下後事王者之不敢自必也願王孰計之也今王毋與天下攻齊天下必以王爲義齊抱社稷而厚事王天下必盡重王義王以天下善秦秦暴王以天下禁之是一世之名寵制於王也於是趙乃輟謝秦不擊齊

冊府元龜卷第八百八十八

册府元龜卷第八百八十九

總録部一百三十九

## 游說第四

唐睢居于魏齊楚約而欲攻魏睢見秦王曰今齊楚之兵已在魏郊矣大王之救不至魏急則割地而約王雖欲救之豈有及哉秦王遽發兵赴魏魏復存唐睢之說也

魏順居于市丘聞五國約而攻秦楚王爲從長不能傷秦兵罷而留於成皋乃謂市丘君曰五國罷必攻市丘以償兵費君資臣臣請爲君止天下之攻市丘市丘君曰善因遣之順南見楚王曰約五國而西伐秦不能傷秦天下且以是輕王而重秦故王胡不卜交乎楚王曰奈何順曰天下罷必攻市丘以償兵費王令之勿攻市丘五國重王且聽王之言而不攻市丘不重王且反王之言而攻市丘然則王之輕重必然矣故楚王卜交而市丘存也



武公者西周惠公之子秦聞諸國合從乃發兵伐楚楚欲與齊韓連和伐秦因欲圖周周王赧使武公謂楚相昭子曰三國以兵割周郊地以便輸而南器以尊楚臣以爲不然夫以臣弑君大國不親以衆脅寡小國不附大國不親小國不附不可以致名實名實不得不足以傷民夫有圖周之聲非所以爲號也昭子曰圖周則無之雖然周何故不可圖也對曰軍不五不攻城不十不圍夫一周爲二十晉公之所知也韓嘗以二十万之衆辱於晉之城下銳士死中士傷而晉不拔公之無百韓以圖周此天下之所知也夫怨結於兩周以塞鄒魯之心交絶於齊聲失天下其爲事危矣夫危兩周以厚三川方城之外必爲韓弱矣何以知其然也西周之地絶長補短不過百里名爲天下共主裂其地不足以肥國得其衆不足以勁兵雖無攻之名爲弑君然而好事之君喜攻之臣發號用兵未嘗不以周爲終始凡何也見祭器在焉欲器之至而忘弑君之亂今韓以器之在楚臣恐天下以器讎楚也臣請譬之夫虎肉臊其皮附身人猶攻之也君使澤中之麋蒙虎之皮人之攻之必万之於虎裂楚之地足以肥國詘楚之名足以尊主今子將以欲誅殘天下之共主居三代之傳器吞三翮六翼以高世主非貪而何周書曰欲起無先故器南則兵至矣於是楚計輟不行

馬犯居于周赧王四十二年秦破華陽約犯謂周君曰請令梁城周乃謂梁王曰周王病若死犯必死矣犯請以九鼎自入於王王受九鼎而圖犯梁王曰善遂與之卒言戍周因謂秦王曰梁非戍周也將伐周也王試出兵境以觀之秦果出兵又謂梁王曰周王病甚矣犯請後可而復之今王使卒之周諸侯皆生心後舉事且不信不若令卒爲周城以匿事端梁王曰善遂使城周

田文爲齊相封孟嘗君秦將伐魏魏王聞之夜見孟嘗君告之曰秦且攻魏子爲寡人謀奈何孟嘗君曰有諸侯之救則國可



存也王曰寡人願子之行也乃爲之約車百乘孟嘗君之趙謂趙王曰文願借兵以救魏趙王曰寡人不能孟嘗君曰夫敢借兵者以忠王也王曰可得聞乎孟嘗君曰夫魏之兵非弱於趙也然而趙之地不歲危而民不歲死而魏之地歲危而民歲死者何也以魏西爲趙蔽也今趙不救魏魏歃盟於秦是趙與強秦爲界也地亦且歲危民亦且歲死矣此文之所以忠於大王也趙王許諾爲起兵十万車三百乘又北見燕王曰先日公子嘗約兩王之交矣今秦且攻魏願大王救之也燕王曰吾歲不熟二年矣今又行數千里而以助魏且奈何田文曰夫行數千里而救人者此國之利也今魏王出國門而望見軍雖欲行數千里而助人可得乎燕王尚未許也田文曰臣效便計於王王不用臣之忠計文請行矣恐天下之將有大變也王曰可得聞乎曰秦攻魏未能克之也而臺已燔游已奪矣而燕不救魏魏王折節割地以國之半與秦秦必去矣秦已去魏魏王悉韓魏

之兵又西借秦兵以因趙之衆以四国攻燕王且何利利行數
千里而助人乎利出燕南門而望見軍乎則道里近而輸又易
矣王何利燕王曰子行矣寡人聽子乃爲之起兵八万車二百
乘以從田文魏王大說曰君得燕趙之兵甚衆且亟矣秦王大
恐割地請講於魏魏因歸燕趙之兵而封田文
淳于髡齊人齊欲伐魏魏使人請淳于髡曰齊欲伐魏能解魏
患唯先生也淳于髡曰諾遂入說齊王曰楚齊之仇敵也魏齊
之與國也夫伐與國使仇敵制其餘弊名醜而實危爲王不取
也齊王曰善乃不伐魏也其後孟嘗君在薛荆人攻之淳于髡
爲齊使於荆還反過薛而孟嘗君令人體貌而親郊迎之謂淳
于髡曰荆人攻薛夫子弗憂文無以復侍矣（文孟嘗君名）淳于髡曰
敬聞命矣至於齊畢報王曰何見於荆對曰荆甚固而薛亦不
量其力王曰何謂也對曰薛不量其力而爲先王立清廟（威王）
荆因而攻之清廟必危故曰薛不量力而荆亦甚固齊王和其



顏色（齊宣王也威王之子）曰譆先君之廟在焉疾興兵救之顛蹶之請望
拜之謁雖得薄矣（言雖顛蹶而走請救於齊望拜而謁告若訴之不得齊救以淳于之辭則爲薄也）若說
者陳其勢言其方人急也若自在隘之中豈用強力哉（言湣若之說人急其如己自在阨窮之中彊速宛勝也故曰豈強力哉也）
馮驩爲孟嘗君客齊王惑於秦楚之毀以爲孟嘗君名高其主
而擅齊国之權遂廢孟嘗君諸客見孟嘗君廢皆去馮驩曰借
臣車一乘可以入秦者必令君重於国而奉邑益廣可乎孟嘗
君乃約車幣而遣之馮驩乃西說秦王曰天下之游士憑軾結
靷西入秦者無不欲強秦而弱齊憑軾結靷東入齊者無不欲
強齊而弱秦此雄雌之国也勢不兩立爲雄雄者得天下矣秦
王跽而問之曰何以使秦無爲雌而可馮驩曰王亦知齊之廢
孟嘗君乎秦王曰聞之馮驩曰使齊重於天下者孟嘗君也今
齊王以毀廢之其心怨必背齊入秦則齊国之情人事之誠盡
委之秦齊地可得也豈直爲雄也君急使使載幣陰迎孟嘗君

不可失時也如有齊覺悟復用孟嘗君則雌雄之所在未可知
也秦王大悅乃遣車十乘黃金百鎰以迎孟嘗君馮之辭以先
行至齊說齊王曰天下之游士憑軾結靷東入齊者無不欲強
齊而弱秦者憑軾結靷西入秦者無不欲強秦而弱齊者夫秦
齊雄雌之国秦強則齊弱矣此勢不兩雄今臣竊聞秦遣使車
十乘載黃金百鎰以迎孟嘗君孟嘗君不西則已西入相秦則
天下歸之秦爲雄而齊爲雌則臨淄即墨危矣王何不先秦使
之未到復孟嘗君而益與之邑以謝之孟嘗君必喜而受之秦
雖強国豈可以請人相而迎之哉折秦之謀而絶其霸強之略
齊王曰善乃使人至境候秦使車適入齊境使還馳告之王召
孟嘗君而復其相位而與其邑之地又益以千戶秦之使者聞
孟嘗君復相齊還車而去矣
黃歇爲楚相封春申君頃襄王以歇爲辯使於秦秦昭王使白
起攻韓魏敗之於華陽禽魏將芒卯韓魏服而事秦秦昭王方



令白起與韓魏共伐楚未行而楚使黃歇適至於秦聞秦之計
當是之時秦已前使白起攻楚取巫黔中之郡拔鄢郢東至竟
陵楚頃襄王東徙治於陳縣黃歇見楚懷王之爲秦所誘而入
朝遂見欺留死於秦頃襄王其子也秦輕之恐壹舉兵而滅楚
歇乃上書說秦昭王曰天下莫彊於秦楚今聞大王欲伐楚此
猶兩虎相與鬭兩虎相與鬭而駑犬受其獘不如善楚臣請言
其說臣聞物至則反冬夏是也致至則危（致至一作至致）累棊是也今大国
之地徧天下有其二垂此從生民已來万乘之地未嘗有也先
帝文王莊王之身三世不忘接地於齊以絶從親之要今王使
盛橋守事於韓盛橋以其地入秦是王不用甲不信威而得百
里之地王可謂能矣王又舉甲而攻魏杜大梁之門舉河内拔
燕酸棗虚（秦始皇五年取酸棗燕虚廿日廷伯胥之口魏元年魏丘）桃（燕縣有桃城）入邢（平皐有邢丘）
魏之兵雲翔而不敢救王之功亦多矣王休甲息衆二年而後
復之又并蒲衍首垣（蒲衍首垣皆縣名在外黃有蒲城）以臨仁平丘（黃縣有平丘）黃

濟陽嬰城（蘇代去白馬之口魏無黄濟陽）而魏氏服王又割濮磨之北（濮水北陵入事齊翔）注齊秦之要絶楚趙之脊天下五合六聚而不敢救王之威亦單矣（單亦作殫）王若能持功守威絀攻取之心而肥仁義之地使無後患三王不足四五伯不足六也王若負人徒之衆仗兵革之強乗毀魏之威而欲以力臣天下之主臣恐其有後患也詩曰靡不有初鮮克有終易曰狐涉水濡其尾此言始之易終之難也何以知其然也昔智氏見伐趙之利而不知榆次之禍呉見伐齊之便而不知干隧之敗此二國者非無大功也没利於前而易患於後也呉之信越也從而伐齊既勝齊人於艾陵還爲越王禽三渚之浦（三江浦）智氏之信韓魏也從而伐趙攻晉陽城勝有日矣韓魏叛之殺智伯瑶於鑿臺之下（鑿臺在榆次）今王妬楚之不毀也而忘毀楚之彊韓魏也臣爲王慮而不取也詩曰大武遠宅而不涉從此觀之楚国援也鄰国敵也詩云趯趯毚兎遇犬獲之（韓嬰章句曰趯趯往來貌獲得也言趯趯之毚兔謂狡兔數往來逃匿其跡有時遇犬得之毛



傳曰毚兔狡兔也鄭玄曰遇犬犬之馴者謂田犬）他人有心余忖度之今王中道而信韓魏之善王也此正呉之信越也臣聞之敵不可假時不可失臣恐韓魏卑辭除患而實欲欺大国也何則王無重世之徳於韓魏而有累世之怨焉夫韓魏父子兄弟接踵而死於秦者將十世矣本国残社稷壞宗廟毀刳腹絶腸折頸摺頤（頤一作顊）首身分離（離一作雜）暴骸骨於草澤頭顱僵仆相望於境父子老弱係脰束手爲群虜者相及於路鬼神孤傷無所血食人民不聊生族類離散流亡爲僕妾者盈滿海内矣故韓魏之不亡秦社稷之憂也今王資之與攻楚不亦過乎且王攻楚將惡出兵王將借路於仇讎之韓魏乎兵出之日而王憂其不返也是王以兵資於仇讎之韓魏也王若不借路於仇讎之韓魏必攻隨水右壤隨水右壤此皆廣川大水山林谿谷不食之地也王雖有之不爲得地是王有毀楚之名而無得地之實也且王攻楚之日四国必悉起兵以應王秦楚之兵構而不離魏氏將出而攻留方與銍

湖陵碭蕭相故宋必盡齊人南面攻楚泗上必舉此皆平原四達膏腴之地而使獨攻王破楚以肥韓魏於中国而勁齊韓魏之強足以校於秦齊南以泗水爲境東負海北倚河而無後患天下之國莫強於齊魏齊魏得地葆利而詳事下吏一年之後爲帝未能其於楚王之爲帝有餘矣夫以王壤土之博人徒之衆兵革之強一舉事而樹怨於楚遲（一作遟）令韓魏歸帝重於齊是王失計也臣爲王慮若善楚秦楚合而爲一以臨韓韓必斂手王施以東山之險帶以曲河之利韓必爲關内之侯若是而王以十万戍鄭梁氏寒心許鄢陵嬰城而上蔡召陵不往來也如此而魏亦關内侯矣王一善楚而關内兩万乘之主注地於齊齊右壤可拱手而取也王之地一經兩海要約天下是燕趙無齊楚齊楚無燕趙也然後危動燕趙直搖齊楚此四国者不待痛而服矣昭王曰善於是乃止白起而謝韓魏發使賂楚約爲與國黄歇受約歸楚



魯仲連齊人好奇偉俶儻之畫策而不肯仕宦任職好持高節游於趙趙孝成王時而秦王使白起破趙長平之軍前後四十余万秦兵遂東圍邯鄲趙王恐諸侯之救兵莫敢擊秦軍魏安釐王使將軍晉鄙救趙畏秦止於蕩陰不進（蕩陰河内縣）魏王使客將軍新垣衍間入邯鄲因平原君謂趙王曰秦所以急圍趙者前與齊湣王爭彊爲帝已而復歸帝今齊湣王已益弱方今唯秦雄天下此非必貪邯鄲其意欲復求爲帝趙誠發使尊秦昭王爲帝秦必喜罷兵去平原君猶豫未有所決此時魯仲連適游趙會秦圍趙聞魏將欲令趙尊秦爲帝乃見平原君曰事將奈何平原君曰勝也何敢言事前亡四十万之衆於外今又内圍邯鄲而不能去魏王使客將軍新垣衍令趙帝秦今其人在是勝也何敢言事魯仲連曰吾始以君爲天下之賢公子也乃今然後知君非天下之賢公子也梁客新垣衍安在吾請爲君責而歸之平原君曰勝請爲紹介（紹介相佑助者）而見之於先生平原

君遂見新垣衍曰東國有魯仲連先生者今其人在此勝請爲紹介交之於將軍新垣衍曰吾聞魯仲連先生齊國之高士也衍人臣也使事有職吾不願見魯仲連先生平原君曰勝既已泄之矣新垣衍許諾魯連見新垣衍而無言新垣衍曰吾視居此圍城之中者皆有求於平原君者也今吾觀先生之玉貌非有求於平原君者也曷爲久居此圍城之中而不去魯仲連曰世以鮑焦爲無從頌而死者皆非也鮑焦周之介士也衆人不知則爲一身彼秦者棄禮義而上首功之國也秦用衛鞅計制爵二十等以戰獲首級者計而受爵是以秦人每戰勝老弱婦人皆死計功賞至萬數天下謂之上首功之國皆以惡之也權使其士虜使其民彼則肆然而爲帝過而爲征於天下則連有蹈東海而死耳吾不忍爲之民也所爲見將軍者欲以助趙也新垣衍曰先生助之將奈何魯連曰吾將使梁及燕助之齊楚則固助之矣新垣衍曰燕則吾請以從矣若乃梁者則吾乃梁人也先生惡能使梁助之魯連曰梁未睹秦稱帝之害故爾使梁睹秦稱帝



之害則必助趙矣新垣衍曰秦稱帝之害何如魯連曰昔者齊威王嘗爲仁義矣率天下諸侯而朝周周貧且微諸侯莫朝而齊獨朝之齊後往周怒赴於齊曰天分地坼天子下席東藩之臣因齊後至則斮謂三軍者其法斮斬也齊威王勃然怒曰叱嗟而母婢也卒爲天下笑故生則朝周死則叱之誠不忍其求也彼天子固然其無足怪新垣衍曰先生獨不見夫僕乎十人而從一人者寧力不勝而智不若邪畏之也魯仲連曰嗚呼梁之比於秦若僕邪新垣衍曰然魯仲連曰吾將使秦王烹醢梁王新垣衍怏然不悅曰噫嘻亦太甚矣先生之言也先生又惡能使秦王烹醢梁王魯仲連曰固也吾將言之昔者九侯鄂侯鄴縣有九侯城一作鬼侯鄂一作邢文王紂之三公也九侯有子而好獻之於紂紂以爲惡醢九侯鄂侯爭之強辯之疾故脯鄂侯文王聞之喟然而歎故拘之牖里之庫百日欲令之死曷爲與人俱稱王卒就脯醢之地齊湣王將之魯夷維子爲執策而從謂魯人曰子將何以待

吾君魯人曰吾將以十太牢待子之君夷維子曰子安取禮而來吾君彼吾君者天子也天子巡狩諸侯辟舍納筦籥攝衽抱机視膳於堂下天子已食乃退而聽朝也魯人投其籥不果納不得入於魯將之薛假途於鄒當是時鄒君死湣王欲入弔夷維子謂鄒之孤曰天子弔主人必將倍殯棺設北面於南方然后天子南面弔也鄒之群臣曰必若此吾將伏劍而死固不敢入於鄒鄒魯之臣生則不得事養死則不得賻襚然且欲行天子之禮於鄒魯鄒魯之臣不果納今秦万乘之国也梁亦万乘之国也俱據万乘之国各有稱王之名睹其一戰而勝欲從而帝之是使三晉之大臣不如鄒魯之僕妾也且秦無已而帝則且變易諸侯之大臣彼將奪其所不肖而與其所賢奪其所憎而與其所愛彼又將使其子女讒妾爲諸侯妃姬處梁之宮梁王安得晏然而已乎而將軍又何以得故寵乎於是新垣衍起再拜謝曰始以先生爲庸人吾乃今日知先生爲天下之士也



吾請出不敢復言帝秦秦將聞之爲却軍五十里適會魏公子無忌奪晉鄙軍以救趙擊秦秦軍遂引而去其後二十餘年燕將攻下聊城人或讒之燕燕將懼誅因保守聊城不敢歸齊田單攻聊城按年表田單攻聊城在長平後十餘年也歲餘士卒多死而聊城不下魯連乃爲書約之矢以射城中遺燕將書曰吾聞之智者不倍時而棄利勇士不怯死而滅名忠臣不先身而後君今公行一朝之忿不顧燕王之無臣非忠也殺身亡聊城而威不信於齊非勇也功敗名滅後世無稱焉非智也三者世主不臣說士不載故智者不再計勇士不怯死今死生榮辱貴賤尊卑此時不再至願公詳計而無與俗同且楚攻齊之南陽魏攻平陸而齊無南面之心以爲亡南陽之害小不如得濟北之利大故定計審處之今秦人下兵魏不敢東面衡秦之勢成楚国之形危齊棄南陽斷右壤存濟北計猶且爲之也且夫齊之必決於聊城公勿再計今楚魏交退於齊而燕救不至以全齊之兵無天下

之規與聊城共據期年之敝則臣見公之不能得也且燕國大亂君臣失計上下迷惑栗腹以十万之衆五折於外以万乘之國被圍於趙壤削主困爲天下僇笑國敝而禍多民無所歸心今公又以敝聊之民距全齊之兵是墨翟之守也食人炊骨士無反外之心是孫臏之兵也能見於天下雖然爲公計者不如全車甲以報於燕車甲全而歸燕燕王必喜身全而歸於國士民如見父母交游攘臂而議於世功業可明上輔孤主以制群臣下養百姓以資說士矯国更俗功名可立也亡意亦捐燕棄世東游於齊乎裂地定封富比乎陶衞世世稱孤與齊久存又一計也此兩計者顯名厚實也願公詳計而審處一焉且吾聞之規小節者不能成榮名惡小恥者不能立大功昔者管夷吾射桓公中其鉤簒也遺公子糾不能死怯也束縛桎梏辱也若此三行者世主不臣而鄉里不通鄉使管子幽囚而不出身死而不反於齊則亦名不免爲辱人賤行矣臧獲且羞與之同名矣（荆社爲盆宣齊之間罵敗日械鼎犁日幾）況世俗乎故管子不恥身在縲紲之中而恥天下之不治不恥不死公子糾而恥威之不信於諸侯故兼三行之過而爲五霸首名高天下而光燭鄰國曹子爲魯將三戰三北而亡地五百里鄉使曹子計不反顧議不還踵刎頸而死則亦名不免爲敗軍禽將矣曹子棄三北之恥而退與魯君計桓公朝天下會諸侯曹子以一劍之任劫桓公之心於壇坫之上顏色不變辞氣不悖三戰之所亡一朝而復之天下震動諸侯驚駭威加吳越若此二士者非不能成小廉而行小節也以爲殺身亡軀絶世滅後功名不立非智也故去感忿之怨立終身之名棄忿悁之節定累世之功是以業與三王爭流而名與天壤相弊也願公擇一而行之燕將見魯連書泣三日猶豫不能自決欲歸燕已有隙恐誅欲降齊所殺虜於齊甚衆恐已降而後見辱喟然歎曰與人刃我寧自刃乃自殺聊城亂田單遂屠聊城歸又孟嘗君有舍人而弗悅欲逐之魯連謂孟嘗君曰猨獮猴錯木據水則不若魚鼈歷險乘危則騏驥不如狐貍曹沫之奮三尺之劍一軍不能當使曹沫釋其三尺之劍而操銚鎒與農夫居壠畝之中則不若農夫故物舍其所長之其所短堯亦有所不及矣今使人而不能則謂之不肖教人而不能則謂之拙拙則罷之不肖則棄之使人有棄逐不相與處而來害相報者豈非世之立教首也哉孟嘗君曰善乃弗逐

如耳居于衞魏伐衞拔列城二衞君患之如耳見衞君曰請罷魏兵免成陵君可乎衞君曰先生果能孤請世世以衞事先生如耳見成陵君曰昔魏伐趙斷羊腸拔閼與（在上黨）約斬趙趙分而爲二所以不亡者魏爲從主也今衞已迫亡將西請事於秦與其以秦醳衞不如以魏醳衞衞之德魏必終無窮成陵君曰諾如耳見魏王曰臣有謁於衞衞故周室之別也其稱小國多寶器今国迫於難而寶器不出者其心以爲攻衞醳衞不以王爲主故寶器雖出必不入於王也臣竊料之先言醳衞者必受衞者也如耳出成陵君入以其言見魏王魏王聽其說罷其兵免成陵君終身不見

冊府元龜卷第八百八十九

册府元龜卷第八百九十

總録部一百四十

游説第五

范雎字叔魏人秦昭王使王稽於魏王稽載雎入秦曰雎天下辯士也臣故載來秦王弗信使舍食草具待命歲餘當是時昭王已立三十六年南拔楚之鄢郢楚懷王幽死於秦秦東破齊湣王嘗稱帝後去之數困三晉猒天下辯士無所信穰侯華陽君（華一作葉）昭王母宣太后之弟也而涇陽君高陵君皆昭王同母弟也穰侯相三人者更將有封邑以太后故私家富重於王室及穰侯爲秦將且欲越韓魏而伐齊綱壽欲以廣其陶封范雎乃上書曰臣聞明王立政有功者不得不賞有能者不得不官勞大者其禄厚功多者其爵尊能治衆者其官大故無能者不敢當職焉有能者亦不得蔽隱使以臣之言爲可願行而益利其道以臣之言爲不可久留臣無爲也語曰庸主賞所愛而罰所惡明主則不然賞必加於有功而刑必斷於有罪今臣之胷不足以當椹質而要不足以待斧鉞豈敢以疑事嘗試於王哉雖以臣爲賤人而輕辱獨不重任臣者之無反復於王前邪且臣聞周有砥硯宋有結緑梁有縣藜（縣藜一曰美玉）楚有和朴此四寶者土之所生良工之所失也而爲天下名器然則聖王之所棄者獨不足以厚國家乎臣聞善厚家者取之於國善厚國者取之於諸侯天下有明主則諸侯不得善厚者何也爲其割榮也良醫知病人之死生而聖主明於成敗之事利則行之害則捨之疑則少嘗之雖舜禹復生弗能改已語之至者臣不敢載之於書其淺者又不足聽也意者臣愚而不槪（一作概）於王心邪亡其言臣者賤而不可用乎自非然者臣願得少賜游觀之閒望見顔色一語無效請伏斧質於是秦昭王大説乃謝王稽使以傳車（一云使將車）召范雎於是范雎乃得見於離宫詳爲不知永巷而入其中王來而宦者怒逐之曰王至范雎繆爲曰秦安得王



秦獨有太后穰侯爾欲以感怒昭王昭王至聞其與宦者爭言遂延迎謝曰寡人宜以身受命久矣會義渠之事急寡人旦暮自請太后今義渠之事已寡人乃得受命竊閔然不敏敬執賓主之禮范雎辭讓是日觀范雎之見者群臣莫不灑然變色易容者秦王屏左右宫中虚無人秦王跽而請曰先生何以幸教寡人范雎曰唯唯有閒秦王復跽而請曰先生何以幸教寡人范雎曰唯唯若是者三秦王跽曰先生卒不幸教寡人邪范雎曰非敢然也臣聞昔者吕尚之遇文王也身爲漁父而釣於渭濱爾若是者交疏也已説而立爲太師載與俱歸者其言深也故文王遂收功於吕尚而卒王天下鄉使文王疏吕尚而不與深言是周無天子之德而文武無與成其王業也今臣羈旅之臣也交疏於王而所願陳者皆匡君之事處人骨肉之閒願效愚忠而未知王之心也此所以王三問而不敢對者也臣非有畏而不敢言也臣知今日言之於前而明日伏誅於後然臣不敢避也大王信行臣之言死不足以爲臣患亡不足以爲臣憂漆身爲厲被髮爲狂不足以爲臣恥且以五帝之聖焉而死三王之仁焉而死五伯之賢焉而死烏獲任鄙之力焉而死成荆（一作荆成）孟賁（孟賁衛人或荆人勇士）王慶忌（王慶忌吴越春秋曰吴王僚子慶忌）夏育之勇焉而死（夏育衛人力舉千鈞）死者人之所必不免也處必然之勢可以少有補於秦此臣之所大願也臣又何患哉伍子胥橐載而出昭關夜行晝伏至於陵水無以餬其口膝行蒲伏稽首肉袒鼓腹吹篪（篪一作箎）乞食於吴市卒興吴國闔閭爲伯使臣得盡謀如伍子胥加之以幽囚終身不復見是臣之説行也臣又何憂箕子接輿漆身爲厲被髮爲狂無益於主假使臣得同行於箕子可以有補所賢之主是臣之大榮也臣有何恥臣之所恐者獨恐臣死之後天下見臣之盡忠而身死因以是杜口裹足莫肯鄉秦爾足下上畏太后之嚴下惑於姦臣之態居深宫之中不離阿保之手終身迷惑無與昭姦大者宗廟滅覆小者身以孤危此

臣之所恐爾若夫窮辱之事死亡之患臣不敢畏也臣死而秦治是臣死賢於生秦王跽曰先生是何言也夫秦國辟遠寡人愚不肖先生乃幸辱至於此是天以寡人恩先生慁先生也而存先王之宗廟也寡人得受命於先生是天所以幸先王而不棄其孤也先生奈何而言若是事無小大上及太后下至大臣願先生悉以教寡人無疑寡人也范雎拜秦王亦拜范雎曰大王之國四塞以爲固北有甘泉谷口南帶涇渭右隴蜀左關阪奮擊百万戰車千乘利則出攻不利則入守此王者之地民怯於私鬬而勇於公戰此王者之民也王并此二者而有之夫以秦卒之勇車騎之衆以治諸侯譬若馳韓盧而搏蹇兔也霸王之業可致也而群臣莫當其位至今閉關十五年不敢窺兵於山東者是穰侯爲秦謀不忠而大王之計亦有所失也秦王跽曰寡人願聞失計然左右多竊聽者范雎恐未敢言內先言外事以觀秦王之俯仰因進曰夫穰侯越韓魏而攻齊綱壽非計也少



出師則不足以傷齊多出師則害於秦臣意王之計欲少出師而悉韓魏之兵也則不義矣今見與國之不親也越人之國而攻可乎其於計疎矣且昔齊湣王南攻楚破軍殺將再辟地千里而齊尺寸之地無得焉者豈不欲得地哉形勢不能有也諸侯見齊之罷獘君臣之不和也興兵而伐齊大破之士辱兵頓皆咎其王曰誰爲此計者乎王曰文子爲之大臣作亂文子出走故齊所以大破者以其伐楚而肥韓魏也此所謂借賊兵而資盜糧者也王不如遠交而近攻得寸則王之寸也得尺亦王之尺也今釋此而遠攻不亦繆乎且昔者中山之國地方五百里趙獨吞之功成名立而利附焉天下莫之能害也今夫韓魏中國之處而天下之樞也王其欲霸必親中國以爲天下樞以威楚趙楚彊則附趙趙彊則附楚楚趙皆附齊必懼矣齊懼必卑詞重幣以事秦齊附而韓魏因可虜也昭王曰吾欲親魏久矣而魏多變之國也寡人不能親請問親魏奈何對曰王卑詞

重幣以事之不可則割地而賂之不可因舉兵而伐之王曰寡人敬聞命矣乃拜范雎爲客卿謀兵事卒聽范雎謀使五大夫綰伐魏拔懷其後雎復說昭王曰秦韓之地形相錯如繡秦之有韓也譬如木之有蠹也人之有心腹之病也天下無變則已天下有變其爲秦患者孰大於韓乎王不如收韓昭王曰吾固欲收韓韓不聽爲之奈何對曰韓安得無聽乎王下兵而攻滎陽則鞏成皋之道不通北斷太行之道則上黨之師不下王一興兵而攻滎陽則其國斷而爲三夫韓見必亡安得不聽乎若韓聽而霸事因可慮矣王曰善且欲發使於韓范雎曰益親復說用數年矣因請間說曰臣居山東時聞齊之有田文不聞其有王也聞秦之有太后穰侯華陽高陵涇陽不聞其有王也夫擅國之謂王能利害之謂王制殺生之威之謂王今太后擅行不顧穰侯出使不報華陽涇陽等擊斷無諱一作忌高陵進退不請四貴備而國不危者未之有也爲此四貴者下乃所謂無



王也然則權安得不傾令安得從王出乎臣聞善治國者乃內固其威而外重其權穰侯使者操王之重決制於諸侯剖符於天下政適伐國莫敢不聽戰勝攻取則利歸於陶國弊御於諸侯戰敗則結怨於百姓而禍歸於社稷詩曰木實繁者披其枝披其枝者傷其心大其都者危其國尊其臣者卑其主崔杼淖齒管齊射王股擢王筋縣之於廟梁宿昔而死李兌管趙囚主父於沙丘百日而餓死今臣聞秦太后穰侯用事高陵華陽涇陽佐之卒無秦王此亦淖齒李兌之類也且夫三代所以亡國者君專授政縱酒馳騁弋獵不聽政事其所授者妬賢嫉能御下蔽上以成其私不爲主計而主不覺悟故失其國今自有秩以上至諸大吏下及王左右無非相國之人者見王獨立於朝臣竊爲王恐万世之後有秦國者非王子孫也昭王聞之大懼曰善於是廢太后逐穰侯高陵華陽涇陽君於關外秦王乃拜范雎爲相收穰侯之印使歸陶封范雎以應號爲應侯

范痤魏人虞卿謂趙王曰人之情寧朝人乎寧朝於人也趙王曰人亦寧朝人耳何故寧朝於人虞卿曰夫魏爲從主而違者范痤也今王能以百里之地若万户之都請殺范痤於魏范痤死則從事可移於趙趙王曰善乃使人以百里之地請殺范痤於魏魏王許諾使司空執范痤而未殺也范痤獻書魏王曰臣聞趙王以百里之地請殺痤之身也夫殺無罪范痤薄故也而得百里之地大利也臣竊爲大王美之雖然而有一焉百里之地不可得而死者不可復生也則王必爲天下笑矣臣竊以爲與其以死人市不若以生人市便也又遺其後相信安君書曰夫趙魏敵戰之國也趙王以咫尺之書來而魏王輕爲之殺無罪之痤痤雖不肖故魏之免相室也嘗以魏之故得罪於趙夫國内無用臣外雖得地恐不能守然今能用魏者莫如君矣王聽趙殺痤之後强秦襲趙之欲倍趙之割則君將何以止之此君之累也信安君曰善遂言之王而出之



須賈爲魏中大夫秦敗魏於華走芒卯入北地魏惠王五年與韓曾宅陽而圍大梁賈爲魏謂穰侯魏冉曰臣聞魏氏大臣父兄皆謂魏王曰初時惠王伐趙戰勝乎三梁十万之軍拔邯鄲趙氏不割而邯鄲復歸齊人攻燕殺子之破故國燕不割而燕國復歸燕趙之所以國全兵勁而地不并乎諸侯者以其能忍難而重出地也宋中山數伐數割而隨以亡臣以爲燕趙可法而宋中山可爲戒也夫秦貪戾之國也而無親蠶食魏氏又盡晉國戰勝暴子韓將暴鳶割八縣地未畢入而兵復出矣夫秦何厭之有哉今又走芒卯入北地此非但攻梁也且劫王以多割也王必勿聽也今王背楚趙而講秦楚趙怒而去王與王爭事秦秦必受之秦挾楚趙之兵以復攻梁則國求無亡不可得也已願王之必毋講也王若欲講必少割而有質不然必欺是臣之所聞於魏也願君以是慮事也周書曰惟命不于常此言幸之不可數也夫戰勝暴子而割八縣此非兵力之精非計之工也天幸爲多矣今又走芒卯入北地以攻大梁是以天幸自爲常也知者不然臣聞魏氏悉其百縣勝兵以上戍大梁臣以爲不下三十万之衆守梁七仞之城臣以爲雖湯武復生弗易攻也夫輕背楚趙之兵陵七仞之城戰三十万之衆而志必舉之臣以爲自天地之始分以至于今未嘗有之也攻而不能拔秦兵必罷陶邑必亡則前功必棄矣今魏方疑可以少割收也願君乃楚趙之兵未至於大梁也亟以少割收魏魏方疑而得以少割爲和必欲之則君得所欲矣楚趙怒於魏之先已講也必爭事秦從是以散而君後擇焉且君之嘗割晉國取地也何必以兵哉夫兵不用而魏效絳安邑又爲陶開兩道幾盡故宋衛必效單父秦兵可全而君制之何求而不得何爲而不成臣願君之熟計而毋行危也穰侯曰善乃罷梁圍蔡澤燕人游學干諸侯大小甚衆聞應侯范雎任鄭安平王稽皆負重罪於秦應侯内慙蔡澤乃西入秦將見昭王使人宣言以感怒應侯曰燕客蔡澤天下雄



俊弘辯智士也彼一見秦王秦王必困君而奪君之位應侯聞曰五帝三代之事百家之說吾既知之衆口之辯吾皆摧之是惡能困我而奪我位乎使人召蔡澤蔡澤入則揖應侯應侯固不快及見之又倨應侯因讓之曰子常宣言欲代我相秦寧有之乎對曰然應侯曰請聞其說蔡澤曰吁君何見之晚也夫四時之序成功者去夫人生百體堅彊手足便利耳目聰明而心聖智豈非士之願與應侯曰然蔡澤曰質仁秉義行道施德得志於天下天下懷樂敬愛而尊慕之皆願以爲君王豈不辯智之期與應侯曰然蔡澤復曰富貴顯榮成理万物使各得其所性命壽長終其天年而不夭傷天下繼其統守其業傳之無窮名實純粹澤流千里世世稱之而無絶與天地終始豈道德之符而聖人所謂吉祥善事者與應侯曰然蔡澤曰若夫秦之商君楚之吴起越之大夫種其卒然亦可願與應侯知蔡澤之欲困已以說復謬曰何爲不可夫公孫鞅之事孝公也極身無貳

慮盡公而不顧私設刀鋸以禁姦邪信賞罰以致治披腹心示情素蒙怨咎欺舊友奪魏公子卬安秦社稷利百姓卒爲秦禽將破敵攘地千里吳起之事悼王也使私不得害公讒不得蔽忠言不取苟合行不取苟容不爲危易行行義不辟難一作不困毀譽然爲霸主彊國不辭禍凶大夫種之事越王也主雖困辱悉忠而不解主雖絕亡盡能而弗離成功而弗矜貴富而不驕怠若此三子者固義之至也忠之節也是故君子以義死難視死如歸生而辱不如死而榮士固有殺身以成名唯義之所在雖死無所恨何爲不可哉蔡澤曰主聖臣賢天下之盛福也君明臣直國之福也父慈子孝夫信妻貞家之福也故比干忠而不能存殷子胥智而不能完吳申生孝而晉國亂是皆有忠臣孝子而國家滅亂者何也無明君賢父以聽之故天下以其君父爲僇辱而憐其臣子今商君吳起大夫種之爲人臣是也其君非也故世稱三子致功而不見德豈慕不遇世死乎夫待死而後



可以立忠成名[illegible]微子不足仁孔子不足聖管仲不足大也夫人之立功豈不期[illegible]全邪身與名俱全者上也名可法而身死者其次也名在僇[illegible]身全者下也於是應侯稱善蔡澤少得間因曰夫商君吳起大[illegible]其爲人臣盡[illegible]功則可願矣閎夭事文王周公輔成王也[illegible]亦忠[illegible]以君臣論之商君吳起大夫種其可願孰與閎夭[illegible]應侯曰商君吳起大夫種弗若也蔡澤曰然則君[illegible]忠惇厚舊故其賢智與有道之士爲膠漆[illegible]功臣孰與秦孝公楚悼王越王乎應侯曰未知何[illegible]也蔡澤曰今主之親忠臣[illegible]秦孝公楚悼王越王[illegible]智能爲主安危脩政治亂強兵[illegible]折難廣地殖穀富國足家彊主尊社稷顯宗廟天下莫敢欺犯主之[illegible]蓋震海內功彰萬里之外聲名光輝傳於千古君孰與商君[illegible]起大夫種應侯曰不若蔡澤曰今主之親忠臣不忘舊故不若孝公悼王句踐而君之功績愛信親幸又不若商君吳起

大夫種然而君之祿位貴盛私家之富過於三子而身不退者恐患之甚於三子竊爲君危之語曰日中則移月滿則虧物盛則衰天地之常數也進退盈縮與時變化聖人之常道也故國有道則仕國無道則隱聖人曰飛龍在天利見大人不義而富且貴於我如浮雲今君之怨已讎而德已報意欲至矣而無變計竊爲君不取也且夫翠鵠犀象其處勢非不遠死也而所以死者惑於餌也蘇秦智伯之智非不足以辟辱遠死也而所以死者惑於貪利不止也是以聖人制禮節欲取於民有度使之以時用之有止故志不溢行不驕常與道俱而不失故天下承而不絕昔者齊桓公九合諸侯一匡天下至於葵丘之會有驕矜之志畔者九國吳王夫差兵無敵於天下勇彊以輕諸侯陵齊晉故遂以殺身亡國夏育太史噭叱呼者一作駭三軍然而身死於庸夫此皆乘至盛而不返道理不居卑退處儉約之患也夫商君爲秦孝公明法令禁姦本尊爵必賞有罪必罰平權衡正度量



調輕重決裂阡陌以靜生民之業而一其俗勸民耕農利土一室無二事力田稸積習戰陳之事是以兵動而地廣兵休而國富故秦無敵於天下立威諸侯成秦國之業功已成矣而遂以車裂楚地方數千里持戟百萬白起率數萬之師以與楚戰一戰舉鄢郢以燒夷陵再戰南并蜀漢又越韓魏而攻彊趙北阬馬服誅屠四十餘萬之衆盡之于長平之下流血成川沸聲若雷遂入圍邯鄲使秦有帝業楚趙天下之彊國而秦之仇敵也自是之後楚趙皆懾伏不敢攻秦者白起之勢也身所服者七十餘城功已成矣而遂賜劍死於杜郵吳起爲楚悼王立法卑減大臣之威重罷無能廢無用損不急之官塞私門之請一楚國之俗禁游客之民精耕戰之士南收楊越北并陳蔡破橫散從使馳說之士無所開其口禁朋黨以厲百姓定楚國之政兵震天下威服諸侯功已成矣而卒枝解大夫種爲越王深謀遠計免會稽之危以亡爲存因辱爲榮墾草入邑辟地殖穀率四

方之士專上下之力以句踐之賢報夫差之讎卒擒勁吳令越成霸功已彰而信矣句踐終負而殺之此四子者功成不去禍至於此此所謂信而不能詘往而不能返者也范蠡知之超然辟世長為陶朱公君獨不觀夫博者乎或欲大投或欲分功（駰案於投不如在石又籌投投瓊也）此皆君之所明知也今君相秦計不下席謀不出廊廟坐制諸侯利施三川以實宜陽決羊腸之險塞太行之道又斬范中行之塗六國不得合從棧道千里通於蜀漢使天下皆畏秦秦之欲得矣君之功極矣此亦秦之分功之時也如是而不退則商君白公吳起大夫種是也吾聞之鑒於水者見面之容鑒於人者知吉與凶書曰成功之下不可以久處四子之禍君何居焉君何不以此時歸相印讓賢者而授之退而巖居川觀必有伯夷之廉長為應侯世世稱孤而有許由延陵季子之讓喬松之壽孰與以禍終哉即君何居焉忍不能自離疑不能自決必有四子之禍矣易曰亢龍有悔此言上而不能下信而不能詘往而不能自返者也願君孰計之應侯曰善吾聞欲而不知止失其所以欲有而不知足失其所以有先生幸教雎敬受命於是乃延入坐為上客後數日入朝言於秦昭王曰客新有從山東來者曰蔡澤其人辯士明於三王之事五伯之業世俗之變足以寄秦國之政臣之見人甚衆莫及臣不如也臣不敢以聞秦昭王召見與語大說之拜為客卿應侯因謝病請歸相印昭王彊起應侯應侯遂稱病篤范雎免相昭王新說蔡澤計畫遂拜為秦相東收周室蔡澤相秦數月人或惡之懼誅乃謝病歸相印號為綱成君

世鈞不知何許人秦召春平侯因留之世鈞為之請文信侯呂不韋曰春平侯者趙王之所甚愛也而郎中甚妬之故相與謀曰春平侯入秦秦必留之故謀而入之秦君今留之是空絶趙而郎中之計中也故君不如遣春平侯而留平都侯春平侯者言行於趙王必厚割趙以贖平都侯文信侯曰善因與



接意而遣之

甘羅年十二事秦相文信侯呂不韋秦始皇帝使剛成君蔡澤於燕燕王喜使太子丹入質於秦秦使張唐往相燕欲與共伐趙以廣河間之地張唐謂文信侯曰臣嘗為秦昭王伐趙趙怨臣曰得唐者與百里之地今之燕必經趙臣不可以行文信侯不快未有以彊也甘羅曰君侯何不快之甚也文信侯曰吾令剛成君蔡澤事燕三年燕太子丹已入質矣吾自請張卿相燕而不肯行甘羅曰臣請行之文信侯叱曰去我身自請之而不肯汝焉能行之甘羅曰夫項橐生七歲為孔子師今臣生十二歲於茲矣君其試臣何遽叱乎於是甘羅見張卿曰卿之功孰與武安君卿曰武安君南挫彊楚北威燕趙戰勝攻取破城墮邑不知其數臣之功不如也甘羅曰應侯之用於秦也孰與文信侯專張卿曰應侯不如文信侯專甘羅曰卿明知其不如文信侯專與曰知之甘羅曰應侯欲攻趙武安君難之去咸陽七里而立死於杜郵今文信侯自請卿相燕而不肯行臣不知卿所死處矣張唐曰請因孺子行令裝治行行有日甘羅謂文信侯曰借臣車五乘請為張唐先報趙文信侯乃入言之於始皇曰昔甘茂之孫甘羅年少耳然名家之子孫諸侯皆聞之今者張唐欲稱疾不肯行甘羅說而行之今願先報趙請許遣之始皇召見使甘羅於趙趙襄王郊迎甘羅甘羅說趙王曰王聞燕太子丹入質秦歟曰聞之曰聞張唐相燕歟曰聞之燕太子丹入秦者燕不欺秦也張唐相燕者秦不欺燕也燕秦不相欺者伐趙危矣燕秦不相欺無異故欲攻趙而廣河間王不如齎臣五城以廣河間請歸燕太子與彊趙攻弱燕趙王立自割五城以廣河間秦歸燕太子趙攻燕得上谷三十城令秦有十一甘羅還報秦乃封甘羅以為上卿復以始甘茂田宅賜之

李斯楚上蔡人入秦為秦相文信侯呂不韋舍人不韋賢之任以為郎李斯因以得說說秦王曰胥人者去其幾也成大功者

臣因瑕釁而遂忍之皆若秦穆公之霸終不東并六國者何也諸侯尚衆周德未衰故五伯迭興更尊周室自秦孝公以來周室卑微諸侯相兼關東爲六國秦之乘勝役諸侯蓋六世矣今諸侯服秦譬若郡縣夫以秦之彊大王之賢由竈上騷除足以滅諸侯成帝業爲天下一統此萬世之一時也今怠而不急就諸侯復彊相聚約從雖有黄帝之賢不能并也秦王乃拜斯爲長史聽其計陰遣謀士齎持金玉以游説諸侯諸侯名士可下以財者厚遺結之不肯者利劒刺之離其君臣之計秦王乃使其良將隨其後秦王拜斯爲客卿會韓人鄭國來間秦以作涇溉渠已而覺秦宗室大臣皆言秦王曰諸侯人來事秦者大抵爲其主游間於秦爾請一切逐客李斯議亦在逐中斯乃上書曰臣聞吏議逐客竊以爲過矣昔繆公求士西取由余於戎東得百里奚於宛迎蹇叔於宋求丕豹公孫支於晉此五子者不產於秦而繆公用之并國二十遂霸西戎孝公用商鞅之法移



風易俗民以殷盛國以富彊百姓樂用諸侯親服獲楚魏之師舉地千里至今治彊惠王用張儀之計拔三川之地西并巴蜀北收上郡南取漢中包九夷制鄢郢東據成皐之險割膏腴之壤遂散六國之從使之西面事秦功施到今昭王得范雎廢穰侯逐華陽華一作葉彊公室杜私門蠶食諸侯使秦成帝業此四君者皆以客之功由此觀之客何負於秦哉向使四君却客而不內疏士而不用是使國無富利之實而秦無彊大之名也今陛下致昆山之玉有隨和之寶垂明月之珠服太阿之劒乘纖離之馬纖離古駿馬名建翠鳳之旗樹靈鼉之鼓鼉皮可以冒鼓此數寶者秦不生一焉而陛下説之何也必秦國之所生然後可則是夜光之璧不飾朝廷犀象之器不爲玩好鄭衛之女不充後宮而駿良駃騠不實外廄江南金錫不爲用西蜀丹青不爲采所以飾後宮充下陳娛心意説耳目者必出於秦然後可則是宛珠之簪傅璣之珥阿縞之衣錦繡之飾齊之東阿縣繒帛所出不進於前而隨俗雅化隨俗一作修使佳冶窈窕趙女不立於側也夫擊甕叩缻彈箏搏髀而歌呼嗚嗚快耳目者真秦之聲也鄭衛桑間昭虞武象者昭一作韶異國之樂也今棄擊甕叩缻而就鄭衛退彈箏而取昭虞若是者何也快意當前適觀而已矣今取人則不然不問可否不論曲直非秦者去爲客者逐然則是所重者在乎色樂珠玉而所輕者在乎人民也此非所以跨海內制諸侯之術也臣聞地廣者粟多國大者人衆兵彊則士勇是以太山不讓土壤故能成其大河海不擇細流故能就其深王者不卻衆庶故能明其德是以地無四方民無異國四時充美鬼神降福此五帝三王之所以無敵也今乃棄黔首以資敵國却賓客以業諸侯使天下之士退而不敢西向裹足不入秦此所謂藉寇兵而齎盜糧者也夫物不產於秦可寶者多士不產於秦而願忠者衆今逐客以資敵國損民以益讎內自虛而外樹怨於諸侯求國無危不可得也秦王乃除逐客之令復李斯官新序曰斯在逐中道上上諫書



達始皇始皇使人逐至驪邑得還

冊府元龜卷第八百九十

冊府元龜卷第八百九十一

總録部一百四十一

游說第六

漢范增居鄛人秦末天下兵起增說項梁曰陳勝敗固當夫秦滅六國楚最無罪自懷王入秦不返楚人憐之至今故楚南公曰楚雖三户亡秦必楚今陳勝首事不立楚後而自立其勢不長今君起江東楚蠭起之將皆爭附君者以君世世楚將爲能復立楚之後也乃求楚懷王孫心在民間牧羊立以爲懷王以從民望也

蒯通范陽人(涿郡之縣也)楚漢初起武臣略定趙地號武信君通說范陽令徐公曰臣范陽百姓蒯通也竊閔公之將死故弔之雖然賀公得通而生也徐公再拜曰何以弔之通曰足下爲令十餘年矣殺人之父孤人之子斷人之足黥人之首甚衆慈父孝子所以不敢事刃於公之腹者畏秦法也(東方人以物插地中爲事)今天下大亂秦政不施(施設也)然則慈父孝子將爭接刃於公之腹以復其怨而成其名(復猶報也)此通之所以弔者也曰何以賀得子而生也曰趙武信君不知通不肖使人候問其死生通且見武信君而說之(今謂見之也)曰必將戰勝而後略地攻得而後下城臣竊以爲殆矣(殆危也)用臣之計毋戰而略地不攻而下城傳檄而千里定可乎彼將曰何謂也(彼謂武信君也)臣因對曰范陽令宜整頓其士卒以守戰者也怯而畏死貪而好富貴故欲以其城先下君先下君而君不利則邊地之城皆將相告曰范陽令先降而身死必將嬰城固守(嬰以城自繞也)皆爲金城湯池不可攻也(金以喻堅湯喻沸熱不可近)爲君計者莫若以黃屋朱輪迎范陽令使馳騖於燕趙之郊(令衆皆見也)則邊城皆將相告曰范陽令先下而身富貴必相率而降猶如阪上走丸也(言乘勢便易)此臣所謂傳檄而千里定者也徐公再拜具車馬遣通通遂以此說武臣武臣以車百乘騎二百侯印迎徐公燕趙聞之降者三十餘城如通策焉



趙廝養卒不知何名(廝[illegible]人[illegible])趙王武臣間行爲燕軍所得(謂投間隙而出也)燕囚之欲與分地([illegible])使者往燕輒殺之以固求地耳餘患之(張耳陳餘也)廝養卒謝其舍(以辭相告謝謂告其)(舍中人也)曰吾爲二公說燕與趙王載歸(二公張耳陳餘)舍中皆笑曰使者往十輩死若何以能得王(若汝也)乃走燕壁(走趣也)燕將見之問曰知臣何欲燕將曰若欲得王耳曰君知張耳陳餘何如人也燕將曰賢人也曰其志何欲燕將曰欲得其王耳趙卒笑曰君未知兩人所欲也夫武臣張耳陳餘杖馬箠下趙數十城(言不用其兵)(兵革也箠謂馬策也)亦各欲南面而王夫臣之與主豈可同日道哉顧其勢初定(顧念也)且以長少先立武臣以持趙心今趙地已服兩人亦欲分趙而王時未可耳今君乃囚趙王此兩人名爲求趙王實欲燕殺之此兩人分趙而王夫以一趙尚易燕(易輕也)況以兩賢王左提右挈而責殺王滅燕易矣(提挈言相扶持也)燕以爲然乃歸趙王養卒爲御而歸



酈食其陳留高陽人高祖初爲沛公從碭北攻昌邑未下西過高陽食其爲里監門曰諸將過此者多吾視高祖大度乃求見高祖高祖方踞牀使兩女子洗(洗洗足也)酈生不拜長揖曰足下必欲誅無道秦不宜踞見長者於是高祖起攝衣謝之延上坐食其說高祖襲陳留高祖以爲廣野君高祖爲漢王三年秋項羽擊漢拔滎陽漢兵遁保鞏洛楚人聞韓信破趙彭越數反梁地則分兵救之([illegible])韓信方東擊齊漢王數困滎陽成皋計欲捐成皋以東屯鞏雒以距楚食其因曰臣聞之知天之天者王事可成不知天之天者王事不可成王者以民爲天而民以食爲天夫敖倉天下轉輸久矣臣聞其下乃有藏粟甚多楚人拔滎陽不堅守敖倉迺引而東令讁卒分守成皋(讁卒謂卒之有罪讁者)此乃天所以資漢方今楚易取而漢反郤自奪便(不進取是自奪便利也)臣竊以爲過矣且兩雄不俱立楚漢久相持不決百姓騷動海内搖蕩農夫釋耒工女下機(耒手耕曲木也)天下之心未有所定也願

足下急復進兵收取滎陽據敖倉之粟塞成皋之險杜太行之道距蜚狐之口守白馬之津以示諸侯形制之勢則天下知所歸矣方今燕趙已定唯齊未下今田廣據千里之齊田間將二十萬之衆軍於歷城諸田宗彊負海岱阻河濟南近楚齊人多變詐足下雖遣數十萬師未可以歲月破也臣請得奉明詔說齊王使爲漢而稱東藩上曰善迺從其畫復守敖倉而使食其說齊王曰王知天下之所歸乎曰不知也曰知天下之所歸則齊國可得而有也若不知天下之所歸即齊國未可保也齊王曰天下何歸食其曰天下歸漢齊王曰先生何以言之曰漢王與項王戮力西面擊秦約先入咸陽者王之項王背約不與而王之漢中項王遷殺義帝漢王起蜀漢之兵擊三秦出關而責義帝之負處收天下之兵立諸侯之後降城即以侯其將得賂則以分其士與天下同其利豪英賢材皆樂爲之用諸侯之兵四面而至蜀漢之粟方船而下（方併也）項王有背約之名殺義帝



之負於人之功無所記於人之罪無所忘（言吝賞而念舊惡）戰勝而不得其賞拔城而不得其封非項氏莫得用事（言唯任同族之親）爲人刻印玩而不能授（言玩惜侯印不能以封人）攻城得賂積財而不能賞天下畔之賢材怨之而莫爲之用故天下之士歸於漢王可坐而策也夫漢王發蜀漢定三秦涉西河之外援上黨之兵下井陘誅成安君破北魏舉三十二城此黃帝之兵非人之力天之福也今已據敖倉之粟塞成皋之險守白馬之津杜太行之阪距蜚狐之口天下後服者先亡矣王疾下漢王齊國社稷可得而保也不下漢王危亡可立而待也田廣以爲然迺聽食其罷歷下兵守戰備與食其日縱酒韓信聞食其馮軾下齊七十餘城廼夜度兵平原襲齊齊王田廣聞漢兵至以爲賣己迺亨食其引兵走

陳恢爲秦南陽守齮舍人（舍人親近左右之稱史失其姓）高祖初爲沛公攻破南陽守齮齮走宛沛公圍之守欲自剄恢（以刀自割頸）曰死未晚也乃踰城見沛公曰臣聞足下約先入咸陽者王之今足下留守宛宛郡縣連城數十其吏民自以爲降必死故皆堅守乘城（乘謂登上城而守也）今足下盡日止攻士死傷必多引兵去宛宛必隨足下前則失咸陽之約後有彊宛之患爲足下計莫若約降封其守因使止守引其甲卒與之西諸城未下者聞聲爭開門而待足下足下通行無所累沛公曰善七月南陽守齮降封爲殷侯封陳恢千戶

張同不知何許人事成安君陳餘初項籍入關餘棄將印去不從籍既封諸侯聞其在南皮故因環封三縣（環繞南皮三縣以封之）餘使同及夏說說齊王田榮曰項王爲天下宰不平今盡王故王於醜地（醜惡也）而王群臣諸將善地逐其故主趙王迺北居代餘以爲不可（義當然）聞大王起兵且不聽不義（凡不義之事皆不聽順）願大王資餘兵（資給也）使擊常山以復趙王請以國爲扞蔽（猶爲齊之蕃屏）齊王許之因遣兵之趙餘悉發三縣兵與齊并擊常山大破之迎故趙王歇於代



田生齊人與鈇高后時燕王澤爲營陵侯田生游乏資以畫奸澤（以計畫干之）澤大說之用金二百斤爲田生壽（因飲酒獻壽而與之金）田生已得金即歸齊二歲澤使人謂田生曰弗與矣（言不復與我爲黨與也）田生如長安不見澤而假大宅令其子求事呂后所幸大謁者張卿居數月田生子請張卿臨親脩具（具饌也）張卿往見田生帷帳具置如列侯張卿驚酒酣迺屏人說張卿曰臣觀諸侯邸第百餘皆高帝一切功臣今呂氏雅故本推轂高帝就天下（謂推轂若車之行以言輔相其事故得引重而致遠）功至大又有親戚太后之重太后春秋長（言年老也）諸呂弱太后欲立呂產爲呂王王代呂后又重發之（重猶難也）恐大臣不聽今卿最幸大臣所敬何不風大臣以聞太后太后必喜諸呂以王萬戶侯亦卿之有太后心欲之而卿爲內臣不急發恐禍及身矣張卿大然之乃風大臣語太后太后朝因問大臣大臣請立呂產爲呂王太后賜張卿千金張

卿以其半進田生田生弗受因說之曰呂產王也諸大臣未大服今營陵侯澤諸劉長爲大將軍獨此尚觖望今卿言太后裂十餘縣王之彼得王喜去諸呂王益固矣張卿又言之又太后女弟呂須女亦爲營陵侯妻故遂立營陵侯澤爲琅邪王與田生之國急行毋留出太后果使人追之已出即還

公孫玃齊人景帝時吳王濞與六國謀反及發兵齊濟北兩國城守不行漢既破吳齊王自殺得立嗣濟北王亦欲自殺幸全其妻子玃謂濟北王曰臣請試爲大王明說梁王通意天子說而不用死未晚也玃遂見梁孝王曰夫濟北之地東接彊齊南牽吳越北脅燕趙此四分五裂之國（四方受敵北居中央交五而裂如五）權不足以自守勁不足以扞寇又非有奇怪云以待難也（權謂言勁力不能扞寇又無奇怪可以待難恐不自全故墜言於吳也）雖墜言於吳非其正計也昔者鄭祭仲許宋人立公子突以活其君非義也春秋記之爲其以生易死以存易亡鄉使濟北見情實示不從之端則吳必先歷齊畢濟北（歷過畢盡也）招燕趙而總之如此則山東之從結而無隙矣今吳楚之王練諸侯之兵驅白徒之衆（白徒言素非軍旅之人若今言白丁）西與天子爭衡濟北獨底節堅守不下使吳失與而無助跬步獨進（半步曰跬）瓦解土分破敗而不救者未必非濟北之力也夫以區區之濟北而與諸侯爭彊（區區小貌）是以羔犢之弱而扞虎狼之敵也守職不橈可謂誠一矣（橈曲也）功義如此尚見疑於上脅肩低首累足撫衿（脅肩斂身也撫衿謂歛衿也）使有自悔不前之心非社稷之利也（不與吳西也）臣恐藩臣守職者疑之臣竊料之能歷西山（西山謂崤及華山也）徑長樂抵未央（抵至也）攘袂而正議者獨大王耳（攘袂卻衣也）上有全亡之功下有安百姓之名德淪於骨髓恩加於無窮（淪入也）願大王留意詳惟之（惟思也）孝王大說使人馳以聞濟北王得不坐徙封爲菑川

高遂梁人景帝時竇嬰爲太子太傅爭栗太子事不能得謝病屏居藍田南山下（屏隱也）數月諸竇賓客辯士說莫能來遂迺說嬰曰能富貴將軍者上也能親將軍者太后也（諸竇皆太后之黨如也）今將軍傅太子太子廢爭不能得又不能死自引謝病擁趙女屏閒處而不朝相提而論（擁抱也閒處言私處）是自明揚主之過有如兩宮螫將軍（兩宮太后及帝也）則妻子無類矣嬰然之迺起朝請如故



後漢馮衍初爲更始將軍廉丹掾及丹與赤眉戰死衍乃亡命河東及更始遣尚書僕射鮑永行大將軍事安集北方衍因以計說永（一云衍時爲府掾奏記於永也）曰衍聞明君不惡切愨之言以測幽冥之論忠臣不顧爭引之患以達萬機之變（愨謹也爭引謂引事爭君也事非一塗日乃萬機之變也）是故君臣兩興功名兼立銘勒金石令問不忘今衍幸逢寬明之日將值危言之時豈敢拱默避罪而不竭其誠哉伏念天下離王莽之害久矣始自東郡之師（王莽居攝元年翟義起兵於東郡莽發兵擊之）繼以西海之役（王莽居攝元年西羌龐恬傅幡等攻西海太守程永莽遣將擊之）巴蜀沒於南夷緣邊破於北狄遠征萬里暴兵累年禍挐未解兵連不息（挐謂相牽引也）刑法弥深賦斂愈重衆彊之黨橫擊於外百僚之臣貪殘於內元元無聊飢寒並臻父子流亡夫婦離散廬落丘墟田疇蕪穢疾疫大興災異蜂起於是江湖之上海岱之濱風騰波涌更相駘藉（駘藉亦作跆藉也）四垂之人肝腦塗地死亡之數不啻太半殃咎之毒痛入骨髓匹夫僮婦咸懷怨怒皇帝以聖德靈威龍興鳳舉率宛葉之衆將散亂之兵歃血昆陽長驅武關破百萬之陣摧九虎之軍（王莽拜九人爲將軍皆以虎爲號）雷震四海席卷天下攘除禍亂誅滅無道一朞之間海內大定繼高祖之休烈修文武之絕業社稷復存炎精更輝德冠往初功無與二天下自以去亡新就聖漢當蒙其福而賴其願樹恩布德易以周洽其猶順驚風而飛鴻毛也（言其易也）然而諸將虜掠逆倫絕理（倫亦理也）殺人父子妻人婦女燔其室屋略其財產飢者毛食（毛草也）寒者裸跣冤結失望無所歸命今大將軍以明淑之德秉大使之權統三軍之政存撫并州之人惠愛之誠加乎百姓高世之聲聞乎群士故其延頸企踵而望者

非特一人也且大將軍之事豈得建壁其行東脩其心而巳哉（言當以廓規摹不可空自清絜其約束脩身而巳）自將定國家之業成天下之元功也昔周宣中興之主齊桓霸彊之君爾猶有申伯召虎夷吾吉甫攘其蠻賊（蟊賊食禾稼之蟲喻蠻寇侵害也）安其疆宇況乎萬里之漢明帝復興而大將軍爲之梁棟此誠不可以忽也且衍聞之兵久則力屈人愁則變生今邯鄲之賊未滅真定之際復擾（邯鄲謂王郎真定謂劉揚也）而大將軍所部不過百里守城不休戰軍不息兵革雲翔百姓驚駭柰何自怠不爲深憂夫并州之地東帶名關北逼彊胡（井陘關也）（井石陘要害之壘故曰名關）年穀獨熟人庶多資斯四戰之地攻守之場也如其不虞何以待之故曰德不素積人不爲用備不豫具難以應卒今生人之命縣於將軍將軍所杖必須良才宜改易非任更選賢能夫十室之邑必有忠信審得其人以承大將軍之明雖則山澤之人無不感德思樂爲用矣然後簡精銳之卒發屯守之士三軍既整甲兵巳具相其士地之饒觀其水泉之利制



屯田之術習戰射之教則威風遠暢人安其業矣若鎮太原撫上黨收百姓之歡心樹名賢之良佐天下無變則足以顯聲譽一朝有事則可以建大功惟大將軍開日月之明發淵泉之慮監六經之論觀孫吳之策省群議之是非詳衆士之白黑（黑白謂賢愚也）以超周南之迹垂甘棠之風令夫功烈施於千載富貴傳于無窮伊望之策何以加茲（伊尹呂望）求就素重衍爲且受使得自置偏裨乃以衍爲立漢將軍領狼孟長屯太原

申屠剛扶風茂陵人王莽時避地河西隗囂據隴右欲背漢而附公孫述剛說之曰愚聞人所歸者天所與人所畔者天所去也伏念本朝（本朝謂光武）躬聖德舉義兵龔行天罰所當必摧誠天之所福非人力也將軍本無尺土孤立一隅宜推誠奉順與朝并力上應天心下酬人望爲國立功可以永年嫌疑之事聖人所絶以將軍之威重遠在千里動作舉措可不慎與今璽書數到委國歸信欲與將軍共同吉凶布衣相與尚有沒身不負然諾之信況於萬乘者哉今何畏何利久疑如是卒有非常之變上負忠孝下愧當世（言從漢何利而久附蜀之）夫未至豫言固當爲虛凡其巳至又無所及是以忠言至諫希得爲用誠願反覆愚老之言囂不納遂畔從述建武七年詔書徵剛剛將歸與囂書曰愚聞專巳者孤拒諫者塞孤塞之政亡國之風也雖有明聖之姿猶屈巳從衆故慮無遺策舉無過事夫聖人不以獨見爲明而以萬物爲心順人者昌逆人者亡此古今之所共也將軍以布衣爲鄉里所推廊廟之計（廊殿下屋也廟太廟也國事必先謀於廊廟之所）既不豫定動軍發衆又不深料今東方政教日睦百姓平安而西州發兵人人懷憂騷動惶懼莫敢正言群衆疑惑人懷顧望非徒無精銳之心其患無所不至夫物窮則變生事急則計易其勢然也夫離道德逆人情而能有國有家者古今未有也將軍素以忠孝顯聞是以士大夫不遠千里慕樂德義今苟欲決意徼幸此何如哉夫天所祐者順人所助者信如未蒙祐助令小人受塗地



之禍毀壞終身之德敗亂君臣之節汙傷父子之恩（下以光武是剛君曰）（囂遣子恂入質而背是負父子之恩也）衆賢破膽可不慎哉囂不納

馬援爲隗囂綏德將軍建武四年囂遣子恂居洛陽光武召援計事援具言謀畫因使援將突騎五千往來游說囂將高峻任禹之屬下及羌豪爲陳禍福以離囂支黨援爲書與囂將楊廣使曉勸於囂曰春卿無恙（春卿廣字）前別冀南（冀縣之南）寂無音驛援閒還長安因留上林竊見四海巳定兆民同情而季孟閉拒背畔（季孟囂字）爲天下表的（表標也言爲標準射的也）常懼海內切齒思相屠裂故遺書戀戀以致惻隱之計乃聞季孟歸罪於援而納王游翁諂邪之說（游翁王元字）自謂函谷以西舉足可定以今而觀竟何如邪援閒至河內過存伯春（存猶問也）見其奴吉從西方還說伯春小弟仲舒望見吉欲問伯春無他竟不能言曉夕號泣婉轉塵中又說其家悲愁之狀不可言也夫怨讎可刺不可毀援聞之不自知泣下也援素知季孟孝愛曾閔不過夫孝於其親豈不慈

於其子可有子抱三木而跳梁妄作三木桎梏及械自同分羹之事乎樂羊爲魏將攻中山其子在中山中山君烹其子而遺之羹樂羊啜之盡一杯而攻拔中山季孟平生自言所以擁兵衆者欲以保全父母之國而完墳墓也又言苟厚士大夫而已而今所欲全者將破亡之所欲完者將毀傷之所欲厚者將反薄之季孟嘗折愧子陽而不受其爵愧子陽以爲將軍不受也今更共陛趾陛趾謂稱臣也欲往附之將難爲顏乎若復責以重質當安從得子主給是哉往時子陽獨欲以王相待謂欲封隗囂爲朔寧王也而春卿拒之今老歸老更欲低頭與小兒曹共槽櫪而食併肩側身於怨家之朝乎男兒溺死何傷而拘游哉游浮游也今國家待春卿意深宜使牛孺卿與諸耆老大人大人謂豪傑也共說季孟若計畫不從真可引領去矣前披輿地圖見天下郡國百有六所柰何欲以區區二邦以當諸夏百有四乎春卿事季孟外有君臣之義内有朋友之道言君臣邪固當諫爭語朋友邪應有切磋爾雅曰骨曰切象曰磋豈有知其無成而但萎腰咋舌叉手從族乎萎腰咋舌及今成計殊尚善也



過是欲少味矣以食爲諭且來君叔天下信士君叔來歙字朝廷重之其意依依常獨爲西州言援商朝廷尤欲立信於此也商度也必不負約援不得久留願急賜報廣竟不荅

周毖靈帝末爲侍中董卓議廢立司隸袁紹不從卓怒紹出遂亡奔冀州毖與城門校尉伍瓊議郎何顒等皆名士也卓信之而陰爲紹乃說卓曰夫廢立大事非常人所及紹不達大體恐懼故出奔非有他志也今購之急勢必爲變袁氏樹恩四世門生故吏徧於天下若收豪傑以聚徒衆英雄因之而起則山東非公之有也不如赦之拜一郡守則紹喜於免罪必無患矣卓以爲然乃拜紹勃海太守封邟鄉侯

高幹陳留人袁紹旣自號車騎將軍主盟與冀州牧韓馥起兵誅董卓馥軍安平爲公孫瓚所敗瓚遂引兵入冀州襲馥紹因馥惶遽使幹及潁川荀諶等說馥曰公孫瓚乘勝來南而諸郡應之袁車騎引軍東向其意未可量也竊爲將軍危之馥懼曰然則爲之柰何諶曰君自料寬仁容衆爲天下所附孰與袁氏馥曰不如也臨危吐決智勇過於人又孰與袁氏馥曰不如也世布恩德天下家受其惠又孰與袁氏馥曰不如也諶曰勃海雖郡其實州也今將軍資三不如之勢久處其上袁氏一時之傑必不爲將軍下也且公孫提燕代之卒其鋒不可當夫冀州天下之重資若兩軍并力兵交城下危亡可立而待也夫袁氏將軍之舊且爲同盟當今之計莫若舉冀州以讓袁氏必厚德將軍公孫瓚不能復與之爭矣是將軍有讓賢之名而身安於太山也願勿有疑馥素性恇怯因然其計

魏程昱漢末爲壽張令太祖征徐州使昱與荀彧留守鄄城張邈等叛迎呂布郡縣響應唯鄄城范東阿不動布軍降者言陳宮欲自將兵取東阿又使氾嶷取范吏民皆恐彧謂昱曰今兗州反唯有此三城宮等以重兵臨之非有以深結其心三城必動君民之望也歸而說之殆可昱乃歸過范說其令靳允曰



聞呂布執君母弟妻子孝子誠不可爲心今天下大亂英雄並起必有命世能息天下之亂者此智者所詳擇也得主者昌失主者亡陳宮叛迎呂布而百城皆應似能有爲然以君觀之布何如人哉夫布麤中少親剛而無禮匹夫之雄耳宮等以勢假合不能相君也兵雖衆終必無成曹使君智略不世出殆天所授君必固范我守東阿則田單之功可立也孰與違忠從惡而母子俱亡乎惟君詳慮之允流涕曰不敢有貳心時氾嶷已在縣允乃見嶷伏兵刺殺之歸勒兵守

劉放字子棄涿郡人歷郡綱紀舉孝廉遭世大亂時漁陽王松據其土放往依之太祖克冀州放說松曰往者董卓作逆英雄並起阻兵擅命自封殖惟曹公能拔拯危亂翼戴天子奉辭伐罪所向必克以二袁之彊守則淮南冰消戰則官渡大敗乘勝席卷將清河朔威刑旣合大勢以見速至者漸福後服者先亡此乃不俟終日馳騖之時也昔黥布棄南面之尊仗劍歸漢誠

原闕

識廢興之理審去就之分也將軍宜投身委命厚自結納松然
之王粲山陽高平人師　荆州牧劉表表卒粲説其子琮曰僕
有愚計願進之於將軍可乎琮曰吾所願聞也粲曰天下大亂
豪傑並起在倉卒之際彊弱未分故人各各有心爾當此之時
家家欲爲帝王人人　爲公侯觀古今之成敗能先見事機者
則常受其福今將軍自度何如曹公邪琮不能對粲復曰如粲
所聞曹公故人傑也雄略冠時智謀出世摧袁氏於官渡驅孫
權於江外逐劉備於隴右破烏丸於白登其餘梟夷蕩定者往
往如神不可勝計今日之事去就可知也將軍能聽粲計卷甲
倒戈應天順命以歸曹公曹公必重德將軍保己全宗長享福
祚垂之後嗣此萬全之策也粲遭亂流離託命此州蒙將軍父
子重顧敢不盡言琮納其言太祖辟爲丞相掾賜爵關内侯
辛毗字佐治潁川陽翟人隨兄評從袁紹紹卒袁尚攻兄譚於
平原譚使毗詣太祖求和太祖將征荆州次于西平毗見太祖



原闕

能舉全吴之地十萬之衆受制於人吾計決矣然非劉豫州莫
可當曹操者然豫州新敗之後能抗此難乎亮曰豫州雖敗今
戰士還者及關羽軍精甲萬人劉琦合江夏戰士亦不下萬人
曹操之衆遠來疲弊聞逐豫州輕騎一日一夜行三百里此所
謂彊弩之末不能穿魯縞也故兵法忌之今將軍誠與豫州協
規同力破操軍必矣權大悦即并力拒曹公曹公敗於赤壁
吴朱治爲安國將軍大帝從兄豫章太守賁女爲曹公子婦及
曹公破荆州威震南土賁長懼欲遣子入質治聞之求往見賁
爲陳安危治説賁曰破虜將軍昔率義兵入討董卓聲冠中夏
義士壯之討逆繼世廓定六郡特以君侯骨肉至親器爲時生
故表漢朝剖符大郡兼建將校仍關綜兩府榮冠宗室爲遠近
之瞻加討虜聰明神武繼承洪業攬結英雄周濟世務軍衆日
盛事業日隆雖昔蕭王之在河北無以加也必克成王基應運
東南故劉玄德遠布腹心求見拯救此天下所共知也前在東

聞道路之言云將軍有異趣良用憮然今曹公阻兵傾覆漢室幼帝流離百姓元元未知所歸而中國蕭條或百里無煙城邑空虛道殣相望士歎於外婦怨乎室加之以師旅因之以饑饉以此料之豈能越長江與我爭利哉將軍當此時也而欲背骨肉之親違萬安之計割同氣之膚啖虎狼之口爲一女子改慮易圖失機毫釐差以千里豈不惜哉實由此遂止

李衡爲諸葛恪司馬魏將胡遵等南伐恪使衡往蜀說姜維令同舉曰古人有言聖人不能爲時時至亦不可失也今敵政在私門外内猜隔兵挫於外而民怨於内自曹操已來彼之亡形未有如今者也若大舉伐之使吳攻其東漢入其西彼救西則東虛重東則西輕以練實之軍乘虛輕之敵破之必矣維從之

晉顧榮爲大傅東海王越軍諮祭酒屬廣陵相陳敏反南渡江逐揚州刺史劉機丹陽内史王曠阻兵據州分置子弟爲列郡收禮豪傑有孫氏鼎峙之計假榮右將軍丹陽内史榮數踐危



亡之際常以恭遜自勉會敏欲誅諸士人榮說之曰中國喪亂胡夷内侮觀太傅今日不能復振華夏百姓無復遺種江南雖有石冰之寇人物尚全榮常憂無竇氏孫策之策有以存之爾今將軍懷神武之略有孫吳之能功勳效於已著勇略冠於當世帶甲數萬舳艫山積上方雖有數州亦可傳檄而定也若能委信君子各得盡懷散蔕芥之恨塞讒諂之口則大事可圖也敏納其言悉引諸豪族委任之敏乃遣甘卓出橫江堅甲利器盡以委之

劉暾爲司隸時王彌入洛百官殲焉彌以暾鄉里宿望故免於難暾因說彌曰今英雄競起九州幅裂有不世之功者宇内不容將軍自興兵已來何攻不克何戰不勝而復與劉曜不協宜思文種之禍以范蠡爲師且將軍可無帝王之意東王本州以觀事勢上可以混一天下下可以成鼎峙之事豈失孫劉乎蒯通有言將軍且圖之彌以爲然使暾于青州與曹嶷謀且徵之暾至東阿爲石勒遊騎所獲見彌與嶷書而大怒乃殺之

毛寶爲廬江太守蘇峻之作逆陶侃温嶠未能破賊侃欲率衆南還寶謂嶠曰下官能留之乃往說侃曰公本應鎮蕪湖爲南北勢援前既已下勢不可還且軍政有進無退非直整齊三軍示衆必死而已亦謂退無所據終至滅亡往者杜弢非不强盛公竟滅之何至於峻獨不可破邪賊亦畏死非皆勇健公可試與寶兵使上岸斷賊資糧出其不意使賊困蹙若寶不立效然後公去人心不恨侃然之加寶督護寶燒峻句容湖熟積聚峻頗乏食侃遂留不去

劉牢之鎮京口安帝元興初朝廷討桓玄以牢之爲前鋒都督征西將軍領江州事時會稽王世子元顯諫使以討玄事諮牢之牢之以玄少有雄名杖全楚之衆懼不能制又慮平玄之後功蓋天下必不爲元顯所容深懷疑貳不得已率北府文武屯冽洲桓玄遣何穆說牢之曰自古亂世君臣相信者有燕昭樂



毅玄德孔明然皆勳業未卒而二主早世設使功成事遂未保二臣之禍也鄙語有之高鳥盡良弓藏狡兔殫獵犬烹故文種誅於句踐韓白戮於秦漢彼皆英雄霸王之主猶不敢信其功臣況凶愚凡庸之流乎自開闢以來戴震主之威挾不賞之功以見容於闇世者而誰至如管仲相齊雍齒侯漢則往往有之況君見與無射鉤斬袪之仇邪今君戰敗則傾宗戰勝亦覆族欲以安歸乎孰若翻然改圖保其富貴則身與金石等固名與天壤無窮孰與頭足異處身名俱滅爲天下笑哉惟君圖之牢之自謂握強兵才能算略足以經綸江表時譙王尚之已敗人情轉沮乃頗納穆說遣使與玄交通其甥何無忌與劉裕固諫之並不從俄令敬宣降玄（敬宣牢之子也）

宋王誕爲會稽王世子元顯長史及桓玄得志徙誕廣州盧循據廣州以誕爲其平南府長史甚賓禮之誕久客思歸乃說循曰下官流遠在此被蒙殊眷士感知己實思報答本非戎旅之

此無用素爲劉鎮軍所識情味不淺若得北歸必蒙仁寄公私際會厚恩愈於停此空移歲月猶甚然之時廣州刺史吴隱之亦爲循所拘留誕又曰將軍今留吴公公私非計孫伯符豈不欲留華子魚但以一境不容二君爾於是誕及隱之並得還

後周柳帶韋初爲太祖行臺左丞從軍南討時梁宜豐侯蕭循守南鄭達奚武攻之未拔乃令帶韋入城說循曰足下所固者險所恃者援所守者民今王師深入棧道長驅漢川此則所憑之險不足固也武興陷没於前白馬破亡於後自餘川谷酋豪路阻而不敢進此則所望之援不可恃也夫顧親戚畏誅夷貪榮慕利此生人常也今大兵總至長圍四合戮逃亡以勸安居賞先降以招後服人人僥轉福之計家家圖安堵之謀此則所部之民不可守也且足下本朝喪亂社稷無主盡忠將何所託死節不足成名竊爲足下不取也僕聞賢者相時而動智者因變立功當今爲足下計者莫若肉袒軍門歸命下吏免生民於塗炭全陵寢於孝道必當紓眥拔萃裂土分珪名重當時業光後嗣豈若進退無據身名俱滅者哉循然之後乃降魏

唐崔義玄貝州武城人隋大業末黄君漢守據柏崖義玄往說之曰見機而作不俟終日今群盜蜂起九州幅裂神器所歸必在有德唐公擁有秦京名應符籙此眞主也足下孤城獨立何遵寇向釁觸之榮及時歸誠以取封侯也君漢然之即遣義玄歸國拜懷州總管府司馬

王君愕洺州邯鄲人隋大業末并州人王君廓掠邯鄲君愕往說君廓曰方今萬乘失御英雄競起誠宜撫納遺甿保全形勝按甲以觀時變擁衆而歸眞主此富貴可圖也今足下居無尺土之地守無旬之糧恣行殘忍所過摽掠竊爲足下寒心矣君廓曰計將安出君愕爲陳井陘之險可先往據之君廓從其言乃屯井陘山歲餘會義師入定關中乃與君廓遣所部萬餘人來降拜大將軍



魏徵初隨李密來降至京師久不見知自請安輯山東乃授秘書丞驅傳至黎陽時徐世勣尚爲密擁衆徵與世勣書曰自隋末亂離群雄競逐跨州連郡不可勝數魏公起自叛徒奮臂大呼四方響應萬里風馳雲合霧聚衆數十萬威之所被將半天下破世充于洛口摧化及於黎山方欲西蹈咸陽北凌玄闕揚旌瀚海飲馬渭川翻以百勝之威敗於奔亡之虜固知神器之重自有所歸不可以力爭是以魏公思皇天之乃睠入函谷而不疑公生于擾攘之時感知己之遇根本已拔確乎不動鳩合遺散據守一隅世充以乘勝餘勇息其東略建德因係亡之勢不敢南謀公之英聲足以振于今古然誰無善始終之慮難去就之機安危大節若策名得地則九族蔭其餘輝委質非人則一身不能自保殷鑒不遠公所聞見孟賁猶豫童子先之知幾其神不俟終日今公處必爭之地乘宜速之機更事遲疑坐觀成敗恐兇狡之輩先人生心則公之事去矣世勣得書遂定計遣使歸國開倉運糧以饋淮安王神通之軍

岑文本隋末郡舉秀才少時蕭銑僭號于荆州大收時望署文本中書侍郎及河間王孝恭之平荆州也銑問計於文本文本勸銑降從之時官軍欲掠城中文本進說孝恭曰自隋失道群雄鼎沸海内懷綏想望眞主今蕭銑君臣歸命者實望去危就安必若縱兵剽掠城中誠非荆州來蘇之意亦恐江嶺之外向化之心沮矣孝恭稱善留爲荆州別駕

馬燧代宗時多智謀尤善兵法安禄山反俾光禄卿賈循守范陽燧說循曰禄山負恩首亂雖陷洛京必當夷滅何不建不代之功誅其逆將向潤客牛廷玠拔其根柢禄山西不能入關則坐而受擒天下可定也循雖善其計不時決事泄禄山果遣韓朝陽來召循朝陽至范陽與循語陰伏壯士以弓弦縊殺之

賈林奇士也德宗建中末王武俊僭建國稱趙王以常山求府僚路倫屡聞李抱眞申泝欲降武俊林至營日是來奉詔非臣

武俊色動欲其說林曰天子知大夫宿誠及登壇建國之日撫膺頓足右曰我本忠義天子不省是後諸軍曾同表論列大夫天子覽表動容語使者曰朕前事誤追無及已朋友間失意尚可謝朕四海主毫芒失安可復念哉武俊曰僕虜將尚知存撫百姓天子固不專務殺人以安天下今山東連天兵者五歲戰勝骨盡暴野雖勝與誰守今不憚歸國家與諸軍約解甲五不欲曲在已朝廷能降恩滌蕩之僕首唱歸國不從者于以奉辭則上不負天子下不負朋友此謀行河朔不五旬可定及涇原兵犯闕德宗幸奉天京師閻至諸將退軍李抱真將入潞田悅說武俊與朱滔襲之林復說武俊曰今退軍前輜重後從師人心固不可圖也且戰勝而得地則利歸魏博喪師即成德大傷大夫本部易定滄趙四州何不先復故地武俊遂北馬首背田悅約林復說武俊曰大夫異稱豪族不合謀據中華且漢心幽險王室遷即藉大夫援之畢即思有并吞且河朔無冀國



雄趙魏與燕爲鄰今朱滔稱冀則窺大夫冀州其兆已形矣若滔力制山東大夫須修臣禮不從即爲攻奪此時能臣滔乎武俊投袂作色曰二百年宗社我尚不臣誰能臣田舍漢由此計定遂南通好抱真西連和馬燧興元初武俊削僞號授成德軍節度使兼幽州盧龍西道節度時朱泚逼册滔爲僞皇太弟滔率幽檀勁卒誘迴紇二千騎已圍貝州數十日將絕白馬津南盜洛都與泚合勢時李懷光反河中李希烈已陷大梁南逼江漢李納尚反[illegible]田悅未[illegible]李晟[illegible]天子[illegible]所在[illegible]首天下[illegible]十二三矣[illegible]武俊與抱真會軍同謀[illegible]博爲武俊陳利害曰朱滔此行欲先平魏博更逐田悅被害人心不安旬日不救魏貝必下下而益甲數萬張孝忠見貝魏拔必臣朱滔三道連衡兼統迴紇長驅至此家族可得完耶若閣下不利則昭義軍保山西河朔地盡入滔今乘貝魏未下孝忠未附滔與昭義合兵破之如拾遺此計就即震聲關中京邑可坐待變亂反正公自勲業無二也武俊歔欷然許之

後唐周式在梁爲鎮州王鎔判官光化三年秋梁祖將吞河朔乃親征鎮定縱兵燔鎮之關城鎔謂賓佐曰事急矣謀其所向式有口辯出見梁祖梁祖盛怒迎謂式曰王公朋附并汾違盟爽信弊賦業已及此期於無捨式曰明公爲唐室之桓文當以禮義而成霸業返欲窮兵黷武天下其謂公何梁祖喜引式袂而慰之曰前言戲之爾即遣牛酒貨幣以犒軍式請鎔子昭祚及大將梁公儒李弘規子各一人任質于汴梁祖以女妻昭祚

冊府元龜卷第八百九十一

冊府元龜卷第八百九十二

總録部一百四十二

夢徵

周禮有六夢一曰正夢二曰噩夢三曰思夢四曰寤夢五曰喜夢六曰懼夢又詩云吉夢維何維熊維羆維虺維蛇又曰牧人乃夢衆維魚矣旐維旟矣斯則夢之徵矣是知禍福無門在祥應而斯顯吉凶有象考虛實之兆草按漢書藝文志云衆占非一而夢為大所以黄帝悟吹塵而得風后唐堯感白帝而獲皋陶成湯占鼎而遇賢高宗求野而得相周文享壯齡壽孔子識其云亡至於晉霸得天楚傷中月曹因社藏鄭以蘭生叔孫之得豎牛簡子之聽廣樂夢徵所至於焉可知

黄帝夢大風吹天下之塵垢皆去又夢人執千鈞之弩驅羊數萬羣帝寤而歎曰風為號令執政者也垢去土解后在也天下豈有姓風名后者也哉夫千鈞之弩異力能遠者也驅羊數萬羣是能善牧者也天下豈有姓力名牧者也於是依二夢之占而求之得風后于海隅登以為相得力牧于大澤進以為將

堯為天子夢白帝遺吾馬喙子皋陶母外高丘豬上有白雲如虎感已而生皋陶堯聘索狀毋問之如堯言徵與語明於刑法

商湯思賢夢見有人負鼎抗俎對已而笑寤而占曰鼎為和味俎者割截天下豈有人為吾宰者哉初力牧之後曰伊摯耕於有莘之野湯聞以幣聘之有莘之君留而不進湯乃求婚於有莘之君有莘嫁女於湯以摯為媵臣至亳乃負鼎抱俎見湯

伊摯將應湯命夢乘船過日月之旁

高宗夢傅說使百工營求諸野得諸傅巖

周文王去商在程正月既生魄大姒夢見商之庭產棘小子發取周庭之梓樹于闕間梓化為松柏棫柞寤驚以告文王王及太子發並拜吉夢受商之大命于皇天上帝文王謂武王曰汝何夢矣武王對曰夢帝與我九齡帝與九齡文王曰汝以為何也武王曰西方有九國君王其終撫諸文王曰非也古者謂年為齡齒亦齡也我百爾九十吾與爾三焉九齡九十年之祥也文王以慈勸損壽武王以安樂延年與汝三者明傳釋汝受而成之文王九十七乃終武王九十三而終

武王尚叔虞母會時夢天謂武王曰余命汝生子名曰虞尚之唐及生子文在其手曰虞故命之曰虞成王封之於唐

[illegible]在[illegible]有神[illegible]白色虎爪執鉞立於西阿之下公懼而走曰無走帝命曰使晉襲于爾門公拜稽首覺召史嚚占之對曰如君之言則蓐收也天之刑神也天事官成公使囚之且使國人賀夢舟之僑告其族曰衆謂虢不久吾乃今知之君不度而賀大國之襲於己何瘳吾聞之曰大國道小國襲焉曰服小國教大國襲焉曰誅民疾君之侈也是以遂於逆命今嘉其夢侈必展是天奪之鑒而益其疾也吾不忍俟也將行以其族適晉六年虢乃亡

秦穆公立病臥五日不寤寤乃言夢見上帝上帝謂天也上帝命穆公平晉亂史書而藏之府府藏書之處而後世皆曰上天穆公

晉文公救宋次於城濮晉文侯夢與楚子搏搏手楚子伏己而盬其腦盬唼也是以懼子犯曰吉我得天楚伏其罪吾其柔之矣晉侯上向故得天楚子下向地故伏其罪所以柔物子犯審見事宜故權言以荅夢

子玉自為瓊弁玉纓未之服也將與晉戰夢河神謂己曰畀余余賜汝孟諸之麋子玉不與而戰敗子玉楚大夫

趙盾在時夢見叔帶持要而哭甚悲已而笑拊手而歌盾卜之兆絶而後好趙史援占曰此甚惡非君之身乃君之子然亦君之咎至趙朔被殺下宮及趙武而復

鞌之戰晉韓厥夢子輿子輿厥父謂己曰旦避左右故中御而從齊侯邴夏曰射其御者君子也公曰謂之君子而射之非禮也射其左越于車下射其右斃于車中

趙嬰夢天使謂己祭余余福女使問諸士貞伯貞伯曰不識也既而告其人自告貞伯之人曰神福仁而禍淫淫而無罰福也祭其得

士乎（以爲祈禱，遣其祖）祭之明日而亡

晉侯夢大厲被髮及地搏膺而踊曰殺余孫不義（厲鬼也，趙氏之先祖也，八年晉殺趙同趙括）余得請於帝矣壞大門及寢門而入公懼入于室又壞戶公覺召桑田巫（桑田晉邑）巫言如夢（巫云鬼怒如公所夢）公曰何如曰不食新矣（言公不得及食新麥）公疾病求醫于秦秦伯使醫緩爲之（緩醫名）未至公夢疾爲二豎子曰彼良醫也懼傷我焉逃之其一曰居肓之上膏之下若我何（肓鬲也，心下爲膏）醫至曰疾不可爲也在肓之上膏之下攻之不可達之不及藥不至焉不可爲也（達鍼）公曰良醫也厚爲之禮而歸之六月丙午公欲麥使甸人獻麥將食如廁陷而卒小臣有晨夢負公以登天及日中負晉侯出諸廁遂以爲殉

呂錡夢射月中之退入於泥（呂錡魏錡）占之曰姬姓日也（周世姬姓）異姓月也（異姓楚）必楚王也射而中之退入於泥亦必死矣及戰射共王中目王召養由基與之兩矢使射呂錡中項伏弢（弢弓衣）以一矢復命



荀伯夢涉洹（洹水出汲郡林慮縣東北至魏郡長樂縣入清水）或與己瓊瑰食之（瓊玉，瑰珠）泣而爲瓊瑰盈其懷（淚下化爲珠盈懷）從而歌之曰濟洹之水贈我以瓊瑰歸乎歸乎瓊瑰盈吾懷乎懼不敢占也還自鄭至于貍脤而占之曰余恐死故不敢占也今衆繁而從余三年矣無傷也言之之莫而卒

荀吳帥師滅陸渾韓宣子夢文公攜荀吳而授之陸渾故使穆子帥師獻俘於文宮（欲以應夢）

齊侯伐魯北鄙中行獻子將伐齊夢與厲公訟弗勝公以戈擊之首墜於前跪而戴之奉之以走見梗陽之巫皋（梗陽晉邑）他日見諸道與之言同巫曰今茲主必死若有事於東方則可以逞獻子許諾

叔孫穆子去叔孫氏及庚宗（庚宗魯地）遇婦人使私爲食而宿焉適齊夢天壓己弗勝顧而見人黑而上僂深目而豭喙號之曰牛助余乃勝之及反魯所宿庚宗之婦人獻以雉問其姓對曰余子長矣能奉雉而從我矣召而見之則所夢也未問其名號之曰牛曰唯皆召其徒使視之遂使爲豎

衛侯殺渾良夫夢于北宮見人登昆吾之觀被髮北面而譟曰登此昆吾之虛緜緜生之瓜余爲渾良夫叫天無辜公親筮之胥彌赦占之曰不害與之邑寘之而逃奔宋

宋景公無子取公孫周之子得與啓畜諸公宮未有立焉公卒得夢啓北首而寢於盧門之外己爲烏而集於其上咮加於南門尾加於桐門曰余夢美必立乃得立

鄭文公有賤妾曰燕姞夢天使與己蘭曰余爲伯鯈余而祖也以是爲而子以蘭有國香人服媚之如是既而文公見之與之蘭而御之生穆公名之曰蘭穆公有疾曰蘭死吾其死乎刈蘭而卒



子產聘于晉晉侯有疾韓宣子曰寡君寢疾於今三月矣並走群望有加而無瘳今夢黃熊入于寢門其何厲鬼也對曰以君之明子爲大政其何厲之有昔堯殛鯀于羽山其神化爲黃熊以入于羽淵實爲夏郊三代祀之晉爲盟主其或者未之祀乎韓子祀夏郊晉侯有間（間差）

鄭殺大夫良霄（襄三十年）鑄刑書之歲二月或夢伯有介而行（介甲也）曰壬子余將殺帶也明年壬寅余又將殺段也及壬子駟帶卒國人益懼齊燕平之月壬寅公孫段卒國人愈懼

衛襄公夫人姜氏無子嬖人婤姶生孟縶孔成子夢康叔謂己立元余使羈之孫圉與史苟相之史朝亦夢康叔謂己余將命而子苟與孔烝鉏之曾孫圉相元史朝見成子告之夢夢協晉韓宣子爲政聘于

諸侯之歲（在二年）婤姶生子名之曰元孟縶之足不良能行（跛也）孔成子以周易筮之曰元尚享衛國主其社稷（筮辭）遇屯（震下坎上）又曰余尚立縶尚克嘉之（嘉善也）遇屯之比（坤下坎上屯初九爻變）以示史朝史朝曰元亨又何疑焉（周易曰元亨）成子曰非長之謂乎（言長非元）對曰康叔名之可謂長矣（善之長也）孟非人也將不列於宗不可謂長（足跛非全人不可列為宗主）且其繇曰利建侯（繇卦辭）嗣吉何建建非嗣也（嗣子有常位故無所卜）二卦皆云子其建之康叔命之二卦告之筮襲於夢武王所用也弗從何為（襲因也武王夢協於卜）弱足者居（跛則偏弱）侯主社稷臨祭祀奉民人事鬼神從會朝又焉得居各以所利不亦可乎（各以所利）故孔成子立靈公

泉丘人有女夢以其帷幕孟氏之廟（泉丘魯邑）遂奔僖子其僚從之（同僚）盟于清丘之社曰有子無相棄也（二女自誓）僖子使助薳氏之簉（簉副倅也）反自祲



祥宿於薳氏生懿子及南宮敬叔於泉丘人其僚無子使字敬叔（字養也）

趙簡子夢童子羸而轉以歌（羸裸也轉婉轉也）旦而日食占諸史墨曰吾夢如是今而日食何也（簡子夢適與日食會故問之）對曰六年及此月也吳其入郢乎終亦弗克（史墨知夢非日食之應故釋日食而不釋其夢）入郢必以庚辰（庚辰日有變以庚辰吳入郢）日月在辰尾（辰尾龍尾也周十二月今之十月日月合朔於辰尾而食）庚午之日日始有謫（謫變氣也）火勝金故弗克（庚午有變故在楚之吳入郢）

宋元公將爲魯昭公故如晉（請納公）夢太子欒即位於廟已與平公服而相之（平公元公父）旦召六卿公曰寡人不佞不能事父兄以爲二三子憂寡人之罪也若以群子之靈獲保首領以沒唯是楄柎所以藉幹者（楄柎棺中笭床也幹骸骨也）請無及先君（欲自貶）仲幾對曰君若以社稷之故私降昵宴群臣弗敢知（降昵宴謂損親近之禮）

（樂大心）之事君夫宋國之法死生之度先君有命矣群臣以死守之弗敢失隊臣之失職常刑不赦臣不忍其死君命祗辱（言君命不行）也宋公遂行己亥卒于曲棘

宋人圍曹初曹人或夢衆君子立于社宮（社宮社也）而謀亡曹曹叔振鐸請待公孫彊許之（振鐸曹始封君）旦而求之曹無之戒其子曰我死爾聞公孫彊爲政必去之及曹伯陽即位好田弋曹鄙人公孫彊好弋獲白鴈獻之且言田弋之說說之因訪政事大說之有寵使爲司城以聽政夢者之子乃行彊言霸說於曹伯曹伯從之乃背晉而奸宋宋人伐之晉人不救築五邑於其郊曰黍丘揖丘大城鍾邘（梁國下邑縣西南有黍丘亭）宋公伐曹將還褚師子肥殿（子肥宋大夫）曹人詬之不行（詬詈也不行止兵也）師待之公聞之怒命反之遂滅曹執曹伯及司城彊以歸殺之（終夢之效）

楚靈王成章華之臺願與諸侯落之太宰薳啟彊來召魯公（...）公將往夢襄公祖梓慎曰君不果行襄公之適楚也夢周公祖



而行今襄公實祖君其不行子服惠伯曰行也先君未嘗適楚故周公祖以道之襄公適楚矣而祖以道君不行何之三月公如楚

齊景公田於梧宮夜猶早公坐睡夢有五大夫北面稱無罪公覺召晏子告所夢公曰我其嘗殺無罪歟晏子對曰昔先君靈公田五大夫駭獸故并斷其頭葬之命曰五大夫丘此耶命人掘其葬求之則五頭同穴而存焉公嘉之命吏葬之也又

景公舉兵將伐宋師過泰山公夢見二丈夫立而怒其怒甚盛公恐覺辟門召占夢者占夢者至公曰今夕吾夢二丈夫立而怒不知其所言其怒甚盛吾猶識其狀識其名占夢者曰師過泰山而不用事故泰山之神怒也請召祝史祠乎泰山則可公曰諾明日晏子朝見公告之如告占夢之言也公曰占夢之言曰師過泰山而不用事故泰山之神怒也今欲使人召祝史晏子俯有間對曰占夢者不識也此非泰山之神也是宋之先湯與

伊尹也公疑以爲泰山神晏子曰公疑之則嬰請言湯伊尹之狀湯質皙以長顔以髯兌上豐下倨身而揚聲公曰然是已伊尹黑而短蓬而髯豐上而兌下僂身而下聲公曰然是已今若何晏子曰大湯太甲武丁祖乙天下之盛君也不宜無後今惟宋爾矣而公伐之故湯伊尹怒請散師平乎宋景公不用終伐宋晏子曰公伐無罪之國以怒明神不易行以續蓄進師以近過非嬰之所知也師若果進軍必有殃軍進再舍鼓毀將殪公乃辭乎晏子散師不果伐宋

孔子蚤作負手曳杖逍遥於門歌曰泰山其頽乎梁木其壞乎哲人其萎乎既歌而入當户而坐子貢聞之曰泰山其頽則吾將安仰梁木其壞哲人其萎則吾將安放夫子殆將病也遂趨而入夫子曰賜爾來何遲也夏后氏殯於東階之上則猶在阼也殷人殯於兩楹之間則與賓主夾之也周人殯於西階之上則猶賓之也而丘也殷人也予疇昔之夜夢坐奠於兩楹之間



夫明王不興而天下其孰能宗予予殆將死也蓋寢疾七日而沒

趙武靈王十六年遊大陵他日王夢見處女鼓琴而歌詩曰美人熒熒兮顔若苕之榮[illegible]命乎命乎曾無我嬴[illegible]異日王飲酒樂數言所夢想見其狀吳廣聞之因夫人而內其女娃嬴[illegible]孟姚也[illegible]孟姚甚有寵於王是爲惠后

趙孝成王夢衣偏裻之衣乘飛龍上天不至而墜見金玉之積如山明日王召筮史敢占之曰夢衣偏裻之衣者殘也乘飛龍上天不至而墜者有氣而無實也見金玉之積如山者憂也其後三日韓上黨守馮亭降趙趙受之卒有長平之禍

秦始皇夢與海神戰如人狀乃令人入海齎捕巨魚具而自以連弩候大魚出射之遂並（音傍）海西至平原津而病

漢文帝嘗夢欲上天不能進有一黃頭郎推之上顧見其衣裻帶後穿覺而之漸臺見鄧通衣後穿即夢中所見也因而寵之

衛太子爲江充所譖敗久之田千秋上急變訟太子寃曰子弄父兵罪當笞天子過誤殺人當何罪哉臣嘗夢見一白頭翁教臣言是時上頗知太子惶恐無他意乃大感寤召見千秋謂曰父子之間人所難言也公獨明其不然此高廟神靈使公教我公當遂爲吾輔佐立拜千秋爲大鴻臚

昌邑王賀見青蠅之矢積殿東西階王乃問龔遂對曰詩云營營青蠅止于藩愷悌君子無信讒言陛下察之王終不改

韋玄成爲丞相奏罷祖宗廟在郡國者歲餘玄成薨[illegible]匡衡代爲丞相成帝寢疾夢祖宗譴罷郡國廟帝少弟楚孝王亦夢焉帝詔問衡議欲復之衡深言不可

王莽夢長樂宮銅人五枚起立莽惡之念銅人銘有皇帝初兼天下之文即使尚方工鐫滅所夢銅人膺文（師古曰鐫謂琢鑿之[illegible]）又感漢高廟神靈遣虎賁武士入高廟拔劍四面提擊（師古[illegible]）[illegible]斧壞戶牖[illegible]桃湯赭鞭鞭灑屋壁[illegible]



[illegible]令輕車校尉居其中又令中軍北壘居高寢

後漢公孫述將僭號夢有人語之曰八厶子系十二爲期覺謂其妻曰雖貴而祚短若何妻對曰朝聞道夕死尚可況十二乎

王[illegible]曾夢[illegible]覺惡之乃作[illegible]賊以自厲投溺水死時年二[illegible]

范式字巨卿山陽金鄉人仕郡爲功曹與汝南張劭字元伯爲友後元伯寢疾卒式忽夢見元伯玄冕垂纓屣履而呼曰巨卿吾以某日死某時葬永歸黃泉子未我忘豈能相及式覺而悲歎

鄭玄詔徵不赴夢孔子告之曰起起今年歲在辰來年歲在巳[illegible]既寤以讖合之知命當終有頃寢疾時袁紹與曹操相拒於官度令其子譚遣使逼玄隨軍不得已載病到元城縣疾篤不進其年六月卒

周磐字伯堅爲重合令棄官還鄉里歲朝會集諸生講論終日因令其二子曰吾日者夢見先師東里先生與我講於陰堂之

奥餅而長數尝五齒之盡乎其月望日無疾忽終

華松家本孤微其母夜夢兩伍伯夾門言司隸在此松果至司隸

蔡茂初爲廣漢太守夢坐大殿極上有三穗禾茂跳取之得其中穗輒復失之以問主簿郭賀賀離席慶曰大殿者宮府之形象也極而有禾人臣之上祿也取中穗是中台之位也於字禾失爲秩雖曰失之乃所以得祿秩也衮職有闕君其補之旬月而茂徵爲三公

張奐爲武威太守其妻懷孕夢帶奐印綬登樓而歌訊之占者曰必將生男復臨茲邦命終此樓既而生子猛以建安中爲武威太守殺刺史邯鄲商州兵圍之急猛恥見擒乃登樓自燒而死卒如占云

公孫瓚爲奮武將軍爲袁紹所圍夢薊城崩果敗焉

魏程昱少時常夢上泰山兩手捧日昱私異之以語荀彧及兗州反賴昱得完三城於是彧以昱夢白太祖太祖曰卿當終爲



吾腹心昱本名立太祖乃加其上日更名昱也後至衛尉封安鄉侯

管輅舉秀才吏部尚書何晏請之鄧颺在晏許晏謂輅曰聞君著文神妙試爲作一卦知位當至三公不又問連夢見青蠅數十頭來鼻上驅之不肯去有何意故輅曰夫飛鴞天下賤鳥及其在林食椹則懷我好音況輅心非草木敢不盡忠昔元凱之弼重華宣慈惠和周公之翼成王坐而待旦故能流光六合萬國咸寧此乃履道休應非卜筮之所明也今君侯位重山嶽勢若雷電而懷德者鮮畏威者衆殆非小心翼翼多福之仁又鼻者艮此天中之山相書謂鼻之所在爲天中鼻有山象故曰天中之山也高而不危所以長守貴今青蠅臭惡而集之焉位峻者顛輕豪者亡不可不思害盈之數盛衰之期是故山在地中曰謙雷在天上曰壯謙則裒多益寡壯則非禮不履未有損己而不光大行非而不傷敗願君侯上追文王六爻之言下思尼父彖象之義然後三公可決青蠅可驅也颺曰此老生之常談輅荅曰夫老生者見不生常談者見不談晏曰過歲更當相見

輅別傳曰輅爲何晏所請果共論易九事九事皆明晏曰君論陰陽此世無雙時鄧颺與晏共坐颺言君見謂善易而語初不及易中辭義何故也輅尋聲答之曰夫善易者不論易也晏含笑而贊之可謂要言不煩也因請輅爲卦輅既稱引鑒誡晏謝之曰知幾其神乎古人以爲難交疏而吐其誠今人以爲難今君一面而盡二難之道可謂明德惟馨詩不云乎中心藏之何日忘之輅還邑舍具以此言語舅氏舅氏責輅言太切至輅曰與死人語何所畏耶舅大怒謂輅狂悖歲朝西北大風塵埃蔽天十餘日聞晏颺皆誅然後舅氏乃服

太祖嘗夢三司馬同食一槽甚惡焉因謂太子丕曰司馬懿非人臣也必預汝家事既而竟遷魏鼎

司馬宣王討師平遼東迴至襄平夢明帝枕其膝曰視吾面宣視有異於常心惡之先是詔宣王使道鎮關中及次白屋有詔召宣王三日之間詔書五至手詔曰間側息望到到便直排閤入視吾面宣王大遽乃乘追鋒車晝夜兼行自白屋四百餘里一宿而至引入嘉福殿卧內外御牀宣王流涕問疾明帝執宣



王手目齊王曰以後事相託死乃復可忍吾忍死待君得相見無復所恨矣

蔣濟爲領軍其婦夢見亡兒涕泣曰死生異路我生時爲卿相子孫今在地下爲泰山伍伯憔悴困辱不可復言今太廟西謳士孫阿今見召爲泰山令願母爲白侯屬阿令轉我得樂處言訖母忽然驚寤明日以白濟濟曰夢爲爾耳不足怪也明日暮復夢曰我來迎新君止在廟下未發之頃暫得來歸新君明日日中當發臨發多事不復得歸永辭於此侯氣彊難感悟故自訴於母願重啓侯何惜不一試驗之遂道阿之形狀言甚備悉天明母重啓濟曰雖云夢不足怪此何太適適亦何太不一驗之濟乃遣人詣太廟下推問孫阿果得之形狀證驗悉如兒言濟涕泣曰幾負吾兒於是乃見孫阿具語其事阿不懼當死而喜得爲泰山令惟恐濟言不信也曰若如節下言阿之願也不知賢子欲得何職濟曰隨地下樂者與之阿曰輒當奉教乃厚

賞之言訖遣還濟從遠知其驗促須軍門至廟下十步安一人以傳何消息辰時傳何心痛巳時傳何劇日中傳何亡濟泣曰雖哀吾兒之不幸且喜亡者有知後月餘兒復來語母已得轉爲録事矣

曹爽爲大將軍録尚書事夢二虎銜雷公雷公若外椀放著庭中爽惡之以問占者靈臺丞馬訓曰憂兵訓退告其妻曰爽以兵士不出旬日後爲司馬宣王所誅

皇甫謐累徵不起夢至洛陽自廟出見車騎甚衆以物呈廟云誅大將軍曹爽寤而以告其邑人邑人曰君欲作曹人之夢乎朝無公孫彊如何且爽兄弟典重兵又權尚書事誰敢謀之謐曰爽無叔振鐸之請苟失天機則離矣何恃於彊昔漢之閻顯倚母后之尊權國威命可謂至重矣閹人十九人一旦尸之況爽兄弟乎未幾爽果敗

鄧艾爲征西將軍伐蜀夢坐山上而有流水以問殄虜護軍爰邵邵曰按易卦山上有水曰蹇蹇繇曰蹇利西南不利東北孔子曰蹇利西南往有功也不利東北其道窮也往必克蜀殆不還乎艾憮然不樂



蜀關羽爲盪寇將軍督荊州事初出軍圍樊夢猪齧其足語子平曰吾今年衰矣然不得還

魏延字文長爲前軍師征西將軍諸葛亮出谷口延爲前鋒去亮營十里延夢頭上生角以問占夢趙直直詐延曰夫麒麟有角而不用此不戰而賊自破之象也退而告人曰角之爲字刀下用也頭上用刀其凶甚矣延後果爲楊儀所殺

蔣琬爲廣都長衆事不理先主欲加罪戮諸葛亮推琬有社稷之器乃不加罪琬見推之後夜夢有一牛頭在門前流血滂沲意甚惡之呼問占夢趙直直曰夫見血者事分明也牛角及鼻公字之象君位必當至公大吉之徵也後至大司馬

何祗字君肅嘗夢井中生桑以問占夢趙直直曰桑非井中之物會當移植然桑字四十下八君壽恐過此祗笑云得此足矣後爲犍爲守年四十八卒如直所言

吳丁固初爲尚書夢松樹生其腹上謂人曰松字十八公也後十八歲吾其爲公乎卒如夢焉

宋壽占夢不失一

晉王濬爲廣漢太守嘗夜夢懸三刀於其卧屋梁上須臾又益一刀濬驚覺意甚惡之主簿李毅再拜賀曰三刀爲州字又益一者明府其臨益州乎及賊張弘殺益州刺史皇甫晏果遷濬爲益州刺史

鄧攸爲淮南太守夢行水邊見一女子猛獸自後斷其盤囊占者以爲水邊有女汝字也斷盤囊者新獸頭代故獸頭也不作汝陰當汝南也果遷汝陰太守

郭璞夢乘青龍上天至屋而止寤而歎曰龍飛在天今止下屋屋之爲字尸下至也龍飛至尸吾其死也古之君子不卒內寢況吾正士乎遂還酒泉南山赤崖閣飲氣而卒



索紞爲郎中避世歸跡惟以占夢爲無悔吝乃不逆問者孝廉令狐策夢立冰上與冰下人語紞曰冰上爲陽冰下爲陰陰陽事也士如歸妻迨冰未泮婚姻事也君在冰上與冰下人語爲陽語陰媒介事也君當爲人作媒冰泮而婚成策曰老夫耄矣不爲媒也會太守田豹因策爲子求鄉人張公徵女仲春而成婚

張宅夢走馬上山還繞舍三周但見松柏不知門處紞曰馬屬離離爲火火禍也人上山爲凶字但見松柏墓門象也不知門處爲無門也三周三朞也後三年必有大禍宅果以謀反伏誅

索充初夢天上有二棺落於充前紞曰棺者職也當有京師貴人舉君二官者頻再遷俄而司徒王戎書屬太守使舉充太守先署充功曹而舉孝廉充後夢見一虜脫上衣來詣充紞曰虜去上中下半男字夷狄陰類君婦當生男終如其言

宋桷夢內中有一人著朱衣桷手把兩杖極打之紞曰內中有人

肉字也肉色赤也兩杖箸象也極打之飽肉食也俄而亦驗焉
黄平問紞曰我昨夜夢舍中馬舞數十人向馬拍手此何祥也
紞曰馬者火也舞爲火起向馬拍手救火人也平未歸而火作
索綏夢東有二角書其大角朽敗小角有題韋裹角佩一在前
一在後紞曰角朽敗爲棺木小角有題題所謂一在前前凶也
一在後後背也當有凶背之問時綏父在東居三日而凶問至
郡功曹張邈嘗奉使詣州夜夢狼啖一脚紞曰脚肉被啖爲却
字會東虜反遂不行凡所占莫不驗太守陰澹從求占書紞曰
昔入太學因一父老爲主人其人無所不知又匿姓名有似隱
者紞因從父老問占夢之術審測而説實無書也澹命爲西閣
祭酒紞辭曰少無山林之操游學京師交結時賢希申鄙藝曾
中國不靖欲養志終年老亦至矣不求聞達又少不習勤老無
吏幹蒙汜之年弗敢聞命澹以束帛禮之月致羊酒
張華爲司空方晝臥忽夢見屋壞覺而惡之是夜難作被害
陸機爲平原内史長沙王乂假機後將軍征河間王顒夜夢黑
幕三重繞車機擘出不得明旦被殺其日大風拔木時人以爲
陸氏之冤
戴洋爲都水令史請急還鄉將赴洛夢神人爲之曰洛中當敗
人盡南渡後五年揚州必有天子洋信之遂不去既而皆如其夢
王敦爲大將軍舉兵向建業兵至姑孰明帝陰察敦營壘敦正
晝寢夢日環其城驚起曰此必黄鬚鮮卑奴來也帝母荀氏燕
代人帝狀類外氏鬚黄敦故謂帝云敦初殺刁協後始病夢白
犬自天而下齧之又見協乘軺車導從瞋目令左右執之俄而
敦死
易雄爲舂陵令王敦作亂雄起兵繫之爲敦所執敦使釋之衆
人皆賀雄笑曰昨夜夢乘車挂肉其傍夫肉必有筋筋者斤也
車傍有斤吾其戮乎尋而敦遣殺之當時見者莫不傷惋
張茂爲吳國内史沈充之反也茂與三子並遇害茂妻陸盡爲周



札將軍充討札益又死之贈茂太僕茂少時夢得大象以問占
夢萬推推曰君當爲大郡而不善也問其故推曰象者大獸獸
者守也故知當得大郡然象以齒焚爲人所害果如其言
王導子悦爲中書侍郎導夢人以百萬錢買悦導爲祈禱者備
矣尋掘地得錢百萬意甚惡之一皆藏閉及悦疾篤導憂念特
至不食積日忽見一人形狀甚偉被甲持刀導問君是何人曰
僕是蔣侯也公兒不佳欲爲請命故來爾公勿復憂因求食遂
噉數升食畢勃然謂導曰中書患非可救者言訖不見悦亦殞絶
温嶠爲驃騎鎮武昌至牛渚磯水深不可測云其下多怪嶠遂
燬犀角而照之須臾見水族萬品其夜夢人謂嶠曰與君幽明
道別何意相照也意甚惡之忽中風至鎮旬日而卒
陶侃爲廣州夢有司馬與侃鎰者長史陳協以爲司馬者國姓
也鎰者稱量之器明下當進位俄加平南將軍又嘗夢生八翼
飛而上天見天門九重已登其八唯一門不得入閽者以杖擊
之因墜地折其左翼及寤左腋猶痛及都督八州據上流握強
兵潛有窺窬之志每思折翼之祥自抑而止
羅含字君章少有志尚嘗晝臥夢一鳥文彩異常飛入口中因
起驚説之朱氏曰鳥有文彩汝後必有文章自此後藻思日新
後至長沙相中散大夫
王珣夢人以大筆如椽與之既覺語人云此當有大手筆事俄
而孝武帝崩哀策謚議皆珣所草
謝安爲太保有疾因悵然謂所親曰昔桓温在時吾常懼不全
忽夢乘温輿行十六里見一白雞而止乘温輿者代其位也十
六里止今十六年矣白雞主酉今太歲在酉吾病殆不起乎乃
上疏遜位俄卒
王恭爲安北將軍鎮京口舉兵以討司馬尚之王愉爲名司馬
劉牢之諫不從而恭夢牢之坐其處旦謂牢之曰事平以鄉爲
北府牢之後叛恭恭誅果代恭位

劉敬宣牢之長子也智略不及父而技藝過之孫恩之亂隨父征討所向有功為元顯從事中郎又為桓玄諮議參軍牢之敗與廣陵相高雅之俱奔慕容超夢丸土而服之既覺喜曰丸者桓也丸既吞矣我當復本土也旬日而玄敗遂與司馬休之還京師

謝𪸩為臨川太守嘗夢聞鼓吹有人為其占之曰君不得生鼓吹當死鼓吹爾後𪸩擊杜弢戰没追贈長水校尉葬給鼓吹焉

前趙劉曜咸和三年曜夢三人金面丹脣東向逡巡不言而退曜拜而履其跡旦召公卿已下議之朝臣咸賀以為吉祥唯太史令任義進曰三者歷運統之極也東為震位王者之始次也金為兑位衰落之象也丹脣不言事之畢也逡巡揖讓退舍之道也為之拜者屈伏於人也履跡而行慎不出疆也東井秦分也五車趙分也秦兵必暴起亡主喪師留敗趙地遠至三年近七百日其應不遠願陛下思而防之曜大懼於是躬親二郊飾繕神祠望秩山川靡不周及大赦殊死已下復百姓租税之半既而曜戰敗為石勒所擒



後趙石虎晝寢求安宫夢羣羊從東北負魚而來鄴東北土高丈餘木亦滿其上寤而問佛圖澄澄曰此不祥也鮮卑其有中原乎其後果驗

前涼張駿有疾夢其游不識其處見一立龜向之張口而言更九日當有嘉問數旬九日而卒

西涼李士業之將敗也有敦煌父老令狐熾夢白頭公衣帢而謂熾曰南風動吹長木胡桐椎不中轂言訖忽然不見士業小字桐椎至是而亡

前秦苻健字建業洪第三子初母姜氏夢大熊而孕之

苻健初入關夢天神遣使者朱衣赤冠命拜堅為龍驤將軍健翌日為壇於曲沃以授之健泣謂堅曰汝祖昔受此號今汝復為神明所命可不勉之

苻堅初堅大魚食蒲又長安謠曰東海大魚化為龍男便為王女為公問在何所洛門東東海苻堅封也時堅為龍驤將軍第在洛門之東生不知是堅以謠夢之故誅其侍中太師録尚書事魚遵及其七子十孫苻生夜對侍婢曰阿法兄弟亦不可信明當除之是夜清河王苻法夢神告之曰旦將禍集汝門惟先覺者可以免之寤而心悸會侍婢來告乃與特進梁平老強汪等率壯士數百人潛入雲龍門苻堅與呂婆樓率麾下三百餘人鼓譟繼進宿衛將士皆舍杖歸堅生猶昏寐未寤堅衆既至引生置於別室廢之為越王俄而殺之

慕容儁夜夢石虎齧其臂寤遂痛惡之曰死胡安敢夢生天子使掘之數其罪鞭其屍投之漳水儁寢疾而死

後秦姚萇寢之後初從萇征伐苻登大謀寨之寇洛陽也夢萇服袞衣外御坐諸酋長皆侍立且謂將佐曰吾夢如此此兒志度不常或能大起吾族

姚萇如長安至于新支堡疾篤輿疾而進夢苻堅將天官使者



鬼兵數百突入營中萇懼走入宮宮人迎萇刺鬼誤中萇陰鬼相謂曰正中死處拔矛出血石餘寤而驚悸遂患陰腫醫刺之出血如夢萇遂狂言或稱臣萇殺陛下者兄襄非臣之罪願不枉臣

後蜀李雄字仲儁特第三子母羅氏夢雙虹自門升天一虹中斷既而生蕩後羅氏因汲水忽然如寐又夢大蛇繞其身遂有孕十四月而生雄嘗言吾二子若有先亡在者必有貴者前死

後涼呂光討西域進攻龜茲城夜夢金象飛越城外光曰此謂佛神去之胡必亡矣

南燕慕容德初迎其兄子超于長安及是而至德夜夢其父曰汝既無子何不早立超為太子不爾惡人生心寤而告其妻曰先帝神明所勑觀此夢意吾將死矣乃下書以超為皇太子大赦境內子為父後者人爵二級其月死

冊府元龜卷第八百九十二

册府元龜卷第八百九十三

總録部一百四十三

夢徵第二

宋劉穆之爲琅邪主簿甞夢與高祖俱汎海忽值大風驚懼俯視船下見有二白龍夾舫旣而至一山峯岑聳秀林樹繁密意甚悦之及高祖克京城問何無忌曰急須一府主簿何由得之無忌曰無過劉道民高祖曰吾亦識之卽馳信召焉後至左僕射

高琳字秀琳其先高麗人母甞祓禊泗濱卧遇見一石光彩朗潤遂持以歸是夜夢見一人衣冠若仙者謂曰夫人向所持來石是浮磬之精爾君愛之必生令子母驚寤擧身流汗俄而有娠乃生琳因以名字焉及長有大度智略從文帝累有戰功位至開府儀同三司

何點累徵不起少時甞患渴經歲不愈後在吳中石佛寺僧建講晝寢夢一道人形貌非常授丸一掬夢中服之而差



孔覬行會稽郡事起兵及夢行宣陽門道士顧望皆丘陵覬寤私告人曰丘陵者弗平建康其殆難剋

薛安都征關陝至曰口夢仰頭視天正見天門開謂左右曰汝見天門開不元凶弑逆世祖擧兵安都歎曰昔夢天開乃中興之象邪

王玄謨爲寧朔將軍北征兵敗輔國將軍蕭斌將斬之夢人告曰誦觀音經千遍則免旣覺誦之得千遍明日將刑誦之不輟忽傳呼停刑

沈慶之甞夢引鹵簿入厠中慶之甚惡入厠之鄙時有善占者曰君必大富貴然未在旦夕問其故荅云鹵簿故是富貴入厠中所謂後帝也知君不在今主後爲侍中太尉年八十夢有人以兩匹絹與之謂曰此絹足度因謂人曰老子今年不免兩匹八十尺也足度無盈餘矣是年果爲廢帝所害

前廢帝太后疾篤呼帝帝不行及太后崩後數日帝夢太后謂之曰汝不孝不仁本無人君之相子尚愚悖如此亦非運祚所及孝武險虐滅道怨結人神兒子雖多並無天命大運所歸應還文帝之子其後湘東王紹位果文帝子也

袁粲爲海陵太守廢帝卽位粲在郡夢日墮其胷上因驚尋被徵管機密歷吏部尚書侍中驍衛將軍

南齊紀僧真自寒官事太祖後爲冠軍府參軍僧真夢蒿艾生滿江驚而白之太祖曰詩人採蕭蕭卽艾也蕭生斷流卿勿廣言其見親如此

荀伯玉初爲太祖鎮軍中兵參軍太祖在淮南伯玉假還廣陵夢上廣陵城南樓上有二青衣小兒語伯玉云草中肅九五相逐逐伯玉視城下人頭上皆有草泰始七年伯玉又夢太祖乘船在廣陵北渚見上兩腋下有翅不舒伯玉問何當舒上曰却後三年伯玉夢中自謂是呪師向上唾呪凡六呪有六龍出兩腋下翅皆舒還而復斂元徽二年而太祖破桂陽威名大震五



年而廢蒼梧太祖謂伯玉曰卿時乘之夢今且效矣

張敬兒爲車騎將軍心疑以世祖不勞問及垣崇祖死愈恐懼妻謂敬兒曰昔時夢手熱如火而君得南陽郡元徽中夢半身熱而君得本州今復夢擧體熱矣有閹人聞其說之事達世祖伏誅

徐孝嗣領太子左衛率在率府晝卧齋北壁下夢兩童子遽去移公床孝嗣驚起聞壁有聲行數步而壁摧壓床

褚淵爲司徒錄尚書事少時甞篤病夢人以卜蓍一具與之遂差其一以年四十八歲初便寢疾表遜位不許

曹武爲右衛尉將軍卒武雖武士頗有知人監梁武及崔惠景之在襄陽于時崔方貴盛武性儉嗇無所餉遺獨饋梁武謂曰卿必大貴我富不及見今以弱子相託每密送錢物并好馬時帝在戎多乏就武換借未甞不得遂至十七萬及帝卽位忘其惠天監二年帝忽夢如田壁下行兩邊水深無底夢中甚懼忽

見武來貢武帝得過曰卿今爲天下主乃彌忘我顧託之言耶我兒饑寒無衣昔所埋十万可還其市宅帝覺即使主書送錢還之使用市宅子世澄世宗並蒙抽擢三二年間迭爲大郡

南康王子夏字雲廣世祖第二十三子帝春秋高子夏最幼寵愛過諸子初世祖夢金翅鳥下殿庭搏食小龍無數乃飛上天明帝初世祖諸子多誅死其夢乃驗永泰元年子夏誅年七歲

梁陶引景字通明初齊高帝作相引爲諸王侍讀建武中齊宜都王鏗爲明帝所害其夜引景夢鏗告別因訪其事中多說祕異因著夢記焉

引景母夢青龍無尾自巳外天引景果妻無子從兄以子松喬嗣

沈約夢齊和帝劍斷其舌召巫視之巫言如夢乃呼道士奏赤章於天稱禪代之事不由巳出高祖遣上省醫徐奘視約疾還具如狀聞先是約嘗侍讌值豫州獻栗徑寸半帝奇之問曰栗事多少與約各疏所憶少帝三事出謂人曰此公護前不讓即



羞死帝以其言不遜欲抵其罪徐勉固諫乃止及聞赤章事大怒中使譴責者數焉約懼遂卒

江淹爲金紫光祿大夫卒少以文章顯晚節才思微退云爲宣城太守時罷歸始泊禪靈寺渚夜夢一人自稱張景陽謂曰前以一匹錦相寄今可見還淹探懷中得數尺與之此人大恚曰那得割截都盡顧見丘遲謂曰餘此數尺既無所用以遺君自爾淹文章躓矣又嘗宿於冶亭夢一丈夫自稱郭璞謂淹曰吾有筆在卿處多年可以見還淹乃探懷中得五色筆一以授之爾後爲詩絕無美句時人謂之才盡

紀少瑜嘗夢陸倕以一束青鏤管筆授之云我以此筆猶可用卿自擇其善者其文因此遒進後至武陵王記室參軍

王茂初以元勳賜以鍾磬之樂及茂在江州夢鍾磬在格無故自墮心惡之及覺命奏樂既成列鍾磬在格果無故編皆絕墮地茂謂長史江詮曰此樂天子所以惠勞臣也樂既極矣能無憂乎俄而病少日卒

沈瑀齊末爲選曹郎梁高祖起兵瑀說陳伯之舉衆降瑀從在高祖軍中初瑀在竟陵王家素與范雲善齊末嘗就雲宿夢坐屋梁柱上仰見天中有字曰范氏宅至是瑀謂高祖曰雲得不死此夢可驗及高祖即位雲深薦瑀自暨陽令擢兼尚書右丞

吉士瞻夢一積鹿皮從而數之有十一領及覺思之而喜後士瞻任官至九政忽除梁秦二州甚惡之果卒

柳慶遠從父兄衛將軍世隆嘗謂慶遠曰吾昔夢太尉以褥席見賜吾遂亞台司適又夢以吾褥席與汝汝必光我公族至是慶遠爲雍州刺史卒贈侍中開府儀同三司亦繼世隆焉

元帝初在尋陽夢華西上意甚不悅過別御史丞江革以情告之革曰吾嘗夢主上遍見諸子至湘東王手脫帽授之此人後必當璧卿其行乎革志之及太清之難乃能剋復故退遷樂推遂應寶命矣



始興王憺未薨前夢改封中山王策授如他日甚惡之數旬而卒

鮑泉之爲南討都督友人夢泉得罪於世祖覺而告之後未旬果見囚執頃之又夢泉之著朱而行水上又告泉之曰君勿憂尋得免矣因說其夢泉之密記之俄而見復任皆如其夢

傅昭爲安成內史安城自宋來兵亂郡舍號凶及昭爲郡郡內人夜夢見兵馬鎧甲甚盛又聞有人云當避善人軍衆相與騰虛而逝夢者驚起俄而疾風暴雨倏忽便至數間屋俱倒即夢者所見軍馬蹈踐之所也自後郡舍遂安咸以貞正所致

劉霽母明氏寢疾霽年已五十衣不解帶者七旬誦觀世音經數至万遍夜因感夢見一僧謂曰夫人算盡君精誠所至當相爲申延後六十餘日乃亡

江紑字含絜幼有孝性年十三父蒨患眼紑侍疾將朞月衣不解帶夜夢一僧云患眼者飲慧眼水必差及覺說之莫能解者

紀第三扨録與草堂寺智者法師善往訪之智者曰無量壽經云慧眼眞能渡彼岸者乃因智者答捨同夏縣界牛山一里舍爲寺乞賜嘉名勅荅云純臣孝子往往感應晉世顔含遂見冥中送藥近見智者知卿第二息感夢云慧眼水慧眼則是五眼之一號若欲造寺可以慧眼爲名及就創造泄故井井水清冽異於常泉依夢取水洗眼及煮藥稍覺有瘳因此遂差時人謂之孝感

劉之遴初在荆府常寄在南府廨忽夢前太守袁彖謂曰卿後當爲折臂太守即居此中之遴後損臂遂臨此郡

何重不壯疾妻江氏夢神人告之曰汝夫壽盡既有至德應獲延期爾當代之妻覺說焉俄得患而卒何疾乃瘳其後何夢一神女并八十許人並衣袷行列至前俱拜牀下覺又見之便命營凶具既而疾動因不自治

朱异爲太醫令嘗直禁省無何夜夢犬羊各一在御坐覺而惡之告人曰犬羊者非佳物也今據御坐將有變乎既而高祖蒙



塵侯景登正殿焉

侯景反簡文帝久見幽縶朝士莫得接覲處禍將及常不自安推舍人殷不害後稍得入太宗指所居殿謂之曰龐涓當死此下又曰吾昨夜夢吞土卿試爲思之不害曰昔重耳饋塊卒反晉國陛下所夢將符是乎太宗曰儻幽冥有徵冀斯言之不妄爾至是見弑實以帊盛土加於腹焉

沈初明爲御史中丞元帝江陵平遷長安元魏太祖授儀同三司甚禮待之初明恐元魏愛其文才常閉門却掃無所交游時有文章隨即毀弃不令流布常獨行經漢武通天臺爲表奏之陳已思歸之意表訖其夜初明夢見有官禁之所兵衛甚嚴初明便以情事陳訴聞有人言甚不惜放卿幾日可至若一月內見關出此恐不復由我寤而異之當時以爲冥忽十餘日便有命放還與王克等並得東歸

陰子春爲東莞太守時青州刺史王神念毀[illegible]海神廟宮座棟上有一大蛇入於海水乘夜子春夢見一人詣其府云有人見苦破壞宅舍既無所託欲憩此境子春心密記之經一日方知神念毀廟因辦牲醑於宇祠之數日夢一朱衣人謝曰得君厚惠當以相報經月餘魏軍欲襲朐山子春預知設伏摧破梁武以爲南青州刺史

王僧辯爲征討都督討侯景進師尋陽軍人多夢周何二廟神云吾已助天子討賊自稱征討大將軍並乘朱船獵而反曰已殺景同夢者數十百焉

陳章昭達以功授鎮前將軍初世祖常夢昭達升於台鉉及旦以夢告之至是侍讌世祖顧昭達曰卿憶夢不何以償夢昭達對曰當效犬馬之用以盡臣節自餘無以奉償

徐陵母臧氏嘗夢五色雲化而爲鳳集左肩上已而誕陵焉陵至太子少傅

鄭灼勵志儒學少受業于皇侃灼性精勤尤明三禮少時嘗夢



與皇侃遇於途侃謂灼曰鄭郎開口侃因唾灼口中自後義理逾進

後魏秦明王翰曾孫禎爲都牧尚書禎子瑞初瑞母尹氏有娠致傷後晝寢夢一老翁具衣冠告之曰吾賜汝一子汝勿憂之寤而私喜又問筮者曰大吉未幾而生瑞禎以爲協夢故名瑞字天賜位太中大夫卒贈太常卿

濟陰王鬱長子弼以世嫡應襲爲季父所奪初弼嘗夢人謂之曰君身不得傳世封其紹先爵者君長子紹遠也果如其言

任城王澄爲吏部尚書兼右僕射高祖至北邙遂幸洪池命澄侍昇龍舟因賦詩以述懷高祖曰朕昨夜夢一老公頭鬢皓白正理冠服拜立路左朕怪而問之自云晉侍中嵇紹故此奉迎神爽卑懼以有求焉澄對曰晉世之亂嵇紹以身衛主殞命御側亦是晉之忠臣比干遭紂凶虐忠諫剖心可謂殷之良士二人俱死於王事墳塋並在於道周然陛下徙御瀍洛經殷墟而

弔比干至洛陽而責紂紹嘗是希恩而感夢高祖曰朕何德能幽感達士也然實思追禮先賢樹揚忠懿比干枉紂皆是亡之誠烈欲務濟比干體暗紂情亦有悶然欲依此夢或如任城所言於是求其兆域遣使弔祭焉

中山王熙未誅前夢人告之曰任城王當死死後二日外君亦不免若其不信試看任城家熙夢中顧瞻任城第舍四面牆水無遺堵焉熙惡之覺而以告所親及熙之死也果如斯夢

李憲為揚州刺史於肅宗孝昌二年十月表云門下督周伏興以去七月嘗假還家至十一日夜夢渡肥水行至草堂寺南逢見七人一人乘馬著朱衣籠冠六人從後興路左而立至便再拜問興何人興對曰李公門下督甚使破石其人語興君可迴我是孝文皇帝中書舍人遣語李憲勿憂賊堰此月破矣興行兩步録興姓字令興速白興貎號遂還城具言夢狀七月二十七日堰破



元順為左僕射尒朱榮之奉莊帝召百官悉至河陰素聞順數諫諍惜其亮直謂朱瑞曰可語元僕射但在省不須來順不達其旨聞害衣冠遂便出走為陵戶鮮于東奴所害家徒四壁無物斂尸止有書數千卷而已門下通事令史王才達裂裳覆之莊帝還宮遣黄門侍郎山偉巡喻京邑偉臨順喪悲慟無已既還莊帝怪其聲嘶偉以狀對莊帝勅侍中元祉曰宗室喪亡非一不可周贍元僕射清苦之節死乃益彰特贈絹百疋餘不得為例贈尚書令司徒公謚曰文烈初莊帝在藩順夢一段黑雲從西北直來觸東南上日月俱破復自觸星天地晝闇俄而雲消霧解便有日出自西南隅甚明淨云長樂王曰尋見莊帝從閶闔門入登太極殿唱萬歲者三日官咸加朝服謁帝唯順集尚書省步廊西槐樹下既衣冠卧既寤告元暉業曰吾昨夜夢於我殊自不佳試夢因解之曰黑雲氣之惡者是北方之色終當必有北敵以亂京師害二宮殘毀百寮俯者日君象也月后象也衆星百官象也以此言之京邑其當禍乎昔劉曜破晉室以為醻雖然臺前進之事得無此乎雖然彭城王勰有文德於天下今夢其兒為天子積德必報此必然矣但恨其得之不久所以然者出自西南以時易年不過三載但恨我不見之耳何者我夢卧槐樹下槐字木傍鬼身與鬼并復解冠冕此寧不死乎然亡後乃得三公贈爾皆如其夢

靜範初為青州刺史加冠軍將軍還為尚書右丞後除平東將軍青州刺史假范陽公整前解京口夜夢陰毛拂踝他日說之時齊人有占夢者曰史武進云豪盛於齊下矣使君臨撫東秦道光海岱必當重收全齊再籙營丘矣靜笑而答曰吾將為卿必驗此夢果如其言

崔浩為司徒真君十一年被誅浩初構害李順基萌已成夜夢秉火爇順寢室火作而順死浩與室家群立而觀之俄而順弟息號哭而出曰此輩吾賊也以戈擊之悉投於河悟而惡之以告館



客馮景仁景仁曰此真不善也非復虛事夫以火爇人暴之極也階亂兆禍復之招也商書曰惡之易也如火之燎於原不可向邇其猶可撲滅乎且兆始惡者有終殃積不善者無餘慶厲階成矣公其圖之浩曰吾方思之而不能悛至是而族

李元忠為侍中領衛將軍元忠將仕夢手執炬入其父墓中夜驚起甚惡之旦告其受師占大吉此可謂光照先人也竟如其占

馬敬德天統初除國子博士太武為後主擇師傅趙彥深進之入為侍講其妻夢猛獸將來向之敬德走超叢棘妻伏地不敢動敬德占之曰吾當得大官超棘過九卿也爾伏地夫人也

北齊崔季舒為左光祿大夫妻晝魘叫吾云見人長一丈遍體黑毛欲來逼己巫曰此是五道將軍入宅者不祥俄被誅

張亮字伯德拜太中大夫辭常夢於山上挂絲以占亮且占之曰山上絲幽字也君其為幽州刺史乎未幾

寶泰母初夢風雷暴起若有雨狀出庭觀之見電光奪目驟雨
霑濕寤而驚汗遂有娠朞而不產大懼有巫曰渡河湔裙產子
必易便向水所忽見一人曰當生貴子可從而南泰母從之俄
而生泰
後主夜夢黑衣貴人迭相驅逐乃向之拜後築西鄙諸城爲羌
兵蹂凌之多作黑衣人共相執縛親率內參臨拒或實彎弓
射人自晉陽東巡軍馬驚前不得有人解鞍散而歸
後周高湖母當祓禊汾濱遇見一石光彩照曜遂持以歸是夜
夢一人衣冠有若仙者謂其母曰夫人向所將來之石是浮磬
之精若能寶持必生令子其母夢驚便舉身流汗已而有娠乃
生琳後至大將軍
隋衛王爽討突厥明年徵爲納言高祖甚重之未幾寢疾上使
巫者薛榮宗視之云衆鬼爲厲爽令左右驅逐之居數日有鬼
物來擊榮宗榮宗走下階而斃其日爽薨



元德太子昭煬帝長子也初文帝以開皇三年四月庚午夢神
自天而降云是天將生降籍召納言蘇威以告之及聞蕭妃在
幷州有娠迎置大興宮之客省明年正月戊辰而生昭養於宮
中號大曹主
唐裴寂字玄眞蒲州人初仕隋爲左親衛家貧無以自業每徒
步詣京師經華岳廟祭而祝曰窮困至此敢修誠謁神之有靈
鑒其運命若富貴可期當降吉夢再拜而去夜夢白頭翁謂寂
曰卿年三十已後方可得志終當位極人臣爾至武德中爲司
空
徐慶太宗時爲征遼判官有一典不得姓名慶在軍忽夢已化
爲羊爲典所殺覺懼流汗至曉與判案慶問曰汝夜有夢否典
云夢公爲羊某屠之由是慶不食羊則天時慶至司農少卿雍
州司馬時典已任大理獄丞後慶被誣與內史令裴炎通謀慶
應援英公徐敬業楊州反被執送大理恐見丞押獄慶流涕謂
曰征遼之役今當報之丞被戮竟丞引之
李嶠趙州贊皇人爲兒童時夢有神人遺之雙筆自是漸有學
業弱冠舉進士後歷宁書令兵部尚書同中書門下三品
崔湜爲中書令景雲中坐事流嶺外與尚書左丞盧藏用同配
流俱行湜謂藏用曰家弟承恩或冀寬宥因遲留不速進行至
荊州夢於講堂照鏡自以爲鏡者明象吾當爲人主所明也以
告占夢人張宙申退曰講堂者受法之所鏡者於文爲立見金
此非吉徵其日追使至縊於驛中
尹知章絳州翼城人少勤學嘗夢神人以大鑿開其心以藥內
之自是日益開朗盡通諸經義未幾而諸師友北面受業焉後
至國子博士
張鷟字文成聰警絕倫書無不覽爲兒童時夢紫色大鳥五彩
成文降于家庭其祖謂之曰五色赤文鳳也紫文鸑鷟也爲鳳
之佐吾兒當以文章瑞於明廷因以爲名字後終於司門員外
郎



韋溫爲宣歙觀察使病生於首謂愛壻張復魯曰予任校書郎
時夢二黃衣人賷符來追及滻將渡一人續至曰彼壙至大功
須萬口遂不渡而寤計今萬日矣吾與公訣矣明日卒
史思明叛逆將爲其下所殺其夜忽非夢而覺撫床惆悵思明
好伶人寢食常置左右以其殘忍皆怨之及此問其故思明曰
吾見夢向水中砂上有群鹿吾逐鹿及渡水而至沙上鹿死水
盡言畢如廁伶人相謂曰鹿者祿也水者命也胡祿與命俱盡
矣是夕思明爲朝義所殺
劉沔初爲忠武小校從李光顏討淮西爲遊奕將前後遇賊血
戰鋒刃所傷幾死者數四嘗傷重卧草中日暮不知歸路昏然
而睡夢人授之雙燭曰子方大貴此行無患可持此而還既行
[illegible]然有雙光在前後歷振武河東義成鄭滑節度使以太子太
保致仕卒

杜牧爲中書舍人得病嘗夢告曰爾改名畢又夢書片紙曰皎皎白駒在彼空谷寤而歎曰此過隙也其年以疾終

劉仁恭爲幽州節度使仁恭微時嘗夢佛幡於手指甫出或占曰君年四十九必有旌幡之貴後如其夢

晉李專美字翊商京兆人後唐末帝鎮鳳翔專美爲記室在岐下嘗夢與竇蘭立嵩山之頂及爲端明殿學士與李崧同列而班在其上以所夢告崧且曰某非德非勳安可久在此秩居吾子之首乎因懇求出官尋授宣徽使

馬重績爲司天監夢遊崑崙山與上仙語其言覺具述其事夜未央無病而卒

趙瑩字玄輝華陰人解褐爲康延孝從事後唐同光中延孝鎮陝州會莊宗伐蜀命延孝爲騎將將行留瑩監修金天神祠功既集忽夢神召於前亭待以優禮謂瑩曰公富有前程所宜自愛因遺一劍一笏覺而駭異後爲中書令出爲晉昌節度移鎮



華州入爲開府尹復相位加弘文館大學士

崔梲爲太常卿嘗自語於知友云某少時夢二人前引行路一人計地里曰一舍矣可以止一人曰此君當更進三十六八里復行如所言二人皆止之俄而驚覺私常識是夢以爲定命之限故六十有七請退明年果終焉

李郁爲光祿卿一日晝寢夢食巨棗覺而有疾謂其親友曰蔣閒東字重來呼魂之象也余神氣逼抑將不免乎天福五年夏卒

李周爲權開封尹將卒夢焚旌旗與鎧甲由是歎息有歸休之意三上章不得謝年七十四卒帝聞其忠謹亦家無積財歎惜久之

馬裔孫後唐明宗朝爲潞王河中從事天成中嘗計事赴闕宿於邏店其地有上邏神祠夜夢神之見召待以優禮手授二筆其筆一大一小覺而異焉及潞王即位以裔孫爲翰林學士獎以爲契鴻筆之兆旋知貢舉私自謂曰此二筆之兆應也及拜平章事上事中堂吏奉二筆熟視大小如昔時夢中所授者裔孫語其親曰定分也

周和凝年十七舉明經至京師忽夢人以五色筆一束與之謂曰子有如此才何不舉進士自是才思敏贍後至宰相罷爲太子太傅卒

王仁裕字德輦天水人少孤不從師訓年二十五一夕夢剖其腸胃引西江水以浣之又睹水中砂石皆有篆文因取而吞之及寤心意豁然自是文性甚高後爲兵部尚書太子少保卒

徐台符爲兵部侍郎翰林學士承旨與太子太傅李崧爲執友崧爲蘇逢吉史弘肇所構誅乾祐三年秋夢崧謂曰子之冤橫得請於帝矣及蘇史之誅並梟首於市當崧所誅之地

趙上交仕晉爲御史中丞天福九年少帝禦契丹於澶淵上交從行忽中夜夢有一女子爲人設筵上交問曰此行主上櫛風



沐雨百官暴露營野契丹幾時當北去也女子曰十二日五日也俄見女子袒衣身有金甲類將軍之狀上交駭而悟以告同列咸曰此真異夢不可輕爲占測當共志之時虜去駕還與不以是日及十二年正月朔日契丹至遼北郊百官素服序列以俟之虜長被狐裘跨馬駐崗阜之上令百官去縞具常服謂曰爾輩無懼吾亦人也因開襟示所擐之甲且云我非來特與此爲商計也蓋虜情多詭留欲明其有備爾時上交爲御史中丞首引百官見其事具省前夢退謂舊同列曰虜生北方稟陰氣其于象通卜筮者以多算也此日乃明其讖異乎及契丹北還丹以十七日出

李濤爲中書侍郎兼戶部尚書平章事漢隱帝乾祐元年三月免歸私第初濤於是月中書閣內晝寢夢廳事如新嚴飾張陳供具群吏趨走言迎新宰相帶諸司使既寤心異之題記于柱至二十八日罷免尋除揚州爲相帶樞密使

叅宋

冊府元龜卷第八百九十四

總録部一百四十四

謡言

古者命輶軒之使巡萬國采異言靡不畢載以爲奏籍王者所以觀風俗之得失以考政也國風雅頌由是生焉春秋已來乃有妖變總角之謡傳於閭巷皆成章協律若禍福之先兆推尋參驗信而有徵洪範傳曰言之不從時則有詩妖是之謂也

晉獻公魯僖五年八月伐虢圍上陽問於卜偃曰吾其濟乎對曰克之公曰何時對曰童謡云丙子之辰龍尾伏辰袀服振振取虢之旂袀音均又弋均反振音之人反龍尾尾星也日月之會曰辰日在尾故尾星伏不見鶉之賁賁天策焞焞火中成軍虢公其奔賁音奔焞音純鶉火星也賁賁鳥星之體也天策傅說星也焞焞無光耀也言丙子平旦鶉火中軍事有成功也卜偃曰其九月十月之交乎丙子旦日在尾月在策鶉火中必是時也冬十二月丙子滅虢虢公醜奔京師周十二月夏之十月

晉惠公即位出共世子而改葬之臭達於外共世子申生也改葬不以禮故臭國人誦之曰貞之無報也孰是人斯而有是臭也貞爲不聽以正葬之信爲不誠國斯無刑偷居幸生不更厥貞大命其傾威兮懷兮各聚爾有以待所歸兮猗兮違兮心之哀兮歲之二七其靡有徵兮二七十四歲後無也靡無也若翟公子吾是之依兮鎮撫國家爲王妃兮郭偃曰甚哉善之難也君改葬共君以爲榮也而惡滋章夫人美於中必播於外而越於民民實戴之惡亦如之故行不可不慎也必或知之十四年君之冢嗣其替乎其數告於民矣公子重耳其入乎其魄兆於民矣若入必伯諸侯見天子其光耿於民矣數言之紀也魄意之術也光明之曜也紀言以叙之述意以導之明曜以明之不至何待欲先導者行乎時又童謡曰恭太子更葬兮後十四年晉亦不昌昌廼在其兄其後惠公與秦戰爲秦所獲立十四年而死晉人絶之更立其兄重耳是爲文公遂伯諸侯

魯文成之世童謡曰鸜之鵒之公出辱之鸜鵒之羽公在外野往饋之馬鸜鵒跦跦公在乾侯徵褰與襦鸜鵒之巢遠哉遥遥稠父喪勞宋父以驕鸜鵒鸜鵒往歌來哭至昭公時有鸜鵒來巢公攻季氏敗出奔齊居外野次乾侯八年死于外歸葬魯昭公名稠公子宋立是爲定公

漢元帝時童謡曰井水溢滅竈煙灌玉堂流金門至成帝建始二年三月戊子北宮中井泉稍上溢出南流象春秋時先有鸜鵒之謡而後有來巢之驗井水陰也竈煙陽也玉堂金門至尊之居象陰盛而滅陽竊有宮室之應也王莽生於元帝初元四年至成帝封侯爲三公輔政因以篡之時又童謡曰燕燕尾涎涎張公子時相見木門倉琅根燕飛來啄皇孫皇孫死燕啄矢其後帝爲微行出遊常與富平侯張放俱稱富平侯家過河陽主作樂見舞者趙飛燕而幸之故曰燕燕尾涎涎美好貌也張公子謂富平侯也木門倉琅根謂宮門銅鍰言將尊貴也後遂立爲皇后弟昭儀賊害後宮皇子卒皆伏辜所謂燕飛來啄皇孫皇孫死燕啄矢者也成帝時歌謡又曰邪徑敗良田讒口亂善人桂樹華不實黃爵巢其顛故爲人所羨今爲人所憐桂赤色漢家象華不實無繼嗣也王莽自謂黃象爵巢其顛也

翟方進成帝時爲丞相奏罷汝南鴻隙陂後常枯旱郡中追怨方進童謡曰壞陂誰翟子威飯我豆食羹芋魁反乎覆陂當復誰云者兩黃鵠

託言有神糕告之至後漢皮果復
王莽末天水童謡曰出吴門望緹群見一蹇人言欲上天令天
可上地上安得人時隗囂初起兵於天水後意稍廣欲爲天子
遂破滅囂少病蹇吴門冀郭門名也有緹群山
後漢更始時南陽有童謡曰諧不諧在赤眉得不得在河北是
時更始在長安世祖爲大司馬平定河北更始大臣並專權故
謡妖作也後更始遂爲赤眉所殺世祖自河北興
光武建武初蜀童謡曰黄牛白腹五銖當復是時公孫述僭號
於蜀時人竊言王莽稱黄述欲繼之故稱白五銖漢家貨明當
復漢也
順帝之末京都童謡曰直如弦死道邊曲如鉤反封侯時順帝
即世孝質短祚大將軍梁冀貪樹疏幼以爲已功專國號令以
贍其私太尉李固以爲清河王雅性聰敏敦禮闕禮加又屬親
立長則順置善則固而冀建白太后策免固徵蠡吾侯遂即至



尊固因是幽斃于獄暴屍道路而太尉胡廣封安鄉侯司徒趙
戒厨亭侯司空袁湯安國亭侯
桓帝之初天下童謡曰小麥青青大麥枯誰當穫者婦與姑丈
人何在西擊胡吏買馬君具車請爲諸君鼓嚨胡元嘉中涼州
諸羌一時俱反南入蜀漢東抄三輔延及并冀大爲民害命將
出衆每戰常負中國益發甲卒麥多委棄但有婦女穫刈之也
吏買馬君具車者言調發及有秩者也請爲諸君鼓嚨胡者不敢
公言私咽語
建和初京師童謡曰城上烏尾畢逋公爲吏子爲徒一徒死百乘車
車班班入河間河間姹女工數錢以錢爲室金爲堂石上慊慊舂
黄粱粱下有懸鼓我欲擊之丞卿怒案此皆謂爲政貪也城上
烏尾畢逋者處高利獨食不與下共謂人主多聚斂也公爲吏
子爲徒者言蠻夷將叛逆父既爲軍吏其子又爲卒徒往擊之
者也一徒死百乘車者言前一人往討胡既死矣後又遣百乘車

往車班班入河間者言乘輿班班入河間迎靈帝也河間姹女
工數錢以錢爲室金爲堂者靈帝既立其母永樂太后好聚金
以爲堂也石上慊慊舂黄粱者言永樂雖積金錢慊慊常苦不
足使人舂黄粱而食之也粱下有懸鼓我欲擊之丞卿怒者言
永樂教靈帝使賣官受錢所禄非其人天下忠篤之士怨望欲
擊懸鼓以求見丞卿主鼓者亦復諂順怒而止我也又京都童
謡曰游平賣印自有平不辟豪賢及大姓案延熹末鄧皇后以
譴自殺乃以竇貴人代之其父名武字游平拜城門校尉及太
后攝政爲大將軍與太傅陳蕃合心勠力唯德是建印綬所加
咸得其人豪賢大姓皆絶望矣至末年京都童謡曰茅田一頃
中有井四方纖纖不可整嚼復嚼今年尚可後年饒風俗通云作讖案
易曰拔茅連茹以其彙征吉茅喻群賢也井法也于時中常侍
管霸蘇康憎疾海内英哲與長樂少府劉囂太常許詠尚書柳
分劉山陽書作弼文讀爲散騎謝掄權秦尋穆史佟佟後亦爲司隸應劭曰史從謂賀方左官輸進者也司



隸唐珍等代作脣齒河内牢川詣闕上書汝潁南陽上采虚譽
專作威福甘陵有南北二部三輔尤甚由是傳考黄門北寺如
見廢闕茅田一頃者言群賢衆多也中有井者言雖阨窮不失
其法度也四方纖纖不可整者言姦慝大熾不可整理嚼復嚼
者京都飲酒相彊之辭也言食肉者鄙不恤王政徒耽宴飲歌
呼而已也今年尚可者言但禁錮也後年饒者陳竇被誅天下
大壞又京都童謡曰白蓋小車何延延河間來合諧案解瀆亭
屬饒陽河間縣也劉昭案郡國志饒陽本屬涿郡後屬安平靈帝注云河間王曹孫謡言自是有徵死陂河間
之險蟜爲居冗幾何而桓帝終使者迎解瀆侯皆白蓋車從河間
來延延衆貌也是時御史劉儵建議立靈帝以儵爲侍中中常
侍侯覧畏其親近必當間已白拜儵泰山太守因令司隸迫促
殺之朝廷少長思其功効乃拔用其弟郃致位司徒此爲合諧
靈帝時京都歌曰承樂世董逃遊四郭董逃蒙天恩董逃帶金
紫董逃行謝恩董逃整車騎董逃垂欲發董逃與中辭董逃出

西門董逃瞻宮殿董逃望京城董逃日夜絕董逃心摧傷董逃
案董謂董卓也言雖跋扈縱其殘暴終歸逃竄至於滅族也末
年京都童謡曰侯非侯王非王千乘萬騎上北芒案中平六年
史侯登躡至尊獻帝未有爵號爲中常侍段珪等數十人所執公卿
百官皆隨其後到河上乃得來還此爲非侯非王上北芒者也
[illegible]之亂帝踐祚之初京都童謡曰千
里草何青青十日一卜不得生案千里草爲董十日一卜爲卓
凡別字之體皆從上起左右離合無有急召之乃乘追鉦車東
渡河絲如童謡之言
魏邵陵王正始八年大將軍曹爽用何晏鄧颺丁謐之謀專擅朝
政時人爲之謡曰何鄧丁亂京城
嘉平中有謠曰白馬素羈西南馳其誰乘者朱虎騎朱虎者楚
王彪小字也王凌令狐愚聞此謡謀立彪事發凌等伏誅彪賜



死
吳諸葛恪爲太傅荊揚牧都督中外諸軍事及爲孫峻所殺先
是有童謡曰諸葛恪蘆葦單衣篾鉤落於何相求成子閣成子
閣者反語石子岡也建業南有長陵名曰石子岡葬者於焉鉤
落者校飾革帶世謂之鉤帶及恪死果以葦席裹其身而篾束
其腰投之於此岡
廢帝建興初公安有白鼉鳴童謡曰白鼉鳴龜背平南郡城中
可長生守死不去義無成南郡城可長生者有急易以逃也明
年諸葛恪敗弟融鎮公安亦見襲融刮金印龜服之而死鼉有
鱗介甲兵之象又曰白祥也
景帝永安二年將守質子群聚嬉戲有異小兒忽來言曰三公
鉏司馬如又曰我非人熒惑星也言畢上昇仰視若曳一匹練
有頃沒後四年而蜀亡六年魏廢二十一年而吳平於是九服
歸晉魏與吳蜀並戰國三公鉏司馬如之謂也

後主將徙都武昌時有童謡云寧飲建業水不食武昌魚寧還
建業死不止武昌居民泝流供給咸怨毒焉
晉武帝將平吳童謡曰阿童復阿童銜刀浮渡江不畏岸上虎
但畏水中龍羊祜在荊州聞之曰此必水軍有功但當思應其
名者耳會益州刺史王濬徵爲大司農祜知其可任濬又小字
阿童因表留濬監益州諸軍事加龍驤將軍密令修舟檝爲順
流之役及征吳江西衆軍無過者而濬先定秣陵
太康中平吳後江南童謡曰局縮肉數橫目中國當敗吳當復
又曰宮門柱且莫朽吳當復在三十年後又曰雞鳴不拊翼吳
復不用力于時吳人皆謂在孫氏子孫故竊發爲亂者相繼案
橫目者四字自吳亡至元帝興幾四十年元帝興於江東皆如
童謡之言焉元帝懦而少斷局縮肉者有所斥也
武帝末年京洛爲折楊柳之歌其曲始有兵革苦辛之辭終以
擒獲斬截之事是時三楊貴盛而被族滅楊太后廢黜幽死宮



中折楊柳之應也[illegible]
惠帝永熙元年童謡曰二月末三月初荊筆楊板行詔書宮中大
馬幾作驢此時楊駿專權楚王用事故言荊筆楊板二人不誅
則君臣禮悖故云幾作驢也元康中京洛童謡曰南風起吹白
沙遙望魯國何嵯峨千歲髑髏生齒牙又曰城東馬子莫嚨哅
比至來年纏汝鬉南風賈后字也白晉行沙門太子小名魯賈
謐國也言賈后將與謐爲亂以危太子而趙王因釁咀嚼豪賢
以成篡奪不得其死之應也是時天下商農通著大鄣日童謡
三屠蘇鄣日覆兩耳當見瞎兒作天子及趙王倫篡位其目實
眇焉趙王倫既篡洛中童謡曰虎從北來鼻頭汗龍從南來登
城看水從西來河灌灌數月而齊王成都河間義兵同會誅倫案
成都西藩而在鄴故曰虎從北來齊東藩而在許故曰龍從南
來河間水源在關中故曰水從西來齊留輔政居于宮室又
有無君心故言登城看也太安中童謡曰五馬游渡江一馬化

爲龍後中原大亂宗藩多絶唯瑯邪汝南西陽南頓彭城同至
江東而瑯邪嗣統是爲元帝
齊王冏爲大司馬專朝政有童謡曰著布袙腹爲齊持服俄而
冏誅
長沙王乂武帝第六子既誅齊王乃爲大都督以執朝政時洛
下謡曰草木萌牙殺長沙乂以正月二十五日廢二十七日爲
東海王所殺如謡言焉
東海王越高密王泰之次子也迎惠帝還都洛陽爲太傅録尚
書時洛中有童謡曰洛中大鼠長尺二若不早去大狗至及苟
晞將破汲桑又謡曰元超兄弟大落度上桑打椹爲苟作由是
越惡晞奪其兖州隙難遂構焉
王浚字彭祖爲幽州牧將僭號童謡曰十囊五囊入棗郎棗嵩
浚之子壻也浚聞責嵩而不能罪之又謡曰幽州城門似藏戶
中有伏尸王彭祖浚後爲石勒所殺愍帝建興初有童謡曰天



子何在豆田中時王浚在幽州以豆有藿殺隱士霍原以應之
及帝降劉曜曜營實在城東豆田壁又江南謡歌曰訇如白坑
破合集持作甒揚州破換敗吴興覆瓿甊案白者晉行坑器有
口屬瓮瓦質剛亦金之類也訇如白坑破者言二都傾覆王室
大壞也合集持作甒者元帝鳩集遺餘以主社稷未能克復中
原但偏王江南故其諭也及王敦作逆石頭之事六軍大潰兵
人抄掠京邑爰及二宫其後三年錢鳳復攻京邑阻水而守相
持月餘日焚燒城邑井堙木刊矣鳳等敗退沈充將其黨還吴
興官軍踵之路蘄郡縣充父子授首黨與誅者以百數所謂揚
州破換敗吴興覆瓿甊瓦器又小於甒也
明帝太寧初童謡曰惻惻力力放馬山側大馬死小馬餓高山
崩石自破及明帝終成帝幼爲蘇峻所逼遷于石頭御膳不足
此大馬死小馬餓也高山峻也又言峻尋死石峻弟蘇石也峻
死後石據石頭尋爲諸公所破復是崩山石破之應也

成帝咸康初河北謡云麥入土殺石虎是歳虎爲冉閔所殺又
童謡曰礚礚何隆隆駕車入梓宫少日而宫車晏駕
庾亮爲征西將軍開府假節鎭武昌出至石頭百姓於岸上歌
曰庾公上武昌翩翩如飛鳥庾公還揚州白馬牽旒旐又曰庾
公初上時翩翩如飛鳥庾公還揚州白馬牽流蘇後連徵不入
及薨於鎭以喪還都葬皆如謡言
穆帝升平中童兒輩忽歌於道曰阿子聞曲終輙云阿子汝聞
不升平末俗間又忽作廉歌有扈謙者聞之曰廉者臨也歌云
白門廉宫庭廉内外悉臨國家其大諱乎少時而穆帝晏駕太
后哭之曰阿子汝聞不
哀帝隆和初童謡曰升平不滿斗隆和那得久桓公入石頭陛
下徒跣走朝廷聞之而改年曰興寧人復歌曰雖復改興寧亦
復無聊生先是升平五年而穆帝晏駕不滿斗謂不至十年也
無聊生謂哀帝尋晏駕也後桓温入朝廢海西公



海西公太和中百姓歌曰青青御路楊白馬紫絲韁汝非皇太
子那得甘露漿識者曰白者金行馬者國族紫爲奪正之色明
以紫間朱也海西公尋廢其三子並非公之子縊以馬韁死之
明日南方獻甘露焉太和末童謡云犂牛耕御路白門種小麥
及海西公被廢百姓耕其門以種小麥遂如謡言又海西公初
生皇子百姓歌云鳳皇生一雛天下莫不喜本言是馬駒今定
成龍子其歌甚美其旨甚微海西公不男使左右向龍與内侍
接生子以爲己子
孝武帝太元末京口謡曰黄雌雞莫作雄父啼一旦去毛衣衣
被拉颯栖尋而王恭起兵誅王國寶旋爲劉牢之所敗故言拉
颯栖也王恭爲平北將軍青兖二州刺史假節鎭京口舉兵誅
王國寶百姓謡云昔年食白飯今年食麥麩天公誅謫汝教汝
捻嚨喉嚨喉喝復喝京口敗復敗識者曰昔年食白飯言得志也
今年食麥麩麤穢其精已去明將敗也天公將加譴謫而誅

之也發聲喉氣不通死之祥也敗後敗丁寧之辭也恭寧死兗都又大行欬疾而喉並喝焉又恭在京口百姓間忽云黃頭小兒欲作賊阿公城下指縛得又云黃頭小人欲作亂賴得金刀作蕃扞黃字上恭字頭也小人恭字下也尋如謠言者焉

桓石民爲西中郎將荆州刺史鎮上流百姓忽歌黃曇子其曲曰黃曇英揚州大佛來上明頃之而桓石民死王忱爲荆州黃曇子乃是王忱字也忱小字佛大是佛來上明也

庾楷爲西中郎將豫州刺史假節鎮歷陽百姓歌曰重羅黎重羅黎使君南上無還時後楷南奔桓玄爲玄所誅

殷仲堪爲振威將軍荆州刺史假節鎮江陵時童謠曰芒籠目繩縛腰散當復未幾而仲堪敗桓玄遂有荆州

桓玄初爲輔國將軍南蠻校尉鎮荆州及將僭亂有童謠云長干巷巷長干今年殺郎君後年斬諸桓其凶兆符會如此郎君謂元顯也又玄時民謠語云征鍾落地桓迸征征鍾至穢之服



桓四體之下稱玄自下居上猶征鍾之厠歌謠下體之詠民口也而云落地墜地之祥迸走之言其驗明矣

司馬元顯爲侍中驃騎大將軍開府以摠朝政時民謠詩云當有十一口當爲兵所傷木亙當北度走入浩浩鄉又云金刀旣以刻娓娓金城中此詩云襄陽道人竺曇林所作多行於世孟顗釋之曰十一口者玄字象也木亙桓也桓氏當悉走入關洛故云浩浩鄉也金刀劉也唱義諸公皆多姓劉劉毅美盛貌也

安帝隆安中百姓忽作懊憹之歌其曲曰草生可攬結女兒可攬擷尋而桓玄篡位義旗以三月二日埽定京都誅之宮女及逆黨之家子女妓妾悉爲軍賞東及歐越北流淮泗人皆有獲故言時則草可結事則女可擷也桓玄旣篡童謠曰草生及馬腹烏啄桓玄目及玄敗走至江陵時正五月中誅如其期焉

義熙初童謠曰官家養蘆化成荻蘆生不止自成積其時官養盧龍寵以金紫奉以名州養之極也而龍不能懷我好音舉兵內伐遂成讎敵也蘆生不止自成積及盧龍之敗斬伐其黨如草木以成積也盧龍據廣州人爲之謠曰蘆生漫漫竟天半後擁上流數州之地內逼京輦應天半之言又小兒相逢於道輒舉其兩手曰蘆健健次曰鬬歎末曰翁年老翁年老當時莫知所謂其後盧龍內逼舟艦蓋川健健之謂也旣至查浦屢剋期欲與官鬬鬬歎之應也其時復有謠言曰盧橙橙逐水流東風如忽起那得入石頭盧龍果敗不得入石頭也盧循小名元龍也

前涼張寔爲涼州刺史時焦崧陳安寇隴右東與劉曜相持雍秦之人死者十八九永嘉中長安謠曰秦川中血沒腕唯有涼州倚柱觀至是謠言驗矣

張茂爲涼州牧州大姓賈摹寔之妻弟也勢傾西土先是謠曰手莫頭圖涼州茂以爲信誘而殺之於是豪右屏迹威行涼域

張駿將立爲涼王姑臧謠曰鴻從南來雀不驚誰謂孤鶵尾翅生高舉六翮鳳皇鳴至是而復收河南之地



前秦苻洪略陽臨渭氐人父懷歸部小師先是隴右大雨百姓苦之謠曰雨苦不止洪水必起故因名其子曰洪

苻生初夢大魚食蒲又長安謠曰東海大魚化爲龍男便爲王女爲公問在何所洛門東東海苻堅封也時爲龍驤將軍第在洛門之東生不知是堅以謠之故誅其侍中太師錄尚書事魚遵及七子十孫時又謠曰百里望空城鬱鬱何青青瞎兒不知法仰不見天星於是悉壞諸空城以禳之

苻堅初滅燕慕容沖之姊爲清河公主年十四有殊色堅納之寵冠後庭沖年十二亦有龍陽之姿堅又幸之姊弟專寵宮人莫進長安歌之曰一雌復一雄雙飛入紫宮咸懼爲亂王猛切諫堅乃出沖長安又謠曰鳳皇鳳皇止阿房堅以鳳皇非梧桐不棲非竹實不食乃植桐竹數十萬株于阿房城以待之沖小字鳳皇終爲堅賊入止阿房城焉又謠曰長鞘馬鞭擊左股太歲南行當復虜慕容人呼鮮卑爲白虜慕容垂之起於關東果歲

在癸未堅將南伐有謡云堅不出項堅南戍群臣勸堅停項爲六軍聲鎮堅不從故爲晉師所敗堅彊盛時童謡曰阿堅連牽三十年後若欲敗時當在江湖邊及堅在位凡三十年敗於淝水又謡云河水清復清苻詔死新城及堅爲姚萇所殺死於新城後謡歌云魚羊田斗當滅秦識者以爲魚羊鮮也田斗卑也言滅秦者鮮卑也其群臣諫堅令盡誅鮮卑堅不從及淮南敗還初爲慕容沖所攻又爲姚萇所殺身死國滅慕容氏羌卑暐也堅爲沖所攻謡曰堅入五將山長得堅大信之告其太子宏曰脫如此言天或導余今留汝兼揔戎政勿與賊爭利吾當出隴收兵運糧以給汝天其或者正訓予也於是遣衛將軍楊定擊沖城西爲慕容沖所擒堅彌懼付宏以後事將中山公詵張夫人率騎數百出如五將竟爲姚萇所害

苻丕鎮鄴爲慕容垂所攻垂軍人饑甚多奔中山幽冀人相負初關東謡曰幽州𣀮生當滅若百姓絕𣀮垂之本名也與丕相特經千百姓死幾絕



後涼呂光初從酒泉郡人於諸郡至是謡曰朔馬心何悲念舊中心勞燕雀何徘徊意欲還故鄉頃之遂相率叛徙之于西河樂都

後燕慕容熙將滅先有童謡曰一束藁兩頭然禿頭小兒來滅燕藁字上有艸下有禾兩頭然則禾艸俱盡而成高字高雲父名拔小字禿頭拔三子而雲季也熙竟爲雲所滅如謡言焉

南燕慕容德將自立先有謡言曰大風蓬勃揚塵埃八井三刀卒不來四海鼎沸中山頹惟有惡人撩三臺及慕容詳僭號中山爲後魏所没德自鄴從滑臺八井三刀謂冀州魏所翻也

宋文帝元嘉中謡言錢唐當出天子乃於錢唐置戍軍以防之其後孝武帝即大位於新亭寺之禪堂禪之與錢音相近也

後廢帝元徽中童謡曰襄陽白銅蹄郎殺荊州兒後沈攸之反荊州刺史張敬兒襲江陵殺攸之子元琰事

南齊尚書令王儉造白紵歌周處風土記云吳黃龍中童謡云行白者君追汝句驪馬後孫權征公孫淵浮海乘舶舶白也今歌和聲猶云行白紵焉

武帝永明初百姓歌曰白馬向城啼欲得城邊草後句間云陶郎來白者金色馬者兵事三年妖賊唐㝢之起言唐來勞也又男中童謡云黑水流北赤火入齊尋而京師人家忽生火赤於常火熱小微貴賤爭取以治病法以此火炎桃板七炷七日皆差敕禁之不能斷京師有病癭者以灸數日而差鄰人笑曰病偶自差豈火能爲此人便覺頸間癢明日癭還如故後梁以火德興

文惠太子在東宮作兩頭纖詩後句云磊落玉山崩自此長王宰相相繼薨徂二宮晏駕文惠太子作七言詩後句輒云愁和諦後和帝果禪位於齊齊末以來民間語云擅擾建武上明帝初誅害蕃戚京師危駭建武明帝年號



東昏永元元年童謡曰洋洋千里流流翣東城頭烏馬烏皮袴三更相告訴脚跛不得起誤殺老姥子千里流者江祏也東城遙光也遙光夜舉事垣歷生著烏皮袴褶往奔之跛脚亦遙光老姥子孝字之象徐孝嗣也永元中童謡云野豬雖嗃嗃馬子空閭渠不知龍與虎飲食江南墟七九六十三廣莫人無餘烏集傳舍頭令汝得寬休但看三八後摧折景陽樓識者解云陳顯達屬豬崔慧景屬馬非也東昏侯屬豬馬子未詳梁王屬龍蕭穎胄屬虎崔慧景攻臺頓廣莫門死時年六十三烏集傳舍即所謂瞻烏爰止于誰之屋三八二十四起建元元年至中興二年二十四年也摧折景陽樓亦高臺傾之意也言天下將去乃得休息

啓宋際民間語云和起言以和顏而爲變起也後和帝云

梁武帝大通初陳慶之爲飇勇將軍送後魏北海王元顥入魏帝位于洛陽宮慶之麾下悉著白袍所向披靡先是洛中童謡

曰名師大將莫自牢千兵萬馬避白袍又普通中童謡曰青絲白馬壽陽來其後侯景果乘白馬兵皆青衣所乘每戰將勝輒躑躅嘶鳴意氣駿逸其奔衂必低頭不前侯景未敗前江陵謡言若竹町市南有好井荆州軍殺侯景及景首至元帝付諮議叅軍李季長宅東即若竹町也凱加鼎鑊即用市南水焉梁末童謡云可憐巴馬子一日行千里不見馬上郎但見黄塵起黄塵汙人衣皂莢相料理及王僧辯滅羣凶以謡言奏聞曰辯大乘巴馬以擊侯景馬上郎王子也塵謂陳也而不解皂莢之謂既而陳滅於隋説者以為江東謂羖羊角為皂莢隋氏姓楊楊羊也言終滅於隋然則興亡之兆蓋有數云

陳高祖未即位時與齊戰勝先是童謡云虜萬夫入五湖城南酒家使虜奴自晉宋已後經綸在魏境江淮已北南人皆謂為虜是時以賞俘貿酒者一人乃得一醉陳初有童謡曰黄班青驄馬發自壽陽涘來時冬氣末去日春風始其後陳主果為韓擒虎所敗擒虎本名豹黄班之謂也破建康之始復乘青驄馬往反時節皆相應至是方悟

後主時江東謡多唱王獻之桃葉之詞曰桃葉復桃葉渡江不用楫但渡無所苦我自迎接汝晉王伐陳之始置營桃葉山下及韓擒虎渡江大將任蠻奴自新林以導北軍之應後主造齊雲觀國人歌之曰齊雲觀寇來無際畔功未畢而為隋師所虜

後魏後廢帝時張歡等擒爾朱世隆及爾朱彦伯狼沛走為人所執尋與世隆同斬於閶闔門外懸於斛斯椿門樹傳首於高歡先是洛中謡曰三月末四月初揚灰簸土覓真珠又曰頭去項腳根齊驢上樹不須梯至是並驗

東魏孝静武定中有童謡云百尺高竿摧折水底然燈燈滅高者齊姓也燈文襄名五年神武崩摧折之應七年文襄遇盗所害燈滅之徵也

北齊神武討尒朱兆破之先是孝明之時洛下以兩拔相擊



言銅拔打鐵拔元家世將末好事者以拔謂拓拔言俱將衰敗之兆神武始移都于鄴時有童謡云可憐青雀子飛入鄴城裏作窠猶未成舉頭失鄉里寄書與婦母好看新婦子魏孝静帝清河王之子也后則神武之女鄴都宫室未備即逢禪代窠未成之效也文宣以后為太原長公主降於楊愔時婁后尚在故言寄書於婦母新婦子斥后也

竇泰為侍中京畿大都督神武西討泰從行為周文帝所襲自殺初泰將發鄴鄴有惠化尼謡云竇行臺去不迴

河間王孝琬文宣世驕矜自負又怨執政因為和士開祖珽所譖云魏世謡言河南種穀河北生白楊樹頭金雞鳴説者曰河南河北河間也金雞鳴孝琬將建金雞而大赦帝頗惑遂殺之

廢帝（殷文宣子濟南王也）未被害前童謡云中興寺内白鳧翁四方側聽聲雍雍道人聞之夜打鍾時丞相府在北城中即舊中興寺也鳧翁謂雞也一蓋指武成小字步落稽也道人濟南王小名也打鍾言將被擊也

孝昭帝之殺楊愔等廢幼主而自立先是童謡曰白羊頭毛禿羖羊頭生角又曰羊羊喫野草不喫野草遠我道道不遠打爾腦又曰阿麼姑禍也道人姑夫死也羊也角文為用刀道人謂廢帝小名太原公主常作尼故曰阿麼姑愔子獻天和皆尚帝姑

武成帝大寧二年春武明太后病徐之才弟之範為尚藥典御敕令診候内史皆令呼太后為石婆蓋有俗忌故改名以厭制之範出告之才曰童謡云周里跂求伽豹祠嫁石婆斬家作媒人唯得一量紫綖靴今太后忽改名私所致怪之才曰跂求伽胡言去已豹祠嫁石婆豈有好事斬家作媒人但令合葬自斬家唯得紫綖靴者得至四月何者紫之為字此下系綖者熟當在四月之中之範問靴是何義之才曰靴者革旁化寧是久物至四月一日后果殂先是又有童謡曰九龍母死不作孝及婁

大府長國成不及服絺如故又武成時謡言盧十六雉十四犍子拍頭三十二陽子拍語人曰且四八天之大數太上之祚恐不過此既而武成年三十二

後主武平元年童謡曰狐截尾你欲除我我除你其年四月隴東王胡長仁謀遣刺客殺和士開事露反爲士開所譖死

二年童謡曰和士開七月三十日將你向南臺小兒唱訖一時拍手云殺却至七月二十五日御史中丞琅邪王儼執士開送於南臺而斬之是歲又有童謡曰七月刈禾傷早九月喫糕正好十月洗蕩飯瓮十一月出却趙老七月士開被誅九月琅邪王遇害十一月趙彦深出爲西兗州刺史一云某連蟠蟠趙彦深以猛武將之中頗疾疑後言議時有司不甚引知機事祖珽奏亡猛疑者深前擢琅邪王事有毅城乃左出猛爲定州刺史彦深爲西兗州刺史即日首途先是謡曰七月刈禾太早九月喫糕未好本欲尋山射虎激箭旁中趙老至是其言乃驗武平末童謡曰黄花勢欲落清觴滿盃酌後主穆后名邪利本斛律后從婢也小字黄花母子深偽干預朝政時人患之後主自立穆后以後昏飲無度故云清觴滿盃酌言將達齊亡欲落之應鄴中又有童謡曰金作扮帚玉作把淨掃殿屋迎西家未幾周師入鄴

後周初有童謡曰白楊樹頭金雞鳴祇有阿舅無外甥靜帝隋氏之甥既遜位而舅氏強盛

隋高祖仁壽四年七月煬帝即位并州總管漢王諒謀反并州謡言一張紙兩張紙客量小兒作天子時偽署官告身一紙別授則二紙諒聞謡言曰我幼時字阿客量與諒同音吾於皇家最小以爲應之後而兵敗

大業中童謡曰桃李子鴻鵠遶陽山宛轉花林裏莫浪語誰道許其後李密坐楊玄感之逆爲吏所拘在路逃叛潜結群盗自陽城山而來襲破洛口倉後復屯兵苑内莫浪語密也字文化及自號許帝亦敗滅許道許者蓋驚疑之辭也

唐太宗擊竇建德軍營中有童謡於牛口渚東騎坐黄白士先揚武威生獲之先是軍中有童謡曰豆入牛口勢不得久此建丁至牛口渚甚惡之果敗於此

高宗永徽末里歌有桑條韋也女韋也桑及神龍中皇后韋氏太常卿鄭愔作桑條歌十篇上之

調露中俗中飲酒令曰子母去離連臺拗倒主謂盃盞爲子母及後爲臺及中宗廢於房州之應也又里歌有突厥鹽後則天授中尚書閻知微及武延秀使突厥突厥默啜刑天后季氏同延秀云知微爲可汗挾以入寇乾封之後天后勸行封禪之禮殿下詔皆屬年饑及番夷寇邊而輟於是嵩山之下然後天后以爲有事之漸時有童謡曰嵩山凡幾層不畏登不得登不得登及是禮物畢備竟以疾還

武后如意初里歌黄麞乎中汝當門射汝傷後契丹李万榮叛陷營州則天令總管曹仁師王孝傑等將兵百萬討之大敗於黄麞谷契丹乘勝至於趙郡垂拱已後東都有契苾兒歌皆淫艷之詞後張易之兄弟有内寵易之小字契苾

憲宗元和十年六月辛丑盗殺宰相武元衡先是長安童謡曰打麥打三三三既而旋其袖曰舞了也識者謂打麥者蓋言打麥時也麥打盡時暗中突擊也三三三謂六月三日也舞了也謂元衡之卒也

僖宗廣明元年十二月巣賊陷長安識者以舊有謡云金色蝦蟇爭努眼翻却曹州天下反

黄巣敗亡走入泰山爲其甥林言所殺言送于時溥溥函首送闕中和初有謡云黄巣須走泰山東死在翁家翁時巣死之處民家乃姓翁也

後唐末帝始離岐下凡降附及本城將校皆冀不次之賞及從至京師累月朔望署置不及始望相與爲謡言去去生菩薩扶

起一條鐵

閩王王審知光州人兄潮爲武軍節度福建觀察審知爲副使軍中潮卒審知繼兄位先是閩中有童謠云潮水來巖頭沒潮水去矢口出矢口知字也巖頭謂陳巖爲觀察死王潮代之潮卒審知繼位

冊府元龜卷第八百九十四

冊府元龜卷第八百九十五

總録部一百四十五

達命　運命　知己

## 達命

孔子罕言命者以其幾微奧妙寡能及之非可容易而譚也又曰不知命無以爲君子蓋非君子人者不得與於斯矣中古以還英偉間出乃有遭死生之變而泊然無撓遘艱虞之會而毅然有守不溺於私愛不徇於拘忌蒙謗毁而不自明罹禍患而不苟免咎徵集而無戚凶怪至而自屏斯皆宅純粹於心府寘得喪於道樞安時處順以全其眞窮理盡性而達於命者也

孔子去衛將適陳過康顔剋爲僕以其策指之曰昔吾入此由彼缺也康人聞之以爲魯之陽虎陽虎嘗暴康人於是遂止孔子孔子狀類陽虎拘焉五日顔淵後（言與孔子相失故在後也）子曰吾以汝爲死矣顔淵曰子在回何敢死（言夫子在已無所敢死也）康人拘孔子益急弟子懼孔子曰文王既沒文不在茲乎（言文王雖已沒其文見在此此自謂其身也）天之將喪斯文也後死者不得與于斯文也（文王既沒故孔子自謂後死也）（言天將喪此文者本不當使我知之今使我知之未欲喪之也）天之未喪斯文也康人其如予何（如予何猶言奈我何也天之未喪此文則我當傳之康人欲奈我何言不能違天以害己）孔子使從者爲甯武子臣於衛然得去又魯定公卒孔子去曹適宋（史記年表定公十三年）辭（孔子至衛十四年至宋哀公二年孔子過宋）與弟子習禮大樹下宋司馬桓魋欲殺孔子拔其樹孔子去弟子曰可以速矣孔子曰天生德於予桓魋其如予何（天生德者謂授以聖性德合天地吉無不利故曰其如予何）孔子疾病子路請禱（禱請於鬼神）子曰有諸（言有此禱請於鬼神之事）子路對曰有之誄曰禱爾于上下神祇（誄禱篇名）子曰丘之禱久矣（孔子素行合於神明故曰丘之禱久矣）孔子嘗喟然歎曰莫知我夫子貢曰何爲知子（子貢怪夫子言何爲莫知己故問之）子曰不怨天不尤人（孔子不用於世而不怨天人不知己亦不尤人）下學而上達（下學人事上知天命）知我者其天乎（聖人與天地合其德故曰唯天知己）又公伯寮愬子路於季孫（愬譖也伯寮魯人孔子弟子也）子服景伯以告（魯大夫子服何忌也告告孔子）曰夫子固有惑志（季孫信讒恚子路）於公伯寮吾力猶能肆諸市朝（吾勢力猶能辯子路之無罪於季孫使之誅寮而肆之有罪既刑陳其尸曰肆）子曰道之將行也與命也道之將廢也與命也公伯寮其如命何孔子窮於陳蔡之七日不火食藜羹不糝宰予備矣（予備嘗作餓也論語曰衛靈公問陳於孔子孔子對曰俎豆之事則嘗聞之軍旅之事未之學也明日遂行在陳絕糧從者病莫能興此之謂也）孔子絃歌於室顔回擇菜於外子路與子貢相與言曰夫子逐於魯削迹於衛伐樹於宋窮於陳蔡殺夫子者無罪藉夫子絃歌鼓舞未嘗絕音蓋君子之所无醜也若此乎顔回無以對入告夫子孔子愀然推琴喟然歎曰由與賜也小人也召吾語之路與贛曰如此者可謂窮矣孔子曰是何言也君子達於道之謂達窮於道之謂窮（論語子曰君子固窮小人窮斯濫矣）今丘也抱仁義之道以遭亂世之患其窮之爲（窮也）故內省而不疚於道臨難而不失其德大寒既至霜雪既降吾是知松栢之茂也（衆木遇霜雪皆落此君子處亂世猶松栢歲寒知松栢之後凋）謂昔桓公得之莒文公得之晉越王得之會稽（齊桓公遭難出奔莒晉文公出過曹越勾踐戰敗棲於會稽之山卒皆享國克復其國爲霸君）陳蔡之阨於丘其達乎孔子烈然返琴絃歌（絃復歌）子路扢然執干而舞（干楯也）子貢曰吾不知天之高也不知地之下也（高下喻大孔子聖如天地）古之得道者窮亦道孟子在魯樂正子見孟子曰克告於君君爲見也嬖人有臧倉者沮君君是以不來也（克樂正子名也君將見孟子嬖人臧倉者沮君故使不能來也）曰行或使之止或尼之行止非人所能也吾之不遇魯侯天也臧氏之子焉能使予不遇哉





漢賈誼爲長沙王傅三年有服飛入誼舍止於坐隅服似鴞不（志曰有鳥似小鴞體有文色土俗因名之曰服不能遠飛行不出域也）不祥鳥也誼既以謫居長沙卑濕誼自傷悼以爲壽不得長迺爲賦以自廣其末句曰德人無累知命不憂細故蔕芥何足以疑

朱雲爲槐里令去官年七十余終於家病不呼醫飲藥

楊雄怪屈原文過相如至不容作離騷自投江而死雄以爲君子得時則大行不得則龍蛇（楊雄曰龍蛇之蟄以存身也大行安步徐行）遇不遇命也

何必湛身哉（湫隘磧碌）適作書往往摭離騷文而反之（離騷也）自岷
山投諸江流以弔屈原名曰反離騷後爲侍郎後漢孔僖拜臨
晉令崔駰以家林筮之（駰家林作筮林也）謂爲不吉止僖曰子盍辭乎
僖曰學不爲人仕不擇官凶吉由己而由卜乎在縣三年卒張
張禹爲揚州刺史當過江行部中土民皆以江有子胥之神難於
利涉禹厲吏固請不聽禹厲言曰子胥如有靈知吾志在理察
枉訟豈危我哉遂鼓檝而過
李膺爲長樂少府既廢後張儉事起收捕鉤黨鄉人謂膺曰可
去矣對曰事不辭難罪不逃刑臣之節也吾年已六十死生有
命去將安之乃詣詔獄考死
吳雄少時家貧喪母營人所不封土者擇葬其中喪事趣辦不
問時日醫巫皆言當族滅而雄不顧及子訢孫恭三世廷尉爲
法名家（□□爲明法之家）
晉魏舒爲司徒時陳留周震累爲諸府所辟書既下公輒喪士



命號震爲殺公掾莫有辟者舒乃命之而竟無患識者以此稱
其達命郤子汲字延廣清惠有才行爲太子舍人年二十七先
舒卒朝野咸爲舒悲惜舒每哀慟退而歎曰吾不及雅生達矣
豈以無益自損乎於是服終不復哭
顧含爲左光祿大夫卒嘗遇郭璞璞欲爲之筮含曰年在天位
在人脩己而天不與者命也守道而人不知者性也自有性命
無勞蓍龜
劉惔爲丹楊尹疾篤百姓欲爲之祈禱家人又請祭神惔曰丘
之禱久矣年三十六卒官郭文曠達不仕元帝永昌中大疫文
病亦殆王導遺藥文曰命在天不在藥也夭壽長短時也
後秦梁國兒於平涼作壽冢每將妻妾入冢飲讌酒酣升靈牀
而歌時人或譏之國兒不以爲意前後征伐屢有大功姚興以
爲鎮北將軍封平輿男年八十餘乃死
宋王彧字景文爲中書監領太子太傅揚州刺史明帝疾篤以

景文外戚貴盛歲晚不爲純臣使謂曰朕不謂卿有罪然吾不
能獨死請子先之因手詔曰與卿周旋欲全卿門户故有此處
分勑至之夜景文正與客棊加函看復還封置局下神色怡然
不變方與客思行爭刼竟斂子內奩畢徐謂客曰奉勑見賜
以死方以勑示客酒至未飲門客焦度在側憤怒發酒覆地曰
大丈夫安能坐受死州中文武可數百人足以一奮景文曰知
卿至心若見念者爲我百口計乃墨啓答勑并謝贈詔酌謂客
曰此酒不可相勸自仰而飲之時年六十追贈開府儀同三司
劉勔爲尚書右僕射中領軍後廢帝元徽初月犯右執法太白
犯上將或勸勔解職勔曰吾執心行己無愧幽明若才輕任重
災眚必及天道密微避豈得免
南齊沈驎士有高節累徵不起嘗以楊王孫皇甫謐深達生死
而終禮矯偽乃自作終制年八十六卒
梁呂僧珍爲散騎常侍既病語親舊曰吾昔在蒙縣熱病發黃



當時必謂不濟主人見語卿有富貴相必當不死尋應自差俄
而果愈今已富貴而復發黃所苦與昔正同必不復起矣竟如
其言卒領軍府舍時年五十八
夏侯詳爲湘州刺史州城南臨水有峻峯舊老相傳云刺史登
此山輒被代因是歷政莫敢至詳於其地起臺榭延僚屬以表
損挹之志
陳蕭允梁末爲太子洗馬臺城陷出居京口時寇賊縱橫百姓
波駭衣冠士族四出奔散允獨不行人問其故允答曰夫性命
之道自有常分豈可逃而獲免乎但患難之士皆生於利苟不
求利禍何從生方今百姓爭欲奮臂而論大功一言而取卿相
亦何事於一書生哉莊周所謂畏影避跡吾弗爲也乃閉門靜
處并日而食卒免於患
後魏胡國珍靈太后之兄世爲中書監儀同三司以宣武景明
三年薨先是延頻言將有凶禍令爲厭勝之法國珍拒而不從

去吉凶有定分唯脩德以禳之
楊椿為太保侍中元顥入洛椿子征東將軍昱出鎮滎陽為顥所擒又椿弟順為冀州刺史順子仲宣正平太守兄子侃弟子遁並從駕河北為顥嫌疑以椿家世顯重恐失人望未及加罪時人助其憂怖或有勸攜家避禍椿曰吾內外百口何處逃竄正當坐任運爾
高樹生假陽平王鎮遠將軍都將樹生居宅嚴有赤光紫氣之異隣伍驚恐僉謂怪變宅不可居樹生曰何知非善安之自若未幾為北州大都督
眭夸高尚不仕或人謂夸曰吾聞有大才者必居貴仕子何獨在桑榆乎遂著知命論以釋之年七十五卒葬日赴會者如市
北齊慕容紹宗為開府西魏遣其大將王思政入據潁州以紹宗為南道行臺與太尉高岳儀同劉豐等率軍圍擊堰洧水以灌之時紹宗頻有凶夢意每惡之乃私謂左右曰吾自年二十已還常有蒜髮昨來蒜髮忽然自盡以理推之蒜者算也吾年



算將盡乎未幾與豐臨堰見北有塵氣乃入艦同坐暴風從東北來遠近晦冥舟纜斷飄艦徑向敵城紹宗自度不免遂投水而死時年四十三九軍將士莫不悲惋
盧叔武為太子詹事右光祿大夫在朝通貴自以年老兒子又多遂營一大屋曰歌於斯哭於斯
權會為中散大夫有一子聰敏精勤幼有成人之量不幸先亡臨送者為其傷慟唯一哭而罷時人尚其達命
隋楊素為尚書令寢疾素自知名位已極不肯服藥亦不將慎每語弟約曰我豈須更活耶
郎茂字蔚之煬帝親征遼東以茂為晉陽宮留守其年常山贊治王文同與茂有隙奏茂朋黨附下罔上詔遣納言蘇威御史大夫裴蘊雜治之茂素與二人不平因深文巧詆成其罪狀帝大怒及其弟司隸別駕楚之皆除名為民徙且末郡茂怡然任命不以為憂在途作登隴賦以自慰詞義可觀後附表自陳帝頗悟十年追還京兆
唐傅弈為太史令貞觀十三年遇患未嘗請醫服藥雖究陰陽術數之書不之信嘗醉酒而卧蹶然而興曰吾其死矣因命筆自作墓誌曰傅弈者青山白雲人也因酔死嗚呼哀哉其所為多此類
李勣為司空遇疾高宗及皇太子送藥即取服之家中迎召醫巫皆不許入子弟固以藥進勣曰我山東一田夫爾攀附明主濫居富貴位極三台年將八十豈非命乎脩短必是有期寧浪就醫人求活竟拒而不進
賈敦實永淳初為懷州刺史以年老致仕及病篤子孫迎醫視之敦實曰未聞良醫能治老也不肯服藥以則天垂拱四年卒時年九十餘
魏玄同為納言賜死於家監刑御史房濟謂玄同曰何不告事冀得召見當自陳訴玄同歎曰人殺鬼殺有何殊也豈能為告



事人乎乃就刑
穆寧德宗時以秘書監致仕寧通達體命未嘗服藥
吳湊章敬皇后弟貞元中為京兆尹及疾病便不迎召巫醫親故或勸之對曰吾以孱愚遭承今感之寵起家便授三品官向四十年更欲何求宜委天任運而已唯御醫送藥至即服君子以其知命也卒時年七十一
李吉甫為饒州刺史先是州城以頻喪四牧廢而不居物怪變異郡人信驗吉甫至發城門管鑰剪荊榛而居之後人乃安
令狐楚為山南西道節度未終之前三日猶賦詩自若雖有疾請子進藥未嘗入口曰吾之脩短吾知之矣
李愬為邠寧節度邠州大廳相傳不可葺修以至隳壞愬到鎮輒更新之卒无他變
後唐趙鳳以末帝清泰初自邢州節度召還授太子太保既而疾足不能朝謁疾篤自為蓍筮卦成投蓍而歎曰吾家世无五

十者而復窮賤吾年五十為將相豈有遐壽哉數日而卒

李敬義德裕之孫幼隨父貶連州後遇赦得返洛陽居平泉别墅自言未冠時為浙東從事遇術人卓道士謂之曰子自此四十三年方大遇由是无心仕進後至河東留府判官工部尚書

晉崔稅父涿為刑部郎中有疾謂親黨曰死生有命无以醫為也稅侍之衣不解帶有賓至必拜泣告於門外請方便勸其進藥涿終不從

王建立鎮潞州踰月疾作有大星墜于府署神氣不撓召賓介竹岳草遺章陳謝諷之意鄭雲叟隱居嵩山一旦别疾俾弟子召友人羅隱之與李道殷吾將訣矣弟子曰先生嘗无疾何若此也雲叟曰屈伸形兆四時之常直也風蒸燥濕四時之常態也陰陽流轉四時之常氣也井營経合四時之常主也木之為疾也乗火之為疾也溫癘土之為疾也殤金之為疾也肩水之為疾也急大化死秋弱者祇之居身死身之事庶幾乎免矣非神仙而變也得斯而逝謂之考終命其學以[illegible]後何恨也言終而卒年七十四



運命

老子曰命不可變仲尼曰其如命何故聖人之率言君子所以安之者也若夫窮達之數脩短之運豈有否泰詩之者焉至乃徒叶人望才堪出用或遭奇遇而不克其志或營定策忠存官次宜膺顯報而不能及彩朝廷之歎息增後來之慨慕斯皆命與時矣事與願非可以究其所由者已

漢李廣與從弟蔡俱為郎事文帝景帝時蔡積功至二千石武帝元朔中為輕車將軍從大將軍擊右賢王有功中率封為樂安侯元狩二年代公孫弘為丞相蔡為人在下中中之中名聲出廣下遠甚然廣不得爵邑官不過九卿廣之軍吏及士卒或取封侯

韓安國為御史大夫五年丞相田蚡薨安國行丞相事引墮車蹇為天子導引墮車蹇而欲用安國為丞相使使視蹇甚延更以平棘侯薛澤為丞相安国病免

壹遂其人深中篤行君子官至詹事武帝方欲倚以為相會其病卒

王駿為御史大夫六歲病卒翟方進代駿為大夫數月薛宣免遂代為丞相衆人為駿恨不得封侯

韋安世累歷郡守大鴻臚長樂衛尉朝廷稱有宰相之器會其病終

霍去病子嬗字子侯武帝愛之幸其壯而將之為奉車都尉從封泰山而薨无子国除

後漢張堪為漁陽太守光武嘗召見諸郡計吏問前後守令能否蜀郡計掾進曰漁陽太守張堪昔在蜀仁以惠下威能討奸帝聞良久歎息方徵堪會病卒

張充司徒酺從祖父也少嘗與光武同學光武即位求充充已死



乃肝以隱居教授門生千人章帝聞而徵之欲以為博士於道物故

崔駰字亭伯安平人少游太學與班固傅毅齊名常以典籍為業未遑仕進之事常作四巡頌以稱美漢德辭甚典美章帝雅好文章自見駰頌後常嗟歎之謂侍中竇憲曰卿寧知崔駰乎對曰班固數為臣說之然未見也帝曰公愛班固而忽崔駰此葉公之好龍試請見之駰由此候憲憲屣履迎門大笑謂駰曰亭伯吾受詔交公公何得薄哉遂揖入為上客居无幾何帝幸憲第時駰適在憲所帝聞而欲召見之憲諫以為不宜與白衣會帝悟曰吾能令駰朝夕在傍何必於此適欲官之會帝崩

鄭安世為未央廄令安帝延光中廢太子為濟陰王即順帝也安世與太常桓焉太僕來歷等共正議諫爭及順帝立安世已卒追賜錢帛以子亮為郎

虞詡為尚書令以公事去官朝廷思其忠復徵之會卒

廣表爲司隸校尉掌事起以疾自退諸公交薦舉會病卒

張承以丞相參軍事領趙郡太祖將西征徵承參軍至長安病卒

賈洪以儒術知名爲白馬王相（楚王彪封白馬王）病亡亡時年五十餘時人爲之恨仕不至二千石

楊阜爲武都太守文帝問侍中劉曄等武都太守何如人也皆稱阜有公輔之節未及用會帝崩世

吴丁覽字孝連守始平長爲人精微絜淨門無雜賓大帝深貴待之未及擢用會病卒甚見痛惜

顧徽爲輔義都尉使曹公還奏稱旨拜巴東太守欲大用之會卒

太史慈字子義漢末以孫策有江東乃奔豫章後神亭戰敗爲策所得部署門下督及大帝嗣立遂委南方之事及卒年四十一臨亡歎息曰丈夫生世當帶七尺之劍以升天子之階今所志未從奈何而死乎權甚悼惜之

晉虞溥字允源之子也起家太子舍人病痘截手遂廢朝廷器重之就家以爲國子博士遷祭酒秘書監皆不就（晉諸公贊曰張華博識名聞元物不知浮嘉助經傳自兼恣整）



庾袞字叔褒潁川太守辟爲功曹不就屬惠帝遷于長安乃與鄉人登于大頭山而田於其下年穀未熟食木實餌石藥同保安之有終焉之志及將收穫命子怛（諸）與之下山中塗目眩瞀墜崖而卒同保赴哭曰天乎獨不可舍我賢乎時人傷之曰庾賢絕塵避地超然遠遊固窮安陋木食山棲不與世同榮不與人爭利不免遭命悲夫

丁紹爲冀州刺史自以爲才足爲物雄當官蒞政每事克舉視天下之事若運於掌握遂慨然有董正四海之志矣是時王浚盛於幽州苟晞盛於青州然紹視二人蔑如也懷帝永嘉二年暴疾而卒臨終歎曰此乃天亡冀州豈吾命哉

陸納爲尚書令恪勤貞固始終不渝尋除左光祿大夫開府儀同三司未拜而卒即以爲贈

習鑿齒襄陽人爲滎陽太守以腳疾遂廢于里巷及襄陽陷於苻堅堅與之語大悅之俄以疾歸襄陽尋而襄陽反正朝廷欲徵鑿齒使典國史會卒不果

桓豁字朗子彝之子也孝武太元初爲征西大將軍鎮襄陽豁時譽雖不及弟沖亦甚有器度但遇苻堅寇功業不就焉

宋羊玄保爲吳郡太守不營財利家甚儉薄太祖嘗曰人仕宦非唯須才然亦須運命每有好官缺我未嘗不先憶羊玄保

何長瑜爲臨川王義慶記室參軍斥爲廣州曾城令義慶薨廬陵王紹鎮尋陽以長瑜爲南中郎行參軍掌書記之任行至板橋遇暴風溺死

梁諸葛璩處身清正妻子不見喜慍之色旦夕孜孜講誦不輟高祖勑問太守王份份即具以實對未及徵用卒於家

北齊王懷初仕魏爲第一領民酋長神武義旗建爲大都督從討尒朱兆等累戰有功尋遇疾卒懷以武藝勳誠爲神武所知志力未申論者惜其不遂孝昭皇建初配饗神武廟庭



高祖信宜城公歡之子也歷散騎常侍儀同三司好學有行檢少年時因獵墜馬傷腰腳卒不能行起終於長安

隋劉炫字光伯河間景城人瀛州刺史李繪署禮曹從事周武帝時與著作郎王劭同修國史俄直門下省兼於內史省考定羣言炫遍直三省竟不得官至煬帝時除太學博士歲餘以品卑去任于時盜賊蜂起穀食踊貴經籍道息教授不行炫與妻子相去百里聲問斷絕鬱鬱不得志時在郡城糧餉斷絕其門人多隨賊哀炫窮乏詣郡城下索炫郡中乃出炫與之炫爲賊所將未幾賊爲官軍所破炫饑餓無所依復投縣城長吏意炫與賊相知恐爲後變遂閉門不納之時夜冰寒因此凍餒而死

侯白爲儒林郎通脫不持威儀好爲誹諧雜說人多愛狎之高祖聞其名召與語甚悅之令於秘書修國史每將擢之高祖輒曰侯白不勝官而止後給五品食月餘而死時人傷其薄命

韋潾開皇初爲考功侍郎初爲童子時與宗中諸兒游戲于澗
濱見一黄虵有角及足召群兒共視了無見者潾以爲不祥歸
而憂悴毋逼而問之潾以實對時有胡僧詣宅乞食潾母以而
告之僧曰此乃兒之吉徵且是兒也早有名位然壽不過六七
十言終而出忽然不見時咸異之既而終於四十二六七之言
是驗矣
周法尚爲會寧太守煬帝遼東之役以舟師頻戰有功明年復
臨滄海在軍疾甚謂長史崔君肅曰吾再臨滄海未能利涉時
不我與將辭人世立志不果命也如何言畢而終
唐劉允濟爲青州刺史中宗景龍四年徵爲修文館學士録才
行也道病卒深爲時人惜之
崔敬嗣好樗蒲飲酒則天初爲房州刺史中宗爲廬陵王安置
在州官吏多无禮敬嗣獨申禮敬又供給豐贍中宗常德之及
登位有益州長史崔敬嗣既同姓名每進擬官皆御筆超拜之
者數四後引與語知誤訪敬嗣已卒乃遣中書令韋安石授其



子官
第五琦自宰相左遷後歴饒湖二州入爲太子賓客東都留司
代宗以其材將復任用召還京師信宿而卒
姚況爲涇原判官知州事建中四年德宗幸奉天況發甲仗器
械車百餘兩送至行在及京師平拜太子中舍人況性簡退未
嘗言其功旱蝗之歳俸寡不自給竟以餒終
崔邠貞元中爲吏部侍郎温裕沉密尤敦清儉帝亦器重之裴
垍將引爲相邠病耳難於承答事竟寢
陸贄爲相爲裴延齡所構貶忠州別駕順宗初即位與鄭餘慶
陽城同徵詔始下而城贄皆卒
武元衡爲相憲宗元和十年六月爲盜所害年五十八始元衡
與李吉甫齊年又同日爲宰相及出鎮分領揚益及吉甫既再
入元衡亦還吉甫前一年以元衡生月卒元衡後一年以吉甫

生月卒吉凶之數若符會焉
衛次公元和中爲尚書左丞恩顧頗厚帝方用爲相已命翰林
學士王涯草詔時淮夷宿兵歳久次公累疏請罷會有捷書至
命相詔方出帝遂令追之遂出鎮淮南明年受代歸朝道疾卒
武儒衡爲中書舍人丁母憂免喪除兵部侍郎穆宗將用爲相
復丁所生母憂病卒
温造自興元節度使詔還拜御史大夫文宗素欲大用俄而嬰
疾不能朝改禮部尚書
鄭承嘏爲刑部侍郎時朝望對刑法官文宗每從容顧問恩禮
甚厚未及大用而卒
後唐盧汝弼簡求之子唐昭宗遷洛衣冠道喪遂渡河由上黨
歸汝弼富文才美礼翰人士傾慕太祖以爲節度副使人制奏
署多成其手暨帝平定趙魏汝弼每請謁迎勞必陳說天命顯
佚中興帝亦以宰輔期之建國前卒於晋



晋梁文矩初仕後唐明宗藩府每懷公輔之望時高祖自外鎮
入覲嘗爲於明宗曰梁文矩早事陛下甚有勤勞未升相輔外
論歸之明宗曰久忘此人吾之過也尋有旨降命會丁外憂而止
張希崇仕後唐爲靈武節度使希崇獻其雜俗頻表請覲末帝
詔許之至闕未久朝廷以安邊有聞議內地處之改邠州節度
使及高祖入洛與契丹方有要盟慮其失爲所取乃復除靈武
希崇歎曰我應合老於邊城賦分無所逃也因鬱鬱不得志久
而成疾卒於任時年五十二
孔英舉進士行醜而才薄宰相桑維翰素知其爲人深惡之及
崔梲知貢舉將鎖院禮辭於維翰維翰性語簡止謂梲曰孔英
來也蓋慮梲誤放英及第故言其姓名以祝之也梲性純直不
復稟覆因默記之時英又自稱是宣尼之後每凌轢於文場梲
不得已遂放英登第牓出人皆諠誚維翰聞之舉手自抑其口
者數四蓋悔言也

周李建崇在漢朝爲右衛大將軍，年七十，神氣不衰，猶能飲啖。建崇始自代北事唐太祖，至是僅四十餘年，前後所掌兵麾下部曲，多至節鉞，零落殆盡，唯建崇位不及藩屏，而溫飽少疾，以至高年爲上將軍。

知亡日

先儒有言曰：死生有命。易曰：樂天知命，故不憂。蓋原始要終，歸於冥數，窮神知變，則由乎先覺。中古而下，方策攸紀，乃有自天生德，間世挺秀，人倫仰其師表，搢紳服其名譽，見於未兆，言必有信，或形於夢寐之際，或見於變怪之始，或克期於星歷，或取信於易象，或相其形而知其分，或擒乎辭而志其終，以至罹兵革之禍，安然而不懼，成蟬蛻之說，邈爾而莫究者，亦往往而有焉。

里析爲鄭大夫。鄭之未災也，里析告子產曰：將有大祥（祥，變異之氣），民震動，國幾亡，吾身泯焉，弗良及也（言將死，不及見災）。國遷其可乎？子產曰：雖可，吾不足以定遷矣（子產知天災不可逃，非遷所免，故託以知不足）。及火（昭公十八年五月），里析死矣。

孔子蚤作（作，起），負手曳杖，消搖於門（欲人之怪己），歌曰：泰山其頹乎（泰山，眾山所仰），梁木其壞乎（梁木，眾木所放），哲人其萎乎（哲人亦眾人所仰放也，以上二句喻之萎病也。詩云：無木不萎）。既歌而入，當戶而坐（急坐見人也）。子貢聞之曰：泰山其頹，則吾將安仰？梁木其壞，哲人其萎，則吾將安放？夫子殆將病也（孔子夢奠之數也）。遂趨而入。夫子曰：賜，爾來何遲也（生則塗之）。夏后氏殯於東階之上，則猶在阼也；殷人殯於兩楹之間，則與賓主夾之也；周人殯於西階之上，則猶賓之也（以三王之禮占己夢）。而丘也殷人也。予疇昔之夜，夢坐奠於兩楹之間（是夢坐兩楹之間而見饋食也，言奠者，以爲凶象，嘆發聲也，昔猶前也）。夫明王不興，而天下其孰能宗予？予殆將死也（宗，尊也。兩楹之間，南面鄉明，人君聽治正坐之處。今無明王，誰能尊我以爲人君乎？是我殷家奠殯之象，以此自知將死）。蓋寢疾七日而沒（明聖人知命）。

後漢任文公，巴郡閬中人。公孫述時，蜀武擔石折（武擔山在州北，其石今爲高二笋戶），文公曰：噫！西州智士死，我乃當之。自是常會聚子孫，設酒食。後三月果卒。

折像，廣漢雒人，能通京氏易，自知亡日，召賓客九族飲食辭訣，忽然而終。

許子勳，不知何郡縣人，皆謂數百歲，行來於人間。一旦忽言日中當死，主人與之葛衣，子勳服而正寢，至日中果死。

郭鳳，勃海人，好圖讖，善說災異，言凶占應，先自知死期，豫令弟子市棺斂具，至其日而終。

謝夷吾，會稽山陰人，學風角占候，爲荊州刺史，左轉下邳令，豫剋死日，如期果卒。

矯慎，扶風茂陵人，少好黃老，隱遯山谷，年七十餘，竟不肯娶。後忽歸家，自言死日，及期果卒。

鄭玄，字康成，徵大司農，不起。嘗夢孔子告之曰：起，起，今年歲在辰，來年歲在巳（北齊劉晝高才不遇，傳語玄曰：辰爲龍，巳爲蛇，歲至龍蛇賢人嗟。玄以讖合之，蓋謂此也）。既寤，以讖合之，知命當終，有頃寢疾。時袁紹與曹公相拒於官渡，令其子譚遣使逼玄隨軍，不得已，載病到元城，疾篤不進，其年六月卒。

魏管輅，字公明，官至少府丞。明周易，弟辰謂輅曰：大將軍待君意厚，冀當富貴。輅長歎曰：天與我才明，不與我年壽，恐四十七八間，不見女嫁兒娶婦也。辰問其故，輅曰：吾額上無生骨，眼中無守精，鼻無梁柱，腳無天根，背無三甲，腹無三壬，此皆不壽之驗。及卒，果年四十八。

蜀譙周嘗語陳壽曰：昔孔子七十二，劉向、楊雄七十一而沒。今吾年過七十，庶慕孔子遺風，可與劉、楊同軌，恐不出後歲，必便長逝，不復相見矣。泰始六年秋，爲散騎常侍，疾篤不拜，至冬卒。

吳陸績，字公紀，爲鬱林太守，豫知亡日，乃爲辭曰：有漢志士吳郡陸績，幼敦詩書，長玩禮易，受命南征，遘疾遇厄，遭命不幸，嗚呼悲隔。

吳範以術數事大帝，大帝甚禮之，爲騎都尉，領太史令。範先知其死日，謂曰：陛下某日當喪軍師。帝曰：吾無軍師，焉得喪之？範曰：陛下出軍臨敵，須臣言而後行，臣乃陛下之軍師也。

至其日果卒

趙達治九宮一算之術閉居無爲引算自校乃歎曰吾算訖盡某年月日其終矣達妻數見達效聞而哭泣達欲弭妻意乃更步算言向者謬誤爾向未也後如期死孫權聞達有書求之不得乃録問其女及發達棺無所得法術絶焉

晉淳于智濟北盧人能易筮自言短命曰辛亥歲天下有車當有巫醫挾道術者死吾守易以行之猶當應此乎武帝太康末爲司馬督坐楊駿誅

郭璞字景純爲王敦大將軍記室每言殺我者山宗後果有姓崇者構璞於敦敦將舉兵又使璞筮璞曰無成敦固疑璞之勸溫嶠庾亮又聞卦凶乃問璞曰卿更筮吾壽幾何荅曰思向卦明公起事必禍不久若住武昌壽不可測敦大怒曰卿壽幾何曰命盡今日日中敦怒收璞詣南岡斬之

郭文字文舉隱遯不仕臨安令萬寵迎置縣中病甚寵問曰先



生復可得幾日文三舉手果以十五日終

卜珝字子玉少好讀易謂郭璞曰吾大厄在四十一位爲卿將當受禍爾不爾者亦爲猛獸所害後爲劉聰平北將軍將行謂其妹曰此行也死自吾分及攻晉陽爲劉琨所敗珝卒先奔爲其元帥所殺

前秦張忠隱于泰山苻堅徵任尚父不就堅以安車送之行達華山歎曰我東嶽道士没於西嶽命也奈何行五十里及關死

南齊盧度有道術逆知死年月與親友別永明末以壽終

顧歡吳郡人有高尚之志好黃老明術數元嘉二十年自知將終賦詩言志云精氣因天行遊魂隨物化尅死日卒於剡山

邵碩始康人爲道士元徽二年忽告人云吾命終因卧而死後人見碩在荆州上明以一隻故屐繫左腳而行甚疾遂不知所之

趙僧巖北海人寡言無常人不能測與劉善明友善明爲青州欲舉爲秀才大驚拂衣而去後忽爲沙門栖遲山谷常以一壺自隨一旦謂弟子曰吾今夕當死壺中大錢一千以通九泉之路蠟燭一挺以照七尺之尸至夜而亡時人以爲知命

梁阮孝緒字士宗高尚不仕高祖大同二年正月孝緒自筮卦吾壽與劉著作同年及劉杳卒孝緒曰劉侯逝矣吾其幾何其年十月卒

裴子野爲鴻臚卿中大通二年卒官年六十二先是子野自剋死期不過庚戌歲是年自省移病謂同官劉之亨曰吾其逝矣果卒

劉歊字士光不娶不仕未死之春有人爲其庭中栽柿歊謂兄子吾不見此實爾其勿言至秋而亡人以爲知命

後魏裴宣爲益州刺史宣素明陰陽之書自始患便知不起因自剋亡日果如其言

唐王績字無功絳州龍門人太宗貞觀中卒臨終自剋死日兼自爲墓誌

袁天綱益州人尤工相人貞觀中申國公高士廉嘗謂曰君之



祿壽竟可至何所對曰今年四月死矣果如其言

衛大經篤學善易嘗預筮死日先鑿墓自爲誌文如筮而終

周賈緯自給事中出爲青州行軍司馬妻以緯左遷驚惋傷離病留京師緯書慰之曰勉醫藥來春與子同歸獲歷太祖廣順二年春緯卒訃至妻亦一慟而卒果雙柩北歸聞者歎之

冊府元龜卷第八百九十五

# 冊府元龜卷第八百九十六

總録部一百四十六

## 復讎

傳曰父之讎弗與共戴天春秋傳曰子不復讎非子也周官調人之職掌和萬民而教其辟讎同國而不相辟者言之於士殺之無罪蓋報仇之所由來舊矣自三代而下古籍所記乃有志士蹈之感于足之痛或義篤於諸父或情厚於交友獨能奮不顧死勦絶其命據逃者之冤憤聳人倫之風槩乃至朝議尚其節遷官繼其法亦有詢外庭之論遵三章之制不免於戮者焉若夫受誅於官者非怨殺人而義者勿讎斯典禮之正訓百代所不易蓋以銷忿毒之漸致清夷之化納民於軌物者也

叔孫昭子魯大夫也（昭子叔孫婼）父穆子（穆子叔孫豹）寵豎牛豎牛欲亂其室曰夫子疾病不欲見人使寘饋于个而退（个東西廂）牛弗進則置虛命徹（使若已食去之）叔孫不食卒（三日不食）牛立昭子而相之昭子朝其家衆曰豎牛禍叔孫氏使亂大從（從順也）殺適立庶又披其邑將以赦罪罪莫大焉必速殺之豎牛懼奔齊孟仲之子殺諸塞關之外投其首於寧風之棘上（寧風齊地）仲尼曰叔孫昭子之不勞不可能也（不以立己為功）周任有言曰為政者不賞私勞不罰私怨詩云有覺德行四國順之

漢灌夫父張孟吳楚反時潁陰侯灌何為將軍屬太尉請孟為校尉夫以千人與父俱孟年老潁陰侯彊請之鬱鬱不得意故戰常陷堅遂死吳軍中軍法父子俱有死事得與喪歸夫不肯隨喪歸奮曰願取吳王若將軍頭以報父仇於是夫被甲持戟募軍中壯士所善願從數十人及出壁門莫敢前獨兩人及從奴十餘騎馳入吳軍至戲下所殺傷數十人不得前復還走亡其奴獨與一騎歸夫身中大創十餘適有萬金良藥故得無死創少瘳又復請將軍曰吾益知吳壁中曲折請復往將軍壯而義之恐亡夫乃言太尉太尉召固止之吳軍破夫以此名聞天下

李敢代父廣為郎中令頃之怨大將軍青之恨其父乃擊傷大將軍大將軍匿諱之

原涉為谷口令先是涉季父為茂陵秦氏所殺涉居谷口半歲所自劾去官欲報仇谷口豪桀為殺秦氏亡命歲餘逢赦出郡國諸豪及長安五陵諸為氣節者皆歸慕之

後漢劉聖更始子得弟於沛為王□所殺結客欲殺盆子兄故式侯恭輔坐繫詔獄三日乃得出

劉賜字子琴光武族兄賜少孤兄顯報怨殺人吏捕顯殺之賜與顯子信賣田宅同抛財產結客報吏皆亡命逃伏遭赦歸

周黨太原人鄉佐嘗衆中辱黨父黨久懷之後至長安遊學讀春秋聞復讎之義便輟講而還與鄉佐相聞期剋日交刃黨為其所傷困頓鄉佐服其義輿歸養之數日方蘇黨後被徵不屈

趙熹字伯陽南陽宛人少有節操從兄為人所殺無子熹年十五常思報之乃挾兵結客後遂往復仇而仇家皆疾病無相距者熹以因疾報殺非仁者心且釋之而去顧謂仇曰爾曹若健遠相避也仇皆臥自搏（搏相搏顙也）後病愈悉自縛詣熹熹不與相見後竟殺之熹後至太傅

郅惲友人董子張者父先為鄉人所害及子張病將終惲往候之子張垂歿視惲歔欷不能言惲曰吾知子不悲天命而痛讎不復也子在吾憂而不手子亡吾手而不能也子張但目擊而已惲即起將客遮仇人取其頭以示子張子張見而氣絶惲因而詣縣以狀自首令應之遲惲曰為友報讎吏之私也奉法不阿君之義也

君以生非臣節也趣出就獄令跣而追惲不及遂自至獄令拔刃自向以要惲曰子不從我出敢以死明心惲得此乃自[illegible]因病去後至長沙太守

杜詩爲南陽太守也遣客爲弟報仇被徵

崔瑗兄章爲人所殺瑗手刃報仇因亡會赦歸家後至濟北相

蘇不韋扶風人父謙初爲郡督郵時魏郡李暠爲美陽令與中常侍具瑗交通貪暴爲民患前後監司畏其勢援莫敢糾問及謙至部案得其臧論輸左校謙累遷至金城太守去郡歸鄉里漢法免罷守令自非詔徵不得妄到京師而謙後私至洛陽時暠爲司隸校尉收謙詰掠死獄中暠又因刑其尸以報昔怨不韋時年十八徵詣公車會謙見殺不韋載喪歸鄉里瘞而不葬仰天歎曰伍子胥獨何人也乃藏母於武都山中遂變名姓盡以家財募劍客邀暠於諸陵間（諸陵謂長安中五陵也）不剋會暠遷大司農時右校芻藳在寺北垣下（廥芻藁藏也垣牆也）不韋與親從兄弟潛入舍中夜則鑿地晝則逃伏如此經月遂得傍達暠之寢室出其牀下值暠在厠因殺其妾并及小兒留書而去暠大驚懼乃布棘於室以板藉地一夕九徙雖家人莫知其處每出輒劍戟隨身壯士自衛不韋知暠有備乃日夜飛馳徑到魏郡掘其父阜冢（阜暠父也）斷取阜頭以祭父墳又標之於市曰李君遷父頭暠匿不敢言而自上退位歸鄉里私掩塞冢椁捕求不韋歷歲不能得憤恚感傷發病歐血死不韋後遇赦還家乃始改葬行喪士大夫多譏其發掘冢墓歸罪枯骨不合古義唯任城何休方之伍員太原郭林宗聞而論之曰子胥雖云逃命而見用強吳憑闔廬之威因輕悍之衆雪怨舊郢會不終朝而但鞭墓戮尸以舒其憤竟無手刃後主之報豈如蘇子單特孑立靡因靡資強讎豪援據位九卿城闕天阻宮府幽絕埃塵所不能過霧露所不能沾不韋毀身焦慮出於百死冒觸嚴禁陷族禍門雖不獲逞爲報已深況復分骸斷首以毒生者使暠懷忿結不得其命



猶假手神靈以斃之也力唯匹夫功隆千乘比之於員不以優乎議者於是貴之太傅陳蕃辟不應爲郡五官掾

陽球漁陽泉州人郡吏有辱其母者球結少年數十人殺吏滅其家由是知名後至衛尉

賈淑太原介休人爲舅宋瑗報讎於縣中爲吏所捕繫獄當死鄉人郭泰與語歎褒淑因流涕泰詣縣令應操陳其報怨蹈義之士被赦縣不宥之郡上言乃得原

魏孫資有時名太祖爲司空辟資會兄爲鄉人所害資手刃報讎乃將家屬避地河東遂不應命

何顒友人虞偉高有父讎未報而篤病將終顒往候之偉高泣而訴顒感其義爲復讎以頭醊其墓

魏朗少爲縣吏兄爲鄉人所殺朗白日操刃報讎於縣中遂亡命到陳國

龐會立義將軍悳之子悳南征樊討關羽戰敗爲關羽所殺會隨鍾鄧伐蜀蜀破盡滅關氏家

韓暨字公至南陽堵陽人同縣豪右陳茂譖暨父兄幾致大辟暨陽不以爲言庸賃積資陰結死士遂追尋禽茂以首祭父墓由是顯名

典韋好俠襄邑劉氏與睢陽李永爲讎韋爲報之永故富春長備衛甚謹韋乘車載雞酒僞爲候者門開懷匕首入殺永并殺其妻徐出取車

晉索綝舉秀才除郎中嘗報兄讎手殺三十七人時人壯之

沈勁字世堅父充與王敦構逆衆敗而逃爲部曲將吳儒所殺勁當坐誅鄉人錢舉匿之得免其後竟殺讎人後至冠軍長史戰死

朱昌父軌爲荊州刺史王廙將廙使軌及趙誘擊杜曾皆爲曾所殺及周訪討曾既擒曾欲生致武昌昌與趙誘息胤皆乞曾以復冤於是斬曾而昌胤臠其肉而噉之

刁彝字大倫協之子少遭家難王敦誅後彝斬讎人黨以首祭

父墓詣廷尉請罪朝廷嘉其義宥之由是知名後至長中郎將

譙烈王無忌閔王承之子承爲荊州刺史王廙所害無忌少年小獲免後爲黃門侍郎江州刺史袁甫當之鎮無忌及丹楊尹桓景等餞於版橋時王廙子丹楊丞耆之在坐無忌志欲復讎拔刀將手刃之褒景命左右救捍獲免御史中丞車灌奏無忌欲專殺人付廷尉科罪成帝詔曰王敦作亂閔王遇禍尋事原情今王何責然公私憲制亦已有斷王當以體國爲大豈可尋繹由來以亂朝憲主者其申明法令自今已往有犯必誅於是聽以贖論

王談年十歲父爲鄉人竇度所殺談陰有復讎志而懼爲度所疑寸刃不畜日夜伺度未得至年十八乃密市利鍤陽若耕鉏者度常乘船出入經一橋下談伺度行還伏草中度既過談於橋上以鍤斬之應手而死既而歸罪有司太守孔巖義其孝勇列上宥之後會稽[illegible]謝輶[illegible]所害無辭談乃殺居會稽[illegible]父子[illegible]墓[illegible]其心力也



桓溫父彝爲韓晃所害涇令江播豫焉溫時年十五枕戈泣血志在復讎至年十八會播已終子彪兄弟三人居喪置刃杖中以爲溫備溫詭稱弔賓得進刃彪於廬中并追二弟殺之時人稱焉

桓玄溫之子與王恭討江州刺史王愉兵敗玄至長唐湖遇商人錢強強宿憾玄[illegible]以告湖浦尉尉收之送京師至倪塘斬之及玄執政誅湖浦尉及錢強等

殷簡之父仲堪爲桓玄所害簡之載喪下都葬于丹徒遂居墓側宋高祖義旗建率私僮客隨義軍躡桓玄玄死簡之食其肉

謝混琰之小子琰討孫恩兵敗帳下督張猛於後斫琰馬遂遇害後宋高祖左里之捷生擒猛送混混刳肝生食之

朱綽父憲及兄斌俱爲西中郎袁真將佐桓溫伐壽陽真以憲兄弟與溫潛通並殺之綽逃歸溫攻戰常居先不避矢石壽陽平真已死綽輒發棺戮尸

龔壯巴西人父叔爲李特所害壯積年不除喪力弱不能復讎及李壽戍漢中與李期有嫌期特孫也壯欲假壽以報乃說壽曰節下若能并有西土稱藩於晉人必樂從且捨小就大以危易安莫大之策也壽然之遂率衆討期果克之壽[illegible]

宋毛脩之一作[illegible]父瑾爲梁秦二州刺史爲譙縱所殺高祖表脩之爲龍驤將軍配給兵力遣令奔赴又遣益州刺史司馬榮期及文處茂時延祖等西討脩之至宕渠榮期爲參軍楊承祖所殺承祖自稱鎮軍將軍巴州刺史脩之退白帝承祖自下攻之不拔脩之使參軍嚴綱等收合兵衆漢嘉太守馮遷率兵來會討承祖斬之時文處茂猶在巴郡脩之遣振武將軍張季仁五百兵係處茂等荊州刺史道規又遣奮武將軍原導之領千人受脩之節度脩之遣原導之與季仁俱進時益州刺史鮑陋不肯進討脩之下都上表曰臣聞有生所以重生實有生理可保臣之情地生塗已竭所以未淪於泉壤借命於朝露者以日月貞照有兼映之輝庶憑天威誅夷讎逆自提戈西赴備嘗時艱遂使齊斧停柯侯堅假息誠由經路有暫隔及亦緣制不自己[illegible]散[illegible]墊西路益州刺史鮑陋始以四月二十九日達巴東頓白帝以俟騎路可乘之機宜踐投袂之會屢遣啓白雖致死寇庭而理無獨濟是以束骸載馳訴冤象魏昔宋臣鳥舟楚莊有遺履之憤況忘家殉國[illegible]有自門節冠風霜人所矜恤伍員不虧君義申胥不忘國[illegible]推鋒[illegible]乃[illegible]臣屠踰在昔未嘗啻遠二旗是以[illegible]以希張拳西土以雪冤也公私抱恨仰望洪恩豈宜遂享名器比肩人伍求情既所不安即實又非所繼但以方材[illegible]願解金紫寵私之榮賜以鷹揚折衝之號[illegible]理無[illegible]臣涉道清[illegible]荒越[illegible]

毒交經常懷性命要當射先士卒身馳賊庭手斬凶醜以攄奠大之痛然後就死之日即化如歸闔門靈爽豈不謝先帝於玄宮高祖哀其情事乃命冠軍將軍孟敬宣率文慶攻斬延祖諸軍伐蜀軍次黃虎無功而退譙縱由此送循之父伯及中表喪柩口累並得俱還

沈林子與沈預有讎因自歸高祖從高祖克京城沈預慮林子與兄田子還東報讎因五月夏節日至預正大集會子弟盈堂林子兄弟挺身直入斬預首男女無長幼悉屠之以預首祭父祖墓

滏閻文帝元嘉中為員外散騎侍郎母墓為東阿寺道人曇洛等所發閻與弟殿中將軍闓共殺曇洛等五人詣官歸罪見原

宋越父為鄉人所殺越共父者嘗出郡越於市中刺殺之太守夏侯穆嘉其孝義擢為隊主

錢延慶吳興長城人父仲期為同縣霍慶思所殺延慶屬役在都聞父死馳還於庾浦埭逢慶思手刃殺之自繫烏程縣獄太守都顯表不加罪許之

申孝叔父令孫代薛安都為徐州刺史令孫至郡境降安都從子索肥為其所殺後索肥兵敗走向繁平縣為孝叔斬之

房愛親父元慶為沈文秀建威府司馬為文秀所害愛親率勤鄉部攻文秀明帝嘉之起家授龍驤將軍會文秀降乃止

蕭齊沈文季宋司空慶之之子慶之為景和景和宋前廢帝年號所殺兵伎圍宅收捕諸子文季長兄文叔謂文季曰我能死爾能報遂自縊文季揮刀馳馬去收者不敢追遂得免時沈攸之為景和衛使殺慶之後攸之反文季督吳錢唐軍事文季收殺攸之弟新安太守登之誅其宗族

閔人曾吳興人年十七結客報父仇為高帝所賞

朱謙之字處光父昭之以學解稱於鄉里謙之年數歲所生母亡昭之假葬田側為族人朱幼方燎火所焚同產姊密語之謙之雖小便哀戚如持喪年長不婚娶永明中手刃殺幼方詣獄自繫縣令申靈勖表上別駕孔稚珪兼記室劉璡司徒左西掾張融牋與刺史豫章王曰禮開報仇之典以申孝義之情法斷相殺之條以表權時之制謙之揮刃斬冤既申私禮繫頸就死又明公法今仍殺之則成當世罪人宥而活之即為盛朝孝子殺一罪人未足弘憲活一孝子實廣風德張緒陸澄是其鄉舊應具來由融等與謙之並不相識區區短見深有恨然豫章王言之武帝時吳郡太守王慈太常張緒尚書陸澄並表論其事帝嘉其義慮相報復乃遣謙之隨曹虎西行將發幼方子惲於津陽門伺殺謙之謙之兄選之又刺殺惲有司以聞帝曰此皆是義事不可問悉赦之吳興沈顗聞而歎曰弟死於孝兄殉於義孝友之節萃此一門

梁蘭道恭益州人父為刺史劉季連所殺道恭出亡季連還都因出建陽門道恭殺之

趙䟦邑新城人兄震動富於財太守樊文茂求之不已震動怒曰無厭將及我文茂聞其語聚其族誅之䟦邑走免亡命聚黨至社樹呪曰文茂殺䟦邑兄今欲報之若事尅斫樹更生不克即死三宿三枯生十文餘人間傳以為神附者十餘萬眾殺文茂轉攻郫邑將至成都十餘日戰敗退保新城求降

成景儁范陽人父安樂仕後魏為淮陽太守武帝天監六年常邑和殺安樂以城內附景儁謀復讎因殺魏宿預城主以地南入普通六年邑和為鄱陽內史景儁購人刺殺之未幾重購邑和家人鴆殺其子弟噍類俱盡武帝義之每為屈法景儁家雖飯雪每思報效後除北豫州刺史侵魏所向必摧其智勇時以比馬仙琕

張景仁廣平人父梁為同縣韋法所殺景仁時年八歲及長志在復讎普通七年遇法於公田渚手斬其首以祭父墓事竟詣郡自縛乞依刑法太守蔡天起上言於州時簡文在鎮乃下教

褒美之原其罪下屬長蠲其一户租調以旌孝行

李慶緒廣漢郪人父爲人所害慶緒九歲而孤爲兄所養日夜號泣志在復讎投州將陳顯達仍於部伍白日手刃其仇由縛歸罪州將義而釋之

陳侯瑱巴西人父引遠世爲西蜀酋豪蜀賊張文萼據白崖山有衆萬人梁益州刺史鄱陽王蕭範命引遠討之引遠戰死瑱固請復讎每戰必先鋒陷陣遂斬文萼由是知名

後魏元朗父東阿公順於尒朱之亂爲陵户鮮于康奴所害朗時年十七抗戈潛伏積年乃手刃康奴以首祭於順墓然後詣闕請罪朝廷嘉而不問

郭恩明父連山爲光祿大夫性嚴暴撾撻僮僕酷過人理父子一時爲奴所害斷首投馬槽下乘馬北逝恩明驍勇善騎射披髮率村義（村義謂村中義伏也）馳騎追之於河奴乘馬投水恩明止將從不聽放矢乃自射之一發而中落馬隨流衆人擒執至家斬而殺之



傅融有三子靈慶靈根靈越並有才力宋將蕭斌王玄謨寇碻磝時融始死玄謨彊引靈慶爲軍主後與二弟匿於山澤之間時靈慶從叔乾愛爲斌法曹參軍斌遣乾愛誘呼之以腰刀爲信密令壯健者隨之而乾愛不知斌之欲圖靈慶也既至靈慶同對坐未久斌所遣壯士執靈慶殺之靈慶將死與母崔訣言法曹殺人不可忘也靈根靈越奔河北靈越至京師文成見而奇之靈越因說齊民慕化青州可平帝大悅拜靈越鎮遠將軍青州刺史貝丘子鎮羊蘭城靈根爲臨齊副將鎮明潛壘靈越北入之後母崔氏遇赦免宋人恐靈越在邊擾動三齊乃以靈越叔父琰爲冀州治中乾愛爲樂陵太守樂陵與羊蘭隔河相對命琰遣其門生與靈越婢詐爲夫婦化以招之靈越與母分離思積遂與靈根相要南走靈越與羊蘭奮兵相擊乾愛遣船迎之得免靈根差期不得俱去臨齊人覺知斬殺之乾愛出郡迎靈越問靈根差期之狀而靈越殊不應答但言不知而已乾愛不以爲惡勸令右出匣中烏皮袴褶令靈越代所常坐靈越言不須乾愛去汝豈可着體上衣服身亡公也時垣護之爲刺史靈越奮髯言垣公垣公着此當見南方國主豈垣公也[illegible]不肯着及至丹陽宋孝武見而禮之拜員外郎兖州司馬帶魯郡而乾愛亦遷青冀司馬帶魏郡後二人俱還建康靈越意常欲爲兄復讎而乾愛初不疑防知乾愛嗜雞肉[illegible]羹乃爲作之下以毒藥乾愛飯還而卒

淳于誕南齊南安太守興宗之子年十二隨父向揚州父於路爲羣盜所害誕雖童稚而哀感奮發傾貲結客旬朔之內遂得復讎由是州里歎異之益州刺史劉悛召爲主簿

吳悉達弟兄三人年並幼小父母爲人所殺四時號慕悲感鄉隣及長報仇避地永安

孫益德其母爲人所害益德童幼爲母復仇還家哭於殯以待縣官孝文文明太后以其幼而孝決又不逃罪特免之

曹瓊年十五復父仇於成都市以孝聞

楊孝邕以父爲尒朱天光所害孝邕走免匿於蠻中潛結渠帥謀應北齊神武以誅尒朱氏微服入洛參司機會爲人所告尒朱世隆收付廷尉掠殺之

北齊崔達拏尚安樂公主文宣帝常問公主達拏於汝何似荅云甚相敬重唯阿家憎兒顯祖召達拏母入內殺之投屍漳水齊滅達拏殺主以復讎

後周杜叔毗襄陽人初仕梁爲蕭脩府中直兵參軍太祖令大將軍達奚武經略漢川明年武圍脩於南鄭脩令叔毗詣闕請和太祖見而禮之使未反而脩中直兵參軍曹策參軍劉曉謀以城降武特叔毗兄君錫爲脩中記室參軍從子映錄事參軍映弟晰中直兵參軍並有文武材略各領部曲數百人策等忌之懼不同已遂誣以謀叛擅加害焉脩尋討策等擒之斬曉而

免策及脩降策杢二女安叔毗朝夕號泣具申寃狀朝議以事在
歸附之前不可追之罪叔毗内懷憤惋志在復讎然恐違朝憲坐
及其母遂沉吟積時母知其意謂叔毗曰汝兄横罹禍酷痛切
骨髓若曹策朝死吾以夕殁亦所甘心汝何疑焉叔毗受母言
愈更感厲後遂白日手刃策於京城斷首刳腸解其支體然後
面縛請就戮焉太祖嘉其志氣特命舍之
柳慶爲司會先是慶兄檜爲魏興郡守爲賊黄衆寶所害檜子
三人皆幼弱慶撫養甚篤後衆寶率衆歸朝朝廷待以優禮居
數年檜次子雄亮白日手刃衆寶於長安城中晉公護聞而大
怒執慶及諸子姪皆囚之讓曰國家憲綱皆君等所爲雖有私
怨寧得擅殺人也對曰慶聞父母之讎不同天昆弟之讎不同
國明公以孝治天下何乃責於此乎護愈怒慶辭色無所屈卒
以免
隋來護兒幼孤養於世母吴氏侯景之亂護兒世父爲鄉人陶



武子所害吴氏每流涕爲護兒言之武子宗族數百家厚自封
殖護兒每思復怨因其有婚禮乃結客數人直入其家引武子
斬之賓客皆慴不敢動乃以其頭祭伯父墓因潜伏歲餘會周
師定淮南乃歸鄉里
唐高季輔渤海蓨人兄元道任隋爲汲令武德初縣人翻城從
賊元道被害季輔率其黨出鬭擒殺兄者斬之持其首以祭
其墓爲士友所稱
獨孤脩德爲宣州刺史武德中高祖徙王世充於蜀脩德以讎
人請而殺之
王君操萊州即墨人其父隋末與鄉人李君則鬭競因被毆殺
君操時六歲其母劉氏告縣收捕君則棄家亡命追訪數年弗
獲貞觀初君則自以世代遷革不慮國刑又見君操孤微謂無
復讎之志遂詣州府自占而君操密袖白刃刺殺之刳腹取其
心肝咀食立盡詣刺史具自陳告州司以其擅殺戮問去殺人

償死律有明文何方自理以求生路對曰士父被殺二十餘載
聞諸典禮不可同天早願圖之久而未遂常懼士滅不展寃情
今大耻既雪甘從刑憲州司據法處死列上其狀太宗特詔原免
同蹄智壽雍州同官人其父高宗永徽初被族人安吉所害智
壽及弟智爽候安吉於塗擊殺之兄弟相率歸罪於縣爭爲謀
首官司經數年不能決鄉人或證智爽先謀音伏誅臨刑神色
自若顧謂市人曰父讎已報死亦何恨智壽頓絶中衢血流徧
體又收智爽屍舐血食之皆盡見者莫不傷焉
張琇蒲州解人父審素爲巂州都督在邊累載俄有糺其贓罪
勑監察御史楊汪馳傳就軍按之汪在路爲審素黨與所刼對
汪殺告事者脅令汪奏雪審素之罪俄而州人翻殺審素之黨
汪始得脱至益州奏稱審素謀反因深按審素構成其罪斬之
籍没其家琇與兄瑝以年幼坐徙嶺外尋各逃歸汪轉殿中侍
御史改名萬頃開元二十三年瑝琇候萬頃於都城挺刃殺之



瑝雖年長其發謀及手刃皆琇爲之既殺萬頃繫表於斧刃自
言報讎之狀便逃奔將就江外殺與萬頃同謀構父罪者行至
汜水爲捕者所獲時都城士庶皆矜琇等幼稚孝烈能復父讎
多言其合矜恕者中書令張九齡又欲活之裴耀卿李林甫固
言國法不可縱報讎上亦以爲然因謂九齡等曰復讎雖禮經
所許殺人亦格律具在孝子之情義不顧命國家設法焉得容
此殺之成復讎之志赦之虧律格之條然道路諠議故須告示
乃下勑曰張瑝等兄弟同殺推問款承律有正條俱合至死近
聞士庶頗有諠譁矜其爲父復讎或言本罪寃濫但國家設法
事存經久蓋以濟人期於止殺各申爲子之志誰非徇孝之夫
展轉相讎相殺何限咎繇作士法在必行曾參殺人亦不可恕
不能加以刑戮肆諸市朝宜付河南府告示決殺瑝琇既死士庶
咸傷愍之爲作哀誄牓於衢路市人斂錢於死所造義井并葬
瑝琇於北邙又恐萬頃家人發之并作疑冢數所其時人所傷

如此

劉士幹宣武節度劉玄佐之養子有樂士朝者亦爲玄佐所子因姓劉氏素與士幹有隙德宗貞元中玄佐薨或云爲士朝所酖士幹微知之及士朝至京師士幹乃密以奴持刀伏於喪位給士朝曰有弔客至誘入堂哭因殺之士幹坐是賜死

余常安幽州常山人父及叔父爲方全所殺士去十餘年會赦乃歸常安熟聞知之憲宗元和中常安年十七乃報殺之詣州請罪州司以其事聞制依法處死刺史元錫義之累上表請下百寮詳議復詔常安死時數其冤梁悅富平人爲父報仇所殺仇人秦杲自投縣請罪勅復讎殺人固有彝典以其申冤請罪視死如歸自詣公門發於天性志在徇節本無求生之心寧失不經特從减死之法宜決一百配流循州職方員外郎韓愈獻議曰伏奉今月五日勅復讎據禮經則義不同天徵法令則殺人者死禮法二事皆王教之端有此異同固資論辯宜令都省集議聞奏者伏以子復父讎見於春秋見於禮記又見於周官又見於諸子史不可勝數未有非而罪之者也最宜詳於律而律無其條非闕文也蓋以爲不許復讎則傷孝子之心而乖先王之訓許復讎則人將倚法專殺無以禁止其端矣夫律雖本於聖人然執而行之者有司也經之所明者制有司者也丁寧其義於經而深没其文於律者其意將使法吏一斷於法而經術之士得引經而議也周官曰凡殺人而義者令勿讎讎之則死義宜也明殺人而不得其宜者子得復讎也此百姓之相讎也公羊傳曰父不受誅子復讎可也不受誅者罪不當誅者也二於下之辭非百姓之相殺者也又周官曰凡報讎仇者書於士殺之無罪言將復讎必先言於官則無罪也今陛下垂意典章思立定制惜有司之守憐孝子之心示不自專訪議羣下已悉以爲復讎之名雖同而其事各異或百姓相讎如周官所稱可議於今者或爲官吏所誅如公羊所稱不可行於今者又周官所稱將復讎先告於士則無罪者若孤稚羸弱抱微志而伺敵人之便恐不能自言於官未可以爲斷於今也然則殺之與赦不可一例且定其制曰凡有人復父讎者事發具其事申尚書省集議奏聞酌其宜而處之則經律無失其指矣

康買德父憲爲羽林官騎京兆府雲陽縣力人張莅欠憲錢米憲徵之莅乘醉拉憲氣息將絶買德年十四將救其父以莅角觝力人不敢撝解遂持木鍤擊莅之首見血後三日致死刑部員外郎孫革奏准律父爲人所毆子往救擊其人折傷减凡鬬三等至死者依常律即買德救父難是性孝非暴擊張莅是心切非兇以髫丱之歳正父子之親若非聖化所加童子安能及此王制稱五刑之理必原父子之親以權之瀏淺深之量以別之春秋之義原心定罪周書所訓諸罰有權今買德生被皇風幼符至孝哀矜之宥伏在聖慈職當讞刑合分善惡先具事由陳奏伏與賜下中書門下商量其康買德尚在童年得知孝道雖殺人當死而爲父可哀若從沈命之科恐失原情之義宜付法司减死罪一等處分

後唐高引超洺州平恩人父爲鄉人王感所殺引超挾刃以報之遂擕其首自陳大理寺以故殺傷論刑部員外郎李郱奏覆曰伏以挾刃殺人按律處死投獄自首降罪垂文高引超既遂復讎固不逃法戴天罔愧視死如歸歷代已來事多貸命長慶二年有康買德父憲爲力人張莅乘醉拉憲氣息將絶買德年十四以木鍤擊莅後三日致死勅旨宜减死處分又元和六年富平人梁悅殺父之讎投縣請罪勅旨特從减死方今明時有此孝子其高引超若使須歸極法實慮未契鴻慈奉勅忠孝之道乃治國之大柄典刑之要在誅意之深文苟若壟斷擊之理道昔紀信替主趙難何青史之永刊今高引超爲父報冤即丹書之不尚人倫至孝法綱宜矜减死一等

晉韓顒鄭人以帝開運中爲父報讎殺經赦賊平與刑部員外

郎古昭裔斷曰伏以韓顒稱爲父報讎准律謀殺人者死情雖可矜法且不容請依大理寺斷遣從之

漢葛勳仕晉爲閤門使初勳與張彦澤不協彦澤害其家屬及虜入汴勳訴耶律氏尋誅彦澤雪其家耻

周張永德父穎爲安州防禦使性卞急峻刻部曲曹澄與不逞之徒數人同謀執穎而殺之遂奔于金陵及世宗征淮南以永德之故遣江南李景執澄等送行在既至世宗以澄等賜永德俾甘心而甚之

冊府元龜卷第八百九十六

冊府元龜卷第八百九十七

總録部一百四十七

改過 悔過

改過

傳曰弗知實難夫子有言曰主忠信無友不如己者過則勿憚改過而不改是謂過矣法語之言能無從乎改之為貴子貢曰君子之過也如日月之食焉過也人皆見之更也人皆仰之是知人誰無過過而能改善莫大焉故顔淵亞聖乃稱不貳蘧瑗大賢猶曰知非然要在乎明於自知闇於自是君子所以敦五常謹百行遵大易考祥之旨守曲禮箴言之教加之以聽忠告之言慎克終之道然後能保乎令名而於過失鮮矣

魏公子無忌者魏昭王少子安釐王異母弟也封信陵君安釐王二十年秦圍邯鄲公子救邯鄲存趙趙王欲以五城封公子公子聞之意驕矜而有自功之色客有說公子曰物有不可忘或有不可不忘夫人有德於公子公子不可忘也公子有德於人願公子忘之也且矯魏王令奪晉鄙兵以救趙於趙則有功矣於魏則未為忠臣也公子乃自驕而功之竊為公子不取也於是公子立自責似若無所容者又無忌留趙十年不歸秦聞公子在趙日夜出兵東伐魏魏王患之使使往請公子公子恐其怒之乃誡門下有敢為魏王使通者死賓客皆背魏之趙莫敢勸公子歸毛公薛公兩人往見公子曰公子所以重於趙名聞諸侯者徒以有魏也今秦攻魏魏急而公子不恤使秦破大梁而夷先王之宗廟公子當何面目立天下乎語未及卒公子立變色告車趣駕歸救魏

仲由字子路卞人也卞之野人少孔子九歲子路性鄙好勇力志伉直冠雄雞佩豭豚冠以雄雞佩以豭豚二物皆勇子路好勇故冠帶之陵暴孔子孔子設禮稍誘子路子路後儒服委質因門人請為弟子

漢于永定國之子也少嗜酒多過失年至三十乃折節修行以父任為侍中駙西平侯至御史大夫

朱雲字子游魯人徙平陵少時通輕俠借客報仇年四十迺變節從博士白子友受易

後漢鄭均東平任城人也其兄為縣吏頗受禮遺均數諫止不聽即脫身為傭歲餘得錢帛歸以與兄曰物盡可復得為吏坐贓終身捐棄兄感其言遂為廉潔均後公車徵不就賜尚書祿以終其身時人號為白衣尚書

賈淑字子厚世有冠冕而性險害邑里患之郭林宗遭母憂淑來修弔既而鉅鹿孫威直亦至威直以林宗賢而受惡人弔心怪之不進而去林宗追而謝之曰賈子厚誠實凶德然洗心向善仲尼不逆互鄉故吾許其進也淑聞之改過自厲終成善士

宋果性輕悍喜與人報讎為郡縣所疾郭林宗乃訓之義方懼以禍敗果感悔叩頭謝負遂改節自勑後以烈氣聞

左原者陳留人也為郡學生犯法見斥林宗嘗遇諸路為設酒肴以慰之謂曰昔顔涿聚梁甫之巨盜段干木晉國之大駔卒為齊之忠臣魏之名賢蘧瑗顔回尚不能無過況其餘乎慎勿恚恨責躬而已原納其言而去或有譏林宗不絶惡人者對曰人而不仁疾之以甚亂也原後忽更懷忿結客欲報諸生其日林宗在學原愧負前言因遂罷去後事露眾人咸謝服焉

徐庶潁川人先名福本單家子少好任俠擊劍中平末嘗為人報讎白堊突面被髮而走為吏所得問其姓字閉口不言吏乃於車上立柱維磔之擊鼓以令於市鄽莫敢識者而其黨伍共篡解之得脫於是感激棄其刀戟更疏巾單衣折節學問始詣精舍諸生聞其前作賊不肯與共止福乃卑躬早起常獨掃除動靜先意聽習經業義理精熟遂與同郡石韜相親愛

吳甘寧巴郡臨江人少好游俠招合輕薄少年為之渠帥羣聚相隨挾持弓弩負毦帶鈴民聞鈴聲即知是寧人與相逢及屬城長吏接待隆厚者乃與交歡不爾即放所將奪其資貨於長

吏史中有所賊害作其發負至二十餘年止不攻劫頗讀書學乃徃依劉衣因居南陽不免進用後歸吳為西陵太守折衝將

晉周處字子隱義興陽羨人父魴吳鄱陽太守處少孤未弱冠膂力絶人好馳騁田獵不脩細行縱情肆慾州曲患之處自知為人所惡乃慨然有改勵之志謂父老曰今時和歳豐何苦而不樂邪父老歎曰三害未除何樂之有處曰何謂也荅曰南山白額猛獸長橋下蛟并子為三矣處曰若此為患吾能除之父老曰子若除之則一郡之太慶非徒去害而已處乃入山射殺猛獸因投水搏殺蛟或沈或浮行數十里而處與之俱經三日三夜人謂已死皆相慶賀處果殺蛟而反聞鄉里相慶始知人患已之甚乃入吳尋二陸時機不在見雲具以情告曰欲自脩而年已蹉跎恐將无及雲曰古人貴朝聞夕改君前塗尚可且患志之不立何憂名之不彰處遂勵志好學有文思志存義烈言必忠信克己朞年州府交辟仕吳為東觀左丞



皇甫謐字士安安定朝那人也漢太尉嵩之曾孫也繼叔父居新安年二十不好學游蕩无度或以為癡嘗得瓜果輙進所養叔母任氏任氏曰孝經云三牲之養猶為不孝汝今年餘二十目不存教心不入道無以慰我因歎曰昔孟母三徙以成仁曾父烹豕以存教豈我居不卜鄰教有所闕何爾魯鈍之甚也脩身篤學自汝得之於我何有因對之流涕謐乃感激就鄉人席坦受書勤力不怠居貧躬自稼穡帶經而農遂博綜典籍百家之言沈靜寡欲始有高尚之志自號玄晏先生

裴遐字景思楷之子少而穎悟好交輕俠及弱冠更折節厲清脩尚儒孝足不踰閾者數年陳郡謝鯤潁川庾敳皆儁朗士也見而奇之後為豫州刺史終陷於石勒焉

王濬字士治弘農湖人也家世二千石濬博涉墳典美姿貌不脩名行不為鄉曲所稱濬乃變節疏通亮直恢廓有大志州郡河東從事終為撫軍大將軍開府儀同三司

胡母輔之字彦國泰山奉高人也少擅高名性嗜酒不拘小節後為繁昌令始節酒自厲甚有能名後為揚武將軍湘州刺史

唐彬字儒宗魯國鄒人有經國大度而不拘行檢少便弓馬好遊獵身長八尺走及奔鹿彊力兼人晚乃敦悅經史尤明易經隨師受業還家教授常數百人初為郡門下掾後卒為前將軍領戎校尉雍州刺史

戴若思廣陵人也有風儀性閑爽少好遊俠不拘操行遇陸機赴洛船裝甚盛遂與其徒掠之若思登岸據胡牀指麾同旅皆得其宜機察見之知非常人在舫屋上遥謂之曰卿才器如此乃復作刼邪若思感悟因流涕投劍就之機與言深加賞異遂與定交焉後舉孝廉位至驃騎將軍

謝尚字仁祖豫章太守鯤之子及長開率穎秀辯悟絶倫脫略細行不為流俗之事好衣刺文袴諸父責之因而自改遂知名終為衛將軍散騎常侍



王濛字仲祖少時放縱不羈不為鄉曲所齒晚節始克己勵行有風流美譽虚己應物恕而後行莫不敬愛焉卒為司徒左長史

王述字懷祖元帝鎮東府中郎承之子也家貧求試宛陵令頗受贈遺而脩家具為州司所檢有一千三百條王導使謂之曰名父之子不患無祿屈臨小縣甚不宜爾述荅曰足自當止時人未之達也此後屢居州郡清潔絶倫祿賜皆散之親故宅宇舊物不革於昔始為當時所歎後為衛將軍尚書令

王忱為荊州刺史自恃才氣放酒誕節及年少居方伯之任譏者多之及鎮荊州威風肅然殊得物和

前秦索泮字德林敦煌人也世為冠族泮少而游俠及長變節好學有佐世才器張天錫以為冠軍記室參軍

苻登字文高堅之族孫也少而雄勇有壯氣麤險不脩細行故堅弗之奇也長而折節謹厚頗覽書傳拜殿上將軍

宋鎮西將軍郢州刺史蕭思話南蘭陵人也年十許歲未知書以博誕遊遨爲事好騎屋棟打細腰鼓侵暴鄰曲莫不患毒之自此折節數年中遂有令譽好書史善彈琴能騎射高祖一見便以國器許之

劉康祖爲散騎常侍以浮蕩蒱酒爲事前後屢被糾劾免官後爲孝武征虜中兵參軍既被委任折節自脩轉太子翊軍校尉

何尚之字彦德盧江灊人也少時頗輕薄好樗蒱既長折節蹈道以操立見稱爲陳郡謝混所知與之遊處元祐中爲吴郡太守

顔延之爲光禄大夫延之與張鏡鄰居延之飲酒喧呼不絶而鏡靜默無聲後延之於籬邊聞其與客語取胡床坐聽辭義清玄延之心服謂賓客曰彼有人焉由此不復酣叫

到撝彦之之子也襲爵建昌公資籍豪富厚自奉養愛伎陳玉珠明帝遣求不與逼奪之撝頗怨望帝令有司誣奏撝罪付廷



尉將殺之撝入獄數宿鬚鬢皆白免死繫尚方奪封與弟賁撝由是屏斥聲玩更以貞素自立

南齊周奉叔爲冠軍將軍青州刺史勇力絶人隨父盤龍征討所在爲暴掠及世祖使領軍東討唐㝢之奉叔畏上威嚴斂勒部下不敢侵斥

周山圖爲兖從僕射直閤將軍山圖好酒多失明帝數加怒誚後遂自改出爲錢唐新城戍

梁朱异年十餘歲好群聚蒱博頗爲鄉黨所患既長乃折節從師遍治五經尤明禮易後爲侍中

王瞻廷尉卿猷之子也幼時輕薄好逸遊爲閭里所患及長頗折節有士操涉獵書記起家爲著作佐郎

謝覽爲吴興太守一境清謐昔覽在新安頗聚斂至是遂稱廉潔時人方之王懷祖

張充字延陵吴郡人父緒齊特進金紫光禄大夫有名前代充少時不持操檢好逸遊緒嘗假還吴始入西郭值充出獵左手臂鷹右手牽狗遇緒船至便放紲脫韝拜於水次緒曰一身兩役無乃勞乎充跪對曰充聞三十而立今二十九矣請至來年而敬易之緒曰過而能改顔氏子焉及明年便修身改節學不盈載多所該覽尤明老易與從叔稷俱有令譽起家撫軍行參軍

丘仲孚仕齊爲山陰令齊末政亂頗有贓入入梁爲豫章内史在郡更勵清節

何遠爲武昌太守遠本倜儻尚輕俠至是乃折節爲吏杜絶交遊饋遺秋豪無所受

陳周寶安文育子寶安年十餘歲便習騎射以貴公子驕蹇遊逸好狗馬樂馳騁靡衣媮食文育之爲晉陵以征討不遑之郡令寶安監知郡事尤聚惡少年高祖患之及文育西征敗績縶於王琳寶安便折節讀書與士君子遊綏御文育士卒甚有威惠



除員外散騎侍郎文育歸後除貞威將軍

後魏穆羆高祖時爲虎牢鎮將頗以不法致罪後轉征東將軍賞善罰惡深自克勵

谷渾字元沖昌黎人也父衮膂力兼人彎弓三百斤渾少有父風任俠好氣以父母在常自退抑晚乃折節受經業遂覽群籍被服類儒者太武世爲儀曹尚書

陸彰初歷數州以聚斂爲事晚節脩改自行青冀瀛州甚有時譽加以虚已納物人敬愛之

刁遵冀州刺史雍之子少不拘小節長更脩改卒爲龍驤將軍洛州刺史

趙超宗爲汝南太守多所受納從河東太守超宗在河東更自脩厲清靜愛人百姓追思之

高閭字閭士漁陽雍奴人也貪褊矜慢初爲中書博士在中書好罵辱諸博士博士學生百有餘人有所干求者無不受其財

貨反老為相幽二州刺史乃更廉儉自謹有良牧之譽
邢巒為安西將軍梁秦二州刺史商販聚斂清論者鄙之後為
安東將軍自宿豫大捷及平懸瓠志行脩正不復以財賄為懷
戎資軍實絲毫無犯遷殿中尚書加撫軍將軍
甄琛字思伯中山毋極人初舉秀才入都積歲頗以弈棊棄日
至乃通夜不止手下蒼頭常令秉燭或時睡少加其杖如此非
一奴後不勝楚痛乃白琛曰郎君辭父母仕宦京師若為讀書
執燭奴不敢非乃以圍棊日夜不息豈是向京之意而賜加杖
罰不亦非理琛惕然慚感遂從許赤虎假書研習聞見益優後
拜中書博士
陽固少任俠好劍客弗事生産年二十六始折節好學遂博覽
篇籍有文才後從大將軍宋王劉昶征義陽版府法曹行參軍
北齊司馬子如初為尚書令以贓賄免未幾起行冀州事子如
能自厲改甚有聲譽發摘姧偽僚吏畏伏之轉行并州事詔復



官爵
高乾字乾邕渤海蓨人也性明悟俊偉有智略美音容進止都
雅少時輕俠數犯公私長而修改輕財重義當世以意氣相得
後為開府儀同三司徐州刺史
尉景初為冀州刺史大納賄後為青州刺史操行頗改百姓安
之徵授大司馬
崔肇師魏尚書僕射亮之孫父士太諫議大夫肇師少時踈放
長遂變節更成謹厚涉獵經史頗有文思襲父爵樂陵男
魏收字伯起年十五頗已屬文及隨父子建赴邊好習騎射欲
以武藝自達滎陽鄭伯調之曰魏郎弄戟多少收慚遂折節讀
書精力不輟以文華顯初除太學博士
畢義雲小字陀兒少麁俠家在兗州北境常劫掠行旅州里患
之晚方折節從官終為七兵尚書
後周楊汪字元度弘農華陰人也少凶踈好與人羣鬪拳所毆

擊無不顛踣長更折節勤學專精左氏通傳三禮解後為冀王
侍讀
隋王頍字昇文齊州刺史頒之弟也年數歲值江陵陷隨諸兄
入關少好遊俠年二十尚不知書為其兄顒所責怒於是感激
始讀書年二十二周武帝引為露門學士入隋為漢王諒府諮
議參軍
劉權字世略彭城豐人也少有俠氣重然諾藏亡匿死吏不敢
過門後更折節好學動循法度後位至南海太守
焦通塗陽人也梁彥光為相州刺史招致山東大儒每鄉立學
通性酗酒事親禮闕為從弟所訟彥光弗之罪將至州學令觀
於孔子廟于時廟中有韓伯瑜母杖不痛哀母力弱對母悲泣
之像通遂感悟媿恨若無自容彥光訓諭而遣之後改過勵行
卒為善士
皇甫績三歲而孤為外祖韋孝寬之所鞠養嘗與諸外兄博弈



孝寬以其惰業督以嚴訓愍績孤幼特捨之績曰我無庭訓養
於外氏不能剋躬勵己何以成立深自感激命左右自杖三十
孝寬聞之對之流涕於是精心好學略涉經史
虞慶則京兆櫟陽人初以弋獵為事中便折節讀書開皇中為
桂州道行軍總管
唐丘和河南洛陽人也父壽魏鎮東將軍和少便弓馬重氣任
俠及長始折節與物無忤無貴賤皆愛之後為特進封譚國公
柳亨拜光祿大夫行光祿少卿太宗每誡之曰與卿舊親情兼
宿素卿為人多有性還今授此職宜存簡靜亨性好獵有饕湎
之聲此後頗自勗勵杜絕賓客約身節儉勤於職事
段綸為益州總管高下縱情多所凌傲及太宗踐祚遷右光祿
大夫祕書監綸始折節脩道閉門不妄交遊乃鳩集史籍披覽
不倦
李安遠者夏州朔方人少時好飛鷹走狗遊蕩無度家代為將

甚篤於時然數敗其徒游至於破業晚始折節讀書尤篤名士但逢勝己皆傾心與遊焉後歷懷州刺史

程异初爲鹽鐵部員外郎充揚子院留後坐王叔文黨貶郴州司馬元和初復爲侍御史累遷檢校兵部郎中淮南等五道兩稅使异自懲往坐勵已在公江淮錢穀之弊多所刻革入遷太府少卿

後唐錢鏐字具美杭州臨安人也初事董昌時年甫壯室性尚剛烈時有儒士謁於主帥已進刺矣見鏐稍怠鏐怒殺之羅刺江及與謁者將召鏐詠云客已拂衣去矣乃爲帥時有人獻詩云一條江水橫前流鏐不悅以爲譏已尋害之迨於晚歲方愛人下士留心理道數十年間時甚歸美歷東京郭爲尚父吳越國王天下都元帥

晉王建立爲性好殺晚年歸心釋氏飯僧營寺戒殺慎獄民稍安之終爲青州節度使封臨淄郡王

李從璋後唐明宗之猶子也性　貪懼明宗嚴正以自滑帥入居宿衛除拜　跌心稍悛悟後歷數鎮與故時梟客不足　相遇無所撼焉蒲陜之日政有善譽改賜　勤靜理功臣之號及晉高祖即位愈畏其　故終爲鄧州節度使人甚惜之

張彥澤初爲涇原節度使其政苛可交代王周奏彥澤事二十六件後爲相州節度使頗悛舊跡凡正俸公府當入之外一無所取民吏愛之少帝開運三年父老僧道詣闕舉留焉

周王仁裕生於秦州白石鎮少孤不從師訓唯以狗馬彈射爲務年二十五方有意就學終爲太子少保



## 悔過

孔子曰吾未見能見其過而內自訟者蓋夫生民之性渝於所習七情交戰反乎中庸迷方違道棄理從慾德狹中而獨任師心而自是由中人以下曷能免焉固其洗然知非翻然易慮念既往之咎圖方貳之美斯爲難矣三代之下大道衰喪乃有所學之或失遂事之不追秉義之未終守官之踰矩因詒悔吝自底非類而能杜尤怨之未興克責之言形於自訟極其引慝斯所謂不遠而復莫大之善者焉與夫恥過作非聞義不徙之徒異矣

衛孫林父（衛大夫）文子以戚叛於晉吳公子札自衛如晉將宿於戚（戚孫文子邑）聞鍾聲焉曰異哉吾聞之也辯而不德必加於戮夫子獲罪於君以在此（以戚叛）懼猶不足而又何樂夫子之在此也猶燕之巢于幕上（言至危）君又在殯而可以樂乎（衛獻公卒未葬）遂去之（終不止）文子聞之終身不聽琴瑟

秦后子有寵於桓如二君於景其母曰弗去懼選癸卯鍼適晉其車千乘后子享晉侯造舟于河十里舍車自雍自絳歸取酬幣終事八反司馬侯問焉曰子之車盡於此而已乎對曰此之謂多矣若能少此吾何以得見女叔齊以告公且曰秦公子必歸臣聞君子能知其過必有令圖令圖天所贊也



子大叔鄭大夫游吉也子產疾謂大叔曰我死子必爲政唯有德者能以寬服民其次莫如猛夫火烈民望而畏之故鮮死焉水懦弱民狎而翫之則多死焉故寬難疾數月而卒大叔爲政不忍猛而寬鄭國多盜取人於萑苻之澤大叔悔之曰吾早從夫子不及此

趙勝封平原君與毛遂至楚定從而歸歸至於趙曰勝不敢復相士勝相士多者千人寡者百數自以爲不失天下之士今乃於毛先生而失之也毛先生一至楚而使趙重於九鼎大呂毛先生以三寸之舌彊於百万之師勝不敢復相士遂以爲上客

秦白起爲王時爲將封武安君以罪免爲士伍遷之陰密

出咸陽西門十里至杜郵昭王乃使使者賜之劍自裁武安君引劍將自刎曰我何罪于天而至此哉良久曰我固當死長平之戰趙卒降者數十萬人我詐而阬之足以死遂自殺

漢李陵爲騎都尉將兵擊匈奴戰敗而降匈奴寵貴之陵數勸蘇武降匈奴武不從陵見其至誠喟然歎曰嗟乎義士陵與衛律之罪上通於天因泣下霑衿與武決去衛律亦漢將降匈奴

韋玄成嗣父賢爵扶陽侯坐騎至廟削爵爲關內侯玄成自傷貶黜父爵歎曰吾何面目以奉祭祀作詩自劾責玄成代于定國爲丞相貶黜十年之間遂繼父相位封侯故國榮當世焉玄成復作詩自著復玷缺之艱難玷缺因以戒示子孫

戴聖爲九江太守聖禮經號小戴者也行治多不法前刺史以其大儒優容之及何武爲揚州刺史録囚徒有所舉以屬郡屬委出嘈嗷塘之聖曰後進生何知迺欲亂人治言武生學未久故謂之敗進生也皆無所決武使從事廉得其罪廉察也聖懼自免後爲博士毀武於朝



是武聞之終不揚其惡而聖子賓客爲群盜得聚爲群盜吏捕得也而繫廬江聖自以子必死武平心決之卒得不死自是後聖慚服武每奏事至京師刺史每歲盡則入奏事聖未嘗不造門謝恩

王鳳爲大將軍成帝建始三年秋京師民無故相驚言大水至百姓奔走相蹂躪蹂躪踐也老弱號呼長安大亂天子親御前殿召公卿議鳳以爲太后與上及後宮可御船令吏民上長安城以避水群臣皆從鳳議左將軍王商獨曰自古無道之國水猶不冒城郭今政治平世無兵革上下相安何因當有大水一日暴至此必訛言也不宜令上城重驚百姓帝乃止有頃長安中稍定問之果訛言帝於是美壯商之固守數稱其議而鳳大慚自恨失言

後漢虞詡爲尚書令去官卒臨終謂其子恭曰吾事君直道行已無愧所悔者爲朝歌長時殺賊數百人其中何能不有冤者自此二十餘年家門不增一口斯獲罪於天也

馬融字季長大將軍鄧騭聞融名召爲舍人非其好也遂不應命客於涼州武都漢陽界中會羌虜飆起邊方擾亂米穀踴貴自關以西道殣相望融既饑困乃悔而歎息謂其友人曰古人有言左手據天下之圖右手刎其喉愚夫不爲所以然者生貴於天下也今以曲俗咫尺之羞滅無貲之軀殆非老莊所謂也故往應騭召

魏劉陶字季治善名稱有大辯曹爽爲選部郎鄧颺之徒稱之以爲伊呂當此之時其人意陵青雲謂傅玄曰仲尼不聖何以知其然智者圖國天下群愚如弄一丸於掌中而不能得天下傅玄以其言大惑不復詳難也謂之曰天下之質變無常也今見卿窮爽之敗退居里舍乃謝其言之過

蔣濟字子通爲太尉王凌子廣字公淵有才弟飛梟金虎並才武過人太傅司馬宣王嘗從容問濟濟曰凌文武俱贍當今無雙廣等志力有美於父耳退而悔之告所親曰吾此言滅人門宗矣



蜀馬超漢末爲偏將軍先主圍成都超將兵徑到城下先主待之厚超常呼先主字關羽怒請殺之先主曰人窮來歸我卿等怒以呼我字而殺之何以示於天下也張飛曰如是當示之以禮明日大會請超入羽飛並杖刀立直超顧坐席不見羽飛見其直也乃大驚遂止不復呼字明日歎曰我乃知其所以敗爲呼人主字幾爲關羽張飛所殺自後乃尊事之

諸葛亮爲丞相越巂太守馬謖才器過人好論軍計亮深加器異先主臨薨謂亮曰馬謖言過其實不可大用君其察之亮猶謂不然以謖爲參軍每引見談論自晝達夜後主建興六年亮出軍向祁山時有宿將魏延吳壹等論者皆言宜以爲先鋒而亮違眾拔謖統大眾在前與魏將張郃戰敗于街亭亮戮謖以謝眾上疏自貶二等以督厥咎

鄧芝爲車騎將軍征涪陵見玄猿緣山芝性好弩手自射猿中之猿拔其箭卷木葉塞其創芝曰嘻吾違物之性其將死矣乃

歎息投壺水中

吴虞翻性疏直數有酒失坐徙交州大帝即尊位翻因上書曰陛下膺明聖之德躰舜禹之孝歷運當期順天濟物奉承華命臣獨抃舞罪棄兩絶拜賀無階仰瞻宸極且喜且悲臣伏自刻省命輕雀鼠性醜忤遭罪惡莫大不容於誅昊天罔極全宥九載退當念戮頻受生活復偷視息臣年耳順思咎憂憒形容枯悴髮白齒落雖未能死自悼終没不見宫闕百官之富不覩皇輿金軒之飾仰覩巍巍衆民之謡傍聽鍾鼓侃然之樂永隕海隅棄骸絶域不勝悲慕逸豫大慶悦以忘罪

晉王衍爲元帥爲石勒所破將死顧而言曰嗚呼吾曹雖不如古人向若不祖尚浮虚戮力以正天下猶可不至今日

庾袞字褒明舉秀才清白異行皆不降志世號之爲異行初父誡袞以酒每醉輒自責曰余廢先父之誡其何以訓人乃於父墓前自杖三十



王導爲司徒及從父兄敦構逆劉隗勸元帝盡誅諸王時導率羣從詣闕請罪值僕射周顗謂曰伯仁顗字以百口累卿顗直入不顧既見帝言導忠誠申救甚至帝納其言顗喜飲酒致醉而出導猶在門又呼顗顗不與言顧左右曰今年殺諸賊奴取黄金印如斗大繫肘既出又上表明導言甚切至導不知救已而甚銜之王敦既得志問導曰周顗戴若思南北之望當登三司無所疑也導不答又曰若不三司便應令僕邪又不答敦曰若不尔正當誅尔導又無言導後料檢中書故事見顗表救已殷勤款至導執表流涕悲不自勝告其諸子曰吾雖不殺伯仁伯仁由我而死幽冥之中負此良友

王獻之爲中書令遇疾家人爲上章道家法應首過問其有何得失對曰不覺余事惟憶與郗家離婚獻之前妻郗曇女也

殷仲文安帝時爲桓玄侍中玄敗仲文至巴陵因奉二后投義軍而爲鎮軍長史轉尚書帝初反正抗表自解曰臣聞洪波振壑川無恬鱗驚飈拂野林無静柯何者勢弱則受制於臣力微則無以自保於理雖可得而言於臣實非所敢譬昔桓玄之代誠復驅逼者衆至如微臣罪實深矣進不能見危授命亡身殉國退不能辭粟首陽拂衣高謝遂乃宴安昏寵叨昧僞封錫文篡事曾無獨固名義以之俱淪情節自兹兼撓宜其極法以判忠邪會鎮軍將軍劉裕興復社稷大弘善貸佇一戮於微命申三驅於大信既惠之以首領又申之以縶維于時皇輿否隔天人未泰用忘進退是以僶俛從事自同令人今宸極反正唯新告始憲章既明品物思舊臣亦胡顔之厚何以顯居榮次乞解所職待罪私門違離闕庭乃心慕恋詔不許

後周賀若敦爲忠州刺史鎮函谷敦恃功負氣顧其流輩皆爲大將軍敦獨未得兼以湘州之役全軍而反翻被除名每出怨言晉公護怒徵還逼令自殺臨刑呼子弼謂曰吾必欲平江南然心不果汝當成吾志吾以舌死汝不可不思因引錐刺弼舌出血誡以慎口



唐狄仁傑未爲宰相時婁師德嘗薦之及爲宰相不知師德薦已數排師德令充外使則天嘗出師德舊表示之仁傑大慙謂人曰吾爲婁公所含如此方知不逮婁公遠矣

李光弼爲河南副元帥既疾亟將吏問以後事曰吾久在軍中不得就養既爲不孝子夫復何言

高郢德宗時爲中書舍人時詔以前祠部員外郎于公異遊李遠方忘其溫清之恋放歸田廬初郢薦前監察御史元敦義及睹公異譴責懼爲所累乃上疏首陳敦義虧於礼教詔褒郢之知過敦義俾罷歸

晉王建立累領藩鎮爲性好殺晚年皈心釋氏飯僧營寺戒殺愼獄民稍安之

冊府元龜卷第八百九十七

# 冊府元龜卷第八百九十八

總録部 二百四十八

## 治命



古人有言曰死者士之終又曰人之將死其言也善故其治命可得而徵矣至有屬纊忍死反席正容精爽不亂敎誡周悉顧託後事申論素志亦有願上爵土悉還賜賚固免贈謚預爲終制或景慕前哲因卜其宅兆或愛樂俗化止窆於治所以至斯券以徇義操續以寫心啓手歸全揚名後世書曰惟人萬物之靈自非有道之士亦安能溘然之際汨而無擾哉

魏武子爲晉大夫有嬖妾無子武子疾命顆曰必嫁是（武子魏犨顆之父）疾病則曰必以爲殉及卒顆嫁之曰疾病則亂吾從其治也及輔氏之役顆見老人結草以亢杜回（亢禦也）杜回躓而顛故獲之夜夢之曰余而所嫁婦人之父也（而汝也）爾用先人之治命余是以報

甯惠子爲衛大夫有疾召悼子（悼子甯喜）曰吾得罪於君悔而無及也名藏在諸侯之策曰孫林父甯殖出其君君入則掩之（掩蓋惡也）若能掩之則吾子也若不能猶有鬼神吾有餒而已不來食矣（餒餓也）悼子許諾惠子遂卒

孫叔敖楚大夫將死戒其子曰王數封我矣吾不受也我死王則封汝必無受利地楚越之間有寢丘者此其地不利而名甚惡可長有者唯此也叔敖死王以美地封其子其子辭請寢丘至今不失

葉公之顧命曰以小謀敗大作毋以嬖御人疾莊后毋以嬖御士疾莊士大夫卿士（葉公楚縣公葉公子高也臨死遺書曰顧命小謀小臣之謀也大作大臣之所爲也嬖御人愛妾也疾亦非也莊后適夫人齊莊得禮者嬖御士愛臣也莊士亦謂士之齊莊得禮者今爲大夫卿士）

魯季孫有疾命正常曰無死（正常桓子之寵臣欲付以後事故勑令勿從己死）南孺子之子男也則以告而立之（南孺子季桓子之妻言若生男告公而立之）女也則肥也可（肥康子也）季孫卒康子即位既葬康子在朝（在公朝也）南氏生男正常載以如朝告曰夫子有遺言命其圉臣曰南氏生男則以告於君與大夫而立之今生矣男也敢告遂奔衛康子請退（退辟位也）公使共劉視之（共劉大夫）則或殺之矣乃討之（討殺者）召正常正常不反



孟僖子爲魯大夫病且死誡其嗣懿子曰今孔丘年少好禮其達者歟吾即沒若必師之及僖子卒懿子與魯人南宮敬叔往學禮焉

季桓子魯大夫病輦而見魯城喟然歎曰昔此國幾興矣以吾獲罪於孔子故不興也顧謂其嗣康子曰我即死若必相魯相魯必召仲尼後數日桓子卒康子代立已葬欲召仲尼公之魚曰昔吾先君用之不終終爲諸侯笑今又用之不能終是再爲諸侯笑康子曰則誰召而可曰必召冉求於是使使召冉求

漢司馬談爲太史公掌天官不治民有子曰遷仕爲郎中奉使巴蜀是歲天子始建漢家之封而太史公留滯周南（古之周南今之洛陽）不得與從事故發憤且卒而遷適使反見父於河洛之間太史公執遷手而泣曰余先周室之太史也自上世嘗顯功名於虞夏典天官事後世中衰絕於予乎汝復爲太史則續吾祖矣今天子接千歲之統封泰山而余不得從行是命也夫余死汝必爲太史爲太史無忘吾所欲論著矣且夫孝始於事親中於事君終於立身揚名於後世以顯父母此孝之大者夫天下稱誦周公言能論歌文武之德宣周邵之風達太王王季之思慮爰及公劉以尊后稷也幽厲之後王道缺禮樂衰孔子脩舊起廢論詩書作春秋則學者至今則之自獲麟以來四百有餘歲（年表魯哀公十四年獲麟至漢元封元年三百七十一年）而諸侯相兼史記放絕今漢興海內一統明主賢君忠臣死義之士余爲太史而弗論載廢天下之史文余懼焉汝其念哉遷俯首流涕曰小子不敏請悉論先人所次舊聞弗敢闕卒三歲而遷爲太史令紬史記石室金匱之書以成史記

歐陽地餘元帝時侍中貴幸至少府戒其子曰我死官屬即送

與財物愼毋受汝九卿儒者子孫以廉絜著可以自成及地餘
死少府官屬共送百萬其子不受天子聞而嘉之賜錢百萬
後漢樊重南陽湖陽人善營理產業皆至巨萬爲三老年八十餘
終其素所假貸人間數百萬遺令焚削文契債家聞者皆慙爭
往償之諸子從勑竟不肯受
羊續爲南陽太守徵爲太常未及行會病卒遺言薄斂不受賵
遺舊典二千石卒官賻百萬府丞焦儉遵續先意一無所受
張純爲大司空臨終勑家丞曰司空無功於時猥蒙爵土身死
之後勿議傳國
崔瑗爲濟北相病卒臨終顧命子寔曰夫人稟天地之氣以生
及其終也歸精於天還骨於地何地不可藏形骸勿歸鄉里其
賵贈之物羊豕之奠一不得受寔奉遺令遂留葬洛陽
蓋勳爲潁川太守徵還勳強直不屈內厭於董卓不得意疽
發背卒遺令勿受卓賻贈



趙岐初名嘉京兆長陵人年三十餘有重疾臥蓐七年自慮奄
忽乃爲遺令勑兄子曰大丈夫生世遯無箕山之操仕無伊呂
之勳天不我與復何言哉可立一員石於吾墓前刻之曰漢有
逸人姓趙名嘉有志無時命也奈何其後疾瘳位至太常卒先
自爲壽藏勑其子曰我死之日墓中聚沙爲牀布簟白衣散髮
其上覆以單被即日便下下訖便揜
任末蜀郡繁人爲郡功曹辭以病免後奔師喪於道物故臨命
勑兄子造曰必致我尸於師門使死而有知魂靈不慙如其無
知得土而已造從之
孔嵩爲臨晉令卒官遺令即葬二子長彥季彥並十餘歲蒲坂
令許君然勸令反魯對曰今載柩而歸則違父令舍墓而去心
所不忍遂留華陰
梁鴻字伯鸞至吳依大家皐伯通疾且困告主人曰昔延陵季
子葬子於嬴博之間不歸鄉里愼勿令我子持喪歸去及卒伯
通等爲求葬地於吳要離冢傍咸曰要離烈士而伯鸞清高可
令相近葬畢妻子歸扶風
魏賈逵文帝時爲豫州刺史建武將軍與曹休等伐吳會病篤
令左右曰受國厚恩恨不斬孫權以下見先帝喪事一不得有
所脩作
吳呂蒙以定荊州功拜南郡太守封孱陵侯封爵未下疾卒蒙
未死時所得金寶諸賜盡付府藏勑主者命絕之日皆上還
中山王袞以明帝青龍二年疾困勑令官屬曰吾寡德忝寵大
命將盡吾既好儉而聖朝著終誥之制爲天下法吾氣絕之日
自殯及葬務奉詔書昔衞大夫蘧瑗葬濮陽吾望其墓常想其
遺風願託賢靈以弊發齒營吾兆域必往從之禮男子不卒婦
人之手亟以時成東堂堂成名之曰遂志之堂輿疾往居之又
令世子曰汝幼少未聞義方早爲人君但知樂不知苦不知苦
必將以驕奢爲失也接大臣務以禮雖非大臣老者猶宜答拜



事兄以敬恤弟以慈兄弟有不良之行當造膝諫之諫之不從
流涕喻之喻之不改乃白其母若猶不改當以奏聞并辭國土
與其守寵罹禍不若貧賤全身也此亦謂大罪惡耳其微過細
故當掩覆之嗟爾小子愼脩乃身奉聖朝以忠貞事太妃以孝
敬閨闈之內奉令於太妃閫閾之外受教於沛王無怠乃心以
慰予靈
田豫齊王時爲太中大夫食卿祿病亡戒其妻子曰葬我必於
西門豹邊妻子難之言西門豹古之神人那可葬於其邊乎豫
言豹所履行與我敵等爾使死而有靈必與我善妻子從之
晉杜預爲司隸校尉加位特進卒先爲遺令曰古不合葬明終
始之理同於無有也中古聖人改而合之蓋以別合無在更緣
生示教也自此來大人君子或全或否未能知生安能知死故
各以己意所欲也吾往爲臺郎嘗以公事使過密縣之邢山山
上有冢問耕父云是鄭大夫祭仲或云子產之冢也遂率從者

祭而觀焉其造冢居山之頂四望周遠連山體南北之正而東北向新鄭城意不忘本也其隧道唯塞其後山多美石而不用必集洧水自然之石以爲冢藏貴不勞工巧而此石不入世用也君子尚其情小人無利可動歷千載無毀發之致也吾去春入朝因郭氏喪亡緣陪陵舊義自表營洛陽城東首陽之南爲將來兆域而所得地中有小山上無舊冢其高顯雖未足比邢山然東奉一陵西瞻宮闕南觀伊洛北望夷叔曠然遠覽情之所安也故遂表樹開道爲一定之制至時皆用洛水圓石開隧道南向儀制取法於鄭大夫欲以儉自完爾棺器小斂之事皆當稱此子孫一以遵之

羊祜爲征南大將軍南城侯及卒遺令不得以南城侯入柩從弟琇等述祜素志求葬於先人墓次武帝不許賜去城十里外近陵葬地一頃謚曰成祜喪既引帝於大司馬門南臨送祜甥齊王攸表祜妻不以侯斂之意帝乃詔曰祜固讓歷年志不可



奪身沒讓存遺操益厲此夷叔所以稱賢季子所以全節也今聽復本封以彰高美

南齊豫章王嶷臨終召子子廉子恪曰人生在世本非常也吾年已老前路幾何居今之地亦非心期所不貪聚自幼所懷正以汝兄弟累多損吾暮志爾吾無後當共相勉厲篤睦爲先才有優劣位有通塞運有富貧此自然理無足以相凌侮若天道有知汝等各脩立灼然之分無失也勤學守基業治閨庭尚閑素如此足無憂患聖主儲皇及諸親賢亦當不以吾沒易情也三日施靈唯香火槃水干飯酒脯檳榔而已朔望菜食一槃加以甘果此外省葬後除靈可施吾常所乘轝扇繖朔望時節席地香火水酒脯干飯檳榔便足雖才愧古人意懷粗亦有在不以遺財爲累主衣所餘小弟未婚諸妹未嫁凡應此用本自莅然當稱力及時率有爲辦事事甚多不復甲乙棺器及墓中勿用餘物爲後患也朝服之外唯下鐵鐶刀一口作冢勿令深一一依格莫過度也後堂樓可安佛供養外國二僧餘皆如舊與汝遊戲後堂船乘吾所乘牛馬送二宮及司徒服飾衣裘悉爲功德子廉等號泣奉行

張岱爲南兗州刺史未拜卒岱初作遺命分張家財封置箱中家業張減隨復改易如此十數年

張柬吳郡人輔國將軍沖之父也柬初卒遺命祭我必以鄉土所産無用牲物沖監青冀二州刺史事在鎮四時還吳國中取果菜流涕薦焉

蕭景先武帝時爲征虜將軍假節司州諸軍事主鎮遇疾遺言曰此度疾病暴於前後自省必無起理但夙荷深恩今謬充戎寄闇弱每事不稱上慚慈旨便長違聖世悲恧更不知所言可爲作啓事上謝至尊粗申愚心毅雖成長素闕訓範貞等幼稚未有所識方以仰累聖明非殘息所能陳謝自丁荼毒以來妓妾已多分張所餘醜猥數人皆不似事可以明月佛女桂枝佛兒玉



女長玉上臺美滿豔華奉東宮私馬有二十餘匹牛數頭可簡好者十匹二頭上臺馬五匹牛一頭奉東宮大司馬司徒各奉二匹驃騎鎮軍各奉一匹絳私仗器亦悉輸臺六親多未得料理可隨宜遍卹微申素意所賜宅曠大恐非毅等所居須喪服竟可輸還臺劉家前宅久聞其貨可合率市之直若短少啓官乞足三處田勤作自足供衣食力少更隨宜買貧猥婢充使不須餘營生周旋部曲還都理應分張其久舊勞勤者應料理隨宜啓聞乞恩毅貞皆其子名

孔融爲司徒左長史病遺令建白旐無旒不設祭令人捉麈尾登屋復魂曰吾生平所善自當凌雲一笑三千買棺無製新衾左手執孝經老子右手執小品法華妻二人哀事畢各遣還家曰以吾生平之風調何至使婦人行哭失聲不須暫停閭閻

江斅武帝時爲侍中遺令不受賻贈詔贈錢三万布百匹子蒨啓遵斅令讓不受詔曰斅貽厥之訓送終以儉立言歸善益有

嘉傷可從所請

梁陶弘景居茅山自號華陽隱居武帝大同二年卒遺令既没不須沐浴不須施牀止兩重席於地用所著舊衣上加生裓裙及臂衣靺冠巾法服左肘錄鈴右肘藥佩符絡左腋下繞臂穿環結於前釵符於髻上通以大袈裟覆衾蒙手足明器有車馬道人道士並在門中道人左道士右百日内夜常然燈旦常香火弟子遵而行之詔贈太中大夫謚曰貞白先生

袁昂爲侍中左光禄大夫司空大同六年薨臨終遺疏不受贈謚勑諸子不得言上行狀及立誌銘凡有所須悉皆停著復曰吾釋褐從仕不期富貴但官序不失素倫衣食粗知榮辱以此闔棺無慙鄉里往忝吳興屬在昏明之際既闇於前覺無識於聖朝不識天命甘貽顯戮幸遇殊恩遂得全門戸自念罪私門階榮𢌿絶偶存性命以爲幸甚不謂叨竊寵靈一至於此常欲竭誠酬報申吾乃心所以朝廷每興師北伐吾輒啟求行誓之丹款實非矯言既庸懦無施皆不蒙許雖欲盡命其議莫從今日瞑目畢恨泉壤若魂而有知方期結草聖朝遵古知吾名品或有追遠之恩雖是經國常典在吾無應致此既有贈官慎勿祇奉諸子累表陳奏詔不許册謚曰穆正公

陳袁泌爲宣帝司徒左長史臨終戒其子㬇華曰吾於朝廷素無功績瞑目之後斂手足旋葬無得輒受贈謚其子遵泌遺意表請之朝廷不許贈金紫光禄大夫

姚察入隋至煬帝時爲太子舍人終于東都遺命曰吾在梁世當時年十四就鍾山明慶寺尚禪師受菩薩戒自爾深悟苦空頗知回向矣當得留連山寺一去忘歸及仕梁代諸名流遂許與聲價兼時主恩遇宦途遂至通顯自入朝來又蒙恩渥既牽纒人世素念弗從且吾習蔬非五十餘年既歷歲時循守不失瞑目之後不須立靈置一小牀每日設清水六齋食果菜任家豐有無不須別經營也

後魏崔光孝明時爲車騎大將軍儀同三司疾甚勑子姪等曰諦聽吾言聞曾子有云人之將死其言也善啟予手啟予足而今而後吾知免夫吾荷先帝厚恩位至於此大功不成没有遺恨汝等以吾之故並得名位勉之以死報國脩短命也夫復何言遠可送我還宅氣力雖微神明不亂至第而薨

李護爲齊州刺史將亡謂左右曰吾嘗爲方伯葬青州彼中士女屬目若喪過東陽不可不好設儀衛哭泣盡哀令觀者改容也家人遵其誡

陽固爲前軍將軍著終制一篇務從儉約臨終又勑諸子一遵先制

張烈累徵不赴臨終勑子姪不聽求贈但勒家誡立碣而已其子質奉行焉

裴佗爲荆州刺史卒遺令不聽請謚不受贈襚諸子皆遵行之

崔孝直爲直閤將軍去職歸鄉里卒顧命諸子曰吾才疎效薄於國無功若朝廷復加贈謚宜循吾意不得祗受若致干求則非吾子又云孝直顧命諸子斂以時服祭勿殺生其子皆遵行之

宋隱被徵不就臨終謂其子姪等曰苟能入順父兄出悌鄉黨仕郡幸而至功曹吏以忠清奉之則足矣不勞遠詣臺閣恐汝不能富貴而徒延門戸之累爾若忘吾言是爲欺死父也使鬼而有知吾不歸食矣

姚僧垣爲太醫下大夫卒遺戒衣恰入棺朝服勿斂靈上唯置香奩每日設清水而已

隋李穆爲太師以老致政開皇六年薨于第遺令曰吾荷國恩年官已極啟足歸全無所復恨竟不得陪玉鑾於岱宗預金泥於梁甫眷眷光景其在斯乎

唐傅奕爲太史令年八十五卒臨終誡其子曰老莊玄一之篇周孔六經之説是爲名教汝宜習之妖胡亂華舉時皆惑唯獨竊歎衆不我從悲夫汝等勿學也

李勣爲司空遇疾謂弟弼曰我似得小差可置酒申宴樂於是堂上奏女妓簷下列子孫宴將罷謂弼曰我自量必死欲共汝一別爾恐汝悲泣誑言似差可未須啼泣聽我約束我見房玄齡杜如晦辛苦作得門戶亦望垂裕後昆並遭癡兒破家蕩盡我有如許豚犬將以付汝汝可防察有操行不倫交游非類急打殺後奏知婦嫗已下有兒而願住自養者聽之餘並放出事畢汝即移入我堂撫恤小弱違我言者同於戮屍此後略不復語弼等並遵行遺令

郝處俊則天時爲太子少保卒其子祕書郎北叟上表辭所贈賜及葬送之事上不許侍中裴炎曰處俊臨亡日往見之屬臣曰生既無益明時死後何宜煩費冥目之後儻有恩賜物及歸鄉遞送營造並不欲勞官司供給帝深嘉歎之從其遺意唯加贈物而已

姚元崇玄宗時爲司空遺令誡子孫其略曰古人云富貴者人之怨也貴則神忌其滿人惡其上富則鬼瞰其室虜利其財自開闢已來書籍所載德薄任重而能壽考無咎者未之有也故范蠡疏廣之輩知止足之分前史多之況吾才不逮古人而久竊榮寵位逾高而益懼恩彌厚而增憂往在中書遘疾虛憊雖終匪懈而諸務多闕薦賢自代屢有誠祈人欲天從竟蒙哀允優游園沼放浪形骸人生一代斯亦足矣田巴云百年之期未有能至王逸少云俛仰之間已爲陳迹誠哉此言比見諸達官身亡以後子孫既失覆蔭多至貧寒斗尺之間參商是競豈唯自玷仍更辱先無論曲直俱受嗤毀莊田水碾既衆有之遞相推倚或致荒廢陸賈石苞皆古之賢達也所以預爲定分將以絶其後爭吾每靜思深所歎服昔孔丘亞聖母墓毀而不修梁鴻至賢父亡席卷而葬昔楊震趙咨盧植張奐皆當代英達通識今古咸有遺言屬以薄葬或濯衣時服或單帛幅巾知真魂去身貴於速朽子孫皆遵成命迄今以爲美譚凡厚葬之家例



非哲明或溺於流俗不察幽明咸以奢厚爲孝無慳惜至令亡者致戮尸暴骸之酷存者陷不忠不孝之誚可謂痛哉可謂痛哉死者無知自同糞土何煩奢葬使傷素業若也有知神不在柩復何用違君父之令破衣食之資吾身亡後可殮以常服四時之衣各一副而已吾性甚不愛冠衣必不得將入棺墓紫衣玉帶足便於身念爾等勿復違人且神道惡奢冥塗尚質若違吾處分使吾受戮於地下於汝心安乎念而思之今之佛經羅什所譯姚興執本與什對翻姚興造浮圖於永貴里傾竭府庫廣事莊嚴而興命不延國亦隨滅又齊跨山東周據關右周則除佛法而修繕兵威齊則廣置僧徒而依憑佛力及至交戰齊氏滅亡國既不存寺復何有修福之報何其蔑如梁武帝以万乘爲奴胡太后以六宮入道豈特身戮名辱皆以亡國破家近日孝和皇帝發使贖生傾國造寺太平公主武三思悖逆庶人張夫人等皆度人造寺竟術彌街咸不免受戮破家爲天下所笑經云求長命得長命求富貴得富貴刀尋段段壞火坑變成池比來緣情進得富貴長命者爲誰生前易知尚覺無應身后難究誰見有徵且五帝之時父不葬子兄不哭弟言其致仁壽無夭橫也三王之代國祚延長人用休息其人臣則彭祖老聃之類皆享遐齡當此之時未有佛教豈抄經鑄像之力設齋施物之功耶宋書西域傳有名僧爲白黑論理證明白足解沈疑宜觀而行之且佛者覺也在乎方寸假有万像之廣不出五蘊之中但平等慈悲行善不行惡則佛道備矣何必溺於小說惑於凡僧仍將喻品用爲實錄抄經寫像破業傾家乃至施身亦無所悋可謂大惑也亦有緣亡人造經像名爲追福方便之教雖則多端功德須自發心旁助寧應獲報遞相欺誑浸成風俗損耗生人無益亡者假有通才達識亦爲時俗所拘如來普慈意存利物損衆生之不足厚豪僧之有餘必不然矣且死者是常古來不免所造經像何所施爲大釋迦之本法爲蒼生之大弊

汝等人各宜遵奉正法在心勿效兒女子曹終身不悟也吾亡後
必不得爲此弊法若未能全依正道頁順俗情從初七至終七
任設七僧齋若追齋觀布施宜以吾緣身衣物充不得輒用餘
財爲無益之枉事亦不得妄出私物徇追福之虛譚道士者本
以玄牝爲宗初無趨競之教而無識者慕僧家之有利約佛教
而爲業敬尋老君之說亦無過齋之文抑同僧例失之彌遠汝
等勿拘鄙俗輒屈於家汝等身歿之後亦教子孫依吾此法
王維爲尚書右丞臨終之際弟縉在鳳翔忽索筆作別縉書又
與平生親故作別書三數紙多敦勸朋友修習之旨捨筆而絶
令狐彰爲義成軍節度使臨終手疏辭表誡子以忠孝守節
李抱真爲昭義軍節度使及歸道病先自誌其墓將殁又爲書
遺命緘致几上其家發之皆送終遵儉之旨
王紹懿鎮州王景崇季父也紹懿疾篤召景崇謂之曰亡兄以
軍政付予比俟汝成立今危惙如此殆將不救汝雖少年勉自
負荷下禮藩鄰上奉朝旨俾吾兄家業不墜惟汝之才也言已
而卒時監軍在席具奏其治命宣宗嘉之
晉陸思鐸典陳郡甚有惠政誡諸子曰我死則藏骨於宛丘使
我擭魂於所理之地及卒乃葬於陳從其志也
周羅光鄴權知京兆尹病甚召判官張粲及巡檢使且以軍府
事屬付之又召親吏於卧內誡之曰氣絶之後以屍歸洛不得
於此停留慮煩軍府言訖而終
趙温珪判司天監延乂之父也温珪臨終謂延乂曰技術雖是
世業吾仕蜀已來幾由技術而死爾輩能以他途致身良圖也

冊府元龜卷第八百九十八

# 冊府元龜卷第八百九十九

總録部一百四十九

## 致政

昔周任有言曰陳力就列不能者止故七十致仕謂之禮經懸車之義垂於載籍由古道也商周之世施及戰國蓋有引年請老致其官政保厥休問流光後裔漢氏而下公卿庶尹年皆耆艾修事立名遂乃能顧義知止上封俾疾願乞骸骨奉還印綬或以避遠寵勢克念退藏或以固守名節灑濯污滌捨去榮爵式遵典訓而當世之君曷嘗不厚其恩紀異其禮秩加之寵數形於歎獎所以重老成而厲風俗者焉

商伊尹告歸乃陳戒于德既致仕老終以三公禮葬

石碏衛大夫也公子州吁有寵而好兵公弗禁石碏諫不聽桓公立乃老

祁奚晉大夫請老



韓獻子厥晉大夫告老公族穆子有廢疾將立之辭曰請立起也使宣子朝遂老

孟軻為齊卿致為臣而歸

漢石奮景帝末以上大夫祿歸老于家以歲時為朝臣

周仁武帝時為郎中令以先帝臣重之仁乃病免以二千石祿歸老

張歐為御史大夫老篤請免武帝寵以上大夫祿歸老于家家陽陵

疏廣宣帝時為太子太傅疏受為太子少傅在位五歲廣謂受曰吾聞知足不辱知止不殆功遂身退天之道也今仕官至二千石官成名立如此不去懼有後悔豈如父子相隨出關歸老故鄉以壽命終不亦善乎受叩頭曰從大人議即日父子俱移病滿三月賜告廣遂稱篤上疏乞骸骨帝以其年篤老皆許之加賜黃金二十斤皇太子贈以五十斤公卿大夫故人邑子設祖道供張東都門外送者車數百兩辭決而去及道路觀者皆曰賢哉二大夫或歎息為天下法

韋賢字長孺魯國鄒人也本始三年代蔡義為丞相時賢七十餘為相五歲地節三年以老病乞骸骨賜黃金百斤罷歸加賜第一區丞相致仕自賢始

史丹字君仲為將軍前後十六年永始中病乞骸骨帝賜策曰左將軍寢病不衰願歸治疾朕愍以官職之事久留將軍使躬不瘳使光祿勳賜將軍黃金五十斤安車駟馬其上將軍印綬宜專精神務近醫藥以輔不衰丹歸第數月薨

杜延年為御史大夫是時四夷和海內平延年視事三歲以老病乞骸骨宣帝優之使光祿大夫持節賜延年黃金百斤酒加致醫藥延年遂稱病篤賜安車駟馬罷就第

趙充國為後將軍乞骸骨賜安車駟馬黃金六十斤罷就第朝



廷每有四夷大議常與參兵謀問籌策焉

邴漢哀帝時以清行徵用至太中大夫又為光祿大夫王莽秉政勝與漢俱乞骸骨元始二年六月庚寅光祿大夫太中大夫耆艾二人以老病罷太皇太后使謁者僕射策詔之曰蓋聞古者有司年至則致仕所以恭讓而不盡其力也今大夫年至矣朕愍以官職之事煩大夫其上子若孫若同產子一人大夫其修身守道以終高年賜帛及行道舍宿歲時羊酒衣衾皆如韓福故事所上子男皆除為郎於是勝漢遂歸老于鄉里

班況成帝時為左曹越騎校尉一女為倢伃致仕就第貲累千金

後漢劉昆受施氏易於沛人戴賓光武時為光祿勳授皇太子及諸王小侯五十餘人二十七年拜騎都尉三十年以老乞骸骨詔賜洛陽第舍以千石祿終其身

劉隆建武中為驃騎將軍行大司馬事隆奉法自守視事八歲

上遣宣中候繒羅賜養牛上樽酒十斛（稷米一斗得酒一斗爲中樽粟米一斗得酒一斗爲
下樽也）以列侯奉朝請鄧彪章帝時爲太尉清白爲百僚式視
事四年以疾乞骸骨元和元年賜策罷贈錢三十萬在所以二
千石奉終其身又詔太常四時致宗廟之胙河南尹遣丞存問
常以八月旦奉羊酒
鄭均字仲虞建初六年公車特徵再遷尚書後以病乞骸骨拜
議郎告歸因稱病篤帝賜以衣冠元和初詔曰議郎鄭均束脩
安貧恭儉節整前在機密以病致仕守善貞固黄髮不怠其賜
均義穀千斛
劉愷安帝時爲司徒視事五歲永寧元年稱病上書致仕有詔
優許焉加賜錢三十萬以千石祿歸養
胡廣桓帝初爲太尉錄尚書事以病遜位又拜司空告老致仕
周榮和帝時爲山陽太守以老病乞身卒于家
張儉建安初徵爲衛尉不得已而起儉見曹氏世德已萌乃闔



門懸車不豫政事歲餘卒于許下
魏劉放文帝時爲中書監時大將軍曹爽專事多變易舊章放
曰吾累世蒙寵加以豫聞屬託今縱不能輔弼持諫可以坐受
素餐之祿邪遂固稱疾詔曰君掌機密三十餘年經營庶事勲
著前朝暨朕統位動賴良謀是以曩者遵崇寵章同之三事外
帥群官內望讜言屬以年耆疾篤上還印綬前後鄭重辭旨懇
切天地以大順成德君子以善終成仁宜以職事遂齊君志今
聽所執賜錢百萬使兼光祿勲少府親策詔君養疾于第君其
勉進醫藥頤神和氣以永無疆之祚置舍人官騎加以日秩肴
酒之膳焉
田豫明帝時爲衛尉屢乞遜位太傅司馬宣王以爲豫克壯書
喻未聽豫書答曰年過七十而以居位譬由鍾鳴漏盡而夜行
不休是罪人也遂固稱疾篤拜太中大夫食卿祿
吴陳化大帝時爲太常兼尚書令年出七十乃上疏乞骸骨遂

居章安卒於家
石偉字公操舉茂才賢良方正皆不就景帝即位特徵偉累遷
至光祿勲及後主即位朝政昏亂偉乃辭老稱疾乞身詔拜
光祿大夫
晉王祥武帝時爲太保以年老疲耄累乞遜位帝不許祥固乞
骸骨詔聽以睢陵公就第位同保傅在三司之右祿賜如前詔
曰古之致仕不事王侯今以國公留居京邑不宜復苦以朝
請其賜几杖不朝大事皆諮訪之
王覽爲宗正卿頃之以疾上疏乞骸骨詔聽之以太中大夫歸老
鄭袤字林叔在魏爲太常陳留王景元初疾病失明屢乞骸骨
不許策前後辭讓遣息稱上送印綬至于十數乃見許以侯
就第
鄭沖爲太傅抗表致仕詔曰太傅韞德深粹履行高潔恬遠清
虛確然絕世艾服王事六十餘載忠肅在公慮不及私遂應衆



累歷登三事仍荷保傅之重綢繆論道之任光輔弈世業亮茲天
工迪宣謀猷弘濟大烈可謂朝之俊老衆所具瞻者也朕昧于
政道庶事未康把仰耆訓導揚厥蒙庶賴顯德緝熙有成而公
屢以年高疾篤致仕告退惟從公志則朕孰與諮謀譬彼涉川
罔知攸濟是用未許迄于累載而高讓彌篤至矣難違覽其讞
指俾朕憮然夫功成弗有上德所隆成人之美君子與焉豈必
遂朕憑賴之心以枉大雅進止之度哉今聽其所執以壽光公
就第位同保傅在三司之右公宜頤精養神保衛太和以究遐
福其賜几杖不朝古之哲王欽祗國老憲行乞言以彌縫武闕
若朝有大政皆就諮之又賜安車駟馬第一區錢百萬絹五百
疋牀帳簟褥置舍人六人官騎二十人以世子徽爲散騎常侍
使常優游定省祿賜所供策命儀制一如舊典而有加焉
劉毅字仲雄爲左僕射年七十告老久之見許以光祿大夫歸
第門施行馬後司徒舉毅爲青州大中正尚書以毅縣車致仕

不宜勞以碎務

傅祗爲衛尉以風疾遜位就拜常侍食卿禄秩賜錢及牀帳等尋加光禄大夫門施行馬華表爲太常卿數歲以老病乞骸骨詔曰表清貞履素有老成之美久幹王事靜恭匪懈而以疾固辭章表懇至今聽如所上以爲太中大夫賜錢二十萬牀帳褥席禄賜與卿同門施行馬

劉寔爲太傅惠帝太安初寔以老病遜位賜安車駟馬錢百萬以侯就第

羅含字君章穆帝升平中南郡公桓溫引爲郎中令後徵爲廷尉長沙相年老致仕加中散大夫門施行馬

王述爲散騎常侍尚書令於西海公太和二年以年迫懸車上疏乞骸骨曰臣曾祖父魏司空昶白牋於文皇帝曰昔與南陽宗世林共爲東宮官屬世林少得好名州里瞻敬及其年老汲汲自勵恐見廢棄時人咸共笑之若天假其壽致仕之年不爲



此公寢寐之事情所慊慊深所鄙薄雖是家書乃實訓誡臣忝端右而以疾患禮敬廢替猶謂可有差理日復一日而年衰疾痼永無復尋華幄之期乞奉先誡歸老丘園不許述竟不起

宋臧燾爲太常武帝永初三年致仕拜光禄大夫加金章紫綬

范泰少帝時爲散騎常侍領國子祭酒景平中以常侍致仕解國子祭酒

傅隆爲太常致仕拜光禄大夫歸老在家文帝元嘉二年輕舟遊東陽任心行止不關朝廷有司糾奏之帝不問也

顔延之文帝時爲太常表求致政曰臣聞行百里者半於九十言其末路之難也愚心嘗謂爲虛方今乃知其信臣人薄寵厚宿塵國恩而空効無從榮牒增廣曆盡身周日刑官次雖容載有塗而妨穢滋積早欲告請餘筭蔽䰟老但時制行及歸慕無餘是以忝冒愆非簡息千躓耗歇衰支質用有限自去夏侵暑此秋節發頭齒膝疼根痼漸劇手足冷痺左胛尤甚素不能

食頃向減手本猶賴服食比倦悸逆晚年疾所泄顧景引日臣班叨首卿久尸封典肅祗朝校尚恐匪任而變觸衆事有以疾息宮府覲慰博關躬親息奠庸微過宰近邑同澤爰降寶加尉監臣乞解所職遺就藥養伏願聖慈特垂矜許稟恩明世以勤冥暮仰叩端闈上懇罔極不許明年乃致仕

南齊虞玩之會稽餘姚人武帝時爲黃門郎以久官年疾上表告退曰臣聞負重致遠力窮則上竭誠事君智盡必傾理固然也四十仕進七十懸車壯則驅馳老宜休息臣生於宋老於齊世歷三代朝市再易臣以宋元嘉二十八年爲王府行佐於茲三十年矣自頃以來衰耗漸篤爲症不懶惰而倦怠頓來耳目本聰明而聾瞶轉積脚不支身端不緒氣景刻不推朝晝不保大功兄弟四十有二人過蒙壽夭唯臣獨存朝露未光寧堪長久且知足不辱臣已足矣稟命飢寒不求富貴銅山由命臣何恨焉久甘之矣直道事人不免縲紲屬遇聖明知其非罪臣之



幸尊矣授命於道消之辰効節於百揆之日臣此之効也慶啓於文明之初荷澤於天飛之運臣命之偶也不謀巧宦而位至九卿德慙李陵而忝居門下堯舜無窮臣亦過矣年過六十不爲夭矣榮期之三樂東平之一善臣俱盡之矣經屬蹶亂幾經治危仰聖德以求全憑賢輔以申節未嘗獻屈於勳權長凋於狐鼠臣立身之本於斯不虧在其壯也當言不讓及其衰矣豈露靡因伏願慈臨賜臣骸骨非爲希高慕古愛好林泉特以了運孤貧養禮多闕風樹之感夙自纏心庶天假其辰得二三年閭掃守丘墓以此歸全始終之報遂矣詔從之

梁范述曾仕齊爲永嘉太守東昏時拜中散大夫還鄉里高祖踐阼乃輕舟詣闕仍辭還東

夏侯詳爲光禄大夫侍中天監二年年七十抗表致仕詔解侍中進位特進

後魏寇讚太武時爲南雍州刺史讚在州十七年甚獲公私之

譽年老表求致仕許之

羅紹威為長秋鄉年一百一十詔聽歸老賜大第東川以為君業并築城即號曰羅侯城朝廷每有大事騎馬詢訪焉

高允爲中書令獻文初以老疾頻上表乞骸骨詔不許於是乃著告老詩又兼太常遷中書監懷州刺史至孝文太和二年又以老乞還鄉里十餘章上帝卒不聽許遂以疾告歸其年詔以安車徵允勅州郡發遣至都拜鎮軍大將軍領中書監固辭不許又扶引就内改定皇誥

畢衆敬孝文時爲兖州刺史徵還京師以篤老乞還桑梓朝是辭之衆敬臨還獻真珠璫四具銀裝劍一口刺虎矛一枝仙人文綾一百匹文明太后與帝引見於皇信堂賜以酒饌車一乘馬三匹絹二百匹勞遣之

尉元爲司徒頻表以老乞身詔曰元年尊識遠屢表告退朕以公秉德清挹鑒識平隱仕雖淵廣謀猷是依方委之民政用康



億兆故頻文累札仍違沖志而謙光逾固三請彌切若不延從高謀復何以成其美德也已許其致仕主者可出表付外如常甲遂元詣闕謝老引見於庭命昇殿勞宴賜玄冠素服

源賀爲侍中太尉以年老辭位詔不許後又上書稱病篤乞骸骨至于再三乃許之朝有大議皆就詢訪

游明根爲大鴻臚卿以年踰七十表求致仕詔不許頻表固請乃詔曰明根風度清辯志尚貞敏温恭靜密乞言是寄故抑其高蹈之操至于再三表請殷勤不容違奪便已許其告謝可出前後表付外依體施行引明根入見帝曰卿年耆德茂伏勤累朝歷職内外並著顯績遂于耆老履道不渝是以釐革之始委以禮任遐能迂德裡贊於朕然高尚悠邈便爾言歸君臣之禮於斯而畢眷德思仁情何可已夫七十致仕典禮所稱位隆罔辭賢者達節但季俗陵遲斯道弗繼卿獨秉沖操居今行古有魏以來首振頹俗進可以光我朝化退可以榮慰私門明根對

曰臣桑榆之年凍鴻漏盡陛下之澤首領獲全侍奉聖世奉先帝陛下大恩臣之願也但犬馬之戀不勝悲塞因泣不自勝帝命令進言別殷勤仍爲流涕

尒朱代勤爲肆州刺史賜爵梁郡公以老致仕歲賜帛百匹以爲常

高閭宣武時爲太常卿累表遜位詔曰閭貞幹早聞儒雅素著出納清華朝之儁老以年及致仕固求辭任宜聽解宗伯遂安車之禮特加優授崇老成之秩可光禄大夫金印紫綬使散騎常侍兼吏部尚書邢巒就家拜授及辭引見於東堂賜以餚羞訪之大政以其先朝儒舊告老永歸帝爲之流涕詔曰閭歷官六朝著勳五紀年禮致辭義光進退歸軒首路感悵兼懷安駟蕭金漢世榮曜可賜安車几杖輿馬繒綵衣服布帛事從豐厚百寮餞之猶昔羣公之祖二疏也閭進陟北邙山望闕表以示戀慕之誠



楊椿莊帝時爲太保侍中爲辭遜不許上書頻歸老詔曰椿國之老成方所尊尚遽以高年願言致仕顧懷舊德是以未從但告謁頻煩辭理彌固以茲難奪又所重違今便允其雅志可服侍中朝服賜服一具衣一襲八尺床帳几杖不朝乘安車駕駟馬扶侍二人仰所在郡縣時以禮存問安否方乖諮訪良用憮然椿奉詔於華林園帝下御座執椿手流淚曰公先帝舊臣實爲元老今四方未寧理須諮訪但高尚其志決意不留既難相違深用悽愴椿亦歔欷欲拜莊帝親執不聽於是賜以絹布給羽林衛送羣公百寮餞於城西張方橋行路觀者莫不稱歎

邢邵出帝時爲散騎常侍以衛將軍國子祭酒還鄉詔所在時給兵力五人并令歲一入朝以備顧問

東魏裴景爲秘書監儀同三司孝靜武定中以老疾去官詔曰几杖爲禮安車致養敬齒尊賢其來尚矣景藝業該沖文史淵洽年踰五紀歷事三京祿俸無餘家徒壁立宜從哀恤以旌元

老可特給右光禄事力終其身
後周寇儁初仕西魏爲車騎大將軍儀同三司加散騎常侍大統末以年老乞骸骨文帝弗許遂疾篤不復朝覲
孟信爲太子少師後遷太子太傅儒者榮之特加車騎大將軍儀同三司散騎常侍辭老請退文帝不奪其志賜車馬几杖衣服床帳卒於家贈冀州刺史謚曰戴
盧狄峙文帝時自宜州刺史入爲太子少師以年老乞骸骨詔許之
樊深爲縣伯中大夫加開府儀同三司武帝建德初乞骸骨詔許之朝廷有疑議常召問焉
蔣昇字鳳起好天文玄象之學保定中爲太史大夫以年老請致仕詔許之加定州刺史卒於家
[illegible]羨爲司成中大夫爲當時所重後以年老致仕于家
[illegible]遜爲遂伯中大夫天和中遜以年在懸車上表致仕優詔不許於是賜以粟帛及錢等授湖州刺史後除汾陰郡守遂以老



請固辭詔許之乃改授東楊州刺史仍賜安車衣服及奴婢等又於本郡賜田十頃儒者以爲榮
隋李穆高祖開皇中爲太師乃上表乞骸骨詔曰朕方臨萬方寄嘉猷養老乞言實懷虚想七十致仕本爲常人至若呂尚以期頤佐周張蒼以華皓相漢高才命世不拘常禮遲得此心留情規訓公年既耆舊筋力難煩今勒所司敬蠲朝集如有大事須共謀議別遣侍臣就第詢訪
周搖爲幽州總管六載徙爲壽州初自以年老乞骸骨高祖召之既引見勞之曰公積行累仁歷仕三代克終富貴保茲遐壽良足善也賜坐褥歸於第歲餘終于家
杜臺卿爲著作郎歲餘以年老致仕詔許之詩優其禮終身給祿
趙芬爲蒲州刺史上表乞骸骨徵還京師賜以二馬軺車几杖被褥歸于家皇太子又致巾帔
賀若誼爲靈州刺史數載上表乞骸骨優詔許之
公孫景茂河間阜城人開皇末爲道州刺史以年老致政

崔仲方煬帝大業中爲信都太守上表乞骸骨優詔許之
敬肅爲潁川郡丞大業末乞骸骨優詔許之
唐李綱高祖武德中爲太子少保後數載復乞骸骨優詔許之
楊恭仁爲洛州都督太宗貞觀七年十二月戊申詔曰尊賢尚德義存致治高秩厚禮允屬勳庸左光禄大夫行揚州大都督長史觀國公恭仁識字凝正風度夷簡器惟瑚璉望重搢紳歷官有聲歲寒若一而志在虛靜固求閑任辭理懇至確乎難奪宜成其美加茲寵命可特進時恭仁以疾乞骸骨故有此授
虞世南自太宗即位爲著作郎兼弘文館學士時世南年已衰老抗表乞骸骨不許後爲秘書監貞觀十二年表請致仕優制許之仍授銀青光禄大夫弘文館學士禄賜防閤並同京官職事
高士廉爲右僕射以足疾上表乞骸骨言甚懇至太宗遣中書侍郎岑文本謂曰朕聞自古已來身居富貴能知止足者甚少不[illegible]遺[illegible]能[illegible]不堪強欲居職若有表辭當自勉之然公



能識達大體深足可嘉朕今非直成公雅志亦欲以公爲一代楷模乃下優詔加授特進事在第將養賜物千段尚乘馬兩匹禄賜國官府佐並依舊給患若小瘳每三兩日至門下中書平章政事尋賜靈壽杖助足疾也
李客師爲右武衞將軍以年老致仕退居昆明之別業
柏李襲爲司農卿以年老屢乞骸骨不許久之拜廣州刺史又表自陳衰老因聽以本禄歸于家
豆盧寬爲左衞大將軍陳縣公以年老致仕改封芮國公
劉弘基爲衞尉卿以年老乞骸骨拜輔國大將軍朝朔望禄賜同於職事
張後胤爲睦州刺史因入朝乞骸骨太宗召問曰朕與卿郡刺史資以自養何謂即求致仕後胤對曰年老筋力不逮望得還私第時見朝庭太宗曰卿氣力猶強欲何官也後胤謝不敢太宗曰朕昔從卿讀書卿今日於朕求官但言所欲不限遠近遂拜子

祭酒欽張奏言之因授國子祭酒俄遷散騎常侍又請致仕許
之加金紫光祿大夫聽朝朔望
尉遲敬德爲鄜夏二州都督後抗表乞骸骨授開府儀同三司
令朝朔望太宗征高麗爲左一馬軍總管從破高麗於駐蹕山
軍還依舊致仕敬德末年篤信神仙方術餌鍊金石服食雲母粉
穿築池臺崇飾羅綺常奏清商樂以自奉養不與外人交通
李百藥爲宗正卿及懸車告老怡然自得穿池築山文酒談賞
以舒平生之志
鮮于紹自隆州刺史除同州刺史高宗特召見慰勉之紹辭曰
臣今年八十五視聽昏耄豈可妄叨榮寵自貽罪譴乞許臣致
仕高宗曰卿氣力尚强可且爲我撿校紹固辭音許之
盧承慶爲刑部尚書總章中以年老請致仕許之仍加金紫光
祿大夫
劉仁軌爲右相請致仕許之仍加金紫光祿大夫聽朝朔望



李勣爲司空平定高麗迴以疾辭職加金紫光祿大夫聽致仕
許敬宗咸亨中爲太子少師請致仕許之加授特進仍令朔望
朝參如其氣力能來勿拘朔望之制
李義琰上元中爲中書侍郎同中書門下三品以足疾乞骸骨
詔許之及將歸東都田里公卿已下祖餞於通化門外時人比
漢之二疏
韋思謙則天垂拱中爲納言以年老致仕許之
王及善垂拱中爲春官尚書秦州都督府長史以老病請致仕
加授光祿大夫
朱敬則長安中爲正諫大夫同鳳閣鸞臺平章事以老疾請致
仕許之
姚璹長安中爲冬官尚書仍西京留守累表乞骸骨聽許致仕
薛元超中宗嗣聖初爲中書令以疾致仕加授金紫光祿大夫
張仁愿睿宗景雲初爲朔方總管以年老致仕特給全祿俸又
拜兵部尚書加光祿大夫依舊致仕
李日知玄宗先天中知以刑部尚書罷知政事頻乞骸骨請致
仕許之
元懷景爲工部尚書開元中詔曰懷景朝廷舊德光陪遇春宮
聽致仕遂其頤攝
盧懷慎爲黃門監稱疾辭職詔曰留侯多病漢皇許其頤養呂
蒙未瘳吳主因而慘戚此則古之義也檢校吏部尚書黃門監
盧懷慎大才宏識貞忠履信學窮墳典言緯邦國朕之緊賴人
所具瞻頃者忘身徇公積勞爲癘竭誠抗表固辭在職方欲省
其謀慮尊於導引且憑針艾之術副朕鹽梅之期聽以去官許
其養疾
蘇珦爲太子賓客檢校詹事以年老致仕
薛訥爲朔方軍大總管沈勇寡言臨大敵而益壯以年老特聽
致仕



張廷珪以少府監爲太子詹事康子元以前太子左庶子集賢
殿侍講爲秘書監並致仕敦舊恩也
張説以前尚書右丞相致仕修國之典集賢院學士俸料等並
依右丞相給
宋璟爲尚書右丞相以年老累上表曰臣聞力不足者老則更
衰心無主者疾而尤廢臣昔聞其語今驗諸身况且兼之何能
爲也臣自頃逾介運屬欽明寸不逮人藝非經國復以久承驅
策歷忝試用命偶時來榮因歲積遂得异外台座三入冢司進
階開府增封本郡所更中外已忝蠶曹洎居端揆尤叨名職何
者丞相官師之長重任昔時過臣衰朽之餘用塞他日位則論
盛人則浸微盡知其然何居而可頃所以俛俛爲政皆黃不言
寧僚罷載之德冀竭涓塵之効今積羸成憊沈痾莫瘳耳目更
昏手足多廢頓將殞越奪遂宿心安可以苟徇大名仍尸重祿
且留章綬不上闕庭儀形之乖禮法何設伏惟陛下審能以授

爲官而擇益三之首謂矜臣之不逮使得罷歸私室養疾衡門上弭官謗下知死所則歸全之望獲在愚臣養老之恩成於聖代日暮途遠天高聽卑瞻望軒墀伏增感戀謹奉表陳乞手詔許之仍令全給俸祿璟乃退歸東都私第屏絶人事以就醫藥

趙昇卿爲華州刺史以年老累表陳乞優詔許之除國子祭酒致仕

盧從愿爲太子賓客以老疾表乞骸骨乃拜吏部尚書致仕給全俸祿

王灑爲太子賓客以年齒衰暮表求辭秩詔許之除禮部尚書致仕全給俸祿

蕭嵩爲青州刺史請老以太子太師歸第常於林園植菓合藥修諫優遊閑養不交人事自睹十有餘年

信安郡王禕天寶中爲太子少師以年老聽致仕

張[illegible]太子右諭德集賢院待制肅宗上元初乞骸骨辭職



還鄉以潁王傅致仕賜手詔曰卿父子相從大膺儒術既精且博其道可師出入禁中勤勞侍讀歲月滋久引益頗多矜以暮年俾令致仕仍加子職用資孝養兼賜紫金魚袋賜絹三十疋儒者爲榮

苗晉卿爲侍中太保代宗廣德中罷知政事又詔以太保致仕

丘爲德宗建中年爲太子右庶子以左散騎常侍致仕給俸祿之半爲蘇州嘉興人年已八十餘而繼母尚無恙累表請致仕歸養辭日特賜金紫之服以寵之後爲丁母喪蘇州疑所給請於觀察使韓滉滉以爲所授官致仕令不理務半俸以惠養老臣也不可在喪爲異給仍舊給之作春秋二時羊酒之直則不絶舊式無文見稱折衷

穆寧建中年爲秘書少監疆毅不能事權貴多辭病居家德宗居奉天寧詣行在改右庶子車駕還京師寧曰可以行吾志矣因移病罷歸東都後就拜秘書監致仕

李涵貞元中爲左散騎常侍以尚書右僕射致仕涵高平王道立曾孫也簡素恭愼有名宗室

孔述睿爲右庶子史館修撰以疾上表請罷官德宗不許詔報之曰朕以卿德重朝端行敦風俗不言之教所賴收深未依來請想宜悉也述睿再三上表懇讓遂改太子賓客賜紫金魚袋許其致仕

馬炫爲刑部侍郎以老病陳請除兵部尚書致仕

蕭昕爲太子少傅兼禮部尚書以工部尚書致仕

韋建以前太子少詹事爲秘書監致仕

嗣鄂王藻爲左千牛大將軍以太子賓客致仕

鄭高卿爲左庶子集賢學士以年老乞身表三上除太子詹事致仕復辭東歸德宗召見優加褒歎賜以金紫公卿大夫皆撰詩亭出祖於都門搢紳以爲美談

薛苹爲浙西觀察使以左散騎常侍致仕時有年過懸車而不知止者唯苹年至而無疾請告角巾東洛時甚高之

關播爲刑部尚書遷兵部播固辭疾請罷官改太子少師致仕



韋倫爲太子少保以年踰七十懇上表請罷官改太子少師致仕

歸崇敬爲散騎常侍翰林學士充皇太子侍讀累表辭以年老乞骸骨改兵部尚書致仕

崔芊爲左贊善大夫太子侍直累乞還山以太子左諭德致仕放還山

張萬福爲右金吾將軍以左散騎常侍致仕萬福典九郡皆有惠愛年九十祿食七十餘年未嘗一日病

孔戣以尚書左丞累表請老詔以禮部尚書致仕優詔褒美仍令所司歲致羊酒如漢禮徵士故事

韓章憲宗元和中爲工部尚書以太子少保致仕

高郢爲兵部尚書以尚書右僕射致仕初郢再表乞骸不許又上言曰臣聞勞生佚老天理自然蠖動翳飛日入皆息自非貢禹之守經據古趙嘉之正身匪懈韓暨之志節高潔山濤之道德模表縱遇常期詎爲貪冒其有當仁不讓急病忘身豈止君命

碏宜自晷故以甕待秦師虞罪請約車五議漢謀竭將充國數
無踰老臣臣鄙下才久辱高位由是得請
杜佑爲司徒平章事東致仕不許居數歲乞骸骨表上乃以太
保致仕制曰宣力濟時爲臣之懿躅辭榮告老行已之高風況
予任重公台義深翼贊秉冲讓之志堅金石之誠敦論既勤祈
執彌固則當遂其秉懇進以崇名尚齒優賢斯王化之本也金
紫光祿大夫守司徒同中書門下平章事兼崇文館大學士充
太淸宫使上柱國岐國公食邑三千戸杜佑蘊廊廟之材邦國茂
器蘊經通之識體温厚之姿寛裕本乎性情謀猷彰乎事業博
聞強學知歷代沿革之宜爲政惠人審群黎利病之要由是乘
司邦用累歷藩方出總戎麾入和鼎實聿膺重寄歷事先朝左
右朕躬夙夜匪懈命以詔冊登之上公肅恭在庭華髮承弁茲
可謂國之元老人之具瞻者也朕纘丕業思弘景化選賢求舊
致時邕方申引翼之儀遽抗懸車之請而又固辭年疾乞就
休閑已而復來星琯屢變有不可抑良用耿然永惟古先哲王
君臣之際臣有耆艾以求其退君有優禮以循其情乃輟鄧禹
敷教之功仍增王祥輔導之秩俾養浩然之氣安於敬止之地
庶乎頤神保和永綏福履仍加階級以厚寵章其推敬哉茲詔
全致可光祿大夫守太保致仕宜朝朔望是日帝遣中使就佑
宅宣賜絹五百疋錢五百貫
范希朝爲河東節度等使太原尹北都留守率師討鎭州無功
既耄且病事不治除左龍武軍統軍以太子太保致仕
閻濟美爲秘書監穆宗長慶中以年逾懸車上表乞骸授工部
尚書致仕後以恩例進改太子少傅致仕如前
李夷簡爲淮南節度使移疾告老朝廷以未及懸車不之許夷
簡堅請凡四表乃以右僕射兼太子少師仍許分司東都蓋遂
其志也楊於陵爲檢校右僕射兼太子太傅文宗大和初以
尚書左僕射致仕奉料仍全給於是上表讓全給俸料許之
蕭俛爲檢校尚書左僕射兼太子少師分司東都大和五年表
請致仕詔曰俛代炳台耀躬茂天爵才可以經緯邦俗行可以
感通神祇秉德粹和精深敏直以忠讜侍從於憲祖以器能爲
諧於穆宗皐陶陳九德之謀楊震有四知之懼進退由道周旋
令名近以師傅之重嚮于舊德俾從優禮冀保頤貞而抗疏辭
疾勇退知止實亦敦諭確乎難奪遂茲牢讓厚我時風俾進秩
於端寮仍加榮於貞綬疊示光寵式彰名臣於戲昔千木偃息
猶藩魏君子房晦神亦扶漢嗣無使二哲專美於前始終懿圖
敬服休命可銀青光祿大夫守尚書左僕射致仕八年十一月
庚戌以尚書左僕射致仕蕭俛爲太子太傅俛自相位求罷優
游裏泉帝以師傅官重因以命之十二月甲申詔曰不待年而
求謝於理身之道則至矣其如朝廷之望何銀青光祿大夫新
授太子太傅上柱國襲徐國公蕭俛朕以肇建元良精求師傅
匪躬漢朝故事尊玄成石慶並當時名德咸爲此官兼以元子
幼冲慎於教誠欲以累洪發明古今皇忠孝之道日聞於耳特
藉左右至於休盧闔爾高蹈脩然屏絕進趣遂違令弟還吾詔
書天爵自優宜鴻方遠不轉之意堅然若山循省來章致煩爲
愧終以堅之之秩遂其疎廣之心勵俗激貪所補多矣有益於
政寄聲以聞亦有望於舊臣也可太子太傅致仕
裴向爲大理卿宰相遵慶之子本以名相子以學行自飭謹守
其門風歷官多有愛利及人大和中以年過致政朝廷優異乃
以吏部尚書致仕于新昌里第
薛平爲河中節度檢校司徒在河中凡六年召拜太子太保明
年上疏乞老以司徒致仕錢徽爲華州刺史周歲告老遂以吏
部尚書致仕
李逢吉檢校司徒兼尚書左僕射以守司徒致仕
盧紹爲工部尚書兼太子少保以年耆乞骸授太子太保致仕
況鄭宷以重德告老家于華陰紹與㞐遨遊林泉陶樂度歲子

府八百九十九　十五

府八百九十九　十六

弟皆顯達歸休騎妻時人榮之
鄭居中以中書舍人致仕居中少有時名揚歷清貫晩年尤薄名利以疾辭官恣遊名山一日攜管爲詩纔書五字曰雲山遊已徧紙猶在于筆忽墮地而終
梁葛從周以前泰寧軍節度使除檢校司徒兼左金吾上將軍致仕從周病風不任朝謁故也
韋震唐末爲河南尹兼六軍諸衛副使以病耆守太子太保致仕太祖受禪改太子太傅
裴迪唐末爲太常卿受禪之歲拜尚書右僕射後一年上章告老爲司空致仕
張策開平中爲中書侍郎同平章事中風於私第太祖命使宣問翌日除刑部尚書致仕
後唐薛廷珪仕梁爲禮部尚書同光初莊宗平定河南以年老除太子少師致仕



賈馥爲鴻臚少卿年纔七十上表請致仕許之乃以鴻臚卿致仕賜紫金魚袋遂歸鎮州結茅齋於別墅自課兒孫耕牧爲事
李德休爲吏部侍郎權知貢舉未幾乃上章乞致仕從之以禮部尚書致仕
孔謙爲諫議大夫以年老致仕
張貽範爲蜀中書令右金吾街使明宗天成初除兵部尚書致仕
崔沂天成初爲左丞以衰疾告老授太子少保致仕
趙仁貞天成初以右驍衛將軍除大將軍致仕
鄭珏爲相以老病耳疾不任中書事四上章請老明宗惜之久而方允乃授開府儀同三司行尚書左僕射致仕仍賜鄭州莊一區天成四年二月明宗自汴還京珏詣在園田賜錢二十萬
馬灑以前代州刺史除左衛上將軍致仕
苗聽以前將作監內作使守光祿卿致仕
錢思遠以前洋州節度使除太子少保致仕

孔勍以前河陽節度使兼侍中請共二除太子太師致仕
任贊爲太子少保表請致政敕宜以本官致仕兼許尋醫一
范約爲右監門衛將軍除左驍衛大將軍致仕
裴思禮以前蓬州刺史除右千牛衛大將軍致仕
趙光逢以司徒除太保致仕仍封齊國公
符習以太子太師致仕習以家素貧求歸田里許之乃歸昭慶縣時其子令謙爲趙州刺史習飛鷹痛飲同遊田里不策朋從不過郡邑如此累年
安重霸長興初以閬州刺史除監門衛上將軍致仕
蕭蘧長興中以太子賓客除戶部尚書致仕
李贇以前代州刺史除左驍衛將軍致仕
李光憲以太子賓客除禮部尚書致仕
賈知瑜以前遼州刺史除驍衛大將軍致仕
梁漢顒以前鄧州節度使除太子少師致仕自請也



晉王建立後唐長興初以澤潞節度使除太傅致仕
放弘遇眞定中山人瓊之父也善射歷本軍偏校後唐莊宗兼有其地命爲爪牙從戰河上有功累官至慶州刺史後年老求退終於家
尹玉羽後唐清泰中爲光祿少卿退歸秦中朝宰臣張延朗手書而召焉固不從謂人曰彥尊代宗不可仕也及高祖入洛即受詔而來以所著自然經五卷貢之且告其老即日璽書褒美須其器幣授少府監致仕月給俸錢二萬及冬春二時服
陳玄爲太府卿高祖天福中以耄期上表求退以光祿卿致仕卒於晉陽
朱漢賓初仕後唐明宗長興二年七月以前建雄軍節度使除太子少保致仕漢賓與安重誨連婚姻由是連領節鎮及重誨伏誅乃請致仕非其志也高祖即位起爲潞州平陽節度使舊有風痺乃上表求退高祖允之以太子少保致仕漢賓遂洛陽

有第在懷仁里北限洛水南枕通衢層屋連甍脩木交幹至是
羅[illegible]以白髮養被天和保其餘齒乃近朝知止之良㫖也
張行求天福中以前沂州刺史除右監門衛上將軍致仕
裴皞爲工部尚書以耄年乞骸加右僕射致仕西歸京洛[illegible]
自娛
梁文矩天福二年七月以太子少保表求致政勑曰昔魏舒人
之領袖以二疏而解官劉寔邦之宗矣自三公而遜位所以蕃
去就之常分保始終之令圖成功退身蓋昔賢之盡美太子少保梁
文矩爲仁由己以道事君烈士徇名久輸忠於象闕達人知足
堅請老於菟裘東路角巾南窻羽扇爾思高致朕實嘉之進登
保傅之班永顯君臣之義可太子太保致仕
漢盧撰高祖乾祐中爲右散騎常侍撰患風痺艱於拜起毋致
拜一坐再至班列中有多口而見之者謂諸御史曰此而不彈
會當於稠人廣衆之中辱之主二者問即以不供職爲奏撰聞
懼而上章乃除戶部侍郎致仕



周蘇術晉開運中自御史中丞求假侍養以戶部侍郎得請歸
於汶上太祖廣順初徵拜兵部侍郎俄入爲端明殿學士自王
峻罷官之後除吏部侍郎解職至是累表乞骸帝勉而從之尋
退老於東平簪紱送之祖帳相望時論美之
安審暉太祖廣順中爲邢州節度使居無何目疾暴作上章求
代歸於京師養疾累年拜太子太師封魯國公致仕
白文珂廣順末以前西京留守兼中書令除太子太師致仕進
封韓國公漢室開創文珂時爲河東節度副使累歷藩鎮從太
祖討蒲灌至是三上章告老故以國公官師寵之
宋彥筠漢乾祐二年自邠寧節度使上章乞致仕爲僧不允至
世宗顯德元年八月以太子少師鄭國公改太子太師致仕一以
其位退而從其志也世宗曰白文珂宋彥筠皆耆年舊勳詩章
請老非唯[illegible]其[illegible]延聊亦慮其貪競朕每存想亦甚多之今宜
各艱於藥餌弟仍遣使就加撫問宰臣范質對曰貴老念勳
存感共爲惟近世廢之久矣陛下復能行之實爲國家美事
陳思讓顯德三年十二月以前原州刺史爲左衛大將軍致仕思
讓武士引年休退故優其環拱之秩以寵之
司徒詡顯德末以太常卿致仕[illegible]以[illegible]欲[illegible]正[illegible]
詡年老多病不能蒞事故有是命

冊府元龜卷第八百九十九

冊府元龜卷第九百

總録部一百五十

自薦　干謁

## 自薦

士之自負其能將以效用於世而知己未遇良時難偶(居言而屈)彊雖屈於等夷一朝乘便思有以樹立躍是挺然自述以露其才異施於有政而見於行事者也至有臨危制變而脅厥屬旅命戡難而申其術居上治民而成務切問近對以盡規焉皆不飾躬以衒形循名而副實者已雖復自衒自媒昔人之所醜若乃跡藏之士不羈之子以勳名爲任而負賤是恥者豈復拘於常檢而安乎不試哉

毛遂趙平原君平下客也平原君以秦之圍邯鄲趙使求救合從於楚約與食客門下有勇力文武備具者二十人皆平原曰使文能取勝則善矣文不能取勝則歃血於華屋之下必得定從而還士不外索取於食客門下足矣得十九人餘無可取者無以滿二十人毛遂者前自贊於平原君曰遂聞君將合從於楚約與食客門下二十人偕不外索今少一人願君即以遂備員而行矣平原君曰先生處勝之門下幾年於此矣毛遂曰三年於此矣平原君曰夫賢士之處世也譬若錐之處囊中其末立見今先生處勝之門下三年於此矣左右未有所稱誦勝未有所聞是先生無所有能也毛遂曰臣乃今日請處囊中爾使遂蚤得處囊中乃穎脫而出非特其末見而已平原君竟與毛遂偕



漢酈食其陳留高陽人也(酈音歷食音異其音基)好讀書家貧落魄無衣食業(落音洛魄音薄落魄失業無次也)縣中皆謂之狂生及陳勝項梁等起諸將徇地過高陽者數十人(徇亦音殉略也)食其聞其將皆握齪好苛禮(握齪急促之意)自用不能聽大度之言食其乃自匿後聞沛公略地陳留郊沛公麾下騎士適食其里中子(食其里中之子)沛公時時問邑中賢豪騎士歸食其見謂曰吾聞沛公嫚易人有大略此真吾所願從游莫爲我先(先謂紹介也)若見沛公謂曰臣里中有酈生年六十餘長八尺人皆謂之狂生自謂我非狂騎士曰沛公不喜儒(喜許吏切)諸客冠儒冠來者沛公輒解其冠溺其中(溺乃弔切)與人言常大罵未可以儒生說也食其曰第言之(第但也)騎士從容言食其所戒者(從音千容切)沛公至高陽傳舍(傳舍謂客舍)使人召食其食其至入謁沛公方踞牀令兩女子洗(洗先典切)而見食其食其入即長揖不拜曰足下欲助秦攻諸侯乎欲率諸侯破秦乎沛公罵曰豎儒夫天下同苦秦久矣故諸侯相率攻秦何謂助秦攻諸侯乎食其曰必欲聚徒合義兵誅無道秦不宜踞見長者於是沛公輟洗起衣延食其上坐謝之食其因言六國從衡時(從音子容切)沛公喜賜食其食號爲廣野君常爲說客馳使諸侯

婁敬齊人也漢五年戍隴西過雒陽高帝在焉敬脫輓輅(輓音晚輅音胡格切)見齊人虞將軍曰臣願見帝言便宜虞將軍欲與鮮衣敬曰臣衣帛衣帛見衣褐衣褐見不敢易衣虞將軍入言帝帝召見言入關都秦地拜爲郎中號曰奉春君



吾丘壽王武帝時爲中郎坐法免上書謝罪願養馬黃門帝不許後願守塞扞寇難復不許久之上疏願擊匈奴詔問狀壽王對良善復召爲郎

卜式河南人武帝拜爲郎式不願爲之帝曰吾有羊在上林中欲令子牧之式既爲郎布衣屮蹻而牧羊歲餘羊肥息帝過其羊所善之式曰非獨羊也治民亦猶是矣以時起居惡者輒去毋令敗羣帝奇其言欲試使治民拜式緱氏令

東方朔字曼倩平原厭次人武帝初即位徵四方士多上書言得失自衒鬻者千數其不

足采者輒報聞罷（報天子聞其書而罷之令歸）上朔初來上書曰[臣朔少]
失父母長養兄嫂年十三學三冬文史足用（貧子冬日乃得學書言文史之事足可用也）
十五學擊劍十六學詩書（擊劍者以...）誦二十二萬言
十九學孫吳兵法戰陣之具鉦鼓之教（鉦...）亦
誦二十二萬言凡臣朔固已誦四十四萬言又常服子路之言（...）
臣朔年二十二長九尺三寸目若懸珠齒若編貝（...）
勇若孟賁（孟賁衛人古之勇士也...）捷若慶忌（...）廉若鮑
叔（...）信若尾生（...）
（...）若此可以爲天子大臣矣臣朔昧死再拜
以聞朔文辭不遜高自稱譽帝偉之令待詔公車武帝既招英
俊程其器能用之如不及（程謂量計之也如不及恐失之也）時方外事胡越內
興制度國家多事自公孫弘以下至司馬遷皆奉使方外或爲
郡國守相至公卿而朔嘗至太中大夫後常爲郎與枚皋郭舍

府九百　三

人俱在左右詼啁而已（啁與嘲同）久之朔上書陳農戰彊國之
計因自訟獨不得大官欲求試用其言專商鞅韓非之語也指
意放蕩頗復詼諧辭數萬言終不見用朔因著論設客難己用
位卑以自慰諭（朔初入長安至公車上書凡用三千奏牘公車令兩人共持舉其書僅然能勝之人主從上方讀之止輒乙其處讀之二月乃盡詔拜以爲郎常在側侍中數召至前談語人主未嘗不說也）朔後爲中郎
張敞河東平陽人爲山陽太守宣帝時勃海膠東盜賊並起敞
上書自請治之曰臣聞忠孝之道退家則盡心於親進官則竭
力於君夫小國中君猶有奮不顧身之臣況於明天子乎今陛
下游意於太平勞精於政事亹亹不舍晝夜（亹亹勉也亹音尾）羣
臣有司宜各竭力致身山陽郡戶九萬三千口五十萬以上訖
計盜賊未得者七十七人（訖盡也）它課諸事亦略如此臣敞愚駑
既無以佐思慮久處閑郡（閑謂閑暇）身逸樂而忘國事非忠孝之節
也伏聞膠東勃海左右郡歲數不登（年穀頻不熟也）盜賊並起至攻官
寺篡囚徒搜市朝劫列侯吏失綱紀姦宄不禁臣敞不敢愛身

（下闕）

冊府元龜卷第九百一

總録部百五十一

公直　直　服義

公直

滅私之謂公正曲之謂直君子之懿德也自上古之世移至公之道廢則情勝於理恩克於義悉由利易政以勢遷自非時歟中庸好是正直執不回之道守無頗之性則焉能獻替可否不以讎而掩賢閱實憲章不以親而害法臨事盡節靡顧於妻孥當官而行罔避於權右刑奏列而無隱斥問遺而不通故能成剛毅之風全忠信之行先聖所以嘉歎良史所以攸書宜乎為後世之懿範也

史魚為衛大夫孔子曰直哉史魚邦有道如矢邦無道如矢（有道無道行直如矢言不曲）

叔向為晉大夫晉邢侯與雍子爭鄐田（邢侯楚申公巫臣之子也雍子皆亦故楚人也）久而無成士景伯如楚（士景伯晉理官）叔魚攝理（攝代景伯）韓宣子命斷舊獄罪在雍子雍子納其女於叔魚叔魚蔽罪邢侯（蔽斷也）邢侯怒殺叔魚與雍子於朝宣子問其罪於叔向叔向曰三人同罪施生戮死可也（施行罪也）雍子自知其罪而賂以買直鮒也鬻獄邢侯專殺其罪一也已惡而掠美為昏（掠取也昏亂也）貪以敗官為墨（不絜之稱）殺人不忌為賊（忌畏也）夏書曰昏墨賊殺（逸書三者皆死刑）皋陶之刑也請從之乃施邢侯而尸雍子與叔魚於市仲尼曰叔向古之遺直也（言叔向之直有古人之遺風）治國制刑不隱於親（謂國之大問已所答當也至於他事則宜有隱）三數叔魚之惡不為末減（末薄也減輕也皆以正言之）曰義也夫可謂直矣（於義末安且則有之）平丘之會數其賄也（謂言賄貨無厭）以寬衛國晉不為暴歸魯季孫稱其詐也（謂言鮒也能）以寬魯國晉不為虐邢侯之獄言其貪也以正刑書晉不為頗三言而除三惡加三利（三惡暴虐頗三利也三惡除則加）殺親益榮（榮名益也）猶義也夫（三罪惟吾子問不可以不正其餘則以直傷義故重之）

解狐為魏大夫與荊伯柳有怨文侯問於解狐曰寡人將立西河之守誰可用者解狐對曰荊伯柳者賢人殆可文侯曰是文侯將以荊伯柳為西河守荊伯柳問左右誰言我於君左右皆曰解狐也荊伯柳往見解狐而謝之曰子寬臣之過而言於君謹再拜謝解狐曰言子者公也怨子者吾私也其事以行怨子如故張弓謝之走十步而殺

鉅子腹䵍（鉅姓子通稱腹䵍字也）秦之墨者也其子殺人秦惠王曰先生之年長矣非有他子也寡人已令吏弗誅矣（惠王秦孝公子也他異也）先生之以此聽寡人也腹䵍對曰墨者之法曰殺人者死傷人者刑此所以禁傷殺人也夫禁殺傷人者天下之大義也王雖為之賜（賜受也）而令吏弗誅腹䵍不可而不行墨者之法（欲必行之殺其子也）不許惠王而遂殺之

漢郅都為人勇有氣公廉不發私書問遺無所受請寄無所聽常稱曰已背親而出身固當奉職死節官下終不顧妻子矣官至少府

卜式為太子太傅武帝時歲小旱帝令百官求雨式言曰縣官當食租衣稅而已今桑弘羊令吏坐市列販求利（市列謂列肆）亨弘羊天乃雨

後漢任延拜武威太守光武親戒之曰善事上官無失名譽延對曰臣聞忠臣不私私臣不忠履正奉公臣子之節上下雷同非陛下之福善事上官臣不敢奉詔帝歎曰卿言是也

馬嚴拜為五官中郎將行長樂衛尉事陳留太守嚴當之職乃言於章帝曰昔顯親侯竇固誤先帝出兵西域置伊吾盧屯煩費無益又竇勳受誅其家不宜親近京師是時勳女為皇后竇氏方寵時有側聽嚴言者以告竇憲兄弟由是大失權貴心

逢紀字元圖漢末冀州牧袁紹以紀統軍事初紹去董卓出奔與許攸及紀俱詣冀州紹以紀聰達有計策甚親信之與共舉事後審配任用與紀不睦或有讒配於紹紹問紀紀稱配天性烈直古人之節不宜疑之紹曰君不惡之邪紀答曰先日所爭者私情今所陳者國事紹善之卒不廢配配由是更與紀為親善

蜀楊洪爲蜀郡太守後爲越騎校尉領郡如故年丞相諸葛亮北住漢中欲用張裔爲留府長史問洪何如洪對曰裔天姿明察長於治劇才誠堪之然性不公平恐不可專任不如留向朗朗情僞差少裔隨從目下效其器能於事兩善初裔少與洪親善裔流放在吳洪臨裔郡裔子郁給郡吏微過受罰不特原假裔後還聞之深以爲恨與洪情好有損及洪見亮出至裔許具說所言裔答洪曰公留我了矣明府不能止時人或疑洪意自欲作長史或疑洪知裔自嫌不願裔處要職典後事也後裔與司鹽校尉岑述不和至于忿恨亮與裔書曰君昔在栢下營壞吾之用心食不知味後流迸南海相爲悲歎寢不安席及其來還委付大任同獎王室自以爲與君古之石交也石交之道舉讎以相益割骨肉以相明猶不相謝也況吾但委意於元儉而君不能忍邪論者由是明洪無私晉石苞爲鄴典農中郎將時魏世王侯多居鄴下尚書丁謐貴傾一時並較時利苞奏列其



事由益是見稱

郭瑗爲尚書都令史時尚書杜預有所增損瑗多所較正之以公方著稱終於建平太守曹莫爲石季龍大司農季龍將以少子世爲太子世方十歲母劉曜女有寵季龍與張舉李農定議勑公卿上書請立莫不署名季龍使張豺問其故莫頓首曰天下業重不宜立少是以不敢署也季龍曰莫忠臣也然未達朕意張舉李農知吾心矣其令諭之

晉王建立初仕後唐爲代州虞候將莊宗鎮晉陽以諸陵在郡遣女使享祭其下有擾於民者必捕而笞之莊宗怒令收之及爲明宗所護由是知名

## 直

仲尼有言曰民之生也直又曰叔向古之遺直也詩曰彼己之子邦之司直斯皆表正直之德之謂也蓋夫人者禀五行之秀肖二儀之形純粹內充剛毅外發危言正色必守其名節戴仁抱義以鎮於雅俗繇是遭慘黷之世而無所懼遇昏亂之主而無所詘或陳天災之應兆或言時政之闕失不乾沒於榮利不朋比於權勢斯蓋古人所難也若乃褊狷任已訐譎爲務者固在夫君子之後也亦用論次與觀之者自擇焉

能意見齊宣王（能姓意名）王曰寡人聞子好直有之乎對曰意惡能直聞好直之士家不處亂國身不見汙君今身得見王而家宅故齊意焉能直宣王怒曰野士能意曰少而好之長而行之王胡不能與野士以章其所好王乃舍之

後漢郅惲字君章汝南人明天文知漢必再命西上長安乃上書王莽曰臣聞天地重其人惜其物故運機衡垂日月含元包一甄陶品類顯表紀世圖錄豫設漢歷久長孔爲赤制不使愚惑殘人亂時智者順以成德愚者逆以取害神器有命不可虛獲上天垂戒欲悟陛下令就臣位轉禍爲福劉氏享天永命陛下順節盛衰取之以天還之以天可謂知命矣若不早圖是不



免於竊位也且堯舜不以天顯自與故禪天下陛下何貪非天顯以自累也天爲陛下嚴父臣爲陛下孝子父教不可廢子諫不可拒惟陛下留神莽大怒即收繫詔獄劾以大逆猶以惲據經讖難即害之使黃門近臣脅惲令自告狂病恍忽不覺所言惲乃瞋目詈曰所陳皆天文聖意非狂人所能造遂繫須冬會赦得出乃與同郡鄭敬南遁蒼梧後爲長沙太守左轉芒令免

牛邯平陵人爲公孫述騎都尉述欲出兵以問群臣博士吳柱曰昔武王伐紂先觀兵孟津八百諸侯不期同辭然猶還師以待天命未聞無左右之助而欲出師千里之外以廣封疆者也邯曰今東帝無尺土之柄驅烏合之衆跨馬陷敵所向輒平不亟乘時與之分功而坐談武王之說是效隗囂欲爲西伯也

井丹字大春扶風郿人性清高未嘗脩刺候人建武末沛王輔等五王居北宮皆好賓客更遣請丹不能致信陽侯陰就光烈皇后弟也以外戚貴盛乃詭說五王求錢千萬約能致丹而別使

人要刼之丹不得已既至就故為設炙飯葱韭之食丹推去之曰以君侯能供甘旨故來相過何其薄乎更置盛饌乃食及就左右進輦丹笑曰吾聞桀駕人車豈此邪坐中皆失色就不得已而令去輦自是隱閉不關人事以壽終

吴良字大儀齊國臨淄人初為郡吏歲旦與掾史入賀門下掾王望舉觴上壽諂稱太守功德良於下坐勃然進曰望佞邪之人欺諂无狀願勿受其觴太守斂容而止讌罷轉良為功曹恥以言受進終不肯謁後為司徒長史每處大議輒據經典不希旨偶俗以徼時譽

第五倫字伯魚京兆人或問倫曰公有私乎對曰昔人有與吾千里馬者吾雖不受每三公有所選舉心不能忘而亦終不用也吾兄子嘗病一夜十往退而安寢吾子有疾雖不省視而竟夕不眠若是者豈可謂无私乎倫官至司空

孔季彥魯國人世奉孝廉不就安帝延光元年河西大雨雹大



者如斗帝詔有道術之士極陳變眚乃召季彥見於德陽殿帝親問其故對曰此皆陰乘陽之徵也今貴臣擅權母后黨盛陛下宜修聖德慮此二者帝默然左右皆惡之

唐檀豫章人安帝元初七年郡界有芝草生太守劉祗欲上言之以問檀檀對曰方今外戚豪盛陽道微弱斯豈嘉瑞乎祗乃止

范滂字孟博汝南人為郡功曹坐繫獄尚書霍諝理之及得免到京師往候諝而不為謝或有讓滂者對曰昔叔向嬰罪祁奚救之未聞羊舌有謝恩之辭祁奚有自伐之色竟無所言

蜀李邈廣漢郪人振威將軍劉璋為益州牧時以邈為牛鞞長先主領牧為從事正旦命行酒得進[illegible]先主曰振威以將軍宗室肺腑委以討賊元功未效先寇[illegible]以將軍之取益州甚為不宜也先主曰知其不宜何不以助之邈曰匪不敢也力不足爾有司將殺之諸葛亮為請得免

晉李熹魏末宣帝辟不就及景帝輔政命熹為大將軍從事中郎熹到引見謂熹曰昔先公辟君而君不應今孤命君而君至何也對曰先君以禮見待熹得以禮進退明公以法見繩熹畏法而至帝甚重之

閻纘為西戎校尉司馬及司空張華遇害賈謐被誅朝野震悚纘獨撫華尸慟哭曰早語君遜位而不肯今果不免命也夫過叱賈謐尸曰小兒乱國之由誅其晚矣

庾袞嘗與諸兄弟過邑人陳準兄弟諸兄友之皆拜其母袞獨不拜準弟徽曰子不拜吾親何袞曰未知所以拜也夫拜人之親者將自同於人之子也其義至重袞敢輕之乎遂不拜準徽歎曰古有亮直之士君近之矣君若當朝則社稷之臣與君若握兵臨大節孰能奪之方今徵聘君實宜之後文舉其行不降志

崔洪以清厲顯名骨鯁不同於物人之有過輒面折之而退无後言歷吏部尚書司農卿卒官

劉郭趙王倫篡位孫秀以重名以散騎常侍徵之郭逃奔鴈



門及齊王冏輔政辟為大司馬軍諮祭酒既至謂郭曰先王虛心召君君不至今孤辟君君何能屈也郭曰世祖以大聖應期先王以至德輔世既堯舜為君稷契為佐故郭希以一夫而距千乘為不可迴之圖幸遇唐虞之世是以不懼斧鉞之戮郭今殿下以神武睿哲除殘反政然聖迹稍虧威滋肅郭者復郭恐招華士之誅故不敢不至也冏奇之

謝琨安之孫也桓玄嘗欲以安宅為營混曰召伯之仁猶惠及甘棠文靖之德更不保五畝之宅邪玄聞慙而止後至左僕射

後趙姚弋仲為石季龍將李龍末梁犢敗李農為滎陽季龍大懼馳召弋仲率其部衆八千餘人屯于南郊輕騎至鄴時季龍病不時見弋仲引入領軍省賜其所食之食弋仲怒不食曰召我擊賊豈來覓食邪我不知上存亡若一見雖死无恨左右言之乃引見弋仲數季龍曰兒死來愁邪乃至于疾兒小時不能使好人輔相至令相殺兒自有過責其下人太甚故反爾汝病

父所立兒小若不堯天下必亂當宜憂此不煩憂賊也犢等因思歸之心共爲姦盜所行殘賊此成擒爾老羌請效死前鋒使一舉而了弋仲性狷直俗無尊卑皆汝之季龍恕而不責

南燕封孚渤海人爲慕容德吏部尚書德死超嗣位政出權嬖多違舊章輒憲日頹殘虐滋甚孚屢盡裨救超不能納也後臨軒謂孚曰朕於百王可方誰乎對曰桀紂之主超大慙怒孚徐步而出不爲改容司空鞠仲失色謂孚曰與天子言何其亢厲宜應還謝孚曰行年七十墓木已拱惟求死所爾竟不謝

宋鄭鮮之晉末爲御史中丞初高祖少時事戎旅不經涉學及爲宰相頗慕風流時或言論人皆依違之不敢難也鮮之難必切至未嘗寬假要須高祖辭窮理屈然後置之高祖或有時慙恧變色動容既而謂人曰我本無術學言義尤淺此時言論諸賢多見寬容唯鄭不爾獨能盡人之意甚以此感之時人謂爲格佞



顔延之文帝時爲光祿勳致仕元凶弒立以爲光祿大夫先是延之子竣爲孝武南中郎諮議參軍及孝武義師入討竣參定密謀兼造書檄劭召延之示以檄文問曰此筆誰所造延之曰竣之筆也又問何以知之延之曰竣筆體臣不容不識劭又曰言辭何至乃爾延之曰竣尚不顧老父何能爲陛下劭意乃釋由是得免

梁裴之高爲豫州刺史侯景之亂元帝召爲侍中在江陵時之高第六弟之悌在侯景中或傳之悌斬侯景首元帝使中書舍人黄羅漢報之高竟無言直云賊自殺賊非之高聞帝嘉其介直

後魏崔光韶河東武城人爲廷尉卿孝莊永安末還鄉里刺史元弼前妻是光韶之繼室兄女而弼貪婪多諸不法光韶以親情亟相非責弼銜之時耿翔反於州界弼誣光韶子通與賊連結囚其合家考掠非理而光韶與之辯爭辭色不屈會樊子鵠爲東道大使知其見枉理出之時人勸令詣樊陳謝光韶曰羊舌大夫已有成事何勞往也子鵠亦歎敬之

後周韋夐志尚夷雅不仕時晉公護執政屢往夐宅嘗召夐至宅訪以政事夐仰視其堂徐而歎曰酣酒嗜音峻宇雕牆有一於此未或弗亡護不悦有識者以爲知言

隋元諧爲寧州刺史頗有威惠然剛愎好排詆不能取媚於左右嘗言於帝曰臣一心事主不曲取人意帝曰宜終此言

李文博爲司隸從事在洛下曾詣房玄齡相送於衢路玄齡謂之曰公生平志尚唯在正直今既得爲從事故應有會素心比來激濁揚清所爲多少文博遂奮臂厲聲曰夫清其流者必絜其源正其末者須端其本今治源混亂雖曰免十貪郡守亦何所益其謇直疾惡不知忌諱皆此類也

劉子翼爲秘書學士祕書監柳顧言甚重之性不容非朋僚有短嘗面折之安平李百藥嘗稱曰劉四雖復罵人人都不恨

唐蕭瑀爲司空性端直鯁亮好詰人之短不能容衆意鄙浮華而務善道



趙光奇新店野人也貞元三年德宗畋於新店幸光奇家問曰百姓樂乎對曰不樂帝曰仍歲頗稔何不樂乎對曰蓋由陛下詔令不信於人所以然也前詔云兩稅之外悉無他徭今非理而誅求者殆過之又云和糴於百姓曾不識一錢而强取之始云所糴粟麥納於道次今則遣致於京西行營動過數百里車摧牛斃破產奉役不能支也百姓愁苦如此何有於樂乎雖頻降優恤之詔而有司多不奉之亦恐陛下深在九重未知之也帝感異之因詔復除其家

武儒衡元和中爲諫議大夫兵部侍郎守道不回嫉惡太甚終不至大任

## 服義

蓋古之君子不飾其非不遂其過周旋進退惟義之從其或言之失中事有踰矩慮雖表悔尚可追乃有方聞之士形於規

詢陳理道以申救納箴諷以成德辭至於違咈意絶於將迎而能降志以延納虛懷而聽受引咎以歸乎已俾善以加於人讜然華心曾不旋踵至或既往之釁其傷蓋多已濟之愆云補無及亦能追責其非深甘其戾發歎以自刻折節而為謝斯皆賢達之風軌可以垂訓者焉

趙盾晉大夫宣子也初邾文公元妃齊姜生貜且二妃晉姬生捷菑文公卒邾人立定公捷菑奔晉趙盾以諸侯之師八百乘納捷菑于邾（八百乘六萬人言有餘）邾人辭曰齊出貜且長（貜且定公）宣子曰辭順而弗從不祥乃還（還以辭故曰辭順）

范鞅晉大夫獻子也獻子聘於魯問具敖山魯人以其鄉對獻子曰不為具敖乎對曰先君獻武之諱也獻子歸徧戒其所知曰人不可以不學吾適魯而名其二諱為笑焉唯不學也人之有學猶木之有枝葉也木有枝葉猶庇廕人而況君子乎

趙武晉大夫文子也文子為室斲其椽而礱之張老夕焉而見



之不諰而歸文子聞之駕而往曰吾不善子亦告我何其速也對曰天子之室斲其椽而礱之加密石焉諸侯礱之大夫斲之士首之備其物義也從其等禮也今子貴而忘義富而忘禮吾懼不免何敢以告文子歸令之勿礱也匠人請皆斲之文子曰止為後世之見之也其斲者仁者之為也其礱者不仁者之為也文子成室晉大夫發焉（作室成晉君獻之謂賀也諸大夫亦發禮以往）張老曰美哉輪焉美哉奐焉（心識其聲也輪輪囷言高大奐言衆多）歌於斯哭於斯聚國族於斯（祭祀死喪燕會於此足矣言者欲防其後復為）文子曰武也得歌於斯哭於斯聚國族於斯是全要領以從先大夫於九京也北面再拜稽首（全要領者免於刑誅也晉卿大夫之墓地在九原京蓋字之誤當為原）君子謂之善頌善禱（善頌謂張老之言善禱謂文子之言禱求也）

趙鞅晉大夫簡子也簡子使尹鐸為晉陽曰必隳其壘培（隳壞也壘培荀寅士吉射圖趙氏所作壘壁也）吾將往焉若見壘培是見寅與吉射也（累壘曰培）尹鐸往而增之（增高其壘因以官備）簡子如晉陽見壘怒（既不墮又增之故怒）曰必



殺鐸也而後入大夫辭之不可曰是昭余讎也（昭明也明怨讎以辱）郵無正進（無正晉大夫郵良伯樂）曰昔先主文子少釁於難（文子趙簡子之祖趙武釁難也難謂莊姬之讒趙氏見討也）從姬氏公宮（姬氏莊姬趙朔之妻文子之母晉景公之姊也淫於趙嬰嬰兄趙同趙括放之姬譖同括景公殺之文子從其姬於公宮也）有孝德以出在公族（為公族大夫）有恭德以外在位（為卿位）有武德以羞為正卿（正卿上卿羞進）有溫德以成其名譽失趙氏之典刑（典常刑法）而去其師保（在公宮故無師保）基於其身以克復其所（基始也始更修之以身以能復其先）及景子長於公宮（景子文子之子簡子之父趙成也共母在公宮）未及教訓而嗣立矣亦能纂脩其身以受先業無謗於國順德以學子（孝教）擇言以教子擇師保以相子今吾子嗣位有文之典刑有景之教訓重之以師保加之以父兄（父兄同宗之父兄）子皆疏之以及此難（荀士寅難）夫尹鐸曰思樂而喜思難而懼人之道也委土可為師保吾何不增（言見壘培可以成懼是高師保何為不增）是以脩之庶曰可以鑑而鵠趙宗乎（鑑鏡鵠安）若罰之是罰善也罰善必賞惡臣何望矣簡子說曰微子吾幾不為人矣（微無）以免難之賞賞尹鐸

司馬子期楚公子結也子期欲以其妾為內子訪之左史倚相曰吾有妾而愿欲笄之其可乎對曰昔先大夫子囊違王命諡子夕嗜芰子木有羊饋而無芰薦君子曰違而道穀陽豎愛子反之勞也而獻飲焉以斃於鄢芋尹申亥從靈王之欲以隕於乾谿君子曰從而逆君子之行欲其道故進退周旋唯道之從夫子木能違若敖之欲以之道而去芰薦吾子經營楚國而欲薦芰以干之其可乎子期乃止

子亹楚申公也左史倚相廷見申公子亹（廷見於廷見也）子亹不出左史誘之舉伯以告（舉伯楚大夫）子亹怒而出曰女無亦謂我老耄而舍我而又誘我（八十曰耄舍棄也）左史曰唯子老耄故欲見以交儆子（交戒也）若子方壯能經營百事倚相將奔走承序（承受事業次序也）於是不給而何暇得見（給共）昔衛武公年九十有五矣（武公衛僖公之子共伯之弟武公和）猶箴儆於國（箴刺儆戒）曰自卿以下至于師長士（師長大夫士官長士）苟在朝者無謂我老耄而舍我（舍謂不諫求）在輿有旅賁之規（規諫旅賁勇力之士掌執戈者）

夾車而趨車上則持輪位宁有官師之典中廷之左右謂之位門屏之間謂之宁師長也典常也倚几有誦訓之諫誦訓工師所誦諫書之於几也之寢有暬御之箴暬近臨事有瞽史之道事戎祀也瞽樂太師掌吉凶史太史長記禮事宴居有師工之誦師小師工瞽矇也誦謂箴諫也史不失書矇不失誦以訓御之御進也於是乎作懿以自儆也懿大雅抑之篇懿讀曰抑抑威之刺厲王亦以自儆也及其没也謂之叡聖武公叡明也書叡作聖謨六曰威儀而叡曰武也子實不叡聖於倚相何害害傷周書曰文王至于日昃不皇暇食日昃日中則昃惠于小民唯政之恭文王猶不敢惰今子老楚國而欲自安也以禦數者王將何爲禦止也數者諫戒誹謗也爲人臣尚如此王將復何爲若常如此楚其難哉難以爲治子亹曰老之過也亹子亹名乃驟見左史

游吉鄭大夫子大叔也初晉合諸侯于平丘子產子大叔相鄭伯以會子產以幄幕九張行張幕軍旅之帳子大叔以四十既而悔之每舍損焉及會亦如之亦九張也言子產之適宜大叔之從善

罕虎鄭大夫子皮也罕虎與魯叔孫婼齊國弱宋華定衛北宮喜許人曹人莒人邾人滕人薛人杞人小邾人如晉葬平公子皮將以幣行見新君之贄子產曰喪焉用幣用幣必百兩載幣則百兩車兩必千人千人至將不行行用斷也不行必盡用之不得見新君將自貲用盡幾千人而國不亡言千人之費不可數子皮固請以行既葬子皮盡用其幣歸謂子羽曰非知之實難將在行之言不患不知患不能行夫子知之矣我則不足言已由子產之戒既知其不可而遂行之足我之不足書曰欲敗度縱敗禮逸書我之謂矣夫子知度與禮矣我實縱欲而不能自克也欲因喪以要新君故縱而行之不能自濟

韓起晉大夫宣子也宣子有環其一在鄭商玉環同工共朴自共爲雙宣子謁請鄭伯謁請也子產弗與子大叔子羽謂子產曰韓子亦無幾求言所求少晉國亦未可以二晉國韓子不可偷也偷薄也子產曰吾非偷晉而有二心將終事之是以弗與及鄭六卿餞宣子於郊宣子私覿於子產以玉與馬曰子命起舍夫玉是賜我玉而免吾死也敢不藉手以拜以玉馬藉手拜謝子產



翟璜事魏文侯文侯問李克曰先生嘗教寡人曰家貧則思良妻國亂則思良相今所置非成則璜成文侯弟二子何如李克對曰臣聞之卑不謀尊疏不謀戚臣在闕門之外不敢當命文侯曰先生臨事勿讓李克曰君不察故也居視其所親富視其所與達視其所舉窮視其所不爲貧視其所不取五者足以定之矣何待克哉文侯曰先生就舍寡人之相定矣李克趨而出過翟璜之家翟璜曰今者聞君召先生而卜相果誰爲之李克曰魏成子爲相矣翟璜忿然作色曰以耳目之所覩記臣何負於魏成子西河之守臣之所進也君内以鄴爲憂臣進西門豹君謀欲伐中山臣進樂羊中山已拔無使守之臣進先生君之子無傅臣進屈侯鮒臣何以負於魏成子李克曰且子之言克於子之君者豈將比周以求大官哉君問而置相非成則璜二子何如克對曰君不察故也居視其所親富視其所與達視其所舉窮視其所不爲貧視其所不取五者足以定之矣何待克哉是以知魏成子之爲相也且子安得與魏成子比乎魏成子以食祿千鍾什九在外什一在内是以東得卜子夏田子方段干木此三人者君以師之子之所進五人者君皆臣之子惡得與魏成子比也翟璜逡巡再拜曰璜鄙人也失對願卒爲弟子

卜商字子夏喪其子而喪其明喪明目精曾子弔之曰吾聞之也朋友喪明則哭之痛之曾子哭子夏亦哭曰天乎予之無罪也怨天罰無罪曾子怒曰商女何無罪也吾與女事夫子於洙泗之間言其有師洙泗魯水名退而老於西河之上西河龍門至華陰之地使西河之民疑女於夫子爾罪一也言其不稱師也喪爾親使民未有聞焉爾罪二也言居親喪無異稱喪爾子喪爾明爾罪三也言隆於喪子而曰女何無罪與子夏投其杖而拜曰吾過矣吾過矣謂之且服罪也吾離羣而索居亦已久矣羣謂同門朋友也索猶散也

曾參字子輿南武城人也弔於負夏負夏衛地主人既祖填池祖謂移柩車去載處爲行始也填池當爲奠徹聲之誤也奠徹謂徹遣奠設祖奠推柩而反之反於載處榮曾子弔欲更

禮降婦人而后行禮禮既祖而婦人降今反柩婦人辟之復升堂矣柩無反而反之而又降婦人蓋欲矜賓於此婦人皆非從者曰禮與疑曾子曰夫祖者且也且未定之辭且胡爲其不可以反宿也疑從者又問諸子游曰禮與疑曾子言非子游曰飯於牖下小斂於户内大斂於阼殯於客位祖於庭葬於墓所以即遠也故喪事進而無退明反柩非曾子聞之曰多矣乎予出祖者善子游言且服曾子襲裘而弔子游裼裘而弔曾子指子游而示人曰夫夫也爲習於禮者如之何其裼裘而弔也曾子蓋知臨喪無飾夫夫猶言此丈夫也子游於時名爲習禮主人既小斂袒括髮子游趨而出襲裘帶絰而入於主人變乃變也所弔者朋友曾子曰我過矣我過矣夫夫是也服且善子游

孟嘗君爲齊相出記問門下諸客誰習計會能爲文收責於薛者乎馮煖署曰能孟嘗君怪之曰此誰也左右曰乃歌夫長鋏歸來者也孟嘗君笑曰客果能也吾負之未嘗見也請而見之謝曰文倦於是憒於憂而性懧愚沈於國家之事開罪於先生先生不羞乃有意欲爲收責於薛乎馮驩曰願之於是約車治裝載券契而行辭曰責畢收以何市而反孟嘗君曰視吾家所寡有者驅而之薛使吏召諸民當償者悉來合券券徧合起矯命以責賜諸民因燒其券民稱萬歲長驅到齊晨而求見孟嘗君怪其疾也衣冠而見之曰責畢收乎來何疾也曰收畢矣以何市而反馮驩曰君云視吾家所寡有者臣竊計君宫中積珍寶狗馬實外廄美人充下陳君家所寡有者以義耳竊以爲君市義孟嘗曰市義奈何曰今君有區區之薛不拊愛子其民因而賈利之臣竊矯君命以責賜諸民因燒其券稱萬歲乃臣所以爲君市義也孟嘗君不説曰諾先生休矣孟嘗君逐於齊而復反譚拾子迎之於境謂孟嘗君曰君得無有所怨齊士大夫孟嘗君曰有譚拾子曰滿意殺之乎孟嘗君曰然譚拾子曰事有必至理有固然君知之乎孟嘗君曰不知譚拾子曰事之必至者死也理之固然者富貴則就之貧賤則去之此事之必至理之固然者請以市諭市朝則滿夕則虚非朝愛市而夕憎之也求存故往亡故去



君勿怨孟嘗君乃取所怨五百牒削去之不敢以爲言

田單齊將也將攻狄往見魯仲子仲子曰將軍攻狄不能下也田單曰臣有五里之城七里之郭破萬乘之燕復齊墟攻狄而不下何也上車弗謝而去遂攻狄三月而不克之也齊嬰兒謡曰大冠若箕修劍拄頤攻狄不下累在柘丘田單乃懼問魯仲子曰先生謂單不能下狄請聞其説魯仲子曰將軍之在即墨坐而織蕢立則杖插爲士卒倡曰可往矣宗廟亡矣歸於何黨矣當此之時將軍有死之心而士卒無生之氣聞若言莫不揮泣奮臂而欲戰此所以破燕也當今將軍東有夜邑之奉西有菑上之虞黄金横帶而馳乎淄澠之間有生之樂無死之心所以不勝者也田單曰單有心先生志之矣明日乃厲氣循城立於矢石之所乃援枹鼓之狄人乃下

吳起爲西河守甚有聲名而魏置相　相田文起不悦謂田文曰請與子論功可乎田文曰可起曰將三軍使士卒樂死敵國不敢謀子孰與起文曰不如子起曰治百官親萬民實府庫子孰與起文曰不如子起曰守西河而秦兵不敢東鄉韓趙賓從子孰與起文曰不如子起曰此三者皆出吾下而位加吾上何也文曰主少國疑大臣未附百姓不信方是之時屬之於子乎屬之於我乎起默然良久曰屬之子矣文曰此乃吾所以居子之上也吳起乃自知弗如田文

廉頗爲趙將時藺相如爲上卿位在廉頗之右廉頗曰我爲趙將有攻城野戰之功而藺相如徒以口舌而勞而位居我上且相如素賤人吾羞不忍爲之宣言曰我見相如不辱之相如聞不肯與會相如每朝時常稱病不與廉頗爭列已而相如出望見廉頗相如引車避匿於是舍人相與諫曰臣所以去親戚而事君者徒慕君之高義也今君與廉頗同列廉君宣惡言而君畏匿之恐懼殊甚且庸人尚羞之況於將相乎臣等不肖請辭去藺相如固止之曰公之視廉將軍孰與秦王曰不若也相如

曰夫以秦王之威而相如廷叱之辱其群臣相如雖駑獨畏廉將軍哉顧吾念之彊秦之所以不敢加兵於趙者徒以吾兩人在也兩虎共鬭其勢不俱生吾所以為此者以先國家之急而後私讎也廉頗聞之肉袒負荆因賓客至藺相如門謝罪曰鄙賤之人不知將軍寬之至此也卒相與驩為刎頸之交

漢翟方進李明經遷議郎是時宿儒有清河胡常常與方進同經常為先進名譽出方進下（常宿學雖有前而名譽不及方進）心害其能論議不右方進（毀短也）方進知之候伺常大都授時（都授謂諸生大集講授）遣門下諸生至常所問大義疑難因記其說如是者久之常知方進之宗讓已（綜）內不自得其後居士大夫之間未嘗不述方進遂相親友

後漢寇恂為潁川守執金吾賈復在汝南部將殺人於潁川恂捕得繫獄時尚草創軍營犯法率多相容恂乃戮之於市復以為恥歎還過潁謂左右曰吾與寇恂並列將帥而今為其所



陷大丈夫豈有懷侵怨而不決之者乎今見恂必手劒之恂知其謀不欲與相見谷崇曰崇將也得帶劒侍側卒有變足以相當恂曰不然昔藺相如不畏秦王而屈於廉頗者為國也區區之趙尚有此義吾安可以忘之乎乃勑屬縣盛供具儲酒醪執金吾軍入界一人皆兼二人之饌恂乃出迎於道稱疾而還賈復勒兵欲追之而吏士皆醉遂過去恂遣谷崇以狀聞帝乃徵恂恂至引見時復先在坐欲起相避帝曰天下未定兩虎安得私鬭今日朕分之（分猶解也）於是並坐極歡遂共車同出結友而去

陳蕃為光祿勳時王甫范滂執公議詣蕃蕃不止之滂懷恨投版棄官而去郭林宗聞而讓蕃曰若范孟博者豈宜以禮格之今成其去就之名得無自取不優之議也蕃乃謝焉

孔融為北海相在郡教選計當任公綱之中乃以鄭玄為計掾彭璆為計吏邴原為計佐融有所愛一人常盛嗟嘆之後恚望殺之朝吏皆請時其人亦在坐叩頭流血而融意不解原獨不為請融謂原曰衆皆請而君何獨不原對曰明府於某太不薄也常言歲終當舉之此所謂吾一子也如是朝吏受恩未有在其前者矣而今欲殺之明府愛之則引而方之於子憎之則推之欲危其身原愚不知明府以何愛之以何惡之融曰某生於微門吾成就其兄弟拔擢而用之某今孤負恩施夫善則進之惡則誅之固君道也往者應仲遠為泰山太守舉一孝廉旬月之間而殺之夫君人者厚薄何常之有原對曰仲遠舉孝廉殺之其義焉在夫孝廉國之俊選也舉之若是則殺之非也若殺之是則舉之非也詩云彼己之子不遂其媾蓋譏之也語曰愛之欲其生惡之欲其死既欲其生又欲其死是惑也仲遠之惑甚矣明府奚取焉融乃大笑曰吾但戲耳原又曰君子於其言出乎身加乎民言行君子之樞機也安有欲殺人而可以為戲者哉融無以答



魏鍾繇字元常與荀攸善繇言我每有所行反覆思惟自謂無以易以咨公達輒復過人意位至太傅

晉劉遐為北中郎將兖州刺史明帝大寧初自彭城移屯泗口王含反遐與蘇峻俱赴京都含敗隨丹陽尹溫嶠追至于淮南遐頗放兵虜掠嶠曰天道助順故王含勦絕不可因亂為亂也遐深自陳而拜謝

陸玩成帝時為司空既拜有人詣之索美酒瀉置柱梁之間呪曰當今乏材以爾為柱石莫傾人梁棟邪玩笑曰戢卿良箴

何鑒為廷尉平時廷尉卿諸葛沖以鑒蜀士輕之及共斷疑獄沖始歎服

王澄為荆州刺史行經陳留太守呂豫遣吏迎之時陳留為大郡號稱多士澄入境問吏曰此郡人士為誰吏曰有蔡子尼江應元元是時郡人多居大位者澄以其姓名問曰甲乙等非君郡人邪吏曰是也曰然則何以但稱此二人吏曰向謂君侯問人不

謂問位澄笑而止到郡以吏言謂穆曰舊名此郡有風俗果然小吏亦知如此

高崧為侍中是時豫州都督謝万敗於親賓相送万卧在室崧逕造之謂曰卿今疆理西藩何以為政万粗陳其意崧便為叙刑政之要數百言萬遂起坐呼崧小字曰阿酃故有才具邪

宋顏延之為光禄大夫與張鏡鄰居延之飲酒喧呼不絶而鏡靜默無言後延之於籬邊聞其與客語取胡牀坐聽辭義清玄延之心服謂賓客曰彼有人焉由此不復酣叫

梁蕭琛范縝外弟也縝性質直好危言高論不為士友所安唯與琛相善琛名曰口辯每服縝簡詣

後魏李諡少好學博通諸經嘗詣侍中太常卿劉芳推問音義語及中代興廢之由芳乃歎曰君若遇高祖侍中太常非僕有也

高綽以風槩立名會尚書令高肇拜司徒綽送迎往來時封軌為考功郎中以方直自業竟不詣綽顧不見軌乃遽歸曰吾一



生自謂无愆規矩今日舉錯不如封生遠矣

隋薛道衡中高當世以高構有清鑒所為文筆必先以草呈構有所詆訶道衡未嘗不嗟伏仕至司隷大夫

唐李晦為撿校雍州長史私弟有樓下臨市肆其人嘗候晦言曰微賤之人雖則礼所不及然家有長幼不欲外人窺之家迫明公之樓出入非便請從此辭晦即日毁其樓

李紳為淮南節度使因枓蛤為屬邑令所抗云奉命取蛤且非其時嚴冬凍寒滴水成凍蛤若生於淺水猶可涉脛而求蛤此尠於深泉非汝身而不取貴賤則畢性命不殊紳覽而止

冊府元龜卷第九百一

冊府元龜卷第九百二

總録部 一百五十二

貧 貧 安貧

洪範六極其四曰貧困於財之謂也仲尼亦曰貧與賤是人之所惡此言其難處也又曰貧而無怨難此言其多有也在昔先民亦有德充而道富言忠而行篤或乃家無擔石室如環堵樵蘇不給藜藿苦饑席戶以蔽風雨緼袍以禦寒從耕而爲業傭賃以取資以至假貸無獲貧游益困志於卻辜盡瘁於力作并日而食徒行以出亡之窮也乃至於是其或命運可會勤名崇建出幽遷喬先約後泰者蓋不乏焉至有棲遲未遇終然沉没者斯乎所謂富貴在天良有數存乎其中焉

叔孫敖爲楚相死其子窮困負薪

寧戚衛人欲仕齊家貧無以自資乃賃爲人挽車飯牛扣牛角而歌後爲齊大夫



晏嬰字平仲爲齊大夫方食景公使使者至分食食之使者不飽晏子亦不飽使者反之公曰晏子如此貧乎使致千金以奉賓客

顏無繇字路路者顏回父回死顏路貧請孔子車以非（賣以椁）孔子曰材不材亦各言其子也鯉也死有棺而無椁（鯉孔子子也字伯魚）不徒行以爲之椁以吾從大夫之後不可徒行

卜商字子夏魏人衣若懸鶉後爲魏文侯師孔伋字子思夫子之孫也居於衛緼袍無表二旬九食

馮煖齊人貧乏不能自存使人屬孟嘗君願寄食門下孟嘗君曰客何能也對曰無能也孟嘗君笑而受之

漢酈食其陳留高陽人好讀書家貧落魄無衣食業爲里監門吏後號廣野君

周勃其先卷人也（卷縣名也刑志屬河南音丘權切）徙沛勃以織薄曲爲生（薄蠶簿）[illegible]常以吹簫給喪事後爲右丞相

陳平少以好家貧有田三十畝與兄伯居伯常耕田縱平使游學平爲人長大美色人或謂平貧何食而肥若是其嫂疾平之不親家生產曰亦食糠覈耳（覈麥糠中不破者也覈音紇京師人謂麤屑爲紇頭）有叔如此不如無有伯聞之逐其婦棄之平家貧負郭窮巷（負謂倚也）以席爲門然門多長者車轍位至丞相

韓信家貧無行不得推擇爲吏（無善行可推舉選擇也）又不能治生爲商賈（行賣曰商坐販曰賈）常從人寄食終爲淮陰侯

魏勃少時欲求見齊相曹參家貧無以自通乃常獨早夜掃齊相舍人門外後爲齊王內史

東郭先生以方士待詔公車貧困饑寒衣敝不完行雪中履有上無下足盡踐地道中人笑之

司馬相如字長卿爲武騎常侍因病免客游梁梁孝王薨相如歸而家貧無以自業素與臨邛令王吉相善吉曰長卿久宦游不遂而困（遂達也）來過我於是相如往舍都亭（臨邛所治都之亭）臨邛富人卓王孫有女文君新寡夜亡奔相如相如與馳歸成都家徒四壁立（徒空也但有四壁更無資產）文君久之不樂謂長卿曰弟俱如臨邛（弟但也）從昆弟假貸猶足以爲生何至自苦如此相如與俱之臨邛盡賣車騎買酒舍乃令文君當壚（賣酒之處累土爲壚以居酒甕四面隆起其一面高形如鍛壚也）相如身著犢鼻褌（即今之衫形似犢鼻音之李切）與庸保雜作滌器於市中（滌洒也器謂食器也洒音下禮切保庸人之賤者也）



倪寬治尚書受業孔安國貧無資用常爲弟子都養時行賃作帶經而鋤後爲御史大夫

主父偃游齊諸子間相與排擯不容於齊家貧假貸無所得北遊燕趙中山皆莫能厚遇後爲齊相

公孫弘菑川薛人少時爲獄吏有罪免家貧牧豕海上位至丞相

胡建守軍正丞貧無車馬常步與走卒起居

恭義何內溫人以明經給事大將軍幕府家貧（無以）行貨禮不逮衆門下好事者相合爲義具犢車令乘之後位至丞相

王章字仲卿爲諸生學長安獨與妻居章疾病無被臥牛衣中（牛衣編亂麻爲之）與妻決涕泣（自謂且死）其妻呵怒之曰仲卿京師尊

貴在朝庭人誰諭仲卿者今疾病困君不自激卬迺反涕泣何鄙也終爲京兆尹

貢禹字少翁遷光禄大夫上書曰臣禹年老貧窮家貲不滿萬錢妻子糠豆不贍裋褐不完裋者謂僮豎所著布長襦也褐毛布之衣也裋音豎有田百三十畝陛下過意徵臣過猶誤也臣賣田百畝以供車馬

陳湯少時家貧匄貸無節不爲州里所稱西至長安求官得太官獻食丞

匡衡字稚圭東海承人承音證父世農夫至衡好學家貧庸作以供資用庸作言賣功庸爲人作役而受顧也位至丞相

楊雄以病免復召爲大夫家素貧嗜酒人希至其門時有好事者載酒以從遊學

張竦居貧無賓客時有好事者從之質疑問事論道經書而已及王莽時爲郡守封侯

後漢許荆字子張家貧爲無有船車休假常單步荷擔上下從徵諫議大夫卒

劉梁宗室子孫而少孤貧賣書於市以自資卒爲野王令

班超與母至洛陽家貧常傭書以供養後以功至射聲校尉

侯瑾少孤貧依宗人居性篤學常傭作爲資暮還輒爇柴以讀書累召公車有道徵並稱疾不起

申屠蟠字子龍家貧傭爲漆工郭林宗見而奇之累徵不起卒於家

張楷字公超家貧無以爲業常乘驢車至縣賣藥足給食者輒還鄉里後徵長陵令不至遂隱居弘農山中

桓榮字春卿少學長安貧窶無資常客傭以自給精力不倦任至太常

周紆爲勃海太守免歸家貧無以自贍躬築墼以給食肅宗知憐之復以爲郎

檀敷補蒙令以郡守非其人棄官家無産業子孫同衣而出并



日而食

馬騰字壽成馬援孫也桓帝時其父字子碩常爲天水蘭干尉後失官因留隴西與羌錯居家貧無妻遂娶羌女生騰騰少貧無産業常從鄣山中斫材木負販詣市以自供給

范丹爲萊蕪長不到官後辟太尉府常徒行敝服賣卜於市遭黨人禁錮遂推鹿車載妻子捃拾自資或寓息客廬或依宿樹蔭如此十餘年乃結草室而居焉

孫期少爲諸生家貧事母至孝牧豕於大澤中以奉養後司徒黄琬特辟不行卒於家

李充家貧兄弟六人同衣遞食以高行聞後爲左中郎將

施延字君子家貧母老常躬勞力供養種瓜自給位至太尉

符融妻亡貧無殯斂鄉人欲爲其棺服融不肯受後州郡請公府連辟皆不應

閔仲叔居安邑老病家貧不能得肉日買一片豬肝屠者或不肯爲斷安邑令勑市吏後買輒得仲叔聞知其狀乃歎曰閔仲叔豈以口腹累安邑耶遂去之沛

魏常林少單貧自非手力不取之於人卒爲光禄大夫

程堅居貧無資磨鏡自給不受人施

裴潛每之官不將妻子妻子貧乏織藜芘以自供羣弟之田廬常步行家人小大或并日而食後爲光禄大夫

崔林除鄔長貧無車馬單步之官

楊沛前後宰歷城守不以私計介意又不肯以事貢人故身退之後家無餘積治疾於家借舍從兒無他奴婢後占河南夕陽亭部荒田二頃起瓜牛廬居止其中其妻子凍餓沛病亡鄉人親友故吏民爲殯葬也

吳闞澤字德潤好學居貧無資常爲人傭書以供紙筆位至太子太傅中書令

潘璋性嗜酒居貧性好賒貸輒言豪富必相還後爲右將軍

晉祖納有操行以貧稱常自炊爨以供母後官至光禄大夫
葛洪字稚川少好學家貧躬自伐薪以買紙墨夜輒寫書誦習遂以儒學知名元帝為丞相辟為掾
吴隱之為奉朝請謝石請為衛軍主簿隱之將嫁女石知其貧素遣女必當率薄乃令移厨帳助其經營使者至方見婢牽犬賣之此外蕭然無辦官至度支尚書中領軍
魏詠之字長道任城人家世貧素而躬耕為事好學不倦後為荆州刺史南蠻校尉
李充字弘度為征北將軍褚裒記室參軍充以家貧苦求外出裒將許之為縣試問之充曰窮猿投林豈暇擇木乃除剡縣令
阮脩字宣子王敦辟為鴻臚丞謂脩曰常無食鴻臚丞差有禄能作不脩曰亦復可爾遂為之
王猛字景略家于魏郡少貧賤以鬻畚為業嘗貨畚於洛陽後事苻堅為丞相[illegible]



宋劉伯龍少而貧薄及長歷位尚書左丞少府武陵太守貧窶尤甚嘗在家慨然召左右將營什一之方忽見一鬼在傍撫掌大笑伯龍歎曰貧窮固有命乃復為鬼所笑也遂止
戴法興會稽山陰人家貧父碩子以販紵為業法興少賣葛於山陰市後為越騎校尉
顔延之瑯琊臨沂人少孤居里巷不預人間者七載中書令王球名公子延之居常罄匱球輒分財贍之後為金紫光禄大夫湘東王師
南齊崔懷慎清河東武城人父耶利魯郡太守宋元嘉中没虜至泰始初因淮北陷没遂入北至桑乾尋父父已卒喪畢又以弟在南建元初又逃歸而弟亦已亡懷慎孤貧獨立宗黨哀之日斂給其外米永明中卒
張緒為國子祭酒死之日無宅以殯
王智深為竟陵王司徒參軍坐事免家貧無人事嘗餓五日不得食掘莧根食之司空王僧虔及子志分其衣卒於家
張融為宋新安王北中郎參軍孝武起新寺僚佐多儭錢帛融獨儭百錢帝曰融殊貧當序以佳禄出為封溪令
王延之為司徒左長史清貧居宇穿漏褚淵往候之見其如此具啓明帝即勅材官為起三間齋屋
周山圖字季寂少貧微傭書自業後為黄門郎領羽林監
梁沈崇傃字思整吴興武康人六歲丁父憂傭書以養母及母卒家貧無以遷窆乃行乞經年始獲葬為太守柳惲初辟為主簿
蕭眎素早孤貧為叔父惠休所收卹後起家司徒法曹行參軍
劉訏平原人家甚貧苦併日而食隆冬之月或無氊絮訏處之晏然人不覺其飢寒也後刺史張稷辟為主簿訏聞而逃匿事息乃還於家
阮孝緒家貧無以爨僮人樵以繼火孝緒知之乃不食更令撤屋而炊所居室唯有一林竹樹環繞天監十二年詔徵不起



陳張種初仕梁為中軍宣城王主簿種時年四十餘家貧求為始豐令
謝僑素貴嘗一朝無食其子啓欲以班史質錢答曰寧餓死豈可以此充食乎
後魏張蒲為南中郎將太武以蒲清貧妻子衣食不給乃出為相州刺史
闞駰敦煌人博通經傳聰敏過人為沮渠牧犍姑臧太守歸京師家甚貧弊不免飢寒性能多食一飯至三升乃飽
傅永自東陽禁防為崔道固城局參軍與道固俱降入齊齊民父母並老飢寒十數年賴其強於人事戮力傭丐得以存立
北齊杜弼幼聰敏家貧無書年十二寄郡學受業後為膠州刺史
隋虞世基仕陳為尚書左丞及陳滅歸國為通直郎直内史省貧無產業每傭書養親怏怏不平常為五言詩以見意情理悽切世以為工作者莫不吟咏

唐韓思復初為汴州司戶參軍丁憂家貧鬻薪以終喪制呂諲
蒲州河東人少孤貧不能自振里人程震重其才厚與資給遂
游京師後位至黃門侍郎同中書門下三品
高適好學以詩知名漫落不事家產僑居梁宋間薄游州縣求
丐取給後為左散騎常侍許康佐擢進士第以家貧母老求為
知院官人或怪之笑而不答蓋不擇祿而養親也後為禮部尚書
李建字杓直少孤家代貧無餘業與伯兄遜於荊南躬耕致養
後官至刑部侍郎
周楊凝式晉末以禮部尚書致仕開運中宰相桑維翰知其絕
俸艱於家食奏拜太子少保尋分司於洛

安貧

夫貧者士之常孔子曰士志於道而恥惡衣惡食者未足與議
也是故賢者樂道君子不憂安德而忘貧好禮而不儩雖曲肱
飲水其樂只且在簞瓢縕樞何賤之有至乃韜光匿晦研精篤



學居四壁之陋無卒歲之儲誦墳典以自得秉耒耜而志恬甘
於艱厄曾不屑慮非夫造聖哲之域蘊道德之富則何以在窮
能固立志不回無隕穫之累而成名於世者哉傳所謂一畝之
宮而無諂仕詩之述衡門之下可以棲遲斯可尚矣
顏回字子淵魯人一簞食一瓢飲（簞笥也）在陋巷人不堪其憂回
也不改其樂
原憲字子思魯人居環堵之室茨以蒿萊蓬戶甕牖桷桑而為樞
上漏下濕匡坐而弦歌子貢聞之乘肥馬衣輕裘中紺而表素
軒不容巷往見原憲憲楮冠黎杖而應門正冠則纓絕振襟則
肘見納屨則踵決子貢曰嘻先生何病也原憲仰而應之曰憲
聞之無財之謂貧學而不能行之謂病憲貧也非病若夫希世
而行比周而友學以為人教以為已仁義之慝車馬之飾衣裘
之麗憲不忍為也子貢逡巡面有慚色不辭而去原憲乃徐步
曳杖歌商頌而反聲淪於天地如出金石天子不得而臣也諸
侯不得而友也
仲由字子路孔子弟子孔子曰衣敝縕袍與衣狐貉者立而不
恥者其由也與（縕枲著）
漢朱買臣字翁子吳人也家貧好讀書不治產業常艾薪樵賣
以自給食（艾讀曰刈）擔束薪行且誦書其妻亦負戴相隨數止
買臣毋歌嘔道中（嘔讀曰謳）買臣愈益疾歌妻羞之求去買臣笑曰我
年五十當貴今已四十餘矣女苦日久待我富貴報女功（女讀曰
汝）妻恚怒曰如公等終餓死溝中何能富貴買臣不能留即聽
去後買臣獨行歌道中負薪墓間故妻與夫家俱上冢見買臣
飢寒呼飯飲之後拜中大夫侍中出為會稽太守
楊雄字子雲蜀郡成都人也清淨亡為少耆欲不汲汲於
富貴不戚戚於貧賤（汲汲欲速之義也戚戚憂也）不脩廉隅以徼名當世（廉隅
也耆字或作嗜）家產不過十金乏無儋石之儲晏如也自有大度
非聖哲之書不好也非其意雖富貴不事也雄後為郎給事黃



門轉為大夫
後漢袁安字邵公汝南汝陽人也時大雪積地丈餘洛陽令自
出案行見人家皆除雪出有乞食者至袁安門無有行路謂安
已死令人除雪入戶見安僵臥問何以不出安曰大雪人皆餓
不宜干人令以為賢舉為孝廉
劉陶字子奇潁川人建武中徙六郡大族陶曾祖自齊來壯以
儒學安貧樂道故仕不過孝廉宰府
孔嵩字仲山南陽人家貧親老乃變姓名傭為新野阿里街卒
友人范式為荊州刺史行部到新野而縣選嵩為導騎迎式式
見而識之呼嵩把臂曰子非孔仲山耶對之歎息語及平生曰
昔與俱曳長裾遊集帝學吾蒙國恩致位牧伯而子懷道隱身
處於卒伍不亦惜乎嵩曰昔侯嬴長守於賤業晨門肆志於抱關子
居九夷不患其陋貧者士之宜豈為鄙哉式敕縣代嵩嵩以為
先傭未竟不肯去

祐陳留長垣人年二十喪父居無擔石而不受贈遺常牧豕於長垣澤中行吟經書遇父故人謂之曰府君二千石子而自養豬事縱子無恥奈先君何祐辭謝而已守志如初後舉孝廉

崔寔瑗之子也父卒剽賣田宅起冢塋立碑頌葬訖資產竭盡因窮困以酤釀販鬻爲業時人多以譏之寔終不改亦取足而已不致盈餘及仕官歷位邊郡而愈貧薄

韋彪扶風平陵人舉孝廉除郎中以病免復歸教授安貧樂道恬於進趣

竇章字伯向少好學有文章安帝永初中三輔遭羌寇避難東國家於外黄（外黄縣屬陳留郡在今汴州雍丘縣東）居貧蓬戶蔬食躬勤孝養然講讀不輟

李恂爲武威太守後坐事免步歸鄉里潛居山澤結草爲廬獨與諸生織席自給

向長隱居不仕性尚中和好通老易貧無資食好事者更饋焉受之取足而反其餘

范冉（冉或作丹）字史雲除萊蕪長不到官所止單陋有時絕粒窮居自若言貌無改閭里歌之曰甑中生塵范史雲釜中生魚范萊蕪

魏常林少單貧雖貧自非手力不取之於人位至光祿大夫

蜀譙周字允南幼孤與母兄同居既長耽古篤學家貧未嘗問產業誦讀典籍欣然獨笑以忘寢食後封陽城亭侯

吳謝淵字休德少脩德操躬秉耒耜既無戚容又不易慮由是知名舉孝廉

晉嵇康性絕巧而好鍛宅中有一柳樹甚茂乃激水圜之每夏月居其下以鍛康居貧嘗與向秀共鍛於大樹之下以自贍給官至中散大夫

劉惔少清遠有標奇與母任氏寓居京口家貧織芒屩以爲養雖蓽門陋巷晏如也後爲丹陽尹

庾公綏字子安東郡白馬人淡泊寡欲不營資産家貧歲饑常晏如也



桓彝字茂倫譙國龍亢人漢五更榮之世孫也彝少孤貧雖簞瓢屢空晏如也後以功封萬寧縣丹楊尹

王述字懷祖安貧守約不求聞達位至征虜將軍散騎常侍尚書令

吳隱之爲廣州刺史有清操及歸京師數畝小宅籬垣仄陋內外茅屋六間不容妻子宋高祖時爲太傅賜車牛更爲起宅固辭

前趙陳元達少孤貧常躬耕兼誦書樂道行詠忻忻如也至年四十不與人交通劉元海徵爲黄門郎

宋陶潛字淵明柴桑人性嗜酒而家貧不能常得親舊知其如此或置酒招之造飲輒盡期在必醉而退曾不吝情去留環堵蕭然不蔽風日短褐穿結簞瓢屢空晏如也嘗爲彭澤令解印綬去

張興世竟陵人少家貧南郡宗珍之爲竟陵郡興世依之爲客竟陵舊置軍府以補參軍督護不就

沈道虔吳興武康人郡州府凡十二命皆不就年老菜食恒無經日之資而琴書爲樂孜孜不倦文帝勑郡縣使隨時資給

沈慶之吳興武康人荒擾之後鄉邑流散慶之躬耕壟畝勤苦自立位至侍中太尉

劉芳字伯文彭城人也年十六時南部尚書李敷妻司徒崔浩之弟女芳祖母浩之姑也芳至京師詣敷門崔恥芳流播拒不見之芳雖處窮窘之中而業尚貞固至有易衣并日之敝而澹然自守不急急於榮利不戚戚於賤貧乃著窮通論以自慰焉位至太常卿

後周黎景熙字季明河間鄚人少以字行世魏大統末爲著作佐郎於時倫輩皆位兼常伯車服華盛唯季明獨以貧素居之而無愧色

隋李文博博陵人性貞介好學不倦爲薛道衡所知後直秘書

内省與校實辭守道者貧窶如也雖衣食之絶而清操逾厲不妄適賓客常以禮法自勵鄉黨莫不敬憚焉尚衡知其貧薦之于家給以資費

房彦謙居官所得俸禄以周恤親友家無餘財車服器用務存素儉自少及長一言一行未嘗涉私雖致屢空怡然自得嘗從容獨笑顧謂其子玄齡曰人皆因禄富我獨以官貧所遺子孫在於清白卒爲涇陽令

唐崔從字子義與兄能同於太原山居勵志學業窮困至於絶食不以告人

李藩年四十餘未仕讀書揚州困於自給妻子怨尤之晏如也後至相位

李遜幼孤寓居江陵與其弟建能安貧苦易衣并食講習不倦官至刑部尚書

後唐李愚從計入長安屬昭宗天復初駕在鳳翔汴軍攻圍愚入關爲避難東歸洛陽時衛公李德裕孫道古在平泉舊墅往依焉子弟親採薪以給朝夕未嘗干人後至相位

周崔光鄴太祖時位至宣徽使兼樞密副使食禄日久家無餘財任金吾日假官屋數間以蔽風雨親族累重糲食纔給人不堪其憂光鄴處之晏如也

冊府元龜卷第九百二

冊府元龜卷第九百三

總録部一百五十三

書信

古之作者曷嘗不因言而見志至於執訃之還往尺書之問遺皆所以導素蘊而陳嘉誨者焉春秋以來文辭爲盛兩漢之世炳然與三代同風鼎國之後才士間出覩其揚搉理道論叙今古肉馨於烟幅外影於藻翰意㫁周密采章英發使人三復而不能自釋於手故史氏所載非以爲繁文後學之徒競㪍其芳潤者已

叔向晉大夫鄭鑄刑書（鑄刑書於鼎以爲國之常法）叔向使詒子產書（詒遺也）曰始吾有虞於子（虞度也言準度子產以爲己法）今則已矣（已止也）昔先王議事以制（謂事制刑不豫設法也）不爲刑辟懼民之有爭心也（法豫設則民知爭端）猶不可禁禦是故閑之以義（閑防也）糾之以政（糾舉也）行之以禮守之以信奉之以仁（奉養也）制爲祿位以勸其從（勸從教）嚴斷刑罰以威其淫（淫放也）懼其未也故誨之以忠聳之以行（聳懼也）教之以務（時所務）使之以和（說以使民）臨之以敬涖之以彊（施之於事爲彊）斷之以剛（義斷恚）猶求聖哲之上明察之官（公王卿大夫也）忠信之長慈惠之師民於是乎可任使也而不生禍亂民知有辟則不忌於上（權移於法故不畏上）並有爭心以徵於書而徼幸以成之（因危文以生爭緣徼幸以成其巧偽）弗可爲矣（爲治也）夏有亂政而作禹刑商有亂政而作湯刑（夏商之亂著禹湯之法言不能議事以制）周有亂政而作九刑（周之衰亦爲刑書謂之九刑）三辟之興皆叔世也（言刑書不起於始盛之世）今吾子相鄭國作封洫立謗政（作丘賦）制參辟鑄刑書（制參辟謂用三代之末法）將以靖民不亦難乎詩曰儀式刑文王之德日靖四方（言文王以德爲儀式故能日有安靖四方之功）又曰儀刑文王萬邦作孚（言文王作儀法爲天下所信孚信也）如是何辟之有（言詩唯以德與信不以刑也）民知爭端矣將棄禮而徵於書（以刑書爲徵）錐刀之末將盡爭之（錐刀末喻小事）亂獄滋豐賄賂並行終子之世鄭其敗乎肸聞之國將亡必多制（數改法也）其此之謂乎復書曰若吾子之言僑不才不能及子孫吾以救世也既不承命敢忘大惠

漢柴武爲將軍韓王信降胡漢使武擊之武遺信書曰陛下寬仁諸侯雖有叛亡而後歸輒復故位號不誅也（復其故位號）大王所知今王以敗亡走胡非有大罪急自歸信報曰陛下擢僕閭巷南面稱孤此僕之幸也滎陽之事僕不能死囚於項籍此一罪也寇攻馬邑僕不能堅守以城降之此二罪也今爲反寇將兵與將軍爭一旦之命此三罪也夫種蠡無一罪身死亡（大夫種范蠡也二人皆越王句踐之臣也大夫種爲句踐立功而句踐逼令自死范蠡即陶朱公也浮海而逃之齊又去之陶自號朱公竟以壽終信引之以自喻者蓋言種不去則見殺蠡逃亡則獲免蠡音禮）僕有三罪而欲求活此五子胥所以僨於吳世也（僨猶斃也音方問切）今僕亡匿山谷閒旦暮乞貸蠻夷（貸音吐得切）僕之思歸如痿人不忘起盲者不忘視（痿病也音人隹切）勢不可爾

薄昭文帝舅爲將軍淮南厲王歸國益恣不用漢法帝令昭予厲王書諫數之曰竊聞大王剛直而勇慈惠而厚貞信多斷是天以聖人之資奉大王也甚盛不可不察今大王所行不稱天資皇帝初即位易侯邑在淮南者大王不肯皇帝卒易之使大王得三縣之實甚厚大王以未嘗與皇帝相見求入朝見未畢昆弟之歡（畢盡也）而殺列侯以自爲名皇帝不使吏與其間（與讀曰預）[illegible]赦大王甚厚法二千石缺輒言漢補大王逐漢所置而請自置相二千石皇帝歃天下正法而許大王[illegible]甚厚[illegible]大王欲屬國爲布衣守冢眞定[illegible]皇帝不許使王毋失南面之尊甚厚（毋失不失南面之尊不失王位也）大王宜日夜奉法度脩貢職以稱皇帝之厚德今迺輕言恣行以負於天下甚非計也夫大王以千里爲宅居以萬民爲臣妾此高皇帝之厚德也高帝蒙霜露沬風雨（沬[illegible]）赴矢石野戰攻城身被創痍（痍音夷）以爲子孫成萬世之業艱難危苦甚矣大王不思先帝之艱苦日夜怵惕脩身正行養犧牲豐絜盛奉祭祀以無忘先帝之功德而欲屬國爲布衣甚過

且夫貪讓國士之名輕廢先帝之業不可以言孝父爲之基而不能守不賢不求守長陵而求之眞定先母後父不誼數逆天子之令不順言節行以高兄無禮（謂請守冢自爲名高兄而喪葬行用此欲高我身也）幸臣有罪大者立斷小者肉刑不仁（謂以刑加也）貴布衣一劍之任賤王侯之位不知不學問大道觸情妄行不祥（任情意所適則行之妄行謂不以禮行也）此八者危亡之路也而大王行之棄南面之位奮諸賁之勇（事見）常出入危亡之路臣之所見高皇帝之神必不廟食於大王之手明白昔者周公誅管叔放蔡叔以安周齊桓殺其弟以反國（子糾兄也言弟者諱也）秦始皇殺兩弟遷其母以安秦（始皇母與嫪毐淫生二子事覺誅毐殺其二子遷母於咸陽宮也）頃王亡代高帝奪之國以便事（頃王高帝兄仲也匈奴入代不能守走歸京師高帝廢其國以爲郃陽侯以便國法也）濟北舉兵皇帝誅之以安漢（濟北王興居以大臣功不見封故反也）故周齊行之於古秦漢用之於今大王不察古今之所以安國便事而欲以親戚之意望於太上不可得也（太上天子也）亡之諸侯游宦事人及舍匿者論皆有法（言皆有罪法也）其在王所吏主者坐（坐罪也）今諸侯子爲吏者御史主（主諸侯子爲吏也）爲軍吏者中尉主客出入殿門者衛尉大行主諸從蠻夷來歸誼及以亡名數自占者內史縣令主相欲委下吏無與其禍不可得也（相不欲坐而委下吏不可得也）王若不改漢繫大王邸論相以下爲之奈何夫墮父大業退爲布衣所哀（言大王墮業退爲布衣所哀之人）幸臣皆伏法而誅爲天下笑以羞先帝之德（甚爲大王不取也宜急改操易行上書謝罪曰臣不幸早失先帝少孤呂氏之世未嘗忘死（常恐死也）陛下即位臣怙恩德驕盈行多不軌（不軌法也）追念罪過恐懼伏地待誅不敢起皇帝聞之必喜大王昆弟歡欣於上群臣皆得延壽於下上下得宜海內常安願孰計而疾行之行之有疑禍如發矢不可追已（發矢言速也）王得書不說司馬遷被刑之後爲中書令尊寵任職故人益州刺史任安（故人者舊交也）予遷書責以古賢臣之義遷報之曰少卿足下（少卿任安字也）曩者辱賜書教以慎於接物推賢進士爲務意氣勤勤懇懇（懇懇至誠也）若望僕不相師用（望怨也）而流俗人之言（謂隨俗人之言）僕非敢如是也雖罷駑亦側聞長者遺風矣（罷駑謂）顧自以爲身殘處穢動而見尤（尤過也）欲益反損是以抑鬱而無誰語（言無所告語也）諺曰誰爲爲之孰令聽之（言無知己者雖爲之又誰令聽之也）蓋鍾子期死伯牙終身不復鼓琴（伯牙鼓琴子期聽之伯牙鼓琴志在泰山子期曰善哉乎若泰山志在流水子期曰湯湯乎若流水子期死伯牙終身不復鼓琴以爲世無足爲鼓琴者也）何則士爲知己用女爲說己容（說讀曰悅）若僕大質已虧缺雖材懷隨和行若由夷（隨侯珠和氏璧由許由夷伯夷也）終不可以爲榮適足以發笑而自點耳（點汙也）書辭宜答（宜早答）會東從上來又迫賤事（卑賤之事也）相見日淺卒卒無須臾之閒得竭指意（卒卒促遽之意也）今少卿抱不測之罪涉旬月迫季冬僕又薄從上上雍恐卒然不可諱（不可諱謂死也）是僕終已不得舒憤懣以曉左右（懣煩悶也）則長逝者魂魄私恨無窮（謂死也）請略陳固陋闕然不報幸勿過（請中間久不報也）僕聞之修身者智之府也（府者所聚也）愛施者仁之端也取予者義之符也（符信也）恥辱者勇之決也立名者行之極也士有此五者然後可以託於世列於君子之林矣故禍莫憯於欲利（憯痛也）悲莫痛於傷心行莫醜於辱先而詬莫大於宮刑（詬恥也）刑餘之人無所比數非一世也所從來遠矣昔衛靈公與雍渠載孔子適陳（雍渠衛靈公之宦者也）商鞅因景監見趙良寒心（景監秦之宦者也趙良賢者）同子參乘袁絲變色（同子趙談也與遷父同諱故曰同子）自古而恥之夫中材之人事關於宦豎莫不傷氣況忼慨之士乎（忼苦朗切）如今朝雖乏人奈何令刀鋸之餘薦天下豪俊哉僕賴先人緒業得待罪輦轂下二十餘年矣（從天子之車輿也）所以自惟（惟思也）上之不能納忠效信（效致也）有奇策材力之譽自結明主次之又不能拾遺補闕招賢進能顯巖穴之士外之不能備行伍攻城野戰有斬將搴旗之功（搴拔也）

下之不能累日積勞取尊官厚禄以為宗族交遊光寵四者無一遂苟合取容無所短長之效可見於此矣鄉者僕亦嘗厠下大夫之列(師古曰太史令秩比下大夫陪讀曰倍)陪外廷末議不以此時引維綱盡思慮今已虧形為埽除之隸在闒茸之中(闒茸猥賤也闒下也茸細毛也言非豪傑也闒吐合切茸人勇切)迺欲卬首信眉論列是非(卬讀曰仰信讀曰伸列陳也)不亦輕朝廷羞當世之士邪(羞辱也)嗟乎嗟乎如僕尚何言哉且事本末未易明也僕少負不羈之行長無鄉曲之譽(不羈言其材質高遠不可羈繫也負者亦言先此事也)主上幸以先人之故使得奏薄技出入周衛之中(薄技薄材也周衛言宿衛周密也)僕以為戴盆何以望天(頭戴盆則不得望天望天則不得戴盆事不可兼施言已方有所營不暇脩人事也言營職務未論造賓也)故絕賓客之知忘室家之業日夜思竭其不肖之材力務一心營職以求親媚於主上而事乃有大謬不然者夫僕與李陵俱居門下素非相善也趣舍異路(趣所嚮也舍所廢也)未嘗銜杯酒接殷勤之歡然僕觀其為人自奇士事親孝與士信臨財廉取予義分別有讓恭儉下人



常思奮不顧身以徇國家之急(徇從也營也)其素所畜積也(畜讀曰蓄)僕以為有國士之風夫人臣出萬死不顧一生之計赴公家之難斯已奇矣今舉事一不當而全軀保妻子之臣隨而媒孽其短(媒謂遘會之也孽謂為生其罪釁也媒如媒妁之媒孽如麴孽之孽一曰齊人謂麴餅為媒也)僕誠私心痛之且李陵提步卒不滿五千深踐戎馬之地足歷王庭垂餌虎口橫挑彊胡(挑音徒了切)卬億萬之師(卬讀曰仰漢軍北向匈奴南向故云仰也)與單于連戰十餘日所殺過當(率計戰士殺敵多於所當也)虜救死扶傷不給(給猶足也)旃裘之君長咸震怖迺悉徵左右賢王舉引弓之民(能引弓者皆發之)一國共攻而圍之轉鬭千里矢盡道窮救兵不至士卒死傷如積然李陵一呼勞軍(呼火故切勞力到切)士無不起躬流涕沬血飲泣張空弮冒白刃北首爭死敵(沬音頮弮弩弓也沬古頮字頮洒面也言流血在面如頮也冒莫克切首式救切字從午未之未弮去權切又音眷或讀為拳以為拳擊之拳大誤矣拳則屈指不當言其張也矢盡故張空弩之空弓非是手拳也)陵未沒時使有來報漢公卿王侯皆奉觴上壽後數日陵敗書聞主上為之食不甘味聽朝不怡大臣憂懼不知所

出僕竊不自料其卑賤(料量也)見主上慘悽怛悼誠欲效其款款之愚以為李陵素與士大夫絕甘分少(絕甘言自絕甘而與衆人共之分少者分多與人也)能得人之死力雖古名將不過也身雖陷敗彼觀其意且欲得其當而報漢(欲於匈奴立功以其當報漢之罪)事已無可柰何其所摧敗功亦足以暴於天下(謂摧敗匈奴之兵也)僕懷欲陳之而未有路適會召問即以此指推言陵功(指意也)欲以廣主上之意塞睚眦之辭未能盡明(睚皆舉目皆也眦之貌也睚音崖皆音士懈切)明主不深曉以為僕沮貳師而為李陵游說(沮毀壞也)遂下於理拳拳之忠終不能自列(拳拳忠謹之貌劉向傳作惓惓字音義同列陳也)因為誣上卒從吏議(卒終也)家貧財賂不足以自贖交遊莫救左右親近不為一言身非木石獨與法吏為伍深幽囹圄之中誰可告愬者此正少卿所親見僕行事豈不然邪李陵既生降隤其家聲(家世為將有名聲陵降而隤之也隤音頹)而僕又茸以蠶室(茸音人勇切推也蠶室初腐刑所居溫密之室也謂推致蠶室之中也)重為天下觀笑(觀觀之觀)悲夫悲夫事未易一二為俗人言也僕之先人非有剖符丹



書之功文史星歷近乎卜祝之間固主上所戲弄倡優畜之流俗之所輕也假令僕伏法受誅若九牛亡一毛與螻螘何異(螻螻蛄也螘蚍蜉也皆蟲之微小者螻音婁)而世又不與能死節者比(與許也不許其能死節)特以為知窮罪極不能自免卒就死耳何也素所自樹立使然人固有一死死有重於太山或輕於鴻毛用之所趨異也(趨嚮也)太上不辱先其次不辱身其次不辱理色其次不辱辭令其次詘體受辱其次易服受辱其次關木索被箠楚受辱(箠杖也)其次鬄毛髮嬰金鐵受辱(嬰繞也鬄音剃)其次毀肌膚斷支體受辱最下腐刑極矣傳曰刑不上大夫此言士節不可不厲也猛虎處深山百獸震恐及其在穽檻之中搖尾而求食(穽謂陷地以為阱也)積威約之漸也故士有畫地為牢勢不入削木為吏議不對定計於鮮也(未遇刑自殺為鮮明也)今交手足受木索暴肌膚受榜箠幽於圜牆之中(圜牆獄也周禮謂之圜土)當此之時見獄吏則頭搶地(搶千羊切)視徒隸則心惕息(惕懼也息喘息也)何者積威約之執也及已至

此言不辱者所謂彊顔耳曷足貴乎(彊其兩切)且西伯伯也拘牖里李斯相也具五刑淮陰王也受械於陳(高祖偽遊雲夢而信至陳上謁因執械之)彭越張敖南鄉稱孤繫獄具罪(或繫於獄或至大罪也)絳侯誅諸呂權傾五伯囚於請室(師古曰請室請罪之室)魏其大將也衣赭關三木(三木在頸及手足)季布為朱家鉗奴灌夫受辱居室此人皆身至王侯將相聲聞鄰國及罪至罔加不能引決自財(財與裁同古通用字)在塵埃之中古今一體安在其不辱也由此言之勇怯勢也彊弱形也審矣曷足怪乎且人不能蚤自財繩墨之外已稍陵夷至於鞭箠之間迺欲引節斯不亦遠乎古人所重施刑於大夫者殆為此也(重難也)夫人情莫不貪生惡死念親戚顧妻子至激於義理者不然(言激於義理者則不顧親與妻子)迺有不得已也今僕不幸蚤失二親無兄弟之親獨身孤立少卿視僕於妻子何如哉且勇者不必死節怯夫慕義何處不勉焉(言怯懦之人覺於分理未必能死名節懦之人心猶勉勵而能自勉也)僕雖怯耎欲苟活(耎柔弱也耎人兖切)亦頗識去就之分矣何至自湛



溺累紲之辱哉(累讀曰縲力追切)且夫臧獲婢妾猶能引決(方言海岱之間罵奴曰臧罵婢曰獲燕之北郊民而聲婢謂之獲女而婦奴謂之臧)況若僕之不得已乎所以隱忍苟活函糞土之中而不辭者恨私心有所不盡鄙沒世而文采不表於後也古者富貴而名摩滅不可勝記唯俶儻非常之人稱焉蓋西伯拘而演周易仲尼戹而作春秋屈原放逐乃賦離騷左丘失明厥有國語孫子臏腳兵法脩列(孫子與龐涓學而為所斷足)不韋遷蜀世傳呂覽(呂氏春秋有八覽六論)韓非囚秦說難孤憤(說難孤憤韓子之篇名)詩三百大氐賢聖發憤之所為作也(氐歸也音丁禮切)此人皆意有所鬱結不得通其道故述往事思來者(令將來之人見己志也)及如左丘無目孫子斷足終不可用退論書策以舒其憤思垂文以自見(見胡電切)僕竊不遜近自託於無能之辭網羅天下放失舊聞考之行事稽其成敗(稽計也)興壞之理凡百三十篇亦欲以究天人之際通古今之變成一家之言草創未就適會此禍惜其不成是以就極刑而無慍色僕誠已著此書藏之名山傳之

其人通邑大都(其人謂能行其書者)則僕償前辱之責雖萬被戮豈有悔哉然此可為智者道難為俗人言也且負下未易居下流多謗議僕以口語遇遭此禍重為鄉黨戮笑汙辱先人亦何面目復上父母之丘墓乎雖累百世垢彌甚耳是以腸一日而九回居則忽忽若有所亡出則不知所如往(如亦往也)每念斯恥汗未嘗不發背霑衣也身直為閨閤之臣寧得自引深藏於巖穴邪故且從俗浮湛與時俯仰(湛讀曰沈)通其狂惑今少卿迺教以推賢進士無迺與僕之私指謬乎(指意也)今雖欲自彫瑑(瑑刻也瑑音篆)曼辭以自解(曼美也曼音萬)無益於俗不信祗取辱耳(迺適也)要之死日然後是非迺定書不能盡意故略陳固陋遷既死後其書稍出宣帝時遷外孫平通侯楊惲祖述其書遂宣布焉惲為諸吏光祿勳封平通侯免為庶人惲既失爵位家居治產業起室宅以財自娛歲餘其友人安定太守西河孫會宗知略士也與惲書諫戒之為言大臣廢退當闔門皇懼為可憐之意(闔閉也)不當治產業通



賓客有稱譽惲宰相子少顯朝廷一朝晻昧語言見廢(晻與暗同)內懷不服報會宗書曰惲材朽行穢文質無所底(底致也)幸賴先人餘業得備宿衛遭遇時變以獲爵位終非其任卒與禍會(卒終也)足下哀其愚蒙賜書教督以所不及(蒙蔽也督視也)殷勤甚厚然竊恨足下不深惟其終始(惟思也)而猥隨俗之毀譽也(猥曲也)言鄙陋之愚若逆指而文過(逆違足下之指而自文飾其過)默而息乎違孔氏各言爾志之義(論語孔子曰盍各言爾志故惲引之)故敢略陳其愚唯君子察焉惲家方隆盛時乘朱輪者十人位在列卿爵為通侯總領從官與聞政事(與讀曰豫)曾不能以此時有所建明以宣德化又不能與群寮同心并力陪輔朝廷之遺忘已負竊位素餐之責久矣(素空也)(竊其祿空食祿)懷祿貪勢不能自退遭遇變故橫被口語(橫音胡孟切)身幽北闕妻子滿獄當此之時自以夷滅不足以塞責(塞補也)豈意得全首領復奉先人之丘墓乎伏惟聖主之恩不可勝量君子游道樂以忘憂小人全軀說以忘罪(說讀曰悅)竊自思念過已大矣行

已斷矣長爲農夫以沒世矣是故身率妻子戮力耕桑灌園治產以給公上(訖縣官賦斂也)不意當復用以爲譏議也夫人情所不能止者聖人弗禁故君父至尊親(父至親君至尊)送其終也有時而旣(喪不過三年臣見放逐降居三月復初身已也)臣之得罪已三年矣田家作苦歲時伏臘亨羊炰羔斗酒自勞(炰毛炙肉也卽今所謂爊也炰音步交切爊音一高切)家本秦也能爲秦聲婦趙女也雅善鼓瑟奴婢歌者數人酒後耳熱仰天拊缶(缶瓦器也秦人擊之以節歌缶卽今之盆類也)而呼嗚嗚(李斯上書云擊甕叩缶彈箏搏髀而歌呼嗚嗚快耳者眞秦聲也是關中舊有此曲也)其詩曰田彼南山蕪穢不治種一頃豆落而爲萁人生行樂耳須富貴何時(山高而在陽人君之象也蕪穢不治言朝廷之荒亂也一頃百畝以喻百官也言豆者貞實之物當在囷倉零落在野喻己見放棄也萁曲而不直言朝廷皆諂諛也萁豆莖也)是日也拂衣而喜奮褏低卬(褏古袖字)頓足起舞誠淫荒無度不知其不可也(自謂爲可也)惲幸有餘祿方糴賤販逐什一之利此賈豎之事汙辱之處惲親行之下流之人衆毀所歸不寒而栗(栗竦縮也)雖雅知惲者猶隨風而靡(言逐衆議皆相毀也)尚何稱譽之有董生不云乎



明明求仁義常恐不能化民者卿大夫意也明明求財利常恐困乏者庶人之事也(引董仲舒之辭也仲舒傳作皇皇)故道不同不相爲謀今子尚安得以卿大夫之制而責僕哉夫西河魏土文侯所興有段干木田子方之遺風(段干木田子方魏賢人也)漂然皆有節槩知去就之分(漂然高遠意槩度量也漂音匹由切槩音工代切分音扶問切)頃者足下離舊土臨安定山谷之間昆戎舊壤(昆夷之地也)子弟貪鄙豈習俗之移人哉於今迺睹子之志矣(言安定貪鄙之俗而移其操本平生謂子爲達道今乃見子之志與我不同也)方當盛漢之隆願勉旃毋多談

後漢馮衍以計說更始尚書僕射行大將軍事鮑永永以爲立漢將軍與上黨太守田邑等繕甲養士扞衞幷土及世祖卽位邑聞更始敗乃遣使詣洛陽獻璧馬卽拜爲上黨太守因背前約遣使者招永衍永衍等疑不肯降而忿邑(衍與邑素誓刎頸俱受重任)衍乃遺邑書曰蓋聞晉文出奔而子犯宣其忠(晉公子重耳避驪姬之難出奔從者輔令反國遂爲霸主子犯卽狐偃字也)趙武逢難而程嬰明其賢(趙盾晉卿生趙朔朔娶晉成公姊爲夫人晉景公三年大夫屠岸賈誅趙氏殺趙朔滅其族朔妻有遺腹走公宮匿趙朔客程嬰公孫杵臼謂嬰曰胡不死程嬰曰朔之婦有遺腹若幸而生男吾奉之卽女也吾徐死耳居無何而朔妻生男屠岸賈聞之乃索於宮中夫人置兒絝中祝曰趙宗滅乎若號卽不滅若無聲及索兒竟無聲程嬰曰今一索不得後必復索之杵臼乃取他嬰兒負之匿山中諸將共攻殺杵臼幷孤兒然趙氏眞孤乃在程嬰所卽趙武也居十五年晉景公乃立趙武爲卿而復其田邑)二子之義當矣今三王背畔赤眉危國(三王見更始傳)天下蟻動社稷顚隕(墜也音于敏切)是忠臣立功之日志士馳馬之秋也伯玉(田邑字也)擢選剖符專宰大郡(文帝初與郡守始爲銅虎符竹使符分符者一以爲瑞信剖卽分也)夫上黨之地有四塞之固東帶三關西爲國蔽(三關謂上黨壺口關井陘關也陘音形)奈何舉之以資讎敵開天下之凶假仇讎之刃豈不哀哉(張儀說楚王曰秦下甲攻衞陽晉大關天下胷李斯曰所謂借寇兵而齎盜糧也)衍聞之委質爲臣無有二心(委質猶屈膝也左傳曰策名委質貳乃辟也居死二心古之制也)挈瓶之智守不假器是以晏嬰臨盟擬以曲戟不易其辭(齊大夫崔杼弒齊莊公乃劫諸大夫盟有敢不盟者戟鉤其頸劍承其心曰不與崔氏而與公室者受其不祥視之言不疾指不至血者死所殺者七人而後及晏子晏子奉血仰天曰崔氏無道而殺其君若有能復崔氏而不與盟神視之遂仰而歃血崔氏曰晏子與我則齊國吾與共之不與我則戟在脰劍在心子圖之晏子曰劫吾以刃而失其意非勇也回吾以利而背其君非義也詩云愷悌君子求福不回嬰可回而求福乎劍刃之直兵推之嬰不革矣崔子遂舍之)



謝息守郕脅以晉魯不喪其邑(魯孟孫之家臣謝息爲孟孫守郕邑昭公如楚謝息爲孟孫守郕邑晉人來理杞田季孫將以郕邑與之謝息不可曰夫子從君而守臣喪邑雖吾子亦有猜焉季孫曰君之在楚於晉罪也又不聽晉魯罪重矣晉師必至吾無以待之謝息曰古人有言挈瓶之知守不假器季孫曰吾與子桃辭以無山與之萊柞乃遷於桃口挈瓶汲器喻小智也魯國卞縣東南有桃虛萊柞二山名)由是言之內無鉤頸之禍外無桃萊之利(謝息得桃邑萊山故言無桃萊之利也)而被畔人之聲蒙降城之恥竊爲左右羞之且邾庶其竊邑畔君以要大利曰賤而必書莒牟夷以土地求食而名不滅是以大丈夫動則思禮行則思義未有背此而身名能全者也(庶其邾大夫以邾邑漆閭丘奔魯言竊邑畔君以要利也牟夷莒人以牟婁及防茲來奔昭公三十一年邾黑肱以濫來奔左傳曰以地畔雖賤必書地以名其人終爲不義不可滅已是故君子動則思禮行則思義或求名而不得或欲蓋而名章此所謂三畔人名者也)爲伯玉深計莫若與鮑尚書同情戮力顯忠貞之節立超世之功如以尊親係累之故能捐位投命歸之尚書大義旣全敵人紓怨(紓緩也音舒)上不損剖符之責下足救老幼之命申眉高談無愧天下若乃貪

虞之權，供全邦之寶，術恐伯玉必懷周趙之憂，上黨復有前年之禍，趙孝成王時，韓上黨太守馮亭使人召趙曰：韓不守上黨，入之秦，其吏人皆安為趙，不欲為秦，有城市邑十七，願再拜入之趙。趙王大喜，召平陽君豹告曰：馮亭入城市邑十七，受之何如？豹對曰：聖人甚禍無故之利。夫秦蠶食韓氏地，中絕不令相通，謂此所以不入於秦者，欲嫁其禍於趙也。趙王不聽，遂發兵取上黨。於是秦人圍趙長平，其卒四十萬，又圍邯鄲。又及西周拔之，故言懷周趙之憂。前年衍從時。昔晏平仲納延陵之誨，終免欒高之難；延陵季子，吳公子季札所封，故以號焉。季札聘於齊，說晏平仲曰：子速納邑與政，無邑無政，乃免於難。晏子因陳桓子以納邑與政，是以免於欒高之難。欒高，齊大夫。魯昭公八年，欒高作難。晏子謂于三孫林父違穆子之戒，故陷終身之惡。孫林父，衛大夫孫文子也；穆子，魯大夫叔孫豹也。衛侯使孫林父聘魯，且尋盟，公登亦登。叔孫穆子相，趨進曰：諸侯之會，寡君未嘗後衛君，今吾子不後寡君，寡君未知所過，吾子其少安。孫子無辭，亦無悛容。穆叔曰：孫子必亡，為臣而君，過而不悛，亡之本也。至魯襄十四年，孫林父逐衛獻公，公復入國，林父遂以戚邑畔，是陷於終身之惡。以為伯王聞此至言，必若刺心，自非嬰城而堅守，則策馬而不顧也。下諸蹈禍而已。聖人轉禍而為福，智士因敗以成勝，願自彊於時，無與俗同。邑報書曰：僕雖駑怯，亦欲為人者也，豈苟貪生而畏死哉！曲戟在頸，不易其心，誠僕志也。間者老母諸弟見執於軍，而邑



安然不顧者，豈非重其節乎？若使人居天地，壽如金石，要長生而避死地可也。今百齡之期，未有能至，老壯之間，相去幾何。誠使故朝尚在，忠義可立，雖老親受戮，妻兒橫分，邑之願也。間者上黨黠賊，大眾圍城，義兵兩輩，入據井陘，邑親潰敵圍，拒挫強宗，正時到自試智勇，非不能當，誠知故朝為兵所害，新帝司徒已定三輔，謂京兆、馮翊、扶風也。隴西北地，從風響應，其事昭昭，日月經天，河海帶地，不足以比。言明白也。死生有命，富貴在天，天下存亡，誠云命也。邑雖沒身，能如命何？夫人道之本，有恩有義，義有所宜，恩有所施。君臣大義，母子至恩，今故主已亡，義無所誰為；老母拘執，恩所當留。而厲以貪權，誘以策馬，抑其利心，必其不顧，何其愚乎！邑年三十，歷位卿士，性少嗜慾，情厭事為，況今位尊身危，財多命殆，鄙人知之，何疑君子。君長敬通君長，鮑永字也。揭節垂組，自相署立，揭音其謁切，謂負也。蓋仲由使門人為臣，孔子譏其欺天。孔子有疾，仲由欲使門人為臣，以大夫之禮葬孔子。孔子謂曰：由之行詐也，吾誰欺？欺天乎！君長據位兩州，加以一部，謂并州永行州

軍事，安集并州，領五郡也。太原與太原李忠序同心。而河東畔國，兵不入彘，彘縣屬河東郡，言河東畔也。不入彘言不敢之也。為河東郡帳守日永安。上黨見圍，不窺大谷，大谷助上黨之路也。大谷自太原越上黨之道，不窺言不求救也，今介休太谷縣西有大谷是也。宗正臨境，莫之能援，兵威折厚，國權日損，三王背叛，赤眉害主，未見兼行倍道之赴，若墨翟累繭救宋，申包胥重胝存楚，衛女馳歸唁兄之志，衛女為許穆公夫人，其兄即衛懿公，為狄所滅，戴公乃立，盧於曹邑，許穆夫人閔衛之亡，思歸唁之不得，乃賦載馳之詩。主亡一歲，莫知定所，虛其妄言，苟肆鄙塞，未能事生，安能事死？未知為臣，焉知為主？豈厭為臣子，思為君父乎？欲搖太山而蕩北海，言不可也。孟子曰：挾太山以超北海。挾事敗身危，要思邑言。衍不從，或訛言更始隨赤眉在北，求衍信之，故屯兵界休，又遣子婿張舒誘降涅城，舒家在上黨，邑悉繫之。邑又書勸永降曰：愚聞大夫不擇故而改圖，哲士不徼幸而出危。今君長故主敗不能死，新帝立不肯降，擁眾而據壁，欲與六國之從，與邑同事一朝，內為刎頸之盟，與兵背畔，攻取涅城，破君長之國，壞父母之鄉，首難結怨，輕



弄凶器，人心難知，何意君長當為此計？昔者韓信將兵無敵，天下功不世出，略不再見，威執項羽，名出高帝，不知天時，就烹於漢。智伯分國，既有三晉，欲大無已，身死地分，頭為飲器。君長御命出征，擁帶徒士，上黨阸不能救，河東畔不能取，朝有顛危之國，有分離之禍，上無仇牧之節，下無不占之志，天之所壞，人不能支。君長將兵，不與韓信同日而論；威行得眾，不及智伯萬分之半。不見天時，不知厭足，欲明人臣之義，當先知故主之未然；欲貪天下之利，宜及新主之未為。今故主已敗，新主既成，四海為羅網，天下為敵人，舉足遇害，動搖觸禁，履深泉之薄冰，不為嗷涉千鈞之發機，不知懼，何如其知也。絕鮑氏之姓，廢子都之業，誦堯之言，服桀之行，悲夫命也！張舒內行邪孽，不遵孝友，疏其父族，外附妻黨，已收三族，將行其法，能逃不自詣者舒也，能與舒宗者子也。永、邑遂結怨焉。

馮衍為南郡太守，與竇伯尚書曰：孟陵奴來，賜兒子蹏徽壽何

（畢次於面也書雖兩紙每紙八行行七字）

趙壹漢陽人抵罪幾至死友人救得免壹乃貽書謝恩曰昔原大夫贖桑下絶氣傳稱其仁（原大夫謂趙盾也諸曰宣孟將之絳見翳桑之下有餓人宣孟與脯二朐拜受之不敢食問其故曰臣有母將以遺之宣孟更賜之脯二束遂去贖即續也翳古委字也）秦越人還虢太子結脈世著其神（扁鵲姓秦名越人過虢虢太子死扁鵲曰臣能生之若太子病所謂尸蹶也乃使弟子子陽厲鍼砥石以取三陽五會有閒太子蘇）設曩之二人不遭仁遇神則結絶之氣竭矣然而糒脯出乎車軨（軨車轖間橫木）鍼石運乎手爪（古者以砭石為鍼凡鍼之法右手象天左手法地彈而怒之搔而下之此運手爪也砭音必廉切）今所賴者非直車軨之糒脯手爪之鍼石也乃收之於斗極還之於司命（司命文昌中星）使乾皮復含血枯骨復被肉允所謂遭仁遇神真所宜傳而著之余畏禁不敢班班顯言（班班明貌）竊為窮鳥賦一篇後上計名動京師士大夫想望其風采及西還道經弘農過候太守皇甫規門者不即通壹遂遁去門吏懼以白之規聞壹名大驚乃追書謝曰蹉跌不面企德懷風虛心委質為日久矣側聞仁者愍其區區



冀承清誨以釋遙悚今旦外白有一尉兩計吏不道屈尊門下（尊謂壹也嚴之出乎為尊）更啟乃知已去如印綬可投夜豈待旦惟君明睿平其夙心寧當慢傲加於所天（平怨也尊敬壹故稱為所天）事在悖惑不足具責儻可原察追修前好則何福如之謹遣主簿奉書下筆氣結汗流竟趾壹報曰君學成師範搢紳歸慕仰高希驥歷年滋多（詩曰高山仰止景行行止法言曰希驥之馬亦驥之乘希顏之人亦顏之徒希慕也）旋轅兼道渴於言侍沐浴晨興昧旦守門實望仁兄昭其懸遲（懸心遲仰之）以貴下賤握髮垂接（易曰以貴下賤大得人也周公一沐三握髮以接天下之士）高可敷翫墳典起發聖意下則抗論當世消弭時災豈悟君子自生怠倦失恂恂善誘之德同亡國驕惰之志（恂恂恭順貌）蓋見機而作不俟終日是以夙退自引畏使君勞昔人或歷說而不遇或思士而無從皆歸之於天不尤於物今壹自譴而已豈敢有猜仁君忽一匹夫於德何損而遠辱手筆追路相尋誠足愧也壹之區區曷云量已其嗟可去謝也可食（禮記齊大飢黔敖為食於路以待餓者有蒙袂輯屨貿貿而來曰嗟來食曰余唯不食嗟來之食以至於斯從而謝之終不食而死仲尼曰其嗟也可去其謝也可食）誠則頑薄實識其趣但關節疢動膝炙壞潰（人有四關下二節）請俟它日乃奉其情輒誦來貺永以自慰遂去不顧州郡爭致禮命十辟公府並不就終於家

孔融字文舉漢末會稽太守王朗為孫策所敗太祖表徵之朗被徵未至融與朗書曰世路隔塞情問斷絶感懷增思前見表章知尋湯武罪己之迹自投東裔同鯀之罰覽省未周涕隕潸然主上寬仁貴德宥過曹公輔政思賢並立策書屢下殷勤款至知櫂舟浮海息駕廣陵不意黃能突出羽淵也談笑有期勉行自愛又張紘既好文學又善楷篆嘗與融書融遺紘書曰前勞手筆多篆書每舉篇見字欣然獨笑如復覩其人也孫權討江夏命紘居守融遺紘書曰聞大軍西征足下留鎮不有居者誰守社稷深固折衝亦大勳也無乃李廣之氣僉髮益怒樂一當單于以盡餘憤乎南北並定世將無事孫叔投戈絳灌俎豆亦在今日但用離析無緣會面為愁歎耳道直途清相見豈復難哉融後為少府



劉表為荊州牧與袁尚書說其兄弟分爭之變曰每與劉左將軍孫公祐共論此事未嘗不痛心入骨相為悲傷也

冊府元龜卷第九百三

# 冊府元龜卷第九百四

總録部

## 書信第二

魏王朗東海人魏初爲公輔時許靖入蜀爲司徒與朗親善朗與文休靖書曰文休足下消息平安甚善甚善豈意脱别二十餘年而無相見之緣乎詩人比一日之别於歳月豈况悠悠歴累紀之年者哉自與子别若没而復浮若絶而復連者數矣而今而後居升平之京師攀附於飛龍之聖主儕輩略盡幸得老與足下並爲遺種之叟而相去數千里加有邅蹇之隔時聞消息於風聲託舊情於思想眇眇異處與異世無以異也往者隨軍到荆州見鄧子孝桓元將粗聞足下動静云夫子既在益州執職領郡德素規矩老而不墮是時侍宿武皇帝於江陵劉景升聽事之上共道足下於通夜拳拳饑渴誠無已也自天子在東宫及即位之後每會羣賢論天下髦俊之所見在者豈獨人



盡易爲英士鮮易取敬故乃猥以原壤之朽質感夫子之清聽每叙足下以爲謀首豈其注意乃復過於前世書曰人惟求舊易稱同聲相應同氣相求劉將軍之與大魏兼而兩之總此二義前世邂逅以同爲睽非武皇帝之旨頃者蹉跌其泰而否亦非足下之意也深思書易之義利結分於宿好故遣降者送吴所獻致名馬貂罽得因無嫌道初開通展叙舊情以達聲問久闊情慉非夫筆墨所能寫陳亦想足下同其志念今者親生男女凡有幾人年並幾何僕連失一男一女今有二男大兒名肅年二十九生於會稽小兒纔歳餘臨書愴恨有懷緬然又曰過過聞受終於文祖之言於尚書又聞歴數在躬允執其中之文於論語豈自意得於老耄之齒正值天命受於聖主之會親見三讓之弘辭觀衆瑞之總集覩升堂穆穆之盛禮瞻燔燎焜燿之之青煙于時怨自以爲處唐虞之運際於紫微之天庭也徒慨不得攜子之手共列于世有二子之數以聽有唐欽哉之命也子雖在裔土想亦極目而回望側耳而遐聽延頸而鶴立也昔汝南陳公初拜不依故常讓上卿於李元禮以此推之吾宜退身以避子位也苟得避子以竊讓名然後緩帶委質游談於平敎之間與子共陪紆時避地之艱辛樂酒酣謙高談大噱亦足遺憂而忘老捉筆東望有隨以喜笑又曰前夏有書而未達今重有書而并致前問皇帝既深悼劉將軍之早世又愍其孤之不易又惜使足下孔明等士人氣類之徒遂沈溺於羌夷異種之間永與華夏乖絶而無朝聘中國之期絶曠晞故士桑梓之望也故復運慈念而勞仁心重下明詔以發德音申勑朗等使重爲書與足下等以足下聰明揆殷勤之聖意亦足悟海岱之所常在知百川之所宜注矣昔伊尹去夏而就殷陳平違楚而歸漢猶曜德於阿衡著功於宰相若足下能弼人之遺孤定人之猶豫去非常之僞號事受命之大魏客士兼不世之榮名上下蒙不朽之常懽功與事並聲與勳著考績效足以超越伊呂矣



既承詔直且服舊之情情不能已若不言足下之所能隙足下之所見則無以宣明詔命弘光大之恩叙宿昔夢想之思若天啓衆心子導蜀意誠此意有攜手之期若險路未夷子謀不從則懼聲問或否復面何由前來二書言每及斯希不切然有動於懷足下周游江湖以暨南海歴觀夷俗可謂偏矣想子之心結思華夏可謂深矣爲身擇居猶願中土爲主擇居安豈可以不夢於京師而持疑於荒裔乎詳思愚言速示還報也又漢末劉繇字正禮爲揚州刺史袁術不敬之州南保豫章駐彭澤避術後孫策西伐江夏還過豫章收載繇喪善遇其家朗遺策書曰劉正禮昔初臨州未能自達實賴尊門爲之先後用能濟江成治有所處定踐境之禮感分結好情在終始後以袁氏之嫌稍更乖剌更以同盟還爲讎敵原其本心實非所樂康寧之後常願渝平更成復踐宿好一爾分離款意不昭奄然殞可爲傷恨知敦以舊好深意以報怨収骨育孤哀亡愍存損既往

之情保六尺之託誠深恩重分義名厚實也昔魯人雖有齊怨不廢喪紀春秋謂之得禮誠良史之所宜藉鄉校之所歎聞正禮元子致有志操憲必有以殊異威盛刑行施之以恩不亦優哉

鍾繇爲相國策罷就第吳孫權稱臣斬送関羽太子書報繇繇荅書曰臣同郡故司空荀爽言人當道情愛我者一何可愛憎我者一何可憎顧念孫權了更嫵媚太子又書曰得報知喜南能離手若權復黠當折以汝南許邵月旦之評權優游二國俯仰荀許亦已足矣

楊脩字德祖謙恭才博爲丞相主簿是時臨菑侯植以才捷愛幸來意投脩數與脩書書曰數日不見思子爲勞想同之也僕少好辭賦迄至于今二十有五年矣然今世作者可略而言也昔仲宣獨步於漢南孔璋鷹揚於河朔偉長擅名於青土公幹振藻於海隅德璉發迹於大魏足下高視於上京當此之時人人自謂握靈蛇之珠家家自謂抱荊山之玉也吾王於是設



天網以該之頓八紘以掩之今盡集茲國矣然此數子猶不能飛軒絕迹一舉千里也以孔璋之才不閑辭賦而多自謂與司馬長卿同風譬畫虎不成還爲狗者也前爲書嘲之反作論盛道僕贊其文夫鍾期不失聽于今稱之吾亦不敢妄歎者畏後之嗤余也世人著述不能無病僕常好人譏彈其文有不善者應時改定昔丁敬禮嘗作小文使僕潤飾之僕自以才不能過若人吾自得之後世誰相知定吾文者邪吾常歎此達言以爲美談昔尼父之文辭與人通流至於制春秋游夏之徒不能措一字過此而言不病者吾未之見也蓋有南威之容乃可以論於淑媛有龍淵之利乃可以議於斷割劉季緒才不逮於作者而好詆訶文章掎摭利病昔田巴毀五帝罪三王呰五伯於稷下一旦而服千人魯連一說使終身杜口劉生之辯未若田氏今之仲連求之不難可無歎息乎人各有所好尚蘭茝蓀蕙之芳衆人之所好而海畔有逐臭之夫咸池六英之發衆人所樂而墨翟有非之之論豈可同哉今往僕少小所著辭賦一通相與夫街談巷說必有可采擊轅之歌有應風雅匹夫之思未易輕棄也辭賦小道固未足以揄揚大義彰示來世也昔揚子雲先朝執戟之臣爾猶稱壯夫不爲也吾雖薄德位爲藩侯猶庶幾勠力上國流惠下民建永世之業流金石之功豈徒以翰墨爲勳績辭頌爲君子哉若吾志不果吾道不行亦將採史官之實録辯時俗之得失定仁義之衷成一家之言雖未能藏之名山將以傳之同好此要之白首豈可以今日論乎其言之不怍恃惠子之知我也明早相迎書不盡懷脩荅曰不待數日若彌年載豈獨愛顧之隆使係仰之情深邪損辱來命蔚矣其文誦讀反覆雖諷雅頌不復過也若仲宣之擅江表陳氏之跨冀域徐劉之顯青豫應生之發魏國斯皆然矣至如脩者聽采風聲仰德不暇目周章於省覽何惶駭於高視哉伏惟君侯少長貴盛體旦發之質有聖善之教遠近觀者徒謂能宣昭懿德光



賛大業而已不謂復能兼覽傳記留思文章今乃含王超陳度越數子觀者駭視而拭目聽者傾首而竦耳非夫體通性達受之自然其誰能至於此乎又嘗親見執事握牘持筆有所造作若成誦在心借書於手曾不斯須少留思慮仲尼日月無得踰焉脩之仰望殆如此矣是以對鶡而辭作暑賦彌日而不獻見西施之容歸憎其貌者也伏想執事不知其然猥受顧賜教使刊定春秋之成莫能損益呂氏淮南字直千金然而弟子鉗口市人拱手者聖賢卓犖固所以殊絕凡庸也今之賦頌古詩之流不更孔公風雅無別爾脩家子雲老不曉事彊著一書悔其少作若此仲山周旦之徒則皆有愆乎君侯忘聖賢之顯迹述鄙宗之過言竊以爲未之思也若乃不忘經國之大美流千載之英聲銘功景鍾書名竹帛此自雅量素所蓄也豈與文章相妨害哉輒受所惠竊備矇瞍誦詠而已敢望惠於以忝莊氏季緒瑣瑣何足以云其相往來如此甚數

蜀許靖爲御史丞漢末避難在交州鉅鹿張翔銜王命使交部乘勢募靖欲與誓要靖拒而不許靖與曹公書曰北路戎夷禍亂遂合駑怯偷生自竄蠻貊成闊十年吉凶禮廢昔在會稽得所貽書辭旨款密久要不忘迫於袁術放命圮族扇動群逆津塗四塞雖縣心北風欲行靡由正禮師退術兵前進會稽傾覆景興失據三江五湖皆爲虜庭臨時困厄無所控告便與袁沛鄧子孝等浮涉滄海南至交州經歷東甌閩越之國行經萬里不見漢地漂薄風波絶糧茹草饑殍荐臻死者太半既濟南海與領守兒孝德相見知足下忠義奮發整飭元戎西迎大駕巡省中嶽承此休問且悲且喜即與袁沛及徐元賢復共嚴裝欲北上荆州會蒼梧諸縣夷越蠭起州府傾覆道路阻絶元賢被害老弱並殺靖尋循渚岸五千餘里復遇疾厲伯母隕命并及群從自諸妻子一時略盡復相扶持前到此郡計爲兵害及病亡者十遺一二生民之艱辛苦之甚豈可具陳哉懼卒顛仆永爲亡虜憂瘁慘慘忘寢與食欲附奉朝貢使自獲濟通歸死闕庭而荆州水陸無津交部驛使斷絶欲上益州復有峻防故官長吏一不得入前令交阯太守士威彦深相分託於益州兄弟又靖亦自與書辛苦懇惻而復寂寞未有報應雖仰瞻光靈延頸企踵何由假翼自致哉知聖主允明顯授足下專征之任凡諸逆節多所誅討想力競者一心順從若同規矣又張子雲昔在京師志輔王室今雖臨荒域不得參與本朝亦國家之藩鎮足下之外援也若荆楚平和王澤南至足下忽有聲命於子雲勤見保屬令得假途由荆州出不然當復相紹介於益州兄弟使相納受儻天假其年人緩其禍得歸死國家解逋逃之負泯軀九泉將復何恨若時有險易事有利鈍人命無常隕没不達者則永銜罪責入於蒿土矣昔營丘翼周杖鉞專征博陸佐漢虎賁警蹕今日足下扶危持傾爲國柱石秉師望之任兼霍光之重五侯九伯制御在手自古及今人臣之尊未有及足下者也夫爵高者憂深祿厚者責重足下據爵高之任當責重之地言出於口即爲賞罰意之所存便爲禍福行之得道即社稷用寧行之失道即四方散亂國家安危在於足下百姓之命縣於執事自華及夷顒顒注望足下任此豈可不遠覽載籍廢興之由榮辱之機棄忘舊惡寬和群司審量五材爲官擇人苟得其人雖讎必舉苟非其人雖親不授以寧社稷以濟下民事立功成則繫音於管絃勒勳於金石願君勉之爲國自重納搏索靖所寄書疏盡投之于水後歸先主爲司徒

蜀馬良字季常襄陽人先主領荆州辟爲從事及先主入蜀諸葛亮亦從後往良留荆州與亮書曰聞雒城已拔此天祚也尊兄應期贊世配業光國魄兆見矣（良蓋與亮結爲兄弟或相有親亮年長良故呼亮爲尊兄也）夫變用雅慮審貴垂明於以簡才宜識其時若乃和光悅遠邁德天壤使時閑於聽世服於道齊高妙之音正鄭衛之聲並利於事無相奪倫此乃管絃之至牙曠之調也雖非鍾期敢不擊節

諸葛亮字孔明爲丞相都護李平字正方建興九年坐誣罔廢亮與長史蔣琬侍中董允書曰孝起前臨至吳爲吾說正方腹中有鱗甲鄉黨以爲不可近吾以爲鱗甲者但不當犯之爾不圖復有蘇張之事出於不意可使孝起知之孝起陳震字也

吳張承爲奮威將軍呂岱爲交州牧屢立大功後還武昌時年已八十然體素精勤躬親王事承與岱書曰昔旦奭翼周二南作歌今則足下與陸子也忠勤相先勞謙相讓功以權成化與道合君子歎其德小人悅其美加以文書鞅掌賓客終日罷不舍事勞不言倦又知上馬輒自超乘不由跨如此足下過廉頗也何其事事快也周易有之禮言恭德言盛足下何有盡此美耶

晉趙至與嵇康兄子蕃友善及將遠適乃與蕃書叙離并陳其志曰昔李叟入秦及關而歎梁生適越登嶽長謠夫以嘉遯之舉猶懷戀恨況乎不得已者哉惟別之後離群獨逝背榮宴辭

倫好經迥路造沙漠鷄鳴戒旦則飄爾晨征日薄西山則馬首靡託晷歷曲阻明沈思紆結登高遠眺則山川攸隔或乃回風狂厲白日寢光徙倚交錯陵隄相望徘徊九皋之內慷慨重阜之巔進無所由退無所據涉澤求蹊披榛覓路嘯詠溝渠良不可度斯亦行路之艱難然非吾心之所懼也至若蘭芷傾頓桂林移殖根萌未樹而牙淺弦急每恐風波潛駭危機密發此所以怵惕於長衢也又壯士之性難以託根投人夜光鮮不按劍今將殖橘柚於玄朔蔕華藕於脩陵表龍章於裸壤奏韶武於聾俗固難以取貴矣夫物不我貴則莫之與莫之與則傷之者至矣飄颻遠游之士託身無人之鄉總轡遐路則有前言之艱懸鞍陋宇則有後慮之戒朝霞啓暉則身疲而遄征太陽戢曜則情劬而夕惕肆目平隰則寥廓而無覩極聽脩原則淹寂而無聞吁其悲矣心傷瘁矣然後知步驟之士不足為貴也顧爾中原憤氣雲踊哀物悼世激情風厲龍驤大野獸睇六合猛志



紛紜雄心四據思躡雲梯橫奮八極披艱掃穢蕩海夷嶽蹴崑崙使西倒蹋太山令東覆平滌九區恢維宇宙斯吾之鄙願也時不我與垂翼遠逝鋒距靡加六翮摧屈自非知命孰能不憤悒者哉吾子殖根芳苑濯秀清流晞葉華崖飛藻雲肆俯據潛龍之渚仰蔭游鳳之林榮曜眩其前艷色餌其後良儔交其左聲名馳其右翱翔倫黨之間弄姿帷房之裏從容顧眄綽有餘裕俯仰吟嘯自以為得矣豈能與吾曹同大丈夫之憂樂哉去矣嵇生遠離隔矣茫茫飄寄臨沙漠矣悠悠三千路難涉矣攜手之期邈無日矣思心彌結誰云釋矣無金玉爾音而有遐心身雖胡越意存斷金各敬爾儀敦禎璞沈繁華流蕩君子弗欽臨紙意結知復何云至後辟幽州部從事

劉弘為荊州刺史每有興發手書郡國守相丁寧款密所以人皆感悅爭赴之咸曰得劉公一紙書賢於十部從事

溫嶠為平南將軍江州刺史疾篤與陶侃書曰每憶密計自沔入相頡頏繾綣齊好斷金子南我東忽然一紀其間事故何所不有足下建功嶠南旋鎮舊楚吾承乏幸會來忝此州圖與足下進共竭節本朝報恩幼主退以申尋平生纏綿舊好豈悟時不我與長即幽冥永言莫從能不慨悵今神州未夷四方多難足下年德並隆功名俱盛宜務建洪範雖休勿休至公至平至謙至順即自天祐之吉無不利人之將死其言也善足下察吾此誠

庾亮為征西將軍鎮武昌時王導輔政主幼時艱務存大綱不拘細目委任趙胤賈寧等諸將並不奉法大臣患之陶侃嘗欲起兵廢導而郗鑒不從乃止至是亮又欲率衆黜導又以諮鑒而鑒又不許亮與鑒牋曰昔於蕪湖反覆謂彼罪雖重而時弊國危且令方嶽道勝亦足有所鎮壓故共隱忍解釋陶公自茲迄今曾無悛改主上自八九歲以及成人入則在宮人之手出則唯武官小人讀書無從受音句顧問未嘗遇君子侍臣雖非俊士皆時之良也知古今顧問豈與殿中將軍司馬督同



年而語哉不云當高選侍臣而云高選將軍司馬督豈合賈生願人主之美習以成德之意乎秦政欲愚其黔首天下猶知不可況乃欲愚其主哉主之少也不登進賢哲以輔導聖躬春秋既盛宜復子明辟不稽首歸政甫居師傅之尊成人之主方受師臣之悖主上知君臣之道不可以然而不得不行殊禮之事萬乘之君寄坐上九亢龍之爻有位無人挾震主之威以臨制百官百官莫之敢忤是先帝無顧命之臣勢屈於驕姦而遵養之也趙賈之徒有無君之心是而可忍孰不可忍且往日之事含容隱忍謂其罪可宥良以時弊國危兵甲不可屢動又冀其當謝往釁懼而修已如頃日之縱是上無所忌下無所憚謂多養無賴足以維持天下公與下官並蒙先朝厚顧荷託付之重大姦不埽何以見先帝於地下願公深惟安國家固社稷之遠算次計公之與下官負荷輕重其所宜要又不許故其事得息

庾翼為荊州刺史鎮武昌時殷浩徵命無所就而翼請為司馬

及軍司並不肯赴翼遺浩書因致其意先是浩父羨爲長沙在郡貪殘兄冰與翼書屬之翼報曰殷君始往雖多驕豪實有風力之益亦似由有佳兒弟故小令物情難之自頃以來奉公更退私累日滋亦不稍以此寒蕭之也旣雅敬洪遠又與浩親善其父兄得失豈以小小計之大較江東政以傴僂豪强以爲民蠹時有行法輒施之寒劣姓往年偷石頭倉米一百萬斛皆是豪將輩而直打殺倉督監以塞責山遐作餘姚半年而爲官出二千戶政雖不倫公强官長也而羣共驅之不得安席紀睦徐寧奉王使糾罪人船頭到渚桓逸還復而二使免官雖皆前宰之惛謬江東事去寔此之由也兄弟不幸横陷此中自不能拔脚於風塵之外當共明目而治之荆州所統一二十郡唯長沙最惡惡而不黜與殺督監者復其異邪翼有風力格裁發言立論皆如此

王羲之爲會稽内史去官優游無事與吏部郎謝萬書曰古之辭世者或被髮佯狂或汙身穢跡可謂艱矣今僕坐而獲逸遂其宿心其爲慶幸豈非天賜違天不祥頃東游還脩植桑果今盛敷榮率諸子抱弱孫游觀其間有一味之甘割而分之以娛目前雖植德無殊邈猶欲教養子孫以敦厚退讓或有輕薄庶令舉策數馬彷彿萬石之風君謂此何如當與安石東游山海并行田視地利頤養閑暇衣食之餘欲與親知時共懽讌雖不能興言高詠銜杯引滿語田里所行故以爲撫掌之資其爲得意可勝言邪常依依陸賈班嗣楊王孫之處世甚欲希風數子老夫志願盡於此也

晉習鑿齒爲桓溫別駕出爲滎陽太守溫弟秘亦有才氣素與鑿齒相親善鑿齒罷郡歸與秘書曰吾以去五月三日來達襄陽觸目悲感略無懽情痛惻之事故非書言之所能具也每定省家舅從北門入西望隆中想臥龍之吟東眺白沙思鳳雛之聲北臨樊墟存鄧老之高南眷城邑懷羊公之風縱目檀溪念崔徐之友肆睇魚梁追二德之遠未嘗不徘徊移日惆悵極多撫乘躊躇慨爾而泣曰若乃魏武之所置酒孫堅之所隕斃裴杜之故居繁王之舊宅遺事猶存星列滿目琳瑯常流碌碌凡士焉足以感其方寸哉夫芬芳起於椒蘭清響生乎琳琅命世而作佐者必垂可大之餘風高尚而邁德者必有明勝之遺事若向八君子者千載猶使義想其爲人況相去之不遠乎彼一時也此一時也焉知今日之才不如疇辰百年之後吾與足下不並爲景升乎其風期俊邁如此

郗浩爲中軍將軍爲桓溫疏奏廢爲庶人後溫將以浩爲尚書令遺書告之浩欣然許焉將答書慮有謬誤開閉者數十竟達空函大忤溫意由是遂絶

冊府元龜卷第九百四

# 冊府元龜卷第九百五

總録部　一百五十五

## 書信第三

宋王徽字景玄（一名微）起家司徒祭酒始興王濬後軍功曹記室參軍素除中書侍郎又擬南琅邪義興太守並固辭吏部尚書江湛舉徽爲吏部郎徽與湛書曰弟心病亂度非但蹇躄而已此處朝也所共知驗會招尊門閭里咸以爲祥怪君多識前世之載天值何其易傾弟受海内駭笑不過如燕石秃鶖爾未知君何以自解於良史耶今雖王道鴻鬯或有激朗於天表必欲探援潢賣傾海求珠自可卜肆巫祠之間馬棧牛口之下賞劇孟於博徒拔卜式於芻牧亦有西戎孤臣東都式士上窮範馳之御下盡詭遇之能兼鱗雜襲者必不示於世矣且廬於承明署乎金馬皆明察之官又賢於管庫之末何爲劫勤通家疾人塵穢難其之選將以靖國不亦益蹶乎書去任宮維賢才而君擢



士先疾發扎扎機樓似不如此耶且弟曠違兄姊迄將十載姊時歸來終不任輿曳入閣兄守金城永不堪扶抱就路若不備慇疾非性僻而何此君曰表裏無假長因飛耳也嘗謂生遭太公將卽華士之戮幸遇管叔生必蒙僻之養光武以絕衛其浮其實故棄而不齒諸葛孔明云來敏亂羣過於孔文舉況無古人之才缺敢于周漢之常刑彼二三英賢足爲沉治與不恐君逢此時或亦不免高閣乃復假名不知已者豈欲自比衛賜耶君欲高學山公而以仲容見處徒以挫捉禮學本不參選鄙失膽彼固不任下走未知新沓何如州陵爾而作不師古坐亂官政誣飾蚯蚓冀招神龍如復託以真素若又不宜居華留名有風俗君亦不至期人如此若交以爲人賜舉未以已勞則商賜之事又連所不忍聞也豈謂不肖易擢貪者易誘凡此數者君必居一焉雖假天口於齊騈藉鬼說於周季公孫碎毛髮之文莊生縱漭潰之極終不能舉其契爲之亂矣子將明鏡必靈照於

萬里洪穎餘彥將拂衣而不朝浮華一開風俗或從此而爽冤公以揣情爲最難何君特變之輕謬今有此書非敢叨擬中散誠不能顧影負心絕盜虛聲所以綿絡累紙本不營尚書虎爪板也成童便往來居舍晨省復經周旋加有諸甥亦何得頓絕廢弟然生平之意自於此都盡君平云生我名者殺我身天爵且猶滅名安用吏部郎哉其舉可陋其事不經非獨措紳者不道僕妾皆將笑之忽忽不樂自知壽不得長且使千載知弟不詐謨爾徽既爲始興王濬府吏濬數相存慰徽奉答牋書輒飭以辭采徽爲文古甚頗抑揚袁淑見之謂爲訴屈徽因此又與從弟僧綽書曰吾雖無人鑒要是早知弟每共宴語前言何嘗不以止足爲貴且持盈畏滿自是家門舊風何爲一旦落漠至此當局苦迷將不然耶詎容都不先聞或可不知爾衣冠胄裔如吾者甚多才能固不足道唯不傾側溢詐士頗以此容之至於規矩細行斯可群料疹疾日滋縱恣益甚人道所貴廢不復



脩幸值聖明兼容置之教外且舊恩所及每蒙寬假吾亦自揆疾疹重侵難復支振民生安樂之事心死久矣以視日偷存盡於大麤布糲粟半冬安寢便以自慶血氣盈虛不復稍道長以此散爲和羹弟爲不見之耶疾廢若然且事一已上不足敗俗傷化下不至毀辱家門泊爾尸居綿待化凡此二三皆是事實吾與弟書不得家中相欺州陵此舉有所因不反覆思之了不能解豈見吾近者諸牋耶良可怪笑吾少學作文又晚節如小進使君公欲民不偷每加存飭訓對之際不厭敬恭凡文辭不怨思抑揚則流澹無味文好古貴能連類可悲一往視之如似多意當見居非求志清論所排便是通辭訴屈耶爾者真可謂真素寡矣其數旦見客小防自來盈門亦不煩獨舉告也此蓋乃大語勢所至非其要也弟無懷居今此萬物初不以相非然寄器委一匠實宜書紳今三署六府之人誰表裏此内儻疑弟襪者力於素論何如哉則吾長阨不死終誤盛壯也不過強吹拂吾

去是巖穴人巖穴人情所高吾得當此則雞鶩亦作鳳皇何爲干勞窮隅媸妍見於面目所情者大耳諸舍閣羽皆蒙時私此既未易陳道故常因舍聲不言至兄弟尤爲吻竊臨海頻煩二郡謙亦越進清階吾爲抚家巷遂至中書郎此足以闔棺矣又前年優旨自弟所宣馳夏后撫辜人周宣及錄寡不足過也語皆脩撿投跡不爲虛飾也作人不阿諛無緣頭鬚見白稍李謟詐且吾何以爲足不能行自不得出戶頭不耐風故不可扶曳家本貧賤至於惡衣蔬食設使盜跖居此亦不能兩展其足妄意珍藏也正令選官設作此舉於吾亦無釼戟之傷所以懃懃畏人之多言爾管子晉賢乃躡人主之輕重此何容易哉州陵亦自言視明聽聰而返區區餙吾何辯致而下莫後夫奇士必龍居深藏與蛙蝦爲伍放勳其猶難之林宗輩不足識也似不肯聽聽奉戕詔彫琢獻文章居家近市廛親戚滿城府吾獨自知素陽源輩當乎此不飾詐之與直獨兩不關吾心又何所耽介弟自宜以解塞羣賢矣兼悉恕此言自爾家任兄故能也曰日望弟來屬病終不起何意向與江書粗布胷心無人可寫此面乃具與弟書使寄兄成本以當半日相見吾既惡勞不得多語梔機幸非所長祖兄亦不勝讀此書也覩觀欲見自可示無急付手府論者或去徽之見舉盧江河偃亦發其議慮爲徽所各與書自陳徽報之曰御昔辨吾於義與吾常謂之見之然復自屈鄙野不希風流未有一瓜熟悉於事何周獨識之也近日何見綽送御書雖知如截知御固不能相哀之未知何相期之可論御少陶玄風淹雅脩暢自是正始中人吾宜庸性人爾自然志業不倍王樂小兒時尤礙礙卒嗌本無好常從博士讀小小章句竟無可口吃不能劇讀遂絕意於尋求至二十左右復就觀小說昔來昔見床頭有數帙書使言李問試帙檢當何有哉乃復持此擬議人孚尚獨愧笑楊子之褒贍猶恥辭賦爲君子若吾篆刻非亦甚矣御謂人亦當允以此見議或謂言深博作一



吸吐氣鄙薄人世初不敢然是以每見世人文賦書論無所是非不解處即日借問此其本心也至於生平好服上藥起年十三時病虛所撰服食方中粗言之矣自此始信攝養有徵故問冬島木隨時參進寒溫相補欲以扶護色贏見鬢白首家貧乏役至於春秋瓜節輒自將兩三門生入草采之吾實倦游醫部頗曉和藥尤信本草欲其必行是以躬親意在取精世人便言希仙好異矯慕不羈不同家頗有罵之者又性知畫繢蓋亦鳴鵠識夜之機盤紆糾紛或記心目故兼山水之愛一往跡求皆仿像也不好諂人能忘榮以避權右宜自密應對舉止因卷懃自保不能勉其所短爾由來有此數條二三諸賢因復架累致之高塵詠之清歌瓦礫有資不敢輕廁金銀也而頃年嬰疾沉淪無已區區之情悒於生存自恐難復而先命猥加愧氣塞恭常人不得作常自處疾苦正亦卧思已熟謂有記自論既仰天光不夭庶類荷堅許以共相哀體而卿首唱誕言布之翰墨万石之愼或未然耶將盡之累豈其如此綽大駭歎使是醫朝兄病者吾本停人加疹意惛一旦聞此便怛怛矣五六日來復苦心痛引喉狀如胷中惡心悽慘自憂力作此答無復條貫貴布所懷落漠不舉御不可解立欲更別且當笑

王僧達爲宣城太守時沈璞守盱眙魏太武攻之璞拒退僧達與璞書曰足下何如想館舍平安士馬無恙離析有時音言無日夏詠沉吟增其勞望罰者僬佯扈攤掠剌邊鄙郵敗絕壑句汁雕贍江淝淮陟然千里吾聞涇楊梗棘阡淯荐遁鳥床經絕虐深自古承知迺昔寇苦城境勝胄朝食任甲宵合烽鼓交驚羽鎬騄合而足下秖兵勵伍總接豪產遂能固孤城蹈死地古之田孫何以尚兹商驛始通甚善甚善

周朗爲江夏王義恭太尉參軍元嘉二十七年春朝議當遣義恭出鎮彭城爲北討大統朗聞之解職及義恭出鎮府主簿羊希從行與朗書戲之勸令獻奇進策朗報書曰羊生足下豈當

適使人進哉何卿才之更茂世宅生結意可復徃爾蜀華共來何更工耶視巳反覆慰亦無巳觀諸紙上方審卿復途知巳動以何術而能每降恩明豈不為足下欣耶然更憂不知卿死所處爾夫匈奴之不誅有日皇居之士辱舊矣天下孰不慎心悱腹以忿胡人之患嫌衣媮食以望國家之師自智士鉗口雜人勇氣不得議圖邊之事者良隺歲紀今天子以炎軒之德家轄以逝吕之賢故赫然發怒將以匈奴釁旗惻然動仁欲使餘孫被惠及取士之令朝發宰主暮登英豪調兵之詔夕行主公旦外雄俊延賢人者固非一日况復如此焉天下之士砥行磨名欲不展其志氣逞奇蓄異將進善於所天非但有達國之謀不及安民之論不與至乃以孝絜生議於鄉曲忠烈起謗於君采身不離王臣之録名不厠通人之班顛倒國門漂蕩丘里若自數年以往豈一人哉若吾身無他技而出值明君變官望主歲增恩償竟不能柔心飾帶取重左右於向士則榮巳多料於今職則笑亦廣而足下方復廣吾以馳志之時志亨以安邊之術何足下不知言出若以賢未登則令之登貫如此以才應進則吾之不才若是豈可欲以殞海之鱗望鼓鰓於豎鱗之瀆陸風之羽覬振翮於騫翥之林其不能俱陪淥水並負青天可無待於明見若乃闕奇謀深智之術無悦主御俗之能亦不可無稍為卿説但覩以上國爭毁之臣望府三邊之吏當復是天下才不此皆足下所親知吾雖疲冗亦嘗聽君子之餘論豈欲忘之凡士之置身三其一則雲户岫寢巒存柱棠林之下濯煙翳松況雪倚般畜龕瑤寶氣愛魂非但土石佚物腐鶴梁錦寶適彰意天后朐目羽人次則刳心掃智剖命驅生横議於雲臺之下切辭於宣室之上衍主德而批民患進身白而酖奸猾若王人而齊策禮揭金穴而烹鄧寇使車勒一風旬道共德令功日濟而巳然跡道日富而君唯名致諸侯斂手天子改觀其末則厭邪而出望旃而入結冕兩宮之下鼓禪六王之間俛眉脅肩言天下之道得躬自折晚陳從横於四海理有表則止而進豈適則返而還閑居遣官交造罷頓損蓉遺憂更毁銷譽守諍以補其氣膳嚼以輔其生凡此者皆志上仁人之所行非吾之所能若幸病不及死役不至身逢藜既興方杜長者之轍穀稼是議自絶世豪之顛塵生沭惟哲積階户又擔中山木時華月深池上海草歲榮日暮且室闇軒左幸有陳書十篋席隱奥右頗得宿酒數壺接絃拭徽肆方校石時復陳局露初更爵犀盌驢然不覺是羲軒後也近春田三頃秋園五畦若此無災山裝可具候振飲之能侯封勒之畢當敬觀邪鄧肅尋伊鄗傍眺羔麗邪復遼衛傾我周之軫迹弔他賢之憂天當其少未休此欲但理寶説固物好交加或徵勢而笑其言或覩謀而害其意夫楊朱以此猶見嗤於梁人泥才減楊子之器物甚彝君之意者哉若如漢太宗之言李廣此固許天下之有才又知天下之時非世豈若黨於閭里之間妄見貞士之遭遇徒為是臧獲庸人之徒爾士固願呈心於其主露奇於所歸卿相末事也若賫背何甲侯為至適復有致禍於為亂之口被詔於害正之徒心苛而無由露薄有而變為枉豈不痛哉若足下可謂冠負日月藉踐淵海心支身首無不通照今復出入燕河交關姬衛鏊芴抜豪巳議於帷筵之上提鞭鳴劍復呵於軍場之間身超每恩深之所集心動必明主之所亮可不直議正身輔人君之過誤明目張膽謀軍家之得失拔忠勇之將薦俊正之士此迺足下之所以報也不尔便擐甲脩戈徘徊左右衛君王之身當馬首之鋒蹋必固之壘交死進之戰使身分而主豫寇滅而兵全此亦報之次也如是則擊匈奴於北闕無日矣亡但默默窮寵而坐謂子有心敢書薄意酌之辭意偶黨類皆如此

羊希太山人吳郡臨法曹孝武世歷官有清節法曹嘗為劉秀之安北録事參軍希與安北諮議參軍孫詵書曰足下同僚似有陸録事者此生東莞名地又張玄外孫挺身至清雅有志節

年高位下秉操不衰計當旦夕想申意表求爲太子左衛率何尚之致仕於方山著退居賦以明所志而議者咸謂尚之不能固志淑與尚之書曰昨遣脩問承丈人已晦志山田雖曰年禮宜遂亦事難期貴伴踈班邴魏通美於前策龔貢山衛綸軌乎曩篇規追休告雪滌素履具尋幽之勸非栖玄之適但狹逸操偏迫野性懵滯果兹沖敘必沉樂志歸然而邑議塗聞者謂丈人徽名未耗譽業方籍黨能矣事卑道降節殉務企南瀨或爰依此行求決矣望眷有積約曰無誤尚之宅在南澗寺側故書云南瀨毛詩所謂于以采蘋南澗之濱也

南齊丘珍孫爲寧朔將軍時吳郡錢塘人褚伯玉有高世之行王僧達爲吳郡苦禮致之伯玉不得已停郡信宿裁交數言而退珍孫與僧達書曰聞褚先生出居貴館此子滅景雲棲不事王侯抗高木食有年載矣自非折節好賢何以致之昔文舉棲治城安道入昌門於玆而三焉却粒之士飡霞之人乃可暫致耳不久羈居當思遂其高步成其羽化望策之良覿紆清塵亦願助爲譬説僧達答曰褚先生從白雲遊舊矣古之逸民或留慮兒女或使華陰成市而此子索然唯朋松石介於孤峯絕嶺者積數十載近故要其來此與之日夜以夷談討芝桂借訪荔蘿若已窺烟液臨滄洲矣知君欲見之輒當申譬

劉善明爲征虜將軍淮南宣城二郡太守善明以與崔祖思友祖思出爲青冀二州善明遺書曰昔時之遊于今邈矣或攜手春林或負杖秋澗逐清風於林杪追素月於園垂如何故人徂落殆盡足下方擁旄北服吾剖竹南甸相去千里間以江山人生如寄來會何時嘗覽書史數千年來略在眼中矣歷代參差萬理萬異至夫龍虎風雲之契亂極必夷之幾古今豈殊此實一揆日者沈攸之擁長蛇於外粲東識所祖唯有京鎮創爲聖基遂乃擢吾爲首佐授吾以大郡付吾關中委吾留任既不辨有抽劍孤城之用横槊搴旗之能徒以挈瓶小智名參佐命曾恐朝露一下深恩不酬憂深責重轉不可據還視生世曾無次緒莫布被猶爲鄙好惡色慚聲暮齒尤甚出蕃不與台輔別入國不與公卿遊孤立天地之間無猜無託唯知奉上以忠事親以孝臨民以潔居家以儉足下今鳴笳舊鄉衣繡故國宋季荼毒之悲已蒙蘇泰閔洵倒懸之苦方須救拔遺遊辯之生爲鄉導之使輕裝啓行經營舊壤令泗上復爲稷下還風君欲誰讓耶聊送諸心敬申貧贈

張融爲　南陽王友融父暢先爲丞相長史義宣事難暢爲王玄謨所錄將殺之謨子瞻爲南陽王前軍長史融啓求去官不許融家貧願祿初與從叔征北將軍永書曰融昔幼學早訓家風雖則不敏率以成性布衣葦席弱年所安簞食瓢飲不覺不樂但世業清貧民生多待榛栗棗脩女贄既長束帛禽鳥男禮已大勉身就官十年七仕不欲代耕何至此事昔求三吳一丞雖屬外錯今聞南康缺守願得爲之融不知階級階級亦可不知融政以求丞不得所以求郡求郡不得亦可復求丞又與吏部尚書王僧虔書曰融天地之逸民也進不辯貴退不知賤兀然造化怱如草木實以家貧累積孤寡傷心八姪俱孤二弟頭弱撫之而感古人悲豈能山海陋祿申融情累既籍東求士風融亦欣晉平閑外時議以融非治民才竟不果

張充爲武陵王友武帝欲以充父緒爲尚書僕射王儉執不可充以爲慍與儉書曰頃日路長霖霞韜晦凉暑未平想無虧攝充幸以漁釣之閑鎌採之暇時復引軸以自娛逍遥乎前史縱横萬古動默之路多端紛綸百年升降之塗不一可求剛水柔性之別也圓行方止器之異也善御性者不違金水之質善爲器者不易方圓之用充生平少長偶不以利欲干懷三十六年年差得以摟貧自濟介然之志峭聳霜崖確之情峯横海岸至如彩纓天閤既謝廊廟之華搢紳雲臺終愧衣冠之秀寔由氣岸踈凝情塗猜隔獨師懷抱不見許於俗人孤秀神崖每遭[illegible]

於在世長羣魚鳥畢景松柯雖復一王沒於訪哇之辰桂枝茲搖芳之日汎濫於漁釣之遊偃息於卜居之舍如此而已亦何識哉若夫驚巖罩日吐海逋天竦石飛湍分危落桂蘭綺靡叢薄於山幽松栢陰森相繚於澗底元卿於是乎不歸伯休亦以茲長往至於飛竿釣渚濯足滄州獨浪煙霞高臥風月悠悠琴酒岫遠誰來灼灼文言空擬方寸不覺鬱然千里路間江州每至西風何嘗不歎文人歲路未彊學優而仕道佐蒼生功橫海望可謂德盛當時孤松獨秀也而茂陵之彥望冠蓋而長懷渭川之甿佇簪裾而竦歎得無惜乎充摠西百姓岱表一人蠶而衣耕而食不能事王侯覓知已造時人騁遊說客與於晉傳之間其懼甚矣然舉世皆謂充爲狂充亦何能與異道之哉是以披聞見掃心胷述平生論語默所可通夢交𥙷推襟送抱者唯丈人而已關廷奧阻書罷莫因儻遇樵夫妄塵執事倫以爲賜略弗之重仍以書示緒緒校之一百又爲御史中丞到撝所奏免



官禁錮沈約見其書歎曰充始爲之敗終爲之成父之爲司徒諮議參軍

梁陳伯之爲征南將軍江州刺史叛入魏魏以爲平南將軍光祿大夫天監四年詔太尉臨川王宏率軍北討宏命記室遲私與伯之書曰陳將軍足下無恙幸甚將軍勇冠三軍才爲世出棄燕雀之小志慕鴻鵠以高翔昔因機變化遭逢明主立功立事開國承家朱輪華轂擁旄萬里何其壯也如何一旦爲奔亡之虜聞鳴鏑而服戰對穹廬以屈膝又何劣耶尋君去就之際非有他故且以不能內審諸己外受流言沈迷猖蹶以至於此聖朝赦罪論功棄瑕録用收赤心於天下安反側於萬物將軍之所知非假僕一二談也朱鮪涉血於有千張繡傳刃於愛子漢主不以爲疑魏君待之若舊況將軍無昔人之罪而勳重於當代夫迷塗知反往哲是與不遠而復先典攸高主上屈法申恩吞舟是漏將軍松栢不翦親戚安居高臺未傾愛妾尚在悠悠爾心亦何可述今功臣名將鴈行有序懷黄佩紫贊帷幄之謀乘軺建節奉疆埸之任並刑馬作誓傳之子孫將軍獨靦顏借命驅馳異域寧不哀哉夫以慕容超之彊身送東市姚泓之盛面縛西都故之霜露所均不育異類姬漢舊邦無取雜種北虜僭盜中原多歷年所惡積禍盈理至燋爛況偽孽昏狡自相夷戮部落攜離酋豪猜貳方當繫頸蠻邸懸首藁街而將軍魚遊於沸鼎之中鷰巢於飛幕之上不亦惑乎暮春三月江南草長雜花生樹羣鶯亂飛見故國之旗鼓感平生於疇日撫弦登陴豈不愴恨所以廉公之思趙將吳子之位西河人之情也將軍獨無情哉相早勵良圖自求多福伯之乃於壽陽擁衆八千歸

沈約爲尚書令侍中以處端揆有志台司時論咸謂爲宜而帝終不用乃求外出又不見許與徐勉素善遂以書陳情於勉曰吾弱年孤苦傍無朞屬往前叢將墜于地契闊屯邅困於朝夕



崎嶇薄宦事非爲已望得小祿於此東歸歲途十稔方忝襄陽縣公私情計非所了旦以身資物不得不任人事永明末出守東陽意在止足而建武肇運人世膠加一去不返行之未易及昬猜之始王政多門因此謀逆庶幾可果託御布懷於徐令想記未志聖道聿興謬逢嘉運往志宿心復成乖爽今歲開元禮年太至懸車之請事由恩奪誠不能弘宣風政光闡朝猷尚欲討尋文簿時議同異而開年以來病增慮切當由生靈有限勞役過差總此凋竭歸之暮年牽策行止努力祗事外觀傍覽尚似全人而形骸力用不相綜攝常須過自束持方可僶俛解衣一臥支體不復相關上熱下冷月增日篤取煖則煩加寒必利後差不及前差後劇必甚前劇百日數旬革帶常應移孔以手握臂率計月小半分以此推算豈能支久若此不休日復一日將貽聖主不追之恨冒欲表聞乞歸老之秩若天假其年還得延健才力所堪唯思是策勉爲言於高祖請三司之儀弗許但

加鼓吹而已

伏挺字士摽自西中郎記室參軍遂築室不復仕挺以有盛名又善處當世朝中勢素多與交遊故不能久事隱靖時僕射徐勉以疾假還宅挺致書以觀其意曰昔徳祖懷顧逸興數日輔嗣思友情勞一旬故知深心所系貴賤一也況復恩隆世親義重知己道庇生人徳弘覆蓋而朝野懸隔山林遐殊跂予時沾而顏色不覩東山之歎豈云旋復西風可懷孰能無思加以靜居廓處顧影莫酬秋風四起園林易色涼野寂寞寒蟲吟叫懷抱不可直置情慮不能無託時因吟詠動輒盈篇揚生沈鬱且猶覆盎惠子五車彌多蹐駮一日聊呈小文不期過賞還逮隆渥累牘兼翰紙緘字磨誦復以徒恨許與過當有傷准的昔子建不欲妄讚陳琳恐見嗤後代今之過奢餘論將不有累清談挺竄迹草萊事絶聞見藉以謳謡得之輿牧傾承有事砭石仍成簡通娛腸悦耳稍從擯落宴處榮觀務在滌除綺羅絲竹二列頗遺方丈員案三代僅存故以道變區中情沖域外槃彼茲誦貫茲觀損追留侯之却粒念韓卿之辭榮眷想東都屬懷南岳鑽仰來覿有符下風雖去幸甚然則未喻雖復帝道康寧走馬行却由庚得所寅亮有歸悠悠之人展氏猶且攘袂浩浩白水甯叟方欲扣角是知君子拯物義非徇己恩與赤松子遊詎其剋遂願驅之仁壽綏此多福雖則不言四時行矣然後黔首有庇薦紳靡奪白駒不在空谷屠羊豫蒙其賴豈不休哉豈不休哉昔杜眞自閉深室郎宗絶迹幽野難矣誠非所希寺丹高潔相如慢世尚復遊涉權門踐容鄉邑常謂此道爲泰心竊慕之方念擁篲延恩以陳侍者請至農隙無待邀求挺誘好屬文不會今世不能促節局步以應流俗事等昌蒨謬彼偏嗜是用不羞固陋無憚龍門昔敬通之貴景御孟公之知仲蔚止乎通稱盛美況在時宗彌爲未易近以捕鞅勿用箋素多闕聊效東方獻書丞相須得報章寫更請潤河從黨遂予使比復削牘勉



報曰復覽來書累牘兼翰事苞出處言兼語默事義周悉意志深遠發函伸紙倍增讚歎卿雄州擢秀弱冠升朝英綜百家佃漁六學觀眸表其韶慧視色見其英華若燕國之名駒適雲中之白鶴及古顯邑試吏腴壤將有武城弦歌桐鄉謡詠豈與卓魯斷斷同年而語邪方當見賞長者良能有加寵授飾玆簪帶實彼周行而欲遠慕舒留懷恩守既知益之爲累爰悟滿則辭多高蹈風塵良所欽挹況以金商戒節素秋御序蕭條林世無人共樂偃卧墳籍散浪儒玄物我兼忘寵辱誰帶誠乃歡羨用有未同今逖聽傍求興懷寤宿白駒空谷幽人引領貧賤爲恥鳥獸難羣故當捐此薜蘿出從鵷鷺無乖隱顯不亦休哉吾昔之佐時才懃濟世景承朝則不敢荒寧力弱途遙愧心非一天下有道堯人何事得因疲病念從閑逸若佐卓著自良合尉候無驚作樂制禮紂召封山然後乃服衡門實爲多幸但夙有風欸遘兹虛疾痛頻士安薦同長孺簿領沈痾臺閣未理娛耳爛腸因事而息非關欲追松子遠慕留侯天假之年自當請恭所職擬非偏足良覽辭與覽衡循環爽焉如失清塵獨遠白雲飄蕩依然何極碣將書札示之文翰覽復成誦流連纏紙昔仲宣才敏籍中郎而表譽正平穎悟賴北海以騰聲望古料今吾有慙德儻成卷帙方爲稱首無令獨擅隨掌空使辭人扼腕式閭頒見宜事掃門亦有來思赴其懸榻輕苔魚網列當以萬城爲之歎曰無懷所遲當蘇書不盡意挺後遂出仕

謝幾卿爲軍師長史免官時佐丞庾仲容亦免歸二人意志相得並肆情誕縱湘東王在荆鎮與書慰勉之幾卿答曰下官自奉違南浦卷迹東郊望日臨風瞻言佇立仰尋惠渥陪奉遊宴漾桂櫂於清池席落英於曾岨蘭香兼御羽觴競集側聽餘論沐浴玄流濤波之辯懸河不足譬春藻之辭麗文無以定莫不相顧動容服心勝口不覺春日爲遲更謂修夜爲促嘉會難常摶雲易遠言念如昨忽焉素秋恩光不遺善謔遠降因事寄論

豈云棲息既匪高官理就一壥田家作苦寶符[illegible]之金鑣之飾無假玉璧爲資徒以老使形疏疾令心阻[illegible]歷七旬夢幼餓頃憂傷在念竟知無益思自祛遣尋理滑稽郎以任命爲膏蘇擘鏡照形翻以支離代昔樹故得仰慕徽猷永言前哲鬼谷深棲接輿高舉遯名射肆發迹闤市甘人緬邈餘流可想若令亡者有知寧不紫悲亡壞恨隔芳塵如其逝者可作必當昭被光景懽同遊豫使夫一介老圃得遊庭心未需去日已疎來侍未孱違劍飛凫擬非其類懷私我德辱稱朋淵秉

後魏元樹父咸陽王禧以逆見誅樹遂奔梁梁封爲鄴王時江陽王長子叉先納靈太后妹爲室及孝明嗣位太后臨朝叉爲侍中領軍威鎮內外及淮南王孫法僧爲徐州刺史又以反逆奔梁樹與法僧書曰魏室不造姧豎擅朝社稷阽危綴旒非譬元叉險慝狼戾人倫不齒屬籍疏遠素無問望特以太后姻婭早蒙寵擢曾不懷音公行反噬肆茲悖逆人神同憤自頃境土



所傳皆云叉狼心蠆毒籍權位而日滋含怒詔詐與日月而彌甚無君之心非復一日篡逼之事旦暮必行抑又聞之夫名以出信信以制義山川隱疾且猶不以命曰成師晉始兆亂求之史籍有自來矣元叉本名夜叉弟羅寶名羅剎夜叉羅剎此鬼食人非遇黑風事同飄墮嗚呼魏境離此二災惡木盜泉不息不飲勝名梟獍不入不爲況昆季此名表能噬物曰靈叉矣始信斯言況乃母后幽辱繼主蒙塵釋位揮戈言謀王室不在今日何謂人臣諸賢或弈世載德或將相繼踵或受任累朝或職居機要哉姻戚匪他或忠義是秉俛眉逆手見制凶威臣節未申忿有勤悴又聞叉專政億兆離德重以歲時災厲年年水旱牛馬殪踣桑石燋枯饑饉相仍採色滿道妖災告譴人皆怨息瀍澗西北羌戎陸梁泗汴左右戍漕流離加以剖斮忠賢殲殄宗室哀彼本邦一朝橫潰今朕率師將除君側區區之懷庶令冠履得所大憝同以誅之我魏祀無忽諸之非又爲遐邇所惡如此

宋欽爲著作郎欽與高允書允答書曰頃因行李足下高問延佇之心爲日傾久王途路一得敘其懷欣於相遇情無有已足下兼愛爲心每能存顧養之以風味惠之以德音執翫反覆銘於心抱吾少乏尋常之操長無老成之致而來諭褒飾有過其分今令往詩一篇誠不足以操明來旨且表其心

莊弼中山人張普惠爲諫議奏以胡太后父有太上之名普惠思直諫排其議於是弼遺書普惠曰明侯淵儒碩學身負大才秉此公方來居諫職謇謇如也諤諤如也一昨承胡司徒第當庭面諍辭問蜂至而應對響出宋城之帶始縈魯門之柝裁警終使羣后逡巡庶僚咸拱雖不見用於一時固以傳美於百代聞風快然敬裁此日普惠美其武書每爲口實

北齊王晞累遷不赴西魏將獨孤信入洛署爲記室晞稱先被犬傷困篤不赴有故人疑其所傷非猘書勸令赴晞復書曰辱



告存念見令起疾循復春言以疑吾所傷未必是猘吾豈顧其必猘但理與無疑爾就足下疑之亦有過說足下既疑其非猘亦可疑其是猘其疑半矣若疑其是猘而營護雖猘亦無損疑其非猘而不療儻是猘則難救然則過療則致萬全過不療或至於此若王晞無可借也則不足取既取之便是可借柰何奔走萬全任其或死且將軍威德所被鼠飛霧散方掩八紘豈在一介若必從鬼始先須濟其生靈足下何不從容爲將軍言也於是方得寬假而信返晞遂歸鄴

後周王褒字子淵自梁歸國甚爲武帝禮遇爲小司空仍掌綸誥初褒與梁處士汝南周弘讓相善及弘讓兄弘正自陳來聘高祖許褒等通親知音問褒贈弘讓詩并致書曰嗣宗窮途楊朱岐路征蓬長逝流水不歸舒慘殊方炎涼異節木皮春厚桂樹冬榮想攝衛惟宜動靜多豫賢兄入關敬承款曲猶依杜陵之水尚保池陽之田鏟迹幽谿銷聲穹谷何期愉樂幸甚幸甚

弟昔因多疾亟覽九仙之方晚涉世途常懷五岳之舉同夫關
令物色異人譬彼客卿服膺高士上經說道屢聽玄牝之談中
藥養神每禀丹砂之說頃年事業遇淪蕩谷破抆翦其英矣零
落無時還念生涯繁憂總集視陰愒日猶趙孟之徂年負杖
行吟同劉琨之積慘何時北臨空思鞏縣南望還見長安
所冀書生之魂來依舊壤射聲之鬼無恨他鄉白雲在天長離
別矣會見之期邈無日矣援筆攬紙龍鍾橫集引領復書日甚
矣悲哉此之為別也雲飛泥沉金鑠蘭滅玉音不嗣瑤華莫因
家兄至自鎬京致書於穹谷故人之迹有如對面開題申紙流
臉沾膝江南燠熱橘柚冬青渭北沍寒楊榆晚葉土風氣候各
集所安餐衛適時寢興多福甚喜甚喜與弟分袂西陝言及東
區雖保周陵還依蔣徑三姜離析二仲不歸麋鹿為曹更多悲
緒丹經在握貧病莫諧芝术可求常為採掇昔吾壯日及弟富
年俱值雍熙並歡行沐南風雅操清商妙曲絲琴促坐無名



晨玉漉金華異獲難老不虞一旦翻覆波瀾吾已愒陰弟非茂
齒禽尚之契各在天崖永念生平難為胸臆且當視陰數箭排
愁破涕人生樂耳憂戚何為豈能遽悲次房遊魂不返遠傷金
産骸柩無託但願受王體珍金相保期頤享黃髮猶冀蒼鷹賴
絏時傳尺素清風朗月俱寄相思子淵子淵長離別矣握管操
觚聲淚俱咽

冊府元龜卷第九百五

冊府元龜卷第九百六

總録部一百五十六

疾疹　讓敵　假告

疾疹

夫人肖天地而生含五行之氣故陰陽不和神靈不清則百疾生焉是故洪範謂之六極墨子記其多方若繇此而去斬晃光之途絶婚姻之禮終身沈廢至於短折者死此乃仲尼興斯疾之感衛侯有將殺之惡良可悲也

魯季孫行父禿

晉郤克眇

衛孫良夫跛

曹公子手僂

荀偃晉卿也癉疽生瘍於頭濟河及著雍病目出齊景公疥遂痁諸期而不瘳

卜商字子夏孔子弟子喪其子而喪其明

衛縶不立惡疾也縶孟縶

冉伯牛魯人有疾孔子問之自牖執其手惡疾不欲見人故孔子從牖執其手曰亡之命矣夫斯人也而有斯疾也斯人也而有斯疾也再言之者痛惜之甚

衛師聲子衛大夫衛侯爲靈臺于籍圃與諸大夫飲酒焉聲子韈而登席古者見君解韈公怒辭曰臣有疾異於人足疾若見之君將殼之瞉嘔吐也

左丘明魯人失明

漢杜欽目偏盲茂陵杜鄴與欽同姓字俱以材能稱京師故衣冠謂欽爲盲杜子夏以相別欽惡以疾見詆迺爲小冠高廣財二寸由是京師更謂欽爲小冠杜子夏而鄴爲大冠杜子夏欽優游不仕以壽終

司馬相如口吃而善著書有消渴病常稱疾閒居不慕官爵

馮立爲東海太守下濕病痺武帝聞之徙爲平原太守



班伯成帝時爲定襄太守徵道病中風既至以侍中光祿大夫養病

後漢李通素有消疾自爲宰相謝病不視事

景丹爲驃騎大將軍從光武至懷病瘧見於上前瘧發帝曰聞壯士不瘧漢大將軍反瘧病邪

杜篤仕郡爲文學掾以目疾二十餘年不窺京師

魏鍾繇有膝疾位至太傅

卞蘭消渴疾位至游擊將軍散騎常侍

丁儀字正禮沛郡人也太祖聞儀爲令士雖未見欲以愛女妻之以問五官將五官將曰女人觀貌而正禮目不便誠恐愛女未必悅也以爲不如與伏波子楙太祖從之尋辟儀爲掾到與論議嘉其才朗曰丁掾好士也即使其兩目盲尚當與女何況但眇乎仕爲右刺姦

賈逵爲弘農太守後爲太祖丞相主簿逵前在弘農與校尉爭公事不得理乃發憤生癭後所病稍大自啓欲割之太祖惜逵恐其不活教謝主簿吾聞十人割癭九人死逵猶行其意而癭愈大



晉杜預患癭位至鎮南將軍

王戎先有吐疾居喪增甚帝遣醫療之并賜藥物又斷賓客位至司徒

樂廣字彥輔爲侍中河南尹嘗有親客久闊不復來廣問其故荅曰前在坐蒙賜酒方欲飲見盃中有蛇意甚惡之既飲而疾于時河南聽事壁上有角漆畫作蛇廣意盃中蛇即角影也復置酒於前處謂客曰酒中復有所見不荅所見如初廣乃告其所客豁然意解沈痾頓愈

裴楷有渴利疾位至中書令加侍中

皇甫謐字士安因病服寒食散而性與之忤每委頓不倫嘗悲恚叩刃欲自殺叔母諫而止謐常不疏曰久嬰篤疾軀半不仁又

脚偏小十有九載又服寒食藥違錯節度辛苦荼毒于今七年隆冬裸袒食冰當暑煩悶加以咳逆或若溫瘧或類傷寒浮氣流腫四酸支重於今困劣然不仕

趙孟字長舒善清談其面有瘢黯諸事不決皆言當問瘢面也

山玄山允皆濤之子玄不仕允為奉車都尉並少而病形甚短小而聰敏過人武帝聞而欲見之濤不敢辭以問於允允自以尫陋不肯行濤以為勝己乃表曰臣二子尫病宜絶人事敢受詔

庾袞字叔褒州郡交命皆不降志入林慮山中登輒登崎嶇而坐柱杖將起跌墜崖而卒

謝安字安石本能為洛下書生詠有鼻疾故其音濁名流愛其詠而不能及或手掩鼻以斅之位至太保

王朗之字脩齡弱冠有聲譽歷郡守侍中丹楊尹素有風虚疾發動或數而神明不損

魏詠之生而兔缺仕至荊州刺史



殷仲堪吏部尚書師之子也父嘗患耳聰聞牀下蟻動謂之牛鬬病積年仲堪為晉陵太守衣不解帶執藥揮淚遂眇一目

習鑿齒為桓溫荊州別駕以脚疾遂廢於里巷及襄陽陷於苻堅堅素聞其名與釋道安俱輿而致焉既見與語大悅之賜遺甚厚又以其蹇疾與諸鎮書曰昔晉氏平吳利在二陸今破漢南獲士裁一人有半耳

宋何尚之為臨津令高祖領征南將軍補府主簿從征長安以公事免還都因患勞疾積年飲婦人乳乃得差

謝述有心虚疾性理時或乖謬除吳郡太守以疾不之官

南齊巴陵王寶義為揚州封晉安王寶義少有廢疾不堪出入閑故帝加除授仍以始安王遙光代之轉寶義為右將軍領兵置佐石頭

梁周興嗣為給事中興嗣兩手先患風疽是年又染癘疾左目盲高祖撫其手嗟曰斯人也而有斯疾手疏治疽方以賜之其見惜如此任昉又愛其才常言曰周興嗣若無疾旬日當至御史中丞

何點少時嘗患渴

陳徐世譜為光祿大夫尋以疾失明謝病不朝

後魏李諧為人短小六指因癭而學顧因跛而緩步因謇而徐言人言李諧善用三短

長孫子彥末年疾發舉體生瘡雖親戚兄弟以為惡疾如此難以自明世無良醫恨其死矣嘗聞故疾蝮蛇螫之不痛試為一試之當令兄弟知我乃於南山得蛇以股觸之痛楚號叫俄而膧死

北齊西河王仁幾生而無骨不自支持

李廣字弘基范陽人也文宣天保初欲以為中書郎遇疾[illegible]優遊藥石無機務雅有鑒識度量弘遠坦平無私為士流所愛歲時共贈遺之賴以自給竟以疾終

唐鄭玄挺[illegible]消渴人因號為鄭渴



唐[illegible]首[illegible][illegible]頷脚短而跛

盧照鄰為新都尉因染風疾去官處太白山中以服餌為事後疾轉篤徙居陽翟之具茨山著釋疾文五悲等詞頗有騷人之風甚為文士所重照鄰既沈痼攣廢不堪其苦嘗與親屬執別遂自投潁水而死

李洧正己之從父也正己死其子納犯宋州洧以其州歸順拜何背發疽得稍平乃大具饌飲僧於市洧乘平肩輿自臨其場市人歡呼洧驚疽潰於背而卒贈左僕射

漢張沆為翰林學士沆雖聵疾出入金門五六年隱帝末叩史遇害翌日沆方知之聽猶未審忽聞同僚□竊知盜殺史公其盜獲否見時惝懼之次聞者笑之

## 禳厭

天災流行歷代時有禳禬之術往冊攸傳蓋天因咎徵之或異以示警而為法六祈之義所以號變而徼福五行之氣所以志

[illegible]而致至二斯乃祝祉禄而求永貞者也則有識洞幾微藝臻高妙明春秋之祥異辨洪範之徵符不假命龜如指諸掌若乃五行汨亂六極交作孽非自攜咎由外興繇是稽考休咎式昭禳靖嚴應如響信而有徵其或命屯數其失德踰矩敗類致寇[illegible]非速禍雖盤巫祝之術其可以救歟

漢董仲舒爲江都相治國以春秋災異之變推陰陽所以錯行故求雨閉諸陽縱諸陰其止雨反是[illegible]行之一國未嘗不得所欲

勇之越巫也越巫武帝時栢梁災勇之曰越俗有火災後起屋必用勝服之帝於是作建章宮度爲千門萬戸

寶遠河陽人爲何内掾邑人息夫躬以宜陵侯就國未有第宅寄居丘亭姦人以爲侯家富常夜守之謂欲盜之伺其便遠往過躬教以祝盜方以桑東南指枝爲匕書北斗七星其上躬夜自被髮立中庭向北斗匕招指祝盜或招或指所以禳禍也

後漢郭憲光武建武七年代張堪爲光祿勳從駕南郊憲在位忽回向東北含酒三噀執法奏爲不敬詔問其故憲對曰齊國失火故以厭之其後齊果上火災與郊同日

高獲字敬公汝南新息人郡境大旱獲素善天文曉遁甲能役使鬼神太守鮑昱自往問何以致雨獲曰急罷三部督郵明府當自北出到三十里亭祠雨可致也昱從之果得大雨

楊統章帝時爲彭城令一州大旱統推陰陽消伏縣界蒙澤太守宗湛從統爲郡求雨亦即降澍

樊英字季齊南陽魯陽人隱於壺山之陽嘗有暴風從西方起英謂學者曰成都市火甚盛因含水西向漱之乃令記其日客後從蜀來云是日大火有黑雲卒從東起須臾大雨火遂得滅於是天下稱其術

郎顗北海人順帝時公車徵使對尚書顗對曰臣竊見去年閏十月十七日己丑夜有白氣從西方天苑趨左右入玉井數日乃滅金精之變責歸上司上司司馬也建武二十六年改爲太尉韓詩外傳曰司馬主天不調星辰失度責之司馬故大責歸上司也宜以五月丙午遣太尉服干戚建井旟干楯也戚斧也西方主兵故太尉執持楯斧所以厭金也井南方火宿也鳥隼曰旟也以火勝金故書井星之方於旟也書王版之策引白氣之異書祝辭於王版也於西郊責躬求愆謝咎皇天消滅妖氣蓋以火勝金轉火爲福也以五月丙午日火勝金也

欒巴爲尚書正朝大會巴獨後到又飲酒西南噀之有司奏巴不敬有詔問巴巴頓首謝曰臣本縣成都市失火臣故因酒爲雨以滅火臣不敢不敬詔即以驛書問成都成都答言正旦大失火食時有雨從東北來火乃息雨皆酒臭

趙彥琅邪人少有學術桓帝時琅邪賊勞丙與太山賊叔孫無忌攻沒琅邪朝廷以宗資爲討寇中郎將督州郡兵合討彥爲陳孤虛之法以賊屯在莒莒有五陽之地[illegible]宜發五陽郡兵[illegible]從孤擊虛以討之資具以狀上詔書遣五陽兵到彥推遁甲教以進兵一戰破賊



晉郭璞洞五行天文卜筮之術禳災轉禍通致無方王導引參己軍事導嘗令作卦璞言公有震厄可命駕西出數十里得一栢樹截斷如身長置寢處災可消矣導從其言數日果震栢木粉碎桓彝與璞友善彝每造或值璞在婦間便入璞曰卿來它處自可徑前但不可廁上相尋爾必主客有殃彝後因醉詣璞正逢在廁掩而觀之見璞躶身被髮銜刀設醊璞見彝撫心大驚曰吾每屬卿勿來反更如是非但禍吾卿亦不免矣天實爲之將以誰咎璞終嬰王敦之禍彝亦死蘇峻之難

嚴卿善卜筮魏序欲東行俱筮曰君慎不可東行必遭暴害之氣而非劫也序不之信卿曰既不必停宜以禳之可索西郭外獨母家白雄狗繫著船前求索止得駮狗無白者卿曰駮者亦足然猶恨其色不純當餘小毒正及六畜輩爾無所復序行半路狗然足聲甚急有如人打之者比視已死吐黑血斗餘其夕序墅上白鵝數頭無故自死而家無恙

淳于智字叔平善厭勝之術高平劉柔夜卧鼠齧其左手中指以問智智曰是欲殺君而不能當爲君使其反死乃以朱書手横腕文後三寸作田字辟方一寸二分使露手以卧明旦有大鼠伏死手前譙人夏侯藻母病困詣智卜忽有一狐當門向之嗥藻怖懼馳見智智曰其禍甚急速君歸在狐嗥處拊心啼哭令家人驚怪大小必出一人不出哭忽止然後其禍可救也藻還如其言母亦扶病而出家人既集堂屋五間拉然而壞[illegible]詹少六多病智乃爲符使詹佩之誦其文既而皆驗莫能學也上黨鮑瑗家多喪病貧苦智爲卦卦成曰君安宅失宜故令君困君舍東北有大桑樹君徑至市入門數十步當有一人持荆馬鞭就買以懸此樹三年當暴得財瑗承言詣市果得馬鞭懸之三年後井得錢數十萬銅鐵器復二十餘萬於是致贍疾者亦愈

韓友字景先善京費厭勝之術龍舒長鄧林婦病積年垂死醫巫皆息意友爲筮之使畫作野豬著卧處屏風上一宿覺佳於是遂差舒縣廷掾王睦病死已復魄友爲筮之令以丹書版作日月置牀頭又以豹皮馬鄣泥卧上立愈

劉世則女病魅積年巫爲攻禱伐空冢故城間得狸鼉數十病猶不差友筮之命作布囊依女發時張囊著窗牖間有閉户作氣若有所驅逐須臾間見囊大脹如吹因決敗之女仍大發友乃更作皮囊二枚沓張之施張如前囊復脹滿因急縛囊口懸著樹二十許日漸消開視有二斤狐毛女遂差

宣城邊洪以四月中旬就友卜家中安否友曰卿家有兵殃其禍甚重可伐七十束柴積於庚地至七月丁酉放火燒之咎可消也不然其凶難定洪即聚柴至日大風不敢發火後爲廣陽領校遣母喪歸家其夜洪欲發狂絞殺兩子并殺父又斫婦婢二人皆被創因出亡走明日其宗族往收殯亡者尋索洪數日於宅前林中得之已自經死



玄文河間人也求高祖圖書[illegible]通其圖書曰令董統勸超出降超大怒繫之於獄於是賀賴盧公孫五樓爲地道出戰王師不利玄文説高祖曰昔趙攻曹嶷望氣者以爲澠水帶城非可攻拔若塞五龍口城必自陷石季龍從之而嶷請降後慕容恪之圍段龕亦如之而龕降降後無幾又震開之今舊基猶在可塞之高祖從其言至城中男女患脚弱病者太半

南齊顧歡解陰陽書爲數術多効驗病邪者問歡歡曰家中有書否曰唯有孝經歡曰可取置病人枕邊恭敬之自差病者果愈人問其故荅曰善禳惡正勝邪此病者所以差也

梁伯人方士也武陵王紀反舉兵蜀之衆由外水而下湘東王命伯人於長州死板上畫紀刑象親下鐵釘于支體以厭之

後魏王早明陰陽九宮明元時喪亂之後多相殺害有人詣早求問勝術早爲設法令各無咎由是州里稱之

北齊綦毋懷文以道術知名東魏時高祖與周文戰於邙山是時官軍旗幟盡赤西軍盡黑懷文言於高祖曰赤火色黑是水色水能滅火不宜以赤對黑土勝水宜改爲黄高祖遂改爲赭黄所謂河陽幡者也

斛律羨爲幽州道行臺僕射兄光爲祖珽等誣其謀反後主詔盡滅其宗族羨未誅前忽令其在州諸子自伏護以下五六人頭頸乘驢出城合家皆泣送之至閤日晚而歸吏民莫不驚異燕郡守馬嗣明醫術之士爲羨所欽愛乃竊問之荅曰須有禳厭數日而有此變

隋蕭吉善陰陽算術房陵王時爲太子言東宮多鬼鼠妖數見高祖令吉詣東宮禳邪氣於宣慈殿設神座有迴風從艮地鬼門來掃太子座吉以桃湯葦火驅之風出宮門而止又謝土於未地設壇爲四門置五帝座于時至寒有蝦蟇從西南來入門升赤帝座還從入門而出行數尺忽然不見高祖大異之賞賜優洽又上言太子當不安位時帝陰欲廢立得其言是之由此每被顧問

王輔賢新豐人房陵王爲太子知皇后遺陽素金貽有廢立之輔賢曰白虹貫東宮門太白襲月皇太子廢退之象也以銅鐵五兵造諸厭勝又於後園之內作庶人村屋宇卑陋太子時於中寢息布衣草褥冀以當之

唐劉王文靜高祖武德二年爲户部尚書其家中妖怪數見弟文起憂之遂召巫者於星月之下被髮銜刀爲厭勝之法其愛妾失寵以狀告其兄上變故誅

李抱真貞元中爲昭義軍節度使以久疾爲巫祝所惑請降以禳之章奏凡七上辭甚切至德宗難違之故自檢校司空而授僕射

假告

急告寧休皆假明也説者云吉曰告凶曰寧然而五日一休始於漢律一月五急著於晉令又君子賜告之典所以優禮大臣取諸之文所以俯從私願至乃歲時令節多遂歡娱公府綜閑頻得沐休爵爲人擇取由舊章苟有省疾故留移疾當辭或坐猶違之責或屢避事之尤恐著于篇備懲不恪

漢石慶爲丞相武帝元封四年關東流民二百萬口無名數者四十萬公卿議欲徙流民於邊以適之帝以爲慶老謹不欲與其議乃賜丞相告歸而案御史大夫以下

汲黯字長孺爲主爵都尉多病病且滿三月武帝常賜告者數終不愈最後嚴助爲請告

馮野王成帝時爲琅邪太守帝長舅大司馬大將軍王鳳薦擢野王懼不自安遂病滿三月賜告與妻子歸杜陵就醫藥鳳風御史中丞劾奏野王賜告養病而私自便便安持虎符出界歸家奉詔不敬杜欽時在將軍莫府欽素高野王父子行能奏記鳳爲野王言曰竊見令曰吏二千石告過長安謁謁者白得告也吏二千石以上告歸寧道不過行在者便道之官無辭不分別予賜寧告也今有司以爲予告得歸賜告不得是一律兩科失省刑之意省減也夫三最予告令也有三最遂得予告也病滿三月賜告詔恩也令告詔恩不得失輕重之差又二千石病賜告得歸有故事不得去郡亡著令律於行賜不得之文也傅曰賞疑從予所以廣恩勸功也賞疑當賞則與之於罰疑從去所以慎刑闕難知也罰疑當罰則去之今釋令與故事而假不敬知也法律寬假而致其罪違闕疑從去之意即以二千石守千里之地任兵馬之重不疑去郡將以制刑爲後法者則也王之罪在未制令前也刑賞大信不可不慎鳳不聽竟免野王郡國二千石病賜告不得歸家自此始

後漢黃昌字聖真會稽人家貧爲吏無有船車休假常單步荷擔上下精廬於鄉里

魏李豐字安國時爲侍中尚書僕射豐在臺省常多託疾時臺制疾滿百日當解祿豐疾未滿數十日輒暫起以復臥如是數歲

王思正始中爲大司農年老目瞑又少信時有吏父病篤近在外舍自白求假思疑其不實發教曰世有思婦病母者豈此謂乎遂不與假吏父明日死思無恨意

晉王尼字孝孫城陽人也初爲護軍府軍士胡毋輔之與琅邪王澄北地傅暢中山劉輿潁川荀邃河東裴遐等持羊酒詣軍門吏疏名呈護軍護軍曰諸名士持羊酒來將有以也尼時以給府養馬輔之等遂坐馬廄下與尼炙羊飲酒醉飽而去竟不見護軍護軍大驚即與尼長假因免爲兵

宋王恢之文帝時爲祕書郎父敬弘爲會稽郡守恢之嘗請假還家未定省敬弘克日見之至輒不果見假日將盡恢之乞求奉辭敬弘呼前至閤復不見

謝靈運爲侍中自以名輩應參時政王曇首王華名位素不踰之並見任遇意不平多稱疾不朝直出郭遊行或一百六七十里經旬不歸既不表聞又不請急閣帝不欲傷大臣諷旨令自解靈運上表陳疾賜假東歸

庾炳之為吏部尚書居選部請急還家尚書令史來諮事一人善彈一人工歌留與宿有司舉違制奏焉

唐張重光為華州刺史代宗大曆三年以病抗疏乞還京師醫療許之乃遣中使如其弟問疾

嚴綬為檢校司徒兼太子少傅穆宗長慶二年四月御史臺奏綬疾假滿百日合停勅嚴綬年位俱高須加優異仍依舊秩未要舉停

郭鏦為右金吾衛將軍長慶二年六月疾假滿百日帝以仲舅許未停官

崔從為太子賓客分司東都文宗大和四年三月甲申留守崔弘禮奏從請假一百日准式停官

梁盧格為侍御史太祖乾化二年御史臺奏格先請患假滿一百日准例合停從之



後唐盧導為右司郎中知雜事明宗天成二年八月假滿百日奉勅停官

安重誨為樞密使天成四年奏堂兄應州副使晟卒請准式假有司給假一十五日勅旨重誨位重禁庭日親機務與羣官之有異在常式以難拘宜自初聞日共給七日

李遵為司天少監長興二年二月戊戌御史臺奏遵請假滿十旬准前例合停官從之

王昭誨為司農少卿長興二年七月乙巳御史臺奏昭誨自寒食請假歸鎮州營葬已滿百日准例停官勅司王昭誨方念送終特被殊恩又別立國許歸京奠雖違假限宜示優弘不停見任

册府元龜卷第九百六

# 冊府元龜卷第九百七

總録部一百五十七

## 薄葬

夫葬也者藏也藏也者欲人之不得見也及夫易之大過著棺槨之象周之冢人爲丘封之制乃有衣衾飯含芻靈明器之物爲之差降以辨其貴賤焉慎終之禮於是乎在觀夫歷代而下智識之士莫不念反眞速朽之理思過侈傷生之義故以冒榮爲愧或以愛民爲念或激昂忠愨形憂國之言或奮厲奇節或矯俗之迹至有死非其罪發於感憤志有所存著乎治命皆賢達卓爾之操可以垂世而作範焉若乃儉不中禮偪下已甚此固昊夫仲尼所謂稱家之有無者已

成子高寢疾(成子高齊大夫國成伯高父也)慶遺入請曰子之病革矣如至乎大病則如之何(革急也其意欲問封葬之禮)子高曰吾聞之也生有益於人死不害於人吾縱生無益於人吾何以死害於人乎哉我死則擇不食之地而葬我焉(不食謂不墾耕)

延陵季子吳公子也(季子名札魯昭二十七年吳公子札聘於上國是也季子讓國居延陵因號焉春秋傳謂延州來季子也)適齊於其反也其長子死葬於嬴博之間(嬴博齊地今泰山縣是也)孔子曰延陵季子吳之習於禮者也往而觀其葬焉(之往弔)其坎深不至於泉(以生者之)其斂以時服(以行時之服)旣葬而封廣輪揜坎其高可隱也(封築土爲壟隱據也封可手據謂高四尺所)

晏子齊大夫晏子之葬親也遣車一乘及墓而反(言其大儉偪下非之言其定則寢不客有事也)

漢張湯爲御史大夫坐爲長史朱買臣等所構自殺兄弟欲厚葬母曰湯爲天子大臣被惡言死何厚葬爲載以牛車有棺無槨

楊王孫者孝武時人也學黃老之術家累千金厚自奉養生亡所不致及病且終先令其子曰吾欲臝葬以反吾眞(臝者不爲衣衾棺槨)(反歸也眞者自然之道也)必亡易吾意死則爲布囊盛尸入地七尺旣下從足引脫其囊以身親土其子欲默而不從重廢父命(重難也)欲從之心又不忍迺往見王孫友人祁侯(祁侯繒賀之孫名它)祁侯與王孫書曰王孫苦疾僕迫從上祠雍未得詣前(謂未出至前言未見也)願存精神省思慮進醫藥厚自持竊聞王孫先令臝葬令死者亡知則已若其有知是戮尸地下將臝見先人竊爲王孫不取也且孝經曰爲之棺槨衣衾是亦聖人之遺制何必區區獨守所聞願王孫察焉王孫報曰蓋聞古之聖王緣人情不忍其親故爲制禮今則越之(言而禮而厚葬也)吾是以臝葬將以矯世也夫厚葬誠亡益於死者而俗人競以相高靡財單幣腐之地下(靡散也單盡也)或迺今日入而明日發此眞與暴骸於中野何異且夫死者終生之化而物之歸者也歸者得至化者得變是物各反其眞也反眞冥冥亡形亡聲迺合道情夫飾外以華衆厚葬以鬲眞使歸者不得至化者不得變是使物各失其所也且吾聞之精神者天之有也形骸者地之有也(文子稱天氣爲魂地氣爲魄骨肉下歸於土是以云然)精神離形各歸其眞故謂之鬼鬼之爲言歸也其尸塊然獨處豈有知哉裹以幣帛鬲以棺槨支體絡束口含玉石欲化不得鬱爲枯腊千載之後棺槨朽腐迺得歸土就其眞宅繇是言之焉用久客(言不用久爲客也)昔帝堯之葬也窾木爲匵葛藟爲緘(窾空也匵小棺也藟葛之類也緘束也一曰藟亦草名)其穿下不亂泉上不泄殠故聖王生易尚死易葬也(言生者易尚死者約也)不加功於亡用不損財於亡謂(謂者無名稱也)今費財厚葬留歸鬲至死者不知生者不得是謂重惑於戲吾不爲也祁侯曰善遂臝葬

朱雲初爲博士杜陵令後居鄠田病不呼醫飲藥遺言以身服斂棺周於身(棺周於身小棺裁容身也土周於槨冢纔容槨也)爲丈五墳葬平陵東郭外

龔勝爲光祿大夫臨死勑以棺斂喪事衣周於身棺周於衣勿隨俗動吾冢種柏作祠堂(言葬多設器備則恐被掘發也不得種柏及作祠堂皆是)

何竝爲潁川太守疾病召丞掾作先令書(先令爲遺令)曰告子恢吾生

吉終後日父死雖當得法賻勿受（公卿大夫死官得法賻）葬爲小槨亶容下棺（禮三重棺趙簡子曰不設屬辟下卿之罰也或曰無棺無餘器物也詔止作小槨纔容下棺而已無□高大也）怫姑父言

後漢樊宏爲壽張侯卒遺勅薄葬一無所用以爲棺柩一藏不宜復見姑有腐敗傷孝子之心使與夫人同墳異藏光武善其令以書示百官因曰今不順壽張侯意無彰其德諡爲恭侯

吳漢爲大司馬夫人先死薄斂小墳不作祠堂

王堂爲汝南太守免歸家卒遺令薄斂瓦棺以葬

張酺爲司徒病臨絕勑其子曰顯節陵埽地露祭欲率天下以儉吾爲三公旣不能宣揚王化令吏人從制豈可不務節約乎其無起祠堂可作槀蓋廡施祭其下而已

祭遵爲征虜將軍臨死遺誡牛車載喪薄葬洛陽

鄭玄卒遺令薄葬

鄧訓爲護羌校尉三子悝弘閶並太后弟也弘疾病遺言悉以



常服不得用錦衣玉匣悝閶相繼並卒皆遺言薄葬不加餘贈太后並從之

張霸爲侍中疾卒遺勑諸子曰昔延州使齊子死嬴博因坎路側遂以葬焉今蜀道阻遠不宜歸塋而止此葬足藏髮齒而已務遵速朽副我本心人生一世但當畏敬於人若不善加已直爲受之諸子承命葬於河南梁縣因遂家焉

周磐字堅伯學古文尚書洪範五行初爲重合令後棄官歸鄉里教授門徒常千人年七十三歲朝會集諸生講論終日因令其二子曰吾日者夢見先師東里先生與我講於陰堂之奧（闇謂之奧燈幽晦之又入其奧燈之處）旣而長歎豈吾齒之盡乎若命終之日桐棺足以周身外槨足以周棺斂形懸封濯衣幅巾編二尺四寸簡寫堯典一篇幷刀筆各一以置棺前示不忘聖道其月望日無病忽終學者以爲知命焉

趙岐爲太常將卒先自爲壽藏（壽藏謂冢壙也稱壽者取其久遠之意也猶如壽宮壽器之類）（詠鄉辭也）圖季札子產晏嬰叔向四像居賓位又自畫其像居主位皆爲讚頌勑其子曰我死之日墓中聚沙爲牀布簟白衣散髮其上覆以單被卽日便下下訖便掩

趙咨爲議郎抗疾京師將終告其故吏朱祇蕭建等使薄斂素棺藉以黃壤欲令速朽早歸后土不聽子孫改之乃遺書勑子胤曰夫含氣之倫有生必終蓋天地之常期自然之至數是以通人達士鑒茲性命以存亡爲晦明死生爲朝夕故其生也不爲娛亡也不知戚夫亡者元氣去體貞魂游散反素復始歸於無端旣已消仆還合糞土土爲棄物豈有性情而欲制其厚薄調其燥濕邪但以生者之情不忍見形之毀乃有掩骼埋窆之制易曰古之葬者衣之以薪藏之中野後世聖人易之以棺槨棺槨之造自黃帝始爰自陶唐逮于虞夏猶尚簡樸或瓦或木及至殷人而有加焉周室因之制兼二代復重以牆翣之飾表以旌銘之儀招復含斂之禮殯葬宅兆之期棺槨周重之制衣



衾稱襲之數其事煩而害實品物碎而難備然而秩爵異級貴賤殊等自成康以下其典稍乖至於戰國漸至頹陵法度衰毀上下僭雜終使晉侯請隧秦伯殉葬陳大夫設參門之木宋司馬造石槨之奢爰暨暴秦違道廢德滅三代之制興淫邪之法國貲糜於三泉力單於酈墓玩好窮於糞土伎巧費於窀穸自生民以來厚終之敝未有若此者雖有仲尼重明周禮墨子勉以古道猶不能禦也是以華夏之士爭相陵尚違禮之本事禮之末務禮之華棄禮之實單家竭財以相營赴廢事生而營終亡替所養而爲厚葬豈云聖人制禮之意乎記曰喪雖有禮哀爲主矣又曰喪與其易也寧戚今則不然幷棺合槨以爲孝愷豐貲重襚以昭惻隱吾所不取也昔舜葬蒼梧二妃不從豈有匹配之會守常之所乎聖主明王其猶若斯況於品庶禮所不及古人時同卽會時乖則別動靜應禮臨事合宜王孫裸葬墨夷露骸皆達於性理貴於速變梁鸞父沒卷席而葬身亡不反

其尸彼數子豈薄至親之恩志忠孝之道邪況我鄙闇不德不敏薄意內昭志有所慕上同古人下不爲咎累必行之勿生疑異恐爾等目厭所見耳諱所識必欲改殯以乖吾志故遂述古聖近揆行事以悟爾心但欲制坎令容棺槨棺歸即葬平地無壙勿卜時日葬無設奠勿留墓側無起封樹於戲小子其勉之哉吾蔑復有言矣朱祇蕭建送喪到家謝承書曰咨在京師寢困故吏蕭建經營之咨疾自買小素棺被人取乾黃土細擣篩之聚二千石臨卒謂建曰士殺自著衣衾中單衣先買士爲擁內尸其中以擁其上子不忍父體與土并合欲更改殯祇建譬以顧命於是奉行時稱咨明達

梁商順帝時爲大司馬病篤勅子冀等曰吾以不德享受多福生無以輔益朝廷死必耗費帑藏衣衾飯唅玉匣珠貝之屬何益朽骨百僚勞擾紛華道路秖增塵垢雖云禮制亦有權時方今邊境不寧盜賊未息豈宜重爲國損氣絕之後載至家舍即時殯斂以時服皆以故衣無更裁制殯已開冢冢開即葬祭食如存無用三牲孝子善述父志不宜違我言也及薨帝親臨喪諸子欲從其誨朝廷不聽

盧植爲尚書初平三年卒臨困勑其子儉葬於土穴不用棺槨附體單帛而已

袁閎司徒安之孫累徵聘舉召皆不應臨卒勑其子曰勿設殯棺但著禪衫疏布單衣幅巾親尸於板牀之上以五百墼爲藏

杜安爲巴郡太守卒官時薄斂素器不漆子自將車州郡賢之表章墳墓

馬融爲南郡太守卒于家遺令薄葬

謝夷吾爲下邳令將卒勑其子曰漢末當亂必有發掘露骸之禍使懸棺下葬墓不起墳

楊震爲太尉既爲樊豐等所譖收太尉印綬遣歸本郡行至城西夕陽亭乃慷慨謂其諸子門人曰死者士之常分吾蒙恩居上司疾姦臣狡猾而不能誅惡嬖女傾亂而不能禁何面目復

府九百七　五

見日月身死之日以雜木爲棺布單被裁足蓋形勿歸家次殯設祭祠因飲酖而卒

李固爲太尉坐忤梁冀意免遂爲冀所誣自殺臨終勑子孫素棺三寸幅巾殯殮於本郡墝埆之地不得還墓塋汚先公兆域

張奐爲太常後坐禁錮年七十八遺命曰吾前後仕進十要銀艾不能和光同塵爲讒邪所忌通塞命也始終常也但地底冥冥長無曉期而復纏以纊緜牢以釘密爲不喜爾幸有前窀朝殯夕下措尸靈牀幅巾而已奢非晉文儉非王孫推情從意庶無咎吝諸子從之

范冉桓帝時嘗辟太尉府不行中平二年卒於家臨命遺令勑其子曰吾生於昏闇之世值乎淫侈之俗生不得救世濟時死何忍自同於世氣絕便斂斂以時服衣足蔽形棺足周身斂畢便穿穿畢便埋其明堂之奠干飯寒水飯食之物勿有所下墳封高下令足自隱知我心者李子堅王子炳也今皆不在制之在爾勿令鄉人宗親有所加也

符融陳留浚儀人州郡舉孝廉公府辟皆不就妻亡貧無殯斂鄉人欲爲具棺服融不肯受曰古之亡者棄之中野唯妻子可以行志但即土埋藏而已謝承書潁川張元祖志行士也性踈融妻亡免其妣此謂言足下欽尚古道非不清妙且禮設棺椁制杖章孔子曰吾從周後推所乘羸車牛令融以給殯融受而不辭也

魏韓暨爲司徒臨終遺言曰夫俗奢者示之以儉儉則節之以禮歷見前代送終過制失之甚矣若爾曹敬聽吾言斂以時服葬以土藏穿畢便葬送以瓦器慎勿有增益又上疏曰生有益於民死猶不害於民況臣備位台司在職日淺未能宣揚聖德以廣益黎庶寢疾彌留奄即幽冥方今百姓農務不宜勞役乞不令洛陽吏民供設喪具懼國典有常使臣私願不得展從謹冒以聞惟蒙哀許帝得表嗟歎

王觀爲司空上印綬薨于家遺令藏足容棺不設明器不封不樹

裴潛爲太常遺令儉葬墓中惟置一坐瓦器數枚其餘一無

府九百七　六

所設

沐並有高節年六十餘自慮身無常豫作終制誡其子以儉葬曰吾雲儀等夫禮者生民之始教而百世之中庸也故力行者則爲君子不務者終爲小人然非聖人莫能履其從容也是以富貴者有驕奢之過而貧賤者譏於固陋於是養生送死苟竊非禮由斯觀之陽虎璵璠甚於暴骨桓魋石槨不如速朽此言儒學撥亂反正鳴鼓矯俗之大義也未臻夫窮理盡性陶冶變化之實論也若能原始要終以天下爲一區萬物爲芻狗該覽玄通求形影之宗同禍福之素一死生之命吾有慕於道矣夫道之爲物惟恍惟忽壽爲欺魄夭爲鳧沒身淪有無與神消息含悅陰陽甘夢太極奚以棺槨爲牢衣裳爲纏屍繫地下長幽桎梏豈不哀哉昔莊周闊達無所適莫又楊王孫裸體貴不久容爾至夫末世緣生怨死之徒乃有含珠鱗柙玉牀象衽殺人徇以壙穴之內錮以紵絮藉以蜃炭千載僵燥託類神仙於是大教陵遲競以厚葬謂莊子爲放蕩以王孫爲戮屍豈復識古有衣薪之鬼而野有狐貍之塚乎哉吾以材質滓濁汙於清流昔忝國恩歷試宰守所在無效代匠傷指狼跋首尾無以雪恥如不可求從吾所好今年過耳順奄忽無常苟得獲沒即以吾身襲於王孫矣上冀以贖市朝之逋罪下以親道化之靈祖顧爾幼昏未知臧否若將逐俗抑廢吾志私稱從令未必爲孝而犯魏顆聽治之賢爾爲棄父之命誰或矜之使死而有知吾將屍視至嘉平中病甚臨困又勑豫掩埳戒氣絕令二人舉屍即埳絕哭泣之聲止婦女之送禁弔祭之賓無設搏米之奠又戒後亡者不得入藏不得封樹妻子皆遵之

郝昭爲將軍將亡遺命戒其子凱曰吾爲將知將不可爲也吾數發塚取其木以爲攻戰具又知厚葬無益於死者也汝必斂以時服且人生有處所爾死復何在邪今去本墓遠東西南北在汝而已



徐晃爲右將軍病篤遺令斂以時服

高堂隆爲光祿勳卒遺令薄葬斂以時服

蜀丞相諸葛亮遺命葬漢中定軍山因山爲墳冢足容棺斂以時服不須器物

司馬朗爲兗州刺史與臧霸等征吳至居巢遇疾臨卒謂將士曰刺史蒙國厚恩督司萬里微功未效而遭此疫癘既不能自救孤負國恩身沒之後其布衣幅巾斂以時服勿違吾志也

吳呂岱爲大司馬卒遺令殯以素棺疏巾布褠葬送之制務從約儉子凱皆奉行之

是儀爲尚書僕射寢疾遺令素棺斂以時服務從省約年八十卒

張昭爲輔吳將軍卒遺令幅巾素棺斂以時服

諸葛瑾卒遺命令素棺斂以時服事從省約

晉石苞爲大司馬侍中臨薨豫爲終制曰延陵薄葬孔子以爲達禮華元厚葬春秋以爲不臣古之明義也自今死亡者皆斂以時服不得兼重又不得飯含爲愚俗所爲又不得設牀帳明器也定窆之後復土滿坎一不得起墳種樹昔王孫裸葬矯時其子奉命君子不譏況於合禮典者邪諸子皆奉遵遺令又斷親戚故吏設祭

王祥爲太保疾篤著遺令訓子孫曰夫生之有死自然之理吾年八十有五啓手何恨不有遺言使爾無述吾生值季末登庸歷試無毗佐之勳沒無以報氣絕但洗手不須沐浴勿纏尸皆澣故衣隨時所服賜山玄玉珮衛氏玉玦綬笥皆勿以斂西芒上土自堅貞勿用甓石勿起墳隴穿深二丈槨取容棺勿作前堂布几筵置書箱鏡奩之具棺前但可施牀榻而已

夏侯湛爲散騎常侍將沒遺命小棺薄斂不修封樹論者謂湛雖生不砥礪名節死則儉約令終是深達存亡之理

皇甫謐著論爲送終之制名曰玄晏先生以爲存亡天地之定制人理之必至也故禮六十而制壽至于九十各有等差防終

以素豈流俗之多忌者哉雖未至壽然嬰疾弥紀仍遭喪難神氣損劣困頓數年矣常懼夭隕不期處終無素是以略陳至懷夫人之所貪者生也所惡者死也雖貪不得越期雖惡不可逃避人之死也精歇形散魂無不之故氣屬于天寄命終盡窮體反真故尸藏于地是以神不存體則與氣升降尸不久寄與地合形形神不隔天地之性也尸與土并反真之理也今生不能保七尺之軀死何故隔一棺之土然則衣衾所以穢尸棺槨所以隔真故桓司馬石槨不如速朽季孫璵璠比之暴骸文公厚葬春秋以為華元不臣楊王孫親土漢書以為賢於秦始皇如令魂必有知則人鬼異制黃泉之親死多於生必將備其器物用待亡者今若以存況終非即靈之意也如其無知則空奪生用損之無益而啟姦心是招露形之禍增亡者之毒也夫葬者藏也藏者欲人之不得見也而大為棺槨備贈存物無異於埋金路隅而書表於上也雖甚愚之人必將笑之豐財厚葬以啟



姦心或剖破棺槨或牽曳形骸或剝臂捋金環或捫腸求珠玉焚如之形不痛於是自古及今未有不死之人又無不發之墓也故張釋之曰使其中有欲雖錮南山猶有隙使其中無欲雖無石槨又何戚焉斯言達矣吾之師也夫贈終加厚非厚死也生者自為也遂生意於無益棄死者之所屬知者所不行也易稱古之葬者衣之以薪葬之中野不封不樹是以死得歸真亡不損生故吾欲朝死夕葬夕死朝葬不設棺槨不加纏斂不修沐浴不造新服殯唅之物一皆絕之吾本欲露形入阬以身親土或恐人情染俗來久頓革理難今故觕為之制奢不石槨斂不露形氣絕之後便即時服幅巾故衣以籧篨裹尸麻約二頭置尸牀上擇不毛之地穿阬深十尺長一丈五尺廣六尺阬訖舉牀就阬去牀下尸平生之物皆無自隨唯齎孝經一卷示不忘孝道籧篨之外便以親土土與地平還其故草使生其上無種樹木削除使生跡無處自求不知不見可欲則姦不生心終始無怵惕千載不虞惠形骸與后土同體魂爽與元氣合靈真篤愛之至也若亡有前後不得移祔祔葬自周公來非古制也舜葬蒼梧二妃不從以為一定何必周禮無問師工無信卜筮無拘俗言無張神坐無十五日朝夕上食禮不墓祭但月朔於家設席以祭百日而止臨必昏明不得以夜制服常居不得墓次夫古不崇墓智也今之封樹愚也若不從此是戮尸地下死而重傷魂而有靈則冤悲沒世長為恨鬼王孫之子可以為誡死誓難違幸無改焉而竟不仕太康三年卒子童靈方回等遵其遺命

徐苗高密淳于人公府五辟博士再徵皆不就永寧二年卒遺命濯巾澣衣榆棺雜塼露車載尸葦席瓦器而已

大宰安平王孚臨終遺令曰有魏貞士河內溫縣司馬孚字叔達不伊不周不夷不惠立身行道終始若一當以素棺單槨斂以時服其家遵孚遺旨官給器物一無施用



石苞為右光祿大夫將卒遺命素棺薄斂

庾峻為侍中諫議大夫臨終敕子珉朝卒夕殯幅巾布衣葬勿擇日珉奉遵遺命斂以時服

杜夷為國子祭酒臨終遺命子晏曰吾少不出身頃雖見羈錄冠冕之飾未嘗加體其角巾素衣斂以時服殯葬之事務從簡儉亦不須苟取矯異也

宋王微官至義興太守固辭病卒遺令薄葬不設轜旐鼓挽之屬施五尺床為靈二宿便毀以嘗所彈琴置床上何長史來以琴與之何長史者偃也無子家人遵之

廬陵王紹薨遺令斂以時服素棺周身太祖從之

張邵為征虜將軍雍州刺史臨終遺命祭以菜果葦席為轜車諸子從焉

江夷為湘州刺史散騎常侍卒遺命薄斂蔬奠務存儉約

南齊崔慰祖為始安王記室始安王遙光謀逆慰祖繫尚方臨

棺與從弟緯書令以棺親土不須塼勿設靈座
沈麟士吳興武康人建武中以著作郎太子舍人徵不起及卒以楊王孫皇甫謐深達生死而終禮矯俗乃自爲終制遺令氣絕剔被取三幅布以覆屍及斂仍移布於屍下以爲斂服反被左右兩際以周上不復制覆被不須沐浴唅珠以本帽衣先所着褌凡二服上加單衣幅巾履枕棺中唯此依士安用孝經既殯不復立靈座四節及祥權鋪席於地以設玄酒家相承漆棺今不復爾亦不須旐成服後即葬作冢令小後祔更作小冢於濱合葬非古也冢不須聚土成墳使上與地平王祥終制亦爾葬不須轜車靈舫魌頭也不得朝夕下食祭奠之法至于葬唯清水一盃子彝奉而行之州鄉皆稱歎焉
王秀之爲吳興郡守卒遺令朱服不得入棺祭則酒脯而已世人僕妾直靈助哭當由喪主不能淳至欲以多聲相亂魂而有知吾當笑之



梁王藏壽爲太中大夫卒遺命不得設復魄旌旐一蘆藤藉下一枚覆上吾氣絕便沐浴籃輿載尸還忠侯大夫隧中若不行此則戮吾尸於九泉敬裔父甥許恵詔因阮研以聞詔曰敬裔今其息崇素氣絕便沐浴藉以二蘆藤覆以地歸身葬忠侯遂此達生之格言賢夫王匝石槨遠矣然子於父命亦有所從有所不從今崇素若信遺意土周淺薄屬辭不施一朝見侵狐鼠幾死已甚父可以訓子子亦不可行之外内易棺此自奉親之情藉土而葬亦通人之意宜兩捨兩取以達父子志棺周於身土周於槨去其牲奠斂以時服一可以由情二可以稱家禮裁穌還生死無辱此故當爲安也
孫謙爲光祿大夫臨終遺命諸子曰吾少無人間意故自不求聞達而仕歷三代官成兩朝如我資名或蒙贈謚自公體耳氣絕即以幅巾就葬每存儉率此見轜車過精非吾志也士安束以蘧蒢王孫裸入厚地雖是矯夫之節取於人情未允今使棺足周身壙足容柩旐書爵里無曰不然旐表命數差可停息宜儉轜承裝之以蘧蔽以常所乘者爲魂車他無所司因第二子自巧乃織細蘆葦轜以蔑爲鈴佩雖素而華帝爲舉哀甚悼惜之
張緒爲國子祭酒南郡三師及卒遺命作蘆葭轜車靈上杯水香火設祭
孔休源爲金紫光祿大夫卒遺令薄祭節朔蔬菲而已
到溉爲金紫光祿大夫與張綰劉之遴友密臨終託劉勤子孫薄葬
蕭琛爲侍中卒遺令諸子與妻同墳異藏祭以蔬菜葬日止車十乘事存率素
韋叡爲散騎常侍護軍將軍以疾卒于家遺令薄葬斂以時服
劉苞爲太子洗馬臨終呼友人南陽劉之遴託以喪事務從儉率
劉訏平原人刺史辟主簿不就卒於從兄歊舍臨終執歊手曰氣絕便斂斂畢即埋不須立靈座勿設饗祀無求繼嗣歊從而行之



劉杳爲步兵校尉知著作臨終遺命斂以法服載以露車還葬舊墓隨得一地容棺而已不得設靈筵祭醊其子遵行之
劉歊隱居山林以山水書籍爲娛著革終論其辭曰死生之事聖人罕言之矣孔子曰精氣爲物遊魂爲變知鬼神之情狀與天地相似而不違其文約其旨妙其事隱其意深未可以臆斷難得而精覈聊肆狂瞽請試言之夫形慮合而爲生魂質離而稱死合則起動離則休寂當其動也人皆知其神及其寂也物莫測所趣皆知則不言而義顯莫測則逾辯而理微是以勛華曠而莫陳姬孔抑而不說前達往賢互生異見季札云骨肉歸於土魂氣無不之莊周云生爲徭役死爲休息尋此二說如似相反何者氣無不之神有也死爲休息神無也原憲云夏后氏用明器示民無知也殷人用祭器示人有知也周人兼用之示民疑也考之記籍驗之前志有無之辯不可歷言若稽諸內教判乎釋部則諸子之言舉三代之禮無越何者神爲生本形爲

生具死者神離此具而即非彼具也雖死者不可復反而精靈遞變未嘗滅絶當其離此之日識用廓然故夏后明器示其弗反乎即彼之時魂靈知滅故殷人祭器顯其猶存不存則合乎莊周猶存則同乎季札各得一隅無傷厥義故周人有兼用之禮尼父發遊魂之唱不其然乎若廢備攜之論探中途之言則不仁不智之識於是乎可息夫形也者無知之質也神也者有知之性有知不獨存依無知自固故形之於神逆旅之館爾及其死也神去此而適彼也神已去此館何用存速朽得理也神已適彼祭何所施祭則失理也而姬公孔子之教不然者其有以乎蓋禮樂之興出於澆薄俎豆綴兆生於俗弊施靈筵陳棺槨設饋奠建丘壠蓋欲令孝子有追思之地爾夫何補於已遷之神乎故上古衣之以薪棄之中野可謂尊盧赫胥皇羲炎帝蹈於失理哉是以子羽沈川漢伯方壙文楚黄壤士安麻索此四子者得理也志教也若從四子而越遊則平生之志得矣夫積習生常難卒改革一朝肆志儻不見從今欲翦截煩厚務存儉易進不裸尸退異常俗不傷存者之念有合至人之道孔子去斂手足形旋葬而無槨斯亦貧者之禮也余何陋焉且張奂上用幅巾王肅唯盥手足范冉殮畢便葬奚珍無設筵几文度故舟爲槨子廉牛車載柩叔起誡絶墳隴康成使無不吉此數公者尚或如之況於吾人而當華奢今欲髣髴景行以爲軌則儻合中庸之道庶免徒費之譏氣絶不須復魂盥洗而斂以一千錢市治棺單故裙衫衣巾枕履此外送往之具棺中常物及餘之祭一不得有所施世多信李彭之言可謂惑矣余以孔釋爲師差無此惑斂訖載以露車歸於舊山隨得一地地足爲埳埳足容棺不須塼甓不勞封樹勿設祭饗勿置几筵無用茅君之虚坐伯夷之杇水其蒸嘗繼嗣言象所絶事止余身無傷世教家人長幼内外姻戚凡厥友朋爰及寓所咸願成余之志幸勿奪之明年疾卒



顧憲之固辭官寵居家授太中大夫臨終爲制以勅其子曰夫出生入死理均晝夜生既不知所從來死亦安識所往延陵所云精氣上歸于天骨肉下歸于地魂氣則無所不之良有以也雖復茫昧難徵要若非妄百年之期迅若馳隙吾今預爲終制瞑目之後念並遵行勿違吾志也

莊周澹臺達生者也王孫士安矯俗者也吾進不及達退無所矯常謂中都之制允理愜情衣周於身示不違禮棺周於衣足以蔽身入壙之物一無所須載以輴車覆以麤布爲使人勿惡也漢明帝天子之尊猶祭以杅水脯糗范史雲烈士之高亦奠以寒水乾飯況吾卑庸之人其可不節衷也喪易寧戚自是親親之情禮奢寧儉差可得由吾意不須常施靈筵可止設香燈使致哀者有憑爾朔望祥忌可權安小牀暫設几席唯下素饌勿用牲牢蒸嘗之祠貴賤罔替備物難辦多致疎怠祠先人自有舊典不可有闕自吾以下祠止用蔬食時菓勿同於上世也亦令子孫四時不忘其親爾孔子云雖菜羹瓜祭必齋如也本貴人敬豈求備物哉

陳謝貞之爲丹陽丞以母憂去職加招遠將軍固辭後卒貞之病亟也遺疏告族子凱曰吾少罹酷罰十四傾外蔭十六鍾太清之禍流離絶國二十餘載號天蹐地遂同有感得還侍奉守先人墳墓於吾之分足矣不悟朝廷採拔虚容薄累致清階縱其殞絶無所酬報今在憂棘晷漏將盡斂手而歸何所多念氣絶之後若直棄之草野依僧家尸陁林法是吾所願止恐過爲獨異爾可用薄服周身載以靈車覆以葦席於山而埋之又吾終鮮兄弟無他子孫靖年幼少未閑人事但可三月施小牀設香水盡卿兄弟相厚之情即除之無益之事勿爲也

周弘直遷太常卿光禄大夫加金章紫綬遇疾且卒乃遺疏勑其家曰吾今年已來筋力減耗可謂衰矣而好生之情曾不自覺唯務行樂不知老之將至今時制云及將同朝露七十餘年

頗經艱虞豈足啓手告全差無遺恨氣絶已後便買市中見材材必須小形者使易提挈斂以時服古人通制但下見先人必須備禮可著單衣裙衫故履既應待養宜備紛帨或逢善友又須香湯棺內唯安白布手巾麤香炉而已其外一無所用卒于家

後魏任城王雲為雍州刺史薨於州遺令薄葬勿受贈襚諸子奉遵其言

崔寬卒遺命薄葬斂以時服

程駿為秘書令病篤乃遺令曰吾存尚儉薄豈可沒為奢厚哉昔王孫裸葬有感而然士安籧篨頗亦矯厲今世既休明百度循禮彼非吾志也可斂以時服器從古遂卒

韓麒麟為冠軍將軍齊州刺史卒遺敕其子殯以素棺事從儉約

北齊薛琡累遷尚書僕射卒臨終敕其子斂以時服踰月便葬不聽干求贈官自制喪車不加彫飾但用麻為流蘇繩用網絡而已明器等物並不令置



廣陵王嘉薨遺命薄葬

李[illegible]及卒遺令薄葬

宋遊道為太府卿天保元年卒遺令薄葬不立碑表不求贈謚

後周薛端為基州刺史未幾卒遺誡薄葬州府贈遺勿有所受

韋敻高尚不仕以年老預戒其子等曰昔士安以籧篨束體王孫以布囊繞尸二賢高達非庸才能繼吾死之日可斂舊衣勿更新造使棺足周尸牛車載柩墳高四尺壙深一丈其餘煩雜悉無用也朝晡奠食於事彌煩吾不能頓絶汝輩之情可朔望一奠而已仍薦蔬素勿設牲牢親友欲以物弔祭者並不得受吾常恐臨終恍惚故以此言預戒汝輩瞑目之日勿違吾志也

李彥為驃騎大將軍開府儀同三司臨終遺誡其子等曰昔人以窀穸為禮蓋為藏形不亂泉上不泄臭此實吾平生之志也但事逝矯枉為世士所譏今可斂以時服葬於墝埆之地勿用明器塗車及儀衛等爾其念之朝廷嘉焉不奪其志

柳霞為驃騎大將軍開府霍州刺史臨終遺誡薄葬其子等並奉行之

姚察為太子內舍人大業二年終于東都遺命薄葬務從率儉其略曰吾家世素士自有常法吾意斂以法服並宜布土周於身入恐汝等不忍行此必不爾須松板薄棺纔可周身土周於棺而葬日止鹿車即送厝舊塋

唐李勣為司空遇疾謂弟弼曰吾見人多埋金玉亦不須爾惟以布裝露車載我柩棺中斂以常服惟加朝衣一副死儻有知冀著此奉見先帝明器唯作馬五六匹下帳用幔皁為頂白紗為裙其中著十箇木人示依古禮芻靈之義此外一物不用

傅奕臨終誡其子曰古人裸葬汝宜行之

高士廉為開府儀同三司申國公遺命曰生死之事我自然之道葬者藏也欲人不知厚殉增墳吾所未取啓手之後墓中無餘物唯置衣一襲及平生所好之書示不忘本之訓可[illegible]子遵而行之



蕭瑀為金紫光祿大夫宋國公臨終遺言曰生而必死理之常分氣絶後可著單服一通以充小斂棺內施單席而已冀從速朽不得別加一物無假卜日惟在速辦自古賢哲非無此事所以[illegible]之義[illegible]事遵先志斂[illegible]

[illegible]宗朝為左右僕射同中[illegible]下三品及薨遺令薄葬又[illegible]官給依以唯有布車一乘論者稱之

令狐楚為山南西道節度臨終誡諸子曰吾[illegible]何益於人無請謚[illegible]軍府賻贈葬以布車一乘無或加飾無用鼓吹銘誌[illegible]者則為之無擇高位

李[illegible]相以直道著聞將終不亂深以追禮厚葬[illegible]浮屠法非先儒教身沒之後釋氏有為功德一皆止之又許建神道碑但誌墓而已義若謂其立身行道有始有卒

盧承慶為金紫光祿大夫臨終誡其子曰死生至理亦猶朝之

莫奢吾死歛以常服晦朔無薦牲葬勿卜日器[illegible]亦不[illegible]

墳高可識碑志著官號年月無用虚文[illegible]曰定

冊府元龜卷第九百七

府 九百七 十七

冊府元龜卷第九百八

總録部一百三十八

工巧　雜技

周官六職工居一焉古先哲人爍金以為刃凝土以為器作車以行陸作舟以行水利用於民其業盛廣智者創物巧者述之所謂冰生水而更寒色出藍而益青踵鑿其流功侔造化思發於心匠成於手應世以濟時力少而功倍至有營運機關自能飛動百工之事咸有妙焉然有周作無益以蕩上心則非聖人之言也

奚仲作車

昆吾作陶

胡曹作衣

王冰作服



夷羿作弓

高元作室

虞姁作舟

伯益作井

赤冀作臼

乘雅作駕

公輸般魯人公輸君之族季康子之母死公輸若方小公輸若匠師方小言年尚幼未知禮斂般請以機封斂下棺於椁般多技巧者見若掌斂事而年尚幼請代之欲嘗其技將從之時人服般之巧也公肩假曰不可般爾以人之母嘗巧則豈不得以以已字言事有強使之者苦與以嘗於其有似作強巧非也以與已字本同又公輸般削竹木為鵲成而飛之三日不下又論衡云般墨子之巧刻木為鳶飛之三日而不集又公輸般為楚作高雲梯欲以攻宋墨子聞之往見荊王曰臣以為宋必不可得王曰公輸天下之巧工也已為攻宋之械矣墨子曰請試之於是公輸般設攻宋之械墨子設守宋之備公輸九攻之墨子九却之不能入故荊輟不攻宋

漢洛下閎營渾天鮮于妄人度之耿中丞象之

後漢張衡善機巧尤致思於天文為太史令遂乃研覈陰陽盡璇璣之正作渾天儀又造候風地動儀以精銅鑄成員徑八尺合蓋隆起形似酒樽飾以篆文山龜鳥獸之形中有都柱傍行八道施關發機外有八龍首銜銅丸下有蟾蜍張口承之其牙機巧制皆隱在樽中覆蓋周密無際如有地動樽則振龍機發吐丸而蟾蜍銜之振聲激揚伺者因此覺知雖一龍發機而七首不動尋其方面乃知震之所在驗之以事合契若神自書典所記未之有也嘗一龍機發而地不覺動京師學者咸怪其無徵後數日驛至果地震隴西於是皆服其妙蟾蜍蝦蟆也

蔡倫為尚方令自古書契多編以竹簡其用縑帛者謂之為紙縑貴而簡重並不便於人倫乃造意用樹膚麻頭及敝布魚網以為紙元興元年奏上之帝善其能自是莫不從用焉故天下



咸稱蔡侯紙湘州記曰耒陽縣北有漢黃門蔡倫宅宅西有一石臼云是倫舂紙臼也

魏馬鈞巧思絕世傅玄序之曰馬先生之名巧也少而遊豫不自知其為巧也為博士居貧乃思綾機之變而世人知其巧矣舊綾機五十綜者五十躡六十綜者六十躡先生患其喪功費日乃皆易以十二躡其奇文異變因感而作者猶自然之成形陰陽之無窮此輪扁之對不可以言盡給事中與常侍高堂隆驍騎將軍秦朗爭論於朝言及指南車二子謂古無指南車記言之虛也鈞曰古有之未之思耳夫何遠之有二子哂之曰先生名鈞字德衡鈞者器之模而衡者所以定物之輕重輕重無準而莫不模哉鈞曰爭空言不如試之易效也於是二子遂以白明帝詔鈞作之而指南車成此一異也從是天下服其巧矣居京都城內有地可為園患無水以灌之乃作翻車令童兒轉之而灌水自覆更入更出其巧百倍於常此二異也其後人有上百戲者能設而不能動也帝以問鈞可動否對曰

可益受詔作之以大木彫構使其形若輪平地施之潜以水發焉設爲女樂舞象至于木人擊鼓吹簫又作山嶽使木人跳丸擲劒緣絙倒立出入自在百官行署舂磨鬭雞變巧百端此三異也鈞見諸葛亮連弩曰巧則巧矣未盡善也言作之可令加五倍又患發石車敵人之於案邊縣濕牛皮中之則墮石不能連屬而至欲作一輪縣大石數十以機鼓輪爲常則以斷縣石飛擊敵城使首尾電至常試以車輪縣瓴甓數十飛之數百步矣

蜀諸葛亮爲丞相損益連弩謂之元戎以鐵爲矢長八寸一弩十矢俱發亮集載作木牛流馬法曰木牛者方腹曲頭一脚四足頭入領中舌著腹載多而行少宜可大用不可小使特行者數十里群行者二十里也曲者爲牛頭雙者爲牛脚橫者爲牛領轉者爲牛背方者爲牛腹垂者爲牛舌曲者爲牛肋刻者爲牛齒立者爲牛角細者爲牛鞅攝者爲牛鞦軸牛仰雙轅人行六尺牛行四步載一歲糧日行二十里而人不大勞流馬尺寸



之數肋長三尺五寸廣三寸厚二寸二分左右同前軸孔分墨去頭四寸徑中二寸前脚孔分墨二寸去前軸孔四寸五分廣一寸前杠孔去前脚孔分墨二寸七分孔長二寸廣一寸後軸孔去前杠分墨一尺五分大小與前同後脚孔分墨去後軸孔三寸五分大小與前同後杠孔去後脚孔分墨二寸七分後載剋去後杠孔分墨四寸五分前杠長一尺八寸廣二寸厚一寸五分後杠與等版方囊二枚厚八分長二尺七寸高一尺六寸五分廣一尺六寸每枚受米二斛三㪷從上杠孔去肋下七寸前後同上杠孔去下杠孔分墨一尺三寸孔長一寸五分廣七分八孔同前後四脚廣二寸厚一寸五分形制如象靬長四寸徑面四寸三分孔徑中二脚杠長二尺一寸廣一寸五分厚一寸四分同杠耳

吳張昭弟奮年二十造作攻城大攻車爲步騭所薦昭不願曰汝年尚少何爲自委於軍旅乎奮對曰昔童汪死難子奇治阿奮實不才爾於年不爲少也遂領兵爲將軍連有功效至平州都督封樂鄉亭侯

葛衡字思真明達天官能爲機巧作渾天使地居于中以機動之天轉而地止以上應晷度

晉杜預爲度支尚書以周廟欹器至漢東京猶在御坐漢末喪亂不復存形制遂絶預創意造成奏上之武帝甚嘉歎焉

嵇康性絶巧而好鍛宅中有一柳樹甚茂乃激水圜之每夏居其下以鍛官至中散大夫

謝安字安石初元帝過江之後舊章多缺其輦亦工制度太元中安率意造焉及破苻堅於淮上獲京都舊輦形制無差大小如一安位至太保

區紙衡陽人甚有巧思造木室作一婦人居中人扣其户婦人開户而出當户再拜還内户内又作鼠布於中而四方丈餘開四門門中有一木人纔四五鼠欲出門木人輙推木掩之門門



如此鼠不得出又作指南車及木奴令舂穀作米中宗聞其巧召補尚方左校陳愍以工巧見知

後趙邢輸好學有才藝巧思機密妙於當時襄國宮殿臺榭皆輸所營解飛爲尚方令機巧若神妙思奇發造指南車[illegible]闕内侯

前燕陽裕爲慕容皝左司馬裕有巧思及遷都和龍皝所制城池宮閣皆裕之規模

南燕張綱爲慕容超尚書超爲晉劉裕所圍遣綱出求救於姚興爲裕所得於是張綱爲造衝車覆以版屋蒙之以皮并設諸奇巧城上火石弓矢無所施用又爲飛樓懸梯木枝之屬遥臨城上

宋張永多能精思爲廣陵王誕北中郎録事參軍太祖世造華林園玄武湖並使永監統凡諸制置皆受則於永

謝莊字希逸爲隨王誕後軍諮議領記室分左氏經傳隨國立

篇製木方丈圖山川土地各有分理離之則州別郡殊合之則
寓內爲一

南齊祖沖之爲謁者僕射初宋武平關中得姚興指南車有外形而無機巧每行使人於內轉之昇明中太祖輔政使沖之追脩古法沖之改造銅機圓轉不窮而司方如一馬鈞以來未有也時有北人索馭驎者亦云能造指南車太祖使與沖之各造使於樂遊苑　校試而頗有差僻乃毀焚之永明中竟陵王子良好古沖之造欹器獻之沖之以諸葛亮有木牛流馬乃造一器不因風水施機自運不勞人力又造千里船於新亭江試之日行百餘里於樂遊苑造水碓磨世祖親自臨視又特善筭

永元二年沖之卒

祖暅之沖之子也少傳家業究極精微亦有巧思入神之妙般倕無以過

劉休爲散騎常侍太祖造指南車以休有思理使與王僧虔對



共監試

梁陶弘景丹陽秣陵人隱居茅山自號陶隱居嘗造渾天象高三尺許地居中央天轉而地不動以機動之悉與天相會

陳徐世譜爲左衛將軍高祖之拒王琳其水戰之具悉委世譜世譜性機巧諳解舊法所造器械並隨機損益妙思出人

孫瑒巧思過人爲起部尚書軍國器械多所創立

後魏李沖機敏有巧思北京明堂圓丘太廟及洛都初基安處郊兆新起寢宮皆資於沖勤志強力孜孜無怠旦理文簿兼營匠制几案盈積剞劂在手初不勞厭沖位至尚書僕射

柳儉豫州人與中將軍關文備郭安興並機巧洛中永寧寺九層塔安興爲匠也

王椿雅有巧思凡所營製可爲後法

北齊郎基爲海西鎮將梁吳明徹率衆攻圍海西基獎勵兵民固守百餘日軍糧且盡戰仗亦盡乃至削木爲箭翦紙爲羽

圍解還朝僕射楊愔迎勞之曰卿本文吏遂有武略削木翦紙皆無故事班墨之思何以相過

隋何稠字桂林國子祭酒妥之兄子也父通善斲玉稠性絶巧有智思用意精微年十餘歲遇江陵陷隨妥入長安仕周爲御飾下士及高祖爲丞相召補參軍兼掌細作署開皇中累遷太府丞稠博覽古圖多識舊物波斯嘗獻金綿錦袍組織殊麗上命稠爲之稠錦既成踰所獻者帝甚悅時中國久絶瑠璃之匠人無敢厝意稠以綠瓷爲之與真不異又煬帝幸揚州謂稠曰今天下大定朕承洪業服章文物闕略猶多卿可討閱圖籍營造輿服威儀送至江都也其日拜太府少卿稠於是營黃麾三萬六千人仗及車輿輦輅皇后鹵簿百官儀服依期而就送于江都所役工十萬餘人用金銀錢物鉅億計帝使兵部侍郎明雅選部郎薛邁等勾覈之數年方竟毫釐無舛稠參會今古多所改創魏晉以來皮弁有纓而無笄導稠曰此古田獵之服也今服以



入朝宜變其制故弁施象牙簪導自稠始也又從省之服初無佩綬稠曰此乃晦朔小朝之服安有人臣謁帝而除去印綬兼無佩玉之節乎乃加獸頭小綬及佩一隻舊制五輅於轅上起箱天子與參乘同在箱內稠曰君臣同所過爲相逼乃廣爲盤輿別構欄楯侍臣立於其中於內復起須彌平坐天子獨居其上自餘麾幢文物增損極多後遷太府卿兼領少府監遼東之役攝右屯衛將軍領御營弩手三萬人時工部尚書宇文愷造遼水橋不成師未得濟右屯衛大將軍麥鐵杖因而遇害帝遣稠造橋二日而就又帝令造戎車萬乘鉤陣八百連帝善之又帝征遼之役遣何稠制行殿及六合城至是帝於遼左與賊相對夜中施之其城周迴八里城及女垣各高十仞上布甲士立仗建旗四隅置闕面別一觀觀下三門遲明而畢高麗望見謂若神功

耿詢字敦信丹陽人滑稽辯給伎巧絶人陳後主之世以客從

東衡州刺史王勇於嶺南勇卒詢不歸遂與諸越相結皆得其歡心會郡俚反叛推詢爲主柱国王世積討擒之罪當誅自言巧思世積釋之以家奴久之見其故人高智寶以玄象直太史詢從之受天文算術詢創意造渾天儀不假人力以水轉之施於閣室中使智寶外候天時合如符契世積知而奏之高祖配詢爲官奴給使太史局又作馬上刻漏世稱其妙帝初即位進欹器帝善之放爲良民歲余授右尚方署監事

蒯龍河間人性強明有巧思齊後主知之令脩三爵臺甚稱旨因而歷職通顯及高祖踐祚大見親委拜將軍將作大匠遷都之始與高熲參掌制度代號爲能

黃亘者不知何許人及其弟袞俱巧思絶人煬帝每令其兄弟直少府將作于時改創多務亘袞每參典其事凡有所爲何稠先令亘袞立樣當時工人皆稱其莫能有所損益亘至朝散大夫袞官至散騎侍郎



宇文愷爲營宗廟副監太子左庶子廟成別封甑山縣公及遷都文帝以愷有巧思詔領新都副監高熲雖總大綱凡有規畫皆出於愷會朝廷以魯班故道久絶不行令愷脩之既而帝建仁壽宮右僕射楊素言愷有巧思於是檢校將作大匠煬帝時爲工部尚書長城之役詔愷規度之時帝北巡欲誇戎狄令愷爲大帳其下坐數千人帝大悅賜物千段又造觀風行殿上容侍衛者數百人離合爲之下施輪軸推移倏忽有若神功戎狄見之莫不驚駭帝彌悅焉前後賞賚不可勝紀

宇文述大業中爲左衛大將軍有巧思凡有所裝飾皆出人意表數以奇服異物進獻宮掖由是帝彌悅焉

寔孝仁煬帝初爲候衛長史兼領金谷監監禁苑

唐閻立德隋殿内少監毗子也武德中爲尚衣奉御立德兄弟並素承家業巧思知名至是造袞冕等六服并腰輿繖扇咸依古式

李昭德爲內史以洛水天津之東立德坊西南隅有中橋及利涉橋以通行李上元中司農卿韋機始移中橋置于安衆坊之左街當長夏門都人甚以爲便因廢利涉橋所省万計然歲爲洛水衝注常勞治葺昭德創意積石爲腳銳其前以分水勢自是竟無漂損

衛普嘉爲同州襄城府衛士造指南車詔授陪戎校尉仍直少府監

嗣曹王皐爲洪州觀察使多巧思常爲戰艦挾以二輪令蹈之翔風鼓浪其疾如挂帆席凡造物必省易而爲久不可敗

金公立爲典作官元和十年十二月帝覽新作指南車記里鼓於令德殿賜公立緋服銀章及馬一疋至穆宗元和十五年十月故金忠義男公亮進脩成指南車數里鼓車及文宗大和元年六月賜脩指南車記里鼓入故金忠義男公亮緋衣牙笏錦三十疋

## 雜伎



孔子有言曰吾少也賤故多能鄙事然則六藝之末曰伎斯出觸類而長塗非一雖云藝成而下蓋乃執以事上專其業者不二利其器則必善是故游心精識默習翫應巧發奇守毫釐而差斯皆等習有師臻妙以已擅名衆世著論有要至乃授虛得養生之道奮勇衛兵家之勢造物成法濟時有用斯亦小智之絶倫者也

伯樂秦人善相馬

庖丁宋人善解牛用刀十九年刃若新剸硎

晉侯以齊侯宴中行穆子相穆子荀吳投壺晉侯先穆子曰有酒如淮有肉如坻坻山名寡君中此爲諸侯師中之齊侯舉矢曰有酒如澠有肉如陵澠水出齊國臨淄縣北入時水陵大阜也寡人中此與君代興代更也亦中之

漢張氏以洗削鼎食洗削治刀劍也

相里以馬醫擊鐘

黃直以相馬立名天下

留長孺以相彘立名

衍代眭鉄滎陽人以相牛立名

衛綰代大陵人以戲車爲郎事文帝（戲車若今之弄車之伎）

雷被爲淮南王安郎中安太子遷學用劒自以爲人莫及聞被巧召與戲被一再辭讓誤中太子

尹翁歸善擊劒人莫能當官至右扶風

張仲曲成侯以善擊刺學用劒立名天下

後漢馬援爲伏波將軍好騎善别名馬於交阯得駱越銅鼓乃鑄爲馬式還上之因表曰夫行天莫如龍行地莫若馬馬者甲兵之本國之大用安寧則以别尊卑之序有變則以濟遠近之難昔有騏驥一日千里伯樂見之昭然不惑近世有西河子輿亦明相法子輿傳西河儀長孺長孺傳茂陵丁君都君都傳成紀楊子阿臣援嘗師事子阿受相馬骨法考之於行事輙有驗



臣愚以爲傳聞不如親見視景不如察形今欲形之於生馬則骨法難備具又不可傳之於後孝武皇帝時善相馬者東門京鑄作銅馬法獻之有詔立馬於魯班門外則更名魯班門曰金馬門臣謹依儀氏鞲中帛氏口齒謝氏脣鬐丁氏身中備此數家骨相以爲法（馬相法曰水火欲分明水火在鼻兩孔間也上脣欲急而方口中欲紅而有光此馬千里頷下欲深下脣欲緩牙欲前向牙去齒一寸則四百里牙劒鋒則千里目欲滿而澤腹欲充腸欲小季肋欲長懸薄欲厚而緩懸薄脇也腹下欲平滿汗溝欲深長而膝本欲起肘腋欲開膝欲方蹄欲厚三寸堅如石鬐音居奇切）馬高三尺五寸圍四尺五寸有詔置於宣德殿下以爲名馬式焉

梁冀爲大將軍能蹴鞠（蹴鞠者傳言黃帝所作或曰起戰國之時蹋鞠兵勢也所以講武知有材也）

馬嚴好擊劒從其故門生肆都學之官至將作大匠

魏許允爲鎮北將軍假節督河北諸軍事允善相印將拜以印不善使更刻之如此者三允曰印雖始成而已被辱問送印者果懷之而墜於廁相印書曰相印法本出陳長文長文以語韋仲將印工楊利從仲將受法以語許士宗利以法術占吉凶十

（下闕）

可中八九仲將問長文從誰得法洛文曰本出漢世有相印相笏經又有鷹經牛經馬經印工宗養以法語程申伯是故有一十二家相法傳於家

孔桂字叔林性便妍好蹴鞠大祖愛之每在左右

嚴翰字仲公篤好擊劒

朱建平善相術於里巷之閒效驗非一大祖聞之召爲郎又善相馬文帝將出取外馬入建平道遇之語曰此馬之相今日死矣帝將乘馬馬惡衣香驚齧帝膝帝大怒即殺之

游楚好樗蒲投壺自娛後爲北地大怒

王粥爲尚書郎善投壺

王湛字處仲爲汝南内史湛少有隱德宗族皆以爲癡兄子濟輕之濟所乘馬甚愛之湛曰此馬雖快然力薄不堪苦行近見督郵馬當勝但芻秣不至耳濟試養之而與己馬等又曰此任重方知之平路無以别也於是蟻當封内試之濟馬果躓而督

冊府元龜卷九百九

總録部一百五十九

窮愁　憂懼

## 窮愁

子夏有言曰死生有命富貴在天屈原亦云人窮則反本故勞苦倦極未嘗不呼天也蓋士之坎窞流離幽憂困厄鍾乎天運亦曷能免焉中古而下乃有躬聖哲之姿挾霸王之術蘊世道之交喪致才命之乖外捷邅道路迫於凍餒遭罹罪咎濱于死亡或淪陷於殊鄉或流放於裔壤百齡奄而忽已六合廣而莫容猶復寓情於文翰遺恨於來裔誠亦有生之至艱人倫之共恨也至或無德而禄以至疾顛狂道革人自貽伊戚雖嬰困苦非世之所歎云

寗戚齊人家貧無以自舉知午角而歌曰南山矸白石爛生不遭堯與舜禪短布單衣纔至骭從昏飯牛薄夜半長夜漫漫何時旦

越石父齊人也凍餓爲人臣僕三年晏嬰解左驂贖之戎夷違齊如魯天大寒而與門弟子宿於郭外寒逾甚謂弟子曰子與我衣我活我與子衣子活我國士也爲天下惜子不肖人不足愛也子與我衣弟子曰夫不肖人惡能與國士衣哉戎夷解衣與弟子夜半而死弟子遂活

漢鄧通官至上大夫免官家居無何人有告通盜出徼外鑄錢徼猶塞也東北謂之塞西南謂之徼下吏驗問有之遂竟遂成也成其罪狀竟案盡沒入之通家尚負責數鉅萬謂其前後所犯合沒官者數多除其見在財物以外尚負官數鉅萬長公主賜通長公主即館陶公主文帝女吏輒隨沒之一簪不得著身於是長公主乃令假衣食公主給其衣食而恐吏沒入故託云假借之爾非通自有也竟不得名一錢寄死人家

息夫躬封宜陵侯爲左曹光祿大夫免官就國未有第宅寄居丘亭丘空也姦人以爲侯家富常夜守之躬邑人河內掾賈惠往過躬教以祝盜方以桑東南指枝爲匕桑東南指之枝畫北斗七星其上躬夜自被髮立中庭向北斗持匕招指祝盜或以招指或指以人人有上書言躬懷怨恨祝詛上遣侍御史廷尉監逮躬繫洛陽詔獄欲掠問躬仰天大謼因僵仆吏就問云咽已絕血從耳鼻出食頃死初躬待詔數危言高論自恐遭害著絕命辭後數年乃死如其文

後漢馮衍字敬通更始僕射鮑永安集北方以衍爲立漢將軍領狼孟長屯太原光武即位永衍知更始已歿乃罷兵幅巾降於河內帝怨衍等不時至永以立功得贖罪遂任用之而衍獨見黜建武六年日食衍上書陳八事帝將召見初衍爲狼孟長以罪摧陷大姓令狐略是時略爲司空長史讒之於尚書令王護尚書周生豐曰衍所以求見者欲毀君也護等懼之即共排閭衍遂不得入後外戚陰興新陽侯陰就深敬重衍衍遂與交結帝懲西京外戚賓客故皆以法繩之衍由此得罪嘗自詣獄有詔赦不問西歸故郡閉門自保不敢復與親故通建武末上疏自陳猶以前過不用衍不得志退而作顯志賦顯宗即位又多短衍以文過其實遂廢於家常慷慨歎曰衍少事名賢經歷顯位懷金垂紫揭節奉使不求苟得常有陵雲之志三公之貴千金之富不得其願不槩於懷貧而不衰賤而不恨年雖疲曳猶庶幾名賢之風修道德於幽冥之路以終身名爲後世法居貧年老卒

張升陳留人桓帝世黨錮事起升守外黃令去官歸鄉里道逢友人共班草而言升曰吾聞趙殺鳴犢仲尼臨河而反覆巢竭淵龍鳳逝而不至今官竪日亂陷害忠良賢人君子其去朝乎夫德之不建人之無援將性命之不免柰何因相抱而泣有老父不知何許人趣而過之愼其祓大息言曰二大夫何泣之悲也夫龍不隱鱗鳳不藏羽網羅高懸去將安所雖泣何及乎二人欲與之語不顧而去莫知所終

趙岐京兆人爲郡功曹是時中常侍唐衡兄玹爲京兆虎牙都

尉郡人以玹進不由德皆輕侮之岐又數爲貶議玹深毒恨及玹爲京兆尹岐懼禍及與從子戩逃避玹果收岐家盡殺之岐遂逃難四方江淮海岱靡所不歷自匿姓名賣餅北海市中時安丘孫嵩遊市見岐非常人停車呼與共載岐懼失色嵩曰視子非賣餅者又相問而色動不有重怨即亡命乎我北海孫賓石勢能相濟岐素聞嵩名即以實聞之遂以俱歸藏岐複壁中數年岐作戹屯歌二十三章後諸唐死滅因赦乃出官至太僕

范滂汝南征羌人郡署功曹建寧二年大誅黨人詔下急捕滂滂聞自詣獄謂其子曰吾欲使汝爲惡則惡不可爲使汝爲善則我不爲惡行路聞之莫不流涕

趙壹字元叔恃才倨傲爲鄉里所擯後屢抵罪幾至死友人救得免壹乃貽書謝恩曰昔原大夫贖桑下絶氣傳稱其仁秦越人還虢太子結脈世著其神設曩之二人不遭仁遇神則結絶之氣竭矣然而糒脯出乎車軨鍼石運乎手爪今所賴者非直



車軨之糒脯手爪之鍼石也乃收之於斗極還之於司命使乾皮復含血枯骨復被肉允所謂遭仁遇神真所宜傳而著之餘畏禁不敢班班顯言竊爲窮鳥賦一篇

胡毋班王康之妹夫董卓使班奉詔到河內解釋義兵康受袁紹旨收班繫獄欲殺之以徇軍班與康書云自古已來未有下士諸侯舉兵向京師者劉向傳曰擲鼠忌器器猶忌之況卓今處宮闕之內以天子爲藩屏幼王在宮如何可討僕與太傅馬公太僕趙岐少府陰脩俱受詔命關東諸郡雖實嫉卓猶以銜奉王命不敢玷辱而足下獨囚僕於獄欲以釁鼓此悖暴無道之甚者也僕與董卓有何親戚義豈同惡而足下張虎狼之口吐長蛇之毒恚卓遷怒何甚酷哉死人之所難然恥爲狂夫所害若亡者有靈當訴足下於皇天夫婚姻者禍福之機今日著矣曩爲一體今爲血讎亡人子二人則君之甥身沒之後慎勿令臨僕尸骸也康得書抱班二子而泣班遂死於獄

蜀許靖汝南人少與從弟劭俱知名而私情不協劭爲郡功曹排擯靖不得齒敘以馬磨自給

吳孟宗爲驃騎朱據軍吏將母在營既不得志又夜雨屋漏因起涕泣以謝母母曰但當自勉之何足泣也

晉王尼辟車騎府舍人不就洛陽陷避亂江夏王澄爲荆州刺史遇之甚厚尼早喪婦止有一子無居宅惟畜露車有牛一頭每行輒使子御之暮則共宿車上常歎曰滄海橫流處處不安也俄而澄卒荆土饑荒尼不得食乃殺牛壞車煮肉噉之既盡父子俱餓死

劉琨鎮并州父母爲劉聰所害琨與段疋磾期討寇琨處危亡而大恥不雪亦知疋磾夷狄難以義伏冀輸寫至誠僥倖萬一每見將佐發言慷慨悲其道窮欲率部曲死於賊壘斯謀未果竟爲疋磾所拘自知必死神色怡如也爲五言詩贈其別駕盧諶曰握中有懸璧本自荆山璆惟彼太公望昔是渭濱叟鄧



生何感激千里來相求白登幸曲逆鴻門賴留侯重耳憑五賢小白相射鉤能隆二伯主安問黨與讎中夜撫枕歎想與數子遊吾衰久矣夫何其不夢周誰云聖達節知命故無憂宣尼悲獲麟西狩涕孔丘功業未及建夕陽忽西流時哉不我與去矣如雲浮朱實隕勁風繁英落素秋狹路傾華蓋駭駟摧雙輈何意百鍊剛化爲繞指柔琨詩託意非常攄暢幽憤遠想張陳感鴻門白登之事用以激諶諶素無奇略以常詞酬和殊乖琨心會王敦密使匹磾殺琨琨聞敦使謂其子曰處仲使來而不我告（處仲敦字）是殺我也死生有命但恨讎恥不雪無以下見二親爾因歔欷不能自勝

殷浩爲中軍將軍以軍亂廢爲庶人徙于東陽之信安縣浩雖被黜放口無怨言夷神委命談詠不輟雖家人不見其有流放之戚但終日書空作咄咄怪事四字而已浩甥韓伯浩素賞愛之隨至徙所經歲還都浩送至渚側詠曹顏遠詩云富貴他人

合貧賤親戚離因而泣下
郗仲文爲桓玄侍中轉尚書玄敗歸晉抗表解職不許因月謝
與衆至大司馬府府中有老槐樹顧之良乂而歎曰此樹婆娑
無復生意仲文素有名望自謂必當朝政又謝混之徒疇昔所
輕者並皆比肩常快快不得志忽遷爲東陽太守意彌不平東
陽爲何無忌所統仲文許便道脩謁無忌故益欽遲之令府中
命文人撰義構文以俟其至仲文失志恍惚遂不過府無忌疑
其薄已大怒思中傷之時屬慕容超南侵無忌言於劉裕曰桓
裔郗仲文乃腹心之疾北虜不足爲憂義熙三年又以仲文與
駱球等謀反及其弟叔文並伏誅
宋劉湛爲丹陽尹散騎常侍時委心於彭城王義康湛所生毋
亡時文帝與義康形兆既乖釁難將結湛亦知無復全地及至
丁艱謂所親曰今年必敗常曰正賴口舌爭之故得推遷爾今
旣窮毒無復此望禍至其能乂乎湛被收入獄見弟素曰乃復



及汝耶相勸爲惡惡不可爲相勸爲善正見今日如何
毛脩之爲冠軍將軍安西司馬軍敗爲後魏所獲後朱脩之亦
陷魏毛經年不忍問家消息乂之訐訪朱具荅去賢子元矯甚
能自處爲時人所稱毛悲不得言眞視良乂乃長歎曰嗚呼自
此一不復反
梁王僧孺爲南康王長史被讒免官友人廬江何烟猶爲王府
記室乃致書於烟以見其意曰近別之後將隔暄寒思子爲勞
未能忘弭昔季叓入秦梁生適越猶懷悵恨且或吟謡况岐路
之日將離嚴網辭無可憐罪有不測蓋晝地刻木昔人所惡叢
棘旣累於何可聞所以握手戀戀離别珍重弟愛同鄒季淫淫
承睫吾猶復抗手分背羞學婦人素鍾肇節金飈戒序起居無
恙動靜履宜子雲筆札元瑜書記信用旣然可樂爲甚且使目
明能祛首疾甚善甚善吾無昔人之才而有其病癲眩屢動消
渴頻增變化任期故不復呼醫飲藥但恨一旦離大辱蹈明科

去皎皎而非自汚抱鬱結而無誰告丁年蓄積與此銷亡徒竊
高價厚名攅承公器人爵智能無所報筋力未之酬所以悲至
撫膺泣盡而繼之以血顧惟不肖文質無所取蓋困於衣食迫
於饑寒依隱易農所志不過鍾庾乂爲尺板斗食之吏以從皁
衣黒綬之役非有奇才絶學雄略高譲吐一言可以正俗振民
動一義可以固邦興國全璧歸趙飛矢救燕偃息藩魏甘卧安
郢腦日逐體月支擁十萬而横行提五千而深入將能執珪裂
壤功勒景鍾錦繢爲衣朱丹被轂斯大丈夫之志非吾曹之所
能及已直以章句小才蟲篆末藝含吐緗縹之上跰跣罇俎之
側委曲同之鍼縷繁碎譬之米鹽孰致顯榮何能至到加性蹤
滋拙於進取未嘗去來許史遨遊梁竇俛首脅肩先意承旨是
以三乘廉譴不與運并十年未徙孰非能薄及除舊布新清晏
方旦抱樂衛圖訟讁有主而猶限一吏於岑石隔千里於泉亭
不得奉板中涓預衣裳之會提戈後勁厠龍豹之謀及其投刻



歸來恩均舊隸外文石登玉陛一見而降顔色再覩而接話言
非藉左右之容無勞群公之助又非同席共硯之夙逢筍餌卮
酒之早識一旦陪武帳仰文陛備聃佚之柱下充嚴朱之席上
入班九棘出専千里攝擽之雄官忝人倫之顯職雖古之爵
人不次取士無名未有躡景追風奔驟之若此者蓋基薄牆高
塗遥力躓傾蹷必然顛匐可俟竟以福過災生人指鬼瞰將均
者器有驗脩卮是以不能早從曲影遂乃取疑邪徑故司隸懍
懔恩得應弦譬懸厨之獸如離緻之鳥將充庖鼎以餌鷹鸇雖
事異鑚皮文非刺骨猶復因茲舌杪成此筆端上可以投畀北
方次可以論輸左校變爲丹赭充彼舂薪幸聖主留善貸之德
紆好生之施解網呪禽下車泣罪敏茲耆諎憐其觳觫加肉朽
骨布葉枯株輟薪止火得不銷爛所謂還魂斗極追氣秦髙止
復除名爲民幅巾家巷此五十年之後人君之賜焉木石感陰
陽犬馬識厚薄貞首方足孰不戴天而竊自有悲者蓋士無賢

不肖在朝見嫉女無美惡入宮見妬家貧無苞苴可以事朋類惡鄉原恥戚施何以從人何以徇物外無奔走之友內乏強近之親是以熾市之徒隨相媒孽及一朝捐棄以快德者之心吁可悲矣蓋先貴後賤古富今貧季倫所以發此哀音雍門所以和其悲曲又迫以嚴秋殺氣具物多悲長夜展轉百憂俱至況復霜銷草色風搖樹影寒蟲夕叫合輕重而同悲秋菊晚傷雜黃紫而俱墜蜘蛛絡幕熠燿爭飛故無車轍馬聲何聞鳴雞吠犬俛眉事妻子舉手謝賓遊方與飛走爲鄰永用蓬蒿自沒懍其長息忽不覺生之爲重素無一廛之田而有數口之累豈曰餒而不食方當長爲傭保糊口寄身溘死溝渠以實螻蟻悲夫儻復得與二三士友抱影接膝覆足差肩摛綺縠之清文談希微之道德唯吳馮之遇夏馥范彧之值孔嵩愍其留賃憐此行乞爾儻不垢累時存寸札則雖先犬馬猶松喬焉去矣何生焉[illegible]方寸亂矣書代面筆淚俱下

後魏韓顯宗爲鎮南廣陽王嘉諮議參軍以自矜伐訴前征勳詔免顯宗既失意遇信向洛乃爲五言詩贈御史中尉李彪曰賈生謫長沙董儒詣臨江愧無若人迹忽尋兩賢蹤追昔渠閣遊策駕厠群龍如何情願奪飄然獨遠從痛哭去舊國銜淚屆新邦哀哉無援民嗷然失侶鴻彼蒼不我聞千里告志同

李諧爲金紫光祿大夫元顥入洛以爲給事黃門侍郎顥敗除名乃爲述身賦一千五百餘言未云顧自託於魚鳥永得性於飛沉庶保此以獲沒不再罪於當今

李洪之爲秦益二州刺史以贓罪賜死及臨自盡沐浴換衣防卒扶持將出卻入遍遶家庭如是再三泣歎良久乃臥而引藥

曹升北海人以學識清立見知出帝時爲國子祭酒不營家產至以餓卒於鄴時人傷歎之

隋劉炫河間人爲太學博士歲餘以品卑去任歸于河間于時盜賊蜂起穀食踊貴經籍道息教授不行炫與妻子相去百里聲問斷絕鬱鬱不得志乃自爲贊曰通人司馬相如楊子雲馬季長鄭康成等皆自敘風徽傳芳來葉餘豈敢仰均先達貽笑後昆徒以日迫桑榆大命將近故友飄零門徒雨散溘死朝露埋魂朔野親故莫照其心後人不見其迹殆及餘喘薄言胸臆貽及行邁傳示州里使夫將來後哲知餘鄙志爾餘從綰髮以來迄於白首嬰孩爲慈親所[illegible]撻未嘗加從學爲明師所矜榎楚弗之及暨乎敦敘邦族交結等夷重物輕身先人後己昔在幼弱樂參長者爰及耆艾數接後生學則服而不厭誨則勞而不倦幽情寡適心事多違內省生平顧循終始其大幸有四其深恨有一性本愚蔽家業貧窶爲父兄所饒廁縉紳之末遂得博覽典誥窺涉今古小善著於丘園虛名聞於邦國其幸一也隱顯人間沉浮世俗數忝徒勞之職久執城旦之書名不掛於白簡事不染於丹筆立身立行慚恧實多啟手啟足庶幾可免其幸二也以此庸虛屢動宸眷以此卑賤每昇天府齊鑣驥騄比翼鵷鴻整緗素於鳳池記言動於麟閣參謁宰輔造請群公厚禮殊恩增榮改價其幸三也晝漏方盡大耋已嗟退反初服歸骸故里翫文史以怡神閱魚鳥以散慮觀省野物登臨園沼緩步代車無事爲貴其幸四也仰休明之盛世慨道教之陵遲蹈先儒之逸軌傷群言之蕪穢馳騖墳典釐改僻謬修撰始畢事業適成天違人願時不我與世路未夷學校盡廢道不備於當時業不傳於身後銜恨泉壤定在茲乎其深恨一也時在郡城糧餉斷絕其門人多隨賊哀炫窮乏之諸郡城下索炫郡官乃出炫與之炫爲賊所將過下城堡未幾賊爲官軍所敗炫饑餓無所依復投縣城長吏意炫與賊相知恐爲後變遂閉門不納時夜冰寒因此凍餒而死

唐盧照鄰爲鄧王府典籤照鄰始去新都尉寓于京城鄱陽公主之廢府時詔徵太白山隱士孫思邈亦居此府思邈時年九十餘而視聽不衰照鄰自傷年纔強仕而沈疾困憊乃作病梨

樹黨以傷衆氣之不同詞甚嚴矣

韋安石為尚書左僕射同中書門下三品後罷知政事出為蒲州刺史屬太常卿姜皎有所請託安石拒之皎大怒後轉青州刺史皎弟晦為御史中丞以安石等作相時同受中宗遺制宗楚客韋溫削除相王輔政之詞安石不能正其事令侍御史冉劾之詔貶沔州別駕晦又奏安石嘗檢校定陵造作隱官物入已勑下州徵贓安石嘆曰此祇應須我死爾憤激而卒

韋陟為東京留守早有台輔之望間被李林甫楊国忠所擠及中原兵起天下事艱陟常自謂負經緯之器遭後生騰謗明主見疑常鬱鬱不得志乃嘆曰吾道窮於此乎有志不伸得非天命乎因遘疾而終

陸贄為中書侍郎平章事罷相貶忠州別駕十餘年常閉門不出人无識其面者

[illegible]為吏部侍郎貶官塞北馳驛至潞州致書於府帥



孔戡曰十五年縶城山東自謂逐人二千里沙塞途中今為逐客勍以其年過八十奏留府下明年量移澤州司馬

憂懼

夫憂懼之來發於心術而形於外者也乃有禁鄰虞之會宿禁高之位謀人之国策慮之匪臧遭事之變進退之无措跲危機於夙昔覩咎徵之明白乃至遭離誣謗擠身非所逼畏權倖兇忌當途危言高論而為世不容時移事改而投迹罔寄繇是隱憂充積恐懼交至愁歎倍惴慄靡遑乃至志沮而神竭中乾而疢作至和毒傷性隕軀者亦比比有之矣仲尼曰內省不疚夫何憂何懼自非體道無悶安之若命又孰能恬淡而不滯芥哉

冶廑衛大夫初衛侯出奔楚晉人復衛侯衛侯使聣周歂冶廑曰苟能納我吾使爾為卿周歂元咺之黨冶廑元咺之屬周冶殺元咺及子適子儀公入祀先君周冶既服將命入服卿服周歂先入及門遇疾而死冶廑辭卿

范雎魏人秦昭王拜為相封以應號侯而與武安君白起有隙言而殺之任鄭安平使將擊趙鄭安平為所困急以兵二萬人降趙應侯席藁請罪秦之法任人而所任不善者各以其罪罪之於是應侯罪當收三族秦昭王恐傷應侯之意乃下令國中有敢言鄭安平事者以罪罪之而加賜相國應侯食物曰益厚以順適其意後二歲王稽為河東守與諸侯通坐法誅而應侯日益以不懌昭王臨朝歎息應侯進曰臣聞主憂臣辱主辱臣死今大王中朝而憂臣敢請其罪昭王曰吾聞楚之鐵劍利而倡優拙夫鐵劍利則士勇倡優拙則思慮遠夫以遠思慮而御勇士吾恐楚之圖秦也夫物不素具不可以應卒今武安君既死而鄭安平等畔內無良將而外多敵國吾是以憂欲以激勵應侯應侯懼不知所出

李斯為秦丞相長男由為三川守諸男皆尚秦公主女悉嫁秦諸公子由告歸咸陽斯置酒於家百官長皆前為壽門廷車騎以千數李斯喟然而嘆曰嗟乎吾聞之荀卿曰物禁太盛夫斯乃上蔡布衣閭巷之黔首上不知其駑下遂擢至此當今人臣之位無居臣上者可謂富貴極矣物極則衰吾未知所稅駕也



漢谷永字子雲長安人為光祿大夫出為安定太守時成帝諸舅平阿侯王譚年次當繼大將軍王鳳輔政尤與永善鳳病困薦從弟御史大夫音自代帝從之以音為大司馬車騎將軍領尚書事而譚位特進領城門兵永聞之與譚書宜辭職保謙謙之路譚遂辭讓不受領城門職由是譚音相與不平永遠為郡吏恐為音所危病滿三月免

楊雄為郎給事黃門王莽時以耆老久次轉為大夫時劉歆子棻甄豐子尋獻符命莽誅豐父子投棻四裔辭所連及便收不請不須奏請時雄校書天祿閣上治獄使者來欲收雄雄恐不能自免迺從閣上自投下幾死莽聞之曰雄素不與事何故在此間

請問其故（雄使人問之）迺劉棻嘗從雄學作奇字（古文之異者）雄不知情（不知棻作符命之事也）有詔勿問然京師爲之語曰惟寂寞自投閣爰清靜作符命（言以雄解嘲譏之也）

後漢馮衍字敬通京兆杜陵人也初與衛尉陰興新陽侯陰就交結由是爲諸王所聘請尋爲司隸從事光武懲西京外戚賓客故皆以法繩之大者抵死徙其餘至貶黜衍由此得罪嘗自詣獄有詔赦不問時衍又與就書曰奏曹掾馮衍叩頭死罪衍材素愚駑爲行義汙穢外無鄉里之譽内無汗馬之勞猥蒙明府天覆之德舉寵重疊間者掾史疑衍之罪衆煦飄山當爲灰土猥蒙明察揆其素行復得首領倍加厚德篤於慈父寖淫肌膚淪浹骨髓德重山岳澤深河海前送妻子還淄縣遭逢暑以七月還至陽武聞詔捕諸王賓客惶怖詣闕冀先事自歸十一日到十二日書報歸田里即日束手詣洛陽詔獄十五日夜詔書勿問得出遭雨又疾大困蒙篤世之德施以田子老馬之惠贈以棻禮駿馬之恩使長有依歸以效忠心於是西歸故鄉閉門自保不敢復與親故通



張奐敦煌人也爲太常陷罪禁錮歸鄉里奐前爲度遼將軍與段紀明爭擊羌不相平及紀明爲司隸校尉欲逐奐歸敦煌將害之奐憂懼奏記謝紀明曰小人不明得過州將千里委命以情相歸足下仁篤照其辛苦使人未反復獲郵書恩詔分明前以寫白而州期切促郡縣惶懼屏營延企側待歸命父母朽骨孤魂相託若蒙矜憐壹惠咳唾則澤流黃泉施及冥寞非奐生死所能報塞夫無毛髮之勞而欲求人丘山之用此淳于髡所以拍髀仰天而笑者也誠知言必見譏然猶未能無望何者朽骨無益於人而文王葬之死馬無所復用而燕昭寶之儻同文昭之德豈不大哉凡人之情冤則呼天窮則叩心今呼天不聞叩心無益誠自傷痛俱生聖世獨爲匪人孤微之人無所告訴如不哀憐便爲魚肉企心東望無所復言紀明雖剛猛省書哀之卒不忍也

魏夏侯玄曹爽姑子也爽誅玄爲大鴻臚從太常太傅司馬宣王薨許允謂玄曰無復憂矣玄歎曰士宗（許允）卿何不見事乎此人猶能以通家年少遇我子元子上不吾容也（子元司馬宣王子晉景帝也子上景帝弟文帝也）

司馬望爲散騎常侍時景文相繼輔政未嘗朝覲權歸晉室望雖見寵待每不自安由是求出爲征西將軍持節都督雍涼二州諸軍事

吳聶友爲丹陽太守友與諸葛恪善恪誅後孫峻忌友欲以爲鬱林太守友發病憂死

晉衛瓘武帝時爲司空子宣尚公主太尉楊駿與黃門等毁之諷帝奪宣公主瓘慙懼告老遜位

樂廣爲尚書令成都王穎廣之壻也及穎與長沙王乂遘難而廣既處朝望群小讒謗之乂以問廣廣神色不變徐荅曰廣豈以五男易一女人乂猶以爲疑廣竟以憂卒



李重字茂曾江夏鍾武人永康初爲趙王倫相國左司馬以倫僭逆重以憂逼成疾而卒

王坦之字文度簡文帝末爲左衛將軍帝詔大司馬桓溫依周公居攝故事坦之自持詔入於帝前毁之後溫於新亭大陳兵衛將移晉室呼謝安及坦之欲於坐害之坦之甚懼問計於安安曰晉祚存亡在此一行既見溫坦之流汗沾衣倒執手版

宋諸葛長民爲豫州刺史自以多行无礼常憂國憲時高祖西討劉毅以長民監留府疑其難獨任留劉穆之輔之長民果有異謀而猶豫不能發屏人謂穆之曰悠悠之言云太尉與我不平何以至此穆之曰公泝流遠伐以老母弱子委節下若一字不容豈容若此長民意乃小安穆之亦厚爲之備謂所親曰貧賤常思富貴富貴必踐危機今日思爲丹徒布衣不可得也

傅亮字季友北地靈州人也景平中爲尚書令領護軍將軍時

少帝失德內懷憂懼作感物賦以寄意焉後廢少帝立文帝初奉迎大駕道路賦詩三首其一篇有悔懼之辭

顏邵剛正有局力爲謝晦所知晦爲領軍以爲司馬廢立之際與之參謀晦鎮江陵請爲諮議參軍領錄事軍府之務悉委焉郡處晦將有禍出求竟陵太守未及之郡值晦見討晦與邵謀起兵拒朝廷邵飲藥死

南齊王僑字茂謙彭城武原人爲安南諮議參軍有愛伎陳玉珠宋明帝遣求不與逼奪之僑頗怨望帝令有司誣奏僑罪付廷尉殺之僑入獄數宿鬚鬢皆白

陳顯達爲江州刺史明帝世心懷不安在江州遇疾不治尋而自差意甚不說

謝超宗陳郡陽夏人爲竟陵王征北諮議參軍有罪下廷尉一宿鬚白皓首

魏準會稽人爲太學生以才學爲王融所賞融既欲奉竟陵王



子良而準鼓成其事太學生虞羲丘國賓竊相謂曰竟陵才弱王中書無斷敗在眼中矣及融誅召準入舍人省詰問遂懼而死舉體皆青時人以準膽破

蕭穎胄爲荊州刺史時梁高祖初舉義兵巴東太守蕭惠訓子璝巴西太守魯休烈弗從舉兵侵荊州敗輔國將軍任讓之於硤口破大將軍劉孝慶於上明穎胄遣軍拒之而高祖已平江郢圖建康穎胄自以職居上將不能拒制璝等憂愧不樂發疾數日而卒

徐榮祖爲秘書監嘗有罪繫獄旦日原之而鬚皓白齊武謂其故曰臣思愆於內而鬚變於外當時所以稱之

梁沈約字休文高祖時爲左光祿大夫侍中太子少傅高祖初與張稷有憾及稷卒因言之約曰尚書僕射出作邊州刺史佳事何足論帝以爲婚家相爲大怒曰卿言如此是忠臣耶乃輦歸內約懼不覺高祖起猶坐如初及還未至牀而憑空頓於戶下因病夢齊和帝劍斷其舌乃呼道士奏赤章於天稱禪代之事不由已出武帝聞大怒中使譴責者數焉約懼遂卒

後魏樂良王萬壽景穆帝之子文成和平三年拜征東大將軍鎮和龍性貪暴徵還道憂死

李式字景則其兄敷爲中書監皇興四年爲獻文所誅式時爲兗州刺史式自以家構權惡心懷危禍常勑津吏意有使者必先啓聞然後渡之既而使人平曉卒至津吏欲先告式使者紿云我須南過不停此州不煩令刺史知也津人信之與使俱渡使者既濟突入執式赴都與兄俱死

張湛燉煌人初仕沮渠蒙遜爲兵部尚書涼州平入國崔浩識禮之湛至京家貧浩常給其衣食每歲贈浩詩頌浩常報答及浩被誅湛懼悉焚之閉門却掃慶弔皆絕以壽終

北齊魏蘭根爲開府高乾之死蘭根懼去宅避於寺武帝大加譴責蘭根憂怖乃移病解僕射



魏收初仕後魏爲中書侍郎黃門郎崔㥄從齊神武入朝熏灼於世收初不詣門㥄爲孝武登祚赦云朕託體孝文收嗤其率直正員郎李愼以告之㥄深忿忌時節閔帝殂令收爲詔㥄乃宣言收普泰世出入幃幄一日造詔優爲詞旨然則義旗之士盡爲逆人又收父老合解官歸侍南臺將加彈劾賴尚書辛雄爲言於中尉綦儁乃解收有賤生弟仲同先未齒錄因此怖懼上籍遣還鄉扶侍初神武固讓天柱大將軍魏帝勑收爲詔令遂所請欲加相國品秩收以實對帝遂止收既未測主相之意以前事不安求解詔許焉

後周侯植爲司會下大夫時晉公護誅趙貴而諸宿將等多不自安植從兄龍恩爲護所親任植因謂龍恩曰兄既受人任使安得知而不言龍恩不能用植承間言於護願公推誠王室擬迹伊周護曰我蒙太祖厚恩且當猶子之親誓將以身報國豈兄應見此心卿今有是言豈謂吾有他志邪又聞其先與龍恩

言乃陰忌之植懼不免禍遂以憂卒
尉遲運以宣帝在東宮爲右宮正帝即位爲上柱國運之爲宮正也數進諫於帝帝不能納反疎忌之時運又與王軌宇文孝伯等皆爲高祖所親待軌屢言帝於高祖帝謂運預其事愈更銜之及軌被誅運懼及於禍問計於宇文孝伯尋而得出爲秦州總管秦渭等六州刺史然運至州猶懼不免大象元年二月遂以憂薨
隋崔弘度字摩訶博陵安平人也高祖時方檢校太府卿其妹爲秦王妃弟弘昇女爲河南王妃未幾秦王以罪誅河南王妃復被廢黜弘度憂恚謝病於家諸弟乃與之別居彌不得志煬帝即位河南王爲太子帝將復立崔妃遣中使就宅宣旨使者詣弘昇家弘度不之知也使者反帝曰弘度有何言使者曰弘度稱有疾不起帝默然其事竟寢弘度憂憤未幾卒
元善河南洛陽人爲國子祭酒善嘗以高熲有宰相之具嘗言



於煬帝帝初然之及熲得罪帝以善之言爲熲游說深責望之善憂懼先患消渴於是疾動而卒
唐薛萬均貞觀中爲左屯衛大將軍太宗幸芙蓉園萬均率人不盡以之屬萬均服石乳及憂懼發疾會將慮過遂卒於東堂
邢文偉爲內史則天天授初貶珍州刺史嘗有制使至其州境文偉以爲有罪見誅遂自縊而死
趙巽德宗建中末爲寧州刺史巽李忠臣壻也聞忠臣受朱泚僞宰相憂懼自縊死
郭鋼爲朔方節度杜希全甥官攝豐州刺史父曦愿其幼不任邊職上表請之德宗遣中使就召鋼懼以他事見收遂奔吐蕃
後唐王瓚仕梁爲開封尹莊宗入汴瓚出城迎降伏地請死帝曰朕與卿家世密親兵戈阻闊卿即弭竭心所事人臣之節也何罪之有乃命復舊職及誅張漢傑朱珪輩瓚大恐憂駭不自安所有家財相繼入貢帝慰譬之終以憂病而卒

趙光裔同光中平章事先是條制權豪強買人田宅或陷害籍沒顯有留寨者許人自理內官楊希朗者故觀軍容使復恭從子也援例理復恭舊業事下中書光裔謂郭崇韜曰復恭與山南謀逆顯背國法本朝未經昭雪安得論理崇韜私抑宦者因具聞奏希朗泣訴於帝帝令自見光裔言之希朗訴陳叔祖復光有大功王室仍祖復恭爲張濬所構得罪前朝當時諸臣蓋朝命不行及王行瑜伏誅德音昭洗制書尚在相公本朝氏族諳練故事安得謂之未雪耶若言未雪吾伯氏彥博洎諸昆仲監護諸鎮何緣得進漸至聲色俱厲光裔方恃名德爲其所折悒然不樂又以希朗幸臣慮撼他事危己必不自安因病疽卒
張全義濮州臨濮人也同光四年爲忠武節度使尚書令是時趙在禮據魏州諸軍進討無功元行欽又北征不利全義奏言明宗爲兵馬總管素名素著請渡河招撫鄴都時明宗已爲



羣小間言莊宗猶豫未決全義遲疑難言故勸從之及明宗爲亂兵所擁全義先被疾既聞其變憂懼不食卒於洛陽之私第
李愚爲翰林學士衆百長興初除太常卿時大臣加恩所爲制詞不愜愚尤深憂爲家皇城內國忌日行香即宿于洛水南佛寺以防糾劾
于鄴天成中初除工部郎中時盧文紀爲工部尚書鄴往公參文紀以鄴名其父諱不之見或謂鄴曰南宮故事郎中入省如本行尚書侍郎不容公參何以省上鄴憂畏太過一夕醉歸雉經于室
索自通太原清源人明宗時爲西京留守楊彥溫據河中叛命自通出師討平之時末帝鎮河中臨事失於周旋帝深銜之及帝即位自通爲右龍武統軍嘗甚憂懼求死清泰元年七月因朝退涉洛水陽墜而卒
晉趙在禮爲晉昌節度使契丹入汴因鎮赴之過洛謂朝達曰

戎王嘗言致莊宗遇亂者我也我深以此行爲憂或曰戎人貪利宜以厚賚餌之何過慮耶時有契丹諸部渤海首領高牟翰奚王拽剌相遇於途在禮望塵致敬牟翰拽剌與諸部偏師咸倨以受之在禮憤以致疾及至鄭州泊於逆旅見一步健趨而過詢之乃同州劉繼勳之爪牙也問繼勳先至闕戎王作何安置步健曰已鎖矣在禮大驚及夜以衣帶就馬櫪自絞而卒

冊府元龜卷第九百九

# 冊府元龜卷第九百一十

## 總録部一百六十

### 僞政

南公有言曰楚雖三户亡秦必楚項氏世爲楚將因民胥怨𤄊聚無賴攻城略地所過無不殘滅而且遥尊懷王爲義帝以慰羣下之望是時豪傑蜂起生靈靡託譬猶捕鹿獲者同功必推最強尊用宰割然項籍以匹夫之勇婦人之仁威詐亟行脅以從己號令非一諸侯不平豈所謂失道者寡助不善者善人之資邪故漢高以寛仁長者卒有天下矣及漢氏中微乃有新莽因戚以用專假仁義以邀名始輔弱主之政終竊南面之位礼樂制度上下変更宴懷燕應偷安歲月而不知漢德雖衰天命未改孟堅曰紫色蠅聲非僞而何哉

項籍字羽爲楚上將軍既屠咸陽殺秦降子嬰西陽尊懷王爲義帝從之長沙郴分天下以王諸侯（自歛若等曰羽爲上將軍以前事迹並見將帥部）羽與范增疑沛公業已講解（講和也）又惡背約恐諸侯叛之陰謀曰巴蜀道險秦之遷民皆居之乃曰巴蜀亦關中地故立沛公爲漢王王巴蜀漢中而參分關中王秦降將以距塞漢道乃立章邯爲雍王王咸陽以西長史司馬欣故櫟陽獄吏嘗有德於梁都尉董翳本勸章邯降故立欣爲塞王王咸陽以東至河立翳爲翟王王上郡從魏王豹爲西魏王王河東瑕丘公申陽者（瑕丘縣之人也姓申名陽）張耳嬖臣也（嬖謂愛幸也）先下河南迎楚河上立陽爲河南王趙將司馬卬定河内數有功立卬爲殷王王河内徙趙王歇王代趙相張耳素賢又從入關立爲常山王王趙地當陽君英布爲楚將常冠軍立布爲九江王番君吳芮帥百粤佐諸侯從入關立芮爲衡山王義帝柱國共敖將兵擊南郡功多因立爲臨江王徙燕王韓廣爲遼東王燕將臧荼從楚救趙因從入關立荼爲燕王徙齊王田市爲膠東王齊將田都從共救趙入關立都爲齊王故秦所滅齊王建孫田安羽方度河救趙安下濟北數城引兵降羽立安爲濟北王田榮者背梁不肯助楚擊秦以故不得封陳餘棄將印去不從入關然素聞其賢有功於趙聞其在南皮故因環封之三縣（環繞南皮以三縣封之）番君將梅鋗功多故封十萬户侯羽自立爲西楚伯王王梁楚地九郡都彭城諸侯各就國田榮聞羽徙齊王市膠東而立田都爲齊王大怒不肯遣市之膠東因以齊反迎擊田都都走楚市畏羽迺亡之膠東就國榮怒追殺之即墨自立爲齊王予彭越將軍印令反梁地越迺擊殺濟北王田安田榮遂并王三齊之地時漢王還定三秦羽聞漢并關中且東（言方欲出關而擊楚）齊梁畔之大怒迺以故吳令鄭昌爲韓王以距漢令蕭公角等擊彭越越敗蕭公角等羽北擊齊徵兵九江王布稱疾不行使將將數千人往漢王二年羽陰使布殺義帝羽至城陽田榮不勝走至平原平原民殺之羽遂北燒夷齊城郭室屋皆阬降卒係虜老弱婦人徇齊至北海所過殘滅齊人相聚而畔之於是田榮弟横收得亡卒數萬人反城陽（羽因留連戰未能下）漢王劫五諸侯兵凡五十六萬人東伐楚（五諸侯謂常山河南韓殷魏也）羽聞之即令諸將擊齊而自以精兵三萬人南從魯出胡陵東至彭城日中大破漢軍（謂早擊之至日中大破也）漢軍滎陽築甬道取敖倉食三年羽數擊絕漢甬道漢王食乏請和割滎陽以西爲漢羽欲聽之范增曰漢易與耳今不取後必悔之羽乃急圍滎陽漢王患之用陳平計以金四萬斤間楚君臣羽以故疑范增稍奪之權增怒疽發背死漢王西入關收兵出宛葉間與黥布行收兵羽聞之即引兵南漢王壁不與戰是時彭越渡睢與項聲薛公戰下邳殺薛公羽乃東擊彭越漢王亦引兵北軍成皐羽已破走彭越引兵西下滎陽城進圍成皐漢王跳（跳謂輕身而忽出之）獨與滕公得出羽遂拔成皐四年羽擊陳留外黄不下數日降羽悉令男子十五以上詣城東欲阬之外黄令舍人兒年十三説羽曰彭越強劫外黄外黄恐故且降待大王大王至又皆阬之百姓豈有所歸心哉從此

以東梁地十餘城皆恐莫肯下矣羽然其言乃赦外黄當阬者而東至睢陽聞之皆爭下時漢軍方圍鍾離眜於滎陽東羽亦軍廣武與漢王相與語漢王數羽十罪羽怒伏弩傷漢王時漢關中兵益出食多羽兵食少漢王使侯公說羽羽迺與漢王約中分天下割鴻溝而西者爲漢東者爲楚歸漢王父母妻子已約羽解而東五年漢王進兵追羽至故陵復爲羽所敗漢王用張良計致齊王信建成侯彭越兵及劉賈入楚地圍壽春大司馬周殷叛楚舉九江兵隨劉賈迎黥布與齊梁諸侯皆大會垓羽壁垓下軍少食盡漢帥諸侯兵圍之數重羽夜聞漢軍四面皆楚歌迺驚曰漢皆已得楚乎是何楚人多也起飲帳中有美人姓虞氏常幸從駿馬名騅常騎（蒼白雜毛曰騅以色名之）迺悲歌忼慨自爲歌詩曰力拔山兮氣蓋世時不利兮騅不逝騅不逝兮可奈何虞兮虞兮奈若何（若汝）歌數曲美人和之羽泣下數行左右皆泣莫能仰視於是羽遂上馬戲下騎從者八百餘人（戲大將之麾也漢書[illegible]）直夜潰圍南出馳平明漢軍迺覺之令騎將灌嬰以五千騎追羽渡淮騎能屬者百餘人羽至陰陵迷失道（陰陵縣名屬九江）問一田父田父紿曰左左乃陷大澤中以故漢追及之羽復引而東至東城迺有二十八騎追者數千羽自度不得脫謂其騎曰吾起兵至今八歲矣身七十餘戰所當者破所擊者服未嘗敗北遂伯有天下然今卒困於此此天亡我非戰之罪也今日固決死願爲諸君快戰必三勝斬將刈旗迺後死使諸君知吾非用兵罪天亡我也於是引其騎因四隤山（四隤山也）而爲圜陳外鄉（圜陳四面外鄉言兵刃皆在外）漢騎圍之數重羽謂其騎曰吾爲公取彼一將令四面騎馳下期山東爲三處於是羽大呼馳下漢軍皆披靡遂斬漢一將是時楊喜爲郎騎追羽羽還叱之（還謂迴面）也喜人馬俱驚辟易數里（辟易謂開張易其本處）與其騎會三處漢軍不知羽所居分軍爲三復圍之羽迺馳復斬漢一都尉殺數十百人復聚其騎亡兩騎迺謂騎曰何如騎皆服曰如大王言於是



羽遂引東欲渡烏江（在牛渚）烏江亭長檥船待（檥整船向岸也）謂羽曰江東雖小地方千里衆數十萬亦足王也願大王急度今獨臣有船漢軍至亡以度羽笑曰迺天亡我何度爲且籍與江東子弟八千人度而西今亡一人還縱江東父兄憐而王我我何面目見之哉縱彼不言籍獨不愧於心乎謂亭長曰吾知公長者也吾騎此馬五歲所當亡敵嘗一日千里吾不忍殺以賜公迺令騎皆去馬步持短兵接戰羽獨所殺漢軍數百人羽亦被十餘創顧見漢騎司馬呂馬童曰若非吾故人乎馬童面之（面謂背之不面向也）指王翳曰此項王也羽迺曰吾聞漢購我頭千金邑萬户吾爲公得（公得我爲功也）迺自剄王翳取其頭亂相輮蹈爭羽相殺者數十人最後楊喜呂馬童郎中呂勝楊武各得其一體故分其地以封五人皆爲列侯漢王迺以魯公號葬羽於穀城諸項支屬皆不誅封項伯等四人爲列侯賜姓劉氏

王莽爲安漢公攝行皇帝之事（[illegible]）居攝元年正月莽祀上帝於南郊迎春於東郊行大射禮於明堂養三老五更成禮而去置柱下五史秩如御史聽政事侍旁記疏言行三月己丑立宣帝玄孫嬰爲皇太子號曰孺子以王舜爲太傅左輔甄豐爲太阿右拂甄邯爲太保後承又置四少秩皆二千石四月安衆侯劉崇與相張紹攻宛不得入而敗莽汙池崇室宅羣臣復白劉崇等謀逆者以莽權輕也宜尊重以塡海內五月甲辰太后詔莽朝見太后稱假皇帝十二月羣臣奏請益安漢公宮及家吏置率更令廟廄廚長丞中庶子虎賁以下百餘人又置衛士三百人安漢公廬爲攝省府爲攝殿第爲攝宮莽白太后下詔曰故太師光雖前薨功效已列太保舜大司空豐輕車將軍邯步兵將軍建皆爲誘進單于籌策又典靈臺明堂辟雍四郊定制度開子午道與宰衡同心說德合意并力功德茂著封舜子匡爲同心侯林爲說德侯光孫爲合意侯豐孫康爲并力侯益邯建各三千户是歲西羌龐恬傅幡

等怨莽奪其地作西海太守程永永奔走莽誅永遣護羌校尉竇況擊破之

二年五月禁列侯以下不得挾黃金輸御府受直然卒不與直

九月東郡太守翟義都試勒車騎因發奔命立嚴鄉侯劉信為天子（信東平煬王之子）移檄郡國言莽毒平帝攝天子位欲絕漢室今共行天罰誅莽郡國疑惑衆十餘萬莽惶懼不能食晝夜抱孺子告禱郊廟作策曰昔成王幼周公攝政而管蔡挾祿父以畔（祿父紂子也）今翟義亦挾劉信而作亂自古大聖猶懼此況臣莽之斗筲（自喻小器也）羣臣皆曰不遭此變不章聖德莽於是依周書作大誥（武王終周公相成王而三監淮夷叛周公作大誥莽自比周公故放其事）曰惟居攝二年十月甲子攝皇帝若曰大誥道諸侯王三公列侯于汝卿大夫元士御事（言以大道告於諸侯已下御事主事也）不弔天降喪于趙傅丁董（趙飛燕傅太后丁太后董賢也）（不弔言不為天所弔[illegible]）洪惟我幼沖孺子當承繼嗣無疆大歷服事（[illegible]）予未遭其明悊能道（悊古哲字）民於安況其能往知天命（[illegible]）熙我念孺子若涉淵水（[illegible]）予惟往求朕所濟度奔走（言以[illegible]）以傳近奉承高皇帝所受命予豈敢自比於前人乎（前人謂周公）天降威明用寧帝室遺我居攝寶龜（威明猶明威也）太皇太后以丹石之符迺紹天明意（紹繼也）詔予即命居攝踐祚如周公故事反虜故東郡太守翟義擅興師動衆曰有大難于西土西土人亦不靖（翟義之言西土謂京師也）於是動嚴鄉侯信誕敢犯祖亂宗之序（誕大也）天降威遺我寶龜固知我國有呰災使民不安（呰病也言天所以降威遺寶龜者知國有病災天下不安之故也）是天反復右我漢國也粵其聞日（粵發語辭聞日謂上聞之日也）宗室之儁有四百人（諸劉見在者）民獻儀九萬夫（民之表儀謂賢者）予敬以終於此謀繼嗣圖功（言用此宗室之儁及獻儀者共謀國事終成其功）我有大事休予卜并吉（大事戎事也言人謀與卜又并吉是為美也）故我出大將告郡太守諸侯相令長曰予得吉卜予惟以汝于伐東郡嚴鄉逋播臣（逋亡也播散也）爾國君或者無不反曰難大民亦不靜亦惟在帝宮諸侯宗室於小子族父敬不可征（[illegible]）帝不違卜（天命不違[illegible]）故予為沖人長思厥難曰烏虖義信所犯誠動鰥寡哀哉（[illegible]）予遭天役遺大解難於予身以為孺子不身自卹（[illegible]）予義彼國君泉陵侯上書（[illegible]）曰成王幼弱周公踐天子位以治天下六年朝諸侯於明堂制禮樂班度量而天下大服（班謂布行也）太皇太后承順天心成居攝之義皇太子為孝平皇帝子（皇太子即謂孺子）年在襁褓宜且為子知為人子道令皇太后得加慈母恩畜養成就加元服然後復子明辟（[illegible]）熙為我孺子之故（[illegible]）予惟趙傅丁董之亂遏絕繼嗣變剝適庶危亂漢朝以成三阸（[illegible]）隊極厥命（[illegible]）烏虖害其可不旅力同心戒之哉（[illegible]）予不敢僭上帝命（[illegible]）天休于安帝室興我漢國惟卜用克綏受茲命（[illegible]）今天其相民況亦惟卜用（[illegible]）太皇太后肇有元城沙鹿之右（[illegible]）陰精女主聖明之祥（[illegible]）配元生成以興我天下之符遂獲西王母之應（[illegible]）神靈之徵（[illegible]）以祐我帝室以安我太宗以紹我後嗣以繼我漢功厥害適統不宗元緒者辟不違親辜不避戚（[illegible]）夫豈不愛亦惟帝室（[illegible]）是以廣立王侯並建曾玄俾屏我京師綏撫宇內（[illegible]）博徵儒生講道于廷論序乖謬制禮作樂同律度量混壹風俗（[illegible]）正天地之位昭郊宗之禮定五畤廟祧咸秩亡文（[illegible]）建靈臺立明堂設辟雍張太學尊中宗高宗之號（[illegible]）昔我高宗崇德建武克綏西域以受白虎威勝之瑞（[illegible]）天地判合乾坤序德（[illegible]）太皇太后臨政有龜龍麟鳳之應五德嘉符相因而備河圖雒書遠自昆侖出於重壄（[illegible]）

然古識著言肆今享實（肆故也言古有其識故今當其實）此迺皇天上帝所以安我帝室俾我成就洪烈也（洪大也烈業也）烏虖天明威輔漢始而大矣（言因此難以彊大）爾有惟舊人泉陵侯之言爾不克遠省爾豈知太皇太后若此勤哉（言爾當思以舊之人泉陵侯所言爾不能遠省識古事豈知太后之勤乎）天毖勞我成功所（毖慎也天慎勞我國家成功之所在）予不敢不極卒安皇帝之所圖事（卒終也言我不敢不終祖宗之業安帝室所謀之事）肆予告我諸侯王公列侯卿大夫元士御事（肆陳也陳其理而告之）天輔誠辭（言有至誠之辭則為天所輔也）天其累我以民予害敢不於祖宗安人圖功所終（累託也言天以百姓託我曷敢不謀終祖宗安人之功）也天亦惟勞我民若有疾予害敢不於祖宗所受休輔（言天欲無勞我身）（言若有疾若我躬恤祖宗之休息而輔助之）予聞孝子善繼人之意忠臣善成人之事予思若考作室厥子堂而構之（父有作室之意則子當基堂而構揆以成之）厥父菑厥子播而獲之（父菑其田子當布種而收獲之反土為菑太田一歲曰菑）予害敢不於身撫祖宗之所受大命（作室農人猶不棄其本業於今日不得有遺而不征討叛逆也）若祖宗迺有效湯武伐厥子民長其勸弗救（言有人來伐其子而長養彼心反勸助之弗救）



（其子當止以予心好然今所征討伐罪得湯武誅遷其遵循當以公義）烏虖肆哉（肆陳也勸力也）諸侯王公列侯卿大夫元士御事其勉助國道明（道由也言當由明哲之事以助國也）亦惟宗室之俊民之表儀迪知上帝命（迪道也言當遵道而知天命）粵天輔誠爾不得易定（言天道輔誠爾不得改易天之定命）況今天降定于漢國惟大艱人翟義劉信大逆欲相伐于厥室豈亦知命之不易乎（言翟義劉信不知天命不可改易乃大為艱難以干國紀是自相誅伐其室也）予永念曰天惟喪翟義劉信若嗇夫予害敢不終予晦（嗇夫治田去除草穢天之喪義信事亦如之我當順天以終畝田之事）天亦惟休于祖宗予害其極卜害敢不于從（言天美祖宗之事我何其極卜謀敢不從謀也）率寧人有旨疆土況今卜并吉（并備祖宗之業在安人而美疆土）（言況今卜并吉不可不從也）故予大以爾東征命不僭差（言必信之矣）卜陳惟若此（卜陳列惟如此）迺遣諫大夫桓譚等班行諭告當反孺子之意遣封譚為明告里附城（明告者以其出使明告諭告外也附城如古附庸也）遣王邑孫建等八將軍擊義分屯諸關守阨塞槐里男子趙明霍鴻等起兵以和翟義相與謀曰諸將精兵悉東京師空可攻長安衆稍多

至且十萬人莽恐遣將軍王奇王級將兵拒之以太保甄邯為大將軍受鉞高廟領天下兵左杖節右把鉞屯城外王舜甄豐晝夜循行殿中十一月王邑等破翟義於圉司威陳崇使監軍（使而監軍於外）上書言陛下奉洪範心合寶龜（心與龜合也）膺受元命豫知成敗咸應兆占是謂配天配天之主慮則移氣言則動物施則成化臣崇伏讀詔書下日竊計其時聖思始發而反虜仍破（思慮也）詔文始書反虜大敗制書始下反虜畢斬衆將未及齊其鋒芒臣崇未及盡其愚慮而事已決矣莽大說盡壞義第宅汙池之（汙停水也）發父方進及先祖冢在汝南者燒其棺柩夷滅三族誅及種嗣至皆同坑以棘五毒并葬之（野葛狼毒之屬也）而下詔曰蓋聞古者伐不敬取其鯨鯢築武軍封以為大戮於是乎有京觀以懲淫慝（此左傳載楚莊王辭也鯨鯢大魚為害者也以此比喻人之勇猛者京高丘也觀謂如闕形也懲創艾也）（慝惡也）迺者反虜劉信翟義誖逆作亂于東而芒竹羣盜趙明霍鴻造逆西土（芒竹在盩厔南界芒水之曲而多竹林也即今司竹園是其地也）遣武將征討咸



伏其辜惟信義等始發自濮陽結姦無鹽殄滅於圉趙明依阻槐里環隄（槐里縣界其中有環曲之隄而阻之以自固也）霍鴻負倚盩厔芒竹（負恃也）咸用破碎亡有餘類其取反虜逆賊之鯨鯢聚之通路之旁濮陽無鹽槐里盩厔凡五所各方六丈高六尺築為武軍封為大戮薦樹之棘（崇重也棘叢也）建表木高丈六尺（表楬所以標明也）書曰反虜逆賊鯨鯢在所長吏常以秋循行勿令壞敗以懲淫慝焉三年春地震大赦天下王邑等還京師西與王級等合擊明鴻皆破莽大置酒未央宮白虎殿勞賜將帥詔陳崇治校軍功第其高下莽乃上奏曰明聖之世國多賢人故唐虞之時可比屋而封至功成事就則加賞焉至于夏后塗山之會執玉帛者萬國諸侯執玉附庸執帛周武王孟津之上尚有八百諸侯周公居攝郊祀后稷以配天宗祀文王於明堂以配上帝是以四海之內各以其職來祭蓋諸侯千八百矣禮記王制千七百餘國是以孔子著孝經曰不敢遺小國之臣而況於公侯伯子男乎故得萬

國之歡心以事其先王此天子之孝也秦為亡道殘滅諸侯以為郡縣欲擅天下之利故二世而亡高皇帝受命除殘考功施賞建國數百後稍衰微其餘僅存太皇太后躬統大綱廣封功德以勸善興滅繼絶以永世是大化流通旦暮且成遭羌寇害西海郡反虜流言東郡逆賊惑衆西土忠臣孝子莫不奮怒所征殄滅盡備厥辜天下咸寧制禮作樂實考周爵五等地四等有明文（爵五等公侯伯子男也地四等公一等侯伯二等子男三等附庸四等）殷爵三等有其說無其文（公一等侯二等伯子男三等）孔子曰周監於二代郁郁乎文哉吾從周（監視也二代夏殷也郁郁文章貌）臣請諸將帥當受爵邑者爵五等地四等奏可於是封者高為侯伯次為子男當賜爵關內侯更名曰附城凡數百人擊西海者以羌為號槐里以武為號翟義以虜為號羣臣復奏言太后脩功錄德遠者千載近者當世或以文封或以武爵深淺大小靡不畢舉今攝皇帝背依踐祚宜異於宰國之時制作雖未畢已（已止）宜進二子爵皆為公春秋善善及子孫賢者之後宜有土地成王廣封周公庶子六人皆有茅土及漢家名相大將蕭霍之屬咸及支庶兄子光可先封為列侯諸孫制度畢已大司徒大司空上名如前詔書太后詔曰進攝皇帝子褒新侯安為新舉公賞都侯臨為褒新公封光為衍公侯是時莽還歸新都國羣臣復白以封莽孫宗為新都侯莽既滅翟義自謂威德日盛獲天人助遂謀即真之事矣九月莽母功顯君死意不在哀令太后詔議其服少阿羲和劉歆與博士諸儒七十八人皆曰居攝之義所以統立天功興崇帝道成就法度安輯海內也昔殷成湯既沒而太子蚤夭其子太甲幼少不明伊尹放諸桐宮而居攝以興殷道周武王既沒周道未成成王幼少周公屏成王而居攝以成周道（屏猶擁也）是以殷有翼翼之化（商頌曰商邑翼翼四方之極言商邑禮俗翼翼然可則放乃四方之中正也）周有刑錯之功（謂成康之世囹圄空虛）今太皇太后比遭家之不造（比頻也造成也周頌曰遭家不造故引之）委任安漢公宰尹羣僚衡平天下（衡平也言如伊尹之阿衡）遭孺子幼少未能共上下（上下天地也）謂皇天降瑞出丹石之符是以太后則天明命詔安漢公居攝踐祚將以成聖漢之業與唐虞三代比隆也攝皇帝遂開祕府會羣儒制禮作樂卒定庶官茂成天功（茂美也）聖心周悉卓爾獨見發得周禮以明因監（因於夏禮周監於二代）則天稽古而損益焉猶仲尼之聞韶（孔子在齊聞韶三月不知肉言天縱多能而識之也）日月之不可階（子貢叙孔子德云它人之賢者丘陵也猶可踰也仲尼日月也無得而踰焉又曰夫子之不可及猶天之不可階而升也）非聖哲之至孰能若茲綱紀咸張成在一匱（言人之脩行道德為山雖於平地始覆一匱之土而作不止可得成謂莽脩行致化致於太平本由一匱也）此其所以保佑聖漢安靖元元之效也今功顯君薨禮庶子為其母緦傳曰與尊者為體不敢服其私親也攝皇帝以聖德承皇天之命受太后之詔居攝踐祚奉漢太宗之後上有天地社稷之重下有元元萬機之憂不得顧其私親故太皇太后建厥元孫俾侯新都（元孫謂莽孫宗也為新都侯也）為哀侯後明攝皇帝與尊者為體承宗廟之祭奉共養太皇太后不得服其私親也周禮曰王為諸侯緦縗弁而加環絰（弁上加環絰也）同姓則麻異姓則葛攝皇帝當為功顯君緦縗弁而加麻環絰如天子弔諸侯服以應聖制莽遂行焉凡壹弔再會而令新都侯宗為主服喪三年莽下書曰遏密之義訖于季冬（平帝以元始五年十二月崩至此再朞年也遏止也密靜也謂不作樂也）正月郊祀八音當奏王公卿士樂凡幾等五聲八音條各以何其與所部儒生各盡精思悉陳其義是歲廣饒侯劉京車騎將軍千人扈雲（千人官名扈姓雲名）大保屬臧鴻奏符命京言齊郡新井雲言巴郡石牛鴻言扶風雍石莽皆迎受十一月甲子莽奏太后曰陛下至聖遭家不造遇漢十二世三七之阸承天威命詔臣莽居攝受孺子之託任天下之寄臣莽兢兢業業懼於不稱宗室廣饒侯劉京上書言七月中齊郡臨淄縣昌興亭長辛當一暮數夢曰吾天公使也天公使我告亭長曰攝皇帝當為真即信我此亭中當有新井亭長晨起視亭中誠有新井（誠實也）入地且百尺十一月壬子直建冬至（壬子之日冬至其日當建）巴

郡石牛戊午雍石文皆到于未央宮之前殿臣與太保安陽侯舜等視天風起塵冥風止得銅符帛圖於石前文曰天告帝符獻者封侯承天命用神令騎都校尉崔發等眡說言按其文而讀說其意也及前孝哀皇帝建平二年六月甲子下詔書更爲初元將元年案其本事甘忠可夏賀良讖書藏蘭臺蘭臺之掌圖臣莽以爲元將元年者大將居攝改元之文也於今信矣尚書康誥王若曰孟侯朕其弟小子封孟長也孟侯言爲諸侯之長也封者康叔名也此周公居攝稱王之文也春秋隱公不言即位攝也此二經周公孔子所定蓋爲後法孔子曰畏天命畏大人畏聖人之言臣莽敢不承用臣請共事神祇宗廟奏言太皇太后孝平皇后皆稱假皇帝其號令天下天下奏言事毋言攝以居攝三年爲初始元年漏刻以百二十爲度用應天命臣莽夙夜養育隆就孺子隆長也就成也之使其長大令與周之成王比德宣明太皇太后威德於萬方期於富而教之孺子加元服復子明辟如周公故事奏可衆庶知其奉符



命指意羣臣博議別奏以視即真之漸矣梓潼人哀章作銅匱爲兩檢署其一曰天帝行璽金匱圖其一署曰赤帝某傳予黄帝金策書某者高皇帝名也莽至高廟拜受金匱神嬗言有命漢劉禪於御王冠謁太后還坐未央宮前殿下書曰予以不德託于皇初祖考黄帝之後皇始祖考虞帝之苗裔而太皇太后之末屬皇天上帝隆顯大佑成命統序符契圖文金匱策書神明詔告屬予以天下兆民屬委付也赤帝漢氏高皇帝之靈承天命傳國金策之書予甚祗畏敢不欽受戊辰直定於建除之次其日當定御王冠即真天子位定有天下之號曰新其改正朔易服色變犧牲殊徽幟異器制徽幟通謂旌旗之屬以十二月朔癸酉爲建國元年正月之朔以雞鳴爲時服色配德上黄犧牲應正用白使節之旄幡皆純黄其署曰新使五威節以承皇天上帝威命也

册府元龜卷第九百一十

# 冊府元龜卷第九百一十一

總録部　一百六十一

## 僞政第二

王莽建國元年正月朔莽帥公侯卿士奉皇太后璽韍（韍猶綬也璽之組）上太皇太后順符命去漢號焉初莽娶宜春侯王氏女立為皇后（王訢為丞相封宜春侯傳爵至孫咸莽妻咸之女）本生四男宇獲安臨二子前誅死安頗荒忽迺以臨為皇太子安為新嘉辟（辟君也謂之辟者取其國君之義）封宇子六人千為功隆公壽為功明公吉為功成公宗為功崇公世為功昭公利為功著公大赦天下莽乃策命孺子曰咨爾嬰昔皇天右乃太祖（右助也）歷世十二享國二百一十載歷數在于予躬詩不云乎侯服于周天命靡常（詩言殷之後嗣乃為諸侯服事周室天命無常也）封爾為定安公永為新室賓於戲敬天之休（休美也）往踐乃位毋廢予命又曰其以平原安德漯陰鬲重丘凡戶萬（五縣也）地方百里為定安公國立漢祖宗之廟於其國與周後並行其正朔服色



世世以事其祖宗永以命德茂功享以歷代之祀焉以孝平皇后為定安太后讀策畢莽親執孺子手流涕歔欷曰昔周公攝位終得復子明辟今予獨迫皇天威命不得如意哀歎良久中傅將孺子下殿北面而稱臣百寮陪位莫不感動又按金匱輔臣皆封拜以太傅左輔驃騎將軍安陽侯王舜為太師封安新公大司徒就德侯平晏為太傅就新公少阿羲和京兆尹紅休侯劉歆為國師嘉新公廣漢梓潼哀章為國將美新公是為四輔位上公太保後承陽侯甄邯為大司馬承新公丕進侯王尋為大司徒章新公步兵將軍成都侯王邑為大司空隆新公是為三公大阿右拂大司空衛將軍廣陽侯甄豐為更始將軍廣新公京兆王興為衛將軍奉新公輕車將軍成武侯孫建為立國將軍成新公京兆王盛為前將軍崇新公是為四將凡十一公王興者故城門令史王盛者賣餅莽按符命求得此姓名十餘人兩人容貌應卜相徑從布衣登用以視神焉餘皆拜為郎莽封拜卿大夫侍中尚書官凡數百人諸劉為郡守皆徙為諫大夫改明光宮為定安館定安太后居之以大鴻臚府為定安公第皆置門衛使者監領敕阿乳母不得與語常在四壁中（令定安公居四壁中不得有所見）至於長大不能名六畜（[illegible]）後莽以女孫宇子妻之莽策羣司曰歲星司肅東嶽太師典致時雨（歲罰常雨雨水也故申戒歲任澤以時也眾物生於東方故戒太師也）青煒登平考景以晷（煒青氣之光暉也言青陽之氣始升而平一以成萬物也春秋分立表以正東西日之出地考景以晷景為驗焉）熒惑司悊南嶽大傅典致時奧（視之不明是謂不悊悊者智也歲罰常燠燠暑也南方盛陽之位太傅師尊之[illegible]敬戒之也）赤煒頌平考聲以律（頌讀曰容[illegible]）太白司艾西嶽國師典致時陽（[illegible]）白煒象平考量以銓（[illegible]）辰星司謀北嶽國將典致時寒（[illegible]）玄煒和平考星以漏（[illegible]）月刑



元股左司馬典致武應考方法矩（[illegible]）主司天文欽若昊天敬授民時力來農事以豐年穀（[illegible]）日德元厷右司徒典致文瑞考圜合規（[illegible]）主司人道五教是輔帥民承上宣美風俗五品乃訓（五品父義母慈兄友弟恭子孝也五常謂仁義禮智信）斗平元心中司空典致物圖考度以繩（[illegible]）主司地里平治水土掌名山川眾殖鳥獸蕃茂草木各策命以其職如典誥之文置大司馬司允（允信也）大司徒司直大司空司若（若順也）位皆孤卿更名大司農曰羲和後更為納言大理曰作士太常曰秩宗大鴻臚曰典樂少府曰共工水衡都尉曰予虞與三公司卿凡九卿分屬三公每一卿置大夫三人一大夫置元士三人凡二十七大夫八十一元士分主中都官諸職更名光祿勳曰司中太僕曰太御衛尉曰太衛執金吾曰奮武中尉曰軍正又置大贅官主乘輿服御物（[illegible]）後又典兵秩位皆上卿號曰

六監改郡太守曰大尹都尉曰太尉縣令長曰宰御史曰執法公車司馬曰王路四門長樂宮曰常樂室未央宮曰壽成室前殿曰王路堂(如言路寢也)長安曰常安更名秩百石曰庶士三百石曰下士四百石曰中士五百石曰命士六百石曰元士千石曰下大夫比二千石曰中大夫二千石曰上大夫中二千石曰卿車服黻冕各有差品(黻謂畫衣之黻文)又置司恭司徒司明司聰司中大夫及誦詩工徹膳宰以司過策曰予聞上聖欲昭厥德罔不慎修厥身用綏于遠是用建爾司于五事毋隱尤毋將虛(尤過也將猶助也)(虛謂虛美也言勿隱過勿助為虛美)好惡不愆立于厥中(愆違也)於戲勗哉(勗勉也)令王路設進善之旌非謗之木敢諫之鼓諫大夫四人常坐王路門受言事者封王氏齊縗之屬為侯大功為伯小功為子緦麻為男其女皆為任(任充也男服之義男亦任也)男以睦女以隆為號焉(皆受封邑其號取嘉名)皆授印韍(韍印之組)令諸侯立太夫人夫人世子亦受印韍又曰天無二日土無二王百王不易之道也漢氏諸侯或



稱王至于四夷亦如之違於古典繆於一統其定諸侯王之號皆稱公及四夷僭號稱王者皆更為侯又曰帝王之道相因而通盛德之祚百世享祀予惟黃帝帝少昊帝顓頊帝嚳帝堯帝舜帝夏禹皋陶伊尹咸有聖德假于皇天(假至也)功烈巍巍光施于遠予甚嘉之營求其後將祚厥祀惟王氏虞帝之後也出自帝嚳劉氏堯之後也出自顓頊於是封姚恂為初睦侯奉黃帝後([illegible])梁護為脩遠伯奉少昊後([illegible]封之)皇孫功隆公千奉帝嚳後劉歆為祁烈伯奉顓頊後國師劉歆子疊為伊休侯奉堯後([illegible])嬀昌為始睦侯奉虞帝後山遵為褒謀子奉皋陶後伊玄為褒衡子奉伊尹後漢後定安公劉嬰位為賓周後衛公姬黨更封為章平公亦為賓殷後宋公孔弘運轉次移更封為章昭侯位為恪(恪敬也言待之加敬亦如賓也周以舜後并杞宋為三恪也)夏後遼西姒豐封為章功侯亦為恪(姒夏姓)四代古宗宗祀于明堂以配皇始祖考虞帝周公後褒魯子姬就宣尼公後褒成子孔鈞已前定焉莽又曰予前在攝時建郊宮定祧廟立社稷神祇報況(況賜也)或光自上復于下流為烏或黃氣熏烝昭燿章明以著黃虞之烈焉(烈餘業也黃虞黃帝虞舜之後)自黃帝至于濟南伯王而祖世氏姓有五矣(濟南伯王莽之高祖)黃帝二十五子分賜厥姓十有二氏虞帝之先受姓曰姚其在陶唐曰嬀在周曰陳在齊曰田在濟南曰王予伏念皇初祖考黃帝皇始祖考虞帝以宗祀于明堂宜序於祖宗之親廟其立祖廟五親廟四后夫人皆配食郊祀黃帝以配天黃后以配地(黃帝之后也)以新都侯東弟為大禖歲時以祀(禖祀也立以大祠以黃帝時祀其先也)家之所尚種祀天下(言國立大禖先祀矣其衆)(庶之家所尚者各令傳祀勿絕也普天之下同其法)姚嬀陳田王氏凡五姓者皆黃虞苗裔予之同族也書不云乎惇序九族(惇厚也)其令天下上此五姓名籍于秩宗皆以為宗室世世復無有所與其元城王氏勿令相嫁娶(元城王氏其同祖也不復與四姓昏娶餘它王氏則不禁也)以別族理親焉封陳崇為統睦侯奉胡王後(追謚陳胡公)田豐為世睦侯奉敬王後(追謚王敬仲)



天下牧守皆以前有翟義趙明等領州郡懷忠孝封牧為男守為附城又封舊恩戴崇金涉箕閎楊並等子皆為男遣騎都尉囂等分治黃帝園位於上都橋畤(橋山之上故曰橋畤)虞帝於零陵九疑胡王於淮陽陳敬王於齊臨淄愍王於城陽莒伯王於濟南東平陵孺王於魏郡元城(莽之高祖名遂字伯紀號孺王故謂之孺王)使者四時致祠其廟當作者以天下初定且祫祭於明堂太廟以漢高廟為文祖廟(文祖堯法舜受終於文祖)莽曰予之皇始祖考虞帝受嬗于唐漢氏初祖唐帝世有傳國之象(堯傳舜漢傳莽自以舜後故言有傳國之象)予復親受金策於漢高皇帝之靈惟思褒厚前代何有忘時漢氏祖宗有七(漢本紀祖宗有四莽以元帝成帝平帝為宗故有七)以禮立廟于定安國其園寢廟在京師者勿罷祠薦如故予以秋九月親入漢氏高元成平之廟諸劉更屬籍京兆大尹勿解其復各終厥身州牧數存問勿令有侵冤又曰予前在大麓至于攝假(大麓謂為大司馬宰衡時也引舜納于大麓)(大麓烈風雷雨不迷也攝假謂初為攝皇帝又為假皇帝)深惟漢氏三七之阸赤德氣盡思

索隱求微所以輔劉延期之術靡所不用以故作金刀之利幾以濟之然自孔子作春秋以為後王法至于哀之十四而一代畢協之於今哀之十四也（漢哀帝即位六年平帝五年居攝三年十四年）赤世計盡終不可強濟皇天明威黃德當興隆顯大命屬予以天下今百姓咸言皇天革漢而立新（革改也）廢劉而興王夫劉之為字卯金刀也正月剛卯金刀之利皆不得行（剛卯以正月卯日作佩之長三寸廣一寸四方或用金或用玉或用桃著革帶佩之銘其一面曰正月剛卯金刀莽所鑄錢也莽以劉字上有卯下有金旁又有刀故禁剛卯及金刀也）博謀卿士僉曰天人同應昭然著明其去剛卯莫以為佩除刀錢勿以為利承順天心快百姓意四月徐鄉侯劉快起兵攻即墨快兄殷扶崇公閉城自繫獄吏民距快快敗走至長廣死莽曰昔予之祖濟南愍王困於燕寇自齊臨淄出保于莒宗人田單廣設奇謀獲殺燕將復定齊國今即墨士大夫復同心殄滅反虜予甚嘉其忠者憐其無辜其赦殷等非快之妻子它親屬當坐者皆勿治弔問死傷賜亡者葬錢人五萬殷知大命深疾惡快以故輒伏厥辜其備殷國戶萬地方百里又封符命臣十餘人是秋遣五威將王奇等十二人班符命於天下德祥五事符命二十五福應十二凡四十二篇其德祥言文宣之世黃龍見於成紀新都高祖考王伯墓門梓柱生枝葉之屬符命言井石金匱之屬福應言雌雞化為雄之屬其文爾雅依託皆為作說（爾近也雅正也謂近於正依古義而為之說）大歸言莽當代漢有天下云總而說之曰帝王受命必有德祥之符瑞協成五命申以福應（五命謂五行之次相授以受命之重也）然後能立巍巍之功傳于子孫永享無窮之祚故新室之興也德祥發於漢三七九世之後（二百一十歲九天子也）肇命於新都受瑞於黃支開王於武功定命於子同（梓潼縣也）成命於巴宕（巴郡宕渠縣也）申福於十二應天所以保祐新室者深矣固矣武功丹石出於漢氏平帝末年火德銷盡土德當代皇天眷然去漢與新以丹石始命於皇帝皇帝謙讓以攝居之未當天意故其秋七月天重以三能文馬（能三台星也[illegible]）



皇帝復謙讓未即位故三以鐵契四以石龜五以虞符六以文圭七以玄印八以茂陵石書九以玄龍石十以神井十一以大神十二以銅符帛圖甲命之瑞寖以顯著（寖漸也）至于十二以昭告新皇帝深惟上天之威不可不畏故去攝號猶尚稱假改元為初始欲以承天命克厭上帝之心（厭滿也）然非皇天所以鄭重降符命之意（鄭重猶言頻煩也）故是是天復決其以勉書（哀章作策書）（言數有瑞應莽自謙讓居攝文也復決疑勸也令為其也）又侍郎王盱見人衣白布戰衣赤繢方（繢者會五采也以布為戰衣赤加繢為其方領也）冠小冠立于王路殿前謂盱曰今日天同色以天下人民屬皇帝（同色者言五方天神之色同其禎也字或作齊諱者已）（言天總括天下衆而舉莽暴妾也）盱怪之行十二餘步人忽不見至丙寅莫漢氏高廟有金匱圖策高帝承天命以國傳新皇帝明旦宗伯孝侯劉宏以聞乃召公卿議未決而大神石人談曰趣新皇帝之廟受命毋留於是是新皇帝立登車之漢氏高廟受命之日丁卯也丁漢氏之德也卯劉姓所以為字也明漢劉火德盡而傳於新室也皇帝謙讓既備固讓十世符應迫著命不可辭懼然（之也明也著）祗是葦然閔漢氏之終可不濟（懼然自懼之意也葦然變動之意也）亹在右左之不得從意（亹亹自強也言天命不得從其本意也）為之三夜不寢御三日不御食延問公侯卿大夫僉曰宜奉如上天威命是乃改元定號海內更始新室既定神祇歡喜申以天應吉瑞累仍（仍頻也申重也）詩曰宜民宜人受祿于天保佑命之自天申之（言有功德宜於衆人者則受天之福祿天乃保安而祐助之命以非國也申謂重其意也）此之謂也五威將奉符命齎印綬王侯以下及吏官名更者（更改也）外及匈奴西域徼外蠻夷皆即授新室印綬因收故漢印綬賜吏爵人二級民爵人一級女子百戶羊酒蠻夷幣帛各有著大赦天下五威將乘乾文車（畫天文象於車也）駕坤六馬（坤為牝馬六地數也）皆負鷩鳥之毛服飾甚偉（鷩雉屬也）每一將各置左右前後中帥凡五帥衣冠車服駕馬各如其方面色數（色者東方青南方赤數者木數也）（三大數二之類）將持節稱太一之使帥持幢稱五帝之使莽命曰普

天之下迄于四表迄至也靡所不至其東出者至玄菟樂浪高句驪夫餘夫餘亦東北夷也南出者踰徼外歷益州貶句町王爲侯西出者至西域盡改其王爲侯北出者至匈奴庭授單于印改漢印文去璽曰章單于欲求故印陳饒椎破之單于大怒而句町西域後卒以此皆畔莽置五威司命中城四關將軍司命司上公以下中城主十二城門策命統睦侯陳崇曰咨爾崇夫不用命者亂之原也大姦猾者賊之本也鑄僞金錢者妨寶貨之道也驕奢踰制者凶害之端也漏泄省中及尚書事者機事不密則害成也易繫辭曰君不密則失臣臣不密則失身幾事不密則害成故引之拜爵王庭謝恩私門者祿去公室政從亡矣凡此六條國之綱紀是用建爾作司[illegible]亦不茹剛亦不吐柔不侮鰥寡不畏強圉[illegible]帝命帥繇統睦于朝[illegible]命說符侯崔發曰重門擊柝以待暴客[illegible]也暴謂暴疾之人來爲寇害者也女作五威中將軍中德既成天下說[illegible]命明威侯王級曰繞霤之固南當荆楚[illegible]女作五威前關將軍振武奮衞明威于前命尉睦侯王嘉曰羊頭之阸北當燕趙[illegible]女作五威後關將軍壺口捶扼尉睦于後[illegible]命掌威侯王奇曰肴黽之險東當鄭衞[illegible]女作五威左關將軍函谷批難掌威于左[illegible]命懷羌子王福曰汧隴之阻西當戎狄[illegible]女作五威右關將軍成固據守懷羌于右二年二月赦天下五威將帥七十二人還奏事漢諸侯王爲公者[illegible]悉上璽綬爲民無違命者封將爲子帥爲男禁民不得挾弩鎧徙西海匈奴單于求故璽莽曰不與遂寇邊殺略吏民莽更名匈奴單于曰降奴服于知[illegible]莽曰降奴服于知威侮五行引夏書甘誓之文背畔四條[illegible]侵犯西域延及邊垂爲元元害罪當夷滅命遣立國將軍孫建等凡十二將十道並出共行皇天之威罰于知之身惟知先祖故呼韓邪單于稽侯狦累世忠孝保塞守徼不忍



以一知之罪滅稽侯狦之世今分匈奴國土人民以爲十五立稽侯狦子孫十五人爲單于遣中郎將藺苞戴級馳之塞下召拜當爲單于者諸匈奴人當坐虜知之法者皆赦除之遣五威將軍苗訢虎賁將軍王況出五原厭難將軍陳欽震狄將軍王巡出雲中振武將軍王嘉平狄將軍王萌出代郡相威將軍李棽鎮遠將軍李翁出西河誅貉將軍陽俊討穢將軍嚴尤出漁陽奮武將軍王駿定胡將軍王晏出張掖及偏裨以下百八十人募天下囚徒丁男甲卒三十萬人轉衆郡委輸五大夫衣裘兵器糧食長吏送自負海江淮至北邊使者馳傳督趣以軍興法從事天下騷動先至者屯邊郡須畢具乃同時出初莽因漢承平之業匈奴稱藩百蠻賓服舟車所通盡爲臣妾府庫百官之富天下晏然莽一朝有之其心意未滿[illegible]狹小漢家制度以爲疏闊[illegible]宣帝始賜單于印璽與天子同而西南夷鉤町稱王莽乃遣使易單于印貶鉤町王爲侯二方始怨侵犯邊境莽遂興軍發三十萬衆欲同時十道並出[illegible]海內擾矣三年莽曰百官改更職事分移律令儀法未及悉定且因漢律令儀法以從事令公卿大夫諸侯二千石舉吏民有德行通政事能言語明文學者各一人詣王路四門是時諸將在邊須大衆集[illegible]吏士放縱而內郡愁於徵發民棄城郭流亡爲盜賊并州平州尤甚莽令七公六卿[illegible]兼稱將軍遣著武將軍逯並等填名都中郎將繡衣執法各五十五人分填緣邊大姦猾擅弄兵者皆便爲姦於外[illegible]撓亂州郡貨賂爲市侵漁百姓莽下書曰虜知罪當夷滅故遣猛將分十二部將同時出一舉而決絕之矣內置司命軍正外設軍監十有二人誠欲以司不奉命令軍人咸正也今則不然各爲權勢恐猲良民[illegible]妄封人頸得錢者去[illegible]毒蠚並作農民離散司監若此可謂稱不自今以來敢犯此者輒捕繫以名聞然猶放縱自若而藺苞戴級到塞下招誘單于弟咸子

登入塞咸拜咸為孝單于賜黃金千斤錦繡甚多遣去將登至長安拜為順單于留邸初匈奴侵寇甚莽大募天下囚徒人奴名曰豬突豨勇豬性觸突人故取以喻衆名豕曰豨一曰豨豕走也壹切稅吏民訾三十而取一又令公卿以下至郡縣黃綬吏皆保養軍馬者不訃其死傷吏盡復以與民輒令百姓養之民搖手觸禁不得耕桑繇役煩劇而枯旱蝗蟲相因又用制作未定上自公侯下至小吏皆不得奉祿而私賦斂貨賂上流獄訟不決吏用苛暴立威旁緣莽禁侵刻小民旁緣依也富者不得自保貧者無以自存起為盜賊依阻山澤吏不能禽而覆蔽之浸淫日廣浸淫猶漸染也於是青徐荊楚之地往往萬數戰鬭死亡緣邊四夷所係虜陷罪饑疫人相食及莽未誅而天下戶口減半矣太師王舜自莽篡位後病悸寖劇死悸心動也莽曰昔齊太公以淑德累世為周氏太師蓋予之所監也監謂視也其以舜子延襲父舜為安新公延弟褒新侯匡為太師將軍永為新室輔為太子置師友各四人秩以大夫以故大司徒馬宮為師疑故少府宗伯鳳為傅丞博士袁聖為阿輔京兆尹王嘉為保拂是為四師故尚書令唐林為胥附博士李充為奔走諫大夫趙襄為先後中郎將廉丹為禦侮是為四友又置師友祭酒及侍中諫議六經祭酒各一人凡九祭酒秩上卿琅邪左咸為講春秋潁川滿昌為講詩長安國由為講易平陽唐昌為講書沛郡陳咸為講禮崔發為講樂祭酒遣謁者持安車印綬即拜楚國龔勝為太子師友祭酒勝不應徵不食而死寧始將軍姚恂免侍中崇祿侯孔永為寧始將軍四年二月赦天下厭難將軍陳歆言捕虜生口虜犯邊者皆孝單于咸子角所為莽怒斬其子登於長安以視諸蠻夷初西域都護但欽上書言匈奴南將軍右伊秩訾將人眾寇擊諸國莽於是大分匈奴為十五單于遣中郎將藺苞副校尉戴級將兵萬騎多齎珍寶至雲中塞下招誘呼韓邪單于諸子欲以次拜之使譯出塞誘呼右犁汗王咸咸子登助三人至則脅拜咸為孝單于賜安車



鼓車各一黃金千斤雜繒千匹戲戟十戲戟有衣之戟也拜助為順單于賜黃金五百斤傳送助登長安莽封苞為宣威公拜為虎牙將軍封級為揚威公拜為虎賁將軍咸既受莽孝單于之號馳出塞歸庭具以見脅狀白單于單于更以為於粟置支侯匈奴賤官也後助病死莽以登代助為順單于厭難將軍陳歆震狄將軍王巡屯雲中葛邪塞是時匈奴數為邊寇殺將率吏士略人民毆畜產去甚眾捕得虜生口驗問皆曰孝單于咸子角數為寇兩將以聞莽遂會諸蠻夷斬登大司馬甄邯死以孔永為大司馬侯輔為寧始將軍莽每出輒先搜索城中名曰橫搜是月橫搜五日莽至明堂授諸侯茅土下書曰予以不德襲于聖祖為萬國主思安黎元在于建侯分九州正域以美風俗追監前代爰綱爰紀惟在堯典十有二州衛有五服詩國十五抪徧九州謂周南召南邶鄘衛王鄭齊魏唐秦陳鄶曹豳凡十五國也一曰周南召南邶鄘衛王鄭齊魏唐秦陳鄶曹豳是為十二國也殷頌有奄有九有之言商頌玄鳥之詩也九有九州禹貢之九州無并幽周禮司馬則無徐梁帝王相改各有云為或昭其事或大其本厥義著明其務一矣昔周二后受命故有東都西都之居予之受命蓋亦如之其以洛陽為新室東都常安為新室西都邦畿連體各有采任州從禹貢為九爵從周氏有五諸侯之員千有八百附城之數亦如之以俟有功諸公一同有眾萬戶土方百里侯伯一國眾戶五千土方七十里子男一則眾戶二千有五百土方五十里附城大者食邑九成眾戶九百土方三十里自九以下降殺以兩兩兩而降殺至於一成五差備具合當一則今已受茅土者公十四人侯九十三人伯二十一人子百七十一人男四百九十七人凡七百九十六人附城千五百一十一人九族之女為任者八十三人及漢氏女孫中山承禮君遵德君脩義君更以為任十有一公九卿十二大夫二十四元士定諸國邑采之處使侍中講禮大夫孔秉等與州部眾郡曉知地理圖籍者共校治于壽成朱鳥堂亘數

與羣公祭酒上卿親聽視咸已通矣夫褒德賞功所以顯仁賢也九族和睦所以褒親親也予永惟匪解思稽前人稽考也將章黜陟以明好惡安元元焉是時莽志方盛以為四夷不足吞滅專念稽古之事復下書曰伏念予之皇始祖考虞帝受終文祖在璇璣玉衡以齊七政遂類于上帝禋于六宗望秩于山川徧于羣神巡狩五嶽羣后四朝敷奏以言明試以功予之受命即真到于建國五年已五載矣陽九之阸既度百六之會已過歲在壽星填在明堂倉龍癸酉德在中宮倉龍太歲也太歲起於甲寅為龍東方倉對故為蒼在中宮也壽星角亢也東宮倉龍房心也心為明堂填星所在其國昌莽自謂土也土行主填星德在中宮宮又土也觀晉掌歲龜策告從觀辰星進退掌主也國語晉文公以卯出自酉入過五鹿得土歲在壽星其日戊申莽欲法之為吉祥正以二月建寅之節東巡狩考取萬物生之始也謂晉議太歲所在宿度所合土德宜吉故依之其以此年二月建寅之節東巡狩具禮儀調度羣公奏請募吏民人馬布帛縣又請內郡國十二買馬發帛四十五萬匹輸常安前後毋相須須待也至者過半莽下書曰文母太后體不安其且止待



後是歲改十一公號以新為心後又改心為信五年二月文母皇太后崩葬渭陵與元帝合而溝絕之葬於司馬門內作溝也立廟於長安新室世世獻祭元帝配食坐於牀下莽為太后服喪三年大司馬孔永乞骸骨以同風侯逯並為大司馬是時長安民聞莽欲都雒陽不肯繕治室宅繕補也或頗徹之莽曰玄龍石文曰定帝德國雒陽符命著明敢不欽奉以始建國八年歲纏星紀纏踐也星紀也斗牛之間在雒陽之都其謹繕脩常安之都勿令壞敗敢有犯者輒以名聞請其罪

册府元龜卷九百十一

冊府元龜卷第九百一十二

總録部一百六十二

偽政第三

王莽天鳳元年正月赦天下莽曰予以二月建寅之節行巡狩之禮太官齎糒乾肉者行張坐卧糒乾飯也張坐卧帷帳也所過毋得有所給給謂飲食及帷帳以行在路所過不須供賞也予之東巡必躬載耒每縣則耕以勸東作耒耕曲木也予之南巡必躬載耨每縣則薅以勸南偽耨鉏也薅去草也偽化也予之西巡必躬載銍每縣則穫以勸西成予之北巡必躬載拂每縣則粟以勸蓋藏拂所以擊治禾者也今謂之連枷粟謂治粟也畢北巡狩之禮即于土中居雒陽之都焉敢有趨讙犯法輒以軍法從事趨走也讙嘩也羣公奏言皇帝至孝往年文母聖體不豫躬親供養衣冠稀解因遭棄群臣悲哀顔色未復飲食損少今一歲四巡道路萬里春秋尊非糒乾肉之所能堪且無巡狩須闋大服以安聖體臣等盡力養牧兆民奉稱明詔莽曰群牧群司諸侯庶尹願力相帥養牧兆民欲以稱予𢿛此勿聽其易之哉毋食言焉更以天鳳七年歲在大梁倉龍庚辰行巡狩之禮厥明年歲在實沈倉龍辛巳即土之中雒陽之都廼遣太傅平晏大司空王邑之雒陽營相宅兆圖起宗廟社稷郊兆云三月壬申晦日有食之大赦天下策大司馬逯並曰日食無光干戈不戢其上大司馬印韍就侯氏朝位太傅平晏勿領尚書事省侍中諸曹兼官者以利苗男訢為大司馬利苗邑名莽即真尤備大臣抑奪下權朝臣有言其過失者輒拔擢孔仁趙博費興等以敢擊大臣故見信任擇名官而居之公卿入宮吏有常數太傅平晏從吏過例掖門僕射苛問不遜僕射苛問平晏從吏不遜戊曹士收繫僕射莽自以土行故使太傅置戊曹士掾也莽大怒使執法發車騎數百圍太傅府捕士即時死大司空士夜過奉常亭亭長苛之告以官名亭長醉曰寧有符傳邪士以馬箠擊亭長箠策也亭長斬士亡郡縣逐之家上書亭長家上書自訟莽曰亭長奉公勿逐大司空邑斥士以謝國將哀章頗不清莽為選置和叔特為置此官敕曰非但保國將閨門當保親屬在西州者諸公皆輕賤而章尤甚莽以周官王制之文置卒正連率大尹職如太守屬令屬長職如都尉置州牧部監二十五人見禮如三公監位上大夫各主五郡公氏作牧侯氏卒正伯氏連率子氏屬令男氏屬長皆世其官其無爵者為尹分長安城旁六鄉置帥各一人分三輔為六尉郡三輔黃圖云渭城安陵以西北至枸邑義渠十縣屬京尉大夫府居故長安寺高陵以北十縣屬師尉大夫府居故廷尉府新豐以東至湖十縣屬翊尉大夫府居城東霸陵杜陵以東至藍田西至武功郁夷十縣屬光尉大夫府居城南茂陵槐里以西至汧十縣屬扶尉大夫府居城西長陵池陽以北至雲陽祋祤十縣屬列尉大夫府居城北河東河內弘農河南潁川南陽為六隊郡置大夫職如太守屬正職如都尉更名河南大尹曰保忠信卿益河南屬縣滿三十置六郊州長各一人人主五縣及它官名悉改大郡至分為五郡縣以亭為名者三百六十以應符命文也緣邊又置竟尉以男為之諸侯國閒田為黜陟增減莽下書曰常安西都曰六鄉衆縣曰六尉義陽東都曰六州衆縣曰六隊粟米之內曰內郡禹貢去王城四百里納粟五百里納米皆在甸服之內其外曰近郡有鄣徼者曰邊郡合百二十有五郡九州之內縣二千二百有三公作甸侯是為惟城諸在侯服是為惟寧在采任諸侯是為惟翰采任男服也在賓服是為惟屏諸侯賓服即古衛服也以為名也在揆文教奮武衛是為惟垣在九州之外是為惟藩以下取此詩大雅板之篇云价人惟藩大師惟垣大邦惟屏大宗惟翰懷德惟寧宗子惟城以為名號也各以其方為稱總為萬國焉其後歲復變更一郡至五易名而還復其故吏民不能紀每下詔書輒繫其故名曰制詔陳留大尹太尉其以益歲以南付新平陳留圉縣莽改曰益歲新平故淮陽以雍丘以東付陳定陳定故梁郡以封丘以東付治亭治亭故東郡以陳留以西付祈隧祈隧故滎陽陳留已無復有郡矣大尹太尉皆詣行在所其號令變易皆此類也令天下小學戊子代甲子為六旬首冠以戊子為元日元善也昏以戊寅之旬為忌日昏謂娶婦也百姓多不從者寧始將軍侯輔免以講易祭酒戴參為寧始將軍

二年二月置酒王路堂公卿大夫皆佐酒(佐助行酒也)大赦天下大司馬苗訢左遷司命以延德侯陳茂為大司馬莽意以為制定則天下自平故鋭思於地理制禮作樂講合六經之說公卿旦入暮出論議連年不決不暇省獄訟冤結民之急務縣宰缺者數年守兼(不拜正官權令人守兼)一切貪殘日甚中郎將繡衣執法在郡國者並乘權勢傳相舉奏又十一公士分布勸農桑班時令按諸章冠蓋相望交錯道路召會吏民逮捕證左郡縣賦斂遞相賕賂白黑紛然(白黑謂清濁也紛然言清濁不分也)守闕告訴者多莽自見前顓權以得漢政故務自攬衆事有司受成苟免(莽事事自攬成就乃以付吏苟免罪責已)諸寶物名帑藏錢穀官皆宦者領之吏民上封事書宦官左右開發尚書不得知其畏備臣下如此又好變改制度政令煩多當奉行者輒質問乃以從事(質正也)前後相乘憒眊不渫(憒亂也眊不明也渫散也)莽常御燈火至明猶不能勝尚書因是為姦寢事上書待報者連年不得去拘繫郡縣者逢赦而后出衛卒不



交代三歲矣穀常貴邊兵二十餘萬人仰衣食縣官愁苦五原代郡尤被其毒起為盜賊數千人為輩轉入旁郡莽遣捕盜將軍孔仁將兵與郡縣合擊歲餘迺定邊郡亦略將盡(言其迸結為盜賊者也)邯鄲以北大雨霧水出深者數丈流殺數千人立國將軍孫建死司命趙閎為立國將軍寧始將軍戴參歸故官南城將軍廉丹為寧始將軍三年五月莽下吏祿制度曰予遭陽九之厄百六之會國用不足民人騷動自公卿以下一月之祿十緵布二匹(緵八十縷也)或帛一匹予每念之未嘗不戚焉今阨會已度府帑雖未能充略頗稍給其以六月朔庚寅始賦吏祿皆如制度四輔公卿大夫士下至輿僚凡十五等祿一歲六十六斛稍以差增上至四輔而為萬斛云莽又曰普天之下莫非王土率土之賓莫非王臣蓋以天下養焉周禮膳羞百有二十品今諸侯各食其同國則(謂公侯伯子男也)辟任附城食其邑(謂公主也)公卿大夫元士食其菜(謂公卿采地也)多少之差咸有條品歲豐穰則充其禮有災害則有所損與百姓同憂喜也其用上計時通計天下幸無災害者太官膳羞備其品矣即有災害以什率多少而損膳焉東嶽太師立國將軍保東方三州一部二十五郡南嶽太傅前將軍保南方二州一部二十五郡西嶽國師寧始將軍保西方一州二部二十五郡北嶽國將衛將軍保北方二州一部二十五郡大司馬保納卿言卿仕卿作卿京尉扶尉兆隊右隊中部左洎前七部(大司馬保此官皆如郡守也左洎前故特言七部洎及也)大司徒保樂卿典卿宗卿秩卿羞卿光尉左隊前隊中部右部有五郡大司空保予卿虞卿共卿工卿師尉列尉前隊後隊中部洎後十郡及六司六卿皆隨所屬之公保其災害亦以十率多少而損其祿郎從官中都官吏食祿都內之委者以太官膳羞備損而為節(言其多少)諸侯辟任附城羣吏亦各保其災害幾上下同心勸進農業安元元焉莽之制度煩碎如此課計不可理吏終不得祿各因官職為姦受取賕賂以自供給七月辛酉霸城門災民間



所謂青門也(長安城東出南頭第一門也門俗以其色青名曰青門)戊子晦日有食之大赦天下復令公卿大夫諸侯二千石舉四行各一人(依漢光祿之四科)大司馬陳茂以日食免武建伯嚴尤為大司馬(莽之伯男号也)十月平蠻將軍馮茂擊句町士卒疾疫死者什六七賦斂民財什取五益州虛耗而不克徵還下獄死更遣寧始將軍廉丹與庸部牧史熊擊句町頗斬首有勝莽徵丹熊丹熊願益調度必克乃還復大賦斂就都大尹馮英不肯給上言自越巂遂久仇牛同亭邪豆之屬反畔以來積且十年(遂久縣名也仇牛同亭邪豆蠻夷)郡縣距擊不已續用馮茂苟施一切之政僰道以南山險高深茂多敺衆遠居費以億計吏士離毒氣死者什七(離遭也)今丹熊懼於自詭期會(詭責也自以為憂責也)調發諸郡兵穀復訾民取其十四(發人貲財十取其四也)空破梁州功終不遂(遂成也)宜罷兵屯田明設購賞莽怒免英官後頗覺寤曰英亦未可厚非復以英為長沙連率四年五月莽曰保成師友祭酒唐林故諫議祭酒琅邪紀逡孝弟忠恕敬上愛下博

通著聞德行醇備至於黄髮靡有愆失（黄髮老稱謂白髮）其土林爲遠德侯遂爲封德侯位皆特進見禮如三公（朝見之禮）賜弟一區錢三百萬授几杖焉六月更授諸侯茅土於明堂曰予制作地理建封五等考之經執合之傳記通之於義理論之思之至於再三自始建國之元以來九年于兹迺今定矣予親設文石之平陳菁茅四色之土（尚書禹貢苞匭菁茅儒者以爲菁菜名也茅三脊茅也而莽此言以菁茅爲一物）[illegible]欽告于岱宗泰社后土先祖先妣以班授之各就厥國養牧民人用成功業其在緣邊若江南非詔所召遣侍于帝城者納言掌貸大夫且調都内故錢予其禄（調謂發取人）公歲八十萬侯伯四十万子男二十萬然後不能盡得莽好空言慕古法多封爵人性實遴嗇託以地理未定故且先賦茅土用慰喜封者是歲復明六筦之令每一筦下爲設科條禁犯者罪至死吏民抵罪者寖衆一切調上公以下諸有奴婢者率一口出錢三千六百天下愈愁盜賊起納言馮常以六筦諫莽大怒免常官置執法左右刺姦選用能吏侯霸等分督六尉六隊如漢刺史與三公士郡一人從事八月莽親之南郊鑄作威斗威斗者以五石銅爲之（以五色藥石及銅爲之若今作鍮石也）若北斗長二尺五寸欲以厭勝衆兵既成令司命負之莽出在前入在御旁鑄斗日大寒百官人馬有凍死者天下吏以不得俸禄並爲姦利郡尹縣宰家累千金莽下詔曰詳考始建國二年胡虜猾夏以來諸軍吏及緣邊吏大夫以上爲姦利增産致富者收其家所有財産五分之四以助邊急公府士馳傳天下考覆貪饕開吏告其將奴婢告其主幾以禁姦姦愈甚以直道侯王涉爲衛將軍（涉曲陽侯根之子帝時爲大司馬薦莽自代莽思其德以曲陽非令稱乃追謚根曰直道讓公涉嗣其爵）赤眉力子都樊崇等以饑饉相聚起於琅琊轉鈔掠衆皆萬數遣使者發郡國兵擊之不能克六年春莽見盜賊多乃令太史推三萬六千歲曆紀六歲一改元布天下下書曰紫閣圖曰太一黄帝皆僊上天張樂崑崙虔山之上後世聖主得瑞者當張樂

府九百十二　五

秦終南山之上（長安南山詩所謂終南故言秦也）之不敏奉行未明乃今諭矣復以寧始將軍爲更始將軍以順符命易不云乎日新之謂盛德生生之謂易（易道生生諸當生者也下繫之辭體化合變故曰日新）予其饗哉欲以誑燿百姓銷解盜賊衆皆笑之初獻新樂於明堂太廟群臣始冠麟韋之弁（麟韋鹿皮也）是時關東饑旱數年力子都等黨衆寖多更始將軍廉丹擊益州不能克徵還更遣復位後大司馬護軍郭興庸部牧李曄擊蠻夷若豆等太傅犧叔士孫喜清潔江湖之盜賊而匈奴寇邊甚莽乃大募天下丁男及死罪囚吏民奴名曰豬突豨勇以爲鋭卒令公卿以下至郡縣黄綬皆保養軍馬（保養言不許其有死失）多少各以秩爲差又博募有奇技術可以攻匈奴者將待以不次之位徵天下能爲兵法者六十三家數百人並以爲軍吏選練武衛招募猛士旌旗輜重千里不絶（周禮析羽爲旌熊虎爲旗輜車名謂軍糧什物雜重）時有長人巨無霸（王莽連率韓博上言有奇士長一丈大十圍自謂巨毋霸出於蓬萊東南五城西北昭如海濱軺車不能載三馬不能勝臥則枕鼓以鐵箸食）長一丈大十圍以爲壘尉（壘尉軍壘之尉主壘之事）又驅諸猛獸（猛獸作獸猛）虎豹犀象之屬以助威武自秦漢出師之盛未嘗有也匈奴右骨都侯須卜當其妻王昭君女也嘗内附莽遣昭君兄子和親侯王歙誘呼當至塞下脅將詣長安強立以爲須卜善于後安公（善于者匈奴須卜當也安公之爵稱之）欲出大兵以輔立之兵調度亦不合而匈奴愈怒並入北邊北邊由是壞敗會當病死莽以其庶女陸逯任妻後安公奢（[illegible]）所以尊寵之甚厚終爲欲出兵立之者（言爲此計意不止）始欲誘迎當大司馬嚴尤諫曰當在匈奴右部兵不侵邊單于動靜輒語中國此方面之大助也于今在長安槀街一胡人耳（槀街蠻夷邸所在也）不如在匈奴有益莽不聽既得當欲遣尤與廉丹擊匈奴皆賜姓徵氏號二徵將軍當誅單于輿而立當代之（輿者時單于之名）出車城西橫廄未發尤素有智略非莽攻伐四夷數諫不從著古名將樂毅白起不用之意及言邊事凡三篇奏以風諫莽及當出廷議尤固言匈奴

府九百十二　六

可且以爲後先憂山東盜賊莽大怒乃策尤曰視事四年蠻夷猾夏不能遏絕寇賊姦宄不能殄滅不畏天威不用詔命皃很自臧持必不移(很言其很戾見於容貌也臧善也自以爲善而固持其議必不可移也)懷執異心非沮軍議(沮壞也)未忍致于理其上大司馬武建伯印韍(韍者印之組)歸故郡以降符伯董忠爲大司馬翼平連率田況奏郡縣訾民不實(不實謂以資財不以實也)莽復三十稅一以況忠言憂國進爵爲伯賜錢二百萬衆庶皆詈之青徐民多棄鄉里流亡老弱死道路壯者入賊中地皇元年(從三万六千歲曆號也)正月乙未大赦天下下書曰方出軍行師敢有趨讙犯法者輒論斬毋須時(趨讙謂趨走讙譁也須待也)盡歲止於是春夏斬人都市百姓震懼道路以目莽見四方盜賊多復欲厭之又下書曰予之皇初祖考黃帝定天下將兵爲上將軍建華蓋立斗獻(謂斗魁及杓末如勺之形也)內設大將軍外置大司馬五人大將軍二十五人偏將軍百二十五人裨將軍千二百五十人校尉萬二千五百人司馬三萬七千五百人候十一萬二



千五百人當百二十五萬五千人(當亦百官名百非其數)士吏四十五萬人士千三百五十萬人應協於易弧矢之利以威天下予受符命之文稽前人將條備焉(稽考也考法前人也)於是置前後左右中大司馬之位賜諸州牧號爲大將軍郡卒正連帥大尹爲偏將軍屬令長裨將軍縣宰爲校尉乘傳使者經歷郡國日且十輩倉無見穀以給傳車馬不能足賦取道中車馬(賦於道中行者車馬取之以充給也)取辦於民七月大風毀王路堂復下書曰乃壬午餔時有烈風雷雨發屋折木之變(烈風烈猛之風)予甚弁焉予甚栗焉予甚恐焉(弁疾也一曰弁讀曰拚拊手也言驚懼也)伏念一旬迷迺解矣(先言烈風雷雨發屋言迷迺解矣蓋順舜納于大麓烈風雷雨不迷以爲言也)昔符命文立安爲新遷王(安莽第三子也莽改新蔡曰新遷)臨國雒陽爲統義陽王是時予在攝假謙不敢當而以爲公其後金匱文至議者皆曰臨國雒陽爲統謂據土中爲新室統也宜爲皇太子自此後臨久病雖瘳不平朝見挈茵輿行(茵蓐也以疾故輿之而行也)(挈謂坐茵之上而令四人對舉茵之四角輿而行也)見王路堂者張於西廂及後閣更衣中

(後閣更衣中室皆殿後室名也)又以皇后被疾臨且去本就舍妃妾在東永巷(言臨侍疾故去其本所居而來此上息是以就處在東永巷也)壬午烈風毀王路西廂及後閣更衣中室昭寧堂池東南榆樹大十圍東僵擊東閣閣即東永巷之西垣也皆破折瓦壞發屋拔木予甚驚焉又候官奏月犯心前星厥有占予甚憂之伏念紫閣圖文太一黃帝皆得瑞以僊後世襃主登終南山(襃上大主也)所謂新遷王者乃太一新遷之後也(太一黃帝皆仙人也安遷之後其繼嗣也)統義陽王乃用五統以禮義登陽上遷之後也臨有兄而稱太子名不正宣尼公曰名不正則言不順至於刑罰不中民無所錯手足(錯安置也)惟即位以來陰陽未和風雨不時數遇枯旱蝗螟爲災穀稼鮮耗百姓苦飢(鮮少也耗虛也)蠻夷猾夏寇賊姦宄人民正營無所錯手足(正營惶恐之意)深惟厥咎在名不正焉其立安爲新遷王臨爲統義陽王幾以保全二子子孫千億外攘四夷內安中國焉莽又見四方盜賊多欲視爲自安能建萬世之基者乃下書曰予受命遭陽九之阨百六



之會府帑空虛百姓匱乏宗廟未修且祫祭於明堂太廟夙夜永念非敢寧息深惟吉昌莫良於今年予乃卜波水之北郎池之南惟玉食(黃圖有西波池郎池皆在石城南上林中玉食謂龜兆之文而墨食也)予又卜金水之南明堂之西亦惟玉食予將親築焉於是遂營長安城南(謂金水之南明堂之西)提封百頃九月甲申莽立載行視(立載謂立乘車也)親舉築三下司徒王尋大司空王邑持節及侍中常侍執法杜林等數十人將作(將作[illegible])發張邯說莽曰德盛者文縟(縟文禮繁也)宜崇其制度宣視海內且令萬世之後無以復加也莽乃博徵天下工匠諸圖畫以望法度筭及吏民以義入錢穀助作者駱驛道路(駱驛言不絕也)壞徹城西苑中建章承光包陽大臺儲元宮及平樂當路陽祿館凡十餘所(自建章以下至陽祿皆上林苑中館)取其材瓦以起九廟是月大雨六十餘日令民入米六百斛爲郎其郎吏增秩賜爵附城九廟一曰黃帝太初祖廟二曰帝虞始祖昭廟三曰陳胡王統祖穆廟四曰齊敬王世祖昭廟五曰濟北愍王王祖穆廟

凡五廟不墮云六曰濟南伯王尊禰昭廟七曰元城孺王尊禰穆廟八曰陽平頃王戚禰昭廟九曰新都顯王戚禰穆廟殿皆重屋太初祖廟東西南北各四十丈高十七丈餘廟半之為銅薄櫨（薄櫨柱上柎也即今所謂㭼也）飾以金銀琱文窮極百工之巧帶高增下（本因高地而建立之其勢下者更增築之）功費數百鉅萬卒徒死者萬數鉅鹿男子馬適求等謀舉燕趙兵（馬適姓也求名也）大司空士王丹發覺以聞莽遣三公大夫逮治黨與（逮謂追捕之也）連及郡國豪傑數千人皆誅死丹為輔國侯自莽為不順時令百姓怨恨莽猶安之又下書曰惟設此一切之法以來常安六鄉巨邑之都枹鼓稀鳴盜賊衰少（巨大也枹所以擊鼓者也）百姓安土歲以有年此乃立權之力也今胡虜未滅誅蠻僰未絕焚江湖海澤麻沸盜賊未盡破殄（麻沸言如亂麻而沸湧）又興奉宗廟社稷之大作民眾動搖今復壹切行此令盡二年止之以全元元救愚姦大傅平晏死以予虞唐尊為大傅是時南郡張霸江夏羊牧王匡等起雲杜綠林號曰下江兵（[illegible]）眾皆萬餘人武功中水鄉民三舍墊為池（墊陷也）二年正月以州牧位三公刺舉怠解更置牧監副秩元士冠法冠行事如漢刺史是月莽妻死諡曰孝睦皇后葬渭陵長壽園西令永侍文母名陵曰億年新遷王安病死初莽為侯就國時幸侍者增秩懷能開明懷能生男興增秩生男匡女曄開明生女捷皆留新都國以其不明故也（[illegible]）及安疾甚莽自病無子為安作奏使上言興等母雖微賤屬猶皇子不可以棄章視群公（[illegible]）皆曰安友于兄弟宜及春夏加封爵於是以王車遣使者迎興等封興為功脩公匡為功建公曄為睦脩任捷為睦逮任孫公明公壽病死旬月四喪焉莽壞漢孝武孝昭廟分葬子孫其中魏成大尹李焉與卜者王況謀況謂焉曰新室即位以來民田奴婢不得賣買數改錢貨徵發煩數軍旅騷動四夷並侵百姓怨恨盜賊並起漢家當復興君姓李李音徵徵火也當為漢輔因為焉作讖書言文帝發



忿居地下趣軍北告匈奴南告越人江中劉信執敵報怨復續古先四年當發軍江湖有盜自稱樊王姓為劉氏萬人成行不受赦令欲動秦雒陽十一年當相攻太白揚光歲星入東井其號當行（號謂諸號令也）又言莽大臣吉凶各有日期會合十餘萬言焉令吏寫其書吏亡告之莽遣使者即捕焉獄治皆死三輔盜賊麻起（言起者亂如麻也）乃置捕盜都尉官令執法謁者追擊長安中建鳴鼓攻賊幡而使者隨其後遣太師犧仲景尚更始將軍護軍王黨將兵擊青徐國師和仲曹放助郭興擊句町轉天下穀幣詣西河五原朔方漁陽每一郡以百萬數欲以擊匈奴秋隕霜殺菽關東大饑蝗民犯鑄錢伍人相坐沒入為官奴婢其男子檻車兒女子步以鐵鎖琅當其頸傳詣鍾官以十萬數（[illegible]）（鍾官主鑄錢之官也）到者易其夫婦（[illegible]）愁苦死者什六七孫喜景尚曹放等擊賊不能克軍師放縱百姓重困莽以王況讖言荊楚當興李氏為輔欲厭之乃拜侍中掌牧大夫李棽為大將軍揚州牧賜名聖（改其名以聖代之）使將兵奮擊上谷儲夏自請願說瓜田儀（瓜田姓儀名也）莽以為中郎使出（說之令降）儀文降未出而死（言上文書請降而身未出也）莽求其尸葬之為起冢祠室謚曰瓜寧殤男幾以招來其餘然無肯降者閏月丙辰大赦天下天下大服民私服在詔書前亦釋除初四方皆以饑寒窮愁起為盜賊稍稍群聚常思歲熟得歸鄉里眾雖萬數亶稱巨人從事三老祭酒（言不為大號）不敢略有城邑轉掠求食日闋而已（言纔得日食而已也）諸長吏牧守皆自亂鬬中兵而死（中傷也）賊非敢欲殺之也而莽終不諭其故（諭曉也不曉其意也）是歲大司馬士按章豫州（[illegible]）為賊所獲賊送付縣士還上書具言狀莽大怒下獄以為誣罔因下書責七公曰夫吏者理也宣德明恩以牧養民仁之道也抑強督姦捕誅盜賊義之節也今則不然盜發不輒得至成群黨遮略乘傳宰士士得脫者又妄自言我責數賊何故為是賊曰以貧窮故耳賊護出我今俗人議者率多若此惟貧困饑寒犯法為非

大者群盜小者偷穴不過二科穴謂穿窬也今乃結謀連黨以千
百數是逆亂之大者豈飢寒之謂邪七公其嚴敕卿大夫卒正
連率庶尹謹牧養善民急捕殄盜賊有不同心并力疾惡黜賊
而妄曰飢寒所為輒捕繫請其罪於是群下愈恐莫敢言賊情
者亦不得擅發兵賊由是遂不制唯翼平連率田況素果敢發
民年十八以上四万余人授以庫兵與刻石為約赤糜聞之不
敢入界糜眉也以朱塗眉故曰赤眉字或通用況自劾奏莽讓況讓責未賜虎符
而擅發兵此弄兵也厥辠乏興擅發之罪與乏軍興同也以況自詭必禽
滅賊故且勿治詭責也自以為憂責後況自請出界擊賊所嚮皆破莽以
璽書令況領青徐二州牧事況上言盜賊始發其原甚微非部
吏伍人所能禽也咎在長吏不為意縣欺其郡郡欺朝廷實百
言十實千言百朝廷忽略不輒督責遂至延曼連州乃遣將率
多發使者傳相監趣郡縣力事上官應塞詰對力勤也塞當也共酒食
具資用以救斷斬交懼斬死之刑也不給復憂盜賊治官事給足也將率



又不能禁率吏士戰則為賊所破吏氣寖傷徒費百姓寖漸也前
幸蒙赦令賊欲解散或反遮擊恐入山谷轉相告語故郡縣降
賊皆更驚駭恐見詐滅因饑饉易動旬日之間更十餘万人此
盜賊所以多之故也今雒陽以東米石二千竊見詔書欲遣太
師更始將軍二人爪牙重臣多從人衆道上空竭少則亡以威
視遠方宜急選牧尹以下明其賞罰收合離鄉小國無城郭者
徙其老弱置大城中積藏穀食并力固守賊來攻城則不能下
所過無食勢不得群聚如此招之必降擊之則滅今空復多出
將率郡縣苦之反甚於賊宜盡徵還乘傳諸使者以休息郡縣
委任臣況以二州盜賊必平定之莽畏惡況陰為發代遣使者
賜況璽書使者至見況因令代監其兵況隨使者西到拜為師
尉大夫況去齊地遂敗

冊府元龜卷第九百一十三

總録部一百六十三

僞政第四

王莽地皇三年正月九廟蓋構成納神主莽謁見大駕乘六馬以五采毛爲龍文衣著角長三尺（以韍上也）華蓋車元戎十乘在前因賜治廟者司徒大司空錢各千萬侍中中常侍以下皆封封都匠仇延爲邯淡里附城（都匠大匠也邯淡爵盛之意）二月霸橋災數千人以水沃救不滅莽惡之下書曰夫三皇象春五帝象夏三王象秋五伯象冬皇王德運也伯者繼空續乏以成歷數故其道駁惟常安御道多以所近爲名乃二月癸巳之夜甲午之辰火燒霸橋從東方西行至甲午夕橋盡火滅大司空行視考問或云寒民舍居橋下（舍止也）疑以火自燎明爲此災也其明旦即乙未立春之日也予以神明聖祖黃虞遺統受命至于地皇四年爲十五年正以三年終冬絕滅霸駁之橋欲以興成新室統壹長存之道也又戒此橋空東方之道今東方歲荒民饑道路不通東岳太師亟科條（亟急也）開東方諸倉賑貸窮乏以施仁道其更名霸館爲長存館霸橋爲長存橋是月赤眉殺太師犧仲景尚關東人相食莽下書曰惟陽九之阸與害氣會究于去年枯旱霜蝗饑饉薦臻（薦仍也）百姓困乏流離道路於春尤甚予甚悼之今使東岳太師特進褒新侯開東方諸倉賑貸窮乏太師公所不過道分遣大夫謁者並開諸倉以全元元太師公因與廉丹大使五威司命位右大司馬更始將軍平均侯之兗州填撫所掌（掌主也）及青徐故不軌盜賊未盡解散後復屯聚者皆清潔之期於安兆黎矣（黎衆也）太師更始合將銳士十餘萬人所過放縱東方爲之語曰寧逢赤眉不逢太師太師尚可更始殺我卒如田況之言（田況若等曰田況言見第三卷）莽又多遣大夫謁者分教民煮草木爲酪酪不可食重爲煩費莽下書曰惟民困乏雖溥開諸倉以賑贍之猶恐未足其且開天下山澤之防諸能



采取山澤之物而順月令者其恣聽之勿令出稅至地皇三十年如故是王光上戊之六年也（戊作上也莽所名）如令豪吏猾民辜而攉之小民弗蒙非予意也（辜攉謂獨專其利而令它人犯者得罪辜也）易不云乎損上益下民說無疆（言損上以益下則人皆歡悅無窮竟也）書云言之不從是謂不艾（艾治也）咨虖群公可不憂哉（咨嗟歎之辭）是時下江兵盛新市朱鮪平林陳牧等皆復聚衆攻擊鄉聚莽遣司命大將軍孔仁部豫州納言大將軍嚴尤秩宗大將軍陳茂擊荊州各從吏士百餘人乘船從渭入河至華陰迺出乘傳到部募士尤謂茂曰遣將不與兵符必先請而後動是猶紲韓盧而責之獲也是夏蝗從東方來蜚蔽天至長安入未央宮緣殿閣莽發吏民設購賞捕擊莽以天下穀貴欲厭之爲大倉置衛交戟名曰政始掖門流民入關者數十萬人迺置養贍官稟之（稟給也）使者監領與小吏共盜其稟饑死者十七八先是莽使中黃門王業領長安市買賤取於民民甚患之業以省費爲功賜爵附城莽聞城中饑饉以問業業曰皆流民也乃市所賣粱飯肉羹持入視莽曰居民食咸如此莽信之冬無鹽索盧恢等舉兵反城（索盧姓也恢其名也）（[illegible]）廉丹王匡攻拔之斬首萬餘級莽遣中郎將奉璽書勞之進爵爲公封吏士有功者十餘人赤眉別校董憲等衆數萬人在梁郡王匡擊之爲寇所敗廉丹死之國將哀章謂莽曰皇祖考黃帝之時中黃直爲將破殺蚩尤今臣居中黃直之位願平山東莽遣章馳東與太師匡并力又遣大將軍陽浚守敖倉司徒王尋將十餘萬屯洛陽填南宮大司馬董忠養士習射中軍北壘大司空王邑兼三公之職時四方盜賊往往數萬人攻城邑殺二千石以下太師王匡等戰數不利莽知天下潰畔事窮計迫迺議遣風俗大夫司國憲等分行天下除井田奴婢山澤六筦之禁即位以來詔令不便於民者皆收還之待見未發會世祖與兄齊武王伯升宛人李通等（世祖光武）帥舂陵子弟數千人招致新市平林朱鮪陳牧等合攻拔棘陽是時嚴尤陳茂破

下江兵成丹王常等數千人別走入南陽界十一月有星孛于張宿東南行五日不見莽數召問太史令宗宣諸術數家皆繆對言天文安善群賊且滅莽差以自安四年正月漢兵得下江王常等以為助兵擊前隊大夫甄阜屬正梁丘賜皆斬之殺其衆數萬人初京師聞青徐賊衆數十萬人訖无文號旌旗表識（識謂文章號令也）咸怪異之好事者竊言此豈如古三皇无文書號謚邪（說其事成云然也）莽亦心怪以問群臣群臣莫對唯嚴尤曰此不足怪也自黃帝湯武行師必待部曲旌旗號令今此无有者直饑寒群盜犬羊相聚不知為之爾莽大說群臣盡服及劉伯升起皆稱將軍攻城略地既殺甄阜移書稱說莽聞之憂懼漢兵乘勝遂圍宛城初世祖族兄聖公先在平林兵中三月辛巳朔平林新市下江兵將王常朱鮪等共立聖公為帝改年為更始元年拜置百官莽聞之愈恐欲外視自安迺染其須髮進所徵天下淑女杜陵史氏女為皇后聘黃金三萬斤車馬奴婢雜帛珍



寶以巨萬計莽親迎於前殿兩階間成同牢之禮于上西堂備和嬪美御和人三位視公嬪人九視卿美人二十七視大夫御人八十一視元士凡百二十人皆佩印韍執弓韣（韣弓衣也月令仲春之月玄鳥至之日以太牢祠于高禖天子親往后妃率九嬪御乃禮天子所御帶以弓韣授以弓矢于高禖之前高禖求子之祥也故莽放之焉）封皇后父諶為和平侯拜為寧始將軍諶子二人皆侍中是日大風發屋折木群臣上壽曰迺庚子雨水灑道辛丑清靜无塵其夕穀風迅疾從東北來（穀風即谷風也）辛丑巽之宮日也巽為風為順后誼明母道得溫和慈惠之化也易曰受茲介福于其王母（介大也王母謂祖母）禮曰承天之慶萬福无疆諸欲依廢漢火劉皆沃灌雪除殄滅无餘雜矣百穀豐茂庶草蕃殖（蕃多也殖生也）元元驩喜兆民賴福天下幸甚莽日與方士涿郡昭君等於後宮考驗方術縱淫樂焉大赦天下然猶曰故漢氏舂陵侯群子劉伯升與其族人婚姻黨與妄流言惑衆悖畔天命及手害更始將軍甄阜屬正梁丘賜及北狄胡虜逆輿洎南

南僰虜若豆孟遷不用此書（若豆孟遷僰虜之名也）（以上不在赦令之限也）有能捕得此人者皆封為上公食邑萬戶賜寶貨五千萬又詔太師王匡國將哀章司命孔仁兗州牧壽良卒正王閎揚州牧李聖亟進所部州郡兵凡三十萬衆迫措青徐盜賊納言將軍嚴尤秩宗將軍陳茂車騎將軍王巡左隊大夫王吳亟進所部州郡兵凡十萬衆迫措前隊醜虜明告以生活丹青之信（言若來降者生活之丹青之信言明著也）復迷惑不解散皆并力合擊殄滅之矣大司空隆新公宗室戚屬前以虎牙將軍東指則反虜破壞西擊則逆賊靡碎（靡碎也）此迺新室威寶之臣也如黠賊不解散將遣大司空將百萬之師征伐剿絕之矣（剿截也）遣七公幹士隗囂等七十二人分下赦令曉諭云囂等既出因逃亡矣四月世祖與王常等別攻潁川下昆陽郾定陵（三縣名也）莽聞之愈恐遣大司空王邑馳傳之雒陽與司徒王尋發衆郡兵百萬號曰虎牙五威兵平定山東得顓封爵政決於邑除用徵諸明兵法



者六十三家術者各持圖書受器械備軍吏傾府庫以遺邑多齎珍寶猛獸欲視饒富用怖山東邑至雒陽州郡各選精兵牧守自將定會者四十二萬人餘在道不絕車甲士馬之盛自古出師未嘗有也六月邑與司徒王尋發雒陽欲至宛道出潁川過昆陽昆陽時已降漢漢兵守之嚴尤陳茂與二公會二公縱兵圍昆陽嚴尤曰稱尊號者在宛下宜亟進（亟急也）彼破諸城自定矣邑曰百萬之師所過當滅今屠此城喋血而進前歌後舞顧不快邪遂圍城數十重城中請降不許嚴尤又曰歸師勿遏圍城為之闕（兵法之言闕一面也）可如兵法使得逸出以怖宛下邑又不聽會世祖悉發郾定陵兵數千人來救昆陽尋邑易之（易謂輕易也）自將萬餘人行陳（巡行陳也）敕諸營皆按部毋得動獨迎與漢兵戰不利大軍不敢擅相救漢兵乘勝殺尋昆陽中兵出並戰邑走軍亂大風蜚瓦雨如注水大衆奔潰號呼虎豹股栗（栗竦也）士卒奔走各還歸其郡邑獨與所將長安勇敢數千人還雒陽關

中闚之震恐盜賊並起又聞漢兵言莽鴆殺孝平帝莽迺會公卿以下於王路堂開所爲平帝請命金縢之策泣以視羣臣命明學男張邯稱說其德及符命事因曰易言伏戎于莽升其高陵三歲不興（興起也莽草也言伏兵於草莽之中升高陵而望不敢前進至于三歲不能起也）莽皇帝之名升謂劉伯升高陵謂高陵侯子翟義也言劉升翟義爲伏戎之兵於新皇帝世猶殄滅不興也羣臣皆稱萬歲又令東方檻車傳送數人言劉伯升等皆行大戮民知其詐也時殿中鉤盾土山僊人掌旁有白頭公青衣（僊人掌承露盤也）郎吏見者私謂之國師公衍功侯喜素善卦莽使筮之曰憂兵火莽曰小兒安得此左道是乃予之皇祖叔父子僑欲來迎我也莽軍師外破大臣內畔左右亡所信不能復遠念郡國欲謼邑與計議崔發曰邑素小心今失大衆而徵恐其執節引決宜有以大慰其意於是莽遣發馳傳諭邑（諭告之）我年老毋適子欲傳邑以天下敕亡得謝見勿復道邑到以爲大司馬大長秋張邯爲大司徒崔發爲大司空司中壽容苗訢爲國師同說侯林爲衛將軍莽憂懣不能食亶飲酒啗鰒魚（鰒海魚也）讀軍書倦因馮几寐不復就枕矣莽性好時日小數及事迫急亶爲厭勝遣使壞渭陵園門罘罳曰毋使民復思也又以墨洿色其周垣（洿[illegible]之[illegible]色也）號將至曰歲宿申水爲助將軍右庾刻木校尉前丙耀金都尉又曰執大斧伐枯木流大水滅發火如此屬不可勝記是秋太白星流入太微燭地如月光成紀隗崔兄弟共劫大尹李育（成紀隴西之縣）以兄子隗囂爲大將軍攻殺雍州牧陳慶安定卒正王旬并其衆移書郡縣數莽罪惡萬於桀紂是月析人鄧曄于匡起兵南鄉百餘人（析縣名先屬弘農南鄉析縣之鄉名）時析宰將兵數千屯鄡亭備武關曄匡謂宰曰劉帝已立君何不知命也宰請降盡得其衆曄自稱輔漢左將軍匡右將軍拔析丹水攻武關都尉朱萌降進攻右隊大夫宋綱殺之西拔湖（湖弘農之縣今屬京兆）莽愈憂不知所出崔發言周禮及春秋左氏國有大災則哭以厭之（周禮春官之屬女巫凡邦之大災歌哭而請）



（者所以告哀也春秋左氏傳宣十二年楚子圍鄭旬有七日鄭人卜行成不吉卜臨于太宮且巷出車吉國人大臨守陴者皆哭故發引之以爲言也）故易稱先號咷後笑宜呼嗟告天以求救莽自知敗迺率羣臣至南郊陳其符命本末仰天曰皇天既命授臣莽不殄滅衆賊即令臣莽非是願下雷霆誅臣莽因搏心大哭氣盡伏而叩頭又作告天策自陳功勞千餘言諸生小民會旦夕哭爲設飧粥甚悲哀及能誦策文者除以爲郎至五千餘人䡅惲將領之莽拜將軍九人皆以虎爲號號曰九虎將北軍精兵數萬人東内其妻子宮中以爲質時省中黃金萬斤者爲一匱尚有六十匱黃門鉤盾藏府中尚方處處各有數匱長樂御府中御府及都内平準帑藏錢帛珠玉財物甚衆（御府有令丞少府之屬官也掌珍寶中御府者皇后之府都内藏也平準令丞屬大司農掌珍貨所在也）莽愈愛之賜九虎士人四千錢衆重怨無鬭意九虎將兵至華陰回谿距隘北從河南至山于匡持數千弩乘堆挑戰鄧曄將二萬餘人從閿鄉南出棗街作姑（作姑邪道所由）破其一部北出九虎後擊之六虎敗走史熊王況詣闕歸死莽使使責死者安在皆自殺其四虎亡（六人敗走二人詣闕自殺四人亡）三虎郭欽陳翬成重收散卒保京師倉（九人之中六人敗走三人保倉也京師倉在華陰灌北也）鄧曄開武關迎漢丞相司直李松將二千餘人至湖與曄等共攻京師倉未下曄以弘農掾王憲爲校尉將數百人北度渭入左馮翊界降城略地李松遣偏將軍韓臣等徑西至新豐與莽波水將軍戰波水走韓臣等追奔遂至長門宮王憲北至頻陽所過迎降（所至之處皆來迎而降附也）大姓櫟陽申碭下邽王大皆率衆隨憲屬縣斄嚴春（屬縣三輔諸縣也斄古扶風其人姓嚴名春）茂陵董喜藍田王孟槐里汝臣盩厔王扶陽陵嚴本杜陵屠門少之屬（姓屠門名少）衆皆數千人假號稱漢將時李松鄧曄以爲京師小小倉尚未可下何況長安城當須更始帝大兵到即引軍至華陰治攻具而長安旁兵四會城下聞天水隗氏兵方到皆爭欲先入城貪立大功鹵掠之利莽遣使者分赦城中諸獄囚徒皆授兵殺豨飲其血與誓曰有不爲新室者社鬼記之更始將軍史諶將度渭橋

[illegible]兵發掘莽妻子父祖冢燒其棺椁及九廟明堂辟雍火照城中或謂莽曰城門卒東方人不可信莽更發越騎士為衛門置六百人各一校尉十月戊申朔兵從宣平城門入民間所謂都門也[illegible]東出北頭第一門也張邯行城門逢兵見殺行音下孟反王邑王林王巡𨹘惲等分將兵距擊北闕下漢兵貪莽封力戰者七百餘人會日暮官府邸第盡犇亡二日己酉城中少年朱弟張魚等恐見鹵掠趨讙並和[illegible]燒作室門斧敬法闥[illegible]讙曰反虜王莽何不出降火及掖廷承明黃皇室主所居也莽避火宣室前殿火輒隨之宮人婦女嗁呼曰當奈何時莽紺袀服[illegible]帶璽韍持虞帝匕首天文郎按栻於前[illegible]以占時日天文[illegible]日時加某莽旋席隨斗柄而坐曰天生德於予漢兵其如予何[illegible]莽時不食少氣困矣三日庚戌晨旦明羣臣扶掖莽自前殿南下椒除[illegible]西出白虎門和新公王揖奉車待門外莽就車之漸臺欲阻池水猶抱持符命威斗公卿大夫侍中黃門郎從官尚千餘人隨之王邑晝夜戰罷極士死傷略盡馳入宮間關至漸臺[illegible]見其子侍中睦解衣冠欲逃邑叱之令還父子共守莽軍人入殿中謼曰反虜王莽安在有美人出房曰在漸臺眾兵追之圍數百重臺上亦弓弩與相射稍稍落去矢盡無以復射短兵接王邑父子𨹘惲王巡戰死莽入室下餔時眾兵上臺王揖趙博苗訢唐尊王盛中常侍王參等皆死臺上商人杜吳殺莽取其綬校尉東海公賓就故大行治禮[illegible]見吳問綬主所在曰室中西北陬間[illegible]就識斬莽首軍人分裂莽身支節肌骨臠分爭相殺者數十人[illegible]公賓就持莽首詣王憲憲自稱漢大將軍城中兵數十萬皆屬焉舍東宮[illegible]妻莽後宮乘其車服六日癸丑李松鄧曄入長安將軍趙萌申屠建亦至以王憲得璽綬不輒上多挾宮女建天子鼓旗收斬



之傳莽首詣更始縣宛市百姓共提擊之[illegible]或切食其舌初莽居攝知民愁下詔諸食王田及私屬皆得賣買勿拘以法然刑罰深刻它政誖亂[illegible]邊兵二十餘萬人仰縣官衣食用度不足數橫賦斂民愈貧困常苦枯旱亡有平歲穀賈翔貴[illegible]翔言如鳥之翔[illegible]貴若暴貴也[illegible]末年盜賊羣起發軍擊之將吏放縱於外北邊及青徐地人相食雒陽以東米石二千莽遣三公將軍開東方諸倉振貸窮乏又分遣大夫謁者教民煮木為酪[illegible]酪不可食重為煩費[illegible]流民入關者數十萬人置養贍官以稟之吏盜其稟[illegible]饑死者什七八莽恥為政所致乃下詔曰予遭陽九之阸百六之會[illegible]枯旱霜蝗[illegible]饑饉薦臻蠻夷猾夏寇賊姦軌百姓流離予甚悼之害氣將究矣[illegible]歲為此言以至於亡

晉桓玄僭即帝位[illegible]下書曰三才相資天人所以成功理由一統貞夫所以司契帝王之興其源深矣自三五已降世代參差事所由或殊其歸一也朕皇考宣武王[illegible]聖德高邈誕啟洪基景命攸歸理貫自昔中間屯險弗克負荷仰瞻宏業殆若綴旒漸否終之運遇窮來之會用獲除難殲溺拯救人倫晉氏以多難薦臻曆數有歸既典章唐虞之準述漢魏之則用集天祿于朕躬惟德不敏辭不獲命稽若令典登壇燎于南郊受終文祖思覃斯慶與億兆更始於是大赦改元永始賜天下爵二級孝悌力田人三級鰥寡孤獨不能自存者穀人五斛其賞賜之制徒設空文無其實也及追尊其父溫宣武皇帝廟稱太祖南康公主為宣皇后封子昇為豫章郡王叔父雲孫放之為寧都縣王豁孫稚玉為臨沅縣王豁次子石康為右將軍武陵郡王祕子蔚為醴陵縣王贈叔父沖太傅宣城郡王加殊禮依晉安平王故事以孫胤襲爵為[illegible]吏部尚書沖次子謙為揚州刺史新安郡王謙弟脩為撫軍大將軍安成郡王兄歆臨賀縣王禕富陽縣王贈兄偉侍中大將

軍義興郡王以子濬散騎常侍為輔國將軍濬弟遵西昌縣王封王
謐為武昌公班劒二十人卞範之為臨汝公殷仲文為東興公
馮該為魚復侯又降始安郡公為縣公長沙為臨湘縣公廬陵
為巴丘縣公各千戶其康樂武昌望蔡建興永脩觀陽皆降封
百戶公侯之號如故又普進諸征鎮軍號各有差以相國左長
史王綏為中書令崇桓謙母庾為宣城太妃加殊禮給以輦乘
號溫墓曰永崇陵置守衛四十人又造金根車駕六馬是月玄
臨聽訟觀閱囚徒罪無輕重多被原放有干輿乞者時或恤之
其好行小惠如此自以水德壬辰臘于祖改尚書都官郎為賊曹
又增置五校三將及彊弩積射武衛官元興三年玄之永始二
年也尚書答春蒐字誤為春菟所關署皆被降黜玄大綱不理
而糾擿纖微皆此類也以其妻劉氏為皇后將修殿宇乃移入
東宮又開東掖平昌廣莫及宮殿諸門皆為三道更造大輦容
三十人坐以二百人舁之性好畋遊以體大不堪乘馬又作徘



徊輿施轉關令迴動無滯既不追尊祖曾疑其禮儀問於羣臣
散騎常侍徐廣據晉典宜追立七廟又敬其父則子悅位彌高
者情禮得申道愈廣者納敬必普也玄曰禮云三昭三穆與太
祖為七然則太祖必居廟之主也昭穆皆自下之稱則非逆數
可知也禮太祖東向左昭右穆如晉室之廟則宣帝在昭穆之
例不得在太祖之位昭穆既錯太祖無寄失之遠矣玄曾祖已
上名位不顯故不欲序列且以王莽九廟見譏於前史遂以一
廟矯之郊廟齋二日而已秘書監卞承之曰祭不及祖知楚德
之不長也又毁晉小廟以廣臺榭其庶母蒸嘗靡有定所忌日
見賓客遊宴唯至亡時一哭而已朞服之內不廢音樂玄出遊
水門飄風飛其儀蓋夜濤水入石頭大桁流壞殺人甚多大風
吹朱雀門樓上層墜地玄自篡盜之後驕奢荒侈遊獵無度以
夜繼晝兄偉葬日旦哭晚遊或一日之中屢出馳騁性又急暴
呼召嚴速直官咸繫馬省前禁內諠雜無復朝廷之體於是百

姓疲苦朝野勞瘁怨思亂者十室八九焉於是劉裕即宋高
劉毅何無忌等共謀興復裕等斬桓脩於京口斬桓弘于廣陵
何內太守辛扈興弘農太守王元德振威將軍童厚之竟陵太
守劉邁謀為內應至期裕遣周安穆報之而邁惶遽遂以告玄
玄振駭即殺扈興等安穆馳去得免封邁安重侯一宿又殺之
裕率義軍至竹里玄移還上宮百僚步從召侍官皆入止省中
赦揚豫徐兖青冀六州加桓謙征討都督假節以殷仲文代桓
脩遣頓丘太守吳甫之右衛將軍皇甫敷北距義軍裕等於江
乘與戰臨陣斬甫之進至羅落橋與敷戰復梟其首玄聞之大
懼乃召諸道術人推算數為厭勝之法乃問衆曰朕其敗乎曹
靖之對曰神怒人怨臣實懼焉玄曰人或可怨神何為怒對曰
移晉宗廟飄泊無所大楚之祭不及祖此其所以怒也玄曰卿
何不諫對曰輦上諸君子皆以為堯舜之世臣何敢言玄愈忿
懼使桓謙何澹之屯東陵卞範之屯覆舟山西衆合二萬以距



義軍裕至蔣山使羸弱貫油帔登山分張旗幟數道並前玄偵
候還云裕軍四塞不知多少玄益憂懼遣武衛將軍庾賾之配
以精卒副援諸軍于時東北風急義軍放火煙塵張天鼓譟之
音震駭京邑劉裕執鈹麾而進謙等諸軍一時奔潰玄率親信
數千人聲言赴戰遂將其子昇兄子濬出南掖門西至石頭使
殷仲文具船相與南奔初玄在姑孰將相星屢有變篡位之夕
月及太白又入羽林玄甚惡之及敗走腹心勸其戰玄不暇答
直以策指天而經日不得食左右進以麤飯咽不能下昇時年
數歲抱玄胸而撫之玄悲不自勝劉裕以武陵王遵攝萬機立
行臺總百官遣劉毅劉道規躡玄誅玄諸兄子及石康兄權振
兄洪等玄至尋陽江州刺史郭昶之給其器用兵力殷仲文自
後至望見玄舟旌旗輿服備帝者之儀歎息曰敗中復振故可
也玄於是逼乘輿西上桓歆聚黨向歷陽宣城內史諸葛長民
擊破之玄於道作起居注敘其距義軍之事自謂經略指授算

遺策諸將違節度以致虧喪非戰之罪於是不遑與群下謀議唯耽思誦述宣示遠近玄至江陵石康納之張幔屋于城南署置百官以卞範之為尚書僕射其餘職多用輕資於是大脩舟師曾未三旬衆且二萬樓船器械甚盛謂其群黨曰卿等並清塗翼從朕躬都下竊位者方應謝罪軍門其觀卿等入石頭無異雲霄中人也玄以奔敗之後懼法令不肅遂輕怒妄殺人多離怨殷仲文諫曰陛下少播英譽遠近所服遂掃平荆雍一匡京室聲被八荒矣既據有極位而遇此屯運非為威不足也百姓喁喁想望皇澤宜弘仁風以收物情玄怒曰漢高魏武幾遇敗但諸將失利爾以天文惡故還都舊楚而群小愚惑妄生是非方當糾之以猛未宜施之以恩也玄左右稱玄為桓詔桓胤諫曰詔者施於辭令不以為稱謂也漢魏之主皆無此言惟聞北虜以苻堅為苻詔爾願陛下稽古帝則令萬世可法玄曰此事已行今宣敕罷之更為不祥必其宜革可待事平也荆江郡



守以玄播越或遣使通表有匪寧之辭玄悉不受仍更令所在表賀遷都玄遣游擊將軍何澹之武衛將軍庾稚祖江夏太守桓道恭就郭銓以數千人守湓口又遣輔國將軍桓振從義陽聚衆至弋陽為龍驤將軍胡譁所破振單馬走還何無忌劉道規等破郭銓何澹之郭昶之於桑落洲進師尋陽玄率舟艦二百發江陵使苻宏羊僧壽為前鋒以鄱陽太守徐放為散騎常侍欲遣說解義軍謂放曰諸人不識天命致此妄作遂懼禍屯結不能自反卿三州所信可明示朕心若退軍散甲當與之更始各授位任令不失分江水在此朕不食言放對曰劉裕為唱端之主劉毅兄為陛下所誅並不可説也輙當申聖旨於何無忌玄曰卿使若有功當以吳興相敘放遂受使入無忌軍魏詠之破桓歆于歷陽諸葛長民又敗歆于芍陂歆單馬渡淮毅率道規及下邳太守孟懷玉與玄戰於崢嶸洲于時義軍數千玄兵甚盛而玄懼有敗衂常漾輕舸於舫側故其衆莫有鬬心義

原闕

等五級庾頎之戰死昇云我是豫章王諸君努見殺送至江陵市斬之玄自篡盗至敗凡八十日



冊府元龜卷第九百一十三

冊府元龜卷第九百一十四

總録部一百六十四

嗜酒　酒失

## 嗜酒

易曰濡首亦不知節也傳曰酒以成禮不繼以淫蓋先王之作酒醴所以奉明祀養高年而已至於享賓合歡一獻百拜終日飲而不醉良有以也若乃荒腆爲務沈湎自恣俾夜作晝廢時亂日伐德以致敗傷智而無悔者其惡已甚矣至有遭罹世難高翔遠引含垢匿瑕隱居求志矯抗以避禍沈冥而不耀陶然自得以酒爲名者斯又忘懷而獨善者也其或引滿舉白沈飲亂生之事靡常從識益精亦天資所得無累於明矣然周書著酒誥之訓詩人有彼昏之譏誠在昔之深戒也

齊欒高氏皆嗜酒（欒高二族皆出齊惠公）

伯有（鄭大夫）嗜酒爲窟室（窟室地室）而夜飲酒擊鐘焉朝至未已朝者曰公焉在（朝者鄭群臣）其人曰吾公在壑谷（壑谷窟室）皆自朝布路而罷（布路分散）既而朝（朝伯有）則又將使子皙如楚歸而飲酒（庚子子皙）以駟氏之甲伐而焚之伯有奔雍梁（雍梁鄭地）醒而後知之遂奔許

子皮（鄭大夫）子皇之族好酒無度（根尚以酒相圖以酒）

漢于定國爲廷尉食酒至數石不亂（食酒者謂能多飲費盡其酒猶云食言焉今流俗書本食字作飲字非也）冬月請讞飲酒益精明

陳遵爲校尉封嘉威侯居長安中列侯近臣貴戚皆貴重之牧守當之官及郡國豪桀至京師者莫不相因到遵門遵嗜酒每大飲賓客滿堂輒關門取客車轄投井中雖有急終不得去嘗有部刺史奏事過遵值其方飲刺史大窮候遵霑醉時突入見遵母叩頭自白當對尚書有期會狀母迺令從後閤出去遵大率常醉然事亦不廢

揚雄王莽時爲大夫家素貧耆酒人希至其門時有好事者載酒肴從游學



後漢楊政京兆人善説經書爲人嗜酒不拘小節

丁沖爲司隸校尉數過諸將飲酒美不能止醉爛腸死

鄭玄字康成北海高密人身長八尺飲酒一斛徵爲大司農不起

盧植涿郡涿人常懷濟世志不好辭賦能飲酒一石爲尚書免官卒

魏徐邈爲尚書郎時科禁酒而邈私飲至於沈醉校事趙達問以曹事邈曰中聖人達白之太祖太祖甚怒渡遼將軍鮮于輔進曰平日醉客謂酒清者爲聖人濁者爲賢人邈性脩慎偶醉言耳竟坐得免刑後爲撫軍中郎將文帝幸許昌問邈曰頗復中聖人不邈對曰昔子反斃於穀陽御叔罰於飲酒臣嗜同二子不能自懲時復中之然宿瘤以醜見傳而臣以醉見識帝大笑

吳胡綜爲侍中嗜酒酒後歡呼極意或推引杯觴搏擊左右大帝愛其才弗之責也

晉阮籍字嗣宗爲大將軍從事中郎聞步兵廚營人善釀有貯酒三百斛乃求爲步兵校尉

阮咸字仲容籍之兄子諸阮皆能飲酒咸至宗人間共集不復用杯觴斟酌以大盆盛酒圓坐相向大酌更飲時有群豕來飲其酒咸直接去其上便共飲之後爲始平太守卒

阮脩字宣子咸之從子常步行以百錢挂杖頭至酒店便獨酣暢後爲太子洗馬遇害

胡母輔之字彦國性嗜酒任縱不拘小節與王澄王敦庾敳俱爲太尉王衍所昵號曰四友後爲揚武將軍湘州刺史卒

胡母謙之字子光輔之之子才學不及父而傲縱過之至酣醉常呼其父字輔之亦不以介意談者以爲狂輔之正酣飲謙之闚而厲聲曰彦國年老不得爲爾將令我尻背東壁輔之歡笑呼入與共飲其所爲如此年未三十卒

光逸字孟祖奔投胡母輔之後以世難避亂渡江復依輔之初

至屬輔之與謝鯤阮放畢卓羊曼桓彝阮孚散髮裸袒閉室酣飲已累日逸將排户入守者不聽逸便於户外脫衣露頭於狗竇中窺之而大叫輔之驚曰他人決不能爾必我孟祖也遽呼入遂與飲不捨晝夜時人謂之八達中興為給事中卒

畢卓字茂世新蔡鮦陽人少希放達為胡毋輔之所知元帝太興末為吏部郎常飲酒廢職比舍郎釀熟卓因醉夜至其甕間盜飲之為掌酒者所縛明旦視之乃畢吏部也遽釋其縛卓遂引主人宴於甕側致醉而去卓嘗謂人曰得酒滿數百斛船四時甘味置兩頭右手持酒杯左手持蟹螯拍浮酒船中便足了一生矣

鄭泉字文淵陳郡人博學有奇志而性嗜酒其閑居每曰願得美酒滿五百斛船以四時甘脆置兩頭反覆沒飲之憊即住而啖肴膳酒有斗升減隨即益之不亦快乎臨卒謂同類曰必葬我陶家之側庶百歲之後化而成土幸見取為酒壺實獲我心矣



劉伶字伯倫不以家產有無介意常乘鹿車攜一壺酒使人荷鍤而隨之謂曰死便埋我嘗因渴甚求酒於其妻妻捐酒毀器涕泣諫曰君酒太過非攝生之道必宜斷之伶曰善吾不能自禁惟當祝鬼神自誓斷之便可具酒肉妻從之伶跪祝曰天生劉伶以酒為名一飲一斛五斗解酲婦兒之言愼不可聽仍引酒御肉隗然復醉嘗醉與俗人相忤其人攘袂奮拳而往伶徐曰雞肋不足以安尊拳其人笑而止伶雖陶兀昏放而機應不差未嘗厝意文翰惟著酒德頌一篇嘗為建威將軍後以壽終

郭璞字景純性輕易不脩威儀嗜酒好色時或過度著作郎干寶常誡之曰此非適性之道也璞曰吾所受有本限用之常恐不得盡卿乃憂酒色之為害乎為王敦記室參軍被害

華譚字叔駿為秘書監性嗜酒卒嘗沈醉所撰後漢書十典未成而終

顧榮字彥先為廷尉正常縱酒酣暢謂友人張翰曰惟酒可以忘憂但無如作病何爾

孔羣為中丞性嗜酒司徒王導嘗戒之曰卿常飲不見酒家覆瓿布日月久糜爛邪答曰公不見肉用糟淹更堪久邪嘗與親友書云今年田得七百石秫米不足了麴蘗事其耽酒如此

周顗為尚書右僕射頗以酒失略無醒日時人號為三日僕射顗在中朝時能飲酒一石及過江雖日醉每稱無對偶有舊對從北來顗遇之欣然乃出二石酒共飲各大醉及顗醒使視客已腐脅而死

王忱為荊州刺史嗜酒醉輒累旬及醒則儼然端肅末年尤嗜酒一飲連月不醒或裸體而游每歎三日不飲便覺形神不相親也

王蘊字叔仁孝武定皇后父為會稽內史素嗜酒末年尤甚及在會稽略少醒日

前燕皇甫眞為侍中太尉飲酒至石餘不亂



宋衡山王義季為荊州刺史素嗜酒自彭城王義康廢後遂為長夜之飲略少醒日太祖累加詰責義季引從陳謝帝詔報之曰誰能無過改之為貴爾此非唯傷事業亦自損性命世中比比皆汝所諳近長沙兄弟皆緣此致故將軍蘇徽耽酒成疾旦夕待盡吾試令禁斷并給藥膳至今休然此自是可鄙之物但嗜者不能立志裁割爾晉元帝人主尚能感王導之諫終身不復飲酒汝既有美尚加以吾意殷勤何至不能慨然深自勉屬乃復須嚴相割截生諸紛紜然後少止者幸可不至此一門無此酣酒汝於何得之臨書歎塞義季雖奉此旨酣縱如初遂以成疾帝又詔之曰汝飲積食少而素羸多風常慮至此今果委頓縱不能以家國為懷近不復顧性命之重可歎可恨豈復一條本望能以理自厲未欲相苦爾今遣孫道胤就楊佛[illegible]夕視汝并進止湯食可開懷虛受愼勿隱避吾能省見人斷酒無他慊吸蓋是當時甘嗜罔已之意爾今者憂但正在世命未

職及美業復何為吾前毒至此耶義季終不改以至於終

陶潛為彭澤令在縣公田悉令種秫穀曰令吾常醉於酒足矣妻子固請種秔乃使二頃五十畝種秫五十畝種秔潛性嗜酒而家貧不能常得親舊知其如此或置酒招之造飲輒盡期在必醉既而退曾不吝情去留江州刺史王弘嘗欲識之不能致也潛嘗往廬山弘令潛故人龐通之齎酒具於半道栗里要之潛有脚疾使一門生二兒舉籃輿既至欣然便共飲酌俄頃引至亦無忤也先是顏延之為劉柳後軍功曹在尋陽與潛情款後為始安郡經過日日造潛每往必酣飲致醉臨去留二萬錢與潛潛悉送酒家稍就取酒嘗九月九日無酒出宅邊菊叢中坐久值弘送酒至即便就酌醉而後歸潛不解音聲而畜素琴一張每有酒適輒撫弄以寄其意貴賤造之者有酒輒設潛若先醉便語客我醉欲眠卿可去其直如此郡將候潛值其酒熟取頭上葛巾漉酒畢還復著之



檀韶為江州刺史嗜酒貪橫所莅無績高祖嘉其合門從義又弟道濟有大功故特見寵授

孔顗為安陸王子綏冠軍長史江夏內史顗為人使酒仗氣每醉輒彌日不醒僚類之間多所陵忽尤不能曲意權幸莫不畏而疾之不治産業居常貧罄有無豐約未嘗關懷為二府長史典籤諮事不呼不敢前不令去不敢去雖醉日居多而明曉政事醒時判決未嘗有壅衆咸云孔公一月二十九日醉勝他人二十九日醒也孝武每欲引見先遣人覘其醉醒後顗反敗王安斬之東閤外臨死求酒曰此是平生所好

顏延之好飲酒不護細行年三十猶未婚又常乘羸牛笨車逢子竣鹵簿即屏住道側又好騎馬遨遊里巷遇知舊輒據鞍索酒得酒必頹然自得卒於金紫光祿大夫

南齊沈文季為吳興太守文季飲酒至五斗妻王錫女飲酒亦至三斗文季與之對飲竟日而視事不廢

蔡約為冠軍將軍好飲酒夷淡不與世雜

梁臧盾善飲酒高祖招延後進二十餘人置酒賦詩盾以詩不成罰酒一斗盾飲盡顏色不變自若時蕭介染翰便成文無加點高祖兩美之曰臧盾之飲蕭介之文即席之美也卒於領軍將軍

蕭琛為侍中性通脫常自解竈事畢餘餕必陶然致醉

王瞻為吏部尚書嗜酒每飲或彌日精神朗暢不廢簿領高祖每稱瞻有三術射棊酒也

張率字士簡嗜酒事事寬恕於家務尤所忘懷為新安太守卒

陳陳暄學不師受文才俊逸尤嗜酒無節操徧歷王公門沈湎諠謔過差非度其兄子秀常憂之致書於暄友人何胥冀以諷諫暄聞之與秀書曰昆弟書與孝典陳吾飲酒過差吾有此好五十餘年昔吳國張長公亦稱耽嗜吾見張時伊已六十自言引滿大勝少年時吾今所進亦多於往日老而彌篤唯吾與張季舒爾吾方與此子交歡於地下汝欲反吾此志耶昔阮咸阮籍同游竹林宣子不聞斯言王湛能玄言巧騎武子呼為癡叔何陳留之風不嗣太原之氣歸然鄙成可怪吾既寂寞當世朽病殘年産不異於顏原名未動於鄉相若不日飲醇酒復欲安歸汝以飲酒為非吾以不飲酒為過昔周伯仁渡江唯三日醒吾不以為少鄭康成一飲三百盃吾不以為多然洪醉之後有得有失成廝養之志是其得也使次公之狂是其失也吾常譬酒之猶水亦可以濟舟亦可以覆舟故江諮議有言酒猶兵也兵可千日而不用不可一日而不備酒可千日而不飲不可一飲而不醉美哉江公可與共論酒也汝驚吾墮馬侍中之門陷池武陵之第徧布朝野自言憔悴丘也幸者有識人必知之吾生平所願身沒之後題吾墓云陳故酒徒陳君之神道若斯志意豈避南征之不復賈誼之慟哭者哉何水曹眼不識盃鐺吾口不離瓢杓汝寧與何同日而醒與吾同日而醉乎政言其醒

可及其酣不可及也速詈稍丘吾將老焉爾無多言非爾所及

後魏劉尼爲定州刺史在州清慎然率多酒醉治日甚少

陸昶爲先祿大夫昶無他才能唯飲酒爲事

崔長謙好文脩立少有令名爲尉景開府諮議參軍晚頗以酒爲損

劉藻字彥先飲酒至一石不亂仕至太尉司馬

元斂魏之宗室嗜酒多費家爲之貧其壻柱國乙弗貴大將軍大利稽祐家貲皆千萬每營給之斂隨即散盡而帝不之責貴祐後遂絶之

北齊薛孤延爲車騎將軍性好酒率多昏醉而以勇決善戰每大軍征討常爲前鋒故與彭劉韓潘同列

高季式爲濟州刺史豪率好酒又恃舉家勳功不拘檢節與光州刺史李元忠生平游款在濟州夜飲憶元忠乃開城門令左右乘驛馬持一壺酒往光州勸元忠朝廷知而容之



李元忠爲侍中雖居要任初不以物務干懷唯以聲酒自娛大率常醉家事大小了不關心園庭之内羅種果藥親朋尋詣必留連宴賞每挾彈攜壺遨遊里閈每言寧無食不可使我無酒阮步兵吾師也孔少府豈欺我哉後自中書令復求爲太常以其有音樂而多美酒故神武欲用爲僕射文襄言其放達常醉不可委以臺閣其子搔聞之請節酒元忠曰我言作僕射不勝飲酒樂爾愛僕射宜勿飲酒

盧懷道世輕率好酒頗有慕尚終於烏蘇鎮城都督

祖茂珽之從父弟也頗有辭情然好酒性率不爲時重除給事中辭疾不仕

顏之推好飲酒多狂縱不脩邊幅時論以此少之後爲平原太守

隋裴政初仕周爲少司寇能飲酒至數斗不亂簿案盈机剖決如流

唐劉黑闥貝州漳南人隋末無賴嗜酒好博弈不治業產父兄患之

崔敬嗣則天時爲房州刺史好飲酒中宗安置在州崇德之及即位訪敬嗣已卒其子汪又嗜酒不堪任職且授洛州司功又改五品慢官

李迥秀中宗朝爲鴻臚卿晚節沉於酒然公事不虧

李適之爲刑部尚書雅好賓友飲酒一斗不亂夜則宴賞晝則決公務庭無事

崔咸爲陝州刺史晨起飲酒至暮必大醉及夜分視事無滯失者吏以爲神入爲右散騎常侍祕書監飲酒如初

徐晦歷刑部兵部二侍郎同州刺史性還直當官正守唯嗜酒太過晚年喪明遂至委廢王源中爲戶部侍郎翰林承旨學士性頗嗜酒常召對源中方沉醉不能起及醉醒同列告之源中但懷憂傷殊無悔恨他日又以醉不任赴召遂終不得大用

## 酒失



傳曰豢豕爲酒非所以爲禍也而獄訟益繁則酒之流生禍也故酬酒者大禹之誡旨者小雅所譏其敢崇飲者周公之格言不及於亂者仲尼之中戒乃有沉湎自恣荒腆不已狂藥内攻伐心中信惡言恣怒奮鬭悖世奸法蹈禍家聖王或臨亟而致敗教人而不忌曠廢官守夭閼生理者亦比比有之率用類次以爲民鑑

夏仲康時羲和湎淫廢時亂日（羲氏和氏世掌天地四時之官太康之後沈湎於酒過差非度廢天時亂甲乙）胤往征之（胤國名）告于衆曰惟時羲和顛覆厥德（[illegible]）沈亂于酒畔官離次（沈謂醉冥失次位也）俶擾天紀遐棄厥司（[illegible]紀謂時日司所主也）乃季秋月朔辰弗集于房（辰日月所會房所舍之次集合也不合即日食可知）瞽奏鼓嗇夫馳庶人走（凡日食天子伐鼓於社責上公瞽樂官樂官進鼓則伐之嗇夫主幣之官馳取幣禮天神衆人走供救日食之百役也）羲和尸厥官罔聞知（主其官而無聞知於日食之變異所以罪重）昏迷于天象以干先王之誅

齊慶封好田而嗜酒與舍政（舍封子慶封當國不自爲政以付舍）則以其内實遷

于盧蒲嫳氏易內而飲酒（內實寶妝妻妾也易而居嫳家）數日國遷朝焉（就嫳氏朝）
齊惠公欒高氏皆嗜酒（欒高二族皆出惠公）信內多怨（婦人之言故多怨）彊於陳鮑氏而惡之（惡陳鮑）有告陳桓子曰子旗子良將攻陳鮑亦告鮑氏桓子授甲而如鮑氏遭子良醉而騁（騁馳 子良文子）故遂見文子（文子鮑國）則亦授甲矣使視二子（二子子旗子良也）則皆將飲酒桓子曰彼雖不信（誠傳聞）聞我授甲則必逐我及其飲酒也先伐諸陳鮑方睦遂伐欒高氏

荊共王與晉厲公戰於鄢陵荊師敗共王傷臨戰司馬子反渴而求飲豎陽穀（子反之豎）操黍酒而進之（豎陽穀）子反曰訾退酒也豎陽穀曰非酒也子反曰訾退卻豎陽穀又曰非酒也子反受而飲之子反之為人也嗜酒甘而不能絕於口以醉既罷共王欲復戰而謀使召司馬子反子反辭以心疾共王駕而往視之入幄中聞酒臭而還曰今日之戰不穀親傷所恃者司馬也而司馬又若此是忘荊國之社稷而不恤吾衆也不穀無與復戰矣於是罷師去之斬司馬子反以為戮故豎陽穀之進酒也非以醉子反也其心以忠也而適足殺之故曰小忠大忠之賊也（古傳云豎陽穀奉酒於子反子反醉而不能見王天欲楚也夫醉不可以荷乃罰追楚世家云射中共王目共王召將軍子反子反嗜酒豎陽穀進酒醉王怒射子反遂罷兵歸矣）

趙簡子疾使太子毋卹將而圍鄭知伯醉以酒灌擊毋卹毋卹群臣請死之毋卹曰君所以置毋卹為能忍詢然亦慍知伯知伯歸因謂簡子使廢毋卹簡子不聽毋卹由此怨知伯

漢灌夫為太僕與長樂衛尉竇甫飲輕重不得（謂酒有輕重不得其平也）夫醉搏甫（搏以手擊之）甫竇太后昆弟武帝恐太后誅夫從夫為燕相數歲坐法去家居長安夫為人剛直使酒不好面諛貴戚諸勢在己之右欲必陵之士在己左愈貧賤尤益敬[illegible]富然失勢賓客益衰及魏其侯（竇嬰）失勢亦欲倚夫引繩批根[illegible]平生慕之後棄之者夫亦倚魏其而通列侯宗室為名高兩人相為引重其游如父子然相得驩甚無厭恨相知晚夫嘗有服過丞相（田蚡）丞相從容曰吾欲與仲孺過魏其侯會仲孺有服夫曰將軍乃肯幸臨況魏其侯夫安敢以服為解請語魏其侯帳具將軍旦日蚤臨武安許諾（武安侯田蚡也）夫具語魏其侯如所謂武安侯魏其與其夫人益市牛酒夜灑埽早帳具至旦平明令門下伺候至日中丞相不來魏其謂夫曰丞相豈忘之哉夫不懌曰夫以服請宜往乃駕自往迎丞相丞相特前戲許灌夫殊無意往及至門丞相尚臥於是夫入見曰將軍昨日幸許過魏其魏其夫妻治具自旦至今未敢嘗食武安鄂（一作愕）謝曰吾昨日醉忽忘與仲孺言乃駕往及飲酒酣夫起舞屬丞相丞相不起夫從坐上語侵之魏其乃扶灌夫去謝丞相丞相卒飲至夜極驩而去丞相嘗使籍福請魏其城南田不得由此怨灌夫魏其後丞相取燕王女為夫人有太后詔召列侯宗室皆往賀魏其侯過灌夫欲與俱夫謝曰夫數以酒失得過丞相今者又與夫有郄魏其曰事已解彊與飲酒酣武安起為壽坐皆避席伏已魏其侯為壽獨故人避席餘半膝席灌夫不悅行酒至武安武安膝席曰不能滿觴夫怒因嘻笑曰將軍貴人也屬之（屬一作畢）時武安不肯行酒次至臨汝侯（灌賢 臨汝侯名賢）方與程不識耳語又不避席夫無所發怒乃罵臨汝侯曰生平毀程不識不直一錢今日長者為壽乃效兒女呫囁耳語武安謂灌夫曰程李俱東西宮衛尉今眾辱程將軍仲孺獨不為李將軍地乎灌夫曰今日斬頭陷匈何知程李乎坐乃起更衣稍稍去夫出武安遂怒迺戲騎縛夫（戲讀曰麾 麾謂指麾也）繫居室（署名屬少府）棄市（事具灌夫傳）

于永丞相定國之子少時耆酒多過失以父任為侍中中郎將

康衡子昌為越騎校尉醉殺人繫詔獄越騎官屬與昌弟且謀篡昌（逆取曰篡）事發覺衡時為丞相免冠徒跣待罪

後漢馬武光武時為捕虜將軍嗜酒闊達敢言醉在御前面折同列言其短長無所避忌帝故縱之以為笑樂

吳陳勤爲凌統督將統當擊賊圍先期統與勤會飲酒勤剛勇任氣因督酒陵轢一坐舉罰不以其道統疾其侮慢面折不爲用酒勤好辱統及其父操統流涕不荅衆因罷坐勤乘酒悖又於道路辱統統不能忍引刀斫勤數日死及當攻城統曰非死無以謝罪乃率厲士卒身當矢石所攻一面應時破壞諸將乘勝遂大破之還自拘於軍正權壯其果毅許以功贖罪

虞翻字仲翔爲騎都尉性疏直數有酒失

晉庾純爲河南尹以司空賈充姦佞與任愷共舉充西鎮關中充由是不平充嘗宴朝士而純後至充謂曰君行常居人前今何以在後純曰旦有小市井事不了是以來後世言純之先嘗有伍伯者充之先有市魁者充純以此相譏焉充自以位隆望重意殊不平及純行酒充不時飲純曰長者爲壽何敢爾乎充曰父老不歸供養將何言也純因發怒曰賈充天下兇兇由爾一人充曰充輔佐二世蕩平巴蜀有何罪而天下爲之兇兇純



曰高貴鄉公何在衆坐因罷充左右欲執純中護軍羊琇侍中王濟佑之因得出充慙怒上表解職純懼上河南尹關內侯印綬上表自劾曰司空公賈充請諸卿校并及臣臣不自量飲酒過多醉亂行酒重酌公公不肯飲言語往來公遂訶臣父老不歸供養鄉爲無天地臣不服罪自引而更忿怒厲聲欲臨時諠譊遂至荒越禮八十月制誡以衰老之年變難無常也臣不惟生育之恩求養老父而懷祿貪榮烏鳥之不若充爲三公論道興化以教義責臣是也而以狂錯直居下犯上醉酒迷荒昏亂儀度臣得以凡才擢授顯位易戒濡首論誨酒困而臣聞義不服過言盈庭黷慢台司違犯憲度不可以訓請臺免臣官廷尉結罪大鴻臚削爵土物身不謹伏須罪誅御史中丞孔恂劾純請免官詔曰先王崇尊卑之禮明貴賤之序著溫克之德記沈酗之禍所以光宣道化示人軌儀也昔廣漢陵慢宰相還犯上之刑灌夫託醉肆忿致誅斃之罪純以凡才備位卿尹不遵禮敬之節不忌覆車之誡陵上無禮悖言自口宜加顯黜以肅朝倫遂免純官

孫季舒爲長水校尉時石崇以功臣子有才氣與裴楷志趣各異不與之交季舒嘗酣讌慢傲過度崇欲表免之楷聞之謂崇曰足下飲人狂藥責人正禮不亦乖乎乃止

周顗字伯仁中興建爲吏部尚書以醉酒爲有司所糾白衣領職後爲左僕射領吏部元帝讌群公于西堂酒酣從容曰今日名臣共集何如堯舜時耶顗因醉厲聲曰今雖同人主何得復比聖世帝大怒而起手詔付廷尉將加戮累日方赦之尋爲護軍將軍尚書紀瞻置酒請顗及王導等顗荒醉失儀復爲有司所奏詔曰顗參副朝右職掌銓衡當敬慎德音式是百辟屢以酒過爲有司所繩吾亮其極歡之情然亦是濡首之誡也顗必能克己復禮者今不加黜責初顗以雅望獲海內盛名後頗以酒失爲僕射略無醒日時人號爲三日僕射庾亮曰周侯末年



所爲鳳德之衰也

王澄爲荊州刺史聞郭舒名引爲別駕澄終日酣飲不以衆務在意荊土士人宗廞嘗因酒忤澄澄怒叱左右棒廞舒厲色謂左右曰使君過醉汝輩何敢妄動澄恚曰別駕狂邪誑言我醉因遣掐其鼻灸其眉頭舒跪而受之澄意少釋而廞遂得免

後趙徐光爲石勒記室參軍右勒如苑鄉召光光醉不至以光物情所湊嘗不平之因此發怒退爲牙門勒自苑鄉如鄴徐光侍直慍然攘袂振紛仰視不顧勒因而惡之譴光曰何負卿而敢快快邪於是幽光并其妻子于獄

宋謝超宗爲人仗才使酒多所陵忽在直省常醉帝召見語及北方事超宗曰虜動來二十年矣佛出亦無如之何以失儀出爲南郡王中軍司馬

顏延之好飲酒不拘細行何尚之爲侍中在直延之以前永嘉太守醉詣焉尚之望見便陽眠延之發簾熟視曰朽木難彫尚

之謂左右曰此人醉甚可畏故爲國子祭酒司徒左長史坐買
田不還直尚書左丞荀赤松奏之以迷濁輕毀朝士預宴
班鶴肆詈而請以詔書不能免所居官詔可後爲太常沙門
釋慧琳以才學爲太祖所賞愛每召見常升獨榻延之甚疾焉
因醉白帝曰昔同子參乘袁絲正色此三台之座豈可使刑餘
居之上變色延之性既褊激兼有酒過肆意直言曾無遏隱故論
者多不與之謂之顏彪
魯爽祖宗之爲晉竟陵太守爽少從仕魏爲荊州刺史襄陽公鎮
長社爽幼染殊俗無復華風麤中使酒數有過失魏太武將誅
之後從將[illegible]歸宋
南齊焦度爲東宮直閤將軍好飲酒醉輒暴怒高帝常使人扶之
周山圖爲給事中兄從射聲將軍山圖好酒多失明帝數
加怒誚後遂自改
到撝永明[illegible]中丞坐爲辛丹陽郡守[illegible]爲侍舊酒行[illegible]



[illegible]列言笑過度爲左丞庾杲之所糾贖論
梁謝朏爲侍中領步兵因醉解府與散騎常侍蕭琛相詆毀爲
有司所奏高祖以宿舊少不直出爲中權長史
曹景宗爲領軍將軍高祖數讌見功臣共道故舊景宗醉後謬
妄或誤稱下官高祖故縱之以爲笑樂
蕭穎達出爲豫章内史意甚憤憤未發前預華林宴酒後於坐
辭氣不悅沈約因勸酒欲以釋之穎達大罵約曰我今日形容
正是汝所爲何忽復勸我酒舉坐驚愕高祖謂之曰汝是
我家阿五（陳欽若尊曰穎達齊光祿大夫赤斧第五弟也與梁同姓故云我家阿五）沈公宿望何意
輕脫若以法繩汝汝復何理穎達竟無一言唯大涕泣高祖心愧之
謝善勛飲酒至數升醉後輒張眼大罵雖復貴賤親疎無所擇
也時謂之謝方眼
鄒昉爲散騎常侍性愚戇使酒因醉乘馬入殿門爲有司劾免
卒於家

後魏劉尼爲司徒從皇興中獻文北征帝親誓衆而尼昏醉兵陣
不整獻文以其功重特恕之免官而已
皮喜爲豫州刺史詔責其在州貪虐以飲酒廢事威不禁下遣
使者就州決以杖罰
于若豐襲父爵爲鉅鹿國公若多酒過爲叔父景所按
甄楷侍中琛之子琛除祕書郎宣武末坐與河南尹丞張
普惠等飲戲免官
夏侯夬字元廷道遷長子歷鎮遠將軍南兗州大中正夬性好
酒居喪不戚醇醪肥鮮不離於口沽買飲噉多所費用父時田
園貨賣略盡人間債猶數千餘匹穀食至常不足弟妹不免飢
寒於是昏酣而卒
李肅爲黃門郎性酒狂熙平初從靈太后幸江陽王繼第肅時
侍飲頗醉言辭不遜抗辱太傅清河王懌爲有司彈劾靈太后
恕之出爲章武内史



[illegible]爲雍州刺史性好酒曾於婦氏飲宴小有不平手力其客
程靈虬爲梁郡太守以酗酒爲徐州刺史武昌王鑒所劾失官
既下不得志力少衰猶時爲酒困久去官祿不免飢寒
元羆爲滎陽太守性頗使酒郡丞辛粲每諫之羆每醉輒令閤
閤曰勿使丞入也
裴伯茂爲廣平王贊文學好飲酒頗涉疏傲末年劇飲不已乃
至傷性多有愆失
北齊高隆之初仕後魏驃騎大將軍西魏文帝曾與隆之因酒
忿競文帝坐以黜免高祖責隆之不能協和乃啓出爲北道行臺
薛孤延初仕東魏爲左衛將軍左廂大都督與諸軍將討潁川
延專監造土山以酒醉爲敵所襲據潁川平諸將還京師讌於
華林園文襄啓魏帝坐延於階下以辱之
荀仲舉字士高潁川人仕梁爲南沙令從蕭明於寒山被執長
樂王尉景甚禮之與景劇飲齧景指至骨文宣知之杖仲舉一

百或問我鄰知許當是正疑是鹿尾兩

平鑒爲揚州刺史其妻生男鑒因喜甚醉擅免竟內囚誤免關中細作二人醒而知之上表自劾文宣特原其罪

顔之推好飲酒多任縱不脩邊幅時論以此少之之推自周奔至文宣見而悦之天保末從至天池以爲中書舍人令中書郎段孝信將勑書出示之推營外飲酒孝信還以狀言文宣乃曰且停由是遂寢

唐李景儉爲諫議大夫凌蔑公卿大臣使酒尤甚尋出爲建州刺史未幾元稹用事召還復爲諫議大夫長慶初景儉退朝與兵部郎中知制誥馮宿庫部郎中知制誥楊嗣復起居舍人溫造司勲員外郎李肇刑部員外郎王鎰等同謁史官部官員外郎獨孤朗乃詣史館同飲景儉乗醉遂入中書偏詬時宰而詬侮王播崔植杜元穎皆呼其姓名詞頗慢易播等知其狂酒且優止之以事聞詔曰丞相府軍國家樞機上法三台下臨百辟

府九百十四　十五

[illegible][illegible][illegible]棄典憲不嚴諫議大夫李景儉乃因酣醉輒肆咆哮[illegible]侮慢[illegible][illegible]不爲詢其狂態甚用驚駭宜加譴責以守遐荒子非深寃勉自循省可漳州刺史仍馳驛發遣又貶獨孤朗爲韶州刺史溫造朗州李肇澧州王鎰郢州坐與景儉同飲也

[illegible]渭爲泉州刺史寶曆二年削渭官一任徵本州鹽鐵院官羨餘錢四十斤渭使酒與汾交爭爲本道廉使舉奏因各譴罰

李直方爲右補闕大和九年出爲興元府城固令直方始爲鎮州冊贈使謁祖墓於邢州時劉從諫自以位兼宰相於直方禮有所不至直方飲酣頗以語侵之從諫怒[illegible]以表聞直方素有直蹤文宗[illegible][illegible]之然非當時姦邪所樂及是以直方家於城固因而遣之

薛廷老爲殿中侍御史翰林學士因飲酒沈醉文宗聞之以爲失於敬慎遂罷翰林

後唐蕭願爲太常少卿明宗朝祀太微宮原以乗醉預公卿之列爲御史所彈左遷右賛善大夫

晉閻濬爲義成軍節度史翰幕客狂率酗營一日使酒怒目謂翰曰明公昔刺豊饒與濬主客道至事無不可今領節鉞數不相容書記趙礪險詖之人也拿肩諂笑漬貨無厭而明公待之甚厚濬今請死近聞張彥澤臠張式未聞史翰斬閻濬以謝天下譁者未有比類翰不怒引滿自罰而慰勉之

周傅瓌廣順初爲通事舍人善於詞令後因宣制以醉失儀停任

邊歸讜顯德中爲御史中丞世宗宴於廣德殿歸讜飲酣忽揭袂而言曰至於一盃而已帝遣黃門扶出之歸讜猶迴顧曰陛下何不決殺趙守微（臣欽若等曰按守微自民間獻策世宗擢拜右拾遺尋以指斥[illegible][illegible]）翌日歸讜以酒過伏閤請罪帝釋之仍令於閤門復飲數爵以慰其心焉

冊府元龜卷第九百一十四

府九百十四　十六

册府元龜卷第九百一十五

總録部一百六十五

廢滯

孔子曰道之將廢命也是知志士仁人轗軻蹇連沉廢不振者其命矣夫若乃懷才出類抗心邁俗智慮足以周物機用足以經世或廻翔下位歷歲不遷寂寞衡門屢空興歎而能含貞履絜體和養恬介然如石安之若命不易其操無累乎心斯固秉大雅明哲之姿得君子進退之正者也至或慷慨自負高亢靡屈言必忤物動皆違俗因坐事而被譴致失行之貽譏罹乎悔尤至於顛沛流離委棄困足痛惜者哉

荀卿趙人適楚而春申君以爲蘭陵令春申君死而荀卿廢因家蘭陵

漢張釋之字季有南陽堵陽人也堵音者與兄仲同居以貲爲騎郎漢儀注貲五百萬得爲常侍郎事文帝十年不得調調選也



馮唐文帝時爲郎中署長帝輦過問唐曰父老何自爲郎具以實言因拜爲車騎都尉主中尉及郡國車士車戰之士十年景帝立以唐爲楚相武帝即位求賢良舉唐唐時年九十餘不能爲官

張敞宣帝時爲京兆尹與蕭望之于定國相善始敞與定國俱以諫昌邑王超遷定國爲大夫平尚書事敞出爲刺史時望之大行丞後望之先至御史大夫定國後至丞相敞終不過郡守

蓋寬饒爲司隸校尉好言事剌譏奸犯上意宣帝以其儒者優容之然亦不得遷同列後進或至九卿

劉向字子政成帝時爲光禄大夫時帝元舅王鳳秉政數有大異向爲洪範五行奏之帝心知向忠精故爲鳳兄弟起此論也然終不能奪王氏權帝數欲用向爲九卿輒不爲王氏居位者及丞相御史所持故終不遷持猶扶持佐助也居列大夫官前後三十餘年

陳咸字子康大將軍王鳳以咸有忠直節奏補長史遷冀州刺史又爲東郡太守咸免官復爲南陽太守咸三公子少顯名朝廷薛宣朱博翟方進孔光等仕官絶在咸後皆以廉儉至公卿而咸滯於郡守後爲少府坐免頃之紅陽侯立舉咸方正爲光禄大夫給事中翟方進復奏免之後數年立有罪就國方進奏歸咸故郡以憂死

楊雄武帝時奏羽獵賦除爲郎給事黄門與王莽劉歆並哀帝之初又與董賢同官當成哀平間莽賢皆爲三公權傾人主所薦莫不拔擢而雄三世不徙官及莽篡位談說之士用符命稱功德獲封爵者甚衆雄復不侯以耆老久次轉爲大夫恬於勢利

譙玄成帝時舉詣公車拜議郎時數有災異玄輒陳其變既不省納故久稱病後遷太常丞以弟服去職平帝時遷中散大夫持節分行天下未及終而王莽居攝乃竄歸家

後漢馮衍字敬通初更始時使鮑永安集河北永以衍爲立漢



將軍領狼孟長屯太原光武即位遣使者招永衍永衍不肯降會知更始已殁乃共罷兵幅巾降於河内帝怨衍等不時至永以立功得贖罪遂任用之而衍獨見黜建武末上疏自陳曰臣伏念高祖之略而陳平之謀毁之則疏譽之則親以文帝之明而魏尚之忠繩之以法則爲罪施之以德則爲功逮至晚世董仲舒言道德見妒於公孫弘李廣奮節於匈奴見排於衛青此忠臣之常所爲流涕也臣衍自惟微賤之臣上無無知之薦下無馮唐之說乏董生之才寡李廣之埶而欲免讒口濟怨嫌豈不難哉臣衍之先祖以忠貞之故成私門之禍而臣衍復遭擾攘之時值兵革之際不敢回行求時之利事君無傾邪之謀將帥無虜掠之心衛尉陰興敬慎周密内自修勑外遠嫌疑故敢與交通興知臣之貧數欲本業之臣自惟無三益之才不敢處三損之地固讓而不受之昔在更始太原執貨財之柄居倉卒之間據位食禄二十餘年而財産歲狹居處日貧家無輿馬之

然於今遭清明之時飭身力行之秋而怨讟叢興譏議横世蓋富貴易為善貧賤難為工也跡蓬瀧畝之臣無望高闕之下惶恐自陳以救罪尤書奏猶以前過不用衍不得志退而作顯志賦後與陰興陰就交結光武懲西京外戚賓客故皆以法繩之大者抵死徒其餘至貶黜衍由此得罪嘗自詣獄有詔赦不問西歸故郡閉門自保不敢復與親故通明帝即位又多短衍以文過其實遂廢於家

桓譚王莽時為掌樂大夫更始立召拜太中大夫光武即位徵待詔上書言事失旨遂不用

桓榮習歐陽尚書建武十九年年六十餘始辟大司徒府三十年拜為太常

杜良為侍御史七年不調（一作十年）

班固為蘭臺郎二十餘年明帝時固自以二世（二世謂彪及固）才術不遇位不過郎感東方朔楊雄自論以不遭蘇張范蔡之時作賓戲



以自通焉後遷玄武司馬（宮掖門每門司馬一人秩比千石玄武司馬主玄武門）

馬融安帝永初中轉為校書郎中詣東觀典校秘書初元二年上廣成頌以諷諫忤鄧氏滯於東觀十年不得調因兄子喪自劾歸

王符字節信安定臨涇人也少好學安定俗鄙庶孽而符無外家為鄉人所賤自和安之後世務游宦當塗者更相薦引而符獨耿介不同於俗以此遂不得升進乃隱居著書三十餘篇

壹義字季節為廣都長甘寧陳二縣令順帝世數上書譏切左右受刺舊氏言既無感而久抑不遷

魏杜摯舉孝廉除郎中轉補校書摯與毋丘儉鄉里相親故為詩與儉求仙人藥一丸欲以感切儉求助也儉復答詩摯竟不得遷卒于祕書

賈洪漢末以儒學為諸縣令其後馬超反超劫洪將詣華陰使作露布洪不得已為作之司隸鍾繇在東識其文曰此賈洪作也又超破走太祖召洪署軍謀掾猶以其前為超作露布文故不即叙晚乃出為陰泉長

程昱東郡東阿人少事太祖太祖嘗乏食昱略其縣供三日糧頗雜以人脯由是失朝望故位不至三公終於衛尉

楊沛漢末代張既為京兆尹文帝黃初中儒雅並進而沛本以事能見用遂以議郎冗散里巷

蜀孟光字孝裕後主踐祚為符節令每直言無所回避為世所嫌太常廣漢鐔承（字公文歷郡守）光祿勳河東裴儁等年資皆在光後而登據上列處光之右蓋以此也

吳韓當遼西令支人以便弓馬有膂力從孫堅征伐勤苦有功以軍旅陪隸介於英豪故爵位不加終於堅世為別部司馬

晉褚紹為縣吏年垂五十鎮南將軍羊祜與紹有舊言於武帝召被外用官至安東將軍

任愷武帝時為侍中進惡賈充之為人不欲令久執朝政議為



充黨曰宜啓令典選便得漸疏此一都令史事耳充因稱愷才宜在官人之職帝不之疑即日以愷為吏部尚書充遣尚書右僕射高陽王珪奏愷免官愷既失職時因朝請帝或慰諭之愷初無復言惟泣而已後起為太僕轉太常初魏舒雖歷位郡守而未被任遇愷為侍中薦舒為散騎常侍至是舒為右光祿開府領司徒帝臨軒使愷拜授舒雖以弘量寬簡為稱時以愷有佐世器局而舒位三公愷止守散卿莫不為之憤歎也

華廙字長駿弘敏有才義妻父盧毓典選難舉姻親故廙年三十五不得調晚為中書通事郎

石喬苞之子也苞督楊州時朝廷疑之喬為尚書郎武帝召喬喬尚不得深疑苞反及苞至有慚色謂之曰卿子幾破汝門苞遂廢之終身不聽仕

秦秀性婞直與物多忤為博士前後垂二十年卒於官

陳壽遭父喪有疾使婢丸藥客往見之鄉黨以為貶議及蜀平

坐房沈滯者累年後爲御史治書以母憂去職母遺言令葬洛陽壽遵其志又坐不以母歸葬貶議初譙周嘗謂壽曰卿必以才學成名當被損折亦非不幸也宜深慎之壽至此再致廢辱皆如周言起爲中庶子未拜而卒

卞粹字玄仁濟陰冤句人也兄弟六人並登宰府世稱卞氏六龍玄仁無雙弟裒嘗忤其郡將郡將怒訐其門內之私粹遂以不訓見譏陵遲積年後爲中書令

江灌爲桓溫所惡爲侍中將以事免後爲祕書監尋復解職時溫方執權朝廷希旨故灌積年不調溫卒後始爲吳興太守

范弘之字長文安北將軍汪之孫也爲太學博士議謝石謚法曰襄墨公因事有功曰襄貪以敗官曰墨又論殷浩宜加贈謚不得以桓溫所黜以爲國典仍敘溫移鼎之迹時謝族方顯桓宗方盛僕射王珣溫故吏也三怨交集故出爲餘杭令將行上會稽王道子奏牋辭甚直然以桓謝之故不調卒於餘杭令



桓祕爲中領軍將兄溫以事免祕官祕於是發憤棄事遂居于墓所放志田園好游山水

宋謝元字存宗臨川內史靈運從祖弟也以才學見知及爲尚書左丞以給太尉江夏王義恭錢二百萬爲何承天所糾文帝大怒放歸田里禁錮終身

謝惠連先愛幸會稽郡吏杜德靈及居父憂贈以五言詩十餘首文行於世坐被徙廢不豫榮位元嘉七年方爲司徒彭城王義康法曹行參軍

沈懷文吳興武康人爲始興王濬征北參軍坐納東陽公主養女王鸚鵡爲妾徙廣州終世祖世不得還懷文雖親要屢請終不許前廢帝世流徙者並聽歸本官至武康令

南齊蔡仲熊執經論議往往與時宰不合亦終不改操求官以道不進歷年方至尚書左丞當時恨其不遇

任昉初爲太子步兵校尉管東宮書記齊明帝既廢鬱林王始爲侍中中書監錄尚書事使昉具表草帝惡其辭斥甚愠昉由是終建武中位不過列校

梁王筠出爲貞威將軍臨海太守在郡被訟不調累年

伏挺父曼容與樂安任瑤皆暱於齊太尉王儉瑤子昉及挺並見知頃之昉才遇稍盛齊末昉已爲司徒右長史挺猶滯於參軍事及其終也名位略相侔

陳蔡凝爲給事黃門侍郎後主謂吏部尚書蔡徵曰蔡凝負地矜才無所用也尋遷信威晉熙王府長史鬱鬱不得志乃喟然嘆曰天道有廢興夫子云樂天知命斯理庶幾可達因製小室賦以見志甚有辭理

後魏高允爲大將軍從事中郎拜中散恬淡退靜不競世利十八年不易官後爲中書侍郎領著作郎初與允同徵游雅等多至通官封侯及部下吏百數十人亦至刺史二千石而允爲郎二十七年不徙官



程靈虯祕書令駿從祖弟伯達之子也伯達早亡靈虯幼孤頗有文才而久淪不役在吏職十餘年坐事免會駿臨終啓請得擢爲著作佐郎後坐稱在京無緦親而孝文知其與駿子公義爲始族故致譴免至洛無官貧病久之補徐州梁郡太守坐酒又失官

張彝爲秦州刺史爲僕射高肇所譖彝雖無過見代還洛猶停廢數年因得偏風手脚不便然志性不移善自將護稍能朝拜久之除光祿大夫加金章紫綬

辛雄涉書史好刑名不妄交友爲給事中十年不遷職乃以病免

劉桃符爲中書舍人以勤明見知久不遷職宣武謂之曰楊子雲爲黃門頻歷三世卿居此任始十年不足辭也

北齊李繪入齊天保初爲司徒右長史繪質性方重未嘗趨事權勢以此久沈屈

荀士遜好學有思理爲文清典見賞知音魏武定末舉司馬秀

才迄天保十年不調後為中書侍郎
蘇瓊天保中為南清河太守人庶懷之四表列為尤最
職尋起為司直廷尉正朝士嗟其屈尚書辛述曰既直
以定體不寧不申
後周李孟明為著作佐郎勤於所職著述不怠然性亡
合於時是以一為史官十年不調
隋李德林開皇初為內史令德林少以太學見知又位
頗傷自任爭名之徒更相譖毀所以運屬興王功參佐
年間竟不徙級
王孝籍少好學博覽群言頗有文翰開皇中召入秘書
修國史邵不之禮在省多年而不免輸稅孝籍鬱鬱
奏記於吏部尚書牛弘弘亦知其有學業而竟不得調
里以教授為業終于家
劉炫河間人也少以聰敏見稱為郡禮曹從事以吏幹知



勑與著作郎王劭同修國史俄直門下省以待顧問又與
諸儒修天文律曆兼於內史省考定群言內史令博陵李德
禮之炫雖遍直三省竟不得官為縣司責其賦役炫自陳於內
史送詣吏部尚書韋世康問其所能炫自為狀曰周禮禮記毛
詩尚書公羊左傳孝經論語孔鄭王何服杜等注凡十三家雖
義有精粗並堪講授周易儀禮穀梁用功差少史子文集嘉言
美事咸誦於心天文律曆窮覈微妙至於公私文翰未嘗假手
吏部竟不詳試然在朝知名之士十餘人保明炫所陳不謬於
是除殿內將軍
龐晃為右衛將軍性剛悍時廣平王雄當塗用事勢傾朝廷
晃每陵侮之嘗於軍中臥見雄不起雄甚銜之後與高熲有隙
一人屢譖晃由是宿衛十餘年官不得進
辛德源初仕周為宣納上士會尉迥作亂遂去官高祖受禪不
得調者久之隱於林慮山鬱鬱不得志著幽居賦以自寄

盧思道為武功太守開皇初以母老表請解職優詔許之思
道自恃才地多所凌轢由是官塗淪滯既而又著勞生論指切
當時
裴肅初仕周為御正下大夫屬高祖為丞相肅聞而歎曰武帝
以雄才定六合墳土未乾而一朝遷革豈天道歟高祖聞之甚
不悅由是廢于家
唐顏籀字師古齊黃門侍郎之推之孫也初仕隋為安養尉尋
坐事免歸長安十年不得調家貧以教授為業太宗時為秘書
少監物論稱其納賄出為郴州刺史將行太宗惜其才復其職
師古既負其才又早見驅策累被任用及頻罪譴意甚沮退
朝後闔門杜絕人事巾褐裙帔蕭如也
陳叔達字子聰陳宣帝第十六子也善容止頗有才學在陳
為義陽王歷丹陽尹侍中陳亡入關久不得調後入唐為禮部
尚書



韋思謙為監察御史以中書令褚遂良賤市中書譯語人地思
謙奏劾其事遂良左授同州刺史及遂良復用思謙不得進出
為清水令謂人曰吾狂鄙之性假以雄權觸機便發固宜為身
災也大丈夫當正色之世必明目張膽以報國恩終不能為碌
碌之臣保妻子耳
賀知章與族姑子陸象先特相友善知章長於象先景雲二年
象先自中書侍郎加平章事又加二品知章始被引為四門博
士及太常博士身猶衣碧後二十餘年象先為少保知章授銀
青光祿大夫
李揆肅宗乾元初為中書侍郎平章事後貶萊州刺史同正員
年量移歙州刺史初揆秉政侍中苗晉卿累薦元載為重官揆
自恃門望以載地寒意甚輕易不納而戲晉卿曰龍章鳳姿之
士不可見麞頭鼠目之子乃求官載銜恨頗深及載登庸因[illegible]
當徙職遂試秘書監江淮養疾既無祿俸家復貧窶[illegible]

乞食取給并寄諸州凡十五六年其妝亭稍以急則又移居故
其遷徙者蓋十餘州焉元載以罪誅除授睦州刺史
蔣沇代宗朝爲刑部郎中兼御史資渭橋河運出納使時元載
秉政系薦守道者多不更遷沇以故滯於郎位久不徙官
劉迺大曆末爲權知兵部侍郎屬楊炎盧杞爲相意多觖望
以故五歲不遷德宗建中四年方復眞拜焉
裴澳慶絳州聞喜人世襲冠冕以門蔭從仕累踐府司參
軍時年以義適未爲人所知隨調吏部授大理寺丞
鄉登以嗜學年近六十方從官累官至膳部郎中
杜黃裳德宗貞元中累爲裴延齡所惡十年不遷後終河中晉
絳等州節度使
唐次爲禮部員外郎貞元中坐黨竇參出爲開州刺史次以工
文知名在開州十年不得進用後劍南西川節度使韋皐請次
爲副德宗使諭皐罷之次自悲以爲讒謗之所積也乃採古之
君子遭罹讒謗放逐至死而君終不寤者著辯謗略三篇以獻
德宗猶志之謂左右曰次乃方吾於古之昏主何自諭如此後
改夔州刺史
盧景亮爲右補闕德宗朝以庭諍得失貶朗州司馬凡遷謫二
十年憲宗初由和州別駕始徵還拜駕部郎中
歸登爲右補闕起居舍人凡三任十五年同列當出其下者多
以馳騖至顯官而登與右拾遺蔣武退然自守不以淹速介意
徐晦爲刑部兵部二侍郎出爲同州刺史性強直不阿權幸多
正晦嗜酒大過晚年喪明遂至委廢
李商隱以文宗開成二年登進士第釋褐祕書以書判拔萃王
茂元鎮河陽辟爲掌書記得侍御史茂元愛其才以子妻之茂
元雖讀書爲儒然本將家子李德裕秉政用爲河陽帥德裕與
李宗閔楊嗣復令狐楚大相讎怨商隱既爲茂元從事宗閔
黨大薄之時令狐楚已卒子綯爲員外郎以商隱背恩尤惡其

無行俄而茂元卒來游京師久之不調會給事中鄭亞廉察桂
州請爲觀察判官檢校水部員外郎宣宗大中初白敏中執政
令狐綯在内署共排李德裕逐之亞坐德裕黨亦貶循州刺史
商隱隨亞在嶺表累年三年入朝京兆尹盧弘止表爲掾曹令
典箋奏明年令狐綯作相商隱屢啓陳情綯不之省弘止鎮徐
州又從爲掌書記府罷入朝復以文章干綯乃補太學博士會
河南尹柳仲郢鎮東蜀辟爲節度判官仲郢坐專殺左遷商隱
廢罷還鄭州未幾病卒商隱幼能爲文學強記下筆不能自休[illegible]
溫庭筠南郡段成式齊名文思清麗庭筠過之而俱無持操恃
詭激爲當塗者所薄名宦不進坎壈終身
鄭畋以書判拔萃授渭南尉直史館事未行父亞出桂州畋隨
侍左右大中朝白敏中令狐綯相繼秉政十餘年素與德裕相
惡凡德裕親舊多索斥之畋久不齒於士伍
張仲方以開成元年五月自華州刺史入爲祕書監外議以鄭
覃黨李德裕排擯仲方覃欲從授以明官爲因紫宸奏事覃曰丞
郎闕人臣欲用張仲方文宗曰中臺侍郎朝廷華選仲方作牧
守無政安可以爲郎廢之累加銀青光祿大夫上柱國曲江縣
伯邑七伯戶二年四月卒仲方貞確自立綽有祖風駁謚之後
爲德裕之黨擯斥坎軻而歿人士悲之
後唐蕭希甫初爲莊宗推官莊宗即位擢以希甫知制誥時有
詔定內宴儀仗希甫坐宣政希甫以爲不可遂是樞密使張居翰
馬紹宏等切齒怒之宰相豆盧革等亦希旨排斥乃以希甫爲
駕部郎中忽忽不得志
周李建崇後唐同光中爲龍武都指揮使出爲襄秦等州
北都指揮使建崇性純厚執身任理不能巧宦以至久滯偏裨
劉詞後唐同光初爲效節軍使轉親直指揮使尋以忤於權臣
出爲汝州八政凡留滯十餘年

册府元龜卷第九百一十五

冊府元龜卷第九百一十六

總録部一百六十六

偏執　介僻　褊急

偏執

夫疑滯於物者其偏執之謂歟蓋人各有性所稟既異殆有師心自是專行而不疑者已以矯俗而獨任或遵陰陽之忌或乖禮經之制或封執以過當或昧弛而靡顧以至鬼神之事著於方冊而興鄙斥之論竺乾之教布于華夏而形毀世之説漢魏而下蓋不乏其人矣然而獲譏者至多垂戒者蓋鮮固與夫從容中道惟變所適不失其正者通人之雅者異焉

漢張竦王莽時至郡守封侯值王莽敗客北池陽（左馮翊之屬邑）竦知有賊當去會反支日不去因爲賊所殺桓譚以爲通人之蔽也

後漢趙英嘗有疾妻遣婢拜問英下牀將答拜陳寔怪而問之英曰妻齊也共奉祭祀禮無不答其恭謹若是初徵五官中郎將數月以光祿大夫告歸



趙興下邳人章帝時爲司隸校尉不卹諱忌（如一）每入官舍輒更繕修館宇移穿改築故犯妖禁而家人爵祿益用豐熾官至潁川太守子峻太傅以才器稱孫安世魯相三葉皆爲司隸時稱其盛

陳伯敬者桓帝時人行必矩步坐必端膝呵叱狗馬終不言死目有所見不食其肉行路聞凶便解駕留止還觸歸忌則寄宿鄉亭年老寢滯不過舉孝廉後坐女壻亡吏太守邵夔怒而殺之時人忌禁者多諱爲證焉

魏董遇字季直爲老子作訓注又善左氏傳更爲作朱墨別異人有從學者遇不肯教而云必當先讀百徧言讀書百徧而義自見從學者云苦渴無日遇言當以三餘或問三餘之意遇言冬者歲之餘夜者日之餘陰雨者時之餘也由是諸生少從遇學無傳其朱墨者官至大司農

晉盧欽動循禮典妻亡制廬杖終喪居外爲侍中奉車都尉

劉毅爲尚書左僕射毅夙夜在公坐而待旦言議切直無所曲撓爲朝野之所式瞻嘗散齋而疾其妻省之毅便奏加妻罪而請解齋妻子有過立加杖捶其公正如此然以峭直故不至公輔

毛循之爲右衛將軍不信鬼神所至必焚除房廟時蔣山廟中有佳牛好馬循之竝奪取之

阮瞻字千里（咸之子）東海王越記室素執無鬼論物莫能難每自謂此理足可以辯正幽明忽有一客通名詣瞻寒溫畢聊談名理客甚有才辯瞻與之言良久及鬼神之事反覆甚苦客遂屈乃作色曰鬼神古今聖賢所共傳君何得獨言無即僕便是鬼於是變爲異形須臾消滅瞻默然意色大惡後歲餘病卒於倉垣時年三十

阮修字宣子嘗有論鬼神有無者皆以人死者有鬼修獨以爲無曰今見鬼者云著生時衣服若人死有鬼衣亦有鬼邪論者服焉後遂伐社樹或止之修曰若社而爲樹伐樹則社移樹而爲社伐樹則社亡矣仕爲太傅行參軍太子洗馬



蔡謨性方雅丞相王導作女伎施設牀席謨先在坐不悦而去導亦不止之後位至司徒

宋王珉避諱過甚父名曇母名恭心並不得犯焉時咸謂矯枉過正官至侍中武陵王師張敷爲江夏王義恭撫軍記室參軍時義恭就文帝求學義沙門會敷赴假江陵入辭文帝令以後艦載沙門謂敷曰道中可得言晤敷不奉旨目不與雜帝甚不悦

南齊王思遠立身簡潔衣服牀筵窮理素淨賓客來通輒使人先密覘視衣服垢穢方便不前形儀新楚乃與促膝然既去之後猶令二人交帚拂其坐處（思遠從祖弟季敞性甚豪縱高宗心非之謂季敞曰阿戎可數詣王思遠）遠卒於度支尚書

梁蕭琛爲吳興太守郡有項羽廟土民名爲項王甚有靈驗遂

於郡廳事安施牀幕為神座公私請禱前後二千石皆於廳拜祠而避居他室琛至移神還廟處之不疑

范縝為宜都太守性不信神鬼夷陵有伍相廟胡里神廟縝乃下教斷不祠又在齊世嘗侍竟陵王子良子良精信釋教而縝盛稱無佛子良問曰君不信因果世間何得有富貴何得有貧有賤縝荅曰人之生譬如一樹花同發一枝俱開一蔕隨風而墮自有拂簾幌墜於茵席之上自有關籬牆落於溷糞之側墜茵席者殿下是也落糞溷者下官是也貴賤雖復殊途因果竟在何處子良不能屈深怪之縝退論其理著神滅論

盧子春閭門混雜而身服垢汙腳數年一洗言每洗則失財敗事云在梁州以洗足致梁州敗官至在衛將軍侍中

後魏崔浩為司徒非毀佛法而妻郭氏敬好釋典時時讀誦浩怒取而焚之捐灰於廁中及浩幽執置之檻內送於城南使衛士數十人溲其上呼聲嗷嗷聞于行路自宰司之被戮辱未有



如浩者也世皆以為果報之驗也浩既不信佛道從弟滎陽太守模深所歸向每雖糞土之中禮拜形像浩大笑之云持此頭顱不淨處跪是胡鬼也浩性又不好老莊之書每讀不過數十行輒棄之曰此矯誣之說不近人情必非老子所作老聃習禮仲尼所師豈設敗法文書以亂先王之教袁生所謂家人筐篋中物不可揚於王庭也

裴粲出帝初為驃騎大將軍膠州刺史屬時亢旱士民勸令禱於海神粲憚違眾心乃為祈請直據胡牀舉杯而言曰僕白君左右去前後例皆拜謁粲向五嶽視三公四瀆視諸侯安有方伯而致禮海神也卒不肯拜

苟讓之為國子博士修涼書十卷初涼國盛事佛道為論貶之因稱佛是九流之一家當世名士競以佛理來難讓之以佛義對之竟不能屈

後周衛元嵩蜀都人性尤不信釋教嘗上疏極論之

唐傅奕武德末為太史令上疏請除去釋教曰佛在西域言妖路遠漢譯胡書恣其假託故使不忠不孝削髮而揖君親遊食易服以逃租賦演其妖書述其邪法僞啓三塗謬張六道恐嚇愚夫詐欺庸品凡百黎庶通識者稀不察根原信其矯詐乃追既往之罪虛規將來之福佈施萬錢希萬倍之報持齋一日冀百日之糧遂使愚迷妄求功德不憚科禁輕犯憲章其有造作惡逆身墜刑網方乃獄中禮佛口誦佛經晝夜忘疲規免其罪且生死壽夭由於自然刑德威福關之人主乃謂貧富貴賤功業所招而愚僧矯詐皆云由佛竊人主之權擅造化之力其為害政良可悲矣按書云惟辟作福惟辟作威惟辟玉食臣有作福作威玉食害于而家凶于而國人用仄頗僻降自犧農至于漢魏皆無佛法君明臣忠祚長年久漢明假託夢想始立胡神西域桑門自傳其法西晉以上國有嚴科不許中國之人輒行髠髮之事洎于苻石羌胡亂華主庸臣佞政虐祚短皆由佛教



教也梁武齊襄足為明鏡昔褒姒一女妖惑幽王尚致亡國況天下僧尼數盈十萬翦刻繒綵裝束泥人而為厭魅迷惑萬姓者乎今之僧尼請令匹配即成十萬餘戶產育男女十年長養一紀教訓自然益國可以足兵四海免蠶食之殃百姓知威福所在則妖惑之風自革淳朴之化還興且古今忠諫鮮不及禍竊見齊朝章仇子佗上表言僧尼徒眾糜損國家寺塔奢侈虛費金帛為諸僧附會宰相對朝讒毀諸尼依託妃主潛行謗讟子佗竟被囚執刑於都市及周武平齊制封其墓臣雖不敏竊慕其蹤又上疏十一首詞甚切直高祖付群官詳議唯太僕卿張道源稱奕奏合理中書令蕭瑀與之爭論曰佛聖人也奕為此議非聖人者無法請寘嚴刑奕曰禮本於事親終於奉上此則忠孝之理著臣子之行成而佛踰城出家逃背其父以匹夫抗天子以繼體而悖所親蕭瑀非出於空桑乃遵無父之教臣聞非孝者無親其瑀之謂矣瑀不能荅但合掌曰地獄所設

正爲是人高祖將從奕言會傳位而止太宗嘗臨朝謂奕曰佛道玄妙聖迹可師且報應顯然屢有徵驗卿獨不悟其理何也奕對佛是胡中桀黠欺誑夷狄初止西域漸流中國遵尚其道皆是邪僻小人模寫莊老玄言飾虛幻之教爾於百姓無補於國家有害太宗頗然之

韓愈字退之素不喜佛初鳳翔法門寺有護國真身塔塔內有釋迦文佛指骨一節其書本傳法三十年一開開則歲豐人泰元和十四年正月憲宗令中使杜英奇押宮人三十人持香花赴臨皋驛迎佛骨自光順門入大內留禁中三日乃送諸寺王公士庶奔走捨施唯恐在後百姓有廢業破產燒頂灼臂而求供養者愈爲兵部侍郎上疏極諫帝怒貶潮州刺史

介僻

夫人之生各有所稟故好尚殊致其類非一子產所謂人心之不同也如其面焉蓋謂是矣乃有躬耿介之性挺身方之操以



固必而自任在夷險而一貫不可以利誘不可以威折猶石之莫轉豈流之可汩然而志存矯激迹近於名教道或迂闊亦取於時譏者焉

後漢朱暉爲臨淮太守坐法免暉剛於爲吏見忌於上所在多被劾自去臨淮屏居野澤布衣蔬食不與邑里通鄉黨譏其介

第五倫爲會稽太守坐法免歸田里身自耕種不交通人物

吳祐爲膠東侯相勵同僚無私書之問上司無牋檄之敬在膠東書不入京師也

周澤爲太常清潔循行盡敬宗廟常臥疾齋宮其妻哀澤老病闚問所苦澤大怒以妻干犯齋禁遂收送詔獄謝罪當世疑其詭激時人爲之語曰生世不諧作太常妻一歲三百六十日三百五十九日齋（漢官儀此下云一日不齋醉如泥）

姜肱與徐稺俱徵不至桓帝乃下彭城畫工圖其形狀肱臥於幽闇以被韜面言患眩疾不欲出風工竟不得見之

范冄（冄或作丹）爲萊蕪長去官嘗使兒捃拾麥得五斛鄰人尹臺遺之一斛囑兒莫道冄後知即令并送六斛言麥已雜矣遂誓不敢受

姜岐漢陽郡人守道隱居名聞西州太守橋玄召以爲吏稱疾不就玄怒勑督郵尹益逼致之曰岐若不至趣嫁其母益固爭不能得遽曉譬岐岐堅臥不起郡內士大夫亦競往諫玄乃止時頗以爲譏

盧植爲尚書初事馬融融外戚豪家多列女倡歌舞於前植侍講積年未嘗轉眄融以是敬之

桓曄仕郡爲功曹尤修志介姑爲司空楊賜夫人初曄父鸞卒姑歸寧赴哀將至止於傳舍整飾從者而後入曄心非之及姑勞問終無所言號哭而已賜遣吏奉祠因縣發取祠具曄拒不受後每至京師未嘗舍宿楊氏其貞忮若此賓客從者皆祗其志行一飧不受於人



李孚字子憲鉅鹿人興平中本郡人民饑困孚爲諸生當種薤欲以成計有從索者亦不與一莖亦不自食故時人謂能行意

袁忠爲沛相天下大亂棄官客會稽上虞時王朗爲太守忠乘船載笠蓋詣朗見朗左右僮從皆著青絳采衣非其奢麗即辭疾發而退也

魏沐並字德信河間人也少孤苦袁紹父子時始爲名吏有志介嘗過姊姊爲殺雞炊黍而不留也後亦以此見譏焉

焦先河東人結草爲裳科頭徒跣每出見婦人則隱翳須去乃出

吳顧悌爲偏將軍待妻有禮常夜入晨出希見其面嘗疾篤妻出省之悌命左右扶起冠幘加襲衣迎之令妻還其貞潔不瀆如此

晉孫晷初仕吳爲伏波將軍雖在家庭而常布衣蔬食[illegible]壟畝誦詠不廢欣然獨得父母愍其如此欲加優饌而夙退方八寐無暫懈也

阮籍字嗣宗嘗隨叔父至東郡兗州刺史王昶請與相見終日不開一言自以不能測從爲步兵校尉

陸納爲吏部尚書謝安嘗欲詣納而納殊無供辦其兄子俶不敢問之乃密爲之具安旣至納所設唯茶果而已俶遂陳盛饌珍羞畢具客罷納大怒曰汝不能光益父叔乃復穢我素業邪於是杖之四十其舉措多此類

夏統高尚不仕其從父敬寧祠先人迎女巫章丹陳珠二人並有國色莊服甚麗善歌舞又能隱形匿影甲夜之初撞鍾擊鼓間以絲竹丹珠乃拔刀破舌吞刀吐火雲霧杳冥流光電發統諸從兄弟欲往觀之難統於是共紿之曰從父間疾病得瘳大小以爲喜慶欲因其祭祀並往賀之卿可俱行乎統從之入門忽見丹珠在中庭輕步佪儛靈談鬼笑飛觸挑柈酬酢翩翻統驚愕而走不由門破藩直出歸責諸人曰昔淫亂之俗興衛文公爲之悲惋螮蝀之氣見君子尚不敢指季桓納齊女仲尼



載馳而退子路見南子憤恚而忼慨吾常恨不得頻叔向之頭陷華父之眼奈何諸君迎此妖物夜與游戲放傲逸之情縱奢淫之行亂男女之禮破貞高之節何也遂隱牀上被髮而卧不復言衆親踧踖即退遣丹珠各各分散

楊軻天水人少好易長而不娶學業精微養徒數百常食麤飲水衣褐縕袍人不堪其憂而軻悠然自得踈賓異客音止未曾交也雖受業門徒非入室弟子莫得親言欲所論受須旁無雜人入室弟子令遞相宣授

殷羨字洪喬爲豫章太守都下人士因其致書者百餘函行次石頭皆投之水中曰沉者自沉浮者自浮殷洪喬不爲致書郵其資性介立如此

羅含爲荆州別駕以廨舍諠擾於城西池小洲上立茅屋伐木爲材織葦爲席而居布衣蔬食晏如也

王育行已任性頗不偶俗妻喪弔之者不過四五人然皆鄉閭名士後仕劉聰爲鎭西大將軍

宋羊欣除中散大夫有病不堪拜伏辭不朝覲高祖恨不識之自非尋省近親不妄行詣行必由城外未嘗入六關

張敷明帝元嘉初爲祕書丞江夏王義恭鎭江陵以爲撫軍功曹轉記室參軍時義恭就太祖求一學義沙門此沙門求見發遣會敷赴假還江陵太祖謂沙門曰張敷應西當令相載及敷辭帝謂曰撫軍須一意懷道人卿可以後艣處之道中可得言晤敷不奉旨曰臣性不耐雜帝甚不悅

王琨爲度支尚書特尚書僕射顏師伯豪貴下省設女樂要琨同聽傳酒行炙皆悉內妓琨以男女無親授傳行每至令置牀上迴避之然後取畢又如此座上莫不撫手嗤笑琨容色自若師伯後爲設樂邀琨琨不往

齊蕭惠開少有風氣涉獵文史家雖貴戚而居服簡素初爲祕書郎著作並名家年少惠開意趣與人多不同比肩或三年不共



語外祖光祿大夫沛郡劉成戒之曰汝恩戚家子當應將迎時俗緝外內之歡如汝自業將無小傷無多異以取天下之疾患耶惠開曰人間宜相緝和甚如慈旨但不幸耿介恥作凡人晝龍未成故遂至於多忤耳

王敬弘爲侍中性介僻兄孫歲中不過一再相見見輒剋日子恢之嘗請假還東定省敬弘克日見之至日輒不果假日將盡恢之乞求奉辭敬弘呵前旣至定復不見恢之於閤外拜辭流涕而去

庾炳之爲吏部尚書性好潔士大夫造之者未出戶輒令人拭席洗牀時陳郡殷冲亦好淨小吏非淨浴新衣不得近左右士大夫小不整潔者亦每容接之炳之好潔反是冲亦譏之

王惠字令明幼而夷簡恬靜不交游未嘗有雜事後爲吏部尚書未嘗接客

南齊關康之字伯愉世居丹徒以墳籍爲務四十年不出門不

應州府辟宋太始中徵通直郎不就晚以好老家貧求爲嶺南小縣性清約獨處一室希與妻子相見不通賓客弟子以業傳受

王僧祐爲黃門郎太尉儉從祖兄負氣不群儉常詣之辭不見武帝數閱武僧祐獻講武賦儉借觀僧祐不與

王思遠爲度支尚書立身簡潔客有詣已者覘知衣服垢穢方便不前形儀新楚乃與促膝雖然及去之後猶令二人交帚拂其坐處

褚賁爲左戶尚書疾篤其子霽載以歸疾小間知非故處大怒不肯復飲食內外閤悉釘塞之不與人相關數日裁餘氣息謝瀹聞其牀從帳之排閤不可開以杵槌破見謂賁曰事之不可得者時也身之不可全者名也名與身俱滅者君也豈不會之哉賁曰吾少無人間心豈身名之可慕但願啓手歸泉必在舊[illegible]龍兒輩不才非達余趣移尸從殯亦吾素心更以此爲恨爾



劉璡爲武陵王曄冠軍征虜參軍與友人孔澈同舟入東澈留目觀岸上女子璡舉席自隔不復同坐

梁何佟之爲尚書左丞性好潔一日之中洗滌者十餘過猶恨不足時人稱爲水淫

後魏平常爲秘書丞以三子並不率父業乃別構精廬并置經籍於其中一奴自給妻子莫得而往酒食亦不與同時有珍羞呼時老東安公刁雍等共飲啖之家人無得嘗焉

信都芳好學天文算數隱居樂平東山性清儉質樸不與物和慕容紹宗給其騾馬不肯乘騎夜遣婢侍以試之芳忿呼毆擊不聽近已狷介自守無求於物

北齊庫狄士文爲貝州刺史性孤直雖鄰里至親莫與通狎

隋薛孺高祖開皇中爲侍御史揚州總管司功參軍每以方直自處府寮多不便之太常丞胡仲操非雅士孺不與之

晉史圭爲貝州刺史退歸常山閉門杜絕人事雖親故人造者不見其面每游外墅則乘婦人氈車以自蔽匿人莫明其心也論者以圭陰僻

褊急

人雖萬物之靈五行之秀然其禀受蓋有蔽固其或位處通顯而性過峻急至於口不擇言與物多忤掇親友之嫌失搢紳之歡者多矣成同寮之憤閱遭明庭之譴怒大則致於殞斃次則貽於困躓比比有焉若乃知非自咎不遠而復佩韋以救過銘座以抑情亦庶幾矣先哲有言曰一朝之忿忘其身以及其親非惑歟此誠立身之元龜也

宛射犬爲鄭大夫晉侯使張骼輔躒致楚師求御於鄭鄭人使射犬御二子在幄坐射犬於外既食而後食之及戰射犬近不告而馳之收禽挾囚不待而出既戰二子問曰胡再不謀謂不告而馳不待而出也對曰曩者志入而已今則怯也皆笑曰公孫之亟也謂性急不肯隱君也



邾莊公與夷射姑飲酒私出射姑邾大夫出辟酒閽乞肉焉奪之杖以敲之敲擊閽頭也明年邾子在門臺門上有臺臨廷閽以缾水沃廷邾子望見之怒閽曰夷射姑旋焉旋小便命執之見其不潔執射姑弗得滋怒自投于牀廢于鑪炭爛遂卒廢墮也莊公卞急而好潔故及是卞躁疾也

西門豹爲鄴令性急佩韋以自緩

後漢范冉臧玄字史雲辟太尉府以狷急不能從俗常佩韋於朝

董卓爲太師性剛而褊忿呂布爲所委信嘗小失意卓不思難拔手戟擲布布拳捷避之爲卓顧謝卓意亦解由是陰怨卓

魏賈逵爲弘農太守與典農校尉爭公事不得理乃發憤生癭後所病稍大自啓願欲令醫割之太祖惜逵忠恐其不活教謝主簿吾聞十人割癭九人死猶止其意而癭愈大

王思爲司農性急嘗執筆作書蠅集筆端驅去復來如是再三思恚怒自起逐蠅不能得還取筆擲地蹋壞之

晉傅玄爲司隸校尉天性峻急不能有所容每有奏劾或值日

袁捧白簡整簪帶跣躡不暇坐而待曰

王述爲尚書令性急爲累嘗食雞子以筯刺之不得便大怒擲也雞子圓轉不止便下牀以屐齒蹋之又不得瞋甚擲内口中齧破而吐之

宋何承天爲廷尉性褊促嘗對主者厲聲曰天何言哉四時行焉百物生焉文帝知之遣使先誡曰善候何顏色如其不悅無須多陳

顏延之爲太常卿性褊激兼有酒過肆意直言曾無回改

謝靈運爲太子左衛率爲性褊激多愆禮度朝廷唯以文義處之不以應實相許

王准之爲都官尚書改領吏部性峭急頗失搢紳之望出爲丹楊尹

王弘爲太保領中書監性褊隘人忤意者輒面加責辱

劉榮祖爲輔國將軍性褊隘頗失士君子之心



梁謝幾卿爲太子率更令性不容非與物多忤有乖己者輒肆意罵之退無所言

後魏元子華爲齊州刺史性甚褊急當其急也口不擇言手自捶擊長史鄭子湛子華親友也見其侮罵遂即去之子華雖自悔厲終不能改

李平爲吏部尚書加撫軍將軍平高明強濟所在有聲但以性急爲累

李業興爲國子祭酒性躁隘至於論難之際高聲攘振無儒者之風每語人云但道我好雖知妄言故勝道惡務進忌前不顧後患時人以此惡之

後周主罷爲驃騎大將軍性嚴急嘗有吏挾私陳事者罷不暇命捶扑乃手自取捧撻以擊之

隋諸葛穎煬帝爲太子時藥藏監及帝即位累遷正議大夫穎性褊急與柳𧦬每相忿鬩帝屢責怒之而猶不止於後帝亦疏之

唐張九齡爲荊州大都督府長史性躁急動輒忿詈議者以此少之

蕭穎士登進士第以傲誕褊急困躓而卒

陸贄爲翰林學士時同職吴通玄弟兄以東宮侍帝由是爭寵頗相嫌恨贄性褊急屢於帝前短通玄

崔元翰爲禮部員外郎知制誥性太剛褊不能取容於時顯知制誥守比部郎中爲時所擯終散位

崔倰爲户部尚書居官清嚴所至必理然性介急待官僚頗無禮節恃已之清見贓汙者如仇讎

韓愈爲吏部侍郎轉京兆尹兼御史大夫以不臺參爲御史中丞李紳所劾愈不伏言准勑仍不臺參紳愈性皆褊僻移刺往來紛然不止乃出紳爲浙西觀察使愈爲兵部侍郎劉禹錫爲禮部郎中集賢院學士求分司東都禹錫終以恃才褊心不得以處朝列



周張穎爲安州防禦使性卞急嚴刻不容人之小過雖左右親近亦皆怨之

冊府元龜卷第九百一十六

冊府元龜卷第九百十七

總錄部一百六十七

矜衒　攻短

夫不矜者世莫能爭矜自衒者上謂之醜行蓋夫處卑以自牧持盈而若沖敦後已之風勵崇讓之操斯可以列于君子之林矣其或內懷滿假雕恩撝挹自負其才美誠稱其智勇形之言色驕乎儕輩激昂其氣矜以說誠能夸大其貴勢以將於衆甚云有周公之藝亦不足觀如若成之傲適足取禍又豈況玄元中所矜者不長伯益垂訓滿以招損者哉

禮至衛大夫謀伐邢以其弟仕焉既伐邢二禮從國子巡城掖以赴外殺之衛侯滅邢禮至爲銘曰余掖殺國子莫余敢止

州綽晉大夫奔于齊齊莊公朝指殖綽郭最曰是寡人之雄也州綽曰君以爲雄誰敢不雄然臣不敏平陰之役先二子鳴莊公爲勇爵殖綽郭最欲與焉州綽曰東閭之役臣左驂迫還於門中識其枚數其可以與於此乎公曰子爲晉君也對曰臣爲隸新然二子者譬於禽獸臣食其肉而寢處其皮矣

顏息魯人定公八年侵齊門於陽州息射人中眉退曰我無勇吾志其目也以自矜

蘇秦東周人爲從約長并相六國北報趙王乃行過雒陽車騎輜重諸侯各發使送之甚衆擬於王者周顯王聞之恐懼除道使人郊勞蘇秦之昆弟妻嫂側目不敢仰視俯伏侍取食蘇秦笑謂其嫂曰何前倨而後恭也嫂委蛇蒲服以面掩地而謝曰見季子位高金多也蘇秦喟然歎曰此一人之身富貴則親戚畏懼之貧賤則輕易之況衆人乎且使我有雒陽負郭田二頃吾豈能佩六國相印乎

毛遂爲平原君門下食客平原君合從於楚與門下有文武具備者二十人偕得十九人餘無可取者遂自贊於平原而行比至楚言其利害日出而言之日中不決遂按劍歷階而上楚王叱之遂曰合從者爲楚非爲趙也楚王曰唯唯既定從於殿上遂左手持盤血而右手招十九人曰公相與歃此血於堂公等錄錄所謂因人成事者也

漢王仲翁爲給事中初仲翁與蕭望之等數人皆補大將軍史三歲間仲翁至光祿大夫給事中望之以射策甲科爲郎署小苑東門候仲翁出入從倉頭廬兒下車趨門傳呼甚寵顧謂望之曰不肯錄錄反抱關爲望之曰各從其志

揚惲爲光祿勳居殿中廉絜無私郎官稱公平然惲伐其行治

後漢楊政爲左中郎將爲人不拘小節果敢自矜然篤於義

桓榮光武時爲太子少傅賜以輜車乘馬榮大會諸生陳其車馬印綬曰今日所蒙稽古之力也

戴良汝南慎陽人才既高達而論議尚奇多駭流俗同郡謝季孝問曰子自視天下孰可爲比良曰我若仲尼長東魯大禹出西羌獨步天下誰與爲偶

魏許攸字子遠少與袁紹及太祖善獻帝初平中隨紹在冀州嘗在坐席言議官渡之役諫紹勿與太祖相攻紹自以彊盛必欲極其兵勢攸知不可爲謀乃亡詣太祖紹破走及後得冀州攸有功焉攸自恃勳勞時與太祖相戲每在席不自限齊至呼太祖小字曰某甲卿不得我不得冀州也太祖笑曰汝言是也然內嫌之其後從行出鄴東門顧謂左右曰此家非得我則不得出入此門也人有白者遂見收而殺之

晉郤詵爲雍州刺史武帝於東堂會送問詵曰卿自以爲何如詵對曰臣舉賢良對策爲天下第一猶桂林之一枝崑山之片玉帝笑侍中奏免詵官帝曰吾與之戲爾不足責

周顗爲尚書左僕射領吏部庾亮嘗謂顗曰諸人咸以君方樂

廣顗曰何乃刻畫無鹽唐突西施也

韋誕仕罷閔爲光禄大夫性不嚴重好徇己之功論者亦以此少之嘗謂其子伯陽曰我高我曾重光累徽我祖我考父父子子汝爲我對正值惡抵伯陽曰伯陽之不肖誠如尊教尊亦正值軟抵爾謗𥿊無言時人傳之以爲嗤笑

顧愷之爲散騎常侍博學有才氣矜伐過實少年因相𢙸譽以爲戲弄嘗爲箏賦成謂人曰吾賦之比嵇康琴不賞者必以後出相遺深識者亦當以高奇見貴

劉惔爲丹陽尹性簡傲桓溫嘗問惔會稽王談更進邪惔曰極進然故第二流爾溫曰第一復誰惔曰故在我輩其爲自標置如此

王坦之爲大司馬桓溫長史有重名僕射江虨音彬文也領選將擬爲尚書郎坦之聞曰自過江來尚書郎正用第二人何得以此見擬虨遂止

袁宏爲大司馬記室與伏滔同在桓溫府府中呼爲袁伏宏心恥之每歎曰公之厚恩未優國士而與滔比肩何辱之甚

伏滔爲著作郎專掌國史領本州大中正孝武帝會於西堂滔豫坐還下車先呼子系之謂曰百人高會天子先問伏滔在坐不此故未易得爲人作父如此定何如也

宋劉穆之爲丹陽尹初穆之家貧其妻江嗣女穆之嘗往江氏食畢求檳榔江氏兄弟戲之曰檳榔消食君乃常飢何忽須此妻復截髮市餚饌爲其兄弟以餉穆之自此不對穆之梳沐及穆之爲丹陽尹將召妻兄弟妻泣而稽顙以致謝穆之曰本不匿怨無所致憂乃至醉穆之乃令廚人以金柈貯檳榔一斛以進之

王弘字休元宋國初建遷尚書僕射弟曇首爲琅邪王大司馬府屬從高祖北征行至彭城高祖大會戲馬臺豫坐者皆賦詩曇首文先成高祖覽讀因問弘曰卿弟何如卿弘答曰若但如下官門戶何寄高祖大笑

荀伯子爲司徒左長史東陽太守嘗自矜蔭籍之美謂車騎將軍王弘曰天下膏粱唯使君與下官爾宣明之徒不足數也

袁淑爲始興王濬征北長史南東海太守始到府濬引見謂曰不意舅遂垂屈佐淑答曰朝廷遣下官本以光公府望

袁粲爲中書令清整有風操自遇甚厚常著妙德先生傳以續嵇康高士傳以自況曰有妙德先生陳國人也氣志淵虛姿神清映性孝履順棲沖業簡有舜之遺風先生幼多疾性疏懶無營尚然九流百氏之言雕龍談天之藝皆泛識其大歸而不以成名家貧嘗仕非其好也混其聲跡晦其心用席門常掩三逕裁通雖揚子寂寞嚴叟沈冥不足過也脩道遂志終無得而稱焉又嘗謂周旋人曰昔有一國國中一水號曰狂泉國人飲此水無不狂唯國君穿井而汲獨得無恙國人既並狂反謂國主之不狂爲狂於是聚謀共執國主療其狂疾火艾針藥莫不必具國主不任其苦於是到泉所酌水飲之飲畢便狂君臣大小其狂若一衆乃歡然我既不狂難以獨立比亦欲試飲此水

南齊袁嘏爲諸暨令常自重其文謂人云我詩應須大材迮之不爾飛去明帝建武末爲王敬則所殺

吳邁遠史失其籍里好爲篇章宋明帝聞而召之及見曰此人連絕之外無所復有邁遠好自誇而蚩鄙他人每作詩得稱意語輒擲地呼曰曹子建何足數哉

丘靈鞠爲長沙王車騎長史好飲酒臧否人物嘗在沈淵座見王儉詩淵曰王令文章大進靈鞠曰何如我未進時此言達儉靈鞠宋世文名甚盛入齊頗減蓬髮弛縱無形儀不治家業王儉謂人曰丘公仕宦不進才亦退矣

劉繪武帝時爲中書郎以辭辯勑接魏使事畢當撰語辭繪謂人曰無論潤色未易但得我語亦難矣

張融爲太子中庶子自名集爲玉海司徒褚淵問玉海名融答

王以比德海崇上善文集數十卷行於世

梁沈約為侍中撰四聲譜以為在昔詞人累千載而不悟而獨得於胸衿窮其妙旨自謂入神之作武帝不好焉

後魏裴叔業初仕南齊為徐州刺史時孝文南巡車駕次鍾離叔業以水軍入淮去王師數十里孝文令尚書郎中裴聿往與之語叔業盛飾左右服翫以夸聿曰我在南富貴正如此豈若鄉彼之儉陋也聿云伯父儀服誠為美麗但恨不晝遊爾

崔浩太武時為左光祿大夫性敏達長於謀計常自比張良謂已稽古過之

李彪為御史中尉彪子志及女婕妤並幼惠始彪奇志及婕妤特加器愛公私坐集必自稱詠由是為孝文所責

宋弁為性好矜伐自許膏腴孝文以郭祚晉魏名門從容謂弁曰卿固應推郭祚之門也弁笑曰臣家未有推祚孝文曰卿自漢魏以來既無高官又無俊秀何得不推弁曰臣清素自立要



爾不推侍臣出後孝文謂彭城王勰曰弁人身良自不惡乃復欲以門戶自矜殊為可笑弁位至右衞將軍

祖瑩有名於世矜己陵物頗以損焉孝明時位至平南將軍

北齊張雕武成時為假儀同三司方委以朝政雕便以澄清為已任意氣甚高嘗在朝堂謂鄭子信曰向入省中見賢家唐令處分極無所以若作數行兵帳雕不如邕若致主堯舜身居稷契則邕不如我其矜如此

崔㥄為七兵尚書每以籍地自矜謂盧元明曰天下盛門唯與博崔趙李何事者哉崔暹聞而銜之

劉晝舉秀才不第撰高才不遇傳三篇自謂博物奇才言好矜大每云使我數十卷書行於後世不易齊景之千駟也而容止舒緩舉動不倫由是竟無仕進

隋崔儦字岐叔在北齊時每以讀書為務負恃才地忽略世人大署其戶曰不讀五千卷書者無得入此室

唐嚴武中書侍郎挺之子肅宗至德中房琯為相薦為京兆少尹時年三十二以史思明阻兵不之官優游京師頗自矜大出為綿州刺史劒南東川節度使

李紳文宗開成中為宣武軍節度使自奏境內蝗不食苗有詔嘉奬紳令刊石於州之相國精舍士大夫無不哂之

鄭仁表洎之子也文章尤稱俊拔然恃才傲物人士薄之自謂門地人物文章具美嘗曰天瑞有五色雲人瑞有鄭仁表劉鄴少時投文於洎仁表兄弟嗤鄙之咸通末鄴為宰相仁表竟貶死南荒

後唐盧程為莊宗太原府推官尋改支使程褊淺無他才唯矜恃門地口多是非篤厚君子尤薄之

胡裝為魏州觀察巡官未幾授監察御史裏行遷節度巡官賜緋魚袋尋廢推官檢校員外郎裝學書無師法工詩非作者偏於題壁所至宮亭寺觀必書爵里人或譏之不以為愧



晉曹國珍為給事中性頗剛僻經藝文學非其所長好自矜衒多上章疏文字差誤數數有之為搢紳所誚

## 改節

夫鮮克有終詩人攸刺信道不篤君子是恥乃有操心匪固守履用衍心枉尺直尋改柯易葉先貞而後黷棄本而趨末虧一匱而廢業移百鍊於繞指初明而卒暗積正而從邪或因利回或為祿誘遂渝規矩頓減聲稱斯皆急於時用罔畏人言墨子所以悲絲仲尼所以惡畫者謂此發也

後漢吉茂初同產兄黃以從公府掾為長陵令是時科禁長吏擅去官而黃聞司徒趙溫薨自以為故吏違科奔喪為司隸鍾繇所收遂伏法茂時為白衣始有清名於三輔以為兄坐追義而死怨怒不肯哭至歲終繇舉茂議者以為茂必不就及舉既到而茂就之故時人或以茂為畏繇

南齊楊法持本道人也與太祖有舊宋後廢帝元徽末宣傳密

誅順帝昇明中以爲僧正及太祖建元初罷道爲寧朔將軍封州陵縣男三百户

梁范雲爲尚書右僕射雲初爲郡號稱廉潔及居貴重頗通饋遺然家無蓄積隨散之親友

後魏廣陵侯衍弟欽字思若少好學早有令譽時人語曰皇宗略略壽安思若及晚貴重不能有益識者輕之

宋翻初爲河陰令威振京師後爲洛陽令累遷河南尹及爲洛陽追於尹畏憚權勢更相承接故當世之名大致減損

袁衍宣武時爲通直郎景明中請隱嵩高至延昌之末衍稍以出山干禄執事孝明除散騎侍郎行河内郡事

李洪之本名文通常山人少爲沙門晚來還俗仕至安南將軍

北齊孫騰爲太保尚書令騰早依附神武契闊艱危勤力恭謹深見待信及神武置之魏朝寄以心腹遂志氣驕盈與奪自已後及謁焉



高元海爲散騎常侍願處山林修行釋典文宣許之乃入林慮山經二年絶棄人事志不能固自啓求歸徵復本任便縱酒肆情廣納姬侍

魏愷文宣時除青州長史固辭不就遂積年沈廢後過吏部楊愔於路微自披陳楊答曰發詔授官咸由聖旨非選曹所悉公不勞見訴愷應聲曰雖復零雨自天終待雲興四擧公豈得言不知楊愔欣然曰此言極爲簡要更不須多語數日除霍州刺史

馮子琮爲右僕射仍攝選子琮微有識鑒及位望轉隆宿心頓改擢引非類以爲深交縱其子弟官位不依倫次又專營婚嫁歷選上門例以官爵許之旬日便驗

隋鄭善果爲魯郡太守其母崔氏有賢德善果亦克己幾清吏後徵授光禄卿其母卒後善果爲大理卿漸驕恣清公平允遂不如疇昔焉

唐劉禕之高宗咸亨初爲中書舍人武后臨朝拜同中書門下三品初禕之居家孝友爲士族所推及得禄賜多散[illegible]坐受歸州都督孫万榮金帛與許敬宗妾私通得罪[illegible]金及私[illegible]

盧藏用少以詞學著稱隱居終南山長安中徵拜左拾遺後爲尚書右丞玄宗先天中坐託附太平公主配流嶺表初藏用隱居之時有貞儉之操往來于少室終南二山時人稱爲隨駕隱士及登朝奢靡淫縱車服鮮麗趨翅詭佞專事權貴時議乃表其醜行

侯希逸初領淄青節度甚著聲稱理兵務農遠近美之後漸縱恣政事怠墮尤崇奉釋教且好畋游與功創寺宇軍州苦之

韋渠牟京兆万年人警悟涉覽經史初爲道士復爲僧德宗貞元中韓滉鎮浙西奏授試秘書省校書郎

于頔爲山南東道節度入朝拜司空平章事頔少有氣節文學落落負奇節好古與當時賢士游晚歲遂自墮敗



李愿初爲徐州節度使[illegible]鄆帥不庭頗有討伐之功及移鳳翔節度使自此頗怠於理無復前志聲色之外全不挂意未幾又拜宣武軍節度繼道周歲果爲部將李介所逐是時愿脱身走入鄭州妻竇氏死於兵士之手其名姬善馬寶貨金帛盡爲[illegible]人所得因致大梁月餘日拒命穆宗爲之旰食遂貶隨州刺史

元錫初歷衢蘇二州刺史所至或有聲績及除福建觀察使鎮當州乃務賄貨與財通權勢深爲公議所責因除秘書監分司東都尋以贓罪發詔監察御史末中鑄按驗得實貶壁州刺史

殷侑爲忠武軍節度使卒侑少以通經入仕所至稱理亦以強直聞晚年不能自固急於大用依附權倖時望由是減薄

賈直言爲昭義軍節度行軍司馬兼御史中丞直言生河朔間始以孝聞鄉里得爲士類後爲李師道賓佐頗以逆順之理諫止之師道前後將加危害者數四及師道就戮劉悟於禁錮之所引爲上介移鎮東郡上黨皆在幕府悟有[illegible]之失未嘗緘

言於是正直之譽頗洽群聽朝廷以諫議大夫徵之詔下之時無不稱當悟旋上表請留復除舊職及悟卒其子從諫擅主留事而直言乃恬然視之無一詞排遏兇計卒使從諫坐邀符節朝廷不得已而授之直言之心不可測已遠茲又爲從諫當從違近共驚其處身行事前後之不相侔也如是

後唐聶嶼鄴中人少爲僧漸學吟詠鄭珏之再主禮闈與鄉人趙都俱赴鄉薦都納賄於珏人報翌日登第嶼聞不捷詬來人以嚇之珏懼俾俱成名

崔貽孫仕唐爲省郎及使於江南回以橐裝營別墅於漢上之穀城退居自奉清江之上綠竹亘野狹徑深邃維舟曲岸人莫造焉時人物以爲高適及梁李振貶均州因奉之甚厚振復入徵至丞郎

晉馬全節爲天雄軍節度北面行營副招討從杜威北討困於陽城而殫竭其私帑僅十萬貫及還任稍稍聚斂百姓苦焉



鄉舊有識者非之

周王進歷汝鄭防禦使甚有政聲伐授相州節度使爲政之道頓減於前未幾以疾薨於任

馮道歷仕四朝三入中書在相位二十餘年平生任其廉儉逮至末年閨庭之內稍徇奢靡其子吉尤恣狂蕩者不能制識者以其不終令譽咸歎惜之

冊府元龜卷第九百十七

# 冊府元龜卷第九百一十八

## 總録部一百六十八

### 忿爭

忿爭　詆訐

凡人稟血氣而生，蘊水火之性，出處市朝之內，馳逐名利之間，情欲誘於外，憎愛應於內，彊弱相形，毀譽相傾，卒歲醜夷，寧亡忿爭乎？譸張是非，多生於酣醟；紛紜辯訴，或發於譏嫌。非夫禮義爲防，謙恭有素，鮮不敗於兹矣。

漢灌夫字仲孺，武帝世爲太僕，坐法去，家居長安。夫爲人剛直使酒使酒因酒而使氣也，不好面諛。貴戚諸勢在己之右，欲必陵之；士在己左，愈貧賤，尤益禮敬，與鈞右尊也左卑也鈞等也。及竇嬰失勢，亦欲倚夫引繩排根生平慕之後棄者言嬰與夫共相提攜有人生平慕嬰與夫後見其失勢而棄之者共擯退之不復與交譬如相對牽繩而提之也今吳楚俗猶謂牽引前卻爲根格也，夫亦得嬰通列侯宗室爲名高。兩人相爲引重相牽引而致於尊重也重音直用反，其游如父子然，相得驩甚，無厭，恨相知之晚。夫嘗有服服謂喪服也，過丞相蚡。蚡從容曰從音千容切："吾欲與仲孺過魏其，會仲孺有服。"夫曰："將軍迺肯幸臨況魏其侯況賜也，夫安敢以服爲解解謂辭之也今言分疏矣！請語魏其具具酒食，將軍旦日蚤臨。"旦明旦也蚤古早字蚡許諾。夫以語嬰。嬰與夫人益市牛酒益多也，夜洒埽張具洒音所懈切埽音素報切，至旦。平明，令門下候司司讀曰伺。至日中，蚡不來。嬰謂夫曰："丞相豈忘之哉？"夫不懌懌悅也，曰："夫以服請，不宜不宜忘也。"迺駕，自往迎蚡。蚡特前戲許夫，殊無意往。夫至門，蚡尚卧也。於是夫見，曰："將軍昨日幸許過魏其，魏其夫妻治具，至今未敢嘗食。"蚡悟，謝曰："吾醉，忘與仲孺言。"迺駕往。往又徐行，夫愈益怒。及飲酒酣，夫起舞屬蚡屬付也猶今之舞訖相勸也，蚡不起。夫從坐語侵之從坐謂移就其坐也。嬰迺扶夫去，謝蚡。蚡卒飲至夜，極驩而去。後蚡使籍福請嬰城南田。嬰大望曰望怨也："老僕雖棄，將軍雖貴，寧可以勢相奪乎！"不許。夫聞，怒，罵福。福惡兩人有隙，迺謾好謝蚡謾猶詭也詐爲好言也讀與慢同又音莫連反，曰："魏其老且死，易忍，且待之。"已而蚡聞嬰、夫實怒不予，亦怒曰："魏其子嘗殺人，蚡活之。蚡事魏其無所不可，愛數頃田！且灌夫何與也與讀曰預？吾不敢復求田。"由此大怒。元光四年春，蚡言灌夫家在潁川，橫甚，民苦之，請案之。帝曰："此丞相事，何請？"夫亦持蚡陰事，爲姦利，受淮南王金與語言。賓客居間，遂已，俱解居間謂賓客處於其間和解之。夏，蚡取燕王女爲夫人燕王澤之子嘉也，太后詔召列侯宗室皆往賀。嬰過夫，欲與俱。夫謝曰："夫數以酒失過丞相數音所角反因酒有失得過於丞相，丞相今者又與夫有隙。"嬰曰："事已解。"彊與俱。酒酣，蚡起爲壽，坐皆避席伏。已嬰爲壽，獨故人避席，餘半膝席以膝跪席上也。夫行酒，至蚡，蚡膝席曰："不能滿觴。"夫怒，因嘻笑曰："將軍貴人也，畢之！"言請盡此觴也時蚡不肯。夫行酒，次至臨汝侯灌賢，賢方與程不識耳語附耳小語也，又不避席。夫無所發怒，迺罵賢曰："平生毀程不識不直一錢，今日長者爲壽，迺效女曹兒呫囁耳語！"呫音他頰切囁音人涉切蚡謂夫曰："程、李俱東西宮衛尉程不識爲長樂衛尉李廣爲未央衛尉，今衆辱程將軍，仲孺獨不爲李將軍地乎？"言二人同類今辱程不顧李也夫曰："今日斬頭穴匈，何知程李！"坐乃起更衣，稍稍去。嬰去，戲夫出。戲古麾字以手招麾之令出也夫出。蚡遂怒曰："此吾驕灌夫罪也。"迺令騎留夫，夫不得出。籍福起爲謝，案夫項令謝。夫愈怒，不肯順。蚡迺戲騎縛夫置傳舍，召長史曰："今日召宗室，有詔。"劾灌夫罵坐不敬言於大坐中罵爲不敬，繫居室。居室署名其後改名曰保宮遂其前事，遣吏分曹逐捕諸灌氏支屬，皆得棄市罪。嬰愧，爲資使賓客請，莫能解。蚡吏皆爲耳目，諸灌氏皆亡匿。夫繫，遂不得告言蚡陰事。嬰銳爲救夫，嬰夫人諫曰："灌將軍得罪丞相，與太后家迕迕相違也，寧可救邪？"嬰曰："侯自我得之，自我捐之，無所恨言失侯不足恨。且終不令灌仲孺獨死，嬰獨生。"迺匿其家，竊出上書。立召入，具告言灌夫醉飽事不足誅帝然之賜嬰食曰東朝廷辨之（東朝太后朝也會公卿大夫東朝共辨之而）蚡分別嬰東朝盛推夫善言其醉飽得過迺丞相以它事誣罪之蚡盛毀夫所為橫恣罪逆不道嬰度無可奈何（度音徒各切）因言蚡短蚡曰天下幸而安樂無事蚡得為肺附所好音樂狗馬田宅蚡所愛倡優巧匠之屬（倡樂人也優戲者也）不如魏其灌夫日夜招聚天下豪桀壯士與論議腹誹而心謗卬視天俛畫地（視天占三光也畫地知分野所在也念欲作亂幸變曰卬）辟睨兩宮間（辟睨傍視也辟音普計切睨字本作睥睨音吾計切）幸天下有變而欲大功（天下有變冀因國家變之際得立大功也）臣乃不如魏其等所為帝問朝臣兩人孰是御史大夫韓安國曰魏其言灌夫父死事身荷戟馳不測之吳軍（荷負也不測言其危也荷音何可切）身被數十創名冠三軍此天下之壯士非有大惡爭杯酒不足引它過以誅也魏其言是丞相亦言灌夫通姦猾侵細民家累巨万橫恣潁川輘轢宗室侵犯骨肉（輘轢猶蹂踐之也輘音陵轢音郎擊切）此所謂支大於幹脛大於股不折必披（披音丕彼切）丞相言亦是唯明主裁之主爵都尉汲



黯是魏其內史鄭當時是魏其後不堅餘皆莫敢對帝怒內史曰公平生數言魏其武安長短今日廷論局趣效轅下駒（駒馬之小者也局趣轅下駒言局促之貌也）吾并斬若屬矣（若汝也）即罷起入上食太后太后亦已使人候司具以語太后太后怒不食曰我在也而人皆藉吾弟（藉蹈也）令我百歲後皆魚肉之乎（以比魚肉而食噉之也）且帝寧能為石人邪（言徒有人形不知好惡也一曰石人者謂常存不死）此特帝在即錄錄（錄錄猶鹿鹿言隨衆也）設百歲後是屬寧有可信者乎（屬謂所親屬也）帝謝曰俱外家故廷辨之（嬰竇太后從兄子蚡太后同母弟故事數言俱外家）不然此一獄吏所決爾是時郎中令石建為帝分別言兩人蚡已罷朝出止車門召御史大夫安國載（許安國載也）怒曰與長孺共一禿翁（長孺安國字也一禿翁言嬰無官位）何為首鼠兩端（首鼠一前一卻也）安國良久謂蚡曰君何不自喜（何不自謙遜為可喜之事也喜音許吏切）夫魏其毀君君當免冠解印綬歸（歸印綬於天子也）曰臣以肺附幸得待罪固非其任魏其言皆是如此上必多君有讓（多猶重也）不廢君魏其必媿杜門齰舌自殺（杜塞也齰齧也音仕客切）今人毀君君亦毀之譬如賈豎女子爭言何其無大體也蚡謝曰爭時急不知出此於是帝使御史簿責嬰（簿責以文簿一一責之也簿音步戶切）所言灌夫頗不讎（讎當也）劾繫都司空（都司空宗正屬官也）孝景時嬰嘗受遺詔曰事有不便以便宜論上（論議其事而上於天子）及繫灌夫罪至族事日急諸公莫敢復明言於帝嬰迺使昆弟子上書言之幸得召見（幸冀也）書奏案尚書大行無遺詔（大行景帝也尚書之中無此大行遺詔也）詔書獨藏嬰家家丞封（以家丞印封之）迺劾嬰矯先帝詔害罪當棄市（矯詔有害不害也）五年十月悉論灌夫支屬嬰良久迺聞有劾即陽病痱不食欲死（痱風病也痱音肥）或聞帝無意殺嬰嬰復食治病議定不死矣迺有飛語為惡言聞帝（飛語謂飛謗之語也）故以十二月晦論棄市渭城（若至三月當見赦書故遲之）後漢游徼（游徼鄉官也）劉聖公賓聚客家有酒請游徼飲賓客醉歌言朝亭兩都尉游徼後來用調羹味游徼大怒縛捶數百魏桓範為大司農嘗抄撮漢書中諸雜事自以意斟酌之名曰世要論蔣濟為太尉嘗與範會社下群卿列坐有數人範



其所撰欲以示濟謂濟當虛心觀之範出其書以示左右左右傳之示濟濟不肯視範心恨之因論他事乃發怒謂濟曰我祖薄德公輩何似邪濟性雖彊毅亦知範剛毅睨而不應各罷吳質拜北中郎將督幽并諸軍事文帝黃初五年朝京師詔上將軍及特進以下皆會質所太官給供具酒酣質欲盡歡時上將軍曹真性肥中領軍朱鑠性瘦質召優使說肥瘦真負貴恥見戲怒謂質曰卿欲以部曲將遇我邪驃騎將軍曹洪輕車將軍王忠言將軍必欲使上將軍服肥即自宜為瘦真愈恚拔刀瞋目言俳敢輕脫吾斬爾遂罵坐質按劍曰曹子丹汝非屠机上肉吳質吞爾不搖喉咀爾不搖牙何敢恃勢驕邪鑠因起曰陛下使吾等來樂卿爾乃至此邪質顧叱之曰朱鑠敢壞坐諸將軍皆還坐鑠性急愈恚還拔劍斬地遂便罷也晉庾純字謀甫為河南尹初純以賈充姦佞與任愷共舉充西鎮關中充由是不平充嘗宴朝士而純後至充謂曰君行常居

人前今何以在後純曰是有小市井事不了是以來後毋言純之先嘗有伍伯者充之先有市魁者充純以此相譏焉充自以位隆望重意殊不平及純行酒充不時飲純曰長者爲壽何敢爾乎充曰父老不歸供養將何言也純因發怒曰賈充天下兇兇由爾一人充曰充輔佐二世蕩平巴蜀有何罪而天下爲之兇兇曰高貴鄉公何在衆坐因罷充左右欲執純中護軍羊琇侍中王濟佑之因得出充慚怒上表解職純懼上河南尹關內侯印綬上表自劾詔免純官

李陽上黨武鄉人石勒微時與陽鄰居歲常爭麻池迭相毆擊後勒僭王位召爲參軍都尉

南齊沈文季字仲達爲侍中領太子右率司徒褚淵當世貴望頗以門戶裁之文季不爲之屈世祖在東宮於玄圃宴朝臣文季數舉酒勸淵淵甚不平啓世祖曰沈文季謂淵經爲其郡數加淵酒文季白推桑與梓必恭敬止豈如明府亡國失土不識



枌榆遂言及虜動淵曰陳顯達沈文季當今將略足委以邊事文季諱稱將門因是發怒啓世祖曰褚淵自謂是忠臣未知身死之日何面目見宋明帝世祖笑曰沈率醉也中丞劉休舉其事見原後豫章王北宅後堂集會文季與淵並善琵琶酒闌取樂器爲明君曲文季使下席大唱曰沈文季不能作伎兒豫章王又解之曰此故當不損仲達之德淵顏色無異終曲而止

後魏李神儁爲侍中初神儁喪二妻又欲娶鄭嚴祖妹神儁之從甥也盧元明亦將爲婚遂至紛競二家閧於嚴祖之門鄭卒歸元明神儁悵不已時人謂神儁鳳德之衰

崔康爲衛軍府錄事參軍帶州榆令時甄琛爲長史因公事言競之間康以拳擊琛墜於牀下琛以本縣長史人而不論

北齊羊烈爲太中大夫兼光祿少卿與尚書畢義雲爭爲兗州大中正義雲盛稱門伐云我累世本州刺史卿世爲我家故吏烈荅云卿自畢軌被誅以還寂無人物近日刺史皆是疆埸之上彼此而得何足而言豈若我之漢家河南尹晉朝大尚書名德學行百代傳美且男清女貞足以相冠自外可稱也蓋譏義雲之帷薄焉

隋何妥爲國子博士加通直散騎常侍時納言蘇威兼領五職高祖甚親重之妥因奏威不可信任威大銜之開皇十二年威定考文與妥更相訶詆威勃然曰無何妥不慮無博士妥應聲曰無蘇威亦何憂無執事由是與威有隙

虞慶則爲尚書右僕射使突厥還高祖幸晉王第置酒會羣臣高熲等奉觴帝因曰高熲平江南虞慶則降突厥可謂茂功矣楊素曰皆由至尊威德所被慶則曰楊素前出兵武牙不若非至尊威德亦無克理遂與互相長短御史欲彈之帝曰今日計功爲樂宜不須劾

唐李銳爲宗正少卿嘗以公事與大卿李幹忿爭銳辭稍直幹廷兩秘之



潘孟陽爲戶部侍郎判度支與太府少卿王遂私忿相持辱請論列上前群議不可因改爲左散騎常侍

漢王繼弘初仕後唐爲六宅副使負氣不遜禁中尚同列分忿爭配流義州尋詔召復禁職

史弘肇爲侍衛親軍都指揮使太師兼侍中爵屬周太祖曰昨辰廷論一何同異今日與弟飲此楊邠蘇逢吉亦舉大觴曰此國家之事也何足介意俱飲釂弘肇又厲聲言曰安朝廷定禍亂直須長槍大劍至如毛錐子焉足用哉三司使王章曰雖有長槍大劍若無毛錐子贍軍財賦自何而集弘肇默然少頃而罷未幾章於其第張酒樂府弘肇尚宰相樞密使及內客省使閻晉卿等俱會酒酣爲手勢令弘肇不熟其事而客省使閻晉卿坐次弘肇屢教之蘇逢吉戲弘肇曰近坐有姓閻人何憂罰爵弘肇妻閻氏本酒妓也弘肇謂逢吉譏之大怒以醜語詬逢吉逢吉不校弘肇欲毆逢吉逢吉策馬而去弘肇遽起索劍意欲追逢吉

楊邠曰蘇公是宰相公若害之致天子何地公紹思之邠泣止之乃引筆素馬急馳而去邠慮有非常連鑣而進送至第而還自是將相不協如水火矣

詆訐

昔子貢之言曰惡不遜以爲勇者惡訐以爲直者訐故小人之用心實爲明哲之所棄若乃跡直清廉不專於左右危言深論不隱乎豪強雖居訕訐之流頗彰強直之進至若言多歷詆志在厚誣此則冒嫉忌前爲害滋甚如其含胥詬笑互相譏詆不顧名教坐速禍稱佛及帖錯此皆斗筲淺局足貽誚於千古爾

漢息夫躬爲光祿大夫左曹給事中躬既親近數進見言事論議亡所避衆畏其口見之仄目仄古側字躬上疏歷詆公卿大臣詆謂毀訾也丁禮切曰方今丞相王嘉健而蓄縮不可用蓄縮謂不進也御史大夫賈延墮弱不任職左將軍公孫祿司隸鮑宣皆外有直項之名内實騃不曉政事騃五駭切諸曹以下僕遬不足數卒有彊弩圍城長戟指闕陛下誰與備之如使狂夫嘄謼於東崖匈奴飲馬於渭水邊竟雷動四野風起京師雖有武蠭精兵未有能窺左足而先應者也軍書交馳而輻湊羽檄重迹而押至小夫愞臣之徒憒眊不知所爲其有犬馬之決者仰藥而伏刃雖加夷滅之誅何益禍敗之至哉

蓋寬饒爲司隸校尉深刻喜陷害人在位及貴戚人與爲怨又好言事刺譏奸犯帝意帝以其儒者優容之

後漢魏齊卿扶風人公族進階激海人並危言□論不隱豪強自公卿以下莫不畏其與議屣履到門

范滂汝南人爲司徒掾非訐朝政自公卿以下皆折節下之

吳虞翻爲騎都尉大帝與張昭論及神仙翻指昭曰彼皆死人而語神仙世豈有仙人也大帝積怒非一遂徙翻交州



晉庾純爲河南尹初純以賈充姦佞與任愷共舉充西鎮關中充由是不平充嘗宴朝士而純後至充謂曰君行常居人前今何以在後純曰旦有小市井事不了是以來後世言純之先嘗有伍伯者充之先有市魁者充純以此相譏焉充自以位隆望重意殊不平及純行酒充不時飲純曰長者爲壽何敢爾乎充曰父老不歸供養將何言也純因發怒曰賈充天下兇兇由爾一人充曰充輔佐二世蕩平巴蜀有何罪而天下爲之兇兇純曰高貴鄉公何在衆坐因罷

宋王淮之爲宋臺御史中丞嘗作五言范泰嘲之曰卿唯解彈事爾淮之正色答曰猶勝卿世載雄狐

王弘爲太保領中書監少時嘗摴蒱失城子野舍及後當權有就弘求縣辭訴頗切此人嘗以摴蒱得罪弘詰之曰君得錢會戲何用禄爲答曰不審公城子野何在弘默然

南齊褚珪字伯玉罷沂南令吏部尚書王僧虔以爲征北板行參軍訴求禄不得與僧虔書曰五常之始文武爲先文則經緯天地武則撥亂定國僕一門雖謝文通乃忝武達群從姑叔三爲帝室祖兄二世糜軀奉國而致子姪餓死草壤去冬今春頻荷二敕既無中人案見遂爾經涉五朔逾歷四時十二旅覲六七遂不荷潤反更曝鰓九流繩平自不宜獨苦一物蟬腹龜腸爲日已久飢虎能嚇人遽尚餓驥不蹔誰爲落毛去冬乞豫章丞爲馬超所爭今春蒙敕南昌縣爲史偃所奪二子勳蔭人才有何見勝若以貧富相奪則分受不如雖孫微而藉□士姻婧位宦亦不後物尚書同堂姊爲江夏王妃尚□同崇□爲南譙王妃尚書婦是江夏王史擅珪祖姑爲長沙景王妃壽伯爲江州檀珪祖亦爲江州尚書從兄出身爲後軍參軍檀珪父釋褐爲中軍參軍僕於尚書人地本懸至於婚宦不肯殊絶今通塞雖異猶忝氣類尚書何事乃爾見苦泰始之初八表同遊一門一世粉骨衛主殊勳異績已不能甄常階舊途復見

侵抑僧虔報書曰征北板比歲處遇小優新主簿從此府入崇禮何儀曹郎代殷亦不見許爲苦足下積屈一朝超升正自小難泰始初勤苦十年自未見其賞而頓就求稱亦何遂吾與足下素無怨憾何以相侵苦直是意有佐佑耳珪又書曰昔有公遂漢之功臣晉武帝方爵其玄孫夏侯惇魏氏勳佐金德初建亦始就甄顯方賞其孫封樹近族羊祜子以晉泰始中建策伐吳至咸寧末方加褒寵封其兄子下望之以咸和初殞身國難至興寧末方崇禮秩官其子孫蜀郡主簿田混黃初末死故君之難咸康中方擢其子孫似不以世代遠而被棄在世疏而見遺檀珪百罹六極造化罕比五喪停露百口轉命存亡披迫本希小祿無意僧榮自古以來有沐食侯近代有王官府佐非休食之職參軍非王官之謂質非匏瓜實羞空懸殷何二生或是府主情味或是朝廷貴賞中原悠悠之人同口而語使僕就此職尚書能以郎見轉不若使日得五外祿則不恥執鞭僧虔乃用爲安城郡丞珪宋安南將軍韶孫也



沈嶠之爲丹徒令性疏直在縣自以清廉不事左右浸潤日至遂鎖繫尚方歎曰一見天子足矣帝召問曰復欲陳答曰臣坐清復以獲罪帝曰清復何以獲罪曰無以承奉要人帝曰要人爲誰嶠之以手板四面指曰此赤衣諸賢皆是若臣得更鳴必令清樂日至嶠之雖危言帝亦不責後知其無罪重除丹徒令入縣界吏人候之謂曰我今重來當以人肝代米不然清名不立

劉祥少好文學性韻剛疏輕言肆行不避高下爲正員郎司徒褚淵入朝以腰扇鄣日祥從側過曰作如此舉止羞面見人扇鄣何益淵曰寒士不遜祥曰不能殺袁劉安得免寒士袁粲劉秉

後魏辛琛爲揚州征南府長史李崇多事產業琛每諫折崇不從遂相糾舉詔並不問崇因置酒謂琛曰長史後必爲刺史但不知得上佐何如人爾琛對曰若萬一叨忝得一方正長史朝夕聞過是所願也崇有慚色

陳奇爲祕書監游雅所惡奇冗散數年高允與奇讎溫古籍嘉其遠致稱奇通識非凡學所窺允微勸雅曰君朝望具瞻何爲與野儒辨簡牘章句雅謂允有私於奇曰君寧黨小人也乃取奇所注論語孝經焚於庭內允曰公貴人不乏樵薪何乃然奇論語雅逾怒因告京師後生聽傳授而奇無降志亦評雅之失雅製昭皇太后碑文論后名字之美比諭前魏之甄后奇刺發其非遂聞於帝詔下司徒檢封碑史事乃郭后雅有屈焉奇史下載官也

後唐史在德蜀人編急務在進取游說豪門以國士自負末帝清泰二年上封事大旨言朝廷閭人率多濫進稱武士者不閑計策雖被堅執銳戰則棄甲窮則背軍稱文士者鮮有藝業無士行問策謀則杜口作文字則倩人所謂虛設具員枉耗國力逢陛下惟新之運是文明革弊之秋臣請應內外所管軍人凡勝衣甲者請宣下本都本將一一考試武藝短長權謀深淺居



下位有將相才者便拔爲大將居上位無將略者移之下[illegible]東班臣僚請內出策題下中書令宰臣面試如下位有[illegible]者便拔居大位處大位無大才者即移之下[illegible]係其蹤大[illegible]在德敢言不畏罪罰盧文紀等省其奏不悅班行亦多[illegible]諫官劉濤等上疏請出在德疏辯可否宣行中書覆奏亦駁其錯誤帝召學士馬裔孫謂曰史在德語太凶其實難容朕初臨天下須開言路若朝士以言獲罪誰敢言者爾代朕作詔勿加在德之罪

晉閻瀲爲滑州節度使史翰幕客狂率酣醟一日使酒怒目謂翰曰明公昔刺單懷與瀲主客道至事無不可今領節鉞數不相容且書記趙礪險詖之人也翕肩諂笑瀆貨無厭而公待之甚厚瀲今請死近聞張彥澤欲斬張式未聞史翰斬閻瀲恐天下談者未有比類翰不怒引循自罰而慰勉之

冊府元龜卷第九百十八

冊府元龜卷第九百一十九

總録部　一百六十九

讎怨

夫厲階之成怨府之結本乎心術之毒憝血氣之方剛違之有同之理構猜忌之衅不在於大[illegible]於禍胎失之於微乃[illegible]於釁隙故有因機乘便發怒[illegible]起而圖視敵中隱不言[illegible]闘不容髮以報其怨大則效尊[illegible]國流毒於氏族小亦陰畫計策圖害于厥躬原夫逞其志有[illegible]斯作事非[illegible]以理遣勢不可以兩全快心内興怒氣外滅思以雪乎大恥亦安事於貪生乃至於不顧軀命輕用兵刃苟圖快意罔念後艱闘與夫犯而不校以德報怨者異矣若夫於天之讎枕戈是期反兵同國存諸典訓也不可以忽也

鄭子駟與尉止有爭將禦諸侯之師而黜其車[illegible]尉止獲又與之爭[illegible]子駟抑尉止曰爾車非禮也遂弗使獻[illegible]堵氏侯氏子師氏皆喪田焉[illegible]故五族聚群不逞之人因公子之徒以作亂[illegible]於是子駟當國子國為司馬子耳為司空子孔為司徒[illegible]襄公十年十月尉止司臣侯晉堵女父子師僕帥賊以入晨攻執政于西宮之朝殺子駟子國子耳劫鄭伯以如北宮子孔知之故不死[illegible]

楚太子建之子勝在於吳吳王夫差之時楚惠王欲召勝歸楚葉公諫曰勝好勇而陰求死士殆有私乎惠王不聽遂召勝使居楚之邊邑鄢[illegible]號為白公[illegible]白公歸楚三年而吳誅子胥白公勝既歸楚怨鄭之殺其父乃陰養死士求報鄭歸楚五年請伐鄭楚令尹子西許之兵未發而晉伐鄭鄭請救於楚楚使子西往救與盟而還白公勝怒曰非鄭之仇乃子西也勝自礪劍人問曰何以為勝曰欲以殺子西子西聞之笑曰勝如卵[illegible]爾何能為也其後四歲白公勝與石乞襲殺楚令尹子西



武城人或有因於吳竟田焉[illegible]拘鄫人之漚菅者曰何故使吾水滋[illegible]及吳伐魯道從武城吳師至拘者道之以伐武城克之[illegible]

衛莊公登城以望戎州[戎州戎邑]問之以告公曰我姬姓也何戎之有焉[illegible]翦之[illegible]公使匠久公欲逐石圃[illegible]石圃未及而難作石圃因匠氏攻公公闔門而請弗許踰于北方而隊折股戎州人攻之太子疾公子青踰從公[illegible]戎州人殺之公入于戎州己氏[己氏戎人姓]初公自城上見己氏之妻髮美使髡之以為呂姜髢[呂姜莊公夫人髢髲也]既入焉而示之璧曰活我吾與女璧己氏曰殺女璧其焉往遂殺之而取其璧

皇瑗宋右師瑗之子麇有友曰田丙而奪其兄酁般邑以與之酁般慍而行告桓司馬之臣子儀克[illegible]子儀克適宋告夫人曰麇將納桓氏公問諸子仲[illegible]初子仲將以杞姒之子非我為子[illegible]麇曰必立伯也是良材子仲怒弗從故對曰右師則老矣不識麇也[illegible]公執之皇瑗奔晉召之[illegible]

智伯[illegible]與趙簡子伐鄭簡子疾使大子毋卹將而圍鄭智伯醉以酒灌擊毋卹毋卹群臣請死之毋卹曰君所置毋卹為能忍詢然亦怨智伯智伯歸因謂簡子使廢毋卹簡子不聽毋卹由此怨智伯簡子卒毋卹立是為襄子襄子立四年智伯與趙韓魏盡分其范中行故地智伯益驕請地韓魏韓魏與之請地趙趙不與以其圍鄭之辱智伯怒遂率韓魏攻趙趙襄子懼乃奔保晉陽

趙襄子晉大夫與韓魏合謀滅智伯滅智伯之後而三分其地趙襄子最怨智伯漆其頭以為酒器

范睢者魏人也字叔游說諸侯欲事魏王家貧無以自資乃先事魏中大夫須賈須賈為魏昭王使於齊范睢從留數月未得報齊襄王聞睢辯口乃使人賜睢金十斤及牛酒睢辭謝不敢

受須賈知之大怒以為雎持魏國陰事告齊故得此饋令雎受其牛酒還其金既歸心怒雎以告魏相魏相魏之諸公子曰魏齊魏齊大怒使舍人笞擊雎折脅摺齒雎佯死即卷以簀置廁中賓客飲者醉更溺雎故僇辱以懲後令無妄言者雎從簀中謂守者曰公能出我我必厚謝公守者乃請出棄簀中死人魏齊醉曰可矣范雎得出既相秦秦號曰張祿而魏不知以為范雎已死久矣魏聞秦且東伐韓魏魏使須賈於秦范雎聞之為微行敝衣閒步之邸見須賈須賈見之而驚曰范叔固無恙乎范雎曰然須賈笑曰范叔有說於秦邪曰不也雎前日得過於魏相故亡逃至此安敢說乎須賈曰今叔何事范雎曰臣為人庸賃須賈意哀之留與坐飲食曰范叔一寒如此哉乃取其一綈袍以賜之須賈因問曰秦相張君公知之乎吾聞幸於王天下之事皆決於相君今吾事之去留在張君孺子豈有客習於相君者哉范雎曰主人翁習知之唯雎亦得謁雎請為君見於張



君須賈曰吾馬病車軸折非大車駟馬吾不出范雎曰願為君借大車駟馬於主人翁范雎歸取大車駟馬為須賈御之入秦相府府中望見有識者皆避匿須賈怪之至相舍門謂須賈曰待我我為君先入通於相君須賈待門下持車良久問門下曰范叔不出何也門下曰無范叔須賈曰鄉者與我載而入者門下曰乃吾相張君也須賈大驚自知見賣乃肉袒膝行因門下人謝罪於是范雎盛帷帳侍者甚眾見之須賈頓首言死罪曰賈不意君能自致於青雲之上賈不敢復讀天下之書不敢復與天下之事賈有湯鑊之罪請自屏於胡貉之地唯君死生之范雎曰汝罪有幾曰擢賈之髮以續賈之罪尚未足范雎曰汝罪有三爾昔者楚昭王時而申包胥為楚卻吳軍楚王封之以荊五千戶包胥辭不受為丘墓之寄於荊也今雎之先人丘墓亦在魏公前以雎為有外心於齊而惡雎於魏齊公之罪一也當魏齊辱我於廁中公不止罪二也更醉而溺我公其何忍乎

罪三矣然公之所以得無死者以綈袍戀戀有故人之意故釋公乃謝罷入言之昭王罷歸須賈須賈辭於范雎范雎大供具盡請諸侯使與坐堂上食飲甚設而坐須賈於堂下置莝豆其前令兩黥徒夾而馬食之數曰為我告魏王急持魏齊頭來不然者我且屠大梁須賈歸以告魏齊魏齊恐亡走趙匿平原君所秦昭王聞魏齊在平原君所欲為范雎必報其仇乃詳為好書遺平原君曰寡人聞君之高義願與君為布衣之友君幸過寡人寡人願與君為十日之飲平原君畏秦且以為然而入秦見昭王昭王與平原君飲數日昭王謂平原君曰昔周文王得呂尚以為太公齊桓公得管夷吾以為仲父今范君亦寡人之叔父也范君之仇在君之家願使人歸取其頭來不然吾不出君於關平原君曰貴而為交者為賤也富而為交者為貧也夫魏齊者勝之友也在固不出也今又不在臣所昭王乃遺趙王書曰王之弟在秦范君之仇魏齊在平原君之家王使人疾持



其頭來不然吾舉兵而伐趙又不出王之弟於關趙孝成王乃發卒圍平原君家急魏齊夜亡出見趙相虞卿虞卿度趙王終不可說乃解其相印與魏齊亡閒行念諸侯莫可以急抵者乃復走梁欲因信陵君以走楚信陵君聞之畏秦猶豫未肯見曰虞卿何如人也時侯嬴在旁曰人固未易知知人亦未易也夫虞卿躡屩檐簦一見趙王賜白璧一雙黃金百鎰再見拜為上卿三見卒受相印封萬戶侯當此之時天下爭知之夫魏齊窮困過虞卿虞卿不敢重爵祿之尊解相印捐萬戶侯而閒行急士之窮而歸公子公子曰何如人人固不易知知人亦未易也信陵君大慙駕如野迎之魏齊聞信陵君之初難見之怒而自剄趙王聞之卒取其頭予秦秦昭王乃出平原君歸趙

張儀者魏人也呂氏春秋曰魏氏餘子始嘗與蘇秦俱事鬼谷先生學術蘇秦自以不及張儀張儀已學而游說諸侯嘗從楚相飲已而楚相亡璧門下意張儀曰儀貧無行必此盜相君之璧共執張

儀掠笞數百不服釋縱之其妻曰嘻子毋讀書游說安得此辱
乎張儀謂其妻曰視吾舌尚在不其妻笑曰舌在也儀曰足矣
儀既相秦爲文檄一作尺之檄告楚相曰始吾從若飲我不盜而璧
若笞我若善守汝國我顧且盜而城
孫臏齊人與龐涓俱學兵法龐涓爲魏將自以爲能不及孫子
疾之以法刑斷其兩足齊將田忌進孫子於威王以田忌爲將
而孫子爲師魏與趙攻韓韓急告於齊齊使田忌將而往直走
大梁魏將龐涓聞之去韓而歸齊軍旣已過而西矣孫子謂田
忌曰彼三晉之兵素悍勇而輕齊齊號爲怯善戰者因其勢而
利導之兵法百里而趣利者蹶上將撅猶斃也五十里而趣利者軍
半至使齊軍入魏地爲十萬竈明日爲五萬竈又明日爲二萬竈
龐涓行三日大喜曰我固知齊軍怯入吾地三日士卒亡者過
半矣乃棄其步軍與其輕銳倍日并行逐之孫子度其行暮當
至馬陵道陿而旁多阻隘可伏兵乃斫大樹白而書之曰龐涓



死于此樹之下於是令齊軍善射者萬弩夾道而伏期日暮見
火舉而俱發龐涓果夜至斫樹下見白書乃鑽火燭之讀其書
未畢齊軍萬弩俱發魏軍大亂相失龐涓自知智窮兵敗乃自
剄曰遂成豎子之名齊因乘勝盡破其軍虜魏太子申以歸孫
臏以此名顯天下
漢張耳大梁人與陳餘爲刎頸交其後有隙耳爲常山王餘爲
代王相趙襲常山耳敗走高祖二年東擊楚使告趙欲與俱餘
曰漢殺張耳乃從於是漢求人類耳者斬其頭遺餘餘乃遣兵
助漢漢敗於彭城西餘亦聞耳詐死即背漢漢遣耳與韓信擊
破趙井陘斬餘泜水上
袁盎爲吳相告歸盎素不好鼂錯錯所居坐盎輒避盎所居坐
錯亦避兩人未嘗同堂語及孝景即位鼂錯爲御史大夫使吏
案盎受吳王財物抵罪詔赦以爲庶人吳楚反聞朝錯謂
丞史曰袁盎多受吳王金錢專爲蔽匿言

不反欲請治盎宜知其計謀丞史曰事未發治之有絶事之時治發
之乃亦無益今兵西向治之何益且盎不宜有謀錯猶與未決
人有告盎盎恐夜見竇嬰爲言吳所以反願至前口對狀
嬰入言帝迺召盎盎入見帝方與錯調兵食
帝問盎曰君嘗爲吳相知吳臣田祿伯爲人乎今吳楚反於
公意何如對曰不足憂也今破矣帝曰吳王即山鑄錢煮海爲
鹽誘天下豪桀白頭舉事此其計不百全豈發乎何以言
其無能爲也盎對曰吳銅鹽之利則有之安得豪桀而誘之誠
令吳得豪桀亦且輔而爲誼不反矣吳所誘皆亡賴子弟亡命
鑄錢姦人故相誘以亂錯曰盎策之善帝問曰計安出盎對曰
願屏左右帝屏人獨錯在盎曰臣所言人臣不得知迺屏錯錯
趨避東箱甚恨帝卒問盎對曰吳楚相遺書言高皇帝王
子弟各有分地今賊臣鼂錯擅適諸侯削奪之地以
故反名爲西共誅錯復故地而罷方今計獨有斬錯發使赦吳



楚七國復其故地則兵可毋血刃而俱罷於是帝默然良久曰
顧誠何如吾不愛一人謝天下盎曰愚計出此唯帝孰
計之迺拜盎爲泰常密裝治行後十餘日斬錯
張湯爲御史大夫七歲河東人李文故嘗與湯有隙已而爲御
史中丞薦數從中文事有可以傷湯者不能爲地湯有所愛史魯謁居知湯弗平使人上飛變
告文姦事事下湯湯治論殺文
李敢廣子也爲郎中令怨大將軍青之恨其父
傷大將軍大將軍匿諱之居無何敢從上雍至甘泉宮獵驃騎將軍霍去病怨敢傷青射殺
敢去病時方貴幸上爲諱云鹿觸殺之
薛宣罷相就第久之哀帝初即位博士申咸給事中亦東海人
也毀宣不供養行喪服薄於骨肉前以不忠孝免不宜復列封
侯在朝省宣子況爲右曹侍郎數聞其語賕客楊明欲令創咸

面目使不居位[illegible]會司隸鮑[illegible]之遂令
明庭所宗宮門外[illegible]有司[illegible]
為陳人
後漢班固嘗為大將軍竇憲中護軍洛陽令种兢嘗行固奴干
其車騎吏椎呼之奴醉罵兢大怒畏憲不敢發心銜之及竇氏
賓客皆逮考兢因此捕繫固遂死獄中時年六十一詔以譴責
兢抵主者吏罪
周黨少孤至長安遊學初鄉佐嘗眾中辱黨黨久懷之後讀春
秋聞復讎之義便輟講而還與鄉佐相聞期剋鬬日既交刃而
黨為鄉佐所傷困頓鄉佐服其義輿歸養之數日方蘇既悟而
去自此勑身修志州里稱其高
郎顗北海人少傳父業隱居海畔延致學徒晝研精義夜占象度
勤心銳思朝夕無倦州郡辟召舉有道方正不就同郡孫禮者
積惡凶暴好游俠與同里人常慕顗名德欲與親善顗不顧以
此結怨遂為所殺
杜喬為大司農益州刺史种暠舉劾永昌太守劉君世以金蛇
遺梁冀事發覺以蛇輸司農冀從喬借觀之喬不肯與冀始為
恨累遷大鴻臚時冀小女死令公卿會喪喬獨不往冀又銜之
遷光祿勳代胡廣為太尉桓帝納冀妹冀欲令以厚禮迎之喬
據執舊典不聽又冀屬喬舉汜宮為尚書喬以宮臧罪明著遂
不肯用因此日忤於冀及清河王蒜事起冀遂諷有司劾喬及
李固與劉鮪等交通請逮案罪而梁太后素知喬忠但策免而
已冀愈怒使人脅喬曰早從宜妻子可得全（從宜令其自盡）喬不肯
明日冀遣騎至其門不聞哭者遂白執繫之獄中死妻子歸故
郡與李固俱暴尸於城北
呂布初與董卓誓為父子常在左右而卓性褊忿每小失意拔
手戟擲之布拳捷避之得免猶是陰怨卓卓又嘗使布守中閤
布與卓侍婢私通恐事發覺心不安先是司徒王允以布州里壯
健厚接納之後布詣允陳卓幾見殺狀時允與僕射士孫瑞密
謀誅卓是以告布使為內應布曰柰如父子何允曰君自姓呂
不非骨肉今憂死不暇何謂父子布遂許之手刃刺卓允以布
為奮威將軍假節儀比三司進封溫侯共秉朝政布自殺卓後
畏惡涼州人涼州人皆怨由是李傕等遂相結還攻長安城布
不能拒李傕等遂入長安卓死後六旬布亦敗
牛輔董卓女壻恇怯失守不能自安見客先筮知吉凶然後見
之中郎將董越來就輔輔使筮之得兌下離上筮者曰火勝金
外謀內之卦也即時殺越獻帝記云筮人常為越所鞭故因此
以報之
王叡先與孫堅共擊零桂賊以堅武官言頗輕之及叡舉兵欲
討董卓素與武陵太守曹寅不相能揚言當先殺寅寅懼詐作
案行使者光祿大夫溫毅檄移堅說叡罪過令收行刑訖以狀
上堅即承檄勒兵襲叡叡聞兵至登樓望之遣問欲何為堅前
部答曰兵久戰勞苦所得賞不足以為衣服詣使君更乞資直
叡曰刺史豈有所吝便開庫藏使自入視之知有所遺不兵
進及樓下叡見堅驚曰兵自求賞孫府君何在其中堅曰被使
者檄誅君叡曰我何罪堅曰坐無所知叡窮迫刮金飲之而死
吳凌統怨甘寧殺其父操寧常備統不與相親大帝亦命統不
得讎之嘗於呂蒙舍會酒酣統乃以刀舞寧起曰寧能雙戟舞蒙曰寧
雖能未若蒙之巧也因操刀持楯以身分之後孫權知統意因令
寧將兵遂徙屯於半州
晉衛瓘為司空時帳下督榮晦有罪瓘斥遣之及難作隨兵討
瓘故子孫皆及于禍太保主簿劉繇等撾登聞鼓上言曰瓘前
在司空時帳下給使榮晦無情被黜晦知瓘家人數小孫名字
晦後轉給右軍其夜晦在門外揚聲大呼宣詔免公還第及門
開晦前到中門復讀所齎偽詔手取公章綬貂蟬催公出第晦
案次錄瓘家口及其子孫皆兵仗將送著東亭道北圍守一宿

間便皆斬斫害公子孫實由於晦及將人切盜府庫皆晦所為考晦一人衆姦皆出乞驗盡情爲加以族誅詔從之

鄭默爲光祿勲太康元年卒尚書令衛瓘奏默才行名望宜登論道五外九卿亡未有復贈宜贈三司而后父楊駿先欲以女妻默子豫默曰吾每讀雋不疑傳常想其人畏遠權貴奕世所守遂辭之駿深爲恨至此駿議不同遂不施行

潘岳爲琅邪內史孫秀爲小史給岳而狡黠自喜岳惡其爲人數撻辱之秀常銜忿及趙王倫輔政秀爲中書令岳於省內謂秀曰孫令猶憶疇昔周旋不荅曰中心藏之何日忘之岳於是自知不免俄而秀遂誣岳及石崇歐陽建謀奉淮南王允齊王冏爲亂誅之夷三族

向雄河內人仕郡爲主簿太守劉毅嘗以非罪笞雄吳奮爲太守又以少譴繫雄於獄後累遷黃門侍郎時吳奮劉毅俱爲侍中同在門下雄初不交言武帝聞之勑雄令復君臣之好雄不



得已乃詣毅再拜曰向被詔命君臣義絕如何於是即去帝聞而大怒問雄曰我令卿復君臣之好何以故絕雄曰古之君子進人以禮退人以禮今之進人若加諸膝退人若墜諸川劉河內於臣不爲戎首亦已幸甚安復爲君臣之好帝從之

郄詵字廣基其鄉人卞峻清貞有檢識以名理著稱詵待于陵數峻兄弟峻等亦以門盛輕詵相視如讎詵以楊駿故吏彼繫峻時爲尚書郎按其獄詵懼不免峻平心斷決正之詵卒以免而猶不悛後爲左丞復奏陷卞氏皇甫重爲秦州刺史齊王冏輔政以重弟商爲參軍冏誅長沙王乂又以爲參軍時河間王顒鎮關中其將李含先與商重有隙每銜之及此說顒曰商爲乂所任重終不爲人用宜急除之以去一方之患可表遷重爲內職因其經長安乃執之

賈疋爲安定太守雍州刺史丁綽貪橫失百姓心乃譖疋于南陽王模模以軍司謝班代之疋奔瀘水與胡彭蕩仲及氐竇首結爲兄弟聚攻班綽奔武都疋復入安定殺班

解結與兄系齊名爲御史中丞時孫秀亂關中結在都坐議秀罪應誅秀由是致憾及系被害結亦同戮

華譚字令思陳敏之亂吳士多爲其所逼顧榮先受敏官而潜謀圖之譚不悟榮旨露檄遠近極言其非由此爲榮所怨譚從爲紀瞻所薦而爲榮所止遂數年不得調後譚爲秘書監戴若思弟邈則譚女壻也譚平生時常抑若思而進邈若思每銜之及用事常毀譚於帝由是官塗不至

束晳與兄璆俱知名鄉里察孝廉舉茂才皆不就璆娶石鑒從女棄之鑒以爲憾諷州郡公府不得辟故晳等久不得調

王澄爲荊州刺史以郭舒爲別駕舒以與杜曾厚曾召之不往曾銜之至是澄又轉舒爲順陽太守曾密遣兵襲舒遁逃[illegible]

蘇峻爲歷陽內史庾亮輔政欲徵之峻遣司馬何仍詣亮曰[illegible]以內輔非所堪亮不從遂徵爲散騎常侍峻又表乞補一荒郡從



不許遂舉兵爲亂峻既敗死司馬任讓等共立峻弟逸爲主峻子碩乃發亮父母墓剖棺焚尸

王珣兄弟皆謝氏壻以猜嫌致隙太傅安既與珣絕婚又離珉妻由是二族遂成仇釁時帝欲以珣爲豫章太守

毛安之四子潭泰邃遁嗣爵官至江夏相泰爲太傅從事中郎後爲諮議參軍與邃俱爲會稽王父子所暱乃追論安之討盧悚勳賜爵平都子命潭襲爵元顯嘗夏泰家既而欲去泰苦留之曰公若遂去當取公頭元顯大怒奮衣而出遂與元顯有隙及元顯敗泰時爲冠軍將軍堂邑太山二郡太守邃爲游擊將軍遁爲太傅主簿桓玄得志使泰收元顯送于新亭泰因手加毆辱俄並爲玄所殺惟遁被徙廣州

高瞻渤海蓨人崔毖伐慕容廆毖敗降于廆廆署將軍瞻稱疾不就瞻與宋該有隙該勸廆除之瞻聞其言內不自安遂以憂死

劉毅以爲劉敬宣寗朔參軍時人或以雄傑許之敬宣曰人非常之才當別有調度豈得便謂此君爲人豪邪其性外寬而內忌自伐而尚人若一旦遭逢亦當以陵上取禍爾毅聞之深以爲恨及在江陵知敬宣還乃使人言於高祖曰劉敬宣父子忠國既昧今又不豫義始猛將勞臣方須叙報如敬宣之比宜令在後若使君不忘平生欲相申起者論資語事正可爲員外常侍耳聞已授其郡實爲優遇尋知復爲江州尤所駭惋敬宣愈不自安安帝反正自表解職後敬宣伐蜀無功而還毅欲以重法繩之高祖既相任持又何無忌明言於毅謂不宜以私憾傷至公若必文致爲戮已當入朝以廷議決之毅雖止謂高祖曰夫生平之舊豈可孤信光武悔之於龐萌曹公失之於孟卓公宜深慮之毅出爲荆州謂敬宣曰吾忝西任欲屈卿爲長史南蠻豈有見輔意乎敬宣懼禍及以告高祖高祖笑曰但令老兄平安必無過慮出爲使持節督北青州軍郡事征虜將軍



冊府元龜卷第九百一十九

冊府元龜卷第九百二十

總録部一百七十

讎怨第二

宋沈穆夫及父警坐孫恩事逃匿先是宗人沈預素無士行爲警所疾至是聞穆夫豫亂逃藏將免矣預以告官警及穆夫兄仲夫任夫預夫珮夫並遇害唯穆夫子淵子雲子田子林子虔子獲全

謝晦爲太尉主簿内外要任悉委之劉穆之追使陳事晦往往多異同穆之怒曰公復有還時不高祖欲以爲從事中郎以訪穆之穆之堅執不與終穆之世不遷穆之喪問至高祖哭之甚慟晦時正直喜甚自入閤内審穆之死問其日教出轉晦從事中郎

沈璞以元凶之亂疾疢增篤不堪遠迎世祖義軍至新亭方得致身先是琅邪顔竣頻交璞不酬其意竣以致恨及世祖將至都方有讒訴以璞奉迎之晚構扇其禍時年四十八



始安王休仁文帝第十二子前廢帝嘗於休仁前使左右逼休仁所生母楊太妃左右並不得已順命以至右衛將軍劉道隆道隆歡以奉旨盡諸醜狀明帝即位以休仁爲司徒尚書令楊州刺史持劉道隆爲護軍休仁請求解職曰臣不得與此人同朝乃賜道隆死

孟顗爲會稽太守謝靈運以侍中退居郡中會稽東郭有廻踵湖靈運求決以爲田太祖令州郡履行此湖去郭近水物所出百姓惜之顗堅執不與靈運既不得廻踵又求始寧岯崲湖爲田顗又固執靈運謂顗非在利民正慮決湖多害生命言論毀傷之與顗遂構讎隙

劉瑀爲吏部尚書與何偃有隙及瑀發背癰何偃亦發背疽瑀疾已篤聞偃云歡躍叫呼於是亦卒

南齊沈文季宋司空慶之子也宋昇明元年沈攸之反太祖加文季爲冠軍將軍督吳興錢唐軍事攸之先爲景和衛使殺慶之至是文季收殺攸之弟新安太守登之誅其宗族

王晏爲吏部尚書以舊恩見寵時尚書令王儉雖貴而疎晏既領選權行臺閣與儉頗　儉卒禮官議謚帝欲依王導謚爲文獻晏啓帝曰導乃得此謚但宋來不加素族出謂親人曰平頭憲事已行矣

張敷爲南陽王友敷父暢先爲丞相長史義宣事起暢爲王玄謨所録將殺之玄謨子瞻爲南陽王前軍長史敷啓求去官不許

江祐爲右僕射與弟侍中祀衛尉劉暄謀立江夏王寶玄廢東昏事發召祐入見停中書省初袁文曠以王敬則勳當封祐執不與帝使文曠取祐以刀環築其心曰復能奪我封否祐祀同日被殺

梁張弘策爲高祖雍州録事參軍從高祖義師克京城爲衛尉卿散騎常侍爲東昏餘黨孫文明所殺及文明就擒張氏親屬臠食之



鍾嶸爲晉安王記室嶸嘗求譽於沈約約拒之及約卒嶸品古今詩爲評言其優劣云觀休文衆製五言最優齊永明中相王愛文王元長等皆宗附約于時謝朓未遒江淹才盡范雲名級又微故稱獨步故當辭密於范意淺於江蓋追宿憾以此報約也頃之卒官

劉孝綽爲太子僕掌東宮記室與到洽友善同游東宮孝綽自以才優於洽每於宴坐嗤鄙其文洽銜之及孝綽爲廷尉卿攜妾入官府其母猶停私宅洽尋爲御史中丞遣令史案其事遂劾奏之云攜少妹於華省棄老母於下宅高祖爲隱其惡改妹爲姝坐免官孝綽弟時隨藩皆在荆雍乃與書論其不平者十事其辭皆鄙到氏又寫別本封呈東宮昭明太子命焚之不開視也

劉覽字孝智爲尚書當官清正無所私姊夫御史中丞褚湮從兄吏部郎孝綽在職頗通贓貨覽劾奏並免官孝綽怨之常謂人曰犬齧行路覽噬家人

沈瑀爲餘姚縣令大姓虞氏千餘家請謁如市前後令長莫能絶自瑀到非訟所通其至者悉立之階下以法繩之縣南又有豪族數百家子弟縱横遞相庇廕厚自封植百姓甚患之瑀召其老者爲石頭倉監少者補縣僮皆號泣道路自是權右屏跡瑀初至富吏皆鮮衣美服以自彰別瑀怒曰汝等下縣吏何自擬貴人邪悉使著芒屩麤布侍立終日足有蹉跌輒加榜捶瑀微時嘗自至此鬻瓦器爲富人所辱故因以報焉由是士庶駭然瑀廉素自守故得遂行

陳留異梁代爲盤浦戍主歷晉安安固二縣令侯景之亂還鄉里乃召募士卒東陽郡丞與異有隙引兵誅之及其妻子

後魏奚斤世典馬牧父箪多蓄有寵於昭成時有良馬爲劉庫仁所盜箪聞而馳往取焉庫仁以國甥特寵慙而遂擊箪箪捽其髮落傷其一乳及符堅使庫仁與衛辰分領國部箪懼將家奔於民間庫仁求之急箪逃奔衛辰及太祖滅衛辰箪晩乃得歸故名位爰於舊臣

公孫表燕郡人與封愷友善後爲子求愷從女愷不許表甚銜之及封氏爲司馬國璠所逮明元以舊族欲原之表固證其罪乃誅封氏表爲人外和内忌時人以此薄之後表爲吴兵將軍攻滑臺不克又圍虎牢及車駕次汲郡太史令王亮奏表置軍虎牢東不得利便之地故令賊不時滅明元雅好術數乃使人夜就帳中殺之初表與王亮同營署及其出也輕侮亮故乃至於死

李順爲後將軍太武討赫連昌謂崔浩曰朕欲使李順摠攝前驅之事卿以爲如何浩曰順智足周務實如聖旨但臣與之婚姻深知其行然性果於去就不可專委乃止初浩弟娶順妹又以弟子娶順女雖二門婚嬿而浩頗輕順順又弗之伏也由是潜相猜忌故浩毁之

房崇吉爲宋明帝太原太守戍升城其母叔在歷城爲崔道固所守兼其二城降僞至京師崇吉爲歸安縣令頗懷憾與道固構事竟共不平後委縣出臺訟道固罪狀數條會赦不問

崔孝芬爲廷尉曰章武王融以贓貨被刻孝芬案以重法及融爲都督北討鮮于脩禮於時孝芬弟孝演爭勳宗從避賊於博陵郡城爲賊攻陷尋爲賊所害融乃密啓云孝演入賊爲主遂見收捕合家逃竄遇赦乃出

楊昱爲中書舍人時靈太后嘗從容謂昱曰今帝年幼朕親萬機然自薄德化不能感親姻在外不稱人心卿有所聞慎勿諱隱昱於是奏楊州刺史李崇五車載貨常州刺史楊鈞造銀食器十具並餉領軍元叉靈太后召叉夫妻泣而責之叉深恨昱第六叔舒妻武昌王和之妹和即叉之從祖父舒早喪有一男六女及終喪而元氏頻請別居昱父椿乃集親姻泣而謂曰我弟不幸早終今男未婚女未嫁何忽便求離居不聽遂懷恨焉及元氏廢太后乃出昱爲濟陰内史



畢衆敬東平人少好弓馬射獵交結輕果常於疆境盜掠爲業宋孝武爲徐兗刺史辟爲部從事孝武即位歷泰山太守兗從僕射及明帝立遣衆敬出詣兗州募人到彭城刺史薛安都乃與密謀云晉安有上流之名且孝武第三子當共勠力爲討西從乃矯明帝命以衆敬行兗州事衆敬從之時兗州刺史殷孝祖留其妻子率文武二千人赴明帝使司馬劉文石守城衆敬率衆取瑕兵殺文石安都與孝祖先不相協命衆敬誅孝祖諸子衆敬不得已遂殺之州内悉附唯東平太守申纂據無鹽城不與之同及明帝平子勛授纂兗州刺史會安都引國援軍經其城下纂閉門城守深恨衆敬會有人發衆敬父墓遂令其母骸首散落衆敬發哀行服持掠近墓細民死者十餘人又疑纂所爲□衆敬安□□史亦遣人密至濟陰掘纂父墓以相報荅乃變□以城入國衆敬不同其謀子元賓以母百口悉在彭城恐父致禍日夜啼泣遣請衆敬衆敬猶未從之衆敬先已遣表以謝誠或

授兖敵兖州刺史而以元賓有他罪獨不捨之衆皆拔刀斫柱曰
諮首之年誰有此子今不原貸何用獨全及尉元至遂以城降
元遣將入城事定衆尚悔恚數日不食昱與初就拜散騎常侍
寧南將軍兖州刺史與中書侍郎李璨對爲刺史慕容白曜攻冠
縣盡申纂爲亂兵所傷走出被擒送於白曜白曜無殺纂之意
而城中火起纂創重不能避爲火所燒死衆皆聞剋縣擒纂不
殺纂乃與白曜書并朝廷云家之禍皆由於纂閤寡纂死乃悦
甄琛爲侍中領中尉與黄門郎李憑以朋黨被召兼尚書元英
邢巒窮其阿附之狀琛曾拜官諸賓悉集巒乃晚至琛謂巒曰
卿何處放蛆來今晚始顧似戲言巒變色銜忿及此大相推窮
琛遂免歸本郡
高謙之爲國子博士初謙之弟道穆正光中爲御史糾相州刺
史李世哲事大相挫辱其家常以爲憾至是世哲弟神軌爲靈
太后深所寵任值謙之家僮訴良神軌左右之入諷尚書判禁
謙之於廷尉時將赦神軌乃啓靈太后發詔於獄賜死朝士莫
不哀之



朱瑞爲車騎將軍尒朱榮死與尒朱世隆俱北走既而以莊帝
待之素厚且見世隆終當敗於路乃還帝大悦以爲尚書左
僕射西道大行臺慰勞尒朱天光既達長安會尒朱兆入洛後
還京師都督斛斯椿先與瑞有隙數譖之於世隆世隆性多忌
且以前日乖異忿恨更甚遂殺之
北齊斛律光爲左丞相嘗在朝堂垂簾而坐祖珽不知馬乘過
其前光怒曰此人乃敢尒後珽在内省言聲高慢光過聞之又
怒珽知光忿賂其從奴擿頭曰自公用事相王每夜抱膝歎曰
盲人入國必破矣珽省事褚士達夢人倚户授其詩曰九升八
合粟角斗定非真堰知律中水將留何處人以告珽占之曰角
斗斛字律却水留何人合成律字非真者解字斛律於我不實
士達又言所夢狀乃其父形也珽由是懼又穆提婆求娶光女
女不許帝賜提婆晉陽之田光言於朝曰此田神武以來常種
禾飼馬以擬寇難今賜提婆無乃闕軍務也帝又以鄴清風園賜提
婆租賃之於是官無菜賒買於人負錢三百萬其人訴焉光曰
此菜園賜提婆是一家足若不賜提婆是百官足由是祖穆積怨
崔㥄初爲常侍求人修起居或曰魏收輕薄之徒爾更引祖鴻
勳爲之既居樞要又以盧元明代收爲中書郎由是收銜之及
收聘梁過徐州㥄備刺史鹵簿而送之使人相聞收曰勿怪儀
多稽古之力也收報曰白崔徐州建義之勳何稽古之有㥄自
以門閥素高特不平此言收乘宿憾故以此挫之
魏收初仕後魏爲中書侍郎黄門崔㥄從神武入朝熏灼於世
收初不詣門㥄爲帝登祚赦云朕託體孝文收嗤其率直正員
郎李愼以告之㥄深忿忌時節閔帝殂令收爲詔㥄乃宣言收
普泰世出入帷幄一日造詔優爲辭旨然則義旗之士盡爲逆
人又收父老合解官歸侍南臺將加彈劾賴尚書辛雄爲言於



中尉綦㒁乃解收有賊生弟仲同先未齒録因此怖懼上籍遣
還鄉扶侍後收既專典國史㥄恐被惡言乃悦之曰昔有班固
今則魏子收笑而憾不釋
後周楊寛與柳慶有隙武成二年慶除宜州刺史慶自爲郎迄
于司會府庫倉儲並其職也及在宜州寛爲小冢宰乃因慶故
吏欲成其罪失案驗積六十餘日吏或有死於獄者終無所言
唯得録數匹時人服慶廉慎
樂運爲京兆丞時内史鄭譯嘗以私事請託運弗許之因此銜
之及隋文帝爲丞相譯爲長史遂左遷運爲廣州滍陽令
隋于顗初仕後周爲東廣州刺史尉迥之反也時總管趙文表
與顗素不協顗將圖之因臥閤内詐得心疾謂左右曰我見兩
三人至我前者輒大驚即欲斫之不能自制也其有賓客候問
者皆令去左右顗漸稱危篤文表往候之令從者至大門而止
文表獨至顗所顗歘然而起抽刀斫殺之因唱言曰文表與尉

尚通詐所以斬之其麾下無敢動者時高祖以尉遲未平慮興復生邊患因勞勉之

唐李大恩爲代州總管大恩常山人也家富於財見天下方亂致豪傑以爲腹心與鷹揚郎將鄭乾廓府城鄰接常爲乾廓所侮大恩求得其罪發使言於煬帝乾廓知之懼爲所殺潛引山賊以圖大恩期有日矣大恩捕得其使因勒兵詐爲山賊來詣乾廓城下乾廓不之覺輕騎來迎大恩執而斬之

王薄爲齊州都督杞國公初從竇建德在齊州薄遣使歸國及洛陽平盛彥師安撫徐兖薄率兵與彥師攻徐圓朗之須昌縣徵軍糧於濟州刺史李義滿與薄有隙閉倉不與及下須昌彥師收義滿繫齊獄高祖聞之謂侍臣曰義滿忠誠朕之所悉此必薄所構也遽令釋之而使未至義滿憂憤而卒薄旋經濟州頓於城内其夜義滿兄子武意執薄殺之

李襲譽爲同州刺史坐在凉州陰憾番禾縣丞劉武而杖殺之流於泉州未幾而卒



盧從愿爲吏部侍郎典選六年因早朝途中爲人所射中其從者捕賊竟不獲時議以從愿久在選司爲被抑者所讎也

楊炎肅宗時釋褐掌河西節度使書記先時神烏縣令李大簡因酒辱炎至是與大簡同在使府炎執縛大簡以鐵鞭鞭之流血于地幾死節度使呂崇賁愛其才不之問

蔡庭玉爲幽州節度行軍司馬建中三年四月景子貶柳州司戶要籍檢校大理少卿朱體微萬州南浦尉庭玉與朱泚同鄉里少友善初爲小胥事安祿山泚爲節度使累授軍司馬軍府之政動以咨之庭玉亦有吏能師人悅之泚判官鄭雲逵常忤庭玉庭玉白泚黜爲莫州錄事參軍雲逵與朱滔善復表爲判官因深構庭玉於滔滔爲泚留後事有請於泚庭玉又輒隳之體微亦蒙泚親信與庭玉密嘗從容言於泚曰滔非長者也不可以兵權付之滔竊知之後滔南討有功雲逵數激其怒乃抗表稱庭玉體微離間骨肉又累致書於泚言庭玉體微罪惡請殺之泚不聽滔既反拟帝乃召泚示滔請殺二人表泚亦上其書故歸罪於庭玉等以悅滔滔終叛逆

嚴郢爲京兆尹兼御史中丞時楊炎爲相惡其異已誣以他罪削兼中丞乃盧杞將傾炎炎既罷相乃引郢爲御史大夫與協謀發炎罪及河中觀察使趙惠伯下御史臺獄箠楚無驗構成其罪貶炎於崖州惠伯於費州郢既報怨過當人頗不直郢後得罪既至費州道左睹柩殯問其主名或曰趙惠伯之殯也郢黙然慙恧歲餘而卒

李巽爲湖南觀察使初竇參爲宰相不悅於巽自左司郎中出爲常州刺史仍捉其行不數月參貶郴州司馬郴即湖南屬部也宣武軍節度使劉士寧代父爲帥參嘗有助士寧素德參之恩專使致幣於參巽遽奏其事云與節將交通德宗遂殺參巽性踈急狡怨忌刻頗甚乘德宗之怒謀殺參時人冤之

令狐楚以宰相爲憲宗山陵使以其下隱沒官錢罷爲宣州觀察使又貶爲衡州刺史先是元稹爲山陵使判官稹以他事求



知制誥事欲就求楚主之以捧其跡楚不應稹既得志深憾之楚之辭出稹頗有力復於詔中發楚在翰林及河陽舊事以詆訾之

李宗閔爲中書侍郎平章事大和七年李德裕入相宗閔罷鎮興元其年十二月文宗暴風恙不能言者月餘八年正月十六日始力疾御紫宸見百寮宰臣進問安否上歎醫無名工者久之由是王守澄進鄭注初注構宋申錫事帝深惡之欲令京尹杖殺至是以藥稍效善遇之守澄復進李訓善易其年秋帝欲以訓諫官德裕奏曰李訓小人不可在陛下左右頃年惡跡天下皆知無故用之必駭視聽帝曰人誰無過俟其悛改朕以逢吉所託不忍負言德裕曰聖人有改過之義訓天性姦邪無悛改之理帝顧王涯曰商量別與一官遂授四門助教制出給事中鄭肅韓佽封還之王涯召肅面喻令下佽而鄭注亦自絳州至訓注惡德裕排已九月十日復召宗閔於興元授中書侍郎平章

事出德裕爲興元節度使德裕中謝曰自陳恋闕不願出藩追
勑守兵部尚書宗閔奏制命已行不宜自便尋改檢校尚書右
僕射潤州刺史鎮海軍節度蘇常潤觀察等使
後唐崔協父彥融與崔蕘素相友善彥融爲萬年蕘謁於縣彥
融未出有天題在案皆賂遺於寺人矣蕘知其由從始惡其爲
人及彥融除司勳郎中蕘已爲左丞通刺不見初以爲戲再謁
名於將命者蕘謂曰郎中行止鄙雜故非敢見丞相知之改楚
州刺史卒於任誡其子曰世世無忘崔蕘故其子弟常云世讎
協爲兵部侍郎與中書舍人崔居儉相遇於幕次協厲聲而言
曰崔蕘之子何敢相見居儉亦報之左降太子詹事
朱漢賓莊宗時爲左龍武統軍河中節度使朱友謙入朝時西
軍未還闕伶用事言友謙者不一而漢賓同知之時明宗洛陽以友謙故人會置
酒於第莊宗諸弟在席時友謙賜姓名繼麟坐在永王存霸上酒酣漢賓以觴
奉友謙曰公雖名位高坐於皇弟之上非宜也俟與公俱在梁
朝以宗姓相厚自公入朝三發單函候問略无報復忽予卑位
不易其乎元行欽恐紛然乃解之曰素爲昆仲令讓兄何也明
宗曰統軍亦須飲大器方止不數日友謙赤族
晉王令崇爲貝州軍校天福八年自賊中至令溫之弟也許其
舉家淪没乃以令溫爲威勝軍節度鄧唐隨均房等州觀察處置等
使以貝州都指揮使杜審澄爲均州刺史以親族陷於寇難故
也令溫爲麾下邵崇範剖心臠肉令衆噉之邵珂之子也初令
溫奉詔詣闕皆疑珂有異志乃以其子爲帳內兵以質之與珂
惜其子而釋私憾珂素凶很殊无所顧而令溫覆族者自失其
機斷也
周許遷爲單州刺史誤斷不合死罪人其家詣闕致訟下開封
府時陳觀知府素與遷不協深刻其事欲追遷對訟太祖以遷
就可原但罷郡而已遷既入朝詣陳觀謂王峻曰相公當政所
舉參議宜求賢德如陳觀者爲儒無士行爲官多挾情苟知子



細暑沽兒恥與爲侶況明公乎浚無以沮之又於劉鹽幕次詆
言僭至既而嬰疾請歸天平而卒
宋齊丘仕江南李景僞官至太傅中書令性倜儻不羈輕財好
施頗爲其國人所重及世宗南征吳人大懼時陳覺與李徵古
皆齊丘門人因進說於景請退居後苑委國事於齊丘景繇是
銜之初吳人遣鍾謨李德明奉表來上世宗尋遣德明復命於
金陵德明因說李景請割江北之地求和於我而陳覺李徵古
等以德明爲賣國請戮之景遂殺德明及江南內附世宗放鍾
謨南歸謨本德明黨也思與復讎因言於景云齊丘當國危之
際遣明人獻議欲因便以奪主位無人臣之禮景於是下僞制
放齊丘歸九華山尋而幽死之陳覺李徵古並賜自盡

冊府元龜卷第九百二十

冊府元龜卷第九百二十一

總録部一百七十一

妖妄

周禮大司徒之職以八刑糾萬人其七曰造言之刑其八曰亂民之刑　夫天生蒸民樹之司牧必去邪而防僞期於常而守正建彼皇極臻夫至治者已故軒鑑斯照物無遁形夏鼎既鑄不逢不若其斯之謂矣乃有挾邪僻之行崇妖妄之說譸張爲幻熒惑任已或假以覘煇之術或矜其久壽之道或陳之以律歷或献之以符命憑虛飾詐誣上罔衆以至造作神異張皇氣焰保聚乎羣黨徼㩴乎區域干國之紀爲民之患者比比而有然而惡積者滅身姦大者無赦禍不旋踵悠悠呰是著之篇次用垂于後

漢新垣平趙人文帝時以望氣見帝其後使人持玉杯上書闕下獻之平言帝曰闕下有寶玉氣來者已視之果有獻玉杯者刻曰人主延壽平又言臣候日再中居頃之日卻復中於是始更以十七年爲元年令天下大酺平言曰周鼎亡在泗水中今河決通於泗臣望東北汾陰直有金寶氣直謂當汾陰之直也意周鼎其出乎兆見不迎則不至於是帝使使治廟汾陰南臨河欲祠出周鼎人有上書告平所言皆詐也下吏治誅夷平是後文帝急於改正服鬼神之事正正朔也服服色也



李少君者以祠竈穀道卻老方見武帝穀道辟穀之道也帝尊之少君者故深澤侯人主方侯家人主方藥也匿其年及所生長常自謂七十能使物卻老物謂鬼物也其游以方徧諸侯無妻子人聞其能使物及不死更饋遺之常餘金錢衣食人皆以爲不治產業而饒給饒足也又不知其何所人愈信爭事之少君資好方善爲巧發奇中嘗從武安侯宴坐中有年九十餘老人少君迺言與其大父遊射處老人爲兒從其大父識其處一坐盡驚少君見上上有故銅器問少君曰此器齊桓公十年陳於柏寢已而案其刻果齊桓公器一宮盡駭以爲少君數百歲人也

甘忠可齊人成帝時忠可詐造天官歷包元太平經十二卷以言漢家逢天地之大終當更受命於天天帝使真人赤精子下教我此道忠可以教東平夏賀良容丘丁廣世東郡郭昌等中壘校尉劉向奏忠可假鬼神罔上惑衆下獄治服未斷病死賀良等復私以相教哀帝初立司隸校尉解光亦以明經通災異得幸白賀良等所挾忠可書事下奉車都尉劉歆歆以爲不合五經不可施行而李尋亦好之光曰前歆父向奏忠可下獄歆安肯通此道時郭昌爲長安令勸尋宜助賀良等尋遂白賀良等皆待詔黃門數召見陳說漢歷中衰當更受命成帝不應天命故絕嗣今陛下久疾變異屢數天所以譴告人也宜急改元易號乃得延年益壽皇子生災異息矣得道不得行咎殃且亡言知道不能行之必不有洪水將出災火且



起滌盪民人哀帝久寢疾幾其有益幾讀曰冀遂從賀良等議於是詔制丞相御史蓋聞尚書五曰考終命言大運壹終更紀天元人元考文正理推歷定紀數如甲子也朕以眇身入繼太祖承皇天總百僚子元元未有應天心之效即位出入三年災變數降日月失度星辰錯謬高下貿易大異連仍盜賊並起朕甚懼焉戰戰兢兢唯恐陵夷惟漢興至今二百載歷紀開元皇天降非材之右右讀曰祐漢國再獲受命之符朕之不德曷敢不通夫受天之元命必與天下自新其大赦天下以建平二年爲太初元年號曰陳聖劉太平皇帝漏刻以百二十爲度布告天下使明知之後月餘帝疾自若賀良等誅賀良等

王莽爲安漢公女爲平帝皇后莽以皇后子孫瑞通子午道子水也午火也水以天一爲北故火爲水妃今通子午以協之子午道從杜陵直絕南山徑漢中莽既居攝梓潼人哀章學問長安素無行

好爲大言見莽居攝即作銅匱爲兩檢署其一曰天帝行璽金匱圖其一署曰赤帝璽某傳予黃帝金策書某者高皇帝名也書言王莽爲真天子皇太后如天命圖書皆書莽大臣八人又取令名王興王盛章因自竄姓名著其姓名凡爲十一人皆署官爵爲輔佐章聞齊井石牛事下即日昏時衣黃衣持匱至高廟以付僕射僕射以聞莽至高廟拜受金匱神嬗嬗古禪字莽既僭位欲改太后漢家舊號易其璽綬恐不見聽而莽疏屬王諫欲諂莽上書言皇天廢去漢而命立新室太皇太后不宜稱尊號當隨漢廢奏天命莽迺車駕至東宮親以其書白太后太后曰此言是也莽因曰此誖德之臣也罪當誅於是冠軍張永獻符命銅璧文言太皇太后當爲新室文母太皇太后銅璧如璧形以銅爲之也莽迺下詔曰予視羣公咸曰休哉示其文字非刻非畫厥性自然予伏念皇天命予爲子更命太皇太后爲新室文母皇太后協于新室故交代之際信于漢氏哀帝之代世傳行詔籌爲西王母共具之祥共音居用切當爲歷代爲母昭然著明予祇畏天命敢不欽承謹以今月吉日親率羣公諸侯卿士奉上皇太后璽紱紱組也以當順天心光于四海焉太后聽許莽於是鴆殺王諫而封張永爲貢符子二年十一月立國將軍孫建奏西域將欽上言但欽也已用辛巳戊巳校尉史陳良終帶共賊殺校尉刁護刁音貂劫略吏士自稱廢漢大將軍亡入匈奴又今月癸酉不知何一男子遮臣建車前自稱漢氏劉子輿成帝下妻子也下妻猶言小妻劉氏當復復音扶目反趣空宮收繫男子即常安姓武字仲皆逆天違命大逆無道請論仲及陳良等親屬當坐者奏可漢氏高皇帝比著戒云罷吏卒爲賓食誠欲承天心全子孫也其宗廟不當在常安城中及諸劉爲諸侯者當與漢俱廢陛下至仁久未定前故安衆侯劉崇徐鄉侯劉快陵鄉侯劉曾扶恩侯劉貴等更聚衆謀反今狂狡之虜或妄



稱亡漢將軍或稱成帝子子輿至犯夷滅連未止者此聖恩不蚤絕其萌牙故也臣愚以爲漢高皇帝爲新室賓宜享食明堂成帝異姓之兄弟平帝壻也皆不宜復入其廟元帝與皇太后爲體言夫婦一體聖恩所隆禮亦宜之臣請漢氏諸廟在京師者皆罷諸劉爲諸侯者以戶多少就五等之差其爲吏者皆罷待除於家上當天心稱高皇帝神靈塞狂狡之萌莽曰可嘉新公國師以符命爲予四輔明德侯劉龔率禮侯劉嘉等凡三十二人皆知天命或獻天符或貢昌言或捕告反虜厥功茂焉諸劉與三十二人同宗共祖者勿罷賜姓曰王惟國師以女配莽子故不賜姓改定安太后號曰黃皇室主絕之於漢也是時爭爲符命封侯其不爲者相戲曰獨無天帝除書乎司命陳崇白莽曰此開姦臣作福之路而亂天命宜絕其原莽亦厭之遂使尚書大夫趙並驗治非五威將率所班皆下獄初甄豐劉歆王舜爲莽腹心倡導在位褒揚功德安漢宰衡之號及封莽母兩子兄子皆豐等所共謀而豐舜歆亦受其賜並富貴矣非復欲令莽居攝也居攝之萌出於泉陵侯劉慶前煇光謝囂長安令田終術莽羽翼已成意欲稱攝豐等承順其意莽輒復封舜歆兩子及豐等爵位已盛心意既滿又實畏漢宗室天下豪桀而疏遠欲進者並作符命莽遂據以即真舜歆內懼而已豐素剛強莽覺其不說說讀曰悅故徙大阿右拂大司空豐託符命文爲更始將軍與賣餅兒王盛同列豐父子默默時子尋爲侍中京兆大尹茂德侯即作符命言新室當分陝立二伯以豐爲右伯太傅平晏爲左伯如周召故事莽即從之豐當述職西出未行尋復作符命言故漢氏平帝后黃皇室主爲尋之妻莽以詐立心疑大臣怨謗欲震威以懼下因是發怒曰黃皇室主天下母此何謂也收捕尋尋亡豐自殺尋隨方士入華山歲餘捕得辭連國師公歆子侍中東通靈將五司

大夫隆威侯棻棻弟右曹長水校尉伐虜侯泳大司空邑弟左關將軍掌威侯奇及歆門人侍中騎都尉丁隆等牽引公卿黨親列侯以下死者數百人尋手理有天子字莽解其臂入視之曰一天子也或曰一六子也六者戮也明尋父子當戮死也迺流棻于幽州放尋于三危殛隆于羽山殛誅也舜之罰共工等也音居力切皆驛車載其屍傳致天鳳三年長平館西岸崩邕涇水不流毁而北行邕讀曰壅遣大司空王邑行視行音下更切還奏狀羣臣上壽以為河圖所謂以土填水填讀與鎮同匈奴滅亡之祥也乃遣并州牧宋弘游擊都尉任萌等將兵擊匈奴至邊止屯是年王路朱鳥門鳴晝夜不絶崔發等曰虞帝闢四門通四聰虞書叙舜之德也闢四門明四目達四聰故引之門鳴者明當修先聖之禮招四方之士也於是令羣臣皆賀所舉四行從朱鳥門入而對策焉五年皇孫功崇公宗坐自畫容貌被服天子衣冠刻印三一曰維祉冠存已夏處南山藏薄冰祉福也冠存己欲襲代也夏處南山藏薄冰亦以喻暑也二曰肅聖寶繼莽自謂繼聖舜後能肅敬得天三曰德封昌圖[illegible]又宗舅呂寛家前徙合浦私與宗通發覺按驗宗自殺莽曰宗屬為皇孫爵為上公知寛等叛逆族類而與交通刻銅印三文意甚害不知厭足窺欲非望春秋之義君親毋將將而誅焉迷惑失道自取此辜嗚呼哀哉宗本名會宗以制作去二名今復名會宗貶厥爵改厥號賜謚為功崇繆伯以諸伯之禮葬于故同穀城郡[illegible]宗姊妨為衛將軍王興夫人祝詛姑殺婢以絶口事發覺莽使中常侍𨻳惲責問妨𨻳音[illegible]惲音[illegible]并以責興皆自殺事連及司命孔仁妻亦自殺仁見莽免冠謝莽使尚書劾仁乘乾車駕巛馬左蒼龍右白虎前朱鳥後玄武右杖威節左負威斗號曰赤星非以驕仁迺以尊新室之威命也仁擅免天下冠大不敬有詔勿劾更易新冠其好怪如此六年博募有奇技術可以攻匈奴者將待以不次之位言便宜者以萬數或言能度水不用舟楫楫所以刺舟也音集字或作檝連馬接騎濟百萬師或言不持斗糧服食藥物三軍不飢或言能飛一日千里可窺匈奴莽輒試之取大鳥翮為兩翼頭與身皆著毛通引環紐飛數百步墮莽知其不可用苟欲獲其名皆拜為理軍賜以車馬待發是歲夙夜連率韓博上言有奇士長丈大十圍來至臣府曰欲奮擊胡虜自謂巨毋霸出於蓬萊東南五城西北昭如海瀕瀕涯也音頻軺音遙軺車不能載三馬不能勝即日以大車四馬建虎旗載霸詣闕霸卧則枕鼓以鐵箸食此皇天所以輔新室也願陛下作大甲高車賁育之衣遣大將一人與虎賁百人迎之於道京師門戶不容者開高大之以視百蠻視讀曰示鎮安天下博意欲以風莽[illegible]莽聞惡之留霸在所新豐所謂在所見到之處更其姓曰巨毋氏謂因文母太后而霸王符也[illegible]徵博下獄以非所宜言棄市地皇二年中郎陽成脩獻符命言繼立民母又曰黃帝以百二十女致神僊莽於是遣中散大夫謁者各四十五人分行天下行音下更切博采鄉里所高有淑女者上名



臨淮瓜田儀等為盜賊依阻會稽長州[illegible]琅邪女子呂母亦起初呂母子為縣吏為宰所冤殺[illegible]母散家財以酤酒買兵弩酤音故陰厚貧窮少年得百餘人遂攻海曲縣殺其宰以祭子墓引兵入海其衆浸多後皆萬數莽遣使者即赦盜賊還言盜賊解輒復合問其故皆曰愁法禁煩苛不得舉手力作所得不足以給貢稅閉門自守又坐鄰伍鑄錢挾銅姦吏因以愁民民窮悉起為盜賊莽大怒免之其或順指言民驕黠當誅及言時運適然且滅不久莽說輒遷之

後漢劉揚光武建武二年造作讖記云赤九之後癭揚為主光武高祖九代孫故云赤九揚病癭欲以惑衆與緜曼賊交通緜曼縣名屬真定國遣前將軍耿純誅之

張豐為涿郡太守建武三年執使者舉兵反自稱無上大將軍與彭寵連兵命征虜將軍祭遵等擊之遵急攻豐之功曹孟厷執豐降厷音弘初豐好方術有道士言豐當為天子以五綵囊

裹石繫豐肘去石中有玉璽豐信之遂反既執當斬猶曰肘石有玉璽遭爲椎破之豐乃知被詐仰天歎曰當死無所恨

宫崇琅邪人順帝時崇詣闕上其師干吉於曲陽泉水上所得神書百七十卷皆縹白素朱介青首朱目號太平清領書今濮州有曲陽山神溪水定州有曲陽山神溪水海州有曲陽城井有邗溪水壽州有兩陽城又有北溪水而干吉宫崇並琅邪人蓋海州曲陽也縹青白也素繒也以朱爲介道首標也目題目也太平經中書者云使者下而丹目合乎吾之道通題目青之言生也青者生七而有心赤者太陽天之正色也干吉先寓居東方來吳會立精舍燒香讀道書制作符水以療病吳會人多事之孫策嘗於郡城樓上請會賓客吉乃盛服趨度門下諸將賓客三分之二下樓迎拜之掌客者禁訶不能止策即令收之諸將事之者悉使婦女入見策母請之母謂策曰于先生亦助軍作福醫護將士不可殺之策曰昔南陽張津爲交州刺史舍前聖典訓廢漢家法律常著絳帕頭鼓琴燒香讀邪俗道書云以助化卒爲南夷所殺此甚無益諸君但未悟耳今此子已在鬼録勿復費紙筆也即催斬之縣首於市諸事之者尚不謂其死而云尸解焉復祭祀求福其言以陰陽五行爲家而多巫覡雜語太平經曰天失陰陽則亂其道地失陰陽則絕其財君臣失陰陽則其道不理五行四時失陰陽則爲災令天參象爲人法故當承順之也又曰天上有常神聖要語時下授人以言用使神吏應氣而往來也人衆得之謂神咒也咒百中十異災有可使神爲除災疾用之所向無不愈也有司奏崇所上妖妄不經乃收藏之後張角頗有其書焉

張角鉅鹿人靈帝時角自稱大賢良師良或作郎奉事黄老道畜養弟子跪拜首過首音式救切符水呪説以療病病者頗愈百姓信向之角因遣弟子八人使於四方以善道教化天下轉相誑惑十餘年間衆徒數十萬連結郡國自青徐幽冀荆楊兖豫八州之人莫不畢應遂置三十六方方猶將軍號也大方萬餘人小方六七千各立渠帥訛言蒼天已死黄天當立歲在甲子天下大吉以白土書京城寺門及州郡官府皆作甲子字中平元年大方馬元義等先收荆楊數萬人期會發於鄴元義數往來京師以中常侍封諝徐奉等爲内應約以三月五日内外俱起未及作亂而張角弟子濟南唐周上書告之於是車裂元義於洛陽靈帝以周章下三公司隸使鉤盾令周斌將三府掾屬案驗宫省直衛及百姓有事角道者誅殺千餘人推考冀州逐捕角等知事已露晨夜馳勑諸方一時俱起皆著黄巾爲標幟幟音尺志切又音志



時人謂之黄巾亦名爲蛾賊蛾音魚綺切即古蟻字也言衆多故以爲名殺人以祠天角稱天公將軍角弟寶稱地公將軍寶弟梁稱人公將軍所在燔燒官府劫略聚邑州郡失據長吏多逃亡旬日之間天下響應京師震動

張魯漢中人祖父陵順帝時客於蜀學道鵠鳴山中鵠鳴山在今益州晉原縣西造作符書以惑百姓受其道者輒出米五斗故謂之米賊陵傳子衡衡傳於魯魯遂自號師君其來學者初名爲鬼卒後號祭酒各領部衆衆多者名曰理頭皆校以誠信不聽欺妄有病但令首過而已大抵與黄巾相似首音式救切諸祭酒各起義舍於路同之亭傳傳音知戀切懸置米肉以給行旅食者量腹取足過多則鬼能病之犯法者先加三原原免也然後行刑不置長吏以祭酒爲理民夷信向典略曰光和中東方有張角漢中有張脩爲五斗米道太平道者師持九節杖爲符祝教病人叩頭思過因以符水飲之得病或日淺而愈者則云此人信道其或不愈則云不信道脩法略與角同加施靜室使病者處其中思過又使人爲姦令祭酒主以老子五千文使都習號爲姦令爲鬼吏主爲病者請禱請禱之法書病人姓名説服罪之意作三通其一上之天著山上其一埋之地其一沉之水謂之三官手書使病者家出米五斗以爲常故號曰五斗米師實無益於治病但爲淫妄然小人昏愚競共事之後角被誅脩亦亡及魯在漢中因其民信行脩業遂增飾之教使作義舍以米肉置其中以止行人又教自隱有小過者當治道百步則罪除又依月令春夏禁殺又禁酒流移寄在其地者不敢不奉

李傕性喜鬼怪左道之術常有道人及女巫哥謳擊鼓下神祭六丁符劾厭勝之具無所不爲又於朝廷省門外爲董卓作神坐數以牛羊祠之天子使左中郎將李固持節拜傕爲大司馬在三公之右傕自以爲得鬼神之助乃厚賜諸巫

晉趙王倫與孫秀並惑巫鬼聽妖邪之説秀使牙門趙奉詐爲宣帝神語命倫早入西宫又言宣帝於北芒爲趙王佐助於是别立宣帝廟於芒山謂逆謀可成倫既僭即帝位時三王起兵倫使楊珍晝夜詣宣帝廟祈請輒言宣帝謝陛下某日當破賊拜道士胡沃爲太平將軍以招福祐秀家日爲淫祀作厭勝之文使巫祝選擇戰日又令近親於嵩山著羽衣詐稱仙人王喬作神仙書述倫祚長久以惑衆

李八百蜀帝時人爲道士脫妖術惑衆自言八百歲故號李八百自中州至建鄴以鬼道療病又署人官位時人多信事之弟子李弘養徒灊山云應讖當王大寧二年斬于建康市

孫泰字敬遠世奉五斗米道師事錢唐杜子恭有秘術嘗就人借瓜刀其主求之子恭曰當即相還耳既而刀主行至嘉興有魚躍入船中破魚得瓜刀其爲神效往往如此子恭死泰傳其術然浮狡有小才誑誘百姓愚者敬之如神皆竭財産進子女以祈福慶王珣言於會稽王道子流之于廣州廣州刺史王懷之以泰行鬱林太守南越亦歸之太子少傅王雅先與泰善言於孝武帝以泰知養性之方因召還道子以爲徐州主簿猶以妖術惑士庶

王凝之爲會稽内史世事張氏五斗米道彌篤孫恩之攻會稽寮佐請爲之備凝之不從方入靖室請禱出語諸將佐曰吾已請大道許鬼兵相助賊自破矣既不設備遂爲孫恩所害



殷仲堪爲荆州刺史桓玄率兵入江仲堪諸將皆敗仲堪出奔酇爲玄兵所獲逼令自殺仲堪少奉天師道及玄來攻猶勤請禱

南齊周山圖武帝時爲晉陵王鎮北司馬帶南平昌太守時義鄉縣長風廟神姓鄧先經爲縣令死遂發靈山圖啓請加神位輔國將軍荅曰足狗肉便了事何用階級爲

杜京産吳錢唐人祖運爲劉毅衛軍參軍父道鞠州從事世傳五斗米道至京産及子栖

龔玄宣始安郡民也玄宣云神人與其玉印玉板書不須筆吹紙便成字自稱龔聖人以此惑衆前後郡守敬事之及裴昭明爲始安内史付獄治罪

後魏李肅字彦邕爲員外常侍初謟附侍中元暉後以左道事侍中穆紹常祼身被髮畫腹銜刀於隱屏之處爲紹求福故紹愛之

司馬休符徐州妖人休符自稱晉王扇惑百姓刺史尉元遣將追斬之

北齊蕃榮宗後主時爲開府榮宗常自云能使鬼及周兵之逼言於後主曰臣已發斛律明月將大兵在前去帝信之經古冢榮宗謂舍人元行恭是誰家行恭戲之曰郭林宗復問林宗是誰行恭曰郭元貞父榮宗前奏曰臣向見郭林宗從冢出著大帽吉莫靴插馬鞭問臣我阿貞來不是時蕃妄多皆類此

隋獨孤陁獻皇后弟爲延州刺史性好左道其外祖母高氏先事猫鬼已殺其舅郭沙羅因轉入其家高祖微聞而不之信也會獻皇后及楊素妻鄭氏俱有疾召醫視之皆曰此猫兒疾帝以陁后之異母弟陁妻楊素之異母妹由是𢖍陁所爲陰令其兄左監門郎將穆以情喻之帝又辟左右謂陁陁言無有帝不悅左轉遷州刺史出怨言帝令左僕射高頴納言蘇威大理正皇甫孝緒大理丞楊遠等雜按之陁婢徐阿尼言本從陁母家來常事猫鬼每以子日夜祀之言子者鼠也其猫鬼每殺人者



所死家財物潛移於畜猫鬼家陁嘗從家中索酒其妻曰無錢可酤陁因謂阿尼曰可令猫鬼向越公家使我足錢阿尼便呪之居數日猫鬼向素家後帝初從并州還陁於園中謂阿尼曰可令猫鬼向皇后所使多賜吾物阿尼復呪之遂入宫中楊遠乃於門下外省遣阿尼呼猫鬼阿尼於是夜中置香粥一盆以匙扣而呼曰猫女可來無住宫中久之阿尼色正青若被牽曳者云猫鬼已至帝以事下公卿奇章公牛弘曰祅由人興殺其人可以絶矣帝令犢車載陁夫妻將賜死於其家陁弟司勳侍整詣闕求哀於是免陁死除名以其妻楊氏爲尼先是有人訟其母爲人猫鬼所殺者帝以爲祅妄怒而遣之及此詔誅被訟行猫鬼家陁未幾而卒

宋子賢唐縣人子賢善爲幻術每夜樓上有光明能變作佛形自稱彌勒出世又懸大鏡於堂上紙素上畫爲蛇爲獸及人形有人來禮謁者轉側其鏡遣觀來生形儀或戲見紙上蛇形子

賢謂曰去此罪業也當更禮念又令禮謁乃轉人形示之遠近惑言曰數百千人遂潛謀作亂大業九年煬帝在高陽子賢將為無遮佛會因舉兵欲襲擊乘輿事泄鷹揚郎將以兵捕之夜至其所遶其所居但見火坑兵不敢進將曰此地素無坑止妖妄耳及進無復火矣遂擒斬之并坐其黨與千餘家

向海明桑門也大業中於扶風自稱弥勒佛出世潛謀逆亂人有歸心者輒獲吉夢由是人皆惑之三輔之士翕然稱為大聖因舉兵反衆至數萬官軍擊破之

冊府元龜卷第九百二十一

# 册府元龜卷第九百二十二

總録部　一百七十二

## 妖妄第二

唐崔履行者隋禮部尚書僕射暹之孫也頗有才辯自言道術隋煬帝嘗令鍊丹於王母福綏行妻父趙極為冀州刺史竇建德攻之履行在極所因自極曰城守多年士卒疲弊且其驟戰弥致死傷此自弱之道也今有禳敵之術不假遠鋒之費而賊自殺頷勁之於使君極初不許而惑其詭辯竟從之履行遣匯守者皆坐不得妄戰因令衆曰賊若乘城慎勿懼我必令賊自縛也既而履行於阜月之下設壇章醮身衣縗絰杖草登北樓慟哭又令婦人外屋西向振裙賊攻之急俄而城陷履行哭由不輟

志覺太原人為汾陽死經十日而蘇言多妖妄謂汾管李仲文曰公三五色光見有金狗自衛仲文答曰關中十五已上並喜沒溺計賜不雨穀食嘗湯天意人事表裏可知君為計必其世高祖召延之及唐儉侯太原又言於高祖曰仲文信惑妖邪自謂應識及言有龍附已即於汾州置龍游府又娶陶氏之女以應姚李之歌高祖追仲文赴朝以罪伏誅

李孝常隋兵部尚書圓通之子高祖時為利州都督每以佃獵為務太宗嗣位表請入朝因留京師其子義宗坐被誅因此怨望與劉德裕等陰圖不軌其子義宗謂其友人祭暉曰我常從晉王遊獵與王柘失道傍見一老母眉睫皓然我問王所在答曰汝即天子也因忽不見鄠縣丞李延曰往年於大和谷得一石其狀如龜外有簡郭中有常字又新錢文曰開元通寶此即圓通之子孝常之符命也有劉文贇者又言術元高詩云天道自當此則孝常之讖矣德裕乃與孝常之甥統軍元弘善及監門將軍長孫安業謀以入直之夜勒兵以起大事尊李孝常為帝德裕武德初自洛陽歸國為秦王府庫直驃騎從東宮太子及內率遷為將軍與孝常遊謀克日將反其子孝本又誣貴妻善積曰我父好酒豁達有漢高之風手握禁兵而左驍衛大將軍長孫安業劉弘基右驍衛大將軍長孫順德郎將元律城門郎皇甫元懿等深相信者今起大事爾命必成不反山於人下劉文贇亦[?]成其事德裕曰我生日有異當女當為文大業初有童謠曰白楊樹下一池水決之則是劉不決則為李但李在太史令劉劉居已決之後明知李氏以後天下當歸劉家當為決之順天之命耳後謀洩及其黨与並伏誅死者十一人

公孫常河東人也自言好養生能黃白之術遂偏歷卿相之門時滄州人劉道安自云頭有肉角隱見不常妖惑州里人多信附之遂私署官建號期於貞觀二十年二月率兵反常亦通知其謀事微不發會十九年正月太宗以他事召常懼罪而自殺常弟師古告其事道安等十余人皆伏誅

那羅邇娑婆寐帝那伏國人也貞觀二十二年右衛率長史王玄策破帝那伏國得之自言壽二百歲云有長生之術太宗頗言之深加禮敬館之於金飈門內造延年之藥令兵部尚書崔敦禮監主之發使天下採諸奇藥異石不可稱數又遣使往婆羅門諸國以求藥物有藥名畔茶佉水出山中石臼內有七種色或熱或冷能銷草木金鐵人手入水即銷爛若欲取之以駱駝髑髏沉於石臼以水轉注瓠蘆中每有此水處即有石柱似人形守之若彼山人傳道出此水者即死又有藥名咀賴羅在高山石崖腹有石孔孔前有一小樹其葉青綠狀如梨在石孔中有大毒蛇守之人不得到欲取此樹為藥以大方頭箭射取枝葉葉下便有烏鳥銜將飛去即以衆箭射烏而取其葉詭異之事類多如此徒延歲月術竟不就後放之還其本土竟不去終死於長安

段方謙金城人太極初昇太極殿登御床自稱天子呼宿衛兵士令拜萬歲有司以聞請誅之睿宗以為風狂特免死流嶺表

劉誠之太極初与盧二份及太常博士靳勤太僕署令李魚通

以誠之有天分預爲結託曰斷論爲今之子房千似謂長安尉常彥偉曰代有真人足下不欲一見乎彥偉佯許之定日爲逆報其父左羽林將軍元楷奏降中使於元楷宅房中捕〔延〕入與諸使者具錄以聞及其黨胡太宰出入王門妖惑衆〔聽〕事發並同日就戮

王懷古玄宗開元初謂人曰釋迦牟尼佛末更有新佛出李家欲末劉家欲興今冬當有黑雪下貝州合出銀城勅下諸道按察使捕而戮之

懷照蒲州大雲寺僧也嘗建石碑云我母夢日入懷而生因名懷照開元七年或告于郡刺史李尚隱以聞下州計其狀懷照曰偶然愚惡州司已名應其疑誤已改作王昭時有詞客馮待徵爲其文張待騁勒其字待騁皆與懷照詞同尚隱奏曰老僧愚騃誠不足數夢日之狀稍涉妖訛勅曰懷照訛言信無憑據量其情狀終合徵懲宜配播州安置到彼勿許東西其馮待徵等事已經恩赦特從釋放



兆尹奕宰相元崇孫也右補闕牛仙客初爲朔方軍使閎爲判官及知政事閎累遷侍御史自以爲能通鬼道預知休咎仙客頗信惑之及疾甚閎請爲仙客祈禱在其門下遂逼仙客令作遺表薦閎叔尚書右丞奕及兵部侍郎盧奐堪代己閎爲起草仙客時餒危殆署字不成其妻因中使來至以其表上玄宗覺而惡之左遷奕爲永陽太守盧奐爲臨淄太守賜閎死

王璵開元末爲太常博士每行祠禱或焚紙錢禳祈福祐近於巫覡乾元中累至中書侍郎平章事肅宗嘗不豫太卜崇在山川璵乃遣女巫分行天下祈祭名山大川巫皆盛服乘傳而行後轉李少師卒璵以妖妄致位將相以左道進者往往有之

李泌德宗朝爲相頗有讜直之風而好談神仙鬼道或云嘗與赤松子王喬安期羨門遊處故爲代所輕雖詭道求容不爲時君所重

李廣弘小字軟奴自稱嵩山僧或云宗室子孫因涇原兵叛奔至潞州爲僧自稱見五岳四瀆神言爲天子令今年九月冠及王一與其黨王昌皆至京師有董昌者導廣弘舍於資敬寺尼智董昌又令妖人唐郢言廣弘當大貴郢又誘射生將韓欽緒政諫南珎霞及神策將魏循李傪前越州參軍李昉明經陳岐於廣弘所皆行君臣之禮各有署置廣弘通於智因許以爲妃又云岳瀆爲我擇十月十日庚寅舉事魏循李傪上變令中官捕之三司覆驗連坐死者數百人

張洪撫州人也憲宗元和四年洪乘牛備冠屨古服詣光順門獻書以無可取遣之

梁叔高者妖人也元和九年自廣州來授書于吏部侍郎楊於陵使爲己輔於陵執以告勅京兆府杖殺之

柳泌本姓楊名仁晝少習方術憲宗末年銳於服餌詔天下搜訪奇士宰相皇甫鎛與鄂岳節度李道古薦泌及僧大通等皆待詔翰林泌動多詭誕自言能致靈藥采黃白術憲宗頗奇之



尋又言天台多靈草群仙所會臣常知之而力不能致願假郡縣之權以求之憲宗以爲然乃授台州刺史賜服金紫或諫曰方士不當假以州郡之政憲宗怒曰煩一郡之力而致神僊不死之事臣下於吾何惜爲由是不敢復諫泌到州驅吏人於山谷間聲言採藥鞭撻倏忽歲餘一無所得懼詐發獲罪遂挈其家潛入山谷本道觀察使捕之送京師鎛與道古保明其能又詔直翰林院憲宗服泌藥日益躁渴竟爲所誤大通自云年一百五十歲有不死藥穆宗即位詔曰山人柳泌輒懷左道上惑先朝固求牧人貴欲疑衆自知虛誕仍更逋逃僧大通驗方不精藥術皆妄既延禍釁俱是姧邪邦國固有常刑人臣所宜共棄宜並付京兆府決痛杖一頓處死翰林醫官董弘景程注山人李元戢田佐元並流嶺表初柳泌繫於京兆府吏人或問曰何苦虛詐如此泌曰皆道古教我且令我自言四百歲特人或謂將死必自能隱化及解衣就刑甚無他異惟灸灼之瘢浹體

而已

田佐元鳳翔虢縣人亦自言有奇術能變瓦礫爲黃金白衣授虢縣令其餘皆遞相薦引因上惑衆勤敏景公寺僧也穆宗長慶二年以妖言惑衆下仗內鞫之多引中人無驗皆杖殺之其坐死者數人

張艮自言舉進士敬宗寶曆二年以造妖言告京兆府杖殺之艮不知其所從來先是假託神人於絹上朱書論朝廷事及勸帝東幸又家僮夜詣中尉劉弘規門投之呼人即時擒獲按驗以迷妄伏罪

周息元浙西隱士也寶曆二年八月徵至闕息元上言識張果葉靜能有詔命畫工李士昉就問其狀而寫之息元居淮浙間自號數百歲其實一常人也及是又多虛誕蠱惑之說人頗非之

高駢爲淮南節度使有呂用之張守一諸葛殷皆江吳醫術之士咸昇之劇職寘于左右用之嘗言於駢曰神仙好樓居因於公宇之北跨河起迎仙樓其日役斤斧相續半歲方成所費巨萬竟未登遊又起延和閣高八十尺綺窓繡戶飾以珠金每焚香于上祈王母之降自用之曰磻溪真君守一曰赤松子殷曰葛將軍復有姓蕭者謂之曰秦穆公駙馬其祅誕率多此類用之又曰玄真上聖要降非難所患者學道之人淫穢未斷或神狎近俗輩接對凡人則真氣有虧靈眺遂絶駢乃謝絶人事寂然而已賓寮將吏無復偶其面有不得已而見者則使其人沐浴齋戒而後得見致拜而已罕得交言由是內外隔絶政事一細一委用之守一副使李琯觀察轉運判官顧雲盡諂愛將梁纘俯子傑皆相屬以目不敢措諫後怪異數見駢忽忽不安竟爲畢師鐸所殺呂用之者鄱陽人性傑黠略知文字事九華山道士牛弘徽求驅役考召之術弘徽死乃客于廣陵楮巾布衫用符藥以給衣食及丞相劉鄴節制淮海有以蠱道薦于法者用之懼南適江浙將高駢鎮京口求不死之術乃謁爲會計有



愛將俞公楚薦之尋奏署以文職用之乞居牙城駢因試其能巨石附成其僞駢甚篤信丹竈之外訪以時事用之自此能爲合矯順駢意遂姦仗先是駢之舊將有譖俞公楚姚歸禮在者用之素排斥散地駢遂孤立大逞凶書神物左右群小咸用之所樹由是賄賂公行條章日廢用之又請募軍二萬人爲左右鎮軍以懲之起第千餘間出則有輿小駟駐殿蔽路入則姬侍百餘輩皆廣陵極色又建樓百尺日日占星欲遍窺城中處有權兵圖已者或連日宴聚箕斂市肆留三司綱運半歸其家凡欲奪人資產掠人妻妾則以利祿誘其親者使告之不法捕入鞫練委曲以成其獄亦有以金帛免其獄緩號曰贖命駢覺其交游皆唯唯稱其能姚歸禮怒用之欲手刃焉會用之宿于倡樓姚禮縱火焚其隣舍用之覺易服而遁火遂爇千餘家不止而偕宗中和三年三月也歸禮與俞公楚尋爲用之所圖駢有從子出爲左驍衛大將軍瀵曾疏用之罪二十餘條其略曰呂用之詭或其德塗炭生靈姦僞之名遠近諠沸內則以神仙之事苟媚一時外則行節制之權取怨百姓大將則畏死不說從事則尸祿求容荏苒數年凶黨大盛今則兇邪已露羽翼將成若不誅之恐高氏勳庸一旦爲此所累因嗚咽流涕駢謂曰爾醉邪風狂耶遽命扶出後爲用之所構竟斃之駢每召用之則書一雲字點畫之閒密有誑言必相字未嘗以名先啓初襄王僞授用之廣南節制置使預募建牙以擬于駢號曰二府凡駢之將吏用之逼令歸己駢自此稍悟其事然牙孽已成不能奪其權及畢師鐸舉兵衆不滿千人用之擁強兵數萬略無他籌而半月下其城遂至宵遁後與楊行密相遇於天長因語之曰用之有白金五萬鋌瘞于所居廡下寇平之後願備公一醉之直及師鐸逼用之復其家月餘天長之約寢而不言至是行密欲閱其衆用之在側忽顧之曰公在西寨時許與此輩銀今日何負心也用之未及對率下令軍吏入城而鞫之凡述百餘罪其一曰

用之取今年中元夜請高公於用之私第建黃籙齋因入淨之
時蠢絞之僞云上昇此際便令諸軍並百姓扶用之領揚州節
制其兇狡之性率多如此是日斬之懸首于市諸葛殷者鄱陽
人也初呂用之譾寵于高駢將知之訪于廣陵以左道求爲于
駢用之時謂駢曰玉皇以公久爲人臣處廢政機譴了爲君輔
一靈仙爲道中羽翼若其至也公善待之欲其不去可以人間
優職縻之異日駢既見將鬼態祆姿辯詐不能測遂謂且道家葛
將軍每從容於盃酒間云可以坐召鬼神立變寒暑及尋以牢
盆之職縻之所入巨萬時有大賈周師儒者所居多花木樓榭
之勝爲廣陵甲第將欲之一日謂駢曰此誠當有祆起非大旱
兵戈之可比也駢曰爲之奈何將曰當就其下起壇必靈官鎮
之即指師儒之第駢遽命軍吏驅出其家使殷居之將手足先
有風疽駢性嚴潔每相對促席膿血霑污左右或以爲言駢曰
吾聞神仙多以此試人飲啗胃無難色駢從子傑嘗謂人曰爭知



此不是吾滅族冤家蘇玉時爲授檢校御史中丞將常謂人曰
男子恚不得志當以富貴自奉人生時有兩重死耶及用之敗
師鐸獲之杖下馬橋欲而未死會師鐸母有與過其法官命所
掌刑者扶以避之將蘇于橋下及師鐸母過決之如初方死焉
至是將乃有兩重之死既死人皆挑其目斷其舌張守一扶陽田里
人自言能變易五金以濟好利者呂用之薦于節度使高駢駢
每以真仙遇之中和末用之忽謂駢曰適得上仙書字執閻右
陰圖令公者使一刺客來今夕當至駢時與鄭畋不足既聞其
言驚懼矣乃因問計於用之用之曰張先生年少時嘗學此術
駢乃告守一守一曰君夫公不爲之勉力爲公乃令駢衣婦人
之服匿于深室守一至夜分擲一銅鐵器于軒砌之上鏗然有
聲遂於皮囊中出豕血灑之如格鬭之狀及旦謂駢曰[illegible]此
人駢乃泣謝[illegible]以金玉以酬之光啓中襄王僞授守一秋守師鐸
攻城請令[illegible]還丹至[illegible]入殺之由是覆高氏之黨者盡矣

後唐劉仁恭爲幽州節度使初力雄富志滿驕縱師道士王若
訥祈長生之法乃於州西大安山營造臺館[illegible]龐[illegible]夫婦
人爲黃帝房中之法又慮[illegible]役殺幽州[illegible]吾居此[illegible]
四面絕壁以百士守門萬夫不能[illegible]乃圖無窮之計號令九州
之民禁使銅錢自以膠和墐土爲泥錢令九州行使其銅錢峻
法賦斂聚大安山爲石穴以藏之其數百萬每藏畢即殺匠石
以滅口自仁恭父子敗後往往有上言者知錢處所皆無所得
劉訔鄴都妖人莊宗同光三年八月鄴都張憲奏唐爲河漲上
龍興寺僧竿請捨身時鄴都御河溢岸高四尺頒都功役夾河
爲堤以防水注澈靈將溢人心危恐初有書生東襄水法請於
上流爲紙屋人以馬牛五萬投於河流殺牲以祀府尹訊之此
法何從出對曰出子新意命營之既而妖人[illegible]幡竿來欺數
千云予若不以身命救衆生今夜其爲魚乎居民咸恐駭悲涕
軍慶候孫岳聞之令人圍佛寺謂之曰爾必能捨身收人即投



於水十下妖人既見衆散乃側行命下之繩皆投於河流翌日
水減三尺
張千郎魏州賤民自言傳墨子術於帝令手能役使陰物[illegible]召
食物果實之類又蒲必勝人有掌握之物以法必取又就鍊丹
乾永易人形破爲鑄或云可驗初在鄴都貴要間皆神奇之自
於莊宗甚蒙待遇官至檢校尚書郎賜紫其妻出入宮掖顏承
恩寵人士有與之而仕官者及在洛陽輕薄少年累與之遊皇
弟存乂存渥元行欽常朋留於家同光四年存乂伏誅千郎亦
被其禍
李應之定州人節度使王處直信應之閤白丁於管內別置新
軍起第於博陵坊面開一門動皆鬼道處直信重日隆將校相
屢變在郭言即先羅其禍會燕帥假道伏甲於外城以備不
虞擒且入郭諸校因引軍以閤其第處之死於亂兵歲云不見其冤
僧誠惠不知何許人幼於五臺山出家能[illegible]戒律稱會皮骨三

命人初歸向尊名漸遠四方供饋不遠千里而至者衆矣自云
能役使毒龍可致風雨其徒號曰降龍大師天祐十八年鎮州
大水壞其關城誠惠謂人曰彼無信心吾使一小龍警之耳初
見氣燄弥盛人多忌之同光初至鄴下權貴皆拜之樞密使郭崇
韜初欲不拜即慮其謗已乃因御前見之故得免私禮三年京
師旱莊宗迎至洛下親拜之六宮叅禮士庶瞻仰謂朝夕可致
甘澤禱祝數旬略無徵應或謂誠惠曰官以師祈雨無徵將加
焚燎焉誠惠聞之懼遂潛去至其寺慙恚而終天成中其徒弟
廷果等建塔乞請名謚於朝賜號法雨大師慈雲之塔

解元龜道士以明宗天成三年三月自西川至見於便殿稱年
二百一歲進詩以歌王化元龜上表乞西都留守兼衛尉
使要修西京宮闕帝謂侍臣曰此人老耄自遠來朝以期別有
異見反為身名甚堪笑也賜號知白先生賜放西歸又四年正
月有僧於相國寺示幻惑衆云頂上出舍利康義誠按其偽狀
命戮於寺前

周趙鷹為韋城鎮將廣順三年五月開封府上言鷹與僧智欽
鎮民陳光濟二十人同謀發冢掘井妄稱羅漢聖小許惑閭閻
希求財物遂人拘責並招妖妄其錢各入己分張藏匿勑趙鷹
智欽陳光濟三人處死進坐郭延賓等十七人並决杖配蔡河
務役

孫方諫為定州節度使先是州北二百里有狼山山上有堡遏
人輸之以避戎虜之患中置佛舍有孫氏尼者主其事以香火
之教聚其流俗遠近村民多歸之徒衆甚盛人亦畏之尼死其
徒號言其屍不壞因覆以衣衫瞻禮信奉有同其生方諫即其
宗人也嗣行其道家族不食葷茹其黨推之為堡主

冊府元龜卷第九百二十二

冊府元龜卷第九百二十三

總録部一百七十三

不忠　不孝　不睦

## 不忠

古人有言曰竭身命以徇國經夷險而一節者忠臣也若乃三精霧昏四海波蕩乃有體被組綬世隆寵遇靡排死以立操謀身而敗名或當難而逃歸或臨危而不救締交於凶虐之伍阿首於權倖之門以至懷貳受節挾私謀事章板蕩以内毀畫計策而反攻此蓋廢三綱之正道使百代之可誅豈獨人神所棄今古共恥者也書之于策可以爲訓

右宰穀衛大夫也衛侯出奔齊右宰穀從而逃歸衛人將殺之辭曰余不說初矣言初從君非本心余狐裘而羔袖言一身之善惟少有惡喻已雖從君出其罪不多乃赦之

桓子爲陳司馬鄭子產子展伐陳宵突陳城遂入之陳侯扶其太子偃師奔墓欲從墓間逃遇司馬桓子曰載余陳侯曰將巡城不欲從君

伯嚭爲吳太宰吳伐越敗之夫椒太湖中椒山也越王勾踐使大夫種因嚭而行成行成求成也吳王將許之伍子胥諫不聽嚭卒許越平與盟而罷兵去後越王滅吳誅嚭以爲不忠

漢李緒武帝時爲塞外都尉居奚侯城匈奴攻之緒降而單于客遇緒常坐李陵上其後漢遣使使匈奴李陵謂使者曰吾爲漢將步卒五千人横行匈奴以亡救而敗何負於漢而誅吾家使者曰漢聞李少卿教匈奴爲兵陵曰迺李緒非我也陵痛其家以緒而誅使人刺殺緒

盧賀封亞夫侯武帝征和二年坐受衛太子節掠死以衛太子兵[illegible]謂受其節有反心以掠死也

晉何曾初仕魏爲司隸時曹爽專權宣帝稱疾曾亦謝病爽誅乃起視事魏帝之廢也曾預其謀焉



王沉初仕魏爲侍中高貴鄉公甚見委重及高貴鄉公將攻文帝召沉及王業告之沉業馳白帝以功封安平侯邑二千戶沉既不忘於主甚爲衆論所非

郗超爲桓溫參軍父愔在北府徐州人多勁悍溫常云京口酒可飲兵可用深不欲愔居之而愔於事機暗遺箋詣溫欲共獎王室修復園陵超取視寸寸毀裂乃更作箋自陳老病甚

王廙爲左衛將軍及從兄敦構禍元帝遣廙喻敦既不能諫其悖逆乃爲敦所留受任助亂敦得志以廙爲平南將軍領護南蠻校尉荆州刺史

謝澹安之孫也封柴桑侯澹以歷顯位桓玄篡位以澹兼太尉與王謐俱齎冊到姑孰後恭帝元熙中爲光祿大夫復兼太保持節奉冊禪宋

宋沈懷明爲輔國將軍明帝時爲尋陽内史行江州事鄧琬扶晉安王子勛爲亂懷明與申謙之杜幼文劉亮率軍討之命孫州刺史劉胡援子勛於赭圻帝欲綏慰人情遣吏部尚書褚淵至虎檻選用將帥以下申謙之杜幼文因此求黄門郎懷明與劉亮求中書郎建安王休仁即使褚淵擬選帝不許曰忠臣殉國不謀其報臨難以干朝典當爲臣下之節耶

後魏高欽字帝叔頗有文學莫折念生之反也欽隨元志西討志敗爲賊所擒念生以爲黄門郎

北齊斛律孝卿爲侍中機密後主至齊州以孝卿爲尚書令勸後主作詔禪位任城王令孝卿齎詔策及傳國璽往瀛州孝卿便詣鄴城歸於周武帝仍從入長安授納言上士

隋郭衍初仕後周爲上柱國密勸高祖殺周室諸王早行禪代由是大被親昵

韋福嗣爲内史舍人後以罪黜煬帝大業中楊玄感之亂以兵逼東都福嗣從衛玄戰於城北軍敗爲玄感所擒令作文檄詞甚不遜尋背玄感還東都帝銜之不已車裂於高陽裴矩[illegible]

門侍郎大業末從煬帝在江都宇文化及反矩晨起將朝至坊門遇逆黨數人控矩馬詣孟景所城皆曰不關裴黃門既而化及孔百餘騎至矩迎拜化及慰諭之令矩參定儀注推秦王子浩為帝以矩為侍中隨化及至河北及僭即位以矩為尚書右僕射加光禄大夫封蔡國公

薛德音大業末為著作郎及越王侗稱制東都王充之僭號也軍書羽檄皆出其手王充平以罪伏誅

唐張均為大理卿均弟洎為太常卿山之亂玄宗幸蜀次咸陽謂高力士曰昨日蒼黃離京朝官不知所詣今日誰當至者力士曰張洎兄弟世受國恩又連戚屬必當先至是日房琯至帝因問均洎琯曰臣離京時亦過其舍比約同行均報臣云已於城南取馬觀其趣向來意不切既而均弟兄果受禄山偽命垍為武功今玄宗幸蜀垍見于路隅帝謂之曰卿飾裝便隨朕行垍俯伏不對帝曰不願行亦聽卿且好養人及賊至京師垍受偽官頗失臣節王師收京城垍伏誅



後唐蘇循唐末為禮部尚書性阿諛善承順苟容以希進取昭宗自秦還洛也朱温兇勢日滋唐室舊臣陰懷主辱之憤名族之胄往往有違禍不事逆温者惟循希旨傳會朱温之失律江西也於壽春要少帝欲授九錫朝臣或議是非循揚言云梁王功業顯大曆數有歸朝廷速宜揖讓將畏温如虎即議行之明年朱温逆遜循為冊禮副使希幸風雲求為宰輔先是循子起居郎楷上疏駮昭宗謚號不可為昭請改謚為襄楷亦附會賊心別求進達朱温既僭偽位敬翔惡其為人父子放歸田里乃寓居河中積年會莊宗將副人望求唐室舊臣遣使自河中徵赴鄴都初監軍使張承業惜經國之費未欲議即尊之事循將賓索與所言者及循至鄴入衙城拜魏師廳謂之拜殿翌日獻畫日筆三十管與悅帝心其諂進如此承業聞之怒會河東節度副使盧汝弼卒因以代之明年春偶食蹶雪而卒

孟漢瓊明宗朝為宣徽北院使性通黠善交搆初見秦王注意乃挾王淑妃勢傾心事之及朱弘昭馮贇用至又與之締搆秦王既誅翌日令漢瓊馳騎召閔帝於鄴及帝嗣尤恃恩寵旬月之內累加開府儀同三司驃騎大將軍及潞王起鳳翔閔帝急召漢瓊欲令先入于鄴漢瓊藏匿不至知潞王行及陝州乃單騎至澠池謁見因自慟哭欲有所陳潞王曰諸事不言可知漢瓊即自預從臣之列尋戮於路左

漢安叔千初仕晉少帝開運初為左金吾衛上將軍會戎犯闕百寮迎見于赤岡虜主登高岡駐馬而撫諭漢官叔千出班奧言虜主曰是安沒字否卿沙在邢州屢貢章表有以見卿之效忠也俄授鎮國節度未幾高祖革命代歸京師自以嘗附虜庭居常愧惕久之授太子太師致仕

不孝

立德之厚莫先於仁為仁之本無大於孝夫以髮膚所稟保抱



而成凱風自南載傷於生鞠昊天罔極何報於劬勞苟乖色難尚三牲而何補若夫悖德固五刑之尤重耻觀諸史具著遺文明徵凶頑之條以示沮勸之義云耳

楚右臧葉公諸梁之弟也魯定公五年吳師敗楚臧從其母於吳不待而歸諸梁司馬沈尹戌之子葉公子高也吳入楚獲右臧之母楚定臧弃母而歸葉公終不正視之不義

吳起衛人也後為魏將少時家累千金游仕不遂遂破其家鄉黨笑之吳起殺其謗已者三十餘人而東出衛郭門與其母訣齧臂而盟曰起不為卿相不復入衛遂事曾子居頃之其母死起終不歸曾子薄之而與起絕

後漢賈敏嗣其祖復封膠東侯章帝建初元年坐誣告母殺人國除

蜀姜維天水冀人也少孤與母居後主建興六年丞相諸葛亮軍向祁山天水太守夜亡保上邽時維為中郎參本郡軍事遂

異異不納還詣諸葛亮亮辟爲倉曹掾與母相失後得母書令
求當歸維曰良田百頃不在一畝但有遠志不在當歸也
晉賈充爲太尉行太子太保録尚書事充前妻李氏淑美有才
行其父豐誅李氏坐流徙充後娶郭配女槐性妬忌武帝踐阼
李以大赦得還母柳勅充迎李氏槐怒不許充迎李氏及母病
亡充問所欲言柳曰我教汝迎李新婦尚不肯安問他事遂無言
孫會侍中秀之子年二十爲射聲校尉尚東帝女河東公主母
喪未朞便納聘禮
劉蕭民荊州刺史毅之子也安帝義熙八年宋高祖遣振武將
軍王鎮惡襲毅於江陵毅倉卒無馬使就子蕭民取馬蕭民不
與朱顯之謂曰人取汝父而惜馬不與汝今自走欲何之奪馬
以授毅
宋向植父彌以佐命功封曲江縣侯植嗣封以不安母訓奪
范曄爲長沙王義欣鎮軍長史寧朔將軍兄暠爲宣都太守嫡



母隨暠在官十六年母亡報之以疾曄不時奔赴及行又攜妓
妾自隨爲御史中丞劉損所奏太祖愛其才不罪也曄家樂器
服玩並皆珍麗妓妾亦盛飾母住止單陋唯有一廚盛樵薪弟
子冬無被叔父單布衣曄後謀逆將誅其母泣曰主上念汝無
極曾不能感恩又不念我老今日奈何仍以手擊曄頸及頰曄
色不怍及妓妾來別曄悲涕流漣
謝沉前爲會稽録事參軍以諂佞事巴陵王休若沉多受賄賂
時內外戒嚴普著袴褶沉居母喪被起聲樂酣飲不異吉人衣
冠既無殊異並不知沉居喪嘗自稱孤子衆乃駭愕王長嗣祖
華封新建縣侯明帝泰始二年坐罵母奪爵
南齊劉彪宋司徒文宣公穆之孫也建元初降封南康縣侯武
賁中郎將坐廟墓不脩削爵爲羽林監又坐與亡弟母楊別居
楊死不殯葬爲有司奏事寢不出
顧吕玄爲烏程令坐父法秀宋泰始中北征死亡屍骸不反而

昌玄宴樂嬉遊與常人無異有司請加以清議
宋朱緒秣陵人無行母病積年忽思菰羹緒妻到市買菰爲羹欲
奉母緒曰病復安能食先嘗之遂併食盡母怒曰我病欲此羹
汝何心併啖盡天若有知當令汝哽死緒便聞心中介介然下利
血明日而死　蕭叡明聞之大悲慟不食積日而
緒尸在何處欲手自戮之既而曰汙吾刀乃止
裴植爲瀛州刺史其母夏侯氏出家爲尼植雖自州送禄奉母
及贍諸弟而各別資財同居異爨一門數竈植母既老身又長
嫡其臨州也妻子隨去分違數歲論者譏焉
梁柳仲禮爲司州刺史父津太子詹事封雲杜侯侯景圍城
既急而仲禮擁兵不援時邵陵王綸亦在外與仲禮攜然津登
城謂仲禮曰汝君父在難不能盡心竭力仲禮言笑自若景遣
以金環仲禮閉營不戰武帝召津問策對曰陛下有邵陵臣有
仲禮不忠不孝賊何由平太清[illegible]城陷卒



隋鄭譯開皇初爲上柱國與母別居爲憲司所劾由是除名下
詔曰譯嘉謀良策寂爾無聞鬻獄賣官沸騰盈耳若留之於世
在人爲不道之臣戮之於朝入地爲不孝之鬼有累幽顯無以
置之宜賜以孝經令其熟讀仍遣與母共居
高忻爲尚書兵部郎[illegible]丞[illegible]子也李密逼東都詔令
慈明安集瀍洛爲密黨所害忻先在東都王充破李密忻
亦在軍中遂遣收負父屍柩詣東都[illegible]送未幾又盛花燭
納室時論醜之
唐李釣爲殿中侍御史內供奉弟鍔京兆府法曹參軍並不守
名教配流釣于施州鍔于辰州縱會非常之赦不在免限釣鍔
溫州人也玄宗天寶中州舉道學咸升[illegible]既外弟參官遂到
貫長安與郡望絕凡二十餘載母死不舉溫州別駕知州事
曹王皋以臨下憲司詰問鍔等俱伏罪帝歎息久之曰三千
之刑莫大於此合寘轘裂豈止謫竄焉

崔損德宗貞元中為門下侍郎平章事損身居宰相母野殯不言展墓不議遷祔姊為尼殁於近寺終喪不臨士君子罪之

鄭方逵先為太常寺丞元和三年其兄兵部侍郎御史中丞雲逵奏方逵受性兇悖不知君親衆惡備身教訓莫及結聚兇黨江中刼人臣亡父先臣昕杖至一百終不能悛張延賞任揚州日亦曾犯延賞欲決殺復蘇至於常言皆呼臣亡父先臣名親戚所知無可教語昨□於邠寧慶等州十論節度使及州縣今丐今見在武功縣西戎備近恐有異謀若不冒死奏聞又恐覆臣家族詔曰鄭方逵宜委京兆府錮身遞送發州付李拭於偏遠州驅使勿許東西

李慎餘故京兆府法曹賚之子慎餘與兄夢文居喪衣華服飲酒食肉於坊市為京兆府所奏詔各决四十慎餘流循州夢文遞歸本貫

獨孤鉉穆宗初為田弘正鎮州從事及王廷湊作亂從事皆遇害鉉時奉使隣境故得免死其母及血屬皆為廷湊所囚將有周僧崇者繼母即鉉之女弟因隨親至鎮州亦為廷湊所囚鉉聞軍亂懼不敢入留於境上僧崇時在京聞亂奔赴鎮州謁廷湊諭以逆順之理庭湊雖不能納感其忠孝之心遂許僧崇迎其親以歸當時朝議與僧崇之行授滑南縣尉是鉉為硤州司戶自此鉉為士林所鄙崔郾孫自吏部侍郎與官塞北三子爭於舊業分其利以自謀百計醫療咸莫知之貽孫以書責之曰生有明君貞宰死有天曹地府無為老朽豈放世邪

後唐烏震為鎮州部將閻張文禮弑上鎔志復王讎雪恥請兵及鎮陽文禮執其母妻洎兒女十口誘之不迴攻城日急禮忿之咸割鼻斷腕不絕於唐放至軍門觀者皆不忍正視震一慟而止

晉程遜為太常卿高祖天福三年命使吳越遜□□老雙瞽未許白執政以辭之將行母以手把其衣號哭捫背而送之及使迴遭風水而溺焉

景延廣為侍衛親軍都指揮使少帝時加同平章事及虜騎南牧六師親駐澶淵延廣南在軍母亟問至自澶淵律北移於津南不信宿而復莅戎事曾無感容下俚之士亦聞而惡之

王瑜范陽人也為太府少卿杜重威之鎮東平也瑜父欽祚為節度副使及重威移鎮常山瑜乃以詭計于重威使奏己為攻德軍節度副使竟代其父位

馮保晉宰相玉之子也玉從少帝北遷虜偽命為太子少保至周太祖廣順三年保自幽州不告父而亡歸玉懼虜譴責尋以憂恚卒於蕃中

楊仁澤前為鄭州三川縣主簿仁澤在父憂制內求官為大理寺所奏詳斷官大理正韓保裔與詳覆官刑部員外郎李知損斷曰伏以楊仁澤父喪未滿釋服求官人子何堪還律如此宜從退毀以贖典刑餘望依大理寺斷可之





漢後[illegible]家也與父同郡往來其家生於從職四方父未嘗離君[illegible]疑其所生及為內職不欲父之來寓書以致其意父自郡至京師直抵其第贊不得已而[illegible]之

不睦

夫兄弟之親手足之義也故尊居先友于是切故詩人以常棣之華萼棣相映鶺鴒在原急難為喻洎乎義匪相容情惟不睦寧聞共被之恩動起鬩墻之忿尺布斗粟尚或致爭連枝同氣豈顧其義乎

共叔段鄭莊公弟也初鄭武公娶于申曰武姜生莊公及共叔段莊公寤生驚姜氏故名曰寤生遂惡之愛共叔段欲立之亟請于武公公弗許及莊公即位為之請制公曰制巖邑也虢叔死焉佗邑唯命虢叔東虢君也恃制巖險而不脩德鄭滅之恐段復然故開以他邑請京使居之謂之京城大叔公順姜請使段居京謂之京城大叔言寵異於衆臣京鄭邑今滎陽京縣也京叛大叔段段入于鄢公伐諸鄢大叔出奔共共國今汲郡共縣書曰

鄭伯克段于鄢段不弟故不言弟如二君故曰克稱鄭伯譏失教也後隱公會鄭伯伐許許莊公奔衛隱公以許與鄭鄭伯使許大夫百里奉許叔以居許東偏（許叔許莊公之弟東偏東鄙也）曰寡人有弟不能和協而使餬其口於四方其況能久有許乎

漢主父偃爲齊相至齊徧召昆弟散五百金予之數曰（[illegible]）始吾貧時昆弟不我衣食（衣音於既反食讀曰飤）今吾相齊諸君迎我（[illegible]）或千里吾與諸君絕矣毋復入偃之門

薛宣爲丞相任政數年宣有弟明脩明至南陽太守脩歷郡守京兆尹少府善交僚得州里之稱後母常從脩居官宣爲丞相脩爲臨菑令宣迎後母脩不遣後母病死脩去官持服宣謂脩三年服少能行之者兄弟相駮不可（駮者執意不同[illegible]）脩遂竟服繇是兄弟不和

魏袁尚冀州牧紹之少子紹愛尚貌美欲以爲後而未顯審配逢紀與辛評郭圖爭權配紀與尚比評圖與譚比衆以譚長欲



立之配等恐譚立而評等爲己害緣紹素意乃奉尚代紹位譚至不得立自號車騎將軍由是譚尚有隙太祖北征譚尚譚軍黎陽尚少與譚兵而使逢紀從譚譚求益兵配等議不與譚怒殺紀

劉琦荊州牧表之長子也初表及妻愛少子琮欲以爲後而蔡瑁張允爲之支黨乃出長子琦爲江夏太守衆遂奉琮爲嗣琦與琮遂爲讎隙

夏侯楙伏波將軍惇之子也文帝時爲安西將軍妻曰清河公主也楙性無武略而好治生太和二年明帝西征人有白楙者遂召還爲尚書楙在西時多畜伎妾公主由此與楙不和其後羣弟不遵禮度楙數切責弟懼見治乃共構楙以誹謗令主奏之有詔收楙帝意欲殺之以問長水校尉京兆段默默以爲此必清河公主與楙不睦出於譖構冀不推實耳且伏波與先帝有定天下之功宜加三思帝意釋曰吾亦以爲然乃發詔推問爲公主表者果其羣弟子臧子江所構也

蜀許靖汝南人位至司徒少與從弟劭俱知名並有人倫臧否之稱而私情不協劭爲郡功曹排擯靖不得齒敘以馬磨自給

晉王濟爲侍中時父渾爲僕射主者處事或不當濟性峻厲明法繩之素與從兄佑不平佑黨頗謂濟不能顧其父由是長同異之言出爲河南尹

陳騫爲大司馬素無謇諤之風弟稚與其子輿忿爭遂說騫子女穢行騫表徙弟以此獲譏於世後輿爲侍中坐與叔父不睦出爲河內太守輿雖無撿正而有力致

陶稱侃子也稱爲東中郎將性虓勇與諸弟不協

王愷以戚清貴爲侍中領右衛將軍愷弟愉爲輔國將軍愉弟國寶安帝時爲中書令中領軍參管朝權威震內外時王恭惡國寶亂國討國寶愷愉並請解職以與國寶異生又素不協故得免禍



宋周郎爲太子舍人兄嶠尚高祖第四女[illegible]而郎少而愛奇雅有風氣與嶠志趣不同嶠甚疾之

江智淵湘州刺史夷之弟子也夷有盛名夷子湛又有清譽父子並貴達智淵父僧安少無名問湛禮敬甚簡智淵常以爲恨自非節歲不入湛門

後魏陸暐爲尚書左丞二公郎後除伏波將軍暐與弟恭之並有時譽暐與恭之晚不和睦爲時所鄙

酈道元字善長爲御史中尉兄弟不能篤穆又多嫌忌時論薄之

薛懷徹金紫光祿大夫眞度嫡子也爲車騎將軍眞度之庶子懷吉爲後將軍汾州刺史懷吉弟懷直懷直弟懷朴懷朴弟懷景懷景弟懷儁眞度諸子既多其母非一同產相朋因有憎惡興和中遂致訴列云以毒藥相害顯在公府發揚疵釁時人耻焉

冊府元龜卷第九百二十三

冊府元龜卷九百二十四

總錄部一百七十四

傾險　詭佞　飾非

傾險

言僞行辟包藏內挾傾險之謀也故不畏不義者之於前聞難[illegible]進退之於往典蓋大易五行之秀最萬物之靈守正不回去惡務本斯可謂之君子矣乃有嫉賢務進附勢取容乘隙以爲姦掠美以沽譽或縱其頗詖之辯或極其諂諛之態或構之飛語以害忠良或實之深文以執仇怨以至飜覆[illegible]非定計數區測爲鬼爲蜮如谿如壑歷代而下寔繁有徒非聰明睿哲之主安能察而遠之哉

漢主父偃爲中大夫會遼東高廟長陵高園殿災董仲舒居家推說其意草稾未上[illegible]主父偃候仲舒私見嫉之竊其書而奏焉帝召視諸儒[illegible]仲舒弟子呂步舒不知其師書以爲大愚於是下仲舒吏當死詔赦之仲舒遂不敢復言災異

鄭朋會稽人元帝初前將軍蕭望之光祿勳周堪輔政朋陰欲附望之上疏言車騎將軍高遣客爲姦利郡國及言許史子弟罪過章視周堪堪白令朋待詔金馬門朋奏記望之曰將軍體周召之德秉公綽之質有卞莊之威[illegible]至乎耳順之年履折衝之位號至將軍誠士之高致也窟穴黎庶莫不懽喜咸曰將軍其人也今將軍規撫云若管晏而休遂行日昃至周召乃留[illegible]而已矣[illegible]如將軍昭然度行積思塞邪枉之險蹊宣中庸之常政[illegible]與周召之遺業親日昃之兼德則下走其庶幾願竭區區底厲鋒鍔奉萬分之一望之見納朋接待以意[illegible]數稱述望之短車騎將軍史高[illegible]言許史過失後朋行傾邪望之絕不與通朋與大司農史李宮俱待詔堪獨白宮爲黃門郎[illegible]朋楚士怨恨[illegible]更求入許史推所言許史事曰皆周堪劉更生教我我關東人何以知此於是侍中許章白見朋朋出揚言曰我見言前將軍小過五大罪一中書令在旁知我言狀望之聞之以問弘恭石顯恭顯恐望之自訟下於它吏即挾朋及待詔華龍龍者宣帝時與張子蟜等待詔[illegible]以行汙濊不進欲入堪等不納故與朋相結恭顯令二人告望之等謀欲罷車騎將軍疏退許史狀矣顯奏望之堪更生朋黨相稱舉收望之前將軍光祿勳印綬及堪更生皆免爲庶人而朋爲黃門郎

後漢辛臣田戎之[illegible]也初[illegible]彭圍秦豐於黎丘時田戎擁衆夷陵聞秦豐[illegible]欲降而妻兄辛臣諫戎曰今四方豪傑各據郡國洛陽地如掌耳不如按甲以觀其變戎曰以秦王之彊猶爲征南所圍豈况吾邪降計決矣建武四年春戎乃留辛臣守夷陵自將兵沿江泝沔止黎丘刻期日當降而辛臣於後盜戎珍寶從間道先降於彭而以書招戎戎疑必賣己遂不敢降

翟酺爲侍中時尚書有缺詔將大夫六百石以上試對政事天文道術以高弟者補之酺自恃能高而忌故太史令孫懿恐其先用乃往候懿既坐言無所及唯涕泣流漣懿怪而問之酺曰圖書有漢賊孫登將以才智爲中官所害觀君表相似當應之酺受恩接悽愴君之禍耳懿憂懼移病不試由是酺對第一拜尚書

晉[illegible]爲司空張華長史會張昌作亂秀因奔成都王穎穎使

長沙王乂以秀爲冠軍將軍與陸機[illegible]之以機
[illegible]敗秀證成其罪又譖[illegible]黃門孟玖[illegible]
[illegible]黃門而生長東宮[illegible]知中朝事訪於帝[illegible]
西三[illegible]并[illegible]書[illegible]之所聞動靜具是後更姦隱形于言
色頽風[illegible]交[illegible]其爲朋黨以伍隱慝意必譖免黜歸于家
衷悅之雖長[illegible]許共爲會稽王道子所親愛每勸道子專覽朝
[illegible]道子頗納其說然而見誅

三國賈累至侍中尚書令太傅謝安之女壻也國寶專利無檢
行安惡其爲人每抑制之及孝武末年嗜酒好內而會稽王道
子亦嗜酒[illegible]其性狎昵諂邪於是國寶讒諛之計稍行於主相之
間而好利險詖之[illegible]功名盛極而構會之嫌隙遂成[illegible]
[illegible]

周札字宣季性[illegible]好利外方內荏以[illegible]自[illegible]後爲會稽
太守被殺



宋王華爲太祖[illegible]長史太祖未親政事悉委司馬王弘[illegible]推
尚物不欲人在[illegible]每行常引以數華出入[illegible]車從
者不過二三以矯[illegible]於城內相逢華陽若不知是[illegible]謂左右曰
此鹵簿甚盛必是殿下出行乃下牽車立於道側及入[illegible]乃驚
都曰[illegible]服[illegible]城爲華所糾坐被徽[illegible]代爲司馬南郡太守行府州
事

劉湛爲領軍將軍又領[illegible]彭城王義康專秉朝政而湛昔
爲上佐遂委心自結欲[illegible]獨當[illegible]初湛方[illegible]景仁甚
篤[illegible]劉斌[illegible]湛[illegible]湛曰[illegible]老公
[illegible]十[illegible]由[illegible]文[illegible]生[illegible]無[illegible]白
[illegible]文之[illegible]諂如此

[illegible]字茂林初爲[illegible]與王[illegible]別駕[illegible]
性凌物[illegible]不欲人居己上時[illegible]征北府行參軍吳郡顧[illegible]
[illegible]事皆與衆[illegible]行[illegible]

深布情款[illegible]內事人間事言論所不得至者莫不[illegible]
以璿[illegible]之款盡深相感信[illegible]以語璿[illegible]
[illegible]璿忽[illegible]左右索[illegible]其所以[illegible]公以[illegible]相與
言[illegible]所隱而卿於外宣泄使人無不知我是公吏何得不啓
因而白之濬大怒啓文帝[illegible]賜死

後魏高聰爲散騎常侍[illegible]將之[illegible]身事之
及僧之死言必毀惡[illegible]婚[illegible]
公私託杖無所不至每[illegible]明敏非[illegible]乃因能啓
請青州鎮下治中公孫[illegible]私宅[illegible]被遂許
及誅見戮恥以爲死之晚也[illegible]情態皆如此[illegible]
每高肇[illegible]

北齊[illegible]爲[illegible]大將軍[illegible]
作亂[illegible]晉陽[illegible]
內深險[illegible]之事[illegible]好[illegible]其間所以[illegible]



郭[illegible]
[illegible]崔[illegible]
古無[illegible]一作奴[illegible]光祿大夫王昕曰自
[illegible]帝乃曰王
[illegible]博士
[illegible]語[illegible]
段孝言[illegible]尚書[illegible]
侍中[illegible]中書[illegible]加特進又[illegible]
[illegible]尚書右僕射
[illegible]
多以[illegible]以不[illegible]
[illegible]
不能平心[illegible]物

後周蘇[illegible]
大夫

誇元載頡才辯而輕險多詐握守内史會入一事又適[illegible]
洩省中語

諸葛穎自煬帝爲太子時爲藥藏郎及帝即位遷著作郎[illegible]
侍穎因閒隙多所譖毀是以時人謂之冶葛

唐鄭愔則天時爲監察御史及來俊臣受制按獄志在[illegible]
每有羅織文狀皆密令愔草定深情致其罪取媚於俊臣

崔湜中宗時爲吏部員外郎桓彦範之作相也恐武三思以讒間推
湜爲耳目使伺其動靜而中宗疎忌功臣於三思[illegible]龍彦範
湜每得彦範一言片議皆以報三思及諸公被流[illegible]
宜盡除之以絶歸望三思問誰可入者湜表兄周利貞[illegible]
彦範所惡自侍御史出爲嘉州司馬湜舉之充行[illegible]利貞
至皆自殺三思擢利貞爲御史中丞湜從爲襄州刺史[illegible]
重福謫居均州陰懷異志賄湜黄金[illegible]
隊遂特承恩寵[illegible]湜以帶勢之會[illegible]




怪金帶奇作非人間所有湜密謂度遼[illegible]初欲此帶所來我當
使汝無事乃厚賂行者[illegible]殺[illegible]如此湜謂
人曰吾之入門及出身歷官未嘗不爲第一丈夫當先據要路
以制人豈能默默受制於人也是故進趣無已而不以令終

顔舒吳人代宗時諂附當權[illegible]京兆府華原縣令性疎狂
恃封事可其奏異擢[illegible]及[illegible]華原[illegible]不受詔乃訓射
政發[illegible]元載陰私載怒[illegible]陳代宗遂怒黜逐爲[illegible]州百姓

陳少遊代宗時爲宣歙揚三鎮觀察初結元載每年饋金帛約
十萬貫又多納賂於[illegible]中[illegible]奉先劉清潭[illegible]等由是
美聲達於中禁[illegible]元載在相位年深以過犯漸見疑忌少遊
亦稍疎之無何載子伯和貶官揚州少遊外與之深交結而陰
使人伺其過失密以上聞代宗以爲忠待之益厚

令狐峘德宗時爲禮部侍郎有杜封者故相鴻漸之子求補弘
文生宰相楊炎嘗出杜氏門下託封於峘峘謂使者曰相公誠



杜封欲成其名乞署封名下一字峘因得以訴焉炎不意峘之
賣己乃署名託峘峘明日派言宰相炎迫臣以私臣從之則負
陛下不從則炎嘗害臣德宗以問炎炎具道所以德宗怒曰此
奸人不可奈欲杖殺之炎救解乃黜爲衡州別駕

竇群憲宗時爲吏部郎中宰相武元衡李吉甫皆愛重之未幾
拜御史中丞後與呂溫羊士諤等黨比欲陷吉甫爲容管經略
使在鎮二年詔還至衡州病卒群性險很頗務恩讎臨事不顧
死生初詔徵將大用衆情惴駭及卒衆乃安

方穆宗時爲和王傅會元稹作相欲以奇策平河朔群盜方
以策畫干稹而李逢吉之黨欲傾裴度乃令人告稹欲結客刺
度事下法司按鞫無狀而方竟坐誅

後唐孔謙莊宗同光初爲租庸副使謙本魏州之幹吏自天祐
十二年帝平定魏博會計皆委制置謙能曲事權要效其才力
帝亟以泉貨之務設法箕斂七八年間軍儲獲濟及帝即位於




鄴城[illegible]謂已當爲租庸使物論以謙雖有經營餽餉之勞然
地[illegible]以魏博觀察判[illegible]
爲租[illegible]以謙爲副謙[illegible]不樂者久之帝既平汴[illegible]
魏州[illegible]之行在[illegible]崇韜曰魏都重地須大臣鎮撫以[illegible]
非張憲不可崇韜以爲然告即奏憲爲鄴都副留守乃命宰相
豆盧革判租庸謙彌失望乃陰求革過失時革以手書便省庫
錢數十萬謙[illegible]聞於革革懼上表請崇韜
專其事崇韜亦辭避帝問當委何人爲可崇韜曰孔謙雖久掌
泉貨然物議未允若大任以臣所見不若委張憲爲便促徵之
憲性精辨爲趨時者所忌人不附之謙乘間訴於豆盧革曰租
庸錢穀悉在目前委一小吏可辦鄴都本根之地不可輕付於
人興唐尹王正言無裨益之才徒有獨行[illegible]既徵張憲復以
何人爲代豆盧革言於崇韜崇韜曰鄴都分司列職皆主上舊
人委王正言何慮不辦革曰俱是失也設不獲已以正言掌租

甯取書於大臣或可於□夫□行之方而以欺人事請以正言非德非勳□而□制日□識者以爲然非已志□□利□言之失□謙於崇韜厚賂閹伶以求進用人知謙諂沮之乃上章請退帝怒其規避將寘於法樂人景進於帝前解喻而止王正言風病恍忽不能綜三司事景進屢言於帝乃以正言守禮部尚書以謙爲租庸使

晉張彭常山九門人少不知書始爲公府通贊遂假州縣後唐莊宗收鎮州爲北都以□園爲真定尹兼知營內戎事則以彭爲留守推官事無巨細一以委彭由是趙之士夫無得而進彭素貪黷利權所入園之爲所賓及齊都爲守鎮彰□命擢彭使郭崇韜爲節度使過鎮之時崇韜素愛其地欲歸利私門而彭獻可於閫擇□公稽所有多隱之以爲他貴崇韜深怒其事會莊宗平常山時後選己親家數千餘人直省選留百人及□選□□許氏大邑彭將□者以□□侯□於後宮中訪知□詐彭赴洛欲害之彭將戒途以前與園所隱泉貨使人封籍馳白崇韜崇韜乃德彭而怒園尋奏解許氏之罪授彭秘書丞知齊州管田事其險巧多此類也明宗即位以園爲相判三司事園奏彭守秘書少監度支判官聞音得罪死於遂陽議者以彭誤敗之所致也近臣安重誨亦去任公之過盡由張彭

王瑜天福中爲楚善大夫會濮陽郡秋稼豊秀税籍不均命乘使車按察定計既至郡謂校簿吏胡蘊吏難曰余有愛約之疾室無增貲其爲我致意縣尹且求假貸於是鄄城令劉承珪濮陽令王偉□□僕令曹□尤爲雷澤令張瑨范陽令范昇聚錢五十萬私齎帝獻瑜以書上奏帝覽章稱歎曰廉直清慎尚有如此者誠良臣也二吏五卒即時俾黜瑜則進位太府少卿詔書褒美之



## 詐僞

兇聖有言曰天下之惡有五盜竊不與焉一心逆而險二行僻而堅三言僞而辯四記醜而博五順非而澤此皆謂姦宄之徒不免君子之誅也其或矯稱皇嗣虛書讖圖對揚人而惑衆都街而自搆造僞書而取賞徵嘉遁而覬徵至於詐爲外戚則遠列藩宣假於靈草則妄刻符竹罪大而貽神怒惡盈而掛天網至有棄之于市投之于荒汙彼簡編貽笑後世者矣

公孫蠆齊大夫魯昭三年晉韓起韓宣子如齊逆女爲平公公孫蠆爲少姜之有寵也以其子更公女而嫁公子公更嫁之人謂宣子子尾欺晉晉胡受之宣子曰我欲得齊而遠其寵寵將來乎寵謂少姜

臧會魯大夫臧昭伯之族也初昭伯如晉臧會竊其寶龜僂句僂句龜所出地以卜爲信與僭僭吉僭不信也臧氏老將如晉問問昭伯往代家老行昭伯問家故盡對故事也及內子與母弟叔孫則不對再三問不對歸及郊會逆問又如初不對至次於外而察之皆無之執而戮之逸奔郈郈魴假使爲賈正焉郈在東平無鹽縣南郈魴郈邑大夫賈正掌貨物使有常賈若市吏計於季氏送計於季氏臧氏使五人以戈楯伏諸桐汝之閭閭里門會出逐之反奔執諸季氏中門之外平子怒曰何故以兵入吾門拘臧氏老季臧有惡相惡也及昭伯從公平子立臧會臧氏以會爲後會曰僂句不余欺也僂句善惡由人

漢新垣平趙人以望氣見文帝至上大夫使人持玉杯上書闕下獻之平言帝曰闕下有寶玉氣來者已視之果有獻玉杯者刻曰人主延壽平又言臣候日再中居頃之日卻復中於是始更以十七年爲元年令天下大酺平言曰周鼎亡在泗水中今河決通於泗臣望東北汾陰直有金寶氣汾陰直正意周鼎其出乎兆見不迎則不至於是帝使使治廟汾陰南臨河欲祠出周鼎人有上書告平所言皆詐也下吏治誅夷平

少翁齊人以方見武帝爲文成將軍言即上欲與神通宮室被服非象神神物不至迺作畫雲氣車及各以勝日五行相剋之日駕車辟惡鬼金用丙丁日木用庚辛日又作甘泉宮中爲臺室畫天地泰一諸鬼神而置祭具以致天神居歲餘其方益衰神不至迺爲

書以飯牛[illegible]陽不知言此牛腹中有奇書殺視得
書書言甚怪天子識其手書問之果[illegible]於是誅文成將
軍隱之欒大膠東人[illegible]故嘗與文成將軍同師因樂成侯求見
言方天子為人長美言多方略而敢為大言處之不疑拜為五
利將軍於是常夜祠其家欲以下神後裝治行東入海求其師
而不敢入海之泰山祠帝使人隨驗實無所見五利妄言見其
師其方盡多不讎[illegible]不帝乃誅[illegible]封襄城侯武帝
元鼎四年詐疾不從[illegible]辯臣
陳拾嗣後陽侯卒子嗣元狩五年坐父拾非其子免
公孫卿齊人也武帝時有札書曰[illegible]
卿因所忠欲奏之所忠視其書不經疑其妄書謝曰寶鼎事已
決矣尚何以為[辯詐不誠]
趙欽[illegible]
詐有身[illegible]

府九百二十四　九

財士[illegible]非子免國除
後漢尹敏為中郎光武令校圖讖敏因其闕文增之曰君無口
為漢輔帝見而怪之召敏問其故敏對曰臣見前人增損圖書
敢不自量竊幸萬一帝深非之雖竟不罪而亦以此沉滯
盧芳字君期安定三水人也[illegible]王莽時天下咸思漢德芳
由是詐稱武帝曾孫劉文伯曾祖母匈奴谷蠡渾邪王之姊為
武帝皇后生三子遭江充之亂太子誅皇后坐死中子次卿亡
之長陵小子回卿逃於左谷[illegible]次卿迎回卿回卿不出
因居左谷[illegible]孫卿孫卿生文伯常以是言誑惑安定間
性卑詭不倫後將徵拜趙相及之官時人謂其必當[illegible]亦從
而稱更乘鮮車[illegible]為世疑其始偽
魏李[illegible]以選尚公主雖外[illegible]之內不甚[illegible]也
晉會稽王道子為桓玄所害安帝義熙中以臨川王寶子脩之
為道子嗣尊道王氏為大妃義熙中有稱元顯子秀熙避難

蜀中而至者太妃請以為嗣於是脩之歸于別第宋高祖意其
詐而案驗之果散騎郎滕羨奴[illegible]太妃不悟哭
之甚慟
宋何法盛時有高平郗紹亦作晉中興書數以示法盛法盛有
意圖之謂紹曰卿名位貴達不復俟此延與[illegible]無聞於時
如袁宏干寶之徒賴有著述流聲於後宜以為惠紹不與至書
成在齋內廚中法盛詣紹紹不在直入竊書紹還失之無復兼
本於是遂行何書
王僧達為太子洗馬在東宮愛念軍人朱靈寶及出為宣城
靈寶已長僧達詐列死亡寄宣城左永之籍注以為己子改名元
序啓太祖以為武陵國典衛令又以補竟陵國典書令建平國
中軍將軍孝建元年春事發加禁錮上表陳謝云不能因依左右
傾意權貴帝愈怒焉
黄回竟陵郡軍人也初為臧質隊主隨質於梁山敗走向豫章

府九百二十四　十

為桂陽王謝承祖所録付江州作部遇赦得原回因下都於
宣陽門與人相打詐稱江夏王義恭馬客鞭二百付右尚方
後魏崔光為驃騎大將軍儀同三司光初為黄門則讓宋弁為
中書監讓汝南王悦為太常讓劉芳為少傅讓元暉穆紹甄琛
為國子祭酒讓清河王懌任城王澄為車騎儀同讓江陽王繼
又讓靈太后父胡國珍皆顧望時情議者以為矯飾
盧景裕莊帝永安中為太學博士兼尚書郎而常徒步上省以示
清貧然盜大失綾練時人鄙其矯詐
[illegible]孝莊帝時為左光禄大夫性多詐賄校勝出鎮荊州過攜別
因[illegible]故見敗[illegible]被勝更遺之錢物
山偉孝莊帝時為秘書監仍著作郎尒朱兆之入洛官守奔散
國史典書高法顯密埋史書故不遺落偉自以為仁[illegible]
偉使附尒朱世隆遂封東阿縣伯而法顯止獲男爵[illegible]
著作郎兼中書令外示長者內懷矯詐[illegible]

冷菜衣服故敗乃過通下善候當途能為詭激每於稠人廣衆
之中或擲一蒸吏撫一孤寡大言自爾拉巳高明矜物無知淺
識皆稱其美公能之舉動過其實
後周宗懍南陽人仕梁為元帝荊州記室累遷吏部尚書初父
高之先為南臺治書侍御史犯憲懍願父釋罪當終身菜食高
之理雪故懍菜食鄉里稱之元帝府中多言其矯至是大進魚
肉國子祭酒沛国劉穀譏之曰本知卿不忠猶謂卿孝今日便
是忠孝並無懍不能對
郭賢為車騎大將軍歷廣勳安陵四州刺史衣服食雖以儉約
自勵而居家豐麗室有餘貲時論譏其詐
隋劉炫直門下省以待顧問時　弘奏請購求天下遺逸之書
炫遂造書百卷題為連山易魯史記等錄上送官取賞而去後
有人訟之經赦免死坐除名歸于家
唐杜淹弱冠有美名與韋福嗣為莫逆之交隋開皇中相與謀



曰上好嘉遁蘇威以幽人見徵擢居美職盍效之乃入太白山
中揚言隱逸隋文帝聞而惡之謫戍江表
蘇世長幼簡率嗜酒無威儀歷官疎猛正諫以直聞及為陝州
不能馭黠部內多犯法世長莫能禁乃責躬引咎自撻於都街
五伯嫉其詐鞭之見血世長不勝痛大呼而走觀者咸以為笑
是後譏者乃稱其詐焉
孫承景為監察御史則天萬歲通天二年承景監清邊軍戰還
畫戰圖以奏每陣必畫承景躬當矢石先鋒禦賊之狀則天歎
曰御史乃能盡誠如此擢拜右肅政臺中丞令侍御史張仁愿
叙録承景下立功人仁愿未發都先問承景對陣勝負之狀承
景身實不行問之皆不能對又虛增功狀仁愿庭奏承景罔上
之罪於是承景左遷崇仁令擢仁愿為右肅政臺中丞檢校幽
州都督
李子嬌玄宗開元十四年詐稱皇子入驛居止子嬌云生於潞
州母曰趙妃生一歲舅常奴攜至洛陽以患目疾不得入門後
數歲遇楊翽馬舅挾出北遊靈夏因至太原今十七歲太原尹
張嵩以聞帝以為矯妄勑嵩杖殺因下制曰如聞在外諸州多
有矯稱勑使詐乘傳驛或託採藥物言將貢獻惑妄夫追人肆
行威福如此等色尤須禁斷若緣別使皆發中使以此參察宜
易區分宜令州縣嚴加捉搦勿容漏網
蕭文晟詐妄人也元和九年與其黨四人詐稱知內樞密梁守
謙語欺涇原節度使蘇光榮子巨論云將拜為節度使許錢六
萬貫文為人所告文晟付杖內決重杖處死巨論流峽州
柳泌本姓楊名仁晝省方術後更姓名動多詐誕自言能致靈
藥并黃白術時憲宗末年銳於服餌詔天下搜訪奇士皇甫鎛
李道古乃薦泌及僧大通等待詔翰林憲宗頗奇之因感言天
台多靈草群仙所會臣常知之而力不能致願假郡縣之權以
求之憲宗以為然乃授台州刺史賜服金紫或諫曰方士不當



假以州郡之政憲宗怒曰煩一郡之力而致神僊不死之事臣
下於吾何惜焉由是不敢復諫泌到州驅使人於山谷間聲言
採藥驅擾急歲餘一無所得懼詐發獲罪遂挈其家潛入山
谷本道觀察使捕之送京師鎛與道古保明其能又詔直翰林
院憲宗服泌藥日益躁渴音為所誤大通自云年一百五十歲
有不死藥田佐元鳳翔號縣人亦自言有奇術能變瓦礫為黃
金自白衣授本縣令其餘皆迹相薦引閭上或衆故及於罪初
柳泌繫於京兆府吏人或問曰何苦虛詐如此泌曰皆道古教
我且令我自言四百歲時人或謂將死自能隱化及解衣就刑
訖無他異唯灸灼之痕浹體而已
蕭洪者本代北人父名榮初文宗母蕭太后有一弟在外求訪
未獲洪十歲隨商人後為戶部茶綱賣羅錦於東市估人趙縝
為引見於太后姊徐國夫人女婿呂璋因得見夫人云太后一弟
夫人亦不能認識帝方務親以皇太后一弟喜有所得洪以詐街

遂自之命爲金吾將軍河陽節度等使復爲鄜坊節度使矣且
有自神策軍出爲方鎮者軍中多資其行裝至鎮三倍償之故
有自左軍出爲鄜坊者茲錢未償而卒乃徵於洪宰相李訓初
知洪非真皇太后弟洪懼彌縫之乃奏訓兄仲京爲從事故洪
持與訓過不與所償又徵於卒者之子洪仰其子以狀訴訓訓
判絶之左軍中尉仇士良銜之有蕭本者復稱皇太后之弟至
是因士良以進遂發其事既而御史臺奏推勘前鄜坊節度使
蕭洪詐冒稱皇太后親弟事詔曰蕭洪起自細微苟爲欺妄假
我外家之族冒居元舅之尊累忝重官再叨雄鎮作偽無狀從
古未聞不處極刑猶爲寬典宜長流驩州百姓洪男洛女婿黃
續余國夫人女婿呂璋並決杖流嶺南崖象等州洪至中路賜
自盡
蕭本故福建人太后有真弟失其所在太后不能自理本知之就求
得其內外族氏名諱上聞與本以孝友證之帝果不疑其詐以

府九百二十四　十三

爲贊善大夫又詔贈其亡曾祖保太保亡祖聰太傅亡父婆太
師曾祖母隴西李氏晉國太夫人亡祖母吳興姚氏楚國太夫
人亡母隴西李氏涼國太夫人帝既斥蕭洪而又得蕭本即謂
其真旬月之內賜與巨萬
蕭引泉州晉江縣民也開成二年十月福建觀察使唐扶差人
押送引并男大資稱是國親詔付御史臺勘問御史臺奏蕭引
通款狀詐認太后與鄭自不同詔令遞歸本貫仍不用錮身皇
太后火離本家不熟舊事故特宥引之罪無舊本宗開成四年
七月癸酉昭義節度使劉從諫上表其略曰臣聞造偽以亂真
者匹夫知之尚不可況天下皆知乎執諫以爲親者匹夫之
家尚不可況處大國之朝乎自受國恩深奉公心初知有此色
安敢不言伏惟皇帝陛下仁及萬方孝敦九族而推心無黨唯
理是求微臣將以不避直詞切論深事伏見金吾將軍蕭本稱
是皇太后親弟受延官榮今詣然國都殆開藩府自上及下異
口同音皆言蕭引是真而蕭本爲偽至於傍聽衆論適察群情咸
思發明以正名分今年二月其蕭引忽投臣本道求臣上聞亦
自言比者福建觀察使唐扶及監軍劉行立具審根源已曾論
奏其時蕭本得爲外戚來自左軍臺司懼不敢研窮聖意猶
勤遂歸鄉里自茲議論轉益沸騰臣亦今轉聞左軍據論大體而
士良推至公之道發不黨之言臣若蕭本自度孤危安有騎侍伏
以名居國舅位列朝行而真偽不分中外所恥初蒙皇太后念
此因惑已有恩情若含於一時終取笑於千古伏乞陛下起
蕭引赴闕與本對推細窮根源以正真偽詔以御史中丞高元
裕刑部侍郎孫簡大理卿崔郇爲三司使鞫蕭本蕭引之獄十
一月乙酉詔曰恭惟皇太后族望遠承齊梁之後僑寓流滯久
在閩中慶靈鍾集皇姊歸淑披終鮮兄弟嘗求皆宗朕自臨御已
來便遣尋訪冀得諸舅以慰慈顏而奸盜之徒探我指趨因緣
州里之近附會祖先之名覬幸我國因假託我外族蕭洪之惡
跡未遠蕭本之姦繼興[illegible]之本末尤更乖矣三司推鞫功狀
似是之蹤寔臣參驗甚見難容之狀文欵繼入留中久之爲真
侍膳之時頻有談覈參詳辨分惟在真偽昨以沐浴暨樂暇無可驗
蹙塗作偽豈得更容據其狀罪合當極法尚爲含忍投之荒徼
凡百臣士宜體朕懷蕭本宜除名配流愛州蕭引配儋州蕭本
及弟姪男等凡六人並除名流于嶺外家資田產並令沒官蕭
時蕭洪詐稱國舅凡十數年兩授節鉞寵貴崇盛天下之人皆
知其偽蕭本因中尉仇士良爲之助遂告洪之詐洪既流死本
驟居榮顯曾未周歲衆知本亦詐偽蕭引復告之帝命三司使
鞫其得情實故有是命本之罪名止於流竄時議以爲貸法
陳文臣泉州晉江人應鄉貢明經偽稱官階哀帝二年招伏罪
款付河南府決重杖一頓處死
後唐許光義自言禮部侍郎孟容之孫也光義天祐初將同姓
人譙縣主簿名銜選授亳州蒙城簿累歷州縣職官

府九百二十四　十四

黃慶殺考城縣令同光二年慶僞作嘉禾合穗勸侍見任
張德溫陝州日姓也德溫詐稱官付河南府處死
張演河北轉運司前行也明宗長興元年七月鎮州奏演僞出
宣頭支錢三貫令外甥安領又搜得蠟印一面
周李知損爲諫議大夫知損除名流沙門島知損將行謂所
親曰余嘗遇善相者言我三逐之後當入居相位余自以而三
矣子姑待我後歲餘卒於海中其虛誕也如此
高紹基延州節度使高允權子也　允權卒紹基匿喪父之喪
奏以事以要承襲朝廷初聞其喪即令六宅使張仁謙往巡檢
紹基不能匿以十五日卒聞左珣稱前邢州觀察推官黃順二
年珣經中書乞官宰臣以比來除任邢州職事無此姓名而訊
之占對失次送開封府鞫問所稱職名及緋魚並虛詔勒杖脊
二十長流沙門島歷任官牒並毀之
陳權前爲秦州清水縣令廣順三年追奪官牒仍長流房州以



權居許州與張陽接壤里曙爭地詐埋石爲記及揩改契內文
字既伏其罪故有是責
李圖廣順三年僞稱萊州別駕配沙海縣重役

飾非

夫言爲而辯雖口給之爲能欲蓋而彰固心勞而愈拙況夫學
古從政委質自公固宜懲以潤身言以顧行改過不吝擇善而
從豈有毀信廢忠寵賂不式典禮怠棄官司在長惡而靡
悛但詭辭而自飾君子所以惡利口王者所以遠佞人蓋以是
夫

仲由字子路孔子弟子也子路使子羔爲費宰孔子曰賊夫人
之子子羔學未熟習而使爲政所以爲賊害子路曰有民人焉有社稷焉何必讀
書然後爲學言治民事神於是而習之也亦學子曰是故惡夫佞者疾其口給禦人以非而不知窮
冉求字子有爲季氏宰季氏將伐顓臾冉有曰季路見於孔子
曰季氏將有事於顓臾顓臾伏羲之後風姓之國本魯之附庸當時臣屬魯季氏貪其土地欲滅而取
之冉有季路爲季氏臣來告孔子孔子曰求無乃爾是過與冉求爲季氏宰相其室爲之聚斂故孔
子疑求教之夫顓臾昔者先王以爲東蒙主使主祭蒙山且在邦域之中
矣魯七百里之封顓臾爲附庸在其域中是社稷之臣也何以伐爲已屬魯爲社稷之臣何用
滅之冉有曰夫子欲之吾二臣者皆不欲也歸咎於季氏孔
子曰求周任有言曰陳力就列不能者止周任古之良史言當陳其才力度己所任
以就其位不能則當止危而不持顛而不扶則將焉用彼相矣言輔相人者當能持危扶顛若不能何用相爲
且爾言過矣虎兕出於柙龜玉毀於櫝中是誰之
過與柙檻也櫝匱也失虎毀玉豈非典守之過冉有曰今夫顓臾固而近於費固謂城郭完堅兵甲利也費季氏邑
今不取後世必爲子孫憂孔子曰求君子疾夫
舍曰欲之而必爲之辭疾如汝之言舍其貪利之說而更作他辭是所疾也
季羔皐孔子弟子也葬其妻犯人之禾高柴字季羔孟氏之邑成邑宰也申祥
以告曰請庚之申祥子張之子也庚償也子皐曰孟氏不以是罪予時管明友
不以是吾予信以吾爲邑長於斯也買道而葬後難繼也
恃寵害民非也



漢主父偃武帝時爲中大夫尊立衛皇后及發燕王定國陰事
偃有功焉大臣皆畏其口賂遺累千金或說偃曰太橫矣主父
曰臣結髮游學四十餘年身不得遂遂猶達也親不以爲子昆弟不
收賓客棄我我阨日久矣丈夫生不五鼎食死則五鼎烹耳五鼎牛羊豕魚麋也諸侯五卿大夫三
吾日暮途遠故倒行逆施之謂不依常道逆理而行也
楊惲字子幼封平通侯爲諸吏光祿勳坐事免爲庶人惲
既失爵位家居治産業起室宅以財自娛歲餘其友人安定太
守西河孫會宗知略士也與惲書諫戒之爲言大臣廢退當闔
門惶懼爲可憐之意不當治産業通賓客有稱譽惲宰相
子少顯朝廷一朝晻昧語言見廢內懷不服報會宗書曰惲材
朽行穢文質無所底底致也幸賴先人餘業得備宿衛遭遇時變
以獲爵位終非其任卒與禍會足下哀其愚蒙賜書教督以所
不及殷勤甚厚然竊恨足下不深惟其終始而猥隨俗之毀譽

也言鄙陋之愚心若逆指而文過默而息乎恐違孔氏各言爾志之義後會有日食變騶馬猥佐上書告惲驕奢不悔過日食之咎此人所致章下廷尉按驗得所與會宗書宣帝見而惡之廷尉當惲大逆無道要斬嚴延年字次卿為河南太守與京兆尹張敞善敞治雖嚴然尚頗有縱舍聞延年用刑刻急乃以書諭之曰昔韓盧之取兔也上觀下獲（言良犬之取兔仰觀人主之意而獲之諭不妄殺）不甚多殺願次卿少緩誅罰思行此術延年報曰河南天下喉咽二周餘弊（喉咽言所在襟要如人喉咽也二周東西周君國也有千城）莠盛苗穢何可不鉏也（莠似禾穀而非生於地苗之穢也）自矜伐其能終不衰止

原涉字巨先為谷口令後自劾去官郡國諸豪及長安五陵諸為氣節者皆歸慕之涉遂傾身與相待人無賢不肖闐門（闐盛貌字與填同）在所閭里盡滿客或譏涉曰子本吏二千石之世結髮自修以行喪推財禮讓為名正復讎取仇猶不失仁義何故遂自放縱為輕俠之徒涉應曰子獨不見家人寡婦邪始自約敕之時意乃慕宋伯姬及陳孝婦（伯姬魯宣公女嫁宋共公寡居至景公時伯姬之宮夜火左右曰夫人少避火伯姬曰婦人之義保傅不具夜不下堂遂逮火而死陳孝婦者其夫當行戍屬孝婦曰幸有老母吾不還汝肯養吾母乎婦曰諾夫果死不還婦養姑不衰其父母將取嫁之孝婦欲自殺父母懼不敢嫁遂使養姑淮陽太守以聞孝文帝高其義賜黃金四十斤復之終身號曰孝婦）不幸壹為盜賊所污遂行淫失知其非禮然不能自還吾獨此矣



晉鄧粲長沙人小以高潔著名南陽劉驎之南郡劉尚公同志友善並不應州郡辟命荊州刺史桓沖卑辭厚禮請粲為別駕粲嘉其好賢乃起應召驎之尚公謂粲曰卿道廣學深衆所推懷忽然改節誠失所望粲笑答曰足下可謂有志於隱而未知隱夫隱之為道朝亦可隱市亦可隱隱初在我不在於物尚公等無以難之然粲亦於此名譽減半矣

宋周朗孝武時為廬陵內史郡後荒蕪頗有野獸母薛氏欲見獵朗乃合圍縱火令母觀之火逸燒郡廨朗悉以秩米起屋償所燒之限稱疾去官遂為州司所糾還都謝孝武曰州司舉臣狂失多有不允臣在郡虎三食人虫鼠犯稼以此二事上負陛下帝變色曰州司不允或可有之虫虎之災寧關卿小物

王景文明帝明時為安南將軍江州刺史景文在江州不能絜己景文與帝素自王道隆書曰吾雖寡於行己庶不負心既愧殊效豈不上欺明主竊聞有為其貝錦者去臣乃至巨萬素無此能一旦忽致異術必非平理雅乞平心精檢若此言不虛便宜肆諸市朝以正風俗脫其妄作當賜恩罔昧之由吾踰忝轉深足以致謗念此犢懼何能自測區區所懷不願望風容貸吾自了不作偷猶如不作賊故以露白想為申啓

北齊杜弼為中書軍將軍儀同竇泰總戎西伐詔弼為泰監軍及泰失利自殺弼與其從六人走還陝州刺史劉貴鎖送晉陽高祖詰之曰竇中尉此行吾前具有法用乃違吾語自取敗亡介何由不一言諫爭也弼對曰刀筆小生唯文墨薄伎便宜之事議所不及高祖益怒賴房謨諫而獲免左遷下灌鎮司馬



冊府元龜卷第九百二十四

冊府元龜卷第九百二十五

總録部一百七十三

譴累八

傳曰君子不黨又曰君子周而不比蓋黨比者其有譴累之患乎叔末澆競禮義陵遲愛憎之情作而黨與之風起故庠序之下搢紳之間至有各樹朋徒互相譏揣于鉤黨之議陷禁錮之法亦有結託豪俠覺起而辭及附會權貴勢窮而釁至親族不道以服屬而從坐交游抵禁以雅素而被譴將儆于後咸著于篇然而君子中立不倚正直不回踈不令之親絶非益之友宜乎全身而遠害也

漢邳離侯路博德武帝太初元年坐見知子犯逆不道罪免

澅清侯參天漢二年坐匿朝鮮亡虜下獄病死

後漢范滂汝南征羌人太守宗資請署功曹委任政事後牢脩誣言鉤黨滂坐繫黄門北寺獄獄吏謂曰凡坐繫皆祭皋陶滂曰皋陶賢者古之直臣知滂無罪將理之於帝如其有罪祭之何益衆人由此亦止獄吏將加掠考滂以同囚多嬰病乃請先就格遂與同郡袁忠爭受楚毒桓帝使中常侍王甫以次辯詰滂等皆三木囊頭暴於階下餘人在前或對或否滂忠於後越次而進王甫詰曰君為人臣不惟忠國而共造部黨自相褒舉評論朝廷虛構無端諸所謀結並欲何為皆以情對不得隱飾滂對曰臣聞仲尼之言見善如不及見惡如探湯欲使善善同其清惡惡同其汙謂王政之所願聞不悟更以為黨甫曰卿更相拔舉迭為脣齒有不合者見則排斥其意如何滂乃慷慨仰天曰古之循善自求多福今之循善身陷大戮身死之日願埋滂於首陽山側上不負皇天下不愧夷齊甫愍然為之改容乃得並解桎梏建寧二年遂大誅黨人詔下急捕滂等督郵吴導至縣抱詔書閉傳舍伏床而泣滂聞之曰必為我也即自詣獄縣令郭揖大驚出解印綬引與俱亡曰天下大矣子何為在此滂曰滂死則禍塞何敢以罪累君又令老母流離乎其母就與之訣滂白母曰仲博孝敬足以供養滂從龍舒君歸黄泉存亡各得其所惟大人割不可忍之恩勿增感戚母曰汝今得與李杜齊名死亦何恨既有令名復求壽考可兼得乎滂跪受教再拜而辭顧謂其子曰吾欲使汝為善則我不為惡行路聞之莫不流涕時年三十三

杜密為北海相去官後桓帝徵拜尚書令遷河南尹轉太僕黨事既起免歸本郡與李膺俱坐而名行相次故時人亦稱李杜焉後太傅陳蕃輔政復為太僕明年坐黨事被徵自殺

夏馥陳留圉人桓帝初舉直言不就馥雖不交時官然以聲名為中官所憚遂與范滂張儉等俱被誣陷詔下州郡捕為黨魁及儉等亡命經歷之處皆被收考辭所連引布徧天下馥乃頓足而歎曰孽自己作空汙良善一人逃死禍及萬家何以生為乃自剪須變形入林慮山中隱匿姓名為冶家傭親突煙炭形貌毁瘁積二三年人無知者後馥弟靜乘車馬載縑帛追之於涅陽市中遇馥不識聞其言聲乃覺而拜之馥避不與語靜追隨至客舍共宿夜中密呼靜曰吾以守道疾惡故為權宦所陷且念營苟全以庇性命弟奈何載物相求是以禍見追也明旦别去黨禁未解而卒

魏朗為河内太守陳蕃所薦徵為尚書會被黨議免歸家朗性矜嚴閉門整法度家人不見墯容後竇武等誅朗以黨被急徵行至牛渚自殺

李膺為司隸校尉是時朝廷日亂綱紀頽阤膺坐黨事免歸鄉里居陽城之靈帝初陳蕃為太傅與大將軍竇武共秉朝政連謀誅諸宦官故引用天下名士乃以膺為長樂少府及陳竇之敗膺等復廢後張儉事起收捕鉤黨鄉人謂膺曰可去矣對曰事不辭難罪不逃刑臣之節也吾年已六十死生有命去將安之乃詣詔獄考死妻子徙邊門生故吏及其父兄並被禁錮

三勳爲汝南太守上書解釋范滂袁忠等黨議禁錮尋徵拜將
作大匠轉大司農坐竇武等事下獄自殺
巴肅爲議郎與竇武陳蕃等謀誅閹官武等遇害肅亦坐黨禁
錮中常侍曹節後聞其謀收之肅自載詣縣縣令見肅入閤解
印綬與俱去肅曰爲人臣者有謀不敢隱有罪不逃刑既不隱
其謀矣又敢逃其刑乎遂被害刺史賈琮刊石立銘以記之
張升仕郡爲綱紀以能出守外黃令遇黨錮去官後升見誅年
四十九
王暢爲河南尹會黨事起免官禁錮卒於家
荀淑兄子昱字伯條曇字元智昱爲沛相曇爲廣陵太守兄弟
皆正身疾惡志除閹官其支黨賓客有在二郡者纖罪必誅昱
後共將軍竇武謀誅中官與李膺俱死曇亦禁錮終身
羊續辟大將軍竇武府及武敗坐黨事禁錮十餘年幽居守靜
及黨禁解復辟太尉府靈帝光和二年四月大赦天下諸黨人



禁錮小功以下皆除之時上祿長和海上言黨人錮及五族有乖典訓帝從之
陳翔補御史中丞坐黨事考黃門北寺獄以無驗見原卒于家
孔昱字元世太尉舉方正對策不合乃辭病去後遭黨禁錮
劉儒爲侍中上封事極言得失出爲任城相徵拜議郎會竇武
事下獄自殺
張奐爲太常與尚書劉猛刁韙衛良同薦王暢李膺可參三公
之選而曹節等疾其言遂下詔切責之奐等皆自囚廷尉數
日乃得出並以三月俸贖罪司隸校尉王寓出於宦官欲借寵
公卿以求薦舉百僚畏憚莫不許諾唯奐獨拒之寓怒因此遂
陷以黨罪禁錮歸田里
延篤爲京兆尹以病免歸後遭黨事禁錮
何夔字叔龍漢末閹官用事夔從父衡爲尚書有直言由是在
黨中諸父兄皆禁錮夔歎曰天地閉賢人隱故不應宰司之命
符融字偉明陳留浚儀人少爲都官吏恥之委去州郡公府連辟皆不

就會有黨事亦遭禁錮
魏文欽字仲若父緩爲騎將有勇力少有材武及魏諷反欽坐
與諷辭語相連及下獄掠笞數百當死太祖以緩故赦之
晉裴楷爲侍中子瓚娶楊駿女及駿誅楷以姻親收付廷尉賴
侍中傅祗救護得免猶坐去官
卞粹爲右軍將軍張華之誅粹以華壻免官
陸耽者機雲之弟爲平東祭酒亦有清譽與雲同遇害
劉暾爲司隸校尉長沙王乂討齊王冏暾豫其謀封朱虛縣公又
以坐免
宋沈懷文爲隨王誕後軍主簿誕當爲廣州懷文固辭南行帝
不悅弟懷遠納東陽公主養女王鸚鵡爲妾二凶行逆坐巫蠱
鸚鵡預之事泄懷文因此失調爲治書侍御史
謝述子綜約緯皆有才名綜坐與舅范曄謀反伏誅約亦坐死
緯尚太祖第五女長城公主素爲所憎免死徙廣州



鄧琬爲輔國將軍南海太守率軍伐蕭簡及廣州文圍俞斬平之
兄以贓貨免爲廣州刺史宗慤州執值殺原之弟[illegible]贓貨同
黨[illegible]收從誅琬弟璟亦坐死琬在遠又有功免死徙付寧州
後魏李敷父順爲寧西將軍高平公坐皇興初以敷貴贈太尉
公高平王敷爲南部尚書中書侍郎於孝文獻文弟奕又有
寵於文明太后後爲李訢列其隱罪二十餘條遂誅之削順位
號爲庶人敷奕與從弟顯德妹夫廣平宋叔珍等皆坐謀亂公
私同符伏法敷長子伯和次仲良與父俱死伯和之子究崇餘
爲人執送殺之
宋翻爲河陰令弟道璵先爲冀州京兆王愉法曹行參軍愉反
逼道璵爲官屬翻與弟世景俱囚廷尉道璵後棄愉歸罪京師雖
竟身死翻世景除名
甄琛爲太子少保黃門中正高肇既死琛以肇之黨與詔不宜
復參朝政出爲營州刺史

李仲尚少以文學知名起家京兆王愉行參軍坐兄伯尚同廣陽王禧謀反詔賜死仲尚與弟季凱沉敏有識量坐伯尚事與母弟俱從邊久之會赦免遂寓居於晉陽沉廢積年

鄭思明為直閣將軍坐弟思和同咸陽王禧逆徙邊會赦卒於家

鄭義為給事黃門侍郎司徒左長史以從弟思和同咸陽王禧之逆與弟通直常侍道昭俱坐緦親出禁拜太常少卿

邢宴為司徒東閤祭酒宣武初為與廣平王懷遊宴左遷鄭縣令未之官除給事中

崔休子叔義孝莊時為尚書庫部郎坐兄㥄鑄錢事發合家逃避叔義見執獲時城陽王徽為司州牧臨淮王彧以非其身罪驟為致請徽不從乃殺之

劉蘗為滎陽太守孝靜天平中坐子尚書郎洪業入關中卒衆侵擾伏法

北齊祖珽子君信涉獵書史多諸雜藝位兼通直散騎常侍珽



為陸太姬誹毀解侍中僕射出為北徐州刺史君信亦見廢免

隋段文振為大僕卿突厥犯塞文振以行軍總管拒之遇達頭可汗於沃野擊破之文振先與王世積有舊初文振北征世積遺以駝馬比還世積以罪被誅文振坐與交関功遂不録

唐狄士文從妹為齊氏嬪有色齊滅後賜薛公長孫覽覽妻鄭氏妬譖之文獻后后令覽離絕士文恥之不與相見後應州刺史唐君明居母憂娉以為妻由是君明士文並為御史所劾士文性剛在獄數日憤恚而死

宇文善仕周官至上柱国許国公高祖受禪遇之甚厚拜其子穎為上儀同及弟忻誅善及穎並廢于家忻弟愷為萊州刺史有能名亦坐忻除名於家久不得調

韓僧壽為上柱國有京兆人達奚通妾王氏能清歌朝臣多相命觀之僧壽亦豫焉坐是除名

陸爽為太子洗馬子法言敏學有家風釋褐承奉郎初爽為太子洗馬嘗奏高祖云皇太子諸子未有嘉名請依春秋之義更立名字帝從之及太子廢帝追怒爽云我孫製名寧不自解陸爽乃尔多事扇惑於勇亦由此人其身雖故子孫並宜屏黜終身不齒法言竟坐除名

盧太翼善占候筭曆之術開皇時隱於白鹿山皇太子勇聞而召之太翼知太子必不為嗣謂所親曰吾拘逼而來不知所稅駕也及太子廢坐法當死高祖惜其才而不害配為官奴久之乃釋其後目盲以手摸書而知其字

高穎為僕射後被誅其子表道官至莒州刺史徙柳城而卒次弘德封應国公晉王府記室次表仁封渤海郡公並徙蜀郡

楊仁恭為吏部侍郎恭仁弟續性和厚頗有文學歷義州刺史淮南郡太守及父薨起為司隸校尉遼東之役楊玄感反其弟玄縱在帝所逃赴其兄路逢續續遣人偶語久之司隸劉休文奏之時恭仁將兵於外帝寬其事續竟以發病而卒



虞綽煬帝時為著作佐郎恃才任氣禮部尚書楊玄感稱為貴倨虛襟禮之與結布衣之友綽數從之遊其族人虞世南誡之曰帝性猜忌而君過厚玄感若與之絕交者帝知君改悔可以無咎不然終當見禍綽不從尋有告綽以禁中兵書借玄感帝甚銜之及玄感敗後籍沒其家妓妾並入宮帝因問之曰玄感平常時與何人交往其妾以虞綽對帝令大理卿鄭善果窮治其事綽曰羈旅薄遊以玄感文酒談款實無他謀帝怒不解徙邊

潘徽為京兆郡博士楊玄感兄弟甚重之數相來往及玄感敗凡所交関多罹其患徽以玄感故人為帝所不悅有司希旨出徽為西海郡威定縣主簿意甚不平行至隴西發病卒

王胄為朝散大夫禮部尚書楊玄感虛襟與交數遊其第及玄感敗與虞綽俱坐徙邊胄遂亡匿潛還江左為吏所捕坐誅

王仁恭為光祿大夫會楊玄感作亂其兄子武賁郎將仲伯預焉仁恭由是坐免

宗文謙領武賁郎將爲盧龍道軍副會楊玄感作亂其弟武賁郎將玄縱先隸文謙玄感反聞未至而玄縱逃走文謙不之覺坐是配防于桂林而卒

唐房玄齡仕隋補隰城縣尉漢王諒爲逆從坐除名徙於上郡鬱鬱不自得唯以諷讀爲務

高士廉仕隋爲奉礼郎兼通事舍人從征遼東時斛斯政爲兵部侍郎當塗任事尤親士廉數邀入幕同林而寢言談終夕會政以猜嫌懼罪内不自安亡奔高麗士廉與交遊謫爲交阯朱鳶縣主簿

劉弘基貞觀初爲并鉞將軍李希常長孫安業之謀逆也坐與交遊除名

宇文節爲侍中兼太子詹事平昌縣公房遺愛薛萬徹柴令武坐謀反伏誅遺愛弟遺直及母盧氏薛萬徹弟萬備柴令武兄哲威並以勳舊特免配流遺直貶春州銅陵尉萬備配流交州哲威流邵州哥皆承於從新[illegible]及特進太常卿江夏王道宗左驍衛大將軍駙馬都尉安國公執失思力並坐與遺愛等交結流嶺外

張文琮爲户部侍郎從母弟房遺愛以罪貶授房州刺史文琮作詩祖餞及遺愛誅坐是出爲建州刺史

韋待價爲左千牛備身以江夏王道宗得罪待價即道宗之壻也緣坐左遷盧龍府果毅

王勃高宗時爲虢州參軍有官奴曹達犯罪爲勃所匿又恐事泄殺達以滅口事覺當死會赦除名時勃父福畤爲雍州司功參軍坐勃左遷交阯令

魏玄同爲司列大夫西臺侍郎上官儀被誅玄同坐與儀文章屬和配流嶺外

薛元超拜東臺侍郎嵗余西臺侍郎上官儀伏誅坐與父文章款密配流嶲州



鄧玄挺少解屬文有名當代歷遷比部員外郎左史與上官儀善出爲頓丘令

宗秦客爲檢校内史坐贓降授遵化縣尉内史邢文偉坐附會秦客貶授珍州刺史

賀蘭敏之天后姊子爲蘭臺左侍極當時咸傾附之有罪從嶺外尚書右丞兼檢校沛王府長史皇甫公義以許附敏之長流横州太子中允劉懿之之甥秦趨節以母在宫中私託敏之共母相見配流康州懿之弟右史禕之知情配流嶲州蘄州司馬徐齊聃前任王府掾與敏之交往左道除名長流嶺外前涇城令李善曾教敏之讀書專爲左道長流嶲州

綦連耀爲洛州録事參軍連耀與箕州刺史劉思礼坐謀反棄市鳳閣侍郎李元素夏官侍郎孫元亨知天官侍郎事石抱忠劉奇給事中周譒鳳閣舍人王勮勮兄前涇州刺史勔太子司義郎路敬淳等坐與耀及思礼交結皆誅

韋安石爲左僕射留守東都妻薛氏暴虐子壻有妾誣其厭蠱迫以捶楚投井而死憲司以聞安石坐是出爲蒲州刺史

梁涉爲右庶子柳勣爲李林甫所搆伏誅涉及虢王巨嘗通勣貲粮皆坐貶官連累者十餘人

韋堅爲刑部尚書爲李林甫所陷長流嶺南殺之堅弟將作少匠蘭鄠縣令冰兵部員外芝及男河南府户曹諒皆貶遠郡尋又分遣御史並賜死諸子悉配隸邊郡惟堅妻姜氏稱素爲堅輕蔑特放還本宗

盧從愿爲刑部尚書坐子起居郎諭糴米入官有剩利爲憲司所糺出爲絳州刺史

姜慶初爲太常卿駙馬都尉以修植建陵誤壞連岡賜自盡駙馬都尉裴徽削在身官爵徽新平公主之子公主初出降駙馬都尉裴玲玲卒後出降慶初徽玲子也

韋陟爲吏部尚書坐當墳墓子弟夜伐松栢不能禁止貶絳郡

太守

第五琦爲戶部侍郎判度支時魚朝恩伏誅琦坐與款狎出爲處州刺史

元載自作相已後常選擢朝官之有才學今望者一人厚遇之將以代已初引禮部侍郎劉單單卒又引吏部侍郎薛邕邕貶引吏部侍郎楊炎炎與載同郡又元氏之出謂載爲舅遂與載合載誅貶連州司馬凡在朝坐載累貶官者諫議大夫知制誥韓洄王定諫議大夫包佶徐縯大理少卿裴冀太常少卿王紀起居舍人韓會等十餘人

王縉爲相元載用事縉附之元載得罪連坐貶處州刺史

姚南仲爲右補闕與宰相常衮善衮既貶南仲出爲海鹽縣令

杜亞爲河中尹劉晏得罪亞坐晏貶睦州刺史

崔造爲左司員外郎劉晏敗坐與晏善貶信州刺史

趙惠伯爲河南丞楊炎將立家廟先有私第在東都令惠伯貨之惠伯爲炎市爲官廨炎罷相盧杞知炎與京兆尹嚴郢有隙引爲御史大夫惠伯自河中尹受代赴闕郢奏追捕惠伯詰案杞乃以[illegible]炎爲宰相御史貴估其宅賤入其幣計贓爲監主自盜罪當絞炎坐貶崖惠伯亦坐炎貶費州多田尉尋亦殺之

令狐峘前爲衡州刺史列上前政戶口以爲已功其後入爲右庶子又與劉太眞所親善太眞坐事貶峘亦黜爲硤州別駕同正

鄭晞爲檢校工部尚書兼太子賓客其子鋼爲朔方節度杜希全判官攝豐州刺史晞慮其幼不任邊職上請罷之帝遣中使𢧵召之鋼懼以他事見收遂奔吐蕃晞坐免官

王佖太尉李晟之甥爲神策將晟視佖恩寵與愿甥不殊給與過之晟既爲張延賞媒孽罷兵權亦不用佖爲將佖入爲左衛上將軍

韋夏卿爲給事中宰相竇參貶郴州夏卿坐與諸竇交遊左遷常州刺史



裴諝爲金吾將軍坐所善僧抵法貶閬州司馬

馬英翰爲宣武軍馬軍都虞候以其男少遊謀叛亂英翰不言於道州安置

蘇弁爲戶部侍郎判度支又貶爲汀州錄事參軍又貶其兄袞善大夫袞爲永州司戶參軍前京兆府士曹冕爲信州司戶參軍並同正

鄭映爲右庶子映坐子壻御史於壽州謀亂削官於私第省過

衛次公權知兵部侍郎知制誥翰林學士坐與宰相鄭絪厚善絪罷相次公左授太子賓客

蔡表元和中以討淮西策干宰相武元衡元衡不見以監察御史李文籍嘗從事使召表而詰之因與表卿後捕駙馬王承系擒窮按其門客而表在焉表被拘因言籍與往來故籍坐貶江陵府士曹參軍又貶左衛騎曹參軍楊敬之爲吉州司戶參軍右神武倉曹章術爲溫州司倉參軍祕書省正字薛庶回爲郴[illegible]兵參軍太子正字王參元爲遂州司[illegible]參軍郗貞遷士[illegible]軍爲邛州大邑尉並坐與表交游故也左羽林將軍王誠元坐凡給表錢三千左授右領軍衛將軍[illegible]

韋處厚爲禮部考功二員外郎爲宰相韋貫之所重時貫之以議兵不合帝旨罷處厚坐與貫之善出爲開州刺史貫之之弟虢州刺史纁亦以請辯爲搢紳所慕亦坐貫之貶簡州刺史議者惜之

于頔子駙馬都尉季友坐罪削官爵戶部尚書于頔不能訓子宜削金紫光祿大夫一階初帝意欲不坐頔但諷令因此致仕李逢吉奏曰雖古有父子兄弟罪不相及之義然季友恣行非法頔不能檢馭宜薄責以示誡又奏聖旨許其致仕且以懸車優禮事與編違望待一兩月後商量爲便故有此命

馮宿從裴度東征爲彰武軍節度判官淮西平拜比部郎中會韓愈論佛骨時宰疑宿草疏出爲歙州刺史

王仲舒爲拾遺與京兆尹楊憑友善及憑得罪仲舒積議之貶
爲硤州刺史
張仲方爲倉部員外郎會呂温羊士諤誣告宰相李吉甫陰事
二人俱貶仲方坐呂温貢舉門生出爲金州刺史
韋弘景爲吏部郎時度支郎中張仲方駁李吉甫謚憲宗怒貶
仲方弘景坐與仲方善亦出爲綿州刺史
趙傪爲度支郎中貶永州司馬坐皇甫鎛之黨也
李景儉爲諫議大夫乘醉入中書面詬侮宰相貶漳州刺史兵
部郎中知制誥馮宿庫部郎中知制誥楊嗣復與景儉史館同
飲先起罰一季俸初又貶尚書員外郎史館修撰獨孤朗爲韶
州刺史起居舍人温造爲朗州刺史司勳員外郎李肇爲澧州
刺史刑部員外郎王鎰爲郢州刺史坐與景儉同飲考功員外
郎史館修撰李翺與景儉素相善景儉除諫議薦翺自代及景
儉獲譴翺亦出爲朗州刺史



李宗閔爲兵部員外郎令狐楚坐山陵事貶宗閔素與楚親出爲
劍州刺史
李逢吉爲相敬宗初即位逢吉內庭連結權傾天下惡李紳
剛直與其黨共搆紳自戶部侍郎貶端州司馬又貶翰林學士
駕部郎中知制誥龎嚴爲信州刺史翰林學士司封員外郎知
制誥蔣防爲汀州刺史嚴防皆紳之所引
王起爲山南東道節度使時李訓用事訓即起貢舉門生也欲
授起爲相拜兵部侍郎判戶部事其冬訓敗起以儒素長者人
不以爲累但罷判戶部事
李同志同捷之弟也同捷據滄景拒命不赴兗海反狀屢聞詔
同志同巽委御史臺差人防守前滄州節度掌書記崔從長宜
配商州安置進奏官皇甫測等十七人並鎖身分配洋閬等州其弟
及將佐在城者凡十人兼宜從罪之續詔貶同巽金州漢陰縣
尉同志金州承寶並馳驛發遣

李讓夷爲職方員外郎充翰林學士先是薛廷老在翰林以終
日酣醉不事檢束李珏於上聽故轉官罷職讓夷與之友善廷老
之入讓夷實推援之故坐是罷學士守本官
裴誼爲江西觀察使坐前吉州刺史杜師仁坐贓計絹三萬餘
匹詔師仁賜死於家又詔誼委之兼郡都不舉察宜削所贈工
部尚書守御史大夫
魏謩爲諫議大夫謩初爲李固言李珏楊嗣復所引數年之內
至諫議大夫武宗即位李德裕用事謩坐楊李之黨出爲汾州
刺史楊李貶官謩貶信州長史
王凝爲兵部侍郎充諸道鹽鐵轉運使以所補吏贓罪授秘書監
孫被爲興唐少尹昭宗天祐三年詔曰秘是故華州司戶參軍
孫乘親弟其兄既竄極典其弟難貸餘生可除名配流愛州充
長流百姓仍委御史臺差人所在賜自盡
[illegible]爲太子賓客[illegible]誣曰遜等爲張濬租庸判官又王溥



[illegible]充判[illegible]部侍郎又與趙[illegible]頭之[illegible]
故懼等將罪之蜂起尚於是旦暮且僵仆既可令官致仕
[illegible]唐史武梁朱友謙之舊將也莊宗同光四年正月殺朱友謙
同惡人史武薛敬容周唐殷楊師太王景來景仁白奉國等已
[illegible]其家資並籍沒史武等將皆爲刺史以友謙死並坐無
罪族滅人士冤之
李虔徽爲樞密院承旨明宗長興二年四月以虔徽爲其[illegible]
行軍司馬虔徽邢州人始爲郡吏而安重誨信愛之至是[illegible]
職行己之道非其正也今重誨敗故有是命
晉楊鄰爲青州節度楊光遠判官少帝開運元年詔楊光遠隨
叛之言及楊承勳意節明又不是贊成之數但思[illegible]合
[illegible]貴從等又在[illegible]佐當楊光遠始謀逆節未嘗同姓
誅夷尚示寬恩俾從遠竄鄰可流[illegible]州節度掌書記宜流[illegible]州
觀察支使徐昱宜流武州縱逢恩赦不在放還之限

王詔前爲平盧軍節度副使開運二年貶詔爲慶州司馬行軍司馬周光贊爲商州司馬並員外置同正員乃馳驛發遣揚光遠叛逆坐故也

漢王松爲禮部尚書隱帝乾祐二年勑松事因有死誠切上章述避嫌之辭形告退之意其男仁寶雖因除名曾授爲官一昨既覩兇酋合從俘執未明死所乃竊用書路歧雖限於公法懷愛且關於父子從議連坐恐失寬條以尓朝列舊臣班行宿德累有退閑之請宜弘矜惻之恩特俾免官用明戒等宜停見任

周張昭爲户部尚書廣順元年七月以昭爲太子賓客坐子陽謹薄秉陽犯法抵罪上章引咎詣閤待罪詔寬釋之踰月左授此官

劉頊爲監察御史廣順元年七月勑頊名昇通籍官列憲司見繫所爲不宜知禁不能爲子諍父而乃離局侵官宜謫掾於郴州俾省愆於煞日頊父濤爲中書舍人令頊代直草詞濤責授少



府少監分司西京故頊責授復州司户參軍

王敏爲工部侍郎世宗顯德三年八月詔敏停任敏昔兼[illegible]陳州刺史爲曹孟二鎮掌記兩余奉職有隳[illegible]連坐焉

冊府元龜卷第九百二十五

冊府元龜卷第九百二十六

總録部一百七十六

愧恨　忍恥

## 愧恨

夫不能是恥則為愧實多雖悔可追者飲恨何極是知君子作事謀始可以禮遠辱砥名厲節不以私汚義事苟過舉或承之羞其有言之不從計有非允或功立而名辱或行絜而道違將義士之見非懼長者之所短俯仰天地慙靦面目是可忍也誰孰甚焉故有愧情一集伏恨而死者已斯亦往者不諫近乎知恥在昔賢者其猶病諸若乃名節自虧家道匪正然諾之際信義無聞雖復終身恨之蓋亦何嗟及矣

楚子重為楚令尹魯襄公三年春子重伐吳為簡之師(簡選練)克鳩茲至于衡山(鳩茲吳邑在丹陽蕪湖縣東今皋夷也衡山在吳興烏程縣南)使鄧廖帥組甲三百被練三千(組甲被練皆戰備也組甲漆甲成組文被練練袍)以侵吳吳人要而擊之獲鄧廖其能免者組甲八十被練三百而已子重歸既飲至三日吳人伐楚取駕駕良邑也鄧廖亦楚之良也君子謂子重於是役也所獲不如所亡(當時君子)楚人以是咎子重子重病之遂遇心疾而卒(憂恚故成心疾)

子西為楚令尹故太子建之子勝在吳子西欲召之葉公曰聞勝也詐而亂無乃害乎子西曰吾聞勝也信而勇不為不利召之為白公後遂作亂殺子西子西以袂掩面而死慙於葉公也

端木賜字子貢原憲字子思皆孔子弟子也孔子卒原憲亡在草澤中子貢相衛而結駟連騎排藜藿入窮閻過原憲憲攝敝衣冠見子貢子貢恥曰夫子豈病乎原憲曰吾聞之無財者謂之貧學道而不能行者謂之病若憲貧也非病也子貢慙不懌而去終身恥其言之過也

漢韓安國字長孺梁成安人為材官將軍屯漁陽以匈奴入漁陽從東屯右北平初安國為御史大夫及護軍後稍下遷新壯將軍衛青等有功益貴安國既斥疏將屯又失亡多甚自媿幸得罷歸(冀得罷歸以為幸也)迺益東徙意忽忽不樂數月病歐血死

後漢鄭均為太尉西曹掾明帝欲更脩太尉府而均以為舊府自足相容太尉趙憙即表罷之其冬帝祀畢雍歷二府先觀壯麗而太尉獨卑陋帝東顧歎息曰椎牛縱酒勿令乞兒為宰時憙子世為侍中驂乘歸具白之憙以為恨頻譴責均均自劾去道發病亡

魏于禁初為左將軍後漢獻帝建安二十四年曹仁討關羽於樊太祖使禁與龐德助仁及兵敗禁降羽而龐德不屈節而死文帝踐阼孫權擒羽獲其衆禁復在吳及權稱藩遣禁還拜安遠將軍欲遣使吳先令北詣鄴謁高陵帝使豫於陵屋畫關羽戰克龐德憤怒禁降服之狀禁見慙恚發病薨

曹休為大司馬都督揚州牧太和二年明帝為二道征吳遣司馬宣王從漢水下督休諸軍向尋陽賊將偽降休深入戰不利退還宿石亭軍夜驚士卒亂棄甲兵輜重甚多休上書謝罪帝遣屯騎校尉楊暨慰諭禮賜益隆休因此癰發背薨

蔣濟為太尉隨司馬宣王屯洛水浮橋濟書與爽言宣王旨惟免官而已爽遂誅滅濟病其言之失信發病卒

蜀鄧芝為督江州遷車騎將軍後主延熙十一年征涪陵見玄猿緣山芝性好弩手自射猿中之猿拔其箭卷木葉塞其創芝曰嘻吾違物之性其將死矣(一曰芝見猿抱子在樹上引弩射之中猿母其子為拔箭以木葉塞創芝乃歎息投弩水中自知當死)

晉盧諶愍帝時為劉琨從事中郎將流離世故為石季龍所得以為中書監及石氏誅遇害諶名家子早有聲譽才高行絜為一時所推值中原喪亂與清河崔悅潁川荀綽河東裴憲北地傅暢並淪陷非所雖俱顯於石氏常以為辱諶每謂諸子曰吾身沒之後但稱晉司空從事中郎

王導敦之從弟敦舉兵劉隗勸帝盡除諸王導為司空率群從

誚顗請罪値僕射周顗將入導呼顗謂曰伯仁以百口累卿顗直入不顧既見帝言導忠誠申救甚至帝納其言顗喜飲酒致醉而出導猶在門又呼顗顗不與言顧左右曰今年殺諸賊奴取金印如斗大繫肘既出又上表明導言甚切至導不知救已而甚銜之敦既得志問導曰周顗戴若思南北之望當登三司無所疑也導不荅又曰若不三司便應令僕邪又不荅敦曰若不爾正當誅爾導又無言導後料檢中書故事見顗表救已殷勤款至導執表流涕悲不自勝告其諸子曰吾雖不殺伯仁伯仁由我而死幽冥之中負此良友伯仁顗字也

祖逖初爲徐州刺史蔡豹爲司馬逖素易豹後豹爲建威將軍徐州刺史逖爲豫州俱受征討之寄逖甚愧之

褚裒爲征討大都督徐兗青揚豫五州諸軍事先遣督護徐龕將兵伐沛郡中二千人歸降又魯郡五百餘家建義請援行次代陂爲石遵將李菟所敗裒還鎭京口及石季龍死其國大亂



遺戸二十萬口渡河將歸順乞師救援會裒已旋威勢不接莫能自拔皆爲慕容氏及苻健之衆所掠死亡咸盡裒以遂圖不就憂慨發疾及至京口聞哭聲甚衆裒問何哭之多左右曰代陂之役也裒益慙恨

蔣秀爲臨海郡將時任旭爲郡功曹秀居官貪穢每不奉法旭正色苦諫秀既不納旭謝去閉門講習養志而已久之秀坐事被收旭狼狽營送秀慨然歎曰任功曹眞人也吾違其讜言以至於此復何言哉

桓溫爲大司馬溫自以雄姿風氣是宣帝劉琨之儔有以其比王敦者意甚不平及後於北方得一巧作老婢訪之乃劉琨妓女也一見溫便潸然而泣溫問其故荅曰公甚似劉司空溫大悅出外整理衣冠又呼婢問婢云面甚似恨小鬚甚似恨赤形甚似恨短聲甚似恨雌溫於是褫冠解帶昏然而睡不怡者數

徐廣爲祠部郎時會稽王世子元顯録尚書欲使百僚致敬臺內使廣立議由是內外並執下官禮廣常爲愧恨焉

宋劉穆之爲尚書左僕射高祖北伐領監軍中軍二府時王弘爲高祖太尉長史轉左長史從北征前鋒已平洛陽而未遣九錫弘銜使還京師諷旨朝廷穆之既掌留任而旨反從北來穆之愧懼發病遂卒

何文惠爲湘州行事同晉安王叛文惠才兼將吏幹略有施後乃害王師明帝特加原宥使吳喜宣旨赦之文惠曰既陷逆節手害忠義天綱雖復恢恢何面目以見天下之士和藥將飲門生覆之乃不食而死

王玄謨爲領軍將軍時廢帝失德蔡興宗遣玄謨典籤包法榮言廢立之事玄謨不從及明帝踐祚玄謨責所親故吏郭季産女婿韋希眞等曰當艱難時周旋輩無一言相扣發者季産曰蔡尚書令包法榮所道非不會機但大事難行耳季産言亦何有益玄謨有慙色



張永以後廢帝元徽二年爲征北將軍南兗州刺史未至鎭遇桂陽王休範作亂率兵屯白下休範至新亭前鋒攻南掖門永遣人覘賊賊反唱言臺城陷永軍潰散永棄軍而走朝廷以舊臣止削官爵永亦愧歎發病三年卒

南齊王洪軌齊郡臨淄人爲太祖所親信後爲青冀二州刺史私占丁侵虜界姦敗結氣卒

謝朓初告妻父王敬則反朓妻常懷刀欲報朓朓不敢相見及爲吏部郎謙挹尤甚尚書郎沈昭略謂朓曰卿人地之美無忝此職但恨今日刑于寡妻朓有愧色後臨誅歎曰天道不可昧乎我不殺王公王公由我而死

梁庾華爲輔國長史會稽郡丞行郡府事初華爲西楚望族早延顯官鄉人樂藹有幹用素與華不平互相陵競藹事齊豫章王嶷嶷薨藹仕不得志自步兵校尉求助戍歸荊州時華爲州別駕益忽藹及高祖踐阼藹以西勳遷御史中丞華始得會稽

行事既恥之矣會事微有譴高祖以舊其鄉人也使宣旨誚之第大憤故發病卒

到溉爲吏部尚書以孤貧與弟洽爲任昉所知由是聲名益廣昉後與溉爲山澤遊及昉卒其子流離不能自振劉孝標作絕交論譏溉見其論抵几於地終身恨之

張稷爲左僕射預殺齊東昏侯稷雖居朝右每慙口實乃名其子伊字懷尹霍字希光畯字叢人同字不見見字不同以旌其志既懼且恨乃求出許之以爲青冀二州刺史不得志常閉閤讀佛經禁防寬弛僚吏頗致侵擾州人徐道角等夜襲州城乃害之有司奏削爵土

後魏韓子熙爲衛大將軍先是子熙與其弟聘王氏爲妻姑之女也生二子子熙尚未婚後遂與寡孀李氏姦合而生三子三李不穆迭相告言歷年不罷子熙因此慙恨遂以發病卒

陰鳳北海人也學業賈思伯初與弟思同師事鳳授業無資酬之鳳遂質其衣物及思伯爲南青州刺史之部送縑百匹遣鳳因具車馬迎之鳳慙不往時人稱嘆焉

陽尼爲國子祭酒兼幽州中正受鄉人財貨免官尼每自傷曰吾昔未仕不曾羨人今日失官與本何異然非吾宿志命也歟何既而還鄉遂卒於冀州

北齊楊愔字遵彥弘農華陰人及爲黃門侍郎尚公主其後衣紫羅袍金鏤大帶遇李庶頗以爲恥謂曰我此衣服都是內裁既見子將不能無愧

後周王勇爲大將軍矜功伐善好揚人之惡時同侯莫陳崇勳高望重與諸將同謁晉公護間勇數論人之短乃於衆中折辱之勇遂慙恚因疽發背而卒

隋庫狄士文從妹爲齊氏嬪有色齊滅之後賜薛國公長孫覽爲妾覽妻鄭氏性妒譖之於文獻后后令覽離之士文恥之不與相見後應州刺史唐君明居母憂聘以爲妻由是士文君明



並爲御史所劾士文性剛在獄數日憤恚而死

王韶字士隆慷慨有父風官至備身將軍越王侗稱帝士隆率千兵自江淮而至會王世充僭號甚禮重之署尚書右僕射士隆憂憤疽發背卒

唐張玄素爲太子左庶子玄素與大理卿孫伏伽在隋並嘗任令史伏伽每於廣座陳說往事初不介意玄素尤諱其事未嘗泄言太宗嘗對衆問玄素出身歷任玄素初猶不言太宗固詰之既以實荅出閤外怯然色變不復言矣行步失措而歸

閻立本以善畫知名太宗嘗與侍臣學士泛舟於春苑池中有異鳥隨波容與太宗悅之詔座者爲詠召立本令寫之閤外傳呼云畫師閻立本到立本時爲主爵郎中奔走流汗俯伏池側手持丹粉瞻望座賓深爲愧赧退而誡其子曰吾少好讀書幸免牆面緣情染翰頗及儕流唯以丹青見知躬廝役之務辱莫大焉汝宜深誡勿習此末伎也

李義琰爲中書侍郎同中書門下三品義琰將改葬父母使舅氏移其舊塋高宗聞而不悅義琰不自安因足疾上疏乞骸骨詔許之

許彥伯爲太子舍人彥伯高陽郡公敬宗孫也父昂爲虔化令初敬宗侍婢有姿色而昂通之敬宗怒奏昂不孝流于嶺外敬宗卒太常博士袁思古定謚曰繆彥伯訟請改謚彥伯既與思古怨競又於路上欲邀擊之思古曰吾與賢家君報讎耳彥伯大慙而退

後唐誠惠五臺山僧也自云能役使毒龍可致風雨其徒號曰降龍大師同光三年京師旱莊宗迎至洛下士庶瞻仰謂朝夕可致甘澤禱之數旬無徵應或以焚修爲聞懼之潛去至其寺慚恚而終

張筠前任興元節度使請歸私第筠昔在山南殺其副使判官都校輒加楚掠誣其反狀按之無驗帝俱釋之筠知其非故乞

歸私第

闕贇為天平軍節度使討鎮州張文禮文禮死子處瑾秘不發喪城中飢處瑾之衆出城求食贇縱其出伏截擊之飢賊大至諸軍未集為賊所乘贇乃收軍退保趙州因慚憤成疾疽發背而卒

周宋彥筠仕漢以太子太師致仕閑居累歲聞太祖之起也彼有秉旄之望迎太祖於阜橋延留久之彥筠從容進曰當日懸車本非所願漢朝寡援排斥至此老夫筋力未衰願賜展力之所太祖笑而頷之廣順初除左衛上將軍彥筠深失所望退謂所親曰余以軍伍立身歷藩部十數任今日第一度昇朝廿未幾常參墜笏失儀為御史所劾太祖以勳武之臣欲貰其失樞密使王峻請依常例淨罰乃奪一月俸彥筠大以為恥私謂人曰入仕四十年未嘗遭一罰今日甚可羞矣



忍恥

士有縣遭之未直饑寒之切已忍恥自適志在功名苟活其間之中甘心庸保之下或負薪以自給或灌園而雜作或略賣而為奴或乞食以見辱及夫君臣交感智略獲伸則龍虵起陸非復蚯蚓之類鴻鵠遠引何傷燕雀之比哉

管仲齊大夫少時與鮑叔牙游仲曰公子糾敗召忽死之吾幽囚受辱鮑叔不以我為無恥知我不羞小節而恥功名不顯於天下也

高漸離燕人善擊筑荊軻至燕日與漸離飲於燕市及軻誅漸離變名姓為人庸保匿作於宋子（縣名屬鉅鹿）久之作苦念久隱畏約無窮時乃退出其裝匣中筑與其善衣更容貌而前舉坐客皆驚下與抗禮以為上客

漢張耳大梁人少時及魏公子毋忌為客（言其尚及見毋忌為之賓客）陳餘亦大梁人父事耳秦滅魏購求耳餘兩人變名姓俱之陳為里監門以自食吏嘗以過笞餘餘欲起耳攝使受笞（攝謂躡之）吏去耳數之曰始吾與公言何如今見小辱而欲死一吏乎餘謝罪後封為趙王

韓信淮陰人淮陰少年侮信曰雖長大好帶刀劍怯耳衆辱信曰能死刺我不能出跨下（衆等於衆中辱之跨下兩股之間）於是信孰視俛出跨下（跨亦作胯字）一市皆笑信以為怯後為大將軍封楚王

欒布梁人始彭越為家人時嘗與布游（家人猶言編戶之人也）窮困賣庸於齊為酒家保（謂庸作受顧也為保謂保可任使）數歲別去而布為人所略賣為奴於燕燕將臧荼舉以為都尉

季布楚人有名於楚項籍使將兵數窘漢王（窘困也窘音渠隕切）項籍滅高祖購求布千金敢有舍匿罪三族（舍止匿隱也）布匿濮陽周氏周氏曰漢求將軍急跡且至臣家（跡謂尋其蹤跡也）能聽臣臣敢進計即否願先自剄布許之迺髡鉗布衣褐（衣著之也褐毛布之衣也）置廣柳車中（廣柳大隆穹也周禮說衣翣柳之材喪家之所聚也此為載以喪車欲人不知也隆穹所謂車弓者耳穹音去弓切）并與其家僮數十人之魯朱家所賣之（朱家魯人見游俠傳）朱家心知其季布也買置田舍乃之雒陽見汝陰侯滕公為帝言之帝乃赦布當是時皆多布能摧剛為柔後至河東守



司馬相如為武騎常侍因病免客臨邛臨邛富人卓王孫女文君夜亡奔相如相如與文君馳歸成都家徒四壁立（徒空也但有四壁更無資產）卓王孫大怒曰女不材我不忍殺一錢不分也人或謂王孫王孫終不聽文君久之不樂謂長卿曰弟俱如臨邛（弟但也）從昆弟假貸猶足以為生何至自苦如此相如與俱之臨邛盡賣其車騎買酒舍乃令文君當鑪（賣酒之處累土為鑪以居酒甕四邊隆起其一面高形如鍛鑪故名鑪耳而俗之學者皆謂當鑪為對溫酒火鑪失其義矣）相如身自著犢鼻褌（即今之也形似犢鼻故以名云）與庸保雜作（庸謂賃作者保謂庸之可信任者也）滌器於市中（滌洒也器食器也洒音先禮切）

朱買臣為會稽太守初買臣家貧常艾薪樵賣以給食（艾讀曰刈）其妻亦負戴相隨數止買臣毋歌嘔道中（嘔讀曰謳）買臣愈益疾歌妻羞之求去買臣不能留即聽去其後買臣獨行歌道中負

新臺間故妻與夫家俱上冢見買臣飢寒呼飯飲之飯音扶晚反飲音於禁反

司馬遷被刑之後為中書令荅益州刺史任安書曰且夫臧獲婢妾猶能引決海岱之間罵奴曰臧罵婢曰獲燕之北郊民而壻婢謂之臧女而婦奴謂之獲況若僕之不得已乎所以隱忍苟活函糞土之中而不辭者恨私心有所不盡鄙沒世而文采不表於後也

後漢皇甫嵩字義真為議郎董卓怨嵩及卓秉政為御史中丞卓還長安公卿百官迎謁道次卓風令御史中丞已下皆拜以屈嵩既而抵手言曰義真犕未乎犕音服說文曰犕牛乘馬古服字也今河朔人猶言犕嵩笑而謝之卓乃解釋抵言擊音紙

吳步騭為丞相初避難江東單身窮困與廣陵衛旌同年相善俱以種瓜自給晝勤四體夜誦經傳會稽焦征羌郡之豪族吳錄曰征羌名矯嘗為征羌令人客放縱騭與旌求食其地懼為所侵乃共脩刺奉瓜以獻征羌征羌方在內卧駐之移時旌欲委去騭止之曰本所以來畏其彊也而今舍去欲以為高秖結怨耳良久征羌開牖見之身隱几坐帳中設席致地坐騭旌於牖外旌愈恥之騭辭色自若征羌作食身享大案殽膳重沓以小盤飯與騭旌惟菜茹而已旌不能食騭極飯致飽乃辭出旌怒騭曰何能忍此騭曰吾等貧賤是以主人以貧賤遇之固其宜也當何所恥

宋劉穆之為尚書左僕射少時家貧誕節嗜酒食不脩拘檢好往妻兄弟乞食多見辱不以為恥

唐路隨元和初以通經調授潤州參軍為李錡所困使知市事隨脩然坐市中一不介意

冊府元龜卷第九百二十六

冊府元龜卷第九百二十七

總録部一百七十七

畏懦　佞佛　讒佞

## 畏懦

夫禀脆弱之性有選懦之懼故乃臨事而示怯畏威而奪氣終於敗辱不能有立是以無拳無勇詩人之所譏戎為丈夫昔賢之所醜雖率勵以義僅或自強然授任於事終為不武遂成愧恥固其分哉

陳不占齊東觀漁者也崔杼殺莊公不占聞君有難將往死之食則失哺上車失軾僕曰敵在數百里外食則失哺上車失軾雖往其有益乎陳不占曰死君義也無勇私也遂驅車比至君門聞鼓鐘之音鬬戰之聲遂駭而死

杜云吉楚人莊芸白公之難辭其母而行將死君難比至朝三廢車中其僕曰子懼何不返也杜之吉曰懼吾私也死君公也吾聞君子不以私害公遂往死也



漢楊敞為大司農明帝元鳳中稻田使者燕蒼知上官桀等反謀以告敞敞素謹畏事不敢言乃移病臥移病謂移書言病一曰以病而移以告諫大夫杜延年延年以聞蒼延年皆封敞以九卿不輒言故不得侯

李次元王莽時人會前隊大夫誅謀反者次元聞事發覺被馬欲出馬驚在廄中悍　遽若鞍上馬出門顧見車方自覺乃止

後漢劉玄王莽末立設壇場於淯水上沙中陳兵大會即位朝群臣玄素懦弱羞愧流汗舉手不能言其後居長樂宮升前殿郎吏以次列庭中玄羞怍俛首刮席不敢視

韓馥為冀州刺史以州讓袁紹後自懷猜懼辭紹索去往依張邈後紹遣使詣邈有所計議因共耳語馥時在坐謂見圖謀無何如廁自殺至廁因以書刀自殺

柏孝長為南陽功曹劉表攻西鄂西鄂長杜子緒帥縣男女嬰城而守孝長亦在城中聞兵攻聲恐懼入室閉戶牽被覆頭相攻半日稍敢出面

牛輔董卓女壻為中郎將懦怯失守不能自安常把辟兵符以鈇鑕致其旁欲以自強見客先使相者相之知有反氣與不反筮知吉凶然後乃見之

魏李豐為尚書僕射會司馬宣王誅曹爽豐駐車闕下與豐相聞怖遽氣索足委地不能起

宋劉彥節少以宗室清謹見知齊高帝輔政彥節知運祚將遷密懷異圖及沈攸之舉兵齊高帝入屯朝堂袁粲鎮石頭潛與彥節及諸大將黃回等謀夜會石頭詰旦乃發彥節素怯騷擾不安再晡後便自丹陽郡車載婦女盡室奔石頭臨去婦書哉強勸令食彥節歠羹寫胸中手振不自禁事敗被誅

## 佞佛



釋氏之教興於西域東漢之後漸於中夏其敎之化人也大率以清淨為本將其塞其殺盜之源而證為定慧之本故慕仙道者示涅槃之旨邀世福者指人天之路而乃心啓於貪事即于役民之有過則俾之作禮以贖其正刑僧之犯法則屈其常憲而不懼夷其紀綱既隳奢用無節身之及家或致喪敗茲所謂背其始而遵其末者也

吳笮融漢末聚眾數百依徐州牧陶謙謙使督運漕遂以江淮委輸自入乃大起浮圖祠以銅為人黃金塗身衣錦采銅槃九重下為重樓閣道可容三千餘人悉課讀佛經令界內及旁郡人有好佛者聽受道復其他役以招致之由此遠近前後至者五千餘人戶每浴佛多設酒飯布席於路經數十里民人來觀及就食且万人費以巨億計

晉王恭為安北將軍鎮京口性雖抗直闇於機會尤信佛道調役百姓脩營佛寺務在壯麗士庶怨嗟臨刑猶誦佛經自理鬚髮神無懼容

何充爲侍中録尚書事而性好釋典崇脩佛寺供給沙門以百數糜費巨億而不吝也親友至於貧乏以此獲譏於世阮裕嘗戲之曰卿志大宇宙勇邁終古充問其故裕曰我圖數千戸郡尚不能得卿圖作佛不亦大乎又其弟準崇信釋氏謝万譏之云二何佞於佛

張淹爲東陽太守逼郡吏燒臂照佛民有罪使禮佛贖愆動至數千拜坐免官孔顗爲會稽太守及敗死淹是其黨黒宅軍上饒縣聞劉敬敗軍副鄱陽太守費曇欲圖之詐去得鄧琬信急宜諮論欲因此斬淹淹素事佛方礼拜不得時進曇復詐云捕虎借大鼓及仗士二百人淹信而與之曇因率衆入山與其士約誓揚言虎走城西鳴鼓大呼直來趣城城門守衛悉委仗觀之曇率衆突入淹正礼佛聞難走出因斬首

南齊王續爲太子中庶子武帝出射雉續信佛法稱疾不從

梁劉勰早孤家貧不婚娶依沙門僧祐與之居積十餘年高祖時爲步兵校尉兼東宮通事舍人昭明太子深愛接之有敕與慧震沙門於定林寺撰經證功畢遂啓求出家先燔鬢髮以自誓敕許之



後魏張彝爲秦州刺史爲國造佛寺名曰興皇諸有罪咎者贖其輕重謫爲土木之功無復鞭杖之罰

馮熙爲洛州刺史廢毀三字石經爲政不能仁厚而信佛法自出家財在諸州鎮建佛圖精舍七十二處寫十六部一切經延致名德沙門日講論精勤不倦所費亦不貲而諸州營塔寺多在高山秀阜傷殺人牛有沙門勸止之熙曰成就後唯見佛圖焉知殺人牛也

北齊高隆之爲尚書右僕射領御史中尉廣費人功大營寺塔爲高祖所責

唐裴寬崇信釋典常與僧徒往來焚香禮懺老而彌篤玄宗開元末爲河南尹僧普寂卒寬與妻子皆服縗絰設次哭臨妻子送喪至嵩山

嚴挺之與裴寬皆奉佛開元末僧惠義卒挺之服縗麻送於龕所天寶初授員外詹事便令東京養疾挺之鬱鬱不得志成疾自爲墓誌葬于大照和尚塔次西原（臣欽若等曰大照即惠義師謚也）

王縉字夏卿爲門下侍郎平章事與兄維俱奉佛不茹葷血縉晚年尤甚與杜鴻漸捨財造寺無限極妻李氏卒捨道政里第爲寺與之追福奏其額曰寶應度僧三七人住持寺節度觀察使入朝必延至寶應寺譏令施財助己修繕初代宗喜祠祀未甚重佛而元載杜鴻漸與縉喜飯僧徒代宗嘗問以福業報應載等因而啓奏代宗繇是奉之過當

魚朝恩爲内侍代宗永泰初設無遮會齋於崇仁坊之南街大奏音樂大曆中又抗疏請度母爲尼法名功德居修慈寺許之請以通化門外莊爲寺以章敬爲名福資太后許之是莊連城對郭林沼臺榭形勝第一朝恩初以恩賜得之及是造寺窮極壯麗以爲城市林木不足充費乃奏壞曲江及華清宮館樓月觀及百司行廨署并將相没官宅給其用焉土木之役僅逾万億



杜鴻漸爲山劍副元帥篤好佛法雖軍旅之事大曆初自劍南迴請千僧齋於資聖寺仍請魚朝恩李抱玉同行香許之以使蜀無恙徼福也又於長興里築第崇飾門館賦詩大略曰常願追禪侶焉能蒞化源朝士多和之將卒命僧剃頭遺令其子塔葬不爲墳墓同於僧

孟簡憲宗元和中爲諫議大夫性宗奉浮圖之像教拘溺過甚頗爲達識所誚時人惜之

劉總爲幽州節度使穆宗長慶初奏請以私第爲佛寺又奏請爲僧詔授持中天平軍節度總因乞出家朝廷以緇服就賜之錫名大覺

裴休爲相家世奉佛休尤深於釋典太原鳳翔近名山多僧寺視事之隙遊踐山林與僧講求佛理中年後不食葷血常齋戒

昇嗜欲香爐貝典不離齋中詠歌贊唄以為法樂與尚書紀于泉皆以法号相字時人重其高潔而鄙其太過

梁李鄴為太子太傅末帝詔曰李鄴多因釋教誑惑群情此後不得出入無常

周宋彥筠初仕晉為同州節度使貪鄙無術溺於釋氏唯營寺績塑香燈幢幡僧尼資具之類則捨之無恡日給數十千多取於四民以充其費後為邠州節度使所貯資金多奉釋氏嘗謂人曰吾前後供僧一千餘万造佛宮九十餘所又嘗召僧讀畢生經日課若干卷至瞑目已來令不負所課如嬰疾闕讀隨即填補立券設咒每僧給二十緡僧至者甚衆乃減緡一半未幾以給三緡其無行貪猥之僧利其緡投券者填咽彥筠患之乃止初彥筠一旦與其主母有微忿遽擊殺之自後常有所睹彥筠心下自安乃脩浮圖法以禳之因而溺志於釋氏其後每歲至金仙入涅槃之日常不斬縗號慟於其像前其佞佛也如是家有婢妾數十人皆令削髮披緇以侍左右大為當時所誚



## 讒佞

有虞之命則曰堲讒說殄行之戒則曰遠佞人蓋邪偽可以惑聰明浸潤可以間忠信淳素既隱巧詐滋萌義以利遷政由寵放故有行媚於內者肆於朝諂畢其性以悅於上[illegible]辭以譖於下愛同嫉異害正忌能挾帶芥之嫌緣疑似之[illegible]發其短文致嚴辜來萃之刺以興投杼之疑斯起交亂家國離間君臣職為厲階無已太甚故君子之惡利口王者之斁任人其有旨哉

寒浞伯明氏之讒子弟也寒國名伯明其君名伯明后寒棄之夷羿收之信而使之以為已相浞行媚于內內宮人而施賂于外愚弄其民愚弄其民而虞羿于田樂安遊田樹之詐慝以取其國家外內咸服服信

周虢石父幽王時為卿用事國人皆怨石父為人佞巧佞作諂善諛王用之

暴公為卿士而譖蘇公作何人斯之詩而絕之暴也蘇也皆畿內國名

虢仲譖其大夫詹父於王虢仲王卿士詹父虢大夫詹父有辭以王師伐虢夏虢公出奔虞

鄭詹鄭之微者也齊人執之自齊逃來書其佞也曰佞人來矣佞人來矣一云鄭詹之佞人也

豎牛魯叔孫豹穆子之小臣使為政為家政初穆子適齊娶於國氏生孟丙仲壬公孫明知叔孫於齊公孫明齊大夫子明也與叔孫相親知歸未逆國姜子明取之國姜孟丙仲壬母故怒其子長而後使逆之好在孟丙仲壬田於丘蕕丘蕕地遂遇疾焉豎牛欲亂其室而有之強與孟盟不可[illegible]叔孫為孟鍾曰爾未際際接也孟未與諸大夫相接見饗大夫以落之[illegible]既具饗禮具使豎牛請日請饗日入弗謁謁白出命之日[illegible]及賓至聞鍾聲牛曰孟有北婦人之客北婦人國姜也客謂公孫明怒將往牛止之賓出使拘而殺諸外殺孟丙牛又強與仲盟不可仲與公御萊書觀於公萊書公御士名仲與之遊觀於公宮公與之環使牛入示之示叔孫入不示出命佩之牛謂叔孫見仲而何何如叔孫曰何為謂牛曰不見既自見矣言仲已自見公公與之環而佩之矣遂逐之



費無極楚大夫也郤宛為左尹直而和國人說之[illegible]鄢將師為右領右領官名與費無極比而惡之惡郤宛令尹子常賄而信讒無極譖郤宛焉謂子常曰子惡欲飲子酒子惡郤宛又謂子惡令尹欲飲酒於子氏子惡曰我賤人也不足以辱令尹令尹將必來辱為惠已甚吾無以酬之若何酬報也無極曰令尹好甲兵子出之吾擇焉擇取取五甲五兵曰寘諸門令尹至必觀之而從以酬之酬酢及饗日帷諸門左張帷陳甲兵其中無極謂令尹曰吾幾禍子子惡將為子不利甲在門矣子必無往且此役也[illegible]吳可以得志子惡取賂焉而還又誤群帥使退其師曰乘亂不祥吳乘我喪我乘其亂不亦可乎令尹使視郤氏則有甲焉不往召鄢將師而告之告甲兵將師[illegible]將師退遂令攻郤氏且爇

之歎（歎，憂也）子惡聞之遂自殺也國人弗歎令曰不歎郤氏與之同罪或取一編菅焉或取一秉秆焉（編，菅苫也；秉，把也；秆，稾也）國人投之遂弗歎也令尹炮之（炮，燔也，郤宛）盡滅郤氏之族黨

公伯僚字子周魯人因愬子路於季孫子服景伯以告孔子曰夫子固有惑志（季孫信讒恚子路也）僚也吾力猶能肆諸市朝孔子曰道之將行命也道之將廢命也公伯僚其如命何

臧倉魯平公嬖人也公將出倉請曰他日君出必命有司所之今已駕矣敢請公曰吾將見孟子倉曰君何爲輕身以先於匹夫者以爲賢乎禮義由賢者出孟子後喪踰前喪君無見焉公曰諾

上官大夫楚懷王臣也時屈原字平嫺（音閑）於辭令王甚任之上官大夫與之同列爭寵而心害其能懷王使屈原造爲憲令屬草藁未定上官大夫見而欲奪之屈平不與因讒之曰王使屈平爲令衆莫不知每一令出平伐其功曰以爲非我莫能爲也王怒而疏原



後漢令孫略狼孟太姓也建武六年曲陽令馮衍上書陳八事光武將召見先是衍爲狼孟長以罪摧陷略是時略爲司空長史讒之於尚書令王護尚書周生豐曰衍所以求見者欲毀君也護等懼之即共排閤衍遂不得入

孟岱當袁紹官度之敗審配二子爲曹操所禽岱與配有隙因蔣奇言於紹曰配在位專政族大兵強且二子在南必懷反畔郭圖辛評亦爲然紹遂以岱爲監軍代配守鄴

逢紀爲袁紹統軍事田豐爲別駕紀憚豐亮直數讒之於紹紹遂忌豐紹時與曹公戰豐固諫之紹怒因豐而去及紹軍之敗於官度也士潰奔北師徒略盡軍皆拊膺而泣曰向令田豐在此不至於是也紹謂逢紀曰冀州人聞吾軍敗皆當念吾惟田別駕前諫止吾與衆不同吾亦慚見之紀復曰豐聞將軍之退拊手大笑喜其言之中也紹於是有害豐之意

魏劉曄爲侍中以先進見幸因譖尚書令陳矯專權矯懼以問長子本本不知所出次子騫曰主上明聖大人大臣今若不合不過不作公耳

晉嚴舒爲略陽太守馬隆爲平虜護軍西平太守加授東羌校尉積十餘年威信振隴右舒與楊駿通親密圖代隆毀隆年老謬耄不宜服戎於是徵隆以舒代鎮氐羌聚結百姓驚懼朝廷恐關隴復擾乃免舒遣隆復職

盧志爲成都王穎左長史穎既以陸機爲將穎謂機曰若功成事定當爵爲郡公位以台司將軍勉之矣機曰昔齊桓任夷吾以建九合之功燕惠疑樂毅以失垂成之業今日之事在公不在機也志心害機寵言於穎曰陸機自比管樂擬君闇主自古命將遣師未有臣陵其君而可以濟事者也穎默然

扈瓌爲隨郡內史陳敏之亂荊州刺史劉弘以南蠻長史陶侃爲江夏太守加鷹揚將軍敏遣其弟恢來寇武昌侃出兵禦之瓌間侃於弘曰侃與敏有鄉里之舊居大郡統彊兵脫有異志



則荊州無東門矣弘曰侃之忠能吾得之已久豈有是乎侃潛聞之遽遣子洪及兄子臻詣弘以自固弘引爲參軍資而遣之

王國寶少無士操不脩廉隅婦父謝安惡其傾側每抑而不用除尚書郎國寶以中興膏腴之族惟作吏部不爲餘曹郎甚怨望固辭[illegible]從妹爲會稽王道子妃由是與道子遊暱遂閒毀安焉孝武末年嗜酒好內而道子昏醟尤甚惟狎昵諂邪於是國寶讒諛之計稍行於主相之間而好利險詖之徒以安功名盛極而構會之嫌隙遂成

後趙程遐以清河張披爲長史遐甚委昵之張賓舉爲別駕引參政事遐疾披去已又惡賓之權威石勒世子弘即遐之甥也自以有援欲收威重於朝乃使弘之母譖之曰張披與張賓爲遊俠門客日百餘乘物望皆歸之非社稷之利也宜除披以便國家勒然之至是披取急召不時至因此遂殺之賓知遐之間已遂弗敢請

梁矜孫勸元起爲益州刺史任庾黙妻弟光濟以州事恣擅爲善政矜孫性輕脫與黙妻志行不同乃言於元起曰城中稱有三刺史節下何以堪之元起由此踈黙妻光濟而治迹稍損

後唐段凝初爲梁將後降莊宗莊宗以爲滑州兵馬留後凝上疏奏梁朝掌事權者趙巖等並助成虐政結怨於人聖政惟新宜誅首惡以謝天下於是張漢傑張漢融張漢倫張希逸趙穀朱珪等並族誅家財籍没

朱守殷本名會兒莊宗就學時諸奴也及莊宗嗣位以本院僕從爲長直軍使雖列戎行不聞戰功每構人之短長中於莊宗暱以爲腹心

冊府元龜卷第九百二十七

冊府元龜卷第九百二十八

總録部二百七十八

好尚　嗜好　好丹術

好尚

傳曰人心不同如其面焉則知好尚有殊率性皆異苟或窺其際有以見執德不回樂在其中有以知所趣惟適不違本性但任所懷無或害人聊以成志則何往而不利焉

董父舜時人實甚好龍能求其嗜欲以飲食之龍多歸之乃擾畜龍以服事帝舜帝賜之姓曰董氏曰豢龍

葉公子高楚人好龍門亭軒牖皆畫龍形一旦真龍垂頭於窗掉尾於戶葉公驚走失措焉

漢辛慶忌為左將軍居處恭儉食飲被服尤節約然性好輿馬號為鮮明唯是為奢

王吉字子陽為諫大夫謝病去吉子駿為御史大夫駿子崇為大[illegible]自吉至崇祿位彌隆皆好車馬衣服



後漢陸閎為尚書令美姿貌喜著越布單衣光武見而好之自是常敕會稽郡獻越布

晉嵇康為中散大夫性絶巧而好鍛宅中有一柳樹甚茂乃激水圜之每夏月居其下以鍛

王濟為侍中解相馬又甚愛之杜預常稱濟有馬癖

孫楚為大將軍參軍雅敬王濟濟卒楚後來哭之甚悲賓客莫不垂涕哭畢向靈牀曰卿常好我作驢鳴我為卿作之體似聲真賓客皆笑

阮孚為侍中性好屐祖約性好財同是累而未判其得失有詣約見正料財物客至屏當不盡餘兩小簏以著背後傾身障之意未能平或有詣阮正見自蠟屐因自歎曰未知一生當著幾量屐神色甚閑暢於是勝負始分

袁山松為吳郡守衿情秀遠善音樂舊歌有行路難曲辭頗疎質山松好之乃文其辭句婉其節制每因酣醉縱歌之聽者莫不流涕初羊曇善音樂桓伊能挽歌及山松行路難繼之時人謂之三絶時張湛好於齋前種松柏而山松每出游好令左右作挽歌人謂湛屋下陳尸山松道上行殯

王羲之為右軍將軍會稽内史性愛鵝會稽有孤居姥養一鵝善鳴求市未能得遂攜親友命駕就觀姥聞羲之將至烹以待之羲之歎惜彌日又山陰有道士養好鵝羲之往觀焉意甚悦固求市之道士云為寫道德經當舉群相贈耳羲之欣然寫畢籠鵝而歸甚以為樂其任率如此

郗超為司徒左長史以母喪去職性好聞人棲遁有能辭榮拂衣者超為之起屋宇作器服畜僕豎費百金而不吝

謝尚好衣刺文袴諸父責之因而自改位至尚書僕射

謝安為太保性好音樂及登台輔朞喪不廢樂

謝玄少好佩紫羅香囊叔父安患之而不欲傷其意因戲賭取即焚之於此遂止位終左將軍會稽内史



王徽之為桓沖府騎兵參軍性縱逸時吳中一士大夫家有好竹欲觀之便出坐輿造竹下諷嘯良久主人洒掃請坐徽之不顧將出主人乃閉門徽之便以此賞之盡歡而去嘗寄居空宅中便令種竹或問其故徽之但嘯詠指竹曰何可一日無此君邪

前秦苻朗為鎮東將軍青州刺史幼懷遠操每登涉山水不知老之將至

宋謝靈運為永嘉太守郡有名山水靈運素所愛好遂肆意遊遨徧歷諸縣動踰旬朔

何尚之為左光禄開府儀同三司性靜退居家常著鹿皮帽

王僧達為宣城太守性好鷹犬何尚之於宅設八關齋請僧次之謂僧達曰願郎且放鷹犬勿復遊獵

庾炳之為吏部尚書性好潔士大夫造之者去未出戶輒令人拭席洗牀

殷仲陳郡人性亦好潔小人非淨浴新衣不得近左右
王引之隱居性好釣日夕載漁入往上虞郭經親故門各以所
頤留門內而去
南齊孔稚珪會稽山陰人不樂世務居宅盛營山水憑机獨酌
傍無雜事門庭之內草莱不剪而多鳴蛙或問之曰欲為陳蕃
乎稚珪笑曰我以此當兩部鼓吹何必其效仲舉（仲舉陳蕃字[illegible]）
驃常侍
王思遠為吳郡丞好簡潔衣服垢穢方便不前形儀新楚乃與
促膝既去之後猶令二人交帶掃其坐處
梁何佟之為驃騎司馬性好潔一日之中洗滌者十餘過猶恨
不足時人稱為水淫
陶弘景居於句容之句曲山自号華陽隱居特愛松風庭院皆
植松每聞其響欣然為樂
阮孝緒陳留尉氏人性沉靜幼與童兒遊戲常以穿池築山為樂



劉之遴為南郡太守好古愛奇在荊聚古器數百種有一器似
甌可容一斛上有金錯字時人無能知者又獻古器四種於東
宮其第一種鏤銅鴟夷榼二枚兩耳有銀鏤銘云建平二年造
二種金銀錯鏤古罇二枚有篆銘云秦容侯成適楚之歲造三
種外國澡灌一口有銘云元封二年龜茲獻四種古製澡盤一
枚銘云初平二年造
蕭幾為新安太守郡多山水時其所好適性遊履遂為之記
後魏高樹生雅好音律常以絲竹自娛後為大都督
高允性好音樂每至伶人絃歌鼓舞常擊節稱善終散騎常侍
光祿大夫
陰遵和小名虎頭好音律尚武事初拜奉朝請
裴謁之性輕率好琴書終安廣汝陽二郡太守
唐王涯好古名畫人所保惜者必厚以貨財致之不受貨者即
以官爵致之厚為道數而藏之複壁位至司空

柳公權字誠懸所寶唯筆硯圖畫手自扃鐍之官終太子少師

## 嗜好

在天成象列宿有風雨之好唯人是靈大欲存飲食之味雖愛
尚之或異亦縱恣而無節務求其必焉取乎心至有癖疾且之
常非登俎之用暴殄天物不近人情蓋非仁者之用心斯亦豈
訓之所戒
屈到楚人嗜芰（芰菱也）有疾召其宗老而屬之曰（宗老家臣屬付也）祭我
必以芰
曾晳曾人嗜羊棗而曾子不忍食
魏文侯嗜晨鳧好北犬太子擊在中山遣倉唐緤北犬奉晨鳧
獻之文侯曰擊愛我知我所嗜好
齊王食雞（[illegible]）跖數千百段足
公儀休為魯相嗜魚一邦皆爭買魚而獻之公儀子不受曰夫
唯嗜魚故不受也



宋劉邕嗣封南康公所嗜食每異於人性嗜瘡痂以為味似鰒
魚常詣孟靈休靈休先患灸瘡痂落牀上邕因取食之靈休大
驚（[illegible]）性之所嗜靈休瘡痂未落者悉褫取以貽邕邕（[illegible]）南康國吏二百許人
不問有罪無罪遞互與鞭鞭瘡痂常給邕膳
南齊虞悰為輔國將軍善為滋味和齊皆有方法豫章王嶷啟
鋌本身覆請悰曰今日肴羞寧有所遺不悰曰恨無黃頷臛何世
祖幸芳林園就悰求扁米糫悰獻糫及雜肴數十轝太官鼎味
不及也上就悰求諸飲食方悰祕不肯出上醉後體不快悰乃
獻醒酒鯖鮓一方而已
梁何胤累遷左民尚書右官初侈於味食必方丈後稍欲去其
甚者猶食白魚鮰脯糖蟹以為非見生物疑食蚶蠣使門人議
之學生鍾岏曰鮰之就脯驟於屈申蟹之將糖躁擾彌甚仁人
用意深懷如怛至於車螯蚶蠣眉目內闕慙渾沌之奇[illegible]

臟非金人之腹不悴不榮曾草木之不若無馨無臭與瓦礫其何筭故宜長充庖廚永為口實

後魏夏侯道遷為豫州刺史好言宴務口實京師珍羞罔不畢有

辛紹先為下邳太守卒性嗜羊肝嘗呼子少雍共食及紹先卒少雍終身不食羊肝

隋劉臻為儀同父名顯臻性好啖蜆以音同父諱呼為扁螺

後唐李鏻嘗為鎮州王鎔判官善飲茶嘗呼喫茶郎中

## 好丹術

丹術之興始於西漢風流寖遠好尚滋多或以黃金之可成或以長生之可致貴猶方士讀誦祕書佩服靈符鍊餌神藥以至謝免爵位高蹈嚴穴術其所尚代有人焉采於簡編咸用論次

漢江喜為轑陽侯坐使家丞上書還印符隨方士免

劉向本名更生宣帝時為諫議大夫帝復興神僊方術之事而淮南有枕中鴻寶苑祕書（鴻寶苑祕書並道術篇名臧在枕中言常存錄之不漏泄也）書言神



僊使鬼物為金之術及鄒衍重道延命方世人莫見而更生父德武帝時治淮南獄得其書更生幼而讀誦以為奇獻之言黃金可成帝令典尚方鑄作事（尚方主巧作金銀之所若今之中尚署）費甚多方不驗帝乃下更生吏吏劾更生鑄偽黃金繫當死更生兄陽城侯安民上書入國戶半贖更生罪帝亦奇其材得踰冬減死論

蘇樂善方術王莽篡位二年興神僊事以樂言起八風臺於宮中臺成萬金（費直萬金也）作樂其上順風作液湯（藝文志有液湯經其義未聞也）又種五梁禾於殿中（五色也谷永所謂耕耘五德也）各順色置其方面先鬻鶴髓毒冒犀玉二十餘物漬種（鬻古煮字也髓古髓字也謂[illegible]汁以漬穀子也毒音代冒音莫內切）計粟斛成一金言此黃帝穀僊之術也以樂為黃門郎令主之

晉葛洪丹陽句容人允好神仙導養之法從祖玄吳時學道得仙號曰葛仙公以其鍊丹祕術授弟子鄭隱洪就隱學悉得其法焉後師事南海太守上黨鮑玄玄亦內學逆占將來見洪深重之以女妻洪洪傳玄業兼綜練醫術初洪以年老欲鍊丹以祈遐壽聞交阯出丹求為句扇令帝以洪資高不許洪曰非欲為榮以有丹耳帝從之洪遂將子姪俱行至廣州刺史鄧嶽留不聽去洪乃止羅浮山鍊丹嶽表補東莞太守又辭不就嶽乃以洪兄子望為記室參軍在山積年優游閑養著述不輟

鮑靚為南海太守嘗行部入海遇風飢甚取白石煮食之以自濟

宋劉亮為梁州刺史忽服食修道欲致長生迎武當山道士孫懷使合仙藥至益州泰豫元年藥始成未出火毒孫不聽亮服亮苦欲服平旦開城門取井華水服至食鼓後心動如刺中間便絕及就斂屍弱如生後人逢見乘白馬將數十人出關西行共語分明此乃道家所謂尸解者也

梁陶弘景仕齊為奉朝請武帝永明末上表辭祿許之勅所在月給伏苓五斤白蜜二升以供服餌既得神符祕訣以為神丹可成事苦無藥物武帝給黃金朱沙曾青雄黃等後合飛丹色如霜雪服之體輕及帝服飛丹有驗益敬重之



鄧郁荊州建平人少而不仕隱居衡山極峻之嶺立小板屋兩間足不下山斷穀三十餘載維以澗水服雲母日夜誦大洞經武帝敬信殊篤為帝合丹帝不敢服起五岳樓貯之供養道家吉日躬往禮拜白日神仙魏夫人忽來臨降乘雲而至從少嫗三十並著絳紫羅繡袿襦年皆可十七八許色艷桃李質勝瓊瑤言語良久謂郁曰君有仙分所以故來尋當相候至天監十四年忽見二青鳥悉如鶴大鼓翼鳴舞移晷方去謂弟子等曰求之甚勞得之甚逸近青鳥既來期會至矣少日無病而終山內唯聞香氣世未嘗有武帝後令周捨為鄧郁傳具序其事

後魏徐謇字成伯善醫術謇常有藥餌及吞服道符年垂八十而鬢髮不白力未多衰除右衛將軍謇欲為孝文合服金丹致延年之法乃入居崧高採營其物歷歲無所成遂罷

李預為征西大將軍長史帶馮翊太守府解罷郡遂居長安每羨古人餐玉之法乃採訪藍田躬往攻掘得若環璧雜器形者

大小百餘稍得黶黑便皴蹙以還而至觀之皆光潤可玩預乃椎七十枚為屑日服食之餘多惠人後預及聞者更求玉於故觚皆無所見馮翊公源懷等得其玉琢為器佩皆鮮明可寳預服餌年亦有效驗而世事寢食皆不禁節又加之好酒損志及疾篤謂妻子曰服玉屏居山林排弃嗜欲或當大神力而吾酒色不絕自致於死非藥過也然吾尸體必當有異於常勿便速殯令後人知飡服之妙時七月中旬長安毒熱預停尸四宿而體色不変其妻常氏以玉珠二枚含之口閉常謂之曰君自云飡玉有神驗何故不受含也言訖齒啓納珠因噓屬其口都無穢氣舉尸於棺堅直不傾委死時猶有遺玉屑數斗粟盛猶諸

北齊張遠遊善方術文宣令與諸術士合九轉金丹及成文宣置之玉匣云我貪世間作樂不能即飛上天待臨死時取服[illegible]傳遊遠死宮

唐師市奴方術人高祖武德中合金銀並成帝異之以示侍臣封德彝進曰漢代方士及劉安等皆學術唯苦黃白不成金銀為食器可得不死



張道鴻平棘人少遊名山得服食之術後居人間每餌金膏太宗貞觀十九年車駕次平棘幸其廬賜以衣服時年百四十六歲

尉遲敬德累遷開府儀同三司貞觀末年篤信仙方飛鍊金石服食餌雲母粉靜居閑處修理池臺常奏清商樂一部自奉養不與外人交通

劉道合宛丘人為道士高宗令合還丹丹成而上之咸亨中卒稚有空皮而背上開拆有似蟬蛻高宗聞之曰劉師為我合丹自服仙去其所進者亦無異

孟詵汝州梁人也少好方術嘗於鳳閣侍郎劉禕之家見其所賜金謂禕之曰此藥金也若燒火其上當有五色氣試之果然後歸伊陽山第以藥餌為事

孫太沖隱於嵩山玄宗天寶三載河南尹裴敦復上言太沖於嵩山合鍊金丹自成於竈中精光特異変化非常請宣付史官頒示天下以彰靈仙瑞聖之應從之

李抱真德宗貞元中為昭義軍節度晚節好方士以冀長生有孫季長者為抱真鍊金丹紿抱真曰服之當昇僊遂署為賓僚數謂參佐曰此丹秦皇漢武皆不能得唯我遇之他年朝上清不復偶公輩矣復嘗夢駕鶴沖天寤而刻木鶴衣道士衣以習乘之凡服丹二万九腹堅不食將死不知人者數矣道士牛洞玄以豬肪穀漆下之殆盡病少間季長復曰垂上僊何自弃也益服三千餘丸頃之卒

鄭注文宗大和末為鳳翔節度汪病目不能遠視自言有金丹之術可去痿弱重膇之疾始徐州節度李愬自云得效乃移之監軍王守澄亦被其事

後唐王鎔唐末為成德軍節度寘安既久惑於左道專求長生之要常聚緇黃合鍊仙丹或講說佛經親授符籙西山多佛寺



又有王毋觀鎔增置館宇彫飾土木道士王若訥者誘鎔登山臨水訪求仙迹每一出數月方歸百姓勞弊王毋觀石路既峻不通輿馬每登行命僕妾數十人維錦繡牽持而上

豆盧革莊宗時為平章事登庸之後不以進賢勸能為務唯事修鍊求長生之術嘗服丹砂嘔血數日垂死而愈

晉史圭仕後唐為河南少尹有嵩山術士遺圭石藥如斗謂圭曰服之可以延壽然不可中輟輟則疾作矣圭後服之神爽力健深保惜焉清泰末圭在常山遇祕瓊之亂時貯於衣笥為賊所掘後不復得天福中疾生背膂之間常如火灼圭知其不濟求歸鄉里詔許之及涉河竟為藥氣所蒸卒於路

冊府元龜卷第九百二十八

# 册府元龜卷第九百二十九

總録部一百七十九

不知人　謬舉

## 不知人

知人不易著之前聞惟口起羞垂諸格訓故子羽不可以貌取賜也徒聞其億中蓋謂是矣乃有昧人倫之鑒乖授任之旨詠朱紫之莫辯昺雅鄭之能究取捨斯失識詞隨作以至禍其身而敗其國者咸著之於篇云

子西為楚令尹初太子建之遇讒也自城父奔宋又避華氏之亂於鄭鄭人甚善之又適晉與晉人謀襲鄭乃求復焉鄭人復之如初晉人使諜於子木請行而期焉(請行析期)子木暴虐於其私邑邑人訴之鄭人省之得晉諜焉遂殺子木其子曰勝在吳子西欲召之葉公曰吾聞勝也詐而亂無乃害乎(諜敵)子西曰吾聞勝也信而勇不為不利舍諸邊竟使衛藩焉(葉公楚……)葉公曰周仁之謂信(周親也)率義之謂勇(率行也)吾聞勝也好復言(言之所許必欲復行之不……)而求死士殆有私乎(秋謀)復言非信也期死非勇也(……)子必悔之弗從召之使處吳竟為白公(白楚邑)(楚邑西南有白亭)請伐鄭子西曰楚未節也(言楚國……)不然吾不忘也他日又請許之未起師晉人伐鄭楚救之與之盟勝怒曰鄭人在此讎不遠矣(子西與鄭人盟)勝自厲劍子期之子平見之曰王孫何自厲也曰勝以直聞不告女庸為直乎將以殺爾父平以告子西子西曰勝如卵余翼而長之(……)楚國第(……)我死令尹司馬非勝而誰勝聞之曰令尹之狂也得死乃非我(言我必殺之若得自死乃不復我)子西不悛吳人伐慎白公敗之(汝陰慎縣)請以戰備獻(與吳戰之所得鎧仗兵器而獻之欲因以為亂)許之遂作亂殺子西子期于朝而劫惠王子西以袂掩面而死

漢張湯為廷尉廷尉府盡用文史法律之吏(……)兒寬為人溫良有廉知自將(將衛也以智自衛護也)善屬文(……)然懦於武口弗能發明也寬以儒生在衆中見謂不習事不署曹(又署為吏也言署其次位置之也)凡除為從史(從史者但只隨官僚不主文書)

魏裴潛父茂建安初為尚書潛少不脩細行由此為父所不禮潛自感為父所不禮折節仕進雖多所更歷清省恪然官至尚書令其家教有類於石奮自魏興已來少能及者

鍾繇為魏王相國沛人魏諷有惑衆才傾動鄴都繇由是辟焉西曹掾魏王征漢中大軍未反諷潛結徒黨又與長樂衛尉陳禕謀襲鄴未及期禕懼告之太子誅諷繇坐免

劉表為荊州牧時王粲年十七司徒辟詔除黃門侍郎以西京擾亂皆不就乃之荊州依表表以粲貌寢而體弱通侻不甚重也

晉博昌令者史不書姓名時樂安人光逸初為博昌小吏後為門亭長迎新令至京師胡毋輔之與荀邃共詣令家望見逸謂邃曰彼似奇才便呼上車與談良久果俊器令恥不入吏白與光逸語令大怒除逸名斥遣之山濤為右僕射掌選後辟司徒子簡字季倫性溫雅有父風年二十餘濤不之知(……)簡歎曰吾年幾三十而不為家君所知後與嵇紹劉謨楊准齊名為征南將軍都督荊湘交廣四州諸軍事假節(……)

魏衛為吏部郎有名當世兄子舒少朴質(……)不知使(……)每歎曰舒堪數百戶長我願畢矣舒亦不以介意(……)

刁逵為豫州刺史領平越中郎將逵以貨殖為務初宋高祖微時素貧嘗負逵社錢三萬經時无以還被逵執之(……)錢代償由是得釋桓玄立以逵為豫州刺史鎮歷陽高祖起義高祖(……)為長民趨歷陽逵棄而走為下人所執斬于石頭

南燕慕容法為慕容德兗州刺史(……)超初自長安行至梁父鎮南長史悅壽謂法曰向見北海(……)推(……)高邁始知天族多奇玉林皆寶法曰昔成方遂(……)太子(……)莫辯之此復天族乎超聞而恚恨形于言色法亦怒(……)結憾及德死法又不奔喪超遣使讓焉法懼(……)

纂參鍾覡等謀亂

宋謝方明爲會稽郡守其子惠連幼有才悟而輕薄不爲方明所知靈運嘗自始寧至會稽造方明過視惠連大相知賞時何長瑜教惠連讀書亦在郡內靈運又以爲絶倫謂方明曰阿連才悟如此而尊作常兒遇之何長瑜當今仲宣而飴以下客之食尊既不能禮賢宜以長瑜還靈運靈運載之而去

劉遵考爲領軍文帝元嘉二十七年索虜南寇發三吳民丁沈攸之少孤貧亦被發既至京都詣遵考求補白丁隊主遵考謂之曰君形陋不堪隊主因隨沈慶之征討攸之後爲右將軍

北齊麻祥爲令史神武微時爲函使每至洛陽給使于祥祥嘗以肉啗神武神武性不立食坐而進之祥以爲慢己笞神武四十

後唐周玄豹自言善相術太原監軍將進張承業嘗延之歷視諸僚佐時巡官馮道初自燕來性不事華絜衣裳蕭然而以文行見知承業命與其言及承業問玄豹曰馮巡官何如曰巡官作逵汜水幸遇將進禮士之秋官不踰宰百里承業笑曰他已爲起居郎公何忽耶

## 謬舉

秦應侯范雎魏相齊使舍人笞擊雎折脅摺齒得出後魏人鄭安平遂操雎亡伏匿更名姓張祿王使謁者王稽於魏鄭安平詐爲卒侍王稽王稽問魏有賢人可與西游者乎鄭安平曰臣里中有張祿先生欲見君言天下事王稽知雎賢載與入秦雎既相秦言於王曰非王之賢聖莫能貴臣今臣官至於相爵在列侯王稽之官尚止於謁者非其內臣之意也昭王召王稽拜爲河東守三歲不上計又任鄭安平使將擊趙安平爲趙所困急以兵二萬人降趙應侯席藁請罪秦之法任人而所任不善者各以其罪罪之於是應侯罪當收三族秦昭王恐傷應侯之意乃下令國中有敢言鄭安平事者以其罪罪之而加賜相國應侯食物日益厚以順適其意後二歲王稽爲河東守與諸侯通坐法誅而應侯日益以不懌昭王臨朝歎息應侯進曰臣聞主憂臣辱主辱臣死今大王中朝而憂臣敢請其罪昭王曰吾聞楚之鐵劍利而倡優拙夫鐵劍利則士勇倡優拙則思慮遠夫以遠思慮而御勇士吾恐楚之圖秦也夫物不素具不可以應卒今武君既死而鄭安平等畔內無良將而外多敵國吾是以憂欲以激勵應侯應侯懼不知所出

漢田延年宣帝時爲河南太守察獄史嚴狀不入身延年坐選舉不實貶秩

張勃封富平侯陳湯西至長安求官得太官獻食丞數歲勃與湯交高其能初元二年元帝詔列侯舉茂材勃舉湯湯待遷父死不奔喪司隸奏湯無循行勃選舉故不以實坐削戶二百會薨因賜謚曰繆侯以其舉人也湯下獄

何武爲京兆尹坐舉方正所舉者召見槃辟雅拜有司以爲詭衆虛僞武坐左遷楚內史

後漢王丹爲太子少傅客初有薦士於丹者因選舉之而後所舉者陷罪丹坐以免客慙懼自絶而丹終無所言尋復徵爲太

子太傅乃呼玄曾曰子之自絶何量子之薄也不爲設食以罰
之相待如舊
左雄順帝時爲司隷校尉舉故冀州刺史馮直以爲將帥而直
嘗坐臧受罪
晉王導進位侍中司空假節録尚書領中書監會太山太守徐龕
反元帝訪可以鎮撫河南者導舉太子左衛率羊鑒既而鑒敗
詆罪導上疏曰徐龕狂狡又稽天誅臣創議征討謂舉羊鑒
闇懦覆師有司極法聖恩降天地之施全其首領然臣受重任
總録機衡使三軍挫衄臣之責也乆自罷黜以穆朝倫詔不許
阮抗元帝時爲奮武將軍遂相糾系軍宋挺本揚州刺史劉陶
門人陶亡後挺娶陶愛妾以爲小妻建興中挺又割盜官
布六百餘匹正刑棄市遇赦免挺而抗請爲長史司直劉隗劾
奏曰挺蔑其死主而專其室悖在三之義傷人倫之序當投之
四裔以禦魑魅請除挺名禁錮終身而奮武將軍太山太守阮



抗請爲長史抗緯文經武剖符東藩當庸勲忠良昵近仁賢而
褒求贓汚舉頑用嚚請免抗官下獄理罪奏可而挺病死
後魏張袞爲幽州刺史道武天興初徵還京師後與崔逞答晉
將郗恢書失旨黜爲尚書令史袞遇創業之始以有才謀見任
率心奉上不顧嫌疑道武曾問南州人於袞袞與盧溥州里數
談薦之又袞未嘗與崔逞相見聞風稱美及中山平盧溥聚黨
爲逆崔逞答書不允並乖本言故忿之
張彝爲尚書時襲常山王遵孫昭小字阿倪彝引兼殿中郎李
文將爲齊郡王簡喪而昭乃作宮懸帝大怒詔曰阿倪愚騃
彝引爲郎於是黜彝召文守尚書昭遂停廢
隋宇文述煬帝大業中爲左衛大將軍凡所薦達皆至大官趙
行樞以太常樂戶家財億計述謂爲兒多受其賂稱其驍勇起
家爲折衝郎將
唐李傑爲御史大夫護作橋陵時引御史王旭爲判官旭貪贓
受贓傑將繩之初不得其實反爲旭所搆出爲衢州刺史
韓朝宗爲荆州刺史兼判襄州刺史山南道採訪使玄宗開元
二十四年九月坐所舉南陽縣令李泳擅興賦役貶爲康州都城
縣尉泳之爲令也朝宗所薦乃貶爲洪州刺史制曰前遣使臣
將撫人隱須亦諭旨明於悉心而政或相蒙賞或失善以此致
理未皆爾之韓朝宗亟登清要久參僚寀不恭爾職以副朕懷
而乃私其所親請以爲邑未盈三載已至兩遷既殊崇奉因速
官謗及令按事果驗非才傷政貪多驕誕斯甚舉非爲黨豈其
然歟事洛於周則異於果未能自律何以正人仍期改效且示
輕貶可守洪州刺史雖知人則哲在予之責已深而事上竭誠
爲臣之節當勵其有賞罰不正枉直不明陷於此周慮我綱目
有一於此誰其捨諸凡今刺舉宜以爲誡天寶三載長安縣令
柳昇坐贓於朝堂杖殺之昇爲令也朝宗爲京兆尹所薦昇朝
宗爲高平郡太守坐舉人不直制曰高平郡太守上柱國長山



縣開國伯韓朝宗頃承榮獎擢在神京頻薦此人起登赤縣果
彰貪假大獲贓私舉非允當已有此罰之責使之交易更涉嫌
疑之地頗招物議實負朝廷宜從貶黜用申懲誡可吳興郡別
駕員外置
張涉爲國子博士太子侍讀與懷州刺史喬琳友善及德宗嗣
位多以政事詢訪於涉涉盛稱琳識度材略堪備大用因拜御
史大夫平章事琳本無才年高有耳疾帝每顧問對答失次論
奏不合時議居相位凡八十餘日除工部尚書罷知政事
孟簡爲山南東道觀察使憲宗元和十四年御史臺奏簡爭均
州鄖鄉縣鎮遏兵馬使趙潔充本縣令有虧刑典敕罰一月俸料
李肇李翱並爲中書舍人文宗大和三年六月貶肇爲將作監
翱爲少府少監並分司東都以柏耆納賂賜死肇與翱有薦耆
者故也
後唐盧質爲河東節度判官尚其性閑放不願居大任欲求留守

太原莊宗即位歷求十大輔乃舉定州節度判官豆盧革河東觀察判官盧程皆名族相之家可當輔相即時徵之及赴命為丞相程為中書侍郎平章事監修國史本非重德一旦居大位舉止不常時朝廷草創庶物未備班列蕭然寺署多闕程華受命之日肩輿導從喧沸通衢莊宗聞訶導之聲詢于左右曰宰相擔子入門莊宗駭異登樓視之笑曰所謂似是而非者也

冊府元龜卷第九百二十九

冊府元龜卷第九百三十

總録部一百八十

傲慢　不恭　寃竊

## 傲慢

夫傲以取禍往事之明徵慢以失官前言之深戒自東周不競禮讓寖微驕倨之俗興而遜悌之風缺仲尼垂叩脛之戒穆叔著倍賦之文自是已還風流不泯或恃材而陵長或感氣以傲人忽禮容而不修矜年爵而罔顧至有箕踞而傾倚岸幘以嘯詠跌宕適意豪縱亂常宜乎招負俗之累嬰自貽之戚於戲書云簡而無傲詩云彼交匪傲萬福來求誠爲君子之道也

郤錡晉大夫魯成公十三年晉侯使郤錡來乞師將事不敬孟獻子曰郤氏其亡乎禮身之幹也敬身之基也郤子無基且先君之嗣卿也受命以求師將社稷是衛而惰棄君命也不亡何爲

苦成叔晉大夫郤犨也聘衛衛侯饗苦成叔寗惠子相苦成叔傲寗子曰苦成家其亡乎古之爲享食也以觀威儀省禍福也故詩曰兕觥其觩旨酒思柔彼交匪傲萬福來求今夫子傲取禍之道也

御叔爲魯御邑大夫時臧武仲如晉（襄公[illegible]晉侯外會令[illegible]魯之守[illegible]遣武仲[illegible]公羊不載穀梁不書）雨過御叔御叔在其邑將飲酒曰焉用聖人（武仲多知時人謂之聖）[illegible]之我將飲酒而已雨行何以聖爲穆叔聞之曰不可使也而傲使人（言御叔不任使四方）國之蠹也令倍其賦（古者家其國邑故以重賦爲罰傳言穆叔能用教）

原壤魯人見孔子夷俟（夷踞俟待也）子曰幼而不孫弟長而無述焉老而不死是爲賊（賊爲害）以杖叩其脛（叩擊也脛腳脛）

漢寗成南陽穰人以郎謁者事景帝好氣爲小吏必陵其長吏爲人稍遷至濟南都尉而郅都爲守始前都尉步入府因吏謁守如縣令其畏都如此及成往直陵都出其上都素聞其聲善遇與結驩

周陽由爲河東都尉初由爲守視都尉如令及爲都尉陵太守奪之治

後漢趙壹字元叔漢陽西縣人恃才倨傲爲鄉黨所擯乃作解擯後不起辟召

禰衡字正平平原人初自荊州北游許都恃才傲逸臧否過差見不知己者不與語人皆以是憎之是時許都雖新建尚饒人士衡常書一刺懷之字漫滅而無所適或問之曰何不從陳長文司馬伯達乎衡曰卿欲使我從屠沽兒輩也又問曰當今許中誰最可者衡曰大兒有孔文舉小兒有楊德祖又問曹公荀令君趙盪寇皆足蓋世乎衡稱曹公不甚多又見荀有儀容趙有腹尺因答曰文若可借面弔喪稚長可使監廚請客其意以爲荀但有貌趙健啖肉也於是衆人皆切齒衡知衆不悅將南還荊州裝束臨發衆人爲祖道先設供帳於城南自共相誡曰衡數不遜今因其後到以不起報之及衡至衆人皆坐不起衡乃號咷大哭衆人問其故衡曰行屍柩之間能不悲乎（衡史不載官）

魏劉楨爲太祖丞相掾屬以辭旨巧妙爲諸公子所愛太子嘗請諸文學酒酣坐歡命夫人甄氏出拜坐中衆人咸伏而楨獨平視太祖聞之乃收楨減死輸作

文欽爲五營校督出牙門將欽性剛暴無禮所在倨傲陵上不奉官法輒見奏遣明帝抑之後復以爲淮

丁謐字彥靖斐之子也謐太和中常住鄴借人空屋居其中亦諸王亦欲借之不知謐已得直開門入謐望見王交脚卧而不起而呼其奴客曰此何等人促呵使去怒其無禮還具之明帝收謐繫鄴獄以其功臣子原出後帝聞其有父風召拜度支郎中

蜀劉巴字子初爲先主左將軍西曹掾張飛嘗就巴宿巴不與語飛遂忿恚諸葛亮謂巴曰張飛雖實武人敬慕足下主公今方收合文武以定大事足下雖天素高亮宜少降意也巴曰大丈夫處世當交四海英雄如何與兵子共語乎先主聞之怒

曰孫欲定天下而子初舉亂之其欲還北假道於此豈欲成孤
事邪
簡雍涿郡人隨先主入蜀拜昭德將軍優游風議性簡傲跌宕
在先主坐席猶箕踞傾倚威儀不肅自縱適諸葛亮已下則獨
擅一榻項枕卧語無所為屈
彭羕字永年廣漢人為江陽太守羕之出驕傲多所輕忽
楊戲為射聲校尉從大將軍姜維出軍至芒水戲素心不服維
酒後言笑每有傲弄之辭維外寬內忌意不能堪軍還有司承
旨奏戲免為庶人戲性雖簡惰省略未嘗以甘言加人過情接
物書符指事希有盈紙
鄧芝為大將軍二十餘年性剛簡不飾意氣不得士類之和於
時人少所敬貴惟器異姜維云
張嶷為蕩寇將軍慷慨壯烈士人咸多貴之然放蕩少禮人亦
以此譏焉



晉阮籍仕魏為步兵校尉籍能為青白眼見禮俗之士以白眼
對之及嵇喜來弔籍作白眼喜不懌而退喜弟康聞之乃齎酒
挾琴造焉籍大悅乃見青眼由是禮法之士疾之若讎而帝每
保護之
嵇康仕魏為中散大夫初康居貧嘗與向秀共鍛以自給穎川
鍾會貴公子也精練有才辯故往造焉康不為之禮而鍛不輟
良久會去康謂曰何所聞而來何所見而去會曰聞所聞而來
見所見而去會以此憾之
呂安東平人與嵇康為友每相思則命駕千里從之或遇其行
康兄喜位至方伯拭席而待弗之顧也
庾敳為東海王越軍諮祭酒王衍不與敳交敳卿之不置衍曰
君不得為耳敳曰卿自君我我自卿卿我自用我家法卿自用
卿家法衍甚奇之
孫楚字子荊太原中都人才藻卓絕爽邁不群多所陵傲缺鄉

曲之譽年四十餘始參鎮東軍事
何綏字伯蔚曾孫劭子也位至侍中尚書自以繼世名貴性既
輕物翰札簡傲城陽王尼見綏書疏謂人曰伯蔚居亂而矜豪
乃爾豈其免乎故為東海王越所誅
何機曾之孫也為鄒平令性矜傲責鄉里謝鯤等拜或戒之曰
禮敬年爵以德為主令鯤拜勢懼傷風俗機不以為慙
謝奕為桓溫安西司馬猶推布衣之好在溫座岸幘嘯詠無異
常日溫常曰我方外司馬王徽之字子猷為大司馬桓溫參軍
蓬首散帶不綜府事又為車騎桓沖騎兵參軍從沖行值暴雨徽
之因下馬排入車中謂曰公豈得獨擅一車
王獻之為祕書丞尚新安公主嘗經吳郡聞顧辟彊有名園先
不相識乘平肩輿徑入時辟彊方集賓友而獻之遊歷既畢傍
若無人辟彊勃然數之曰傲主人非禮也以貴驕士非道也失
是二者不足齒之傖耳便驅出門獻之傲如也不以屑意



謝琰字瑗度弱冠以貞幹稱美風姿與從兄護軍淡雖比居不
往來宗中子弟惟與才令者數人相接後至會稽內史
王恬道子也性傲誕不拘禮法謝萬嘗造恬既坐少頃恬便入
內萬以為必厚待已殊有喜色恬久之乃沐頭散髮而出據胡
牀於庭中曬髮神氣傲邁竟無賓主之禮萬悵然而還後至散
騎常侍
謝萬為撫軍從事中郎妻父王述為揚州刺史萬嘗衣白綸巾
乘平肩輿徑至聽事前謂述曰人言君侯癡君侯信自癡述曰
非無此論但晚合耳
宋張敷為祕書郎嘗在省直中書令傅亮貴宿權要聞其好學
過候之敷卧不即起亮怪而去後數為正員郎中書舍人狄當
周赳並管要務以敷同省名家欲詣之赳曰彼若不相容便不
如不往詎可輕往耶當曰吾等並以員外郎矣何憂不得共坐
敷先設二牀去壁三四尺二客就席酬接甚歡既而呼左右曰

移我遠客起等失色而去其自標遇如此王僧達爲中書令黄門侍郎路瓊之太后兄慶之孫也宅與僧達門並嘗盛車服詣僧達將獵已改服瓊之就坐僧達了不與語謂曰身昔門下騶人路慶之者是君何親遂焚瓊之所坐牀太后怒泣涕於帝曰我尚在而人凌之我死後乞食矣帝曰瓊之年少無事詣王僧達門見辱乃其宜耳僧達貴公子豈可以此加罪乎太后又謂帝曰我終不與王僧達俱止

劉彦節爲尚書令既貴士子自非三署不得上方榻時人以此少之

王蘊字明遠一字叔寳少貧氣傲俗好臧否人物爲王府參軍嘗詣劉彦節直登榻曰君侯是公孫僕是公子引滿促膝唯余二人彦節外跡雖酬之意甚不悦

王錫爲員外散騎歷清職中書郎太子左衛率江夏内史告自立過太尉江夏王義恭嘗朝之錫箕踞大坐殆無推敬



阮佃夫爲建城侯朝士貴賤莫不自結而矜傲無所降意入其室者唯吳郡張澹

梁韋粲爲左衛率領東宮領直以舊恩任寄綢密雖居職屢徙容宿衛頗擅威名誕倨不爲時輩所平右衛朱异嘗於酒席厲色謂粲曰卿何得已作領軍面

陳江溢字深源尚書令總之子也溢頗有文辭性傲誕恃勢驕物雖近屬故友不免詆欺

後魏崔浩爲司徒始浩與冀州刺史頤滎陽太守模等年皆相次浩爲長次模次頤五人別祖而模頤爲親浩恃其家世魏晉公卿常侮模頤模謂人曰桃簡正可欺我何合輕我家周兒也浩小名桃簡頤小名周兒武帝聞之故浩誅時二家獲免

崔㥄字顯賓定州人容貌魁偉姿望自高不拘常檢爲中書侍郎樂陵内史雅爲任城王澄所禮待及澄爲定州刺史每了無宗承王忻然容下之

張彝字慶賓襲祖爵平陸侯少而豪放出入殿庭步眄高上無所顧忌文明太后雅尚恭謹因會次見其如此遂召集百寮督責之令其修悔而猶無悛改䘏愛好知己輕忽下流非其意者視之蔑尒雖疥疢家庭而志氣彌亮後至征西將軍

隋龐晃爲右衛將軍性剛悍時廣平王雄當塗用事勢傾朝廷晃每陵侮之嘗於軍中卧見雄不起雄甚銜之復與高熲有隙二人屢譖晃由是宿衛十餘年官不得進

崔儦清河人世爲著姓儦每以讀書爲務負恃才地忽略世人大署其戶曰不讀五千卷書者無得入此室後爲員外散騎侍郎越國公楊素時方貴倖重儦門地爲子玄縱娶其女爲妻娉禮甚厚親迎之始公卿滿座素令騎迎儦儦故敝其衣冠騎驢而至素推令上座儦有輕素之色禮甚倨言又不遜素忿然拂衣而起竟罷座數日儦方來謝素待之如初

唐王勃爲虢州參軍勃恃才傲物爲寮友所嫉



張漪中書令柬之之子漪恃以父立功每見諸少長不以禮接待時議以爲不能易荆楚之剽性焉

裴諝初爲河南府參軍通達簡率不好苛禮令狐峘爲吉州刺史會齊映除江西觀察使過吉州故事刺史始見觀察使皆戎服趨拜映雖嘗爲宰相然少年後輩峘雖爲屬郡固自恥之以過映者映至當迎謁頗怏怏以語其妻韋氏韋氏強明有學解亦恥峘以刺史禮見映謂峘曰君自視何如人以白頭走小生前君不以此見映雖黜死我亦無憾峘曰諾映至峘入謁從容步進不袜首屬戎器映以爲恨去至府奏峘舉前刺史過失數不得真無政事不宜臨州貶衢州別駕

王仲舒爲中書舍人初仲舒與楊憑穆質許孟容李鄘爲友故時人稱楊穆許李之友仲舒以後進慕容而入性尚簡傲不能接下以此人多怨之

崔元翰爲禮部員外郎知制誥詔令溫雅合於典謨然性太剛

狷簡放不能取容於時
李白字太白山東人待詔翰林嘗醉令高力士脫靴由是斥去
乃浪迹江湖嘗月夜乘舟自採石達金陵衣宮錦袍於舟中顧
瞻嘯傲旁若無人
鄭仁表文宗朝宰相肅孫也爲起居郎仁表文章尤稱俊拔然
恃才傲物人士薄之
後唐陳乂爲知制誥微有才術嘗自恃其能爲常山判官日人
有造者垂帷深處罕見其面後居西掖而姿態愈倨位竟不至
公鼎蓋器度狹者也

不恭

君者天也無所不恭一節以趨靡違於侍駕三命而俯以至於
循牆豈有怠棄國章虧損臣禮奉朝覲而不謹承祭祀而罔祗
踰越官儀抵冒邦禁下吏聽讞又誰咎焉故書云其或不恭邦
有常刑蓋先王之典法也



漢武陽侯蕭勝孝景中二年坐不齊耐爲隸臣（謂常侍祠而不齋）
高宛侯丙信孝武建元元年坐出入屬車間免戶二千二□（□行出入屬車而輒至於其間）
北平侯頳建元五年坐臨諸侯喪後死
祁侯繒它元光三年坐射擅罷免（方大射而擅自罷去）
俞侯郝鄭元光四年坐行來不請長信免（長信言太后所居請謁也）
衍侯翟不疑元朔元年坐挾詔書論耐爲司寇（詔書當奉持之而挾以行故爲罪也）
武安侯田恬元朔三年坐衣襜褕入宮不敬免（衣謂著之也襜褕直裾襌衣也）
襄城侯韓釋之元朔四年坐詐疾不從耐爲隸臣
芒侯耏申元朔六年坐尚南宮主不敬免（景帝女也）
重信侯擔元狩二年坐不使人爲秋請免（請音才性反）
平州侯昭涉昧元狩五年坐行馳道中免
邔侯黃極忠元鼎元年坐掩搏奪公主馬髡爲城旦
建成侯拾元鼎二年坐使行人奉璧皮薦賀元年十月不會免（□以賀璧也時以十月爲歲首有賀而不及會也）
山都侯王當元封元年坐闌入甘泉上林免東方朔武帝時爲
太中大夫給事中嘗醉入殿中小遺殿上劾不敬有詔免爲庶
人待詔宦者署
韋玄成宣帝時爲太常嗣爵扶陽侯以列侯侍祀孝惠廟當晨入
廟天雨淖（淖泥也音女教反）不駕駟馬車而騎至廟下有司劾奏等輩數
人皆削爵爲關內侯
博陽侯丙顯甘露元年坐酎宗廟騎至司馬門不敬奪爵一級
爲關內侯
魏劉勳與太祖有舊爲廬江太守後爲孫策所破自歸太祖封
列侯勳自恃與太祖有宿日驕慢數犯法又誹謗遂免其官
吳朱桓領青州牧詣建業治病後復還屯桓奉觴曰臣當遠去
願一捋陛下鬚無所復恨權憑几前席桓進前捋鬚曰臣今日
真可謂捋虎鬚也權大笑



南齊張融武帝時爲司徒從事中郎永明八年朝臣賀衆瑞融
扶人拜起復爲有司所奏見原
蔡約領驍騎將軍太子中庶子領屯騎校尉永明八年八月合
朔約脫武冠解劒於省眠至下鼓不起爲有司所奏贖論
後魏莫題爲大將軍及還京師常與李栗侍宴栗坐不敬獲罪
題亦被黜爲濟陽太守裴伯茂爲廣平王贊文學孝靜天平二
年因內宴伯茂侮慢殿中尚書章武王景哲景哲遂申啓稱伯
茂棄其本列與監同行以梨擊拂傍人污冠服禁庭之內令人挈
衣詔付所司後竟無坐
隋楊素高祖時爲御史大夫其妻鄭氏性悍素忿之曰我若作
天子卿定不堪爲皇后鄭氏奏之由是坐免
唐韋纁爲國子司業憲宗元和八年九月戊午重陽賜宰臣已
下宴于曲江辛酉詔纁等一十四人各一月俸以其不赴曲江
之宴也

後唐龍敏爲吏部侍郎末帝清泰二年五月壬寅監祭使奏敏等饗太廟其月十九日尚書省受誓戒故事諸行事官質明至省候太尉其日行事官與攝太尉李臣並先到敏攝司空後至雖及受誓戒其候太尉違禮詔罰一季俸料

寇竊

書稱草竊姦宄易謂慢藏誨盜蓋夫窮斯濫而貪無厭者從事於斯矣觀其背去人紀離率天常奪攘矯虔假摕顛越大則有伏莽之衆同惡以相濟小則競穿窬之巧自作於弗靖莫不鳩張其義狼戾其心擅壞利兵爭術小智依萑苻而多聚致蠭蠆之難除又豈止乎鼠竊狗偷探囊胠篋而已哉自三古之季法令滋章五教之微民俗偷巧道行一失詭詐百端以身殉財見利忘義始以游俠爲事終以剽劫爲姦欻聚於道塗充斥於閭里假詩言而破冢負勇氣以凌物挾懷捆載何所不獲乃至規取國寶不恭斯甚苟脫於網誅亦天幸若乃徇名果敢以紓國難抱義感槩以拔人患雖去小道亦賢哲之兼容也已



叔仲帶魯大夫襄公薨于楚宮叔仲帶竊其拱璧(拱璧公大璧)以與御人納諸其懷而從取之由是得罪(得罪於魯人薨之故子孫不得志於魯)

陽虎爲魯季氏宰竊寶玉大弓是時季氏專魯國陽虎拘季孫(季氏逐昭公之後取其寶玉大弓陽虎拘季孫斯其家其室)孟氏與叔孫氏迭而食之睋而鍥其板(以刃刻其板)曰某月某日將殺我于蒲圃力能救我則於是(於是時)至乎日若時而出臨南者陽虎之出也御之(爲季孫御)於其乘焉季孫謂臨南曰以季氏之世世有子(言世世有子女以爲臣累世)子可以不免我死乎(以義責之)臨南曰有力不足臣不敢不勉陽越者陽虎之從弟也爲右(爲季孫車右)諸陽之從者車數十乘至于孟衢(孟氏衢四達可以橫去)臨南投策而墜之(策馬撾也欲季由孟氏免二家之恐陽越不聽故詐投策)陽越下取策臨南騶馬(騶馬衢走)而由乎孟氏陽虎從而射之矢著于莊門(莊門孟氏所入門名言中季孫閉門故著門)然而甲起於琴如(甲公斂處父所伏甲也琴如地名二家如出湖故然是時起之)弑不成卻反舍于郊皆說然息(……)或曰殺千乘之主(時季氏邑至於千乘)而不克舍此可乎(……)陽虎曰夫孺子得國而已(……)如丈夫何(……)而曰彼哉彼哉(……)趣駕(……)公斂處父帥師而至(公斂處父孟氏家臣將兵之救孫氏)慬然後得免自是走之

寶者何璋判白(判半也半圭曰璋白藏天子青藏諸侯……)弓繡質(……)龜青純(……)

田文封孟嘗君入秦秦昭王謀欲殺之孟嘗君使人抵昭王幸姬求解姬曰妾願得君狐白裘此時孟嘗君有一狐白裘直千金天下無雙入獻昭王無他裘孟嘗患之徧問客莫能對最下坐有能爲狗盜者曰臣能得乃夜爲狗以入秦宮藏中取所獻狐白裘至以獻秦幸姬幸姬爲言昭王釋孟嘗君



漢彭越字仲昌邑人也常漁鉅野澤中爲羣盜後封梁王謀反誅

郭解河內人少時陰賊感概藏命作姦剽攻(……)休乃鑄錢掘冢不可勝數適有天幸窘急常得脫若遇赦

後漢檀建爲臨丘縣吏盜竊縣內令鍾離意屏人問狀建叩頭服罪不忍加刑遣令長休建父聞之爲建設酒謂曰吾聞無道之君以刃殘人有道之君以義行誅子罪命也遂令建進藥而死矣

張伯魯人鍾離意爲魯相到官出私錢萬三千文付戶曹孔訢修夫子車身入廟拭机席劍履使伯除堂下草土中得玉璧七枚伯懷其一以六枚白意意令主簿安置几前孔子教授堂下牀首有懸甕意召孔訢問此何甕也對曰夫子甕也背有丹書人勿敢發也意曰夫子聖人所以遺甕欲以懸示後賢因發之中得素書文曰後世修吾書董仲舒護吾車拭吾履發吾笥會

稽鍾離意璧有七張伯藏其一意即召門伯果服焉
吳胡王錢塘人漢末爲海賊取賈人財物岸上分之孫堅追斬一級
晉戴若思廣陵人少好遊俠不拘操行遇陸機赴洛船裝甚盛遂與其徒掠之若思登岸據胡牀指麾同旅皆得其宜機察見之知非常人有物屋上遥謂之曰卿才氣如此乃復作劫邪若思感悟因流涕投劒就之機與言深加賞異遂與定交焉後至驃騎將軍爲王敦所害
賈苟爲大廟吏光熙中盜太廟靈衣及劒伏誅
後涼胡安據呂纂時盜發張駿墓見駿貌如生得真珠簾琉璃榼白玉樽赤玉簫紫玉笛珊瑚鞭馬腦鍾水陸奇珍不可勝紀纂誅安據黨五十餘家遣使弔祭駿并繕修其墓
宋崔恭齊人破古冢得玉璧太守崔道固檢得獻之乃執繫恭
王宜興吳興人形狀短小而果勁有膂力少年時爲劫不須伴部



縣討逐圍繞數十重終莫能禽後爲屯騎校尉爲黄回所殺
黄回拳捷果勁勇力兼人在江西與諸楚子相結屢爲劫盜後爲鎮北將軍南兖州刺史爲齊高祖所誅
梁陳伯之濟陰睢陵人幼有膂力年十三四好着獺皮帽帶刺刀候伺鄰里稻熟輒偷刈之嘗爲田主所見呵之云楚子莫動伯之謂田主曰君稻幸多一擔何苦田主將執之伯之因杖刀而進將刺之曰楚子定何如田主皆反走伯之徐擔稻而歸及年長在鍾離數爲劫盜嘗授面覘人船船人斫之獲其左耳後爲豫州刺史又爲通直散騎常侍驍騎將軍太中大夫卒
後魏穆崇代人少以竊盜爲事
劉庫仁爲南部大人時國有良馬白騸騧庫仁盜之養於窟室典馬牧奚韓闡而馳往取焉庫仁以國甥特寵縱而遊擊韓闡碎其顙落傷其一孔後爲大尉宜都公薨
房法壽小名烏頭清河繹幕人幼孤少好射獵輕率勇果結諸

年小而爲劫盜從叔元慶範鎮莘坐法壽被州郡切責時月相宗族甚患之弱冠迎州主簿後以母老不復應州郡之命常盜猪牛以供其母後終於壯武侯平遠將軍
北齊祖珽字孝徵性不羈放縱曾至膠東刺史司馬世雲家飲酒遂藏銅疊二面廚人請搜諸客果於珽懷中得之見者以爲深恥後爲神武中外府功曹神武宴寮屬於坐失金叵羅竇泰令飲酒者皆脫帽於珽髻上得之神武不之罪也
隋麥鐵杖始興人陳太建中結聚爲群盜廣州刺史歐陽頠俘之以獻沒爲官戶配執御傘每罷朝後行百餘里夜至南徐州踰城而入行光火劫盜旦還及牙時仍又執傘如此者十餘度物主識之州以狀奏朝士見鐵杖每旦常在不之信也後數告變尚書蔡徵曰此可驗耳於仗下時購以百金求人送詔書與南徐州刺史鐵杖出應募賫敕而往明旦及奏事帝曰信然爲盜明矣惜其勇捷誡而釋之後爲右屯衛大將軍



唐王君廓本太原人後徙家於井陘少孤貧無行以驅儈爲業善行偷盜嘗所齎器內有逆鬚制同魚笱繫客人頭於日晚時市人將散見驀縛者君廓以竹器自後籠其頭逆鬚爲礙不可得脫乃奪繒而去物主不之識竟而獲免其詭譎多此類也
張明進中黄門也大歷二年八月景午夜盜內庫黄金二百八十斤藥金二百五十兩擒之
單超俊大歷初爲少府監常懷惡少以盜馬其盜也善鑿馬毛色雖馬主夫能辯至是盜諫大夫裴鼎馬三疋超俊家僮以告乃羅論超俊勅南西山効力納贓七千貫同盜馬奴三人並杖殺
韋士元貞元四年四月與盧寧等四人白晝挾弓操劍於萬年縣常樂坊盜縣吏捕之士元等突殺吏步相自延興門逸馬六月士元棄市居賊人邠王孫滋紋士元既死其黨盧寧操劍等三人劫近城村墅射殺捕吏城南居人多棄業投城德宗乃發

神策善弩騎爲長安萬年縣官率人吏具器械急捕之又射傷神策將及縣吏二十餘人以刃殺一人奪弩犯圍而逸又遣神策兵二百人助之居數日偷長梁卿以中矢死於南山下得其屍送之盧寧等二人竟失所在

晉万太爲秦州節度使太青州千乘人少隸本軍爲小校嘗戍登州刼海客事泄刺史淳于晏匿之遇赦免

周王繼弘爲河陽節度使繼弘冀州南宮人少勇悍無賴爲盜攻剽閭里

冊府元龜卷第九百三十

# 冊府元龜卷第九百三十一

總録部一百八十一

枉横　短命

## 枉横

禍福相倚事乃無必墜溺既至禮所不弔命奚可說天亦難忱烏識其時孰知其極故有避巖牆而不立養内外而失於纖加其非罪衽席生其畏塗身處危邦心發狂療受厚誣而罔避因彼怒而見遷讒嫉斯行疑阻成釁故非保慮之所及獨慎之能免若乃羈絆仁誼韁鎖名聲丁叔世之紛訛遭匪人之畏迫自餘連逮庸可辨明書所謂火炎崑崗玉石俱焚者也

漢袁盎初爲楚王相嘗上書有所言不用病免家居時梁孝王欲求爲嗣盎進說語塞（其謂不行）王以此怨盎使人刺盎刺者至關中問盎稱之皆不容口（稱其美德口不能容也）迺見盎曰臣受梁王金刺君君長者不忍刺君然後刺者十餘曹也　備之盎心不樂家多怪迺之棓生所問占（棓音棒時賢士善術者也）還梁刺客後曹果遮刺殺盎安陵郭門外

王崇封扶平侯爲傅婢所毒薨

張竦王莽時爲丹陽太守封淑德侯後免官以列侯歸長安王莽敗客於池陽（古湯湖之縣也）竦爲賊兵所殺（竦知有賊當去會反支日不去爲賊所殺桓譚以爲通人之蔽也）

陳遵爲大司馬護軍使匈奴還會更始敗遵留朔方爲賊所殺

後漢酈炎范陽人州郡徵命不就有文才解音律後風病恍惚性至孝遭母憂病甚發動妻始産驚死妻家訟之收繫獄炎病不能理對熹平六年遂死獄中時年二十八尚書盧植爲之誄讚以昭其懿德

姚光爲玄菟太守遼東屬國都尉龐奮承僞璽書殺之

陳敬伯汝南人行必矩步坐必端膝呵叱狗馬終不言死目有所見不食其肉行路聞凶便解駕留止還輜歸忌則寄宿鄉亭年老寢滯不過舉孝廉後坐女壻亡吏太守邵夔怒而殺之時人罔忌禁者多談爲證焉

魏杜畿爲尚書僕射居守許昌受詔作御樓船於陶河試船風没明帝爲之流涕

鄭小同高貴鄉公時爲侍中嘗詣司馬文王文王有密疏未之屏也如廁還問之曰卿見吾疏乎答曰否文王曰寧我負卿無卿負我遂酖之

蜀衛繼拜奉車都尉爲衆所敬鍾會之亂遇害成都

吴楊竺（史闕不官）太帝時太子和自懼黜廢而魯王霸覬覦益甚帝見竺辟左右而論霸之才竺深述霸有文武英姿宜爲嫡嗣於是帝乃許立焉有給使伏于牀下具聞之以告太子選曹郎陸胤當至武昌往辭太子太子不見而微服至其車上與共密議欲令陸遜表諫既而遜有表極諫帝疑竺泄之竺辭不服帝使竺出尋其由竺白頃惟陸胤西行必其所道又遣問遜何由知之遜言陸胤所述召胤考問胤爲太子隱曰楊竺向臣道之遂共爲獄竺不勝痛毒服是所道初帝疑竺泄之及服以爲果然乃斬竺

孫壹爲鎮軍督夏口及孫綝遣朱異潛襲壹異至武昌壹知其攻已率部曲奔魏魏以壹爲車騎將軍以故主芳貴人邢氏妻之邢美色妬忌下不堪命遂共殺壹及邢氏

王蕃爲散騎常侍後主殺之徙其家屬于廣州一弟著延皆作佳器郭馬起事不爲馬用見害

晉陸機爲平原内史成都王假機後將軍河北大都督與長沙王乂戰敗續用嬖人孟玖之讒而殺機機死非其罪士卒痛之莫不流涕是日昏霧晝合大風折木平地尺雪議者以爲陸氏之冤（又云機弟雲爲成都王穎大將軍右司馬機之死也并收雲穎官屬江統等上疏救之穎不納）

武茂爲侍中時尚書荀愷宣帝外孫世祖姑子自負貴戚要與茂交茂拒而不答由是見怨元康元年楊駿被誅愷時爲尚書

僕射以茂駿之姨弟陷爲駿黨遂枉見殺衆咸寃痛之
衛常太保瓘之子瓘爲楚王瑋所害常聞變以何劭嫂之父祕
從牆孔中語之以問消息劭知而不告常還經廚下收人正食
因而遇害
何攀爲兖州刺史加鷹揚將軍固讓不就太常成粲左將軍卞
粹勸攀莅職中詔又加切厲攀音稱疾不起及趙王倫篡位遣
使召攀更稱疾篤怒將誅之攀不得已扶疾赴召卒于洛陽
解系為雍州刺史免官趙王倫孫秀以宿憾害之并殺戮其妻
子及二弟結為御史中丞育爲弘農太守與兄俱被害
嵇含為振威將軍襄城太守及范陽王虓爲劉喬所破含奔鎮
南將軍劉弘於襄陽弘待以上賓之禮含性通敏好薦達才賢常
欲崇趙武之謚加臧文之罪屬陳敏作亂江楊震蕩南越險遠
而廣州刺史王毅病卒弘表含爲平越中郎將廣州刺史假節
未發會弘卒時或欲留含領荆州含性剛躁素與弘司馬郭勱



有隙勱疑含將爲己害夜掩殺之
縶克爲成都王穎丞相東曹掾以朝政日弊遂絶不仕東嬴公
騰爲車騎將軍鎮河北以克爲從事中郎知必不免以軍期致
之克不得已至數十日騰爲汲桑所攻城陷克見害
楊軻天水人劉曜僭號徵拜太常不起秦人西奔凉州軻弟子
以牛負之爲戍軍追擒并爲所害
張華二子褘字彦仲好學謙敬有父風歷位散騎常侍韙儒博
曉天文爲散騎侍郎與父同時遇害
劉琨子羣琨為段匹磾所害琨從事盧諶崔悅奉其子羣依段
末波成帝咸康二年詔徵羣等爲末波兄弟愛其才託以道險
不遣石季龍滅遼西羣及諶悅同没胡中至冉閔敗後羣遇害
王玄字眉子衍之子也荀藩用為陳留太守屯尉氏玄素名家
有豪氣荒弊之持人情不附將赴祖逖為盜所害焉
車裔為吏部尚書會稽世子元顯逼令自裁俄而卒朝廷傷之

殷涓故楊州刺史浩之子亦有美名浩死咸安初大司馬桓溫
廢太宰武陵王晞誣涓及庾倩與晞謀反害之
夏侯湝為烏程令孫恩妖亂自海攻上虞殺縣令因襲會稽害
内史王凝之有衆數萬於是會稽謝鍼吳郡陸瓌吳興丘尫義
興許允之臨海周胄永嘉張永及東陽新安等凡八郡一時俱
起殺長吏以應之旬日之中衆數十萬於是吳興太守謝邈永
嘉太守謝逸嘉興公顧胤南康公謝明慧黄門郎謝沖張琨中
書郎孔道太子洗馬孔福與湝等皆遇害
謝沖為中書侍郎家在會稽謝病歸除黄門侍郎不就為孫恩
所殺
張茂為吳國内史沈充之反也茂與三子並遇害
前燕悅綰為慕容暐僕射綰言於暐曰太宰政尚寛和百姓多
有隱附傳曰唯有德者可以寛臨衆其次莫如猛今諸軍營戶
三分共貫風教陵弊威綱不舉宜悉罷軍封以實天府之饒肅



明法令以清四海暐納之綰既定制朝野震驚出戶二十餘萬
慕容評大不平尋賊綰殺之
宋徐湛之爲尚書僕射二凶巫蠱事發文帝欲廢劭賜濬死與
湛之屏人共言論或連日累夕每夜常使湛之自秉燭繞壁檢
行慮有竊聽者劭入殺之旦其夕帝與湛之屏人語至曉猶未
滅燭湛之驚起趣北戶未及開見害
傅僧祐為山陰令甚有能名以徐湛之黨為元凶所害臧凝之
為隨王誕後軍記室録事欲以為青州其事不果遷尚書右丞
以徐湛之黨為元凶所殺
王僧綽為侍中元凶劭巫蠱事泄帝召僧綽同具之及將廢立
及劭弒逆僧綽為所害因此陷北第諸王侯以爲與僧綽有異
志并殺絶綽門客太學博士賈匪之奉朝請司馬文顯建平國常
侍司馬仲秀等
沈暘之為海陵王休茂北中郎諮議參軍為休茂所殺

劉琨之爲竟陵王誕主簿誕叛以爲中兵參軍辭曰忠孝不得並琨之老父在將安之乎誕殺之後贈黃門侍郎詔謝莊爲誄

沈慶之廢帝時爲侍中太尉帝凶暴日甚慶之死也不肯飲藥從子攸之以被揜殺之長子文叔密取藥藏録或勸文叔逃避文叔見帝斷截江夏王義恭支體慮奔亡之日帝怒容致義恭之變乃飲藥自殺子秘書郎昭明亦自縊死

南齊劉渢爲始安王遙光府佐遙光反誅渢遠定還家閩爲人所殺

梁殷叡才辯知名齊世歷官司徒從事中郎叡妻父王奐爲雍州刺史鎮北將軍乃以叡爲奐鎮北長史河南太守奐誅叡並見害

王錫簡文即位爲太子詹事錫舊宅先爲賊所焚乃寓居國子祭酒蕭子雲宅夜忽有盜攻之驚懼墜井卒家人十餘人同遇害

韋臧字君理歷官尚書三公郎太子洗馬東宮領直侯景至帥兵屯西華門城陷奔江州收舊部曲據豫章爲其部下所害

陳侯安都長子敦年十二爲員外散騎侍郎墮馬卒追謚桂陽國愍世子

後魏韋儁宣武末爲都水使者領軍于忠矯擅威刑爲忠所害臨終儁詐枉於尚書元欽欽知而不敢申理儁歎曰吾一生爲善未蒙善報常不爲惡今爲惡終悠悠蒼天抱直無訴時人咸怨傷焉

張仲瑀征西將軍彝第二子也仲瑀上封事求銓別選格排抑武人不使豫在清品由是眾口喧喧謗讟盈路立牓大巷剋期會集屠害其家彝殊無畏避之意父子安然神龜二年二月羽林虎賁將幾千人相率至尚書省詬罵求其長子尚書郎始均不獲以瓦石擊打公門上下畏懼莫敢討抑遂便持火虜掠道中薪蒿以杖石爲兵器直造其第曳彝堂下捶辱極意唱呼嘈嗷焚其屋宇始均仲瑀當時踰北垣而走始均迴救其父拜伏



群小以請父命羽林等就加毆擊生投之於烟火之中及得尸骸不復可識唯以髻中小釵爲驗仲瑀傷重走免彝僅有餘命沙門寺與其比鄰輿致於寺遠近聞見莫不惋駭彝臨終日左右上啓曰臣自奉國及孫六世尸祿素飡負恩唯醜徒思竭智盡誠終然靡效臣第二息仲瑀所上之事益治實多既曰有益寧容默介通呈有日未簡神聽豈圖眾忿乃至於此臣不能禍防未萌慮絕殃兆致令擴眾橫嘉攻焚臣宅息始均仲瑀等叩請流血乞代臣死始均即陷塗炭仲瑀經宿方蘇臣年已六十宿被榮遇垂暮之秋忽見此苦顧瞻災酷古今罕比臣所傷至重殘氣假延望影須時推漏就盡臣之命也知復何言若所上之書少爲益國臣便是生以理全死與義合不負二帝於地下臣無餘恨矣一歸泉壤長離紫庭戀仰天顏誠痛無已不勝眷々端奉辭伏願二聖加御珍膳寬養黔首壽保南岳德與日昇臣夙被獨豢先後銜恩欲報之期昊天罔極士覸有知不忘結草彝遂卒時年五十九官爲收掩羽林凶強者八人斬之不能窮誅羣豎即爲大赦以安眾心有識者知國紀之將墜矣喪還所焚宅與始均東西分斂於小屋仲瑀遂以創重避居滎陽至五月創得漸瘳始奔父喪詔賜布千疋靈太后以其累朝大臣特垂矜惻數月猶追言泣下謂諸侍臣曰吾爲張彝飲食不御乃至首髮微有虧落悲痛之若此

蕭權大將軍寶夤次子權與少子凱射戲凱矢激中之而死

郭祚爲征西將軍雍州刺史未行領軍于忠矯制殺之祚名器既重時望亦深一朝非罪見害遠近莫不惋惜

李惠爲開府儀同三司青州刺史歷政有美績惠素爲文明太后所忌誣惠將南叛誅之惠二弟初樂興恩諸子同戮後妻梁氏亦死青州盡没其家財惠本無釁故天下冤惜焉

宋季儒世景之子爲太學博士曾至譙宋之間爲丈吊秘廣其有理致後夜寢室壞壓殞年二十五時人咸傷惜之

崔模在宋生子冲智季柔及入北又娶金氏生子幼度後卒後
幼度隨慕容白曜爲將特季柔爲崔道固長史帶濟南太守城
將降先馳馬赴白曜軍幼度亦豫令左右覘迎之而差互不相
值爲亂兵所害
高昚字羽珍爲員外散騎侍郎與叔徽俱使西域還至河州遇
賊攻圍城陷見害
陸延爲太僕卿受使綏慰秀容爲牧子所害高幼成爲員外郎
頗有文才性清爲狂奴所害
鄭仲明孝莊朝請稍遷太尉屬以公彊當世爲從弟儼所昵除滎
陽太守屬廣世難欲以東道託之孝莊建義初仲明弟季明遇
害河陰儼後歸之欲與起兵爲城民所殺
鄭苟祖性麤疎起家著作佐郎鄭儼之敗也爲鄉人所害
游曇護孝文太和中爲中散遷典寺令後慰勞仇池爲賊所害
贈肆州刺史



裴詡孝明帝時爲七兵尚書武泰初詔詡以本官兼侍中爲關
右大使賞擢募義之從未及發會介朱榮入洛於河陰遇害
崔忻字伯悅爲尚書左中兵部郎中以鄭儼之甥兼尚書左丞
莊帝初遇害於河陰
崔瑋爲鎭府太守爲城民王早蘭寶等所害
崔勵爲齊州大中正又襲父爵建義初遇害河陰時年四十八
高長雲字彦鴻起家祕書郎太尉主簿稍遷輔國將軍中散大
夫建義初於河陰遇害
蕭彦歷位太尉長史武衛將軍齊州刺史散騎常侍中軍將軍
金紫光祿大夫文時來往蕭寶寅致勸稱名呼之爲尊於河陰
遇害
王由性方厚有名士之風爲東萊太守罷郡後寓居潁川孝莊
天平初元洪威構逆大軍攻討爲亂兵所害
李延寔莊帝之舅也封濮陽郡公司徒出爲使持節侍中太傅
録尚書事青州刺史介朱兆入洛乘輿幽縶以延寔外戚見害
於州館介朱世承莊帝時位侍中領御史中尉元顥内逼詔承世
守轘轅介朱世隆棄虎牢太寂追告爲元顥所擒害殺之
源纂字靈秀爲通直散騎常侍涼州大中正轉太尉少卿莊帝
建義初遇害
陽孫長於吏事本州別駕加輕車將軍屬洛周陷城孫遂率宗
親南渡河居於青州值邢杲起逆青州流民疑河北人爲杲内
應遂害孫陽詮之字子衡少著才名辟司徒行參軍爲門生所
害時人悼惜之
辛俊字叔義有文才東益州征虜府外兵參軍府主魏子建爲
山南行臺以爲郎中有軍國機斷還京於滎陽爲人劫害
宋叔集有學行征東裴衍之討葛榮也表爲員外散騎侍郎引
同戎役及衍敗與叔集同時遇害
北齊張雕武成時爲假儀同三司待詔文林館韓長鸞譖於帝



而誅死其子德沖爲中書舍人隨例待詔其父之戮也德沖在
殿庭執書自見冤酷號哭殞絶於地久之乃蘇
隋李瞿曇太師穆之孫筠從父弟也穆薨以嫡孫筠襲爵仁壽
初筠叔父渾忿其怯薄陰遣子善衡賊殺之求盜不獲高祖大
怒盡禁其親族初筠與弟瞿曇有隙府渾有力遂證瞿曇殺之
瞿曇竟坐斬而善衡獲免
李德饒性至孝大業中爲金河長未之官值羣盜蜂起賊帥格
謙孫宣雅等十餘頭聚衆於渤海時有勅許其歸首謙等懼不
敢降以德饒信行有聞遣使奏曰若使德饒來者即相率歸首
帝於是遣德饒往渤海慰諭諸賊行至冠氏會他盜攻陷縣城
德饒見害
宇文惕歷武賁郎將右翊衛將軍宇文化及之亂遇害
劉世徹倜儻不羈頗爲時人所許大業末羣雄並起世徹所至
之處輒爲所忌多拘禁之後竟爲兗州賊帥徐圓朗所殺

唐王勃爲虢州參軍除名父福畤左遷交阯令勃往省父渡南海墮水而卒

闞稜爲越州都督輔公祏之敗稜功居多頗有自矜之色及擒公祏誣稜與己通謀又杜伏威王雄誕及稜家産在賊中者合從原放孝恭乃皆籍沒稜訴理之有忤於孝恭孝恭怒遂以謀反誅之

郭士倫傭教於右羽林將軍令狐建建疑其妻將棄之乃誣與士倫姦通召士倫立榜殺之因逐其妻而奏請按問士倫母不勝其痛而亡及詔三司詰之李氏及奴婢款證被誣頗明白建乃自引會赦免坐德宗哀士倫母子詔韜常參賜錢五百千充葬士倫母其父委京兆府厚加存恤

獨孤造爲淄青節度巡官貞元十二年死於進奏院進奏官郭徽大將王濟縊殺之也楊言云造爲本使李師古立廟破用絹六千五百疋錢三千貫都不與功畏懼自縊臺府都不按舉



陸長源爲宣武節度行軍司馬貞元十五年二月節度使董晉卒未十日汴州兵乱殺長源及判官孟叔度立頴軍人仍臠食之斯須骨肉糜碎分散

胡瀞嶺南節度使証之子証素與賈餗善及李訓事敗禁軍利瀞匿餗乃破其家一日之內家財並盡軍人執瀞入左軍仇士良命斬之以徇時瀞弟湘爲太原從事忽白晝見歸表人先首血流被地入于室湘惡之翌日瀞凶問至而湘獲免

劉鄴爲揚州大都督長史黃巢渡淮而南詔以浙西高駢代還尋除鳳翔尹鳳翔隴右節度使以疾辭拜左僕射兼判長安鄴從駕不及與崔沆豆盧瑑匿於金吾將軍張直方之家旬日賊發切追捕三人夜竄爲賊所得迫以僞命稱疾不應俱爲賊所害

梁韓建爲陳許蔡觀察使仍令中書不議除替太祖乾化二年六月朝廷新有內難人心動搖部將張厚因作乱害建于衙署時年五十八子從訓昭宗在華時授太子文學賜名文禮尋拜屯田員外郎國初爲都官郎中賜紫年未弱冠時望甚廷命從訓告國哀于陳許至許二日軍乱與建並命

崔賞爲虞部郎中知制誥乾化二年中書奏得臨沂縣鎮狀申賞夜黑誤至當縣西壕爲賊所害

杜曉庶人友珪篡位爲礼部尚書平章事集賢殿大學士友珪前判戶部及袁象先之討友珪禁兵大縱曉中重創而卒

李珽爲侍講學士廿王平內難是時內司職守亦各奔散珽匿跡與崇政院使李振偕北走將投軍落遇害卒於禁外振中傷而珽尤甚既卒聞者莫不歎息

後唐孫岳以秦王從榮辟元帥府欲以岳爲都押衙事未行馮贇李爲三司使時預內庭密謀馮朱與從榮狼戾岳曾極言其禍福之端康義誠聞之深不悅及從榮事敗義誠召岳同至河南府檢閱府藏時紛擾未定義誠密遣騎士彎弓射之岳走至通利坊騎士追及被害



李存乂爲鄆州節度使莊宗異母弟郭崇韜之壻也崇韜被殺故亦及於禍

范延策幽州人少習詩書累居賓職同光時爲段凝掌書記天成初擢爲安州副使節度使高行珪爲政貪猥延策強刑之既不能止會因入奏獻策條於闕下皆述藩侯之弊請勅從事當進明諫諫之不從又令諸校列班庭諍行珪見勅銜之轉深及罷歸又慮遺言故因讒順兵叛奏延策爲同謀父子俱戮

譚善達爲寧江軍節度判官節度使西方鄴爲政貪虐善達每箴其失鄴怒形於色令左右告善達受人金下獄拷掠善達亦剛詞多不遜遂殺於獄中無幾鄴寢疾時見善達入其戶俄卒於治所

胡裝爲給事中從幸洛陽時連年大水百官多窘裝求爲襄州副使同光四年洛陽變擾節度使劉訓以私怨族之誣奏云裝欲謀乱人士冤之

晉王緒爲太常丞少帝時因使德州迴與景延廣有隙到奏與楊光遠通謀遣吏縶於麾下鞫成其事判官盧億累勸辭不從尋有詔棄市時甚冤之

李建福爲鳳州固鎮兵馬都監爲遞馬鋪卒所殺初固鎮兵馬部署李實病朝廷遣建福監焉洎至實稍瘳建福遂迴實患驟加而卒朝廷因安建福爲部署時建福在路遇驛直元繼韜以宣旨約迴至樸馬谷遇害鋪卒建福曾笞辱之由是銜恨焉所司追捕尋亦自刎

李象爲郎中方城監權久不降代會契丹犯闕爲賊盜所害象有節操負而能樂重交親常奔走其急難及非其死聞者無不惜之

漢張貽肅爲戶部員外郎妻父王章與史肇楊邠等爲李業圖害貽肅於朝堂西廡之下爲翰林使郭允明持刃殺之項血逆注見者異之王章無子唯一女適貽肅羸疾踰年扶病就戮



周崔周度爲青州慕容彥超判官性儒緩而敢言事彥超拒命周度直言諫之彥超大怒以城中括率械繫者掠比戶衛兗前陝州行軍司馬閻弘魯閑居在州懼其鞭朴盡以家財爲餉彥超以弘魯所餉未盡又欲崔周度得罪乃令周度監括其家周度謂弘魯曰公命之吉凶繫財之豐約願無所吝弘魯令家僮呂驊與周度搜索斷掘無寸遺矣彥超又令牙將鄭麟持刃詐之弘魯惶迫拜其妻妾曰願盡所有輸官家人告盤周度曰彥超曰閻行軍泣拜妻孥恐輸財不盡此情可恕彥超不之信弘魯夫婦並繫於獄乳母趙氏於泥土中得金纏臂輸之冀救弘魯彥超怒周度阿私令軍將趙質切責便令自行杖笞弘魯夫婦以至肉爛而死即斬周度於市

短命

孔子曰苗而不秀者有矣夫秀而不實者有矣夫蓋歎其才秀無幾奄及短命持方于壯不克永年曷修短之有期而賢愚之無聞世莫仰其惠人希知其然斯爲不幸歷代所傷者矣

顏回年二十九髮盡白蚤死孔子曰不幸短命死矣

漢賈誼拜梁懷王太傅文帝少子愛而好書故令誼傅之梁王墮馬死誼自傷爲傅無狀（無善狀）常哭泣後歲餘亦死賈生之死年三十三矣

童烏楊雄子也九歲而與玄文雄曰育而不苗者吾家之童烏乎（仲尼悼顏淵苗而不秀子雲傷童烏育而不苗也）

後漢馬客卿援之子也幼而歧嶷年六歲能應接諸公專對賓客嘗有死罪亡命者來過客卿逆匿不令人知外若訥而內沈敏援甚奇之以爲將相器故以客卿字焉援卒後客卿夭沒

魏杜理字務仲畿子也少而機察精要畿奇之故名之曰理年二十一而卒

王弼字輔嗣爲尚書郎正始十年曹爽廢以公事免其秋遇癘疾亡時年二十四無子絕嗣弼之卒也晉景王聞之嗟歎者累日其爲高識所惜如此官至尚書郎



蜀楊慮字威方儀之兄少有德行爲江南冠冕州郡禮召諸公辟請皆不能屈年十七夭鄉人宗貴號曰德行楊君

秦宓精辯有機理好道家之言少被病未宦而卒

晉王萬戎之子有美名少而大肥戎令食糠而肥愈甚年十九卒

衛玠懷帝末至建業京師人士聞其姿容觀者如堵玠勞疾遂甚永嘉六年卒時年二十七時人謂玠被看殺官至太子洗馬

王禕之字文劭坦之之弟也少知名尚尋陽公主歷中書侍郎年未三十而卒贈散騎常侍

王濛爲司徒左長史疾篤於燈下轉麈尾視之歎曰如此人曾不得四十也年三十九卒

王脩爲琅邪王文學轉中軍司馬未拜而卒年二十四臨終歎曰無愧古人年與之齊矣

謝韶莊之曾祖也爲車騎司馬非與江夏王義恭　臧曰家世無

年曾祖三十三卒
宋毅淳少好學有美名爲黃門侍郎文帝元嘉十一年卒時年
三十二朝廷痛惜之
謝惠連爲彭城王義康法曹行參軍靈運見其新文每曰張華
重生不能易也年三十七卒
南齊陸厥還後軍參軍卒年二十八
王寂僧虔之子爲秘書郎卒年二十
杜栖京產子有學業能清言爲豫章王西曹書佐何點見之[illegible]
歎曰卿風韻如此雖獲嘉譽不永年矣卒時年三十六當世咸
嗟惜焉
梁王訓爲侍中以疾終于位時年二十六贈本官謚曰温
何子朗字世明早有才思歷官員外散騎侍郎出爲國山令卒
時年二十四
陳周寶安文育之子世祖深器重之寄以心膂平王琳頗有功



爲南徐州刺史進號仁威將軍天康元年卒時年二十九贈侍
中右衛將軍謚曰成子碧嗣亦爲偏將征歐陽紇平定淮南並
有功封江安縣伯邑百戶歷晉陵定遠二郡太守太建九年卒
時年二十四贈電威將軍
徐份陵之子爲太子洗馬少有父風性孝悌宣帝太建二年卒
時年二十二
後魏叔孫俊爲衛將軍明元以俊前後功重軍國大計一以委
之泰常元年卒時年二十八明元甚痛悼之親臨哀慟朝野無
不追惜贈侍中司空安城王謚孝元
李山龍少而清立學涉羣書山龍弟天蓋並早卒
崔合字貴和少有時譽爲太尉諮議參軍太州大中正出爲常
山太守卒於郡時年二十七
李元茂以寬雅著稱爲諫武將軍卒子秀之字鳳起爲尚書郎
官郎秀之弟子雲字鳳昇司空參軍轉員外參[illegible]本州治中子

雲弟子羽字鳳降征南法曹子羽弟子岳字鳳騎員外郎大司
馬祭酒秀之等早孤事母孝謹兄弟並有器望鄉黨重之而
皆早卒
李邕字脩穆幼而俊爽有逸才爲著作佐郎高陽王雍友凡所
交遊皆倍年儁秀才藻之美爲時所稱年二十五卒贈鎮遠將
軍洛州刺史謚曰文
路法常幼而脩立爲郡功曹早卒族同年仲儁與之有舊每去
諸路前輩中有路法常足爲名士謂以遠至而竟無年天下事
誠難知也
高愼之字道宗謙之弟也好學有諸兄風年二十三卒無子以
兄謙之第二子緒繼焉
裴敬憲爲太學博士少有志行學博才清性和雅工草隸解音
律五言之作獨擅於時少有氣病年三十三卒人物甚悼之
李謐博通諸經高尚不仕宣武延昌四年卒年三十二遐邇悼



惜之
高崇爲洛陽令吏民畏其威風朝廷方有遷授會病卒年三十
七贈漁陽太守
後周李基尤爲世父穆所鍾愛以兄暉[illegible]罪被收捕爲請得免
除江州刺史卒年三十一穆每哭輒悲慟謂其所親曰好兒捨
我去門戶豈是欲興
唐薛收字伯褒蒲州人爲天策府記室參軍兼文學館學士高
祖武德七年收疾太宗與疾藩府親以衣被撫收論敘平生
潸然流涕尋卒年三十三
周劉袞彭城人神氣俊爽有文藻由進士第任左拾遺殿[illegible]
載蒢名年二十八而卒
扈載爲翰林學士年三十六卒載始自幹髫至終纔四年而與
劉袞皆有才無命時論惜之
冊府元龜卷第九百三十一

冊府元龜卷第九百三十二

總録部一百八十二

誣構

害政之大者莫甚於誣構之徒若賢俊之士生値昭世秉介石之操遇知己之君則讒間之言無從而入伊諸人者自貽其咎既醻彼婞狀復羅其顗纖縣是勵忠臣之志使天下之心翕黯以之安皇基以之固也如其出於季世得肆巧言惑旒冕之聰明陷棟梁之賢哲國家由之喪敗億兆以之塗炭故小雅之詩曰萋兮斐兮成是貝錦又曰讒人罔極交亂四國覽之編次得不爲之痛心哉

公孫閱齊人初騶忌子以鼓琴見齊威王取相印封成侯其將忌子與田忌不善公孫閱謂成侯忌曰公何不謀伐魏田忌必將戰勝有功則公之謀中也戰不勝非前死則後北而命在公矣於是成侯言于威王使田忌南攻襄陵十月邯鄲拔齊因起兵擊魏大敗之桂陵於是齊最彊於諸侯自稱爲王以令天下三十三年殺其大夫牟辛一作夫人三十五年公孫閱又謂成侯忌曰公何不令人操十金卜於市曰我田忌之人也吾三戰而三勝聲威天下欲爲大事亦吉乎卜者出因令人捕爲之卜者驗其辭於王之所田忌聞之因遂率其徒襲攻臨淄求成侯不勝而奔



漢義陽侯衛山坐教人誣告衆利侯當時棄市罪獄未斷病死

谷永成帝時爲安定太守時帝諸舅皆修經書任政事平阿侯譚年次當繼大將軍鳳輔政尤與永善陽朔中鳳薨鳳病困薦從弟御史大夫音以自代帝從之以音爲大司馬車騎將軍領尚書事而平阿侯譚位特進領城門兵永聞之與譚書曰君侯躬周召之德執管晏之操敬賢下士樂善不倦[illegible]宜在上將久矣以大將軍在故抑鬱於家不得舒憤今大將軍不幸蚤薨累親疏序材能宜在君侯[illegible]拜吏之日京師士大夫悵然失望此皆永等愚劣不能褒揚萬分言萬分之一屬聞以特進領城門兵[illegible]是則車騎將軍秉政雍容於內而至戚賢舅執管籥於外也愚竊不爲君侯喜宜深辭職自陳淺薄不足以固城門之守收太伯之讓保謙謙之路太伯王季之兄也讓不爲嗣避吳也闔門高枕爲知者首願君侯與博覽者參之參謂共詳參之小子爲君侯安此譚得其書大感遂辭讓不受領城門職由是譚音相與不平後病免王音用爲長史音用從舅越親輔政威權損於鳳時永復說音曰將軍履上將之位食膏腴之都任周召之職擁天下之樞擁持也可謂富之極人臣無二天下之責四面至矣將何以居之宜夙夜孳孳孳孳不怠也與孜同執伊尹之彊德以守職輔上誅惡不避親愛舉善不避仇讎以章至公立信四方篤明也篤行三者乃可以長堪重任久享盛寵篤厚也太白出西方六十日法當參天今已過期[illegible]尚在桑榆之間質弱而行遲形小而光微[illegible]



[illegible]熒惑角怒明大進行守尾其逆常也尾變也意豈將軍忘湛漸之義委曲從順湛讀曰沈[illegible]所執不彊不廣用士尚有好惡之忌蕩蕩之德未純[illegible]方與將相大臣乖離之萌也何故始襲司馬之號俄而金火並有此變上天至明不虛見異唯將軍畏之愼之深思其故改求其路以享天意音猶是不平薦永爲護苑使者

賈惠爲河內掾息夫躬邑人也哀帝時躬爲光祿大夫左曹給事宜陵侯免歸國未有第宅寄居丘亭丘空也姦人以爲侯家富常夜守之惠往過躬教以祝盜方以桑東南指枝爲匕桑東南指之枝畫北斗七星其上躬夜自被髮立中庭向北斗持匕招指祝盜或指或招以人有上書言躬懷怨恨非笑朝廷所進候星宿視天子吉凶與巫同祝詛帝遣侍御史廷尉[illegible]逮躬繫雒陽詔獄欲掠問躬仰天大謼謼古呼字因僵仆吏就問云咽已絕

一曰喉嚨音千切血從鼻耳出食頃死黨友謀議相連下獄百餘人

甄豐以王莽居攝時為大阿右拂拂讀曰弼甄邯為太保後承辛慶忌長子通為護羌校尉中子遵為函谷關都尉少子茂為水衡都尉茂方立威柄用甄邯以自輔茂兄弟不詘事兩甄吕寬事起莽誅衛氏兩甄搆言諸辛陰與衛子伯為心腹有背恩不說安漢公之謀說讀曰悅於是司直陳崇舉奏其宗親隴西辛興等侵陵百姓威行州郡莽遂按通父子遵茂兄弟及南郡太守辛伯等皆誅殺之辛氏繇是廢

後漢陳珪為沛相時吕布為兗州牧據濮陽郡袁術遣韓胤以僭號事告布因求迎婦布遣女隨之珪恐術報布成姻則徐揚合從為難未已於是珪說布曰曹公奉迎天子輔贊國政將軍宜與協同策謀共存大計今與袁術結姻必受不義之名將有累卵之危矣布亦素怨術而女已在塗乃追還絶婚執胤送許曹操殺之珪欲使子登詣曹操布固不許會使至拜布為左將



軍布大喜即聽登行并令奉章謝恩登見曹操因陳布勇而無謀輕於去就宜早圖之操曰布狼子野心誠難久養非卿莫究其情偽即增珪秩中二千石拜登廣陵太守臨別操執登手曰東方之事便以相付令陰合部衆以為内應始布因登求徐州牧不得登還布怒拔戟斫机曰卿父勸吾協同曹操絶婚公路今吾所求無獲而卿父子並顯重但為卿所賣耳登不為動容徐對之曰登見曹公言養將軍譬如養虎當飽其肉不飽則將噬人公曰不如卿言如養鷹飢即為用飽則颺去其言如此布意乃解

梁松為虎賁中郎將時伏波將軍馬援征五溪未下使松乘驛責問援因代監軍會援卒松宿懷不平遂因事陷之帝大怒追收援新息侯印綬

王常者竇憲奴也時大僕馬光與竇憲厚善後憲誅免官就封竇氏初有事王常亡私從光乞不遂去復投憲得王常因告言光與憲有惡謀光以被誣不能自明乃自殺光死衣寃他故郭邑自出證明光無罪言光子朗上書迎光喪葬舊塋詔許之

李譚為車騎將軍馬防監營謁者時長水校尉耿恭討西羌忤防旨及防還譚承旨奏恭不憂軍事被詔怨望坐徵下獄免官

度尚為荊州刺史尚見胡蘭餘黨南走蒼梧懼為已負乃偽上言蒼梧賊入荊州界於是徵交阯刺史張磐下廷尉辭狀未正會赦見原磐不肯出獄方更牢持械節獄吏謂磐曰天恩曠然而君不出何乎磐因自列曰前長沙賊胡蘭作難荊州餘黨散入交阯磐身嬰甲冑涉危履險討擊凶患斬殄渠師餘燼鳥竄冒進還奔尚懼磐先言怖畏罪戾伏奏見誣磐備位方伯為國爪牙而為尚所枉受罪牢獄夫事有虚實法有是非磐實不辜赦無所除如忍以苟免永受侵辱之恥生為惡吏死為敝鬼乞傳尚詣廷尉而對曲直足明真偽尚不徵者磐埋骨牢檻終不虚出望塵受枉廷尉以其狀上詔書徵尚到廷尉辭窮受罪以先有功得原



裴優關西人時張楷性好道術能作五里霧時優亦能為三里霧自以不如楷從學之楷避不肯見桓帝即位優遂行霧作賊事覺被考引楷言從學術楷坐繫廷尉詔獄積二年常諷誦經籍作尚書注後以事無驗見原還家

趙凱為荊州刺史零陵太守楊琁梟斬猾賊郡境以清凱誣奏琁實非身破賊而妄有其功琁與相章奏凱有黨助遂檻車徵琁防禁嚴密無由自訟乃噬臂出血書衣為章具陳破賊形勢及言凱所誣狀潛令親屬詣闕通之詔書原琁拜議郎凱反受誣人之罪

梁冀為將軍李固為太尉時梁太后以比遭不造委任宰輔固所規正每輒從用其黄門宦者一皆斥遣天下咸望遂平而冀猜專每相忌疾初順帝時諸所除官多不以次及固在事奏免百餘人此等既怨又希望冀旨遂共作飛章虚誣固罪曰臣聞君不稽古無以承天臣不述舊無以奉君昔堯殂之後舜仰慕

三任□□□見堯於牆食則覩堯於羹斯所謂事逝彌遠孝不失臣子之節者太尉李固因公假私依正行邪離間近戚自隆支黨至於表舉薦達例皆門徒及所辟召靡非先舊或富室財賂或子壻婚屬其列在官牒者凡三十九人又廣選賈豎以補令史募求好馬臨窗呈試出入踰侈輜軿曜日大行在殯路人掩涕固獨胡粉飾貌搔頭弄姿槃旋偃仰從容冶步曾無慘怛傷悴之心山陵未成違矯舊政善則稱己過則歸君斥逐近臣不得侍送作威作福莫固之甚臣聞台輔之位實和陰陽璇機不平寇賊姦宄則責在太尉固受任之後東南跋扈兩州數郡千里蕭條兆人傷損大化陵遲而詆疵先主苟肆狂狷存無廷爭之忠沒有誹謗之說夫子罪莫大於累父臣惡莫深於毀君固之過釁事合誅辟據吳祐傳此章馬融之辭書奏冀以白太后使下其事太后不聽得免

朱並山陽郡人也時張儉為山陽東部督郵並素性佞邪為儉所棄並懷怨恚承望中常侍侯覽意旨上書告儉與同鄉二十四人別相署號共為部黨圖危社稷以儉及檀彬褚鳳張肅薛蘭馮禧魏玄徐乾為八俊田林張隱劉表薛郁王訪劉祗宣靖公緒恭為八顧朱楷田槃疏耽薛敦宋布唐龍嬴咨宣褒為八及刻石立墠共為部黨而儉為之魁靈帝詔刊章捕儉等



魏王雄為幽州刺史時田豫為護烏丸校尉其御夷狄常摧抑兼并乖散䧟猾凡逋亡姦宄為胡作計不利官者豫皆構刺攪離使凶邪之謀不遂聚居之類不安事業未究而雄支黨欲令雄領烏丸校尉毀豫亂邊為國生事遂轉豫為汝南太守加殄夷將軍

程喜為青州刺史明帝太和末田豫為汝南太守喜內懷不服軍事之際多相違錯喜知帝寶愛明珠乃密上豫雖有戰功而禁令寬弛所得器仗珠金甚多放散皆不納官由是功不見列

路粹為太祖軍謀祭酒及孔融有過太祖使粹為奏承指數致融罪其大略言融昔在北海見王室不寧招合徒衆欲圖不軌言我大聖之後也而滅於宋有天下者何必卯金刀又太融為九列不遵朝儀禿巾微行唐突宮掖又與白衣禰衡言論放蕩衡與融更相贊揚衡謂融曰仲尼不死融答曰顏淵復生凡說融諸如此輩辭語甚多融誅之後人覩粹所作無不嘉其才而畏其筆也

吳全寄者長主公壻衛將軍琮之子時魯王霸有盛寵與太子和齊衡譚上疏諫之由是霸與譚有隙時寄為霸賓客寄素傾邪譚所不納先是譚弟承與張休俱北征壽春琮時為大都督與魏將王凌戰於芍陂軍不利魏兵乘勝陷沒五營將秦晃軍休承奮擊之遂駐魏師時琮羣子緒端亦並為將因敵既住乃進擊之凌軍用退時論功行賞以為駐敵之功大退敵之功小休承並為雜號將軍緒端偏裨而已寄父子益恨共搆會譚坐徙交州



晉鍾會為鎮西將軍以時嵇康居貧嘗與向秀共鍛以自給會精練有才辯故往造焉康不為之禮而鍛不輟良久會去康謂曰何所聞而來何所見而去會曰聞所聞而來見所見而去會以此憾之會呂安被繫會言於文帝曰嵇康臥龍也不可起公無憂天下顧以康為慮爾因譖康欲助毋丘儉賴山濤不聽昔齊戮華士魯誅少正卯誠以害時亂教故聖賢去之康安等言論放蕩非毀典謨帝王者所不宜容宜因釁除之以淳風俗帝既昵聽信會遂因呂安事并害之

李含為河間王顒長史後顒聞三王兵盛乃加含龍驤將軍統席薳等鐵騎迴遣張方軍以應義師天下反正含至潼關而還初梁州刺史皇甫商為趙王倫所任倫敗去職詣顒顒慰撫之甚厚含諫顒曰商倫之信臣懼罪至此不宜數與相見商知而恨之及商當還都顒置酒餞行商因與含忿爭顒和釋之後含被徵為翊軍校尉時商參齊王冏軍事而夏侯奭兄在冏府稱

顒立義被西爲枉害含心不自安因左司馬趙驤又與含有隙冏將閱武含懼驤因兵討之乃單馬出奔于顒矯稱受密詔顒即夜見之乃說顒曰成都王至親有大功還藩甚得衆心齊王越親而專執威權朝廷側目令檄長沙王令討齊使先聞於齊齊必誅長沙因傳檄以加齊罪則冏可擒也既去齊立成都除逼建親以安社稷大勳也顒從之遂表請討冏拜含爲都督統張方等率諸軍以向洛陽含屯陰盤而長沙王乂誅冏含等旋師初含之本謀欲并去乂因使檄歸於顒含因得肆其宿志既長沙勝齊顒穎猶各守藩志望未允顒表含爲河南尹時商復被乂任遇商兄重時爲秦州刺史含疾商滋甚復與重構隙顒自含奔還之後委以心膂復重襲已乃使兵圍之更相表罪侍中馮蓀黨顒請召重還商說乂曰河間之奏皆李含所交構也若不早圖禍將至矣且河間前舉由含之謀乂乃殺含

王愷武帝時爲黃門侍郎愷帝之舅也時秦秀爲衛瓘崔洪石崇等所提攜以新安令博士爲司空從事中郎與愷素相輕侮愷諷司隸荀愷令都官從奏秀夜在道中載高平國守士田興妻秀即表訴被誣陷之由論愷穢行文辭亢厲于時朝臣雖多證明秀名譽由是而損



荀勖爲中書監華廙以爲武帝所禮爲南中郎將都督河北諸軍事父表疾篤輒還仍遭喪舊例葬訖復任廙固辭迕旨初表有賜客在鬲使廙因縣令袁毅錄名三客各代以奴及毅以貨賕致罪獄辭迷謬不復顯以奴代客直言送三奴與廙而毅亦盧氏婿也又勖先爲中子求廙女廙不許爲恨因密啟帝以袁毅貨賕者多不可盡罪宜責最所親者一人因指廙當之又緣廙有違忤之咎遂於喪服中免廙官削爵土

王稜爲洛陽令時光祿大夫劉暾奏前平先陪陵葬子更生初婚家法婦當拜墓攜賓客親屬數十乘載酒食而行稜爲東海王越所信而輕暾暾每欲繩之稜以爲怨時劉聰王彌屯河北京邑危懼稜告越云暾與彌鄉親而欲投之越嚴騎將追暾右長史傅宣明暾不然暾聞之未至墓而反以正義責越越甚愧

鄧攸元帝永昌中代周顗爲護軍將軍明帝太寧二年王敦反明帝密謀起兵乃遷攸爲會稽太守先是中外兵數每月言之於敦攸已出在家不復知護軍事有惡攸者誣攸白敦兵數帝聞而未之信轉攸爲太常

何無忌鎮東陽時殷仲文出爲東陽太守無忌甚慕之仲文許當便道修謁無忌故益欽遲之令府中命文人殷闡孔寧子之徒撰義構文以俟其至仲文失志恍惚遂不過府無忌疑其薄己大怒思中傷之時屬慕容超南侵無忌言於劉裕曰桓胤殷仲文乃腹心之疾北虜不足爲憂安帝義熙三年又以仲文與駱球等謀反及其弟南蠻校尉叔文並伏誅

郭猗爲前趙中常侍聰以弟乂爲皇太弟猗等皆寵幸中書靳準闔宗內外諂以事之郭猗有憾於乂乃謂劉粲曰太弟於主上



之世猶懷不逞之志此則殿下父子之深仇四海蒼生之重怨也而主上過垂寬仁猶不替二尊之位一旦有風塵之變臣竊爲殿下寒心且殿下高祖之世孫主上之嫡統凡在含齒孰不係仰萬機事大何可與人臣昨聞太弟與大將軍相見極有言矣若事成許以主上爲太上皇大將軍爲皇太子乂又許衛軍爲大單于二王已許之矣二王居不疑之地並握重兵以此舉事事何不成臣謂二王茲舉禽獸之不若也背父親人人豈親之今乂苟貪其一切之力爾事成之後主上豈有全理殿下兄弟故在忘言東宮相國單于在武陵兄弟何肯讓人許以三日上巳因讒作難事淹變生宜早爲之所春秋傳曰蔓草猶不可除況君之寵弟乎臣屢啟主上主上性敦友于謂臣言不實刑臣刀鋸之餘而蒙主上殿下成造之恩故不顧[illegible]之誅每所聞必言冀垂採納臣當入言之願殿下不泄密表其狀也若不信臣言可呼大將軍從事中郎王皮衛軍司馬劉惇假之恩顧通

其塞善之路以間之必可知也粲深然之將密謂皮悌曰二王逆狀生相已具知之矣卿同之乎二人驚曰無之粲曰此事必無疑吾憐卿親舊并見族爾於是歔欷流涕皮悌大懼叩頭求哀荷曰吾爲卿作計卿能用不二人皆曰謹奉大人之教荷曰相國問卿卿但云有之若責卿何不先啓卿答云臣誠負死罪然仰惟主上聖性寬慈殿下篤於骨肉恐言成詐僞故也皮悌許諾粲俄而召問二人至不同時而辭若畫一粲以爲信然初靳準從妹爲乂孺子淫于侍人乂怒殺之而屢以嘲準準深慚恚說粲曰東宮萬機之副殿下宜自居之以領相國使天下知早有所繫望也至是準又說粲曰昔孝成距子政之言使王氏卒成篡逆可乎粲曰何可之有準曰然誠如聖旨下官丞欲有言矣但以德非更生親非皇宗恐言暫出霜威已及故不敢耳粲曰君但言之準曰聞風塵之言謂大將軍衛將軍及左右輔皆謀奉太弟剋季春構變殿下宜爲之備不然恐有商臣之



禍粲曰爲之柰何準曰主上受信於太弟恐卒聞未必信也如下官愚意宜緩東宮之禁固勿絶太弟賓客使輕薄之徒得與交游太弟既素好待士必不思防此嫌輕薄小人不能無逢意以勸太弟之心小人有始無終不能如貫高之流也然後下官爲殿下露表其罪殿下與太宰拘太弟所與交通者考問之窮其事原主上必以無將之罪罪之不然今朝望多歸太弟主上一旦晏駕恐殿下不得立矣於是粲命卜抽引兵去東宮

邢魚河間人後趙時裴憲二子挹毅毅仕石季龍爲散騎常侍與魚有隙魚竊乘毅馬奔段遼爲人所獲魚誣毅使已以季龍當襲鮮卑告之爲備于時虎適謀伐遼而與魚辭會季龍遂誅毅及兄挹而憲亦坐免

索嗣爲涼王段業右衛將軍初西涼李暠爲敦煌太守嗣爲暠當稱藩于業業以玄盛爲安西將軍敦煌太守領護西胡校尉及業僭稱涼王嗣構暠於業以嗣爲敦煌太守率騎五

與嗣善結刎交及嗣構故深恨之後抵其罪于業遂殺嗣

宋王鎮惡既平姚泓進號征虜將軍或有白高祖以鎮惡初克長安藏姚泓僞輦爲有異志高祖密遣人覘輦所在泓輦飾以金銀鎮惡悉剔取而棄輦於垣側高祖聞之乃安及廬陵王義真鎮關中而佛佛虜寇逼交至沈田子既殺鎮惡王脩又殺田子義真年少賜與左右不節脩常裁減之左右並怨因是白義真曰鎮惡欲反故田子殺之脩今殺田子是又欲反也義真乃使左右劉乞等殺脩

劉湛爲太子詹事殷景仁素善皆被遇於高祖俱以宰相許之湛尚居外任會王弘華王曇首相係亡景仁引湛還朝共參政事湛既入以景仁位遇本不踰已而一旦居前意甚憤憤知文帝信仗景仁不可移奪乃深結司徒彭城王義康欲倚宰相之重以傾之文帝元嘉十二年景仁復遷中書令護軍將軍僕射如故尋復以僕射領吏部護軍如故湛愈忿怒義康納湛



言毀景仁於帝帝遇之益隆景仁對親舊歎曰引之令入入便噬人乃稱疾解職表疏累上不見許使停家養病發詔遣黃門侍郎省疾湛議遣人若劫盜者於外殺之以爲太祖雖知當有以恭不能傷至親之愛帝微聞之遷景仁於西掖門外晉鄱陽主第以爲護軍府密邇宮禁故其計不行景仁臥疾者五年收湛之日景仁使拂拭衣冠寢疾既久左右皆不曉其意其夜上出華林園延賢堂召景仁猶稱腳疾小牀輿以就坐誅討處分一皆委之

謝靈運爲太子左衛率廬陵王義眞少好文籍與靈運情款異常少帝即位權在大臣靈運構扇異同非毀執政司徒徐羨之等患之帝出永嘉太守

孟顗爲會稽太守時謝靈運以侍中退居郡中頗輕顗所爲搆隙顗因靈運横恣百姓驚擾乃表其異志發兵自防露板上言靈運馳出京都詣闕上表曰臣自抱疾歸山于今三載居

非郊郭事乖人間幽栖窮巖外緣兩絶守分養命庶畢餘年遽以去月二十八日得會稽太守臣顗二十七日疏云比日異論噂沓此雖相了百姓不許寂默今微為其防披疏駭惋不解所由便星言奔馳歸骨陛下及經山陰防衛彰赫彭排馬槍斷截衢巷偵邏縱横戈甲前道不知微臣罪為何事及見顗雖曰見疑而裝防如此唯有罔懼臣昔忝近侍豫蒙天恩若其罪迹炳明文字有證非但顯戮司敗以正國典普天之下自無容身之地今虛聲為罪何酷如之夫自古讒謗聖賢不免然致謗之來要有由趣或輕死重氣結黨聚群或勇冠鄉邦劍客馳逐未聞俎豆之學欲為逆節之罪山棲之士而構陵上之釁今影迹無端假謗空設終古之酷未之或有匪吝其生實悲其痛誠復内省不疚而抱理莫申是以牽曳疾病束骸歸款仰憑陛下天鑒曲臨則死之日猶生之年也臣憂怖彌日羸疾發動尸存恍惚不知所陳太祖知其見誣不欲使東歸以為臨川内史加秩中二千石



南齊卞彬為員外郎宋元徽末四貴輔政彬謂太祖曰外間有童謠云可憐可念尸著服孝子不在日代哭列管暫鳴死滅族尸著服褚字邊衣也孝除子以日代者謂褚淵也列管謂蕭也退太祖笑曰彬自作此

梅虫兒後主時倖幸也曹武為右衛將軍晚節在雍州致見錢七千萬皆厚輪大郭他物稱是馬八百匹僕妻疏食膳無膏腴為虫兒茹法珍設女伎金翠曜眼器服精華虫兒等因是欲誣而奪之人傳武每好風景輒開庫招拍張武戲帝疑武舊將領兼利其財新除未拜遇誅及收兵至歎曰諸人知我無異意所以殺我正欲取吾財貨役女爾恨不衆見之諸子長成皆見誅唯子世宗兄弟三人未冠繫尚方梁武帝兵至得免

江祏為太子詹事為謝朓所輕祏常詣朓朓因言有一詩呼左右取既而便停祏問其故云定復不急祏以為輕己後祏及弟祀劉渢劉晏俱候朓朓謂祏曰可謂帶二江之雙流以嘲弄之祏轉不堪至是構而害之詔暴其過惡收付廷尉又使御史中丞范岫奏收朓下獄死時年三十六

胡諧之為侍中既居權要多所徵求就梁州刺史范栢年求佳馬栢年患之謂使人曰馬非狗子那可得應無極之求使人致恨而歸謂諧之曰栢年云胡諧是何傒狗無厭之求諧之切齒致恨時王玄邈代栢年栢年稱疾推遷不時還諧之言於帝曰栢年恃其山川險固聚衆欲擅一州及栢年下帝欲不問諧之又言見獸格得而放上山於是賜死

垣榮祖遷為新安太守在大形棺村賦仗使鄉人曰天生王道期載渡江北監娵有罪告之有司奏免官削爵付東冶被驗無實見原

梁劉季連齊明帝建武中為平西蕭遙欣長史南郡太守時明帝諸子幼弱内親則仗遙欣兄弟外親則倚后弟劉暄内弟江



祏遙欣之鎮江陵也意寄甚隆而遙欣至州多招賓客厚自封植明帝甚惡之季連族甥琅邪王會為遙欣諮議參軍美容貌頗才辯遙欣遇之甚厚會多所傲忽於公座與遙欣競侮季連季連憾之乃密表明帝稱遙欣有異迹明帝納焉乃以遙欣為雍州刺史明帝心德季連四年以為輔國將軍益州刺史令據遙欣上流

顧珖之為儀曹郎張率為祕書丞以父憂去職其父時伎數人其善謳者有色貌珖之求娉焉謳者不願遂出家為尼常因齋會率宅珖之乃飛書言與率姦南司以事奏聞高祖惜其才寢其奏然猶致世論焉

到洽為御史中丞時劉孝綽為昭明太子僕甚見賓禮及為廷尉卿攜妾入官府洽索銜孝綽遂劾奏之云攜少妹於華省棄老母於下宅高祖為隱其惡改妹為姝坐免官後起為湘東王諮議孝綽表謝曰臣不能銜珠避顛傾柯衛足以茲疎幸與成

多忤兼逢遷怨之友遂居司隷之官交構是非用成萋斐日月照回俯明枉直獄書每御輒鑒齊之冤灸騐孔明非関陳止之辯遂漏斯密網免彼嚴科得還同伍比屋齊民生死肉骨豈使其淹民識無識孰不戴天踈遠畝隴絶望高闕而降其推引優以盲喻於目微物足[illegible]損况剛條落葉忽沾雲[illegible]行所寘復齒盛流但雕朽巧糞徙成延授捕影繫風終無效荅又啓謝東宮曰臣聞之先聖云衆惡之必鑒焉衆好之必鑒焉豈非孤特則積毀所歸比周則積譽斯信固知好惡之間必待明鑒故晏嬰再爲阿宰前毀後譽後譽出於向意前毀由於直道是以一犬所噬百洒覺其甘酸一手所搖嘉樹交其生死又鄒陽有言士無賢愚入朝見嫉至若臧文之下展季靳尚之放靈均絳侯之排賈生平津之陷主父自茲厥後其徒寔繁曲筆短辭不暇殫述寸管所窺常用切齒殿下晦道觀書俯同好學前載枉直備該神覽臣昔因立侍親承緒言飄風貝錦譬彼讒慝



生百怨懟以爲[illegible]讒嫉貞不能杜讒防微曾未發何逢尤雖難吹毛洗垢在乎[illegible]同疵而嚴文峻法隨疵而必奏一不顧實又志欲要君自非上帝照起日之光恬[illegible]陽之[illegible]辨文虛誣之人[illegible]信於宸明在縲紲纏[illegible]於書罰載下免黜之書仍煩刑罰會之言小人未識通方[illegible]絶朝勤方願滅影銷聲[illegible]谷不悟天聰閉巳造次必章不以距違見疵復使引錯[illegible]寬和之色[illegible]布帛之言形之千載所蒙已厚况乃恩昇[illegible]同起家登古自惟彌覺多忝但未渝丹石永荷[illegible]况相彼工言構茲蝶貝款冬而生已凋柯葉[illegible]春便爲太子僕毋處去職服闋除安西相[illegible]

册府元龜卷第九百三十二

冊府元龜卷第九百三十三

總録部一百八十三

誣構第二

後魏斛斯椿莊帝時為平北將軍以隆之為儀同三司為斛斯椿等構之於帝北歸鄉里北齊神武知其被誣召赴晉陽齊受以衣官從之隆之固辭不起

北齊宋遊道在魏為尚書左丞時魏安平王坐事亡章武二王及諸王妃太妃是其近親者皆被徵責都官郎中畢義雲主其事有奏而禁有不奏輒禁者遊道判下廷尉科罪高隆之不同於是依誣遊道厲色挫辱已遂枉考羣令史證成之與左僕射襄城王旭尚書鄭述祖等上言曰飾偽亂真国法所必去附下罔上王政所不容謹案尚書左丞宋遊道名母本闕功績何紀屬永安之始朝士散亡之人之際叨竊臺郎躁行諂言肆其姦詐罕識名義不顧典文人鄙其心衆畏其口出州入省歷忝清



資而長惡不悛曾無忌諱毁譽由己憎惡任情比因安平王事遂肆其褊心因報隙與郎中畢義雲遞相糺舉又左外兵郎中魏叔道牒云局内降人左澤等為京畿送省令取保放出大將軍在省日判聽遊道發怒曰往日官府何物官將此例又去乘前旨格成物宜權依事請問遊道並皆承引案律對捍詔使無人臣之礼大不敬者死對捍使者尚得死坐況遊道吐不臣之言犯慢上之罪口稱夷齊心懷盗跖欺公賣法受納苞苴產隨官厚財與位積贓穢汙未露而姦詐如是舉此一隅余詐可驗今依礼據律處遊道死罪是時朝士皆分為遊道不濟而文襄聞其與隆之相抗之言謂楊遵彦曰此真是鯁直大剛惡人遵彦曰譬之畜狗本取其吠今以數吠殺之恐將來無復有吠狗詔付廷尉遊道坐除名

崔季舒為黄門郎高隆之為太保初文襄委任兼右僕射崔暹及季舒等及文宣即位隆之啓文宣王並欲害之不許文宣以隆之舊齒委以政事季舒等仍前隙乃諧云隆之每見訴訟者輒加哀矜之意以示非己能裁文宣以其受任既重知有冤狀便宜申滌何得委過要名非大臣義天保五年禁止尚書省隆之曾與元昶宴飲酒酣語昶曰與王交遊當生死不相背人有密言之者又帝未登庸之日隆之意常侮帝帝將受魏禪大臣咸言未可隆之又在其中帝深銜之因此遂大發怒令壯士築百余下放出渴將飲水止之隆之曰今日何在遂飲之因從駕死於路中

杜弼家客（史不書姓名）弼為衛尉卿以本官行鄭州事未發為家客告弼謀反收下獄案治無實久乃見原因此絶朝見

祖珽後主時為侍中斛律光為左丞相珽及穆提婆怨之因有韋孝寬忌光英勇作謡言令間諜漏其文於鄴曰百升飛上天明月照長安又曰高山不推自崩槲樹不扶自竪祖珽因續之曰盲老公背上下大斧饒舌老母不得語令小兒哥之於路提



婆聞之以告其母令萱以饒舌斥己也盲老公謂珽也遂相与協謀以謡言啓帝曰斛律累世大將明月聲震関西豐樂威行突厥女為皇后男尚公主謡言甚可畏也帝以問韓長鸞鸞以為不可事寢祖珽又見帝請間唯何洪珍在側帝曰前得公啓即欲施行長鸞以為無此理珽未對洪珍進曰若本無意則可既有此意而不决行万一泄露如何帝曰洪珍言是也猶豫未决會丞相府佐封士讓密啓云光前西討還勅令放兵散光令軍逼帝京將行不軌事不果而止家藏弩甲奴僮千數每遣使豐樂武都處陰謀往來若不早圖恐事不可測啓云軍逼帝京會帝前所疑意謂何洪珍云人心亦大聖我前疑其欲反果然帝性至怯懦恐即變發令洪珍馳召祖珽告之又恐追光不從命珽因云尓召恐疑不肯入宜遣使賜其一駿馬語云明日將往東山遊觀王可乘此馬同行光必來奉謝因引入執之帝如其言頃之光至引入涼風堂劉桃枝自後拉而殺之時年五十八

於是下詔稱光謀反今已伏法其餘家口並不須問尋而發詔
盡滅其族光長子武都爲兗州刺史光死皆逗於州斬之次須
達中護軍開府儀同三司先卒次世雄開府儀同三司次常府
儀同三司並賜死

隋陳茂高祖時爲黄門侍郎與御史莊同官不能降意茂見帝及
朝臣多屬意於莊心每不平帝與莊有舊諸親頗行尚書省嘗奏
犯罪也依法合流而帝處以大辟莊據法執之帝不從由是忤
旨俄屬尚藥進丸藥不稱旨茂因奏莊不親監帝怒之

何妥爲國子博士房恭懿累爲郡守有美政下詔褒美因授海
州刺史未幾妥奏恭懿爲尉迥之黨蘇威宇文愷曲相薦舉帝大
怒恭懿被放嶺南未幾徵還至洪州卒論者冤之

高熲爲左僕射加上柱國齊國公坐事以公就第熲之國令
上熲陰事稱其子表仁謂熲曰司馬仲達初託疾不朝
遂有天下公今遇此安知非福於是帝大怒囚熲於內史省而



鞫之憲司奏熲他事云沙門真覺嘗謂熲云明年國有大喪尼
令暉復云十七八年皇帝有大厄十九年不可過帝聞而益怒
顧謂群臣曰帝王豈可力求孔子以大聖之才作法垂世寧不
欲大位耶天命不可耳熲與子言自比晉帝此何心乎有司請
斬熲帝曰去年殺虞慶則今茲斬王積如更誅熲天下其謂我何
於是除名爲民

宇文述煬帝時爲左翊衛大將軍許國公特有李渾字金才大師
申國公穆第十子述乃渾之妻兄也初以國之半許述得奉穆
嗣二歲之後不以俸物與述述大恚之因醉酒謂其友人于象
賢曰我竟爲金才所賣死且不忘渾亦知其言由是結隙後帝
討遼東有方士安伽陁自言曉圖讖謂帝曰當有李氏應爲天
子勸盡誅海内凡姓李者述知之因誣構渾於帝曰伽陁之言
信有徵矣臣與金才夙親聞其情趣大異常日數共李敏善衡
等日夜屛語或終夕不寢渾大臣也家世隆盛身捉禁兵不宜
如此願陛下察之帝曰公言是矣可查其事述乃遣武賁郎將
裴仁基表告渾反即日發宿衛千餘人付述掩渾等家遣左丞
元文都御史大夫裴蘊雜治之案問數日不得其反狀以實奏
聞帝不納更遣述窮治之述入獄中召出敏妻宇文氏謂之曰
夫人帝甥也何患無賢夫李敏金才名當讖國家殺之無可
救也夫人當自求全若相用語身當不坐敏妻曰不知所出惟
尊長教之述曰可言李家謀反金才嘗告敏云汝應圖籙當爲
天子今主上好兵勞擾百姓此亦天亡隋時也當共汝取之若從
渡遼吾與汝必爲大將軍每軍二萬餘兵固以五萬人矣又發
諸房子姪內外親婭並募從征吾家子弟決爲主帥分領兵馬
散在諸軍伺候間隙首尾相應吾與汝前後襲取御營子弟響
起各殺軍將一日之閒天下定矣述口自傳授令敏妻寫封云
上寫封云上密表述持入奏之曰已得金才反狀并有敏妻密
表帝覽之泣曰吾宗社幾傾賴親家公而獲全耳於是誅渾敏



等宗族三十二人自餘無少長皆徙嶺外

王弘爲黄門侍郎初字公義爲揚州道黜陟使官寮犯法無所
縱捨及煬帝即位弘自揚州長史入爲黄門侍郎因言公義之
短竟去官吏人守闕訟冤相繼不絶

[illegible]雲起爲[illegible]州刺史裴寂爲尚書右僕射高祖有所獎幸
令屢守素旋告寂謀反鞫之無驗而釋之

皇甫希仁者蜀人也時皇甫無逸初仕隋留守洛陽及王充作
難無逸棄老母歸國武德初巡撫益部蜀中頗之希仁見無逸
專制方面微伺上變云臣父見在洛陽無逸爲母之故嘗遣臣
與王充相知高祖審其詐戮之曰無逸偏於王充棄母歸朕今
之委任異於衆人其在益州遂爲清正此蓋羣小不耐欲誣之
也此乃離間我君臣惑亂我視聽於是斬希仁於順天門遣給
事中李公昌馳往慰諭之既而有告無逸陰與蕭銑交通者
遂與益州行臺僕射竇璡不叶於是上表自理又言璡代高祖

覽之曰無逸當官執法無所迴避必邪佞之讎其直既正共相構扇也因令劉世龍温彦將按其事卒無驗而止所告者坐斬覽璡亦以罪黜無逸既返命高祖勞之曰公立身行己朕之所悉此多譖訴者但為正直致邪佞所憎耳無逸頓首陳謝高祖又曰不負朕何煩多謝

楊素陜州人時劉師立為左騎衛將軍奉使幽州道簡點屯團表上書告師立自云眼有赤光體有非常之相姓氏又應符讖及師立還太宗謂之曰人言卿欲反師立大懼曰臣仕於隋不過六品身才駑下不敢輒希富貴過蒙陛下非常之遇以性命許國而陛下功成事立臣致位將軍顧巳循省實踰涯分臣是何人輒敢言反太宗笑曰知卿不然此人妄言耳宜勿為懷賜帛六十匹召入卧內而慰諭之

高甑生為利州刺史李靖為西海道行軍大總管甑生鹽澤道總管以後軍期靖簿責之甑生因有憾於靖與廣州都督府長史唐



奉義告靖謀反太宗命理官按其事甑生等以誣罔得罪靖乃闔門杜絶賓客雖親不得妄進

張君徹高宗時為箕州録事參軍咸亨中與娑共詣闕誣告刺史蔣王惲及其子汝南郡王煒謀反詔通事舍人薛思貞馳傳往推究之惲惶懼自縊而死帝知其非罪深痛悼之特令斬君徹等四人

于承素為岐州長史時柳奭以高宗后舅歷位中書令后寵既衰因辭轉為吏部尚書拜而后母魏國夫人被責不許入宮奭由是出為遂州刺史行至扶風承素希旨奏奭漏洩禁中之言復坐貶為榮州刺史

許敬宗永徽中為禮部尚書上官儀為西臺侍郎同東西二臺三品時有道士郭行真出入宮掖為皇后行厭勝之法中官王伏勝奏言之高宗大怒密召儀議其事將廢后為庶人仍遣儀具詔草俄而后申訴見納帝又自悔恐后怨怒遂紿云此並上官儀教我也由是深為后所惡初儀事為陳王府諮議與王伏勝俱事梁王忠府由是許敬宗構儀云與忠通謀遂下獄死家口籍没於是左肅機鄭欽泰西臺舍人高正業司虞大夫魏玄同張希乘長安尉崔道默並除名長流嶺南遠界與儀結託故也簡州刺史薛元超及姑河東夫人坐與儀交通元超長流嶲州薛式削邑號幽於静安宫右相劉祥道為司禮太常伯郜國公郭廣敬為隰州刺史詳刑正卿尔朱義深為沁州刺史司宰正卿竇紘解職事授銀青光禄大夫以散官依前隴右檢校並坐與儀交遊故也

張嗣明為洛陽令嶲州流人徐敬真坐陰相交結嗣明敬真懼死乃引海内相識稱有異圖自是朝野為其所牽誅戮者不可勝計内史張光輔為嗣明所引云其往豫州日私說圖讖天文陰懷兩端顧望以觀成敗故是日同棄市家口籍没

周興則天時為秋官侍郎垂拱中左武衛大將軍檢校左羽林



軍封燕國公黑齒常之充大總管討突厥大破之時有中郎將爨寶璧表請窮追餘賊遂全軍而没興等誣構云與右鷹揚將軍趙懷節等謀反遂自縊而死時人甚惜之

來俊臣為左臺御史天授中冬官員外劉憲受詔推按俊臣憲嫉其能恐欲因事陷之及為俊臣所構貶鄭水令再遷司僕丞及俊臣伏誅擢憲為給事中

張易之為麟臺監長安三年八月易之與其弟司僕卿昌宗權位日熾傾朝附之其心自負益欲作難將因皇太子遂譖御史大夫魏元忠及司禮丞高戩交通密謀造飛語曰君老矣吾屬當挾太子可謂耐久則天惑其言召皇太子相王諱及諸宰相令易之昌宗與元忠及戩於前參對反覆不決昌宗又引鳳閣舍人張說令證其事說初不知之及則天重令宰相與河内王懿宗推鞫遂堅執不附會由是貶元忠為高要尉及戩流于嶺表

王鉷為御史中丞玄宗天寶六載十月丁酉戶部侍郎楊慎矜

乃兄少府少監慎餘弟洛陽令慎名並以罪伏法枝黨連坐者數十人詔左道亂常邦家所禁况謀逆節天地不容戶部侍郎兼御史中丞楊慎矜潛蓄回邪率由險猥承門緒得齒朝行爰自卑微謬加超擢寄之帑藏揔被均輸殊不知外矯清廉內懷貪冒趑趄百變以此徇身首鼠万端寄為匿上觸途苛刻常然國家還俗僧史敬忠兇惡滿從往恩賦品乃妄陳讖緯列觀異災祥窺覦時變言肆凶悖心在不臣惡跡既彰款驗咸服戴天圖讖與交通將期委質仍自以亡國之後苟復從讎遂乃手記履地而目何施梟首夷宗未云塞責但以務弘大體志在寬刑尚免嚴誅容其自盡其楊慎矜宜賜自盡其兄少府少監慎餘弟洛陽令慎名等不合相從並為同惡亦宜令自盡其史敬忠首建逆謀實為巨蠹宜決重杖一百鮮于賁詐稱敬忠當王附會以入宜決重杖六十其范滔妄說妖言與之同惡宜決六十長流嶺南臨江郡其王庭耀既為備作終不論告宜決四十配



隸黔中郡楊慎矜外生前通事舍人辛景湊引致非類成此禍端宜決四十配流嶺南晉康郡其義陽郡司馬嗣虢王巨雖則不涉凶謀終與敬忠相識宜解却官於南賓郡安置其太府少卿張瑄素以妄庸專行險詖比緣慎矜薦引驟歷班榮因此交結潛為黨援况犯贓私情迹難恕宜決六十長流嶺南臨封郡其右威衛執戟攝天馬監万俟承暉妄言國書與慎矜解說潛相黨附為蠹寇深宜決重杖六十其隴厩使殿中監王鉷奏請重寄不存公道受慎矜囑請為承暉奏官詭隨愈彰此間賴在宜貶與遠官應配流安置人等所在即差綱驅驛領送其楊慎矜及兄弟并史敬忠有莊宅等宜並官收其家口男女等並令所司准法即配流嶺南諸郡其張瑄及万俟承暉鮮于賁等男女并一房家口亦准此配流其內外近親不可尚列班榮及居京輦宜令三司使即括責奏聞且臣之事君有死無二匹夫猶義猶或亡軀苟有凶邪六卿任兼三獨父子相繼俱承重委况弟不次皆列通班而更陰圖不軌潛覬異望靜言此心何可數息除惡務本與衆共之令在准行蓋非獲已中外察庶或使聞知先是慎矜為御史中丞鉷為侍御史時韋堅得罪慎矜及鉷按其事鉷詳堅鞫慎矜引身中立鉷恨之李林甫亦懼慎矜與鉷父瑨中外兄弟鉷即表姪少相狎及鉷遷中丞雖與鉷同列每呼為王鉷鉷恃與林甫善漸不平之天寶五載慎矜遷戶部侍郎中丞使並如故慎矜嘗與鉷爭職田背詈鉷辱其母鉷不堪其辱而慎矜性疎劣昵於鉷言論無所避忌又與還俗僧史敬忠游處鉷遂於林甫言之將構其罪會有人飛狀告慎矜是隋子孫欲規復隋室私畜異書與凶人來往而說國家休咎時玄宗在華清宮聞之震怒詔刑部尚書蕭炅侍郎蕭隱之大理卿李道邃少卿楊璹侍御史楊釗殿中侍御史盧鉉同鞫之於尚書省又使京兆士曹吉溫往東京收慎矜兄慎名及使敬忠等雜訊之又令盧鉉先按太府少卿張瑄瑄不肯答



辯鉉百端拷訊竟不從乃使鉉與御史崔器搜慎矜宅搆其小妻韓珠團求讖書於慎矜廚內竪櫃閤函中獲之鉉以示慎矜慎矜曰是天命也及溫以敬忠至慎矜皆引實乃詔慎矜慎餘慎名並賜自盡

庾準為司農卿德宗建中初與宰臣楊炎厚善炎欲殺劉晏又知準與晏有隙乃用為荆南節度準乃上言得晏與朱泚書且有怨望又召補州兵以拒命於是先殺晏然後下詔賜自盡海內冤恨之炎已殺晏擢準為尚書左丞

令狐建為右羽林將軍貞元四年郭士倫傭教於建家妻李氏且女也建惡弃之乃誣與士倫姦通召士倫立榜殺之因逐其妻而奏請按劾及詔三司詰之李氏及奴婢款證被誣明白建乃自引伏會赦免坐

竇申為給事中申乃左金吾大將軍嗣虢王則之從父甥也申又與宰相參之同族兵部侍郎陸贄與參有隙申懼贄見用乃潜

結吳通玄次傾贄通玄與兄通微同爲翰林學士亦與贄不叶恃才輕傲同輩鮮挾權倖以自久次當遷中書舍人及拜諫議大夫知制誥殊失望因申交結吳之乃共造謗書言贄考試貢舉不實通玄又取宗室女爲外婦帝知其毁贄且令察視具得其姦狀並殺之

王叔邕爲劍南東川觀察使貞元六年八月叔邕奏得遂州刺史韋勃狀別駕崔位緣自憲官除此郡佐心懷怨望竟不徇公潜搆罪人欲爲謀逆撰造惡書不成今惡跡已彰伏請聞奏者且伏以崔位官居別駕委寄不輕而乃長惡不悛肆其姦忒州牧舉覺事跡昭然伏望特行誅戮以彰明典詔曰崔位素行無良已有容貸忝職州佐殊不知非尚蓄姦謀罪當極法宜委王叔邕決重杖一頓處死位先爲義成軍節度姚南仲從事南仲與監軍薛盈珍忿爭交惡盈珍還京南仲隨亦朝覲盈珍遂誣奏言南仲爲政之惡皆位及同列馬少微贊助也故叔邕希旨而奏之少微亦出爲外官令中使領赴任中路推墮江中而死人皆冤之殺崔位制書至九月庚子方下

于昌潤權知通州事山南西道觀察使嚴礪奏得昌潤狀稱官通州別駕崔河圖使奴詃百姓妻抑壓於家中驅使又詐稱疾病請於果州尋醫審令驗問並無疾患若崔河圖自兼稱通州已逾三載不遵法度故犯典章恃其曾踐周行歷官省闥恣爲累横侵擾黎元使奴誑抑良人詐疾妄求出界交通豪俠迫脅村閭伏以巴南諸州去使遼遠山川重阻道路崎危苟縱姦人必慮窮結況河圖怨望日久情狀難原詔曰崔河圖恩縱之地不能檢身既乖莅國章當從放逐宜長流崖州河圖建中年自諫議大夫貶官凡二十餘載至是又以犯忤監軍中使遂遭昌潤誣搆及禍人甚冤傷之

杜兼爲濠州刺史兼甞恐録事參軍韋賞團練判官陸楚守職論事忤己之意密誣奏二人通謀扇動軍中忽有制使至兼率官吏逐於驛中前押韋賞陸楚出宣制杖殺之賞進士擢第楚兖公象先之孫皆名家有士林之譽一朝以死罪受戮郡中股慄天下冤之又徐州張建封辟李藩爲從事時兼節使職建封病革兼疾驅到府有異望藩相與省建封出而泣語兼曰僕射公奄奄如此公宜在州防遏今棄州此來欲何也宜疾去不若此當奏聞兼錯愕不虞遂徑歸建封死兼悔所志不就怨藩甚藩歸楊州兼因誣奏藩建封死時搖動軍中德宗大怒密詔杜佑殺之賴佑執奏得免

韋岳者信州刺史李位小將也憲宗元和九年四月貶位爲建州司馬初帝密遣中使往洪州計事朝野莫知其故及觀察使裴堪奏到方知岳告位大逆及追至命三司使推所告不實盡貶位而韋岳杖死位好黄老及鍊餌金丹道山人王仁恭爲之兼修道教齋籙岳有求不遂怨憾遂誣告位於當道監軍使稱與術士圖謀非望及三司按得情實故有是命

張宿爲左補闕元和中韋貫之爲相嚴身律下以清流品爲先故門無雜賓宿以利口得倖於憲宗將使淄青宰臣裴度欲爲請章服貫之曰小人以他門獲進吾輩未能排抑豈要假其恩寵耶所議遂寢宿深銜之卒爲所構誣以朋黨罷爲吏部侍郎不涉旬出爲湖南觀察使又以出吏部郎中韋顗爲峽州刺史刑部郎中李正辭爲金州刺史度支郎中薛公幹爲房州刺史屯田郎中李宣爲忠州刺史考功員外郎韋處厚爲開州刺史禮部員外郎崔韶爲果州刺史宿皆構以貫之之黨也顗正辭處厚並以清直稱與貫之善公幹等亦頗熟貫之宿因謂之黨時司勲郎中陳諷求知制誥害其名在己右又與交扇之宿既當恩倖而詭辭過人聞者多動故顗等見黜於是人情大惡宿輩

沙橘者魏王府司馬謝少莒之奴也敬宗寶曆元年五月戊申沙橘告少莒爲不軌詔委內侍省推鞫不實沙橘各決流靈州少莒得放凡告人不實法當反坐況其家僕則沙橘止於笞責

仍寘近地用刑失矣

貫鎮趙元卑者皆萬年縣典也寶曆元年七月鎮及元卑誣告故統軍王必男正蓁等七人謀亂詔杖殺之

王璠爲左丞李德裕再爲浙西觀察使德裕至鎮奉詔安排宫人杜仲陽於道觀與之供給仲陽者漳王養母王得罪放仲陽於潤州故也九年三月璠與户部侍郎李漢進狀論德裕在鎮厚賂仲陽結託漳王圖爲不軌四月文宗於蓬萊殿召王涯李固言路隨王璠李漢鄭注等面證其事璠漢加誣構結語甚切至路隨奏曰德裕實不至此誠如璠漢之言微臣亦合得罪羣論稍息尋授德裕太子賓客分司東都其月又貶袁州長史路隨坐證德裕罷相出鎮浙西其年七月李宗閔坐救楊虞卿貶處州李漢坐黨宗閔貶汾州十一月王璠與李訓造亂伏誅而帝深悟前事知德裕爲朋黨所誣明年三月授德裕銀青光禄大夫量移滁州刺史七月遷太子賓客



後唐韓玫與供奉官烏昭遇同使兩浙昭遇本僞梁之承旨數使吴越先是以其數將命故令使之昭遇至彼每以國情私於吴人仍名吴越國王錢鏐爲殿下自稱臣拍兩地則云南朝北朝乃昭遇謁鏐稱見拜蹈如事至尊使副韓玫數讓之昭遇對其人誚玫曰昭遇事過五朝天子四爲吴越使將事數矣昭遇猶在公輩何凝滯耶復陰許鏐陳奏所求之事使迴玫且陳其事故停削鏐官爵令致仕是日以烏昭遇下御史臺尋賜自盡後有自杭州使還者言昭遇無臣鏐事皆玫誣構去玫恃安重誨之勢頗凌烏昭遇嘗於杭州既醉以馬箠擊昭遇鏐欲奏之昭遇祈而乃止及復命懼誣昭遇人頗以爲冤玫爲烏昭遇副使不協官

李存信武皇時爲蕃漢馬步軍都校武皇命邢洺節度使李存孝侵鎮趙之南鄙又令存信及李存審率師出井陘以會之併軍攻臨城栢鄉李威至且議旋師而存信與存孝不叶因構於武皇言存孝望風退衄無心擊賊恐其有私盟也存孝知之自恃戰功鬱鬱不平因致書通王鎔又歸款于汴

景進者樂官也莊宗時朱友謙賜姓名繼麟兼賜鐵券莊宗寵異有河洛稍息庶政閹官伶人干預國事方面諸侯畢行賂遺亦求賂於繼麟繼麟雖偪俛奉之不滿其請繼麟令人報之曰予於主上有披榛之舊扶立忠勞河中土薄民貧比無珍産責予厚賂何獻之有由是羣小咸恚每加誣構洎繼岌伐蜀繼麟請助師進討乃閲兵師令其子令德率師以行進與羣閹構曰昨王師初起繼麟以爲討己將拒大軍若不除移終爲後患閹伶愈得其志即請帝召崇韜强項於蜀蓋與繼麟私盟内外響應繼麟將赴京師亦聆其事將校曰大王有功王室密邇京師羣小流言爲能離閒但端居奉職何事輕行繼麟曰郭侍中功倍於我今爲閹官讒構軍勢將危安可無説若得面天階自陳肝鬲流言者須至得罪繼麟乃單車入覲至於洛陽景進構曰河中人有告變書言繼麟因崇韜欲謀叛自聞崇韜已死又與李存乂結構其事細窮其狀備得姦源



當斷不斷禍不旋踵帝駭惑不能決即令朱守殷以兵圍其第驅於輝安門殺之又詔繼岌殺令德於遂州令王思同殺令錫於許州令李紹奇赤其族於河中紹奇至友謙妻張氏盡率其族二百口謂紹奇曰予骨肉不多婢僕無罪請疏其名籍無致寃負因閲婢僕百餘人以骨肉百餘口歸法將就戮張氏復入持鐵券而出示紹奇曰此是皇帝去年所賜之物婦人不知書此上有何言語詔使慙而無對良久就戮百口塗地血流盈廷怨酷之聲聞于行路人士到今冤之

安重誨爲樞密使明宗長興初以潞州節度使王建立爲太傅致仕建素與安重誨不協因其入朝乃言建立自鎮歸朝過鄴都日有搖扇之言以是罪之

張儉者捧聖軍使李行德十將也長興初儉奏據告密人邊彦温云樞密承旨李虔徽弟説國家徵發兵師樞密使安重誨自爲都統欲討淮南又言占相人言重誨貴不可言是日明宗謂

重誨曰聞卿樹心腹私市兵仗欲自討淮南有之否重誨惶恐奏曰興師命將出自宸衷必是姦人構臣願陛下窮詰所言者是日帝召侍衛指揮使安從進藥彥稠等謂之曰有人告安重誨私置兵仗圖紀將不利於社稷其若之何從進等奏曰此是姦人結構離間陛下勳舊且重誨事陛下三十年從微至著無不盡心今日何苦乃圖不軌臣等以家族保明必無此事帝意乃解遂令中使就第召重誨具以告事人邊彥溫之言諭之因面窮詰彥溫具伏誣告即斬彥溫於市李行德張儉並族誅

蕭希甫為散騎常侍引人告變夜叩內門通變書云修堤兵士欲取郊天日舉火為叛安重誨不之信斬告變者軍人許屈請希甫啖之至是又毀訾內外執政是夜託疾省中晝日肩輿歸私第月餘衆皆積其過責授嵐州司戶

王昶者宿州符離縣民也清泰二年昶訴縣令張洙柔因檢民田受贓法司推劾乃是縣典韓師練取贓誣洙柔以失檢轄遇



赦放師練杖殺之

漢任廷浩初仕晉高祖鎮太原廷浩多言外事出入無間高祖左右皆憚之初為太原掾後改文水令在文水聚斂財貨民欲陳訴廷浩知之一日先誣告縣吏結集百姓欲劫縣庫高祖怒遣騎軍併擒縣民十數家族誅之冤枉之聲聞於行路

葛延遇者李崧之部曲也初漢高祖入京城崧隨虜主北去蘇逢吉占其宅及崧西還為太子太傅對朝之權右謙挹承顏未嘗忤旨嘗以宅券獻蘇逢吉不悅崧二弟嶼嶬酣酒無識與楊邠逢吉子弟杯酒之間時言及奪我居第逢吉知之延遇逋李嶼船傭嶼撻之督其所負延遇有同輩李澄亦事逢吉延遇夜寄宿於澄家以嶼見督情告遂一夕同謀告變逢吉覽狀示史弘肇其日逢吉遣吏召崧至第從容語及延遇告變之事崧即以幼女為託逢吉遣吏送崧於侍衛獄既行崧歎曰自古未有不亡之國不死之人及為吏所鞫乃自誣伏罪舉家遇害少長悉尸於市人士冤之

高從誨為荊南節度使高祖乾祐元年遣人押送朗州奏事官沈從進至京師乞加恩命初馬希廣馬希萼爭立潭帥希廣用歐引練張仲荀謀厚賂朝庭請不行朗州恩命從誨革面自新又援引希萼求通於朝蓋欲離間潭帥成其覆亡之禍也

王重符者鄧州刺史寳之子也隱帝乾祐二年寳上章謝釋男重符之罪寳於汝州梁縣有別業所供稅賦大而恃郡侯家不時輸送縣令羅延賞笞其知莊吏會重符至梁縣以笞莊吏為恥無以報怨自朝庭以誣告殺李崧後凡僕使輩皆相倣流言讎主以告事為詞而稍涉迹危者始息不暇重符乃訴為延賞與李守貞書言欲殺刺史據汝州應接守貞封書偽遺於途吏得之送刺史石公霸明之延賞幾遭陷害

周高行周漢高祖時為太傅及杜重威叛行周為招討使時張鵬為鎮州副使過鄴城行周接之甚懽鵬因言及晉朝傾亡之事少帝任用失人藩輔之臣唯務積財富家不以國家為意以至宗社泯滅非獨帝王之咎也行周性比寬厚不以鵬言為過鵬既退行周左右譖行周曰張副使之言蓋譏令公也行周因發怒遂奏鵬怨國亂言故朝庭降詔就誅於常山



高紹基為延州衙內指揮使太祖廣順二年二月紹基言觀察判官李彬承節度使彝殷結構外內謀殺都指揮使及行事副使自據城池已伏誅其李彬妻劉氏子懷義懷義妻高氏並已收捕其高氏是臣親姊乞留在臣家持服李彬弟勳見充河中馬步都指揮使彬兄景韜一房九口彬姪懷貞一房十一口彬賤妾一人並已收捕在州其李勳請行捕録者勑李懷義懷貞景韜等並放宜令向訓并諸色骨肉奴僕津置起離量差兵士防援　並於汝州安置又以李彬被誣並釋其族以恐遇禍乃徙於汝州

冊府元龜卷第九百三十三

原闕



蓄滋災異記甚（蓄多也說上也蓄許六切）陛下則不深察遏臣之言勿於天地之戒咎根不除水雨之災山石之異將發不久發則災異已極天變成形臣雖欲捐身關策不及事已（言禍福已成雖欲不如何也已語終辭也）疏賊之臣至敢直陳天意斥譏帷幄之私欲間離貴后盛妾閩居曠日知忤心逆耳必不免於湯鑊之誅此天保右漢家使臣敢直言也聡讀三上封事然後得召待詔一旬然得見天田疏賊納至忠甚苦（由漢也苦普苦也）由至尊聞天意甚䫇難語不可路頗具廢皆爲吝嗇所及每致紛紜

後周王羆爲驃騎大將軍每至享會親自秤量酒肉分給將士時人尚其均平嗤其鄙碎

隋劉焯以儒孝知名天下名儒後進質疑受業不遠千里而至然懷抱不廣又嗇於財不行束脩者未嘗有所教誨時人此以少之

唐徐岱貞元中爲給事中恡嗇頗甚倉庫管鑰皆自執掌獲譏於時

（第一葉第二葉原闕）



梁劉衍爲右諫議大夫衍巧生業縣積貲太祖將北伐頗以匱乏閔蔡衍力用贍家產屢千詎舉相求免行事帝微聞之又屬應召稽晚遂及禍

晉張籛家雖厚積性實鄙吝未嘗與士大夫游處及令市馬利在私門不省事以輸其直鬻讓將至死愚之甚耶

後符蒙素薄每物奏洛閣語識者笑之復性鄙嗇與人交不過於觴酒豆肉未嘗以賑急爲心赴兄之喪謂人曰夫量腸而食則延其壽兄之此夭是枉費也及清泰末常山有祕瓊之亂蒙百口悉在其中而財貨掃地無餘家遂一空後至禮部侍郎卒

陳保極爲倉部員外郎無將才有傲人之名而性復鄙恡所得利祿未嘗奉身但蔬食而已每與人奕棊敗則以手亂其局蓋拒所賭金錢（一不欲賞也）及卒無妻兒囊中貯白金數十挺爲他人所有得甚嗤之

丞正辭爲左監門衛大將軍無他才善治生雖承父舊基亦曰



能營構步其家益富嘗於積鏹之室有聲聞於外人勸其散施以禳其兆正辭曰此必謁其同輩宜更增之其庸鄙多此類也又清泰天福開運之際遷至哀求郡止得虛名而已三朝不調其失以至馬齒折足而終

漢張允隱帝即位之年授吏部侍郎自誅史弘肇後遠懷恐懼晨不保夕先是允嘗使湖南錢塘得財萬計雖妻未嘗委之以衣帶連繫管鑰而行衣之下常如環佩之音輒規其危乃深藏密貯毋朝退即宿於相國寺僧舍是夜允與數十人匿于佛殿藻井之上登者既多壓墜地爲軍士盡取其衣而凍死

周常思爲昭義軍節度使思進鄙恡未嘗與賓佐有酒肴之會

躁競

王制曰凡官民材必先論之論辨然後使之任事然後爵之又曰上賢以崇德簡不肖以絀惡以至屏之遠方終身不齒此蓋審名實之分甄善惡之宜使無奔競奉浮偽者也蓋叔世道

喪宵人在列造請而不避寒暑交結而罔顧名節求進無已至死譽而賜死乞丐無厭終嗤鄙而歿代希貴仕而改志喜嚴召而從程年過桑榆奏贖而千柄用器非鐘鼎與白而求章綬甚則棄彼毋妻易其姓字越洪河之險假初避之名若茲之類良可醜也

司馬耕字子牛宋人孔子弟子也子牛多言而躁

宋劉瑀爲右衞將軍年位本在何偃前孝武初偃爲吏部尚書瑀圖侍中不得謂所親曰人仕宦不出當入不入當出安能長居戶限上因求益州帝知其意許之

王靖之爲司徒左長史靖之爲劉穆之所厚就穆之求侍中卧此非一穆之曰卿若不求久自得也遂不果

何衍明帝初爲建安王休仁司徒從事中郎仍除黄門郎未拜衍性躁動競求轉司徒司馬得司馬復求太子右率拜右率一二日復求侍中旬日之間求進無已不得侍中以怨望賜死

劉遐者長沙景王道憐之後也後廢帝時遐兄彦節爲尚書令與齊高帝分決機事及順帝即位齊高帝輔政彦節知運祚將遷密懷異圖共攻高帝帝使禽殺之遐時爲吴郡太守亦見誅初彦節當權遐累求方伯彦節曰我在事而用汝作州於聽望不足遐曰富貴則言不可相關從坐之日得免不至是果死

梁江淹爲建平王景素鎭軍參軍事領南東海郡丞會南東郡太守陸澄丁艱淹自謂郡丞應行郡事景素用司馬柳世隆淹固求之景素大怒言於選部黜爲建安吴興令

伏暅爲豫章内史暅性儉素車服麤惡外雖退靜内不免心競故見譏於時

子挺爲晉陵武康令[illegible]郟鈞[illegible]室不復仕挺少有盛名又善處當世朝中勢素多與交游故不能久事隱靜時僕射徐勉以疾假還宅挺致書以觀其意曰昔[illegible]優顧戀與數日轉爾思友情勢一分故知深心所係貴賤一也況復恩隆世親義重知己



道塵人德引覆蓋而朝野縣隔山川悠殊鍾嘯吹唱此而頗色不覩東山之歎豈云旋復西風可懷孰能無思加以靜居廊處顧影莫酬秋風四起園林易色涼野寂寞寒蟲吟叫感物不可直置情慮不能無託時因吟詠動輒盈篇揚生沉鬱且猶稱恙甫至子五車彌多跡駮一日聊呈小文不期過賞還蹤隆渥累牘兼翰紙縟字磨誦復無已旣恨許與過當有傷准的昔子建不欲妄讚陳琳恐見嗤後代今之過奢餘論將不有累清談既寘茲草萊事絶聞見藉以謳謠得之興歎仰承有事硃石仍成簡通娛暢悦耳稍從擯落宴處榮觀豫在無除綺羅絲竹二列頻遣方三代僅存故以道盛窮區中情沖域外操彼弦誦貴茲韻損追留侯之却粒念韓卿之辭榮睠想東都瞻懷南岳鑽仰來既有符下風雖云幸甚則未喻雖復帝道康寧走馬行却而庚得所寅亮有歸悠悠之人展氏猶且攘袂浩浩白水甯曳方欲褰裳是知君子拯物義非徇己思與赤松子游誰其翹遂願與之仁壽綏此多福雖則不言四時行矣然後黔首有庇鷹紳靡奪白駒不在空谷眉羊須蒙其賴豈不休哉豈不休哉昔杜真自閉深室郎宗絶迹幽野難矣誠非所希丹高絜相如慢世尚復游涉權門雍容鄉邑常謂此道爲泰竊慕之方念擁箒延思以陳侍者請至豐隙無待邀求挺誠好屬文不會今世不能從節向步以應流俗事等昌蒲謬徼嗜見用不羞固陋無憚龍門昔荀通之賞景卿孟公之知仲蔚止乎通人猶稱盛美况在時宗彌爲未易近以蒲慚絕愧以簔素多闕聊效東方獻書承相須得繕寫更請閣河償逸子侯此復削牘勉報曰復覽來書累牘兼翰事苞出處言兼語默事義周悉意致深遠發函伸紙倍增憤歎卿雄州擢秀弱冠升朝穿綜百家佃漁六學觀眸表其韶慧視色見其英朗若魯國之名駒媯汭中之白鶴及占顯邑試吏腹壖將有武城弦歌桐鄉謡詠豈與卓魯斷斷同年而語邪方當見賞良能有加寵授飾茲簪帶實彼周行而欲遂

遊心卷舒用褒愚智飢知益之爲累悉若悟滿則辭多高蹈風塵見所欲邑況以金商戒節素秋御序蕭條林野無人相樂偃卧貧錯游浪儒玄物我兼忘寵辱誰帶誠乃歡美月有未同今欲隱傍求興懷宿白駒空谷幽人引領貧賤爲恥鳥獸難羣故當捐此得求勳濟世寧承朝則不敢荒寧刀弱途遥愧心非一天下有道邪人何事得因疲病念從閑逸若使軍書浪合尉候無警作樂制禮糾之封山然後乃服衡門實爲多幸但夙有風故遘强虛眩療類士安禍同長孺導領沉痾甚臺閣未理娱耳爛腸因事而息非關欲追松子遠慕留侯天假之年自當晴恭所職凝非倫匹良覺辭費聲後循環爽爲如失清塵獨遂白雲飄蕩依然何極猥降書札示之文翰覽後成誦流連縟紙昔仲宣才敏藉中郎而表譽正平穎悟賴北海以騰聲至古料今吾有慚德僅成卷帙方爲稱首無令獨擅陸機空使辭人扼腕式副顧見宜事掃門亦有來患起其懸禍經言若綱別當以薦城闕之數爲日無復所遲留孫綽不盡意挺後遂出仕尋除南臺治書

後魏鄭約爲司徒諮議參軍性多造請好以榮利干謁乞丐不已多爲人所笑弄坎壈於世不免飢寒

唐李勸玄爲勤州都督雖風神高峻有不可犯之色然於造請不避寒暑

杜亞爲江西觀察使德宗登極勵精求賢以爲理令中使召亞亞自揣必以宰輔徵仍促程而進累路與人言議多話及宰相政事所在方面或以公事諮祈亞皆納之既至帝微知之不悅又奏對辭旨疎闊出爲陜州長史于方程宗長慶中爲和王傅以戚里勳家爲諸貴引用累當恣財方交結游俠務於速進

後唐胡裝爲魏州節度推官檢校員外郎時四鎮幕府賓皆金紫裴獨恥銀艾莊宗自魏州之德勝與賓僚城樓餞別既而羣寮離席裴獨留獻詩三篇意在章服莊宗舉大鍾屬裴曰員外能酹此乎裴飲酒素少略無難色曰唯一舉而釂莊宗即解紫袍賜之



解元龜太白山道士也明宗天成三年自西川至對答便捷稱年一百一歲既而上表乞西都留守兼西川制置使要修西京宮闕帝謂侍臣曰此人老耄自遠來朝比期別有異見反爲身名甚可怖也賜號知白先生賜紫放歸山

蕭希甫初在梁登進士第初依開封尹袁象先與其青象先移鎮青州希甫從行求爲管記象先未之許署爲巡官憤憤不樂俄而象先出軍於河上希甫棄其母妻夜渡河入於貝郡易姓名爲皇甫校書遂之鎮州王鎔署參軍希甫時稱青州書記前進士既至欲居賓席一旦失望屢有流言鎮人惡之居碁年從鎔游王母觀希甫復遁於易州百丈山落髮爲僧

晉何澤爲太僕少卿仕退居河陽澤嘗畜女僕十餘公私請託令出入自是七十餘歲鬱鬱不得志有求進之心時後唐明宗皇子秦王從榮位望崇盛明宗多不豫澤令婢宜子詣匭進狀請立秦王爲皇太子其表云臣前在班行不求致仕乃宰臣抑臣屏退所以不盡臣才

梁漢顒鎮泮州後唐長興四年夏以眼疾授太子少師致仕高祖素與漢顒有舊及即位之初漢顒朝謁冊希任使除左威衛上將軍

薛可言隱帝乾祐元年自宣徽北院使爲右金吾上將軍可言爲內使與掌事大臣言議多越職喋喋人惡之故有是拜

周武廷翰太祖廣順元年九月甲子自前耀州團練使爲太子少保致仕廷翰有武幹晉朝前後征伐常佐統帥有功久歷大郡意在節鉞雖居符竹之任心常不足初破安從進定襄謹別將有除鎮者廷翰謂宰臣和凝曰主上年少嗣襲萬機百揆悉委大臣廷翰奔走大步三十年不離數百戶郡將在廷翰麾下者鳴鍾列鼎者多矣相公獨無故人之情耶凝致謝而已

侯贊者密州民也顯德三年十二月稱草澤臣詣闕獻策不諳理

甚鄙且堅乞召對帝因間之語多不遜復有自薦之意帝怒令引出杖脊配役

## 私愛

石碏曰愛子教之以義方庾亮曰君子之誅其子聖人制禮以防人人猶有薄於孝而厚於慈者蓋有無教之父溺於私愛威亂彝倫不孝之子恃其驕寵狎侮與常小則敗其家大則亂其國始雖愛之終所禍之古今非一焉

鼓叟盲而舜母死鼓叟更娶妻而生象象傲鼓叟愛後妻子常欲殺舜

卜商為魏文侯師其子死哭之喪明

漢公孫賀為丞相賀子敬聲為太僕以皇后姊子驕奢不奉法征和中擅用北軍錢千九百萬發覺下獄是時詔捕陽陵朱安世不能得武帝求之急賀自請逐捕安世以贖敬聲罪帝許之



後漢第五倫為司空或問倫曰公有私乎對曰吾兄子常病一夜十往退而安寢吾子有疾雖不省視而竟夕不眠若是者豈可謂無私乎

袁紹為冀州牧有二子譚長而惠尚少而美紹妻劉氏愛尚數稱其才紹亦奇其貌欲以為後未顯而紹死

劉表為荊州牧初以長子琦貌類於己甚愛之後為幼子琮娶其後妻蔡氏之姪蔡氏遂愛琮而惡琦毀譽之言日聞於表寵耽後妻每信受焉欲以琮為後而蔡瑁張允為之支黨乃出長子琦為江夏太守眾遂奉琮為嗣

楊彪為太尉見漢祚將終遂稱腳攣不復行積十年後子脩為曹公所殺公見彪問曰公何瘦之甚對曰愧無日磾先見之明猶懷老牛舐犢之愛公為之改容

魏公孫琙為玄菟太守其子豹年十八歲早死有公孫度本遼東襄平人也其父延避吏居玄菟度少時名豹又與琙子同年琙見而親愛之遣就師學為取妻任為郡吏

晉王衍為太尉嘗喪幼子山簡弔之衍悲不自勝簡曰孩抱中物何至於此衍曰聖人忘情最下不及於情然則情之所鍾正在我輩簡服其言更為之慟

王導為司徒其子悅有高名導甚愛之導常共悅弈棊爭道導笑曰相與有瓜葛那得為爾邪及悅疾篤導憂念特至不食積日悅與導語常以慎密為端導還臺及行悅未嘗不送至車後悅亡後導還臺自悅常所送處哭至臺門

陸納為吏部尚書以愛子長生有疾求解營視兄子禽又犯法應刑乞免官謝罪詔特許輕降頃之長生小佳愈還攝職

宋張暢為南譙王義宣丞相長史暢愛弟子輯臨終遺命與輯合墳

張永為南兗州刺史都督北討兵既敗失其第四子永痛悼之有兼常衣服制雖除猶立靈坐飲食衣服待之如生每出常別具名車好馬號曰侍從有事輒語左右報郎君知也



梁徐勉為中書令第二子悱卒痛悼甚至不欲久廢王務乃為答喻

後魏畢眾敬為兖州刺史其子元賓復為刺史父子相代當代榮之時眾敬以老還鄉常呼元賓為使君每於元賓聽政之時乘輿出至元賓所先遣左右勑不聽起觀其斷決欣然喜見顏色

穆壽世祖時與崔浩等輔政謂其子師曰但令吾兒及我亦足勝人不須苦教之

北齊陽休之為中書監其子辟彊悦無文藝休之亦引入文林館為時人嗤鄙焉

冊府元龜卷第九百三十六

冊府元龜卷第九百三十七

總録部一百八十七

姦佞

夫性之至極者則趣尚難渝道之至昧者則性情易遷所以脂韋以成其志便辟以用其心長惡不悛趣善彌遠肆情於傾巧盜言而孔甘亂于家邦壞于典法或兵謀而是沮或政治而不修希旨苟容縱刑恣暴既託道以尊人而色厲以內荏仲尼所謂穿窬之盜者不其然乎

叔仲昭伯魯大夫哀公七年為隧正（隧正主役徒昭伯叔仲惠伯之孫）欲善季氏而求媚於南遺謂遺請城費（請使遺城費）吾多與而役故季氏城費（言祿去公室季氏以彊）

豎牛魯叔孫之家臣季孫謀去中軍豎牛曰夫子固欲去之（誣以媚季孫）

漢王温舒武帝時為中尉温舒擊東越還議有不中意（不當天子意也）坐以法免是時帝方欲作通天臺而未有人温舒請覆中尉脫卒得數萬人作（覆校脫漏未為卒者也脫他活切）帝拜為少府



陳湯字子公成帝時為大將軍從事中郎與將作大匠解萬年相善自元帝時渭陵不復徙民起邑成帝起初陵數年後樂霸陵曲亭南更營之萬年與湯議以為武帝時工楊光以所作數可意（可天子意也）自致將作大匠及大司農中丞耿壽昌造杜陵賜爵關內侯將作大匠乘馬延年以勞苦秩中二千石（乘馬姓延年名）今作初陵而營起邑居成大功萬年亦當蒙重賞子公妻家在長安兒子生長長安不樂東方宜求徙可得賜田宅俱善湯心利之即上封事言初陵京師之地最為肥美可立一縣天下民不從諸陵三十餘歲矣關東富人益衆多規良田役使貧民可徙初陵以彊京師衰弱諸侯又使中家以下得均貧富湯願與妻子家屬徙初陵為天下先於是天子從其請果起昌陵邑後徙內郡國民萬年自詭三年可成（詭責也自以為憂責也）後卒不就（卒終也就成也）羣臣多言其不便者下有司議皆曰昌陵因卑為高積土為山度便房猶在平地上（便房小曲室也）客土之中不保幽冥之靈淺外不固卒徒工庸以鉅萬數至然脂火夜作取土東山且與穀同賈作治數年天下徧被其勞國家罷敝府藏空虛下至衆庶熬熬苦之（熬熬衆愁之聲）故陵因天性據真土處埶高敞旁近祖考前又已有十年功緒（緒謂端緒也）宜還復故陵勿徙民上迺下詔罷昌陵丞相御史請廢昌陵邑中室（言徙人新起之室）奏未下人以問湯第宅不徹得毋復發徙（謂不徹去恐更徙也）湯曰縣官且順聽羣臣言猶且復發徙之也時成都侯商新為大司馬衛將軍輔政素不善湯商聞此語白湯惑衆下獄治

淳于長為衛尉九卿久之趙飛燕貴幸成帝欲立以為皇后太后以其所出微難之長主往來通語東宮（東宮太后所居）歲餘趙皇后得立帝甚德之迺追顯長前功下詔曰前將作大匠解萬年奏請營作昌陵罷弊海內（罷讀曰疲）侍中衛尉長數白宜止徙家反故處



陵置邑徙人（以長言之故得還）朕以長言下公卿議者皆合長計首建至策民以康寧（寧安也）其賜長爵關內侯後遂封為定陵侯大見信用貴傾公卿外交諸侯牧守賂遺賞賜亦累鉅萬（累積也）

谷永為太常丞成帝建始三年冬日食地震同日俱發詔舉賢良方正之士永對策是時帝初即位謙讓委政元舅大將軍王鳳議者多歸咎焉永知鳳方見柄用（柄用言任用之以權柄也）陰欲自託乃復曰方今四夷賓服皆為臣妾北無葷粥冒頓之患（冒頓匈奴單于名）南無趙佗呂嘉之難三垂晏然靡有兵革之警（晏安也）諸侯大者乃食數縣漢吏制其權柄不得有為亡吳楚燕梁之埶百官盤互親疏相錯（盤結而交互也錯間雜也互字或作牙謂若犬牙之相入也）骨肉大臣有申伯之忠（申伯周宣王之舅）洞洞屬屬小心畏忌（洞洞屬屬敬慎之貌）無重合安陽博陸之亂（重合侯莽通安陽侯上官桀博陸侯霍禹也）三者無毛髮之辜不可歸咎諸舅此欲以政事過差丞相父子中尚書宦官檻塞大異皆瞽說欺天者也（檻塞謂掩蔽也瞽說言不中道若無目之人也）竊恐陛

下舍昭昭之白過忽天地之明戒聽晻昧之瞽說（舍謂留也晻與暗同）歸咎乎無辜倚異乎政事（倚依也音於綺切）重失天心（重直用切）不可之大者也（[illegible]）陛下即位委任遵舊未有過政元年正月白氣較然起乎東方（較明也音角）至其四月黃濁四塞覆冒京師申以大水著以震蝕（申重也蝕日蝕也）各有占應相爲表裏百官庶事無所歸倚陛下獨不怪與（與讀曰歟）白氣起東方賤人將興之表也黃濁冒京師王道微絕之應也夫賤人當起而京師道微二者已醜（醜惡也）陛下誠深察愚臣之言致懼天地之異長思宗廟之計改往反過抗湛溺之意解偏駮之愛（[illegible]）奮乾剛之威平天覆之施使列妾得人人更進猶尚未足也（更互也音工衡切）急復益納宜子婦人毋擇好醜毋避嘗字（[illegible]）毋論年齒推法言之陛下得繼嗣於微賤之間乃反爲福得繼嗣而已母非有賤也（[illegible]）後宮女史使令有直意者廣求於微賤之間（[illegible]）以遇天所開右（右讀曰佑佑助也）慰釋皇太后之憂慍（釋散也[illegible]）解謝上帝之譴怒則繼嗣蕃滋災異訖息（蕃多也滋益也訖止也）陛下則不深察愚臣之言忽於天地之戒咎根不除水雨之災山石之異將發不久發則災異已極天變成形臣雖欲捐身關策不及事已（[illegible]）疏賤之臣至敢直陳天意斥譏帷幄之私欲間離貴后盛妾（[illegible]）自知忤心逆耳必不免於湯鑊之誅此天保右漢家使臣敢直言也（右讀曰佑）三上封事然後得召待詔一旬然後得見夫由疏賤納至忠甚苦（[illegible]）由王等聞天意甚懇語不可露願具書所言因侍中奏陛下以示腹心大臣（[illegible]）腹心大臣以爲非天意臣當伏妄言之誅即以爲誠天意也奈何忘國家大本背天意而從欲（從讀曰縱）唯陛下省察熟念厚爲宗廟計時對者數十人永與杜欽爲上第焉帝皆以其書示後宮後帝嘗賜許皇后書采永言以責之



陳崇[illegible]爲大司徒司直王莽爲太傅安漢公崇與張竦相善竦者博通士爲崇草奏稱莽功德崇奏之曰竊見安漢公自初束脩（束脩謂初學官之時）值世俗隆奢麗之時蒙兩宮厚骨肉之寵被諸父赫赫之光財饒勢足亡所啎意（啎逆也音五故切）然而折節行仁克心履禮拂世矯俗確然特立（拂違也矯正也）惡衣惡食陋車駑馬妃匹無二閨門之內孝友之德衆莫不聞清靜樂道溫良下士（[illegible]）惠于故舊篤于師友孔子曰未若貧而樂富而好禮公之謂矣及爲侍中故定陵侯淳于長有大逆罪公不敢私建白誅討周公誅管蔡季子鴆叔牙公之謂矣是以孝成皇帝命公大司馬委以國統孝哀即位高昌侯董宏希指求美造作二統（[illegible]）公手劾之以定大綱建白定陶太后不宜在乘輿幄坐（[illegible]）以明國體詩曰柔亦不茹剛亦不吐不侮鰥寡不畏彊圉公之謂矣深執謙退推誠讓位定陶太后欲立僭號憚彼面刺幄坐之義佞惑之雄朱博之疇懲此長宏手劾之事上下壹心讒賊交亂詭辟制度遂成篡號（[illegible]）斥逐仁賢誅殘戚屬而公服骨肉之詐遂去就國朝政崩壞綱紀廢弛危亡之禍不隧如髮（[illegible]）詩云人之云亡邦國殄瘁公之謂矣當此之時宮亡儲主董賢據重加以傅氏有女之援（[illegible]）皆自知得罪天下結讎中山（[illegible]）則必同憂斷金相翼（[illegible]）藉假遺詔頻用賞誅先除所憚急引所附遂誣往冤更徵遠屬事勢張見其不難矣賴公立入即時退賢及其黨親當此之時公運獨見之明奮亡前之威盱衡厲色（[illegible]）振揚武怒乘其未堅厭其未發震起機動敵人摧折雖有賁育不及持刺雖有樗里不及回知雖有鬼谷不及造次是故董賢喪其魂魄遂自絞殺人不還踵日不移晷霍然四除更爲寧朝非陛下莫引立公非公莫克此禍詩云惟師尚父時惟鷹揚亮彼武王孔子曰敏則有功公之謂矣於是公乃白內故泗水相豐漦令邯與大司徒光車騎將軍舜建定社稷奉節東迎皆以功德受封益土爲國名臣書曰知人則哲公之

謂也公卿咸歎公德同盛公勳皆以周公爲比宜賜號安漢公益封二縣公皆不受傳曰申包胥不受存楚之報晏平仲不受輔齊之封孔子曰能以禮讓爲國乎何有公之謂也將爲皇帝定立妃后有司上名公女爲首公深辭讓迫不得已然後受詔父子之親天性自然欲其榮貴甚於爲身皇后之尊侔於天子當時之會千載希有然而公惟國家之統揖大福之恩祖福讓事事讓退動而固辭書曰舜讓于德不嗣公之謂矣自公受策以至于今亹亹翼翼日新其德增修雅素以命下國後儉隆約以矯世俗矯正也侈音千句切其字從千割財損家以師羣下彌躬執平以逮公卿彌讀與弭同教子尊學以隆國化僮奴衣布馬不秣穀食邑之用不過凡庶詩云溫溫恭人如集于木孔子曰食無求飽居無求安公之謂矣克身自約糴食逮給物物卬市日闋亡儲物物卬市言其衣食所須皆買之於市不自營作而不積聚也闋盡也日闋言每日所用不盡積也卬音牛向切又上書歸孝哀皇帝所益封邑入錢獻田殫盡舊業爲衆倡





始於是小大鄉和承風從化鄉讀曰嚮外則王公列侯內則帷幄侍御翕然同時各竭所有或入金錢或獻田畝以振貧窮收贍不足者昔令尹子文朝不及夕魯公儀子不茹園葵令尹子文自毀其家以紓楚國之難公儀子不茹園葵朝不及夕也公之謂矣開門延士下及白屋婁省朝政綜管衆治親見牧守以下考迹雅素審知白黑詩云夙夜匪懈以事一人易曰終日乾乾夕惕若厲乾卦九三爻辭也言終日乾乾至夕猶惕懼若危厲也公之謂矣比三世爲三公再奉送大行秉冢宰職填安國家填音竹刃切四海輻湊靡不得所書曰納于大麓烈風雷雨不迷公之謂矣此皆上世之所鮮禹稷之所難而公包其終始一以貫之可謂備矣是以三年之間化行如神嘉瑞疊累豈非陛下知人之效得賢之致哉故非獨君之受命也臣之生亦不虛矣是以伯禹賜玄圭周公受祀尚書禹貢云禹錫玄圭告厥成功言治水功成也禮記明堂位曰成王以周公爲有勳勞於天下周公踐天子之位以治天下七年乃致政於成王成王以周公爲有勳勞於天下封周公於曲阜地方七百里革車千乘命魯公世世祀周公以天子禮樂是以魯君孟春乘大路載弧韣旂十有二旒日月之章祀帝于郊配以后稷天子之禮也蓋以達

之使不敢擅天之功也揆公德行爲天下紀紀理也觀公功勳爲万世基基成而賞不配功立而褒不副誠非所以厚國家順天心也高皇帝褒賞元功相國蕭何邑戶既倍又蒙殊禮奏事不名入殿不趨封其親屬十有餘人樂善無厭班賞亡遴遴與吝同苟有一筭即必爵之是故公孫戎位在充郎選繇旄頭壹明樊噲封二千戶公孫戎奴也高帝時爲旄頭郎楚漢春秋上誅樊噲反耀頭公孫戎明之乃不反封戎二千戶戎鼓轅人錄讀與由同自孝文皇帝褒賞絳侯益封萬戶賜黃金五千斤孝武皇帝卹錄軍功裂三万戶以封衞青青子三人或在繦褓皆爲通侯孝宣皇帝顯著霍光增戶命疇封者三人延及兄孫夫絳侯即因漢藩之固杖朱虛之鯁依諸將之遁據相扶之勢其事雖醜要不能遂醜謂絳侯之功亦由朱虛等相扶翼也言絳侯雖有誅諸呂之功猶不足多也遂音墜霍光即席常任之重乘大勝之威未嘗遭時不行陷假離朝辛苦陷假言不陷於危難而假託外也朝之執事亡非同





類割斷歷久統政曠世雖曰有功所因亦易然猶有計策不審過徵之累先謀策之人也不得及至青戎摽功一言之勞然猶皆蒙丘山之賞課功絳霍造之與因也比於青戎地之與天也而公又有宰治之效乃當上與伯禹周公等盛齊隆兼其褒賞特與若云者同日而論哉然曾不得蒙青等之厚臣誠惑之臣聞功亡原者賞不限德亡首者褒不檢檢謂本限也原本也首謂始也是故成王之於周公也度百里之限越九錫之檢開七百里之宇兼商奄之民賜以附庸殷民六族條氏徐氏蕭氏索氏長勺氏尾勺氏大路大旂封父之繁弱夏后之璜封父古諸侯也繁弱大弓名也夏后氏之璜半璧曰璜祝宗卜史太祝太宗太卜太史凡四官備物典策既有備物而典策書之也官司彝器官司百官也彝器常用之器也六彝宗廟之器有法者白牡之牲白牡周公之牲也太室之祭用白牡郊望之禮郊祭上帝望祭山川王曰叔父建爾元子魯頌閟宮之詩也元子周公子伯禽也子父俱延拜而受之謂周公拜前伯禽拜後可謂不檢亡原者矣

非特止此六子皆封（銅公六子之樂也）作詩曰無言不讎無德不報報
當如之不如非𢍰也近觀行事高祖之約非劉氏不王然而番
君得王長沙下詔稱忠定著於令明有大信不拘於制也春秋
晉悼公用魏絳之策諸夏服從鄭伯獻樂悼公於是以半賜之
絳絳辭讓晉侯曰微子寡人不能濟河夫賞國之典不可廢也
子其受之魏絳於是有金石之樂春秋善之取其臣竭忠以辭
功君知臣以遂賞也今陛下既知公有周公功德不行成王之
褒賞遂聽公之固辭不顧春秋之明義則民臣何稱萬世何述
誠非所以為國也臣愚以為宜恢公國令如周公（世枝）力建立公
子令如伯禽所賜之品亦皆如之諸子之封皆如六子即羣下
較然聳忠黎庶昭然感德臣誠輸忠民誠感德則於王事何有
唯陛下深惟祖宗之重敬畏上天之戒儀刑虞周之盛敦誥伯
禽之賜無遴周公之報（枚號也 句絕）遴令天法有設後世有祖（祖世 以）
（以為之）天下幸甚奏又奏安漢公祠祖祢出城門校尉宜將騎
士從入府門衛尉宿衛士所以重國也奏可



鄧颺與何晏丁謐李勝畢軌咸有聲名及大將軍曹爽秉政敘
任為輔心颺晏謐並為尚書勝為河南尹軌司隸校尉颺等欲
令爽立威名於天下勸使伐蜀爽從其言司馬宣王止之不能禁
晉馮紞武帝時為左衛將軍得幸於武帝承顏悅色寵愛日隆
賈充荀勗並與之親善充女之為皇太子妃也紞有力焉及妃
之將廢紞勗乾沒救請故得不廢
王誕為瑯邪王文孝安帝隆安四年會稽王世子元顯開後軍
府又以誕補功曹累拜龍驤將軍瑯邪內史如故設給事元顯
嬖人張法順故為元顯所寵元顯納妾誕為之親迎
劉延年為前趙太宰劉景為太傅會劉聰后呼延氏死將納其
太保劉殷女其弟乂固諫聰更訪之於延年景等皆曰臣常聞
太保自云周劉康公之後與聖民本源既殊納之為允聰大悅
使其兼大鴻臚李弘拜殷二女為左右貴嬪位在昭儀上又納
殷女孫四人為貴人位次貴嬪謂弘曰此女輩皆姿色超世女
德冠時且太保於朕實自不同卿意安乎弘曰太保胥自有周
與聖源實別陛下正以姓同為恨耳且魏司空東萊王基當世
大儒豈不達禮乎為子納司空太原王沈女以其姓同而源異
故也聰大悅賜弘黃金六十斤曰卿當以此意諭吾子弟輩於
是六劉之寵傾於後宮
張離為後趙右僕射領五兵尚書尋總兵要而欲求媚于石宣
因說之曰今諸公侯吏兵過限宜漸削弱以盛儲威宣素疾石
韜之寵甚說其言乃使離奏奪諸公府吏秦燕義陽樂平四公
聽置吏一百九十七人帳下兵二百人自此已下三分置一餘
兵五萬悉配東宮於是諸公咸怨為大釁之漸矣

後魏閻湛爲著作令史詣崔浩浩爲司徒浩述成國記湛爲浩信待見浩所注詩論書易遂上疏言馬鄭王賈雖注述六經並多疏謬不如浩之精微乞收境內諸書藏之秘府班浩所注命天下習業并求勑浩注禮傳令後生得觀正義浩亦表薦湛有著述之才既而勸浩刊所撰國史于石用垂不朽欲以彰浩直筆之跡遂營於天郊東三里方三百步用功三百萬乃訖

郭景尚累遷太尉從事中郎公強當世善事權寵世號之曰郭尖

山偉爲員外郎廷尉評時天下無事仕進路難代遷之人多不霑預及六鎮隴西二方逆起領軍元乂欲用代來寒人爲傳詔以慰悅之而牧守子孫投狀求者百餘人又欲杜之因奏立勳附隊令各依資出身自是北人悉被收叙偉遂紀乂德美乂素不識偉訪侍中安豐王延明黃門郎元順等因是稱薦之乂令僕射元欽引偉兼尚書二千石郎後正名士郎修起居注

徐紇爲鴈門太守紇稱母老解郡還鄉至冢未幾尋入洛鑽類



事元乂大得乂意及乂父繼西鎮僮關以紇爲從事中郎

比齊張纂爲尒朱兆都督長史爲兆使於神武遂被顧識神武舉義山東劉誕據相州拒守時纂亦在其中神武攻而拔之引纂參丞相軍事纂性便佞左右出納稍見親待

崔暹初爲御史中尉時文襄寵琅邪公主名玉儀魏高陽王斌庶生妹也初不見齒爲孫騰妓騰又弃之文襄遇諸途悅而納之遂被殊寵奏魏帝封焉文襄謂崔季舒曰由來爲我求色不知我自得一絕異崔暹必當造直諫我亦有以待之及暹諸事文襄不復假以顏色居三日暹懷刺墜之於前文襄問何用此爲暹悚然曰未得通公主文襄大悅把暹臂入見焉崔季舒語人曰崔暹常怒吾佞在大將軍前每言叔父合殺及其自作体佞乃体過於吾

睦仲讓趙郡人也崔暹子達拏年十三暹命儒者權會教其說周易兩字乃集朝貴名流令達拏升高座開講仲讓陽屈之暹喜擢爲司徒中郎鄴下爲之語曰講義兩行得中郎

穆提婆入侍後主朝夕左右大被親狎無所不爲遂至録尚書事封王

後周劉昉性輕狡有姦數武帝時以功臣子入侍皇太子及宣帝嗣位以技佞見狎出入宮掖寵冠一時授大都督遷小御正

隋蕭吉爲上儀同與楊素不協由是擯落於世鬱鬱不得志見高祖好徵祥之說欲乾沒自進遂矯其迹爲悅媚焉開皇十四年上書曰今年歲在甲寅十一月朔旦以庚申爲元日冬至之日即在朔旦樂汁圖徵云天元十一月朔旦冬至聖王受享祚今聖主在位居天元之首而朔旦冬至此慶一也辛酉之日即是至尊本命辛德在景此十一月建景子酉德在寅正月建寅爲本命與月合德而居元朔之首此慶二也庚申之日即是行年乙德在庚卯德在申來年乙卯是行年與歲合德而在元旦之朝此慶三也陰陽書云年命與歲月合德者必有福慶洪範傳



云歲之朝月之朝日之朝主王者經書並謂三長應之者延年福吉況乃甲寅蔀首十一月陽之始朔旦冬至是聖王上元正陽之月歲之首月之先朔旦是歲之元月之朝日之先嘉辰之會而本命爲九元之先行年爲三長之首並與歲月合德所以靈寶經云角音龍精其祚日強來歲年命納音俱角曆之與經如合符契又甲寅乙卯天地合也甲寅之年以辛酉冬至來年乙卯以甲子夏至冬至陽始郊天之日即是至尊本命此慶四也夏至陽始祀之地辰即是皇后本命此慶五也帝覽之大悅賜物五百段

雲定興初授少府丞後爲左屯衛大將軍開皇末附會於宇文述初定興女爲皇太子勇昭訓及勇廢除名配少府定興先得昭訓明珠絡帳私賂於述自是數共交遊定興每時節必有賂遺并以音樂干述述素好奇服炫耀時人定興爲製馬韉於後留上缺方三寸以露白色世輕薄之人爭倣效之謂之許公缺

蕭文過大寒定興曰入内宿衛必當耳冷述曰然乃制裘袖頭巾令深袙䩄耳人文學之名曰許公袙勢述大説曰雲兄所作必能變俗作事可法信不虚也

司馬德戡幼孤以屠豕自給有桑門釋粲通德戡母和氏遂撫教之因解書計開皇中爲侍官漸遷至大都督從楊素出討漢王諒充内營左右進止便僻俊辯多姦計素大善之

袁充性好道術頗解占候由是領太史令時上將廢皇太子正窮治東宫官屬充見上雅信符應因希旨進曰比觀玄象皇太子當廢帝然之

裴蘊爲太常少卿初高祖不好聲技遣牛弘定樂非正聲清商及九部四舞之色皆罷遣從民至是蘊揣知帝意奏括天下周齊梁陳樂家子弟皆爲樂及倡優百戲者皆直太常是後異技淫聲咸萃樂府皆置博士弟子遞相教傳增益樂人至三萬餘帝大悦



冊府元龜卷第九百三十七

冊府元龜卷第九百三十八

總録部一百八

姦佞第二　總判附

唐封倫字德彝少聰明多詭詐頗涉書史初仕隋釋褐爲州都戲以蔭補左翊衛外如謹厚内殊險詖當官處政必協姦詐因從楊素行軍以諂事素甚異之遂妻之以從妹後素受委營仁壽宮又引德彝爲上工監及文帝幸宮制度侈麗大怒曰楊素不誠矣殫百姓之力雕飾離宮爲吾結怨於天下也素惶恐慮獲譴德彝曰公當勿憂待皇后至必有恩詔明日果召素入入對獨孤后勞之曰公大用意知吾夫妻年老無以娛心盛飾此宮實爲孝順素退問德彝曰卿何以知之對曰至尊性儉故視見而怒然雅聽后言皇后婦人也唯麗是好后心既悅聖慮必移所以知耳素歎服曰揣摩之才非吾所及也素負勳恃貴多所淩侮唯激賞德彝因撫其牀曰封郎後時必當據吾此座

李安儼初事隱太子及太子敗率兵拒戰太宗以爲忠於所事故任用之至中郎將典屯兵於北門甚見親委其弟思暕爲太子通事舍人貞觀中太子承乾因思暕以致賂安儼亦深自託於承乾嘗言於太宗曰皇太子及諸王陛下處置未爲得所且太子國之本也伏願深其思慮以安天下之情太宗曰我識卿意我兒雖患腳猶爲長嫡豈可捨嫡立庶乎安儼以白承乾大喜又令左右遺以黃金

趙元楷武德中爲交河道行軍總管侯君集爲元帥馬病顙瘡元楷以指霑其膿而嗅之以諛君集爲御史所劾左遷括州刺史

姚璹則天朝爲桂州都督府長史時則天雅好符瑞璹至嶺南訪諸山川草樹其名号有武字者皆以爲上膺國姓列奏其事則天大悅召拜天官侍郎

宗秦客者蒲州河東人則天從父姊之子也垂拱中潛勸則天

（僅存二葉）

革命稱帝由累遷内史

字思文爲司僕少卿垂拱元年表請改姓武氏則天許之迎

業志忠中宗朝右驍將軍知太史事志中上表曰昔高祖未受時天下歌桃李子太祖未受命天下歌秦王破陣高祖未受命天下歌堂堂太后未受命天下歌武媚娘伏惟應天皇帝未受命時天下歌英王石州順天皇后未受命時天下歌桑條韋也女六合内之齊皆蹀足應四節八之會歌舞同歡豈與夫蕭韶九成百獸率舞同年而語伏惟皇后降女之精合爲國母主蠶桑之事以安天下后妃之德於斯爲盛謹進桑條歌十二篇伏請宣布中外進入樂府皇后先蠶之事以享宗廟帝曰而許之時賜志忠雜一區雜綵七百段太常少卿鄭愔又引而申之播於舞詠亦厚賞部尚書是客又諷補闕趙延嘉表陳符命解桑條以爲十八之符請頒示天下編諸史冊帝大悅

鄭音諂事張易之兄弟歷殿中侍御史易之伏誅愔左授宣州

謂之窮奇（謂共工其行窮其好奇）顓頊氏有不才子，不可教訓，不知話言（話善也），告之則頑（德義不入心），舍之則嚚（不道忠信），傲很明德，以亂天常，天下之民謂之檮杌（謂鯀檮杌頑凶無儔匹之貌）。縉雲氏有不才子（縉雲黃帝時官名），貪于飲食，冒于貨賄，侵欲崇侈，不可盈厭，聚斂積實，不知紀極，不分孤寡，不恤窮匱（匱乏也實財也），天下之民比之三凶（非帝子孫故別以比三凶），謂之饕餮（貪財為饕貪食為餮）。



漢劉纆即顓頊伯也，高祖五年降漢，賜姓劉氏，封射陽侯（射或作貰）。嗣子睢有罪，不得代。

石慶為丞相時，諸子孫為小吏至二千石者十三人，及慶死後，稍以罪去，孝謹衰矣。

金日磾為光祿大夫，有二子賞、奉車建駙馬都尉，及孫則衰矣。

霍光為大將軍，而子禹與張安世子千秋俱為中郎將，皆將兵隨度遼將軍范明友擊烏桓，還謁大將軍光，光問千秋戰鬭方略、山川形勢，千秋口對兵事，畫地成圖，無所忘失。光復問禹，禹不能記，曰：皆有文書。光由是賢千秋，以禹為不材，歎曰：霍氏世衰，張氏興矣。及禹誅滅，而安世子孫相繼。

晉王導子為丞相，其子恬少好武，不為公門所重，導見恬便有怒。

梁王茂為司空侍中，封望蔡縣公，及孽子貞秀嗣，以居喪無禮為有司所奏，徙越州。

後梁訓世武，少襲父孝敬為大將軍，勇不拘行檢，重賓客，施與不節，貲產既盡，鬱鬱不得志，遂謀奔陳，事覺見誅。

後魏劉休賓，初仕宋為幽州刺史，鎮梁鄒，後以城降。休賓叔父旋之早亡，其妻許氏攜二子法鳳、法虎入國，孤貧不自立，並疎薄不倫，為時人所棄，母子皆出家，頒而反俗。孝文太和中，選盡物望，河南人士才學之徒，咸見申擢，法鳳兄弟無可收用，不蒙選授。

田彪，北平人，初仕北燕馮跋，與石城太守李崇俱降，而彪子孫道微劣焉。



盧度世為青州刺史，卒，其子淵、昶等並循父風，顯閨門之禮，為世所推。後淵兄弟既亡，家風衰損，子孫多非法，帷薄混穢，為時論所鄙。平常為秘書丞，傳通經籍，而三子並不率父業，好酒自棄。常分其世業，植杖巡舍，側爾而哭，不為營事，婚宦任意，暨故仕娉濁碎，不待及其門流，常婦弟鄭宗慶及外甥孫玄明等每以為言，常曰：此輩會是衰頓，何煩勞我。

夏侯夬，瀛州刺史道遷之子，為鎮遠將軍，性好酒，居喪不戒，醇醪肥鮮不離於口，沽買飲噉，多所費用，父時田園貨賣略盡，人間債負猶數千餘匹，穀食至常不足，弟妹不免飢寒。

李元護，晉司徒廣陵侯胤八世孫，高子順璠及孫沉，志皆有名宦，沉孫根為慕容寶中書監，根子後智等隨慕容德南度，因居青州，數世無名位，三齊豪門多輕之。

北齊邢邵為太常卿、中書監，其文章典麗，獨步當時，而孽子大德、大道略不識字焉。

隋長孫平高祖仁壽中爲太常卿判吏部尚書賜爵襄陽公卒官子師孝性輕狡好和數犯法帝以其不克負荷遣使弔平國除

唐楊師道尚高祖女桂陽公主爲太常卿駙馬都尉師道卒子豫之不肖薄行太宗嘗謂羣臣曰子有孝與不孝臣有忠與不忠公等見不孝之子不忠之臣豈不同嫉然不孝之子父母亡没已後肆情爲惡虧犯名教良由闕於義方今緣師道兒喪闕禮節誠所難恕若訓導合宜縱其頑鄙猶不至狼狽公等各有子弟咸須示語無賴者亦勿存育乃令司徒長孫無忌往豫之家分其貲産家人以與長姊及同産兄趙斌等後豫之在母服淫亂爲駙馬都尉竇奉節所執撾擊無數因割去耳鼻然後死

虞世南太宗時爲秘書監文學德行時稱五絕其子昶既無才術歷將作少匠二部侍郎累居工作之司時來恒父護兒在隋爲猛將恒與弟濟俱以孝行見稱相次爲侍中許敬宗歎曰士之登用不繫世業遭遇則爲公宰失緒則爲匹庶來護兒作宰相虞世南男作木匠忠賢文武固無種也

狄仁傑則天時爲魏州刺史人爲立生祠及去職後其子景暉爲魏州司功叅軍貪暴爲人所惡由是遂毀其神像焉

王方慶則天時爲相聚書甚多不減秘閣至於圖畫多異本諸子莫能守其業卒後尋併散亡

李嶠中宗朝與蘇瓌同居相位嶠有才華其子不肖瓌以幹理而子頲有文詞故代稱蘇瓌有子李嶠無兒

劉贊祖父皆以文學稱贊獨不知書以爲宣州刺史宣歙池觀察使唯以彊猛立威官吏畏重之宣州天下號贍劇也贊厚斂斯貨以務貢獻用求恩寵又無教訓子弟童稚者使以驕傲爲事

崔行功總章中秘書少監兼通事舍人有文集四十卷自行功以降名位卑替

李日知中宗景龍初以刑部尚書罷知政事孝行知足爲時所稱少子伊衡以妾爲妻費散田宅仍列訟諸兄家風替矣



劉崇龜父符生八子弟崇魯爲水部郎中知制誥與宰相崔昭緯相善昭宗命翰林學士李谿爲相昭緯與崇魯謀沮之及谿宣制之日出班而哭由是谿命不行谿自十一月至歲暮累上十表訴冤其詞詆毀所不忍聞時崇龜在外聞之大恚數日不食謂其親曰吾家兄弟進身有素未嘗以勢利敗名吾門不幸生此等色

晉張從賓父全義爲河南尹四十年積而能散以至令終及從賓繼祚好治生商賈盈門多蓄藏而致禍也

患難

老子有言禍兮福所倚福兮禍所伏則知患難之於世也無幸否泰之於人也靡常消息盈虛既明鑒而斯在屈伸合散信在運而可量故世雖聖人陛厄而體道禍機莫測賢者逃遯以以俟時至有沉厠以幸全繫獄而獲宥道存於已命在於天或垂名聲於後代或擅美譽於當世信謂知窮達存亡之至者也若乃被患於深刑無辜於橫議道之廢也其如命何

孔子將適陳過長垣顏剋爲僕以其策指之曰昔吾入此由彼缺也長垣人聞之以爲魯之陽虎陽虎嘗暴長垣人長垣人於是遂止孔子孔子狀類陽虎拘焉五日顏淵後（言與孔子相失故在後）子曰吾以汝爲死矣顏淵曰子在回何敢死（言夫子在己無所敢死也）長垣人拘孔子益急弟子懼孔子曰文王既没文不在兹乎（兹此也言文王雖已没其文見在此此自謂其身也）天之將喪斯文也後死者不得與于斯文（文王既没故孔子自謂後死言天將喪此文者本不當使我知之今使我知之未欲喪之也）天之未喪斯文也長垣人其如予何（言天未喪此文則我當傳之長垣人欲奈我何言不能違天以害己）孔子使從者爲甯武子臣於衛然後得去又適宋（孔子年表十三年至衛十四年至陳宋景公二十五年孔子過宋）與弟子習禮大樹下宋司馬桓魋欲殺孔子拔其樹孔子去弟子曰可以速矣孔子曰天生德於予桓魋其如予何（包氏曰授我以聖性德合天地吉而無不利故曰其如予何）又居陳三歲會晉楚爭彊更伐陳及吳侵陳陳常被寇孔子曰歸與歸與吾黨之小子狂簡進取

不忘其初於是孔子去陳過蒲會公叔氏以蒲畔蒲人止孔子弟子有公良孺者以私車五乘從孔子其為人長賢有勇力謂曰吾昔從夫子遇難於匡今又遇難於此命也已吾與夫子再罹難寧鬬而死鬬甚疾蒲人懼謂孔子曰苟毋適衛吾出子與之盟出孔子東門孔子遂適衛子貢曰盟可負耶孔子曰要盟也神不聽又遷于蔡三歳吳伐陳楚救陳魯哀公四年軍于城父聞孔子在陳蔡之間楚使人聘孔子孔子將往拜禮陳蔡大夫謀曰孔子賢者所刺譏皆中諸侯之疾今者久留陳蔡之間諸大夫所設行非仲尼之意今楚大國也來聘孔子孔子用於楚則陳蔡用事大夫危矣於是乃相與發徒役圍孔子於野不得行絶糧從者病莫能興興起也孔子講誦弦歌不衰子路慍見曰君子亦有窮乎孔子曰君子固窮小人窮斯濫矣濫溢也君子固窮但不如小人窮則濫溢為非子貢作孔子曰賜爾以予為多學而識之者與曰然謂多學而識之非與問今不然耶孔子曰非也予一以貫之善有元事有會天下殊塗而同歸百慮而一致知其元則衆善舉矣故不待學以一知之孔子知弟子有慍心乃召子路而問曰詩云匪兕匪虎率彼曠野率循也言非兕虎而循曠野也吾道非耶吾何為於此子路曰意者吾未仁耶人之不我信也言人不信以吾未仁故意者吾未知耶人之不我行也言人不使我道行以吾未智乎孔子曰有是乎由譬使仁者而必信安有伯夷叔齊使智者而必行安有王子比干子路出子貢入見孔子曰賜詩云匪兕匪虎率彼曠野吾道非耶吾何為於此子貢曰夫子之道至大也故天下莫能容夫子夫子盍少貶焉孔子曰賜良農能稼而不能為穡種之為稼斂之為穡言良農能善種之未必能斂穫之良工能巧而不能為順言良工能巧而已不能每順人之意君子能脩其道綱而紀之統而理之而不能為容今爾不脩爾道而求為容賜而志不遠矣子貢出顔回入見孔子曰回詩云匪兕匪虎率彼曠野吾道非耶吾何為於此顔回曰夫子之道至大故天下莫能容雖然夫子推而行之不容何病不容然後見君子夫道之不脩也是吾醜也夫道既已大脩而不



用是有國者之醜也不容何病不容然後見君子孔子欣然而笑曰有是哉顔氏之子使爾多財吾為爾宰宰主財者也言志之同也於是使子貢至楚楚昭王興師迎孔子然後得免

范雎字叔事魏中大夫須賈須賈為魏昭王使於齊范雎從留數月未得報齊襄王聞雎辯口乃使人賜雎金十斤及牛酒雎辭謝不敢受須賈知之大怒以為雎持魏國陰事告齊故得此饋令雎受其牛酒還其金既歸心怒雎以告魏相魏之諸公子曰魏齊大怒使舍人笞擊雎折脅摺齒雎佯死即卷以簀置廁中賓客飲者醉更溺雎故僇辱以懲後令無妄言者雎從簀中謂守者曰公能出我我必厚謝公守者乃請出簀中死人魏齊醉曰可矣范雎得出

後漢樊宏少有志行王莽末義兵起劉伯升與族兄賜俱將兵攻湖陽城守不下賜女弟為宏妻湖陽由是收繫宏妻子令出譬伯升宏因留不反湖陽軍師欲殺其妻子長吏以下共相謂曰樊重子父禮義恩德行於鄉里雖有罪且當在後會漢兵日盛湖陽惶急未敢殺之遂得免脱後至光祿大夫位特進

來歙光武祖姑之子光武甚親敬之數共往來長安漢兵起王莽以歙劉氏外屬乃收繫之賓客共篡奪得免

寒朗字伯奇魯國薛人也生三日遭天下亂棄之荆棘數日兵解母往視猶尚氣息遂收養之後至清河太守

趙岐字邠卿京兆長陵人也岐少明經有才藝年三十餘有重疾臥蓐七年蓐寢蓐也蘇曰蓐薦也其後疾瘳為京兆功曹先是中常侍唐衡兄玹玹音玄為京兆虎牙都尉郡人以玹進不由德皆輕侮之岐及從兄襲又數為貶議玹深毒恨玹為京兆尹岐懼禍及乃與從子戩逃避之玹果收岐家屬宗親陷以重法盡殺之岐遂逃難四方江淮海岱靡所不歷自匿姓名賣餅北海市中時安丘孫嵩藏岐複壁中數年岐作戹屯歌二十三章後諸唐死滅因赦乃出公卿舉岐擢拜并州刺史坐黨事免靈帝初復遭黨

餉十餘歲中平元年四方兵起詔選故刺史二千石有文武才用者徵岐拜議郎車騎將軍張温西征關中請補長史別屯安定大將軍何進奏爲敦煌太守行至襄武岐與新除諸郡太守數人俱爲賊邊章等所執賊欲脅以爲師岐詭辭得免展轉還長安岐還至陳倉復遇亂兵掠身得免在草中十二日不食也

杜林扶風茂陵人也初爲郡吏王莽敗盜賊起林與弟成及同郡范遂孟冀等將細弱俱客河西道逢賊數千人遂掠取財裝褫奪衣服拔刃向林等將欲殺之冀仰曰願一言而死將軍知天神乎赤眉兵衆百萬所向無前而殘賊不道卒至破敗今將軍以數千之衆欲規霸王之事不行仁恩而反遵覆車不畏天乎賊遂釋之俱免於難後至大司空

魏郭淮爲征西將軍都督雍涼諸軍事淮妻王淩之妹淩誅妹當從坐御史往收督將及羌胡渠帥數千人叩頭請淮表留妻淮不從妻上道莫不流涕人人扼腕欲劫留之淮五子叩頭流血請淮淮不忍視乃命左右追妻於是追者數千騎數日而還淮以書白司馬宣王曰五子哀母不惜其身若無其母是無五子无五子亦無淮也今輒追還若於法未通當受罪於主者覲長在近書至宣王亦宥之



蜀裴儁字奉先魏尚書令潛弟也儁姊夫爲蜀中長史儁送之時年十餘歲遂遭漢末大亂不得還既長知名爲蜀所推重也

吳黄蓋字公覆隨周瑜拒曹公於赤壁爲流矢所中時寒墮水爲吳軍人所得不知其蓋也置廁牀中蓋自彊以一聲呼韓當當聞之曰此公覆聲也向之垂涕解易其衣遂以得　後至武鋒中郎將

晉王尼字孝孫辟車騎府舍人不就值洛陽陷避亂江夏時王澄爲荊州刺史遇之甚厚尼早喪婦止有一子無居宅惟畜露車有牛一頭每行輙使子御之暮則共宿車上常歎曰滄海橫流處處不安也俄而澄卒荊土饑荒尼不得食乃殺牛壞車煑肉噉之既盡父子俱餓死

摯虞爲秘書監衞尉卿從惠帝幸長安及東軍來迎百官奔散遂流離鄠杜之間轉入南山中糧絶饑甚拾橡實而食之後得還洛歷光祿勳太常卿及洛京荒亂盜竊從横人饑相食虞素清貧遂以餓卒

鮑靚爲南海太守常行部入海遇風飢甚取白石煑食之以自濟

南燕慕容超字祖明德之兄北海王納之子時慕容垂起兵山東苻昌收納及德諸子皆誅之納母公孫氏以耄獲免納妻段氏方娠未決囚之于郡獄獄掾呼延平德之故吏也嘗有死罪德免之至是將公孫及段氏逃于羌中而生超焉年十歲而公孫氏卒臨終授超以金刀曰若天下太平汝得東歸可以刀還汝叔也平又將超母子奔于呂光及呂隆降于姚興超又隨涼州人徙于長安

宋江謐字令和父徽宋尚書都官郎吳令爲太初所殺謐繫尚方孝武平京邑乃得出後至左戶尚書



王懿字仲德父苗事苻堅爲二千石及堅敗仲德年十七與兄叡同起義兵與慕容垂戰敗仲德被重創走與家屬相失經大澤不能前困臥林中忽有青衣童兒騎牛行見仲德問曰食未仲德告飢兒去頃之復來攜食與之仲德食畢欲行會水潦暴至莫知所之有一白狼至前仰天而號號訖銜仲德衣渡水仲德隨之獲濟與叡相及渡河至滑臺復爲翟遼所留使爲將帥積年仲德欲南歸乃奔太山遼遣騎追之急夜行忽有炬火前導仲德隨之行百許里乃免後至徐州刺史

朱脩之爲司徒從事中郎後隨到彥之北伐彥之自河南迴留脩之戍滑臺爲虜所圍數月糧盡將士熏鼠食之遂陷於虜初脩之母聞其被圍既久常憂之忽一旦乳汁驚出母號泣告家人曰吾今已老忽復有乳汁斯不祥矣吾兒其不利乎後問至脩之果以此日陷沒元魏嘉其守節以爲侍中妻以宗室女脩

之潛謀南歸妻疑之每流涕問其意脩之雖嘉其義終竟不告
也後鮮卑馮弘稱燕王都黄龍元魏伐之脩之與同没入那懷
明並從又有徐卓者復欲率南人竊發事泄被誅脩之懼
奔馮弘弘不禮留一年會宋使傳詔至脩之名位素顯傳詔見
即拜之彼國敬傳詔謂為天子邊人見其致敬於脩之乃始加
禮時魏屢伐弘或説弘遣脩之歸求救遂遣之泛海至東萊遇
猛風柂折垂以長索船乃復正海師望見飛鳥知其近岸須臾
至東萊元嘉九年至京邑以為黄門侍郎
梁沈約字休文父璞淮南太守璞元嘉末被誅約尚幼潛竄會
赦免既而流寓孤貧後至尚書僕射
范雲起家郢州西曹書佐轉法曹行參軍俄而沈攸之舉兵圍
郢城父抗時為府長流入城固守留家屬居外雲為軍人所得
攸之召與語聲色甚厲雲容貌不變徐自陳説攸之乃笑曰卿
定可使且出就舍明旦又召令送書入城城内或欲誅之雲曰



老母弱弟懸命沈氏若其違命禍必及親今日就戮甘心如薺
長史柳世隆素與雲善乃免之後至尚書令
裴邃舉秀才對策高第奉朝請東昏踐阼始安王蕭遥光為撫
軍將軍揚州刺史引邃[illegible]光敗邃還壽陽值刺史裴叔
業以壽陽降魏州之豪族皆被驅掠邃遂隨衆北徙魏宣武帝
雅重之以為司徒屬中書郎魏郡太守魏遣王肅鎮壽陽邃固
求隨肅密圖南歸天監初自拔還朝除後軍諮議參軍
袁昂父顗為雍州刺史泰始初舉兵奉晉安王子勛事敗誅死
昂時年五歲乳媪攜抱匿於廬山會赦得出猶徙晉安至元徽
中聽還時年十五後至司空
陸襄為度支尚書太清二年侯景舉兵圍宫以襄直侍中省三
年三月城陷襄逃還吳賊尋寇東境景將宋子仙進攻錢塘海
鹽人陸黯舉義有衆千人夜出襲郡殺偽太守蘇單于推襄行
郡事進南守文成侯蕭寧逃入吳襄遣迎寧為盟主遣黯及
兄子映公帥衆距子仙子仙聞兵起乃退還與黯戰敗走吴下
軍聞之亦各奔散襄匿于墓下一夜憂憤卒時年七十
賀琛為中軍宣成王長史侯景陷城琛被創未死賊求得之輿
至闕下求見僕射王克領軍朱异勸開城納賊克等讓之涕泣
而止賊復輿送莊嚴寺療之明年臺城不守琛逃歸鄉里其年
賊寇會稽復執琛送出以為金紫光禄大夫卒
劉峻字孝標父琁宋始興内史峻生朞月母攜還鄉里宋泰始
初青州陷魏峻年八歲為人所略至中山中山富人劉實愍峻
以束帛贖之教以書學魏人聞其江南有戚屬更徙之桑乾齊
永明中從桑乾得還後至荆州户曹參軍
陳徐陵弟孝克梁太清初起家為太學博士至孝遭父憂殆不
勝喪事所生母陳氏盡就養之道梁末侯景寇亂京邑大飢餓
死者十八九孝克養母饘粥不能給妻東莞臧氏領軍將軍臧
盾之女也甚有容色孝克乃謂之曰今飢荒如此供養交闕欲



嫁卿與富人望彼此俱濟於卿意如何臧氏弗之許也時有孔
景行者為侯景將頗富於財孝克密因媒者陳意景行多從左
右逼而迎之臧氏涕泣而去所得穀帛悉以供養孝克又剃髮
為沙門改名法整兼乞食以充給焉臧氏亦深念舊恩數私致
饋餉故不乏絶後景行戰死臧氏伺孝克於途中累日乃見謂
孝克曰往日之事非為相負今既得脱當歸供養孝克默然無
荅於是歸俗更為夫妻
周豫玄引正子也年十四與父俱載入東乘小船渡岸見藤花
引正挽之船覆俱溺引正僅免豫玄遂得心驚疾
後魏崔衡長子敞宣武初為鉅鹿太守弟朏之逆也敞為黄冠
軍主韓文殊所藏其家悉見籍没唯敞妻李氏以公主之甥自
隨奴婢田宅二百餘口得免正光中普釋禁錮敞復爵
崔玄伯初為苻堅著作佐郎堅亡避難於齊魯之間為丁零翟
釗及司馬昌明叛將張願所留縶郗恢聞歎曰斯人而遇斯時不

因扶摇之勢而與鷦雀飛沉豈不惜哉

賈彝初仕慕容氏歸垂爲驃騎長史垂太子寶兵敗被執道武即位拜尚書左丞甚見委用天賜末彝請詣温湯療病爲叛胡所拘執送於姚興積數年逃歸又爲屈丐所執與語悦之拜秘書監卒大武平赫連昌子秀迎其尸喪葬于代南

李孝祖敷以罪誅孝祖以年小藏免後敷妻崔氏得出宮養之至平涼太守

陰道方爲荆州刺史李神儁長流參軍正光末梁簡文遣其軍主曹義宗等擾動邊蠻神儁令道方馳傳向新野處分軍事於路爲蠻所掠送於義宗義宗又傳致襄陽仍傳於梁武梁武因之尚方孝昌中始得還國

劉芳字伯友彭城人幼後伯父遜之父邕同宋劉義宣之事身死彭城芳隨伯母房逃竄青州會赦免舅元慶爲宋青州刺史沈文秀建威府司馬爲文秀所殺芳母子入梁鄒城慕容白曜



南討青齊梁鄒降芳北徙爲平齊民時年十六後至太常

郭祚父洪之坐崔浩事被誅祚亡竄得免弱冠州主簿刺史孫小委之書記又太原王希逸妻之以姪共相賙恤得以饒振後爲征西將軍雍州刺史

楊藻爲瀛州安東府長史以年老歸家闔門不關世事孝昌中在鄉爲賊帥杜洛周所囚發病卒

北齊王晞爲大鴻臚開府儀同三司及晉陽陷敗與同志避周兵東北走山路險迥懼有土賊而晞温服膏梁曾不廢行侣尤之晞曰莫尤我我行事苦悔又作三公矣

魏收初仕後魏爲大學博士及尒朱榮於河陰濫害朝士收亦在圍中以日晏獲免

後周盧柔爲賀拔勝大行臺郎中掌書記及孝武西遷東魏遣侯景襲穰勝敗南奔梁後與勝俱還行至襄陽齊神武懼勝西入遣侯景以輕騎邀之勝及柔乃棄舟山行贏糧冒險經數百里時屬秋霖徒侶凍餒者太半幾至於死大統一年至長安封容城縣男

竇熾扶風人父略平遠將軍魏正光末北鎮擾亂熾乃隨略避地定州因沒於葛榮榮欲官略略不受榮疑其有異志遂留略於冀州將熾及熾兄善隨軍永安元年尒朱榮破葛榮熾乃將家隨榮於并州後至太傅

陸通少敦敏好學有志節父政爲文帝行臺左丞原州長史通幼從在河西遂逢寇難與政相失通乃自以東歸從尒朱榮榮死又從尒朱兆及尒朱氏滅乃入關後至大司馬

姚僧坦仕梁爲湘東王府記室參軍侯景陷宮城逃歸吳興依而景兵大至攻戰累日郡城遂陷僧坦竄避久之乃被拘執景將侯子鑒素聞其名深相器遇因此獲免後至上開府儀同大將軍

隋劉炫河間人爲太學博士以品卑去任歸于河間于時盜賊



起穀食踊貴炫與妻子相去百里聲問斷絶鬱鬱不得志時在郡城糧餉斷絶其門人多隨賊哀炫窮乏詣郡城下索炫郡官乃出炫與之炫爲賊所將過下城堡未幾賊爲官軍所破炫饑餓無所依復投縣城長吏意炫與賊相知恐爲後變遂閉門不納之時夜氷寒因此凍餒而死時年六十八其後門人謚曰宣德先生

唐李百藥初爲隋建安郡丞及煬帝被弑展轉流往與李子通杜伏威軍中備嘗艱苦乃著省躬賦以致其情及高祖遣使江南百藥說伏威迎之後復歎伏威令身入朝渡江至歷陽伏威狐疑中悔將害百藥乃飲以石灰酒因大泄痢而宿病皆除伏威知百藥不死乃書與輔公祏令殺之賴王雄誕救護得免及公祏反署百藥爲吏部侍郎人有言百藥初說杜伏威不聽入朝今又共輔公祏反高祖大怒公祏平趙郡王孝恭得伏威與公祏令殺百藥書具奏之高祖意乃稍解詔配涇州爲司戶

徐文遠初仕隋爲國子博士時洛陽饑饉出城采樵爲李密所
及密敗復歸王充其子士會狂悖之人也委棄文遠西歸長安
王充大怒絶其廩食此後大饑將死者數矣復因樵采遇羅士
信候騎獲之送入京師復授國子博士
張玄素蒲州虞鄉人隋末爲景城縣戶曹竇建德攻陷景城玄
素被執將戮縣民千餘人號泣請代其命曰此人清慎殺之乃
無天地大王將定天下當深加禮擁以招四方如何殺之使善
人解體建德遽命釋之署爲治書侍御史固辭不受
高士廉隋時坐事謫爲交阯朱鳶縣主簿尋屬天下大亂王命
阻絶太守丘和署爲司法書佐郡丞元肅欲撗士也多所交結
謀殺和而據驩越以窺天下之變見士廉爲時望所歸亦傾心
推結憚其立操不敢以謀告之然肅竟以事洩爲和所族士廉
坐與交通幾危矣和子行滄保明之由是獲免及蕭銑敗高祖
遣使徇嶺南武德五年乃與丘和上表歸國仍入特蒙顧待拜
大將軍
路敬淳貝州臨清人也父文逸隋大業末闔門遇盜文逸潛匿
草澤晝伏於死人中夜行避難自湯窮梗閉口不食同侶閔其
至性勸以不當滅性捃拾以食之遞貣之而行遂免於難後至
太子司議郎仍授崇賢館學士
來濟隋左翊衛大將軍榮國公護子也宇文化及之難闔門遇
害濟幼逢家難流離艱險後至中書令
韋斌爲太常少卿天寶五載右相李林甫構刑部尚書韋堅貶
蒼梧太守七載又重貶江夏別駕堅兄弟四人並賜死於貶所
姊惠宣太子妃隋子嗣薛王瑀斥於夜郎郡安置斌以親累貶
巴陵太守後爲銀青光祿大夫天寶十四載令安祿山反陷洛
陽斌爲賊所得僞授黄門侍郎
李彭年爲馮翊太守玄宗幸蜀賊陷西京彭年没於賊僞授工
部侍郎彭年暫授僞官常慣歎忽忽不得志與韋斌相次而卒

府九百四十　十三

王維爲給事中安祿山陷兩京維在西京作中風失瘖久之賊
重其名追赴洛陽僞授給事中
崔器天寶末爲奉先令逆胡陷西京器沒於賊仍守奉先居無
何屬賊兵同羅叛賊將安守忠張通儒並遯難藏匿又渭上義
兵起一朝衆從萬人器恐懼憂惶先有賊史勝符牒一時焚之
勝召義師欲應渭上軍及通儒出兵使擊渭上軍破賊將崔乾
祐先鎮蒲同使麾下騎三十人捉器器遂北走靈武
李進爲工部侍郎代宗初皇儲爲天下元帥平河洛以進爲參
佐時元帥在陝兼統蕃兵迴紇恃功而驕敢恣很戾進與中書
舍人韋少華皆爲皮鞭所辱進數月病瘡僅以全生
叚秀實爲安西節度荔非元禮判官邙山之敗軍徙翼城元禮
爲麾下所殺將佐亦多遇害而秀實獨以智全
馬摠字會元扶風人少孤貧好學性剛直不妄交遊貞元中姚
南仲鎮滑臺辟爲從事南仲與監軍使不叶監軍誣奏南仲不
法及罷免摠坐貶泉州別駕監軍入掌樞密福建觀察使柳冕
希旨欲殺摠遷從事穆贊鞫摠贊稱無狀摠方免死後量移恩
王傅
戴懷志以涇原裨將隨渾瑊會吐蕃吐蕃背盟懷志等陷没居
吐蕃中十餘年逃入以西諸國爲所掠賣又脫走經十餘國至
天竺占波國泛海而歸貞元十四年始至温州徵詣京師德宗
以懷志處蕃久不欲令出外因之仗内順宗即位乃釋之初懷
志之陷父母俱存及歸父母皆殁妻嫁他人
呂温者以小吏事崔漢衡貞元初吐蕃背盟漢衡爲吐蕃所虜
將殺之温趨往以背受刃吐蕃義之由是與漢衡俱免及漢衡
歸獨留蕃中吐蕃尚浮屠法温因求爲僧久之乃得歸亦以召
吐蕃事因焉順宗即位得釋與懷志俱授中郎將
魏義通爲黔中觀察使行至涪州汧灘舟壞沉失其所持節及
賜馬

府九百四十　十四

梁張儁字彦臣祖父咸有聞於時儁少孤雅自修飾善爲五言詩甚爲詞頗爲人所稱廣明中黄巢犯京師天子幸蜀士皆竄伏窟穴以保生儁亦晦跡浮沈不失其道後至兵部郎中鹽鐵判官

後唐劉岳初少孤以先人宦早羣從之間最不諧兩都喪亂流寓青齊丐食業文勵心苦節後至太常卿

趙鳳幽州人也少爲儒天祐中燕帥劉守光與太原爭霸率丁夫團爲軍伍而黥面爲文儒者患之多爲僧鳳亦落髮與遊方者雜處後爲相終

朱引昭爲文思使與安重誨情不協故罕得居内任天成二年秋以李嚴爲西蜀監軍乃用引昭爲東川副使嚴至成都爲孟知祥所害引昭懼求還京師董璋待之雖厚而常猜防伺察引昭迎懷從命而璋不疑及重之會有軍事雖論列乃令引昭入覲僞辭之不獲歸是免禍後爲襄州節度使襄州留軍有朽腐甲書數百引昭奏不堪完補詔投之於漢水詔至引昭集賓從棄之登南城依却敵以視無何縣絙鐵格木朽墮引昭至城半斷之於木上左右扶而下之幸無損但喪魂魄賓從號而已

晉趙瑩爲相開運末虜陷京城瑩從少帝於北塞周太祖初遣尚書左丞田敏報命于契丹過瑩於幽州瑩得見華人悲悵不已謂田敏曰老身漂零寄命于此近聞室家喪逝弱子无恙蒙中朝皇帝倍加存邺東京舊第本屬公家亦聞優恩特給善價老夫至死無以報效於是南望稽首涕泗横流先是漢初以晉入蕃將相第宅賜隨駕大臣以瑩第賜太祖太祖召瑩子前刑部郎中易則告之曰所賜第除素屬版籍外如别有契券已所置者可歸卒直即以千餘緡遺易則易則惶恐辭讓太祖堅之乃受故瑩言及之未幾瑩卒于幽州瑩初被病遣人祈告于虜主願歸骨於南朝使魂魄復鄉里虜主閔而許之及卒遣其子易從及家人數輩護喪而還仍遣大將送至京師太祖閔之死於異域而知夷狄亦能不遺物性歸其喪柩感歎久之仍賜其子絹五百匹以備喪事今歸葬于華陰故里



華溫琪年始二十長七尺餘唐廣明中黄巢爲亂㳺爲紀綱從巢南犯交阯西陷長安僞署溫琪供奉都知官既得志習平時官者故態每肩舁出入以自奉及巢敗奔至滑臺以形貌岸偉不自容乃投白馬下流俄而浮至淺處會行人救免又登桑自縊枝折墮地不死至夜昨縣界有田父見溫琪非常人也遂匿於家經歲餘

漢龍敏初唐莊宗平河洛敏爲司門員外郎以家貧乞歸求與唐少尹踰年丁母喪退居鄆下會趙在禮據鄴城以敏鄉人檄起令爲書事又爲亂軍所迫敏不敢拒明年在禮鎮滎陽敏復居其副

周馮道唐天祐中劉守光辟爲幽州掾守光以私忿忤守光怒寘於獄中後仕晉爲相晉末北虜犯闕迴虜先留馮道與奉國和凝文武官等在常山以國七月二十九日虜中有僞詔追赴於令選朝士十人赴木葉山行事虜帥解里召道等至帳前所欲諭之於偶先至見其白懼形於色解將將以明日與朝士齊遣之於乃不俟道與騎先出爲而相遇帳門之外因與分首與歸俄而李筠等縱火與虜交鬭彀契稍及是日道若齊至與解里相見稍躊躇則爲所留矣時論者以道在布衣有至行立公朝有重德其陰報昭感多此類也

劉暐初自辨情歸于唐莊宗梁將劉鄩自洹水欲襲太原軍至樂平時暐客於縣舍爲鄩軍所俘覩其鬚髯彦章評之知其學儒禮之謂其鄉人劉去非曰爲公得一宗人令暐見之去非詢其爵里乃親族也對泣久之自是隨去非客于彦章門下後至侍御史

安叔千爲太子太師叔千以鄴城内難之際軍士未戢其家財死子遺大遭箠極以是成疾請歸洛都卒

王繼引爲河陽節度使少无賴爲吏所拘械繫常州獄將殺之

令馭以其壯健特宥之配於本軍

册府元龜卷第九百四十

冊府元龜卷第九百四十一

總録部一百九十一

殘虐　酷暴　忿報

殘虐

夫敢行暴虐商書所誡虐用其民魯史爲刺稽乎前志蓋莫大焉若乃含殘忍之心懷虺蜴之性或内專柄用或外負威權恣睢自任賊殺無辜聚黨畜兵横行天下乘亂以報私怨投隙以窺大器殺人而滅口誘致以求財毀發丘墳刳斷支體以至乎害其姬妾坐及隣伍懲音律之小誤責言辭之微失置之以死不其甚歟所以人心不附軍務是離自陷刑辟終貽傾覆者良有以也

盜跖魯人日殺不辜肝人之肉暴戾恣睢聚黨數千人横行天

漢項羽自立爲楚王封諸王皆就國韓王成以不從無功不遣之國更封爲穰侯(穰縣也)[illegible]戊令張良送漢王至褒中良歸至韓聞項羽以良從漢王故不遣韓王成之國與俱東至彭城羽殺成



姬君以周後封周子南君當坐使劍殺家丞弃市

張不疑嗣封留侯孝文五年坐與門大夫殺故楚内史贖爲城旦(門大夫官也)

單德封昌武侯孝武元朔三年坐傷人二旬内死弃市

王莽封新都侯既就國杜門自守其中子獲殺奴(獲者莽子之名也今書本[illegible])莽切責獲令自殺莽居攝翟義起兵莽發義父方進及先祖冢燒其棺槨夷滅三族誅及種嗣至皆同坑以棘五毒并葬之司威陳崇奏衍功侯光私報執金吾竇況令殺人況爲收繫致其法莽大怒切責光光母曰女自眡孰與長孫中孫(長孫中孫宇及獲也皆爲莽所殺故云然中讀曰仲)遂母子自殺及況皆死初莽以事母養嫂撫兄子爲名及悖虐後以示公義焉(爲不舍光罪)故天下下書曰方出軍行師敢有趨讙犯法者輒論斬毋須時遂[illegible]歲止(至[illegible]盡而止)於是春夏斬人都市百姓震懼道路以目又翟義黨王孫慶捕得莽使太醫尚方與巧屠共刳剝之(剝音[illegible]胅[illegible])量度五藏(藏才浪反度音大各反)以竹筳導其脈知所終始云可以治病

後漢董卓爲相國虐刑濫罰睚眦必死群寮内外莫能自固卓嘗遣軍至陽城時人會於社下悉令斬之駕其車重載其婦女以頭繫車轅歌呼而還及遷天子都長安卓嘗至郿行塢公卿已下祖道於横門外卓施帳幔飲設誘降北地反者數百人於坐中殺之先斷其舌次斬手足次鑿其眼目以鑊煑之及得死偃轉桮案間會者戰慄亡失匕箸而卓飲食自若諸將有言語蹉跌便戮於前又稍誅關中舊族陷以叛逆時太史望氣言當有大臣戮死者卓乃使人誣衛尉張温與袁術交通遂笞温於市殺之以塞天變又中郎將牛輔卓之子壻素所親信使以兵屯陝輔分遣其校尉李傕郭汜張濟將步騎數萬擊破河南尹



朱儁於中牟因掠陳留潁川諸縣殺略[illegible]所過無復遺類又遣將徐榮李蒙四出虜略所得[illegible]以布纏裹倒立於地熱膏灌殺之卓聞袁紹起山東[illegible]宗族在京師者盡滅之([illegible])

李傕郭汜董卓將也及卓之死傕汜等以王允呂布殺卓故[illegible]州人故忿怒之并州人在軍者[illegible]數百人皆誅殺之又因會刺殺樊稠於坐([illegible])諸將各相疑異傕汜遂復理兵[illegible]

袁術初僭號以吴俊爲陳相術[illegible]術初不應術怒密使人殺俊

晉王愷爲後將軍與石崇以豪侈相尚[illegible]與王導俱在坐有女伎吹笛小失聲韻愷使黄門殺之一坐[illegible]又使美人行酒客飲不盡輒殺之

孫秀初爲琅邪小吏累官於趙國以諂媚自達趙王倫既篡逆秀執機衡倫素庸下無智策復受制於秀秀之威權振於朝廷天下皆事秀而無求於倫秀遂恣其姦謀多殺忠良以逞私欲司隸從事游顥與殷渾有隙渾誘顥奴晉興僞告顥有異志秀不詳察即收顥及襄陽中正李邁殺之厚待晉興以爲已部曲督前衛尉石崇黄門郎潘岳皆與秀有嫌並見誅於是京邑君子不樂其生矣

吴識者平陽太守宋胄所親也李矩爲本郡督護胄欲以識代之矩謝病去識恐矩復還陰使人刺矩會有人救之故得免

宋劉彤穆之孫也嗣南康公孝武大明四年坐刀斫妻奪爵土

梁侯景仕後魏爲司徒南道行臺景性猜忍好殺戮刑人或先斬手足割舌劓鼻經日方死又曾於石頭立大舂碓有犯法者擣殺之

陳劉昱梁代爲盤浦戍主歷晉安安固二縣令侯景之亂還鄉

府九百四十一　三

里召募士卒東陽郡丞與昱有隙引兵誅之及其妻子

後魏宋鴝貴爲定州平北府參軍送兵於荆州坐取兵絹四百匹兵欲告之乃斬十人又生斷其兵手以水澆之然後斬决尋坐伏法時人哀兵之苦笑鴝貴之愚

北齊盧宗道行南營州刺史性麤率任俠將赴職於督亢陂大集鄉人殺牛聚會有一舊門生酒醉言辭之間微有踈失宗道遂令沈之於水後坐酷濫除名

魏收文宣時爲太子詹事娶其舅女崔氏産一女無子及魏太常劉芳孫女與中書郎崔肇師女夫家坐事帝並賜收爲妻時人比之賈充置左右夫人然無子後病甚恐身後嫡媵不平乃救二姬及疾瘳追憶作懷離賦以申意

隋于顗初仕後周爲東廣州刺史尉迥之反也時總管趙文表與顗素不協將圖之因卧閤内詐得心疾謂左右曰我見兩三人至我前者輒大驚即欲斫之不能自制也其有賓客候問者皆令去左右顗漸稱危篤文表往候之令從者至大門而止文表獨至顗所顗欻然而起抽刀斫殺之因唱言曰文表與尉迥通謀所以斬之其麾下無敢動者時高祖以尉迥未平慮顗復生變慰因而勞勉之

唐王世充初仕隋爲江都通守既叛後據東都衆心日離乃嚴法峻制家一人逃者無少長坐爲戮父子兄弟夫妻許其相告而免之又令五家相保有全家叛去而隣人不覺者誅及四隣殺人相繼其逃亡益甚至於樵採之人皆有限數公私窘急皆不聊生又以宫城爲大獄意有所忌即收繫其人及家屬於宫中又每使諸將出外亦收其親屬質於宫内囚者相次不减萬口

朱粲隋末僭稱楚王聚衆二十萬軍中無所虜掠乃取嬰兒蒸而噉之因令軍士曰食之美者寧過於人肉乎但令他國有人我何所慮即勒所部有略得婦人小兒皆烹之又税諸城堡取

府九百四十一　四

小弱男女以益兵糧隋著作佐郎陸從典通事舍人顔愍楚因譴左遷合家並爲所噉粲竟斬于洛水之上士庶嫉其殘忍競投瓦礫以擊其尸須臾封之若冢

薛舉爲賊帥性殘忍每殺人多斷舌割鼻或碓擣之其妻鞠氏性又酷暴好鞭撻其下見人不勝痛而宛轉於地者則埋其足纔露腹背而捶之由是人心不附

薛仁杲舉之長子也多力善騎射軍中號爲萬人敵然殘忍貪冒財貨初拔秦州召富人倒懸於油火之上或以醋灌鼻或杙其下竅以求金寶舉每誡之曰汝之才力辨我家事然性多猜忌與物無恩終當滅吾宗社舉死嗣立諸將以其年少心多不伏兵勢漸離以至於敗斬於長安籍没其家自起迄敗父子相繼五年而滅

高真行爲左衛將軍子岐爲太子典膳丞高宗以皇太子賢坐謀事洩廢爲庶人岐事連於賢帝令付真行自訓責之岐入門

而真行以佩刀刺其喉真行兄戶部侍郎審行又刺其腹真行兄子琉斷其首而弃之街中帝知不恡貶真行爲睦州刺史審行爲渝州刺史

于敏爲太常丞司空平章事頔之子憲宗元和八年敏役人王再榮告頔與梁正言錢以謀出鎮初梁正言貪詐自擅勇於射利求守謙方知樞密正言每詭謂人吾與樞密宗盟分至頗得閑說頔久失職惑其言厚致財賄以圖任用其後正言之詐漸露敏吝其資於術邸誘致正言僮奴支解弃于溷中會再榮發其事故敗

樂從訓魏博節度彥貞之子天資悖逆王鐸自滑移滄過魏郊從訓見其女妓利之伏兵於漳南高雞泊伺鐸至圖而害之略其所有時朝廷微弱不能詰

梁成汭爲荆南節度使汭長子貪有微過汭手刃之竟絶嗣焉

後唐陳延嗣魏人也末帝清泰二年知鄴都留守劉延皓言宗州部送殺人賊陳延嗣至推勘伏罪與妹夫李漢唐及妹妻並弃市初延嗣自稱父任石州刺史衙稱長史司馬與漢唐俱結潔車服以飲博爲務所至州府視有資裝可圖者與之交游漸誘至居第陰斃之去年冬僦居於魏州有月儔同其事偶一日爛殺二人不特而死延嗣狼狽擢獄留于外使月儔往諸郡延嗣乃移家于汴所使張進者使酒詬舍主遽言延嗣殺人無幾舍主懼白坊正執訐乃稱今年四月事陳延嗣同三人取其資財所司據屍於其室獲屍數一往汴捕獲延嗣漢唐言自居魏州所殺四十餘人並與妻妹漢唐同謀害之又於石州捕延嗣毋毋至叱延嗣曰爾父殺數百人死於獄下不肖子所殺幾逾百人而累家唾面詬之

安道進者雲州節度重霸之弟也性尤凶悪事莊宗以試劍殺人奔淮南初重霸在蜀開之蜀主取之於吳用爲裨將隨重霸爲龍武小將戍長道又以殺人奔歸洛陽



漢蘇逢吉爲司空平章事逢吉深文好殺初從高祖在太原時嘗因事高祖命逢吉靜獄以祈福祐逢吉盡殺禁囚以報及執朝政尤愛刑戮朝廷患諸處賊盜遣使捕逐逢吉自草詔意云應有賊盜其本家及四隣同保人並仰所在全族勦斬或謂逢吉曰爲盜者族誅猶非王法隣保同罪不亦甚乎逢吉堅以爲是竟去全族二字時有鄆州捕賊使臣張令柔者殺平陰縣十七村民良由此也

周趙鳳冀州棗強縣人幼讀書舉童子既長遇亂以豪多力以殺人暴掠爲事吏不能禁後爲冀州刺史

## 酷暴

詩著北風之章刺衞國之並爲虐也禮有泰山之哭痛苛政之猛於虎也故刑政之失危云攸繫而況樂於殺人以苛爲察逞威則膏血橫流視民曾土芥不若徒使股栗而視重足而立且何補於風化哉及其凶慝貫盈自貽誅戮豈爲不幸者耶

漢寧成南陽穰人也以郎謁者事景帝好氣爲小吏必陵其長吏爲人上操下急如束溼（操持也束溼言其急之甚也溼物則易束）猾賊任威

後漢周紆爲人刻削少恩好韓非之術少爲廷尉史

魏常林文帝時爲少府性既清白當官又嚴少府寺與鴻臚對門時崔林爲鴻臚崔性闊達不與林同數數聞林撾吏聲不以爲可林夜撻吏不勝痛叫呼敖敖徹曙明日崔出門與林車相遇乃嘲林曰聞卿爲廷尉爾耶林不覺答曰不也崔曰卿不爲廷尉昨夜何故考囚乎林大慙然不能自止

王思爲大司農年老目瞑瞋怒無度下吏嗷然不知何據性少信時有吏父病篤近在外舍自白求假思疑其不實發怒曰世有思婦病母者豈此謂乎遂不與假吏父明日死無恨意其爲刻薄類如此

時苗鉅鹿人爲太官令領郡中正定九品於叙人才不能寬然

紀人之短雖在久遠銜之不置

晉王安為衛尉大司農更為苛碎坐枉殺非人以泥墨塗面置深坑中餓不與食又擅縱五歲刑以下二十一人為有司所劾帝以安累有政績聽以贖論

宋吳顯度東海剡人也官至員外散騎郎孝武常使主領人功而苛虐無道動加捶撲暑雨寒雪不聽暫休人不堪命或有自經死者役人聞配顯度如就刑戮時建康縣考囚或用方丈壓額及踝脛民間謠曰寧得建康壓額不能受吳度拍又相戲曰勿反顧付吳度其酷暴如此

谷楷為奉車都尉耿一目而性甚嚴忍前後奉使皆以酷暴為名時人號曰瞎虎

劉仁之為著作郎兼中書令出為西兗州刺史仁之性酷虐在晉陽曾營城雉仁之統監作役以小稽緩遂加責罰性好文字吏書失體便加鞭撻言韻微訛亦見捶楚吏人苦之



北齊畢義雲為七兵部尚書義雲酷暴殘忍非人理所及為家尤甚妻子僕隸常瘡痍遍體

隋崔弘度仁壽中檢校太府卿每誡其寮吏曰人當誠慤無得欺誑皆曰諾後嘗食鼈侍者八九人弘度一一問之曰鼈美乎人懼之皆云鼈美弘度於是大罵曰傭奴何敢誑我汝初未食鼈安知其美俱杖之八十官屬百工見之莫不流汗無敢欺隱時有屈突蓋為武候驃騎亦嚴刻長安為之語曰寧飲三斗醋不見崔弘度寧茹三斗艾不逢屈突蓋

元弘嗣仁壽末授木工監修營東都大業初煬帝潛有取遼東之意遣弘嗣往東萊海口監造船諸州役丁苦其捶楚官人督役晝夜立於水中略不敢息自腰以下無不生蛆死者十三四

唐李文纂高祖武德中為司農卿政好嚴猛寮吏以重足而立

王遂高宗朝宰相王方慶之孫也以吏能聞於時銳於操下法頗嚴酷官終沂兗海等州觀察使

漢劉銖陝州人也晉天福中高祖為侍衛親軍都指揮使與銖有舊表為內職高祖出鎮并門用為左都押衙銖性慘毒好殺高祖以為勇斷類己深委遇之

周齊文舉為起居郎世宗顯德二年五月齊州臨邑縣民田失額命刑部員外郎陳渥按之尚有遺漏復命文舉檢之文舉能吏也渥擇而取之是歲冬十月文舉復奏命徵殘租於宋州宋人被其刑者凡數千冤號之聲聞於道路有一嫗所欠殘租十錢而已聞文舉法峻即日納之執其公文呈於文舉文舉怒曰爾何不早納之而勞我此來也亦撻之時有悼耄之輩不勝其刑而死者數人其後數月文舉因隨駕南征尋遇疾而卒時人以為陰責之事有徵矣

殃咎

殃咎之積報應之來蓋物理之昭然亦神道之不爽若乃無辜被禍懷恥未雪蓄憤無伸重居幽必報斯乃冤氣之所結營魂之



不昧者矣若夫苛枉自恣誅殺以逞徒宴安而滿志亦凶釁之何逃漸若霜冰隨如影響乃有遇以他類見乎厥妻或恍惚而遘癘或因緣而為祟精爽攸託變異非一繇是大者以至覆族小者不免滅身亦有假手於人自斃於法觸類而長不可偏舉斯蓋默定于上昭示于下以鑒戒於方來者焉書曰作不善降之百殃誠哉是言矣

伯有為鄭大夫使公孫黑如楚黑子皙　黑辭伯有將彊使之子皙怒以駟氏之甲伐之伯有奔許伯有自墓門之瀆入墓門鄭城門　因馬師頡介于襄庫以伐舊北門駟帶率國人以伐之伯有死於羊肆羊肆市　後鄭人相驚以伯有曰伯有至矣則皆走不知所往襄三十年鄭人殺伯有言其鬼至　鑄刑書之歲二月鑄刑書在昭公六年　或夢伯有介而行甲介也曰壬子余將殺帶也帶駟帶助子晳殺伯有　壬子昭公六年三月三日也　又將殺段也公孫段豐氏黨　壬寅昭公七年正月二十八日　及壬子駟帶卒國人益懼壬寅公孫段卒國人愈懼子產立良止以撫之乃止良止伯有子也立以為

福大夫有宗族

漢田蚡爲丞相毀殺魏其侯竇嬰及灌夫明年春蚡疾一身盡痛若有擊者謼服謝罪[illegible]武帝使視鬼者瞻之曰魏其侯與灌夫共守笞欲殺之竟死

後漢蘇不韋金城太守謙之子謙爲司隸校尉李暠掠死獄中不韋復讎於暠殺其兒妾發其父冢武威段紀明與暠素善紀明既爲司隸以禮辟不韋不韋懼之稱病不詣段追咎不韋前報暠事遣從事張賢就家殺之并其一門六十餘人盡誅滅之諸蘇以是衰破及紀明爲陽球所誅天下以爲蘇氏之報焉

魏胡种爲司隸校尉與王宏有隙宏下獄种遂迫促殺之宏臨命訴曰胡种樂人之禍禍將及之种後眠輒見宏以杖擊之因發病數日死

胡軫爲司隸校尉與功曹游殷有隙軫誣搆殺殷殷死月餘軫得疾患自說但言伏罪游功曹將鬼來於是遂死于時關中稱曰生有知人之明死有貴神之靈



吳于吉者道士也既爲孫策所殺策每獨坐彷彿見吉在左右意深惡之頗有失常後治創方差而引鏡自照見吉在鏡中顧而弗見如是再三因撲鏡大叫創皆潰裂須臾而死

孫峻爲武衛將軍與誅諸葛恪遷丞相大將軍後夢爲恪所擊恐懼發病死

程普爲盪寇將軍殺叛者數百人皆使投火普即時病癘百日而卒

晉阮放字思度爲交州刺史行達寧浦逢陶侃將高寶平梁碩自交州還放設饌請寶伏兵殺之寶衆擊放敗走保簡陽城得免放到州少時暴發渴見寶爲祟遂卒

羊聃爲廬陵太守坐殺郡人簡良等二百餘人除名須之遇疾常見簡良等爲祟旬日而死

桓溫爲大將軍拜高平陵左右覺其有異既登車謂從者曰先帝向遂靈見既不述帝所言故衆莫之知但見將拜時頻言臣不敢而已又問左右殷涓形狀荅者言肥短溫云向亦見在帝側初殷浩既爲溫所廢死涓頗有氣尚遂不詣溫而與武陵王晞游故溫疑而害之竟不識也及是亦見焉因而遇疾凡停京師十有四日歸于姑孰遂寢疾不起

趙染爲前趙劉聰平西將軍次新豐會晉將索綝自長安討染染有輕綝之色長史魯徽諫不聽敗績而歸悔曰吾不用徽言向面見之於是斬徽徽臨刑謂染曰死者無知則已若其有知當訴將軍使不得服林而死後染寇北地夢徽大怒引弓射之染驚悸而寤旦將攻城中弩而死

尹興爲後凉呂光丘池令時張掖督郵傅曜考覈屬縣而興殺之投諸空井曜見夢於呂光曰臣張掖郡小吏案校諸縣而丘池令尹興贓狀狼藉懼臣言之殺臣投於南亭空井中臣衣服形狀如是光寤而猶見之久之乃滅遣使覆之如夢光怒殺興



宋殷景仁爲護軍太祖以景仁討誅劉湛拜景仁楊州刺史遣使者授印綬主簿代拜拜畢便覺其情理乖錯性本寬厚而忽更苛暴問左右曰今年男婚多女嫁多是冬大雪景仁乘輿出聽事觀望忽驚曰當閤何得有大樹與而曰我誤耶疾轉篤太祖謂不利在州司使還住僕射下省爲州凡月餘卒或云見劉湛爲祟

劉季之爲司州刺史在州貪殘司馬翟弘業諫爭甚苦季之積忿置毒藥食中殺之季之少年時與宗愨共蒱戲曾手侮加愨愨深銜恨至是愨爲豫州刺史都督司州季之慮愨爲禍乃委官間道欲歸朝廷會竟陵王誕反季之在盱眙太守鄭瑗以季之素爲誕所遇疑其同逆因邀道殺之後瑗爲山陽王休祐驃騎中兵參軍豫州刺史殷琰與晉安王子勛同逆休祐遣瑗及左右邢龍符說琰琰下受鄭氏壽陽強族琰即使瑗鎮軍子勛黃琰舉兵逼脫瑗欲自解釋乃殺龍符送首瑗固爭不能得及壽

陽城降瑗隨輩同出龍符兄僧懲時在城外謂瑗搆殺龍符輒殺之瑗即爲劉勔所録後見原僧懲尋擊虜於淮西戰死此四人者並由横殺旋受身禍論者以爲有天道焉

檀和之爲交州刺史伐林邑國破其北界犬戎區栗城獲金寶無筭毀其金人得黄金數萬斤餘物稱是和之後病死見胡神爲祟

南齊豫章王嶷薨後忽見形於沈文季曰我未應便死皇太子加膏中十一種藥使我癰不差湯中復加藥一種使痢不斷吾已訴先帝帝許還東邸當判此事因胷中出青紙文書示文季曰與卿少舊因卿呈上俄失所在文季秘而不傳甚懼此事少時太子薨

莫智明爲明帝左右帝遣智明數蕭諶罪賜死諶謂智明曰天去人亦復不遠我爲中領軍與至尊殺高武諸王是君傳語來去我今死還取卿於省殺之未幾智明死見諶爲祟



蕭季敞爲輔國將軍時太子左率領軍蕭誄及兄左衛將軍諶同被誅季敞啓求收誄深加排苦乃至手相摧辱誄徐曰已死之人何兄至此君不憶相提拔時耶幽冥有知終當相報季敞麤獷無行善於彌縫高帝時爲誄諶所獎說故累爲郡守在政貪穢諶輒掩之後爲廣州刺史白日見誄將兵入城收之少日果爲西江都護周世雄所襲軍敗奔山中爲蛭所嚙肉都盡而死慘楚備至後爲村人所斬論者以爲有天道焉

梁沈約爲尚書左僕射因病夢齊和帝劍斷其舌召巫視之巫言如夢乃呼道士奏赤章於天稱禪代之事不由己出高祖聞之大怒遣使者譴責之約懼而卒

後魏南安王楨孝文時爲相州刺史以旱祈雨于群神鄴城有石虎廟人奉祀之楨告虎神像云三日不雨當加鞭罰請雨不驗遂鞭像一百是月疽發背薨

元壽興襲常山王素之孫孝文時爲中庶子時王顯在東宮壽興因公事杖之三十及顯有寵於宣武御史中尉奏壽興誹謗顯因帝極飲無所覺悟遂奏其事命帝注可直付壽興賜死壽興臨刑顧謂其子曰我棺中可着百張紙筆兩枚吾欲訟顯於地下若高祖之靈有知百日内必取顯如遂無知亦何足戀及孝明即位顯尋被殺壽興之死時論亦以爲前任中尉彈高讒諂所致

高肇宣武時爲尚書令譖殺彭城王勰勰妃司空李沖之女號哭大言曰高肇枉理殺人天道有靈汝還當惡死及肇以罪見殺論者知有報應焉

崔浩爲司徒浩非毀佛法而妻郭氏敬好釋典時時讀誦浩怒取而焚之捐灰於廁中及浩幽執置之檻内送於城南使衛士數十人溲其上呼聲嗷嗷聞于行路自宰司之被戮辱未有如浩者世皆以爲報之驗也初浩構害李順基萌已成夜夢秉火爇順寢室火作而順死浩與室家群立而觀之俄而順弟息號



哭而出曰此輩吾賊也以戈擊之悉投於河悟而惡之以告館客馮景仁景仁曰此真不善也非復虛事夫以火爇人暴之極也階亂兆禍復之招也商書曰惡之易也如火之燎於原不可向邇其猶可撲滅乎且兆始惡者有終殃積不善者無餘慶厲階成矣公其圖之浩曰吾方思之而不能悛以至於族

李彪爲御史中尉號爲嚴酷以姧欵難得乃爲木手擊其脇腋氣絶而復屬者時時有焉又慰諭汾州叛胡得其土渠皆鞭面殺之及彪之病體上往往瘡潰痛毒備極

張始均爲行臺郎中從都督元遥討大乘賊於冀瀛之間所殺戮積屍數萬始均忿軍士重以首級爲功乃令撿集人首數千一時焚爇至於灰燼用息僥倖見者莫不傷心及始均之死始末在於煙炭之間有燋爛之痛論者或亦推咎焉

裴伯昕爲員外散騎常侍宣武延昌末告尚書裴植謀爲廢黜植坐死後百餘日伯昕亦病亡臨亡見植爲祟口云裴尚書死

不獨見由何以見怒也
于忠爲車騎大將軍時高陽王雍省決庶政僕射郭祚尚書裴植以忠權勢日盛勸雍出忠忠聞之逼有司誣奏其罪祚有師傅舊恩植擁地入國忠並矯詔殺之忠疾病見裴郭爲祟而卒
劉蘭爲國子助教常排毀公羊氏非董仲舒延昌中静坐讀書有人叩門門人通焉蘭命引入其人葛巾單衣入與蘭坐謂蘭曰君自是學士何爲每見毀辱理義長短竟知在誰而過無禮見陵也今欲相召當與君正之言終而出出後蘭告家人少時而患卒
奚康生爲相州刺史在州以天旱令人鞭石虎畫像復就西門豹祠祈雨不獲令吏取豹舌未幾二兒暴喪身亦遇疾巫以爲虎豹之祟
樊子鵠出帝時爲御史中尉會宗室元樹奔梁梁武以爲郢州刺史子鵠爲行臺率徐州刺史杜德舍人李昭等討之樹城守



不下子鵠使金紫光祿大夫張安期說之樹請棄城還南子鵠許之殺白馬爲盟樹恃誓不爲戰備與杜德別還南德不許送洛陽置在景明寺樹年十五奔南未及富貴每見嵩山雲向南未嘗不引領歔欷初發梁都其愛妹玉兒以金指環與樹常著之寄以還梁表必還之意朝廷知之俄而賜死未幾杜德忽得狂病云元樹打我不已至死此聲不絕舍人李昭尋奉使向秦州至潼關驛夜夢樹去我已許天帝待卿至隴終不相放昭覺惡之及至隴口爲賀拔嶽所殺子鵠尋爲達野拔所殺
侯莫陳悅爲隴右都督特大都督拔嶽召悅共討靈州悅用其參軍豆盧光之謀誘嶽斬之既自殺嶽後神情恍惚不復如常恒言我纔睡即夢見嶽語我兄欲何處去隨逐我不相置因此彌不安而致敗滅
北齊高隆之爲驃騎大將軍見信高祖性多陰毒睚眦之忿無不報焉儀同三司崔孝芬以結婚姻不果太府卿任集同加營構頗相乖異瀛州刺史元晏請託不遂前後構成其罪並誅其後隆之被害家門殄滅論者謂有報應焉
韓賢爲洛州刺史初後漢明帝時西域以白馬負佛經送洛因立白馬寺其經函傳在此寺形制厚朴世以爲古物歷代藏寶賢無故斫破之未幾州民韓木蘭等作逆有一賊斫賢折脛而卒論者或謂賢因此致禍
隋梁敬真大業中爲大理司直時煬帝欲成光祿大夫魚俱羅之罪令敬真治其獄遂希旨陷之極刑未幾敬真有疾見俱羅爲之厲數日而死（于時東都饑饉俱羅遣家僕船米至東都糶之益市財貨潛迎諸子朝廷微知之恐其有異志前後察問不得其罪帝復令敬真就鎖將詣東都俱羅相表異人目有重瞳陰爲帝之所忌敬真希旨奏俱羅師徒敗衄於是斬東都市家口籍沒）
樊子蓋爲東都留守楊玄感之亂子蓋誅數萬人嚴酷少恩果於殺戮臨終之日見斷頭之鬼前後重沓爲之厲
唐郭霸則天天授二年自宋州寧陵丞應革命舉拜監察御史



嘗推芳州刺史李思徵搒捶考禁不勝而斃聖曆中屢見思徵甚惡之嘗因退朝歸命家人曰速請僧轉經設齋須臾見思徵從數十騎止其庭曰汝枉陷我我今取汝霸周章惶怖援刀自刳其腹斯須蛆爛矣是日閭里並見兵馬數十騎駐于門少選不復見矣
崔器以肅宗至德中爲御史中丞性苛刻樂禍奏陷賊官據律合斃死後器病腳腫月餘疾亟瞑目則見京兆尹達奚珣但口稱叩頭大尹不自由左右問之良久答曰達奚尹訴冤我求之如此經三日不止而死
陳曇德宗貞元中爲邕州經略招討使怒判官劉湲杖二十五湲卒之日曇得疾見湲爲祟而卒
舒元輿爲監察御史時亳州境嘗有群賊剽人廬舍劫取貨財累政擒捕不獲刺史李繁潛設機謀悉知賊之巢穴出兵盡加誅斬議者繁以不先啓聞廉使淡於擅興之罪朝廷遣元輿覆

璽之元與素與繫有隙復以初官鋭於生事乃盡反其獄辭以爲繫濫殺無辜狀奏勑於京兆府賜死時人寃之其後元䫉被禍人以爲有報應焉

後唐西方鄴爲寧江軍節度使爲政貪虐判官譚善達每箴其失鄴忿形於色令左右告善達受人金下獄搒掠善達亦剛詞多不遜遂殺於獄中無幾寢疾時見善達入其户俄卒於治所

晉馬全節爲定州節度使自上黨携歌妓一人之中山館於外有人以讒言中之全節加害及詔除鎮州遇病數見其妓厲之復來妓曰我已得請要公俱行全節具告家人數日而卒

漢蘇逢吉自高祖建號於太原以節度判官拜平章事時宰相李崧被誅人士寃之及逢吉受宣權知樞密院事數夕宿於金祥殿之東謂春官正王處訥曰夜來就枕未瞑已見李崧在傍生人與死人相接無吉事也及周太祖自鄴至汴官軍敗於劉子陂是夕逢吉宿於七里郊與同舍痛飲酹索刃將自剄左右止之至曙與隱帝同抵民舍遂自殺周太祖定京城與聶文進等同梟於北市釋其家族其梟首之所適當李崧寃死之地也



周鄭仁誨爲侍中初廣順末王殷受詔赴闕太祖遣仁誨赴鄴都巡撿及殷得罪仁誨不奉詔即殺其子盜利其家財妓樂也及仁誨卒而無後人以爲陰責焉

冊府元龜卷九百四十一

冊府元龜卷第九百四十二

總録部一百九十二

黷貨　禍敗

黷貨

傳稱黷貨無厭詩惡貪人敗類是知冒于貨賄先賢所譏若乃彩纓入仕代耕受禄不能潔身而自潔乃復受財以逞欲至使外資敵國旁通蠻塞求媚富室苟利私家由是正呂刑之文加鈇斧之戮千載之下恥莫大焉

伯封樂正后夔之子實有豕心貪惏無厭

漢項伯項羽叔也高祖爲漢王王巴蜀賜張良金百溢（二十兩曰溢 以溢名金若漢之論斤也）珠二斗良具以獻項伯漢王亦因令良厚遺項伯使請漢中地（本不盡與漢故請之）項王許之

周意封汾陰侯孝文十三年坐行受財髡爲城旦

許元封宋子侯孝景中二年坐寄使匈奴買塞外禁物



衛侈封樂平侯孝武建元六年坐買田宅不法有請求吏死

許歐封廣平侯元狩元年坐受淮南賂稱臣在赦前免

楊毋害封赤泉侯坐詐紿人臧六百免

任當千嗣梁期侯宣帝太始四年坐賣馬一疋賈錢十五萬過平臧五百以上免

陳湯爲從事中郎時大司馬王商不善湯授傷湯諸所犯湯前爲騎都尉王莽上書言父早死獨不封母明君共養皇太后尤勞苦（明君莽母也）宜封竟爲新都侯後皇太后同母弟苟參爲水衡都尉死子伋（伋音）爲侍中參妻欲爲伋求封湯受其金五十斤許爲求比上奏弘農太守張康坐臧百萬以上狡猾不道有詔即訊（訊考問之）恐下獄使人報湯湯爲訟罪得踰冬月許謝錢二百萬

後漢樊傳昌封燕湖侯（燕湖縣屬丹陽郡）章帝建初中遭母憂因上書以國貧不願之封乞錢三千萬爲關內侯帝怒貶爲關內侯竟不

賜錢

魏丁斐初從太祖以好貨數請取犯法或得京官爲典軍校尉

晉桓玄既自署太尉性貪鄙好奇異尤愛寶物珠玉不離于手人士有法書好畫及佳園宅者悉欲歸己猶難逼奪之皆蒲博而取遣臣佐四出掘果移竹不遠數千里百姓佳果美竹無復遺餘

殷仲文桓玄篡位時以佐命親貴厚自封崇輿馬器服窮極綺麗後房妓妾數十絲竹不絕音性貪吝多納貨賄家累千金常若不足

宋王僧達爲太子洗馬母憂去職兄錫罷臨海郡還送故及奉禄百萬以上僧達一夕令奴輦取無復所餘

阮佃夫既以弒廢帝太宗即位論功行賞壽寂之封應城侯佃夫建城侯餘有封賜佃夫及王道隆楊運長並執權柄亞人主大通貨賄凡事非賂不行人有餉佃夫絹二百匹嫌少不答



後魏張僧晧明帝孝昌中徵爲散騎侍郎不起世號徵君僧晧好營產業孜孜不已藏鏹巨萬他資亦稱是兄弟自供儉約車馬瘦弊身服布裳而婢妾紈綺僧晧尤好蒲弈戲不擇人是以獲譏於世

隋宇文述爲太子左衛率時申明公李穆孫筠爲高祖議立嗣而穆第十子渾規欲紹之述即其妻兄也渾謂述曰若得襲封當以國賦之半每歲奉公述因入白皇太子曰立嗣以長不以賢今申明公嗣絕偏觀其子孫皆無賴不足以當榮寵惟金才有勳於國謂非此人無可以襲封者太子許之竟奏高祖封渾爲申國公爲奉穆嗣

宇文化及自煬帝爲太子時領千牛見人子女狗馬珍玩必請託求之常與屠販者遊以規其利累遷至太子僕數以受納貨賄再三免官太子嬖昵之俄而復職

唐李袤睿宗景雲中爲左率府右郎將初袤嫁皇太子諒

韋氏有功其後恃寵多受貨賄按問得實命杖一百放于嶺表

于韋爲奉天令時憲宗山陵韋與山陵使親吏韋正收及陰陽官等同隱官錢十五萬貫不給工徒事發皆伏誅

後唐盧汝弼客游上黨丁會薦武皇即代李襲吉爲副使軍国政務委其參決莊宗嗣晉王位乃承制署吏又得汝弼有若符契由是除補之命皆出於汝弼之手既而畿內官吏考課擬議奔走盈門頗以賄賂聞人士少之莊宗嘉其才不之詰

李全暉乾祐中爲礼賓使與副使高行進減刻蕃部買馬錢下開封府勘問皆伏罪並決杖流房州

周馬從斌世宗顯德中爲殿中監初從斌有女適故晉國公霍彥成之子承語後數歲俱亡有息女一人年五六歲從斌收而養之霍氏資業並爲從斌所據既而從斌令其女弟邑德堅私度霍氏爲邑未幾而卒乃盡收其邸第復貿其資産乾沒其直走爲霍氏近親所訟下御史府按之得實免官



禍敗

古人有言禍福無門惟人自召既有積善之慶豈無禍淫之責人事易辯陰騭難誣求而得之又何怨也觀夫虵虺之行溪壑之心欺罔君親絶弃仁義殘忍不道貪冒无厭莫不十目所視衆怒難犯天肆惡盈之罰鬼得復讎而誅尊不可追速如影響大則兵連禍結災延本域小則巢傾卵碎孥及宗親猶謂不幸豈非庸哉所以克己復礼謙謙君子瞿然而笑矣

秦衛鞅孝公時爲左庶長定變法之令太子犯法刑其傅公子虔復犯約劓之孝公卒太子立公子虔之徒告商君欲反發吏捕商君商君亡至關下欲舍客舍人不知其是商君也曰商君之法舍人無驗者坐之商君喟然歎曰嗟乎爲法之敝一至此哉去之魏魏人怨其欺公子卬而破魏師弗受商君欲之他国魏人曰商君秦之賊秦之彊而賊入魏弗歸不可遂內秦商君既復入秦走商邑與其徒屬發邑兵北出擊鄭（鄭縣也）秦發兵攻商君殺之於鄭黽池（黽或作彭）秦惠王車裂商君以徇曰莫如商鞅反者遂滅商君之家

呂不韋爲相國始皇九年有告嫪毒實非宦者常與太后私亂生子二人皆匿之與太后謀曰王即薨以子爲後（毒與侍中左右貴臣博飲醉爭言而鬭乃瞋目大叱曰吾乃皇帝之假父也窶人子何敢乃與我亢所與鬭者走行白皇帝）於是秦王下吏治具得情實事連相國呂不韋九月夷嫪毒三族殺太后所生兩子而遂遷太后於雍諸嫪毒舍人皆沒其家而遷之蜀王欲誅相國爲其奉先王功大及賓客辯士爲游說者衆王不忍致法秦王十年十月免相国呂不韋及齊人茅焦說秦王秦王乃迎太后於雍歸復咸陽（入南宮）而出文信侯就国河南歲余諸侯賓客使者相望於道請文信侯秦王恐其爲變乃賜文信侯書曰君何功於秦秦封君河南食十万户君何親於秦號稱仲父其與家屬徙處蜀呂不韋自度稍侵恐誅乃飲酖而死（皇覽曰呂不韋冢在河南洛陽北邙道西大冢是也民傳言呂母冢不韋妻先葬故其冢名呂母也）秦王所加怒呂不韋嫪毒皆已死乃皆復歸嫪毒舍人遷蜀者



漢主父偃爲齊相初尊立衛皇后及發燕王定國陰事偃有功爲大臣皆畏其口賂遺累千金或說偃曰大橫（橫音胡孟反）偃曰臣結髮游學四十餘年身不得遂（遂達也）親不以爲子昆弟不收賓客弃我我阨日久矣丈夫生不五鼎食死則五鼎亨耳吾日暮故倒行逆施之（言日暮年老恐不及行常道故倒行逆施也）後以齊王自殺遂族偃

王温舒爲河內太守好殺行威遷爲中尉坐以法免後拜爲少府徙右內史治如其故姦邪少禁坐法失官復爲右輔行中尉事如故操歲餘會宛軍發（發兵伐大宛）詔徵豪吏温舒匿其吏華成及人有變告温舒受員騎錢它姦利事罪至族自殺（有員騎正騎錢之也）其時兩弟及兩婚家亦各自坐它罪而族光祿勳徐自爲曰悲夫夫古有三族而王温舒罪至同時而五族乎（温舒與弟同族而兩妻家各一故爲五也）温舒死家累千金

董賢爲大司馬哀帝末太皇太后召賢引見東廂問以喪事調

度賢內憂不能對免冠謝太后曰新都侯王莽前以大司馬奉送先帝大行曉習故事吾令莽佐君賢頓首幸甚太后遣使者召莽既至以太后指使尚書劾賢帝病不親醫藥禁止賢不得入出宮殿司馬中賢不知所為詣闕免冠徒跣謝莽使謁者以太后詔即闕下冊賢(冊即策也)曰間者以來陰陽不調菑害並臻(臻至也)元元蒙辜(蒙被也辜罪也)夫三公鼎足之輔也高安侯賢未更事理(更歷也音工衡反)為大司馬不合衆心非所以折衝綏遠也其收大司馬印綬罷歸第即日賢與妻皆自殺家惶恐夜葬莽疑其詐死有司奏請發賢棺至獄診視(謂發冢取其棺柩也診驗也音軫)莽復風大司徒光奏賢(光孔光也)質性巧佞翼姦(翼進也)以獲封侯父子專朝兄弟並寵多受賞賜治第宅造冢壙放效無極不異王制(放依也言依天子之制也)費以萬萬計國家為空虛父子驕蹇至不為使者禮(言不拜天子之使)受賜不拜辠惡暴著賢自殺伏辜死後父恭等不悔過乃復以沙畫棺(以朱沙畫之也)四時之色左蒼龍右白虎上著金銀日月玉衣珠璧以棺(以此物棺斂也棺音工喚反)至尊無以加恭等幸得免誅不宜在中土臣請收沒入財物縣官諸以賢為官者皆免父恭弟寬信與家屬徙合浦母別歸故郡鉅鹿長安中小民讙譁鄉其第哭幾獲盜之(鄉其第哭實欲竊盜也鄉讀曰嚮幾讀曰冀)縣官斥賣董氏財凡四十三萬萬賢既見發臝診其尸(臝露形也音郎果反)因埋獄中

原涉字巨先祖父武帝時以豪桀自陽翟徙茂陵涉性外溫仁謙遜而內隱好殺睚眦於塵中觸死者甚多王莽末為鎮戎大尹莽敗更始西屏將軍申徒建請涉與相見大重之故茂陵令尹公壞涉冢舍者為建主簿涉本不怨也涉從建所出尹公故遮拜涉謂曰易世矣宜勿復相怨涉曰尹君何壹魚肉涉也(言以涉為魚肉而不止也)涉用是怒使客刺殺主簿涉欲亡去申徒建內恨恥之陽言吾欲與原巨先共鎮三輔豈以一吏易之哉賓客通言令涉自繫獄謝建許之賓客車數十乘共送涉至獄建遣兵道徼取涉於車上(徼要也音工堯反)送車分散馳遂斬涉縣之長安市



後漢牛輔為中郎將董卓子壻營中無故大驚輔懼乃齎金寶踰城走左右利其貨斬輔送首長安(獻帝紀曰輔帳下支胡赤兒等素待之過急盡以家寶與之自帶二十餘餅金大白珠瓔胡謂輔曰城北已有馬可去以繩繫輔腰踰城懸下之未及地丈許放之輔傷腰不能行諸胡共取其金并珠斬首詣長安)

公孫瓚獻帝時為奮武將軍因袁紹遣出軍屯槃河將以報紹(槃河即九河之鉤槃河也)乃上疏數紹罪紹懼以所佩勃海太守印綬授瓚從弟範遣之郡欲以相結範遂背紹領勃海兵以助瓚與紹大戰瓚軍敗還薊後保易京建安三年袁紹復大攻瓚瓚遣子續請救於黑山諸帥而欲自將突騎直出傍西山以斷紹後長史關靖諫曰今將軍將士莫不懷瓦解之心所以猶能相守者顧戀其老小而恃將軍為主故爾堅守曠日或可使紹自退若舍之而出後無鎮重易京之危可立待也瓚乃止紹漸相攻逼瓚衆日蹙乃卻築三重營以自固四年春黑山賊帥張燕與續率兵十萬三道來救瓚未及至瓚乃密使行人齎書告續曰昔周末喪亂殭尸蔽地以意而推猶為否也不圖今日親當其鋒袁氏之攻狀若鬼神梯衝舞吾樓上鼓角鳴於地中日窮月急不遑啓處鳥厄歸人滀水陵高汝當碎首於張燕馳驟以告急父子天性不言而動且厲五千鐵騎於北隰之中起火為應吾當自內出奮揚威武決命於斯不然吾亡之後天下雖廣不容汝足矣紹候得其書如期舉火瓚以為救至遂便出戰紹設伏瓚遂大敗復還保中小城自計必無全乃悉縊其姊妹妻子然後引火自焚紹兵趣登臺斬之續為屠各所殺

袁術既僭號而士卒凍餒江淮間空盡人民相食術前為呂布所破後為太祖所敗奔其部曲雷薄陳蘭於灊山復為所拒憂懼不知所出將歸帝號於從弟紹欲至青州從袁譚發病道死(吳書曰術既為雷薄等所拒留住三日士衆絕糧乃還至江亭去壽春八十里問廚下尚有麥屑三十斛時盛暑欲得蜜漿又無蜜坐櫺牀上歎息良久乃大咤曰袁術至於此乎因頓伏牀下嘔血斗餘遂死)

袁譚紹之子也(譚音談)曹公之在鄴譚略取甘陵安平勃海河

胃攻男求尚於中山尚走故安從其兄熙譚悉收其衆曹公將討之譚乃拔平原并南皮自屯龍湊譚欲出戰軍未合而破譚被髮驅馳追者意非常人趨奔之譚墮馬回顧曰咄兒過我我能富貴汝言未絶口頭已斷地曹公擊袁尚袁熙至遼西尚熙與烏丸逆軍戰敗走奔遼東公孫康誘斬之送其首尚為人有勇力欲奪康衆與熙謀曰今到康必相見欲與兄手擊之有遼東猶可以自廣康亦心計曰今不取熙尚無以為說於國家乃先置其精勇於廄中然後請熙尚熙尚入康伏兵出皆縛之坐於凍地尚寒求席熙曰頭顱方行萬里何席之為遂斬首譚字顯思熙字顯奕尚字顯甫

晉石崇爲衛尉諂事賈謐及謐誅崇以黨與免官時趙王倫專權崇甥歐陽建與倫有隙崇有妓曰緑珠美而艷善吹笛孫秀使人求崇時在金谷別館方登涼臺臨清流婦人侍側使者以告崇盡出其婢妾數十人以示之皆蘊蘭麝被羅縠曰在所擇使者曰君侯服御麗則麗矣然本受命指索緑珠不識孰是崇勃然曰緑珠吾所愛不可得也使者曰君侯博古知今察遠照



邇願加三思崇曰不然使者出而又反崇竟不許秀怒乃勸倫誅崇建亦潛知其計乃與黃門郎潘岳陰勸淮南王允齊王冏以圖倫秀秀覺之遂矯詔收崇及潘岳歐陽建等崇正宴於樓上介士到門崇謂緑珠曰我今爲爾得罪緑珠泣曰當效死於官前因自投于樓下而死崇曰吾不過流徙交廣爾及車載詣東市崇乃歎曰奴輩利吾家財收者荅曰知財致害何不早散之崇不能荅崇母兄弟妻子無少長皆被害死者十五人崇時年五十二

楊駿爲太傅大都督假黃鉞錄朝政百官總己多樹親黨皆領禁兵於是公室怨望天下憤然殿中中郎孟觀李肇與黃門董猛及汝南王亮楚王瑋謀誅之殿中兵出燒駿府又令弩士於閣上臨駿府而射之駿皆不得出駿逃于馬廐以戟殺之觀等受賈后密旨誅駿親黨皆夷三族死者數十人

賈謐爲侍中領祕書監謐本賈充外孫韓壽之子也充薨以謐爲後與賈后成謀誣陷愍懷太子及趙王倫篡位以詔召謐於殿前將戮之走入西鍾下呼曰阿后救我乃就斬之韓壽少弟蔚及壽兄鞏令保弟散騎郎璞吳王友鑒謐母午皆伏誅

孫旂爲平南將軍子弼及弟子髦輔琰四人與孫秀合族及趙王倫起事並從秀開神武門下觀閱器杖兄弟旬日相次爲公府掾尚書郎弼又爲中賢將軍領尚書左丞輔爲上將軍領東夷校尉髦爲武衛將軍領太子詹事琰爲武威將軍領太子左率皆賜爵開國郡侯推崇旂爲車騎將軍開府初旂以弼等受署僞朝遣小息回責讓弼等以過差之事弼爲家禍弼等終不從旂制之不可但慟哭而已及齊王冏起義四子皆伏誅襄陽太守宗岱承冏檄旂夷三族

杜曾自稱南中郎將及王廙爲荊州刺史曾距之廙使將朱伺趙誘擊曾皆爲曾所殺王敦遣周訪討之屢戰不能克訪潛遣人緣山開道出曾不意以襲之曾衆潰其將馬儁蘇溫等執曾



詣訪降訪欲生致武昌而朱伺息昌趙誘息胤皆乞曾以復冤於是斬曾而昌胤臠其肉而噉之

祖約爲鎮西將軍蘇峻舉兵約後之既敗奔于石勒勒薄其爲人不見者久之勒將程遐說勒曰天下粗定當顯明逆順此漢高祖所以斬丁公也今忠於事君者莫不顯擢背叛不臣者無不夷戮此天下所以歸伏大王也祖約猶存臣竊惑之且約大引賓客又占奪鄉里先人田地地主多怨於是勒乃詐約曰祖侯遠來未得善歡可集子弟一時俱會至日勒辭之以疾令遐請約及其宗室約知禍及大飲醉既至于市抱其外孫而泣遂殺之并其親屬中外百餘人悉滅之婦女妓妾班賜諸胡

後魏和跋爲尚書性尤奢淫太祖戒之弗革將刑太祖命其諸弟毗等視誅跋謂毗曰灅北地瘠可居水南就耕良田廣爲產業各相勉勵務自纂脩令之背己曰汝曹何忍視吾之死也毗等解其微意詐稱使者亡奔長安追之不及太祖怒遂誅其家

崔暹初仕慕容燕以留臺尚書亡歸道武帝亦以為尚書後為御史中丞有罪賜死其孫徽孝文帝初以交通境外伏誅自暹之死至徽之誅三世積五十餘年而在北一門盡矣

費穆為武衛將軍尒朱榮向洛穆勸其大行誅罰榮心然之於是乃有河陰之事天下聞之莫不切齒及元顥內逼莊帝北幸穆遂降顥顥以河陰酷濫事起於穆引入詰讓出而殺之

尒朱世隆兄弟各擁強兵割剝四海世隆既揔朝政生殺自由及高歡起兵仲遠度律等愚戇恃強不以為虞而世隆獨深憂恐及天光戰敗世隆請出收兵節閔帝不許世隆令其外兵參軍陽叔淵單騎馳赴北中簡閱敗衆以次內之而斛斯椿未得入城詭說叔淵曰天光部下皆是西人聞其欲掠京邑遷都長安宜先內我以為其備叔淵信而內之椿既至橋盡殺世隆黨附令行臺長孫稚詣闕奏狀別使都督賈智張歡率騎掩執世隆與兄彥伯俱斬時年三十三



北齊高乾為魏司空爲莊帝所殺乾臨死神色不變見者莫不歎息焉時武衛將軍元整監刑謂乾曰頗有書及家人乎乾曰吾兄弟分張各在異處今日之事想無全者兒子既小未有所識亦恐巢傾卵破夫欲何言

唐來俊臣則天朝歷洛陽令司僕少卿恣行羅織多所陷害自侯王將相被其羅織受戮者不可勝計復自稱其才可比石勒朝野聞而懾懼又將誣告皇嗣及廬陵王與南北衙將相謀反冀因此傾動宗社自取國權俊臣與其黨衛遂忠飲醉自糾發由是得罪制曰來俊臣閭巷小人姧險有素以其頗申糾擿將謂微效款誠遂拔自泥塗齒于簪紱歲月滋久猜埃莫施害構凶邪每相朋扇隱逆賊之妹尤深嬖寵逼良家之女以為妾媵作威作福無禮無義剝奪甚萑蒲之盜贓賄踰立山之積諸王等磐石宗枝必期毀敗南北衙文武將相咸將傾危冀得竊弄機權方擬潛為悖逆無君之心已著不臣之迹顯然天下側目咸盡切齒擢其髮不足以數罪粉其骨不足以塞愆弃市之刑嚴科未極汙宮之辟輿議所歸宜加赤族之誅以雪蒼生之憤可准法籍沒其家時年四十七俊臣及伏誅讎人皆臠其肉噉之斯須而盡遠近莫不稱慶

高駢鎮淮南為秦彥幽辱計口給食自五月至八月外圍益急供事遂闕庖人以道院欄檻及諸木像毀而為薪以續晨爨時秦彥畢師鐸頗為楊行密所敗頗疑道院禳制使然又慮一旦府城不守或致竄逸有妖尼王奉仙者謂秦彥曰此間氣候當損一大貴人地方安以此言故害之是日駢晨起啜粥左右走告云有兵馬來言未畢衆已及階駢謂其徒曰軍府之事有監軍使及大將軍在汝輩莫無禮因命左右召秦彥詞氣甚厲群兇憚焉久之有卒自後揮肱中之遂牽下階著違之際猶仰首顧望若有所伺及就刃斷而不殊明日外圍知之皆向城大慟競以紙錢奠而焚之先是駢嘗戒群子曰汝等善自為謀吾必不學俗物死入四片板中以累於汝矣至是以諸姪同坎而瘞唯駢以舊氈包之正符所言及呂用之伏誅有軍人於中堂發得一石函內有銅人一枚長三尺餘身披桎梏口貫長釘刻上踪駢鄉貫甲子官品姓名為厭勝之事以是駢每為用之所制如有助焉其後楊行密入城署駢諸孫愈為節度副使令主喪事愈乃發穴長幼凡六人皆斂棺柩自道院遷于愈家既月餘愈又暴終明年四月孫儒下廣陵執其故吏曠師虔等葬之



後唐溫韜初仕梁為許州節度使明宗即位流于德州俄賜死長子延濬清泰中為汜水關使次延沼為父牙帳都校次延衮鄧州副指揮使咸聚居許下晉天福初聞張從賓作亂於河陽咸往依之從賓慮其難制悉斬于帳下明宗自鄴初至洛陽[illegible]彥威怒韜前事與[illegible]詔收下獄尋釋之下殺放歸田里天成二年竄於德州是歲九月詔曰德州流人溫韜生為黔首[illegible]自[illegible]依悉市[illegible]于[illegible]劫盜本郭陵寢遠州流人[illegible]害平人得便而常懷逆節[illegible]州司户[illegible]自[illegible]寬沐[illegible]興怨望[illegible]州司户石知[illegible]守[illegible]閑[illegible]門發文字[illegible]

坐視覽不守條章罹買店宅其後紛詢行止殿毀聽閉亦妻封及次半年訓成烟惜斥毋騎逾於千至不幸展背而出自誣刑徑容行從透部無省還但此一許古既齊區旣全引於徽論淄雍容合尚全大窮兵邪一身止令本處鶏死

王鎔為鎮州節度使令其子昭祚與張文禮以兵圍李弘規反軍司馬李藹宅並族誅之詿誤者凡數十家又殺蘇漢衡收部下偏將下獄窮其反狀親軍大恐時諸軍皆有給賜唯親軍不時與之衆心益懼張文禮因其反側密諭之曰王此夕將坑爾曹宜自圖之衆皆掩泣相謂曰王待我如是我等焉能效忠是夜親事十餘人自子城西門踰垣而入鎔方焚香授籙軍士二人突入斷其首袖之而出遂焚府第煙焰亘天兵士大亂鎔姬妾數百皆赴水投火而死軍校有張友順者率軍人至張文禮第請為留後遂盡殺王氏之族

張文禮為鎮州大將殺節度使王鎔盜其州叱斲役小人驟居人上行步動息皆不自安出則千餘人露刃相隨日殺不辜道路以目常慮我師問罪潛心百變南通朱氏北結契丹往往擒



獲其使莊宗遣人送還文禮由是愈恐是歲八月莊宗遣閻寶史建瑭及趙將符習等率王鎔本軍進討師興文禮病疽於腹及閻史建瑭攻下趙州驚悸而卒子處瑾擁鎮州李存審為北面招討使以攻鎮州是時處瑾危蹙曰甚昭義軍節度判官任圜馳至城下諭以禍福處瑾登陴以誠告乃遣牙將張彭送款於行臺俄而李存審師至城下是夜趙將李再豐之子冲投縋以援王師諸軍登城遲明畢入獲處瑾處球處琪并其母及同惡人等皆折足送行臺鎮人請醢而食之又發文禮之尸磔之於市

郭崇韜為樞密使尋從容謂白繼岌曰蜀平之後王為太子俟千秋萬歲神器在手宜盡去宦官優禮士族不唯疏斥閹寺騸馬不可復乘由是內則伶官巷伯怒目切齒外則舊僚宿將戟手痛心掇其族滅之禍有自來矣復以諸子驕縱不法既定蜀川輦運珍貨實於洛陽之第籍沒之日泥封尚濕雖莊宗季年

為群小所惑致功臣不保其終亦榮昭自貽其禍

安重誨為樞密使四五年間獨綰大任否臧自若環衛酋長貴戚近習無敢干政者弟收鄭州子鎮懷孟身為中令任過其才議者必有覆餗之禍無何有吏人李虔徽弟揚言於衆云相者言之狀今將統軍征淮南時有軍將密以是聞深駭上聽先是東川帥董璋恃險難制方多疑忌又以武虔裕為綿州刺史董璋曰設備防遂繁之叛及王師討蜀峽路艱阻糧運不繼而重誨請行纔許使翻翌日領數騎而出日馳數百里西諸侯聞之莫不惶駭所在錢帛糧料星夜輦遞而赴利州人乘斃踣於山路者不可勝紀百姓苦之重誨至鳳翔節度使朱弘昭延於寢室令妻子奉食器敬事尤謹重誨坐中言及非披人讒構幾不保全賴聖上保鑒苟獲全族因泣下重誨既辭弘昭遣人具奏重誨怨望出惡言不可令至行營恐奪石敬瑭兵柄而宣徽使孟漢瓊自西迴亦奏重誨已至三泉復詔歸闕再過鳳翔朱弘



昭拒而不納重誨懼急騎奔程未至京師制授河中帥既至鎮心不自安而請致仕制初下其子崇贊崇緒走歸河中二子初至重誨驚然曰二渠安得來家人欲問故重誨曰吾知之矣非此渠意是他人教來吾但以一死報國家餘復何言翌日中使至見重誨號泣久之重誨曰公但言其故勿過相愍中使曰人言令公據城異志矣重誨曰吾一死未塞責已負君親安敢懷異志遽勞朝廷興師增聖上宵旰則僕之罪更萬萬矣時遣翟光鄴使河中如重誨有異志則誅之既至李從璋自率甲士圍其第仍拜重誨於其庭重誨下階迎拜曰太傅過禮俛首方拜從璋以檛擊其首其妻驚走抱之曰令公死亦不遲太傅何遽如此并擊重誨妻首碎並剝其衣服夫妻倮形踣於廊下流血盈庭翌日副使判官白從璋願以衣服覆其屍堅請方許及從璋疏重誨家財不及數千緡議者以重誨有經綸社稷之大功然志大才短不能迴避權寵親禮士大夫亦周身輔國之

遠圖而自恣智襟果貽顛覆
馮贇爲樞密使明宗大漸聞秦王以兵入侍贇自第馳入皇城與朱弘昭康義誠等同謀誅秦王語在秦王傳明宗晏駕閔帝自鄴至京師內外制置皆出弘昭與贇及潞王至陝閔帝召弘昭不至俄聞自致妄從進乃殺贇於其第贇母初喪弃尸於路妻子俱伏法
朱弘昭爲樞密使閔帝即位超加中書令弘昭素猜忌潞王致其背誕以潞王至陝閔帝懼欲奔馳自首詔弘昭圖之時將軍穆延輝在弘昭第曰罪我也其如之何吾兒婦君之女也可速迎歸無令受禍中使繼至弘昭拔劍大哭至後亭欲自殺家人力止之使促之急弘昭曰窮至此耶乃自投於井安從進既殺馮贇斷弘昭首俱傳於陝州
晉王瑜爲太府少卿杜重威之鎮京平也瑜父欽祚爲節度副使及重威移帥崇山瑜乃毓求苟合代其父位後自常州貳車



再遷刑部郎中丙午歲欽祚刺舉義州瑜歸寧至郡會北戎盜據區夏何建以秦州歸蜀瑜說欽祚曰若不西走當爲左衽矣厲色數諫怒而不從因其卧疾涉旬瑜仗劍而脅之曰若儒無謀欲趨炮烙不即爲計則死于刃下父不得已而聽之時隴東屯兵新關扼其川路將北趣蕃部假途而往乃與群盜首長趙徽歃血爲約以兄事之謂之曰兩至成都余身爲相余爲將爾當領一大郡能遂行乎徽曰諾瑜慮爲所害俱先致其妻孥館於郡中行有期矣徽潛召其黨伺於郊林之外子夜瑜聚族而出輜重駱繹十有餘里徽之所親循澗澮而遺至馬峽路隅舉燧伏莽齊發斬欽祚之首貫諸矛平生聚蓄金幣萬計皆爲亂兵所掠少長百口殆將殄盡瑜尚獨戰千人矢不虛發手射捍其猶流血及鞬箙罄空乃持弓擊人鏃射皆碎夜竄山谷絕跡爲偵月餘爲樵人所獲繫送岐州爲侯益所殺

冊府元龜卷第九百四十二

後唐馬郁唐末爲幽州刀筆小吏少負文藝節度使李全忠子威嘗問其年郁曰弱冠後兩周星歲傲形于色後威繼父爲師首召郁問曰子今弱冠後兩周星歲郁但頓顙謝罪威曰如子之事吾平生之所愛也何懼之有因署以府職後爲莊宗太原副留守郁初與同幕王緘皆事燕王劉仁恭郁本府名位先達緘學術雖優然才性梗滯居燕時職官未達故郁在河東稠人廣衆之中頻指緘有所請謁呼王緘而已常閱所爲文因謂之曰覩知王緘中道有言語得無異乎

盧程初爲莊宗河東推官性識驕誕浮薄自矜篤學君子多所惡焉外恭內狠好掌人災同光初爲中書侍郎平章事是梁時將王彥章陷我德勝寨群情忷忷內外囂然帝於揚劉城躬厲士卒晝夜苦戰臣下皆憂之豆盧革與同列議上章規諫請不躬御士卒因言及漢高臨廣武事楚人矢及於胷紿云虜中吾足程曰此劉季天也幾死老兵衆皆縮頸帝與群官論士族



或云貞外孔龜明善和之家宣聖之後公輔累世得非盛族歟程曰止於孔丘之後盛則不吾所知也

劉岳爲吏部侍郎時馮道初入中書道形神庸陋一旦爲丞相人士多竊笑道自月華門赴班岳與工部侍郎任贊偶語見道行而復顧贊曰新相迴顧何也岳曰定是忘持兔園冊來道之鄉人在朝者聞之告道因授岳秘書監任贊散騎常侍

晉孔崇弼爲散騎常侍無他才但能談笑戲玩人物揚眉抵掌取悅於人

周李知損爲諫議大夫少輕薄利口無行梁朝時多從貴幸之狹斜之遊

冊府元龜第九百四十四

（僅存一葉）

册府元龜卷第九百四十五

總録部一百九十五

巧宦一　附勢　朋黨

巧宦

孔子曰富與貴是人之所欲不以其道得之不處也又云富而可求雖執鞭之士吾亦爲之是知君子之仕也先勞後禄輔國庇民寧屢不乘富貴自至小人之心也則異於是不顧其行不信其言苟耍便辟僥倖險詖以巧宦爲藏謀以由徑爲得[illegible]疾附勢託權門懷金華璧賓交貴室期於滿欲了無愧恥既以此得亦以此敗負乘覆餗不謂不幸云爾

漢段宏濮陽人始事蓋侯信〈景帝王皇后兄也〉信任宏〈任保擧也〉官亦再至九卿

司馬安汲黯姊子也亦與黯爲太子洗馬安文深巧善宦四至九卿以河南太守卒昆弟以安故同時至二千石十人



張湯杜陵人也初爲長安吏周陽侯爲諸卿嘗繫長安湯傾身事之及出爲侯大與湯交徧見貴人給事内史後爲廷尉其造請諸公不避寒暑〈造至也請謁也造音七到切〉是以湯雖文深意忌不專平然得此聲譽而深刻吏多爲爪牙用者依於文學之士丞相公孫弘數稱其美

陳萬年以高弟入爲右扶風遷大僕萬年廉平内行脩然善事人賂遺外戚許史傾家自盡尤事樂陵侯史高丞相丙吉病中二千石上謁問疾〈上謁若今通名也〉遣家丞出謝謝已皆去萬年獨留昏夜迺歸及吉病甚帝自臨問以大臣行能吉薦于定國杜延年及萬年萬年竟代定國爲御史大夫八歲病卒

陳咸萬年子也爲南陽太守時車騎將軍王音輔政信用陳湯咸數賂遺湯子書曰即蒙子公力得入帝城死不恨〈子公湯之字〉後竟徵入爲少府

後漢史敞順帝時以佞辯至尚書郡守

魏張既字德容馮翊高陵人有容儀少小工書疏年十六爲郡門下小吏而家富自惟門寒念無以自達乃畜好刀筆及版奏伺諸大吏有乏者輒給與以是見識焉後歷右職

劉類高陽人歷位宰守苛慝尤甚以善脩人事不廢於世

晉陸機爲平原内史好遊權門與賈謐親善以進趣獲譏

宋何尚之爲司空尚書令元凶弑立其子偃爲侍中掌詔誥居門下父子並處權要時爲寒心而尚之及偃善攝機宜曲得時會文帝即位任遇無改

南齊茹法亮吳興武康人也宋大明中出身爲小吏歷齋幹扶孝武末年作酒法鞭罰過度法亮憂懼因緣啓出家得爲道人明帝初罷道結事阮佃夫用爲兗州典籤累至太祖冠軍府行參軍

李安民武帝永明中自撫軍將軍丹楊尹遷尚書左僕射領軍以故安民時屢啓密謀見賞又善結尚書令王儉儉文世傳儉啓有此授

梁任昉齊明帝建武中仕不過列校東昏永元中紆意於梅蟲兒東昏中旨用爲中書郎謝尚書令王亮亮曰卿宜謝梅那忽謝我昉慙而退

宋季雅爲南康太守罷郡市宅居呂僧珍宅側僧珍問宅價曰一千一百萬怪其貴季雅曰一百萬買宅千萬買鄰及僧珍生子季雅往賀署函曰錢一千閽人少之弗爲通彊之乃進僧珍疑其故親自發乃金錢也遂言於帝陳其才能以爲壯武將軍衡州刺史

孫廉謙之從子也便辟巧宦齊時已歷大縣尚書右丞天監初沈約范雲當朝用事廉傾意奉之及中書舍人黄睦之等亦尤所結附凡貴要每食廉必日進滋旨皆手自煎調不辭勤劇遂得爲列御史中丞晉陵吳興太守時廣陵高爽有險薄才客於廉委以文記爽嘗有求不稱意乃爲屐謎以譏廉曰刺鼻不知嚏

蹋面不知愼齷齬作姿數恃此得勝人譏其家不計恥辱以此承
名位也

後魏侯天盛與散騎常侍趙脩鄰居壹武爲脩廣增邑舍擬於
諸王其四面隣居皆略入其地　天盛兄弟越次出補長史大郡

鄧羨孝明時胡太后臨朝爲黄門侍郎封安陽子邑三伯戸羨
西附左右故獲封焉羨又行貨於録尚書北海王詳轉大司農
少卿出行荆州事轉征虜將軍郢州刺史鎮義陽在州貌於聚
斂又納賄於于忠徵爲給事黄門侍郎

裴林光南司州刺史颺之子頗有學尚善事權門孝明時領軍元
乂納其金帛除鎮遠將軍散騎侍郎

屠景通善事元乂兼以貨賂乂父繼乂爲司空乃引景通爲掾

趙雋之爲給事中轉謁者僕射爲劉騰養息賂遺權門頻歷顯
官而卒

鄭雲爲濮陽太守納賄劉騰得爲龍驤將軍安州刺史

宋穎爲魏郡太守納貨劉騰言之於領軍元乂以穎爲冠軍將
軍涼州刺史

畢義儁孝明時襲南城縣男傾巧無事業善通時要歷郎中尚
書侍郎兖州刺史大中正中軍將軍通直散騎常侍坐事伏法

北齊高長瑜武成時爲廣陵太守多所受納刺史陸駿將表劾
之以貨賂就事和士開以書屏風詐爲長瑜獻武成大悦駿表
尋至遂不問焉遷合州刺史

畢義雲爲司徒左長史時鄭子默正被任用義雲之姑即子默
祖母遂除度支尚書攝左丞子默誅後左丞便解卒昭赴晉陽
高元海留鄴義雲深相依附知其信向釋氏常隨之聽講爲此
款密無所不至

唐薛曜中書令元超之子頗解屬文則天時以附會張易之兄
弟歷位正諫大夫

鄭愔中宗神龍中爲宣州司士私鑄錢百萬以遺武三思擢爲



侍御史遷中書舍人景龍中附昭容上官氏累遷吏部侍郎同
中書門下三品

崔湜中宗景龍中昭容上官氏屢出居外宅湜託附之由是中
宗遇湜甚厚再遷中書侍郎平章事

唐休璟神龍中同中書門下三品在任無所弘益以老病罷歸
私第休璟年力雖衰進取彌鋭時宮人賀婁氏用事而休璟爲
男取其養女因以自達拜太子少師同中書門下三品時議譏之

趙彥昭睿宗景雲初自涼州刺史除歸州刺史先是巫嫗趙氏
昵於韋庶人得封爲隴西夫人與彥昭隣居因附焉及趙氏誅
自其家獲彥昭納賄跡故貶官

康謙本商胡玄宗天寶中爲安南都護賂遺
楊國忠官至將軍肅宗上元二年　上表請用私財治
校山南一道驛朝廷以救弊許之仍加侍御史

呂諲天寶末爲哥舒翰判官肅宗册立於靈武諲馳赴行在帝
深遇之朱光輝李遵在君之側皆在言論其善諲亦厚已事光
輝遵等故驟拜御史中丞進奏無不允於

韋進常州人以門蔭入仕肅宗末昵於宰相王縉縉驟引至職
方郎中知制誥遷中書舍人準素寡文學以柔媚自進既非儒
流甚爲時論所薄

黎幹戎州人代宗時以善星緯數術進待詔翰林累官至諫議
大夫京兆少尹尋遷京兆尹以嚴肅爲理人頗便之而因緣附
會與時上下大歷二年改刑部侍郎

盧甚代宗時爲金州刺史宰相楊炎過之頗厚召入爲左司郎
中京兆少尹遷太尹甚無術學然善事權要

嚴綬德宗時爲宣歙池判官時觀察使劉贊卒綬傾軍府資用
進奉無幾徵拜刑部員外天下判官進奉自綬始

李景儉德宗時自忠州刺史授代至京除澧州刺史延英辭曰
景儉時有中助因萃言已屬退及月華門遂宣不令赴郡除倉

部員外郎。未一月，拜諫議大夫。

裴武自釋褐以吏才稱，累遷至太府司農卿、鄜坊觀察使。入爲京兆尹，復領大司農。其間掌錢穀供饋之事，皆粗有勞績，然善俯仰，能交結權右，雅無清直之稱。

王潛自陝州左司馬，歷彭二州刺史，遷將作監。輸賄權倖，拜涇原節度使。

鄭權爲工部尚書，然以家多僕媵，俸入寡薄，尋由他徑求致節制，不旬月，授嶺南節度使。

李德裕，穆宗時爲太原府司錄參軍。時謂監軍李國澄曰：何不以近貴取事，而自滯於外？簡乎國澄曰：豈所不欲？其如貧何？乃許借錢十萬貫，促國澄赴闕。國澄初未爲信，及至闕，咸如其諾。尋除中尉，遂爲中人所稱。

元稹初爲荆南士曹，爲監軍崔潭峻所禮，居無何，召入翰林爲中書舍人、承旨學士。中人以潭峻之故，爭與稹交，而知樞密魏



弘簡尤與稹相善。穆宗愈深知重。河東節度使裴度三上疏，言稹與弘簡爲刎頸之交，亂朝政，言甚激訐。穆宗顧中外人情，乃罷稹內職，授工部侍郎。帝恩顧未衰，長慶二年，拜平章事，詔下之日，朝野無不輕笑之。

薛平，敬宗寶曆初，自檢校左僕射兼戶部尚書，除爲檢校司空、充河中節度觀察等使。平理晉有政績，時論方洽，及是進緝萬四旋有此拜，議者甚惜之。

舒元輿爲著作郎，分司東都，日與李訓深相結納。大和末，訓居中用事，亟加遷擢，自右司郎中兼侍御史知雜事，爲權知御史中丞。

後唐袁象先，朱溫之甥也，爲宋州節度使。莊宗既平梁，汴象先厚以賂遺於權貴，劉皇后及閹徒，因而恩寵隆異，賜姓名李紹安，復爲宋州節度使。

孔謙，魏州之幹吏，自天祐十二年，莊宗平定魏博，會計皆委制置。謙能曲事權要，效其才力，帝委以泉貨之務，設法箕斂。七八年間，軍儲獲濟。

漢劉景巖初仕後唐，爲丹州刺史，家富於財，能交結豪右。

## 附勢

書曰：簡賢附勢，寔繁有徒。傳曰：同惡相求，其如市賈。蓋風頹俗靡之數，興輕進患失之機，苟異遠圖，必喻於利，遂乃趨浮薄之路，飾僶俛之姿，忌乎廉恥之規，異彼比周之效。或指與引重，得其歡心；諂媚兼資，奔競不已。雖獲識於當世，而自得於心術；至於假寵以貪殘，傾意以傳會，樂利是視，志氣自滿。其或罪既彰矣，顛仆隨之，雖欲自全，末由也已。故有屑營無愧，施施自若者焉。詩曰：無縱詭隨，以謹無良。蓋謂是夫。

廉頗爲趙將，免歸長平，失勢之時，故客盡去。及復用爲將，客又復至。廉頗曰：客退矣。客曰：吁，君何見之晚也！夫天下以市道交，君有勢我則從君，君無勢則去，此固其理也，有何怨乎。



漢衛青爲大將軍，霍去病爲驃騎將軍。更令令驃騎將軍秩祿與大將軍等。自是後，青日衰而去病日益貴，青故人門下多去事去病，輒得官爵。

張湯爲長安吏，周陽侯爲諸卿時，嘗繫長安，湯傾身事之。及出爲侯，大與湯交，偏見貴人及列九卿，收接天下名士大夫。已心內雖不合，然陽浮道與之。陽以道義與交非其中心欲亦詐也 其造請諸公不避寒暑。湯位至御史大夫。

後漢廉范字叔度，京兆杜陵人。初受業於京師，京兆、隴西二郡更請召，皆不應。後爲蜀郡太守，而依倚大將軍竇憲，以此爲譏。

荀緄者，彧之父也。中常侍唐衡欲以女妻汝南傅公明，公明不娶，轉以與彧。緄慕衡勢，爲彧娶之。爲論者所譏。彧官至守尚書令。

魏何晏，文帝黃初時無所事任。及明帝立，頗爲冗官。至正始初，曲合於曹爽，亦以才能，故爽用爲散騎侍郎，遷侍中尚書。

文欽爲廬江太守、鷹揚將軍。王凌奏欽貪殘，不宜撫邊，求免官

治罪由是徵斂還舊業以敎鄉里厚養待之不治斂事後遣還

廬江加冠軍將軍賁龍驤前斂以故益驕

王恩爲吏雖煩碎而曉練文書傾意形勢亦以是顯名官至九卿

晉石崇爲衛尉時賈謐以賈后之勢開閤延賓海内輻湊貴遊豪戚及浮競之徒莫不盡禮事之或著文章稱美謐以方賈誼崇與歐陽建滎陽潘岳吴國陸機陸雲蘭陵繆徵京兆杜斌摯虞琅邪諸葛詮弘農王粹襄城杜育南陽鄒捷齊國左思清河崔基沛國劉瓌汝南和郁周恢安平牽秀潁川陳昣太原郭彰高陽許猛彭城劉訥中山劉輿劉琨皆傅會於謐號曰二十四友其餘不得豫焉

劉琨爲尚書郎趙王倫執政以琨爲記室督轉從事中郎倫子荂琨姊壻也故琨父子兄弟並爲倫所委任及篡荂爲皇太子琨爲荂詹事

王雅既貴幸威權甚震門下車騎常數百而善應接傾心禮之



孝武世爲太子少傅時王珣兒婚賓客車騎甚衆會聞雅拜少傅回詣雅者過半時風俗頹弊無復廉恥然少傅之任朝望屬珣珣亦頗以自許及中詔用雅衆遂赴雅焉

宋顏師伯孝武初鎭徐州爲輔國安北行參軍王景文時爲諮議參軍愛其諧敏進之孝武師伯因求杖節乃以爲徐州主簿善於附會大被知遇

王履爲大將軍從事中郎深結劉湛委誠大將軍彭城王義康與劉斌孔胤秀等並有異志履叔球爲吏部尚書母訓厲不納自大將軍從事中郎轉長史中庶子流涕訴義康不願遠離以此復爲從事中郎太祖甚銜之及湛之誅及履徒跣告球球命爲取履先温酒與之謂曰常日語汝何復怖懼不得答球徐曰阿父在汝亦何憂命左右扶郎還齋帝以球故履得免死廢于家

南齊李安民爲撫軍將軍丹揚尹永明二年遷尚書左僕射將軍如故安民時屢啓密謀見賞又善結尚書令王儉故世傳儉

啓有此授

梁王亮齊建武末爲吏部尚書是時尚書右僕射江祏管朝政多所進拔爲士子附麗亮自以身居選部每持異議始亮未爲吏部郎時以祏帝之内弟故深友祏祏爲之延譽益爲帝所器重至是與祏情好攜薄祏頗恨之如初及祏遇誅羣小放命凡所除拜悉由内寵亮更弗能止外若詳審内無明鑒其所選用示資次而已當世不謂爲能

後魏長孫稚爲太常卿右將軍孝明時侯剛爲侍中撫軍將軍寵任既隆而江陽王繼及稚皆以女妻剛子剛爲元乂所厚故稚驟得轉進

穆建爲直閤將軍兼武衛建妻尒朱榮之妹常依附榮榮入洛之後除鎭東將軍

劉廞字景興好學彊立善事當世高肇之盛及清河王懌爲輔政皆與其子交遊往來靈太后臨朝又與太后兄弟往還相好



太后令廞以詩賦授宫人元吉後爲國子　酒兼都官尚書

王翊字士遊爲中書侍郎頗銳於榮利結婚於元乂超拜左將軍濟州刺史尋加平東將軍

郭逸以一女妻司徒崔浩一女妻浩弟上黨太守恬太武時親用寵事拜逸徐州刺史假榆次侯

高聰爲并州刺史在州數歳多不率法又與太原太守王椿有隙亦爲大使御史舉奏高肇每以宗私相援事得寢緩

劉藻子紹珍無他才用善附會好飲酒結託劉騰騰啓爲其國郎中令襲子爵

張烈河東武城人孝明時爲征虜將軍司空長史先是元乂父江陽王繼曾爲青州刺史及乂當權烈託故義之懷遂相諂附除前將軍給事黄門侍郎

馮元興舉秀才時御史中尉王顯有權寵元興奏記於顯一見[illegible]檢校御史後爲元乂所知元興世寒因乂之勢託其父道[illegible]

爲州主簿論者以爲非倫
比列延慶尒朱世隆之姊壻也爲常州刺史前廢帝普泰初世
隆得志特見委重遷驃騎常侍車騎將軍儀同三司
于暉字宣明爲汾州刺史暉善事人爲尒朱榮所親以女妻其
子長孺歷侍中河南尹後拜尚書僕射東南道行臺
徐紇與鄭儼俱爲舍人儼得幸於靈太后以紇有智數仗爲謀
主紇以儼寵幸既盛傾身承接共相表裏勢動內外城陽王徽
與之合當時政令歸於儼等
崔休少而謙退事母孝謹及爲司馬尚書子仲文納丞相高陽
王雍第二女妻領軍元叉子秘書郎稚舒挾恃二家志氣微改
內有自得之心外則陵藉同列尚書令李崇左僕射蕭寶夤右
僕射元欽皆以雍叉之故每憚下之始休母房氏欲以休女妻
其外孫邢氏休不欲乃違其母而以女妻叉子議者非之
鄭羲爲中山王叡傅後歷年不轉資產亦乏因請假歸遂與桓
不返及李沖貴寵與羲姻好乃就家徵爲中書令
中山王英子熙既襲爵累遷光祿勳　領軍于忠執政熙與之
壻也故歲中驟遷
北齊許惇少純直晚更浮動初齊朝體式本州大中正以京官
爲之同郡邢邵爲中書監德望甚高惇與邵競中正遂憑附宋
欽道出邵爲刺史朝議甚鄙薄之惇仕至尚書右僕射
源文宗爲秘書監以貴遊子弟升朝列才識敏贍以幹局見知
然好遊詣貴要之門故時論以爲善於附會
和士開累遷庸鄙不閑書傳發言吐論惟以諂媚自資河清天
統以後威權轉盛富商大賈朝夕填門朝士不知廉恥者多相
附會甚者爲其假子與市道小人同有貴季行列士開從至尚
書令
後周賀蘭祥爲大司馬時晉公護執政祥與護中表少相親愛
軍國之事護皆與祥參謀及誅趙貴廢孝閔帝祥有力焉



唐封德彝隋煬帝初爲舍人而不被用見虞世基幸於煬帝而基
不閑吏務每承受敕分多失事理德彝又託附之密爲指畫宣行
詔命諂順主心外有表疏如忤意者皆寢而不奏決斷刑法多
峻文深詆策勳行賞必抑削之故虞世基之寵日隆而隋政日亂
皆德彝之所爲也
丘和初仕隋爲蒲州刺史坐事除名煬帝時宇文述方被任遇
和傾心附之又以發武陵公元胄罪拜代州刺史
劉義節爲少府監性明慧有幹理家富於財善附會娶妻
李迥秀爲鳳閣鸞臺平章事頗託附權倖傾心以事張易之昌
宗兄弟由是深爲讜正之士所譏
崔湜爲吏部侍郎時昭容上官氏屢出外宅湜託附之由是中
宗遇湜甚厚尋轉中書侍郎平章事
黎幹爲京兆尹時魚朝恩爲觀軍容使仍知國子監事時龐含
廣天憲在舌幹寫心佞事勤心求媚每朝將至監則盛具數百
人之饌傾府吏以辦之
李自知爲刑部尚書以官在權要諸子所娶多權貴皆結婚名族
時議以爲失禮之中
裴冕爲右僕射兼御史大夫充山陵使尋貶爲施州刺史初冕
爲僕射數論時政遂兼御史大夫充山陵使以李輔國權重有
恩乃奏輔國所親信劉烜爲判官潛結輔國後烜爲中書舍人
得罪冕以輔國黨乃連坐焉
房式宰相張延賞之壻延賞以觀察陝州辟爲從事及入相累
遷起居郎出入於門爲其耳目及以卒再除忠州刺史
于頎爲太府卿京兆尹好任機數專依權要朝列中無勢利者
視之蔑如也由是元載載親暱之及載得罪後出爲鄭州
韓泰爲左右神策京西行營節度行軍司馬順宗永貞元年貶
撫州刺史及司封郎中韓曄貶池州刺史禮部員外郎柳宗
元貶邵州刺史屯田員外郎劉禹錫貶連州刺史皆以善於王

叔文坐貶出守

韋執誼與王叔文同爲翰林學士德宗載誕日皇太子獻佛象德宗令執誼爲畫像贊帝令太子賜執誼縑帛以酬之執誼至東宮謝太子卒然無以藉言太子因曰學士知王叔文乎彼偉才也執誼因是與叔文交甚密

杜兼爲濠州刺史性陰險豪侈矜氣憲宗元和初入爲刑部吏部郎中拜給事中除金商防禦使旋授河南少尹知府事尋正拜尹皆杜佑在相位所借護也

王鍔自言太原人後爲太原節度使納附太原王翃爲從子以婚閥自處翃子弟多附鍔以致名官

李景儉漢中王瑀之孫頗覽前史詳其成敗以王霸之略爲己任韋執誼王叔文師重之當二人竊政景儉居母喪故不及禍竇羣爲御史中丞引爲監察御史及羣以罪出官景儉坐貶江陵戶曹



韋顗爲吏部侍郎累歷臺省自元和已來居相位者裴垍李絳崔羣韋貫之多與友善而後進之有浮名者亦遊其門以是常稱有望及李逢吉以朋黨專政柄而顗之跡尤密顗爲時人所譏

梁震損進士擢第左丞李琪常善待損琪有女弟鄙長年孀對不售乃以妻損損慕琪聲稱聞其恥納之及琪爲輔相致損仕進

後唐鄭玨少依河南尹張全義初爲集賢校理昭宗幸洛陽玨爲監察御史朱温篡命於汴州改左補闕起居郎時張衍爲諫議大夫玨文章美麗言趣雍容後進推服衍以全義之門人擢要獎遇之召入翰林爲學士歷考功員外郎右司郎中皆知制誥正授舍人翰林承旨轉禮部侍郎玨自成名至昇朝掌綸書皆全義爲之提挈

朱洪實爲馬軍都指揮使時朱弘昭爲樞密使勢傾尤盛洪實以宗兄事之意頗相附

韋協明宗天成初爲太常卿判尚書銓時孔循任事協因其門入求爲輔相二年正月七日成命將出任圜言於執政曰協非無學術然少文吏聖上以遭逢運會俾侍罪廟朝四輔之重已逾一位今聞崔協雖爲名族本不讀書故其識見恐不及圜孔循然其言拂衣而出稱疾不朝者數日帝俾重誨諭之方入翌日降制拜平章事登庸之後廟堂秉筆假手於人前不同於己者忌騁其欲鋒鋩露見多爲近侍所沮

晉史圭爲懷州令結常山野人李諲諲得罪有主所獻遺籤目在焉由是[illegible]

朋黨

夫同惡相濟譬諸市賈同黨爲比謂之小人蓋蕭艾之一藉而風俗之競扇鮮仁從類苟利成交引用以晝姦結約而曆固澆薄之態萬狀姦詐之萌百端矯激以陳言便佞而抗志抵冒以求勝締構而許心乎推所長周恩其毀覿之如兄弟合之君符斷恩私至志傾動誼譽以務大用與議以撼[illegible]附向



何寵是繁有徒若君子大爲之防無使滋蔓者謂此物也夫

漢灌夫武帝時爲燕相數歲坐法去家居長安與相侍中賓客益衰（以夫居家卿相侍中素屬夫之賓客者漸以衰退不復往也）及魏其侯竇嬰失勢亦欲倚夫引繩排根格生平慕之後棄者（根格音下各切）生平慕嬰夫後見其失勢而慢謂之如此者共排退之交人譽如相對說而扳援之如手足攀附引前進爲援格夫亦得嬰通列侯宗室爲名高兩人相爲引重（相推引而重）謂好其游如父子然相得驩甚無厭恨相知之晚

賈捐之字君房元帝時待詔金馬門數召見而長安令楊興新以材能得幸與捐之相善捐之欲得召見謂興曰京兆尹缺使言君蘭（楊興字）京兆尹可立得興曰縣官嘗言興愈薛大夫（謂薛廣德爲御史大夫）我易助也君房下筆言語妙天下（言於天下爲精妙）使君房爲尚書令勝五鹿充宗遠甚捐之曰令我得代充宗蘭爲京兆京兆郡國首尚書百官本天下眞大治士則不隔矣捐之前言平恩侯可爲將軍（許嘉）期思侯並可爲諸曹（期思侯當是貴戚之後）

（可行表也不載）皆如言又薦謁者滿宣立爲冀州刺史言中謁者不宜受事宦者不宜入宗廟立止相薦之信不當如是乎（興捐相薦之效當如此）所（見納用）言諸事興曰我復見言君房也捐之復短石顯興曰顯鼎貴（鼎音丁言方且欲貴矣古且是也讀如今字）帝信用之今欲進弟從我計（弟但也）且與合意即得入矣捐之即與興共爲薦顯奏曰竊見石顯本山東名族有禮義之家也持正六年未嘗有過明習於事敏而疾見出公門入私門（言自公庭出即歸其家不私交游）宜賜爵關內侯引其兄弟以爲諸曹又共爲薦興奏曰竊見長安令興幸得以知名數召見興事父母有曾氏之孝（曾參也）事師有顏閔之材（顏回閔子騫）榮名聞於四方明詔舉茂材列侯以爲首爲長安令吏民敬鄉（鄉讀曰嚮）道路皆稱能觀其下筆屬文則董仲舒進謀動辭則東方生置之爭臣則汲直（汲黯也方直故謂之汲直）用之介冑則冠軍侯施之治民則趙廣漢抱公絕私則尹翁歸興兼此六人而有守道堅固執義不回（回邪也）臨大節而不可奪國之良臣可試守京兆尹石顯聞知白之帝迺下興捐之獄令皇后父陽平侯禁與顯共雜治奏興捐之懷詐偽以帝語相風更相薦譽（風讀曰諷更音工衡切）欲得大位漏泄省中語罔上不道書曰讒說殄行震驚朕師（虞書舜典之辭也言讒說之讒殄絕君子之行震驚我衆）王制順非而澤不聽而誅（禮記王制之言也行偽而堅言偽而辯學非而博順非而澤以疑衆殺謂人有此偽言不可誘者非道之傳無用飾非文過辯詐順澤不聽教命者也此皆誅殺也）請論如法捐之竟坐棄市興減死罪一等髡鉗爲城旦

華陰守丞嘉（史失其姓）元帝時上封事言治道在於得賢御史之官宰相之副九卿之右（右言在上也）不可不選平陵朱雲兼資文武忠正有智略可使以六百石秩試守御史大夫以盡其能帝迺下其事問公卿太子少傅匡衡對以爲大臣者國家之股肱萬姓所瞻仰明王所慎擇也傳曰下輕其上爵賤人圖柄臣則國家搖動而民不靜矣（上爵大官也圖謀也柄臣執權之臣）今嘉從守丞而圖大臣之位欲以匹夫徒步之人而超九卿之右非所以重國家而尊社稷也自堯之用舜文王於太公猶試然後爵之又況朱雲者乎



雲素好勇數犯法亡命受易頗有師道其行義未有以異今御史大夫貢禹絜白廉正經術通明有伯夷史魚之風海內莫不聞知而嘉猥稱雲（猥曲也）欲令爲御史大夫妄相稱舉疑有姦心漸不可長宜下有司案驗以明好惡嘉竟坐之

朱雲字子游元帝時爲槐里令時中書令石顯用事與五鹿充宗爲黨百僚畏之唯御史中丞陳咸年少抗節不附顯等而與雲相結雲數上疏言丞相韋玄成容身保位亡能往來（不能有所前卻也周書君奭之篇稱周公曰惟文王尚克修和有夏亦惟有若虢叔有若閎夭有若散宜生有若泰顛有若南宮括又曰亡能往來茲迪彝教雲引此以爲言也）而咸數毀石顯久之有司考雲疑風吏殺人（風讀曰諷）羣臣朝見帝問丞相以雲治行丞相玄成言雲暴虐亡狀（無善狀也）時陳咸在前聞之以語雲雲上書自訟咸爲定奏草求下御史中丞事下丞相丞相部吏考立其殺人罪（立謂成其罪）雲亡入長安復與咸計議丞相發其姦奏咸宿衛執法之臣幸得進見漏泄所聞以私語雲爲定奏草欲令自下治（咸爲御史中丞而奏請下中丞欲故令自下治也）後知雲亡命罪人而與交通雲以故不得（吏捕之不得）於是下咸雲獄減罪爲城旦咸雲遂廢錮終元帝世

谷永初自託於大將軍王鳳擢爲光祿大夫善言災異前後所上四十餘事略相反覆專攻帝身與後宮而已黨於王氏成帝亦知之不甚親信也

息夫躬少爲博士弟子哀帝初即位皇后父特進孔鄉侯傅晏與躬同郡相友善躬繇是以爲援交游日廣（繇讀與由同）先是長安孫寵亦以游說顯名免汝南太守（爲汝南太守免而歸也）與躬相結俱上書召待詔後躬寵迺與中郎右師譚因中常侍宋弘上書告東平王后皆封侯

何武爲前將軍哀帝末太后引王莽入收大司馬董賢印綬詔有司舉可大司馬者莽故大司馬辭位辟丁傅（辟讀曰避）衆庶稱以爲賢又太后近親自大司徒孔光以下舉朝皆舉莽武與左將軍公孫祿相善二人獨謀以爲往時孝惠孝昭少主之世外戚

呂霍上官持權幾危社稷(幾𡖖)今孝成孝哀比世無嗣(比頻也)方
當選立親近輔幼主不宜令異姓大臣持權(異姓謂非宗室及外戚)親疏
相錯爲國計便(錯雜也謂疏親相雜)於是武舉公孫祿可大司馬而祿亦舉
武太后詔自用莽風有司劾奏武公孫祿互相稱舉(風諭也)皆免
武就國

後漢耿秉封美陽侯長子沖嗣及竇憲敗以秉竇氏黨國除

周福字仲進甘陵人初桓帝爲蠡吾侯受學於福及即帝位擢
福爲尚書時同郡河南尹房植字伯武有名當朝鄉人爲之謠
曰天下規矩房伯武因師獲印周仲進二家賓客互相譏揣遂
各樹朋徒漸成尤隙由是甘陵有南北部黨人之議自此始矣

吳全寄左軍師琮之次子與吳安孫奇楊竺等陰附魯王霸圖
危太子和太子以敗霸亦賜死流竺屍于江又誅寄安奇等咸
以黨霸構和也初太帝立和爲太子霸爲魯王侍衛賓客造爲
二端仇黨疑貳滋延大臣丞相陸遜大將軍諸葛恪太常顧譚



驃騎將軍朱據會稽太守滕胤大都督施績尚書丁密奉禮而
行宗事太子驃騎將軍步騭鎮南將軍呂岱大司馬全琮左將
軍呂據中書令孫弘等附魯王中外官寮將軍大臣舉國中分

晉虞預會稽餘姚人少好學有文章餘姚風俗各有朋黨宗人
共薦預爲縣功曹欲使沙汰穢濁預書與其從叔父曰近或聞
諸君以預入寺便應委質則當親事不得徒已然預下愚過有
所懷邪黨互瞻異同蜂至一旦差跌衆鼓交鳴毫釐之失差以
千里此古人之明戒而預所大恐也卒如預言未半年遂見斥
退後太守庾琛命爲主簿

宋徐珮之爲丹陽尹司空羡之兄子少帝景平初以羡之知權
頗豫政事與王韶之程道惠中書舍人邢安泰潘盛爲黨劉湛
爲領軍將軍與尚書僕射殷景仁積隙漸生時彭城王義康專
秉朝權而湛昔爲上佐遂以舊情委心自結欲因宰相之力以
廻主心傾黜景仁獨當時務義康屢構之於太祖其事不行義
康寮屬及湛諸附隸潛相約勒無敢歷殷氏門者湛黨劉敬文
父成未悟其機詣景仁求郡敬文遽往謝湛曰老父悖耄遂就
殷鐵(景仁字)干祿由敬文闇淺上負生成合門慙懼無地自處敬
文之姦諂無惜如此

北齊邢義雲以依附高元海爲兗州刺史給後部鼓吹即赴本
州軒昂自得意望銓衡之舉見諸人自陳荷許引拔又言離別
暫時在州先有鐃吹至於案部行遊遂兩部並用猶作書與元
海論敘時事元海入內不覺遺落給事中李孝貞得而奏之爲
此元海漸疎

鄭頤字子默與宋欽道特相友愛欽道每師事之楊愔始輕宋
鄭不爲之禮俄而自結人主與參顧命欽道復舊與濟南王款
狎共相引致無所不言乾明初拜散騎常侍二人權勢之重與
愔相埒

唐邵說德宗時爲太子詹事與御史大夫嚴郢厚善建中末郢



初得罪說勸太尉朱泚抗疏申其冤說爲草其奏帝知之故貶
說歸州刺史

竇群憲宗元和中爲吏部郎中宰相武元衡李吉甫皆愛重之
未幾拜御史中丞後與呂溫羊士諤等黨比欲陷吉甫事中裴
垍及垍爲相貶爲黔中觀察

舒元輿爲著作郎分司東都日與李訓深相結納及訓居中用
事元輿亟加遷擢

楊虞卿爲京兆尹性柔佞能阿附權幸以爲姦利每歲銓曹貢
部爲舉選人馳走取科名占員闕無不得其所欲昇沈取捨出
其口吻宰相李宗閔待之如骨肉以能朋比唱和故時號黨魁
會京師有訛言文宗聞之不悅御史大夫李固言素嫉虞卿朋
黨乃奏曰臣窮問其由此語出於京兆尹從人因此扇於都下
帝怒收虞卿下獄尋貶虔州司户

冊府元龜卷第九百四十五

卷末

# 册府元龜卷第九百四十六

總録部一百九十六

失禮　奢侈　厚葬

## 失禮

夫禮者天之經地之義人之行也可使顛沛而求不可斯須而去仲尼有言非禮勿視非禮勿聽非禮勿言非禮勿動矧乎吉凶威儀之盛酬酢升降之繁亭宴儐介之容贄幣籩豆之數過[illegible]不及皆爲失也苟有失之譏誚及焉

鄭公子忽以魯隱公八年四月甲辰如陳逆婦嬀辛亥以嬀氏歸甲寅入于鄭鍼子送女先配而後祖鍼子曰是不爲夫婦誣其祖矣非禮也何以能育

原壤孔子之故人其母死夫子助之沐槨（沐治也）原壤登木曰久矣予之不託於音也（木槨材也託寄也謂不以音聲寄意也）歌曰貍首之班然執女手之卷然（說人辭也）夫子爲弗聞也者而過之（佯不知）從者曰子未可以已乎（已猶止也）夫子曰丘聞之親者毋失其爲親也故者毋失其爲故也

叔孫武叔爲魯大夫其母死（武叔公子牙之六世孫名州仇）既小斂舉者出戶出戶袒且投其冠括髮（尸出戶乃變服失哀節）子游曰知禮（嗤之）

國昭子爲齊大夫母死問於子張曰葬及墓男子婦人安位子張曰司徒敬子之喪夫子相男子西鄉婦人東鄉（司徒敬子衛大夫夫子孔子）曰噫毋（噫不寤之聲毋禁止之辭）曰我喪也斯沾（斯盡也沾讀爲覘覘視也國昭子自謂齊之大家有事人盡視之欲人觀之法其所爲）爾專之賓爲賓焉主爲主焉（專猶司也時子張相）婦人從男子皆西鄉（非也）

叔孫子柳魯人其父仲皮學子柳（叔仲皮魯叔仲衍之兄也學教也）叔仲皮死其妻魯人也衣衰而繆絰（衣當爲齊壞字也繆讀爲不樛垂之樛士妻爲舅姑之服也言雖魯鈍其於禮勝學）叔仲衍以告（告子柳言非也衍蓋皮之弟衍或爲皮）請繐衰而環絰（小功之縷而四升半之衰環絰弔服之絰時婦人好輕細而爲此者所說不知禮之本子柳亦以爲然而請於衍[illegible]）曰昔者吾喪姑姊妹亦如斯末吾禁也（衍荅子柳[illegible]）

府九百四十六　一

（[illegible]爲舅姑同未無禁我欲其言行也言）退使其妻繐衰而環絰（婦以諸侯之大夫爲天子之衰乎非之經服莫舅非）

漢翟方進爲丞相身既富貴而後母尚在方進內行脩飾供養甚篤及後母終既葬三十六日除服起視事以爲身備漢相不敢踰國家之制（漢制自文帝遺詔之後國家遵以爲常大功十五日小功十四日纖七日方進以爲人臣不敢踰制）

晉劉頌爲光祿大夫頌嫁女臨淮陳矯矯本劉氏子與頌近親出養於姑改姓陳氏中正劉友譏之頌曰舜後姚虞陳田本同根系而世皆爲婚禮律不禁今與此同義爲婚可也友方欲列上爲陳騫所止故得不劾

謝安爲太保性好音樂自弟萬喪十年不聽音樂及登台輔朞喪不廢樂王坦之書喻之不從衣冠效之遂以成俗

謝琰安子也爲尚書右僕射領太子詹事加散騎常侍遭母憂朝廷疑其葬禮時議者去潘岳爲賈充婦宜城宣君誄去昔在武侯喪禮殊倫伉儷一體朝儀則均謂宜資給葬禮悉依太傅故事先是王珣娶萬女珣弟珉娶安女並不終由是與謝氏有隙珣時爲僕射猶以前憾緩其事琰聞恥之遂自造轜輬車以葬議者譏之

宋張暢爲侍中領太子右衛率出爲會稽太守暢愛弟子輯及暢臨終遺命與輯合墳時議非之

後魏甄琛字思伯少敏悟閨門之內兄弟戲狎不以禮法自居後終於侍中贈司徒

孫紹爲太府少卿曾因朝見靈太后謂曰卿年老矣紹曰臣年雖老臣卿乃少太后笑之高肇爲司徒父兄封贈雖久竟不改瘞孝莊延昌三年乃詔令還葬肇不自臨赴唯其兄子猛改服詣代遷葬於鄉時人以肇無識哂而不責也

隋鄭譯爲上柱國沛國公有罪除名後徵見復其勳爵高祖令內史令李德林立作詔書高熲戲謂譯曰筆乾譯荅曰出爲方

府九百四十六　二

岳杖策言歸不得一錢何以潤筆帝大笑
唐王珪爲禮部尚書兼魏王師珪性簡傲薄於自奉准令三品已上並立私廟四時享祀珪通貴漸久獨祭於寢下逼庶人爲法司所劾太宗優容弗之譴也因爲其營造以愧其心珪職在秩宗儉不中禮時論以是少之
呂諲乾元二年爲武部侍郎同中書門下平章事丁母憂起復本官又遷黄門侍郎上元初同中書門下三品使有司送戟至其宅既安之或曰此吉慶之事不宜以凶服受之諲遂權釋縗衣吉服當中而拜識者譏其失禮
李晟爲太尉貞元六年晟妻杜氏贈鄭國夫人初晟無正室側室王氏特封晉國夫人王氏無子而杜氏生子愿有詔爲嫡子及杜之卒也追贈之詔云晟亡妻杜氏而晟實爲之服緦議者以爲准禮士妾有子而爲之緦開元新禮無是服矣而晟擅舉復之後王氏卒晟奏給鹵簿又謂之亡妻王氏亦服緦而已名實服紀俱爽頗爲當時所誚
李齊運貞元中爲禮部尚書以妾衛氏爲正室齊運冕服以備其禮時人鄙之
王紹爲兵部尚書紹名初與憲宗同憲宗猶爲廣陵王順宗時詔下將冊爲皇太子數日而王紹上陳請改其名時議者或非之曰皇太子亦人臣也東宫之臣當請改爾奈何非其屬而遽請改名以避皇太子豈爲以禮事上耶左司員外郎李藩曰歷代故事皆自不識大體之臣而失之因不可復正無足怪也是時韋貫之爲監察御史名與上同獨不請改既而下詔以陸淳爲給事中宜改名質充皇太子侍讀貫之不得已乃上疏改其名宰相溺於風俗以爲細事而不正之典章寖失比方前代難
杜佑爲淮南節度使喪妻昇嬖妾李氏爲正室封密國夫人親族子弟言之不從時論非之
段文昌西河人家于荊州長慶初爲西川節度後爲淮南節度曁文昌於荊州舊宅有先祖故第至是贖爲浮圖祠又以先人墳墓在荊州別營居第以置祖禰影堂歲時伏臘良辰美景享薦之後即以音樂歌舞繼之如事生者搢紳非焉
後唐李從璋爲河中節度使明宗長興四年七月從璋奏臣母亡請准式假仍請定服制從璋帝從子今屬籍如皇子而請爲母服失禮也禮寺知其不可無所上聞而止

## 奢侈

禮與其奢將聖誨乎寧儉奢不期侈前哲戒乎自至是知滿則招損欲乃敗度故以奢爲不遜侈爲大惡若乃營耳目之玩尚輿服之飾紛華之靡務在於宣驕泰逸之心唯矜於豐樂以敗禮而爲德豈制義以存誠至於力敵取亡體汰速戾且莫知其紀極亦唯日而不足是以揚子規其鬼瞰老氏謂之盜誇唯夫行之以柬約之以禮庶可保其中吉免彼惡終者矣
慶封齊大夫奔魯獻車於季武子美澤可以鑑
晉智襄子大夫爲室美士茁夕焉智伯曰室美夫對曰美則美矣抑臣亦有懼也智伯曰何懼對曰臣以秉筆事君志有之曰高山峻原不生草木松柏之地其土不肥今土木勝臣懼其不安人也室成三年而智氏亡
漢史丹大司馬車騎將軍高之子爲左將軍盡得父財身又食大國邑重以舊恩數見褒賞賞賜累千金僮奴以百數後房妻妾數十人内奢淫好飲酒極滋味聲色之樂
陳咸爲冀州刺史歷楚内史北海東郡南陽太守所居調發屬縣所出食物以自奉養奢侈玉食（玉食美食如玉也）
後漢馬融爲議郎達生任性不拘儒者之節居宇器服多存侈飾常坐高堂施絳紗帳前授生徒後列女樂弟子以次相傳鮮有入其室者
魏何夔爲太子太傅遷太僕節儉之世最爲豪汰
李勝爲議郎少遊京師雅有才智與曹爽善明帝禁浮華而人

白勝堂有四窻八達各有主名用是被收以其所連引者多故得原禁錮數歲

吳甘寧巴郡臨江人也為蜀郡丞棄官歸家其出入步則陳車騎水則連輕舟侍從被文繡所如光道路住止常以繒錦維舟去或割棄以示奢也

晉任愷武帝時為吏部尚書奉車都尉既為賈充所構失職乃縱酒耽樂極滋味以自奉養初何劭以公子奢侈每食必盡四方珍饌愷乃踰之一食萬錢猶云無可下筯處

夏侯湛為散騎常侍湛族為盛門性頗豪侈侯服玉食窮滋極珍

石崇為衞尉財產豐積室宇宏麗後房百數皆曳紈繡珥金翠絲竹盡當時之選庖膳窮水陸之珍與貴戚王愷羊琇之徒以奢靡相尚愷以粭澳釜崇以蠟代薪愷作紫絲布步障四十里崇作錦步障五十里以敵之崇塗屋以椒愷用赤石脂崇愷爭豪如此武帝每助愷嘗以珊瑚樹賜之高二尺許枝柯扶踈世所罕比愷以示崇崇便以鐵如意擊之應手而碎愷既惋惜又以為疾己之寶聲色方厲崇曰不足多恨今還卿乃命左右悉取珊瑚樹有高三四尺者六七株條幹絕俗光彩耀日如愷比者甚衆愷怳然自失崇為客作豆粥咄嗟便辦每冬得韮蓱虀嘗與愷出遊爭入洛城崇牛迅若飛禽愷絕不能及愷每以此三事為恨乃密貨崇帳下問其所以荅云豆至難煑豫作熟末客來但作白粥以投之爾韮蓱虀是擣韮根雜以麥苗爾牛奔不遲良由馭者逐不及反制之可聽蹁轅則駛矣於是悉從之遂爭長焉崇後知之因殺所告者崇以奢豪矜物廁上常有十餘婢侍列皆有容色置甲煎粉沉香汁有如廁者皆易新衣而出後崇既誅有司簿閱崇水碓三十餘區倉頭八百餘人他珍寶貨賄田宅稱是

宋謝靈運晉車騎將軍玄之子襲封康樂公為琅邪王大司馬行參軍性奢豪車服鮮麗衣裳器物多改舊制世共宗之咸稱謝康樂也



沈佃夫為黃門侍郎封建城侯宅舍園池諸王邸第莫及妓女數十藝貌冠絕當時金玉錦繡之飾宮掖不逮也每製一衣造一物京邑莫不効法焉於宅內開瀆東出十許里塘岸整潔汎輕舟奏女樂中書舍人劉休常詣之值佃夫出行中路相逢要休同返就席便施設一時珍羞莫不畢備凡諸火劑並皆始熟如此者數十種佃夫常作數十人饌以待賓客故造次便辦類皆如此晉世王石不能過也

南齊到撝宋護軍彥之之孫襲封建昌公資籍豪富厚自奉養宅宇山池京師第一妓妾姿藝皆窮上品才調流瞻善納交游庖廚豐腆多致賓客

茹法亮為竟陵王司徒中兵參軍廣開宅宇杉齋光麗與延昌殿相埒延昌殿武帝中齋也宅後為魚池釣臺土山樓館長廊將一里竹林花藥之美公家苑囿所不能及

呂文度為外監專制兵權既見委用廣開宅宇盛起土山奇禽怪樹皆聚其中後房羅綺王侯不能及

陳休尚顗達之子也為侍中領軍將軍家既豪富與王詢則諸兒並精車牛麗服飾當世快牛稱陳世子青王三郎烏呂文顯折角江瞿曇白鼻而皆集陳舍顗達知此不悅及休尚為郢府主簿過九江別拜顗達曰凡奢侈者鮮有不敗麈尾蠅拂是王謝家許汝不須捉此即取於前燒除之

梁朱异自員外常侍累遷侍中异及諸子自潮溝列宅至青溪其中有臺池翫好每暇日與賓客遊焉四方所饋財貨充積性吝嗇未嘗散施

陳孫瑒為侍中五兵尚書右軍將軍其自居處頗失於奢豪庭院穿築極林泉之致歌童舞女當世罕儔賓客填門軒蓋不絕

後魏李世哲尚書左僕射崇之長子性輕率供奉豪侈

王超為并州治中性豪華能自奉養每食必窮水陸之味

隋埶略為司農卿性頗豪侈每食必方丈水陸必備

虞孝仁為都水丞伐遼之役充使監運頗有功然性奢華以駱

乾貞函盛水養魚而自給

唐范傳正為宣歙觀察使元和中受代至京師憲宗聞其[illegible]奢過後薄之拜光祿卿傳正精悍有立好古自飾及為廉察頗事奢侈

韋陟為吏部侍郎門地豪華早踐清列侍兒閹閽列侍左右者十數衣書藥食咸有典掌而輿馬僮奴勢侔於王家主第自以才地人物坐取三公頗以簡貴自處善誘納後進其同列朝要視之蔑如也

潘孟陽為户部侍郎氣尚豪俊不拘小節居第頗極華峻憲宗微行至樂遊原見其宏敞工猶未已問之左右以孟陽對孟陽懼而罷工作性喜遊宴公卿朝士多與之遊

晉史圭為樞密院學士日兩使故鄉而金紫煥赫衒其榮飾右識無不哂之



易曰古之葬者厚衣之以薪葬之中野不封不樹禮曰棺周於衣土周於椁所以表藏掩之義思不毀之道也乃知舉稱其財斯為之禮至於後世因其侈心被以珠玉送以輿馬罄極工巧殫竭財力故仲尼興猶父之歎華元貽不臣之譏良有以乎

齊桓公墓有水銀池金蠶數十箔珠襦玉匣繒綵不可勝數文晉書疑為青州刺史愍帝建興中發齊景公及管仲冢尸並不朽繒帛可服珍寶巨萬

華元樂舉俱為宋大夫宋文公卒始厚葬用蜃炭益車馬始用殉燒蛤為炭以瘞壙多埋車馬用人從葬重器備重猶多也椁有四阿棺有翰檜四阿四注椁也翰旁飾檜上飾皆王禮君子謂華元樂舉於是乎不臣臣治煩去惑者也是以伏死而爭今二子者君生則縱其惑謂殺母弟須死又益其侈是棄君於惡也何臣之為若言何用為臣

桓魋為宋司馬自為石椁三年而不成孔子曰若是其靡也死不如速朽之愈也

顏回字子淵魯人也既死門人欲厚葬之孔子曰不可門人厚葬之子曰回也視予猶父也予不得視猶子也非我也夫二三子也言[illegible]咎在門人厚葬之

漢霍光為大司馬大將軍既薨光夫人顯改光時所自造塋制而侈大之塋墓域也起三出闕築神道北臨昭靈南出承恩昭靈承恩皆館名也盛飾祠室輦閣通屬永巷而幽良人婢妾守之冢上作輦閣之道及永巷

董賢為大司馬哀帝令將作為賢起冢塋義陵旁內為便房側柏題湊外為徼道周垣數里門闕罘罳甚盛及至東園祕器珠襦玉柙豫以賜賢無不備具及賢自殺其父恭不悔過乃復以沙畫棺作四時之道左蒼龍右白虎上著金銀日月玉衣珠璧至尊無以加

原涉祖父自陽翟徙茂陵父哀帝時為南陽太守天下殷富大郡二千石死官賦斂送葬皆千萬以上妻子通共受之以定產業涉父死讓還南陽賻送繇是顯名涉自以為前讓南陽賻送身得其名而令先人墳墓儉約非孝也迺大治起冢舍周閣重門初武帝時京兆尹曹氏葬茂陵民謂其道為京兆仟涉慕之迺買地開道立表署曰南陽仟人不肯從謂之原氏仟



後漢崔寔濟北相瑗子也瑗卒寔剽賣田宅起冢塋立碑頌葬訖資產竭盡因窮困以酤釀販鬻為業時人多以此譏之寔終不改亦取足而已不致盈餘

晉桓溫為大司馬葬女冢中有金巾箱織金蔑為嚴器又有金蠶銀蠶等物甚多南齊宜都王鏗鎮姑孰于時人發冢得之

後魏趙脩宣武時為光祿勳脩之葬父也百寮自王公以下無不弔祭酒犢祭奠之具填於門街於京師為制碑銘石獸石柱皆發民車牛傳致本縣財用之費悉自公家凶吉車乘將百兩道路供給亦皆出官

唐李義府為司列太常伯同東西臺三品義府改葬其祖父塋墓於永康陵側三原令李孝節私課丁夫車牛為其載土築墳晝夜不息於是高陵櫟陽富平雲陽華原同官涇陽等七縣以

孝節之故懼不得已悉課丁車赴役高陵令張敬業恭勤應懦不堪其勞死於作所王公已下爭致贈遺其羽儀導從轜輴器服並窮極奢侈又會葬車馬祖奠供帳自灞橋屬於三原七十里間相繼不絶武德已來王公葬送之盛未始有也

李光進代宗大曆中為檢校刑部尚書兼太子太保葬其母于京城之南原將相致祭凡四十四幄窮極奢侈城內士庶觀者如堵

册府元龜卷第九百四十六

# 冊府元龜卷第九百四十七

## 總録部

詼諧　廋詞

### 詼諧

夫口諧倡辯發辭鋒出煒燁譎詭開說多端始以滑稽爲稱然存規諫假其抵掌每言笑以見意蓋其邪心或諷訐而無忤雖行不流德亦時有取焉故太史公曰談言微中亦可以解紛蓋謂是也其或譏浪倪給詼達燁戲人主以俳優畜之亦君子之恥也詩曰善戲謔兮不爲虐兮至乃宴樂衎衎羣居終日淫語塞壅一坐盡傾仲尼有戲之之言叔向有智乎之歎茲固無損於明矣若夫務在勝人肆厥利口騁其小辯至于數窮斯則陷於佻薄矣

齊淳于髡者齊之贅壻也長不滿七尺滑稽多辯數使諸侯未嘗屈辱威王八年楚大發兵加齊齊王使髡之趙請救兵齎金百斤車馬十駟髡仰天大笑冠纓索絶王曰先生少之乎髡曰何敢王曰笑豈有說乎髡曰今者臣從東方來見道傍有禳田者操一豚蹄酒一盂而祝曰甌窶滿篝（篝籠也）汙邪滿車（汙邪下地田也）五穀蕃熟穰穰滿家臣見其所持者狹而所欲者奢故笑之於是齊威王乃益齎黃金千溢白璧十雙車馬百駟髡辭而行至趙趙王與之精兵十萬革車千乘楚聞之夜引兵而去威王大說置酒後宮召髡賜之酒問曰先生能飲幾何而醉髡對曰臣飲一斗亦醉一石亦醉威王曰先生飲一斗而醉惡能飲一石哉其說可得聞乎髡曰賜酒大王之前執法在傍御史在後髡恐懼俯伏而飲不過一斗徑醉矣若親有嚴客髡帣韝鞠𦜕（帣收衣袖也韝臂捍也鞠𦜕謂曲躬也）侍酒於前時賜餘瀝奉觴上壽數起飲不過二斗徑醉矣若朋友交遊久不相見卒然相覩歡然道故私情相語飲可五六斗徑醉矣若乃州閭之會男女雜坐行酒稽留六博投壺相引爲曹握手無罰目眙不禁（[illegible]）前有墮珥後有遺簪髡竊樂此飲可八斗而醉二參日暮酒闌合尊促坐男女同席履舄交錯杯盤狼藉堂上燭滅主人留髡而送客（一本云留坐髡送客）羅襦襟解微聞薌澤當此之時髡心最歡能飲一石故曰酒極則亂樂極則悲萬事盡然言不可極極之而衰時威王好爲淫樂長夜之飲沈湎不治髡以諷諫焉齊王曰善乃罷長夜之飲以髡爲諸侯主客宗室置酒髡嘗在側

楚優孟者故楚之樂人也長八尺多辯常以談笑諷諫莊王之時有所愛馬衣以文繡置之華屋之下席以露牀啗以棗脯馬病肥死使羣臣喪之欲以棺槨大夫禮葬之左右爭之以爲不可王下令曰有敢以馬諫者罪至死優孟聞之入殿門仰天大哭王驚而問其故優孟曰馬者王之所愛也以楚國堂堂之大何求不得而以大夫禮葬之薄請以人君禮葬之王曰何如對曰臣請以彫玉爲棺文梓爲槨楩楓豫章爲題湊（以木累棺外木頭皆內向故曰題湊）發甲卒爲穿壙老弱負土齊趙陪位於前韓魏翼衛其後（楚莊王時未有趙韓魏三國）廟食太牢奉以萬戶之邑諸侯聞之皆知大王賤人而貴馬也王曰寡人之過一至此乎爲之奈何優孟曰請爲大王六畜葬之以壠竈爲槨銅歷爲棺齎以薑棗薦以木蘭祭以糧稻衣以火光葬之於人腹腸於是王乃使以馬屬太官無令天下久聞也楚相孫叔敖知其賢人也善待之病且死屬其子曰我死汝必貧困若往見優孟言我孫叔敖之子也居數年其子窮困負薪逢優孟與言曰我孫叔敖子也父且死時屬我貧困往見優孟優孟曰若無遠有所之即爲孫叔敖衣冠抵掌談語（抵掌謂抵掌而言效孫叔敖之容）歲餘像孫叔敖楚王及左右不能別也莊王置酒優孟前爲壽莊王大驚以爲孫叔敖復生也欲以爲相優孟曰請歸與婦計之三日而爲相莊王許之三日後優孟復來王曰婦言謂何孟曰婦言慎無爲楚相不足爲也如孫叔敖之爲楚相盡忠爲廉以治楚楚王得以霸今死其子無立錐之地貧困負薪以自飲食必如孫叔敖不如自殺因歌曰山居耕田苦難以得食起而爲吏身貪鄙者餘財

不顧恥辱身死家室富又恐受賕枉法爲姦觸大罪身死而家滅貪吏安可爲也念爲廉吏奉法守職竟死不敢爲非廉吏安可爲也楚相孫叔敖持廉至死方今妻子窮困負薪而食不足爲也於是莊王謝優孟乃召孫叔敖子封之寢丘（在固始）四百戶以奉其祀後十世不絶

秦優旃（[illegible]）秦倡朱儒也善爲笑言然合於大道始皇時置酒而天雨陛楯者（持楯）皆沾寒優旃見而哀之謂之曰汝欲休乎陛楯者皆曰幸甚優旃曰我即呼汝汝疾應曰諾居有頃殿上上壽呼萬歲優旃臨檻大呼曰陛楯郎曰諾優旃曰汝雖長何益幸雨立我雖短也幸休居於是始皇使陛楯者得半相代始皇嘗議欲大苑囿東至函谷關西至雍陳倉優旃曰善多縱禽獸於其中寇從東方來令麋鹿觸之足矣始皇以故輟止二世立又欲漆其城優旃曰善主上雖無言臣固將請之漆城雖於百姓愁費然佳哉漆城蕩蕩寇來不能上即欲就之易爲漆耳顧難爲蔭室於是二世笑之以其故止居無何二世殺死優旃歸漢數年而卒



漢東方朔武帝時待詔公車（公車令屬衛尉上書者所詣也）奉祿薄未得省見（不被省者不得見於天子也）久之朔紿騶朱儒（朱儒短人也侏儒之爲騶者騶本廐之御騶也後人以爲騎謂之騶紿誑也）曰上以若曹無益於縣官（若汝也曹輩也）耕田力作固不及人臨衆處官不能治民從軍擊虜不任兵事無益於國用徒索衣食（索盡也下云索長安米亦同）今欲盡殺若曹朱儒大恐啼泣朔教曰上即過叩頭請罪居有頃聞帝過朱儒皆號泣頓首帝問何爲對曰東方朔言上欲盡誅臣等帝知朔多端召問朔何恐朱儒爲對曰臣朔生亦言死亦言朱儒長三尺餘奉一囊粟錢二百四十臣朔長九尺餘亦奉一囊粟錢二百四十朱儒飽欲死臣朔飢欲死臣言可用幸異其禮不可用罷之無令但索長安米帝大笑因使待詔金馬門稍得親近後爲常侍郎遂得愛幸久之伏日（三伏之日）詔賜從官肉太官丞日晏不來（晏晚也）朔獨拔劍割肉謂其同官曰伏日當蚤歸請受賜即懷肉去太官奏之朔入帝曰昨賜肉不待詔以劍割肉而去之何也朔免冠謝帝曰先生起自責也朔再拜曰朔來朔來受賜不待詔何無禮也拔劍割肉壹何壯也割之不多又何廉也歸遺細君又何仁也（[illegible]）帝笑曰使先生自責乃反自譽復賜酒一石肉百斤歸遺細君自公卿在位朔皆敖弄無所爲屈帝以朔口諧辭給好作問之（[illegible]）嘗問朔曰先生視朕何如主也朔對曰自唐虞之隆成康之際未足以諭當世臣伏觀陛下功德陳五帝之上在三王之右（[illegible]）非若此而已誠得天下賢士公卿在位咸得其人矣譬若以周邵爲丞相（周公旦邵公奭二人也）孔丘爲御史大夫（[illegible]）太公爲將軍（[illegible]）畢公高拾遺於後（[illegible]）弁嚴子爲衛尉（[illegible]）皋陶爲大理（[illegible]）后稷爲司農（[illegible]）伊尹爲少府（[illegible]）子贛使外國（[illegible]）顏閔爲博士（[illegible]）子夏爲太常（[illegible]）益爲右扶風（[illegible]）季路爲執金吾（[illegible]）契爲鴻臚（[illegible]）龍逢爲宗正（[illegible]）伯夷爲京兆（[illegible]）管仲爲馮翊（[illegible]）魯般爲將作（[illegible]）仲山甫爲光祿（[illegible]）申伯爲太僕（[illegible]）延陵季子爲水衡（[illegible]）百里奚爲典屬國（[illegible]）柳下惠爲大長秋（[illegible]）史魚爲司直（史魚衛大夫史鰌也孔子曰直哉史魚[illegible]）蘧伯玉爲太傅（[illegible]）孔父爲詹事（孔父正色而立於朝則人莫敢過而致難於其君故爲詹事孔父宋大夫也）孫叔敖爲諸侯相子產爲郡守（善治邦邑也）王慶忌爲期門（[illegible]）夏育爲鼎官（夏育衛人力舉千鈞[illegible]）羿爲旄頭宋萬爲式道候（[illegible]）帝迺大笑是時朝廷多賢材帝

復問朔方今公孫丞相兒大夫(公孫弘兒寛也)董仲舒夏侯始昌司馬相如吾丘壽王主父偃朱買臣嚴助汲黯膠倉終軍嚴安徐樂司馬遷之倫皆辯知閎達溢于文辭(溢[illegible]也)先生自視何與比哉(言何如也)朔對曰臣觀其臿齒牙樹頰胲(頰肉曰胲)吐脣吻擢項頤(頤頷下也)結股腳連脽尻(脽臀也)遺蛇其迹行步偶旅(遺蛇[illegible])臣朔雖不肖尚兼此數子者朔之進對澹辭(澹[illegible])皆此類也 班固云東方朔滑稽似優不窮似智正諫似直穢德似隱非夷齊而是柳下惠戒其子以上容(容身避害也)首陽為拙(伯夷叔齊[illegible])柱下為工(老子為周柱下史朝隱終身無患是為工也)飽食安步以仕易農依隱玩世詭時不逢([illegible])其滑稽之雄乎

枚皐待詔為郎不通經術詼笑類俳倡為賦頌好嫚戲以故得媟黷貴幸比東方朔郭舍人等而不得比嚴助等得尊官司馬相如善為文而遲故所作少而善於皐皐賦辭中自言為賦不如相如又言為賦迺俳見視如倡自悔類倡也故其賦有詆娸東方朔又自詆娸其文頗䛐曲隨其事皆得其意頗詼笑不甚閑靡凡可讀者百二十篇其尤嫚戲不可讀者尚數十篇

郭舍人者武帝之幸倡也發言陳辭雖不合大道然令人主和說帝少時東武侯母常養帝壯時號之曰大乳母率一月再朝朝奏入有詔使幸臣馬游卿以帛五十疋賜乳母又奉飲糒飧養乳母乳母上書曰某所有公田願得假倩之帝曰乳母欲得之乎以賜乳母乳母所言未嘗不聽有詔得令乳母乘車行馳道中當此之時公卿大臣皆敬重乳母乳母家子孫從者橫暴長安中當道掣頓人車馬奪人衣服聞於中不忍致之法有司請徙乳母家室處之於邊奏可乳母當入至前面見辭乳母先見郭舍人為下泣舍人曰即入見辭去疾步數還顧乳母如其言謝去疾步數還顧郭舍人疾言罵之曰咄老女子何不疾行陛下已壯矣寧尚須汝乳而活邪尚何還顧於是人主憐焉悲之乃下詔止無徙乳母罰譖之者



後漢邊韶以文學知名教授數百人韶口辯曾晝日假卧弟子私嘲之曰邊孝先腹便便懶讀書但欲眠韶潛聞之應時對曰邊為姓孝為字腹便便五經笥但欲眠思經事寐與周公通夢靜與孔子同意師而可嘲出何典記嘲者大慙韶之才捷皆此類也

魏州泰為司馬宣王所辟嘗因會使尚書鍾毓調泰曰君釋褐登宰府三十六日擁麾蓋守兵馬郡乞兒乘小車一何駃乎泰曰誠有之君名公之子少有文采故守吏職獼猴騎土牛又何遲也眾賓咸悅

蜀先主與劉璋會涪時張裕為璋從事侍坐其人饒鬚先主嘲之曰昔吾居涿縣特多毛姓東西南北皆諸毛也涿令稱曰諸毛繞涿居裕即荅曰昔有作上黨潞長遷為涿令者去官還家時人與書欲署潞則失涿欲署涿則失潞乃署曰潞涿君先主無鬚故裕以此及之

何雙字漢偶滑稽談笑有諄于髡東方朔之風為雙柏長

張裔字君嗣領諸葛亮留府長史北詣亮諮事送者數百車乘盈路裔還書與所親曰近者涉道晝夜接賓不得寧息人自敬丞相長史男子張君嗣附之疲倦欲死其譚啁流速皆此類也

楊洪為蜀郡太守洪門下書佐何祗數年為廣漢太守每朝會祗次洪坐嘲祗曰君馬何駛祗曰故吏馬不敢駛但明府未著鞭耳眾傳之以為笑

吳諸葛恪字元遜為左輔都尉孫權嘗饗蜀使費禕先逆勑群吏使至伏食勿起禕至權為輟食而群下不起禕嘲之曰鳳皇來翔騏驎吐哺驢騾無知伏食如故恪荅曰爰植梧桐以待鳳皇有何燕雀自稱來翔何不彈射使還故鄉太子嘗嘲恪曰諸葛元遜可食馬矢恪曰願太子食雞卵權曰人令卿食馬矢卿使人食雞卵何也恪曰所出同爾權大笑

晉陸雲字士龍初入洛與荀隱素未相識嘗會張華座華曰今日相遇可勿為常談雲因抗手曰雲間陸士龍隱曰日下荀鳴鶴(鳴鶴隱字也)雲曰既開

青雲覩白雉何不張兩弓挾兩矢隱曰本謂是雲龍騤騤乃是山鹿野麋獸微弩彊是以發遲荀手大笑
衍綽性通率好譏調嘗與習鑿齒共行綽在前顧謂鑿齒曰沙之汰之瓦石在後鑿齒曰簸之颺之糠粃在前
范甯若患目痛就中書侍郎張湛求方湛因嘲之曰古方宋陽里子少得其術以授魯東門伯魯東門伯以授左丘明遂世世相傳及漢杜子夏鄭康成魏高堂隆晉左太沖凡此諸賢並有目疾得此方云用損讀書一減思慮二專內視三簡外觀四旦晚起五夜早眠六凡六物熬以神火下以氣篩蘊於胸中七日然後納諸方寸脩之一時近能數其目睫遠視尺捶之餘長服不已洞見牆壁之外非但明目乃亦延年
謝混字叔源少有美譽孝武帝將以晉陵公主配之未幾帝崩袁山松欲以女妻之王珣曰卿莫近禁臠初元帝始鎮建業公私窘罄每得一㹠以為珍膳項上一臠尤美輒以薦帝群下未



敢食于時呼為禁臠故珣因以為戲混竟尚主
顧愷之好諧謔人多愛狎之後為殷仲堪參軍亦深被眷接仲堪在荊州愷之嘗因假還仲堪將以布帆借之至破冢遭風大敗愷之與仲堪牋曰地名破冢真破冢而出行人安穩布帆無恙
前涼張天錫遣從事中郎韓博奮節將軍康妙奉表并送盟文於晉大司馬桓溫博有口才溫甚稱之嘗大會溫使司馬刁彝嘲之彝謂博曰君是韓盧後邪博曰卿是韓盧後溫笑曰刁以君姓韓故相問焉他自姓刁那得韓盧後邪博曰明公脫未之思短尾者則為刁也一坐推歎焉
宋何承天除著作佐郎時年已老諸佐郎並名家少年荀伯子嘲之常呼為妳母承天曰卿當云鳳皇將九子妳母何言邪
南齊庾杲之為尚書駕部郎清貧自業食唯有韭葅瀹韭生韭雜菜或戲之曰誰謂庾郎貧食鮭常有二十七種言三九也
謝超宗為南郡王中軍司馬以怨望免官禁錮司徒褚淵送湘州刺史王僧虔閣道壞墜水僕射王儉驚牛驚跳下車超宗撫掌笑戲曰落水三公墮車僕射前後言詞稍布朝野
梁劉之遴為南郡太守因牛奔墮車折臂右手偏直不復得屈伸書則以手就筆歎曰豈黜而至于斯者寧戲之曰雖復王坐可捨丁忩歷老無秋
朱异涉獵文史兼通雜藝博弈書算皆其所長年二十詣都尚書令沈約面試之因戲异曰卿年少何乃不廉异逡巡未達其旨約乃曰天下唯有文義棊書卿一時將去可謂不廉也
後魏薛慶之為廷尉丞廷尉寺鄰接北城曾夏日於寺傍執得一狐慶之與廷尉正博陵崔纂或以城狐狡害宜速殺之或以長育之月宜待秋分貳卿裴延儁袁翻互有同異雖曰戲謔詞義可觀事傳於世
北齊徐之才聰辯彊識有兼人之敏尤好劇談體語公私言聚多相嘲戲鄭道育嘗戲之才為師公之才曰既為汝師又為汝



公在三之義頓忘其兩又嘲王昕姓云有言則誹近犬便狂加頸足而為馬施角尾而成羊盧元明因戲之才云卿姓是未入人名是字之誤之當為乏也即答云卿姓在亡為虐在丘為虛生男則為虜養馬則為驢又嘗與朝士出遊遙望群犬競走諸人試令目之之才即應聲云為是宋鵲為是韓盧為逐李斯東走為負帝女南徂時之才以勸文宣禪代大見親寵又戲謔滑稽言無不至於是大被狎昵尋除侍中封池陽縣伯見文宣政令轉嚴求出除趙州刺史竟不獲述職猶為弄臣
隋侯白字君素好學有捷才性滑稽尤辯俊舉秀才為儒林通既不持威儀好為誹諧雜說人多愛狎之所在之處觀者如市楊素甚狎之素嘗與牛弘退朝白謂素曰日之夕矣素大笑曰以我為牛羊下來邪
耿詢字敦信丹陽人滑稽辯給伎巧絕人後至守大史丞
楊素子玄感蘇威子夔並以聰敏延家太子通事舍人楊素甚

奇之素每戲威曰揚素無兄蘇瓊無父

高構字孝基北海人也性滑稽多智辯給過人

唐蘇世長初為隋都水少監及高祖平洛陽授王山屯監高祖嘗嘲之曰名長意短口正心邪棄忠貞於鄭国忘信義於吾家世長對曰名長意短實如聖言口正心邪未敢奉詔昔竇融以河西降漢漢十世封侯臣以山南歸国唯蒙屯監即日擢拜諫議大夫

## 庚詞

傳曰言必有中又曰詞達而已蓋賢人君子因事以發蘊則成誦有彰諭理而來伸則弭災無爽故有兵傳而隱言可濟事顯而微辭可奪或稱美於述作或規諫於荒宴道无不在言出成機信所謂千里之外應之也若乃智有所不明理有所不至者亦無所措其意焉

申叔展楚大夫也從莊王伐蕭蕭大夫還無社與司馬卯言號申叔展叔展曰有麥麴乎曰無有山鞠窮乎曰無河魚腹疾奈何曰目於眢井而拯之若為茅絰哭井則已明日蕭潰申叔視其井則茅絰存焉號而出之

伍舉楚大夫也莊王即位三年不出號令日夜為樂令國中曰有敢諫者死無赦伍舉入諫莊王左抱鄭姬右抱越女坐鍾鼓之間舉曰願有進隱曰有鳥在於阜三年不蜚不鳴是何鳥也莊王曰三年不蜚蜚將沖天三年不鳴鳴將驚人舉退矣吾知之矣居數月淫益甚大夫蘇從乃入諫王曰若不聞令乎對曰殺身以明君臣之願也於是乃罷淫樂聽政所誅者數百人所進者數百人任伍舉蘇從以政國人大說



申叔儀吴大夫也時越子大敗吴師叔儀乞糧於魯大夫公孫有山氏曰佩玉繠兮余無所繫之旨酒一盛兮余與褐之父睨之對曰粱則無矣麤則有之若登首山以呼曰庚癸乎則諾

淳于髡者齊人滑稽多辯數使諸侯未嘗屈辱齊威王之時喜隱好為淫樂長夜之飲沈湎不治委政卿大夫百官荒亂諸侯並侵國且危亡在於旦暮左右莫敢諫淳于髡說之以隱曰國中有大鳥止王之庭三年不蜚又不鳴王知此鳥何也王曰此鳥不飛則已一飛沖天不鳴則已一鳴驚人於是乃朝諸縣令長七十二人賞一人誅一人奮兵而出諸侯振驚皆還齊侵地威行三十六年

漢東方朔武帝時待詔金馬門帝嘗使諸數家射覆置守宮盂下射之皆不能中朔自贊臣嘗受易請射他物連中輒賜帛時有幸倡郭舍人滑稽不窮常侍左右曰朔狂幸中耳非至數也臣願令朔復射朔中之臣榜百不能中臣賜帛迺覆樹上寄生令朔射之朔曰是寠數也舍人曰果知朔不能中也朔曰生肉為膾乾肉為脯著樹為寄生盆下為寠數帝令倡監榜舍人舍人不勝痛呼謈朔笑之曰咄口无毛聲謷謷尻益高舍人恚曰朔擅詆欺天子從官當棄市帝問朔何故詆之對曰臣非敢詆之迺與為隱耳帝曰隱云何朔曰夫口无毛者狗竇也聲謷謷者鳥哺鷇也尻益高者鶴俛啄也舍人不服因曰臣願復問朔隱語不知亦當榜即妄為諧語曰令壺齟老柏塗伊優亞狋吽牙何謂也朔曰令者命也壺者所以盛也齟者齒不正也老者人所敬也柏者鬼之廷也塗者漸洳徑也伊優亞者辭未定也狋吽牙者兩犬爭也舍人所問朔應聲輒對變詐鋒出莫能窮者左右大驚

魏楊脩為太祖丞相主簿嘗從太祖過曹娥碑下碑背上題曰黄絹幼婦外孫齏臼太祖曰卿未可言待我思之行三十里乃曰已得令脩別記所知脩曰黄絹色絲也於字為絶幼婦少女也於字為妙外孫女子也於字為好齏臼受辛也於字為辭所謂絶妙好辭太祖亦記之與脩同乃歎曰不如卿三十里時太祖自平漢中欲因討蜀而不得進欲守之又難為功護軍不知進止何依太祖於是出教唯曰雞肋而已外曹莫能曉脩獨曰

(下闕)

夫雞西食之則無所得棄之則如可惜公歸計決矣乃令外白稍嚴太祖於此廻師

焦先字孝然河東人齊王嘉平中大將軍將伐吳有竊問先今討吳何如先不肯應而謬歌曰祝衄祝衄非魚非肉更相追逐本心爲當殺羘羊更殺其羖邪郡人不知其謂會諸軍敗好事者推其意疑羘羊謂吳羖䍽謂魏也

前秦趙整仕于符堅分氐戶於諸鎮也因侍授琴而歌曰阿得脂阿得脂博勞舅父見仇綏尾長翼短不能飛遠徙種人留鮮卑一旦緩急語阿誰堅笑而不納及慕容沖陷長安整言驗矣

梁高爽廣陵人客於御史中丞孫廉廉委以文記爽爲鏇謎以喻廉曰刺鼻不知嚏蹋面不知瞋齧齒作步數持此得勝人誠其不計恥辱以取名位也

後魏尹龍虎爲咸陽王禧防閤禧謀逆敗走謂龍虎曰吾憒憒不能堪試作一謎當思解之以釋毒悶龍虎欻憶旧謎云眠則

原闕



齊王冏為大司馬輔政有一婦人詣閤求寄產吏詰之婦人曰我截齊便去耳識者聞而惡之時有謠云著布袙腹為齊持服俄而冏誅

下粹齊王冏輔政時粹為侍中〻書令及長沙王乂專權粹立朝正色人忌而害之初粹如廁見物若兩眼俄而難作

成都王穎起兵誅長沙王乂既次朝歌每夜矛戟有光若火其壘井中皆有龍象穎既縊死棄館于故井中

陸機為平原內史成都王穎輔政以機為後將軍討長沙王乂機始臨戎而牙旗折意甚惡之機戰敗穎聽孟玖之譖將殺機其夕機夢黑幰繞車手決不開天明而禍及

皇太子覃初為清河世所子佩金鈴歘生隱起加麻粟祖母陳太妃以為不祥毀而賣之占者以金是晉行太興之祥帶[illegible]是其瑞也毀而賣之象單見廢不終之驗也

祖逖為豫州刺史先是華譚吏州閭街人戴洋〻曰祖豫州九當死初有妖星見于豫州之分歷陽陳訓人謂人曰今年西

（第一葉至第四葉原闕）



北大將當死逖亦見星曰為我矣方平河北而天欲殺我此乃不祐國也俄卒於雍丘

張茂元帝太興中為吳郡太守府舍得一狗頭其後茂為吳興兵所殺

王敦為荊州牧在武昌鈴下儀仗生華如蓮華五六日而萎落于寶以為狂華生枯木又在鈴閣之間言威儀之富榮華之盛皆如狂華之發不可久也其後敦終以逆命加戮其尸

甘卓為荊州牧將襲王敦既而中止及還襄陽意氣騷擾舉動失常自照鏡不見其頭視庭樹而頭在樹上心甚惡之其家金櫃鳴聲似槌鏡清而悲巫云金櫃將離是以悲鳴尋為襄陽太守周慮等襲殺之

王導為司徒廐羊生無後足明年蘇峻入京都導與成帝俱幽石頭僅乃免身

周莚為冠軍將軍於姑孰立屋五間而六梁一時躍出墮地衝獨立柱頭零節之上甚危難以人功不能然也後莚為王敦所害夷族

王機為廣州刺史入廁忽見二人著烏衣與機相捍良久擒之得二物似烏鴨南海太守鮑靚曰此物不祥機焚之徑飛上天機尋誅死

謝安為太傅太元中出鎮廣陵始發石頭金鼓忽破又語未常謬而忽一誤眾亦怪之尋薨

王國寶為尚書左僕射先是太元中小兒以兩鐵相打於土中名曰鬬族後國寶與王恭一姓之中自相攻擊也

庾晞[illegible]四五年中喜為挽歌自搖大鈴為唱使左右齊和又燕會輒令倡伎作新安人歌舞離別之辭其聲悲切時人怪之後亦果敗

諸葛長民為豫州刺史兼太尉留府事常一月中輒十數夜眠中驚起跳踉如與人相打毛脩之嘗與同宿見之[illegible]

□以答曰正見一物甚黑大有手脚不分明奇健非我亢以鐵
之□後來轉數屋中柱及椽桷間悉見有蛇頭令人以刀懸斫
應刃隱藏去輒復出又擣衣石相□如□聲不可解於壁見
有巨手長七八尺臂大數圍令斫之豁然不見未幾伏誅

王矩爲廣州刺史將赴職忽見一人持□□詣矩自云京兆杜靈
之矩問之答稱天上京兆被使召君爲□王簿矩意甚惡之至州
月餘卒

□□冥爲豫州刺史如廁見一物如方相俄而疽發背卒

殷仲文爲東陽太守甚叜因照鏡不見其面數日而伏誅

朱□爲龍驤將軍戍尋陽婢炊飯忽有群鳥集竈競來啄噉婢
驅逐不去有獵狗咋殺烏鵲餘者因共啄狗即死又啄宅□餘
骨存焉而□死

桓玄初封楚王已設拜席群官陪位玄未及出有狗來便其席
乃衆莫不驚怪玄性猜暴竟無言者逐狗改席而已玄既
僭亂出僞詔改　年爲建始右丞王收之曰建始趙王倫僞號
也又改爲永始復是王莽始執權之歲其兆號不祥宜符僭逆
如此玄入建康宮逆風迅激旍旗儀飾皆傾偃及小會于西堂
設伎樂殿上施絳綾帳鏤黄金爲顔四角作金龍頭銜五色羽
葆旒蘇群臣竊相謂曰此頗似轜車亦王莽仙蓋之流也龍角
所謂亢龍有悔者也玄在宮中常覺不安若爲神鬼所擾自篡
盗至敗凡八旬

王恭爲冠軍將軍其家夜中梁上無故有人頭墮於牀而血流
滂沲俄拜荆州刺史假節坐交俞之謀與弟納並被誅

前涼張天錫爲涼州牧州楊樹生松天戒若曰松不改柯易葉
楊者柔脆之木此永久之業將集危亡之地是後天錫降氐

宋彭城王義康爲大將軍領司徒東府聽事前井水忽涌溢野
雉江鷗並飛入所住齋前尋被誅削

臨川王義慶爲楊州刺史在廣陵有疾而白虹貫城□□廳入府
□甚惡之固陳求還太祖許解州以本號還朝薨于京邑

始興王濬字休明將產之夕有伏鳥鳴於屋上後與元凶劭同
逆伏誅

劉敬宣爲右將軍夜與僚佐宴集空中有投一隻芒屩於坐中
墜敬宣食盤上長三尺五寸已經人著耳鼻間並欲壞焉頃之而敗

晉安王子勛僭號之日雲雨晦合行禮忘稱万歲史臣子勛所
乘車除腳以爲輦置僞殿之西其夕有鵂鶹棲其中鶉集其幰又
有禿鶖集城上又以安陸王子綏爲司徒子綏拜司徒日雷電
晦冥震其黄閣柱鴟尾墮地又有鵲巢其帳上尋敗並伏誅

竟陵王誕爲南徐州刺史在京夜大風飛落屋瓦城門及牀倒
覆誕心惡之及還鎮廣陵入城衝風暴起揚塵晝晦又中夜閑
坐有赤光照室見者莫不怪愕左右侍直眠中夢人告之曰官
須髮爲鞘靴既覺已失髯矣如此者數十人誕甚怪懼大明二
年發民築治廣陵城誕循行有人干輿揚聲大罵曰大兵尋至



何以辛苦百姓誕執之問其本末答曰姓夷名孫家在海陵天
公去年與道佛共議欲除此間民人道佛苦諫得至今大禍將
至何不立六慎門誕問六慎門云何答曰古時有言禍不入六
慎門誕以其狂悖殺之又五音士忽狂易見鬼驚怖啼哭曰外
軍圍城城上張白布帆誕執錄二十餘日乃赦之誕尋爲建康
陳文紹等告其反狀伏誅

徐羨之爲司徒少時隨從兄履之爲臨海樂安縣嘗行經山見
黑龍長丈餘頭角前兩足皆具無後足曳尾而行及拜司空守
關將入彗星晨見危南又當拜時雙鸛集太極東鴟尾鳴呼後
與傅亮同誅

江湛爲吏部尚書初湛家數見怪異未敗少日所眠床忽有數
升血尋爲元凶所害

蕭思話爲青州刺史常所用銅斗覆在藥廚下得二死雀思話
曰斗覆而雙雀殞其不祥乎既而被繫

檀道濟為司空江州刺史還鎮下潛未發有以鵲鳥集船悲鳴會太祖疾動彭城王義康矯詔召入祖道收付廷尉及其子給事黄門侍郎司徒從事中郎粲太子舍人混征北主簿承伯秘書郎中遵等八人並誅

黄回南兗州刺史太祖將誅回回被召乃一重愛妾見赤光冠其頭至足苦挽留回不肯止及至見誅

劉斌為吳郡太守郡堂屋西頭鴟尾無故落地治之未畢東頭鴟尾復落頃之斌誅

到遁為南海太守在廣州昇明元年沈攸之反刺史陳顯達起兵應朝廷遁猶豫見殺遁家人在都從野夜歸見兩三人持堊刷其家門須臾滅明日而遁死問至

册府元龜卷第九百五十

# 冊府元龜卷第九百五十一

## 總録部二百一

### 咎徵第二



南齊安陸王子敬為揚州刺史先是有麞入廣陵城投井而死又有象至廣陵其後子敬於鎮被害

始安王遙光行還入城風飄儀繖出城外遙光尋以叛誅

成買為角城戍主與魏軍拒戰手所傷殺無數晨朝早起手中忽有數升血其日遂戰死黃文濟為御力其家齋前種昌蒲忽生花光影照壁成五采其兒見之餘人不見也少時文濟被殺

王晏為驃騎大將軍其父普耀齋前栢樹忽變成梧桐論者以為梧桐雖有栖鳳之美而失後凋之節及晏敗果如之又未敗前見屋桷子悉是大蛇就視之猶木也晏惡之乃以紙裹桷子猶紙内摇動簌簌有聲晏子德元所居帷屏無故有血灑之晏於北山廟荅賽夜還晏既醉部伍人亦飲酒羽儀錯亂前後十餘里中不復相禁制識者云此勢不復久也後數日被誅

崔慧景為平西將軍假節侍中奉江夏王寶玄圍臺城有一五色幡飛翔在雲中半日乃不見衆皆驚怪相謂曰幡者事尋當翻覆也數日慧景敗

梁王茂為江州刺史茂初以元勳高祖賜鍾磬之樂及在江州夢鍾磬在格無故自墮心惡之及覺命奏樂既成列鍾磬在格果無故編皆絶墮地茂謂長史江詮曰此樂天子所以惠勞臣也樂既極矣能無憂乎俄而病少日卒

王瑩除左光禄大夫開府儀同三司丹陽尹侍中瑩將拜印工鑄其印六鑄而龜六毁既成頸空不實補而用之居職六日暴疾卒

河東王譽為湘州刺史以悖逆誅死初譽之將敗引鏡照面不見其頭又見長人蓋屋兩手據地瞰其齋又見白狗大如驢從城而出不知所在譽甚惡之俄而城陷



武陵王紀將僭號妖怪非一其最異者内寢柏殿柱繞節生花其莖四十有六靃靡可愛狀似蓮花識者曰王敦杖花非佳事也紀年號天正與蕭棟暗合僉曰天字二人也正字一止也棟紀僭號各一年而滅

侯景自為大都督督中外諸軍事將篡奪乃矯詔自加九錫之禮置丞相以下百官陳備物於庭忽有野鳥翔于景上赤足丹觜形似山鵲賊徒悉駭競射之不能中景既篡位所居殿常有鵂鶹鳥鳴景惡之每使人窮山野討捕焉又景左足上有肉瘤狀似龜戰應尅捷瘤則隱起分明如不勝瘤則低至景敗日瘤隱陷肉中又景與領軍將軍王僧辯戰有流星墮其營中賊徒大駭相顧失色賊帥任約又為陸法和所禽景乃燒營夜遁旋軍夏首元帝以僧辯為鎮東將軍開府儀同三司江州刺史封長寧縣公命即率巴陵諸軍沿流討景攻拔魯山仍攻郢入羅城又有大星如車輪墜賊營去地十丈變成火一時碎散有龍自城出五色光曜入城前鸚鵡洲水中景聞之倍道歸建業

陳周文育為鎮南將軍討余孝勱為豫章太守熊曇朗所害初文育之據三陂有流星墜地其聲如雷地陷方一丈中有碎炭數斗又軍市中忽聞小兒啼一市並驚聽之在土下軍人掘得棺木長三尺文育惡之俄而見殺

侯安都為鎮北將軍率衆與周文育西討王琳將發王公已下餞於新林安都躍馬渡橋人馬俱墜水中又坐艑内墜於櫓井時以為不祥軍至郢州與琳合戰安都敗績與周文育徐敬成並為琳所囚

後魏南安王楨為相州刺史五月至鄴入治日暴風大雨凍死者十數人楨以旱祈雨于群神鄴城有石虎廟人奉祀之楨告虎神像云三日不雨當加鞭罰請雨不驗遂鞭像一百是月疽發背薨楨孫中山王熙後為相州刺史以七月入治其日大風寒雨凍死者二十餘人驢馬數十匹熙聞其祖父前事心惡之

又有翅生其庭後果兵敗而死焉

北海王詳除太傅領司徒侍中録尚書事拜命之夜暴風震雷拔其庭中桐樹大十圍倒立本處初宣武之覽政也詳聞彭城王勰有震主之慮而欲奪其司徒大懼物議故為大將軍至是乃居之天威如此識者知其不終後為人告詳及免為庶人會其家奴數人陰結黨輩欲以劫出詳密抄名字潛託侍婢通於詳詳始得執省而門防主司遥見突入就詳手中覽得呈奏至夜守者以聞詳哭數聲而暴死

李元護為齊州刺史卒病前月餘京師無故得其凶問又城外送客亭柱有人書曰李齊州死綱佐餞別者見而拭之後復如此

尒朱世隆為尚書令時吏部尚書元世儁握槊忽聞旁上歘然有聲一局之子盡皆倒立世隆甚惡之又曾晝寢其妻奚氏忽見一人持世隆首去奚氏驚怖就視而寢如故既覺謂妻曰向夢人斷我頭去意殊不適又此年正月晦日令僕並不上省西門不開忽有河內太守田怗家奴告省門亭長云今旦為令王借車牛一乘終日於洛濱遊觀至晚王還省將車出東掖門始覺車上無褥請為記識時世隆封樂平郡王故呼為令王亭長以令僕不上西門不開無車入省兼無車跡此奴固陳不已公文列訴尚書都令史謝遠疑謂妄有假借白世隆付曹推檢時都官郎穆子容窮究之奴言初來時至司空府西欲向省令王嫌遲遣二防閤捉儀刀催車車入到省西門王嫌牛小繫於闕下槐樹更將一青牛駕令王着白紗高頂帽短小黑色儐從軍皆裙襦袴褶握板不似常時服章遂遣一史將奴送入省中廳事東廂第一屋中其屋先常閉鑰子容以西門不開忽言從入此屋常閉言奴在中詰其虛罔奴云此屋若閉求得開看屋中有一板床床上無席大有塵土兼有一甕米奴佛床而坐兼畫地弄甕中之米亦握看之定其閉者推無事驗子容與謝遠自入看之户閉極久全無開跡及入拂床畫地跡緒歷然米亦符同方知不謬具以此對世隆悵然意以為惡未幾見誅



高肇為司徒及大舉伐蜀以肇為大將軍都督諸軍是日肇所乘駿馬停於神虎門外無故驚倒轉卧渠中鞍具瓦解衆咸怪異肇出惡焉及西征行至函谷車軸中折從者皆以為不獲吉還也其后果被誅

北齊琅邪王儼為大將軍録尚書事鄴北城有白馬佛塔是石季龍為澄公所作儼將修之巫曰若動此浮圖此城失主不從破至第二級得白蛇長數丈迴旋失之數旬及敗

竇泰為中尉從神武西討為周太祖所敗自殺未行之前夜三更忽有朱衣冠幘數千人入臺云收寶中尉宿直兵吏皆驚其人入數屋俄頃而去旦視關鍵不異方知非人皆知其必敗

王琳自梁來奔為特進侍中所居屋脊無故剥破出赤蛆數升落地化為血蠕蠕而動又有龍出於門外之地雲霧起晝晦後為陳將吳明徹所殺

權會為著作監知太史局事加中散大夫自府還第在路無故馬倒遂不得語因尒暴亡會生畏馬位望所至不得不乘果以此終

斛律光為左丞相封清河郡公為祖珽所構光將誅其家三鼠常晝見光寢室常投食與之一朝三鼠俱死又牀下有二物如黑豬從地出走其穴膩滑大蛇屢見其聲如彈丸落又大門橫木自焚禱衣石自移

隋燕榮為幽州總管坐毒虐贓穢徵還京師賜死先是榮家寢室無故有蛆數斛從地墳出未幾榮死於蛆出之處

齊王暕大業中於東都營第大門無故而壞聽事栿中折識者以為不祥及從幸江都因會暕具法服將朝無故有血從裳中而下又坐齋中見群鼠數十至前而死視皆無頭暕意甚惡之尋為宇文化及所害

堯君素大業中為河東通守唐公義師攻之歲余不尅時白虫

降於府門兵器之端夜皆光見月餘君素為左右所害

唐劉文靜高祖武德初為戶部尚書其家中妖怪數見文靜弟文起憂之遂召巫者於星月之下被髮銜刀為厭勝之法其愛妾失寵以狀告其兄上變誅死

齊王祐太宗貞觀中為齊州都督以謀逆詔還京師賜死祐未反前數月於齋中晝坐忽見一人云災厄甚逼可修福以禳之言訖而滅祐但令多設佛齋餘無悛悔祐又好養鴨忽有野狸入籠中斷四十餘鴨皆斷其頭及敗同惡而誅者四十四人

曹懷舜高宗永隆中為定襄道副總管初軍至碧綠泊軍始為營營內忽有泉水大如車輪又遇大風飄折懷舜寢帳衆皆惡之俄為突厥所敗

越王貞為豫州刺史則天垂拱中貞子博州刺史瑯邪王沖據博州舉兵貞應之貞嘗遊于城西水門橋臨水自監不見其首心甚惡之未幾而及禍



寧王憲玄宗天寶初寢疾是冬京城寒甚凝霜封樹時學者以為春秋雨木冰是亦名樹介言其象介胄也憲見而歎曰此俗謂樹稼也諺云樹稼達官怕必有大臣當之吾其死矣數日薨

楊慎矜天寶五載為御史中丞為侍御史王鉷所構縊殺之初慎矜至溫湯正食忽見一鬼物長丈餘朱衣冠幘立於所扇後慎矜叱之良久不滅以熱羹投之乃滅無何下獄死

元載為中書侍郎平章事居長壽坊代宗大曆四年九月己卯有猛虎入城止于載私廟命金吾將軍薛岌射生將軍皓發弩手射殺之以獻十二年載被誅毀其私廟木主

李希烈為淮西節度使德宗建中初希烈於唐州得象一頭以為瑞應又上蔡襄城獲其珍寶乃是爛車釭及滑石偽印也尋而希烈死

朱泚為盧龍節度使留京師建中四年七月涇原兵反迎泚為主泚自號其宅曰潛龍宮悉移內庫珍貨珠寶以實之識者曰易稱潛龍勿用此敗徵也未幾百姓剽奪其珍寶泚不能禁止尋而泚敗

韋執誼順宗即位初為尚書左丞平章事執誼自卑官常忌諱不言嶺南州縣名為郎官時嘗與同舍詣職方觀圖每至嶺南州執誼遽命去之閉目不視及拜相還所坐堂見北壁有圖不就看七八日試就看之乃崖州圖也以為不祥甚惡之憚不能出口及聚貶外司戶果得崖州

劉闢為劍南西川節度使韋臯府行軍司馬闢嘗病見問疾者皆以手據地倒行入闢口闢因磔裂食之唯盧文若至則如平常故尤與文若相睦卒以同惡族其家

高駢為淮南節度使僖宗光啓元年冬府衙廳明之內有隋朝大屋數間蓋舊行臺也古老謂之中書門雖制度朴拙而梁棟甚堅忽一日自壞識者曰故事中武德初始畢可汗牙帳破高祖問侍臣曰此兆何也蕭瑀曰昔魏文帝時許昌門無故自壞文



帝崇之即其驗也蕭瑀上言之後明年四月始畢可汗果死而駢之府屋此時輒壞則知非其祥也又明年七月有蝗行而不飛自郭西浮壕水緣城而入飛至駢道院之中聚撲不止凡松竹之屬一夕如剪所懸畫像皆齧去其頭數日之後又相食啗至九月暴雨初霽溝塍中忽有小魚其大如指蓋雨魚也占者曰有兵喪十月有大星隕于延和閣前聲若奔雷洞照一庭自十一月雨雪至三年二月昏霧不解或曰下謀其上是時糧食騰貴殆逾十倍寒僵餒仆者日有數千委之郊外及春而遠坊靜巷為之一空至三月駢有寄諸從事詩末句云人間無限傷心事不得尊前折一枝蓋亡滅之兆也駢果為畢師鐸所殺

梁成汭唐末為荊南節度使時鄂州杜洪為淮南楊行密所襲汭出師援之造一巨艦三年而成號曰和州載艦上列廳所司局有若府署之制又有齊山截海之名其宏廓可知矣及泝流東下未及鄂渚而澧朗之軍突入江陵俘掠殆盡汭之兵士咸

其家皆誅劉志而淮寇乘之縱火以燔其艫納投江而死又濟師之軍既襲江陵一城士女僧道工巧皆俘馘而去則和州蠹之名亦前定也

安王友寧太祖兄子唐末爲嶺南西道節度使與青州王師範戰于石樓王師小却友寧旁自峻阜馳騎以赴敵所乘馬蹶而仆遂没於陣友寧將戰之前一日有大白蛇蟠於帳中友寧心惡之既而果遇禍焉

楊師厚爲魏博節度使封鄴王於黎陽采巨石將紀德政以鐵車負載驅牛數百以拽之所至之處丘墓廬舍悉皆毁壞百姓望之皆曰碑來碑來及碑石纔至而師厚卒魏人以爲悲來之應

後唐張文禮爲鎮州牙將害其帥王鎔而自爲留後未幾其家屢見怪物昏暝之後或歌或哭又野河色變如血游魚多死浮於水上識者知其必敗尋而疽發背死

王處直爲定州節度使常自頌功業爲德政碑建樓於衙城内



言有龍見其中人競觀之其狀黃幺蜥蜴也而不畏人處直以爲神異造龍牀以安之又城東麦田有鵲數十頭平地共巢處直以爲已德令人守之識者竊論曰蟲蛇陰物比藏山澤今據屋室人不得而有也鵲巢於樹固其所也今亡平地失其所也南方爲火火主禮禮壞則羽蟲失性以文推之上失其道不安之位果廢處直

朱繼麟爲河中節度使先是河中衙城閽者夜見婦人數十袨服靚粧僕馬炫耀自外馳騁笑語趨衙城閽者不知其故不敢詰至門排騎而入既而扃鐍如故復無人迹乃知妖鬼也又繼麟夜登逍遥樓哭聲四合詰旦訊之巷無哭者踰歲乃族誅

張遵誨爲客省使自以歷位尹正與樞密使安重誨素亦相款暱心有望於節鉞及郊禋畢止爲絳州刺史鬱鬱不樂離京之日白衣乘馬於隼旟之下至郡無幾而卒

晉鄭阮初仕後唐爲趙州刺史嘗以郡符取部内凶肆中人隸其轝者遣於青州舁喪至洛郡人憚其逮繫輸直百緡以免其行阮本無妻即受直放遣識者曰此非吉兆也未幾改曹州刺史爲政貪鄙高祖建義入洛爲本州指揮使石重立所殺舉族無子遺

劉煦爲鴻臚卿留司洛下嘗於水南治第有古墓在其下因發之其棺柩遺骸棄於洛水俄而疾作舉家相繼卒焉

程遜爲太常卿奉使吳越秋之夕陰暝如晦遜嘗爲詩曰幽室有時聞鵩叫空庭無路覓螢光同僚見之訝其詩語稍異及使廻遭風水而溺焉

史翰爲滑州節度使白馬河決翰自祭之見一犬有角浮於水心甚惡之後數月遘疾而卒

安審琦爲鎮州節度使初後唐清泰中董温琪爲鎮帥於城之諸門各鑄二鐵人虬鬚拱立以抱其關衆謂之鐵胡重榮未舉兵前東門忽隕一鐵人頭不知其故也閽者懼乃詐以爲暴風



吹臣雖所落董榮小字鐵胡心甚惡之不復窮問又饒陽令劉蘊遺一水鳥文有五色重榮畜於後灘以爲鳳鷄遂有兵志漸驕奢僭用玉爲魚袋將謀逆也復爲鐵槊重數斤密令人自外獻之蓋取槊其成非望也又鎮之牙署室前有揭幡長竿約數十尺重榮將叛之前一日張弓彀矢仰望竿杪銅龍之首謂左右曰我若必有天命則當一發而中果中之左右即時拜賀焉禍之來也陰必藏之以至於敗焉

李金全爲安州節度使有親吏胡漢筠者金全愛之甚篤已亥歲府署之前一夕而花城壖之麥方黔翦而秀大露晦冥之中則化爲宿草郡樓有介蟲如龜而巨鼇斂首能踊豎出於金全足下漢筠取而焚之所乘馬人立而言庚子年正月赤雲如煙蒙冒其墻中有素光如矛戟之狀南北交錯及城有夜妖金全心惡之及午夕節除安州節度金全送款於淮夷至是而留姝樂車妾妓奇幣藏皆爲淮將李承裕所奪與其黨數百人束身

夜出曉至汶川引領北望江下而去

景延廣爲侍衛都指揮使開運三年冬契丹渡滹水詔遣屯孟津將戒途由府署正門而出所乘馬騰立不進幾墜於地乃易乘而行時以爲不祥之甚也延廣後爲虜所殺

桑維翰爲開封尹會秋霖經月不歇一日維翰出府門由西街入内至国子監門馬忽驚逸御者不能制維翰落水久而方蘇或言私第亦多怪異親黨咸憂之果爲張彦澤所害李濤爲平章事乾祐元年三月中書廚釜鳴者三不數日又鳴者三俄又鳴者三俄又鳴者一其聲甚異至是濤罷免楊雄謂之鼓妖近類此乎

史弘肇爲侍衛親軍都指揮使其第數有怪異嘗一日於堦砌隙穴中烟氣蓬勃而出禍前二日昧爽有星落於弘肇前二數步如迸火而散俄而被誅

湘陰公贇爲徐州節度使乾祐元年八月中有雲見五色文冬秋有鳥數萬集於鮮璟堂庭樹黃質朱喙金目青翼紺趾文犀觜鳴聲大衆莫能識音不見飲啄有賓佐聞歎曰野鳥入室主人將去之謂也而不知所止及郊迎馮道道常所乘馬臥甚馴服至是怒蹄齧奔逸人莫可制乃以他馬代之時以爲不祥又滹太后誥之際馮道笏墜於地左右皆惡之將離彭城嘗一夕天有白光道自西來照城中如晝有聲如雷時人謂之天裂又有巨星墜於徐野隕其有声或謂之天狗後贇果廢死周王峻爲樞密使初降制除青州有司擢製旌節以備迎授前之夕其旌節有聲甚異聞者駭之主者曰安重誨授河中節亦有此異焉又所居堂陛忽然隱起如堆又夢被官府追攝入以縛院與宿心惡之以是尤加狂躁尋被誅死

馬裔孫爲太子賓客分司在洛未疾前白氈緣于庭槐軀之失所在裔孫感賦鵬之文作槐蠹賦以見志未幾果卒

王殷爲鄴都留守以太祖郊禮入覲令爲内外巡警有震主之勢人頗憂之太祖力疾坐滋福殿降制流竄出都城乃命殺之家清乃安是歲鄴城寺鍾無故自絶而落又火光出幢竿上殷之入覲鄴人餞之離亭上馬失鐙顛墜于地人訝其不祥太祖尋令潼帥鄭仁誨之鄴殷次子爲衙内指揮使不出授諸誅之遷其家屬於登州

冊府元龜卷第九百五十一

# 冊府元龜卷第九百五十二

## 總録部

忌害　交構　交惡

### 忌害

行近於名莫放於利近名則多忌放利則多害誠先民之共患也大道既隱推讓多缺至有執乎先則抑其後居乎下則妒其上忘兼容之戒起自私之謀患埒己之寵惡高衆之救讒之未勝則浸潤以取信力之不足則朋附以合勢造構其端媒蘖成衆或緣疑似而成狀或伺不意而竊發甚者至於戕害次亦不免踶齧奈何長於相形高下相傾而至於是乎蓋夫木秀於林風必摧之行高於人衆必非之良可以太息者已

鮑牧歷事高張皆齊大夫也齊景公尊穰苴爲大司馬已而鮑氏高國之屬害之譖於景公景公退穰苴苴發疾而死

公叔痤武侯時尚公主爲相時吳起爲西河守甚有聲名公叔之



僕曰起易去也公叔曰奈何其僕曰吳起爲人節廉而自喜名也君因先與武侯言曰夫吳起賢人也而侯之國小又與強秦壤界臣竊恐起之無留心也武侯即曰奈何君因謂武侯曰試延以公主起有留心則必受之無留心則必辭矣以此卜之君因召吳起而與歸即令公主怒而輕君吳起見公主之賤君也則必辭於是吳起見公主之賤魏相果辭魏武侯武侯疑之而弗信也吳起懼得罪遂去即之楚李醯爲秦太醫令時扁鵲名聞天下過邯鄲聞貴婦人即爲帶下醫過雒陽聞周人愛老人即爲耳目痺醫來入咸陽聞秦人愛小兒即爲小兒醫隨俗爲變醯自知伎不如扁鵲也使人刺殺之

龐涓仕魏爲惠王將軍初涓與孫臏俱學兵法涓既事魏惠王爲將軍而自以爲能不及孫臏乃陰使召孫臏至涓恐其賢於己疾之則以法刑斷其兩足而黥之

李斯楚上蔡人入秦爲廷尉斯與韓非俱事荀卿斯自以爲不如非非觀往者得失之變作孤憤五蠹人或傳其書至秦秦王見孤憤五蠹之書曰嗟乎寡人得見此人與之游死不恨矣斯曰此韓非之所著書也秦因急攻韓韓王始不用非及急迺遣非使秦秦王悅之未親信用李斯姚賈害之毀之曰韓非韓之諸公子也今王欲并諸侯非終爲韓不爲秦此人之情也今王不用久留而歸之此自遺患也不如以過法誅之秦王以爲然下吏治非李斯使人遺非藥使自殺韓非欲自陳不得見秦王後悔之使人赦之非已死矣

蜀陳祗爲尚書令龐統子宏字巨師剛簡有臧否輕傲於祗所抑卒於涪陵太守

晉馮紞得幸武帝爲左衛將軍承顏悅色寵愛日隆羊祜真殼心無私疾惡邪佞紞與荀勗之徒甚忌之

孔顥爲文帝相府參軍魯國唐彬以州別駕奉使詣相府僚佐稱之於帝帝薦爲掾屬帝問顥顥忌其能不答後辟爲鎧曹帝甚



重之他日謂顥曰近見唐彬卿受蔽賢之責矣

荀勗字公曾潁川人歷中書監張華將舉著作郎陳壽爲中書郎勗忌華而疾壽遂諷之部遷壽爲長廣太守壽辭母老不就

虞預爲著作郎時王隱撰晉史預亦私撰晉書而生長東南不知中朝事數訪於隱并借隱所著書竊寫之所聞漸廣是後更疾隱形于言預既豪族交結權貴共爲朋黨以斥隱竟以謗免黜歸于家

宗澹爲荆州別駕王敦使從事中郎郭舒守武昌澹忌舒才能數譖之於王廙廙疑舒與甘卓同謀以白敦敦不授高官

南齊王秀之爲隨王子隆長史子隆鎮荆州好辭賦數集僚友文學謝朓以文才尤被賞愛秀之以朓年少相動密以啓聞世祖勑曰侍讀虞雲自宜恒應侍接朓可還都朓道中爲詩寄西府曰常恐鷹隼擊秋菊委嚴霜寄言罻羅者寥廓已高翔

梁朱异爲鎮軍時徐摛爲太子家令應對明敏高祖甚加歎異

更被親狎寵遇日隆昇入説謂所親曰徐吏出入兩宮漸來逼我須早爲之所遂承闕白高祖曰摛年老又愛泉石意在一郡以自怡養高祖謂摛欲之乃召摛曰新安大好山水任昉等並經爲之卿爲我卧治此郡中大通三年遂出爲新安太守

後魏游雅性剛戇好自矜誕陵猶人物爲祕書監因議論長短忿儒者陳奇遂陷奇至族議者深責之

袁翻累遷都官尚書與范陽祖瑩位望通顯文筆之美見稱先達以著作佐郎邢劭藻思華贍深共嫉之每洛中貴人拜職多憑劭爲謝章表嘗有一貴勝初授官大事賓食翻與劭俱在坐翻意劭人許其爲讓表遂命劭作之翻甚不悦每告人云邢家小兒嘗爲作章表自買黄紙寫而送之劭恐爲翻所害乃辭以疾

許彦少孤貧師事王早明陰陽尤善風角宣武甚喜之早苦以疾辭乞歸鄉里詔許之遂終於家或言許彦以其術勝恐終妨已故譖令歸耳



北齊魏之推武成河清末領中書舍人帝甚加恩接顧遇逾厚爲勳要者所嫉常欲害之

隋蘇夔爲太子洗馬以鍾律自命爲寶常妙達鍾律夔尤忌之夔父威方用事凡言樂者皆附之而短寶常數詣公卿怨望蘇威因詰寶常所爲何所傳受有一沙門謂寶常曰上雅好符瑞有言徵祥者上皆悦之先生當言就胡僧受學云是佛家菩薩所傳音律則上必悦先生所爲可以行矣寶常然之遂如其言以答威威怒曰胡僧所傳乃是四夷之樂非中國所宜行也其事竟寢

劉暉爲太史令時張胄玄博學多通尤精術數冀州刺史趙煚薦之高祖徵授雲騎尉直太史參議律曆事時輩多出其下由是暉等甚忌之然暉言多不中胄玄所推步甚精密帝異之令楊素與術數人立議六十一事皆舊法之難通者令暉與胄玄等辯析之暉杜口一無所答胄玄通者[illegible]四五焉

宋文述爲左衛大將軍煬帝大業中與御史大夫裴蘊黄門侍郎裴矩等皆參知軍選事多納賄賂士頗怨望楊恭仁爲吏部侍郎獨推正自守不爲述等所容由是出爲河南道大使討捕盜賊

唐杜伏威與輔公祏少相愛狎公祏年長伏威每兄事之軍中咸呼爲伯畏敬與伏威等伏威潛忌之乃署其養子闞稜爲左將軍王雄誕爲右將軍推公祏爲僕射外示尊崇而陰奪其兵權公祏知其意怏怏不平乃與故人左遊仙爲學道辟穀以遠其事

竇軌爲益州刺史時王仁壽爲南寧州都督軌害其功訐以蜀中山獠反叛未追遠至不時發遣竟殺仁壽卒

温彦博爲御史大夫李靖既擊突厥頡利可汗彦博害其功譖靖軍無綱紀致令虜中奇寶散於亂兵之手太宗大加責讓靖頓首謝之太宗謂曰隋將史萬歲破達頭可汗有功不賞以罪致戮朕則不然當赦公之罪録公之勲詔加左光禄大夫賜絹千匹真食邑通前五百戸太宗謂靖曰前有人讒公今朕意已悟公勿以爲懷賜絹二千匹拜尚書右僕射



李敬玄爲中書令舍人宋之問以詞學擅名與左中[illegible]江融同善又左僕射劉仁軌忤旨特相友善咸亨中高宗聞而召見與語甚奇之將加擢[illegible]爲敬玄所毀遂授洹水尉

劉栖楚爲京兆尹有規覦相位之意戶部侍郎崔元略方在次對又多遊裴度門栖楚恐礙己以計擠之乃按舉山陵時錢物以汚之

後唐周玄豹本燕人初爲僧後歸俗天祐中馮道自劉守光府掾歸太原監軍使張承業重其文章履行甚見待遇時玄豹善人倫之鑒與道不洽謂承業曰馮生無前程公不可過用管記盧質聞之曰我曾見杜黄裳司空寫真圖道之狀貌酷類焉將來必副大用玄豹之言不足信也承業尋薦爲霸府從事

段徊爲樞密承旨時與宰臣張居翰位望既高[illegible]對

以手書告憲曰允中（張憲字允中）避事久矣余受命西征已奏還公憲閣憲報曰庖人之代尸祝所謂非吾事也時彻皆推任事以憲從龍舊望不欲憲在朝廷會孟知祥鎮蜀川遥北京留守彻揚言曰北門國家根本非重德不可輕授今之取才非憲不可廸時者曰附彻勢巧中傷之又曰憲有相業然國称中興宰相在天子回前得失可以改作一方之事制在一人唯北面事重乃授憲銀青光禄大夫檢吏部尚書太原尹北京副留守知留守事

交構

終言亂国詩人之所悪見利忘義君子之不取戰国而下長是鴻階莫不驕離壁合異之辯成以白爲黒之説是非紛糅邪正溷混惟聰覽之不可則禍亂之随作躁是害賢盡政交兵構難觸類而長不可偏舉淂非稟邪沴之氣受陰交之性狂簡日恣顚越無悔重諸編簡貽誚于後者乎



（下闕）

册府元龜卷第九百五十三

總録部二百三

傷感　不遇　困辱

## 傷感

稟於天而靜者人之性感於物而動者性之欲故所感者深則悲慨之氣應而噍殺之聲作矣觸類而長其徒實繁若乃周覽故墟追懷古道惜賢者之轗軻痛嘉會之齟齬思色養而親不待冀忠事而君靡察以至流離世故契闊家難摻袪遠别之始觀物舊游之地莫不含酸茹恨託辭流詠潸湲而出涕慷慨以興歎斯亦志士仁人之所爲者已

周箕子武王時以商太師封於朝鮮而不臣其後箕子朝周過故殷虛城毁壞生禾黍箕子傷之欲哭則不可欲泣爲其近婦人乃爲麥秀之詩以歌詠之

孔子爲魯大夫與於蜡賓（蜡者索也歲十二月合聚萬物而索饗之亦祭宗廟時孔子仕魯在助祭之中）事畢出遊於觀之上喟然而歎（觀闕也孔子見魯君於祭禮有不備於此又覩象魏舊章之處感而歎之）仲尼之歎蓋歎魯也言偃在側曰君子何歎（言偃孔子弟子子游）孔子曰大道之行也與三代之英丘未之逮也而有志焉（大道謂五帝時也英俊選之尤者逮及也言不及見志謂識古文不言魯事爲其大切廣言之）又伯牛有疾（伯牛弟子冉耕）子問之自牖執其手（牛有惡疾不欲見人故孔子從牖執其手）曰亡之命矣夫斯人也而有斯疾也斯人也而有斯疾也（再言之者痛惜之甚）孔子又曰鳳鳥不至河不出圖吾已矣夫（聖人受命河出圖今天無此瑞吾已矣夫者傷不得見也河圖八卦是也）顔淵死子曰噫天喪予子路死子曰噫天祝予（祝斷也天生顔淵子路爲夫子輔佐皆死者天將亡夫子之證）西狩獲麟孔子曰吾道窮矣（如姓者重終也麟者太平之符聖人之類時得麟而死此亦天告夫子將殁之徵故云爾）又曰孰爲來哉孰爲來哉反袂拭面涕沾袍

又孔子蚤作（作起也）負手曳杖消摇於門（欲以舒散之）歌曰泰山其頽乎（泰山衆山所仰）梁木其壞乎（梁木衆木所放）哲人其萎乎（哲人亦衆人所仰放也以上三句喻之萎病也詩云無木不萎）既歌而入當户而坐（蚤坐急見人也）子貢聞之曰泰山其頽則吾將安仰梁木其壞哲人其萎則吾將安放夫子殆將病也（[illegible]）遂趨而入夫子曰賜爾來何遲也（坐之則）夏后氏殯於東階之上則猶在阼也殷人殯於兩楹之間則與賓主夾之也周人殯於西階之上則猶賓之也（以三王之禮占己夢）而丘也殷人也予疇昔之夜夢坐奠於兩楹之間（是夢坐兩楹之間而見饋食也昔猶前也）夫明王不興而天下其孰能宗予予殆將死也（孰誰也宗尊也兩楹之間南面鄉明人君聽治正坐之處今無明王誰能尊我以爲人君乎是我殷家奠殯之象以此自知將死）蓋寢疾七日而沒（[illegible]）

皐魚不知何許人也孔子行聞哭聲甚悲孔子曰驅之前有賢者至則皐魚也被褐擁鎌哭於道傍孔子避車而與之言曰子非有喪何哭悲也皐魚曰吾失之三也少而好學周流諸侯以後吾親失之一也高吾志簡吾事不事庸君失之二也少擇交游寡於親友老而無託失之三也樹欲靜而風不止子欲養而親不待往而不可追者年也去而不可得見者親也吾請從此辭矣立槁而死

吴起仕魏爲西河守治西河之外王錯譖於魏武侯使人召之起至於岸門（岸門邑名）止車而望西河泣數行而下其僕謂起曰竊觀公之意視舍天下若舍屣今去西河而泣何也起雪泣應之曰子不識也君始知我而使我畢能秦必可亡西河可以王今君聽讒人之言而不知我西河之爲秦不久矣魏國從此削乎起果去入楚有間西河入秦

漢賈誼洛陽人楚屈原沈汨羅後百有餘年誼爲長沙王太傅過湘水投書以弔屈原

司馬遷爲太史令遷曰余讀離騷天問招魂哀郢悲其志適長沙觀屈原所自沈淵未嘗不垂涕想見其爲人

李陵爲騎都尉降匈奴昭帝時蘇武歸漢陵與武別置酒起舞歌曰徑萬里兮度沙漠爲君將兮奮匈奴路窮絶兮矢刃摧士衆滅兮名已頽老母已死雖欲報恩將安歸陵泣下數行因與武決

揚雄蜀郡成都人少而好學雄怪屈原文過相如至不容作離騷自投江而死悲其文讀之未嘗不流涕也後至侍郎

劉向本名更生元帝時爲給事中宦者石顯誣譖太中大夫給事中張猛令自殺於公車更生傷之乃著疾讒擿要救危及世頌凡八篇擿謂指擿之也依興古事悼己及同類也興謂譬諭也

後漢梁竦字叔敬兄松爲太僕免官懷怨望飛書誹謗下獄死竦坐松事與弟恭俱徙九真既徂南土歷江湖濟沅湘感悼子胥屈原以非辜沈身乃作悼騷賦繫玄石而沈之

楊終蜀郡成都人永平中爲校書郎坐事徙於北地望松縣而毋於蜀物故終自傷被罪充邊乃作晨風之詩以舒其憤也

許慶字子伯家貧爲郡督郵慶嘗與友人談論漢無統嗣幸臣專勢出谷囊董賢者放退慨然據地悲哭時稱許子伯哭世

蜀廖立字公淵立爲長水校尉諸葛亮表立誹謗衆臣廢立爲民徙汶山郡躬率妻子耕殖自守聞諸葛亮卒垂泣歎曰吾終爲左衽矣

李平本名嚴[illegible]建興九年諸葛亮軍祁山平督運事運糧不繼平遣參軍狐忠喻指呼亮來還亮承以退軍平聞軍退乃更陽驚說軍糧饒足何以便歸欲以解己不辦之責顯亮不進之愆也亮表廢平爲民徙梓潼郡十二年平聞亮卒發病死平常冀亮當自補復策後人不能故以激憤也

晉嵇康仕魏爲中散大夫恬靜寡欲寬簡有大量與呂安友善後安爲兄所枉訴以事繫獄辭相證引遂復收康康性慎言行一旦縲紲乃作幽憤詩後將刑東市太學生三千人請以爲師弗許康顧視日影索琴彈之曰昔袁孝尼嘗從吾學廣陵散吾每靳固之廣陵散於今絕矣時年四十海內之士莫不痛之帝尋悟而恨焉

阮籍爲步兵校尉任性不羈時率意獨駕不由徑路車迹所窮輒慟哭而反嘗登廣武觀楚漢戰處歎曰時無英雄使豎子成名登武牢山望京邑而歎於是賦豪桀詩

王戎爲司徒嘗經黃公酒壚下過顧謂後車客曰昔與嵇叔夜阮嗣宗酣暢於此竹林之游亦預其末自嵇阮云亡吾便爲時之所羈紲今日視之雖近邈若山河

庾敳字子嵩爲陳留相永嘉末見王室多難終知嬰禍乃著意賦以豁情猶賈誼之服鳥也

周顗字伯仁元帝鎮江左請爲軍諮祭酒王導初過江每至暇日與人士相要出新亭飲宴顗中坐而歎曰風景不殊舉目有江河之異衆皆相視流涕

羊祜鎮荊州祜樂山水每風景必造峴山置酒言詠終日不倦嘗慨然歎息顧謂從事中郎鄒湛等曰自有宇宙便有此山由來賢達勝士登此遠望如我與卿者多矣皆湮滅無聞使人悲傷如百歲後有知魂魄猶應登此也湛曰公德冠四海道嗣前哲令聞令望必與此山俱傳至若湛輩乃當如公言爾



愍懷太子既爲賈后所害其後立愍懷太子子臧爲太孫之東宮太孫自西掖門出車服侍從皆愍懷之舊也到銅駝街宮人哭侍從者皆哽咽路人抆淚焉

王承爲東海太守尋去官東渡江既至下邳登山北望歎曰人言愁我始欲愁矣

殷浩爲中軍將軍以軍敗廢爲庶人徙于東陽信安縣浩甥韓伯浩素賞愛之隨至徙所經歲還都浩送至渚側詠曹顏遠詩云富貴他人合貧賤親戚離因而泣下

羊曇太山人知名士也爲謝安所愛重安薨後輟樂彌年行不由西州路嘗因石頭大醉扶路唱樂不覺至州門左右白曰此西州門曇悲感不已以馬策扣扉誦曹子建詩曰生存華屋處零落歸山丘因慟哭而去

習鑿齒爲大司馬桓溫別駕忤溫旨左遷戶曹參軍初鑿齒與其二舅羅崇羅友俱爲州從事及遷別駕以坐越舅右屢經陳

温後激怒既盛乃超拔其二舅相繼爲襄陽都督出鑿齒爲滎陽太守温弟秘亦有才氣素與鑿齒相親善鑿齒既罷郡歸與秘書曰吾以去五月三日達襄陽觸目悲感略无懽情痛惻之事故非書言之所能具也每定省家舅從北門入西望隆中想卧龍之吟東眺白沙思鳳雛之聲北臨樊墟存鄧老之高南眷城邑懷羊公之風縱目檀溪念崔徐之友肆睇魚梁追二德之遠未嘗不徘徊移日惆悵極多撫乘躊躇慨爾而泣曰若乃魏武之所置酒孫堅之所隕斃裴杜之故居繁王之舊宅遺事猶存星列滿目璅璅常流碌碌凡士焉足以感其方寸哉夫芬芳起於椒蘭清響生乎琳琅命世而作佐者必垂可大之餘風高尚而邁德者必有明勝之遺事若向八君子者千載猶使義想其爲人況相去之不遠乎彼一時也此一時也焉知今日之才不如疇辰百年之後吾爲足下不並爲景升乎其風期俊邁如此



桓温爲征討大都督自江陵北伐行經金城見少爲琅邪時所種柳皆已十圍慨然曰木猶如此人何以堪攀枝執條泫然流涕

後趙石韜季龍子也封秦公韜素好天文覩熒惑貫月昴之顧謂左右曰此變不小當有刺客起于京師不知誰定當之是夜韜讌其寮屬于東明觀樂奏酒酣愀然長歎曰人居世無常別易會難各付一杯開意爲吾飲令必醉知後會復何期而不飲乎因泫然流涕左右莫不歔欷

宋毛脩之爲安西司馬没於後魏爲尚書後朱脩之繼没亦爲太武所寵脩之相得甚歡問脩之南國當權者爲誰脩之荅云殷景仁脩之笑曰吾昔在南殷尚幼我得歸罪之日便應巾搆到門耶經年不忍問家消息久之乃訪脩之具荅并云賢子元矯甚能自處爲時人所稱脩之悲不得言直視良久乃長歎曰嗚呼自此一不復及

沈璞爲盱眙太守元嘉三十年元凶之立璞乃號泣曰一門蒙殊常之恩而逢若斯之運悠悠上天此何人哉日夜憂歎以至動疾會二凶逼遣令送老弱還都璞性篤孝尋聞尊老應幽執輒哽咽不自勝

梁沈約初仕齊爲文惠太子家令武帝時爲尚書令領太子少傅嘗侍讌有妓婢師是齊文惠宮人帝問識座中客不曰唯識沈家令約伏座流涕帝亦悲焉爲之罷酒

何喬累遷左民尚書後辭職去初何氏過江自晉司空充並葬吳西山喬家世年皆不永唯祖尚之至七十二喬以於秦望山年登祖壽乃移還吳作別山詩一首言甚悽愴

陳江揔爲尚書僕射與鄱陽王伯山長子君範友善國亡君範與宗室王侯從後主入關至長安隋文帝並配于隴右及河西諸州各給田業以處之至是揔贈範書五言詩以敘他鄉離別之意辭甚酸切當世文士咸諷誦之

後魏劉昶宋文帝之子也前廢帝子業立懼禍來奔尚平陽長



公主拜侍中昶陳奏本國事故語及征役則能斂容涕泗悲動左右後太和中孝文遣諸將南伐路經徐州哭拜其母舊堂哀感從者乃遍循故居處覩隕涕左右亦莫不辛酸及至軍所將欲臨陣四面拜諸將士自陳家國滅亡蒙朝廷慈覆辭理切至聲氣激揚涕泗橫流三軍感歎太和十七年春孝文臨經武殿大議南伐語及劉蕭篡奪之事昶每悲泣不已因奏曰本朝淪喪艱毒備罹冀恃國靈得申私恥頓首拜謝孝文亦爲之流涕禮之彌崇

蕭綜梁武帝之子也梁封豫章王自徐州奔魏不得志常作聽鳴鍾悲落葉辭以申其志當時見者莫不悲之

董紹爲賀拔岳開府諮議參軍永熙中岳攜紹高平牧馬紹悲而賦詩曰走馬山之阿馬渴飲黄河寧謂胡關下復聞楚客歌後爲宇文黒獺所殺

元暉業景穆皇帝之玄孫孝静帝時以時運漸謝不欲圖全又甚

賦詩云昔居三道泰濟濟富群英今逢世路阻狐兔鬱縱橫宋道興爲京兆王愉法曹行參軍愉反逼道璵爲官臨死作詩及挽歌詞寄之親朋以見怨痛道璵又曾贈著作佐郎張始均詩其末章云子深懷璧憂余有當門病道璵既不免難始均亦遇世禍時咸怪之

北齊廣寧王孝珩國亡至長安爲開府縣侯後周武帝在雲陽宴齊君臣自彈胡琵琶命孝珩吹笛辭曰亡國之音不足聽也固命之舉笛裁至口淚下嗚咽武帝乃止

後周薛憕本河東汾陰人也文帝即位初拜中書侍郎自以流離世故不聽音樂雖幽室獨處嘗有戚容

隋尒朱敞榮之族子也齊神武盡誅尒朱氏敞小隨母養宮中年十二自竇中走因詐爲道士變姓名隱嵩山略涉經史數年之間人頗異之嘗獨坐巖石之下泫然而歎曰吾豈終於此乎伍子胥獨何人也遂西歸于周後至徐州總管



裴肅仕周爲御正下大夫屬高祖爲丞相肅聞而歎曰武帝以雄才定六合墳土未乾而一朝遷革天道欺高祖聞之甚不悅由是廢于家

常得志京兆人博學善屬文官至秦王記室及王薨過故宮爲五言詩辭理悲壯甚爲時人所重

盧思道爲太子舍人司徒録事每居官多被屏後免歸於家嘗於薊北悵然感慨爲五言詩以見意人以爲工

庾自直大業中知起居舍人事化及作逆以之北上自載露車中感激發病卒

唐唐衢鄭人應進士久而不第能爲歌詩意多感發見人文章有所傷歎者讀訖必哭涕泗不能已每與人言論旣相別發聲一號音詞哀切聞之者莫不悽然泣下嘗客游太原屬戎帥軍宴衢得預會酒酣言事抗音而哭一席不樂爲之罷會故世稱唐衢善哭終不登一命而卒

後唐馬郁在莊宗幕寄寓他土年老思歸每對莊宗歔欷言家在范陽乞骸歸國以葬舊山莊宗謂之曰自卿去國已來同舍孰在守光尚不能容公能容卿乎孤不惜卿行惜卿不得死所郁旣無歸路衷懷鳴悒竟卒於太原

晉趙瑩爲中書令虜陷京城虜主遷少帝於北塞瑩與馮玉李彥韜俱從契丹永康王代立僞授瑩太子太保周廣順初遣尚書左丞田敏報命于契丹遇瑩於幽州瑩得見華人悲悵不已謂田敏曰老身漂零寄命于北近聞室家喪逝弱子無恙蒙中朝皇帝倍加存卹東京舊第本屬公家亦聞優恩特給善價老夫至死無以報効於是南望稽首涕泗横流

不遇

春秋之際禮樂喪壞列國爭霸賢者不遇故宣父之言曰鳳鳥不至河不出圖吾已矣夫蓋困於歷聘不得行其道也若乃望庶幾而出晝謂濡滯而見譏初罹少年被毁於豪貴不修威儀



多爲於排抵矧復坐衣冠之不整爲飢寒之所挫者哉

孔子適齊齊景公敬見孔子不問其禮異日景公止孔子曰奉子以季氏吾不能以季孟之間待之魯三卿季氏爲上卿最貴孟氏爲下卿不用事言待之以二者之間齊大夫欲害孔子孔子聞之景公曰吾老矣不能用也孔子遂行以聖道難成故云吾老不能用孔子去陳適衛衛靈公老怠於政不用孔子孔子喟然歎曰苟有用我者朞月而已三年有成言誠有用我於政事者朞年而可以行其政教必三年乃有成又靈公問陳於孔子曰軍陳行列之法孔子對曰俎豆之事則嘗聞之矣俎豆禮器軍旅之事未之學也萬二千五百人爲軍五百人爲旅軍旅末事本未立不可教以末事又公山不狃以費畔季氏使人召孔子孔子循道彌久溫溫無所試莫能已用曰蓋周文武起豐鎬而王今費雖小儻庶幾乎欲往子路不說止孔子孔子曰夫召我者豈徒哉如用我其爲東周乎興周道於東方故曰東周然亦卒不行

孟軻鄒人也受業子思之門人道旣通游事齊宣王宣王不能用適梁惠王不果所言則見以爲迂遠而闊於事情後去孫尹

士語人曰不識王之不可以爲湯武則是不明也識其不可然且至則是干澤也千里而見王不遇故去三宿而後出晝晝齊西南邑也是何濡滯也士則茲不悅尹士齊人也干求也澤祿也尹士與論者言之云孟子不知測爲求祿濡滯淹久也既云去近留於晝三日怪其淹久故去士於此晝不悅者高子以告高子亦齊人孟子弟子以尹士之言告孟子曰夫尹士安知予哉千里而見王是予所欲也不遇故去豈予所欲哉予不得已也孟子曰夫尹士安能知我哉不得已而去耳何汲汲而驅馳乎三宿而出晝於予心猶以爲速王庶幾改之王如改諸則必反予我自謂行速疾矣冀王庶幾能及追還我矣夫出晝而不予追也予然後浩然有歸志

漢馮唐景帝時爲楚相武帝即位求賢良舉唐唐時年九十餘不能官廼以子遂爲郎

賈誼年少頗通諸家之書文帝召以爲博士時諸法令所更定及列侯就國其說皆誼發之於是帝議以誼任公卿之位絳灌東陽侯馮敬之屬盡害絳絳侯周勃也灌灌嬰也東陽侯張相如也敬時爲御史大夫廼毀



誼曰雒陽之人年少初學專欲擅權紛亂諸事於是天子後亦疏之不用其議以誼爲長沙王太傅

後漢桓譚沛國相人也簡易不修威儀而憙非毀俗儒由是多見排抵哀平間位不過郎光武即位徵待詔上書言事失旨不用其後會議靈臺所處帝謂譚曰吾欲讖決之如何譚默然良久曰臣不讀讖復極言讖之非經帝大怒出爲六安郡丞道病卒

馮衍京兆杜陵人也爲曲陽令誅斬劇賊郭勝等降五千餘人論功當封以讒毀故賞不行建武六年日食衍上書陳八事書奏帝將召見初衍爲狼孟長以罪摧陷大姓令狐略是時略爲司空長史讒之於尚書令王護尚書周生豐曰衍所以求見者欲毀君也護等懼之即共排閒衍遂不得入

晉王沉字彥伯高平人也少有俊才出於寒素不能隨俗沉浮爲時豪所抑仕郡文學掾鬱鬱不得志乃作釋時論是時王政陵遲官才失實君子多退而窮處遂終于里閭

任旭爲郎中州郡舉中正固辭歸家元帝中興遣公車徵會遭母憂于時司空王導啓立學校選天下明經之士旭與會稽虞喜俱以隱學被召事未行會有王敦之難尋而事遂寢明帝即位又徵拜給事中旭稱疾篤經年不到尚書以稽留除名僕射荀崧議以爲不可太寧末明帝復下詔備禮徵旭始下而止咸和二年卒太守馮懷上疏謂宜贈九列值蘇峻作亂事竟不行

梁張齊字子響馮翊郡人世居橫桑或云横桑人也少有膽氣初事荆府司馬垣歷生歷生酗酒遇下嚴酷不甚禮之歷生罷官歸吳郡

後魏沈嵩依宋王劉昶昶遇之無禮憂愳飢寒未幾而卒

隋敬釗爲繁畤令漢王諒據并州反釗不從爲賊所陷釗抗節不撓大業三年煬帝避暑汾陽宮代州長史柳詮司馬崔寶山上其狀付司勳加褒賞會虞世基奏格而止

孫萬壽高祖時爲滕穆王文學坐衣冠不整又爲宇文述典軍



書記鬱鬱不得志後歸鄉里十餘年不得調仁壽初徵拜豫章王長史非其好也王轉封于齊卽爲齊王文學當時諸王官屬多被夷滅由是彌不自安因謝病免爲五言詩贈京邑知友詩成至京盛爲當時之所吟誦天下好事者書壁而翫之

唐杜甫本襄陽人爲右拾遺房琯罷相甫上疏言琯有才不宜罷免肅宗怒貶琯爲刺史出甫爲華州司功參軍時關畿亂離穀食踊貴甫寓居成州同谷縣自負薪採橡兒女餓殍者數人久之後依嚴武於成都武卒郭英乂代武鎮成都英乂武人麤暴無能剌謁乃游東蜀依高適既至而適卒及蜀中大亂甫以其家避難荆楚扁舟下峽未維舟而江陵亂因游衡山寓居耒陽卒

崔敬嗣好樗蒲飲酒則天初爲房州刺史中宗爲廬陵王安置在州官吏多無禮敬嗣獨申禮敬又供給豐贍中宗常德之及登位有益州長史崔敬嗣既同姓名每進擬官皆御筆超拜之

者贊一兩後引與語知制誥歎閒已而乃遣中書令韋安石授其
子官

趙驊爲倉部郎中早擅高名在官途五十年累經貶謫蹇躓備
至入仕三十年方霑省官身在郎署子姪從兵官既多在散曹
俸禄單寡衣食不充識者爲之歎息德宗建中四年涇原兵叛
驊竄于山谷尋以疾終贈華州刺史

後唐司空頲貝州清陽人舉進士不第退之中條山依司空圖
圖以宗姓掊授爲文刀尺薦託於朝屬三輔大亂乃還鄉里

竇夢徵初登進士第謁孔勍於襄州勍之賓席然薄於禮遇終
無正銜鬱鬱不得志無幾雜職

困辱

夫鷙獸羅乎網罟則不能奮攫噬之威應龍潛於汚瀆則不能
效神靈之用乃有負王覇之略躬明哲之資命不我與時無已
知困於石而若愚辱在塗而無告阽危顛躓殆無所容及夫遇



則哲之君丁好賢之世奮庸廊廟之上預議搢紳之列銘勳於
鍾鼎垂譽於簡冊則蹇剥之患庸可傷乎是知處困而亨先賤
後貴昔士君子之常也

管仲字夷吾齊大夫也初與子糾奔魯齊桓公立入齊也使鮑叔
爲宰鮑叔曰臣不若管夷吾桓公使請諸魯如鮑叔之言莊公
以問施伯伯對曰此非欲戮之也欲用其爲政也夫管子天下
之才也天下之才所在之國則必得志於天下令彼在齊則必長爲
魯國憂矣莊公曰若何施伯對曰殺而以其屍授之莊公
將殺管仲齊使者請曰寡君欲親以爲戮若不
生得以戮於群臣猶未得請也請生之於是莊公使束
縛以予齊使受之而退比至三釁三浴之

董叔晉大夫也將娶於范氏叔向曰范氏富盍已乎曰欲爲繫
援焉他日董祁愬之於范獻子曰不吾敬也獻子執而紡於庭
之槐叔向過之曰子盍爲我請乎叔向曰求繫既繫矣求援既
援矣欲而得之又何請焉

張儀者魏人也始嘗與蘇秦俱事鬼谷先生學術
秦自以不及儀儀已學而游說諸侯嘗從楚相飲已而楚相亡璧
門下意張儀曰儀貧無行必此盜相君之璧共執儀掠笞數百
不服醳之其妻曰嘻子毋讀書游說安得此辱乎儀謂其妻
曰視吾舌尚在不其妻笑曰舌在也儀曰足矣

孔伋魯人字子思嘗困於宋

范雎者魏人也字叔游說諸侯欲事魏王家貧無以自資乃先
事魏中大夫須賈賈爲魏昭王使於齊數從留數月未得報齊
襄王聞雎辯口乃使人賜雎金十斤及牛酒雎辭謝不敢受須
賈知之大怒以爲雎持魏國陰事告齊故得此饋令雎受其牛
酒還其金既歸心怒雎以告魏相魏相魏之諸公子曰魏齊魏
齊大怒使舍人笞擊雎折脅摺齒雎佯死即卷以簀置廁中賓
客飲者醉更溺雎故僇辱以懲後令無妄言者雎從簀中謂守



者曰公能出我我必厚謝公守者乃請出弃簀中死人魏齊醉
曰可矣范雎乃得出

漢韓信淮陰人家貧無行不得推擇爲吏又不能治生爲商賈
從下鄉南昌亭長食亭長妻苦之晨炊蓐食食時信
往不爲具食信亦知意自絶去淮陰少年又侮信曰雖
長大好帶刀劍怯爾衆辱信曰能死刺我不能出跨下於是信
孰視俛出跨下一市皆笑信以爲怯

季布楚人也項籍使將兵數窘漢王項籍滅高祖購求布千金
敢有舍匿罪三族布匿濮陽周氏周氏曰漢求將軍急迹且至
臣家能聽臣臣敢進計即否願先自剄布許之迺髡鉗布衣褐
置廣柳車中（廣柳車喪車也）并與其家僮數十人之魯朱家賣之（朱家魯人）
後至河東太守

後漢度尚山陽湖陸人也家貧不修學行不爲鄉里所推舉積
困窮乃爲宫者同郡侯覽視田得爲郡上計吏後至荆州刺史

李充陳留人家貧立精舍講授太守會平請署功曹不就平怒乃拔充以捐溝中因謫署縣都亭長不得已起親事後至侍中

劉張裔爲司金中郎將典作農戰之器先是益州郡殺太守正昂耆率雍闓恩信著於南土使命周旋遠通吳大帝乃以裔爲益州郡太守徑往至郡闓遂趑趄不賓假鬼教曰張府君如瓠壺外雖澤而內實麤不足殺令縛與吳於是遂送裔於吳大

彭羕字永年仕州不過書佐後又爲衆人所謗毁於州牧劉璋璋髡鉗羕爲徒隸後至江陽太守

晉王育字伯春京兆人也少孤貧爲人傭牧羊每過小學必歔欷流涕時有暇即折蒲學書忘而失羊爲羊主所責育將鬻己以償之同郡許子章敏達之士也聞而嘉之代育償羊給其衣食使與子同學遂博通經史

劉琨元帝時爲太尉既爲段匹磾所拘自知必死神色怡如也



爲五言詩贈其別駕盧諶託意非常攄暢幽憤遠想張陳感鴻門白登之事用以激諶諶素無奇略以常詞酬和殊乖琨心重以詩贈之乃謂琨曰前篇帝王大志非人臣所言矣

張天錫爲涼州刺史歸晉爲散騎常侍形神昏喪雖勲列位不復被齒遇隆安中會稽世子元顯用事常延致之以爲戲弄

梁吉士瞻爲鎮軍司馬少時嘗於南蠻國中樗蒲無褌褰露爲慶華所侮

後魏陰世隆初在涼州之日與鄉人索敞文學相友世隆至京師被罪徙和龍屆上谷困不前達士人徐能抑掠爲奴

北齊高昂初在鄉里陰養壯士尒朱榮聞而惡之密令刺史元仲宗誘執昂送於晉陽永安末榮入洛以昂自隨禁於駝牛署後至司徒公

魏收初仕後魏爲兼通直散騎常侍司馬子如薦收召赴晉陽以爲中外府主簿以受旨非忤頓被嫌責加以箠楚久不得志

唐馬周字賓王武德中補博州助教日飲醇酒不以講授爲心刺史達奚恕屢加咎責乃拂衣游於曹汴境復爲浚儀令崔賢首所辱周遂感激去長安後至中書令

李進代宗初爲工部侍郎寶應元年五月德宗爲天下兵馬元帥平河洛以進爲參佐時元帥在陝兼統蕃兵迴紇恃功而驕恣狠突進與中書舍人韋少華皆爲皮鞭所辱進數月病發僅以全生

後唐李茂貞爲鳳翔節度使茂貞本姓宋名文通深州博野人少去鄉里客奉天爲市吏數爲鎮將所辱

晉趙在禮爲永興軍節度使契丹亂華自鎮赴闕時契丹首領奚王拽剌等在洛下在禮望塵致敬蕃首等倨受其禮加之凌辱邀索貨財在禮不勝其憤行至鄆州泊於逆旅聞同州劉繼勲爲虜所縶大懟夜以衣帶就馬櫪自縊而卒

冊府元龜卷第九百五十三

冊府元龜卷第九百五十四

總録部一百四

寡學　虚名　妄作　愚暗

## 寡學

温故知新好問則裕爲學之益蓋君子之所急也乃有檮杌成性宴安任己靡思時習之義不念將落之刺懵厥古道束於常見繇是言致無稽之誚動成踰矩之咎爲儒者之所耻曷士林之可預古人有言曰人而不學其猶正墻面而立蓋謂是矣

宰予字子我魯人哀公問社於宰我宰我對曰夏后氏以松殷人以栢周人以栗曰使民戰栗（凡建邦立社各以其土所宜之木宰我不本其意妄爲之説因周用栗便云使民戰栗）子聞之曰成事不説遂事不諫既往不咎（事已成不可復解説事已遂不可復諫止事已往不可復追咎孔子非宰我故歷言此三者欲使慎其後）

晉滕脩爲廣州刺史或語脩蝦鬚長一丈脩不信其人後故至東海取蝦鬚長四丈四尺封以示脩脩乃服之



晉蔡謨爲司徒謨初渡江見蟚蜞大喜曰蟹有八足加以二螯令烹之既食吐下委頓方知非蟹後詣謝尚而説之尚曰卿讀爾雅不熟幾爲勸學死

虞嘯父爲侍中孝武從容問曰卿在門下初不聞有所獻替邪嘯父家近海謂帝有所求對曰天時尚温鮆魚蝦鮓未可致尋當有所上獻帝大笑

唐蘇良嗣爲荊州都督郭下舊有河東寺後梁宣帝爲其兄河東王譽所立也良嗣見而驚曰此在江漢之間與河東有何關涉遂奏改之由是議者譏其學之不博也

蕭嵩爲户部侍郎嘗與嚴挺之同行慶弔客次有禮記卷嵩讀之曰蒸嘗伏臘乎從官無學術不識伏臘之意誤讀之挺之戲問嵩對如初挺之白張九齡曰省中直得有伏獵侍郎由是出爲岐州刺史

李林甫爲吏部侍郎時選人嚴迥判語有用杕杜二字者林甫不識杕字謂吏部侍郎韋陟曰此云杕杜何也陟俛首不敢言太常少卿姜度林甫舅子度妻誕子林甫手書慶之曰聞有弄麞之慶客視之掩口

王鍔爲太原節度使嘗讀左氏傳自稱儒者人皆笑之

後唐李鏻爲宗正卿初趙州昭慶縣有神堯之祖獻祖宣帝建初陵懿祖光皇帝啓運陵莊宗践阼之後宗正司修奉陵園故事請置建初啓運陵臺令許之時有僞稱宗子言世爲丹陽竟陵臺令投諸宗寺請爲聞喜令宗正少卿李瓊莫測其由遂百姓僞書即而補之其人既至本處招誘百姓以爲部曲出入建絳旌豪視長吏復侵奪近墓民田百餘頃言是陵園壖地百姓詣府陳訴州府不能辯款乃具狀奏天子下公卿訪丹陽竟陵故事是何帝陵寢遂檢列聖陵園及追封祢太子諸王尊號者皆無丹陽竟陵之號其僞百姓宗正司吏皆伏法瓊鏻以不閑故實謬補奸人鏻責授朝散大夫司農少卿瓊責授朝議郎守



太子中舍丹陽之地此在南方竟陵之名六朝故事鏻等不知書故也

李琪爲太子少傅明宗天成末既平定州自汴還洛琪爲留司官班首奏乞於偃師縣奉迎而奏章中有敗契丹之凶黨破真定之逆賊之言詔曰契丹即爲凶黨真定不是逆城李琪罰一月俸（史臣曰大駕還京留司官出境奉迎載於典禮李琪好勳務雖博中山舊真定舉人之詞俱失實也）

馬縞爲國子祭酒時年八十餘形氣不甚衰而於事多遺忘嘗言元稹不應進士以父元魯山名進故也多如此類又上疏古者無嫂叔服文皇創意以兄弟之親不宜無服乃議服小功今令文省服制條爲兄弟之妻大功不知何人議改而寘於令文請博士駮去律令國之大經馬縞知禮院時不曾論定今遽上疏駮令式罪人也

周盧損爲太子少保致仕損梁開平初舉進士性頗剛介以高情遠致自許儕類之中矜欲自勝然學淺不博以此爲人士所薄

## 虛名

夫名浮於行，聲過其實，先民用恥，小人寡焉。蓋由不純其德，務飾其詐，身為斧藻，言生枝葉，苟合於世，寖以成風。大則朋翕相高，日彰浮譽；次則矜持自用，徒衒護聞，詭誕則多，徇責何有。或誤聽而進擢，或從權而委任，罔獲攸濟，終敗乃事。是知實柱鼓瑟，詎能合變；畫地作餅，不可以啖者已。

漢東方朔為侍郎，詼諧逢占射覆（逢占逆占事猶云逆刺也），其事浮淺，行於眾庶，童兒牧豎莫不眩耀，而後世好事者因取奇言怪語附著之朔。劉向言少時數問長老賢人通於事及朔時者（謂與朔同時者），皆曰朔口諧倡辯，不能持論，喜為庸人誦說（喜許吏反為于偽反），故令後世多傳聞者。而揚雄亦以為朔言不純師，行不純德，其流風遺書蔑如也（蔑無也言無足稱也）。然朔名過實者，以其詼達多端，不名一行。

王成為膠東王相，宣帝最先褒賞，後詔使丞相御史問郡国上計長吏守丞以政令得失，或對言前膠東相成偽自增加以蒙顯賞，是後俗吏多為虛名。

魏鄧颺為中書郎，颺少得士名於京師，與李勝等為浮華友，與諸葛誕等馳名譽，有四聰八達之誚，文帝疾之。

諸葛誕為御史中丞，與尚書夏侯玄、鄧颺等相善，收名朝廷，京都翕然。言事者以誕、颺等脩浮華，合虛譽，漸不可長，明帝惡之，免誕官。

蜀許靖為劉璋蜀郡太守，先主進圍城都，靖將踰城降，事覺不果。璋以危亡在近，故不誅靖。璋既稽服，先主以此薄靖不用也。法正說曰：天下有獲虛譽而無其實者，許靖是也。然今主公始創大業，天下之人不可戶說，靖之浮稱播流四海，若其不禮，天下之人以是謂主公為賤賢也。宜加敬重，以眩遠近，追昔燕王之待郭隗。先主於是乃厚待靖。

諸葛瞻以丞相亮之子為尚書僕射，加軍師將軍。蜀人追思亮，咸愛其才敏，每朝廷有一善政佳事，雖非瞻所建倡，百姓皆傳相告曰：葛侯之所為也。是以美聲溢譽有過於實。

晉王衍為太子中庶子，衍既有盛才美貌，居顯職，後進之士莫不景慕放效，選舉登朝皆以為稱首，矜高浮誕，遂成風俗焉。

謝萬，太傅安之弟，雖器量不及安，而善自衒曜，故早有時譽，後至豫州刺史。

宋王綏字彥猷，少有美稱，望自矜遇，實鄙而無行，後至冠軍將軍。

宋劉休為南康相，善言理體，而在郡無異績。

後魏和跋為龍驤將軍，累遷尚書、平原太守。道武寵遇，跋冠於諸將。時群臣皆敦尚恭儉，而跋好脩虛譽，衒曜於時。

劉仁之為御史，歷西兗州刺史，善候當塗，能為詭激，每於稠人廣衆之中，或撾一蒸吏，縱一孤寡，大言自示，眩已高明，矜物無知。淺識皆稱其美，公能之譽，動過其實。

唐房琯為吏部尚書平章事，肅宗以琯素有重名，傾意待之。琯好賓客，喜談論，用兵素非所長，而天子採其虛聲，冀成一效。琯既自無廟勝，又以虛名擇將吏，以至於敗。

後唐張文禮初為鎮州大將，從莊宗行營，素不知書，亦無兵家方略，唯於儒卒中大言，上將自言甲不知進退，乙不識兵機，以此軍人推為良將。

周李知損為諫議大夫，在梁朝時以險刺篇詠出入於內臣之門，縣是浪得虛譽，時人目之為李羅隱。

## 妄作

古人有言，鄙沒世而文采不表於後，故感於哀樂而造其端緒。苟非俊辟閎衍、周通博達，豈能為學者之所宗乎？乃有不祖述於前典，妄穿鑿於聖意，言涉鄙俗，義多詭詐，雖確然自是而行之非遠，布諸後世，良可恥焉。

漢孟喜，東海蘭陵人，從田王孫受易。喜好自稱譽，得易家候陰陽災變書，詐言師田生且死時枕喜厀，獨傳喜，諸儒以此耀之。同門梁丘賀疏通證明之（同門同師學者也證明明其偽也），曰：田生絕於施讎手中時暮歸東海安得此事又蜀人趙賓好小數書後為易飾易文以為箕子明夷陰陽氣亡箕子箕子者萬物方荄茲也（師古曰易明夷卦彖辭曰內文明而外柔順以蒙大難文王以之利艱貞晦其明也內難而能正其志箕子以之又六五爻辭曰箕子之明夷利艱貞此箕子者謂紂之諸父箕子說洪範者也而賓妄為說耳荄茲言其根荄方茲茂也荄音該又音皆）賓持論巧慧易家不能難皆曰非古法也（心不服也）云受孟喜喜為名之（名之者承其名云賓受也）後賓死莫能持其說喜因不肯仞（仞亦名也仞音刃）以此不見信

晉衛瓘為司空作左思為吳都賦叙及注叙粗有文辭至於為注了無所發明直為塵穢紙墨不合傳寫也

東晳為尚書郎嘗為勸農及餅諸賦文頗鄙俗時人薄之

後魏張吾貴中山人年八十本郡舉為太學博士吾貴先未多學乃從酈詮受禮牛天祐受易詮祐粗為開發而吾貴覽讀一遍便即別構戶牖世人競歸之曾在夏學聚徒千數而不講傳生徒竊云張生之於左氏似不能說吾貴聞之謂其徒曰我今夏講暫罷後當說傳君等來日皆當持本生徒怪之而已吾貴謂劉蘭云君曾讀左氏為我一說蘭遂為講三旬之中吾貴兼讀杜服隱括兩家異同悉舉諸生後集便為講之義例無窮皆多新異蘭仍伏聽學者以此益奇之而以辯能飾非好為詭說由是業不久傳



成霄字景鸞亦學涉好為文詠但詞彩不倫率多鄙俗與河東姜質等朋遊相好詩賦間起知音之士共所嗤笑閭巷淺識頌諷成群乃止大行於世

北齊劉晝渤海阜城人河清初舉秀才入策不第乃恨不學屬文方復緝綴辭藻言甚古拙制一首賦以六合為名自謂絕倫吟諷不輟乃歎曰儒者勞而少工見於斯矣我讀儒書二十餘年而答策不第始學作文便得如是曾以此賦呈魏收收謂人曰賦名六合其愚已甚及見其賦又愚於名晝又撰高才不遇傳三篇在孝昭武成之朝又頻上書言亦切直而多非世要終不見收採

石曜為黎陽郡守著石子十卷言甚淺俗

隋張仲讓為太學博士未幾告歸鄉里著書十卷自云此書若奏我必為宰相又數言玄象事州縣列上其狀竟坐誅

唐東方顥德州人玄宗開元十三年與鄭帝臣獻書詞理虛誕徙于道州

南次回為國子監丞生肅宗寶應元年進皇帝親學圖一軸初太學博士李洮任晏誘生徒上疏請親臨國學因有詔令論圖以進事尋不行

後唐王思同初仕莊宗歷典諸軍至都將性疎俊粗有文性喜為詩什與人唱和自稱薊門戰客魏王繼岌詩之若子時內養呂知柔侍興聖宮頗用事思同不平之知柔為終南山詩末句有頭字思同和曰料伊直擬衝霄漢賴有青天壓著頭其可笑詩句皆此類也



晉崔居儉為戶部尚書其先自後魏至唐推為甲族吉凶之事自著家禮與盧鄭不同但浮薄是務淳儒患之

## 愚暗

夫愚暗之徒與賢智並生於世亦由樗櫟之與杞梓瓦石之與珠玉也故含英炳靈者為賢智績然濁者為愚暗則有罔達人情靡周世務動為世所嗤靡達變通至乃畏乎影者見月而却走失乎劍者刻舟而待求取柳葉以自蔽謂南金之可食其底滯之性有如此者其或應對失指舉履過中言有迷於典刑動必為於嗤笑紀諸竹素良足憮然

燕李季好遠出其妻有士李季至士在內中妻患之乃令士裸而解髮直出門吾屬陽不見也於是士從其計疾走出門季曰是何人也家室皆曰無有季曰吾見鬼乎婦人曰然為之奈何取五姓之矢浴之季曰諾乃浴矢

涓蜀梁夏首之南人也其為人愚善畏明月而宵行俯見其影以為伏鬼仰見其髮以為伏魅背而走比至其家失氣而死

公孫綽曾告諸孫世嘗告人曰我能治偏枯今吾倍爲偏枯之藥則可以起死人矣

楚人有涉江者本不載姓名其劒自舟中墜於水遽契其舟曰是吾劒所從墜也舟已行而劒不行若此求劒不亦惑乎

宋人有耕者本不載姓名田中有株兎走觸之折頸而死因釋耕守株兾復得兎爲宋國笑

後漢劉玄王莽末爲綠林渠帥號爲更始既至長安諸將後至者更始問虜掠得幾何左右侍官皆宮省久吏各驚相視

董卓獻帝初自爲太尉領前將軍及逼帝遷都長安卓乃結壘於長安城東以自居又築塢於郿高厚七丈號曰萬歲塢積穀爲三十年儲自云事成雄據天下不成守此足以畢老後王允與呂布及僕射士孫瑞謀誅卓有書呂字於布上負而行於市歌曰布乎有告卓者不悟

公孫瓚爲遼東太守破擒劉虞盡有幽州之地猛志益盛以童



謡之言從鎮易縣盛修營壘樓觀數十臨易河通遼海瓚慮有非常乃居於高京以鐵爲門斥去左右男人七歲已上不得入易門專侍姬妾其文簿書記皆汲而上之令婦人習爲大言聲使聞數百步以傳宣教令或問其故瓚曰我昔驅叛胡於塞表掃黄巾於孟津當此之時謂天下指麾可定至於今日兵革方始觀此非我所決不如休兵力耕以救凶年兵法百樓不攻今吾諸營樓櫓千里積穀三百萬斛食此足以待天下之變後爲袁紹所敗

魏毛嘉以明帝后父封博平鄉侯嘉本典虞車工卒暴富貴帝令朝臣會其家飲宴其容止舉動甚蚩騃語輒自謂侯身時人以爲笑位至散騎侍郎

曹爽爲大將軍與鄧颺何晏等專亂朝政司馬宣王將討之正始十年車駕朝高平陵爽兄弟皆從宣王勒兵焉先據武庫遂出屯洛水浮橋奏請廢爽等爽得宣王奏事不通迫窘不知所

爲大司農桓範說爽使車駕幸許昌招外兵爽兄弟猶豫未決會宣王使許允陳泰解語爽蔣濟亦與書達宣王之旨又使爽所信殿中校尉尹大目謂爽唯免官而已以洛水爲誓爽信之罷兵爽既罷兵曰我不失作富家翁範哭曰曹子丹佳人生汝兄弟犢耳何圖今日坐汝等族滅矣爽兄弟歸家敕洛陽縣發民八百人使尉部圍爽第四角角作高樓令人在上望視爽兄弟舉動爽計窮愁悶持彈到後園中樓上人便唱言故大將軍東南行爽還聽事上與兄弟共議未知宣王意深淺作書與宣王曰賤子爽哀惶恐怖無狀招禍分受屠滅前遣家人迎糧于今未反數日乏匱尚須見餉以繼旦夕宣王得書大驚即答書曰初不知乏糧甚懷踧踖令致米一百斛并肉脯鹽豉大豆尋送爽兄弟不達變數即便喜歡自謂不死

晉虞嘯父孝武時爲侍中爲帝所親愛嘗飲宴帝從容問曰卿在門下初不聞有所獻替邪嘯父家近海謂帝有所求對曰天



時尚温鮮魚蝦鮓未可致尋當有所上獻帝大笑

顧愷之爲桓温大司馬參軍嘗以一厨畫糊題其前寄桓玄皆其深所珍惜者玄乃發其厨後竊取畫而緘閉如舊以還之紿云未開愷之見封題如初但失其畫直云妙畫通靈變化而去亦猶人之登仙了無怪色又爲散騎常侍與謝瞻連省夜於月下長詠瞻每遥贊之愷之彌自力忘倦瞻將眠令人代己愷之不覺有異遂申旦而止尤信小術以爲求之必得桓玄嘗以一柳葉紿之曰此蟬所翳葉也取以自蔽人不見己愷之喜引葉自蔽玄就溺焉愷之信其不見已也甚以珍之

庾條爲臨川太守條冰之弟翼之兄而條於兄弟最凡劣故讁位不至

宋趙倫之爲領軍將軍性野拙人情世務多所不解久居方伯頗覺富盛入爲護軍資力不稱以爲見貶光祿大夫范泰好戲謂曰司徒公缺必用汝老奴我不言汝資地所任要是[illegible]

舉所至爾倫聞之大喜每載酒肴詣泰
劉義綦襲封營道侯凡鄙無識知始興王濬兄弟所蔑濬嘗謂義綦曰陸士衡詩曰營道無烈心其何意苦阿父如此義綦曰下官初不識士衡何忽見苦其庸塞皆然位湘州刺史
戴法興後廢帝時爲越騎校尉尋免官還鄉里賜死於家法興臨死封閉庫藏使家人謹錄其鑰
王懌侍中琨之父懌不辯菽麥時以爲殷道矜之流人無肯與婚家以獠婢恭心侍之遂生琨
南齊劉道隆爲右衞將軍時謝超宗作殷淑儀誄奏之大嗟賞謂謝莊曰超宗殊有鳳毛道隆在御坐出候超宗曰聞君有異物可見乎超宗曰懸罄之室復有異物邪道隆武人無識正觸其父名曰旦侍宴至尊說君有鳳毛超宗徒跣還內道隆謂檢覓毛至闇待不得乃去
焦度初爲武陵王贊中直兵沈攸之過郢州度於城樓上罵辱



至自發露形體穢辱之及事寧度功居多後見朝廷貴戚說郢城事宜露如初其鄙如此
張敬兒爲征西將軍於襄陽城西起宅聚財貨又欲移羊叔子墮淚碑於其處立臺綱紀諫曰羊太傅遺德不宜遷動敬兒曰太傅是誰我不識也後爲散騎常侍不習朝儀聞當內遷乃於密室中屏人學揖讓對空中俯仰竟日妾侍竊笑及時拜開府儀同三司謂其妓曰我拜後應開黃閤因口爲鼓聲又於新林慈姥廟爲妾乞兒呪神自稱三公
梁鄭律爲太子詹事雖乏風華性甚彊直人或勸之聚書律曰吾嘗請道士奏章驗鬼安用此鬼名邪
張仲子竟陵人由其子興世致位給事中及興世爲雍州刺史欲將往襄陽愛鄉里不肯去嘗謂興世曰我雖田舍老公樂聞鼓角汝可送一部行田時欲吹之興世素恭謹畏法譬之曰此是天子鼓角非田舍所吹興世欲拜墓仲子謂曰汝衞從太多先人必當驚怖興世減撤而行
胡僧祐爲天水天門二郡太守性好讀書不解緝綴然每在公宴必強賦詩文辭鄙野多被嘲謔僧祐怡然自若謂己實工矜伐愈甚
蕭應廬陵王之子應不慧父薨至內庫閱珍物見金鋌問左右曰此可食不答曰不可應曰既不可食並特乞汝他皆此類
何敬容爲左僕射其署名敬字則大作苟小爲文容字大爲父小爲口陸倕戲之曰公家苟既奇大父亦不小敬容遂不能答嘗有客姓吉敬容問御史郗吉遠近答曰如明公之與蕭何
後魏翟黑子封遼東公有寵於太武奉使幷州受布千疋事尋發覺黑子請計於著作郎高允允曰主上問我首與諱乎允曰公帷幄寵臣答詔宜實又自告忠誠罪必無慮中書侍郎崔覽公孫質等咸言首實不可測宜諱之黑子以覽等爲親己而反怒允曰如君言誘我死何其不直遂與允絕黑子以不實對竟



爲太武所疎終獲戮死
宋鴻貴爲定州平北府參軍送戍兵於荊州坐取兵絹四百疋兵欲告之乃斬十人又踈凡不達律令見律有梟首之罪乃生斷兵手以水澆之然後斬決尋坐伏法時人哀兵之苦笑鴻貴之愚
鄭約性多造次好以榮利干謁乞丐不已多爲人所笑弄坎壈於世不免飢寒
北齊庫狄干爲太宰封章武郡王不知書署名爲千字逆上畫之時人謂之穿錐又武將王周者署名先爲吉而後成其外二人至子孫始並知書
尉瑾爲右僕射望門職雜爲世所鄙然亦折節下士意在引接名流但不之別也
孫搴爲散騎常侍學淺行薄邢邵嘗謂曰須更讀書搴曰我精騎三千足敵君羸卒數萬搴少時與溫子昇齊名嘗謂子昇御

文何如我子昇謙曰不如卿謇要其爲誓子昇笑曰但知劣於卿是何勞且且謇悵然曰卿不爲誓事可知矣

唐韓簡爲魏博節度使封昌黎郡王而性麤質每對文士不曉其說心常恥之乃召一孝廉令講論語及講至爲政篇明日謂諸從事曰僕近知古人淳朴年至三十方能行立外有聞者無不絶倒

高霞寓爲邠寧節度觀察等使霞寓本將家性輕悍無節制之材始因隨吐突承璀東討遂累得任而又好非斥朝列侮慢賓僚鄙詞俚語三聞於人竟不自悟以至於卒

張仲武武宗會昌中爲幽州節度使教其民曰凡爲牛馬羊豕之類必先擇其孔之大者則其種亦大乃自指曰吾所以形貌大者由母故也

趙道興爲右武候將軍其父才居是官時廨宇仍舊不改時人以爲榮道興嘗自指其廳事曰此是趙才將軍廳令嬰使趙才將軍兒坐爲朝野所笑將爲口實



後唐盧程爲莊宗太原府支使莊宗嘗於帳中召程草奏程曰叨忝成名不閑筆硯由是文翰之選不及於程時張承業專制河東留守士人皆敬憚舊例支使監諸廩出納程訴于承業曰此事非僕所長請擇能者承業叱之曰公稱文士即合飛文染翰以濟霸國嘗命草辭自陳短拙及留職務又以爲辭公所能者何也程垂泣謝之

晉康福爲秦州節度使福無軍功屬後唐明宗龍躍有際會之幸擢自小校暴爲貴人每食非羊之全髀不能飫腹與士大夫交言懵無所別在天水日嘗有疾幕客謁問福擁衾而坐客有退者謂同列曰錦衾爛兮福聞之遽召言者怒視曰吾雖生於塞下乃唐人也何得以爲爛奚因叱出之由是諸客不敢措辭復有末客姓駱其先與後唐懿祖武皇父來自金山府一日因公讌福謂從事輩曰駱評事官則卑門族甚高正沙陀也聞者竊笑焉

冊府元龜卷第九百五十四

# 冊府元龜卷第九百五十五

總録部一百五

知舊　贈遺　託孤

## 知舊

傳曰人惟求舊又曰久要不忘蓋古之君子義重雅游或相善於膠庠或比居於邑里歲月其邁窮達以殊于斯推引其材贈問以禮患難相濟終始不渝展其誠心敦彼雅俗傳云故舊不遺則民不偷其是之謂歟

魯季友如陳葬原仲原仲季友之舊也

漢司馬相如歸成都而家貧無以自業素與臨卭令王吉相善吉曰長卿久宦游不遂而困（遂達也）來過我於是相如往舍都亭（臨卭所治都之亭）臨卭令繆為恭敬（繆詐也）日往朝相如相如初尚見之後稱病使從者謝吉吉愈益謹肅臨卭多富人卓王孫僮客八百人（僮謂奴）程鄭亦數百人（程鄭亦人姓名言富亞王孫也）乃相謂曰令有貴客為具召之（具謂酒食之具召請也）并召令令既至卓氏客以百數至日中請司馬長卿長卿謝病不能臨臨卭令不敢嘗食身自迎相如相如為不得已而強往（示不樂往也）一坐盡傾（謂皆傾慕其風采也）後為孝文園令

後漢朱勃年十二能誦詩書常候馬援兄況勃衣方領能矩步辭言嫺雅援裁知書見之自失況知其意乃自酌酒慰援曰朱勃小器速成智盡此耳卒當從汝稟學勿畏也勃未二十右扶風請試守渭城宰及援為將軍封侯而勃位不過縣令援後雖貴常待以舊恩而卑侮之勃愈身自親及援遇讒惟勃能終焉

魏孟建字公威少與諸葛亮俱游學亮後出祁山答司馬宣王書使杜子緒宣意於公威也

杜畿為河東太守與衛固少相侮（固常輕畿）畿嘗與固博而爭道畿嘗謂固曰仲堅（固字）我今作河東也固褰衣罵之及畿之官而固為郡功曹張時故在京兆畿與司隷與時會華陰時畿相見於儀當各持版時歎曰昨日功曹今為郡將也

杜摯舉孝廉除郎中轉補校書摯與毌丘儉鄉里相親故為詩與儉求仙人藥一丸欲以感切儉求助也儉復答詩摯竟不得遷卒于秘書

曹嘉元康中與石崇俱為國子博士嘉後為東莞太守崇為征虜將軍監青徐軍事屯於下邳嘉以詩遺崇

蜀關羽為蕩寇將軍與魏將徐晃宿相愛羽攻曹仁於樊曹公遣晃救曹仁羽與晃遙共語但說平生不及軍事須臾晃下馬宣令得關雲長頭（雲長羽字）賞金千斤羽驚怖謂晃曰大兄是何言邪晃曰此國之事耳

趙雲為牙門將軍與魏將夏侯蘭戰於博望生獲夏侯蘭蘭是雲鄉里人少小相知雲白先主活之薦蘭明於法律以為軍正雲不用自近其慎慮類如此

劉巴字子初始曹公辟為掾使招納長沙零陵桂陽會先主略有三郡不得反使遂遠適交阯更姓為張與交阯太守士燮計議不合乃由牂牁道去為益州郡所拘留太守欲殺之主簿曰此非常人不可殺也主簿請自送至州見益州牧劉璋璋父焉昔為巴父祥所舉孝廉見巴驚喜每大事輒以咨訪

楊戲出領梓潼太守入為射聲校尉（[illegible]）故居誠存厚與巴西韓儼黎韜童幼相親厚儼後痼疾廢頓韜無行見捐戲經紀振恤恩好如初

吳滕胤伯父耽父胄與劉繇州里通家以世擾亂避渡江依繇耽至車騎右司馬胄大帝待以賓禮胤至丞相

嚴畯為衛尉廣陵劉穎與畯有舊穎精學家巷大帝聞徵之以疾不就其弟略為零陵太守卒官穎往赴喪大帝知其詐病急驛收録畯亦馳語穎使還謝帝怒廢畯而穎得免罪

王導為丞相咸和中衛玠改塋於江寧導教曰衛洗馬明當改

葬此君風流名士海内所瞻可脩薄祭以敦舊

梁陳伯之為江州刺史伯之與豫章人鄧繕永興人戴永忌並有舊繕經藏伯之息英禍伯之尤德之及在州用繕為別駕永忌記室參軍

後唐王延歷徐宋鄆青四鎮從事長興初同鄉里馮道趙鳳在相位擢拜左補闕踰年以水部員外郎知制誥就改部中正拜中書舍人賜金紫

趙鳳初落魄為僧與遊方者雜處至太原傾之劉守奇歸莊宗周德威軍於涿莊宗命守奇軍佐之鳳鄉人從守奇奔梁梁用守奇為博州刺史表鳳為判官

劉贊初仕梁為租庸巡官莊宗入汴租庸副使孔謙以贊鄉黨表為鹽鐵判官

李崧始辟鎮州范延光管記與宰臣李愚從莊宗皇子繼岌伐蜀有舊擢崧拾遺俄而延光入代安重誨為樞密使奏崧以本



官為本院學士

韓惲明宗天成初改祕書監俄而馮道為丞相與惲俱莊宗龍潛佐幕之舊以惲性謹厚尤左右之尋遷禮部尚書

周申師厚少為兗州牙將與王峻相善洎太祖登極師厚以峻為樞密使兼輔相每旭旦於峻馬首望塵而拜訴以凍乞任使父之偶西涼請帥太祖詔宰臣擬議訪諸率府率供奉官之間有無願者峻遂以師厚奏之太祖曰西涼陷於西戎不欲強之冀從人所欲峻問師厚曰爾領一節制可否師厚驟喜亦不之信峻以其事諭之師厚欣然求往翊日制下不宜於朝遽得環衛之任俾鎮西涼錫賚繒帛駞馬旌節以遣之

張義為監察御史廣順二年十月賜緋魚笏王峻之奏也義審三司使延朗之子也峻奏事延朗故有是請

## 贈遺

周禮君有匪頒臣有好予故贈遺之義存乎典制乃有因締交之厚持出境之歡或旌其臧謀或重其高節申雅素之言表軫卹之心是亦非王乎財蓋成於禮而已然則妄與之誡先賢所惡私受之責良史攸記故知介絜之士亦所慎焉

吳公子札聘於鄭見子產如舊相識與之縞帶子產獻紵衣焉

昭居伯衛大夫也魯合諸侯于平丘次于衛地晉叔鮒求貨於衛淫芻蕘者（欲使衛之致貨）衛人使屠伯饋叔向羹與一篋錦曰諸侯事晉未敢攜貳況衛在君之宇下（屋宇之下言近也）而敢有異志芻蕘者異於他日敢請之（請止之）叔向受羹反錦（受羹示不違反錦明非貪）

韓宣子晉大夫也有環其一在鄭商宣子謁諸鄭伯子產弗與四月鄭六卿餞宣子於郊宣子私覲於子產以玉與馬曰子命起舍夫玉是賜我玉而免吾死也敢不藉手以拜（以玉馬藉手拜謝子產）

趙孟晉大夫也越圍吳趙孟使楚隆至吳王拜稽首曰寡人不佞不能事越以為大夫憂拜命之辱與之一簞珠（簞小笥）使問趙孟（問遺）曰句踐將生憂寡人寡人死之不得矣



季康子魯大夫饋藥孔子拜而受之曰丘未達不敢嘗（未知其故故不敢嘗禮也）

公西赤字子華孔子弟子也子華使於齊冉子為其母請粟子曰與之釜（六斗四升曰釜）請益曰與之庾（十六斗曰庾）冉子與之粟五秉（十六斛曰秉五秉合為八十斛）子曰赤之適齊也乘肥馬衣輕裘吾聞之也君子周急不繼富（非其有者之大多）

原思為之宰（弟子原憲思字也孔子為魯司寇以原憲為家邑宰）與之粟九百辭（九百九百斗辭讓不受）子曰毋（祿法所得當受無讓）以與爾鄰里鄉黨乎（五家為鄰五鄰為里萬二千五百家為鄉五百家為黨）

孔子之衛遇舊館人之喪（前日君所使舍己）入而哭之哀出使子貢說驂而賻之（賻助喪用也騑馬曰驂）子貢曰於門人之喪未有所說驂說驂於舊館無乃已重乎（言議驂大重比於門人恩為偏頗）夫子曰予鄉者入而哭之遇於一哀而出涕（遇見也舊館人恩雖輕我入哭見主人為我盡一哀是以厚恩待我我為出涕宜有施遺）予惡夫涕之無從也小子行之（客行無他物可以易之者使遂以之）

孟子名軻鄒人也弟子陳臻問曰前日於齊王餽兼金一百而不受於宋餽七十溢而受於薛餽五十溢而受前日之不受是則今日之受非也今日之受是則前日之不受非也夫子必居一於此矣（兼金好金也其價倍於惡者故爲之兼金一百百鎰也古者以一鎰爲一金鎰二十兩也）孟子曰皆是也當在宋也予將有遠行行者必以贐辭曰餽贐予何爲不受（贐送行者贈賄之禮也時人爲之贐也）當在薛也予有戒心辭曰聞戒故爲兵餽之備予何爲不受（戒有戒備不虞之心也時有惡人欲害孟子孟子戒備薛君聞有戒此金可鬻以作兵備故餽之我何爲不受也）若於齊則未有處也無處而餽之是貨之也焉有君子而可以貨取乎

漢陸賈爲太中大夫呂太后用事以病免爲丞相陳平畫誅交驩太尉周勃平乃以奴婢百人車馬五十乘錢五百萬遺賈爲食飲費

司馬相如與妻文君歸成都文君當壚（賣酒之處壘土爲臺以居酒甕四邊隆起其一面高形如鍛爐故名壚耳）雜作卓王孫（文君父也）恥之爲杜門不出（[illegible]也）昆弟諸公更謂王孫曰（更互也）有一男兩女所不足者非財也（言不患少財也）今文君既失身於司馬長卿長卿故倦游（倦疲也言疲厭游學博物多能也）雖貧其人材足依也且又令客奈何相辱如此（言長卿令之客不可以辱也）卓王孫不得已（已止也）分與文君僮百人錢百萬及其嫁時衣被財物文君乃與相如歸成都買田宅爲富人居後至孝文園令

李陵爲騎都尉戰敗降匈奴見蘇武陵惡自賜武（謂吾示巳於自做中富貴以李）使其妻賜武牛羊數十頭

後漢杜林字伯山扶風人徵爲侍御史與馬援同鄉里素相親厚援從南方還時林馬適死援令子持馬一匹遺林曰朋友有車馬之饋可且以備乏林受之居數月林遣子奉書曰將軍內施九族外有賓客望恩者多林父子兩人食列卿祿常有盈今送錢五萬援受之謂子曰人當以此爲法是杜伯山所以勝我也

晉孔沉字德度累辟不就從兄坦以裘遺之辭不受坦曰晏平仲儉祀其先人豚肩不掩豆猶狐裘數十年卿復何辭於是受而服之



宋褚叔度爲廣州刺史以黷貨負免還至都凡諸舊及有一面之款無不厚加贈遺

王弘之徵爲通直散騎常侍不就從兄敬弘嘗解貂裘與之卽著以採藥

許瑤之居在永興罷建安郡丞還家以綿一斤遺郭原平原平不受送而復反者前後數十瑤之乃自往曰今歲過寒而建安綿好以此奉尊上耳原平乃拜而受之

南齊袁彖爲安西長史庾易有高尚之節永明三年詔徵太子舍人不就以文義自樂彖欽其風遺書致遺易以連理机竹翹書格報之

張融字思光吳郡吳人也年弱冠道士同郡陸脩靜以白鷺羽麈尾扇遺融曰此既異物以奉異人

後魏李元忠除驃騎大將軍儀同三司曾貢文襄王蒲桃一盤文襄報以百縑其見賞重如此

北齊尒朱榮父新興高祖時爲右將軍每入朝諸王公朝貴競以珍玩遺之新興亦報以名馬

唐陸贄爲華州鄭縣尉罷秩東歸省母路由壽州刺史張鎰有時名贄往謁之及辭遺贄錢百萬曰爲備太夫人一日之膳贄不納唯受新茶一串而已曰敢不承君厚意及爲中書舍人蕭俛學士母卒持喪于河南豐樂佛寺四方以賻贈爲詞厚致金帛贄絲毫無受唯與劍南節度使韋皐布衣友善皐以事奏聞每有所致輒稱詔以授之

李愬西平王晟之子也爲魏博節度使穆宗長慶元年幽鎮復亂愬以玉帶寶劍與深州刺史牛元翼遣使謂之曰吾先人嘗以此劍立大勳吾又以此劍平蔡寇今鎮人叛逆公宜用此翦之元翼承命感激乃以劍及帶令於軍中報之曰願以家從愬盡死力

託孤

夫以篤信行義顧惟君子託孤寄命亦在知人傾腹心於生平之日奉然諾於縣邈之期身魂有主遺育不孤豈非信乎可謂亡矣求諸千載其人蓋稀風烈所存贈詠何已

申舟楚大夫也楚子使聘于齊楚子曰無假道于宋[illegible]亦使公子馮聘于晉不假道于鄭申舟以孟諸之役惡宋[illegible]曰鄭昭宋聾昭明也聾闇也晉使不害我則必死王曰殺女我伐之見犀而行犀申舟子以託王示必死及宋宋人止之華元曰過我而不假道鄙我也鄙我亡也以我比其邊鄙是與亡國同殺其使者必伐我伐我亦亡也亡一也乃殺之

樂祁宋大夫也言於景公曰諸侯唯我事晉今使不往晉其憾矣樂祁告其宰陳寅以與公言告之陳寅曰必使子往他日公謂樂祁曰唯寡人說子之言子必往陳寅曰子立後而行吾室亦不亡[illegible]唯君亦以我為知難而行也見溷而行溷樂祁子也見於君以為後

趙朔晉大夫盾之子也司寇屠岸賈將作亂誅靈公之賊盾之死矣欲誅其子朔韓厥止賈賈不聽厥告朔令亡朔曰子必能不絶趙祀死不恨矣韓厥許之及賈誅朔程嬰公孫杵臼之藏其孤趙武也厥知之晉公病卜之大業之不遂者為祟韓厥稱成季之功今後無祀以感景公景公問曰尚有世乎厥於是言趙武而復與之田邑

漢趙貢為琅邪太守行縣見不其丞薛宣甚說其能從宣歷行屬縣還至府令妻子與相見戒曰贛君贛君薛宣字至丞相我兩子亦中丞相史宣為丞相除贛兩子為史

後漢張堪素有名稱嘗於太學見朱暉甚重之接以友道乃把暉臂曰欲以妻子相託朱生暉以堪先達舉手未敢對自後不復相見堪後為漁陽太守卒暉聞其妻子貧困乃自往候視厚賑贍之暉後至尚書令



魏蒯越字異度後漢末為章陵太守封樊亭侯獻帝建安十九年卒臨終與太祖書託以門戶太祖報書曰死者反生生者不愧孤少所舉行之多矣魂而有靈亦將聞孤此言也

蜀馬超為左將軍臨沒上疏曰臣門宗二百餘口為孟德所誅略盡惟有從弟岱當為微宗血食之繼深託陛下餘無復言

晉王恭為平北將軍兵敗初見執遇故吏戴耆之為湖熟令恭私告之曰我有庶兒未舉在乳母家卿為我送寄桓南郡耆之遂送之於夏口桓玄撫養之為立喪庭弔祭焉

南涼秃髮傉檀僭號涼王後奔姚興以為涼州刺史王尚遣主簿宗敞來聘敞父燮呂光時自河湟太守入為尚書郎見傉檀于廣武執其手曰君神爽宏拔逸氣凌雲命世之傑也必當克清世難恨吾年老不及見耳以敞兄弟託君至是傉檀謂敞曰孤以常才謬為尊先君所見稱每自恐有累大人水鏡之明乃忝家業竊有懷君子詩云中心藏之何日忘之不圖今日得見卿也敞曰大王仁侔魏祖存念先人雖朱暉眄張堪之孤叔向撫汝齊之子無以加也酒酣語及平生傉檀曰卿魯子敬之儔恨不與卿共成大業耳

陳謝察為吏部尚書豫與謝貞友善及貞病篤察往省之問以後事貞曰孤疊禍集將隨灰壤族子凱等粗自成立已有疏付之固不足仰塵厚德即日迷喘時不可移便為永訣弱兒年甫六歲名靖字依仁情所不能忘敢以為託耳是夜卒敕賻米一百斛布三十匹後主問察曰謝貞有何親屬察因奏曰貞有一子年六歲即有敕長給衣糧

唐孫思邈見太子詹事盧齊卿於童幼時齊卿請問人倫之事思邈曰汝後五十年位登方伯吾孫當為屬吏可自保也後齊卿為徐州刺史思邈孫溥果為徐州蕭縣丞

冊府元龜卷第九百五十五

冊府元龜卷第九百五十六

外臣部一

總序

夫東方曰夷被髮而文身南方曰蠻雕題而交阯西方曰戎被髮而衣皮北方曰狄衣羽毛而穴居古者制夷蠻為要服制戎翟為荒服要服者貢荒服者王蓋要荒皆王者之外臣也其在上古簡冊未造四夷之事湮滅罔紀至於陶唐有山戎獫允薰粥之狄虞舜始請流共工于幽陵以變北狄放讙兜於崇山以變南蠻遷三苗於三危以變西戎殛鯀於羽山以變東夷命皋陶為士以掌猾夏之禁及禹定九州弼乃南撫交阯北戶西戎析枝渠搜氐羌北山戎息慎東長鳥夷夏太康失德夷人始畔是時夷有九種竹書紀年云夏后泄二十一年命畎夷白夷赤夷玄夷風夷陽夷后相二年征黃夷七年于夷來賓少康即位方夷來賓是也后相即位乃征畎夷七年然後賓少康已後夷人世服王化賓于王門獻其樂舞桀為不道諸夷內侵畎夷入居邠岐



之間商湯革命伐而定之至于仲丁藍夷作寇武丁即位征西戎鬼方而克之武乙衰敝東夷浸盛分遷淮岱漸居中土大戎寇邊周古公亶父踰梁山而避于岐洎于王季遂伐西落鬼戎及枯呼翳之戎皆克之文王為西伯又伐畎戎至武王伐紂羌髳會于牧野肅慎來獻定都酆鎬乃放逐戎夷涇洛之北後周公征管蔡遂定東夷洎穆王伐畎戎得四狼白鹿以歸自是荒服不至又云穆王西征大戎獲其五王遂遷戎于太原是時周道衰弱徐夷僭號王乃命楚武王克之時楚又克荊蠻而服屬之懿王之時獫狁內侵厲王不道淮夷入寇蠻荊為讎宣王中興乃命將帥征蠻荊平淮夷伐獫狁城朔方而四夷賓焉幽王之亂畎戎復入居涇渭之間秦襄公伐平之平王東遷四夷交侵中國齊桓公攘之後山戎伐燕齊桓公走之襄王時戎翟犯洛邑東至衛晉侵盜尤多晉文公將霸業乃興師伐之攘戎狄居于西河圁洛之間號曰赤翟白翟是時秦晉自瓜州遷陸渾戎于伊川遷允姓之戎于渭汭東及輔轅曰陰戎其後隴以西有緜諸畎戎狄獂邽冀之戎岐梁涇漆之北有義渠大荔烏氏朐衍之戎渭南有驪戎伊洛閒有楊拒泉皋之戎潁首以西有蠻氏之戎晉北有林胡樓煩之戎燕北有東胡山戎而淮夷越遷琅邪陵暴諸夏後晉悼公使魏絳和戎翟戎翟朝晉陰戎之種遂以滋廣與晉伐周後陸渾戎叛晉晉荀吳滅之楚靈王會申淮夷來盟自後楚遂執蠻氏盡囚之秦厲公滅大荔取其地楚悼王并蠻越有洞庭蒼梧之地趙襄子踰句注破戎翟以臨胡貉韓魏稍并伊洛陰戎滅之其遺脫者皆走西踰汧隴自是中國無戎寇唯餘義渠種焉寖為強盛屢為秦患秦昭王起兵滅之以其地置隴西北地上郡又伐楚掠取蠻夷為黔中郡築長城以距胡趙武靈王亦胡服習騎射破林胡樓煩自代並陰山下至高闕為塞置雲中鴈門代郡其後燕有賢將秦開襲破東胡卻地千里燕遂築長城自造陽至襄平以距胡秦始皇滅六國驅羌戎出塞北卻匈奴



築長城渡河以陰山為塞散淮夷為民戶略定揚粵破西南夷通五尺道頗置吏焉洎諸侯畔秦中國擾亂匈奴得寬復稍度河南與中國界於故塞楚將軍莊蹻王滇龍川令趙佗王南粵燕人衛滿王朝鮮漢初匈奴冒頓強盛悉復收秦所奪地遂侵燕代時漢方與項羽相距未暇禦邊乃弃西南夷而閉蜀故徼約朝鮮為外臣保塞漢平定天下匈奴復寇馬邑踰句注攻太原至晉陽漢高帝親將兵往擊之遂約和親是後數背約侵盜代地孝惠高后時匈奴南粵數為邊患文帝時匈奴或入居河南地為寇漢兵擊走之復入朝那蕭關至甘泉漢遂發兵出塞即還不能有所殺匈奴日以驕歲入邊殺略人民雲中遼東最甚而陸賈說南粵奉藩稱臣景帝時乃與匈奴通關市給遺之時時小入盜邊無大寇西羌研種亦來從於狄道安故武帝即位初邊陲無警洎馬邑失策匈奴乃歲入盜邊於是天子尚威武勤遠略命衛霍將兵深入大破其衆匈奴遂遁幕南無王庭是時

帝誅兩越東攻濊貊朝鮮以為郡通西南夷牂牁夜郎等為置吏通西域三十六國逐西羌渡河湟以其地置酒泉等郡隔絕胡羌相通之路又以翁主妻烏孫以分匈奴西方之援國置護羌校尉以護先零等羌洎貳師不利漢始不復出兵昭帝時匈奴犯塞後漢兵破烏桓匈奴震恐遂不能出兵而西南夷氐人數叛皆破平之宣帝即位發五將軍兵十餘萬出塞討匈奴又護發烏孫兵從西方入以助漢兵匈奴逃遁死傷不可勝數自是衰耗日削洎五單于爭立君長多降漢甘露三年呼韓邪單于遂入朝于甘泉宮始置都護督察西域諸國而先零又寇金城皆討降之置金城屬國以處之自後賓服元帝時竟寧河平中匈奴單于再入朝哀帝即位烏孫大昆彌與單于俱入朝時西域分為五十五國皆通貢獻王莽之亂蠻夷愁擾匈奴復入塞貊人寇邊寧隗囂蠻夷自立為王西域怨叛與中國絕後漢建武初東夷高句驪濊貊倭韓萬里朝獻西域遣使內屬光武不許之而武陵蠻夷特盛侵寇州郡匈奴來獻復與烏桓寇鈔不絕二十三年南北二單于立南單于款塞稱臣願為藩蔽漢嘉其意割并州北界以安之自是二虜相侵漢地安然矣二十五年烏桓向化鮮卑始通驛使羣蠻乃平哀牢夷內屬然自後羣蠻西南夷種類多叛服不一明帝永平初鮮卑歸附北匈奴復入寇盜又脅西域諸國寇河西漢兵遂取伊吾盧地置宜禾都尉復通西域于寘諸國並遣子入侍西域自絕六十五載乃復通焉章帝建初元年武陵澧中蠻畔擊降之元和初北匈奴衰耗遠引而去西域多畔漢乃迎還戊己校尉留軍司馬班超於于寘綏集諸國和帝永元元年漢兵大破北單于而鮮卑轉據其地得匈奴餘種其族漸盛尤為邊患三年班超遂定西域至于海瀕通驛四萬里安帝永初元年西域背畔攻圍都護遂棄西域三年南單于畔烏桓鮮卑羣羌繼為寇諸羌競起為患尤橫自後或降或畔延光中復以班勇為西域長史通西域自建武



至是西域三絕三通順帝永建二年勇復降焉耆等十七國而烏孫蔥嶺已西遂絕桓帝永壽元年南匈奴復畔與烏桓鮮卑寇邊擊降之永興已後西域浸以疏慢矣靈帝末天下大亂單于統數千騎與白波賊合寇河內鮮卑烏桓為寇尤甚魏太祖乃分天下匈奴為五部徙居太原諸縣其西域大國朝貢非如漢氏故事時烏桓鮮卑強盛後太祖乃破烏桓徙其餘種於中國明帝青龍中鮮卑種落離散邊陲差安雖時有寇鈔不能深相役屬矣景初中誅公孫淵始通東夷收樂浪帶方之郡海表謐然時西南邛笮則界於蜀南臺交阯則界於吳皆時有叛服晉武帝受禪四夷入貢者二十三國塞外匈奴二萬餘落向化使與晉人雜居河西惠帝之後大為中國之患自是羌胡[illegible]盜居內地建國僭號凡十有六國而南徼蠻夷寇鈔不絕宋齊至于梁陳與後魏北齊分據中夏蠻徼海夷則朝貢于南羌胡戎狄則賓屬于北種族國邑之號日以蕃滋服叛朝貢之事不可悉紀而漠北唯蠕蠕最為強盛後周突厥復強與吐谷渾數為邊患西域時通使聘隋混一南北與吐谷渾和親朝貢歲至時突厥二可汗爭立隋討達頭可汗而立啓民可汗因之和親北鄙以寧煬帝好兵勤遠西域至者三十餘國取吐渾地為郡縣高昌王突厥可汗西突厥處羅可汗皆詣闕貢獻高麗再征而服大業之末中國擾亂華人奔突厥者甚衆其族遂熾而西突厥亦雄于西域諸國唐高祖起兵突厥遣師助平京城武德初突厥來貢未幾入寇并汾至于渭濱太宗與之盟而退時薛延陁漸雄於漠北貞觀中西突厥數易主西域諸國多叛之而內屬時又党項請降太宗命[illegible]奉職遠四州以處之俄吐蕃連羊同破吐谷渾党項白蘭諸羌率衆入寇松州遂約和親自是賓服未幾廻紇破薛延陁併其衆五年唐兵破突厥擒頡利可汗降者僅十萬置定襄雲中二都督府以統其部衆時塞北唯廻紇為雄太宗又置燕然等六府七州以統之九年討降吐

谷渾十三年破高昌以其地置西州及安西都護府十四年虜焉耆至二十一年擒龜茲王西域震服高宗永徽元年擒車鼻可汗而突厥盡爲封疆之臣置單于瀚海二都護府以統之二年擒西突厥賀魯分其種落置崑陵濛池二都護府以鎮之自是西域諸國皆逼於中國六年迴紇遣兵助討高麗龍朔二年吐蕃滅吐谷渾咸亨已後以蕃復畔寇邊擾有諸羌之地西陷四鎮地方萬餘里調露元年突厥復畔則天長壽元年始大破吐蕃收四鎮之地乃於龜茲復置安西都護府以鎮之聖曆中突厥寇邊爲害尤極久視元年又大破吐蕃吐蕃請和中宗初突厥愈强盛寇邊而吐蕃貢獻請和親睿宗即位大以河西九曲地賜吐蕃吐蕃以其地肥饒堪頓兵於是復寇明皇初突厥萬餘帳來降屢遣使朝獻吐蕃數寇邊境陷瓜州迴紇斷安西開元十六年大破吐蕃二十四年又擒吐蕃不備而破之自是朝貢不至數爲寇盗天寶末盡徵河隴朔方之兵入靖國難



於是河隴州之地盡爲吐蕃所據肅宗在靈武與迴紇和親迴紇遣兵助國討賊由是朝貢不絶而劍南西川諸州陷於吐蕃代宗即位復徵迴紇兵討賊朝義賊平令還廣德中吐蕃犯上都永泰元年吐蕃迴紇吐谷渾党項入寇王識迴紇復降請擊吐蕃破之自是吐蕃屢寇邊境雖頻破之而其勢寖盛十年迴紇寇太原德宗即位與迴紇和親歸吐蕃俘虜置和蕃使與之盟誓以紓邊難興元中吐蕃復寇陷鹽夏等州貞元三年又劫平涼之盟自是吐蕃侵掠寇掠尤甚邊無寧日五年已後漸爲邊將所敗然日陷北庭邠州順宗已後吐蕃請和至憲宗元和十三年復擾鹽州穆宗即位與迴紇和親吐蕃復請盟于京城之西是後朝貢継至武宗時迴紇黠戛斯犯東陘已北宣宗大中初迴鶻破弱遂轉徙於磧西吐蕃宰相尚恐熱以秦原安樂等州幷石門等七關款塞僖宗光啓中契丹王習爾稍強盛時中原多故習爾遂役屬達靼奚室韋等諸部入寇其後[illegible]

光所破十年不敢犯塞昭宗天祐四年寇雲中後唐武皇與之連和又吐渾數叛旋亦歸服達靼亦依於武皇時中原喪亂燕人多入於虜天祐末契丹阿保機遂建大號署百官爲戎[illegible]祖建號契丹遣使求封冊梁祖不許而其衆滋盛後唐莊宗時回鶻數爲邊患吐渾微弱其族居蔚州界皆授中國官爵河西党項突厥吐蕃朝貢不絶明宗即位遣使修好於契丹時[illegible]王[illegible]光始建年紀未幾復寇北鄙爲邊兵所破數年不敢闚邊洎至晉祖求援於契丹遂割幽薊雲應等州以賂之自是吐渾族屬於契丹終高祖世略無釁隙開運衰微遂陷京闕漢高祖初舉誅吐渾酋長其種遂衰契丹入寇邢洺周太祖時契丹遣使貢獻未幾其國亂久絶南牧之意太祖又自涇州安國鎮至西涼府沿路三處置州以吐蕃首領爲刺史以綏之世宗顯德中親征關南復瀛莫雄霸等州留兵以戍守自是河朔無寇患然自唐武德後至五代侵犯邊境役屬諸蕃者唯突厥吐蕃等數族爾



自餘諸蕃其皆不能爲邊患悉朝貢不絶若夫種類之起國邑之建風土之異職位之別承襲之次象譯之等盛衰叛服之狀交侵仇怨之迹至於款塞內附遣使入貢交通好問臨涖盟載脩建辭言備求請饟給助國討叛納質請朝遂和親之來收互市之利膺封拜之典承寵之數以至材略形貌德行伎藝及暴慢奇忍之性怨望姦僞之事咸列於逐門今但叙其歷代大略以冠于篇云凡外臣部三十四門

## 種族

夫夷狄者居中國之外稟一氣而生種別域殊未始絶滅天之覆露必將有以自唐虞而下見於書傳兩漢所紀最爲詳悉然而弱則卑伏而內附彊則桀驁而難制遷徙鳥舉居無城郭之處蕃滋星散布諸虛曠之野迭衰迭盛不可得而去者蓋所以柔隔戎狄杆禦諸夏之爲也是以古之聖王務於[illegible]俾全性命羈縻驅逐勿使侵擾而已則其保姓受氏分疆畫域亦有神明

之遠裔不專主於怪誕參考類次披文而可見焉

東方夷有九種曰畎夷于夷方夷黄夷白夷赤夷玄夷風夷陽夷故孔子欲居九夷也

朝鮮王衛滿故燕人自始全燕時嘗略屬真番(番音普[illegible]反一作真番遼東有番汗縣戰國時略屬此地)漢興屬燕燕王盧綰反入匈奴滿亡命聚黨千餘人椎結(椎結讀曰髻)蠻夷服而東走出塞渡浿水稍役屬真番([illegible]樂浪[illegible]一曰音普)朝鮮蠻夷及故燕齊亡存者王之(燕齊之人亡居此地及真番朝鮮蠻夷皆屬滿也)都王險(地名臣瓚若[illegible]後漢書濊及沃沮句驪本皆朝鮮之地以濊貊為侯王元光後[illegible])

夫餘國本濊地也初北夷索離國王出行(索或作橐音度洛切)其侍兒於後妊(侍人[illegible]切)身王還欲殺之侍兒曰前見天上有氣大如雞子來降我因以有身王囚之後遂生男王令置於豕牢(牢圂也)豕以口氣噓之不死復徙於馬蘭(蘭廐也)馬亦如之王以為神乃聽母收養名曰東明東明長而善射王忌其猛復欲殺之東明奔走南至掩滯水(今高麗中有蓋斯水疑此水是)以弓擊水魚鼈皆聚浮水上東明乘之



得度因至夫餘而王之焉

高句驪(驪亦作麗)東夷相傳以為夫餘別種凡有五族有消奴部一作消奴絕奴部順奴部灌奴部桂婁部(高驪五部一曰內部一名黃部即桂婁部也二曰北部一名後部即絕奴部也三曰東部一名左部即順奴部也四曰南部一名前部即灌奴部也五曰西部一名右部即消奴部也)一說夫餘王嘗得河伯女因閉於室內為日所照引身避之日影又逐既而有孕生一卵大如五升夫餘王棄之與犬犬不食與豕豕不食棄於路牛馬避之棄於野衆鳥以毛茹之王剖之不能破遂還其母母以物裹置暖處有一男破而出及長字之曰朱蒙朱蒙善射夫餘之臣謀殺之乃東走至紇升骨城遂居焉號曰高句驪因以高為氏

水貊句驪別種依小水為居因名

百濟本夫餘王之後有仇台者後為高驪所破以百家濟海因號百濟焉

新羅本辰韓種也其國在高驪東南居漢時樂浪之地或稱[illegible]羅其王本百濟人自海逃入新羅遂王其國一說本弁韓之苗裔也

濊國南與高句驪接耆舊自謂與句驪同種焉韓古之辰國也

韓有三種馬韓最大共立其種為辰

辰韓在馬韓之東其耆老自言秦之亡人避苦役適韓國馬韓割東界地與之其名國為邦弓為弧賊為寇行酒為行觴相呼為徒有似秦語故或名之為秦韓

倭人在帶方東南大海之中自謂太伯之後昔夏少康之子封於會稽斷髮文身以避蛟龍之害今倭人好沉沒捕魚蛤文身亦以厭大魚水禽([illegible]女王國)

夷洲及澶洲傳言秦始皇遣方士徐福將童男女數千人入海求蓬萊神仙不得徐福畏誅不敢還遂止此洲世世相承有數萬家人民

挹婁肅慎之後裔也其國在不咸山北在夫餘東北千餘里

日本國者倭國之別種也以其國在日邊故以日本為名



南越王尉佗者真定人姓趙氏秦時為南海龍川令二世時南海尉任囂病死佗行南海尉事秦滅佗自立為南海武王

閩越王無諸([illegible])及越東海王搖者其先皆越王句踐之後也姓騶氏(騶一作駱)秦已并天下皆廢為君長以其地為閩中郡諸侯畔秦無諸搖率越歸鄱陽令吳芮所謂鄱君者也漢五年復立無諸為閩越王王閩中故地都東冶孝惠三年舉高帝時越功曰閩君搖功多乃立搖為東海王(在吳郡東南濱海云)都東甌(甌今之永寧)世俗號為東甌王

林邑國本漢時象林縣後漢末縣功曹姓區有子曰逵殺令自立為王子孫相承其後王無嗣外孫范熊代立

丹丹國隋時聞焉在多羅磨羅國西北振州東南王姓剎利名尸陵伽

扶南國其王本是女子字葉柳時有外國人混潰者先事神夢神賜之弓又教載舶入海混潰旦詣神祠得弓遂隨估人汎海

至扶南外邑葉柳率衆禦之混潰舉弓葉柳懼遂降之於是混潰納以為妻而據其國後裔應微子孫不紹其將范尋復世王扶南矣

眞臘國（一曰吉蔑）隋時通焉在林邑西南本扶南之屬

多靡長國唐顯慶中遣使朝貢其使云其王先祖骨利龍之子也骨利嘗得大鳥卵剖之得一女子容色殊妙因以為妻今王尸羅劬備即其後也

赤土國扶南之別種也其王姓瞿曇氏名利富多塞不知有國近遠稱其父釋王位出家為道傳位於利富多塞也

朱江国其王姓刹氏名質多斯那自其祖漸已彊盛至質多斯那遂兼扶南而有之

長沙武陵蠻者槃瓠之後也始高辛氏有犬戎之寇（高辛帝嚳也）帝患其侵暴而征伐不尅乃訪募天下有能得犬戎之將吳將軍頭者購黃金千鎰邑萬家又妻以少女時帝有畜狗其毛五采名曰槃瓠（魏略曰高辛氏有老婦居王室得耳疾挑之乃得物大如繭婦人盛瓠中覆之以槃俄頃化為犬其文五色因名槃瓠）下令之後槃瓠遂銜人頭造闕下羣臣怪而診之乃吳將軍首也（[illegible]）帝大喜而計槃瓠不可妻之以女又無封爵之道議欲有報而未知所宜女聞之以為帝皇下令不可違信因請行帝不得已乃以女配槃瓠槃瓠得女負而走入南山止石室中所處險絕人跡不至（今辰州盧溪縣西有武山黃閔武陵記曰山高可萬仞山半有槃瓠石室可容數萬人中有石牀槃瓠行跡今案山窟前有石羊石獸古跡奇異尤多望石窟大如三間屋遙見一石仍似狗形蠻俗相傳云是槃瓠像也）於是女解去衣裳為僕鑒之結（[illegible]）著獨力之衣（皆未詳）帝悲思之遣使尋求輒遇風雨震晦使者不得進經三年生子一十二人六男六女槃瓠死後因自相夫妻織績木皮染以草實好五色衣服製裁皆有尾形（干寶晉紀曰武陵長沙[illegible]郡夷槃瓠之後也雜處五溪之內[illegible]魚肉叩槽而號以祭槃瓠[illegible]赤髀橫裙即其子孫[illegible]）其母後歸以狀白帝於是使迎致諸子衣裳班蘭語言侏離（[illegible]）好入山壑不樂平曠帝順其意賜以名山廣澤其號曰蠻夷外癡內黠安土重舊以先父有功母帝之女田作賈販無關梁符傳租稅之賦（[illegible]）有邑君長皆賜印綬冠用獺皮名渠帥曰精夫相呼為姎徒（說文曰姎女人自稱姎我也音烏黨切[illegible]已上並見風俗通也）其後[illegible]

雍州蠻槃瓠之後也分建種落布在諸郡縣荊州置南蠻雍州置寧蠻校尉以領之

西南夷夜郎者初有女子浣於遯水有三節大竹流入足間聞其中有號聲剖竹視之得一男兒歸而養之及長有才武自立為夜郎侯以竹為姓（見華陽國志）武帝元鼎六年平南夷為牂牁郡夜郎侯迎降天子賜其王印綬後遂殺之夷獠咸以竹王非血氣所生甚重之求為立後牂牁太守吳霸以聞天子乃封其三子為侯死配食其父今夜郎縣有竹王三郎神是也（地理志曰夜郎縣有遯水東至廣鬱華陽國志云遯水通鬱林有三郎祠皆有靈響又云竹王所捐破竹於野成竹林今王祠竹林是也王嘗從人止大石上命從者作羹從者白無水王以劒擊石出水今竹王水是也）

滇王者（[illegible]）莊蹻之後也（[illegible]）初楚威王時使略巴黔中以西（[illegible]）蹻楚莊王苗裔蹻至滇池方三百里旁平地肥饒數千里（[illegible]）蹻以兵威定屬楚欲歸報會秦擊奪楚巴黔中郡道塞不通因還以其衆王滇變服從其俗以長之（[illegible]）

哀牢夷者其先有婦人名沙壹居于牢山嘗捕魚水中觸沈木若有感因懷妊十月產子男十人後沈木化為龍出水上沙壹忽聞龍語曰若為我生子今悉何在九子見龍驚走獨小子不能去背龍而坐龍因舐之其母鳥語謂背為九謂坐為隆因名子曰九隆及後長大諸兄以九隆能為父所舐而黠遂共推以為王後牢山下有一夫一婦復生十女子九隆兄弟皆娶以為妻後漸相滋長種人皆刻畫其身象龍文衣皆著尾（[illegible]）九隆死世世相繼（哀牢傳曰九隆代代相傳名號不可得而數至於禁高乃可記知禁高死子[illegible]代[illegible]）乃分置小王往往邑居散在谿谷

冄駹夷者漢武元鼎六年以爲汶山郡其山有六夷七羌九氐各有部落

東謝蠻者在黔安之東南蠻之別種也

松外蠻在西洱河其部落大者五六百户小者二三百户無大君長不相統有數十姓以楊李趙董爲家各擅一屬自云其先本漢人自夜郎滇池以西皆云莊蹻之餘種也

巴郡南郡蠻本有五姓巴氏樊氏瞫氏（音審）相氏鄭氏皆出於武落鍾離山（世本曰廩君之先故出巫誕也）其山有赤黑二穴巴氏之子生於赤穴四姓之子皆生黑穴未有君長俱事鬼神乃共擲劍於石穴約能中者奉以爲君巴氏子務相乃獨中之衆皆歎又令各乘土船約能浮者當以爲君餘姓悉沈唯務相獨浮因共立之是爲廩君乃乘土船從夷水至鹽陽（荊州圖副曰夷陵縣西有溫泉古老相傳此泉元出鹽于今水有鹽氣縣西一獨山有石穴有二大石並立穴中相去可一丈俗名爲陰陽石陰石常濕陽石常燥盛弘之荊州記曰昔廩君浮夷射鹽神于陽石之上案今施州清江縣水一名鹽水源出清江縣西都亭山水經云夷水出巴郡魚復縣注云水色清照十丈分沙石蜀人見其澄清因名清江也）鹽水有神女謂廩君曰此地廣大魚鹽所出願留共居廩君不許鹽神暮輒來取宿旦即化爲蟲與諸蟲羣飛掩蔽日光天地晦冥積十餘日廩君思其便因射殺之天乃開明（世本曰廩君使人操青縷以遺鹽神曰嬰此即相宜云與汝俱生不宜將去鹽神受而嬰之廩君即之陽石上應青縷而射之中鹽神鹽神死天乃大開也）廩君於是君乎夷城四姓皆臣之廩君死魂魄世爲白虎巴氏以虎飲人血遂以人祠焉及秦惠王并巴中以巴氏爲蠻夷君長世尚秦女其民爵比不更有罪得以爵除其君長歲出賦二千一十六錢三歲一出義賦千八百錢其民户出幏布八丈二尺雞羽三十鍭（說文曰幏南郡蠻夷布也音公亞切毛詩四鍭既鈞禮鍭矢一乘鄭玄曰鍭猶候也候物而射之也三十鍭一百四十九俗本鍭作鍭作鍭並誤也）漢興南郡太守靳彊請一依秦時故事至建武二十三年南郡潳山蠻雷遷等始反叛（潳音容）寇掠百姓遣武威將軍劉尚將萬餘人討破之徙其種人七千餘口置江夏界中今沔中蠻是也

僬僥國後漢時通譯自言我海西人海西即大秦也



獠者蓋南蠻之別種自漢中達於邛笮川洞之間所在皆有種類甚多散居山谷中不辯姓氏云南本烏蠻之別種

蒙氏蠻謂王爲詔自言哀牢之後代居蒙舍州爲渠帥在漢永昌故郡東姚州之西

哥羅国漢時聞焉在槃槃東南亦有哥羅富沙羅国云其王姓矢朶矢鉢羅

附国者蜀郡西北二千餘里即漢之南夷也有嘉良夷即其東部所居種姓自相率領土俗與附国同

西爨蠻南寧之渠帥也其王自云本河東安邑人七世祖仕晉爲南寧太守屬中国亂遂王蠻夷梁元帝時南寧州刺史徐文盛徵詣荊州有爨瓚者遂據南寧之地

白馬蜀之西冄駹以東君長以十數白馬最大皆氐類也

東女国西羌之別種以西海中復有女国故稱東女焉

西域大月氏本行国也居敦煌祁連間匈奴冒頓單于攻破月氏老上單于殺月氏月氏乃遠去過大宛西擊大夏而臣之其餘小衆不能去者保南山羌號小月氏初月氏爲匈奴所滅分其国爲休密雙靡貴霜肸頓都密凡五部翖侯（一云小月氏国都富樓沙城其王本大月氏王寄多羅子也寄多羅爲匈奴所逐西徙後令其子守此城因號小月氏）罽賓国北與大月氏接匈奴破大月氏大月氏西君大夏而塞王南君罽賓（塞音先得切爲之君也）塞種分散往往爲數国（即所謂釋種者也亦語有輕重耳）自疏勒以西北休循捐毒之屬皆故塞種也

烏孫國東與匈奴西北與康居西與大宛南與城郭諸国相接本塞地大月氏居其地後烏孫昆莫破大月氏大月氏徙西臣大夏而烏孫昆莫居之故烏孫民有塞種大月氏種龜茲国者西域之舊國也後漢光武時其王名弘爲莎車王賢所殺滅其族賢使其子則羅爲龜茲王国又殺則羅匈奴立龜茲貴人身毒爲王

西夜国王號子合東與皮山西南與烏秅北與莎車西與蒲犁

挼捕羅及俟耐無雷國皆西夜類也西夜與胡異其種類羌氐行國諳不土著也

中天竺國一名身毒身毒即天竺蓋傳譯音字不同其實一也從月支高附以西南至西海東至盤越列國數十里每國置王其名雖異皆身毒也或云婆羅門婆羅門去聲　昔有婆羅門領徒衆千人肄業於樹下樹神降之遂爲夫婦宮室自然而立僮僕甚盛於是使役百神築城以統之經日而就此後有阿育王復使鬼神累石爲宮闕皆雕文刻鏤非人所及阿育王頗行苛政置炮炙之刑謂之地獄今城中見有其迹焉

師子國天竺旁國也其國舊无人民止有鬼神及龍居之諸國商估來共市易鬼神不見其形但出珍寶顯其所堪價商人依價取之諸國人聞其土樂因此競至或有停住者遂成大國

波斯國其先有波斯匿王者子孫以王父字爲氏因爲國號

大食國大波斯之別種也隋大業中有波斯胡人牧駝於俱紛摩地那之山忽有師子從地踊出人語謂之曰此山西今有三



穴穴中大有兵器汝可取之穴中有刀及稍刀甚多石上有文教反叛於是糾合亡命渡常曷水劫奪商旅其衆漸盛遂割據波斯西境自立爲王波斯拂菻各遣兵討之反爲所敗其王姓大食名豃密模末賦至唐高宗時來朝貢自古有國已三十四年歷三主矣

蒲類本大國也前西域屬匈奴而其王得罪單于單于怒徙蒲類人六千餘口內之匈奴右部阿惡地因号曰阿惡國南去車師後部馬行九十餘日人口貧羸逃亡山谷間故留爲國

湟中月氏胡其先大月氏之別也舊在張掖酒泉地月氏王爲匈奴冒頓所殺餘種分散西踰葱嶺其羸弱者南入山阻依諸羌居止遂與共婚姻

康國者康居之後也遷徙無常不常故地然自漢以來相承不絶其王本姓溫月氏人也舊居祁連山北昭武城因被匈奴所破西踰葱嶺遂有其國支庶各分王故康國左右諸國並以昭武爲姓示不忘本也

䥴汗國都葱嶺之西五百餘里古渠搜國也王姓昭武字阿利柒

安國漢時安息國也王姓昭武氏與康國王同族

何國都那密水南數里舊是康居地也其王姓昭武亦康國王之族類

曹國在葱嶺之北漢時罽賓國也其王姓昭武字順達康國王之宗族

烏那曷國都烏滸水西舊安息之地也王姓昭武亦東國種類

穆國都烏滸河之西亦安息之故地與烏那曷爲鄰其王姓昭武亦康國王之種類也

史國都獨莫水南十里舊康居之地也其王姓昭武亦康國王之支庶俗同康國

米國都那密水西舊康居之地也无王其城主姓昭武康國王之支庶



西羌之本出自三苗姜姓之別也其國近南岳及舜流四凶徙之三危三危山名在今沙州燉煌縣東南河關之西南羌地是也其俗氏族无定或以父名母姓爲種號秦厲公時有無弋爰劒者爲秦所拘執以爲奴隸不知爰劒何戎之別也後得亡歸而秦人追之急藏於巖穴中得免羌人云爰劒初藏穴中秦人焚之有景象如虎爲其蔽火得以不死既出又與劓女遇於野遂成夫婦女恥其狀被髮覆面羌人因以爲俗遂俱亡入三河間諸羌見爰劒被焚不死怪其神共畏事之推以爲豪河湟間少五穀多禽獸以射獵爲事爰劒教之田畜遂見敬信廬落種人依之者日益衆羌人謂奴爲無弋以爰劒嘗爲奴隸故因名之其後世世爲豪至爰劒曾孫忍時秦獻公初立欲復穆公之迹兵臨渭首滅狄豲戎豲音丸忍季父卬畏秦之威將其衆種人附落而南出賜支河禹貢所謂析支也曲西數千里與衆羌絶遠不復交通其後子孫分別各自爲種任隨所之或爲氂牛種越巂羌是也或爲白馬種廣漢

漢羌是也或爲參狼種武都羌是也忍及弟舞獨留湟中並多娶妻婦忍生九子爲九種舞生十七子爲十七種羌之興盛從此起矣及忍子研立時秦孝公雄強威服羌戎孝公使太子駟率戎狄九十二國朝周顯王研至豪健故羌中號其後爲研種及秦始皇務并六國以諸侯爲事兵不西行故種人得以繁息從爰劍種五世至研研最豪健自後以研爲種號十三世至燒當復豪健其子孫更以燒當爲種號西羌自爰劍後子孫支分凡百五十種其九種在賜支河首以西及在蜀漢徼北前史不載口數唯參狼在武都勝兵數千人其五十二種衰少不能自立分散爲附落或絕滅無後或引而遠去其八十九種唯鍾最強勝兵十餘萬其餘大者萬餘人小者數千人更相鈔盜盛衰無常無慮順帝時勝兵合可二十萬人發羌唐旄等絕遠未嘗往來犛牛白馬羌在蜀漢其種別名號皆不可紀知也一云白犛白狗[illegible]之

府九百五十六　十五

黃牛羌南與白馬鄰各有種類孕身六月生党項羌者三苗之後也其種有宕昌白狼皆自稱獮猴種又云西羌之別種魏晉後西羌微弱其後連吐谷渾有大部落衆稍強盛其族有拓拔等唐時有六府部落曰野利越詩野利龍兒野利厥律兒黃野海拇野窣等居慶州者號爲東山部落居夏州者號真部落宕昌國在河南國之東南益州之西北隴西之西羌種也其先蓋三苗之裔

高昌國麴氏爲主其後爲河西王沮渠蒙遜弟無諱襲破之其王闞爽奔于芮芮無諱據之稱王一世而滅國人又推麴嘉氏爲王名嘉滑國者車師之別種也後漢永建元年八滑從班勇擊北虜有功勇上八滑爲後部親漢侯

白題國王姓支名史稽毅其先蓋匈奴之別也氐人有王所從來久矣自漢開益州置武都郡排其種人分竄山谷間或在福祿或在汧隴左右其種非一稱槃瓠之後或號青氐或號白氐或號蚺氐此蓋蟲之類而處中國人即其服色而名之也其自相號曰盍稚各有王侯多受中國封拜漢建安中興國氐王阿貴白項氐王千萬各有部落萬餘至十六年從馬超爲亂超破之後阿貴爲夏侯淵所攻滅千萬西南入蜀其部落不能去皆降國家分徙其前後兩端者置扶風美陽今之安夷撫夷二部護軍所典是也其太守善分留天水南安界今之廣平魏郡所守是也其俗語不與中國同及羌雜胡同各自有姓姓如中國之姓矣此蓋昔所謂西戎在於街冀獂道者也今雖都統於郡國然故自有王侯在其虛落間又故武都地陰平街左右亦有萬餘落貲虜本匈奴也匈奴名奴婢爲貲始建武時匈奴衰分去其奴婢亡匿在金城武威酒泉北黑水西畜牧逐水草抄盜涼州部落稍多有數萬不與東部鮮卑同也其種非一有大胡有丁令或頗有羌雜處由本亡奴婢故也

略陽清水氐楊氏秦漢以來世居隴右爲豪族漢獻帝建安中

府九百五十六　十六

有楊騰者爲部落大帥騰子駒勇健多計略始徙仇池

武興國本仇池也宋文帝時楊難當自立爲秦王帝遣裴方明討之難當奔魏其兄子文德聚衆茄蘆宋因授以爵位魏又攻之文德奔漢中從弟僧嗣又自立復戍茄蘆卒文德弟文洪爲白水太守屯武興宋世以爲武都王武興之國自於此矣

鄧至者羌之種也有像舒治者世爲白水酋帥乃自稱王焉

契苾何力之先鐵勒別部之酋長也父葛隋大業中繼爲特勤以地逼吐谷渾所居隘狹又多瘴癘遂入龜茲居于熱海之上

河南王者其先出自鮮卑慕容氏初慕容奕洛干有二子庶長曰吐谷渾嫡曰廆洛干卒廆嗣位吐谷渾避之西徙上隴出枹罕出涼州西南至赤水而居之地在河南故以爲號其後吐谷渾孫葉延頗識書記自謂曾祖弈洛干始封昌黎公蓋公孫之子也禮以王父字爲氏因姓吐谷渾亦爲國號至其末孫阿豺號延江左宋元嘉末阿豺弟子慕延又自號河南王慕璝在吐

谷渾之西本西羌別種南涼禿髮利鹿孤之後以禿髮爲國音訛故曰土蕃利鹿孤有子曰樊尼奔且渠蒙遜署臨松郡守蒙遜滅遂建國西土改爲勃卒野

嚈噠國大月氏之種類也亦高車之別種

悅般國在烏孫西北去代一萬九百三十里其先匈奴北單于之部落也

焉耆國其王姓龍名鳩尸卑那即前涼張軌所討龍熙之胤

北狄匈奴其先夏后氏之苗裔曰淳維(匈奴始祖名夏桀之子)唐虞以上有山戎獫狁葷粥(葷音熏粥音育獫音險狁音允)居于北邊其後周文王伐畎夷(畎音工犬切又曰昆夷或作混夷緄夷二字並工本切山海經云黃帝生苗龍苗龍生融吾融吾生弄明弄明生白犬白犬有二牝牡是爲犬戎)穆王伐畎戎宣王伐獫狁秦襄公齊桓公伐山戎至于晉文公攘戎翟居于西河圁洛之間(圁音銀水名出上郡圁今銀州銀水是也洛今鄜州洛水亦謂之漆沮)號曰赤翟白翟(春秋所書晉師滅赤狄潞氏甲氏白狄子)而秦穆公得由余西戎八國服於秦故隴以西有緜諸畎戎狄獂之戎(獂音桓在天水界即緜諸道也)在岐梁涇漆之北有義渠大荔烏氏朐衍之戎(此戎涇水在新平漆水朐音許于切)而晉北有林胡樓煩之戎燕北有東胡山戎(烏桓之先也後爲鮮卑)各分散谿谷自有君長往往而聚者百有餘戎然莫能相壹趙襄子踰句注而破之并代以臨胡貉(貉音莫)秦始皇時匈奴單于曰頭曼(曼音萬)姓攣鞮氏(攣音力全切鞮音丁奚切)其大臣皆世官呼衍氏蘭氏(呼衍即今鮮卑姓呼延者是也蘭氏今亦有之)其後有須卜氏此三姓其貴種也西晉時北狄以部落爲類其入居塞者有屠各種鮮支種寇頭種烏譚種赤勒種捍蛭種黑狼種赤沙種鬱鞞種萎莎種禿童種勃蔑種羌渠種賀賴種鍾跂種大樓種雍屈種真樹種力羯種凡十九種皆有部落不相雜錯屠各最豪貴故得爲單于統領諸種南匈奴醯落尸逐鞮單于比者(醯音火兮切單于名也)呼韓邪單于之孫烏珠留若鞮單于之子也自呼韓邪後諸子以次立至比季父單于輿時以比爲右薁鞬日逐王部領南邊及烏桓(薁音於六切鞬音九言切)後漢建武二十四年冬自立爲呼韓邪單于是年十二月癸丑匈奴始分爲南北單于

烏桓者本東胡也(烏桓亦東胡)漢初匈奴冒頓滅其國餘類保烏桓山因以爲號焉氏姓無常以大人健者名字爲姓

鮮卑亦東胡之餘也別保鮮卑山因號焉漢初亦爲冒頓所破遠竄遼東塞外與烏桓相接後漢建武二十五年始通驛使檀石槐鮮卑檀石槐者其父投鹿侯初從匈奴軍三年其妻在家生子投鹿侯歸怪欲殺之妻言嘗晝行聞雷震仰天視而雹入其口因吞之遂姙身十月而產此子必有奇異且宜長視投鹿侯不聽遂棄之妻私語家令收養焉名檀石槐其後盡據匈奴故地東西萬四千餘里

蠕蠕蓋匈奴之別種也(蠕音如兗切)姓郁久閭氏後魏神元之末掠騎有得一奴髮始齊眉忘本姓名其主字之木骨閭(木骨閭言首禿也)木骨閭與郁久閭聲相近故後子孫因以爲氏木骨閭既壯免奴爲騎卒穆帝時坐後期當斬亡匿廣漠谿谷間收合逋逃得百餘人依紇突鄰部木骨閭死子車鹿會雄健始有部眾自號柔然後魏太武以其無知狀類於蟲故改其號爲蠕蠕

突厥之先平涼今平涼郡雜胡也姓阿史那氏後魏太武滅沮渠氏阿史那以五百家奔蠕蠕世居金山工於鐵作金山狀如兜鍪俗呼兜鍪爲突厥因以爲號或云其先國於西海之上爲鄰國滅男女無少長盡殺之至一兒不忍殺刖足斷臂棄於大澤中有一牝狼每銜肉至其所此兒因食之得以不死其後遂與狼交狼有孕焉彼鄰國者復令人殺此兒而狼在其側使者將殺之其狼若爲神所憑欻然至於海東止於山上其山在高昌西北下有洞穴狼入其中遇得平壤茂草地方二百餘里其後狼生十男其一姓阿史那氏最賢遂爲君長故牙門建狼頭纛示不忘本也又云突厥之先出於索國在匈奴之北其部落大人曰阿謗步兄弟十七人其一曰伊質泥師都狼所生也謗步等性並愚癡國遂被滅泥師都既別感異氣能徵召風雨娶二妻云是夏神冬

神之女一孕而生四男其一變爲白鴻其一國於阿輔水之間号爲契骨其一國於處折水其一居跋斯處折施山即其大兒也山上仍有阿謗步種類並多寒露大兒爲出火溫養之咸得全濟遂共奉大兒爲主号爲突厥即訥都六設也都六有十妻所生子皆以其母族爲姓阿史那是其小妻之子也都六死十母子内欲擇立一人乃相率於大樹下共爲約曰向樹跳躍能最高者推立向史子年幼而跳最高諸子遂奉以爲主号阿賢設此說雖殊然皆狼種也其後曰土門部落稍盛始至塞上市繒絮願通中國

西突厥者突厥木杆可汗之子大邏便也與沙鉢略有隙因分爲二其國則烏孫之故地也其人雜有都陸及弩失畢歌邏祿處月處密伊吾等諸種

沙陀突厥本西突厥之別種也唐則天通天中有墨離軍討擊使沙陀金山爲金滿州都督其後又有沙陀骨咄支沙陀盡忠



等十餘人皆官至將軍仍兼金滿州都督元和三年迴鶻破涼州吐蕃疑沙陀致之欲西徙以散弱其類沙陀遂舉帳東來轉戰三千餘里本出甘州有九千餘人五月到靈州者小纔二千餘人橐駝千餘頭馬六七百匹餘皆戰死餓死及散失范希朝時爲靈武節度遣市牛羊畜息群牧鳳翔興元太原等數道後得逆落之餘歸之靈州四年八月范希朝移鎮太原詔沙陀盡軍隨之希朝奉選一千二百人爲軍其餘種落本欲置之大同川其川接生界路遠河冰合其衆西走遂居之於襄長川谷中

退渾者本吐谷渾之族音訛曰退渾唐至德後吐蕃漸盛乃徙居陰山赫連鐸則退渾之酋帥咸通中以從康承訓破龐勛有功補陰山都督

都波國鐵勒之別種也

霫匈奴之別種也

稽胡一曰步落稽蓋匈奴別種劉元海五部之苗裔也或云山戎赤狄之後離石以西安定以東方七八百里居山谷間種落繁熾

高車蓋古赤狄之別種也或云其先匈奴之人也其種有狄氏袁紇氏斛律氏解批氏護骨氏異奇斤氏又曰高車之族有十二姓一曰泣伏利氏二曰吐盧氏三曰乙旃氏四曰大連氏五曰窟賀氏六曰達薄干氏七曰阿崘氏八曰莫允氏九曰俟分氏十曰副伏羅氏十一曰乞袁氏十二曰右外沛氏

破六韓匈奴單于之裔也右谷蠡王潘六奚沒於魏其子孫遂以潘六奚爲氏後人訛誤以爲破六韓世領部落

鐵勒之先匈奴之苗裔也種類最多自西海之東依據山谷往往不絕獨洛河北有僕骨同羅韋紇拔也古覆羅並号俟斤蒙陳吐如紇斯結渾斛薛等諸姓勝兵可二萬伊吾以西焉耆之北傍白山則有契弊薄落職乙咥蘇婆那曷烏讙紇骨也咥於尼讙等勝兵可二萬金山西南有薛延陀咥勒兒十槃達契等



一萬餘兵康國北傍阿得水則有訶咥曷截撥忽比千具海曷比悉何嵯蘇拔也末謁達等有三萬許兵得嶷海東西有蘇路羯三索咽蔑促薩忽等諸姓八千餘拂菻東則有恩屈阿蘭北褥九離伏嗢昏等二萬人北海南則都波等雖姓氏各別總謂爲鐵勒並無君長分屬東西兩突厥

薛延陀者鐵勒之別部也本姓薛氏其先擊滅延陀而有其衆因號爲薛延陀又云與薛部雜居因號薛延陀可汗姓壹利咄氏代代爲強族初茹茹之滅也並屬于突厥至隋開皇中啓民減都濫鐵勒亡殿依于西蕃至曷婆那可汗微税無度鐵勒咸怨遂以延陀之祖乙失鉢爲野咥可汗居燕末山及射匱立乙又臣于突厥乃去可汗之號而部落中分在鬱督軍山者東屬于始畢在貪汗山者西屬于葉護國亂乙失鉢之孫曰夷男率其部落七萬餘家東歸于頡利

迴紇其先匈奴之裔也在後魏時号爲鐵勒部落後謂之特勒

特勤始有僕骨同羅韋紇拔也古霫等並號俟斤後稱迴紇有時健俟斤死其子曰菩薩部落以為賢而立之迴紇之盛由菩薩之興焉唐貞觀二十年太宗受其降款為置六府七州以迴紇部為瀚海府拜其俟利發吐迷度為都督又以多覽為燕然府僕骨為金微府拔野古為幽陵府同羅為龜林府思結為盧山府渾部為皐蘭州斛薩為高闕州阿跌為雞田州契苾為榆林溪州白霫為寘顏州開元中迴紇漸盛有九姓部落一曰藥羅葛即可汗之姓二曰胡咄葛三曰啒羅勿四曰貊歌息訖五曰阿勿嘀六曰葛薩七曰斛嗢素八曰藥勿葛九曰奚耶勿每一部落一都督後破拔悉蜜收一部落破葛邏祿收一部落各置都督一人統號十一部落契丹古匈奴之種也其君長姓大賀氏唐貞觀二十二年蕃長窟哥率所部內屬乃置松漠府以窟哥為都督賜姓李氏昭宗時其王欽德收襄有別部酋長耶律阿保機者最推雄勁族帳漸盛代欽德為主



奚本東部胡之種也為慕容氏所破遺落者竄匿松漠之間曰庫莫奚後魏初臣於突厥後稍強盛分為五部一曰辱紇主二曰莫賀弗三曰契箇四曰木昆五曰室得每部俟斤一人為其帥隨逐水草頗同突厥有阿會氏五部中為盛諸部皆歸之唐貞觀二十二年酋長可度者率所部內屬乃置饒樂府以可度者為都督賜姓李氏天祐初契丹兵力漸盛室韋奚霫（霫亦匈奴之別種也）皆受制焉屬收其舊奚之首領去諸怨之以別部內附北徙媯州依北山而居漸至數千帳故有東西奚之號去諸卒子掃剌立室韋者契丹之別種也其國無君長有大首領十七人並號莫賀弗世管攝之而附于突厥至唐有九部焉所謂嶺西室韋山北室韋黃頭室韋大如者室韋小如者室韋婆萵室韋訥北室韋駱駝室韋並在柳城郡之東北近者三千五百里遠者六千二百里其北大山之北曰大室韋

靺鞨者肅慎之苗裔也邑落俱有酋長不相總一凡有七種其一號粟末部與高麗相接勝兵數千多驍武每寇高麗中其二曰伯咄部在粟末之北勝兵七千其三曰安車骨部在伯咄東北其四曰拂涅部在伯咄東其五曰號室部在拂涅東其六曰黑水部在安車骨西北其七曰白山部在粟末東南

黑水靺鞨後魏謂之勿吉有酋帥突地稽者隋末率其部落千餘家內屬處之營州煬帝授以遼西太守唐武德初以其部落置燕州以突地稽為總管開元十三年置黑水府以其首領為都督十六年賜姓李氏又其部類凡有七種一號粟末部二曰伯咄部三曰安車骨部四曰拂涅部五曰號室部六曰黑水部七曰白山部

渤海靺鞨大祚榮本高麗別種也唐開元中高麗既滅祚榮率家屬徙保挹婁之故地據東牟山築城居之祚榮驍勇善用兵靺鞨之衆及高麗餘燼稍稍歸之

冊府元龜卷第九百五十六

冊府元龜卷第九百六十七

外臣部十二

繼襲第二

西北吐谷渾本鮮卑徒河涉歸之子涉歸晉時封爲昌黎公死子若洛廆代統部落而庶長吐谷渾西附陰山吐谷渾死長子吐延嗣吐延性酷刻暴爲昂城羌酋姜聰所刺劍猶在體呼子葉延語其大將絶拔渥曰吾氣絶棺斂訖便速去保白蘭白蘭地既險遠又土俗懦弱易控御葉延小付汝汝竭股肱之力以輔之孺子得立吾無恨矣抽劍而死葉延立乃以王父字爲氏亦以爲國號葉延死子碎奚立性淳謹三弟專權碎奚不能制諸大將共誅之碎奚憂哀不復攝事遂立子視連爲世子委之事號曰莫賀郎華言父也視連立十五年死弟視羆立視羆死子樹洛干並幼弟烏紇提立爲紇提死樹洛干立自號車騎將軍是歲晉義熙初也樹洛干死弟阿豺立自號驃騎將軍沙州刺史宋少帝封爲澆河公阿豺臨死召諸子弟告之曰先公車騎捨其子虔以大業屬吾吾豈敢忘先公之舉而私於緯代其以慕璝繼事阿豺有子二十人又謂之曰汝等各奉吾一隻箭將玩之地下俄而命母弟慕利延曰汝取一隻箭折之慕延折之又曰汝取十九隻箭折之慕延不能折阿豺曰汝曹知不單者易折衆則難摧勠力一心然後社稷可固言終而死宋文帝又授慕璝爲隴西公後魏太武遣使冊拜慕璝爲大將軍西秦王太延二年慕璝死弟慕利延立欣封西平王慕利延死樹洛干子拾寅立始邑於伏羅川復拜爲西平王太和五年拾寅死子度易侯立易侯死子伏連籌立封爲吐谷渾王伏連籌死子夸呂立始自號爲可汗居伏俟城夸呂在位百年餘卒子世伏嗣世伏爲國人所殺立其弟伏允爲主爲隋所擊客於党項大業末天下亂伏允復其故地唐貞觀九年詔特進李靖討破之伏允自縊而死國人乃立其嫡子大寧王順爲可汗稱臣內附太宗封順爲

府九百六十七　一

西平郡王仍授趉胡呂烏甘豆可汗順立未幾爲臣下所殺立其子燕王諾曷鉢嗣立封爲河源郡王仍授烏地也拔勤豆可汗其後吐谷渾爲吐蕃所併諾曷鉢徙其部衆于靈州之地置安樂州以諾曷鉢爲刺史垂拱四年卒子忠嗣忠卒子宣趙嗣聖歷三年襲父烏地也拔勤豆可汗宣趙卒子曦晧嗣曦晧卒子兆嗣及吐蕃陷安樂州其部衆又東徙散在朔方河東之境貞元十四年以朔方軍節度副使慕容復爲襲長樂州都督青海國王烏地也拔勤豆可汗未幾而卒其封遂絶唐末有首領赫連鐸拓拔思恭後唐有白承福念公山薛蓋拔各有部族

北狄匈奴秦始皇時其單于曰頭曼有太子名曰冒頓代爲單于漢文帝時冒頓死子稽粥立號曰老上單于後四年老上單于死子軍臣單于立元朔中軍臣單于死其弟左谷蠡王伊稺斜自立爲單于攻敗軍臣單于太子於單於單亡降漢漢封於單爲涉安侯伊稺斜單于立十三年死子烏維立爲單于是歲元鼎三年也烏維單于立十歲死子詹師廬立年少號爲兒單于是歲元封六年也兒單于立三歲而死子少匈奴迺立其季父烏維單于弟右賢王句黎湖爲單于是歲太初三年也其冬病死其弟左大都尉且鞮侯立爲單于且鞮侯單于立五年死長子左賢王立爲狐鹿姑單于是歲太始元年也初且鞮侯兩子長爲左賢王次爲左大將病且死言立左賢王左賢王未至貴人以爲有病更立左大將爲單于左賢王聞之不敢進左大將使人召左賢王而讓位焉左賢王辭以病左大將不聽謂曰即不幸死傳之於我左賢王許之遂立爲狐鹿姑單于狐鹿姑單于立以左大將爲左賢王數年病死其子先賢撣不得代更以爲日逐王日逐王者賤於左賢王單于自以其子爲左賢王狐鹿姑單于有異母弟爲左大都尉賢國人鄉之母閼氏恐單于不立子而立左大都尉也迺私使殺之左大都尉同母兄死遂不肯復會單于庭又單于病且死謂諸貴人我子少不能治國

府九百六十七　二

立弟右谷蠡王及單于死衛律等與顓渠閼氏謀匿單于死詐撟單于令與貴人飲盟更立子左谷蠡王爲壺衍鞮單于立是歲始元二年也壺衍鞮單于立十七年死弟左賢王立爲虛閭權渠單于是歲地節二年也虛閭權渠單于立九年死顓渠閼氏與其弟右大且渠都隆奇謀立右賢王屠耆堂爲握衍朐鞮單于握衍朐鞮立二歲暴虐殺伐國中不附其明年姑夕王與烏禪幕及左地貴人共立稽侯狦爲呼韓邪單于發左地兵四五萬人西擊握衍朐鞮單于兵敗自殺呼韓邪立二十八年建始二年死始呼韓邪嬖左伊秩訾兄呼衍王女二人長女顓生二子曰且莫車次曰囊知牙斯少女爲大閼氏生四子長曰雕陶莫皐次曰且麋胥皆長於且莫車少子二人皆小於囊知牙斯顓渠閼氏貴且莫車愛呼韓邪病且死欲立且莫車其母顓渠閼氏曰匈奴亂十餘年不絕如髮賴蒙漢力故得復安今平定未久人民創艾戰鬬且莫車年少百姓未附恐復危國我與



大閼氏一家共子不如立雕陶莫皐大閼氏曰且莫車雖少大臣共持國事今舍貴立賤後世必亂單于卒從顓渠閼氏計立雕陶莫皐約令傳國與弟呼韓邪死雕陶莫皐立爲復株絫若鞮單于復株絫立十歲鴻嘉元年死弟且麋胥立爲搜諧若鞮單于以且莫車爲左賢王搜諧立八年元延二年死弟且莫車立爲車牙若鞮單于車牙立四歲綏和元年死弟囊知牙斯立爲烏珠留若鞮單于烏珠留立二十一歲王莽建國五年死匈奴用事大臣右骨都侯須卜當即王昭君女伊墨居次云之壻也云常欲與中國和親又素與栗置支侯咸厚善見咸前後爲莽所拜故遂越輿而立咸爲烏累若鞮單于烏累單于咸立以弟輿爲左谷蠡王烏累若鞮單于立五歲天鳳五年死弟左賢王輿立爲呼都而尸道皐若鞮單于後漢建武二十二年死子輿死子左賢王烏達鞮侯立爲單于後死弟左賢王蒲奴立爲單于

南匈奴醢落尸逐鞮單于比者呼韓邪單于之孫烏珠留若鞮單于之子自呼韓邪後諸子以次立至比季父單于輿時比爲右薁鞬日逐王部領南邊及烏桓後漢建武二十二年單于輿死比密遣人郭衡奉匈奴地圖二十三年詣西河太守求內附二十四年春八部大人共議立比爲呼韓邪單于以其大父嘗依漢得安故欲襲其號單于比立九年薨弟左賢王莫立是爲丘浮尤鞮單于莫中元元年立一年薨弟汗立是爲伊伐於慮鞮單于汗中元二年立二年薨單于比之子適立是爲醢僮尸逐侯鞮單于適永平二年立四年薨單于莫子蘇立是爲丘除車林鞮單于數月薨單于適之弟長立是爲湖邪尸逐侯鞮單于長永平六年立二十二年薨單于汗之子宣立是爲伊屠於閭鞮單于宣元和二年立三年薨單于長之弟屯屠何立是爲休蘭尸逐侯鞮單于屯屠何章和二年立六年薨單于宣弟安國立安國初爲左賢王無稱譽是以國中盡敬前左谷蠡王師子而



不附安國安國立一年爲舅骨都侯喜爲等所殺立單于適之子師子是爲亭獨尸逐侯鞮單于師子永元六年立四年薨單于長之子檀立是爲萬氏尸逐鞮單于檀永元十年立二十七年薨弟拔立是爲烏稽侯尸逐鞮單于拔延光三年立四年薨弟休利立是爲去特若尸逐就單于休利永建三年立十三年爲中郎將陳龜逼迫之自殺時呼蘭若尸逐就單于兜樓儲先在京師漢安二年立之遣行中郎將持節護送單于歸南庭兜樓儲立五年薨伊陵尸逐就單于居車兒建和元年立二十五年薨子某立是爲屠特若尸逐就單于某熹平元年立六年薨子呼徵光和元年立二年中郎將張脩與單于不相能脩擅斬之更立右賢王羌渠爲單于羌渠光和二年立十年爲國人所殺子右賢王於扶羅立是爲持至尸逐侯單于於扶羅中平五年立七年死弟呼廚泉立建安二十一年來朝魏太祖因留於鄴遣右賢王去卑監其國

烏桓後漢靈帝初遼西有丘力居者衆五千餘落自稱王獻帝初平中丘力居死子樓班年小從子蹋頓有武略代立揔攝三王部衆皆從其號令其後上谷王難樓遼東峭王蘇僕延率其部衆奉樓班爲單于

鮮卑後漢建武末封大人於仇賁爲王滿頭爲侯永初中鮮卑大人燕荔陽王印綬不詳其子孫繼襲至桓帝時有檀石槐者勇健有智略部落推爲大人東西部大人皆歸焉光和中檀石槐死子和連代立靈帝末年數爲寇鈔攻北地北地庶人善弩射中和連和連即死其子騫曼年小兄子魁頭既立後騫曼長大與魁頭爭國衆遂離散魁頭死弟步度根代立後爲大人軻比能所殺魏文帝封軻比能爲附義王比能死立其弟素利彌加爲歸義王太和二年素利死子小以弟成律歸爲王代攝其衆

北突厥者匈奴之别種後魏時號土門部落魏末有伊利可汗伊利卒弟阿逸可汗立阿逸病且卒捨其子攝圖立其弟俟斤是爲木扞可汗木扞可汗在位二十年卒復捨其子大邏便而立其弟是爲他鉢可汗他鉢以攝圖爲尔伏可汗統其東面又以其弟褥但可汗子爲步離可汗居西方他鉢在位十年病且卒謂其子菴羅曰吾聞親莫過於父子吾兄不親其子委位於我我死汝當避大邏便也及他鉢卒國中將立大邏便以其母賤衆不服菴羅母貴突厥素重之攝圖最後至謂國中曰若立菴羅者我當率兄弟以事之如立大邏便我必守境利刃長矛以相待矣攝圖長而且雄國人皆憚莫敢拒者竟立菴羅爲嗣大邏便不得立心不服菴羅每遣人詈辱之菴羅不能制因以國讓攝圖國中相與議曰四可汗之子攝圖最賢因迎立之號伊利俱盧設始波羅莫何可汗一號沙鉢略治都斤山菴羅降居獨洛水稱第二可汗隋開皇中卒初攝圖以其子雍虞閭性愞遣令立其弟葉護處羅侯雍虞閭遣使迎處羅侯將立之處羅侯曰我突厥自木扞可汗以來多以弟代兄以庶奪嫡失先



祖之法不相敬畏汝當嗣位我不憚拜汝也雍虞閭又遣使謂處羅侯曰叔與我父共根連體我是枝葉寧有我作主令根本反同枝葉令叔父之尊下我卑稚又亡父之命其可廢乎願叔勿疑相讓者五六處羅侯竟立是爲葉護可汗以雍虞閭爲葉護遣使上表言狀隋高祖賜之鼓吹幡旗後處羅侯西征阿波中流矢而卒其衆奉雍虞閭爲主是爲頡伽施多那都藍可汗都藍開皇末爲麾下所殺是時沙鉢子染干號突利可汗尚義成公主拜染干爲意利珍豆啓民可汗華言意智健也於朔方築大利城以居之大業十年啓民朝於東都是歲疾終煬帝爲之廢朝三日立其子咄吉世是爲始畢可汗唐武德二年卒其子什鉢苾以年幼不堪嗣位立爲泥步設使居東偏直幽州之北立其弟俟利弗設是爲處羅可汗尚義成公主三年處羅死義成公主以其子奧射設醜弱廢不立之遂立處羅之弟咄苾是爲頡利可汗頡利以始畢之子什鉢苾爲突利可汗頡利貞觀四年寇邊爲行軍副總管張寶相所擒送于京師突利來奔乃封爲北平王拜順州都督率部衆還蕃五年徵入朝至并州道病卒子賀邏鶻嗣

西突厥者木扞可汗之子大邏便也與沙鉢略有隙因分爲二大邏便爲處羅侯所執其國立鞅素特勤之子是爲泥利可汗泥利卒子達漫立號泥撅處羅可汗隋大業中從煬帝征高麗賜號爲曷薩那可汗唐武德中來奔爲北突厥使人所殺初薩那之朝隋也國人立薩那之叔父曰射匱可汗射匱卒弟統葉護可汗代立統葉護爲其伯父所殺而自立是爲莫賀咄侯屈利俟毗可汗俟毗先分統突厥種類爲小可汗及此自稱大可汗國人不附弩失畢部共推泥孰莫賀設爲可汗泥孰不從時統葉護之子咥力特勤在康居遂迎立之是爲乙毗沙鉢羅肆葉護可汗泥孰遂適焉耆肆葉護卒國人迎泥孰於焉耆而立之是爲咄陸可汗泥孰卒其弟同娥設立是爲沙鉢羅咥利

失可汗咥利失爲其統吐屯所襲國人立欲谷設爲乙毗咄陸可汗咥利失奔鏺汗而死弩失畢部落酋帥迎其弟伽那之子薄布特勤立之是爲乙毗沙鉢羅葉護可汗唐貞觀十五年咄陸可汗爲部下所廢遣使詣闕請立可汗太宗遣使齎璽書立莫賀咄乙毗可汗之子是爲乙毗射匱可汗尋爲葉護阿史那賀魯所併顯慶二年既平賀魯三年詔置崑陵濛池二都督府乃冊阿史那彌射爲興昔亡可汗兼崑陵都護阿史那步真爲繼往絶可汗兼濛池都護乾封二年二可汗既死餘衆附于吐蕃調露元年以碎葉龜兹于闐踈勒爲四鎮垂拱元年以步真子左玉鈐衛將軍阿史那元慶襲其父興昔亡可汗二年以彌射子右玉鈐衛將軍阿史那斛瑟羅父繼往絶可汗聖曆中突騎施首領嗢祿州都督烏質勒移衙於碎葉則天授以瑶池都督神龍中烏質勒死子娑葛代立仍封金河郡王俄爲默啜所殺其部將蘇祿鳩聚衆至二十萬自立爲可汗開元十三年詔冊蘇



祿爲忠順可汗二十六年爲莫賀咄達干所殺其別部都摩支立蘇祿之子吐火仙爲可汗二十九年以斛瑟羅之孫懷道之子昕爲可汗遣之天寶元年昕至碎葉西南俱蘭城爲莫賀咄所殺詔立其酋長爲伊地米里骨咄祿毗伽可汗十三年又別冊黑姓種伊羅蜜施爲骨咄祿毗伽突騎施可汗自至德後部落衰弱分爲二部各立可汗旋又篡奪因而分散

鐵勒本匈奴別種隋初屬西突厥大業中部人共推契苾哥楞爲易勿真莫賀可汗又以薛延陁乙失鉢爲也咥小可汗其後西突厥處羅可汗強盛延陁契苾二部並去可汗之號以臣之唐貞觀二年乙失鉢之孫夷男帥其屬攻頡利可汗大破之頡利北諸姓多叛頡利歸于夷男共推爲主太宗拜夷男爲真珠毗伽可汗夷男卒少子肆葉護襲位是爲頡利俱利薛娑多彌可汗其下不附太宗使江夏王道宗討平之列爲州縣其後薛延陁西道之衆共推夷男子咄摩支爲伊特勿失可汗二十二年契苾迴紇等十餘部落歸國太宗因其土地置爲州府拜其酋長爲都督刺史

迴紇本匈奴之裔唐初有時健俟斤死子菩薩部落以爲賢而立之貞觀二十年太宗以其部爲瀚海府拜其俟利發吐迷度爲都督時吐迷度已自稱可汗二十二年吐迷度爲其姪烏紇所殺其子婆閏立顯慶中累加左衛大將軍兼瀚海都督龍朔中婆閏死姪比粟毒主領迴紇永隆中獨解支證聖中伏帝匐開元中承宗伏帝難皆繼爲酋長皆受都督號以統蕃州天寶初其酋長葉護頡利吐發遣使入朝封奉義王三載擊破拔悉蜜自稱骨咄祿毗伽闕可汗五載又遣使入朝因冊爲懷仁可汗六載卒子磨延啜立國人號爲葛勒可汗乾元二年葛勒卒長子葉護先被殺乃立其少子移地健是爲登里可汗寶應二年冊爲登里頡咄登密施含俱錄英義建功毗伽可汗大曆十四年爲其相頡莫賀所殺頡莫賀自立號爲合骨咄祿毗伽可



汗貞元四年冊爲天親可汗五年改紇爲鶻從其請也是年天親可汗卒子多邏斯立國人請之判官持勤詔冊爲登里邏没密施俱録忠貞毗伽可汗六年四月忠真可汗爲其次相所殺立其子阿啜爲可汗七年詔冊爲奉誠可汗十年奉誠可汗卒無子國人立其相骨咄祿將軍詔冊爲騰里邏羽録没蜜施合胡祿骨咄毗伽懷信可汗骨咄祿將軍本姓跌跌少孤爲迴鶻大首領所養奉誠既無嗣國人因奉爲主永貞元年懷信可汗卒詔冊其王爲愛登里邏汨德没施俱録毗伽可汗六年卒七年詔冊其王爲君登里邏胃德蜜施合毗伽可汗十一年卒詔冊其王爲愛登里邏汨没蜜施合毗伽保義可汗長慶元年詔冊其王爲君登里邏羽録蜜施勾主祿毗伽可汗三年卒其從父第曷薩可汗立詔冊爲君登里邏汨没蜜施合毗伽可汗大和六年爲其下所殺其從子胡特勤立詔冊爲可汗開成四年自殺國人立勿篤公爲晉馺可汗會昌初其國爲黠戛斯所

侵餘衆奔歸吐蕃處甘州之地後唐同光二年其國權知可汗仁美遣使貢方物莊宗冊仁美爲英義可汗其年仁美卒其弟狄銀卒阿咄欲立並遣使朝貢天成三年其國權知可汗仁裕遣使入貢明宗冊仁裕爲順化可汗晉天福四年冊爲奉化可汗

契丹其君長姓大賀氏唐貞觀二十二年蕃長窟哥內屬授松漠都督封無極縣男賜姓李氏其曾孫枯莫離則天時封歸順郡王萬歲通天中窟哥之裔李盡忠爲松漠都督盡忠死開元三年封其從父弟失活爲松漠郡王六年失活死從父弟娑固代統其衆遣使冊立仍令襲其兄官爵娑固爲其下所殺立其從父弟鬱于爲主玄宗乃令冊立鬱于令襲娑固官爵十一年鬱于死弟吐于代統其衆襲兄官爵吐于與大臣可突于相猜來奔可突于立盡忠弟邵固爲主改封廣化郡王十八年可突于殺邵固降于突厥二十三年契丹衙官李過折斬可突于傳

府九百六十七　九

首東都詔封過折爲北平郡王其年過折爲可突于餘黨泥禮所殺會昌二年新立王名屈戍咸通末其王曰習爾之光啓中其王曰欽德有別部酋長阿保機自稱國王後唐天祐末僭稱皇帝天成元年阿保機卒僞謚曰大聖皇帝保機凡三子長曰人皇王突欲即東丹王也次曰元帥太子即德光也幼曰安端少君其母述律氏令德光權主牙帳令安端少君往渤海國代突欲將立爲嗣而德光素爲部族所伏又其母亦常鍾愛故因而立之漢高祖即位初德光卒東丹王突欲子兀欲立爲天授皇帝周太祖廣順元年九月僞王子太寧王與燕王邪律述軋殺兀欲并其妻於帳下時德光子述律王子討太寧之亂諸部首領共推爲國主僞號天順皇帝

奚本匈奴之別種唐貞觀末酋長可度者內屬太宗置饒樂府以可度者爲都督封樓煩縣公賜姓李氏開元三年封其首領李大酺爲饒樂郡王八年大酺率兵救契丹戰死其弟魯蘇嗣立十年詔令襲其兄官爵十四年改封奉誠王二十八年爲契丹衙官可突于所脅走投榆關二十年酋長李詩以其部落五千帳來降封詩爲歸義王充歸義州都督天寶五載又封其王娑固爲昭信王仍授饒樂都督元和元年其王梅落來朝三年以奚首領索低爲檀薊兩州游弈兵馬使天祐初首領曰去諸去諸卒子掃剌代立後唐莊宗破幽州賜掃剌姓名李紹威天成四年卒子素姑代立清泰三年其首領達剌干遣通事介老奏其王素姑謀叛欲附契丹已處置訖見權知部落

黑水靺鞨唐武德三年其部酋長突地稽遣使朝貢以其部置燕州拜突地稽爲總管貞觀初有功賜姓李氏封耆國公突地稽卒子謹行嗣封燕國公

渤海靺鞨唐聖曆中高麗別種大祚榮自立爲振國王先天二年冊拜渤海郡王仍以其所統爲忽汗州加授忽汗州都督開元七年祚榮卒玄宗遣使冊立其嫡子桂婁郡王大武藝襲父

府九百六十七　十

爲左驍衛大將軍渤海王忽汗州都督九姓燕然都督二十五年武藝病死其子欽茂嗣立詔襲其父官爵寶應元年進封國王欽茂卒其子嵩璘嗣貞元十一年二月令內常侍殷志瞻將冊書冊爲渤海王忽汗州都督元和四年嵩璘卒子元瑜嗣元瑜卒弟言義權知國務八年正月封言義爲國王十三年遣使告哀詔以知國務大仁秀爲國王大和五年仁秀卒以權知國務大彝震爲國王梁開平元年其王曰大諲譔

冊府元龜卷第九百六十七

# 冊府元龜卷第九百六十八

外臣部　十三

## 朝貢

周制九州之外謂之蕃國世壹見各以其所貴寶爲摯蓋古之聖王文德光被乃有占風望氣浮琛没羽而至者由漢已來濟以威信命單車以通絶域置都護以總北道繇是魚龍雀馬之殊玩犀甲珠璣之名寶賨幏火毳之異品夷歌巴舞之奇技莫不充於内府而陳於外庭矣魏晉之後或朝或絶策書所記昭然可見若乃殊鄰絶壤蹈德詠仁祗奉國珍賓于王旅先王所以賜異姓之國分伯叔之邦時庸展親謹其述職唯服食器用之是供也至於給耳目之華遂違生物之性習必斥之而不御却之而不受慮耆好之無極懼德志之或衰美哉旅獒之篇召公之訓詳矣要荒之外羈縻未絶織皮崐崘大禹以之而叙越裳重譯姬文形於德讓亦以其忽略無常非上威服而來其貢獻故當慎之不貢獻者夫亦未嘗致詰焉

夏后相即位七年于夷來賓

少康即位方夷來賓

后芬即位三年九夷來御

周武王克商西旅獻獒犬太保作旅獒以誡王自是通道九夷百蠻使各以其方賄來貢使無忘職業於是肅慎貢楛矢石砮長尺有咫

周公居攝六年制禮作樂天下和平交阯之南有越裳國以三象重譯而獻白雉曰道路悠遠山川岨深音使不通故重譯而朝成王以歸周公公曰德不加焉則君子不饗其質政不施焉則君子不臣其人吾何以獲此賜也其使請曰吾受命吾國之黄耇曰久矣天之無烈風雷雨意者中國有聖人乎則盍往朝之周公乃歸之於王稱先王之神致以薦于宗廟周德既衰於是稍絶



成王既伐東夷肅慎來賀

宣王時追貊之國來貢故韓奕之詩曰獻其貔皮赤豹黄羆

漢文帝元年使陸賈賜南粤王佗書賈至南粤佗恐乃頓首謝願奉明詔長爲藩臣奉職貢謹北面因使者獻白璧一雙翠鳥千犀角十紫貝五百桂蠹一器生翠四十雙孔雀二雙昧死再拜以聞皇帝陛下

武帝始遣使至安息國其國因發使隨漢使者來觀漢地以大鳥及卵黎靬眩人獻於天子天子大說又帝令張騫使烏孫騫既致賜諭指曰烏孫能東居故地則漢遣公主爲夫人結爲昆弟共拒匈奴不足破也烏孫遠漢未知其大小又近匈奴服屬日久其大臣皆不欲徙昆莫年老國分不能專制迺發使送騫因獻馬數十匹報謝其使見漢人衆富厚歸其國其國後迺益重漢

元狩二年南越獻馴象能言鳥

天漢元年正月匈奴歸漢使者使使來獻

二年秋渠黎六國使使來獻

宣帝神爵二年匈奴握衍朐鞮單于立復修和親遣弟伊酋若王勝之入漢獻見

四年五月匈奴單于遣弟呼留若王勝之來朝

甘露元年冬匈奴單于遣弟左賢王朝賀

三年匈奴郅支單于亦遣使奉獻漢遇之甚厚

四年匈奴呼韓邪郅支兩單于俱遣使朝獻漢待呼韓邪使有加

成帝河平元年單于遣右臯林王伊邪莫演等奉獻朝正月

平帝元始元年春正月越裳氏重譯獻白雉一黑雉二詔使二公以薦宗廟

二年日南之黄支國來獻犀牛

後漢光武初公孫述據益州夜郎大姓龍傅尹董氏保境爲漢乃遣使從番禺江奉貢帝嘉之並加褒賞

建武六年匈奴遣使來獻使中郎將報命
八年十二月高句驪王遣使奉貢
十三年九月日南徼外蠻夷獻白雉白兔
十四年莎車國王賢與鄯善王安並遣使詣闕貢獻於是西域
始通葱領已東諸國皆屬賢
是年匈奴遣使奉獻使中郎將報命
十七年十二月莎車國遣使貢獻
二十年韓人廉斯人蘇馬諟等詣樂浪貢獻
二十五年南匈奴單于復遣使詣闕奉藩稱臣獻國珍寶求使
者監護遣侍子修舊約
是歲夫餘王遣使奉獻遼西烏桓大人郝旦等九百二十二人
率衆向化詣闕朝貢獻奴婢牛馬及弓虎豹貂
三十年鮮卑大人於仇賁率種人詣闕朝貢三十一年北匈奴
遣使奉獻



中元二年東夷倭奴國王遣使奉獻使人自稱大夫倭國之極
南界也
明帝永平十七年西南夷哀牢儋耳僬僥槃木白狼動黏諸種
前後慕義貢獻
章帝元和元年正月日南徼外蠻夷究不事人邑豪獻生犀白雉
章和元年月氏國遣使獻扶拔師子
和帝以章和二年二月即位十月安息國遣使獻師子扶拔
永元元年北單于弟右溫禺鞮王奉奏貢獻
六年正月永昌徼外夷敦忍乙王莫延慕義遣使譯獻犀牛大象
九年正月永昌徼外蠻及撣國王雍由調遣重譯奉國珍寶
十年十二月燒當羌豪迷唐等率種人詣闕貢獻
十三年十一月安息國王滿屈遣使獻師子及條枝大爵時謂
之安息爵
十六年十一月北匈奴遣使稱臣貢獻

殤帝以元興元年十二月即位是月北匈奴遣使稱臣詣敦煌
奉獻
安帝永初元年三月永昌徼外僬僥夷貢獻內屬
十月倭國王帥外等遣使奉獻口百六一願請見
三年正月高句驪遣使貢獻
元初二年正月蜀郡青衣道夷奉獻內屬
永寧元年十二月永昌徼外遣使朝獻
是月撣國王雍由調復遣使者詣闕朝賀獻樂及幻人
是歲夫餘王遣子詣闕貢獻
延光元年二月夫餘王遣使貢獻
十二月九真徼外蠻夷貢獻內屬
三年七月日南徼外蠻夷帥詣闕貢獻
順帝永建二年三月疏勒國臣盤遣使奉獻
六月西域長史班勇敦煌太守張朗討焉耆尉犁危須三國破



之並遣子貢獻
四年拘彌國遣使貢獻
五年正月疏勒王遣侍子及大宛莎車王皆奉使貢獻
六年二月于闐王遣侍子貢獻
十二月日南徼外葉調國撣國遣使貢獻
是月于闐王遣侍子詣闕貢獻
陽嘉二年六月疏勒國獻師子封牛
漢安二年十二月鄯善國遣使貢獻
桓帝延熹二年天竺國來獻其國和帝時數遣使貢獻後西域
反畔乃絕至是從日南至徼外來獻
四年十月天竺國十二月夫餘王並遣使來獻
九年九月大秦國王遣使奉獻漢世唯一通焉
靈帝建寧三年燒當羌奉使貢獻
熹平二年十二月日南徼外國重譯貢獻

三年正月夫餘國遣使貢獻
光和六年正月日南徼外國重譯貢獻
獻帝建安七年十月于窴國獻馴象
延康元年濊貊扶餘單于焉耆于闐王各遣使奉獻
魏文帝黃初元年鮮卑步度根遣使獻馬
三年二月鄯善龜茲于闐王各遣使奉獻
五年鮮卑步度根詣闕貢獻厚加賞賜是後一心守邊不爲寇害
明帝太和三年十二月大月氏王波調遣使奉獻
五年四月鮮卑附義王軻比能率其種人及丁零大人兒禪詣
幽州貢名馬
青龍四年五月肅慎氏獻楛矢
景初元年七月遣幽州刺史毋丘儉率衆軍討遼東右北平烏
丸單于寇婁敦遣弟阿羅槃等詣闕朝貢
二年六月倭女王遣大夫難升米等詣郡求詣天子朝獻太守



劉夏遣吏將送詣京都
三年二月西域重譯獻火浣布詔大將軍太尉臨試以示百寮
齊王正始元年春東倭重譯納貢焉耆危須諸國弱水已南鮮
卑名王皆遣使來獻
四年十二月倭國女王俾彌呼遣使大夫伊聲耆掖邪狗等八
人上獻生口倭錦絳青縑緜衣帛布丹木弣短弓矢
八年倭國女王壹與遣大夫掖邪狗等詣臺獻男女生口三
十人貢白珠五千枚青大句珠二枚異文雜錦二十匹
陳留王景元二年七月樂浪外夷韓濊貊各率其屬來朝貢
三年四月遼東郡言肅慎國遣使重譯入貢獻其國弓三十張
長三尺五寸楛矢長一尺八寸石砮三百枚皮骨鐵雜鎧二十
領貂皮四百枚
吳孫權赤烏六年十二月扶南王范旃遣使獻樂人及方物
晉武帝泰始元年倭人國女王遣使重譯朝獻扶南國亦遣使
貢獻
二年十一月倭人來獻方物
三年裨離國遣小部獻其方物康居國王那鼻遣使上封事并
獻善馬
四年扶南國遣使來獻林邑國王胡達上疏貢金盤椀及金鉦
等物
六年九月大宛獻汗血馬焉耆來貢方物
咸寧元年六月鮮卑力微遣子來獻
五年十二月肅慎來獻楛矢石砮
太康元年辰韓王遣使獻方物是年東夷二十國朝獻
二年三月東夷辰韓等五國朝獻
三年九月東夷二十九國歸化獻其方物
五年十二月林邑大秦國各遣使來獻
六年四月扶南等十國來獻



七年扶南等二十一國馬韓等十一國遣使來獻
八年南夷扶南西域康居國各遣使來獻
十年東夷絕遠三十餘國西南夷二十餘國各遣使來獻
太熙元年東夷七國朝貢是年辰韓詣東夷校尉何龕上獻
元帝太興二年八月肅慎獻楛矢石砮
成帝時肅慎國遣使來獻（肅慎有石砮皮骨之甲檽弓三尺五寸楛矢長尺有咫其國東北有山出石其利入鐵將取之必先祈神周武王時獻其楛矢石砮逮于周公輔成王復遣使入賀爾後千餘年雖秦漢之盛莫之致也及文帝作相魏景元末來貢楛矢石砮等魏帝詔歸于相府賜其王傉雞錦罽緜帛至武帝元康初復來貢獻元帝中興又詣江左貢其石砮）
咸康二年高句驪遣使貢方物
六年十月林邑獻馴象
康帝建元元年高句驪遣使朝獻

貢獻

後秦姚萇時武城氐曹貴王達獻馬三千匹前涼張重華府龜

茲国遣使貢方物

南燕慕容超時中高句驪王安遣使貢方物

北燕馮跋時蠕蠕大但遣使獻馬三千匹羊萬口

宋高祖永初二年林邑王范陽邁遣使貢獻

少帝景平元年三月高麗国遣使朝貢

二年高麗国遣使貢獻

文帝元嘉五年天竺迦毗梨國王月愛遣使奉表獻金剛指環

摩勒金環諸寶物赤白鸚鵡各一

六年七月百濟王西河王河南國遣使獻方物

七年陵国王訶羅他国林邑国師子国使遣獻方物是歲訶羅

單國遣使獻金鋼指鐶赤鸚鵡鳥天竺國白氎古貝葉波國古

貝等物其表語略同佛經

九年河南王西河王並遣使獻方物



十年林邑王剸波洲訶羅單國遣使獻方物

十一年林邑國扶南國訶羅單國並遣使獻方物

十二年師子國扶南國並遣使獻方物是年闍婆婆達國王師

梨婆達呵陁羅跋摩遣使奉表曰宋國大主大吉天子足下敬

化一切種智安隱天人師降伏四魔成等正覺轉尊法輪度脫

衆生裁雖在遠亦霑靈潤

十三年高麗國武都王遣使獻方物

十四年河南國西河王訶羅單國並遣使獻方物

十五年武都王河南國高麗國倭國扶南國林邑國並遣使獻方物

十六年武都王河南王林邑國高麗國並遣使獻方物

十七年武都王河南王百濟國遣使獻方物

十八年肅特國高麗國蘇摩黎國林邑國並遣使獻方物是歲

斤陁利國王釋婆羅那鄰陀遣長史竺留陁及多獻金銀寶器

十九年婆黃國河南國並遣使獻方物

二十年[illegible]河南國高麗國百濟國倭國並遣使獻方物

二十六年婆皇國婆達國並遣使獻方物

二十七年百濟國遣使獻方物

二十八年婆皇國河南王高麗國婆達國並遣使獻方物

二十九年訶羅單國遣使獻方物

孝武帝孝建二年槃槃國斤陁利國高麗國婆皇國河南國並

遣使獻方物

大明二年河南王高麗國林邑國並遣使獻方物

三年婆皇國高麗國並遣使獻方物肅慎國重譯獻楛矢石砮

西域獻舞馬

四年宕昌王倭國並遣使獻方物

五年河南王遣使獻方物

六年高麗國遣使獻方物

七年芮芮國百濟國並遣使獻方物

八年婆皇國遣使貢獻

明帝泰始二年天竺迦毗梨國遣使貢獻

泰豫元年林邑國遣使獻方物

後廢帝元徽元年河南王婆利國並遣使獻方物

二年芮芮國遣使獻方物

三年河南王高麗國並遣使獻方物

順帝昇明元年倭國遣使獻方物

二年倭國高麗國芮芮國並遣使獻方物

南齊太祖建元元年五月河南王吐谷渾拾寅迦毗羅國王荷知並遣使貢獻

二年三月百濟王牟都遣使貢獻九月蠕蠕遣使朝貢

三年十二月高麗王樂浪公高璉遣使貢獻

武帝永明二年八月扶南王僑陳如闍耶跋摩上奉啓曰天竺道人釋那伽仙從中國來此仰序陛下聖德仁治詳議風化佛法興顯衆僧殷集法事日盛王威嚴整朝望國軌慈愍蒼生八方六合莫不歸伏如聽其所說則化隣諸天非可爲喻臣聞之下情踊悅若暫奉見尊足仰蒙慈恩澤流小國天垂所感率土之民並得皆蒙恩祐具以臣今遣此道人釋那伽仙爲使上表問訊奉貢微獻呈臣等赤心并別陳下情但所獻輕陋愧懼唯深伏願天慈曲照鑒其丹疑賜不垂責今獻金鏤龍王坐像一軀白檀像一軀牙像一軀牙塔二軀古貝二雙瑠璃蘇鉝二口瑇瑁檳榔柈一枚并獻頌章



九年五月林邑國獻金簟

明帝建武三年高麗王樂浪公遣使貢獻

梁高祖天監元年八月林邑國遣使獻方物是年干陁利國天王瞿曇脩跋陁羅以四月八日夢見一僧謂之曰中國今有聖主十年之後佛法大興汝若遣使貢奉敬礼則土地豐樂商旅百倍若不信我則境土不得自安脩跋陁羅初未能信既而夢此僧曰汝若不信我當與汝往觀之乃於夢中來至中國拜覲天子既覺心異之陁羅本工畫乃寫夢中所見高祖容質飾丹青仍遣使并畫工奉表獻玉盤等物

二年七月龜茲國遣使獻方物扶南王遣使送珊瑚佛象并獻方物天竺國王屈多遣長史竺羅達奉表曰伏聞彼國據江傍海山川周固衆妙悉備莊嚴國土猶如化成宮殿莊飾街巷平坦人民充滿歡娛安樂王出遊四兵隨從聖明仁愛不害衆生國中臣民循行正法大王仁聖化之以道慈悲群生無所遺却常脩淨戒式導不及無上法船沉溺以濟百官眠庶受樂無恐諸天護持萬神侍從天魔降服莫不歸仰王身端嚴如日初出仁澤普潤猶如大雲於彼振旦最爲殊勝臣之所住國土首羅天守護令國安樂王王相承未曾斷絕國中皆七寶形像衆妙莊嚴臣自修檢如化王法臣名屈多奕世王種惟願大王聖體和平今以此國群臣民庶山川珎重一切歸屬王體投地歸誠大王使人竺達多由來忠信是故今遣大王若有所須珎奇異物悉當奉送此之境土便是大王之國王之法令善道悉當承用願二國信使往來不絕此信返還願賜一使具宣聖命備勅所宜款至之誠望不空返所白如元賜如采納今奉獻琉璃唾壺雜香古貝等物



三年九月北天竺國遣使獻方物

四年四月宕昌國王梁彌博獻甘草當歸

五年七月鄧至國王象舒彭遣使獻黃耆四百斤馬四匹

九年四月林邑國遣使獻白猴一

是年于闐國遣使獻方物

十年十二月宕昌國遣使獻方物

是歲扶南王遣使貢獻

十一年三月高句驪四月百濟扶南林邑國六月宕昌國並遣使獻方物

十三年四月林邑國八月扶南國並遣使獻方物于闐國獻次維婆米障

是年河南國王遣使獻金裝馬腦鍾二口又表於益州立九層佛寺詔許之

十四年二月扶南國遣使獻方物

九月狼牙脩國王婆伽達多遣使阿撒多奉表曰大吉天子足下離淫怒癡哀愍衆生慈心無量端嚴相好身光明朗如水中月普照十方眉間白毫其白如雪其色照曜亦如月光諸天善神之所供養以垂正法寶梵行衆僧莊嚴都邑城閣高峻如乾陁山樓觀羅列道途平正人民熾盛快樂安隱著種種衣猶如天服於一切國爲極尊勝天主愍念群生民人安樂慈心深廣律儀清淨正法化治供養三寶名稱宣揚布滿世界百姓樂見如月初生譬如梵王世界之主人天一切莫不歸依敬禮天子足下猶如現前忝承先業慶嘉無量今遣使問訊大意欲自往復畏大海風波不達今奉薄獻願大家曲垂納頂



十五年四月高麗國八月扶南國並遣使獻方物河南國遣使獻赤舞龍駒

其年滑國王厭帶夷栗陁始遣使獻方物

十六年三月河南王八月扶南國遣使獻方物

是月婆利國遣使奉表曰伏承聖王信重三寶興立塔寺校飾莊嚴周遍國土四衢平坦清淨無穢臺殿羅列狀若天宮壯麗微妙世無與等聖主出時四兵具足羽儀導從布滿左右都人士女麗服光飾市廛豐富充積珍寶王法清整無相侵奪學徒皆至三乘競集敷說正法雲布雨潤四海流通交會萬國長江眇漫清冷深廣有生咸資莫能消穢陰陽和暢災厲不作大梁楊都聖王無[illegible]臨覆上國有大慈悲子育萬民平等忍辱怨親無二加以周[illegible]無所[illegible]積靡不照燭如日之明無不受樂猶如淨月宰輔賢[illegible]信盡忠奉上心無異想伏惟皇帝是我眞臣是婆利國主今敬稽首禮聖王足下惟願大王知我此心此心久矣非適今也山海阻遠無緣自達故遣使獻金席等表此丹誠

十七年五月于陁利國鉢邪跋摩遣長史毗員跋摩奉表曰常勝天子陛下諸佛世尊常樂安樂六通三達爲世間尊是名如來應供正覺遺形舍利造諸塔像莊嚴國土如須彌山邑居聚落次第羅滿城郭館宇如忉利天宮具足四兵能伏怨敵國土安樂無諸患難人民和善受化正法慶無不通猶雷震山流注雪水八味清淨百川洋溢周迴屈曲順趨大海一切衆生咸得受用於諸國土殊勝第一是名震旦大梁楊都天子仁廕四海德合天心雖人是天降生護世功德寶藏救世大悲爲我尊主威儀具足是故至誠敬禮天子足下稽首問訊奉獻金芙蓉雜香藥等願垂納受

十八年七月于闐國獻瑠璃甖

普通元年正月扶南高麗國各遣使獻方物



三月滑國王厭帶夷栗陁遣使獻黃師子白貂裘波斯錦等物周古柯國滑旁小國也使使隨滑來獻方物呵跋檀國亦滑旁小國也使使隨滑使來獻方物胡蜜丹國亦滑旁小國也使使隨滑使來獻方物

四月河南王遣使獻方物

是年干陁利國復遣使獻方物

二年十一月百濟國遣使朝貢

是年龜茲國王尼瑞摩珠那勝遣使奉表貢獻

三年八月婆利國白題國各遣使獻方物

是年婆利國王頻伽遣使珠具智獻白鸚鵡青蟲兜鍪瑠璃器古貝螺杯雜香藥等數十種

四年十二月狼牙脩國遣使獻方物

五年末國主安末深盤遣使來貢獻

七年正月滑國二月河南王三月高麗國六月林邑國並遣使獻方物

大通元年三月林邑國十一月高麗國王並遣使獻方物

是年盤盤國王使使奉表曰揚州閻浮提震旦天子万善莊嚴一切恭敬猶如天淨無雲明耀滿月天子身心清淨亦復如是道俗濟濟並蒙聖王先化濟度一切永作舟航臣聞之慶善我等至誠敬禮常勝天子足下稽首問訊今奉薄獻願垂哀受

二年正月芮芮國遣使獻方物

中大通元年二月芮芮國遣使獻方物

十二月盤盤國遣使獻牙像及塔并獻沉檀等香數十種

二年六月林邑國扶南國並遣使獻方物

三年六月丹丹國王遣使奉表曰伏承聖主至德仁治信重三寶佛法興顯衆僧殷集法事日盛威容嚴整朝望國執慈愍蒼生八方六合莫不歸服化隣諸天非可言喻不任慶善若暫奉見尊足謹奉送牙像及塔各二軀并獻火齊珠古貝雜香藥等



九月狼牙脩國奉表獻方物

四年四月盤盤國十一月高麗國並遣使貢方物

五年正月河南國七月波斯國九月盤盤國並遣使獻方物

六年三月百濟國七月林邑國並遣使獻方物

八月盤盤國復使送菩提國真舍利及畫塔并獻菩提樹葉詹糖等香

大同元年三月高麗國滑國宕昌王各遣使獻方物丹丹國遣使獻金銀琉璃雜寶香藥等物

四月波斯國七月扶南國並遣使獻方物

四年三月河南國芮芮國並遣使獻方物

五年八月扶南國遣使獻生犀及方物

六年五月河南王遣使獻馬及方物

八月盤盤國遣使獻方物

是年林邑國遣使獻方物

七年三月高麗百濟滑國九月芮芮國並遣使獻方物

是年于闐國獻外國刻玉佛

中大同元年八月蠕盤陁國遣使獻方物

簡文太清三年十月百濟國遣使朝貢

大寶二年八月盤盤國獻馴象

冊府元龜卷第九百六十八

冊府元龜卷第九百六十九

外臣部十四

朝貢第二

陳高祖永定三年五月扶南國遣使獻方物
文帝天嘉二年十一月高麗國遣使獻方物
四年正月于陁利國遣使獻方物
廢帝天康元年十二月高麗國遣使獻方物
光大元年九月百濟國遣使獻方物
二年六月新羅國九月林邑國狼牙脩國並遣使獻方物
宣帝太建二年六月新羅國十一月高麗國並遣使獻方物
三年五月遼東新羅丹丹天竺盤盤等國十月丹丹國並遣使
獻方物
四年三月扶南林邑國並遣使獻方物
六年正月高麗國遣使獻方物



九年七月百濟國遣使獻方物
十年七月新羅國遣使獻方物
十三年十月丹丹國遣使獻方物
後主至德元年十二月頭和國遣使獻方物
二年十一月盤盤國百濟國並遣使獻方物
三年十月丹丹國十二月高麗國並遣使獻方物
四年九月百濟國遣使獻方物
禎明二年六月扶南國遣使獻方物
後魏道武天興二年十二月禿髮鹿孤遣使朝貢
五年十二月禿髮傉檀遣使朝貢
明元永興五年正月頞拔大渠餘八詣闕奉貢賜以繒帛錦罽
各有差
泰常八年四月車駕南巡至洛陽觀石經鄯善王梅安率渠帥數
千人來貢方物

太武神䴥元年四月氐南秦王楊玄遣使朝貢
四年閏六月蠕蠕國遣使朝獻
延和元年十月吐谷渾慕璝遣使朝貢
三年二月蠕蠕吳提遣其異母兄禿鹿傀及左右數百人朝貢
獻馬二千疋
十月蠕蠕國遣使朝貢
太延元年二月蠕蠕鄯善車師諸國六月高麗鄯善國並遣使
朝獻
八月粟特國遣使朝獻
二年八月東北高車國遣使朝獻
三年二月高麗契丹三月龜茲悅般焉耆車師粟特疏勒烏孫
渴槃陁鄯善諸國各遣使朝貢獻
十一月破洛那者舌國各遣使朝獻奉汗血馬
四年三月鄯善王弟素延耆來朝



五年四月鄯善龜茲疏勒焉耆諸國遣使朝獻
五月遮逸國獻汗血馬
十一月高麗及粟特渴盤陁破洛那悉半居國各遣使朝貢
太平真君十一年十一月頞看國獻師子一文成興安元年十
二月保達沙獵國各遣使朝獻
二年三月疏勒國八月渴盤國十二月庫莫奚契丹罽賓等十
餘國各遣使朝貢
興光元年九月庫莫奚國獻名馬一疋角狀如麟
十二月出于叱萬單國各遣使朝獻
太安元年六月遮逸國十月波斯疏勒國並遣使朝貢
二年十一月嚈噠普嵐國並遣使朝獻
三年正月粟持于闐國十二月于闐扶餘等五十餘國各遣使
朝貢
五年五月居常國遣使朝獻

和平元年十一月居常王獻馴象三
二年八月波斯國遣使朝獻
三年三月高麗蓰王契嚙思厭於蹤勒石那悉居半渴槃陁諸
國各遣使朝獻
五年十二月吐呼羅國遣使朝獻
六年二月高麗蓰王對曼諸國各遣使朝獻
四月破洛那國獻汗血馬普嵐國獻寶劒
獻文天安元年三月高麗波斯于闐阿襲諸國十月曹利邪曷
國各遣使朝貢
皇興元年二月高麗于闐庫莫奚具伏弗郁羽陵日連匹黎于
闐諸國九月高麗于闐普嵐粟特國各遣使朝獻
二年四月高麗庫莫奚契丹具伏弗郁羽陵日連延介黎叱六
手悉萬丹阿大何羽真侯于闐波斯等國十二月悉萬丹等十
餘國各遣使朝貢



三年二月蠕蠕高麗庫莫奚契丹國七月蠕蠕國並遣使朝貢
四年二月高麗庫莫奚契丹各遣使朝貢
孝文延興二年二月七月高麗國八月地豆于庫莫奚國並遣
使朝貢昌亭國遣使貢獻蜀馬
三年二月高麗契丹國四月契丹八月高麗庫莫奚國九月庫
莫奚國悉萬斤國十月悉萬斤國並遣使朝獻
四年正月粟特國遣使朝獻
二月吐谷渾拾寅遣子費斗斤入侍并獻方物
三月高麗吐谷渾曹利國五月蠕蠕國六月闊悉國七月高麗
國八月吐谷渾國九月契丹庫莫奚地豆于十一月吐谷渾國
並遣使朝獻
五年二月高麗國遣使朝獻
閏二月吐谷渾國四月龜茲國並遣使朝獻
五月契丹庫莫奚國各遣使獻名馬

八月高麗吐谷渾地豆于諸國十月蠕蠕國並遣使朝獻
勿吉國遣使朝獻
承明元年春二月蠕蠕高麗庫莫奚波斯諸國五月蠕蠕國七
月高麗庫莫奚八月蠕蠕國九月高麗庫莫奚契丹宕昌悉萬
斤十一月蠕蠕國並遣使朝貢
太和元年二月高麗契丹庫莫奚國三月庫莫奚契丹國並遣
使朝獻
四月五月蠕蠕再遣使朝貢
九月蠕蠕高麗車多羅西天竺舍衛十月庫莫奚疊伏羅龜茲
諸國各遣使朝貢契丹國並再遣使朝貢
十一月吐谷渾國粟特提婆國十二月員闊吐谷渾國並遣使朝貢
二年正月吐谷渾遣子朝獻
二月蠕蠕國遣使朝獻
七月龜茲國遣使獻名駝七十頭



八月勿吉國遣使朝獻
九月龜茲國遣使獻大馬名駝珍寶甚衆
三年三月吐谷渾高麗國四月蠕蠕國並遣使朝獻吐谷渾國
遣使獻犛牛五十頭
[illegible]月高麗吐谷渾地豆于契丹庫莫奚龜茲諸國各遣使朝獻
十二月粟特州逸河龔疊伏羅員闊悉萬斤諸國各遣使朝貢
四年二月蠕蠕國七月悉萬斤國並遣使朝貢
五年五月鄧至國十月蠕蠕國並遣使朝貢
六年二月地豆于國六月蠕蠕國十一月吐谷渾國並遣使朝貢
八年二月蠕蠕國十月高麗國遣使朝貢
九年三月宕昌國五月高麗國十月高麗吐谷渾國十一月宕
昌高麗吐谷渾等國並遣使朝貢
十年三月蠕蠕國四月高麗吐谷渾國十二月勿吉國並遣使
朝貢

十一年四月吐谷渾國五月高麗吐谷渾國八月悉万斤國並遣使朝獻
十二年二月高麗國三月宕昌國四月高麗吐谷渾國六月宕昌國並遣使朝貢
八月勿吉國貢楛矢石砮
九月吐谷渾宕昌並再遣使朝貢
閏九月高麗國並遣使朝貢
十三年二月高麗國三月吐谷渾國六月高麗國七月陰平國八月中天國九月吐谷渾武興宕昌諸國十月高麗國並遣使朝貢
十四年三月吐谷渾宕昌武興陰平諸國七月高麗國八月宕昌國九月高麗國並遣使朝貢
十五年正月吐谷渾國三月悉萬斤等五國五月高麗國七月吐谷渾國九月吐谷渾高麗宕昌鄧至諸國並遣使朝獻



十六年三月高麗鄧至國六月高麗國並遣使朝獻
七月吐谷渾世子賀虜頭來朝
八月高麗國十月鄧至國高麗國並遣使朝獻
十七年正月勿吉國三月吐谷渾國五月宕昌陰平契丹庫莫奚諸國六月高麗國並遣使朝獻
九月鄧至王像舒彭遣子舊詣闕朝貢幷奉表求以位授舊詔許之
十二月陰平國遣使朝貢
十八年正月高麗國遣使朝貢七月又遣使朝貢
十九年三月鄧至國五月高麗吐谷渾國並遣使朝貢
二十一年五月獳大國十二月高昌國遣使朝貢
二十二年八月高麗國遣使朝獻
二十三年五月十一月高麗國再遣使朝貢
宣武景明元年七月吐谷渾國八月高麗國並遣使朝貢

二年正月高麗國十月吐谷渾國十二月高麗國並遣使朝貢
三年七月于闐國九月武興國世子楊紹先並遣使朝獻
是年疏勒罽賓婆羅捺烏萇阿喻陁羅婆不崘陁拔羅弗波女提斯羅噠舍伏耆奚那太羅槃烏稽悉萬斤朱居槃訶盤陁撥斤厭味朱沴洛南天竺持沙那斯頭諸國並遣使朝貢
四年四月南天竺國獻辟支佛牙
八月勿吉國貢楛矢
正始元年四月高麗國遣使朝獻
二年正月鄧至國遣使朝貢
三年九月高麗國蠕蠕國並遣使朝貢
四年二月吐谷渾宕昌國並遣使朝獻勿吉國貢楛矢
三月疊伏羅四月吐谷渾鳩磨羅阿拔磨拔切磨勒悉萬斤諸國六月社蘭達那羅舍彌比羅直諸國八月契丹國庫莫奚宕昌吐谷渾諸國九月疏勒車勒阿駒南天竺婆羅等諸國十



月高麗半社悉萬斤可流伽比沙疏勒于闐等諸國及[illegible]勒嚈噠波斯渴槃陁渴文提不那杖忸杖提等諸國並三遣使朝獻
十一月阿與陁跋吐羅諸國十二月特那杖提沙鉢離阿失勒摩致鉢鉢婆利伏佛旨善乾達諸國並遣使朝貢
永平元年二月勿吉南天竺國三月斯羅阿陁比羅阿夷又多婆那伽伽師達于闐諸國四月阿伏至羅國五月高麗國六月高車契丹汗畔罽賓諸國八月吐谷渾庫莫奚國九月蠕蠕國十二月高麗國並遣使朝獻
二年正月胡密步就磨忸密槃是悉万斤辛豆那越拔忸高昌諸國並遣使朝貢
是月嚈噠薄知國貢白象一
三月磨豆羅阿羅社蘇突闍地伏羅諸國五月高麗國六月高昌國七月契丹國八月鄧至國高昌勿吉庫莫奚諸國十二月疊伏羅弗菩提朝陁吒波羅諸國並遣使朝獻

三年二月高昌鄧至國三月高麗吐谷渾宕昌諸國閏六月吐谷渾高麗契丹諸國七月吐谷渾國八月勿吉國九月烏長伽秀沙尼諸國十月高車龜茲難地那竭車莫奚等諸國十二月高麗比沙杖國並遣使朝獻

四年六月阿悅陁不流沙羅國二月婆比幡彌烏長比地乾達諸國六月乾達阿婆羅舍越伽使密不流沙諸國七月吐谷渾契丹國八月阿婆羅達舍越伽使密不流沙等諸國並遣使朝獻

勿吉國獻楛矢

九月嚈噠朱居槃波羅莫伽陁移婆僕羅俱薩羅舍彌羅樂陁等諸國十月婆比幡彌烏長比地乾達等諸國十一月宕昌國難地伏羅國十二月大羅汗婆來伽國並遣使朝獻

延昌元年正月疏勒國三月渴槃陁國五月疏勒及高麗國七月吐谷渾契丹國八月吐谷渾國十月嚈噠于闐高昌及庫莫奚諸國並遣使朝獻



是年勿吉國獻楛矢

二年正月高麗國三月高昌國五月高麗嚈噠于闐槃陁及契丹庫莫奚諸國九月勿吉吐谷渾鄧至十二月高麗國並遣使朝獻

三年七月勿吉國九月吐谷渾契丹勿吉諸國十月庫莫奚國十一月高麗南天竺佐越費實諸國並遣使朝獻

四年二月宕昌國七月蠕蠕國吐谷渾國宕昌國九月鄧至高昌庫莫奚契丹諸國十一月高麗吐谷渾國十二月高車國並遣使朝獻

是年勿吉國貢楛矢

孝明熙平元年二月吐谷渾宕昌鄧至諸國四月高昌陰平國二年正月吐谷渾國七月宕昌國高昌國並遣使朝獻

二年正月勿吉國地伏羅罽賓國二月契丹鄧至宕昌諸國三月吐谷渾國四月高麗波斯疏勒嚈噠諸國五月鄧至國七月地伏羅罽賓國八月契丹國吐谷渾國九月吐谷渾國十二月蠕蠕國並遣使朝貢

是年勿吉國貢楛矢

神龜元年二月東益州氐及蠕蠕嚈噠高麗勿吉吐谷渾宕昌疏勒久末陁末久半諸國三月吐谷渾國四月舍摩國高麗高車高昌諸國閏七月吐谷渾及波斯疏勒烏萇龜茲諸國八月勿吉國並遣使朝貢

二年二月吐谷渾宕昌國四月嚈噠國並遣使朝貢

正光二年五月烏萇國遣使朝貢閏月居密波斯國六月高昌國勿吉國五月地伏羅國十一月高昌國並遣使朝貢

三年七月波斯不漢龜茲諸國十月吐谷渾國並遣使朝貢

四年二月宕昌國遣使朝貢蠕蠕後主俟匿伐來朝

九月庫莫奚國遣使朝獻

五年二月嚈噠國十二月嚈噠契丹地豆于庫莫奚諸國並遣使朝貢



孝昌元年十月蠕蠕國主阿那瓌遣使朝貢

二年二月地伏羅國四月庫莫奚國並遣使朝貢

三年四月蠕蠕國遣使朝貢六月九月又遣使朝貢

孝莊永安三年六月嚈噠國獻師子一

出帝太昌元年六月高麗契丹庫莫奚蠕蠕嚈噠高昌等國十一月蠕蠕國並遣使朝貢

永熙三年四月高麗契丹國六月吐谷渾並遣使朝貢

東魏孝靜帝天平二年春高麗契丹並遣使朝貢

三年高麗勿吉並遣使朝貢

四年高麗蠕蠕並遣使朝貢

元象元年七月高麗遣使朝貢

興和元年五月高麗遣使朝貢

二年蠕蠕高麗勿吉並遣使朝貢

三年蠕蠕高麗勿吉並遣使朝貢
四年蠕蠕高麗吐谷渾並遣使朝貢
武定元年吐谷渾高麗蠕蠕並遣使朝貢
二年吐谷渾地豆于室韋高麗蠕蠕勿吉並遣使朝貢
三年高麗吐谷渾蠕蠕並遣使朝貢
四年室韋勿吉地豆于高麗蠕蠕並遣使朝貢
五年高麗勿吉並遣使朝貢
六年高麗室韋蠕蠕吐谷渾並遣使朝貢
七年蠕蠕地豆于室韋高麗吐谷渾並遣使朝貢
八年正月地豆于契丹四月蠕蠕國並遣使朝貢
西魏文帝大統十一年蠻酋梅勒特來貢其方物
北齊文宣帝天保元年六月高麗十月茹茹國吐谷渾十二月茹茹國庫莫奚國並遣使朝貢
二年二月茹茹國四月室韋國五月高麗國七月茹茹國並遣使朝貢
三年二月契丹四月室韋國並遣使朝貢
四年正月庫莫奚並遣使朝貢
十二月帝北討突厥突厥請降許之於是貢獻相繼
五年七月肅愼八月突厥並遣使朝貢
六年四月突厥五月茹茹十一月高麗十二月庫莫奚並遣使朝貢
七年九月庫莫奚十月契丹並遣使朝貢
八年八月庫莫奚遣使朝貢
武成帝河清二年室韋國庫莫奚靺鞨契丹並遣使朝貢
三年高麗靺鞨新羅並遣使朝貢
後主天統元年高麗契丹靺鞨並遣使朝貢
二年突厥靺鞨並遣使朝貢
三年十月突厥大莫婁室韋百濟靺鞨等國各遣使朝貢
四年契丹靺鞨國並遣使朝貢
五年二月大莫婁國遣使朝貢
武平元年七月靺鞨遣使朝貢
三年新羅百濟勿吉突厥並遣使朝貢
四年高麗靺鞨並遣使朝貢
六年四月靺鞨遣使朝貢
後周明帝二年六月嚈噠遣使獻方物
十二月突厥遣使獻方物
武成元年閏五月高昌遣使獻方物
武帝保定元年正月突厥吐谷渾高昌二月突厥宕昌五月突厥龜茲並遣使獻方物
二年三月宕昌遣使獻生猛獸二詔放之南山
四年五月突厥七月粟特並遣使獻方物焉耆遣使獻名馬
五年正月吐谷渾遣使獻方物十一月又遣使獻方物
天和二年五月突厥吐谷渾安息並遣使獻方物
四年七月突厥遣使獻馬
建德三年正月突厥遣使獻馬十一月于闐遣使獻馬
六年九月吐谷渾十一月百濟並遣使獻方物
十二月吐谷渾又遣使獻方物
宣政元年三月突厥十月百濟並遣使獻方物

冊府元龜卷第九百六十九

冊府元龜卷第九百七十

外臣部十五

朝貢第三

隋高祖開皇元年三月白狼國七月靺鞨酋長八月突厥阿波可汗九月突厥沙鉢略可汗並遣使貢方物

二年正月高麗百濟並遣使貢方物十二月高麗又遣使獻方物

三年正月二月高麗四月突厥五月高麗靺鞨並貢方物八月靺鞨又貢方物

四年靺鞨貢方物契丹率諸莫賀弗來謁

五年四月契丹主多彌遣使貢方物

六年三月突厥沙鉢略遣使貢方物

是年女國遣使朝貢

七年突厥沙鉢略遣使其子入貢方物

是年突厥都藍可汗遣其母弟褥但特勤獻于闐玉杖



八年突厥都藍部落大人相率遣使貢馬萬匹羊二萬口駝牛各五百頭

十年七月吐谷渾十一月契丹遣使朝貢

十一年正月高麗二月吐谷渾四月突厥雍虞閭可汗五月高麗十二月靺鞨並遣使貢方物

十二年春正月帝在仁壽宮突厥高麗契丹並遣使貢方物

是年吐谷渾靺鞨並遣使貢方物

十三年正月契丹奚霫室韋七月靺鞨並遣使貢方物

十五年五月吐谷渾六月林邑並遣使貢方物

十七年六月高麗七月突厥並遣使貢方物

十一月突厥遣使來朝

煬帝大業三年五月突厥啓民可汗遣子拓特勤來朝景寅又遣其兄子毗黎伽特勤來朝

六月吐谷渾高昌突厥莫何可汗並遣使貢方物

四年三月百濟倭赤土迦羅舍國並遣使貢方物

五年二月赤土國四月狄道党項羌並來貢方物

是月高昌吐谷渾伊吾並遣使來朝

八月突厥沙鉢略可汗遣子庫合特勤來朝

是年石國遣使朝貢

六年三月倭國六月室韋赤土並遣使貢方物

七年二月百濟遣使朝貢

十年七月曹國百濟國並遣使貢方物

十一年正月突厥新羅靺鞨畢大辭訶咄傳越烏那曷波臘吐火羅俱慮建忽論靺鞨訶多沛汗龜茲疏勒于闐安國曹國何國穆國畢衣密失范延伽折契丹等國並遣使朝貢

十二年二月真臘國婆利國並遣使貢方物附國鐵汗挹怛末國史國波斯漕國焉耆等國大業中並遣使朝貢

唐高祖初爲唐王突厥遣使獻良馬即位龜茲國王蘇伐勃駃遣使來朝



武德元年五月突厥始畢可汗七月西蕃突厥闕可汗遣使朝貢九月始畢又遣骨咄祿特勤來朝

二年二月吐谷渾遣使朝貢

四月曷娑那可汗獻大珠是月始畢可汗七月西突厥葉護可汗及高昌九月吐谷渾十月靺鞨首帥突地稽遣使朝貢突地稽者靺鞨之渠長也隋大業中與兄瞞咄率其部內屬於營州瞞咄死代總其衆拜遼西太守封扶餘侯從煬帝於江都屬化及之亂以其徒數百間行歸柳城至是遣使焉

十一月吐谷渾党項並遣使朝貢

是年高麗王高建武遣使來朝

三年正月三月西蕃突厥葉護可汗遣使朝貢

是月高昌王麴伯雅遣使來朝

五月六月突厥繼來貢方物

八月西爨十一月突厥並來貢方物
是年牂牁蠻首領謝龍羽遣使朝貢
四年正月突厥頡利可汗三月西突厥葉護可汗遣使朝貢
十月百濟遣使獻果下馬
是月新羅國句驪及西域二十二國並遣使朝貢
十二月昆明西南夷昆彌遣使朝貢先是隋文帝時遣史萬歲
平南寧至西二河其國人來拒因獻明珠徑寸萬歲班師至昆
嶲州治中吉弘偉通南寧因至其國諭之遂遣使入朝自是以後
朝貢不絕
五年四月西突厥葉護可汗遣使獻師子皮八月又遣使獻名馬
十一月靺鞨渠帥阿固郎來朝
是年突厥頡利可汗及高麗並遣使朝貢
六年二月林邑四月西突厥六月契丹酋帥孫敖曹十月党項
十二月白蘭白狗羌高麗突厥吐谷渾並遣使朝貢



是年眞臘國遣使貢方物
七年二月契丹三月昆明五月百濟六月康國吐谷渾及西突
厥莫賀咄可汗七月百濟康國高昌國並遣使朝貢靺鞨渠帥阿
固郎來朝
六月高昌獻狗雌雄各一高六寸長一尺餘性甚能牽馬銜燭
云本出拂菻國中國有拂菻狗自此始也
九月百濟遣使獻光明甲
是月吐谷渾十二月高麗國並遣使來貢方物
八年正月突厥頡利可汗三月吐谷渾四月林邑九月眞臘國
黎朱國十一月新羅百濟並遣使朝貢
九年西突厥三月葉護可汗四月靺鞨六月葉護可汗七月新
羅並遣使朝貢
九月頡利可汗獻馬三千疋羊萬口不受
十一月頡利可汗十二月高麗百濟党項並遣使朝貢高昌國王
麴文泰遣使獻名馬
太宗貞觀元年正月西突厥[illegible]三月高昌吐谷渾
五月何國康國六月新羅十月西突厥十二月新羅並遣使朝貢
二年四月西突厥遣使貢方物
九月高麗王建武遣使奉賀破突厥頡利可汗并上封域圖
十月林邑眞臘參半殊柰並遣使朝貢
十一月頡利可汗遣使貢馬牛數萬計
是年鐵勒遣使朝貢
三年正月契丹渠帥來朝
二月高昌八月薛延陀九月高麗百濟新羅並遣使朝貢拔也
古僕骨同羅奚等渠帥並來朝
十一月西突厥高昌十二月西趙蠻子牂牁充州蠻靺鞨別部
並遣使朝貢契丹東謝渠帥來朝
是年[illegible]君長遣使貢方物室韋遣使貢豐貂自此朝貢不絕



四年二月薛延陀吐谷渾並遣使朝貢
五月林邑獻火珠狀如水精日正午時以珠承景取艾承之即
火見云得於羅剎國婆利國王遣使隨林邑使獻方物
七月室韋九月薛延陀並遣使貢方物
十二月牂牁蠻謝龍羽遣使朝貢
是年龜茲國王蘇伐疊遣使獻馬自此朝貢不絕又東女國土
湯滂氏遣使入朝
五年九月百濟十月薛延陀十一月室韋倭黑水靺鞨並遣使
朝貢党項白蘭渠帥奚契丹俟斤並來朝
是年林邑獻五色鸚鵡又獻白鸚鵡精識辯慧善於應答自北
朝貢不絕
六年正月五月薛延陀遣使朝貢吐谷渾遣其名王來朝
六月契丹渠帥來朝
七月焉耆國八月契丹奚十一月薛延陀室韋靺鞨十二月吐

山党項百濟新羅並遣使朝貢
是年于闐國王尉遲屋密遣使獻玉帶帝優詔答之又烏羅渾
國君長遣使獻貂皮
七年正月契丹奚渠帥並來朝
五月吐谷渾七月高昌九月盤盤國十月西突厥奚利邲咄陸
可汗並遣使入朝貢
八年四月吐谷渾遣使朝貢室韋靺鞨渠帥並來朝
十一月吐蕃十二月石國高昌並遣使朝貢
九年正月西突厥同娥設二月于闐王烏密四月薛延陀真珠朅
唱盤陁國閏月疏勒國五月吐火羅八月西突厥九月于闐堅
崑薛延陀盤盤國十月處月鵠十一月百濟十二月吐蕃西突
厥並遣使來朝貢方物
是年康國獻師子
十年二月百濟焉耆于闐疏勒三月薛延陀八月甲子西突厥



十二月疏勒朱俱波甘棠並遣使來朝
十一年六月罽賓遣使獻舍利名馬
八月西蕃咥利始可汗遣使獻方物
十一月吐谷渾河源郡王慕容諾曷鉢獻牛羊萬三千頭薛延
陁遣子達度設頡利苾來朝
十二月百濟王扶餘璋遣太子隆來朝并獻鐵甲雕斧帝優勞之
是年康國獻金桃銀桃詔令植之於苑囿
十二年正月僧高武令迦乍鳩密等四國遣使朝貢並南荒之
小國也朝中國自是始焉衣服言音與林邑同俗
六月墮和羅國遣使貢方物南方荒外崑崙之類也
八月吐谷渾十月西突厥烏羅國喝羅國十一月安國並遣使
貢方物廻紇菩薩南過賀蘭山臨黃河遣使入貢
十三年二月波斯康國六月昆明國九月薛延陀並遣使朝貢
十月百濟遣使貢金甲雕斧

十四年正月焉耆國三月流鬼國五月訶陵墮和羅罽賓國並
遣使貢方物
是年高麗王遣其太子桓權來朝并獻方物
十五年二月盤盤國十一月甲午大羊同國並遣使貢方物
是年天竺國王尸羅逸多遣使朝貢帝復遣李義表報使其王復
遣使獻大珠及鬱金香菩提樹
十六年春正月吐蕃于闐百濟高麗新羅康國龜茲吐谷渾曹
國賀國史國婆羅門曇陵黍半四月俱密國五月林邑國十一
月末陁國烏萇國遣使獻方物烏萇自古未通中國其王達摩
因陁訶斯遣使奉表云大福德至尊一切王中上乘天寶車破
諸黑暗譬如帝釋能伏阿脩羅王奴稱種善根得生釋種拜至
尊因獻龍腦香帝嘉其遠至降璽書以答慰之
是年罽賓國遣使獻褥特鼠喙尖而尾赤能食蛇有被蛇螫者
鼠輒嗅而尿之其瘡立愈



十七年正月朔薛延陀百濟高麗新羅吐谷渾康國女國閏六
月墮和羅國十一月吐蕃薛延陀新羅婆羅門同娥西蕃處般
啜等國各遣使獻方物
是年拂菻王波多力遣使獻赤頗黎綠金精等物陁
洹國遣使來朝
十八年正月朔吐谷渾薛延陀吐蕃高麗百濟新羅康國于闐
三月火辭彌國十二月摩羅游國遣使獻方物
十九年正月庚午朔百濟太子扶餘康信延陀新羅吐谷渾吐
蕃契丹奚吐火羅葉護沙鉢羅葉護于闐同娥康國靺鞨霫等
國遣使來賀各貢方物
二十年正月吐蕃吐谷渾高麗石國三月西蕃似般國王爰匪
國閏三月悉立國章求拔國俱蘭國並遣使貢獻章求拔國或
云章揭拔本西羌種也在悉立西南悉立內附其王羅利多
菩伽遣使因悉立以朝獻使者齎率長史王玄策往西域為中

天竺所劫其王發兵翻之破賊有功自此職貢俱闕亦名爲盈
羅其王表曰如雪如珠如雲如月潔白高遠是丈夫枝清涼一
切如須彌山又如大海威力自在如那羅延如日光明大王宁王
大漢國勝天子名流四海但羅擊國王忽提婆謹修禮拜
七月吐蕃遣其大臣禄東贊奉表曰聖天子平定四方日月
所照之國並爲臣妾而高麗恃遠闕於臣禮天子自領百萬度
遼致討隳城陷陣指日凱旋夷狄纔聞陛下發駕少選之間已
聞歸國鴈飛迅越不及陛下速疾奴忝預子壻喜百常夷夫鵝
猶鴈也故作金鵝奉獻其鵝黄金鑄成高七尺中可實酒三斛
是年五天竺遣使貢方物
二十一年正月龜茲并同石國吐蕃波斯康國吐谷渾並貢方物
二月陁洹國獻白鸚鵡毛羽皓素頭上有紅毛數十莖垂與翅
齊又五色鸚鵡各一及婆律膏
三月帝以遠夷各貢方物珍果咸至其草木雜物有異於常者



詔皆使詳録焉葉護獻馬乳蒲桃一房長二尺餘子亦稍大其
色紫摩伽陁國獻菩提樹一名波羅葉似白楊康國獻黄桃大
如鵝卵其色如金亦呼爲金桃伽毗國獻鬱金香葉似麥門冬
九月花開狀如芙蓉其色紫碧香聞數十步華而不實欲種者
取根罽賓國獻俱物頭花其花丹白相似而香遠聞伽失畢國獻
泥樓鉢羅葉類荷葉雜圓其花色碧而蕊黄香芳數十步健達
獻佛土葉一莖五葉花赤心中正黄而蘂紫色泥婆羅獻波稜
菜葉類紅藍實如蒺藜火熟之能益食味又有酢菜狀類慎火
葉闊味雖少苦久食益人胡芹狀似芹而味香渾提葱其狀猶
葱而甘辛嗅藥其狀類凌冬而青收乾作末味如桂椒其根能
愈氣疾薛延陁獻拔蘭鹿麕毛而牛角大如麞西蕃突厥獻鳥
羺羊其蹄似馬波斯國獻活耨蛇形如鼠而色青身長八九寸
能入穴取鼠西蕃咄陸可汗獻金胡缾爲鸞鳳形刻作鳥獸而
塗以黄金西蕃胡國出石蜜中國貴之帝遣使至摩伽陁國取

其法令揚州煎諸蔗之汁於中廚自造焉色味逾於西域所出
蒲桃酒西域有之前代或有貢獻人皆不識及破高昌收馬乳
蒲桃實於苑中種之并得其酒法帝自損益造酒成凡有八色
芳辛酷烈味兼緹盎既頒賜群臣京師始識其味
八月骨利幹國遣使朝貢獻馬百疋有十匹尤駿帝奇之各爲
製名號爲十驥其一曰騰霜白其二曰皎雪驄其三曰凝露驄
其四曰玄光驄其五曰決波騟其六曰飛霞驃其七曰發電赤
其八曰流金䮧其九曰翔麟紫其十曰奔虹赤
十二月都播者部遣使朝貢播者鐵勒之別種也與骨利幹來
通宣國威靈於是遣使
是年葱嶺王墮婆登國龜茲國吐谷渾獻及突厥車鼻可
汗並遣使朝貢
二十二年正月朔結骨吐蕃吐谷渾新羅高麗吐火羅康國于
闐烏長波斯石國並遣使朝貢



三月蕃國五月罽賓天竺六月般盤國十二月吐谷渾河源王
並遣使朝貢
二十三年二月西突厥肆葉護可汗安國王並獻方物豐伽羅
國遣使獻象牙火珠
三月西洱河大首領揚同外河東大首領歛松外蠻百餘部
等來朝
高宗以貞觀二十三年即位八月吐谷渾河源郡王慕容諾曷鉢
獻馬牛
九月迦毗葉國遣使獻天鐵熊及生擒白象子
永徽元年正月吐蕃遣使朝貢
五月吐火羅國獻大鳥高七尺其足如駝有翅而能飛行日三
百里能噉銅鐵夷俗呼爲駝鳥
二年八月大食國始遣使朝貢
十月真臘國獻馴象陁洹國遣使來獻

十二月罽賓國遣使獻褥毹氍
是年泥婆羅國遣使朝貢
三年春正月朔吐谷渾新羅高麗百濟並遣使朝貢
八月吐谷渾遣使獻名馬
十月罽賓國曹十一月婆羅門國並遣使朝貢
四年四月林邑國人諸葛地自立爲王遣使貢方物馴象
七月吐谷渾獻名馬
十一月新羅遣使獻金總布是月曹國罽賓國並嗣主新立各
遣使朝貢
五年四月罽賓國曹國康國安國吐火羅國並遣使朝貢
五月林邑國獻馴象
八月吐蕃使人獻野馬百匹及大拂廬高五丈廣袤各二十七步
九月吐谷渾遣使朝貢
十二月倭國遣使獻虎珀馬腦虎珀大如斗馬腦大如五升器
六年七月大石國驃國[illegible]並遣使朝貢
顯慶元年正月女國遣女使高霸黎文并其王男刀二虜等來朝
五月婆岸國遣使獻方物
十月新羅王遣其子右武衛將軍文王來朝
十二月高麗王高藏遣使奉表賀冊皇太子
二年正月庚申朔吐火羅國獻師子
二月林邑國遣使朝貢
六月[illegible]國悖国遣使獻馴象犎牛
十二月吐蕃贊府遣使獻金城城上有師子象駝馬原羝等並
有人騎并獻金甕金頗羅等
三年八月千私弗國王法陁拔底舍利君國王失利提婆摩臘
王施婆羅地多並遣使朝貢三國並南天竺屬也國皆絕遠未
嘗與中國通至是泛海累月方達交州并獻其方物
四年十月蝦夷國隨倭國使入朝



龍朔元年八月多蔑國王摩如失利多福國王難修彊宜說耽
羅國王儒李都羅等並遣使來朝各貢方物三國皆林邑之南
邊海小國也
二年五月千弗國摩臘國三濮國哥羅舍分國脩羅分國甘畢
國並遣使獻方物哥羅舍分國在南海之南東接墮和羅國其
王名蒲伽越摩精兵二萬人其使以顯慶五年發本國至是到
京脩羅分國居於南海之北木柵爲城東至直臘國南至海其
王名尸達摩提婆精兵二萬餘人甘畢國居於南海之濱東接
林邑其王名旃陁越摩精兵可五千人其使以龍朔元年發本
國至是到京
乾封元年七月單單國訶陵國各遣使獻方物
二年十月波斯國獻方物
總章元年七月末陁提國遣使獻方物
二年八月林邑王鉢迦舍跋摩羅婆王旃達鉢等十一月倭國
並遣使獻方物
三年正月林邑師子訶羅單單國等並遣使朝獻
咸亨元年三月罽賓國獻方物倭國王遣使賀平高麗
二年三月拔汗那五月吐火羅波斯康國罽賓國八月鳩密國
王尸利鳩摩富那國王尸利提婆跋摩各遣使來朝貢其方物
三年三月南天竺國各獻方物
四月吐蕃遣其大臣仲琮來朝
上元二年正月右驍衛大將軍龜茲王白素稽獻銀頗羅賜帛
以答之支汗那王獻碧頗黎及地黃
十二月丁亥龜茲王白素稽獻名馬
二年二月堅昆獻名馬
十月新羅王金法敏遣使獻方物
儀鳳二年四月于闐獻方物
調露元年十月康國拔汗那護蜜國各遣使朝獻

永隆二年五月大食國吐火羅國各遣使獻馬及方物
永淳元年五月大食波斯真臘國九月石國十二月南天竺國
及于闐國各遣使獻方物
則天垂拱二年三月林邑國遣使獻馴象
九年女國十二月勃律國並遣使朝貢
天授二年十月林邑國獻馴象
三年三月東天竺國王摩羅拔摩西天竺國王尸羅逸多南天
竺國王遮婁其拔羅北天竺國王那那中天竺國王地婆西那
龜茲國王延由跋並來朝獻
長壽元年九月罽賓國遣使朝貢
延載元年七月骨利幹遣使朝貢
證聖元年春一月林邑國貢馴象
萬歲通天二年四月安國獻兩頭犬



六月[illegible]十月勃律國遣使朝貢
神功元年十一月辛丑烏[illegible]領國王遣使貢方物
聖曆元年春一月真臘國四月疏勒王裴夷健[illegible]月[illegible]要譜
使朝貢
二年二月新羅王金理洪遣使貢方物
六月林邑國遣使獻馴象
八月突騎施烏質勒遣其子遮弩來朝
久視元年七月謝䫻國貢方物
長安元年十二月佛誓國遣使貢方物
二年三月大食國遣使獻良馬
十月日本國遣其大臣朝臣眞人貢方物
十二月林邑國使朝獻
三年正月吐蕃新羅林邑並遣使朝貢十月林邑國又遣使朝貢
十一月突厥遣其大臣移力貪汗達干獻馬千匹并方物

中宗神龍元年三月新羅王金志誠遣使來朝九月又遣使獻
方物
二年四月新羅國王金隆基遣使獻方物
二月日本國遣使來朝
七月波斯國林邑國八月新羅國並遣使朝貢
十月新羅國又遣使朝貢
三年二月吐蕃贊普遣其大臣悉薰熱獻方物
五月真臘國六月康國王突氏並遣使獻方物
八月林邑國遣使獻馴象
景龍元年十一月室韋首領十二月新羅並遣使朝貢獻
二年春三月吐谷渾三月波斯十一月堅昆並遣使來朝
三年正月龜茲二月吐蕃三月葛邏國六月新羅八月吐蕃十
月室韋並遣使貢方物
十一月林邑國遣使獻白象及方物



四年正月新羅[illegible]焉耆南天竺真臘等國四月高麗各遣使來朝
睿宗景雲元年[illegible]九月南天竺國吐蕃十月謝䫻罽賓國並遣使
貢方物[illegible]可汗突騎施[illegible]並來朝
十二月吐蕃遣使獻方物
是年突厥首領[illegible]遣使貢方物
二年八月九月突厥並遣使來朝
十一月[illegible]並遣使獻方物
十二月突厥大食新羅林邑師子國遣使獻方物拂菻國
獻方物
太極元年二月新羅突厥並遣使朝貢
三月林邑國五月吐蕃並遣使獻方物
延和元年八月吐蕃遣使朝見

冊府元龜卷第九百七十

# 冊府元龜卷第九百七十一

## 外臣部一十六

### 朝貢第四

唐玄宗先天元年八月吐蕃遣使朝賀
九月突厥騎施守忠十月突厥汝陁金山十一月突厥十姓十
二月吐蕃新羅並遣使來朝
二年正月突厥二月新羅室韋吐蕃五月突厥焉耆于闐六月
南天竺新羅各遣使朝貢凡夷狄朝貢太上皇皆御門樓以見之
開元元年十二月靺鞨王子來朝奏曰臣請就市交易入寺禮
拜許之林邑國王建多達摩遣使獻象五頭帝降書謂之曰卿
國在海南遠通朝貢所獻方物深達款誠今賜卿馬兩匹冗知
朕意
二年二月突厥遣使阿史那於鞠來朝帝御承天門見之
是月拂涅靺鞨首領失異蒙越喜大首領烏施可蒙鐵利部落



大首領闥許離等來朝新羅遣使朴裕來賀正
八月西[illegible]安國[illegible]遣使獻方物
三年二月天竺[illegible]使崔昊惠感來獻方物
六月林邑國遣使來朝
四年三月佛誓國遣使朝貢新羅遣其臣金楓厚來賀正
七月大食國黑密牟尼蘇利漫遣使上表獻金線織袍寶裝玉
灑地瓶各一
十二月東蕃[illegible]靺鞨部落拂涅部落勃律國皆遣大首領
來朝
五年三月拂涅靺鞨勃律新羅安國並遣使獻方物康國王遣
使獻毛錦青黛
五月眞臘文單新羅靺鞨中天竺國並遣使來朝并獻方物
六月突騎施遣使獻橐駝及馬降書謂曰卿遠貢忠信請獻駝
[illegible]玄默焉[illegible]德[illegible]彼部落則有勞苦已勑所司不令
疲又深領厚意宜體至懷[illegible]阿[illegible]般[illegible]安[illegible]遣使並來
于闐國遣使獻打毬馬兩匹風脚野驢一頭[illegible]一頭
七月突厥遣使獻[illegible]
十月日本國遣使朝貢命通事舍人就鴻臚宣慰
六年二月[illegible]并新羅米國石國靺鞨鐵利靺鞨[illegible]蕃守並遣使來朝
四月米國王遣使獻拓壁舞筵及鍮
是年康國遣使貢獻鎖子甲水精盃馬腦瓶駝鳥卵及越諾之
類[illegible]
七年正月奚王李大酺及新羅國並遣使來賀正突騎施都督車
鼻施啜蘇祿并波斯國並遣使朝貢石拂林國王遣吐火羅國
大首領獻師子二羚羊二拂涅靺鞨鐵利靺鞨越喜靺鞨並遣
使來朝
二月波斯國奚[illegible]涅靺鞨三月安國並遣使獻方物
四月契丹松漠都督李娑固遣使獻[illegible]十[illegible]九[illegible]都督[illegible]



啜曳遣使獻野馬膊皮甲吐火羅葉護及俱蜜國並遣使朝貢
巳勿訶毗施國捺塞使吐火羅大首領羅摩娑羅獻師子及五
色鸚鵡帝以其遠蕃修貢加宴勞賜綿綵伍伯匹
五月俱密國遣使獻胡旋女子及方物
六月大食國吐火羅國康國南天竺國遣使朝貢其吐火羅國
支汗那王帝賒上表獻解天文人大慕闍其人智慧幽深問無
不知伏乞天恩喚取慕闍親問臣等事意及諸教法知其人有
如此之藝能望請令其供奉并置一法堂依本教供養
七月勃律國蘇弗舍利遣使來朝謝冊立恩也波斯國遣使朝貢
八月大拂涅靺鞨獻鯨鯢魚睛貂鼠皮白兔皮
八年正月中天竺國遣使來朝
二月罽賓國遣使來朝進天文經一夾秘要方并蕃藥等物
五月南天竺國遣使獻豹及五色鸚鵡問日鳥
六月吐火羅國遣使獻馬及騾

九月罽賓國獻善馬謝颶國遣使來朝

十一月吐蕃使蘇和業董悉恐襄等來朝貢中天竺王遣使來朝

十二月吐蕃石國及謝颶國並遣使朝貢

九年二月石國王遣使朝貢康國遣使獻駝及馬

六月龜茲王白孝節遣使獻馬及狗

十一月己酉渤海郡靺鞨大首領鐵利大首領拂涅大首領契丹番郎將俱來朝並拜折衝放還蕃

十年正月癸卯朔帝御含元殿受朝賀是日諸蕃國各獻方物

七月丹州獻朱殷白馬

十月乙巳新羅遣使大奈麻金仁壹來賀正并獻方物越喜首領茂利蒙來朝并獻方物波斯國遣使獻師子

十一月渤海遣其大臣味勃計來朝并獻鷹

十一年四月新羅王金興光遣使獻果下馬一匹及牛黃人參頭髮朝霞紬魚牙紬鏤鷹鈴海豹皮金銀等興光上言曰臣鄉居海曲地處遐陬元無泉客之珍本乏賨人之貨敢將方產之物塵瀆天官駑蹇之才滓穢龍廄竊方燕豕敢類楚雞深覺靦顏彌增戰汗

十二年二月契丹遣使涅禮來賀正并獻方物奚遣大首領李奚奴等十八人渤海靺鞨遣其臣賀作慶新羅遣其臣金武勳勃律遣大首領蘇弗舍利來賀正各賜帛五十匹放還蕃

三月大食遣使獻馬及龍腦香識匿國王遣使獻馬及金精契丹遣使來朝且謝恩徃歲契丹使木據離奉國信歸蕃是以來謝

四月康國王烏勒遣使獻侏儒一人馬狗各二

五月松漠府契丹遣使來朝饒樂府奚遣使獻麝香

七月吐火羅國遣使獻胡藥乾陀婆羅等二百餘品尸利佛誓國王遣使俱摩羅獻侏儒二人僧耆女一人雜樂人一部及五色鸚鵡授摩羅折衝賜帛百匹放還蕃

十二月越喜靺鞨遣使破支蒙來賀正并獻方物突厥遣使裴[illegible]來朝堅昆遣使獻馬契丹遣使獻馬新羅王金興光遣使獻方物

閏十二月突厥遣其大臣阿史德頡泥孰來朝

十三年正月契丹遣使渤海遣大首領烏借芝蒙黑水靺鞨遣其將五郎子大食遣其將蘇黎等十三人並來賀正且獻方物

三月大食國遣使蘇黎滿等十二人獻方物及毛錦識匿國遣使獻馬

七月室韋遣使來朝丁未中天竺國遣使來朝

是年契丹遣其大臣可突于入朝貢方物

十四年正月突厥遣其大臣臨河達干康思琮來朝契丹遣其臣邵固來朝突騎施可汗遣首領阿句支來獻馬

二月安國遣使獻豹雄雌各一突厥遣使執失頡利發等三百餘人來賀封山

四月新羅遣使金忠臣來賀正契丹遣大首領李闊等六人來獻

五月安國王篤薩波提遣其弟可悉爛達干拂耽發黎來朝獻馬及豹新羅遣使其弟金欽質來朝突厥遣其大臣臨河達干康思琮來朝

七月契丹部落刺史出利縣令蘇固多等來朝

十一月吐火羅遣使來朝突厥遣其大臣梅録啜來朝勃海靺鞨王遣其子義信來朝并獻方物奚遣使阿布高來朝康國王遣使獻豹及方物

十五年正月新羅遣使來賀正

五月康國獻胡旋女子及豹史國獻胡旋女子及蒲萄酒安國獻馬

七月突厥骨吐禄遣使獻馬及波斯錦史國王阿忽必多遣使獻胡旋女子及豹

八月渤海王遣其弟大寶方來朝

九月突厥毗伽可汗遣其大臣梅録啜來朝

十月識匿國遣使獻方物
十六年正月契丹遣使賀正靺鞨遣使來朝并獻方物
四月護密國王遣米國大首領米忽汗來朝且獻方物
十一月佛誓國王遣使獻五色鸚鵡米國王遣使獻師子
是年新羅國遣使來獻方物
十七年正月米國遣使獻胡旋女子三人及豹師子各一骨咄俟
斤遣男骨都施來朝獻馬二匹
二月渤海靺鞨遣使獻鷹三月渤海靺鞨遣使獻鯔魚
二月護密國大首領烏鶻達干來朝
六月北天竺國三藏沙門僧密多獻質汗等藥
七月吐火羅使僧難陁獻須那伽帝釋麥等藥
九月大食國遣使來朝且獻方物
十八年正月波斯王子繼忽娑來朝獻香藥犀牛等吐蕃靺鞨
遣其弟大郎雅來朝賀正獻方物波斯國王及新羅國王各遣
使來朝賀正



二月突厥遣使哥解斯支車鼻頡斤來朝獻方物渤海靺鞨大
首領遣使智蒙來朝且獻方物馬三十匹
四月米國石國吐蕃突厥各遣使來朝貢
五月渤海靺鞨遣使烏那達利來朝獻海豹皮五張豹鼠皮三
張馬瑙盃一馬三十匹契丹遣使獻馬十二匹吐火羅僧難陁
來朝貢獻瑞麥香藥等黑水靺鞨遣使阿布利稽來朝獻方物
九月靺鞨新羅國並遣使朝貢
十月吐蕃遣其大臣名悉獵獻方物
十一月契丹奚中天竺國並遣使朝貢
十二月吐蕃贊普遣甘苔諾勒藏來朝貢獻方物
十九年二月室韋渤海靺鞨新羅並遣使來賀正
八月吐蕃遣其國相論尚他硉來朝命鴻臚少卿李祺至界首
宣勞申命中官路次宣慰

十月中天竺國王伊沙伏磨遣其臣大德僧勃達信來朝且獻
方物林邑國獻象四突厥遣其大臣蘇農出邏達干等二十四
人來朝嶺西室韋遣使來朝渤海靺鞨王遣其姓大取珍等百
二十人來朝
二十年正月王子奚歸義王遣其首領細蘇等來朝新羅奚各
遣使賀正
七月庚子突厥可汗堂弟何支鹽捺來朝
九月波斯王遣首領潘那密與大德僧及烈朝貢
二十一年二月骨咄王頡利發遣使獻舞女樂
三月石汗那王易米施遣使獻馬突厥遣使斯壁紆思鮮闕等
十六人來朝
閏三月勃律國王沒謹忙遣使大首領察卓那斯摩沒勝來朝
謝冊立之恩
四月突厥大使烏鶻達干來朝



八月日本國朝賀使真人廣成與傔從五百九十舟行遇風飄
至蘇州刺史錢惟正以聞詔通事舍人韋景先往蘇州宣慰焉
是月骨咄王遣大首領如達干來朝
九月突厥遣其大臣牟伽伊難達干等十三人來朝
十二月石汗那王易米施遣大首領婆延達干大食國王遣首
領摩思覽達干等來朝
二十二年正月吐蕃遣使來朝
四月日本國遣使來朝獻美濃絁二百匹水織絁二百匹突厥
遣其大臣斯壁紆思鮮闕來朝西南蠻大酋率蒙歸義遣獻
口麝香牛黃新羅王興光遣其大臣金端竭丹來賀正先時興
光遣其姪志廉謝恩獻小馬兩匹狗三頭金五百兩銀二千兩
布六十匹牛黃二十兩人參二百斤頭髮一百兩海豹皮一十
六張及是授志廉鴻臚少卿員外置
六月林邑國遣使獻沉香

二十三年正月突厥哥解骨支率卑施頡斤來朝新羅遣從舍
義忠等來賀正
二月吐蕃贊普遣其臣悉諾勃藏來賀正貢獻方物兼以銀器
遺宰臣侍中裴耀卿中書令張九齡禮部尚書平章事李林甫
等奏曰臣等忝職樞近不合輒受吐蕃餉物所望勒歸鴻臚進內
帝不從
三月日本國遣使獻方物渤海靺鞨王遣其弟蕃來朝
八月鐵利部落拂涅部落越喜部落俱遣使來朝獻方物林邑
國遣使獻馴象
九月辛巳吐火羅國十二月新羅並遣使來獻方物林邑國遣
使獻白象
二十四年正月吐蕃遣使貢方物金銀器玩數百事皆形制奇
異帝令列於提象門外以示百寮
六月新羅王金興光遣使賀正獻表曰伏奉恩勅浿江已南宜



令新羅安置臣居海裔沐化聖朝雖丹素為心而功無可効
以忠正為事而勞不足賞陛下降雨露之恩發日月之詔錫臣
土境廣臣邑居遂使墾闢有期農桑得所臣奉絲綸之旨荷榮
寵之深粉骨糜身無由上荅
九月越喜靺鞨遣使獻方物
二十五年正月焉耆大首領龍長安牂牁大酋長趙君道渤海
靺鞨大首領木智蒙來朝波斯王子繼忽娑來朝
二月新羅遣使沙食金抱質突厥遣使歌解骨支東鼻頡斤並
來賀正且獻方物
四月渤海遣其臣公伯計來獻鷹鶻東天竺國三藏大德僧達
摩戰來獻胡藥卑斯比支等及新呪法梵本雜經論持國論占星
記梵本諸方
十二月新羅國王金承慶遣使獻方物吐蕃遣其大臣獨處勒
舉藏來朝且獻方物

二十六年正月吐火羅遣大首領伊難如達干羅底鞮來獻方物
三月新羅使其大臣金元玄來賀正
閏八月渤海靺鞨遣使獻豹鼠皮一千張乾文魚一百口
二十七年二月渤海王遣使獻鷹又拂涅靺鞨遣使獻方物
四月拔汗那王阿悉爛達干使國王斯謹提突騎施大將索低
斤並遣使獻表起居
十月渤海遣使其臣受福子來謝恩
二十八年二月越喜靺鞨遣其臣野古利來獻方物鐵利靺鞨
遣其臣綿度戶來獻方物牂牁大首長遣使獻鷹
三月有吐國遣入首領慱勤達干剌勿來朝命有司享之
十月渤海靺鞨遣使獻貂鼠皮昆布安國遣使獻寶床子及駝
馬狗孟康國遣使獻寶香爐及白玉環馬腦水精眼藥瓶子
二十九年正月拔汗那王遣使獻馬
二月渤海靺鞨遣其臣失阿利越喜靺鞨遣其部落烏舍利黑



水靺鞨遣其臣阿布利稽
三月拂涅靺鞨遣首領那弃[illegible]斯謹提遣首領勃帝米
施拔汗那王遣首領阿解支達干恩伽並來朝賀正且獻方物
突厥遣使首領伊難如來賀正且獻方物上表曰頂禮天可汗
禮諸天奴身曾祖已來向天可汗忠赤每徵發為國出力今新
年獻月伏願天可汗壽命延長天下一統所有背恩逆賊奴身
共拔汗那王盡力枝敵如有歸附者奴即和好今謹令大首領
伊難如拜賀又吐火羅遣使獻紅頗梨碧頗梨生馬腦生金精
及質汗等藥中天竺王子李承恩來朝
四月渤海靺鞨遣使進鷹及鶻
八月吐蕃贊普遣使獻方物
十二月女王國趙曳夫及佛逝國王葛國王各遣其子來朝且
獻方物
天寶元年三月曹國王哥邏僕羅石國王特勤並遣使獻馬及

方物
五月拂菻國王遣大德僧新羅王遣使並來朝
十月拔悉蜜可汗使大首領來朝
二年正月契丹刺史八十人並來朝
二月解蘇國王阿德悉遣大首領車鼻施達干羅頡狡等二十人來朝且獻方物
九月安西黒姓可汗骨咄禄毗伽遣使獻方物
十二月石國王特勤遣女壻康國大首領康染顛獻方物
三載閏二月新羅遣使拔汗那王阿悉爛達干遣大首領並來賀正并獻方物
三月安國王屈底波遣大首領來朝並獻方物
四月新羅七月大食國康國史國西曹國米國謝䫻國吐火羅國突騎施石國並遣使獻馬及寶
十二月新羅王遣弟來賀正



四載二月黄頭室韋三月謝䫻吐火羅波斯俱訶蘭国並遣使獻方物罽賓國遣獻波斯錦舞筵
四月新羅五月大食舍慶國七月石國王特勤安國王屈底波並遣使朝貢
七月安國王屈底波遣使朝貢又小勃律遣僧大德三藏伽羅蜜多來朝
九月九姓使迴紇大首領頻毀羅達干三哥哥羅禄使首領許並來朝寧遠國奉化王特進驃騎大將軍拔汗那王阿悉爛達干遣使來賀正
五載正月師子國王尸羅迷伽遣婆羅門僧灌頂三藏阿目伽跋折羅來朝獻鈿金寶瓔珞及貝葉梵寫大般若經一部細白疊四十張
二月新羅王金憲英遣使來賀正兼獻方物
三月渤海遣使來賀正石國王遣使來朝并獻馬十五匹施拔斯單國王遣使來朝獻馬四十匹石國副王伊捺吐屯屈遣使獻方物
四月板密国遣使朝貢
七月波斯遣呼慈國大城主李波達僕獻犀牛及象各一
十月葯都骨咄王遣使獻馬十五匹三葛邏禄苾伽葉頓護向波移健啜遣使朝貢
閏十月陁拔斯單國王忽魯汗遣使獻千年棗突騎施石國史國米國罽賓国各遣來朝獻繡舞筵氍毹紅鹽黒鹽白戎鹽餘甘子質汗千金藤瑠璃金銀等物
十一月威遠国遣使朝貢
六載正月新羅渤海龜茲于闐焉耆䍧牁雜姓平蠻黄頭室韋黒水靺鞨並遣使賀正各獻方物
四月突厥九姓獻馬一百五十匹堅昆獻馬九十八匹波斯遣使獻馬腦床



五月大食國王遣使獻豹六波斯國王遣使獻豹四石國王遣使獻馬
六月戊午突騎施遣使朝貢
十二月九姓堅昆及室韋獻馬六十匹令西受降城使印而納之
七載正月黄頭室韋和解室韋路丹室韋如者室韋黒水靺鞨等並遣使朝貢勃律歸仁國王遣使獻金花
二月西南蠻雲南王蒙歸義遣使賀正
三月黒水靺鞨黄頭室韋和解室韋如者室韋賂丹室韋並遣使獻金銀及陸拾綜布魚牙紬朝霞紬牛黄頭髮人參于闐焉耆龜茲䍧牁並遣使賀正且獻方物
六月蘇頡利發屋蘭國王波鉢阿越多遣使獻馬及方物罽賓國悒怛國並遣使朝貢林邑國遣使來朝并獻象牙花氎
八載正月突厥遣使來賀正
三月渤海遣使獻鷹

四月吐火羅國遣使獻馬
八月十姓突騎施遣使來朝寧遠國王子屋磨支大首領石國王子
遠恩來朝
九月林邑國城主盧陁遣使來朝獻眞珠一百條黑沉香三十
斤鮮白氎二十雙
十月九姓勅曳固大毗伽都督默每等十人來朝
十一月突騎施遣使賀正并獻方物寧遠國奉化王阿悉爛達
干遣使賀正
九載正月黑水靺鞨黃頭室韋並遣使賀正骨咄國王羅全節
遣大首領鶻汗達干來朝獻口四十三胡馬三十匹康國王咄
曷遣大首領米野門獻馬十匹及方物安國王屈底波遣使來
朝獻馬一百匹
三月渤海遣使獻鷹鶻師子國獻象牙眞珠北邑國獻眞珠象牙
白花毛氎



四月波斯獻大毛繡舞筵長毛繡舞筵無孔眞珠
六月契丹遣使謝恩眞臘國遣使獻犛牛
十載二月寧遠國奉化王阿悉爛達干遣使獻馬二十二匹及
豹天狗各一俱密國王伊悉爛俟斤遣使獻胡馬二十六匹
九月波斯蘇利悉單國火尋國康國安國俱密國並遣使朝貢
寧遠國奉化王阿悉爛達干遣使獻馬二十四匹是月又獻馬匹
十四
十月辛未九姓迴鶻遣首領伊難知來朝
十一載三月三葛邏祿遣使來朝
八月迴鶻遣使來朝歸仁國遣使朝貢
十一月三葛邏祿遣使來朝黑水靺鞨遣使來朝
十二月黑衣大食謝多訶密遣使來朝舍磨國寧遠國並遣使
來朝康國遣使朝貢
十二載正月疎勒首領攝燧達州司馬裴國良金州首領阿悉
兒褐車鼻施並來賀正
三月罽賓國謝䫻國歸仁國黑衣大食並遣使獻方物牂牁蹤
勒日本等國舉渏並遣使賀正
四月三葛祿遣使來朝凡一百三十一人分爲四隊相繼而入
各授官賞怒其請求皆令滿望黑衣大食遣使朝貢
五月火尋國遣使獻紫麞皮白生石蜜黑鹽
六月日本國遣寘交朝
七月東蠻八月盛遠國王安國王新城王芬建城王吐火羅葉
護等國並遣使朝貢
九月文單國王子率其屬二十六人來朝
十二月護蜜國遣使朝貢黑衣遣使獻馬三十匹葛邏祿及石國
遣獻方物
十三載正月渤海遣使賀正
四月寧遠國及九姓迴紇米國突騎施黑姓可汗及黑衣大食



吐火羅石汗那俱位國並遣使來朝
九月寧遠國奉化王遣使獻胡馬及方物是年康國遣使朝貢
十四載三月康國副王大尋國王稍施芬東曹國王設阿忽並
遣使朝貢
四月新羅突騎施並遣使賀正
六月日本國七月黑衣並遣使貢獻
八月歸仁國王遣使謝恩
十五載七月黑衣大食遣大酋望二十五人來朝
肅宗至德初大食國遣使朝貢
三年正月護密國王使大首領羅友闍來朝
乾元元年五月壬申朔迴紇使多乙亥阿波八十人黑衣大食
酋長鬧文等六人並朝見至閤門爭長通事舍人乃分左右從
東西門並入文張施黑衣大食使來朝見
六月辛丑朔吐火羅葉護使烏利多康國長史康思義俱蜜

曹段秦生並來朝
是年罽賓國遣使朝貢
二年三月寧遠國使烏物安國使安莫純契並來朝
八月十姓可汗使來朝十姓突騎施黑姓可汗阿多裴羅等六
波斯進物使李摩日夜等及寧遠國使葛等來朝
三年正月奚王主羅遣大首領上階將軍等十二人來朝
上元元年九月迴紇使二十人於延英殿通謁
十月迴紇使近支伽裴羅等七人於延英殿朝見
十二月白衣使婆謁等十八人於延英殿會

冊府元龜卷第九百七十一

冊府元龜卷第九百七十二

外臣部一十七

朝貢第五

唐肅宗寶應元年五月戊申迴紇吐蕃黒衣大食等國六月寧
遠吐蕃師子波斯等國八月奚契丹寧遠國九月波斯新羅
二月黒衣火尋寧遠石國並遣使朝貢
永泰元年冬迴紇首領胡祿都督第二百餘人自涇陽來朝
二年四月新羅王金憲英遣使朝貢
四月迴紇遣首領密采忠言等及牙帳一百人來朝
大曆二年七月吐蕃及渤海並遣使來朝
八月渤海契丹九月靺鞨渤海室韋十月迴紇十一月渤海迴
紇吐蕃十二月迴紇渤海契丹室韋等國各遣使朝貢
是年新羅王金乾運遣其臣金隱居奉表入朝貢方物
三年七月迴紇九月新羅十一月訶陵國遣使朝貢



四年正月牂牁訶陵黒衣大食二月牂牁三月渤海靺鞨十二
月迴紇吐蕃契丹奚室韋渤海訶陵並遣使朝貢
六年九月波斯國遣使獻真珠虎魄等
十月迴紇遣使來朝
十一月奚契丹並遣使來朝
七年五月新羅十二月迴紇吐蕃大食渤海室韋靺鞨契丹奚
牂牁康國石國米國九姓等各遣使朝貢
八年四月渤海遣使來朝并獻方物迴紇遣使阿德俱裴羅來
朝引見于右銀臺門新羅遣使賀正見于延英殿并獻金銀牛
黄魚牙紬朝霞紬等方物
六月迴紇遣使羅仙闕等來朝引見于右銀臺門渤海遣使賀
正新羅遣使謝恩並引見於延英殿
十一月渤海遣使朝
閏十一月渤海室韋並遣使來朝迴紇使散支赤心裴羅達干
等還蕃引辭于銀臺門
十二月渤海室韋牂牁並遣使來朝奚契丹渤海靺鞨並遣使
朝貢
九年正月渤海室韋並來朝
三月迴紇遣使裴羅達干來朝
四月迴紇使裴羅達干還蕃引辭于延英殿新羅遣使賀正
六月吐蕃遣使來朝
七月迴紇遣使骨啜祿梅還達干等來朝并進馬四十疋黒衣
大食吐蕃並遣使來朝
十月迴紇遣使來朝見于銀臺門新羅遣使賀正見于延英殿
十二月奚契丹渤海室韋靺鞨遣使來朝
十年正月渤海契丹奚室韋靺鞨新羅五月渤海六月新羅渤
海十二月渤海奚契丹室韋靺鞨各遣使朝貢
十一年七月新羅遣使來朝且獻方物



十月新羅遣使朝貢
十二年正月迴紇遣使來賀正渤海遣使來朝并獻日本國舞
女一十一人及方物
二月渤海遣使獻鷹
四月牂牁渤海奚契丹室韋靺鞨六月契丹八月契丹十二月
新羅渤海靺鞨室韋奚契丹並遣使來朝并獻方物
十三年正月日本國遣使朝貢
德宗建中元年二月日本國七月東蠻宗蠻蠻令僉等十月渤
海並遣使朝貢
三年閏正月新羅牂牁范國五月渤海國並遣使朝貢
貞元四年四月東蠻鬼主驃旁苴夢衝等來朝先是東蠻自隔巂州後
臣於吐蕃絶朝貢者二十餘年至是劍南節度使韋皋招諭之始
棄吐蕃內附
五月壬申迴紇遣使來朝

六年二月迴鶻三月牂牁並遣使朝貢

七年正月迴鶻大首領史悖義渤海黑衣大食五月迴鶻九月契丹並遣使來朝

八年四月迴鶻五月迴鶻閏十二月牂牁[illegible]皆遣使朝貢

是月室韋都督和解熱素等來朝

九年九月迴鶻遣使朝貢

十月環王国獻犀牛帝令見於太廟

十二月室韋大都督阿朱等三十人來朝貢是年契丹遣使來朝

十年契丹遣使來朝

是年南詔王遣使蒙湊羅棟等來獻鐸鞘浪人劍及吐蕃印八紐

十一年二月迴鶻遣使來朝

九月南詔異牟尋遣使獻馬六十疋

是年契丹大首領熱蘇等二十五人來朝

十二年十二月女國湯立志歌[illegible]國王董利羅弱水國王董辟和逋租國王弟鄧吉知并大首領等並赴元正朝會迴紇并南詔蠻遣使朝貢

十四年十一月南詔異牟尋遣酋望大將軍王丘各等朝貢元正各獻方物

十七年奚梅落索低契丹烏鬼牂牁謝僕珠皆見

十八年正月驃國王始遣其弟悉利移來朝獻其國樂凡十曲與樂工三十五人來朝樂曲皆演釋氏經論之詞意

是月南詔使來朝虞婁越喜等首領見

二十年十一月渤海新羅遣使來朝

十二月南詔蠻彌臣國日本國吐蕃並遣使來朝貢[illegible]

順宗即位初吐蕃使論悉諾等來朝獻方物

憲宗以永貞元年即位十一月南蠻及昆明牂牁並遣使來朝

元和元年閏六月吐蕃八月新羅南詔蠻十月迴鶻十二月[illegible]



契丹渤海牂牁南詔驃國各遣使朝貢

二年十二月吐蕃迴鶻奚契丹渤海牂牁南詔並遣使朝貢

三年新羅王金重興遣使金力奇來朝

四年十二月南詔牂牁昆明皆遣使朝貢

五年正月渤海遣使高才南等來朝

十月新羅王遣其子來獻金銀佛像及佛經幡等上言為順宗祈福并貢方物

十一月奚契丹並遣使朝貢渤海王遣子大延真等來朝獻方物

十二月牂牁南詔並遣使朝貢

七年二月吐蕃遣使朝貢

四月新羅賀正兼告哀使金昌男等五十四人朝見

是年渤海亦遣使來南詔遣使朝貢

八年十一月契丹達干可葛等二十九人朝貢

十二月牂牁刺史謝稱渤海王子辛文德等九十七人來朝

是年真臘國遣使李摩那等來朝

九年正月渤海使高禮進等三十七人朝貢獻金銀佛像各一

九月真臘國遣使朝貢

十一月渤海遣使獻鷹鶻迴鶻使骨啜特勒等三十七人來朝

契丹大首領梅落鶻劣來朝

十二月渤海遣使大孝真等五十九人來朝

十年七月渤海王子大庭俊等一百一人二月黑水酋長十一人並來朝貢

八月訶陵國遣使獻金祇僮及五色鸚鵡頻伽鳥并異香名寶

十一月契丹南詔蠻並遣使朝貢

十一年正月奚首領來朝獻名馬自後每歲朝貢不絕或二三至其每歲朝貢常數百人至幽州則選其酋渠三五十人赴闕引見於麟德殿錫以金帛遣還餘皆駐而館之率為常也

是月迴鶻遣使朝貢

二月廻鶻使獻槖駞及馬三月渤海蘇鞨十一月契丹渤海上
二月南詔牂牁昆明國並遣使朝貢
十二年二月渤海三月新羅遣使朝貢
四月吐蕃使論乞䫻獻馬十匹玉腰帶二條金器十事犛牛一
十二月南詔契丹首領介落等朝貢
十三年四月高麗國進樂器及樂工兩部
是年訶陵國遣使進僧祇女二人鸚鵡玳瑁及生犀等
十五年閏正月渤海十月闍婆十一月新羅並遣使朝貢十二
月渤海復遣使朝貢十二月渤海復遣使朝貢
是年南詔遣使來朝南詔自十二年至是比歲遣使來新或年
內二三至者
穆宗長慶二年正月渤海三月廻鶻六月吐蕃並遣使朝貢
十月廻紇使者僕固昌獻其國信四床女口六人葛祿口四人
十二月廻鶻吐蕃新羅契丹奚牂牁並遣使朝貢



三年九月南詔王兵侄進其國信金碧文綠十有六品
四年二月吐蕃渤海遣使朝貢
十月吐蕃貢犛牛等又獻鑄成銀犀牛羊䴥各一
十二月廻鶻吐蕃奚契丹並遣使朝貢
敬宗寶曆元年三月吐蕃渤海七月廻鶻十月廻鶻十二月廻
鶻奚契丹並遣使朝貢
二年正月南詔室韋渤海牂牁三月昆明並遣使朝貢
文宗大和元年四月渤海遣使來朝
八月吐蕃使論壯大熱進國信金銀器玉腰帶及馬等
二年十二月渤海新羅室韋契丹南詔皆遣使朝貢
四年十二月吐蕃廻鶻新羅渤海南詔蠻牂牁昆明奚契丹並
遣使朝貢
五年二月新羅王子金能儒并僧九人闍婆國朝貢使李南呼
祿等十七人並入朝

十一月吐蕃廻鶻奚契丹新羅渤海南詔牂牁並遣使朝貢
六年三月渤海遣王子大明俊來朝
七年正月渤海王遣同中書右平章事高賞英來謝策命
八年南詔遣使來朝
九年十二月契丹大首領介落等一十九人室韋大都督阿朱
等三十人奚大首領匿郎等三十人並來朝
開成元年二月黔南觀察使奏先是羲州昆明部落鬼主阿佩
繼襲羲州刺史朝貢不絕爲明州牂牁所阻逮今百餘年頃歸
王化詔曰且許令年內一度來朝
十一月契丹大首領列環等三十一人來朝
十二月吐蕃廻鶻新羅渤海奚契丹牂牁南詔蠻昆明各遣使
朝貢室韋大都督阿朱等來朝
二年二月牂牁來朝
十月廻鶻遣使朝貢



十一月契丹書[illegible]朝貢
十二月南詔及[illegible]朝貢
三年七月昆明[illegible]朝貢
十二月日本國遣使朝貢進真珠絹
四年正月闍婆國遣使李南呼祿來朝貢
閏正月南詔廻鶻日本牂牁各遣使朝貢
十二月戊辰渤海王子大延廣契丹首領薛葛奚大首領溫訥
骨室韋大都督秩虫等朝貢
五年南詔遣使來朝
武宗會昌二年十二月牂牁南平蠻結骨國遣使朝貢室韋大首
領熱論等來朝
三年八月黠戛斯遣使諦德伊斯難珠來朝
六年正月南詔契丹室韋渤海牂牁昆明等使並朝于宣政殿
宣宗大中七年四月日本國遣王子來朝獻寶器音樂帝謂

勢迫者並請令又日本國來朝朕惟德薄何以堪之因賜
百寮宴陳百戲以禮之
懿宗咸通六年契丹王習爾之累來朝貢
梁太祖開平元年四月契丹首領袍笏梅老來朝貢方物
五月渤海王子大昭順貢海東物產契丹首領袍笏課哥梅老
先求朝契丹久不通中華聞帝威聲乃率所部來貢三數年間
頻獻名馬方物
二年正月吐蕃遣使嗢末朝貢
二月契丹王阿保機遣使貢良馬方物
五月契丹國王阿保機遣使進良馬十疋金花鞍轡貂鼠皮頭
冠并妻男口一名蘇年十歲女口一名辟年十二契丹王妻亦
不進良馬一疋朝霞錦金花頭冠麝香五副國王欽德亦進馬共六
國土卸[illegible]等差使進獻共三十一人表六封
三年三月渤海國王大諲譔差其相大誠諤朝貢進兒女口及



物貂鼠皮熊皮等
五月賜迴紇朝貢使阿福引分物
閏八月鴻臚寺引進契丹阿保機差首領葛鹿等進金渡鐵甲
金渡銀及水精玉裝鞍轡等物馬一百疋其阿保機母妻各進
雲霞錦一疋
四年正月邕州節度使奏廣略進如洪洞生獠釁蠻一十人赴
闕朝見前朝未道路梗塞遠夷進貢罕有至者帝即位威略柔
遠東南蠻貊相繼來庭
五年四月契丹王阿保機遣使實柳梅老朝貢
乾化元年八月渤海國遣使朝賀且獻方物
十一月帝御朝元殿以迴鶻吐蕃二大國首領入覲故也扇開
所司導二首領與從等一百二十二人伏拜庭下即各以其
君長所上表及方物等陳而獻焉
二年五月渤海王大諲譔差王子大光贊景帝表并進方物

十月契丹蜀括梅老等朝貢
十一月迴鶻遣都督周易言等入朝進貢
後唐莊宗同光元年十一月新羅國王金朴英遣倉部侍郎金
樂錄事參軍金幼卿朝貢賜物有差
十二月奚首領李紹威遣使朝貢
二年正月新羅王朴英并本國泉州節度使王逢規遣使朝貢
渤海王子大禹謨來朝貢
二月党項遣使朝貢
四月迴鶻都督李引釋迦副使田鐵林都監楊福安等六十六
人陳方物稱本國權知可汗仁美在甘州差貢善馬九疋白玉
一團
是月沙州曹義金進玉三團硇砂羚羊角波斯錦茸褐白氎生
黃金星礬等
五月渤海國王大諲譔遣使裴元讓貢方物



六月新羅國遣使朝散大夫倉部侍郎賜紫金魚袋來朝貢
九月黑水國遣使朝貢
十一月党項進白鷹奚王李紹威進駝馬迴鶻都督安千想進
玉團駝馬等
十二月党項薄備香來貢良馬其妻韓氏進駝馬
三年正月河西郡落折騎兒貢駝馬
二月河西部族折文通貢駝馬熟吐渾李紹魯貢駝馬党項折
願慶貢方物又突厥渾解樓貢方物渤海國王大諲譔遣使裴
璆貢人參松子昆布黃明細布貂鼠皮被一褥六髮靴革奴子
二熟吐渾首赫連海龍貢羊馬
五月黑水胡獨鹿女真等使朝貢契丹阿保機遣使拽鹿孟貢
方物
十月奚吐渾突厥首領使人貢方物為萬壽節高麗國遣使韓
申來貢方物

四年正月達怛都督折文通貢駞馬迴鶻可汗阿咄欲遣都督程郡明貢馬

明宗天成元年四月渤海國王大諲譔遣使大陳林等一百一十六人朝貢進兒口女口各三人人參昆布白附子及虎皮等

七月契丹國王遣梅老里述骨之進內官一人馬二疋地衣貢改裝金釧金釵等渤海國使大昭佐等六人朝貢

十月雲南巂州山後兩林百蠻都鬼主右武衛大將軍李車既並大鬼主傳能阿花等來朝貢帝御文明殿對之百寮稱賀

二年正月突厥首領張慕晉來朝貢

二月新羅國使兵部侍郎張芬等來朝貢

四月新羅國康州遣使林彥朝貢

八月昆明大鬼主羅殿王普露靜王九部落各差使若士等將牂牁清州八郡刺史宋朝化等一百五十三人來朝共進草荳殺二万顆朱砂五百兩黃蠟二百斤



九月河西党項如連山等來朝共進馬四十疋契丹差梅老鞋骨已下進奉

十二月迴鶻西界吐蕃發使野利延孫等入貢蕃僧四人特蕃書兩封文字未詳

三年正月契丹使禿汭　梅老已下五十人進奉

二月吐渾都督李紹魯等進馬一百二十疋迴鶻權知可汗仁裕遣都督李阿山等十八人入貢

四月達怛使人朝貢

閏八月契丹使梅老季　吐蕃迴紇等使各貢奉

九月吐蕃遣使朝貢

十一月吐渾念九等共進馬五十三疋党項吐蕃相次朝貢

十二月迴鶻差使朝貢

四年四月契丹差使捺括梅里等朝貢

五月渤海遣使高正詞入朝貢方物

六月故奚王男素姑進其父鞍馬衣甲器械

八月黑水遣使骨至來朝兼貢方物吐渾首領念公山念坦相次來朝貢党項折遇明等來貢方物高麗國王王建遣使廣評侍郎張芬等五十二人來朝貢銀香師子香爐金裝鈒鏤雲星刀劍馬突金銀鷹鞲鞴銙錦罽賽白紵白氎頭髮人參香油銀鏤剪刀鉗鈇松子等

九月党項折文通進馬西涼府蕃官撥心吐蕃首領撥里忙布蒲氈等並來朝生吐渾北每兒進駞馬

十月達怛首領張十三朝貢党項首領來有行進馬四十疋

長興元年二月黑水兀兒遣使貢方物

四月吐蕃首領千撥葛進犛牛二頭

二月迴鶻學要祖等來朝貢迴鶻國使安黑連來朝貢又迴鶻可汗仁裕遣使來貢方物

六月契丹指揮使李骨西等來朝



八月吐渾康合畢來貢駞馬

九月河西蕃官嫂東山吐蕃首領王滿儒等進駞馬

十二月迴鶻順化可汗仁裕遣使翟末思等三十人進馬八十疋玉一團沙州曹義金進馬四百疋玉一團

二年正月河西党項折七移等進駞馬東丹王突欲進馬十疋氈帳及諸方物又進本國弓三面宣示宰臣達怛列六薛娘居等進馬

二月突厥首領杜阿熟吐渾康萬琳各進馬

八月契丹遣使邪姑兒朝貢

十月西涼府蕃官撥心等朝貢

十一月党項達怛阿屬米並來朝貢

十二月西涼府及迴鶻使安黑思渤海使文成角並來朝貢党項首領來進所奪得契丹旗幷馬

三年正月契丹遣使拽骨等來朝渤海迴鶻順化可汗吐蕃各

遣使朝貢涼州奏將吏有狀請朝廷命師兼進方物沙州進馬
七十五疋玉三十六團
二月吐蕃遣首領野利閻心等朝貢
是月契丹複順義先是遣還本國迴進馬三疋及方物燕
三月契丹遣使都督起阿鉢等一百一十人進馬一百疋及方
物達怛常葛蘇進馬十疋及方物契丹遣使鐵葛羅卿進馬三十
疋高麗國遣使太相王儒朝貢
四月新羅國權知本國王金溥遣使執事侍郎金朏貢方物
八月吐蕃遣使朝貢見於端明殿帝問本蕃牙帳去京師遠近
對曰涇州西二千里比年阻大水朝貢後時
九月契丹國遣使都督述祿卿進馬四十疋
四年五月契丹遣使朝貢
七月迴鶻都督李末等三十一人進白鶻一聯勑禮賓院解絛放之
十一月吐蕃遣使來貢奚首領李素姑來朝貢



閔帝應順元年正月契丹遣都督沒辯千來朝獻馬四百駝十
羊二千先是遣供奉官四方璟入契丹復命故有是獻
是月沙州瓜州遣牙將各以方物朝貢迴鶻可汗仁美遣使獻
故可汗仁裕遺留貢物安鞍馬器械仁美獻馬玉團玉鞦轡碙砂
羚羊角波斯寶緤玉帶
廢帝清泰元年八月青州言高麗入貢使金吉船至岸北京言
契丹遣使達怛朝貢部送京師是月達怛首領沒于越等入朝
貢羊馬
二年正月生吐渾首領姚胡入朝獻馬
四月新州言党項折跛黑連欲入朝貢奉從之
六月詔邠涇鄜耀四州兵應接迴鶻出州入貢
七月迴鶻可汗仁美遣都督陳福海而下七十八人獻馬三百
六十匹玉二十團白疊斜褐犛牛尾綠野馬皮野駝峯沙州
史曹議金涼州留後李文謙各獻馬三十匹瓜州刺史慕容歸
盈獻馬五十匹
十月高麗国王王建遣使入朝貢方物
十一月渤海遣使列周道入朝貢方物
十二月高麗遣使禮賓卿邢順等來朝貢
三年正月百濟国遣使入朝貢方物高麗遣使王子太相王規
等來貢方物
晉高祖天福二年六月契丹使夷離畢進馬二百疋人參貂鼠皮
走馬木椀等物
三年三月迴鶻可汗王仁美進野馬獨峯駝玉轡頭大鵬砂碙
砂膃肭臍金剛鑽羚羊角白貂鼠皮安西絲白氎布犛牛尾野
駝峯等物
九月于闐国王李聖文遣使馬繼榮進玉團白氎布犛牛尾紅
鹽鬱金碙砂大鵬砂玉裝鞦轡鞹鞢䩞軒手刀迴鶻可汗又遣
使李萬金進馬一百匹駝十二頭



十月迴鶻遣使都督李萬全等朝貢
四年三月迴鶻都督拽里敦來朝可汗仁美貢鏤劒琒瑨玉良
馬百駟瑤枯琺瑨寶鐙丹鹽㕙唎氎王後猊白貂鼠犛牛之尾騾駝
之蓋
九月契丹使粘木孤來獻牛馬犬腊顛駿十駟高麗王王建使
廣評侍郎邢順等九十二人以方物來朝
十月罷延族吐蕃大首領聶褒郎彝磨標昌訶兀羅只璝等率屬
朝貢
五年正月迴鶻可汗仁美遣都督石海金來朝貢良馬百駟白
玉百團謝冊命也
十月契丹使舍利來聘致馬又百匹及玉轡鏤鞍氈裘弧矢組繡
橐鞬等
六年五月吐渾大首領白承福及麾下念㢸里赫連功德來朝
七月突厥遣使薛同海已下一十七人朝貢

九月吐渾遣首領白可久等一百一十人朝貢

七年二月契丹遣使大卿已下三十一人來聘獻馬及方物

三月吐渾使慕容金進已下十四人見進馬十疋

六月吐渾都督白承福遣指揮使念醜漢朝貢

少帝天福七年迴鶻都督來朝獻馬三百疋玉一百團玉帶一

八年二月壬午契丹迴圖使喬榮通事鄚在懃到闕各進馬三疋

九月吐渾遣都督赫連功德副使白可久節度使白承福男鐵櫃

高麗遣使王子太相王申一等來朝貢

開運二年二月迴鶻可汗進玉團師子玉鞍硇砂紅鹽野駝峯安西白疊羚羊角犛牛尾貂鼠皮等物

十月高麗遣使廣評侍郎韓玄圭等來朝貢

漢隱帝乾祐元年五月迴鶻可汗遣使入貢獻馬一百二十疋玉鞍轡玉團七十三白氎百二十七貂鼠皮二百三十六犛牛尾一百四十八玉鞦轡三百三十四又羚羊角硇砂諸藥于闐



闐遣使朝貢

周太祖廣順元年二月西州迴鶻遣都督來朝貢玉大小六團一團碧琥珀九斤白氎布一千三百二十九段白褐二百八十段珊瑚六樹白貂鼠皮二千六百三十二黑貂鼠皮二百五十青貂鼠皮五百三舊貂鼠襖子四白玉環子碧玉環子各一鐵鏡二玉帶銙具六十九玉帶一諸香藥稱是迴鶻遣使摩尼貢玉團七十七白氎段三百五十青及黑貂鼠皮共二十八玉帶玉鞍轡鉸具各一副犛牛尾四百二十四大琥珀二十顆紅鹽三百斤胡桐律三百九十斤硇砂二千一百斤餘藥物在數外

四月西域僧嚩囉朝貢

二年正月高麗權知國事王昭遣廣平侍郎徐逢等九十七人來朝貢

三月迴鶻遣使每與難支使副骨迪歷等十二人來朝貢玉團三珊瑚樹二十琥珀五十斤貂鼠皮毛褐白氎岑皮靴等

七月高麗僧思太獻方物

三年正月迴鶻入朝使獨呈相温貢白氎段七百七十玉團一珊瑚片七十

十一月西天僧薩滿多等十六族貢馬

世宗顯德元年二月迴鶻朝貢使以寶玉上進

五月迴鶻朝貢使因難狄略進方物

十月高麗國遣王子太相王融來貢方物

二年十一月高麗復遣本國廣評侍郎荀質來貢方物稱賀登極

三年二月迴鶻遣使貢方物

五年九月占城國王釋利因德漫遣其臣蒲訶散等來貢方物中有灑衣薔薇水一十五瑠璃瓶言出自西域凡鮮華之衣以此水灑之則不黦而復郁烈之香連歲不歇又進猛火油八十四琉璃瓶是油得水而愈熾彼國凡水戰則用之

六年正月高麗國王王昭遣其臣王子佐丞王兢佐尹皇甫魏



光等來進名馬及織成衣襖弓劍器甲等女真國遣使阿辨等來貢方物

二月迴鶻使貢方物

六月占城國進奉使蒲訶散以雲龍形通犀帶一條菩薩石一片上進

恭帝顯德六年八月高麗國遣使朝貢兼進別序孝經一卷越王孝經新義八卷皇靈孝經一卷孝經雌圖三卷

十一月高麗復遣使貢銅五萬斤紫白水精各二千顆

冊府元龜卷第九百七十二

# 冊府元龜卷第九百七十三

## 外臣部一十八

### 助國討伐

夫蠻夷貪以攻戰爲務，若乃狄之謂也。故古先哲王懷之以恩信，結之以威武，長轡遠馭，羈縻不絕而已。至乃皇靈所及，惠澤遐暢，革心面內，嚮風慕義，或出師於經綸之始，或致騎於討伐之際，或郡縣擾攘之亂，資之驅除，或狂寇之發，亟往戡定，或奏牘以明誠款，或應募而効忠順，或饋餉之師旅，或鄉導乎國邑，至有席和親之勢，赴中原之難，奮發義勇，廓廓氛祲者焉。詩曰：食我桑椹，懷我好音。苟非慎德之至，敷教之廣，亦疇能感動殊類，致其死力哉。晁錯有言曰：以蠻夷攻蠻夷，中國之形也。斯王者撫御之略，可不務乎。

周武王伐商，羌髳率師會于牧野。書所謂微盧彭濮是也

漢高祖初爲漢王，元年五月，發夷還伐三秦。秦地既定，乃遣還巴中，復其渠帥羅、朴、督、鄂、度、夕、龔七姓，不輸租賦，餘戶乃歲入賨錢口四十，世號爲板楯蠻夷。逮世世服至于中興，郡守常率以征伐。

四年八月，漢王擊項羽，北貉莫客燕人來致梟騎助漢。貉東北方三韓之屬皆貉類也

武帝元鼎五年四月，南越王相呂嘉反，馳義侯遺馳義侯越人 別將巴蜀罪人，發夜郎兵，下牂柯江，咸會番禺。還兵未及下，南越已下，帝使令征西南夷，平之。

天漢二年，以匈奴降者界和王爲開陵侯，將樓蘭國兵始擊車師。

征和四年，遣重合侯馬通將四萬騎擊匈奴，道過車師北，復遣開陵侯將樓蘭、尉犁、危須凡六國兵別擊車師，勿令得遮重合侯。諸國兵共圍車師，車師王降服，臣屬。

昭帝始元五年秋，大鴻臚田廣明擊平益州夷。帝曰：鉤町侯亡波率其邑君長人民擊反者，鉤音劬町音大鼎切 斬首捕虜有功，其立亡波爲鉤町王。



宣帝本始二年六月，大發擊匈奴。初，昭帝末，匈奴連發大兵侵擊烏孫，取車延、惡師地，使使謂烏孫趣持公主來。公主武帝以宗室女妻烏孫昆彌 烏孫公主上書，下公卿議救，未決。會帝即位，烏孫昆彌復上書言：連爲匈奴所侵削，昆彌願發國半精兵人馬五萬匹，盡力擊匈奴，唯天子出兵哀救公主。於是大發關東輕銳士，選郡國吏三百石伉健習騎射者，皆從軍。遣御史大夫田廣明五將軍出塞，及校尉常惠使護發兵烏孫西域。昆彌自將翕侯以下五萬餘騎從西方入，與五將軍兵凡二十餘萬衆。匈奴聞漢兵大出，老弱奔走，敺畜產遠遁逃，奔古奔字敺與驅同 是以五將少所得。常惠與烏孫兵至右谷蠡庭，獲單于父行行胡浪切 及嫂、居次、名王、犁汙都尉、千長、將以下三萬九千餘級，虜馬牛羊驢驘橐駝七十餘萬。漢封惠爲長羅侯。然匈奴民衆死傷而去者，及畜產遠移死亡，不可勝數。於是匈奴遂衰耗。耗減也音呼到切

地節二年，漢遣侍郎鄭吉、校尉司馬熹將免刑罪人田渠犁，積穀，欲以攻車師。至秋收穀，吉、熹發城郭諸國兵萬餘人，自與所將田士千五百人共擊車師交河城，破之。城郭謂西域諸國爲城郭者言不隨畜牧遷徙以別於匈奴

元康元年，衛候馮奉世使送大宛客，即以節諭告諸國王，因發其兵，南北合萬五千人，擊殺莎車王。

元帝建昭三年，西域副校尉陳湯矯制發城郭諸國兵、車師戊己校尉屯田吏士、漢兵胡兵合四萬餘人，擊郅支單于，斬之，生虜百四十五人，降虜千餘人，賦予城郭諸國所發十五賦謂班與之也王。十五王謂所發諸國共圍郅支之王也

後漢建武初，氐人悉附後隗囂。囂族人隗茂反，殺武都太守。氐人大豪齊鍾留爲種類所敬信，威服諸豪，與郡丞孔奮擊茂，破斬之。

十八年，夷渠帥棟蠶與諸種反。十九年，武威將軍劉尚發廣漢、犍爲、蜀郡人及朱提夷，合萬三千人擊平之。

二十年南匈奴單于遣弟左賢王莫將兵万余人擊北單于弟薁鞬左賢王生獲之又破北單于帳下并得其衆合万余人馬七千匹牛羊万頭北單于震怖却地千里初帝造戰車可駕數牛上作樓櫓置於塞上以拒匈奴時人見者或相謂曰讖言漢九世當却北狄地千里豈謂此邪及是果拓地焉北部薁鞬骨都侯與右骨都侯率衆三万余人來歸南單于

二十五年鮮卑都護偏何等詣遼東太守祭肜求自効功因令擊北匈奴左伊育訾部斬首二千余級

明帝永平元年鮮卑都護偏何擊破赤山斬其魁帥持首級詣遼東受賞賜

五年北匈奴六七千騎入于五原塞遂寇雲中至原陽南單于擊却之西河長史馬襄赴救虜乃引去

十六年大發緣邊兵遣諸將四道出塞征北匈奴南單于遣左賢王信隨太僕祭肜及吴棠出朔方高闕攻皐林温禺犢王於涿邪山虜聞漢兵來悉度漠去肜棠坐不至涿邪山免

章帝建初元年皐林温禺犢王復將衆還居涿邪山南單于聞知遣輕騎與緣邊郡及烏桓兵出塞擊之斬首數百級降者三四千人是年哀牢王類牢反叛帝募發越嶲益州永昌夷漢九千人討之明年春邪龍縣昆明夷鹵承等應募率種人與諸郡兵擊類牢於愽南大破斬之傳首洛陽賜鹵承帛万匹封為虜傍邑侯

和帝永元元年以征西將軍耿秉與車騎將軍竇憲率騎八千與度遼兵及南單于衆三万騎出朔方擊北虜大破之北單于奔走首虜二十余万人

二年南單于復上求滅北庭遣行中郎將班固報命南單于於是遣左谷蠡王師子等將左右部八千騎出雞鹿塞中郎將耿譚遣從事將護之至涿邪山乃留輜重分為二部各引輕兵兩道襲之左部北過西海至河雲北右部從匈奴河水西繞天山南度甘微河二軍俱會夜圍北單于大驚率精兵千余人合戰單于被創墮馬復上將輕騎數十遁走僅而免脫得其玉璽獲閼氏及男女五人斬首八千級生虜數千口而還

鮮卑大都護校尉廆帥部衆從烏丸校尉任常擊叛者封校尉為率衆王

安帝元初元年秋西羌號多與諸種鈔掠武都漢中巴郡板楯蠻將兵救之漢中五官掾程信率壯士與蠻共擊破之號多退走還斷隴道與零昌通謀護羌校尉侯霸騎都尉馬賢將湟中吏人及降羌胡掩罕擊之

三年夏度遼將軍鄧遵率南單于及左鹿蠡王須沈万騎擊零昌於零州斬首八百余級封須沈為破虜侯

六年秋鮮卑入馬城塞殺長吏度遼將軍發積射士三千人及中郎將馬續率南單于與遼西右北平兵馬會出塞追擊大破之

元光元年十二月高句驪馬韓穢貊圍玄菟城夫余王遣子與州郡并力討之

是年鮮卑寇邊度遼將軍耿夔與溫禺犢王呼尤徽將新降者出塞討擊

延光元年二月夫余王遣子將兵救玄菟擊高句驪馬韓穢貊破之遂遣使貢獻

順帝永建元年西域長史班勇率車師後王農奇子加特奴及八滑等發精兵擊北虜呼衍王破之勇於是上立加特奴為後王八滑為後部親漢侯

是年秋鮮卑其至鞬寇代郡明年春中郎將張國遣從事將南單于兵步騎万余人出塞擊破之特遼東鮮卑六千余騎亦寇遼東玄菟烏桓校尉耿曄發緣邊諸郡兵及烏桓率衆王出塞擊破之

六年烏桓校尉耿曄遣司馬將胡兵數千人出塞擊鮮卑破之冬漁陽太守又遣烏桓兵擊之烏桓豪人扶漱官勇健每與鮮

卑義顧陷敵詔賜號率衆君
陽嘉元年敦煌太守徐由遣疏勒王臣槃發二万人擊于寘破之
是年冬烏桓校尉耿曄遣烏桓親漢都尉戎末魔率衆王侯咄歸等出塞抄擊鮮卑大斬獲而還賜咄歸等已下爲率衆王侯長賜綵繒各有差鮮卑後寇遼東屬国於是耿曄乃移屯遼東無慮城拒之
二年春匈奴中郎將趙稠遣從事將南匈奴骨都侯夫沈等出塞擊鮮卑破之斬獲甚衆詔賜夫沈金印紫綬及縑綵各有差
三年夏車師後部司馬率加特奴等千五百人掩擊北匈奴於閶吾陸谷壞其廬落斬數百級獲單于母季母及婦女數百人牛羊十余万頭車千余兩兵器什物甚衆
四年春北匈奴呼衍王率兵侵車師後部詔令敦煌太守發諸国兵及玉門關侯伊吾司馬合六千三百騎救之
永和二年冬燒當種那離等叛護羌校尉馬賢將湟中義從兵及羌胡万余騎掩擊斬之
五年夏南單于左部句龍王吾斯車紐等背叛度遼將軍馬續與中郎將梁並烏桓校尉王元發緣邊兵及烏桓鮮卑羌胡合二万余掩擊破之
桓帝建和二年白馬羌寇廣漢屬国益州刺史率板楯蠻討破之斬首招降二十万人
延熹元年鮮卑寇邊冬使匈奴中郎將張奐率南單于出塞擊之
靈帝建寧二年涼州刺史孟佗遣從事任涉將燉煌兵五百人與戊巳司馬曹寬西域長史張晏將焉耆龜茲車師前後部合三万余人討疏勒攻楨中城四十余日不能下乃引去
是年高句驪伯固遣大加優居主簿然人等助玄菟太守公孫度擊富山賊討之
熹平五年諸夷反叛以太尉掾巴郡李顒爲益州刺史與刺史龐芝發板楯蠻擊破平之



六年南匈奴與中郎將藏旻出鴈門擊鮮卑檀石槐大敗而還
獻帝建安十六年七月曹公西征關中田銀反河間鮮卑軻比能將三千余騎隨烏丸校尉閻柔擊破銀
魏明帝景初二年太尉司馬宣王與高句驪位宮率衆討公孫淵宮遣主簿大加將數千人助軍
齊王正始七年幽州刺史毋丘儉討句驪遣玄菟太守王頎詣夫余位居遣大加郊迎供軍糧
晉惠帝時鮮卑大人務勿塵遣軍助東海王越征討有功王浚表爲親晉王封遼西公嫁女與務勿塵以結鄰援
懷帝即位以鮮卑大人務勿塵爲大單于率衆助国征討
宋明帝初即位四方反叛西陽蠻田益之田義之成邪財田光興等起義攻郢州克之以益之爲輔国將軍都統四山軍事
後魏大武太平真君九年六月悅般国遣使求與王師俱討蠕蠕帝許之
九月遣成周公万度歸討焉耆詔伊吾王唐契弟和與伊洛率所領赴度歸和奉詔會度歸喻下柳驢以東六城因共擊破居羅城拔之後同征龜茲度歸令和鎮焉耆時柳驢戍主乙真伽率諸胡將據城而叛和領輕騎一百匹入其城擒乙真伽斬之由是諸胡款附西域克平和有力也
隋煬帝即位初鐵勒犯邊將軍馮孝慈戰不利鐵勒遣使謝罪請降帝遣黃門侍郎裴矩慰撫之諷令擊吐谷渾鐵勒許諾即勒兵襲吐谷渾大敗之
大業八年征遼蘇羯国渠帥度地稽率其徒以從每有戰功賞賜優厚
唐高祖初舉義兵遣晉陽令劉文靜使於突厥始畢可汗令率兵相應帝至龍門始畢可汗遣特勤康稍利等率兵五百馬二千匹會于麾下又遣二千騎助軍從平京城

武德三年太宗在藩受詔討劉武周師次太原突厥可汗處羅遣其弟步利設率千騎與官軍會

四年巴東蠻帥冉安昌率兵與大軍平蕭銑安昌者盤瓠之苗裔代爲蠻帥

太宗貞觀十三年薛延陁遣使上言高昌雖見事至尊而離貳不實擅發兵與欲谷設擊天子所立之國奴受國厚恩常思効乞發所部爲官軍前驅以討之帝嘉其誠節遣戶部尚書唐儉右領軍大將軍執失思力齎繒帛以賜之

二十一年遣左驍衛大將軍阿史那社尒爲崑山道行軍大總管與安西都護郭孝恪司農卿楊弘禮率五將又發鐵勒十三部兵十餘萬騎以伐龜玆二十二年四月西突厥賀魯以王師問罪龜玆因請前驅願爲鄉導仍以數十騎馳來謁帝詔授以崑丘道行軍總管宴之於嘉壽殿及文武三品事畢甚歡錫賀魯錦綵仍解所服之衣以賜之

五月右衛率府長史王玄策擊帝那伏國大破之初玄策使天竺國會中天竺國王死國大亂那伏帝王阿那順自立發胡兵以拒玄策玄策宵遁抵于吐蕃之西界以書徵鄰國之兵吐蕃發精鋭一千二百人泥婆羅國發七千餘騎與玄策擊阿那順大破之吐蕃尋遣使來獻捷又玄策往西域爲中天竺所鈔章求拔國王發兵赴之破敵有功

六月薛延陁餘衆二萬人侵擾瀚海金徽幽陵三郡發燕副都元禮臣率九姓鐵勒捕之薛延陁西道之衆共推故真珠毗伽可汗男子咄摩支爲伊特勿失可汗請居鬱督軍山之北鐵勒素服薛延陁之種及咄摩支之至也九姓渠帥莫不危懼朝議恐爲磧北之患令英國公李勣與加討擊率九姓鐵勒二萬騎至于天山咄摩支見官軍至望敗詣闕使蕭嗣業請降

七月西突厥國相屈利啜請率所部從討龜玆

是年迴紇菩薩遣使入貢以破薛延陁功賜宴內殿先是擒降突厥頡利等可汗之後北虜唯迴紇薛延陁爲盛帝冊西突厥莫賀咄爲可汗遣統迴紇僕骨同羅思結阿跌等部至是迴紇酋帥吐迷度與諸部大破薛延陁多弥可汗

高宗永徽二年瑤池都督阿史那賀魯叛西擾咄陸可汗之地進寇庭州迴紇婆閏等諸部爲請討之帝前後遣梁建方契苾何力程知節等率兵追討皆不克而還帝乃遣蘇定方爲大總管領迴紇等兵與阿史那弥射步真等分出西州金山兩道以經略之定方至金山之北其侯斤懶獨祿等率萬餘帳來降定方發其千騎進至曳咥河之西賀魯率十姓兵馬且十萬來拒戰定方領迴紇及漢兵萬餘人迎擊賊輕定方兵少四面圍之定方令步卒據其原攢矟外向自領漢騎陣於北原賊先擊步軍三衝不動定方乘勢擊之賊遂大潰追奔三十里斬獲數萬人明日整兵復進賀魯之衆五弩失畢部落相次來降五咄六部落聞賀魯敗各向南道降于步真所至蕃人皆相率歸降曰我舊主也定方至雙河與弥射步真相會兩軍合勢去賀魯所居二百里布陣長驅徑至金牙山賀魯牙所時賀魯集諸衆欲獵定方與弥射縱兵擊之盡破其牙帳生擒數萬人并獲其鼓纛器械賀魯遂與咥運及其女夫閭啜等脫走投石國

顯慶元年西突厥賀魯犯邊詔程知節蘇定方等領兵并迴紇大破賀魯於陰山再破於金牙山

則天萬歲通天元年契丹首領李盡忠孫萬榮反叛攻陷營府突厥默啜遣使上言請還河西降戶即率部落兵馬爲國家討賊擊契丹制許之默啜遂攻討契丹部衆大潰盡獲其家口

玄宗開元四年七月突厥可汗默啜背恩爲九姓拔曳固所殺斬其首送至京師

六年契丹娑固爲其臣可突于所攻奔營州都督許欽澹令薛泰帥驍健五百人與奚王李大酺及娑固合衆以討可突于官軍不利娑固大酺臨陣被殺

八年南天竺國王尸利那羅僧伽請以戰象及兵馬討大食及吐蕃等仍求有以名其軍帝甚嘉之名軍爲懷德軍

是年冬朔方大總管王晙奏請西徵拔悉蜜東發契丹兩蕃期

以明年秋初數道俱入擣突厥牙帳於稽落河上
九年秋拔悉蜜果臨突厥牙帳而王晙及兩蕃不至悉蜜懼而引去
二十二年二月新羅王興光從弟左領軍衛員外將軍忠信上表曰臣所奉進止令臣執節本國發兵馬討除靺鞨有事續奏者臣自奉聖旨誓將致命當此之時爲替人金孝方身亡便留臣宿衛臣本國王以臣久侍天庭遣從姪志廉代臣今已到訖臣即合還每思前所奉進旨無忘夙夜陛下先有制加本國王興光寧海軍大使錫之旌節以討凶殘皇威載臨雖遠猶近君則有命臣敢不祗蠢尒夷俘計以悔禍然除惡務本布憲惟新故出師義貴乎三申縱敵患貽於數代伏望陛下因臣還國以副使假臣盡將天旨再宣殊裔豈惟斯怒益振固亦武夫作氣必傾其巢穴靜此荒隅遂夷臣之小誠爲國家之大利臣等復乘桴滄海獻捷丹闈效毛髮之功答雨露之施臣所望也伏惟陛下圖之帝許焉



天寶十三載拔悉蜜國伐突厥烏蘇米施可汗斬之傳首闕下
十三載閏十一月東曹國王設阿及安國副王野解及諸胡九國王並遣上表請同心擊黑衣辭甚切至帝方務以懷柔皆勞賜慰喻遣之以安西域
肅宗至德元年八月帝在靈武迴紇首領吐蕃酋長相繼而至並請和親兼之討賊時安祿山陷兩京也
十一月迴紇自北投朔方朔方節度郭子儀與迴紇破同羅賊三千人於河上盡收其器械駝馬輜重旗幡等
是年于闐國王尉遲勝聞祿山反勝乃令弟曜行國事自率兵五千赴難國人遮留勝以少女爲質而後行帝待之甚厚授特進兼殿中監
二年二月帝在鳳翔吐蕃遣使來朝請助討賊引見之賜以束帛器物有差
九月迴紇葉護太子領兵四千餘衆助討逆賊迴紇葉護太子入見帝親宴慰賜以金帛器物恣其所欲待之甚厚元帥廣平王領朔方安西迴紇大食之兵十五萬將收西京王既見迴紇王子葉護約爲兄弟接之頗有恩信葉護大喜是月戊子迴紇大首領達干等一十三人從葉護至扶風見郭子儀留之宴設三日葉護太子曰國家有難遠來相助何暇食爲子儀固留之宴畢便發庚子蕃漢大軍齊進壬寅元帥廣平王分迴紇銳卒翦其埋軍賊知伏師敗氣索迴紇又取大營之背與北庭行營節度李嗣業合勢表裏夾戰自午及酉斬首六萬級塡溝瀆而死者十二三賊軍大潰餘衆走入城中囂聲夜不止癸卯元帥廣平王整軍容入長安中軍兵馬使僕固懷恩領迴紇及南蠻大食等軍從城南過滻水東下營十月壬戌遂收復東京
十一月迴紇葉護自東京至勑百官於長樂驛迎之帝御宣政殿宴設葉護升殿其餘酋長列於階下賜錦繡繒綵金銀器皿甚衆葉護辭歸帝謂曰爲國家成大事何遽去耶葉護奏曰迴



紇士卒爲陛下更收范陽爲事少不足以討除餘孽請歸取馬帝許之
乾元元年六月迴紇遣宰相帝德領驍將三千人助國討逆
七月吐火羅葉護烏那多幷九國首領來朝請助國討賊帝令赴朔方行營
二年二月迴紇骨啜特勤等率衆從郭子儀與九節度於相州城下戰不利三月壬子迴紇王子骨啜特勤及宰相帝德等十五人自相州奔于西京帝宴之于紫宸殿庚寅辭還行營
代宗寶應元年九月迴紇可汗舉國兵馬至太原遣使奉表請助王師討平殘寇
十月壬戌詔元帥雍王爲諸軍先鋒會諸道節度使于陝州率迴紇軍齊進壬申次于洛陽之北郊逆賊史朝義[illegible]問迴紇左殺執其使以獻甲戌雍王整隊伍爲先鋒僕固懷恩等率迴紇等繼進大敗賊于橫水朝義東奔汴州東都平時迴紇至

東京肆行殘忍傷死者萬計代宗以外蕃功高特容之以迴紇
達毀嬌子骨祿俟斤葉父特進崇義王留宿衛我關達干爲質
外羽於將軍放還蕃
永泰元年九月叛臣僕固懷恩誘吐蕃數十萬入寇大掠京畿
而去十月至邠州與迴紇相遇復合從入寇河中節度郭子儀
因說迴紇曰吐蕃本吾舅甥之國無負而至是無親也若倒戈乘
之如拾芥耳且其羊馬蔽地數百里是謂天賜不可失也今能
逐戎以利舉與我繼好而凱旋不亦善乎會懷恩暴死于靈州
羣虜無所統遂許諾吐蕃知之其夕奔退迴紇逐之于儀分衆
萬以摧其鋒吐蕃大敗而迴紇逐之至靈臺再破之告捷於子
儀使歸諸朝獲羊馬數十萬收其所掠士女四千人
大曆二年九月吐蕃寇靈州十月党項首領來朝請助國供靈
州軍糧
十二年吐蕃寇黎雅西州劍南西川節度使大破之會南蠻附



羅鳳來援于望漢城生擒吐蕃大籠官論器然獻于闕下
德宗興元元年二月帝在山南時朱泚盜據宮闕詔以右散騎
常侍兼御史大夫于頎往涇州已來宣慰吐蕃仍與州府計會
頓遞時吐蕃款塞請以兵助平國難故遣使焉
四月渾瑊與吐蕃論莽羅之衆大破朱泚將韓旻張庭芝宋歸
朝等於武功之武亭川斬首萬餘級
貞元五年十月劍南節度使韋臯遣將王有道等與東蠻兩林
苴那時勿鄧夢衝等率兵於故嶲州臺登北谷大破吐蕃青城
臘城二節度
八年正月吐蕃與迴鶻戰敗徵兵於南詔蠻王異牟尋時牟尋
爲西川節度使韋臯所招撫已定計歸順欲因徵兵以襲之遣
兵五千人往戍又自將數萬踵其後晝夜兼行乘其無備大破
吐蕃於神川鐵橋遣使告捷且請臯使閱其所虜獲及城堡以
取信焉臯上言牟尋收鐵橋已東城壘一十六擒其王五人降
其衆十餘萬
穆宗長慶二年豐州上言前助太原討鎮州迴鶻李義節等三
千人去三月二十三日歸蕃說先是裴度招討幽鎮之乱迴鶻
請以兵從度討伐朝議大以爲不可遂命中人止迴鶻令歸皆
其已至豐州北界發繒帛七萬匹賜之方還
懿宗咸通七年十月沙州張義潮奏差迴鶻首領僕固俊與吐
蕃大將尚恐熱交戰大敗蕃寇斬尚恐熱傳首京師
晉高祖天福二年十一月詔賜北朝邑魯相公聶相公幽州趙
思温絹帛器皿以前屯瀛州援王師討魏故也

冊府元龜卷第九百七十三

冊府元龜卷第九百七十四

外臣部一十九

褒異

先王之御夷狄也接之以禮示之以信濡之以惠繹尊之以威德羈縻勿絶而已蓋以其桀驁成性荒僻無常不可以臣妾之也三代而下因其慕嚮厚加恩紀以申撫納或優賜賄賂或被以冠帶與印綬以異其數班幣帛以將其意以至殊節敘秩以加優戩之將紆車駕以臨會命公卿而祖道又復褒其忠款[illegible]其勳伐[illegible]專賞逮臣僕用能綏懷遐阻窒其侵叛之原處攘戎靈成乎率服之盛斯亦柔遠之奇策也

周成王既伐東夷肅愼來賀海東諸夷駒麗扶餘馯貊之屬武王克商皆通道焉成王即政而叛王伐而服之故肅愼氏來賀王俾榮伯作賄肅愼之命榮國名同姓諸侯為卿大夫王使之為命書以幣賄賜肅愼之夷

漢文帝元年以南粤王趙佗親冢在眞定置守邑[illegible]歲時奉祀召其從昆弟尊官厚賜寵之

武帝元鼎四年南越王興上書請比內諸侯三歲一朝帝許之賜其丞相呂嘉銀印及內史中尉太傅印餘得自置

元封二年滇王[illegible]西南夷其君長以百數獨夜郎滇受王印滇小邑也最寵焉

天漢二年以匈奴降者界和王為開陵侯

昭帝元鳳四年平樂監傅介子既殺樓蘭王漢乃立樓蘭王先降漢者尉屠耆為王更名其國為鄯善為刻印章賜以宮女為夫人備車騎輜重丞相將軍百官送至橫門外祖而遣之

宣帝本始三年校尉常惠將烏孫兵入匈奴右地大克獲還惠持金幣賜烏孫貴人有功者

元康元年龜茲王絳賓來朝王及夫人皆賜印綬夫人號稱公主夫人烏孫公主女也王上書言得尚漢外孫願與公主女俱入朝也賜以車騎旗鼓歌吹數十人綺繡雜繒琦珍凡數千萬琦音奇留且一年厚贈送之

二年烏孫昆彌及太子左右大將都尉皆遣使凡三百餘人入漢迎少主天子自臨平樂觀會匈奴使者外國君長大角抵設樂而遣之

甘露二年匈奴呼韓邪單于款五原塞款叩也願奉國珍朝三年正月詔曰蓋聞五帝三王教化所不施不及以政今匈奴單于稱北藩朝正朔朕之不逮德不能弘覆其以客禮待之令單于位在諸侯王上贊謁稱臣而不名於是朝天子于甘泉宮漢寵以殊禮位在諸侯王上贊謁稱臣而不名賜以冠帶衣裳黃金璽盭綬[illegible]玉具劍[illegible]佩刀弓一張矢四發[illegible]棨戟十[illegible]安車一乘鞍勒一具[illegible]馬十五匹黃金二十斤錢二十萬衣被七十七襲[illegible]錦繡綺縠雜帛八千匹絮六千斤禮畢使使者道單于先行宿長平[illegible]帝自甘泉宿池陽宮登長平詔單于毋謁不令拜也其左右當戶之群臣皆得列觀及諸蠻夷君長王侯數萬咸迎於渭橋下夾道陳帝登渭橋咸稱萬歲單于就邸留月餘遣歸國是時西域都護韓宣奏烏孫大吏大祿大監皆可以賜金印紫綬以尊輔大昆彌漢許之

黃龍元年呼韓邪單于復入朝禮賜如初加衣百一十襲錦帛九千匹絮八千斤

元帝竟寧元年呼韓邪單于入朝禮賜如初加衣服錦帛絮皆倍於黃龍時

成帝河平四年復株累若鞮單于來朝[illegible]加賜錦繡繒帛二萬匹絮二萬斤它如竟寧時

哀帝元壽二年烏珠留單于來朝加賜衣三百七十襲[illegible]錦繡繒帛三萬匹絮三萬斤它如河平時

後漢光武建武十七年莎車王賢遣使奉獻請都護乃因其使

賜賢西域都護印綬及車旗黃金錦繡

二十五年烏桓大人來朝（大人謂渠帥也）南單于及夫餘王遣使詣闕貢獻（夫餘國在海東去玄菟千餘里）是時四夷朝賀絡驛而至天子乃命大會勞饗賜以珍寶

二十六年南單于遣子入侍奉奏詣闕詔賜單于冠帶衣裳黃金璽盩緺綬（盩音戾綠色緺古蛙反紫青色也）安車羽蓋華藻駕駟寶劍弓箭黑節三駙馬二黃金錦繡繒布萬匹絮萬斤樂器鼓車棨戟甲兵飲食什器自是單于歲盡輒遣奉奏送侍子入朝中郎將從事一人將領詣闕漢遣謁者送前侍子還單于庭交會道路元正朝賀拜祠陵廟畢漢乃遣單于使令謁者將送賜綵繒千匹錦四端金十斤太官御食醬及橙橘龍眼荔支賜單于母及諸閼氏單于子及左右賢王左右谷蠡王骨都侯有功善者綵繒合萬匹歲以為常

二十九年賜南單于羊數萬頭



中元元年南單于弟左賢王莫立帝遣使者齎璽書鎮慰授璽綬遺冠幘絳單衣三襲童子佩刀緄帶各一又賜繒綵四千匹令賞賜諸王骨都侯已下其後單于薨吊祭慰賜以此為常

明帝永平元年遼東太守祭肜誘賂鮮卑使斬叛烏丸歆志賁等首於是鮮卑自燉煌酒泉以東邑落大人皆詣遼東受賞賜青徐二州給錢歲二億七千萬以為常

和帝永元四年北單于右谷蠡王於除鞬自立為單于（鞬九言切於除鞬貝錫也）款塞乞降遣大將軍左校尉耿夔即授印綬賜玉具劍羽蓋車一駟中郎將持節衛護焉

九年益州郡徼外蠻及撣國王雍由調遣重譯奉國珍寶帝賜金印紫綬小君長皆加印綬錢帛

安帝永初元年鮮卑大人燕荔陽詣闕朝賀鄧太后賜以王印綬赤車參駕

元初三年南單于左鹿蠡王須沈擊零昌於靈州斬首八百餘級封須沈破虜侯金印紫綬賜金帛各有差

永寧元年夫餘王遣嗣子尉仇台詣闕貢獻帝賜以印綬是年撣國王雍由調遣使詣闕朝賀獻樂及幻人明年元會作樂於庭封雍由調為漢大都尉賜印綬金銀綵繒各有差

順帝永建六年日南徼外葉調便遣使貢獻帝賜調便金印紫綬

陽嘉二年匈奴骨都侯夫沈從匈奴中郎將王稠（稠音□）擊鮮卑破之詔賜夫沈金印紫綬及縑綵各有差

永和元年夫餘王來朝帝作黃門鼓吹角抵戲以遣之

漢安二年立呼蘭若尸逐就單于兜樓儲先在京師天子臨軒大鴻臚持節拜授璽綬引上殿賜青蓋駕駟鼓車安車駙馬騎玉具刀劍什物（玉具標首鐔衛盡用玉為之）給綵布二千匹賜單于閼氏以下金錦錯雜具輧車馬二乘遣行中郎將持節護送單于歸南庭詔太常大鴻臚與諸國侍子於廣陽城門外（廣陽城西面南頭門）祖會饗賜作樂角抵百戲（角抵之戲則魚龍爵馬之屬言兩兩相當亦角兩兩爵技數今之鬪用古之角技也）帝幸胡桃宮臨觀之



魏文帝黃初元年更授匈奴南單于呼廚泉魏璽綬賜青蓋車乘輿寶劍玉玦

五年鮮卑王步度根詣闕貢獻厚加賞賜

明帝景初二年倭女王卑彌呼遣大夫難升米牛利奉朝獻詔以難升米為率善中郎將牛利為率善校尉假銀印青綬引見勞賜遣還并賜倭王金帛錦罽刀鏡等物（事具外臣封冊門）

齊王正始四年倭王遣使大夫伊聲耆掖邪狗等八人上獻拜率善中郎將印綬

六年詔賜倭大夫難升米黃幢付郡假授

宋文帝元嘉七年天竺加毗黎國王月愛遣使奉表獻金剛指環摩勒金環諸寶物赤白鸚鵡各一頭以其使主竺扶大為建威將軍

九年以吐谷渾慕谷延為平東將軍吐渾拾寅為平北將軍吐渾握代為鎮軍將軍

南齊武帝永明二年扶南王遣使那伽仙來獻方物詔曰那伽仙屢銜邊譯頗悉中土闊狹令其具宣上報絳紫地黃碧綠紋綾各五匹

後魏孝文太和十五年高麗王璉卒帝爲璉舉哀於城東行宮

宣武永平三年十二月詔於青州立高麗廟

孝莊建義元年詔蠕蠕主阿那瓌讚拜不名上書不稱臣

後周武帝時突厥自俟斤以來其國富彊帝既與之和親歲給繒絮錦綵十萬段突厥在京師者又待以優禮衣錦食肉常以千數

隋高祖開皇初突厥沙鉢畧奉表稱臣帝下詔肅告郊廟傳頒天下自是詔答諸事並不稱名以異之其妻可賀敦周千金公主賜姓楊氏編之屬籍改封大義公主

七年正月先是突厥沙鉢略獵於常代之間還至紫河鎮其牙帳爲火所燒沙鉢略惡之月餘而卒至是帝爲廢朝三日遣太常吊祭焉贈物五千段其弟處羅侯立帝賜之鼓吹旗鼓

十年突厥意利珍豆啓民可汗遣子來朝射於武安殿選善射者十二人分爲兩朋啓民曰臣由長孫大使得見天子今日賜射願入其朋許之給晟箭六隻發皆入鹿啓氏朋竟勝時長孫晟持節護突厥也

煬帝大業三年幸榆林突厥啓民可汗來朝賜物三千段乃御千人大帳享啓民及其部落酋長三千五百人賜物二十萬段其下各有差復下詔曰德合天地覆載所以弗遺功格區宇聲教所以咸洎至於梯山航海請受正朔襲冠解辮同彼臣民是故王會納貢義彰前冊呼韓入臣待以殊禮突厥意利珍豆啓民可汗志懷沉毅世修藩職往者挺身違難拔足歸仁先朝嘉此款誠授以徽號資其甲兵之衆收其破滅之餘復祀於既亡之國繼絕於不存之地斯固施均亭育澤漸要荒者矣朕以薄德祗奉靈命思播遠猷光融令緒是以親巡朔野撫寧藩服啓民深委誠心入奉朝覲率其種落拜首軒墀言念丹款良以嘉尚宜隆榮數式優嘗典可賜路車乘馬鼓吹幡旗贊拜不名位在諸侯王上帝親巡雲內泝金河而東北幸啓民所居啓民奉觴上壽跪伏甚恭帝大悅賦詩曰鹿塞鴻旗駐龍庭翠輦回氈帷望風舉穹廬向日開呼韓頓顙至屠耆接踵來索辮擎膻肉韋鞲獻酒杯何如漢天子空上單于臺帝賜啓民及公主金甕各一及衣服被褥錦綵特勤以下各有差啓民仍扈從入塞至定襄詔令歸藩



四年四月突厥啓民可汗朝於東都禮賜益厚又詔曰突厥意利珍豆啓民可汗率領部落保附關塞遵奉朝化思改戎俗頻入謁覲屢有陳請以氈牆毳幕事窮荒陋上棟下宇願同比屋誠心懇切朕之所重宜於萬壽戍置城屋其帷帳牀褥以上隨事量給務從優厚稱朕意焉是年疾終帝爲之廢朝三日

五年六月高昌王吐屯設來朝帝御觀風行殿盛陳文物奏九部樂設魚龍曼延宴於殿上以寵異之其蠻夷陪列者二十餘國

八年突厥處羅從征高麗賜號爲曷薩那可汗賞賜甚厚

唐高祖武德元年十月戊寅讌突厥使者奏九部樂於庭引骨咄祿特勤外御坐以寵之

十二月西突厥曷娑那可汗自宇文化及所來降帝爲之興引外御坐賜以酒食

二年六月己酉突厥始畢可汗卒遣使來告帝舉哀于長樂門賻物三萬段

三年正月甲午宴突厥奏九部樂於庭賜綵有差

五月庚午宴突厥使奏九部樂於庭賜帛各有差

七年七月戊戌突厥首領來朝奏九部樂以宴之賚物各有差

八年四月己丑宴西蕃突厥林邑使者奏九部樂於庭

太宗貞觀元年西突厥統葉護可汗爲伯父所殺帝聞統葉護之死甚悼之遣齎玉帛至其死所祭而焚之會其國亂不果至而止

三年正月辛亥契丹渠帥來朝賜之鼓纛
五年十月巳酉順州都督北平王阿史那什鉢苾卒帝舉哀於永安門賻贈甚厚詔中書侍郎岑文本爲立碑什鉢苾始畢可汗之子初與頡利有隙故來奔帝禮之甚厚
是月霫大酋俟斤多濫葛末率所部與迴紇俱來朝見拜右驍衛大將軍燕然都督
六年八月賜西突厥莫賀設鼓纛綵萬段
八年正月癸未右衛大將軍阿史那咄苾卒即頡利可汗也詔其國人葬之從其俗禮焚屍於灞水之東贈歸義郡王謚曰荒葬事所須隨用供給其舊臣胡祿達官吐谷渾邪自刎以殉渾邪者頡利之母婆施氏之媵臣也頡利初誕以付渾邪至是哀慟而死帝聞而異之贈中郎將仍葬於頡利墳側詔中書侍郎岑文本製頡利及渾邪之事以紀之
六月戊午右衛大將軍懷德王阿史那蘇尼失卒帝舉哀於大興門



十四年十二月乙卯高麗長子桓權來朝遣職方郎中陳大德迎勞於柳城
十六年十一月庚子宴諸蕃使於兩儀殿帝謂沙鉢羅泥孰俟斤曰延陀本一部落俟斤我所立之如十餘年自籌何如頡利之衆而侵我邊疆我纔發甲騎千人與其部落交戰與我爲寇不過以貴我邊境十年五馬耳今見爾遣使謝罪捨爾前過請好如初宴罷賜帛各有差
十七月甲午帝爲高麗王高武舉哀於苑中詔贈物三百段遣使持節弔祭焉
二十一年正月鐵勒迴紇俟利發等諸姓並同詣闕朝見帝親賚以綵黃瑞錦及褾領袍鐵勒等觀而驚駭以爲未嘗聞見捧戴拜謝盤叫於塵埃中及還蕃帝御天成殿陳十部樂而遣之
二十二年四月丑突厥賀魯以王師問罪龜茲固請前驅願爲鄉導乃以數十騎馳來謁帝詔授以崑丘道行軍總管宴之於嘉壽殿及文武三品畢集甚歡錫賀魯綾綵仍解所服之衣以賜
八月以迴紇忠武將軍兼大俟斤俱羅勃右莫賀咄俟固折爲右武衛大將軍
十月甲戌以迴紇吐迷度子前左屯衛翊衛左郎將婆閏爲左驍衛大將軍大俟斤利發使持節迴紇部落諸軍事瀚海都督
十二月新羅國其相伊贊千金春秋及其子文王來朝帝遣光祿卿柳亨持節郊勞之既至以春秋爲特進文王爲左武衛將軍春秋仍請改其章服以從中華製於是內出珍服賜春秋等令府給其將從
二十三年二月癸巳特進新羅金春秋還國令三品已上宴餞之優禮甚備
高宗貞觀二十三年六月即位七月于闐國王伏闍信來朝拜右衛大將軍又授其子葉護玷爲右驍衛將軍並賜金帶錦袍布帛六千段幷宅一區留數月而遣之因請留子弟以備宿衛



太宗葬昭陵刻石像其形列於北闕之下
永徽元年五月己未吐蕃贊府死帝舉哀於光化門遣右武候將軍鮮于濟齎璽書弔祭之
顯慶五年九月蘇定方降百濟王義慈以獻數日病卒贈金紫光祿大夫衛尉卿特許其舊臣赴喪仍葬於孫皓陳叔寶墓之側仍爲立碑
是年新羅王金真德卒帝爲舉哀於永光門使太常丞張文收持節弔祭之贈開府儀同三司仍賜綵段三百段
龍朔元年九月特進新羅王金春秋卒帝舉哀於洛城門遣使持節弔祭之
則天垂拱二年十月吐蕃首領贊婆來至遣羽林飛騎郊外迎之
庚戌宴贊婆於武成殿設樂而罷
中宗神龍元年七月吐蕃大首領贊普卒帝爲之舉哀廢朝一日

景龍二年十二月丙申宴堅昆使于兩儀殿就其家王之言
四月乙亥右衛大將軍員外置同正員濛池都護十姓可汗阿
史那懷道加特進祿料並依品給
六月丙寅吐蕃使宰相尚欽藏及御史名悉獵來獻賜一書帛
御承天門樓命有司引見置酒於内殿享之
七月丙辰突厥屈足施首領紇布及突騎施領賀勤哥羅來降
命有司宴之各賜帛五十疋
十月庚辰宴新羅使于内殿勅宰臣及四品已上清官預焉胡
祿屋二萬帳詣北庭内屬勅郭虔瓘存恤遣使賞紫袍金銀帶
等二百餘事錦帛二萬段以賜之
十二月壬戌沙陁金山等來朝賜宴于内殿
三年正月戊申突厥葛邏祿下頡斐達干來降授果毅兼葛州
長史借紫金魚袋放還蕃
三月乙丑突厥支匐忌等來朝帝親宴賜綵錦繡金銀器物



等有差語之曰胡祿屋大首領車衛將軍員外置支匐忌卿兩
庭種落萬里歸降因變取通背逆從順既披誠節宜立功勳遂
自邊隅來朝闕下言念忠款朕甚嘉之卿等既欲還蕃令宜坐
飲務盡歡暢
六月丁巳林邑國遣使來朝授其使右領軍衛員外郎將放還蕃
八月丙辰高麗吐渾等諸蕃降附制曰天亡驕子胡運其終國
有忠臣漢封斯在高麗王莫離支高文簡都督跌跌思太吐渾
大首領刺史慕容道奴郁射施大首領鶻屈利斤大首領刺史
苾悉頡力高麗大首領拱毅等或遼海貴族或陰山寵子智則
能勇權而善謀從李本蕃頡頏高位料逆順之道知變通之節
或誓以沉族或飄然庇身共驗郅支之亡遂覩由余之入將軍
遏叛求羅射騎使者迎降杲聞棄傳弃寒苦之地就陽和之澤
介其誠哉朕實休之宜開土宇之封式威遷𡙇之制文簡
可封遼西郡王食邑三千戶行左衛大將軍員外置同正員

宅一區馬四疋物六百段跌跌思太可特進行右衛大將軍員
外置兼跌跌都督封樓煩國公食邑三千戶賜宅一區馬三疋
物五百段道奴可左威衛將軍員外置兼刺史封雲中郡開國
公食邑二千戶賜宅一區物四百段馬二疋鶻屈頡斤可左驍
衛將軍員外置兼刺史封陰山郡開國公食邑二千戶賜馬兩
疋物二百段苾悉頡力可左武衛將軍員外置兼刺史封鴈門
郡開國公食邑二千戶賜馬兩疋物四百段宅一區拱毅可左
領軍衛將軍員外置兼刺史封平城郡開國公食邑二千戶賜
馬兩疋物四百段屈鶻頡川妻契苾賜物一百五十段手力二
人各賜物五十段
十月己未拔共蕃投降九姓思結都督磨散為左威衛將軍大
首領斛薛移利殊功為右領軍衛將軍契都督邪沒施為右威
衛將軍匐利羽都督莫賀突默為右驍衛將軍首領延陁薛渾
達都督為右威衛將軍奴賴大首領前自登州刺史奴賴孝為



左領軍將軍跌跌首領刺史裴羅艾為右領軍將軍並員外置
依舊兼刺史賜紫袍金帶魚袋七事綵帛各三百段放還蕃
四年三月丁亥新羅遣其臣金楓厚來賀正授員外郎放還蕃
四月辛亥突厥渾失州大首領伊羅友闕頡斤十囊來降封其
妻阿史那氏為鴈門郡夫人以向化寵之也
七月戊子大食國黑密牟尼蘇於漫遣使獻金線織袍寶裝玉
灑地瓶各一授其使員外中郎將放還蕃
九月甲戌蠻大首領洪光乘等五人來朝並授員外郎將特留
宿衛
閏十二月東蕃遠蕃蘇鞨部落拂涅部落勃律國皆遣大首領
來朝並賜物三十段放還蕃
五年四月甲戌進封奚饒國郡王李大酺妃固安縣主辛氏為
固安公主
五月壬子天竺國遣使來朝詔曰中天竺國大首領大野迷地

羅林摩手殊邪莫愿悉諾來貢是宜褒獎用益誠心可果毅
尉賜緋袍銀帶放還蕃
六月丙子文單國真臘國朝貢使還蕃並降璽書及帛五百匹
賜國王文單真臘皆南方小國也常奉正朔職貢不絶帝嘉之
故有是寵
七月己亥突厥遣使獻馬授其使郎將放還蕃降書諭之曰皇
帝敬問突厥可汗使人他滿達干至所言堅昆使來又人在可汗衙後
不願入漢并奚契丹等並具知之朕於四夷亦信而已其無所
拒去無所留可汗好心遠申委曲深知厚意今附銀胡瓶盤及
雜綵七十疋至可領取
十月丁卯日本國遣使朝貢戊辰勅日本國遠在海外遣使來
朝既涉滄波兼獻邦物其使真人莫問等宜以今月十六日於
中書宴集乙酉鴻臚寺奏日本國使請謁孔子廟堂禮拜寺觀
從之仍令州縣金吾相知檢校搦捉示之以整應須作市買非
違禁入蕃者亦容之



十一月丙申契丹李失活來朝詔勞之曰卿等累□款化多歷
年所誠□□郡邑冠蓋相望往緣邊將非任遂令卿等失業念彼
誠款艱為茂草今卿等削衽異俗歸誠本朝頻獻封章益明忠
款克復州鎮死如平昔失活將尚公主亦以□□入拜闕庭良
深慰喜卿等涉路遠來得平安好否近屬節假不得早朝卿相
見宜向曹司安置待後進止
六年正月壬寅奚王李失活永樂公主還蕃命有司加等給錢
其私覿物六千段
二月乙酉靺鞨渤海郡王大祚榮遣其男述蓺來朝授懷化大
將軍行左衛大將軍員外置留宿衛
三月戊午契丹新羅米國石國靺鞨鐵利靺鞨涅若守並遣使來朝
各授守中郎將放還蕃
五月戊午契丹部落孫骨訥等十八人內屬並授游擊將軍賞
紫袍銀帶留宿衛甲子以契丹松漠都督李失活卒帝深加悼
惜為舉哀使使弔祭乙酉追贈特進賻物二千段仍令左威
衛將軍李琪持節充使弔祭營州都督宋慶禮撿校葬
七年正月乙未封遼西郡王高文簡妻阿史那氏為遼西郡夫
人文簡東蕃酋長率衆歸我故有是寵丙申波斯國遣使獻方
物靺鞨遣使來賀正拂涅靺鞨鐵利靺鞨越喜靺鞨並遣使來
朝各賜帛五十疋
二月丁亥授降突厥延陀磨覽死為中郎將依蕃法葬
三月壬子帝御丹鳳樓宴九姓同羅及契丹各賜一百段小蕃
主及三十段
四月己卯訶毗施國王捺塞使吐火羅大首羅摩娑羅獻師子
及五色鸚鵡帝以其遠來修貢加宴勞賜錦綵五百疋
五月丁酉新羅遣使來朝卒于路贈太僕卿賻絹一百疋
六月丁卯靺鞨渤海郡王大祚榮卒遣特進賻物五百段遣左



監門率上柱國吳思謙攝鴻臚卿持節充使弔祭戊辰吐蕃遣
使請和大享其使因賜其束帛用修前好以雜綵二千段賜贊
普五百段賜贊普祖母四百段賜贊普母二百段賜可敦二百
五十段賜坌達延一百三十段賜論乞力徐一百段賜尚贊咄
及大將軍大首領各有差皇后亦以雜綵一千段賜贊普七百
段賜贊普祖母五百段賜贊普母二百段賜可敦
七月甲申河西經略副大使兼赤水軍使左金吾衛大將軍員
外置同正員迴紇伏帝匐卒贈特進賜帛三百段遣中使弔祭
十一月壬申松漠郡王李娑固與公主俱來朝命有司借宅
給錢己未宴于內殿賜物一千五百段錦袍鈿帶魚袋七事
八年正月己巳契丹遣蕃中郎將張少免俱等三百五十四人
來朝並授游擊將軍果毅都尉賜緋袍銀帶物各一千段放還蕃
六月乙卯護密國王羅旃伊具骨咄祿多比勒莫賀咄達摩薩
爾為護密王賜紫袍金帶七事并雜綵五十疋

八月丁丑勑中書門下南天竺王遠遣朝貢其使却還並須周旋發遣令滿望乃以錦袍金帶魚袋七事賜其使遣之

九年六月丁酉制曰念功之典書有明訓贈終之數禮著彝式党項大首長故右監門衛將軍員外置同正員使持節淳恤等一十二州諸軍事兼静邊州都督仍充防禦部落使拓跋思泰頃者戎醜違命爰從討襲躬親矢石奮其忠勇方申剪馘之勳俄軫喪元之痛壯節弥亮美名可嘉宜崇寵章俾慰泉壤可贈特進兼左金吾衛大將軍賻物五百段米粟五百石仍以其子守寂襲其官爵

十一月己酉勃海郡靺鞨大首領鐵利大首領拂涅大首領契丹畨郎將俱来朝並拜折衝放還蕃

冊府元龜卷第九百七十四

冊府元龜卷第九百七十五

外臣部二十

褒異第二

唐玄宗開元十年正月壬子靺鞨大酋長張化誠大酋望揚大先並來朝以化誠為左領軍衛員外將軍放還蕃以大先為右驍衛翊府員外中郎將留宿衛

三月丁卯突騎施大首領葛邏昆地等八人來朝並授將軍賜紫袍金帶放還蕃

四月丁酉契丹首領松漠府都督李鬱于為松漠郡王奚首領饒樂府都府都督李魯蘇為饒樂郡王各賜物一千匹銀器十事及錦袍鈿帶等

五月戊午突厥遣大首領阿史德職泥孰來求和右驍衛大將軍員外置放還蕃

閏五月癸巳黑水酋長親屬利稽來朝授教州刺史放還蕃教



蕃中州也

七月甲戌契丹遣使大首領揩洛來朝授郎將放還蕃丙子奚遣其兄奴默俱及登鐵高來朝皆授將軍賜紫袍銀鈿帶金魚袋留宿衛

九月己巳大佛涅靺如價及鐵利大佛涅買取利等六十八人來朝並授折衝放還蕃突厥大首領可還扶護他滿達干來朝授將軍放還蕃堅昆大首領伊悉鉢舍友者畢施頡斤來朝授中郎將放還蕃

十月己亥鐵利靺鞨可婁計來朝授郎將放還蕃

十一月辛未渤海遣使其大臣朱敦計來朝并獻鷹授大將軍賜錦袍金魚袋放還蕃

十二月戊午黑水靺鞨大首長倪屬利稽等十人來朝並授中郎將放還蕃

十一年二月辛巳北庭十姓大首領沙羅烏卒來朝授郎將放還蕃

四月己未吐蕃首領張甘松來降授員外鎮將留宿衛奚首領李白越等來降授員外折衝留宿衛

七月戊辰突厥大首領阿史那瑟鉢達干等三十二人來朝授瑟鉢達干大將其屬並授郎將放還蕃

十一月甲戌突厥遣其大臣可邏拔護他滿庭干來朝授將軍賜紫袍金帶放還蕃堅昆大首領俱力貧賀忘頡斤來朝授郎將放還蕃越喜靺鞨勃施計拂涅靺鞨朱施蒙鐵利靺鞨倪處梨俱來朝並授郎將放還蕃

十二年二月丙申鐵利靺鞨涅地蒙來朝授將軍放還越喜靺鞨奴布利等十二人來朝並授郎將放還蕃元部落伍破等十一人來朝並授果毅放還蕃拂涅靺鞨大首領魚可蒙來朝授郎將放還蕃乙巳奚遣大首領李奚奴等十人來賀正渤海靺鞨遣其臣賀祚慶來賀正新羅遣其臣金武勳來賀正勃律遣



大首領蘇磨羅來賀正並進階游擊將軍各賜帛五十疋放還蕃丙辰黑水靺鞨大首領屋作箇來朝達莫婁大首領諾皆諸來朝並授折衝放還蕃丁巳契丹遣使涅禮來賀正并獻方物授將軍賜絲一百疋放還蕃

三月癸酉遣使齎絹綿八萬段分賜奚及契丹敕曰公主出降蕃王本擬安養部落請入朝謁深慮勞煩朕知割恩抑而未許恩加殊惠以慰遠心奚有五部落宜賜物三萬段其中取二萬段先給征行遊弈兵及百姓餘一萬段與東光公主饒樂王衙官刺史縣令契丹有八部落宜賜物五萬段其中取四萬段先給征行遊弈兵士及百姓餘一萬段與燕公主松漠王衙官刺史縣令其物雜以絹布務令均平給訖奏聞

五月辛酉新羅賀正使金武勳還蕃上降書謂新羅王金興光曰卿每承正朔朝貢闕庭言念所懷深可嘉尚又得所進雜物等並踰越滄波跋涉草莽物既精麗深表卿心今賜卿錦袍金

帶及綵帛共二千疋以答誠欵至宜褒也乙酉鐵利來朝並授
折衝放還蕃松漠府契丹遣使來朝饒樂府奚遣使獻麝香並
授折衝放還蕃
七月壬戌突厥遣使哥解頡利發獻方物求婚宴于朝堂賜帛
五十疋丁丑尸利佛誓國王遣使俱摩羅獻侏儒二人僧耆女
廿一人雜樂人一部及五色鸚鵡授摩羅折衝賜帛一百疋放
還蕃
八月庚子制曰尸利佛誓國王尸利陁羅拔摩遠脩職貢載勤
忠欵嘉其乃誠宜有褒錫可遥授左威衛大將軍賜紫袍金細帶
十二月辛卯突厥遣使裴羅羅來朝授郎將還蕃戊午突厥遣
其大臣阿史德暾泥熟來朝授將軍賜紫袍金帶魚袋放還蕃
十三年正月辛丑契丹奚遣使來賀正丑獻方物並授中郎將
賜紫袍銀鈿帶放還蕃黑水靺鞨遣其將五郎子來賀正且獻
方物授將軍賜紫袍金帶魚袋放還蕃丙午大食遣其將蘇黎



等十二人來獻方物並授果毅賜緋袍銀帶放還蕃
三月丙午鐵利靺鞨大首領封阿利等一十七人來朝越喜靺
鞨奴布利施來朝黑水靺鞨大首領烏素可蒙來朝拂涅靺鞨薛
利蒙來朝並授折衝放還蕃
四月甲子渤海首領謁德黑水靺鞨諾箇蒙來朝並授果毅放
還蕃
五月渤海王大武藝之弟大昌勃價來朝授左威衛員外將軍
賜紫袍金帶魚袋留宿衛黑水部落職紇蒙等二人來朝授中
郎將賜紫袍銀帶金魚袋放還蕃
七月戊申波斯首領穆沙諾來朝授折衝留宿衛突厥首領來
施[illegible][illegible]來朝授折衝放還蕃
十四年正月壬午突厥遣其大臣臨河達干康思琮來朝授將
軍放還蕃丙午奚御史郡王父李絹進位右武衛員外大將軍
及奚蜀水州刺史李高進階鎮軍大首領曰走等二百餘人並
授郎將及契丹衙官熱蘇進階鎮軍大將軍契丹縣令屈部蒙
進位右領軍員外大將軍契丹部落突離等百餘人並授郎將
各賜紫袍放還蕃以皆位太山陪行賞之典也乙亥突騎施可
汗遣首領阿句支來獻馬授中郎將放還蕃突厥遣首領䟦跌
裴嗷等七十餘人來朝並授折衝放還蕃辛亥突厥遣使執夫
頡利發等三百餘人來賀東封並授果毅放還蕃
三月丙戌契丹遣其臣邵固來朝授郎將放還乙丑渤海靺鞨
王大都利來朝
四月癸丑契丹遣大首領李闊池等六人來朝皆授折衝留宿
衛乙丑渤海靺鞨王大都利來朝授左武衛大將軍員外置留
宿衛新羅遣使金忠臣來賀正賜帛百疋放還蕃
五月戊子新羅遣其弟金欽質來朝授郎將放還蕃乙未契丹
部落刺史普固都及將軍顆欲皆獻戎捷授固都軍顆哥郎將
各賜帛百疋放還蕃



六月甲寅突厥遣阿布高來朝授中郎將賜紫袍金魚袋放還蕃
七月癸卯丹部落刺史出利縣令蘇固多并來朝授出利將軍
固多郎將並放還蕃
十一月己卯吐火羅遣使特健來朝授中郎將賜紫金魚袋放
還蕃己亥突厥遣其大臣梅録啜來朝授將軍賜紫袍金鈿帶
放還蕃
十五年正月壬午營州大首領鄧封毀白州大首領董芳措並
來朝咸授折衝放還蕃辛卯新羅遣使來賀正授李御賜緋袍
銀帶魚袋放還蕃
二月辛亥鐵利靺鞨米象來朝授郎將放還蕃羅和異國大城
主郎將波斯阿拔來朝賜帛百疋放還蕃因遣阿拔齎詔書宣
慰于佛誓國王仍賜錦袍鈿帶及薄寒馬一疋
三月丁酉契丹遣首領諾枯來送質子并獻方物授郎將放還蕃
四月丁未勅曰渤海宿衛王子大昌勃價及首領等久留宿衛

宜放還蕃庚申封大首領勃價襲平縣國男賜帛五十疋首領
已下各有差先是渤海王大武藝遣男利行來朝并獻貂鼠至
是乃降書與武藝慰勞之賜綵練一百疋
六月乙丑渤海大首領竦移棧閼來朝授左領軍衛將軍賜紫
袍銀鈿帶金魚袋放還蕃
十一月己酉契丹大首領承嗣來朝授中郎將放還蕃丙辰鐵
利靺鞨首領失伊蒙來朝授果毅放還蕃
十六年二月庚午奚賀子右領軍衛將軍李如越卒制贈左驍
衛大將軍官造靈轝給遞還
三月戊申金蒲州都督沙陀輔國之母鼠尼施氏封為鄯國夫
人辛亥大食首領提卑多等八人來朝並授郎將放還蕃
四月己巳護密國王遣米國大首領米忽汗來朝且獻方物授
將軍賜紫袍金帶放還戎
癸未渤海王子留宿衛大都利行卒贈特進兼鴻臚卿賜絹三百



疋粟三百石命有司弔祭官造靈轝歸蕃壬申靺鞨大首領烏洪尤垂來朝
授中郎將留宿衛
七月丙辰新羅金興光使從弟金嗣宗來朝且獻方物授果毅
留宿衛
八月丁丑契丹廣化王李邵固遣其子誘括來朝授大將軍賜
紫袍金帶放還蕃奚大首領特沒于來朝授中郎將賜紫袍金
帶放還蕃
己卯突厥大首領屈達干來朝授將軍放還蕃
九月壬寅突厥大首領葛邏祿伊難如裴等來朝並授中郎將
賜紫袍銀鈿帶放還蕃勃海靺鞨菸夫須計來朝授果毅放還蕃
十月丁丑勃律大首領吐毛擔沒師來朝授折衝賜紫袍金帶
放還蕃奚首領李窟何來朝授左威衛將軍賜紫袍金帶放還
蕃丙戌吐蕃首領悉諾襄等來朝授鎮將賜綵遣之
十一月乙酉右羽林軍大將軍兼安西副大都護四鎮節度等
副大使謝知信卒贈涼州都督賻物五百段官造靈轝給遞還家
十七年正月庚戌骨咄俟斤遣男骨都施來朝獻馬二疋授郎
將賜帛二十段放還蕃甲寅米國遣獻胡旋女子三人及豹子
各一賜帛百疋以遣之
二月甲子渤海靺鞨王大武藝使其弟大胡雅來朝授游擊將
軍賜紫袍金帶留宿衛
三月壬寅護密國大首領烏鶻達干來朝吐火羅葉護骨咄國
並遣使來朝癸卯渤海靺鞨遣使獻鯔魚賜帛二十疋遣之己
巳奚及契丹遣使來朝皆賜紫袍金帶放還蕃
五月壬寅契丹遣衙前將軍粹來朝授懷化大將軍賜紫袍金
帶放還蕃
六月癸丑突騎施大首領葉支阿布思來朝授郎將賜紫袍金
魚袋
八月丁卯渤海靺鞨王遣其弟大琳來朝授中郎將留宿衛



九月乙未大食國遣使來朝且獻方物賜帛百疋放還蕃
十八年正月戊寅渤海靺鞨遣其弟大郎雅來朝賀正獻方物
波斯國王及新羅國王各遣使來朝賀正各賜帛有差壬子大
拂涅靺鞨兀異來朝獻馬四十匹授左武衛折衝賜帛二十段
留宿衛
二月甲戌新羅國王金興光遣姪志滿獻小馬五匹狗一頭金
二千兩頭髮八十兩海豹皮十張乃授志滿太僕卿員外置同
正員賜絹一百匹紫袍銀鈿帶魚袋留宿衛戊寅突厥遣其部
落骨支喜頡斤來朝獻方物渤海靺鞨大首領遣使智蒙來
朝且獻方物馬三十匹授中郎將賜絹二十匹緋袍銀帶放還蕃
四月戊戌米國石國吐蕃突厥各遣使來朝貢並賜帛有差放
還蕃
五月戊申契丹遣使獻馬十二匹賜帛放還蕃己酉渤海靺鞨
遣使烏那達利來朝獻海豹皮五張貂鼠皮三張瑪瑙盃一馬

三十匹授以果毅賜帛放還蕃壬午黑水靺鞨遣使阿布利思

來朝獻方物賜帛放還蕃

六月戊午黑水靺鞨大首長倪屬利稽等十人來朝並授中郎

將放還蕃

九月乙丑靺鞨遣使來朝獻方物賜帛放還蕃

十月庚戌新羅國遣使來朝貢獻方物賜帛有差甲寅護密國王

羅真檀來朝獻方物賜帛兼袍銀鈿帶與宿衛十一月甲子波斯首領穆

沙諾來朝獻方物授折衝留宿衛丁卯突厥首領米斯波羅來朝授折衝

放還蕃壬申契丹奚遣使來朝且獻方物賜帛放還蕃

十九年二月辛丑室韋遣使賀正授將軍放還蕃癸酉遠蕃靺

鞨遣使賀正授將軍放還蕃戊午新羅遣其使金志良來賀正

授太僕少卿員外置賜帛六十匹放還蕃降書與新羅王金興

光曰所進牛黃及金銀等物省表具之卿二明慶祚三韓善鄰

時稱仁義之鄉代著勳賢之業文章禮樂闡君子之風納款輸

忠效勤王之節固藩維之鎮衛諒中外之儀表豈殊方憬俗可

同年而語耶加以慕義克勤述職愈謹梯山航海無倦於阻脩

獻幣貢琛有常於歲序守我王度垂諸國章洒卷懇誠深可嘉

尚朕每晨興佇念宵衣待賢想見其人以光啓沃俟卿覲止允

副所懷今使至知嬰疾苦不遂祗命言念遐闊用增憂勞時候

稍和想痊復也今賜卿綾綵五百匹帛二千五百匹宜即領取

己未渤海靺鞨遣使來賀正授將軍賜帛一百匹放還蕃

壬申突厥遣其大首領葛解骨支比施頡斤等五十人來朝並

授折衝賜帛五十匹放還蕃

四月辛巳突厥可汗弟闕特勤卒帝降書弔之曰皇帝問突厥

苾伽可汗國家惠綏黎蒸保入函夏無有遠近思致和平往有

殺休共登仁壽之域飫雋于咎豈忘匐匍之務況可汗久率忠

順屢通款誠既和好克修因以災患是恤今聞可汗闕特勤亡殞

良用憮然想友愛情深家國在切遠念痛惜何可爲懷今中弔



賜并遣參榮喻意旨膺茲禮物（帛并烏犀帶白鶻[illegible]文[illegible]立詞[illegible]鳥鍮）（是年十一月[illegible]金[illegible]太遣教官郎中[illegible]書奏入藏）

六月甲午突厥大首領蘇農烏達干來朝授郎將賜帛五十匹

放還蕃

十月癸巳突厥遣其大臣頡啜出避達干等二十四人來朝並

授郎將各賜帛六十匹放還蕃嶺西室韋遣使來朝賜帛五十

匹放還蕃渤海靺鞨王遣其大姓取珍等百二十人來朝並授

果毅各賜帛三十匹放還蕃

二十年正月壬子奚歸義王遣其首領伽蘇等來朝並授將軍

賜帛有差放還蕃庚申新羅遣使賀正奚遣使賀正並授郎將

賜帛有差放還蕃

二月癸巳突厥首領烏鶻達干來朝賜帛二十匹放還蕃

三月壬戌西南蠻豪崇光來朝授郎將賜帛三十匹放還蕃室

韋大首領薛勃梅悅來朝授郎將賜帛五十匹放還蕃

七月庚子突厥可汗堂弟向支匐捺來朝授將軍放還蕃

八月庚戌波斯王遣首領潘那密與大德僧及烈來朝授首領

爲果毅賜僧紫袈裟一副及帛五十匹放還

十月辛未奚首領鋪都來朝授將軍賜帛五十匹放還蕃

二十一年正月庚申命太僕卿員外置同正員金思蘭使于新

羅思蘭本新羅之行人恭而有禮因留宿衛及是委以出疆之

任且便之也

三月乙卯突厥遣使斯壁紆思鮮闕等十六人來朝並授郎將

賜帛六十匹放還蕃

閏三月辛卯箇失密王木多筆遣大德僧物理多年來獻表詔

引物理多年宴于內殿賜絹五百匹數日放還蕃

四月壬戌奚首領屈鶻留來朝授果毅賜絹四十匹留宿衛突

厥大使烏鶻達干來朝宴于內殿授將軍賜帛一百匹放還蕃

八月甲[illegible]骨咄王遣大首領此達干來朝授郎將放還蕃

九月丙子護密國真檀來朝宴于內殿授左金吾衛將軍員外賜紫袍帶魚袋等七事及帛百匹放還蕃戊寅突厥遣其大臣伞伽難達干等十二人來朝並授郎將賜綵六十匹放還蕃

十二月乙未新羅王興光遣姪志廉來朝謝恩初帝賜興光白鸚鵡雄雌各一隻及紫羅繡袍金銀鈿器物瑞文錦五色羅綵共三百餘段興光表曰伏惟陛下執象開元聖文神武應千齡之昌運致萬物之嘉祥風雲所通咸承至德日月所照共被深仁臣地隔蓬壺天慈洽遠鄉睽華夏睿天垂幽伏覩瓊文跪披玉匣含九霄之雨露帶五彩之鵷鸞辯慧靈禽素蒼兩妙或稱長安之樂或傳聖主之恩羅錦彩章金銀寶鈿見之者爛目聞之者驚心原其獻款之功實由先祖錫此非常之寵延及末孫微效屑塵重恩如岳循涯揣分何以上酬詔享志廉於內殿賜以束帛右汗那王易米施遣大首領婆延達干來朝授中郎將放還蕃癸丑大食王遣首領摩思覽達干等七人來朝並授果毅各賜絹二十匹放還蕃



二十二年正月壬子新羅王興光大臣金端竭丹來賀正帝於內殿宴之授衛尉少卿員外賜緋襴袍平漫銀帶及絹六十匹放還蕃

三月乙酉突厥遣其大臣斯壁紆思鮮闕來朝授左金吾衛大將軍員外賜紫衣錦袍繡半臂金鈿帶魚袋七事絹二百匹及金銀器六事放還蕃癸丑西南蠻大酋長蒙歸義遣使獻麝香牛黃降書慰勞賜絹二千匹雜綵二百匹衣一副以酬之

六月丙申林邑國遣使獻沈香賜帛三十匹放還蕃乙卯突騎施遣其大首領何羯達來朝授鎮副賜緋袍銀帶及帛四十匹留宿衛

十二月庚戌突厥毗伽可汗小殺為其大臣梅錄啜所毒而卒帝悼之輟朝三日敕曰信義所在禮固隆之[illegible]夫人曰突厥毗伽可汗頃者雖處絕域嘗以臣子事朕聞其殂逝良用悼懷務從優恩以制權禮宜令所司擇日舉哀[illegible]南門舉哀令宗正李佺往申弔祭焉

二十三年二月癸卯新羅賀正副使金榮死贈光祿少卿契丹蕃中郎可突于死贈左衛將軍

四月甲午勃律國大首領拔含伽來朝授郎將賜帛五十匹放還蕃辛丑突厥首領闕木曰晁默達干等四十二人來朝並賜緋袍銀帶放還蕃

閏十一月壬辰新羅王遣從弟大阿飡金相來朝死于路帝深悼之贈衛尉卿

十二月己卯契丹遣使嗢胡等來朝授果毅留宿衛

二十四年三月乙酉渤海靺鞨王遣其弟蕃來朝授太子舍人員外賜帛三十匹放還蕃辛卯突厥首領薛合朱來降授折衝員外置借緋魚袋留宿衛

八月甲寅突騎施遣大首領胡逯達干來求和許之宴于內殿授右金吾將軍員外置賜錦袍一副帛及綵一百匹放還蕃



九月丁丑封于闐國王尉遲伏闍達妻執失氏爲于闐妃

十一月癸酉靺鞨首領聿棄計來朝授折衝賜帛五十匹放還蕃

二十五年正月甲午大拂涅靺鞨首領九異來朝授中郎將放還蕃波斯王子繼忽娑來朝授守郎將放還蕃

三月戊辰新羅國金興光卒先是二十一年以渤海靺鞨寇登州興光發兵助討破以功遂授興光開府儀同三司寧海使及卒帝悼惜久之贈太子太保遣贊善大夫攝鴻臚少卿邢璹往其國行弔祭冊立嗣子之禮帝親製詩序太子已下及百寮咸賦詩送璹帝謂璹曰新羅號爲君子之國頗知書記有類中華卿至彼宜闡揚經典使知大國儒教之盛又聞其多善弈棋因令善棊人楊季鷹爲璹副璹等至彼大爲蕃人所敬及厚贈而還

四月丁未渤海遣其臣公伯計來獻鷹鶻授將軍放還之

八月戊申渤海靺鞨大首領多蒙固來朝授左武衛將軍放還蕃

袍金帶及帛一百匹放還蕃

二十六年二月癸丑吐火羅遣大首領伊難如達干羅底驟來獻方物授果毅賜緋袍銀帶魚袋及帛三十匹放還蕃

六月丁未党項鸖攬支來降授果毅借緋魚袋與隴右節度驅使辛亥突厥遣大首領烏鶻達干來朝授果毅放還蕃

七月庚寅突厥首領特勤莫賀咄頡斤來朝授左金吾衛大將軍員外置賜纈錦袍繡半臂及帛三百匹放還蕃

二十七年二月丙子突厥大首領延陁俱末啜剌達干來朝授將軍賜紫袍金帶放還蕃

三月丁未渤海王弟大勗進來朝宴于內殿授左武衛大將軍員外置同正賜紫袍金鈿帶及帛一百匹留宿衛

十月乙亥渤海遣使其臣優福子來謝恩授果毅賜紫袍銀帶放還蕃

二十八年正月骨吐國大首領多攬達干弥羯槎來朝授果毅放還蕃



二月辛酉以突騎施部落處木昆匐延闕律啜爲右驍衛員外大將軍阿史那洪達爲大僕員外卿

三月癸卯冊新羅國王金承慶妻金氏爲新羅王妃乙巳骨吐國遣大首領多博勒達干刹勿來朝命有司享之賜帛六十匹放還蕃

四月庚申吐蕃首領來歸竇寺三人來降並授執戟留宿衛乎未冊十姓可汗阿史那昕妻李氏爲交河公主壬申冊于闐王尉遲珪妻馬氏爲于闐王妃

七月乙巳首吐國大首領多攬達干弥羯槎來朝授果毅放還蕃

二十九年二月己巳渤海靺鞨遣其臣失阿利來賀正越喜靺鞨遣其部落烏舍利來賀正黑水靺鞨遣其臣阿布利稽來賀正皆授郎將放還蕃乙未波羅門中天竺國王子承恩來朝授游擊將軍放還蕃

四月丙寅突厥登利可汗死遣首領欬跌未思頡斤來告哀授頡斤果毅賜紫袍金帶放還蕃

十二月丙申大食首領和薩來朝授左金吾衛將軍賜緋袍金鈿帶放還蕃

天寶元年正月丁巳石國王遣使上表乞授長男那居車鼻施官詔拜大將軍賜一年俸料

六月丙申賜三姓護都磨度闕頡斤鐵券曰於戲善於國者賞必加焉自古哲王率由茲道咨爾三姓葉護左羽林軍大將軍員外置同正員骨咄祿毗伽都磨度闕頡斤素稱驍悍兼蘊智謀當蘇祿之時雖力有所屈而懇誠之至乃朕則知元惡既除效勤彌亮今來能率衆相與歸降斯盡節於朝庭且立功於疆埸信義若此嘉尚良深是用授卿寵章榮彼蕃部今賜卿丹書鐵券傳之子孫永固河山有如日月可不慎歟

十月己卯投降吐蕃白狗國四品籠官蘇唐封及狗丹川五品



籠官[illegible]封等各賜紫袍銀鈿帶金魚袋及帛三十匹癸未拔悉密可汗大首領來朝賜錦袍金鈿帶魚袋及帛四十匹庚辰帝御花蕚樓出宮女讌毗伽可汗妻可敦及男女等賞賜不可勝紀

二年正月丁卯契丹刺史匍從之等一百二十人奚刺史達利葯寺一百八十人並來朝冊勳皆授中郎將賜紫袍銀鈿帶金魚袋放還蕃

二月己丑解蘇國向德悉遣大首領車鼻施達干羅頡拔等二十人來朝且獻方物各授中郎將賜紫袍金帶魚袋放還蕃

七月癸亥渤海王遣其弟蕃來朝授左領軍衛員外大將軍留宿衛

十二月乙巳新羅王遣弟來賀正授左清道率府員外長史賜綠袍銀帶放還蕃

三載七月癸酉封曹國王米國王康國王毋可敦並爲郡夫人

四載三月戊寅九姓首領回鶻思力裴羅之弟阿眾嚩頭斤殺
斬白眉可汗傳首京師授裴羅右驍衛員外將軍頡斤右武衛
員外將軍賞其勳也
七月乙酉小勃律遣僧大德三藏伽羅蜜多來朝授右金吾衛
員外中郎將放還蕃
八月戊申突騎施可汗妻史氏內屬封賓國夫人仍每載賜錢二
百貫以充粧粉
五載十月癸巳三葛邏祿及伽葉頓護阿波移健啜遣使朝貢
授葉護為左武衛大將軍員外置依舊在蕃其使賜二色綾袍
金帶七事放還蕃
六載八月庚戌悒怛國遣使朝貢授將軍賜二色綾袍金帶魚
袋七事放還蕃戊午勃律國王蘇失利芝及三藏大德僧伽羅
蜜多並來朝授伽羅蜜多鴻臚員外卿放還蕃賜蘇失利芝紫
袍金帶留宿衛給官宅



八載八月乙亥護蜜國王羅真檀來朝請宿衛授左武衛將軍
留宿衛景子十姓突騎施遣使來朝授中郎將賜錦袍金帶魚
袋二事放還蕃
十月丁卯九姓勃曳固大毗伽都督默每等十人來朝並授特
進賜錦袍金鈿帶魚袋七事放還蕃
十一載正月甲申朱越長史密利稽來授右衛將軍放還蕃
二月丙申三葛邏祿遣使來朝賜錦袍金鈿帶魚袋七事放還蕃
八月丙子迴鶻遣使來朝賜文武百官繒帛有差
九月壬戌歸仁國遣使朝貢授中郎將賜紫袍金帶魚袋七事
放還蕃
十二月己卯黑衣大食謝多訶密遣使來朝授左金吾衛員外
大將軍放還蕃舍磨國王遂國並遣使來朝皆賜錦袍金帶魚
袋七事放還蕃
十二載七月辛亥黑衣大食遣大酋望二十五人來朝並授中
郎將賜紫袍金帶魚袋放還蕃
九月壬子文單國王子率其屬二十六人來朝並授其屬果毅
都尉賜紫金魚袋隨何履光于雲南征討事訖聽還蕃甲寅葛
邏祿葉護頓毗伽生擒阿布思制授開府儀同三司封金山王
依舊充葉護祿俸於北庭給其葉護妻及母並封為國夫人
十二月丁亥護蜜國遣大首領朝貢賜錦袍金帶魚袋七事事
畢放還蕃
十三載四月丙戌突騎施黑姓可汗及黑衣大食吐火羅右可
汗都俱位國並遣使來朝各賜帛有差放還蕃丁亥寧國及九
姓迴紇米國並遣使來朝各賜錦袍金帶放還蕃
五月壬寅帝以葛邏祿葉護有擒阿布思之功特降璽書曰卿
歸心向化守節安邊常獻忠誠无失蕃禮見不善如鷹鸇之逐
鳥雀嫉惡此農夫之除蒿莠草信義若此嘉歎良多阿布思
至深為衆所棄卿能為擒獲送其[illegible]且此賊投卿本緣窮蹙



苟欲延命元非好心卿密察姦詐俾其就戮卿之智略雖可比
□又聞數男今見在彼恒須戒慎留用何為儻編習頑兇獲援
羞恐有勢置不及追悔無由可宜送京絕其後患卿今載已前依
祿並令京軍給付後應其潑遠任於北庭請受所請印信并譯
語人宜並依來表今則別有以物賜卿至宜領取
十四載三月丁卯陀扶國遣其王子自會羅來朝授右武衛員
外中郎將賜紫袍金帶魚袋七事留宿衛康國王石國副王並
遣使朝貢各授折衝都尉賜紫袍金帶魚袋七事放還蕃
四月癸巳以投降蘇毗王子悉諾邏為左驍衛員外大將軍封
懷義王賜姓李名忠信其屬官賜各有差
六月壬子以寧遠國王子竇薛裕為左武衛員外將軍賜錦袍
鈿帶魚袋七事放還蕃

冊府元龜卷第九百七十五

冊府元龜卷第九百七十六

外臣部二十一

褒異第三

唐肅宗至德二年正月迴紇大首領葛邏支將軍等來朝恥在
在武臣之下他日帝親引上殿賜食并錫賚慰其意以褒之
六月丁酉迴紇首領大將軍多攬等十五人入朝賜食物衣有差
閏八月戊寅迴紇葉護太子入見帝親宴慰賜以金帛器物悉
其所欲待之甚厚
十月己酉奚首領曰越及契丹首領楷若等入朝賜食繒帛錦
繡衣服等使還蕃
乾元元年二月乙卯護密國王使大首領羅友文來朝加授
左武衛大將軍仍聽還蕃
四月庚申罽賓三藏般若力中天竺國婆羅門三藏善部末摩
罽失密三藏舍那並來入對詔以力為太常少卿末摩為鴻臚
卿並員外置



五月壬申朔詔以吐火羅三藏山那及弟子達摩首領安延師
等來詣闕以三藏為光祿少卿匿壓等折衝都尉延師可左清
道率並員外置仍放還蕃又勃陁羅國王使大首領中郎將
匐勒特車鼻施達干並授將軍放還蕃戊戌宴迴紇使於紫宸殿
六月丙午迴紇使達亥阿波刺史入朝迎公主詔授開府儀同
三司七月癸未護密國王紇設伊俱鼻施來朝帝嘉之賜姓李改名
崇信
八月丁卯新羅國使來朝歸仁國使來朝並宴于紫宸殿
九月甲申迴紇使大首領蓋將軍等謝公主下降兼奏破昆堅
五萬人宴於紫宸殿賜物有差
十一月甲子迴紇使三婦人謝寧國公主之禮也賜宴于紫宸殿
十二月黑衣跋陁國使伏謝多覽蕃宴賜物有差
二年三月甲申迴紇王子骨啜特勒宰相帝德等十三人自相

州奔至京帝宴之紫宸殿賞物有差庚寅迴紇特勤辭還行
營帝宴之于紫宸殿賜有差乙未以迴紇王子新除右羽林大
將軍員外置骨啜特勤為銀青光祿大夫鴻臚卿員外置宰相
迴紇多名長吏等還蕃帝宴於紫宸殿賜物有差
八月壬戌十姓突騎施黑姓可汗阿多裴羅等并波斯進物使
李摩日夜等及寧遠國使葛等來朝並宴於內殿
十二月戊申宴蕃胡拓羯於三殿各賜物三十段
三年正月乙酉宴奚使土門將軍各賜金帛器物有差
四月壬辰隴右投降突厥奴剌偲等五人於延英殿見賜物有
差癸巳迴紇俱錄莫賀達干等七十四人於延英殿見賜物有差
上元元年八月乙卯迴紇使二十人於延英殿通謁賜物有差
十月戊戌迴紇使延支伽裴羅等七人於延英殿朝見賜物有差
代宗寶應元年五月丁未迴紇演者裴羅等十人來朝引見于
延英殿賜物有差



六月乙卯突厥奴剌部落千餘人內屬請討賊自效丁巳宴奴
剌大首領于內殿賜物有差
八月己酉奚及契丹來朝宴于三殿
九月丙申以迴紇可汗舉國兵馬至太原遣使奉表請助三師
討平殘寇是日引其使宴于延英殿賜物有差
十一月丁亥迴紇遣使拔賀那上表收東京并獻逆賊史朝
義旌旗等物引見于內殿賜綵物二百疋
永泰元年六月癸亥突厥白賀蘭等一十二人來朝並留左羽
林軍宿衛
二年四月甲午迴紇遣首領密悉吉等及牙帳一百人來朝宴
于紫宸殿壬子新羅王金獻英遣使朝貢授其使檢校禮部尚
書遣之
大曆二年三月己卯宴吐蕃使于禮賓院
三年正月甲子冊新羅國王金乾運母為太妃

月丙寅御紫宸殿宴新羅迴紇使
年十月丁巳宴吐蕃尚悉摩等八人於紫宸殿
年十一月乙酉宴[illegible]國王潑彌等二十五人于三殿
年四月甲寅迴紇王子右武衛員外大將軍李秉義卒贈大
郡王葬事官給令京兆尹充使監護秉義歸國宿衛因以賜
及卒帝悼之乃加禮優寵
[illegible]月丁未[illegible]標石來賀正授衛尉員外少卿放還蕃
[illegible]許蓮華寺尼悟空以先氏還俗封沂國夫人并
[illegible]日戶以先氏迴紇可汗之妻母故特寵之也
[illegible]安蕃使於內殿癸巳宴迴紇使骨咄祿梅羅達干
[illegible]有差
[illegible]月壬子新羅賀正使還蕃授衛尉員外郎遣之
十[illegible]年十月追贈九姓迴紇宰相曹咄栗妻石氏為岷國夫人
宗貞元四年五月賜宴東蠻鬼主驃傍苴夢衝苴烏星蒙等於
[illegible]麟德殿賜各有差驃傍等自嶲州[illegible]者二十[illegible]
年十二月庚午迴鶻汨咄祿[illegible]天親毗伽可汗[illegible]朝三
仍令文武三品已上就鴻臚弔其使者
年十二月丙申詔九姓迴鶻登里羅沒密施俱錄忠貞毗伽
[illegible]薨廢朝三日仍令文武官三品已下就鴻臚弔其使者
[illegible]年五月戊辰以渤海賀正使太常靖為衛尉卿同正令歸國
[illegible]年七月甲子以迴鶻使藥羅葛梅錄尚書右僕射吳大本唐人
[illegible]吕氏因入迴鶻可汗所乎遂以可汗姓名藥羅葛氏在國用
[illegible]南來朝帝加賞之賜命宣而遣之仍給市馬絹十萬匹
年二月壬戌以來朝渤海王子大清允為右衛將軍同正其
拜官三十餘人契丹大首領梅落阿科大首領梅落監都等
[illegible]殺果毅都尉令歸國
[illegible]月戊辰以雲南來朝使段南羅[illegible]太子詹事兼御史中丞



九月辛卯南詔使蒙湊羅棟及清平官尹求寬來獻鐸鞘浪人
劍及吐蕃印八鈕湊羅棟異牟尋之弟也既朝召見於麟德殿
賚賜甚厚
十一年正月甲申以降吐蕃論乞髯湯沒藏悉諾硉為歸德將
軍二月甲子以九姓迴鶻吐祿毗伽奉誠可汗卒廢朝三日仍令
文武三品已上官就鴻臚弔其使者
四月壬戌贈南詔異牟尋弟湊羅棟右常侍初牟尋令湊羅棟
入朝還國卒於道故追贈焉癸亥以冊南詔冊使尹輔酋為檢
校太子詹事兼中丞餘皆授官有差甲子下敕書及賜帛賜
南詔異牟尋及子各勸清平官鄭迴尹求寬等各一書書既如別中書
[illegible]奉行
十二年七月壬辰贈故降吐蕃歸德將軍論乞髯湯沒藏悉諾
硉懷化大將軍又以論乞髯子湯忠義為歸德將軍
十四年正月壬辰以文單國朝貢使李頭及為中郎將放還蕃
九月丁卯以黑衣大食使含嵯烏雞莎比三人並為中郎將放
還蕃
十一月戊申以渤海國王大嵩璘姪能信為左驍騎衛中郎將
虞候婁蕃長都督茹富仇為右武衛將軍並放還蕃
十八年正月戊寅以驃國王子悉利移為試太僕卿
十九年正月癸丑南詔朝賀使楊鎮龍試太僕少卿兼侍御史
黎州廓清道蠻首領襲恭化郡王劉志遼試太常卿
二十年三月甲申以吐蕃賛普卒廢朝三日命工部侍郎張薦
弔祭之命文武三品以上官弔其使
順宗以貞元二十一年正月丙申即位二月戊辰以新羅王金
重熙母和氏為太妃妻朴氏為妃
憲宗元和元年二月丁酉授入朝奚王誨落銀青光祿大夫檢
校司空饒樂郡王放還蕃國
十一月庚子朔巳亥歸宿衛新羅王子金獻忠于其國加試秘

書監
二年八月丙辰，勑授南詔使者段傍傳試殿中監
三年正月甲辰，授奚首領索低左威衛將軍同正，充檀薊遊弈使
勑賜姓李氏
三月丁亥，以迴紇滕里野合俱録毗伽可汗卒，廢朝三日，仍
令文武三品已上就鴻臚寺弔其使者
十月己酉，勑新羅王叔金彥昇弟仲恭等三人，宜令本國准舊
例賜戟
四年正月戊戌，帝御麟德殿，引南詔渤海使者見，賜物有差
十月甲午，以投來奚王没辱孤爲右領軍衛將軍員外同正，充
幽州盧龍軍節度平州遊弈兵馬使，仍賜姓李氏
五年五月戊午，麟德殿對歸國迴鶻伊難珠等三人，賜錦綵器
皿有差
十二月丁卯，麟德殿召對奚契丹使，賜錦綵金帛有差
六年六月戊申，三殿對迴鶻及奚使者，頒賜有差
七年正月癸酉，帝御麟德殿，對南詔渤海牂牁等使，宴賜有差
四月甲申，賜渤海使官告三十五通，衣各一襲。丁亥，御麟德殿，對南
詔使李興禮等，各授以官，宴賜有差
十月庚午，以新羅質子試衛尉少卿賜紫金魚袋金沔爲試光
祿少卿，充弔祭冊立副使，隨崔稜赴新羅
八月丁亥，勑新羅國大宰相金崇斌等三人，宜付本國准舊
例賜戟
八年五月戊午，迴鶻請和親使伊難珠還蕃，宴于三殿，賜以銀
器繒帛
十二月壬辰，帝御麟德殿，召見契丹使達干可葛等，賜錦綵有
差。丙午，宴南詔渤海牂牁使，仍賜以錦綵
九年十二月己丑，麟德殿召見渤海使高禮進等三十七人，宴賜
有差



十年正月丁酉，詔賜渤海使者卯貞壽等官告，並入蕃及召見
新羅及南詔蠻使，宴賜有差
二月甲子，賜渤海使大呂慶等官告歸之。三月丙子，賜渤海使
者官告歸之
十一月丁酉，歸契丹使以告身十九通賜其貴人
十二月辛丑，賜南詔蠻使楊遷一司等告身二十九通。丙午，賜南
詔蠻錦綵有差
十一年正月庚午，授牂牁使者十六人官，賜以銀綵。庚寅，以國
信三十一封授南詔蠻使歸之。甲申，歸契丹使以告身十九通
賜其貴人
二月癸巳，賜迴鶻渤海等使錦綵銀器有差。庚戌，授渤海學生高宿
滿等二十人官
五月己酉，以南詔蠻大首領蒙龍盛卒，廢朝三日
十二年二月辛卯，賜宴歸國迴鶻摩尼僧等八人
三月甲戌，以錦綵賜渤海王大彝震等
四月庚子，以吐蕃告哀，贊普卒，廢朝三日
十三年九月癸巳，御麟德殿，對吐蕃告哀使論句藏戎衣，命宰臣安
吐蕃使人於中書宴
十四年正月癸未，帝御麟德殿，對歸國迴鶻使，宴賜有差。庚寅
對南詔牂牁等使于麟德殿，賜物有差
穆宗以元和十五年即位。二月庚寅，對新羅渤海朝貢使于麟
德殿，宴賜有差
三月癸卯朔，對歸國迴鶻合達干等于麟德殿，兼許和親，賜錦
綵銀器有差
七月壬戌，詔盛飾安國慈恩千福開業章敬等寺，縱吐蕃使者
以觀焉。乙丑，對吐蕃[illegible]答使于麟德殿，宴賜有差
九月戊辰，對吐蕃使於麟德殿，宴賜有差
十一月辛酉，對南詔奚契丹牂牁使於麟德殿，賜以銀器錦綵

十二月壬辰對新羅渤海南詔牂牁昆明等使于麟德殿
宴賜有差
長慶元年二月辛卯以九姓迴鶻毗伽保義可汗薨輟朝三日
仍令諸司三品已上官詣鴻臚寺弔其使者
三月庚辰命宰臣等於侍中廳宴吐蕃使
二年正月壬子對渤海使者於麟德殿宴賜有差
六月丁卯吐蕃遣使來朝召對於麟德殿宴賜有差
八月壬午對吐蕃使者五十人於麟德殿宴賜有差
九月戊子朔宴吐蕃使論悉諾等十五人於中書省勑曰蕃客
等皆遠申朝聘適遇重陽宜共賜錢二百貫以充一日宴賞仍給太
常音樂丁巳對陰山府沙陀突厥兵馬使朱邪執宜等於麟德
殿仍賜官告錦綵銀器
月壬子對迴紇使者於麟德殿宴賜有差
敬宗寶曆元年六月丁亥命品官田務豐使迴鶻賜冊信十二車使迴



鶻賜可汗及太和公主
文宗大和元年正月辛亥麟德殿對歸國吐蕃新羅宴賜有差
四月癸巳御麟德殿對渤海使者十一人宴賜有差
十一月甲申麟德殿對南詔契丹宴賜有差
二年正月乙亥對歸國南詔及入朝室韋于麟德殿賜物有差
八月丙子對入朝迴鶻安寧等四十人於麟德殿宴賜有差
十二月己卯渤海新羅室韋契丹南詔皆遣使朝貢並召對于
麟德殿宴賜有差
五年三月己亥朔新羅國王檢校太尉金彥昇薨廢朝
六年正月甲午麟德殿對南詔牂牁宴賜有差
二月丙午麟德殿對入朝吐蕃論董勃藏等一十九人又對渤
海王子大明俊等六人宴賜有差
七年正月甲午麟德殿對牂牁刺史宗士方等四人甲寅麟德
殿對歸國南詔蠻王丘銓等二十二人於內亭子賜食賜物有差

三月己卯麟德殿對吐蕃勃藏等一十九人又渤海王子大
光晟等六人牂牁刺史趙倫等四人昆明摩弥叔等二十六人
三月庚戌麟德殿對歸國迴鶻李義節等一十九人宴賜有差
四月辛酉以九姓迴鶻可汗薨廢朝三日仍令諸司文武三品
尚書省四品已上官就鴻臚寺弔其使者
十二月庚戌對室韋大都督阿朱等二十人牂牁刺史謝闘毫
等二十人頒賜有差
八年正月庚午麟德殿對南詔及室韋契丹牂牁等使宴賜
有差
開成元年十二月壬子新羅國質子試光祿卿賜紫金魚袋金
允夫進狀稱本國王命臣入朝充質二十六年矣三蒙改授試
官再當本國宣慰及冊立等副使准往例皆蒙特授正官迴授
武成王廟令
二年正月癸巳上御麟德殿對賀正南詔洪龍君三十人渤海



王子大明俊等一十人宴賜有差
二月癸卯賜奚契丹室韋等告身八十九通
六月甲寅賜宿衛新羅金忠信等錦綵有差
三年二月辛卯上御麟德殿對入朝南詔牂牁契丹奚室韋渤
海等各賜錦綵銀器有差
四年正月御麟德殿對入朝賀正南詔　趙酋莫等三十
七人賜官告并錦綵銀器金帶衣服等有差
武宗開成五年正月即位十二月御三殿對歸國南詔等十六人
會昌元年七月癸巳勅賜嗢沒斯姓李名思忠制曰昔項伯歸
義奉春建策賜之劉氏列在漢宗爰寵我勳抑惟前典嗢沒斯
等代雄沙漠勇冠天山早稱良將之才嘗佩名王之綬附于絕
塞歲已再春秉是一心習全大義今則解其辮服始列牙旗自
我加恩益聞勵節驥登長坂感顧所以長鳴劍出豐城由拂
四嘗煥以右北平太守李廣北狄避之號爲飛將稱其若

隱在龍庭美公拔之所興因而命氏貴棣華之方轉當使司榮
大思垂撫邪忠爲令德嘉其立志用以錫名尔宜念之無替休
命又以廻鶻内宰相受邪勿充歸義軍副使兼賜姓名制曰自
古制軍必在佐貳虔至漢氏亦循舊章旣得將才俾參戎政實
資謀策中正紀綱受邪勿往在龍廷嘗爲貴相秉其承亂遂拔
跡於殊隣加以懷柔音歸心於上國而又推誠所奉果協良圖
旦獲異謀必來獻款旋覩沐志可謂竭忠昔戎狄請和全由孟
樂平韓飾服始自秩嘗嘉茂功所宜異等因其請族錫以嘉名
漢賜稱俠尚採袭天之義魏親程昱用曙捧日之心寵以貂璫
爵於禅校服兹新命宜保厥終可檢校右散騎常侍兼歸義軍
副使仍賜姓受名弘順
十一月帝御麟德殿見室韋大首領督熱論一十五人賜物有差
二年九月幽州節度使張仲武奏契丹新立屈戍等契丹舊用
廻鶻印今懇請當道聞奏乞國家賜印勑旨宜依仍以奉國契



丹之印爲文
十二月御麟德殿引見室韋大首領督熱論一十五人宴賜有差
六年正月南詔契丹室韋渤海牂牁昆明等使並朝于宣政殿
於麟德殿賜食於內亭子仍賚錦綵器皿有差
懿宗咸通元年正月御宸殿受朝對室韋使
昭宗天祐元年六月佛齊國入朝使蒲訶栗可寧遠將軍
梁太祖開平二年正月渤海國朝貢使殿中少令崔禮光已下
各加爵秩并賜金帛有差
三年八月戊寅御文殿召契丹朝貢使昌廷等五十人對見舉
以遠蕃朝貢稱賀罷賜昌廷已下酒食及分賚銀帛有差
五月癸丑賜契丹朝貢使昌寶押進將軍污廷副使米途通事
三人物首領等銀絹有差
乾化元年十一月丙午以廻鶻都督周易言爲右監門大將軍
同正梁略李屋之石壽兒石論斫迮至千牛衛將軍同正李屋
列洙安盛以並右千牛將軍同正吐蕃溫末首領杜論没悉依
君論心並左領軍衛將軍同正溫末蘇論乞祿右領軍衛將軍
同正癸未廻鶻入朝僧凝盧宜李思宜延錢等並賜紫衣還蕃
二年閏五月戊申詔以分物銀器賜渤海遣貢首領已下進遣
其國庚申嗢末首領熱逋鉢督杜延保朴等並授銀青光祿大
夫檢校太子賓客遣還本部
後唐莊宗同光元年十一月丁巳新羅國王金朴英遣倉部侍
郎金樂錄事參軍金幼卿朝貢賜物有差
二年四月戊寅新羅朝貢使授朝散大夫守倉部侍郎賜紫金
魚袋朝議大夫試衛尉卿
五月庚申賜渤海朝貢使大元讓等分物有差
八月渤海朝貢使王姪學堂親衛大元謙可試國子監丞
十一月庚寅以黑水國朝貢兀兒爲歸化中郎將
三年五月乙卯以渤海國入朝使政堂省守和部少卿賜紫金



魚袋裴璆可右贊善大夫
明宗天成二年三月乙卯以新羅國權知康州事王逢規爲懷
化大將軍新羅國登州都督府長張希巖新羅國登州知後
官本國金州司馬李彥謨並可檢校右散騎常侍庚午以新羅
國入朝使中散大夫兵部侍郎賜紫金魚袋張芬可檢校工部
尚書副使兵部郎中賜緋魚袋朴術洪可兼御史中丞判官倉
部員外郎賜緋魚袋李忠式可兼侍御史
四月新羅國康州遣使林彥朝貢對於中興殿賜物有差
八月昆明大鬼主羅殿王普露靜王九部落各差使君土等隨
牂牁清州八郡刺史宋朝化等一百五十三人來朝各賜等第
官告繒帛錦衣銀器放還蕃
九月壬午契丹差梅老浯骨已下進奉各有頒賜
十二月宣飛勝指揮使安念德使於契丹賜契丹王錦綵衣三
百五十疋金花銀器五百兩寶裝酒器一副其母繡被一張寶

[illegible]一副
[illegible]月[illegible]酉契丹王阿保機妻差使送前振武副使劉在到
[illegible]州觀在金銭兩銀器金帶鋪陳氈褥甚厚中子契丹使禿泊
也梅老已下五十人進奉延各賜錦衣銀帶束帛有差賞散指
揮使奔托山押國信賜契丹王妻契丹指揮使鄂知浚[illegible]
孝發加等戊辰勑以吐蕃野利延孫等六人並可歸德懷遠將[illegible]
迴鶻米里都督等四人並可歸德將軍
二月甲午勑吐渾寧朔奉化兩府都知兵馬使檢校司徒李紹
魯可授光祿大夫檢校太保賜竭忠建策興復功臣吐渾寧朔
府都督檢校工部尚書赫連公德可金紫光祿大夫檢校右僕
射賜忠義正衛功目
五月辛未迴鶻使辭放使殿賜賚有差
九月甲申吐蕃迴紇入貢使放還蕃賜錦衣繒帛有差壬辰吐
蕃使闊藍羅等三人並可歸化司義迴紇使羅娑都督可歸化



司階
十月甲子差春州刺史米海金押國信賜契丹王其迴使葩老
秀里等辭賜物有差
十二月壬戌吐蕃遏蘆王子撥氈可歸德郎將并首領十人並授
歸化司戈
四年正月壬辰迴鶻入朝使劉掣撥都督等五人並可懷化司戈
七月乙酉以渤海國前入朝使高正詞爲太子洗馬
八月乙巳黑水胡貢使骨至來可歸德司戈癸亥北京奏葬摩
尼迴鶻之佛師也先自本國來太原少尹李彥圖時爲懷
化郡王李思忠之孫也思忠本迴鶻王子嗢沒斯也歸國錫姓
名關中大亂之後彥圖挈其族歸太祖賜宅一區宅邊置摩尼
院以居之至是卒長興元年正月勑河西党項蕃官來萬德可
懷化司戈餘如故
十二月以党項折家族五鎮都知兵馬使折文政檢校僕射以

党項薄備家族都督薄備撤羅檢校尚書
二年十一月戊申以吐蕃首領撥里杌布蘭氈並爲歸德司戈
三年正月渤海迴鶻順化可汗吐蕃各遣使朝貢涼州奏將吉
有狀請朝廷命帥兼進方物諸番使各賜物有差
三月丙申迴鶻朝貢使都督翟祝爲懷化將軍副使印安勒懷
化郎將監使姜阿懷化司候判官裴連兒懷化司階已亥以吐
蕃朝貢使左廂首領右千牛衛將軍同正野利閭心爲歸德大
將軍右廂首領錢心爲懷化郎將中廂首領李琪讀歸利司候
番部都督對兒六突兒鷄並爲歸德司階
四月契丹入朝使繡骨梅里辭歸蕃賜分物鞍馬錦袍銀帶
七月詔特進檢校太保使持節玄菟州都督上柱國高麗國王
王建妻河東柳氏可封河東郡夫人高麗入朝使太相王儒奏請也
十一月吐蕃朝貢使辭人賜虎皮一張皆披虎皮拜謝委身宛
轉落其氈帽髮亂如蓬帝笑之不已



四年七月癸巳迴鶻遣都督李米等三十人來朝進白鶻一聯
帝召對於廣壽殿厚加錫賚仍命解放其鶻
閔帝應順元年正月賜迴鶻入朝摩尼八人物有差
閏正月瓜州入貢牙將唐進沙州入貢梁行通迴鶻朝貢安摩
訶等辭各賜錦袍銀帶物有差
廢帝清泰二年八月乙亥迴鶻朝貢使安[illegible]錄都督陳福海爲懷化
郎將副使達奚相溫爲懷化司階監使屈密祿阿撥爲歸德司
戈判官安均爲懷化司戈
三年正月庚午以高麗朝貢使王子太相王規檢校尚書右僕
射副使廣評侍郎崔儒試將作監其節級三十餘人並授司戈
司階
十一月戊辰以吐渾寧朔奉化兩府留後檢校尚書左僕射李可
久超授檢校司徒其副使檢校工部尚書赫連海龍可檢校尚
書左僕射其兩府大夫李鐵匱可檢校右僕射可久海龍鐵匱

皆吐渾白姓族迎部落前朝賜姓已以孰吐渾左廂都指揮
使李全福右廂赫連鐵鑪竝可懷化司階指揮使党海甲毀公
奴梁康全王堂九高骨咄山党允公政毀貞福康息力慕容于仡
李海全李冬山兩府都評事梁貞戈根啜等竝可懷化司戈吐渾
指揮使党紇薛秦公達慕容葛禄等懷化司戈皆吐渾兩府白
承遣之將校也
晉高祖天福二年春故契丹人皇王歸華較視朝一口
十一月詔賜北朝昌魯相公聶和公幽州趙思溫繒帛器皿以
前屯瀛州援王師討魏故也
三年五月廻鶻朝貢使都督翟全福并肅州甘州專使僧等歸
本國賜鞍馬銀器繒帛有差
十一月授于闐國進奉使檢校太尉馬繼榮爲鎮國大將軍副使
黃門將軍國子少監張再通試衛尉卿監使殿頭承旨通事舍
人吳順規試將作少監廻鶻使都督李萬金歸義大將軍監使
雷福德順化將軍
漢隱帝乾祐元年七月以廻鶻入朝使李屋爲歸德大將軍
副使安鐵山監使末相溫並爲歸德將軍判官翟毛哥爲懷化
將軍于闐入朝使王知鐸檢校司空副使張文達檢校右僕射
監使劉行立檢校兵部尚書判官秦元保檢校左僕射並放還蕃
周太祖廣順元年二月癸酉寒食節太祖出玄化門至蒲池設
御幄遥拜諸陵宣召契丹使褭骨支廻鶻都督賜酒食未時還
宮已未褭骨支辭賜衣著五十疋銀器二十兩綵二十疋又賜
從人各綵三十疋
世宗顯德五年甲午詔賜廻鶻達怛國信物有差
六年正月壬子高麗國王王昭遣其臣王子佐丞王兢佐尹皇
甫魏光等來進名馬及織成衣襖弓劍器甲等賜兢等龍衣銀
帶器幣有差
十一月占城國進表使莆訶散金婆羅等辭各賜分物有



差□令貢金銀器□□繒絲千匹及[illegible]
大國王殺□差[illegible]

冊府元龜卷第九百七十六

冊府元龜卷第九百七十七

外臣部二十二

降附

天生四夷以御魑魅故前代聖王羈縻勿絶禽獸畜之亦以為中國之屏蔽也然或彊或弱倏往忽來故曰弱則卑服彊則驕孳斯其天性亦在御之而已自漢以來乃有嚮慕風教震懾威烈因其衰弱相率內附而乃招諭之以禮申於撫納懷柔之以德厚其存恤以至張官置吏設亭鄣塞觴之以衣冠印綬振之以罽絮兼因以弭兵息役開疆拓土斯皆得來遠之道達禦戎之要者焉

漢高祖十一年立南粵王使陸賈即授璽綬即就也就其所而授之佗稽首稱臣

孝惠三年七月南越王佗稱臣奉貢是時遼東太守約朝鮮王滿為外臣保塞外蠻夷無使盜邊



文帝元年太中大夫陸賈使南粵賜尉佗書佗頓首謝願長為藩臣於是下令國中曰吾聞兩雄不俱立兩賢不並世漢皇帝賢天子自今以來去帝制黃屋左纛因為書稱蠻夷大長老夫臣佗昧死再拜上書皇帝陛下老夫故粵吏也高皇帝幸賜臣佗璽以為南粵王使為外臣時內貢職言以時入貢職孝惠皇帝即位義不忍絶所以賜老夫者厚高后自臨用事近細士細士猶言小人也用讒臣別異蠻夷出令曰毋予蠻夷外粵金鐵田器馬牛羊言非中國故云外粵即予予之牡毋與牝老夫處辟馬牛羊齒已長自以祭祀不脩有死罪使內史藩中尉高御史平凡三輩上書謝過皆不反又風聞老夫父母墳墓已壞削兄弟宗族已誅論風聞聞風聲吏相與議曰今內不得振於漢外亡以自高異故更號為帝自帝其國非敢有害於天下高皇后聞之大怒削去南粵之籍使使不通老夫竊疑長沙王讒臣故敢發兵以伐其邊且南方卑濕蠻夷中西有西甌其衆半羸[illegible]南面稱王東有閩粵其衆數千人亦稱王西北有長沙其半蠻夷亦稱王言長沙之國半雜蠻夷之人老夫故敢妄竊帝號聊以自娛老夫身定百邑之地東西南北數千萬里帶甲百萬有餘然北面而臣事漢何也不敢背先人之故老夫處粵四十九年于今抱孫焉然夙興夜寐寢不安席食不甘味目不視靡曼之色耳不聽鐘鼓之音者以不得事漢也今陛下幸哀憐復故號通使漢如故老夫死骨不腐改號不敢為帝矣謹北面因使者獻

景帝時西羌研種留何率衆人求守隴西塞於是徙留何等於狄道安故至臨洮氐道羌道縣

武帝建元三年秋閩粵發兵圍東甌東甌人告急天子遣中大夫嚴助發會稽郡兵浮海救之漢兵未至閩粵引兵去東甌請舉國徙中國乃悉與衆處江淮之間

元朔元年三月東夷濊君南閭等口二十八萬人降以為蒼海郡

元狩二年秋匈奴昆邪王殺休屠王并將其衆合四萬餘人來



降置五屬國以處之以其地為武威酒泉郡是時驃騎將軍霍去病[illegible]將兵擊匈奴右地多斬首虜獲休屠王祭天金人復西過居延攻祁連山大克獲於是單于怨昆邪休屠居西方多為漢所破召其王欲誅之昆邪休屠恐謀降漢休屠王後悔昆邪王殺之并將其衆降漢

元鼎五年五月諫議大夫終軍使者安國少季使南粵是時南粵王興年少太后樛氏中國人國人多不附太后太后恐亂起亦欲倚漢威勸王及幸臣求內屬即因使者上書請比內諸侯三歲一朝除邊關於是天子許之賜其丞相呂嘉銀印及內史中尉太傅印餘得自置丞相內史中尉太傅之外皆得自選置不受漢之[illegible]除其故黥劓刑用漢法諸使者留塡撫之塡音竹刃切

六年春既平南粵時蒼梧王趙光與粵王同姓聞漢兵至降為隨桃侯及粵揭揚令史定降漢為安道侯[illegible]粵將畢取以軍降為膫侯[illegible]粵桂林監居翁[illegible]

諭告甌駱四十餘万口降爲湘城侯

元封二年壬子發巴蜀兵擊滅勞深靡莫（二國名）以兵臨滇王始首善以故弗誅（言[illegible]以來常有善意）滇王離西夷（[illegible]歸漢）滇舉國降請置吏入朝於是以爲益州郡賜滇王王印復長其民（[illegible]）

宣帝地節中匈奴前所得西嗕居左地者（[illegible]）長以下數千人皆驅畜產行與甌脫（[illegible]）戰殺傷甚衆遂南降漢

神爵二年五月羌若零（[illegible]）離留且種兒庫（[illegible]）共斬先零大豪（[illegible]）猶非楊玉首（[illegible]）及諸豪弟澤陽雕良兒靡忘皆（[illegible]）煎鞏黃羝之屬四千餘人降漢初置金城屬國以處降羌

是年秋匈奴大亂日逐王先賢撣將人衆万餘來降初先賢撣父左賢王當爲單于讓狐鹿姑單于狐鹿姑單于許立之國人以故頗言日逐王當爲單于日逐王素與握衍朐鞮單于有隙即率其衆數万騎歸漢



五鳳二年十一月匈奴呼遬累單于帥衆來降（[illegible]）

甘露三年春呼韓邪單于爲郅支所破遂稱臣來朝月餘單于自請願留居光祿塞下（[illegible]）有急保漢受降城（[illegible]）漢遣長樂衛尉高昌侯董忠車騎都尉韓昌將騎万六千又發邊郡士馬千數送單于出朔方雞鹿塞（[illegible]）詔忠等留衛單于助誅不服又轉邊穀米糒（[illegible]）前後三万四千斛給贍其食

成帝時（[illegible]）匈奴左伊秩訾爲呼韓邪畫計歸漢竟以安定其後或讒伊秩訾自伐其功常鞅鞅（[illegible]）呼韓邪疑之左伊秩訾懼誅將其衆千餘人降漢

後漢光武建武元年復置護羌校尉官初白馬氐人悉附隴蜀及隗囂滅其酋豪仍背公孫述降漢隴西太守馬援上復其王侯君長賜以印綬

十二年九真徼外蠻夷張游率種人內屬

十三年七月廣漢塞外白馬羌豪樓登等率種人五千餘戶內屬

二十年秋東夷韓國人率衆詣樂浪內附（東夷有辰韓卞韓馬韓謂之三韓國也）

二十三年十月高句驪率衆人詣樂浪內屬是月匈奴薁鞬日逐王比率部曲遣使詣西河內附（[illegible]）

二十四年春八部大人共議立比爲呼韓邪單于以其大父嘗依漢得安故欲襲其號於是款五原塞願永爲蕃蔽扞禦北虜帝用五官中郎將耿國議乃許之其冬比自立爲呼韓邪單于

二十五年烏丸大人郝旦等九千餘人帥衆詣闕封其渠帥爲侯王者八十餘人使居塞內布列遼東屬國遼西右北平漁陽廣陽上谷代郡鴈門太原朔方諸郡界招來種人給其衣食置校尉以領護之遂爲漢偵備擊匈奴鮮卑

二十六年遣中郎將段郴授匈奴南單于璽綬令入居雲中始置匈奴中郎將將兵衛護之先是二十四年匈奴薁鞬日逐王比自立爲南單于於是分爲南北匈奴遣子入侍



二十七年五月益州郡徼外哀牢王賢栗等遂率種人戶二千七十口万七千六百五十九詣越巂太守鄭鴻降求內屬先是二十三年賢栗等附塞夷鹿茤（[illegible]）衆弱死數千人賢栗復遣其六王將万人以攻鹿茤鹿茤王與戰殺其六王哀牢耆老共埋六王夜虎復出其尸而食之賢栗惶恐謂其耆老曰我曹入邊塞自古有之今攻鹿茤輒被天誅中國其有聖帝乎天祐助之何其明也至是遂求內屬

三十年正月鮮卑大人於仇賁滿頭等率種人詣闕朝賀慕義內屬

明帝永平元年鮮卑大人皆來歸附並詣遼東受賞賜青徐二州給錢歲二億七千萬爲常

十二年正月益州徼外夷哀牢王柳貌遣子率種人內屬其稱邑王者七十七人戶五万一千八百九十口五十五万三千七百一十一西南去洛陽七千里帝以其地置哀牢博南二縣割益州郡西部都尉所領六縣合爲永昌郡（是時益州刺史梁[illegible]）

[illegible]遠夷自汶山以西前世所不至正朔所未加白狼槃木唐菆等百餘國戶百三十餘万口六百万以上舉種奉貢稱爲臣僕

章帝建初八年六月北匈奴三木樓訾大人稽留斯等率三万八千人馬二万四牛羊十餘万款五原塞降

章和元年十月北匈奴屋蘭儲等率衆降

和帝永元四年正月北匈奴右谷蠡王於除鞬自立爲單于將塞乞降（於除鞬其名也）遣大將軍左校尉耿夔授璽綬

六年四月蜀郡徼外大牂夷種羌豪造頭等率種人五十餘万口內屬拜造頭爲邑君長賜印綬是年蜀郡徼外羌率種人遣使內附

十二年二月旄牛徼外白狼樓薄蠻夷王唐繒等遂率種人十七万口歸義內屬

是年西域蒙奇兜勒二國遣使內附

安帝永初元年正月蜀郡徼外羌龍橋等六種慕義降附

三月永昌徼外僬僥種夷陸類等三千餘口舉種內附



五月九眞徼外夜郎蠻夷舉土內屬開境千八百四十四里

二年閏七月蜀郡徼外羌薄申等八種三万六千九百口復舉土內屬

十二月廣漢塞外參狼種羌二千四百口復來內屬

五年高句驪王宮遣使貢獻求屬玄菟

元初一年正月蜀郡青衣道夷邑長令田（田令名）與徼外三種夷三十一万口齎黃金旄牛毦（[illegible]）舉土內屬

三年五月越嶲郡徼外夷大羊等八種戶三万一千口十六万七千六百二十慕義內屬

永寧元年十二月遼西鮮卑大人烏倫其至鞬衆詣度遼將軍鄧遵降奉貢獻

延光元年十二月九眞徼外蠻貢獻內屬

二年五月日南徼外蠻夷內屬

順帝永嘉元年二月叛羌詣屯馮翊梁並降是時諸羌衰耗並稍以恩信招誘之於是離　物狐奴等五万餘人詣[illegible]

靈帝建寧三年九月鬱林烏滸民相率內屬（[illegible]）

（[illegible]）

光和五年七月巴郡板楯蠻詣太守曹謙降

獻帝建安十年三郡烏丸觸等舉其縣降封爲列侯

魏太祖平張魯于漢中是時巴七姓夷王朴胡賨邑侯杜濩舉巴夷賨民來附於是分巴郡以胡爲巴東太守濩爲巴西太守皆封列侯

明帝景初元年右北平烏丸單于寇婁敦遼西烏丸都督王護留等居遼東率部衆隨度遼將軍毌丘儉內附

齊王正始五年九月鮮卑內附置遼東屬國立昌黎縣以居之

七年韓那奚等數十國各率種落降

蜀後主延熙十年衛將軍姜維出隴西南安金城界與魏大將軍郭淮夏侯霸等戰於洮西涼州胡王白虎文治無戴等舉部



落降維將還安處之于繁縣

晉武帝咸寧二年二月東夷八國歸化

七月東夷十七國內附

三年西北雜虜及鮮卑匈奴五溪蠻夷東夷三國前後千餘輩各率種人部落內附

四年東夷九國內附

五年三月匈奴都督拔弈虛帥部落歸化

十月匈奴餘渠都督獨雍等帥部落歸化

太康元年六月東夷十國歸化

二年六月東夷五國內附

四年六月牂柯獠二千餘落內屬

五年匈奴胡太阿厚率其部落二万九千三百人歸化

六年四月參離四千餘落內附

七年八月東夷十一國內附

是年匈奴胡都大博及萎莎胡等各率種類大小凡十万餘口
詣雍州刺史扶風王駿降附
八年八月東夷二國內附
是年匈奴都督大豆得一育鞠等復率種落大小万千五百口
牛二万二千頭羊十万五千口車廬什物不可勝紀來降并貢
其方物帝並撫納之
九年九月東夷七國詣校尉內附
十年五月鮮卑慕容廆來降東夷十一國內附
十二月奚軻男女十万口來降
惠帝元康元年東夷十七國南夷二十四部並詣校尉內附
宋孝武帝大明元年梁州獠求內屬立懷漢郡
南齊太祖建元四年南梁州刺史仇池公楊靈珍與二弟婆羅
阿卜珍率部曲三万餘人舉城歸附送母及子雙健阿皮於南
鄭爲質
陳文帝天嘉二年雍州四山蠻率部落內屬
後魏道武天興元年四月鄴城屠各董羌杏城盧水郝奴河東
蜀薛榆氐帥苻興各率其種內附
二年八月西河胡帥護諾于丁零帥翟同蜀帥韓龍並相率內附
三年十一月高車別帥敕力犍率九百餘落內屬
四年正月高車別帥率其部三千餘落內附
五年十二月越勤莫弗率其部万餘家內屬居五原之北
六年正月朔方尉遲部別帥率万餘家內屬入居雲中
明元永興三年六月西河胡張賢等率營部內附
十二月蠕蠕斛律宗黨吐觚于等百餘人內屬
神瑞元年六月河西胡首劉遮劉退孤率部落等万餘家渡河
內屬
二年二月河西胡劉雲等數万戶內附
泰常二年十二月氐豪徐駭奴齊元子等擁部落三万於雍遣


使內附詔將軍王洛生及河內守楊聲等西行以應之
三年正月河東胡蜀五千餘家相率內屬
五年四月河西屠各帥董大虎羌酋不蒙娥等遣使內附
十二月杏城羌酋狄溫子率三千餘家內附
太武神䴥元年八月上郡休屠胡酋金崖率部內屬又上洛巴
渠泉午觸等万餘家內屬
延和二年十二月隴西休屠王弘祖率衆內屬
太延四年十二月上洛巴渠泉革等相率內附
文成太安二年十一月蠻王文虎龍率千餘家內附
四年十一月東部高麗庫莫奚蠕蠕絕跡遠遁其別部烏朱駕
頹率衆來降
獻文皇興三年十一月吐谷渾別帥白楊提度汗率戶內附
孝文延興元年九月高麗民奴久等相率來降各賜田宅
二年正月大陽蠻酋桓誕率戶內屬拜征南將軍封襄陽王
三年十一月吐谷渾部內羌民鍾豈渴干等二千三百戶內附
太和五年七月蠕蠕別帥他稽率衆內附
十二年十二月蠕蠕伊吾戍主高羔子率衆三千以城內附
十三年二月蠕蠕別帥叱呂勤率衆內附
十七年五月襄陽蠻酋雷婆思等率一千三百餘戶內附徙居
於太和川
是年光城四山蠻帥田益宗遣使張超奉表歸款
宣武景明元年六月大陽蠻酋田育丘等率戶內附
正始元年八月西[illegible]沃方率戶四千內附
四年十二月蠕蠕高車民他莫孤率部來降
永平元年十二月漢東蠻民一万七百戶相率內附
二年九月高車別帥可略汗等率衆一千七百內屬
[illegible]十一月蠕蠕莫緣梁賀侯豆率男女七百人
來降

正光元年九月蠕蠕主阿那瓌來降
二年八月蠕蠕後主俟匿伐來奔懷朔鎮
是時（本傳云正光中）大都督司徒平南王破六韓孔雀率部下一万降
於尒朱榮詔加平北將軍第一領民酋長
東魏孝靜興和三年二月阿至羅出吐拔那渾大率部來降
四月阿至羅國王副伏羅越居子去賓來降
西魏元帝承興二年三月阿三羅相率降款
文帝大統五年蔡陽蠻王魯超明內屬
恭帝二年諸蠻酋首民王田興彥北荆州刺史梅季昌等相繼
款附
後周武帝天和元年五月吐谷渾龍涸王莫昌率戶內附以其
地為扶州
宣政元年正月吐谷渾偽趙王他婁屯來降
隋高祖開皇四年二月突厥蘇尼部男女万餘人來降
[illegible]部[illegible]來降
[illegible]契丹主莫賀弗遣使請降
[illegible]千餘[illegible]
[illegible]拔[illegible]州內附
[illegible]契丹[illegible]悉其衆款塞帝納之聽居其故地
六年正月党項羌內附
是年契丹別部出伏等背高麗率衆內附納之安置於渴奚那
頡[illegible]
[illegible]會州詔發隴西兵以討之大破其衆又相率請
降願為臣妾遣子弟入朝謝罪帝謂之曰還語爾父兄人生須
有定居養老長幼而乃乍還乍走不羞鄉里邪自是朝貢不絕
十九年四月突厥突利可汗內附是時契丹別部四千餘家背突
厥來降帝方與突厥和好重失遠人之心悉令給糧還本部敕突
厥撫納之固辭不去



仁壽元年五月突厥男女九万口來降
煬帝大業三年七月啓民可汗上表請變服襲冠帶
五年六月伊吾吐屯設等獻西域數千里之地
八年正月突厥處羅可汗還自高昌其羸弱万餘口令其弟達
度闕牧畜會寧郡
唐高祖武德元年七月闕可汗遣使內附闕可汗者西蕃突厥
曷娑那可汗之次弟也初號闕達度設統部落於會寧郡控弦
三千餘騎及隋亡自稱闕可汗初連擴於李軌隋西戎使者曹
瓊據甘州誘之又以衆附瓊合軍拒軌為軌所敗竄於達斗拔
谷與吐谷渾相脣齒至是遣使朝貢舉國內屬
八月華池胡帥劉企成率衆來降
十二月突厥曷娑那可汗自宇文化及所來降（曷娑那可汗先從隋煬帝幸江都[illegible]驍騎[illegible]）
四年契丹別部酋帥孫敖曹與靺鞨酋長突地稽俱請內附
七年二月高句麗遣使內附受正朔請頒曆許之
九年正月[illegible]川羌數百戶內屬
太宗貞觀二年二月靺鞨內屬
四月契丹大酋帥摩會率其部來降
十二月牂牁充州蠻並遣使朝貢牂牁渠姓謝氏舊臣中國代
為本土牧守隋末天下亂遂絕不通至是知中夏平定其首謝
龍羽遣使修職貢勝兵數万於是列其地為牂州拜龍羽為刺
史充州者牂牁之別部也牂牁隣境勝兵二万列其地為充州
自是並朝貢不絕
三年九月突厥俟斤九人率三千騎來降
十二月北突厥突利可汗阿史那什鉢苾與頡利有隙率所部
來降
是年南會州都督鄭元璹遣使招諭党項其長細封步賴舉部
內附列其地為軌州[illegible]遣使內附以其地為[illegible]

六年十月契苾何力率其部六千餘家款塞帝處之涼州是

五年詔以河曲地為十六州是年党項等羌前後內屬者三十萬口

十年三月吐谷渾請頒曆奉行年號并子弟入侍並從之

是年都布可汗阿史那社尒以地通延陁款塞歸附帝嘉其忠節授左驍衛大將軍妻以衡陽長公主拜駙馬都尉

十三年六月渝州人侯弘仁自牂牁至西趙楊蒲洞出邕州通交桂道蠻俚降者二万八千餘戶

二十年八月車駕幸靈州次浮陽頓鐵勒迴紇拔野古同羅僕骨多濫葛思結阿跌契丹奚結渾斛薛等十三姓各遣使朝貢奏稱延陁可汗不事大國暴虐無道不能與奴等為主以自死敗部落烏散不知所之奴等各有分地不能逐延陁去也歸命天子願賜哀憐乞置漢官司養育奴等帝意以破延陁遂宴虜庭見其使至甚悅遣黃門侍郎楮遂良引於燕廳浮觴積載以燕之夜分方已



二十一年正月[illegible]

十月奴剌啜匐俟友率其部[illegible]一万內附

二十二年二月[illegible]沙鉢羅[illegible]

四月西突厥泥伏沙鉢羅[illegible]部落[illegible]屬於庭州

十一月契丹帥窟哥奚帥可度者並率其部內屬以契丹部為松漠都督府拜窟哥為使持節十州諸軍事松漠都督又以其別帥達稽部置峭落州紇便部置彈汗州[illegible]活部置無逢州芬問部置羽陵州突便部置日連州[illegible]州墜斤部置万丹州伏部置匹黎赤山二州各以其酋長[illegible]為刺史俱隸松漠府以奚部置饒樂都督府拜可度者為使持節六州諸軍州饒樂都督又以別帥阿會部置弱水州[illegible]和部置祁黎州奧失部置洛瓌州[illegible]部置[illegible]州[illegible]部置[illegible]州各以其酋長[illegible]饒樂府又於營州兼置東夷校尉官

二十三年[illegible]吐毛達[illegible]等以其部落內屬是年西蕃徒莫祇蠻等各率其衆內屬以其地為傍州望州覽州丘州[illegible]郎州都督府

高宗永徽二年十一月特浪生羌董悉奉求辟惠生羌卜樓莫等各率種落万餘戶詣茂州歸附

五年正月生羌大首領凍就率部落內附以其地置劒州

顯慶元年七月西洱河大首領楊棟附顯和蠻大首領王羅祁郎昆梨盤四州大首領王伽衝率部落四千戶歸附

十一月生羌大首領浪我利波及鉢南伏浪恐等各率部落歸附以其所部為柘拱二州

三年八月播羅[illegible]生[illegible]首領多[illegible]桑等率部落六千餘戶內附

咸亨三年正月昆明蠻一十四姓二万三千戶相率內附分置殷州敦州揔州以安輯之



[illegible]開元二年閏二月突厥默啜之婿火拔頡利發石阿失與其妻來奔

五月突厥都利頡斤及三姓烏波都梅等詣并州內屬

九月葛邏祿車鼻施失鉢羅俟斤等一十二人以涼州內屬命攝鴻臚[illegible]往涼州宣勞是月胡祿屋闕及首領胡祿一千三十一人來降十月胡祿屋二萬帳詣北庭內屬

三年二月突厥十姓部落左廂五咄六啜右廂五弩失畢五俟斤及高麗王莫離支高文簡都督跌跌思太等各率其衆自突厥相繼內屬前後二千餘帳

四月[illegible]三姓葛邏祿率衆歸國帝降書慰曰三姓葛邏祿首領裴羅俟斤等頃歲遠來並平安好卿等一被驅率多歷歲年遂背逆歸忠間行歸國言念誠節嘉賞良深緣彼部落初牙已令遂便安置卿等及白大首領及將士已下並得安穩以[illegible]意具狀奏來

□年九月契丹李失活奚李大酺各以所部來降
六年四月突厥賀魯阿波蜀下首領悉羅賀魯史[illegible]等投降
五月契丹部落孫骨訥等十八人內屬並授游擊將軍賜緋袍
銀帶留宿衛
十一年九月吐谷渾率其衆詣沙州內屬詔張敬忠安存之除
表請[illegible]曰御此被吐蕃拘留阻我聲教自棄沙塞于今數年
欲[illegible]侵凌百姓聞甚辛苦今遠申誠款朕甚嘉焉
二十七年九月[illegible]木昆匐延闕律啜部落[illegible]敦塞幹部落首[illegible]
[illegible]哥落阿悉吉部落弓月部落哥係部落皆遣使請[illegible]
內屬[illegible]其表曰臣等生在荒裔久闕朝宗國亂土荒[illegible]
投賴陛下聖恩遐布慰念蒼生今磧西節度使蓋嘉運[illegible]
[illegible]蕃部[illegible]存恤蕃部臣等伏願稽首聖[illegible]
落於安西[illegible]內安置永作邊捍臣為臣子今者載馳驛首天路
不任兢躍之至



二十八年十二月突騎施可汗吐火仙骨啜與其妻子及諸蘇官首
領百餘人內屬[illegible]萬洛[illegible]請蕃[illegible]
[illegible]嘉運[illegible]相率而降
天寶元年八月突厥阿布思及默啜可汗之孫登利可汗之女
與其黨屬來降
九月[illegible]使上表[illegible]
四載[illegible]
常受[illegible]
一心[illegible]
十三載二月[illegible]內屬
明[illegible]一人[illegible]授
左武[illegible]
十四載正月蘇毗[illegible]二十八[illegible]隴右節
度使哥舒翰奏[illegible]部落數[illegible]人盖

足[illegible]強[illegible]糧[illegible]出其守邑[illegible]款曲[illegible]家
[illegible]二十餘人[illegible]部落皆為猜阻令此王子又復歸降臨
行事[illegible]一千餘人悉被[illegible]苦戰獲免
且吐蕃[illegible]互相屠戮人腹自潰[illegible]期但其三首逆歸仁
則是國家[illegible]史館在其[illegible]從之
代宗寶應[illegible]八月突厥奴剌部落千餘人內屬請討賊自[illegible]
[illegible]妻奴剌[illegible]首領于內殿賜物有差
[illegible]月二[illegible]表[illegible]渾歸順州部落[illegible]州部落歸義州部落
[illegible]州部落和[illegible]州部落和義州部落保善州部落[illegible]定州部
[illegible]州部落寧朔州部落並詣山南西道都防禦使臧希讓
[illegible]州印希讓以聞許之
[illegible]年二月河西党項永定等一十二州部落[illegible]內附請置公
[illegible]一十五州[illegible]之
二年五月[illegible]大首領林觀府部落新[illegible]州[illegible]



万六百[illegible]歸國部落新置龍武州管户一千五百詔安南節度
使左散騎常侍韓衡宣恩勞徠之
大曆五年春羌大首領白對蓬王守身胡部芒奇各率部落內
屬並授王之所居[illegible]刺史
德宗貞元九年[illegible]西山羌女哥隣白狗逋租弱水南王
六國君長[illegible]附[illegible]及清遠王咄霸王皆歸化敕國
[illegible]
十年八月[illegible]論乞髯湯没藏悉諾硉以其家屬來降
十二年三月[illegible]州節度使韋皋奏於雅州會野路招得投降蠻
首領高万唐六十九人戶約一千七百戶二萬餘口
憲宗元和三年六月沙陀突厥[illegible]百人攜其親屬歸于振武節
度使范希朝
是月邕管西原[illegible]首黃少卿歸款

五年五月鹽州奏□北党項拓跋公政等一十三府連狀稱
□□押下帳□□□牧放經今二十五餘年在鹽州界今準勅割隸夏
州情願依舊在鹽州界充百姓
六月太原節度使□□□奏雲州奉成軍部落一百二十帳先移
在□頭烽外今却招得二十七帳
六□□月振武節度使李泳奏招收得黑山外契苾部落四百
□十二帳
穆宗長慶二年六月鹽州上言北界党項被夏州遣兵劫掠欸
殺其都督拓拔万誠請降詔夏州節度使李祐其党項勿令侵擾
四年二月嶺南奏洞賊黄昌瓘使其黨陳少奇及首領二十人
軍款請降
十二月鳳翔節度使王承元送到投降吐蕃一十九人各賜衣
一襲
文宗大和元年八月靈州奏部落游弈使拓拔忠義招收得部



落五千餘帳於界首安置訖
開成元年二月天德軍奏生退渾部落三千帳來投豐州
三年九月安南都護馬植奏羈縻州刺史首領麻光耀等先屬
南詔今並子弟相次到府並納南詔所給文牒衣物等
武宗會昌元年五月天德軍奏迴鶻嗢没斯與歷支王子多覽
將軍等七人與部下將士三千一百六十八人來降
宣宗大中三年正月涇原節度使沈季榮奏吐蕃論恐熱以安
樂三州及石門七關等歸國
五年八月沙州張義潮遣兄義澤將瓜沙伊肅等十一州圖經
戶籍來獻
後唐莊宗同光三年三月蔚州送降附契丹七人
六月雲州節度使李敬文奏達靼首領涉撥于越族帳先在
磧北去年契丹攻破背叛達靼因相掩擊涉撥于越領步族羊
馬三万□□來□已到金月南界今差使蒙越到州□□□□

明宗天成元年十月契丹平州守將領嬀州節度使盧文進率
戶口兵馬車帳來降
二年正月定州行營副招討房知溫奏奚陁羅支領兩番奚內
附延牙於營州
三年閏八月契丹平州刺史張希崇殺其契丹以一城老人歸
國命中使齊茶藥接之
長興元年六月達怛三十帳內附
七月北京奏吐渾千餘帳內附已於天池川靜樂縣界安置
八月北京奏生吐渾內附欲於嵐州安族帳十月青州奏登州
申契丹阿保機男東丹王突欲一行四十餘人馬八十匹來歸國
二年閏五月吐渾下大首領薛海金等于我
三年五月達靼首領頡哥已下四百人內附
四年正月突厥首領李白山等三十四人內附
末帝清泰二年九月振武楊光遠言河口蕃部來奔界上安置



□□□□天福二年四月定州言契丹羽林都部署□□□□□
□二人馬二匹□車牛來奔
□月契丹降人孫重勳等四十四人到闕
□月定州言肖尸三百自契丹來歸
十月辛卯契丹鉤臺鎮將王若鎮都部將董親文招收軍□□
等八人來奔
十一月契丹界蹋南都船務使王希乾寧臺使孫章而下二十
四人來歸
十二月契丹毀頭王進寵武羽林軍校及通事舍人胡延等十
六人來奔
三年正月契丹王子元禄二人羽林軍使王遇軍將張超等十
九人來奔
二月鎮州言部送契丹來奔鎮院使張知訓等七人
三月契丹羽林軍士十五人來降

四月契丹平寧軍使張恩等三十八人羽林軍將王興等十二

人來奔

五月涿州送契丹來奔麴院官李韜等十七人指揮使李重斑

等十人奚首領部四十人至京師

六月契丹瀛州凡軍陶將文等十二人及巡檢指揮使葛知友

雲州牙將崔崇等十九人招收軍使李彥暉二十一人來奔是

月定州送契丹來奔紡院使邢福順等十三人并代州刺史男

祓等至闕下

七月契丹羽林軍士楊瀍等十三人殿直楊昱等二十五人來

奔京師滄州李暉送契丹降人盧重軍使張藏英等二百二十

二人馬二十三匹

八月定州部送契丹歸明軍士齊武等二十九人至京師

九月燕州吐渾指揮使党富達等五十一人馬駝四十二并翔

鑾軍使馬廷嗣等來奔



册府元龜卷第九百七十六

# 冊府元龜卷第九百七十八

## 外臣部二十三

### 和親

戎狄之国，世為邊患，禮義不能革其貪，干戈不能絕其類。故上自虞夏商周，固不程督，雖有窮兵追擊，亦失於略，蓋所謂獸聚鳥散，從之如搏景者也。是以聖人用權變之道，遠御不絕而已。漢高始納奉春之計，建和親之議，歲用絮繒酒食奉之，非惟解兵息民，亦欲漸而臣之，為羈縻長久之策耳。高后文帝至于宣元，皆用是道，故得呼韓朝於北闕之下。及元魏道武讀漢史，至欲以魯元妻匈奴，為之掩卷太息。於是以諸女皆釐降于賓附之（[illegible]）此乃深識從權濟時之略焉。易曰：惟幾也，故能成天下之務，其是之謂乎。

漢高帝既平城歸，韓王信亡入胡。當是時，冒頓單于兵彊，控弦（控，引也，引弓也）四十萬騎，數苦北邊。帝患之，問奉春君劉敬。敬曰：天下初定，士卒罷於兵革（[illegible]），未可以武服也。冒頓殺父代立，妻群母，以力為威，未可以仁義說也。獨可以計久遠子孫為臣耳。然陛下恐不能為。帝曰：誠可，何為不能！顧為奈何？（[illegible]）敬曰：陛下誠能以適長公主妻單于（適讀曰嫡，[illegible]），厚奉遣之，彼知漢女送厚，蠻夷必慕以為閼氏，生子必為太子，代單于。何者？貪漢重幣。陛下以歲時漢所餘彼所鮮數問遺（[illegible]），使辯士風諭以禮節（[illegible]）。冒頓在，固為子婿；死，外孫為單于。豈曾聞孫敢與大父亢禮哉？可毋戰以漸臣也。若陛下不能遣長公主，而令宗室及後宮詐稱公主，彼亦知，不肯貴近，無益也（[illegible]）。帝曰：善。欲遣長公主，呂后泣曰：妾唯以一太子一女（[illegible]），奈何棄之匈奴！帝竟不能遣長公主，而取家人子為公主，妻單于（[illegible]），使敬往結和親約（一云[illegible]宗室女公主[illegible]）。歲奉匈奴絮繒酒食物各有數，約為兄弟以和親，冒頓乃少止。

惠帝三年春，以宗室女為公主，嫁匈奴單于。時冒頓寖驕（[illegible]），廼為書使使遺高后，其辭悖慢。高后善季布言，令大謁者張澤報書曰：單于不忘弊邑，賜之以書，弊邑恐懼。退日自圖（[illegible]），年老氣衰，髮齒墮落，行步失度，單于過聽，不足以自汙。弊邑無罪，宜在見赦。竊有御車二乘，馬二駟，以奉常駕。冒頓得書，復使使來謝曰：未嘗聞中国禮義，陛下幸而赦之。因獻馬，遂和親。

文帝即位，復修和親。

四年，匈奴遺漢書曰：天所立匈奴大單于敬問皇帝無恙。前時皇帝言和親事，稱書意合驩（[illegible]）。漢邊吏侵侮右賢王，右賢王不請（不請，不告也[illegible]），聽後義盧侯難支等計，與漢吏相恨，絕二主之約，離昆弟之親。皇帝讓書再至，發使以書報，不來，漢使不至（[illegible]），漢以其故不和，鄰國不附。今以小吏之敗約故，罰右賢王，使至西方求月氏擊之。以天之福，吏卒良，馬力彊，以滅夷月氏，盡斬殺降下定之。樓蘭、烏孫、呼揭及其旁二十六国皆已為匈奴，諸引弓之民并為一家，北州以定。願寢兵休士養馬，除前事，復故約，以安邊民，以應古始，使少者得成其長，老者得安其處，世世平樂。未得皇帝之志，故使郎中係雩淺奉書請（[illegible]），橐佗一騎，馬二駕一駟。皇帝即不欲匈奴近塞，則且詔吏民遠舍。使者至，即遣之。六月中來至新望之地（[illegible]漢界上之地）。書至，漢議擊與和親孰便，公卿皆曰：單于新破月氏，乘勝，不可擊也。且得匈奴地，澤鹵，非可居也。和親甚便。漢許之。

六年，遺匈奴書曰：皇帝敬問匈奴大單于無恙。使係雩淺遺朕書云：願寢兵休士，除前事，復故約，以安邊民，世世平樂。朕甚嘉之，此古聖王之志也。漢與匈奴約為兄弟，所以遺單于甚厚。背約離兄弟之親者，常在匈奴。然右賢王事已在赦前，勿深誅。單于若稱書意，明告諸吏，使無負約，有信，敬如單于書。使者言單于自將并国有功，甚苦兵事，服繡袷綺衣、長襦、錦袍各一（[illegible]）

或作飭黃金飾具帶一黃金犀毗一犀毗胡帶之鉤也繡十匹錦二十匹赤綈綠繒各四十匹使中大夫意謁者令肩遺單于後頃之冒頓死子稽粥立稽音雞粥音育號曰老上單于老上稽粥單于初立帝復遣宗人女公主為單于閼氏宗人女謂諸王之女使宦者燕人中行說傅公主

十四年後匈奴歲入邊殺略人民漢甚患之迺使使遺匈奴書單于亦使當戶報謝復言和親事

後二年使使遺匈奴書曰皇帝敬問匈奴大單于無恙使當戶且渠雕渠難郎中韓遼遺朕馬二匹已至敬受當戶且[illegible]者一[illegible]二目[illegible]渠雕難韓遼皆其先帝制長城以北引弓之國受令單于長城以內冠帶之室朕亦制之使万民耕織射獵衣食父子毋離臣主相安俱無暴虐今聞渫惡民貪降其趨渫音先列反降下也謂下意於利也趨讀曰趣背義絕約忘万民之命離兩主之驩然其事已在前矣書云二國已和親兩主驩說說讀曰悅寢兵休卒養馬世世昌樂翕然更始朕甚嘉之聖德日新改作更始使老者得息幼者得長各保其首領而終其天年朕與單于俱由此道由用也順天恤民世世相傳施之無窮天下莫不咸嘉使漢與匈奴鄰敵之國匈奴處北寒殺氣早降故詔吏遺單于秫糱金帛絲絮它物歲有數今天下大安万民熙熙獨朕與單于為之父母朕追念前事薄物細故謀臣計失皆不足以離昆弟之驩朕聞天不頗覆地不偏載朕與單于皆捐細故俱蹈大道也墮壞前惡以圖長久使兩國之民若一家子元元万民下及魚鼈上及飛鳥跂行喙息蠕動之類跂行凡有足而行者也喙息凡以口出氣者蠕人兗反莫不就安利避危殆故來者不止天之道也俱去前事朕釋逃虜民謂漢人逃入匈奴者不單于毋言章尼等章尼等背單于降漢者朕聞古之帝王約分明而不食言凡人食其前言者謂終不信單于留志天下大安和親之後漢過不先單于其察之單于既約和親於是制詔御史匈奴大單于遺朕書和親已定亡人不足以益衆廣地匈奴無入塞漢無出塞犯今約者殺之可以久親後無咎俱便朕已許其布告天下使明知之又詔曰朕既不明不能遠德使方外之國不寧息夫四荒之外不安其生戎狄蠻夷荒服故曰四荒封圻之內勤勞不處不處謂不安居圻亦畿字封圻千里二者之咎皆自於朕之德薄而不能達遠也閒者累年匈奴並暴邊境多殺吏民邊臣兵吏又不能諭其內志以重吾不德諭告也重直用反夫久結難連兵中外之國將何以自寧今朕夙興夜寐勤勞天下憂苦万民為之惻怛不安惻怛痛也未嘗一日忘於心故遣使者冠蓋相望結轍於道使車結轍言其多也以諭朕志於單于今單于反古之道計社稷之安便万民之利新與朕俱棄細過偕之大道偕俱也結兄弟之義以全天下元元之民元元善意也和親以定始于今年



景帝元年四月遣御史大夫陶青至代下與匈奴和親

二年秋復與匈奴和親

五年夏遣公主嫁匈奴單于初帝既即位趙王遂陰使於匈奴會吳楚反欲與趙合謀入邊漢圍破趙匈奴亦止自是後帝復與匈奴和親通關市給遺單于遣公主如故約終帝世時時小入盜邊無大寇

武帝即位初明和親約束厚遇關市饒給之匈奴自單于以下皆親漢往來長城下帝令張騫使烏孫匈奴聞其與漢通怒欲擊之烏孫於是恐使使獻馬願得尚漢公主為昆弟天子問群臣議許曰必先內聘然後遣女烏孫以馬千匹聘入聘元封中遣江都王建女細君為公主以妻焉賜乘輿服御物為備官屬宦官侍御數百人贈送甚盛烏孫昆莫以為右夫人匈奴亦遣女妻昆莫昆莫以為左夫人公主至其國自治宮室居歲時一再與昆莫會置酒飲食以幣帛賜王左右貴人昆莫年老言語不通公主悲愁自為作歌曰吾家嫁我兮天一方遠託異國兮烏孫王穹廬為室兮旃為牆以肉為食兮酪為漿酪音洛居常土思兮心內傷土思謂懷本土願為黃鵠兮歸故鄉天子聞

而憐之間歲遣使者持帷帳錦繡給遺焉【閒歲者謂每一歲而往也】昆莫年老欲使其孫岑陬尚公主公主不聽上書言狀天子報曰從其國俗欲與烏孫共滅胡岑陬遂尚公主公主生一女少夫【名少夫】公主死漢復以楚王戊之孫解憂爲公主妻岑陬岑陬且死以國與季父大祿子翁歸靡【靡音非】後尚楚王解憂翁歸靡死岑陬子泥靡代立號狂王復尚楚主解憂是時匈奴自馬邑軍後絶和親數侵邊漢亦累出兵討破之伊稺斜單于用漢降將趙信遣使好辭請和親帝下其議或言和親或言遂臣之丞相長史任敞曰匈奴新困宜使爲外臣朝請於邊元鼎中烏維單于立數使使好辭甘言求和親漢使王烏等使之單于陽許曰吾爲遣其太子入漢爲質以求和親復遣楊信使匈奴信謂單于曰即欲和親以單于太子爲質於漢單于曰非故約故約漢常遣翁主給繒絮食物有品以和親【品等也】今吾太子爲質無幾矣【[illegible]】武帝之世漢兵深入匈奴窮追二十餘年匈奴孕重墮殰罷極苦之【[illegible]】孤鹿姑單于以下常有欲和親計後欲求和親會病死壺衍鞮單于既立風謂漢使者言欲和親其臣衛律在時亦常言和親之利匈奴不信及死後兵數困國益貧單于弟左谷蠡王思衛律言欲和親而恐漢不聽故不肯先言常使左右風漢使者【風讀曰諷】然其侵盜益希遇漢使愈厚欲以漸至和親漢亦羈縻之

宣帝時烏孫昆彌自將擊匈奴有功漢遣校尉常惠持金幣賜烏孫貴人有功者

元康二年烏孫昆彌因惠上書願以漢外孫元貴靡爲嗣得令復尚漢公主結婚重親畔絶匈奴願聘馬驘各千匹詔下公卿議大鴻臚蕭望之以爲烏孫絶域變故難保不可許帝美烏孫新立大功又重絶故業【重難也故業謂與烏孫婚姻親也】遣使者至烏孫先迎取聘昆彌及太子左右大將都尉皆遣使凡三百餘人入漢迎取少主帝迺以烏孫主解憂弟子相夫爲公主置官屬侍御百餘人舍上林中學烏孫言天子自臨平樂觀會匈奴使者外



國君長大角抵設樂而遣之使長羅侯光祿大夫惠爲副凡持節者四人送少主至敦煌未出塞聞烏孫昆彌翁歸靡死烏孫貴人共從本約立岑陬子泥靡代爲昆彌號狂王惠上書願留少主敦煌惠馳至烏孫責讓不立元貴靡爲昆彌還迎少主天子用蕭望之議徵還少主

神爵二年匈奴單于遣名王奉獻賀正月始和親是時匈奴虛閭權渠單于旁塞獵欲入寇單于病罷兵去迺使題王都犁胡次等入漢請和親未報會單于死

元帝時呼韓邪單于自言願壻漢氏以自親帝以後宮良家子王嬙字昭君賜單于昭君南郡人時呼韓邪來朝以宮女五人賜之昭君入宮數歲不得見御積悲怨乃請掖庭令求行呼韓邪臨辭大會帝召五女以示之昭君豐容靚飾光明漢宮顧景裴回竦動左右帝見大驚意欲留之而難於失信遂與匈奴生二子及呼韓邪死其前閼氏子代立欲妻昭君上書求歸成帝勑令從胡俗遂復爲後單于閼氏

後漢光武建武中上谷太守王霸上書言宜與匈奴結和親

二十二年匈奴中連年旱蝗赤地數千里草木盡枯人畜饑疫死耗太半單于畏漢乘其敝乃遣使詣漁陽請和親使中郎將李茂報命

二十七年北單于遣使詣武威求和親天子召公卿廷議不決皇太子言曰南單于新附北虜懼於見伐故傾耳而聽爭欲歸義耳今未能出兵而反交通北虜臣恐南單于將有二心北虜降者且不復來矣帝然之告武威太守勿受其使

二十八年北匈奴復遣使詣闕貢馬及裘更乞和親并請音樂又求率西域諸國胡客與俱獻見帝下三府議酬答之宜司徒掾班彪奏曰臣聞孝宣皇帝勑邊守尉曰匈奴大國多變詐交接得其情則却敵折衝應對入其數則反爲輕欺今北匈奴見南單于來附懼謀其國故數乞和親又遠驅牛馬與漢合市重

遣名王多所貢獻斯皆外示富彊以相欺誕也臣見其獻益重知其國益虛歸親愈數為懼愈多然今既未獲助南則亦不宜絕北羈縻之義禮無不荅謂可頗加賞賜略與所獻相當明加曉告以前世呼韓邪郅支行事報荅之辭令必有適今立稾草并上曰單于不忘漢恩追念先祖舊約欲修和親以輔身安國計議甚高為單于嘉之往者匈奴數有乖亂呼韓邪郅支自相讎隙並蒙孝宣皇帝垂恩救護故各遣侍子稱藩保塞其後郅支忿戾自絕皇澤而呼韓附親忠孝彌著及漢滅郅支遂保國傳嗣子孫相繼今南單于攜衆向南款塞歸命自以呼韓嫡長次第當立而侵奪失職猜疑相背數請兵將歸埽北庭策謀紛紜無所不至惟念斯言不可獨聽又以北單于比年貢獻欲修和親故拒而未許將以成單于忠孝之義漢秉威信總率万國日月所照皆為臣妾殊俗百蠻義無親踈服順者褒賞叛逆者誅罰善惡之効呼韓郅支是也今單于欲修和親款誠已達何



嫌而欲率西域諸國俱來獻見西域國屬匈奴與屬漢何異單于數連兵亂國內虛耗貢物裁以通禮何必獻馬裘今齎雜繒五百匹弓鞬韇丸一矢四發（鞬弓衣也韇丸箭箙也四矢曰發）遺單于又賜獻馬左骨都侯右谷蠡王雜繒各四百匹斬馬劒各一單于前言先帝時所賜呼韓邪竽瑟空侯皆敗願復裁賜念單于國尚未安方厲武節以戰攻為務竽瑟之用不如良弓利劒故未以齎（齎持遺也）朕不愛小物於單于便宜所欲遣驛以聞帝悉納從之

三十一年復遣使如前欲修和親乃璽書報荅賜以綵繒不遣使

孝明帝永平六年北匈奴猶盛數寇邊朝廷以為憂北單于欲合市遣使求和親帝冀其交通不復為寇乃許之遣給事中鄭衆持節使匈奴乃衆還朝議復欲遣使衆上疏諫曰臣伏聞北單于所以要致漢使者欲以離南單于之衆堅三十六國之心也又當揚漢和親誇示鄰敵令西域欲歸化者為足狐疑懷土之人絕望中國耳漢使既到便偃蹇自信若復遣之虜必自謂得謀其群臣駁議不敢復言如是南庭動搖烏桓有離心矣南單于久居漢地具知形勢万分離析旋為邊害今幸有度遼之衆揚威北垂雖勿報荅不敢為患帝不從

章帝元和二年武威太守孟雲上言北虜以前既和親而南部復往鈔掠北單于謂漢欺之謀欲犯塞謂宜還南所掠生口以慰安其意帝從太僕袁安議許之乃下詔曰昔獫狁獯鬻之敵中國其所由來尚矣往者雖有和親之名終無絲髮之效墝埆之人屢嬰塗炭父戰於前子死於後弱女乘於亭障孤兒號於道路老母寡妻設虛祭飲泣淚想望歸魂於沙漠之表豈不哀哉傳曰江海所以能長百川者以其下之也少加屈下尚何足病況今與匈奴君臣分定辭順約明貢獻累至豈宜違信自受其曲其勑度遼及領中郎將龐奮倍雇南部所得生口以還北虜其南部斬首獲生計功受賞如常科時北單于遣使貢獻求欲



和親詔問群僚議者或以為匈奴變詐之國無內向之心徒以畏漢威靈逼憚南虜故希望報命以安其離叛今若遣使恐失南虜親附之歡而成北狄猜詐之計不可立武司馬班固議曰竊自惟思漢興已來曠世歷年兵纏夷狄尤事匈奴綏御之方其塗不一或脩文以和之或用武以征之或卑下以就之或臣服而致之雖屈申無常所因時異然未有拒絕弃放不與交接者也故自建武之世復修舊典數出使前後相繼至於其末始乃暫絕永平八年復議通之而廷爭連日異同紛回多執其難少言其易先帝聖德遠覽瞻前顧後遂復出使事同前世以此而推未有一闕而不修者也今烏桓就闕稽首譯官康居月氏自遠而至匈奴離析名王來降三方歸服不以兵威此誠國家通於神明自然之徵也臣愚以為宜依故事復遣使者上可繼五鳳甘露致遠人之會下不失建武永平羈縻之義虜使再來然後一往既明中國主在忠信且知聖朝禮義有常豈同逆

許示備於其善意乎絶之未知其利通之不聞其害設後其虜猶彊能爲風塵方復求爲交通將何所及不若因今施惠爲策近

和帝永元十六年北單于遣使詣闕貢獻願和親修呼韓邪故約帝以其舊禮不備未許之而厚加賞賜不荅其使元興元年重遣使詣燉煌貢獻辭以國貧未能備禮願請大使當遣子以侍獻子辭大使入侍辭大使至國時鄧太后臨朝亦不荅其使但加賜而已

後魏道武時引吏部尚書崔玄伯講漢書至婁敬説漢祖欲以魯元公主妻匈奴帝善之嗟歎者良久是以諸公主皆釐降于賓附之國朝臣子弟雖名族美彦不得尚焉時蠕蠕閭大肥率宗族歸國尚華陰公主公主薨復尚濩澤公主東魏孝靜帝時蠕蠕王阿那瓌遣使朝貢求婚以常山王妹樂安公主許之改爲蘭陵公主瓌遣奉馬千匹爲聘禮迎公主詔宗正無奇送公主往北自是朝貢

武定三年吐谷渾國奉其從妹以備後庭納爲容華嬪

北齊神武爲魏相國時阿那瓌彊盛與西魏通和欲連兵東伐神武病之令杜弼使蠕蠕爲世子求婚世子即文襄也阿那瓌曰高王自娶則可神武猶豫尉景與武明皇后及文襄並勸請乃從之武定三年使慕容儼往娉之號曰蠕蠕公主八月神武迎於下館阿那瓌使其弟禿突佳來送女且報聘仍戒曰待見外孫然後反國公主性嚴毅一生不肯華言神武嘗有疾不得往公主所禿突佳怨恚神武輿疾就公主其見將護如此神武崩文襄從蠕蠕國法烝公主産一女焉又爲第九子湛即武成也娉蠕蠕太子菴羅辰女號隣和公主湛年始八歲

後主武平四年突厥使求婚

後周太祖爲魏相突厥土門使使獻方物時鐵勒將伐茹茹土門率所部邀破之盡降其衆五萬餘部恃其彊盛乃求婚於茹



茹主阿那瓌大怒使人罵辱之曰爾是我鍛奴何敢發是言也土門亦怒殺其使者遂與之絶而求婚於周太祖許之以魏長樂公主妻之

武帝時與齊人交爭戎車歲動故每連結突厥爲外援初魏恭帝世突厥俟斤許進女於太祖契未定而太祖崩尋而俟斤又以他女許帝未及結納齊人亦遣求婚俟斤貪其幣厚將悔之保定中詔遣涼州刺史楊荐武伯王慶等往結之慶等至諭以信義俟斤遂絶齊使而定婚焉五年詔陳公純大司徒宇文貴神武公竇毅南安公楊荐等往迎女天和二年俟斤又遣使來獻陳公純等至俟斤復貳於齊會有風雷變乃許純等以后歸

宣帝大象元年突厥他鉢請和親帝册趙王招女爲千金公主以妻之二年二月突厥遣使獻方物且逆千金公主隋高祖開皇中突厥沙鉢略與從弟地勤察有隙各遣使詣闕請和求援帝皆不許會周千金公主上書請爲一子之例高祖遣開府徐平和使於沙鉢略沙鉢略遣使致書曰辰年九月十日從天生大突厥天下賢聖天子伊利俱盧設莫何始波羅可汗致書大隋皇帝使人開府徐平和至辱告言語具聞也皇帝是婦父即是翁此是女夫即是兒例兩境雖殊情義是一今重疊親舊子子孫孫乃至萬世不斷上天爲證終不違負此國所有羊馬都是皇帝畜生彼有繒綵都是此物彼此有何異也高祖報書曰大隋天子貽書大突厥伊利俱盧設莫何沙鉢略可汗得書知大有好心向此也既是沙鉢略婦翁今日看沙鉢略共兒子不異既以親舊厚意常使之外今特别遣大臣虞慶則往彼看女復看沙鉢略也

十一年吐谷渾主伏使其兄子無素奉表稱藩并獻方物請以女備後庭帝謂滕王曰此非至誠但急計耳乃謂無素曰朕知渾主欲令女事朕若依來請他國聞之便當相學一許一塞是謂不平若並許之又非好法朕情存安養欲令遂性豈可聚斂

子女以實後宮平竟不許

十六年以先化公主妻吐谷渾主伏伏上表稱公主為天后帝不許其年國人殺伏立其弟伏允為主使使請依俗尚主帝從之自是朝貢歲至

十七年突厥突利可汗染干遣使來逆女舍之太常教習六禮先是帝啟封周千金公主為大義公主賜姓楊氏後帝以陳叔寶屏風賜之公主心不平因書屏風為詩叙陳亡以自寄其辭帝聞而惡之公主復與西面突厥泥利可汗連結帝恐其為變將圖之會主與所從胡私通因發其事下詔廢黜之恐都藍不從遣奇章公牛弘將美妓四人以啗之時沙鉢略子曰染干居北方遣使求婚帝令裴矩謂之曰當殺大義公主者方許婚突利以為然復譖之都藍因發怒遂殺公主於帳至是以宗女安義公主妻之帝欲離間北夷故特厚其禮遣牛弘蘇威斛律孝卿相繼為使突厥前後遣使入朝三百七十輩突利本居北方以尚主之故南徙度斤舊鎮許之初突厥雍閭表請婚僉議將長孫晟奏曰臣觀雍閭反覆無信特共玷厥有隙所以依倚國家縱與為婚終當必叛今若得尚公主承藉威靈玷厥染干必又受其徵發強而更反後恐難圖且染干者處羅侯之子也素有誠款于今兩代臣前與相見亦乞通婚不如許之招令南徙兵少力弱易可撫馴使敵雍閭以為邊捍帝曰善乃遣慰喻染干許尚公主染干遂五百騎隨晟來逆女以宗女封安義公主以妻之晟說染干率衆南徙居度斤舊鎮雍閭疾之亟來抄略染干伺知動靜輒遣奏聞是以賊來每先有備

十九年高熲楊素擊突厥玷厥大破之拜染干為意利珍豆啓民可汗於朔州築大利城以居之是時安義公主已卒帝以宗女義成公主妻之部落歸者甚衆先是十八年染干為都藍所攻敗乃隨長孫晟歸朝至是高熲等擊破玷厥乃命染干出居大利城焉

煬帝大業三年幸榆林啓民及義成公主來朝行宮前後獻馬三千匹帝大悅賜物万三千段啓民上表曰已前聖人先帝莫緣可汗存在之月憐臣賜臣安義公主種種無少短至尊今還如聖人先帝捉天下四方坐也還養活臣及突厥百姓實無少短臣今憶想聖人及至尊養活事具奏不可盡帝乃親幸啓民



所居啓民奉觴上壽跪伏甚恭帝賜啓民及公主金甕各一及衣服被褥錦綵特勤以下各有差明年啓民卒子始畢可汗立表請尚公主詔從其俗唐初始畢死處羅可汗立又妻之處羅死頡利可汗立又妻之焉

四年高昌國王伯雅遣使貢獻帝待其使甚厚明年伯雅來朝因從擊高麗還尚宗女華容公主

十年正月以宗女為信義公主嫁於突厥曷娑那可汗賜錦綵袍千具綵万匹帝將復其故地以遼東之役故未遑也

唐高祖義寧中遣襄武郡公琛與太常卿鄭元璹貴女妓遺突厥始畢可汗以結和親

武德五年西突厥葉護可汗遣使請婚

六年突厥又請和親歸我馬邑

八年四月宴西蕃突厥使時中國以突厥為患故遣使與西突厥連和以備北夷於是葉護請婚帝謂侍中裴矩曰西突厥與我懸



遠有急不得相助今來請婚其意如何對曰西蕃懸遠誠如聖旨但北寇盛彊數為邊害當今之計須遠交而近攻權可許婚以近頡利且羈縻之待一二年後中國完實足抗北夷然後徐思其宜此蓋一時之策也帝然之令高平王道立至其國統葉護大悅遇頡利頻歲入寇西蕃路梗由是未果

太宗貞觀八年吐蕃贊普弃宗弄讚嗣位帝遣行人馮德遐往撫慰之弄讚見德遐大悅聞突厥及吐谷渾皆尚公主乃遣使隨德遐入朝多齎金寶奉表求婚帝未之許使者既反言於弄讚曰初至大國待我甚厚許嫁公主會吐谷渾王入朝有相離間由是禮薄遂不許家弄讚遂與羊同連發兵以擊吐谷渾吐谷渾不能支遁於青海之北以避其鋒其國人畜並為吐蕃所掠於是進兵攻破党項及白蘭諸羌率其衆二十餘　頓於松州西境遣使貢金甲云來迎公主又謂其屬曰若大國不嫁公主於我即當入寇遂進攻松州都督韓威輕騎覘賊反為所敗邊

人大擾帝遣吏部尚書侯君集爲當彌道行軍大總管右領軍大將軍執失思力爲白蘭道行軍總管左武衛將軍牛進達爲闊水道行軍總管右領軍劉蘭爲洮河道行軍總管率步騎五万以擊之進達先鋒自松州夜襲其營斬千餘級弄讚大懼引兵而退遣使謝罪因復請婚帝許之弄讚乃遣其相祿東贊致禮獻金五千兩自餘寶玩數百事十四年吐谷渾烏地也拔勤豆可汗諾曷鉢入朝請婚先是帝即位初吐谷渾王伏允爲子尊王求婚帝責其親迎以羈縻之尊王稱疾不朝有詔停婚至是遂以弘化公主妻諾曷鉢資送甚厚

十五年帝以文成公主妻之令禮部尚書江夏郡王道宗主婚持節送公主于吐蕃弄讚率其部兵次柏海親迎于河源見王人執子婿之禮甚恭既而歎大國服飾禮儀之美俯仰有愧沮之色及與公主歸國謂所親曰我祖父未有通婚上國者今我得尚大唐公主爲幸實多當爲公主築一城以誇示後代遂築



城邑立棟宇以居處焉公主惡其人赭面弄讚令國中權且罷之身亦釋氈裘襲紈綺漸慕華風猶獵日華至遣子弟入國學而習業焉

十六年九月延陀真珠毗伽可汗遣其叔父沙鉢羅泥孰俟斤來請婚獻馬三千匹貂皮三万八千馬腦鏡一帝許以女妻之徵可汗備親迎之禮帝志懷遠人於是發詔幸靈州與之會可汗大悅謂其國中曰我本鐵勒之小帥也蒙大國聖人樹立我爲可汗今復嫁我以公主車駕親至靈州斯亦足矣於是稅諸部羊馬以爲聘財或說可汗曰我薛延陀可汗與大唐天子俱爲一國主何有自往朝謁如或拘留悔之無及可汗曰吾聞大唐天子聖德遠被日月所照皆來賓服我歸心委質冀得一覩天顏無所復恨然磧北之地必當有主舍我別求固非大國之計我志決矣勿復多言於是言者遂止帝令三道發使受其羊馬然延陀先府藏調斂其國往返且万里既涉磧無草羊馬多死遂後期帝於是停幸靈州俄還三道之使既而其娉羊馬至所耗將半議者以爲戎狄則不可以礼義畜若聘財未備而與之婚或輕中國要令備礼以加重於是反其使者群臣或勸帝云既許以公主妻延陀邊境得以休息納其獻娉不可失信於番人互在速成帝謂之曰君等進計皆非也君等知古而不知今昔漢家匈奴強而中國弱所以厚飾子女嫁與單于今時國強而北狄弱漢兵一千堪擊其數万延陀所以匍匐稽顙恣我所爲不敢驕慢者以新得立爲長雜姓非本其屬將倚大國用服其衆彼同羅僕骨等十餘部落兵數万并力足制延陀所以不敢發者延陀爲我所立懼中國也今若以女妻之大國子婿增崇其禮深結黨援雜姓部落屈膝低眉更遵服之夷狄之人豈知恩義微不得意勒兵南下如君所言可謂養獸以自噬也吾今不與其女頗簡使命諸姓部落知吾弃之其爭擊延陀必矣於是遂絕其婚



十七年八月乙毗咄陸可汗遣使求婚帝謂曰朕數年國朝[illegible]所[illegible]留我使人此如摘叢林一葉涵海一滴耳於我大國[illegible][illegible]臣不拯[illegible]不足言不許之

十八年六月西突厥[illegible]乙毗射匱可汗遣使朝貢[illegible]請婚帝[illegible]當割[illegible]其[illegible]

冊府元龜卷第九百七十八

冊府元龜卷第九百七十九

外臣部二十四

和親第二

唐高宗永徽三年八月吐谷渾弘化長公主表請入朝遣左[illegible]衛將軍鮮于濟往迎之

十一月弘化長公主來朝

顯慶三年冬十月庚申吐蕃贊普遣使來請[illegible]獻金毬罽及犛牛尾

調露元年十月吐蕃文成公主遣其大臣論塞調傍來告喪并請和親帝不許之遣將郎宋令文往吐蕃會贊普之葬

則天長壽三年二月西平大長公主還蕃公主者太宗族妹貞觀中吐谷渾[illegible]請婚至是來朝設歸寧之禮焉[illegible]十五年文成公主出降吐蕃[illegible]高宗永隆元年[illegible]西平大長公主[illegible]和親事[illegible]長安二年四月吐蕃遣使獻馬千疋金二千兩以表求婚則天許之會贊普卒

六月突厥默啜遣使莫賀達干請以女妻皇太子制令皇太子男平恩王重俊義興王重明等廷立見之默啜遣大臣移力貪汗入朝獻馬千疋及方物以謝許親之意則天讌之於宿羽亭太子相王及朝集使三品已上並預會重賜以遣之後中宗即位默啜又寇靈州鳴沙縣中宗下制絕其婚

中宗神龍三年四月詔以所養嗣雍王守禮女金城公主出降吐蕃贊普

景龍二年四月和蕃使左驍衛大將軍楊矩奏言吐蕃先遣使來此迎公主兼學漢語今欲放還吐蕃於事不便伏望報之云其使已死帝曰凡事[illegible]示人以信宜應賞賜報之使無猜貳遂放其使還

三年十一月吐蕃贊普遣其大臣尚贊吐蕃來逆女

四年正月庚午制曰聖人布化用百姓爲心王者垂仁以八荒無外故能光宅遐邇財成品物由是隆周理歷啓柔遠之圖漢乘時建和親之義斯蓋御寓長策經邦茂範朕受命上靈纂洪業撫三才而統極混六合以爲家聲教所覃建木棘林之外提封爰亘弱水流沙之表悠然至道高詠薰風載戢干戈大張禮樂庶幾前烈克致和平睠彼吐蕃僻在西服皇運之始[illegible]中朝貢太宗文武聖皇帝德侔覆載情深億兆思偃兵甲遂通姻好數十年間一方清淨自文成公主往嫁其國因多變革我之邊隅亟興師旅彼之蕃落頗聞凋弊頃者贊普及祖母可敦酋長等屢披誠款積有歲時思託舊親請崇姻好金城公主朕之少女長自宮闈言適遠方豈不鍾念但朕爲人父母志恤黎元若允誠祈更敦和好則邊土寧晏兵役休息遂割深慈爲國大計爰築外館聿膺嘉禮彼吐蕃贊普即以今月二十七日朕親自送于郊外帝乃召侍中紀處訥謂曰昔文成公主出降則江夏王送之卿雅識蕃情有安邊之略可爲朕充此使也處訥拜謝既而以不練邊事固辭帝又令中書侍郎趙彥昭往彥昭以爲既外使恐其失權寵殊不悅司農卿趙履温私之曰公國之宰輔而爲一介之使不亦鄙乎彥昭曰計將安出履温因爲陰託安樂公主密奏留之丁丑命左驍衛大將軍楊矩充送金城公主使己卯幸始平縣以送金成公主辛巳設帳殿於百頃泊側引王公宰臣及吐蕃使人入宴中坐酒闌命吐蕃使進前諭以公主孩幼割慈遠嫁之旨帝悲泣歔欷久之因命從臣賦詩餞別改始平爲金城縣又改其地爲鳳池鄉愴別里公主既至吐蕃別築一城以居之

睿宗景雲二年十一月突厥默啜可汗遣使請和親詔以宋王成器女爲金仙公主許嫁之默啜乃遣其男楊我支特勤來朝太極元年正月帝御安福門宴之俄而帝傳位親竟不成

玄宗先天二年七月金城公主上言吐蕃贊普祖母之喪死乃命左清道率李暠攝宗正卿持節使于吐蕃會葬也

八月突厥遣王子楊我支來求婚以蜀王女南和縣主下嫁之

揚我支陷書謂可汗曰朕於可汗恩義稠疊故與王子更重結親想可汗遠聞當喜慰也

開元二年四月辛巳突厥可汗遣使上表求婚自稱曰乾和永清大駙馬天上得果報天男突厥聖天骨咄祿可汗上皇帝日府君皇帝乙酉定公主出降十月突厥默啜遣使求婚帝降書謂曰我與突厥素來通姻好和討之道豈是今日頃為女小且緩其期亦可汗之父無報也今者若真心請求歲未賒任自擇日當遣公主嫁可汗可遣一王子來此宿衛以申兩國之好豈不美耶

十月命左驍衛郎將尉遲瓌使吐蕃宣恩于金城公主

四年八月吐蕃請和從之賞賜金城公主及贊普錦帛器物等蕃酋皆喜公主奉表謝恩曰金城公主奴奴言仲夏盛熱伏惟皇帝兄起居萬福御膳勝常奴奴奉見舅甥平章書云還依舊日重為和好既奉如此進止奴奴還同再生下情不勝喜躍伏蒙皇帝兄所賜信物並依數奉領謹獻金盞羚羊衫段青長毛



毯各一奉表以聞

十二月詔曰固安縣主取來年二月五日出適奚都督李大酺須早支料造作宜令河南少尹慕容珣充男家禮會使洛陽縣令薛曦為副少監李尚隱充女家禮會使河南縣令鄭璿為副

五年三月吐蕃贊普又遣使奉表請和金城公主上表曰金城公主奴奴言季夏極熱伏惟皇帝兄御膳勝常奴奴甚平安願皇帝兄勿憂此間宰相向奴奴道贊普甚欲得和好亦疑親署誓文往者皇帝兄不許親署誓文奴奴降蕃事緣和好今乃擾動寶將不安和矜憐奴奴遠在他國皇帝兄親署誓文亦非虛事即得兩國久長安穩伏惟念之

八月詔曰故東平王外孫正議大夫復州司馬楊元嗣第七女譽乃才明體光柔婉度萃懿戚敦睦有倫彝華雅韻德容兹茂爵賢王慕義于以賜之納女嗣名兹焉洽吉宜昇外館之寵俾耀邊城之地可封永樂公主出降契丹松漠郡王李失活婿之

夜遣諸親高品及兩蕃大首領觀花燭又詔封從外生女辛氏為固安公主出降奚王饒樂郡王李大酺

是月又以史懷道女為金河公主以妻突厥騎施可汗蘇祿先是蘇祿頗善綏撫有衆二十萬遂雄西域之地尋遣使來朝三年制授左羽林軍大將軍金方道經略大使位特進遣侍御史解忠順齎制書冊立為忠順可汗至是每年遣使來朝獻帝乃以主妻之

九年突厥默啜遣使請和乞與帝為子許之仍請尚公主但厚賜遣之

十年契丹松漠郡王鬱于入朝請婚封從妹夫帝更令慕容嘉賓女為燕郡王以妻之明年鬱于死弟吐于代立復以燕郡主妻之是年奚饒樂郡王魯蘇入朝仍以固安公主為妻而公主與嫡母不和遞相論告詔令離婚復以成安公主之女韋氏為東光公主以妻之



十二年三月遣使齎絹綿八萬段分賜奚及契丹詔曰公主出降蕃王今擬安資部落請入朝謁深慮勞煩朕故割恩抑而未許因加殊慧以慰遠心奚有五部落宜賜物三萬段先給征行遊奕兵及百姓餘一萬段與東光公主饒樂王衙官刺史縣令契丹有八部落宜賜物五萬段其中取四萬段先給征行遊奕兵士及百姓餘一萬段與燕郡公主松漠王衙官刺史縣令其物雜以絹布務令均平給訖奏聞

七月突厥默啜遣使哥解頡利發獻方物求婚帝降書謂突厥可汗曰得書請婚并獻方物可汗慕義向風益以嘉尚我國家金帛子女務通和親然一為婚姻將傳永久契約須重禮數宜周今來人既輕禮亦未足所以未定日月令其且還如和好不移誠信無改凡有所請必當不違國家信若四時恩同天地一言則定何誓如之必能結之神明彌表彼之誠契既無猜阻任擇其宜諸所有商量今已親語哥解更欲遣使恐致勞煩今寄

可汗錦袍鈿帶銀盤胡餅至宜領取
八月謝䫻國王特勒遣使羅火拔來朝火拔奏曰謝䫻國去箇
失蜜國一千五百里其失蜜國去吐蕃金城公主居處七日路
程公主去年五月遣漢使二人偷道向箇失蜜國傳言曰汝赤
心向漢我欲走出投汝容受我否箇失蜜王聞其言太喜報曰
公主但來竭心以待時箇失蜜王又遣使報臣國王曰天子女
欲走來投我國必恐吐蕃兵馬來逐我力不敵乞兵於我即與
吐蕃破散公主得達臣國王聞之極歡遣使許諾于箇失蜜王
令臣入朝面取進止帝甚然之賜帛百疋放還蕃十三年玄宗
將東封遣中書直省袁振攝鴻臚卿往突厥告其意默啜小殺
與其妻及闕特勒暾欲谷等環坐帳中設宴謂振曰吐蕃狗種
唐國與之爲婚奚及契丹舊是突厥之奴亦尚唐家公主突厥
前後請結和親獨不蒙許何也振曰可汗既與皇帝爲子父子
豈合婚姻小殺等曰兩蕃亦蒙賜姓猶得尚主但依此例有何
不可且入蕃公主皆非天子之女今之所求豈問真假頻請不得
實亦羞見諸蕃振許爲奏請小殺乃遣其大臣阿史德頡利發
入朝因獻扈從東巡東封迴上爲頡利發設讌厚賜而遣之竟
不許其和親
是年契丹立李盡忠弟邵固爲主其冬車駕東巡邵固詣行在
所封皇從外生女陳氏爲東華公主以妻之又云十四年正月
改封契丹松漠郡王李邵固爲廣化王奚饒樂郡王李魯蘇爲
奉誠王仍封宗室外甥女二人爲公主各以妻之制曰李邵固
等輸忠保塞乃誠奉國屬外中于天無遠不屆而華裔雖隔等
數有加宜錫休名俾承慶澤案本紀唐書與實錄年月不同故兩存之
十八年十月吐蕃遣其大臣名悉獵來朝請固和好之約且獻
書曰伏惟皇帝舅宿親又蒙降金城公主遂和同爲一家天下
百姓普皆安樂中間爲張玄表李知古等東西兩處先動兵馬
侵抄吐蕃邊將所以互相征討迄至今日遂成釁隙外生以先



代文成公主今金城之故深識尊卑豈敢失禮又緣年小枉被
邊將讒構鬬亂令舅致怪伏乞垂察追留死將萬足承前數度
使人入朝皆被邊將不許所以不敢自奏去冬公主遣使婁衆
失力將狀專往蒙降使看公主來外生不勝喜荷謹遣論名悉
獵及副使押衙將軍浪些紇夜悉獵入朝取進止兩國事意悉
所共外生蕃中已處分邊將不許抄掠若有漢人來投便令却
送伏望皇帝舅遠察赤心許從舊好長令百姓快樂如蒙聖恩
千萬歲外生終不敢先違盟誓謹奉進金胡瓶一金盤一金椀
一馬瑙杯一零羊衫段一謹充微國之禮金城公主又別進金
鵝盤盞雜器物等先是忠王友皇甫惟明因奏事面陳通和吐
蕃之便帝然其言因令惟明及內侍張元方充使往聘惟明至
吐蕃具宣帝意贊普等欣然請和故令名悉獵隨惟明入朝乃
表曰吐蕃向化遣使入朝甄懷舊恩請繼前好今緣公主在彼
又復蕃客欲還使于四方必資貞德鴻臚卿崔琳久歷朝序備
曉政途好謀而成臨事能斷俾銜國命以赴蕃庭宜令持節充
入吐蕃使所司准式發遣又以琳爲御史大夫以奉使入蕃寵
之也又降書與吐蕃贊普外生曰朕君臨寓縣子育黎元因百
姓以爲心懼萬方之有罪昔文成遠嫁將以寵光彼國豈無武
力蓋取由成靜亦紛紜有侵亭障重以婚姻之故旋師柱旆之
間又降金城以敦前好所期疆埸無聞書軌攸同更聞權在強
臣遂復違約失順干戈未息道路稱歎今有使臣遠來方悉忠
誠彌固舅甥之禮萬里如初協和之勤一心逾亮義節可尚情
見乎詞朕以公主在蕃親愛之極縱有違負之過亦投骨肉之
恩深明至懷知得兵革至於止戈爲武國之大猷懷遠以德朕
之本意中外無隔夷夏混齊洎聲教於殊方濟含靈於仁壽朕
之深旨來使具知劒南去年先就戮難發將有此舉動是彼
使來以前自茲已後更無討襲語軍所守侵掠並停今故使御
史大夫崔琳往申信約所有陳請咸不相違并所進器物並依

數頒得今寄必信物至宜領取又降書金城公主遂降殊方底寧蕃落載蕃貞順之道深明去就之宜能知其人而獻其款忠節克著[illegible]深所進物等並領得今寄公主少多信物至宜領取所請物並一依來奏吐蕃使奏公主請毛詩禮記左傳文選各一部制令秘書省寫與之正字于休烈上疏諫言不可許奏不省

二十一年二月金城公主上言請以今年九月一日樹碑于赤嶺定蕃漢兩界時李暠使于吐蕃金城度其還期在暮秋故有是請及樹之日詔張守珪李行褘與吐蕃使莽布支同觀樹焉既樹吐蕃遣其臣隨漢使分往劍南及河西磧西歷告邊州使曰兩國和好無相侵掠漢使隨蕃使入蕃告亦如之其碑文曰維大唐開元二十一年歲次壬申舅甥修其舊好同為一家往日貞觀十年物通和好遂降文城公主入蕃已後景龍二年重為婚媾金城公主因茲降蕃自此已來萬事休貼間者邊吏不謹互有侵軼越在荒因之隔闊今遵永舊成與惟新帝用式戒下邊職言因以赤嶺之外及所是邊界一依舊定為其封守皆罷斥候通關梁大矣哉皇天無私惟聖作乂義遵聖者遊世所以降蕃



是之威乎堅者戰也所以瀚雲雨之施一朱醫之理述頃之申芳斯之明矣昔先帝含弘愛至從聘所以一內外之蕃華夷之翹翹遭之往來成舅甥之宴好則我先帝之德不可忘也則者瓜瓞之役有而不討者蓋莠之先遂而歸之章復夫持安則須逆逸則棄禮棄則忘信忘信者暴暴義之心出也故春秋時人世謂諳之蚊有如日有如河我之今日周不猶古也蕃臣則深責曰豈言成無或背約懼害凶徒侵擾我河塞窺覬我亭障或將來夷驚誤喧晦刻掠我牛馬躁踏我震我稼穡予鎮亦不得兵馬相侵我家用不奄蘗兩城守覆墜爾箭貨難塞爾道路堅在焉鼎騎落不以兵強而害義不以為利而棄言則我無爾虞亦無爾詐戒盟而載信也司牧盟華祀莫不聽命然後走正朔正百蠻文決手仁壽之風矣休哉法尚一正無二正之極爾雅代作好仁之彌永年忠於人恥信於神曰我虛受無疆之福爾亦荷有永之慶籍用康爾遠人不一爾遠物至塈之仁也銘曰言念舊好義不孝言子我德予有渝此誠神明殛之

是年七月吐蕃遣使相論紇野贊等來朝且通和好金城公主獻表曰妹奴言李行褘至奉皇帝兄正月勅書伏承皇帝萬福奴惟加喜躍今得舅甥和好永無改張天下黔庶並皆安樂然去年崔琳迴日請置府今李行褘至及尚他辟迴其府事不蒙進止伏望皇帝兄商量矜奴所請吐蕃贊普獻書曰使人李行褘至奉書及尚他辟迴日所令傳語並悉且漢與吐蕃俱是大國又復先來宿親自合同和天下蒼生悉皆快活贊普感德當無異期及至久長亦無改變恐彼此邊界黎庶不委長和處有惡人妄生亂意請彼此差使相監從沙州已來洮州已來明報告使無疑慮即將永定今奉皇帝金鋌馬腦胡瓶羚羊衫段金銀鋂盤器等以充國信又去二十八年十一月金城公主薨吐蕃遣使來告喪公主景龍四年出降至蕃中吐蕃遣使因請河西九曲之地為公主湯沐邑楊矩遂奏與之吐蕃既得九曲之地後叛又頻寇河隴開元十七年朔方大總管信安王褘拔其石堡城吐蕃於是頻使求和詔[illegible]王皇甫惟明及內侍張元方使于吐蕃吐蕃大喜乃出貞觀以來敕書以示惟明等公主又獻金鴨盤盞器物等惟明乃遣重臣名悉臘隨惟明入朝贊普及公主皆欣然請和盡出貞觀以來前後敕書以示惟明至長安帝引見名悉臘於內殿與語甚悅[illegible]宣諭以赤嶺為界於赤嶺各樹分界之碑約以更不相侵[illegible]至是吐蕃使來告喪請和不許[illegible]有司為公主於光順門發哀輟朝三日

二十二年四月突厥遣使來朝謝婚表曰自遣使入朝已來甚好和同一無虛誑蕃漢百姓皆得一處養畜資生種田本作今許降公主皇帝即是阿耶卑下是兒一種受恩更有何惡謹使



哥解粟必謝婚他滿達干請期獻馬四十匹充聘出

天寶三載十二月封宗女為和義公主降寧遠國奉化王[illegible]制曰呼韓來朝烏孫入和義惟姻好懷柔之道今古攸同寧遠國奉化王阿悉爛達干志慕朝化[illegible]職貢而誠繼誠深內附[illegible]河南府告成縣令李參第四女質惠淑閑性惟婉懿承姆師之訓蕭敷與之光儀固可以榮合戎庭克諧邦選宜膺遠好[illegible]可封和義公主降寧遠國奉化王

四載三月封外孫女獨孤氏為靜樂公主降松漠都督李懷節[illegible]外甥女楊氏為宜芳公主降饒樂郡都督懷信[illegible]奚及契丹酋長各殺公主舉部落以叛

肅宗乾元元年八月迴紇請和親[illegible]九月封故邠王第五男承寀為敦煌王使迴紇仍令僕固懷恩送至迴紇部落請和親封迴紇女為毗伽公主

十月迴紇首領來朝請和親詔燉煌王承寀赴迴紇結親
一年九月迴紇大首領入朝燉煌王承寀加[illegible]開府儀同三司拜
宗正卿納迴紇公主為妃是歲吐蕃又遣使[illegible]給事
中南巨川以修戎好報命
乾元元年六月迴紇[illegible]遣多亥阿波刺史入朝迎公主詔以開府
儀同三司[illegible]七月[illegible]朕聞古之聖王臨御天下功[illegible]
道無隔於華夷[illegible]信必全於終始故能德被[illegible]
殊俗是以開稱柔遠克著濟時之圖[illegible]結和親式弘長久之策
由來尚矣朕祇若先命承惟稽古內申九命勉膺嗣夏之[illegible]外
接百蠻屬懷荒之澤頃自兇渠作亂宗社阽危迴紇將表忠
誠載張韋國所以兵喻戈力徇中原亟除青犢之妖實賴烏
孫之助而先有情款固求姻好今兩京底定百度惟貞奉[illegible]
而戴命纘鴻業而敬重斯言可俯徇厥德難忘爰申降主之禮用
答勤王之志且骨肉之愛人情所鍾離遠之懷天屬尤切況將



蘊[illegible]城寧志敦念往上緣社稷下為黎元遂抑深慈為國大計
是用築茲外館割自中[illegible]成萬里之婚冀定四方之業以其
誠信所立家國攸寧義以制名飾崇寵號宜以幼女封為寧國
公主應緣禮會所司准式其降蕃日仍令堂弟銀青光祿大夫
殿中監漢中郡王瑀充冊命英武威遠毗伽可汗使以堂姪正
議大夫行右司郎中上柱國上邽縣公賜紫金魚袋巽為副特
差重臣開府儀同三司尚書左僕射冀國公裴冕送至界首凡
百臣庶宜悉朕懷戊子漢中郡王瑀加特進太常卿攝御史大
夫右司郎中巽改尚書兵部郎中兼御史中丞鴻臚少卿兼充
寧國公主禮會使癸巳以冊立迴紇英武威遠毗伽可汗帝御
宣政殿漢中王瑀授命甲子帝送寧國公主至咸陽磁門驛
十一月甲子迴紇使三婦人謝寧國公主之婿也[illegible]
[illegible]為可汗[illegible]
武[illegible]英武[illegible]二可汗及天親可汗出居於外[illegible]

三年正月迴紇可汗使大臣俱[illegible]六箇賀達干等入朝奉表起居
公主
代宗大曆四年五月冊僕固懷恩小女為崇徽公主[illegible]同第十
女下嫁迴紇可汗為可敦遣兵部侍郎李涵兼御史大夫持節
于迴紇冊可敦以繒帛二萬匹遣之
六月丁酉崇徽公主辭赴迴紇詔宰臣已下百寮送[illegible]
德宗貞元三年八月丁酉迴紇[illegible]遣首領墨啜達干多攬將
軍合闕達干等來貢方物且請和親[illegible]以咸安公主嫁之命
見于麟德殿且令齎公主畫圖[illegible]以馬價絹五萬[illegible]
[illegible]而去
[illegible]年十月戊子迴紇[illegible]寧國公主及使至帝御延喜門觀之[illegible]
[illegible]車輿儀者持迴紇可汗喜[illegible]
[illegible]子[illegible]也此權父彼宰子若[illegible]
[illegible]吐蕃使者及使宰相莽率眾千餘及其[illegible]



公主姨妹迷外骨咄祿公主及職使大首領等妻妾凡五十六
婦人來迎可敦凡遣人千餘納聘馬三千匹帝令朔州及太原
分留七百匹其宰相首領皆至分館鴻臚將作癸巳使見于宣
政殿乙未帝召迴紇公主及使者對於麟德殿各有頒錫庚子
詔以咸安公主出降迴紇可汗仍特置官屬視親王壬寅以殿
中監嗣滕王湛然為咸安公主婚禮使
十一月乙巳加嗣滕王湛然為檢校禮部尚書兼御史大夫丁
未加送咸安公主及冊迴紇可汗使關播檢校右僕射公主帝
第八女也初王師平史朝義共虜微有功恃此不修蕃臣禮至
是迴紇武義成功可汗始遣使獻方物仍求結親并請改紇字
為鶻帝與宰相議許之以公主降焉令使冊可汗為勇猛[illegible]分相
智惠長壽天親可汗冊公主為孝順端正智惠長壽可敦御史
詩送之[illegible]
憲宗元和八年迴鶻遣使伊難珠來請和親十二年迴鶻又遣

摩尼僧寺等八人至帝怒有司計之禮費約五百萬貫時方內有誅討計時度費未遂其請以摩尼爲迴鶻信奉使宰臣言其不可詔宗正少卿李誠使于迴鶻太常博士殷侑副之諭其來請之意

穆宗即位初迴鶻遣使合達干等來請和親許之

長慶元年五月丙申迴鶻都督宰相公主摩尼等五百七十三人入朝迎公主詔於鴻臚寺安置癸亥勑太和公主出降迴鶻爲可敦宜令中書舍人王起赴鴻臚寺宣示之初迴鶻自咸安公主殁後屢歸款請欲繼前好久未之許至元和末其請彌切憲宗以北虜有勳勞於王家又西戎比歲爲邊患遂許以女妻之帝即位踰年至是乃封第十妹爲太和長公主出降之甲子以左金吾衛大將軍胡証檢校戶部尚書持節充送公主入迴鶻及加冊可汗使光祿卿李憲加兼御史中丞充副使太常博士殷侑改殿中侍御史充判官以前曹州刺史李銳爲太府卿兼御史大夫持節赴迴鶻充婚禮使宗正少卿嗣寧王子鴻兼御史中丞充副以虞部員外郎陳鴻爲判官



六月乙亥加李憲御史大夫戊寅迴鶻奏以一萬騎出北庭一萬騎出安西拓吐蕃以迎太和長公主歸國丙戌太和長公主出降迴鶻宜特置府其官屬宜准□王府例

七月乙卯正衙冊太和長公主爲迴鶻可敦辛酉長公主發赴迴鶻國帝以半仗御通化門臨送百寮章敬寺前立班儀衛頗盛士女傾城觀焉

十月豐州奏迴鶻五百騎至界首以迎公主十一月甲寅振武節度使張惟清奏准詔發兵三千人赴蔚州數內已發一千人訖餘二千人待太和公主出界即發遣又奏得天德軍牒稱迴鶻七百六十人將駝馬及車相次至黃蘆泉迎公主[illegible]史李佑奏迎公主迴鶻三千騎於柳泉下營

二年正月癸卯駙馬都尉鄭何送太和公主至迴鶻

十月金吾大將軍胡証送太和公主還初公主至迴鶻牙帳尚可信宿可汗遣數百騎來請與公主先從他道去胡証曰不可虜使曰前咸安公主來時去花門數百里即先去今何獨拒我証曰我奉天子詔送公主以授可汗今未見可汗豈宜先往虜使乃止既至虜廷乃擇吉日冊公主爲迴鶻可敦可汗先昇樓東嚮坐設氊幄於樓下以居公主使群胡主教公主以胡法公主始解唐服而衣胡衣以一嫗侍出樓前西嚮拜可汗坐而視公主再俯拜訖復入氊幄中解前所服而被可敦服通裾大襦皆茜色金飾冠如角前指復出樓前俯拜可汗如初禮虜先設大輿曲扆廡前設小座相者引公主昇輿迴鶻九相分負其輿隨日右轉於廷者九公主乃降輿昇樓與可汗俱東嚮坐自是臣下朝拜謁并拜可敦可敦自有牙帳命二相公出入帳中証等辭歸可敦宴之帳中留連號啼者竟日可汗因贈漢使以厚既

# 冊府元龜卷第九百八十

## 外臣部二十五

### 通好

夫服叛以德先王之盛猷和戎為利古昔之嘉謨蓋所以令結纓好息民偃戢兵威道迎善氣自古之所尚矣故稱之聰明叡智神武而不殺者蓋言聖人服萬物而不以威刑自春秋之後司籍所記或列於盟會或通乎信使申以金帛錫加之冠帶之寵或褒以爵秩或重其報賞接以殊禮或君綏懷待以誠心用期於紙固繇是邊鄙不聳師徒不勤華夷表裏悦穆蓋濟民於仁壽之域而馴致乎太平之業者未始不由斯也已

魯宣公八年春白狄及晉平

十年晉郤成子求成于衆狄衆狄疾赤狄之役遂伏于晉（赤狄疑氏）（衆狄疾赤狄故服）狄會于欑函衆狄服也襄公四年無終子嘉父使孟



樂如晉（無終山戎國名孟樂其使）因魏莊子納虎豹之皮以請和諸戎（魏莊子魏絳諸戎無終戎）晉侯曰戎狄無親而貪不如伐之魏絳曰諸侯新服陳新來和將觀於我我德則睦否則攜貳勞師於戎而楚伐陳必弗能救是棄陳也諸華必叛（諸華中國）戎禽獸也獲戎失華無乃不可乎公曰然則莫如和戎乎對曰和戎有五利焉戎狄荐居貴貨易土（荐聚也易猶輕也）土可賈焉一也邊鄙不聳民狎其野穡人成功二也（聳懼也狎習也）戎狄事晉四鄰振動諸侯威懷三也以德綏戎師徒不勤甲兵不頓四也（頓壞也）鑒于后羿而用德度（以后羿為戒）遠至邇安五也君其圖之公說使魏絳盟諸戎脩民事田以時（傳言晉侯能用善謀）

漢文帝時匈奴單于遺漢書云北州以定願寢兵休士養馬以安邊民使少者得成其長老者得安其處故使郎中係雩淺奉書請皇帝即不欲匈奴近塞則且詔吏民遠舍（舍止也）

武帝時匈奴諜歸漢使不降者蘇武馬宏等爲宏昔前副光祿大夫王忠使西國為匈奴所遮忠戰死馬宏生得亦不肯降故匈奴歸此二人欲以通善意

後漢光武建武二十五年鮮卑始通驛使

和帝時南單于於漢北遺竇憲古鼎容五斗其傍銘曰仲山甫鼎其萬年子子孫孫永保用憲乃上之

前秦苻堅時匈奴左賢王衞辰遣使降於堅遂請田內地堅許之雲中護軍賈雍遣其司馬徐斌率騎襲之因縱兵掠奪堅怒曰朕方脩魏絳和戎之術不可以小利忘大信昔荆吳之戰事興蠶婦遼瓜之恚梁宋息兵夫怨不在大事不在小擾邊動衆非國之利也所獲資產其悉以歸之免雍官以白衣領護軍遣使脩和示之信義辰於是入居塞內貢獻相尋

西秦吐谷渾視連旣立通聘於乞伏乾歸乾歸拜為白蘭王

宋高祖西伐長安索虜嗣先取姚興女乃遣十萬騎屯結河北救之大為帝所破於是遣使求和自是使命歲通



齊武帝永明中扶南國王臣僑陳如奢耶跋摩遣使上啓曰天化撫育感動靈祇四氣調和伏願聖主尊體起居康豫皇太子萬福六宮清休諸王妃主內外朝臣普同和睦鄰境士庶萬國歸心五穀豐熟災害不生土清民泰一切安穩臣及人民國土豐樂四氣調和道俗濟濟並蒙陛下光化所被咸荷安泰

後魏太武太平真君五年三月遣使者四輩使西域

太延元年五月遣使者二十輩使西域

二年八月又遣使六輩使西域

西魏文帝大統十六年大軍東討齊師恐蠕蠕乘虛寇掠乃遣帳內都督楊荐往論和好以安慰之

北齊神武以魏孝靜興和三年五月使使與蠕蠕通和

後周太祖西魏大統十一年突厥土門部落稍盛願通中國帝遣酒泉胡安諾槃陁使焉其國皆相慶曰今大國使至我國將興也

武帝建德元年二月遣大將軍昌城公孫深使於突厥
隋文帝開皇八年突厥處羅侯死遣長孫晟往吊仍齎陳國所獻寳器以賜雍閭
十一年三月壬午遣通事舍人若干治使于吐谷渾
十八年百濟王昌使其長史王辯那來獻方物屬興遼東之役遣使奉表請為軍導帝不許詔曰往歲為高麗不供職貢無人臣禮故命將討之高元君臣恐懼畏服歸罪朕已赦之不可致伐厚其使而遣之
是年突厥啓民可汗爲達頭所攻帝令發兵助啓民代之啓民上表陳謝曰大隋聖人莫緣可汗憐養百姓如天無不覆也如地無不載也諸姓蒙威恩亦心歸服並將部落歸投聖人可汗來也或南入長城或住白道人民羊馬遍滿山谷染干譬如枯木重起枝葉枯骨重生皮肉千萬世長與大隋典羊馬也
煬帝大業三年三月遣羽騎尉朱寬使於流求國



是年啓民可汗上表乞依大國服飾帝下其議公卿請依所奏帝以為不可乃下詔曰先王建國夷夏殊風君子教民不求變俗斷髮文身咸安其性旃裘卉服各尚所宜因而利之其道弘矣何必化諸削衽縻以長纓豈遂性之至理非包荒之遠度衣服不同既辨要荒之叙庶類區別彌見天地之情仍璽書答啓民以爲磧北未靜猶須征戰但使好心孝順何必改變
唐高祖武德四年定襄王胡大恩敗突厥頡利於鴈門先是漢陽公瓌太常卿鄭元璹左驍衛大將軍長孫順德等各使于突厥頡利並拘之我亦留其使人前後數輩至是爲大恩所挫於是大懼乃放順德還更請和好獻魚膠數十斤欲令二國同於此膠帝嘉之放其使者特勤熱寒阿史德等還蕃賜以金帛七年八月壬申頡利可汗遣其從叔㝵特勤阿史那思摩來朝帝引昇御榻頓顙稱臣帝謂之曰頡利誠心遣特勤朝拜今見特勤如見頡利引之就坐因伏而言可汗猶陛下取中原突厥據漠北各一方何敢相比但念漢人不交構也今見表示即爲受之請子子孫孫永爲蕃附
是月丁酉遣尚書左僕射裴寂使於突厥
九年七月壬戌吐谷渾遣使請和
八月辛巳突厥頡利率十萬餘衆武功京師戒嚴進次高陵太宗與侍中高士廉中書令房玄齡將軍周範馳六騎幸渭水之上與頡利隔津而語責以負約其酋帥皆下馬羅拜頡利請和詔許焉幸城西刑白馬與頡利同盟于便橋之上
太宗貞觀十六年夏四月薛延陁以前淩漢南遣使謝罪
二十一年十二月乙亥高麗使第二子莫離支高任武來朝賀因謝罪帝許納之
高宗儀鳳四年二月吐蕃贊普卒遣使齎璽書往弔之
玄宗開元元年十二月吐蕃遣其大臣來求和丁酉命有司引吐蕃使宴于三殿



六年春正月辛丑北狄請和乃降璽書曰突厥默啜省表具之往者默啜狂逆爲人之蠹又詐降遣使於我求婚我國家不違賞賜無數所在軍鎮爲之解嚴遂背信乘虛縱兇深犯擄我百姓陷我數州從此之後常行賊計近者梟戮實請天誅卿能舉前事之非有降和之請但能誠實何憂不依且漢日有呼韓邪是卿族類既率部落來慕中華終保寵榮足爲前鑒今契丹奚等輸款入朝皆封郡王各賜公主放歸所部以息其人卿若能來此是成例官榮量功則授財帛賞善斯行此乃國家所餘亦是卿之所要若懷姧設變口順心違應斯不朝以惡繼惡還學默啜自取殘亡想卿解意不至於此也
七年六月吐蕃遣使請和求皇帝親署誓文帝以爲昔歲和親已有誠約而今何乃重請此書但信必由衷聿尋前代足矣不許大享使因賜其束帛用修前好以雜綵二千段賜贊普五百段賜贊普祖母四百段賜贊普母二百段賜可敦一百五十段

賜父奚達延一百二十段[illegible]餘一百段賜尚結悉獵及大將軍大首領各有差皇后亦以雜綵一千段賜贊普五百段賜贊祖母二百段賜可敦

二十二年二月丙戌突厥遣使[illegible]方物且通和好帝[illegible]曰國家與突厥和好之時蕃漢非常快活甲兵休息互市交通國家買突厥馬羊突厥將國家綵帛彼此豐足皆有便宜自二四十年已來不似舊時好用姦邪說可汗失信遂令使命不通一口稱和一心即背每將兵馬常抄邊軍天寘其地知人怨神怒身被誅滅豈不由茲今可承破亡之遺[illegible]邊負之得失禍福斯在吉凶可見計合早相依附何久專[illegible]迴仍襲甘涼復行抄掠初聞爲惡不能無怪賴自遣使至此[illegible]和國家如海之容如天之覆不念既往之過以納將來之誠可汗若實好心亦爲和好計彼此百姓各得自安斯利一生更亦何慮[illegible]無所定慮猶翻覆遷似往日可汗又違今好明信不須更差使命往



今再遣往來至於邊疆之任侵掠自當支擬宜審思之

十年五月戊午突厥遣大首領阿史德暾泥孰來和授右驍衛大將軍員外置放還蕃

十二年五月新羅賀正使金武勳還蕃帝降書謂新羅王金興光曰卿每承正朔朝貢闕庭言念所懷深可嘉尚又得所進雜物等並踰越滄波跋涉草莽物既精麗深表卿心今賜卿錦袍金帶及綵素共二千疋以答誠獻至宜領之

二十一年正月命工部尚書李暠使于吐蕃制曰繼好之義難屬邊鄙受命以出必在親賢事欲重於當時禮故崇於殊俗選衆之譽無出宗英工部尚書李暠體含柔嘉識致明允爲公族之領袖是朝廷之羽儀今金城公主既在蕃中漢廷公卿非無尊對有懷于遠亦豈能忘宜持節充入蕃使所司準式發遣以國信物一萬疋私覿二千疋皆雜以五綵遣之

二十三年三月命內侍竇元禮使于吐蕃使悉諾勃藏還蕃命通事舍人楊紹賢往赤嶺宣慰焉

二十四年八月甲寅突厥騎施遣大首領胡祿達干來求和許之宴于內殿授左金吾將軍員外置賜錦衣一副帛及綵一百疋放還蕃

二十六年八月命中官魏恭使于突騎施降書謂突騎施可汗曰朕與可汗結爲父子恩義所感骨肉何殊可汗乃信彼小子自生疑阻前後使往非不具論自尔已來當所迷也使至省表以變其節過而能改善莫大焉既効忠誠深可嘉尚朕之本意相待如初父子之間更敦前好凡爲君須守信義不信則身危若外飾甘言內藏姦計未能有損終必自傷想可汗通明固不至於此巧言似實深宜察也若忠信不易更復何憂千秋萬歲俱享多福故令中使專達少信悉朕意焉

肅宗上元二年正月吐蕃遣其大臣論吐渾彌來請和且請與吐谷渾復修隣好



元年建寅月甲辰吐蕃遣使來朝請和敕宰相郭子儀蕭華裴遵慶等於中書宴設

代宗寶應二年四月兼御史大夫李之芳使于吐蕃兼御史中丞崔倫爲之副通舊好也永泰元年正月以四鎮行營節度使馬璘爲前道和蕃使

三月吐蕃請和遣宰相元載杜鴻漸等於興唐寺與之盟而罷

二年二月命大理少卿楊濟兼御史中丞使于吐蕃修舊好也

九月楊濟自吐蕃使還吐蕃遣其首領論位藏等百餘人隨濟來朝謝申好也

十月乙酉引吐蕃使見于宣政殿丙申命宰臣宴吐蕃使論位藏於中書

大曆二年二月遣檢校戶部尚書兼御史大夫薛景仙使于吐蕃修舊好也

三年七月命左散騎常侍蕭昕兼御史大夫持節充弔祭迴紇

可敦使
德宗以大曆十四年五月即位八月命太常少卿韋倫持節使
吐蕃統蕃俘五百人歸之建中元年四月太常少卿韋倫至自
吐蕃自大曆中吐蕃聘使前後數輩皆留之不遣俘獲其人必
遣中官部統徙之江嶺因緣求財及給養之費不勝其弊云年十
冬吐蕃大興師以三道來侵一自靈武一自山南一自蜀約
齊舉會帝初即位以德綏四方繳其俘四五百餘人各給衣一
襲使倫統還其國與之約和勑邊將無得侵伐吐蕃始聞歸其
人不之信及蕃俘入境部落皆畏威懷惠其贊普乞立贊謂倫
曰不知是來也而有三恨奈何倫曰未達所謂乞立贊曰不知
大國之喪而弔不及哀一也不如山陵之期而賻不成禮二也
不知皇帝勇聖明繼立已發衆軍三道連衡今靈武之師聞命
輒廻矣而山南之師已入扶文蜀師已趨灌口追且不及是三
恨也及發使奉贄不二旬而復命劉師孝獲其戎俘有司請准
舊章頒賞徵繳帝曰吾與約著矣言猶在乎乃各給縑二疋衣一
襲而歸之五月以韋倫爲太常卿復使吐蕃十二月倫至自吐
蕃與其宰相欽論明思等五十五人皆至獻其方物初吐蕃見
倫再至甚歡既就館聲樂以娛之留九日而旋兼遣其渠帥報
命倫一歲再往復絕域戎夷未教無此之速者也
二年二月以萬年令崔漢衡爲殿中少監持節使西戎初吐蕃
遣使求沙門之善講者至是遣僧良琇文素一人行二歲一更之
十二月入蕃使判官監察御史常魯與吐蕃使論悉諾羅等至
自蕃中初魯與其使崔漢衡至列館贊普令止之先命取國信
勑書既而使謂漢衡曰來勑云所貢獻物並領訖今賜外生少
信物至領取我大蕃與唐舅甥國耳何得以臣禮見處又所欲
定界雲州之西請以賀蘭山爲界其盟約請依景龍二年勑書
云唐使到彼外生先與盟誓蕃使到此阿舅亦親與盟乃邀漢
衡遣使奏定魯故還奏帝爲改勑書以貢獻爲進以賜爲寄以



領取爲領之且謂曰前相楊炎不循故事致此誤耳其定界
約並從之
三年九月和蕃使殿中少監兼御史中丞崔漢衡與吐蕃使區
頰贊至自蕃中時吐蕃大相尚結息忍而好殺以嘗覆敗於劍
南思刷其恥不肯約和其次相尚結贊有材略固言於贊普請
定界盟約以息邊民贊普然之竟以結贊代結息爲大相約終
和好期以十月十五日會盟於境上
四年二月以鴻臚卿崔漢衡兼御史大夫持節與吐蕃使區頰
贊等歸蕃
六月吐蕃使判官監察御史于頔與吐蕃使論頰沒藏等至自
青海
興元元年二月以御史大夫于頎爲左散騎常侍尋加兼御史
大夫往涇州已來宣慰吐蕃仍與州府計會頓遞時吐蕃欵塞
請以兵助平國難故遣使焉
八月甲子以右武衛將軍周皓爲太僕卿兼御史大夫宣慰廻
紇使
貞元二年二月辛未以水部員外郎趙聿爲禮部郎中兼侍御
史入吐蕃使
九月丁未詔遣左監門將軍康成使於吐蕃初吐蕃大相尚結
贊累遣使請盟會定界乃命成使之至上若原與結贊相見結
贊令其使論乞力他與成同來丙寅以左千牛大將軍裴誦爲
吏部侍郎充入蕃使俄以吐蕃退遂不行
其年冬吐蕃入寇鹽夏二州詔加河東節度使馬燧綏銀麟
勝招討使燧乃將兵次石州時吐蕃深入人馬疲瘵帥論頰
熱因燧
乞和三年正月燧引軍還太原
三年二月以前太子右諭德崔澣爲檢校左庶子兼御史中丞
充入吐蕃使三月丁酉以左庶子李銛充入吐蕃使

五年七月以殿中監嗣滕王湛然為太子賓客迴鶻使冊故
六年春迴鶻忠貞可汗為其弟所殺而篡立國人殺之而立忠
貞之子為可汗乃遣達北特勒梅録將軍告忠貞可汗之喪於我
且請冊新君也
十三年二月劍南西川節度使韋皐奏南詔前年於嶲州築
城一所今請據舊境歸還已受須訖
十九年五月吐蕃使論頰熱等至廿年以右龍武將軍薛伾兼
御史大夫使于吐蕃
二十年五月以秘書監史館修撰張薦為工部侍郎兼御史大
夫依前史館修撰持節弔贈吐蕃以左金吾衛將軍薛伾為檢
校工部尚書兼左金吾衛將軍兼御史大夫持節和吐蕃
憲宗永貞元年十一月以通王府長史孫杲為鴻臚少卿兼御
史中丞持節充冊立迴鶻使其月以衛尉少卿侯幼平兼御史
中丞充入吐蕃告冊立等使



元和四年正月[illegible]文[illegible]充弔祭冊立使
七月吐蕃[illegible]和好
五年五月吐蕃遣使論思邪熱來朝并歸鄭叔矩路泌之柩及
[illegible]男武[illegible]等一十三人叔矩[illegible]使崔漢衡之從事泌渾瑊
之從事[illegible]貞元初吐蕃背盟所陷凡二十餘年竟不屈節因殁於
蕃中至是請和故歸其柩
六月宰相與吐蕃使語於中書令廳蕃使拜階下宰相階上還
半禮
七月以陝州大都督府左司馬兼通事舍人李銛為鴻臚少卿
攝御史中丞持節充入吐蕃使仍賜紫金魚袋太子中舍人吳
暈為丹王府長史兼侍御史為之副
七年正月癸未以鴻臚卿張茂宣充入迴鶻使通事舍人張賈
副焉
二月吐蕃東道節度論誥熱以宰相尚綺心兒以書遺鳳翔節度
使李惟簡惟簡奏獻之
三月命宰臣於中書與吐蕃使議事
七月以[illegible]府功曹李汭為殿中侍御史充入新羅副使
八年正月命內侍李重旻充渤海冊立宣慰使
十一月黔中奏昆明夷請歸其先侵牂牁之地
十一年二月授渤海使國信以歸
五月命中使二人送迴鶻使歸國
十一月以宗正卿李誠兼御史中丞充入迴鶻使
十二年四月吐蕃以贊普卒來告巳未以右衛將軍烏重玘兼
御史中丞充弔贈吐蕃贊普使
五月癸亥以右補闕段均為殿中侍御史充弔贈吐蕃使
十三年三月渤海國遣使李繼常等二十六人來朝
十月鳳翔節度鄭餘慶奏吐蕃遣使修好
穆宗元和十五年即位八月乙亥命宰臣召吐蕃使於中書議[illegible]



[illegible]使于吐蕃
十一月庚午制以太子中允[illegible]太子少卿[illegible]御史中丞持節
[illegible]吐蕃答請和好使[illegible]召吐蕃使於中書議事以
鄭王府長史邵同為太府少卿兼御史中丞持節入吐蕃充答
請和好使
十二月以左散騎常侍崔元略充[illegible]使丁丑改命太子
中允李寰兼侍御史充党項宣撫副使
長慶元年十二月豐州刺史李祐奏先入迴鶻使裴通高品秦
有直并迴鶻六十四人到鸊鵜泉
二年二月癸酉吐蕃遣使十五人來請定界甲戌召對于麟德
殿宴賜有差
八月鳳翔送落蕃人宋文倖等一百八十人詔付京兆府詳勘
尋令親族識認任其歸還
十月辛酉以太子僕杜載為太僕少卿兼御史中丞持節充入

吐蕃鉢會盟禮畢使仍賜服金紫

敬宗初即位新羅杪人前右監門衛率府兵曹參軍金要卿進狀請充入本國宣慰副使從之

寶曆元年三月以前蘄州刺史于人文為司門郎中兼御史中丞持節入迴鶻充弔祭冊立使仍賜紫金魚袋以太贊善夫人裴常守本官兼侍御史為之副

四月以前江南西道觀察推官試大理評事陳璟夫守河南府洛陽縣丞兼監察御史充入迴鶻弔祭冊立使判官仍賜緋魚袋

十月以岳王傅成琉為右庶子兼御史中丞充入吐蕃答賀正使仍賜紫金魚袋以大常博士劉幼復為殿中侍御史為之副仍賜緋魚袋以前萬年縣丞韓㴷為大理丞兼殿中侍御史入吐蕃答賀正使判官仍賜緋魚袋二年二月鳳翔節度使進到沒蕃迴鶻四人勅旨令付鴻臚寺待有遣蕃使即放歸國



十月靈武節度使奏收得吐蕃石金山等五人詔委本道節度使差人送付大界遊奕吐蕃取領聞奏仍優當發遣

文宗太和二年十二月以前棣州刺史唐弘實為莒王傅兼御史大夫持節充入吐蕃答賀正使

三年十二月景寅西川監軍判官張士謙奏南蠻宮慰迴得蠻人事物金壺銀水瓶等并進首領王笔嶺狀云封云被杜元穎欺擾蕃界又云南蠻縛自羌專使奏事乙亥郭釗又奏公家笑蘋差使送書言共四角以聞又奏追還三百餘里

五年五月劍南西川節度使李德裕奏南蠻放還先虜掠百姓工巧僧道約四千人到本道

十一月入吐蕃使宗正少卿李從易至蕃中六年十一月以少府少監田早守本官兼御史中丞持節充入吐蕃答賀正使仍賜紫金魚袋

八年夏四月九姓迴鶻可汗薨以左驍衛將軍皇城留守唐弘實為右金吾衛將軍兼御史大夫持節充入迴鶻弔祭冊立使

八年春正月庚子鳳翔節度使李聽進吐蕃請普賀正表函

九年五月吐蕃入朝迴紇進太和公主所獻馬射女子七人沙陁小兒二人

十一月以宗正少卿李從簡守本官兼御史中丞持節充入蕃答賀正使仍賜紫金魚袋

開成元年十二月以太子少詹事李景儒兼御史中丞充入吐蕃答賀正使

二年十一月天德奏吐蕃東北道元帥論東松差使信物及木契到本道以其書信上聞三年秋七月新羅王金祐徵遣使遺淄青節度使奴婢帝矜以遠人詔令却歸本國

四年三月以太子詹事李景儒為入吐蕃使

武宗會昌二年十一月吐蕃贊普卒遣使論普熱入朝告哀遣將作少監李璟入蕃弔祭



三年八月黠戞斯遣使諦德伊斯難珠來朝九月與黠戞斯敕書曰皇帝敕問黠戞斯可汗將軍諦德伊斯難珠至覽書并白馬二疋具悉可汗降精朔挺雄朔漠以為君禀耀旗頭分天街而建國特負英豪之氣凡擐驍馭之才眷想雄猷載深嘉歎來書云溫仵合將軍歸國後漢使不來溫仵合去日朕書具云速遣報答此當遣重臣冊命自是可汗未諭此意報答稍遲來信又云金石路隔絕盡為山川悠遠未得與可汗封壤接連非是兩國之情猶有阻隔想可汗明識無復致疑又云兩地致書彼此不會良書不可以盡言言不可以盡意況蕃漢文字傳譯不同終在共推赤心永保盟好豈必緣飾詞語以此交歡想得欲思惟先想好慈不更疑惑便是明識又云欲除兩國間惡刺如此之事最為嘉言緣迴鶻推據北方為一代君長諸蕃臣伏百有餘年可汗掃除窮居大雪餘恥功業既高于前古威聲已振于八荒同當深務遠圖豈可更留餘燼黑車子不度德量力敢

保寇讎則是侮可汗獨力向化此而可忍孰不可容况可汗前來防送公主使上天入地必須覓得今若捨而不問何以取信朕懷想可汗秉彼盛秋長驅精騎問嗢沒斯遷延之罪行黑車子後服之誅取若拾遺役無再舉從茲邊定豈不美歟來書又云送公主到彼無一語來緣公主纔離可汗五日便被迴紇胡韃所遣來使盡被殺傷公主二年之中流離沙漠事已隔遠所以不再叙言然趙蕃去日已具感悅之心足表殷勤之意又聞今秋欲移往迴紇牙帳滅其大國便保舊居足使諸蕃畏威迴紇納望稍近漢境頻請良圖所云請發遣兵馬期集天德緣黑車子猶去漢界一千餘里在沙漠之中從前漢兵未嘗到彼此間迴紇深意常欲投竄安西待至今秋朕當令幽州太原振武天德緣邊四鎮要路出兵料可汗攻討之時迴紇必當潛遁各令邀截便可梟擒此是軍期須協符契想可汗必全大信用叶一心特勒嗢沒斯雖歸降已於三殿面對兼賜宴樂並依來表更不



舊朕纘達重申保申冊命故先遣此旨令彼國明知冊命之禮並依迴紇故事可汗爰始立國驗長諸番須示懷撫情深宗盟義重以此鎮撫誰敢不從宜體至懷共弘遠略春暖想可汗休泰將相已下並存問之黠戛斯者亦名紇斯本前代堅昆國在迴紇西北自稱李陵之後初破迴紇國之時得太和公主以天家貴種又與國同姓令達干十人送公主至塞上中路爲介可汗所得盡殺黠戛斯使人乃質公主同行及黠戛斯上表問公主所在及所遣使者十人帝覽問宰臣議者奏以黠戛斯是迴紇深讎會爲介可汗尚須與通和令自將兵馬來殺使者非人兼計黑車子容納可汗之罪帝心未決以迴紇故事自平祿山之後歲賜絹二萬匹以爲定制又黠戛斯有可汗之名處于修臣禮宰臣又云今黠戛斯與迴紇故事不同未有大功欲遽利於若同迴紇稱臣即加冊命不爾停得無傷國體然許爲宗盟可以尊卑論之令展子孫之禮帝意乃定故降此書

僖宗乾符二年南蠻驃信遣使乞盟許之

梁太祖乾化元年鄜州以迴紇可汗所與書來上制以左監門衛上將軍楊沼爲右驍衛上將軍押領迴紇等還蕃又河中奏迴紇宣諭使楊沼押領二蕃酋長一百二十人歸本國訖

後唐武皇天祐四年契丹阿保機大寇雲中武皇遣使連和因與之面會於雲州東城大具饗禮延入帳中約爲兄弟謂之曰唐室爲賊所篡吾欲今冬大舉弟可以精騎二萬同收汴洛保機許之賜與甚厚留馬三千匹以答賜左右咸勸武皇可乘間虜之武皇曰逆賊未殄不可失信於夷狄自亡之道也乃盡禮遣之

莊宗同光初滄州奏偵聞契丹國舅撒剌阿撥送羊馬於幽州求和好

二年八月幽州進契丹國舅撒剌阿撥書

三年七月丁巳靈武奏恩賜迴紇王勅書函已送甘州



四年正月幽州李紹斌奏契丹阿保機與白貂裘一又吐谷渾杜每兒愛生李紹威遣梅老如貴貢馬

明宗初纂嗣遣供奉官姚坤空函告哀至契丹西樓屬阿保機在渤海又徑至慎州崎嶇萬里就至謁見保機延入穹廬保機身長九尺被錦袍大帶垂後與妻對榻引見坤坤未致命保機先問曰聞爾漢土河南河北各有一天子信乎坤曰河南天子今年四月一日洛城軍變今凶問至矣河北總管令公比爲魏州軍亂先帝詔令除討既聞内難軍衆離心及京城無主上下堅冊令公請主社稷今已順人望登帝位矣保機曰漢國兒與我雖父子亦曾彼此讎擊俱有惡心與爾今天子彼此無惡之得歡好爾先復命我續將馬三萬騎至幽鎮已來與爾家天子面爲盟約我要幽州令漢兒把捉更不復侵汝漢界又或物河保機死其母令以子德光權主牙帳明年德光遣其使梅老等三十餘人來修好又遣使爲父求碑石帝許之賜與甚厚并賜

其母遣絡錦絨曰是山北安静蕃漢不相侵擾天成元年九月幽州趙德鈞奏先差軍將陳繼威使契丹部内令使還得狀稱今年七月二十日至渤海界扶餘府契丹族帳在府城東南隅繼威既至求見不通竊問蕃見言契丹王阿保機已得疾其月二十七日阿保機身死八月三日隨阿保機靈柩發離扶餘城十三日至烏州契丹王妻始受弔當府所持書信二十七日至龍州契丹王妻令繼威歸本道仍遣捺括梅老押馬三疋充答信同來繼威見契丹部族商量來年正月葬阿保機於木葉山下兼差近位阿思沒姑餕持信與先入蕃天使供奉官姚坤同來赴闕告哀兼聞契丹部内取此月十九日一齊舉哀朝廷及當府前後所差人使繼威來時見處分候到西樓日即並放歸

十月辛丑契丹告哀使沒骨餕見言契丹國王阿保機今年七月二十七日薨勑曰朕以近續皇圖恭修帝道務安夷夏貴洽遐陬契丹王世稱歡盟禮交聘問遽聞凶訃倍軫悲懷可輟今月十九日朝參



二年西川奏黎州狀雲南使趙和於大渡河南起舍一間留信物十五籠并雜牋詩一卷遞至闕下初郭崇韜平蜀之後得王衍昔擒獲蠻俘數十以天子命令殿直李措持國信賜其國王并歸其俘因措入其部為止於界上唯國信與蠻俘得往月餘乏食而廻續有轉牒稱督爽大長和國宰相布燮等上大唐皇帝舅奏疏一封白鶴柘發遞歷鐵莫白崖爽等又入弄棟廣習白鷄鷁郡繕蕈爽等又入平夷新安寧遠標步差人轉送黎州其紙厚硬若皮筆力適健有書詔體後有督爽陁酋忍爽王寳督爽彌勤忍爽董德義督爽長坦綽爽楊布爽等所署有絲牋一軸轉韻詩三章章三韻共十聯有類擊筑詞將有恩本朝姻親之意理亦不遜其耆中之物即却返其國信舊封猶存復命左衛上將軍烏昭遇等再往使焉至西川知李措又不能進遂廻

十一月契丹使梅老等三十餘人見傳本土願和好之意帝謂侍臣曰宜保邊鄙以安疲民朕豈辭降志耶彼既求和足得懷柔矣

三年正月己酉契丹王阿保機妻差使送前振武副使劉存全到行闕賜在金錢帛銀器金帶鋪陳氈褥甚厚

長興元年五月青州奏所與高麗國勑書一函已付本國句後官

七月振武張萬進呈納契苾木書三封

二年五月癸亥青州上言有百姓過海北樵採附得東丹王堂兄京尹汚整書問蔡華行止欲修貢也

閏五月青州進呈東丹國首領耶律羽之書三封

七月乙未兖州奏密州淮口准勑放過往來商客一千八十八人

十二月丙辰幽州奏契丹乞通和好

三年正月庚子契丹遣使拽骨等來朝

五月己亥契丹朝貢使迭羅卿辭歸蕃迭羅卿之來求歸蔀剌



帝初欲遣之大臣爭之未決會幽州趙德鈞狀奏又揚言皆言其不可遣帝意方解仍曰蕃界修好朕意在息邊患若所求俱不遺虜即有詞其貳肯舍利朕欲放還其不令阻其請勑政不敢復爭乃遣從虜使歸蕃

十一月乙巳雲州節度使張敬達奏探得契丹王在黑榆林南捺剌泊率蕃族三百帳見製造攻城之具古蕃界無草欲借漢界水草詔親直指揮使張萬全供奉官周務謙齎書函信雜綵五百疋銀器二百兩往賜契丹王

四年五月丙戌契丹國使迭骨卿三十四人入朝

其年契丹耶律德光以兄東丹王突欲在闕下其母繼發使申款朝廷亦優容之賜突欲姓李氏名贊華出鎮滑州以旌分矣人夏氏嫁之

閔帝應順元年正月乙亥契丹遣都督沒輦于來朝獻馬四百駝十羊二千先是遣供奉官西方鄴入契丹復命故有是獻

末帝清泰三年八月戊午契丹遣使梅里入朝
其年契丹遣使鉏析梅里入朝
晉高祖即位於晉陽改號天福元年車駕將入洛閏十一月甲戌契丹王舉酒言於帝曰余遠來赴義大事已成皇帝須赴京都今已令太相溫勒兵相送至於河梁要過河者即多少任意余亦且在此州俟京洛已定便當北轅執手相泣久不能別脫白貂裘以衣帝贈細馬二十疋戰馬一千二百疋仍誡曰子子孫孫各無相忘焉
二年正月契丹太子解里舍利梅老等到闕見
四月契丹宮苑使李可興到闕見
三年八月戊寅以左僕射劉昫為契丹冊禮使左散騎常侍韋勳為使副於輦中盧重冊契丹太后使賜贈帛器皿有差
九月庚申契丹使跌跌延府押鞍轡馬往洛京般取後唐公主
丙寅趙延壽進馬二疋謝恩放燕國長公主歸幽州

府九百八十　十七

十月契丹遣梅里禾猾書到闕賀范延光歸明其月戊寅契丹命使以寶冊上帝尊號曰英武明義左右金吾六軍儀仗兵部法物太常鼓吹殿中省傘扇等並出城迎引至崇元殿前陳列帝受徽號畢御殿受百官賀
四年十月契丹使近臣崔廷勳領兵交戍於靈丘之北帝遣中官李威以吳越上尊遺而勞之
十一月戊子契丹遣遙折來使因聘吳越
五年四月甲子契丹使興化王來聘
十月契丹使舍利來聘致馬百疋以王鞍狐裘等其年迴紇可汗仁美遣使貢良馬白玉謝冊命也
六年四月己未契丹使述括來聘
七月壬戌涇州奏西涼府留後李文謙今年二月四日閉宅門自焚遣元入西涼府譯語官楊行實與來人齎三部族蕃書進之

八月蕃迴事重王六白契丹迴復遣使焉
六年九月遣供奉官李廷業以財果延于契丹
十一月契丹遣使楊通事與供奉官李仁寶同到闕
七年春正月庚午契丹遣使達刺已下一十六人來聘
三月乙卯朔契丹遣通事高模翰來聘
閏三月遣殿直馬廷理內班王延瑊送櫻桃于契丹
六月辛酉契丹遣達刺于來使癸亥遣殿直張延果使于契丹
少帝以天福七年六月乙丑即位八月宣喚契丹王冊使舍利共一十二人宴于崇德殿
八年漢高祖時為太原節度使奏以太原往例每年差人押送葡萄往契丹今年伏俟敕旨有詔罷之高祖曰此土產常物廢而不行必啓戎心以生怨也
周太祖廣順元年二月丁未左千牛衛將軍朱憲使于契丹復命契丹王兀欲復遣使裊骨支伴送朱憲歸京師又賀誡登極

府九百八十　十六

兼獻良馬一駟仍達其情云兩地通歡盡國晉祖議和好之理為遠大之謀
五月己巳遣左金吾將軍姚漢英右神武將軍華光裔使于契丹辭各賜襲衣銀帶綺綵三百疋銀器五十兩契丹入朝使大卿賜金帶五疋衣着三百疋銀器百兩別賜衣着五十疋帶價衣着一百五十疋副使賜有差曳刺五人各賜中錦一疋衣着三十疋仍遣供奉官李崙押援兵防送至樂壽
八月契丹遣幽州教練使晉瑯齎所送宰相趙瑩喪柩至其家先是開運末虜陷京城瑩與馮玉李彥韜俱遷於北塞未幾卒至是方歸喪柩
二年正月涇州史光懿言迴紇可汗遣使里來等四人到州迎接遣奉迴使
十月沙州僧興齎表訴迴紇阻隔迴紇世世以中國主為舅朝廷亦以甥呼之沙州留蕃後有張氏世為州將後唐同光中長

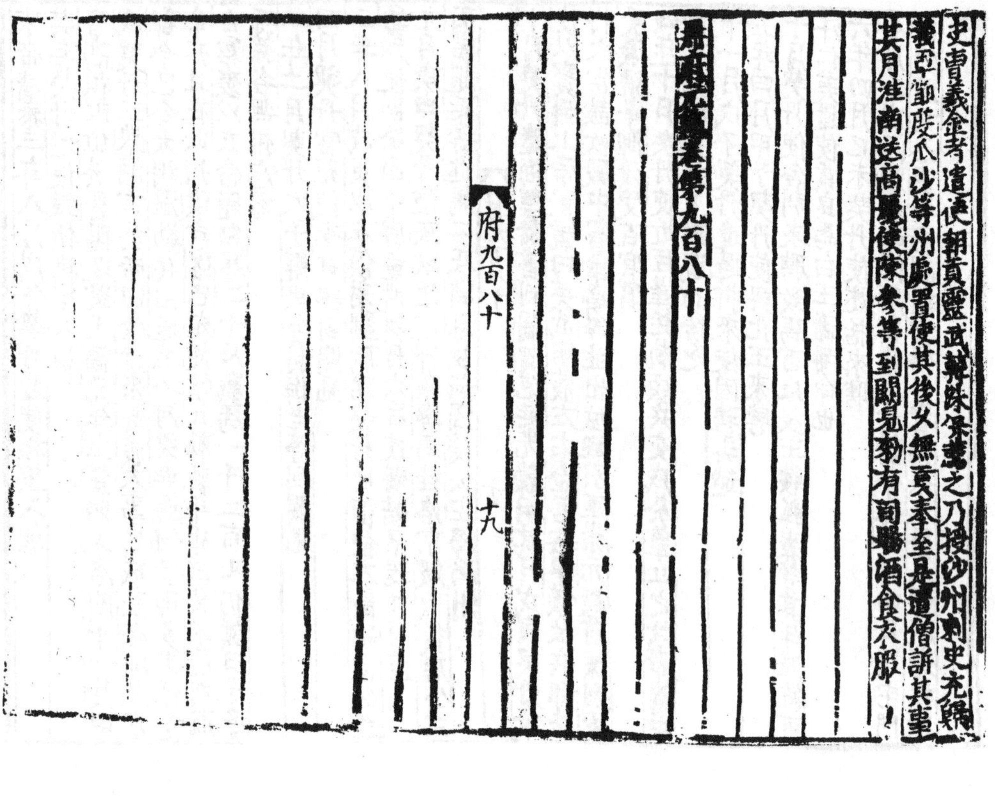

史曹義金奏遣使朝貢靈武韓洙保薦之乃授沙州刺史充歸義軍節度瓜沙等州處置使其後久無貢奉至是遣僧訴其事

其月淮南送高麗使陳參等到闕見勅有司賜酒食衣服

冊府元龜卷第九百八十

府九百八十　十九

冊府元龜卷第九百八十一

外臣部二十六

盟誓

周官司盟掌盟載之法蓋拜邦國會同之制也其於四夷則胡人彈骨越人契臂與夫中國歃盟所由各異示信一也若乃忽荒之俗凶悍成性置之度外斯爲匪人先王於是羈縻而弗絶之也然而威力有所不及德義有所不懷姑務息民非可黷武於是申以詛誓質於神明達之以誠心要之以禍福然後邊鄙不聳保鄣以寧倒載干戈而阜安生齒玆亦長轡遠御之一術也至或飭其詐諼臨事生變志圖剽刼以快凶戾此亦豺狼之常性豈謀之不臧者乎

魯隱公二年春公會戎于潛脩惠公之好也戎請盟公辭秋八月庚辰公及戎盟于唐復脩戎好也（穀梁傳曰唐魯地也）

桓公二年七月公及戎盟于唐脩舊好也

僖公三十二年四月衛人侵狄秋衛人及狄盟

文公八年十月公子遂會伊雒之戎盟于暴

哀公十九年秋三夷男女及楚師盟于敖

秦昭襄王時板楯蠻夷居巴郡閬中時有一白虎常從群虎數遊秦蜀巴漢之境傷害千餘人昭王乃重募國中有能殺虎者賞邑萬家金百鎰時有巴郡閬中夷人能作白竹之弩乃登樓射殺白虎昭王嘉之而以其夷人不欲加封乃刻石盟要復夷人頃田不租十妻不算傷人者論殺人得以倓（他濫切）錢贖死盟曰秦犯夷輸黃龍一雙夷犯秦輸清酒一鍾夷人安之

漢宣帝時與呼韓邪單于約束自長城以南天子有之長城以北單于有之有犯塞輒以狀聞有降者不得受

元帝時遣車騎都尉韓昌光祿大夫張猛送呼韓邪單于侍子昌猛見單于民衆益盛塞下禽獸盡單于足以自衛不畏郅支聞其大臣名歡單于北歸者（塞下無禽獸則射獵無所得又不畏郅支故欲北歸舊處）恐北去



後難約束（不可更爲言辭）共昌猛即與爲盟約曰自今以來漢與匈奴合爲一家世世毋得相詐相攻有竊盜者相報行其誅償其物（漢人爲盜於匈奴匈奴人爲盜於漢皆相報告而誅償）有寇發兵相助漢與匈奴敢先背約者受天不祥令其世世子孫盡如盟昌猛與單于及大臣俱登匈奴諾水東山（諾水即今突厥地諾真水也）刑白馬單于以徑路刀（徑路匈奴寶刀也）金留犂撓酒（金契金也留犂飯匕也撓攪也契金著酒中撓攪飲之）以老上單于所破月氏王頭爲飲器者共飲血盟（昌猛還奏事公卿議者以爲單于保塞爲藩雖欲北去猶不能爲危害昌猛擅以漢國世世子孫與夷狄詛盟令單于得以惡言上告于天羞國家傷威重不可行宜遣使往告祠天與解盟昌猛奉使無狀罪至不道帝薄其過有詔昌猛以贖論勿解盟）

平帝時西域車師後王句姑（句音鉤）去胡來王唐兜（爲其去胡而來降漢故以爲號）（[illegible]）降匈奴詔令單于執還使中郎將王萌待西域惡都奴界上逆受（惡都奴西域之谷名也逆受迎而受之）單于遣使送到國因請其罪使者以聞有詔不聽（不赦其罪）會西域諸國王斬以示之迺造設四條（更爲此新制也）中國人亡入匈奴者烏孫亡降匈奴者西域諸國佩中國印綬降匈奴者烏桓降匈奴者皆不得受遣中郎將王駿王昌副校尉甄阜王尋使匈奴班四條與單于雜函封（與璽書同函而封之）付單于令奉行因收故宣帝所爲約束封函還

宋師子國王剎摩訶南奉表遣二白衣送牙臺像以爲信誓（[illegible]）

唐高祖武德七年八年頡利突利二可汗舉國入寇道自原州連營南上太宗時爲秦王受詔北討與虜遇於豳州醜徒震駭因而請和太宗許之結盟而去（又云突利初深自結於太宗亦以恩撫之結爲兄弟盟而去）

太宗以武德九年八月即位是月辛巳突厥寇高陵癸未帝幸渭水之上與可汗隔津而語責其負約頡利請和詔許之乙酉幸城西刑白馬與頡利同盟于便橋之上突厥引兵而退

高宗麟德二年八月開府儀同三司新羅王金法敏熊津都尉扶餘隆盟于百濟之熊津城初百濟自扶餘璋與高麗連和屢侵新羅之地新羅遣使入朝求救相望于路及蘇定方既平百濟軍廻餘衆又叛鎮守使劉仁願劉仁軌等經略數年漸平之

詔扶餘隆歸撫餘衆及令與新羅和好至是刑白馬而盟先祀神祇及川谷之神而後歃血其盟文曰往者百濟先王迷於逆順不敦隣好不睦親姻結託高麗交通倭國共爲殘暴侵削新羅剽邑屠城略無寧歲天子憫一物之失所憐百姓之無辜頻命行人遣其和好負險恃遠侮慢天經皇赫斯怒龔行弔伐旌旗所指一戎大定固可潴宮汚宅作誡來裔塞源拔本垂訓後昆然懷柔伐叛前王之令典興亡繼絶往哲之通規事必師古傳諸曩冊故立前百濟大司稼正卿扶餘隆爲熊津都督守其祭祀保其桑梓依倚新羅長爲與國各除宿憾結好和親各承詔命永爲藩服仍遣使人右威衛將軍魯城縣公劉仁願親臨勸諭是宣成旨約之以婚姻申之以盟誓刑牲歃血共敦終始分災恤患恩若弟兄祗奉綸言不敢失墜旣盟之後共保歲寒若有背盟二三其德興兵動衆侵犯邊陲明神監之百殃是降子孫不育社稷無守禋祀磨滅罔有遺餘故作金書鐵券藏之宗廟子孫万代無敢違犯神之聽之是饗是福劉仁軌之辭也歃訖埋書牲幣於壇之壬地藏其書於新羅之廟於是仁軌領新羅百濟耽羅倭人四國使浮海西還以赴太山之下

玄宗開元二年五月吐蕃宰相坌達延獻書于宰　臣曰西國地界事資早定界定之後然立盟書大夫解琬昔在安西界堡使會于河源相與展議蕃之願也帝聞之命左散騎常侍解琬使于河源宰臣魏知古姚崇盧懷慎等致書報達延曰承屯聚兵馬初不知者頗亦爲疑但以彼國君臣素敦信義況立盟誓又結婚姻悠悠之談復何足信若見利忘義破親負約神道不遠何以逃殃自見來書果符意揣兩國和好百姓安寧永絶邊虞豈非好事所論分界先有盟書今奉勑令左散騎常侍解琬往河源與公平章解琬國之重臣素有德音行言無二諸衆所共推昔嘗充使安西備諳彼之境土今遣將命實惟命焉琬旣行勑琬齎神龍二年吐蕃誓文與達延定界（曰吐蕃曰神龍二年吐蕃誓文）



六月吐蕃使其宰相尚欽藏及御史名悉獵來獻盟書帝御承天門樓命有司引見置酒於内殿享之

十一月己酉賜丹書鐵券于奚都督烏禘頡利發契丹伊健啜

六年十一月吐蕃遣使奉表曰仲冬極寒伏惟皇帝舅万福使典軍馮集并吐蕃使判悉獵等同至其書共傳語並悉具委所緣和事者孝和帝在日其國界並是逐便斷當訖彼此亦已盟誓漢宰相等官人誓者僕射豆盧欽望魏元忠中書令李嶠侍中紀處訥蕭至忠侍郎李迥秀尚書宗楚客韋安石楊矩等一十人吐蕃宰相等亦同盟誓訖遂迎公主入蕃彼此安穩於後太上皇登極親好並相和同雖復如舊其漢宰相入誓者並已殁於後宰相不知已前要契當今望重立盟誓舅甥名親署盟誓咒相依舊作誓彼此相信亦長安穩此處使人論乞力徐尚輸宋俄等前後七迴入漢此論皇帝舅親署誓書事復遣宰相亦作咒如此使七迴來去阿舅却報言舅甥親自手署誓書及彼此宰相作咒阿舅云大是好事及至今日阿舅手署不見宰相作咒亦無又西頭張玄表將兵打外甥百姓又李知古亦將兵打外甥百姓既緣如此違誓信所以吐蕃遂發兵馬今奉阿舅書以前所有嫌惡並悉不論自今已後依前和睦大是好事在此外甥亦同阿舅來意阿舅必定和好所以遣使人往來亦得又不須重盟誓者緣孝和皇帝時舊漢宰相人盟誓者並無阿舅必以和好不重作盟誓彼此不相信要須新立盟誓即日未知國事亦不由官寮並皆自決但是百姓擬遣安樂久長快活阿舅書上雖道和好意中不尋知有何疑今日必定和了此要速却迴的實相報來書云乞力徐此集兵馬者准舊例兵馬新舊交替若道别集兵馬並是虛言又往昔平論地界白水已來中間並合空閑昨郭將軍率聚兵馬於白水築城既緣如此吐蕃遂於界内道亦築一城其兩國和同亦須迎送使命必若不和其城彼此守捉邊境又

以北突厥骨咄祿共吐蕃交通者舊時使命實亦交通中間屢
絕和睦已來准舊平章共骨咄祿阿舅亦莫與交通外甥亦不
與交今聞阿舅使人頻與骨祿交通在此亦知為不和中間有
突厥使到外甥處既為國王不可久留外國使人遂却送歸即
日兩國和好依舊斷當吐蕃不共突厥交通如　舅不和自外
諸使命何入蕃任伊來去阿舅所附信物並悉領外甥今奉金
胡瓶一馬腦盃一伏惟受納

十八年十月吐蕃使名悉獵等至京詔御史大夫崔琳充使報
聘仍於赤嶺各豎分界之碑約以更不相侵（二十二年遣將豎碑徐於赤嶺分界立碑）

二十四年吐蕃與漢樹柵為界置守捉河西節度使散騎常侍
崔希逸謂吐蕃將乞力徐曰兩國和好何須守捉妨人耕種請
皆罷之以成一家豈不善也乞力徐報曰常侍忠厚必是誠言
但恐朝廷未必皆相信任万一有人交搆掩吾不備後悔無益
也希逸固請之遂發使與乞力徐殺白狗為盟各去守
備於是吐蕃畜牧被野

天寶元年九月以護密國王子頡吉里匐遣使上表請背吐蕃
來屬賜鐵券曰咨尔護密王子頡吉里匐夫藩捍可寄唯信是從
尊義可積雖遠無隔卿之先代常附國朝遣使有常書譯相次
自卿父繼立近阻遐陬被制凶威有乖夙志今遂能獻誠款潛
謀歸懷自非心晤遠圖何以克存先意念此誠懇嘉尚尤深今
賜卿丹書鐵券以旌忠孝長表信義永傳子孫日月同明山河
齊久可不美歟不可慎歟

肅宗元年建寅月吐蕃使來朝請和勑宰相於中書宴設將詣
光宅寺為盟使者曰蕃法盟誓取三牲血歃之無向佛寺之事
請明日復於鴻臚寺歃血以申蕃戎之禮從之

代宗廣德二年秋迴紇犯邊先以關內副元帥郭子儀屯涇陽
十月迴紇首領羅達干等率其衆二千餘騎詣涇陽請降子儀
許之令胡祿都督等與宰相磨咄莫賀達干宰相敦莫賀達干



宰相護都毗伽將軍宰相揭拉裴羅達干宰相梅錄大將軍羅達
干平章事海盈闕達干等子儀先執杯合胡祿都督請呪子
儀呪曰大唐天子万万歲迴紇可汗亦万万歲若起負心背盟
約者身死陣前家口屠戮合胡祿都督等失色及杯至即譯曰
如令公盟約皆喜

永泰元年三月吐蕃遣使請和詔宰臣元載杜鴻漸與之盟於
興唐寺

大曆二年四月宰臣及內侍魚朝恩與吐蕃使同盟於興唐寺

德宗建中二年十二月入蕃使判官監察御史常魯與吐蕃使
論悉諾羅等至自蕃中初魯與其使崔漢衡至列館贊普令止
之先命取國信勑書既而使謂漢衡曰來勑云所貢獻物並領
訖今賜外生少信物至宜領取我大蕃與唐舅甥國耳何得以
臣禮見處又所欲定界雲州之西請以賀蘭山為界其盟約請
依景龍二年勑書云唐使到彼外生先與盟誓蕃使到此阿舅
亦親與盟乃邀漢衡遣使奏定帝為改勑書以貢獻
為進以賜為寄以領取為領之且謂曰前相楊炎不循故事致
此誤耳其定界盟約並從之

三年十月以都官員外郎樊澤兼御史中丞入吐蕃計會使初
漢衡與吐蕃約以十月十五日定界盟誓漢衡到商原未及已
過其期遂命澤詣結贊復定盟會期且告遣隴右節度使中書
侍郎平章事張鎰與之同盟澤至故原州西與結贊相見約以
來年正月十五日會盟於清水

四年正月詔隴右節度使張鎰與吐蕃相尚結贊二盟於清水
將盟鎰與結贊約各以二千人赴壇所執兵者半之列於壇外
二百步散從者半之分立壇下鎰與賓佐齊抗及會盟官崔漢
衡樊澤常魯于頔等七人皆朝服結贊與其本國將相論悉頰
藏論臧熱乞利陁斯官者論乞力徐等七人（俱升壇為盟初約）
漢以牛蕃以馬為牲鎰恥與之盟將殺其禮乃請結贊曰漢非

牛不田蕃非馬不行今請以羊豕犬三物代之結贊許諾塞外無豕結贊請出羝鎰出犬白羊乃坎於壇北刑之雜血二器而歃盟文曰書有天下恢奄禹跡舟車所至莫不率俾以累聖重光卜年惟永彰王者之丕業被四海以聲教與吐蕃贊普代爲婚姻固結隣好安危同體甥舅之國將二百年其間或因小忿棄惠爲讎封疆騷然靡有寧歲皇帝踐祚愍兹黎元俾釋俘囚以歸蕃落蕃國展禮同兹叶和行人往復累布成命是必詐謀不起兵革不用矣彼猶以兩國之要求之永久古有結盟今請用之國家務息邊人外其故地弃利蹈義堅明從約今國家所守界涇州西至彈箏峽西口隴州西至清水縣鳳州西至同谷縣暨劍南西山大渡水東爲漢界蕃國守鎮在蘭渭原會西至臨洮又東至成州抵劍南西界磨些諸蠻大渡水西南爲蕃界其兵馬鎮守之處州縣見有居人彼此兩邊見屬漢諸蠻以今所分見住處依前爲定其黃河已北從故新泉軍直北至大磧直南至賀蘭山駱駝嶺爲界中間悉爲閑田盟文有所不載者蕃有兵馬處蕃守漢有兵馬處漢守並依見守不得侵越其先未有兵馬處不得新置并築城堡耕種今二國將相受辭而會齋戒將事告天地山川之神惟神照臨無得愆墜其盟文藏於宗廟副在有司二國之成其永保之結贊亦出盟文不加於坎但埋牲而已盟畢結贊請鎰就壇之西南隅佛幄中焚香爲誓誓畢復昇壇飲酒獻酬之禮各用其物以將厚意而歸四月加入蕃使崔漢衡檢校工部尚書帝初令宰相尚書與蕃相區頰贊盟於豐邑里壇所將盟以清水之約疆埸不定遂罷因留頰贊未遣復令漢衡使於贊普七月以國子祭酒李揆爲禮部尚書御史大夫入蕃會盟使壬辰命宰相李忠臣盧杞關播右僕射崔寧工部尚書喬琳御史大夫于頎太府卿張獻恭司農卿段秀實少府監李昌巙京兆尹王翃左金吾衛大將軍渾瑊等與吐蕃宰相區頰贊等會盟於壇所初千頓至自蕃中與尚結贊約疆埸既定請歸其使從之以豐邑坊盟壇在京城之內非便請卜壇於京城之西其禮如清水之儀先盟二日命有司告太廟盟官致齋三日朝服升壇宰相關播讀盟文盟畢宴賜而遣之甲午以李揆爲右僕射兼官充使如故

貞元三年五月戊子以侍中渾瑊爲吐蕃清水會盟使兵部尚書崔漢衡爲會盟副使司勳員外郎鄭叔矩爲判官己丑渾瑊赴會盟所帝令瑊統衆二万餘又遣華州潼關節度駱元光赴之乙巳帝令宰臣召吐蕃使論泣贊等於中書議會盟之所初崔澣與尚結贊約復會盟於清水且先歸我鹽夏二州結贊因云清水非吉地請會於原州之土梨樹又請盟畢歸二州澣還使與泣贊因奏帝將懷柔故皆從之約以閏五月十五日盟於土梨樹丁未帝召宰臣議與吐蕃會盟之所先是左神策將馬有鱗奏土梨樹地多險阻恐戎軍隱伏不利於我平涼川四隅坦平且近涇州就之爲便及是定盟所於平涼川從有鱗之言也將蕃使論泣贊已復命遂追命告還而遣之閏五月辛未渾瑊與蕃相結贊會盟於平涼初瑊與結贊約以兵三千人列於壇之東西散手四百人至壇下及將盟又約各遣遊軍以相覘伺結贊據精騎數万於壇西蕃之遊軍貫穿我師瑊之將梁奉貞率六十騎爲遊軍纔至蕃中皆被執留瑊不虞也結贊又使謂瑊曰請侍中已下服衣冠劍珮以俟命蓋欲其下馬將刼持之瑊與副使兵部尚書崔漢衡監軍將進宋奉朝等皆入幕次坦無他虞結贊命伐鼓三聲其聲呼譟而至瑊遽出自幕後偶得他馬不加銜瑊伏於鬐而手加之凡馳十餘里銜方入口故追騎之矢過而不傷焉唯瑊之裨將辛榮招合數百人拒於北阜與賊接戰須臾賊衆四合榮力屈而降奉朝及瑊判官殿中侍御史韓弇並爲亂兵所殺漢衡及中官劉延邕俱文珍李朝清漢衡判官司勳員外郎鄭叔矩瑊判官檢校戶部郎中路泌掌書記袁同直大將扶餘準馬寧及神策將孟日華李至言

樂演明范澄馬弇等六十餘人皆陷焉餘將士及夫役死者四
五百人驅掠者千餘人咸被衣物漢衡為乱兵所擊其
從吏呂溫以身蔽之矛中溫而漢衡獲免漢衡乃書謂執者曰我漢使
崔尚書也結贊與我善汝若殺我結贊亦殺汝乃捨之盡驅而
西行既而面縛各以一木自頸於身以毛繩三束之又以繩連
其髮而牽之夜皆踣之於地以長繩各繫於一橛又以毛罽都
覆之守衛者卧其上以防其亡逸也以甲戌至故原州結贊坐
帳中召與相見數誚國家曰怒渾瑊曰武功之難皆我之力
許以涇州靈州相報背負其言負我矣舉國所怨本劫是明在
擒瑊也吾遣以金飾桎梏待瑊將獻[illegible]虛致
[illegible]等耳當遣君輩一二人歸報家族也已[illegible]結贊嘉
[illegible]享給資之結[illegible]也不石門[illegible]渾瑊之
將馬寧馬鐩之將馬弇歸于我逮[illegible]河州至
景秩餘准等或因於故原州故鄯州[illegible]杜希全



李觀同盟將勒執二節將象其銳來犯京師希全等既不行又
欲劫執渾瑊長驅入寇其始謀狡蠹如此癸酉帝遣中官王子
常齎詔書以遺結贊結贊不納而還初瑊與駱元光將發涇州
元光謂瑊曰本奉詔令營於潘原堡以應援侍中竊以潘原
壘去盟所六七十里蕃情多詐侍中儻有急我何由知之請次
為營以虞其變瑊以非詔旨固止之元光竟與同進瑊之營西
去盟所二十餘里元光營次之其濠柵頗深固瑊之濠柵可踰
焉及瑊單騎奔歸蕃眾[illegible]營守將李朝彩不能整眾多已奔散瑊
之至也空營而已器械資糧悉棄之賴元光之衆陣於營中瑊
既入賊追騎方退元光乃先進輜重次與瑊俱申其號令嚴其
部伍而還時以為有將帥之風焉帝特嘉之賜良馬十疋金銀
器及錦綵其年瑊復鎮于奉天七月甲寅侍中渾瑊自會盟所
來朝素服待罪有詔釋之而後[illegible]見[illegible]
[illegible]

穆宗長慶元年九月吐蕃請盟帝許之宰相欲重其事請告太
廟太常禮院奏曰謹按肅宗代宗故事與吐蕃會盟並不告廟
惟德宗建中末與吐蕃會盟於延平門欲重其誠信特令告廟
至貞元三年會於平涼亦無告廟之文伏以事出一時又非經
制求之典禮亦無其文今謹參詳恐不合告從之乃命大理卿
兼御史大夫劉元鼎充西蕃會盟使以兵部郎中兼御史中丞
劉師老為副尚舍奉御兼監察御史李武京兆府奉先縣丞兼
監察御史李公度為判官是年十月命宰臣崔植王播杜元穎
等與吐蕃會盟所太常禮院奏應赴會盟官尚書右僕射韓
皋御史中丞牛僧孺吏部尚書李絳兵部尚書蕭俛戶部尚書
楊於陵禮部尚書韋綬太常卿趙宗儒司農卿裴武京兆尹柳
公綽右金吾衛將軍郭鏦並令赴壇所其誓詞曰維唐承天撫
有八紘聲教所臻靡不來廷[illegible]聖懼其隕顛纘武紹文
慶重光克敷睿哲圖休洪緒十有二葉二百有四載則我太和



權明揚迫不拔鋪鴻名而垂永久類上帝以承嘉應享皇靈以
酬景福蜀有息已越歲在辛丑冬十月癸酉文武孝德皇帝詔
丞相臣植臣播臣元穎等與大蕃和使禮部尚書論訥羅等會
盟于京師壇于城之西郊坎于壇北凡讀誓刑牲加書復壞陟
降周旋之禮動無違者蓋所以儆伯息人崇姻繼好懋建遠略
規恢長利故也原夫昊穹上臨黃祇下載茫茫蠢蠢之類必資
官司為邸宰匠苟無統紀則相滅絕中夏見管維唐是君西裔
一方大蕃為主自今而後屏去兵革宿忿舊惡廓焉消除追崇舅
甥曩昔結好撤警候戍烽燧險患難相恤暴掠不作亭障甌
脫[illegible]其交侵[illegible]帶要害謹守如故彼無此詐此無彼虞嗚呼美
人為[illegible]守境為信畏天為智事神為禮有一不至災其身家
山[illegible]河水湯湯日吉辰良奠其兩疆西為大蕃東實巨唐
臣執簡摘告秋方大蕃贊普及宰相鉢闡布尚綺心兒等先寄
盟文要節云蕃漢二邦各守見管本界彼此不得征討不得相

蕃寇鈔不得侵謀境土若有所疑或要捉生問事便給衣粮放還今並依從更無添改預盟之官十七人皆列名其月劉元鼎等與論訥羅同赴吐蕃本國就盟仍勑元鼎到彼令宰相已下各於盟文後自書名元鼎至贊谷鄰之間與蕃給事中論悉荅熱擁千餘騎議盟事於臧河北川中時贊普建衙帳于野以柵槍爲壘每十步攢長槊百枝而中建大旆次有三門相去百步門有甲士巫祝鳥冠虎帶擊鼓揮箭入者必搜索而進內起高臺環以寶楯帳曰金帳其中緣飾多以金爲蛟螭虎豹之狀至甚精巧元鼎既見贊普年可十七八號可黎可足戎衣白褐以朝霞纏頭坐佩金劍國政蕃僧號鉢掣逋立于座右侍中宰相列于臺下翌日於衙帳西南具饌饌味酒器略與漢同樂工奏秦王破陣樂涼州綠腰胡渭州百戲等皆中國人也所築盟壇闊十步高二尺漢使與蕃相及高位者十餘人相向列位酋領百餘人坐于壇下壇上設一榻高五六尺使鉢掣逋讀誓文則蕃中文字使人譯之讀訖歃血唯鉢掣逋不預以僧故也盟畢於佛像前作禮使僧諷文以爲誓約鬱金呪水飲訖引漢使焚香行道相賀而退及元鼎廻過河州元帥尚塔藏即蕃相尚綺心兒也館於大夏川中集東節度使將帥凡百餘人看本國所署盟文於臺上高聲曉讀讀訖因約束各守封界無相侵掠由是大和已來隴外稍安

冊府元龜卷第九百八十一

冊府元龜卷第九百八十二

外臣部二十七

征討

夫中國之於夷狄羈縻勿絕而已其或申以威讓之令舉攻伐之兵亦所以討不譓遏內侮震耀王靈攘除民患誠不得已而用之也自帝軒之世降及三代獯鬻玁狁荒獷嘗閒猾夏蓋亦煩師薄伐殲夷驅逐流乎雅頌紀乎春秋秦漢之後邊患繼作曷嘗不厲兵鞠旅賦車籍馬徂征薄伐以見武節或類出而無寧歲或略地而極遐徼以至宣威周國庶民賴其保鄣解紛救患俾獲乎息肩夫要荒之外聲教罕暨鷙猛以成性貪惏而無厭自非內敦乎德義外施乎武怒亦何以革其禍心而靖其亂略哉嚴尤所謂戎狄之侵擾猶蟁蝱之螫敺之而已真知言者歟

黃帝北逐葷粥匈奴別名唐虞以上有山戎獫狁葷粥居於北蠻

夏后相二年征黃夷先是太康失國四夷背叛及后相即位乃征畎夷七年然後來賓

商成湯即位征畎夷先是后桀之亂畎夷入居邠岐之間成湯既興伐而攘之

高宗伐鬼方三年乃克鬼方西羌也

武乙三十五年周王季伐西落鬼戎俘二十翟王也

太丁二年周人伐燕京之戎

四年周人伐余無之戎克之周王季命為殷牧師也

七年周人伐始呼之戎克之

十一年周人伐翳徒之戎捷其三大夫

周文王時西有昆夷之患北有獫狁之難遂攘戎狄西戎之國莫不賓服

成王時東伐淮夷踐奄奄國在淮夷之北遷其君蒲姑齊地

穆王時戎狄不貢王征犬戎獲其五王

夷王之時荒服不朝乃命虢公伐太原之戎至于俞泉獲馬千匹

宣王時命秦仲伐戎為戎所殺乃召秦仲子莊公與兵七千人伐戎破之又命召穆公虎平淮夷先是懿王時戎侵中国宣王興師命將以征伐之詩人美大其功曰薄伐獫狁至于太原小雅六月之詩也薄伐言逐出之出車彭彭城彼朔方小雅出車之詩也朔方北方也言獫狁來侵彭彭盛北方安靜乃築城以守又命方叔為將南征荊州之蠻作采芑詩曰方叔涖止其車三千師干之試試用也又曰蠢爾蠻荊大邦為讎方叔元老克壯其猶猶道也又曰顯允方叔征伐獫狁蠻荊來威方叔先與吉甫征伐獫狁今特往伐蠻荊皆使來服於宣王之威

襄王十五年以翟王女為后十六年復絀翟后王子帶開翟人翟人遂入周襄王出奔溫居外四年迺使使告急於晉晉文公初立欲脩霸業迺興師伐戎翟誅子帶迎內襄王子雒邑當是時秦晉為彊国晉文公攘戎翟居于西河圁洛之間圁音銀圁水出上郡白土縣西東流入河洛水即今鄜州洛水是也號曰赤翟白翟

二十四年秋伐晉晉侯敗狄于箕郤缺獲白狄子

頃王時魯叔孫得臣敗翟于鹹鹹魯地獲長翟僑如富父終甥舂其喉以戈殺之富父終甥魯大夫也舂猶衝埋其首於子駒之門子駒魯郭門名以命宣伯宣伯叔孫得臣子僑如也得臣待事而名其子以彰其功初宋武公之世鄋瞞伐宋武公周平王時在春秋前鄋瞞長翟國名司徒皇父帥師禦之以敗翟于長丘長丘宋地獲長翟緣斯僑如之祖晉之滅路在魯宣公十五年獲僑如弟焚如

定王六年鄋瞞伐齊王子城父獲其弟榮如埋其首於北門按年表在魯宣公之二年衛人獲其弟簡如獲與齊同時鄋瞞由是遂亡長翟之種絕

又定王時荀林父敗赤狄于曲梁乃滅路曲梁今廣平曲梁縣也酆舒奔衛衛人歸諸晉晉人殺之

景王時楚子聞蠻氏之亂也與蠻子之無質也質信使然丹誘戎蠻子嘉殺之遂取蠻氏既而復立其子焉禮也誘之非也立其子禮也蠻新城縣東南有蠻城

敬王時楚人既克夷虎夷虎蠻夷叛楚者乃謀北方左司馬販申公壽餘葉公諸梁致蔡於負函負函楚地三子楚大夫致之楚欲因以為致方城之外於繒關致之者會其衆也繒關楚地曰吳將泝江入郢

□將奔命焉為一昔之朝襲梁及霍偽辭當遍矣許期明日使襲梁霍使不知之河南梁縣西南有故梁城也梁南有霍陽山皆蠻子之邑也單浮餘圍蠻氏蠻氏潰單浮餘楚大夫蠻子赤奔晉陰地陰地晉河南山北自上雒以東至陸渾司馬起豐析與戎狄楚司馬眅也豐析南鄉南有豐鄉析縣二邑人及戎狄以臨上雒左師軍于菟和菟和山在上雒東也右師軍于倉野倉野在上雒縣使謂陰地之命大夫士蔑命大夫別縣監尹曰晉楚有盟好惡同之若將不廢寡君之願也不然將通於少習以聽命少習商縣武關也將大開武關道以伐晉士蔑請諸趙孟趙孟曰晉國未寧安能惡於楚必速與之晉時有范中行之難士蔑乃致九州之戎九州戎在晉陰地者詐言將與蠻子地將裂田以與蠻子而城之以詐蠻子且將為之卜卜盟卜蠻子聽卜遂執之與其五大夫以畀楚師于三戶今丹水縣北三戶亭司馬致邑立宗焉以誘其遺民楚復詐為蠻子作邑立其宗主而盡俘以歸

元王元年楚沈諸梁伐東夷報越三夷男女及楚師盟于敖從越之夷三種敖東夷地

秦始皇三十二年燕人盧生使入海還以鬼神事因奏錄圖書曰亡秦者胡也胡胡亥秦二世名也秦見圖書不知此為人名反備北胡始皇乃使將軍蒙恬發兵三十万人北擊胡略取河南地三十三年發諸嘗逋亡人贅壻贅壻謂居窮有子使就其妻家為贅壻賈人略取陸梁地為桂林今鬱林是象郡今日南南海以適遣戍五十万人守五嶺西北斥逐匈奴自榆中在金城並河以東屬之陰山陰山在河南原北以為三十四縣城河上為塞又使蒙恬渡河取高闕陶山北假中王莽傳云五原北假膏壤殖穀北假地名也築亭障以逐戎人徙謫實之

漢高帝七年匈奴大攻圍馬邑代王信韓王信也降匈奴匈奴得信因引兵南踰句注攻太原至晉陽下帝自往擊之會冬大寒雨雪卒之墮指者十二三

文帝三年五月匈奴入居北地河南為寇北地郡之北河南[illegible]帝幸甘泉蔡邕獨斷曰天子車駕所至民臣以為僥倖故曰幸至見令長三老官屬親臨軒作樂賜以食帛越巾刀佩帶民爵有級數或賜田租之半故因是謂之幸甘泉在雲陽本秦林光宮遣丞相灌嬰擊匈奴匈奴去十四年冬匈奴寇邊殺北地都尉卬[illegible]

祁侯遣三將軍軍隴西北地上郡中尉周舍為衛將軍郎中令張武為車騎將軍軍渭北車千乘騎卒十万人帝親勞軍勒兵申教令申謂約束之賜吏卒自欲征匈奴群臣諫不聽皇太后固要帝乃止要謂勸止之言於是以東陽侯張相如為大將軍建成侯董赤內史欒布皆為將軍擊匈奴匈奴走

武帝建元三年七月閩越圍東甌東甌告急遣中大夫嚴助持節發會稽兵浮海救之未至閩越兵走

六年八月閩越王郢攻南越遣大行王恢將兵出豫章大司農韓安國出會稽擊之未至越人殺郢降兵還初閩粵擊南粵南粵守以天子約不敢擅發兵而以聞帝遣恢及安國皆為將軍兵未踰嶺未踰越嶺閩粵王郢發兵距險其弟餘善與宗族謀曰王以擅發兵不請故天子兵來誅漢兵眾彊即幸勝之後來益多言幸而勝漢漢必大發兵來滅國乃止今殺王以謝天子天子罷兵固國完不聽迺力戰不勝即亡入海皆曰善即鏦殺王鏦撞也使使奉其頭致大行大行曰所為來者誅王王頭至不戰而殞利莫大焉迺以便宜案兵告大司農軍而使使奉王頭馳報天子詔罷兩將軍兵

元光六年春匈奴入上谷殺略吏民遣車騎將軍衛青出上谷騎將軍公孫敖出代輕車將軍公孫賀出雲中驍騎將軍李廣出鴈門青至龍城匈奴祭天大會諸國處也龍城獲首虜七百級廣敖失師而還

元朔元年秋匈奴入遼西殺太守入漁陽鴈門敗都尉殺略三千餘人遣將軍衛青出鴈門將軍李息出代獲首虜數千級

二年正月匈奴入上谷漁陽殺略吏民千餘人遣將軍衛青李息出雲中至高闕山名也一曰塞名在朔方之北遂西至符離塞名也獲首虜數千級收河南地置朔方五原郡

四年夏匈奴入代定襄上郡殺數千人明年春大將軍衛青將六將軍兵十餘万人出朔方高闕獲首虜万五千級

五年秋匈奴入代殺都尉明年二月大將軍衛青將六將軍兵十餘万騎出定襄斬首三千餘級還休士馬于定襄雲中鴈門四月青復將六將軍絕幕幕沙幕匈奴之南界也沙土曰幕直度曰絕或云是塞外地名非矣幕者即今之突厥中磧耳李陵歌曰經千里兮度沙幕大克獲前將軍趙信軍敗降匈奴右將軍蘇建亡軍獨身脫還贖為庶人

元狩二年三月遣驃騎將軍霍去病出隴西至皐蘭皐蘭山名也霍去病傳云過焉支山千有餘里合短兵鏖皐蘭下則此山也鏖音烏曹切斬首八千餘級是月將軍去病公孫敖出北地千餘里過居延居延匈奴中地名韋昭以為張掖縣張掖所置居延縣者以委處所獲居延人而置此縣斬首虜三万餘級匈奴入鴈門殺略數百人遣衛尉張騫郎中令李廣皆出右北平廣殺匈奴三千餘人盡亡其軍四千人獨身脫還及公孫敖張騫皆後期當斬贖為庶人

四年春將軍衛青將四將軍出定襄將軍去病出代各將五万騎步兵踵軍後數十万人踵接也音之勇切言相接其蹤也青至幕北圍單于斬首万九千級至闐顏山乃還闐音徒賢切闐顏山名去病與左賢王戰斬獲首虜七万餘級封狼居胥山而還登山祭天築土為封刻石以紀漢功也兩軍士死者數万人前將軍廣後將軍食其皆後期廣自殺食其贖死李廣傳云廣與右將軍食其合軍出東道又曰廣自剄右將軍下吏當死贖為庶人霍去病傳亦云右將軍此云後將軍者蓋誤也

元鼎五年四月南粵王相呂嘉等反殺漢使者及其王王太后以衛尉路博德為伏波將軍出桂陽下湟水湟音皇主爵都尉楊僕為樓船將軍出豫章下橫浦一云下湞水故歸義粵侯二人為戈船下瀨將軍從粵來歸義而漢封之戈船名嚴下瀨名甲出零陵或下離水或抵蒼梧使馳義侯遺名遺因巴蜀罪人發夜郎兵下牂柯江咸會番禺六年十月定越地九月先零羌與封養牢姐種解仇結盟與匈奴通合兵十餘万共攻令居故安遂圍枹罕明年十月發隴西天水安定騎士及中尉河南河內卒十万人遣將軍李息郎中令徐自為擊平之始置護羌校尉持節統領焉

是年南夷且蘭君殺漢使者反帝迺發巴蜀罪人當擊南粵者八校尉擊之會越已破漢八校尉不下中郎將郭昌衛廣引兵還行誅隔滇道者且蘭言因軍行而誅之也斬首數万遂平南夷為牂柯郡

六年秋閩粵王餘善刻武帝璽自立詐其民為妄言妄大也帝遣橫海將軍韓說出句章說讀曰悅句章會稽之縣浮海從東方往樓船將軍楊僕出武林楊僕也中尉王溫舒出梅領粵侯王為戈船下瀨將軍出如邪白沙明年冬咸入東粵東粵素發兵距險使徇北將軍守武林敗樓船軍數校尉殺長史樓船軍卒錢唐榜終古斬徇北將軍錢唐會稽縣也榜終古名也為語兒侯語兒越地也今吳南亭是語字或作禦或作櫟蘩其音同竟平閩粵

元封二年四月朝鮮王攻殺遼東都尉迺募天下死罪擊之先是朝鮮王右渠誘漢亡人滋多又未嘗入見天子不肯見漢使涉何譙諭右渠譙責讓也音才笑切終不肯奉詔何去至界臨浿水使馭刺殺送何者朝鮮裨王長長者裨王名也送何至浿水上何因刺殺之遂歸報天子曰殺朝鮮將帝為其名美弗詰拜何為遼東東部都尉朝鮮怨何發兵襲攻殺何天子募罪人擊朝鮮其秋遣樓船將軍楊僕從齊浮勃海兵五万左將軍荀彘出遼東誅右渠

三年夏朝鮮相尼谿相參使人殺其王右渠來降初左將軍荀彘樓船將軍楊僕擊朝鮮二將不和左將軍與使者執樓船將軍左將軍已并兩軍即急擊朝鮮朝鮮相路人相韓陶尼谿相參將軍王唊唊音頰相與謀曰始欲降樓船樓船今執獨左將軍并將戰益急恐不能與言不能與戰也不如降也王又不肯降陶唊路人皆亡降漢路人道死尼谿相參迺使人殺朝鮮王右渠來降王險城未下故右渠之大臣成巳又反復攻吏左將軍使右渠子長長右渠之子名降相路人子最路人前已降漢而死於道故謂之路相最者其子名告諭其民誅成巳故遂定朝鮮

太初元年八月遣貳師將軍李廣利發天下謫民西征大宛拔貳師起燉煌西為人多道上國不能食[illegible]分

爲數軍從焉以道校尉王申生故鴻臚壺充國等千餘人別至郁成城守不肯給食申生去大軍二百里負而輕之（負恃也恃大軍之勢而輕敵人）攻郁成急郁成窺知申生軍少晨用三千人攻殺申生等數人脫亡走貳師（走音奏）貳師令搜粟都尉上官桀往攻破郁成郁成降其王亡走康居桀追至康居康居聞漢已破宛出郁成王與桀桀令四騎士縛守詣大將軍（時多別將故謂貳師為大將軍）四人相謂郁成漢所毒（毒苦也）今生將卒（卒讀曰猝）失大事欲殺莫適先擊（適主也無有主意先擊者也擊音丁歷切）上邽騎士趙弟拔劍擊斬郁成王桀等遂追及大將軍（四年春斬大宛王首）

二年秋遣浚稽將軍趙破奴（浚稽山在武威塞北匈奴常所處破奴以為號浚音峻稽音雞）二万騎出朔方擊匈奴

天漢二年五月貳師將軍李廣利三万騎出酒泉與右賢王戰于天山（在西域近蒲類國去長安八千餘里即祁連山也匈奴謂天為祁連祁音巨夷切今鮮卑語尚然）斬首虜万餘級又遣因杅將軍出西河騎都尉李陵將步兵五千人出居延與單于戰斬首虜万餘級（陵兵敗降匈奴）

四年正月發天下七科讁（吏有罪一亡命二贅婿三賈人四故有市籍五父母有市籍六大父母有市籍七凡七科也）及勇敢士遣貳師將軍李廣利將六万騎步兵七万人出朔方因杅將軍公孫敖万騎步兵三万人出鴈門游擊將軍韓說（說讀曰悅）步兵三万人出五原彊弩都尉路博德步兵万餘人與貳師會廣利與單于戰余吾水上連日敖與左賢王戰不利皆引還

征和三年正月匈奴入五原酒泉殺兩都尉遣貳師將軍廣利將七万人出五原御史大夫商丘成二万人出西河重合侯馬通四万騎出酒泉成至浚稽山（浚音峻）與虜戰多斬首通至天山虜引去因降車師皆引兵還（廣利敗降匈奴）

昭帝始元元年夏益州廉頭姑繒民反殺長吏牂柯談指同並等二十四邑凡三万餘人皆反（皆西南夷別名也並音伴）遣水衡都尉呂破胡募吏民及發犍為蜀郡奔命万餘人[illegible]擊牂柯大破之



四年姑繒葉榆復反遣水衡都尉呂辟胡將郡兵擊之（辟音壁）辟胡不進蠻夷遂殺益州太守乘勝與辟胡戰士戰及溺死者四千餘人明年復遣軍正王平與大鴻臚田廣明等並進大破益州斬首捕虜五万餘級獲畜產十餘万

元鳳元年三月武都氐人反遣執金吾馬適建（姓馬適名建）龍頟侯韓增與大鴻臚廣明將三輔太常徒皆免刑擊之（是時太常主諸陵縣治民）

三年匈奴東擊破烏桓大將軍霍光聞之因遣度遼將軍范明友將二万騎出遼東邀匈奴而虜已引去明友乘烏桓新敗遂進擊之斬首六千餘人獲其三王首而還

六年夏烏桓復犯塞遣度遼將軍范明友擊之

宣帝本始二年匈奴數侵邊又西伐烏孫烏孫昆彌及公主國使者上書（昆彌烏孫王之號也國使者漢公主之使也）言昆彌願發國精兵擊匈奴唯天子哀憐出兵以救公主秋大發興調關東輕車銳卒（調謂選也銳利也言其勇利也）選郡國吏三百石伉健習騎射者皆從軍（伉強也伉音口浪切）御史大夫田廣明為祁連將軍（祁連山名也匈奴中山以為號也）後將軍趙充國為蒲類將軍（蒲類匈奴中海名也在敦煌北有蒲類澤）雲中太守田順為虎牙將軍及度遼將軍范明友前將軍韓增凡五將軍兵十五萬騎校尉常惠持節護烏孫兵咸擊匈奴（又云帝時烏孫公主上言匈奴發騎田車師車師與匈奴為一共侵烏孫唯天子幸救之漢養士馬議欲擊匈奴會昭帝崩宣帝初即位本始元年公主及昆彌皆遣使上書言匈奴復連發大兵侵擊烏孫取車延惡師地收人民去使使脅求公主欲隔絕漢昆彌願發國半精兵自給人馬五万騎盡力擊匈奴唯天子出兵以救公主昆彌漢大發十五万騎五將軍分道並出遣校尉常惠使持節護烏孫兵昆彌自將翕侯以下五万騎從西方入至右谷蠡王庭獲單于父行及嫂居次名王犁汙都尉千長將以下四万級馬牛羊驢橐駝七十餘万頭烏孫皆自取所虜獲焉）

地節二年車師王烏貴立與匈奴結婚姻遣侍郎鄭吉校尉司馬憙（憙音許吏切）將免刑罪人田渠犁積穀欲以攻車師至秋收穀吉憙發城郭諸國兵万餘人自與所將田士千五百人共擊車師攻交河城破之王尚在其北石城中未得會軍食盡吉等且罷兵歸渠犁田收秋畢復發兵攻車師王於石城王聞漢兵

日至北走匈奴求救匈奴未為發兵王來還與貴人蘇猶議欲降漢
恐不見信蘇猶教王擊匈奴邊國小蒲類斬首略其人民以降
吉車師旁小金附國隨漢軍後盜車師車師王復自請擊破金
附匈奴聞車師降漢發兵攻車師吉憙引兵北逢之匈奴不敢
前吉憙即留一候與卒二十人留守王吉等引兵歸渠犂車師
王恐匈奴兵復至而見殺也迺輕騎奔烏孫吉即迎其妻子置
渠犂東奏事至酒泉有詔還田渠犂及車師益積穀以安西國
侵匈奴吉還傳送車師王妻子詣長安賞賜甚厚每朝會四夷
常尊顯以示之於是吉始使吏卒三百人別田車師得降者言
單于大臣皆曰車師地肥美近匈奴使漢得之多田積穀必害
人國不可不爭也果遣騎來擊田者吉迺與校尉盡將渠犂田
士千五百人往田匈奴復益遣騎來漢田卒少不能當保車師
城中匈奴將即其城下謂吉曰即就也單于必爭此地不可田也
圍城數日迺解後常數千騎往來守車師去渠犂千餘里閒以



山河閒隔也閒音北近匈奴漢兵在渠犂者勢不能相救願益田
卒公卿議以為道遠煩費可且罷車師田者詔遣長羅侯常惠
將張掖酒泉騎出車師北千餘里揚威武車師旁胡騎引去
吉迺得出歸

元康三年先零與諸羌共盟誓將欲寇邊帝聞使光祿大夫義
渠安國義渠姓也將兵觀之安國至召先零豪四十餘人斬之因放
兵擊其種斬首千餘級於是諸羌怨怒遂寇金城乃遣趙充國
與諸將將兵六萬人擊破平之

神爵元年三月西羌反發三輔中都官徒弛刑及應募佽飛射
士羽林孤兒胡越騎三河潁川沛郡淮陽汝南材官金城隴西
天水安定北地上郡騎士羌騎詣金城遣後將軍趙充國彊弩
將軍許延壽擊之

甘露二年四月遣護軍都尉祿將兵擊珠崖

元帝建昭三年秋使護西域騎都尉甘延壽副校尉陳湯矯發
湯本在西域之傳而後序其官職及姓名言矯發戊己校尉屯田吏士及西域胡
兵攻郅支單于矯與撟同撟託也實不奉詔詐以上命發兵故言矯也戊己校尉者鎮安西域無常治處亦猶甲乙等各有方位而戊與己四季寄王故以名官也時有戊校尉己校尉一說戊己居中鎮覆四方今所置校尉亦處西域之中撫諸國也郅音質冬斬其首傳詣京師縣蠻夷邸門

成帝時涼立為牂牁太守立臨邛人前為連然長不韋令皆縣名
蠻夷畏之及至牂牁諭告夜郎王興興不從命立請誅之未
報迺從吏數十人出行縣行音下更切至興國且同亭且音子余切召興
興將數十人往至亭從邑君數十人入見立數責因斷頭
邑君曰將軍誅亡狀為民除害願出曉士眾以興頭示之皆釋
兵降釋解也鉤町王禹漏臥侯俞震恐入粟千斛牛羊勞吏士立
還歸郡興妻父翁指與子邪務收餘兵迫脅旁二十二邑反至
冬立奏募諸夷與都尉長史分將攻翁指等翁指據阸為壘立
使奇兵絕其饟道縱反間以誘其眾饟古餉字都尉萬年曰兵久
不決費不可共共讀曰供引兵獨進敗走趨立營趨讀曰趣向也立怒叱



戲下令格之戲讀曰麾又音許宜反都尉復還戰立引救之時天大旱立攻
絕其水道蠻夷共斬翁指持首出降立已平定西夷徵詣京師

平帝元始中車師後王國有新道出五船北通玉門關往來差
近戊己校尉徐普欲開以省道里半避白龍堆之阸車師後王
姑句句音鉤以道當為柱置柱置者謂立柱為驛置也不便也一說柱音竹甫反柱者拄也
句其字從手而讀之者或不曉以為從木音誤矣或云柱置者不便於心皆失之矣心不便也地又頗與
匈奴南將軍地接普欲分明其界然後奏之召姑句使證之不
肯繫之姑句數以牛羊賕吏求出不得姑句家矛端生火其妻
股紫陬陬音子侯切謂姑句曰矛端生火此兵氣也利以用兵前車
師前王為都護司馬所殺今久繫必死不如降匈奴即馳突出
高昌壁入匈奴又去胡來王唐兜國比大種赤水羌數相
寇不勝告急都護都護但欽不以時救助唐兜困急怨欽
東守玉門關玉門不內即將妻子人民千餘人亡降匈奴匈奴受之
而遣使上書言狀是時新都侯王莽秉政遣中郎將王昌等使

[illegible][illegible]告單于西域內屬不當得受單于謝罪執二王以付使者莽使中郎將王萌待西域惡都奴界上逢受逢受謂先二王道之於界中而取也單于遣使送因請其罪請免其罪也使者以聞莽不聽詔下會西域諸國王陳軍斬姑句唐兜以示之

冊府元龜卷第九百八十二

# 冊府元龜卷第九百八十三

外臣部二十八

## 征討第二

後漢光武建武十年正月匈奴左南將軍將數千騎救盧芳將賈覽於高柳大司馬吳漢率捕虜將軍王霸等五將軍與戰於平城下破之追出塞斬首數百級十三年漢復將弛刑徒起亭障自代至平城三百餘里凡與匈奴烏桓大小數十百戰

十一月先零羌寇金城隴西中郎將來歙率諸將擊羌於五谿大破之隴西襄武縣有五谿聚

十一年先零羌寇臨洮隴西太守馬援破降之徙置天水隴西扶風三郡

十二年武都參狼羌反隴西太守馬援破降之

十九年九月西南夷寇益州郡郡故城在今昆州晉寧縣是遣武威將軍劉尚討之二十一年正月斬其渠帥平

二十一年四月安定屬國胡叛屯聚青山青山在今慶州界縣西北遣將兵長史訢討平之訢音欣

十月遣伏波將軍馬援出塞擊烏桓不剋

二十三年正月南郡蠻叛遣武威將軍劉尚討破之徙其種人於江夏郡名故城在今安州雲夢縣東南

十二月武陵蠻叛寇掠郡縣遣劉尚討戰於流水武陵郡今辰州也流水名出辰州東北過臨沅縣至長沙入洞庭湖尚軍敗沒

二十四年七月武陵蠻寇臨洮遣謁者李嵩中山太守馬成討蠻不剋於是伏波將軍馬援率四將軍討之二十五年十月蠻悉降

中元元年十一月參狼羌寇武都敗郡兵隴西太守劉盱遣軍救之及武都郡兵討叛羌皆破之

明帝以中元二年二月即位九月燒當羌寇隴西敗郡兵於允街縣名屬金城郡遣謁者張鴻討叛羌於允吾縣名屬金城郡十一月遣中郎將竇固監捕虜將軍馬武等二將軍討燒當羌明年七月大破之

永平元年史書不載月遼東太守祭肜使鮮卑擊赤山烏桓大破之斬其渠帥赤山在遼東北數千里

是年復遣中郎將竇固捕虜將軍馬武等擊滇吾於西部大破之

之始復夷叛益州刺史發兵討破之斬其渠帥傳首京師

十五年帝欲遵武帝故事擊匈奴通西域以竇固明習邊事固嘗從父友在河西知邊事拜為奉車都尉以騎都尉耿忠為副忠弇子謁者僕射耿秉為駙馬都尉秦彭為副皆置從事司馬並出屯涼州明年固與忠率酒泉敦煌張掖甲卒及盧水羌胡案盧水在湟水東臨羌縣故城北又案盧水注之水出西南臨羌縣即其地也萬二千騎出酒泉塞耿秉秦彭率武威隴西天水募士及羌胡萬騎出居延塞居延縣在今甘州張掖縣東北又太僕祭肜度遼將軍吳棠將河東北地西河羌胡及南單于兵萬一千騎出高闕塞高闕山名在朔方北騎都尉來苗護烏桓校尉文穆將太原鴈門代郡上谷漁陽右北平定襄郡兵及烏桓鮮卑萬一千騎出平城塞固忠至天山天山即祁連山一名雪山今名折羅漫山在伊州北擊呼衍王斬首千餘級呼衍王走追至蒲類海蒲類海今名婆悉海在今庭州蒲昌縣東南也留吏士屯伊吾盧城伊吾盧地今伊州納職縣伊吾故城明帝置宜禾都尉屯田於此耿秉秦彭絕漠六百餘里至三木樓山山名匈奴中來苗文穆至匈奴河水上虜皆奔走

十六年命將帥北征匈奴取伊吾盧地

十七年十一月遣奉車都尉竇固駙馬都尉耿秉騎都尉劉張出敦煌昆侖塞昆侖山名因以為塞在今肅州酒泉縣西南山有昆侖之體故名之周穆王見西王母于此山有石室王母堂擊破白山虜於蒲類海上遂入車師

章帝建初元年正月酒泉太守段彭討擊車師大破之

二月武陵澧中蠻陳從等叛十月郡兵討破降之

九月永昌哀牢夷叛明年三月永昌越巂益州三州兵討破平之

二年六月燒當羌叛金城太守郝崇討之敗績羌遂寇漢陽八月遣行車騎將軍馬防討平之

其年燒當羌迷吾與封養種豪布橋等五萬人共寇隴西漢陽於是遣行車騎將軍馬防長水校尉耿恭討之明年四月防等破燒當羌於臨洮

三年閏四月西域假司馬班超擊姑墨大破之先是疏勒以為漢兵不出遂降於龜茲而疏勒都尉番辰亦復反叛會假司馬徐幹適至超遂與幹擊番辰大破之斬首千餘級多獲生口超既破番辰欲進攻龜茲以烏孫兵疆宜因其力乃上言烏孫大國控弦十萬故武帝妻以公主至孝宣皇帝卒得其用今可遣使招慰與共合力帝納之復遣假司馬和恭等四人將兵八百詣超超因發疏勒于窴兵擊莎車莎車陰通使疏勒王忠啖以重利忠遂反從之西保烏即城超乃更立其府丞成大為疏勒王悉發其不反者以攻忠積半歲而康居遣精兵救之超不能下是時月氏新與康居婚相親超乃使使多齎錦帛遺月氏王令曉示康居王康居王乃罷兵執忠以歸其國烏即城遂降



於超後三年忠說康居王借兵還據損中（損中未詳[illegible]）密與龜茲謀遣使詐降於超超內知其姦而外偽許之忠大喜即從輕騎詣超超密勒兵待之為供張設樂（張竹亮反）酒行乃叱吏縛忠斬之因擊破其眾殺七百餘人南道於是遂通後和帝永元三年超[illegible]都護徐幹為長史拜白霸為龜茲王遣司馬姚光送之超與光共脅龜茲廢其王尤利多而立白霸使光將尤利多還詣京師超居龜茲它乾城徐幹屯疏勒西域唯焉耆危須尉犂以前沒都護懷二心其餘悉定六年秋超遂發龜茲鄯善等八國兵合七萬人及吏士賈客千四百人討焉耆兵到尉犂界而遣曉說焉耆尉犂危須曰都護來者欲鎮撫三国即欲改過向善宜遣大人來迎當賞賜王侯已下事畢即還今賜王綵五百匹焉耆王廣遣其左將北鞬支奉牛酒迎超超詰鞬支曰汝雖匈奴侍子而今秉国之權都護自來王不以時迎皆汝罪也或謂超可便殺之超曰非汝所及此人權重於王今未入其国而殺之遂令自疑設備守險豈得到其城下哉於是賜而遣之廣乃與大人迎超於尉犂奉獻珍物焉耆國有葦橋之險廣乃絕橋不欲令漢軍入國超更從它道厲度七月晦到焉耆去城二十里正營大澤中廣出不意大恐乃欲悉驅其人共入山保焉耆左侯元孟先嘗質京師密遣使以事告超超即斬之示不信用乃期大會諸國王因揚聲重加賞賜於是焉耆王廣尉犂王汎及北鞬支等三十人相率詣超其國相腹久等十七人懼誅皆亡入海（十七或作七十）而危須王亦不至坐定超怒詰廣曰危須王何故不到腹久等所緣逃亡遂叱吏士收廣汎等於陳睦故城斬之傳首京師因縱兵鈔掠斬首五千餘級獲生口萬五千人馬畜牛羊三十餘萬頭更立元孟為焉耆王半歲慰撫之於是西域五十餘國悉皆納質內屬焉

五年三月荊豫諸郡兵討破武陵漊中叛蠻（先是三年冬漊中蠻覃兒健等復反攻燒零陽作唐孱陵界中明年春發荊州七郡及汝南潁川弛刑徒吏士五千餘人拒守零陽募充中五里蠻精夫不叛者四千人擊澧中



漊中賊五年春覃兒健等請降不許郡因進兵與戰於宏下大破之斬兒健首餘皆棄營走還漊中）

章和元年春羌胡雜種叛護羌校尉傅育上請發隴西張掖酒泉各五千人諸郡太守將之育自領漢陽金城五千人合二萬兵與諸郡剋期擊之命隴西兵據河南張掖酒泉兵遮其西並未及會育軍獨進迷吾聞之徙廬落去育選精騎三千窮追之夜至建威南三兜谷去虜數十里須旦擊之不設備迷吾乃伏兵三百人夜突育營營中驚壞散走育下馬手戰殺十餘人而死死者八百八十人及諸郡兵到羌遂引去

十一月燒當羌寇金城護羌校尉劉盱討之斬其渠帥

和帝以章和二年二月即位十月以侍中竇憲為車騎將軍伐北匈奴

永元元年六月車騎將軍竇憲出雞鹿塞（雞鹿塞在朔方窳渾縣北十三州志云窳渾縣有大道西北出雞鹿塞窳音羊主反）度遼將軍鄧鴻出稒陽塞（[illegible]）南單于出滿夷谷（[illegible]）與北匈奴戰於稽落山大破

之追至和渠北鞮海竇憲遂登燕然山刻石勒功而還
二年五月月氏國遣兵攻西域長史班超超擊降之
三年二月大將軍竇憲遣左校尉耿夔出居延塞（居延縣屬張掖郡）圍北單于於金微山大破之獲其母閼氏
四年冬漊中澧中蠻潭戎等反燔燒郵亭殺略吏民武陵郡兵擊破降之
五年九月北匈奴單于於除鞬自畔還北帝遣將兵長史王輔以千余騎與中郎將任尚共追誘將還斬之破滅其衆
是年護羌校尉貫友討燒當羌羌乃遁去南單于安國叛骨都侯喜斬之
六年七月西域都護班超大破焉耆尉犁斬其王南單于安國從弟子逢侯率叛胡亡出塞九月癸丑以光祿勳鄧鴻行車騎將軍事與越騎校尉馮柱行度遼將軍朱徽使匈奴中郎將杜崇討之
十一月護烏桓校尉任尚率烏桓鮮卑大破逢侯（闞駰十二州志曰護烏丸校尉擁節秩比二千石武帝置以護內附烏丸既而并於匈奴中郎將中興初班彪上言宜復此官以招附東胡乃復更置焉）馮柱遣兵追擊逢侯破之武陵漊中蠻叛郡兵討平之
八年五月南匈奴右溫禺犢王叛爲寇七月行度遼將軍龐奮越騎校尉馮柱追討斬右溫禺犢王
是年燒當羌擊破隴西兵殺大夏長遣行征西將軍劉尚越騎校尉趙代副將北軍五營黎陽雍營三輔積射及邊兵羌胡三萬人討之
九年三月遣西域將兵長史王林發涼州六郡兵及羌虜胡二萬餘人以討車師後部王涿鞮獲首虜千餘人涿鞮入北匈奴漢軍追擊破之立涿鞮弟農奇爲王
七月燒當羌寇隴西殺長吏遣行征西將軍劉尚越騎校尉趙世等討破之
十二年四月日南象林蠻夷二千餘人寇掠百姓燔燒官寺武



縣發兵討擊斬其渠帥餘衆乃降
十三年二月西羌迷唐復將兵向塞護羌校尉周鮪與金城太守侯霸及諸郡兵屬國湟中月氏諸胡隴西牢姐羌合三萬人出塞至允川與迷唐戰周鮪還營自守唯侯霸兵陷陳斬首四百餘級羌衆折傷種人瓦解降者六千餘口分徙漢陽安定隴西迷唐遂弱其種衆不滿千人遠踰賜支河首依發羌居
十四年四月遣使者督荊州兵討巫蠻破降之
安帝永初三年十月南單于叛圍中郎將耿种於美稷遣車騎將軍何熙度遼將軍梁慬等討之明年正月破之於屬國故城（一云三年夏漢人韓琮隨南單于入朝既還說南單于云關東水潦人民飢餓死盡可擊也單于信其言遂起兵反叛攻中郎將耿种於美稷[illegible]卒冬遣行車騎將軍何熙副中郎將龐雄擊之四年春檀遣千餘騎寇常山中山以西域校尉梁慬行度遼將軍與遼東太守耿夔擊單于鬼諸軍並進大恐怖顧讓韓琮曰汝言漢人死盡今是何等人也乃遣使乞降許之單于脫帽徒跣對龐雄等拜陳道死罪於是赦之遇待如初乃還所鈔漢民男女及羌所略轉賣入匈奴中者合萬餘人）
五年九月先零諸種羌攻陷上郡城
七年七月護羌校尉侯霸騎都尉馬賢討破之
元初二年三月先零羌寇益州詔遣中郎將尹就討之
十二月武陵澧中蠻叛州郡擊破之（又云元初二年澧中蠻以郡縣徭稅失平懷怨恨遂結充中諸種二千餘人攻城殺長吏州郡募五里蠻夷六亭兵擊破之）
三年正月蒼梧鬱林合浦蠻夷反叛二月遣侍御史任逴督州郡兵討之
五月武陵蠻復叛州郡討破之（又云是年秋漢中澧中蠻四千人並爲盜賊又零陵蠻羊孫陳湯等千餘人著赤幘稱將軍燒官寺鈔掠百姓州郡募善蠻討平之）
是月度遼將軍鄧遵率南匈奴擊先零羌於靈州破之
六月中郎將任尚將羽林緹騎五營子弟三千五百人屯三輔尚遣兵擊破先零羌於丁奚城十二月尚又遣假司馬募陷陣士擊零昌於北地殺其妻子得牛馬羊二萬頭燒其廬落斬首七百餘級得僭號文書及所假諸將印綬
四年十二月中郎將任尚將諸郡兵與馬賢並進北地擊狼莫

賢先至安定青石岸狼莫逆擊敗之會尚兵到高平因合勢俱
進狼莫等引退乃轉營迫之至北地相持六十餘日戰於富平
河上大破之斬首五千級還得所略人男女千餘人牛馬驢羊
駱駝十餘萬頭狼莫逃走
五年正月越巂夷以卷夷大牛種等反叛永昌益州蜀郡夷皆
叛應之破壞二十餘縣詔益州刺史張喬選堪能從事討之喬
遣從事楊竦將兵至楪榆擊之斬首三萬餘級
六年春姐種與隴西種羌號良等通謀欲反護羌校尉馬賢逆
擊之於安故斬號良及種人數百級餘皆降散
七月鮮卑寇馬城（在今朔州）度遼將軍鄧遵率南單于擊破之
建光元年正月幽州刺史馮煥率二郡太守討高句驪濊貊不
剋（又元初五年句驪復與濊貊寇玄菟攻華麗城建光元年幽州刺史馮煥玄菟太守姚光遼東太守蔡諷等將兵出塞擊之捕斬濊貊渠帥獲兵馬財物其秋句驪又率馬韓濊貊數千騎圍玄菟夫餘王遣子尉仇台將二萬餘人與州郡并力討破之斬首五百餘級）
延光元年七月虔人種羌與上郡胡反叛攻穀羅城[illegible]度遼將軍耿夔將諸郡兵及烏桓騎赴擊破之
二年正月旄牛夷叛寇靈關殺縣令（靈關道屬越巂郡）益州刺史蜀郡
西部都尉討之
三年五月南匈奴左日逐王叛使匈奴中郎將馬翼討破之時
烏稽侯尸逐鞮單于新降一部大人阿族等遂反畔脅呼尤徽
欲與俱去呼尤徽曰我老矣受漢家恩寧死不能相隨衆欲殺
之有救者得免阿族等遂將妻子輜重亡去翼遣兵與胡騎追
擊破之斬首及自投河死者殆盡（[illegible]）獲馬牛羊萬餘
頭
四年西域長史班勇擊車師後王軍就初永寧元年軍就反畔
殺後部司馬及敦煌行事至是大破斬之
順帝永建元年二月隴西種羌叛護羌校尉馬賢將七千餘人
戰於臨洮斬首千餘級皆率種人降自是涼州無事
二年二月鮮卑寇遼東玄菟護烏桓校尉耿曄率南單于擊破之



六月西域長史班勇敦煌太守張朗討焉耆尉犁危須三國破之
陽嘉元年敦煌太守徐由遣疏勒王臣槃發二萬人擊于寘破
是永建四年于寘王放前殺拘彌王興自立其子為拘彌王而
遣使者貢獻於漢由上求討之帝赦于寘罪令歸拘彌國放前
不肯至是由討破之斬首數百級放兵大掠更立興宗人成國
為拘彌王而還
二年三月使匈奴中郎將王稠率左骨都侯等擊鮮卑破之
三年四月車師後部司馬率後部王加特奴等掩擊匈奴大破
之獲其季母
七月鍾羌良封等寇隴西漢陽護羌校尉馬續擊破之斬首千
八百級獲馬牛羊五萬餘頭復進擊鍾羌且昌且昌等詣涼州
降
永和二年二月廣漢屬國都尉擊白馬羌斬首六百餘級初羌
攻燒屯官反叛連年至是破之護羌校尉馬賢又擊斬其渠帥
饑指累祖等二百級於是隴右復平
二年十月燒當種那離等三千餘騎寇金城塞馬賢將兵赴擊
斬首四百餘級獲馬千四百匹
是年冬澧中漊中蠻二千人圍充城八千人寇夷道遣武陵太
守李進討破之
四年四月馬賢討燒當大破之斬那離獲首虜千二百餘級
五年四月南匈奴左部句龍大人吾斯車紐等叛圍美稷度遼
將軍馬續討破之
九月且凍傅難種羌等反叛攻金城與西塞及湟中雜種羌胡
大寇三輔殺害長吏發京師近郡及諸州兵討之拜馬賢為征
西將軍以騎都尉耿叔副將左右羽林五校士及諸州郡兵十
萬人屯漢陽又於扶風漢陽作塢壁三百所置屯兵以保聚百
姓且凍分遣種人寇武都燒隴關掠苑馬
十一月匈奴中郎將張耽將幽州烏桓諸郡營兵擊叛虜車紐

等戰於馬邑斬首三千級獲生口及兵器牛羊甚衆[illegible]將
詩豪帥骨部侯乞等
六年正月東西羌大合鞏唐羌種二十餘騎寇隴西遣中郎將
龐浚募勇士千五百人頓美陽爲涼州援武都太守趙沖追鞏
唐羌斬首四百餘級得馬牛羊驢萬八千餘頭羌二千餘人降
五月使匈奴中郎將張耽大破烏桓羌胡於天山(上郡天山又云是年征西將軍馬賢[illegible])兵(一云[illegible])
漢安二年四月護羌校尉趙沖與漢陽太守張貢擊燒當羌於
參戀破之(參戀縣屬安定郡)先是元年罕種羌率邑落五千餘戶詣沖降
唯燒何種三十餘落據參戀北界至是掩擊之斬首千五百級
得牛羊驢十八萬頭閏十月趙沖擊諸種斬首四千餘級復追
擊於阿陽(縣名屬天水郡)斬首八百級於是諸種前後詣涼州刺史降
建康元年三月護羌從事馬玄爲諸羌所誘將羌衆亡出塞領
護羌校尉衛琚追擊玄等斬首八百餘級得牛馬羊二十餘萬頭

府九百八十三　九

四月使匈奴中郎將馬寔擊南匈奴左部破之於是胡羌烏桓
悉詣寔降
桓帝建和二年白馬羌寇廣漢屬國殺長吏是時西羌及湟中
胡復畔爲寇益州刺史率板楯蠻討破之
永壽元年七月南匈奴左臺且渠伯德等叛寇美稷安定屬國
都尉張奐討除之
三年四月九真蠻夷叛太守兒式討之戰沒遣九真都尉魏朗
擊破之
延熹元年十二月鮮卑寇邊使匈奴中郎將張奐率南單于擊
破之
二年十二月燒當等八種羌叛寇隴右護羌校尉段紀明追擊
於羅亭破之(一云追到積石山即與羅亭近在今鄯州)
三年閏正月燒何羌叛寇張掖護羌校尉段紀明追擊於積石
山大破之

十一月勒姐羌圍允街段紀明擊破之
四年十月先零沈氐羌與諸種羌寇并涼二州
十一月中郎將皇甫規監關西兵擊破之斬首八百級降者十
餘萬
五年七月烏吾羌寇漢陽隴西金城諸郡兵討破之
八月武陵蠻叛寇長沙十月寇江陵以太常馮緄爲車騎將軍
討之十一月大破於武陵
七年十月護羌校尉段紀明擊當煎羌破之
八年二月段紀明擊罕姐羌破之
六月段紀明擊當煎羌於湟中大破之(湟中今鄯州湟水縣)
九年六月南匈奴及烏桓鮮卑分騎數萬人入緣邊九郡並殺
掠吏人七月遣匈奴中郎將張奐擊之鮮卑乃出塞去南匈奴
烏桓率衆詣奐降
永康元年正月先零羌寇三輔使匈奴中郎將奐破平之當煎

府九百八十三　十

羌寇武威護羌校尉段紀明追擊於鸞鳥大破之(鸞鳥縣名武威郡)西
羌悉平
十月先零羌寇三輔中郎將張奐擊破之
靈帝建寧元年七月破羌將軍段紀明復破先零羌於涇陽(縣屬安定郡)
二年七月段紀明大破先零羌於射虎塞外谷東羌悉平
九月江夏蠻叛州郡討平之
是年玄菟太守耿臨討高句麗斬首數百級其王伯固降服乞
屬玄菟
熹平五年益州郡諸夷反叛執太守雍陟遣御史中丞朱龜討
之不能剋太尉掾巴郡李顒建策討伐乃拜顒益州太守與刺
史龐芝發板楯蠻擊破平之還得雍陟顒卒後夷人復叛以廣
漢景毅爲太守討定之
光和二年十月巴郡板楯蠻叛遣御史中丞蕭瑗督益州刺史

討之
中平三年十月武陵蠻叛寇郡界郡兵討破之
五年十一月巴郡板楯蠻叛遣上軍別部司馬趙瑾討平之
獻帝建安十二年八月司空曹公大破烏桓於柳城斬其蹋頓（蹋頓匈奴王號柳城今營州縣）時蹋頓驍武邊長老皆比之冒頓恃其阻遠敢受亡命以雄百蠻公潛師北伐出其不意一戰而定夷狄懾服威振朔土遂引烏桓之衆服從征討而邊民得用安息初公之北征三郡烏桓五月至無終七月大水傍海道不通田疇請爲鄉導公從之引軍出盧龍塞塞外道絶不通乃塹山堙谷五百餘里經白檀歷平岡涉鮮卑庭東指柳城未至二百里虜乃知之尚熙與蹋頓遼西單于樓班右北平單于能臣抵之等將數萬騎逆軍八月登白狼山卒與虜遇衆甚盛公車重在後被甲者少左右皆懼公登高望虜陣不整乃縱兵擊之使張遼爲先鋒虜衆大潰斬蹋頓及名王已下胡漢降者二十餘萬口遼東單于速僕丸及遼西北平諸豪棄其種人與尚熙奔遼東衆尚有數千騎二十三年四月代郡上谷烏桓無臣氐等叛魏王曹公遣鄢陵侯彰討破之
魏文帝黃初二年十一月鎮西將軍曹真命衆將及州郡兵討破叛胡治元多盧水封賞等斬首五萬餘級獲生口十萬羊一百一十一萬牛八萬河西遂平
六年三月并州刺史梁習討鮮卑軻比能大破之
明帝青龍元年六月保塞鮮卑大人步度根與叛鮮卑大人軻比能私通并州刺史畢軌表輒出軍以外威比能內鎮步度根帝省表曰步度根以爲比能所誘有自疑心今軌出軍適使二部驚合爲一何所威鎮乎促勅軌以出軍者愼勿越塞過句注也比詔書到軌以進軍屯陰館遣將軍蘇尚董弼追鮮卑比能遣子將千餘騎迎步度根部落與尚弼相遇戰於樓煩二將沒步度根部落皆叛出塞與比能合寇邊帝遣驍騎將軍秦朗將中軍討之虜乃走漠北北能將其部衆降（是後比能爲王雄鈔寇刺之殺後種落）（鮮卑散互相侵伐彊者遠遁弱者請服由是邊陲差安漠南少事雖時頗鈔盜不能復相扇動矣）
景初元年秋遣幽州刺史毌丘儉率衆軍討遼東右北平烏丸單于寇婁敦遼西烏丸都督率衆王護留等昔隨袁尚奔遼西聞儉軍至率衆五千餘人降寇婁敦遣弟阿羅槃等詣闕朝貢封其渠帥三十餘人爲王侯
齊王正始七年二月幽州刺史毌丘儉討高句驪夏五月討濊貊皆破之韓那奚等數十國各率種落降
八年隴西南安金城西平諸羌餓何燒戈伐同蛾遮塞等相結叛亂攻圍城邑南招蜀兵涼州名胡治無戴復叛應之討蜀護軍夏侯霸諸軍屯爲翅時雍州刺史郭淮軍始到狄道議者僉謂宜先討定枹罕內平惡羌外折賊謀淮策蜀將姜維必來攻霸遂入渢中轉南迎霸維果攻爲翅會淮軍適至維遁退進討叛羌斬餓何燒戈降服者萬餘落九年遮塞等屯河關白土故城據河拒軍淮見形上流密於下渡兵據白土城擊大破之治無戴圍武威家屬留在西海淮進軍趣西海欲掩取其累重會無戴折還與戰於龍夷之北破走之令居惡虜在石頭山之西當大道上斷絶王使淮還過討大破之

册府元龜卷九百八十三

冊府元龜卷第九百八十四

外臣部二十九

征討第三

蜀後主建興三年三月丞相諸葛亮率衆南征越嶲夷王高定雍闓至滇池南中平皆即其渠率而用之

八年丞相參軍領益州治中從事馬忠督將軍張嶷等討汶山郡叛羌嶷別督數營在先至佗里邑所在高峻嶷隨山立上四五里羌於要厄作石門於門上施牀積石於其上過者下石推擊之無不糜爛嶷度不可得攻乃使譯先曉之曰汝汶山諸種反叛傷害良善天子命將討滅惡類汝等若稽顙過軍資給糧賞福祿永隆其報百倍若終不從大兵致誅雷擊電下雖追悔之亦無益也耆帥得命即出詣嶷給糧過軍軍前討餘種聞佗里已下悉恐怖失所或迎軍出降或奔竄山谷放兵攻擊以克捷

十一年南夷豪帥劉胄反擾亂諸郡以馬忠爲庲降都督討之忠遂斬胄平南土



延熙三年春使越嶲太守張嶷平定越嶲郡初越嶲自丞相諸葛亮討高定之後叟夷數反殺太守龔祿焦璜是後太守不敢之郡只住安定縣去郡八百里其郡徒有名而已時論欲復舊郡除嶷爲越嶲太守嶷將所領往之郡誘以恩信蠻夷皆服頗來降附北徼捉馬最驍勁不承節度嶷乃往討生縛其帥魏狼又解縱告喻使招懷餘類諸種聞之多漸降服斯都耆帥李求承昔手殺龔祿嶷求募捕得數其宿惡而誅之

十年汶山平康夷反衛將軍姜維往討破平之

吳大帝黃龍三年二月遣太常潘濬率衆五萬討武陵蠻夷

嘉禾三年潘濬平之（又云潘濬遷太常五谿蠻夷叛亂假節督諸軍討之自是群蠻衰弱一方寧靜）

赤烏二年十月將軍蔣祕南討夷賊

晉武帝泰始六年六月秦州刺史胡烈擊叛虜戰死之詔遣尚書石鑒行安西將軍都督秦州諸軍事與奮威護軍田章討之

七年匈奴單于猛叛屯孔邪城帝遣婁侯何楨持節討之楨素有志略以猛衆凶悍非少兵所制乃潛誘猛左部督李恪殺猛於是匈奴震服積年不敢復叛

十年八月涼州虜寇金城諸郡鎮西將軍汝陰王駿討之斬其帥乞文泥等

咸寧元年六月戊巳校尉馬循討叛鮮卑破之斬其渠帥

二年二月并州虜犯塞監并州諸軍事胡奮擊破之

五月鎮西大將軍汝陰王駿討北胡斬其渠帥吐敦

七月鮮卑阿羅多等寇邊西域戊巳校尉馬循討之斬首四千餘級獲生九千餘人於是來降

三年正月使征北大將軍衛瓘討鮮卑破之三月平虜護軍文淑討叛虜樹機能破之

五年正月虜帥樹機能攻陷涼州使討虜護軍武隆太守馬隆擊之十二月大破斬之涼州平



穆帝永和五年四月征南大將軍桓溫遣督護滕畯率交廣之兵伐林邑國王范文於盧容（爲四年文寇九真也）

九年三月交州刺史阮敷討林邑范佛於日南破其五十餘壘（范佛文之子嗣其父位）

升平三年十二月交州刺史溫放之帥兵討林邑參黎耽潦並降之（一云廣州刺史滕含伐林邑范佛懼請降與盟而還）

宋高祖永初元年交州刺史輔國將軍杜慧度率文武萬人南討林邑所殺過半前後被抄略悉得還本林邑乞降輸生口大象金銀古貝等乃釋之遣長史江悠奉表獻捷

文帝元嘉十九年五月龍驤將軍裴方明等伐氐剋仇池

二十三年六月交州刺史檀和之伐林邑剋之初帝以林邑雖貢奉而寇盜不已所貢亦陋薄忿其違慢使和之及振武將軍宗慤伐之和之遣司馬蕭景憲爲前鋒向區粟城其王陽邁遣大帥范扶龍戍區粟城景憲攻城剋之斬扶龍獲金銀雜物不

司勝討追討即克林邑陽邁父子並挺身奔逃凡所獲珍異皆是未名之寶

孝武帝大明四年十月遣司空沈慶之討沿江蠻

南齊太祖建元元年南襄城蠻秦遠寇潼陽北上黃蠻文勉德寇汝陽荊州刺史豫章王嶷中兵參軍劉伾緒領千人討勉德至甯陽降之

武帝永明十一年武都王楊集始反率氐蜀雜衆寇漢川梁州刺史陰智伯遣軍主寗湖將軍桓盧奴梁季羣宋王士隆等千餘人拒之不利退保白馬賊衆萬餘人縱兵火攻其城柵盧奴拒守死戰智伯又遣軍主陰仲昌等馬步數千人救援至白馬城東千谿橋相去數里集始等盡力攻之官軍內外奮擊集始大敗十八營一時潰走殺獲數千人集始奔入虜界

後魏道武天興元年七月漁陽烏丸庫傉官韜聚黨為寇詔冠軍將軍王建討平之



二年三月丙子遣建義將軍庾真越騎校尉奚斤討庫狄部帥葉亦干宥連部帥竇羽泥於太渾川破之庫狄勤支子沓亦干率其部落內附真等進破侯莫陳部獲馬牛羊十餘萬頭追殄遺迸入太峨谷

四年十二月辛亥詔征西大將軍常山王遵等率衆五萬討破多蘭部木易于材官將軍和突率騎六千襲黜弗素古延等諸部

六年十月丁巳詔將軍伊謂率騎二萬北襲高車十一月大破之

明元永興二年正月詔南平公長孫嵩等北伐蠕蠕（蠕蠕元年冬犯塞五日聞帝親征乃遁走）

五年四月車駕西巡詔左丞相奚斤為先驅討越勤部（勤一作懃）於鹿那山大破之獲馬五萬匹牛羊二十萬頭徙二萬餘家而還

泰常元年十月徙何部落庫傉官斌先降後復叛歸北燕馮跋跋將軍延普渡濡水討擊斬斌大破之及獲馮跋幽州刺史漁陽公庫傉官昌征北將軍關內侯庫傉官提等首生擒庫傉官女生縛送京師幽州平

三年正月詔護高車中郎將薛繁率高車丁零十二部大人衆北略至弱水降者二千餘人獲牛馬二萬餘頭

太武始光元年八月蠕蠕率六萬騎入雲中殺掠吏民攻陷盛樂宮諸陽子尉普文率輕騎討之虜乃退走詔安集將軍平陽王長孫翰率北部諸將尉眷自參合以北擊大檀別帥阿伏干於祚山斬首數千級獲馬萬餘匹十二月遣平陽王長孫翰等討蠕蠕車駕次祚山蠕蠕北遁諸軍追之大獲而還

神䴥元年閏十月定州丁零鮮于臺陽翟喬等二千餘家叛入西山劫掠郡縣州軍討之失利詔鎮南將軍壽光侯叔孫建擊之

二年八月帝以東部高車屯巳尼陂詔左僕射安原率騎萬餘討之



三年四月敕勤萬餘落叛走詔尚書封鐵追討滅之

延和三年三月金當川率其衆圍西川侯彭文暉於陰密詔征西大將軍常山王素討獲當川斬之于長安以徇

七月命諸軍討山胡白龍于西河九月戊子克之斬白龍及其將帥屠其城

大延二年五月仇池氐楊難當竊據上邽七月庚戌詔驃騎大將軍樂平王丕等督河西高平諸軍討之（九月以難當歸上邽中）

三年七月使撫軍大將軍永昌王健司空上黨王長孫道生討山胡白龍餘黨於西河滅之

太平真君六年八月征西大將軍高涼王那等討吐谷渾慕利延軍到曼頭城慕利延驅其部落西渡流沙那急追故西秦王慕璝世子被囊逆之中山公杜豐追度三危至雪山禽被囊及慕利延元子什歸熾盤子成龍送于京師慕利延遂西入于闐國

九年九月成周公萬度歸千里驛上大破焉耆國其王鳩尸卑那

龜茲
十二月詔成周公萬度歸自焉耆西討龜茲
文成太安二年二月丁零數千家亡匿井陘山聚爲寇盜詔定州刺史許宗之并州刺史乞伏成龍討平之
八月平西將軍漁陽公尉眷北擊伊吾剋其城大獲而還
和平元年二月衞將軍樂安王良督東雍吐京六壁諸軍西趣河征西將軍皮豹子等督河西諸軍南趣石樓以討河西叛胡
六月甲午詔征西大將軍陽平王新城等督統萬高平諸軍出南道南郡公李惠等督源州諸軍出北道討吐谷渾什寅八月西征諸軍至西平什寅走保南山九月諸軍濟河追之遇瘴氣多有病疾乃引軍還獲畜二十餘萬
三年六月諸將軍陸真討雍州叛氐仇傉檀大破之
五年七月北鎮游軍大破蠕蠕
獻文皇興四年二月吐谷渾什寅不供職貢詔使持節征西大



將軍上黨王長孫觀討之軍至曼頭山大破什寅什寅與麾下數百騎宵遁什寅從弟豆勿來及其渠帥匹婁拔累等率所領降附
孝文延興元年十月沃野統萬二鎮勑勒叛詔太尉隴西王元賀追擊至枹罕滅之斬首三萬餘級徙其遺迸於冀定相三州爲營戶
二年正月統萬鎮胡民相率北叛詔寧南將軍交阯公韓拔等追滅之
三年四月詔假司空上黨王長孫觀等討吐谷渾什寅
十月武都王反攻仇池詔長孫觀回師討之
太和九年十二月蠕蠕犯塞詔任城王澄率衆討之
十四年四月地豆干頻犯塞征西大將軍陽平王頤擊走之
十六年八月詔陽平王頤左僕射陸叡督十二將七萬騎北討蠕蠕
二十一年閏十一月右將軍元隆大破汾州叛胡
二十二年八月豩勤樹者相率反叛詔平北將軍江陽王繼都督北討諸軍事以討之
宣武景明三年三月魯陽蠻反詔撫軍將軍李崇討之
四年十二月詔鎮南李崇討東荊反蠻明年崇大破諸蠻帥樊素安
正始二年十一月武興國王楊紹先叔父集起謀反詔光祿大夫楊椿討之十二月又詔驃騎大將軍源懷慎令討武興反氐
三年正月梁秦二州刺史邢巒連破氐賊剋武興[illegible]
永平三年二月秦州隴西羌殺鎮將趙儁阻兵反叛州軍討平之
孝明以延昌四年正月即位四月梁州刺史薛懷吉破反氐於沮水
五月南秦州刺史崔暹擊破氐賊解武興圍



正光四年二月蠕蠕主阿那瓌率衆犯塞遣尚書左丞元孚持節喻之阿那瓌執孚驅掠畜牧北遁詔驃騎大將軍尚書令李崇中軍將軍兼尚書右僕射元纂率騎十萬討蠕蠕出塞三千餘里不及而還
五年十二月汾州正平陽山胡叛逆詔復征東將軍章武王融封爵爲大都督率衆討之
孝昌元年十二月以臨淮王彧爲征南大將軍率衆討魯陽蠻
二年三月西部勑勒斛律洛陽反於桑乾西牧子通連別將爾朱榮擊破之
五月以安西將軍光祿大夫宗正珍孫爲都督討汾州反胡
出帝永熙三年正月天柱大將軍高歡討費也頭於河西苦池河大破之獲其帥紇豆陵伊利遷其部落於內地
二月東梁州爲民夷侵逼詔使持節車騎大將軍行東雍州事泉企爲東梁州行臺都督以討之

西魏文帝大統七年三月稽胡帥夏州刺史劉平伏據上郡叛遣開府于謹討平之

恭帝元年四月茹茹乙旃達官寇廣武遣柱國趙貴追擊之斬首數千級收其輜重而還十一月柱國于謹既平江陵諸將騷動詔豆盧寧蔡祐等討破之

東魏孝靜武定二年正月齊神武爲大丞相柱國大將軍襲擊中山胡劉蠡升大破之三月神武欲以女妻蠡升太子候其不設備乃潛師襲之其北部王斬蠡升首以送其衆復立其子南海王神武進擊之又獲南海王及其弟西海王北海王皇后公卿已下四百餘人胡魏五萬戶

十一月齊神武討山胡破平之俘獲一萬餘戶口分配諸州

北齊文宣天保三年正月帝親討庫莫奚於代郡大破之獲雜畜十餘万分賚將士各有差以奚口付山東爲民



四年九月契丹犯塞帝北巡冀定幽安仍北討十月丁酉帝至平州遂從西道趣長塹詔司徒潘相樂精騎五千自東道趣青山辛丑至白狼城壬寅經昌黎城復詔安德王韓軌率精騎四千東趣斷契丹走路癸卯至陽師水倍道兼行掩襲契丹甲辰帝親踰山嶺爲士卒先指麾奮擊大破之虜獲十万餘口雜畜數十万頭樂又於一山大破契丹別部所虜生口皆分置諸州

十二月突厥攻茹茹茹茹舉國南奔帝自晉北討突厥迎納茹茹乃廢其主庫提立阿那瓌子菴羅辰爲主置之馬邑川給其廩餼繒帛親追突厥於朔州突厥請降許之而還於是貢獻相繼

五年正月帝討山胡從離石道遣太師咸陽王斛律金從顯州道常山王從晉州道掎角夾攻大破之斬首數万獲雜畜十餘萬遂平石樓石樓絶險自魏世所不能至於是遠近山胡莫不懾服

三月茹茹菴羅辰叛帝親討大破之辰父子北遁

四月茹茹寇肆州帝自晉陽討之至常州黄瓜堆虜散走大軍巳還帝率麾下千餘騎過茹茹別部數万四面圍逼帝神色自若指畫形勢虜衆披靡遂縱兵潰圍而出虜乃退走追擊之伏尸二十里獲菴羅辰妻子及生口三万餘人

五月北討茹茹大破之

六月茹茹率部衆東徙將南侵帝率輕騎於金山下邀擊之茹茹聞而遠遁

六年六月親討茹茹諸軍大會於祁連池七月巳卯帝頓白道留輜重親率輕騎五千追茹茹壬午及於懷朔鎮帝躬當矢石頻大破之遂至沃野獲其俟利藹焉力婁阿帝吐頭發郁久閭拔延等并口二万餘牛羊數十万頭茹茹俟利郁久閭李挺率部人數百降

孝昭皇建元年十一月親戎北討庫莫奚至長城虜奔遁分兵致討大獲牛馬括揔入晉陽宮

武成河清三年四月衛將軍斛律光率騎北討突厥獲馬千餘匹



後周武帝天和元年九月信州蠻冉令賢向五子王反詔開府陸騰討平之先是巴西人譙淹扇動群蠻以附於梁蠻帥向鎮侯向白彪等應之冉令賢向五子王又攻陷白帝殺開府楊長華遂相率作亂前後遣開府元契趙剛等揔兵出討雖破翦其族類而元惡未除至是詔騰督王亮司馬裔等討之騰水陸俱進次于湯口先遣喻之而令賢方增浚城池嚴設扞禦遣其長子西黎次子南王領其支屬於江南險要之地置立十城遠結涔陽蠻爲其聲援令賢率其精卒固守水邏城騰乃揔集將帥謀其進趣咸欲先取水邏然後經略江南騰言於衆曰令賢內恃水邏金湯之險外託涔陽輔車之援兼復資糧充實器械精新以我懸軍攻其嚴壘脫一戰不克更成其氣不如頓軍湯口先取江南翦其羽毛然後旋軍水邏此制勝之計也衆皆然之乃遣開府王亮率衆度江旬日攻拔其八城凶黨奔散獲賊

帥冉承公并生口三千人獲其部衆一千戶遂簡募驍勇數道入攻水邏路經石壁城此城險峻四面壁立故以名焉唯有一小路緣梯而上蠻蜑以爲峭絕非兵衆所行騰被甲先昇衆軍繼進備經危阻累日乃得舊路且騰先任隆州摠管雅知蠻帥冉伯犂冉安西與令賢有隙騰乃招誘伯犂等結爲父子又多遺其金帛伯犂等悅遂爲鄉導水邏側又有石勝城者亦是險要令賢使其兄子龍真據之騰又密誘龍真云若平水邏使其代令賢處龍真大悅密遣其子詣騰騰乃厚加禮接賜以金帛蠻貪利旣深仍請立效乃謂騰曰欲翻所據城恐人力寡少騰許以三百兵助之旣而遣二千人銜枚夜進龍真力不能禦遂平石勝城晨至水邏蠻衆大潰斬首萬餘級虜獲一萬口令賢遁走追而獲之并其子弟等皆斬之司馬裔又別下其二十餘城獲蠻帥冉三公等騰乃積其骸骨於水邏城側爲京觀後蠻蜑望見輒大號哭自此狼戾之心輟矣

六年四月信州蠻蜑冉祖喜冉龍驤反遣大將軍趙誾率討平之

德五年二月詔皇太子巡西土因討吐谷渾

六年十一月稽胡反遣齊王憲率[illegible]討平之初五年帝敗齊師於晉州乘勝逐北齊人所弃甲仗未暇收斂稽胡乘閒竊出盜而有之乃立劉蠡升孫沒鐸爲主號聖武皇帝年曰石平時帝定東夏討之議欲窮其巢穴齊王憲以爲種類旣多又山谷阻深王師一舉未可盡除且當剪其魁首餘加慰撫帝然之乃以憲爲行軍元帥督行軍摠管趙王招譙王儉滕王逌等討之憲軍次馬邑乃分道俱進沒鐸遣其大帥穆支據河西規欲分守險要掎角憲軍憲命譙王儉大柱滕王逌擊穆支並破之斬首萬餘級趙王招又禽沒鐸餘衆盡降

宣帝宣政元年九月汾州稽胡帥劉受邏千舉兵反詔上柱國越王盛爲行軍元帥率衆討之



隋高祖開皇元年八月甲午遣行軍元帥樂安公元諧擊吐谷渾於青海破而降之

二年四月大將軍韓僧壽破突厥於雞頭山上柱國李充破突厥於河北山

六月李充破突厥於馬邑

十一月突厥沙鉢略衆爲寇縱兵自木硤石門兩道來寇武威天水安定金城上郡弘化延安六畜咸盡帝震怒下詔曰往者魏道衰敝禍難相尋周齊抗衡分割諸夏突厥之虜俱通二國周人東慮恐齊好之深齊氏西虞懼周交之厚謂虜意輕重國逐安危非徒並有大敵之憂思減一邊之防竭生民之力供其來往傾府庫之財棄於沙漠華夏之地實爲勞擾猶復劫剝烽戍殺害吏民無歲月而不有也惡積禍盈非止今日朕受天明命子育萬方愍臣下之勞除旣往之弊以爲厚斂兆庶多惠豺狼未嘗感恩資而爲賊違天地之意非帝王之道節之以禮不爲虛費省徭薄賦國用有餘因入賊之物加賜將士息道路之民務於耕織清邊制勝成策在心凶醜愚暗未知深旨將大定之日比戰國之時乘昔世之驕結今時之恨近者盡其巢窟俱犯北邊朕分置軍旅所在邀截望其深入一舉滅之而遠鎮偏師逢而摧翦未及南上遽已奔北應弦染鍔過半不歸且彼渠帥其數凡五昆季爭長父叔相猜外示彌縫內乖心腹世行暴虐家法殘忍東夷諸國盡挾私讎西戎群長皆有宿怨突厥之北契丹之徒切齒磨牙常伺其便達頭前攻酒泉其後于闐波斯挹怛三國一時即叛沙鉢略近趣周槃其部內薄孤東紇羅尋亦翻動往年利稽察大爲高麗靺鞨所破娑毗設又爲紇支可汗所殺與其爲鄰皆願誅剿部落之下盡異純民千種萬類仇敵怨偶泣血拊心銜悲積恨圓首方足皆人類也有一於此更切侵擾彼地咎徵祆作年將一紀乃獸爲人語人作鬼言云其國亡訖而不見每冬雷震觸地火生種類資給惟藉水草去歲

因將荒無雨雪川枯蝗暴卉木燒盡飢疫死亡人畜相半舊居之所赤地無依遷徙漠南偷存晷刻斯蓋上天所忿驅就齊斧幽明合契今也其時故選將治兵贏糧聚甲義士奮發壯夫肆憤願取名王之首思撻單于之背雲歸霧集不可數也東極滄海西盡流沙縱百勝之兵橫萬里之衆亘朔野而追躡望天崖而一掃此則王恢所說其猶射癰何敵能當何遠不服但皇王舊迹北止幽都荒遐之表文軌所棄得其地不可而居得其民不忍皆殺無勞兵革遠規溟海諸將今行義兼含育有降者納有違者死異域殊方被其擁抑放聽復舊廣闢邊境嚴治關塞使其不敢南望永服威刑卧鼓息烽暫勞終逸制禦夷狄義在斯乎何用侍子之朝寧勞渭橋之拜普告海內知朕意焉於是以河間王弘上柱國豆盧勣竇榮定左僕射高熲右僕射虞慶則並爲元帥出塞擊之沙鉢略率阿波貪汗二可汗等來拒戰皆敗走遁去時虜飢甚不能得食於是粉骨爲糧又多災疫死者極衆



三年四月衞王爽破突厥於白道

五月癸卯行軍揔管李晃破突厥於摩那度口三月戊午行軍元帥竇榮定破突厥及吐谷渾於涼州

六月行軍揔管梁遠破吐谷渾於爾汗山斬其名王

八月遣尚書左僕射高熲出寧州道内史監虞慶則出原州道並爲八軍元帥以擊胡

十七年二月太平公史萬歲擊西寧羌平之

十八年二月以漢王諒爲行軍元帥率水陸三十萬伐高句麗九月遇疫而還

是年突厥雍虞閭數爲邊患詔蜀王秀出靈州道以擊之

十九年四月達頭可汗犯塞遣八軍揔管史萬歲擊破之是年遣漢王諒爲元帥左僕射高熲率將軍王詧上柱國趙仲卿並出朔州道右僕射楊素率柱國李徹韓僧壽出靈州柱國燕榮出幽州以擊突厥是時染干可汗歸朝乃於朔州築大利城以居之雍虞閭又擊之染干復令入塞雍虞閭侵掠不已遂遷於河南在夏勝二州之間發徒數萬爲築東西拒河盡爲啓民畜牧之地於是遣越國公楊素出靈州行軍揔管韓僧壽出慶州太平公史萬歲出燕州大將軍姚辯出河州以擊都藍師未出塞而都藍爲其麾下所殺達頭自立爲步迦可汗其國大亂遣太平公史萬歲出朔州以擊之遇達頭於大斤山虜不戰而遁追斬首虜二千餘人

二十年四月突厥犯塞以晉王廣煬帝爲八軍元帥擊破之

仁壽元年正月突厥寇恒安遣柱國韓洪擊之洪復爲虜所敗於恒安廢爲庶人詔楊素爲雲州道行軍元帥率啓民可汗北征斛薛等諸姓初附於啓民至是而叛素軍河北值突厥阿勿思力俟斤等南度掠啓民男女六千口雜畜二十餘萬而去素率上大將軍梁默輕騎追之轉戰六十餘里大破俟斤悉



得人畜以歸啓民素又遣柱國張定和領軍大將軍劉昇別路邀擊並多斬獲而還兵既定叟河賊復掠啓民部落素率驃騎范貴於窟結谷東南奮擊復破之追奔八十餘里

煬帝大業元年四月大將軍劉方擊林邑破之初高祖時天下無事群臣言林邑多奇寶者仁壽末遣方爲驩州道行軍揔管率欽州刺史甯長真驩州刺史李暈開府秦雄步騎萬餘及犯罪者數千人擊之其王梵志率其徒乘巨象而戰方軍不利方於是多掘小坑草覆其上因以兵挑之梵志悉衆而陣方與戰僞北梵志逐之至坑所其衆多陷轉相驚駭軍遂亂方縱兵擊之大破之頻戰輒敗遂棄城而走方入其都獲其廟主十八枚皆鑄金爲之蓋其有國十八葉矣方班師梵志復其故地遣使謝罪於是朝貢不絶

四年七月左翊衞大將軍宇文述破吐渾於曼頭赤水

五年五月吐谷渾主保覆袁州詔右屯衞大將軍張定和討之

之定和挺身挑戰爲賊所殺虎牙郎將劉武建擊破之斬首數千級六年二月武賁郎將陳稜朝請大夫張鎮州擊流求破之獻俘萬七千口頒賜百官
七年二月詔以高麗高元虧失藩禮將欲問罪遼左事具帝紀巡幸門

册府元龜卷第九百八十五

外臣部三十

征討第四

唐高祖武德三年九月遣長平王叔良討叛胡平之
四年九月突厥寇并州遣左屯衛大將軍竇琮左武候大將軍
桑顯和率師以禦之是月又寇原州遣行軍總管尉遲敬德太
子内率上官懷仁擊之是月靈州總管楊師道擊突厥大破之
斬首三百餘級獲馬一千餘疋
十一月林州總管劉旻擊叛胡劉企成大破之斬首二百級企
成僅以身免其部落皆降五年八月突厥寇邊九月交州刺史
權士通弘州總管宇文歆靈州總管楊師道擊突厥於三觀山
破之獲馳馬數千匹是月宇文歆復擊突厥於崇崗鎮大破之
斬首千餘級定州司馬魏文博驃騎魏道仁擊突厥於常山之
陽斬首數百級領軍將軍安興貴擊突厥於甘州大破之



是年并州大總管襄邑王神符擊突厥於汾東斬首五百級虜
其馬二千匹汾州刺史蕭顗斬突厥五千餘級
七年正月始州反獠舉兵遣行臺僕射竇軌討之
四月遣事舍人李鳳起擊萬州反獠並平之五月吐谷渾寇芳
州遣益州行臺左僕射竇軌自翼州道扶州刺史蔣善合自芳
州道擊之是月竇軌擊反獠於方山俘二萬餘口
六月隴州扶州獠作亂遣南尹州都督李光度擊平之
七月突厥寇原州遣寧州刺史鹿大師援之又遣靈州都督楊
師道趣大木根山邀其歸路是月又寇隴州遣護軍尉遲敬德
擊之
八年六月叛胡睦伽陁攻武興八月左武候將軍安脩仁擊於
且渠川破之
九年二月突厥寇原州遣折威將軍楊毛擊之
三月益州行臺尚書郭行方擊眉州叛獠之衆大破之又追擊於
洪雅二州俘男女五千口太宗以武德九年八月即位是月突
厥頡利寇高陵行軍總管尉遲敬德與戰於涇陽大破之獲其
俟斤阿史德烏沒啜斬首千餘級是月頡利請和許之
貞觀二年正月吐谷渾寇岷州都督李道彦擊走之執其名王
二人俘斬七百餘級
三年十一月以行并州都督李勣爲通漢道行軍總管兵部尚
書李靖爲定襄道行軍總管華州刺史柴紹爲金河道行軍總
管靈州大都督任城王道宗爲大同道行軍總管檢校幽州都
督衛孝節爲常安道行軍總管兼管州都督薛萬徹爲暢武道
行軍總管分道出師以擊突厥是月任城王道宗擊突厥於靈
州破之俘男女數百口雜畜萬餘計十二月突利可汗及郁射設蔭奈特勤等並帥所部來奔
四年正月李靖屯惡陽嶺夜襲定襄頡利驚擾因徙牙於磧口
胡酋康蘇蜜等遂以隋蕭后及楊正道來降
二月李靖破陰山擊頡利大破之滅其國復定襄常安之地斥



土界于大漠頡利計兵數千鐵山兵尚數萬使執失思力入朝
謝罪請舉國内附帝遣鴻臚卿唐儉將軍安脩仁持節安撫之頡
利稍自安靖乘間襲擊大破之遂滅其國頡利乘千里馬獨騎
奔于從姪沙鉢羅部落
三月大同道行軍副總管張寶相率衆奄至沙鉢羅營生擒頡
利送于京師是月突厥思結部俟斤率衆四萬來降
四月李靖獻頡利可汗帝御順天樓盛陳文物士庶縱觀歸之
有司帝數之曰汝父啓民之破也疋馬歸隋竟不能効一鏃之
力汝次兄坐享富貴恣情暴虐酒色是耽至令父祖不獲血食
爾罪一也與我隣國侵我邊疆失信忘義唯利是視爾罪二也
恃兵馬之盛數興戎旅部落怨嗟隳亮邊路爾罪三也侵掠我
子女踐暴我禾稼焚燒我村塢賊亂我華民爾罪四也我志爾
宿惡憫爾同明許爾和親復爾宗國遷延不來至於逃罪爾罪
五也爾有死罪五焉今不殺爾者徒以渭水結盟以來更不南

寇訶頡利發叫而退

七年八月以右屯衛大將軍張士貴爲龔州道行軍總管以擊反獠

八年正月張士貴討東西王洞反獠平之十月左驍衛大將軍段志玄擊吐谷渾破之追奔八百餘里

十一月吐谷渾拘行人趙德楷詔曰朕嗣纂洪業思恢至道端拱垂衣於茲九載式修文德字毓區宇撫外君長海表西渠無遠不屆無思不服而吐谷渾最爲小蕃負固河右地不越千里衆不盈一萬不量其力不恤其人肆情拒命抗衡上國朕每遣行人入蕃曉諭并引其使者臨軒戒勗示以善道勸以和親欲使境土無虞各安其業訓導積年凶頑未改剽掠邊鄙略無寧歲今上書傲佷拘我使人內外百寮華夷兆庶同心憤怨咸願誅討宜乘弔伐之機以展鷹鸇之志長驅指期窮其巢穴罪止吐谷渾可汗昏耄之主及天柱王一二邪臣自餘部落寄無所問夷凶息慕稱朕意焉



十二月以特進李靖爲西海道行軍大總管節度諸軍兵部尚書侯君集爲積石道行軍總管刑部尚書任城王道宗爲鄯善道行軍總管仍並爲靖副涼州都督李大亮爲且末道行軍總管岷州都督東郡公李道彥爲赤水道行軍總管利州刺史高甑生爲鹽澤道行軍總管九年五月党項羌先內屬者皆叛歸吐谷渾三月甑生擊破之

閏四月任城王道宗擊吐谷渾於庫山破之俘四百餘人李靖部將薛孤吳兒以輕銳破之於曼頭山斬其名王俘五百餘人大獲六畜以充軍糧李靖侯君集任城王道宗等又破於牛心堆又破於赤水源獲雜畜數萬計五月乙未侯君集任城王道宗追吐谷渾王及於烏海擊大破之獲萬計又破天柱王於赤海獲其雜畜二十萬計追至河源李大亮俘其名王二十人雜畜五萬計是月李靖平吐谷渾國于西海之上初王師以三月次于鄯州靖與諸將會議侯君集曰大軍已至賊徒尚未走險宜簡精銳長驅疾進彼其不虞可有大利此破竹之勢也若此策不行潛遁必遠山障爲阻難討則難靖從之乃簡練士馬輕齎深入及庫山之捷可汗謀將入磧以避官軍道宗復曰柏海近河源古來罕有至者賊既西走未知的處今段之行實資爲力今馬疲糧少遠入爲難未若且向鄯州待馬肥之後更圖進趣君集曰不然段志玄纔至鄯州賊衆便到城下良由彼國尚完兇徒用命今者一敗以後斥候亦絕君臣相失父子攜離乘其危懼取同俯拾柏海雖遙便可鼓行而至也靖又然之於是衆分士馬以爲兩道靖與薛萬均李大亮趣北路出曼頭山逾赤水涉青海歷河源且末窮其西境君集與道宗趣南路經塗二千餘里行空虛之地盛夏降霜多積雪山中有障氣歷破邏真谷其地無水將士食冰馬皆飲雪又行月餘日至星宿川達于柏海兩軍所至皆大剋將軍執失思力又馳數百里剛破牙帳於居茹川旋與靖會於大非川可汗長子大寧王順窮



蹙計無所出乃斬其國相天柱王舉國來降可汗大懼與千餘騎遁于磧中衆散才有百騎十餘日窮爲其左右所殺二月鹽澤道行軍副總管劉德敏擊叛羌破之

十二年八月吐蕃寇松州都督韓威戰敗闊州刺史別叢臥施諾州刺史把利步利皆羌首也並以州叛附于吐蕃以吏部尚書侯君集爲當彌道行軍大總管右領軍大將軍執失思力爲白蘭道行軍總管左武衛將軍牛進達爲闊水道行軍總管右領軍將軍劉簡爲洮河道行軍總管督步騎五萬以擊之

九月行軍總管牛進達及吐蕃戰於松州敗之斬首千餘級

十月鈞州山獠舉兵反遣桂州都督張寶德討平之

十一月明州山獠舉兵反遣交州都督李道彥討平之

十二月右武候將軍上官懷仁擊山獠於壁州大破之虜男女萬餘口

十三年四月上官懷仁擊巴壁洋集四州反獠平之虜男女六

千餘口

十二月詔曰明罰勑法聖人無懲惡之道命將出軍王者戒兇亂之德故三苗負固虞帝所以興師鬼方不恭殷宗所以薄伐朕嗣膺景命君臨區夏弘大道於四海推至誠於萬類憑宗社之靈藉股肱之力億兆獲乂尉候無虞建木棘林山經靡記之域幽都大夏王會不書之君莫不革面內款屈膝請吏襲冠帶於魏闕均征賦於華壤而高昌麴文泰猶爲不軌敢興異圖事上無忠款之節御下逞殘忍之志往經朝謁備加恩禮溪壑難滿曾無報效禽獸爲心遽懷凶狡詔命之嚴稟承之誠既闕王人之重祗敬之禮亦虧自隋季道消天下淪喪衣冠之族疆埸之人或寄命諸戎或見拘寇手及中州既定皇風遠肅人懷首丘途經彼境皆被囚繫加之重役忍苦遐外控告無所又伊吾之右波斯以東職貢不絕商侶相繼琛賚遭其寇敓道路由其擁塞又西蕃突厥戰爭已久朕愍其亂離志務安輯乃立咥利始可汗兄弟然令克復舊土文泰反道敗德崇好禍間諜酋豪交亂種落遂使難衰之長亟動干戈引弓之人重罹塗炭又焉耆之地爽之隣接文泰疾其忠節輕肆凶威城池有危亡之憂士女嬰劫掠之酷加以虐用其衆毒被所部賞罰無章內外嗟怨繕造宮室勞役日興僭營輿輦僭侈無度法令深刻賦斂繁重舉手動足咸繼網羅畜牧園菓悉有征税衆力既盡人財已竭飢寒總至憤歎盈途比屋連甍不勝苛政故老兒童思霑王澤朕命上玄爲人父母禁暴之道無隔內外納隍之慮切於興寢錄其舊款仍懷愍念所以頻遣使乎具申朝旨勗以爲善之規示以自新之路冀知感悟無煩師旅而昏迷遂性荒怠不悛貫盈之釁既稔天亡之期已及況復文武具僚戎狄君長請事闕者相屬懷逐雀者比肩宜順夷夏之心以申弔伐之典罰凶渠之多罪拯無辜之倒懸今遣交河行軍大總管吏部尚書侯君集副總管兼左屯衛大將軍薛萬鈞副總管左屯衛將軍



薛孤吳兒行軍總管武衛將軍牛進達等董率衆軍孔章韜略遂舞海路同會虜庭莫不氣奪風雲精貫日月挾矜懷憤投距爭先良將奮建瓴之威銳卒効如貔之勇冀馬燕犀猶迅雷之震擊雲梯地道若至神之變化以此制敵事等摧枯以此屠城易於反掌然朕矜哀之心有懷去殺勝殘之道無忘好生若文泰面縛軍門泥首請罪特弘焚櫬之澤全其將盡之命自餘臣庶棄惡歸誠並加撫慰令各安堵示以逆順之理布茲寬大之德如其同惡相濟敢拒王師便盡大兵之勢以致上天之罰明加曉諭稱朕意焉

十四年三月寶州道行軍總管党仁弘擊羅寶及獠破之俘七千餘口

八月交河道行軍大總管侯君集擊高昌破之初其王麴文泰時遏絕西域商賈太宗徵文泰入朝而稱疾不至乃詔侯君集討之文泰聞王師將起謂其國人曰唐國去此七千里沙磧闊二千里地無水草冬風凍寒夏風如焚風之所吹行人多死常行百人不能得至安能致大軍乎若頓兵於吾城下二十日食必盡自然魚潰乃接而虜之何足憂也及軍至磧口而文泰卒其子智盛襲位君集率兵至柳谷候騎言文泰尅日將葬國人咸集諸將請襲之君集曰不可天子以高昌驕慢無禮使吾龔行天罰今襲人於墟墓之間非問罪之師也於是鼓行而前攻其地城賊嬰城自守君集諭之不行先是大軍之發也帝召山東善爲攻城器械者悉遣從軍君集遂刊木填隍推撞車撞其睥睨數丈頹穴拋車石擊其城中其所當者無不靡碎或張氈被用障拋石城上守陴者不復得立遂拔之虜其男女七千餘口仍進兵圍其都城智盛窮蹙致書於君集曰有罪於天子者先王也天罰所加身已喪背智盛襲位未幾不知所以愆驗冀尚書哀憐君集報曰若能悔禍宜束手軍門智盛猶不出因命士卒填其隍塹發拋車以攻之又爲十丈高樓俯視城內有行

人及飛石所中處皆唱言之人多入室避石勃文泰與西突厥欲谷設約有兵至共爲表裏及聞君集至欲谷設懼而西走千餘里智盛失援計無所出遂開門出降君集分兵略地遂平其國俘智盛及其將吏刻石紀功而還

十五年十一月薛延陁盡其甲騎并發同羅僕骨迴紇靺鞨霫等衆合二十萬卒一人馬四疋度漠屯白道川據善陽嶺以擊思摩之部思摩引其種落走朔州留精騎以戰延陁乘之及塞詔營州都督張儉統所部騎兵及奚霫契丹等壓其東境兵部尚書李勣爲朔州道行軍摠管率兵六萬騎千二百屯朔方右衛大將軍李大亮爲靈州道行軍摠管率兵四萬騎五千屯靈武右屯衛大將軍張士貴率兵一萬騎七千爲慶州道行軍摠管出雲中凉州都督李襲譽爲凉州道行軍摠管以經略之又遣右屯衛將軍姜行本率左右飛騎及左右衛引強者千人受李勣節度是月李勣擊延陁之衆破之初延陁次逼漢川李勣



領朔州延陁子大度設領三萬兵臨長城欲入擊突厥而思摩已南走知不可得乃遣人登長城而罵之因見大軍塵埃連天遽退告延陁先還而自將其衆走赤柯濼度青山道頗迂遠李勣選麾下騎突厥騎六千皆驍悍敢死彊弓長矟自直道度朧河踰白道至青山與大度設相及追之累日至諾真水大度設知不脫乃亘十里而陳兵先是延陁擊沙鉢羅及阿史那社爾皆以步戰而勝及其將來寇也先講武於國中教習步戰每五人以一人經習戰陣者使執馬四人前戰克勝即授馬以追奔失於應接罪至於死沒其家口以賞戰人至是遂行其法突厥兵先合輙退延陁乘勝而逐之勣兵拒擊而延陁萬矢俱發傷我戰馬李勣乃令去馬步陣率長矟數百爲隊齊奮以衝之其衆潰散副摠管薛萬徹率數千騎收其執馬者其衆失馬莫知所從因大縱擊斬首三千餘級獲馬萬五千疋甲仗輜重不可勝計會暮殺之不能盡大度設跳身而遁萬徹將數百騎追之不及其餘衆又奔走相騰踐至漠北大雪馬疲不前人凍死者十八九先是延陁祭天祈雪我師不能逐及此自斃爲李勣旋軍定襄太宗遣使賷璽書以勞將士突厥諸部有思結者先處代州五臺縣其意常欲歸延陁因是而叛代州追兵適又會李勣旋軍至首尾圍擊思結計無所出走入峨谷中自度必死前殺其妻子然後力戰勣又敗之斬首五百級生擒一千五百人虜其男女三千餘口獲羊馬稱是

十八年七月太宗以高麗莫離支自殺其主發兵擊新羅新羅盡禮以事國家數遣使稽顙請援乃遣高麗解兵不從欲擊之於是勑將作大匠閻立德括州刺史趙元楷宋州刺史王波利往洪饒江等三州造船艦四百艘可以載軍糧汎海攻戰者且遣輕騎數千至遼東城以觀其勢甲午遂下詔曰百濟高麗恃其僻遠每動兵甲侵逼新羅日蹙百姓塗炭遣使請援道路相望朕情深愍念爰命使者諭彼兩蕃戢兵敦好而高麗姦武攻



擊未已若不拯救豈濟倒懸宜令營州都督張儉守左宗衛率高履行等率幽營二都督府兵馬及契丹奚靺鞨往遼東問罪遼水泛溢儉等兵不能濟

十月安西都護郭孝恪帥師滅焉耆孝恪執其王龍突騎支送行在所[illegible]初王師之滅高昌也制以高昌所虜焉耆生口七百盡還之焉耆王[illegible]於欲可汗朝貢稀至孝恪伺其機便孝恪因表請擊之以孝恪爲安西道行軍摠管率步騎三千出銀山道以伐焉耆孝恪夜襲其城破之

十一月命太子詹事英國公李勣爲遼東道行軍摠管出柳城禮部尚書江夏郡王道宗副之刑部尚書鄖國公張亮爲平壤道行軍摠管以舟師出萊州左領軍常何瀘州都督左難當副之發天下甲士召募十萬並趣平壤以伐高麗

十九年四月英國公李勣攻蓋牟城破之時帝親征此後至遼東事具帝王部親征門

二十年六月遣兵部尚書固安公崔敦禮特進英國公李勣擊

破薛延陁於鬱督軍山北前後斬首五十餘級虜男女三萬餘人時鐵勒僕骨同羅共擊薛延陁多彌可汗大敗之帝以延陁破亡遣江夏王道宗左衛大將軍阿史那社尒爲瀚海安撫大使又使右領軍衛大將軍執失思力領突厥兵代州都督薛萬徹營州都督張儉各統所部兵分道並進又令右驍衛大將軍契苾何力領涼州及胡兵同入以爲聲援江夏王道宗等兵既渡磧遇阿波達官拒弦數萬直前拒戰道宗進擊破之斬首千餘級追奔二百里薛萬徹別軍北道與迴紇相遇二將各遣使諭以綏懷之旨其酋帥見使者皆頓顙歡叫曰不意大國遠見存撫俱請入朝既而諸部降書皆至百寮畢賀

二十一年三月伐高麗以左武衛大將軍牛進達爲青丘道行軍大揔管右武衛大將軍李海岸爲副發兵一萬餘人並樓船戰艦自萊州汎海而入又以特進太子詹事英國公李勣爲遼東道行軍大揔管右武衛將軍孫貳朗左屯衛大將軍鄭仁泰爲副率兵三千人其營州都督府所管兵馬並皆隸勣於是厲涉遼東自新城道入兩軍之發也並選慣習浮波能以少擊衆者而配隸焉先是十九年帝之伐高麗也以討逆爲名及破駐蹕陣帝以御副弓箙賜莫離支雖服拜銜恩而不遣親近來謝天子以暮秋邊外詔六軍班師莫離支以王城獲全庶幾可以自免滋虐其主又令伺我邊隙屢貢踈薄失藩人臣大國之禮天子扼腕含怒終欲取之中議以爲高麗城雖依山攻之不可卒下往前鑾駕親伐廢其耕務所陷之城並收其穀韓師旅炎旱相繼夷人以獲衆太半斷粒若得少兵番次蹂其邊場彼瘡痍之茂疲於奔命耕夫釋耒並皆入堡島夷之邑千里荒蕪古人云金城湯池非粟不固若再三如此高麗必大窘迫自然逃散誰肯爲莫離支嬰城鴨淥水已北可不戰而取天子以爲然故有是命

七月牛進達李海岸攻高麗石城陷之虜男女數百人師次積利城下高麗出軍萬餘人拒戰海岸等擊破之斬首二千級八

九月遣宋州刺史王波利中郎將丘孝忠發江南十二州造入海大船及艓船三百五十艘將征高麗

十二月詔曰皇天理物蓄嚴萬於積陰大塊厚生騰殺氣於秋序故雷霆震曜聲振入紘繁霜凝肅威加萬類朕既承茲介福超三皇王受責在躬情兼列代昆蟲不理猶且納隍戎狄未寧豈宜安席遐奚西土自古遊魂昔與比場本同根蔕尋戎致閔遂爾攜離雞田戴斗是其祭天之地鴈塞千雲上應分街之野疆踰瀚海苟拒塞垣總其衛濁之鄉並爲征賦之俗惟有烏孫舊境皋所漏本既先拔末豈能全皮尚不存毛將安託侵軼旅獒之壤剽掠巨雀之藩播此凶荒暨年茲又積其慾禍崇凶黄盈凡厥氊裘不勝焦爛蠢茲狼星盡苦侵漁膜拜錦車忠懇深以延首重譯虜邸斗嚴闕而委命奚奚裹足驟請大誅朕乃睠西顧深悼于懷恭此凶圖執茲靈命是以求衣待旦對膳亡食哀彼綴旒義增拯悼雖臨軒而獨斷慮疑謀之罔從乃命鼎司陰籌遠略言纔出於脣功應已昭於上玄昧且臨朝太史奏日胖霄甲夜纖阿蝕昴考靈臺之秘簡徵渾象之舊文月者陰精用刑之兆也星昴胡分數終之效焉是知天道雖高去人非遠至誠仰達應不踰時事以龔行理歸無戮令使躬私推轂制詔夏官禡社出車發明秋令殲斯巨猾救彼窮黎可遣使持節崑丘道行軍大揔管左驍衛大將軍阿史那社尒副大揔管左驍衛大將軍契苾何力金紫光祿大夫行安西都護郭孝恪司農卿清河郡公楊弘禮行軍揔管左武衛將軍李海岸等揔率黿斬蛟之士師曳牛佩豕之酋莫不感義長驅誓探穴之志猶躬距躍將謝內骨之恩又發鐵勒府牧十有三部突厥侯王十餘萬騎渺渭蕈沙場之地呼吸振廣漠之風道自絶徼會于燕嶺又遣吐蕃君長踰懸度而出臨步搖甞渠經昌海而四鶩轟飛白羽周設天羅縱金懸米之源掩河津而電擊抹龍山之

嶠欄日域以雷奔取彼渠魁委于司寇拯其萌隸賜以營魄俾夫六簡之駕免覆車而伏阜十角推鋒與共觝而俱斃豈非有名動衆本爲除殘以義出師貴能懲惡是以倒戈必宥事表於前經輿櫬不誅理昭於往誥其有去危投款悔禍求哀毳幙酋豪宜錫長纓之寵葦韝種落恵以飲啄之娛且夫察微興事者機也勞己安人者義也天與則取可謂乘機衆欲斯從是名敦義踐機而必作戴義以行之今此一勞永康西表折兵難弭或失時宜以朕之懷速須天下初龜茲國既臣於西突厥安西都護郭孝恪之伐焉耆也龜茲遣軍援助自是藩禮漸闕帝大怒故有是詔

閏十二月阿史那社尒與郭孝恪楊弘禮率五將軍又發鐵勒十三部兵十餘萬騎以伐龜茲社尒既破西蕃處月處密乃進師趨其北境出其不意西突厥所署焉耆王棄城而遁社尒遣輕騎追禽之龜茲大震守將多棄城而走社尒進屯磧石去其



都城三百里遣伊州刺史韓威率千餘騎爲前鋒右驍衛將軍曹繼叔次之至多褐城與龜茲王相遇及其相那利羯獵顛等有衆五萬逆拒王師威乃爲遁而引之其王役利發見威兵少悉衆而至威退行三十里與繼叔軍會合擊大破之其王退保都城社尒進軍逼之王乃輕騎而走遂下其城令孝恪守之遣沙州刺史蘇海政尚輦奉御薛萬備以精騎逼之行六百里其王窘急退保于撥換城社尒等進軍圍之禽其王及大將羯獵顛等其相那利僅以身免潛引西突厥之衆并其國兵萬餘人來襲孝恪與子待詔同死於陣官軍大擾倉部郎中崔義起與曹繼叔韓威等擊之那利走馬而遁尋爲龜茲人所執以詣軍前後破其大城五所虜男女數萬口社尒因立其王之弟葉護爲王勒石紀功而旋俘其王訶黎布失畢及那利羯獵顛等獻於社廟

是月以崑丘道行軍總管左武衛將軍阿史那賀魯爲泥伏沙鉢羅葉護并給鼓纛遣招討西突厥

二十二年正月詔授右武衛大將軍薛萬徹爲青丘道行軍大總管右衛將軍裴行方爲副率兵三萬餘人并樓船戰艦自萊州汎海以擊高麗

四月烏胡鎮將古神感率兵浮海遇有高麗須步騎五千拒戰於易山短兵纔接其衆大潰斬首虜八百餘人其夜賊兵萬餘襲神感之船神感設伏以待之戰不覺奮擊又破之而還

是月右武候將軍梁建方擊松外蠻破之初巂州都督劉伯英上言松外諸蠻雖暫降款旋即背叛請出師討之西洱河天竺道可通也由是發蜀中十二州兵討之蠻帥雙舍率衆拒戰建方擊敗之殺獲千餘人羣蠻震懾投竄山谷建方分遣使者諭以利害爭來款附前後至者七十餘部戶十萬九千三百建方署其首領蒙和爲縣令各統所部莫不感悅建方乘勝遣使往西洱河其帥楊盛見使至大駭具船將遁使者曉諭禍福示以



威信盛遂請降遣首領十人來謁軍門建方振旅而還

六月薛延陀餘衆二萬人渡鮮崿河侵灘海金微幽陵三郡都督各發兵逆擊大破之斬獲八千給於是發燕副都護元至率九姓鐵勒捕之

是月青丘道軍帥薛萬徹渡海入鴨渌水百餘里至泊灼城南四十里止營高麗襲懼並棄邑居而遁泊灼城主所夫孫率步騎萬餘人來拒官軍萬徹遣右衛將軍裴行方領步卒折衝尉羅文合爲支軍繼進萬徹及諸軍乘之賊大潰追奔百餘里及於陣所夫孫進兵圍之泊灼城因山設險阻鴨渌水以爲固攻之未拔高麗遣將高文率烏骨安地諸城兵三萬餘人來援分置兩陣萬徹分軍以當之鋒刃纔接而賊潰俘獲且盡而還

八月辛未遣左領軍大將軍執失思力往金山道討薛延陀餘部落

是月以崑丘道將軍阿史那社尒擊處羅破之餘衆悉降

九月遣茂州都督張士貴右衛將軍梁建方發隴右及峽中兵馬二萬餘人以擊編獠方帝遣劍南造船獠獠之人咸令減役雅邛眉三州編獠或不堪承呼召相率而反乃遣梁建方等討之

府九百八十五　十三

冊府元龜卷第九百八十六

外臣部三十一

征討第五

唐高宗永徽元年六月左驍衛郎將高侃率兵討突厥車鼻可汗於阿息山車鼻聞王師至携其愛妾從數百騎而遁高侃追至金山擒之以歸京師九月獻于社廟又獻于昭陵帝使謂之曰昔頡利亂亡爾不佐輔則無骨肉之情矣延陁稱兵自立破敗之後爾又潛于王庭斯即爲臣不忠矣國家遣使招撫因爾擅行劫殺爾之所犯不忠不義罪不容誅朕好生惡殺不忍即從刑典且先皇平殄諸國所獲酋渠咸恕性命仰遵先旨宥汝不死乃遣釋之拜左武衛將軍賜宅于長安處其餘衆於鬱督軍山置狼山都督府以統之

二年八月郎州白水蠻反叛寇麻州之界江鎮遣左領軍趙孝祖爲郎州道摠管與郎州都督任懷玉率兵討之



十一月趙孝祖討白水蠻三[illegible]許仵收山蠻帥[illegible][illegible]率[illegible][illegible]萬餘人守青口以拒官軍孝祖[illegible][illegible]破之追[illegible][illegible]首[illegible]大[illegible]帥[illegible]儉彌于及[illegible]等精兵六千據水爲寨依山[illegible]陣遣輕騎數百來逆官軍孝祖率兵擊之俘彌于盃戰自辰至酉賊衆大敗臨陣斬彌于禿磨蒲及大鬼主[illegible]十餘人賊又阻大雪飢凍死者略盡孝祖又奏言貞觀中討昆州烏蠻始開青蛉弄棟爲州縣弄棟之西有小勃弄大勃弄二州常扇動弄棟欲令反叛其勃弄以西與黃瓜葉榆西洱河相接人衆殷實多於蜀川無大酋長好結讎怨今因破白水之兵請隨便西討撫而安之詔許之

三年正月弓月道行軍總管梁建方契苾何力等大破處月朱耶孤注於牢山初咄陸及阿史那賀魯之叛也招誘處月處蜜等部相率皆叛及建方軍至咄陸大懼遠遁西道朱邪孤注旣殺吳毅單道惠乃據守牢山其山險絶建方分兵數道並進鼓而登四面攻之賊衆大潰孤注携其所親夜遁建方使副總管高德逸輕騎追之行五百餘里孤注據險拒戰於陣生擒斬之斬首九千級虜渠帥六十餘人

四月郎州道行軍總管趙孝祖大破白水蠻大勃弄律西南夷遂定

六年正月嶲州道行軍總管曹繼叔破胡叢顯養東曾等蠻於斜山克一十餘城斬首七百餘級獲馬四百餘匹牛一萬五千頭

二月遣營州都督程名振左衛中郎將蘇定方等發兵以討高麗以侵掠新羅故也時新羅王金春秋表言高麗與百濟靺鞨相連侵其北境巳奪三十三城乞兵救援故遣名振等經略之

五月程名振率兵渡遼水至高麗以名振兵少乃開門出兵渡貴端水與名振合戰賊徒大敗奔走過水欲入城不得殺獲千餘人名振縱兵焚其羅郭及村落而旋

是月遣左屯衛大將軍程知節爲蔥山道行軍大總管率左武



衛將軍舍利叱利右武衛將軍王文度伊州都督蘇海政等討西突厥阿史那賀魯

顯慶元年八月程知節與賀魯所部歌邏祿及處月戰於榆慕谷大破之斬首千餘級獲駝馬牛羊萬計副將周智度攻其突騎處木昆等於咽城拔之斬首三萬級虜獲其衆

九月程知節與賀魯男咥運戰斬首數千級進至常鶩城俘其部落戶口及貨物鉅積

二年閏正月賀魯入寇詔右屯衛將軍蘇定方爲伊麗道行軍總管率燕然都護任雅相副都護蕭嗣業等發迴紇兵以追討賀魯仍詔右衛大將軍阿史那彌射左屯衛大將軍阿史那步眞爲流沙安撫大使以招輯其舊衆

十二月蘇定方大破賀魯於金牙山盡收其所據之地西域悉平初賀魯侵併西域諸國進寇庭州迴紇婆閏等諸部落請討之帝前後遣梁建方契苾何力程知節等率兵追討皆不克而還

及蘇定方爲大總管領廻紇等兵與阿史那彌射步真等分出西
州金城兩道以經略之定方至金山之北其俟斤嬾獨禄等率
萬餘帳來降定方發其千騎進至曳咥河之西賀魯率十姓二
馬且十萬來拒戰定方領廻紇及漢兵萬餘人迎擊賊輕定方
兵少四面圍之定方令步卒據其原攢稍外向自領漢騎陳於
北原賊先擊步軍三衝不動定方乘勢擊之賊遂大潰追奔三
十里斬獲數萬人明日總兵復進賀魯之衆五弩失畢部落相
次來降五咄六部落聞賀魯敗各向南道降于步真所至番人
皆相率歸降曰我舊主也定方乃令副將蕭嗣業廻紇婆閏率
番兵趣邪羅斯川以追賀魯定方與任雅相領新附之衆以繼
其後會大雪平地二尺軍中咸請停兵候晴定方曰虜恃雪深
謂我不能前進必當憩息追之可及緩以縱之則漸遠難追省
日兼功在此舉也於是勒兵衝雪晝夜兼進所經收其人衆遂
至雙河與彌射步真相會兩軍合勢去賀魯所居二百里布陣



長驅徑至金牙山賀魯牙所時賀魯集諸衆欲獵定方與彌射縱
兵擊之盡破其牙帳生擒數萬人并獲其鼓纛器械賀魯遂與
咥運及其女夫閻啜等脱走投石國定方於是悉兵命諸部歸
其所居開通道路列置館驛埋瘞骸骨所在問疾苦分其疆界
復其產業賀魯所虜掠者悉括還之於是西域諸國安堵如故
三年六月營州都督兼東夷都護程名振右領軍郎將薛仁貴
率兵攻高麗之赤烽鎮拔之斬首四百餘級生擒首領已下
百餘人俄而高麗遣其大將豆方婁率衆三萬人來拒官軍名
振率契丹兵逆擊大破之逐北二十餘里斬首二千五百級
五年三月以左武衛大將軍蘇定方爲神丘道行軍大總管率
左驍衛將軍劉伯英右武衛將軍馮士翽左驍衛將軍龐孝泰
等并發新羅之衆以討百濟百濟恃高麗之援數侵新羅故也
五月以定襄都督阿史德樞賓左武候將軍延陁梯真居延州
都督李合珠並爲冷陘道行軍總管各領本番兵以討奚奚仍

令尚書左丞崔餘慶充使總護三蕃擊而奚遣使降附改樞賓
等爲沙磚道行軍總管以討契丹擒契丹松漠都督阿卜固送
之東都并擒叛奚謀王匹帝禿帝斬之而還
八月蘇定方拔百濟之真都城初定方率衆自成山濟海賊徒
據熊津江口以拒官軍定方既濟乘山而陣與之大戰揚帆蓋
海相續而至賊師敗績死者數千人自餘大潰遇潮且上官軍
連舳入江水陸齊進飛檝鼓譟直趣真都去城二十餘里賊傾
國來拒大戰破之殺虜萬餘人追奔入郭其王義慈及太子隆
奔于北境定方進圍其城義慈次子泰自立爲王率衆還固守
義慈嫡孫文思曰王與太子雖並出城而身見在叔總兵馬專
擅爲王假令漢退我父子當不全矣遂率其左右投城而下百
姓從之泰不能止定方令兵士登城立幟於是泰開門頓顙請
命其大將祢植又將義慈來降太子隆并與諸城主皆同送款
百濟悉平



是月左武衛大將軍鄭仁泰率兵討思結拔也固僕骨同羅四
部落三戰皆捷追奔百餘里斬其首領而還
十二月以左驍衛大將軍契苾何力爲浿江道行軍大總管左
武衛大將軍蘇定方爲遼東道行軍大總管左驍衛將軍劉伯
英爲平壤道行軍大總管分道發兵以討高麗
龍朔元年正月以鴻臚卿蕭嗣業爲扶餘道行軍總管率廻紇
等番兵赴平壤以討高麗
三月帶方州刺史劉仁軌大破百濟餘衆於熊津之北
四月詔兵部尚書任雅相爲浿江道行軍總管左衛大將軍
契苾何力爲遼東道行軍總管左武衛大將軍蘇定方爲平壤
道行軍總管鴻臚卿蕭嗣業爲扶餘道行軍總管并率諸蕃兵
將總三十五軍水陸分途先觀高麗之釁帝將親率六軍以繼之
八月蘇定方破高麗之衆於浿江頻戰皆捷奪其馬邑山因
爲營遂圍平壤城（明年二月勒兵而還）

十月以鐵勒殺𠜂使反叛詔左武衛大將軍鄭仁泰為鐵勒道行軍大總管燕然都護劉審禮左武衛將軍薛仁貴為副鴻臚卿蕭嗣業為仙萼道行軍總管右屯衛將軍孫仁師為副率兵以討之

二年三月鄭仁泰薛仁貴等破鐵勒之衆於天山時鐵勒有思結多濫葛等部落先保天山及仁泰等將至亦送降款仁泰等縱兵擊之虜其家口以賞軍士賊乃相率遠遁

七月熊津都督劉仁願帶方州刺史劉仁軌等率留鎮之兵及新羅之兵大破百濟餘賊於熊津之東拔其真峴城斬首八百級

三年正月鄭仁泰等討鐵勒餘種盡平之

乾封元年六月詔左驍衛大將軍契苾何力為遼東道安撫使以應接高麗王初高麗莫離支蓋蘇文死其長子男生代父為莫離支之位既初知國政出巡諸城使其二弟男建男產留後知國事男生既出或謂男建等曰男生惡二弟逼己意欲除之不如先為計也男建等初不信之又有人謂男生曰二弟恐兄廻奪己權欲拒兄不納男生使所親潛往平壤以伺焉男建等知而捕得之由是遞相猜貳男建等乃以其王命召男生男生懼不敢歸男建等遂發兵討之男生走據國內城以自守其子獻誠詣闕求救於是詔何力率兵赴援仍授獻誠右武衛將軍使為鄉導又遣左金吾衛將軍龐同善營州都督高偘等為行軍總管以經略高麗

九月龐同善大破高麗男生率所親會同善之軍

十二月命司空英國公李勣為遼東道行軍大總管兼為遼東安撫大使左金吾衛將軍龐同善左驍衛大將軍契苾何力並依舊為遼東道安撫大使其水陸諸軍總管并運糧使竇義積獨孤卿雲郭待封及募兵已上並受勣處分以討高麗河北道諸州租賦總赴遼東以給軍用於是水陸分道以赴平壤

二年九月李勣拔高麗之新城遣副將契苾何力守之勣遂引



兵進攻一十六城

三年二月李勣及薛仁貴進拔高麗之扶餘城時偏將龐同善高偘等為後殿尚在新城高麗男建遣救新城夜襲同善等仁貴率援軍以救之偘等移軍進至金山為賊所敗高麗乘勝而進仁貴橫擊之賊大敗斬首五萬餘級遂拔其南蘇木底蒼巖等三城與男生之軍相會仁貴乘勝領二千人將攻餘城諸將以兵少止之仁貴曰在善用耳不在多也遂先鋒而行賊衆來拒逆擊大破之殺獲萬餘人餘城既降扶餘川內四十餘城一時送款

總章元年九月李勣進軍拔高麗之平壤城遼東悉平初勣既破大行城諸軍盡會契苾何力拔南蘇等八城會勣於鴨綠柵合軍以攻辱夷城又拔之何力引蕃漢兵五十萬人逼平壤勣軍繼至高藏遣男產帥首領九十八人持白幡詣勣乞降請便入朝謝罪勣以禮接之男建猶閉門固守勣乃移兵於平壤之側以逼之男建頻遣兵出戰皆大敗男建下捉兵總管僧信誠密遣人詣軍許開城門為內應經五日信誠果開城門勣縱兵入登城鼓噪燒城門樓四面火起男建窘急自刺不死遂虜高藏男建男產等以歸京師

咸亨元年四月吐蕃陷白州等十八州詔右威衛大將軍薛仁貴為邏安道行軍大總管左衛員外大將軍阿史那道真左衛將軍郭待封為副以討吐蕃將援送吐谷渾還其故地

三年正月發梁益等一十八州兵募五千三百人遣太子右衛副率梁積壽為姚州道行軍總管率兵以討叛蠻

四年閏五月燕山道總管李謹行破高麗叛黨於瓠蘆河之西高麗平壤餘衆遁入新羅五年二月遣太子左庶子同中書門下三品劉仁軌為雞林道大總管衛尉卿李弼右領軍大將軍李謹行為副發兵以討新羅時新羅王金法敏既納高麗叛亡之衆又封百濟故地遣使人守之帝大怒下詔削法敏官爵仍

以其弟右驍衛員外大將軍臨海郡公金仁問為新羅王時仁
問在京師詔令歸國以代其兄仁問行至中路聞新羅降仁問
乃還上元二年二月劉仁軌大破新羅之眾於七重城又以靺
鞨兵浮海而南略新羅之南境斬獲甚眾仁軌勒兵而還詔以
李謹行為安東鎮撫大使屯兵於新羅之買肖城以經略之前
後三戰新羅皆敗新羅於是遣使入朝伏罪并獻方物前後相
屬帝竟許之復其王金法敏官爵
三年閏三月吐蕃寇鄯廓河芳等州詔洛州牧周王顯為洮州道
行軍元帥領工部尚書劉審禮等十二總管并州大都督相王
輪為涼州道行軍元帥領左衛大將軍契苾何力鴻臚卿蕭嗣
業等以討吐蕃二王竟皆不行
調露元年十月單于大都護府突厥阿史德溫傅及奉職二部
相率反叛立阿史那泥熟匐為可汗二十四州首領並叛遣單
于大都護府長史蕭嗣業將軍花大智李景嘉等討之嗣業等
[illegible]金吾將軍曹懷舜率兵屯井州北[illegible]將軍崔獻屯絳州龍門以備突厥



十一月詔禮部尚書檢校右衛大將軍裴行儉為定襄道行軍
大總管率太僕少卿李思文營州都督周道務等部兵十八萬并
西軍程務挺東軍李文暕等總三十餘萬以討突厥
二年三月裴行儉大破突厥於黑山擒其首領奉職為可汗泥
熟匐為其下所殺傳首來降
永隆二年正月突厥寇原慶等州令右衛將軍李知十左威衛
將軍王杲分往涇慶二州統兵以防禦又遣禮部尚書裴行儉
為定襄道大總管右武衛將軍曹懷舜幽州都督李文暕等為
副率兵以討突厥溫傅部落
閏七月裴行儉大破突厥史伏念之眾伏念為程務挺所急遂
執溫傅來降行儉於是盡平突厥餘黨斬伏念溫傅振旅凱旋
永淳元年四月以裴行儉為金牙道行軍大總管與將軍閻懷
旦等三總管兵分道討十姓突厥阿史那車薄行儉未行而卒安西副
都護王方翼破車薄咽麫西域平
二年十一月命右武衛將軍程務挺為單于道安撫大使招討
總材山賊元珍骨篤祿賀魯等
則天垂拱元年二月阿史德元珍等寇代忻等州命左玉鈐衛
中郎將淳于處平討擊之
十一月命天官尚書韋待價為燕然道行軍大總管以討吐蕃
三年二月突厥骨咄祿元珍寇昌平殺掠人吏命左鷹揚衛大
將軍黑齒常之率諸軍討擊之
永昌元年五月命文昌右相韋待價為安息道行軍大總管以
擊吐蕃
天授二年五月命文昌右相岑長倩為武威道行軍大總管討
擊吐蕃
延載元年一月命容州都督張玄遇為桂永等州經略大使討
嶺南反獠



證聖元年七月命夏官尚書王孝傑為朔方道行軍大總管以
討吐蕃
萬歲通天元年五月營州城傍契丹首領松漠都督李盡忠歸
誠州刺史孫萬榮殺都督趙文翽舉兵反攻陷營州命左鷹揚
衛將軍曹仁師右金吾衛大將軍張玄遇左威衛大將軍李多
祚司農少卿麻仁節等二十八將討之
七月命春官尚書梁王三思為榆關道安撫大使納言姚璹為
副以備契丹改契丹首領李盡忠名盡滅孫萬榮名為萬斬
八月張玄遇曹仁師麻仁節等與契丹戰于西硤石谷官軍敗
績玄遇仁節並為賊所虜又令夏官尚書王孝傑右羽林將軍
蘇宏暉領兵十五萬擊之孝傑在陣陷沒宏暉棄甲而遁萬榮乘
勝率其眾入幽州屠城剽邑殺掠人吏清邊大總管建安王武
攸宜遣裨將討之不能剋萬斬懼又引兵南寇官軍戰神兵道
總管楊玄基率奚軍騎擊其前奚人出兵以掎其後表裏合擊大

高斬大敗獲其別帥何阿小及軍資器械不可勝數萬斬僅以
身免又收合餘兵與奚戰奚兵四面攻之大潰萬斬棄其衆以
輕騎數十東走張九節率數百騎分爲三隊設伏邀之萬斬窮
蹙乃將家奴輕騎遁至潞河東因甚於林下解鞍其奴因斬之
張九節傳其首于神都懸之四方館門
二年五月命左金吾大將軍河内王懿宗爲神兵道總管右肅
政御史大夫婁師德爲清邊道副大總管右武威衛將軍沙吒
忠義爲清邊中道前軍總管率兵二十萬討契丹
聖曆元年八月突厥默啜率衆襲靜難及平狄清夷等軍靜難
軍使將軍慕容玄崱以兵五千人降之賊軍由是大振俄又進
寇嬀檀等州命司屬卿高平王重規爲天兵中道大總管右武
威衛將軍沙吒忠義爲天兵西道前軍總管幽州都督張仁亶
爲天兵東道總管率兵三十萬以討默啜又令左羽林衛大將
軍閻敬容爲天兵西道後軍總管統兵十五萬以爲後
久視元年閏七月令左肅政御史大夫魏元忠充隴右諸軍州
大使以討吐蕃
九月左金吾將軍田揚名左臺殿中侍御史封思業斬吐蕃阿
悉吉薄露傳首神都初薄露將叛也令揚名率兵討之軍至碎
葉城薄露夜伏兵於城傍掠官馳馬而去思業率輕騎追擊之
翻爲所敗俄而揚名與阿史那斛瑟羅忠節率衆大至薄露據
城拒守揚名攻之積十餘日薄露詐請降思業誘而斬焉遂虜
其部落
中宗神龍二年十二月突厥默啜寇靈州鳴沙縣進寇原會等
州縣莫能斬獲默啜者封國王授諸衛大將軍賞物二萬段
三年五月以左屯衛大將軍兼檢校洛州長史張仁亶爲朔方
道大總管以備突厥
六月姚巂道討擊使侍御史唐九徵擊姚州叛蠻敗之俘虜三
千計遂紀功焉



玄宗開元二年二月突厥默啜遣其子同俄特勤率衆寇北庭
都護府右驍衛將軍郭虔瓘擊敗之斬同俄於城下
七月吐蕃寇臨洮軍又進寇蘭州渭州掠群牧遣左羽林將軍
隴右防禦使薛訥率副將杜賓客郭知運王晙安思順禦之
十月薛訥破吐蕃於渭州西界武階驛斬首一萬七千級獲馬
七萬七千匹羊牛四萬頭
三年十月詔曰越嶲之地羣羌犯塞孤我大恩敢爲小寇雖螳
螂車斧自聞屠城之辰而蜂蠆有毒仍藉討除之勢右驍衛將
軍員外置同正員李玄道負衛霍之才蘊孫吳之法決勝千里
成誦在心通知四夷若指諸掌故能臨敵思勇好謀而成宜於
戎瀘嶲巴渠鳳等州差兵三萬人馬二千匹并舊屯兵士赴州
討擊賊縱退散亦須窮其巢穴杜絕飛走使無遺類在此舉焉
六年二月大舉蕃漢兵北伐突厥下制曰書稱四征不庭殷
兆人可以養昏亂執有罪保大定功利物懲愚故高陽有九黎
之伐大舜有三苗之征欽若聖謀是爲邦鑒突厥殺（默啜名）窮漠
餘裔大邦逋誅恃其慓俗未遵朝化比爲潛遁幽荒隔閡華漢
固聾胡之不被將羈縻以畜之而擾我諸蕃窺我邊境今群方
輯睦重譯會同奉珍執贄者萬數請吏來王者億計咸以爲衆
之所加各自統領師徒取其仇怨拔悉密右驍衛大將軍金山
道總管處木昆執米啜堅昆都督右武衛大將軍骨篤祿毗伽
可汗等弧矢之利所向無前契丹都督左金吾衛大將軍靜析
軍經略大使松漠郡王李失活奚都督右金吾衛大將軍保塞
軍經略大使饒樂郡王李大酺等士馬之精何往不克並總戎
雲革賁勇風馳西從沙磧至于德建山下東發海浦期乎獨洛
河上九姓拔曳固都督稽洛郡王左武衛大將軍頡質略同羅
都督右監門衛大將軍毗伽末啜霫都督右驍衛將軍比言僕
固都督左驍衛將軍曳勒哥等種分葉異效即輸忠梟彼兇醜
掃除遺孽並左犄右角連營合圍故路絕飛走計窮鼠喠然我

國家以止戈存義豈鼓傷仁方欲先德後刑有征無戰虜蕃之請抑而莫從皇天有命將不獲已突厥殺若迷而知復因即能遍華面虜庭委身魏闕解其縛放其賴有逢伯之前聞大者王小者侯即田横之故事況默啜之子右金吾衛大將軍右賢王墨特勤逾輸自拔于亂頂投于國今不計其先人之僭復加以右賢之寵右威衛將軍左賢王阿史那毗伽特勤左武衛大將軍燕山郡王火拔石失畢左領軍衛大將軍阿婆啜阿史那鶻多右驍衛大將軍賀魯室合真阿婆嘛等或彼貴種應繫人思或彼信臣已歸邦化咸從衆望並錫崇官隨師以籌謀採狄之情狀使立衙帳令居塞垣其首領百姓等有能轉禍爲福去逆效順爵賞之科國朝有典且發單車之使諭其觸網之徒儻而來之五申三令儻復巢未悟沸鼎猶安習苦爲甘聞言不信則戈矛所接玉石同焚勉思良圖罔替成命朔方道行軍大總管銀青光祿大夫左散騎常侍攝御史大夫王晙長才多可大勇



不聞奇用扞城隱若敵國當出閫之寄有將帥之公故可總是中軍以弘上略凡番漢三十萬衆並取晙節度大戴禮云王者之征猶時雨也至則人悅之矣渾夫武威外照仁德內洽用收天聲以靜遐徼布告遐邇咸使知聞

八年九月遣左驍衛郎將攝郎中張越使于靺鞨以奚及契丹背恩議討之也

九年四月蘭池州叛胡顯首僞稱葉護康待賓安慕容爲多覽殺大將軍何黑奴將軍石神奴康鐵頭等據長泉縣攻陷六胡州令兵部尚書王晙發隴右諸軍及河東九姓掩討之殺三萬五千騎擒康待賓送至京師腰斬之

五月敕誅康待賓下詔曰蘭池胡久從編附皆是淳柔百姓乃同醜類四人康待賓等敢亂天常俱爲禍首驅率群衆殘沙泉攸良善失業而冗渠逞志人祇發怒魁首者並自誅夷餘刃律臨敵者亦聞梟戮元惡既盡餘黨無多本是脅從初非首罪今乃潛竄頑示其誠朕亭育蒼生皆同赤子每一物之失所寧寸心之得安莫不念切在予情深責己故先之以德亦寬之以恩乃遣常侍趙元通又命御史大夫韋杭相次招慰俱不稟承儻滋蔓繁多恐邊壍塗炭非顧勤於兵馬蓋須申於弔伐朔方軍大總管王晙隴右節度使郭知運等庶李爾謀龔行天討所有殺戮爰及俘囚或因戰敵相交灼然好惡無辯燕波由其共溺烈火所以俱焚自尊誰尤欲逃何去已滅亡者其如咎譴未歸附者足可哀憐或反側懷憂或嫌疑多懼宜開自新之命以矜莫大之罪其胡賊及勾引諸蕃同叛逃在山谷沙藪間竄權不出者並原其罪宜令夏州都督楊敬明依前處分安慰仍以左監門將軍安慶爲副依理宣慰量加招輯各令復業務使安存訖奏聞若不順從猶持向背須別處分亦具奏來王守蘭池州叛胡頭首僞稱葉護康待賓僞稱葉護安慕容以叛勑曰朕臨御棠極思養黎元一物不安則推誠撫慶萬方未入則分



閫興憂近者蘭池叛胡無端構孽蠢爾兇醜敢忘恩化再令招諭仍未歸投理絶矜容事資撲滅既從斯而背德不獲已而用兵朕今發隴右諸軍馬騎掩其南徼河東九姓馬騎襲其北三城士卒截其後六郡驍旅擊其前四面齊驅萬全直進飛走無路糜爛待時其蕃漢軍將已下戰士已上若生擒及斬獲康待賓等一人白身授五品先是五品已上授三品如臨陣先鋒能破此胡部落所獲資財口馬牛羊並便入立功人等一切不須官收仍別加官賞其叛人內有能自殺獲送者應酬官賞亦常之罪一切並原正是忠臣憤激之時壯士立功之日龔行天罰允協人謀推枯拉朽匪朝伊夕布告軍州咸知朕意

十四年二月邕府獠首領梁大海周光等據賓橫等州反遣驃騎大將軍兼內侍楊思勗討之

十五年正月涼州都督王君㚟破吐蕃於清海之西虜輜重羊馬而還

十六年正月秦隴等州獠首領瀧州刺史陳仁範廣州首領馮
仁智何遊魯反叛遣驃騎大將軍楊思勗討之
七月制曰昏跡反道天地所以致罰戎狄亂華帝王所以耀武
吐蕃小醜頻年犯塞壞我城鎮虜我邊人言念征夫良深憤惋
今北軍羽騎萬眷森發西山飛將百道爭先掃盪之期在於晷
刻然賞罰必信懲勸在焉號令不明忠勇何望若迴避縱敵則
軍國刑如克雋擒凶須懸軍格其河西隴右安西劍南等節度
將士已下有能斬獲吐蕃贊普者封異姓王斬獲大將軍者授
大將軍獲次已下者節級授將軍中郎將不限白身官資一例
酬賞速令布告咸使知聞
是月檢校兵部尚書蕭嵩鄯州都督張志亮攻拔吐蕃城斬獲
數千級収其貲畜而還
八月蕭嵩遣右金吾將軍杜賓客及吐蕃戰于祁連城大破之
獲其大將一人斬首五千餘級



十七年二月巂州都督張審素攻破蠻拔昆明城及鹽城殺獲
萬人
三月瓜州刺史墨離軍使張守珪沙州刺史賈思順領伊沙等
州兵入吐蕃大同軍大破吐蕃醜類不可勝紀
是月禮部尚書信安郡王褘帥衆攻拔吐蕃石堡城
十八年五月契丹衙官可突于殺其主李召固率部落降于突
厥奚部落亦隨而叛奚王李魯蘇來奔召固妻東華公主陳氏
及魯蘇妻東光公主韋氏並奔投平盧軍制幽州長史趙含章
發兵討之
二十年正月以朔方節度等副大使禮部尚書信安郡王褘爲
河東河北兩道行軍副大總管知節度事率兵討契丹率戶部
侍郎裴耀卿等諸副將分道統兵出於范陽之北大破兩蕃之
衆擒其酋長餘黨竄入山谷
九月勃海靺鞨寇登州殺刺史韋俊命右領軍將軍蓋福發兵
討之
二十二年十二月幽州長史張守珪發兵討契丹斬其王屈烈
及其大臣可突于傳首東都餘皆散走[illegible]
二十四年正月北庭都護蓋嘉運率兵擊突騎施大破之[illegible]
[illegible]
二十五年二月張守珪破契丹餘衆於捺祿山殺獲甚衆三月
河西節度使崔希逸自涼州南率衆入吐蕃界二千餘里至青
海西素邏汗子嶺與賊相遇大破之斬首二千餘級
二十六年三月吐蕃寇河西崔希逸擊破之鄯州都督杜希望
攻拔吐蕃新羅城戎軍
二十八年三月權判益州長史章仇兼瓊大破吐蕃收安戎城
分兵鎮守
天寶三載八月拔悉密國伐突厥烏蘇米施可汗傳首闕下
四載二月朔方節度使王忠嗣上言曰臣聞北方雜虜之中突



厥爲大其風俗彊悍弧矢利習而諸蠻夷皆出其下所以憑陵
河塞歷代患之太原涇陽豈唯前事山東渭上曾是近憂自陛
下君臨萬邦無遠不至唯此種落尚懷二心陛下執九有安危
之樞制四夷短長之腱如垂霈澤則斯與草木同風若震天威
則彼唯魚肉而已故從開元二十九載部落自以攜離可敦西
殺并諸侯王貴人已下前後款塞者殆至萬計其餘復相保聚
更立烏蘇米施爲可汗陛下又使內使尹招倩等曉以安危俾
其內附鬼神所殛米施伏誅去秋又詔臣率驍騎直至薩河內
山以問其罪而左廂阿波達干等一十一部並應時誅擒獨右
廂之衆未平今又爲九姓所破白眉特勤之首既傳於槀街骨
咄祿婆匐可敦又獻於闕下霜刃未交而群凶盡殪王師未老
而大漠將空自先帝擒頡利靜北荒已來復見於今日矣伏請
頒示天下宣付史館從之
八載六月隴右節度使哥舒翰攻吐蕃石堡城拔之

十載四月劍南節度使鮮于仲通將兵六萬討雲南與其王閤羅鳳戰於瀘川

十一載三月朔方節度副使奉信王阿布思與安禄山同討契丹

十三載三月北庭都護程千里生擒叛虜阿布思獻于勤政樓下斬之于朱雀街阿布思九姓首領也開元初爲默啜所破請降附及開元末北蕃大亂遂與西殺妻子及默啜之孫勃得支特勤毗伽可汗女伊然可汗小妻登利可汗女及阿布思頡利發等並率其部歸朝天寶九年秋朝于京師帝厚禮之美儀皃有材略代爲蕃酋天寶十載范陽節度安禄山承恩阿布思不爲之下禄山因請爲將共討奚契丹阿布思懼禄山之害已乃率其部以叛帝詔北庭追之布思皇恐因西投葛邏禄葉護葛邏禄懼乃擒以送北庭焉



冊府元龜卷第九百八十六

冊府元龜卷第九百八十七

外臣部三十二

征討第六

唐肅宗上元元年十一月桂州經略使奏破西原賊二十萬衆斬獲大賊帥黄乾曜等九人

是月鳳翔節度使李鼎奏破涇州隴州等界党項等十餘萬衆又於普潤縣界破党項四千餘衆斬二千餘級生擒一百餘人收獲駝馬牛羊器械等不可勝數

乾元元年九月招討党項使王仲昇斬[illegible]酋領拓拔戎德等十八人傳首闕下

代宗廣德二年九月朔方副元帥僕固懷恩破吐蕃十萬餘衆拔其黨狗城

十月嚴武又拔吐蕃鹽川城

是月吐蕃寇邠州朔方兵馬使左散騎常侍[illegible]三千人於邠州西夜斬賊營殺千餘人生擒八十三人俘大將四人馬四百匹



永泰元年九月吐蕃大將尚結息贊磨尚悉東贊及馬重英等十萬衆寇奉天醴泉等縣大掠居人男女數萬計焚廬舍而去

同華節度周智光以兵追擊于澄城破賊萬計

十月關內副元帥郭子儀先鋒白元光合迴紇軍擊吐蕃之衆於靈臺縣之西原斬首五萬級俘獲人畜凡二百里不絶

大曆二年九月吐蕃寇靈州進寇涇州副元帥郭子儀率兵三萬鎮涇陽

十月靈州破吐蕃二萬

三年八月吐蕃寇靈武進寇邠州邠寧節度馬璘破二萬衆

九月靈州將白元光破吐蕃二萬於靈武

其月郭子儀破吐蕃六萬餘衆於靈州

十二月劍南西川破吐蕃萬餘衆

八年十月吐蕃寇涇邠等州副元帥郭子儀遣先鋒將渾瑊與吐蕃戰于宜祿不利村墅居人為吐蕃驅掠去者凡千餘人是夜瑊收合散卒襲賊營會涇原節度使馬璘又襲賊輜重殺賊凡數千人賊遂潰

十年正月劍南西川節度使崔寧奏破吐蕃數萬於西山斬首萬級擒生數千獲馬牛數千頭匹

十一年正月崔寧上言大破吐蕃故洪等四節度兼突厥吐渾氐蠻羌党項等二十餘萬衆斬首萬餘級生擒首領一千三百五十人獻于闕下

十二年十二月崔寧奏於西山大破三路及邛南吐蕃十餘萬衆斬首八千生擒九百人

十三年四月吐蕃寇靈州朔方留後常謙光襲敗之

德宗以大曆十四年五月即位十月吐蕃率南蠻衆十萬來寇一入茂州過汶川及灌口一入扶文過方維白壩一自黎雅過邛崍關連陷郡邑乃發禁兵四千人及幽州兵五千人同討大破之



貞元二年十月鳳翔節度使李晟以吐蕃侵軼遣兵襲其摧沙堡大破之焚其儲積斬蕃酋扈屈律悉蒙等七人傳首京師

五年十月劍南節度使韋皐遣將王有道等與東蠻兩林苴那時勿鄧夢衝等帥兵於故巂州臺登北谷大破吐蕃青海臘城二節度殺其大兵馬使乞藏遮遮悉多楊朱斬首二千餘級其投崖谷赴水死者不可勝數生擒籠官四十五人收獲器械一萬餘事馬牛羊一萬餘頭匹遮遮者吐蕃之驍將也或云尚結贊之子頻為邊患自其死也官軍所攻城柵無不降下蕃衆日卻數年間盡復巂州之舊境

八年十一月山南西道節度嚴震奏破吐蕃於芳州及黑水堡焚其積聚并獻首級

九年四月劍南西川節度韋皐遣兵出西山破吐蕃峨和城

[illegible]城通鶴定廉凡平堡五十餘所獲首虜器械旗幟牛馬獻於闕下

十年六月韋皋奏西山峨和城擊破吐蕃三萬又出兵黎雅以援雲南收吐蕃城柵斬首三千八百級生虜及降吐蕃二百四十人得其器械牛馬

十一年四月幽州節度劉濟奏大破奚王啜刺等六萬餘衆

十二年三月韋皋奏收降蠻七千戶得吐蕃所賜金字告身五十五片

十三年五月吐蕃於剱山馬嶺三處開路進軍逼臺登城巂州刺史曹高仕率領諸軍將士并東蠻子弟大破之生擒大籠官七人陣上殺獲三百餘人被刀箭傷者不可勝數收獲馬畜五百餘頭匹器械二千餘事

十四年十月夏州節度使韓全義破吐蕃於鹽州西北

十七年九月西川韋皋奏大破吐蕃於維州擒其相論莽熱來獻[illegible]麟州詔韋皋出兵成都西山以紓北邊皋遂遣鎮靜軍使陳洎等統二萬人出三奇路威戎軍兵馬使崔堯臣率兵二千出龍谿石門路南維州保州兵馬使仇冕并保霸二州刺史董振等率兵二千進逼吐蕃維州城中北路兵馬使邢玼[illegible]等率兵四千進攻吐蕃棲雞老翁等城都將高倜王英俊等率兵二千進逼故松州隴東路兵馬使元膺并諸州刺史郝宗等復分兵八千出南道雅邛黎巂路又令邛州鎮南軍使御史大夫韋良金發鎮兵一千三百進軍雅州經略使路惟明與三部落主趙日進等率兵三千進攻吐蕃通但偏松等城黎州經略使王有道率三部落郝全信等兵二千過大渡河深入吐蕃界巂州經略使陳孝陽行營兵馬使何大海韋義等及磨些蠻三部落主苴那時等率兵四千進攻昆明諾濟城自八月至十二月累破十六萬衆拔其七城五軍鎮受降三千餘人擒生口六千斬首一萬餘級遂進圍維州救軍再至轉戰千餘里吐蕃連靈朔之寇引衆南下於是贊普遣莽熱以內大相兼東境五道節度兵馬都羣牧大使率雜虜十萬衆來解維州之圍王師萬餘衆據險設伏以待之先以千人挑戰莽熱見我師之少也悉衆來追入于伏中諸將四面疾擊遂擒莽熱虜衆大潰

憲宗元和四年八月安南都護張舟奏破環王國偽號驩愛州都統三萬餘人及獲王子五十九人器械戰象等稱之

十三年十月靈武奏於定遠城破吐蕃二萬人殺戮二千人獲羊馬甚衆

是月平涼鎮遏使郝玼破二萬餘衆收復原州城獲羊馬不知其數夏州節度使田縉於靈武亦破三千餘人

十一月夏州奏破吐蕃五萬靈武奏攻破吐蕃長樂州羅城焚其屋宇器械西川節度王播攻拔峨和棲雞等城

十四年十一月靈武奏大將史奉敬大破吐蕃於鹽州城下

穆宗以元和十五年正月即位十月吐蕃寇涇州命右軍中尉梁守謙充左右神策京西京北行營都監統神策兵四千人并發八鎮全軍往討之

十一月夏州節度使李祐奏准詔自領兵赴長澤鎮討吐蕃靈武節度使李[illegible]兵赴長樂州討吐蕃

長慶元年六月[illegible]育塞堡以國家與[illegible]和親故也鹽州刺史李文悅發兵擊退之

二年七月靈武節度使李進誠上言於鹽州界追殺吐蕃三千人

文宗大和三年十二月南蠻逼戎州遣使起荊南鄂岳襄鄧陳[illegible]發兵擊之

是月邛州為蠻所陷以右領軍大將軍董重質充西川監討蠻使又命中使往太原鳳翔宣取兵赴西川已而內出陌刀七百口鉾矢七百且遺西川軍用

四年四月幽州節度使李載義[illegible]十月二日發兵入[illegible]

宴[illegible]俘人生擒刺史縣令[illegible]二百七十三人

武宗會昌二年二月以振武麟勝節度劉沔為河東節度以太原之師討之八月回鶻烏介可汗過天德至杷頭烽北存招雲朔北川乃徵發許蔡汴滑等六鎮之師以劉沔為回鶻南面招討使以張仲武為回鶻東面招討使以李思忠為河西党項都將回鶻西南面招討使皆會軍於太原又詔太原起室韋沙陀三部落吐渾諸部委石雄為前鋒易定兵千人守大同軍契苾通何清朝領沙陀吐渾六千騎趨天德李思忠率回鶻党項之師屯于大柵

三年二月劉沔奏誘兵大破回鶻於殺胡山已迎得大和公主其烏介可汗被瘡而走乃詔收擒之制曰其迴鶻既已破滅義在[illegible]省令諸道兵馬便同進討是時迴鶻有赤心宰相一族東[illegible]張仲武乃與從事公素率其部下勁兵三萬人大破之收其[illegible]王貴族千餘人降[illegible]人獲牛馬橐駝旃帳罽幕



不可勝計尋遣從事李周瞳牙門將國從玘相次獻捷先是奚契丹皆有迴鶻監護使督以歲貢且為漢諜事至是仲武遣牙將石公緒等諭意凡戮八百餘人又迴鶻初遣宜門將軍等四十七人來偵欲𢿱雜虜遂追留其使緩彼師期人馬羸死竟不遺之迴鶻烏介可汗既敗近邊乃依康居求活盡徙餘種寄託于黑車子仲武由是威加北狄又繼以詞直諭其諸戎黑車子俊殺烏介可汗

宣宗大中元年春幽州大破奚衆

懿宗咸通五年四月南蠻寇邕管以秦州經略使高騈率禁軍五千赴邕管會諸道之師討之尋以騈為安南都護

六年秋高騈自海門進軍破蠻軍收復安南府先是李琢為安南都護虐賦夷獠人多怨叛遂[illegible]蠻軍合勢攻安南陷之累命將帥未能收復及騈至合五管之兵[illegible]年之內招懷溪洞誅其首惡一戰而蠻卒遁去收復交州郡邑

[illegible]

[illegible]節落白[illegible]乘[illegible]三人[illegible]乃

[illegible]於山下令[illegible]謀曰[illegible]衆[illegible]

[illegible]可[illegible]令其[illegible]師

[illegible]入[illegible]軍[illegible]

[illegible]勝進攻西川城朝[illegible]

[illegible]木威為行營都知兵馬使[illegible]

[illegible]軍戰于漢州之毗橋大捷[illegible]圍[illegible]日蠻[illegible]



僖宗乾符元年冬南詔蠻寇西蜀詔河東河西山南西道東川徵兵赴援西川節度使高騈奏奉勑抽發長武鄜州河東等道兵士赴劍南行營者伏以西川新軍舊軍差到已衆況蠻蜑小醜必易枝梧今以道路崎嶇館驛窮困更有軍旅立見流移所為望一[illegible]完全而[illegible]處俱破且兵不在衆而在於和其左神策長武鎮鄜州河東所抽甲兵人數不少況備禦軍食費稍多又緣三道蕃軍盡振羌戎邊鄙未寧整不差發如已在道路並請降勑勒迴詔答曰蠻蜑如尚憑凌固須倍兵禦敵若已奔退即要併力追擒方籍北軍助平南寇其已處兵士宜委高騈候到蜀日分布驅使且務多多之辦寧辭救援之師其河東一千二百人令靈夏不要差發時騈扞蠻已退長武兵士竟至蜀而還議者惜其勞費而虛邀出入之賞也

後唐莊宗初為晉王天祐十三年八月契丹阿保機率諸部號稱百万自麟勝陷振武長驅雲朔北邊大擾帝親赴援於代州

虜衆方退

十八年十二月契丹阿保機寇幽州節度使李紹宏帥士固守契丹引衆而南攻涿州圍過十餘日陷之契丹寇定州王都遣使告急御親軍赴之

十九年正月甲午帝御親軍五千進擊契丹至新城南諜報契丹前鋒三千騎宿於新樂渡沙河而南矣帝令前鋒偵契丹所至一報云渡沙河矣軍中相顧失色咸欲釋鎮州之圍班師于魏以契丹俟其還塞再議進軍諸將上言曰今北戎舉國入寇我師疲寡難與爭鋒又聞汴賊內侵鄴中危急儻有差跌吾何所歸宜且旋師魏州除圍解鎮帝曰古者霸王興事自有天道漢祖不亡於冒頓周宣征伏於獫戎時事在吾此於無患且武德中突利頡利二可汗率衆三十餘萬侵寇關內高祖欲燔棄長安徙居樊鄧文皇帝諫曰儉狁孔熾作患中華自古有之非獨今也周漢並有慈患未聞遷移都邑霍去病漢庭之將師耳猶



且志滅匈奴若聽臣微效不數年之間必係單于之頸自後持利二可汗部落束身闕下為宿衛之人今吾以數萬之衆底定山東張文禮廝僕小人非吾所敵阿保機運□□酪戎類唯利是求犯難而來其強易弱一逢挫敗奔走無路爾曹輩但整馬同行看吾破賊帝乃率鐵騎五千精甲曜日至新城北半出桑林契丹萬餘騎遽見我軍駭而退帝乃分軍為二廣乘之躡數千里獲其大將一人即機之子其衆益恐時沙河冰薄橋道其狹爭軍無行次相蹂踐而溺陷人馬帝際晚追襲宿于新樂阿保機車帳方在定州敗兵夜至拔族而遁保于望都帝軍次定州王都迎謁言詞懇切是夜宿于開元寺翌日帝引軍趣望都契丹逆戰帝身先騎士馳擊敗之四虜騎退而結陣救從兵陣於水次俄而帝與李嗣昭躍馬之戰賊騎大潰俘斬數千級獲其酋長數十追擊至於易州所獲氊裘毳幕羊馬不可勝紀時自正月朔雪平地五尺賊饑寒一人一馬踣死於積雪中路

衆不能帝乘勝追擊至幽州而還時獲契丹人言阿保機之義武皆於王都初降說保機曰王父使我公翰告王鎮州金玉子女山積燕姬趙女物其中侯君一到不歸死亡如不共至此為晉人有保機歸馬務遥其妻曰我有羊馬之數樂向樓一足可以業育兒孫何更非鄉土我聞晉人兵天下事不測後悔何追阿保機張文禮有金玉百萬留待皇后何事取之有他患遂傾部春而來既遇挫敗狼狽而旋阿保機擊王都讓曰是不聽其謀妻亦諫保機曰紅口貪貨厭之其敗也保機大慚

同光二年正月契丹寇瓦橋關以天平軍節度使王諱明宗也為北面行營招討使陝州留後霍彥威為副率軍討之是月還

五月幽州上言契丹阿保機將寇河朔以滄州節度使李紹斌為東北面招討使以兗州節度使李紹欽為副招討使以宣徽使李紹宏為招討都監率大軍渡河而北

十二月契丹寇幽州以宣武軍節度使李諱部署大軍北征

三年　月李諱上言於涿州東南殺敗契丹生擒首領三十人遣人告捷是月諱送所獲契丹淳因首領蜀多等八人斬於應天門外



明宗天成二年四月幽州節度使趙德鈞令衙校常王破奚於檀州斬首百餘級奪漢民四十擒生奚二

三年四月定州王都作亂求援於契丹邪律德光遂陷平州遣秃餒以騎五千援都次中山北面行營招討使王晏球破之於曲陽秃餒走保賊城

六月幽州趙德鈞奏殺契丹　餘人於幽州之東奪馬六百匹

是月詔王晏球攻取定州詔達但及諸蕃東入契丹界以張軍勢

七月契丹遣惕隱率七千騎救定州招討使王晏球逆戰於唐河大破之幽州趙德鈞以生兵接於要路生擒首領惕隱等五十餘人接殺皆盡契丹幽薊凡三十年雄據北戎諸蕃帖伏屢為邊患漢兵常擁之前後戰爭空得其利是役也曲陽之敗已失下騎唐河之陣兵號七千潰散之後善渠之溢已軍襲殺人不暇食秋雨繼降泥淖莫進人飢馬乏散投村落所在村人持白梃毆之德鈞生兵接於要路唯奇峯嶺北有藥馬潛遁脫者

數十餘輩嗔類帝致書諭其本國皇威大振
是月殿直崔勳納押契丹僞□州刺史羽厥律已下一百七十
人至內十七人有骨肉識認餘分於兩橋斬之
閏八月幽州趙德鈞獻俘於行闕番將揚隱等五十人留於魏
衛餘卒六百人皆斬之
四年二月定州王都平擒禿餒及餘衆斬之自是契丹大挫數
年不敢窺邊
十二月靈武康福奏方渠北掩殺野利大虫兩族三百餘帳牛
羊二萬計
長興元年四月雲州奏掩殺契丹吐渾突厥等斬首級四十六
獲契丹副行首尼列已下十人牛羊駝馬萬計
三年正月遣邠州節度使藥彥稠靈武節度使康福等率步騎
七千往方渠鎮討党項之叛命者
二月康福奏賀蘭山下蕃部數百帳順命者撫之其背叛者見
除討次所獲駝馬牛羊數千計
是月藥彥稠奏誅党項河埋三族韋悉褒勒彊賴埋廝骨尼各
一族屈悉保三族計十族得七百餘人黑玉一團
七月靈武奏夏州党項七百騎侵擾當道出師逆戰敗之生擒
首領已下五十騎追至賀蘭山下掩擊次
末帝清泰元年七月以迴鶻朝貢多爲河西雜虜剽掠詔邠州
節度使康福遣將軍牛知柔率禁兵援送至靈武虜之爲患者
隨便討之
十二月北面招討使河東節度使石諱晉高祖送擒獲契丹首領
來海金等至京師
二年北面總管奏雲州殺退契丹其籍報前軍奪甲馬又援送
靈武軍衣副部署潘環言至馬嶺党項殺牛族結集邀殺獲首
領阿磨而下五人又獲撥相公族人馬通路前進
三年九月甲辰北面行營都招討使張敬達奏當月十五日與契



丹戰於太原城下王師敗績時契丹王自率部族來援太原晉高祖起義高行周符彥卿率左右廂騎軍出鬬蕃軍引退□□□□
軍復成列張敬達楊光遠安審琦等陣於賊城西北首山下
諸將奮甲擊蕃軍屢却至晡我騎軍將移陣蕃軍如山而進王師
大敗詔遣侍衛步軍都指揮使符彥饒率兵屯河陽詔范延光
率兵由青山路趨榆次詔幽州趙德鈞由飛狐路出賊軍後詔□
州防禦使潘環合防戍軍出慈隰以援張敬達
晉高祖天福四年八月西蕃寇邊涇州節度使張彥澤獲其大
首領野离王子羅蝦獨
少帝天福九年定州節度使馬全節戰契丹於北平擒千餘人
而斬之
開運三年八月李守貞奏大軍至望都縣相次至長城北遇虜
寇千餘騎轉鬬四十里斬蕃將解里相公
漢高祖即位稱天福十二年鎮州屯騎將白再榮奏逐出虜
將麻荅棄其城
隱帝乾祐二年十一月契丹入寇前軍至貝州陷高老鎮千餘
家乃西北至南宮堂陽剽虜人畜諸鎮守閉關自固時高行周
以重名鎮鄴而諸屯戍甲兵雲布常慮行周年高避事緩急誤於
應變時周太祖爲樞密使帝乃召於內殿謂之曰國祚初基先
皇厭代沖人嗣纂政教未孚而守貞之徒連結方面僞暨未誅
勞不暇食卿受託孤之寄率伐叛之師俾其犄角摧牙夷兇盪
殄實卿之力也樞機雖重在朕面前獫狁內侵實憂境上夫兵
機不可預授權道全在臨時苟非良將主謀安能却敵御可安
爲朕河湖之行則予無北顧之憂矣對曰臣受顧託之重處將
相之地安敢憚勞惟陛下指使帝曰卿速撰行無使虜塵
滋蔓翌日賜玉帶名馬金鞍戎裝器仗雜綵銀器仍宣供奉官
趙延希等二十騎直都知張臧等二十八人樞密院承旨張
鐲等十二人前汝州刺史白文遇隨州刺史康延沼房州刺史李

彥崇均州刺史曹奉金天文判官修已醫官顏師琪等從行仿佘

宣徽南院使王峻祭與軍事〔十二月深冀易等州契丹退〕

是年湖南上言蠻寇賀州遣大將徐進率兵援之接戰於風陽山下大敗蠻僚斬首五千級

周太祖廣順二年九月鎮州何福進言契丹寇深冀遣龍捷都指揮使劉誠誨兵馬監押慕延釗本州衙內指揮使何繼筠率兵拒之至武強縣奪下老小千餘口賊軍遁去

三年二月環州皇甫進邠州折從阮各上言奉命率軍討慶州蕃部野雞族

世宗顯德元年五月符彥卿上言遂契丹過忻口北殺蕃軍二千餘衆大軍已還忻州從官稱賀

六年四月大治舟師以備北伐分命諸將沿流設備以前鄭州節度使田景咸為淤口部署以右神武統軍李洪信為合流口部署以前鳳翔節度使王晏為益津關一路都部署侍衛馬軍都指揮使韓令坤副焉以侍衛馬步都虞候韓通為陸路都部署殿前都虞候石守信副焉



五月帝將收瓦橋關以侍衛馬步都指揮使韓令坤為霸州都部署虎捷左廂主張鐸副焉以滑州節度留後陳思讓為雄州都部署龍捷左廂主高懷德副焉仍命各率部兵以戍焉〔事具帝王親征〕

條及幼

孫帝即位初北面兵馬都部署韓令坤奏敗契丹五百騎於霸州北

册府元龜卷第九百八十七

冊府元龜卷第九百八十八

外臣部三十三

備禦

自昔至治之世守在四夷其後或干紀猾夏侵敗王略是用究其守備險其走集明其伍候正其疆場所以遏外侮而備不虞斯有國之令典也三代之際狄難已作降及秦漢以迄于五代戎臣或叛何常之有繇是繕治險固率厲威武御之以策略懷之以恩信連城積粟以守其要材官長技不忘乎戰制置之術悉講乎便宜羈縻之義必酌乎故實至於采外庭之嘉論納羣下之婉畫話言可舉永圖斯在蓋夫桀驁荒獷殊俗異類得其善言不足以為喜置之度外允謂乎得宜然而備豫之方慎固之道不可以不為之慮矣

周文王為西伯以殷王之命命南仲為將率往築城於朔方為壘壁以禦北狄之難故作出車之詩曰天子命我城彼朔方赫赫南仲玁狁于襄（襄除也）

秦始皇已并天下乃使蒙恬將三十萬衆北逐戎狄收河南築長城因地形用制險塞起臨洮（臨洮隴西縣）至遼東延袤萬餘里於是渡河據陽山（五原西安陽縣北有陰山陰山在河南陽山在河北）逶蛇而北暴師於外十餘年

漢高祖二年十一月繕治河上塞（秦攻胡築河上塞）六月興關中卒乘邊塞（乘登也登而守之）十一年正月詔曰代地居常山之北與夷狄邊趙乃從山南有之遠數有胡寇難以為國頗取山南太原之地益屬代（代少以益之不）畫取代之雲中以西為雲中郡則代受邊寇益少矣王相國通侯吏二千石擇可立為代王者燕王綰相國何等三十三人皆曰子常賢知溫良請立以為代王都晉陽（一說都中都又文帝都晉陽太原復晉陽中都）（二歲以遷都於中都也）

文帝十四年冬匈奴寇邊殺北地都尉卬遣三將軍軍隴西北地上郡中尉周舍為將軍郎中令張武為車騎將軍軍渭北車千乘騎卒十萬人帝親勞軍勒兵申教令賜吏卒自欲征匈奴羣臣諫不聽皇太后固要帝乃止（要謂也視言痛誓之）於是以東陽侯張相如為大將軍建成侯董赤內史欒布皆為將軍擊匈奴匈奴走是時太子家令鼂錯上言兵事曰臣聞漢興以來胡虜數入邊地小入則小利大入則大利高后時再入隴西攻城屠邑毆略畜產（毆與驅同）其後復入隴西殺吏卒大寇盜竊聞戰勝之威民氣百倍（益奮也）敗兵之卒沒世不復（振起也）自高后以來隴西三困於匈奴矣民氣破傷亡有勝意今茲隴西之吏賴社稷之神靈奉陛下之明詔和輯士卒厎厲其節（輯與集同厎與砥同）起破傷之民以當乘勝之匈奴用少擊衆殺一王敗其衆而法曰大有利非隴西之民有勇怯乃將吏之制巧拙異也故兵法曰有必勝之將無必勝之民繇此觀之安邊境立功名在於良將不可不擇也臣又聞用兵臨戰合刃之急者三（合刃謂交兵）一曰得地形二曰卒服習三曰器用利兵法曰丈五之溝漸車之水（漸謂浸也[illegible]）



山林積石經川丘阜（經川常流之水大陸曰阜）屮木所在（屮古草字）此步兵之地也車騎二不當一土山丘陵曼衍相屬（曼衍猶聯延也）平原廣野此車騎之地也步兵十不當一平陵相遠川谷居閒仰高臨下此弓弩之地也短兵百不當一兩陳相近平地淺屮可前可後此長戟之地也劍楯三不當一萑葦竹蕭（萑薍也葦葭也蕭蒿也）屮木蒙蘢支葉茂接此矛鋋之地也長戟二不當一曲道相伏險阨相薄此劍楯之地也弓弩三不當一士不選練卒不服習起居不精動靜不集（集齊也）趨利弗及避難不畢前擊後解金鼓之指相失此不習勤卒之過也百不當十兵不完利與空手同甲不堅密與袒裼同弩不可以及遠與短兵同射不能中與亡矢同中不能入與亡鏃同此將不省兵之禍也五不當一故兵法曰器械不利以其卒予敵也卒不可用以其將予敵也將不知兵以其主予敵也君不擇將以其國予敵也四者兵之至要也臣又聞小大異形彊弱異勢險易異備夫卑身以事彊小國之形

已合小以攻大敵國之形也（彼[illegible]者不能獨勝則須連[illegible]外援共制之也）以蠻夷攻蠻夷中國之形也（不煩華夏之兵使其同類自相攻擊也）今匈奴地形技藝與中國異上下山阪出入溪澗中國之馬弗與也（與猶如也）險道傾仄且馳且射中國之騎弗與也（仄古側字）風雨罷勞飢渴不困中國之人弗與也此匈奴之長技也若夫平原易地輕車突騎則匈奴之眾易撓亂也勁弩長戟射疏及遠則匈奴之弓弗能格也堅甲利刃長短相雜游弩往來什伍俱前（二伍曰什）則匈奴之兵弗能當也材官騶發矢道同的（騶謂矢之善者也材官有材力者騶發[illegible]矢以射也工矢善放中則同的）則匈奴之革笥木薦弗能支也（革笥以皮作如鎧者被之木薦以木版作如楯）下馬地鬬劍戟相接去就相薄則匈奴之足弗能給也此中國之長技也以此觀之匈奴之長技三中國之長技五陛下又興數十萬之眾以誅數萬之匈奴眾寡之計以一擊十之術也雖然兵凶器戰危事也以大為小以彊為弱在俛仰之間耳夫以人之死爭勝跌而不振則悔之亡及也帝王之道出於萬全今降胡義渠蠻夷之屬來歸誼者其眾數千飲食長技與匈奴同可賜之堅甲絮衣勁弓利矢益以邊郡之良騎令明將能知其習俗和輯其心者以陛下之明約將之即有險阻以此當之平地通道則以輕車材官制之兩軍相當表裏各用其長技衡加之以眾此萬全之術也傳曰狂夫之言而明主擇焉臣錯愚陋昧死上狂言唯陛下財擇（財與裁同）文帝嘉之乃賜錯璽書寵答焉曰皇帝問太子家令上書言兵體三章（三者得地形卒服習器用利）聞之書言狂夫之言而明主擇焉今則不然言者不狂而擇者不明國之大患故在於此使夫不明擇於不狂是以萬聽而萬不當也錯復言守邊備塞勸農力本當世急務二事曰臣聞秦時北攻胡貉築塞河上南攻楊粵置戍卒焉其起兵而攻胡粵者非以衛邊地而救民死也貪戾而欲廣大也故功未立而天下亂且夫起兵而不知其勢戰則為人禽屯則卒積死夫胡貉之地積陰之處也木皮三寸冰厚六尺食肉而飲酪其人密理鳥獸毳毛（密理謂其肌肉也毳細毛也）其性能寒楊粵之地少陰多陽其人疏理鳥獸希毛其性能暑秦之戍卒不能其水土戍者死於邊輸者僨於道秦民見行如往棄市因以讁發之名曰讁戍先發吏有讁及贅婿賈人後以嘗有市籍者又後以大父母父母嘗有市籍者後入閭取其左（閭里門也居閭之左者一切發之）發之不順行者深怨有背畔之心凡民守戰至死而不降北者以計為之也（北謂敗走）故戰勝守固則有拜爵之賞攻城屠邑則得其財鹵以富家室故能使其眾蒙矢石赴湯火（[illegible]）視死如生今秦之發卒也有萬死之害而亡銖兩之報死事之後不得一算之復天下明知禍烈及己也陳勝行戍至於大澤為天下先倡天下從之如流水者秦以威劫而行之之敝也胡人衣食之業不著於地其勢易以擾亂邊境何以明之胡人食肉飲酪衣皮毛非有城郭田宅之歸居如飛鳥走獸於廣野（[illegible]）美草甘水則止草盡水竭則移以是觀之往來轉徙時至時去此胡人之生業而中國之所以離南畮也（[illegible]）今使胡人數處轉牧行獵於塞下或當燕代或當上郡北地隴西以候備塞之卒卒少則入陛下不救則邊民絕望而有降敵之心救之少發則不足多發遠縣纔至則胡又已去聚而不罷為費甚大罷之則胡復入如此連年則中國貧苦而民不安矣陛下幸憂邊境遣將吏發卒以治塞甚大惠也然令遠方之卒守塞一歲而更（[illegible]）不知胡人之能不如選常居者家室田作且以備之以便為之高城深塹具藺石布渠荅（渠荅鐵蒺藜也藺石城上雷石也[illegible]）復為一城其內城間百五十步要害之處通川之道調立城邑毋下千家（[illegible]）為中周虎落（[illegible]）先為室屋具田器乃募罪人及免徒復作令居之不足募以丁奴婢贖罪及輸奴婢欲以拜爵者不足乃募民之欲往者皆賜高爵復其家（[illegible]）予冬夏衣廩食能自給而止（[illegible]）郡縣之民得買其爵以自增至卿（[illegible]）其亡夫若妻者縣官買予之人情非有匹敵

不能久安其處。塞下之民，祿利不厚，不可使久居危難之地。胡人入驅而能止其所驅者，以其半予之。縣官為贖其民。如是，則邑里相救助，赴胡不避死，非以德上也，欲全親戚而利其財也。此與東方之戍卒不習地勢而心畏胡者，功相萬也。以陛下之時，徙民實邊，使遠方亡屯戍之事，塞下之民父子相保，亡係虜之患，利施後世，名稱聖明，其與秦之行怨民，相去遠矣。上從其言，募民徙塞下。錯復言：陛下幸募民相徙以實塞下，使屯戍之事益省，輸將之費益寡，甚大惠也。下吏誠能稱厚惠，奉明法，存卹所徙之老弱，善遇其壯士，和輯其心而勿侵刻（輯與集同），使先至者安樂而不思故鄉，則貧民相慕而勸往矣。臣聞古之徙遠方以實廣虛也，相其陰陽之和，嘗其水泉之味，審其土地之宜，觀其草木之饒，然後營邑立城，製里割宅，通田作之道，正阡陌之界，先為築室，家有一堂二內（二內，二房也），門戶之閉，置器物焉，民至有所居，作有所用，此民所以輕去故鄉而勸之新邑也。為置醫巫，以救疾病，以修祭祀，男女有昏，生死相卹，墳墓相從，種樹畜長，室屋完安，此所以使民樂其處而有長居之心也。臣又聞古之制邊縣以備敵也，使五家為伍，伍有長；十長一里，里有假士；四里一連，連有假五百；十連一邑，邑有假候：皆擇其邑之賢材有護、習地形知民心者，居則習民於射法，出則教民於應敵。故卒伍成於內，則軍正定於外。服習以成，勿令遷徙，幼則同遊，長則共事。夜戰聲相知，則足以相救；晝戰目相見，則足以相識；驩愛之心，足以相死。如此而勸以厚賞，威以重罰，則前死不還踵矣。所徙之民非壯有材力，但費衣糧，不可用也；雖有材力，不得良吏，猶亡功也。陛下絕匈奴不與和親，臣竊意其冬來南也，壹大治，則終身創矣。欲立威者，始於折膠（秋氣至，膠可折，弓弩可用，匈奴常以為候而出軍），來而不能困，使得氣去，後未易服也。



[illegible]以中大夫令[illegible]飛狐，故楚相蘇意為將軍[illegible]河內太守周亞夫為[illegible]宗正劉禮為[illegible]棘門（棘門在長安北，秦時宮門也），以備胡。[illegible]元光二年十月，匈奴請和親，上下其議。[illegible]人數為邊吏，習胡事，議曰：漢與匈奴和親[illegible]不如勿許[illegible]自上古弗屬。漢數千里爭利，則人馬罷（罷讀曰疲），虜以全制其敝，勢必危殆。臣故以為不如和親。羣臣議多附安國，於是上許和親。明年，雁門馬邑豪聶壹因大行王恢言：匈奴初和親，親信邊，可誘以利致之，伏兵襲擊，必破之道也。帝乃召問公卿曰：朕飾子女以配單于，幣帛文錦，賂之甚厚，單于待命加嫚，侵盜無已，邊境被害，朕甚閔之。今欲舉兵攻之，何如？大行恢對曰：陛下雖未言，臣固願效之。臣聞全代之時，北有彊胡之敵，內連中國之兵，然尚得養老長幼，種樹以時，倉廩常實，匈奴不輕侵也。今以陛下之威，海內為一，天下同任，又遣子弟乘邊守塞，轉粟輓輸，以為之備，然匈奴侵盜不已者，無它，以不恐之故耳。臣竊以為擊之便。御史大夫安國曰：不然。臣聞高帝嘗圍於平城，匈奴至者投鞍高如城者數所。平城之飢，七日不食，天下歌之，及解圍反位，而無忿怒之心。

聖人以天下為度者也，不以己私怒傷天下之功，故遣劉敬奉金千斤以結和親，至今為五世利。孝文皇帝又嘗壹擁天下之精兵聚之廣武常谿，然終無尺寸之功，而天下黔首無不憂者。孝文寤於兵之不可宿，故復合和親之約。此二聖之迹，足以為效矣。臣竊以為勿擊便。恢曰：不然。臣聞五帝不相襲禮，三王不相復樂，非故相反也，各因世宜也。且高帝身被堅執銳，蒙霧露，沐霜雪，行幾十年，所以不報平城之怨者，非力不能，所以休天下之心也。今邊竟數驚，士卒傷死，中國槥車相望，此仁人之所隱也。臣故曰擊之便。安國曰：不然。臣聞利不十者不易業，功不百者不變常，是以古之人君謀事必就祖，發政占古語，重作事也。且自三代之盛，夷狄不與正朔服色，非威不能制，彊弗能服也，以為遠方絕地不牧之民，不足煩中國也。且匈奴，輕疾悍亟之兵也，至如猋風，去如收電，畜牧為業，弧弓射獵，逐獸隨草，居處無常，難得而制。今使邊郡久廢耕織，以支胡之常事，其勢不相權也。臣故曰勿擊便。恢曰：不然。臣聞鳳鳥乘於風，聖人因於時。昔秦繆公都雍，地方三百里，知時宜之變，攻取西戎，辟地千里，并國十四，隴西、北地是也。及後蒙恬為秦侵胡，辟數千里，以河為竟，累石為城，樹榆為塞，匈奴不敢飲馬於河，置烽燧然後敢牧馬。夫匈奴獨可以威服，不可以仁畜也。今以中國之盛，万倍之資，遣百分之一以攻匈奴，譬猶以彊弩射且潰之癰也，必不留行矣。若是，則北發月氏可得而臣也。臣故曰擊之便。安國曰：不然。臣聞用兵者以飽待飢，正治以待其亂，定舍以待其勞。故接兵覆眾，伐國墮城，



常坐而役敵國，此聖人之兵也。且臣聞之，衝風之衰，不能起毛羽；彊弩之末，力不能入魯縞。夫盛之有衰，猶朝之必莫也。今將卷甲輕舉，深入長敺，難以為功；從行則迫脅，衡行則中絕，疾則糧乏，徐則後利，不至千里，人馬乏食。兵法曰：遺人獲也。意者有它繆巧可以禽之，則臣不知也；不然，則未見深入之利也。臣故曰勿擊便。恢曰：不然。夫草木遭霜者不可以風過，清水明鏡不可以形逃，通方之士不可以文亂。今臣言擊之者，固非發而深入也，將順因單于之欲，誘而致之邊，吾選梟騎壯士陰伏而處以為之備，審遮險阻以為其戒。吾勢已定，或營其左，或營其右，或當其前，或絕其後，單于可禽，百全必取。帝曰：善。迺從恢議。[illegible]是年主父偃上書闕下，[illegible]所言九事，其一事諫伐[illegible]臣聞明主不惡切諫以博觀，忠臣不避重誅以直諫，是



故事無遺策而功流万世。臣今不敢隱忠避死以效愚計，願陛下幸赦而少察之。司馬法曰：國雖大，好戰必亡；天下雖平，忘戰必危。天下既平，天子大凱，春蒐秋獮，諸侯春振旅，秋治兵，所以不忘戰也。且怒者逆德也，兵者凶器也，爭者末節也。古之人君一怒必伏尸流血，故聖王重行之。夫務戰勝窮武事者，未有不悔者也。昔秦皇帝任戰勝之威，蠶食天下，并吞戰國，海內為一，功齊三代。務勝不休，欲攻匈奴，李斯諫曰：不可。夫匈奴無城郭之居，委積之守，遷徙鳥舉，難得而制。輕兵深入，糧食必絕；運糧以行，重不及事。得其地不足以為利，得其民不可調而守也。勝必棄之，非民父母。靡敝中國，甘心匈奴，非完計也。秦皇帝不聽，遂使蒙恬將兵而攻胡，卻地千里，以河為境。地固澤鹵，不生五穀。然後發天下丁男以守北河。暴兵露師

十有餘年死者不可勝數終不能踰河而北是豈衆人之不足兵革之不備哉其勢不可也又使天下飛芻輓粟（運載芻稾令其疾至故曰飛芻也輓謂引車船也）起於黄腄琅邪負海之郡轉輸北河（黄腄二縣名並在東萊言自東萊及琅邪緣海諸郡皆令轉輸至北河也）率三十鍾而致一石（六斛四斗為鍾計其道路所費乃用百九十二斛乃得一石）男子疾耕不足於糧餉女子紡績不足於帷幕百姓靡敝孤寡老弱不能相養道死者相望（道死謂死於路也）蓋天下始叛也及至高皇帝定天下略地於邊聞匈奴聚代谷之外而欲擊之御史成諫曰不可夫匈奴獸聚而鳥散從之如搏景（搏擊也景人之影言不可得也）今以陛下盛德攻匈奴臣竊危之高帝不聽遂至代谷果有平城之圍高帝悔之迺使劉敬往結和親然後天下亡干戈之事故兵法曰興師十万日費千金秦常積衆數十万人雖有覆軍殺將係虜單于適足以結怨深讎不足以償天下之費夫匈奴行盜侵敺所以為業天性固然（言侵邊敺略人畜也）上自虞夏殷周固不程督（程課也督責也）禽獸畜之不比為人夫不上觀虞夏殷周之統而下循近世之失此臣之所以大恐百姓所以疾苦也且夫兵久則變生事苦則慮易（言困苦則思變易失其常也）使邊境之民罷敝愁苦將吏相疑而外市（與外國交市以求其利也）故尉佗章邯得成其私（佗音徒何切）而秦政不行權分二此得失之效也故周書曰安危在出令存亡在所用（周書者本尚書之餘）願陛下熟計之

五年夏發巴蜀治南夷道又發卒万人治鴈門阻險（所以為固此險要塞）

六年秋匈奴盜邊遣將軍韓安國屯漁陽

元朔二年取匈奴河南地築朔方復繕故秦時蒙恬所為塞因河而為固

三年春罷蒼海郡秋罷西南夷城朔方元光中公孫弘為博士時方通西南夷巴蜀苦之詔使弘視焉還奏事盛毀西南夷無所用帝不聽至是弘為御史大夫數諫以為罷獘中國以奉無用之地願罷之於是帝使待詔朱買臣等難弘置朔方之便發十策弘不得一應謝曰山東鄙人不知其便若是願罷西南夷蒼海專奉朔方

元狩四年遣驃騎將軍霍去病擊破匈奴左地因徙烏桓於上谷漁陽右北平遼東五郡塞外為漢偵察匈奴動靜其大人歲一朝見於是始置護烏桓校尉秩二千石擁節監領之使不得與匈奴交通

五年三月徙天下姦猾吏民於邊

元鼎六年秋遣浮沮將軍公孫賀出九原（浮沮井名在匈奴中去九原二千里）匈河將軍趙破奴出令居（匈河水名在匈奴中去令居千里）皆二千里不見虜而還迺分武威酒泉地置張掖敦煌郡徙民以實之

元封四年秋匈奴寇邊遣拔胡將軍郭昌屯朔方

太初元年五月遣因杅將軍公孫敖築塞外受降城

三年句黎湖單于立四月漢使光祿徐自為出五原塞數百里遠者千里築城障列亭至盧朐（盧朐山名朐音劬）而使游擊將軍韓說長平侯衛伉屯其旁（說讀曰悅伉衛青子）使彊弩都尉路博德築居延澤上

天漢元年秋發謫戍屯五原

昭帝始元二年冬發習戰射士詣朔方

元鳳五年六月發三輔及郡國惡少年吏有告劾亡者屯遼東（惡少年謂無賴子弟也告劾者為人所告劾亡謂被告劾而逃亡者）

六年春正月募郡國徒築遼東玄菟城是時邊郡烽火候望精明匈奴為邊寇者少利希復犯塞

宣帝元康中匈奴遣兵擊漢屯田車師者不能下帝與後將軍趙充國等議欲因匈奴衰弱出兵擊其右地使不敢復擾西域丞相魏相上書諫曰臣聞之救亂誅暴謂之義兵兵義者王敵加於己不得已而起者謂之應兵兵應者勝爭恨小故不忍憤怒者謂之忿兵兵忿者敗利人土地貨寶者謂之貪兵兵貪者破恃國家之大矜民人之衆欲見威於敵者謂之驕兵兵驕者滅此五者非但人事乃天道也間者匈奴嘗有善意所得漢民

輙奉歸之未有犯於邊境雖爭于車師不足致意中今聞諸將
軍欲興兵入其地臣愚不知此兵何名者也今邊郡困乏父子
共犬羊之裘食草萊之實常恐不能自存難以動兵不可以兵事動之
軍旅之後必有凶年言民以其愁苦之氣傷陰陽之和也出兵
雖勝猶有後憂恐災害之變因此以生今郡國守相多不實選
風俗尤薄水旱不時案今年計子弟殺父兄妻殺夫者凡二百
二十二人臣愚以為此非小變也今左右不憂此乃欲發兵報
纖介之忿於遠夷殆孔子所謂吾恐季孫之憂不在顓臾而在
蕭牆之內也願陛下與平昌侯樂昌侯平恩侯及有識者詳議
乃可平昌侯王無故樂昌侯王武並帝之舅平恩侯許伯皇太子外祖父也帝從相言而止神爵
元年三月西羌反發三輔中都官徒弛刑及應募佽飛射士羽
林孤兒胡越騎三河潁川沛郡淮陽汝南材官金城隴西天水
安定北地上郡騎士羌騎詣金城夏四月遣後將軍趙充國擊
西羌充國計欲以威信招降罕幵及劫略者解散虜謀徼極迺

擊之徼要也要其倦極者徼工堯切時漢已發三輔太常徒弛刑謂不加鉗釱者也弛
言解也三河潁川沛郡淮陽江南材官金城隴西天水安定北地
上郡騎士羌騎與武威張掖酒泉太守各屯其郡者合六萬人
矣酒泉太守辛武賢奏言郡兵皆屯備南山北邊空虛勢不可
久或曰至秋冬迺進兵此虜在竟外之冊竟讀曰境也今虜朝夕為
寇土地寒苦漢馬不能冬屯兵在武威張掖酒泉萬騎以上皆
多羸瘦可益馬食以七月上旬齎四十日糧分兵並出張掖酒
泉合擊罕幵在鮮水上者虜以畜產為命今皆離散兵即分出
雖不能盡誅亶奪其畜產虜其妻子復引兵還冬復擊之大兵
仍出虜必震壞仍頻也天子下其書充國令與校尉以下吏士知
羌事者博議充國及長史董通年以為武賢欲輕引萬騎分為
兩道出張掖回遠千里謂紆曲也以一馬自佗負三十日食[illegible]
[illegible]為米二斛四斗麥八斛又有衣裝兵器難以追逐勤
勞而至虜必商軍進退稍稍引去商謂計度也逐水草入山林隨而

深入虜即據前險守後阨以絕糧道必有傷危之憂為夷狄笑
千載不可復而武賢以為可以奪其畜產虜其妻子此殆空言
非至計也殆近也又武威縣張掖日勒皆當北塞有通谷水草
張掖之縣也臣恐匈奴與羌有謀且欲大入幸能要杜張掖酒泉以
絕西域要遮也杜塞也其郡兵尤不可發先零首為畔逆它種劫略[illegible]
[illegible]故臣愚冊欲捐罕幵闇昧之過隱而勿章先行先
零之誅以震動之宜悔過反善因赦其罪選擇良吏知其俗者
拊循和輯此全師保勝安邊之冊天子下其書公卿議者咸以
為先零兵盛而負罕幵之助負恃也不先破罕幵則先零未可圖
也帝迺拜侍中樂成侯許延壽為強弩將軍即拜酒泉太守武
賢為破羌將軍[illegible]賜璽書嘉納其冊以書勑讓充國
曰讓責也皇帝問後將軍甚苦暴露將軍計欲至正月迺擊罕羌
羌人當獲麥已遠其妻子從其妻子令遠逝而身來為寇精兵萬人欲為酒泉
敦煌寇邊兵少民守保不得田作今張掖以東粟石百餘芻槀

束數十[illegible]轉輸並起百姓煩擾將軍將萬餘之衆不
早及秋共水草之利爭其畜食[illegible]欲至冬虜皆當畜食[illegible]
[illegible]多藏匿山中依險阻
將軍士寒手足皸瘃[illegible]寧有利哉將軍不念中國之費
欲以歲數而勝微以歷年歲乃勝小寇也將軍誰不樂此者[illegible]
今詔破羌將軍武賢將兵六千一百人敦煌太守快將二千人
長水校尉富昌酒泉侯奉世將婼月氏兵四千人亡慮萬二千
人[illegible]齎三十日食以七月二十二日擊罕羌入鮮水北句
廉上[illegible]去酒泉八百里去將軍可千二百里將軍
其引兵便道西並進雖不相及使虜聞東方北方兵並來分散
其心意離其黨與雖不能殄滅當有瓦解者已詔中郎將卬將
胡越佽飛射士步兵二校益將軍兵今五星出東方中國大利蠻
夷大敗[illegible]太白出高用兵深入敢戰者吉
弗敢戰者凶將軍急裝因天時誅不義萬下必全勿復有疑

國既得讓以為將任兵在外便宜有守以安國家（言自約行之道受任行兵於外事受詔若有便宜則當固守以取安利也）適上書謝罪因陳兵利害曰臣竊見騎都尉安國前幸賜書擇羌人可使使罕开諭以告大軍當至漢不誅罕以解其謀恩澤甚厚非臣下所能及臣獨私美陛下盛德至計亡已故遣开豪雕庫宣天子至德罕开之屬皆聞知明詔今先零羌楊玉將騎四千及煎鞏騎五千阻石山木候便為寇（謂阻固山之木石以自保固也）罕羌未有所犯今置先零先擊罕釋有罪誅亡辜（釋置也）起一難就兩害誠非陛下大計也臣聞兵攻不足者守有餘又曰善戰者致人不至於人（皆兵法之辭也致人引致而取之也至於人為人所引）今罕羌欲為敦煌酒泉寇宜飭兵練戰士以須其至（飭整也須待也飭與勑同）坐得致敵之術以逸擊勞取勝之道也今恐二郡兵少不足以守而發之行攻釋致虜之術而從為虜所致之道（釋廢也）臣愚以為不便先零羌虜欲為背畔故與罕开解仇結約然其私心不能亡恐漢兵至而罕开背之也臣愚以為其計常欲先赴罕

府九百八十八　十三

开之急以堅其約先擊罕羌先零必助之今虜馬肥糧食方饒擊之恐不能傷害適使先零得施德於罕羌堅其約合其黨（施德謂救助之也堅自結固也）虜交堅黨合精兵二萬餘人迫脅諸小種附著者稍眾莫須之屬不輕得離也（莫須羌之小種也）如是虜兵寖多（寖漸也）誅之用力數倍臣恐國家憂累繇十年數不二三歲而已臣得蒙天子厚恩父子俱為顯列臣位至上卿爵為列侯犬馬之齒七十六為明詔填溝壑死骨不朽亡所顧念獨思惟兵利害至孰悉也於臣之計先誅先零已則罕开之屬不煩兵而服矣先零已誅而罕开不服涉正月擊之得計之理又其時也以今進兵誠不見其利唯陛下裁察六月戊申奏七月甲寅璽書報從充國計焉

二年匈奴單于將十餘萬騎旁塞獵（旁音步浪反）欲入邊寇未至會其民題除渠堂亡降漢言狀漢以為言兵鹿奚盧侯而遣後將軍趙充國將兵四萬餘騎屯緣邊九郡備虜月餘單于病歐血因不敢入還去即罷兵

五鳳三年匈奴大亂議者多曰匈奴為害日久可因其壞亂舉兵滅之詔遣中朝大司馬車騎將軍韓增諸吏富平侯張延壽光祿勳楊惲太僕戴長樂問御史大夫蕭望之計策望之對曰春秋晉士匄帥師侵齊聞齊侯卒引師而還君子大其不伐喪（晉大夫范宣子也春秋公羊傳襄十九年晉士匄帥師侵齊至穀聞齊侯卒乃還還者何善辭也大其不伐喪也）以為恩足以服孝子誼足以動諸侯前單于慕化鄉善稱弟遣使請求和親海內欣然夷狄莫不聞未終奉約不幸為賊臣所殺今而伐之是乘亂而幸災也彼必奔走遠遁不以義動兵恐勞而無功宜遣使者弔問輔其微弱救其災患四夷聞之咸貴中國之仁義如遂蒙恩得復其位必稱臣服從此德之盛也帝從其議後竟遣兵護輔呼韓邪單于定其國

元帝永光二年秋隴西羌彡姐旁種反（彡音先廉反姐音紫又音子也反）詔召丞相韋玄成御史大夫鄭弘大司馬車騎將軍王接左將軍許嘉右將軍馮奉世入議是時歲比不登（比頻也）京師穀

府九百八十八　十四

石二百餘（一石二百餘錢）邊郡四百關東五百四方飢饉朝廷方以為憂而遭羌變玄成等漠然莫有對者奉世曰羌虜近竟內背畔（竟讀曰境）不以時誅亡以威制遠蠻臣願帥師討之帝問用兵之數對曰臣聞善用兵者役不再興糧不三載故師不久暴而天誅亟決（暴露也亟急也）往者數不料敵（料量也）而師至於折傷再三發軔（軔搘車木也）則曠日煩費威武虧矣今反虜無慮三萬人（無慮大計也）法當倍用六萬人然羌戎弓矛之兵耳器不犀利（犀堅也）可用四萬人一月足以決丞相御史兩將軍皆以為民方收斂時未可多發萬人屯守之且足奉世曰不可天下被飢饉士馬羸耗（羸弱也耗減也音呼到反）守戰之備久廢不簡（簡謂選擇也）夷狄皆有輕邊吏之心而羌首難（言羌為首難也）今以萬人分屯數處虜見兵少必不畏懼戰則挫兵病師守則百姓不救如此怯弱之形見羌人乘利諸種並和相扇而起臣恐中國之役不得止於四萬非財幣所能解也故少發

師[illegible]與一舉而疾決利害相萬也固爭之不能得有詔益二千人於是遣奉世將萬二千人騎以將屯爲名典屬國任立護軍都尉韓昌爲偏裨到隴西分屯三處典屬國爲右軍屯白石護軍都尉爲前軍屯臨洮奉世爲中軍屯首陽西極上前軍到降同阪先遣校尉在前與羌爭地利又別遣校尉救民於廣陽谷羌虜盛多皆爲所破殺兩校尉奉世具上地形部衆多少之計願益三萬六千人乃足以決事書奏天子大爲發兵六萬餘人拜太常弋陽侯任千秋爲奮武將軍以助焉

竟寧元年呼韓邪單于來朝賜以良家子王牆單于驩喜上書願保塞上谷以西至敦煌請罷邊備塞吏卒以休天子人民天子令下有司議議者皆以爲便郎中侯應習邊事以爲不可許上問狀應曰周秦以來匈奴暴桀寇侵邊境漢興尤被其害臣聞北邊塞至遼東外有陰山東西千餘



里草木茂盛多禽獸本冒頓單于依阻其中治作弓矢來出爲寇是其苑囿也至孝武世出師征伐斥奪此地攘之於幕北建塞徼起亭隧築外城設屯戍以守之然後邊境得用少安幕北地平少草木多大沙匈奴來寇少所蔽隱從塞以南徑深山谷往來差難邊長老言匈奴失陰山之後過之未嘗不哭也如罷備塞戍卒示夷狄之大利不可一也今聖德廣被天覆匈奴匈奴得蒙全活之恩稽首來臣夫夷狄之情困則卑順彊則驕逆天性然也前以罷外城省亭隧今裁足以候望通烽火而已古者安不忘危不可復罷二也中國有禮義之教刑罰之誅愚民猶尚犯禁又況單于能必其衆不犯約哉三也自中國尚建關梁以制諸侯所以絕臣下之覬欲也設塞徼置屯戍非獨爲匈奴而已亦爲諸屬國降民本故匈奴之人恐其思舊逃亡四也近西羌保塞與漢人交通吏民貪利侵盜其畜產妻子以此怨恨起而背畔世世不

絕今罷乘塞則生嫚易分爭之漸五也往者從軍多沒不還者子孫貧困一旦亡出從其親戚六也又邊人奴婢愁苦欲亡者多曰聞匈奴中樂無奈候望急何然時有亡出塞者七也盜賊桀黠群輩犯法如其窘急亡走北出則不可制八也起塞以來百有餘年非皆以土垣也或因山巖石木柴僵落谿谷水門稍稍平之卒徒築治功費久遠不可勝計臣恐議者不深慮其終始欲以壹切省繇戍十年之外百歲之內卒有它變障塞破壞亭隧滅絕當更發屯繕治累世之功不可卒復九也如罷戍卒省候望單于自以保塞守禦必深德漢請求無已小失其意則不可測開夷狄之隙虧中國之固十也非所以永持至安威制百蠻之長策也對奏天子有詔勿議罷邊塞事使車騎將軍口諭單于曰單于上書願罷北邊吏士屯戍子孫世世保塞單于鄉慕禮義所以爲民計者甚厚此長久之策



也朕甚嘉之中國四方皆有關梁障塞非獨以備塞外也亦以防中國姦邪放縱出爲寇害故明法度以專衆心也敬諭單于之意朕無疑焉爲單于怪其不罷故使大司馬車騎將軍嘉曉單于單于謝曰愚不知大計天子幸使大臣告語甚厚

冊府元龜卷第九百八十八

## 備禦第二

漢成帝河平元年單于遣右皋林王伊邪莫演等奉獻朝正月既罷遣使者送至蒲反（蒲反河東之縣也）伊邪莫演言欲降即不受我我自殺終不敢還歸使者以聞下公卿議議者或言宜如故事受其降光祿大夫谷永議郎杜欽以為漢興匈奴數為邊害故設金爵之賞以待降者今單于詘體稱臣列為北藩遣使朝賀無有二心漢家接之宜異於往時今既享單于聘貢之質而更受其逋逃之臣是貪一夫之得而失一國之心擁有罪之臣而絕慕義之君也假令單于初立欲委身於中國未知利害私使伊邪莫演詐降以卜吉凶受之虧德沮善令單于自疏不親邊吏或者設為反間欲因而生隙受之適合其策使得歸曲而直責此誠邊境安危之原師旅動靜之首不可不詳也不如勿受以昭日月之信抑詐諼之謀懷附親之心便對奏天子從之遣中郎將王舜往問降狀伊邪莫演曰我病狂妄言耳遣去歸到官位如故不肯令見漢使

哀帝建平四年單于上書願朝五年帝被疾或言匈奴從上游來厭人自黃龍竟寧時單于朝中國輒有大故帝由是難之以問公卿亦以為虛費府帑可且勿許單于使辭去未發黃門郎揚雄上書諫曰臣聞六經之治貴於未亂兵家之勝貴於未戰二者皆微然而大事之本不可不察也今單于上書求朝國家不許而辭之臣愚以為漢與匈奴從此隙矣本北地之狄五帝所不能臣三王所不能制其不可使隙甚明臣不敢遠稱請引秦以來明之以秦始皇之彊蒙恬之威帶甲四十餘萬然不敢窺西河迺築長城以界之會漢初興以高祖之威靈三十萬眾困於平城士或七日不食時奇譎之士石畫之臣甚眾卒其所以脫者世莫得而言也又高皇后嘗忿匈奴群臣庭議樊噲請以十萬眾橫行匈奴中季布曰噲可斬也妄阿順指於是大臣權書遺之然後匈奴之結解中國之憂平及孝文時匈奴侵暴北邊候騎至雍甘泉京師大駭發三將軍屯細柳棘門霸上以備之數月迺罷孝武即位設馬邑之權欲誘匈奴使韓安國將三十萬眾徼於便墬匈奴覺之而去徒費財勞師一虜不可得見況單于之面乎其後深惟社稷之計規恢萬載之策迺大興師數十萬使衛青霍去病操兵前後十餘年於是浮西河絕大幕破寘顏襲王庭窮極其地追奔逐北封狼居胥山禪於姑衍以臨翰海虜名王貴人以百數自是之後匈奴震怖益求和親然而未肯稱臣也且夫前世豈樂傾無量之費役無罪之人快心於狼望之北哉以為不壹勞者不久佚不暫費者不永寧是以忍百萬之師以摧餓虎之喙運府庫之財填盧山之壑而不悔也至本始之初匈奴有桀心欲掠烏孫侵公主迺發五將之師十五萬騎獵其南而長羅侯以烏孫五萬騎震其西皆至質而還時鮮有所獲徒奮揚威武明漢兵若雷風耳雖空行空反尚誅兩將軍故北狄不服中國未得高枕安寢也逮至元康神爵之間大化神明鴻恩溥洽而匈奴內亂五單于爭立日逐呼韓邪攜國歸化扶伏稱臣然尚羈縻之計不顓制自此之後欲朝者不距不欲者不彊何者外國天性忿鷙形容魁健負力怙氣難化以善易隸以惡其彊難詘其和難得故未服之時勞師遠攻傾國殫貨伏尸流血破堅拔敵如彼之難也既服之後慰薦撫循交接賂遺威儀

[illegible]如此之備也往者嘗屠大宛之城蹈烏桓之壘探姑繒之壁藉蕩姐之場艾朝鮮之旃拔兩越之旗近不過旬月之役遠不離二時之勞固已犁其庭掃其閭郡縣而置之雲徹席卷後無餘菑唯北狄為不然真中國之堅敵也三垂比之懸矣前世重之茲甚未易可輕也今單于歸義懷款誠之心欲離其庭陳見於前此乃上世之遺策神靈之所想望國家雖費不得已者也奈何距以來厭之辭疏以無日之期消往昔之恩開將來之隙夫款而隙之使有恨心負前言緣往辭歸怨於漢因以自絕終無北面之心威之不可諭之不能焉得不為大憂乎夫明者視於無形聰者聽於無聲誠先於未然即蒙恬樊噲不復施棘門細柳不復備馬邑之策安所設衛霍之功何得用五將之威安所震不然一有隙之後雖智者勞心於內辯者轂擊於外猶不若未然之時也且往[illegible]城郭都護三十六國費歲以大萬計者豈為康居烏孫能踰白龍堆而寇西邊哉乃以制匈奴也夫百年勞之一日失之費十而愛一臣竊為國不安也唯陛下少留意於未亂未戰以遏邊萌之禍書奏天子寤焉召還匈奴使者更報單于書而許之賜雄帛五十匹黃金十斤[illegible]王莽將分匈奴立呼韓邪十五子尤諫曰臣聞匈奴為害所從來久矣未聞上世有必征之者也後世三家周秦漢征之然皆未有得上策者也周得中策漢得下策秦無策焉當周宣王時獫允內侵至于涇陽命將征之盡境而還其視戎狄之侵譬猶蚊虻之螫敺之而已故天下稱明是為中策漢武帝選將練兵約齎輕糧深入遠戍雖有克獲之功胡輒報之兵連禍結三十餘年中國罷耗匈奴亦創艾而天下稱武是為下策秦始皇不忍小恥而



輕民力築長城之固延袤萬里轉輸之行起於負海疆境既完中國內竭以喪社稷是為無策今天下遭陽九之阨比年飢饉西北邊尤甚發三十萬眾具三百日糧東援海代南取江淮然後乃備計其道里一年尚未集合兵先至者聚居暴露師老械弊勢不可用此一難也邊既空虛不能奉軍糧內調郡國不相及屬此二難也計一人三百日食用糒十八斛非牛力不能勝牛又當自齎食加二十斛重矣胡地沙鹵多乏水草以往事揆之軍出未滿百日牛必物故且盡餘糧尚多人不能負此三難也胡地秋冬甚寒春夏甚風多齎釜鍑薪炭重不可勝食糒飲水以歷四時師有疾疫之憂是故前世伐胡不過百日非不欲久勢力不能此四難也輜重自隨則輕銳者少不得疾行虜徐遁逃勢不能及幸而逢虜又累輜重如遇險阻銜尾相隨虜要遮前後危殆不測此五難也大用民力功不可必立臣伏憂之今既發兵宜縱先至者令臣尤等深入霆擊且以創艾胡虜莽不聽尤言轉兵穀如故天下騷動

後漢光武建武七年詔驃騎大將軍杜茂北屯晉陽廣武以備胡寇

九年正月隗囂死司徒掾班彪上言今涼州部皆有降羌羌胡被髮左衽而與漢人雜處習俗既異言語不通數為小吏黠人所見侵奪窮恚無聊故致反叛夫蠻夷寇亂皆為此也舊制益州部置蠻夷騎都尉幽州部置領烏桓校尉涼州部置護羌校尉皆持節領護理其怨結歲時循行問所疾苦又數遣使驛通動靜使塞外羌夷為吏耳目州郡因此可得儆備今宜復如舊以明威防帝從之即以牛邯為護羌校尉持節如舊

十一年十二月參狼羌寇武都隴西太守馬援討降之時朝臣以金城破羌之西塗遠多寇議欲棄之馬援上言破羌以西城

多完牢易可依固其田土肥壤灌溉流通如令羌在湟中則為害不休不可棄也帝然之於是詔武威太守令悉還金城客民歸者三千餘口使各反舊邑援奏為置長吏繕城郭起塢候開導水田勸以耕牧郡中樂業是歲朱祜屯田晉陽盧芳據高柳與匈奴連兵寇邊帝遣謁者段忠將衆郡施刑配茂鎮守北邊因發邊卒築亭候修烽火又發委輸金帛繒絮供給軍士并賜邊民冠蓋相望茂亦建屯田驢車轉運遣驃騎大將軍杜茂將衆郡施刑屯北邊施刑前書音義曰弛刑謂有赦令去其鉗鈦赭衣謂之弛刑築亭候亭候伺候望敵之所修烽燧

十三年二月遣捕虜將軍馬武屯虖沱河以備匈奴時帝以盧芳與匈奴烏桓連兵寇盜尤數緣邊愁苦詔上谷太守王霸將弛刑徒六千餘人與杜茂治飛狐道堆石布土築起亭障自代至平城三百餘里是歲匈奴寇河東州郡不能禁於是漸徙幽并邊人於常山居庸關以東匈奴左部遂復轉居塞內朝廷患之增緣邊兵郡數千人大築亭候修烽火



二十一年冬鄯善王車師王等十六國皆遣子入侍奉獻願請都護帝以中國初定未遑外事乃還其侍子厚加賞賜後鄯善王上書願復遣子入侍更請都護都護不出誠迫於匈奴天子報曰今使者大兵未能得出如諸國力不從心東西南北自在也於是鄯善車師復附匈奴

二十二年烏桓擊破匈奴匈奴北徙幕南地空詔罷諸邊郡亭候吏卒

二十四年正月匈奴薁鞬日逐王比自立為呼韓邪單于款塞稱藩願扞禦北虜事下公卿議者皆以為天下初定中國空虛夷狄情偽難知不可許五官中郎將耿國獨曰臣以為宜如孝宣故事受之令東扞鮮卑北拒匈奴率厲四夷完復邊郡使塞下無晏開之警萬世有安寧之策也帝從其議遂立比為南單于由是烏桓鮮卑保塞自守北虜遠遁中國少事

二十五年遼西烏桓大人郝旦等九百二十二人率衆向化封其渠帥為侯王君長者八十一人皆居塞內布於緣邊諸郡為[illegible]偵候助擊匈奴鮮卑時司徒掾班彪上言烏桓天性輕黠好為寇賊若久放縱而無總領者必復侵掠居人但委主降掾吏恐非所能制臣愚以為宜復置烏桓校尉誠有益於附集省國家之邊慮帝從之於是始復置校尉於上谷寧城開營府并領鮮卑賞賜質子歲時互市焉[illegible]

二十六年南匈奴與北單于戰不利乃詔單于徙居西河美稷因使中郎將段郴及副校尉王郁留西河擁護之為設官府從事史掾史令西河長史歲將騎二千弛刑五百人助中郎將衛護單于冬屯夏罷自後以為常及悉復緣邊八郡

二十七年南單于稱臣烏桓鮮卑並來入朝帝令太尉趙憙典邊事思為久長規憙上復緣邊諸郡幽并二州由是而定年從雲中五原人及常山居庸關至二十六年復令還雲中五原東觀記曰單于創首合未有還人憙至此請徙[illegible]



明帝永平八年三月初置度遼將軍屯五原曼柏曼柏縣名屬五原郡故城在今勝州銀城縣東先是遣越騎司馬鄭衆使北匈奴南部須卜骨都侯等知漢與北虜交使懷嫌怨欲畔鄭衆覺之乃上言宜更置大將以防二虜交通由是始置度遼營以中郎將吳棠行度遼將軍事副校尉來苗左校尉閻章右校尉張國將黎陽虎牙營士屯五原曼柏光武以幽冀并州兵克定天下故於黎陽立營以謁者監領兵騎千人又遣騎都尉秦彭將兵屯美稷

十月詔三公募郡國中都官死罪繫囚減罪一等勿笞詣度遼將軍營屯朔方五原之邊縣妻子自隨便占著邊縣占著謂附名籍父母同產欲相代者恣聽之凡徙者賜弓弩衣糧

十六年二月遣太僕祭彤出高闕高闕山名在朔方之北[illegible]奉車都尉竇固出酒泉駙馬都尉耿秉出居延居延縣名屬張掖郡[illegible]騎都尉來苗出平城伐北匈奴竇固破呼衍王於天山呼衍匈奴王號天山即祁連山一名雪山今名折羅漫山在伊州北留兵屯伊吾盧城本匈奴地名[illegible]取其地

[illegible]

九月丁卯詔令郡國中都官死罪繫囚減死罪一等勿笞詣軍營屯朔方敦煌妻子自隨父母同產欲求從者恣聽之

十七年八月令武威張掖酒泉敦煌張掖故匈奴昆邪王地也敦煌屬國故曰張掖故滅及張掖屬國繫囚右趾已下任兵者皆一切勿治其罪詣軍營

十一月遣奉車都尉竇固駙馬都尉耿秉騎都尉劉張出敦煌昆侖昆侖山名因以爲塞在今肅州酒泉縣西南山有昆侖之體故名之塞擊破白山虜於蒲類海上白山冬夏有雪故曰白山匈奴謂之天山過之皆下馬拜焉去蒲類海百里之內遂入車師騎都尉劉張出擊車師請耿恭為司馬與奉車都尉竇固及從弟駙馬都尉秉破降之始置西域都護戊己校尉乃以耿恭為戊己校尉屯後王部金蒲城謁者關寵為戊己校尉屯前王柳中城屯各置數百人章帝初即位戊己校尉關寵屯車師前王城耿恭屯後王城北匈奴圍之關寵上書求救帝乃詔公卿會議司空第五倫以爲不宜救司徒鮑昱議曰今使人於危難之地急而棄之外則縱蠻夷之暴內則傷死難之臣誠令權時後無邊事可也匈奴如復犯塞為寇陛下將何以使將又二部兵人裁各數千匈奴圍之歷旬不下是其寡弱盡力之效也可令敦煌酒泉太守各將精騎二千多其幡幟倍道兼行以赴其急匈奴疲極之兵必不敢當四十日間足還入塞帝然之



建初元年春酒泉太守段彭大破車師於交河城帝不欲疲弊中國以事夷狄乃迎還戊己校尉不復遣都護

二年三月中罷伊吾盧屯兵

元和二年武威太守孟雲上書北虜既已和親而南部復往抄掠北單于謂漢欺之謀欲犯邊宜還其生口以安慰之詔百官議朝堂公卿皆言夷狄譎詐求欲無厭既得生口當復妄自誇大不可開許太僕袁安獨曰北虜遣使奉獻和親有得邊生口者輒以歸漢此明其畏威而非先違約也雲以大臣典邊不宜負信於戎狄還之足示中國優貴而使邊人得安誠便司徒桓虞改議從安太尉鄭弘司空第五倫皆恨之弘因大言激勵虞曰諸言當還生口者皆爲不忠虞廷叱之倫及大鴻臚韋彪各作色變容司隸校尉舉奏安等皆上印綬謝帝詔報曰久議沉滯各有所志蓋事以議從策由衆定誾誾衎衎得禮之容寢嘿抑心更非朝廷之福君何尤而深謝其各冠履帝竟從安議

章和元年四月丙子令郡國中都官繫囚減死一等詣金城戍是日詔死罪囚犯罪在丙子赦前而後捕繫者皆減死勿笞詣金城戍

九月壬子詔郡國中都官繫囚減死罪一等詣金城戍

和帝永元二年大將軍竇憲復出屯武威明年北單于爲右校尉耿夔所破遁走烏孫塞北地空餘部不知所屬憲日矜己功欲結恩北虜乃上立降者左鹿蠡王阿佟爲北單于置中郎將領護如南單于故事事下公卿議太尉宋由太常丁鴻光祿勳耿秉等十人議可許袁安任隗奏以爲光武招懷南虜非謂可永安內地正以權時之算可得扞禦北狄故也今朔漠既定宜令南單于反其北庭并領降衆無緣復更立阿佟以增國費宗正劉方大司農尹睦同安議事奏未以時定安懼憲計遂行乃獨上封事曰臣聞功有難圖不可豫見事有易斷較然不疑伏惟光武皇帝本所以立南單于者欲安南定北之策也恩德茂備故匈奴遂分邊境無患孝明皇帝奉承先意不敢失墜赫然命將爰伐塞北至乎章和之初降者十餘萬人議者欲置之濱塞東至遼東太尉宋由光祿勳耿秉皆以爲失南單于心不可先帝從之陛下奉承洪業大開疆宇大將軍遠師討伐席卷北庭此誠宣明祖宗崇立弘勳者也宜審其終以成厥初伏念南單于屯先父舉衆歸德自蒙恩以來四十餘年三帝積累以遺陛下陛下深宜遵述先志成就其業況屯首唱大謀空盡北虜輟而弗圖更立新降以一朝之計違三世之規失信於所養

建立於無功由事實知舊議而欲背棄先恩夫言行君子之樞機賞罰理國之綱紀論語曰言忠信行篤敬雖蠻貊行焉今若失信於一屯則百蠻不敢復保誓矣又烏桓鮮卑新殺北單于凡人之情咸畏仇讎今立其弟則二虜懷怨兵食可廢信不可去且漢故事供給南單于費直歲一億九十餘萬西域歲七千四百八十萬今北庭彌遠其費過倍是乃空盡天下而非建策之要也詔下其議安又與憲更相難折憲險急負勢言辭驕訐至詆毀安稱光武誅韓歆戴涉故事安終不移[illegible]憲竟立匈奴降者右鹿蠡王於除鞬為單于[illegible]後遂反叛卒如安策[illegible]與公卿言國家事未嘗不噫嗚流涕自天子及大臣皆恃賴之

八年八月辛酉詔郡國中都官繫囚減死一等詣敦煌戍

十二年四月日南象林蠻夷二千餘人寇掠百姓燔燒官寺郡縣發兵討擊斬其渠帥餘衆乃降於是置象林將兵長史以防其患



十四年二月乙卯修故西海郡[illegible]徙金城西部都尉以戍之

安帝永初四年二月丁巳南匈奴寇常山乙丑初置長安雍二營都尉官[illegible]

五年二月先零羌入寇河東至河內百姓相驚多奔南度河使北軍中候朱寵將五營士屯孟津詔魏郡趙國常山中山繕作塢候六百一十六所

建光元年高句驪王宮死子遂成立玄菟太守姚光上言欲因其喪發兵擊之議者皆以為可許尚書陳忠曰宮前桀黠光不能討死而擊之非義也宜遣弔問因責讓前罪赦不加誅取其後善帝從之明年遂成還漢生口詣玄菟降詔曰遂成等桀逆無狀當斬斷菹醢以示百姓幸會赦令乞罪請降鮮卑濊貊連年寇鈔驅略小民動以千數而裁送數十百人非向化之心也自今已後不與縣官戰鬭而自以親附送生口者皆與贖直縑人四十疋小口半之遂成死子伯固立其後濊貊率服東垂少事是歲初置漁陽營兵伏侯古今注曰置營兵千人也

延光二年張璫為敦煌太守上書陳三策以為北虜呼衍王常展轉蒲類秦海之間專制西域共為寇鈔今以酒泉屬國吏士二千餘人集昆侖塞先擊呼衍王絕其根本因發鄯善兵五千人脅車師後部此上計也若不能出兵可置軍司馬將士五百人四郡供其犁牛穀食出據柳中此中計也如又不能則宜棄交河城收鄯善等悉使入塞此下計也朝廷下其議尚書陳忠上疏曰臣聞八蠻之寇莫甚北虜漢興高祖窘平城之圍太宗屈供奉之恥故孝武憤怒深惟久長之計命遣虎臣浮河絕漠窮破虜庭當斯之役黔首隕於狼望之北財幣糜於盧山之壑府庫單竭杼柚空虛算至舟車貲及六畜夫豈不懷慮久故也遂開河西四郡以隔絕南羌收三十六國斷匈奴右臂是以單于孤特鼠竄遠藏至於宣元之世遂備蕃臣關徼不閉羽檄不行由此察之戎狄可以威服難以化狎西域內附日久區區東望扣關者數矣此其不樂匈奴慕漢之效也今北虜已破車師勢必南攻鄯善棄而不救則諸國從矣若然則虜財賄益增膽勢益殖威臨南羌與之交連如此河西四郡危矣河西既危不得不救則百倍之役興不訾之費發矣議者但念西域絕遠卹之煩費不見先世苦心勤勞之意也方今邊境守禦之具不精內郡武衛之備不修敦煌孤危遠來告急復不輔助內無以慰勞吏人外無以威示百蠻蹙國減土經有明誡臣以為敦煌宜置校尉案舊增四郡屯兵以西撫諸國庶足折衝萬里震怖匈奴帝納之乃以班勇為西域長史將弛刑五百人西屯柳中勇遂破平車師初曹宗為敦煌太守然復率車師後部王共攻班等遂擊走其前王鄯善逼急於曹宗因此請出兵五千擊匈奴報索班之恥復欲進取西域

庭不許但令置護西域副校尉居敦煌復部營兵三百人羈縻而已其後北虜連與車師入寇河西朝廷不能禁議者因欲閉玉門陽關以絕其患璫為太守遂建三策

三年九月詔郡國中都官死罪繫囚減罪一等詣敦煌隴西及度遼營（漢官儀度遼將軍屯五原曼柏縣）

順帝永建元年五月詔幽并涼州刺史使各實二千石以下至黃綬年老不任軍事者上名嚴勑障塞繕設屯備立秋之後簡習戎馬　十月辛巳詔減死罪以下徙邊　丁亥鮮卑犯邊遣黎陽營兵出屯中山北界告幽州刺史其令緣邊郡增置步兵列屯塞下調五營弩師郡舉五人令教習戰射（調選也五營謂長水越騎步兵射聲屯騎校尉等）先是朔方以西障塞多不修復鮮卑因此數寇南部殺漸將王（匈奴有左右漸將王）單于憂恐上言求復障塞帝從之乃遣黎陽營兵出屯中山北界增置緣邊諸郡兵列屯塞下教習戰射

五年十月丙辰詔郡國中都官死罪繫囚皆減罪一等詣北地上郡安定戍



永和元年武陵太守上書以蠻夷率服可比漢人增其租賦議者皆以為可尚書令虞詡獨奏曰自古聖王不臣異俗非德不能及威不能加知其獸心貪婪難率以禮是故羈縻而綏撫之附則受而不逆叛則棄而不追先帝舊典貢稅多少所由來久矣今猥增之必有怨叛計其所得不償所費必有後悔帝不從其冬澧中漊中蠻果爭貢布非舊約遂殺鄉吏舉種反叛明年春蠻二萬人圍充城八千人寇夷道遣武陵太守李進討破之斬首數百級餘皆降服

二年日南象林徼外蠻夷區憐等攻之[illegible]轉盛侍御史賈昌使在日南與州郡并力討之歲餘兵穀不繼帝以為憂明年召公卿百官及四府掾屬問其方略皆議遣大將發荊揚兗豫四萬人赴之大將軍從事中郎李固駁曰若荊揚無事發之可也今二州盜賊槃結不散武陵南郡蠻夷未輯長沙桂陽數被徵發如復擾動必更生患其不可一也又兗豫之人卒被徵發遠赴萬里無有還期詔書迫促必致叛亡其不可二也南州水土溫暑加有瘴氣致死亡者十必四五其不可三也遠涉萬里士卒疲勞比至嶺南不復堪鬬其不可四也軍行三十里為程而去日南九千餘里三百日乃到計人稟五升用米六十萬斛不計將吏驢馬之食但負甲自致費便若此其不可五也設軍到所在死亡必眾既不足禦敵當復更發此為刻割心腹以補四支其不可六也九真日南相去千里發其吏民猶尚不堪何況乃苦四州之卒以赴萬里之艱哉其不可七也前中郎將尹就討益州叛羌益州諺曰虜來尚可尹來殺我後就徵還以兵付刺史張喬喬因其將吏旬月之間破殄寇虜此發將無益之效州郡可任之驗也宜更選有勇略仁惠任將帥者以為刺史太守悉使共住交阯今日南兵單無穀守既不足戰又不能可一切其吏民北依交阯事靜之後乃命歸本還募蠻夷使自相攻



輸金帛以為其資有能反間致頭首者許以封侯列土之賞故并州刺史長沙祝良性多勇決又南陽張喬前在益州有破虜之功皆可任用昔太宗就加魏尚為雲中守哀帝即拜龔舍為太山太守宜即拜良等便道之官四府悉從固議即拜祝良為九真太守張喬為交阯刺史喬至開示慰誘並皆降散良到九真單車入賊中設方略招以威信降者數萬人皆為良築起府寺由是嶺外復平

五年大將軍梁商以羌胡新反黨眾初合難以兵服宜用招懷乃上表曰匈奴寇畔自知罪極窮鳥困獸皆知救死況種類繁熾不可單盡今轉運日增三軍疲苦虛內給外非中國之利度遼將軍馬續素有謀謨且典邊日久深曉兵要每得續書與臣策合宜令續深溝高壁以恩信招降宣示購賞明為期約如此則醜類可服國家無事矣帝從之乃詔續招降畔虜商又移書續等曰中國安寧忘戰日久良騎夜合交鋒接矢決勝當

戎狄之所長而中國之所短也彊弩乘城堅營固守以待其衰中國之所長也而戎狄之所短也宜務先所長以觀其變設購開賞宣示反悔勿貪小功以亂大謀

是年九月令扶風漢陽築隴道塢三百所置屯兵

桓帝建和元年十一月戊午減天下死罪一等戍邊

和平元年十一月辛巳減天下死罪一等徙邊戍

永興元年十一月詔減天下死罪一等徙邊戍

二年閏九月減天下死罪一等徙邊戍

永壽三年四月九真蠻夷叛太守兒式討之戰歿遣九真都尉魏朗擊破之復屯據日南

靈帝熹平五年夏育上言鮮卑寇邊自春以來三十餘發請徵幽州諸郡兵出塞擊之一冬二春必能禽滅朝廷未許先是護羌校尉田晏坐事論刑被原欲立功自效乃請中常侍王甫求得爲將甫因此議遣兵與育并力討賊帝乃拜晏爲破鮮卑中郎將大臣多有不同乃召百官議朝堂議郎蔡邕議曰書戒猾夏易伐鬼方周有獫狁蠻荆之師漢有闐顏瀚海之事征討殊類所由尚矣然而時有同異勢有可否故謀有得失事有成敗不可齊也武帝情存遠略志闢四方南誅百越北討彊胡西伐大宛東并朝鮮因文景之蓄藉天下之饒數十年間官民俱匱乃興鹽鐵酒榷之利設告緡重稅之令民不堪命起爲盜賊關東紛擾道路不通繡衣直指之使奮鈇鉞而並出既而覺悟乃息兵罷役封丞相爲富民侯故主父偃曰夫務戰勝窮武事未有不悔者也夫以世宗神武將帥良猛財賦充實所拓廣遠猶有悔焉況今人財並乏事劣昔時乎自匈奴遁逃鮮卑彊盛據其故地稱兵十萬才力勁健意智益生加以關塞不嚴禁網多漏精金良鐵皆爲賊有漢人逋逃爲之謀主兵利馬疾過於匈奴昔段紀明良將習兵善戰有事西羌猶十餘年今育晏才策未必過段鮮卑種衆不弱于曩時而虛計二載自許有成若禍結兵連豈得中休當復徵發衆人轉運無已是爲耗竭諸夏并力蠻夷夫邊垂之患手足之蚧搔中國之困胷背之瘭疽方今郡縣盜賊尚不能禁況此醜虜而可伏乎昔高祖忍平城之恥呂后棄慢書之詬方之於今何者爲甚天設山河秦築長城漢起塞垣所以别内外異殊俗也苟無蹙國内侮之患則可矣豈與蟲螘校寇計爭往來哉雖或破之豈可殄盡而方令本朝爲之旰食乎夫專勝者未必克挾疑者未必敗衆所謂危聖人不任朝議有嫌明主不行也昔淮南王安諫伐越曰天子之兵有征無戰言其莫敢校也如使越人蒙死以逆執事廝輿之卒有一不備而歸者雖得越王之首而猶爲大漢羞之而欲以齊民易醜虜皇威辱外夷就如其言猶已危矣況乎得失不可量邪昔珠崖郡反孝元皇帝納賈捐之言而下詔曰珠崖背畔今議者或曰可討或曰棄之朕日夜惟思羞威不行則欲誅之通于時變復憂萬民夫萬民之飢與遠蠻之不討何者爲大宗廟之祭凶年猶有不備況避不嫌之辱哉今關東大困無以相贍又當動兵非但勞民而已其罷珠崖郡此元帝所以發德音也夫卹民救急雖成郡列縣尚猶棄之況障塞之外未嘗爲民居者乎守邊之術李牧善其略保塞之論嚴尤申其要遺業猶在文章具存循二子之策守先帝之規臣曰可矣帝不從遂遣夏育出高柳田晏出雲中匈奴中郎將臧旻率南單于出鴈門各將萬騎三道出塞二千餘里檀石槐命三部大人各帥衆逆戰育等大敗喪其節傳輜重各將數十騎奔還死者十七八三將檻車徵下獄贖爲庶人光和二年十月巴郡板楯蠻復叛寇掠三蜀及漢中諸郡帝遣御史中丞蕭瑗督益州兵討之連年不能剋帝欲大發兵乃問益州計吏考以征討方略漢中上計程包對曰板楯七姓射殺白虎立功先世復爲義人其人勇猛善於兵戰昔永初中羌入漢川郡縣破壞得板楯救之羌死敗殆盡故號爲神兵羌人畏忌傳語種輩勿復南行至建和二年羌

復大入賨𧶘板楯連摧破之前車騎將軍馮緄南征武陵雖受丹陽精兵之銳亦倚板楯以成其功近益州郡亂太守李顒亦以板楯討而平之忠功如此本無惡心長吏鄉亭更賦至重僕役箠楚過於奴虜亦有嫁妻賣子或乃至自剄割雖陳冤州郡而牧守不爲通理闕庭悠遠不能自聞含怨呼天叩心窮谷愁苦賦役困罹酷刑故邑落相聚以致叛戾非有謀主僭號以圖不軌今但選明能牧守自然安集不煩征伐也帝從其言遣太守曹謙宣詔赦之即皆降服

中平二年漢陽賊邊章韓遂與羌胡爲寇東侵三輔時遣車騎將軍皇甫嵩西討之嵩請發烏桓三千人北軍中候鄒靖上言烏桓衆弱宜募鮮卑事下四府大將軍掾韓卓議以爲烏桓兵寡而與鮮卑世爲仇敵若烏桓被發則鮮卑必襲其家烏桓聞之當復棄軍還救非唯無益於實乃更沮三軍之情鄒靖居近邊塞究其態詐若令靖募鮮卑輕騎五千必有破敵之效車騎

府九百八十九　十五

將軍掾應劭駮之曰鮮卑隔在漠北犬羊爲群無君長之帥廬落之居而天性貪暴不拘信義故數犯障塞且無寧歲唯至互市乃來服從苟欲中國珍貨非爲畏威懷德計獲事足旋踵爲害是以國家外而不內蓋爲此也往者匈奴反叛度遼將軍馬續烏桓校尉王元發鮮卑五千餘騎又武威太守趙沖亦率鮮卑征討叛羌斬獲醜虜既不足言而鮮卑越溢多爲不法裁以軍令則忿戾作亂制御小緩則陸掠殘害劫居人鈔商旅噉人牛羊略人兵馬得賞既多不肯去復欲以物買鐵邊將不聽便取縑帛聚欲燒之邊將恐怖畏其反叛辭謝撫順無敢拒違今狡寇未殄而羌爲巨害如或致悔其可追乎臣愚以爲可募隴西羌胡守善不叛者簡其精勇多其牢賞太守李參沈靜有謀必能獎厲得其死力當思漸消之略不可倉卒望也韓卓復與劭相難反覆於是詔百官大會朝堂皆從劭議

冊府元龜卷第九百八十九

外臣部三十三

備禦第三

魏文帝黄初三年二月鄯善等王各遣使奉獻西域遂通置戊己校尉

明帝即位務欲綏和戎狄以息征伐羈縻兩部而已先是黄初五年步度根詣闕貢獻厚加賞賜是後一心守邊不爲寇害而軻比能衆遂彊盛

晉武帝時關隴屢爲氐羌所擾孟觀西討自擒氐帥齊萬年山陰令江統深惟四夷亂華宜杜其萌乃作徙戎論其辭曰夫夷蠻戎狄謂之四海九服之制地在要荒春秋之義内諸夏而外夷狄以其言語不通贄幣不同法俗詭異種類乖殊或居絶域之外山河之表崎嶇山谷阻險之地與中國壤斷土隔不相侵涉賦役不及正朔不加故曰天子有道守在四夷禹平九土而西戎即叙其性氣貪婪凶悍不仁四夷之中戎狄爲甚弱則畏



服彊則侵叛雖有賢聖之世大德之君咸未能以通化率導而以恩德柔懷也當其彊也以殷之高宗而憊於鬼方有周文王而患昆夷獫狁高祖困於白登孝文軍於霸上及其弱也周公來九譯之貢中宗納單于之朝以元成之微而猶四夷賓服此其已然之効也故匈奴求守邊塞而侯應陳其不可單于屈膝未央望之議以不臣是以有道之君牧夷狄也惟以待之有備禦之有常雖稽顙執贄而邊城不弛固守爲寇賊彊暴而兵甲不加遠征期令境内獲安疆埸不侵而已及至周室失統諸侯專征以大兼小轉相殘滅封疆不固而利害異心戎狄乘間得入中國或招誘安撫以爲已用故申繒之禍顛覆宗周襄公要秦遽興姜戎當春秋時義渠大荔居秦晉之域陸渾陰戎處伊洛之間鄋瞞之屬害及濟東侵入齊宋陵虐邢衛南夷與北狄交侵中國不絶若綫齊桓攘之存亡繼絶北伐山戎以開燕路故仲尼稱管仲之力嘉左衽之功逮至春秋之末戰國方盛楚吞蠻氏晉剪陸渾趙武胡服開榆中之地秦雄咸陽滅義渠之等始皇之并天下也南兼百越北走匈奴五嶺長城戎卒億計雖師役煩殷寇賊橫暴然一世之功戎虜奔却當時中國無復四夷也漢興而都長安關中之郡號曰三輔禹貢雍州宗周豐鎬之舊也及至王莽之敗赤眉因之西都荒毁百姓流亡建武中以馬援領隴西太守討叛羌徙其餘種於關中居馮翊河東空地而與華人雜處數歲之後族類蕃息既恃其肥彊且苦漢人侵之永初之元騎都尉王弘使西域發調羌氐以爲行衛於是群羌奔駭互相扇動二州之戎一時俱發覆没將守屠破城邑鄧騭之征棄甲委兵輿尸喪師前後相繼諸戎遂熾至於南入蜀漢東掠趙魏唐突軹關侵及河内及遣北軍中侯朱寵將五營士於孟津距羌十年之中夷夏俱敝任尚馬賢僅乃克之此所以爲害深重累年不定者雖由御者之無方將非其才亦豈不以寇發心腹害起肘腋疢篤難療瘡大遲愈之故哉



自此之後餘燼不盡小有際會輒復侵叛馬賢忸忕終於覆敗紀明臨衛自西徂東雍州之戎常爲國患中世之寇惟此爲大漢末之亂關中殘滅魏興之初與蜀分隔疆埸之戎一彼一此魏武皇帝令將軍夏侯妙才討叛氐阿貴千萬等後因拔棄漢中遂徙武都之種於秦川欲以弱寇彊國扞禦蜀虜此蓋權宜之計一時之勢非所以爲萬世之利也今者當之已受其敝矣夫關中土沃物豐厥田上上加以涇渭之流溉其舄鹵鄭國白渠灌浸相通黍稷之饒畝號一鍾百姓謠詠其殷實帝王之都每以爲居未聞戎狄宜在此土也非我族類其心必異戎狄志態不與華同而因其衰敝遷之畿服士庶翫習侮其輕弱使其怨恨之氣毒於骨髓至於蕃育衆盛則坐生其心以貪悍之性挾憤怒之情候隙乘便輒爲横逆而居封域之内無障塞之隔掩不備之人收散野之積故能爲禍滋蔓暴害不測此必然之勢已驗之事也當今之宜及兵威方盛衆事未罷徙馮翊北

地新平安定界内諸羌著先零罕开析支之地徙扶風始平京兆之氐出還隴右著陰平武都之界廩其道路之糧令足自致各附本種反其舊土使屬國撫夷就安集之戎晉不雜並得其所上合往古即敘之義下為盛世永久之規縱有猾夏之心風塵之警則絶遠中國隔閡山河雖為寇暴所害不廣是以充國子明能以數萬之衆制群羌之命有征無戰全軍獨剋雖有謀謨深計廟勝遠圖豈不以華夷異處戎夏區別要塞易守之故得成其功也哉難者曰方今關中之禍暴兵二載征戍之勞老師十萬水旱之害荐饑累荒疫癘之災札瘥夭昏凶逆既戮悔惡初附且款且畏咸懷危懼百姓愁苦異人同慮望寧息之有期若枯旱之思雨露誠宜鎮之以安豫而子方欲作役起徒興功造事使疲悴之衆徙自猜之寇以無穀之人遷乏食之虜恐勢盡力屈緒業不卒羌戎離散心不可一前害未及弭而後變復横出矣答曰羌戎狡猾擅相號署攻城野戰傷害牧守連兵聚衆載離寒暑矣而今異類瓦解同種土崩老幼繫虜丁壯降散禽離獸迸不能相一子以此等為尚挾餘資悔惡反善懷我德惠而來柔附乎將勢窮道盡智力俱困懼我兵誅以至於此乎曰無有餘力勢窮道盡故也然則我能制其短長之命而令其進退由己矣夫樂其業者不易事安其居者無遷志方其自疑危懼畏怖促遽故可制以兵威使之左右無違也迨其死亡散流離逷未鳩與關中之人戶皆為讐故可遐遷遠處令其心不懷土也夫聖賢之謀事也為之於未有理之於未亂道不著而平德不顯而成其次則能轉禍為福因敗為功值困必濟遇否能通今子遭弊事之終而不圖更制之始愛易轍之勤而得覆車之軌何哉且關中之人百餘萬口率其少多戎狄居半處之與遷必須口實若有窮乏糝粒不繼者故當傾關中之穀以全其生生之計必無擠於溝壑而不為侵掠之害也今我遷之傳食而至其種族自使相贍而秦地之人得其半穀此為



行者以廩糧遺居者以積倉寬關中之逼去盜賊之原除旦夕之損建終年之益若憚暫舉之小勞而忘永逸之弘策惜日月之煩苦而遺累世之寇敵非所謂能開物成務創業垂統崇其拓跡謀及子孫者也并州之胡本實匈奴桀惡之寇也漢宣之世凍餒殘破國内五裂後合為二呼韓邪遂衰弱孤危不能自存依阻塞下委質柔服建武中南單于復來降附遂令入塞居於漠南數世之後亦輒叛戾故何熙梁慬戎車屢征中平中以黃巾賊起發調其兵部衆不從而殺羌渠由是於彌扶羅求助於漢以討其賊仍值世喪亂遂乘釁而作鹵掠趙魏寇至河南建安中又使右賢王去卑誘質呼廚泉聽其部落散居六郡咸熙之際以一部大彊分為三率泰始之初又增為四於是劉猛内叛連結外虜近者郝散之變發於穀遠今五部之衆戶至數萬人口之盛過於西戎然其天性驍勇弓馬便利倍於氐羌若有不虞風塵之慮則并州之域可為寒心滎陽句驪本居遼東塞外正始中幽州刺史毌丘儉伐其叛者徙其餘種始徙之時戶落百數子孫孳息今以千計數世之後必至殷熾今百姓失職猶或亡叛犬馬肥充則有噬齧況於夷狄能不為變但顧其微弱勢力不陳耳夫為邦者患不在貧而在不均憂不在寡而在不安以四海之廣士庶之富豈須夷虜在内然後取足哉此等皆可申諭發遣還其本域慰彼羈旅懷土之思釋我華夏纖介之憂惠此中國以綏四方德施永世於計為長帝不能用未及十年而夷狄亂華時人服其深識

西涼李暠修敦煌舊塞東西二圍以防北虜之患築敦煌舊塞西南二圍以威南虜後趙石季龍謀伐昌黎遣渡遼曹伏將青州之衆渡海戍蹋頓城無水而還因戍于海島運穀三百萬斛以給之又以船三百艘運穀三十萬斛詣高句驪

後涼呂光時群議以高昌雖在西垂地居形勝外接胡虜易生翻覆宜遣子弟鎮之光以子覆為使持節鎮西將軍都督玉門

已西諸軍事西域大都護鎮高昌命大臣子弟蒞之

南齊太祖建元二年又置巴州以威靜之

後魏明元泰常八年正月蠕蠕犯塞二月築長城自長川之南起自赤城西至五原延袤二千餘里備置戍衛

太武始光初詔問公卿赫連蠕蠕征討先後北平王長孫嵩平陽公長孫翰司空奚斤等曰赫連土居未能為患蠕蠕世為邊害宜先討大檀及則收其畜產足以富國不及則校獵陰山多殺禽獸皮肉筋角以充軍實亦愈於破一小國太常崔浩曰大檀遷徙鳥逝疾追則不足經久大衆則不能及之赫連屈丐土宇不過千里其刑政殘虐人神所棄宜先討之尚書劉絜武京侯安原請先平馮跋帝默然遂西巡狩

延和元年六月庚寅車駕伐和龍詔尚書左僕射安原等屯于漠南以備蠕蠕

太延二年八月詔廣平公張黎發定州七郡一萬二千人通莎



泉道

五年六月甲辰車駕西討沮渠牧犍侍中宜都王穆壽輔皇太子以留臺事大將軍長樂王嵇敬輔國大將軍建寧王崇二萬人屯漠南以備蠕蠕

太平真君五年帝蒐于河西詔司徒崔浩詣行在議軍事浩表曰昔漢武帝患匈奴彊盛故開涼州五郡通西域勸農積穀為滅胡之資東西迭擊故漢未疲而匈奴已弊後遂入朝昔平涼州臣愚以為北賊未平征役不息可不徙其民案前世故事計之長者若遷民人則土地空虛雖有鎮戍適可禦邊而已至於大舉軍資必乏陛下以此事闊遠竟不施用如臣愚意猶如前議募徙豪強大家充實涼土軍舉之日東西齊勢此計之得者

六年八月徙諸種雜人五千餘家於北邊令人北徙畜牧至廣漠以餌蠕蠕

七年五月發司幽定冀四州十萬人築畿上塞圍起上谷西至河廣袤皆千里

九年十二月北討至受降城不見蠕蠕因積糧城內留守而還

孝文延興五年六月詔赦京師死罪遣備蠕蠕

太和中尚書中書監高閭上表曰臣聞為國之道其要有五一曰文德二曰武功三曰法度四曰防固五曰刑賞故遠人不服則修文德以來之荒狄放命則播武功以威之民未知戰則制法度以齊之暴敵輕侵則設防固以禦之臨事制勝則明刑賞以勸之用能闢國寧方征伐四剋北狄悍愚同於禽獸所長者野戰所短者攻城若以狄之所短奪其所長則雖衆不能成患雖來不能內逼又狄居野澤隨逐水草戰則與家產並至奔則與畜牧俱逃不齎資糧而飲食自足是以古人伐北方攘其侵掠而已歷代為邊患者良以倏忽無常故也六鎮勢分倍衆不鬬互相圍逼難以制之昔周命南仲城彼朔方趙靈秦始長城是築漢之孝武踵其前事此四代之君皆帝王之雄傑所以同



此役者非智術之不長兵衆之不足乃防狄之要事其理宜然故也易稱天險不可昇地險山川丘陵王公設險以守其國長城之謂歟今宜依六鎮之北築長城以禦北虜雖有暫勞之勤乃有永逸之益如其一成惠及百世即於要害往往開門造小城於其側因施却敵多置弓弩狄來有城可守有兵可捍既不攻城野掠無獲草盡則走終無往志宜發近州武勇四萬人及京師二萬人合六萬人為武士於苑內立征北大將軍府選忠勇有志幹者以充其選下置官屬分為三軍二萬人專習弓射二萬人專習戈楯二萬人專習騎矟脩立戰場十日一習採諸葛亮八陣之法為平地禦寇之方使其解兵革之宜識旌旗之節兵器精堅必堪禦寇使將有定兵兵有常主上下相信晝夜如一七月發六郡兵六萬人各備戎作之具勑臺北諸屯倉庫近作米俱送北鎮至八月征北部率所領與六鎮之兵直至磧南揚威漠北狄若來拒與之決戰若其不來然後散分其地以

築長城計六鎮東西不過千里若一夫一月之功當三步之地三百人三里三千人三十里三萬人三百里則千里之地彊弱相兼計十萬人一月必就糧一月不足為多人懷永逸勞而無怨計築長城其利有五罷游防之苦其利一也北部放牧無抄掠之患其利二也登城觀敵以逸待勞其利三也省境防之虞息無時之備其利四也歲常游運永得不匱其利五也又任將之道特須委信送之以禮恕之以情闊外之事有利輒決赦其小過要其大功足其兵力資其給用君臣相體若身之使臂然後忠勇可立制勝可果是以忠臣盡其心征將竭其力雖三[illegible]而踰榮雖三替而彌寵詔曰覽表具卿安邊之策比當與卿面論一二帝又引見群臣議伐蠕蠕前後再擾朔邊近有投化人云勑勤渠帥興兵叛之蠕蠕主身率徒眾追[illegible]西從今為應乘弊致討為應休兵息民左僕射穆亮對曰自古以來有國有家莫不以戎事為首蠕蠕子孫襲其凶業頻為寇擾為惡不悛自相違叛如臣愚見宜興軍討之雖不頓除巢穴且以挫其醜勢閭曰昔漢時天下一統故得窮追北狄今南有吳寇不宜懸軍深入帝曰先朝屢興征伐者以有未賓之虜朕承太平之基何為搖動兵革夫兵者凶器聖人不得已而用之便可停也帝又曰今欲遣蠕蠕使還應有書問以不群臣以為宜有乃詔閭為書於時蠕蠕國有喪而書不叙凶事帝曰卿為中書監職典文詞所造旨書不論彼之凶事若知而不作罪在灼然若情思不至應謝所任閭對曰昔蠕蠕主敦崇和親其子不遵父志屢犯邊境如臣愚見謂不宜弔帝曰敬其父則子悅敬其君則臣悅卿云不合弔慰是何言歟閭遂引愆免冠謝罪帝謂閭曰蠕蠕使牟提小心恭慎甚有使人之禮同行疾其敦厚每至陵辱恐其還化必被謗誣昔劉準使殷靈誕每至[illegible]人不為非禮之事及其還國果被譖愬以致極刑今為旨書可明牟提忠於其國使蠕蠕主知之宣武延昌三年十月庚辰詔驍騎將軍馬義舒諭蠕



孝明熙平中蠕蠕主醜奴遣使來朝抗敵國之書不修臣[illegible]議將依漢答匈奴事遣使報之司農少卿張倫表曰古之聖王疆理物土辯章要甸荒遐之俗政所不及故禮有壹見之文書著羈縻之事太祖以神武之姿聖明之略經略帝圖日有不暇遂令豎子遊魂一方亦由中國多虞急諸華而緩夷狄也高祖光宅土中業隆卜世赫雷霆之威振熊羆之旅方役南轅未遑北伐昔舊京烽起虜使在郊主上[illegible]書[illegible]不出世宗運籌帷幄開境揚旌衣冠所及戎車萬里于時醜類送款關上亦述遵遺志念大明臨[illegible]及行草國富兵強能言率職何憚而為之何求而行此往日蕃通敬求和以蔵蕭未絕抑而不許先帝棄戎於前陛下交夷於後無乃上乖高祖之心下違世宗之意且虜雖慕德亦來觀我懼之以強傲即歸附示之以弱窺覦或起春秋所謂以我卜也又小人難近夷狄無親踈之則怨狎之則[illegible]其所由來久矣是以高祖世宗知其若此來既莫逆去又不[illegible]不壹之義[illegible]不在此[illegible]其委贄玉帛之辰屈膝[illegible]禮則可豈其[illegible]勞[illegible]其珍物至於王人遠役銜命虜庭優以不[illegible]之尊加之相[illegible]之寵恐徒生虜慢無益聖朝假令選[illegible]而[illegible]使乎[illegible]職省[illegible]生之辭騁終軍之辭揚軾下[illegible]時猶為不願而況極之以隆崇申之以[illegible]執[illegible]不獲已應制詔示其上下之儀[illegible]臣致[illegible]以歸[illegible]之道若聽受忠誨明我話言則萬乘之盛不失位於域中天子之聲[illegible]於無外脫或未從焉能損[illegible]舞干戚以招之敷文德而懷遠[illegible]心不已或肆犬羊則當命辛李之將勒衞霍之師蕩定雲沙掃清逋孽飲馬瀚海之濱鏤石[illegible]之上開都[illegible]戍[illegible]已斯亦陛下之高功不世之盛事如思柔中[illegible]民務[illegible]之[illegible]經國之防豈可以戎夷兼并而遽虧[illegible]制[illegible]於來葉昔文公請隧[illegible]后有言[illegible]王[illegible]

方今□□陛下不取又以下方欲禮神岳瀆致（祀衡山登稽[illegible]）而反與夷虜之君酋長之長結昆弟之好抗分庭之義將何以瞰文命之景紹軒轅之高風者哉臣以為報使甚失如彼不報甚得如此願留須臾之聽察愚臣之言不從

正光四年二月己卯以蠕蠕主阿那瓌率衆犯塞遣尚書左丞元孚兼尚書為北道行臺持節喻之（[illegible]）

東魏孝靜帝興和元年六月以尚（[illegible]）僕射司馬子如（[illegible]）北道行臺選勇士前顯州刺史（[illegible]）為河南大使簡練勇士

北齊神武為東魏丞相武定元年八月於肆州北山築城西自馬陵戍東至土隥四十日罷

文宣帝天保元年受魏禪多所創革（[illegible]）六坊之內徙者更加簡練每一人必當百人任其臨陣（[illegible]）之謂之百保（[illegible]）（又簡華人之勇力絕倫者謂之勇士以備邊要）



三年十月乙未幸離石（[illegible]）黃櫨嶺乃起長城北至社干戍四百餘里立三十六戍（[illegible]）

六年發夫一百八十萬人築長城自幽州北夏口西至恆州九百餘里

七年十二月先是自西河總秦戍築長城東至於海前後所築東西凡三千餘里率十里一戍其要害置州鎮凡二十五所八年於長城內築重城自庫洛拔而東至於塢紇戍凡四百餘里

武成帝河清二年三月詔司空斛律光督五營軍士築戍於軹關

後主武平元年十二月詔左丞相斛律光出晉州道修城戍

後周宣帝大象初徵拜于翼為大司徒詔翼巡長城立亭障西自鴈門東至碣石創新改舊咸得其要害

隋高祖開皇元年四月發稽胡修築長城二旬而罷（[illegible]）

（[illegible]）

（[illegible]之統西域[illegible]都護之威比見西[illegible]）

二年十月癸酉皇太子勇屯兵咸陽以備胡十二月乙酉遣沁源公虞慶則屯弘化備胡

六年二月丁亥發丁男十萬修築長城二旬而罷

七年二月發丁男十萬餘修築長城二旬而罷（[illegible]）



（[illegible]）

煬帝大業（[illegible]）大夫段文振以高祖容納突厥啟民居于塞內妻以公主賞賜重疊及煬帝即位恩澤彌厚狼子野心恐為國患乃上表曰臣聞古者遠不間近夷不亂華周宣外攘戎狄秦帝築城萬里蓋遠圖良算弗可忘也竊見國家容受啟民資其兵食假以地利如臣愚計竊又未安何則夷狄之性無親而貪弱則歸投強則反噬蓋其本心臣學非博覽不能遠見且聞晉朝劉曜梁代侯景近事之驗衆所共知以臣量之必為國患如臣之計以時喻遣令出塞外然後明設烽候緣邊鎮防務令嚴重此乃萬歲之長策也又西域諸蕃多至張掖與中國交市帝令吏部侍郎裴矩掌其事矩知帝方勤遠略諸商胡至者

矩誘令言其國俗山川險易撰西域圖三卷入朝奏之帝大悅每日引矩至御座親問西方之事矩盛言胡中多諸寶物吐谷渾易可并吞帝由是甘心通西域四夷經略咸以委之遷黄門侍郎帝復令矩往張掖引致西蕃至者十余国後帝遣將軍薛世雄城伊吾令矩共往經略矩諷諭西域諸国曰天子為蕃人交易懸遠所以城伊吾耳咸以為然不復來競及還賜錢四十万

三年七月丙子發丁男百余万築長城西拒榆林東至紫河二旬而罷死者十五六

八月帝巡于塞北幸啓民帳時高麗遣使先通于突厥啓民不敢隱引之見帝内史侍郎裴矩因奏狀曰高麗之地本孤竹国也周代以之封于箕子漢世分為三郡晉氏亦統遼東今乃不臣別為外域故先帝疾焉欲征之久矣但以楊諒不肖師出无功當陛下之時安得不事使此冠帶之境仍為蠻貊之鄉乎今其使者朝於突厥親見啓民合国從化必懼皇霊之遠暢慮後伏之先亡脅令入朝當可致也帝曰如何矩曰請面詔其使放還本国遣語其王令速朝覲不然者當率突厥即日誅之帝納焉其王高元不用命始建征遼之策



四年七月辛巳發丁男二十餘萬築長城自榆谷而東詔嵐州刺史衛玄監督之

六年遣侍御史韋節召突厥處羅令与車駕會於大斗拔谷其国人不從處羅謝使者辞以他故帝大怒無如之何適會其酋長射匱遣使來求婚黄門侍郎裴矩因奏曰處羅不朝恃強大耳臣請以計弱之分裂其国即易制也射匱者都六之子達頭之孫世為可汗君臨西面今聞其失職附隷於處羅故遣使來以結援耳願厚礼其使拜為大可汗則突厥分為两而從我矣帝曰公言是也因遣裴矩朝夕至館微諷諭之帝於仁風殿召其使者言處羅不順之意稱射匱有好心吾將立為大可汗令發兵誅處羅然後當為婚也帝取桃竹白羽箭一枝以賜射因謂之曰此事宜速使疾如箭也使者返路經處羅處羅愛箭將留之使者譎而得免射匱聞而大喜興兵襲處羅處羅大敗弃妻子將左右數千騎東走在路又被劫掠遁於高昌東保時羅漫山高昌王麴伯雅上狀帝遣裴矩將向氏親要左右馳至玉門關晉昌城矩遣向氏使詣處羅所諭朝廷弘養之義丁寧曉諭之遂入朝然每有怏怏之色（入玄裴矩[illegible]反[illegible]於突厥[illegible]處羅遣使[illegible]）（[illegible]所迫竟隨使者入朝帝甚悅賜矩貂裘及西域珍異）

十一年八月[illegible]帝至鴈門為突厥所圍内史侍郎蕭瑀進謀曰如聞始畢託校獵至此義成公主初不知其有違背之心且北蕃夷俗可賀敦知兵馬事昔漢高祖解平城之圍乃是閼氏之力況義成以帝女為妻必恃大国之援若發一單使以告義成假使無益事亦無損矣又切聽興人之誦乃慮陛下平突厥後更事遼東所以人心不一或致挫敗請下明詔告軍中赦高麗而專攻突厥則百姓心安人自為戰煬帝從之於是發使詣可賀敦諭義成公主旬日而突厥解圍去於後獲其諜人云義成主遣使告急於始畢稱北方有警由此突厥解圍蓋義成主之功也（帝又將伐遼東[illegible]）



唐高祖武德初以豐州[illegible]突厥交相往來吏不能禁太子建成議廢豐州[illegible]郭權從百姓寄居于靈州割并五原榆中之地於是突厥遣處羅之子郁射設率所部万余家入處河南之地以靈州為境

二年二月癸酉令州縣修治堡固以備胡

三年七月甲戌遣皇太子建成鎮蒲州以備胡

四年正月辛巳詔曰稽胡部類居近北邊習惡之徒未悉從化恃其險阻谷掠懷首鼠寇抄居民侵擾亭候可令太子建成總統諸軍以時致討分命驍勇方軌齊驅跨谷弥山窮其巢穴元惡大憝即就誅夷驅略之民復其本業行軍節度期會進止皆取建成處分

□年六月辛亥劉闥引突厥之衆寇山東遣□車騎將軍元詔爲□□道行軍總管以備邊□月戊吐谷渾寇岷州總管李長卿拒之反爲所敗遣益州□左僕射竇軌洧州刺史出治生援之乙卯突厥頡利可汗□遣左武衛將軍段德操雲州總管李子和等率兵以拒之□□利可汗率騎十五萬人入鴈明己未突厥進寇并州以□□將軍李勣爲并州總管太子左衛率[illegible]州總管□□州□張德政爲原州總管吏中皇太子建成出豳州道命太宗出秦州道以禦之突厥寇原州又令□州總管李子和率兵趨雲中以掩可汗左武衛將軍段德操□夏州邀其歸路辛□帝謂群臣曰突厥入寇□□和□□□戰其策安在太常卿鄭元璹對曰若擊之則□□以和□□中書令封德彝進曰□不戰而和示狄以弱□□未若擊之克捷而後和親此則威恩兼舉帝然之戊辰吐谷渾陷洮州遣武州刺史賀拔亮



防禦之

六年七月癸未突厥寇原州乙酉□□□□□□□大將軍□□還不能禦率衆而遁爲賊所敗行軍總管□□□□敬德率師援之

七年六月遣邊州修堡城警烽候以備胡

八年正月己酉帝與群臣言備邊之事將作大匠于筠進曰[illegible]若多造舩艦於五原靈武置舟師於黃河之中足以斷其入寇之路中書侍郎溫彥博又進曰昔魏文帝掘長塹以遏匈□亦可循其事帝並從之於是遣將軍桑顯和斷塹□邊要路又徵江南習水之士更發卒於靈州造戰船

五月己酉帝謂群臣曰名實之間理須相副突厥稱臣於隋拒煬帝此亦何臣之有朕新於萬物不欲驕貴但據此土與共安民何必令其稱臣以自尊大可□□語述朕此懷也侍中裴矩中書侍郎溫彥博進對曰遼東之地周爲箕子之國漢家之玄菟郡耳魏晉前立於提封之內不可[illegible]不下[illegible]諸四夷出當輕慶且中國之於四夷猶太陽之與列星理無降尊俯同藩服帝乃止初帝以天下大定將偃武事遂罷十二軍人數文德至是突厥頻爲寇掠帝志在威之復置十二軍以太常卿竇誕爲參旗將軍吏部尚書楊恭仁爲鼓旗將軍淮安王神通爲玄戈將軍右驍衛將軍劉弘基爲井鉞將軍右衛大將軍張瑾爲羽林將軍左驍衛大將軍長孫順德爲騎官將軍左□門將軍樊世興爲天節將軍右武候將軍安脩仁爲招搖將軍右監門衛大將軍楊毛爲折威將軍左武候將軍王長諧爲天紀將軍屯□□□□爲平道將軍錢九隴爲苑游將軍□練士馬將圖大舉焉

六月丙子遣燕郡王李藝屯兵華亭縣及彈箏硤水部郎中姜行本斷石嶺之道以備胡

七月甲辰帝謂侍臣曰往以中原未定突厥方強吾廣其邊禮同敵國今既人而獸心不顧盟誓方爲攻取之計無容更事



[illegible]書敗爲勑詔乙酉頡利可汗寇相州叛胡鍾伽陀攻□□□辰代州都督藺謩□□□□□新城不能剋□□□行軍總管任瓌與突厥戰于太谷丁□□□□□王出并州以備胡寇

八月壬戌突厥踰石嶺寇并州癸□突厥寇靈州丁卯突厥寇潞沁韓三州左武候將軍安脩仁□□□□伽陀於且渠川破之遣李靖出潞州道又令行軍總管任瓌屯太行

九月癸丑突厥寇蘭州十月壬申吐谷渾寇疊州遣扶州刺史蔣善合師援之戊寅突厥寇□州霍國公柴紹帥師援之

九年正月辛亥突厥聲言入□□州縣修城堡謹烽候

二月丁亥突厥寇原州遣折威將軍楊毛擊之又徵兵屯于太原遣秦王及皇太子建成勒兵以備胡俄竟不行

六月丁巳突厥數萬騎圍烏城遣□□□□□□右武衛大將軍李□天紀將軍張瑾率兵援之□□□突厥寇渭州遣右衛將軍霍□□□率兵禦之

卷末

冊府元龜卷第九百九十一

外臣部三十六

備禦第四

唐太宗以武德九年八月甲子即位是月突厥入寇涇州乙亥突厥寇武功京師戒嚴丙子檢校戶部尚書裴矩等二十餘人各陳禦寇之冊帝曰朕受天命子育黔首豈使凶徒虐我黎庶朕將禦戎躬親翦撲先事威之然後施化公輩不須為慮也己卯突厥寇高陵辛巳行軍總管尉遲敬德與突厥戰於涇陽大破之獲其俟斤阿史德烏沒啜斬首千餘級癸未突厥遣其腹心執失思力入朝為覘自張形勢云二可汗總兵百萬今已至矣乃請反命帝謂之曰我與突厥面自和親汝則背之我無所愧又義軍入京之初爾父子並親從我賜爾玉帛前後極多何輒將兵入我畿縣爾雖突厥亦須有人心何得全忘大恩自誇強盛我當先戮爾矣思力懼而請命蕭瑀封德彝等請禮遣之帝曰不然今若放還當謂我懼遂執思力於門下省于時兵馬大集遣瑀德彝分出慰勞帝出自玄武門與侍中高士廉中書令房玄齡將軍周範馳六騎幸渭水之上與可汗隔津而語責以負約其酋帥大驚皆下馬羅拜俄而衆軍繼至精甲耀日連旗蔽野頡利見軍容大盛又知思力就拘相顧色動由是大懼帝獨與頡利臨水交言麾諸軍却而陣焉蕭瑀又以輕敵固諫于馬前帝曰吾已籌之非卿所知也突厥所以掃其境內直入渭濱蓋以我國家初有內難朕又新登大位將謂不敢拒之朕若閉門虜必大掠強弱之勢在今一策朕故獨出以示輕之又耀軍容使知必戰事出不意乖其本圖虜入既深理當自懼與戰則必剋與和則必固制服匈奴自茲始矣公等宜觀之是日頡利請和詔許焉瑀等方歎曰非所測也乙酉又幸城西刑白馬與頡利同盟于便橋之上突厥引兵而退蕭瑀進曰初頡利之未和也謀臣猛將多請戰而陛下不納臣以為疑既而虜自退其策安在帝曰我觀突厥之兵雖衆而不整君臣之計唯利是視可汗獨在水西達官皆來謁我我醉而縛之因而襲擊其衆勢同拉朽何往不勝我已令無忌李靖設伏於幽州以待之虜若奔還伏兵邀其前大軍躡其後覆之如反掌矣我所以不戰者我即位日淺為國之道安靜為務一與虜戰必有死傷我所不能忘懷也又凶虜一敗或當懼而脩德結怨於我為患不細我今卷甲韜戈啗以玉帛彼既得所欲固知其退也然須虜驕恣必自是始士破之漸其在茲乎將欲取之必固與之此之謂也卿等寧知之乎瑀再拜曰聖略宏遠誠非愚臣所及

九月丙戌遣殿中監盧寬將軍[illegible]送突厥還蕃頡利獻馬三千疋羊萬口帝不受詔頡利所掠中國戶口者令歸之壬辰修緣邊障塞以備胡寇下詔曰城彼朔方周朝盛典繕治河上漢室宏規所以作固京畿設險邊塞式遏寇虐隔礙華戎自隋氏季年中夏喪亂黔黎凋盡州城空虛突厥因之侵犯疆場乘間幸釁深入長驅寇暴滋甚莫能禦制皇運以來東西征伐兵車屢出未遑北討遂令胡馬乘入至于涇渭蹂踐禾稼駭懼居民喪失既多虧廢生業朕分命師旅撲其鋒銳頻獲名王每其渠帥然而凶狡不息驅侵未已御以長筭利在修邊其北道諸州所置城寨粗已周遍未能備悉今約以和通雖云疲寇然蕃情難測更事修葺僉曰宜之朕以板築之功方資力役奮鍤之用興發且多今彼劬勞用深怵惕加以和給優復詔書始下旋即就功有若食言百姓將疑謂予不信但民惟邦本固邦寧覬其為陵寢為民患其城寨鎮戍須有修補宜量事遠近計度功力所在軍民且共營辦所司具為條式務使成功宜示閭里明知此意

十二月己巳益州大都督竇軌奏獠反請兵討之帝曰獠依山險蓋是其常當撫以恩信自然知威何乃不弘仁化先縱兵威豈為民父母之意也竟不許

貞觀元年長孫無忌為尚書右僕射時突厥頡利可汗新與中国和盟政教紊乱言事者多陳攻取之策帝召蕭瑀及無忌問曰北蕃君臣昏亂殺戮無辜国家不違舊好便失攻昧之機今欲取亂侮亡復爽同盟之義二途未決孰為勝耶蕭瑀曰兼弱攻昧古之善者無忌曰今国家務在戢兵待其寇邊方可討擊彼既已弱必不能來若深入虜庭臣未見其可且按甲存信臣以為宜帝從無忌之議突厥尋而衰滅

二年四月丁亥突厥可汗為頡利可汗所攻遣使來乞師帝謂近臣朕與突厥頡利結為兄弟不可以不救又頡利與国通和不可失信其計安在兵部尚書杜如晦進曰夷狄無信其來自久国家雖為守信彼必背之不若因其亂而取之所謂取亂侮亡之道也帝然之因令將軍周範屯太原以圖進取

四年三月定襄道行軍總管李靖擊突厥頡利可汗以獻其部落或走薛延陀或走西域而來降者甚衆詔議安邊之術朝士多言突厥恃強擾亂中国為日久矣今天實喪之窮來歸我本非慕義之心因其歸命分其種落徙之河南兗豫之地散屬州縣各使耕織百万胡虜可得化為百姓則中国有加戶之利塞北可常空矣唯中書令溫彥博議請準漢武時置降匈奴於五原塞下全其部落得為捍蔽又不離其土俗因而撫之一則實空虛之地二則示無猜心若遣向河南兗豫則乖物性故非含育之道帝將從之祕書監魏徵奏言突厥自古至今未有如斯之破敗者也此是上天勦絕宗廟神武且其世寇中国百姓冤讐陛下以其降伏不能誅滅即宜遣還河北居其故土匈奴人面獸心非我族類強必寇盜弱則卑服不顧恩義其天性也秦漢患其若是故發猛將以擊之收取河南以為郡縣陛下奈何以内地居之且今降者幾至十万數年之間孳息倍居我肘腋甫邇王畿心腹之疾將為後患尤不可河南處也彥博奏曰天子之於物也天覆地載有歸我者則必養之今突厥破滅之餘燼歸心陛下不加憐愍棄而不納非天地之道阻四夷之意臣愚甚謂不可遣居河南所謂死而生之亡而存之懷我德惠終無叛逆魏徵又曰晉代有魏時胡落分居近郡平吳已後郭欽江統勸武帝逐出塞外不用欽等言數年之後遂傾瀍洛前代覆車殷鑒不遠陛下必用彥博之言遣居河南所謂養獸自遺患也彥博又曰臣聞聖人之道無所不通古先哲王有教無類突厥余魂以命歸我我援護之收居內地稟我指麾教以禮法數載之後盡為農民選其酋首遣居宿衛畏威懷德何患之有且光武居南單于於內郡為漢藩翰終乎一代不有叛逆彥博既口給引類百端帝遂用其計於朔方之地自幽州至靈州置順祐化長四州都督府又分頡利之地六州左置定襄都督府右置雲中都督府以統其部衆其酋首至者皆拜為將軍中郎將等官布列朝廷五品已上百余人因而入居長安者數千家

十四年九月置安西都護府居交河城十一月置寧朔大使以護突厥

十七年閏六月戊辰帝曰蓋蘇文殺其主而奪国政誠不可忍今日国家兵力取之不難朕不欲勞費故未動衆也朕將敕契丹靺鞨以擾之何如司空房玄齡曰臣觀古之列国無不以強凌弱以衆暴寡今陛下撫養蒼生將士勇銳力有余而不用之所謂止戈為武者也司徒長孫無忌曰蓋蘇文自知弒君罪大恐懼大国且聖工之交四夷使曲在彼又高麗王表有表疏告難陛下且賜璽書以慰之其既獲自安必當順以聽命更恣無君之心從而責之未晚也帝曰善

九月庚辰新羅遣使言高麗百濟侵凌臣国累遭攻襲數十城兩国連兵期之必取將以今茲九月大舉臣社稷必不獲全謹遣陪臣歸命大国願乞偏師以存救援帝謂使人曰我實哀尔為三国所侵所以頻遣使人和尔三国高麗百濟旋踵翻悔意

在谷威烈分爾土宇亦國設何奇謀以免顛越使人曰臣主事竊計[illegible]稚告急大國冀以全之帝曰我少發邊兵總契丹靺鞨直入遼東爾國自解可緩爾一年之圍此後知無繼兵還肆侵侮然四國俱擾於爾未安此為一策我又能給爾數千朱袍丹幟二國兵至建而陳之彼見者以為我兵必皆奔走此為二策百濟國恃海之險不脩戎械男女紛雜好相宴聚我以數十百船載以甲卒銜枚汎海直襲其地爾國以婦人為主為隣國輕侮失主延寇靡歲休寧我遣一宗枝以為爾國主而自不可獨王當遣兵營護待爾國安任爾自守此為三策爾宜思之將從何事使人但唯而無對帝歎其庸鄙非乞師告急之才也於是遣司農丞相里玄獎齎璽書賜高麗曰新羅委命國家朝貢不闕爾與百濟宜即戢兵若更攻之明年當出師擊爾國矣

年二月乙巳相里玄獎使高麗還玄獎初至平壤蓋蘇文[illegible]兩城帝顧謂侍臣曰高麗莫離支賊殺其主盡誅大臣用刑有同坑穽百姓動輒觸死怨痛在心道路以目夫出師弔伐須有其名因其弑君虐下取之為易諫議大夫褚遂良進曰陛下兵機神算人莫能知昔隋末亂離手平寇難及北狄侵邊西蕃失禮陛下欲命將擊之群臣莫不苦諫唯陛下明略獨斷卒並誅夷海內之人徼外之國畏威懾服為此也今聞陛下將伐高麗意皆熒惑然陛下神武英聲不比周隋之主兵若渡遼事須克捷萬一不獲無以威示遠方必更發怒再興兵眾若至於此安危難測帝然之兵部尚書李勣曰近者延陀犯邊陛下必欲追擊且為魏徵苦諫所以遂用其言此之失機亦由徵之誤計而若如中舉策延陀無一人生還可五十餘年間邊境無事矣帝曰魏徵此諫良為失中然一計不當而尤之後有良算安肯更發我亦[illegible]誤而竟不能從言乎

十一月詔曰百濟高麗恃其僻遠每動兵甲侵逼新羅新羅日蹙百姓塗炭遣使請援道路相望朕情深愍念爰命使者詔彼兩國戢兵敦好而高麗蓋蘇文攻擊未已若不拯救豈濟倒懸宜令營州都督張儉守左宗衛率高履行等率幽營二州都督府兵馬及契丹奚靺鞨往遼東問罪屬遼水泛溢儉等兵不得濟

十九年七月帝征遼營於安市城使李勣攻安市時從行文武亦以為摧高延壽十餘萬軍高麗膽碎乘破竹之勢今乃其時長驅水軍在卑沙城召之信宿相會直取烏骨渡鴨淥水迫其腹心安有機變掃清夷貊在此行耳諸司並長孫無忌以為天子行師與諸將有異事非萬全不可徼幸今建安新城賊猶十萬擁烏骨皆在吾後不如先破安市次取建安獲其兩城然後長驅而進萬全之計也

十二月詔禮部尚書江夏王道宗發朔并汾箕嵐代忻蔚雲九州兵馬鎮朔州又命右衛大將軍代州都督薛萬徹左驍衛大將軍阿史那杜尔等發勝夏銀綏丹延鄜坊石隰等十州兵馬鎮勝州又令勝州都督宋君明左武侯將軍薛孤吳仁等發靈



原寧鹽慶等五州兵馬鎮靈州又令執失思力發靈勝二州突厥兵馬與道宗等相知遏虜至塞下知有備不敢進先是右領軍大將軍執失思力以兵戍延陀數千騎寇邊

二十年六月乙亥鐵勒僕骨同羅共擊薛延陀多彌可汗大敗之帝以延陀破亡遣江夏王道宗左衛大將軍阿史那社尒為瀚海安撫大使又遣右領軍衛大將軍執失思力領突厥兵代州都督薛萬徹營州都督張儉各統所部兵分道並進又令右驍衛大將軍契苾何力領涼州及胡兵同入以為聲援初薛延陀真珠毗伽可汗遣使請婚太宗許以女妻之徵可汗備親迎之禮帝志懷遠人於是發詔幸靈州與之會可汗大悅謂其國中曰我本鐵勒之小帥也蒙大國聖人樹立我為可汗今復嫁我以公主車駕親至靈州斯亦足矣於是税諸部羊馬以為聘財或說可汗曰我薛延陀可汗與大唐天子俱為一國主何有自往朝謁如或拘留悔之無及可汗曰吾聞大唐天子聖德遠

被日月所照皆來賓服我歸心委質豈得一覲天顏無所復恨
然磧北之地必當有主舍我別求固非大國之計我志決矣勿
復多言於是言者遂止太宗令[illegible]發使受其羊馬然延陀先
無府藏調斂其國往返且万里既涉沙磧無草羊馬多死遂後期
帝於是停幸靈州徵還三道之使既而其聘羊馬至所耗將半
議者以為戎狄不可以禮義畜若娉財未備而與之婚或輕中
國要令備禮以加重於是反其使者群臣或勸帝云既許以公
主妻延陀邊境得以休息其歡娉不可失信於番人宜在遣
成帝謂之曰君等述論皆非也君等知古而不知今昔漢家匈
奴彊而中國弱所以厚飾子女嫁與單于今時中國彊而北狄
弱漢兵一千堪擊其數万延陀所以匍匐稽顙恣我所為不敢
驕慢者以新得立為君雜姓非其本屬將倚大國用服其眾彼
同羅僕骨等十餘部落兵數万并力足制延陀所以不敢發者
延陀為我所立懼中国也今若以女妻之大國子婿增崇其禮
深結黨援雜姓部落屈膝低首更遵服之夷狄之人豈知恩義
微不得意勒兵南下如君所言可謂養獸以自噬也吾今不與
其女頻簡使命諸姓部落知吾弃之其爭擊之必矣君其志
之既而李思摩數遣兵侵掠之延陀復遣突利失擊思摩至定
襄掠百姓而去帝遣英國公李勣援之虜已出塞而還帝以其
數與思摩交兵乃璽書責讓之又謂其使人曰語爾可汗我天
子並東征高麗汝若能乘虛寇邊者但當來也可汗遣使致謝復請
發兵助軍帝答以優詔而止其兵及太宗拔遼東諸城破駐蹕
之陣降高延壽威振戎狄而莫離支潛令靺鞨誑惑延陀啗
以厚利延陀氣懾不敢動
高宗永徽二年十一月丁丑以高昌故地置安西都護府以高
昌[illegible]天山縣公麴智湛為左驍衛大將軍兼安西都護西州
刺史往鎮撫焉
三年六月戊申詔兵部尚書崔敦禮并州都督府長史張



等分步騎万人往[illegible]遣延陀餘衆[illegible]置祁連州以處之
顯慶二年十二月伊麗道行軍總管蘇定方討阿史那賀魯于
金牙山收其所據之地三年分其種落列置州縣以處木昆部
落為匐延都督府以突騎施索葛莫賀部為嗢鹿都督府以突
騎施阿利施部為挈都督府以胡祿屋闕啜部為鹽泊都督府
以攝舍提暾啜部為雙河都督府以鼠尼施處半部為鷹娑都
督府其所役屬諸胡之國皆置州府並隸安西都護府
三年正月立龜茲王布失畢之子白素稽為龜茲王初布失畢
妻阿史那氏與其國相那利私通布失畢知而不能禁布失畢
左右頗請討之由是國內不和遞相猜阻各遣使來告難帝聞
而并召之既至京師囚那利而遣左領軍郎將雷文成送布失
畢歸國行至龜茲東由分泥師城而龜茲大將羯獵顛發眾拒
之仍通使降於賀魯布失畢據城自守不敢進於是詔左屯衛
大將軍楊胄發兵討之會布失畢病死胄與羯獵顛決戰大破
之擒羯獵顛及其黨盡殺之乃以其地為龜茲都督府又拜白
素稽為都督以統其眾又移安西都護府於龜茲國舊安西復
為西州都督府左驍衛大將軍兼安西都護天山縣公麴智湛
為西州都督以統高昌之故地
總章二年九月詔吐谷渾慕容諾曷鉢部落移就涼州南近山
安置時議者恐吐蕃以舊怨更擊之帝詔左相姜恪右相閻立
本左衛大將軍契苾何力司戎少常伯崔餘慶左衛將軍郭待
封司元少常伯許圉師等議之謀發兵先擊吐蕃閻立本曰自
去歲以來微少甘澤粟價騰踊倍於常年閭閻之間大有飢乏
今夕遽興師旅將恐轉益憂勞如臣愚見以為未可契苾何力
答曰吐蕃在西經途稍遠又須諸羌連接臣恐大軍纔到便即西
走且山路險阻遠涉甚難軍粮須繼未易深入慮其開春以後
必來侵逼吐渾如其更來臣請不須救援吐渾無識便謂國力
已疲遂自驕矜無所憚懼然後命將出師一舉可滅之矣姜恪

曰何力言非也吐谷渾歸附日久吐蕃乘勝逼之必不能禦儻君不救坐見滅亡此則邊境憂虞無所控告既虧聖德又沮國威臣之愚慮謂宜拯恤且使小蕃得存然後更圖大舉議竟不定吐谷渾竟不移而止

上元三年二月帝以高麗餘衆反叛移安東都護府於遼東故城先有華人任官者悉罷之其百濟百姓先徙在涂河及徐兖等州者權移熊津都督府於建安故城以處之

儀鳳二年十二月勑曰朕君臨宇宙司牧黎元普天之下罔不率服蕞爾吐蕃僻居遐裔吐渾是其隣國遂乃奪其土宇往者暫遣偏裨欲復渾王故地義存拯救事匪稱兵輙肆昏迷潛相擁戴既無備預傾喪師徒因此鴟張每思狼顧除凶伐叛王者所急前歲將發六軍問其罪戾復以小寇尤勞大舉按甲息兵冀其改過不思惠愛更起回邪敢縱狂戎專爲寇盜或攻圍鎮戍或驅掠羊馬烽燧頻舉烟塵不息候隙來間倏來忽往比者



此今鎮遏未能即並剪除寬大之恩遂長包藏之計禍盈惡稔當自覆滅今欲分命將帥窮其巢穴克清荒服必寄英奇但秦雍之部俗稱勁勇汾晉之壤人擅驍雄宜令關內河東諸州廣求猛士在京者令中書門下於廟堂選試外州委使人與州縣相知揀練有膂力雄果弓馬灼然者咸宜甄採即以猛士爲名

三年九月帝以吐蕃爲患召侍臣問吐蕃小醜屢犯邊境我比務在安輯未即誅夷而戎狄豺狼不識恩造置之則疆埸日駭圖之又未聞上策宜論得失各盡所懷給事中劉景先奏曰攻之則兵威未足鎮之則國力有餘守撫者士卒守衛邊境中書舍人郭正一曰吐蕃作梗年歲已深興師不絕非無勞費近討則徒損兵威深入則未傾巢穴臣望少發兵募且遠備邊明立烽候勿令侵擾待國用豐足即一舉而滅之矣給事中皇甫文亮曰且令大將鎮撫蓄養將士遠建營田以收糧儲必待足食方可一舉而取之帝曰朕生於深宮未嘗躬擐甲冑親踐戎行宿將舊人多從物故自非投戈俊傑安能克滅兇渠海東二蕃往雖旅拒高麗不敢渡遼水百濟未敢越滄波往者頻歲遣兵糜費中國事雖已往我亦悔之今吐蕃侵我邊境事不得已須善謀之中書舍人劉禕之對曰臣觀自古聖主明君皆有夷狄爲梗吐蕃時擾邊隅有同禽獸得其土地不可收居被其馮陵未足爲耻願戢万乘之威寬万姓之役給事中楊思徵曰聖人御物貴在從時今凶賊陸梁邊夷桀黠弗能懷德未肯畏威和好之謀臣謂非便帝曰此賊驕很未識恩威罪跡貫盈方當就擒和好灼然未可中書侍郎薛元超曰臣以爲敵不可縱縱敵則患生防邊則卒老不如料揀士卒一舉滅之帝顧謂黃門侍郎來常曰自李勣亡後實無好將當今唯以張虔勗等差爲優耳常奏曰昨者洮河兵馬足堪制敵但爲諸將莽失於部分遂無成功當今更無好將誠如聖旨竟議不定乃爲賜食而遣之



是年以吐蕃犯塞宋州人魏真宰詣闕上封事曰臣聞理天下之柄有二事焉文與武也然則文武之道雖有二門至於制勝御人其歸一揆然論武者則弓馬爲先而不稽之以權略談文者則以篇章爲首而不考之以經綸奔競相誇遂成浮俗臣嘗讀魏晉史每鄙何晏王衍終日談空近觀齊梁書生亦復不少並何益於理亂哉從此而言也則陸士衡著辨亡論而不救河橋之敗養由基射能穿札而不止鄢陵之奔斷可知矣昔趙岐撰禦寇之論山濤陳用兵之本皆坐運帷幄暗合孫吳抑又聞帝王之道務崇經略之術必杖英奇自國家良將可得言矣李靖破突厥侯君集滅高昌蘇定方開西域李勣平遼東雖国之英靈亦其才力所至古語有之人無常俗政有理亂兵無強弱將有能否是知太將之臨戎也以智爲本漢高之英雄太度尚曰吾寧鬭智魏武之神機冠絶猶依法孫吳有項籍之氣豪紹之基而猶皆任情終以破滅何況復出其下哉當今朝廷用

人類取將門子弟亦有死事之家而蒙抽擢者此等本非幹力見知雖竭力盡誠亦不免於傾敗如何使當閫外之任哉後漢馬賢討西羌皇甫規陳其必敗宋文帝使王玄謨修復河南沈慶之知不能克謝玄以書生之資拒符堅百萬之衆郗超言其必勝雖各時有今古求之人事皆可推之取驗大體觀其氣銳之短識略耳昔李左車陳湯呂蒙馬隆孟觀並出自貧賤動效甚高未嘗聞其家代為將以四海之廣兆庶之衆其中豈無卓越之士臣恐求之思也夫何遠之有臣又聞之賞者禮之源罰者刑之本故禮崇則謀夫竭其能賞行則義士輕其死刑正君子勵其心罰重小人懲其過然則賞罰者君國之紀綱古人云國無綱紀雖堯舜不能為化今罰不能行則賞亦難信故人間議者皆云近日征行處有賞格而無其事良由卜寸之人不識大體恐賜勳庸徧傾倉庫留意錐刀將此益國徇目前之近利志經久之遠圖所謂錯之毫釐失之千里者也且黔首雖微須應以賞罰得懸不信之令誅虛賞之科比者師出無功未必不由於此文子曰同言而信信在言前同令而行誠在令外故商君移木而表信曹公割髮以明法豈禮也哉有由然也自敵定方征遼東李勣破平壤賞絕不行勳仍淹滯臣以吏不奉法主司之過不聞斬一臺郎戮一令史如秦懷恪使天下知聞皇天何能照遠而不弭近哉臣識不稽古請以近事言之貞觀中萬年縣尉司馬玄景舞文飾智以邀乾沒太宗審其姦詐棄之都市及征高麗總管張君乂擊賊不進斬之旗下臣以偽勳之罪多於玄景仁貴等敗重於君乂向使早誅薛仁貴郭待封則自餘諸將豈敢失利於後哉臣恐吐蕃之平未在旦夕臣又人識不經遠類皆隨時生言吐蕃戰時前隊死盡後隊方進衣甲堅厚人馬甚多又土有瘴氣不宜士馬官軍遠入利鈍難知前無克獲取斃之道不積百萬米無為大舉之資臣以吐蕃之對中國猶孤星之對太陽有自然之大小自然之明暗論其智也則



我明而彼暗論其敵也則我大而彼小夫夷狄雖同之禽獸亦知愛其性命豈肯前隊皆死後隊方進由彼國虐用其人發迫使然非心之所願必不戰不顧死則兵法許敵能鬥當以交弃取之何憂於不剋也向令邊將能殺吐蕃使伏屍蔽野流血成河斂其頭顱聚為京觀臣恐此虜聞官軍鍾鼓之聲望風塵而走何暇前隊皆死後隊方進哉由薛仁貴郭待封覆我師徒使人喪氣至今不振故虜得其便跳梁於山谷臣又聞興師十萬日費千金國家之兵可得而有供軍之糧不可得而齊又今秋之行仰藉馬力不得數十萬匹無以成大舉之資臣請不用太府之錢太倉之粟辦二十萬衆二年資糧馬五十萬匹此威吐蕃使往還足用若天皇遊意經年之外此功可得而成自國家太平五十餘載百姓富饒四海安樂討當今之戶口其數即倍少於隋時料當今之資財其貨還倍富於隋日卜式有言天子誅匈奴愚以為賢者宜死節有財者宜輸之如此匈奴可滅臣之所願不至於此臣稅天下上至王公下及兆庶但是掛籍之口口別稅錢一百文臣子之心孰不甘稅又請放天下禁馬州縣百姓得乘大馬不限牝牡足數嚴勑州縣明立簿帳不得使其隱漏不過三年則人間精壯之馬可括得五十餘萬足委州縣長官以所稅之錢加價為市取若官軍大舉一朝可得而用議者必禁馬既久忽然聞許恐百姓因馬遂生罪過臣上觀秦漢下至周隋中原變故皆不由馬陳勝項籍之亂秦黃巾赤眉之覆漢並徒步而起亦無聞駿騎其後劉石亂晉到藉馬足肆其吞噬有隋禁馬科格甚嚴楊玄感篡臂大呼天下因之喪亂夫胡虜以馬為彊若放人乘馬則亦取其彊以益中國設不能久行之猶可五六年間通討乘騎使得漸減虜之盛私馬既多還是官有臣進退思惟終是國家之利且理有變通事無常准臣之所陳權以濟事必將不可久行後禁亦為未失帝覽而善之授祕書省正字令直中書省仗內供奉

則天神功元年鸞臺侍郎同鳳閣鸞臺平章事狄仁傑以百姓西戍疏勒等四鎮極爲凋弊乃上疏曰臣聞天生四夷皆在先王封域之外故東拒滄海西隔流沙北橫大漠南阻五嶺此天所以限夷狄而隔中外也自典籍所記聲教所及三代不能至者國家兼之矣此則今日之四境已逾於夏殷者昔詩人矜薄伐於太原美化行於江漢是則前代之遠裔而國家之域中至前漢時匈奴無歲不犯邊殺掠吏人後漢則西羌侵軼漢中東寇三輔入河東上黨幾至洛陽由此言之則陛下今日之土宇過於漢朝遠矣若其用武荒外邀功絕域竭府庫之實以爭磽确不毛之地得其人不足以增賦獲其土不足以耕織苟求冠帶遠夷之稱不務固本安人之術此秦皇漢武之所行非五帝三皇之事業也若使越荒外以爲限竊貴財以騁欲非但不愛人力亦所以失天心也昔始皇窮兵極武以求廣地男不得耕於野女不得蠶於室長城之下死者如亂麻於是天下潰叛漢武



追高文之宿憤藉四帝之儲實於是定朝鮮討西域平南越擊匈奴府庫糺空盜賊蠭起百姓嫁妻賣子流離於道路者萬計末年覺悟息兵罷役封丞相爲富人侯故能爲天祐也昔人有言與覆車同軌者未嘗安此言雖小可以喻大近者國家頻歲出師所費滋廣西戍四鎮東戍安東調發日加百姓虛弊開守異域事等石田費用不支有損無益轉輸靡絕杼柚殆空越磧踰海分兵防守行役既久怨曠亦多詩人云王事靡盬不能藝稷黍豈不懷歸畏此罪罟念彼恭人涕零如雨此則前代怨思之詞也上不見恤則政不行而邪氣作邪氣作則蟲螟生而水旱起若此雖禱祠百神不能調陰陽矣方今關東饑饉蜀漢逃亡江淮已南徵求不息人不復業則相率爲盜本根一搖憂患不淺其所以然者皆爲遠戍方外以竭中國爭蠻貊不毛之地乖子育蒼生之道也昔漢元帝納賈捐之謀而罷朱崖之郡宣帝納魏相之策而弃車師之田豈不欲慕尚虛名蓋憚勞人力也近貞觀年中克平九姓冊李思摩爲可汗使統諸部者蓋以夷狄叛則伐之降則撫之得推亡固存之義無遠戍勞人之役此則近日之令典施邊之故事竊見阿史那斛瑟羅陰山貴種代雄沙漠若委之四鎮使統諸蕃封爲可汗遣其禦寇則國家有繼絕之美荒外無轉輸之役如臣所見請捐四鎮以肥中國罷安東以實遼西省軍費於遠方并甲兵於塞上則常代之鎮重而邊州之備實矣況撫發夷狄蓋防其越境苟無侵侮之患則已何必窮其窟穴與螻蟻計校長短哉且王者外寧必有內憂蓋爲不勤修政故也伏願陛下弃之度外無以絕域未平爲念但當勑邊兵謹守備蓄銳以待敵待其所自致然後擊之此李牧所以破匈奴也當今所要者若令邊城警守備遠斥候聚軍實蓄威武以逸待勞則戰士力倍以主禦客則我得其便堅壁清野則寇無所得自然賊深入必有顛躓之患淺入必無虜獲之益如此數年可使二虜不擊而服矣仁傑又請廢安東復



高氏爲君長停江南之轉輸慰河北之勞弊數年之後可以安人富國事雖不行識者是之

冊府元龜卷第九百九十一

# 冊府元龜卷第九百九十二

## 外臣部三十六

### 備禦第五

唐中宗神龍元年六月以左驍衛大將軍裴思諒攝右御史臺大夫充靈武軍大總管以備突厥

三年正月命內外官各進破突厥之策右補闕盧𫍯上疏曰臣聞有虞咸熙苗人逆命殷宗大化鬼方不賓則戎狄交侵其來遠矣漢高帝納婁敬之議與匈奴和親妻其宗女賂以錦萬計頓益驕邊寇不止則遠荒之地凶悍之俗難以德綏可以威制而降自三代無聞上策今匈奴不臣擾我亭障皇赫斯怒將整元戎臣聞方叔帥師功歌周雅去病耀武勳列燕山則萬里折衝在於擇將春秋謀元帥取其悅禮樂敦詩書晉至杜預射不穿札而建平吳之勳是知中權制謀不在一夫之勇其蕃將沙吒忠義等身雖驍悍志無遠圖此乃騎將之材本不可當大任



且師出以律將軍死綏秦之白起長平趙括受戮胡去馬邑王恢坐誅則弄軍有刑古之常典近者[illegible]沙之役主將先逃輕赴國攻負正邦憲又其中軍既敗陣亂矢窮義勇之士猶能死戰功合紀録以勸戎行賞罰既明將士盡節此擒敵之術也臣聞以蠻夷中國之長策故陳湯統西域而郅支滅常惠用烏孫而匈奴敗請購驍勇之士班傳之儔勞結諸蕃與圖攻取此又掎角之勢也臣聞昔者漢置新秦以實塞下宜因古法募人徙邊選其勝兵免其行役次奮伍明教令則相習戎事究識夷險其所虜獲因而賞之近戰即守家遠戰則利貨趨赴鋒鏑不勞訓誓嗣駐稼穡久歌杖杜十年之後可以久安臣聞漢拜郅都匈奴避境趙命李牧林胡遠竄則朔方之安危邊城之勝負地方千里制在一賢其從州刺史不可不慎擇於其人而任之蒐乘訓兵屯田積粟謹設烽燧精飾戈矛來則懲而禦之去則備而守之此又古之善經也去歲元易天下不愁利在厚遇不可窮兵極[illegible]其業禦其卒收其家其[illegible]職事兵過襄[illegible]不以私愛人[illegible]浮僞自之力一不[illegible]樹蒿坻列[illegible]以趨耕[illegible]以攻[illegible]數年之後有勇知方[illegible]積金韋障利然後[illegible]留壘萬里風掃二庭[illegible]之酋懸藁街之邸使百蠻震[illegible]五兵載戢則上合天時下順人事理內以安外綏近以來遠以惠中國以靜四方臣[illegible]而不習[illegible]正之術[illegible]是司[illegible]而[illegible]之

五月戊戌命[illegible]衛大將軍張仁亶爲朔方[illegible]大總管以備突厥

景龍元年[illegible]月[illegible]又命左屯衛將軍張仁亶攝右御史臺大夫充朔方道大總管以備突厥

睿宗景雲元年九月以前太子少師唐休璟爲特進兼朔方道大總管以備突厥

二年十月命[illegible]僕[illegible]李回秀爲持節朔方道行軍大總管以備胡寇



阿史那獻爲持節招慰十姓使

延和元年六月吏部尚書郭元振爲朔方道行軍大總管節度諸軍以備胡寇

玄宗先天元年八月乙巳於河北漠州北界置渤海軍常陽軍[illegible]州[illegible]置懷柔軍每軍置兵五萬人

開元二年十二月以鴻臚少卿王晙爲朔方軍副大使總管制曰古者[illegible]孔熾匈奴侵驕則設以三策雖屬備胡之典方於五材未聞去兵之義不有行者誰能扞之王晙倜儻多智堅剛立節[illegible]讀前史思齊古人辭家而志滅獯戎報國而躬先將校頃屢[illegible]牧城彼朔方[illegible]全軍[illegible]利則[illegible]塞之勞嘉其善謀必有成績[illegible]外西[illegible]若[illegible]而歸上用明分閫之重式副[illegible]之期[illegible]前往其豐安定遠三城等軍及側近軍州[illegible]受晙節度其安北都護府移於中受降城置兵須足食理[illegible]加屯今正農將足

務耕種歷習軍戎奏聞

八月庚申制曰朕聞天生五材廢一不可不教人戰是謂棄之我國家光宅天下守在海外後於甲伐之義豈窮兵以黷武先以威德之懷欲安人而和衆將戒不虞詠非獲已突厥比通和好頗負盟約不有金革孰寧疆埸不有師徒誰扞牧圉昔者命彼南仲城于朔方軍出隴西勞於渭北此其備也今奚霫路鼙草秋風稍塵必順時以致師方休農以簡卒我圖諸國其在緣邊衛尉卿兼檢校左金吾衛大將軍凉國公李令問允尚勤勳衛謀該韜略閑張萬人之敵男不顧身經李二將之名然於衛士董司戎事行料兵權可充隴右道防禦大使左武衛將軍白道恭寺居運六奇行謀百勝早聞營平之議思韜標之捷可為之副宜取朔方後軍兵及前正朝堂應募健兒等總十萬人群牧馬四萬疋於秦州成蘭渭等州界遞便屯集教練仍書報贊普共為聲援明加偵候勿使失機



十月戊辰宰臣盧懷慎姚崇等奏曰頃者吐蕃以河為界神龍年中降公主吐蕃遂過河築城置獨山九曲兩軍去積石三百里又於河上造橋吐蕃今既叛我此橋既因毀折橋既見毀城自然拔臣等望與郭知運蓋思貴等計議剋期毀拆從之

四年三月關內節度郭虔瓘請於夏州加三二千兵宰相姚崇盧懷慎議曰兵雖不厭多多則費廣降人既納甲仗固亦無虞雖欲縱之其將何往況夏州素有馬二千疋兵一千三百人苟能用之足堪鎮遏待一二年後更量宜處分從之

七月以突厥默啜背恩降書於降附突厥等曰三姓葛邏祿大漠都督特進朱斯陰山都督謀落匐雞玄池都督實力胡鼻等歸積代已來為國藩捍比緣默啜侵擾中間暫阻款誠遂能改圖不遠而復每思忠節嘉歎實深已頻遣書曉達此意然金山安置雖是舊居未知初來並得好否默啜兇忍神怒天亡豈唯不識朕恩亦乃負於卿等復讎雪恥今正其時度卿等忠勇之誠校彼殘遺之輩取之有司揆不殲之何異摧枯共載咎臨必自面縛歸命鴻臚卿劉嘉祚衛尉卿身為帶等馳往宣慰便與卿等計會乘其衰弱早就翦除如或因循更令聚結非直有妨於此亦是不利於卿進退籌量固在於速其能捉獲默啜者必立賞格付嘉祚將往宜各勉思以副朝委今寄卿等錦袍鈿帶并刀子萬石至並領取

五年三月庚戌復置營州於柳城詔曰朕聞舜干戚者所以懷荒遠固城池者所以款戎夷國家往有營州茲為虜障控其狄不敢窺覦東蕃由其輯睦者久矣自趙翽失於鎮靜部落因此攜離頻見負塗之睽旋聞改邑之歎高牆真重故里爲墟言念於此每思開復奚饒樂郡王李大酺賜婚來朝已納呼韓之拜契丹松漠郡王李失活遣子入侍弥嘉秺侯之節咸申懇請朕所難違宜恢遠圖用光舊業其營州都督府宜依舊於柳城置管內州縣鎮戍等並准舊額太子詹事姜師度貝州刺史宋慶



禮左驍衛大將軍兼營田都督邵宏鄭州刺史劉嘉言屯田員外郎游子騫等並奧以幹事恪勤在公爰精揀官之選任茲方之役師度可充營田度支及修築使游子騫為之副宏可兼充燕郡經略鎮副使仍兼知修築使事應須人夫糧等一物已上依別勅處分有司仍速支配師度等並馳驛發遣

七月郭知運大破吐蕃獻俘闕下初帝欲遣阿史那獻為北蕃主而蘇祿拒而不納乃命王惠宣恩賜慰諭惠未行會安西湯嘉惠表至宰相宋璟蘇頲奏曰嘉惠表稱突騎施車鼻施引大食吐蕃擬取四鎮見圍撥換及大石城嘉惠已發三姓葛邏祿兵與史獻同掩襲臣等伏以突騎施等跡已叛換葛邏祿等志欲討除自是夷狄相攻元非朝廷所遣若大傷小滅皆利在國家成敗之狀即當聞奏王惠充使本為綏懷事意既殊未可令去望待以西表至續更商量從之

是月辛酉并州置天兵軍制曰太原并代之地勾注出屯之所

兵戎不可以不習，亭障不可以不備。獸駭鳴鏑之餘，自貽泯滅；胥吮祿男裁囊巢之餘，仍敢陸梁。九姓等雖頻頓顯，而仇讎久著。譬彼西戎，已獻毄友之馘；同夫東越，初雪會稽之恥。深慮後怨，因請防萌。況高秋在律，胡風振野，正可以揚武功，順殺氣，振茲州陰，張我天威。宜於并州集兵八萬衆，置天兵軍。并州長史上柱國張嘉貞有文武之才，勵忠公之操，較陳利害，頻奏封章，竣能料敵於未形，臨宜以決勝，可充天兵軍大使。并州司馬王喬典禮不易，其可用也；右監門衛中郎將薛徽，軍旅之事則嘗聞焉；並為副。左拒遼陽之師，右連河上之戍，車徒列次，鼓角傳聲，俾其雷斷一方，雲橫萬里，引茲廟算，稱朕意焉。

六年二月戊子，制曰：戢兵始於威武，扼險先於要害，以制猾俗，用綏遠人。九姓等頃立勳庸，先除禁鶩，列在蕃服，保其疆宇。然而獷戎頗近，寇盜時侵，雖文德未弘，武備素設。漢垣通於句注，夏屋枕於燕山，是稱近胡，諒藉遮虜，固可節其万部，成犄角之



形也，我六師示張皇之勢。其蔚州橫野軍宜移於山北古代郡大安城南，仍置漢兵三萬人，以為九姓之援。拔曳固都督頡質略等並望雄蕃，藉聲振翔，乘戎略兼招兵旅，惟纘各陳武列，分統軍政。頡質略出馬騎三千人，充橫野軍討擊大使；同羅都督比言出馬騎二千人，充橫野後軍討擊大使；迴紇可汗都督移健頡利發出馬一千人，充大將軍左軍討擊大使；僕固都督曳勒哥出馬騎八百人，充大武軍右軍討擊大使。左衆右拂，先偏後伍，作扞雲代，指清幽漠，宣威料敵，度功藏務。咨爾庶士，撫朕意焉。其五都督討擊大使，各量給賜物壹佰疋。領本部落蕃兵取天兵軍節度，其兵有事應須討逐者，候量宜追集；無事並放在部落營生，並使本軍存問，務使安輯。應修築所及支遣兵馬糧等，所司亦與節度使商量處置。

六月己丑，松漠郡王失活卒，降書於契丹衙官靜析軍副大使可突于曰：自從松漠郡王殂歿，已遣使吊祭。詳番部大臣衆情所望，主事生送死，恤義與忠，並敦舊好，以副深委。近得押蕃使許泰表云：突厥殺兒到大洛，揚言萬衆欲拔兩蕃。左手有急，右手不助，既在一身，得其自競力捍，時須覺察，審防姦詐。自從默啜破敗，殘賊困窮，非時遠來，冒死邀利，以御知勇，制彼狂愚，拉朽摧枯，不足為諭。深思此便，以效忠功，動靜與宋慶禮等籌度，勿失事理。

九年四月甲辰，詔曰：制國立軍，以為武備；安人和衆，諒在師貞。必將簡其車徒，務其蒐獮，不教人戰，何以訓兵？今寰宇雖寧，燧燧時警，故設備邊之政，更申用武之略。其劍南、磧西、關內、隴右、河東北通燕薊，既接邊隅，是防夷狄，據山川險要，量寇賊多少，分置軍旅，足成修備。有事赴敵，可以拉朽摧枯；無事養人，可以投距投石。而將吏非謹，甲兵不修，加之侵暴，仍且役使，雖則屢提綱領，然猶故忽科條，豈法有未明，將官無所畏？永言此弊，增歎于懷。又諸道軍城例管夷落，舊戶久應淳熟，新降更行綏撫。



如聞頗失於宜，若情不得其所，若非共行勦剿，何乃相繼離散？既往者理宜招討，見在者深加安全。熟戶既是王人，章程須依國法。比來表奏，多附漢官，或洩其事宜，不為聞達，或換其文狀，乖違本旨。自今已後，蕃州蕃官應有表奏，並令自差蕃使，不須更附漢官。雖復化深淳風，終是情因本性，刑罰不中，心固不安。其有犯法應科，不得便行決罰，具狀聞奏，然後科繩。咨爾軍寮，勉我王事：兵必須實勇奮力，馬必須錫收秣養，器仗必須磨礪，糧儲必須瞻積，馭衆必須以威以恩，誓將士必須以罰以賞，誓於旗物，稱爾戈矛，使有勇而知方，將料敵而常勝。所謂文武並用，國之大經。團結十萬衆兵，別令訓習，分割數万匹馬，皆有供須什物，備陳行裝，具足候時而動。我武惟揚，俾夫涼風至，白露下，將以執有罪，殄昏慝，弘厥戎略，振斯天聲，清彼四方，期此一舉。其諸軍官吏輒更私役兵及侵漁一錢已上，兼失偵候，仍隤散倉儲，或乏器械莫修，蕃部不能安，窮寇不能制，有一於

先國有叛誅事或未同仍令所司作條件處分

六月己亥胡賊康待賓反北州不安下詔曰國家奄覆萬方苞育燕慕要荒所列並入提封日月所照俱為臣妾莫不照我從澤納之仁壽神人以和鳥獸咸若河曲之地密邇京畿諸蕃部居舊在於此自服王化列為編甿安其耕鑿積有年序而離然造謀構此紛孽勞我師旅擾其邊隅不思衍育之恩坐取滅亡之道官軍纔及一鼓而潰雖肇其首謀則有元惡然率以從亂咸為匪人朕思弘在宥之恩振以好生之惠伐彼有罪擒其渠從使反側自安胡苟離貳則請張之黨亦實自取生成之德我則有焉宜令朔方軍大總管兵部尚書王晙宣崇恩命亦以柔服諸軍戰士應須酬錄功勳及却投來吐渾党項左右廂降戶雜蕃并胡戎部落或善惡未分或父長叛亂若須釐革一事已上並委王晙叙錄勳賞乃奏聞

十二年六月詔曰懷戎撫夷納款斂兵國家常事也邊塞屯田兵備置軍戍也雖萬方如同不可薄其武備蕃蠻朝貢不可輕其疆場今年十月東幸洛京西北士邊倍宜嚴警其河西隴右朔方太原幽州平盧諸節度使成百裹糧坐甲秣馬利兵明教隊伍遠為偵候使風塵預知邀截有所突我邊郡威加戎狄賞罰在茲各宜砥勵

府九百九十二　七

十三年帝將東巡中書令張說謀欲加兵以備突厥兵部郎中裴光庭曰封禪者告成之事忽此徵發豈非名實相乖說曰突厥比雖請和獸心難測且小殺者仁而愛人衆為之用闕特勤驍武善戰所向無前暾欲谷深沉有謀老而益智李靖徐勣之流也二虜叶心動無遺策知我舉國東巡萬一窺邊何以禦之光庭請遣使徵其大臣扈從則突厥不敢不從又亦難為舉動說然其言乃遣中書直省袁振攝鴻臚卿往突厥以告其意小殺與其妻及闕特勤暾欲谷等環坐帳中設宴謂振曰吐蕃狗種唐國與之為婚奚及契丹舊是突厥之奴亦尚唐家公主突厥前後請結和親獨不蒙許何也袁振曰可汗既與皇帝為子父子豈合婚姻小殺等曰兩蕃亦蒙賜姓猶得尚主但依此例有何不可且聞入蕃公主皆非天子之女今之所求豈問真假若請不得實亦羞見諸蕃振許為奏請小殺乃遣其大臣阿史德頡利發入朝貢獻因扈從東巡

十四年五月辛丑於定鎮莫勿滄等五州置軍備突厥

十五年十二月制曰慎守疆場所以備不虞訓理甲兵所以存禁暴列代通典有國永圖朕以虛薄君臨寓縣上奉天道務在於生育下順人心無隔於夷夏柔服四裔底綏萬邦慕義向風盡為臣妾納貢述職咸赴闕庭惟吐蕃小醜忘我大德侵軼封域抄掠邊甿言念於茲無忘鑒寐且本設方鎮以防緣邊至於警急宜相救援令兹糾合諸軍團結勤率務令首尾相衛心力叶同張羅絡之形開掎角之勢俾窮寇進不能犯退無所歸秣馬練兵觀釁而動屯田積穀固敵是求戢戎可期制勝斯在備

府九百九十二　八

右道共團結馬步三萬五千人臨洮軍團八千人河源軍團六千人安仁白水軍各團一千五百人積石莫門軍各團二千人河西道蕃漢兵團結二萬六千人赤水軍團一萬人玉門豆盧軍各二千人並依舊統領以俟不虞更於關內徵驍兵一萬人以六月下旬集臨洮十月無事放散於朔方取健兒弩手一萬人六月下旬集會州十月無事便赴本道候賊所向賊於河西下即令隴右兵取閤川過朔方兵取新泉過與赤水軍合勢邀襲令河源積石莫門兵取背掩撲賊於河源下朔方兵從乳漫度河并臨洮軍兵馬河源軍合勢邀襲赤水軍取背掩撲賊於鳳林關下朔方兵赴臨洮與鄯州兵合勢邀襲河源積石兵取背掩撲所要甲仗逐便支供公私營種且耕且戰各宜訓勗以副朕懷

六年三月丁未制曰隴右河西地接邊寇雖今警練士卒然須常戒不虞如聞吐蕃尚聚青海宜令蕭嵩張志亮等審察蕃

勢倍加防禦當須畜銳以逸待勞其吐蕃賊及要害軍縣堅須
量加兵馬任逐便通融處置仍揀擇有幹略人檢校明爲探候
動靜須知主將已下若挺觸用心事無不理者當加重賞如變
官慢盜式遏乖所者必寘嚴憲仍牒示使各勉職以副所委其
管城壘雖築未了者並早令畢功勿致延緩闕於備守
二十七年五月詔曰遏寇防邊在於有備興師訓卒用戒不虞
隴右諸軍地當戎虜尤資振耀以壯邊威宜令隴右節度經略
支度營田大使開府儀同三司兼京兆牧榮王琬自往隴右巡
按處置庶乎廟略因達朕懷宜於關內及河東納資飛騎并諸
色人中揀召取健兒三五萬人赴隴右防捍至秋末無事放還
仍於當道將內詮擇一人與所由相知揀召應給糧賜所司速
作條例處分
二十八年三月益州司馬章仇兼瓊奏與安戎城中吐蕃翟都
局及維州別駕董承宴等通謀都局等遂翻城歸款因引官軍



入城盡殺吐蕃將士使監察御史許遠率兵鎮守帝聞之甚悅
中書令李林甫上表曰伏以吐蕃此城正當衝要憑險自固恃
以窺邊積年已來蟻聚爲患縱百萬之衆難以施功陛下親紆
秘策不興師旅頃令中使李思敬曉諭羌族莫不懷恩翻然改
圖自相謀陷神算　於不測睿略通於未然累載逋誅中朝蕩
盡又臣等今日奏事陛下從容謂臣等曰卿今但看四夷不久
當漸摧喪德音纔降遽聞克捷則知聖與天合應如響至前古
已來所未有也請宣示百寮編諸史冊手制答曰此城儀鳳年
中羌引吐蕃遂被固守歲月既久攻伐亦多其他嶮險非力所
制朝廷群議不勸取之朕以小蕃無任事須處置授以奇計所
以行之獲彼戎心歸我城守有足爲慰也
十月吐蕃又引衆寇安戎城及維州章仇兼瓊遣裨將率衆禦
之仍發關中彊騎以救援焉時屬凝寒賊久之自引退詔改安
戎城爲平戎城

天寶八年六月隴右哥舒翰率河東河西豐武及突厥阿布思
等兵士六萬三千攻吐蕃石堡城拔之更名神武軍分兵鎮守
是載又於木剌山置橫塞軍城及安北大都護府命郭子儀領
其役拜武衛大將軍後移橫塞軍城及安北府於永清柵北築
城改橫塞軍爲天德軍子儀仍爲之使
十三載七月隴右哥舒翰以前年之役收黃河九曲之地請分
置郡縣及軍於是新置洮陽郡及神策軍於臨洮郡之西二百
里澆河郡於磧石軍之西百里及宛秀軍以實河曲之地命臨
洮郡太守漢門軍使成如璆兼臨洮郡太守仍充神策軍使前
磧石軍使臧奉忠爲澆河郡太守充本郡鎮守使
代宗大曆三年十二月以吐蕃歲犯西疆增修鎮守乃以邠寧
節度馬璘爲涇原節度使鎮涇州以邠寧慶等州隸入朔方時
朝議以馬璘孤軍在邠州不足捍蔽遂徙郭子儀軍自河中居
邠仍兼邠寧節度令馬璘居涇自是京師寧晏



五年徙置當悉柘靜恭五州于山險要害之地備吐蕃也
八年夏城奉天縣以備蕃寇
是年朝議以爲近歲蕃戎入邠寧之後三輔已西無襟帶之固
而涇州散地不足爲守宰臣元載嘗爲西州刺史知河西隴右
之要害指畫於帝前曰今國家西境極于潘原吐蕃防戍在摧
沙堡與原州界其間原州當西塞之口接隴山之固草肥水甘
舊壘存焉吐蕃比毀其垣墉棄之不居其西則監牧故地皆有
長壕巨塹重複深固原州雖早霜黍稷不藝而有平涼府其東
獨耕一縣可以足食請移京西軍戍原州乘間築之貯粟一年
戎人夏收多在青海羽書覆至已逾月矣今運築並作不二旬
可畢移子儀大軍居涇以爲根本分兵守石門木峽隴山之關
北抵于河皆連山峻冠不可越稍置鳴沙縣豐安軍爲之羽翼
北帶靈武五城爲之形勢然後舉隴右之地以至安西是謂斷
西戎之脛朝廷可高枕矣兼圖其地形以獻載密使人踰隴山

入原州量井泉計徒庸乎來畬鋒之要乎具檢校左僕射田神功沮之日興師料敵老將所難陛下信一書生言舉國從之聽誤矣帝遲疑不決會載得罪乃止

九年四月甲申關內河東副元帥中書令郭子儀如行營引辭於延英殿語及邊事涕泗交集由是中書舍人兼常侍給舍諫議遺補一十八人詣閤門請論者詔三人一引各盡已懷帝省畢詞聽納乙酉勅曰自古聖帝明王之臨御也莫不法乾坤之覆載體山川之受納立德於太上遠淳於至道清淨無事烝合大和濟于群生洽于四海豈垂意兵革勞心戰爭也蓋有德化之所不綏招懷之所未諭不式王命毒流生人故有除暴禁濫之師安人止戈之武則神農黃帝堯舜禹湯之所不免也朕君臨萬邦十有三載薄德內愧中夜再興至如易簡寬仁雖懼點玄淡素懷所慕終食豈忘然自承統已來屬當多難伊川有盜國之孽朔野有叛君之將江湖每出伏戎數輩其在右武



安敢解嚴所以請於宗廟親授經略誅詰姦宄摧殄寇讐去年之閒方內底定此皆皇天佑我列祖群后戴于一人是用集大勳于國家保萬姓于區夏豈伊寡薄能及此邪每思偃兵姑務柔遠將息人馬以諭道朗舞干而修德而西戎負約屢犯邊朕常棄細過庶弘大體疆臣兵吏亟請長驅屢有誡敕不令捷襲兼約游騎不許擒生庶或誤之亦使還遣固以孚育之義豈隨柔遠綏撫之恩寧殊遐邇故布文告以訓之叙舅甥以睦之彼亦嘗遣聘召來修舊好玉帛之禮纔至於上國烽燧之候已及於近郊長其無厭昧於事大去冬踰我隴入我郊邠驅人之馬牛掠人之士女朕許其通好本在人安乘此不虞離貽戎詐每一興念悼于厥心豈朕不叶於親鄰豈朕有負於恩信猶朗懲艾未忍討除今大閱甲兵以增扞禦且弘不戰之道用舉先緩之常所以然者念其載勤款疏來繼舊姻事或由衷義從寬及因之宰遠豈復顧私當警四方之師永念二國之好償更覆冒必示威刑宜令子儀以上郡北地四塞五原義渠稽胡鮮卑雜種馬步五萬衆嚴會栒邑克壯舊軍抱玉以晉之高都韓之上黨河湟義從汧隴少年凡三萬衆橫絕高壁斜界連營馬璘以西域前庭車師後部兼廣武之戍下蔡之偶凡三萬衆據于朝那過當路之塞忠臣以盧龍柳城洧右北平漢東諸鎮江黃申息之師凡三萬衆屯于回中張大軍之掎忠誠以武落別校右地奇鋒凡二萬衆出岐陽而北會希讓以三輔太常之徒六郡良家之子自渭上而西合汴宋淄青河陽幽薊總四萬衆分列前後魏成德昭義永平總六萬衆大舒左右朕內整禁旅親董諸將資以千金之費錫以六牧之馬戎裝戰具皆用邊儲各有司存素習精練咨爾將相文武官方之臣夫師克在和善戰不陣各宜保據經界守據要衝斥候惟明首尾相應若能悔過何必勞人如或不恭自當伐罪然後蒼求統一以制諸軍進取之宜俟於後命各敬爾守無黷武經賞罰之科著有明典宣示



中外知朕意焉

八月甲辰詔諸軍分統防秋將士其淮西鳳翔防秋兵士馬璘統之汴宋淄青成德等兵士朱泚統之河陽永平軍兵士子儀統之楊楚兵士抱玉統之

十一年正月辛巳加朔方五城戍兵及增修屯田備回紇北

十二年秋詔幽州盧龍節度使朱泚如奉天行營以備西戎

冊府九百九十二

冊府元龜卷第九百九十三

外臣部三十八

備禦第六

唐德宗貞元三年四月庚申詔曰蕃寇雖退疆埸猶虞安邊之策必有良筭各委常參官具所見封進每坐日三四人陳奏利害七年二月戊戌詔曰平涼當四會之衝居北地之要涇原節度使劉昌請城于兹分兵保戍實以遏其要衝保寧邊鄙平涼故原州屬縣在原州西一百五十里令董率諸軍城之度支饋餉挾辰而畢仍分兵戍之地當走集得守固之要兵興墾穀頗豐而人安焉

八年中書侍郎陸贄知政事以河隴陷蕃已來西北邊常以重兵守備謂之防秋皆河南江淮諸鎮之軍也更番往來疲於戍役贄以中原之兵不習邊事及扞虜戰賊動多敗衂又其遊將名自大多諸軍統制不一緩急無以應敵乃上疏論其事曰臣歷觀前代書史皆謂鎮撫四夷宰相之任不揆闇劣屢敢上言竊以備邊禦戎國家之重事理兵足食備禦之大經兵不得其將則可用之師食不足則無可固之地理兵在制置得所足食在斂導有方陛下幸聽愚言先務積穀人無加賦官不費財坐致邊儲數逾百萬諸鎮收糴今已向終分貯軍城用防艱急纔有寇戎之患必無乏絕之憂守此成規以為永制常收冗費益贍邊農則更經二年可積十萬人三歲之糧矣足食之原粗立理兵之術未精敢試籌量蓋備採擇伏以戎狄為患自古有之其於制禦之方得失之論備存史籍可得而言大抵尊即序者則曰非德無以化要荒曾莫知威不立則德不能馴也樂武威者則曰非兵無以服兇獷曾莫知德不修則兵不可恃也務和親者則曰要結可以睦隣好曾莫知我結之而彼復解之也美長城者則曰設險可以固邦國而扞寇讐曾莫知力不足人不堪則險之不能有也尚薄伐者則曰驅遏可以禁侵暴而省征徭



曾莫知兵不銳壘不完則遏之不能勝驅之不能去也議邊之要略盡於斯雖互相譏評然各有偏駁聽一家之說則理例可徵考歷代所行則成敗異效是由執常理以御其不常之勢徇所見而昧於所遇之時夫中夏有盛衰夷狄有彊弱事機有利害措置有安危故無必定之規亦無長勝之法夏后以序戎而聖化茂古公以避狄而王業興周城朔方而獫狁攘秦築臨洮而宗社覆漢武討匈奴而貽悔太宗征突厥而致安文景約和親而不能弭患於當年宣元弘撫納而足以保寧於累葉以中夏之盛衰異勢夷狄之彊弱異時事機之利害異情措置之安危異決知其事而不度其時則敗附其時而不失其稱則成形變不同胡可專一夫以中國彊盛夷狄衰微而能屈膝稱臣歸心受制拒之則阻其嚮化威之則類於殺降安得不存而撫之即而序之也又如中國彊盛夷狄衰微而尚棄信奸盟蔑恩肆毒諭之不變責之遇中國喪亂之弊當狄彊盛之時圖之則彼釁未萌禦之則我力不足安得不卑詞降禮約好通和啗之以親紓其交禍縱不必信且無大侵雖非御戎之善經蓋時事亦有不能已也又如夷夏之勢彊弱適同撫之不寧威之不靖力足以自保不足以出攻得不設險以固軍訓師以待寇來則薄伐以遏其深入去則攘斥而戒於遠追雖為安邊之令圖蓋勢力亦有不得然也故夏之即序周之于攘太宗之翦亂皆乘其時而善用其勢者也古公之避狄文景之和親神堯之降禮皆順其時而不失其稱也秦皇之長城漢武之窮討皆知其事而不度其時者也若遇孔熾之勢行即序之方則見侮而不從矣乘可取之資懷畏避之志則失機而養寇矣有攘却之力用和親之謀則示弱而勞費矣當降屈之時務翦伐之略則召禍而危殆矣故曰知其事而不度其時則敗附其時而不失其稱則成是無必定之規亦無長勝之法得失著效不其然歟至於察安危之大情計成敗之大數百代之不變易者蓋有之矣其要在於

失人肆慾則必壓任人從衆則必全此乃古今所同而情理之所一也国家自禄山搆乱肅宗中興撤邊備以靖中邦借外威以寧内難於是吐蕃乘釁吞噬无猒迴紇矜功憑凌亦甚中国不遑振旅四十餘年使傷耗遺甿力竭蠶織西輸賄弊北賂馬資尚不足塞其煩言滿其驕志復乃遠徵士馬列戍疆陲猶不能遏其奔衝止其侵侮小入則驅略黎庶深入則震驚邦畿時有議安邊之策者多務於所難而忽於所易勉於所短而略於所長遂使所易所長者行之而其要不精所難所短者圖之而其功靡就憂患未弭職斯之由夫制敵行師必量事勢勢有難易事有後先力大而敵脆則先其所難是謂奪人之心暫勞而永逸者也力寡而敵堅則先其所易是乃固国之本觀釁而後動者也頃屬多故人勞未瘳而欲廣發師徒深踐寇境復其侵地攻其堅城前有勝負未必之虞後有饋運不繼之患儻或挠敗適所以啓戎心而挫国威以除国安邊之謀可謂不量事務於所難矣天之授者有分事无全功地之産者有宜物无兼利是以五方之俗長短各殊長者不可踰短者不可企勉所短而敵其所長必殆用所長而乘其所短必安強者乃以水草為邑居以討獵供飲茹多馬而尤便馳突輕生而不耻敗士此戎狄之所長也戎狄之所長乃中国之所短而欲益兵蒐乘角力爭馳交鋒原野之間决命尋常之内以為禦寇之術可謂勉所短而校其所長矣務所難勉所短勞費百倍終於无成雖果成之不挫則廢豈不以越天授而違地産虧時勢以及物宜者哉將欲去危就安息費從省在其慎守所易精用所長而已若乃擇將吏以撫寧衆庶修紀律以訓齊師徒耀德以佐威能邇以柔遠禁侵掠之暴以彰吾信抑攻取之議以安戎心彼求和則善待而勿與結盟彼為寇則嚴備而不務報復此當今之所易也賤力而貴智惡殺而好生輕利而重人忍小以全大安其居而後動俟其時而後行是以修封疆守要害塹蹊隧壘軍營謹禁



防明斥候務農以足食練卒以蓄威非萬全不謀非百克不鬭寇小至則張聲勢以遏其入寇大至則謀其大以邀其歸據險以乘之多方以悮之使其勇無所加衆無所用掠則靡獲攻則不能進有腹背受敵之虞退有首尾難救之患所謂乘其弊不戰而屈人之兵此中国之所長也我之所長乃戎狄之所短我之所易乃戎狄之所難以長制短則用力寡而見功多以易敵難則財不匱而事速就捨此不務而反為所乘斯謂倒持戈矛以鐏授寇者也今則皆務之矣然猶守封未固寇戎未懲者其病在於謀无定用衆无適從所任不必才才者不必任所聞不必實實者不必聞所信不必誠誠者不必信所行不必當當者未必行故令措置乖方課責虧度財匱於兵衆力分於將多怨生於不均機失於遥制臣請為陛下粗陳六者之失惟明主慎聽而熟察之臣聞工欲善其事必先利其器武欲勝其敵必先練其兵練兵之中所用復異用之於救急則權以紓難用之於暫敵則權以應機故事有便宜而不拘常制謀有奇詭而不徇衆情進退死生唯將所命此所為攻討之兵也用之於屯戍則事資可久勢異從權非物理所愜不寧非人情所欲不固夫人情者利焉則勸習焉則安保親戚則樂生顧家業則忘死故可以理術馭不可以法制驅此所謂鎮守之兵也夫欲備封疆禦戎狄非一朝一夕之事固當選鎮守之兵以置焉古之善選置者必量其情習辨其土宜察其伎能知其欲惡用其力而不違其性齊其俗而不易其宜引其善而不責其所不能禁其非而不皦其所不欲而又類其部伍安其室家然後能使之樂其居定其志奪其氣勢結其恩情撫之以惠則感而不驕臨之以威則肅而不怨靡督課而人自為用弛禁防而衆自不攜故出則足兵居則足食守則固戰則彊其術無他便於人情而已矣今者散徵士卒分戍邊陲更代往來以為守備是則不量性習不辨土宜邀其所不能彊其所不欲求其𢇁而不考其用將致其

力而不察其情斯可以為捍衛之儀而無益於備禦之實也何者窮邊之地千里蕭條寒風裂膚驚沙慘目與豺狼為鄰伍以戰鬬為嬉遊晝則荷戈而耕夜則倚烽而覘日有剽害之慮永無休暇之娛地惡人勤於斯為甚自非生於其域習於其風幼而覩焉長而安焉不見樂土而不遷者則罕能寧其居而狎其敵也關東之地百物阜殷從軍之徒尤被優養慣於溫飽狎於歡康比諸邊隅若異天地聞絕塞荒陬之苦則辛酸動容聆強蕃勁虜之名則懾駭奪氣而乃使之去親族捨園廬甘其所辛酸抗其所懾駭將冀為用不亦疏乎矧又有休代之期無統帥嚴憲其來也咸負得色其止也莫有固心屈指計歸張頤待飼之駕資奉若驕子姑息如倩人進不邀之以成功退不處之以僥幸者猶患還期之賒緩常念戎醜充斥王師挫傷則將乘其亂離布路東潰情志且爾得之奚為平居則殫耗資儲以奉浮冗之衆臨難則拔棄城鎮以搖遠近之心其弊豈為無益哉



亦將有所撓也復有抵犯刑禁謫徙軍城意欲增戶實邊兼令展效自贖既是無良之類且加懷土之情思亂幸災又甚戍卒適足煩於防衛諒無望於功庸雖前代時或行之固非良算之可遵者也復有擁旄之帥身不臨邊但分偏師俾守疆埸大抵軍中壯銳元戎例選自隨委其疲羸乃配諸鎮節將既居內地精兵祇備紀綱遂令守要禦衝常在寡弱之輩寇戎每至力勢不支入壘者纔足閉關在野者悉遭劫執恣其芟蹂盡其搜毆比及都府聞知虜已克獲旋返耳安邊之本所切在兵若斯可謂措置乖方矣賞以存勸罰以示懲故賞罰之於馭衆也猶繩墨之於曲直權衡之揣重輕輗軏之所以行車銜勒之所以服馬也馭衆而不用賞罰則善惡相混而能否莫殊用之而不當功過則姦妄寵榮而忠實擯抑夫如是若聰明一衛律度無章則用與不用其弊一也自頃太移於下柄失於朝將之號令既不克行之於軍國之典章又不能施之於將務相遵養苟度



月欲賞一有功翻慮無功者反側欲罰一有罪復慮同惡者憂虞罪以隱忍而不彰功以嫌疑而不賞姑息之道乃至於斯故使忘身效節者獲誚於華夷率衆先登者取怨於士卒僨軍蹙國者不懷於愧畏緩救失期者以自為智能褒貶既闕而不行稱毀復紛於相亂人雖欲善誰為為之況又公忠者直己而不求於人反罹困厄敗撓者行私而苟媚於衆例獲優崇此義士所以痛心勇夫所以解體也又有遇敵而所守不固陳謀而其效難成將帥則以資糧不足為憂有司復以供給無闕為解每相競證理合辯明朝廷每為含糊未甞窮究曲直措理者吞聲而[illegible][illegible]許詭辭善者罔上而不慙馭衆若斯可謂課責虧度矣[illegible]措置乖方將不得竭其材卒不得盡其力屯集雖衆戰陣莫[illegible][illegible]越境橫行若涉無人之地遽推倚無敢誰何虛張賊勢上聞則曰兵少不敵朝廷之省察唯務徵發益師無裨備禦之功重增供億之弊閭井日耗徵求日繁以編戶傾家破產之資有司榷鹽稅酒之利總其所入半以事邊制用若斯可謂財匱於兵衆矣今四夷之最強盛為中國甚患者莫大於吐蕃以吐蕃舉國勝兵之徒纔當中國十數大郡而已其於內虞外備亦與中國不殊所能寇邊數則蓋寡且又器非犀利甲不堅完識迷韜鈐藝之趫敏動則中國畏其衆而不敢抗靜則中國憚其彊而不敢侵厥理何哉良以中國之節制多門蕃醜之統帥專一故也夫統帥專則人心不分人心不分則號令不貳號令不貳則進退可齊進退可齊則疾徐如意疾徐如意則機會靡愆機會靡愆則氣勢自壯斯乃以少為衆以弱為彊變化翕闢在於股掌之內如臂之使指心之制形若所任得人則何敵之有夫節制多門則人心不一人心不一則號令不行號令不行則進退必難進退必難則疾徐失宜疾徐失宜則機會不及機會不及則氣勢自衰斯乃勇廢為尫衆散為弱逆撓離析兆乎戰陣之前是猶一國三公十羊九牧欲令齊肅其可得乎頃

元天寶之間控禦西北兩蕃唯朔方河西隴右三節度而已猶權分勢散或使兼而領之中興已來未遑外討僑隸四鎮於安定權附隴右於扶風所當西北兩蕃亦朔方涇原隴右河東四節度而已關東戍卒至則屬焉雖委任未盡得人而措置尚存典制自頃逆泚誘涇隴之衆叛懷光汙朔方之軍割裂誅鋤所餘無幾而又分朔方之地建牙擁節者凡三使焉其餘鎮軍數且四十皆承特詔委寄各降中貴監臨人得抗衡莫相禀屬每俟邊書告急方令計會用兵既無軍法下臨唯以客禮相待是乃從容拯溺揖讓救焚冀無阽危固亦難矣大以氣勢爲用者也氣聚則盛散則消勢合則威析則弱今之邊備勢弱氣消建軍若斯可謂力分於將多矣理戎之要最在均齊故軍法無貴賤之差軍實無多少之異是將所以同其志而盡其力也如或誘其忠意勉其藝能則當閱其材程其勇校其勞逸度其安危明申練覈優劣之科以爲衣食等級之制使能者企及否者息心雖有薄厚之殊而無觖望之釁蓋所謂日省月試餼稟稱事如權量之無情於物萬人莫不安其分而服其平也今者窮邊之地長鎮之兵皆百戰傷夷之餘終年勤苦之劇角其所能則練習度其所處則孤危考其服役則勞察其臨敵則勇然衣糧所給唯止當身例爲妻子所分常有凍餒之色而關東戍卒歲月踐更不安危城不習戎備怯於應敵懈於服勞然衣糧所頒優厚數倍繼以茶藥之饋益以蔬醬之資豐約相形懸絕斯甚又有素非禁旅本是邊軍將校詭爲媚詞因請遙隸神策不離舊所唯改虛名其於稟賜之饒遂有三倍之益此儔類所以忿恨忠良所以憂嗟疲人所以流亡經費所以褊匱夫事業未異而給養有殊人情之所不能甘也況乎矯佞行而稟賜厚績藝劣而衣食優人未忘懷孰能無愠不爲戎首則以可嘉而欲使其叶力同心以攘寇難雖有韓白孫吳之將臣知其必不能焉養士若斯可謂怨生於不均矣凡欲選任將帥必先考察行能然



後指以所授之方語以所委之事令其自揣可否自陳規模須某色甲兵藉某人參佐要若干士馬用若干資糧某處置軍某時成績始終要領悉俾經綸於是觀其計謀校其聲實若謂材無足取言不可行則當退之於初不宜貽虞於其後也若謂志氣足任方略可施則當要之於終不宜掣肘於其間也夫如是則疑者不使使者不疑勞神於選才端拱於委任其事既足其求必然可以覈其否臧行其賞罰受賞者不以爲濫當罰者無得而詞付授之柄既專苟且之心自息是以古之遣將帥者君親推轂而命之曰自閫已外將軍裁之又賜鈇鉞示令專斷故軍容不入國國容不入軍君命有所不受誠謂機宜不可以遠決號令不可以兩從未有委任不專而望其克敵成功者也自頃邊軍去就裁斷多出宸衷選置戎臣先求易制多其部以分其力輕其任以弱其心雖有所懲亦有所失遂令分閫責成之義廢死綏任難之志衰一則聽命二亦聽命爽於軍情亦聽命乖於事宜亦聽命若所置將帥必取於承順則其可矣若有意乎平凶靖難則不可夫兩境相接兩軍相持事機之來間不容息蓄謀而俟猶恐失之臨時始謀固已疏矣況乎千里之遙九重之深陳述之難明聽覽之不一欲其事無遺策雖聖者亦有所不能焉設使謀慮能周其如權變無及戎虜馳突迅如風飆驛書上聞旬月方報守土者以兵寡不敢抗敵分鎮者以無詔不肯出師逗遛之間寇已奔逼託於救援未至各且閉壘自全牧馬屯牛鞠爲椎剽畜夫穡婦驅作俘囚雖詔諸鎮發兵唯以虛聲應援互相瞻顧莫敢遮邀賊既縱掠退歸此乃陳功告捷其敗喪則減百而爲一其掎獲則張百而成千將帥既幸於總制在朝不憂於罪累陛下又以爲大權由己不究事情用師若斯可謂機失於遙制矣理兵而措置乖方馭將而賞罰虧度制用而財匱建軍而分力養士而怨生用師而機失此六者疆埸之蟊賊軍旅之膏肓也蟊賊不除而但滋之以糞溉膏肓不療

而苟冒之以滑甘適足以養其害速其災欲求稼穡之利其利固不可得也臣愚謂宜罷諸道將士番替防秋之制率因舊數而三分之其一分委本道節度使募少壯願住邊城者以徙焉其一分則本道但供衣糧委關內河東諸軍州募蕃漢子弟願傅邊軍者以給焉又一分亦令本道但出衣糧加給應募之人以資新徙之業又令度支散於諸道和市耕牛兼雇召工人就諸軍城繕造器具募人至者每家給耕牛一頭又給田農水火之器皆令充備初到之歲與家口二人糧并賜種子勸之播植待經一稔俾自給家若有餘糧官為收糴各酬倍價務獎營田既息踐更徵發之煩且無幸災苟免之弊寇至則人自為戰時至則家自力農是乃兵不得不強食不得不足與夫倏來忽往豈可同等而論哉臣又謂宜擇文武能臣一人為隴右元帥使涇隴邠寧鳳翔長武城山南西道等節度管內兵馬悉以屬焉又擇一人為朔方元帥使鄜坊邠寧靈夏等節度管內兵馬悉



以屬焉又擇一人為河東元帥使河東振武等節度管內兵馬悉以屬焉三帥各選臨邊要會之州以為理所見置節度有非要者隨所便近而併之唯元帥得置統軍餘並停罷其三帥部內太原鳳翔等府及諸郡戶口稍多者慎揀良吏以為尹守外奉師律內課農桑俾為軍根以壯戎府理兵之宜既得選帥之授既明然後減姦濫虛浮之費以豐財定衣糧等級之制以和衆引委任之道以宣其恩懸賞罰之典以考其成而又慎守中國之所長謹行當今之所易則八利可致六失可除如是夷狄不威懷疆埸不寧謐則諸侯軌道庶類服從如是而教令不行天下不理者亦未之有也以陛下之英鑒人心之思安四方之小休兩寇之方靜加以頻年豐稔所在積糧此皆天贊國家可以立制垂統之時也時不久居事不常兼一過而追雖悔無及明主者不以言為罪不以人廢言惡陳狂愚惟所省擇帝極深嘉納優詔褒美之

九年二月辛酉將城鹽州詔曰設險守國易象垂文有備無患先王令典況修復舊制安固封疆按甲息人必在於此鹽州地當衝要遠介朔陲東達銀夏西援靈武密邇延慶保捍王畿乃者城池失守制備無據千里亭障烽燧不接三隅要害役戍其勤若非興集師徒繕修壁壘設攻守之具務耕戰之方則封內多虞諸華屢驚言由中及外皆靡寧居深惟永圖豈忘終食顧以薄德至化未孚既不能復前古之封致四夷之守與其臨事而重擾豈若先備而即安是用弘久遠之謀修五原之壘使邊城有守中夏克寧不有暫勞焉能永逸宜令左右神策軍及朔方河中絳邠寧慶兵馬副元帥渾瑊朔方靈鹽豐夏綏銀節度都統杜希全邠寧節度使張獻甫左神策行營節度使邢君牙夏綏銀節度使韓潭鄜坊丹延節度使王栖曜振武麟勝節度使范希朝各於所部簡擇馬步將士合三萬五千人同赴鹽州左神策將軍兼御史中丞張昌宜充右神策軍鹽州行營節度使



兼知鹽州刺史兼御史大夫杜彥光可鹽州刺史兼御史大夫其所板築及緣修城雜役等宜共取六千人充其餘將士皆列屯營壁戒嚴設備明加斥候以警不虞其修城板築功役將士各[illegible]布有差其鹽州防秋將士三年滿與代更加給賜仍委杜彥光具名聞奏委與改轉其防禦將士等畢事便令放歸仍賜布帛有差其諸軍吏士都賜帛七千匹朕情非為己志在靖人咨爾將相之臣忠良之士輸誠奉國陳力忘勞共成功勲永安疆埸必集兵事實惟衆心各相率勵以副朕意鹽州貞元三年為吐蕃所陷毀其城而去自是塞外無[illegible]故命城之二旬而畢[illegible]御史中丞史[illegible]杜彥光之[illegible]是役也[illegible]令度支供給又詔河東涇原劍南山南諸軍[illegible]是板築之際虜無犯塞者畢中外咸稱賀焉

十三年正月辛卯鳳翔邢君牙奏請於隴州西七十里[illegible]築城以備西戎名永信城壬寅吐蕃贊普遣使[illegible]乞和好邊將以聞帝以其豺狼之心數負恩背約不受表[illegible]

其使却歸
十七年七月戊寅吐蕃寇鹽州己丑陷麟州詔西川節度韋皋分遣偏將勒步騎二萬出成都西山南北九道並進為援雖不翁故維州保州松州諸城以紓北邊故也
憲宗元和元年秋七月壬辰朔宰臣杜佑上疏曰伏見近者党項與西戎潛通屢有降人指陳事跡而公卿廷議以為誠當謹兵備戍侵軼益發甲卒邀其寇暴此蓋未達事機匹夫之常論耳夫蠻夷猾夏唐虞已然周宣中興獫狁為害但命南仲往城朔方驅之太原及境而止誠不欲弊中國怒遠夷也秦平六國恃其兵力北築長城以拒匈奴西逐諸羌出于塞外勞力擾人結怨階亂中國未靜白徒競起海內雲擾實生謫戍漢武因文景之富命將興師遂至戶口減半竟下哀痛之詔罷田輪臺前史書之尚嘉其迷而後復蓋聖王之理天下也唯務綏靜蒸人西至流沙東漸于海惟南與北亦存聲教不以遠物為珍匪求



遐方入貢豈疲內而事外終得少而失多故前代納忠之臣多有佐君之議淮南王請息師於閩越[illegible]捐之[illegible]棄珠崖安危利害高懸前史昔[illegible]奉世矯漢帝之詔擊莎車傳其王首於京師威振西域宣帝大悅議加爵土之賞蕭望之獨以為矯制違命雖有功效不可為法恐後之奉使者爭遂發兵為國家生事述理明白其言遂行國家自天后已來突厥默啜兵強氣勇屢寇邊城為害頗甚開元初邊將郝靈荃親捕斬之傳首闕下自以為功代莫與二坐望榮寵宋璟為相慮武臣邀功為國生事止授以郎將由是訖開元之盛無人復議開邊中國遂寧外夷亦靜此皆成敗可徵鑒戒非遠且党項小蕃雜處中國本懷我德當示撫綏聞者邊將非廉亟有侵刻或利其善馬或取其子女便賄方物徵為役徒怨苦既多叛亡遂起或與北狄通使或與西戎寇邊有為使然固當懲革傳曰遠人不服則修文德以來之又管子曰國家無使勇猛為邊境此誠聖哲[illegible]

之遠略也今戎醜方強邊備未實誠宜慎擇良將[illegible]以誠信絕其求取用示懷柔來則懲禦去則謹備[illegible]幷其類謀何必遽圖興師坐致勞費陛下上聖[illegible]仁[illegible]抑勳伐[illegible]自古[illegible]不[illegible]保不圖[illegible]置兵[illegible]所[illegible]天下幸甚臣謹[illegible]經綸學[illegible]節鉞之寵任為朝廷之[illegible]莫倫志[illegible]以陳有蹟[illegible]伏深惶悚帝深嘉納之
三年正月庚子以將城臨涇詔麟遊靈臺良原崇信歸化等五鎮並修整士馬掎角相應從涇原節度使段祐之請也臨涇城直涇州西北九十里實險要之鎮從前因循不修常為犬戎所侵其界有青石嶺嶺多美土每軍人耕穫畢為遊寇掠奪祐請修築議者是非相半祐決城之功畢時方以為大利
八年七月以中受降城及所管騎士一千一百四十人隸于天德軍

府九百九十三　十二

十月辛丑以普潤鎮兵四千人割隸涇原節度兩軍分疆武道鹽州隸夏州自夏州至豐州初置八驛先是廻鶻自部落南過磧取西城防禦使周懷義表至朝廷大恐以為廻鶻聲言討吐蕃意是入寇宰臣李吉甫以為廻鶻入寇且當漸絕和事不應便來犯邊但須設備不足為虞因請自夏州至天德軍置廢館一十一所以通緩急又請發夏州騎士五百人營於經略故城應援驛使兼護党項帝悉從之
九年五月庚申勅天寶中宥州寄理於經略軍寶應已後因循遂廢由是昆夷屢擾党項靡依蕃部之人撫懷莫及朕方弘遠略思復舊規宜於經略軍置宥州仍為上州於郭下置延恩縣為上縣屬夏綏銀觀察使時宰相李吉甫又上言國家舊置六胡州在靈鹽界內開元中廢六州置宥州以寬宥為名領諸降户天寶末宥州寄理於經略軍蓋以地形居中可以總統蕃部北以應接天德南援夏州今經略隸靈武又不置軍鎮非舊制

也於是復置宥州理經略軍
十五年正月乙未以邠寧節度使李光顔充邠寧慶鹽州
城及防遏等使鹽州刺史李文悦為副
九月癸丑鄜坊奏發兵五百人赴塞門防援
十月吐蕃入寇涇州涇原節度使王潛上言臣當道出軍往入賊後
有兩路從龍州清川鎮入吐蕃界直抵故松州城是吐蕃舊置
節度之所一路從綿州威蕃柵入蕃界直抵栖鷄城是吐蕃險
要之地淮又陳備禦吐蕃事宜曰臣伏見方今天下無犬吠之
警海內同覆盂之安獨番戎一隅警則中外感察致陛下有旰食
軫慮之憂斯乃臣等者大官受重寄者之深責也雖承詔發卒
心馳寇庭其於為國計除使戎人創艾晝夜思忖何補涓毫所
以懷浸畏心騎一處臨臣觀自古長策昭然可徵在於實邊兵
選良將明斥候實資儲杜其要險扼其走集此朝之士大夫皆
知不獨微臣之只在奉行之耳然臣愚見切及猶欲布露者竊
願陛下不愛金帛之費以鉤此虜之心獲遣信臣與之定約日
大戎恃亂負恩為邊鄙患者數矣能南制而伏之者唯存共蕃
如能發而深入殺若干人取若干地則受若干之賞開懷以示
之厚利以喻之所以勸響要約者異於他刁殊甚則囚如之釜
可得出也一戰之後西戎力衰然後選練驍雄乘便翦撲此誠
制之一奇也

冊府元龜卷第九百九十三

# 冊府元龜卷第九百九十四

外臣部二十九

## 備禦第七

唐穆宗長慶元年正月夏州奏衛東湖南等道防秋兵不習邊事准詔留其器甲歸其人

敬宗以長慶四年正月即位三月甲戌夏州節度使奏於蘆子關北木瓜嶺搆築堡柵以捍党項之衝其壁壘屋宇並出當軍材力於塞外凡築五城烏延宥州臨塞陰河陶子而宥州烏延皆方廣數里地居要害蕃戎畏之

寶曆元年十月靈武上言保靜縣界常渠置堡一所差兵鎮守

文宗開成元年二月丙戌詔荆州添置延州奚安縣鎮兵五百人以黔中上言西南蠻擾動故也

武宗會昌二年二月迴鶻爲黠戞斯所攻戰敗部族離散烏介可汗奉太和公主南來遣使求救兼借糧收復本國權借天德軍以安公主時天德軍使田牟請以沙陀退渾諸部落兵擊之帝意未決下百寮商議議者多云如牟之奏李德裕曰頃者國家艱難之際迴鶻繼立大功今國破家亡竄投無所自居塞上未至侵淫以窮來歸遽行殺伐非漢宣待呼韓邪之道也不如聊濟資糧徐觀其變宰相陳夷行曰此借寇兵而資盜糧非計也不如擊之便德裕曰田牟韋仲平言沙陀退渾並願擊賊此緩急不可恃也夫見利則進遇敵則散是雜虜之常態必不肯爲國家扞禦邊境天德一城戍兵寡弱而欲與勁虜結讎陷之必矣不如以理卹之俟其越軼用兵爲便帝以爲然許借米三萬石俄而迴鶻宰相嗢没斯殺赤心宰相以其衆來降赤心部族又投幽州烏介勢孤而不與之米其衆饑之漸近振武保大柵把頭峯突入朔州川界沙陀退渾皆以其家保山險雲州張獻節嬰城自固虜大縱掠卒無得者帝憂之與宰臣計事德裕曰把頭峯北便是沙磧彼中野戰須用騎兵若以步卒敵之理難



必勝今烏介所恃者公主如令勇士出奇奪得公主虜自敗矣帝然之即令德裕草制處分代北諸軍固關防以出奇形勢援劉沔沔令大將石雄急擊可汗于殺胡山敗之

四月天德軍使田牟奏以迴鶻犯界出軍三千人拒之中書門奏再請制置邊上其一曰請速降中使宣諭生熟退渾党項楊天德交鋒投任隨便出軍討逐如有所獲一任自收乃據殺戮別行優賞二曰自古出師皆有副貳以防主將有故便須得人石雄驍勇善戰當代無敵望授天德軍都防禦副使助田牟功討三曰田牟都以不曉兵機據奏狀已出三千人必是全軍盡出忽有不利豈免空虛馬上馳突是戎虜所長攻城圍守是戎虜所短田牟祇合堅守城壘以候救兵望速詔田牟輒不得出兵野戰四曰迴鶻馬軍難於枝敵依村守險須用強弩手望淅西取四百人宣州取三百人令取河西路赴天德取田牟指使五曰嗢没斯所[illegible]未知真僞狀早要[illegible]加[illegible]令遠近諸番知朝廷抵責可汗犯順非是要滅迴鶻六曰迴鶻資數之糧二年勞苦人心易動必可招降望且遣田牟撫歸降者許與優賞賙給食糧太原安置並從之

八月迴鶻烏介可汗過天德至把頭峯北俘掠雲朔北川詔劉沔出師守鴈門諸關迴鶻首領屈武降幽州授左武衛將軍同正詔以迴鶻犯邊漸侵內地或攻或守於理何安令少師牛僧孺陳夷行與公卿集議可否以聞僧孺令百寮議狀以固守關防俟其可擊則用兵宰相李德裕議以迴鶻所恃者嗢没斯赤心頭今已離叛其彊弱之勢可見戎人獷悍不顧成敗以失二將乘忿入侵出師急擊破之必矣守險示弱虜無由退擊之便天子以爲然乃徵發許蔡汴滑等六鎮之師以太原節度使劉沔爲迴鶻南面招討使以帳仲武爲幽州盧龍節度使檢校工部尚書封蘭陵郡王充迴鶻東面招討使以李思忠爲河西党項都將迴鶻西南面招討使皆會軍於太原

十月丁卯迴鶻劫東陘巳北賜幷州劉沔幽州張仲武密詔
曰自迴鶻本国殘破寄命北邊朕以其艱難之時曾有勠力平
寧之後繼以姻親義在懷柔情深兼愛亦既轉粟賑救降使撫
循不信推恩朕充所娯而狼顧塞上鼠首雲中聞有備雖暫移
營稍乗隙復來近塞察其情計殊未歸還朕祗荷丕圖撫臨万
㝢守祖宗之法㫁思黎庶之又安豈可容匿穴於塞垣養虺毒
于懷袖乗其驕突必能驅除昔晉侯報楚之功避莊王於三舍
吞秦之惠復孟明於二崤安国庇人大義斯在御宜遣使告諭
明示朕懷知或遲留尚為巧詐即須犄角相應臨以兵威勉務
良圖副茲委遇時迴鶻可汗宰相相次上表請国家借兵十萬
助其收復故地又借天徳一城與公主居止及再請米糒羊馬
朝廷皆拒而不許自是可汗或近振武保大柵或入朔川把頭
峯來往不常情計難測尋突入太原部落掠牛羊人口轉戰至
雲州城門刺史張獻節嬰城自守議者以迴鶻常負公主以行



深入漢界至是密詔諸將遣激奪公主及擒致可汗故有是詔
又授劉沔招撫迴紇詔曰昔東漢中夏旣寧匈奴饑饉邊將請
命出塞欲圖刻石之功光武曰柔能制剛弱能制彊雖滅大寇
不如息人朕每覽前史為之興歎入以大禹修徳有苗歸心周
穆徂征荒服不至固存取乱在擇良圖迴鶻頃以本国荐饑種
落攜貳紇干斯乗其危乱遂覆危巢旣焚老上之廷盡剪名王
之族可汗地遠來附塞垣朕言念姻親不忘勳力諭以呼韓美
志漢氏舊章戎不乱華国之大典宜分兵食救彼疲人令歸漢
南方議賑恤屬可汗乆嬰沉痼首長異心踰曠畜所行而控弦
深入頗已逾盟邊將戎臣皆抗其蹤策蕃渾部落咸請其驅除
朕以王者之師以全取勝匈奴見短嘉宴敬之善寵馬邑設權
戎王挾之兵首推誠含垢亦已踰時況朔塞沍寒有癥瘯之患
陰山逕路多曲折之艱宜以徳綏豈勞兵碎惟爾父臨沙漠頗
識蕃情旣啓十乗之行必致六騾之遁爰之告諭方俟成功可

本官兼充招撫迴鶻使如不自改悔終須驅逐其諸道兵為行
營兵馬使權令指揮又授張仲武東面招撫迴鶻使制曰古人
云兵者所以明德除害也夲徳于外則福生于内朕每念戎旅
務安生靈旣示遠圖亞恢長筭迴鶻可汗寄託塞上未歸舊廷
近者遣使闕門屢陳誠欵宋人病告于子反朝鮮心附於樓船
我之信旦實得衆須幽州盧龍軍節度副大使知節度事觀察
處置押奚契丹兩蕃經略盧龍軍等使銀青光祿大夫檢校工
部尚書兼幽州大都督府長史兼御史大夫蘭陵郡王食邑三
千戸張仲武風雲感契熊羆協誠自外將壇首當廣戎鋋亟
閼惎掃牛馬殆至谷堇故能坐彰揣情己深致虜之術豈止閭
虱破膽益堅慕義之心遂奏封章願申告諭彼旣率服寧志懐
柔況虜騎往來疾于風電沙場貟遠介以山川臨敵應機固資
統一比衛霍之襲葦統異道而行辛趙之擊羌兩從其志成
子朝勝之策在乎旋師之臣俾鷹揚之功其狼顧宗服於衆之



叛固在亡擒勉思將帥之風允忘五利之崇以夏官之秩委其統
制之權當一乃心敬茲休命可檢校兵部尚書兼充東面招撫
迴鶻使其當道行營兵馬使及契丹室韋等並自指揮餘如故
主者施行
三年二月趙蕃奏黠戛斯攻安西北庭都護府宜出師影援李
徳裕奏曰據地志安西去京七千一百里北庭去京五千二百
里承平時向西路自河西隴右出玉門關迤邐是國家州縣所
在皆有重兵其安西北庭要兵便於側近徴發自艱難已後河
隴盡陷吐蕃若通安西北庭須取迴鶻路去今迴鶻破滅又不
知的屬黠戛斯否縱令救得便須却置都護須以漢兵鎮守每
處不下萬人從何徴發饋運取何道路今天徳振武去京至近
兵力常苦不足無事時貯糧不支得三年朝廷力猶不及況保
七千里安西哉臣所以為縱令得之實無用也昔漢宣帝時魏
相請罷車師之田漢元帝時賈捐之請棄朱崖郡國朝賢相狀

仁傑亦請棄四鎭立斛瑟羅為可汗又請棄安東却立高氏後不欲貪外虛內耗竭生靈此蓋三臣者當負荷之時尚以為甚以肥中國況為越萬里安能救之哉臣恐蕃戎多計知國力不及偽且許之邀求中國無窮陛下不可中悔此則將實費以援虛事即是滅一迴鶻而又生之恐計非便乃止

九月丁亥賜黠戛斯物書曰皇帝敬問黠戛斯可汗將軍諸遊伊斯難珠至省書并白馬二匹具悉可汗降精昇極雄朔漠以為君長耀兵旄頭分天街所建國特負英豪之氣以推驍馭之才眷想嘉猷載深寤歎來書云溫仵令將軍歸回後漢使不來溫仵令去日朕書具云速遣報達此當遣重臣冊命自是可汗未諭此意報答稍遲來信又云道路隔絕蓋為山川悠遠未得與可汗封壤接連非是兩國之情猶有阻隔想可汗明識無復致疑又云兩地致書彼此不會且書不可以盡言言不可以盡意況蕃漢文字傳譯不同祇在共推赤心永保盟好豈必緣飾詞語以此交歡想每欲恩惟先想好甚不更疑惑便是明誠又云欲除兩國間惡刺如此之事最為嘉言緣迴鶻雄據北方為一代君長諸蕃臣伏百有餘年今可汗掃除穹廬大雪讎恥功業既高于前古威聲已振于北荒固當深務遠圖豈可更留餘孽黑車子不度德量力敢保寇讎則是侮可汗獨力向化此而可忍孰不可容況可汗前來訪送公主云上天入地必須覓得今若捨而不問何以取信朕懷想可汗乘彼盛秋長驅精騎問迴鶻遁逃之罪行黑車子後服之誅取若拾遺役無再舉從茲蕩定豈不美歟來書又云送公主到彼無一語來緣公主纔離可汗五日便被迴鶻劫奪所遣來使尽被殺傷公主二年在流離沙漠事已隔遠所以不再叙言然趙蕃去日已具感[illegible]之心是可汗勤[illegible]之意又聞今秋欲移往迴鶻牙帳滅此[illegible]居[illegible]使諸蕃畏威迴鶻絶望稍近漢境頗謂良圖所云請發漢兵馬期集去處緣黑車子猶去漢界一千餘里在沙漠之中從前漢兵未嘗到彼此聞迴鶻深意常欲報冤安西府至今深秋當令幽州太原振武天德緣邊四鎮要路出兵料可汗攻討之時迴鶻必當潛遁各令邀截便可梟擒此是軍期須如符契想可汗必全大信用叶一心諦得伊斯難珠朕已於前殿面對兼賜宴樂並依來表更不滯留朕續遣重臣使申冊命故先達此旨令彼國明知冊命之礼並依迴鶻故事可汗爰始立國臨長諸蕃須示隣壤情深宗盟義重以此鎮撫誰敢不從宜体至懷共弘遠略春暖想可汗休泰將相已下並存問之黠戛斯者亦名紇吃斯本前代堅昆國在迴鶻西北自稱李陵之後初破迴鶻國之時得太和公主以天家貴種又與國同姓令達干十人送公主至塞上中路為烏介可汗所得尽殺黠戛斯使人乃質公主同行及黠戛斯上表問公主所在及所遣使者十人帝顧問宰臣議者奏以黠戛斯是迴鶻深讎令烏介可汗尚須與通和令自將兵馬求殺使者罪人兼討與黑車子容納可汗之罪帝心未決以迴鶻故事自平祿山之後歲賜縑二萬匹以為定制又黠戛斯有可汗之名竟不修臣礼宰臣又奏云今黠戛斯與迴鶻故事不同未有大功安敢邀利如肯同迴鶻稱臣即加冊命不爾便停無傷国体兼許為宗盟可以尊卑論之令展子孫之礼帝意乃定故降此書

五年七月勑改單于都護為安北置都護初宰臣奏曰塞北諸蕃皆為振武是單于故地不可存其名號以啓戎心臣等謹詳国史武德四年平突厥後於振武置雲州都督武德五年改為單于大都督聖歷元年改為安北都護開元八年復為單于都護其安北都護本在天德自貞觀二十年已後移在甘州遷徙不定令單于都護改為安北置都護如此制置並循故事乃奏勑從之

懿宗咸通十年十二月勑荊南節度使杜悰據司天奏有小孛星氣經歷分野恐有外夷兵水之患緣邊藩鎮最要隄防[illegible]

（下闕）

# 冊府元龜卷第九百九十五

## 外臣部四十

### 交侵

昔朝錯有言曰以蠻夷攻蠻夷中國之形也蓋言其同類自相攻擊不煩華夏之兵亦衞戎之良策而雜霸之善利也蓋夫畜夷殊俗天性忿鷙氣類不一嗜欲靡同故先王不以臣畜之而置於度外然其種族斯衆區落寔繁恃氣力以相高尋戰鬭而為務以至強陵弱大侵小稱兵構亂迭為寇掠侮亡攻昧每相吞噬雖復保塞內附系於屬國守約求援賜于有司亦荒服之無常但可羈縻而不絕又豈足煩王師之赴救

漢高祖初匈奴冒頓單于立東胡強聞冒頓殺父自立乃使使謂冒頓曰欲得頭曼時千里馬冒頓問羣臣皆曰此匈奴寶馬也勿予冒頓曰柰何與人鄰國愛一馬乎遂與之東胡以為冒頓畏之使使謂冒頓曰欲得單于一閼氏冒頓復問



左右左右皆怒曰東胡無道乃求閼氏請擊之冒頓曰柰何與人鄰國愛一女子乎遂取所愛閼氏予東胡東胡王愈驕西侵與匈奴中間有棄地莫居千餘里各居其邊為甌脫（[illegible]）東胡使使謂冒頓曰匈奴所與我界甌脫外棄地匈奴不能至也吾欲有之冒頓問羣臣或曰此棄地予之於是冒頓大怒曰地者國之本也柰何予人諸言與者皆斬之冒頓上馬令國中有後者斬遂東襲擊東胡東胡初輕冒頓不為備及冒頓以兵大破滅東胡王又攻破月氏王以其頭為飲器（韋昭曰飲器椑榼也晉灼曰飲器虎子屬也或曰飲酒之器也師古曰匈奴傳云以所破月氏王頭共飲血盟然則飲酒之器是也韋云椑榼晉云獸子皆非也椑榼即今偏榼所以盛酒耳非用飲者也獸子褻器所以溲便者也）月支乃遠去過大宛西擊大夏而臣之

武帝建元三年閩越舉兵圍東甌東甌使人告急於時帝年未二十以問太尉田蚡蚡以為越人相攻擊其常事又數反覆不足煩中國往救也自秦時棄不屬（言不臣屬於中國）於是嚴助詰蚡曰特患力不能救德不能覆誠能何故棄之且秦舉咸陽而棄之何但越也（言秦之於天下皆棄之也乃至京師）今小國以窮困來告急天子不振尚安所愬（振救也愬告也）又何以子萬國乎（子謂畜養之如子也）帝曰太尉不足與計遂令嚴助發兵浮海救東甌未至閩越罷兵閩越王郢興兵擊南粵邊邑粵使人上書曰兩粵俱為藩臣毋擅興兵相攻擊今東粵擅興兵侵臣臣不敢興兵唯天子詔之於是天子多南粵守義（多猶重也）守職約（守藩臣之職約而不輒興兵）為興師遣兩將軍討閩粵兵未踰嶺閩越王弟餘善殺郢以降於是罷兵

昭帝時烏桓漸強乃發匈奴先單于冢墓以報冒頓之怨於是壺衍鞮單于大怒發二萬騎東擊破烏桓至宣帝時西域城郭共擊匈奴車師國（城郭諸國）得其王及人衆而去單于復以車師王昆弟兜莫為車師王收其餘民東徙不敢居故地時匈奴虛閭權渠單于怨諸國共擊車師遣左右將各萬餘騎屯田右地欲以侵迫烏孫西域後丁令比三歲入盜匈奴（[illegible]）殺略人民數千驅馬畜匈奴遣萬餘騎往擊之無所得平帝時



漢既班四條後護烏桓使者告烏桓民毋得復與匈奴皮布稅匈奴以故事遣使者烏桓稅（稅責也）匈奴人民婦女欲賈販者皆隨往焉烏桓距曰奉天子詔條不當予匈奴稅匈奴使怒收烏桓酋豪縛到懸之酋豪昆弟怒共殺匈奴使及其官屬收略婦女馬牛單于聞之遣使發左賢王兵入烏桓責殺使者因攻擊之烏桓分散或走上山或東保塞匈奴頗殺人民毆婦女弱小且千人去（毆與驅同）置左地告烏桓曰持馬畜皮布來贖之烏桓見略者親屬二千餘人持財畜往贖匈奴受留不遣

宣帝時烏孫上書言[illegible]匈奴所侵削昆彌願發國半精兵人馬五萬匹盡力擊匈奴唯天子出兵哀救本始二年漢發五將軍兵十餘萬騎出塞及校尉常惠使護發兵烏孫西域昆彌自將翕侯以下五萬餘騎從西方入五將軍皆無功惠與烏孫兵

至右谷蠡庭獲單于父行及嫂居次名王犁汙都尉千長將
以下三万九千餘級虜馬牛羊驢騾橐駝七十餘萬於是匈奴
遂衰耗怨烏孫其冬單于自將數萬餘騎擊烏孫頗得老弱欲
還會天大雨雪一日深丈餘人戶畜產凍死還者不能什一於
是丁令乘弱攻其北烏桓入其東烏孫擊其西凡三國所殺數
万級馬數万匹牛羊甚衆

成帝河平中夜郎王興與鉤町王禹漏臥侯俞（漏臥邑名後爲縣）更舉
兵相攻牂柯太守請發兵誅興等議者以爲道遠不可擊
乃遣太中大夫蜀郡張匡持節和解興等不從命

哀帝建平二年烏孫庶子卑援疐翕侯人衆入匈奴西界寇盜
牛畜頗殺其民單于聞之遣左大當戶烏夷泠將五千騎擊烏
孫殺數百人略千餘人毆牛畜去

後漢光武建武二十一年車師鄯善焉耆等十八國俱遣子入
侍將都護漢還其侍子是時莎車王賢欲併兼西域攻擊益



甚諸國聞都護不出而侍子皆還大憂恐乃與敦煌太守檄願
留侍子以示莎車言侍子見留都護尋出冀且息其兵太守裴
遵以狀聞天子許之二十二年賢知都護不至遂遺鄯善王安
書令絕通漢道安不納而殺其使賢大怒發兵攻鄯善安迎戰
兵敗亡入山中賢殺略千餘人而去其冬賢復攻殺龜茲王遂
兼其國鄯善焉耆諸國侍子久留敦煌愁思皆亡歸賢見漢不
出都護讓益橫嬀塞王自以國遠遂殺賢使者賢擊滅之立其國
貴人駟鞬爲嬀塞王賢又自立其子則羅爲龜茲王賢以則羅
年少乃分龜茲爲烏壘國徙駟鞬爲烏壘王又更以貴人爲嬀
塞王數歲龜茲國人共殺則羅駟鞬而遣使匈奴更請立王匈
奴立龜茲貴人身毒爲龜茲王龜茲由是屬匈奴賢以大宛貢
稅減少自將諸國兵數万人攻大宛大宛王延留迎降賢因將
還國徙拘彌王橋塞提爲大宛王而康居數攻之橋塞提在國
歲餘亡歸賢復以爲拘彌王而遣延留還大宛使貢獻如常

又徙于窴王俞林爲驪歸王立其弟位侍爲于窴王歲餘賢疑諸
國欲畔召位侍及拘彌姑墨子合王盡殺之不復置王但遣將軍
鎮守其國明帝永平中于窴將休莫霸反莎車自立爲于窴王
休莫霸死兄子廣德立後遂滅莎車其國轉盛從精絕西北至
疏勒十三國皆服從

二十二年匈奴國亂烏桓乘弱擊破之匈奴轉北徙數千里漠
南地空

二十三年哀牢夷王賢栗遣兵乘箄船南下江漢擊附塞夷鹿
茤鹿茤人弱爲所禽獲於是震雷疾雨南風飄起水爲逆流翻
涌二百餘里箄船沉沒哀牢之衆溺死數千人賢栗復遣其六
王將万人以攻鹿茤鹿茤王與戰殺其六王哀牢耆老共埋六
王夜虎復出其尸而食之餘衆驚怖引去

二十四年遣其左賢王擊破北匈奴卻地千餘里

二十六年南匈奴前部五骨都侯子復將其衆三千人歸南部



北單于使騎追擊悉獲其衆南單于遣兵拒之逆戰不利
燒當王滇良世居河北大允谷種小人貧而先零卑湳並皆強
富數侵犯之滇良父子積見陵易憤怒而素有恩信於種中於
是集會附落及諸雜種乃從大榆入掩擊先零卑湳大破之殺
二千人掠取財畜奪居其地大榆中由是始強
明帝永平十六年北匈奴聞漢通西域車師復內屬乃遣兵
擊之順帝陽嘉四年春北匈奴呼衍王率兵侵後部帝以車師
六國接近北虜爲西域蔽扞乃令敦煌太守發諸國兵及玉門
關候伊吾司馬合六千三百騎救之掩擊北虜於勒山漢軍不
利秋呼衍王復將二千人攻後部破之
章帝元和元年北匈奴單于復願與吏人合市乃驅牛馬万餘
頭來與漢賈客交易南單于聞乃遣輕騎出上郡遮略生口鈔
掠牛馬驅還入塞二年南匈奴單于遣兵千餘人獵至涿邪山
卒與北匈奴溫禺犢王遇因戰獲其首級而還（又云[illegible]）

曰攻殺鮮卑大人[illegible]乃遂引而去
章和元年鮮卑入左地擊北匈奴大破之斬優留單于取其匈奴
皮而還北庭大亂
和帝永元八年戊己校尉索頵欲廢車師後部王涿鞮而立破
虜侯細致涿鞮忿前部王尉卑大賣己因反擊尉卑大獲其妻
子
安帝元初四年遼西鮮卑連休遠等燒塞門寇百姓烏桓大人於
秩居等與休連有宿怨共郡兵奔擊大破之斬首千三百級悉
獲其生口牛馬財物
延光二年鮮卑王其至鞬自將万餘騎入東領侯分爲數道攻
南匈奴於曼柏縣名屬五原薁鞬日逐王戰死殺千餘人三年
秋復寇高柳擊破南匈奴殺漸將王
靈帝熹平四年于窴王安國攻拘彌大破之殺其王死者甚衆
戊己校尉西域長史各發兵輔立拘彌侍子定興爲王



魏文帝黄初中鮮卑軻比能與東部鮮卑大人素利及步度根
三部爭鬬更相攻擊烏丸校尉田豫和合使不得相侵五年比
能復擊素利豫帥輕騎徑　進躡其後比能使别小帥瑣奴拒
豫豫進討破走之由是懷貳乃與輔國將軍鮮于輔書曰夷狄
不識文字故校尉閻柔保我於天子我與素利爲讐往年攻擊
之而田校尉助素利我臨陣使瑣奴往聞使君來即便引軍退
步度根數數鈔盜又殺我弟而誣我以鈔盜我夷狄雖不知禮
義兄弟子孫受天子印綬牛馬尚知美水草況我有人心邪將
軍當保明我於天子輔得書以聞帝帝復使豫招納安慰
南齊扶南國自晉宋世通職貢宋末扶南王姓僑陳如名闍邪
跋摩遣商貨至廣州天竺道人那伽仙附載欲歸國遭風至林
邑掠其財物皆盡那伽仙間道得達
梁天監中芮芮國破丁零復其舊土先是齊永明中芮芮爲丁
零所破更爲小國而南移其居　至是復焉

滑國車師之別種元魏之居桑乾也滑猶爲小國屬芮芮後稍
強大征其旁國波斯盤盤罽賓焉耆龜茲疏勒姑墨于闐句般
等國開地千餘里
後魏車伊洛焉耆胡也世爲東境部落帥常修職貢伊洛又率
部衆二千餘人伐高昌討破焉耆東關七城虜獲男女二百人
駝千頭馬千匹以金一百斤奉獻
北齊文宣天保三年二月突厥破茹茹主阿那瓌瓌自殺其太子
菴羅辰及瓌從弟登注俟利發注子庫提並擁衆奔茹茹餘衆
立注次子鐵伐爲主四年二月送茹茹主鐵伐登注及子庫提
還北鐵伐尋爲契丹所殺國人復立登注爲主仍爲其大人阿
富提等所殺國人復立庫提爲主十二月突厥復攻茹茹茹茹
舉國南奔帝自晉北討突厥納茹茹乃廢其主庫提立阿那瓌
子菴羅辰爲主置之馬邑川給其廪餼繒帛親追突厥朔州突
厥請降許之而還於是貢獻相繼



隋高祖時突厥沙鉢略與阿波相攻先是後魏末突厥伊利可
汗以兵擊鐵勒大敗之降五万餘家遂求婚於茹茹茹茹主阿
那瓌大怒遣使罵之伊利斬其使率衆襲茹茹破之弟乙息記
可汗立又擊破茹茹弟木杆可汗立又擊滅茹茹沙鉢可汗忌
弟二阿波可汗驍悍忌之因其先歸襲擊其部大破之殺阿波
之母阿波還無所歸西奔達頭可汗達頭者名玷厥沙鉢略
之從父也舊爲西面可汗既而大怒遣阿波率兵而東其部落
歸之者將十萬騎遂與沙鉢略相攻又有貪汗可汗素睦於阿
波沙鉢略奪其衆而廢之貪汗亡奔達頭沙鉢略從弟地勤察
別統部落與沙鉢略有隙復以衆叛歸阿波至是連兵不已
開皇六年契丹與突厥相侵先是契丹當後魏時爲高麗所侵
部落万餘口求內附止于白貔河其後爲突厥所逼又以万家
寄於高麗至是與諸部相攻擊久不止
仁壽元年西突厥泥利可汗及葉護俱被鐵勒所敗步迦尋亦

大亂奚霫五部內徙㧞延迦奔吐谷渾
煬帝大業元年西突厥處羅可汗擊鐵勒諸部厚稅斂其物又猜忌薛延陀等恐爲變遂集其魁帥數百人盡誅之由是一時反叛拒處羅遂立俟利發俟斤契弊歌楞爲易勿真莫何可汗居貪汗山復立薛延陀內俟斤字也咥爲小可汗處羅每從巡幸江都之亂隨化及至河北化及將敗奔歸京師爲北蕃突厥所害

十二年真獵國遣使貢獻其國與參半朱江二國和親數與林邑陀桓二國戰爭其人行止皆持甲仗若有征伐因而用之

唐高祖武德末突厥阿史那社尒入侵中國歸而遇延陀迴紇等部皆叛攻破欲谷設社尒擊之復爲延陀所敗遂率其餘衆保于西偏依可汗浮圖後遇頡利滅而西蕃葉護又死奚利邲咄陸可汗兄弟爭國社尒陽言降之引兵西上因襲破西蕃半有其國得衆十餘萬自稱都布可汗謂其諸部曰首爲背叛破

府九百九十五　七

我國者延陀之罪也今我據有西方大得兵馬不平延陀而自取安樂是忘先可汗爲不孝也何以爲突厥之主乎必先平延陀然後安居爾若天命不捷死亦無恨其酋長咸諫曰今新得西方須留鎮壓若即棄去遠擊延陀祇恐葉護子孫必來復國社尒不從親率五万餘騎討延陀於磧北連兵百餘日遇我行人劉善因立同娥設爲咥利始可汗社尒部又苦兵役多委之逃去延陀因縱擊敗之復保高昌國其舊兵在者纔萬餘家又與西蕃結隙不能復振由是率衆入貢處其部落于靈州之北

西突厥賀魯者成曳步利設射匱特勤越之子也初阿使那步真既來歸國咄陸可汗乃立賀魯爲葉護以繼步真居於多邏斯水在西州北十五日行統處月處密姑蘇歌邏祿卑失五姓之衆咄陸西走乃呼賀魯欲立之以爲可汗遣兵迫逐賀魯二三年間遂相侵掠不常厥居執舍地處木昆婆鼻三姓以賀魯無驟往請射匱射匱怒欲討執舍地由是三姓率部落隨賀魯

有數十人

太宗貞觀十五年十一月癸酉薛延陀盡其甲騎并發同羅僕骨迴紇靺鞨霫等衆合二十萬至一人馬四匹度漠屯白道川據善陽嶺以擊思摩之部思摩引其種落走朔州留精騎以戰延陀乘之入塞詔營州都督張儉統所部騎兵及奚霫契丹等壓其東境

是年突厥咄陸可汗與沙鉢羅葉護可汗頻相攻擊咄陸于時兵衆漸強西域諸國復來歸附未幾咄陸遣石國吐屯攻葉護擒之送於咄陸尋爲所殺咄陸可汗既并其國弩失畢諸姓心不服咄陸皆叛之咄陸復率兵擊吐火羅破之初咄陸以泥孰啜自擅取部物斬之以徇尋爲泥孰啜部將胡祿屋所襲衆多亡逸其國大亂

十七年新羅王遣使上言高麗百濟累相攻襲亡失數十城乞偏師救助詔遣司農丞相里玄獎齎璽書往諭賜高麗曰新羅

府九百九十五　八

委命國家不闕朝獻尒與百濟宜即戢兵新羅蓋蘇文謂玄獎曰高麗新羅怨隙已久往者隋室相侵新羅乘釁奪高麗五百里之地城邑新羅皆據有之自非反地還城此兵恐未能已玄獎曰既往之事焉可追論蘇文竟不從

二十年六月乙亥鐵勒僕骨同羅共擊薛延陀多彌可汗大敗之

二十一年五月西蕃吐陸可汗爲葛吐騎俟利發所破奔于波斯

二十二年六月乙卯吐蕃來獻天竺之捷

九月己丑新羅爲百濟所攻破其一十三城高宗永徽元年六月新羅王金真德大破百濟之衆遣使以聞

五年五月大食引兵擊波斯及米國皆破之波斯王伊嗣侯爲大食兵所殺伊嗣侯之子卑路斯投吐火羅遣使來告難上以路遠不能救之尋而大食兵退吐火羅遣兵援立之而還

十月高麗遣其將安固率高麗靺鞨兵侵契丹松漠都督李窟哥發騎禦之戰于新城遇會大風高麗放火乘風吹並迴因而陣亂契丹乘之斬首五百級獲馬七百餘疋高麗敗走草乾風勁契丹又縱火迫之盡焰飛起燒殺人馬甚衆契丹聚其尸築為京觀遣使來告捷帝使宣其露布於朝以示百寮

六年二月乙丑遣營州都督程元振左衛中郎將蘇定方等發兵以討高麗以侵掠新羅故也時新羅王金春秋表言高麗與百濟靺鞨相連侵其北境已奪三十三城乞兵救援故遣元振等經略之

顯慶元年三月先是百濟發兵伐新羅新羅擊破之殺三千餘人至是新羅王金春秋遣使來告捷

十二月吐蕃大將祿東贊率兵一十二萬擊白蘭氏苦戰三日吐蕃初敗後勝殺白蘭千餘人屯軍境上以侵掠之

龍朔中吐蕃與吐谷渾不和遞相表奏各論曲直國家[illegible]



遂未為與奪吐蕃怨怒遂發兵以臨土谷渾告急高宗令將軍薛仁貴郭待封等率衆十餘萬伐之軍至大非川為欽陵等所敗遂滅吐谷渾

麟德二年閏三月疏勒弓月兩國共引吐蕃之兵以侵于闐詔西川都督崔知辯及左武衛將軍曹繼叔率兵救之

玄宗開元八年七月南天竺國王尸利那羅僧伽寶多請以戰象兵馬討大食吐蕃求有以名其軍制嘉耶名為懷德軍

十四年契丹落剌史普固都及將軍顆哥背叛擒捷援固都將軍顆哥郎將各賜百疋放還蕃

德宗貞元七年九月迴鶻遣使獻敗吐蕃葛祿於北庭所捷及其俘畜先是吐蕃入靈州及為迴鶻所敗夜焚攻城之械而退

十二月甲午迴鶻遣殺支將軍獻得吐蕃俘大首領尚結心帝御延喜門觀之

十年正月南詔異牟尋大破吐蕃於神川使獻捷初吐蕃因北庭與迴鶻大戰死傷頗衆乃徵兵於牟尋須萬人牟尋既定計歸我因其徵兵以襲之乃陽示寡弱謂吐蕃曰蠻軍素少僅可發三千人吐蕃少之請益至五千乃許牟尋遣兵五千人戍吐蕃乃自將數万踵其後晝夜兼行乘其無備大破吐蕃於神川鐵橋遣使告捷且請韋皋使閱其所虜獲及城堡以取信焉

三月西川節度使韋皋奏南詔異牟尋擊破吐蕃收鐵橋已來城壘一十六擒其王五人降其衆十萬餘口

憲宗元和四年九月豐州奏吐蕃萬騎至大石谷掠奪迴鶻之還國者

文宗大和五年九月豐州刺史李公政奏党項[illegible]於黑山劫掠歸國迴鶻差兵馬使僕固全等七人為賊射殺

七年三月己酉安南奏蠻去年十二月三十日於管內[illegible]州下營當管生獠國出兵殺賊千餘騎亦哶沿國亦出兵助討



開成三年八月甲辰安南奏得驩州狀[illegible]兵馬攻伐環王國今差兵士赴驩州[illegible]

後唐莊宗同光二年七月幽州奏[illegible]攻渤海

九月庚戌有自契丹部降者上言女[illegible]契丹召北部酋長禦捍

四年正月北面招討使李紹真奏北來[illegible]契丹阿[illegible]寇渤海國

明宗天成元年十一月青州霍彥威奏得登州狀申契丹先發諸部攻逼渤海國自阿保機身死雖已抽退尚留兵馬在渤海扶餘城今渤海王弟部領兵士攻圍扶餘城契丹次長興元年正月青州奏差人押渤海王憲一行歸本國[illegible]刺劫令得黑水兀兒狀及將印紙一張進呈

晉高祖天福二年二月新州翟璋奏契丹[illegible]馬與契丹討奚[illegible]刺子今已歸服

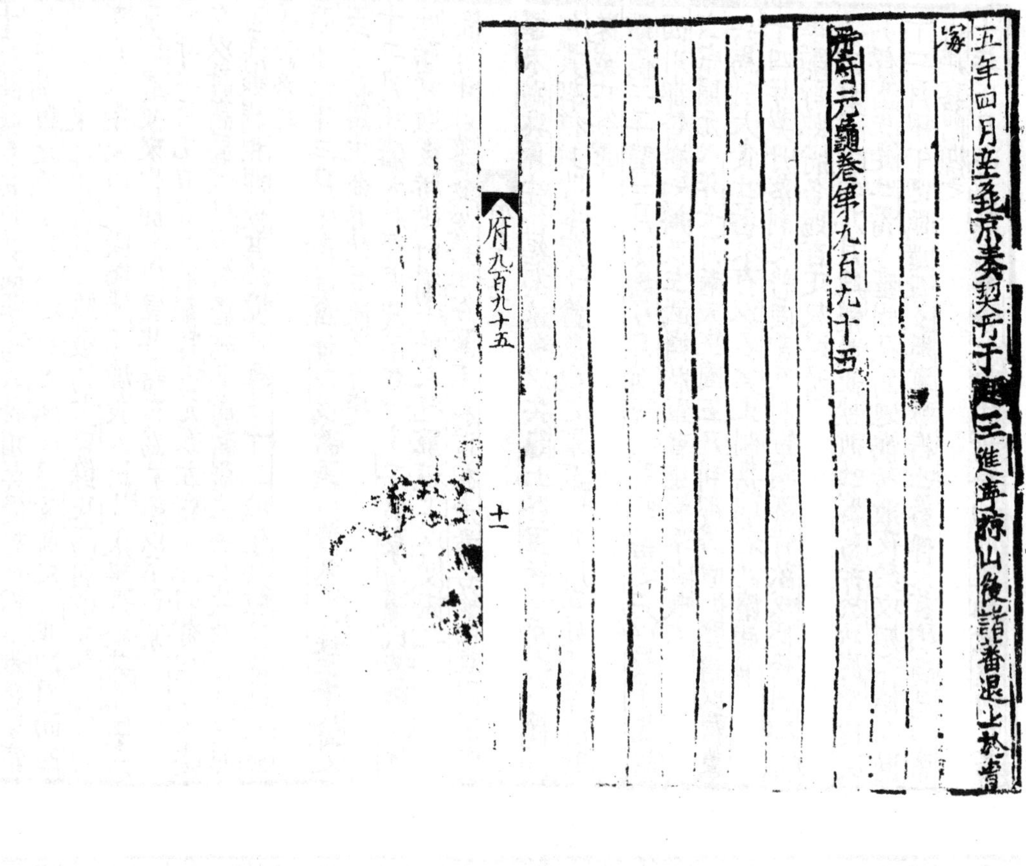

五年四月北京奏契丹于越王進寧靜山後諸番退出於青
冢

册府元龜卷第九百九十五

府 九百九十五 十一

# 冊府元龜卷第九百九十六

外臣部四十一

鞮譯　納質　責讓

## 鞮譯

王制云東曰寄南曰象西曰狄鞮北曰譯此蓋王者居域中之大享四海之富莫不來遠人懷殊俗乃俾此徒通八蠻之言語導外臣之嗜欲所以其心上達我澤下臨至於飲食必豐衣服必美或錫之冠帶或愛之印綬故得延面內向欣戴皇仁楛矢東來白狼西入獻彼犀象發為詠歌率由此道也

周公居攝六年越裳以三象胥重譯而獻白雉曰道路悠遠山川阻深音使不通故重譯而朝故周官象胥掌蠻夷閩貉戎狄之國使掌傳王之言而諭說焉

秦始皇時匈奴單于北徙十有餘年單于姓攣鞮氏（攣音力全切鞮音丁奚切）其國稱之曰撐犂孤塗單于（撐音丑庚切）匈奴謂天為撐犂謂子為孤塗單于者廣大之貌也言其象天單于然也



漢武帝元鼎五年平南越置交阯郡凡交阯所統雖置郡縣而言語各異重譯乃通

成帝建始中復株絫（復音服絫力追切）若鞮單于立匈奴謂孝為若鞮自呼韓邪單于降後與漢親密見漢帝謚為孝慕之至其子復株絫以下皆稱若鞮南單于以下直稱鞮也

哀帝元壽元年博士弟子秦景憲受大月氏王使伊存口授浮屠經浮屠正號曰佛陁佛陁與浮屠聲相近皆西方言其來轉為二音華言譯之則謂淨覺言滅穢成明道為聖悟服其道者相與和居治心脩淨行乞以自給謂之沙門或曰桑門亦聲相近總謂之僧皆胡言也僧譯為和命眾桑門為息心比丘為行乞所謂佛者本號釋迦文者譯言能仁謂德充道備勸濟萬物也

王莽建國元年遣五威將軍王駿等六人授匈奴單于印綬單于左姑夕侯蘇為譯

後漢明帝永平中益州刺史朱輔上疏言白狼王唐菆等慕化歸義作詩三章臣輒令訊其風俗譯其辭語遣從事史李陵護送詣闕事下史官錄其歌并載夷人本語為注其一曰遠夷樂德歌詩曰大漢是治（堤官隗構）與天合意（魏冒踰糟）吏譯平端（罔譯劉脾）不從我來（旁莫支留）聞風向化（徵衣隨旅）所見奇異（知唐桑艾）多賜繒布（邪毗𢇲鋪）甘美酒食（推潭僕遠）昌樂肉飛（拓拒蘇便）屈申悉備（局後仍離）蠻夷貧薄（僂讓龍洞）無所報嗣（莫支度由）願主長壽（陽雒僧鱗）子孫昌熾（莫穉角存）其二曰遠夷慕德歌詩曰蠻夷所處（僂讓皮尼）日入之部（且交陵悟）慕義向化（繩動隨旅）歸日出主（路旦揀雒）聖德深恩（聖德渡諾）與人富厚（魏菌度洗）冬多霜雪（綜邪流藩）夏多和雨（莋邪尋螺）寒溫時適（藐潯瀘灕）部人多有（菌補邪推）涉危歷險（辟危歸險）不遠萬里（莫受萬柳）去俗歸德（術疊附德）心歸慈母（仍路孳摸）其三曰遠夷懷德歌曰荒服之外（荒服之儀）土地墝埆（犂籍憐憐）食肉衣皮（阻蘇邪犂）不見鹽穀（莫碭麤沐）吏譯傳風



大漢安樂（是漢夜拒）攜負歸仁（蹤優路仁）觸冒險陿（雷折險龍）高山岐峻（倫狼藏幢）緣崖磻石（扶路側祿）木薄發家（息落服淫）百宿到洛（理瀝髭雒）父子同賜（捕茝菌毘）懷抱匹帛（懷藁匹漏）傳告種人（傳室呼敕）長願臣僕（陵陽臣僕）

和帝永元六年永昌郡徼外敦忍乙王莫延慕義遣使譯獻犀牛大象

九年徼外蠻及撣國王雍由調（撣音擅）遣重譯奉國珍寶

靈帝熹平二年日南徼外國重譯貢獻

晉惠帝元康中有胡沙門支恭明譯佛經維摩法華三本前涼張重華鎮涼州天竺國重四譯來貢樂器

後秦姚興時有胡沙門鳩摩羅什為興所敬於長安草堂寺集義學八百人重譯經本羅什聰辯有淵思達東西方言北涼沮渠蒙遜鎮涼州時有罽賓沙門曇摩讖與沙門智嵩等譯涅槃諸經十餘部

梁高祖普通二年新羅王募秦始遣使隨百濟奉獻其俗呼城

曰徒奚羅其邑在内曰啄評在外曰邑勒亦中國之言郡縣也語言待百濟覆通

後魏道武時太史令晁崇弟懿以善北人語内侍左右爲黄門侍郎是時蠕蠕社崘自號豆代可汗豆代猶魏言駕馭開張也可汗猶魏言皇帝也社崘卒立其弟斛律號藹苦蓋可汗猶魏言姿質美好也斛律卒立其季父僕渾之子大檀號牟汗紇升蓋可汗魏言制勝也大檀卒子吴提立號敕連可汗猶魏言神聖也吴提卒子吐賀真立號處可汗魏言唯也吐賀真卒子予成立號受羅部真可汗魏言惠也予成卒子豆崘立號伏名敦可汗魏言常也豆崘卒立其叔父那蓋號候其伏代庫者可汗魏言悦樂也那蓋卒子伏圖立號他汗可汗魏言緒也伏圖爲高車所殺子醜奴立號豆羅伏䟦豆代可汗魏言彰制也醜奴卒立其弟阿那瓌奔魏國人推婆羅門爲主號彌偶可社句可汗魏言安静也



明元時沙門法顯自長安遊天竺歷三十餘國隨有經律之處學其書語譯而寫之還至江南更與天竺禪師跋陀羅辯定之跋陀羅共沙門法業重加譯撰

獻文時中散呂文祖以曉語譯注皇誥辯義通辯

孝文時羽林監孟威以明解北人之語勅在注作以備推訪

北齊後主武平末侍中劉世清能通四夷語爲當時第一後主命世清作突厥語翻涅槃經以遺突厥可汗勅中書侍郎李德林爲其序

隋高祖開皇十四年新羅王眞平王遣使貢方物新羅言語名物有似中國人名國爲邦弓爲孤賊爲寇行酒爲行觴相呼皆爲徒不與馬韓同焉

唐太宗貞觀十四年三月流鬼國遣使余志重三譯朝貢

玄宗開元中安西都護蓋嘉惠撰西域記云堅昆國人皆赤髮綠睛其有黑髮黑睛者則李陵之後故其人稱是都尉苗裔亦有由然又今改稱紇扢斯者亦是北狄舊號臣案國史叙鐵勒種類云伊吾以西焉耆以北傍白山則有契弊烏護紇骨等其契弊則契苾也烏護則烏紇也後爲迴鶻其紇骨亦紇骨耶紇扢斯也由是而言蓋鐵勒之種皆以稱紇骨矣其轉爲黠戛斯者蓋夷音有緩急即傳譯語不同其或自稱黠戛斯者語急而然耳訪於吏譯云黠戛斯是黄頭赤面義即以爲迴鶻所呼今使者稱自有此名未知孰是

安禄山解六蕃語爲互市牙郎

代宗寶應元年加冊迴紇可汗爲登里頡咄登密施含俱録英義建功毗伽可汗加冊可敦爲婆墨光親麗華毗伽可敦頡咄華言社稷法用登密施華言封竟含俱録華言婁羅毗伽華言足意智婆墨華言得憐

德宗貞元八年驃國王遣其弟悉利移因南詔重譯來朝華言謂之驃　自謂突羅成閣婆人謂之徒里拙



文宗開成元年正月勅應邊州令置譯語學官掌令教習以達異意

後唐李存信惠黠多數會四夷語別六蕃書善戰識兵勢初爲獻祖親信

晉康福善諸蕃語初仕後唐明宗視政之暇每召入便殿諮訪時之利病福即以蕃語奏之樞密使安重誨惡焉常面戒之曰康福但亂奏事有日斬之福懼

周世宗顯德末占城國遣使朝貢所貢表文于貝多葉檢以香木其言譯之方諭其意

## 納質

夫四夷稱臣納子爲質其來久矣自漢氏建元之後窮兵黷武開拓提封北逐匈奴南誅閩粵由是百蠻懾伏蹶角稽顙或内向而請吏或遣子於宿衛武力之盛振古莫儔然而國帑虚竭生民減半彼何補哉雖後世相沿或遵前制豈惟質其種落言

我華風而又降其部落布之内地雖爲害之深也則五胡亂於
西晉朱邪横於唐季六月之詩曰薄伐獫狁至于太原言逐出
之而已
漢武帝建元六年南粤王胡爲閩粤王郢所攻漢爲興師討閩
粤王弟餘善殺郢以降天子使嚴助往諭意南粤王胡頓首曰
天子乃興兵誅閩粤死亡以報德遣太子嬰齊入宿衛胡病甚
太子嬰齊請歸胡薨嬰齊嗣立遣子次公入宿衛
元光中大行王恢佐從票侯趙破奴虜樓蘭王樓蘭既降匈奴
聞發兵擊之於是樓蘭遣一子質匈奴一子質漢征和元年樓
蘭王死國人來請質子在漢者欲立之質子常坐漢法下蠶室
宮刑故不遣報曰侍子天子愛之不能遣其更立其次當立者
樓蘭更立王漢復責其質子
太初四年貳師將軍李廣利斬大宛王更立貴人昧蔡爲宛王
及貳師將軍之東（[illegible]）諸所過小國聞宛破皆使其子弟從入



貢獻見天子因爲質焉歲餘宛貴人殺昧蔡立故宛王毋寡弟
蟬封爲王遣子入侍質於漢漢因使使賂賜鎮撫之
宣帝五鳳四年匈奴單于稱臣遣弟谷蠡王入侍
甘露元年正月遣子右賢王銖婁渠堂入侍郅支單于亦遣子
右大將駒于利受入侍
元帝初元四年遣使奉獻因求侍子願爲内附遣衛司馬谷吉
送之
成帝建始二年匈奴呼韓邪單于死子雕陶莫皋立爲復株絫
若鞮單于遣子右致盧兒王醯諧屠奴侯入侍（[illegible]）
鴻嘉元年復株絫單于死弟且糜胥立爲搜諧若鞮單于遣子
左祝都韓王朐留斯侯入侍
元延元年搜諧若鞮單于死弟且莫車立爲車牙若鞮單于遣
子右於涂仇撣王烏夷當入侍
綏和元年車牙若鞮單于死弟囊知牙斯立爲烏珠留若鞮單
于遣子右股奴王烏鞮牙斯入侍
二年匈奴侍子右股奴王死歸葬復遣子左於駼仇撣王稽留
昆入侍
哀帝元壽二年匈奴單于來朝帝遣侍子稽留昆隨單于去到
國
平帝元始初單于復遣稽留昆同母兄右大且方與婦入侍還
歸復遣且方同母兄左日逐王都與婦入侍是時帝幼太皇太
后稱制新都侯王莽秉政欲說太后以威德至盛異於前（說讀曰悅）
（[illegible]）迺風單于（風讀曰諷）令遣王昭君女須卜居次云入侍（[illegible]）
（[illegible]）太后所以賞賜之甚厚
後漢光武建武二十一年冬鄯善王車師王等十六國皆遣子
入侍奉獻願請都護帝以中國初定未遑外事乃還其子（[illegible]）
（[illegible]）
二十五年三月南單于遣子入侍



明帝永平十六年春奉車都尉竇固出酒泉破呼衍王天山（[illegible]）
（[illegible]）留兵屯伊吾盧城明年春西域子質諸
國皆遣子入侍（西域自絕六十五載復通焉）
十七年戊巳校尉耿恭屯後王部金蒲城（[illegible]）
移檄烏孫示漢威德大昆彌已下皆願遣子入侍恭乃發使齎
金帛迎其侍子
和帝永元二年大將軍竇憲破北匈奴車師前後王並遣
子入侍（[illegible]）
六年西域都護班超大破焉耆尉犂斬其王自是西域降服納
質者五十餘國
安帝永初中鮮卑大人燕荔陽詣闕朝賀令止烏桓校尉所居
甯城下通胡市因築南北兩部質館（[illegible]）鮮卑邑落百二十
部各遣入質順帝永建元年疏勒國王臣磐遣侍子與大宛莎
車使俱詣闕（[illegible]）

魏明帝太和元年十月焉耆王遣子入侍
晉武帝太康元年八月車師前部遣子入侍四年八月鄯善國
遣子入侍假其歸義侯
六年十月龜茲焉耆國遣子入侍
後魏太武正平元年車師國王遣子入侍是時狄道人李寶初
欲謀歸款令其子承隨表入質帝深相器異禮遇甚厚後賜爵姑
臧侯
孝文太和十五年詔云高句麗王雲又詔雲遣世子入朝雲上
書辭疾遣其從叔升于隨使詣闕
唐玄宗開元二年二月壬寅新羅王子金守忠來朝留宿衞賜
宅及帛以寵之
是年閏五月戊寅詔曰我國家統一寰宇歷年滋多九夷同文
四隩來暨夫其襲冠帶奉正朔顒顒然嚮風而慕化列於天朝
編於屬國者蓋亦衆矣我則潤之以時雨煦之以春陽導德以



柔之中孚以信之玄風既同群物兹遂莫不自天壤窮海域踰
角以請吏執贄而來庭皇唐之德於此爲盛今外蕃侍子久在
京國雖威惠之及自遠畢歸而羈旅之志重遷斯在宜命所司
勘會諸蕃充質宿衞子弟等量放還國契丹及奚近遣質子並
即停追前令還蕃首領等至幽州且住交替者即放去朕欲以
鳥獸咸若華戎俱泰來則納其朝謁之禮去則隨其生育之心
推我紘誠崇彼大順含弘之施德莫厚焉
十五年契丹遣首領諾括來送質子并獻方物
代宗大曆九年二月辛卯渤海質子大英俊還蕃引辭于延英
殿
德宗貞元七年八月渤海王遣其子太貞幹一作太貞斡來朝請備宿
衞
憲宗元和元年十一月放宿衞新羅質子金獻忠歸本國
十五年二月新羅質子試太子中允賜紫金魚袋金士信奏臣
本國朝天二百餘載常差質子宿衞闕庭每有天使臨蕃即充
副使轉通聖旨下告國中今在城宿衞質子臣次當行之
文宗開成元年新羅王金景徽遣其子義琮來謝恩兼宿衞仁
回鶻[illegible]
是年十二月新羅國質子試光祿卿賜紫金魚袋金允夫進狀
稱本國王命臣入朝充質二十六年矣三蒙改授試官再當本
國宣慰及冊立等副使准往例皆蒙特授正官遂授武成王廟
令
晉高祖天福三年八月青州王建立奏高麗國宿衞質子王仁
翟乞放歸鄉里可之

## 責讓

夫要荒之服聲教攸暨天子有守在之道春秋著禮以之法故
威讓之命所以懲其不貢文告之辭所以譴其不庭惟制御之
多方在羈縻而勿絶若乃象胥是設言語斯通使者載馳要領



斯得而乃堅梁負約桀驁渝盟鼠首多疑狼心肆志或自相殘
賊或敢行侵叛憫其類之所懟慮我邊之有虞繇是布之言令
昭以刑德示曲直之旨諭誅賞之意故有革心改圖厥角謝罪
者矣
漢武帝太初中樓蘭王遣一子質漢一子質匈奴後貳師擊大
宛匈奴欲遮之貳師兵盛不敢當即遣騎因樓蘭候漢使後過
者欲絶勿通軍正任文將兵屯玉門關爲貳師後距後距者居後以拒敵
捕得生口知狀以聞帝詔文便道引兵捕樓蘭王將詣闕簿責
王以文簿一一責之對曰小國在大國間不兩屬無以自安願徙國入
居漢地帝直其言遣歸國
宣帝時賜烏孫大吏大祿大監金印紫綬使尊輔大昆彌星靡
星靡死子雌栗靡立爲小昆彌後末振將使人刺殺之漢責大
祿大吏大監以雌栗靡見殺狀奪金印紫綬更與銅墨
哀帝建平二年烏孫庶子卑援疐音竹二切入匈奴界寇盜匈奴

擊敗之卑援𨗿恐遣子趍逯爲質匈奴錄音單于受以狀聞漢遣中郎將丁野林副校尉公乘音使匈奴責讓單于告令還歸卑援𨗿質子單于受詔遣歸

後漢順帝永和中南匈奴左部句龍王吾斯居細等背叛中郎將梁並等擊破之天子遣使責讓單于單以恩義令相招降單于本不預謀乃脫帽避帳詣並謝罪

隋高祖開皇六年契丹諸部相攻擊久不止又與突厥相侵高祖使責讓之其國遣使詣闕頓顙謝罪

十七年賜高麗王湯璽書曰朕受天命愛育率土委王海隅宣揚朝化欲使圓首方足各遂其心王每遣使人歲常朝貢雖稱蕃附誠節未盡王既人臣須同朕德而乃驅逼靺鞨固禁契丹諸蕃頓顙爲我臣妾忿善人之慕義何毒害之情深乎太府工人其數不少王必須之自可聞奏昔年潛行財貨利動小人私將弩手逃竄下國豈非修理兵器意欲不臧恐有外聞故爲盜竊將命使者撫慰王之蕃卒欲問彼人情教彼政術王乃坐之空館嚴加防守使其閉目塞耳永無聞見有何陰惡弗欲人知禁制官司畏其訪察又數遣馬騎殺害邊人屢騁姦謀動作邪說心在不賓朕於蒼生悉如赤子賜王土宇授王官爵深恩殊澤彰著遐邇王專懷不信常自猜疑常遣使人密覘消息純臣之義豈若是也蓋當由朕訓導不明王之愆違一已寬恕今日以後必須改革守藩臣之節奉朝正之典自化爾藩勿忤他國則長享富貴實稱朕心彼之一方雖地狹人少然普天之下皆爲朕臣今若黜王不可虛置終須更選官屬就彼安撫王若洒心易行率由憲章即是朕之良臣何勞別遣才彥也昔帝王作法仁信爲先有善必賞有惡必罰四海之內具聞朕旨王若無罪朕忽加兵自餘藩國謂朕何也王必虛心納朕此意愼勿疑惑更懷異國往者陳叔寶代在江陰殘害人庶驚動我烽候抄掠我邊境朕前後誡勑經歷十年彼則恃長江之外聚一隅之衆僭狂驕傲不從朕言故命將出師除彼凶逆來往不盈旬月兵騎不過數千歷代逋寇一朝清蕩遐邇乂安人臣同悅聞王歎恨獨致悲傷黜陟幽明有司是職罪王不爲陳滅賞三不爲陳存樂禍好亂何爲爾也王謂遼水之廣何如長江高麗之人多少陳國朕若不存含育責王前愆命一將軍何待多力慇懃曉示許王自新耳宜得朕懷自求多福湯得書惶恐將奉表陳謝會病卒

唐太宗貞觀十五年十一月既破薛延陀是月延陀使者辭還太宗謂之曰語爾可汗延陀爲大突厥　爲小爾首突厥羊馬又勒首領將衛我今最尊大亦須徵發於爾我旣不爲爾安得妄作爾去突厥部數羈羊馬犬鼠之盜何國無之執而加罪足以懲誡豈得將兵踰漠遣負要約耶我國家西越昌海東踰遼澤緣邊州郡列屯將士亦猶延陀有四面可寇至使擊朔州道總管爲大度設引兵欲入長城輕軍往問曾無報答控弦馳突輕我師衆致此狼狽爾試自取我邊方士馬一麾雲集今青山甲卒未盈三千斬將搴旗猶能若是舉措利害爾當自思

二十年十月壬申詔曰高麗餘燼謂能悔禍故遣停兵全其巢穴而凶頑有性殊未革心前後表聞類多不實每懷詭詐罪極難原見朕使人又亂蕃禮所令誨示莫務新羅口云從命侵陵不止積其姦惡常苞禍心蓋天攸棄豈宜酬養自今已後勿聽朝貢

高宗時吐谷渾爲吐蕃擊走投涼州請附內地吐蕃大臣祿東贊亦屯兵於青海之地遣使人論仲琮入朝上表稱吐谷渾之罪仍請和親高宗不許之遣左衛郎將劉文祥使于吐蕃降璽書以責讓之

德宗貞元十三年正月吐蕃贊普遣使農桑昔齋表請修和好邊將以聞德宗以其豺狼之心數負恩背約不受表狀任其使却歸

武宗會昌四年十月賜黨項詔曰自前祖累款國家依附邊塞爲我赤子編于黔黎牛馬蕃孳種落殷盛不侵不叛頗効信誠比聞邊將不守朝章失于撫緝因緣徵斂害及無辜含冤遠人莫知控告特命朕之愛子實總元戎所冀群附懷命而不敢自寧諸部懷冤有所披訴奉我處令以保和寧如聞莫顧恩私遂懷憑恃擴奪不避于官物驅掠罔憚于中人擅用甲兵恣行攻劫豈有朝廷內地輒此鴟張道路阻艱商旅殆絶朕便欲詔命諸鎮同力剿除深慮玉石難分善惡同斃今再爲條制各使得宜朕令鄭簡指揮許其擬斷如事有冤濫政乖公平並遣巡院奏聞朝廷必與申理如或不知恩貸猶敢侵在國有常章必難容捨故茲曉示當體朕懷初党項自貞觀五年詔開河曲地爲六十州內附者三十萬口有大首長拓拔赤詞者與諸首領歸款朝廷以松州爲都督賜姓李氏自是從大積石山巳東並爲中國之境歲來朝覲及武宗即位以破回鶻之衆塞上紛擾處



邊將統押不得威重故以皇子兗王岐遙鎮朔方道節度充管押西北諸蕃部落使特簡遣中使宣撫戎爲戎騎所殺故有是詔戒之

後唐莊宗初爲晉王天祐十四年二月新州偏將盧文進殺其帥李存矩叛投契丹寇我新州先是契丹阿保機當武皇時與盟於雲中面相約束款塞交歡義爲弟兄急難相救彼無侵苦至是容納叛臣渝盟犯塞遣使讓之曰盡野雖蠻貊有華戎之別惟忠與信不遠蠻貊之邦契丹王氣稟貞剛心懷仁義爲天山之貴族霸工塞之雄蕃恩加索駿之鄉威讋控弦之俗往者降情假好款塞通盟各守封疆交陳贄幣錦車使者常馳問遺之書牙帳賢王頗識會同之禮關山無事風馬有歸青冢路邊罕有射鵰之騎受降城北更無避燧之憂永保初終不渝信誓近者盧文進潛圖凶逆苟避誅夷苞藏巨惡之情何方可保有叛有君之國皆所不容契丹王未然始誘藏專恣誑惑黨一夫之罪惡絶兩国之歡盟縱彼犬羊竊吾亭鄣徒封牛耳雖保歃心軍將左衽之徒幸我中原之利見蒐兵甲決戰西樓對旁車騎之師佇見槀街之首

冊府元龜卷第九百九十六

冊府元龜卷第九百九十七

外臣部四十二

狀貌　技術　勇鷙　悖慢　怨懟

殘忍

狀貌

夫戎狄蠻夷各處其極東西南北咸有所稟豈惟嗜慾不同抑亦形貌有異蓋天意所以分夷夏別族類也或自傳譯狀彼西帥或因朝貢驗彼使人良史存之亦圖載之盛也

夏禹時汪罔氏之君曰防風氏禹致群神於會稽防風氏後至禹殺而戮之（防風氏違命後至故禹殺之陳尸爲戮）其節專車（骨一節其長專車專擅也）

周頃王時鄋瞞國君長狄僑如（防風之後漆姓）弟兄三人佚宕中國（猶佚）瓦石不能害（肌膚堅強瓦石打擲不能害之）叔孫得臣最善射者也射其目（富父終甥播之以戈殺之）身横九畝（其長一步百步爲畝九畝五丈四尺）斷其首而載之眉見於軾（兵車之軾高三尺三寸）



漢武帝時匈奴休屠王太子金日磾（…）長八尺二寸容貌甚嚴

晉吐谷渾之子吐延身長七尺八寸雄姿魁傑羌虜憚之號曰項羽

梁狀鬐國王身長丈二頸長三尺自古以來不死南方號曰長頸王國

後魏光城蠻田益宗身長八尺雄果有將略貌狀舉止有異常蠻

北齊突厥木可汗俟斤狀貌奇異面廣尺餘其色赤黃眼若琉璃

後周突厥燕都狀貌多奇異面廣尺餘其色甚赤眼若琉璃

隋文帝時突厥葉護可汗長頤僂背眉目疏朗

唐太宗貞觀中以阿史那思摩爲利苾可汗建牙於河北思摩若頡利族人也始畢處羅以其貌似胡人不類突厥疑非阿史那族類故歷處羅頡利世常爲夾畢特勒終不得典兵

高宗顯慶四年蝦夷國遣使入朝其使鬚長四尺

龍朔三年百濟西部人黑齒常之來降常之長七尺餘驍勇有謀略

德宗時吐蕃徐舍人爲大將身長六尺餘赤鬚大目

技術

夫究技藝之妙所以事於上通方術之旨所以濟乎物中古而下代有其人若乃生蠻貊之邦禀殊異之氣性識聰悟講習精篤或作爲幻戲或研覈星歷或餌藥以養命或鑄金而擅譽以至留神書畫玩志博弈莫不華止中國盛一時之觀聽者焉

漢西域大宛諸國武帝時有使隨漢使來觀漢廣大以犂軒眩人獻於漢（犂靬國名眩讀爲幻即今吞刀吐火植瓜種樹屠人截馬之術皆是也）烏弋山離人善眩（眩與幻同）

後漢撣國安帝永寧初遣使朝賀獻樂及幻人能變化吐火自支解易牛馬頭又善跳丸數乃至千自言海西人海西即大秦

唐婆羅門方士那羅邇娑婆寐自言壽二百歲有長生之術太宗深加禮待館之於金飈門內造延年之藥



罽賓國王葛邏達支特勒玄宗開元七年遣使獻天文經及秘要藥方

吐火羅國支汗那王帝賒開元七年上表獻解天文人大慕闍其人智慧幽深問無不知伏乞天恩喚取慕闍親問臣等事意及諸教法知其人有如此之藝能望請令其供奉并置一法堂依本教供養其長男吉獵顛

倭國以德宗建中初遣大使真人興能自明州路奉表獻方物興能風調甚高善書翰其本國紙似繭而緊滑人莫能名

日本國以宣宗大中二年遣王子來朝王子善圍棋帝令待詔顧師言與之對手王子出本國如楸玉局冷暖玉棋子蓋玉之蒼者如楸木色冷暖者言冬溫夏涼人或過說非也時王子至三十三下師言懼辱君命汗手死心始敢落指王子亦凝目縮臂數四竟伏不勝回謂禮賓曰此第幾手也禮賓曰第三手也王子曰願見第一手禮賓曰勝第三可見第二勝第二可見第一今欲躁見第一者其可乎王子掩局歎曰小國之

一不敵大國之三信矣

後唐梁丹東丹王歸中國明宗賜姓名贊華尤好畫及燒金鍊丞之術始泛海歸朝載書數千卷自隨樞密使趙延壽每求假異書及醫經皆中國無者

東丹王元欲即東丹之長子也後改名隶好行仁惠善丹青尤精飲[illegible]

勇鷙

夫蠻夷戎狄其俗不同然鷙悍獷所稟亦異[illegible]代[illegible]為功莫不以材力相先勇相尚角騎射之工競馳逐之利名出種族氣凌部落又豈知仁義之為善哉

漢匈奴冒頓頭曼單于太子初質於月支而匈奴急擊月支月支欲殺冒頓冒頓盜其善馬騎亡歸頭曼以為壯令將萬騎

[illegible]匈奴人[illegible]對敵戰驃略敵詔賜號率衆君西

[illegible]爰劒[illegible]研至豪健故羌中號其後為研種從



爰劒種五世至研研最豪健自後以研為種號十三世至燒當復豪健其子孫更以燒當為種號

後漢句驪王宮勇壯數犯邊境

夫餘王其先北夷索離國王侍兒見天上有氣大如雞子來降因以有身生子名曰東明長而善射王忌其猛欲殺之因走至夫餘而王焉

魏高句麗王位宮其曾祖名宮生能開目視其國人惡之及長大果凶虐數寇鈔國見殘破今王生墮地亦能開目視人句麗呼相似為位似其祖故名之為位宮有力勇便鞍馬善獵射

鮮卑投鹿侯從匈奴軍三年其妻在家有子投鹿侯歸怪欲殺之妻言嘗晝行聞雷震仰天視而雹入其口因吞之遂姙身十月而產此子必有奇異且長之投鹿侯固不信妻乃語家令收養焉號檀石槐長大勇健智略絕衆年十四五異部大人卜賁邑鈔取其外家牛羊檀石槐策騎追擊所向無前悉還得所亡由是部落畏服施法禁曲直莫敢犯者遂推以為大人

烏丸蹹頓驍武邊長老皆比之冒頓恃其阻遠敢受亡命以雄百蠻

晉吐延吐谷渾之子也性俶儻不群常慷慨謂其下曰大丈夫生不在中國當高光之世與韓彭吳鄧並驅中原定天下雖雄使名垂竹帛而潛竄窮山隔在殊俗不聞禮教於上京不得策名於天府生與麋鹿同群死作氈裘之鬼雖偷觀日月獨不愧於心乎性猜忍而負其智不能恤下為羌酋姜聰所刺劍猶在其身謂其將紇拔泥曰豎子刺吾吾之過也上負先公下愧士女所以控制諸羌者以吾故也吾死之後善相葉延速保白蘭言終而卒

隋突厥攝圖一號沙鉢略勇而得衆北夷皆歸附之[illegible]於常代之間略一日手殺鹿十八頭齎尾舌以獻[illegible]



唐馮盎高州良德人代為本郡大首領武德初廣新二州賊帥高法澄沈寶徹等並受林士弘節度殺害隨官盎率兵擊破之既而寶徹兄子智臣又聚兵於新州自為渠帥盎趨往之兵交盎卸兜鍪大呼曰爾等頗識我否賊多棄戈肉袒而拜其徒潰擒寶徹智臣等嶺外遂定貞觀中羅竇諸洞獠叛詔令盎率部落二萬為諸軍先鋒時有賊數萬屯據險要不可攻逼盎持弩語左右曰盡吾此箭可知勝負連發七矢而中七人賊退走因縱兵乘之斬首千餘級

馮智戴高州都督盎之子也少有籌略撫衆得其效死川洞酋帥多願推之大業末隨父至洛陽[illegible]驍果宿衛及江都難作智戴結其所部北還是時郡盜蜂起道路絕智戴與戰所向無前至高涼俚帥拒之以為謀主尋而盎至拒守者不之前智戴就迎乃獲進與父兵並勁乃有膽氣每對敵臨陣必身先士卒

三突厥葉護可汗勇而有謀善攻戰

晉高麗國王王武勇而多力能伸屈鈎鐵

悖慢

傳云要服戎狄荒服要服者貢荒服者王古之制也遠漢而降夷狄寖驕種類滋繁慓驁難制其有穹廬之長椎髻之豪懷之以文而不賓和之以親而不庭要之以盟而無信餌之以貨無猒或肆用兵心軍閻存食土蕃服之禮任忿鷙之性不式我索逞侯王自雍閼遠人誘納亡命爲抄掠之患形褻嫚之詞故聖王畜之若鳥獸散之若風雨示之以威武禁之以禮讓羈縻而不絶務誠制御之道略也

漢尉佗爲南越王高祖以中國初定使陸賈賜尉佗印賈至佗魋結（音）箕踞見賈

匈奴單于武帝征和四年遣使遺漢書云南有大漢北有強胡胡者天之驕子也不爲小禮以自煩今欲與漢闓大關取漢女爲妻（闓與開同）歲給遺我糱酒萬石稷米五千斛（稷米……粟也）雜繒萬匹它如故約則邊不相盜矣漢遣使者報送其使單于使左右難漢使者曰漢禮義國也貳師道前太子發兵反何也使者曰然迺丞相私與太子爭闘太子發兵欲誅丞相丞相誣之故誅丞相此子弄父兵罪當笞小過爾孰與冒頓單于身殺其父代立常妻後母禽獸行也單于留使者三歲乃得還

朝鮮王衛滿傳子至孫右渠（滿死傳子子死傳孫右渠者其孫名也）所誘漢亡人滋多又未嘗入見真番辰國欲上書見天子又雍閼弗通（辰謂辰韓之國也雍讀曰壅）

罽賓國武帝時始通其王烏頭勞自以絶遠漢兵不能至數剽殺漢使（剽劫也音匹妙切）

烏孫昆莫大居西域武帝時令張騫齎金幣往賜見騫如單于禮（昆莫烏孫王號也）騫大慙謂曰天子致賜王不拜則還賜（……漢也）昆莫起拜其它如故

南夷且蘭君（……）時南粤反帝使馳義侯因犍爲發南夷兵且蘭君恐遠行旁國虜其老弱（……）乃與其衆反殺使者及犍爲太守

郅支單于既殺漢使谷吉自知負漢又聞呼韓邪益彊遂西奔康居康居王以女妻郅支郅支亦以女予康居王康居甚尊敬郅支欲倚其威以脅諸國（倚音於綺切）郅支數借兵擊烏孫深入至赤谷城殺略民人敺畜產（敺與驅同）烏孫不敢追西邊空虛不居者且千里郅支單于自以大國威名尊重又乘勝驕不爲康居王禮怒殺康居王女及貴人人民數百或支解投都賴水中（……都賴水名）發民作城日作五百人二歲迺已又遣使責闔蘇大宛諸國歲遺（……）不敢不予漢遣使三輩至康居求谷吉等死（……）郅支困辱使者不肯奉詔而因都護上書言居困厄願歸計彊漢遣子侍（……）其驕嫚如此

樓蘭國最在東垂近漢當白龍堆乏水草常主發導負水儋糧送迎漢使又數爲吏卒所寇懲艾不便與漢通（……）後復爲匈奴反閒（閒音居莧切）數遮殺漢使

康居成帝時遣子侍漢貢獻然自以絶遠獨驕嫚不肯與諸國相望都護郭舜數上言本匈奴盛時非以兼有烏孫康居故也及其稱臣妾非以失二國也漢雖皆受其質子然三國內相輸遺交通如故亦相候司見便則發合不能相親信離不能相臣役以今言之結配烏孫竟未有益反爲中國生事然烏孫既結在前今與匈奴俱稱臣義不可距而康居驕黠訖不肯拜使者都護吏至其國坐之烏孫諸使下王及貴人先飲食已乃飲啗都護吏（……）故爲所以夸旁國（言……）以此度之何故遣子入侍其欲賈市爲好辭之詐也匈奴百蠻大國（……）今事漢甚備聞康居不拜且使單于有自下之意（……）宜歸其侍子絶勿復使以章漢家不通無禮之國敦煌酒泉小郡及南道八國給使

庭共始謀狡譎如此及瑊充會盟使綵詔追兵馬二萬人赴于汴壇與吐蕃大將尚結贊等會於壇上吐蕃伏兵劫會盟使兵部尚書崔漢衡判官鄭叔矩判官路泌韓弇宋同直裴頲等獨瑊得他馬奔涇州

後唐契丹主阿保機莊宗同光四年正月戊寅遣使梅老鞋里已下三十七人貢馬三十疋時阿保機將寇渤海偽修好於我慮乘虛掩襲故也

漢恭平以敗而漢復興亦我力也當復尊我尊與相掌距[illegible]以西[illegible]始敢三水豪桀共計議以芳劉氏子孫宜承宗朝乃共立芳為上將軍西平王使使與西羌匈奴結和親單于曰匈奴本與漢約為兄弟後匈奴中衰呼韓邪單于歸漢漢為發兵擁世世稱臣今漢亦中絕劉氏來歸我亦當立之令尊事我乃使句林王將數千騎迎芳芳與兄禽弟程俱入匈奴單于遂立芳為漢帝

南匈奴單于以光武建武初彭寵反畔於漁陽單于與共連兵復權立盧芳使人居高五原帝初平諸夏未遑外事至六年始令歸得侯劉颯使匈奴匈奴亦遣使來獻漢復令中郎將韓統報命賂遺金幣以通舊好而單于驕踞自比冒頓對使者辭語悖慢

南齊太祖建元一年芮芮主遣使貢獻貂皮雜物與帝書欲伐魏謂帝足下自稱吾獻師子皮袴褶皮如虎皮色白毛短芮有賈胡在蜀見之云此師子皮乃扶拔皮也

隋倭國王多思比孤煬帝大業三年遣使朝貢使者曰聞海西菩薩天子重興佛法故遣朝拜兼沙門數十人來學佛法其國書曰日出處天子致書日沒處天子無恙云云帝覽之不悅謂鴻臚卿曰蠻夷書有無禮者勿復以聞

唐突厥始畢可汗高祖初舉義兵遣使助軍及平京師自恃其功益驕踞前後賞賜不可勝紀其使者至長安頗多橫恣帝以中原未定每優容之

突厥頡利初嗣立承父兄之資兵馬強盛有憑陵中國之志高祖以中原初定不遑外略每優容之賜與不可勝計頡利言辭悖傲求請無厭

吐蕃以貞觀中遣使求婚太宗未之許及破吐谷渾諸羌乃率其衆二十餘萬頓於松州西境遣使貢金甲云來迎公主又謂其屬曰若大國不嫁公主於我即當入寇遂進攻松州

龜茲王伐疊自貞觀中臣於西突厥安西都護郭孝恪來伐龜茲發兵援助自是職貢頗闕伐疊死其弟訶黎布失畢代立漸失蕃禮

高麗以貞觀二十年十月賜詔曰高麗[illegible]盧謂能悔禍故遣停兵今其巢穴而凶頑有性殊未革心前後表聞類多不實每遣使人極難原見朕使人又虧藩禮所令誨示莫遵新網口云從命侵凌不止積其姦詭常包禍心蓋天攸棄豈宜馴養自今已後勿聽常貢

處月朱邪孤注以高宗永徽二年殺招慰使果毅都尉單道惠而與賀魯連和

突厥默啜以中宗神龍二年殺我行人假鴻臚卿臧思言帝以思言對賊不屈節特贈鴻臚卿

吐蕃以玄宗開元中　自恃兵強每通表疏求敵國之禮言詞悖慢帝甚怒之

迴紇以肅宗寶應二年閏正月巳酉夜十有五人犯含光門突入鴻臚寺門司不能禁

迴紇登里可汗默啜闕可汗之子也代宗初即位以史朝義尚在河洛遣中使劉清潭徵兵於迴紇乃以雍王為兵馬元帥以殿中監藥子昂與前朔方節度魏琚為左右廂兵馬使以中書舍人韋少華充元帥判官兼掌書記給事中李進兼御史中丞充元帥行軍司馬東會迴紇於陝州黃河北

王領子昂等從元帥見之可汗責雍王不於帳前舞蹈傳子昂對以元帥是嫡孫兩宮在殯不合有舞蹈迴紇宰相及車鼻將軍謀詰曰唐天子與登里可汗約爲兄弟今可汗即雍王叔父叔姪有禮數何得不舞蹈子昂苦辭以身有慘禮不合又報云元帥即唐太子也太子即儲君也豈有中國儲君向外國可汗前舞蹈相拒久之車鼻遂引子昂李進少華魏琚各榜捶一百少華琚一日而死以王少年而未諳事放歸本營

吐蕃以代宗大歷二年十一月遣其首領論泣藏和蕃使薛景仙來朝景仙奏曰臣見吐蕃贊普于延葛川語臣云請以鳳林關爲界帝不答

迴紇以大曆六年正月於鴻臚寺擅出坊市掠人子女所由官禁止反毆怒以三百騎犯含光門朱雀門是日皇城諸門盡閉帝使中使劉清潭宣慰乃止七年七月癸巳擅出鴻臚寺入坊市强逐長安縣令邵說於含光門之街奪說所乘馬說脫身避走所由不能禁九年九月壬寅鴻臚寺迴紇擅出寺白晝殺人所由禽之特詔免罪又十年九月戊申迴紇白晝刺人於東市人執之拘于萬年縣其首領赤心聞之自鴻臚寺馳入縣獄刼囚而出斫傷獄吏

渤海以憲宗元和二年進奏端午使楊光信逃歸潼關吏執以至鞫於內仗

黠戛斯以武宗會昌初破迴紇自稱李陵之後與國同姓令達干等十人送太和公主至塞上烏介途遇黠戛斯使達干等並被殺太和公主卻歸烏介可汗乃質公主同行南度大磧至天德界上奏請天德城與公主居

## 怨懟

夫戎狄無厭本于貪驁之性國家有道存夫羈縻之方然而恃險與遠肆利不顧制御或失驕慢遂滋揚言怨尤輕背約束大則寇盜以故小亦偃蹇自恣斯蓋窮荒之所常態邊塞之所煩防者也

漢南粵王尉佗高后時有司請禁粵關市鐵器佗曰高皇帝立我通使物今高后聽讒臣別異蠻夷鬲絕器物鬲與隔同此必長沙王計欲倚中國擊滅南海并王之自爲功也於是佗乃自尊號爲南粵武帝

匈奴郅支單于宣帝時郅支以呼韓邪破弱降漢不能自還即西收右地會漢發兵送呼韓邪單于郅支由是遂西破呼偈堅昆丁令呼偈小國名在匈奴北丁令音零兼三國而都之怨漢擁護呼韓邪而不助已困辱漢使者江迺始等

匈奴烏珠留若鞮單于漢末王莽奏中國不得有二名因使使者以風單于宜上書慕化爲一名漢必厚賞單于從之後莽易單于故印故印文曰匈奴單于璽更曰新匈奴單于章將率既上故印綬單于遂解故印綬授漢使受新綬不解視印飲食至夜乃罷陳饒謂諸將帥曰單于如覗印見其變改必求故印此非詞說所能拒也既得而復失之辱命莫大焉不如椎破故印以絕禍根乃引斧椎壞之明日單于果遣人求故印漢使示以故印匈奴求稅烏桓不得重以印文改易故怨恨寇掠諸國并於是分匈奴爲十五單于

後漢莎車國王賢遣使貢獻請都護光武以問大司空竇融以爲賢父子兄弟相約事漢款誠又至宜加號位以鎮安之帝乃因其使賜賢西域都護印綬及車旗黃金錦繡敦煌太守裴遵上言夷狄不可假以大權又令諸國失望詔書收還都護印綬更賜賢以漢大將軍印綬其使不肯易遵迫奪之賢由是始恨而猶詐稱大都護

匈奴建武中聞漢購求盧芳貪得財帛乃遣芳還降望得其賞而芳以自歸爲功不稱匈奴所遣單于復恥言其計故貢遂不行由是大恨入寇尤深二十年遂至上黨扶風天水二十一年冬復寇上谷中山殺略鈔掠甚衆北邊無復寧歲

唐南詔蠻高宗時其渠帥來朝其後孫閣羅鳳立襲雲南王仍
鮮于仲通爲劍南節度使張虔陀爲雲南太守仲通褊急虔陀
又遣人罵辱之羅鳳忿怨因攻圍虔陀殺之自是閣羅鳳北臣
吐蕃
默啜則天時冊立爲特進頡跌利施大單于立功報國可汗初
高宗咸亨中突厥諸部來降附者多處之豐勝靈夏朔代等六
州謂之降戶默啜至是又索降戶及單于都護府之地兼請農
器種子則天初不許默啜大怨怒言辭甚慢
尸利佛誓國王瀏順玄宗開元十年遣使獻表論邊吏受屈言
甚切至
回紇以代宗大歷之後恃功屢遣使貿和市繒帛十三年寇太
原德宗初即位使中官梁文秀告哀且脩舊好可汗移地不爲禮
德宗建中二年十二月入蕃使判官常魯與吐蕃使論悉諾羅
等至自蕃中初至蕃魯與其使崔漢言曰來勅云所貢獻物並



賜訖今賜外生少信物至領取我大蕃與唐國舅生爾何得以
臣禮見處又所欲定界雲州之西請以賀蘭山爲界其盟約請
依景龍二年吐蕃尚結贊德宗貞元中陷夏州檢校左庶子兼
御史中丞崔澣爲入吐蕃使澣至鳴沙與尚結贊相見詔問其
違約陷鹽夏州之故對曰本以定界碑被牽恐二國背盟相侵
故造境上請脩舊好又蕃軍頃年破朱泚之衆於武功未獲酬價
所以來爾

殘忍

慘毒安忍疾之已甚桀驁荒獷死而不弔其有旋類斯蔑威儀
罔攝天資狡忍不常喜怒甚者滅親以自立次乃虐衆以求附
衆封割而爲樂焚灼而逞志夼視老弱歠飲膏血服習凶器暴
殄天物間以小怒亦成濫罰中國所以懲御備守蓋謂此也
漢匈奴冒頓單于爲太子時作鳴鏑鏑音嚆韋昭曰矢也習勒其騎
射習其射所擊斬令曰鳴鏑所射而不悉射者斬行獵獸有不射
鳴鏑所射輒斬之已而冒頓以鳴鏑自射善馬左右莫敢射冒
頓立斬之居頃之復以鳴鏑自射其愛妻左右或頗恐不敢射
復斬之
匈奴握衍朐鞮單于初立凶惡盡殺虛閭權渠單于時用事
貴人刑未央等立二歲暴虐殺伐國中不附
後魏高句麗王位宮生而目開能視國人惡之及長大果凶虐數
寇鈔國見殘破
晉林邑王文以前王范逸妻妾悉置之高樓從已者納之不從
者絕其食永和三年率衆攻陷日南太守夏侯覽以尸祭天二
隋吐谷渾主呂夸在位百年屢因喜怒廢其太子而殺之其
後太子懼見廢辱遂謀執呂夸而降請兵於邊吏秦州總管河
間王弘請將兵應之上不許太子謀泄爲其父所殺
唐實王吐蕃贊府姓不夜名器宗弄讚太宗時爲其君長用刑
嚴峻喜怒無常每月與其國人貢客驅野馬犛牛於前弄讚馳以劍



斬之首墜於前側用以爲歡
突厥可汗默啜則天時攻定州殺刺史孫彥高焚燒百姓廬舍
虜掠男女無少長皆殺之則天乃立廬陵王爲皇太子充河北道
行軍大元帥軍未發而默啜盡殺所掠趙定等州男女八九萬
人從五迴道而去所過殘殺不可勝紀
迴紇登里可汗代宗即位初助國討史朝義既至東京以賊界
肆行殘忍士女懼之皆登聖善寺及白馬寺二閣以避之迴紇
縱火二閣傷死者計萬累旬火不滅
後唐契丹東丹王歸中國明宗賜姓李名贊華嚴刻馭下姬僕
少有過者或挑目火灼妻夏氏畏其殘毒奏離婚爲尼又好飲
人血左右姬媵多刺其臂以吮之
晉契丹阿保機少帝天福九年入寇陷貝博及略諸縣邑所至
皆撫寧之給以符牒賞以服章及戚城小戰不勝博州大劍青
淄但絕遂大怒華人所俘百姓胥死者不可勝紀及陣軍上皆

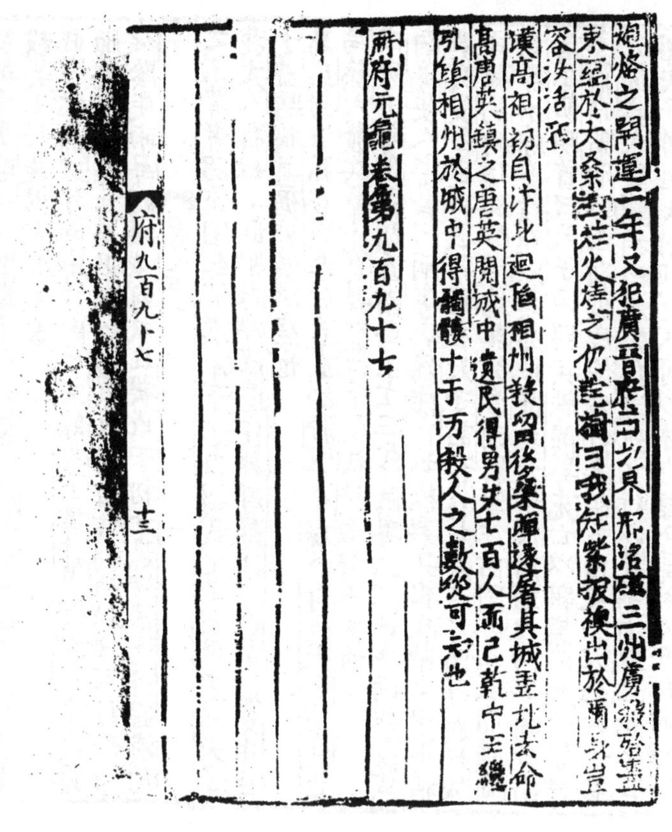

炮烙之開運二年又犯廣晉府擄邢洺磁三州虜殺殆盡
東經於大桑樹然火焼之仍詐詢曰我知紫衣換出於爾豈
容汝活耶
漢高祖初自汴北廻陷相州殺留後梁暉遂屠其城盡北去命
高唐英鎮之唐英閱城中遺民得男女七百人而已乾祐中王繼
弘鎮相州於城中得髑髏十于万殺人之數從可知也

冊府元龜卷第九百九十七

外臣部 四十三

## 姦詐

古者天子守在四夷，修其教而不易其俗，故知桀驁譎詐，荒服之性也；懷柔率服，中國之道也。彼俗不與諸夏同，則此教不可一揆，理仁義不通，廉恥遂絕，虺毒獸狡，吞噬為心，爭先競逐，貪婪是務，見利忘義，棄德背恩，侵凌寇鈔，何代能悛。固當修誠厚餌，結其野心，多方預備，防其竊發，雖姦詐百端，已在吾彀中矣。

漢閩粵君搖都東甌，世號東甌王。后數世，孝景三年，吳王濞反，欲從閩粵（招粵從之），令閩粵未肯行，獨東甌從。及吳破，東甌受漢購，殺吳王丹徒，以故得不誅。

武帝元鼎五年，南粵反，閩粵王餘善上書請以卒八千從樓船擊呂嘉等。兵至揭陽，以海風波為解（解者自說，若今言分疏），不行，持兩端，陰使南粵（遣使與南粵相知）。

匈奴且鞮單于初立，恐漢襲之，盡歸漢使之不降者路充國等於漢。單于迺自謂：我兒子，安敢望漢天子，漢天子我丈人行（丈人，尊老之稱。行音胡浪切）。漢遣中郎將蘇武厚幣賂遺單于。單于益驕，禮甚倨，非漢所望也。

烏孫國治赤谷城。孝武遣貳師將軍李廣利再出，天子使使告烏孫大發兵并擊宛，烏孫發二千騎往，持兩端，不肯前。

南粵王趙佗孫胡為南粵王，立三年，閩粵王郢興兵南擊邊邑。南粵使人上書曰：兩粵俱為藩臣，毋擅興兵相攻擊。今東粵擅興兵侵臣，臣不敢興兵，唯天子詔之。於是武帝多南粵義（多猶重也），守職約（守藩臣之職，不隳約制），為興師，遣兩將軍往討閩粵。兵未踰嶺，閩粵王弟餘善殺郢以降，於是罷兵。天子使嚴助往諭南粵意，南粵王胡頓首曰：天子迺興兵誅閩粵，死亡以報德。遣太子嬰齊入宿衛，謂助曰：國新被寇，使者行矣，胡方日夜裝入見天子。助去後，其大臣諫胡曰：漢興兵誅郢，亦行以驚動南粵。且先王言事天子期毋失禮，要之不可以怵好語入見（怵誘也，以好語誘之，不可而入漢，謂為所誘也。怵音先聿切）。入見則不得復歸，亡國之勢也。於是胡稱病，竟不入見。

匈奴烏維單于，孝武元鼎中，數使使好辭甘言以求和親。漢使王烏闚匈奴。王烏北地人，習胡俗，單于愛之，陽許曰：吾為遣其太子入質於漢以求和親（言為王烏遣太子入質）。漢使楊信使於匈奴，說單于曰：即欲和親，以單于太子為質於漢。單于曰：非故約。漢常遣公主，給繒絮食物有品，以和親（品謂等差也），而匈奴亦不復擾邊。今乃欲反古（反違古也），令吾太子為質，無幾矣（言遣太子為質則匈奴如困。十所餘者死幾皆當盡也。幾音居豈切）。楊信既歸，漢使王烏等如匈奴，匈奴復讇以甘言（讇古諂字也），欲多得漢財物，紿王烏曰：吾欲入漢（紿誑也）見天子，面相結為兄弟。王烏歸報漢，漢為單于築邸于長安。匈奴曰：非得漢貴人使，吾不與誠語（誠實也）。匈奴使其貴人至漢，病，服藥欲愈之，不幸而死。漢使路充國佩二千石印綬送其喪，厚幣直數千金。單于以為漢殺吾貴使者，迺留路充國不歸。諸所言者，單于特空紿王烏（特但也），殊無意入漢遣太子來質。於是匈奴數使奇兵侵犯漢邊。



鄯善國本名樓蘭，王治扜泥城。宣帝時，遣一子質漢，亦遣一子質匈奴。王死，匈奴先聞之，遣質子歸，得立為王（質匈奴者[illegible]王死[illegible]嗣，即遣所質子還也）。漢遣使詔新王，令入朝，天子將加厚賞。樓蘭王後妻，故繼母也，謂王曰：先王遣兩子質漢，皆不還，奈何欲往朝？王用其計，謝使曰：新立國未定，願待後年入見天子。

呼韓邪單于，成帝河平元年，遣右皋林王伊邪莫演等奉獻朝正月。既罷，遣使者送至蒲反（河東之縣）。伊邪莫演言欲降，即不受我，我自殺，終不敢還歸。使者以聞，下公卿議，議者或言宜如故事受其降。光祿大夫谷永、議郎杜欽議不可納，天子從之，遣中郎將王舜往問降狀。伊邪莫演曰：我病狂，妄言耳。遣去，歸到，官位如故，不肯令見漢使。

車師後王國治務塗谷。太子烏貴立為王，與匈奴結婚姻，教匈奴遮漢道通烏孫者。

烏累單于咸立貪王莽賂遺故外不失漢故事然內利寇掠又使還知子登前死（王莽建國四年誅咸子登於長安市）怨恨虜寇從左地入不絕（入爲寇而謾辭）使者問單于輒曰烏桓與匈奴無狀黠民共爲寇入塞譬如中國有盜賊爾咸初立持國威信尚淺盡力禁止不敢有二心天鳳二年五月莽復遣王歙與五威將王咸率伏黯丁業等六人使送右廚唯姑夕王因奉歸前所斬侍子登及諸貴人從者喪皆載以常車（常車蘇林曰驛車也如淳曰舊時驛易牛）至塞下單于遣云當子男大且渠奢等至塞迎咸等至多遺單于金珍因諭說改其號匈奴曰恭奴單于曰善于賜印綬封骨都侯云當爲後安侯子男奢爲後安侯單于貪莽金幣故曲聽之然寇盜如故咸歙又以陳良等購金付云當令自差與之（[illegible]）

後漢南匈奴單于安國和帝永元五年立安國初爲左賢王而無稱譽左谷蠡王師子素勇黠多知前單于宣及屯屠何皆愛其氣決故數遣將兵出塞掩擊北[illegible]受賞賜天子亦加殊異是以國中盡敬師子而不附安國由是疾師子欲殺之其諸新降胡初在塞外數爲師子所驅掠皆多怨之安國因是委計降者與同謀議安國既立爲單于師子以次轉爲左賢王覺單于與新降者有謀乃別居五原界介單于每龍會議事師子輒稱病不往定襄太守皇甫棱知之亦擁護不遣單于懷憤益甚六年皇甫棱免以執金吾朱徽行度遼將軍時單于與中郎將杜崇不相平後知徽崇失胡和皆徵下獄死安國既爲骨都侯喜爲等所殺師子乃立爲單于以其右溫禺犢王烏居戰（溫禺犢王名烏居戰也）於次與安國同謀欲考問之烏居戰將數千人遂復反畔出塞外山谷間爲吏民害

大秦國王常欲通使於漢而安息欲以漢繒綵與之交市故遮閡不得自達

後趙石季龍伐遼西鮮卑段遼遼於密雲山遣使詐降季龍信之使征東麻秋百里郊外迎勅秋曰受降如待敵將軍慎之遼又遣使降于慕容皝皝曰胡貪而無謀吾今請降求迎彼終不疑也若伏重兵以要之可以得志皝遣子恪伏兵於密雲麻秋統衆三萬迎遼爲恪所襲死者十六七秋步遁而歸季龍聞之驚怒方食吐餔乃削秋官爵

後魏蠕蠕主阿那瓌來朝及其還國也境上遷延仍陳窘乏遣尚書左丞元孚奉詔振恤那瓌執孚過柔玄奔于漠北遣尚書令李崇御史中尉兼右僕射元纂追討不及

北齊阿至羅別部東魏興和元年十一月遣使請降神武爲大將軍帥衆迎之出武州塞不見大獵而還

隋奚本曰庫莫奚自隋高祖時突厥構落之後亦遣使入朝或通或絕最爲姦詐

突厥始畢可汗啓民之子也大業十一年來朝於東都其年煬帝避暑於汾陽宮八月始畢率其種落入寇圍帝於鴈門詔諸郡發兵赴行在所援軍方至始畢引去由是朝貢遂絕明年復寇馬邑唐公以兵擊走之

百濟國王昌死子餘璋立大業三年璋遣使者燕文進朝貢其年又遣使者王孝鄰入獻請討高麗煬帝許之令覘高麗動靜然璋內與高麗通和挾詐以窺中國七年帝親征高麗璋使其臣國智牟來請軍期帝大悅厚加賞賜遣尚書起部郎席律詣百濟與相知明年六軍度遼璋亦嚴兵於境聲言助軍實持兩端

唐初突厥強盛武德八年三月聲言爲寇命秦王率兵自豳州據可汗之牙帳後無寇而止突厥車鼻可汗當頡利可汗之敗北荒諸部將推爲大可汗遇薛延陀爲可汗車鼻不敢當遂率所部歸於延陀爲人勇烈有謀略頗爲衆附延陀惡而將誅之車鼻密知其謀竄歸于舊所

阿史那賀魯貞觀中以執舍地處月婆鼻三姓兵衆歸朝拜左驍衛將軍瑤池都督處其部落於庭州莫賀城其後[illegible]處帳漸多及太宗晏駕謀欲襲取西庭二州刺史駱弘義[illegible]

表言之高宗遣通事舍人橋寶明馳往慰撫賜以弓矢綵物寶
明因說賀魯令長子咥運入朝宿衛咥運既行中悔屢欲亡走
寶明內防禦而外誘諭屬以至京授右驍衛中郎將尋又放歸
咥運因說其父擁衆西走遂據咄陸可汗之舊地遣子入十姓
河及千泉自號沙鉢羅可汗其咄陸督矢畢下十姓悉歸附之
總有西域之地
高宗咸亨三年吐蕃遣其大臣仲琮來朝帝問曰我遣薛仁貴
等安輯慕容之衆吐蕃掩其不備伏甲擊破之既又寇逼涼州
欲陷其城堡其故何也對曰臣受命貢獻而已攻戰之事非臣所
預聞也帝責厚賜而遣之又遣都水使者黃仁素往吐蕃報
聘帝以仲琮非執權之臣又不乞和故輕其使仁素竟不得其
情實而還
儀鳳二年二月工部員外尚書高藏加授遼東州都督封朝鮮
王遣歸安輯高麗餘衆高藏既至遼東潛與靺鞨相通謀叛事
覺召還配流邛州并徙其人散於河南隴右諸州貧弱者留在
安東城傍安置



默啜以則天聖曆元年上言有女請賜親則天令淮陽王延秀
就納之為妃仍令右豹韜衛大將軍閻知微攝春官尚書右武
衛郎將楊鸞莊攝司賓卿大齎金帛送赴虜庭延秀行至突厥
默沙南庭閻知微楊鸞莊潛有異志密受默啜令騎兵數千圍
延秀拘之別所乃偽號知微為可汗與之率衆寇我靜難及平
狄清夷等軍靜難軍使將軍　慕容玄崱以兵五千人降
之賊軍由是大振俄又進寇嬀檀等州
吐蕃以玄宗先天中遣使厚遺鄯州都督楊矩因請河西九曲
之地以為金城公主湯沐之所矩遂奏與之吐蕃既得九曲其
地肥良堪頓兵畜牧又與唐境接近自是復率兵入寇
代宗永泰元年三月吐蕃請和遣宰相元載杜鴻漸等於興唐
寺與之盟秋七月僕固懷恩誘其衆又南犯王畿

尚結贊吐蕃宰相也德宗興元元年西平王李晟之鎮鳳翔也尚
結贊頗多言誅尤惡晟乃相與議曰唐之名將李晟與馬燧渾
瑊等耳當三人必為我憂乃行反間遣使因馬燧以請和既和則
請盟復因會以劫瑊因以賣燧貞元二年吐蕃用尚結贊之計
乃大興兵入隴州抵鳳翔無所虜掠且曰召我故來何不持牛
酒勞軍徐乃引去持是以間晟三年五月冊拜晟為太尉兼中書
令是年五月吐蕃果背約以劫渾瑊六月以河東節度馬燧為
司徒其中結贊之計至貞元三年四月景寅入吐蕃使檢校右
庶子兼御史中丞崔澣至自鳴沙初澣至鳴沙與蕃相尚結贊
相見宣詔問其違約陷鹽夏二州之故對曰本以定界碑被牽
倒恐二國背盟相侵故造境中請修舊好息人蕃軍頃年破朱
泚之衆於武功未獲酬賞所以來爾及涉涇州其節度使閉城
自守音問莫達又涉鳳翔請通使於李令公亦不見納及遣康
成王真之來皆不能達大国之命日望大臣充使庶展情禮焉



無至者乃引軍還及鹽夏二州之帥懼我之衆請以城讓我來
全而歸非我所陷也今君以國親將命若綿斯復盟蕃之願盟
會之期及定界之所惟命是聽君歸奏決定當以鹽夏相還又
云清水之會同盟者少是以和好輕慢不成今蕃相及元師已下
凡二十一人赴盟靈州節度使杜希全稟性和善外境所知請
令主此盟會涇原節度李觀亦請同主之又同章表帝聞澣誘
賂蕃中給役者求其人馬真數凡五万九千餘人馬八万六千
餘疋可戰者僅三万人餘悉童幼備數而已辛未以澣為鴻臚
卿又兼御史中丞充入吐蕃使令澣報蕃相尚結贊曰杜希全
職在靈州不可出境李觀又已改官遣侍中渾瑊充盟會使約
以五月二十四日復盟於清水令告尚結贊以鹽夏二州歸于
我然後盟會而疑蕃情不實以得二州為信焉結贊本請杜希
全李觀同盟將劫執二節將乘其鋭來犯京師希全等既不行
又欲劫執渾瑊長驅入寇其始謀姦詐如此及澣充會盟使

諸道兵馬二万人赴平凉壇與亡蕃大將尚結贊等會於壇上吐蕃背約虜劫會盟使兵部尚書崔漢衡判官鄭叔矩判官路泌韓弇袁同直裴頲等獨瑊得他馬奔涇州

後唐契丹主阿保機莊宗同光四年正月戊寅遣使梅老鞋里已下三十七人貢馬三十疋時阿保機將寇渤海僞修好於我慮乘虛襲擊故也

明宗長興四年六月己未新州王景戡奏契丹国左右相牙里充與臣書稱波都要鎮偷竊馬三疋速宜送來不然則出兵國掠范延光奏曰北虜以我夏州未平欲詭間相窺特向初秋宜防備緣邊戍兵合交番者宜且留候秋獲訖令還從之阿保機長子東丹王突欲歸国明宗賜姓名贊華出鎮滑州在鎮多行不法頃之入覲乞留闕下明宗許之復遣使就第問所欲贊華奏曰臣願爲許州節度使明宗欲從之樞密使范延光以爲可乃止明宗促令歸滑贊華謂使者曰若須令赴舊地當自裁爾使者以聞明宗不悦召而詰之贊華曰臣不言自裁曾言乞削髮爲僧使者引統軍李從昶爲證贊華以手畫空曰使者之言如水上畫字何可據耶明宗優容之



晉少帝開運二年八月契丹瀛州刺史詐爲書與樂壽監軍王巒願以本城歸順且言城中番軍不滿千人請朝廷發軍襲取之已爲内應又云今秋苦雨川澤漲溢自瓦橋已北水勢無際戎王已歸本国若聞南夏有變地遠阻水雖欲奔命亦不能及也又巒繼有密奏言瀛鄚可取之狀先是前歲中車駕駐於河上曾遣邊將貴書於幽州趙延壽勸令歸国延壽有報命依違而已是歲三月復遣鄴都杜威致書於延壽且述朝旨啖以厚利仍遣洺州軍將趙行實齎書而往潛白款密行實曾事延壽故遣之七月行實自燕迴得延壽書具言久陷虜庭願歸中国乞發大軍應接即拔身南去叙致懇切朝旨嘉密將朝廷欣然信之復遣趙行實計會延壽大軍應接之所又有瀛州大將遣所親齎蠟書至闕下告云欲誅蕃酋以本城歸命未幾會彼有告變者事不果就至是瀛州守將劉延祚受戎王之命詐輸誠款以誘我軍國家深以爲信遂有出師之議

周契丹永康王兀欲自漢末遣使齎書於漢少帝會漢室有蕭牆之亂周太祖登極時邢州節度使劉詞馳送虜使至闕周太祖覽其書欲因便以和之廣順元年正月遣將軍朱憲伴送虜使歸国仍遣兀欲金器玉帶以結其意二月朱憲迴兀欲復遣使來賀兼獻良馬朝廷尋遣尚書左丞田敏報命仍厚其禮餼而兀欲留我行人將軍姚漢英華光裔不令復命由是復絶

冊府元龜卷第九百九十八

冊府元龜卷第九百九十九

外臣部四十

入覲　請求　互市

入覲

春秋之義王者無外所以域四海而宅天下也若夫被髮左衽之君游牧胡貉之長㤓鷙恃力荒忽無常正朔所不加政教所不及乃能慕恩信被威德叩關而請命款塞而願朝扶服奔走至于闕下稽顙樹領拜于王庭斯蓋中國有道太平之[illegible]也是以王會著篇知周室之隆正會爲圖觀有唐之盛雖或迎送頗於傳置賜與糜於府帑比夫勞師遠攻其費相萬又烏足稱道哉

漢武帝時夜郎侯始倚南粵南粵已滅還誅反者謂南粵反者夜郎遂入朝帝以爲夜郎王

滇王者其衆萬人南越破後及漢誅且蘭使使者王然于以越破及誅南夷兵威風風讀曰諷諭滇王入朝滇王其旁東北勞深靡莫皆同姓相杖未肯聽杖猶倚也相依倚不聽滇王入朝勞莫數侵犯使者元封二年天子發巴蜀兵擊滅勞深靡莫以兵臨滇滇擧國降請置吏入朝宣帝時烏孫公主遣女來至京師學鼓琴漢遣侍郎樂奉送主女過龜茲龜茲前遣人至烏孫求公主女未還會女過龜茲龜茲王留不遣復使使報公主主許之後公主上書願令女比宗室入朝而龜茲王絳賓亦愛其夫人上書言得尚漢外孫爲昆弟願與公主女俱入朝元康元年遂來朝賀王及夫人皆賜印綬夫人號稱公主賜以車騎旗鼓歌吹數十人綺繡雜繒琦珍凡數千萬琦音奇留且一年厚贈送之後數來朝賀絳賓死其子丞德自謂漢外孫成哀帝時往來尤數漢遇之亦甚親密



匈奴呼韓邪單于當宣帝時匈奴衰亂呼韓邪之敗也左伊秩訾王爲呼韓邪計勸令稱臣入朝事漢從漢求助如此匈奴乃定呼韓邪議問諸大臣皆曰不可匈奴之俗本上氣力而下服役以服役於人爲下以馬上戰鬭爲國故有威名於百蠻戰死壯士所有也言人皆有此事今兄弟爭國不在兄則在弟雖死猶有威名子孫常長諸國爲諸國之長也漢雖彊猶不能兼并匈奴奈何亂先古之制臣事於漢卑辱先單于言卑辱先單于爲諸國所笑雖如是而安何以復長百蠻左伊秩訾曰不然彊弱有時今漢方盛烏孫城郭諸國皆爲臣妾謂西域諸國而居也自且鞮侯單于以來匈奴日削不能取復且音子余切鞮音丁奚切復扶目切雖屈彊於此未嘗一日安也屈其勿切今事漢則安存不事則危亡計何以過此諸大人相難久之呼韓邪從其計引衆南近塞甘露二年呼韓邪單于款五原塞款叩也願朝三年正月會正月之朝賀也漢遣車騎都尉韓昌迎發過所七郡郡二千騎爲陳道上單于正月朝天子甘泉宮漢寵以殊禮位在諸侯王上贊謁稱藩臣而不名賜以璽綬冠帶衣裳安車四馬黃金錦繡繒絮使有司道單于先行就邸長安宿長平帝自甘泉宿池陽宮帝登長平阪詔單于毋謁其左右當戶之羣臣皆得列觀及蠻夷君長王侯數萬咸迎於渭橋下夾道陳帝登渭橋咸稱萬歲單于就邸置酒建章宮饗賜單于觀以珍寶詔有司議咸曰聖王之制施德行禮先京師而後諸夏先諸夏而後夷狄詩云率禮不越遂視既發相土烈烈海外有截陛下聖德充塞天地光被四表匈奴單于鄉風慕義舉國同心奉珍朝賀自古未之有也單于非正朔所加王者所客也禮儀宜如諸侯王稱臣昧死再拜次諸侯王下詔曰蓋聞五帝三王禮所不施不及以政今匈奴單于稱北藩臣朝正月朕之不逮德不能弘覆其以客禮待之位在諸侯王上二月單于罷歸遣長樂衛尉高昌侯忠車騎都尉昌騎都尉虎將萬六千騎送單于單于居幕南保光祿城詔北邊振穀食郅支單于遠遁匈奴遂定

黃龍元年匈奴呼韓邪單于來朝禮賜如初加衣百一十襲錦帛九千疋絮八千斤二月單于歸國以有屯兵故不復發騎爲

遂元帝時郅支單于既誅呼韓邪單于且喜且懼上書言曰常願謁見天子誠以郅支在西方恐其與烏孫俱來擊臣以故未得至漢今郅支伏誅願入朝見竟寧元年春正月匈奴呼韓邪單于來朝詔曰匈奴郅支單于背叛禮義既伏其辜呼韓邪單于不忘恩德鄉慕禮義鄉讀曰嚮復修朝賀之禮願保塞傳之無窮邊垂長無兵革之事其改元為竟寧

成帝河平三年匈奴復株絫若鞮單于上書願朝河平四年正月遂入朝加賜錦繡繒帛二萬匹絮二萬斤它如竟寧時

元延元年匈奴搜諧若鞮單于又為朝二年發行欲會二年歲首之朝禮故豫發其國而行未入塞病死

哀帝建平四年匈奴烏珠留若鞮單于復遣使上書願朝五年時哀帝被疾或言匈奴從上游來厭人游猶流也河水從西北來故曰上游也又曰上游謂其形勝之地一說初決河水順音不必係自黃龍竟寧時單于朝中國輒有大故大故謂國之大喪帝由是難之以問公卿亦以為虛費府帑帑音它蕩反又音奴可且勿許單于使辭去未發黃門郎揚雄上書諫天子書繁不錄召還匈奴使者更報單于書而許之賜雜帛五十匹黃金十斤單于未發會病復遣使願朝明年故事單于朝從名王以下及從者二百餘人單于又上書言蒙天子神靈人民盛壯願從五百人入朝以明天子盛德帝皆許之元壽二年單于來朝帝以太歲厭勝所在歲在申蒲陶宮舍之上林苑蒲陶宮舍止也告之以加敬於單于太歲所在故舍之於上林單于知之加賜衣三百七十襲錦繡繒帛三萬匹絮三萬斤它如河平時既罷遣中郎將韓況送單于出塞元壽二年正月烏孫大昆彌伊秩靡與單于並入朝

後漢光武建武二十年韓人廉斯人蘇馬諟等詣樂浪貢獻光武封蘇馬諟為漢廉斯邑君使屬樂浪郡四時朝謁

二十五年烏桓大人率衆內屬詣闕朝貢是年大人來朝大人率衆詣闕

二十七年封京年夷賢栗等為長長自是歲歲來朝貢

三十年鮮卑大人於仇賁滿頭等率種人詣闕朝賀安帝永初中鮮卑大人燕荔陽詣闕朝賀鄧太后賜燕荔陽王印綬赤車參駕



順帝永和元年春正月夫餘王來朝京師帝作黃門鼓吹角抵戲以遣之

獻帝建安二十一年匈奴南單于呼廚泉將其名王來朝待以客禮遂留內侍使右賢王去卑監其國而匈奴折節過於漢舊是時曹公破三郡烏丸還遂至易水代郡烏丸行單于普富盧上郡烏丸行單于那樓將其名王來賀

魏齊王正始六年濊不耐侯舉邑降八年詣闕朝貢詔更拜不耐濊王居處雜在民間四時詣郡朝謁二郡有軍征賦調供給役使遇之如民

晉武帝咸寧中馬韓王來朝

太康二年辰韓王遣使來朝貢七年又來

後魏太武太平真君三年五月行幸陰山北六月仇池楊難當朝於行宮先是起殿於陰山北殿成而難當至因曰廣德焉

正平元年伊吾王唐和詣闕太武優寵之待以上客和兄契子玄達性果毅有父風與叔父和歸闕俱為上客拜安西將軍晉昌公

二年高昌前部王伊洛朝京師賜以妻妾奴婢田宅牛羊拜上將軍王如故

隋煬帝大業三年六月啓民可汗來朝帝遣鴻臚卿史祥迎接之

五年六月高昌王麴伯雅來朝

六年十二月西面突厥處羅多利可汗來朝上大悅接以殊禮

十年突厥啓民可汗卒其子咄吉立十一年來朝於東都

唐太宗貞觀二年東謝蠻主元深入朝冠烏熊皮冠若今之髦頭以金銀絡額身被毛帔韋皮行縢而著履中書侍郎顏師古奏言昔周武王時天下太平遠國歸款周史乃集其事為王會篇今萬國來朝至如此輩章服實可圖寫今請撰為王會圖從之

四年九月伊吾城主來朝

十二月高昌王麴文泰來朝禮之甚厚

十年十一月吐谷渾[illegible]

十三年十二月吐谷渾王河源郡王慕容諾曷鉢來朝太宗以女

爲弘化公主以妻之

二十二年二月以結骨部置堅昆都督府隸燕然都護以其俟利發失鉢屈阿棧爲左屯衛大將軍堅昆都督初結骨未嘗通中國聞鐵勒等來內附即遣使頡利發薊羅臣并獻方物至是其君長俟利發入朝見太宗天成殿宴之謂羣臣曰往日渭橋斬獲三突厥無數自謂多功今致此人於席觳更不以爲怪可謂日用而不知矣結骨酣醉歡甚因請曰臣既一心歸國願授國家官職執笏而還故授以此任并賚錦帛

二十三年正月制蕃王分爲三蕃以次朝集

高宗以貞觀二十三年五月即位七月于闐王伏闍信來朝

顯慶元年八月龜茲王白訶黎布失畢來朝咸亨四年波斯卑



路斯自來入朝

五年十二月于闐王伏闍雄率其子弟及首領七十餘人來朝并獻方物辛卯波斯王卑路斯來朝

則天垂拱三年正月于闐王伏闍雄來朝

天授三年女國王俄琰兒來朝

玄宗開元二年二月癸巳奚饒樂郡王李大酺等來朝上謂之曰卿等爲朕久藩款誠夙著爰初州屬職貢相仍徒緣寄任非才拙於綏撫因使卿等猜貳頗成阻絕而能不忘本翻然歸國所覽獻書具知至懇大酺將尚縣主失活又遣近親並自邊隅同臻洛邑朕今與卿等相見喜慰良深

五年奚王李大酺入朝封饒樂郡王

七年十一月契丹松漠郡王李娑固與永樂公主來朝

十一年松漠郡王鬱于入朝仍請婚

十三年契丹王邵固來朝從封東嶽詔授左羽林大將軍改封

廣化郡王

代宗大曆六年十一月文單國王來朝并獻馴象一十有一宰臣等上言曰臣聞春秋二百四十年不紀祥瑞而載異國之朝其在周書亦美西旅之獻蓋畢其德化及遠天下大同也伏惟寶應元聖文武皇帝陛下以至敬事天地以至孝奉宗祀武功以定大難文德以懷遠人故舊史未載之邦前王不賓之長聲教所隔言語莫通悠颺南溟幾千萬里瞻望中國知有聖人踰海而來歷年方至緜冒重阻奔波載馳黃金飾冠白象玩耳服柔羣象羣致闕前低徊馴擾稽顙屈膝隨萬國而來庭與百獸而率舞如知禮樂之節益威羽儀之容有以彰仁化玄通澤源溥暢至和大順以兆昌期事軼於軒皇跡超於漢代矣臣等謬塵樞近獲覩鴻休伏請宣付史官宣示中外優詔答曰文單遠國自古未賓能瞻入律之風來申重譯之貢君臣入覲嬪御偕朝越海踰山輸琛獻象顧慚薄德有邁前王此皆宗社効靈上玄幽贊卿等寅亮台鼎燮和神人冥致感通無遠不屆永言輔弼慶賀良深所請付史官者依



## 請求

王者內阜黔首外撫四夷雖蒐狩訓兵體不殺於神武而梯航獻款嘉來遠而施惠必接以恩信乃得其要須其或告饑饉之災追和親之好故可示羈縻之義伸賜與之恩至於借書籍請音樂或假壤土或希援兵蓋典制之靡存在撫御而斯得俾夫桀驁以息貪僭不萌有懷感之心無過望之意則可以稽魏絳和戎之利賈誼五餌之術徵三邊之烽警廣函夏之荼毒矣

漢武帝時單于遣使遺漢書云南有大漢北有強胡胡者天之驕子也不爲小禮以自煩今欲與漢闓大關歲給遺我蘗酒萬石稷米五千斛雜繒萬疋則邊不相盜矣

元帝初即位呼韓邪單于復上書言民衆困乏詔雲中五原郡轉穀二萬斛以給焉郅支單于自以道遠恐漢擁呼韓邪遣使

上書來求侍子

後漢光武建武二十六年北匈奴復遣使詣闕貢馬及裘更求和親并請音樂

晉元帝太興三年建平夷王向弘向璝等詣臺求拜除尚書郎張亮議夷狛不可假以軍號元帝詔特以弘爲折衝將軍璝平鄉侯並賜以朝服

宋文帝元嘉二十七年吐谷渾慕延遣使上表求牽車獻烏丸帽女國金酒器胡王金釧等物太祖賜以牽車

南齊武帝永明六年宕昌王使求軍儀及雜伎書詔報曰知須軍儀等九種並非所愛但軍器種甚多致之未易內伎不堪涉遠祕閣圖書例不外出五經集注論語今特勑賜王各一部

扶南王姓憍陳如名闍邪跋摩啓曰臣有奴名鳩酬羅委臣逸走別在餘處構結凶逆遂破林邑仍自立爲王永不恭從違恩負義叛主之愆天不容載伏尋林邑昔爲檀和所破久已歸化天威所被四海彌伏而今鳩酬羅守執奴凶自專狠強臣林邑扶南隣界相接親又是臣奴猶尚逆去朝廷遙遠豈復遵奉此國屬陛下故謹具上啓伏聞林邑頃年表獻簡絕便欲永隔朝廷豈有師子坐而安大鼠伏願遣將帥討伐凶逆臣亦自效微誠助朝廷翦撲便邊海諸國一時歸伏陛下若欲別立餘人爲彼王者伏聽勑旨脫未欲灼然興兵伐林邑者伏願特賜勑在所隨宜以少軍助臣乘天之威殄滅小賊伐惡從善平蕩之日上表獻金五婆羅今輕此使送臣丹誠表所陳啓不盡下情謹附那伽仙并其伴口具啓聞伏願愍所啓

河南王拾寅子度易侯好星文嘗求星書朝議不給

芮芮主求醫工等物武帝詔報曰知須醫及織成錦工指南車漏刻並非所愛南方治疾與北土不同織成錦工並女人不堪涉遠指南車漏刻此雖有其器工匠久不復存不副爲恨

梁武帝大同七年百濟王遣使請涅槃等經義毛詩博士并工匠畫師等勑並給之

後魏太武太平真君十一年車師王車夷落遣使琢進薛直上書曰臣亡父僻處塞外仰慕天子威德遣使奉獻不空於歲天子矜念賜遣甚厚及臣繼立不闕常貢天子垂矜亦不異前世敢緣至恩輒陳私艱臣國自無諱所攻擊經今八歲人庶飢荒無以存活賊今攻臣甚急臣不能自全遂捨國東奔三分免一即日已到焉耆東界思歸天闕幸垂賑救於是下詔撫慰之開焉耆倉給之

孝文延興二年八月丙辰百濟國遣使奉表請師伐高麗

太和十七年九月乙亥鄧至王像舒彭遣子舊詣闕奉表求以位授舊詔許之

宣武永平元年十二月高昌國王麴嘉遣其兄子私署左衛將軍孝亮奉表來朝因求徙乞師迎接

隋文帝開皇中突厥沙鉢略身爲藩附因請獵於恒代之間詔許之仍遣人賜其酒食沙鉢略率部落再拜受賜

唐高祖武德二年九月突厥遣使者請殺曷娑那可汗於中書門下省初曷娑那與始畢[illegible]有隙至是聞在長安遣使來請高祖以爲疑群臣咸進曰今君不與則是存一人而失一國後必爲患遂不得已乃從之

六年高麗遣人來學道佛法詔許之

貞觀十七年林邑王遣使告稱扶南所攻乞師援太宗以有拯與藩翰爲之不拯亦爲我隣國扶南安敢侵逼此是小戰自來將無事矣後有使至亦如太宗言

高宗麟德二年正月丁卯吐蕃遣使來朝請與吐谷渾復修和好并請赤水地以爲牧野帝不許之

則天垂拱二年二月新羅王金政明遣使請禮記一部并新文章令所司寫吉凶要禮并於文館詞林採其詞涉規誡者勒成五十卷賜之

玄宗開元四年，奚使乞於寺觀禮拜及向兩市貿易，許之。

六年十一月丁未，阿史特勒僕羅上書訴曰：僕羅克吐火羅葉護部下，管諸國王都督刺史總二百一十二人，謝䫻國王統領兵馬二十萬衆，罽賓國王統領兵馬二十萬衆，骨吐國王、石汗那國王、解蘇國王、石匿國王、悒達國王、護密國王、護時健國王、范延國王、久越德建國王、勃特山王各統領五萬衆。僕羅祖父巳來，並是上件諸國之王，蕃望尊重。僕羅兄般都泥利承嫡繼襲，先蒙恩勅，差使持節就本國冊立為王。然火羅葉護積代巳來，於大唐忠赤，朝貢不絕。本國緣接近大食、吐蕃，東界又是四鎮。僕羅兄每徵發部落下兵馬討論擊諸賊，與漢軍相知聲援，應接在於邊境，所以免有侵漁。僕羅兄前後屢蒙聖澤，媿荷國恩，遂發遣僕羅入朝，侍衛玉階，至願獻忠殉命，以為臣妾。僕羅至此，為不解漢法，鴻臚寺不委蕃望大小，有不比類流例，高下相懸，即奏擬授官。竊見石國、龜茲并餘小國王子、首領等入朝，元無功効，並緣蕃望授三品將軍。況僕羅身恃勤本蕃，位望與親王一種，比類大小，與諸國王子懸殊，却授僕羅四品中郎。但在蕃王子弟婆羅門瞿曇金剛、龜茲王子白孝順等，皆數改轉，位至諸衛將軍。唯僕羅最是大蕃，去神龍元年蒙恩勅授左領軍衛翊府中郎將，至今經一十四年，久被淪屈，不蒙准例授職，不勝苦屈之甚。勅鴻臚准例定品秩，勿令稱屈。

七年二月，安國王篤薩波提遣使上表論事曰：臣篤薩波提言，是從天主領普天下賢聖皇帝下百萬重草類奴，在遠叉手胡跪禮拜天恩威相，如拜諸天。自有安國已來，臣種族相繼作王不絕，并軍兵等並赤心奉國。從此年來被大食賊每年侵擾，國土不寧。伏乞天恩滋澤，救臣苦難，仍請勅下突厥施，令救臣等，臣即統領本國兵馬，計會翻破大食。伏乞天恩，依臣所請。今奉獻波斯騾二、拂菻繡氍毹一、鬱金香三十斤、生石蜜一百斤，臣今[illegible]伏乞天恩賜一員三品官。又臣妻可敦奉進柘壁大氍毹二、繡氍毹一，上皇后。如蒙天恩滋澤，請賜臣鞍轡器仗袍帶及賜臣妻可敦衣裳粧粉。

其月戊辰，俱密國王那羅延上表曰：臣曾祖父叔兄弟等舊來赤心向大國，今大食來侵，吐火羅及安國、石國、拔汗那國並屬大食。臣國內庫藏珍寶及部落百姓物並被大食徵稅將去。伏望天恩處分大食，令免臣國徵稅，臣等即得久長守捉大國西門。伏乞照臨，臣之願也。

其月庚午，康國王烏勒伽遣使上表曰：臣烏勒伽言，臣是從天主普天皇帝下百萬里馬蹄下草土類奴。臣種族及諸胡國舊來赤心向大國，不曾反叛，亦不侵損大國，為大國行[illegible]。從三十五年來，每共大食賊鬬戰，每年大發兵馬，不蒙天恩送兵救助。經今六年，被大食元率將異密屈底波領衆軍兵來此，共臣等鬬戰，臣等兵士亦大死損，為大食兵馬極多，臣等力不敵也。臣入城自固，乃被大食圍城，以三百拋車傍城，三穿大坑，欲破臣等城國。伏乞天恩知委，送多少漢兵來此，救助臣苦難。其大食只合一百年強盛，今年合滿。如有漢兵來此，臣等必是破得大食。今謹獻好馬一、波斯駱駝一、駏二。如天恩慈澤，將賜臣物，請付臣下使人將來，冀無侵奪。

八年，南天竺國王尸利那羅僧伽寶多拔摩為國造寺，上表乞寺額，勅以歸化為名。又上表乞袍帶，曰：蕃人無識，惟將衣帶為重，既不賜及，豈知優寵。勅中書門下：南天竺王遠遣朝貢，其使却還，並須周旋，發遣滿望。乃以錦袍、金帶、魚袋七事賜其使，遣之。

十年三月庚申，波斯國王勃善活遣使獻表，乞授一員漢官，許之。

十五年，吐火羅葉護遣使上言曰：奴身罪逆不孝，慈父身被大食統押，應徹天聰。頃奉天可汗進旨云：大食欺侵我，即與你氣力。奴身今被大食重科斂，其苦實深。若不得天可汗救濟，奴身自活不得，國土必遭破散，求防守天可汗西門不得。伏望天可汗麴敏與奴身少多氣力使得活路又承天可汗處分突厥施可汗云西頭事委你即須發兵除却大食其事若實望天可汗却垂處分奴身緣大食稅急不求得好物奉進望天可汗照之所欲驅遣奴身及須已西方物並請處分奴身一一頭戴不敢怠慢十八年七月癸未命有司寫毛詩禮記左傳文選各一部賜金城公主從其請也

十九年康國王烏勒伽表請封其子咄曷爲曹國王默啜爲米國王許之

十九年十一月突厥遣其大臣葛阿默察之來朝獻馬五十疋謝恩也初突厥苾伽可汗之弟闕特勤死苾伽表請巧匠寫眞詔遣畫工六人往焉旣畫工妙絶倫突厥國内未之見者苾伽每觀畫處歔欷如弟再生悲涕不自勝遂遣察之謝恩且遣畫人也

二十三年閏十一月日本國遣其臣名代來朝獻表懇求老子經本及天尊像以歸于國發揚聖教許之

二十六年六月甲子渤海遣使求寫唐禮及三國志晉書三十六國春秋許之

二十九年拔汗那王阿悉爛達干上表請改國名勅改爲寧遠國

天寶元年五月石國王遣使上表乞授長男那俱車鼻施官詔拜大將軍賜一年俸料

八載吐火羅葉護失里忙伽羅遣使來朝獻表曰臣鄰境有一胡號曰朅師居在深山恃其險阻違背聖化親輔吐蕃知勃律地狹人稠無多田種鎭軍在彼糧食不充於箇失密市易鹽米然得支濟商旅來往皆著朅師國過其王遂受吐蕃貨求於國内置吐蕃城堡捉勃律要路自高仙芝開勃律之後更益兵三千人勃律因之朅師王與吐蕃乘此虛危將兵擬入臣三憂懼恐被侵兇徒若開得大勃律已東直至于闐焉耆甘涼瓜肅已來吐蕃更不敢停住望安西兵馬來載五月到小勃律六月到大



勃律伏乞天恩允臣所奏若不成請斬臣爲七段緣箇失密王向漢忠赤兵馬復多土廣人稠糧食豐足特望天恩賜箇失密王勅書宣慰賜衣物并寶鈿腰帶使感荷聖恩更加忠赤望賜其表許之

十二載四月甲戌骨咄國人史難之康丁真表乞度爲僧許之

德宗貞元二十年日本國留住學生橘逸勢學問僧空海元和元年正月日本國使判官高階眞人奏前件學生等藝業稍成願歸本國便請與臣同共歸國從之

憲宗元和二年正月庚子迴鶻使者請於河南府太原府置摩尼寺三所許之

穆宗長慶四年九月甲子靈武節度使李進誠奏吐蕃遣使求五臺山圖山在代州多浮圖之跡西戎尚此教故來求之

敬宗寶曆元年五月景辰新羅國王金彦昇奏先在太學生崔利貞金叔貞朴季業四人請放還蕃其新赴朝貢金允夫金立之朴亮之等一十二人請留在宿衞仍請配國子監習業鴻臚寺給資糧從之

二年十二月新羅質子金允夫請准舊例中使入蕃便充副使同到本國譯詔書不許但令隨告使充副使

文宗大和七年春正月巳亥銀青光祿大夫檢校秘書監忽汗州都督渤海國王大彝震奏遣學士解楚卿趙孝明劉寶俊三人附謝恩使同中書右平章事高賞英赴上都學問先遣學生李居正朱承朝高壽海等三人事業稍成請准例遞乘歸本國許之

武宗會昌元年八月迴鶻遏於飢求糧食閏九月丁酉詔許賑救迴鶻米二萬石時帝開延英便召宰臣問之陳夷行奏請李德裕曰此正資盗糧耳德裕曰今徵兵未集天德至危若不救此飢人且令三數月安靜恐陷却天德公能獨當其咎否夷行遂默然而止及德裕延英從容諫奏帝心乃定

梁太祖建號契丹阿保機遣使送名馬女口貂皮等求封册

祖與之書曰朕今天下皆平唯有太原未伏卿能長驅精甲徑
至新莊為我剪彼仇讎與爾便行封冊
後唐莊宗同光二年十一月己丑幽州李存賢奏契丹林牙求
茶藥
明宗天成二年十月幽州奏契丹王差人持書求碑石欲為其
父表其葬所
三年四月幽州奏得契丹書求覓鑄器云要蕃中所有郎亦遵
副帝曰招懷之道且宜依隨
四年十月吐渾首領薛𧦬堆進狀乞授嵐州刺史上欲許之安
重誨諫乃止
長興三年二月雲州上言契丹遣使來求菓子帝曰虜中雖闕
此物亦彼非寶然蓋當面偵詐宜阻其求但報云遣使入朝當
有勅分
三月甲午禮賓使梁進德自契丹使迴稱契丹王請放前刺舍



利還本國
七月幽州奏契丹國差梅老乾捺鋪都至州求菓子
晉王廷裔後鎮定州先是契丹欲以王處直之子威為節度使
處直則廷裔之叔祖也處直為養子都所篡時威北走虜廷虜
納之至是虜遣使諭高祖云欲使王威襲先人土地如我蕃中
之命高祖荅以中國將校自刺史團練防禦使序遷方授節
請遣威至此任用漸令外進乃合中土舊規戎王深怒其見拒
使人復報曰爾自諸侯為天子有何階級耶高祖畏其滋蔓則
厚賂力拒其命虜怒稍息遂遣外廷裔鎮中山宜欲塞其意也

互市

夫王者之牧四夷也有懷柔之道焉有羈縻之義焉蓋所以底
寧邊鄙休息中夏者也則互市之設其懷柔羈縻之旨歟爰自
漢初始建斯議繇是擇走集之地行關市之法通彼貨賄敦其
信義歷代遵守斯亦和戎之一術也漢高祖立趙佗為南粵王
使和輯百粵至高后時有司請禁粵關市鐵器（毋予蠻夷外粵金鐵田器馬牛羊即予之牡毋予牝）（佗上書言高后）
文帝時匈奴和親與通關市
景帝時復與匈奴和親通關市
武帝時明和親約束厚遇關市饒給之匈奴自單于以下皆親漢
往來長城下匈奴貪尚樂關市耆漢財物漢亦通關市不
絕以中之（以關市中其意）
宣帝時北匈奴見南單于來附懼謀其國故數乞和親又遠驅
牛馬與漢合市
後漢光武建武中置烏桓校尉於上谷寧城　歲時互市焉
明帝永平中北單于欲合市遣使求和親帝冀其交通不復為
寇乃許之
章帝元和元年武威太守孟雲上言北單于復願與吏人合市
詔書聽雲遣驛使迎呼慰納之北單于乃遣大且渠伊莫訾王



等驅牛馬萬餘頭來與漢賈客交易諸王大人或前至所在郡縣
為設官邸賞賜待遇之
安帝永初中鮮卑大人燕荔陽詣闕朝賀鄧太后令止烏桓校
尉所居寧城下通胡市
獻帝建安中鮮卑素利彌加厥機因烏丸校尉閻柔上貢獻通
市是時梁習為并州刺史鮮卑大人育延常為州所畏而一旦將
其部落五千餘騎詣習求互市習念不聽則恐其怨若聽到州下又恐
為所略於是許之往與會空城中交市遂勅郡縣自將治中以下軍往就之
魏文帝黃初三年鮮卑軻比能帥部落大人小子代郡烏丸修
武盧等三千餘騎驅牛馬七萬餘口交市
北燕馮跋時庫莫奚虞出庫真率三千餘落請交市獻馬千匹
許之處之於營丘
梁高祖天監中河南王休運籌遣使貢獻其地與益州鄰常通商賈
後魏宣武時西域東域貢其珍物充於王府又於南垂立互市

以致南詔有羌蠻之屬無復一不至

隋煬帝時西域諸蕃多至張掖與中國交市帝令吏部侍郎裴矩掌其事

唐高祖武德八年吐谷渾突厥承風並各請互市並許之

玄宗開元二年九月太常少卿姜晦上封請以空名告身於六胡州市馬率三十匹馬酬一游擊將軍特厩馬尚少深以爲然遂命齎告身三百道往市馬

四年突厥遣使乞於西市貿易許之

十五年吐蕃與突厥小殺書將計議同時入寇小殺并獻其書帝嘉其誠引梅錄啜宴於紫宸殿厚加賞賚仍許於朔方軍西受降城爲互市之所

肅宗乾元中迴紇仍歲來市以馬一匹易絹四十疋動至數萬馬

代宗大曆八年迴紇遣赤心領馬一萬匹來求市帝以馬價出於租賦不欲重困於民命有司量入計許市六千匹

德宗貞元三年十二月初禁商估以口馬器械於党項貿易

六年六月迴紇使移職伽達干歸蕃賜馬價絹三十萬疋

八年七月給迴紇市馬絹七萬疋

憲宗元和十年八月以絹十萬疋償迴紇之馬直

十一月吐蕃使款隴州塞請互市許之

十二月以絹九萬七千疋償迴紇馬直

十一年二月以內庫繒絹六萬疋償迴紇馬直

四月以絹二萬五千疋償迴紇馬直

穆宗長慶二年二月以絹五萬疋賜迴紇充馬價

四月又賜迴紇馬價絹七萬疋

十二月以絹八萬疋償迴紇馬直

文宗太和元年三月內出絹二十六萬疋賜迴紇充馬價

六月命中使以絹二十萬疋付鴻臚寺宣賜迴紇充馬價

府九百九十九　十五

五年六月以右龍武軍大將軍李甚爲宣州別駕甚之子貸迴紇錢一萬一千四百貫不償爲迴紇所訴故貶甚因下詔曰如聞頃來京城內衣冠子弟及諸軍諸使并商人百姓等多有舉諸蕃客本錢歲月稍深徵索不得致令蕃客停滯市易不獲及時方務撫安須除舊弊免令受屈要與改更自今以後應諸色人宜除准敕互市外並不得輒與蕃客錢物交關委御史臺及京兆府切加捉搦仍即作條件聞奏其今日已前所欠負委府縣速與徵理處分

開成元年六月淄青節度使奏新羅渤海將到熟銅請不禁斷

是月京兆府奏准建中元年十月六日敕諸錦罽綾羅縠繡織成細紬絲布犛牛尾真珠銀銅鐵奴婢等並不得與諸蕃互市又准令式中國人不合私與外化人交通買賣婚娶來往又舉取蕃客錢以産業奴婢爲質者重請禁之

後唐莊宗同光三年八月青州奏到黑水蕃馬三十匹

明宗天成二年八月新州奏得契丹書乞置互市豐日付中書宣示百官

四年四月敕沿邊置場買馬不許蕃部直至闕下帝自臨馭以來遠人党項之衆競赴都下常賜酒食於禁庭醉則連袂歌土風以出凡將到馬無駑良並云上進國家雖約其價以給之并計其館穀錫賚每歲不下五六十萬貫時臣以爲耗蠹中華無出於此因止之（是年散騎常侍蕭希甫[illegible]）[illegible]

長興二年五月青州奏黑水兀兒部至登州賣馬

三年七月飛龍使奏迴紇所賣馬瘦弱不堪估價帝曰遠夷交市不可輕阻可以中等估之

愍帝應順元年正月雲州張溫言契丹在州境互市閏正月雲州上言契丹至州界市易

二月雲州上言達靼部族[illegible]到州界市易

府九百九十九　十六

末帝清泰元年七月登州言高麗船一艘至岸管押將盧等而下七十人入州市易是月雲州言契丹首領述律概至求互市從之

十一月青州言高麗遣人市易

二年北面總管言契丹遣人欲為互市其吐渾部族歸舊地從之

是年雲州言總管報於州西北野固口與契丹互市從之

十二月雲州沙彥珣奏十年前與契丹互市則例

三年雲州言契丹石祿牧部族近城市易

晉少帝天福八年西京奏契丹遣前青白軍使王從益到京裝貨亂互宣破省錢收糴是時馮暉移鎮靈武丙西羊馬所產易為文市邏者得馮五千疋羌漢諸部歸心歎之朝議

周太祖廣順元年二月命迴鶻來者一聽私使交易官不禁詰先是迴鶻間歲入貢每行李至闕禁民不得於蕃人處市易寶貨犯者有刑太祖以為不可至是聽之由是玉之價直十損七八

十月涇州言招到蕃部野龍十九族有馬赴京師貨賣



冊府元龜卷第九百九十九

冊府元龜卷第一千

外臣部　四十三

彊盛　饑怨　亡滅

彊盛

夫中邦任土皆由書契要荒絕域咸因驛遞於正朔是故黥首雕題之俗韋韝弁服之民舞干之君不亡之以文告弦弧之后不羞之以武威故能蕃育部類延祚長世乘時利侵侮外陲安忍阻兵吞噬同類雖北夷荐食以凶器爲令圖然亦代有君固先儒之深恥也

西羌無弋爰劍曾孫忍當秦獻公初立欲復繆公之迹兵臨渭首滅狄豲(豲音丸)戎忍季父卬畏秦之威將其衆種附落而南出賜支河曲自後忍及弟舞獨留湟中並多娶妻婦忍生九子爲九種舞生十七子爲十七種羌之興盛從此起矣及忍子研立時秦孝公雄彊威服羌戎孝公使太子駟率戎狄九十二國朝周顯王研至豪健故羌中號其後研種及秦始皇時務并六國以諸侯爲事兵不西行故種人得以蕃息

漢匈奴冒頓單于襲滅東胡王虜其民衆畜產既歸西擊走月氏南并樓煩白羊河南王(二王在河南之居)悉復收秦所使蒙恬所奪匈奴地者與漢關故河南塞至朝那膚施(朝那屬安定膚施屬上郡)遂侵燕代是時漢方與項羽相距中國罷於兵革(罷讀曰疲)以故冒頓得自彊控弦之士三十餘萬(控引也控弦言能引弓者)自淳維以至頭曼千有餘歲時大時小別散分離尚矣(尚久遠)其世傳不可得而次然至冒頓而匈奴最彊大盡服從北夷而南與諸夏爲敵國後北服渾庾屈射丁零隔昆龍新犁之國(五小國也渾音胡昆切庾音戈主切屈音其勿切犁音郎奚切)於是匈奴貴人大臣皆服以冒頓爲賢是時漢初定徙韓王信於代都馬邑匈奴大攻圍馬邑韓信降匈奴匈奴得信因引兵南踰句注攻太原至晉陽下高帝自將兵往擊之會寒帝至平城冒頓縱精兵三十餘萬圍高帝於白登七日



匈奴烏維單于子詹武帝元封六年立年少號兒單于益西北左方兵直雲中右方兵直酒泉燉煌

朝鮮王衛滿初燕人亡命千餘人東走出塞度浿水屬真番朝鮮蠻夷會孝惠高后天下初定遼東太守即約滿爲外臣保塞外蠻夷毋使盜邊蠻夷君長欲入見天子勿得禁止以聞帝許之以故滿得以兵威財物侵降其旁小邑真番臨屯皆來服屬方數千里

安息國王治番兜城(番音盤)其屬小大數百城地方數千里最大國也武帝始遣使至安息王令將二萬騎迎於東界東界去王都數千里行比至過數十城人民相屬(屬聯也之欲切)

烏孫國大昆彌國多馬富人至四五千匹最爲彊國故服匈奴(故謂舊時也屬匈奴也)後盛大取羈屬不肯往朝會(言羈縻屬之而已)

大月氏國治監氏城控弦十餘萬故彊輕匈奴及爲匈奴所滅遂分爲五部翖侯(翖許及切)後百餘歲貴霜翖侯丘就郤攻滅四翖侯自立爲王國號貴霜王侵安息取高附地又滅濮達罽賓悉有其國丘就郤年八十餘死子閻膏珍代爲王復滅天竺置將一人監領之月氏自此之後最爲富盛諸國稱之皆曰貴霜王漢本其故號言大月氏云

莎車國王治莎車城及宣成王康死弟賢代立並稱大都護移書諸國諸國悉服屬焉號賢爲單于賢浸以驕橫重求賦稅數攻龜茲諸國諸國愁懼

後漢武陵蠻夷光武中興之際最爲盛

燒當羌滇吾附落中元中轉盛常雄諸羌每欲侵邊者滇吾轉教以方略爲其渠帥

于窴王明帝永平中始盛從精絕至疏勒十三國皆服從而鄯善王亦始彊盛自是南道自葱領以東唯此二國爲大先零別種滇零與諸種安帝永初元年大爲寇掠遣車騎將軍鄧隲征西校尉任尚擊之隲尚軍大敗於是滇零等自稱天子於北地

招集武都參狼上郡西河諸雜種衆遂大盛東犯趙魏南入益
州殺漢中太守董炳遂敗鈔三輔斷隴道湟中諸縣粟石萬錢
百姓死亡不可勝數朝廷不能制

鮮卑者東胡之支也自和帝永元中大將軍竇憲遣右校尉耿
夔擊破匈奴單于逃走鮮卑因此轉徙據其地匈奴餘種留者
尚有十餘萬落皆自號鮮卑鮮卑由此漸盛安帝末鮮卑其至
鞬遂盛控弦數萬騎數道入塞趣五原寧貊攻匈奴南單于殺
左奥鞬日逐王延光中鮮卑既累殺郡守膽意轉盛控弦數萬
騎桓帝時鮮卑檀石槐者年十四五勇健有智略異部大人抄
取其外家牛羊檀石槐單騎追擊之所向無前悉還得所亡者
由是部落畏服乃施法禁平曲直無敢犯者遂推以大人檀石
槐乃立庭於彈汗山歠仇水上（歠昌悅切）去高柳北三百餘里兵
馬甚盛東西部大人皆歸焉因南抄緣邊北拒丁零東卻夫餘
西擊烏孫盡據匈奴故地東西萬四千餘里網羅山川水澤鹽



池延熹中鮮卑自分其地為三部從右北平以東至遼東接夫
餘濊貊二十餘邑為東部從右北平以西至上谷十餘邑為中
部從上谷以西至敦煌烏孫二十餘邑為西部各置大人主領
之皆屬檀石槐靈帝光和初鮮卑種衆日多田畜射獵不足給
食檀石槐乃自徇行見烏集秦水廣從數百里水停不流（從子容
切）其中有魚不能得之聞倭人善網捕於是東擊倭人國得千
餘家徙置秦水上令捕魚以助糧食

南匈奴和帝永元三年連剋獲納降黨衆最盛領户三萬四千
口二十三萬七千三百勝兵五萬一百七十

烏桓大人本東胡也靈帝初上谷有難樓者衆九千餘落遼西
丘力居者衆五千餘落皆自稱王又遼東蘇僕延衆千餘落自
稱峭王（峭音七笑切）

獻帝建安中烏丸鮮卑稍更彊盛亦因漢末之亂中國多事未
遑外討故得擅漠南之地寇暴城邑殺略人民北邊仍受其困
會袁紹兼河北乃撫有三郡烏丸寵其名王而收其精騎其後
尚熙又逃于蹋頓蹋頓又驍武邊長老皆比之冒頓恃其阻遠
敢受亡命以雄百蠻

右北平烏延衆八百餘落自稱汗魯王並勇健而多計策

韓濊北與高句驪沃沮南與辰韓接本皆朝鮮之地也靈帝末
並盛郡縣不能制百姓苦亂多流亡入韓者

夫餘本屬玄菟漢末公孫度雄張海東威服外夷夫餘王尉仇
台更屬遼東時句麗鮮卑彊度以夫餘在二虜之間妻以宗女

魏鮮卑軻比能黄初中衆彊盛控弦十餘万騎每鈔略得財物
均平分付一决目前終無所私故得衆死力餘部大人皆敬憚
之

晉林邑國王范逸死奴文篡位於是乃攻大岐界小岐界式
僕徐狼屈都乾魯扶單等諸國并之有衆四五万人遣使通表
入貢于武帝其書皆胡字至穆帝永和三年文率其衆攻陷日
南害太守夏侯覽殺五六千人餘奔九真以覽尸祭天鏟平西



卷縣城遂據日南告交州刺史朱蕃求以日南北鄙橫山為界
初徼外諸國嘗齎寶物自海路求貨賄而交州刺史日南太
守多貪利侵侮十折二三至刺史姜壯時使韓戢領日南太守
戢估較太半又伐船調抱聲云征伐由是諸國恚憤且林邑少
田貪日南之地戢死繼以謝擢侵刻如初及覽至郡又耽荒于
酒政教愈亂故被破滅既而文還林邑是歲朱蕃使督護劉雄
戍于日南文復攻陷之四年文又襲九真害士庶十八九明年
征西督護滕畯率交廣之兵伐文於盧容為文所敗

焉耆國王會滅白山遂據其國武帝太康中遣子熙歸本國為
王會有膽氣籌略遂霸西胡葱領以東莫不率服

索虜猗㐌十萬騎勇壯衆復附之號上洛公北有沙漠南據陰
山衆數十萬

宋荆蠻民順附者一户輸穀數斛其餘無雜調而宋民賦役嚴苦
貧者不復堪命多逃亡入蠻蠻無徭役彊者又不供官稅結黨

遮羣動有數百千人州郡力弱則起為盜賊種類漸多戶口不可知上所在多深險居武陵者有雄溪樠溪辰溪酉溪謂之五溪而亘都天門巴東建平江北諸郡蠻所居皆深山重阻人跡罕至焉前世以來屢為民患及至宋世或降或叛征討不絶時巴宋建平宜都天門四郡蠻為寇諸郡民戶流散十不存一明帝順帝世尤甚雖遣攻伐終不能禁荆州為之虛獘南齊東夷高麗王樂浪公高璉高祖建元三年遣使貢獻乘船泛海常亦通使于魏然彊盛不受制魏置諸國使邸齊使第一高麗次之梁滑國車師之別種也元魏之居桑乾也滑猶為小國屬芮芮後稍彊大征其旁國波斯盤盤罽賓焉耆龜茲疏勒姑墨于闐句盤等國開地千餘里

後魏蠕蠕國蓋匈奴別種自孝武南遷因擴其故地宋昇明中遣王洪軌使焉引之共伐魏齊建元元年洪軌始至其國國王率三十萬騎出燕然山東南二千餘里魏人閉關不敢戰

後周突厥之種他鉢控弦數十萬中國憚之周齊爭結婚姻傾府藏以事之他鉢益驕每謂其下曰我在南兒常孝順何患貧也

隋突厥之後沙鉢略妻宇文氏之女曰千金公主自傷宗祀絶滅每有復隋之志日夜言之於沙鉢略由是悉衆為寇控弦之士四十萬高祖令柱國馮昱屯乙弗泊蘭州總管叱李長叉守臨洮上柱國李崇屯幽州達奚長儒據周槃皆為虜所敗

莫何可汗突厥之別種也突厥處羅可汗既敗莫何可汗始大莫何勇毅絶倫甚得衆心為鄰國所憚伊吾高昌焉耆諸國悉附之

始畢可汗以煬帝大業十一年始畢率其種落入寇鴈門次年又寇馬邑隋末亂離中國人歸之者無數遂大彊盛勢凌中夏迎蕭皇后置於定襄薛舉竇建德王世充劉武周梁師都李軌高開道之徒雖僭尊號皆北面稱臣受其可汗之號使者往來相望於道也



康國者康居之後也名為彊國而西域諸國多歸之米國史國曹國何國安國小安國那色波國烏那曷國皆歸附之

唐西突厥王葉護可汗勇而有謀鄰國爭附之控弦之士數十萬據舊烏孫之地遂霸西域自隋末與中國絶高祖初復通吐蕃號其王為贊府太宗貞觀八年十一月遣使朝貢贊府年始弱冠驍武絶人性慷慨有霸西域之志党項白蘭諸部及吐谷渾西域諸國咸畏懼之高宗調露中吐蕃始盛先是劍南兵募於茂州之西南築安戎城以斷吐蕃通蠻之路俄有生羌為吐蕃鄉導攻陷其城遂引兵守之由是西洱河諸蠻皆降吐蕃時吐蕃盡收羊同党項及諸羌之地東與涼松茂嶲等州相接南鄰天竺西又攻陷龜茲疏勒等四鎮北抵突厥地方萬餘里自漢魏已來西戎之盛未之有也一云云葉護可汗西突厥也葉護立遂北并鐵勒西拒波斯南接罽賓悉歸之控弦數十萬霸有西域據舊烏孫之地又移庭於石國北千泉其西域諸國王悉授頡利發并遣吐屯一人監統之督其征賦西戎之盛未之有也

賓王姓不夜氏名曷寅弄黃贊勇有謀鄰國爭附之屬莫不賓伏之遂雄西域

大食國以高宗龍朔中擊破波斯又破拂菻又南侵婆羅門吞并諸國勝兵四十餘萬

突厥車鼻可汗其地去京師尚萬里勝兵三萬人自稱乙注車鼻可汗西有歌邏祿北有結骨皆附隸之

乙毗沙鉢羅西突厥也自龜茲鄯善且末吐火羅焉耆石國史國何國穆國康國皆受其節度累遣使朝貢太宗降璽書慰勉

黑水靺鞨最處北方尤稱勁健每恃其勇常為鄰境之患

後唐耶律阿保機者契丹別部尊長也先是契丹王欽德政衰阿保機最推雄勁族帳漸盛代欽德為主先是契丹之先大賀

衣有勝兵四萬分爲八部每部皆號大人內推一人爲主建旗鼓以尊之三年第其名以代之及保機爲主乃怙强恃勇不受諸侯之代遂自稱國王及幽州劉守光末年苛慘軍士亡叛皆入契丹洎周德威攻圍幽州燕之軍民多爲其寇所掠既盡得燕中人士教之文法由是漸盛與太祖會盟於雲州結爲兄弟其後阿保機稱帝號以妻述律氏爲皇后用燕人韓延徽爲宰相號令嚴明諸族畏服與太祖抗衡通朝貢於梁祖

讎怨

傳曰九世猶可以復讎乎百世可也故有不反兵不共國之怨斯乃勇夫節士之所爲矣若乃夷狄之人天性忿鷙負兵怙衆結怨流隙乃有投身於窮荒依援於大國或竊發於姧宄或爭鋒於武力雖近乎義亦不足尚故周禮調人之設豈能諧和於異類者哉

漢烏孫王號昆莫父難兜靡本與大月氏俱在祁連燉煌間小國也（祁連山以東燉煌以西）大月氏攻殺難兜靡奪其地人民亡走匈奴子昆莫新生傅父布就翎侯抱亡置草中（翎侯烏孫大臣官號其數非一亦猶漢之將軍耳而布就者又翎侯之中別號猶右將軍左將軍耳非其人之字翎讀與翕同）爲求食還見狼乳之（以乳飲之）又烏銜肉翔其旁以爲神遂持歸匈奴單于愛養之及壯以其父民衆與昆莫使將兵數有功時月氏已爲匈奴所破西擊塞王（塞音先得反西域國名即佛經所謂釋種者塞釋聲相近本一姓耳）塞王南走遠徙月氏居其地昆莫既健自請單于報父怨遂西攻破大月氏大月氏復西走徙大夏地昆莫略其衆因留居兵稍彊會單于死不肯復朝事匈奴遣兵擊之不勝益以爲神而遠之（又云張騫建元中天子問匈奴降者言匈奴破月支王以其頭爲飲器月支遁而怨匈奴無與共擊之漢方欲事滅胡聞此言欲通使騫以郎應募）



扜彌國初二師將軍李廣利擊大宛還過扜彌扜彌遣太子賴丹爲質於龜茲廣利責龜茲曰外國皆臣屬於漢龜茲何以得受扜彌質即將賴丹入至京師昭帝乃用桑弘羊前議以扜彌太子賴丹爲校尉將軍田輪臺輪臺與渠犂地皆相連也龜茲貴人姑翼譖其王曰賴丹本臣屬吾國今佩漢印綬來迫吾國而田必爲害王即殺賴丹而上書謝漢漢未能征

魏鮮卑漢末步度根既立衆稍衰弱中兄扶羅韓亦別擁衆萬人爲大人後代郡烏丸能臣氏等叛求屬扶羅韓扶羅韓將萬餘騎迎之到桑乾氏等議以爲扶羅韓部威禁寬緩恐不見濟更遣人呼軻比能比能即將萬餘騎到當共盟誓比能便於會上殺扶羅韓扶羅韓子泄歸泥及部衆悉屬比能比能自以殺歸泥父特又善遇之步度根由是怨比能魏後數與軻比能更相攻擊步度根部衆稍寡弱將其衆萬餘落保太原鴈門郡步度根乃使人招呼泄歸泥曰汝父爲比能所殺不念報仇反屬怨家今雖厚待汝是欲殺汝計也不如還我我與汝是骨肉至親豈與他等由是歸泥將其部落逃歸步度根比能追之弗及至青龍元年比能誘步度根深結和親於是步度根將泄歸泥及部衆悉保比能寇抄幷州殺略吏民明帝遣驍騎將軍秦朗征之歸泥叛比能將其部衆降拜歸義王賜幢麾曲蓋鼓吹居幷州如故步度根爲比能所殺



晉焉耆國王龍安夫人狯胡之女娠身十二月剖脅生子曰會立之爲世子會少而勇傑安病篤謂會曰我嘗爲龜茲王白山所辱不忘於心汝能雪之乃吾子也及會立襲滅白山遂據其國

扶南國子孫相傳至王槃況死國人立其大將范師蔓蔓病姊子旃篡立殺蔓子金生十餘年蔓少子長襲殺旃以刃鑱旃腹曰汝昔殺我兄今爲父兄報汝旃大將范尋又殺長國人立以爲王是吳晉時也

宋葉延父吐延爲昂城羌酋姜聰所刺葉延小而勇果年十歲縛草爲人號曰姜聰每旦輒射之中則喜不中則號叫涕泣其母曰讎賊諸將已屠膾之汝年小何煩自苦如此葉延嗚咽不自勝答母曰誠知無益然葉延罔極之心不勝其痛耳性至孝母病五日不食

唐弘羅百濟武德九年遣使訟高麗王建武閉其道路不得入朝又相與有隙屢相侵掠詔員外散騎侍郎朱子奢往和解之建武奉表謝罪請與新羅對使會盟

西突厥統葉護可汗自負彊盛無恩於國部衆咸怨歌邏祿種多叛之頡利可汗不欲中國與之和親貞觀中數遣兵入寇又遣人謂統葉護曰汝若迎唐家公主要須經我國中而過統葉護患之

阿史那社尒突厥處羅可汗子也武德九年延陁迴紇等諸部皆叛攻破欲谷設社尒擊之復為延陁所敗貞觀二年遂率其餘衆保于西偏依可汗浮圖後遇頡利滅而西蕃葉護又死奚利邲咄陸可汗兄弟爭國社尒陽言降之引兵西上因襲破西蕃半有其國得衆十餘萬自稱都布可汗謂其諸部曰首為背叛破我國者延陁之罪也今我據有西方大得兵馬不平延陁而敢安樂是忘先可汗為不孝也若天令不捷死亦無恨其酋長咸諫曰今新得西方須留鎮壓若即弃去遠擊延陁只恐葉護子孫必來復國社尒不從親率五萬餘騎討延陁於磧北連兵百餘日遇我行人劉善因立同娥設為啞利始可汗社尒部兵又苦久役多委之逃延陁因縱擊敗之復保高昌國其舊兵在者纔萬餘人又與西蕃結隙

高昌國貞觀中太宗遣折衝都尉直中書譯語揖怛然紇使西域焉耆王突騎支因遣使朝貢請開大磧路以便行李太宗許之自隋季離亂磧路遂閉西域朝貢者皆由高昌因是高昌怒遂與焉耆結怨遣兵襲擊焉耆大掠而去

渤海國王武藝本高麗之別種也其父祚榮東保桂婁之地自立為振國王以武藝為桂婁郡王開元十四年黑水靺鞨遣使來朝武藝謂其屬曰黑水途經我境始可歸唐今不言而行亦與大唐通謀復皆攻我也遂遣母弟大門藝發兵以擊黑水門藝以充質子至京師不欲搆怨乃曰黑水歸唐而擊之是背唐也唐國人衆兵強萬倍於我一朝結怨但恐自滅取亡昔高麗全盛之時兵三十餘萬抗敵唐家不事賓伏唐兵一臨掃地俱盡今日渤海之衆數倍少於高麗乃欲違背唐家事必不可武藝不從固遣之門藝又上書諫武藝怒遣其從兄大壹夏代門藝統兵命左右殺門藝門藝聞之遂間道來奔詔授左驍衛將軍後武藝遣使朝貢上表極言門藝罪狀請殺之玄宗遣使往安撫報武藝曰門藝遠來歸投義不可殺今流向嶺南已遣去訖乃留其使馬文軌別遣使報之俄有泄其事者武藝又上書曰大國示人以信豈有欺誑之理今聞門藝不向嶺南伏請殺之由是責鴻臚少卿李道邃源復以不能督察官屬致有漏泄出道邃曹州刺史復為澤州刺史遣門藝暫往嶺南以信之二十年武藝率海賊攻登州殺刺史韋俊詔門藝往幽州徵兵以討之仍令新羅發十萬人應接屬山阻寒雪竟無功而還武藝懷怨不已密遣使至東都厚賂刺客遮門藝於天津橋拾之不死詔河南府捕獲其賊盡殺之

後唐契丹東丹王贊華明宗時歸朝清泰帝幸懷州遣內班秦繼旻皇城使李彥紳害之

東丹長子元欲晉開運末從虜主耶律德光入汴虜主遂殺繼旻彥紳於東市以復東丹之讎也命元欲第留桂為滑州節度使以處東丹之舊地

## 亡滅

戎狄之性忿鷙難制苻食邊境侵敗王略示之德義而不伏威以文告而不庭我伐用張元戎具舉烏窠路絕鼠首計窮投戈請降繫頸就戮盡覆其宂區落以平勦絕鯨鯢京觀斯立蓋天討有罪自取滅亡者乃俘執其君遷徙其衆俾全首領者蓋亦有焉

鄋瞞（鄋瞞狄國名防風之後漆姓）魯文公十一年侵齊遂伐我公卜使叔孫得臣追之吉侯叔夏御莊叔（得臣）緜房甥為右富父終甥駟乘

人共逐之四敗狄于鹹（鹹魯地）獲長狄僑如（僑如鄋瞞國之君蓋長三丈獲僑如不書賤夷狄也）富父終甥摏其喉以戈殺之（摏猶衝也）埋其首於子駒之門（子駒魯郭門）以命宣伯（得臣待事而名其三子因名宣伯曰僑如以旌其功後世怪之故詳其處）初宋武公之世鄋瞞伐宋（在春秋前）司徒皇父帥師禦之耏班御皇父充石（皇父戴公子充石皇父名）公子穀甥為右司寇牛父駟乘以敗狄于長丘（長丘宋地）獲長狄緣斯（緣斯僑如之先）皇父之二子死焉（皇父與穀甥及牛父皆死故耏班獨受賞）宋公於是以門賞耏班使食其征（門關門征稅也）謂之耏門晉之滅潞也（在宣十五年）獲僑如之弟焚如齊襄公之二年（魯桓之十六年）鄋瞞伐齊齊王子成父獲其弟榮如（榮如焚如之弟焚如後死而先說者欲其兄弟伯季相次榮如以魯桓十六年死距宣十五年一百三歲其兄猶在傳言既長且壽有異於人王子成父齊大夫）埋其首於周首之北門（周首齊邑濟北穀城縣東北有周首亭）衛人獲其季弟簡如（不書衛人獲簡如）鄋瞞由是遂亡（長狄之種絕）

潞赤狄也魯宣公十五年六月晉荀林父敗之於曲梁滅潞以潞子嬰兒歸



仇猶夷狄之國趙智伯將伐遺之廣車（智伯欲伐仇猶遺之大鍾載以廣車仇猶斬岸以迎鍾）因隨之以兵仇猶遂亡

秦武王義渠昭王四十三年宣太后誘殺於甘泉宮因起兵滅之置其地為隴西北地上郡焉

漢南越王興立與其母太后求內屬其丞相呂嘉反攻殺王太后盡殺漢使者元鼎五年秋以衛尉路博德為伏波將軍出桂陽下湟水主爵都尉楊僕為樓船將軍出豫章下橫浦故歸義越侯二人為戈船下瀨將軍出零陵或下離水或抵蒼梧使馳義侯因巴蜀罪人發夜郎兵下牂牁江咸會番禺六年誅呂嘉南越遂平以其地為儋耳珠崖南海蒼梧鬱林合浦交阯九真日南九郡尉佗王凡五世九十三歲而亡

東粵王餘善立時南粵反餘善持兩端陰使南粵及漢破番禺樓船將軍楊僕上書請引兵擊東越帝以士卒勞倦不許明年餘善聞樓船請誅之漢兵留境且往乃發兵距漢帝遣橫海將軍韓說出句章浮海從東方往樓船將軍楊僕出武林中尉王溫舒出梅嶺粵侯王為戈船下瀨將軍出如邪白沙元封元年冬咸入東越故越建成侯敖與繇王居股謀殺餘善以其眾降天子曰東粵陿多阻閩粵悍數反覆詔軍吏皆將其民徙處江淮之間東粵地遂虛

朝鮮者其王滿燕人也傳子至孫右渠漢遣左將軍擊朝鮮元封三年其相尼谿相參乃使人殺其王右渠來降而王險城未下故右渠之大臣成巳又反復攻吏左將軍使右渠子長降相路人子最告諭其民誅成巳遂定朝鮮為真番臨屯樂浪玄菟四郡

後漢燒何羌和帝永元十四年背諸羌數百人及郡兵擊滅之悉沒入弱口為奴婢

當煎羌順帝永康元年寇武威破羌將軍段紀明復破滅之餘悉降散



旄牛夷安帝延光二年春反攻零關（零關道屬越巂）殺長吏益州刺史張喬與西部都尉擊破之於是分置蜀郡屬國都尉領四縣如太守

魏烏桓王蹋頓漢建安十一年太祖自征蹋頓於柳城潛軍詭道未至百餘里虜乃覺蹋頓將眾逆戰太祖擊破之臨陣斬蹋頓死者被野速附丸樓班烏延等走遼東遼東悉斬傳首其餘遺迸皆降烏桓萬餘落悉徙其族居中國

晉龜茲國苻堅時堅遣其將呂光率眾七萬伐之其王白純距境不降光進軍討平之

梁高昌國為河西王沮渠茂虔弟無諱襲破之其王闞爽奔于芮芮無諱據之稱王一世而滅國人又推麴氏為王蓋車師之故地也

後魏氐楊難當太武時自號仇池公太武討平之後滅其國以為東益州

戈府費也頭虜紇豆陵伊利神武爲東魏天柱大將軍天平元年正月西伐於河西滅之遷其部於河東

後周氏王楊集始魏封爲武興王集始死子紹先立遂僭稱大號魏將傅豎眼滅之執紹先歸諸京師以其地爲武興鎮

唐突厥可汗武德初内附高祖厚加慰撫拜爲吐馬過拔闕可汗尋爲李軌所滅部衆皆散盡歸于西蕃

頡利可汗始以彊盛數侵中國其後以異景見國人叛之太宗乘其大亂發五將以候其隙朔州道行軍總管李靖進屯惡陽嶺夜襲定襄入其郛頡利驚擾因徙牙帳於磧口胡酋康蘇蜜等遂以隋蕭后及楊正道等來降頡利計窘使執失思力入朝謝罪請爲藩臣舉國内附太宗遣唐儉安脩仁等持節出塞以安撫之雖肯朝覲誅草青馬肥將踰沙磧靖與其副將張公謹謀曰詔使到彼虜必自寬於是選精騎齎二十日糧乘間掩襲諸將皆曰既許其降行人在彼奈何攻之靖曰此兵機也督軍疾進掩踰白道遇其斥候千餘帳皆俘以隨軍頡利見使者甚悅不虞官兵至也靖軍掩到縱擊之遂滅其國殺義成公主獲其子疊羅施係虜男女十萬口駝馬數十萬頡利乘千里馬奔于西偏虚州行軍所擒之以獻諸部悉降又云時靖貞觀四年二月甲辰李靖次陰山擊頡利可汗大破之滅其國獲定襄帝安之地斥土界于大漠露布以聞太宗大悅

高昌麴文泰貞觀十三年太宗謂其使曰高昌數年來朝貢脫略無蕃臣禮國中署置官號准我百僚稱臣於人豈得如此今茲歲首萬國來朝而文泰不至增城深塹預備討伐日者我使人至彼文泰云鷹飛于天雉竄于蒿猫遊于堂鼠安于穴各得其所豈不活耶又西域使欲來者文泰悉拘留之又遣使謂薛延陁云既自爲可汗與漢天子敵也何須拜謁其使事人無禮離間隣好惡而不誅善者何勸明年當發兵馬以擊爾國是時薛延陁可汗表請爲軍導以擊高昌太宗許之民部尚書唐儉至延陁與謀進取太宗冀其悔過復下璽書示以禍福徵之入朝文泰稱疾不至太宗乃命吏部尚書侯君集兼交河道大總管率左屯衛大將軍薛萬均及突厥契苾之衆步騎數萬衆以擊之時公卿近臣皆以行經沙磧萬里用兵恐難得志又以界居絶域縱得之不可以守競以爲諫太宗皆不聽文泰謂所親曰吾往者朝覲見秦隴之北城邑蕭條非復有隋之比設今伐我發兵多則糧運不給若發三萬已下吾能制之加以磧路艱阻自然疲頓吾以逸待勞坐收其弊何足爲憂也及聞王師臨磧口惶駭計無所出發病而死其子智盛嗣立既而君集兵掩至柳谷進趨田地城將軍契苾何力爲前軍與之接戰而退大軍繼至攻拔其城虜男女七千餘口進逼其都智盛遺君集書曰有罪於天子者先王也既咎深譴積身已喪亡智盛襲位無幾君其赦諸君集謂曰若能悔禍當面縛軍門也又命諸軍引衝車拋車以逼之飛石雨下城中大懼智盛窮蹙出城降君集分兵掠地下其三郡五縣二十二城戸八千口三萬七千七百馬四千三百疋其界東西八百里南北五百里先是其國童謠云高昌兵馬如霜雪漢家兵馬如日月日月照霜雪迴手自消滅文泰使人捕其初唱者不能得初文泰與西突厥欲谷設通和遺其金帛約有急相爲表裏及聞君集兵至欲谷設懼而西走不敢救君集尋遣使告捷太宗大悅宴百僚班賜各有差曲赦高昌部内從軍兵士以上父子犯死罪以下朞親犯流以下大功犯徒以下小功緦麻犯杖罪悉原之時太宗欲以高昌爲州縣特進魏徵諫曰陛下初臨天下高昌夫婦先來朝謁自後數月商胡被其遏絶貢獻加之不禮大國遂使王誅載加若罪止文泰斯亦可矣未若撫其人而立其子所謂伐罪弔民威德被於遐外爲國之善者也今若利其土壤以爲州縣常須千餘人鎮守數年一易每往交番死者十有三四遣辦衣資離別親戚十年之後隴右空虚陛下終不得高昌撮穀尺布以助中國所謂散有用而事無用未見其可太宗不從竟以其地置西州又置安

西都護府留兵以鎮之初西突厥遣其□護□□可汗浮圖
□與□□相影響至是懼而來降以其地為庭州於是□□□□
□□於其智盛君臣及其豪右皆徙中國麴氏有國至智盛凡
九世一百三十四年而滅
吐谷渾自貞觀已後與吐蕃互相攻遣使請兵救援高宗皆不許
之吐蕃大怒率兵以擊吐谷渾諾曷鉢既不能禦脫身及弘化
公主走投涼州高宗遣右威衛大將軍薛仁貴等救吐谷渾為
吐蕃所敗於是吐谷渾遂為吐蕃所併諾曷鉢以親信數千帳
來內屬詔左武衛大將軍蘇定方為安置大使始徙其部衆于
靈州之地置安樂州以諾曷鉢為刺史欲其安而且樂也其封
襲遂絕吐谷渾自晉永嘉之末始西渡洮水建國於羣羌之故
地至龍朔三年為吐蕃所滅凡三百五十年
高麗王高藏高宗儀鳳中授開府儀同三司遼東州都督封朝
鮮王居安東鎮本蕃為主高藏至安東潛與靺鞨相通謀叛事



覺召還放邛州并分徙其人散向河南隴右諸州其貧弱者
留在安東城傍聖曆二年又授高藏男德武為安東都督以領
本蕃自是高麗舊戶在安東者漸寡少分投突厥及靺鞨等高
氏君長遂絕又云高藏加授遼東州都督封朝鮮郡王遣歸遼東以安輯高麗餘衆先有編附諸州高麗悉放還
本蕃司農卿扶餘隆光祿大夫太常員外卿加授熊津州都督督封帶方郡王亦令安輯百濟餘衆仍移安東都護府於新城
以統之時百濟本地荒毀特令寄於高麗之境高藏既至遼東以謀叛事覺召還邛州徙其人於河南隴右其貧弱者沒於新
羅城傍餘衆後漸寡弱散投突厥及靺鞨扶餘隆竟亦不敢還舊國土地盡沒於靺鞨高氏扶餘氏君長遂絕
吐蕃龍朔中與吐谷渾不和遞相表奏各論曲直國家依違未
為與奪吐蕃怨怒遂叛以兵臨吐谷渾告急高宗令將薛仁貴
郭待封等率衆十餘萬伐之軍至大非川為欽陵等所敗送
吐谷渾

冊府元龜卷第一千